る国民の保護のための措置に関する法律（*168*）
国連憲章　→国際連合憲章（*1012*）
個人情報の保護に関する法律［個人情報保護法］……………………… 26 *137*
個人情報保護法　→個人情報の保護に関する法律（*137*）
戸籍法……………………………………… 43 *281*
国会法……………………………………… 8 *29*
国家行政組織法………………………… 16 *71*
国家公務員法［国公法］……………… 17 *73*
国家賠償法［国賠法］………………… 24 *133*
国旗及び国歌に関する法律［国旗・国歌法］……………………………… 6 *27*
個別労働関係紛争の解決の促進に関する法律……………………… 101 *943*
雇用の分野における男女の均等な機会及び待遇の確保等に関する法律［男女雇用機会均等法］……… 94 *924*

さ

裁判員の参加する刑事裁判に関する法律［裁判員法］………………… 10 *50*
裁判員法　→裁判員の参加する刑事裁判に関する法律（*50*）
裁判外紛争解決手続の利用の促進に関する法律［ADR 促進法］…… 77 *775*
裁判所法………………………………… 11 *56*

し

自衛隊法………………………………… 32 *164*
自治法　→地方自治法（*89*）
失火ノ責任ニ関スル法律［失火責任法］……………………… 53 *336*
私的独占の禁止及び公正取引の確保に関する法律［独占禁止法］… 105 *962*
児童福祉法……………………………… 104 *954*
市民的及び政治的権利に関する国際規約［
社会福祉法
借地借家法
少年法…
消費者契
商　法…

情報公開法　→行政機関の保有する情報の公開に関する法律（*133*）
人事院規則14-7（政治的行為）…… 18 *88*
人事訴訟法［人訴法］………………… 68 *692*
心神喪失等の状態で重大な他害行為を行った者の医療及び観察等に関する法律…………………… 83 *900*

せ

生活保護法……………………………… 103 *949*
政治的行為（人事院規則14-7）…… 18 *88*
製造物責任法［PL 法］……………… 54 *336*
世界人権宣言…………………………… 113 *1025*

そ

総合法律支援法………………………… 13 *65*

た

大日本帝国憲法［明治憲法，旧憲法］……………………………………… 3 *12*
男女雇用機会均等法　→雇用の分野における男女の均等な機会及び待遇の確保等に関する法律（*924*）

ち

地方自治法［自治法］………………… 19 *89*
仲裁法…………………………………… 72 *702*
著作権法………………………………… 110 *994*

て

手形法…………………………………… 63 *586*
電子記録債権法………………………… 46 *292*
電子消費者契約及び電子承諾通知に関する民法の特例に関する法律［電子消費者契約民法特例法］… 49 *313*
電子消費者契約民法特例法　→電子消費者契約及び電子承諾通知に関する民法の特例に関する法律（*313*）

…び債権の譲渡の対抗要件に
…る民法の特例等に関する法
…………………………………… 42 *279*
…ノ防止及処分ニ関スル法律… 85 *902*

# 法令索引

独占禁止法　→私的独占の禁止及び公正取引の確保に関する法律（962）
特定商取引に関する法律……………[51] 322
特許法…………………………………[108] 979

## な

内閣府設置法…………………………[15] 68
内閣法…………………………………[14] 67

## に

日本国憲法……………………………[2] 6
日本国憲法の改正手続に関する法律［国民投票法］……………………[4] 14
任意後見契約に関する法律…………[55] 337

## は

破壊活動防止法………………………[31] 162
爆発物取締罰則………………………[86] 902
破産法…………………………………[75] 728
犯罪捜査のための通信傍受に関する法律………………………………[89] 903
犯罪被害者等基本法…………………[91] 969

## ひ

PL法　→製造物責任法（336）
非訟事件手続法………………………[69] 695

## ふ

不公正な取引方法……………………[106] 976
不正競争防止法………………………[109] 988
不当景品類及び不当表示防止法……[107] 977
不動産登記法…………………………[41] 267
扶養義務の準拠法に関する法律……[56] 338
武力攻撃事態等における国民の保護のための措置に関する法律［国民保護法］………………………[34] 168
武力攻撃事態等における我が国の平和と独立並びに国及び国民の安全の確保に関する法律［国民の安全確保に関する法律］………[33] 167

## へ

弁護士法………………………………[12] 62

## ほ

法の適用に関する通則法……………[1] 1
暴力行為等処罰ニ関スル法律………[84] 901
保険法…………………………………[62] 576

## ま

麻薬取締法　→国際的な協力の下に規制薬物に係る不正行為を助長する行為等の防止を図るための麻薬及び向精神薬取締法等の特例等に関する法律（902）

## み

民事再生法……………………………[76] 768
民事執行法……………………………[73] 704
民事訴訟規則…………………………[67] 673
民事訴訟法［民訴法］………………[66] 629
民事調停法……………………………[71] 700
民事保全法……………………………[74] 726
民　法…………………………………[38] 187
民法施行法……………………………[39] 262

## め

明治憲法　→大日本帝国憲法（12）

## り

利息制限法……………………………[47] 306

## ろ

労働安全衛生法………………………[96] 929
労働関係調整法………………………[99] 939
労働基準法［労基法］………………[93] 912
労働組合法［労組法］………………[98] 930
労働契約法……………………………[100] 942
労働者災害補償保険法………………[97] 930
労働者派遣事業の適正な運営の確保及び派遣労働者の就業条件の整備等に関する法律［労働者派遣法］……………………………[95] 926
労働者派遣法　→労働者派遣事業の適正な運営の確保及び派遣労働者の就業条件の整備等に関する法律（926）

# 標準六法

standard
edition
of
japanese
laws

SHINZANSHA

**【編集代表】**

慶應義塾大学名誉教授 石川 明(いしかわ あきら)
慶應義塾大学教授 池田 真朗(いけだ まさお)
慶應義塾大学教授 宮島 司(みやじま つかさ)
慶應義塾大学教授 安冨 潔(やすとみ きよし)
慶應義塾大学教授 三上 威彦(みかみ たけひこ)
慶應義塾大学教授 大森 正仁(おおもり まさひと)
慶應義塾大学教授 三木 浩一(みき こういち)
慶應義塾大学教授 小山 剛(こやま ごう)

**【編集協力委員】**

慶應義塾大学教授 六車 明(ろくしゃ あきら)（環境法）
慶應義塾大学教授 犬伏 由子(いぬぶし ゆきこ)（民法）
慶應義塾大学教授 山本 爲三郎(やまもと ためさぶろう)（商法）
慶應義塾大学教授 田村 次朗(たむら じろう)（経済法）
関西学院大学教授 大濱 しのぶ(おおはま しのぶ)（民事手続法）
慶應義塾大学教授 渡井 理佳子(わたい りかこ)（行政法）
慶應義塾大学教授 北澤 安紀(きたざわ あき)（国際私法）
慶應義塾大学准教授 君嶋 祐子(きみじま ゆうこ)（知的財産法）
東北学院大学准教授 新井 誠(あらい まこと)（憲法）

# はしがき

成文法主義の国にあっては，法律を学ぶ者，また法律にたずさわる者にとって，法文の情報検索が必須であることは言うまでもない．21世紀のIT社会においては，電子機器によるデータ検索が急速に普及しているが，紙媒体の六法による条文情報の取得は，ことに一定の法律知識レベルを持った者については，なお簡易性，迅速性，一覧性，携帯性等の点で電子検索に勝る部分があることは確かであるといってよい．しかし，紙媒体の六法がそれらの優位性を確保するためには，情報の取捨選択やその提示の仕方等々の点で，従来の六法の編纂とは異なった価値基準を持つことが必要と思われる．

世に「標準」というものはさまざまな分野で多数存在する．しかし，その「標準」が「標準」たりうる特徴や指標は，時代によって変わりうるのである．六法もまたその例外ではないであろう．上記の紙媒体六法に現時点で求められる要素を必要十分に備えたうえで，多様な要求のある六法利用者の中の多数者にとっての効用を最大にしていると認められるものが，新たな「標準」の地位を獲得しうるのではないだろうか．

本書発刊の意図はまさにそこにある．我々は，2008年4月に，『法学六法'08』を発刊した．これは，たとえば大学1年生に対する「法学」などの科目における利用を考えて，文字通りの初学者が，授業を受けながら参照するために最適な六法を提供しようとしたものである．その際我々は，それぞれの入門授業のノウハウを集結し，法学教科書等で用いられる法律を精査して，初学者にとって必要十分な情報量の六法を探求した結果，収録法令を思い切って限定し，類書にない薄さを実現した．

この試みは，幸い多くの読者の好評を博したが，それはあくまでも，対象を法律初学者に限定したプロジェクトの中での成果であった．そこで，その経験を生かして，今度は，世の中で最も多いと思われる利用形態に適合的な六法を構想したのである．つまり，大学法学部での4年間の法律専門教育はもとより，一般市民の法文参照にも必要十分と思われる情報量を持ち，例えば法学部の期末試験や法科大学院の入学試験に用いる六法としても十分な適性を持つ六法，そして上記の紙媒体六法の優位性を確保できる，「携帯性，一覧性に優れ，手になじみやすく，目的の法文情報に到達しやすい」六法を目指した次第である．

これらの贅沢な狙いが，どこまで達成できたかは，まさに読者の判断にゆだねられている．もしその達成度がある程度認められたならば，本書はその名の通りの「標準」の地位を，徐々にではあっても獲得していけるはずと自負している．もちろん，なお我々の配慮の行き届いていない部分があれば，読者からのご教示をえて，今後さらに使いやすく信頼のおけるものになるよう，改良を重ねていきたいと考える．本書が広い範囲の読者に役立つものであることを願ってやまない．

2008年11月

編集代表

石川　明　　池田真朗
宮島　司　　安冨　潔
三上威彦　　大森正仁
三木浩一　　小山　剛

# 目　次

① 法の適用に関する通則法 …………………………………………………… *1*

## Ⅰ　憲法・行政法

② 日本国憲法 ………………………………………………………………… *6*
③ 大日本帝国憲法 （明治憲法） …………………………………………… *12*
④ 日本国憲法の改正手続に関する法律 国民投票法 （抄） ………… *14*
⑤ 皇室典範 …………………………………………………………………… *26*
⑥ 国旗及び国歌に関する法律 ……………………………………………… *27*
⑦ 国籍法 ……………………………………………………………………… *27*
⑧ 国会法 ……………………………………………………………………… *29*
⑨ 公職選挙法 （抄） ………………………………………………………… *37*
⑩ 裁判員の参加する刑事裁判に関する法律 裁判員法 （抄） ……… *50*
⑪ 裁判所法 …………………………………………………………………… *56*
⑫ 弁護士法 （抄） …………………………………………………………… *62*
⑬ 総合法律支援法 （抄） …………………………………………………… *65*
⑭ 内閣法 ……………………………………………………………………… *67*
⑮ 内閣府設置法 （抄） ……………………………………………………… *68*
⑯ 国家行政組織法 （抄） …………………………………………………… *71*
⑰ 国家公務員法 （抄） ……………………………………………………… *73*
⑱ 人事院規則14-7 （政治的行為） ………………………………………… *88*
⑲ 地方自治法 （抄） ………………………………………………………… *89*
⑳ 行政手続法 ………………………………………………………………… *114*
㉑ 行政代執行法 ……………………………………………………………… *121*
㉒ 行政不服審査法 …………………………………………………………… *121*
㉓ 行政事件訴訟法 …………………………………………………………… *127*
㉔ 国家賠償法 ………………………………………………………………… *133*
㉕ 行政機関の保有する情報の公開に関する法律 情報公開法 …… *133*
㉖ 個人情報の保護に関する法律 個人情報保護法 ………………… *137*
㉗ 行政機関の保有する個人情報の保護に関する法律
　 行政機関個人情報保護法 ……………………………………………… *144*
㉘ 国税通則法 （抄） ………………………………………………………… *152*
㉙ 警察法 （抄） ……………………………………………………………… *154*
㉚ 警察官職務執行法 ………………………………………………………… *161*
㉛ 破壊活動防止法 （抄） …………………………………………………… *162*

㉜ 自衛隊法（抄） …… 164
㉝ 武力攻撃事態等における我が国の平和と独立並びに国及び国民の安全の確保に関する法律 国民の安全の確保に関する法律（抄） …… 167
㉞ 武力攻撃事態等における国民の保護のための措置に関する法律 国民保護法（抄） …… 168
㉟ 環境基本法 …… 170
㊱ 教育基本法 …… 174
㊲ 学校教育法 …… 176


## Ⅱ 民 事 法


㊳ 民 法 …… 187
㊴ 民法施行法（抄） …… 262
㊵ 一般社団法人及び一般財団法人に関する法律（抄） …… 263
㊶ 不動産登記法（抄） …… 267
㊷ 動産及び債権の譲渡の対抗要件に関する民法の特例等に関する法律（抄） …… 279
㊸ 戸籍法（抄） …… 281
㊹ 貸金業法（抄） …… 288
㊺ 仮登記担保契約に関する法律（抄） …… 291
㊻ 電子記録債権法（抄） …… 292
㊼ 利息制限法（抄） …… 306
㊽ 消費者契約法（抄） …… 306
㊾ 電子消費者契約及び電子承諾通知に関する民法の特例に関する法律 電子消費者契約民法特例法 …… 313
㊿ 割賦販売法（抄） …… 313
(51) 特定商取引に関する法律（抄） …… 322
(52) 借地借家法 …… 331
(53) 失火ノ責任ニ関スル法律 …… 336
(54) 製造物責任法（PL法） …… 336
(55) 任意後見契約に関する法律（抄） …… 337
(56) 扶養義務の準拠法に関する法律 …… 338
(57) 遺言の方式の準拠法に関する法律 …… 339


## Ⅲ 商 事 法


(58) 商 法（抄） …… 340
(59) 会社法 …… 350
(60) 会社法施行規則（抄） …… 498

(61) 会社計算規則（抄） …… 545
(62) 保険法 …… 576
(63) 手形法 …… 586
(64) 小切手法 …… 592
(65) 金融商品取引法（抄） …… 597

## Ⅳ　民事手続法

(66) 民事訴訟法 …… 629
(67) 民事訴訟規則 …… 673
(68) 人事訴訟法（抄） …… 692
(69) 非訟事件手続法（抄） …… 695
(70) 家事審判法（抄） …… 697
(71) 民事調停法（抄） …… 700
(72) 仲裁法（抄） …… 702
(73) 民事執行法（抄） …… 704
(74) 民事保全法（抄） …… 726
(75) 破産法（抄） …… 728
(76) 民事再生法（抄） …… 768
(77) 裁判外紛争解決手続の利用の促進に関する法律
ADR促進法（抄） …… 775

## Ⅴ　刑　事　法

(78) 刑　法 …… 778
(79) 刑事訴訟法 …… 797
(80) 刑事訴訟規則 …… 847
(81) 少年法 …… 880
(82) 刑事収容施設及び被収容者等の処遇に関する法律（抄） …… 889
(83) 心神喪失等の状態で重大な他害行為を行った者の医療及び観察等に関する法律（抄） …… 900
(84) 暴力行為等処罰ニ関スル法律 …… 901
(85) 盗犯等ノ防止及処分ニ関スル法律 …… 902
(86) 爆発物取締罰則（抄） …… 902
(87) 国際的な協力の下に規制薬物に係る不正行為を助長する行為等の防止を図るための麻薬及び向精神薬取締法等の特例等に関する法律 麻薬取締法（抄） …… 902
(88) 検察審査会法（抄） …… 902
(89) 犯罪捜査のための通信傍受に関する法律 …… 903

- ⑨⓪ 国際捜査共助等に関する法律（抄） …… 908
- ⑨① 犯罪被害者等基本法（抄） …… 909
- ⑨② 更生保護法（抄） …… 910

## Ⅵ 社 会 法

- ⑨③ 労働基準法 …… 912
- ⑨④ 雇用の分野における男女の均等な機会及び待遇の確保等に関する法律 **男女雇用機会均等法**（抄） …… 924
- ⑨⑤ 労働者派遣事業の適正な運営の確保及び派遣労働者の就業条件の整備等に関する法律 **労働者派遣法**（抄） …… 926
- ⑨⑥ 労働安全衛生法（抄） …… 929
- ⑨⑦ 労働者災害補償保険法（抄） …… 930
- ⑨⑧ 労働組合法 …… 930
- ⑨⑨ 労働関係調整法 …… 939
- ⑩⓪ 労働契約法 …… 942
- ⑩① 個別労働関係紛争の解決の促進に関する法律 …… 943
- ⑩② 社会福祉法（抄） …… 945
- ⑩③ 生活保護法（抄） …… 949
- ⑩④ 児童福祉法（抄） …… 954

## Ⅶ 経 済 法

- ⑩⑤ 私的独占の禁止及び公正取引の確保に関する法律 **独占禁止法**（抄） …… 962
- ⑩⑥ 不公正な取引方法 …… 976
- ⑩⑦ 不当景品類及び不当表示防止法 …… 977
- ⑩⑧ 特許法（抄） …… 979
- ⑩⑨ 不正競争防止法 …… 988
- ⑩⑩ 著作権法（抄） …… 994

## Ⅷ 国 際 法

- ⑪① 国際連合憲章 …… 1012
- ⑪② 国際司法裁判所規程（抄） …… 1020
- ⑪③ 世界人権宣言 …… 1025
- ⑪④ 経済的, 社会的及び文化的権利に関する国際規約（A規約）（抄） …… 1027
- ⑪⑤ 市民的及び政治的権利に関する国際規約（B規約）（抄） …… 1030

〔 〕内は法令略語. ■白ヌキ文字は, 本文中で法令略語を優先表示した.

## 凡　例

### 1　編集方針

　法律学の初学者や,学部生,専門的な知識を必要とする人々を対象に法律を厳選．必要な情報にアクセスしやすく,持ち運びに便利な1048頁．各種試験,学部試験での使用や,企業の法律事務,自治体事務での使用に最適のポータブルスタンダード六法．

### 2　法令等の基準日および改正

① 基準日は2008(平成20)年10月1日現在．
② 制定後の改正経過については,最終改正日のみを表記した．
③ 公布された改正法令については,条文に改正内容を反映した．ただし,施行日が2010(平成22)年以降のものについては,枠囲みで施行までの条文を掲記した．
④ 施行日が未確定なものの改正については,附則等を参照．

### 3　法令の収録

① 官報および総務省管理局による提供データをもとにした．
② 基本法（商法・会社法以外）は,活字を大きくした．
③ 収録法令は,厳選115件．

### 4　法令等の表記

① 横組みとし,条文の条・項等については,漢字は算用数字にかえ,「第1条」,「②」(項),「1」(号)とした．
② 条文内が2項以上あるものには,以下の項に「①,②,③,…」を付した．

### 5　法令中の一部省略

① 法令名が長いものは略称を前記し,〔　〕内に正式名称を付した．
② 収録法令中において,一部省略したものについては,法令名の後に「(抄)」を付した．
③ 附則については,大略,省略することとした．

### 6　**法令索引**(五十音順)は,正式名称および略称(通称)を併記した．

### 7　該当箇所の指示をし易くするために,小口に「ａｂｃ…」を付して目安とした．

### 8　本書の特色

① 講義や試験に必要な法令・条文を厳選
② 持ち運びに便利なポータブル・スタンダード
③ 毎年の最新情報で新たな「標準」を提示

# 1 法の適用に関する通則法

(平18・6・21法律第78号, 平19・1・1施行)

[目 次]
第1章 総 則（1条）
第2章 法律に関する通則（2条・3条）
第3章 準拠法に関する通則
　第1節 人（4条-6条）
　第2節 法律行為（7条-12条）
　第3節 物権等（13条）
　第4節 債 権（14条-23条）
　第5節 親 族（24条-35条）
　第6節 相 続（36条-37条）
　第7節 補 則（38条-43条）

## 第1章 総 則

（趣 旨）
**第1条** この法律は,法の適用に関する通則について定めるものとする.

## 第2章 法律に関する通則

（法律の施行期日）
**第2条** 法律は,公布の日から起算して20日を経過した日から施行する. ただし,法律でこれと異なる施行期日を定めたときは,その定めによる.

（法律と同一の効力を有する慣習）
**第3条** 公の秩序又は善良の風俗に反しない慣習は,法令の規定により認められたもの又は法令に規定されていない事項に関するものに限り,法律と同一の効力を有する.

## 第3章 準拠法に関する通則

### 第1節 人

（人の行為能力）
**第4条** ① 人の行為能力は,その本国法によって定める.
② 法律行為をした者がその本国法によれば行為能力の制限を受けた者となるときであっても行為地法によれば行為能力者となるべきときは,当該法律行為の当時そのすべての当事者が法を同じくする地に在った場合に限り,当該法律行為をした者は,前項の規定にかかわらず,行為能力者とみなす.
③ 前項の規定は,親族法又は相続法の規定によるべき法律行為及び行為地と法を異にする地に在る不動産に関する法律行為については,適用しない.

（後見開始の審判等）
**第5条** 裁判所は,成年被後見人,被保佐人又は被補助人となるべき者が日本に住所若しくは居所を有するとき又は日本の国籍を有するときは,日本法により,後見開始,保佐開始又は補助開始の審判（以下「後見開始の審判等」と総称する.）をすることができる.

（失踪の宣告）
**第6条** ① 裁判所は,不在者が生存していたと認められる最後の時点において,不在者が日本に住所を有していたとき又は日本の国籍を有していたときは,日本法により,失踪の宣告をすることができる.
② 前項に規定する場合に該当しないときであっても,裁判所は,不在者の財産が日本に在るときはその財産についてのみ,不在者に関する法律関係の性質,当事者の住所又は国籍その他の事情に照らして日本に関係があるときはその法律関係についてのみ,日本法により,失踪の宣告をすることができる.

### 第2節 法律行為

（当事者による準拠法の選択）
**第7条** 法律行為の成立及び効力は,当事者が当該法律行為の当時に選択した地の法による.

（当事者による準拠法の選択がない場合）
**第8条** ① 前条の規定による選択がないときは,法律行為の成立及び効力は,当該法律行為の当時において当該法律行為に最も密接な関係がある地の法による.
② 前項の場合において,法律行為において特徴的な給付を当事者の一方のみが行うものであるときは,その給付を行う当事者の常居所地法（その当事者が当該法律行為に関係する事業所を有する場合にあっては当該事業所の所在地の法,その当事者が当該法律行為に関係する二以上の事業所で法を異にする地に所在するものを有する場合にあってはその主たる事業所の所在地の法）を当該法律行為に最も密接な関係がある地の法と推定する.
③ 第1項の場合において,不動産を目的物とする法律行為については,前項の規定にかかわらず,その不動産の所在地法を当該法律行為に最も密接な関係がある地の法と推定する.

（当事者による準拠法の変更）
**第9条** 当事者は,法律行為の成立及び効力について適用すべき法を変更することができる. ただし,第三者の権利を害することとなるときは,その変更をその第三者に対抗することができない.

（法律行為の方式）
**第10条** ① 法律行為の方式は,当該法律行為の成立について適用すべき法（当該法律行為の後に前条の規定による変更がされた場合にあっては,その変更前の法）による.

② 前項の規定にかかわらず,行為地法に適合する方式は,有効とする.

③ 法を異にする地に在る者に対してされた意思表示については,前項の規定の適用に当たっては,その通知を発した地を行為地とみなす.

④ 法を異にする地に在る者の間で締結された契約の方式については,前2項の規定は,適用しない.この場合においては,第1項の規定にかかわらず,申込みの通知を発した地の法又は承諾の通知を発した地の法のいずれかに適合する契約の方式は,有効とする.

⑤ 前3項の規定は,動産又は不動産に関する物権及びその他の登記をすべき権利を設定し又は処分する法律行為の方式については,適用しない.

(消費者契約の特例)

第11条 ① 消費者(個人(事業として又は事業のために契約の当事者となる場合におけるものを除く.)をいう.以下この条において同じ.)と事業者(法人その他の社団又は財団及び事業として又は事業のために契約の当事者となる場合における個人をいう.以下この条において同じ.)との間で締結される契約(労働契約を除く.以下この条において「消費者契約」という.)の成立及び効力について第7条又は第9条の規定による選択又は変更により適用すべき法が消費者の常居所地法以外の法である場合であっても,消費者がその常居所地中の特定の強行規定を適用すべき旨の意思を事業者に対し表示したときは,当該消費者契約の成立及び効力に関しその強行規定の定める事項については,その強行規定をも適用する.

② 消費者契約の成立及び効力について第7条の規定による選択がないときは,第8条の規定にかかわらず,当該消費者契約の成立及び効力は,消費者の常居所地法による.

③ 消費者契約の成立について第7条の規定により消費者の常居所地法以外の法が選択された場合であっても,当該消費者契約の方式について消費者がその常居所地法中の特定の強行規定を適用すべき旨の意思を事業者に対し表示したときは,前条第1項,第2項及び第4項の規定にかかわらず,当該消費者契約の方式に関しその強行規定の定める事項については,専らその強行規定を適用する.

④ 消費者契約の成立について第7条の規定により消費者の常居所地法が選択された場合において,当該消費者契約の方式について消費者が専ら消費者の常居所地法によるべき旨の意思を事業者に対し表示したときは,前条第2項及び第4項の規定にかかわらず,当該消費者契約の方式は,専ら消費者の常居所地法による.

⑤ 消費者契約の成立について第7条の規定による選択がないときは,前条第1項,第2項及び第4項の規定にかかわらず,当該消費者契約の方式は,消費者の常居所地法による.

⑥ 前各項の規定は,次のいずれかに該当する場合には,適用しない.

1 事業者の事業所で消費者契約に関係するものが消費者の常居所地と法を異にする地に所在した場合であって,消費者が当該事業所の所在地と法を同じくする地に赴いて当該消費者契約を締結したとき.ただし,消費者が,当該事業者から,当該事業所の所在地と法を同じくする地において消費者契約を締結することについての勧誘をその常居所地において受けていたときを除く.

2 事業者の事業所で消費者契約に関係するものが消費者の常居所地と法を異にする地に所在した場合であって,消費者が当該事業所の所在地と法を同じくする地において当該消費者契約に基づく債務の全部の履行を受けたとき,又は受けることとされていたとき.ただし,消費者が,当該事業者から,当該事業所の所在地と法を同じくする地において債務の全部の履行を受けることについての勧誘をその常居所地において受けていたときを除く.

3 消費者契約の締結の当時,事業者が,消費者の常居所を知らず,かつ,知らなかったことについて相当の理由があるとき.

4 消費者契約の締結の当時,事業者が,その相手方が消費者でないと誤認し,かつ,誤認したことについて相当の理由があるとき.

(労働契約の特例)

第12条 ① 労働契約の成立及び効力について第7条又は第9条の規定による選択又は変更により適用すべき法が当該労働契約に最も密接な関係がある地の法以外の法である場合であっても,労働者が当該労働契約に最も密接な関係がある地の法中の特定の強行規定を適用すべき旨の意思を使用者に対し表示したときは,当該労働契約の成立及び効力に関しその強行規定の定める事項については,その強行規定をも適用する.

② 前項の規定の適用に当たっては,当該労働契約に関して労務を提供すべき地の法(その労務を提供すべき地を特定することができない場合にあっては,当該労働者を雇い入れた事業所の所在地の法.次項において同じ.)を当該労働契約に最も密接な関係がある地の法と推定する.

③ 労働契約の成立及び効力について第7条の

規定による選択がないときは,当該労働契約の成立及び効力については,第8条第2項の規定にかかわらず,当該労働契約において労務を提供すべき地の法を当該労働契約に最も密接な関係がある地の法と推定する.

#### 第3節 物権等
(物権及びその他の登記をすべき権利)
**第13条** ① 動産又は不動産に関する物権及びその他の登記をすべき権利は,その目的物の所在地法による.
② 前項の規定にかかわらず,同項に規定する権利の得喪は,その原因となる事実が完成した当時におけるその目的物の所在地法による.

#### 第4節 債権
(事務管理及び不当利得)
**第14条** 事務管理又は不当利得によって生ずる債権の成立及び効力は,その原因となる事実が発生した地の法による.

(明らかにより密接な関係がある地がある場合の例外)
**第15条** 前条の規定にかかわらず,事務管理又は不当利得によって生ずる債権の成立及び効力は,その原因となる事実が発生した当時において当事者が法を同じくする地に常居所を有していたこと,当事者間の契約に関連して事務管理が行われ又は不当利得が生じたことその他の事情に照らして,明らかに同条の規定により適用すべき法の属する地よりも密接な関係がある他の地があるときは,当該他の地の法による.

(当事者による準拠法の変更)
**第16条** 事務管理又は不当利得の当事者は,その原因となる事実が発生した後において,事務管理又は不当利得によって生ずる債権の成立及び効力について適用すべき法を変更することができる.ただし,第三者の権利を害することとなるときは,その変更をその第三者に対抗することができない.

(不法行為)
**第17条** 不法行為によって生ずる債権の成立及び効力は,加害行為の結果が発生した地の法による.ただし,その地における結果の発生が通常予見することのできないものであったときは,加害行為が行われた地の法による.

(生産物責任の特例)
**第18条** 前条の規定にかかわらず,生産物(生産され又は加工された物をいう.以下この条において同じ.)で引渡しがされたものの瑕疵により他人の生命,身体又は財産を侵害する不法行為によって生ずる生産業者(生産物を業として生産し,加工し,輸入し,輸出し,流通さ せ,又は販売した者をいう.以下この条において同じ.)又は生産物にその生産業者と認めることができる表示をした者(以下この条において「生産業者等」と総称する.)に対する債権の成立及び効力は,被害者が生産物の引渡しを受けた地の法による.ただし,その地における生産物の引渡しが通常予見することのできないものであったときは,生産業者等の主たる事業所の所在地の法(生産業者等が事業所を有しない場合にあっては,その常居所地法)による.

(名誉又は信用の毀損の特例)
**第19条** 第17条の規定にかかわらず,他人の名誉又は信用を毀損する不法行為によって生ずる債権の成立及び効力は,被害者の常居所地法(被害者が法人その他の社団又は財団である場合にあっては,その主たる事業所の所在地の法)による.

(明らかにより密接な関係がある地がある場合の例外)
**第20条** 前3条の規定にかかわらず,不法行為によって生ずる債権の成立及び効力は,不法行為の当時において当事者が法を同じくする地に常居所を有していたこと,当事者間の契約に基づく義務に違反して不法行為が行われたことその他の事情に照らして,明らかに前3条の規定により適用すべき法の属する地よりも密接な関係がある他の地があるときは,当該他の地の法による.

(当事者による準拠法の変更)
**第21条** 不法行為の当事者は,不法行為の後において,不法行為によって生ずる債権の成立及び効力について適用すべき法を変更することができる.ただし,第三者の権利を害することとなるときは,その変更をその第三者に対抗することができない.

(不法行為についての公序による制限)
**第22条** ① 不法行為について外国法によるべき場合において,当該外国法を適用すべき事実が日本法によれば不法とならないときは,当該外国法に基づく損害賠償その他の処分の請求は,することができない.
② 不法行為について外国法によるべき場合において,当該外国法を適用すべき事実が当該外国法及び日本法により不法となるときであっても,被害者は,日本法により認められる損害賠償その他の処分でなければ請求することができない.

(債権の譲渡)
**第23条** 債権の譲渡の債務者その他の第三者に対する効力は,譲渡に係る債権について適用

すべき法による.

### 第5節 親 族

**(婚姻の成立及び方式)**

**第24条** ① 婚姻の成立は,各当事者につき,その本国法による.

② 婚姻の方式は,婚姻挙行地の法による.

③ 前項の規定にかかわらず,当事者の一方の本国法に適合する方式は,有効とする.ただし,日本において婚姻が挙行された場合において,当事者の一方が日本人であるときは,この限りでない.

**(婚姻の効力)**

**第25条** 婚姻の効力は,夫婦の本国法が同一であるときはその法により,その法がない場合において夫婦の常居所地法が同一であるときはその法により,そのいずれの法もないときは夫婦に最も密接な関係がある地の法による.

**(夫婦財産制)**

**第26条** ① 前条の規定は,夫婦財産制について準用する.

② 前項の規定にかかわらず,夫婦が,その署名した書面で日付を記載したものにより,次に掲げる法のうちいずれの法によるべきかを定めたときは,夫婦財産制は,その法による.この場合において,その定めは,将来に向かってのみその効力を生ずる.
 1 夫婦の一方が国籍を有する国の法
 2 夫婦の一方の常居所地法
 3 不動産に関する夫婦財産制については,その不動産の所在地法

③ 前2項の規定により外国法を適用すべき夫婦財産制は,日本においてされた法律行為及び日本に在る財産については,善意の第三者に対抗することができない.この場合において,その第三者との間の関係については,夫婦財産制は,日本法による.

④ 前項の規定にかかわらず,第1項又は第2項の規定により適用すべき外国法に基づいてされた夫婦財産契約は,日本においてこれを登記したときは,第三者に対抗することができる.

**(離 婚)**

**第27条** 第25条の規定は,離婚について準用する.ただし,夫婦の一方が日本に常居所を有する日本人であるときは,離婚は,日本法による.

**(嫡出である子の親子関係の成立)**

**第28条** ① 夫婦の一方の本国法で子の出生の当時におけるものにより子が嫡出となるべきときは,その子は,嫡出である子とする.

② 夫が子の出生前に死亡したときは,その死亡の当時における夫の本国法を前項の夫の本国法とみなす.

**(嫡出でない子の親子関係の成立)**

**第29条** ① 嫡出でない子の親子関係の成立は,父との間の親子関係については子の出生の当時における父の本国法により,母との間の親子関係についてはその当時における母の本国法による.この場合において,子の認知による親子関係の成立については,認知の当時における子の本国法によればその子は第三者の承諾又は同意があることが認知の要件であるときは,その要件をも備えなければならない.

② 子の認知は,前項前段の規定により適用すべき法によるほか,認知の当時における認知する者又は子の本国法による.この場合において,認知する者の本国法によるときは,同項後段の規定を準用する.

③ 父が子の出生前に死亡したときは,その死亡の当時における父の本国法を第1項の父の本国法とみなす.前項に規定する者が認知前に死亡したときは,その死亡の当時におけるその者の本国法を同項のその者の本国法とみなす.

**(準 正)**

**第30条** ① 子は,準正の要件である事実が完成した当時における父若しくは母又は子の本国法により準正が成立するときは,嫡出子の身分を取得する.

② 前項に規定する者が準正の要件である事実の完成前に死亡したときは,その死亡の当時におけるその者の本国法を同項のその者の本国法とみなす.

**(養子縁組)**

**第31条** ① 養子縁組は,縁組の当時における養親となるべき者の本国法による.この場合において,養子となるべき者の本国法によればその者若しくは第三者の承諾若しくは同意又は公的機関の許可その他の処分があることが養子縁組の成立の要件であるときは,その要件をも備えなければならない.

② 養子とその実方の血族との親族関係の終了及び離縁は,前項前段の規定により適用すべき法による.

**(親子間の法律関係)**

**第32条** 親子間の法律関係は,子の本国法が父又は母の本国法(父母の一方が死亡し,又は知れない場合にあっては,他の一方の本国法)と同一である場合には子の本国法により,その他の場合には子の常居所地法による.

**(その他の親族関係等)**

**第33条** 第24条から前条までに規定するもののほか,親族関係及びこれによって生ずる権利義務は,当事者の本国法によって定める.

**(親族関係についての法律行為の方式)**

第3章 準拠法に関する通則

第34条 ① 第25条から前条までに規定する親族関係についての法律行為の方式は,当該法律行為の成立について適用すべき法による.
② 前項の規定にかかわらず,行為地法に適合する方式は,有効とする.
　（後見等）
第35条 ① 後見,保佐又は補助（以下「後見等」と総称する.）は,被後見人,被保佐人又は被補助人（次項において「被後見人等」と総称する.）の本国法による.
② 前項の規定にかかわらず,外国人が被後見人等である場合であって,次に掲げるときは,後見人,保佐人又は補助人の選任の審判その他の後見等に関する審判については,日本法による.
1 当該外国人の本国法によればその者について後見等が開始する原因がある場合であって,日本における後見等の事務を行う者がないとき.
2 日本において当該外国人について後見開始の審判等があったとき.
　第6節 相続
　（相　続）
第36条 相続は,被相続人の本国法による.
　（遺　言）
第37条 ① 遺言の成立及び効力は,その成立の当時における遺言者の本国法による.
② 遺言の取消しは,その当時における遺言者の本国法による.
　第7節 補則
　（本国法）
第38条 ① 当事者が二以上の国籍を有する場合には,その国籍を有する国のうちに当事者が常居所を有する国があるときはその国の法を,その国籍を有する国のうちに当事者が常居所を有する国がないときは当事者に最も密接な関係がある国の法を当事者の本国法とする.ただし,その国籍のうちのいずれかが日本の国籍であるときは,日本法を当事者の本国法とする.
② 当事者の本国法によるべき場合において,当事者が国籍を有しないときは,その常居所地法による.ただし,第25条（第26条第1項及び第27条において準用する場合を含む.）及び第32条の規定の適用については,この限りでない.
③ 当事者が地域により法を異にする国の国籍を有する場合には,その国の規則に従い指定される法（そのような規則がない場合にあっては,当事者に最も密接な関係がある地域の法）を当事者の本国法とする.
　（常居所地法）
第39条 当事者の常居所地法によるべき場合において,その常居所が知れないときは,その居所地法による.ただし,第25条（第26条第1項及び第27条において準用する場合を含む.）の規定の適用については,この限りでない.
　（人的に法を異にする国又は地の法）
第40条 ① 当事者が人的に法を異にする国の国籍を有する場合には,その国の規則に従い指定される法（そのような規則がない場合にあっては,当事者に最も密接な関係がある法）を当事者の本国法とする.
② 前項の規定は,当事者の常居所地が人的に法を異にする場合における当事者の常居所地法で第25条（第26条第1項及び第27条において準用する場合を含む.）,第26条第2項第2号,第32条又は第38条第2項の規定により適用されるもの及び夫婦に最も密接な関係がある地が人的に法を異にする場合における夫婦に最も密接な関係がある地の法について準用する.
　（反　致）
第41条 当事者の本国法によるべき場合において,その国の法に従えば日本法によるべきときは,日本法による.ただし,第25条（第26条第1項及び第27条において準用する場合を含む.）又は第32条の規定により当事者の本国法によるべき場合は,この限りでない.
　（公　序）
第42条 外国法によるべき場合において,その規定の適用が公の秩序又は善良の風俗に反するときは,これを適用しない.
　（適用除外）
第43条 ① この章の規定は,夫婦,親子その他の親族関係から生ずる扶養の義務については,適用しない.ただし,第39条本文の規定の適用については,この限りでない.
② この章の規定は,遺言の方式については,適用しない.ただし,第38条第2項本文,第39条本文及び第40条の規定の適用については,この限りでない.
　附　則　（抄）
　（施行期日）
第1条 この法律は,公布の日から起算して1年を超えない範囲内において政令で定める日から施行する.

# I 憲法・行政法

## 2 日本国憲法

(昭21・11・3公布, 昭22・5・3施行)

[目　次]
第1章　天　皇（1条-8条）
第2章　戦争の放棄（9条）
第3章　国民の権利及び義務（10条-40条）
第4章　国　会（41条-64条）
第5章　内　閣（65条-75条）
第6章　司　法（76条-82条）
第7章　財　政（83条-91条）
第8章　地方自治（92条-95条）
第9章　改　正（96条）
第10章　最高法規（97条-99条）
第11章　補　則（100条-103条）

　日本国民は、正当に選挙された国会における代表者を通じて行動し、われらとわれらの子孫のために、諸国民との協和による成果と、わが国全土にわたつて自由のもたらす恵沢を確保し、政府の行為によつて再び戦争の惨禍が起ることのないやうにすることを決意し、ここに主権が国民に存することを宣言し、この憲法を確定する。そもそも国政は、国民の厳粛な信託によるものであつて、その権威は国民に由来し、その権力は国民の代表者がこれを行使し、その福利は国民がこれを享受する。これは人類普遍の原理であり、この憲法は、かかる原理に基くものである。われらは、これに反する一切の憲法、法令及び詔勅を排除する。

　日本国民は、恒久の平和を念願し、人間相互の関係を支配する崇高な理想を深く自覚するのであつて、平和を愛する諸国民の公正と信義に信頼して、われらの安全と生存を保持しようと決意した。われらは、平和を維持し、専制と隷従、圧迫と偏狭を地上から永遠に除去しようと努めてゐる国際社会において、名誉ある地位を占めたいと思ふ。われらは、全世界の国民が、ひとしく恐怖と欠乏から免かれ、平和のうちに生存する権利を有することを確認する。

　われらは、いづれの国家も、自国のことのみに専念して他国を無視してはならないのであつて、政治道徳の法則は、普遍的なものであり、この法則に従ふことは、自国の主権を維持し、他国と対等関係に立たうとする各国の責務であると信ずる。

　日本国民は、国家の名誉にかけ、全力をあげてこの崇高な理想と目的を達成することを誓ふ。

## 第1章　天　皇

**第1条〔天皇の地位・国民主権〕**　天皇は、日本国の象徴であり日本国民統合の象徴であつて、この地位は、主権の存する日本国民の総意に基く。

**第2条〔皇位の世襲と継承〕**　皇位は、世襲のものであつて、国会の議決した皇室典範の定めるところにより、これを継承する。

**第3条〔天皇の国事行為に対する内閣の助言・承認〕**　天皇の国事に関するすべての行為には、内閣の助言と承認を必要とし、内閣が、その責任を負ふ。

**第4条〔天皇の権能の限界、天皇の国事行為の委任〕**　① 天皇は、この憲法の定める国事に関する行為のみを行ひ、国政に関する権能を有しない。

② 天皇は、法律の定めるところにより、その国事に関する行為を委任することができる。

**第5条〔摂政〕**　皇室典範の定めるところにより摂政を置くときは、摂政は、天皇の名でその国事に関する行為を行ふ。この場合には、前条第1項の規定を準用する。

**第6条〔天皇の任命権〕**　① 天皇は、国会の指名に基いて、内閣総理大臣を任命する。

② 天皇は、内閣の指名に基いて、最高裁判所の長たる裁判官を任命する。

**第7条〔天皇の国事行為〕**　天皇は、内閣の助言と承認により、国民のために、左の国事に関する行為を行ふ。

1　憲法改正、法律、政令及び条約を公布すること。
2　国会を召集すること。
3　衆議院を解散すること。
4　国会議員の総選挙の施行を公示すること。
5　国務大臣及び法律の定めるその他の官吏の任免並びに全権委任状及び大使及び公使の信任状を認証すること。
6　大赦、特赦、減刑、刑の執行の免除及び復権を認証すること。
7　栄典を授与すること。
8　批准書及び法律の定めるその他の外交文書を認証すること。
9　外国の大使及び公使を接受すること。
10　儀式を行ふこと。

**第8条〔皇室の財産授受〕**　皇室に財産を譲り渡し、又は皇室が、財産を譲り受け、若しくは賜与することは、国会の議決に基かなければならない。

## 第2章　戦争の放棄

**第9条〔戦争の放棄、戦力及び交戦権の否認〕**　① 日本国民は、正義と秩序を基調とする国際平和を誠実に希求し、国権の発動たる戦争と、

武力による威嚇又は武力の行使は、国際紛争を解決する手段としては、永久にこれを放棄する。
② 前項の目的を達するため、陸海空軍その他の戦力は、これを保持しない。国の交戦権は、これを認めない。

### 第3章 国民の権利及び義務

第10条〔国民の要件〕日本国民たる要件は、法律でこれを定める。

第11条〔基本的人権の享有と不可侵〕国民は、すべての基本的人権の享有を妨げられない。この憲法が国民に保障する基本的人権は、侵すことのできない永久の権利として、現在及び将来の国民に与へられる。

第12条〔自由及び権利の保持の責任と濫用の禁止〕この憲法が国民に保障する自由及び権利は、国民の不断の努力によつて、これを保持しなければならない。又、国民は、これを濫用してはならないのであつて、常に公共の福祉のためにこれを利用する責任を負ふ。

第13条〔個人の尊重・幸福追求権・公共の福祉〕すべて国民は、個人として尊重される。生命、自由及び幸福追求に対する国民の権利については、公共の福祉に反しない限り、立法その他の国政の上で、最大の尊重を必要とする。

第14条〔法の下の平等、貴族制度の禁止、栄典の限界〕① すべて国民は、法の下に平等であつて、人種、信条、性別、社会的身分又は門地により、政治的、経済的又は社会的関係において、差別されない。
② 華族その他の貴族の制度は、これを認めない。
③ 栄誉、勲章その他の栄典の授与は、いかなる特権も伴はない。栄典の授与は、現にこれを有し、又は将来これを受ける者の一代に限り、その効力を有する。

第15条〔公務員の選定罷免権、全体の奉仕者性、普通選挙・秘密投票の保障〕① 公務員を選定し、及びこれを罷免することは、国民固有の権利である。
② すべて公務員は、全体の奉仕者であつて、一部の奉仕者ではない。
③ 公務員の選挙については、成年者による普通選挙を保障する。
④ すべて選挙における投票の秘密は、これを侵してはならない。選挙人は、その選択に関し公的にも私的にも責任を問はれない。

第16条〔請願権〕何人も、損害の救済、公務員の罷免、法律、命令又は規則の制定、廃止又は改正その他の事項に関し、平穏に請願する権利を有し、何人も、かかる請願をしたためにいかなる差別待遇も受けない。

第17条〔国及び公共団体の賠償責任〕何人も、公務員の不法行為により、損害を受けたときは、法律の定めるところにより、国又は公共団体に、その賠償を求めることができる。

第18条〔奴隷的拘束及び苦役からの自由〕何人も、いかなる奴隷的拘束も受けない。又、犯罪に因る処罰の場合を除いては、その意に反する苦役に服させられない。

第19条〔思想及び良心の自由〕思想及び良心の自由は、これを侵してはならない。

第20条〔信教の自由、政教分離〕① 信教の自由は、何人に対してもこれを保障する。いかなる宗教団体も、国から特権を受け、又は政治上の権力を行使してはならない。
② 何人も、宗教上の行為、祝典、儀式又は行事に参加することを強制されない。
③ 国及びその機関は、宗教教育その他いかなる宗教的活動もしてはならない。

第21条〔集会・結社・表現の自由、検閲の禁止、通信の秘密〕① 集会、結社及び言論、出版その他一切の表現の自由は、これを保障する。
② 検閲は、これをしてはならない。通信の秘密は、これを侵してはならない。

第22条〔居住・移転・職業選択の自由、外国移住・国籍離脱の自由〕① 何人も、公共の福祉に反しない限り、居住、移転及び職業選択の自由を有する。
② 何人も、外国に移住し、又は国籍を離脱する自由を侵されない。

第23条〔学問の自由〕学問の自由は、これを保障する。

第24条〔家族生活における個人の尊厳と両性の平等〕① 婚姻は、両性の合意のみに基いて成立し、夫婦が同等の権利を有することを基本として、相互の協力により、維持されなければならない。
② 配偶者の選択、財産権、相続、住居の選定、離婚並びに婚姻及び家族に関するその他の事項に関しては、法律は、個人の尊厳と両性の本質的平等に立脚して、制定されなければならない。

第25条〔生存権、国の社会福祉及び社会保障等の向上及び増進の努力義務〕① すべて国民は、健康で文化的な最低限度の生活を営む権利を有する。
② 国は、すべての生活部面について、社会福祉、社会保障及び公衆衛生の向上及び増進に努めなければならない。

第26条〔教育を受ける権利、教育の義務〕① すべて国民は、法律の定めるところにより、その能力に応じて、ひとしく教育を受ける権利を有する。

② すべて国民は,法律の定めるところにより,その保護する子女に普通教育を受けさせる義務を負ふ.義務教育は,これを無償とする.

**第27条〔勤労の権利及び義務,勤労条件の基準,児童酷使の禁止〕** ① すべて国民は,勤労の権利を有し,義務を負ふ.

② 賃金,就業時間,休息その他の勤労条件に関する基準は,法律でこれを定める.

③ 児童は,これを酷使してはならない.

**第28条〔労働基本権〕** 勤労者の団結する権利及び団体交渉その他の団体行動をする権利は,これを保障する.

**第29条〔財産権〕** ① 財産権は,これを侵してはならない.

② 財産権の内容は,公共の福祉に適合するやうに,法律でこれを定める.

③ 私有財産は,正当な補償の下に,これを公共のために用ひることができる.

**第30条〔納税の義務〕** 国民は,法律の定めるところにより,納税の義務を負ふ.

**第31条〔法定手続の保障〕** 何人も,法律の定める手続によらなければ,その生命若しくは自由を奪はれ,又はその他の刑罰を科せられない.

**第32条〔裁判を受ける権利〕** 何人も,裁判所において裁判を受ける権利を奪はれない.

**第33条〔逮捕の要件〕** 何人も,現行犯として逮捕される場合を除いては,権限を有する司法官憲が発し,且つ理由となつてゐる犯罪を明示する令状によらなければ,逮捕されない.

**第34条〔抑留・拘禁の要件,不当拘禁の禁止〕** 何人も,理由を直ちに告げられ,且つ,直ちに弁護人に依頼する権利を与へられなければ,抑留又は拘禁されない.又,何人も,正当な理由がなければ,拘禁されず,要求があれば,その理由は,直ちに本人及びその弁護人の出席する公開の法廷で示されなければならない.

**第35条〔住居の不可侵,捜索・押収の要件〕** ① 何人も,その住居,書類及び所持品について,侵入,捜索及び押収を受けることのない権利は,第33条の場合を除いては,正当な理由に基いて発せられ,且つ捜索する場所及び押収する物を明示する令状がなければ,侵されない.

② 捜索又は押収は,権限を有する司法官憲が発する各別の令状により,これを行ふ.

**第36条〔拷問及び残虐な刑罰の禁止〕** 公務員による拷問及び残虐な刑罰は,絶対にこれを禁ずる.

**第37条〔刑事被告人の諸権利〕** ① すべて刑事事件においては,被告人は,公平な裁判所の迅速な公開裁判を受ける権利を有する.

② 刑事被告人は,すべての証人に対して審問する機会を充分に与へられ,又,公費で自己のために強制的手続により証人を求める権利を有する.

③ 刑事被告人は,いかなる場合にも,資格を有する弁護人を依頼することができる.被告人が自らこれを依頼することができないときは,国でこれを附する.

**第38条〔不利益な供述強要の禁止,自白の証拠能力〕** ① 何人も,自己に不利益な供述を強要されない.

② 強制,拷問若しくは脅迫による自白又は不当に長く抑留若しくは拘禁された後の自白は,これを証拠とすることができない.

③ 何人も,自己に不利益な唯一の証拠が本人の自白である場合には,有罪とされ,又は刑罰を科せられない.

**第39条〔遡及処罰の禁止・一事不再理〕** 何人も,実行の時に適法であつた行為又は既に無罪とされた行為については,刑事上の責任を問はれない.又,同一の犯罪について,重ねて刑事上の責任を問はれない.

**第40条〔刑事補償〕** 何人も,抑留又は拘禁された後,無罪の裁判を受けたときは,法律の定めるところにより,国にその補償を求めることができる.

## 第4章 国 会

**第41条〔国会の地位・立法権〕** 国会は,国権の最高機関であつて,国の唯一の立法機関である.

**第42条〔両院制〕** 国会は,衆議院及び参議院の両議院でこれを構成する.

**第43条〔両議院の組織〕** ① 両議院は,全国民を代表する選挙された議員でこれを組織する.

② 両議院の議員の定数は,法律でこれを定める.

**第44条〔議員及び選挙人の資格〕** 両議院の議員及びその選挙人の資格は,法律でこれを定める.但し,人種,信条,性別,社会的身分,門地,教育,財産又は収入によつて差別してはならない.

**第45条〔衆議院議員の任期〕** 衆議院議員の任期は,4年とする.但し,衆議院解散の場合には,その期間満了前に終了する.

**第46条〔参議院議員の任期〕** 参議院議員の任期は,6年とし,3年ごとに議員の半数を改選する.

**第47条〔選挙に関する事項の法定〕** 選挙区,投票の方法その他両議院の議員の選挙に関する事項は,法律でこれを定める.

**第48条〔両議院議員兼職の禁止〕** 何人も,同時に両議院の議員たることはできない.

**第49条〔議員の歳費〕** 両議院の議員は,法律の定めるところにより,国庫から相当額の歳費

第50条〔議員の不逮捕特権〕両議院の議員は、法律の定める場合を除いては、国会の会期中逮捕されず、会期前に逮捕された議員は、その議院の要求があれば、会期中これを釈放しなければならない。

第51条〔議員の免責特権〕両議院の議員は、議院で行つた演説、討論又は表決について、院外で責任を問はれない。

第52条〔常会〕国会の常会は、毎年1回これを召集する。

第53条〔臨時会〕内閣は、国会の臨時会の召集を決定することができる。いづれかの議院の総議員の4分の1以上の要求があれば、内閣は、その召集を決定しなければならない。

第54条〔衆議院の解散と特別会、参議院の緊急集会〕① 衆議院が解散されたときは、解散の日から40日以内に、衆議院議員の総選挙を行ひ、その選挙の日から30日以内に、国会を召集しなければならない。
② 衆議院が解散されたときは、参議院は、同時に閉会となる。但し、内閣は、国に緊急の必要があるときは、参議院の緊急集会を求めることができる。
③ 前項但書の緊急集会において採られた措置は、臨時のものであつて、次の国会開会の後10日以内に、衆議院の同意がない場合には、その効力を失ふ。

第55条〔議員の資格争訟〕両議院は、各々その議員の資格に関する争訟を裁判する。但し、議員の議席を失はせるには、出席議員の3分の2以上の多数による議決を必要とする。

第56条〔定足数、表決数〕① 両議院は、各々その総議員の3分の1以上の出席がなければ、議事を開き議決することができない。
② 両議院の議事は、この憲法に特別の定のある場合を除いては、出席議員の過半数でこれを決し、可否同数のときは、議長の決するところによる。

第57条〔会議の公開と秘密会、会議録の公開、表決の会議録への記載〕① 両議院の会議は、公開とする。但し、出席議員の3分の2以上の多数で議決したときは、秘密会を開くことができる。
② 両議院は、各々その会議の記録を保存し、秘密会の記録の中で特に秘密を要すると認められるもの以外は、これを公表し、且つ一般に頒布しなければならない。
③ 出席議員の5分の1以上の要求があれば、各議員の表決は、これを会議録に記載しなければならない。

第58条〔役員の選任、議院規則・懲罰〕① 両議院は、各々その議長その他の役員を選任する。
② 両議院は、各々その会議その他の手続及び内部の規律に関する規則を定め、又、院内の秩序をみだした議員を懲罰することができる。但し、議員を除名するには、出席議員の3分の2以上の多数による議決を必要とする。

第59条〔法律案の議決、衆議院の優越〕① 法律案は、この憲法に特別の定のある場合を除いては、両議院で可決したとき法律となる。
② 衆議院で可決し、参議院でこれと異なつた議決をした法律案は、衆議院で出席議員の3分の2以上の多数で再び可決したときは、法律となる。
③ 前項の規定は、法律の定めるところにより、衆議院が、両議院の協議会を開くことを求めることを妨げない。
④ 参議院が、衆議院の可決した法律案を受け取つた後、国会休会中の期間を除いて60日以内に、議決しないときは、衆議院は、参議院がその法律案を否決したものとみなすことができる。

第60条〔衆議院の予算先議と優越〕① 予算は、さきに衆議院に提出しなければならない。
② 予算について、参議院で衆議院と異なつた議決をした場合に、法律の定めるところにより、両議院の協議会を開いても意見が一致しないとき、又は参議院が、衆議院の可決した予算を受け取つた後、国会休会中の期間を除いて30日以内に、議決しないときは、衆議院の議決を国会の議決とする。

第61条〔条約の承認と衆議院の優越〕条約の締結に必要な国会の承認については、前条第2項の規定を準用する。

第62条〔議院の国政調査権〕両議院は、各々国政に関する調査を行ひ、これに関して、証人の出頭及び証言並びに記録の提出を要求することができる。

第63条〔国務大臣の議院出席の権利及び義務〕内閣総理大臣その他の国務大臣は、両議院の一に議席を有すると有しないとにかかはらず、何時でも議案について発言するため議院に出席することができる。又、答弁又は説明のため出席を求められたときは、出席しなければならない。

第64条〔弾劾裁判所〕① 国会は、罷免の訴追を受けた裁判官を裁判するため、両議院の議員で組織する弾劾裁判所を設ける。
② 弾劾に関する事項は、法律でこれを定める。

## 第5章 内　閣

第65条〔行政権と内閣〕行政権は、内閣に属する。
第66条〔内閣の組織、文民資格、連帯責任〕① 内閣は、法律の定めるところにより、その首長た

る内閣総理大臣及びその他の国務大臣でこれを組織する．

② 内閣総理大臣その他の国務大臣は，文民でなければならない．

③ 内閣は，行政権の行使について，国会に対し連帯して責任を負ふ．

**第67条〔内閣総理大臣の指名，衆議院の優越〕**① 内閣総理大臣は，国会議員の中から国会の議決で，これを指名する．この指名は，他のすべての案件に先だつて，これを行ふ．

② 衆議院と参議院とが異なつた指名の議決をした場合に，法律の定めるところにより，両議院の協議会を開いても意見が一致しないとき，又は衆議院が指名の議決をした後，国会休会中の期間を除いて10日以内に，参議院が，指名の議決をしないときは，衆議院の議決を国会の議決とする．

**第68条〔国務大臣の任命及び罷免〕**① 内閣総理大臣は，国務大臣を任命する．但し，その過半数は，国会議員の中から選ばれなければならない．

② 内閣総理大臣は，任意に国務大臣を罷免することができる．

**第69条〔衆議院の内閣不信任と解散又は内閣総辞職〕**内閣は，衆議院で不信任の決議案を可決し，又は信任の決議案を否決したときは，10日以内に衆議院が解散されない限り，総辞職をしなければならない．

**第70条〔内閣総理大臣の欠缺又は総選挙と内閣総辞職〕**内閣総理大臣が欠けたとき，又は衆議院議員総選挙の後に初めて国会の召集があつたときは，内閣は，総辞職をしなければならない．

**第71条〔総辞職後の内閣による職務執行〕**前2条の場合には，内閣は，あらたに内閣総理大臣が任命されるまで引き続きその職務を行ふ．

**第72条〔内閣総理大臣の職務〕**内閣総理大臣は，内閣を代表して議案を国会に提出し，一般国務及び外交関係について国会に報告し，並びに行政各部を指揮監督する．

**第73条〔内閣の職権〕**内閣は，他の一般行政事務の外，左の事務を行ふ．

1 法律を誠実に執行し，国務を総理すること．
2 外交関係を処理すること．
3 条約を締結すること．但し，事前に，時宜によつては事後に，国会の承認を経ることを必要とする．
4 法律の定める基準に従ひ，官吏に関する事務を掌理すること．
5 予算を作成して国会に提出すること．
6 この憲法及び法律の規定を実施するために，政令を制定すること．但し，政令には，特にその法律の委任がある場合を除いては，罰則を設けることができない．
7 大赦，特赦，減刑，刑の執行の免除及び復権を決定すること．

**第74条〔法律・政令の署名・連署〕**法律及び政令には，すべて主任の国務大臣が署名し，内閣総理大臣が連署することを必要とする．

**第75条〔国務大臣の訴追〕**国務大臣は，その在任中，内閣総理大臣の同意がなければ，訴追されない．但し，これがため，訴追の権利は，害されない．

## 第6章　司　法

**第76条〔司法権・裁判所，特別裁判所の禁止，裁判官の独立〕**① すべて司法権は，最高裁判所及び法律の定めるところにより設置する下級裁判所に属する．

② 特別裁判所は，これを設置することができない．行政機関は，終審として裁判を行ふことができない．

③ すべて裁判官は，その良心に従ひ独立してその職権を行ひ，この憲法及び法律にのみ拘束される．

**第77条〔最高裁判所の規則制定権〕**① 最高裁判所は，訴訟に関する手続，弁護士，裁判所の内部規律及び司法事務処理に関する事項について，規則を定める権限を有する．

② 検察官は，最高裁判所の定める規則に従はなければならない．

③ 最高裁判所は，下級裁判所に関する規則を定める権限を，下級裁判所に委任することができる．

**第78条〔裁判官の身分保障〕**裁判官は，裁判により，心身の故障のために職務を執ることができないと決定された場合を除いては，公の弾劾によらなければ罷免されない．裁判官の懲戒処分は，行政機関がこれを行ふことはできない．

**第79条〔最高裁判所の構成，国民審査，定年，報酬〕**① 最高裁判所は，その長たる裁判官及び法律の定める員数のその他の裁判官でこれを構成し，その長たる裁判官以外の裁判官は，内閣でこれを任命する．

② 最高裁判所の裁判官の任命は，その任命後初めて行はれる衆議院議員総選挙の際国民の審査に付し，その後10年を経過した後初めて行はれる衆議院議員総選挙の際更に審査に付し，その後も同様とする．

③ 前項の場合において，投票者の多数が裁判官の罷免を可とするときは，その裁判官は，罷免される．

④ 審査に関する事項は，法律でこれを定める．

⑤ 最高裁判所の裁判官は、法律の定める年齢に達した時に退官する。
⑥ 最高裁判所の裁判官は、すべて定期に相当額の報酬を受ける。この報酬は、在任中、これを減額することができない。

**第80条〔下級裁判所の裁判官・任期・定年、報酬〕** ① 下級裁判所の裁判官は、最高裁判所の指名した者の名簿によつて、内閣でこれを任命する。その裁判官は、任期を10年とし、再任されることができる。但し、法律の定める年齢に達した時には退官する。
② 下級裁判所の裁判官は、すべて定期に相当額の報酬を受ける。この報酬は、在任中、これを減額することができない。

**第81条〔違憲審査制〕** 最高裁判所は、一切の法律、命令、規則又は処分が憲法に適合するかしないかを決定する権限を有する終審裁判所である。

**第82条〔裁判の公開〕** ① 裁判の対審及び判決は、公開法廷でこれを行ふ。
② 裁判所が、裁判官の全員一致で、公の秩序又は善良の風俗を害する虞があると決した場合には、対審は、公開しないでこれを行ふことができる。但し、政治犯罪、出版に関する犯罪又はこの憲法第3章で保障する国民の権利が問題となつてゐる事件の対審は、常にこれを公開しなければならない。

### 第7章 財 政

**第83条〔財政処理の基本原則〕** 国の財政を処理する権限は、国会の議決に基いて、これを行使しなければならない。

**第84条〔租税法律主義〕** あらたに租税を課し、又は現行の租税を変更するには、法律又は法律の定める条件によることを必要とする。

**第85条〔国費の支出及び国の債務負担〕** 国費を支出し、又は国が債務を負担するには、国会の議決に基くことを必要とする。

**第86条〔予算の作成と議決〕** 内閣は、毎会計年度の予算を作成し、国会に提出して、その審議を受け議決を経なければならない。

**第87条〔予備費〕** ① 予見し難い予算の不足に充てるため、国会の議決に基いて予備費を設け、内閣の責任でこれを支出することができる。
② すべて予備費の支出については、内閣は、事後に国会の承諾を得なければならない。

**第88条〔皇室財産・皇室費用〕** すべて皇室財産は、国に属する。すべて皇室の費用は、予算に計上して国会の議決を経なければならない。

**第89条〔公の財産の支出・利用提供の制限〕** 公金その他の公の財産は、宗教上の組織若しくは団体の使用、便益若しくは維持のため、又は公の支配に属しない慈善、教育若しくは博愛の事業に対し、これを支出し、又はその利用に供してはならない。

**第90条〔決算検査、会計検査院〕** ① 国の収入支出の決算は、すべて毎年会計検査院がこれを検査し、内閣は、次の年度に、その検査報告とともに、これを国会に提出しなければならない。
② 会計検査院の組織及び権限は、法律でこれを定める。

**第91条〔財政状況の報告〕** 内閣は、国会及び国民に対し、定期に、少くとも毎年1回、国の財政状況について報告しなければならない。

### 第8章 地方自治

**第92条〔地方自治の基本原則〕** 地方公共団体の組織及び運営に関する事項は、地方自治の本旨に基いて、法律でこれを定める。

**第93条〔地方公共団体の議会の設置、長・議員等の直接選挙〕** ① 地方公共団体には、法律の定めるところにより、その議事機関として議会を設置する。
② 地方公共団体の長、その議会の議員及び法律の定めるその他の吏員は、その地方公共団体の住民が、直接これを選挙する。

**第94条〔地方公共団体の権能、条例制定権〕** 地方公共団体は、その財産を管理し、事務を処理し、及び行政を執行する権能を有し、法律の範囲内で条例を制定することができる。

**第95条〔特別法の住民投票〕** 一の地方公共団体のみに適用される特別法は、法律の定めるところにより、その地方公共団体の住民の投票においてその過半数の同意を得なければ、国会は、これを制定することができない。

### 第9章 改 正

**第96条〔憲法改正の手続、その公布〕** ① この憲法の改正は、各議院の総議員の3分の2以上の賛成で、国会が、これを発議し、国民に提案してその承認を経なければならない。この承認には、特別の国民投票又は国会の定める選挙の際行はれる投票において、その過半数の賛成を必要とする。
② 憲法改正について前項の承認を経たときは、天皇は、国民の名で、この憲法と一体を成すものとして、直ちにこれを公布する。

### 第10章 最高法規

**第97条〔基本的人権の本質〕** この憲法が日本国民に保障する基本的人権は、人類の多年にわたる自由獲得の努力の成果であつて、これらの

権利は、過去幾多の試煉に堪へ、現在及び将来の国民に対し、侵すことのできない永久の権利として信託されたものである.

**第98条〔憲法の最高法規性, 条約及び国際法規の遵守〕** ① この憲法は、国の最高法規であつて、その条規に反する法律、命令、詔勅及び国務に関するその他の行為の全部又は一部は、その効力を有しない.

② 日本国が締結した条約及び確立された国際法規は、これを誠実に遵守することを必要とする.

**第99条〔憲法尊重擁護の義務〕** 天皇又は摂政及び国務大臣、国会議員、裁判官その他の公務員は、この憲法を尊重し擁護する義務を負ふ.

## 第11章 補則

**第100条〔施行期日, 施行の準備〕** ① この憲法は、公布の日から起算して6箇月を経過した日から、これを施行する.

② この憲法を施行するために必要な法律の制定、参議院議員の選挙及び国会召集の手続並びにこの憲法を施行するために必要な準備手続は、前項の期日よりも前に、これを行ふことができる.

**第101条〔経過規定─参議院未成立の間の国会〕** この憲法施行の際、参議院がまだ成立してゐないときは、その成立するまでの間、衆議院は、国会としての権限を行ふ.

**第102条〔経過規定─第1期の参議院の任期〕** この憲法による第1期の参議院議員のうち、その半数の者の任期は、これを3年とする. その議員は、法律の定めるところにより、これを定める.

**第103条〔経過規定─憲法施行の際の公務員の地位〕** この憲法施行の際現に在職する国務大臣、衆議院議員及び裁判官並びにその他の公務員で、その地位に相応する地位がこの憲法で認められてゐる者は、法律で特別の定をした場合を除いては、この憲法施行のため、当然にはその地位を失ふことはない. 但し、この憲法によつて、後任者が選挙又は任命されたときは、当然その地位を失ふ.

## 3 大日本帝国憲法

(明22・2・11公布,明23・11・29施行)

告 文
皇朕レ謹ミ畏ミ
皇祖
皇宗ノ神霊ニ誥ケ白サク皇朕レ天壌無窮ノ宏謨ニ循ヒ惟神ノ宝祚ヲ承継シ旧図ヲ保持シテ敢テ失墜スルコト無シ顧ミルニ世局ノ進運ニ膺リ人文ノ発達ニ随ヒ宜ク
皇祖
皇宗ノ遺訓ヲ明徴ニシ典憲ヲ成立シ条章ヲ昭示シ内ハ以テ子孫ノ率由スル所ヲ為シ外ハ以テ臣民翼賛ノ道ヲ広メ永遠ニ遵行セシメ益々我国家ノ不基ヲ鞏固ニシ八洲臣生ノ慶福ヲ増進スヘシ茲ニ皇室典範及憲法ヲ制定ス惟フニ此レ皆
皇祖
皇宗ノ後裔ニ貽シタマヘル統治ノ洪範ヲ紹述スルニ外ナラス而シテ朕カ躬ニ逮テ時ト倶ニ挙行スルコトヲ得ルハ洵ニ
皇祖
皇宗及我カ
皇考ノ威霊ニ倚藉スルニ由ラサルハ無シ皇朕レ仰テ
皇祖
皇考ノ神祐ヲ祷リ併セテ朕カ現在及将来ニ臣民ニ率先シ此ノ憲章ヲ履行シテ愆ラサラムコトヲ誓フ庶幾クハ
神霊此レヲ鑒ミタマヘ

### 憲法発布勅語

朕国家ノ隆昌ト臣民ノ慶福トヲ以テ中心ノ欣栄トシ朕カ祖宗ニ承クルノ大権ニ依リ現在及将来ノ臣民ニ対シ此ノ不磨ノ大典ヲ宣布ス

惟フニ我カ祖我カ宗ハ我カ臣民祖先ノ協力輔翼ニ倚リ我カ帝国ヲ肇造シ以テ無窮ニ垂レタリ此レ我カ神聖ナル祖宗ノ威徳ト並ニ臣民ノ忠実勇武ニシテ国ヲ愛シ公ニ殉ヒ以テ此ノ光輝アル国史ノ成跡ヲ貽シタルナリ朕我カ臣民ハ即チ祖宗ノ忠良ナル臣民ノ子孫ナルヲ回想シ其ノ朕カ意ヲ奉体シ朕カ事ヲ奨順シ相与ニ和衷協同シ益々我カ帝国ノ光栄ヲ中外ニ宣揚シ祖宗ノ遺業ヲ永久ニ鞏固ナラシムルノ希望ヲ同クシ此ノ負担ヲ分ツニ堪フルコトヲ疑ハサルナリ

朕祖宗ノ遺烈ヲ承ケ万世一系ノ帝位ヲ践ミ朕カ親愛スル所ノ臣民ハ即チ朕カ祖宗ノ恵撫慈養シタマヒシ所ノ臣民ナルヲ念ヒ其ノ康福ヲ増進シ其ノ懿徳良能ヲ発達セシメムコトヲ願ヒ又其ノ翼賛ニ依リ与ニ倶ニ国家ノ進運ヲ扶持セムコトヲ望ミ乃チ明治14年10月12日ノ詔命ヲ履践シ茲ニ大憲ヲ制定シ朕カ率由スル所ヲ示シ朕カ後嗣及臣民及臣民ノ子孫タル者ヲシテ永遠ニ循行スル所ヲ知ラシム

国家統治ノ大権ハ朕カ之ヲ祖宗ニ承ケテ之ヲ子孫ニ伝フル所ナリ朕及朕カ子孫ハ将来此ノ憲法ノ条章ニ循ヒ之ヲ行フコトヲ愆ラサルヘシ

朕ハ我カ臣民ノ権利及財産ノ安全ヲ貴重シ及之ヲ保護シ此ノ憲法及法律ノ範囲内ニ於テ其ノ享有ヲ完全ナラシムヘキコトヲ宣言ス帝国議会ハ明治23年ヲ以テ之ヲ召集シ議会開会ノ時(明治23年11月29日)ヲ以テ此ノ憲法ヲシテ有効ナラシムルノ期トスヘシ

将来若此ノ憲法ノ或ハ条章ヲ改定スルノ必要ナル時宜ヲ見ルニ至ラハ朕及朕カ継統ノ子孫ハ発議ノ権ヲ執リ之ヲ議会ニ付シ議会ハ此ノ憲法ニ定メタル要件ニ依リ之ヲ議決スルノ外朕カ子孫及臣民ハ敢テ之カ紛更ヲ試ミルコトヲ得サルヘシ

朕カ在廷ノ大臣ハ朕カ為ニ此ノ憲法ヲ施行スルノ責ニ任スヘク朕カ現在及将来ノ臣民ハ此ノ憲法ニ対シ永遠ニ従順ノ義務ヲ負フヘシ

## 第1章 天皇

**第1条** 大日本帝国ハ万世一系ノ天皇之ヲ統治ス
**第2条** 皇位ハ皇室典範ノ定ムル所ニ依リ皇男子孫之ヲ継承ス
**第3条** 天皇ハ神聖ニシテ侵スヘカラス
**第4条** 天皇ハ国ノ元首ニシテ統治権ヲ総攬シ此ノ憲法ノ条規ニ依リ之ヲ行フ
**第5条** 天皇ハ帝国議会ノ協賛ヲ以テ立法権ヲ行フ
**第6条** 天皇ハ法律ヲ裁可シ其ノ公布及執行ヲ命ス
**第7条** 天皇ハ帝国議会ヲ召集シ其ノ開会閉会停会及衆議院ノ解散ヲ命ス
**第8条** ① 天皇ハ公共ノ安全ヲ保持シ又ハ其ノ災厄ヲ避クル為緊急ノ必要ニ由リ帝国議会閉会ノ場合ニ於テ法律ニ代ルヘキ勅令ヲ発ス
② 此ノ勅令ハ次ノ会期ニ於テ帝国議会ニ提出スヘシ若議会ニ於テ承諾セサルトキハ政府ハ将来ニ向テ其ノ効力ヲ失フコトヲ公布スヘシ
**第9条** 天皇ハ法律ヲ執行スル為ニ又ハ公共ノ安寧秩序ヲ保持シ及臣民ノ幸福ヲ増進スル為ニ必要ナル命令ヲ発シ又ハ発セシム但シ命令ヲ以テ法律ヲ変更スルコトヲ得ス
**第10条** 天皇ハ行政各部ノ官制及文武官ノ俸給ヲ定メ及文武官ヲ任免ス但シ此ノ憲法又ハ他ノ法律ニ特例ヲ掲ケタルモノハ各々其ノ条項ニ依ル
**第11条** 天皇ハ陸海軍ヲ統帥ス
**第12条** 天皇ハ陸海軍ノ編制及常備兵額ヲ定ム
**第13条** 天皇ハ戦ヲ宣シ和ヲ講シ及諸般ノ条約ヲ締結ス
**第14条** ① 天皇ハ戒厳ヲ宣告ス
② 戒厳ノ要件及効力ハ法律ヲ以テ之ヲ定ム
**第15条** 天皇ハ爵位勲章及其ノ他ノ栄典ヲ授与ス
**第16条** 天皇ハ大赦特赦減刑及復権ヲ命ス
**第17条** ① 摂政ヲ置クハ皇室典範ノ定ムル所ニ依ル
② 摂政ハ天皇ノ名ニ於テ大権ヲ行フ

## 第2章 臣民権利義務

**第18条** 日本臣民タルノ要件ハ法律ノ定ムル所ニ依ル
**第19条** 日本臣民ハ法律命令ノ定ムル所ノ資格ニ応シ均ク文武官ニ任セラレ及其ノ他ノ公務ニ就クコトヲ得
**第20条** 日本臣民ハ法律ノ定ムル所ニ従ヒ兵役ノ義務ヲ有ス
**第21条** 日本臣民ハ法律ノ定ムル所ニ従ヒ納税ノ義務ヲ有ス
**第22条** 日本臣民ハ法律ノ範囲内ニ於テ居住及移転ノ自由ヲ有ス
**第23条** 日本臣民ハ法律ニ依ルニ非スシテ逮捕監禁審問処罰ヲ受クルコトナシ
**第24条** 日本臣民ハ法律ニ定メタル裁判官ノ裁判ヲ受クルノ権ヲ奪ハル、コトナシ
**第25条** 日本臣民ハ法律ニ定メタル場合ヲ除ク外其ノ許諾ナクシテ住所ニ侵入セラレ及捜索セラル、コトナシ
**第26条** 日本臣民ハ法律ニ定メタル場合ヲ除ク外信書ノ秘密ヲ侵サル、コトナシ
**第27条** ① 日本臣民ハ其ノ所有権ヲ侵サル、コトナシ
② 公益ノ為必要ナル処分ハ法律ノ定ムル所ニ依ル
**第28条** 日本臣民ハ安寧秩序ヲ妨ケス及臣民タルノ義務ニ背カサル限ニ於テ信教ノ自由ヲ有ス
**第29条** 日本臣民ハ法律ノ範囲内ニ於テ言論著作印行集会及結社ノ自由ヲ有ス
**第30条** 日本臣民ハ相当ノ敬礼ヲ守リ別ニ定ムル所ノ規程ニ従ヒ請願ヲ為スコトヲ得
**第31条** 本章ニ掲ケタル条規ハ戦時又ハ国家事変ノ場合ニ於テ天皇大権ノ施行ヲ妨クルコトナシ
**第32条** 本章ニ掲ケタル条規ハ陸海軍ノ法令又ハ紀律ニ牴触セサルモノニ限リ軍人ニ準托ス

## 第3章 帝国議会

**第33条** 帝国議会ハ貴族院衆議院ノ両院ヲ以テ成立ス
**第34条** 貴族院ハ貴族院令ノ定ムル所ニ依リ皇族華族及勅任セラレタル議員ヲ以テ組織ス
**第35条** 衆議院ハ選挙法ノ定ムル所ニ依リ公選セラレタル議員ヲ以テ組織ス
**第36条** 何人モ同時ニ両議院ノ議員タルコトヲ得ス
**第37条** 凡テ法律ハ帝国議会ノ協賛ヲ経ルヲ要ス
**第38条** 両議院ハ政府ノ提出スル法律案ヲ議決シ及各々法律案ヲ提出スルコトヲ得
**第39条** 両議院ノ一ニ於テ否決シタル法律案ハ同会期中ニ於テ再ヒ提出スルコトヲ得ス
**第40条** 両議院ハ法律又ハ其ノ他ノ事件ニ付各々其ノ意見ヲ政府ニ建議スルコトヲ得但シ其ノ採納ヲ得サルモノハ同会期中ニ於テ再ヒ建議スルコトヲ得ス
**第41条** 帝国議会ハ毎年之ヲ召集ス
**第42条** 帝国議会ハ3箇月ヲ以テ会期トス必要アル場合ニ於テハ勅命ヲ以テ之ヲ延長スルコトアルヘシ
**第43条** ① 臨時緊急ノ必要アル場合ニ於テ常会ノ外臨時会ヲ召集スヘシ
② 臨時会ノ会期ノ定ムルハ勅命ニ依ル
**第44条** ① 帝国議会ノ開会閉会会期ノ延長及停会ハ両院同時ニ之ヲ行フヘシ
② 衆議院解散ヲ命セラレタルトキハ貴族院ハ同時ニ停会セラルヘシ
**第45条** 衆議院解散ヲ命セラレタルトキハ勅命ヲ以テ新ニ議員ヲ選挙セシメ解散ノ日ヨリ5箇月以内ニ之ヲ召集スヘシ
**第46条** 両議院ハ各々其ノ総議員3分ノ1以上出席スルニ非サレハ議事ヲ開キ議決ヲ為スコトヲ得ス
**第47条** 両議院ノ議事ハ過半数ヲ以テ決ス可否同数ナルトキハ議長ノ決スル所ニ依ル
**第48条** 両議院ノ会議ハ公開ス但シ政府ノ要求又ハ其ノ院ノ決議ニ依リ秘密会ト為スコトヲ得
**第49条** 両議院ハ各々天皇ニ上奏スルコトヲ得
**第50条** 両議院ハ臣民ヨリ呈出スル請願書ヲ受クルコトヲ得
**第51条** 両議院ハ此ノ憲法及院法ニ掲クルモノ、外内部ノ整理ニ必要ナル諸規則ヲ定ムルコトヲ得
**第52条** 両議院ノ議員ハ議院ニ於テ発言シタル意見及表決ニ付院外ニ於テ責ヲ負フコトナシ但シ議員自ラ其ノ言論ヲ演説刊行筆記又ハ其ノ他ノ方法ヲ以テ公布シタルトキハ一般ノ法律ニ依リ処分セラルヘシ
**第53条** 両議院ノ議員ハ現行犯罪又ハ内乱外患ニ関ル罪ヲ除ク外会期中其ノ院ノ許諾ナクシテ逮捕セラル、コトナシ

第54条 国務大臣及政府委員ハ何時タリトモ各議院ニ出席シ及発言スルコトヲ得

## 第4章 国務大臣及枢密顧問

第55条 ① 国務各大臣ハ天皇ヲ輔弼シ其ノ責ニ任ス
② 凡テ法律勅令其ノ他国務ニ関ル詔勅ハ国務大臣ノ副署ヲ要ス
第56条 枢密顧問ハ枢密院官制ノ定ムル所ニ依リ天皇ノ諮詢ニ応ヘ重要ノ国務ヲ審議ス

## 第5章 司法

第57条 ① 司法権ハ天皇ノ名ニ於テ法律ニ依リ裁判所之ヲ行フ
② 裁判所ノ構成ハ法律ヲ以テ之ヲ定ム
第58条 ① 裁判官ハ法律ニ定メタル資格ヲ具フル者ヲ以テ之ニ任ス
② 裁判官ハ刑法ノ宣告又ハ懲戒ノ処分ニ由ルノ外其ノ職ヲ免セラレ、コトナシ
③ 懲戒ノ条規ハ法律ヲ以テ之ヲ定ム
第59条 裁判ノ対審判決ハ之ヲ公開ス但シ安寧秩序又ハ風俗ヲ害スルノ虞アルトキハ法律ニ依リ又ハ裁判所ノ決議ヲ以テ対審ノ公開ヲ停ムルコトヲ得
第60条 特別裁判所ノ管轄ニ属スヘキモノハ別ニ法律ヲ以テ之ヲ定ム
第61条 行政官庁ノ違法処分ニ由リ権利ヲ傷害セラレタリトスルノ訴訟ニシテ別ニ法律ヲ以テ定メタル行政裁判所ノ裁判ニ属スヘキモノハ司法裁判所ニ於テ受理スルノ限ニ在ラス

## 第6章 会計

第62条 ① 新ニ租税ヲ課シ及税率ヲ変更スルハ法律ヲ以テ之ヲ定ムヘシ
② 但シ報償ニ属スル行政上ノ手数料及其ノ他ノ収納金ハ前項ノ限ニ在ラス
③ 国債ヲ起シ及予算ニ定メタルモノヲ除ク外国庫ノ負担トナルヘキ契約ヲ為スハ帝国議会ノ協賛ヲ経ヘシ
第63条 現行ノ租税ハ更ニ法律ヲ以テ之ヲ改メサル限ハ旧ニ依リ之ヲ徴収ス
第64条 ① 国家ノ歳出歳入ハ毎年予算ヲ以テ帝国議会ノ協賛ヲ経ヘシ
② 予算ノ款項ヲ超過シ又ハ予算ノ外ニ生シタル支出アルトキハ後日帝国議会ノ承諾ヲ求ムルヲ要ス
第65条 予算ハ前ニ衆議院ニ提出スヘシ
第66条 皇室経費ハ現在ノ定額ニ依リ毎年国庫ヨリ之ヲ支出シ将来増額ヲ要スル場合ヲ除ク外帝国議会ノ協賛ヲ要セス
第67条 憲法上ノ大権ニ基ツケル既定ノ歳出及法律ノ結果ニ由リ又ハ法律上政府ノ義務ニ属スル歳出ハ政府ノ同意ナクシテ帝国議会之ヲ廃除シ又ハ削減スルコトヲ得ス
第68条 特別ノ須要ニ因リ政府ハ予メ年限ヲ定メ継続費トシテ帝国議会ノ協賛ヲ求ムルコトヲ得
第69条 避クヘカラサル予算ノ不足ヲ補フ為ニ又ハ予算ノ外ニ生シタル必要ノ費用ニ充ツル為ニ予備費ヲ設クヘシ
第70条 ① 公共ノ安全ヲ保持スル為緊急ノ需用アル場合ニ於テ内外ノ情形ニ因リ政府ハ帝国議会ヲ召集スルコト能ハサルトキハ勅令ニ依リ財政上必要ノ処分ヲ為スコトヲ得

② 前項ノ場合ニ於テハ次ノ会期ニ於テ帝国議会ニ提出シ其ノ承諾ヲ求ムルヲ要ス
第71条 帝国議会ニ於テ予算ヲ議定セス又ハ予算成立ニ至ラサルトキハ政府ハ前年度ノ予算ヲ施行スヘシ
第72条 ① 国家ノ歳出歳入ノ決算ハ会計検査院之ヲ検査確定シ政府ハ其ノ検査報告ト倶ニ之ヲ帝国議会ニ提出スヘシ
② 会計検査院ノ組織及職権ハ法律ヲ以テ之ヲ定ム

## 第7章 補則

第73条 ① 将来此ノ憲法ノ条項ヲ改正スルノ必要アルトキハ勅命ヲ以テ議案ヲ帝国議会ノ議ニ付スヘシ
② 此ノ場合ニ於テ両議院ハ各々其ノ総員3分ノ2以上出席スルニ非サレハ議事ヲ開クコトヲ得ス出席議員3分ノ2以上ノ多数ヲ得ルニ非サレハ改正ノ議決ヲ為スコトヲ得ス
第74条 ① 皇室典範ノ改正ハ帝国議会ノ議ヲ経ルヲ要セス
② 皇室典範ヲ以テ此ノ憲法ノ条規ヲ変更スルコトヲ得ス
第75条 憲法及皇室典範ハ摂政ヲ置クノ間之ヲ変更スルコトヲ得ス
第76条 ① 法律規則命令又ハ何等ノ名称ヲ用ヰタルニ拘ラス此ノ憲法ニ矛盾セサル現行ノ法令ハ総テ遵由ノ効力ヲ有ス
② 歳出上政府ノ義務ニ係ル現在ノ契約又ハ命令ハ総テ第67条ノ例ニ依ル

---

## 4 国民投票法〔日本国憲法の改正手続に関する法律〕(抄)

(平19・5・18法律第51号, 平22・5・18施行, 最終改正：平19・12・28法律第135号)

### 第1章 総則

(趣 旨)
第1条 この法律は, 日本国憲法第96条に定める日本国憲法の改正(以下「憲法改正」という。)について, 国民の承認に係る投票(以下「国民投票」という。)に関する手続を定めるとともに, あわせて憲法改正の発議に係る手続の整備を行うものとする.

### 第2章 国民投票の実施

#### 第1節 総則
(国民投票の期日)
第2条 ① 国民投票は, 国会が憲法改正を発議した日（国会法（昭和22年法律第79号）第68条の5第1項の規定により国会が日本国憲法第96条第1項に定める日本国憲法の改正の発議をし, 国民に提案したものとされる日をいう。) から起算して60日以後180日以内において, 国会の議決した期日に行う.
② 内閣は, 国会法第65条第1項の規定により国民投票の期日に係る議案の送付を受けたときは, 速やかに, 総務大臣を経由して, 当該国民投票の期日を

第2章 国民投票の実施　　　　　4 国民投票法

中央選挙管理会に通知しなければならない.
③ 中央選挙管理会は,前項の通知があったときは,速やかに,国民投票の期日を官報で告示しなければならない.
（投票権）
第3条　日本国民で年齢満18年以上の者は,国民投票の投票権を有する.
（投票権を有しない者）
第4条　成年被後見人は,国民投票の投票権を有しない.
（本籍地の市町村長の通知）
第5条　市町村長は,第22条第1項第1号に規定する登録基準日から国民投票の期日までの間,その市町村に本籍を有する者で他の市町村に住所を有するもの又は他の市町村において第37条の規定による在外投票人名簿の登録がされているものについて,前条の規定により投票権を有しなくなるべき事由が生じたこと又はその事由がなくなったことを知ったときは,遅滞なくその旨を当該他の市町村の選挙管理委員会に通知しなければならない.
（国民投票を行う区域）
第6条　国民投票は,全都道府県の区域を通じて行う.
（投票区及び開票区）
第7条　公職選挙法（昭和25年法律第100号）第17条及び第18条の規定は,国民投票の投票区及び開票区について準用する.
（国民投票の執行に関する事務の管理）
第8条　① 国民投票の執行に関する事務は,この法律に特別の定めがある場合を除くほか,中央選挙管理会が管理する.
② 公職選挙法第5条の3から第5条の5までの規定は,国民投票の執行に関する事務について準用する.
（国民投票取締りの公正確保）
第9条　公職選挙法第7条の規定は,国民投票の取締りに関する規定の執行について準用する.
（特定地域に関する特例）
第10条　交通至難の島その他の地において,この法律の規定を適用し難い事項については,政令で特別の規定を設けることができる.
　第3節　投票人名簿
（投票人名簿）
第20条　① 市町村の選挙管理委員会は,国民投票が行われる場合においては,投票人名簿を調製しなければならない.
② 投票人名簿は,政令で定めるところにより,磁気ディスク（これに準ずる方法により一定の事項を確実に記録しておくことができる物を含む.以下同じ.）をもって調製することができる.
③ 国民投票を行う場合において必要があるときは,投票人名簿の抄本（前項の規定により磁気ディスクをもって投票人名簿を調製している市町村の選挙管理委員会にあっては,当該投票人名簿に記録されている全部若しくは一部の事項又は当該事項を記載した書類.第32条において同じ.）を用いることができる.
④ 投票人名簿の調製については,行政手続等における情報通信の技術の利用に関する法律（平成14年法律第151号）第6条の規定は,適用しない.
⑤ 第1項の規定により調製された投票人名簿は,当該国民投票に限り,その効力を有する.
（投票人名簿の記載事項等）
第21条　① 投票人名簿には,投票人の氏名,住所,性別及び生年月日等の記載（前条第2項の規定により磁気ディスクをもって調製する投票人名簿にあっては,記録）をしなければならない.
② 投票人名簿は,市町村の区域を分けて数投票区を設けた場合には,その投票区ごとに編製しなければならない.
③ 前2項に規定するもののほか,投票人名簿の様式その他必要な事項は,政令で定める.
（被登録資格等）
第22条　① 投票人名簿の登録は,国民投票の期日現在で年齢満18年以上の日本国民（第4条の規定により投票権を有しない者を除く.）で,次のいずれかに該当するものについて行う.
1　国民投票の期日前50日に当たる日（以下「登録基準日」という.）において,当該市町村の住民基本台帳に記録されている者
2　登録基準日の翌日から14日以内に当該市町村の住民基本台帳に記録された者であって,登録基準日においていずれの市町村の住民基本台帳にも記録されていないもの（登録基準日後当該住民基本台帳に記録された日までの間に他の市町村の住民基本台帳に記録されたことがある者及び当該住民基本台帳に記録された日においていずれかの市町村の在外投票人名簿に登録されている者を除く.）
② 市町村の選挙管理委員会は,政令で定めるところにより,当該市町村の投票人名簿に登録される資格を有する者を調査し,その者を投票人名簿に登録するための整理をしておかなければならない.
（登　録）
第23条　市町村の選挙管理委員会は,中央選挙管理会が定めるところにより,当該市町村の投票人名簿に登録される資格を有する者を投票人名簿に登録しなければならない.
　第4節　在外投票人名簿
（在外投票人名簿）
第33条　① 市町村の選挙管理委員会は,国民投票が行われる場合においては,投票人名簿のほか,在外投票人名簿を調製しなければならない.
② 在外投票人名簿は,政令で定めるところにより,磁気ディスクをもって調製することができる.
③ 国民投票を行う場合において必要があるときは,在外投票人名簿の抄本（前項の規定により磁気ディスクをもって在外投票人名簿を調製している市町村の選挙管理委員会にあっては,当該在外投票人名簿に記録されている全部の事項又は当該事項を記載した書類.第45条において同じ.）を用いることができる.
④ 在外投票人名簿の調製については,行政手続等における情報通信の技術の利用に関する法律第6条の規定は,適用しない.
⑤ 第1項の規定により調製された在外投票人名簿は,当該国民投票に限り,その効力を有する.
（在外投票人名簿の記載事項等）
第34条　① 在外投票人名簿には,投票人の氏名,最終住所（投票人が国外へ住所を移す直前に住民票に記載されていた住所をいう.以下同じ.）又は申請の時（第37条第1項第1号に掲げる者にあっては投票人が公職選挙法第30条の5第1項の規定による申請書を同条第2項に規定する領事官又は同項に規定する総務省令・外務省令で定める者に提出した時をいい,第37条第1項第2号に掲げる者に

あっては投票人が第36条第1項の規定による申請書を同条第2項に規定する領事官又は同項に規定する総務省令・外務省令で定める者に提出した時をいう。同条第1項及び第3項において同じ。)における本籍,性別及び生年月日等の記載(前条第2項の規定により磁気ディスクをもって調製する在外投票人名簿にあっては,記録)をしなければならない.

② 市町村の選挙管理委員会は,市町村の区域を分けて数投票区を設けた場合には,政令で定めるところにより,在外投票人名簿を編製する投票区(以下「指定在外投票区」という。)を指定しなければならない.

③ 前2項に規定するもののほか,在外投票人名簿の様式その他必要な事項は,政令で定める.

**(在外投票人名簿の被登録資格)**
**第35条** 在外投票人名簿の登録は,国民投票の期日現在で年齢満18年以上の日本国民(第4条の規定により投票権を有しない者を除く。次条第1項において同じ。)で,次のいずれにも該当するものについて行う.
1 登録基準日において当該市町村の在外選挙人名簿(公職選挙法第4章の2の在外選挙人名簿をいう。次条第1項及び第4項並びに第37条第1項第1号において同じ。)に登録されている者(登録基準日のいずれかの市町村の住民基本台帳に記録されている者を除く。)
2 次条第1項の規定により在外投票人名簿の登録の申請をした者(当該申請に基づき在外投票人名簿の登録を行おうとする日においていずれかの市町村の投票人名簿に登録されている者を除く。)

**(在外投票人名簿の登録の申請)**
**第36条** ① 国民投票の期日現在で年齢満18年以上の日本国民で,国外に住所を有する者(在外選挙人名簿に登録されている者を除く。)は,政令で定めるところにより,文書で,最終住所の所在地の市町村の選挙管理委員会(その者が,いずれの市町村の住民基本台帳にも記録されたことがない者である場合には,申請の時におけるその者の本籍地の市町村の選挙管理委員会)に在外投票人名簿の登録の申請をすることができる.

② 前項の規定による申請は,政令で定めるところにより,第3項又は第135条第5項の規定により中央選挙管理会が国民投票の期日を告示した日から登録基準日(登録基準日前10日に当たる日から登録基準日までの間に国内の市町村から国外へ転出(住民基本台帳法(昭和42年法律第81号)第24条に規定する転出をいう。)をした者にあっては,登録基準日後7日に当たる日)までの間に,前項の規定による申請書を,在外投票人名簿の登録の申請に関し当該申請をする者の住所を管轄する領事官(領事官の職務を行う大使館若しくは公使館の長又はその事務を代理する者を含む。以下この節において同じ。)(当該領事官を経由して行うことが著しく困難である地域として総務省令・外務省令で定める地域にあっては,総務省令・外務省令で定める者。以下この節において同じ。)に提出し,当該領事官を経由してしなければならない.

③ 前項の場合において,領事官は,政令で定めるところにより,第1項の規定による申請書にその申請をした者の在外投票人名簿に登録される資格に関する意見を付して,直ちに,当該申請をした者の最終住所の所在地の市町村の選挙管理委員会(当該申請をした者が,いずれの市町村の住民基本台帳にも記録されたことがない者である場合には,申請の時におけるその者の本籍地の市町村の選挙管理委員会)に送付しなければならない.

④ 登録基準日までの間に,公職選挙法第30条の5第1項の規定による申請書を同条第2項に規定する領事官又は同項に規定する総務省令・外務省令で定める者に提出した者(登録基準日において同条第3項第2号に規定する3箇月を経過していない者及び在外選挙人名簿に登録されている者を除く。)については,当該申請を第1項の規定による申請とみなす.

**(在外投票人名簿の登録)**
**第37条** ① 市町村の選挙管理委員会は,次の各号に掲げる者が当該市町村の在外投票人名簿に登録される資格を有する者である場合には,中央選挙管理会が定めるところにより,当該各号に掲げる者を在外投票人名簿に登録しなければならない.
1 登録基準日において当該市町村の在外選挙人名簿に登録されている者
2 前条第1項の規定による申請をした者

② 市町村の選挙管理委員会は,国民投票の期日前15日に当たる日以後においては,前項の規定にかかわらず,登録を行わない.

③ 市町村の選挙管理委員会は,第1項第2号に掲げる者について同項の規定による登録をしたときは,前条第3項の規定により同条第1項の規定による申請書を送付した領事官を経由して,同項の規定による申請をした者に,在外投票人名簿に登録されている者であることの証明書(以下「在外投票人証」という。)を交付しなければならない.ただし,同条第4項の規定により公職選挙法第30条の5第1項の規定による申請を前条第1項の規定による申請とみなされた場合は,この限りでない.

④ 前項本文の規定により交付された在外投票人証は,当該国民投票に限り,その効力を有する.

**第5節 投票及び開票**
**(一人一票)**
**第47条** 投票は,国民投票に係る憲法改正案ごとに,一人一票に限る.

**(投票管理者)**
**第48条** ① 国民投票ごとに,投票管理者を置く.
② 投票管理者は,投票の投票権を有する者の中から市町村の選挙管理委員会の選任した者をもって,これに充てる.
③ 投票管理者は,投票に関する事務を担任する.
④ 投票管理者は,国民投票の投票権を有しなくなったときは,その職を失う.
⑤ 市町村の選挙管理委員会は,市町村の区域を分けて数投票区を設けた場合には,政令で定めるところにより一以上の投票区を指定し,当該指定した投票区の投票管理者に,政令で定めるところにより,当該指定区以外の投票区に属する投票人の第61条の規定による投票に関する事務のうち政令で定めるものを行わせることができる.

**(投票立会人)**
**第49条** ① 市町村の選挙管理委員会は,各投票区における投票人名簿に登録された者の中から,本人の承諾を得て,2人以上5人以下の投票立会人を選任し,国民投票の期日前3日までに,本人に通知しなければならない.
② 投票立会人で参会する者が投票所を開くべき時

刻になっても2人に達しないとき又はその後2人に達しなくなったときは、投票管理者は、その投票区における投票人名簿に登録された者の中から2人に達するまでの投票立会人を選任し、直ちにこれを本人に通知し、投票に立ち会わせなければならない。
③ 同一の政党その他の政治団体に属する者は、一の投票区において、2人以上を投票立会人に選任することができない。
④ 投票立会人は、正当な理由がなければ、その職を辞することができない。
　（投票所）
**第50条**　投票所は、市役所、町村役場又は市町村の選挙管理委員会の指定した場所に設ける。
　（投票所の開閉時間）
**第51条**　① 投票所は、午前7時に開き、午後8時に閉じる。ただし、市町村の選挙管理委員会は、投票人の投票の便宜のため必要があると認められる特別の事情のある場合又は投票人の投票に支障を来さないと認められる特別の事情のある場合に限り、投票所を開く時刻を2時間以内の範囲内において繰り上げ若しくは繰り下げ、又は投票所を閉じる時刻を4時間以内の範囲内において繰り上げることができる。
② 市町村の選挙管理委員会は、前項ただし書の場合においては、直ちにその旨を告示するとともに、これをその投票所の投票管理者に通知し、かつ、直ちにその旨を都道府県の選挙管理委員会に届け出なければならない。
　（投票所の告示）
**第52条**　① 市町村の選挙管理委員会は、国民投票の期日から少なくとも5日前に、投票所を告示しなければならない。
② 天災その他避けることのできない事故により前項の規定により告示した投票所を変更したときは、国民投票の当日を除くほか、市町村の選挙管理委員会は、同項の規定にかかわらず、直ちにその旨を告示しなければならない。
　（投票人名簿又は在外投票人名簿の登録と投票）
**第53条**　① 投票人名簿又は在外投票人名簿に登録されていない者は、投票をすることができない。ただし、投票人名簿に登録されるべき旨の決定書又は確定判決書を所持し、国民投票の当日投票所に至る者があるときは、投票管理者は、その者に投票をさせなければならない。
② 投票人名簿又は在外投票人名簿に登録された者であっても投票人名簿又は在外投票人名簿に登録されることができない者であるときは、投票をすることができない。
　（投票権のない者の投票）
**第54条**　国民投票の当日（第60条の規定による投票にあっては、当該投票の当日）、国民投票の投票権を有しない者は、投票をすることができない。
　（投票所における投票）
**第55条**　① 投票人は、国民投票の当日、自ら投票所に行き、投票をしなければならない。
② 投票人は、投票人名簿又はその抄本（当該投票人名簿が第20条第2項の規定により磁気ディスクをもって調製されている場合には、当該投票人名簿に記録されている全部若しくは一部の事項又は当該事項を記載した書類。第69条及び第70条において同じ。）の対照を経なければ、投票をすることができない。

　（投票用紙の交付及び様式）
**第56条**　① 投票用紙は、国民投票の当日、投票所において投票人に交付しなければならない。
② 投票用紙には、賛成の文字及び反対の文字を印刷しなければならない。
③ 投票用紙は、別記様式（第61条第1項、第2項及び第4項並びに第62条の規定による投票の場合にあっては、政令で定める様式）に準じて調製しなければならない。
　（投票の記載事項及び投函）
**第57条**　① 投票人は、投票所において、憲法改正案に対し賛成するときは投票用紙に印刷された賛成の文字を囲んで○の記号を自書し、憲法改正案に対し反対するときは投票用紙に印刷された反対の文字を囲んで○の記号を自書し、これを投票箱に入れなければならない。
② 投票用紙には、投票人の氏名を記載してはならない。
　（点字投票）
**第58条**　① 投票人は、点字による投票を行う場合においては、投票用紙に、憲法改正案に対し賛成するときは賛成と、憲法改正案に対し反対するときは反対するものとする。
② 前項の場合においては、政令で定める点字は文字とみなし、投票用紙の様式その他必要な事項は、政令で定める。
　（代理投票）
**第59条**　① 身体の故障又は文盲により、自ら○の記号を記載することができない投票人は、第57条第1項、第63条第4項及び第5項並びに第82条の規定にかかわらず、投票管理者に申請し、代理投票をさせることができる。
② 前項の規定による申請があった場合においては、投票管理者は、投票立会人の意見を聴いて、当該投票人の投票を補助すべき者2人をその承諾を得て定め、その1人に投票の記載をする場所において投票用紙に当該投票人が指示する賛成の文字又は反対の文字を囲んで○の記号を記載させ、他の1人をこれに立ち会わせなければならない。
③ 前2項の場合において必要な事項は、政令で定める。
　（期日前投票）
**第60条**　① 国民投票の当日に次に掲げる事由のいずれかに該当すると見込まれる投票人の投票については、第55条第1項の規定にかかわらず、国民投票の期日前14日に当たる日から国民投票の期日の前日までの間、期日前投票所において、行わせることができる。
1　職務若しくは業務又は総務省令で定める用務に従事すること。
2　用務（前号の総務省令で定めるものを除く。）又は事故のためのその属する投票区の区域外に旅行又は滞在をすること。
3　疾病、負傷、妊娠、老衰若しくは身体の障害のため若しくは産褥にあるため歩行が困難であること又は刑事施設、労役場、監置場、少年院、少年鑑別所若しくは婦人補導院に収容されていること。
4　交通至難の島その他の地で総務省令で定める地域に居住していること又は当該地域に滞在をすること。
5　その属する投票区のある市町村の区域外の住所に居住していること。
②～④　（略）
　（不在者投票）

**第61条** ① 前条第1項の投票人の投票については，同項の規定によるほか，政令で定めるところにより，第53条第1項ただし書，第55条，第56条第1項，第57条第1項，第59条及び第63条の規定にかかわらず，不在者投票管理者の管理する投票を記載する場所において，投票用紙に投票の記載をし，これを封筒に入れて不在者投票管理者に提出する方法により行わせることができる．

② 投票人で身体に重度の障害があるもの（身体障害者福祉法（昭和24年法律第283号）第4条に規定する身体障害者，戦傷病者特別援護法（昭和38年法律第168号）第2条第1項に規定する戦傷病者又は介護保険法（平成9年法律第123号）第7条第3項に規定する要介護者であるもので，政令で定めるものをいう．）の投票については，前条第1項及び前項の規定によるほか，政令で定めるところにより，第53条第1項ただし書，第55条，第56条第1項，第57条第1項，第59条及び第63条の規定にかかわらず，その現在する場所において投票用紙に投票の記載をし，これを郵便又は民間事業者による信書の送達に関する法律（平成14年法律第99号）第2条第6項に規定する一般信書便事業者，同条第9項に規定する特定信書便事業者若しくは同法第3条第4号に規定する外国信書便事業者による同法第2条第2項に規定する信書便（以下「郵便等」という．）により送付する方法により行わせることができる．

③ 前項の投票人で同項に規定する方法により投票をしようとするもののうち自ら投票の記載をすることができないものとして政令で定めるものは，第82条の規定にかかわらず，政令で定めるところにより，あらかじめ市町村の選挙管理委員会の委員長に届け出た者（国民投票の投票権を有する者に限る．）をして投票に関する記載をさせることができる．

④ 特定国外派遣組織に属する投票人で国外に滞在するもののうち国民投票の当日前条第1項第1号に掲げる事由に該当すると見込まれるものの投票については，同項及び第1項の規定によるほか，政令で定めるところにより，第53条第1項ただし書，第55条，第56条第1項，第57条第1項，第59条及び第63条の規定にかかわらず，国外にある不在者投票管理者の管理する投票を記載する場所において，投票用紙に投票の記載をし，これを封筒に入れて不在者投票管理者に提出する方法により行わせることができる．

⑤ 前項の特定国外派遣組織とは，法律の規定に基づき国外に派遣される組織のうち次の各号のいずれにも該当する組織であって，当該組織において同項に規定する方法による投票が適正に実施されると認められるものとして政令で定めるものをいう．
1 当該組織の長が当該組織の運営について管理又は調整を行うための法令に基づく権限を有すること．
2 当該組織が国外の特定の施設又は区域に滞在していること．

⑥ 特定国外派遣組織となる組織を国外に派遣することを定める法律の規定に基づき国外に派遣される投票人（特定国外派遣組織に属するものを除く．）で，現に特定国外派遣組織が滞在する施設又は区域に滞在しているものは，この法律の規定の適用については，当該特定国外派遣組織に属する投票人とみなす．

⑦ 投票人で船舶安全法（昭和8年法律第11号）にいう遠洋区域を航行区域とする船舶その他これに準ずるものとして総務省令で定める船舶に乗って本邦以外の区域を航海する船員（船員法（昭和22年法律第100号）第1条に規定する船員をいう．）であるもののうち国民投票の当日前条第1項第1号に掲げる事由に該当すると見込まれるものの投票については，同項及び第1項の規定によるほか，政令で定めるところにより，第53条第1項ただし書，第55条，第56条，第57条第1項，第59条及び第63条の規定にかかわらず，不在者投票管理者の管理する場所において，総務省令で定める投票送信用紙に投票の記載をし，これを総務省令で指定する市町村の選挙管理委員会の委員長にファクシミリ装置を用いて送信する方法により，行わせることができる．

⑧ 国が行う南極地域における科学的調査の業務を行う組織（以下この項において「南極地域調査組織」という．）に属する投票人（南極地域調査組織に同行する投票人で当該南極地域調査組織の長の管理の下に南極地域における活動を行うものを含む．）で次の各号に掲げる施設又は船舶に滞在するもののうち国民投票の当日前条第1項第1号に掲げる事由に該当すると見込まれるものの投票については，同項及び第1項の規定によるほか，政令で定めるところにより，第53条第1項ただし書，第55条，第56条，第57条第1項，第59条及び第63条の規定にかかわらず，その滞在する次の各号に掲げる施設又は船舶の区分に応じ，それぞれ当該各号に定める場所において，総務省令で定める投票送信用紙に投票の記載をし，これを総務省令で指定する市町村の選挙管理委員会の委員長にファクシミリ装置を用いて送信する方法により，行わせることができる．
1 南極地域にある当該科学的調査の業務の用に供される施設で国が設置するもの　不在者投票管理者の管理する場所
2 本号と前号に掲げる施設との間において南極地域調査組織を輸送する船舶で前項の総務省令で定めるもの　この項に規定する方法による投票を行うことについて不在者投票管理者が当該船舶の船長の許可を得た場所

**（在外投票等）**

**第62条** ① 在外投票人名簿に登録されている投票人の投票については，第60条第1項及び前条第1項の規定によるほか，政令で定めるところにより，第55条，第56条第1項，第57条第1項，第59条及び次条の規定にかかわらず，次に掲げるいずれかの方法により行わせることができる．
1 国民投票の期日前14日に当たる日から国民投票の期日前6日に当たる日（投票の送致に日数を要する地の在外公館であることその他特別の事情があると認められる場合には，あらかじめ総務大臣が外務大臣と協議して指定する日）までの間（あらかじめ総務大臣が外務大臣と協議して指定する日を除く．）に，自ら在外公館の長（総務大臣が外務大臣と協議して指定する在外公館の長を除く．以下この項において同じ．）の管理する投票を記載する場所に行き，在外投票人証又は在外選挙人証（公職選挙法第30条の6第3項に規定する在外選挙人証をいう．以下同じ．）及び旅券その他の政令で定める文書を提示して，投票用紙に投票の記載をし，これを封筒に入れて在外公館の長に提出する方法

2 当該投票人の現在する場所において投票用紙に投票の記載をし、これを郵便等により送付する方法
② 在外投票人名簿に登録されている国民の国内における投票については、第53条第1項ただし書中「投票人名簿」とあるのは「在外投票人名簿」と、「投票所」とあるのは「指定在外投票区の投票所」と、第55条第1項中「投票所」とあるのは「指定在外投票区の投票所」と、同条第2項中「投票人名簿」とあるのは「、在外投票人証又は在外選挙人証を提示して、在外投票人名簿」と、「当該投票人名簿」とあるのは「当該在外投票人名簿」と、「第20条第2項」とあるのは「第33条第2項」と、「書類、第69条及び第70条において同じ。」とあるのは「書類」と、第69条第1項中「期日前投票所」とあるのは「市町村の選挙管理委員会の指定した期日前投票所」と、「投票区」とあるのは「指定在外投票区」と、同条第2項の表第53条第1項の項中「第53条第1項」とあるのは「第62条第2項の規定により読み替えて適用される第53条第1項」と、「国民投票の当日投票所」とあるのは「当日指定在外投票区の投票所」と、「期日前投票所」とあるのは「市町村の選挙管理委員会の指定した期日前投票所」とする。
③ 在外投票人名簿に登録されている投票人の投票については、前条第2項から第8項までの規定は、適用しない。

**(投票人の確認及び投票の拒否)**
**第63条** ① 投票管理者は、投票をしようとする投票人が本人であるかどうかを確認することができないときは、その本人である旨を宣言させなければならない。その宣言をしない者は、投票をすることができない。
② 投票の拒否は、投票立会人の意見を聴き、投票管理者が決定しなければならない。
③ 前項の決定を受けた投票人において不服があるときは、投票管理者は、仮に投票をさせなければならない。
④ 前項の投票は、投票人をしてこれを封筒に入れて封をし、表面に自らその氏名を記載して投票箱に入れさせなければならない。
⑤ 投票立会人において異議のある投票人についても、また前2項と同様とする。

**(退出させられた者の投票)**
**第64条** 第74条の規定により投票所外に退出させられた者は、最後になって投票をすることができる。ただし、投票管理者は、投票所の秩序を乱すおそれがないと認める場合においては、投票をさせることを妨げない。

**(投票記載所における憲法改正案等の掲示)**
**第65条** ① 市町村の選挙管理委員会は、国民投票の当日、投票所内の投票の記載をする場所その他適当な箇所に憲法改正案及びその要旨の掲示をしなければならない。ただし、憲法改正案及びその要旨の掲示が著しく困難である場合においては、当該投票所における国民投票公報の備付けをもって当該掲示に代えることができる。
② 市町村の選挙管理委員会は、国民投票の期日前14日に当たる日から国民投票の期日の前日までの間、期日前投票所及び不在者投票管理者の政令で定めるものの管理する投票を記載する場所内の適当な箇所に、憲法改正案及びその要旨の掲示をしなければならない。ただし、憲法改正案及びその要旨の掲示が著しく困難である場合においては、当該期日前投票所又は投票を記載する場所における国民投票公報の備付けをもって当該掲示に代えることができる。
③ 国民投票広報協議会は、前2項の憲法改正案の要旨を作成したときは、速やかに、これを中央選挙管理会に送付しなければならない。
④ 中央選挙管理会は、前項の送付があったときは、速やかに、これを都道府県の選挙管理委員会を経由して、市町村の選挙管理委員会に送付しなければならない。
⑤ 前各項に定めるもののほか、第1項又は第2項の掲示に関し必要な事項は、都道府県の選挙管理委員会が定める。

**(投票の秘密保持)**
**第66条** 何人も、投票人のした投票の内容を陳述する義務はない。

**(投票箱の閉鎖)**
**第67条** ① 投票所を閉じるべき時刻になったときは、投票管理者は、その旨を告げて、投票所の入口を閉鎖し、投票所にある投票人の投票の結了するのを待って、投票箱を閉鎖しなければならない。
② 何人も、投票箱の閉鎖後は、投票をすることができない。

**(投票録の作成)**
**第68条** 投票管理者は、投票録を作り、投票に関する次第を記載し、投票立会人とともに、これに署名しなければならない。

**(投票箱等の送致)**
**第69条** 投票管理者が同時に開票管理者である場合を除くほか、投票管理者は、1人又は数人の投票立会人とともに、国民投票の当日、その投票箱、投票録、投票人名簿又はその抄本及び在外投票人名簿又はその抄本(当該在外投票人名簿が第33条第2項の規定により磁気ディスクをもって調製されている場合には、当該在外投票人名簿に記録されている全部若しくは一部の事項又は当該事項を記載した書類。次条において同じ。)を開票管理者に送致しなければならない。

**(繰上投票)**
**第70条** 島その他交通不便の地について、国民投票の期日に投票箱を送ることができない状況があると認めるときは、都道府県の選挙管理委員会は、適宜にその投票の期日を定め、開票の期日までにその投票箱、投票録、投票人名簿又はその抄本及び在外投票人名簿又はその抄本を送致させることができる。

**(繰延投票)**
**第71条** ① 天災その他避けることのできない事故により投票を行うことができないとき又は更に投票を行う必要があるときは、都道府県の選挙管理委員会は、更に期日を定めて投票を行わせなければならない。ただし、その期日は、都道府県の選挙管理委員会において、少なくとも5日前に告示しなければならない。
② 前項に規定する事由を生じた場合においては、市町村の選挙管理委員会は、国民投票分会長を経て都道府県の選挙管理委員会にその旨を届け出なければならない。

**(投票所に出入し得る者)**
**第72条** 投票人、投票所の事務に従事する者、投票所を監視する職権を有する者又は当該警察官でな

ければ,投票所に入ることができない.ただし,投票人の同伴する幼児その他の投票人とともに投票所に入ることについてやむを得ない事情がある者として投票管理者が認めたものについては,この限りでない.

**(投票所の秩序保持のための処分の請求)**
**第73条** 投票管理者は,投票所の秩序を保持し,必要があると認めるときは,当該警察官の処分を請求することができる.

**(投票所における秩序保持)**
**第74条** 投票所において演説討論をし,若しくは喧騒にわたり,又は投票に関し協議若しくは勧誘をし,その他投票所の秩序を乱す者があるときは,投票管理者は,これを制止し,命に従わないときは投票所外に退出させることができる.

**(開票管理者)**
**第75条** ① 国民投票ごとに,開票管理者を置く.
② 開票管理者は,国民投票の投票権を有する者の中から市町村の選挙管理委員会の選任した者をもって,これに充てる.
③ 開票管理者は,開票に関する事務を担任する.
④ 開票管理者は,国民投票の投票権を有しなくなったときは,その職を失う.

**(開票立会人)**
**第76条** ① 政党等(第106条第2項に規定する政党等をいう.第4項において同じ.)は,各開票区における投票人名簿に登録された者の中から,本人の承諾を得て,開票立会人となるべき者1人を定め,国民投票の期日前3日までに,市町村の選挙管理委員会に届け出ることができる.
② 前項の規定により届出のあった者が,10人を超えないときは直ちにその者をもって開票立会人とし,10人を超えるときは届出のあった者の中から市町村の選挙管理委員会がくじで定めた者10人をもって開票立会人としなければならない.
③ 前項の規定によるくじを行うべき場所及び日時は,市町村の選挙管理委員会において,あらかじめ告示しなければならない.
④ 第2項の規定による開票立会人が3人に達しないとき又は国民投票の期日の前日までに3人に達しなくなったときは市町村の選挙管理委員会において,開票立会人が国民投票の期日以後に3人に達しなくなったとき又は開票立会人で参会する者が開票所を開くべき時刻になっても3人に達しないとき若しくはその後3人に達しなくなったときは開票管理者において,その開票区における投票人名簿に登録された者の中から3人に達するまでの開票立会人を選任し,直ちにこれを本人に通知し,開票に立ち会わせなければならない.ただし,同項の規定による開票立会人を届け出た政党等又は市町村の選挙管理委員会若しくは開票管理者の選任した開票立会人の属する政党等と同一の政党等に属する者を当該政党等の届出に係る開票立会人又は市町村の選挙管理委員会若しくは開票管理者の選任に係る開票立会人と通じて3人以上選任することができない.
⑤ 開票立会人は,正当な理由がなければ,その職を辞することができない.

**(開票所の設置)**
**第77条** 開票所は,市役所,町村役場又は市町村の選挙管理委員会の指定した場所に設ける.

**(開票の場所及び日時の告示)**
**第78条** 市町村の選挙管理委員会は,あらかじめ開票の場所及び日時を告示しなければならない.

**(開票日)**
**第79条** 開票は,すべての投票箱の送致を受けた日又はその翌日に行う.

**(開 票)**
**第80条** ① 開票管理者は,開票立会人立会いの上,投票箱を開き,まず第63条第3項及び第5項の規定による投票を調査し,開票立会人の意見を聴き,その投票を受理するかどうかを決定しなければならない.
② 開票管理者は,開票立会人とともに,各投票所及び期日前投票所の投票を開票区ごとに混同して,投票を点検しなければならない.
③ 開票管理者は,投票の点検を終わったときは,直ちにその結果を国民投票分会長に報告しなければならない.

**(開票の場合の投票の効力の決定)**
**第81条** 投票の効力は,開票立会人の意見を聴き,開票管理者が決定しなければならない.その決定に当たっては,次条第2号の規定にかかわらず,投票用紙に印刷された反対の文字を×の記号,二重線その他の記号を記載することにより抹消した投票は賛成の投票として,投票用紙に印刷された賛成の文字を×の記号,二重線その他の記号を記載することにより抹消した投票は反対の投票として,それぞれ有効とするほか,次条の規定に反しない限りにおいて,その投票した投票人の意思が明白であれば,その投票を有効とするようにしなければならない.

**(無効投票)**
**第82条** 次のいずれかに該当する投票は,無効とする.
1 所定の用紙を用いないもの
2 ○の記号以外の事項を記載したもの
3 ○の記号を自書しないもの
4 賛成の文字を囲んだ○の記号及び反対の文字を囲んだ○の記号をともに記載したもの
5 賛成の文字又は反対の文字のいずれかを囲んで○の記号を記載したかを確認し難いもの

**(開票の参観)**
**第83条** 投票人は,その開票所につき,開票の参観を求めることができる.

**(開票録の作成)**
**第84条** 開票管理者は,開票録を作り,開票に関する次第を記載し,開票立会人とともに,これに署名しなければならない.

**(投票,投票録及び開票録の保存)**
**第85条** 投票は,有効無効を区別し,投票録及び開票録と併せて,市町村の選挙管理委員会において,第127条の規定による訴訟が裁判所に係属しなくなった日又は国民投票の期日から5年を経過した日のうちいずれか遅い日まで,保存しなければならない.

**(一部無効による再投票の開票)**
**第86条** 憲法改正案に係る国民投票の一部が無効となり再投票を行った場合の開票においては,その投票の効力を決定しなければならない.

**(繰延開票)**
**第87条** 第71条第1項本文及び第2項の規定は,開票について準用する.

**(開票所の取締り)**
**第88条** 第72条本文,第73条及び第74条の規定は,開票所の取締りについて準用する.

## 第6節　国民投票分会及び国民投票会（略）
## 第7節　国民投票運動
**（適用上の注意）**
**第100条**　この節及び次節の規定の適用に当たっては，表現の自由，学問の自由及び政治活動の自由その他の日本国憲法の保障する国民の自由と権利を不当に侵害しないように留意しなければならない．

**（投票事務関係者の国民投票運動の禁止）**
**第101条**　① 投票管理者，開票管理者，国民投票分会長及び国民投票会長は，在職中，その関係区域内において，憲法改正案に対し賛成又は反対の投票をし又はしないよう勧誘する行為（以下「国民投票運動」という．）をすることができない．
② 第61条の規定による投票に関し，不在者投票管理者は，その者の業務上の地位を利用して国民投票運動をすることができない．

**（中央選挙管理会の委員等の国民投票運動の禁止）**
**第102条**　中央選挙管理会の委員及び中央選挙管理会の庶務に従事する総務省の職員並びに選挙管理委員会の委員及び職員並びに国民投票広報協議会事務局の職員は，在職中，国民投票運動をすることができない．

**（公務員等及び教育者の地位利用による国民投票運動の禁止）**
**第103条**　① 国若しくは地方公共団体の公務員若しくは特定独立行政法人（独立行政法人通則法（平成11年法律第103号）第2条第2項に規定する特定独立行政法人をいう．第111条において同じ．）若しくは特定地方独立行政法人（地方独立行政法人法（平成15年法律第118号）第2条第2項に規定する特定地方独立行政法人をいう．第111条において同じ．）の役員若しくは職員又は公職選挙法第136条の2第1項第2号に規定する公庫の役職員は，その地位にあるために特に国民投票運動を効果的に行い得る影響力又は便益を利用して，国民投票運動をすることができない．
② 教育者（学校教育法（昭和22年法律第26号）に規定する学校の長及び教員をいう．）は，学校の児童，生徒及び学生に対する教育上の地位にあるために特に国民投票運動を効果的に行い得る影響力又は便益を利用して，国民投票運動をすることができない．

**（国民投票に関する放送についての留意）**
**第104条**　一般放送事業者（放送法（昭和25年法律第132号）第2条第3号の3に規定する一般放送事業者をいう．第106条において同じ．），有線テレビジョン放送事業者（有線テレビジョン放送法（昭和47年法律第114号）第2条第4項の有線テレビジョン放送事業者をいう．），有線ラジオ放送事業者（有線ラジオ放送業務の運用の規正に関する法律（昭和26年法律第135号）第2条の有線ラジオ放送をいう．）の業務を行う者又は電気通信役務利用放送（電気通信役務利用放送法（平成13年法律第85号）第2条第1項の電気通信役務利用放送をいう．）の業務を行う者（次条において「一般放送事業者等」という．）は，国民投票に関する放送については，放送法第3条の2第1項の規定の趣旨に留意するものとする．

**（投票日前の国民投票運動のための広告放送の制限）**
**第105条**　何人も，国民投票の期日前14日に当たる日から国民投票の期日までの間においては，次条の規定による場合を除くほか，一般放送事業者等の放送設備を使用して，国民投票運動のための広告放送をし，又はさせることができない．

**（国民投票広報協議会及び政党等による放送）**
**第106条**　① 国民投票広報協議会は，両議院の議長が協議して定めるところにより，日本放送協会及び一般放送事業者のラジオ放送又はテレビジョン放送（放送法第2条第2号の3に規定する中波放送又は同条第2号の5に規定するテレビジョン放送をいう．）の放送設備により，憲法改正案の広報のための放送をするものとする．
② 前項の放送は，国民投票広報協議会が行う憲法改正案及びその要旨その他参考となるべき事項の広報並びに憲法改正案に対する賛成の政党等（1人以上の衆議院議員又は参議院議員が所属する政党その他の政治団体であって両議院の議長が協議して定めるところにより国民投票広報協議会に届け出たものをいう．以下この条及び次条において同じ．）及び反対の政党等が行う意見の広告からなるものとする．
③ 第1項の放送において，国民投票広報協議会は，憲法改正案及びその要旨その他参考となるべき事項の広報を客観的かつ中立的に行うものとする．
④ 第1項の放送において，政党等は，両議院の議長が協議して定めるところにより，憲法改正案に対する賛成又は反対の意見を無料で放送することができる．この場合において，日本放送協会及び一般放送事業者は，政党等が録音し，又は録画した意見をそのまま放送しなければならない．
⑤ 政党等は，両議院の議長が協議して定めるところにより，両議院の議長が協議して定める額の範囲内で，前項の意見の放送のための録音又は録画を無料ですることができる．
⑥ 第1項の放送に関しては，憲法改正案に対する賛成の政党等及び反対の政党等の双方に対して同一の時間数及び同等の時間帯を与える等同等の利便を提供しなければならない．
⑦ 第1項の放送において意見の放送をすることができる政党等は，両議院の議長が協議して定めるところにより，当該放送の一部を，その指名する団体に行わせることができる．
⑧ 第1項の放送の回数及び日時は，国民投票広報協議会が日本放送協会及び当該放送を行う一般放送事業者と協議の上，定める．

**（国民投票広報協議会及び政党等による新聞広告）**
**第107条**　① 国民投票広報協議会は，両議院の議長が協議して定めるところにより，新聞に，憲法改正案の広報のための広告をするものとする．
② 前項の広告は，国民投票広報協議会が行う憲法改正案及びその要旨その他参考となるべき事項の広報並びに憲法改正案に対する賛成の政党等及び反対の政党等が行う意見の広告からなるものとする．
③ 第1項の広告において，国民投票広報協議会は，憲法改正案及びその要旨その他参考となるべき事項の広報を客観的かつ中立的に行うものとする．
④ 第1項の広告において，政党等は，両議院の議長が協議して定めるところにより，無料で，憲法改正案に対する賛成又は反対の意見の広告をすることができる．
⑤ 第1項の広告に関しては，憲法改正案に対する賛成の政党等及び反対の政党等の双方に対して同一の寸法及び回数を与える等同等の利便を提供しな

ければならない．
⑥ 第1項の広告において意見の広告をすることができる政党等は、両議院の議長が協議して定めるところにより、当該広告の一部を、その指名する団体に行わせることができる．

**(公職選挙法による政治活動の規制との調整)**
第108条　公職選挙法第201条の5から第201条の9までの規定は、これらの条に掲げる選挙が行われる場合において、政党その他の政治活動を行う団体が、国民投票運動を行うことを妨げるものではない．

### 第8節　罰則
**(組織的多数人買収及び利害誘導罪)**
第109条　国民投票に関し、次に掲げる行為をした者は、3年以下の懲役若しくは禁錮又は50万円以下の罰金に処する．
1　組織により、多数の投票人に対し、憲法改正案に対する賛成又は反対の投票をし又はしないようその旨を明示して勧誘して、その投票をし又はしないことの報酬として、金銭若しくは憲法改正案に対する賛成若しくは反対の投票をし若しくはしないことに影響を与えるに足りる物品その他の財産上の利益（多数の者に対する意思の表明の手段として通常用いられないものに限る．）若しくは公私の職務の供与をし、若しくはその供与の申込み若しくは約束をし、又は憲法改正案に対する賛成若しくは反対の投票をし若しくはしないことに影響を与えるに足りる供応接待をし、若しくはその申込み若しくは約束をしたとき．
2　組織により、多数の投票人に対し、憲法改正案に対する賛成又は反対の投票をし又はしないようその旨を明示して勧誘して、その投票をし又はしないことの報酬として、その者はその者と関係のある社寺、学校、会社、組合、市町村等に対する用水、小作、債権、寄附その他特殊の直接利害関係を利用して憲法改正案に対する賛成又は反対の投票をし又はしないことに影響を与えるに足りる誘導をしたとき．
3　前2号に掲げる行為をさせる目的をもって国民投票運動をする者に対し金銭若しくは物品の交付をし、若しくはその交付の申込み若しくは約束をし、又は国民投票運動をする者がその交付を受け、その交付を要求し若しくはその申込みを承諾したとき．

**(組織的多数人買収及び利害誘導罪の場合の没収)**
第110条　前条の場合において収受し、又は交付を受けた利益は、没収する．その全部又は一部を没収することができないときは、その価額を追徴する．

**(職権濫用による国民投票の自由妨害罪)**
第111条　国民投票に関し、国若しくは地方公共団体の公務員、特定独立行政法人若しくは特定地方独立行政法人の役員若しくは職員、中央選挙管理会の委員若しくは会の庶務に従事する総務省の職員、選挙管理委員会の委員若しくは職員、国民投票広報協議会事務局の職員、投票管理者、開票管理者又は国民投票分会長若しくは国民投票長がその職務の執行を怠り、又は正当な理由がなくて国民投票運動をする者に追随し、その居宅に立ち入る等その職権を濫用して国民投票の自由を妨害したときは、4年以下の禁錮に処する．
② 国若しくは地方公共団体の公務員、特定独立行政法人若しくは特定地方独立行政法人の役員若しくは職員、中央選挙管理会の委員若しくは中央選挙管理会の庶務に従事する総務省の職員、選挙管理委員会の委員若しくは職員、国民投票広報協議会事務局の職員、投票管理者、開票管理者又は国民投票分会長若しくは国民投票長が、投票人に対し、その投票しようとし、又は投票した内容の表示を求めたときは、6月以下の禁錮又は30万円以下の罰金に処する．

**(投票の秘密侵害罪)**
第112条　中央選挙管理会の委員若しくは中央選挙管理会の庶務に従事する総務省の職員、投票管理者、開票管理者、国民投票分会長若しくは国民投票長、国民投票事務に関係のある国若しくは地方公共団体の公務員、立会人（第59条第2項の規定により投票を補助すべき者及び第61条第3項の規定により投票に関する記載をすべき者を含む．以下同じ．）又は監視者（投票所（第60条第1項に規定する期日前投票所を含む．以下この節において同じ．）、開票所、国民投票分会場又は国民投票会場を監視する職権を有する者をいう．以下同じ．）が投票人の投票した内容を表示したときは、2年以下の禁錮又は30万円以下の罰金に処する．その表示した事実が虚偽であるときも、また同様とする．

**(投票干渉罪)**
第113条　① 投票所又は開票所において、正当な理由がなくて、投票人の投票に干渉し、又は投票の内容を認知する方法を行った者は、1年以下の禁錮又は30万円以下の罰金に処する．
② 法令の規定によらないで、投票箱を開き、又は投票箱内の投票を取り出した者は、3年以下の懲役若しくは禁錮又は50万円以下の罰金に処する．

**(投票事務関係者、施設等に対する暴行罪、騒擾罪等)**
第114条　投票管理者、開票管理者、国民投票分会長、国民投票長、立会人又は監視者に暴行若しくは脅迫を加え、投票所、開票所、国民投票分会場若しくは国民投票会場を騒擾し、又は投票、投票箱その他関係書類（関係の電磁的記録媒体（電子的方式、磁気的方式その他人の知覚によっては認識することができない方式で作られる記録であって電子計算機による情報処理の用に供されるものに係る記録媒体をいう．）を含む．）を抑留し、損ない、若しくは奪取した者は、4年以下の懲役又は禁錮に処する．

**(多衆の国民投票妨害罪)**
第115条　① 多衆集合して前条の罪を犯した者は、次の区別に従って処断する．
1　首謀者は、1年以上7年以下の懲役又は禁錮に処する．
2　他人を指揮し、又は他人に率先して勢いを助けた者は、6月以上5年以下の懲役又は禁錮に処する．
3　付和随行した者は、20万円以下の罰金又は科料に処する．
② 前項の罪を犯すため多衆集合し当該公務員から解散の命令を受けることが3回以上に及んでもなお解散しないときは、首謀者は、2年以下の禁錮に処し、その他の者は、20万円以下の罰金又は科料に処する．

**(投票所、開票所、国民投票分会場又は国民投票会場における凶器携帯罪)**
第116条　銃砲、刀剣、こん棒その他他人を殺傷するに足るべき物件を携帯して投票所、開票所、国民投票分会場又は国民投票会場に入った者は、3年以下の禁錮又は50万円以下の罰金に処する．

（携帯凶器の没収）
**第117条** 前条の罪を犯した場合においては、その携帯した物件を没収する．

（詐偽登録，虚偽宣言等）
**第118条** ① 詐偽の方法をもって投票人名簿又は在外投票人名簿に登録をさせた者は，6月以下の禁錮又は30万円以下の罰金に処する．
② 投票人名簿に登録をさせる目的をもって住民基本台帳法第22条の規定による届出に関し虚偽の届出をすることによって投票人名簿に登録をさせた者も，前項と同様とする．
③ 在外投票人名簿に登録させる目的をもって公職選挙法第30条の5第1項の規定による申請に関し虚偽の申請をすることによって在外投票人名簿に登録をさせた者も，第1項と同様とする．
④ 第63条第1項の場合において虚偽の宣言をした者は，20万円以下の罰金に処する．

（詐偽投票，及び投票偽造，増減罪）
**第119条** ① 投票人でない者が投票をしたときは，1年以下の禁錮又は30万円以下の罰金に処する．
② 氏名を詐称し，その他詐偽の方法をもって投票し，又は投票しようとした者は，2年以下の禁錮又は30万円以下の罰金に処する．
③ 投票を偽造し，又はその数を増減した者は，3年以下の懲役若しくは禁錮又は50万円以下の罰金に処する．
④ 中央選挙管理会の委員若しくは中央選挙管理会の庶務に従事する総務省の職員，選挙管理委員会の委員若しくは国民投票広報協議会事務局の職員，投票管理者，開票管理者，国民投票分会長若しくは国民投票長，国民投票事務に関係のある国若しくは地方公共団体の公務員，立会人又は監視者が前項の罪を犯したときは，5年以下の懲役若しくは禁錮又は50万円以下の罰金に処する．

（代理投票等における記載義務違反）
**第120条** ① 第59条第2項の規定により賛成の文字又は反対の文字を囲んで◯の記号を記載すべきものと定められた者が投票人の指示する賛成の文字又は反対の文字を囲んで◯の記号を記載しなかったときは，2年以下の禁錮又は30万円以下の罰金に処する．
② 第61条第3項の規定により投票に関する記載をすべき者が投票人の指示する賛成の文字又は反対の文字を囲んで◯の記号を記載しなかったときは，2年以下の禁錮又は30万円以下の罰金に処する．
③ 前項に規定するもののほか，第61条第3項の規定により投票に関する記載をすべき者が，投票を無効とする目的をもって，投票に関する記載をせず，又は虚偽の記載をしたときも，前項と同様とする．

（立会人の義務を怠る罪）
**第121条** 立会人が，正当な理由がなくてこの法律に規定する義務を欠くときは，20万円以下の罰金に処する．

（国民投票運動の規制違反）
**第122条** 第101条又は第102条の規定に違反して国民投票運動をした者は，6月以下の禁錮又は30万円以下の罰金に処する．

（不在者投票の場合の罰則の適用）
**第123条** ① 第61条第1項の規定による投票については，その投票を管理すべき者は投票管理者と，その投票を記載すべき場所は投票所と，その投票に立ち会うべき者は投票立会人と，投票人が指示する賛成の文字又は反対の文字を囲んで◯の記号を記載すべきものと定められた者は第59条第2項の規定により賛成の文字又は反対の文字を囲んで◯の記号を記載すべきものと定められた者とみなして，この節の規定を適用する．
② 第61条第2項の規定による投票については，投票人が投票の記載の準備に着手してから投票を記載した投票用紙を郵便等により送付するためにこれを封入するまでの間における当該投票に関する行為を行う場所を投票所とみなして，第113条第1項の規定を適用する．
③ 第61条第4項の規定による投票については，その投票を管理すべき者は投票管理者と，その投票を記載すべき場所は投票所と，その投票に立ち会うべき者は投票立会人と，投票人が指示する賛成の文字又は反対の文字を囲んで◯の記号を記載すべきものと定められた者は第59条第2項の規定により賛成の文字又は反対の文字を囲んで◯の記号を記載すべきものと定められた者とみなして，この節の規定を適用する．
④ 第61条第7項の規定による投票については，船舶において投票を管理すべき者及び投票を受信すべき市町村の選挙管理委員会の委員長は投票管理者と，投票の記載をし，これを送信すべき場所及び投票を受信すべき場所は投票所と，投票を受信すべきファクシミリ装置は投票箱と，船舶において投票に立ち会うべき者は投票立会人と，投票人が指示する賛成の文字又は反対の文字を囲んで◯の記号を記載すべきものと定められた者は第59条第2項の規定により賛成の文字又は反対の文字を囲んで◯の記号を記載すべきものと定められた者とみなして，この節の規定を適用する．
⑤ 第61条第8項の規定による投票については，同項の施設又は船舶において投票を管理すべき者及び投票を受信すべき市町村の選挙管理委員会の委員長は投票管理者と，投票の記載をし，これを送信すべき場所及び投票を受信すべき場所は投票所と，投票を受信すべきファクシミリ装置は投票箱と，同項の施設又は船舶において投票に立ち会うべき者は投票立会人と，投票人が指示する賛成の文字又は反対の文字を囲んで◯の記号を記載すべきものと定められた者は第59条第2項の規定により賛成の文字又は反対の文字を囲んで◯の記号を記載すべきものと定められた者とみなして，この節の規定を適用する．

（在外投票の場合の罰則の適用）
**第124条** ① 第36条第2項及び第3項に規定する在外投票人名簿の登録の申請の経由に係る事務，第62条第1項第1号に規定する在外投票に係る事務その他のこの法律及びこの法律に基づく命令により在外公館に属させられた事務に従事する在外公館の長及び職員並びに第36条第2項及び第3項に規定する在外投票人名簿の登録の申請の経由に係る事務に従事する者は，第102条，第111条，第112条及び第119条第4項に規定する選挙管理委員会の職員とみなして，この節の規定を適用する．
② 第62条第1項第1号の規定による投票については，その投票を管理すべき在外公館の長は投票管理者（第114条に規定する投票管理者に限る．）と，その投票を記載すべき場所は投票所と，その投票に立ち会うべき者は投票立会人と，投票人が指示する賛成の文字又は反対の文字を囲んで◯の記号を記

載すべきものと定められた者は第59条第2項の規定により賛成の文字又は反対の文字を囲んで○の記号を記載すべきものと定められた者とみなして，この節の規定を適用する．
③ 第62条第1項第2号の規定による投票については，投票人が投票の記載の準備に着手してから投票を記載した投票用紙を郵便等により送付するためこれを封入するまでの間における当該投票に関する行為を行う場所を投票所とみなして，第113条第1項の規定を適用する．
（国外犯）
第125条　第109条，第111条，第112条，第113条第1項，第114条から第116条まで，第119条から第121条まで及び第122条（第101条第2項又は第102条の規定に違反して国民投票運動に係る部分に限る．）の罪は，刑法（明治40年法律第45号）第3条の例に従う．

## 第3章　国民投票の効果

第126条　① 国民投票において，憲法改正に対する賛成の投票の数が第98条第2項に規定する投票総数の2分の1を超えた場合は，当該憲法改正について日本国憲法第96条第1項の国民の承認があったものとする．
② 内閣総理大臣は，第98条第2項の規定により，憲法改正に対する賛成の投票の数が前項に規定する投票総数の2分の1を超える旨の通知を受けたときは，直ちに当該憲法改正の公布のための手続を執らなければならない．

## 第4章　国民投票無効の訴訟等

### 第1節　国民投票無効の訴訟
（国民投票無効の訴訟）
第127条　国民投票に関し異議がある投票人は，中央選挙管理会を被告として，第98条第2項の規定による告示の日から30日以内に，東京高等裁判所に訴訟を提起することができる．
（国民投票無効の判決）
第128条　① 前条の規定による訴訟の提起があった場合において，次に掲げる事項があり，そのために憲法改正案に係る国民投票の結果（憲法改正案に対する賛成の投票の数が第98条第2項に規定する投票総数の2分の1を超える又は超えないことをいう．第135条において同じ．）に異動を及ぼすおそれがあるときは，裁判所は，その国民投票の全部又は一部の無効を判決しなければならない．
　1　国民投票の管理執行に当たる機関が国民投票の管理執行につき遵守すべき手続に関する規定に違反したこと．
　2　第101条，第102条，第109条及び第111条から第113条までの規定について，多数の投票人が一般にその自由なる判断による投票を妨げられたといえる重大な違反があったこと．
　3　憲法改正案に対する賛成の投票の数又は反対の投票の数の確定に関する判断に誤りがあったこと．
② 前項第1号の国民投票の管理執行に当たる機関には，国民投票広報協議会を含まないものとする．
（国民投票無効の訴訟の処理）
第129条　第127条の規定による訴訟については，裁判所は，他の訴訟の順序にかかわらず速やかにその裁判をしなければならない．

② 当事者，代理人その他の第127条の規定による訴訟に関与する者は，前項の趣旨を踏まえ，充実した審理を特に迅速に行うことができるよう，裁判所に協力しなければならない．
（国民投票無効の訴訟の提起と国民投票の効力）
第130条　第127条の規定による訴訟の提起があっても，憲法改正案に係る国民投票の効力は，停止しない．
（国民投票無効の訴訟に対する訴訟法規の適用）
第131条　第127条の規定による訴訟については，行政事件訴訟法（昭和37年法律第139号）第43条の規定にかかわらず，同法第13条，第19条から第21条まで，第25条から第29条まで，第31条及び第34条の規定は，準用せず，また，同法第16条から第18条までの規定は，第127条の規定により憲法改正案に係る国民投票の無効を求める数個の請求に関してのみ準用する．
（国民投票無効の訴訟についての通知及び判決書謄本の送付）
第132条　① 第127条の規定による訴訟が提起されたときは，裁判所の長は，その旨を，総務大臣及び中央選挙管理会に通知しなければならない．その訴訟が係属しなくなったときも，また同様とする．
② 第127条の規定による訴訟につき判決が確定したときは，裁判所の長は，その判決書の謄本を，総務大臣及び中央選挙管理会並びに衆議院議長及び参議院議長に送付しなければならない．
（憲法改正の効果の発生の停止）
第133条　① 憲法改正が無効とされることにより生ずる重大な支障を避けるため緊急の必要があるときは，裁判所は，申立てにより，決定をもって，憲法改正の効果の発生の全部又は一部の停止をするものとする．ただし，本案について理由がないとみえるときは，この限りでない．
② 前項の規定による憲法改正の効果の発生を停止する決定が確定したときは，憲法改正の効果の発生は，本案に係る判決が確定するまでの間，停止する．
③ 第1項の決定は，第三者に対しても効力を有する．
④ 第1項の決定の管轄裁判所は，本案の係属する裁判所とする．
⑤ 第1項の決定は，疎明に基づいてする．
⑥ 第1項の決定は，口頭弁論を経ないですることができる．ただし，あらかじめ，当事者の意見を聴かなければならない．
（国民投票無効の告示等）
第134条　① 第127条の規定による訴訟の結果憲法改正案に係る国民投票を無効とする判決が確定したとき又は前条第1項の規定による憲法改正の効果の発生を停止する決定が確定したとき若しくはその決定が効力を失ったときは，中央選挙管理会は，直ちにその旨を官報で告示するとともに，総務大臣を通じ内閣総理大臣に通知しなければならない．
② 内閣総理大臣は，前項の通知を受けたときは，直ちにこれを衆議院議長及び参議院議長に通知しなければならない．

### 第2節　再投票及び更正決定
第135条　① 第127条の規定による訴訟の結果，憲法改正案に係る国民投票の全部又は一部が無効となった場合（第6項の規定により憲法改正案に係る国民投票の結果を定める場合を除く．）においては，更に国民投票を行わなければならない．
② 第127条の規定による訴訟を提起することができ

る期間又は同条の規定による訴訟が裁判所に係属している間は，前項の規定による国民投票を行うことができない．
③ 第1項の規定による国民投票は，これを行うべき事由が生じた日から起算して60日以後180日以内において，国会の議決した期日に行う．
④ 内閣は，国会法第65条第1項の規定により投票の再投票の期日に係る議案の送付を受けたときは，速やかに，総務大臣を経由して，当該国民投票の再投票の期日を中央選挙管理会に通知しなければならない．
⑤ 中央選挙管理会は，前項の通知があったときは，速やかに，国民投票の再投票の期日を官報で告示しなければならない．
⑥ 第127条の規定による訴訟の結果，憲法改正案に係る国民投票の全部又は一部が無効となった場合において，更に国民投票を行わないで当該憲法改正案に係る国民投票の結果を定めることができるときは，国民投票会を開き，これを定めなければならない．この場合においては，国民投票長は，国民投票録の写しを添えて，直ちにその憲法改正案に係る国民投票の結果を中央選挙管理会に報告しなければならない．

## 第5章　補　則（略）

## 第6章　憲法改正の発議のための国会法の一部改正

第151条　（略）
附　則　（抄）
（施行期日）
第1条　この法律は，公布の日から起算して3年を経過した日から施行する．ただし，第6章の規定（国会法第11章の2の次に1章を加える改正規定を除く．）並びに附則第4条，第6条及び第7条の規定は公布の日以後初めて召集される国会の召集の日から，附則第3条第1項，第11条及び第12条の規定は公布の日から施行する．

（在外投票人名簿の登録の申請等に関する特例）
第2条　① 政令で定める日前に住民基本台帳に記録されたことがある者であって，同日以後いずれの市町村の住民基本台帳にも記録されたことがないものに対するこの法律の適用については，第36条第1項中「最終住所の所在地の市町村の選挙管理委員会（その者が，いずれの市町村の住民基本台帳にも記録されたことがない者である場合には，申請の時におけるその者の本籍地の市町村の選挙管理委員会）」とあり，及び同条第3項中「当該申請をした者の最終住所の所在地の市町村の選挙管理委員会（当該申請をした者が，いずれの市町村の住民基本台帳にも記録されたことがない者である場合には，申請の時におけるその者の本籍地の市町村の選挙管理委員会）」とあるのは「申請の時におけるその者の本籍地の市町村の選挙管理委員会」と，第38条第1項中「領事官をいう．以下この項において同じ．）」とあるのは「領事官をいう．）」と，「最終住所及び生年月日（当該在外投票人名簿に登録した者がいずれの市町村の住民基本台帳にも記録されたことがない者である場合には，その者の氏名，経由領事官の名称及び生年月日）」とあるのは「及び生年月日」とする．
② 当分の間，北方領土問題等の解決の促進のための特別措置に関する法律（昭和57年法律第85号）第11条第1項に規定する北方地域に本籍を有する者に対するこの法律の適用については，第5条中「市町村長」とあるのは「北方領土問題等の解決の促進のための特別措置に関する法律（昭和57年法律第85号．以下「特別措置法」という．）第11条第1項の規定により法務大臣が指名した者」と，「その市町村に本籍を有する者で」とあるのは「特別措置法第11条第1項に規定する北方地域に本籍を有する者で」と，第36条第1項及び第3項中「申請の時におけるその者の本籍地の市町村」とあるのは「申請の時において特別措置法第11条第1項の規定により法務大臣が指名した者が長である市又は町」と，第43条第1項中「市町村長で，その市町村に本籍を有する者で」とあるのは「特別措置法第11条第1項の規定により法務大臣が指名した者で，同項に規定する北方地域に本籍を有する者で」と，前項の規定により読み替えて適用される第36条第1項及び第3項中「申請の時におけるその者の本籍地の市町村」とあるのは「申請の時において特別措置法第11条第1項の規定により法務大臣が指名した者が長である市又は町」とする．

（法制上の措置）
第3条　① 国は，この法律が施行されるまでの間に，年齢満18年以上満20年未満の者が国政選挙に参加することができること等となるよう，選挙権を有する者の年齢を定める公職選挙法，成年年齢を定める民法（明治29年法律第89号）その他の法令の規定について検討を加え，必要な法制上の措置を講ずるものとする．
② 前項の法制上の措置が講ぜられ，年齢満18年以上満20年未満の者が国政選挙に参加することができるまでの間，第3条，第22条第1項，第35条及び第36条第1項の規定の適用については，これらの規定中「満18年以上」とあるのは，「満20年以上」とする．

（この法律の施行までの間の国会法の適用に関する特例）
第4条　第6章の規定による改正後の国会法第6条の2，第83条の4，第86条の2，第102条の6，第102条の7及び第102条の9第2項の規定は，同法第68条の2に規定する憲法改正原案については，この法律が施行されるまでの間は，適用しない．

（公務員の政治的行為の制限に関する検討）
第11条　国は，この法律が施行されるまでの間に，公務員が国民投票に際して行う憲法改正に関する賛否の勧誘その他意見の表明が制限されることとならないよう，公務員の政治的行為の制限について定める国家公務員法（昭和22年法律第120号），地方公務員法（昭和25年法律第261号）その他の法令の規定について検討を加え，必要な法制上の措置を講ずるものとする．

（憲法改正問題についての国民投票制度に関する検討）
第12条　国は，この規定の施行後速やかに，憲法改正を要する問題及び憲法改正の対象となり得る問題についての国民投票制度に関し，その意義及び必要性の有無について，日本国憲法の採用する間接民主制との整合性の確保その他の観点から検討を加え，必要な措置を講ずるものとする．

別記様式　（略）

## ⑤ 皇室典範

(昭22・1・16法律第3号, 昭22・5・3施行,
最終改正:昭24・5・31法律第134号)

### 第1章 皇位継承

**第1条** 皇位は, 皇統に属する男系の男子が, これを継承する.
**第2条** ① 皇位は, 左の順序により, 皇族に, これを伝える.
1 皇長子
2 皇長孫
3 その他の皇長子の子孫
4 皇次子及びその子孫
5 その他の皇子孫
6 皇兄弟及びその子孫
7 皇伯叔父及びその子孫

② 前項各号の皇族がないときは, 皇位は, それ以上で, 最近親の系統の皇族に, これを伝える.
③ 前2項の場合においては, 長系を先にし, 同等内では, 長を先にする.
**第3条** 皇嗣に, 精神若しくは身体の不治の重患があり, 又は重大な事故があるときは, 皇室会議の議により, 前条に定める順序に従つて, 皇位継承の順序を変えることができる.
**第4条** 天皇が崩じたときは, 皇嗣が, 直ちに即位する.

### 第2章 皇族

**第5条** 皇后, 太皇太后, 皇太后, 親王, 親王妃, 内親王, 王, 王妃及び女王を皇族とする.
**第6条** 嫡出の皇子及び嫡男系嫡出の皇孫は, 男を親王, 女を内親王とし, 3世以下の嫡男系嫡出の子孫は, 男を王, 女を女王とする.
**第7条** 王が皇位を継承したときは, その兄弟姉妹たる王及び女王は, 特にこれを親王及び内親王とする.
**第8条** 皇嗣たる皇子を皇太子という. 皇太子のないときは, 皇嗣たる皇孫を皇太孫という.
**第9条** 天皇及び皇族は, 養子をすることができない.
**第10条** 立后及び皇族男子の婚姻は, 皇室会議の議を経ることを要する.
**第11条** ① 年齢15年以上の内親王, 王及び女王は, その意思に基き, 皇室会議の議により, 皇族の身分を離れる.
② 親王 (皇太子及び皇太孫を除く.), 内親王, 王及び女王は, 前項の場合の外, やむを得ない特別の事由があるときは, 皇室会議の議により, 皇族の身分を離れる.
**第12条** 皇族女子は, 天皇及び皇族以外の者と婚姻したときは, 皇族の身分を離れる.
**第13条** 皇族の身分を離れる親王又は王の妃並びに直系卑属及びその妃は, 他の皇族と婚姻した女子及びその直系卑属を除き, 同時に皇族の身分を離れる. 但し, 直系卑属及びその妃については, 皇室会議の議により, 皇族の身分を離れないものとすることができる.
**第14条** ① 皇族以外の女子で親王妃又は王妃となつた者が, その夫を失つたときは, その意思により, 皇族の身分を離れることができる.
② 前項の者が, その夫を失つたときは, 同項による場合の外, やむを得ない特別の事由があるときは, 皇室会議の議により, 皇族の身分を離れる.
③ 第1項の者は, 離婚したときは, 皇族の身分を離れる.
④ 第1項及び前項の規定は, 前条の他の皇族と婚姻した女子に, これを準用する.
**第15条** 皇族以外の者及びその子孫は, 女子が皇后となる場合及び皇族男子と婚姻する場合を除いては, 皇族となることがない.

### 第3章 摂政

**第16条** ① 天皇が成年に達しないときは, 摂政を置く.
② 天皇が, 精神若しくは身体の重患又は重大な事故により, 国事に関する行為をみずからすることができないときは, 皇室会議の議により, 摂政を置く.
**第17条** ① 摂政は, 左の順序により, 成年に達した皇族が, これに就任する.
1 皇太子又は皇太孫
2 親王及び王
3 皇后
4 皇太后
5 太皇太后
6 内親王及び女王

② 前項第2号の場合においては, 皇位継承の順序に従い, 同項第6号の場合においては, 皇位継承の順序に準ずる.
**第18条** 摂政又は摂政となる順位にあたる者に, 精神若しくは身体の重患があり, 又は重大な事故があるときは, 皇室会議の議により, 前条に定める順序に従つて, 摂政又は摂政となる順序を変えることができる.
**第19条** 摂政となる順位にあたる者が, 成年に達しないため, 又は前条の故障があるために, 他の皇族が, 摂政となつたときは, 先順位にあたつていた皇族が, 成年に達し, 又は故障がなくなつたときでも, 皇太子又は皇太孫に対する場合を除いては, 摂政の任を譲ることがない.
**第20条** 第16条第2項の故障がなくなつたときは, 皇室会議の議により, 摂政を廃する.
**第21条** 摂政は, その在任中, 訴追されない. 但し, これがため, 訴追の権利は, 害されない.

### 第4章 成年, 敬称, 即位の礼, 大喪の礼, 皇統譜及び陵墓

**第22条** 天皇, 皇太子及び皇太孫の成年は, 18年とする.
**第23条** ① 天皇, 皇后, 太皇太后及び皇太后の敬称は, 陛下とする.
② 前項の皇族以外の皇族の敬称は, 殿下とする.
**第24条** 皇位の継承があつたときは, 即位の礼を行う.
**第25条** 天皇が崩じたときは, 大喪の礼を行う.
**第26条** 天皇及び皇族の身分に関する事項は, これを皇統譜に登録する.
**第27条** 天皇, 皇后, 太皇太后及び皇太后を葬る所を陵, その他の皇族を葬る所を墓とし, 陵及び墓に関する事項は, これを陵籍及び墓籍に登録する.

### 第5章 皇室会議

**第28条** ① 皇室会議は, 議員10人でこれを組織する.

② 議員は，皇族2人，衆議院及び参議院の議長及び副議長，内閣総理大臣，宮内庁の長並びに最高裁判所の長たる裁判官及びその他の裁判官1人を以て，これに充てる．
③ 議員となる皇族及び最高裁判所の長たる裁判官以外の裁判官は，各々成年に達した皇族又は最高裁判所の長たる裁判官以外の裁判官の互選による．
第29条　内閣総理大臣たる議員は，皇室会議の議長となる．
第30条　① 皇室会議に，予備議員10人を置く．
② 皇族及び最高裁判所の長たる裁判官たる議員の予備議員については，第28条第3項の規定を準用する．
③ 衆議院及び参議院の議長及び副議長たる議員の予備議員は，各々衆議院及び参議院の議員の互選による．
④ 前2項の予備議員の員数は，各々その議員の員数と同数とし，その職務を行う順序は，互選の際，これを定める．
⑤ 内閣総理大臣たる議員の予備議員は，内閣法の規定により臨時に内閣総理大臣の職務を行う者として指定された国務大臣を以て，これに充てる．
⑥ 宮内庁の長たる議員の予備議員は，内閣総理大臣の指定する宮内庁の官吏を以て，これに充てる．
⑦ 議員に事故のあるとき，又は議員が欠けたときは，その予備議員が，その職務を行う．
第31条　第28条及び前条において，衆議院の議長，副議長又は議員とあるのは，衆議院が解散されたときは，後任者の定まるまでは，出席した議員の国務大臣の定まるまでは，出席した議員の際衆議院の議長，副議長又は議員であつた者とする．
第32条　皇族及び最高裁判所の長たる裁判官以外の裁判官たる議員及び予備議員の任期は，4年とする．
第33条　① 皇室会議は，議長が，これを招集する．
② 皇室会議は，第3条，第16条第2項，第18条及び第20条の場合には，4人以上の議員の要求があるときは，これを招集することを要する．
第34条　皇室会議は，6人以上の議員の出席がなければ，議事を開き議決することができない．
第35条　① 皇室会議の議事は，第3条，第16条第2項，第18条及び第20条の場合には，出席した議員の3分の2以上の多数でこれを決し，その他の場合には，過半数でこれを決する．
② 前項後段の場合において，可否同数のときは，議長の決するところによる．
第36条　議員は，自分の利害に特別の関係のある議事には，参与することができない．
第37条　皇室会議は，この法律及び他の法律に基く権限のみを行う．
附　則
① この法律は，日本国憲法施行の日から，これを施行する．
② 現在の皇族は，この法律による皇族とし，第6条の規定の適用については，これを嫡男系嫡出の者とする．
③ 現在の陵及び墓は，これを第27条の陵及び墓とする．

## 6　国旗及び国歌に関する法律

(平11・8・13法律第127号，平11・8・13施行)

(国　旗)
第1条　① 国旗は，日章旗とする．
② 日章旗の制式は，別記第1のとおりとする．
(国　歌)
第2条　① 国歌は，君が代とする．
② 君が代の歌詞及び楽曲は，別記第2のとおりとする．
附　則（抄）
(施行期日)
① この法律は，公布の日から，施行する．
(商船規則の廃止)
② 商船規則（明治3年太政官布告第57号）は，廃止する．
(日章旗の制式の特例)
③ 日章旗の制式については，当分の間，別記第1の規定にかかわらず，寸法の割合について縦を横の10分の7とし，かつ，日章の中心の位置について旗の中心から旗竿側に横の長さの100分の1偏した位置とすることができる．
別記第1　（第1条関係）
　日章旗の制式　（略）
別記第2　（第2条関係）
　君が代の歌詞及び楽曲　（略）

## 7　国　籍　法

(昭25・5・4法律第147号，昭25・7・1施行，
最終改正：平16・12・1法律第147号)

(この法律の目的)
第1条　日本国民たる要件は，この法律の定めるところによる．
(出生による国籍の取得)
第2条　子は，次の場合には，日本国民とする．
1　出生の時に父又は母が日本国民であるとき．
2　出生前に死亡した父が死亡の時に日本国民であつたとき．
3　日本で生まれた場合において，父母がともに知れないとき，又は国籍を有しないとき．
(準正による国籍の取得)
第3条　① 父母の婚姻及びその認知により嫡出子たる身分を取得した子で20歳未満のもの（日本国民であつた者を除く．）は，認知をした父又は母が子の出生の時に日本国民であつた場合において，その父又は母が現に日本国民であるとき，又はその死亡の時に日本国民であつたときは，法務大臣に届け出ることによつて，日本の国籍を取得することができる．
② 前項の規定による届出をした者は，その届出の時に日本の国籍を取得する．
(帰　化)
第4条　① 日本国民でない者（以下「外国人」という．）は，帰化によつて，日本の国籍を取得することができる．
② 帰化をするには，法務大臣の許可を得なければな

# ⑦ 国籍法

(国籍の喪失)〜

らない.

**第5条** ① 法務大臣は, 次の条件を備える外国人でなければ, その帰化を許可することができない.
1 引き続き5年以上日本に住所を有すること.
2 20歳以上で本国法によつて行為能力を有すること.
3 素行が善良であること.
4 自己又は生計を一にする配偶者その他の親族の資産又は技能によつて生計を営むことができること.
5 国籍を有せず, 又は日本の国籍の取得によつてその国籍を失うべきこと.
6 日本国憲法施行の日以後において, 日本国憲法又はその下に成立した政府を暴力で破壊することを企て, 若しくは主張し, 又はこれを企て, 若しくは主張する政党その他の団体を結成し, 若しくはこれに加入したことがないこと.
② 法務大臣は, 外国人がその意思にかかわらずその国籍を失うことができない場合において, 日本国民との親族関係又は境遇につき特別の事情があると認めるときは, その者が前項第5号に掲げる条件を備えないときでも, 帰化を許可することができる.

**第6条** 次の各号の一に該当する外国人で現に日本に住所を有するものについては, 法務大臣は, その者が前条第1項第1号に掲げる条件を備えないときでも, 帰化を許可することができる.
1 日本国民であつた者の子 (養子を除く.) で引き続き3年以上日本に住所又は居所を有するもの
2 日本で生まれた者で引き続き3年以上日本に住所若しくは居所を有し, 又はその父若しくは母 (養父母を除く.) が日本で生まれたもの
3 引き続き10年以上日本に居所を有する者

**第7条** 日本国民の配偶者たる外国人で引き続き3年以上日本に住所又は居所を有し, かつ, 現に日本に住所を有するものについては, 法務大臣は, その者が第5条第1項第1号及び第2号の条件を備えないときでも, 帰化を許可することができる. 日本国民の配偶者たる外国人で婚姻の日から3年を経過し, かつ, 引き続き1年以上日本に住所を有するものについても, 同様とする.

**第8条** 次の各号の一に該当する外国人については, 法務大臣は, その者が第5条第1項第1号, 第2号及び第4号の条件を備えないときでも, 帰化を許可することができる.
1 日本国民の子 (養子を除く.) で日本に住所を有するもの
2 日本国民の養子で引き続き1年以上日本に住所を有し, かつ, 縁組の時本国法により未成年であつたもの
3 日本の国籍を失つた者 (日本に帰化した後日本の国籍を失つた者を除く.) で日本に住所を有するもの
4 日本で生まれ, かつ, 出生の時から国籍を有しない者でその時から引き続き3年以上日本に住所を有するもの

**第9条** 日本に特別の功労のある外国人については, 法務大臣は, 第5条第1項の規定にかかわらず, 国会の承認を得て, その帰化を許可することができる.

**第10条** ① 法務大臣は, 帰化を許可したときは, 官報にその旨を告示しなければならない.
② 帰化は, 前項の告示の日から効力を生ずる.

(国籍の喪失)

**第11条** ① 日本国民は, 自己の志望によつて外国の国籍を取得したときは, 日本の国籍を失う.

② 外国の国籍を有する日本国民は, その外国の法令によりその国籍を選択したときは, 日本の国籍を失う.

**第12条** 出生により外国の国籍を取得した日本国民で国外で生まれたものは, 戸籍法 (昭和22年法律第224号) の定めるところにより日本の国籍を留保する意思を表示しなければ, その出生の時にさかのぼつて日本の国籍を失う.

**第13条** ① 外国の国籍を有する日本国民は, 法務大臣に届け出ることによつて, 日本の国籍を離脱することができる.
② 前項の規定による届出をした者は, その届出の時に日本の国籍を失う.

(国籍の選択)

**第14条** ① 外国の国籍を有する日本国民は, 外国及び日本の国籍を有することとなつた時が20歳に達する以前であるときは22歳に達するまでに, その時が20歳に達した後であるときはその時から2年以内に, いずれかの国籍を選択しなければならない.
② 日本の国籍の選択は, 外国の国籍を離脱することによるほかは, 戸籍法の定めるところにより, 日本の国籍を選択し, かつ, 外国の国籍を放棄する旨の宣言 (以下「選択の宣言」という.) をすることによつてする.

**第15条** ① 法務大臣は, 外国の国籍を有する日本国民で前条第1項に定める期限内に日本の国籍の選択をしないものに対して, 書面により, 国籍の選択をすべきことを催告することができる.
② 前項に規定する催告は, これを受けるべき者の所在を知ることができないときその他書面によつてすることができないやむを得ない事情があるときは, 催告すべき事項を官報に掲載してすることができる. この場合における催告は, 官報に掲載された日の翌日に到達したものとみなす.
③ 前2項の規定による催告を受けた者は, 催告をされた日から1月以内に日本の国籍の選択をしなければ, その期間が経過した時に日本の国籍を失う. ただし, その者が天災その他その責めに帰することができない事由によつてその期間内に日本の国籍の選択をすることができない場合において, その選択をすることができるに至つた時から2週間以内にこれをしたときは, この限りでない.

**第16条** ① 選択の宣言をした日本国民は, 外国の国籍の離脱に努めなければならない.
② 法務大臣は, 選択の宣言をした日本国民で外国の国籍を失つていないものが自己の志望によりその外国の公務員の職 (その国の国籍を有しない者であつても就任することができる職を除く.) に就任した場合において, その就任が日本の国籍を選択した趣旨に著しく反すると認めるときは, その者に対し日本の国籍の喪失の宣告をすることができる.
③ 前項の宣告に係る聴聞の期日における審理は, 公開により行わなければならない.
④ 第2項の宣告は, 官報に告示してしなければならない.
⑤ 第2項の宣告を受けた者は, 前項の告示の日に日本の国籍を失う.

(国籍の再取得)

**第17条** ① 第12条の規定により日本の国籍を失つた者で20歳未満のものは, 日本に住所を有するときは, 法務大臣に届け出ることによつて, 日本の国籍を取得することができる.

② 第15条第2項の規定による催告を受けて同条第3項の規定により日本の国籍を失つた者は、第5条第1項第5号に掲げる条件を備えるときは、日本の国籍を失つたことを知つた時から1年以内に法務大臣に届け出ることによつて、日本の国籍を取得することができる。ただし、天災その他その者の責めに帰することができない事由によつてその期間内に届け出ることができないときは、その期間は、これをすることができるに至つた時から1月とする。
③ 前項の規定による届出をした者は、その届出の時に日本の国籍を取得する。

**(法定代理人がする届出等)**
第18条 第3条第1項若しくは前条第1項の規定による国籍取得の届出、帰化の許可の申請、選択の宣言又は国籍離脱の届出は、国籍の取得、選択又は離脱をしようとする者が15歳未満であるときは、法定代理人が代わつてする。

**(省令への委任)**
第19条 この法律に定めるもののほか、国籍の取得及び離脱に関する手続その他この法律の施行に関し必要な事項は、法務省令で定める。

<u>附　則</u>　(抄)
1　この法律は、昭和25年7月1日から施行する。
2　国籍法(明治32年法律第66号)は、廃止する。

---

# 8　国　会　法

(昭22・4・30法律第79号、昭22・5・3施行、
最終改正：平19・5・18法律第51号)

## 第1章　国会の召集及び開会式

第1条 ① 国会の召集詔書は、集会の期日を定めて、これを公布する。
② 常会の召集詔書は、少なくとも10日前にこれを公布しなければならない。
③ 臨時会及び特別会(日本国憲法第54条により召集された国会をいう。)の召集詔書の公布は、前項によることを要しない。
第2条　常会は、毎年1月中に召集するのを常例とする。
第2条の2　特別会は、常会と併せてこれを召集することができる。
第2条の3 ① 衆議院議員の任期満了による総選挙が行われたときは、その任期が始まる日から30日以内に臨時会を召集しなければならない。但し、その期間内に常会が召集された場合又はその期間が参議院議員の通常選挙を行うべき期間にかかる場合は、この限りでない。
② 参議院議員の通常選挙が行われたときは、その任期が始まる日から30日以内に臨時会を召集しなければならない。但し、その期間内に常会若しくは特別会が召集された場合又はその期間が衆議院議員の任期満了による総選挙を行うべき期間にかかる場合は、この限りでない。
第3条　臨時会の召集の決定を要求するには、いずれかの議院の総議員の4分の1以上の議員が連名で、議長を経由して内閣に要求書を提出しなければならない。
第4条　削除
第5条　議員は、召集詔書に指定された期日に、各議院に集会しなければならない。
第6条　各議院において、召集の当日に議長若しくは副議長がないとき、又は議長及び副議長が共にないときは、その選挙を行わなければならない。
第7条　議長及び副議長が選挙されるまでは、事務総長が、議長の職務を行う。
第8条　国会の開会式は、会期の始めにこれを行う。
第9条 ① 開会式は、衆議院議長が主宰する。
② 衆議院議長に事故があるときは、参議院議長が、主宰する。

## 第2章　国会の会期及び休会

第10条　常会の会期は、150日間とする。但し、会期中に議員の任期が満限に達する場合には、その満限の日をもって、会期は終了するものとする。
第11条　臨時会及び特別会の会期は、両議院一致の議決で、これを定める。
第12条 ① 国会の会期は、両議院一致の議決で、これを延長することができる。
② 会期の延長は、常会にあつては1回、特別会及び臨時会にあつては2回を超えてはならない。
第13条　前2条の場合において、両議院の議決が一致しないとき、又は参議院が議決しないときは、衆議院の議決したところによる。
第14条　国会の会期は、召集の当日からこれを起算する。
第15条 ① 国会の休会は、両議院一致の議決を必要とする。
② 国会の休会中、各議院は、議長において緊急の必要があると認めたとき、又は総議員の4分の1以上の議員から要求があつたときは、他の院の議長と協議の上、会議を開くことができる。
③ 前項の場合における会議の日数は、日本国憲法及び法律に定める休会の期間にこれを算入する。
④ 各議院は、10日以内においてその院の休会を議決することができる。

## 第3章　役員及び経費

第16条　各議院の役員は、左の通りとする。
1　議長
2　副議長
3　仮議長
4　常任委員長
5　事務総長
第17条　各議院の議長及び副議長は、各々一人とする。
第18条　各議院の議長及び副議長の任期は、各々議員としての任期による。
第19条　議長は、その議院の秩序を保持し、議事を整理し、議院の事務を監督し、議院を代表する。
第20条　議長は、委員会に出席し発言することができる。
第21条　各議院において、議長に事故があるとき又は議長が欠けたときは、副議長が、議長の職務を行う。
第22条 ① 各議院において、議長及び副議長に共に事故があるときは、仮議長を選挙し議長の職務を行う。
② 前項の選挙の場合には、事務総長が、議長の職務を行う。

③ 院は、仮議長の選任を議長に委任することができる.
第23条　各議院において、議長若しくは副議長が欠けたとき、又は議長及び副議長が共に欠けたときは、直ちにその選挙を行う.
第24条　前条前段の選挙において副議長若しくは議長に事故がある場合又は前条後段の選挙の場合には、事務総長が、議長の職務を行う.
第25条　常任委員長は、各議院において各々その常任委員の中からこれを選挙する.
第26条　各議院に、事務総長1人、参事その他必要な職員を置く.
第27条　① 事務総長は、各議院において国会議員以外の者からこれを選挙する.
② 参事その他の職員は、事務総長が、議長の同意及び議院運営委員会の承認を得てこれを任免する.
第28条　① 事務総長は、議長の監督の下に、議院の事務を統理し、公文に署名する.
② 参事は、事務総長の命を受け事務を掌理する.
第29条　事務総長に事故があるとき又は事務総長が欠けたときは、その予め指定する参事が、事務総長の職務を行う.
第30条　役員は、議院の許可を得て辞任することができる. 但し、閉会中は、議長において役員の辞任を許可することができる.
第30条の2　各議院において特に必要があるときは、その院の議決をもつて、常任委員長を解任することができる.
第31条　① 役員は、特に法律に定めのある場合を除いては、国又は地方公共団体の公務員と兼ねることができない.
② 議員であつて前項の職を兼ねている者が、役員に選任されたときは、その兼ねている職は、解かれたものとする.
第32条　① 両議院の経費は、独立して、国の予算にこれを計上しなければならない.
② 前項の経費中には、予備金を設けることを要する.

## 第4章　議員

第33条　各議院の議員は、院外における現行犯罪の場合を除いては、会期中その院の許諾がなければ逮捕されない.
第34条　各議院の議員の逮捕につきその院の許諾を求めるには、内閣は、所轄裁判所又は裁判官が令状を発する前に内閣へ提出した要求書の受理後速やかに、その要求書の写を添えて、これを求めなければならない.
第34条の2　① 内閣は、会期前に逮捕された議員があるときは、会期の始めに、その議員の属する議院の議長に、令状の写を添えてその氏名を通知しなければならない.
② 内閣は、会期前に逮捕された議員について、会期中に勾留期間の延長の裁判があつたときは、その議員の属する議院の議長にその旨を通知しなければならない.
第34条の3　議員が、会期前に逮捕された議員の釈放の要求を発議するには、議員20人以上の連名で、その理由を附した要求書をその議院の議長に提出しなければならない.
第35条　議員は、一般職の国家公務員の最高の給与額（地域手当等の手当を除く.）より少なくない歳費を受ける.
第36条　議員は、別に定めるところにより、退職金を受けることができる.
第37条　削除
第38条　議員は、公の書類を発送し及び公の性質を有する通信をなす等のため、別に定めるところにより手当を受ける.
第39条　議員は、内閣総理大臣その他の国務大臣、内閣官房副長官、内閣総理大臣補佐官、副大臣、大臣政務官及び別に法律で定めた場合を除いては、その任期中国又は地方公共団体の公務員と兼ねることができない. ただし、両議院一致の議決に基づき、その任期中内閣行政各部における各種の委員、顧問、参与その他これらに準ずる職に就く場合は、この限りでない.

## 第5章　委員会及び委員

第40条　各議院の委員会は、常任委員会及び特別委員会の2種とする.
第41条　① 常任委員会は、その部門に属する議案（決議案を含む.）、請願等を審査する.
② 衆議院の常任委員会は、次のとおりとする.
1　内閣委員会
2　総務委員会
3　法務委員会
4　外務委員会
5　財務金融委員会
6　文部科学委員会
7　厚生労働委員会
8　農林水産委員会
9　経済産業委員会
10　国土交通委員会
11　環境委員会
12　安全保障委員会
13　国家基本政策委員会
14　予算委員会
15　決算行政監視委員会
16　議院運営委員会
17　懲罰委員会
③ 参議院の常任委員会は、次のとおりとする.
1　内閣委員会
2　総務委員会
3　法務委員会
4　外交防衛委員会
5　財政金融委員会
6　文教科学委員会
7　厚生労働委員会
8　農林水産委員会
9　経済産業委員会
10　国土交通委員会
11　環境委員会
12　国家基本政策委員会
13　予算委員会
14　決算委員会
15　行政監視委員会
16　議院運営委員会
17　懲罰委員会
第42条　① 常任委員は、会期の始めに議院において選任し、議員の任期中その任にあるものとする.
② 議員は、少なくとも1箇の常任委員となる. ただし、議長、副議長、内閣総理大臣その他の国務大臣、

内閣官房副長官,内閣総理大臣補佐官,副大臣及び大臣政務官は,その割り当てられた常任委員を辞することができる.
③ 前項但書の規定により常任委員を辞した者があるときは,その者が属する会派の議員は,その委員を兼ねることができる.
**第43条** 常任委員会には,専門の知識を有する職員(これを専門員という)及び調査員を置くことができる.
**第44条** 各議院の常任委員会は,他の議院の常任委員会と協議して合同審査会を開くことができる.
**第45条** ① 各議院は,その院において特に必要があると認めた案件又は常任委員会の所管に属しない特定の案件を審査するため,特別委員会を設けることができる.
② 特別委員は,議院において選任し,その委員会に付託された案件がその院で議決されるまで,その任にあるものとする.
③ 特別委員長は,委員会においてその委員がこれを互選する.
**第46条** ① 常任委員及び特別委員は,各会派の所属議員数の比率により,これを各会派に割り当て選任する.
② 前項の規定により委員が選任された後,各会派の所属議員に異動があつたため,各会派派割当数を変更する必要があるときは,議長は,第42条第1項及び前条第2項の規定にかかわらず,議院運営委員会の議を経て委員を変更することができる.
**第47条** ① 常任委員会及び特別委員会は,会期中に限り,付託された案件を審査する.
② 常任委員会及び特別委員会は,各議院の議決で特に付託された案件(懲罰事犯の件を含む.)については,閉会中もなお,これを審査することができる.
③ 前項の規定により懲罰事犯の件を閉会中審査に付する場合においては,その会期中に生じた事犯にかかるものでなければならない.
④ 第2項の規定により閉会中もなお審査することに決したときは,その院の議長から,その旨を他の議院及び内閣に通知する.
**第48条** 委員長は,委員会の議事を整理し,秩序を保持する.
**第49条** 委員会は,その委員の半数以上の出席がなければ,議事を開き議決することができない.
**第50条** 委員会の議事は,出席委員の過半数でこれを決し,可否同数のときは,委員長の決するところによる.
**第50条の2** ① 委員は,その所管に属する事項に関し,法律案を提出することができる.
② 前項の法律案については,委員長をもつて提出者とする.
**第51条** ① 委員会は,一般的関心及び目的を有する重要な案件について,公聴会を開き,真に利害関係を有する者又は学識経験者等から意見を聴くことができる.
② 総予算及び重要な歳入法案については,前項の公聴会を開かなければならない.但し,すでに公聴会を開いた案件と同一の内容のものについては,この限りでない.
**第52条** ① 委員会は,議員の外傍聴を許さない.但し,報道の任務にあたる者その他の者で委員長の許可を得たものについては,この限りでない.
② 委員会は,その決議により秘密会とすることができる.
③ 委員長は,秩序保持のため,傍聴人の退場を命ずることができる.
**第53条** 委員長は,委員会の経過及び結果を議院に報告しなければならない.
**第54条** ① 委員会において廃棄された少数意見で,出席委員の10分の1以上の賛成があるものは,委員長の報告に次いで,少数意見者を議院に報告することができる.この場合においては,少数意見者は,その賛成者と連名で簡明な少数意見の報告書を議長に提出しなければならない.
② 議長は,少数意見の報告につき,時間を制限することができる.
③ 第1項後段の報告書は,委員会の報告書と共にこれを議院に掲載する.

### 第5章の2　参議院の調査会

**第54条の2** ① 参議院は,国政の基本的事項に関し,長期的かつ総合的な調査を行うため,調査会を設けることができる.
② 調査会は,参議院議員の半数の任期満了の日まで存続する.
③ 調査会の名称,調査事項及び委員の数は,参議院の議決でこれを定める.
**第54条の3** ① 調査会の委員は,議院において選任し,調査会が存続する間,その任にあるものとする.
② 調査会の委員は,各会派の所属議員数の比率により,これを各会派に割り当て選任する.
③ 前項の規定により委員が選任された後,各会派の所属議員数に異動があつたため,委員の各会派割当数を変更する必要があるときは,議長は,第1項の規定にかかわらず,議院運営委員会の議を経て委員を変更することができる.
④ 調査会長は,調査会においてその委員がこれを互選する.
**第54条の4** ① 調査会については,第20条,第47条第1項,第2項及び第4項,第48条から第50条の2まで,第51条第1項,第52条,第60条,第69条から第73条まで,第104条,第105条,第120条,第121条第2項並びに第124条の規定を準用する.
② 前項において準用する第50条の2第1項の規定により調査会が提出する法律案については,第57条の3の規定を準用する.

### 第6章　会　議

**第55条** ① 各議院の議長は,議事日程を定め,予めこれを議院に報告する.
② 議長は,特に緊急の必要があると認めたときは,会議の日時だけを議員に通知して会議を開くことができる.
**第55条の2** ① 議長は,議事の順序その他必要と認める事項につき,議院運営委員長及び議院運営委員会が選任する議事協議員と協議することができる.この場合において,その意見が一致しないときは,議長は,これを裁定することができる.
② 議長は,議事協議会の主宰を議院運営委員長に委任することができる.
③ 議長は,会期中であると閉会中であるとを問わず,随時でも議事協議会を開くことができる.
**第56条** ① 議員が議案を発議するには,衆議院においては議員20人以上,参議院においては議員10人

以上の賛成を要する．但し，予算を伴う法律案を発議するには，衆議院においては議員50人以上，参議院においては議員20人以上の賛成を要する．
② 議案が発議又は提出されたときは，議長は，これを適当な委員会に付託し，その審査を経て会議に付する．但し，特に緊急を要するものは，発議者又は提出者の要求に基き，議院の議決で委員会の審査を省略することができる．
③ 委員会において，議院の会議に付するを要しないと決定した議案は，これを会議に付さない．但し，委員会の決定の日から休会中の期間を除いて7日以内に議員20人以上の要求があるものは，これを会議に付さなければならない．
④ 前項但書の要求がないときは，その議案は廃案とする．
⑤ 前2項の規定は，他の議院から送付された議案については，これを適用しない．

**第56条の2** 各議院に発議又は提出された議案は，議院運営委員会が特にその必要を認めた場合は，議院の会議において，その議案の趣旨の説明を聴取することができる．

**第56条の3** ① 各議院は，委員会の審査中の案件について特に必要があるときは，中間報告を求めることができる．
② 前項の中間報告があつた案件について，議院が特に緊急を要すると認めたときは，委員会の審査に期限を附し又は院院の会議において審議することができる．
③ 委員会の審査に期限を附けた場合，その期間内に審査を終らなかつたときは，院院の会議においてこれを審議するものとする．但し，院院は，委員会の要求により，審査期限を延長することができる．

**第56条の4** 各議院は，他の議院から送付又は提出された議案と同一の議案を審議することができない．

**第57条** 議案につき議院の会議で修正の動議を議題とするには，衆議院においては議員20人以上，参議院においては議員10人以上の賛成を要する．但し，法律案に対する修正の動議で，予算の増額を伴うもの又は予算を伴うこととなるものについては，衆議院においては議員50人以上，参議院においては議員20人以上の賛成を要する．

**第57条の2** 予算につき議院の会議で修正の動議を議題とするには，衆議院においては議員50人以上，参議院においては議員20人以上の賛成を要する．

**第57条の3** 各議院又は各議院の委員会は，予算総額の増額修正，委員会の提出若しくは議員の発議にかかる予算を伴う法律案又は法律案に対する修正で，予算の増額を伴うもの若しくは予算を伴うこととなるものについては，内閣に対して，意見を述べる機会を与えなければならない．

**第58条** 内閣は，一の議院に議案を提出したときは，予備審査のため，提出の日から5日以内に他の議院に同一の案を提出しなければならない．

**第59条** 内閣が，各議院の会議又は委員会において議題となつた議案を修正し，又は撤回するには，その院の承諾を要する．但し，一の議院で議決した後は，修正し，又は撤回することはできない．

**第60条** 各議院が提出した議案については，その委員長（その代理者を含む）又は発議者は，他の議院において，提案の理由を説明しなければならない．

**第61条** ① 各議院の議長は，質疑，討論その他の発言につき，予め議院の議決があつた場合を除いて，時間を制限することができる．
② 議長の定めた時間制限に対して，出席議員の5分の1以上から異議を申し立てたときは，議長は，討論を用いないで，議院に諮らなければならない．
③ 議員が時間制限のため発言を終らなかつた部分につき特に院院の議決があつた場合を除いては，議長の認める範囲内において，これを会議録に掲載する．

**第62条** 各議院の会議は，議長又は議員10人以上の発議により，出席議員の3分の2以上の議決があつたときは，公開を停めることができる．

**第63条** 秘密会の記録中，特に秘密を要するものとその院において議決した部分は，これを公表しないことができる．

**第64条** 内閣は，内閣総理大臣が欠けたとき，又は辞表を提出したときは，直ちにその旨を両議院に通知しなければならない．

**第65条** ① 国会の議決を要する議案について，最後の議決があつた場合にはその院の議長から，衆議院の議決が国会の議決となつた場合には衆議院議長から，その公布を要するものは，これを内閣を経由して奏上し，その他のものは，これを内閣に送付する．
② 内閣総理大臣の指名については，衆議院議長から，内閣を経由してこれを奏上する．

**第66条** 法律は，奏上の日から30日以内にこれを公布しなければならない．

**第67条** 一の地方公共団体のみに適用される特別法については，国会において最後の可決があつた場合に，別に法律で定めるところにより，その地方公共団体の住民の投票に付し，その過半数の同意を得たときに，さきの国会の議決が，確定して法律となる．

**第68条** 会期中に議決に至らなかつた案件は，後会に継続しない．但し，第47条第2項の規定により閉会中審査した議案及び懲罰事犯の件は，後会に継続する．

## 第6章の2　日本国憲法の改正の発議

**第68条の2** 議員が日本国憲法の改正案（以下「憲法改正案」という．）の原案（以下「憲法改正原案」という．）を発議するには，第56条第1項の規定にかかわらず，衆議院においては議員100人以上，参議院においては議員50人以上の賛成を要する．

**第68条の3** 前条の憲法改正原案の発議に当たつては，内容において関連する事項ごとに区分して行うものとする．

**第68条の4** 憲法改正原案につき議院の会議で修正の動議を議題とするには，第57条の規定にかかわらず，衆議院においては議員100人以上，参議院においては議員50人以上の賛成を要する．

**第68条の5** ① 憲法改正原案について国会において最後の可決があつた場合には，その可決をもつて，国会が日本国憲法第96条第1項に定める日本国憲法の改正（以下「憲法改正」という．）の発議をし，国民に提案したものとする．この場合において，両議院の議長は，憲法改正の発議をした旨及び発議に係る憲法改正案を官報に公示する．
② 憲法改正原案について前項の最後の可決があつた院の議長から，内閣に対し，その旨を通知するとともに，これを送付する．

**第68条の6** 憲法改正の発議に係る国民投票の期日は，当該発議後速やかに，国会の議決でこれを定める．

## 第7章 国務大臣等の出席等

**第69条** ① 内閣官房副長官,副大臣及び大臣政務官は,内閣総理大臣その他の国務大臣を補佐するため,議院の会議又は委員会に出席することができる.
② 内閣は,国会において内閣総理大臣その他の国務大臣を補佐するため,両議院の議長の承認を得て,人事院総裁,内閣法制局長官,公正取引委員会委員長及び公害等調整委員会委員長を政府特別補佐人として議院の会議又は委員会に出席させることができる.

**第70条** 内閣総理大臣その他の国務大臣並びに内閣官房副長官,副大臣及び大臣政務官並びに政府特別補佐人が,議院の会議又は委員会において発言しようとするときは,議長又は委員長に通告しなければならない.

**第71条** 委員会は,議長を経由して内閣総理大臣その他の国務大臣並びに内閣官房副長官,副大臣及び大臣政務官並びに政府特別補佐人の出席を求めることができる.

**第72条** ① 委員会は,議長を経由して会計検査院長及び検査官の出席説明を求めることができる.
② 最高裁判所長官又はその指定する代理者は,その要求により,委員会の承認を得て委員会に出席説明することができる.

**第73条** 委員会の会議及び委員会の会議に関する報告は,議員に配付すると同時に,これを内閣総理大臣その他の国務大臣並びに内閣官房副長官,副大臣及び大臣政務官並びに政府特別補佐人に送付する.

## 第8章 質問

**第74条** ① 各議院の議員が,内閣に質問しようとするときは,議長の承認を要する.
② 質問は,簡明な主意書を作り,これを議長に提出しなければならない.
③ 議長の承認しなかつた質問について,その議員から異議を申し立てたときは,議長は,討論を用いないで,議院に諮らなければならない.
④ 議長又は議院の承認しなかつた質問について,その議員から要求があつたときは,議長は,その主意書を会議録に掲載する.

**第75条** ① 議長又は議院の承認した質問については,議長がその主意書を内閣に転送する.
② 内閣は,質問主意書を受け取つた日から7日以内に答弁をしなければならない.その期間内に答弁をすることができないときは,その理由及び答弁をすることができる期限を明示することを要する.

**第76条** 質問が,緊急を要するときは,議院の議決により口頭で質問することができる.

**第77条及び第78条** 削除

## 第9章 請願

**第79条** 各議院に請願しようとする者は,議員の紹介により請願書を提出しなければならない.

**第80条** ① 請願は,各議院において委員会の審査を経た後これを議決する.
② 委員会において,院の会議に付するを要しないと決定した請願は,これを会議に付さない.但し,議員20人以上の要求があるものは,これを会議に付さなければならない.

**第81条** ① 各議院において採択した請願で,内閣において措置するを適当と認めたものは,これを内閣に送付する.
② 内閣は,前項の請願の処理の経過を毎年議院に報告しなければならない.

**第82条** 各議院は,各別に請願を受け互に干預しない.

## 第10章 両議院関係

**第83条** ① 国会の議決を要する議案を甲議院において可決し,又は修正したときは,これを乙議院に送付し,否決したときは,その旨を乙議院に通知する.
② 乙議院において甲議院の送付案に同意し,又はこれを否決したときは,その旨を甲議院に通知する.
③ 乙議院において甲議院の送付案を修正したときは,これを甲議院に回付する.
④ 甲議院において乙議院の回付案に同意し,又は同意しなかつたときは,その旨を乙議院に通知する.

**第83条の2** ① 参議院は,法律案について,衆議院の送付案を否決したときは,その議案を衆議院に返付する.
② 参議院は,法律案について,衆議院の回付案に同意しないで,両院協議会を求めるが衆議院がこれを拒んだとき,又は両院協議会を求めないときは,その議案を衆議院に返付する.
③ 参議院は,予算又は衆議院先議の条約を否決したときは,これを衆議院に返付する.衆議院は,参議院先議の条約を否決したときは,これを参議院に返付する.

**第83条の3** ① 衆議院は,日本国憲法第59条第4項の規定により,参議院が法律案を否決したものとみなしたときは,その旨を参議院に通知する.
② 衆議院は,予算及び条約について,日本国憲法第60条第2項又は第61条の規定により衆議院の議決が国会の議決となつたときは,その旨を参議院に通知する.
③ 前2項の通知があつたときは,参議院は,直ちに衆議院の送付案又は回付案を衆議院に返付する.

**第83条の4** ① 憲法改正原案について,甲議院の送付案を乙議院が否決したときは,その議案を甲議院に返付する.
② 憲法改正原案について,甲議院が乙議院の回付案に同意しなかつた場合において両院協議会を求めないときは,その議案を乙議院に返付する.

**第83条の5** 甲議院の送付案を,乙議院において継続審査し後の会期で議決したときは,第83条による.

**第84条** ① 法律案について,衆議院において参議院の回付案に同意しなかつたとき,又は参議院において衆議院の送付案を否決し及び衆議院の回付案に同意しなかつたときは,衆議院は,両院協議会を求めることができる.
② 参議院は,衆議院の回付案に同意しなかつたときに限り前項の規定にかかわらず,その通知と同時に両院協議会を求めることができる.但し,衆議院は,この両院協議会の請求を拒むことができる.

**第85条** ① 予算及び衆議院先議の条約について,衆議院において参議院の回付案に同意しなかつたとき,又は参議院において衆議院の送付案を否決したときは,衆議院は,両院協議会を求めなければならない.
② 参議院先議の条約について,参議院において衆議院の回付案に同意しなかつたとき,又は衆議院にお

いて参議院の送付案を否決したときは,参議院は,両院協議会を求めなければならない.
**第86条** ① 各議院において,内閣総理大臣の指名を議決したときは,これを他の議院に通知する.
② 内閣総理大臣の指名について,両議院の議決が一致しないときは,参議院は,両院協議会を求めなければならない.
**第86条の2** ① 憲法改正原案について,甲議院において乙議院の回付案に同意しなかつたとき,又は乙議院において甲議院の送付案を否決したときは,甲議院は,両院協議会を求めることができる.
② 憲法改正原案について,甲議院が,乙議院の回付案に同意しなかつた場合において両院協議会を求めなかつたときは,乙議院は,両院協議会を求めることができる.
**第87条** ① 法律案,予算,条約及び憲法改正原案を除いて,国会の議決を要する案件について,後議の議院が先議の議院の議決に同意しないときは,その旨の通知と共にこれを先議の議院に返付する.
② 前項の場合において,先議の議院は,両院協議会を求めることができる.
**第88条** 第84条第2項但書の場合を除いては,一の議院から両院協議会を求められたときは,他の議院は,これを拒むことができない.
**第89条** 両院協議会は,各議院において選挙された各々10人の委員でこれを組織する.
**第90条** 両院協議会の議長には,各議院の協議委員において夫々互選された議長が,毎会更代してこれに当る.その初会の議長は,くじでこれを定める.
**第91条** 両院協議会は,各議院の協議委員の各々3分の2以上の出席がなければ,議事を開き議決することができない.
**第91条の2** ① 協議委員が,正当な理由がなくて欠席し,又は両院協議会の議長から再度の出席要求があつてもなお出席しないときは,その協議委員の属する議院の議長は,当該協議委員は辞任したものとみなす.
② 前項の場合において,その協議委員の属する議院は,直ちにその補欠選挙を行わなければならない.
**第92条** ① 両院協議会においては,協議案が出席協議委員の3分の2以上の多数で議決されたとき成案となる.
② 両院協議会の議事は,前項の場合を除いては,出席協議委員の過半数でこれを決し,可否同数のときは,議長の決するところによる.
**第93条** ① 両院協議会の成案は,両院協議会を求めた議院において先ずこれを議し,他の議院にこれを送付する.
② 成案については,更に修正することができない.
**第94条** 両院協議会において,成案を得なかつたときは,各議院の協議委員長は,各々その旨を議院に報告しなければならない.
**第95条** 各議院の議長は,両院協議会に出席して意見を述べることができる.
**第96条** 両院協議会は,内閣総理大臣その他の国務大臣並びに内閣官房副長官,副大臣及び大臣政務官並びに政府特別補佐人の出席を要求することができる.
**第97条** 両院協議会は,傍聴を許さない.
**第98条** この法律に定めるものの外,両院協議会に関する規程は,両議院の議決でこれを定める.

## 第11章 参議院の緊急集会

**第99条** ① 内閣が参議院の緊急集会を求めるには,内閣総理大臣から,集会の期日を定め,案件を示して,参議院議長にこれを請求しなければならない.
② 前項の規定による請求があつたときは,参議院議長は,これを各議員に通知し,議員は,前項の指定された集会の期日に参議院に集会しなければならない.
**第100条** ① 参議院の緊急集会中,参議院の議員は,院外における現行犯罪の場合を除いては,参議院の許諾がなければ逮捕されない.
② 内閣は,参議院の緊急集会前に逮捕された参議院の議員があるときは,集会の期日の前日までに,参議院議長に,令状の写を添えてその氏名を通知しなければならない.
③ 内閣は,参議院の緊急集会前に逮捕された参議院の議員について,緊急集会中に勾留期間の延長の裁判があつたときは,参議院議長にその旨を通知しなければならない.
④ 参議院の緊急集会前に逮捕された参議院の議員は,参議院の要求があれば,緊急集会中これを釈放しなければならない.
⑤ 議員が,参議院の緊急集会前に逮捕された議員の釈放の要求を発議するには,議員20人以上の連名で,その理由を附した要求書を参議院議長に提出しなければならない.
**第101条** 参議院の緊急集会においては,議員は,第99条第1項の規定により示された案件に関連のあるものに限り,議案を発議することができる.
**第102条** 参議院の緊急集会においては,請願は,第99条第1項の規定により示された案件に関連のあるものに限り,これをすることができる.
**第102条の2** 緊急集会の案件がすべて議決されたときは,議長は,緊急集会が終つたことを宣言する.
**第102条の3** 参議院の緊急集会において案件が可決された場合には,参議院議長から,その公布を要するものは,これを内閣を経由して奏上し,その他のものは,これを内閣に送付する.
**第102条の4** 参議院の緊急集会において採られた措置に対する衆議院の同意については,その案件を内閣から提出する.
**第102条の5** 第6条,第47条第1項,第67条及び第69条第2項の規定の適用については,これらの規定中「召集」とあるのは「集会」と,「会期中」とあるのは「緊急集会中」と,「国会において最後の可決があつた場合」とあるのは「参議院の緊急集会において可決した場合」と,「国会」とあるのは「参議院の緊急集会」と,「両議院」とあるのは「参議院」と読み替え,第121条の2の規定の適用については,「会期の終了日又はその前日」とあるのは「参議院の緊急集会の終了日又はその前日」と,「閉会中審査の議決に至らなかつたもの」とあるのは「委員会の審査を終了しなかつたもの」と,「前の国会の会期」とあるのは「前の国会の会期終了後の参議院の緊急集会」と読み替えるものとする.

## 第11章の2 憲法審査会

**第102条の6** 日本国憲法及び日本国憲法に密接に関連する基本法制について広範かつ総合的に調査を行い,憲法改正原案,日本国憲法に係る改正の発議又は国民投票に関する法律案等を審査するため,

各議院に憲法審査会を設ける．

**第102条の7** ① 憲法審査会は，憲法改正原案及び日本国憲法に係る改正の発議又は国民投票に関する法律案を提出することができる．この場合における憲法改正原案の提出については，第68条の3の規定を準用する．

② 前項の憲法改正原案及び日本国憲法に係る改正の発議又は国民投票に関する法律案については，憲法審査会の会長をもつて提出者とする．

**第102条の8** ① 各議院の憲法審査会は，憲法改正原案に関し，他の議院の憲法審査会と協議して合同審査会を開くことができる．

② 前項の合同審査会は，憲法改正原案に関し，各議院の憲法審査会に勧告することができる．

③ 前2項に定めるもののほか，第1項の合同審査会に関する事項は，両議院の議決によりこれを定める．

**第102条の9** ① 第53条，第54条，第56条第2項本文，第60条及び第80条の規定は憲法審査会について，第47条（第3項を除く．），第56条第3項から第5項まで，第57条の3及び第7章の規定は日本国憲法に係る改正の発議又は国民投票に関する法律案に係る憲法審査会について準用する．

② 憲法審査会に付託された案件についての第68条の規定の適用については，同条ただし書中「第47条第2項の規定により閉会中審査した議案」とあるのは，「憲法改正原案，第47条第2項の規定により閉会中審査した議案」とする．

**第102条の10** 第102条の6から前条までに定めるもののほか，憲法審査会に関する事項は，各議院の議決によりこれを定める．

### 第12章 議院と国民及び官庁との関係

**第103条** 各議院は，議案その他の審査若しくは国政に関する調査のために又は議院において必要と認めた場合に，議員を派遣することができる．

**第104条** ① 各議院又は各議院の委員会から審査又は調査のため，内閣，官公署その他に対し，必要な報告又は記録の提出を求めたときは，その求めに応じなければならない．

② 内閣又は官公署が前項の求めに応じないときは，その理由を疎明しなければならない．その理由をその議院又は委員会において受諾し得る場合には，内閣又は官公署は，その報告又は記録の提出をする必要がない．

③ 前項の理由を受諾することができない場合は，その議院又は委員会は，更にその報告又は記録の提出が国家の重大な利益に悪影響を及ぼす旨の内閣の声明を要求することができる．その声明があつた場合は，内閣又は官公署は，その報告又は記録の提出をする必要がない．

④ 前項の要求後10日以内に，内閣がその声明を出さないときは，内閣又は官公署は，先に求められた報告又は記録の提出をしなければならない．

**第105条** 各議院又は各議院の委員会は，審査又は調査のため必要があるときは，会計検査院に対し，特定の事項について会計検査を行い，その結果を報告するよう求めることができる．

**第106条** 各議院は，審査又は調査のため，証人又は参考人が出頭し，又は陳述したときは，別に定めるところにより旅費及び日当を支給する．

### 第13章 辞職，退職，補欠及び資格争訟

**第107条** 各議院は，その議員の辞職を許可することができる．但し，閉会中は，議長においてこれを許可することができる．

**第108条** 各議院の議員が，他の議院の議員となつたときは，退職者となる．

**第109条** 各議院の議員が，法律に定めた被選の資格を失つたときは，退職者となる．

**第109条の2** ① 衆議院の比例代表選出議員が，議員となつた日以後において，当該議員が衆議院名簿登載者（公職選挙法（昭和25年法律第100号）第86条の2第1項に規定する衆議院名簿登載者をいう．以下この項において同じ．）であつた衆議院名簿届出政党等（同条第1項の規定による届出をした政党その他の政治団体をいう．以下この項において同じ．）以外の政党その他の政治団体で，当該議員が選出された選挙における衆議院名簿届出政党等であるもの（当該議員が衆議院名簿登載者であつた衆議院名簿届出政党等（当該衆議院名簿届出政党等に係る合併又は分割（二以上の政党その他の政治団体の設立を目的として一の政党その他の政治団体が解散し，当該二以上の政党その他の政治団体が設立されることをいう．次項において同じ．）が行われた場合における当該合併後に存続する政党その他の政治団体若しくは当該合併により設立された政党その他の政治団体又は当該分割により設立された政党その他の政治団体を含む．）を含む二以上の政党その他の政治団体の合併により当該合併後に存続するものを除く．）に所属する者となつたとき（議員となつた日において所属する者である場合を含む．）は，退職者となる．

② 参議院の比例代表選出議員が，議員となつた日以後において，当該議員が参議院名簿登載者（公職選挙法第86条の3第1項に規定する参議院名簿登載者をいう．以下この項において同じ．）であつた参議院名簿届出政党等（同条第1項の規定による届出をした政党その他の政治団体をいう．以下この項において同じ．）以外の政党その他の政治団体で，当該議員が選出された選挙における参議院名簿届出政党等であるもの（当該議員が参議院名簿登載者であつた参議院名簿届出政党等（当該参議院名簿届出政党等に係る合併又は分割が行われた場合における当該合併後に存続する政党その他の政治団体若しくは当該合併により設立された政党その他の政治団体又は当該分割により設立された政党その他の政治団体を含む．）を含む二以上の政党その他の政治団体の合併により当該合併後に存続するものを除く．）に所属する者となつたとき（議員となつた日において所属する者である場合を含む．）は，退職者となる．

**第110条** 各議院の議員に欠員が生じたときは，その院の議長は，内閣総理大臣に通知しなければならない．

**第111条** ① 各議院において，その議員の資格につき争訟があるときは，委員会の審査を経た後これを議決する．

② 前項の争訟は，その院の議員から文書でこれを議長に提起しなければならない．

**第112条** ① 資格争訟を提起された議員は，2人以内の弁護人を依頼することができる．

② 前項の弁護人の中1人の費用は,国費でこれを支弁する.
第113条 議員は,その資格のないことが証明されるまで,議院において議員としての地位及び権能を失わない.但し,自己の資格争訟に関する会議において弁明はできるが,その表決に加わることができない.

## 第14章　紀律及び警察

第114条 国会の会期中各議院の紀律を保持するため,内部警察の権は,この法律及び各議院の定める規則に従い,議長が,これを行う.閉会中もまた,同様とする.
第115条 各議院において必要とする警察官は,議長の要求により内閣がこれを派出し,議長の指揮を受ける.
第116条 会議中議員がこの法律又は議事規則に違いその他議場の秩序をみだし又は議院の品位を傷けるときは,議長は,これを警戒し,又は制止し,又は発言を取り消させる.命に従わないときは,議長は,当日の会議を終るまで,又は議事が翌日に継続した場合はその議事を終るまで,発言を禁止し,又は議場の外に退去させることができる.
第117条 議長は,議場を整理し難いときは,休憩を宣告し,又は散会することができる.
第118条 ① 傍聴人が議事の妨害をするときは,議長は,これを退場させ,必要な場合は,これを警察官庁に引渡すことができる.
② 傍聴席が騒がしいときは,議長は,すべての傍聴人を退場させることができる.
第118条の2 議員以外の者が議院内部において秩序をみだしたときは,議長は,これを院外に退去させ,必要な場合は,これを警察官庁に引渡すことができる.
第119条 各議院において,無礼の言を用い,又は他人の私生活にわたる言論をしてはならない.
第120条 各議院の会議又は委員会において,侮辱を被つた議員は,これを議院に訴えて処分を求めることができる.

## 第15章　懲罰

第121条 ① 各議院において懲罰事犯があるときは,議長は,先ずこれを懲罰委員会に付し審査させ,議院の議を経てこれを宣告する.
② 委員会において懲罰事犯があるときは,委員長は,これを議長に報告し処分を求めなければならない.
③ 議員は,衆議院においては40人以上,参議院においては20人以上の賛成で懲罰の動議を提出することができる.この動議は,事犯があつた日から3日以内にこれを提出しなければならない.
第121条の2 ① 会期の終了日又はその前日に生じた懲罰事犯で,議員が懲罰委員会に付することができなかつたもの並びに懲罰委員会に付され,閉会中審査の議決に至らなかつたもの及び委員会の審査を終了し議院の議決に至らなかつたものについては,議長は,次の国会の召集の日から3日以内にこれを懲罰委員会に付することができる.
② 議員は,会期の終了日又はその前日に生じた事犯で,懲罰の動議が提出されるけれども議決に至らなかつたもの及び動議が提出され議決に至らなかつたもの並びに懲罰委員会に付され,閉会中審査の議決に至らなかつたもの及び委員会の審査を終了し議院の議決に至らなかつたものについては,前条第3項に規定する定数の議員の賛成で,次の国会の召集の日から3日以内に懲罰の動議を提出することができる.
③ 前2項の規定は,衆議院にあつては衆議院議員の総選挙の後最初に召集される国会において,参議院にあつては参議院議員の通常選挙の後最初に召集される国会において,前の国会の会期の終了日又はその前日における懲罰事犯については,それぞれこれを適用しない.
第121条の3 ① 閉会中,委員会その他院内部において懲罰事犯があるときは,議長は,次の国会の召集の日から3日以内にこれを懲罰委員会に付することができる.
② 議員は,閉会中,委員会その他院内部において生じた事犯について,第121条第3項に規定する定数の議員の賛成で,次の国会の召集の日から3日以内に懲罰の動議を提出することができる.
第122条 懲罰は,左の通りとする.
1　公開議場における戒告
2　公開議場における陳謝
3　一定期間の登院停止
4　除名
第123条 両議院は,除名された議員で再び当選した者を拒むことはできない.
第124条 議員が正当な理由がなくて召集日から7日以内に召集に応じないため,又は正当な理由がなくて会議又は委員会に欠席したため,若しくは請暇の期限を過ぎたため,議長が,特に招状を発し,その招状を受け取つた日から7日以内に,なお,故なく出席しない者は,議長が,これを懲罰委員会に付する.

## 第15章の2　政治倫理

第124条の2 議員は,各議院の議決により定める政治倫理綱領及びこれにのつとり各議院の議決により定める行為規範を遵守しなければならない.
第124条の3 政治倫理の確立のため,各議院に政治倫理審査会を設ける.
第124条の4 前条に定めるもののほか,政治倫理審査会に関する事項は,各議院の議決によりこれを定める.

## 第16章　弾劾裁判所

第125条 ① 裁判官の弾劾は,各議院においてその議員の中から選挙された同数の裁判員で組織する弾劾裁判所がこれを行う.
② 弾劾裁判所の裁判長は,裁判員がこれを互選する.
第126条 ① 裁判官の罷免の訴追は,各議院においてその議員の中から選挙された同数の訴追委員で組織する訴追委員会がこれを行う.
② 訴追委員会の委員長は,その委員がこれを互選する.
第127条 弾劾裁判所の裁判員は,同時に訴追委員となることができない.
第128条 各議院は,裁判員又は訴追委員を選挙する際,その予備員を選挙する.
第129条 この法律に定めるものの外,弾劾裁判所及び訴追委員会に関する事項は,別に法律でこれを定める.

## 第17章 国立国会図書館，法制局，議員秘書及び議員会館

**第130条** 議員の調査研究に資するため，別に定める法律により，国会に国立国会図書館を置く．

**第131条** ① 議員の法制に関する立案に資するため，各議院に法制局を置く．
② 各法制局に，法制局長1人，参事その他必要な職員を置く．
③ 法制局長は，議長が議院の承認を得てこれを任免する．但し，閉会中は，議長においてその辞任を許可することができる．
④ 法制局長は，議長の監督の下に，法制局の事務を統理する．
⑤ 法制局の参事その他の職員は，法制局長が議長の同意及び議院運営委員会の承認を得てこれを任免する．
⑥ 法制局の参事は，法制局長の命を受け事務を掌理する．

**第132条** ① 各議員に，その職務の遂行を補佐する秘書2人を付する．
② 前項に定めるもののほか，主として議員の政策立案及び立法活動を補佐する秘書1人を付することができる．

**第132条の2** 議員の職務の遂行の便に供するため，議員会館を設け，各議員に事務室を提供する．

## 第18章 補　則

**第133条** この法律及び各議院の規則による期間の計算は，当日から起算する．

**附　則**（抄）
① この法律は，日本国憲法施行の日から，これを施行する．
② 議院法は，これを廃止する．

**附　則**（平19・5・18法51）（抄）
（施行期日）
**第1条** この法律は，公布の日から起算して3年を経過した日から施行する．ただし，第6章の規定（国会法第11章の2の次に1章を加える改正規定を除く．）並びに附則第4条（中略）の規定は公布の日以後初めて召集される国会の召集の日から（中略）施行する．
（この法律の施行までの間の国会法の適用に関する特例）
**第4条** 第6章の規定による改正後の国会法第6条の2，第83条の4，第86条の2，第102条の6，第102条の7及び第102条の9第2項の規定は，同法第68条の2に規定する憲法改正原案については，この法律が施行されるまでの間は，適用しない．

## 9　公職選挙法（抄）

（昭25・4・15法律第100号，昭25・5・1施行，最終改正：平19・6・15法律第86号）

### 第1章　総　則

（この法律の目的）
**第1条** この法律は，日本国憲法の精神に則り，衆議院議員，参議院議員並びに地方公共団体の議会の議員及び長を選挙する選挙制度を確立し，その選挙が選挙人の自由に表明せる意思によって公明且つ適正に行われることを確保し，もつて民主政治の健全な発達を期することを目的とする．

（この法律の適用範囲）
**第2条** この法律は，衆議院議員，参議院議員並びに地方公共団体の議会の議員及び長の選挙について，適用する．

（公職の定義）
**第3条** この法律において「公職」とは，衆議院議員，参議院議員並びに地方公共団体の議会の議員及び長の職をいう．

（議員の定数）
**第4条** ① 衆議院議員の定数は，480人とし，そのうち，300人を小選挙区選出議員，180人を比例代表選出議員とする．
② 参議院議員の定数は242人とし，そのうち，96人を比例代表選出議員，146人を選挙区選出議員とする．
③ 地方公共団体の議会の議員の定数は，地方自治法（昭和22年法律第67号）の定めるところによる．

（選挙事務の管理）
**第5条** この法律において選挙に関する事務は，特別の定めがある場合を除くほか，衆議院（比例代表選出）議員又は参議院（比例代表選出）議員の選挙については中央選挙管理会が管理し，衆議院（小選挙区選出）議員，参議院（選挙区選出）議員，都道府県の議会の議員又は都道府県知事の選挙については都道府県の選挙管理委員会が管理し，市町村の議会の議員又は市町村長の選挙については市町村の選挙管理委員会が管理する．

（中央選挙管理会）
**第5条の2** ① 中央選挙管理会は，委員5人をもつて組織する．
② 委員は，国会議員以外の者で参議院議員の被選挙権を有する者の中から国会の議決による指名に基いて，内閣総理大臣が任命する．
③ 前項の指名に当つては，同一の政党その他の政治団体に属する者が，3人以上とならないようにしなければならない．
④ 内閣総理大臣は，委員が次の各号のいずれかに該当するに至つた場合は，その委員を罷免するものとする．ただし，第2号及び第3号の場合においては，国会の同意を得なければならない．
1 参議院議員の被選挙権を有しなくなつた場合
2 心身の故障のため，職務を執行することができない場合
3 職務上の義務に違反し，その他委員たるに適しない非行があつた場合
⑤ 委員のうち同一の政党その他の政治団体に属する者が3人以上となつた場合においては，内閣総理大臣は，くじで定める2人以外の委員を罷免するものとする．
⑥ 国会は，第2項の規定による委員の指名を行う場合においては，同時に委員と同数の予備委員の指名を行わなければならない．予備委員が欠けた場合においては，同時に委員の指名を行うときに限り，予備委員の指名を行う．
⑦ 予備委員は，委員が欠けた場合又は故障のある場合に，その職務を行う．
⑧ 第2項から第5項までの規定は，予備委員につい

て準用する.

⑨ 委員の任期は，3年とする．但し，補欠委員の任期は，その前任者の残任期間とする．

⑩ 前項の規定にかかわらず，委員は，国会の閉会又は衆議院の解散の場合に任期が満了したときは，あらたに委員が，その後最初に召集された国会における指名に基いて任命されるまでの間，なお，在任するものとする．

⑪ 委員は，非常勤とする．

⑫ 委員長は，委員の中から互選しなければならない．

⑬ 委員長は，中央選挙管理会を代表し，その事務を総理する．

⑭ 中央選挙管理会の会議は，その委員の半数以上の出席がなければ開くことができない．

⑮ 中央選挙管理会の議事は，出席委員の過半数で決し，可否同数のときは委員長の決するところによる．

⑯ 中央選挙管理会の庶務は，総務省において行う．

⑰ 前各項に定めるもののほか，中央選挙管理会の運営に関し必要な事項は，中央選挙管理会が定める．

(技術的な助言及び勧告並びに資料の提出の要求)

**第5条の3** ① 中央選挙管理会は，衆議院（比例代表選出）議員又は参議院（比例代表選出）議員の選挙に関する事務について，都道府県又は市町村に対し，都道府県又は市町村の事務のその他の事項について適切と認める技術的な助言若しくは勧告をし，又は当該助言若しくは勧告をするため若しくは都道府県又は市町村の事務の適正な処理に関する情報を提供するため必要な資料の提出を求めることができる．

② 中央選挙管理会は，衆議院（比例代表選出）議員又は参議院（比例代表選出）議員の選挙に関する事務について，都道府県の選挙管理委員会に対し，地方自治法第245条の4第1項の規定による市町村に対する助言若しくは勧告又は資料の提出の求めに関し，必要な指示をすることができる．

③ 都道府県又は市町村の選挙管理委員会は，中央選挙管理会に対し，衆議院（比例代表選出）議員又は参議院（比例代表選出）議員の選挙に関する事務の管理及び執行について技術的な助言若しくは勧告又は必要な情報の提供を求めることができる．

(是正の指示)

**第5条の4** ① 中央選挙管理会は，この法律又はこの法律に基づく政令に係る都道府県の地方自治法第2条第9項第1号に規定する第1号法定受託事務（衆議院比例代表選出議員又は参議院比例代表選出議員の選挙に関する事務に限る．以下この条及び次条において「第1号法定受託事務」という．）の処理が法令の規定に違反していると認めるとき，又は著しく適正を欠き，かつ，明らかに公益を害していると認めるときは，当該都道府県に対し，当該第1号法定受託事務の処理について違反の是正又は改善のため講ずべき措置に関し，必要な指示をすることができる．

② 中央選挙管理会は，この法律又はこの法律に基づく政令に係る市町村の第1号法定受託事務の処理について，都道府県の選挙管理委員会に対し，地方自治法第245条の7第2項の規定による市町村に対する指示に関し，必要な指示をすることができる．

③ 中央選挙管理会は，前項の規定によるほか，この法律又はこの法律に基づく政令に係る市町村の第1号法定受託事務の処理が法令の規定に違反していると認める場合，又は著しく適正を欠き，かつ，明らかに公益を害していると認める場合において，緊急を要するときその他特に必要があると認めるときは，自ら当該市町村に対し，当該第1号法定受託事務の処理について違反の是正又は改善のため講ずべき措置に関し，必要な指示をすることができる．

(処理基準)

**第5条の5** ① 中央選挙管理会は，この法律又はこの法律に基づく政令に係る都道府県の第1号法定受託事務の処理について，都道府県が当該第1号法定受託事務を処理するに当たりよるべき基準を定めることができる．

② 都道府県の選挙管理委員会が，地方自治法第245条の9第2項の規定により，市町村の選挙管理委員会がこの法律の規定に基づき分担している第1号法定受託事務の処理について，市町村が当該第1号法定受託事務を処理するに当たりよるべき基準を定める場合において，当該都道府県の選挙管理委員会の定める基準は，次項の規定により中央選挙管理会の定める基準に抵触するものであつてはならない．

③ 中央選挙管理会は，特に必要があると認めるときは，この法律又はこの法律に基づく政令に係る市町村の第1号法定受託事務の処理について，市町村が当該第1号法定受託事務を処理するに当たりよるべき基準を定めることができる．

④ 中央選挙管理会は，この法律又はこの法律に基づく政令に係る市町村の第1号法定受託事務の処理について，都道府県の選挙管理委員会に対し，地方自治法第245条の9第2項により定める基準に関し，必要な指示をすることができる．

⑤ 第1項又は第3項の規定により定める基準は，その目的を達成するために必要な最小限度のものでなければならない．

(選挙に関する啓発，周知等)

**第6条** ① 総務大臣，中央選挙管理会，都道府県の選挙管理委員会及び市町村の選挙管理委員会は，選挙が公明且つ適正に行われるように，常にあらゆる機会を通じて選挙人の政治常識の向上に努めるとともに，特に選挙に際しては投票の方法，選挙違反その他選挙に関し必要と認める事項を選挙人に周知させなければならない．

② 中央選挙管理会，都道府県の選挙管理委員会及び市町村の選挙管理委員会は，選挙の結果を選挙人に対してすみやかに知らせるように努めなければならない．

③ 選挙人に対しては，特別の事情がない限り，選挙の当日，その選挙権を行使するために必要な時間を与えるよう措置されなければならない．

(選挙取締の公正確保)

**第7条** 検察官，都道府県公安委員会の委員及び警察官は，選挙の取締に関する規定を公正に執行しなければならない．

(特定地域に関する特例)

**第8条** 交通至難の島その他の地において，この法律の規定を適用し難い事項については，政令で特別の定をすることができる．

## 第2章　選挙権及び被選挙権

(選挙権)

**第9条** ① 日本国民で年齢満20年以上の者は，衆議院議員及び参議院議員の選挙権を有する．

② 日本国民たる年齢満20年以上の者で引き続き3

箇月以上市町村の区域内に住所を有する者は,その属する地方公共団体の議会の議員及び長の選挙権を有する.
③ 前項の市町村には,その区域の全部又は一部が廃置分合により当該市町村の区域の全部又は一部となつた市町村であつて,当該廃置分合により消滅した市町村(この項の規定により当該消滅した市町村に含むものとされた市町村を含む.)を含むものとする.
④ 第2項の規定によりその属する市町村を包括する都道府県の議会の議員及び長の選挙権を有する者で当該市町村の区域内から引き続き同一都道府県の区域内の他の市町村の区域内に住所を移したものは,同項に規定する住所に関する要件にかかわらず,当該都道府県の議会の議員及び長の選挙権を引き続き有する.
⑤ 第2項の3箇月の期間は,市町村の廃置分合又は境界変更のため中断されることがない.

(被選挙権)
第10条 ① 日本国民は,左の各号の区分に従い,それぞれ当該議員又は長の被選挙権を有する.
1 衆議院議員については年齢満25年以上の者
2 参議院議員については年齢満30年以上の者
3 都道府県の議会の議員についてはその選挙権を有する者で年齢満25年以上のもの
4 都道府県知事については年齢満30年以上の者
5 市町村の議会の議員についてはその選挙権を有する者で年齢満25年以上のもの
6 市町村長については年齢満25年以上の者
② 前項各号の年齢は,選挙の期日により算定する.

(選挙権及び被選挙権を有しない者)
第11条 ① 次に掲げる者は,選挙権及び被選挙権を有しない.
1 成年被後見人
2 禁錮以上の刑に処せられその執行を終わるまでの者
3 禁錮以上の刑に処せられその執行を受けることがなくなるまでの者(刑の執行猶予中の者を除く.)
4 公職にある間に犯した罪(明治40年法律第45号)第197条から第197条の4までの罪又は公職にある者等のあっせん行為による利得等の処罰に関する法律(平成12年法律第130号)第1条の罪により刑に処せられ,その執行を終わり若しくはその執行の免除を受けた者でその執行を終わり若しくはその執行の免除を受けた日から5年を経過しないもの又はその刑の執行猶予中の者
5 法律で定めるところにより行われる選挙,投票及び国民審査に関する犯罪により禁錮以上の刑に処せられその刑の執行猶予中の者
② この法律の定める選挙に関する犯罪に因り選挙権及び被選挙権を有しない者については,第252条の定めるところによる.
③ 市町村長は,その市町村に本籍を有する者で他の市町村に住所を有するもの又は他の市町村において第30条の6の規定による在外選挙人名簿の登録がされているものについて,第252条の規定により選挙権及び被選挙権を有しなくなるべき事由が生じたこと又はその事由がなくなつたことを知つたときは,遅滞なくその旨を当該他の市町村の選挙管理委員会に通知しなければならない.

(被選挙権を有しない者)
第11条の2 公職にある間に犯した前条第1項第4号に規定する罪により刑に処せられ,その執行を終わり又はその執行の免除を受けた者でその執行を終わり又はその執行の免除を受けた日から5年を経過したものは,当該5年を経過した日から5年間,被選挙権を有しない.

### 第3章 選挙に関する区域

(選挙の単位)
第12条 ① 衆議院(小選挙区選出)議員,衆議院(比例代表選出)議員,参議院(選挙区選出)議員及び都道府県の議会の議員は,それぞれ各選挙区において,選挙する.
② 参議院(比例代表選出)議員は,全都道府県の区域を通じて,選挙する.
③ 都道府県知事及び市町村長は,当該地方公共団体の区域において,選挙する.
④ 市町村の議会の議員は,選挙区がある場合にあつては,各選挙区において,選挙区がない場合にあつては,当該市町村の区域において,選挙する.

(衆議院議員の選挙区)
第13条 ① 衆議院(小選挙区選出)議員の選挙区は,別表第1で定め,各選挙区において選挙すべき議員の数は,1人とする.
② 衆議院(比例代表選出)議員の選挙区及び各選挙区において選挙すべき議員の数は,別表第2で定める.
③ 別表第1に掲げる行政区画その他の区域に変更があつても,衆議院(小選挙区選出)議員の選挙区は,なお従前の区域による.ただし,二以上にわたつて市町村の境界変更があつたときは,この限りでない.
④ 前項ただし書の場合において,当該市町村の境界変更に係る区域の新たに属することとなつた市町村が二以上の選挙区に分かれているときは,当該区域の選挙区の所属については,政令で定める.
⑤ 衆議院(比例代表選出)議員の二以上の選挙区にわたつて市町村の廃置分合が行われたときは,第2項の規定にかかわらず,別表第1が最初に更正されるまでの間は,衆議院(比例代表選出)議員の選挙区は,なお従前の区域による.
⑥ 地方自治法第6条の2第1項の規定による都道府県の廃置分合があつても,衆議院(比例代表選出)議員の選挙区は,なお従前の区域による.

(参議院選挙区選出議員の選挙区)
第14条 ① 参議院(選挙区選出)議員の選挙区及び各選挙区において選挙すべき議員の数は,別表第3で定める.
② 地方自治法第6条の2第1項の規定による都道府県の廃置分合があつても,参議院(選挙区選出)議員の選挙区及び各選挙区において選挙すべき議員の数は,なお従前の例による.

### 第4章 選挙人名簿

(永久選挙人名簿)
第19条 ① 選挙人名簿は,永久に据え置くものとし,かつ,各選挙を通じて一の名簿とする.
② 市町村の選挙管理委員会は,選挙人名簿の調製及び保管の任に当たるものとし,毎年3月,6月,9月及び12月(第22条第1項及び第23条第1項において「登録月」という.)並びに選挙を行う場合に,選挙人名簿の登録を行うものとする.

③ 選挙人名簿は，政令で定めるところにより，磁気ディスク（これに準ずる方法により一定の事項を確実に記録しておくことができる物を含む．以下同じ．）をもつて調製することができる．
④ 選挙を行う場合において必要があるときは，選挙人名簿の抄本（前項の規定により磁気ディスクをもつて選挙人名簿を調製している市町村の選挙管理委員会にあつては，当該選挙人名簿に記録されている全部若しくは一部の事項又は当該事項を記載した書類．以下同じ．）を用いることができる．
⑤ 選挙人名簿の調製については，行政手続等における情報通信の技術の利用に関する法律（平成14年法律第151号）第6条の規定は，適用しない．

**（選挙人名簿の記載事項等）**
**第20条** ① 選挙人名簿には，選挙人の氏名，住所，性別及び生年月日等の記載（前条第3項の規定により磁気ディスクをもつて調製する選挙人名簿にあつては，記録）をしなければならない．
② 選挙人名簿は，市町村の区域を分けて数投票区を設けた場合には，その投票区ごとに編製しなければならない．
③ 前2項に規定するもののほか，選挙人名簿の様式その他必要な事項は，政令で定める．

**（被登録資格）**
**第21条** ① 選挙人名簿の登録は，当該市町村の区域内に住所を有する年齢満20年以上の日本国民（第11条第1項若しくは第252条又は政治資金規正法（昭和23年法律第194号）第28条の規定により選挙権を有しない者を除く．）で，その者に係る登録市町村等（当該市町村及び消滅市町村（その区域の全部又は一部が廃置分合により当該市町村の区域の全部又は一部となつた市町村であつて，当該廃置分合により消滅した市町村をいう．次項において同じ．）をいう．以下この項において同じ．）の住民票が作成された日（他の市町村から登録市町村等の区域内に住所を移した者で住民基本台帳法（昭和42年法律第81号）第22条の規定により届出をしたものについては，当該届出をした日）から引き続き3箇月以上登録市町村等の住民基本台帳に記録されている者について行う．
② 前項の消滅市町村には，その区域の全部又は一部が廃置分合により当該消滅市町村の区域の全部又は一部となつた市町村であつて，当該廃置分合により消滅した市町村（この項の規定により当該消滅した市町村に含むものとされた市町村を含む．）を含むものとする．
③ 第1項の住民基本台帳に記録されている期間は，市町村の廃置分合又は境界変更のため中断されることがない．
④ 市町村の選挙管理委員会は，政令で定めるところにより，当該市町村の選挙人名簿に登録される資格を有する者を調査し，その者を選挙人名簿に登録するための整理をしておかなければならない．

## 第4章の2　在外選挙人名簿

**（在外選挙人名簿）**
**第30条の2** ① 市町村の選挙管理委員会は，選挙人名簿のほか，在外選挙人名簿の調製及び保管を行う．
② 在外選挙人名簿は，永久に据え置くものとし，かつ，衆議院議員及び参議院議員の選挙を通じて一の名簿とする．

③ 市町村の選挙管理委員会は，第30条の5第1項の規定による申請に基づき，在外選挙人名簿の登録を行うものとする．
④ 在外選挙人名簿は，政令で定めるところにより，磁気ディスクをもつて調製することができる．
⑤ 選挙を行う場合において必要があるときは，在外選挙人名簿の抄本（前項の規定により磁気ディスクをもつて在外選挙人名簿を調製している市町村の選挙管理委員会にあつては，当該在外選挙人名簿に記録されている全部若しくは一部の事項又は当該事項を記載した書類．以下同じ．）を用いることができる．
⑥ 在外選挙人名簿の調製については，行政手続等における情報通信の技術の利用に関する法律第6条の規定は，適用しない．

**（在外選挙人名簿の記載事項等）**
**第30条の3** ① 在外選挙人名簿には，選挙人の氏名，最終住所（選挙人が国外へ住所を移す直前に住民票に記載されていた住所をいう．以下同じ．）又は申請の時（選挙人が第30条の5第1項の規定による申請書を同条第2項及び第3項に規定する総務省令・外務省令で定める者に提出した時をいう．同条第1項及び第3項において同じ．）における本籍，性別及び生年月日等の記載（前条第4項の規定により磁気ディスクをもつて調製する在外選挙人名簿にあつては，記録）をしなければならない．
② 市町村の選挙管理委員会は，市町村の区域を分けて数投票区を設けた場合には，政令で定めるところにより，在外選挙人名簿を編製する一以上の投票区（以下「指定在外選挙投票区」という．）を指定しなければならない．
③ 前2項に規定するもののほか，在外選挙人名簿の様式その他必要な事項は，政令で定める．

**（在外選挙人名簿の被登録資格）**
**第30条の4** 在外選挙人名簿の登録は，在外選挙人名簿に登録されていない年齢満20年以上の日本国民（第11条第1項若しくは第252条又は政治資金規正法第28条の規定により選挙権を有しない者を除く．次条第1項において同じ．）で，在外選挙人名簿の登録の申請に関しその者の住所を管轄する領事官（領事官の職務を行う大使館若しくは公使館の長又はその事務を代理する者を含む．以下同じ．）の管轄区域（在外選挙人名簿の登録の申請に関する領事官の管轄区域として総務省令・外務省令で定める区域をいう．同条第1項及び第3項において同じ．）内に引き続き3箇月以上住所を有するものについて行う．

**（在外選挙人名簿の登録の申請）**
**第30条の5** ① 在外選挙人名簿に登録されていない年齢満20年以上の日本国民で，在外選挙人名簿の登録の申請に関しその者の住所を管轄する領事官の管轄区域内に住所を有するものは，政令で定めるところにより，文書で，最終住所の所在地の市町村の選挙管理委員会（その者が，いずれの市町村の住民基本台帳にも記録されたことがある者である場合には，申請の時におけるその者の本籍地の市町村の選挙管理委員会）に在外選挙人名簿の登録の申請をすることができる．
② 前項の規定による申請は，政令で定めるところにより，在外選挙人名簿の登録の申請に関し当該申請をする者の住所を管轄する領事官（当該領事官を

経由して申請を行うことが著しく困難である地域として総務省令・外務省令で定める地域にあつては、総務省令・外務省令で定める者。以下この章において同じ。）を経由してしなければならない．
③ 前項の場合において、領事官は、政令で定めるところにより、次の各号に掲げる場合に応じ、当該各号に定める日以後速やかに、第1項の規定による申請書にその申請をした者の在外選挙人名簿に登録される資格に関する意見を付して、当該申請をした者の最終住所の所在地の市町村の選挙管理委員会（当該申請をした者が、いずれの市町村の住民基本台帳にも記録されたことがない者である場合には、申請の時におけるその者の本籍地の市町村の選挙管理委員会）に送付しなければならない．
1 次号に掲げる場合以外の場合　当該申請の時の属する日
2 当該申請の時の属する日が当該申請書に当該領事官の管轄区域内に住所を有することとなつた日として記載された日から3箇月を経過していない場合　当該記載された日から3箇月を経過した日

（在外選挙人名簿の登録）
**第30条の6** ① 市町村の選挙管理委員会は、前条第1項の規定による申請をした者が当該市町村の在外選挙人名簿に登録される資格を有する者である場合には、遅滞なく、当該申請をした者を在外選挙人名簿に登録しなければならない．
② 市町村の選挙管理委員会は、衆議院議員又は参議院議員の選挙の期日の公示又は告示の日から当該選挙の期日までの期間においては、前項の規定にかかわらず、登録を行わない．
③ 市町村の選挙管理委員会は、第1項の規定による登録をしたときは、前条第3項の規定により同条第1項の規定による申請書を送付した領事官を経由して、同項の規定による申請をした者に、在外選挙人名簿に登録されている者であることの証明書（以下「在外選挙人証」という．）を交付しなければならない．

## 第5章　選挙期日（略）
## 第6章　投　票（略）
## 第7章　開　票

（開票の場合の投票の効力の決定）
**第67条** 投票の効力は、開票立会人の意見を聴き、開票管理者が決定しなければならない．その決定に当つては、第68条の規定に反しない限りにおいて、その投票した選挙人の意思が明白であれば、その投票を有効とするようにしなければならない．
（無効投票）
**第68条** ① 衆議院（比例代表選出）議員又は参議院（比例代表選出）議員の選挙以外の選挙の投票については、次の各号のいずれかに該当するものは、無効とする．
1 所定の用紙を用いないもの
2 公職の候補者でない者又は第86条の8第1項、第87条第1項若しくは第2項、第87条の2、第88条、第251条の2若しくは第251条の3の規定により公職の候補者となることができない者の氏名を記載したもの
3 第86条第1項若しくは第8項の規定による届出をした政党その他の政治団体で同条第1項各号のいずれにも該当していなかつたものの当該届出に係る候補者、同条第9項の規定による届出に係る候補者又は第87条第3項の規定に違反してされた届出に係る候補者の氏名を記載したもの
4 一投票中に2人以上の公職の候補者の氏名を記載したもの
5 被選挙権のない公職の候補者の氏名を記載したもの
6 公職の候補者の氏名のほか、他事を記載したもの．ただし、職業、身分、住所又は敬称の類を記入したものは、この限りでない．
7 公職の候補者の氏名を自書しないもの
8 公職の候補者の何人を記載したかを確認し難いもの

## 第8章　選挙会及び選挙分会（略）
## 第9章　公職の候補者

（衆議院小選挙区選出議員の選挙における候補者の立候補の届出等）
**第86条** ① 衆議院（小選挙区選出）議員の選挙において、次の各号のいずれかに該当する政党その他の政治団体は、当該政党その他の政治団体に所属する者を候補者としようとするときは、当該選挙の期日の公示又は告示があつた日に、郵便等によることなく、文書でその旨を当該選挙長に届け出なければならない．
1 当該政党その他の政治団体に所属する衆議院議員又は参議院議員を5人以上有すること．
2 直近において行われた衆議院議員の総選挙における小選挙区選出議員の選挙若しくは比例代表選出議員の選挙又は参議院議員の通常選挙における比例代表選出議員の選挙若しくは選挙区選出議員の選挙における当該政党その他の政治団体の得票総数が当該選挙における有効投票の総数の100分の2以上であること．
② 衆議院（小選挙区選出）議員の候補者となろうとする者は、前項の公示又は告示があつた日に、郵便等によることなく、文書でその旨を当該選挙長に届け出なければならない．
③ 選挙人名簿に登録された者が他人を衆議院（小選挙区選出）議員の候補者としようとするときは、本人の承諾を得て、第1項の公示又は告示があつた日に、郵便等によることなく、文書で当該選挙長にその推薦の届出をすることができる．

（衆議院比例代表選出議員の選挙における名簿による立候補の届出等）
**第86条の2** ① 衆議院（比例代表選出）議員の選挙においては、次の各号のいずれかに該当する政党その他の政治団体は、当該政党その他の政治団体の名称（一の略称を含む．）並びにその所属する者の氏名及びそれらの者の間における当選人となるべき順位を記載した文書（以下「衆議院名簿」という．）を当該選挙長に届け出ることにより、その衆議院名簿に記載されている者（以下「衆議院名簿登載者」という．）を当該選挙における候補者とすることができる．
1 当該政党その他の政治団体に所属する衆議院議員又は参議院議員を5人以上有すること．
2 直近において行われた衆議院議員の総選挙にお

ける小選挙区選出議員の選挙若しくは比例代表選出議員の選挙又は参議院議員の通常選挙における比例代表選出議員の選挙若しくは選挙区選出議員の選挙における当該政党その他の政治団体の得票総数が当該選挙における有効投票の総数の100分の2以上であること．

3 当該選挙において，この項の規定による届出をすることにより候補者となる衆議院名簿登載者の数が当該選挙区における議員の定数の10分の2以上であること．

（供　託）

**第92条** ① 町村の議会の議員の選挙の場合を除くほか，第86条第1項から第3項まで若しくは第8項又は第86条の2第1項，第2項，第5項，第6項若しくは第8項の規定により公職の候補者の届出をしようとするものは，公職の候補者1人につき，次の各号の区分による金額又はこれに相当する額面の国債証書（その権利の帰属が社債，株式等の振替に関する法律（平成13年法律第75号）の規定による振替口座簿の記載又は記録により定まるものとされるものを含む．以下この条において同じ．）を供託しなければならない．
1 衆議院（小選挙区選出）議員の選挙　　300万円
2 参議院（選挙区選出）議員の選挙　　　300万円
3 都道府県の議会の議員の選挙　　　　　60万円
4 都道府県知事の選挙　　　　　　　　　300万円
5 指定都市の議会の議員の選挙　　　　　50万円
6 指定都市の長の選挙　　　　　　　　　240万円
7 指定都市以外の市の議会の議員の選挙　30万円
8 指定都市以外の市の長の選挙　　　　　100万円
9 町村長の選挙　　　　　　　　　　　　50万円

② 第86条の2第1項の規定により届出をしようとする政党その他の政治団体は，選挙区ごとに，当該衆議院名簿の衆議院名簿登載者1人につき，600万円（当該衆議院名簿登載者が当該衆議院比例代表選出議員の選挙と同時に行われる衆議院小選挙区選出議員の選挙における候補者（候補者となるべき者を含む．）である場合にあつては，300万円）又はこれに相当する額面の国債証書を供託しなければならない．

③ 第86条の3第1項の規定により届出をしようとする政党その他の政治団体は，当該参議院名簿の参議院名簿登載者1人につき，600万円又はこれに相当する額面の国債証書を供託しなければならない．

## 第10章　当選人

（衆議院比例代表選出議員又は参議院比例代表選出議員の選挙以外の選挙における当選人）

**第95条** ① 衆議院（比例代表選出）議員又は参議院（比例代表選出）議員の選挙以外の選挙においては，有効投票の最多数を得た者をもつて当選人とする．ただし，次の各号の区分による得票がなければならない．
1 衆議院（小選挙区選出）議員の選挙
　有効投票の総数の6分の1以上の得票
2 参議院（選挙区選出）議員の選挙
　通常選挙における当該選挙区内の議員の定数をもつて有効投票の総数を除して得た数の6分の1以上の得票．ただし，選挙すべき議員の数が通常選挙における当該選挙区内の議員の定数を超える場合においては，その選挙すべき議員の数をもつて有効投票の総数を除して得た数の6分の1以上の得票
3 地方公共団体の議会の議員の選挙
　当該選挙区内の議員の定数（選挙区がないときは，議員の定数）をもつて有効投票の総数を除して得た数の4分の1以上の得票
4 地方公共団体の長の選挙
　有効投票の総数の4分の1以上の得票

② 当選人を定めるに当り得票数が同じであるときは，選挙会において，選挙長がくじで定める．

（衆議院比例代表選出議員の選挙における当選人の数及び当選人）

**第95条の2** ① 衆議院（比例代表選出）議員の選挙においては，各衆議院名簿届出政党等の得票数を一から当該衆議院名簿届出政党等に係る衆議院名簿登載者（当該選挙の期日において公職の候補者たる者に限る．第103条第4項を除き，以下この章及び次章において同じ．）の数に相当する数までの各整数で順次除して得たすべての商のうち，その数値の最も大きいものから順次に数えて当該選挙において選挙すべき議員の数に相当する数になるまでにある商で各衆議院名簿届出政党等の得票数に係るものの個数をもつて，それぞれの衆議院名簿届出政党等の当選人の数とする．

② 前項の場合において，二以上の商が同一の数値であるため同項の規定によつてはそれぞれの衆議院名簿届出政党等に係る当選人の数を定めることができないときは，それらの商のうち，当該選挙において選挙すべき議員の数に相当する数になるまでにあるべき商を，選挙会において，選挙長がくじで定める．

③ 衆議院名簿において，第86条の2第6項の規定により2人以上の衆議院名簿登載者について当選人となるべき順位が同一のものとされているときは，当該当選人となるべき順位が同一のものとされた者の間における当選人となるべき順位は，当該選挙と同時に行われた衆議院（小選挙区選出）議員の選挙における得票数の当該選挙区における有効投票の最多数を得た者に係る得票数に対する割合の最も大きい者から順次に定める．この場合において，当選人となるべき順位が同一のものとされた衆議院名簿登載者のうち，当該割合が同じであるものがあるときは，それらの者の間における当選人となるべき順位は，選挙会において，選挙長がくじで定める．

④ 衆議院（比例代表選出）議員の選挙においては，各衆議院名簿届出政党等の届出に係る衆議院名簿登載者のうち，それらの者の間における当選人となるべき順位に従い，第1項及び第2項の規定により定められた当該衆議院名簿届出政党等の当選人の数に相当する数の衆議院名簿登載者を，当選人とする．

⑤ 第1項，第2項及び前項の場合において，当該選挙と同時に行われた衆議院の選挙の当選人とされた衆議院名簿登載者があるときは，当該衆議院名簿登載者は，衆議院名簿に記載されていないものとみなして，これらの規定を適用する．

⑥ 第1項，第2項及び第4項の場合において，当該選挙と同時に行われた衆議院（小選挙区選出）議員の選挙においてその得票数が第93条第1項第1号に規定する数に達しなかつた衆議院名簿登載者があるときは，当該衆議院名簿登載者は，衆議院名

(参議院比例代表選出議員の選挙における当選人の数及び当選人となるべき順位並びに当選人)
**第95条の3** ① 参議院(比例代表選出)議員の選挙においては、各参議院名簿届出政党等の得票数(当該参議院名簿届出政党等に係る参議院名簿登載者(当該選挙の期日において公職の候補者たる者に限る。第103条第4項を除き、以下この章及び次章において同じ。)の得票数を含むものをいう。)を一から当該参議院名簿届出政党等に係る参議院名簿登載者の数に相当する数までの各整数で順次除して得たすべての商のうち、その数値の最も大きいものから順次に数えて当該選挙において選挙すべき議員の数に相当する数になるまでにある商で各参議院名簿届出政党等の得票数(当該参議院名簿届出政党等に係る各参議院名簿登載者の得票数を含むものをいう。)に係るものの個数をもつて、それぞれの参議院名簿届出政党等の当選人の数とする。
② 前項の場合において、二以上の商が同一の数値であるため同項の規定によつてはそれぞれの参議院名簿届出政党等に係る当選人の数を定めることができないときは、それらの商のうち、当該選挙において選挙すべき議員の数に相当する数になるべきにあるべき商を、選挙会において、選挙長がくじで定める。
③ 各参議院名簿届出政党等の届出に係る参議院名簿において、参議院名簿登載者の間における当選人となるべき順位は、その得票数の最も多い者から順次に定める。この場合において、その得票数が同じである者があるときは、それらの者の間における当選人となるべき順位は、選挙会において、選挙長がくじで定める。
④ 参議院(比例代表選出)議員の選挙においては、各参議院名簿届出政党等の届出に係る参議院名簿登載者のうち、前項の規定により定められたそれらの者の間における当選人となるべき順位に従い、第1項及び第2項の規定により定められた当該参議院名簿届出政党等の当選人の数に相当する数の参議院名簿登載者を、当選人とする。

(**衆議院比例代表選出議員又は参議院比例代表選出議員の選挙における所属政党等の移動による当選人の失格**)
**第99条の2** ① 衆議院(比例代表選出)議員の選挙における当選人(第96条、第97条の2第1項又は第112条第2項の規定により当選人と定められた者を除く。以下この項から第4項までにおいて同じ。)は、その選挙の期日以後において、当該当選人が衆議院名簿登載者であつた衆議院名簿届出政党等以外の政党その他の政治団体で、当該選挙における衆議院名簿届出政党等であるもの(当該当選人が衆議院名簿登載者であつた衆議院名簿届出政党等(当該衆議院名簿届出政党等に係る合併又は分割(二以上の政党その他の政治団体の設立を目的として一の政党その他の政治団体が解散し、当該二以上の政党その他の政治団体が設立されることをいう。)が行われた場合における当該合併後に存続する政党その他の政治団体若しくは当該合併により設立された政党その他の政治団体又は当該分割により設立された政党その他の政治団体を含む。)を含む二以上の政党その他の政治団体の合併により当該合併後に存続するものを除く。第4項において「他の衆議院名簿届出政党等」という。)に所属する者となつたときは、当選を失う。

## 第11章　特別選挙(略)

## 第12章　選挙を同時に行うための特例(略)

## 第13章　選挙運動

(選挙運動の期間)
**第129条** 選挙運動は、各選挙につき、それぞれ第86条第1項から第3項まで若しくは第8項の規定による候補者の届出、第86条の2第1項の規定による衆議院名簿の届出、第86条の3第1項の規定による参議院名簿の届出(同条第2項において準用する第86条の2第9項前段の規定による届出に係る候補者については、当該届出)又は第86条の4第1項、第2項、第5項、第6項若しくは第8項の規定による公職の候補者の届出のあつた日から当該選挙の期日の前日まででなければ、することができない。

(選挙事務関係者の選挙運動の禁止)
**第135条** ① 第88条に掲げる者は、在職中、その関係区域内において、選挙運動をすることができない。
② 不在者投票管理者は、不在者投票に関し、その者の業務上の地位を利用して選挙運動をすることができない。

(特定公務員の選挙運動の禁止)
**第136条** 左の各号に掲げる者は、在職中、選挙運動をすることができない。
1　中央選挙管理会の委員及び中央選挙管理会の庶務に従事する総務省の職員並びに選挙管理委員会の委員及び職員
2　裁判官
3　検察官
4　会計検査官
5　公安委員会の委員
6　警察官
7　収税官吏及び徴税の吏員

(公務員等の地位利用による選挙運動の禁止)
**第136条の2** ① 次の各号のいずれかに該当する者は、その地位を利用して選挙運動をすることができない。
1　国若しくは地方公共団体の公務員又は特定独立行政法人、特定地方独立行政法人若しくは日本郵政公社の役員若しくは職員
2　沖縄振興開発金融公庫の役員又は職員(以下「公庫の役職員」という。)
② 前項各号に掲げる者が公職の候補者若しくは公職の候補者となろうとする者(公職にある者を含む。)を推薦し、支持し、若しくはこれに反対する目的をもつてする次の各号に掲げる行為又は公職の候補者若しくは公職の候補者となろうとする者(公職にある者を含む。)である同項各号に掲げる者が公職の候補者として推薦し、若しくは支持される目的をもつてする次の各号に掲げる行為は、同項の規定する禁止行為に該当するものとみなす。
1　その地位を利用して、公職の候補者の推薦に関与し、若しくは関与することを援助し、又は他人をしてこれらの行為をさせること。

⑨ 公職選挙法　　第13章 選挙運動

2　その地位を利用して，投票の周旋勧誘，演説会の開催その他の選挙運動の企画に関与し，その企画の実施について指示し，若しくは指導し，又は他人をしてこれらの行為をさせること．
3　その地位を利用して，第199条の5第1項に規定する後援団体を結成し，その結成の準備に関与し，同項に規定する後援団体の構成員となることを勧誘し，若しくはこれらの行為を援助し，又は他人をしてこれらの行為をさせること．
4　その地位を利用して，新聞その他の刊行物を発行し，文書図画を掲示し，若しくは頒布し，若しくはこれらの行為を援助し，又は他人をしてこれらの行為をさせること．
5　公職の候補者又は公職の候補者となろうとする者（公職にある者を含む．）を推薦し，支持し，若しくはこれに反対することを申しいで，又は約束した者に対し，その代償として，その職務の執行に当たり，当該申しいで，又は約束した者に係る利益を供与し，又は供与することを約束すること．

（教育者の地位利用の選挙運動の禁止）
**第137条**　教育者（学校教育法（昭和22年法律第26号）に規定する学校の長及び教員をいう．）は，学校の児童，生徒及び学生に対する教育上の地位を利用して選挙運動をすることができない．

（未成年者の選挙運動の禁止）
**第137条の2**　① 年齢満20年未満の者は，選挙運動をすることができない．
② 何人も，年齢満20年未満の者を使用して選挙運動をすることができない．但し，選挙運動のための労務に使用する場合は，この限りでない．

（選挙権及び被選挙権を有しない者の選挙運動の禁止）
**第137条の3**　第252条又は政治資金規正法第28条の規定により選挙権及び被選挙権を有しない者は，選挙運動をすることができない．

（戸別訪問）
**第138条**　① 何人も，選挙に関し，投票を得若しくは得しめ又は得しめない目的をもつて戸別訪問をすることができない．
② いかなる方法をもつてするを問わず，選挙運動のため，戸別に，演説会の開催若しくは演説を行うことについて告知をする行為又は特定の候補者の氏名若しくは政党その他の政治団体の名称を言いあるく行為は，前項に規定する禁止行為に該当するものとみなす．

（署名運動の禁止）
**第138条の2**　何人も，選挙に関し，投票を得若しくは得しめ又は得しめない目的をもつて選挙人に対し署名運動をすることができない．

（人気投票の公表の禁止）
**第138条の3**　何人も，選挙に関し，公職に就くべき者（衆議院比例代表選出議員の選挙にあつては政党その他の政治団体に係る公職に就くべき者及びその数，参議院比例代表選出議員の選挙にあつては政党その他の政治団体に係る公職に就くべき者又はその数若しくは公職に就くべき順位）を予想する人気投票の経過又は結果を公表してはならない．

（飲食物の提供の禁止）
**第139条**　何人も，選挙運動に関し，いかなる名義をもつてするを問わず，飲食物（湯茶及びこれに伴い通常用いられる程度の菓子を除く．）を提供することができない．ただし，衆議院（比例代表選出）議員の選挙以外の選挙において，選挙運動（衆議院小選挙区選出議員の選挙において候補者届出政党が行うもの及び参議院比例代表選出議員の選挙において参議院名簿届出政党等が行うものをいう．以下この条において同じ．）に従事する者及び選挙運動のために使用する労務者に対し，公職の候補者1人について，選挙運動の期間中，政令で定める弁当料の額の範囲内で，かつ，両者を通じて15人分（45食分）（第131条第1項の規定により公職の候補者にその推薦届出者が設置することができる選挙事務所の数が一を超える場合においては，その一を増すごとに6人分（18食分）を加えたもの）に，当該選挙につき選挙の期日の公示又は告示の会日からその選挙の期日の前日までの期間の日数を乗じて得た数分を超えない範囲内で，選挙事務所において食事するために提供する弁当（選挙運動に従事する者及び選挙運動のために使用する労務者が携行するために提供された弁当を含む．）については，この限りでない．

（気勢を張る行為の禁止）
**第140条**　何人も，選挙運動のため，自動車を連ね又は隊伍を組んで往来する等によつて気勢を張る行為をすることができない．

（連呼行為の禁止）
**第140条の2**　① 何人も，選挙運動のため，連呼行為をすることができない．ただし，演説会場及び街頭演説（演説を含む．）の場所においてする場合並びに午前8時から午後8時までの間に限り，次条の規定により選挙運動のために使用される自動車又は船舶の上においてする場合は，この限りでない．
② 前項ただし書の規定により選挙運動のための連呼行為をする者は，学校（学校教育法第1条に規定する学校をいう．以下同じ．）及び病院，診療所その他の療養施設の周辺においては，静穏を保持するように努めなければならない．

（文書図画の頒布）
**第142条**　① 衆議院（比例代表選出）議員の選挙以外の選挙においては，選挙運動のために使用する文書図画は，次の各号に規定する通常葉書及び第1号から第3号まで及び第5号から第7号までに規定するビラのほかは，頒布することができない．この場合において，ビラについては，散布することができない．
1　衆議院（小選挙区選出）議員の選挙にあつては，候補者1人について，通常葉書　3万5,000枚，当該選挙に関する事務を管理する選挙管理委員会に届け出た2種類以内のビラ　7万枚
1の2　参議院（比例代表選出）議員の選挙にあつては，公職の候補者たる参議院名簿登載者1人について，通常葉書　15万枚，中央選挙管理会に届け出た2種類以内のビラ　25万枚
2　参議院（選挙区選出）議員の選挙にあつては，候補者1人について，当該都道府県の区域内の衆議院（小選挙区選出）議員の選挙区の数が一である場合には，通常葉書　3万5,000枚，当該選挙に関する事務を管理する選挙管理委員会に届け出た2種類以内のビラ　10万枚，当該都道府県の区域内の衆議院（小選挙区選出）議員の選挙区の数が一を超える場合には，その一を増すごとに，通常葉書　2,500枚を3万5,000枚に加えた数，当該選挙に関する事務を管理する選挙管理委員会に届け出た2種類以内のビラ　1万5,000枚を10万枚に加

えた数(その数が30万枚を超える場合には、30万枚)
3 都道府県知事の選挙にあつては、候補者1人について、当該都道府県の区域内の衆議院(小選挙区選出)議員の選挙区の数が一である場合には、通常葉書 3万5,000枚、当該選挙に関する事務を管理する選挙管理委員会に届け出た2種類以内のビラ 10万枚、当該都道府県内の衆議院(小選挙区選出)議員の選挙区の数が一を超える場合には、その一を増すごとに、通常葉書 2,500枚を3万5,000枚に加えた数、当該選挙に関する事務を管理する選挙管理委員会に届け出た2種類以内のビラ1万5,000枚を10万枚に加えた数(その数が30万枚を超える場合には、30万枚)
4 都道府県の議会の議員の選挙にあつては、候補者1人について、通常葉書 8,000枚
5 指定都市の選挙にあつては、長の選挙の場合には、候補者1人について、通常葉書 3万5,000枚、当該選挙に関する事務を管理する選挙管理委員会に届け出た2種類以内のビラ 7万枚、議会の議員の選挙の場合には、候補者1人について、通常葉書 4,000枚
6 指定都市以外の市の選挙にあつては、長の選挙の場合には、候補者1人について、通常葉書 8,000枚、当該選挙に関する事務を管理する選挙管理委員会に届け出た2種類以内のビラ 1万6,000枚、議会の議員の選挙の場合には、候補者1人について、通常葉書 2,000枚
7 町村の選挙にあつては、長の選挙の場合には、候補者1人について、通常葉書 2,500枚、当該選挙に関する事務を管理する選挙管理委員会に届け出た2種類以内のビラ 5,000枚、議会の議員の選挙の場合には、候補者1人について、通常葉書 800枚
② 前項の規定にかかわらず、衆議院(小選挙区選出)議員の選挙においては、候補者届出政党は、その届け出た候補者の選挙区を包括する都道府県ごとに、2万枚に当該都道府県における当該候補者届出政党の届出候補者の数を乗じて得た数以内の通常葉書及び4万枚に当該都道府県における当該候補者届出政党の届出候補者の数を乗じて得た数以内のビラを、選挙運動のために頒布(散布を除く。)することができる。ただし、ビラについては、その届け出た候補者に係る選挙区ごとに4万枚以内で頒布するほかは、頒布することができない。
③ 衆議院(比例代表選出)議員の選挙においては、衆議院名簿届出政党等は、その届け出た衆議院名簿に係る選挙区ごとに、中央選挙管理会に届け出た2種類以内のビラを、選挙運動のために頒布(散布を除く。)することができる。
④ 衆議院(比例代表選出)議員の選挙においては、選挙運動のために使用する文書図画は、前項の規定により衆議院名簿届出政党等が頒布することができるビラのほかは、頒布することができない。
⑤ 第1項の通常葉書は無料とし、第2項の通常葉書は有料とし、政令で定めるところにより、日本郵政公社において選挙用である旨の表示をしたものでなければならない。
⑥ 第1項第1号から第3号まで及び第5号から第7号まで、第2項並びに第3項のビラは、新聞折込みその他政令で定める方法によらなければ、頒布することができない。
⑦ 第1項第1号から第3号まで及び第5号から第7号まで並びに第2項のビラは、当該選挙に関する事務を管理する選挙管理委員会(参議院比例代表選出議員の選挙については、中央選挙管理会。以下この項において同じ。)の定めるところにより、当該選挙に関する事務を管理する選挙管理委員会の交付する証紙をはらなければ頒布することができない。この場合において、第2項のビラについて当該選挙に関する事務を管理する選挙管理委員会の交付する証紙は、当該選挙の選挙区ごとに区分しなければならない。
⑧ 第1項第1号から第3号まで及び第5号から第7号までのビラは長さ29.7センチメートル、幅21センチメートルを、第2項のビラは長さ42センチメートル、幅29.7センチメートルを、超えてはならない。
⑨ 第1項第1号から第3号まで及び第5号から第7号まで、第2項並びに第3項のビラには、その表面に頒布責任者及び印刷者の氏名(法人にあつては名称)及び住所を記載しなければならない。この場合において、第1項第1号の2のビラにあつては当該参議院名簿登載者に係る参議院名簿届出政党等の名称及び同号のビラである旨を表示する記号を、第2項のビラにあつては当該候補者届出政党の名称を、第3項のビラにあつては当該衆議院名簿届出政党等の名称及び同項のビラである旨を表示する記号を、併せて記載しなければならない。
⑩ 衆議院(小選挙区選出)議員又は参議院議員の選挙における公職の候補者は、政令で定めるところにより、政令で定める額の範囲内で、第1項第1号から第2号までの通常葉書及びビラを無料で作成することができる。この場合においては、第141条第7項ただし書の規定を準用する。
⑪ 都道府県知事の選挙については都道府県は、市長の選挙については市は、それぞれ、前項の規定(参議院比例代表選出議員の選挙に係る部分を除く。)に準じて、政令で定めるところにより、公職の候補者の第1項第3号、第5号及び第6号のビラの作成について、無料とすることができる。
⑫ 選挙運動のために使用する回覧板その他の文書図画は看板(プラカードを含む。以下同じ。)の類を多数の者に回覧させることは、第1項から第4項までの頒布とみなす。ただし、第143条第1項第2号に規定するものを同号に規定する自動車又は船舶に取り付けたままで回覧させること、及び公職の候補者(衆議院比例代表選出議員の選挙における候補者で当該選挙と同時に行われる衆議院小選挙区選出議員の選挙における候補者以外のものを除く。)が同項第3号に規定するものを着用したままで回覧することは、この限りでない。
⑬ 衆議院議員の総選挙についての選挙運動の解禁に関し、公職の候補者又は公職の候補者となろうとする者(公職にある者を含む。)の氏名又はこれらの者の氏名が類推されるような事項を表示して、郵便等又は電報により、選挙人にあいさつする行為は、第1項の禁止行為に該当するものとみなす。

**(文書図画の頒布又は掲示につき禁止を免れる行為の制限)**
**第146条** ① 何人も、選挙運動の期間中は、著述、演芸等の広告その他いかなる名義をもつてするを問わず、第142条又は第143条の禁止を免れる行為として、公職の候補者の氏名若しくはシンボル・マーク、政党その他の政治団体の名称又は公職の候補者を推薦し、支持し若しくは反対する者の名を表示す

る文書図画を頒布し又は掲示することができない.
② 前項の規定の適用については,選挙運動の期間中,公職の候補者の氏名,政党その他の政治団体の名称又は公職の候補者の推薦届出者その他選挙運動に従事する者若しくは公職の候補者と同一戸籍内に在る者の氏名を表示した年賀状,寒中見舞状,暑中見舞状その他これに類似する挨拶状を当該公職の候補者の選挙区(選挙区がないときはその区域)内に頒布し又は掲示する行為は,第142条又は第143条の禁止を免れる行為とみなす.

**(公営施設使用の個人演説会等)**

**第161条** ① 公職の候補者(衆議院比例代表選出議員の選挙における候補者で当該選挙と同時に行われる衆議院小選挙区選出議員の選挙における候補者である者以外のものを除く. 次条から第164条の3までにおいて同じ.),候補者届出政党及び衆議院名簿届出政党等は,次に掲げる施設(候補者届出政党にあつてはその届け出た候補者に係る選挙区を包括する都道府県の区域内にあるもの,衆議院名簿届出政党等にあつてはその届け出た衆議院名簿に係る選挙区の区域内にあるものに限る.)を使用して,個人演説会,政党演説会又は政党等演説会を開催することができる.
1 学校及び公民館(社会教育法(昭和24年法律第207号)第21条に規定する公民館をいう.)
2 地方公共団体の管理に属する公会堂
3 前2号のほか,市町村の選挙管理委員会の指定する施設
② 前項の施設については,政令の定めるところにより,その管理者において,必要な設備をしなければならない.
③ 市町村の選挙管理委員会は,第1項第3号の施設の指定をしたときは,直ちに,都道府県の選挙管理委員会に,報告しなければならない.
④ 前項の報告があつたときは,都道府県の選挙管理委員会は,その旨を告示しなければならない.

**(公営施設以外の施設使用の個人演説会等)**

**第161条の2** 公職の候補者,候補者届出政党及び衆議院名簿届出政党等は,前条第1項に規定する施設以外の施設(建物その他の施設の構内を含むものとし,候補者届出政党にあつてはその届け出た候補者に係る選挙区を包括する都道府県の区域内にあるもの,衆議院名簿届出政党等にあつてはその届け出た衆議院名簿に係る選挙区の区域内にあるものに限る.)を使用して,個人演説会,政党演説会又は政党等演説会を開催することができる.

**(個人演説会等における演説)**

**第162条** ① 個人演説会においては,当該公職の候補者は,その選挙運動のための演説をすることができる.
② 個人演説会においては,当該公職の候補者以外の者も当該公職の候補者の選挙運動のための演説をすることができる.
③ 候補者届出政党が開催する政党演説会においては,演説者は,当該候補者届出政党の届け出た候補者の選挙運動のための演説をすることができる.
④ 衆議院名簿届出政党等が開催する政党等演説会においては,演説者は,当該衆議院名簿届出政党等の選挙運動のための演説をすることができる.

### 第14章 選挙運動に関する収入及び支出並びに寄附(略)

### 第14章の2 参議院(選挙区選出)議員の選挙の特例(略)

### 第14章の3 政党その他の政治団体等の選挙における政治活動(略)

### 第15章 争 訟

**(地方公共団体の議会の議員及び長の選挙の効力に関する異議の申出及び審査の申立て)**

**第202条** ① 地方公共団体の議会の議員及び長の選挙において,その選挙の効力に関し不服がある選挙人は当該選挙の日から14日以内に,文書で当該選挙に関する事務を管理する選挙管理委員会に対して異議を申し出ることができる.
② 前項の規定により市町村の選挙管理委員会に対して異議を申し出た場合において,その決定に不服がある者は,その決定書の交付を受けた日又は第215条の規定による告示の日から21日以内に,文書で当該都道府県の選挙管理委員会に審査を申し立てることができる.

**(地方公共団体の議会の議員及び長の選挙の効力に関する訴訟)**

**第203条** ① 地方公共団体の議会の議員及び長の選挙において,前条第1項の異議の申出若しくは同条第2項の審査の申立てに対する都道府県の選挙管理委員会の決定又は裁決に不服がある者は,当該都道府県の選挙管理委員会を被告とし,その決定書若しくは裁決書の交付を受けた日又は第215条の規定による告示の日から30日以内に,高等裁判所に訴訟を提起することができる.
② 地方公共団体の議会の議員及び長の選挙の効力に関する訴訟は,前条第1項又は第2項の規定による異議の申出又は審査の申立てに対する都道府県の選挙管理委員会の決定又は裁決に対してのみ提起することができる.

**(衆議院議員又は参議院議員の選挙の効力に関する訴訟)**

**第204条** 衆議院議員又は参議院議員の選挙において,その選挙の効力に関し異議がある選挙人又は公職の候補者(衆議院小選挙区選出議員の選挙にあつては候補者又は候補者届出政党,衆議院比例代表選出議員の選挙にあつては衆議院名簿届出政党等,参議院比例代表選出議員の選挙にあつては参議院名簿届出政党等又は参議院名簿登載者)は,衆議院(小選挙区選出)議員又は参議院(選挙区選出)議員の選挙にあつては当該都道府県の選挙管理委員会を,衆議院(比例代表選出)議員又は参議院(比例代表選出)議員の選挙にあつては中央選挙管理会を被告とし,当該選挙の日から30日以内に,高等裁判所に訴訟を提起することができる.

**(選挙の無効の決定,裁決又は判決)**

**第205条** ① 選挙の効力に関し異議の申出,審査の申立て又は訴訟の提起があつた場合において,選挙の規定に違反することがあるときは選挙の結果に異動を及ぼす虞がある場合に限り,当該選挙管理委員会又は裁判所は,その選挙の全部又は一部の無効を決定し,裁決し又は判決しなければならない.
② 前項の規定により当該選挙管理委員会又は裁判所がその選挙の一部の無効を決定し,裁決し又は判決する場合において,当選に異動を生ずる虞のない

者を区分することができるときは,その者に限り当選を失わない旨をあわせて決定し,裁決又は判決しなければならない.
③ 前項の場合において,当選に異動を生ずる虞の有無につき判断を受ける者(以下本条中「当該候補者」という.)の得票数(一部無効に係る区域以外の区域における得票数をいう.以下本条中同じ.)から左に掲げる各得票数を各別に差し引いて得た各数の合計数が,選挙の一部無効に係る区域における選挙人の数より多いときは,当該候補者は,当選に異動を生ずる虞のないものとする.
1 得票数の最も多い者から順次に数えて,当該選挙において選挙すべき議員の数に相当する数に至る順位の次の順位にある候補者の得票数
2 得票数が前号の候補者より多く,当該候補者より少ない各候補者のそれぞれの得票数
④ 前項の選挙の一部無効に係る区域における選挙人とは,第2項の規定による決定,裁決又は判決の直前(判決の場合にあつては高等裁判所の判決の基本たる口頭弁論終結の直前)に当該選挙の一部無効に係る区域において行われた選挙の当日投票できる者であつた者とする.
⑤ 衆議院(比例代表選出)議員又は参議院(比例代表選出)議員の選挙については,前3項の規定は適用せず,第1項の規定により選挙の一部を無効とする判決があつた場合においても,衆議院名簿届出政党等又は参議院名簿届出政党等に係る当選人の数の決定及び当選人の決定は,当該再選挙の結果に基づく新たな決定に係る告示がされるまでの間(第33条の2第6項の規定により当選再選挙を行わないこととされる場合にあつては,当該議員の任期満了の日までの間)は,なおその効力を有する.

(地方公共団体の議会の議員又は長の当選の効力に関する異議の申出及び審査の申立て)
**第206条** ① 地方公共団体の議会の議員又は長の選挙においてその当選の効力に関し不服がある選挙人又は公職の候補者は,第101条の3第2項又は第106条第2項の規定による告示の日から14日以内に,文書で当該選挙に関する事務を管理する選挙管理委員会に対して異議を申し出ることができる.
② 前項の規定により市町村の選挙管理委員会に対して異議を申し出た場合において,その決定に不服がある者は,その決定書の交付を受けた日又は第215条の規定による告示の日から21日以内に,文書で当該都道府県の選挙管理委員会に審査を申し立てることができる.

(地方公共団体の議会の議員及び長の当選の効力に関する訴訟)
**第207条** ① 地方公共団体の議会の議員及び長の選挙において,前条第1項の異議の申出若しくは同条第2項の審査の申立てに対する都道府県の選挙管理委員会の決定又は裁決に不服がある者は,当該都道府県の選挙管理委員会を被告とし,その決定書若しくは裁決書の交付を受けた日又は第215条の規定による告示の日から30日以内に,高等裁判所に訴訟を提起することができる.
② 第203条第2項の規定は,地方公共団体の議会の議員及び長の当選の効力に関する訴訟を提起する場合に,準用する.

(衆議院議員又は参議院議員の当選の効力に関する訴訟)
**第208条** ① 衆議院議員又は参議院議員の選挙において,当選をしなかつた者(衆議院小選挙区選出議員の選挙にあつては候補者届出政党,衆議院比例代表選出議員の選挙にあつては衆議院名簿届出政党等,参議院比例代表選出議員の選挙にあつては参議院名簿届出政党等を含む.)で当選の効力に関し不服があるものは,衆議院(小選挙区選出)議員の選挙にあつては当該都道府県の選挙管理委員会を,参議院(比例代表選出)議員又は参議院(比例代表選出)議員の選挙にあつては中央選挙管理会を被告とし,第101条第2項,第101条の2第2項,第101条の2の2第2項若しくは第101条の3第2項又は第106条第2項の規定による告示の日から30日以内に,高等裁判所に訴訟を提起することができる.ただし,衆議院(比例代表選出)議員の選挙においては,当該選挙と同時に行われた衆議院(小選挙区選出)議員の選挙における当選の効力を当選の効力に関する事由を理由とし,当選の効力に関する訴訟を提起することができない.
② 衆議院(比例代表選出)議員の当選の効力に関する訴訟の提起があつた場合において,衆議院名簿届出政党等に係る当選人の数の決定に過誤があるときは,裁判所は,当該衆議院名簿届出政党等に係る当選人の数の決定の無効を判決しなければならない.この場合においては,当該衆議院名簿届出政党等につき失われることのない当選人の数を併せて判決するものとする.
③ 前項の規定は,参議院(比例代表選出)議員の当選の効力に関する訴訟の提起があつた場合について準用する.この場合において,同項中「衆議院名簿届出政党等」とあるのは,「参議院名簿届出政党等」と読み替えるものとする.

(当選の効力に関する争訟における選挙の無効の決定,裁決又は判決)
**第209条** ① 前3条の規定による当選の効力に関する異議の申出,審査の申立て又は訴訟の提起があつた場合においても,その選挙が第205条第1項の場合に該当するときは,当該選挙管理委員会又は裁判所は,その選挙の全部又は一部の無効を決定し,裁決し又は判決しなければならない.
② 第205条第2項から第5項までの規定は,前項の場合に準用する.

(選挙関係訴訟に対する訴訟法規の適用)
**第219条** ① この章(第210条第1項を除く.)に規定する訴訟については,行政事件訴訟法(昭和37年法律第139号)第43条の規定にかかわらず,同法第13条,第19条から第21条まで,第25条から第29条まで,第31条及び第34条の規定は,準用せず,また,同法第16条から第18条までの規定は,一の選挙の効力を争う数個の請求,第207条若しくは第208条の規定により一の選挙における当選の効力を争う数個の請求,第210条第2項の規定により公職の候補者であつた者の当選の効力を争う数個の請求,第211条の規定により公職の候補者等であつた者の当選の効力若しくは立候補の資格を争う数個の請求又は選挙の効力を争う請求とその選挙における当選の効力に関し第207条若しくは第208条の規定によりこれを争う請求とに関してのみ準用することができる.
② 第210条第1項に規定する訴訟については,行政事件訴訟法第41条の規定にかかわらず,同法第13条,第17条及び第18条の規定は,準用せず,また,

同法第16条及び第19条の規定は,第210条第1項の規定により公職の候補者であつた者の当選の無効又は立候補の禁止を争う数個の請求に関してのみ準用する.

## 第16章 罰則

(買収及び利害誘導罪)
**第221条** ① 次の各号に掲げる行為をした者は,3年以下の懲役若しくは禁錮又は50万円以下の罰金に処する.
1 当選を得若しくは得しめ又は得しめない目的をもつて選挙人又は選挙運動者に対し金銭,物品その他の財産上の利益若しくは公私の職務の供与,その供与の申込み若しくは約束をし又は供応接待,その申込み若しくは約束をしたとき.
2 当選を得若しくは得しめ又は得しめない目的をもつて選挙人又は選挙運動者に対しその者又はその者と関係のある社寺,学校,会社,組合,市町村等に対する用水,小作,債権,寄附その他特殊の直接利害関係を利用して誘導をしたとき.
3 投票をし若しくはしないこと,選挙運動をし若しくはやめたこと又は周旋勧誘をしたことの報酬とする目的をもつて選挙人又は選挙運動者に対し第1号に掲げる行為をしたとき.
4 第1号若しくは前号の供与,供応接待を受け若しくは要求し,第1号若しくは前号の申込みを承諾し又は第2号の誘導に応じ若しくはこれを促したとき.
5 第1号から第3号までに掲げる行為をさせる目的をもつて選挙運動者に対し金銭若しくは物品の交付,交付の申込み若しくは約束をし又は選挙運動者がその交付を受け,その交付を要求し若しくはその申込みを承諾したとき.
6 前各号に掲げる行為に関し周旋又は勧誘をしたとき.
② 中央選挙管理会の委員若しくは中央選挙管理会の庶務に従事する総務省の職員,選挙管理委員会の委員若しくは職員,投票管理者,開票管理者,選挙長若しくは選挙分会長又は選挙事務に関係のある国若しくは地方公共団体の公務員が当該選挙に関し前項の罪を犯したときは,4年以下の懲役若しくは禁錮又は100万円以下の罰金に処する.公安委員会の委員又は警察官がその関係区域内の選挙に関し前項の罪を犯したときも,また同様とする.
③ 次の各号に掲げる者が第1項の罪を犯したときは,4年以下の懲役若しくは禁錮又は100万円以下の罰金に処する.
1 公職の候補者
2 選挙運動を総括主宰した者
3 出納責任者(公職の候補者又は出納責任者と意思を通じて当該公職の候補者のための選挙運動に関する支出の金額のうち第196条の規定により告示された額の2分の1以上に相当する額を支出した者を含む.)
4 三以内に分けられた選挙区(選挙区がないときは,選挙の行われる区域)の地域のうち一又は二の地域における選挙運動を主宰すべき者として第1号又は第2号に掲げる者から定められ,当該地域における選挙運動を主宰した者

(多数人買収及び多数人利害誘導罪)
**第222条** ① 左の各号に掲げる行為をした者は,5年以下の懲役又は禁錮に処する.
1 財産上の利益を図る目的をもつて公職の候補者又は公職の候補者となろうとする者のため多数の選挙人又は選挙運動者に対し前条第1項第1号から第3号まで,第5号又は第6号に掲げる行為をし又はさせたとき.
2 財産上の利益を図る目的をもつて公職の候補者又は公職の候補者となろうとする者のため多数の選挙人又は選挙運動者に対し前条第1項第1号から第3号まで,第5号又は第6号に掲げる行為をすることを請け負い若しくは請け負わせ又はその申込をしたとき.
② 前条第1項第1号から第3号まで,第5号又は第6号の罪を犯した者が常習者であるときも,また前項と同様とする.
③ 前条第3項各号に掲げる者が第1項の罪を犯したときは,6年以下の懲役又は禁錮に処する.

(公職の候補者及び当選人に対する買収及び利害誘導罪)
**第223条** ① 次の各号に掲げる行為をした者は,4年以下の懲役若しくは禁錮又は100万円以下の罰金に処する.
1 公職の候補者たること若しくは公職の候補者となろうとすることをやめさせる目的をもつて公職の候補者若しくは公職の候補者となろうとする者に対し又は当選を辞させる目的をもつて当選人に対し第221条第1項第1号又は第2号に掲げる行為をしたとき.
2 公職の候補者たること若しくは公職の候補者となろうとすることをやめたこと,当選を辞したこと又はその周旋勧誘をしたことの報酬とする目的をもつて公職の候補者であつた者,公職の候補者となろうとした者又は当選人であつた者に対し第221条第1項第1号に掲げる行為をしたとき.
3 前2号の供与,供応接待を受け若しくは要求し,前2号の申込みを承諾し又は第1号の誘導に応じ若しくはこれを促したとき.
4 前各号に掲げる行為に関し周旋又は勧誘をなしたとき.
② 中央選挙管理会の委員若しくは中央選挙管理会の庶務に従事する総務省の職員,選挙管理委員会の委員若しくは職員,投票管理者,開票管理者,選挙長若しくは選挙分会長又は選挙事務に関係のある国若しくは地方公共団体の公務員が当該選挙に関し前項の罪を犯したときは,5年以下の懲役若しくは禁錮又は100万円以下の罰金に処する.公安委員会の委員又は警察官がその関係区域内の選挙に関し前項の罪を犯したときも,また同様とする.
③ 第221条第3項各号に掲げる者が第1項の罪を犯したときは,5年以下の懲役若しくは禁錮又は100万円以下の罰金に処する.

(新聞紙,雑誌の不法利用罪)
**第223条の2** ① 第148条の2第1項又は第2項の規定に違反した者は,5年以下の懲役又は禁錮に処する.
② 第221条第3項各号に掲げる者が前項の罪を犯したときは,6年以下の懲役又は禁錮に処する.

(買収及び利害誘導罪の場合の没収)
**第224条** 前4条の場合において収受し又は交付を受けた利益は,没収する.その全部又は一部を没収することができないときは,その価額を追徴する.

(おとり罪)

第224条の2 ① 第251条の2第1項若しくは第3項又は第251条の3第1項の規定に該当することにより公職の候補者又は公職の候補者となろうとする者（以下この条において「公職の候補者等」という。）の当選を失わせ又は立候補の資格を失わせる目的をもつて，当該公職の候補者等以外の公職の候補者等その他の公職の候補者等の選挙運動に従事する者と意思を通じて，当該公職の候補者等に係る第251条の2第1項各号に掲げる者又は第251条の3第1項に規定する組織的選挙運動管理者等を誘導し又は挑発してその者をして第221条，第222条，第223条，第223条の2又は第247条の罪を犯させた者は，1年以上5年以下の懲役又は禁錮に処する．

② 第251条の2第1項各号に掲げる者又は第251条の3第1項に規定する組織的選挙運動管理者等が，第251条の2第1項若しくは第3項又は第251条の3第1項の規定に該当することにより当該公職の候補者等の当選を失わせ又は立候補の資格を失わせる目的をもつて，当該公職の候補者等以外の公職の候補者等その他の公職の候補者等の選挙運動に従事する者と意思を通じて，第221条から第223条の2まで又は第247条の罪を犯したときは，1年以上6年以下の懲役又は禁錮に処する．

（候補者の選定に関する罪）

第224条の3 ① 衆議院（小選挙区選出）議員の候補者となるべき者の選定，衆議院名簿登載者の選定又は参議院名簿登載者の選定につき権限を有する者が，その権限の行使に関し，請託を受けて，財産上の利益を収受し，又はこれを要求し，若しくは約束したときは，これを3年以下の懲役に処する．

② 前項の利益を供与し，又はその申込み若しくは約束をした者は，3年以下の懲役又は100万円以下の罰金に処する．

③ 第1項の場合において，収受した利益は，没収する．その全部又は一部を没収することができないときは，その価額を追徴する．

（選挙の自由妨害罪）

第225条 選挙に関し，次の各号に掲げる行為をした者は，4年以下の懲役若しくは禁錮又は100万円以下の罰金に処する．

1 選挙人，公職の候補者，公職の候補者となろうとする者，選挙運動者又は当選人に対し暴行若しくは威力を加え又はこれをかどわかしたとき．

2 交通若しくは集会の便を妨げ，演説を妨害し，又は文書図画を毀棄し，その他偽計詐術等不正の方法をもつて選挙の自由を妨害したとき．

3 選挙人，公職の候補者，公職の候補者となろうとする者，選挙運動者若しくは当選人又はその関係のある社寺，学校，会社，組合，市町村等に対する用水，小作，債権，寄附その他特殊の利害関係を利用して選挙人，公職の候補者，公職の候補者となろうとする者，選挙運動者又は当選人を威迫したとき．

（職権濫用による選挙の自由妨害罪）

第226条 ① 選挙に関し，国若しくは地方公共団体の公務員，特定独立行政法人，特定地方独立行政法人若しくは日本郵政公社の役員若しくは職員，中央選挙管理会の委員若しくは中央選挙管理会の庶務に従事する総務省の職員，選挙管理委員会の委員若しくは職員，投票管理者，開票管理者又は選挙長若しくは選挙分会長が故意にその職務の執行を怠り又は正当な理由がなくて選挙人若しくは選挙運動者に追随し，その居所若しくは選挙事務所に立ち入る等その職権を濫用して選挙の自由を妨害したときは，4年以下の禁錮に処する．

② 国若しくは地方公共団体の公務員，特定独立行政法人，特定地方独立行政法人若しくは日本郵政公社の役員若しくは職員，中央選挙管理会の委員若しくは中央選挙管理会の庶務に従事する総務省の職員，選挙管理委員会の委員若しくは職員，投票管理者，開票管理者又は選挙長若しくは選挙分会長が選挙人に対し，その投票しようとし又は投票した被選挙人の氏名（衆議院比例代表選出議員の選挙にあつては政党その他の政治団体の名称又は略称，参議院比例代表選出議員の選挙にあつては被選挙人の氏名又は政党その他の政治団体の名称若しくは略称）の表示を求めたときは，6月以下の禁錮又は30万円以下の罰金に処する．

（投票の秘密侵害罪）

第227条 中央選挙管理会の委員若しくは中央選挙管理会の庶務に従事する総務省の職員，選挙管理委員会の委員若しくは職員，投票管理者，開票管理者，選挙長若しくは選挙分会長又は選挙事務に関係のある国若しくは地方公共団体の公務員，立会人（第48条第2項の規定により投票を補助すべき者及び第49条第3項の規定により投票に関する記載をすべき者を含む．以下同じ．）又は監視者が選挙人の投票した被選挙人の氏名（衆議院比例代表選出議員の選挙にあつては政党その他の政治団体の名称又は略称，参議院比例代表選出議員の選挙にあつては被選挙人の氏名又は政党その他の政治団体の名称若しくは略称）を表示したときは，2年以下の禁錮又は30万円以下の罰金に処する．その表示した事実が虚偽であるときも，また同様とする．

（投票干渉罪）

第228条 ① 投票所（期日前投票所を含む．以下この章において同じ．）又は開票所において正当な理由がなくて選挙人の投票に干渉し又は被選挙人の氏名（衆議院比例代表選出議員の選挙にあつては政党その他の政治団体の名称又は略称，参議院比例代表選出議員の選挙にあつては被選挙人の氏名又は政党その他の政治団体の名称若しくは略称）を認知する方法を行つた者は，1年以下の禁錮又は30万円以下の罰金に処する．

② 法令の規定によらないで投票箱を開き又は投票箱の投票を取り出した者は，3年以下の懲役若しくは禁錮又は50万円以下の罰金に処する．

## 第17章 補則

（衆議院議員の任期の起算）

第256条 衆議院議員の任期は，総選挙の期日から起算する．但し，任期満了に因る総選挙が衆議院議員の任期満了の日前に行われたときは，前任者の任期満了の日の翌日から起算する．

（参議院議員の任期の起算）

第257条 参議院議員の任期は，前の通常選挙による参議院議員の任期満了の日の翌日から起算する．但し，通常選挙が前の通常選挙による参議院議員の任期満了の日の翌日後に行われたときは，通常選挙の期日から起算する．

（地方公共団体の議会の議員の任期の起算）

第258条 地方公共団体の議会の議員の任期は，一般選挙の日から起算する．但し，任期満了に因る一

般選挙が地方公共団体の議会の議員の任期満了の日前に行われた場合において，前任の議員が任期満了の日まで在任したときは前任者の任期満了の日の翌日から，選挙の期日後に前任の議員がすべてなくなったときは議員がすべてなくなった日の翌日から，それぞれ起算する．

（地方公共団体の長の任期の起算）
**第259条** 地方公共団体の長の任期は，選挙の日から起算する．但し，任期満了に因る選挙が地方公共団体の長の任期満了の日前に行われた場合において，前任の長が任期満了の日まで在任したときは前任者の任期満了の日の翌日から，選挙の期日後に前任の長が欠けたときはその欠けた日の翌日から，それぞれ起算する．

（地方公共団体の長の任期の起算の特例）
**第259条の2** 地方公共団体の長の職の退職を申し出た者が当該退職の申立てがあつたことにより告示された地方公共団体の長の選挙において当選人となつたときは，その者の任期については，当該退職の申立て及び当該退職の申立てがあつたことにより告示された選挙がなかつたものとみなして前条の規定を適用する．

# 10 裁判員法〔裁判員の参加する刑事裁判に関する法律〕（抄）

（平16・5・28法律63号，未施行，
最終改正：平19・11・30法律124号）

## 第1章 総則

（趣旨）
**第1条** この法律は，国民の中から選任された裁判員が裁判官と共に刑事訴訟手続に関与することが司法に対する国民の理解の増進とその信頼の向上に資することにかんがみ，裁判員の参加する刑事裁判に関し，裁判所法（昭和22年法律第59号）及び刑事訴訟法（昭和23年法律第131号）の特則その他の必要な事項を定めるものとする．

（対象事件及び合議体の構成）
**第2条** ① 地方裁判所は，次に掲げる事件については，次条の決定があった場合を除き，この法律の定めるところにより裁判員の参加する合議体が構成された後は，裁判所法第26条の規定にかかわらず，裁判員の参加する合議体でこれを取り扱う．
1 死刑又は無期の懲役若しくは禁錮に当たる罪に係る事件
2 裁判所法第26条第2項第2号に掲げる事件であって，故意の犯罪行為により被害者を死亡させた罪に係るもの（前号に該当するものを除く．）
② 前項の合議体の裁判官の員数は3人，裁判員の員数は6人とし，裁判官のうち1人を裁判長とする．ただし，次項の決定があったときは，裁判官の員数は1人，裁判員の員数は4人とし，裁判官を裁判長とする．
③ 第1項の規定により同項の合議体で取り扱うべき事件（以下「対象事件」という．）のうち，公判前整理手続による争点及び証拠の整理において公訴事実について争いがないと認められ，事件の内容その他の事情を考慮して適当と認められるものについては，裁判所は裁判官1人及び裁判員4人から成る合議体を構成して審理及び裁判をする旨の決定をすることができる．
④ 裁判所は，前項の決定をするには，公判前整理手続において，検察官，被告人及び弁護人に異議のないことを確認しなければならない．
⑤ 第3項の決定は，第27条第1項に規定する裁判員等選任手続の期日までにしなければならない．
⑥ 地方裁判所は，第3項の決定があったときは，裁判所法第26条第2項の規定にかかわらず，当該決定の時から第3項に規定する合議体が構成されるまでの間，1人の裁判官で事件を取り扱う．
⑦ 裁判所は，被告人の主張，審理の状況その他の事情を考慮して，事件を第3項に規定する合議体で取り扱うことが適当でないと認めたときは，決定で，同項の決定を取り消すことができる．
**第3条** ① 地方裁判所は，前条第1項各号に掲げる事件について，被告人の言動，被告人がその構成員である団体の主張若しくは当該団体の他の構成員の言動又は現に裁判員候補者若しくは裁判員に対する加害若しくはその告知が行われたことその他の事情により，裁判員候補者，裁判員若しくは裁判員であった者若しくはその親族若しくはこれらに準ずる者の生命，身体若しくは財産に危害が加えられるおそれ又はこれらの者の生活の平穏が著しく侵害されるおそれがあり，そのため裁判員候補者又は裁判員が畏怖し，裁判員候補者の出頭を確保することが困難な状況にあり又は裁判員の職務の遂行ができずこれに代わる裁判員の選任も困難であると認めるときは，検察官，被告人若しくは弁護人の請求により又は職権で，これを裁判官の合議体で取り扱う決定をしなければならない．
② 前項の決定又は同項の請求を却下する決定は，合議体でしなければならない．ただし，当該前条第1項各号に掲げる事件の審判に関与している裁判官は，その決定に関与することはできない．
③ 第1項の決定又は同項の請求を却下する決定をするには，最高裁判所規則で定めるところにより，あらかじめ，検察官及び被告人又は弁護人の意見を聴かなければならない．
④ 前条第1項の合議体が構成された後は，職権で第1項の決定をするには，あらかじめ，当該合議体の裁判長の意見を聴かなければならない．
⑤ 刑事訴訟法第43条第3項及び第4項並びに第44条第1項の規定は，第1項の決定及び同項の請求を却下する決定について準用する．
⑥ 第1項の決定又は同項の請求を却下する決定に対しては，即時抗告をすることができる．この場合においては，即時抗告に関する刑事訴訟法の規定を準用する．

（裁判官及び裁判員の権限）
**第6条** ① 第2条第1項の合議体で事件を取り扱う場合において，刑事訴訟法第333条の規定による刑の言渡しの判決，同法第334条の規定による刑の免除の判決若しくは同法第336条の規定による無罪の判決又は少年法（昭和23年法律第168号）第55条の規定による家庭裁判所への移送の決定に係る裁判所の判断（次項第1号及び第2号に掲げるものを除く．）のうち次に掲げるもの（以下「裁判員の関与する判断」という．）は，第2条第1項の合議体の構成員である裁判官（以下「構成裁判官」

という.）及び裁判員の合議による．
1 事実の認定
2 法令の適用
3 刑の量定
② 前項に規定する場合において，次に掲げる裁判所の判断は，構成裁判官の合議による．
1 法令の解釈に係る判断
2 訴訟手続に関する判断（少年法第55条の決定を除く.）
3 その他裁判員の関与する判断以外の判断
③ 裁判員の関与する判断をするための審理は構成裁判官及び裁判員で行い，それ以外の審理は構成裁判官のみで行う．
第7条 第2条第3項の決定があった場合においては，構成裁判官の合議によるべき判断は，構成裁判官が行う．

## 第2章 裁判員

### 第1節 総則
（裁判員の職権行使の独立）
第8条 裁判員は，独立してその職権を行う．
（裁判員の義務）
第9条 ① 裁判員は，法令に従い公平誠実にその職務を行わなければならない．
② 裁判員は，第70条第1項に規定する評議の秘密その他の職務上知り得た秘密を漏らしてはならない．
③ 裁判員は，裁判の公正さに対する信頼を損なうおそれのある行為をしてはならない．
④ 裁判員は，その品位を害するような行為をしてはならない．
（補充裁判員）
第10条 ① 裁判所は，審判の期間その他の事情を考慮して必要があると認めるときは，補充裁判員を置くことができる．ただし，補充裁判員の員数は，合議体を構成する裁判員の員数を超えることはできない．
② 補充裁判員は，裁判員の関与する判断をするための審理に立ち会い，第2条第1項の合議体を構成する裁判員の員数に不足が生じた場合に，あらかじめ定める順序に従い，これに代わって，裁判員に選任される．
③ 補充裁判員は，訴訟に関する書類及び証拠物を閲覧することができる．
④ 前条の規定は，補充裁判員について準用する．
（旅費, 日当及び宿泊料）
第11条 裁判員及び補充裁判員には，最高裁判所規則で定めるところにより，旅費，日当及び宿泊料を支給する．

### 第2節 選任
（裁判員の選任資格）
第13条 裁判員は，衆議院議員の選挙権を有する者の中から，この節の定めるところにより，選任されるものとする．
（欠格事由）
第14条 国家公務員法（昭和22年法律第120号）第38条の規定に該当する場合のほか，次の各号のいずれかに該当する者は，裁判員となることができない．
1 学校教育法（昭和22年法律第26号）に定める義務教育を終了しない者．ただし，義務教育を終了した者と同等以上の学識を有する者は，この限りでない．
2 禁錮以上の刑に処せられた者
3 心身の故障のため裁判員の職務の遂行に著しい支障がある者
（就職禁止事由）
第15条 ① 次の各号のいずれかに該当する者は，裁判員に就くことができない．
1 国会議員
2 国務大臣
3 次のいずれかに該当する国の行政機関の職員
  イ 一般職の職員の給与に関する法律（昭和25年法律第95号）別表第11指定職俸給表の適用を受ける職員（ニに掲げる者を除く．）
  ロ 一般職の任期付職員の採用及び給与の特例に関する法律（平成12年法律第125号）第7条第1項に規定する俸給表の適用を受ける職員であって，同表7号俸の俸給月額以上の俸給を受けるもの
  ハ 特別職の職員の給与に関する法律（昭和24年法律第252号）別表第1及び別表第2の適用を受ける職員
  ニ 防衛省の職員の給与等に関する法律（昭和27年法律第266号．以下「防衛省職員給与法」という．）第4条第1項の規定により一般職の職員の給与に関する法律別表第11指定職俸給表の適用を受ける職員及び防衛省職員給与法第4条第2項の規定により一般職の任期付職員の採用及び給与の特例に関する法律第7条第1項の俸給表に定める額の俸給（同表7号俸の俸給月額以上のものに限る．）を受ける職員
4 裁判官及び裁判官であった者
5 検察官及び検察官であった者
6 弁護士（外国法事務弁護士を含む．以下この項において同じ．）及び弁護士であった者
7 弁理士
8 司法書士
9 公証人
10 司法警察職員としての職務を行う者
11 裁判所の職員（非常勤の者を除く．）
12 法務省の職員（非常勤の者を除く．）
13 国家公安委員会委員及び都道府県公安委員会委員並びに警察職員（非常勤の者を除く．）
14 判事, 判事補, 検事又は弁護士となる資格を有する者
15 学校教育法に定める大学の学部, 専攻科又は大学院の法律学の教授又は准教授
16 司法修習生
17 都道府県知事及び市町村（特別区を含む．以下同じ．）の長
18 自衛官
② 次のいずれかに該当する者も，前項と同様とする．
1 禁錮以上の刑に当たる罪につき起訴され，その被告事件の終結に至らない者
2 逮捕又は勾留されている者
（辞退事由）
第16条 次の各号のいずれかに該当する者は，裁判員となることについて辞退の申立てをすることができる．
1 年齢70年以上の者
2 地方公共団体の議会の議員（会期中の者に限る．）
3 学校教育法第1条, 第124条又は第134条の学

校の学生又は生徒（常時通学を要する課程に在学する者に限る.）
4 過去5年以内に裁判員又は補充裁判員の職にあった者
5 過去3年以内に選任予定裁判員であった者
6 過去1年以内に裁判員候補者として第27条第1項に規定する裁判員等選任手続の期日に出頭したことがある者（第34条第7項（第38条第2項（第46条第2項において準用する場合を含む.），第47条第2項及び第92条第2項において準用する場合を含む. 第26条第3項において同じ.）の規定による不選任の決定があった者を除く.）
7 過去5年以内に検察審査会法（昭和23年法律第147号）の規定による検察審査員又は補充員の職にあった者
8 次に掲げる事由その他政令で定めるやむを得ない事由があり，裁判員の職務を行うこと又は裁判員候補者として第27条第1項に規定する裁判員等選任手続の期日に出頭することが困難な者
　イ 重い疾病又は傷害により裁判所に出頭することが困難であること.
　ロ 介護又は養育が行われなければ日常生活を営むのに支障がある同居の親族の介護又は養育を行う必要があること.
　ハ その従事する事業における重要な用務であって自らがこれを処理しなければ当該事業に著しい損害が生じるおそれがあるものがあること.
　ニ 父母の葬式への出席その他の社会生活上の重要な用務であって他の期日に行うことができないものがあること.

**（事件に関連する不適格事由）**
**第17条** 次の各号のいずれかに該当する者は，当該事件について裁判員となることができない.
1 被告人又は被害者
2 被告人又は被害者の親族又は親族であった者
3 被告人又は被害者の法定代理人，後見監督人，保佐人，保佐監督人，補助人又は補助監督人
4 被告人又は被害者の同居人又は被用者
5 事件について告発又は請求をした者
6 事件について証人又は鑑定人になった者
7 事件について被告人の代理人，弁護人又は補佐人になった者
8 事件について検察官又は司法警察職員として職務を行った者
9 事件について検察審査員又は審査補助員として職務を行い，又は補充員として検察審査会議を傍聴した者
10 事件について刑事訴訟法第266条第2号の決定，略式命令，同法第398条から第400条まで，第412条若しくは第413条の規定により差し戻し，若しくは移送された場合における原判決又はこれらの裁判の基礎となった取調べに関与した者. ただし，受託裁判官として関与した場合は，この限りでない.

**（その他の不適格事由）**
**第18条** 前条のほか，裁判所がこの法律の定めるところにより不公平な裁判をするおそれがあると認めた者は，当該事件について裁判員となることができない.

**（準　用）**
**第19条** 第13条から前条までの規定（裁判員の選任資格，欠格事由，就職禁止事由，辞退事由，事件に関連する不適格事由及びその他の不適格事由）は，補充裁判員に準用する.

**（裁判員候補者の員数の割当て及び通知）**
**第20条** ① 地方裁判所は，最高裁判所規則で定めるところにより，毎年9月1日までに，次年に必要な裁判員候補者の員数をその管轄区域内の市町村に割り当て，これを市町村の選挙管理委員会に通知しなければならない.
② 前項の裁判員候補者の員数は，最高裁判所規則で定めるところにより，地方裁判所が対象事件の取扱状況その他の事情を勘案して算定した数とする.

**（裁判員候補者予定者名簿の調製）**
**第21条** ① 市町村の選挙管理委員会は，前条第1項の通知を受けたときは，選挙人名簿に登録されている者の中から裁判員候補者予定者として当該通知に係る員数の者（公職選挙法（昭和25年法律第100号）第27条第1項の規定により選挙人名簿に同法第11条第1項若しくは第252条又は政治資金規正法（昭和23年法律第194号）第28条の規定により選挙権を有しなくなった旨の表示がなされている者を除く.）をくじで選定しなければならない.
② 市町村の選挙管理委員会は，前項の規定により選定した者について，選挙人名簿に記載（公職選挙法第19条第3項の規定により磁気ディスクをもって調製する選挙人名簿にあっては，記録）をされている氏名，住所及び生年月日の記載（次項の規定により磁気ディスクをもって調製する裁判員候補者予定者名簿にあっては，記録）をした裁判員候補者予定者名簿を調製しなければならない.
③ 裁判員候補者予定者名簿は，磁気ディスク（これに準ずる方法により一定の事項を確実に記録しておくことができる物を含む. 以下同じ.）をもって調製することができる.

**（裁判員候補者予定者名簿の送付）**
**第22条** 市町村の選挙管理委員会は，第20条第1項の通知を受けた年の10月15日までに裁判員候補者予定者名簿を当該通知をした地方裁判所に送付しなければならない.

**（裁判員候補者名簿の調製）**
**第23条** ① 地方裁判所は，前条の規定により裁判員候補者予定者名簿の送付を受けたときは，これに基づき，最高裁判所規則で定めるところにより，裁判員候補者の氏名，住所及び生年月日の記載（次項の規定により磁気ディスクをもって調製する裁判員候補者名簿にあっては，記録. 第25条及び第26条第3項において同じ.）をした裁判員候補者名簿を調製しなければならない.
② 裁判員候補者名簿は，磁気ディスクをもって調製することができる.
③ 地方裁判所は，裁判員候補者について，死亡したことを知ったとき，第13条に規定する者に該当しないと認めたとき，第14条の規定により裁判員となることができない者であると認めたとき又は第15条第1項各号に掲げる者に該当すると認めたときは，最高裁判所規則で定めるところにより，裁判員候補者名簿から消除しなければならない.
④ 市町村の選挙管理委員会は，第21条第1項の規定により選定した裁判員候補者の予定者について，死亡したこと又は衆議院議員の選挙権を有しなくなったことを知ったときは，前条の規定により裁判員候補者予定者名簿を送付した地方裁判所にその旨を通知しなければならない. ただし，当該裁判員候補者予定者名簿を送付した年の次年が経過した

**(裁判員候補者の補充の場合の措置)**
**第24条** ① 地方裁判所は,第20条第1項の規定により通知をした年の次年において,その年に必要な裁判員候補者を補充する必要があると認めたときは,最高裁判所規則で定めるところにより,速やかに,その補充する裁判員候補者の員数をその管轄区域内の市町村に割り当て,これを市町村の選挙管理委員会に通知しなければならない.
② 前3条の規定は,前項の場合に準用する. この場合において,第22条中「第20条第1項の通知を受けた年の10月15日までに」とあるのは「速やかに」と,前条第1項中「追加した裁判員候補者名簿」とあるのは「追加した裁判員候補者名簿」と,同条第4項ただし書中「送付した年の次年」とあるのは「送付した年」と読み替えるものとする.

**(裁判員候補者への通知)**
**第25条** 地方裁判所は,第23条第1項(前条第2項において読み替えて準用する場合を含む.)の規定による裁判員候補者名簿の調製をしたときは,当該裁判員候補者名簿に記載をされた者にその旨を通知しなければならない.

**(呼び出すべき裁判員候補者の選定)**
**第26条** ① 対象事件につき第1回の公判期日が定まったときは,裁判所は,必要な員数の補充裁判員を置く決定又は補充裁判員を置かない決定をしなければならない.
② 裁判所は,前項の決定をしたときは,審判に要すると見込まれる期間その他の事情を考慮して,呼び出すべき裁判員候補者の員数を定めなければならない.
③ 地方裁判所は,裁判員候補者名簿に記載をされた裁判員候補者の中から前項の規定により定められた員数の呼び出すべき裁判員候補者をくじで選定しなければならない. ただし,裁判所の呼出しに応じて次条第1項に規定する裁判員等選任手続の期日に出頭した裁判員候補者(第34条第7項の規定による不選任の決定のあった者を除く.)については,その年において再度選定することはできない.
④ 地方裁判所は,検察官及び弁護人に対し前項のくじに立ち会う機会を与えなければならない.

**(裁判員候補者の呼出し)**
**第27条** ① 裁判所は,裁判員及び補充裁判員の選任のための手続(以下「裁判員等選任手続」という.)を行う期日を定めて,前条第3項の規定により選定された裁判員候補者を呼び出さなければならない. ただし,裁判員等選任手続を行う期日から裁判員の職務が終了すると見込まれる日までの間(以下「職務従事予定期間」という.)において次の各号に掲げるいずれかの事由があると認められる裁判員候補者については,この限りでない.
1 第13条に規定する者に該当しないこと.
2 第14条の規定により裁判員となることができない者であること.
3 第15条第1項各号若しくは第2項各号又は第17条各号に掲げる者に該当すること.
4 第16条の規定により裁判員となることについて辞退の申立てがあった裁判員候補者について同条各号に掲げる事由に該当すると認められること.
② 前項の呼出しは,呼出状の送達によってする.
③ 呼出状には,出頭すべき日時,場所,呼出しに応じないときは過料に処せられることがある旨その他最高裁判所規則で定める事項を記載しなければならない.
④ 裁判員等選任手続の期日と裁判員候補者に対する呼出状の送達との間には,最高裁判所規則で定める猶予期間を置かなければならない.
⑤ 裁判所は,第1項の規定による呼出し後その出頭すべき日時までの間に,職務従事予定期間において同項各号に掲げるいずれかの事由があると認められるに至った裁判員候補者については,直ちにその呼出しを取り消さなければならない.
⑥ 裁判所は,前項の規定により呼出しを取り消したときは,速やかに当該裁判員候補者にその旨を通知しなければならない.

**(裁判員候補者の追加呼出し)**
**第28条** ① 裁判所は,裁判員等選任手続において裁判員及び必要な員数の補充裁判員を選任するために必要があると認めるときは,追加して必要な員数の裁判員候補者を呼び出すことができる.
② 第26条第3項及び第4項並びに前条第1項ただし書及び第2項から第6項までの規定は,前項の場合に準用する. この場合において,第26条第3項中「前項の規定により定められた員数」とあるのは,「裁判所が必要と認めた員数」と読み替えるものとする.

**(裁判員候補者の出頭義務,旅費等)**
**第29条** ① 呼出しを受けた裁判員候補者は,裁判員等選任手続の期日に出頭しなければならない.
② 裁判所の呼出しに応じて裁判員等選任手続の期日に出頭した裁判員候補者には,最高裁判所規則で定めるところにより,旅費,日当及び宿泊料を支給する.
③ 地方裁判所は,裁判所の呼出しに応じて裁判員等選任手続の期日に出頭した裁判員候補者については,最高裁判所規則で定めるところにより,裁判員候補者名簿から消除しなければならない. ただし,第34条第7項の規定による不選任の決定があった裁判員候補者については,この限りでない.

**(裁判員等選任手続の列席者等)**
**第32条** ① 裁判員等選任手続は,裁判官及び裁判所書記官が列席し,かつ,検察官及び弁護人が出席して行うものとする.
② 裁判所は,必要と認めるときは,裁判員等選任手続に被告人を出席させることができる.

**(裁判員等選任手続の方式)**
**第33条** ① 裁判員等選任手続は,公開しない.
② 裁判員等選任手続の指揮は,裁判長が行う.
③ 裁判員等選任手続は,次条第4項及び第36条第1項の規定による不選任の決定の請求が裁判員候補者の面前において行われないようにすることその他裁判員候補者の心情に十分配慮して,これを行わなければならない.
④ 裁判所は,裁判員等選任手続の続行のため,新たな期日を定めることができる. この場合において,裁判員等選任手続の期日に出頭した裁判員候補者に対し当該新たな期日を通知したときは,呼出状の送達があった場合と同一の効力を有する.

**(理由を示さない不選任の請求)**
**第36条** ① 検察官及び被告人は,裁判員候補者について,それぞれ,4人(第2条第3項の決定があった場合は,3人)を限度として理由を示さずに不選任の決定の請求(以下「理由を示さない不選任の請求」という.)をすることができる.

② 前項の規定にかかわらず,補充裁判員を置くときは,検察官及び被告人が理由を示さない不選任の請求をすることができる員数は,それぞれ,同項の員数にその選任すべき補充裁判員の員数が1人又は2人のときは1人,3人又は4人のときは2人,5人又は6人のときは3人を加えた員数とする.

③ 理由を示さない不選任の請求があったときは,裁判所は,当該理由を示さない不選任の請求に係る裁判員候補者について不選任の決定をする.

④ 刑事訴訟法第21条第2項の規定は,理由を示さない不選任の請求について準用する.

（選任決定）

**第37条** ① 裁判所は,くじその他の作為が加わらない方法として最高裁判所規則で定める方法に従い,裁判員等選任手続の期日に出頭した裁判員候補者で不選任の決定がされなかったものから,第2条第2項に規定する員数（当該裁判員候補者の員数がこれに満たないときは,その員数）の裁判員を選任する決定をしなければならない.

② 裁判所は,補充裁判員を置くときは,前項の規定により裁判員を選任する決定をした後,同項に規定する方法に従い,その余の不選任の決定がされなかった裁判員候補者から,第26条第1項の規定により選定した員数（当該裁判員候補者の員数がこれに満たないときは,その員数）の補充裁判員を裁判員に選任されるべき順序を定めて選任する決定をしなければならない.

③ 裁判所は,前2項の規定により裁判員又は補充裁判員に選任した者以外の不選任の決定がされなかった裁判員候補者については,不選任の決定をするものとする.

（裁判員が不足する場合の措置）

**第38条** ① 裁判所は,前条第1項の規定により選任された裁判員の員数が選任すべき裁判員の員数に満たないときは,不足する裁判員を選任しなければならない.この場合において,裁判所は,併せて必要と認める員数の補充裁判員を選任することができる.

② 第26条（第1項を除く.）から前条までの規定は,前項の規定による裁判員及び補充裁判員の選任について準用する.この場合において,第36条第1項中「4人（第2条第3項の決定があった場合は,3人）」とあるのは「選任すべき裁判員の員数が1人又は2人のときは1人,3人又は4人のときは2人,5人又は6人のときは3人」と,前条第1項中「第2条第2項に規定する員数」とあるのは「選任すべき裁判員の員数」と読み替えるものとする.

（宣誓等）

**第39条** ① 裁判長は,裁判員及び補充裁判員に対し,最高裁判所規則で定めるところにより,裁判員及び補充裁判員の権限,義務その他必要な事項を説明するものとする.

② 裁判員及び補充裁判員は,最高裁判所規則で定めるところにより,法令に従い公平誠実にその職務を行うことを誓う旨の宣誓をしなければならない.

（最高裁判所規則への委任）

**第40条** 第32条から前条までに定めるもののほか,裁判員等選任手続に関し必要な事項は,最高裁判所規則で定める.

### 第3節 解任等

（裁判員等の任務の終了）

**第48条** 裁判員及び補充裁判員の任務は,次のいずれかに該当するときに終了する.

1 終局裁判を告知したとき.

2 第3条第1項又は第5条ただし書の決定により,第2条第1項の合議体が取り扱っている事件のすべてを1人の裁判官又は裁判官の合議体で取り扱うこととなったとき.

## 第3章 裁判員の参加する裁判の手続

### 第1節 公判準備及び公判手続

（公判前整理手続）

**第49条** 裁判所は,対象事件については,第1回の公判期日前に,これを公判前整理手続に付さなければならない.

（第1回の公判期日前の鑑定）

**第50条** ① 裁判所は,第2条第1項の合議体で取り扱うべき事件につき,公判前整理手続において鑑定を行うことを決定した場合において,当該鑑定の結果の報告がなされるまでに相当の期間を要すると認めるときは,検察官,被告人若しくは弁護人の請求により又は職権で,公判前整理手続において鑑定の手続（鑑定の経過及び結果の報告を除く.）を行う旨の決定（以下この条において「鑑定手続実施決定」という.）をすることができる.

② 鑑定手続実施決定をし,又は前項の請求を却下する決定をするときは,最高裁判所規則で定めるところにより,あらかじめ,検察官及び被告人又は弁護人の意見を聴かなければならない.

③ 鑑定手続実施決定があった場合には,公判前整理手続において,鑑定の手続のうち,鑑定の経過及び結果の報告以外のものを行うことができる.

（裁判員の負担に対する配慮）

**第51条** 裁判官,検察官及び弁護人は,裁判員の負担が過重なものとならないようにしつつ,審理を迅速で分かりやすいものとすることに努めなければならない.

（出頭義務）

**第52条** 裁判員及び補充裁判員は,裁判員の関与する判断をするための審理をすべき公判期日並びに公判準備において裁判所がする証人その他の者の尋問及び検証の日時及び場所に出頭しなければならない.

（公判期日等の通知）

**第53条** 前条の規定により裁判員及び補充裁判員が出頭しなければならない公判期日並びに公判準備において裁判所がする証人その他の者の尋問及び検証の日時及び場所は,あらかじめ,裁判員及び補充裁判員に通知しなければならない.

（開廷の要件）

**第54条** ① 裁判員の関与する判断をするための審理をすべき公判期日においては,公判廷は,裁判官,裁判員及び裁判所書記官が列席し,かつ,検察官が出頭して開く.

② 前項の場合を除き,公判廷は,裁判官及び裁判所書記官が列席し,かつ,検察官が出頭して開く.

（冒頭陳述に当たっての義務）

**第55条** 検察官が刑事訴訟法第296条の規定により証拠により証明すべき事実を明らかにするに当たっては,公判前整理手続における争点及び証拠の整理の結果に基づき,証拠との関係を具体的に明示しなければならない.被告人又は弁護人が同法第

316条の30の規定により証拠により証明すべき事実を明らかにする場合も，同様とする．
**(証人等に対する尋問)**
**第56条** 裁判所が証人その他の者を尋問する場合には，裁判員は，裁判長に告げて，裁判員の関与する判断に必要な事項について尋問することができる．
**(裁判所外での証人尋問等)**
**第57条** ① 裁判員の関与する判断に必要な事項について裁判所外で証人その他の者を尋問すべき場合において，構成裁判官にこれをさせるときは，裁判員及び補充裁判員はこれに立ち会うことができる．この尋問に立ち会った裁判員は，構成裁判官に告げて，証人その他の者を尋問することができる．
② 裁判員の関与する判断に必要な事項について公判廷外において検証をすべき場合において，構成裁判官にこれをさせるときも，前項前段と同様とする．
**(被害者に対する質問)**
**第58条** 刑事訴訟法第292条の2第1項の規定により被害者等(被害者又は被害者が死亡した場合若しくはその心身に重大な故障がある場合におけるその配偶者，直系の親族若しくは兄弟姉妹をいう．)又は当該被害者の法定代理人が意見を陳述したときは，裁判員は，その陳述の後に，その趣旨を明確にするため，これらの者に質問することができる．
**(被告人に対する質問)**
**第59条** 刑事訴訟法第311条の規定により被告人が任意に供述をする場合には，裁判員は，裁判長に告げて，いつでも，裁判員の関与する判断に必要な事項について被告人の供述を求めることができる．
**(裁判員等の審理立会い)**
**第60条** 裁判所は，裁判員の関与する判断をするための審理以外の審理についても，裁判員及び補充裁判員の立会いを許すことができる．
**(公判手続の更新)**
**第61条** ① 公判手続が開始された後新たに第2条第1項の合議体に加わった裁判員があるときは，公判手続を更新しなければならない．
② 前項の更新の手続は，新たに加わった裁判員が，争点及び取り調べた証拠を理解することができ，かつ，その負担が過重にならないようなものとしなければならない．
**(自由心証主義)**
**第62条** 裁判員の関与する判断に関しては，証拠の証明力は，それぞれの裁判官及び裁判員の自由な判断にゆだねる．
**(判決の宣告等)**
**第63条** ① 刑事訴訟法第333条の規定による刑の言渡しの判決，同法第334条の規定による刑の免除の判決及び同法第336条の規定による無罪の判決並びに少年法第55条の規定による家庭裁判所への移送の決定の宣告をする場合には，裁判員は公判期日に出頭しなければならない．ただし，裁判員が出頭しないことは，当該判決又は決定の宣告を妨げるものではない．
② 前項に規定する場合には，あらかじめ，裁判員に公判期日を通知しなければならない．
**第2節 刑事訴訟法等の適用に関する特例等** (略)

## 第4章 評 議

**(評 議)**
**第66条** ① 第2条第1項の合議体における裁判員の関与する判断のための評議は，構成裁判官及び裁判員が行う．
② 裁判員は，前項の評議に出席し，意見を述べなければならない．
③ 裁判長は，必要と認めるときは，第1項の評議において，裁判員に対し，構成裁判官の合議による法令の解釈に係る判断及び訴訟手続に関する判断を示さなければならない．
④ 裁判員は，前項の判断が示された場合には，これに従ってその職務を行わなければならない．
⑤ 裁判長は，第1項の評議において，裁判員に対して必要な法令に関する説明を丁寧に行うとともに，評議を裁判員に分かりやすいものとなるように整理し，裁判員が発言する機会を十分に設けるなど，裁判員がその職責を十分に果たすことができるように配慮しなければならない．
**(評 決)**
**第67条** ① 前条第1項の評議における裁判員の関与する判断は，裁判所法第77条の規定にかかわらず，構成裁判官及び裁判員の双方の意見を含む合議体の員数の過半数の意見による．
② 刑の量定について意見が分かれ，その説が各々，構成裁判官及び裁判員の双方の意見を含む合議体の員数の過半数の意見にならないときは，その合議体の判断は，構成裁判官及び裁判員の双方の意見を含む合議体の員数の過半数の意見になるまで，被告人に最も不利な意見の数を順次利益な意見の数に加え，その中で最も利益な意見による．
**(構成裁判官による評議)**
**第68条** ① 構成裁判官の合議によるべき判断のための評議は，構成裁判官のみが行う．
② 前項の評議については，裁判所法第75条第1項及び第2項前段，第76条並びに第77条の規定に従う．
③ 構成裁判官は，その合議により，裁判員に第1項の評議の傍聴を許し，第6条第2項各号に掲げる判断について裁判員の意見を聴くことができる．
**(補充裁判員の傍聴等)**
**第69条** ① 補充裁判員は，構成裁判官及び裁判員が行う評議並びに構成裁判官のみが行う評議であって裁判員の傍聴が許されたものを傍聴することができる．
② 構成裁判官は，その合議により，補充裁判員の意見を聴くことができる．
**(評議の秘密)**
**第70条** ① 構成裁判官及び裁判員が行う評議並びに構成裁判官のみが行う評議であって裁判員の傍聴が許されたものの経過並びにそれぞれの裁判官及び裁判員の意見並びにその多少の数(以下「評議の秘密」という．)については，これを漏らしてはならない．
② 前項の場合を除き，構成裁判官のみが行う評議については，裁判所法第75条第2項後段の規定に従う．

## 第5章 区分審理決定がされた場合の審理及び裁判の特例等

**第1節 審理及び裁判の特例**
 **第1款 区分審理決定**
**(区分審理決定)**
**第71条** ① 裁判所は，被告人を同じくする数個の対象事件の弁論を併合した場合又は第4条第1項の決定に係る事件と対象事件の弁論を併合した場合

において、併合した事件（以下「併合事件」という。）を一括して審判することにより要すると見込まれる審理の期間その他の裁判員の負担に関する事情を考慮し、その円滑な選任又は職務の遂行を確保するため特に必要があると認められるときは、検察官、被告人若しくは弁護人の請求により又は職権で、被告人事件の一部を一又は二以上の被告事件ごとに区分し、この区分した一又は二以上の被告事件ごとに、順次、審理する旨の決定（以下「区分審理決定」という。）をすることができる。ただし、犯罪の証明に支障を生ずるおそれがあるとき、被告人の防御に不利益を生ずるおそれがあるときその他相当でないと認められるときは、この限りでない。
② 区分審理決定は前項の請求を却下する決定をするには、最高裁判所規則で定めるところにより、あらかじめ、検察官及び被告人又は弁護人の意見を聴かなければならない。
③ 区分審理決定又は第1項の請求を却下する決定に対しては、即時抗告をすることができる。

**（区分審理決定の取消し及び変更）**
**第72条** ① 裁判所は、被告人の主張、審理の状況その他の事情を考慮して、区分事件（区分審理決定により区分して審理することとされた一又は二以上の被告事件をいう。以下同じ。）ごとに審理することが適当でないと認めるときは、検察官、被告人若しくは弁護人の請求により又は職権で、区分審理決定を取り消す決定をすることができる。ただし、区分事件につき一部分判決をした後は、この限りでない。
② 裁判所は、被告人の主張、審理の状況その他の事情を考慮して、適当と認めるときは、検察官、被告人若しくは弁護人の請求により又は職権で、区分審理決定を変更する決定をすることができる。この場合においては、前条第1項ただし書の規定を準用する。
③ 前2項の決定又はこれらの項の請求を却下する決定をするには、最高裁判所規則で定めるところにより、あらかじめ、検察官及び被告人又は弁護人の意見を聴かなければならない。
④ 前条第3項の規定は、前項に規定する決定について準用する。

**（審理の順序に関する決定）**
**第73条** ① 裁判所は、二以上の区分事件があるときは、決定で、区分事件を審理する順序を定めなければならない。
② 裁判所は、被告人の主張、審理の状況その他の事情を考慮して、適当と認めるときは、決定で、前項の決定を変更することができる。
③ 前2項の決定をするには、最高裁判所規則で定めるところにより、あらかじめ、検察官及び被告人又は弁護人の意見を聴かなければならない。

## 11　裁判所法

（昭22・4・16法律第59号、昭22・5・3施行、最終改正：平20・6・18法律第71号）

### 第1編　総　則

**第1条（この法律の趣旨）** 日本国憲法に定める最高裁判所及び下級裁判所については、この法律の定めるところによる。
**第2条（下級裁判所）** ① 下級裁判所は、高等裁判所、地方裁判所、家庭裁判所及び簡易裁判所とする。
② 下級裁判所の設立、廃止及び管轄区域は、別に法律でこれを定める。
**第3条（裁判所の権限）** ① 裁判所は、日本国憲法に特別の定のある場合を除いて一切の法律上の争訟を裁判し、その他法律において特に定める権限を有する。
② 前項の規定は、行政機関が前審として審判することを妨げない。
③ この法律の規定は、刑事について、別に法律で陪審の制度を設けることを妨げない。
**第4条（上級審の裁判の拘束力）** 上級審の裁判所の裁判における判断は、その事件について下級審の裁判所を拘束する。
**第5条（裁判官）** ① 最高裁判所の裁判官は、その長たる裁判官を最高裁判所長官とし、その他の裁判官を最高裁判所判事とする。
② 下級裁判所の裁判官は、高等裁判所の長たる裁判官を高等裁判所長官とし、その他の裁判官を判事、判事補及び簡易裁判所判事とする。
③ 最高裁判所判事の員数は、14人とし、下級裁判所の裁判官の員数は、別に法律でこれを定める。

### 第2編　最高裁判所

**第6条（所在地）** 最高裁判所は、これを東京都に置く。
**第7条（裁判権）** 最高裁判所は、左の事項について裁判権を有する。
1　上告
2　訴訟法において特に定める抗告
**第8条（その他の権限）** 最高裁判所は、この法律に定めるものの外、他の法律において特に定める権限を有する。
**第9条（大法廷・小法廷）** ① 最高裁判所は、大法廷又は小法廷で審理及び裁判をする。
② 大法廷は、全員の裁判官、小法廷は、最高裁判所の定める員数の裁判官の合議体とする。但し、小法廷の裁判官の員数は、3人以上でなければならない。
③ 各合議体の裁判官のうち1人を裁判長とする。
④ 各合議体では、最高裁判所の定める員数の裁判官が出席しなければ、審理及び裁判をすることができない。
**第10条（大法廷及び小法廷の審判）** 事件を大法廷又は小法廷のいずれで取り扱うかについては、最高裁判所の定めるところによる。但し、左の場合においては、小法廷では裁判をすることができない。
1　当事者の主張に基いて、法律、命令、規則又は処分が憲法に適合するかしないかを判断するとき。（意見が前に大法廷でした、この法律、命令、規則又は処分が憲法に適合するとの裁判と同じであるときを除く。）
2　前号の場合を除いて、法律、命令、規則又は処分が憲法に適合しないと認めるとき。
3　憲法その他の法令の解釈適用について、意見が前に最高裁判所のした裁判に反するとき。
**第11条（裁判官の意見の表示）** 裁判書には、各裁判官の意見を表示しなければならない。
**第12条（司法行政事務）** ① 最高裁判所が司法行政事務を行うのは、裁判官会議の議によるものとし、最高裁判所長官が、これを総括する。

② 裁判官会議は,全員の裁判官でこれを組織し,最高裁判所長官が,その議長となる.
**第13条(事務総局)** 最高裁判所の庶務を掌らせるため,最高裁判所に事務総局を置く.
**第14条(司法研修所)** 裁判官の研究及び修養並びに司法修習生の修習に関する事務を取り扱わせるため,最高裁判所に司法研修所を置く.
**第14条の2(裁判所職員総合研修所)** 裁判所書記官,家庭裁判所調査官その他の裁判官以外の裁判所の職員の研究及び修養に関する事務を取り扱わせるため,最高裁判所に裁判所職員総合研修所を置く.
**第14条の3(最高裁判所図書館)** 最高裁判所に国立国会図書館の支部図書館として,最高裁判所図書館を置く.

## 第3編　下級裁判所

## 第1章　高等裁判所

**第15条(構成)** 各高等裁判所は,高等裁判所長官及び相応な員数の判事でこれを構成する.
**第16条(裁判権)** 高等裁判所は,左の事項について裁判権を有する.
1 地方裁判所の第一審判決,家庭裁判所の判決及び簡易裁判所の刑事に関する判決に対する控訴
2 第7条第2号の抗告を除いて,地方裁判所及び家庭裁判所の決定及び命令並びに簡易裁判所の刑事に関する決定及び命令に対する抗告
3 刑事に関するものを除いて,地方裁判所の第二審判決及び簡易裁判所の判決に対する上告
4 刑法第77条乃至第79条の罪に係る訴訟の第一審
**第17条(その他の権限)** 高等裁判所は,この法律に定めるものの外,他の法律において特に定める権限を有する.
**第18条(合議制)** ① 高等裁判所は,裁判官の合議体でその事件を取り扱う.但し,法廷ですべき審理及び裁判を除いて,その他の事項につき他の法律に特別の定があるときは,その定に従う.
② 前項の合議体の裁判官の員数は,3人とし,そのうち1人を裁判長とする.但し,第16条第4号の訴訟については,裁判官の員数は,5人とする.
**第19条(裁判官の職務の代行)** ① 高等裁判所は,裁判事務の取扱上さし迫つた必要があるときは,その管轄区域内の地方裁判所又は家庭裁判所の判事に当該高等裁判所の判事の職務を行わせることができる.
② 前項の規定により当該高等裁判所のさし迫つた必要をみたすことができない特別の事情があるときは,最高裁判所は,地方裁判所又はその管轄区域内の地方裁判所若しくは家庭裁判所の判事に当該高等裁判所の判事の職務を行わせることができる.
**第20条(司法行政事務)** ① 各高等裁判所が司法行政事務を行うのは,裁判官会議の議によるものとし,各高等裁判所長官が,これを総括する.
② 裁判官会議は,その全員の裁判官でこれを組織し,各高等裁判所長官が,その議長となる.
**第21条(事務局)** 各高等裁判所の庶務を掌らせるため,各高等裁判所に事務局を置く.
**第22条(支部)** ① 最高裁判所は,高等裁判所の事務の一部を取り扱わせるため,その高等裁判所の管轄区域内に,高等裁判所の支部を設けることができる.
② 最高裁判所は,高等裁判所の支部に勤務する裁判官を定める.

## 第2章　地方裁判所

**第23条(構成)** 各地方裁判所は,相応な員数の判事及び判事補でこれを構成する.
**第24条(裁判権)** 地方裁判所は,次の事項について裁判権を有する.
1 第33条第1項第1号の請求以外の請求に係る訴訟(第31条の3第1項第2号の人事訴訟を除く.)及び第33条第1項第1号の請求に係る訴訟のうち不動産に関する訴訟の第一審
2 第16条第4号の罪及び罰金以下の刑に当たる罪以外の罪に係る訴訟の第一審
3 第16条第1号の控訴を除いて,簡易裁判所の判決に対する控訴
4 第7条第2号及び第16条第2号の抗告を除いて,簡易裁判所の決定及び命令に対する抗告
**第25条(その他の権限)** 地方裁判所は,この法律に定めるものの外,他の法律において特に定める権限及び他の法律において裁判所の権限に属するものと定められた事件の中で他の裁判所以外の裁判所の権限に属させていない事項についての権限を有する.
**第26条(一人制・合議制)** ① 地方裁判所は,第2項に規定する場合を除いて,1人の裁判官でその事件を取り扱う.
② 左の事件は,裁判官の合議体でこれを取り扱う.但し,法廷ですべき審理及び裁判を除いて,その他の事項につき他の法律に特別の定があるときは,その定に従う.
1 合議体で審理及び裁判をする旨の決定を合議体でした事件
2 死刑又は無期若しくは短期1年以上の懲役若しくは禁錮にあたる罪(刑法第236条,第238条又は第239条の罪及びその未遂罪,暴力行為等処罰に関する法律(大正15年法律第60号)第1条ノ2第1項若しくは第2項又は第1条ノ3の罪並びに盗犯等の防止及び処分に関する法律(昭和5年法律第9号)第2条又は第3条の罪を除く.)に係る事件
3 簡易裁判所の判決に対する控訴事件並びに簡易裁判所の決定及び命令に対する抗告事件
4 その他他の法律において合議体で審理及び裁判をすべきものと定められた事件
③ 前項の合議体の裁判官の員数は,3人とし,そのうち1人を裁判長とする.
**第27条(判事補の職権の制限)** ① 判事補は,他の法律に特別の定のある場合を除いて,1人で裁判をすることができない.
② 判事補は,同時に2人以上合議体に加わり,又は裁判長となることができない.
**第28条(裁判官の職務の代行)** ① 地方裁判所において裁判事務の取扱上さし迫つた必要があるときは,その所在地を管轄する高等裁判所は,その管轄区域内の他の地方裁判所,家庭裁判所又はその高等裁判所の裁判官に当該地方裁判所の裁判官の職務を行わせることができる.
② 前項の規定により当該地方裁判所のさし迫つた必要をみたすことができない特別の事情があると

きは、最高裁判所は、その地方裁判所の所在地を管轄する高等裁判所以外の高等裁判所の管轄区域内の地方裁判所、家庭裁判所又はその高等裁判所の裁判官に当該地方裁判所の裁判官の職務を行わせることができる。

**第29条（司法行政事務）** ① 最高裁判所は、各地方裁判所の判事のうち1人に各地方裁判所長を命ずる。
② 各地方裁判所が司法行政事務を行うのは、裁判官会議の議によるものとし、各地方裁判所長が、これを総括する。
③ 各地方裁判所の裁判官会議は、その全員の判事でこれを組織し、各地方裁判所長が、その議長となる。

**第30条（事務局）** 各地方裁判所の庶務を掌らせるため、各地方裁判所に事務局を置く。

**第31条（支部・出張所）** ① 最高裁判所は、地方裁判所の事務の一部を取り扱わせるため、地方裁判所の管轄区域内に、地方裁判所の支部又は出張所を設けることができる。
② 最高裁判所は、地方裁判所の支部に勤務する裁判官を定める。

### 第3章　家庭裁判所

**第31条の2（構成）** 各家庭裁判所は、相応な員数の判事及び判事補でこれを構成する。

**第31条の3（裁判権その他の権限）** ① 家庭裁判所は、次の権限を有する。
1　家事審判法（昭和22年法律第152号）で定める家庭に関する事件の審判及び調停
2　人事訴訟法（平成15年法律第109号）で定める人事訴訟の第一審の裁判
3　少年法（昭和23年法律第168号）で定める少年の保護事件の審判
② 家庭裁判所は、前項に定めるものの外、他の法律において特に定める権限を有する。

**第31条の4（一人制・合議制）** ① 家庭裁判所は、審判又は裁判を行うときは、次項に規定する場合を除いて、1人の裁判官でその事件を取り扱う。
② 次に掲げる事件は、裁判官の合議体でこれを取り扱う。ただし、審判を終局させる決定並びに法廷ですべき審判及び裁判を除いて、その他の事項につき他の法律に特別の定めがあるときは、その定めに従う。
1　合議体で審判又は審理及び裁判をする旨の決定を合議体でした事件
2　他の法律において合議体で審判又は審理及び裁判をすべきものと定められた事件
③ 前項の合議体の裁判官の員数は、3人とし、そのうち1人を裁判長とする。

**第31条の5（地方裁判所の規定の準用）** 第27条乃至第31条の規定は、家庭裁判所にこれを準用する。

### 第4章　簡易裁判所

**第32条（裁判官）** 各簡易裁判所に相応な員数の簡易裁判所判事を置く。

**第33条（裁判権）** ① 簡易裁判所は、次の事項について第一審の裁判権を有する。
1　訴訟の目的の価額が140万円を超えない請求（行政事件訴訟に係る請求を除く。）
2　罰金以下の刑に当たる罪、選択刑として罰金が定められている罪又は刑法第186条、第252条若しくは第256条の罪に係る訴訟
② 簡易裁判所は、禁錮以上の刑を科することができない。ただし、刑法第130条若しくはその未遂罪、同法第186条の罪、同法第235条の罪若しくはその未遂罪、同法第252条、第254条若しくは第256条の罪、古物営業法（昭和24年法律第108号）第31条から第33条までの罪若しくは質屋営業法（昭和25年法律第158号）第30条から第32条までの罪に係る事件又はこれらの罪と他の罪とにつき刑法第54条第1項の規定によりこれらの罪の刑をもつて処断すべき事件においては、3年以下の懲役を科することができる。
③ 簡易裁判所は、前項の制限を超える刑を科するのを相当と認めるときは、訴訟法の定めるところにより事件を地方裁判所に移さなければならない。

**第34条（その他の権限）** 簡易裁判所は、この法律に定めるものの外、他の法律において特に定める権限を有する。

**第35条（一人制）** 簡易裁判所は、1人の裁判官でその事件を取り扱う。

**第36条（裁判官の職務の代行）** ① 簡易裁判所において裁判事務の取扱上さし迫つた必要があるときは、その所在地を管轄する地方裁判所は、その管轄区域内の他の簡易裁判所の裁判官又はその地方裁判所の判事に当該簡易裁判所の裁判官の職務を行わせることができる。
② 前項の規定により当該簡易裁判所のさし迫つた必要をみたすことができない特別の事情があるときは、その簡易裁判所の所在地を管轄する高等裁判所は、同項に定める区域以外のその管轄区域内の簡易裁判所の裁判官又は地方裁判所の判事に当該簡易裁判所の裁判官の職務を行わせることができる。

**第37条（司法行政事務）** 各簡易裁判所の司法行政事務は、簡易裁判所の裁判官が、1人のときは、その裁判官が、2人以上のときは、最高裁判所の指名する1人の裁判官がこれを掌理する。

**第38条（事務の移転）** 簡易裁判所において特別の事情によりその事務を取り扱うことができないときは、その所在地を管轄する地方裁判所は、その管轄区域内の他の簡易裁判所に当該簡易裁判所の事務の全部又は一部を取り扱わせることができる。

## 第4編　裁判所の職員及び司法修習生

### 第1章　裁判官

**第39条（最高裁判所の裁判官の任免）** ① 最高裁判所長官は、内閣の指名に基いて、天皇がこれを任命する。
② 最高裁判所判事は、内閣でこれを任命する。
③ 最高裁判所判事の任命は、天皇がこれを認証する。
④ 最高裁判所長官及び最高裁判所判事の任命は、国民の審査に関する法律の定めるところにより国民の審査に付される。

**第40条（下級裁判所の裁判官の任免）** ① 高等裁判所長官、判事、判事補及び簡易裁判所判事は、最高裁判所の指名した者の名簿によつて、内閣でこれを任命する。
② 高等裁判所長官の任命は、天皇がこれを認証する。
③ 第1項の裁判官は、その官に任命された日から10年を経過したときは、その任期を終えるものとし、再任されることができる。

**第41条（最高裁判所の裁判官の任命資格）** ① 最高裁判所の裁判官は、識見の高い、法律の素養のある

年齢40年以上の者の中からこれを任命し,そのうち少くとも10人は,10年以上第1号及び第2号に掲げる職の一若しくは二に在つた者又は左の各号に掲げる職の一若しくは二以上に在つてその年数を通算して20年以上になる者でなければならない.
1 高等裁判所長官
2 判事
3 簡易裁判所判事
4 検察官
5 弁護士
6 別に法律で定める大学の法律学の教授又は准教授
② 5年以上前項第1号及び第2号に掲げる職の一若しくは二に在つた者又は10年以上同項第1号から第6号までに掲げる職の一若しくは二以上に在つた者が判事補,裁判所調査官,最高裁判所事務総長,裁判所事務官,司法研修所教官,裁判所職員総合研修所教官,法務省の事務次官,法務事務官又は法務教官の職に在つたときは,その在職は,同項の規定の適用については,これを同項第3号から第6号までに掲げる職の在職とみなす.
③ 前2項の規定の適用については,第1項第3号乃至第5号及び前項に掲げる職に在つた年数は,司法修習生の修習を終えた後の年数に限り,これを当該職に在つた年数とする.
④ 3年以上第1項第6号の大学の法律学の教授又は准教授の職に在つた者が簡易裁判所判事,検察官又は弁護士の職に就いた場合においては,その簡易裁判所判事,検察官(副検事を除く.)又は弁護士の職に在つた年数については,前項の規定は,これを適用しない.

**第42条(高等裁判所長官及び判事の任命資格)** ① 高等裁判所長官及び判事は,次の各号に掲げる職の一又は二以上に在つてその年数を通算して10年以上になる者の中からこれを任命する.
1 判事補
2 簡易裁判所判事
3 検察官
4 弁護士
5 裁判所調査官,司法研修所教官又は裁判所職員総合研修所教官
6 前条第1項第6号の大学の法律学の教授又は准教授
② 前項の規定の適用については,3年以上同項各号に掲げる職の一又は二以上に在つた者が裁判所事務官,法務事務官又は法務教官の職に在つたときは,その在職は,これを同項各号に掲げる職の在職とみなす.
③ 前2項の規定の適用については,第1項第2号乃至第5号及び前項に掲げる職に在つた年数は,司法修習生の修習を終えた後の年数に限り,これを当該職に在つた年数とする.
④ 3年以上前条第1項第6号の大学の法律学の教授又は准教授の職に在つた者が簡易裁判所判事,検察官又は弁護士の職に就いた場合においては,その簡易裁判所判事,検察官(副検事を除く.)又は弁護士の職に在つた年数については,前項の規定は,これを適用しない.司法修習生の修習を終えないで簡易裁判所判事又は検察官に任命された者の第66条の試験に合格した後の簡易裁判所判事,検察官(副検事を除く.)又は弁護士の職に在つた年数についても,同様とする.

**第43条(判事補の任命資格)** 判事補は,司法修習生の修習を終えた者の中からこれを任命する.

**第44条(簡易裁判所判事の任命資格)** ① 簡易裁判所判事は,高等裁判所長官若しくは判事の職に在つた者又は次の各号に掲げる職の一若しくは二以上に在つてその年数を通算して3年以上になる者の中からこれを任命する.
1 判事補
2 検察官
3 弁護士
4 裁判所調査官,裁判所事務官,司法研修所教官,裁判所職員総合研修所教官,法務事務官又は法務教官
5 第41条第1項第6号の大学の法律学の教授又は准教授
② 前項の規定の適用については,同項第2号乃至第4号に掲げる職に在つた年数は,司法修習生の修習を終えた後の年数に限り,これを当該職に在つた年数とする.
③ 司法修習生の修習を終えないで検察官に任命された者の第66条の試験に合格した後の検察官(副検事を除く.)又は弁護士の職に在つた年数については,前項の規定は,これを適用しない.

**第45条(簡易裁判所判事の選考任命)** ① 多年司法事務にたずさわり,その他簡易裁判所判事の職務に必要な学識経験のある者は,前条第1項に掲げる職に該当しないときでも,簡易裁判所判事選考委員会の選考を経て,簡易裁判所判事に任命されることができる.
② 簡易裁判所判事選考委員会に関する規程は,最高裁判所がこれを定める.

**第46条(任命の欠格事由)** 他の法律の定めるところにより一般の官吏に任命されることができない者の外,左の各号の一に該当する者は,これを裁判官に任命することができない.
1 禁錮以上の刑に処せられた者
2 弾劾裁判所の罷免の裁判を受けた者

**第47条(補職)** 下級裁判所の裁判官の職は,最高裁判所がこれを補する.

**第48条(身分の保障)** 裁判官は,公の弾劾又は国民の審査に関する法律による場合及び別に法律で定めるところにより心身の故障のために職務を執ることができないと裁判された場合を除いては,その意思に反して,免官,転官,転所,職務の停止又は報酬の減額をされることはない.

**第49条(懲戒)** 裁判官は,職務上の義務に違反し,若しくは職務を怠り,又は品位を辱める行状があつたときは,別に法律で定めるところにより裁判によつて懲戒される.

**第50条(定年)** 最高裁判所の裁判官は,年齢70年,高等裁判所,地方裁判所又は家庭裁判所の裁判官は,年齢65年,簡易裁判所の裁判官は,年齢70年に達した時に退官する.

**第51条(報酬)** 裁判官の受ける報酬については,別に法律でこれを定める.

**第52条(政治運動等の禁止)** 裁判官は,在任中,左の行為をすることができない.
1 国会若しくは地方公共団体の議会の議員となり,又は積極的に政治運動をすること.
2 最高裁判所の許可のある場合を除いて,報酬のある他の職務に従事すること.
3 商業を営み,その他金銭上の利益を目的とする業務を行うこと.

## 第2章　裁判官以外の裁判所の職員

**第53条（最高裁判所事務総長）** ① 最高裁判所に最高裁判所事務総長1人を置く。
② 最高裁判所事務総長は、最高裁判所長官の監督を受けて、最高裁判所の事務総局の事務を掌理し、事務総局の職員を指揮監督する。

**第54条（最高裁判所の秘書官）** ① 最高裁判所に最高裁判所長官秘書官1人及び最高裁判所判事秘書官14人を置く。
② 最高裁判所長官秘書官は、最高裁判所長官の、最高裁判所判事秘書官は最高裁判所判事の命を受けて、機密に関する事務を掌る。

**第55条（司法研修所教官）** ① 最高裁判所に司法研修所教官を置く。
② 司法研修所教官は、上司の指揮を受けて、司法研修所における裁判官の研究及び修養並びに司法修習生の修習の指導をつかさどる。

**第56条（司法研修所長）** ① 最高裁判所に司法研修所長を置き、司法研修所教官の中から、最高裁判所が、これを補する。
② 司法研修所長は、最高裁判所長官の監督を受けて、司法研修所の事務を掌理し、司法研修所の職員を指揮監督する。

**第56条の2（裁判所職員総合研修所教官）** ① 最高裁判所に裁判所職員総合研修所教官を置く。
② 裁判所職員総合研修所教官は、上司の指揮を受けて、裁判所職員総合研修所における裁判所書記官、家庭裁判所調査官その他の裁判官以外の裁判所の職員の研究及び修養の指導をつかさどる。

**第56条の3（裁判所職員総合研修所長）** ① 最高裁判所に裁判所職員総合研修所長を置き、裁判所職員総合研修所教官の中から、最高裁判所が、これを補する。
② 裁判所職員総合研修所長は、最高裁判所長官の監督を受けて裁判所職員総合研修所の事務を掌理し、裁判所職員総合研修所の職員を指揮監督する。

**第56条の4（最高裁判所図書館長）** ① 最高裁判所に最高裁判所図書館長1人を置き、裁判所の職員の中からこれを命ずる。
② 最高裁判所図書館長は、最高裁判所長官の監督を受けて最高裁判所図書館の事務を掌理し、最高裁判所図書館の職員を指揮監督する。
③ 前2項の規定は、国立国会図書館法の規定の適用を妨げない。

**第56条の5（高等裁判所長官秘書官）** ① 各高等裁判所に高等裁判所長官秘書官各1人を置く。
② 高等裁判所長官秘書官は、高等裁判所長官の命を受けて、機密に関する事務をつかさどる。

**第57条（裁判所調査官）** ① 最高裁判所、各高等裁判所及び各地方裁判所に裁判所調査官を置く。
② 裁判所調査官は、裁判官の命を受けて、事件（地方裁判所においては、工業所有権又は租税に関する事件に限る。）の審理及び裁判に関して必要な調査その他の法律において定める事務をつかさどる。

**第58条（裁判所事務官）** ① 各裁判所に裁判所事務官を置く。
② 裁判所事務官は、上司の命を受けて、裁判所の事務を掌る。

**第59条（事務局長）** ① 各高等裁判所、各地方裁判所及び各家庭裁判所に事務局長を置き、裁判所事務官の中から、最高裁判所が、これを補する。
② 各高等裁判所の事務局長は、各高等裁判所長官の、各地方裁判所の事務局長は、各地方裁判所長の、各家庭裁判所の事務局長は、各家庭裁判所長の監督を受けて、事務局の事務を掌理し、事務局の職員を指揮監督する。

**第60条（裁判所書記官）** ① 各裁判所に裁判所書記官を置く。
② 裁判所書記官は、裁判所の事件に関する記録その他の書類の作成及び保管その他他の法律において定める事務を掌る。
③ 裁判所書記官は、前項の事務を掌る外、裁判所の事件に関し、裁判官の命を受けて、裁判官の行なう法令及び判例の調査その他必要な事項の調査を補助する。
④ 裁判所書記官は、その職務を行うについては、裁判官の命令に従う。
⑤ 裁判所書記官は、口述の書取その他書類の作成又は変更に関して裁判官の命令を受けた場合において、その作成又は変更を正当でないと認めるときは、自己の意見を書き添えることができる。

**第60条の2（裁判所速記官）** ① 各裁判所に裁判所速記官を置く。
② 裁判所速記官は、裁判所の事件に関する速記及びこれに関する事務を掌る。
③ 裁判所速記官は、その職務を行うについては、裁判官の命令に従う。

**第61条（裁判所技官）** ① 各裁判所に裁判所技官を置く。
② 裁判所技官は、上司の命を受けて、技術を掌る。

**第61条の2（家庭裁判所調査官）** ① 各家庭裁判所及び各高等裁判所に家庭裁判所調査官を置く。
② 家庭裁判所調査官は、各家庭裁判所においては、第31条の3第1項第1号の審判及び調停、同項第2号の裁判（人事訴訟法第32条第1項の附帯処分についての裁判及び同条第3項の親権者の指定についての裁判（以下この項において「附帯処分等の裁判」という。）に限る。）並びに第31条の3第1項第3号の審判に必要な調査その他他の法律において定める事務を掌り、各高等裁判所においては、同項第1号の審判に係る抗告審の審理及び附帯処分等の裁判に係る控訴審の審理に必要な調査を掌る。
③ 最高裁判所は、家庭裁判所調査官の中から、首席家庭裁判所調査官を命じ、調査事務の監督、関係行政機関その他の機関との連絡調整等の事務を掌らせることができる。
④ 家庭裁判所調査官は、その職務を行うについては、裁判官の命令に従う。

**第61条の3（家庭裁判所調査官補）** ① 各家庭裁判所に家庭裁判所調査官補を置く。
② 家庭裁判所調査官補は、上司の命を受けて、家庭裁判所調査官の事務を補助する。

**第62条（執行官）** ① 各地方裁判所に執行官を置く。
② 執行官に任命されるのに必要な資格に関する事項は、最高裁判所がこれを定める。
③ 執行官は、他の法律の定めるところにより裁判の執行、裁判所の発する文書の送達その他の事務を行う。
④ 執行官は、手数料を受けるものとし、その手数料が一定の額に達しないときは、国庫から補助金を受ける。

**第63条（廷吏）** ① 各裁判所に廷吏を置く。
② 廷吏は、法廷において裁判官の命ずる事務その他

最高裁判所の定める事務を取り扱う．
③ 各裁判所は，執行官を用いることができないときは，その裁判所の所在地で書類を送達するために，廷吏を用いることができる．
**第64条（任免）** 裁判官以外の裁判所の職員の任免は，最高裁判所の定めるところにより最高裁判所，各高等裁判所，各地方裁判所又は各家庭裁判所がこれを行う．
**第65条（勤務裁判所の指定）** 裁判所調査官，裁判所事務官（事務局たるものを除く．），裁判所書記官，裁判所速記官，家庭裁判所調査官，家庭裁判所調査官補，執行官及び裁判所技官の勤務する裁判所は，最高裁判所の定めるところにより最高裁判所，各高等裁判所，各地方裁判所又は各家庭裁判所がこれを定める．
**第65条の2（裁判官以外の裁判所の職員に関する事項）** 裁判官以外の裁判所の職員に関する事項については，この法律に定めるものの外，別に法律でこれを定める．

## 第3章　司法修習生

**第66条（採用）** ① 司法修習生は，司法試験に合格した者の中から，最高裁判所がこれを命ずる．
② 前項の試験に関する事項は，別に法律でこれを定める．
**第67条（修習・試験）** ① 司法修習生は，少なくとも1年間修習をした後試験に合格したときは，司法修習生の修習を終える．
② 司法修習生は，その修習期間中，国庫から一定額の給与を受ける．ただし，修習のため通常必要な期間として最高裁判所が定める期間を超える部分については，この限りでない．
③ 第1項の修習及び試験に関する事項は，最高裁判所がこれを定める．
**第68条（罷免）** 最高裁判所は，司法修習生の行状がその品位を辱めるものと認めるときその他司法修習生について最高裁判所の定める事由があると認めるときは，その司法修習生を罷免することができる．

## 第5編　裁判事務の取扱

## 第1章　法廷

**第69条（開廷の場所）** ① 法廷は，裁判所又は支部でこれを開く．
② 最高裁判所は，必要と認めるときは，前項の規定にかかわらず，他の場所で法廷を開き，又はその指定する他の場所で下級裁判所に法廷を開かせることができる．
**第70条（公開停止の手続）** 裁判所は，日本国憲法第82条第2項の規定により対審を公開しないで行うには，公衆を退席させる前に，その旨を理由とともに言い渡さなければならない．判決を言い渡すときは，再び公衆を入廷させなければならない．
**第71条（法廷の秩序維持）** ① 法廷における秩序の維持は，裁判長又は開廷をした1人の裁判官がこれを行う．
② 裁判長又は開廷をした1人の裁判官は，法廷における裁判所の職務の執行を妨げ，又は不当な行為をする者に対し，退廷を命じ，その他法廷における秩序を維持するのに必要な事項を命じ，又は処置を執ることができる．
**第71条の2（警察官の派出要求）** ① 裁判長又は開廷をした1人の裁判官は，法廷における秩序を維持するため必要があると認めるときは，警視総監又は道府県警察本部長に警察官の派出を要求することができる．法廷における秩序を維持するため特に必要があると認めるときは，開廷前においてもその要求をすることができる．
② 前項の要求により派出された警察官は，法廷における秩序の維持につき，裁判長又は1人の裁判官の指揮を受ける．
**第72条（法廷外における処分）** ① 裁判所が他の法律の定めるところにより法廷外の場所で職務を行う場合において，裁判長又は1人の裁判官は，裁判所の職務の執行を妨げる者に対し，退去を命じ，その他必要な事項を命じ，又は処置を執ることができる．
② 前条の規定は，前項の場合にこれを準用する．
③ 第2項に規定する裁判長の権限は，裁判官が他の法律の定めるところにより法廷外の場所で職務を行う場合において，その裁判官もこれを有する．
**第73条（審判妨害罪）** 第71条又は前条の規定による命令に違反して裁判所又は裁判官の職務の執行を妨げた者は，これを1年以下の懲役若しくは禁錮又は1,000円以下の罰金に処する．

## 第2章　裁判所の用語

**第74条（裁判所の用語）** 裁判所では，日本語を用いる．

## 第3章　裁判の評議

**第75条（評議の秘密）** ① 合議体でする裁判の評議は，これを公行しない．但し，司法修習生の傍聴を許すことができる．
② 評議は，裁判長が，これを開き，且つこれを整理する．その評議の経過並びに各裁判官の意見及びその多少の数については，この法律に特別の定がない限り，秘密を守らなければならない．
**第76条（意見を述べる義務）** 裁判官は，評議において，その意見を述べなければならない．
**第77条（評決）** ① 裁判は，最高裁判所の裁判について最高裁判所が特別の定をした場合を除いて，過半数の意見による．
② 過半数の意見によつて裁判をする場合において，左の事項について意見が三説以上に分れ，その説が各々過半数にならないときは，裁判は，左の意見による．
　1　数額については，過半数になるまで最も多額の意見の数を順次少額の意見の数に加え，その中で最も少額の意見
　2　刑事については，過半数になるまで被告人に最も不利な意見の数を順次利益な意見の数に加え，その中で最も利益な意見
**第78条（補充裁判官）** 合議体の審理が長時日にわたることの予見される場合においては，補充の裁判官が審理に立ち会い，その審理中に合議体の裁判官が審理に関与することができなくなつた場合において，あらかじめ定める順序に従い，これに代つて，その合議体に加わり審理及び裁判をすることができる．但し，補充の裁判官の員数は，合議体の裁判官の員数を越えることができない．

## 第4章　裁判所の共助

**第79条（裁判所の共助）** 裁判所は，裁判事務について，互に必要な補助をする．

## 第6編　司法行政

**第80条（司法行政の監督）** 司法行政の監督権は，左の各号の定めるところによりこれを行う．
1　最高裁判所は，最高裁判所の職員並びに下級裁判所及びその職員を監督する．
2　各高等裁判所は，その高等裁判所の職員並びに管轄区域内の下級裁判所及びその職員を監督する．
3　各地方裁判所は，その地方裁判所の職員並びに管轄区域内の簡易裁判所及びその職員を監督する．
4　各家庭裁判所は，その家庭裁判所の職員を監督する．
5　第37条に規定する簡易裁判所の裁判官は，その簡易裁判所の裁判官以外の職員を監督する．

**第81条（監督権と裁判権との関係）** 前条の監督権は，裁判官の裁判権に影響を及ぼし，又はこれを制限することはない．

**第82条（事務の取扱方法に対する不服）** 裁判所の事務の取扱方法に対して申し立てられた不服は，第80条の監督権によりこれを処分する．

## 第7編　裁判所の経費

**第83条（裁判所の経費）** ① 裁判所の経費は，独立して，国の予算にこれを計上しなければならない．
② 前項の経費中には，予備金を設けることを要する．

**附　則**（抄）
① この法律は，日本国憲法施行の日から，これを施行する．
② 裁判所構成法，裁判所構成法施行条例，判事懲戒法及び行政裁判法は，これを廃止する．
③ 裁判所職員は，当分の間，特に必要があるときは，裁判官又は検察官をもつて司法研修所教官又は裁判所職員総合研修所教官に，裁判官をもつて裁判所調査官にそれぞれ充てることができる．

---

# 12　弁護士法（抄）

（昭24・6・10法律第205号，昭24・9・1施行，
最終改正：平18・6・2法律第50号）

## 第1章　弁護士の使命及び職務

**（弁護士の使命）**
**第1条**　弁護士は，基本的人権を擁護し，社会正義を実現することを使命とする．
② 弁護士は，前項の使命に基き，誠実にその職務を行い，社会秩序の維持及び法律制度の改善に努力しなければならない．

**（弁護士の職責の根本基準）**
**第2条**　弁護士は，常に，深い教養の保持と高い品性の陶やしに努め，法令及び法律事務に精通しなければならない．

**（弁護士の職務）**
**第3条**　① 弁護士は，当事者その他関係人の依頼又は官公署の委嘱によつて，訴訟事件，非訟事件及び審査請求，異議申立て，再審査請求等行政庁に対する不服申立事件に関する行為その他一般の法律事務を行うことを職務とする．
② 弁護士は，当然，弁理士及び税理士の事務を行うことができる．

## 第2章　弁護士の資格

**（弁護士の資格）**
**第4条**　司法修習生の修習を終えた者は，弁護士となる資格を有する．

**（法務大臣の認定を受けた者についての弁護士の資格の特例）**
**第5条**　法務大臣が，次の各号のいずれかに該当し，その後に弁護士業務について法務省令で定める法人が実施する研修であつて法務大臣が指定するものの課程を修了したと認定した者は，前条の規定にかかわらず，弁護士となる資格を有する．
1　司法修習生となる資格を得た後に簡易裁判所判事，検察官，裁判所調査官，裁判所事務官，法務事務官，司法研修所，裁判所職員総合研修所若しくは法務省設置法（平成11年法律第93号）第4条第36号若しくは第38号の事務をつかさどる機関で政令で定めるものの教官，衆議院若しくは参議院の議員若しくは法制局参事，内閣法制局参事官又は学校教育法（昭和22年法律第26号）による大学で法律学を研究する大学院の置かれているものの法律学を研究する学部，専攻科若しくは大学院における法律学の教授若しくは准教授の職に在つた期間が通算して5年以上になること．
2　司法修習生となる資格を得た後に自らの法律に関する専門的知識に基づいて次に掲げる事務のいずれかを処理する職務に従事した期間が通算して7年以上になること．
イ　企業その他の事業者（国及び地方公共団体を除く．）の役員，代理人又は使用人その他の従業者として行う当該事業者の事業に係る事務であつて，次に掲げるもの（第72条の規定に違反しないで行われるものに限る．）
（1）契約書案その他の事業活動において当該事業者の権利義務についての法的な検討の結果に基づいて作成することを要する書面の作成
（2）裁判手続等（裁判手続及び法務省令で定めるこれに類する手続をいう．以下同じ．）のための事実関係の確認又は証拠の収集
（3）裁判手続等において提出する訴状，申立書，答弁書，準備書面その他の当該事業者の主張を記載した書面の案の作成
（4）裁判手続等の期日における主張若しくは意見の陳述又は尋問
（5）民事上の紛争の解決のための和解の交渉又はそのために必要な事実関係の確認若しくは証拠の収集
ロ　公務員として行う国又は地方公共団体の事務であつて，次に掲げるもの
（1）法令（条例を含む．）の立案，条約その他の国際約束の締結に関する事務又は法令の制定若しくは改廃に関する議案の審査若しくは審議
（2）イ（2）から（5）までに掲げる事務
（3）法務省令で定める審判その他の裁判に類する手続における審理又は審決，決定その他の判断

第3章～第4章 弁護士の権利及び義務　　12 弁護士法

に係る事務であつて法務省令で定める者が行うもの
3　検察庁法（昭和22年法律第61号）第18条第3項に規定する考試を経た後に検察官（副検事を除く．）の職に在つた期間が通算して5年以上になること．
4　前3号に掲げるもののほか，次のイ又はロに掲げる期間（これらの期間のうち，第1号に規定する職に在つた期間及び第2号に規定する職務に従事した期間については司法修習生となる資格を得た後のものに限り，第2号に規定する職に在つた期間については検察庁法第18条第3項に規定する考試を経た後のものに限る．）が，当該イ又はロに定める年数以上になること．
イ　第1号及び前号に規定する職に在つた期間を通算した期間　5年
ロ　第2号に規定する職務に従事した期間に第1号及び前号に規定する職に在つた期間を通算した期間　7年

**（最高裁判所の裁判官の職に在つた者についての弁護士の資格の特例）**
第6条　最高裁判所の裁判官の職に在つた者は，第4条の規定にかかわらず，弁護士となる資格を有する．

**（弁護士の欠格事由）**
第7条　次に掲げる者は，第4条，第5条及び前条の規定にかかわらず，弁護士となる資格を有しない．
1　禁錮以上の刑に処せられた者
2　弾劾裁判所の罷免の裁判を受けた者
3　懲戒の処分により，弁護士若しくは外国法事務弁護士であつて除名され，弁理士であつて業務を禁止され，公認会計士であつて登録を抹消され，税理士であつて業務を禁止され，又は公務員であつて免職され，その処分を受けた日から3年を経過しない者
4　成年被後見人又は被保佐人
5　破産者であつて復権を得ない者

## 第3章　弁護士名簿

**（弁護士の登録）**
第8条　弁護士となるには，日本弁護士連合会に備えた弁護士名簿に登録されなければならない．

## 第4章　弁護士の権利及び義務

**（法律事務所）**
第20条　① 弁護士の事務所は，法律事務所と称する．
② 法律事務所は，その弁護士の所属弁護士会の地域内に設けなければならない．
③ 弁護士は，いかなる名義をもつてしても，2箇以上の法律事務所を設けることができない．但し，他の弁護士の法律事務所において執務することを妨げない．

**（法律事務所の届出義務）**
第21条　弁護士が法律事務所を設け，又はこれを移転したときは，直ちに，所属弁護士会及び日本弁護士連合会に届け出なければならない．

**（会則を守る義務）**
第22条　弁護士は，所属弁護士会及び日本弁護士連合会の会則を守らなければならない．

**（秘密保持の権利及び義務）**
第23条　弁護士又は弁護士であつた者は，その職務上知り得た秘密を保持する権利を有し，義務を負う．但し，法律に別段の定めがある場合は，この限りでない．

**（報告の請求）**
第23条の2　① 弁護士は，受任している事件について，所属弁護士会に対し，公務所又は公私の団体に照会して必要な事項の報告を求めることを申し出ることができる．申出があつた場合において，当該弁護士会は，その申出が適当でないと認めるときは，これを拒絶することができる．
② 弁護士会は，前項の規定による申出に基き，公務所又は公私の団体に照会して必要な事項の報告を求めることができる．

**（委嘱事項等を行う義務）**
第24条　弁護士は，正当の理由がなければ，法令により官公署の委嘱した事項及び会則の定めるところにより所属弁護士会又は日本弁護士連合会の指定した事項を行うことを辞することができない．

**（職務を行い得ない事件）**
第25条　弁護士は，次に掲げる事件については，その職務を行つてはならない．ただし，第3号及び第9号に掲げる事件については，受任している事件の依頼者が同意した場合は，この限りでない．
1　相手方の協議を受けて賛助し，又はその依頼を承諾した事件
2　相手方の協議を受けた事件で，その協議の程度及び方法が信頼関係に基づくと認められるもの
3　受任している事件の相手方からの依頼による他の事件
4　公務員として職務上取り扱つた事件
5　仲裁手続により仲裁人として取り扱つた事件
6　第30条の2第1項に規定する法人の社員又は使用人である弁護士としてその業務に従事していた期間内に，その法人が相手方の協議を受けて賛助し，又はその依頼を承諾した事件であつて，自らこれに関与したもの
7　第30条の2第1項に規定する法人の社員又は使用人である弁護士としてその業務に従事していた期間内に，その法人が相手方の協議を受けた事件で，その協議の程度及び方法が信頼関係に基づくと認められるものであつて，自らこれに関与したもの
8　第30条の2第1項に規定する法人の社員又は使用人である場合に，その法人が相手方から受任している事件
9　第30条の2第1項に規定する法人の社員又は使用人である場合に，その法人が受任している事件（当該弁護士が自ら関与しているものに限る．）の相手方からの依頼による他の事件

**（汚職行為の禁止）**
第26条　弁護士は，受任している事件に関し相手方から利益を受け，又はこれを要求し，若しくは約束してはならない．

**（非弁護士との提携の禁止）**
第27条　弁護士は，第72条乃至第74条の規定に違反する者から事件の周旋を受け，又はこれらの者に自己の名義を利用させてはならない．

**（係争権利の譲受の禁止）**
第28条　弁護士は，係争権利を譲り受けることができない．

**（依頼不承諾の通知義務）**
第29条　弁護士は，事件の依頼を承諾しないときは，依頼者に，すみやかに，その旨を通知しなければ

(営利業務の届出等)
**第30条** ① 弁護士は、次の各号に掲げる場合には、あらかじめ、当該各号に定める事項を所属弁護士会に届け出なければならない。
1 自ら営利を目的とする業務を営もうとするとき 商号及び当該業務の内容
2 営利を目的とする業務を営む者の取締役、執行役その他業務を執行する役員（以下この条において「取締役等」という。）又は使用人になろうとするとき その業務を営む者の商号若しくは名称又は氏名、本店若しくは主たる事務所の所在地又は住所及び業務の内容並びに取締役等になろうとするときはその役職名
② 弁護士会は、前項の規定による届出をした者について、同項各号に定める事項を記載した営利業務従事弁護士名簿を作成し、弁護士会の事務所に備え置き、公衆の縦覧に供しなければならない。
③ 第1項の規定による届出をした者は、その届出に係る事項に変更を生じたときは、遅滞なく、その旨を所属弁護士会に届け出なければならない。届出に係る業務を廃止し、又は届出に係る取締役等若しくは使用人でなくなつたときも、同様とする。
④ 弁護士会は、前項の規定による届出があつたときは、直ちに、営利業務従事弁護士名簿の記載を訂正し、又はこれを抹消しなければならない。

## 第4章の2　弁護士法人

(設立等)
**第30条の2** ① 弁護士は、この章の定めるところにより、第3条に規定する業務を行うことを目的とする法人（以下「弁護士法人」という。）を設立することができる。
② 第1条の規定は、弁護士法人について準用する。

## 第5章　弁護士会

(目的及び法人格)
**第31条** ① 弁護士会は、弁護士及び弁護士法人の使命及び職務にかんがみ、その品位を保持し、弁護士及び弁護士法人の事務の改善進歩を図るため、弁護士及び弁護士法人の指導、連絡及び監督に関する事務を行うことを目的とする。
② 弁護士会は、法人とする。

(設立の基準となる区域)
**第32条** 弁護士会は、地方裁判所の管轄区域ごとに設立しなければならない。

## 第6章　日本弁護士連合会

(設立、目的及び法人格)
**第45条** ① 全国の弁護士会は、日本弁護士連合会を設立しなければならない。
② 日本弁護士連合会は、弁護士及び弁護士法人の使命及び職務にかんがみ、その品位を保持し、弁護士及び弁護士法人の事務の改善進歩を図るため、弁護士、弁護士法人及び弁護士会の指導、連絡及び監督に関する事務を行うことを目的とする。
③ 日本弁護士連合会は、法人とする。

## 第8章　懲戒

### 第1節　懲戒事由及び懲戒権者等

(懲戒事由及び懲戒権者)
**第56条** ① 弁護士及び弁護士法人は、この法律又は所属弁護士会若しくは日本弁護士連合会の会則に違反し、所属弁護士会の秩序又は信用を害し、その他職務の内外を問わずその品位を失うべき非行があつたときは、懲戒を受ける。
② 懲戒は、その弁護士又は弁護士法人の所属弁護士会が、これを行う。
③ 弁護士会がその地域内に従たる法律事務所のみを有する弁護士法人に対して行う懲戒の事由は、その地域内にある従たる法律事務所に係るものに限る。

(懲戒の種類)
**第57条** ① 弁護士に対する懲戒は、次の4種とする。
1 戒告
2 2年以内の業務の停止
3 退会命令
4 除名
② 弁護士法人に対する懲戒は、次の4種とする。
1 戒告
2 2年以内の弁護士法人の業務の停止又はその法律事務所の業務の停止
3 退会命令（当該弁護士会の地域内に従たる法律事務所のみを有する弁護士法人に対するものに限る。）
4 除名（当該弁護士会の地域内に主たる法律事務所を有する弁護士法人に対するものに限る。）
③ 弁護士会は、その地域内に従たる法律事務所のみを有する弁護士法人に対して、前項第2号の懲戒を行う場合にあつては、その地域内にある法律事務所の業務の停止のみを行うことができる。
④ 第2項又は前項の規定の適用に当たつては、日本弁護士連合会は、その地域内に当該弁護士法人の主たる法律事務所がある弁護士会とみなす。

(弁護士法人に対する懲戒に伴う法律事務所の設置移転の禁止)
**第57条の2** ① 弁護士法人は、特定の弁護士会の地域内にあるすべての法律事務所について業務の停止の懲戒を受けた場合には、当該業務の停止の期間中、その地域内において、法律事務所を設け、又は移転してはならない。
② 弁護士法人は、前条第2項第3号の懲戒を受けた場合には、その処分を受けた日から3年間、当該懲戒を行つた弁護士会の地域内において、法律事務所を設け、又は移転してはならない。

(懲戒の請求、調査及び審査)
**第58条** ① 何人も、弁護士又は弁護士法人について懲戒の事由があると思料するときは、その事由の説明を添えて、その弁護士又は弁護士法人の所属弁護士会にこれを懲戒することを求めることができる。
② 弁護士会は、所属の弁護士又は弁護士法人について、懲戒の事由があると思料するとき又は前項の請求があつたときは、懲戒の手続に付し、綱紀委員会に事案の調査をさせなければならない。
③ 綱紀委員会は、前項の調査により対象弁護士等（懲戒の手続に付された弁護士又は弁護士法人をいう。以下同じ。）につき懲戒委員会に事案の審査を求めることを相当と認めるときは、その旨の議決をする。この場合において、弁護士会は、当該議決に

基づき、懲戒委員会に事案の審査を求めなければならない。
④ 綱紀委員会は、第2項の調査により、第1項の請求が不適法であると認めるとき若しくは対象弁護士等につき懲戒の手続を開始することができないものであると認めるとき、対象弁護士等につき懲戒の事由がないと認めるとき又は事案の軽重その他情状を考慮して懲戒すべきでないことが明らかであると認めるときは、懲戒委員会に事案の審査を求めないことを相当とする議決をする。この場合において、弁護士会は、当該議決に基づき、対象弁護士等を懲戒しない旨の決定をしなければならない。
⑤ 懲戒委員会は、第3項の審査により対象弁護士等につき懲戒することを相当と認めるときは、懲戒の処分の内容を明示して、その旨の議決をする。この場合において、弁護士会は、当該議決に基づき、対象弁護士等を懲戒しなければならない。
⑥ 懲戒委員会は、第3項の審査により対象弁護士等につき懲戒しないことを相当と認めるときは、その旨の議決をする。この場合において、弁護士会は、当該議決に基づき、対象弁護士等を懲戒しない旨の決定をしなければならない。

#### 第2節　懲戒請求者による異議の申出等

(懲戒請求者による異議の申出)
**第64条** ① 第58条第1項の規定により弁護士又は弁護士法人に対する懲戒の請求があつたにもかかわらず、弁護士会が対象弁護士等を懲戒しない旨の決定をしたとき又は相当の期間内に懲戒の手続を終えないときは、その請求をした者(以下「懲戒請求者」という。)は、日本弁護士連合会に異議を申し出ることができる。弁護士会がした懲戒の処分が不当に軽いと思料するときも、同様とする。
② 前項の規定による異議の申出(相当の期間内に懲戒の手続を終えないことについてのものを除く。)は、弁護士会による懲戒しない旨の決定に係る第64条の7第1項第2号の規定による通知又は当該懲戒の処分に係る第64条の6第2項の規定による通知を受けた日の翌日から起算して60日以内にしなければならない。
③ 異議の申出の書面を郵便又は民間事業者による信書の送達に関する法律(平成14年法律第99号)第2条第6項に規定する一般信書便事業者若しくは同条第9項に規定する特定信書便事業者による同条第2項に規定する信書便で提出した場合における前項の異議の申出期間の計算については、送付に要した日数は、算入しない。

### 第9章　法律事務の取扱いに関する取締り

(非弁護士の法律事務の取扱い等の禁止)
**第72条** 弁護士又は弁護士法人でない者は、報酬を得る目的で訴訟事件、非訟事件及び審査請求、異議申立て、再審査請求等行政庁に対する不服申立事件その他一般の法律事件に関して鑑定、代理、仲裁若しくは和解その他の法律事務を取り扱い、又はこれらの周旋をすることを業とすることができない。ただし、この法律又は他の法律に別段の定めがある場合は、この限りでない。

(譲り受けた権利の実行を業とすることの禁止)
**第73条** 何人も、他人の権利を譲り受けて、訴訟、調停、和解その他の手段によつて、その権利の実行をすることを業とすることができない。

(非弁護士の虚偽標示等の禁止)
**第74条** ① 弁護士又は弁護士法人でない者は、弁護士又は法律事務所の標示又は記載をしてはならない。
② 弁護士又は弁護士法人でない者は、利益を得る目的で、法律相談その他法律事務を取り扱う旨の標示又は記載をしてはならない。
③ 弁護士法人でない者は、その名称中に弁護士法人又はこれに類似する名称を用いてはならない。

### 第10章　罰　則(略)

## 13　総合法律支援法(抄)

(平16・6・2 法律第74号、平16・6・2施行、
最終改正：平20・4・23 法律第19号)

### 第1章　総　則

(目　的)
**第1条** この法律は、内外の社会経済情勢の変化に伴い、法による紛争の解決が一層重要になることにかんがみ、裁判その他の法による紛争の解決のための制度の利用をより容易にするとともに弁護士及び弁護士法人並びに司法書士その他の隣接法律専門職者(弁護士及び弁護士法人以外の者であって、法律により他人の法律事務を取り扱うことを業とすることができる者をいう。以下同じ。)のサービスをより身近に受けられるようにするための総合的な支援(以下「総合法律支援」という。)の実施及び体制の整備に関し、その基本理念、国等の責務その他の基本となる事項を定めるとともに、その中核となる日本司法支援センターの組織及び運営について定め、もってより自由かつ公正な社会の形成に資することを目的とする。

### 第2章　総合法律支援の実施及び体制の整備

(民事法律扶助事業の整備発展)
**第4条** 総合法律支援の実施及び体制の整備に当たっては、資力の乏しい者にも民事裁判等手続(裁判所における民事事件、家事事件又は行政事件に関する手続をいう。以下同じ。)の利用をより容易にする民事法律扶助事業が公共性の高いものであることにかんがみ、その適切な整備及び発展が図られなければならない。

(国選弁護人等の選任及び国選被害者参加弁護士の選定態勢の確保)
**第5条** 総合法律支援の実施及び体制の整備に当たっては、迅速かつ確実に国選弁護人(刑事訴訟法(昭和23年法律第131号)の規定に基づいて裁判所若しくは裁判長又は裁判官が被告人又は被疑者に付する弁護人をいう。以下同じ。)及び国選付添人(少年法(昭和23年法律第168号)の規定に基づいて裁判所が少年に付する弁護士である付添人をいう。以下同じ。)の選任並びに国選被害者参加弁護士(犯罪被害者等の権利利益の保護を図るための刑事手続に付随する措置に関する法律(平成12年法律第75号。以下「犯罪被害者等保護法」と

## 第3章 日本司法支援センター

### 第3節 業務運営
#### 第1款 業務
（業務の範囲）

**第30条** ① 支援センターは，第14条の目的を達成するため，総合法律支援に関する次に掲げる業務を行う．

1 次に掲げる情報及び資料を収集して整理し，情報通信の技術を利用する方法その他の方法により，一般の利用に供し，又は個別の依頼に応じて提供すること．
　イ 裁判その他の法による紛争の解決のための制度の有効な利用に資するもの
　ロ 弁護士，弁護士法人及び隣接法律専門職者の業務並びに弁護士会，日本弁護士連合会及び隣接法律専門職者団体の活動に関するもの
2 民事裁判等手続において自己の権利を実現するための準備及び追行に必要な費用を支払う資力がない国民若しくは我が国に住所を有し適法に在留する者（以下「国民等」という．）又はその支払により生活に著しい支障を生ずる国民等を援助する次に掲げる業務
　イ 民事裁判等手続の準備及び追行（民事裁判等手続に先立つ和解の交渉で特に必要と認められるものを含む．）のため代理人に支払うべき報酬及びその代理人が行う事務の処理に必要な実費の立替えをすること．
　ロ イに規定する立替えに代え，イに規定する報酬及び実費に相当する額を支援センターに支払うことを約した者のため，適当な契約弁護士にイの代理人が行う事務を取り扱わせること．
　ハ 弁護士法（昭和24年法律第205号）その他の法律により依頼を受けて裁判所に提出する書類を作成することを業とすることができる者に対し民事裁判等手続に必要な書類の作成を依頼して支払うべき報酬及びその作成に必要な実費の立替えをすること．
　ニ ハに規定する立替えに代え，ハに規定する報酬及び実費に相当する額を支援センターに支払うことを約した者のため，適当な契約弁護士にハに規定する書類を作成する事務を取り扱わせること．
　ホ 弁護士法その他の法律により法律相談を取り扱うことを業とすることができる者による法律相談（刑事に関するものを除く．）を実施すること．
3 国の委託に基づく国選弁護人及び国選付添人（以下「国選弁護人等」という．）の選任並びに国選被害者参加弁護士の選定に関する次に掲げる業務
　イ 裁判所若しくは裁判長又は裁判官の求めに応じ，支援センターとの間で国選弁護人等の事務を取り扱うことについて契約をしている弁護士（以下「国選弁護人等契約弁護士」という．）の中から，国選弁護人等の候補を指名し，裁判所若しくは裁判長又は裁判官に通知すること．
　ニ イの通知に基づき国選弁護人等に選任された国選弁護人等契約弁護士及びハの通知に基づき

国選被害者参加弁護士に選定された被害者参加弁護士契約弁護士にその事務を取り扱わせること．
4 弁護士，弁護士法人又は隣接法律専門職者がその地域にいないことその他の事情によりこれらの者に対して法律事務の取扱いを依頼することに困難がある地域において，その依頼に応じ，相当の対価を得て，適当な契約弁護士等に法律事務を取り扱わせること．
5 被害者等の援助に関する次に掲げる情報及び資料を収集して整理し，情報通信の技術を利用する方法その他の方法により，一般の利用に供し，又は個別の依頼に応じて提供すること．この場合においては，被害者等の援助に精通している弁護士を紹介する等被害者等の援助が実効的に行われることを確保するために必要な措置を講ずるよう配慮すること．
　イ 刑事手続への適切な関与及び被害者等が受けた損害又は苦痛の回復又は軽減を図るための制度その他の被害者等の援助に関する制度の利用に資するもの
　ロ 被害者等の援助を行う団体その他の者の活動に関するもの
6 国，地方公共団体，弁護士会，日本弁護士連合会及び隣接法律専門職者団体，弁護士法人及び隣接法律専門職者，裁判外紛争解決手続を行う者，被害者等の援助を行う団体その他の者並びに高齢者又は障害者の援助を行う団体その他の関係する者間における連携の確保及び強化を図ること．
7 支援センターの業務に関し，講習又は研修を実施すること．
8 前各号の業務に附帯する業務を行うこと．
② 支援センターは，前項の業務のほか，これらの業務の遂行に支障のない範囲内で，第34条第1項に規定する業務方法書で定めるところにより，国，地方公共団体，公益社団法人若しくは公益財団法人その他の営利を目的としない法人又は国際機関の委託を受けて，被害者等の援助その他に関し，次の業務を行うことができる．
1 その委託に係る法律事務を契約弁護士等に取り扱わせること．
2 前号の業務に附帯する業務を行うこと．
③ 支援センターが前2項の業務として契約弁護士等に取り扱わせる事務については，支援センターがこれを取り扱うことができるものと解してはならない．

（国選弁護人等の候補の指名及び通知等）

**第38条** ① 裁判所若しくは裁判長又は裁判官は，刑事訴訟法又は少年法の規定により国選弁護人等を付すべきときは，支援センターに対し，国選弁護人等の候補を指名して通知するよう求めるものとする．
② 支援センターは，前項の規定による求めがあったときは，遅滞なく，国選弁護人等契約弁護士の中から，国選弁護人等の候補を指名し，裁判所若しくは裁判長又は裁判官に通知しなければならない．
③ 支援センターは，国選弁護人等契約弁護士が国選弁護人等に選任されたときは，その契約の定めるところにより，当該国選弁護人等契約弁護士に国選弁護人等の事務を取り扱わせるものとする．

（国選被害者参加弁護士の候補の指名及び通知等）

**第38条の2** ① 支援センターは，犯罪被害者保護法の規定に基づいて国選被害者参加弁護士の候補を指名するときは，被害者参加弁護士契約弁護士の

中から指名しなければならない.
② 支援センターは,被害者参加弁護士契約弁護士が国選被害者参加弁護士に選定されたときは,その契約のさだめるところにより,当該被害者参加弁護士契約弁護士に国選被害者参加弁護士の事務を取り扱わせるものとする.

## 14 内 閣 法

(昭22・1・16法律第5号,昭22・5・3施行,
最終改正:平11・7・16法律第88号)

**第1条** ① 内閣は,国民主権の理念にのっとり,日本国憲法第73条その他日本国憲法に定める職権を行う.
② 内閣は,行政権の行使について,全国民を代表する議員からなる国会に対し連帯して責任を負う.
**第2条** ① 内閣は,国会の指名に基づいて任命された首長たる内閣総理大臣及び内閣総理大臣により任命された国務大臣をもつて,これを組織する.
② 前項の国務大臣の数は,14人以内とする. ただし,特別に必要がある場合においては,3人を限度にその数を増加し,17人以内とすることができる.
**第3条** ① 各大臣は,別に法律の定めるところにより,主任の大臣として,行政事務を分担管理する.
② 前項の規定は,行政事務を分担管理しない大臣の存することを妨げるものではない.
**第4条** ① 内閣がその職権を行うのは,閣議によるものとする.
② 閣議は,内閣総理大臣がこれを主宰する. この場合において,内閣総理大臣は,内閣の重要政策に関する基本的な方針その他の案件を発議することができる.
③ 各大臣は,案件の如何を問わず,内閣総理大臣に提出して,閣議を求めることができる.
**第5条** 内閣総理大臣は,内閣を代表して内閣提出の法律案,予算その他の議案を国会に提出し,一般国務及び外交関係について国会に報告する.
**第6条** 内閣総理大臣は,閣議にかけて決定した方針に基いて,行政各部を指揮監督する.
**第7条** 主任の大臣の間における権限についての疑義は,内閣総理大臣が,閣議にかけて,これを裁定する.
**第8条** 内閣総理大臣は,行政各部の処分又は命令を中止せしめ,内閣の処置を俟つことができる.
**第9条** 内閣総理大臣に事故のあるとき,又は内閣総理大臣が欠けたときは,その予め指定する国務大臣が,臨時に,内閣総理大臣の職務を行う.
**第10条** 主任の国務大臣に事故のあるとき,又は主任の国務大臣が欠けたときは,内閣総理大臣又はその指定する国務大臣が,臨時に,その主任の国務大臣の職務を行う.
**第11条** 政令には,法律の委任がなければ,義務を課し,又は権利を制限する規定を設けることができない.
**第12条** ① 内閣に,内閣官房を置く.
② 内閣官房は,次に掲げる事務をつかさどる.
 1 閣議事項の整理その他内閣の庶務
 2 内閣の重要政策に関する基本的な方針に関する企画及び立案並びに総合調整に関する事務
 3 閣議に係る重要事項に関する企画及び立案並びに総合調整に関する事務
 4 行政各部の施策の統一を図るために必要となる企画及び立案並びに総合調整に関する事務
 5 前3号に掲げるもののほか,行政各部の施策に関するその統一保持上必要な企画及び立案並びに総合調整に関する事務
 6 内閣の重要政策に関する情報の収集調査に関する事務
③ 前項の外,内閣官房は,政令の定めるところにより,内閣の事務を助ける.
④ 内閣官房の外,内閣に,別に法律の定めるところにより,必要な機関を置き,内閣の事務を助けしめることができる.
**第13条** ① 内閣官房に内閣官房長官1人を置く.
② 内閣官房長官は,国務大臣をもつて充てる.
③ 内閣官房長官は,内閣官房の事務を統轄し,所部の職員の服務につき,これを統督する.
**第14条** ① 内閣官房に,内閣官房副長官3人を置く.
② 内閣官房副長官の任免は,天皇がこれを認証する.
③ 内閣官房副長官は,内閣官房長官の職務を助け,命を受けて内閣官房の事務をつかさどり,及びあらかじめ内閣官房長官の定めるところにより内閣官房長官不在の場合の事務を代行する.
**第15条** ① 内閣官房に,内閣危機管理監1人を置く.
② 内閣危機管理監は,内閣官房長官及び内閣官房副長官を助け,命を受けて内閣官房の事務のうち危機管理(国民の生命,身体又は財産に重大な被害が生じ,又は生じるおそれがある緊急の事態への対処及び当該事態の発生の防止をいう.)に関するもの(国の防衛に関するものを除く.)を統理する.
③ 内閣危機管理監の任免は,内閣総理大臣の申出により,内閣において行う.
④ 国家公務員法(昭和22年法律第120号)第96条第1項,第98条第1項,第99条並びに第100条第1項及び第2項の規定は,内閣危機管理監の服務について準用する.
⑤ 内閣危機管理監は,在任中,内閣総理大臣の許可がある場合を除き,報酬を得て他の職務に従事し,又は営利事業を営み,その他金銭上の利益を目的とする業務を行つてはならない.
**第16条** ① 内閣官房に,内閣官房副長官補3人を置く.
② 内閣官房副長官補は,内閣官房長官,内閣官房副長官及び内閣危機管理監を助け,命を受けて内閣官房の事務(第12条第2項第1号に掲げるもの並びに内閣広報官及び内閣情報官の所掌に属するものを除く.)を掌理する.
③ 前条第3項から第5項までの規定は,内閣官房副長官補について準用する.
**第17条** ① 内閣官房に,内閣広報官1人を置く.
② 内閣広報官は,内閣官房長官,内閣官房副長官及び内閣危機管理監を助け,第12条第2項第2号から第5号までに掲げる事務について必要な広報に関することを処理するほか,同項第2号から第5号までに掲げる事務のうち広報に関するものを掌理する.
③ 第15条第3項から第5項までの規定は,内閣広報官について準用する.
**第18条** ① 内閣官房に,内閣情報官1人を置く.
② 内閣情報官は,内閣官房長官,内閣官房副長官及び内閣危機管理監を助け,第12条第2項第6号に掲げる事務を掌理する.
③ 第15条第3項から第5項までの規定は,内閣情報

官について準用する。
第19条 ① 内閣官房に、内閣総理大臣補佐官5人以内を置くことができる。
② 内閣総理大臣補佐官は、内閣の重要政策に関し、内閣総理大臣に進言し、及び内閣総理大臣の命を受けて、内閣総理大臣に意見を具申する。
③ 内閣総理大臣補佐官は、非常勤とすることができる。
④ 第15条第3項及び第4項の規定は内閣総理大臣補佐官について、同条第5項の規定は常勤の内閣総理大臣補佐官について準用する。
第20条 ① 内閣官房に、内閣総理大臣に附属する秘書官並びに内閣総理大臣及び各省大臣以外の各国務大臣に附属する秘書官を置く。
② 前項の秘書官の定数は、政令で定める。
③ 第1項の秘書官で、内閣総理大臣に附属する秘書官は、内閣総理大臣の、国務大臣に附属する秘書官は、国務大臣の命を受け、機密に関する事務をつかさどり、及び臨時に命を受け内閣官房その他関係各部局の事務を助ける。
第21条 ① 内閣官房に、内閣事務官その他所要の職員を置く。
② 内閣事務官は、命を受けて内閣官房の事務を整理する。
第22条 内閣官房の所掌事務を遂行するため必要な内部組織については、政令で定める。
第23条 内閣官房に係る事項については、この法律にいう主任の大臣は、内閣総理大臣とする。
附 則（略）

## 15 内閣府設置法（抄）

（平11・7・16法律第89号、平13・1・6施行、最終改正：平20・6・18法律第79号）

### 第1章 総 則

（目 的）
第1条 この法律は、内閣府の設置並びに任務及びこれを達成するため必要となる明確な範囲の所掌事務を定めるとともに、その所掌する行政事務を能率的に遂行するため必要な組織に関する事項を定めることを目的とする。

### 第2章 内閣府の設置並びに任務及び所掌事務

（設 置）
第2条 内閣に、内閣府を置く。
（任 務）
第3条 ① 内閣府は、内閣の重要政策に関する内閣の事務を助けることを任務とする。
② 前項に定めるもののほか、内閣府は、皇室、栄典及び公式制度に関する事務その他の国として行うべき事務の適切な遂行、男女共同参画社会の形成の促進、消費生活及び市民活動に関係する施策を中心とした国民生活の安定及び向上、沖縄の振興及び開発、北方領土問題の解決の促進、災害からの国民の保護、事業者間の公正かつ自由な競争の促進、国の治安の確保、金融の適切な機能の確保、政府の施策の実施を支援するための基盤の整備並びに経済その他の広範な分野に関係する施策に関する政府全体の見地からの関係行政機関の連携の確保を図るとともに、内閣総理大臣が政府全体の見地から管理することがふさわしい行政事務の円滑な遂行を図ることを任務とする。
③ 内閣府は、第1項の任務を遂行するに当たり、内閣官房を助けるものとする。
（所掌事務）
第4条 ① 内閣府は、前条第1項の任務を達成するため、行政各部の施策の統一を図るために必要となる次に掲げる事項の企画及び立案並びに総合調整に関する事務（内閣官房が行う内閣法（昭和22年法律第5号）第12条第2項第2号に掲げる事務を除く。）をつかさどる。
1 短期及び中長期の経済の運営に関する事項
2 財政運営の基本及び予算編成の基本方針の企画及び立案のために必要となる事項
3 経済に関する重要な政策（経済全般の見地から行う財政に関する重要な政策を含む。）に関する事項
4 科学技術の総合的かつ計画的な振興を図るための基本的な政策に関する事項
5 科学技術に関する予算、人材その他の科学技術の振興に必要な資源の配分の方針に関する事項

### 第3章 組 織

#### 第1節 通 則
（組織の構成）
第5条 ① 内閣府の組織は、任務及びこれを達成するため必要となる明確な範囲の所掌事務を有する行政機関により系統的に構成され、かつ、内閣の重要な課題に弾力的に対応できるものとしなければならない。
② 内閣府は、内閣の統轄の下に、その政策について、自ら評価し、企画及び立案を行い、並びに国家行政組織法（昭和23年法律第120号）第1条の国の行政機関と相互の調整を図るとともに、その相互の連絡を図り、すべて、一体として、行政機能を発揮しなければならない。

#### 第2節 内閣府の長及び内閣府に置かれる特別な職
（内閣府の長）
第6条 ① 内閣府の長は、内閣総理大臣とする。
② 内閣総理大臣は、内閣府に係る事項についての内閣法にいう主任の大臣とし、第4条第3項に規定する事務を分担管理する。
（内閣総理大臣の権限）
第7条 ① 内閣総理大臣は、内閣府の事務を統括し、職員の服務について統督する。
② 内閣総理大臣は、内閣府に係る主任の行政事務について、法律若しくは政令の制定、改正又は廃止を必要と認めるときは、案をそなえて、閣議を求めなければならない。
③ 内閣総理大臣は、内閣府に係る主任の行政事務について、法律若しくは政令を施行するため、又は法律若しくは政令の特別の委任に基づいて、内閣府の命令として内閣府令を発することができる。
④ 内閣府令には、法律の委任がなければ、罰則を設け、又は義務を課し、若しくは国民の権利を制限する規定を設けることができない。
⑤ 内閣総理大臣は、内閣府の所掌事務について、公示を必要とする場合においては、告示を発することが

ができる.
⑥ 内閣総理大臣は,内閣府の所掌事務について,命令又は示達するため,所管の諸機関及び職員に対し,訓令又は通達を発することができる.
⑦ 内閣総理大臣は,第3条第2項の任務を遂行するため政策について行政機関相互の調整を図る必要があると認めるときは,その必要性を明らかにした上で,関係行政機関の長に対し,必要な資料の提出及び説明を求め,並びに当該関係行政機関の政策に関し意見を述べることができる.

(内閣官房長官及び内閣官房副長官)
**第8条** ① 内閣官房長官は,内閣法に定める職務を行うほか,内閣総理大臣を助けて内閣府の事務を整理し,内閣総理大臣の命を受けて内閣府(法律で国務大臣をもってその長に充てることと定められている委員会その他の機関(以下「大臣委員会等」という.)を除く.)の事務(次条第1項の特命担当大臣が掌理する事務を除く.)を統括し,職員の服務について統督する.
② 内閣官房副長官は,内閣法に定める職務を行うほか,内閣官房長官の命を受け,内閣府の事務のうち特定事項に係るものに参画する.

(特命担当大臣)
**第9条** ① 内閣総理大臣は,内閣の重要政策に関して行政各部の施策の統一を図るために特に必要がある場合においては,内閣府に,内閣総理大臣の助け,命を受けて第4条第1項及び第2項に規定する事務並びにこれに関連する同条第3項に規定する事務(これらの事務のうち大臣委員会等の所掌に属するものを除く.)を掌理する職(以下「特命担当大臣」という.)を置くことができる.
② 特命担当大臣は,国務大臣をもって充てる.

第3節 本 府
第2款 重要政策に関する会議
第1目 設 置

**第18条** ① 本府に,内閣の重要政策に関して行政各部の施策の統一を図るために必要となる企画及び立案並びに総合調整に資するため,内閣総理大臣又は内閣官房長官をその長とし,関係大臣及び学識経験を有する者等の合議により処理することが適当な事務をつかさどらせるための機関(以下「重要政策に関する会議」という.)として,次の機関を置く.
　　経済財政諮問会議
　　総合科学技術会議
② 前項に定めるもののほか,別に法律の定めるところにより内閣府に置かれる重要政策に関する会議で本府に置かれるものは,次の表の上欄に掲げるものとし,それぞれ同表の下欄に掲げる法律(これらに基づく命令を含む.)の定めるところによる.

| 中央防災会議 | 災害対策基本法 |
| 男女共同参画会議 | 男女共同参画社会基本法 |

第2目 経済財政諮問会議
(所掌事務等)
**第19条** ① 経済財政諮問会議(以下この目において「会議」という.)は,次に掲げる事務をつかさどる.
1 内閣総理大臣の諮問に応じて経済全般の運営の基本方針,財政運営の基本,予算編成の基本方針その他の経済財政政策(第4条第1項第1号から第3号までに掲げる事項について講じられる政策をいう.以下同じ.)に関する重要事項について調査審議すること.
2 内閣総理大臣又は関係各大臣の諮問に応じて国土形成計画法(昭和25年法律第205号)第6条第2項に規定する全国計画その他の経済財政政策に関連する重要事項について,経済全般の見地から政策の一貫性及び整合性を確保するため調査審議すること.
3 前2号に規定する重要事項に関し,それぞれ当該各号に規定する大臣に意見を述べること.
② 第9条第1項の規定により置かれた特命担当大臣で第4条第1項第1号から第3号までに掲げる事務を掌理するもの(以下「経済財政政策担当大臣」という.)は,その掌理する事務に係る前項第1号に規定する重要事項について,会議に諮問することができる.
③ 前項の諮問に応じて会議が行う答申は,経済財政政策担当大臣に対し行うものとし,経済財政政策担当大臣が置かれていないときは,内閣総理大臣に対し行うものとする.
④ 会議は,経済財政政策担当大臣が掌理する事務に係る第1項第1号に規定する重要事項に関し,経済財政政策担当大臣に意見を述べることができる.

(組 織)
**第20条** 会議は,議長及び議員10人以内をもって組織する.

(議 長)
**第21条** ① 議長は,内閣総理大臣をもって充てる.
② 議長は,会務を総理する.
③ 議長に事故があるときは,内閣官房長官が,その職務を代理する.
④ 経済財政政策担当大臣が置かれている場合において議長に事故があるときは,前項の規定にかかわらず,経済財政政策担当大臣が,内閣官房長官に代わって,議長の職務を代理する.

(議 員)
**第22条** ① 議員は,次に掲げる者をもって充てる.
1 内閣官房長官
2 経済財政政策担当大臣
3 各省大臣のうちから,内閣総理大臣が指定する者
4 法律で国務大臣をもってその長に充てることとされている委員会の長のうちから,内閣総理大臣が指定する者
5 前2号に定めるもののほか,関係する国の行政機関の長のうちから,内閣総理大臣が指定する者
6 関係機関(国の行政機関を除く.)の長のうちから,内閣総理大臣が任命する者
7 経済又は財政に関する政策について優れた識見を有する者のうちから,内閣総理大臣が任命する者
② 議長は,必要があると認めるときは,第20条及び前項の規定にかかわらず,前項第1号から第4号までに規定する議員である議員のほか,議案を限って,議員として,臨時に会議に参加させることができる.
③ 第1項第7号に掲げる議員の数は,同項各号に掲げる議員の総数の10分の4未満であってはならない.
④ 第1項第5号から第7号までに掲げる議員は,非常勤とする.

(資料提出の要求等)
**第24条** ① 会議は,その所掌事務を遂行するため必要があると認めるときは,関係する審議会その他の

関係行政機関の長に対し, 資料の提出, 意見の開陳, 説明その他必要な協力を求めることができる.
② 会議は, その所掌事務を遂行するため特に必要があると認めるときは, 前項に規定する者以外の者であって審議の対象となる事項に関し識見を有する者に対しても, 必要な協力を依頼することができる.

### 第3目 総合科学技術会議

**(所掌事務等)**

**第26条** ① 総合科学技術会議(以下この目において「会議」という.)は, 次に掲げる事務をつかさどる.

1 内閣総理大臣の諮問に応じて科学技術の総合的かつ計画的な振興を図るための基本的な政策について調査審議すること.
2 内閣総理大臣又は関係各大臣の諮問に応じて科学技術に関する予算, 人材その他の科学技術の振興に必要な資源の配分の方針その他科学技術の振興に関する重要事項について調査審議すること.
3 科学技術に関する大規模な研究開発その他の国家的に重要な研究開発について評価を行うこと.
4 第1号に規定する基本的な政策及び第2号に規定する重要事項に関し, それぞれ当該各号に規定する大臣に意見を述べること.

② 第9条第1項の規定により置かれた特命担当大臣で第4条第1項第4号から第6号までに掲げる事務を掌理するもの(以下「科学技術政策担当大臣」という.)は, その掌理する事務に係る前項第1号に規定する基本的な政策及び同項第2号に規定する重要事項について, 会議に諮問することができる.

③ 前項の諮問に応じて会議が行う答申は, 科学技術政策担当大臣に対し行うものとし, 科学技術政策担当大臣が置かれていないときは, 内閣総理大臣に対し行うものとする.

④ 会議は, 科学技術政策担当大臣が掌理する事務に係る第1項第1号に規定する基本的な政策及び同項第2号に規定する重要事項に関し, 科学技術政策担当大臣に意見を述べることができる.

**(組 織)**

**第27条** 会議は, 議長及び議員14人以内をもって組織する.

**(議 長)**

**第28条** ① 議長は, 内閣総理大臣をもって充てる.
② 議長は, 会務を総理する.
③ 議長に事故があるときは, 内閣官房長官が, その職務を代理する.
④ 科学技術政策担当大臣が置かれている場合において議長に事故があるときは, 前項の規定にかかわらず, 科学技術政策担当大臣が, 内閣官房長官に代わって, 議長の職務を代理する.

**(議 員)**

**第29条** ① 議員は, 次に掲げる者をもって充てる.

1 内閣官房長官
2 科学技術政策担当大臣
3 各省大臣のうちから, 内閣総理大臣が指定する者
4 法律で国務大臣をもってその長に充てることとされている委員会の長のうちから, 内閣総理大臣が指定する者
5 前2号に定めるもののほか, 関係する国の行政機関の長のうちから, 内閣総理大臣が指定する者
6 科学又は技術に関して優れた識見を有する者のうちから, 内閣総理大臣が任命する者

② 議長は, 必要があると認めるときは, 第27条及び前項の規定にかかわらず, 前項第1号から第4号までに掲げる議員である国務大臣以外の国務大臣を, 議案を限って, 議員として, 臨時に会議に参加させることができる.

③ 第1項第6号に掲げる議員の数は, 第1項に規定する議員の総数の10分の5未満であってはならない.

④ 第1項第5号及び第6号に掲げる議員は, 非常勤とする. ただし, そのうち4人以内は, 常勤とすることができる.

**(議員の任命)**

**第30条** ① 内閣総理大臣は, 前条第1項第6号に掲げる議員を任命しようとするときは, 両議院の同意を得なければならない.

② 前条第1項第6号に掲げる議員の任期が満了し, 又は欠員を生じた場合において, 国会の閉会又は衆議院の解散のために両議院の同意を得ることができないときは, 内閣総理大臣は, 前項の規定にかかわらず, 同号に掲げる議員を任命することができる.

③ 前項の場合においては, 任命後最初の国会で両議院の承認を得なければならない. この場合において, 両議院の事後の承認を得られないときは, 内閣総理大臣は, 直ちにその議員を罷免しなければならない.

**(議員の任期)**

**第31条** ① 第29条第1項第6号に掲げる議員の任期は, 2年とする. ただし, 補欠の議員の任期は, 前任者の残任期間とする.
② 前項の議員は, 再任されることができる.

**(議員の罷免)**

**第32条** 内閣総理大臣は, 第29条第1項第6号に掲げる議員が心身の故障のため職務の執行ができないと認める場合又は同号に掲げる議員に職務上の義務違反その他議員たるに適しない非行があると認める場合においては, 両議院の同意を得て, これを罷免することができる.

**(議員の服務)**

**第33条** ① 第29条第1項第5号及び第6号に掲げる議員(同項第5号に掲げる議員にあっては, 一般職の国家公務員であるものを除く. 以下この条及び次条において同じ.)は, 職務上知ることのできた秘密を漏らしてはならない. その職を退いた後も同様とする.

② 第29条第1項第5号及び第6号に掲げる議員は, 在任中, 政党その他の政治的団体の役員となり, 又は積極的に政治運動をしてはならない.

③ 第29条第1項第5号及び第6号に掲げる議員で常勤のものは, 在任中, 内閣総理大臣の許可のある場合を除くほか, 報酬を得て他の職務に従事し, 又は営利事業を営み, その他金銭上の利益を目的とする業務を行ってはならない.

**(資料提出の要求等)**

**第35条** ① 会議は, その所掌事務を遂行するため必要があると認めるときは, 関係行政機関の長に対し, 資料の提出, 意見の開陳, 説明その他必要な協力を求めることができる.

② 会議は, その所掌事務を遂行するために特に必要があると認めるときは, 前項に規定する者以外の者であって審議の対象となる事項に関し識見を有する者に対しても, 必要な協力を依頼することができる.

## 16 国家行政組織法(抄)

(昭23・7・10法律第120号,昭24・6・1施行,
最終改正:平20・5・2法律第26号)

(目 的)
**第1条** この法律は,内閣の統轄の下における行政機関で内閣府以外のもの(以下「国の行政機関」という。)の組織の基準を定め,もつて国の行政事務の能率的な遂行のために必要な国家行政組織を整えることを目的とする。

(組織の構成)
**第2条** ① 国家行政組織は,内閣の統轄の下に,内閣府の組織とともに,任務及びこれを達成するため必要となる明確な範囲の所掌事務を有する行政機関の全体によつて,系統的に構成されなければならない。
② 国の行政機関は,内閣の統轄の下に,その政策について,自ら評価し,企画及び立案を行い,並びに国の行政機関相互の調整を図るとともに,その相互の連絡を図り,すべて,一体として,行政機能を発揮するようにしなければならない。内閣府との政策についての調整及び連絡についても,同様とする。

(行政機関の設置,廃止,任務及び所掌事務)
**第3条** ① 国の行政機関の組織は,この法律でこれを定めるものとする。
② 行政組織のため置かれる国の行政機関は,省,委員会及び庁とし,その設置及び廃止は,別に法律の定めるところによる。
③ 省は,内閣の統轄の下に行政事務をつかさどる機関として置かれるものとし,委員会及び庁は,省に,その外局として置かれるものとする。
④ 第2項の国の行政機関として置かれるものは,別表第1にこれを掲げる。

**第4条** 前条の国の行政機関の任務及びこれを達成するため必要となる所掌事務の範囲は,別に法律でこれを定める。

(行政機関の長)
**第5条** ① 各省の長は,それぞれ各省大臣とし,内閣法(昭和22年法律第5号)にいう主任の大臣として,それぞれ行政事務を分担管理する。
② 各省大臣は,国務大臣の中から,内閣総理大臣がこれを命ずる。但し,内閣総理大臣が,自らこれに当ることを妨げない。
**第6条** 委員会の長は,委員長とし,庁の長は,長官とする。

(内部部局)
**第7条** ① 省には,その所掌事務を遂行するため,官房及び局を置く。
② 前項の官房又は局には,特に必要がある場合においては,部を置くことができる。
③ 庁には,その所掌事務を遂行するため,官房及び部を置くことができる。
④ 官房,局及び部の設置及び所掌事務の範囲は,政令でこれを定める。
⑤ 庁,官房,局及び部(その所掌事務が主として政策の実施に係るものである庁として別表第2に掲げるもの(以下「実施庁」という。)並びにこれに置かれる官房及び部を除く。)には,課及びこれに準ずる室を置くことができるものとし,これらの設置及び所掌事務の範囲は,政令でこれを定める。

⑥ 実施庁並びにこれに置かれる官房及び部には,政令の定める数の範囲内において,課及びこれに準ずる室を置くことができるものとし,これらの設置及び所掌事務の範囲は,省令でこれを定める。
⑦ 委員会には,法律の定めるところにより,事務局を置くことができる。第3項から第5項までの規定は,事務局の内部組織について,これを準用する。
⑧ 委員会には,特に必要がある場合においては,法律の定めるところにより,事務総局を置くことができる。

(審議会等)
**第8条** 第3条の国の行政機関には,法律の定める所掌事務の範囲内で,法律又は政令の定めるところにより,重要事項に関する調査審議,不服審査その他学識経験を有する者等の合議により処理することが適当な事務をつかさどらせるための合議制の機関を置くことができる。

(施設等機関)
**第8条の2** 第3条の国の行政機関には,法律の定める所掌事務の範囲内で,法律又は政令の定めるところにより,試験研究機関,検査検定機関,文教研修施設(これらに類する機関及び施設を含む。),医療更生施設,矯正収容施設及び作業施設を置くことができる。

(特別の機関)
**第8条の3** 第3条の国の行政機関には,特に必要がある場合においては,前2条に規定するもののほか,法律の定める所掌事務の範囲内で,法律の定めるところにより,特別の機関を置くことができる。

(地方支分部局)
**第9条** 第3条の国の行政機関には,その所掌事務を分掌させる必要がある場合においては,法律の定めるところにより,地方支分部局を置くことができる。

(行政機関の長の権限)
**第10条** 各省大臣,各委員会の委員長及び各庁の長官は,その機関の事務を統括し,職員の服務について,これを統督する。

**第11条** 各省大臣は,主任の行政事務について,法律若しくは政令の制定,改正又は廃止を必要と認めるときは,案をそなえて,内閣総理大臣に提出して,閣議を求めなければならない。

**第12条** ① 各省大臣は,主任の行政事務について,法律若しくは政令を施行するため,又は法律若しくは政令の特別の委任に基づいて,それぞれその機関の命令として省令を発することができる。
② 各外局の長は,その機関の所掌事務について,それぞれ主任の各省大臣に対し,案をそなえて,省令を発することを求めることができる。
③ 省令には,法律の委任がなければ,罰則を設け,又は義務を課し,若しくは国民の権利を制限する規定を設けることができない。

**第13条** ① 各委員会及び各庁の長官は,別に法律の定めるところにより,政令及び省令以外の規則その他の特別の命令を自ら発することができる。
② 前条第3項の規定は,前項の命令に,これを準用する。

**第14条** ① 各省大臣,各委員会及び各庁の長官は,その機関の所掌事務について,公示を必要とする場合においては,告示を発することができる。
② 各省大臣,各委員会及び各庁の長官は,その機関の所掌事務について,命令又は示達するため,所管の諸機関及び職員に対し,訓令又は通達を発するこ

とができる.

第15条　各省大臣,各委員会及び各庁の長官は,その機関の任務を遂行するため政策について行政機関相互の調整を図る必要があると認めるときは,その必要性を明らかにした上で,関係行政機関の長に対し,必要な資料の提出及び説明を求め,並びに当該関係行政機関の政策に関し意見を述べることができる.

(副大臣)
第16条　① 各省に副大臣を置く.
② 副大臣の定数は,それぞれ別表第3の副大臣の定数の欄に定めるところによる.
③ 副大臣は,その省の長である大臣の命を受け,政策及び企画をつかさどり,政務を処理し,並びにあらかじめその省の長である大臣の命を受けて大臣不在の場合その職務を代行する.
④ 副大臣が2人置かれた省においては,各副大臣の行う前項の職務の範囲及び職務代行の順序については,その省の長である大臣の定めるところによる.
⑤ 副大臣の任免は,その省の長である大臣の申出により内閣が行い,天皇がこれを認証する.
⑥ 副大臣は,内閣総辞職の場合においては,内閣総理大臣その他の国務大臣がすべてその地位を失うたときに,これと同時にその地位を失う.

(大臣政務官)
第17条　① 各省に大臣政務官を置く.
② 大臣政務官の定数は,それぞれ別表第3の大臣政務官の定数の欄に定めるところによる.
③ 大臣政務官は,その省の長である大臣を助け,特定の政策及び企画に参画し,政務を処理する.
④ 各大臣政務官の行う前項の職務の範囲については,その省の長である大臣の定めるところによる.
⑤ 大臣政務官の任免は,その省の長である大臣の申出により,内閣がこれを行う.
⑥ 前条第6項の規定は,大臣政務官について,これを準用する.

(事務次官及び庁の次長等)
第18条　① 各省に事務次官1人を置く.
② 事務次官は,その省の長である大臣を助け,省務を整理し,各部局及び機関の事務を監督する.
③ 各庁には,特に必要がある場合においては,長官を助け,庁務を整理する職として次長を置くことができるものとし,その設置及び定数は,政令でこれを定める.
④ 各省及び各庁には,特に必要がある場合においては,その所掌事務の一部を総括整理する職を置くことができるものとし,その設置,職務及び定数は,法律(庁にあつては,政令)でこれを定める.

(秘書官)
第19条　① 各省に秘書官を置く.
② 秘書官の定数は,政令でこれを定める.
③ 秘書官は,それぞれ各省大臣の命を受け,機密に関する事務を掌り,又は臨時命を受け各部局の事務を助ける.

(官房及び局の所掌に属しない事務をつかさどる職等)
第20条　① 各省には,特に必要がある場合においては,官房及び局の所掌に属しない事務の能率的な遂行のためこれを所掌する職で局長に準ずるものを置くことができるものとし,その設置,職務及び定数は,政令でこれを定める.
② 各庁には,特に必要がある場合においては,官房及び部の所掌に属しない事務の能率的な遂行のためこれを所掌する職で部長に準ずるものを置くことができるものとし,その設置,職務及び定数は,政令でこれを定める.
③ 各省及び各庁(実施庁を除く.)には,特に必要がある場合においては,前2項の職のつかさどる職務の全部又は一部を助ける職で課長に準ずるものを置くことができるものとし,その設置,職務及び定数は,政令でこれを定める.
④ 実施庁には,特に必要がある場合においては,政令の定める数の範囲内において,第2項の職のつかさどる職務の全部又は一部を助ける職で課長に準ずるものを置くことができるものとし,その設置,職務及び定数は,省令でこれを定める.

(内部部局の職)
第21条　① 委員会の事務局並びに局,部,課及び課に準ずる室には,それぞれ事務局長並びに局長,部長,課長及び室長を置く.
② 官房には,長を置くことができるものとし,その設置及び職務は,政令でこれを定める.
③ 局,部又は委員会の事務局には,次長を置くことができるものとし,その設置,職務及び定数は,政令でこれを定める.
④ 官房,局若しくは部(実施庁に置かれる官房及び部を除く.)又は委員会の事務局には,その所掌事務の一部を総括整理する職又は課(課に準ずる室を含む.)の所掌に属しない事務の能率的な遂行のためこれを所掌する職で課長に準ずるものを置くことができるものとし,これらの設置,職務及び定数は,政令でこれを定める.官房又は部を置かない庁(実施庁を除く.)にこれらの職に相当する職を置くときも,同様とする.
⑤ 実施庁に置かれる官房又は部には,政令の定める数の範囲内において,その所掌事務の一部を総括整理する職又は課(課に準ずる室を含む.)の所掌に属しない事務の能率的な遂行のためこれを所掌する職で課長に準ずるものを置くことができるものとし,これらの設置,職務及び定数は,省令でこれを定める.官房又は部を置かない実施庁にこれらの職に相当する職を置くときも,同様とする.

(現業の行政機関に関する特例)
第22条　現業の行政機関については,特に法律の定めるところにより,第7条及び前条の規定にかかわらず,別段の定めをすることができる.

(官房及び局の数)
第23条　第7条第1項の規定に基づき置かれる官房及び局の数は,内閣府設置法(平成11年法律第89号)第17条第1項の規定に基づき置かれる官房及び局の数と合わせて,98以内とする.

(組織上の職名)
第24条　削除

(国会への報告等)
第25条　① 政府は,第7条第4項(同条第7項において準用する場合を含む.),第8条,第8条の2,第18条第3項若しくは第4項,第20条第1項若しくは第2項若しくは第21条第2項若しくは第3項の規定により政令で設置される組織その他これらに準ずる主要な組織につき,その新設,改正及び廃止をしたときは,その状況を次の国会に報告しなければならない.
② 政府は,少なくとも毎年1回国の行政機関の組織の一覧表を官報で公示するものとする.

## 17 国家公務員法(抄)

(昭22・10・21法律第120号,昭23・7・1施行,
最終改正:平19・7・6法律第108号)

### 第1章　総則

**(この法律の目的及び効力)**
**第1条**　① この法律は,国家公務員たる職員について適用すべき各般の根本基準(職員の福祉及び利益を保護するための適切な措置を含む。)を確立し,職員がその職務の遂行に当り,最大の能率を発揮し得るように,民主的な方法で,選択され,且つ,指導さるべきことを定め,以て国民に対し,公務の民主的且つ能率的な運営を保障することを目的とする.
② この法律は,もつぱら日本国憲法第73条にいう官吏に関する事務を掌理する基準を定めるものである.
③ 何人も,故意に,この法律又はこの法律に基づく命令に違反し,又は違反を企て若しくは共謀してはならない. 又,何人も,故意に,この法律又はこの法律に基づく命令の施行に関し,虚偽行為をなし,若しくはなそうと企て,又はその施行を妨げてはならない.
④ この法律のある規定が,効力を失い,又はその適用が無効とされても,この法律の他の規定又は他の関係における適用は,その影響を受けることがない.
⑤ この法律の規定が,従前の法律又はこれに基く法令と矛盾し又はてい触する場合には,この法律の規定が,優先する.

**(一般職及び特別職)**
**第2条**　① 国家公務員の職は,これを一般職と特別職とに分つ.
② 一般職は,特別職に属する職以外の国家公務員の一切の職を包含する.
③ 特別職は,次に掲げる職員の職とする.
　1　内閣総理大臣
　2　国務大臣
　3　人事官及び検査官
　4　内閣法制局長官
　5　内閣官房副長官
　5の2　内閣危機管理監
　5の3　内閣官房副長官補,内閣広報官及び内閣情報官
　6　内閣総理大臣補佐官
　7　副大臣
　7の2　大臣政務官
　8　内閣総理大臣秘書官及び国務大臣秘書官並びに特別職たる機関の長の秘書官のうち人事院規則で指定するもの
　9　就任について選挙によることを必要とし,あるいは国会の両院又は一院の議決又は同意によることを必要とする職員
　10　宮内庁長官,侍従長,東宮大夫,式部官長及び侍従次長並びに法律又は人事院規則で指定する宮内庁のその他の職員
　11　特命全権大使,特命全権公使,特派大使,政府代表,全権委員,政府代表又は全権委員の代理並びに特派大使,政府代表又は全権委員の顧問及び随員
　11の2　日本ユネスコ国内委員会の委員
　12　日本学士院会員
　12の2　日本学術会議会員
　13　裁判官及びその他の裁判所職員
　14　国会職員
　15　国会議員の秘書
　16　防衛省の職員(防衛省に置かれる合議制の機関で防衛省設置法(昭和29年法律第164号)第39条の政令で定めるものの委員及び同法第4条第24号又は第25号に掲げる事務に従事する職員で同法第39条の政令で定めるもののうち,人事院規則で指定するものを除く。)
　17　独立行政法人通則法(平成11年法律第103号)第2条第2項に規定する特定独立行政法人(以下「特定独立行政法人」という。)の役員
④ この法律の規定は,一般職に属するすべての職(以下その職を官職といい,その職を占める者を職員という。)に,これを適用する. 人事院は,ある職が,この法律の職に属するかどうか及び本条に規定する一般職に属するか特別職に属するかを決定する権限を有する.
⑤ この法律の規定は,この法律の改正法律により,別段の定がなされない限り,特別職に属する職には,これを適用しない.
⑥ 政府は,一般職又は特別職以外の勤務者を置いてその勤務に対し俸給,給料その他の給与を支払つてはならない.
⑦ 前項の規定は,政府又はその機関と外国人の間に,個人的基礎においてなされる勤務の契約には適用されない.

### 第2章　中央人事行政機関

**(人事院)**
**第3条**　① 内閣の所轄の下に人事院を置く. 人事院は,この法律に定める基準に従つて,内閣に報告しなければならない.
② 人事院は,法律の定めるところに従い,給与その他の勤務条件の改善及び人事行政の改善に関する勧告,採用試験及び任免(標準職務遂行能力及び採用昇任等基本方針に関する事項を除く。),給与,研修,分限,懲戒,苦情の処理,職務に係る倫理の保持その他職員に関する人事行政の公正の確保及び職員の利益の保護等の事務をつかさどる.
③ 法律により,人事院が処置する権限を与えられている部門においては,人事院の決定及び処分は,人事院によつてのみ審査される.
④ 前項の規定は,法律問題につき裁判所に出訴する権利に影響を及ぼすものではない.

**(国家公務員倫理審査会)**
**第3条の2**　① 前条第2項の所掌事務のうち職務に係る倫理の保持に関する事務を所掌させるため,人事院に国家公務員倫理審査会を置く.
② 国家公務員倫理審査会に関しては,この法律に定めるもののほか,国家公務員倫理法(平成11年法律第129号)の定めるところによる.

**(職　員)**
**第4条**　① 人事院は,人事官3人をもつて,これを組織する.
② 人事官のうち1人は,総裁として命ぜられる.
③ 人事院は,事務総長及び予算の範囲内においてその職務を適切に行うため必要とする職員を任命する.
④ 人事院は,その内部機構を管理する. 国家行政組

織法（昭和23年法律第120号）は，人事院には適用されない．
(人事官)
**第5条** ① 人事官は，人格が高潔で，民主的な統治組織と成績本位の原則による能率的な事務の処理に理解があり，且つ，人事行政に関し識見を有する年齢35年以上の者の中から両議院の同意を経て，内閣が，これを任命する．
② 人事官の任免は，天皇が，これを認証する．
③ 次の各号のいずれかに該当する者は，人事官となることができない．
1 破産者で復権を得ない者
2 禁錮以上の刑に処せられた者又は第4章に規定する罪を犯し刑に処せられた者
3 第38条第3号又は第5号に該当する者
④ 任命の日以前5年間において，政党の役員，政治的顧問その他これらと同様な政治的影響力をもつ政党員であつた者又は任命の日以前5年間において，公選による国若しくは都道府県の公職の候補者となつた者は，人事院規則の定めるところにより，人事官となることができない．
⑤ 人事官の任命については，その中の2人が，同一政党に属し，又は同一の大学学部を卒業した者となることとなつてはならない．
(宣誓及び服務)
**第6条** ① 人事官は，任命後，人事院規則の定めるところにより，最高裁判所長官の面前において，宣誓書に署名してからでなければ，その職務を行つてはならない．
② 第3章第7節の規定は，人事官にこれを準用する．
(任 期)
**第7条** ① 人事官の任期は，4年とする．但し，補欠の人事官は，前任者の残任期間在任する．
② 人事官は，これを再任することができる．但し，引き続き12年を超えて在任することはできない．
③ 人事官であつた者は，退職後1年間は，人事院の官職以外の官職に，これを任命することができない．
(退職及び罷免)
**第8条** ① 人事官は，左の各号の一に該当する場合を除く外，その意に反して罷免されることがない．
1 第5条第3項各号の一に該当するに至つた場合
2 国会の訴追に基き，公開の弾劾手続により罷免を可とすると決定された場合
3 任期が満了して，再任されず又は人事官として引き続き12年在任するに至つた場合
② 前項第2号の規定による弾劾の事由は，左に掲げるものとする．
1 心身の故障のため，職務の遂行に堪えないこと
2 職務上の義務に違反し，その他人事官たるに適しない非行があること
③ 人事官の中，2人以上が同一の政党に属することとなつた場合においては，これらの者の中の1人以外の者は，内閣が両議院の同意を経て，これを罷免するものとする．
④ 前項の規定は，政党所属関係について異動のなかつた人事官の地位に，影響を及ぼすものではない．
(人事官の弾劾)
**第9条** ① 人事官の弾劾の裁判は，最高裁判所においてこれを行う．
② 国会は，人事官の弾劾の訴追をしようとするときは，訴追の事由を記載した書面を最高裁判所に提出しなければならない．

③ 国会は，前項の場合においては，同項に規定する書面の写を訴追に係る人事官に送付しなければならない．
④ 最高裁判所は，第2項の書面を受理した日から30日以上90日以内の間において裁判開始の日を定め，その日の30日以前までに，国会及び訴追に係る人事官に，これを通知しなければならない．
⑤ 最高裁判所は，裁判開始の日から100日以内に判決を行わなければならない．
⑥ 人事官の弾劾の裁判の手続は，裁判所規則でこれを定める．
⑦ 裁判に要する費用は，国庫の負担とする．
(人事官の給与)
**第10条** 人事官の給与は，別に法律で定める．
(総 裁)
**第11条** ① 人事院総裁は，人事官の中から，内閣が，これを命ずる．
② 人事院総裁は，院務を総理し，人事院を代表する．
③ 人事院総裁に事故のあるとき，又は人事院総裁が欠けたときは，先任の人事官が，その職務を代行する．
(人事院会議)
**第12条** ① 定例の人事院会議は，人事院規則の定めるところにより，少なくとも1週間に1回，一定の場所において開催することを常例としなければならない．
② 人事院会議の議事は，すべて議事録として記録しておかなければならない．
③ 前項の議事録は，幹事がこれを作成する．
④ 人事院の事務処理の手続に関し必要な事項は，人事院規則でこれを定める．
⑤ 事務総長は，幹事として人事院会議に出席する．
⑥ 人事院は，次に掲げる権限を行う場合においては，人事院の議決を経なければならない．
1 人事院規則の制定及び改廃
2 削除
3 第22条の規定による関係大臣その他の機関の長に対する勧告
4 第23条の規定による国会及び内閣に対する意見の申出
5 第24条の規定による国会及び内閣に対する報告
6 第28条の規定による国会及び内閣に対する勧告
7 第48条の規定による試験機関の指定
8 第60条の規定による臨時的任用及びその更新に対する承認，臨時的任用に係る職員の員数の制限及びその資格要件の決定並びに臨時的任用の取消（人事院規則の定める場合を除く．）
9 第67条の規定による給与に関する法律に定める事項の改定案の作成並びに国会及び内閣に対する勧告
10 第87条の規定による事案の判定
11 第92条の規定による処分の判定
12 第95条の規定による補償に関する重要事項の立案
13 第103条の規定による異議申立てに対する決定
14 第108条の規定による国会及び内閣に対する意見の申出
15 第108条の3第6項の規定による職員団体の登録の効力の停止及び取消し
16 その他人事院の議決によりその議決を必要とされる事項
(事務総局及び予算)
**第13条** ① 人事院に事務総局及び法律顧問を置く．
② 事務総局の組織及び法律顧問に関し必要な事項

は，人事院規則でこれを定める．
③ 人事院は，毎会計年度の開始前に，次の会計年度においてその必要とする経費の要求書を国の予算に計上されるように内閣に提出しなければならない．この要求書には，土地の購入，建物の建造，事務所の借上，家具，備品及び消耗品の購入，俸給及び給料の支払その他必要なあらゆる役務及び物品に関する経費が計上されなければならない．
④ 内閣が，人事院の経費の要求書を修正する場合においては，人事院の要求書は，内閣により修正された要求書とともに，これを国会に提出しなければならない．
⑤ 人事院は，国会の承認を得て，その必要とする地方の事務所を置くことができる．

（事務総長）
**第14条** 事務総長は，総裁の職務執行の補助者となり，その一般的監督の下に，人事院の事務上及び技術上のすべての活動を指揮監督し，人事院の職員について計画を立て，募集，配置及び指揮を行い，又，人事院会議の幹事となる．

（人事院の職員の兼職禁止）
**第15条** 人事官及び事務総長は，他の官職を兼ねてはならない．

（人事院規則及び人事院指令）
**第16条** ① 人事院は，その所掌事務について，法律を実施するため，又は法律の委任に基づいて，人事院規則を制定し，人事院指令を発し，及び手続を定めることができる．人事院は，いつでも，適宜に，人事院規則を改廃することができる．
② 人事院規則及びその改廃は，官報をもつて，これを公布する．
③ 人事院は，この法律に基いて人事院規則を実施し又はその他の措置を行うため，人事院指令を発することができる．

（人事院の調査）
**第17条** ① 人事院又はその指名する者は，人事院の所掌する人事行政に関する事項に関し調査することができる．
② 人事院又は前項の規定により指名された者は，同項の調査に関し必要があるときは，証人を喚問し，又調査すべき事項に関係があると認められる書類若しくはその写の提出を求めることができる．
③ 人事院は，第1項の調査（職員の職務に係る倫理の保持に関して行われるものに限る．）に関し必要があると認めるときは，当該調査の対象である職員に出頭を求めて質問し，又は同項の規定により指名された者に，当該職員の勤務する場所（職員として勤務していた場所を含む．）に立ち入らせ，帳簿書類その他必要な物件を検査させ，又は関係者に質問させることができる．
④ 前項の規定により立入検査をする者は，その身分を示す証明書を携帯し，関係者の請求があつたときは，これを提示しなければならない．
⑤ 第3項の規定による立入検査の権限は，犯罪捜査のために認められたものと解してはならない．

（国家公務員倫理審査会への権限の委任）
**第17条の2** 人事院は，前条の規定による権限（職員の職務に係る倫理の保持に関して行われるものに限り，かつ，第90条第1項に規定する不服申立てに係るものを除く．）を国家公務員倫理審査会に委任する．

（給与の支払の監理）
**第18条** ① 人事院は，職員に対する給与の支払を監理する．
② 職員に対する給与の支払は，人事院規則又は人事院指令に反してこれを行つてはならない．

（内閣総理大臣）
**第18条の2** ① 内閣総理大臣は，法律の定めるところに従い，標準職務遂行能力及び採用昇任等基本方針に関する事務並びに職員の人事評価（任用，給与，分限その他の人事管理の基礎とするために，職員がその職務を遂行するに当たり発揮した能力及び挙げた業績を把握した上で行われる勤務成績の評価をいう．以下同じ．），能率，厚生，服務，退職管理等に関する事務（第3条第2項の規定により人事院の所掌に属するものを除く．）をつかさどる．
② 内閣総理大臣は，前項に規定するもののほか，各行政機関がその職員について行なう人事管理に関する方針，計画等に関し，その統一保持上必要な総合調整に関する事務をつかさどる．

（内閣総理大臣の調査）
**第18条の3** ① 内閣総理大臣は，職員の退職管理に関する事項（第106条の2から第106条の4までに規定するものを除く．）に関し調査することができる．
② 第17条第2項から第5項までの規定は，前項の規定による調査について準用する．この場合において，同条第2項中「人事院又は前項の規定により指名された者は，同項」とあるのは「内閣総理大臣は，第18条の3第1項」と，第3項中「第1項の調査（職員の職務に係る倫理の保持に関して行われるものに限る．）」とあるのは「第18条の3第1項の調査」と，「対象である職員」とあるのは「対象である職員又は同項の規定により指名された者に，当該職員」とあるのは「当該職員」と，「立ち入らせ」とあるのは「立ち入り」と，「検査させ，又は関係者に質問させる」とあるのは「検査し，若しくは関係者に質問する」と読み替えるものとする．

（再就職等監視委員会への権限の委任）
**第18条の4** 内閣総理大臣は，前条の規定による権限を再就職等監視委員会に委任する．

（内閣総理大臣の援助等）
**第18条の5** ① 内閣総理大臣は，職員の離職に際しての離職後の就職の援助を行う．
② 内閣総理大臣は，官民の人材交流（国と民間企業との間の人事交流に関する法律（平成11年法律第224号）第2条第3項に規定する交流派遣及び民間企業に現に雇用され，又は雇用されていた者の職員への第36条ただし書の規定による採用その他これらに準ずるものとして政令で定めるものをいう．）の円滑な実施のための支援を行う．

（官民人材交流センターへの事務の委任）
**第18条の6** 内閣総理大臣は，前条に規定する事務を官民人材交流センターに委任する．

（官民人材交流センター）
**第18条の7** ① 内閣府に，官民人材交流センターを置く．
② 官民人材交流センターは，この法律及び他の法律の規定によりその権限に属させられた事項を処理する．
③ 官民人材交流センターの長は，官民人材交流センター長とし，内閣官房長官をもつて充てる．
④ 官民人材交流センター長は，官民人材交流セン

ターの事務を統括する．
⑤ 官民人材交流センター長は，官民人材交流センターの所掌事務を遂行するために必要があると認めるときは，関係行政機関の長に対し，資料の提出，意見の開陳，説明その他必要な協力を求め，又は意見を述べることができる．
⑥ 官民人材交流センターに，官民人材交流副センター長を置く．
⑦ 官民人材交流副センター長は，官民人材交流センター長の職務を助ける．
⑧ 官民人材交流センターに，所要の職員を置く．
⑨ 内閣総理大臣は，官民人材交流センターの所掌事務の全部又は一部を分掌させるため，所要の地に，官民人材交流センターの支所を置くことができる．
⑩ 第3項から前項までに定めるもののほか，官民人材交流センターの組織に関し必要な事項は，政令で定める．
(人事記録)
第19条 ① 内閣総理大臣は，職員の人事記録に関することを管理する．
② 内閣総理大臣は，内閣府，各省その他の機関をして，当該機関の職員の人事に関する一切の事項について，人事記録を作成し，これを保管せしめるものとする．
③ 人事記録の記載事項及び様式その他人事記録に関し必要な事項は，政令でこれを定める．
④ 内閣総理大臣は，内閣府，各省その他の機関によつて作成保管された人事記録が，前項の規定による政令に違反すると認めるものについて，その改訂を命じ，その他所要の措置をなすことができる．
(統計報告)
第20条 ① 内閣総理大臣は，政令の定めるところにより，職員の在職関係に関する統計報告の制度を定め，これを実施するものとする．
② 内閣総理大臣は，前項の統計報告に関し必要があるときは，関係庁に対し随時又は定期に一定の形式に基いて，所要の報告を求めることができる．
(権限の委任)
第21条 人事院又は内閣総理大臣は，それぞれ人事院規則又は政令の定めるところにより，この法律に基づく権限の一部を他の機関をして行なわせることができつる．この場合においては，人事院又は内閣総理大臣は，当該事務に関し，他の機関の長を指揮監督することができる．

## 第3章 職員に適用される基準

### 第1節 通則
(平等取扱の原則)
第27条 すべて国民は，この法律の適用について，平等に取り扱われ，人種，信条，性別，社会的身分，門地又は第38条第5号に規定する場合を除くの外政治的意見若しくは政治的所属関係によつて，差別されてはならない．
(人事管理の原則)
第27条の2 職員の採用後の任用，給与その他の人事管理は，職員の採用年次及び合格した採用試験の種類にとらわれることなく，第58条第3項に規定する場合を除くほか，人事評価に基づいて適切に行われなければならない．
(情勢適応の原則)
第28条 ① この法律に基いて定められる給与，勤務時間その他勤務条件に関する基礎事項は，国会により社会一般の情勢に適応するように，随時これを変更することができる．その変更に関しては，人事院においてこれを勧告することを怠つてはならない．
② 人事院は，毎年，少くとも1回，俸給表が適当であるかどうかについて国会及び内閣に同時に報告しなければならない．給与を決定する諸条件の変化により，俸給表に定める給与を100分の5以上増減する必要が生じたと認められるときは，人事院は，その報告にあわせて，国会及び内閣に適当な勧告をしなければならない．

第29条～第32条まで 削除

### 第2節 採用試験及び任免
(任免の根本基準)
第33条 ① 職員の任用は，この法律の定めるところにより，その者の受験成績，人事評価又はその他の能力の実証に基づいて行わなければならない．
② 職員の免職は，法律に定める事由に基づいてこれを行わなければならない．
③ 前2項に規定する根本基準の実施につき必要な事項は，この法律に定めのあるものを除いては，人事院規則でこれを定める．

#### 第1款 通則
(欠員補充の方法)
第35条 官職に欠員を生じた場合においては，その任命権者は，法律又は人事院規則に別段の定めのある場合を除いては，採用，昇任，降任又は転任のいずれか1の方法により，職員を任命することができる．但し，人事院が特別の必要があると認めて任命の方法を指定した場合は，この限りではない．
(採用の方法)
第36条 職員の採用は，競争試験によるものとする．ただし，人事院規則で定める場合には，競争試験以外の能力の実証に基づく試験（以下「選考」という．）によることを妨げない．
(昇任の方法)
第37条 削除
(欠格条項)
第38条 次の各号のいずれかに該当する者は，人事院規則の定める場合を除くほか，官職に就く能力を有しない．
1 成年被後見人又は被保佐人
2 禁錮以上の刑に処せられ，その執行を終わるまで又は執行を受けることがなくなるまでの者
3 懲戒免職の処分を受け，当該処分の日から2年を経過しない者
4 人事院の人事官又は事務総長の職にあつて，第109条から第112条までに規定する罪を犯し刑に処せられた者
5 日本国憲法施行の日以後において，日本国憲法又はその下に成立した政府を暴力で破壊することを主張する政党その他の団体を結成し，又はこれに加入した者
(人事に関する不法行為の禁止)
第39条 何人も，次の各号のいずれかに該当する事項を実現するために，金銭その他の利益を授受し，提供し，要求し，若しくは授受を約束したり，脅迫，強制その他これに類する方法を用いたり，直接たると間接たるとを問わず，公の地位を利用し，又はその利用を提供し，要求し，若しくは約束したり，あるいはこれらの行為に関与してはならない．
1 退職若しくは休職又は任用の不承諾

2 採用のための競争試験（以下「採用試験」という.）若しくは任用の志望の撤回又は任用に対する競争の中止
3 昇任,昇格,留職その他他官職における利益の実現又はこれらのことの推薦

（人事に関する虚偽行為の禁止）
**第40条** 何人も,採用試験,選考,任用又は人事記録に関して,虚偽又は不正の陳述,記載,証明,採点,判断又は報告を行つてはならない.

（受験又は任用の阻害及び情報提供の禁止）
**第41条** 試験機関に属する者その他の職員は,受験若しくは任用を阻害し,又は受験若しくは任用に不当な影響を与える目的を以て特別若しくは秘密の情報を提供してはならない.

### 第2款 採用試験

（採用試験の実施）
**第42条** 採用試験は,人事院規則の定めるところにより,これを行う.

（受験の欠格条項）
**第43条** 第44条に規定する資格に関する制限の外,官職に就く能力を有しない者は,受験することができない.

（受験の資格要件）
**第44条** 人事院は,人事院規則により,受験者に必要な資格として官職に応じ,その職務の遂行に欠くことのできない最小限度の客観的且つ画一的な要件を定めることができる.

（採用試験の内容）
**第45条** 採用試験は,受験者が,当該採用試験に係る官職の属する職制上の段階の標準的な官職に係る標準職務遂行能力及び当該採用試験に係る官職についての適性を有するかどうかを判定することをもつてその目的とする.

（採用試験の公開平等）
**第46条** 採用試験は,人事院規則の定める受験の資格を有するすべての国民に対して,平等の条件で公開されなければならない.

### 第3款 採用候補者名簿

（名簿の作成）
**第50条** 採用試験による職員の採用については,人事院規則の定めるところにより,採用候補者名簿を作成するものとする.

（採用候補者名簿に記載される者）
**第51条** 採用候補者名簿には,当該官職に採用することができる者として,採用試験において合格点以上を得た者の氏名及び得点を記載するものとする.

（名簿の閲覧）
**第52条** 採用候補者名簿は,受験者,任命権者その他関係者の請求に応じて,常に閲覧に供されなければならない.

（名簿の失効）
**第53条** 採用候補者名簿が,その作成後1年以上を経過したとき,又は人事院の定める事由に該当するときは,いつでも,人事院は,任意に,これを失効させることができる.

### 第4款 任用

（採用昇任等基本方針）
**第54条** ① 内閣総理大臣は,公務の能率的な運営を確保する観点から,あらかじめ,次条第1項に規定する任命権者及び法律で別に定められた任命権者と協議して,職員の採用,昇任,降任及び転任のための制度の適切かつ効果的な運用を確保するための基本的な方針（以下「採用昇任等基本方針」という.）の案を作成し,閣議の決定を求めなければならない.
② 採用昇任等基本方針には,次に掲げる事項を定めるものとする.
1 職員の採用,昇任,降任及び転任に関する制度の適切かつ効果的な運用に関する基本的な指針
2 第56条の採用候補者名簿による採用及び第57条の選考による採用に関する指針
3 第58条の昇任及び転任に関する指針
4 前3号に掲げるもののほか,職員の採用,昇任,降任及び転任に関する制度の適切かつ効果的な運用を確保するために必要な事項
③ 内閣総理大臣は,第1項の規定による閣議の決定があつたときは,遅滞なく,採用昇任等基本方針を公表しなければならない.
④ 第1項及び前項の規定は,採用昇任等基本方針の変更について準用する.
⑤ 任命権者は,採用昇任等基本方針に沿つて,職員の採用,昇任,降任及び転任を行わなければならない.

（任命権者）
**第55条** ① 任命権は,法律に別段の定めのある場合を除いては,内閣,各大臣（内閣総理大臣及び各省大臣をいう.以下同じ.）,会計検査院長及び人事院総裁並びに宮内庁長官及び各外局の長に属するものとする.これらの機関の長の有する任命権は,その部内の機関に属する官職に限られ,内閣の有する任命権は,その直属する機関（内閣府を除く.）に属する官職に限られる.ただし,外局の長に対する任命権は,各大臣に属する.
② 前項に規定する機関の長たる任命権者は,その任命権を,その部内の上級の職員に限り委任することができる.この委任は,その効力が発生する日の前に,書面をもつて,これを人事院に提示しなければならない.
③ この法律,人事院規則及び人事院指令に規定する要件を備えない者は,これを任命し,雇用し,昇任させ若しくは転任させてはならず,又はいかなる官職にも配置してはならない.

（採用候補者名簿による採用）
**第56条** 採用候補者名簿による職員の採用は,任命権者が,当該採用候補者名簿に記載された者の中から,面接をおこない,その結果を考慮して行うものとする.

（選考による採用）
**第57条** 選考による職員の採用は,任命権者が,任命しようとする官職の属する職制上の段階の標準的な官職に係る標準職務遂行能力及び当該任命しようとする官職についての適性を有すると認められる者の中から行うものとする.

（昇任,降任及び転任）
**第58条** ① 職員の昇任及び転任は,任命権者が,職員の人事評価に基づき,任命しようとする官職の属する職制上の段階の標準的な官職に係る標準職務遂行能力及び当該任命しようとする官職についての適性を有すると認められる者の中から行うものとする.
② 任命権者は,職員を降任させる場合には,当該職員の人事評価に基づき,任命しようとする官職の属する職制上の段階の標準的な官職に係る標準職務遂行能力及び当該任命しようとする官職についての適性を有すると認められる者の官職に任命するものとする.

## 17 国家公務員法

### I 憲法・行政法 17 国家公務員法（61条～74条）

③ 国際機関又は民間企業に派遣されていたこと等の事情により、人事評価が行われていない職員の昇任、降任及び転任については、前2項の規定にかかわらず、任命権者が、人事評価の結果以外の能力の実証に基づき、任命しようとする官職の属する職制上の段階の標準的な官職に係る標準職務遂行能力及び当該任命しようとする官職についての適性を判断して行うことができる。

#### 第5款　休職、復職、退職及び免職
（休職、復職、退職及び免職）
**第61条**　職員の休職、復職、退職及び免職は任命権者が、この法律及び人事院規則に従い、これを行う。

### 第3節　給与
（給与の根本基準）
**第62条**　職員の給与は、その官職の職務と責任に応じてこれをなす。

#### 第1款　通則
（法律による給与の支払）
**第63条**　職員の給与は、別に定める法律に基づいてなされ、これに基づかずには、いかなる金銭又は有価物も支給することはできない。

（俸給表）
**第64条**　① 前条に規定する法律（以下「給与に関する法律」という。）には、俸給表が規定されなければならない。
② 俸給表は、生計費、民間における賃金その他人事院の決定する適当な事情を考慮して定められ、かつ、等級ごとに明確な俸給額の幅を定めていなければならない。

（給与に関する法律に定めるべき事項）
**第65条**　給与に関する法律には、前条の俸給表のほか、次に掲げる事項が規定されなければならない。
1　初任給、昇給その他の俸給の決定の基準に関する事項
2　官職又は勤務の特殊性を考慮して支給する給与に関する事項
3　親族の扶養その他職員の生計の事情を考慮して支給する給与に関する事項
4　地域の事情を考慮して支給する給与に関する事項
5　時間外勤務、夜間勤務及び休日勤務に対する給与に関する事項
6　一定の期間における勤務の状況を考慮して年末等に特別に支給する給与に関する事項
7　常時勤務を要しない官職を占める職員の給与に関する事項
② 前項第1号の基準は、勤続期間、勤務能率その他勤務に関する諸要件を考慮して定められるものとする。

**第66条**　削除

（給与に関する法律に定める事項の改定）
**第67条**　人事院は、第28条第2項の規定によるもののほか、給与に関する法律に定める事項に関し、常時、必要な調査研究を行い、これを改定する必要を認めたときは、遅滞なく改定案を作成して、国会及び内閣に勧告をしなければならない。

#### 第2款　給与の支払
（給与簿）
**第68条**　① 職員に対して給与の支払をなす者は、先づ受給者につき給与簿を作成しなければならない。
② 給与簿は、何時でも人事院の職員が検査し得るようにしておかなければならない。
③ 前2項に定めるものを除いては、給与簿に関し必要な事項は、人事院規則でこれを定める。

（給与簿の検査）
**第69条**　職員の給与が法令、人事院規則又は人事院指令に適合して行われることを確保するため必要があるときは、人事院は給与簿を検査し、必要があると認めるときは、その是正を命ずることができる。

（違法の支払に対する措置）
**第70条**　人事院は、給与の支払が、法令、人事院規則又は人事院指令に違反してなされたことを発見した場合には、自己の権限に属する事項については自ら適当な措置をなす外、必要があると認めるときは、事の性質に応じて、これを会計検査院に報告し、又は検察官に通報しなければならない。

#### 第4節　人事評価
（人事評価の根本基準）
**第70条の2**　職員の人事評価は、公正に行われなければならない。

（人事評価の実施）
**第70条の3**　① 職員の執務については、その所轄庁の長は、定期的に人事評価を行わなければならない。
② 人事評価の基準及び方法に関する事項その他人事評価に関し必要な事項は、人事院の意見を聴いて、政令で定める。

（人事評価に基づく措置）
**第70条の4**　① 所轄庁の長は、前条第1項の人事評価の結果に応じた措置を講じなければならない。
② 内閣総理大臣は、勤務成績の優秀な者に対する表彰に関する事項及び成績の著しく不良な者に対する矯正方法に関する事項を立案し、これについて、適当な措置を講じなければならない。

### 第5節　能率
（能率の根本基準）
**第71条**　① 職員の能率は、充分に発揮され、且つ、その増進がはかられなければならない。
② 前項の根本基準の実施につき、必要な事項は、この法律に定めるものを除いては、人事院規則でこれを定める。
③ 内閣総理大臣（第73条第1項第1号の事項については、人事院）は、職員の能率の発揮及び増進について、調査研究を行い、これが確保のため適切な方策を講じなければならない。

（勤務成績の評定）
**第72条**　削除

（能率増進計画）
**第73条**　① 内閣総理大臣（第1号の事項については、人事院）及び関係所轄庁の長は、職員の勤務能率の発揮及び増進のために、左の事項について計画を樹立し、これが実施に努めなければならない。
1　職員の研修に関する事項
2　職員の保健に関する事項
3　職員のレクリエーションに関する事項
4　職員の安全保持に関する事項
5　職員の厚生に関する事項
② 前項の計画の樹立及び実施に関し、内閣総理大臣（同項第1号の事項については、人事院）は、その総合的な企画並びに関係各庁に対する調整及び監視に当る。

### 第6節　分限、懲戒及び保障
（分限、懲戒及び保障の根本基準）
**第74条**　① すべて職員の分限、懲戒及び保障については、公正でなければならない。
② 前項に規定する根本基準の実施につき必要な事

項は,この法律に定めるものを除いては,人事院規則でこれを定める.

#### 第1款 分 限
##### 第1目 降任,休職,免職等
(身分保障)
**第75条** ① 職員は,法律又は人事院規則に定める事由による場合でなければ,その意に反して,降任され,休職され,又は免職されることはない.
② 職員は,人事院規則の定める事由に該当するときは,降給されるものとする.
(欠格による失職)
**第76条** 職員が第38条各号の一に該当するに至つたときは,人事院規則に定める場合を除いては,当然失職する.
(離 職)
**第77条** 職員の離職に関する規定は,この法律及び人事院規則でこれを定める.
(本人の意に反する降任及び免職の場合)
**第78条** 職員が,次の各号に掲げる場合のいずれかに該当するときは,人事院規則の定めるところにより,その意に反して,これを降任し,又は免職することができる.
1 人事評価又は勤務の状況を示す事実に照らして,勤務実績がよくない場合
2 心身の故障のため,職務の遂行に支障があり,又はこれに堪えない場合
3 その他その官職に必要な適格性を欠く場合
4 官制若しくは定員の改廃又は予算の減少により廃職又は過員を生じた場合
(本人の意に反する休職の場合)
**第79条** 職員が,左の各号の一に該当する場合又は人事院規則で定めるその他の場合においては,その意に反して,これを休職することができる.
1 心身の故障のため,長期の休養を要する場合
2 刑事事件に関し起訴された場合
(休職の効果)
**第80条** ① 前条第1号の規定による休職の期間は,人事院規則でこれを定める.休職期間中その事故の消滅したときは,休職は当然終了したものとし,すみやかに復職を命じなければならない.
② 前条第2号の規定による休職の期間は,その事件が裁判所に係属する間とする.
③ いかなる休職も,その事由が消滅したときは,当然に終了したものとみなされる.
④ 休職者は,職員としての身分を保有するが,職務に従事しない.休職者は,その休職の期間中,給与に関する法律で別段の定めをしない限り,何らの給与を受けてはならない.
(適用除外)
**第81条** ① 次に掲げる職員の分限(定年に係るものを除く,次項において同じ.)については,第75条,第78条から前条まで及び第89条並びに行政不服審査法(昭和37年法律第160号)の規定は,適用しない.
1 臨時的職員
2 条件付採用期間中の職員
② 前項各号に掲げる職員の分限については,人事院規則で必要な事項を定めることができる.

##### 第2目 定 年
(定年による退職)
**第81条の2** ① 職員は,法律に別段の定めのある場合を除き,定年に達したときは,定年に達した日以後における最初の3月31日又は第55条第1項に規定する任命権者若しくは法律で別に定められた任命権者があらかじめ指定する日のいずれか早い日(以下「定年退職日」という.)に退職する.
② 前項の定年は,年齢60年とする.ただし,次の各号に掲げる職員の定年は,当該各号に定める年齢とする.
1 病院,療養所,診療所等で人事院規則で定めるものに勤務する医師及び歯科医師 年齢65年
2 庁舎の監視その他の庁務及びこれに準ずる業務に従事する職員で人事院規則で定めるもの 年齢63年
3 前2号に掲げる職員のほか,その職務と責任に特殊性があること又は欠員の補充が困難であることにより定年を年齢60年とすることが著しく不適当と認められる官職を占める職員で人事院規則で定めるもの 60年を超え,65年を超えない範囲内で人事院規則で定める年齢
③ 前2項の規定は,臨時的職員その他の法律により任期を定めて任用される職員及び常時勤務を要しない官職を占める職員には適用しない.
(定年による退職の特例)
**第81条の3** ① 任命権者は,定年に達した職員が前条第1項の規定により退職すべきこととなる場合において,その職員の職務の特殊性又はその職務の遂行上の特別の事情からみてその退職により公務の運営に著しい支障が生ずると認められる十分な理由があるときは,同項の規定にかかわらず,その職員に係る定年退職日の翌日から起算して1年を超えない範囲内で期限を定め,その職員を当該職務に従事させるため引き続いて勤務させることができる.
② 任命権者は,前項の期限又はこの項の規定により延長された期限が到来する場合において,前項の事由が引き続き存すると認められる十分な理由があるときは,人事院の承認を得て,1年を超えない範囲内で期限を延長することができる.ただし,その期限は,その職員に係る定年退職日の翌日から起算して3年を超えることができない.
(定年退職者等の再任用)
**第81条の4** ① 任命権者は,第81条の2第1項の規定により退職した者若しくは前条の規定により勤務した後退職した者若しくは定年退職日以前に退職した者のうち勤続期間等を考慮してこれらに準ずるものとして人事院規則で定める者(以下「定年退職者等」という.)又は自衛隊法(昭和29年法律第165号)の規定により退職した者であつて定年退職者等に準ずるものとして人事院規則で定める者(次条において「自衛隊法による定年退職者等」という.)を,従前の勤務実績等に基づく選考により,1年を超えない範囲内で任期を定め,常時勤務を要する官職に採用することができる.ただし,その者がその者を採用しようとする官職に係る定年に達していないときは,この限りでない.
② 前項の任期又はこの項の規定により更新された任期は,人事院規則の定めるところにより,1年を超えない範囲内で更新することができる.
③ 前2項の規定による任期については,その末日は,その者が年齢65年に達する日以後における最初の3月31日以前でなければならない.
**第81条の5** ① 任命権者は,定年退職者等又は自衛隊法による定年退職者等を,従前の勤務実績等に基

づく選考により、1年を超えない範囲内で任期を定め、短時間勤務の官職（当該官職を占める職員の1週間当たりの通常の勤務時間が、常時勤務を要する官職でその職務が当該短時間勤務の官職と同種のものを占める職員の1週間当たりの通常の勤務時間に比し短い時間であるものをいう。第3項において同じ。）に採用することができる。

② 前項の規定により採用された職員の任期については、前条第2項及び第3項の規定を準用する。

③ 短時間勤務の官職については、定年退職者等及び自衛隊法による定年退職者等のうち第81条の2第1項及び第2項の規定の適用があるものとした場合の当該官職に係る定年に達した者に限り任用することができるものとする。

（定年に関する事務の調整等）
**第81条の6** 内閣総理大臣は、職員の定年に関する事務の適正な運営を確保するため、各行政機関が行う当該事務の運営に関し必要な調整を行うほか、職員の定年に関する制度の実施に関する施策を調査研究し、その権限に属する事項について適切な方案を講ずるものとする。

### 第2款 懲戒
（懲戒の場合）
**第82条** ① 職員が、次の各号のいずれかに該当する場合においては、これに対し懲戒処分として、免職、停職、減給又は戒告の処分をすることができる。
1 この法律若しくは国家公務員倫理法又はこれらの法律に基づく命令（国家公務員倫理法第5条第3項の規定に基づく訓令及び同条第4項の規定に基づく規則を含む。）に違反した場合
2 職務上の義務に違反し、又は職務を怠つた場合
3 国民全体の奉仕者たるにふさわしくない非行のあつた場合

② 職員が、任命権者の要請に応じ特別職に属する国家公務員、地方公務員又は沖縄振興開発金融公庫その他の業務が国の事務若しくは事業と密接な関連を有する法人のうち人事院規則で定めるものに使用される者（以下この項において「特別職国家公務員等」という。）となつて退職し、引き続き特別職国家公務員等として在職した後、引き続いて当該退職を前提として職員として採用された場合（一の特別職国家公務員等として在職した後、引き続き一以上の特別職国家公務員等として在職し、引き続いて当該退職を前提として職員として採用された場合を含む。）において、当該退職までの引き続く職員としての在職期間（当該退職前に同様の退職（以下この項において「先の退職」という。）、特別職国家公務員等としての在職及び職員としての採用があつた場合には、当該先の退職までの引き続く職員としての在職期間を含む。以下この項において「要請に応じた退職前の在職期間」という。）中に前項各号のいずれかに該当したときは、これに対し同項に規定する懲戒処分を行うことができる。職員が、第81条の4第1項又は第81条の5第1項の規定により採用された場合において、定年退職者等となつた日までの引き続く職員としての在職期間（要請に応じた退職前の在職期間を含む。）又は第81条の4第1項若しくは第81条の5第1項の規定によりかつて採用されて職員として在職していた期間中に前項各号のいずれかに該当したときも、同様とする。

（懲戒の効果）
**第83条** ① 停職の期間は、1年をこえない範囲内において、人事院規則でこれを定める。

② 停職者は、職員としての身分を保有するが、その職務に従事しない。停職者は、第92条の規定による場合の外、停職の期間中給与を受けることができない。

（懲戒権者）
**第84条** ① 懲戒処分は、任命権者が、これを行う。
② 人事院は、この法律に規定された調査を経て職員を懲戒手続に付することができる。

（国家公務員倫理審査会への権限の委任）
**第84条の2** 人事院は、前条第2項の規定による権限（国家公務員倫理法又はこれに基づく命令（同法第5条第3項の規定に基づく訓令及び同条第4項の規定に基づく規則を含む。）に違反する行為に関して行われるものに限る。）を国家公務員倫理審査会に委任する。

（刑事裁判との関係）
**第85条** 懲戒に付せらるべき事件で、刑事裁判所に係属する間においても、人事院又は人事院の承認を経て任命権者は、同一事件について、適宜に、懲戒手続を進めることができる。この法律による懲戒処分は、当該職員が、同一又は関連の事件に関し、重ねて刑事上の訴追を受けることを妨げない。

### 第3款 保障
#### 第1目 勤務条件に関する行政措置の要求
（勤務条件に関する行政措置の要求）
**第86条** 職員は、俸給、給料その他あらゆる勤務条件に関し、人事院に対して、人事院若しくは内閣総理大臣又はその職員の所轄庁の長により、適当な行政上の措置が行われることを要求することができる。

（事案の審査及び判定）
**第87条** 前条に規定する要求のあつたときは、人事院は、必要と認める調査、口頭審理その他の事実審査を行い、一般国民及び関係職員に公平なように、且つ、職員の能率を発揮し、及び増進する見地において、事案を判定しなければならない。

（判定の結果採るべき措置）
**第88条** 人事院は、前条に規定する判定に基き、勤務条件に関し一定の措置を必要と認めるときは、その権限に属する事項については、自らこれを実行し、その他の事項については、内閣総理大臣又はその職員の所轄庁の長に対し、その実行を勧告しなければならない。

#### 第2目 職員の意に反する不利益な処分に関する審査
（職員の意に反する降給等の処分に関する説明書の交付）
**第89条** ① 職員に対し、その意に反して、降給し、降任し、休職し、免職し、その他これに対しいちじるしく不利益な処分を行い、又は懲戒処分を行おうとするときは、その処分を行う者は、その職員に対し、その処分の際、処分の事由を記載した説明書を交付しなければならない。

② 職員が前項に規定するいちじるしく不利益な処分を受けたと思料する場合には、同項の説明書の交付を請求することができる。

③ 第1項の説明書には、当該処分につき、人事院に対して不服申立てをすることができる旨及び不服申立期間を記載しなければならない。

（不服申立て）
**第90条** ① 前条第1項に規定する処分を受けた職

員は、人事院に対してのみ行政不服審査法による不服申立て（審査請求又は異議申立て）をすることができる。
② 前条第1項に規定する処分及び法律に特別の定めがある処分を除くほか、職員に対する処分については、行政不服審査法による不服申立てをすることができない。職員がした申請に対する不作為についても、同様とする。
③ 第1項に規定する不服申立てについては、行政不服審査法第2章第1節から第3節までの規定を適用しない。

**（不服申立期間）**
**第90条の2** 前条第1項に規定する不服申立ては、処分説明書を受領した日の翌日から起算して60日以内にしなければならず、処分があつた日の翌日から起算して1年を経過したときは、することができない。

**（調　査）**
**第91条** ① 第90条第1項に規定する不服申立てを受理したときは、人事院又はその定める機関は、ただちにその事案を調査しなければならない。
② 前項に規定する場合において、処分を受けた職員から請求があつたときは、口頭審理を行わなければならない。口頭審理は、その職員から請求があつたときは、公開して行わなければならない。
③ 処分を行つた者又はその代理者及び処分を受けた職員は、すべての口頭審理に出席し、自己の代理人として弁護人を選任し、陳述を行い、証人を出頭せしめ、並びに書類、記録その他のあらゆる適切な事実及び資料を提出することができる。
④ 前項に掲げる者以外の者は、当該事案に関し、人事院に対し、あらゆる事実及び資料を提出することができる。

**（調査の結果採るべき措置）**
**第92条** ① 前条に規定する調査の結果、処分を行うべき事由のあることが判明したときは、人事院は、その処分を承認し、又はその裁量により修正しなければならない。
② 前条に規定する調査の結果、その職員に処分を受けるべき事由のないことが判明したときは、人事院は、その処分を取り消し、職員としての権利を回復するために必要で、且つ、適切な処置をなし、及びその職員がその処分によつて受けた不当な処置を是正しなければならない。人事院は、職員がその処分によつて失つた俸給の弁済を受けるように指示しなければならない。
③ 前2項の判定は、最終のものであつて、人事院規則の定めるところにより、人事院によつてのみ審査される。

**（不服申立てと訴訟との関係）**
**第92条の2** 第89条第1項に規定する処分であつて人事院に対して審査請求又は異議申立てをすることができるものの取消しの訴えは、審査請求又は異議申立てに対する人事院の裁決又は決定を経た後でなければ、提起することができない。

### 第3目　公務傷病に対する補償
**（公務傷病に対する補償）**
**第93条** ① 職員が公務に基き死亡し、又は負傷し、若しくは疾病にかかり、若しくはこれに起因して死亡した場合における、本人及びその直接扶養する者がこれによつて受ける損害に対し、これを補償する制度が樹立し実施せられなければならない。

② 前項の規定による補償制度は、法律によつてこれを定める。

**（法律に規定すべき事項）**
**第94条** 前条の補償制度には、左の事項が定められなければならない。
1　公務上の負傷又は疾病に起因した活動不能の期間における経済的困窮に対する職員の保護に関する事項
2　公務上の負傷又は疾病に起因して、永久に、又は長期に所得能力を害せられた場合におけるその職員の受ける損害に対する補償に関する事項
3　公務上の負傷又は疾病に起因する職員の死亡の場合におけるその遺族又は職員の死亡当時その収入によつて生計を維持した者の受ける損害に対する補償に関する事項

**（補償制度の立案及び実施の責務）**
**第95条** 人事院は、なるべくすみやかに、補償制度の研究を行い、その成果を国会及び内閣に提出するとともに、その計画を実施しなければならない。

### 第7節　服　務
**（服務の根本基準）**
**第96条** ① すべて職員は、国民全体の奉仕者として、公共の利益のために勤務し、且つ、職務の遂行に当つては、全力を挙げてこれに専念しなければならない。
② 前項に規定する根本基準の実施に関し必要な事項は、この法律又は国家公務員倫理法に定めるものを除いては、人事院規則でこれを定める。

**（服務の宣誓）**
**第97条** 職員は、政令の定めるところにより、服務の宣誓をしなければならない。

**（法令及び上司の命令に従う義務並びに争議行為等の禁止）**
**第98条** ① 職員は、その職務を遂行するについて、法令に従い、且つ、上司の職務上の命令に忠実に従わなければならない。
② 職員は、政府が代表する使用者としての公衆に対して同盟罷業、怠業その他の争議行為をなし、又は政府の活動能率を低下させる怠業的行為をしてはならない。又、何人も、このような違法な行為を企て、又はその遂行を共謀し、そそのかし、若しくはあおつてはならない。
③ 職員で同盟罷業その他前項の規定に違反する行為をした者は、その行為の開始とともに、国に対し、法令に基いて保有する任命又は雇用上の権利をもつて、対抗することができない。

**（信用失墜行為の禁止）**
**第99条** 職員は、その官職の信用を傷つけ、又は官職全体の不名誉となるような行為をしてはならない。

**（秘密を守る義務）**
**第100条** ① 職員は、職務上知ることのできた秘密を漏らしてはならない。その職を退いた後といえども同様とする。
② 前項の場合において、証人、鑑定人等となり、職務上の秘密に属する事項を発表するには、所轄庁の長（退職者については、その退職した官職又はこれに相当する官職の長）の許可を要する。
③ 前項の許可は、法律又は政令の定める条件及び手続に係る場合を除いては、これを拒むことができない。
④ 前3項の規定は、人事院で扱われる調査又は審理の際人事院から求められる情報についても、これを適用しない。何人も、人事院の権限によつて行われる調査又は審理に際して、秘密の又は公表を制限さ

れた情報を陳述し又は証言することを人事院から求められた場合には，何人からも許可を受ける必要がない．人事院が正式に要求した情報について，人事院に対して，陳述及び証言を行わなかつた者は，この法律の罰則の適用を受けなければならない．

⑤ 前項の規定は，第18条の4の規定により権限の委任を受けた再就職等監視委員会が行う調査について準用する．この場合において，同項中「人事院」とあるのは「再就職等監視委員会」と，「調査又は審理」とあるのは「調査」と読み替えるものとする．

**（職務に専念する義務）**
**第101条** ① 職員は，法律又は命令の定める場合を除いては，その勤務時間及び職務上の注意力のすべてをその職責遂行のために用い，政府がなすべき責を有する職務にのみ従事しなければならない．職員は，法律又は命令の定める場合を除いては，官職を兼ねてはならない．職員は，官職を兼ねる場合においても，それに対して給与を受けてはならない．

② 前項の規定は，地震，火災，水害その他重大な災害に際し，官庁が職員を本職以外の業務に従事させることを妨げない．

**（政治的行為の制限）**
**第102条** ① 職員は，政党又は政治的目的のために，寄附金その他の利益を求め，若しくは受領し，又は何らの方法を以てするを問わず，これらの行為に関与し，あるいは選挙権の行使を除く外，人事院規則で定める政治的行為をしてはならない．

② 職員は，公選による公職の候補者となることができない．

③ 職員は，政党その他の政治的団体の役員，政治的顧問，その他これらと同様な役割をもつ構成員となることができない．

**（私企業からの隔離）**
**第103条** ① 職員は，商業，工業又は金融業その他営利を目的とする私企業（以下営利企業という．）を営むことを目的とする会社その他の団体の役員，顧問若しくは評議員の職を兼ね，又は自ら営利企業を営んではならない．

② 前項の規定は，人事院規則の定めるところにより，所轄庁の長の申出により人事院の承認を得た場合には，これを適用しない．

③ 営利企業について，株式所有の関係その他の関係により，当該企業の経営に参加し得る地位にある職員に対し，人事院は，人事院規則の定めるところにより，株式所有の関係その他の関係について報告を徴することができる．

④ 人事院は，人事院規則の定めるところにより，前項の報告に基き，企業に対する関係の全部又は一部の存続が，その職員の職務遂行上適当でないと認めるときは，その旨を当該職権に通知することができる．

⑤ 前項の通知を受けた職員は，その通知の内容について不服があるときは，その通知を受領した日の翌日から起算して60日以内に，人事院に行政不服審査法による異議申立をすることができる．

⑥ 第90条第3項並びに第91条第2項及び第3項の規定は前項の異議申立のあつた場合について，第92条の2の規定は第4項の通知の取消しの訴えについて，それぞれ準用する．

⑦ 第5項の異議申立てをしなかつた職員及び人事院が異議申立について調査した結果，通知の内容が正当であると決定せられた職員は，人事院規則の

定めるところにより，人事院規則の定める期間内に，その企業に対する関係の全部若しくは一部を絶つか，又はその官職を退かなければならない．

**（他の事業又は事務の関与制限）**
**第104条** 職員が報酬を得て，営利企業以外の事業の団体の役員，顧問若しくは評議員の職を兼ね，その他いかなる事業に従事し，若しくは事務を行うには，内閣総理大臣及びその職員の所轄庁の長の許可を要する．

**（職員の職務の範囲）**
**第105条** 職員は，職員としては，法律，命令，規則又は指令による職務を担当する以外の義務を負わない．

**（勤務条件）**
**第106条** ① 職員の勤務条件その他職員の服務に関し必要な事項は，人事院規則でこれを定めることができる．

② 前項の人事院規則は，この法律の規定の趣旨に沿うものでなければならない．

**第8節 退職管理**
**第1款 離職後の就職に関する規制**
**（他の役職員についての依頼等の規制）**
**第106条の2** ① 職員は，営利企業等（営利企業及び営利企業以外の法人（国，国際機関，地方公共団体，特定独立行政法人及び地方独立行政法人法（平成15年法律第118号）第2条第2項に規定する特定地方独立行政法人を除く．）をいう．以下同じ．）に対し，他の職員若しくは特定独立行政法人の役員（以下「役職員」という．）若しくは役職員であつた者を，当該営利企業等若しくはその子法人（当該営利企業等に財務及び営業又は事業の方針を決定する機関（株主総会その他これに準ずる機関をいう．）を支配されている法人として政令で定めるものをいう．以下同じ．）の地位に就かせることを目的として，当該役職員若しくは役職員であつた者に関する情報を提供し，若しくは当該地位に関する情報の提供を依頼し，又は当該役職員をその離職後に，若しくは役職員であつた者を，当該営利企業等若しくはその子法人の地位に就かせることを要求し，若しくは依頼してはならない．

② 前項の規定は，次に掲げる場合には適用しない．

1 職業安定法（昭和22年法律第141号），船員職業安定法（昭和23年法律第130号）その他の法令の定める職業の安定に関する事務として行う場合

2 退職手当通算予定職員を退職手当通算法人の地位に就かせることを目的として行う場合（独立行政法人通則法第54条の2第1項において読み替えて準用する第4項に規定する退職手当通算予定役員を同条第1項において準用する次項に規定する退職手当通算法人の地位に就かせることを目的として行う場合を含む．）

3 官民人材交流センター（以下「センター」という．）の職員が，その職務として行う場合

③ 退職手当通算法人とは，独立行政法人（独立行政法人通則法第2条第1項に規定する独立行政法人をいう．以下同じ．）その他特別の法律により設立された法人でその業務が国の事務又は事業と密接な関連を有するもののうち政令で定めるもの（退職手当（これに相当する給付を含む．）に関する規程において，職員が任命権者又はその委任を受けた者の要請に応じ，引き続いて当該法人の役員又は当該法人に使用される者となつた場合に，職員としての勤続期間を当該法人の役員

又は当該法人に使用される者としての勤続期間に通算することと定めている法人に限る.)をいう.
④ 第2項第2号に規定する退職手当通算予定職員とは,任命権者又はその委任を受けた者の要請に応じ,引き続いて退職手当通算法人(前項に規定する退職手当通算法人をいう.以下同じ.)の役員又は退職手当通算法人に使用される者となるため退職することとなる職員であつて,当該退職手当通算法人に在職した後,特別の事情がない限り引き続いて選考による採用が予定されている者のうち政令で定めるものをいう.

(在職中の求職の規制)

**第106条の3** ① 職員は,利害関係企業等(営利企業等のうち,職員の職務に利害関係を有するものとして政令で定めるものをいう.以下同じ.)に対し,離職後に当該利害関係企業等若しくはその子法人の地位に就くことを目的として,自己に関する情報を提供し,若しくは当該地位に関する情報の提供を依頼し,又は当該地位に就くことを要求し,若しくは約束してはならない.

② 前項の規定は,次に掲げる場合には適用しない.
1 退職手当通算予定職員(前条第4項に規定する退職手当通算予定職員をいう.以下同じ.)が退職手当通算法人に対して行う場合
2 在職する局等組織(国家行政組織法第7条第1項に規定する官房若しくは局,同法第8条の2に規定する施設等機関その他これらに準ずる国の部局若しくは機関又は政令で定めるもの,これらに相当する特定独立行政法人の組織として政令で定めるもの又は都道府県警察をいう.以下同じ.)の意思決定の権限に特に影響力を有しない官職として政令で定めるものに就いている職員が行う場合
3 センターから紹介された利害関係企業等との間で,当該利害関係企業等又はその子法人の地位に就くことに関して行う場合
4 職員が利害関係企業等に対し,当該利害関係企業等若しくはその子法人の地位に就くことを目的として,自己に関する情報を提供し,若しくは当該地位に関する情報の提供を依頼し,又は当該地位に就くことを要求し,若しくは約束することにより公務の公正性の確保に支障が生じないと認められる場合として政令で定める場合において,政令で定める手続により内閣総理大臣の承認を得た職員が当該承認に係る利害関係企業等に対して行う場合

③ 前項第4号の規定による内閣総理大臣が承認する権限は,再就職等監視委員会に委任する.
④ 前項の規定により再就職等監視委員会に委任された権限は,政令で定めるところにより,再就職等監察官に委任することができる.
⑤ 再就職等監視委員会が第3項の規定により委任を受けた権限に基づき行う承認(前項の規定により委任を受けた権限に基づき再就職等監察官が行う承認を含む.)についての行政不服審査法による不服申立ては,再就職等監視委員会に対して行うことができる.

(再就職者による依頼等の規制)

**第106条の4** ① 職員であつた者であつて離職後に営利企業等の地位に就いている者(退職手当通算予定職員であつた者であつて引き続いて退職手当通算法人の地位に就いている者(以下「退職手当通算退職者」という.)を除く.以下「再就職者」

という.)は,離職前5年間に在職していた局等組織に属する役職員又はこれに類する者として政令で定めるものに対し,国,特定独立行政法人若しくは都道府県と当該営利企業等若しくはその子法人との間で締結される売買,貸借,請負その他の契約又は当該営利企業等若しくはその子法人に対して行われる行政手続法(平成5年法律第88号)第2条第2号に規定する処分に関する事務(以下「契約等事務」という.)であつて離職前5年間の職務に属するものに関し,離職後2年間,職務上の行為をするように,又はしないように要求し,又は依頼してはならない.

② 前項の規定によるもののほか,再就職者のうち,国家行政組織法第21条第1項に規定する部長若しくは課長の職又はこれらに準ずる職であつて政令で定めるものに,離職した日の5年前の日より前に就いていた者は,当該職に就いていた時に在職していた局等組織に属する役職員又はこれに類する者として政令で定めるものに対し,契約等事務であつて離職した日の5年前の日より前の職務(当該職に就いていたときの職務に限る.)に属するものに関し,離職後2年間,職務上の行為をするように,又はしないように要求し,又は依頼してはならない.

③ 前2項の規定によるもののほか,再就職者のうち,国家行政組織法第6条に規定する長官,同法第18条第1項に規定する事務次官,同法第21条第1項に規定する事務局長若しくは長官の職又はこれらに準ずる職であつて政令で定めるものに就いていた者は,当該職に就いていた時に在職していた府省その他の政令で定める国の機関,特定独立行政法人若しくは都道府県警察(以下「局長としての在職機関」という.)に属する役職員又はこれに類する者として政令で定めるものに対し,契約等事務であつて局長としての在職機関の所掌に属するものに関し,離職後2年間,職務上の行為をするように,又はしないように要求し,又は依頼してはならない.

④ 前3項の規定によるもののほか,再就職者は,在職していた府省その他の政令で定める国の機関,特定独立行政法人若しくは都道府県警察(以下この項において「行政機関等」という.)に属する役職員又はこれに類する者として政令で定めるものに対し,国,特定独立行政法人若しくは都道府県と営利企業等(当該再就職者が現にその地位に就いているものに限る.)若しくはその子法人との間の契約であつて当該行政機関等においての締結について自らが決定したもの又は当該行政機関等による当該営利企業等若しくはその子法人に対する行政手続法第2条第2号に規定する処分であつて自らが決定したものに関し,職務上の行為をするように,又はしないように要求し,又は依頼してはならない.

⑤ 前各項の規定は,次に掲げる場合には適用しない.
1 試験,検査,検定その他の行政上の事務であつて,法律の規定に基づく行政庁による指定若しくは登録その他の処分(以下「指定等」という.)を受けた者が行う当該指定等に係るもの若しくは行政庁から委託を受けた者が行う当該委託に係るものを遂行するために必要な場合,又は国の事務若しくは事業と密接な関連を有する業務として政令で定めるものを行うために必要な場合
2 行政庁に対する権利若しくは義務を定めている

**I 憲法・行政法 17 国家公務員法（106条の5〜106条の12）**

　法令の規定若しくは国，特定独立行政法人若しくは都道府県との間で締結された契約に基づき，権利を行使し，又は義務を履行する場合又はこれらに類する場合として政令で定める場合
　3　行政手続法第2条第3号に規定する申請又は同条第7号に規定する届出を行う場合
　4　会計法（昭和22年法律第35号）第29条の3第1項に規定する競争の手続，特定独立行政法人が公告して申込みをさせることによる競争の手続又は地方自治法（昭和22年法律第67号）第234条第1項に規定する一般競争入札若しくはせり売りの手続に従い，売買，貸借，請負その他の契約を締結するために必要な場合
　5　法令の規定により又は慣行として公にされ，又は公にすることが予定されている情報の提供を求める場合（一定の日以降に公にすることが予定されている情報を同日前に開示するよう求める場合を除く．）
　6　再就職者が役職員（これに類する者を含む．以下この号において同じ．）に対し，契約等事務に関し，職務上の行為をするように，又はしないように要求し，又は依頼することにより公務の公正性の確保に支障が生じないと認められる場合として政令で定める場合において，政令で定める手続により内閣総理大臣の承認を得て，再就職者が当該承認に係る役職員に対し，当該承認に係る契約等事務に関し，職務上の行為をするように，又はしない
ように要求し，又は依頼する場合
⑥　前項第6号の規定による内閣総理大臣が承認する権限は，再就職等監視委員会に委任する．
⑦　前項の規定により再就職等監視委員会に委任された権限は，政令で定めるところにより，再就職等監察官に委任することができる．
⑧　再就職等監視委員会が第6項の規定により委任を受けた権限に基づき行う承認（前項の規定により委任を受けた権限に基づき再就職等監察官が行う承認を含む．）についての行政不服審査法による不服申立ては，再就職等監視委員会に対して行うことができる．
⑨　再就職者は，第5項各号に掲げる場合を除き，再就職者から第1項から第4項までの規定により禁止される要求又は依頼を受けたとき（独立行政法人通則法第54条の2第1項において準用する第1項から第4項までの規定により禁止される要求又は依頼を受けたときを含む．）は，政令で定めるところにより，再就職等監察官にその旨を届け出なければならない．

**第2款　再就職等監視委員会**
（設　置）
**第106条の5**　①　内閣府に，再就職等監視委員会（以下「委員会」という．）を置く．
②　委員会は，次に掲げる事務をつかさどる．
　1　第18条の4の規定により委任を受けた権限に基づき調査を行うこと．
　2　第106条の3第3項及び前条第6項の規定により委任を受けた権限に基づき承認を行うこと．
　3　前2号に掲げるもののほか，この法律及び他の法律の規定によりその権限に属させられた事項を処理すること．
（職権の行使）
**第106条の6**　委員会の委員長及び委員は，独立してその職権を行う．
（組　織）
**第106条の7**　①　委員会は，委員長及び委員4人をもつて組織する．
②　委員は，非常勤とする．
③　委員長は，会務を総理し，委員会を代表する．
④　委員長に事故があるときは，あらかじめその指名する委員が，その職務を代理する．
（委員長及び委員の任命）
**第106条の8**　①　委員長及び委員は，人格が高潔であり，職員の退職管理に関する事項に関し公正な判断をすることができ，法律又は社会に関する学識経験を有する者であつて，かつ，役職員（検察官その他の職務の特殊性を勘案して政令で定める者を除く．）としての前歴を有しない者のうちから，両議院の同意を得て，内閣総理大臣が任命する．
②　委員長又は委員の任期が満了し，又は欠員を生じた場合において，国会の閉会又は衆議院の解散のために両議院の同意を得ることができないときは，内閣総理大臣は，前項の規定にかかわらず，委員長又は委員を任命することができる．
③　前項の場合においては，任命後最初の国会において両議院の事後の承認を得なければならない．この場合において，両議院の事後の承認を得られないときは，内閣総理大臣は，直ちにその委員長又は委員を罷免しなければならない．
（委員長及び委員の任期）
**第106条の9**　①　委員長及び委員の任期は，3年とする．ただし，補欠の委員長及び委員の任期は，前任者の残任期間とする．
②　委員長及び委員は，再任されることができる．
③　委員長及び委員の任期が満了したときは，当該委員長及び委員は，後任者が任命されるまで引き続きその職務を行うものとする．
（身分保障）
**第106条の10**　委員長及び委員は，次の各号のいずれかに該当する場合を除いては，在任中，その意に反して罷免されることがない．
　1　破産手続開始の決定を受けたとき．
　2　禁錮以上の刑に処せられたとき．
　3　役職員（第106条の8第1項に規定する政令で定める者を除く．）となつたとき．
　4　委員会により，心身の故障のため職務の執行ができないと認められたとき，又は職務上の義務違反その他委員長若しくは委員たるに適しない非行があると認められたとき．
（罷　免）
**第106条の11**　内閣総理大臣は，委員長又は委員が前条各号のいずれかに該当するときは，その委員長又は委員を罷免しなければならない．
（服　務）
**第106条の12**　①　委員長及び委員は，職務上知ることのできた秘密を漏らしてはならない．その職を退いた後も同様とする．
②　委員長及び委員は，在任中，政党その他の政治的団体の役員となり，又は積極的に政治運動をしてはならない．
③　委員長は，在任中，内閣総理大臣の許可のある場合を除くほか，報酬を得て他の職務に従事し，又は営利事業を営み，その他金銭上の利益を目的とする業務を行つてはならない．
（給　与）

第106条の13　委員長及び委員の給与は、別に法律で定める。

**(再就職等監察官)**
第106条の14　① 委員会に、再就職等監察官(以下「監察官」という。)を置く。
② 監察官は、委員会の定めるところにより、次に掲げる事務を行う。
　1　第106条の3第4項及び第106条の4第7項の規定により委任を受けた権限に基づく承認を行うこと。
　2　第106条の4第9項の規定による届出を受理すること。
　3　第106条の19及び第106条の20第1項の規定による調査を行うこと。
　4　前3号に掲げるもののほか、この法律及び他の法律の規定によりその権限に属させられた事項を処理すること。
③ 監察官のうち常勤とすべきものの定数は、政令で定める。
④ 前項に規定するもののほか、監察官は、非常勤とする。
⑤ 監察官は、役職員(検察官その他の職務の特殊性を勘案して政令で定める者を除く。)としての前歴を有しない者のうちから、委員会の議決を経て、内閣総理大臣が任命する。

**(事務局)**
第106条の15　① 委員会の事務を処理させるため、委員会に事務局を置く。
② 事務局に、事務局長のほか、所要の職員を置く。
③ 事務局長は、委員長の命を受けて、局務を掌理する。

**(違反行為の疑いに係る任命権者の報告)**
第106条の16　任命権者は、職員又は職員であつた者に再就職等規制違反行為(第106条の2から第106条の4までの規定に違反する行為をいう。以下同じ。)を行つた疑いがあると思料するときは、その旨を委員会に報告しなければならない。

**(任命権者による調査)**
第106条の17　① 任命権者は、職員又は職員であつた者に再就職等規制違反行為を行つた疑いがあると思料して当該再就職等規制違反行為に関して調査を行おうとするときは、委員会にその旨を通知しなければならない。
② 委員会は、任命権者が行う前項の調査の経過について、報告を求め、又は意見を述べることができる。
③ 任命権者は、第1項の調査を終了したときは、遅滞なく、委員会に対し、当該調査の結果を報告しなければならない。

**(任命権者に対する調査の要求等)**
第106条の18　① 委員会は、第106条の4第9項の届出、第106条の16の報告又はその他の事由により職員又は職員であつた者に再就職等規制違反行為を行つた疑いがあると思料するときは、任命権者に対し、当該再就職等規制違反行為に関する調査を行うよう求めることができる。
② 前条第2項及び第3項の規定は、前項の規定により行われる調査について準用する。

**(共同調査)**
第106条の19　委員会は、第106条の17第2項(前条第2項において準用する場合を含む。)の規定による報告を受けた場合において必要があると認めるときは、再就職等規制違反行為に関し、監察官に任命権者と共同して調査を行わせることができる。

**(委員会による調査)**
第106条の20　① 委員会は、第106条の4第9項の届出、第106条の16の報告又はその他の事由により職員又は職員であつた者に再就職等規制違反行為を行つた疑いがあると思料する場合であつて、特に必要があると認めるときは、当該再就職等規制違反行為に関する調査の開始を決定し、監察官に当該調査を行わせることができる。
② 任命権者は、前項の調査に協力しなければならない。
③ 委員会は、第1項の調査を終了したときは、遅滞なく、任命権者に対し、当該調査の結果を通知しなければならない。

**(勧告)**
第106条の21　① 委員会は、第106条の17第3項(第106条の18第2項において準用する場合を含む。)の規定による調査の結果の報告に照らし、又は第106条の19若しくは前条第1項の規定により監察官に調査を行わせた結果、任命権者において懲戒処分その他の措置を行うことが適当であると認めるときは、任命権者に対し、当該措置を行うべき旨の勧告をすることができる。
② 任命権者は、前項の勧告に係る措置について、委員会に対し、報告しなければならない。
③ 委員会は、内閣総理大臣に対し、この節の規定の適切な運用を確保するために必要と認められる措置について、勧告することができる。

**(政令への委任)**
第106条の22　第106条の5から前条までに規定するもののほか、委員会に関し必要な事項は、政令で定める。

### 第3款　雑則

**(任命権者への届出)**
第106条の23　① 職員(退職手当通算予定職員を除く。)は、離職後に営利企業等の地位に就くことを約束した場合には、速やかに、政令で定めるところにより、任命権者に政令で定める事項を届け出なければならない。
② 前項の届出を受けた任命権者は、第106条の3第1項の規定の趣旨を踏まえ、当該届出を行つた職員の任用を行うものとする。
③ 第1項の届出を受けた任命権者は、当該届出を行つた職員が管理又は監督の地位にある職員の官職として政令で定めるものに就いている職員(以下「管理職職員」という。)である場合には、速やかに、当該届出に係る事項を内閣総理大臣に通知するものとする。

**(内閣総理大臣への届出)**
第106条の24　① 管理職職員であつた者(退職手当通算離職者を除く。次項において同じ。)は、離職後2年間、次に掲げる法人の役員その他の地位であつて政令で定めるものに就こうとする場合(前条第1項の規定により政令で定める事項を届け出た場合を除く。)には、あらかじめ、政令で定めるところにより、内閣総理大臣に政令で定める事項を届け出なければならない。
　1　特定独立行政法人以外の独立行政法人
　2　特殊法人(法律により直接に設立された法人及び特別の法律により特別の設立行為をもつて設立された法人(独立行政法人に該当するものを除く。)のうち政令で定めるものをいう。)
　3　認可法人(特別の法律により設立され、かつ、その設立に関し行政庁の認可を要する法人のうち政

令で定めるものをいう.)
4 公益社団法人又は公益財団法人(国と特に密接な関係があるものとして政令で定めるものに限る.)
② 管理職員であつた者は,離職後2年間,営利企業以外の事業の団体の地位に就き,若しくは事業に従事し,若しくは事務を行うこととなつた場合(報酬を得る場合に限る.)又は営利企業(前項第2号又は第3号に掲げる法人を除く.)の地位に就いた場合は,前条第1項又は前項の規定による届出を行つた場合,日々雇い入れられる者となつた場合その他政令で定める場合を除き,政令で定めるところにより,速やかに,内閣総理大臣に政令で定める事項を届け出なければならない.

(内閣総理大臣による報告及び公表)
**第106条の25** ① 内閣総理大臣は,第106条の23第3項の規定による通知及び前条の規定による届出を受けた事項について,遅滞なく,政令で定めるところにより,内閣に報告しなければならない.
② 内閣は,毎年度,前項の報告を取りまとめ,政令で定める事項を公表するものとする.

(退職管理基本方針)
**第106条の26** ① 内閣総理大臣は,あらかじめ,第55条第1項に規定する任命権者及び法律で別に定められた任命権者と協議して,職員の退職管理に関する基本的な方針(以下「退職管理基本方針」という.)の案を作成し,閣議の決定を求めなければならない.
② 内閣総理大臣は,前項の規定による閣議の決定があつたときは,遅滞なく,退職管理基本方針を公表しなければならない.
③ 前2項の規定は,退職管理基本方針の変更について準用する.
④ 任命権者は,退職管理基本方針に沿つて,職員の退職管理を行わなければならない.

(再就職後の公表)
**第106条の27** 在職中に第106条の3第2項第4号の承認を得た管理職職員が離職後に当該承認に係る営利企業等の地位に就いた場合には,当該管理職職員が離職時に在職していた府省その他の政令で定める国の機関,特定独立行政法人又は都道府県警察(以下この条において「在職機関」という.)は,政令で定めるところにより,その者の離職後2年間(その者が当該営利企業等の地位に就いている間に限る.),次に掲げる事項を公表しなければならない.
1 その者の氏名
2 在職機関が当該営利企業等に対して交付した補助金等(補助金等に係る予算の執行の適正化に関する法律(昭和30年法律第179号)第2条第1項に規定する補助金等をいう.)の総額
3 在職機関と当該営利企業等との間の売買,貸借,請負その他の契約の総額
4 その他政令で定める事項

### 第9節 退職年金制度

(退職年金制度)
**第107条** ① 職員が,相当年限忠実に勤務して退職した場合,公務に基く負傷若しくは疾病に基き退職した場合又は公務に基き死亡した場合におけるその者又はその遺族に支給する年金に関する制度が,樹立し実施せられなければならない.
② 前項の年金制度は,退職又は死亡の時の条件を考慮して,本人及びその退職又は死亡の当時直接扶養する者のその後における適当な生活の維持を図ることを目的とするものでなければならない.
③ 第1項の年金制度は,健全な保険数理を基礎として定められなければならない.
④ 前3項の規定による年金制度は,法律によつてこれを定める.

(意見の申出)
**第108条** 人事院は,前条の年金制度に関し調査研究を行い,必要な意見を国会及び内閣に申し出ることができる.

### 第10節 職員団体

(職員団体)
**第108条の2** ① この法律において「職員団体」とは,職員がその勤務条件の維持改善を図ることを目的として組織する団体又はその連合体をいう.
② 前項の「職員」とは,第5項に規定する職員以外の職員をいう.
③ 職員は,職員団体を結成し,若しくは結成せず,又はこれに加入し,若しくは加入しないことができる.ただし,重要な行政上の決定を行う職員,重要な行政上の決定に参画する管理的地位にある職員,職員の任免に関して直接の権限を持つ監督的地位にある職員,職員の任免,分限,懲戒若しくは服務,職員の給与その他の勤務条件又は職員団体との関係についての当局の計画若しくは方針に関する機密の事項に接し,そのためにその職務上の義務と責任とが職員団体の構成員としての誠意と責任とに直接に抵触すると認められる監督的地位にある職員その他職員団体との関係において当局の立場に立つて遂行すべき職務を担当する職員(以下「管理職員等」という.)と管理職員等以外の職員とは,同一の職員団体を組織することができず,管理職員等と管理職員等以外の職員とが組織する団体は,この法律にいう「職員団体」ではない.
④ 前項ただし書に規定する管理職員等の範囲は,人事院規則で定める.
⑤ 警察職員及び海上保安庁又は刑事施設において勤務する職員は,職員の勤務条件の維持改善を図ることを目的とし,かつ,当局と交渉する団体を結成し,又はこれに加入してはならない.

(職員団体の登録)
**第108条の3** ① 職員団体は,人事院規則で定めるところにより,理事その他の役員の氏名及び人事院規則で定める事項を記載した申請書に規約を添えて人事院に登録を申請することができる.
② 職員団体の規約には,少なくとも次に掲げる事項を記載するものとする.
1 名称
2 目的及び業務
3 主なる事務所の所在地
4 構成員の範囲及びその資格の得喪に関する規定
5 理事その他の役員に関する規定
6 次項に規定する事項を含む業務執行,会議及び投票に関する規定
7 経費及び会計に関する規定
8 他の職員団体との連合に関する規定
9 規約の変更に関する規定
10 解散に関する規定
③ 職員団体が登録される資格を有し,及び引き続き登録されているためには,規約の作成又は変更,役員の選挙その他これらに準ずる重要な行為が,すべての構成員が平等に参加する機会を有する直接

かつ秘密の投票による全員の過半数(役員の選挙については,投票者の過半数)によつて決定される旨の手続を定め,かつ,現実にその手続によりこれらの要件を具備する行為が実施されていることを必要とする。ただし,連合体である職員団体又は全国的規模をもつ職員団体にあつては,すべての構成員が平等に参加する機会を有する構成員ごと又は地域若しくは職域ごとの直接かつ秘密の投票による投票者の過半数で代議員を選挙し,この代議員の全員が平等に参加する機会を有する直接かつ秘密の投票による全員の過半数(役員の選挙については,投票者の過半数)によつて決定される旨の手続を定め,かつ,現実に,その手続により決定されることをもつて足りるものとする。

④ 前項に定めるもののほか,職員団体が登録される資格を有し,及び引き続いて登録されているためには,前条第5項に規定する職員以外の職員のみをもつて組織されていることを必要とする。ただし,同項に規定する職員以外の職員であつた者でその意に反して免職され,若しくは懲戒処分としての免職の処分を受けた者で,当該処分を受けた日の翌日から起算して1年以内のもの又はその期間内に当該処分について法律の定めるところにより不服申立てをし,若しくは訴えを提起し,これに対する裁決若しくは決定又は裁判が確定するに至らないものを構成員にとどめていること,及び当該職員団体の役員である者を構成員としていることを妨げない。

⑤ 人事院は,登録を申請した職員団体が前3項の規定に適合するものであるときは,人事院規則で定めるところにより,規約及び第1項に規定する申請書の記載事項を登録し,当該職員団体にその旨を通知しなければならない。この場合において,職員でない者の役員就任を認めている職員団体を,そのゆえをもつて登録の要件に適合しないものと解してはならない。

⑥ 登録された職員団体が職員団体でなくなつたとき,登録された職員団体について第2項から第4項までの規定に適合しない事実があつたとき,又は登録された職員団体が第9項の規定による届出をしなかつたときは,人事院は,人事院規則で定めるところにより,60日を超えない範囲内で当該職員団体の登録の効力を停止し,又は当該職員団体の登録を取り消すことができる。

⑦ 前項の規定による登録の取消しに係る聴聞の期日における審理は,当該職員団体から請求があつたときは,公開により行わなければならない。

⑧ 第6項の規定による登録の取消しは,当該処分の取消しの訴えを提起することができる期間内及び当該処分の取消しの訴えの提起があつたときは当該訴訟が裁判所に係属する間は,その効力を生じない。

⑨ 登録された職員団体は,その規約又は第1項に規定する申請書の記載事項に変更があつたときは,人事院規則で定めるところにより,人事院にその旨を届け出なければならない。この場合においては,第5項の規定を準用する。

⑩ 登録された職員団体は,解散したときは,人事院規則で定めるところにより,人事院にその旨を届け出なければならない。

(法人たる職員団体)
**第108条の4** 削除

(交 渉)
**第108条の5** ① 当局は,登録された職員団体から,職員の給与,勤務時間その他の勤務条件に関し,及びこれに附帯して,社交的又は厚生的活動を含む適法な活動に係る事項に関し,適法な交渉の申入れがあつた場合においては,その申入れに応ずべき地位に立つものとする。

② 職員団体と当局との交渉は,団体協約を締結する権利を含まないものとする。

③ 国の事務の管理及び運営に関する事項は,交渉の対象とすることができない。

④ 職員団体が交渉することのできる当局は,交渉事項について適法に管理し,又は決定することのできる当局とする。

⑤ 交渉は,職員団体と当局があらかじめ取り決めた員数の範囲内で,職員団体がその役員の中から指名する者と当局の指名する者との間において行わなければならない。交渉に当たつては,職員団体と当局との間において,議題,時間,場所その他必要な事項をあらかじめ取り決めて行うものとする。

⑥ 前項の場合において,特別の事情があるときは,職員団体は,役員以外の者を指名することができるものとする。ただし,この場合には,当該交渉の対象である特定の事項について交渉する適法な委任を当該職員団体の執行機関から受けたことを文書で証明できる者でなければならない。

⑦ 交渉は,前2項の規定に適合しないこととなつたとき,又は他の職員の職務の遂行を妨げ,若しくは国の事務の正常な運営を阻害することとなつたときは,これを打ち切ることができる。

⑧ 本条に規定する適法な交渉は,勤務時間中においても行なうことができるものとする。

⑨ 職員は,職員団体に属していないという理由で,第1項に規定する事項に関し,不満を表明し,又は意見を申し出る自由を否定されてはならない。

(職員団体のための職員の行為の制限)
**第108条の6** ① 職員は,職員団体の業務にもつぱら従事することができない。ただし,所轄庁の長の許可を受けて,登録された職員団体の役員としてもつぱら従事する場合は,この限りでない。

② 前項ただし書の許可は,所轄庁の長が相当と認める場合に与えることができるものとし,これを与える場合においては,所轄庁の長は,その許可の有効期間を定めるものとする。

③ 第1項ただし書の規定により登録された職員団体の役員として専ら従事する期間は,職員としての在職期間を通じて5年(特定独立行政法人等の労働関係に関する法律(昭和23年法律第257号)第2条第4号の職員として同法第7条第1項ただし書の規定により労働組合の業務に専ら従事したことがある職員については,5年からその専ら従事した期間を控除した期間)を超えることができない。

④ 第1項ただし書の許可は,当該許可を受けた職員が登録された職員団体の役員として当該職員団体の業務にもつぱら従事する者でなくなつたときは,取り消されるものとする。

⑤ 第1項ただし書の許可を受けた職員は,その許可が効力を有する限り,休職者とする。

⑥ 職員は,人事院規則で定める場合を除き,給与を受けながら,職員団体のためその業務を行ない,又は活動してはならない。

(不利益取扱いの禁止)
**第108条の7** 職員は,職員団体の構成員であること,これを結成しようとしたこと,若しくはこれに

加入しようとしたこと,又はその職員団体における正当な行為をしたことのために不利益な取扱いを受けない.

### 第4章　罰　則（略）

**附　則**（抄）
**第16条**　労働組合法（昭和24年法律第174号），労働関係調整法（昭和21年法律第25号），労働基準法（昭和22年法律第49号），船員法（昭和22年法律第100号），最低賃金法（昭和34年法律第137号），じん肺法（昭和35年法律第30号），労働安全衛生法（昭和47年法律第57号）及び船員災害防止活動の促進に関する法律（昭和42年法律第61号）並びにこれらの法律に基いて発せられる命令は，第2条の一般職に属する職員には，これを適用しない.

## 18　人事院規則14—7（政治的行為）

（昭24・9・19人事院規則14—7,
最終改正：平19・9・28人事院規則1—50）

人事院は，国家公務員法に基き，政治的行為に関し次の人事院規則を制定する.
（適用の範囲）
① 法及び規則中政治的行為の禁止又は制限に関する規定は，臨時的任用として勤務する者，条件付任用期間の者，休暇，休職又は停職中の者及びその他理由のいかんを問わず一時的に勤務しない者をも含むすべての一般職に属する職員に適用する．ただし，顧問，参与，委員その他人事院の指定するこれらと同様な諮問的な非常勤の職員（法第81条の5第1項に規定する短時間勤務の官職を占める職員を除く.）が他の法令に規定する禁止又は制限に触れることなしにする行為には適用しない．
② 法又は規則によつて禁止又は制限される職員の政治的行為は，すべて，職員が，公然又は内密に，職員以外の者と共同して行う場合においても，禁止又は制限される．
③ 法又は規則によつて職員が自ら行うことを禁止又は制限される政治的行為は，すべて，職員が自ら選んだ者又は自己の管理に属する代理人，使用人その他の者を通じて間接に行う場合においても，禁止又は制限される．
④ 法又は規則によつて禁止又は制限される職員の政治的行為は，第6項第16号に定めるものを除いては，職員が勤務時間外において行う場合においても，適用される．
（政治的目的の定義）
⑤ 法及び規則中政治的目的とは，次に掲げるものをいう．政治的目的をもつてなされる行為であつても，第6項に定める政治的行為に含まれない限り，法第102条1項の規定に違反するものではない.
1　規則14—5に定める公選による公職の選挙において，特定の候補者を支持し又はこれに反対すること．
2　最高裁判所の裁判官の任命に関する国民審査に際し，特定の裁判官を支持し又はこれに反対すること．

3　特定の政党その他の政治的団体を支持し又はこれに反対すること．
4　特定の内閣を支持し又はこれに反対すること．
5　政治の方向に影響を与える意図で特定の政策を主張し又はこれに反対すること．
6　国の機関又は公の機関において決定した政策（法令，規則又は条例に包含されたものを含む.）の実施を妨害すること．
7　地方自治法（昭和22年法律第67号）に基く地方公共団体の条例の制定若しくは改廃又は事務監査の請求に関する署名を成立させ又は成立させないこと．
8　地方自治法に基く地方公共団体の議会の解散又は法律に基く公務員の解職の請求に関する署名を成立させ若しくは成立させず又はこれらの請求に基く解散若しくは解職に賛成し若しくは反対すること．
（政治的行為の定義）
⑥ 法第102条第1項の規定する政治的行為とは，次に掲げるものをいう．
1　政治的目的のために職名，職権又はその他の公私の影響力を利用すること．
2　政治的目的のために寄附金その他の利益を提供し又は提供せずその他政治的目的をもつてなんらかの行為をなし又はさないことに対する代償又は報復として，任用，職務，給与その他職員の地位に関してなんらかの利益を得若しくは得ようと企てて又は得させようとすることあるいは不利益を与え，与えようと企てて又は与えようとおびやかすこと．
3　政治的目的をもつて，賦課金，寄附金，会費又はその他の金品を求め若しくは受領し又はなんらかの方法をもつてするを問わずこれらの行為に関与すること．
4　政治的目的をもつて，前号に定める金品を国家公務員に与え又は支払うこと．
5　政党その他の政治的団体の結成を企画し，結成に参与し若しくはこれらの行為を援助し又はそれらの団体の役員，政治的顧問その他これらと同様な役割をもつ構成員となること．
6　特定の政党その他の政治的団体の構成員となるように又はならないように勧誘運動をすること．
7　政党その他の政治的団体の機関紙たる新聞その他の刊行物を発行し，編集し，配布し又はこれらの行為を援助すること．
8　政治的目的をもつて，第5項第1号に定める選挙，同項第2号に定める国民審査の投票又は同項第8号に定める解散若しくは解職の投票において，投票するように又はしないように勧誘運動をすること．
9　政治的目的のために署名運動を企画し，主宰し又は指導しその他これに積極的に参与すること．
10　政治的目的をもつて，多数の人の行進その他の示威運動を企画し，組織し若しくは指導し又はこれらの行為を援助すること．
11　集会その他多数の人に接し得る場所で又は拡声器，ラジオその他の手段を利用して，公に政治的目的を有する意見を述べること．
12　政治的目的を有する文書又は図画を国又は特定独立行政法人の庁舎（特定独立行政法人にあつては，事務所．以下同じ.），施設等に掲示し又は掲示させるその他政治的目的のために国又は特定独立行政法人の庁舎，施設，資材又は資金を利用し又は利

用させること．
13 政治的目的を有する署名又は無署名の文書，図画，音盤又は形象を発行し，回覧に供し，掲示し若しくは配布し又は多数の人に対して朗読し若しくは聴取させ，あるいはこれらの用に供するために著作し又は編集すること．
14 政治的目的を有する演劇を演出し若しくは主宰し又はこれらの行為を援助すること．
15 政治的目的をもつて，政治上の主義主張又は政党その他の政治的団体の表示に用いられる旗，腕章，記章，えり章，服飾その他これらに類するものを製作し又は配布すること．
16 政治的目的をもつて，勤務時間中において，前号に掲げるものを着用し又は表示すること．
17 なんらの名義又は形式をもつてするを問わず，前各号の禁止又は制限を免れる行為をすること．
⑦ この規則のいかなる規定も，職員が本来の職務を遂行するため当然行うべき行為を禁止又は制限するものではない．
⑧ 各省各庁の長及び特定独立行政法人の長は，法又は規則に定める政治的行為の禁止又は制限に違反する行為又は事実があつたことを知つたときは，直ちに人事院に通知するとともに，違反行為の防止又は矯正のために適切な措置をとらなければならない．

## 19 地方自治法(抄)

(昭22・4・17法律第67号，昭22・5・3施行，最終改正：平20・6・18法律第82号)

### 第1編 総 則

**第1条** この法律は，地方自治の本旨に基いて，地方公共団体の区分並びに地方公共団体の組織及び運営に関する事項の大綱を定め，併せて国と地方公共団体との間の基本的関係を確立することにより，地方公共団体における民主的にして能率的な行政の確保を図るとともに，地方公共団体の健全な発達を保障することを目的とする．
**第1条の2** ① 地方公共団体は，住民の福祉の増進を図ることを基本として，地域における行政を自主的かつ総合的に実施する役割を広く担うものとする．
② 国は，前項の規定の趣旨を達成するため，国においては国際社会における国家としての存立にかかわる事務，全国的に統一して定めることが望ましい国民の諸活動若しくは地方自治に関する基本的な準則に関する事務又は全国的な規模で若しくは全国的な視点に立つて行わなければならない施策及び事業の実施その他の国が本来果たすべき役割を重点的に担い，住民に身近な行政はできる限り地方公共団体にゆだねることを基本として，地方公共団体との間で適切に役割を分担するとともに，地方公共団体に関する制度の策定及び施策の実施に当たつて，地方公共団体の自主性及び自立性が十分に発揮されるようにしなければならない．
**第1条の3** ① 地方公共団体は，普通地方公共団体及び特別地方公共団体とする．
② 普通地方公共団体は，都道府県及び市町村とする．
③ 特別地方公共団体は，特別区，地方公共団体の組合，財産区及び地方開発事業団とする．
**第2条** ① 地方公共団体は，法人とする．
② 普通地方公共団体は，地域における事務及びその他の事務で法律又はこれに基づく政令により処理することとされるものを処理する．
③ 市町村は，基礎的な地方公共団体として，第5項において都道府県が処理するものとされているものを除き，一般的に，前項の事務を処理するものとする．ただし，第5項に規定する事務のうち，その規模又は性質において一般の市町村が処理することが適当でないと認められるものについては，当該市町村の規模及び能力に応じて，これを処理することができる．
④ 市町村は，その事務を処理するに当たつては，議会の議決を経てその地域における総合的かつ計画的な行政の運営を図るための基本構想を定め，これに即して行なうようにしなければならない．
⑤ 都道府県は，市町村を包括する広域の地方公共団体として，第2項の事務で，広域にわたるもの，市町村に関する連絡調整に関するもの及びその規模又は性質において一般の市町村が処理することが適当でないと認められるものを処理するものとする．
⑥ 都道府県及び市町村は，その事務を処理するに当つては，相互に競合しないようにしなければならない．
⑦ 特別地方公共団体は，この法律の定めるところにより，その事務を処理する．
⑧ この法律において「自治事務」とは，地方公共団体が処理する事務のうち，法定受託事務以外のものをいう．
⑨ この法律において「法定受託事務」とは，次に掲げる事務をいう．
1 法律又はこれに基づく政令により都道府県，市町村又は特別区が処理することとされる事務のうち，国が本来果たすべき役割に係るものであつて，国においてその適正な処理を特に確保する必要があるものとして法律又はこれに基づく政令に特に定めるもの（以下「第1号法定受託事務」という．）
2 法律又はこれに基づく政令により市町村又は特別区が処理することとされる事務のうち，都道府県が本来果たすべき役割に係るものであつて，都道府県においてその適正な処理を特に確保する必要があるものとして法律又はこれに基づく政令に特に定めるもの（以下「第2号法定受託事務」という．）
⑩ この法律又はこれに基づく政令に規定するもののほか，法律に定める法定受託事務は第1号法定受託事務にあつては別表第1の上欄に掲げる法律についてそれぞれ同表の下欄に，第2号法定受託事務にあつては別表第2の上欄に掲げる法律についてそれぞれ同表の下欄に掲げるとおりであり，政令に定める法定受託事務はこの法律に基づく政令に示すとおりである．
⑪ 地方公共団体に関する法令の規定は，地方自治の本旨に基づき，かつ，国と地方公共団体との適切な役割分担を踏まえたものでなければならない．
⑫ 地方公共団体に関する法令の規定は，地方自治の本旨に基づいて，かつ，国と地方公共団体との適切な役割分担を踏まえて，これを解釈し，及び運用するようにしなければならない．この場合において，特別地方公共団体に関する法令の規定は，この法律に定める特別地方公共団体の特性にも照応するように，これを解釈し，及び運用しなければならない．

⑬ 法律又はこれに基づく政令により地方公共団体が処理することとされる事務が自治事務である場合においては、国は、地方公共団体が地域の特性に応じて当該事務を処理することができるよう特に配慮しなければならない。
⑭ 地方公共団体は、その事務を処理するに当つては、住民の福祉の増進に努めるとともに、最少の経費で最大の効果を挙げるようにしなければならない。
⑮ 地方公共団体は、常にその組織及び運営の合理化に努めるとともに、他の地方公共団体に協力を求めてその規模の適正化を図らなければならない。
⑯ 地方公共団体は、法令に違反してその事務を処理してはならない。なお、市町村及び特別区は、当該都道府県の条例に違反してその事務を処理してはならない。
⑰ 前項の規定に違反して行つた地方公共団体の行為は、これを無効とする。

**第3条** ① 地方公共団体の名称は、従来の名称による。
② 都道府県の名称を変更しようとするときは、法律でこれを定める。
③ 都道府県以外の地方公共団体の名称を変更しようとするときは、この法律に特別の定めのあるものを除くほか、条例でこれを定める。
④ 地方公共団体の長は、前項の規定により当該地方公共団体の名称を変更しようとするときは、あらかじめ都道府県知事に協議しなければならない。
⑤ 地方公共団体は、第3項の規定により条例を制定し又は改廃したときは、直ちに都道府県知事に当該地方公共団体の変更後の名称及び名称を変更する日を報告しなければならない。
⑥ 都道府県知事は、前項の規定による報告があつたときは、直ちにその旨を総務大臣に通知しなければならない。
⑦ 前項の規定による通知を受けたときは、総務大臣は、直ちにその旨を告示するとともに、これを国の関係行政機関の長に通知しなければならない。

**第4条** ① 地方公共団体は、その事務所の位置を定め又はこれを変更しようとするときは、条例でこれを定めなければならない。
② 前項の事務所の位置を定め又はこれを変更するに当つては、住民の利用に最も便利であるように、交通の事情、他の官公署との関係等について適当な考慮を払わなければならない。
③ 第1項の条例を制定し又は改廃しようとするときは、当該地方公共団体の議会において出席議員の3分の2以上の者の同意がなければならない。

**第4条の2** ① 地方公共団体の休日は、条例で定める。
② 前項の地方公共団体の休日は、次に掲げる日について定めるものとする。
1 日曜日及び土曜日
2 国民の祝日に関する法律(昭和23年法律第178号)に規定する日
3 年末又は年始における日で条例で定めるもの
③ 前項各号に掲げる日のほか、当該地方公共団体において特別な歴史的、社会的意義を有し、住民がこぞって記念することが定着している日で、当該地方公共団体の休日とすることについて広く国民の理解を得られるようなものは、第1項の地方公共団体の休日として定めることができる。この場合においては、当該地方公共団体の長は、あらかじめ総務大臣に協議しなければならない。
④ 地方公共団体の行政庁に対する申請、届出その他の行為の期限で法律又は法律に基づく命令で規定する期間(時をもつて定める期間を除く。)をもつて定めるものが第1項の規定に基づき条例で定められた地方公共団体の休日に当たるときは、地方公共団体の休日の翌日をもつてその期限とみなす。ただし、法律又は法律に基づく命令に別段の定めがある場合は、この限りでない。

## 第2編 普通地方公共団体

## 第1章 通則

**第5条** ① 普通地方公共団体の区域は、従来の区域による。
② 都道府県は、市町村を包括する。

**第6条** ① 都道府県の廃置分合又は境界変更をしようとするときは、法律でこれを定める。
② 都道府県の境界にわたつて市町村の設置又は境界の変更があつたときは、都道府県の境界も、また、自ら変更する。従来市町村の区域に属しなかつた地域を市町村の区域に編入したときも、また、同様とする。
③ 前2項の場合において財産処分を必要とするときは、関係地方公共団体が協議してこれを定める。但し、法律に特別の定があるときは、この限りでない。
④ 前項の協議については、関係地方公共団体の議会の議決を経なければならない。

**第8条** ① 市となるべき普通地方公共団体は、左に掲げる要件を具えていなければならない。
1 人口5万以上を有すること。
2 当該普通地方公共団体の中心の市街地を形成している区域内に在る戸数が、全戸数の6割以上であること。
3 商工業その他の都市的業態に従事する者及びその者と同一世帯に属する者の数が、全人口の6割以上であること。
4 前各号に定めるものの外、当該都道府県の条例で定める都市的施設その他の都市としての要件を具えていること。
② 町となるべき普通地方公共団体は、当該都道府県の条例で定める町としての要件を具えていなければならない。
③ 町村を市とし又は市を町村とする処分は第7条第1項、第2項及び第6項から第8項までの例により、村を町とし又は町を村とする処分は同条第1項及び第6項から第8項までの例により、これを行うものとする。

**第8条の2** ① 都道府県知事は、市町村が第2条第15項の規定によりその規模の適正化を図るのを援助するため、市町村の廃置分合又は市町村の境界変更の計画を定め、これを関係市町村に勧告することができる。
② 前項の計画を定め又はこれを変更しようとするときは、都道府県知事は、関係市町村、当該都道府県の議会、当該都道府県の区域内の市町村の議会又は長の連合組織その他の関係のある機関及び学識経験を有する者等の意見を聴かなければならない。
③ 前項の関係市町村の意見については、当該市町村の議会の議決を経なければならない。
④ 都道府県知事は、第1項の規定により勧告をしたときは、直ちにその旨を公表するとともに、総務大臣に報告しなければならない。

## 第2章 住 民

**第10条** ① 市町村の区域内に住所を有する者は,当該市町村及びこれを包括する都道府県の住民とする.
② 住民は,法律の定めるところにより,その属する普通地方公共団体の役務の提供をひとしく受ける権利を有し,その負担を分任する義務を負う.

**第11条** 日本国民たる普通地方公共団体の住民は,この法律の定めるところにより,その属する普通地方公共団体の選挙に参与する権利を有する.

**第12条** ① 日本国民たる普通地方公共団体の住民は,この法律の定めるところにより,その属する普通地方公共団体の条例(地方税の賦課徴収並びに分担金,使用料及び手数料の徴収に関するものを除く.)の制定又は改廃を請求する権利を有する.
② 日本国民たる普通地方公共団体の住民は,この法律の定めるところにより,その属する普通地方公共団体の事務の監査を請求する権利を有する.

**第13条** ① 日本国民たる普通地方公共団体の住民は,この法律の定めるところにより,その属する普通地方公共団体の議会の解散を請求する権利を有する.
② 日本国民たる普通地方公共団体の住民は,この法律の定めるところにより,その属する普通地方公共団体の議会の議員,長,副知事若しくは副市町村長,選挙管理委員若しくは監査委員又は公安委員会の委員の解職を請求する権利を有する.
③ 日本国民たる普通地方公共団体の住民は,法律の定めるところにより,その属する普通地方公共団体の教育委員会の委員の解職を請求する権利を有する.

**第13条の2** 市町村は,別に法律の定めるところにより,その住民につき,住民たる地位に関する正確な記録を常に整備しておかなければならない.

## 第3章 条例及び規則

**第14条** ① 普通地方公共団体は,法令に違反しない限りにおいて第2条第2項の事務に関し,条例を制定することができる.
② 普通地方公共団体は,義務を課し,又は権利を制限するには,法令に特別の定めがある場合を除くほか,条例によらなければならない.
③ 普通地方公共団体は,法令に特別の定めがあるものを除くほか,その条例中に,条例に違反した者に対し,2年以下の懲役若しくは禁錮,100万円以下の罰金,拘留,科料若しくは没収の刑又は5万円以下の過料を科する旨の規定を設けることができる.

**第15条** ① 普通地方公共団体の長は,法令に違反しない限りにおいて,その権限に属する事務に関し,規則を制定することができる.
② 普通地方公共団体の長は,法令に特別の定めがあるものを除くほか,普通地方公共団体の規則中に,規則に違反した者に対し,5万円以下の過料を科する旨の規定を設けることができる.

**第16条** ① 普通地方公共団体の議会の議長は,条例の制定又は改廃の議決があつたときは,その日から3日以内にこれを当該普通地方公共団体の長に送付しなければならない.
② 普通地方公共団体の長は,前項の規定により条例の送付を受けた場合において,再議その他の措置を講ずる必要がないと認めるときは,その日から20日以内にこれを公布しなければならない.
③ 条例は,条例に特別の定めがあるものを除く外,公布の日から起算して10日を経過した日から,これを施行する.
④ 当該普通地方公共団体の長の署名,施行期日の特例その他条例の公布に関し必要な事項は,条例でこれを定めなければならない.
⑤ 前2項の規定は,普通地方公共団体の規則並びにその機関の定める規則及びその他の規程で公表を要するものにこれを準用する.但し,法令又は条例に特別の定があるときは,この限りでない.

## 第4章 選 挙

**第17条** 普通地方公共団体の議会の議員及び長は,別に法律の定めるところにより,選挙人が投票により選挙する.

**第18条** 日本国民たる年齢満20年以上の者で引き続き3箇月以上市町村の区域内に住所を有するものは,別に法律の定めるところにより,その属する普通地方公共団体の議会の議員及び長の選挙権を有する.

**第19条** ① 普通地方公共団体の議会の議員の選挙権を有する者で年齢満25年以上のものは,別に法律の定めるところにより,普通地方公共団体の議会の議員の被選挙権を有する.
② 日本国民で年齢満30年以上のものは,別に法律の定めるところにより,都道府県知事の被選挙権を有する.
③ 日本国民で年齢満25年以上のものは,別に法律の定めるところにより,市町村長の被選挙権を有する.

## 第5章 直接請求

### 第1節 条例の制定及び監査の請求

**第74条** ① 普通地方公共団体の議会の議員及び長の選挙権を有する者(以下本編において「選挙権を有する者」という.)は,政令の定めるところにより,その総数の50分の1以上の者の連署をもつて,その代表者から,普通地方公共団体の長に対し,条例(地方税の賦課徴収並びに分担金,使用料及び手数料の徴収に関するものを除く.)の制定又は改廃の請求をすることができる.
② 前項の請求があつたときは,当該普通地方公共団体の長は,直ちに請求の要旨を公表しなければならない.
③ 普通地方公共団体の長は,第1項の請求を受理した日から20日以内に議会を招集し,意見を附けてこれを議会に付議し,その結果を同項の代表者に通知するとともに,これを公表しなければならない.
④ 議会は,前項の規定により付議された事件の審査を行うに当たつては,政令の定めるところにより,第1項の代表者に意見を述べる機会を与えなければならない.
⑤ 第1項の選挙権を有する者とは,公職選挙法(昭和25年法律第100号)第22条の規定による選挙人名簿の登録が行なわれた日において選挙人名簿

に登録されている者とし，その総数の50分の1の数は，当該普通地方公共団体の選挙管理委員会において，その登録が行なわれた日後直ちにこれを告示しなければならない．

⑥ 第1項の場合において，当該地方公共団体の区域内で衆議院議員，参議院議員又は地方公共団体の議会の議員若しくは長の選挙が行なわれることとなるときは，政令で定める期間，当該選挙が行なわれる区域内においては請求のための署名を求めることができない．

⑦ 選挙権を有する者は，身体の故障又は文盲により条例の制定又は改廃の請求者の署名簿に署名することができないときは，その者の属する市町村の選挙権を有する者（条例の制定又は改廃の請求者の代表者及び当該代表者の委任を受けて当該市町村の選挙権を有する者に対し当該署名簿に署名することを求める者を除く．）に委任して，自己の氏名（以下「請求者の氏名」という．）を当該署名簿に記載させることができる．この場合において，委任を受けた者による当該請求者の氏名の記載は，第1項の規定による請求者の署名とみなす．

⑧ 前項の規定により委任を受けた者（以下「氏名代筆者」という．）が請求者の氏名を条例の制定又は改廃の請求者の署名簿に記載するに当たっては，氏名代筆者は，当該署名簿に氏名代筆者としての署名をしなければならない．

**第75条** ① 選挙権を有する者（道の方面公安委員会については，当該方面公安委員会の管理する方面本部の管轄区域内において選挙権を有する者）は，政令の定めるところにより，その総数の50分の1以上の者の連署をもって，その代表者から，普通地方公共団体の監査委員に対し，当該普通地方公共団体の事務の執行に関し，監査の請求をすることができる．

② 前項の請求があつたときは，監査委員は，直ちに請求の要旨を公表しなければならない．

③ 監査委員は，第1項の請求に係る事項につき監査し，監査の結果に関する報告を決定し，これを同項の代表者に送付し，かつ，公表するとともに，これを当該普通地方公共団体の議会及び長並びに関係のある教育委員会，選挙管理委員会，人事委員会若しくは公平委員会，公安委員会，労働委員会，農業委員会その他法律に基づく委員会又は委員に提出しなければならない．

④ 前項の規定による監査の結果に関する報告の決定は，監査委員の合議によるものとする．

⑤ 第74条第5項の規定は第1項の選挙権を有する者及びその総数の50分の1の数について，同条第6項から第8項まで及び第74条の2から前条までの規定は第1項の規定による請求者の署名について準用する．

**第2節 解散及び解職の請求**

**第76条** ① 選挙権を有する者は，政令の定めるところにより，その総数の3分の1（その総数が40万を超える場合にあつては，その超える数に6分の1を乗じて得た数と40万に3分の1を乗じて得た数とを合算して得た数）以上の者の連署をもって，その代表者から，普通地方公共団体の選挙管理委員会に対し，当該普通地方公共団体の議会の解散の請求をすることができる．

② 前項の請求があつたときは，委員会は，直ちに請求の要旨を公表しなければならない．

③ 第1項の請求があつたとき，委員会は，これを選挙人の投票に付さなければならない．

④ 第74条第5項の規定は第1項の選挙権を有する者及びその総数の3分の1の数（その総数が40万を超える場合にあつては，その超える数に6分の1を乗じて得た数と40万に3分の1を乗じて得た数とを合算して得た数）について，同条第6項から第8項まで及び第74条の2から第74条の4までの規定は第1項の規定による請求者の署名について準用する．

**第77条** 解散の投票の結果が判明したときは，選挙管理委員会は，直ちにこれを前条第1項の代表者及び当該普通地方公共団体の議会の議長に通知し，かつ，これを公表するとともに，都道府県にあつては都道府県知事に，市町村にあつては市町村長に報告しなければならない．その投票の結果が確定したときも，また，同様とする．

**第78条** 普通地方公共団体の議会は，第76条第3項の規定による解散の投票において過半数の同意があつたときは，解散するものとする．

**第79条** 第76条第1項の規定による普通地方公共団体の議会の解散の請求は，その議会の議員の一般選挙のあつた日から1年間及び同条第3項の規定による解散の投票のあつた日から1年間は，これをすることができない．

**第80条** ① 選挙権を有する者は，政令の定めるところにより，所属する選挙区におけるその総数の3分の1（その総数が40万を超える場合にあつては，その超える数に6分の1を乗じて得た数と40万に3分の1を乗じて得た数とを合算して得た数）以上の者の連署をもって，その代表者から，普通地方公共団体の選挙管理委員会に対し，当該選挙区に属する普通地方公共団体の議会の議員の解職の請求をすることができる．この場合において選挙区がないときは，選挙権を有する者の総数の3分の1（その総数が40万を超える場合にあつては，その超える数に6分の1を乗じて得た数と40万に3分の1を乗じて得た数とを合算して得た数）以上の者の連署をもって，議員の解職の請求をすることができる．

② 前項の請求があつたときは，委員会は，直ちに請求の要旨を関係区域内に公表しなければならない．

③ 第1項の請求があつたときは，委員会は，これを当該選挙区の選挙人の投票に付さなければならない．この場合において選挙区がないときは，すべての選挙人の投票に付さなければならない．

④ 第74条第5項の規定は第1項の選挙権を有する者及びその総数の3分の1の数（その総数が40万を超える場合にあつては，その超える数に6分の1を乗じて得た数と40万に3分の1を乗じて得た数とを合算して得た数）について，同条第6項から第8項まで及び第74条の2から第74条の4までの規定は第1項の規定による請求者の署名について準用する．

**第81条** ① 選挙権を有する者は，政令の定めるところにより，その総数の3分の1（その総数が40万を超える場合にあつては，その超える数に6分の1を乗じて得た数と40万に3分の1を乗じて得た数とを合算して得た数）以上の者の連署をもって，その代表者から，普通地方公共団体の選挙管理委員会に対し，当該普通地方公共団体の長の解職の請求をすることができる．

② 第74条第5項の規定は前項の選挙権を有する者

及びその総数の3分の1の数（その総数が40万を超える場合にあつては、その超える数に6分の1を乗じて得た数と40万に3分の1を乗じて得た数とを合算して得た数）について、同条第6項から第8項まで及び第74条の2から第74条の4までの規定は前項の規定による請求者の署名について、第76条第2項及び第3項の規定は前項の請求について準用する。

**第82条** ① 第80条第3項の規定による解職の投票の結果が判明したときは、普通地方公共団体の選挙管理委員会は、直ちにこれを同条第1項の代表者並びに当該普通地方公共団体の議会の関係議員及び議長に通知し、かつ、これを公表するとともに、都道府県にあつては都道府県知事に、市町村にあつては市町村長に報告しなければならない。その投票の結果が確定したときも、また、同様とする。

② 前条第2項の規定による解職の投票の結果が判明したときは、委員会は、直ちにこれを同条第1項の代表者並びに当該普通地方公共団体の長及び議会の議長に通知し、かつ、これを公表しなければならない。その投票の結果が確定したときも、また、同様とする。

**第83条** 普通地方公共団体の議会の議員又は長は、第80条第3項又は第81条第2項の規定による解職の投票において、過半数の同意があつたときは、その職を失う。

## 第6章　議　会

### 第1節　組　織

**第89条** 普通地方公共団体に議会を置く。

**第90条** ① 都道府県の議会の議員の定数は、条例で定める。

**第91条** ① 市町村の議会の議員の定数は、条例で定める。

**第92条** ① 普通地方公共団体の議会の議員は、衆議院議員又は参議院議員と兼ねることができない。

② 普通地方公共団体の議会の議員は、地方公共団体の議会の議員並びに常勤の職員及び地方公務員法（昭和25年法律第261号）第28条の5第1項に規定する短時間勤務の職を占める職員（以下「短時間勤務職員」という。）と兼ねることができない。

**第92条の2** 普通地方公共団体の議会の議員は、当該普通地方公共団体に対し請負をする者及びその支配人又は主として同一の行為をする法人の無限責任社員、取締役、執行役若しくは監査役若しくはこれらに準ずべき者、支配人及び清算人たることができない。

**第93条** ① 普通地方公共団体の議会の議員の任期は、4年とする。

② 前項の任期の起算、補欠議員の在任期間及び議員の定数に異動を生じたためあらたに選挙された議員の在任期間については、公職選挙法第258条及び第260条の定めるところによる。

**第94条** 町村は、条例で、第89条の規定にかかわらず、議会を置かず、選挙権を有する者の総会を設けることができる。

**第95条** 前条の規定による町村総会に関しては、町村の議会に関する規定を準用する。

### 第2節　権　限

**第96条** ① 普通地方公共団体の議会は、次に掲げる事件を議決しなければならない。

1　条例を設け又は改廃すること。
2　予算を定めること。
3　決算を認定すること。
4　法律又はこれに基づく政令に規定するものを除くほか、地方税の賦課徴収又は分担金、使用料、加入金若しくは手数料の徴収に関すること。
5　その種類及び金額について政令で定める基準に従い条例で定める契約を締結すること。
6　条例で定める場合を除くほか、財産を交換し、出資の目的とし、若しくは支払手段として使用し、又は適正な対価なくしてこれを譲渡し、若しくは貸し付けること。
7　不動産を信託すること。
8　前2号に定めるものを除くほか、その種類及び金額について政令で定める基準に従い条例で定める財産の取得又は処分をすること。
9　負担付きの寄附又は贈与を受けること。
10　法律若しくはこれに基づく政令又は条例に特別の定めがある場合を除くほか、権利を放棄すること。
11　条例で定める重要な公の施設につき条例で定める長期かつ独占的な利用をさせること。
12　普通地方公共団体がその当事者である審査請求その他の不服申立て、訴えの提起（普通地方公共団体の行政庁の処分又は裁決（行政事件訴訟法第3条第2項に規定する処分又は同条第3項に規定する裁決をいう。以下この号、第105条の2、第192条及び第199条の3第3項において同じ。）に係る同法第11条第1項（同法第38条第1項（同法第43条第2項において準用する場合を含む。）又は同法第43条第1項において準用する場合を含む。）の規定による普通地方公共団体を被告とする訴訟（以下この号、第105条の2、第192条及び第199条の3第3項において「普通地方公共団体を被告とする訴訟」という。）に係るものを除く。）、和解（普通地方公共団体の行政庁の処分又は裁決に係る普通地方公共団体を被告とする訴訟に係るものを除く。）、あつせん、調停及び仲裁に関すること。
13　法律上その義務に属する損害賠償の額を定めること。
14　普通地方公共団体の区域内の公共的団体等の活動の総合調整に関すること。
15　その他法律又はこれに基づく政令（これらに基づく条例を含む。）により議会の権限に属する事項

② 前項に定めるものを除くほか、普通地方公共団体は、条例で普通地方公共団体に関する事件（法定受託事務に係るものを除く。）につき議会の議決すべきものを定めることができる。

**第97条** ① 普通地方公共団体の議会は、法律又はこれに基く政令によりその権限に属する選挙を行わなければならない。

② 議会は、予算について、増額してこれを議決することを妨げない。但し、普通地方公共団体の長の予算の提出の権限を侵すことはできない。

**第98条** ① 普通地方公共団体の議会は、当該普通地方公共団体の事務（自治事務にあつては労働委員会及び収用委員会の権限に属する事務で政令で定めるものを除き、法定受託事務にあつては国の安全を害するおそれがあることその他の事由により議会の検査の対象とすることが適当でないものとして政令で定めるものを除く。）に関する書類及び計算書を検閲し、当該普通地方公共団体の長、教育委

員会，選挙管理委員会，人事委員会若しくは公平委員会，公安委員会，労働委員会，農業委員会又は監査委員その他法律に基づく委員会又は委員の報告を請求して，当該事務の管理，議決の執行及び出納を検査することができる．

② 議会は，監査委員に対し，当該普通地方公共団体の事務（自治事務にあつては労働委員会及び収用委員会の権限に属する事務で政令で定めるものを除き，法定受託事務にあつては国の安全を害するおそれがあることその他の事由により本項の監査の対象とすることが適当でないものとして政令で定めるものを除く．）に関する監査を求め，監査の結果に関する報告を請求することができる．この場合における監査の実施については，第199条第2項後段の規定を準用する．

**第99条** 普通地方公共団体の議会は，当該普通地方公共団体の公益に関する事件につき意見書を国会又は関係行政庁に提出することができる．

**第100条** ① 普通地方公共団体の議会は，当該普通地方公共団体の事務（自治事務にあつては労働委員会及び収用委員会の権限に属する事務で政令で定めるものを除き，法定受託事務にあつては国の安全を害するおそれがあることその他の事由により議会の調査の対象とすることが適当でないものとして政令で定めるものを除く．次項において同じ．）に関する調査を行い，選挙人その他の関係人の出頭及び証言並びに記録の提出を請求することができる．

② 民事訴訟に関する法令の規定中証人の訊問に関する規定は，この法律に特別の定があるものを除く外，前項の規定により議会が当該普通地方公共団体の事務に関する調査のため選挙人その他の関係人の証言を請求する場合に，これを準用する．但し，過料，罰金，拘留又は勾引に関する規定は，この限りでない．

③ 第1項の規定により出頭又は記録の提出の請求を受けた選挙人その他の関係人が，正当の理由がないのに，議会に出頭せず若しくは記録を提出しないとき又は証言を拒んだときは，6箇月以下の禁錮又は10万円以下の罰金に処する．

⑫ 議会は，議案の審査又は当該普通地方公共団体の事務に関する調査のためその他議会において必要があると認めるときは，会議規則の定めるところにより，議員を派遣することができる．

⑭ 普通地方公共団体は，条例の定めるところにより，その会議の議員の調査研究に資するため必要な経費の一部として，その議会における会派又は議員に対し，政務調査費を交付することができる．この場合において，当該政務調査費の交付の対象，額及び交付の方法は，条例で定めなければならない．

⑮ 前項の政務調査費の交付を受けた会派又は議員は，条例の定めるところにより，当該政務調査費に係る収入及び支出の報告書を議長に提出するものとする．

### 第3節　招集及び会期

**第101条** ① 普通地方公共団体の議会は，普通地方公共団体の長がこれを招集する．

② 議長は，議会運営委員会の議決を経て，当該普通地方公共団体の長に対し，会議に付議すべき事件を示して臨時会の招集を請求することができる．

③ 議員の定数の4分の1以上の者は，当該普通地方公共団体の長に対し，会議に付議すべき事件を示して臨時会の招集を請求することができる．

④ 前2項の規定による請求があつたときは，当該普通地方公共団体の長は，請求のあつた日から20日以内に臨時会を招集しなければならない．

⑤ 招集は，開会の日前，都道府県及び市にあつては7日，町村にあつては3日までにこれを告示しなければならない．ただし，緊急を要する場合は，この限りでない．

**第102条** ① 普通地方公共団体の議会は，定例会及び臨時会とする．

② 定例会は，毎年，条例で定める回数これを招集しなければならない．

③ 臨時会は，必要がある場合において，その事件に限りこれを招集する．

④ 臨時会に付議すべき事件は，普通地方公共団体の長があらかじめこれを告示しなければならない．

⑤ 臨時会の開会中に緊急を要する事件があるときは，前2項の規定にかかわらず，直ちにこれを会議に付議することができる．

⑥ 普通地方公共団体の議会の会期及びその延長並びにその開閉に関する事項は，議会がこれを定める．

### 第6節　会　議

**第112条** ① 普通地方公共団体の議会の議員は，議会の議決すべき事件につき，議会に議案を提出することができる．但し，予算については，この限りでない．

② 前項の規定により議案を提出するに当たつては，議員の定数の12分の1以上の者の賛成がなければならない．

③ 第1項の規定による議案の提出は，文書を以てこれをしなければならない．

**第115条** ① 普通地方公共団体の議会の会議は，これを公開する．但し，議長又は議員3人以上の発議により，出席議員の3分の2以上の多数で議決したときは，秘密会を開くことができる．

② 前項但書の議長又は議員の発議は，討論を行わないでその可否を決しなければならない．

**第115条の2** 普通地方公共団体の議会が議案に対する修正の動議を議題とするに当たつては，議員の定数の12分の1以上の者の発議によらなければならない．

**第116条** ① この法律に特別の定がある場合を除く外，普通地方公共団体の議会の議事は，出席議員の過半数でこれを決し，可否同数のときは，議長の決するところによる．

② 前項の場合においては，議長は，議員として議決に加わる権利を有しない．

**第117条** 普通地方公共団体の議会の議長及び議員は，自己若しくは父母，祖父母，配偶者，子，孫若しくは兄弟姉妹の一身上に関する事件又は自己若しくはこれらの者の従事する業務に直接の利害関係のある事件については，その議事に参与することができない．但し，議会の同意があつたときは，会議に出席し，発言することができる．

**第118条** ① 法律又はこれに基づく政令により普通地方公共団体の議会において行う選挙については，公職選挙法第46条第1項及び第4項，第47条，第48条，第68条第1項並びに普通地方公共団体の議会の選挙に関する第95条の規定を準用する．その投票の効力に関し異議があるときは，議会がこれを決定する．

② 議会は，議員中に異議がないときは，前項の選挙

につき指名推選の方法を用いることができる．
③ 指名推選の方法を用いる場合においては，被指名人を以て当選人と定めるべきかどうかを会議に諮り，議員の全員の同意があつた者を以て当選人とする．
④ 一の選挙を以て2人以上を選挙する場合においては，被指名人を区分して前項の規定を適用してはならない．
⑤ 第1項の規定による決定に不服がある者は，決定があつた日から21日以内に，都道府県にあつては総務大臣，市町村にあつては都道府県知事に審査を申し立て，その裁決に不服がある者は，裁決のあつた日から21日以内に裁判所に出訴することができる．
⑥ 第1項の規定による決定は，文書を以てし，その理由を附してこれを本人に交付しなければならない．

**第119条** 会期中に議決に至らなかつた事件は，後会に継続しない．

**第120条** 普通地方公共団体の議会は，会議規則を設けなければならない．

**第121条** 普通地方公共団体の長，教育委員会の委員長，選挙管理委員会の委員長，人事委員会の委員長又は公平委員会の委員長，公安委員会の委員長，労働委員会の委員，農業委員会の会長及び監査委員その他法律に基づく委員会の代表者又は委員並びにその委任しは嘱託を受けた者は，議会の審議に必要な説明のため議長から出席を求められたときは，議場に出席しなければならない．

### 第7節 請 願

**第124条** 普通地方公共団体の議会に請願しようとする者は，議員の紹介により請願書を提出しなければならない．

**第125条** 普通地方公共団体の議会は，その採択した請願で当該普通地方公共団体の長，教育委員会，選挙管理委員会，人事委員会若しくは公平委員会，公安委員会，労働委員会，農業委員会又は監査委員その他法律に基づく委員会又は委員において措置することが適当と認めるものは，これらの者にこれを送付し，かつ，その請願の処理の経過及び結果の報告を請求することができる．

### 第8節 議員の辞職及び資格の決定

**第126条** 普通地方公共団体の議会の議員は，議会の許可を得て辞職することができる．但し，閉会中においては，議長の許可を得て辞職することができる．

### 第9節 紀 律

**第129条** ① 普通地方公共団体の議会の会議中この法律又は会議規則に違反しその他議場の秩序を乱す議員があるときは，議長は，これを制止し，又は発言を取り消させ，その命令に従わないときは，その日の会議が終るまで発言を禁止し，又は議場の外に退去させることができる．
② 議長は，議場が騒然として整理することが困難であると認めるときは，その日の会議を閉じ，又は中止することができる．

**第130条** ① 傍聴人が公然と可否を表明し，又は騒ぎ立てる等会議を妨害するときは，普通地方公共団体の議会の議長は，これを制止し，その命令に従わないときは，これを退場させ，必要がある場合においては，これを当該警察官に引き渡すことができる．
② 傍聴席が騒がしいときは，議長は，すべての傍聴人を退場させることができる．
③ 前2項に定めるものを除くほか，議長は，会議の傍聴に関し必要な規則を設けなければならない．

**第131条** 議場の秩序を乱し又は会議を妨害するものがあるときは，議員は，議長の注意を喚起することができる．

**第132条** 普通地方公共団体の議会の会議又は委員会においては，議員は，無礼の言葉を使用し，又は他人の私生活にわたる言論をしてはならない．

**第133条** 普通地方公共団体の議会の会議又は委員会において侮辱を受けた議員は，これを議会に訴えて処分を求めることができる．

### 第10節 懲 罰

**第134条** 普通地方公共団体の議会は，この法律並びに会議規則及び委員会に関する条例に違反した議員に対し，議決により懲罰を科することができる．

## 第7章 執行機関

### 第1節 通 則

**第138条の2** 普通地方公共団体の執行機関は，当該普通地方公共団体の条例，予算その他の議会の議決に基づく事務及び法令，規則その他の規程に基づく当該普通地方公共団体の事務を，自らの判断と責任において，誠実に管理し及び執行する義務を負う．

**第138条の3** ① 普通地方公共団体の執行機関の組織は，普通地方公共団体の長の所轄の下に，それぞれ明確な範囲の所掌事務と権限を有する執行機関によって，系統的にこれを構成しなければならない．
② 普通地方公共団体の執行機関は，普通地方公共団体の長の所轄の下に，執行機関相互の連絡を図り，すべて，一体として，行政機能を発揮するようにしなければならない．
③ 普通地方公共団体の長は，当該普通地方公共団体の執行機関相互の間にその権限につき疑義が生じたときは，これを調整するように努めなければならない．

**第138条の4** ① 普通地方公共団体にその執行機関として普通地方公共団体の長の外，法律の定めるところにより，委員会又は委員を置く．
② 普通地方公共団体の委員会は，法律の定めるところにより，法令又は普通地方公共団体の条例若しくは規則に違反しない限りにおいて，その権限に属する事務に関し，規則その他の規程を定めることができる．
③ 普通地方公共団体は，法律又は条例の定めるところにより，執行機関の附属機関として自治紛争処理委員，審査会，審議会，調査会その他の調停，審査，諮問又は調査のための機関を置くことができる．ただし，政令で定める執行機関については，この限りでない．

### 第2節 普通地方公共団体の長
#### 第1款 地 位

**第139条** ① 都道府県に知事を置く．
② 市町村に市町村長を置く．

**第140条** ① 普通地方公共団体の長の任期は，4年とする．
② 前項の任期の起算については，公職選挙法第259条及び第259条の2の定めるところによる．

**第141条** ① 普通地方公共団体の長は，衆議院議員又は参議院議員と兼ねることができない．
② 普通地方公共団体の長は，地方公共団体の議会の議員並びに常勤の職員及び短時間勤務職員と兼ねることができない．

**第142条** 普通地方公共団体の長は，当該普通地方公共団体に対し請負をする者及びその支配人又は

主として同一の行為をする法人（当該普通地方公共団体が出資している法人で政令で定めるものを除く．）の無限責任社員，取締役，執行役若しくは監査役若しくはこれらに準ずべき者，支配人及び清算人たることができない．

#### 第2款　権　限
**第154条**　普通地方公共団体の長は，その補助機関である職員を指揮監督する．

#### 第3款　補助機関
**第161条**　① 都道府県に副知事を，市町村に副市町村長を置く．ただし，条例で置かないことができる．
② 副知事及び副市町村長の定数は，条例で定める．

**第162条**　副知事及び副市町村長は，普通地方公共団体の長が議会の同意を得てこれを選任する．

**第163条**　副知事及び副市町村長の任期は，4年とする．ただし，普通地方公共団体の長は，任期中においてもこれを解職することができる．

**第167条**　① 副知事及び副市町村長は，普通地方公共団体の長を補佐し，普通地方公共団体の長の命を受け政策及び企画をつかさどり，その補助機関である職員の担任する事務を監督し，別に定めるところにより，普通地方公共団体の長の職務を代理する．
② 前項に定めるもののほか，副知事及び副市町村長は，普通地方公共団体の長の権限に属する事務の一部について，第153条第1項の規定により委任を受け，その事務を執行する．
③ 前項の場合においては，普通地方公共団体の長は，直ちに，その旨を告示しなければならない．

**第168条**　① 普通地方公共団体に会計管理者1人を置く．
② 会計管理者は，普通地方公共団体の長の補助機関である職員のうちから，普通地方公共団体の長が命ずる．

**第169条**　① 普通地方公共団体の長，副知事若しくは副市町村長又は監査委員と親子，夫婦又は兄弟姉妹の関係にある者は，会計管理者となることができない．
② 会計管理者は，前項に規定する関係が生じたときは，その職を失う．

**第170条**　① 法律又はこれに基づく政令に特別の定めがあるものを除くほか，会計管理者は，当該普通地方公共団体の会計事務をつかさどる．
② 前項の会計事務を例示すると，おおむね次のとおりである．
1　現金（現金に代えて納付される証券及び基金に属する現金を含む．）の出納及び保管を行うこと．
2　小切手を振り出すこと．
3　有価証券（公有財産又は基金に属するものを含む．）の出納及び保管を行うこと．
4　物品（基金に属する動産を含む．）の出納及び保管（使用中の物品に係る保管を除く．）を行うこと．
5　現金及び財産の記録管理を行うこと．
6　支出負担行為に関する確認を行うこと．
7　決算を調製し，これを普通地方公共団体の長に提出すること．
③ 普通地方公共団体の長は，会計管理者に事故がある場合において必要があるときは，当該普通地方公共団体の長の補助機関である職員にその事務を代理させることができる．

**第172条**　① 前11条に定める者を除くほか，普通地方公共団体に職員を置く．
② 前項の職員は，普通地方公共団体の長がこれを任免する．
③ 第1項の職員の定数は，条例でこれを定める．ただし，臨時又は非常勤の職については，この限りでない．
④ 第1項の職員に関する任用，職階制，給与，勤務時間その他の勤務条件，分限及び懲戒，服務，研修及び勤務成績の評定，福祉及び利益の保護その他身分取扱いに関しては，この法律に定めるものを除くほか，地方公務員法の定めるところによる．

**第174条**　① 普通地方公共団体は，常設又は臨時の専門委員を置くことができる．
② 専門委員は，専門の学識経験を有する者の中から，普通地方公共団体の長がこれを選任する．
③ 専門委員は，普通地方公共団体の長の委託を受け，その権限に属する事務に関し必要な事項を調査する．
④ 専門委員は，非常勤とする．

#### 第4款　議会との関係
**第176条**　① 普通地方公共団体の議会における条例の制定若しくは改廃又は予算に関する議決について異議があるときは，普通地方公共団体の長は，この法律に特別の定があるものを除く外，その送付を受けた日から10日以内に理由を示してこれを再議に付することができる．
② 前項の規定による議会の議決が再議に付された場合において，その議決が再議に付された議決と同じ議決であるときは，その議決は，確定する．
③ 前項の規定による議決については，出席議員の3分の2以上の者の同意がなければならない．
④ 普通地方公共団体の議会の議決又は選挙がその権限を超え又は法令若しくは会議規則に違反すると認めるときは，当該普通地方公共団体の長は，理由を示してこれを再議に付し又は再選挙を行わなければならない．
⑤ 前項の規定による議会の議決又は選挙がなおその権限を超え又は法令若しくは会議規則に違反すると認めるときは，都道府県知事にあつては総務大臣，市町村長にあつては都道府県知事に対し，当該議決又は選挙があつた日から21日以内に，審査を申し立てることができる．
⑥ 前項の規定による申立てがあつた場合において，総務大臣又は都道府県知事は，審査の結果，議会の議決又は選挙がその権限を超え又は法令若しくは会議規則に違反すると認めるときは，当該議決又は選挙を取り消す旨の裁定をすることができる．
⑦ 前項の裁定に不服があるときは，普通地方公共団体の議会又は長は，裁定のあつた日から60日以内に，裁判所に出訴することができる．
⑧ 前項の訴えのうち第4項の規定による議会の議決又は選挙の取消しを求めるものは，当該議会を被告として提起しなければならない．

**第177条**　① 普通地方公共団体の議会の議決が，収入又は支出に関し執行することができないものがあると認めるときは，当該普通地方公共団体の長は，理由を示してこれを再議に付さなければならない．
② 議会において左に掲げる経費を削除し又は減額する議決をしたときは，その経費及びこれに伴う収入についても，また，前項と同様とする．
1　法令により負担する経費，法律の規定に基き当該行政庁の職権により命ずる経費その他の普通地方公共団体の義務に属する経費
2　非常の災害による応急若しくは復旧の施設のために必要な経費又は感染症予防のために必要な経費

③ 前項第1号の場合において,議会の議決がなお同号に掲げる経費を削除し又は減額したときは,当該普通地方公共団体の長は,その経費及びこれに伴う収入を予算に計上してその経費を支出することができる.
④ 第2項第2号の場合において,議会の議決がなお同号に掲げる経費を削除し又は減額したときは,当該普通地方公共団体の長は,その議決を不信任の議決とみなすことができる.

**第178条** ① 普通地方公共団体の議会において,当該普通地方公共団体の長の不信任の議決をしたときは,直ちに議長からその旨を当該普通地方公共団体の長に通知しなければならない.この場合においては,普通地方公共団体の長は,その通知を受けた日から10日以内に議会を解散することができる.
② 議会において当該普通地方公共団体の長の不信任の議決をした場合において,前項の期間内に議会を解散しないとき,又はその解散後初めて招集された議会において再び不信任の議決があり,議長から当該普通地方公共団体の長に対しその旨の通知があつたときは,普通地方公共団体の長は,同項の期間が経過した日又は議長から通知があつた日においてその職を失う.
③ 前2項の規定による不信任の議決については,議員数の3分の2以上の者が出席し,第1項の場合においてはその4分の3以上の者の,前項の場合においてはその過半数の者の同意がなければならない.

**第179条** ① 普通地方公共団体の議会が成立しないとき,第113条ただし書の場合においてなお会議を開くことができないとき,普通地方公共団体の長において議会の議決すべき事件について特に緊急を要するため議会を招集する時間的余裕がないことが明らかであると認めるとき,又は議会において議決すべき事件を議決しないときは,当該普通地方公共団体の長は,その議決すべき事件を処分することができる.
② 議会の決定すべき事件に関しては,前項の例による.
③ 前2項の規定による処置については,普通地方公共団体の長は,次の会議においてこれを議会に報告し,その承認を求めなければならない.

**第180条** ① 普通地方公共団体の議会の権限に属する軽易な事項で,その議決により特に指定したものは,普通地方公共団体の長において,これを専決処分にすることができる.
② 前項の規定により専決処分をしたときは,普通地方公共団体の長は,これを議会に報告しなければならない.

### 第5款 他の執行機関との関係

**第180条の2** 普通地方公共団体の長は,その権限に属する事務の一部を,当該普通地方公共団体の委員会又は委員と協議して,普通地方公共団体の委員会,委員会の委員長,委員若しくはこれらの執行機関の事務を補助する職員若しくはこれらの執行機関の管理に属する機関の職員に委任し,又はこれらの執行機関の事務を補助する職員若しくはこれらの執行機関の管理に属する機関の職員をして補助執行させることができる.但し,政令で定める普通地方公共団体の委員会については,この限りでない.

### 第3節 委員会及び委員
#### 第1款 通則

**第180条の5** ① 執行機関として法律の定めるところにより普通地方公共団体に置かなければならない委員会及び委員は,左の通りである.
1 教育委員会
2 選挙管理委員会
3 人事委員会又は人事委員会を置かない普通地方公共団体にあつては公平委員会
4 監査委員

② 前項に掲げるもののほか,執行機関として法律の定めるところにより都道府県に置かなければならない委員会は,次のとおりである.
1 公安委員会
2 労働委員会
3 収用委員会
4 海区漁業調整委員会
5 内水面漁場管理委員会

③ 第1項に掲げるものの外,執行機関として法律の定めるところにより市町村に置かなければならない委員会は,左の通りである.
1 農業委員会
2 固定資産評価審査委員会

④ 前3項の委員会若しくは委員の事務局又は委員会の管理に属する事務を掌る機関で法律により設けられなければならないものとされているものの組織を定めるに当つては,当該普通地方公共団体の長が第158条第1項の規定により設けるその内部組織との間に権衡を失しないようにしなければならない.
⑤ 普通地方公共団体の委員会の委員又は委員は,法律に特別の定があるものを除く外,非常勤とする.
⑥ 普通地方公共団体の委員会の委員又は委員は,当該普通地方公共団体に対しその職務に関し請負をする者及びその支配人又は主として同一の行為をする法人(当該普通地方公共団体が出資している法人で政令で定めるものを除く.)の無限責任社員,取締役,執行役若しくは監査役若しくはこれらに準ずべき者,支配人及び清算人たることができない.
⑦ 法律に特別の定めがあるものを除くほか,普通地方公共団体の委員会の委員又は委員が前項の規定に該当するときは,その職を失う.その同項の規定に該当するかどうかは,その選任権者がこれを決定しなければならない.
⑧ 第143条第2項から第4項までの規定は,前項の場合にこれを準用する.

**第180条の6** 普通地方公共団体の委員会又は委員は,左に掲げる権限を有しない.但し,法律に特別の定があるものは,この限りでない.
1 普通地方公共団体の予算を調製し,及びこれを執行すること.
2 普通地方公共団体の議会の議決を経べき事件につきその議案を提出すること.
3 地方税を賦課徴収し,分担金若しくは加入金を徴収し,又は過料を科すること.
4 普通地方公共団体の決算を議会の認定に付すること.

#### 第2款 教育委員会

**第180条の8** 教育委員会は,別に法律の定めるところにより,学校その他の教育機関を管理し,学校の組織編制,教育課程,教科書その他の教材の取扱及び教育職員の身分取扱に関する事務を行い,並びに社会教育その他教育,学術及び文化に関する事務を管理し及びこれを執行する.

#### 第3款 公安委員会

**第180条の9** ① 公安委員会は,別に法律の定めるところにより,都道府県警察を管理する.

② 都道府県警察に,別に法律の定めるところにより,地方警務官,地方警務官以外の警察官その他の職員を置く.

#### 第4款 選挙管理委員会

**第181条** ① 普通地方公共団体に選挙管理委員会を置く.

② 選挙管理委員会は,4人の選挙管理委員を以てこれを組織する.

**第182条** ① 選挙管理委員は,選挙権を有する者で,人格が高潔で,政治及び選挙に関し公正な識見を有するもののうちから,普通地方公共団体の議会において選挙する.

② 議会は,前項の規定による選挙を行う場合においては,同時に,同項に規定する者のうちから委員と同数の補充員を選挙しなければならない.補充員がすべてなくなつたときは,また,同様とする.

③ 委員中に欠員があるときは,選挙管理委員会の委員長は,補充員の中からこれを補欠する.その順序は,選挙の時が異なるときは選挙の前後により,選挙の時が同時であるときは得票数により,得票数が同じであるときはくじにより,これを定める.

④ 法律の定めるところにより行なわれる選挙,投票又は国民審査に関する罪を犯し刑に処せられた者は,委員又は補充員となることができない.

⑤ 委員又は補充員は,それぞれその中の2人が同時に同一の政党その他の政治団体に属する者となることとなつてはならない.

⑥ 第1項又は第2項の規定による選挙において,同一の政党その他の政治団体に属する者が前項の制限を超えて選挙されるとき及び第3項の規定により委員の補欠を行えば同一の政党その他の政治団体に属する委員の数が前項の制限を超える場合等に関し必要な事項は,政令で定める.

⑦ 委員は,地方公共団体の議会の議員及び長と兼ねることができない.

⑧ 委員又は補充員の選挙を行うべき事由が生じたときは,選挙管理委員会の委員長は,直ちにその旨を当該普通地方公共団体の議会及び長に通知しなければならない.

#### 第5款 監査委員

**第195条** ① 普通地方公共団体に監査委員を置く.

② 監査委員の定数は,都道府県及び政令で定める市にあつては4人とし,その他の市及び町村にあつては2人とする.ただし,条例でその定数を増加することができる.

**第196条** ① 監査委員は,普通地方公共団体の長が,議会の同意を得て,人格が高潔で,普通地方公共団体の財務管理,事業の経営管理その他行政運営に関し優れた識見を有する者(以下この款において「識見を有する者」という.)及び議員のうちから,これを選任する.この場合において,議員のうちから選任する監査委員の数は,都道府県及び前条第2項の政令で定める市にあつては2人又は1人,その他の市及び町村にあつては1人とするものとする.

② 識見を有する者のうちから選任される監査委員の数が2人以上である普通地方公共団体にあつては,少なくともその数から1を減じた人数以上は,当該普通地方公共団体の職員で政令で定めるものでなかつた者でなければならない.

③ 監査委員は,地方公共団体の常勤の職員及び短時間勤務職員と兼ねることができない.

④ 識見を有する者のうちから選任される監査委員は,これを常勤とすることができる.

⑤ 都道府県及び政令で定める市にあつては,識見を有する者のうちから選任される監査委員のうち少なくとも1人以上は,常勤としなければならない.

**第197条** 監査委員の任期は,識見を有する者のうちから選任される者にあつては4年とし,議員のうちから選任される者にあつては議員の任期による.ただし,後任者が選任されるまでの間は,その職務を行うことを妨げない.

**第199条** ① 監査委員は,普通地方公共団体の財務に関する事務の執行及び普通地方公共団体の経営に係る事業の管理を監査する.

② 監査委員は,前項に定めるもののほか,必要があると認めるときは,普通地方公共団体の事務(自治事務にあつては労働委員会及び収用委員会の権限に属する事務で政令で定めるものを除き,法定受託事務にあつては国の安全を害するおそれがあることとその他の事由により監査委員の監査の対象とすることが適当でないものとして政令で定めるものを除く.)の執行について監査をすることができる.この場合において,当該監査の実施に関し必要な事項は,政令で定める.

③ 監査委員は,第1項又は前項の規定による監査をするに当つては,当該普通地方公共団体の財務に関する事務の執行及び当該普通地方公共団体の経営に係る事業の管理又は同項に規定する事務の執行が第2条第14項及び第15項の規定の趣旨にのつとつてなされているかどうかに,特に,意を用いなければならない.

④ 監査委員は,毎会計年度少なくとも1回以上期日を定めて第1項の規定による監査をしなければならない.

⑤ 監査委員は,前項に定める場合のほか,必要があると認めるときは,いつでも第1項の規定による監査をすることができる.

⑥ 監査委員は,当該普通地方公共団体の長から当該普通地方公共団体の事務の執行に関し監査の要求があつたときは,その要求に係る事項について監査をしなければならない.

⑦ 監査委員は,必要があると認めるとき,又は普通地方公共団体の長の要求があるときは,当該普通地方公共団体が補助金,交付金,負担金,貸付金,損失補償,利子補給その他の財政的援助を与えているものの出納その他の事務の執行で当該財政的援助に係るものを監査することができる.当該普通地方公共団体が出資しているもので政令で定めるもの,当該普通地方公共団体が借入金の元金又は利子の支払を保証しているもの,当該普通地方公共団体が受益権を有する信託で政令で定めるものの受託者及び当該普通地方公共団体が第244条の2第3項の規定に基づき公の施設の管理を行わせているものについても,また,同様とする.

⑧ 監査委員は,監査のため必要があると認めるときは,関係人の出頭を求め,若しくは関係人について調査し,若しくは関係人に対し帳簿,書類その他の記録の提出を求め,又は学識経験を有する者等から意見を聴くことができる.

⑨ 監査委員は,監査の結果に関する報告を決定し,これを普通地方公共団体の議会及び長並びに関係のある教育委員会,選挙管理委員会,人事委員会若

しくは公平委員会，公安委員会，労働委員会，農業委員会その他法律に基づく委員会又は委員に提出し，かつ，これを公表しなければならない．
⑩ 監査委員は，監査の結果に基づいて必要があると認めるときは，当該普通地方公共団体の組織及び運営の合理化に資するため，前項の規定による監査の結果に関する報告に添えてその意見を提出することができる．
⑪ 第9項の規定による監査の結果に関する報告の決定又は前項の規定による意見の決定は，監査委員の合議によるものとする．
⑫ 監査委員から監査の結果に関する報告の提出があつた場合において，当該監査の結果に関する報告の提出を受けた普通地方公共団体の議会，長，教育委員会，選挙管理委員会，人事委員会若しくは公平委員会，公安委員会，労働委員会，農業委員会その他法律に基づく委員会又は委員は，当該監査の結果に基づき，又は当該監査の結果を参考として措置を講じたときは，その旨を監査委員に通知するものとする．この場合においては，監査委員は，当該通知に係る事項を公表しなければならない．

#### 第6款　人事委員会，公平委員会，労働委員会，農業委員会その他の委員会

**第202条の2**　① 人事委員会は，別に法律の定めるところにより，人事行政に関する調査，研究，企画，立案，勧告等を行い，職員の競争試験及び選考を実施し，並びに職員の勤務条件に関する措置の要求及び職員に対する不利益処分を審査し，並びにこれについて必要な措置を講ずる．
② 公平委員会は，別に法律の定めるところにより，職員の勤務条件に関する措置の要求及び職員に対する不利益処分を審査し，並びにこれについて必要な措置を講ずる．
③ 労働委員会は，別に法律の定めるところにより，労働組合の資格の立証を受け及び証明を行い，並びに不当労働行為に関し調査し，審問し，命令を発し及び和解を勧め，労働争議のあつせん，調停及び仲裁を行い，その他労働関係に関する事務を執行する．
④ 自作農の創設及び維持，農地等の利用関係の調整，農地の交換分合その他農地に関する事務を執行する．
⑤ 収用委員会は別に法律の定めるところにより土地の収用に関する裁決その他の事務を行い，海区漁業調整委員会又は内水面漁場管理委員会は別に法律の定めるところにより漁業調整のため必要な指示その他の事務を行い，固定資産評価審査委員会は別に法律の定めるところにより固定資産課税台帳に登録された価格に関する不服の審査決定その他の事務を行う．

#### 第7款　附属機関

**第202条の3**　① 普通地方公共団体の執行機関の附属機関は，法律若しくはこれに基く政令又は条例の定めるところにより，その担任する事項について調停，審査，審議又は調査等を行う機関とする．
② 附属機関を組織する委員その他の構成員は，非常勤とする．
③ 附属機関の庶務は，法律又はこれに基く政令に特別の定があるものを除く外，その属する執行機関において掌るものとする．

### 第4節　地域自治区

（地域自治区の設置）
**第202条の4**　① 市町村は，市町村長の権限に属する事務を分掌させ，及び地域の住民の意見を反映させつつこれを処理させるため，条例で，その区域を分けて定める区域ごとに地域自治区を設けることができる．
② 地域自治区に事務所を置くものとし，事務所の位置，名称及び所管区域は，条例で定める．
③ 地域自治区の事務所の長は，当該普通地方公共団体の長の補助機関である職員をもつて充てる．
④ 第4条第2項の規定は第2項の地域自治区の事務所の位置及び所管区域について，第175条第2項の規定は前項の事務所の長について準用する．

（地域協議会の設置及び構成員）
**第202条の5**　① 地域自治区に，地域協議会を置く．
② 地域協議会の構成員は，地域自治区の区域内に住所を有する者のうちから，市町村長が選任する．
③ 市町村長は，前項の規定による地域協議会の構成員の選任に当たつては，地域協議会の構成員の構成が，地域自治区の区域内に住所を有する者の多様な意見が適切に反映されるものとなるよう配慮しなければならない．
④ 地域協議会の構成員の任期は，4年以内において条例で定める期間とする．
⑤ 第203条の2第1項の規定にかかわらず，地域協議会の構成員には報酬を支給しないこととすることができる．

（地域協議会の会長及び副会長）
**第202条の6**　① 地域協議会に，会長及び副会長を置く．
② 地域協議会の会長及び副会長の選任及び解任の方法は，条例で定める．
③ 地域協議会の会長及び副会長の任期は，地域協議会の構成員の任期による．
④ 地域協議会の会長は，地域協議会の事務を掌理し，地域協議会を代表する．
⑤ 地域協議会の副会長は，地域協議会の会長に事故があるとき又は地域協議会の会長が欠けたときは，その職務を代理する．

（地域協議会の権限）
**第202条の7**　① 地域協議会は，次に掲げる事項のうち，市町村長その他の市町村の機関により諮問されたもの又は必要と認めるものについて，審議し，市町村長その他の市町村の機関に意見を述べることができる．
 1　地域自治区の事務所が所掌する事務に関する事項
 2　前号に掲げるもののほか，市町村が処理する地域自治区の区域に係る事務に関する事項
 3　市町村の事務処理に当たつての地域自治区の区域内に住所を有する者との連携の強化に関する事項
② 市町村長は，条例で定める市町村の施策に関する重要事項であつて地域自治区の区域に係るものを決定し，又は変更しようとする場合においては，あらかじめ，地域協議会の意見を聴かなければならない．
③ 市町村長その他の市町村の機関は，前2項の意見を勘案し，必要があると認めるときは，適切な措置を講じなければならない．

（地域協議会の組織及び運営）
**第202条の8**　この法律に定めるもののほか，地域協議会の構成員の定数その他の地域協議会の組織及び運営に関し必要な事項は，条例で定める．

（政令への委任）
**第202条の9**　この法律に規定するものを除くほか，地域自治区に関し必要な事項は，政令で定める．

## 第8章　給与その他の給付

**第203条**　① 普通地方公共団体は、その議会の議員に対し、議員報酬を支給しなければならない。
② 普通地方公共団体の議会の議員は、職務を行うため要する費用の弁償を受けることができる。
③ 普通地方公共団体は、条例で、その議会の議員に対し、期末手当を支給することができる。
④ 議員報酬、費用弁償及び期末手当の額並びにその支給方法は、条例でこれを定めなければならない。

**第203条の2**　① 普通地方公共団体は、その委員会の委員、非常勤の委員その他の委員、自治紛争処理委員、審査会、審議会及び調査会等の委員その他の構成員、専門委員、投票管理者、開票管理者、選挙長、投票立会人、開票立会人及び選挙立会人その他普通地方公共団体の非常勤の職員（短時間勤務職員を除く。）に対し、報酬を支給しなければならない。
② 前項の職員に対する報酬は、その勤務日数に応じてこれを支給する。ただし、条例で特別の定めをした場合は、この限りでない。
③ 第1項の職員は、職務を行うため要する費用の弁償を受けることができる。
④ 報酬及び費用弁償の額並びにその支給方法は、条例でこれを定めなければならない。

**第204条**　① 普通地方公共団体は、普通地方公共団体の長及びその補助機関たる常勤の職員、委員会の常勤の委員、常勤の監査委員、議会の事務局長又は書記長、書記その他の常勤の職員、委員会の事務局長若しくは書記長、委員の事務局長又は委員会若しくは委員の事務を補助する書記その他の常勤の職員その他普通地方公共団体の常勤の職員並びに短時間勤務職員に対し、給料及び旅費を支給しなければならない。
② 普通地方公共団体は、条例で、前項の職員に対し、扶養手当、地域手当、住居手当、初任給調整手当、通勤手当、単身赴任手当、特殊勤務手当、特地勤務手当（これに準ずる手当を含む。）、へき地手当（これに準ずる手当を含む。）、時間外勤務手当、宿日直手当、管理職員特別勤務手当、夜間勤務手当、休日勤務手当、管理職手当、期末手当、勤勉手当、期末特別手当、寒冷地手当、特定任期付職員業績手当、任期付研究員業績手当、義務教育等教員特別手当、定時制通信教育手当、産業教育手当、農林漁業普及指導手当、災害派遣手当（武力攻撃災害等派遣手当を含む。）又は退職手当を支給することができる。
③ 給料、手当及び旅費の額並びにその支給方法は、条例でこれを定めなければならない。

**第204条の2**　普通地方公共団体は、いかなる給与その他の給付も法律又はこれに基づく条例に基づかずには、これをその議会の議員、第203条の2第1項の職員及び前条第1項の職員に支給することができない。

**第205条**　第204条第1項の職員は、退職年金又は退職一時金を受けることができる。

## 第9章　財　務

### 第1節　会計年度及び会計の区分
（会計年度及びその独立の原則）

**第208条**　① 普通地方公共団体の会計年度は、毎年4月1日に始まり、翌年3月31日に終わるものとする。
② 各会計年度における歳出は、その年度の歳入をもつて、これに充てなければならない。
（会計の区分）

**第209条**　① 普通地方公共団体の会計は、一般会計及び特別会計とする。
② 特別会計は、普通地方公共団体が特定の事業を行なう場合その他特定の歳入をもつて特定の歳出に充て一般の歳入歳出と区分して経理する必要がある場合において、条例でこれを設置することができる。

### 第2節　予　算
（総計予算主義の原則）

**第210条**　一会計年度における一切の収入及び支出は、すべてこれを歳入歳出予算に編入しなければならない。

### 第3節　収　入
（地方税）

**第223条**　普通地方公共団体は、法律の定めるところにより、地方税を賦課徴収することができる。
（分担金）

**第224条**　普通地方公共団体は、政令で定める場合を除くほか、数人又は普通地方公共団体の一部に対し利益のある事件に関し、その必要な費用に充てるため、当該事件により特に利益を受ける者から、その受益の限度において、分担金を徴収することができる。
（使用料）

**第225条**　普通地方公共団体は、第238条の4第7項の規定による許可を受けてする行政財産の使用又は公の施設の利用につき使用料を徴収することができる。
（旧慣使用の使用料及び加入金）

**第226条**　市町村は、第238条の6の規定による公有財産の使用につき使用料を徴収することができるほか、同条第2項の規定により使用の許可を受けた者から加入金を徴収することができる。
（手数料）

**第227条**　普通地方公共団体は、当該普通地方公共団体の事務で特定の者のためにするものにつき、手数料を徴収することができる。
（分担金等に関する規制及び罰則）

**第228条**　① 分担金、使用料、加入金及び手数料に関する事項については、条例でこれを定めなければならない。この場合において、手数料について全国的に統一して定めることが特に必要と認められるものとして政令で定める事務（以下本項において「標準事務」という。）について手数料を徴収する場合においては、当該標準事務に係る事務のうち政令で定めるものにつき、政令で定める金額の手数料を徴収することを標準として条例を定めなければならない。
② 分担金、使用料、加入金及び手数料の徴収に関しては、次項に定めるものを除くほか、条例で5万円以下の過料を科する規定を設けることができる。
③ 詐欺その他不正の行為により、分担金、使用料、加入金又は手数料の徴収を免れた者については、条例でその徴収を免れた金額の5倍に相当する金額（当該5倍に相当する金額が5万円を超えないときは、5万円とする。）以下の過料を科する規定を設けることができる。
（分担金等の徴収に関する処分についての不服申立て）

**第229条** ① 第138条の4第1項に規定する機関がした使用料又は手数料の徴収に関する処分に不服がある者は、当該普通地方公共団体の長に審査請求をすることができる。
② 前項に規定する機関以外の機関がした分担金、使用料、加入金又は手数料の徴収に関する処分についての審査請求は、普通地方公共団体の長が処分庁でない場合においても、当該普通地方公共団体の長に対してするものとする。
③ 分担金、使用料、加入金又は手数料の徴収に関する行政不服審査法第14条第1項本文又は第45条の期間は、当該処分を受けた日の翌日から起算して30日以内とする。
④ 普通地方公共団体の長は、前項の処分についての審査請求又は異議申立てがあつたときは、議会に諮問してこれを決定しなければならない。
⑤ 議会は、前項の規定による諮問があつた日から20日以内に意見を述べなければならない。
⑥ 第4項の審査請求又は異議申立てに対する裁決又は決定を受けた後でなければ、第3項の処分については、裁判所に出訴することができない。

(地方債)
**第230条** ① 普通地方公共団体は、別に法律で定める場合において、予算の定めるところにより、地方債を起こすことができる。
② 前項の場合において、地方債の起債の目的、限度額、起債の方法、利率及び償還の方法は、予算でこれを定めなければならない。

(督促、滞納処分等)
**第231条の3** ① 分担金、使用料、加入金、手数料及び過料その他の普通地方公共団体の歳入を納期限までに納付しない者があるときは、普通地方公共団体の長は、期限を指定してこれを督促しなければならない。
② 普通地方公共団体の長は、前項の歳入について同項の規定による督促をした場合においては、条例の定めるところにより、手数料及び延滞金を徴収することができる。

### 第4節 支出
(経費の支弁等)
**第232条** ① 普通地方公共団体は、当該普通地方公共団体の事務を処理するために必要な経費その他法律又はこれに基づく政令により当該普通地方公共団体の負担に属する経費を支弁するものとする。
② 法律又はこれに基づく政令により普通地方公共団体に対し事務の処理を義務付ける場合においては、国は、そのために要する経費の財源につき必要な措置を講じなければならない。

(寄附又は補助)
**第232条の2** 普通地方公共団体は、その公益上必要がある場合においては、寄附又は補助をすることができる。

(支出負担行為)
**第232条の3** 普通地方公共団体の支出の原因となるべき契約その他の行為(これを支出負担行為という。)は、法令又は予算の定めるところに従い、これをしなければならない。

(支出の方法)
**第232条の4** ① 会計管理者は、普通地方公共団体の長の政令で定めるところによる命令がなければ、支出をすることができない。
② 会計管理者は、前項の命令を受けた場合においても、当該支出負担行為が法令又は予算に違反していないこと及び当該支出負担行為に係る債務が確定していることを確認したうえでなければ、支出をすることができない。

### 第5節 決算
(決 算)
**第233条** 会計管理者は、毎会計年度、政令の定めるところにより、決算を調製し、出納の閉鎖後3箇月以内に、証書類その他政令で定める書類とあわせて、普通地方公共団体の長に提出しなければならない。

### 第6節 契約
(契約の締結)
**第234条** ① 売買、貸借、請負その他の契約は、一般競争入札、指名競争入札、随意契約又はせり売りの方法により締結するものとする。
② 前項の指名競争入札、随意契約又はせり売りは、政令で定める場合に該当するときに限り、これによることができる。

(契約の履行の確保)
**第234条の2** ① 普通地方公共団体が工事若しくは製造その他についての請負契約又は物件の買入れその他の契約を締結した場合においては、当該普通地方公共団体の職員は、政令の定めるところにより、契約の適正な履行を確保するため又はその受ける給付の完了の確認(給付の完了前に代価の一部を支払う必要がある場合において行なう工事若しくは製造の既済部分又は物件の既納部分の確認を含む。)をするため必要な監督又は検査をしなければならない。
② 普通地方公共団体が契約の相手方をして契約保証金を納付させた場合において、契約の相手方が契約上の義務を履行しないときは、その契約保証金(政令の定めるところによりその納付に代えて提供された担保を含む。)は、当該普通地方公共団体に帰属するものとする。ただし、損害の賠償又は違約金について契約で別段の定めをしたときは、その定めたところによるものとする。

(長期継続契約)
**第234条の3** 普通地方公共団体は、第214条の規定にかかわらず、翌年度以降にわたり、電気、ガス若しくは水の供給若しくは電気通信役務の提供を受ける契約又は不動産を借りる契約その他政令で定める契約を締結することができる。この場合においては、各年度におけるこれらの経費の予算の範囲内においてその給付を受けなければならない。

### 第10節 住民による監査請求及び訴訟
(住民監査請求)
**第242条** ① 普通地方公共団体の住民は、当該普通地方公共団体の長若しくは委員会若しくは委員又は当該普通地方公共団体の職員について、違法若しくは不当な公金の支出、財産の取得、管理若しくは処分、契約の締結若しくは履行若しくは債務その他の義務の負担がある(当該行為がなされることが相当の確実さをもつて予測される場合を含む。)と認めるとき、又は違法若しくは不当に公金の賦課徴収若しくは財産の管理を怠る事実(以下「怠る事実」という。)があると認めるときは、これらを証する書面を添え、監査委員に対し、監査を求め、当該行為を防止し、若しくは是正し、若しくは当該怠る事実を改め、又は当該行為若しくは怠る事実によつて当該普通地方公共団体のこうむつた損害

## I 憲法・行政法 ⑲地方自治法〈242条の2〜244条の2〉

を補填するために必要な措置を講ずべきことを請求することができる.

② 前項の規定による請求は,当該行為のあつた日又は終わつた日から1年を経過したときは,これをすることができない.ただし,正当な理由があるときは,この限りでない.

③ 第1項の規定による請求があつた場合において,当該行為が違法であると思料するに足りる相当な理由があり,当該行為により当該普通地方公共団体に生ずる回復の困難な損害を避けるため緊急の必要があり,かつ,当該行為を停止することによつて人の生命又は身体に対する重大な危害の発生の防止その他公共の福祉を著しく阻害するおそれがないと認めるときは,当該監査委員は,当該普通地方公共団体の長その他の執行機関又は職員に対し,理由を付して次項の手続が終了するまでの間当該行為を停止すべきことを勧告することができる.この場合においては,監査委員は,当該勧告の内容を第1項の規定による請求人(以下本条において「請求人」という.)に通知し,かつ,これを公表しなければならない.

④ 第1項の規定による請求があつた場合においては,監査委員は,監査を行い,請求に理由がないと認めるときは,理由を付してその旨を書面により請求人に通知するとともに,これを公表し,請求に理由があると認めるときは,当該普通地方公共団体の議会,長その他の執行機関又は職員に対し期間を示して必要な措置を講ずべきことを勧告するとともに,当該勧告の内容を請求人に通知し,かつ,これを公表しなければならない.

⑤ 前項の規定による監査委員の監査及び勧告は,第1項の規定による請求があつた日から60日以内にこれを行なわなければならない.

⑥ 監査委員は,第4項の規定による監査を行うに当つては,請求人に証拠の提出及び陳述の機会を与えなければならない.

⑦ 監査委員は,前項の規定による陳述の聴取を行う場合又は関係のある当該普通地方公共団体の長その他の執行機関若しくは職員の陳述の聴取を行う場合において,必要があると認めるときは,関係のある当該普通地方公共団体の長その他の執行機関若しくは職員又は請求人を立ち会わせることができる.

⑧ 第3項の規定による勧告並びに第4項の規定による監査及び勧告についての決定は,監査委員の合議によるものとする.

⑨ 第4項の規定による監査委員の勧告があつたときは,当該勧告を受けた議会,長その他の執行機関又は職員は,当該勧告に示された期間内にこれを必要な措置を講ずるとともに,その旨を監査委員に通知しなければならない.この場合においては,監査委員は,当該通知に係る事項を請求人に通知し,かつ,これを公表しなければならない.

(住民訴訟)
**第242条の2** ① 普通地方公共団体の住民は,前条第1項の規定による請求をした場合において,同条第4項の規定による監査委員の監査の結果若しくは勧告若しくは同条第9項の規定による普通地方公共団体の議会,長その他の執行機関若しくは職員の措置に不服があるとき,又は監査委員が同条第4項の規定による監査若しくは勧告を同条第5項の期間内に行わないとき,若しくは議会,長その他の

執行機関若しくは職員が同条第9項の規定による措置を講じないときは,裁判所に対し,同条第1項の請求に係る違法な行為又は怠る事実につき,訴えをもつて次に掲げる請求をすることができる.

1 当該執行機関又は職員に対する当該行為の全部又は一部の差止めの請求
2 行政処分たる当該行為の取消し又は無効確認の請求
3 当該執行機関又は職員に対する当該怠る事実の違法確認の請求
4 当該執行機関又は職員に対し当該行為若しくは怠る事実に係る相手方に損害賠償又は不当利得返還の請求をすることを当該普通地方公共団体の執行機関又は職員に対して求める請求.ただし,当該職員又は当該行為若しくは怠る事実に係る相手方が第243条の2第3項の規定による賠償の命令の対象となる者である場合にあつては,当該賠償の命令をすることを求める請求.

② 前項の規定による訴訟は,次の各号に掲げる期間内に提起しなければならない.

1 監査委員の監査の結果又は勧告に不服がある場合は,当該監査の結果又は当該勧告の内容の通知があつた日から30日以内
2 監査委員の勧告を受けた議会,長その他の執行機関又は職員の措置に不服があるときは,当該措置に係る監査委員の通知があつた日から30日以内
3 監査委員が請求をした日から60日を経過しても監査又は勧告を行なわない場合は,当該60日を経過した日から30日以内
4 監査委員の勧告を受けた議会,長その他の執行機関又は職員が措置を講じない場合は,当該勧告に示された期間を経過した日から30日以内

### 第10章 公の施設

(公の施設)
**第244条** ① 普通地方公共団体は,住民の福祉を増進する目的をもつてその利用に供するための施設(これを公の施設という.)を設けるものとする.

② 普通地方公共団体(次条第3項に規定する指定管理者を含む.次項において同じ.)は,正当な理由がない限り,住民が公の施設を利用することを拒んではならない.

③ 普通地方公共団体は,住民が公の施設を利用することについて,不当な差別的取扱いをしてはならない.

(公の施設の設置,管理及び廃止)
**第244条の2** ① 普通地方公共団体は,法律又はこれに基づく政令に特別の定があるものを除くほか,公の施設の設置及びその管理に関する事項は,条例でこれを定めなければならない.

② 普通地方公共団体は,条例で定める重要な公の施設のうち条例で定める特に重要なものについて,これを廃止し,又は条例で定める長期かつ独占的な利用をさせようとするときは,議会において出席議員の3分の2以上の者の同意を得なければならない.

③ 普通地方公共団体は,公の施設の設置の目的を効果的に達成するため必要があると認めるときは,条例の定めるところにより,法人その他の団体であつて当該普通地方公共団体が指定するもの(以下本条及び第244条の4において「指定管理者」という.)に,当該公の施設の管理を行わせることができる.

④ 前項の条例には,指定管理者の指定の手続,指定管理者が行う管理の基準及び業務の範囲その他必要な事項を定めるものとする.
⑤ 指定管理者の指定は,期間を定めて行うものとする.
⑥ 普通地方公共団体は,指定管理者の指定をしようとするときは,あらかじめ,当該普通地方公共団体の議会の議決を経なければならない.
⑦ 指定管理者は,毎年度終了後,その管理する公の施設の管理の業務に関し事業報告書を作成し,当該公の施設を設置する普通地方公共団体に提出しなければならない.
⑧ 普通地方公共団体は,適当と認めるときは,指定管理者にその管理する公の施設の利用に係る料金(次項において「利用料金」という.)を当該指定管理者の収入として収受させることができる.
⑨ 前項の場合における利用料金は,公益上必要があると認める場合を除くほか,条例の定めるところにより,指定管理者が定めるものとする.この場合において,指定管理者は,あらかじめ当該利用料金について当該普通地方公共団体の承認を受けなければならない.
⑩ 普通地方公共団体の長又は委員会は,指定管理者の管理する公の施設の管理の適正を期するため,指定管理者に対して,当該管理の業務又は経理の状況に関し報告を求め,実地について調査し,又は必要な指示をすることができる.
⑪ 普通地方公共団体は,指定管理者が前項の指示に従わないときその他当該指定管理者による管理を継続することが適当でないと認めるときは,その指定を取り消し,又は期間を定めて管理の業務の全部又は一部の停止を命ずることができる.

**(公の施設の区域外設置及び他の団体の公の施設の利用)**
**第244条の3** ① 普通地方公共団体は,その区域外においても,また,関係普通地方公共団体との協議により,公の施設を設けることができる.
② 普通地方公共団体は,他の普通地方公共団体との協議により,当該他の普通地方公共団体の公の施設を自己の住民の利用に供させることができる.
③ 前2項の協議については,関係普通地方公共団体の議会の議決を経なければならない.

**(公の施設を利用する権利に関する処分についての不服申立て)**
**第244条の4** ① 普通地方公共団体の長がした公の施設を利用する権利に関する処分に不服がある者は,都道府県知事がした処分については総務大臣,市町村長がした処分については都道府県知事に審査請求をすることができる.この場合においては,異議申立てをすることができない.
② 第138条の4第1項に規定する機関がした公の施設を利用する権利に関する処分に不服がある者は,当該普通地方公共団体の長に審査請求をすることができる.
③ 普通地方公共団体の長及び前項に規定する機関以外の機関(指定管理者を含む.)がした公の施設を利用する権利に関する処分についての審査請求は,普通地方公共団体の長が処分庁の直近上級行政庁でない場合においても,当該普通地方公共団体の長に対してするものとする.
④ 普通地方公共団体の長は,公の施設を利用する権利に関する処分についての異議申立て又は審査請求(第1項に規定する審査請求を除く.)があったときは,議会に諮問してこれを決定しなければならない.
⑤ 議会は,前項の規定による諮問があつた日から20日以内に意見を述べなければならない.
⑥ 公の施設を利用する権利に関する処分についての審査請求(第1項に規定する審査請求を除く.)に対する裁決に不服がある者は,都道府県知事がした裁決については総務大臣,市町村長がした裁決については都道府県知事に再審査請求をすることができる.

## 第11章 国と普通地方公共団体との関係及び普通地方公共団体相互間の関係

### 第1節 普通地方公共団体に対する国又は都道府県の関与等
#### 第1款 普通地方公共団体に対する国又は都道府県の関与等

**(関与の意義)**
**第245条** 本章において「普通地方公共団体に対する国又は都道府県の関与」とは,普通地方公共団体の事務の処理に関し,国の行政機関(内閣府設置法(平成11年法律第89号)第4条第3項に規定する事務をつかさどる機関たる内閣府,宮内庁,同法第49条第1項若しくは第2項に規定する機関,国家行政組織法(昭和23年法律第120号)第3条第2項に規定する機関,法律の規定に基づき内閣の所轄の下に置かれる機関又はこれらに置かれる機関をいう.以下本章において同じ.)又は都道府県の機関が行う次に掲げる行為(普通地方公共団体がその固有の資格において当該行為の名あて人となるものに限り,国又は都道府県の普通地方公共団体に対する支出金の交付及び返還に係るものを除く.)をいう.
1 普通地方公共団体に対する次に掲げる行為
イ 助言又は勧告
ロ 資料の提出の要求
ハ 是正の要求(普通地方公共団体の事務の処理が法令の規定に違反しているとき又は著しく適正を欠き,かつ,明らかに公益を害しているときに当該普通地方公共団体に対して行われる当該違反の是正又は改善のため必要な措置を講ずべきことの求めであつて,当該求めを受けた普通地方公共団体がその違反の是正又は改善のため必要な措置を講じなければならないものをいう.)
ニ 同意
ホ 許可,認可又は承認
ヘ 指示
ト 代執行(普通地方公共団体の事務の処理が法令の規定に違反しているとき又は当該普通地方公共団体がその事務の処理を怠つているときに,その是正のための措置を当該普通地方公共団体に代わつて行うことをいう.)
2 普通地方公共団体との協議
3 前2号に掲げる行為のほか,一定の行政目的を実現するため普通地方公共団体に対して具体的かつ個別的に関わる行為(相反する利害を有する者の間の利害の調整を目的としてされる裁定その他の行為(その双方を名あて人とするものに限る.)及び審査請求,異議申立てその他の不服申立てに対する裁決,決定その他の行為を除く.)

**(関与の法定主義)**

**第245条の2** 普通地方公共団体は、その事務の処理に関し、法律又はこれに基づく政令によらなければ、普通地方公共団体に対する国又は都道府県の関与を受け、又は要することとされることはない。

**（関与の基本原則）**
**第245条の3** ① 国は、普通地方公共団体が、その事務の処理に関し、普通地方公共団体に対する国又は都道府県の関与を受け、又は要することとする場合には、その目的を達成するために必要な最小限度のものとするとともに、普通地方公共団体の自主性及び自立性に配慮しなければならない。

② 国は、できる限り、普通地方公共団体が、自治事務の処理に関しては普通地方公共団体に対する国又は都道府県の関与のうち第245条第1号ト及び第3号に規定する行為を、法定受託事務の処理に関しては普通地方公共団体に対する国又は都道府県の関与のうち同号に規定する行為を受け、又は要することとすることのないようにしなければならない。

③ 国は、国又は都道府県の計画と普通地方公共団体の計画との調和を保つ必要がある場合等国又は都道府県の施策と普通地方公共団体の施策との間の調整が必要な場合を除き、普通地方公共団体の事務の処理に関し、普通地方公共団体が、普通地方公共団体に対する国又は都道府県の関与のうち第245条第2号に規定する行為を要することとすることのないようにしなければならない。

④ 国は、法令に従ってその内容について財政上又は税制上の特例措置を講ずるものとされている計画を普通地方公共団体が作成する場合等国又は都道府県の施策と普通地方公共団体の施策との整合性を確保しなければこれらの施策の実施に著しく支障が生ずると認められる場合を除き、自治事務の処理に関し、普通地方公共団体が、普通地方公共団体に対する国又は都道府県の関与のうち第245条第1号ニに規定する行為を要することとすることのないようにしなければならない。

⑤ 国は、普通地方公共団体が特別の法律により法人を設立する場合等自治事務の処理について国の行政機関又は都道府県の機関の許可、認可又は承認を要することとすること以外の方法によってその処理の適正を確保することが困難であると認められる場合を除き、自治事務の処理に関し、普通地方公共団体が、普通地方公共団体に対する国又は都道府県の関与のうち第245条第1号ホに規定する行為を要することとすることのないようにしなければならない。

⑥ 国は、国民の生命、身体又は財産の保護のため緊急に自治事務の的確な処理を確保する必要がある場合等特に必要と認められる場合を除き、自治事務の処理に関し、普通地方公共団体が、普通地方公共団体に対する国又は都道府県の関与のうち第245条第1号ヘに規定する行為に従わなければならないこととすることのないようにしなければならない。

**（技術的な助言及び勧告並びに資料の提出の要求）**
**第245条の4** ① 各大臣（内閣府設置法第4条第3項に規定する事務を分担管理する大臣たる内閣総理大臣又は国家行政組織法第5条第1項に規定する各省大臣をいう。以下本章、次章及び第14章において同じ。）又は都道府県知事その他の都道府県の執行機関は、その担任する事務に関し、普通地方公共団体に対し、普通地方公共団体の事務の運営その他の事項について適切と認める技術的な助言若しくは勧告をし、又は当該助言若しくは勧告をするため若しくは普通地方公共団体の事務の適正な処理に関する情報を提供するため必要な資料の提出を求めることができる。

② 各大臣は、その担任する事務に関し、都道府県知事その他の都道府県の執行機関に対し、前項の規定による市町村に対する助言若しくは勧告又は資料の提出の求めに関し、必要な指示をすることができる。

③ 普通地方公共団体の長その他の執行機関は、各大臣又は都道府県知事その他の都道府県の執行機関に対し、その担任する事務の管理及び執行について技術的な助言若しくは勧告又は必要な情報の提供を求めることができる。

**（是正の要求）**
**第245条の5** ① 各大臣は、その担任する事務に関し、都道府県の自治事務の処理が法令の規定に違反していると認めるとき、又は著しく適正を欠き、かつ、明らかに公益を害していると認めるときは、当該都道府県に対し、当該自治事務の処理について違反の是正又は改善のため必要な措置を講ずべきことを求めることができる。

② 各大臣は、その担任する事務に関し、市町村の次の各号に掲げる事務の処理が法令の規定に違反していると認めるとき、又は著しく適正を欠き、かつ、明らかに公益を害していると認めるときは、当該各号に定める都道府県の執行機関に対し、当該事務の処理について違反の是正又は改善のため必要な措置を講ずべきことを当該市町村に求めるよう指示をすることができる。

1 市町村長その他の市町村の執行機関（教育委員会及び選挙管理委員会を除く。）の担任する事務（第1号法定受託事務を除く。次号及び第3号において同じ。）　都道府県知事

2 市町村教育委員会の担任する事務　都道府県教育委員会

3 市町村選挙管理委員会の担任する事務　都道府県選挙管理委員会

③ 前項の指示を受けた都道府県の執行機関は、当該市町村に対し、当該事務の処理について違反の是正又は改善のため必要な措置を講ずべきことを求めなければならない。

④ 各大臣は、第2項の規定によるほか、その担任する事務に関し、市町村の事務（第1号法定受託事務を除く。）の処理が法令の規定に違反していると認める場合、又は著しく適正を欠き、かつ、明らかに公益を害していると認める場合において、緊急を要するときその他特に必要があると認めるときは、自ら当該市町村に対し、当該事務の処理について違反の是正又は改善のため必要な措置を講ずべきことを求めることができる。

⑤ 普通地方公共団体は、第1項、第3項又は前項の規定による求めを受けたときは、当該事務の処理について違反の是正又は改善のための必要な措置を講じなければならない。

**（是正の勧告）**
**第245条の6** 次の各号に掲げる都道府県の執行機関は、市町村の当該各号に定める自治事務の処理が法令の規定に違反していると認めるとき、又は著しく適正を欠き、かつ、明らかに公益を害していると認めるときは、当該市町村に対し、当該自治事務の処理について違反の是正又は改善のため必要な措置を講ずべきことを勧告することができる。

1　都道府県知事　市町村長その他の市町村の執行機関（教育委員会及び選挙管理委員会を除く.）の担任する自治事務
2　都道府県教育委員会　市町村教育委員会の担任する自治事務
3　都道府県選挙管理委員会　市町村選挙管理委員会の担任する自治事務

（是正の指示）

**第245条の7**　① 各大臣は，その所管する法律又はこれに基づく政令に係る都道府県の法定受託事務の処理が法令の規定に違反していると認めるとき，又は著しく適正を欠き，かつ，明らかに公益を害していると認めるときは，当該都道府県に対し，当該法定受託事務の処理について違反の是正又は改善のため講ずべき措置に関し，必要な指示をすることができる．

② 次の各号に掲げる都道府県の執行機関は，市町村の当該各号に定める法定受託事務の処理が法令の規定に違反していると認めるとき，又は著しく適正を欠き，かつ，明らかに公益を害していると認めるときは，当該市町村に対し，当該法定受託事務の処理について違反の是正又は改善のため講ずべき措置に関し，必要な指示をすることができる．

1　都道府県知事　市町村長その他の市町村の執行機関（教育委員会及び選挙管理委員会を除く.）の担任する法定受託事務
2　都道府県教育委員会　市町村教育委員会の担任する法定受託事務
3　都道府県選挙管理委員会　市町村選挙管理委員会の担任する法定受託事務

③ 各大臣は，その所管する法律又はこれに基づく政令に係る第1号法定受託事務の処理について，前項各号に掲げる都道府県の執行機関に対し，同項の規定による市町村に対する指示に関し，必要な指示をすることができる．

④ 各大臣は，前項の規定によるほか，その所管する法律又はこれに基づく政令に係る市町村の第1号法定受託事務の処理が法令の規定に違反していると認める場合，又は著しく適正を欠き，かつ，明らかに公益を害していると認める場合において，緊急を要するときその他特に必要があると認めるときは，自ら当該市町村に対し，当該第1号法定受託事務の処理について違反の是正又は改善のため講ずべき措置に関し，必要な指示をすることができる．

（代執行等）

**第245条の8**　① 各大臣は，その所管する法律若しくはこれに基づく政令に係る都道府県知事の法定受託事務の管理若しくは執行が法令の規定若しくは当該各大臣の処分に違反するものがある場合又は当該法定受託事務の管理若しくは執行を怠るものがある場合において，本項から第8項までに規定する措置以外の方法によつてその是正を図ることが困難であり，かつ，それを放置することにより著しく公益を害することが明らかであるときは，文書により，当該都道府県知事に対して，その旨を指摘し，期限を定めて，当該違反を是正し，又は当該怠る法定受託事務の管理若しくは執行を改めるべきことを勧告することができる．

② 各大臣は，都道府県知事が前項の期限までに同項の規定による勧告に係る事項を行わないときは，文書により，当該都道府県知事に対し，期限を定めて当該事項を行うべきことを指示することができる．

③ 各大臣は，都道府県知事が前項の期限までに当該事項を行わないときは，高等裁判所に対し，訴えをもつて，当該事項を行うべきことを命ずる旨の裁判を請求することができる．

④ 各大臣は，高等裁判所に対し前項の規定により訴えを提起したときは，直ちに，文書により，その旨を当該都道府県知事に通告するとともに，当該高等裁判所に対し，その通告をした日時，場所及び方法を通知しなければならない．

⑤ 当該高等裁判所は，第3項の規定により訴えが提起されたときは，速やかに口頭弁論の期日を定め，当事者を呼び出さなければならない．その期日は，同項の訴えの提起があつた日から15日以内の日とする．

⑥ 当該高等裁判所は，各大臣の請求に理由があると認めるときは，当該都道府県知事に対し，期限を定めて当該事項を行うべきことを命ずる旨の裁判をしなければならない．

⑦ 第3項の訴えは，当該都道府県の区域を管轄する高等裁判所の専属管轄とする．

⑧ 各大臣は，都道府県知事が第6項の裁判に従い同項の期限までに，なお，当該事項を行わないときは，当該都道府県知事に代わつて当該事項を行うことができる．この場合においては，各大臣は，あらかじめ当該都道府県知事に対し，当該事項を行う日時，場所及び方法を通知しなければならない．

⑨ 第3項の訴えに係る高等裁判所の判決に対する上告の期間は，1週間とする．

⑩ 前項の上告は，執行停止の効力を有しない．

⑪ 各大臣の請求に理由がない旨の判決が確定した場合において，既に第8項の規定に基づき第2項の規定による指示に係る事項が行われているときは，都道府県知事は，当該判決の確定後3月以内にその処分を取り消し，又は原状の回復その他必要な措置を執ることができる．

⑫ 前各項の規定は，市町村長の法定受託事務の管理若しくは執行が法令の規定若しくは各大臣若しくは都道府県知事の処分に違反するものがある場合又は当該法定受託事務の管理若しくは執行を怠るものがある場合において，本項に規定する措置以外の方法によつてその是正を図ることが困難であり，かつ，それを放置することにより著しく公益を害することが明らかであるときについて準用する．この場合においては，前各項の規定中「各大臣」とあるのは「都道府県知事」と，「都道府県知事」とあるのは「市町村長」と，「当該都道府県の区域」とあるのは「当該市町村の区域」と読み替えるものとする．

⑬ 各大臣は，その所管する法律又はこれに基づく政令に係る市町村長の第1号法定受託事務の管理又は執行について，都道府県知事に対し，前項において準用する第1項から第8項までの規定による措置に関し，必要な指示をすることができる．

⑭ 第3項（第12項において準用する場合を含む．次項において同じ．）の訴えについては，行政事件訴訟法第43条第3項の規定にかかわらず，同法第41条第2項の規定は，準用しない．

⑮ 前各項に定めるもののほか，第3項の訴えについては，主張及び証拠の申出の時期の制限その他審理の促進に関し必要な事項は，最高裁判所規則で定める．

（処理基準）

**第245条の9**　① 各大臣は，その所管する法律又は

a これに基づく政令に係る都道府県の法定受託事務の処理について、都道府県が当該法定受託事務を処理するに当たりよるべき基準を定めることができる。
② 次の各号に掲げる都道府県の執行機関は、市町村の当該各号に定める法定受託事務の処理について、市町村が当該法定受託事務を処理するに当たりよるべき基準を定めることができる。この場合において、都道府県の執行機関の定める基準は、次項の規定により各大臣の定める基準に抵触するものであつてはならない。
　1 都道府県知事 市町村長その他の市町村の執行機関（教育委員会及び選挙管理委員会を除く。）の担任する法定受託事務
　2 都道府県教育委員会 市町村教育委員会の担任する法定受託事務
　3 都道府県選挙管理委員会 市町村選挙管理委員会の担任する法定受託事務
③ 各大臣は、特に必要があると認めるときは、その所管する法律又はこれに基づく政令に係る市町村の第1号法定受託事務の処理について、市町村が当該第1号法定受託事務を処理するに当たりよるべき基準を定めることができる。
④ 各大臣は、その所管する法律又はこれに基づく政令に係る市町村の第1号法定受託事務の処理について、第2項各号に掲げる都道府県の執行機関に対し、同項の規定により定める基準に関し、必要な指示をすることができる。
⑤ 第1項から第3項までの規定により定める基準は、その目的を達成するために必要な最小限度のものでなければならない。

### 第2款 普通地方公共団体に対する国又は都道府県の関与等の手続

**（普通地方公共団体に対する国又は都道府県の関与の手続の適用）**
**第246条** 次条から第250条の5までの規定は、普通地方公共団体に対する国又は都道府県の関与について適用する。ただし、他の法律に特別の定めがある場合は、この限りでない。

**（助言等の方式等）**
**第247条** ① 国の行政機関又は都道府県の機関は、普通地方公共団体に対し、助言、勧告その他これらに類する行為（以下本条及び第252条の17の3第2項において「助言等」という。）を書面によらないで行つた場合において、当該普通地方公共団体から当該助言等の趣旨及び内容を記載した書面の交付を求められたときは、これを交付しなければならない。
② 前項の規定は、次に掲げる助言等については、適用しない。
　1 普通地方公共団体に対しその場において完了する行為を求めるもの
　2 既に書面により当該普通地方公共団体に通知されている事項と同一の内容であるもの
③ 国又は都道府県の職員は、普通地方公共団体が国の行政機関又は都道府県の機関が行つた助言等に従わなかつたことを理由として、不利益な取扱いをしてはならない。

**（資料の提出の要求等の方式）**
**第248条** 国の行政機関又は都道府県の機関は、普通地方公共団体に対し、資料の提出の要求その他これに類する行為（以下本条及び第252条の17の3第2項において「資料の提出の要求等」という。）を書面によらないで行つた場合において、当該普通地方公共団体から当該資料の提出の要求等の趣旨及び内容を記載した書面の交付を求められたときは、これを交付しなければならない。

**（是正の要求等の方式）**
**第249条** ① 国の行政機関又は都道府県の機関は、普通地方公共団体に対し、是正の要求、指示その他これらに類する行為（以下本条及び第252条の17の3第2項において「是正の要求等」という。）をするときは、同時に、当該是正の要求等の内容及び理由を記載した書面を交付しなければならない。ただし、当該書面を交付しないで是正の要求等をすべき差し迫つた必要がある場合は、この限りでない。
② 前項ただし書の場合においては、国の行政機関又は都道府県の機関は、是正の要求等をした後相当の期間内に、同項の書面を交付しなければならない。

**（協議の方式）**
**第250条** ① 普通地方公共団体から国の行政機関又は都道府県の機関に対して協議の申出があつたときは、国の行政機関又は都道府県の機関及び普通地方公共団体は、誠実に協議を行うとともに、相当の期間内に当該協議が調うよう努めなければならない。
② 国の行政機関又は都道府県の機関は、普通地方公共団体の申出に基づく協議について意見を述べた場合において、当該普通地方公共団体から当該協議に関する意見の趣旨及び内容を記載した書面の交付を求められたときは、これを交付しなければならない。

**（許認可等の基準）**
**第250条の2** ① 国の行政機関又は都道府県の機関は、普通地方公共団体からの法令に基づく申請又は協議の申出（以下本条、第250条の13第2項、第251条の3第2項、第251条の5第1項、第252条第1項及び第252条の17の3第3項において「申請等」という。）があつた場合において、許可、認可、承認、同意その他これらに類する行為（以下本条及び第252条の17の3第3項において「許認可等」という。）をするかどうかを法令の定めに従つて判断するために必要とされる基準を定め、かつ、行政上特別の支障があるときを除き、これを公表しなければならない。
② 国の行政機関又は都道府県の機関は、普通地方公共団体に対し、許認可等の取消しその他これに類する行為（以下本条及び第250条の4において「許認可等の取消し等」という。）をするかどうかを法令の定めに従つて判断するために必要とされる基準を定め、かつ、これを公表するよう努めなければならない。
③ 国の行政機関又は都道府県の機関は、第1項又は前項に規定する基準を定めるに当たつては、当該許認可等又は許認可等の取消し等の性質に照らしてできる限り具体的なものとしなければならない。

**（許認可等の標準処理期間）**
**第250条の3** ① 国の行政機関又は都道府県の機関は、申請等が当該国の行政機関又は都道府県の機関の事務所に到達してから当該申請等に係る許認可等をするまでに通常要すべき標準的な期間（法令により当該国の行政機関又は都道府県の機関と異なる機関が当該申請等の提出先とされている場合は、併せて、当該申請等が当該提出先とされている機関の事務所に到達してから当該国の行政機関又は都道府県の機関の事務所に到達するまでに通常

要すべき標準的な期間）を定め、かつ、これを公表するよう努めなければならない．
② 国の行政機関又は都道府県の機関は、申請等が法令により当該申請等の提出先とされている機関の事務所に到達したときは、遅滞なく当該申請等に係る許認可等をするための事務を開始しなければならない．

**（許認可等の取消し等の方式）**
**第250条の4** 国の行政機関又は都道府県の機関は、普通地方公共団体に対し、申請等に係る許認可等を拒否する処分をするとき又は許認可等の取消し等をするときは、当該許認可等を拒否する処分又は許認可等の取消し等の内容及び理由を記載した書面を交付しなければならない．

**（届　出）**
**第250条の5** 普通地方公共団体から国の行政機関又は都道府県の機関への届出が届出書の記載事項に不備がないこと、届出書に必要な書類が添付されていることその他の法令に定められた届出の形式上の要件に適合している場合は、当該届出が法令により当該届出の提出先とされている機関の事務所に到達したときに、当該届出をすべき手続上の義務が履行されたものとする．

**（国の行政機関が自治事務と同一の事務を自らの権限に属するものとして処理する場合の方式）**
**第250条の6** ① 国の行政機関は、自治事務として普通地方公共団体が処理している事務と同一の内容の事務を法令の定めるところにより自らの権限に属する事務として処理するときは、あらかじめ当該普通地方公共団体に対し、当該事務の処理の内容及び理由を記載した書面により通知しなければならない．ただし、当該通知をしないで当該事務を処理すべき差し迫った必要がある場合は、この限りでない．
② 前項ただし書の場合においては、国の行政機関は、自ら当該事務を処理した後相当の期間内に、同項の通知をしなければならない．

**第2節　国と普通地方公共団体との間並びに普通地方公共団体相互間及び普通地方公共団体の機関相互間の紛争処理**
**第1款　国地方係争処理委員会**
**（設置及び権限）**
**第250条の7** ① 総務省に、国地方係争処理委員会（以下本節において「委員会」という．）を置く．
② 委員会は、普通地方公共団体に対する国又は都道府県の関与のうち国の行政庁が行うもの（以下本節において「国の関与」という．）に関する審査の申出につき、この法律の規定によりその権限に属させられた事項を処理する．

**（組　織）**
**第250条の8** ① 委員会は、委員5人をもつて組織する．
② 委員は、非常勤とする．ただし、そのうち2人以内は、常勤とすることができる．

**（委　員）**
**第250条の9** ① 委員は、優れた識見を有する者のうちから、両議院の同意を得て、総務大臣が任命する．
② 委員の任命については、そのうち3人以上が同一の政党その他の政治団体に属することとなつてはならない．
③ 委員の任期が満了し、又は欠員を生じた場合において、国会の閉会又は衆議院の解散のために両議院の同意を得ることができないときは、総務大臣は、第1項の規定にかかわらず、同項に定める資格を有する者のうちから、委員を任命することができる．
④ 前項の場合においては、任命後最初の国会において両議院の事後の承認を得なければならない．この場合において、両議院の事後の承認が得られないときは、総務大臣は、直ちにその委員を罷免しなければならない．
⑤ 委員の任期は、3年とする．ただし、補欠の委員の任期は、前任者の残任期間とする．

**第2款　国地方係争処理委員会による審査の手続**
**（国の関与に関する審査の申出）**
**第250条の13** ① 普通地方公共団体の長その他の執行機関は、その担任する事務に関する国の関与のうち是正の要求、許可の拒否その他の処分その他公権力の行使に当たるもの（次に掲げるものを除く．）に不服があるときは、委員会に対し、当該国の関与を行つた国の行政庁を相手方として、文書で、審査の申出をすることができる．
1　第245条の8第2項及び第13項の規定による指示
2　第245条の8第8項の規定に基づき都道府県知事に代わつて同条第2項の規定による指示に係る事項を行うこと．
3　第252条の17の4第2項の規定により読み替えて適用する第245条の8第12項において準用する同条第2項の規定による指示
4　第252条の17の4第2項の規定により読み替えて適用する第245条の8第12項において準用する同条第8項の規定に基づき市町村長に代わつて前号の指示に係る事項を行うこと．
② 普通地方公共団体の長その他の執行機関は、その担任する事務に関する国の不作為（国の行政庁が、申請等が行われた場合において、相当の期間内に何らかの国の関与のうち許可その他の処分その他公権力の行使に当たるものをすべきにかかわらず、これをしないことをいう．以下本節において同じ．）に不服があるときは、委員会に対し、当該国の不作為に係る国の行政庁を相手方として、文書で、審査の申出をすることができる．
③ 普通地方公共団体の長その他の執行機関は、その担任する事務に関する当該普通地方公共団体の法令に基づく協議の申出が国の行政庁に対して行われた場合において、当該協議に係る当該普通地方公共団体の義務を果たしたと認められるにもかかわらず当該協議が調わないときは、委員会に対し、当該協議の相手方である国の行政庁を相手方として、文書で、審査の申出をすることができる．

**（審査及び勧告）**
**第250条の14** ① 委員会は、自治事務に関する国の関与について前条第1項の規定による審査の申出があつた場合においては、審査を行い、相手方である国の行政庁の行つた国の関与が違法でなく、かつ、普通地方公共団体の自主性及び自立性を尊重する観点から不当でないと認めるときは、理由を付してその旨を当該審査の申出をした普通地方公共団体の長その他の執行機関及び当該国の行政庁に通知するとともに、これを公表し、当該国の行政庁の行つた国の関与が違法又は普通地方公共団体の自主性及び自立性を尊重する観点から不当であると認めるときは、当該国の行政庁に対し、理由を付し、かつ、期間を示して、必要な措置を講ずべきことを勧告するとともに、当該勧告の内容を当該普通地方公

共体の長その他の執行機関に通知し、かつ、これを公表しなければならない。
② 委員会は、法定受託事務に関する国の関与について前条第1項の規定による審査の申出があつた場合において、審査を行い、相手方である国の行政庁の行つた国の関与が違法でないと認めるときは、理由を付してその旨を当該審査の申出をした普通地方公共団体の長その他の執行機関及び当該国の行政庁に通知するとともに、これを公表し、当該国の行政庁の行つた国の関与が違法であると認めるときは、当該国の行政庁に対し、理由を付し、かつ、期間を示して、必要な措置を講ずべきことを勧告するとともに、当該勧告の内容を当該普通地方公共団体の長その他の執行機関に通知し、かつ、これを公表しなければならない。
③ 委員会は、前条第2項の規定による審査の申出があつた場合においては、審査を行い、当該審査の申出に理由がないと認めるときは、理由を付してその旨を当該審査の申出をした普通地方公共団体の長その他の執行機関及び相手方である国の行政庁に通知するとともに、これを公表し、当該審査の申出に理由があると認めるときは、当該国の行政庁に対し、理由を付し、かつ、期間を示して、必要な措置を講ずべきことを勧告するとともに、当該勧告の内容を当該普通地方公共団体の長その他の執行機関に通知し、かつ、これを公表しなければならない。
④ 委員会は、前条第3項の規定による審査の申出があつたときは、当該審査の申出に係る協議について当該協議に係る普通地方公共団体がその義務を果たしているかどうかを審査し、理由を付してその結果を当該審査の申出をした普通地方公共団体の長その他の執行機関及び相手方である国の行政庁に通知するとともに、これを公表しなければならない。
⑤ 前各項の規定による審査及び勧告は、審査の申出があつた日から90日以内に行わなければならない。

### 第3款 自治紛争処理委員

**（自治紛争処理委員）**

**第251条** ① 自治紛争処理委員は、この法律の定めるところにより、普通地方公共団体相互の間又は普通地方公共団体の機関相互の間の紛争の調停、普通地方公共団体に対する国又は都道府県の関与のうち都道府県の機関が行うもの（以下本節において「都道府県の関与」という。）に関する審査及びこの法律の規定による審査請求、再審査請求、審査の申立て又は審決の申請に係る審理を処理する。
② 自治紛争処理委員は、3人とし、事件ごとに、優れた識見を有する者のうちから、総務大臣又は都道府県知事がそれぞれ任命する。この場合においては、総務大臣又は都道府県知事は、あらかじめ当該事件に関係のある事務を担任する各大臣又は都道府県の委員会若しくは委員に協議するものとする。
③ 自治紛争処理委員は、次の各号のいずれかに該当するときは、その職を失う。
1 当事者が次条第2項の規定により調停の申請を取り下げたとき。
2 自治紛争処理委員が次条第6項の規定により当事者に調停を打ち切つた旨を通知したとき。
3 総務大臣又は都道府県知事が次条第7項又は第251条の3第13項の規定により調停が成立した旨を当事者に通知したとき。
4 市町村長その他の市町村の執行機関が第251条の3第5項から第7項までにおいて準用する第250条の17の規定により自治紛争処理委員の審査に付することを求める旨の申出を取り下げたとき。
5 自治紛争処理委員が第251条の3第5項において準用する第250条の14第1項若しくは第251条の3第6項において準用する第250条の14第3項の規定による審査の結果の通知若しくは勧告及び勧告の内容の通知又は第251条の3第7項において準用する第250条の14第4項の規定による審査の結果の通知をし、かつ、これらを公表したとき。
6 第255条の5の規定による審理に係る審査請求、再審査請求、審査の申立て又は審決の申請をした者が、当該審査請求、再審査請求、審査の申立て又は審決の申請を取り下げたとき。
7 第255条の5の規定による審理を経て、総務大臣又は都道府県知事が審査請求若しくは再審査請求に対する裁決をし、審査の申立てに対する裁決若しくは裁定をし、又は審決をしたとき。
④ 総務大臣又は都道府県知事は、自治紛争処理委員が当該事件に直接利害関係を有することとなつたときは、当該自治紛争処理委員を罷免しなければならない。
⑤ 第250条の9第2項、第8項、第9項（第2号を除く。）及び第10項から第14項までの規定は、自治紛争処理委員に準用する。この場合においては、同条第2項中「3人以上」とあるのは「2人以上」と、同条第8項中「総務大臣」とあるのは「総務大臣又は都道府県知事」と、同条第9項中「総務大臣は、両議院の同意を得て」とあるのは「総務大臣又は都道府県知事は」と、「3人以上」とあるのは「2人以上」と、「2人」とあるのは「1人」と、同条第10項中「総務大臣」とあるのは「総務大臣又は都道府県知事」と、「2人」とあるのは「1人」と、同条第11項中「総務大臣」とあるのは「総務大臣又は都道府県知事」と、「両議院の同意を得て、その委員を」とあるのは「その自治紛争処理委員を」と、同条第12項中「第4項後段及び第8項から前項まで」とあるのは「第8項、第9項（第2号を除く。）、第10項及び前項並びに第251条第4項」と読み替えるものとする。

### 第4款 自治紛争処理委員による調停及び審査の手続

**（調　停）**

**第251条の2** ① 普通地方公共団体相互の間又は普通地方公共団体の機関相互の間に紛争があるときは、この法律に特別の定めがあるものを除くほか、都道府県又は都道府県の機関が当事者となるものにあつては総務大臣、その他のものにあつては都道府県知事は、当事者の文書による申請に基づき又は職権により、紛争の解決のため、前条第2項の規定により自治紛争処理委員を任命し、その調停に付することができる。
② 当事者の申請に基づき開始された調停においては、当事者は、総務大臣又は都道府県知事の同意を得て、当該申請を取り下げることができる。
③ 自治紛争処理委員は、調停案を作成して、これを当事者に示し、その受諾を勧告するとともに、理由を付してその要旨を公表することができる。
④ 自治紛争処理委員は、前項の規定により調停案を当事者に示し、その受諾を勧告したときは、直ちに調停案の写しを添えてその旨及び調停の経過を総務大臣又は都道府県知事に報告しなければならない。

⑤ 自治紛争処理委員は、調停による解決の見込みがないと認めるときは、総務大臣又は都道府県知事の同意を得て、調停を打ち切り、事件の要点及び調停の経過を公表することができる。
⑥ 自治紛争処理委員は、前項の規定により調停を打ち切つたときは、その旨を当事者に通知しなければならない。
⑦ 第1項の調停は、当事者のすべてから、調停案を受諾した旨を記載した文書が総務大臣又は都道府県知事に提出されたときに成立するものとする。この場合においては、総務大臣又は都道府県知事は、直ちにその旨及び調停の要旨を公表するとともに、当事者に調停が成立した旨を通知しなければならない。
⑧ 総務大臣又は都道府県知事は、前項の規定により当事者から文書の提出があつたときは、その旨を自治紛争処理委員に通知するものとする。
⑨ 自治紛争処理委員は、第3項に規定する調停案を作成するため必要があると認めるときは、当事者及び関係人の出頭及び陳述を求め、又は当事者及び関係人並びに紛争に係る事件に関係のある者に対し、紛争の調停のため必要な記録の提出を求めることができる。
⑩ 第3項の規定による調停案の作成及びその要旨の公表についての決定、第5項の規定による調停の打切りについての決定並びに事件の要点及び調停の経過の公表についての決定並びに前項の規定による出頭、陳述及び記録の提出の求めについての決定は、自治紛争処理委員の合議によるものとする。

**(審査及び勧告)**
**第251条の3** ① 総務大臣は、市町村長その他の市町村の執行機関が、その担任する事務に関する都道府県の関与のうち是正の要求、許可の拒否その他の処分その他公権力の行使に当たるもの(次に掲げるものを除く。)に不服があり、文書により、自治紛争処理委員の審査に付することを求める旨の申出をしたときは、速やかに、第251条第2項の規定により自治紛争処理委員を任命し、当該申出に係る事件をその審査に付さなければならない。
 1 第245条の8第12項において準用する同条第2項の規定による指示
 2 第245条の8第12項において準用する同条第8項の規定に基づき市町村長に代わつて前号の指示に係る事項を行うこと。
② 総務大臣は、市町村長その他の市町村の執行機関が、その担任する事務に関する都道府県の行政庁の不作為(都道府県の行政庁が、申請等が行われた場合において、相当の期間内に何らかの都道府県の関与のうち許可その他の処分その他公権力の行使に当たるものをすべきにかかわらず、これをしないことをいう。以下本節において同じ。)に不服があり、文書により、自治紛争処理委員の審査に付することを求める旨の申出をしたときは、速やかに、第251条第2項の規定により自治紛争処理委員を任命し、当該申出に係る事件をその審査に付さなければならない。
③ 総務大臣は、市町村長その他の市町村の執行機関が、その担任する事務に関する当該市町村の法令に基づく協議の申出が都道府県の行政庁に対して行われた場合において、当該協議に係る当該市町村の義務を果たしたと認めるにもかかわらず当該協議が調わないことについて、文書により、自治紛争処理委員の審査に付することを求める旨の申出をし

たときは、速やかに、第251条第2項の規定により自治紛争処理委員を任命し、当該申出に係る事件をその審査に付さなければならない。

### 第5款 普通地方公共団体に対する国又は都道府県の関与に関する訴え

**(国の関与に関する訴えの提起)**
**第251条の5** ① 第250条の13第1項又は第2項の規定による審査の申出をした普通地方公共団体の長その他の執行機関は、次の各号のいずれかに該当するときは、高等裁判所に対し、当該審査の申出の相手方となつた国の行政庁(国の関与があつた後又は申請等が行われた後に当該行政庁の権限が他の行政庁に承継されたときは、当該他の行政庁)を被告として、訴えをもつて当該審査の申出に係る違法な国の関与の取消し又は当該審査の申出に係る国の不作為の違法の確認を求めることができる。ただし、違法な国の関与の取消しを求める訴えを提起する場合において、被告とすべき行政庁がないときは、当該訴えは、国を被告として提起しなければならない。
 1 第250条の14第1項から第3項までの規定による委員会の審査の結果又は勧告に不服があるとき。
 2 第250条の18第1項の規定による国の行政庁の措置に不服があるとき。
 3 当該審査の申出をした日から90日を経過しても、委員会が第250条の14第1項から第3項までの規定による審査又は勧告を行わないとき。
 4 国の行政庁が第250条の18第1項の規定による措置を講じないとき。
② 前項の訴えは、次に掲げる期間内に提起しなければならない。
 1 前項第1号の場合は、第250条の14第1項から第3項までの規定による委員会の審査の結果又は勧告の内容の通知があつた日から30日以内
 2 前項第2号の場合は、第250条の18第1項の規定による委員会の通知があつた日から30日以内
 3 前項第3号の場合は、当該審査の申出をした日から90日を経過した日から30日以内
 4 前項第4号の場合は、第250条の14第1項から第3項までの規定による委員会の勧告に示された期間を経過した日から30日以内

**(都道府県の関与に関する訴えの提起)**
**第252条** ① 第251条の3第1項又は第2項の規定による申出をした市町村長その他の市町村の執行機関は、次の各号のいずれかに該当するときは、高等裁判所に対し、当該申出の相手方となつた都道府県の行政庁(都道府県の関与があつた後は申請等が行われた後に当該行政庁の権限が他の行政庁に承継されたときは、当該他の行政庁)を被告として、訴えをもつて当該申出に係る違法な都道府県の関与の取消し又は当該申出に係る都道府県の不作為の違法の確認を求めることができる。ただし、違法な都道府県の関与の取消しを求める訴えを提起する場合において、被告とすべき行政庁がないときは、当該訴えは、当該都道府県を被告として提起しなければならない。
 1 第251条の3第5項において準用する第250条の14第1項若しくは第2項又は第251条の3第6項において準用する第250条の14第3項の規定による自治紛争処理委員の審査の結果又は勧告に不服があるとき。
 2 第251条の3第9項の規定による都道府県の行

政庁の措置に不服があるとき.
3 当該申出をした日から90日を経過しても,自治紛争処理委員が第251条の3第5項において準用する第250条の14第1項若しくは第2項又は第251条の3第6項において準用する第250条の14第3項の規定による審査又は勧告を行わないとき.
4 都道府県の行政庁が第251条の3第9項の規定による措置を講じないとき.
② 前項の訴えは,次に掲げる期間内に提起しなければならない.
1 前項第1号の場合は,第251条の3第5項において準用する第250条の14第1項若しくは第2項又は第251条の3第6項において準用する第250条の14第3項の規定による自治紛争処理委員の審査の結果又は勧告の内容の通知があつた日から30日以内
2 前項第2号の場合は,第251条の3第9項の規定による総務大臣の通知があつた日から30日以内
3 前項第3号の場合は,当該申出をした日から90日を経過した日から30日以内
4 前項第4号の場合は,第251条の3第5項において準用する第250条の14第1項若しくは第2項又は第251条の3第6項において準用する第250条の14第3項の規定による自治紛争処理委員の勧告に示された期間を経過した日から30日以内
③ 前条第3項から第7項までの規定は,第1項の訴えに準用する.この場合において,同条第3項中「当該普通地方公共団体の区域」とあるのは「当該市町村の区域」と,同条第7項中「国の関与」とあるのは「都道府県の関与」と読み替えるものとする.
④ 第1項の訴えのうち違法な都道府県の関与の取消しを求めるものについては,行政事件訴訟法第43条第1項の規定にかかわらず,同法第8条第2項,第11条から第22条まで,第25条から第29条まで,第31条,第32条及び第34条の規定は,準用しない.
⑤ 第1項の訴えのうち都道府県の不作為の違法の確認を求めるものについては,行政事件訴訟法第43条第3項の規定にかかわらず,同法第40条第2項及び第41条第2項の規定は,準用しない.
⑥ 前各項に定めるもののほか,第1項の訴えについては,主張及び証拠の申出の時期の制限その他審理の促進に関し必要な事項は,最高裁判所規則で定める.

### 第3節 普通地方公共団体相互間の協力
#### 第1款 協議会
(協議会の設置)
**第252条の2** ① 普通地方公共団体は,普通地方公共団体の事務の一部を共同して管理し及び執行し,若しくは普通地方公共団体の事務の管理及び執行について連絡調整を図り,又は広域にわたる総合的な計画を共同して作成するため,協議により規約を定め,普通地方公共団体の協議会を設けることができる.

#### 第2款 機関等の共同設置
(機関等の共同設置)
**第252条の7** ① 普通地方公共団体は,協議により規約を定め,共同して,第138条の4第1項に規定する委員会若しくは委員,普通地方公共団体の長,委員会若しくは委員の事務を補助する職員又は第174条第1項に規定する専門委員を置くことができる.ただし,政令で定める委員会については,この限りでない.
② 前項の規定による執行機関,附属機関若しくは職員を共同設置する普通地方公共団体の数を増減し,若しくはこれらの執行機関,附属機関若しくは職員の共同設置に関する規約を変更し,又はこれらの執行機関,附属機関若しくは職員の共同設置を廃止しようとするときは,関係普通地方公共団体は,同項の例により,協議してこれを行わなければならない.
③ 第252条の2第2項及び第3項本文の規定は前2項の場合に,同条第4項の規定は第1項の場合にこれを準用する.

#### 第3款 事務の委託
(事務の委託)
**第252条の14** ① 普通地方公共団体は,協議により規約を定め,普通地方公共団体の事務の一部を,他の普通地方公共団体に委託して,当該普通地方公共団体の長若しくは同種の委員会若しくは委員をして管理し及び執行させることができる.

### 第4節 条例による事務処理の特例
(条例による事務処理の特例)
**第252条の17の2** ① 都道府県は,都道府県知事の権限に属する事務の一部を,条例の定めるところにより,市町村が処理することとすることができる.この場合においては,当該市町村が処理することとされた事務は,当該市町村の長が管理し及び執行するものとする.
② 前項の条例(同項の規定により都道府県の規則に基づく事務を市町村が処理することとする場合で,同項の条例の定めるところにより,規則に委任して当該事務の範囲を定めるときは,当該規則を含む.以下本節において同じ.)を制定し又は改廃する場合においては,都道府県知事は,あらかじめ,その権限に属する事務の一部を処理し又は処理することとなる市町村の長に協議しなければならない.
③ 市町村の長は,その議会の議決を経て,都道府県知事に対し,第1項の規定によりその権限に属する事務の一部を当該市町村が処理することとするよう要請することができる.
④ 前項の規定による要請があつたときは,都道府県知事は,速やかに,当該市町村の長と協議しなければならない.

## 第12章 大都市等に関する特例

### 第1節 大都市に関する特例
(指定都市の権能)
**第252条の19** ① 政令で指定する人口50万以上の市(以下「指定都市」という.)は,次に掲げる事務のうち都道府県が法律又はこれに基づく政令の定めるところにより処理することとされているものの全部又は一部で政令で定めるものを,政令で定めるところにより,処理することができる.
1 児童福祉に関する事務
2 民生委員に関する事務
3 身体障害者の福祉に関する事務
4 生活保護に関する事務
5 行旅病人及び行旅死亡人の取扱に関する事務
5の2 社会福祉事業に関する事務
5の3 知的障害者の福祉に関する事務
6 母子家庭及び寡婦の福祉に関する事務
6の2 老人福祉に関する事務
7 母子保健に関する事務
8 障害者の自立支援に関する事務
9 食品衛生に関する事務

10 墓地，埋葬等の規制に関する事務
11 興行場，旅館及び公衆浴場の営業の規制に関する事務
11の2 精神保健及び精神障害者の福祉に関する事務
12 結核の予防に関する事務
13 都市計画に関する事務
14 土地区画整理事業に関する事務
15 屋外広告物の規制に関する事務

② 指定都市がその事務を処理するに当たつて，法律又はこれに基づく政令の定めるところにより都道府県知事若しくは都道府県の委員会の許可，認可，承認その他これらに類する処分を要し，又は事務の処理について都道府県知事若しくは都道府県の委員会の改善，停止，制限，禁止その他これらに類する指示その他の命令を受けるものとされている事項で政令で定めるものについては，政令の定めるところにより，これらの許可，認可等の処分を要せず，若しくはこれらの指示その他の命令を受けるものとせず，又は都道府県知事若しくは都道府県の委員会の許可，認可等の処分若しくは指示その他の命令に代えて，各大臣の許可，認可等の処分を要するものとし，若しくは各大臣の指示その他の命令を受けるものとする．

（区の設置）
第252条の20 ① 指定都市は，市長の権限に属する事務を分掌させるため，条例で，その区域を分けて区を設け，区の事務所又は必要があると認めるときはその出張所を置くものとする．
② 区の事務所又はその出張所の位置，名称及び所管区域は，条例でこれを定めなければならない．
③ 区の事務所又はその出張所の長は，当該普通地方公共団体の長の補助機関である職員をもつて充てる．
④ 区に選挙管理委員会を置く．
⑤ 第4条第2項の規定は第2項の区の事務所又はその出張所の位置及び所管区域に，第175条第2項の規定は第3項の機関の長に，第2編第7章第3節中市の選挙管理委員会に関する規定は前項の選挙管理委員会について，これを準用する．
⑥ 指定都市は，必要と認めるときは，条例で，区ごとに区地域協議会を置くことができる．この場合において，その区域内に地域自治区が設けられる区には，区地域協議会を設けないことができる．
⑦ 第202条の5第2項から第5項まで及び第202条の6から第202条の9までの規定は，区地域協議会に準用する．
⑧ 指定都市は，地域自治区を設けるときは，その区域は，区の区域を分けて定めなければならない．
⑨ 第6項の規定に基づき，区に区地域協議会を置く指定都市は，第202条の4第1項の規定にかかわらず，その一部の区の区域に地域自治区を設けることができる．
⑩ 前各項に定めるもののほか，指定都市の区に関し必要な事項は，政令でこれを定める．

（政令への委任）
第252条の21 法律又はこれに基づく政令に定めるもののほか，第252条の19第1項の規定による指定都市の指定があつた場合において必要な事項は，政令でこれを定める．

第2節 中核市に関する特例
（中核市の権能）
第252条の22 ① 政令で指定する人口30万以上の市（以下「中核市」という．）は，第252条の19第1項の規定により指定都市が処理することができる事務のうち，都道府県がその区域にわたり一体的に処理することが中核市が処理することに比して効率的な事務その他の中核市において処理することが適当でない事務以外の事務で政令で定めるものを，政令で定めるところにより，処理することができる．
② 中核市がその事務を処理するに当たつて，法律又はこれに基づく政令の定めるところにより都道府県知事の改善，停止，制限，禁止その他これらに類する指示その他の命令を受けるものとされている事項で政令で定めるものについては，政令の定めるところにより，これらの指示その他の命令に関する法令の規定を適用せず，又は都道府県知事の指示その他の命令に代えて，各大臣の指示その他の命令を受けるものとする．

第252条の23 削除
（中核市の指定に係る手続）
第252条の24 ① 総務大臣は，第252条の22第1項の中核市の指定に係る政令の立案をしようとするときは，関係市からの申出に基づき，これを行うものとする．
② 前項の規定による申出をしようとするときは，関係市は，あらかじめ，当該市の議会の議決を経て，都道府県の同意を得なければならない．
③ 前項の同意については，当該都道府県の議会の議決を経なければならない．

（政令への委任）
第252条の25 第252条の21の規定は，第252条の22第1項の規定による中核市の指定があつた場合について準用する．

（指定都市の指定があつた場合の取扱い）
第252条の26 中核市に指定された市について第252条の19第1項の規定による指定都市の指定があつた場合は，当該市に係る第252条の22第1項の規定による中核市の指定は，その効力を失うものとする．

（中核市の指定に係る手続の特例）
第252条の26の2 第7条第1項又は第3項の規定により中核市に指定された市の区域の全部を含む区域をもつて市を設置する処分について同項の規定により総務大臣に届出又は申請があつた場合は，第252条の24第1項の関係市からの申出があつたものとみなす．

第3節 特例市に関する特例
（特例市の権能）
第252条の26の3 ① 政令で指定する人口20万以上の市（以下「特例市」という．）は，第252条の22第1項の規定により中核市が処理することができる事務のうち，都道府県がその区域にわたり一体的に処理することが特例市が処理することに比して効率的な事務その他の特例市において処理することが適当でない事務以外の事務で政令で定めるものを，政令で定めるところにより，処理することができる．
② 特例市がその事務を処理するに当たつて，法律又はこれに基づく政令の定めるところにより都道府県知事の改善，停止，制限，禁止その他これらに類する指示その他の命令を受けるものとされている事項で政令で定めるものについては，政令の定めるところにより，これらの指示その他の命令に関する法令の規定を適用せず，又は都道府県知事の指示その

他の命令に代えて、各大臣の指示その他の命令を受けるものとする。

## 第13章 外部監査契約に基づく監査

### 第1節 通則
(外部監査契約)
**第252条の27** ① この法律において「外部監査契約」とは、包括外部監査契約及び個別外部監査契約をいう。
② この法律において「包括外部監査契約」とは、第252条の36第1項各号に掲げる普通地方公共団体が、第2条第14項及び第15項の規定の趣旨を達成するため、この法律の定めるところにより、次条第1項又は第2項に規定する者の監査を受けるとともに監査の結果に関する報告の提出を受けることを内容とする契約であつて、この法律の定めるところにより、毎会計年度、当該監査を行う者と締結するものをいう。
③ この法律において「個別外部監査契約」とは、次の各号に掲げる普通地方公共団体が、当該各号に掲げる請求又は要求があつた場合において、この法律の定めるところにより、当該請求又は要求に係る事項について次条第1項又は第2項に規定する者の監査を受けるとともに監査の結果に関する報告の提出を受けることを内容とする契約であつて、この法律の定めるところにより、当該監査を行う者と締結するものをいう。
1 第252条の39第1項に規定する普通地方公共団体 第75条第1項の請求
2 第252条の40第1項に規定する普通地方公共団体 第98条第1項の請求
3 第252条の41第1項に規定する普通地方公共団体 第199条第6項の要求
4 第252条の42第1項に規定する普通地方公共団体 第199条第7項の要求
5 第252条の43第1項に規定する普通地方公共団体 第242条第1項の請求

(外部監査契約を締結できる者)
**第252条の28** ① 普通地方公共団体が外部監査契約を締結できる者は、普通地方公共団体の財務管理、事業の経営管理その他行政運営に関し優れた識見を有する者であつて、次の各号のいずれかに該当するものとする。
1 弁護士(弁護士となる資格を有する者を含む。)
2 公認会計士(公認会計士となる資格を有する者を含む。)
3 国の行政機関において会計検査に関する行政事務に従事した者又は地方公共団体において監査若しくは財務に関する行政事務に従事した者であつて、監査に関する実務に精通しているものとして政令で定めるもの
② 普通地方公共団体は、外部監査契約を円滑に締結し又はその適正な履行を確保するため必要と認めるときは、前項の規定にかかわらず、同項の識見を有する者であつて税理士(税理士となる資格を有する者を含む。)であるものと外部監査契約を締結することができる。

### 第2節 包括外部監査契約に基づく監査
(包括外部監査契約の締結)
**第252条の36** ① 次に掲げる普通地方公共団体(以下「包括外部監査対象団体」という。)の長は、政令の定めるところにより、毎会計年度、当該会計年度に係る包括外部監査契約を、速やかに、一の者と締結しなければならない。この場合においては、あらかじめ監査委員の意見を聴くとともに、議会の議決を経なければならない。
1 都道府県
2 政令で定める市
3 前号に掲げる市以外の市町村で、契約に基づく監査を受けることを条例により定めたもの
② 前項の規定による意見の決定は、監査委員の合議によるものとする。

## 第14章 補 則(略)

# 第3編 特別地方公共団体

## 第2章 特別区

(特別区)
**第281条** ① 都の区は、これを特別区という。
② 特別区は、法律又はこれに基づく政令により都が処理することとされているものを除き、地域における事務並びにその他の事務で法律又はこれに基づく政令により市が処理することとされるもの及び法律又はこれに基づく政令により特別区が処理することとされるものを処理する。
③ 第2条第4項の規定は、特別区について準用する。

(都と特別区との役割分担の原則)
**第281条の2** ① 都は、特別区の存する区域において、特別区を包括する広域の地方公共団体として、第2条第5項において都道府県が処理するものとされている事務及び特別区に関する連絡調整に関する事務のほか、同条第3項本文において市町村が処理するものとされている事務のうち、人口が高度に集中する大都市地域における行政の一体性及び統一性の確保の観点から当該区域を通じて都が一体的に処理することが必要であると認められる事務を処理するものとする。
② 特別区は、基礎的な地方公共団体として、前項において特別区の存する区域を通じて都が一体的に処理するものとされているものを除き、一般的に、第2条第3項において市町村が処理するものとされている事務を処理するものとする。
③ 都及び特別区は、その事務を処理するに当たつては、相互に競合しないようにしなければならない。

(市に関する規定の適用)
**第283条** ① この法律又は政令で特別の定めをするものを除くほか、第2編及び第4編中市に関する規定は、特別区にこれを適用する。
② 他の法令の市に関する規定中法律又はこれに基づく政令により市が処理することとされている事務で第281条第2項の規定により特別区が処理することとされているものに関するものは、特別区にこれを適用する。
③ 前項の場合において、都と特別区又は特別区相互の間の調整上他の法令の市に関する規定をそのまま特別区に適用しがたいときは、政令で特別の定めをすることができる。

## 第3章　地方公共団体の組合

### 第1節　総則

**(組合の種類及び設置)**
**第284条** ① 地方公共団体の組合は,一部事務組合,広域連合,全部事務組合及び役場事務組合とする.
② 普通地方公共団体及び特別区は,第6項の場合を除くほか,その協議により規約を定め,都道府県の加入するものにあつては総務大臣,その他のものにあつては都道府県知事の許可を得て,一部事務組合を設けることができる.この場合において,一部事務組合内の地方公共団体につきその執行機関の権限に属する事項がなくなつたときは,その執行機関は,一部事務組合の成立と同時に消滅する.
③ 普通地方公共団体及び特別区は,その事務で広域にわたり処理することが適当であると認めるものに関し,広域にわたる総合的な計画(以下「広域計画」という.)を作成し,その事務の管理及び執行について広域計画の実施のために必要な連絡調整を図り,並びにその事務の一部を広域にわたり総合的かつ計画的に処理するため,その協議により規約を定め,前項の例により,総務大臣又は都道府県知事の許可を得て,広域連合を設けることができる.この場合においては,同項後段の規定を準用する.
④ 総務大臣は,前項の許可をしようとするときは,国の関係行政機関の長に協議しなければならない.
⑤ 町村は,特別の必要がある場合においては,その事務の全部を共同処理するため,その協議により規約を定め,都道府県知事の許可を得て,全部事務組合を設けることができる.この場合においては,全部事務組合内の各町村の議会及び執行機関は,全部事務組合の成立と同時に消滅する.
⑥ 町村は,特別の必要がある場合においては,役場事務を共同処理するため,その協議により規約を定め,都道府県知事の許可を得て,役場事務組合を設けることができる.この場合において,役場事務組合内の各町村の執行機関の権限に属する事項がなくなつたときは,その執行機関は,役場事務組合の成立と同時に消滅する.

**第285条** 市町村及び特別区の事務に関し相互に関連するものを共同処理するための市町村及び特別区の一部事務組合については,市町村又は特別区の共同処理しようとする事務が他の市町村又は特別区の共同処理しようとする事務と同一の種類のものでない場合においても,これを設けることを妨げるものではない.

**(設置の勧告等)**
**第285条の2** ① 公益上必要がある場合においては,都道府県知事は,関係のある市町村及び特別区に対し,一部事務組合又は広域連合を設けるべきことを勧告することができる.
② 都道府県知事は,第284条第3項の許可をしたときは直ちにその旨を公表するとともに,総務大臣に報告し,前項の規定により広域連合を設けるべきことを勧告したときは直ちにその旨を総務大臣に報告しなければならない.
③ 総務大臣は,第284条第3項の許可をしたときは直ちにその旨を告示するとともに,国の関係行政機関の長に通知し,前項の規定による報告を受けたときは直ちにその旨を国の関係行政機関の長に通知しなければならない.

### 第3節　広域連合

**(広域連合による事務の処理等)**
**第291条の2** ① 国は,その行政機関の長の権限に属する事務のうち広域連合の事務に関連するものを,別に法律又はこれに基づく政令の定めるところにより,当該広域連合が処理することとすることができる.
② 都道府県は,その執行機関の権限に属する事務のうち都道府県の加入しない広域連合の事務に関連するものを,条例の定めるところにより,当該広域連合が処理することとすることができる.
③ 第252条の17の2第2項,第252条の17の3及び第252条の17の4の規定は,前項の規定により広域連合が都道府県の事務を処理する場合について準用する.
④ 都道府県の加入する広域連合の長は,その議会の議決を経て,国に対し,当該広域連合の事務に密接に関連する国の行政機関の長の権限に属する事務の一部を当該広域連合が処理することとするよう要請することができる.
⑤ 都道府県の加入しない広域連合の長は,その議会の議決を経て,都道府県に対し,当該広域連合の事務に密接に関連する都道府県の事務の一部を当該広域連合が処理することとするよう要請することができる.

**(議会の議員及び長の選挙)**
**第291条の5** ① 広域連合の議会の議員は,政令で特別の定めをするものを除くほか,広域連合の規約で定めるところにより,広域連合の選挙人(広域連合を組織する普通地方公共団体又は特別区の議会の議員及び長の選挙権を有する者で当該広域連合の区域内に住所を有するものをいう.次項及び次条第7項において同じ.)が投票により又は広域連合を組織する地方公共団体の議会においてこれを選挙する.
② 広域連合の長は,政令で特別の定めをするものを除くほか,広域連合の規約で定めるところにより,広域連合の選挙人が投票により又は広域連合を組織する地方公共団体の長が投票によりこれを選挙する.

**(直接請求)**
**第291条の6** ① 第2編第5章(第85条を除く.)及び第252条の39(第14項を除く.)の規定は,政令で特別の定めをするものを除くほか,広域連合の条例(地方税の賦課徴収並びに分担金,使用料及び手数料の徴収に関するものを除く.)の制定若しくは改廃,広域連合の事務の執行に関する監査,広域連合の議会の解散又は広域連合の議会の議員若しくは長その他広域連合の職員で政令で定めるものの解職の請求について準用する.この場合において,同章(第74条第1項を除く.)の規定中「選挙権を有する者」とあるのは「請求権を有する者」と,第74条第1項中「普通地方公共団体の議会の議員及び長の選挙権を有する者(以下本編において「選挙権を有する者」という.)」とあるのは「広域連合を組織する普通地方公共団体又は特別区の議会の議員及び長の選挙権を有する者で当該広域連合の区域内に住所を有するもの(以下「請求権を有する者」という.)」と,第252条の39第1項中「選挙権を有する者」とあるのは「請求権を有する者」と読み替えるほか,必要な技術的読替え

は、政令で定める。

## 20 行政手続法

(平5・11・12法律第88号、平6・10・1施行、最終改正：平18・6・14法律第66号)

### 第1章 総則

(目的等)
**第1条** ① この法律は、処分、行政指導及び届出に関する手続並びに命令等を定める手続に関し、共通する事項を定めることによって、行政運営における公正の確保と透明性（行政上の意思決定について、その内容及び過程が国民にとって明らかであることをいう。第46条において同じ。）の向上を図り、もって国民の権利利益の保護に資することを目的とする。
② 処分、行政指導及び届出に関する手続並びに命令等を定める手続に関しこの法律に規定する事項について、他の法律に特別の定めがある場合は、その定めるところによる。

(定義)
**第2条** この法律において、次の各号に掲げる用語の意義は、当該各号に定めるところによる。
1 法令 法律、法律に基づく命令（告示を含む。）、条例及び地方公共団体の執行機関の規則（規程を含む。以下「規則」という。）をいう。
2 処分 行政庁の処分その他公権力の行使に当たる行為をいう。
3 申請 法令に基づき、行政庁の許可、認可、免許その他の自己に対し何らかの利益を付与する処分（以下「許認可等」という。）を求める行為であって、当該行為に対して行政庁が諾否の応答をすべきこととされているものをいう。
4 不利益処分 行政庁が、法令に基づき、特定の者を名あて人として、直接に、これに義務を課し、又はその権利を制限する処分をいう。ただし、次のいずれかに該当するものを除く。
　イ 事実上の行為及び事実上の行為をするに当たりその範囲、時期等を明らかにするために法令上必要とされている手続としての処分
　ロ 申請により求められた許認可等を拒否する処分その他申請に基づき当該申請をした者を名あて人としてされる処分
　ハ 名あて人となるべき者の同意の下にすることとされている処分
　ニ 許認可等の効力を失わせる処分であって、当該許認可等の基礎となった事実が消滅した旨の届出があったことを理由としてされるもの
5 行政機関 次に掲げる機関をいう。
　イ 法律の規定に基づき内閣に置かれる機関若しくは内閣の所轄の下に置かれる機関、宮内庁、内閣府設置法（平成11年法律第89号）第49条第1項若しくは第2項に規定する機関、国家行政組織法（昭和23年法律第120号）第3条第2項に規定する機関、会計検査院若しくはこれらに置かれる機関又はこの機関の職員であって法律上独立に権限を行使することを認められた職員

　ロ 地方公共団体の機関（議会を除く。）
6 行政指導 行政機関がその任務又は所掌事務の範囲内において一定の行政目的を実現するため特定の者に一定の作為又は不作為を求める指導、勧告、助言その他の行為であって処分に該当しないものをいう。
7 届出 行政庁に対し一定の事項の通知をする行為（申請に該当するものを除く。）であって、法令により直接に当該通知が義務付けられているもの（自己の期待する一定の法律上の効果を発生させるためには当該通知をすべきこととされているものを含む。）をいう。
8 命令等 内閣又は行政機関が定める次に掲げるものをいう。
　イ 法律に基づく命令（処分の要件を定める告示を含む。次条第2項において単に「命令」という。）又は規則
　ロ 審査基準（申請により求められた許認可等をするかどうかをその法令の定めに従って判断するために必要とされる基準をいう。以下同じ。）
　ハ 処分基準（不利益処分をするかどうか又はどのような不利益処分とするかについてその法令の定めに従って判断するために必要とされる基準をいう。以下同じ。）
　ニ 行政指導指針（同一の行政目的を実現するため一定の条件に該当する複数の者に対し行政指導をしようとするときにこれらの行政指導に共通してその内容となるべき事項をいう。以下同じ。）

(適用除外)
**第3条** ① 次に掲げる処分及び行政指導については、次章から第4章までの規定は、適用しない。
1 国会の両院若しくは一院又は議会の議決によってされる処分
2 裁判所若しくは裁判官の裁判により、又は裁判の執行としてされる処分
3 国会の両院若しくは一院若しくは議会の議決を経て、又はこれらの同意若しくは承認を得た上でされるべきものとされている処分
4 検査官会議で決すべきものとされている処分及び会計検査の際にされる行政指導
5 刑事事件に関する法令に基づいて検察官、検察事務官又は司法警察職員がする処分及び行政指導
6 国税又は地方税の犯則事件に関する法令（他の法令において準用する場合を含む。）に基づいて国税庁長官、国税局長、税務署長、収税官吏、税関長、税関職員又は徴税吏員（他の法令の規定に基づいてこれらの職員の職務を行う者を含む。）がする処分及び行政指導並びに金融商品取引の犯則事件に関する法令に基づいて証券取引等監視委員会、その職員（当該法令においてその職員とみなされる者を含む。）、財務局長又は財務支局長がする処分及び行政指導
7 学校、講習所、訓練所又は研修所において、教育、講習、訓練又は研修の目的を達成するために、学生、生徒、児童若しくは幼児若しくはこれらの保護者、講習生、訓練生又は研修生に対してされる処分及び行政指導
8 刑務所、少年刑務所、拘置所、留置施設、海上保安留置施設、少年院、少年鑑別所又は婦人補導院において、収容の目的を達成するためにされる処分及び行政指導
9 公務員（国家公務員法（昭和22年法律第120

号）第2条第1項に規定する国家公務員及び地方公務員法（昭和25年法律第261号）第3条第1項に規定する地方公務員をいう．以下同じ．）又は公務員であった者に対してその職務又は身分に関してされる処分及び行政指導
10　外国人の出入国，難民の認定又は帰化に関する処分及び行政指導
11　専ら人の学識技能に関する試験又は検定の結果についての処分
12　相反する利害を有する者の間の利害の調整を目的として法令の規定に基づいてされる裁決その他の処分（その双方を名あて人とするものに限る．）及び行政指導
13　公衆衛生，環境保全，防疫，保安その他の公益にかかわる事象が発生し又は発生する可能性のある現場において警察官若しくは海上保安官又はこれらの公益を確保するために行使すべき権限を法律上直接に与えられたその他の職員によってされる処分及び行政指導
14　報告又は物件の提出を命ずる処分その他その職務の遂行上必要な情報の収集を直接の目的としてされる処分及び行政指導
15　審査請求，異議申立てその他の不服申立てに対する行政庁の裁決，決定その他の処分
16　前号に規定する処分の手続又は第3章に規定する聴聞若しくは弁明の機会の付与の手続その他の意見陳述のための手続において法令に基づいてされる処分及び行政指導
② 次に掲げる命令等を定める行為については，第6章の規定は，適用しない．
1　法律の施行期日について定める政令
2　恩赦に関する命令
3　命令又は規則を定める行為が処分に該当する場合における当該命令又は規則
4　法律の規定に基づき施設，区間，地域その他これらに類するものを指定する命令又は規則
5　公務員の給与，勤務時間その他の勤務条件について定める命令等
6　審査基準，処分基準又は行政指導指針であって，法令の規定により若しくは慣行として，又は命令等を定める機関の判断により公にされるもの以外のもの
③ 第1項各号及び前項各号に掲げるもののほか，地方公共団体の機関がする処分（その根拠となる規定が条例又は規則に置かれているものに限る．）及び行政指導，地方公共団体の機関に対する届出（前条第7号の通知の根拠となる規定が条例又は規則に置かれているものに限る．）並びに地方公共団体の機関が命令等を定める行為については，次章から第6章までの規定は，適用しない．

**（国の機関等に対する処分等の適用除外）**
**第4条**　① 国の機関又は地方公共団体若しくはその機関に対する処分（これらの機関又は団体がその固有の資格において当該処分の名あて人となるものに限る．）及び行政指導並びにこれらの機関又は団体がする届出（これらの機関又は団体がその固有の資格においてすべきこととされているものに限る．）については，この法律の規定は，適用しない．
② 次の各号のいずれかに該当する法人に対する処分であって，当該法人の監督に関する法律の特別の規定に基づいてされるもの（当該法人の解散を命じ，若しくは設立に関する認可を取り消す処分又は当該法人の役員若しくは当該法人の業務に従事する者の解任を命ずる処分を除く．）については，次章及び第3章の規定は，適用しない．
1　法律により直接に設立された法人又は特別の法律により特別の設立行為をもって設立された法人
2　特別の法律により設立され，かつ，その設立に関し行政庁の認可を要する法人のうち，その行う事務が国又は地方公共団体の行政運営と密接な関連を有するものとして政令で定める法人
③ 行政庁が法律の規定に基づく試験，検査，検定，登録その他の行政上の事務について当該法律に基づきその全部又は一部を行わせる者を指定した場合において，その指定を受けた者（その者が法人である場合にあっては，その役員）又は職員その他の者が当該事務に従事することに関し公務に従事する職員とみなされるときは，その指定を受けた者に対し当該法律に基づいて当該事務に関し監督上される処分（当該指定を取り消す処分，その指定を受けた者が法人である場合におけるその役員の解任を命ずる処分又はその指定を受けた者の当該事務に従事する者の解任を命ずる処分を除く．）については，次章及び第3章の規定は，適用しない．
④ 次に掲げる命令等を定める行為については，第6章の規定は，適用しない．
1　国又は地方公共団体の機関の設置，所掌事務の範囲その他の組織について定める命令等
2　皇室典範（昭和22年法律第3号）第26条の皇統譜について定める命令等
3　公務員の礼式，服制，研修，教育訓練，表彰及び報償並びに公務員の間における競争試験について定める命令等
4　国又は地方公共団体の予算，決算及び会計について定める命令等（入札の参加者の資格，入札保証金その他の国又は地方公共団体の契約の相手方又は相手方になろうとする者に係る事項を定める命令等を除く．）並びに国又は地方公共団体の財産及び物品の管理について定める命令等（国又は地方公共団体が財産及び物品を貸し付け，交換し，売り払い，譲与し，信託し，又は出資の目的とし，若しくはこれらに私権を設定することについて定める命令等であって，これらの行為の相手方又は相手方になろうとする者に係る事項を定めるものを除く．）
5　会計検査について定める命令等
6　国の機関相互間の関係について定める命令等並びに地方自治法（昭和22年法律第67号）第2編第11章に規定する国と普通地方公共団体との関係及び普通地方公共団体相互間の関係その他の国と地方公共団体との関係及び地方公共団体相互間の関係について定める命令等（第1項の規定によりこの法律の規定を適用しないこととされる処分に係る命令等を含む．）
7　第2項各号に規定する法人の役員及び職員，業務の範囲，財務及び会計その他の組織，運営及び管理について定める命令等（これらの法人に対する処分であって，これらの法人の解散を命じ，若しくは設立に関する認可を取り消す処分又はこれらの法人の役員若しくはこれらの法人の業務に従事する者の解任を命ずる処分に係る命令等を除く．）

## 第2章　申請に対する処分

**（審査基準）**
第5条　① 行政庁は、審査基準を定めるものとする.
② 行政庁は、審査基準を定めるに当たっては、許認可等の性質に照らしてできる限り具体的なものとしなければならない.
③ 行政庁は、行政上特別の支障があるときを除き、法令により申請の提出先とされている機関の事務所における備付けその他の適当な方法により審査基準を公にしておかなければならない.

**（標準処理期間）**
第6条　行政庁は、申請がその事務所に到達してから当該申請に対する処分をするまでに通常要すべき標準的な期間（法令により当該行政庁と異なる機関が当該申請の審査をすることとされている場合は、併せて、当該申請が当該提出先とされている機関の事務所に到達してから当該行政庁の事務所に到達するまでに通常要すべき標準的な期間）を定めるよう努めるとともに、これを定めたときは、これらの当該申請の提出先とされている機関の事務所における備付けその他の適当な方法により公にしておかなければならない.

**（申請に対する審査、応答）**
第7条　行政庁は、申請がその事務所に到達したときは遅滞なく当該申請の審査を開始しなければならず、かつ、申請書の記載事項に不備がないこと、申請書に必要な書類が添付されていること、申請をすることができる期間内にされたものであることその他の法令に定められた申請の形式上の要件に適合しない申請については、速やかに、申請をした者（以下「申請者」という.）に対し相当の期間を定めて当該申請の補正を求め、又は当該申請により求められた許認可等を拒否しなければならない.

**（理由の提示）**
第8条　① 行政庁は、申請により求められた許認可等を拒否する処分をする場合は、申請者に対し、同時に、当該処分の理由を示さなければならない. ただし、法令に定められた許認可等の要件又は公にされた審査基準が数量的指標その他の客観的な指標により明確に定められている場合であって、当該申請がこれらに適合しないことが申請書の記載又は添付書類その他の申請の内容から明らかであるときは、申請者の求めがあったときにこれを示せば足りる.
② 前項本文に規定する処分を書面でするときは、同項の理由は、書面により示さなければならない.

**（情報の提供）**
第9条　① 行政庁は、申請者の求めに応じ、当該申請に係る審査の進行状況及び当該申請に対する処分の時期の見通しを示すよう努めなければならない.
② 行政庁は、申請をしようとする者又は申請者の求めに応じ、申請書の記載及び添付書類に関する事項その他の申請に必要な情報の提供に努めなければならない.

**（公聴会の開催等）**
第10条　行政庁は、申請に対する処分であって、申請者以外の者の利害を考慮すべきことが当該法令において許認可等の要件とされているものを行う場合には、必要に応じ、公聴会の開催その他の適当な方法により当該申請者以外の者の意見を聴く機会を設けるよう努めなければならない.

**（複数の行政庁が関与する処分）**
第11条　① 行政庁は、申請の処理をするに当たり、他の行政庁において同一の申請者からされた関連する申請が審査中であることをもって自らすべき許認可等をするかどうかについての審査又は判断を殊更に遅延させるようなことをしてはならない.
② 一の申請又は同一の申請者からされた相互に関連する複数の申請に対する処分について複数の行政庁が関与する場合においては、当該複数の行政庁は、必要に応じ、相互に連絡をとり、当該申請者からの説明の聴取を共同して行う等により審査の促進に努めるものとする.

## 第3章　不利益処分

### 第1節　通　則

**（処分の基準）**
第12条　① 行政庁は、処分基準を定め、かつ、これを公にしておくよう努めなければならない.
② 行政庁は、処分基準を定めるに当たっては、不利益処分の性質に照らしてできる限り具体的なものとしなければならない.

**（不利益処分をしようとする場合の手続）**
第13条　① 行政庁は、不利益処分をしようとする場合には、次の各号の区分に従い、この章の定めるところにより、当該不利益処分の名あて人となるべき者について、当該各号に定める意見陳述のための手続を執らなければならない.
1　次のいずれかに該当するとき　聴聞
　イ　許認可等を取り消す不利益処分をしようとするとき.
　ロ　イに規定するもののほか、名あて人の資格又は地位を直接にはく奪する不利益処分をしようとするとき.
　ハ　名あて人が法人である場合におけるその役員の解任を命ずる不利益処分、名あて人の業務に従事する者の解任を命ずる不利益処分又は名あて人の会員である者の除名を命ずる不利益処分をしようとするとき.
　ニ　イからハまでに掲げる場合以外の場合であって行政庁が相当と認めるとき.
2　前号イからニまでのいずれにも該当しないとき　弁明の機会の付与
② 次の各号のいずれかに該当するときは、前項の規定は、適用しない.
1　公益上、緊急に不利益処分をする必要があるため、前項に規定する意見陳述のための手続を執ることができないとき.
2　法令上必要とされる資格がなかったこと又は失われるに至ったことが判明した場合に必ずすることとされている不利益処分であって、その資格の不存在又は喪失の事実が裁判所の判決書又は決定書、一定の職に就いたことを証する当該任命権者の書類その他の客観的な資料により直接証明されたものとなしうるものとなるとき.
3　施設若しくは設備の設置、維持若しくは管理又は物の製造、販売その他の取扱いについて遵守すべき事項が法令において技術的な基準をもって明確にされている場合において、専ら当該基準が充足されていないことを理由として当該基準に従うべきことを命ずる不利益処分であってその不充足の事実が計測、実験その他客観的な認定方法に

よって確認されたものをしようとするとき.
4 納付すべき金銭の額を確定し,一定の額の金銭の納付を命じ,又は金銭の給付決定の取消しその他の金銭の給付を制限する不利益処分をしようとするとき.
5 当該不利益処分の性質上,それによって課される義務の内容が著しく軽微なものであるため名あて人となるべき者の意見をあらかじめ聴くことを要しないものとして政令で定める処分をしようとするとき.

(不利益処分の理由の提示)

**第14条** ① 行政庁は,不利益処分をする場合には,その名あて人に対し,同時に,当該不利益処分の理由を示さなければならない.ただし,当該理由を示さないで処分をすべき差し迫った必要がある場合は,この限りでない.
② 行政庁は,前項ただし書の場合においては,当該名あて人の所在が判明しなくなったときその他処分後において理由を示すことが困難な事情があるときを除き,処分後相当の期間内に,同項の理由を示さなければならない.
③ 不利益処分を書面でするときは,前2項の理由は,書面により示さなければならない.

### 第2節 聴聞
(聴聞の通知の方式)

**第15条** ① 行政庁は,聴聞を行うに当たっては,聴聞を行うべき期日までに相当な期間をおいて,不利益処分の名あて人となるべき者に対し,次に掲げる事項を書面により通知しなければならない.
1 予定される不利益処分の内容及び根拠となる法令の条項
2 不利益処分の原因となる事実
3 聴聞の期日及び場所
4 聴聞に関する事務を所掌する組織の名称及び所在地
② 前項の書面においては,次に掲げる事項を教示しなければならない.
1 聴聞の期日に出頭して意見を述べ,及び証拠書類又は証拠物(以下「証拠書類等」という.)を提出し,又は聴聞の期日への出頭に代えて陳述書及び証拠書類等を提出することができること.
2 聴聞が終結する時までの間,当該不利益処分の原因となる事実を証する資料の閲覧を求めることができること.
③ 行政庁は,不利益処分の名あて人となるべき者の所在が判明しない場合においては,第1項の規定による通知を,その者の氏名,同項第3号及び第4号に掲げる事項並びに当該行政庁が同項各号に掲げる事項を記載した書面をいつでもその者に交付する旨を当該行政庁の事務所の掲示場に掲示することによって行うことができる.この場合においては,掲示を始めた日から2週間を経過したときに,当該通知がその者に到達したものとみなす.

(代理人)

**第16条** ① 前条第1項の通知を受けた者(同条第3項後段の規定により当該通知が到達したものとみなされる者を含む.以下「当事者」という.)は,代理人を選任することができる.
② 代理人は,各自,当事者のために,聴聞に関する一切の行為をすることができる.
③ 代理人の資格は,書面で証明しなければならない.
④ 代理人がその資格を失ったときは,当該代理人を選任した当事者は,書面でその旨を行政庁に届け出なければならない.

(参加人)

**第17条** ① 第19条の規定により聴聞を主宰する者(以下「主宰者」という.)は,必要があると認めるときは,当事者以外の者であって当該不利益処分の根拠となる法令に照らし当該不利益処分につき利害関係を有するものと認められる者(同条第2項第6号において「関係人」という.)に対し,当該聴聞に関する手続に参加することを求め,又は当該聴聞に関する手続に参加することを許可することができる.
② 前項の規定により当該聴聞に関する手続に参加する者(以下「参加人」という.)は,代理人を選任することができる.
③ 前条第2項から第4項までの規定は,前項の代理人について準用する.この場合において,同条第2項及び第4項中「当事者」とあるのは,「参加人」と読み替えるものとする.

(文書等の閲覧)

**第18条** ① 当事者及び当該不利益処分がされた場合に自己の利益を害することとなる参加人(以下この条及び第24条第3項において「当事者等」という.)は,聴聞の通知があった時から聴聞が終結する時までの間,行政庁に対し,当該事案についてした調査の結果に係る調書その他の当該不利益処分の原因となる事実を証する資料の閲覧を求めることができる.この場合において,行政庁は,第三者の利益を害するおそれがあるときその他正当な理由があるときでなければ,その閲覧を拒むことができない.
② 前項の規定は,当事者等が聴聞の期日における審理の進行に応じて必要となった資料の閲覧を更に求めることを妨げない.
③ 行政庁は,前2項の閲覧について日時及び場所を指定することができる.

(聴聞の主宰)

**第19条** ① 聴聞は,行政庁が指名する職員その他政令で定める者が主宰する.
② 次の各号のいずれかに該当する者は,聴聞を主宰することができない.
1 当該聴聞の当事者又は参加人
2 前号に規定する者の配偶者,四親等内の親族又は同居の親族
3 第1号に規定する者の代理人又は次条第3項に規定する補佐人
4 前3号に規定する者であったことのある者
5 第1号に規定する者の後見人,後見監督人,保佐人,保佐監督人,補助人又は補助監督人
6 参加人以外の関係人

(聴聞の期日における審理の方式)

**第20条** ① 主宰者は,最初の聴聞の期日の冒頭において,行政庁の職員に,予定される不利益処分の内容及び根拠となる法令の条項並びにその原因となる事実を聴聞の期日に出頭した者に対し説明させなければならない.
② 当事者又は参加人は,聴聞の期日に出頭して,意見を述べ,及び証拠書類等を提出し,並びに主宰者の許可を得て行政庁の職員に対し質問を発することができる.
③ 前項の場合において,当事者又は参加人は,主宰者の許可を得て,補佐人とともに出頭することがで

④ 主宰者は、聴聞の期日において必要があると認めるときは、当事者若しくは参加人に対し質問を発し、意見の陳述若しくは証拠書類等の提出を促し、又は行政庁の職員に対し説明を求めることができる。
⑤ 主宰者は、当事者又は参加人の一部が出頭しないときであっても、聴聞の期日における審理を行うことができる。
⑥ 聴聞の期日における審理は、行政庁が公開することを相当と認めるときを除き、公開しない。

(陳述書等の提出)
第21条 ① 当事者又は参加人は、聴聞の期日への出頭に代えて、主宰者に対し、聴聞の期日までに陳述書及び証拠書類等を提出することができる。
② 主宰者は、聴聞の期日に出頭した者に対し、その求めに応じて、前項の陳述書及び証拠書類等を示すことができる。

(続行期日の指定)
第22条 ① 主宰者は、聴聞の期日における審理の結果、なお聴聞を続行する必要があると認めるときは、さらに新たな期日を定めることができる。
② 前項の場合においては、当事者及び参加人に対し、あらかじめ、次回の聴聞の期日及び場所を書面により通知しなければならない。ただし、聴聞の期日に出頭した当事者及び参加人に対しては、当該聴聞の期日においてこれを告知すれば足りる。
③ 第15条第3項の規定は、前項本文の場合において、当事者又は参加人の所在が判明しないときにおける通知の方法について準用する。この場合において、同条第3項中「不利益処分の名あて人となるべき者」とあるのは「当事者又は参加人」と、「掲示を始めた日から2週間を経過したとき」とあるのは「掲示を始めた日から2週間を経過したとき(同一の当事者又は参加人に対する2回目以降の通知にあっては、掲示を始めた日の翌日)」と読み替えるものとする。

(当事者の不出頭等の場合における聴聞の終結)
第23条 ① 主宰者は、当事者の全部若しくは一部が正当な理由なく聴聞の期日に出頭せず、かつ、第21条第1項に規定する陳述書若しくは証拠書類等を提出しない場合、又は参加人の全部若しくは一部が聴聞の期日に出頭しない場合には、これらの者に対し改めて意見を述べ、及び証拠書類等を提出する機会を与えることなく、聴聞を終結することができる。
② 主宰者は、前項に規定する場合のほか、当事者の全部若しくは一部が聴聞の期日に出頭せず、かつ、第21条第1項に規定する陳述書又は証拠書類等を提出しない場合において、これらの者の聴聞の期日への出頭が相当期間引き続き見込めないときには、これらの者に対し、期限を定めて陳述書及び証拠書類等の提出を求め、当該期限が到来したときに聴聞を終結することとすることができる。

(聴聞調書及び報告書)
第24条 ① 主宰者は、聴聞の審理の経過を記載した調書を作成し、当該調書において、不利益処分の原因となる事実に対する当事者及び参加人の陳述の要旨を明らかにしておかなければならない。
② 前項の調書は、聴聞の期日における審理が行われた場合には各期日ごとに、当該審理が行われなかった場合には聴聞の終結後速やかに作成しなければならない。
③ 主宰者は、聴聞の終結後速やかに、不利益処分の原因となる事実に対する当事者等の主張に理由があるかどうかについての意見を記載した報告書を作成し、第1項の調書とともに行政庁に提出しなければならない。
④ 当事者又は参加人は、第1項の調書及び前項の報告書の閲覧を求めることができる。

(聴聞の再開)
第25条 行政庁は、聴聞の終結後に生じた事情にかんがみ必要があると認めるときは、主宰者に対し、前条第3項の規定により提出された報告書を返戻して聴聞の再開を命ずることができる。第22条第2項本文及び第3項の規定は、この場合について準用する。

(聴聞を経てされる不利益処分の決定)
第26条 行政庁は、不利益処分の決定をするときは、第24条第1項の調書の内容及び同条第3項の報告書に記載された主宰者の意見を十分に参酌してこれをしなければならない。

(不服申立ての制限)
第27条 ① 行政庁又は主宰者がこの節の規定に基づいてした処分については、行政不服審査法(昭和37年法律第160号)による不服申立てをすることができない。
② 聴聞を経てされた不利益処分については、当事者及び参加人は、行政不服審査法による異議申立てをすることができない。ただし、第15条第3項後段の規定により当該通知が到達したものとみなされる結果当事者の地位を取得した者であって同項に規定する同条第1項第3号(第22条第3項において準用する場合を含む。)に掲げる聴聞の期日のいずれにも出頭しなかった者については、この限りでない。

(役員等の解任等を命ずる不利益処分をしようとする場合の聴聞等の特例)
第28条 第13条第1項第1号ハに該当する不利益処分に係る聴聞において第15条第1項の通知があった場合におけるこの節の規定の適用については、名あて人である法人の役員、名あて人の業務に従事する者又は名あて人の会員である者(当該処分において解任し又は除名すべきこととされている者に限る。)は、同項の通知を受けた者とみなす。
② 前項の不利益処分のうち名あて人である法人の役員又は名あて人の業務に従事する者(以下この項において「役員等」という。)の解任を命ずるものに係る聴聞が行われた場合においては、当該処分がその名あて人が従わないことを理由として法令の規定によりされる当該役員等を解任する不利益処分については、第13条第1項の規定にかかわらず、行政庁は、当該役員等について聴聞を行うことを要しない。

### 第3節 弁明の機会の付与

(弁明の機会の付与の方式)
第29条 ① 弁明は、行政庁が口頭ですることを認めたときを除き、弁明を記載した書面(以下「弁明書」という。)を提出してするものとする。
② 弁明をするときは、証拠書類等を提出することができる。

(弁明の機会の付与の通知の方式)
第30条 行政庁は、弁明の提出期限(口頭による弁明の機会の付与を行う場合には、その日時)までに相当な期間をおいて、不利益処分の名あて人となるべき者に対し、次に掲げる事項を書面により通知

しなければならない．
1 予定される不利益処分の内容及び根拠となる法令の条項
2 不利益処分の原因となる事実
3 弁明書の提出先及び提出期限（口頭による弁明の機会の付与を行う場合には，その旨並びに出頭すべき日時及び場所）

（聴聞に関する手続の準用）
第31条 第15条第3項及び第16条の規定は，弁明の機会の付与について準用する．この場合において，第15条第3項中「第1項」とあるのは「第30条」と，「同項第3号及び第4号」とあるのは「同条第3号」と，第16条第1項中「前条第1項」とあるのは「第30条」と，「同条第3項後段」とあるのは「第31条において準用する第15条第3項後段」と読み替えるものとする．

## 第4章　行政指導

（行政指導の一般原則）
第32条 ① 行政指導にあっては，行政指導に携わる者は，いやしくも当該行政機関の任務又は所掌事務の範囲を逸脱してはならないこと及び行政指導の内容があくまでも相手方の任意の協力によってのみ実現されるものであることに留意しなければならない．
② 行政指導に携わる者は，その相手方が行政指導に従わなかったことを理由として，不利益な取扱いをしてはならない．

（申請に関連する行政指導）
第33条 申請の取下げ又は内容の変更を求める行政指導にあっては，行政指導に携わる者は，申請者が当該行政指導に従う意思がない旨を表明したにもかかわらず当該行政指導を継続すること等により当該申請者の権利の行使を妨げるようなことをしてはならない．

（許認可等の権限に関連する行政指導）
第34条 許認可等をする権限又は許認可等に基づく処分をする権限を有する行政機関が，当該権限を行使することができない場合又は行使する意思がない場合においてする行政指導にあっては，行政指導に携わる者は，当該権限を行使し得る旨を殊更に示すことにより相手方に当該行政指導に従うことを余儀なくさせるようなことをしてはならない．

（行政指導の方式）
第35条 ① 行政指導に携わる者は，その相手方に対して，当該行政指導の趣旨及び内容並びに責任者を明確に示さなければならない．
② 行政指導が口頭でされた場合において，その相手方から前項に規定する事項を記載した書面の交付を求められたときは，当該行政指導に携わる者は，行政上特別の支障がない限り，これを交付しなければならない．
③ 前2項の規定は，次に掲げる行政指導については，適用しない．
1 相手方に対しその場において完了する行為を求めるもの
2 既に文書（前項の書面を含む．）又は電磁的記録（電子的方式，磁気的方式その他の人の知覚によっては認識することができない方式で作られる記録であって，電子計算機による情報処理の用に供されるものをいう．）によりその相手方に通知されている事項と同一の内容を求めるもの

（複数の者を対象とする行政指導）
第36条 同一の行政目的を実現するため一定の条件に該当する複数の者に対し行政指導をしようとするときは，行政機関は，あらかじめ，事案に応じ，行政指導指針を定め，かつ，行政上特別の支障がない限り，これを公表しなければならない．

## 第5章　届　出

（届　出）
第37条 届出が届出書の記載事項に不備がないこと，その他の法令に定められた届出の形式上の要件に適合している場合は，当該届出が法令により当該届出の提出先とされている機関の事務所に到達したときに，当該届出をすべき手続上の義務が履行されたものとする．

## 第6章　意見公募手続等

（命令等を定める場合の一般原則）
第38条 ① 命令等を定める機関（閣議の決定により命令等が定められる場合にあっては，当該命令等の立案をする各大臣．以下「命令等制定機関」という．）は，命令等を定めるに当たっては，当該命令等がこれを定める根拠となる法令の趣旨に適合するものとなるようにしなければならない．
② 命令等制定機関は，命令等を定めた後においても，当該命令等の規定の実施状況，社会経済情勢の変化等を勘案し，必要に応じ，当該命令等の内容について検討を加え，その適正を確保するよう努めなければならない．

（意見公募手続）
第39条 ① 命令等制定機関は，命令等を定めようとする場合には，当該命令等の案（命令等で定めようとする内容を示すものをいう．以下同じ．）及びこれに関連する資料をあらかじめ公示し，意見（情報を含む．以下同じ．）の提出先及び意見の提出のための期間（以下「意見提出期間」という．）を定めて広く一般の意見を求めなければならない．
② 前項の規定により公示する命令等の案は，具体的かつ明確な内容のものであって，かつ，当該命令等の題名及び当該命令等を定める根拠となる法令の条項が明示されたものでなければならない．
③ 第1項の規定により定める意見提出期間は，同項の公示の日から起算して30日以上でなければならない．
④ 次の各号のいずれかに該当するときは，第1項の規定は，適用しない．
1 公益上，緊急に命令等を定める必要があるため，第1項の規定による手続（以下「意見公募手続」という．）を実施することが困難であるとき．
2 納付すべき金銭について定める法律の制定又は改正により必要となる当該金銭の額の算定の基礎となるべき金額及び率並びに算定方法についての命令等を定めようとするとき，当該法律の施行に関し必要な事項を定める命令等を定めようとするとき．
3 予算の定めるところにより金銭の給付決定を行うために必要となる当該金銭の額の算定の基礎となるべき金額及び率並びに算定方法その他の事項を定める命令等を定めようとするとき．
4 法律の規定により，内閣府設置法第49条第1項

若しくは第2項若しくは国家行政組織法第3条第2項に規定する委員会又は内閣府設置法第37条若しくは第54条若しくは国家行政組織法第8条に規定する機関(以下「委員会等」という.)の議を経て定めることとされている命令等であって,相反する利害を有する者の間の利害の調整を目的として,法律又は政令の規定により,これらの者及び公益をそれぞれ代表する委員をもって組織される委員会等において審議を行うこととされているものとして政令で定める命令等を定めようとするとき.
5 他の行政機関が意見公募手続を実施して定めた命令等と実質的に同一の命令等を定めようとするとき.
6 法律の規定に基づき法令の規定の適用又は準用について必要な技術的読替えを定める命令等を定めようとするとき.
7 命令等を定める根拠となる法令の規定の削除に伴い当然必要とされる当該命令等の廃止をしようとするとき.
8 他の法令の制定又は改廃に伴い当然必要とされる規定の整理その他の意見公募手続を実施することを要しない軽微な変更として政令で定めるものを内容とする命令等を定めようとするとき.

**(意見公募手続の特例)**
**第40条** ① 命令等制定機関は,命令等を定めようとする場合において,30日以上の意見提出期間を定めることができないやむを得ない理由があるときは,前条第3項の規定にかかわらず,30日を下回る意見提出期間を定めることができる. この場合においては,当該命令等の案の公示の際その理由を明らかにしなければならない.
② 命令等制定機関は,委員会等の議を経て命令等を定めようとする場合(前条第4項第4号に該当する場合を除く.)には,当該委員会等が意見公募手続に準じた手続を実施したときは,同条第1項の規定にかかわらず,自ら意見公募手続を実施することを要しない.

**(意見公募手続の周知等)**
**第41条** 命令等制定機関は,意見公募手続を実施して命令等を定めるに当たっては,必要に応じ,当該意見公募手続の実施について周知するよう努めるとともに,意見公募手続の実施に関連する情報の提供に努めるものとする.

**(提出意見の考慮)**
**第42条** 命令等制定機関は,意見公募手続を実施して命令等を定める場合には,意見提出期間内に当該命令等制定機関に対し提出された当該命令等の案についての意見(以下「提出意見」という.)を十分に考慮しなければならない.

**(結果の公示等)**
**第43条** ① 命令等制定機関は,意見公募手続を実施して命令等を定めた場合には,当該命令等の公布(公布をしないものにあっては,公にする行為. 第5項において同じ.)と同時期に,次に掲げる事項を公示しなければならない.
1 命令等の題名
2 命令等の案の公示の日
3 提出意見(提出意見がなかった場合にあっては,その旨)
4 提出意見を考慮した結果(意見公募手続を実施した命令等の案と定めた命令等との差異を含む.)及びその理由
② 命令等制定機関は,前項の規定にかかわらず,必要に応じ,同項第3号の提出意見に代えて,当該提出意見を整理又は要約したものを公示することができる. この場合においては,当該公示の後遅滞なく,当該提出意見を当該命令等制定機関の事務所における備付けその他の適当な方法により公にしなければならない.
③ 命令等制定機関は,前2項の規定により提出意見を公示し又は公にすることにより第三者の利益を害するおそれがあるとき,その他正当な理由があるときは,当該提出意見の全部又は一部を除くことができる.
④ 命令等制定機関は,意見公募手続を実施したにもかかわらず命令等を定めないこととした場合には,その旨(別の命令等の案について改めて意見公募手続を実施しようとする場合にあっては,その旨を含む.)並びに第1項第1号及び第2号に掲げる事項を速やかに公示しなければならない.
⑤ 命令等制定機関は,第39条第4項各号のいずれかに該当することにより意見公募手続を実施しないで命令等を定めた場合には,当該命令等の公布と同時期に,次に掲げる事項を公示しなければならない. ただし,第1号に掲げる事項のうち命令等の趣旨については,同項第1号から第4号までのいずれかに該当することにより意見公募手続を実施しなかった場合において,当該命令等自体から明らかでないときに限る.
1 命令等の題名及び趣旨
2 意見公募手続を実施しなかった旨及びその理由

**(準 用)**
**第44条** 第42条の規定は第40条第2項に該当することにより命令等制定機関が自ら意見公募手続を実施しないで命令等を定める場合について,前条第1項から第3項までの規定は第40条第2項に該当することにより命令等制定機関が自ら意見公募手続を実施しないで命令等を定めた場合について,前条第4項の規定は第40条第2項に該当することにより命令等制定機関が自ら意見公募手続を実施しないで命令等を定めないこととした場合について準用する. この場合において,第42条中「当該命令等制定機関」とあるのは「委員会等」と,前条第1項第2号中「命令等の案の公示の日」とあるのは「委員会等が命令等の案について公示に準じた手続を実施した日」と,同項第4号中「意見公募手続を実施した」とあるのは「委員会等が意見公募手続に準じた手続を実施した」と読み替えるものとする.

**(公示の方法)**
**第45条** ① 第39条第1項並びに第43条第1項(前条において読み替えて準用する場合を含む.),第4項(前条において準用する場合を含む.)及び第5項の規定による公示は,電子情報処理組織を使用する方法その他の情報通信の技術を利用する方法により行うものとする.
② 前項の公示に関し必要な事項は,総務大臣が定める.

## 第7章 補 則

**(地方公共団体の措置)**
**第46条** 地方公共団体は,第3条第3項において第2章から前章までの規定を適用しないこととされ

## 21 行政代執行法

（昭23・5・15法律第43号, 昭23・6・14施行,
最終改正:昭37・9・15法律第161号）

**第1条** 行政上の義務の履行確保に関しては，別に法律で定めるものを除いては，この法律の定めるところによる．

**第2条** 法律（法律の委任に基く命令，規則及び条例を含む．以下同じ．）により直接に命ぜられ，又は法律に基き行政庁により命ぜられた行為（他人が代つてなすことのできる行為に限る．）について義務者がこれを履行しない場合，他の手段によつてその履行を確保することが困難であり，且つその不履行を放置することが著しく公益に反すると認められるときは，当該行政庁は，自ら義務者のなすべき行為をなし，又は第三者をしてこれをなさしめ，その費用を義務者から徴収することができる．

**第3条** ① 前条の規定による処分（代執行）をなすには，相当の履行期限を定め，その期限までに履行がなされないときは，代執行をなすべき旨を，予め文書で戒告しなければならない．
② 義務者が，前項の戒告を受けて，指定の期限までにその義務を履行しないときは，当該行政庁は，代執行令書をもつて，代執行をなすべき時期，代執行のために派遣する執行責任者の氏名及び代執行に要する費用の概算による見積額を義務者に通知する．
③ 非常の場合又は危険切迫の場合において，当該行為の急速な実施について緊急の必要があり，前２項に規定する手続をとる暇がないときは，その手続を経ないで代執行をすることができる．

**第4条** 代執行のために現場に派遣される執行責任者は，その者が執行責任者たる本人であることを示すべき証票を携帯し，要求があるときは，何時でもこれを呈示しなければならない．

**第5条** 代執行に要した費用の徴収については，実際に要した費用の額及びその納期日を定め，義務者に対し，文書をもつてその納付を命じなければならない．

**第6条** ① 代執行に要した費用は，国税滞納処分の例により，これを徴収することができる．
② 代執行に要した費用については，行政庁は，国税及び地方税に次ぐ順位の先取特権を有する．
③ 代執行に要した費用を徴収したときは，その徴収金は，事務費の所属に従い，国庫又は地方公共団体の経済の収入となる．

**附 則** （抄）
② 行政執行法は，これを廃止する．

## 22 行政不服審査法

（昭37・9・15法律第160号, 昭37・10・1施行,
最終改正:平18・6・8法律第58号）

### 第1章 総 則

（この法律の趣旨）
**第1条** ① この法律は，行政庁の違法又は不当な処分その他公権力の行使に当たる行為に関し，国民に対して広く行政庁に対する不服申立てのみちを開くことによつて，簡易迅速な手続による国民の権利利益の救済を図るとともに，行政の適正な運営を確保することを目的とする．
② 行政庁の処分その他公権力の行使に当たる行為に関する不服申立てについては，他の法律に特別の定めがある場合を除くほか，この法律の定めるところによる．

（定 義）
**第2条** ① この法律にいう「処分」には，各本条に特別の定めがある場合を除くほか，公権力の行使に当たる事実上の行為で，人の収容，物の留置その他その内容が継続的性質を有するもの（以下「事実行為」という．）が含まれるものとする．
② この法律において「不作為」とは，行政庁が法令に基づく申請に対し，相当の期間内になんらかの処分その他公権力の行使に当たる行為をすべきにかかわらず，これをしないことをいう．

（不服申立ての種類）
**第3条** ① この法律による不服申立ては，行政庁の処分又は不作為について行なうものにあつては審査請求又は異議申立てとし，審査請求の裁決を経た後さらに行なうものにあつては再審査請求とする．
② 審査請求は，処分をした行政庁（以下「処分庁」という．）又は不作為に係る行政庁（以下「不作為庁」という．）以外の行政庁に対してするものとし，異議申立ては，処分庁又は不作為庁に対してするものとする．

（処分についての不服申立てに関する一般概括主義）
**第4条** ① 行政庁の処分（この法律に基づく処分を除く．）に不服がある者は，次条及び第6条の定めるところにより，審査請求又は異議申立てをすることができる．ただし，次の各号に掲げる処分及び他の法律に審査請求又は異議申立てをすることができない旨の定めがある処分については，この限りでない．
1 国会の両院若しくは一院又は議会の議決によつて行われる処分
2 裁判所若しくは裁判官の裁判により又は裁判の執行として行われる処分
3 国会の両院若しくは一院若しくは議会の議決を経て，又はこれらの同意若しくは承認を得た上で行われるべきものとされている処分
4 検査官会議で決すべきものとされている処分
5 当事者間の法律関係を確認し，又は形成する処分で，法令の規定により当該処分に関する訴えにおいてその法律関係の当事者の一方を被告とすべきものと定められているもの
6 刑事事件に関する法令に基づき，検察官，検察事

務官又は司法警察職員が行う処分
7 国税又は地方税の犯則事件に関する法令（他の法令において準用する場合を含む．）に基づき，国税庁長官，国税局長，税務署長，収税官吏，税関長，税関職員又は徴税吏員（他の法令の規定に基づき，これらの職員の職務を行う者を含む．）が行う処分
8 学校，講習所，訓練所若しくは研修所において，教育，講習，訓練又は研修の目的を達成するために，学生，生徒，児童若しくは幼児若しくはこれらの保護者，講習生，訓練生又は研修生に対して行われる処分
9 刑務所，少年刑務所，拘置所，留置施設，海上保安留置施設，少年院，少年鑑別所又は婦人補導院において，収容の目的を達成するために，これらの施設に収容されている者に対して行われる処分
10 外国人の出入国又は帰化に関する処分
11 専ら人の学識技能に関する試験又は検定の結果についての処分
② 前項ただし書の規定は，同項ただし書の規定により審査請求又は異議申立てをすることができない処分につき，別に法令で当該処分の性質に応じた不服申立ての制度を設けることを妨げない．

（処分についての審査請求）
**第5条** ① 行政庁の処分についての審査請求は，次の場合にすることができる．ただし，処分庁が主任の大臣又は宮内庁長官若しくは外局若しくはこれに置かれる庁の長であるときを除く．
1 前号に該当しない場合であって，法律（条例に基づく処分については，条例を含む．）に審査請求をすることができる旨の定めがあるとき．
② 前項の審査請求は，同項第1号の場合にあっては，法律（条例に基づく処分については，条例を含む．）に特別の定めがある場合を除くほか，処分庁の直近上級行政庁に，同項第2号の場合にあっては，当該法律又は条例に定める行政庁に対してするものとする．

（処分についての異議申立て）
**第6条** 行政庁の処分についての異議申立ては，次の場合にすることができる．ただし，第1号又は第2号の場合において，当該処分について審査請求をすることができるときは，法律に特別の定めがある場合を除くほか，することができない．
1 処分庁に上級行政庁がないとき．
2 処分庁が主任の大臣又は宮内庁長官若しくは外局若しくはこれに置かれる庁の長であるとき．
3 前2号に該当しない場合であって，法律に異議申立てをすることができる旨の定めがあるとき．

（不作為についての不服申立て）
**第7条** 行政庁の不作為については，当該不作為に係る処分その他の行為を申請した者は，異議申立て又は当該不作為庁の直近上級行政庁に対する審査請求のいずれかをすることができる．ただし，不作為庁が主任の大臣又は宮内庁長官若しくは外局若しくはこれに置かれる庁の長であるときは，異議申立てのみをすることができる．

（再審査請求）
**第8条** ① 次の場合には，処分についての審査請求の裁決に不服がある者は，再審査請求をすることができる．
1 法律（条例に基づく処分については，条例を含む．）に再審査請求をすることができる旨の定めがあるとき．

2 審査請求をすることができる処分につき，その処分をする権限を有する行政庁（以下「原権限庁」という．）がその権限を他に委任した場合において，委任を受けた行政庁がその委任に基づいてした処分に係る審査請求につき，原権限庁が審査庁として裁決をしたとき．
② 再審査請求は，前項の場合にあっては，当該法律又は条例に定める行政庁に，同項第2号の場合にあっては，当該原権限庁が自ら当該処分をしたものとした場合におけるその処分に係る審査請求の審査庁に対してするものとする．
③ 再審査請求をすることができる処分につき，その原権限庁がその権限を他に委任した場合において，委任を受けた行政庁がその委任に基づいてした処分に係る再審査請求につき，原権限庁が自ら当該処分をしたものとした場合におけるその処分に係る審査請求についての審査庁が再審査庁としてした裁決に不服がある者は，さらに再審査請求をすることができる．この場合においては，当該原権限庁が自ら当該処分をしたものとした場合におけるその処分に係る再審査請求についての再審査庁に対して，その請求をするものとする．

## 第2章 手続

### 第1節 通則

（不服申立ての方式）
**第9条** ① この法律に基づく不服申立ては，他の法律（条例に基づく処分については，条例を含む．）に口頭ですることができる旨の定めがある場合を除き，書面を提出してしなければならない．
② 不服申立書は，異議申立ての場合を除き，正副2通を提出しなければならない．
③ 前項の規定にかかわらず，行政手続等における情報通信の技術の利用に関する法律（平成14年法律第151号．第22条第3項において「情報通信技術利用法」という．）第3条第1項の規定により同項に規定する電子情報処理組織を使用して不服申立て（異議申立てを除く．次項において同じ．）がされた場合には，不服申立書の正副2通が提出されたものとみなす．
④ 前項に規定する場合において，当該不服申立てに係る電磁的記録（電子的方式，磁気的方式その他人の知覚によっては認識することができない方式で作られる記録であって，電子計算機による情報処理の用に供されるものをいう．第22条第4項において同じ．）については，不服申立書の正本又は副本とみなして，第17条第2項（第56条において準用する場合を含む．），第18条第1項，第2項及び第4項，第22条第1項（第52条第2項において準用する場合を含む．）並びに第58条第3項及び第4項の規定を適用する．

（法人でない社団又は財団の不服申立て）
**第10条** 法人でない社団又は財団で代表者又は管理人の定めがあるものは，その名で不服申立てをすることができる．

（総代）
**第11条** ① 多数人が共同して不服申立てをしようとするときは，3人をこえない総代を互選することができる．
② 共同不服申立人が総代を互選しない場合において，必要があると認めるときは，審査庁（異議申立

てにあつては処分庁又は不作為庁,再審査請求にあつては再審査庁)は,総代の互選を命ずることができる.
③ 総代は,各自,他の共同不服申立人のために,不服申立ての取下げを除き,当該不服申立てに関する一切の行為をすることができる.
④ 総代が選任されたときは,共同不服申立人は,総代を通じてのみ,前項の行為をすることができる.
⑤ 共同不服申立人に対する行政庁の通知その他の行為は,2人以上の総代が選任されている場合においても,1人の総代に対してすれば足りる.
⑥ 共同不服申立人は,必要があると認めるときは,総代を解任することができる.
(代理人による不服申立て)
第12条 ① 不服申立ては,代理人によつてすることができる.
② 代理人は,各自,不服申立人のために,当該不服申立てに関する一切の行為をすることができる.ただし,不服申立ての取下げは,特別の委任を受けた場合に限り,することができる.
(代表者の資格の証明等)
第13条 ① 代表者若しくは管理人,総代又は代理人の資格は,書面で証明しなければならない.前条第2項ただし書に規定する特別の委任についても,同様とする.
② 代表者若しくは管理人,総代又は代理人がその資格を失つたときは,不服申立人は,書面でその旨を審査庁(異議申立てにあつては処分庁又は不作為庁,再審査請求にあつては再審査庁)に届け出なければならない.

## 第2節 処分についての審査請求
(審査請求期間)
第14条 ① 審査請求は,処分があつたことを知つた日の翌日から起算して60日以内(当該処分について異議申立てをしたときは,当該異議申立てについての決定があつたことを知つた日の翌日から起算して30日以内)に,しなければならない.ただし,天災その他審査請求をしなかつたことについてやむをえない理由があるときは,この限りでない.
② 前項ただし書の場合における審査請求は,その理由がやんだ日の翌日から起算して1週間以内にしなければならない.
③ 審査請求は,処分(当該処分について異議申立てをしたときは,当該異議申立てについての決定)があつた日の翌日から起算して1年を経過したときは,することができない.ただし,正当な理由があるときは,この限りでない.
④ 審査請求書を郵便又は民間事業者による信書の送達に関する法律(平成14年法律第99号)第2条第6項に規定する一般信書便事業者若しくは同条第9項に規定する特定信書便事業者による同条第2項に規定する信書便で提出した場合における審査請求期間の計算については,送付に要した日数は,算入しない.
(審査請求書の記載事項)
第15条 ① 審査請求書には,次の各号に掲げる事項を記載しなければならない.
 1 審査請求人の氏名及び年齢又は名称並びに住所
 2 審査請求に係る処分
 3 審査請求に係る処分があつたことを知つた年月日
 4 審査請求の趣旨及び理由
 5 処分庁の教示の有無及びその内容

 6 審査請求の年月日
② 審査請求人が,法人その他の社団若しくは財団であるとき,総代を互選したとき,又は代理人によつて審査請求をするときは,審査請求書には,前項各号に掲げる事項のほか,その代表者若しくは管理人,総代又は代理人の氏名及び住所を記載しなければならない.
③ 審査請求書には,前2項に規定する事項のほか,第20条第2号の規定により異議申立てについての決定を経ないで審査請求をする場合には,異議申立てをした年月日を,同条第3号の規定により異議申立てについての決定を経ないで審査請求をする場合には,その決定を経ないことについての正当な理由を記載しなければならない.
④ 審査請求書には,審査請求人(審査請求人が法人その他の社団又は財団であるときは代表者又は管理人,総代を互選したときは総代,代理人によつて審査請求をするときは代理人)が押印しなければならない.
(口頭による審査請求)
第16条 口頭で審査請求をする場合には,前条第1項から第3項までに規定する事項を陳述しなければならない.この場合においては,陳述を受けた行政庁は,陳述の内容を録取し,これを陳述人に読み聞かせて誤りのないことを確認し,陳述人に押印させなければならない.
(処分庁経由による審査請求)
第17条 ① 審査請求は,処分庁を経由してすることもできる.この場合には,処分庁に審査請求書を提出し,又は処分庁に対し第15条第1項から第3項までに規定する事項を陳述するものとする.
② 前項の場合には,処分庁は,直ちに,審査請求書の正本又は審査請求録取書(前条後段の規定により陳述の内容を録取した書面をいう.以下同じ.)を審査庁に送付しなければならない.
③ 第1項の場合における審査請求期間の計算については,処分庁に審査請求書を提出し,又は処分庁に対し当該事項を陳述した時に,審査請求があつたものとみなす.
(誤つた教示をした場合の救済)
第18条 ① 審査請求をすることができる処分(異議申立てることもできる処分を除く.)につき,処分庁が誤つて審査庁でない行政庁を審査庁として教示した場合において,その教示された行政庁に書面で審査請求がされたときは,すみやかに,審査請求書の正本及び副本を処分庁又は審査庁に送付し,かつ,その旨を審査請求人に通知しなければならない.
② 前項の規定により処分庁に審査請求書の正本及び副本が送付されたときは,処分庁は,すみやかに,その正本を審査庁に送付し,かつ,その旨を審査請求人に通知しなければならない.
③ 第1項の処分につき,処分庁が誤つて異議申立てをすることができる旨を教示した場合において,当該処分庁に異議申立てがされたときは,処分庁は,すみやかに,異議申立書又は異議申立録取書(第48条において準用する第16条後段の規定により陳述の内容を録取した書面をいう.以下同じ.)を審査庁に送付し,かつ,その旨を異議申立人に通知しなければならない.
④ 前3項の規定により審査請求書の正本又は異議申立書若しくは異議申立録取書が審査庁に送付さ

れたときは、はじめから審査庁に審査請求がされたものとみなす。

第19条　処分庁が誤つて法定の期間よりも長い期間を審査請求期間として教示した場合において、その教示された期間内に審査請求がされたときは、当該審査請求は、法定の審査請求期間内にされたものとみなす。

（異議申立ての前置）
第20条　審査請求は、当該処分につき異議申立てをすることができるときは、異議申立てについての決定を経た後でなければ、することができない。ただし、次の各号の1に該当するときは、この限りでない。
1　処分庁が、当該処分につき異議申立てをすることができる旨を教示しなかつたとき。
2　当該処分につき異議申立てをした日の翌日から起算して3箇月を経過しても、処分庁が当該異議申立てについて決定をしないとき。
3　その他異議申立てについての決定を経ないことにつき正当な理由があるとき。

（補　正）
第21条　審査請求が不適法であつて補正することができるものであるときは、審査庁は、相当の期間を定めて、その補正を命じなければならない。

（弁明書の提出）
第22条　① 審査庁は、審査請求を受理したときは、審査請求書の副本又は審査請求録取書の写しを処分庁に送付し、相当の期間を定めて、弁明書の提出を求めることができる。
② 弁明書は、正副2通を提出しなければならない。
③ 前項の規定にかかわらず、情報通信技術利用法第3条第1項の規定により同項に規定する電子情報処理組織を使用して弁明がされた場合には、弁明書の正副2通が提出されたものとみなす。
④ 前項に規定する場合には、当該弁明に係る電磁的記録について、弁明書の正本又は副本とみなして、次項及び第23条の規定を適用する。
⑤ 処分庁から弁明書の提出があつたときは、審査庁は、その副本を審査請求人に送付しなければならない。ただし、審査請求の全部を容認すべきときは、この限りでない。

（反論書の提出）
第23条　審査請求人は、弁明書の副本の送付を受けたときは、これに対する反論書を提出することができる。この場合において、審査庁が、反論書を提出すべき相当の期間を定めたときは、その期間内にこれを提出しなければならない。

（参加人）
第24条　① 利害関係人は、審査庁の許可を得て、参加人として当該審査請求に参加することができる。
② 審査庁は、必要があると認めるときは、利害関係人に対し、参加人として当該審査請求に参加することを求めることができる。

（審理の方式）
第25条　① 審査請求の審理は、書面による。ただし、審査請求人又は参加人の申立てがあつたときは、審査庁は、申立人に口頭で意見を述べる機会を与えなければならない。
② 前項ただし書の場合には、審査請求人又は参加人は、審査庁の許可を得て、補佐人とともに出頭することができる。

（証拠書類等の提出）
第26条　審査請求人又は参加人は、証拠書類又は証拠物を提出することができる。ただし、審査庁が、証拠書類又は証拠物を提出すべき相当の期間を定めたときは、その期間内にこれを提出しなければならない。

（参考人の陳述及び鑑定の要求）
第27条　審査庁は、審査請求人若しくは参加人の申立てにより又は職権で、適当と認める者に、参考人としてその知っている事実を陳述させ、又は鑑定を求めることができる。

（物件の提出要求）
第28条　審査庁は、審査請求人若しくは参加人の申立てにより又は職権で、書類その他の物件の所持人に対し、その物件の提出を求め、かつ、その提出された物件を留め置くことができる。

（検　証）
第29条　① 審査庁は、審査請求人若しくは参加人の申立てにより又は職権で、必要な場所につき、検証をすることができる。
② 審査庁は、審査請求人又は参加人の申立てにより前項の検証をしようとするときは、あらかじめ、その日時及び場所を申立人に通知し、これに立ち会う機会を与えなければならない。

（審査請求人又は参加人の審尋）
第30条　審査庁は、審査請求人若しくは参加人の申立てにより又は職権で、審査請求人又は参加人を審尋することができる。

（職員による審理手続）
第31条　審査庁は、必要があると認めるときは、その庁の職員に、第25条第1項ただし書の規定による審査請求人若しくは参加人の意見の陳述を聞かせ、参考人の陳述を聞かせ、第29条第1項の規定による検証をさせ、又は前条の規定による審査請求人若しくは参加人の審尋をさせることができる。

（他の法令に基づく調査権との関係）
第32条　前5条の規定は、審査庁である行政庁が他の法令に基づいて有する調査権の行使を妨げない。

（処分庁からの物件の提出及び閲覧）
第33条　① 処分庁は、当該処分の理由となった事実を証する書類その他の物件を審査庁に提出することができる。
② 審査請求人又は参加人は、審査庁に対し、処分庁から提出された書類その他の物件の閲覧を求めることができる。この場合において、審査庁は、第三者の利益を害するおそれがあると認めるとき、その他正当な理由があるときでなければ、その閲覧を拒むことができない。
③ 審査庁は、前項の規定による閲覧について、日時及び場所を指定することができる。

（執行停止）
第34条　① 審査請求は、処分の効力、処分の執行又は手続の続行を妨げない。
② 処分庁の上級行政庁である審査庁は、必要があると認めるときは、審査請求人の申立てにより又は職権で、処分の効力、処分の執行又は手続の続行の全部又は一部の停止その他の措置（以下「執行停止」という。）をすることができる。
③ 処分庁の上級行政庁以外の審査庁は、必要があると認めるときは、審査請求人の申立てにより又は職権で、処分庁の意見を聴取したうえで、執行停止をすることができる。ただし、処分の効力、処分の執行又は手続の続行の全部又は一部の停止以外の措置をすること

はできない．
④ 前2項の規定による審査請求人の申立てがあつた場合において，処分，処分の執行又は手続の続行により生ずる重大な損害を避けるため緊急の必要があると認めるときは，審査庁は，執行停止をしなければならない．ただし，公共の福祉に重大な影響を及ぼすおそれがあるとき，処分の執行若しくは手続の続行ができなくなるおそれがあるとき，又は本案について理由がないとみえるときは，この限りでない．
⑤ 審査庁は，前項に規定する重大な損害を生ずるか否かを判断するに当たつては，損害の回復の困難の程度を考慮するものとし，損害の性質及び程度並びに処分の内容及び性質をも勘案するものとする．
⑥ 第2項から第4項までの場合において，処分の効力の停止は，処分の効力の停止以外の措置によつて目的を達することができるときは，することができない．
⑦ 執行停止の申立てがあつたときは，審査庁は，すみやかに，執行停止をするかどうかを決定しなければならない．

（執行停止の取消し）
第35条　執行停止をした後において，執行停止が公共の福祉に重大な影響を及ぼし，又は処分の執行若しくは手続の続行を不可能とすることが明らかとなつたとき，その他事情が変更したときは，審査庁は，その執行停止を取り消すことができる．

（手続の併合又は分離）
第36条　審査庁は，必要があると認めるときは，数個の審査請求を併合し，又は併合された数個の審査請求を分離することができる．

（手続の承継）
第37条　① 審査請求人が死亡したときは，相続人その他法令により審査請求の目的である処分に係る権利を承継した者は，審査請求人の地位を承継する．
② 審査請求人について合併又は分割（審査請求の目的である処分に係る権利を承継させるものに限る．）があつた場合には，合併後存続する法人その他の社団若しくは財団若しくは合併により設立された法人その他の社団若しくは財団又は分割により当該権利を承継した法人は，審査請求人の地位を承継する．
③ 前2項の場合には，審査請求人の地位を承継した相続人その他の者又は法人その他の社団若しくは財団は，書面でその旨を審査庁に届け出なければならない．この場合には，届出書には，死亡若しくは分割による権利の承継又は合併の事実を証する書面を添付しなければならない．
④ 第1項又は第2項の場合において，前項の規定による届出がされるまでの間において，死亡者又は合併前の法人その他の社団若しくは財団若しくは分割をした法人にあててされた通知その他の行為が審査請求人の地位を承継した相続人その他の者又は合併後の法人その他の社団若しくは財団若しくは分割により審査請求人の地位を承継した法人に到達したときは，これらの者に対する通知その他の行為としての効力を有する．
⑤ 第1項の場合において，審査請求人の地位を承継した相続人が2人以上あるときは，その1人に対する通知その他の行為は，全員に対してされたものとみなす．
⑥ 審査請求の目的である処分に係る権利を譲り受けた者は，審査庁の許可を得て，審査請求人の地位を承継することができる．

（審査庁が裁決をする権限を有しなくなつた場合の措置）
第38条　審査庁が審査請求を受理した後法令の改廃により当該審査請求につき裁決をする権限を有しなくなつたときは，当該行政庁は，審査請求書又は審査請求録取書及び関係書類その他の物件を新たに当該審査請求につき裁決をする権限を有することになつた行政庁に引き継がなければならない．この場合においては，その引継ぎを受けた行政庁は，すみやかに，その旨を審査請求人及び参加人に通知しなければならない．

（審査請求の取下げ）
第39条　① 審査請求人は，裁決があるまでは，いつでも審査請求を取り下げることができる．
② 審査請求の取下げは，書面でしなければならない．

（裁　決）
第40条　① 審査請求が法定の期間経過後にされたものであるとき，その他不適法であるときは，審査庁は，裁決で，当該審査請求を却下する．
② 審査請求が理由がないときは，審査庁は，裁決で，当該審査請求を棄却する．
③ 処分（事実行為を除く．）についての審査請求が理由があるときは，審査庁は，裁決で，当該処分の全部又は一部を取り消す．
④ 事実行為についての審査請求が理由があるときは，審査庁は，処分庁に対し当該事実行為の全部又は一部を撤廃すべきことを命ずるとともに，裁決で，その旨を宣言する．
⑤ 前2項の場合において，審査庁が処分庁の上級行政庁であるときは，審査庁は，裁決で当該処分を変更し，又は処分庁に対し当該事実行為を変更すべきことを命ずるとともに，裁決でその旨を宣言することもできる．ただし，審査庁は，審査請求人の不利益に当該処分を変更し，又は当該事実行為を変更すべきことを命ずることはできない．
⑥ 処分が違法又は不当ではあるが，これを取り消し又は撤廃することにより公の利益に著しい障害を生ずる場合において，審査請求人の受ける損害の程度，その損害の賠償又は防止の程度及び方法その他一切の事情を考慮したうえ，処分を取り消し又は撤廃することが公共の福祉に適合しないと認めるときは，審査庁は，裁決で，当該審査請求を棄却することができる．この場合には，審査庁は，裁決で，当該処分が違法又は不当であることを宣言しなければならない．

（裁決の方式）
第41条　① 裁決は，書面で行ない，かつ，理由を附し，審査庁がこれに記名押印をしなければならない．
② 審査庁は，再審査請求をすることができる裁決をする場合には，裁決書に再審査請求をすることができる旨並びに再審査庁及び再審査請求期間を記載して，これを教示しなければならない．

（裁決の効力発生）
第42条　① 裁決は，審査請求人（当該審査請求が処分の相手方以外の者のしたものである場合における第40条第3項から第5項までの規定による裁決にあつては，審査請求人及び処分の相手方）に送達することによつて，その効力を生ずる．
② 裁決の送達は，送達を受けるべき者に裁決書の謄本を送付することによつて行なう．ただし，送達を

受けるべき者の所在が知れないとき、その他裁決書の謄本を送付することができないときは、公示の方法によつてすることができる。
③ 公示の方法による送達は、審査庁が裁決書の謄本を保管し、いつでもその送達を受けるべき者に交付する旨を審査庁の掲示場に掲示し、かつ、その旨を官報その他の公報又は新聞紙に少なくとも1回掲載してするものとする。この場合においては、その掲示を始めた日の翌日から起算して2週間を経過した時に裁決書の謄本の送付があつたものとみなす。
④ 審査庁は、裁決書の謄本を参加人及び処分庁に送付しなければならない。

(裁決の拘束力)
**第43条** ① 裁決は、関係行政庁を拘束する。
② 申請に基づいてした処分が手続の違法若しくは不当を理由として裁決で取り消され、又は申請を却下し若しくは棄却した処分が裁決で取り消されたときは、処分庁は、裁決の趣旨に従い、改めて申請に対する処分をしなければならない。
③ 法令の規定により公示された処分が裁決で取り消され、又は変更されたときは、処分庁は、当該処分が取り消され、又は変更された旨を公示しなければならない。
④ 法令の規定により処分の相手方以外の利害関係人に通知された処分が裁決で取り消され、又は変更されたときは、処分庁は、その通知を受けた者(審査請求人及び参加人を除く。)に、当該処分が取り消され、又は変更された旨を通知しなければならない。

(証拠書類等の返還)
**第44条** 審査庁は、裁決をしたときは、すみやかに、第26条の規定により提出された証拠書類又は証拠物及び第28条の規定による提出要求に応じて提出された書類その他の物件をその提出人に返還しなければならない。

### 第3節 処分についての異議申立て
(異議申立期間)
**第45条** 異議申立ては、処分があつたことを知つた日の翌日から起算して60日以内にしなければならない。

(誤つた教示をした場合の救済)
**第46条** ① 異議申立てをすることができる処分につき、処分庁が誤つて審査請求をすることができる旨を教示した場合(審査請求をすることもできる処分につき、処分庁が誤つて審査庁でない行政庁を審査庁として教示した場合を含む。)において、その教示された行政庁に書面で審査請求がなされたときは、当該行政庁は、すみやかに、審査請求書を当該処分庁に送付し、かつ、その旨を審査請求人に通知しなければならない。
② 前項の規定により審査請求書が処分庁に送付されたときは、はじめから処分庁に異議申立てがされたものとみなす。

(決 定)
**第47条** ① 異議申立てが法定の期間経過後にされたものであるとき、その他不適法であるときは、処分庁は、決定で、当該異議申立てを却下する。
② 異議申立てが理由がないときは、処分庁は、決定で、当該異議申立てを棄却する。
③ 処分(事実行為を除く。)についての異議申立てが理由があるときは、処分庁は、決定で、当該処分の全部若しくは一部を取り消し、又はこれを変更する。ただし、異議申立人の不利益に当該処分を変更することができず、また、当該処分が法令に基づく審議会その他の合議制の行政機関の答申に基づいてされたものであるときは、さらに当該行政機関に諮問し、その答申に基づかなければ、当該処分の全部若しくは一部を取り消し、又はこれを変更することができない。
④ 事実行為についての異議申立てが理由があるときは、処分庁は、当該事実行為の全部若しくは一部を撤廃し、又はこれを変更すると、決定で、その旨を宣言する。ただし、異議申立人の不利益に事実行為を変更することができない。
⑤ 処分庁は、審査請求をすることもできる処分に係る異議申立てについて決定をする場合には、異議申立人が当該処分につきすでに審査請求をしている場合を除き、決定書に、当該処分につき審査請求をすることができる審査庁及び審査請求期間を記載して、これを教示しなければならない。

(審査請求に関する規定の準用)
**第48条** 前節(第14条第1項本文、第15条第3項、第17条、第18条、第20条、第22条、第23条、第33条、第34条第3項、第40条第1項から第5項まで、第41条第2項及び第43条を除く。)の規定は、処分についての異議申立てに準用する。

### 第4節 不作為についての不服申立て
(不服申立書の記載事項)
**第49条** 不作為についての異議申立書又は審査請求書には、次の各号に掲げる事項を記載しなければならない。
1 異議申立人又は審査請求人の氏名及び年齢又は名称並びに住所
2 当該不作為に係る処分その他の行為についての申請の内容及び年月日
3 異議申立て又は審査請求の年月日

(不作為庁の決定その他の措置)
**第50条** ① 不作為についての異議申立てが不適法であるときは、不作為庁は、決定で、当該異議申立てを却下する。
② 前項の場合を除くほか、不作為庁は、不作為についての異議申立てがあつた日の翌日から起算して20日以内に、申請に対するなんらかの行為をするか、又は書面で不作為の理由を示さなければならない。

(審査庁の裁決)
**第51条** ① 不作為についての審査請求が不適法であるときは、審査庁は、裁決で、当該審査請求を却下する。
② 不作為についての審査請求が理由がないときは、審査庁は、裁決で、当該審査請求を棄却する。
③ 不作為についての審査請求が理由があるときは、審査庁は、当該不作為庁に対しすみやかに申請に対するなんらかの行為をすべきことを命ずるとともに、裁決で、その旨を宣言する。

(処分についての審査請求に関する規定の準用)
**第52条** ① 第15条第2項及び第4項、第21条、第37条から第39条まで、第41条第1項並びに第42条第1項から第3項までの規定は、不作為についての異議申立てに準用する。
② 第2節(第14条、第15条第1項及び第3項、第16条から第20条まで、第24条、第34条、第35条、第40条、第41条第2項並びに第43条を除く。)の規定は、不作為についての審査請求に準用する。

### 第5節　再審査請求

（再審査請求期間）
**第53条**　再審査請求は,審査請求についての裁決があつたことを知つた日の翌日から起算して30日以内にしなければならない.

（裁決書の送付要求）
**第54条**　再審査庁は,再審査請求を受理したときは,審査庁に対し,審査請求についての裁決書の送付を求めることができる.

（裁　決）
**第55条**　審査請求を却下し又は棄却した裁決が違法又は不当である場合においても,当該裁決に係る処分が違法又は不当でないときは,再審査庁は,当該再審査請求を棄却する.

（審査請求に関する規定の準用）
**第56条**　第2節（第14条第1項本文,第15条第3項,第18条から第20条まで,第22条及び第23条を除く.）の規定は,再審査請求に準用する.

## 第3章　補　則

（審査庁等の教示）
**第57条**　① 行政庁は,審査請求若しくは異議申立て又は他の法令に基づく不服申立て（以下この条において単に「不服申立て」という.）をすることができる処分をする場合には,処分の相手方に対し,当該処分につき不服申立てをすることができる旨並びに不服申立てをすべき行政庁及び不服申立てをすることができる期間を書面で教示しなければならない.ただし,当該処分を口頭でする場合は,この限りでない.

② 行政庁は,利害関係人から,当該処分が不服申立てをすることができる処分であるかどうか並びに当該処分が不服申立てをすることができるものである場合における不服申立てをすべき行政庁及び不服申立てをすることができる期間につき教示を求められたときは,当該事項を教示しなければならない.

③ 前項の場合において,教示を求めた者が書面による教示を求めたときは,当該教示は,書面でしなければならない.

④ 前3項の規定は,地方公共団体その他の公共団体に対する処分で,当該公共団体がその固有の資格において処分の相手方となるものについては,適用しない.

（教示をしなかつた場合の不服申立て）
**第58条**　① 行政庁が前条の規定による教示をしなかつたときは,当該処分について不服がある者は,当該処分庁に不服申立書を提出することができる.

② 前項の不服申立書については,第15条（第3項を除く.）の規定を準用する.

③ 第1項の規定により不服申立書の提出があつた場合において,当該処分が審査請求をすることができる処分であるとき（異議申立てをすることもできる処分であるときを除く.）は,すみやかに,当該不服申立書の正本を審査庁に送付しなければならない.当該処分が他の法令に基づき,処分庁以外の行政庁に不服申立てをすることができる処分であるときも,同様である.

④ 前項の規定により不服申立書の正本が送付されたときは,はじめから当該審査庁又は行政庁に審査請求又は当該法令に基づく不服申立てがされたも

のとみなす.

⑤ 第3項の場合を除くほか,第1項の規定により不服申立書が提出されたときは,はじめから当該処分庁に異議申立て又は当該法令に基づく不服申立てがされたものとみなす.

附　則（抄）
② 訴願法（明治23年法律第105号）は,廃止する.

## 23　行政事件訴訟法

(昭37・5・16法律第139号,昭37・10・1施行,
最終改正：平19・7・6法律第109号)

### 第1章　総　則

（この法律の趣旨）
**第1条**　行政事件訴訟については,他の法律に特別の定めがある場合を除くほか,この法律の定めるところによる.

（行政事件訴訟）
**第2条**　この法律において「行政事件訴訟」とは,抗告訴訟,当事者訴訟,民衆訴訟及び機関訴訟をいう.

（抗告訴訟）
**第3条**　① この法律において「抗告訴訟」とは,行政庁の公権力の行使に関する不服の訴訟をいう.

② この法律において「処分の取消しの訴え」とは,行政庁の処分その他公権力の行使に当たる行為（次項に規定する裁決,決定その他の行為を除く.以下単に「処分」という.）の取消しを求める訴訟をいう.

③ この法律において「裁決の取消しの訴え」とは,審査請求,異議申立てその他の不服申立て（以下単に「審査請求」という.）に対する行政庁の裁決,決定その他の行為（以下単に「裁決」という.）の取消しを求める訴訟をいう.

④ この法律において「無効等確認の訴え」とは,処分若しくは裁決の存否又はその効力の有無の確認を求める訴訟をいう.

⑤ この法律において「不作為の違法確認の訴え」とは,行政庁が法令に基づく申請に対し,相当の期間内に何らかの処分又は裁決をすべきであるにかかわらず,これをしないことについての違法の確認を求める訴訟をいう.

⑥ この法律において「義務付けの訴え」とは,次に掲げる場合において,行政庁がその処分又は裁決をすべき旨を命ずることを求める訴訟をいう.

1　行政庁が一定の処分をすべきであるにかかわらずこれがされないとき（次号に掲げる場合を除く.）.
2　行政庁に対し一定の処分又は裁決を求める旨の法令に基づく申請又は審査請求がされた場合において,当該行政庁がその処分又は裁決をすべきであるにかかわらずこれがされないとき.

⑦ この法律において「差止めの訴え」とは,行政庁が一定の処分又は裁決をすべきでないにかかわらずこれがされようとしている場合において,行政庁がその処分又は裁決をしてはならない旨を命ずることを求める訴訟をいう.

（当事者訴訟）
**第4条**　この法律において「当事者訴訟」とは,当

事者間の法律関係を確認し又は形成する処分又は裁決に関する訴訟で法令の規定によりその法律関係の当事者の一方を被告とするもの及び公法上の法律関係に関する確認の訴えその他の公法上の法律関係に関する訴訟をいう．
（民衆訴訟）
**第5条** この法律において「民衆訴訟」とは，国又は公共団体の機関の法規に適合しない行為の是正を求める訴訟で，選挙人たる資格その他自己の法律上の利益にかかわらない資格で提起するものをいう．
（機関訴訟）
**第6条** この法律において「機関訴訟」とは，国又は公共団体の機関相互間における権限の存否又はその行使に関する紛争についての訴訟をいう．
（この法律に定めがない事項）
**第7条** 行政事件訴訟に関し，この法律に定めがない事項については，民事訴訟の例による．

## 第2章 抗告訴訟

### 第1節 取消訴訟

（処分の取消しの訴えと審査請求との関係）
**第8条** 処分の取消しの訴えは，当該処分につき法令の規定により審査請求をすることができる場合においても，直ちに提起することを妨げない．ただし，法律に当該処分についての審査請求に対する裁決を経た後でなければ処分の取消しの訴えを提起することができない旨の定めがあるときは，この限りでない．
② 前項ただし書の場合においても，次の各号の1に該当するときは，裁決を経ないで，処分の取消しの訴えを提起することができる．
1　審査請求があつた日から3箇月を経過しても裁決がないとき．
2　処分，処分の執行又は手続の続行により生ずる著しい損害を避けるため緊急の必要があるとき．
3　その他裁決を経ないことにつき正当な理由があるとき．
③ 第1項本文の場合において，当該処分につき審査請求がされているときは，裁判所は，その審査請求に対する裁決があるまで（審査請求があつた日から3箇月を経過しても裁決がないときは，その期間を経過するまで），訴訟手続を中止することができる．
（原告適格）
**第9条** 処分の取消しの訴え及び裁決の取消しの訴え（以下「取消訴訟」という．）は，当該処分又は裁決の取消しを求めるにつき法律上の利益を有する者（処分又は裁決の効果が期間の経過その他の理由によりなくなつた後においてもなお処分又は裁決の取消しによつて回復すべき法律上の利益を有する者を含む．）に限り，提起することができる．
② 裁判所は，処分又は裁決の相手方以外の者について前項に規定する法律上の利益の有無を判断するに当たつては，当該処分又は裁決の根拠となる法令の規定の文言のみによることなく，当該法令の趣旨及び目的並びに当該処分において考慮されるべき利益の内容及び性質を考慮するものとする．この場合において，当該法令の趣旨及び目的を考慮するに当たつては，当該法令と目的を共通にする関係法令があるときはその趣旨及び目的をも参酌するものとし，当該利益の内容及び性質を考慮するに当たつては，当該処分又は裁決がその根拠となる法令に違反してされた場合に害されることとなる利益の内容及び性質並びにこれが害される態様及び程度をも勘案するものとする．
（取消しの理由の制限）
**第10条** ① 取消訴訟においては，自己の法律上の利益に関係のない違法を理由として取消しを求めることができない．
② 処分の取消しの訴えとその処分についての審査請求を棄却した裁決の取消しの訴えとを提起することができる場合には，裁決の取消しの訴えにおいては，処分の違法を理由として取消しを求めることができない．
（被告適格等）
**第11条** ① 処分又は裁決をした行政庁（処分又は裁決があつた後に当該行政庁の権限が他の行政庁に承継されたときは，当該他の行政庁．以下同じ．）が国又は公共団体に所属する場合には，取消訴訟は，次の各号に掲げる訴えの区分に応じてそれぞれ当該各号に定める者を被告として提起しなければならない．
1　処分の取消しの訴え　当該処分をした行政庁の所属する国又は公共団体
2　裁決の取消しの訴え　当該裁決をした行政庁の所属する国又は公共団体
② 処分又は裁決をした行政庁が国又は公共団体に所属しない場合には，取消訴訟は，当該行政庁を被告として提起しなければならない．
③ 前2項の規定により被告とすべき国若しくは公共団体又は行政庁がないときは，取消訴訟は，当該処分又は裁決に係る事務の帰属する国又は公共団体を被告として提起しなければならない．
④ 第1項又は前項の規定により国又は公共団体を被告として取消訴訟を提起する場合には，訴状には，民事訴訟の例により記載すべき事項のほか，次の各号に掲げる訴えの区分に応じてそれぞれ当該各号に定める行政庁を記載するものとする．
1　処分の取消しの訴え　当該処分をした行政庁
2　裁決の取消しの訴え　当該裁決をした行政庁
⑤ 第1項又は第3項の規定により国又は公共団体を被告として取消訴訟が提起された場合には，被告は，遅滞なく，裁判所に対し，前項各号に掲げる訴えの区分に応じてそれぞれ当該各号に定める行政庁を明らかにしなければならない．
⑥ 処分又は裁決をした行政庁は，当該処分又は裁決に係る第1項の規定による国又は公共団体を被告とする訴訟について，裁判上の一切の行為をする権限を有する．
（管轄）
**第12条** ① 取消訴訟は，被告の普通裁判籍の所在地を管轄する裁判所又は処分若しくは裁決をした行政庁の所在地を管轄する裁判所の管轄に属する．
② 土地の収用，鉱業権の設定その他不動産又は特定の場所に係る処分についての取消訴訟は，その不動産又は場所の所在地の裁判所にも，提起することができる．
③ 取消訴訟は，当該処分又は裁決に関し事案の処理に当たつた下級行政機関の所在地の裁判所にも，提起することができる．
④ 国又は独立行政法人通則法（平成11年法律第103号）第2条第1項に規定する独立行政法人若しくは別表に掲げる法人を被告とする取消訴訟は，原告の普通裁判籍の所在地を管轄する高等裁判所の

所在地を管轄する地方裁判所（次項において「特定管轄裁判所」という．）にも，提起することができる．
⑤ 前項の規定により特定管轄裁判所に同項の取消訴訟が提起された場合であつて，他の裁判所に事実上及び法律上同一の原因に基づいてされた処分又は裁決に係る抗告訴訟が係属している場合においては，当該特定管轄裁判所は，当事者の住所又は所在地，尋問を受けるべき証人の住所，争点又は証拠の共通性その他の事情を考慮して，相当と認めるときは，申立てにより又は職権で，訴訟の全部又は一部について，当該他の裁判所又は第1項から第3項までに定める裁判所に移送することができる．

（関連請求に係る訴訟の移送）
**第13条** 取消訴訟と次の各号の1に該当する請求（以下「関連請求」という．）に係る訴訟とが各別の裁判所に係属する場合において，相当と認めるときは，関連請求に係る訴訟の係属する裁判所は，申立てにより又は職権で，その訴訟を取消訴訟の係属する裁判所に移送することができる．ただし，取消訴訟又は関連請求に係る訴訟の係属する裁判所が高等裁判所であるときは，この限りでない．
1 当該処分又は裁決に関連する原状回復又は損害賠償の請求
2 当該処分とともに1個の手続を構成する他の処分の取消しの請求
3 当該処分に係る裁決の取消しの請求
4 当該裁決に係る処分の取消しの請求
5 当該処分又は裁決の取消しを求める他の請求
6 その他当該処分又は裁決の取消しの請求と関連する請求

（出訴期間）
**第14条** ① 取消訴訟は，処分又は裁決があつたことを知つた日から6箇月を経過したときは，提起することができない．ただし，正当な理由があるときは，この限りでない．
② 取消訴訟は，処分又は裁決の日から1年を経過したときは，提起することができない．ただし，正当な理由があるときは，この限りでない．
③ 処分又は裁決につき審査請求をすることができる場合又は行政庁が誤つて審査請求をすることができる旨を教示した場合において，審査請求があつたときは，処分又は裁決に係る取消訴訟は，その審査請求をした者については，前2項の規定にかかわらず，これに対する裁決があつたことを知つた日から6箇月を経過したとき又は当該裁決の日から1年を経過したときは，提起することができない．ただし，正当な理由があるときは，この限りでない．

（被告を誤つた訴えの救済）
**第15条** ① 取消訴訟において，原告が故意又は重大な過失によらないで被告とすべき者を誤つたときは，裁判所は，原告の申立てにより，決定をもつて，被告を変更することを許すことができる．
② 前項の決定は，書面でするものとし，その正本を新たな被告に送達しなければならない．
③ 第1項の決定があつたときは，出訴期間の遵守については，新たな被告に対する訴えは，最初に訴えを提起した時に提起されたものとみなす．
④ 第1項の決定があつたときは，従前の被告に対しては，訴えの取下げがあつたものとみなす．
⑤ 第1項の決定に対しては，不服を申し立てることができない．

⑥ 第1項の申立てを却下する決定に対しては，即時抗告をすることができる．
⑦ 上訴審において第1項の決定をしたときは，裁判所は，その訴訟を管轄裁判所に移送しなければならない．

（請求の客観的併合）
**第16条** ① 取消訴訟には，関連請求に係る訴えを併合することができる．
② 前項の規定により訴えを併合する場合において，取消訴訟の第一審裁判所が高等裁判所であるときは，関連請求に係る訴えの被告の同意を得なければならない．被告が異議を述べないで，本案について弁論をし，又は弁論準備手続において申述をしたときは，同意したものとみなす．

（共同訴訟）
**第17条** ① 数人は，その数人の請求又はその数人に対する請求が処分又は裁決の取消しの請求と関連請求とである場合に限り，共同訴訟人として訴え，又は訴えられることができる．
② 前項の場合には，前条第2項の規定を準用する．

（第三者による請求の追加的併合）
**第18条** 第三者は，取消訴訟の口頭弁論の終結に至るまで，その訴訟の当事者の一方を被告として，関連請求に係る訴えをこれに併合して提起することができる．この場合において，当該取消訴訟が高等裁判所に係属しているときは，第16条第2項の規定を準用する．

（原告による請求の追加的併合）
**第19条** ① 原告は，取消訴訟の口頭弁論の終結に至るまで，関連請求に係る訴えをこれに併合して提起することができる．この場合において，当該取消訴訟が高等裁判所に係属しているときは，第16条第2項の規定を準用する．
② 前項の規定は，取消訴訟について民事訴訟法（平成8年法律第109号）第143条の規定の例によることを妨げない．

**第20条** 前条第1項前段の規定により，処分の取消しの訴えをその処分についての審査請求を棄却した裁決の取消しの訴えに併合して提起する場合には，同項後段において準用する第16条第2項の規定にかかわらず，処分の取消しの訴えの被告の同意を得ることを要せず，また，その提起があつたときは，出訴期間の遵守については，処分の取消しの訴えは，裁決の取消しの訴えを提起した時に提起されたものとみなす．

（国又は公共団体に対する請求への訴えの変更）
**第21条** ① 裁判所は，取消訴訟の目的たる請求を当該処分又は裁決に係る事務の帰属する国又は公共団体に対する損害賠償その他の請求に変更することが相当であると認めるときは，請求の基礎に変更がない限り，口頭弁論の終結に至るまで，原告の申立てにより，決定をもつて，訴えの変更を許すことができる．
② 前項の決定には，第15条第2項の規定を準用する．
③ 裁判所は，第1項の規定により訴えの変更を許す決定をするには，あらかじめ，当事者及び損害賠償その他の請求に係る訴えの被告の意見をきかなければならない．
④ 訴えの変更を許す決定に対しては，即時抗告をすることができる．
⑤ 訴えの変更を許さない決定に対しては，不服を申し立てることができない．

(第三者の訴訟参加)
**第22条** ① 裁判所は,訴訟の結果により権利を害される第三者があるときは,当事者若しくはその第三者の申立てにより又は職権で,決定をもつて,その第三者を訴訟に参加させることができる.
② 裁判所は,前項の決定をするには,あらかじめ,当事者及び第三者の意見をきかなければならない.
③ 第1項の申立てをした第三者は,その申立てを却下する決定に対して即時抗告をすることができる.
④ 第1項の規定により訴訟に参加した第三者については,民事訴訟法第40条第1項から第3項までの規定を準用する.
⑤ 第1項の規定により第三者が参加の申立てをした場合には,民事訴訟法第45条第3項及び第4項の規定を準用する.

(行政庁の訴訟参加)
**第23条** ① 裁判所は,処分又は裁決をした行政庁以外の行政庁を訴訟に参加させることが必要であると認めるときは,当事者若しくはその行政庁の申立てにより又は職権で,決定をもつて,その行政庁を訴訟に参加させることができる.
② 裁判所は,前項の決定をするには,あらかじめ,当事者及び当該行政庁の意見をきかなければならない.
③ 第1項の規定により訴訟に参加した行政庁については,民事訴訟法第45条第1項及び第2項の規定を準用する.

(釈明処分の特則)
**第23条の2** ① 裁判所は,訴訟関係を明瞭にするため,必要があると認めるときは,次に掲げる処分をすることができる.
1 被告である国若しくは公共団体に所属する行政庁又は被告である行政庁に対し,処分又は裁決の内容,処分又は裁決の根拠となる法令の条項,処分又は裁決の原因となる事実その他処分又は裁決の理由を明らかにする資料(次項に規定する審査請求に係る事件の記録を除く.)であつて当該行政庁が保有するものの全部又は一部の提出を求めること.
2 前号に規定する行政庁以外の行政庁に対し,同号に規定する資料であつて当該行政庁が保有するものの全部又は一部の送付を嘱託すること.
② 裁判所は,処分についての審査請求に対する裁決を経た後に取消訴訟の提起があつたときは,次に掲げる処分をすることができる.
1 被告である国若しくは公共団体に所属する行政庁又は被告である行政庁に対し,当該審査請求に係る事件の記録であつて当該行政庁が保有するものの全部又は一部の提出を求めること.
2 前号に規定する行政庁以外の行政庁に対し,同号に規定する事件の記録であつて当該行政庁が保有するものの全部又は一部の送付を嘱託すること.

(職権証拠調べ)
**第24条** 裁判所は,必要があると認めるときは,職権で,証拠調べをすることができる.ただし,その証拠調べの結果について,当事者の意見をきかなければならない.

(執行停止)
**第25条** ① 処分の取消しの訴えの提起は,処分の効力,処分の執行又は手続の続行を妨げない.
② 処分の取消しの訴えの提起があつた場合において,処分,処分の執行又は手続の続行により生ずる重大な損害を避けるため緊急の必要があるときは,裁判所は,申立てにより,決定をもつて,処分の効力,処分の執行又は手続の続行の全部又は一部の停止(以下「執行停止」という.)をすることができる.ただし,処分の効力の停止は,処分の執行又は手続の続行の停止によつて目的を達することができる場合には,することができない.
③ 裁判所は,前項に規定する重大な損害を生ずるか否かを判断するに当たつては,損害の回復の困難の程度を考慮するものとし,損害の性質及び程度並びに処分の内容及び性質をも勘案するものとする.
④ 執行停止は,公共の福祉に重大な影響を及ぼすおそれがあるとき,又は本案について理由がないとみえるときは,することができない.
⑤ 第2項の決定は,疎明に基づいてする.
⑥ 第2項の決定は,口頭弁論を経ないですることができる.ただし,あらかじめ,当事者の意見をきかなければならない.
⑦ 第2項の申立てに対する決定に対しては,即時抗告をすることができる.
⑧ 第2項の決定に対する即時抗告は,その決定の執行を停止する効力を有しない.

(事情変更による執行停止の取消し)
**第26条** ① 執行停止の決定が確定した後に,その理由が消滅し,その他事情が変更したときは,裁判所は,相手方の申立てにより,決定をもつて,執行停止の決定を取り消すことができる.
② 前項の申立てに対する決定及びこれに対する不服については,前条第5項から第8項までの規定を準用する.

(内閣総理大臣の異議)
**第27条** ① 第25条第2項の申立てがあつた場合には,内閣総理大臣は,裁判所に対し,異議を述べることができる.執行停止の決定があつた後においても,同様とする.
② 前項の異議には,理由を附さなければならない.
③ 前項の異議の理由においては,内閣総理大臣は,処分の効力を存続し,処分を執行し,又は手続を続行しなければ,公共の福祉に重大な影響を及ぼすおそれのある事情を示すものとする.
④ 第1項の異議があつたときは,裁判所は,執行停止をすることができず,また,すでに執行停止の決定をしているときは,これを取り消さなければならない.
⑤ 第1項後段の異議は,執行停止の決定をした裁判所に対して述べなければならない.ただし,その決定に対する抗告が抗告裁判所に係属しているときは,抗告裁判所に対して述べなければならない.
⑥ 内閣総理大臣は,やむをえない場合でなければ,第1項の異議を述べてはならず,また,異議を述べたときは,次の常会において国会にこれを報告しなければならない.

(執行停止等の管轄裁判所)
**第28条** 執行停止又はその決定の取消しの申立ての管轄裁判所は,本案の係属する裁判所とする.

(執行停止に関する規定の準用)
**第29条** 前4条の規定は,裁決の取消しの訴えの提起があつた場合における執行停止に関する事項について準用する.

(裁量処分の取消し)
**第30条** 行政庁の裁量処分については,裁量権の範囲をこえ又はその濫用があつた場合に限り,裁判所は,その処分を取り消すことができる.

## 第2節 その他の抗告訴訟 〜 義務付けの訴えの要件等

**（特別の事情による請求の棄却）**
**第31条** ① 取消訴訟については，処分又は裁決が違法ではあるが，これを取り消すことにより公の利益に著しい障害を生ずる場合において，原告の受ける損害の程度，その損害の賠償又は防止の程度及び方法その他一切の事情を考慮したうえ，処分又は裁決を取り消すことが公共の福祉に適合しないと認めるときは，裁判所は，請求を棄却することができる．この場合には，当該判決の主文において，処分又は裁決が違法であることを宣言しなければならない．
② 裁判所は，相当と認めるときは，終局判決前に，判決をもつて，処分又は裁決が違法であることを宣言することができる．
③ 終局判決に事実及び理由を記載するには，前項の判決をする場合を除き，判決書の原本に基いてすることができる．

**（取消判決等の効力）**
**第32条** ① 処分又は裁決を取り消す判決は，第三者に対しても効力を有する．
② 前項の規定は，執行停止の決定又はこれを取り消す決定に準用する．
**第33条** ① 処分又は裁決を取り消す判決は，その事件について，処分又は裁決をした行政庁その他の関係行政庁を拘束する．
② 申請を却下し若しくは棄却した処分又は審査請求を却下し若しくは棄却した裁決が判決により取り消されたときは，その処分又は裁決をした行政庁は，判決の趣旨に従い，改めて申請に対する処分又は審査請求に対する裁決をしなければならない．
③ 前項の規定は，申請又は審査請求を認容した裁決が判決により手続に違法があることを理由として取り消された場合に準用する．
④ 第1項の規定は，執行停止の決定に準用する．

**（第三者の再審の訴え）**
**第34条** ① 処分又は裁決を取り消す判決により権利を害された第三者で，自己の責めに帰することができない理由により訴訟に参加することができなかつたため判決に影響を及ぼすべき攻撃又は防御の方法を提出することができなかつたものは，これを理由として，確定の終局判決に対し，再審の訴えをもつて，不服の申立てをすることができる．
② 前項の訴えは，確定判決を知つた日から30日以内に提起しなければならない．
③ 前項の期間は，不変期間とする．
④ 第1項の訴えは，判決が確定した日から1年を経過したときは，提起することができない．

**（訴訟費用の裁判の効力）**
**第35条** 国又は公共団体に所属する行政庁が当事者又は参加人である訴訟における確定した訴訟費用の裁判は，当該行政庁が所属する国又は公共団体に対し，又はそれらの者のために，効力を有する．

### 第2節 その他の抗告訴訟

**（無効等確認の訴えの原告適格）**
**第36条** 無効等確認の訴えは，当該処分又は裁決に続く処分により損害を受けるおそれのある者その他当該処分又は裁決の無効等の確認を求めるにつき法律上の利益を有する者で，当該処分若しくは裁決の存否又はその効力の有無を前提とする現在の法律関係に関する訴えによつて目的を達することができないものに限り，提起することができる．

**（不作為の違法確認の訴えの原告適格）**
**第37条** 不作為の違法確認の訴えは，処分又は裁決についての申請をした者に限り，提起することができる．

**（義務付けの訴えの要件等）**
**第37条の2** ① 第3条第6項第1号に掲げる場合において，義務付けの訴えは，一定の処分がされないことにより重大な損害を生ずるおそれがあり，かつ，その損害を避けるため他に適当な方法がないときに限り，提起することができる．
② 裁判所は，前項に規定する重大な損害を生ずるか否かを判断するに当たつては，損害の回復の困難の程度を考慮するものとし，損害の性質及び程度並びに処分の内容及び性質をも勘案するものとする．
③ 第1項の義務付けの訴えは，行政庁が一定の処分をすべき旨を命ずることを求めるにつき法律上の利益を有する者に限り，提起することができる．
④ 前項に規定する法律上の利益の有無の判断については，第9条第2項の規定を準用する．
⑤ 義務付けの訴えが第1項及び第3項に規定する要件に該当する場合において，その義務付けの訴えに係る処分につき，行政庁がその処分をすべきであることがその処分の根拠となる法令の規定から明らかであると認められ又は行政庁がその処分をしないことがその裁量権の範囲を超え若しくはその濫用となると認められるときは，裁判所は，行政庁がその処分をすべき旨を命ずる判決をする．
**第37条の3** ① 第3条第6項第2号に掲げる場合において，義務付けの訴えは，次の各号に掲げる要件のいずれかに該当するときに限り，提起することができる．
1 当該法令に基づく申請又は審査請求に対し相当の期間内に何らの処分又は裁決がされないこと．
2 当該法令に基づく申請又は審査請求を却下し又は棄却する旨の処分又は裁決がされた場合において，当該処分又は裁決が取り消されるべきものであり，又は無効若しくは不存在であること．
② 前項の義務付けの訴えは，同項各号に規定する法令に基づく申請又は審査請求をした者に限り，提起することができる．
③ 第1項の義務付けの訴えを提起するときは，次の各号に掲げる区分に応じてそれぞれ当該各号に定める訴えをその義務付けの訴えに併合して提起しなければならない．この場合において，当該各号に定める訴えに係る訴訟の管轄について他の法律に特別の定めがあるときは，同項の義務付けの訴えに係る訴訟の管轄は，第38条第1項において準用する第12条の規定にかかわらず，その定めに従う．
1 第1項第1号に掲げる要件に該当する場合 同号に規定する処分又は裁決に係る不作為の違法確認の訴え
2 第1項第2号に掲げる要件に該当する場合 同号に規定する処分又は裁決に係る取消訴訟又は無効等確認の訴え
④ 前項の規定により併合して提起された義務付けの訴え及び同項各号に定める訴えに係る弁論及び裁判は，分離しないでしなければならない．
⑤ 義務付けの訴えが第1項から第3項までに規定する要件に該当する場合において，同項各号に定める訴えに係る請求に理由があるとされ，かつ，その義務付けの訴えに係る処分又は裁決につき，行政庁がその処分若しくは裁決をすべきであることがその処分若しくは裁決の根拠となる法令の規定から明らかであると認められ又は行政庁がその処分若しくは裁決をしないことがその裁量権の範囲

を超え若しくはその濫用となると認められるときは、裁判所は、その義務付けの訴えに係る処分又は裁決をすべき旨を命ずる判決をする。
⑥ 第4項の規定にかかわらず、裁判所は、審理の状況その他の事情を考慮して、第3項各号に定める訴えについてのみ終局判決をすることがより迅速な争訟の解決に資すると認めるときは、当該訴えについてのみ終局判決をすることができる。この場合において、裁判所は、当該訴えについてのみ終局判決をしたときは、当事者の意見を聴いて、当該訴えに係る訴訟手続が完結するまでの間、義務付けの訴えに係る訴訟手続を中止することができる。
⑦ 第1項の義務付けの訴えのうち、行政庁が一定の裁決をすべき旨を命ずることを求めるものは、処分についての審査請求がされた場合において、当該処分に係る処分の取消しの訴え又は無効等確認の訴えを提起することができないときに限り、提起することができる。

(差止めの訴えの要件)
**第37条の4** ① 差止めの訴えは、一定の処分又は裁決がされることにより重大な損害を生ずるおそれがある場合に限り、提起することができる。ただし、その損害を避けるため他に適当な方法があるときは、この限りでない。
② 裁判所は、前項に規定する重大な損害を生ずるか否かを判断するに当たつては、損害の回復の困難の程度を考慮するものとし、損害の性質及び程度並びに処分又は裁決の内容及び性質をも勘案するものとする。
③ 差止めの訴えは、行政庁が一定の処分又は裁決をしてはならない旨を命ずることを求めるにつき法律上の利益を有する者に限り、提起することができる。
④ 前項に規定する法律上の利益の有無の判断については、第9条第2項の規定を準用する。
⑤ 差止めの訴えが第1項及び第3項に規定する要件に該当する場合において、その差止めの訴えに係る処分又は裁決につき、行政庁がその処分若しくは裁決をすべきでないことがその処分若しくは裁決の根拠となる法令の規定から明らかであると認められ又は行政庁がその処分若しくは裁決をすることがその裁量権の範囲を超え若しくはその濫用となると認められるときは、裁判所は、行政庁がその処分又は裁決をしてはならない旨を命ずる判決をする。

(仮の義務付け及び仮の差止め)
**第37条の5** ① 義務付けの訴えの提起があつた場合において、その義務付けの訴えに係る処分又は裁決がされないことにより生ずる償うことのできない損害を避けるため緊急の必要があり、かつ、本案について理由があるとみえるときは、裁判所は、申立てにより、決定をもつて、仮に行政庁がその処分又は裁決をすべき旨を命ずること(以下この条において「仮の義務付け」という。)ができる。
② 差止めの訴えの提起があつた場合において、その差止めの訴えに係る処分又は裁決がされることにより生ずる償うことのできない損害を避けるため緊急の必要があり、かつ、本案について理由があるとみえるときは、裁判所は、申立てにより、決定をもつて、仮に行政庁がその処分又は裁決をしてはならない旨を命ずること(以下この条において「仮の差止め」という。)ができる。
③ 仮の義務付け又は仮の差止めは、公共の福祉に重大な影響を及ぼすおそれがあるときは、することができない。
④ 第25条第5項から第8項まで、第26条から第28条まで及び第33条第1項の規定は、仮の義務付け又は仮の差止めに関する事項について準用する。
⑤ 前項において準用する第25条第7項の即時抗告についての裁判又は前項において準用する第26条第1項の決定により仮の義務付けの決定が取り消されたときは、当該行政庁は、当該仮の義務付けの決定に基づいてした処分又は裁決を取り消さなければならない。

(取消訴訟に関する規定の準用)
**第38条** ① 第11条から第13条まで、第16条から第19条まで、第21条から第23条まで、第24条、第33条及び第35条の規定は、取消訴訟以外の抗告訴訟について準用する。
② 第10条第2項の規定は、処分の無効等確認の訴えとその処分についての審査請求を棄却した裁決に係る抗告訴訟とを提起することができる場合に、第20条の規定は、処分の無効等確認の訴えをその処分についての審査請求を棄却した裁決に係る抗告訴訟に併合して提起する場合について準用する。
③ 第23条の2、第25条から第29条まで及び第32条第2項の規定は、無効等確認の訴えについて準用する。
④ 第8条及び第10条第2項の規定は、不作為の違法確認の訴えに準用する。

## 第3章　当事者訴訟

(出訴の通知)
**第39条** 当事者間の法律関係を確認し又は形成する処分又は裁決に関する訴訟で、法令の規定によりその法律関係の当事者の一方を被告とするものが提起されたときは、裁判所は、当該処分又は裁決をした行政庁にその旨を通知するものとする。

(出訴期間の定めがある当事者訴訟)
**第40条** ① 法令に出訴期間の定めがある当事者訴訟は、その法令に別段の定めがある場合を除き、正当な理由があるときは、その期間を経過した後であつても、これを提起することができる。
② 第15条の規定は、法令に出訴期間の定めがある当事者訴訟について準用する。

(抗告訴訟に関する規定の準用)
**第41条** ① 第23条、第24条、第33条第1項及び第35条の規定は当事者訴訟について、第23条の2の規定は当事者訴訟における処分又は裁決の理由を明らかにする資料の提出について準用する。
② 第13条の規定は、当事者訴訟とその目的たる請求と関連請求の関係にある請求に係る訴訟とが各別の裁判所に係属する場合における移送に、第16条から第19条までの規定は、これらの訴えの併合について準用する。

## 第4章　民衆訴訟及び機関訴訟

(訴えの提起)
**第42条** 民衆訴訟及び機関訴訟は、法律に定める場合において、法律に定める者に限り、提起することができる。

(抗告訴訟又は当事者訴訟に関する規定の準用)
**第43条** ① 民衆訴訟又は機関訴訟で、処分又は裁決の取消しを求めるものについては、第9条及び第10

条第1項の規定を除き,取消訴訟に関する規定を準用する.
② 民衆訴訟又は機関訴訟で,処分又は裁決の無効の確認を求めるものについては,第36条の規定を除き,無効等確認の訴えに関する規定を準用する.
③ 民衆訴訟又は機関訴訟で,前2項に規定する訴訟以外のものについては,第39条及び第40条第1項の規定を除き,当事者訴訟に関する規定を準用する.

#### 第5章 補　則

(仮処分の排除)
**第44条** 行政庁の処分その他公権力の行使に当たる行為については,民事保全法(平成元年法律第91号)に規定する仮処分をすることができない.
(処分の効力等を争点とする訴訟)
**第45条** ① 私法上の法律関係に関する訴訟において,処分若しくは裁決の存否又はその効力の有無が争われている場合には,第23条第1項及び第2項並びに第39条の規定を準用する.
② 前項の規定により行政庁が訴訟に参加した場合には,民事訴訟法第45条第1項及び第2項の規定を準用する.ただし,攻撃又は防御の方法は,当該処分若しくは裁決の存否又はその効力の有無に関するものに限り,提出することができる.
③ 第1項の規定により行政庁が訴訟に参加した後において,処分若しくは裁決の存否又はその効力の有無に関する争いがなくなつたときは,裁判所は,参加の決定を取り消すことができる.
④ 第1項の場合には,当該争点について第23条の2及び第24条の規定を,訴訟費用の裁判について第35条の規定を準用する.
(取消訴訟等の提起に関する事項の教示)
**第46条** ① 行政庁は,取消訴訟を提起することができる処分又は裁決をする場合には,当該処分又は裁決の相手方に対し,次に掲げる事項を書面で教示しなければならない.ただし,当該処分を口頭でする場合は,この限りでない.
1 当該処分又は裁決に係る取消訴訟の被告とすべき者
2 当該処分又は裁決に係る取消訴訟の出訴期間
3 法律に当該処分についての審査請求に対する裁決を経た後でなければ処分の取消しの訴えを提起することができない旨の定めがあるときは,その旨
② 行政庁は,法律に処分についての審査請求に対する裁決に対してのみ取消訴訟を提起することができる旨の定めがある場合において,当該処分をするときは,当該処分の相手方に対し,法律にその定めがある旨を書面で教示しなければならない.ただし,当該処分を口頭でする場合は,この限りでない.
③ 行政庁は,当事者間の法律関係を確認し又は形成する裁決以外に関する訴訟で法令の規定によりその法律関係の当事者の一方を被告とするものを提起することができる処分又は裁決をする場合には,当該処分又は裁決の相手方に対し,次に掲げる事項を書面で教示しなければならない.ただし,当該処分を口頭でする場合は,この限りでない.
1 当該訴訟の被告とすべき者
2 当該訴訟の出訴期間

附　則 (抄)
(行政事件訴訟特例法の廃止)
**第2条** 行政事件訴訟特例法(昭和23年法律第81号.以下「旧法」という.)は,廃止する.

### 24　国家賠償法

(昭22・10・27法律第125号,昭22・10・27施行)

**第1条** ① 国又は公共団体の公権力の行使に当る公務員が,その職務を行うについて,故意又は過失によつて違法に他人に損害を加えたときは,国又は公共団体が,これを賠償する責に任ずる.
② 前項の場合において,公務員に故意又は重大な過失があつたときは,国又は公共団体は,その公務員に対して求償権を有する.
**第2条** ① 道路,河川その他の公の営造物の設置又は管理に瑕疵があつたために他人に損害を生じたときは,国又は公共団体は,これを賠償する責に任ずる.
② 前項の場合において,他に損害の原因について責に任ずべき者があるときは,国又は公共団体は,これに対して求償権を有する.
**第3条** ① 前2条の規定によつて国又は公共団体が損害を賠償する責に任ずる場合において,公務員の選任若しくは監督又は公の営造物の設置若しくは管理に当る者と公務員の俸給,給与その他の費用又は公の営造物の設置若しくは管理の費用を負担する者とが異なるときは,費用を負担する者もまた,その損害を賠償する責に任ずる.
② 前項の場合において,損害を賠償した者は,内部関係でその損害を賠償する責任ある者に対して求償権を有する.
**第4条** 国又は公共団体の損害賠償の責任については,前3条の規定によるの外,民法の規定による.
**第5条** 国又は公共団体の損害賠償の責任について民法以外の他の法律に別段の定があるときは,その定めるところによる.
**第6条** この法律は,外国人が被害者である場合には,相互の保証があるときに限り,これを適用する.

附　則 (抄)
① この法律は,公布の日から,これを施行する.

### 25　情報公開法〔行政機関の保有する情報の公開に関する法律〕

(平11・5・14法律第42号,平13・4・1施行,最終改正:平17・10・21法律第102号)

#### 第1章 総　則

(目　的)
**第1条** この法律は,国民主権の理念にのっとり,行政文書の開示を請求する権利につき定めること等により,行政機関の保有する情報の一層の公開を図り,もって政府の有するその諸活動を国民に説明する責務が全うされるようにするとともに,国民の的確な理解と批判の下にある公正で民主的な行政の

推進に資することを目的とする．

(定　義)

第2条　① この法律において「行政機関」とは,次に掲げる機関をいう．
1　法律の規定に基づき内閣に置かれる機関(内閣府を除く.)及び内閣の所轄の下に置かれる機関
2　内閣府,宮内庁並びに内閣府設置法(平成11年法律第89号)第49条第1項及び第2項に規定する機関(これらの機関のうち第4号の政令で定める機関が置かれる機関にあっては,当該政令で定める機関を除く.)
3　国家行政組織法(昭和23年法律第120号)第3条第2項に規定する機関(第5号の政令で定める機関が置かれる機関にあっては,当該政令で定める機関を除く.)
4　内閣府設置法第39条及び第55条並びに宮内庁法(昭和22年法律第70号)第16条第2項の機関並びに内閣府設置法第40条及び第56条(宮内庁法第18条第1項において準用する場合を含む.)の特別の機関で,政令で定めるもの
5　国家行政組織法第8条の2の施設等機関及び同法第8条の3の特別の機関で,政令で定めるもの
6　会計検査院

② この法律において「行政文書」とは,行政機関の職員が職務上作成し,又は取得した文書,図画及び電磁的記録(電子的方式,磁気的方式その他人の知覚によっては認識することができない方式で作られた記録をいう．以下同じ.)であって,当該行政機関の職員が組織的に用いるものとして,当該行政機関が保有しているものをいう．ただし,次に掲げるものを除く．
1　官報,白書,新聞,雑誌,書籍その他不特定多数の者に販売することを目的として発行されるもの
2　政令で定める公文書館その他の機関において,政令で定めるところにより,歴史的若しくは文化的な資料又は学術研究用の資料として特別の管理がされているもの

## 第2章　行政文書の開示

(開示請求権)

第3条　何人も,この法律の定めるところにより,行政機関の長(前条第1項第4号及び第5号の政令で定める機関にあっては,その機関ごとに政令で定める者をいう．以下同じ.)に対し,当該行政機関の保有する行政文書の開示を請求することができる．

(開示請求の手続)

第4条　① 前条の規定による開示の請求(以下「開示請求」という.)は,次に掲げる事項を記載した書面(以下「開示請求書」という.)を行政機関の長に提出してしなければならない．
1　開示請求をする者の氏名又は名称及び住所又は居所並びに法人その他の団体にあっては代表者の氏名
2　行政文書の名称その他の開示請求に係る行政文書を特定するに足りる事項

② 行政機関の長は,開示請求書に形式上の不備があると認めるときは,開示請求をした者(以下「開示請求者」という.)に対し,相当の期間を定めて,その補正を求めることができる．この場合において,行政機関の長は,開示請求者に対し,補正の参考となる情報を提供するよう努めなければならない．

(行政文書の開示義務)

第5条　行政機関の長は,開示請求があったときは,開示請求に係る行政文書に次の各号に掲げる情報(以下「不開示情報」という.)のいずれかが記載されている場合を除き,開示請求者に対し,当該行政文書を開示しなければならない．
1　個人に関する情報(事業を営む個人の当該事業に関する情報を除く.)であって,当該情報に含まれる氏名,生年月日その他の記述等により特定の個人を識別することができるもの(他の情報と照合することにより,特定の個人を識別することができることとなるものを含む.)又は特定の個人を識別することはできないが,公にすることにより,なお個人の権利利益を害するおそれがあるもの．ただし,次に掲げる情報を除く．
イ　法令の規定により又は慣行として公にされ,又は公にすることが予定されている情報
ロ　人の生命,健康,生活又は財産を保護するため,公にすることが必要であると認められる情報
ハ　当該個人が公務員等(国家公務員法(昭和22年法律第120号)第2条第1項に規定する国家公務員(独立行政法人通則法(平成11年法律第103号)第2条第2項に規定する特定独立行政法人の役員及び職員を除く.),独立行政法人等(独立行政法人等の保有する情報の公開に関する法律(平成13年法律第140号．以下「独立行政法人等情報公開法」という.)第2条第1項に規定する独立行政法人等をいう．以下同じ.)の役員及び職員,地方公務員法(昭和25年法律第261号)第2条に規定する地方公務員並びに地方独立行政法人(地方独立行政法人法(平成15年法律第118号)第2条第1項に規定する地方独立行政法人をいう．以下同じ.)の役員及び職員をいう.)である場合において,当該情報がその職務の遂行に係る情報であるときは,当該情報のうち,当該公務員等の職及び当該職務遂行の内容に係る部分
2　法人その他の団体(国,独立行政法人等,地方公共団体及び地方独立行政法人を除く．以下「法人等」という.)に関する情報又は事業を営む個人の当該事業に関する情報であって,次に掲げるもの．ただし,人の生命,健康,生活又は財産を保護するため,公にすることが必要であると認められる情報を除く．
イ　公にすることにより,当該法人等又は当該個人の権利,競争上の地位その他正当な利益を害するおそれがあるもの
ロ　行政機関の要請を受けて,公にしないとの条件で任意に提供されたものであって,法人等又は個人における通例として公にしないこととされているものその他の当該条件を付することが当該情報の性質,当時の状況等に照らして合理的であると認められるもの
3　公にすることにより,国の安全が害されるおそれ,他国若しくは国際機関との信頼関係が損なわれるおそれ又は他国若しくは国際機関との交渉上不利益を被るおそれがあると行政機関の長が認めることにつき相当の理由がある情報
4　公にすることにより,犯罪の予防,鎮圧又は捜査,公訴の維持,刑の執行その他の公共の安全と秩序の維持に支障を及ぼすおそれがあると行政機関の長が認めることにつき相当の理由がある情報

5 国の機関,独立行政法人等,地方公共団体及び地方独立行政法人の内部又は相互間における審議,検討又は協議に関する情報であって,公にすることにより,率直な意見の交換若しくは意思決定の中立性が不当に損なわれるおそれ,不当に国民の間に混乱を生じさせるおそれ又は特定の者に不当に利益を与え若しくは不利益を及ぼすおそれがあるもの

6 国の機関,独立行政法人等,地方公共団体又は地方独立行政法人が行う事務又は事業に関する情報であって,公にすることにより,次に掲げるおそれその他当該事務又は事業の性質上,当該事務又は事業の適正な遂行に支障を及ぼすおそれがあるもの
 イ 監査,検査,取締り,試験又は租税の賦課徴収に係る事務に関し,正確な事実の把握を困難にするおそれ又は違法若しくは不当な行為を容易にし,若しくはその発見を困難にするおそれ
 ロ 契約,交渉又は争訟に係る事務に関し,国,独立行政法人等,地方公共団体又は地方独立行政法人の財産上の利益又は当事者としての地位を不当に害するおそれ
 ハ 調査研究に係る事務に関し,その公正かつ能率的な遂行を不当に阻害するおそれ
 ニ 人事管理に係る事務に関し,公正かつ円滑な人事の確保に支障を及ぼすおそれ
 ホ 国若しくは地方公共団体が経営する企業,独立行政法人等又は地方独立行政法人に係る事業に関し,その企業経営上の正当な利益を害するおそれ

(部分開示)
第6条 ① 行政機関の長は,開示請求に係る行政文書の一部に不開示情報が記録されている場合において,不開示情報が記録されている部分を容易に区分して除くことができるときは,開示請求者に対し,当該部分を除いた部分につき開示しなければならない.ただし,当該部分を除いた部分に有意の情報が記録されていないと認められるときは,この限りでない.
② 開示請求に係る行政文書に前条第1号の情報(特定の個人を識別することができるものに限る.)が記録されている場合において,当該情報のうち,氏名,生年月日その他の特定の個人を識別することができることとなる記述等の部分を除くことにより,公にしても,個人の権利利益が害されるおそれがないと認められるときは,当該部分を除いた部分は,同号の情報に含まれないものとみなして,前項の規定を適用する.

(公益上の理由による裁量的開示)
第7条 行政機関の長は,開示請求に係る行政文書に不開示情報が記録されている場合であっても,公益上特に必要があると認めるときは,開示請求者に対し,当該行政文書を開示することができる.

(行政文書の存否に関する情報)
第8条 開示請求に対し,当該開示請求に係る行政文書が存在しているか否かを答えるだけで,不開示情報を開示することとなるときは,行政機関の長は,当該行政文書の存否を明らかにしないで,当該開示請求を拒否することができる.

(開示請求に対する措置)
第9条 ① 行政機関の長は,開示請求に係る行政文書の全部又は一部を開示するときは,その旨の決定をし,開示請求者に対し,その旨及び開示の実施に関し政令で定める事項を書面により通知しなければならない.
② 行政機関の長は,開示請求に係る行政文書の全部を開示しないとき(前条の規定により開示請求を拒否するとき及び開示請求に係る行政文書を保有していないときを含む.)は,開示をしない旨の決定をし,開示請求者に対し,その旨を書面により通知しなければならない.

(開示決定等の期限)
第10条 ① 前条各項の決定(以下「開示決定等」という.)は,開示請求があった日から30日以内にしなければならない.ただし,第4条第2項の規定により補正を求めた場合にあっては,当該補正に要した日数は,当該期間に算入しない.
② 前項の規定にかかわらず,行政機関の長は,事務処理上の困難その他正当な理由があるときは,同項に規定する期間を30日以内に限り延長することができる.この場合において,行政機関の長は,開示請求者に対し,遅滞なく,延長後の期間及び延長の理由を書面により通知しなければならない.

(開示決定等の期限の特例)
第11条 開示請求に係る行政文書が著しく大量であるため,開示請求があった日から60日以内にそのすべてについて開示決定等をすることにより事務の遂行に著しい支障が生ずるおそれがある場合には,前条の規定にかかわらず,行政機関の長は,開示請求に係る行政文書のうちの相当の部分につき当該期間内に開示決定等をし,残りの行政文書については相当の期間内に開示決定等をすれば足りる.この場合において,行政機関の長は,同条第1項に規定する期間内に,開示請求者に対し,次に掲げる事項を書面により通知しなければならない.
 1 本条を適用する旨及びその理由
 2 残りの行政文書について開示決定等をする期限

(事案の移送)
第12条 ① 行政機関の長は,開示請求に係る行政文書が他の行政機関により作成されたものであるときその他の行政機関の長において開示決定等をすることにつき正当な理由があるときは,当該他の行政機関の長と協議の上,当該他の行政機関の長に対し,事案を移送することができる.この場合においては,移送をした行政機関の長は,開示請求者に対し,事案を移送した旨を書面により通知しなければならない.
② 前項の規定により事案が移送されたときは,移送を受けた行政機関の長において,当該開示請求についての開示決定等をしなければならない.この場合において,移送をした行政機関の長が移送前にした行為は,移送を受けた行政機関の長がしたものとみなす.
③ 前項の場合において,移送を受けた行政機関の長が第9条第1項の決定(以下「開示決定」という.)をしたときは,当該行政機関の長は,開示の実施をしなければならない.この場合において,移送をした行政機関の長は,当該開示の実施に必要な協力をしなければならない.

(独立行政法人等への事案の移送)
第12条の2 ① 行政機関の長は,開示請求に係る行政文書が独立行政法人等により作成されたものであるときその他の独立行政法人等において独立行政法人等情報公開法第10条第1項に規定する開示決定等をすることにつき正当な理由があるときは,当該独立行政法人等と協議の上,当該独立行政法人等

に対し,事案を移送することができる.この場合においては,移送をした行政機関の長は,開示請求者に対し,事案を移送した旨を書面により通知しなければならない.

② 前項の規定により事案が移送されたときは,当該事案については,当該行政文書を保有する独立行政法人等が保有する独立行政法人等情報公開法第2条第2項に規定する法人文書と,開示請求を移送を受けた独立行政法人等に対する独立行政法人等情報公開法第4条第1項に規定する開示請求とみなして,独立行政法人等情報公開法の規定を適用する.この場合において,独立行政法人等情報公開法第10条第1項中「第4条第2項」とあるのは「行政機関の保有する情報の公開に関する法律(平成11年法律第42号)第4条第2項」と,独立行政法人等情報公開法第17条第1項中「開示請求をする者又は法人文書」とあるのは「により」と,「開示請求に係る手数料又は開示」とあるのは「開示」とする.

③ 第1項の規定により事案が移送された場合において,移送を受けた独立行政法人等が開示の実施をするときは,移送をした行政機関の長は,当該開示の実施に必要な協力をしなければならない.

**(第三者に対する意見書提出の機会の付与等)**
**第13条** ① 開示請求に係る行政文書に国,独立行政法人等,地方公共団体,地方独立行政法人及び開示請求者以外のもの(以下この条,第19条及び第20条において「第三者」という.)に関する情報が記録されているときは,行政機関の長は,開示決定等をするに当たって,当該情報に係る第三者に対し,開示請求に係る行政文書の表示その他政令で定める事項を通知して,意見書を提出する機会を与えることができる.

② 行政機関の長は,次の各号のいずれかに該当するときは,開示決定に先立ち,当該第三者に対し,開示請求に係る行政文書の表示その他政令で定める事項を書面により通知して,意見書を提出する機会を与えなければならない.ただし,当該第三者の所在が判明しない場合は,この限りでない.
  1 第三者に関する情報が記録されている行政文書を開示しようとする場合であって,当該情報が第5条第1号ロ又は同条第2号ただし書に規定する情報に該当すると認められるとき.
  2 第三者に関する情報が記録されている行政文書を第7条の規定により開示しようとするとき.

③ 行政機関の長は,前2項の規定により意見書の提出の機会を与えられた第三者が当該行政文書の開示に反対の意思を表示した意見書を提出した場合において,開示決定をするときは,開示決定の日と開示を実施する日との間に少なくとも2週間を置かなければならない.この場合において,行政機関の長は,開示決定後直ちに,当該意見書(第18条及び第19条において「反対意見書」という.)を提出した第三者に対し,開示決定をした旨及びその理由並びに開示を実施する日を書面により通知しなければならない.

**(開示の実施)**
**第14条** ① 行政文書の開示は,文書又は図画については閲覧又は写しの交付により,電磁的記録についてはその種別,情報化の進展状況等を勘案して政令で定める方法により行う.ただし,閲覧の方法による行政文書の開示にあっては,行政機関の長は,当該行政文書の保存に支障を生ずるおそれがあると認めるときその他正当な理由があるときは,その写しにより,これを行うことができる.

② 開示決定に基づき行政文書の開示を受ける者は,政令で定めるところにより,当該開示決定をした行政機関の長に対し,その求める開示の実施の方法その他の政令で定める事項を申し出なければならない.

③ 前項の規定による申出は,第9条第1項に規定する通知があった日から30日以内にしなければならない.ただし,当該期間内に当該申出をすることができないことにつき正当な理由があるときは,この限りでない.

④ 開示決定に基づき行政文書の開示を受けた者は,最初に開示を受けた日から30日以内に限り,行政機関の長に対し,更に開示を受ける旨を申し出ることができる.この場合においては,前項ただし書の規定を準用する.

**(他の法令による開示の実施との調整)**
**第15条** ① 行政機関の長は,他の法令の規定により,何人にも開示請求に係る行政文書が前条第1項本文に規定する方法と同一の方法で開示することとされている場合(開示の期間が定められている場合にあっては,当該期間内に限る.)には,同項本文の規定にかかわらず,当該行政文書については,当該同一の方法による開示を行わない.ただし,当該他の法令の規定に一定の場合には開示をしない旨の定めがあるときは,この限りでない.

② 他の法令の規定に定める開示の方法が縦覧であるときは,当該縦覧を前条第1項本文の閲覧とみなして,前項の規定を適用する.

**(手数料)**
**第16条** ① 開示請求をする者又は行政文書の開示を受ける者は,政令で定めるところにより,それぞれ,実費の範囲内において政令で定める額の開示請求に係る手数料又は開示の実施に係る手数料を納めなければならない.

② 前項の手数料の額を定めるに当たっては,できる限り利用しやすい額とするよう配慮しなければならない.

③ 行政機関の長は,経済的困難その他特別の理由があると認めるときは,政令で定めるところにより,第1項の手数料を減額し,又は免除することができる.

**(権限又は事務の委任)**
**第17条** 行政機関の長は,政令(内閣の所轄の下に置かれる機関及び会計検査院にあっては,当該機関の命令)で定めるところにより,この章に定める権限又は事務を当該行政機関の職員に委任することができる.

## 第3章 不服申立て等

**(審査会への諮問)**
**第18条** 開示決定等について行政不服審査法(昭和37年法律第160号)による不服申立てがあったときは,当該不服申立てに対する裁決又は決定をすべき行政機関の長は,次の各号のいずれかに該当する場合を除き,情報公開・個人情報保護審査会(不服申立てに対する裁決又は決定をすべき行政機関の長が会計検査院の長である場合にあっては,別に法律で定める審査会)に諮問しなければならない.
  1 不服申立てが不適法であり,却下するとき.
  2 裁決又は決定で,不服申立てに係る開示決定等

（開示請求に係る行政文書の全部を開示する旨の決定を除く。以下この号及び第20条において同じ。）を取り消し又は変更し，当該不服申立てに係る行政文書の全部を開示することとするとき。ただし，当該開示決定等について反対意見書が提出されているときを除く。

（諮問をした旨の通知）

**第19条** 前条の規定により諮問をした行政機関の長は，次に掲げる者に対し，諮問をした旨を通知しなければならない．
1 不服申立人及び参加人
2 開示請求者（開示請求者が不服申立人又は参加人である場合を除く．）
3 当該不服申立てに係る開示決定等について反対意見書を提出した第三者（当該第三者が不服申立人又は参加人である場合を除く．）

（第三者からの不服申立てを棄却する場合等における手続）

**第20条** 第13条第3項の規定は，次の各号のいずれかに該当する裁決又は決定をする場合について準用する．
1 開示決定に対する第三者からの不服申立てを却下し，又は棄却する裁決又は決定
2 不服申立てに係る開示決定等を変更し，当該開示決定等に係る行政文書を開示する旨の裁決又は決定（第三者である参加人が当該行政文書の開示に反対の意思を表示している場合に限る．）

（訴訟の移送の特則）

**第21条** ① 行政事件訴訟法（昭和37年法律第139号）第12条第4項の規定により同項に規定する特定管轄裁判所に開示決定等の取消しを求める訴訟又は開示決定等に係る不服申立てに対する裁決若しくは決定の取消しを求める訴訟（次項及び附則第2項において「情報公開訴訟」という．）が提起された場合においては，同法第12条第5項の規定にかかわらず，他の裁判所に同一又は同種若しくは類似の行政文書に係る開示決定等又はこれに係る不服申立てに対する裁決若しくは決定に係る抗告訴訟（同法第3条第1項に規定する抗告訴訟をいう．次項において同じ．）が係属しているときは，当該特定管轄裁判所は，当事者の住所又は所在地，尋問を受けるべき証人の住所，争点又は証拠の共通性その他の事情を考慮して，相当と認めるときは，申立てにより又は職権で，訴訟の全部又は一部について，当該他の裁判所又は同法第12条第1項から第3項までに定める裁判所に移送することができる．
② 前項の規定は，行政事件訴訟法第12条第4項の規定により同項に規定する特定管轄裁判所に開示決定等又はこれに係る不服申立てに対する裁決若しくは決定に係る抗告訴訟で情報公開訴訟以外のものが提起された場合について準用する．

## 第4章 補則

（行政文書の管理）

**第22条** ① 行政機関の長は，この法律の適正かつ円滑な運用に資するため，行政文書を適正に管理するものとする．
② 行政機関の長は，政令で定めるところにより行政文書の管理に関する定めを設けるとともに，これを一般の閲覧に供しなければならない．
③ 前項の政令においては，行政文書の分類，作成，保存及び廃棄に関する基準その他の行政文書の管理に関し必要な事項について定めるものとする．

（開示請求をしようとする者に対する情報の提供等）

**第23条** ① 行政機関の長は，開示請求をしようとする者が容易かつ的確に開示請求をすることができるよう，当該行政機関が保有する行政文書の特定に資する情報の提供その他開示請求をしようとする者の利便を考慮した適切な措置を講ずるものとする．
② 総務大臣は，この法律の円滑な運用を確保するため，開示請求に関する総合的な案内所を整備するものとする．

（施行の状況の公表）

**第24条** ① 総務大臣は，行政機関の長に対し，この法律の施行の状況について報告を求めることができる．
② 総務大臣は，毎年度，前項の報告を取りまとめ，その概要を公表するものとする．

（行政機関の保有する情報の提供に関する施策の充実）

**第25条** 政府は，その保有する情報の公開の総合的な推進を図るため，行政機関の保有する情報が適時に，かつ，適切な方法で国民に明らかにされるよう，行政機関の保有する情報の提供に関する施策の充実に努めるものとする．

（地方公共団体の情報公開）

**第26条** 地方公共団体は，この法律の趣旨にのっとり，その保有する情報の公開に関し必要な施策を策定し，及びこれを実施するよう努めなければならない．

（政令への委任）

**第27条** この法律に定めるもののほか，この法律の実施のため必要な事項は，政令で定める．

附 則〔抄〕

② 政府は，この法律の施行後4年を目途として，この法律の施行の状況及び情報公開訴訟の管轄の在り方について検討を加え，その結果に基づいて必要な措置を講ずるものとする．

## 26 個人情報保護法〔個人情報の保護に関する法律〕

（平15・5・30法律第57号，平15・5・30施行，最終改正：平15・7・16法律第119号）

### 第1章 総則

（目 的）

**第1条** この法律は，高度情報通信社会の進展に伴い個人情報の利用が著しく拡大していることにかんがみ，個人情報の適正な取扱いに関し，基本理念及び政府による基本方針の作成その他の個人情報の保護に関する施策の基本となる事項を定め，国及び地方公共団体の責務等を明らかにするとともに，個人情報を取り扱う事業者の遵守すべき義務等を定めることにより，個人情報の有用性に配慮しつつ，個人の権利利益を保護することを目的とする．

（定 義）

**第2条** ① この法律において「個人情報」とは，生存する個人に関する情報であって，当該情報に含ま

れる氏名,生年月日その他の記述等により特定の個人を識別することができるもの(他の情報と容易に照合することができ,それにより特定の個人を識別することができることとなるものを含む.)をいう.
② この法律において「個人情報データベース等」とは,個人情報を含む情報の集合物であって,次に掲げるものをいう.
1 特定の個人情報を電子計算機を用いて検索することができるように体系的に構成したもの
2 前号に掲げるもののほか,特定の個人情報を容易に検索することができるように体系的に構成したものとして政令で定めるもの
③ この法律において「個人情報取扱事業者」とは,個人情報データベース等を事業の用に供している者をいう.ただし,次に掲げる者を除く.
1 国の機関
2 地方公共団体
3 独立行政法人等(独立行政法人等の保有する個人情報の保護に関する法律(平成15年法律第59号)第2条第1項に規定する独立行政法人等をいう.以下同じ.)
4 地方独立行政法人(地方独立行政法人法(平成15年法律第118号)第2条第1項に規定する地方独立行政法人をいう.以下同じ.)
5 その取り扱う個人情報の量及び利用方法からみて個人の権利利益を害するおそれが少ないものとして政令で定める者
④ この法律において「個人データ」とは,個人情報データベース等を構成する個人情報をいう.
⑤ この法律において「保有個人データ」とは,個人情報取扱事業者が,開示,内容の訂正,追加又は削除,利用の停止,消去及び第三者への提供の停止を行うことのできる権限を有する個人データであって,その存否が明らかになることにより公益その他の利益が害されるものとして政令で定めるもの又は1年以内の政令で定める期間以内に消去することとなるもの以外のものをいう.
⑥ この法律において個人情報について「本人」とは,個人情報によって識別される特定の個人をいう.

(基本理念)
**第3条** 個人情報は,個人の人格尊重の理念の下に慎重に取り扱われるべきものであることにかんがみ,その適正な取扱いが図られなければならない.

## 第2章 国及び地方公共団体の責務等

(国の責務)
**第4条** 国は,この法律の趣旨にのっとり,個人情報の適正な取扱いを確保するために必要な施策を総合的に策定し,及びこれを実施する責務を有する.

(地方公共団体の責務)
**第5条** 地方公共団体は,この法律の趣旨にのっとり,その地方公共団体の区域の特性に応じて,個人情報の適正な取扱いを確保するために必要な施策を策定し,及びこれを実施する責務を有する.

(法制上の措置等)
**第6条** 政府は,個人情報の性質及び利用方法にかんがみ,個人の権利利益の一層の保護を図るため特にその適正な取扱いの厳格な実施を確保する必要がある個人情報について,保護のための格別の措置が講じられるよう必要な法制上の措置その他の措置を講ずるものとする.

## 第3章 個人情報の保護に関する施策等

### 第1節 個人情報の保護に関する基本方針
**第7条** ① 政府は,個人情報の保護に関する施策の総合的かつ一体的な推進を図るため,個人情報の保護に関する基本方針(以下「基本方針」という.)を定めなければならない.
② 基本方針は,次に掲げる事項について定めるものとする.
1 個人情報の保護に関する施策の推進に関する基本的な方向
2 国が講ずべき個人情報の保護のための措置に関する事項
3 地方公共団体が講ずべき個人情報の保護のための措置の基本的な事項
4 独立行政法人等が講ずべき個人情報の保護のための措置に関する基本的な事項
5 地方独立行政法人が講ずべき個人情報の保護のための措置に関する基本的な事項
6 個人情報取扱事業者及び第40条第1項に規定する認定個人情報保護団体が講ずべき個人情報の保護のための措置に関する基本的な事項
7 個人情報の取扱いに関する苦情の円滑な処理に関する事項
8 その他個人情報の保護に関する施策の推進に関する重要事項
③ 内閣総理大臣は,国民生活審議会の意見を聴いて,基本方針の案を作成し,閣議の決定を求めなければならない.
④ 内閣総理大臣は,前項の規定による閣議の決定があったときは,遅滞なく,基本方針を公表しなければならない.
⑤ 前2項の規定は,基本方針の変更について準用する.

### 第2節 国の施策
(地方公共団体等への支援)
**第8条** 国は,地方公共団体が策定し,又は実施する個人情報の保護に関する施策及び国民又は事業者等が個人情報の適正な取扱いの確保に関して行う活動を支援するため,情報の提供,事業者等が講ずべき措置の適切かつ有効な実施を図るための指針の策定その他の必要な措置を講ずるものとする.

(苦情処理のための措置)
**第9条** 国は,個人情報の取扱いに関し事業者と本人との間に生じた苦情の適切かつ迅速な処理を図るために必要な措置を講ずるものとする.

(個人情報の適正な取扱いを確保するための措置)
**第10条** 国は,地方公共団体との適切な役割分担を通じ,次章に規定する個人情報取扱事業者による個人情報の適正な取扱いを確保するために必要な措置を講ずるものとする.

### 第3節 地方公共団体の施策
(地方公共団体等が保有する個人情報の保護)
**第11条** ① 地方公共団体は,その保有する個人情報の性質,当該個人情報を保有する目的等を勘案し,その保有する個人情報の適正な取扱いが確保されるよう必要な措置を講ずることに努めなければならない.
② 地方公共団体は,その設立に係る地方独立行政法人について,その性格及び業務内容に応じ,その保有する個人情報の適正な取扱いが確保されるよう必要な措置を講ずることに努めなければならない.

第4章 個人情報取扱事業者の義務等

(区域内の事業者等への支援)
**第12条** 地方公共団体は、個人情報の適正な取扱いを確保するため、その区域内の事業者及び住民に対する支援に必要な措置を講ずるよう努めなければならない.

(苦情の処理のあっせん等)
**第13条** 地方公共団体は、個人情報の取扱いに関し事業者と本人との間に生じた苦情が適切かつ迅速に処理されるようにするため、苦情の処理のあっせんその他必要な措置を講ずるよう努めなければならない.

第4節 国及び地方公共団体の協力
**第14条** 国及び地方公共団体は、個人情報の保護に関する施策を講ずるにつき、相協力するものとする.

## 第4章 個人情報取扱事業者の義務等

第1節 個人情報取扱事業者の義務
(利用目的の特定)
**第15条** ① 個人情報取扱事業者は、個人情報を取り扱うに当たっては、その利用の目的(以下「利用目的」という。)をできる限り特定しなければならない.
② 個人情報取扱事業者は、利用目的を変更する場合には、変更前の利用目的と相当の関連性を有すると合理的に認められる範囲を超えて行ってはならない.

(利用目的による制限)
**第16条** ① 個人情報取扱事業者は、あらかじめ本人の同意を得ないで、前条の規定により特定された利用目的の達成に必要な範囲を超えて、個人情報を取り扱ってはならない.
② 個人情報取扱事業者は、合併その他の事由により他の個人情報取扱事業者から事業を承継することに伴って個人情報を取得した場合は、あらかじめ本人の同意を得ないで、承継前における当該個人情報の利用目的の達成に必要な範囲を超えて、当該個人情報を取り扱ってはならない.
③ 前2項の規定は、次に掲げる場合については、適用しない.
1 法令に基づく場合
2 人の生命、身体又は財産の保護のために必要がある場合であって、本人の同意を得ることが困難であるとき.
3 公衆衛生の向上又は児童の健全な育成の推進のために特に必要がある場合であって、本人の同意を得ることが困難であるとき.
4 国の機関若しくは地方公共団体又はその委託を受けた者が法令の定める事務を遂行することに対して協力する必要がある場合であって、本人の同意を得ることにより当該事務の遂行に支障を及ぼすおそれがあるとき.

(適正な取得)
**第17条** 個人情報取扱事業者は、偽りその他不正の手段により個人情報を取得してはならない.

(取得に際しての利用目的の通知等)
**第18条** ① 個人情報取扱事業者は、個人情報を取得した場合は、あらかじめその利用目的を公表している場合を除き、速やかに、その利用目的を、本人に通知し、又は公表しなければならない.
② 個人情報取扱事業者は、前項の規定にかかわらず、本人との間で契約を締結することに伴って契約書その他の書面(電子的方式、磁気的方式その他人の知覚によっては認識することができない方式で作られる記録を含む。以下この項において同じ。)に記載された当該本人の個人情報を取得する場合その他本人から直接書面に記載された当該本人の個人情報を取得する場合は、あらかじめ、本人に対し、その利用目的を明示しなければならない. ただし、人の生命、身体又は財産の保護のために緊急に必要がある場合は、この限りでない.
③ 個人情報取扱事業者は、利用目的を変更した場合は、変更された利用目的について、本人に通知し、又は公表しなければならない.
④ 前3項の規定は、次に掲げる場合については、適用しない.
1 利用目的を本人に通知し、又は公表することにより本人又は第三者の生命、身体、財産その他の権利利益を害するおそれがある場合
2 利用目的を本人に通知し、又は公表することにより当該個人情報取扱事業者の権利又は正当な利益を害するおそれがある場合
3 国の機関又は地方公共団体が法令の定める事務を遂行することに対して協力する必要がある場合であって、利用目的を本人に通知し、又は公表することにより当該事務の遂行に支障を及ぼすおそれがあるとき.
4 取得の状況からみて利用目的が明らかであると認められる場合

(データ内容の正確性の確保)
**第19条** 個人情報取扱事業者は、利用目的の達成に必要な範囲内において、個人データを正確かつ最新の内容に保つよう努めなければならない.

(安全管理措置)
**第20条** 個人情報取扱事業者は、その取り扱う個人データの漏えい、滅失又はき損の防止その他の個人データの安全管理のために必要かつ適切な措置を講じなければならない.

(従業者の監督)
**第21条** 個人情報取扱事業者は、その従業者に個人データを取り扱わせるに当たっては、当該個人データの安全管理が図られるよう、当該従業者に対する必要かつ適切な監督を行わなければならない.

(委託先の監督)
**第22条** 個人情報取扱事業者は、個人データの取扱いの全部又は一部を委託する場合は、その取扱いを委託された個人データの安全管理が図られるよう、委託を受けた者に対する必要かつ適切な監督を行わなければならない.

(第三者提供の制限)
**第23条** ① 個人情報取扱事業者は、次に掲げる場合を除くほか、あらかじめ本人の同意を得ないで、個人データを第三者に提供してはならない.
1 法令に基づく場合
2 人の生命、身体又は財産の保護のために必要がある場合であって、本人の同意を得ることが困難であるとき.
3 公衆衛生の向上又は児童の健全な育成の推進のために特に必要がある場合であって、本人の同意を得ることが困難であるとき.
4 国の機関若しくは地方公共団体又はその委託を受けた者が法令の定める事務を遂行することに対して協力する必要がある場合であって、本人の同意を得ることにより当該事務の遂行に支障を及ぼすおそれがあるとき.
② 個人情報取扱事業者は、第三者に提供される個人

データについて、本人の求めに応じて当該本人が識別される個人データの第三者への提供を停止することとしている場合であって、次に掲げる事項について、あらかじめ、本人に通知し、又は本人が容易に知り得る状態に置いているときは、前項の規定にかかわらず、当該個人データを第三者に提供することができる。
1 第三者への提供を利用目的とすること。
2 第三者に提供される個人データの項目
3 第三者への提供の手段又は方法
4 本人の求めに応じて当該本人が識別される個人データの第三者への提供を停止すること。
③ 個人情報取扱事業者は、前項第2号又は第3号に掲げる事項を変更する場合は、変更する内容について、あらかじめ、本人に通知し、又は本人が容易に知り得る状態に置かなければならない。
④ 次に掲げる場合において、当該個人データの提供を受ける者は、前三項の規定の適用については、第三者に該当しないものとする。
1 個人情報取扱事業者が利用目的の達成に必要な範囲内において個人データの取扱いの全部又は一部を委託する場合
2 合併その他の事由による事業の承継に伴って個人データが提供される場合
3 個人データを特定の者との間で共同して利用する場合であって、その旨並びに共同して利用される個人データの項目、共同して利用する者の範囲、利用する者の利用目的及び当該個人データの管理について責任を有する者の氏名又は名称について、あらかじめ、本人に通知し、又は本人が容易に知り得る状態に置いているとき。
⑤ 個人情報取扱事業者は、前項第3号に規定する利用する者の利用目的又は個人データの管理について責任を有する者の氏名若しくは名称を変更する場合は、変更する内容について、あらかじめ、本人に通知し、又は本人が容易に知り得る状態に置かなければならない。

**(保有個人データに関する事項の公表等)**
**第24条** ① 個人情報取扱事業者は、保有個人データに関し、次に掲げる事項について、本人の知り得る状態(本人の求めに応じて遅滞なく回答する場合を含む。)に置かなければならない。
1 当該個人情報取扱事業者の氏名又は名称
2 すべての保有個人データの利用目的(第18条第4項第1号から第3号までに該当する場合を除く。)
3 次項、次条第1項、第26条第1項又は第27条第1項若しくは第2項の規定による求めに応じる手続(第30条第2項の規定により手数料の額を定めたときは、その手数料の額を含む。)
4 前3号に掲げるもののほか、保有個人データの適正な取扱いの確保に関し必要な事項として政令で定めるもの
② 個人情報取扱事業者は、本人から、当該本人が識別される保有個人データの利用目的の通知を求められたときは、本人に対し、遅滞なく、これを通知しなければならない。ただし、次の各号のいずれかに該当する場合は、この限りでない。
1 前項の規定により当該本人が識別される保有個人データの利用目的が明らかな場合
2 第18条第4項第1号から第3号までに該当する場合

③ 個人情報取扱事業者は、前項の規定に基づき求められた保有個人データの利用目的を通知しない旨の決定をしたときは、本人に対し、遅滞なく、その旨を通知しなければならない。

**(開 示)**
**第25条** ① 個人情報取扱事業者は、本人から、当該本人が識別される保有個人データの開示(当該本人が識別される保有個人データが存在しないときにその旨を知らせることを含む。以下同じ。)を求められたときは、本人に対し、政令で定める方法により、遅滞なく、当該保有個人データを開示しなければならない。ただし、開示することにより次の各号のいずれかに該当する場合は、その全部又は一部を開示しないことができる。
1 本人又は第三者の生命、身体、財産その他の権利利益を害するおそれがある場合
2 当該個人情報取扱事業者の業務の適正な実施に著しい支障を及ぼすおそれがある場合
3 他の法令に違反することとなる場合
② 個人情報取扱事業者は、前項の規定に基づき求められた保有個人データの全部又は一部について開示しない旨の決定をしたときは、本人に対し、遅滞なく、その旨を通知しなければならない。
③ 他の法令の規定により、本人に対し第1項本文に規定する方法に相当する方法により当該本人が識別される保有個人データの全部又は一部を開示することとされている場合には、当該全部又は一部の保有個人データについては、同項の規定は、適用しない。

**(訂正等)**
**第26条** ① 個人情報取扱事業者は、本人から、当該本人が識別される保有個人データの内容が事実でないという理由によって当該保有個人データの内容の訂正、追加又は削除(以下この条において「訂正等」という。)を求められた場合には、その内容の訂正等に関して他の法令の規定により特別の手続が定められている場合を除き、利用目的の達成に必要な範囲内において、遅滞なく必要な調査を行い、その結果に基づき、当該保有個人データの内容の訂正等を行わなければならない。
② 個人情報取扱事業者は、前項の規定に基づき求められた保有個人データの内容の全部若しくは一部について訂正等を行ったとき、又は訂正等を行わない旨の決定をしたときは、本人に対し、遅滞なく、その旨(訂正等を行ったときは、その内容を含む。)を通知しなければならない。

**(利用停止等)**
**第27条** ① 個人情報取扱事業者は、本人から、当該本人が識別される保有個人データが第16条の規定に違反して取り扱われているという理由又は第17条の規定に違反して取得されたものであるという理由によって、当該保有個人データの利用の停止又は消去(以下この条において「利用停止等」という。)を求められた場合であって、その求めに理由があることが判明したときは、違反を是正するために必要な限度で、遅滞なく、当該保有個人データの利用停止等を行わなければならない。ただし、当該保有個人データの利用停止等に多額の費用を要する場合その他の利用停止等を行うことが困難な場合であって、本人の権利利益を保護するため必要なこれに代わるべき措置をとるときは、この限りでない。
② 個人情報取扱事業者は、本人から、当該本人が識

別される保有個人データが第23条第1項の規定に違反して第三者に提供されているという理由によって,当該保有個人データの第三者への提供の停止を求められた場合であって,その求めに理由があることが判明したときは,遅滞なく,当該保有個人データの第三者への提供を停止しなければならない。ただし,当該保有個人データの第三者への提供の停止に多額の費用を要する場合その他の第三者への提供を停止することが困難な場合であって,本人の権利利益を保護するため必要なこれに代わるべき措置をとるときは,この限りでない。
③ 個人情報取扱事業者は,第1項の規定に基づき求められた保有個人データの全部若しくは一部について利用停止等を行ったとき若しくは利用停止等を行わない旨の決定をしたとき,又は前項の規定に基づき求められた保有個人データの全部若しくは一部について第三者への提供を停止したとき若しくは第三者への提供を停止しない旨の決定をしたときは,本人に対し,遅滞なく,その旨を通知しなければならない。

(理由の説明)
第28条 個人情報取扱事業者は,第24条第3項,第25条第2項,第26条第2項又は前条第3項の規定により,本人から求められた措置の全部又は一部について,その措置をとらない旨を通知する場合又はその措置と異なる措置をとる旨を通知する場合は,本人に対し,その理由を説明するよう努めなければならない。

(開示等の求めに応じる手続)
第29条 ① 個人情報取扱事業者は,第24条第2項,第25条第1項,第26条第1項又は第27条第1項若しくは第2項の規定による求め(以下この条において「開示等の求め」という。)に関し,政令で定めるところにより,その求めを受け付ける方法を定めることができる。この場合において,本人は,当該方法に従って,開示等の求めを行わなければならない。
② 個人情報取扱事業者は,本人に対し,開示等の求めに関し,その対象となる保有個人データを特定するに足りる事項の提示を求めることができる。この場合において,個人情報取扱事業者は,本人が容易かつ的確に開示等の求めをすることができるよう,当該保有個人データの特定に資する情報の提供その他本人の利便を考慮した適切な措置をとらなければならない。
③ 開示等の求めは,政令で定めるところにより,代理人によってすることができる。
④ 個人情報取扱事業者は,前3項の規定に基づき開示等の求めに応じる手続を定めるに当たっては,本人に過重な負担を課するものとならないよう配慮しなければならない。

(手数料)
第30条 ① 個人情報取扱事業者は,第24条第2項の規定による利用目的の通知又は第25条第1項の規定による開示を求められたときは,当該措置の実施に関し,手数料を徴収することができる。
② 個人情報取扱事業者は,前項の規定により手数料を徴収する場合は,実費を勘案して合理的であると認められる範囲内において,その手数料の額を定めなければならない。

(個人情報取扱事業者による苦情の処理)
第31条 ① 個人情報取扱事業者は,個人情報の取扱いに関する苦情の適切かつ迅速な処理に努めなければならない。
② 個人情報取扱事業者は,前項の目的を達成するために必要な体制の整備に努めなければならない。

(報告の徴収)
第32条 主務大臣は,この節の規定の施行に必要な限度において,個人情報取扱事業者に対し,個人情報の取扱いに関し報告をさせることができる。

(助言)
第33条 主務大臣は,この節の規定の施行に必要な限度において,個人情報取扱事業者に対し,個人情報の取扱いに関し必要な助言をすることができる。

(勧告及び命令)
第34条 ① 主務大臣は,個人情報取扱事業者が第16条から第18条まで,第20条から第27条まで又は第30条第2項の規定に違反した場合において個人の権利利益を保護するため必要があると認めるときは,当該個人情報取扱事業者に対し,当該違反行為の中止その他違反を是正するために必要な措置をとるべき旨を勧告することができる。
② 主務大臣は,前項の規定による勧告を受けた個人情報取扱事業者が正当な理由がなくてその勧告に係る措置をとらなかった場合において個人の重大な権利利益の侵害が切迫していると認めるときは,当該個人情報取扱事業者に対し,その勧告に係る措置をとるべきことを命ずることができる。
③ 主務大臣は,前2項の規定にかかわらず,個人情報取扱事業者が第16条,第17条,第20条から第22条まで又は第23条第1項の規定に違反した場合において個人の重大な権利利益を害する事実があるため緊急に措置をとる必要があると認めるときは,当該個人情報取扱事業者に対し,当該違反行為の中止その他違反を是正するために必要な措置をとるべきことを命ずることができる。

(主務大臣の権限の行使の制限)
第35条 ① 主務大臣は,前3条の規定により個人情報取扱事業者に対し報告の徴収,助言,勧告又は命令を行うに当たっては,表現の自由,学問の自由,信教の自由及び政治活動の自由を妨げてはならない。
② 前項の規定の趣旨に照らし,主務大臣は,個人情報取扱事業者が第50条第1項各号に掲げる者(それぞれ当該各号に定める目的で個人情報を取り扱う場合に限る。)に対して個人情報を提供する行為については,その権限を行使しないものとする。

(主務大臣)
第36条 ① この節の規定における主務大臣は,次のとおりとする。ただし,内閣総理大臣は,この節の規定の円滑な実施のため必要があると認める場合は,個人情報取扱事業者が行う個人情報の取扱いのうち特定のものについて,特定の大臣又は国家公安委員会(以下「大臣等」という。)を主務大臣に指定することができる。
1 個人情報取扱事業者が行う個人情報の取扱いのうち雇用管理に関するものについては,厚生労働大臣(船員の雇用管理に関するものについては,国土交通大臣)及び当該個人情報取扱事業者が行う事業を所管する大臣等
2 個人情報取扱事業者が行う個人情報の取扱いのうち前号に掲げるもの以外のものについては,当該個人情報取扱事業者が行う事業を所管する大臣等
② 内閣総理大臣は,前項ただし書の規定により主務大臣を指定したときは,その旨を公示しなければな

③ 各主務大臣は,この節の規定の施行に当たっては,相互に緊密に連絡し,及び協力しなければならない.

## 第2節 民間団体による個人情報の保護の推進

(認 定)

**第37条** ① 個人情報取扱事業者の個人情報の適正な取扱いの確保を目的として次に掲げる業務を行おうとする法人(法人でない団体で代表者又は管理人の定めのあるものを含む.次条第3号ロにおいて同じ.)は,主務大臣の認定を受けることができる.

1 業務の対象となる個人情報取扱事業者(以下「対象事業者」という.)の個人情報の取扱いに関する第42条の規定による苦情の処理
2 個人情報の適正な取扱いの確保に寄与する事項についての対象事業者に対する情報の提供
3 前2号に掲げるもののほか,対象事業者の個人情報の適正な取扱いの確保に関し必要な業務

② 前項の認定を受けようとする者は,政令で定めるところにより,主務大臣に申請しなければならない.
③ 主務大臣は,第1項の認定をしたときは,その旨を公示しなければならない.

(欠格条項)

**第38条** 次の各号のいずれかに該当する者は,前条第1項の認定を受けることができない.

1 この法律の規定により刑に処せられ,その執行を終わり,又は執行を受けることがなくなった日から2年を経過しない者
2 第48条第1項の規定により認定を取り消され,その取消しの日から2年を経過しない者
3 その業務を行う役員(法人でない団体で代表者又は管理人の定めのあるものの代表者又は管理人を含む.以下この条において同じ.)のうちに,次のいずれかに該当する者があるもの
  イ 禁錮以上の刑に処せられ,又はこの法律の規定により刑に処せられ,その執行を終わり,又は執行を受けることがなくなった日から2年を経過しない者
  ロ 第48条第1項の規定により認定を取り消された法人において,その取消しの日前30日以内にその役員であった者でその取消しの日から2年を経過しない者

(認定の基準)

**第39条** 主務大臣は,第37条第1項の認定の申請が次の各号のいずれにも適合していると認めるときでなければ,その認定をしてはならない.

1 第37条第1項各号に掲げる業務を適正かつ確実に行うに必要な業務の実施の方法が定められているものであること.
2 第37条第1項各号に掲げる業務を適正かつ確実に行うに足りる知識及び能力並びに経理的基礎を有するものであること.
3 第37条第1項各号に掲げる業務以外の業務を行っている場合には,その業務を行うことによって同項各号に掲げる業務が不公正になるおそれがないものであること.

(廃止の届出)

**第40条** ① 第37条第1項の認定を受けた者(以下「認定個人情報保護団体」という.)は,その認定に係る業務(以下「認定業務」という.)を廃止しようとするときは,政令で定めるところにより,あらかじめ,その旨を主務大臣に届け出なければならない.

② 主務大臣は,前項の規定による届出があったときは,その旨を公示しなければならない.

(対象事業者)

**第41条** ① 認定個人情報保護団体は,当該認定個人情報保護団体の構成員である個人情報取扱事業者又は認定業務の対象となることについて同意を得た個人情報取扱事業者を対象事業者としなければならない.

② 認定個人情報保護団体は,対象事業者の氏名又は名称を公表しなければならない.

(苦情の処理)

**第42条** ① 認定個人情報保護団体は,本人等から対象事業者の個人情報の取扱いに関する苦情について解決の申出があったときは,その相談に応じ,申出人に必要な助言をし,その苦情に係る事情を調査するとともに,当該対象事業者に対し,その苦情の内容を通知してその迅速な解決を求めなければならない.

② 認定個人情報保護団体は,前項の申出に係る苦情の解決について必要があると認めるときは,当該対象事業者に対し,文書若しくは口頭による説明を求め,又は資料の提出を求めることができる.

③ 対象事業者は,認定個人情報保護団体から前項の規定による求めがあったときは,正当な理由がないのに,これを拒んではならない.

(個人情報保護指針)

**第43条** ① 認定個人情報保護団体は,対象事業者の個人情報の適正な取扱いの確保のために,利用目的の特定,安全管理のための措置,本人の求めに応じる手続その他の事項に関し,この法律の規定の趣旨に沿った指針(以下「個人情報保護指針」という.)を作成し,公表するよう努めなければならない.

② 認定個人情報保護団体は,前項の規定により個人情報保護指針を公表したときは,対象事業者に対し,当該個人情報保護指針を遵守させるため必要な指導,勧告その他の措置をとるよう努めなければならない.

(目的外利用の禁止)

**第44条** 認定個人情報保護団体は,認定業務の実施に際して知り得た情報を認定業務の用に供する目的以外に利用してはならない.

(名称の使用制限)

**第45条** 認定個人情報保護団体でない者は,認定個人情報保護団体という名称又はこれに紛らわしい名称を用いてはならない.

(報告の徴収)

**第46条** 主務大臣は,この節の規定の施行に必要な限度において,認定個人情報保護団体に対し,認定業務に関し報告をさせることができる.

(命 令)

**第47条** 主務大臣は,この節の規定の施行に必要な限度において,認定個人情報保護団体に対し,認定業務の実施の方法の改善,個人情報保護指針の変更その他の必要な措置をとるべき旨を命ずることができる.

(認定の取消し)

**第48条** ① 主務大臣は,認定個人情報保護団体が次の各号のいずれかに該当するときは,その認定を取り消すことができる.

1 第38条第1号又は第3号に該当するに至ったとき.
2 第39条各号のいずれかに適合しなくなったとき.
3 第44条の規定に違反したとき.

4 前条の命令に従わないとき．
5 不正の手段により第37条第1項の認定を受けたとき．
② 主務大臣は，前項の規定により認定を取り消したときは，その旨を公示しなければならない．

(主務大臣)
**第49条** ① この節の規定における主務大臣は，次のとおりとする．ただし，内閣総理大臣は，この節の規定の円滑な実施のため必要があると認める場合は，第37条第1項の認定を受けようとする者のうち特定のものについて，特定の大臣等を主務大臣に指定することができる．
 1 設立について許可又は認可を受けている認定個人情報保護団体（第37条第1項の認定を受けようとする者を含む．次号において同じ．）については，その設立の許可又は認可をした大臣等
 2 前号に掲げるもの以外の認定個人情報保護団体については，当該認定個人情報保護団体の対象事業者が行う事業を所管する大臣等
② 内閣総理大臣は，前項ただし書の規定により主務大臣を指定したときは，その旨を公示しなければならない．

### 第5章 雑 則

(適用除外)
**第50条** ① 個人情報取扱事業者のうち次の各号に掲げる者については，その個人情報を取り扱う目的の全部又は一部がそれぞれ当該各号に規定する目的であるときは，前章の規定は，適用しない．
 1 放送機関，新聞社，通信社その他の報道機関（報道を業として行う個人を含む．） 報道の用に供する目的
 2 著述を業として行う者 著述の用に供する目的
 3 大学その他の学術研究を目的とする機関若しくは団体又はそれらに属する者 学術研究の用に供する目的
 4 宗教団体 宗教活動（これに付随する活動を含む．）の用に供する目的
 5 政治団体 政治活動（これに付随する活動を含む．）の用に供する目的
② 前項第1号に規定する「報道」とは，不特定かつ多数の者に対して客観的事実を事実として知らせること（これに基づいて意見又は見解を述べることを含む．）をいう．
③ 第1項各号に掲げる個人情報取扱事業者は，個人データの安全管理のために必要かつ適切な措置，個人情報の取扱いに関する苦情の処理その他個人情報の適正な取扱いを確保するために必要な措置を自ら講じ，かつ，当該措置の内容を公表するよう努めなければならない．

(地方公共団体が処理する事務)
**第51条** この法律に規定する主務大臣の権限に属する事務は，政令で定めるところにより，地方公共団体の長その他の執行機関が行うこととすることができる．

(権限又は事務の委任)
**第52条** この法律における主務大臣の権限又は事務に属する事項は，政令で定めるところにより，その所属の職員に委任することができる．

(施行の状況の公表)
**第53条** ① 内閣総理大臣は，関係する行政機関（法律の規定に基づき内閣に置かれる機関（内閣府を除く．）及び内閣の所轄の下に置かれる機関，内閣府，宮内庁，内閣府設置法（平成11年法律第89号）第49条第1項及び第2項に規定する機関並びに国家行政組織法（昭和23年法律第120号）第3条第2項に規定する機関をいう．次条において同じ．）の長に対し，この法律の施行の状況について報告を求めることができる．
② 内閣総理大臣は，毎年度，前項の報告を取りまとめ，その概要を公表するものとする．

(連絡及び協力)
**第54条** 内閣総理大臣及びこの法律の施行に関係する行政機関の長は，相互に緊密に連絡し，及び協力しなければならない．

(政令への委任)
**第55条** この法律に定めるもののほか，この法律の実施のため必要な事項は，政令で定める．

### 第6章 罰 則

**第56条** 第34条第2項又は第3項の規定による命令に違反した者は，6月以下の懲役又は30万円以下の罰金に処する．

**第57条** 第32条又は第46条の規定による報告をせず，又は虚偽の報告をした者は，30万円以下の罰金に処する．

**第58条** ① 法人（法人でない団体で代表者又は管理人の定めのあるものを含む．以下この項において同じ．）の代表者又は法人若しくは人の代理人，使用人その他の従業者が，その法人又は人の業務に関して，前2条の違反行為をしたときは，行為者を罰するほか，その法人又は人に対しても，各本条の罰金刑を科する．
② 法人でない団体について前項の規定の適用がある場合には，その代表者又は管理人が，その訴訟行為につき法人でない団体を代表するほか，法人を被告人又は被疑者とする場合の刑事訴訟に関する法律の規定を準用する．

**第59条** 次の各号のいずれかに該当する者は，10万円以下の過料に処する．
 1 第40条第1項の規定による届出をせず，又は虚偽の届出をした者
 2 第45条の規定に違反した者

附 則 (抄)

(施行期日)
**第1条** この法律は，公布の日から施行する．ただし，第4章から第6章まで及び附則第2条から第6条までの規定は，公布の日から起算して2年を超えない範囲内において政令で定める日から施行する．

(本人の同意に関する経過措置)
**第2条** この法律の施行前になされた本人の個人情報の取扱いに関する同意がある場合において，その同意が第15条第1項の規定により特定される利用目的以外の目的で個人情報を取り扱うことを定める旨の同意に相当するものであるときは，第16条第1項又は第2項の同意があったものとみなす．
**第3条** この法律の施行前になされた本人の個人情報の取扱いに関する同意がある場合において，その同意が第23条第1項の規定による個人データの第三者への提供を認める旨の同意に相当するものであるときは，同項の同意があったものとみなす．

(通知に関する経過措置)

**第4条** 第23条第2項の規定により本人に通知し、又は本人が容易に知り得る状態に置かなければならない事項に相当する事項について、この法律の施行前に、本人に通知されているときは、当該通知は、同項の規定により行われたものとみなす。

**第5条** 第23条第4項第3号の規定により本人に通知し、又は本人が容易に知り得る状態に置かなければならない事項に相当する事項について、この法律の施行前に、本人に通知されているときは、当該通知は、同号の規定により行われたものとみなす。

（名称の使用制限に関する経過措置）
**第6条** この法律の施行の際現に認定個人情報保護団体という名称又はこれに紛らわしい名称を用いている者については、第45条の規定は、同条の規定の施行後6月間は、適用しない。

附　則（平15・5・30法61）（抄）
（施行期日）
**第1条** この法律は、行政機関の保有する個人情報の保護に関する法律の施行の日から施行する。

（その他の経過措置の政令への委任）
**第4条** 前2条に定めるもののほか、この法律の施行に関し必要な経過措置は、政令で定める。

附　則（平15・7・16法119）（抄）
（施行期日）
**第1条** この法律は、地方独立行政法人法（平成15年法律第118号）の施行の日から施行する。ただし、次の各号に掲げる規定は、当該各号に定める日から施行する。
1　第6条の規定　個人情報の保護に関する法律の施行の日又はこの法律の施行の日のいずれか遅い日

（その他の経過措置の政令への委任）
**第6条** 前条の附則に規定するもののほか、この法律の施行に伴い必要な経過措置は、政令で定める。

## 27　行政機関個人情報保護法

〔行政機関の保有する個人情報の保護に関する法律〕
（平15・5・30法律第58号、平17・4・1施行、最終改正：平17・10・21法律第102号）

行政機関の保有する電子計算機処理に係る個人情報の保護に関する法律（昭和63年法律第95号）の全部を改正する。

### 第1章　総　則

（目　的）
**第1条** この法律は、行政機関において個人情報の利用が拡大していることにかんがみ、行政機関における個人情報の取扱いに関する基本的事項を定めることにより、行政の適正かつ円滑な運営を図りつつ、個人の権利利益を保護することを目的とする。

（定　義）
**第2条** ① この法律において「行政機関」とは、次に掲げる機関をいう。
1　法律の規定に基づき内閣に置かれる機関（内閣府を除く。）及び内閣の所轄の下に置かれる機関
2　内閣府、宮内庁並びに内閣府設置法（平成11年法律第89号）第49条第1項及び第2項に規定する機関（これらのうち第4号の政令で定める機関が置かれる機関にあっては、当該政令で定める機関を除く。）
3　国家行政組織法（昭和23年法律第120号）第3条第2項に規定する機関（第5号の政令で定める機関が置かれる機関にあっては、当該政令で定める機関を除く。）
4　内閣府設置法第39条及び第55条並びに宮内庁法（昭和22年法律第70号）第16条第2項の機関並びに内閣府設置法第40条及び第56条（宮内庁法第18条第1項において準用する場合を含む。）の特別の機関で、政令で定めるもの
5　国家行政組織法第8条の2の施設等機関及び同法第8条の3の特別の機関で、政令で定めるもの
6　会計検査院

② この法律において「個人情報」とは、生存する個人に関する情報であって、当該情報に含まれる氏名、生年月日その他の記述等により特定の個人を識別することができるもの（他の情報と照合することができ、それにより特定の個人を識別することができることとなるものを含む。）をいう。

③ この法律において「保有個人情報」とは、行政機関の職員が職務上作成し、又は取得した個人情報であって、当該行政機関の職員が組織的に利用するものとして、当該行政機関が保有しているものをいう。ただし、行政文書（行政機関の保有する情報の公開に関する法律（平成11年法律第42号）第2条第2項に規定する行政文書をいう。以下同じ。）に記録されているものに限る。

④ この法律において「個人情報ファイル」とは、保有個人情報を含む情報の集合物であって、次に掲げるものをいう。
1　一定の事務の目的を達成するために特定の保有個人情報を電子計算機を用いて検索することができるように体系的に構成したもの
2　前号に掲げるもののほか、一定の事務の目的を達成するために氏名、生年月日、その他の記述等により特定の保有個人情報を容易に検索することができるように体系的に構成したもの

⑤ この法律において保有個人情報について「本人」とは、個人情報によって識別される特定の個人をいう。

### 第2章　行政機関における個人情報の取扱い

（個人情報の保有の制限等）
**第3条** ① 行政機関は、個人情報を保有するに当たっては、法令の定める所掌事務を遂行するため必要な場合に限り、かつ、その利用の目的をできる限り特定しなければならない。
② 行政機関は、前項の規定により特定された利用の目的（以下「利用目的」という。）の達成に必要な範囲を超えて、個人情報を保有してはならない。
③ 行政機関は、利用目的を変更する場合には、変更前の利用目的と相当の関連性を有すると合理的に認められる範囲を超えて行ってはならない。

（利用目的の明示）
**第4条** 行政機関は、本人から直接書面（電子的方式、磁気的方式その他人の知覚によっては認識することができない方式で作られる記録（第24条及び第55条において「電磁的記録」という。）を含む。）に記録された当該本人の個人情報を取得するときは、次に掲げる場合を除き、あらかじめ、本人に対し、その利用目的を明示しなければならない。

1 人の生命,身体又は財産の保護のために緊急に必要があるとき.
2 利用目的を本人に明示することにより,本人又は第三者の生命,身体,財産その他の権利利益を害するおそれがあるとき.
3 利用目的を本人に明示することにより,国の機関,独立行政法人等(独立行政法人等の保有する個人情報の保護に関する法律(平成15年法律第59号.以下「独立行政法人等個人情報保護法」という.)第2条第1項に規定する独立行政法人等をいう.以下同じ.),地方公共団体又は地方独立行政法人(地方独立行政法人法(平成15年法律第118号)第2条第1項に規定する地方独立行政法人をいう.以下同じ.)が行う事務又は事業の適正な遂行に支障を及ぼすおそれがあるとき.
4 取得の状況からみて利用目的が明らかであると認められるとき.

**(正確性の確保)**
**第5条** 行政機関の長(第2条第1項第4号及び第5号の政令で定める機関にあっては,その機関ごとに政令で定める者をいう.以下同じ.)は,利用目的の達成に必要な範囲内で,保有個人情報が過去又は現在の事実と合致するよう努めなければならない.

**(安全確保の措置)**
**第6条** ① 行政機関の長は,保有個人情報の漏えい,滅失又はき損の防止その他の保有個人情報の適切な管理のために必要な措置を講じなければならない.
② 前項の規定は,行政機関から個人情報の取扱いの委託を受けた者が受託した業務を行う場合について準用する.

**(従事者の義務)**
**第7条** 行政機関の個人情報の取扱いに従事する行政機関の職員若しくは職員であった者又は前条第2項の受託業務に従事している者若しくは従事していた者は,その業務に関して知り得た個人情報の内容をみだりに他人に知らせ,又は不当な目的に利用してはならない.

**(利用及び提供の制限)**
**第8条** ① 行政機関の長は,法令に基づく場合を除き,利用目的以外の目的のために保有個人情報を自ら利用し,又は提供してはならない.
② 前項の規定にかかわらず,行政機関の長は,次の各号のいずれかに該当すると認めるときは,利用目的以外の目的のために保有個人情報を自ら利用し,又は提供することができる.ただし,保有個人情報を利用目的以外の目的のために自ら利用し,又は提供することによって,本人又は第三者の権利利益を不当に侵害するおそれがあると認められるときは,この限りでない.
1 本人の同意があるとき,又は本人に提供するとき.
2 行政機関が法令の定める所掌事務の遂行に必要な限度で保有個人情報を内部で利用する場合であって,当該保有個人情報を利用することについて相当な理由のあるとき.
3 他の行政機関,独立行政法人等,地方公共団体又は地方独立行政法人に保有個人情報を提供する場合において,保有個人情報の提供を受ける者が,法令の定める事務又は業務の遂行に必要な限度で提供に係る個人情報を利用し,かつ,当該個人情報を利用することについて相当な理由のあるとき.
4 前3号に掲げる場合のほか,専ら統計の作成又は学術研究の目的のために保有個人情報を提供するとき,本人以外の者に提供することが明らかに本人の利益になるとき,その他保有個人情報を提供することについて特別の理由のあるとき.
③ 前項の規定は,保有個人情報の利用又は提供を制限する他の法令の規定の適用を妨げるものではない.
④ 行政機関の長は,個人の権利利益を保護するため特に必要があると認めるときは,保有個人情報の利用目的以外の目的のための行政機関の内部における利用を特定の部局又は機関に限るものとする.

**(保有個人情報の提供を受ける者に対する措置要求)**
**第9条** 行政機関の長は,前条第2項第3号又は第4号の規定に基づき,保有個人情報を提供する場合において,必要があると認めるときは,保有個人情報の提供を受ける者に対し,提供に係る個人情報について,その利用の目的若しくは方法の制限その他必要な制限を付し,又はその漏えいの防止その他の個人情報の適切な管理のために必要な措置を講ずることを求めるものとする.

### 第3章 個人情報ファイル

**(個人情報ファイルの保有等に関する事前通知)**
**第10条** ① 行政機関(会計検査院を除く.以下この条,第50条及び第51条において同じ.)が個人情報ファイルを保有しようとするときは,当該行政機関の長は,あらかじめ,総務大臣に対し,次に掲げる事項を通知しなければならない.通知した事項を変更しようとするときも,同様とする.
1 個人情報ファイルの名称
2 当該行政機関の名称及び個人情報ファイルが利用に供される事務をつかさどる組織の名称
3 個人情報ファイルの利用目的
4 個人情報ファイルに記録される項目(以下この章において「記録項目」という.)及び本人(他の個人の氏名,生年月日その他の記述等によらないで検索し得る者に限る.次項第9号において同じ.)として個人情報ファイルに記録される人の範囲(以下この章において「記録範囲」という.)
5 個人情報ファイルに記録される個人情報(以下この章において「記録情報」という.)の収集方法
6 記録情報を当該行政機関以外の者に経常的に提供する場合には,その提供先
7 次条第3項の規定に基づき,記録項目の一部若しくは第5号若しくは前号に掲げる事項を個人情報ファイル簿に記載しないこととするとき,又は個人情報ファイルを個人情報ファイル簿に掲載しないこととするときは,その旨
8 第12条第1項,第27条第1項又は第36条第1項の規定による請求を受理する組織の名称及び所在地
9 第27条第1項ただし書又は第36条第1項ただし書に該当するときは,その旨
10 その他政令で定める事項
② 前項の規定は,次に掲げる個人情報ファイルについては,適用しない.
1 国の安全,外交上の秘密その他の国の重大な利益に関する事項を記録する個人情報ファイル
2 犯罪の捜査,租税に関する法律の規定に基づく犯則事件の調査又は公訴の提起若しくは維持のために作成し,又は取得する個人情報ファイル
3 行政機関の職員又は職員であった者に係る個人

情報ファイルであって，専らその人事，給与若しくは福利厚生に関する事項又はこれらに準ずる事項を記録するもの（行政機関が行う職員の採用試験に関する個人情報ファイルを含む．）

4　専ら試験的な電子計算機処理の用に供するための個人情報ファイル

5　前項の規定による通知に係る個人情報ファイルに記録されている記録情報の全部又は一部を記録した個人情報ファイルであって，その利用目的，記録項目及び記録範囲が当該通知に係るこれらの事項の範囲内のもの

6　1年以内に消去することとなる記録情報のみを記録する個人情報ファイル

7　資料その他の物若しくは金銭の送付又は業務上必要な連絡のために利用する記録情報を記録した個人情報ファイルであって，送付又は連絡の相手方の氏名，住所その他の送付又は連絡に必要な事項のみを記録するもの

8　職員が学術研究の用に供するためその発意に基づき作成し，又は取得する個人情報ファイルであって，記録情報を専ら当該学術研究の目的のために利用するもの

9　本人の数が政令で定める数に満たない個人情報ファイル

10　第3号から前号までに掲げる個人情報ファイルに準ずるものとして政令で定める個人情報ファイル

11　第2条第4項第2号に係る個人情報ファイル

③　行政機関の長は，第1項に規定する事項を通知した個人情報ファイルについて，当該行政機関がその保有をやめたとき，又はその個人情報ファイルが前項第9号に該当するに至ったときは，遅滞なく，総務大臣に対しその旨を通知しなければならない．

**（個人情報ファイル簿の作成及び公表）**

**第11条**　①　行政機関の長は，政令で定めるところにより，当該行政機関が保有している個人情報ファイルについて，それぞれ前条第1項第1号から第6号まで，第8号及び第9号に掲げる事項その他政令で定める事項を記載した帳簿（第3項において「個人情報ファイル簿」という．）を作成し，公表しなければならない．

②　前項の規定は，次に掲げる個人情報ファイルについては，適用しない．

1　前条第2項第1号から第10号までに掲げる個人情報ファイル

2　前項の規定による公表に係る個人情報ファイルに記録されている記録情報の全部又は一部を記録した個人情報ファイルであって，その利用目的，記録項目及び記録範囲が当該公表に係るこれらの事項の範囲内のもの

3　前号に掲げる個人情報ファイルに準ずるものとして政令で定める個人情報ファイル

③　第1項の規定にかかわらず，行政機関の長は，記録事項の一部若しくは前条第1項第5号若しくは第6号に掲げる事項を個人情報ファイル簿に記載し，又は個人情報ファイルを個人情報ファイル簿に掲載することにより，利用目的に係る事務の性質上，当該事務の適正な遂行に著しい支障を及ぼすおそれがあると認めるときは，その記録項目の一部若しくは事項を記載せず，又はその個人情報ファイルを個人情報ファイル簿に掲載しないことができる．

## 第4章　開示，訂正及び利用停止

### 第1節　開示

**（開示請求権）**

**第12条**　①　何人も，この法律の定めるところにより，行政機関の長に対し，当該行政機関の保有する自己を本人とする保有個人情報の開示を請求することができる．

②　未成年者又は成年被後見人の法定代理人は，本人に代わって前項の規定による開示の請求（以下「開示請求」という．）をすることができる．

**（開示請求の手続）**

**第13条**　①　開示請求は，次に掲げる事項を記載した書面（以下「開示請求書」という．）を行政機関の長に提出してしなければならない．

1　開示請求をする者の氏名及び住所又は居所

2　開示請求に係る保有個人情報が記録されている行政文書の名称その他の開示請求に係る保有個人情報を特定するに足りる事項

②　前項の場合において，開示請求をする者は，政令で定めるところにより，開示請求に係る保有個人情報の本人であること（前条第2項の規定による開示請求にあっては，開示請求に係る保有個人情報の本人の法定代理人であること）を示す書類を提示し，又は提出しなければならない．

③　行政機関の長は，開示請求書に形式上の不備があると認めるときは，開示請求をした者（以下「開示請求者」という．）に対し，相当の期間を定めて，その補正を求めることができる．この場合において，行政機関の長は，開示請求者に対し，補正の参考となる情報を提供するよう努めなければならない．

**（保有個人情報の開示義務）**

**第14条**　行政機関の長は，開示請求があったときは，開示請求に係る保有個人情報に次の各号に掲げる情報（以下「不開示情報」という．）のいずれかが含まれている場合を除き，開示請求者に対し，当該保有個人情報を開示しなければならない．

1　開示請求者（第12条第2項の規定により未成年者又は成年被後見人の法定代理人が本人に代わって開示請求をする場合にあっては，当該本人をいう．次号及び第3号，次条第2項並びに第23条第1項において同じ．）の生命，健康，生活又は財産を害するおそれがある情報

2　開示請求者以外の個人に関する情報（事業を営む個人の当該事業に関する情報を除く．）であって，当該情報に含まれる氏名，生年月日その他の記述等により開示請求者以外の特定の個人を識別することができるもの（他の情報と照合することにより，開示請求者以外の特定の個人を識別することができることとなるものを含む．）又は開示請求者以外の特定の個人を識別することはできないが，開示することにより，なお開示請求者以外の個人の権利利益を害するおそれがあるもの．ただし，次に掲げる情報を除く．

イ　法令の規定により又は慣行として開示請求者が知ることができ，又は知ることが予定されている情報

ロ　人の生命，健康，生活又は財産を保護するため，開示することが必要であると認められる情報

ハ　当該個人が公務員等（国家公務員法（昭和22年法律第120号）第2条第1項に規定する国家

公務員（独立行政法人通則法（平成11年法律第103号）第2条第2項に規定する特定独立行政法人の役員及び職員をいう。），独立行政法人等の役員及び職員，地方公務員法（昭和25年法律第261号）第2条に規定する地方公務員並びに地方独立行政法人の役員及び職員をいう。）である場合において，当該情報がその職務の遂行に係る情報であるときは，当該情報のうち，当該公務員等の職及び当該職務遂行の内容に係る部分

3 法人その他の団体（国，独立行政法人等，地方公共団体及び地方独立行政法人を除く．以下この号において「法人等」という。）に関する情報又は開示請求者以外の事業を営む個人の当該事業に関する情報であって，次に掲げるもの．ただし，人の生命，健康，生活又は財産を保護するため，開示することが必要であると認められる情報を除く．

イ 開示することにより，当該法人等又は当該個人の権利，競争上の地位その他正当な利益を害するおそれがあるもの

ロ 行政機関の要請を受けて，開示しないとの条件で任意に提供されたものであって，法人等又は個人における通例として開示しないこととされているものその他の当該条件を付することが当該情報の性質，当時の状況等に照らして合理的であると認められるもの

4 開示することにより，国の安全が害されるおそれ，他国若しくは国際機関との信頼関係が損なわれるおそれ又は他国若しくは国際機関との交渉上不利益を被るおそれがあると行政機関の長が認めることにつき相当の理由がある情報

5 開示することにより，犯罪の予防，鎮圧又は捜査，公訴の維持，刑の執行その他の公共の安全と秩序の維持に支障を及ぼすおそれがあると行政機関の長が認めることにつき相当の理由がある情報

6 国の機関，独立行政法人等，地方公共団体及び地方独立行政法人の内部又は相互間における審議，検討又は協議に関する情報であって，開示することにより，率直な意見の交換若しくは意思決定の中立性が不当に損なわれるおそれ，不当に国民の間に混乱を生じさせるおそれ又は特定の者に不当に利益を与え若しくは不利益を及ぼすおそれがあるもの

7 国の機関，独立行政法人等，地方公共団体又は地方独立行政法人が行う事務又は事業に関する情報であって，開示することにより，次に掲げるおそれその他当該事務又は事業の性質上，当該事務又は事業の適正な遂行に支障を及ぼすおそれがあるもの

イ 監査，検査，取締り，試験又は租税の賦課若しくは徴収に係る事務に関し，正確な事実の把握を困難にするおそれ又は違法若しくは不当な行為を容易にし，若しくはその発見を困難にするおそれ

ロ 契約，交渉又は争訟に係る事務に関し，国，独立行政法人等，地方公共団体又は地方独立行政法人の財産上の利益又は当事者としての地位を不当に害するおそれ

ハ 調査研究に係る事務に関し，その公正かつ能率的な遂行を不当に阻害するおそれ

ニ 人事管理に係る事務に関し，公正かつ円滑な人事の確保に支障を及ぼすおそれ

ホ 国若しくは地方公共団体が経営する企業，独立行政法人等又は地方独立行政法人に係る事業に関し，その企業経営上の正当な利益を害するおそれ

（部分開示）
第15条 ① 行政機関の長は，開示請求に係る保有個人情報に不開示情報が含まれている場合において，不開示情報に該当する部分を容易に区分して除くことができるときは，開示請求者に対し，当該部分を除いた部分につき開示しなければならない．
② 開示請求に係る保有個人情報に前条第2号の情報（開示請求者以外の特定の個人を識別することができるものに限る．）が含まれている場合において，当該情報のうち，氏名，生年月日その他の開示請求者以外の特定の個人を識別することができることとなる記述等の部分を除くことにより，開示しても，開示請求者以外の個人の権利利益が害されるおそれがないと認められるときは，当該部分を除いた部分は，同号の情報に含まれないものとみなして，前項の規定を適用する．

（裁量的開示）
第16条 行政機関の長は，開示請求に係る保有個人情報に不開示情報が含まれている場合であっても，個人の権利利益を保護するため特に必要があると認めるときは，開示請求者に対し，当該保有個人情報を開示することができる．

（保有個人情報の存否に関する情報）
第17条 開示請求に対し，当該開示請求に係る保有個人情報が存在しているか否かを答えるだけで，不開示情報を開示することとなるときは，行政機関の長は，当該保有個人情報の存否を明らかにしないで，当該開示請求を拒否することができる．

（開示請求に対する措置）
第18条 ① 行政機関の長は，開示請求に係る保有個人情報の全部又は一部を開示するときは，その旨の決定をし，開示請求者に対し，その旨，開示する保有個人情報の利用目的及び開示の実施に関し政令で定める事項を書面により通知しなければならない．ただし，第4条第2号又は第3号に該当する場合における当該利用目的については，この限りでない．
② 行政機関の長は，開示請求に係る保有個人情報の全部を開示しないとき（前条の規定により開示請求を拒否するとき，及び開示請求に係る保有個人情報を保有していないときを含む．）は，開示をしない旨の決定をし，開示請求者に対し，その旨を書面により通知しなければならない．

（開示決定等の期限）
第19条 ① 前条各項の決定（以下「開示決定等」という．）は，開示請求があった日から30日以内にしなければならない．ただし，第13条第3項の規定により補正を求めた場合にあっては，当該補正に要した日数は，当該期間に算入しない．
② 前項の規定にかかわらず，行政機関の長は，事務処理上の困難その他正当な理由があるときは，同項に規定する期間を30日以内に限り延長することができる．この場合において，行政機関の長は，開示請求者に対し，遅滞なく，延長後の期間及び延長の理由を書面により通知しなければならない．

（開示決定等の期限の特例）
第20条 開示請求に係る保有個人情報が著しく大量であるため，開示請求があった日から60日以内にそのすべてについて開示決定等をすることにより事務の遂行に著しい支障が生ずるおそれがある場合には，前条の規定にかかわらず，行政機関の長は，開示請求に係る保有個人情報のうちの相当の部分につき当該期間内に開示決定等をし，残りの保有

個人情報については相当の期間内に開示決定等をすれば足りる．この場合において，行政機関の長は，同条第1項に規定する期間内に，開示請求者に対し，次に掲げる事項を書面により通知しなければならない．
1　この条の規定を適用する旨及びその理由
2　残りの保有個人情報について開示決定等をする期限

**（事案の移送）**
**第21条**　① 行政機関の長は，開示請求に係る保有個人情報が他の行政機関から提供されたものであるとき，その他他の行政機関の長において開示決定等をすることにつき正当な理由があるときは，当該他の行政機関の長と協議の上，当該他の行政機関の長に対し，事案を移送することができる．この場合において，移送をした行政機関の長は，開示請求者に対し，事案を移送した旨を書面により通知しなければならない．

② 前項の規定により事案が移送されたときは，移送を受けた行政機関の長において，開示請求に応じた開示決定等をしなければならない．この場合において，移送をした行政機関の長が移送前にした行為は，移送を受けた行政機関の長がしたものとみなす．

③ 前項の場合において，移送を受けた行政機関の長が第18条第1項の決定（以下「開示決定」という．）をしたときは，当該行政機関の長は，開示の実施をしなければならない．この場合において，移送をした行政機関の長は，当該開示の実施に必要な協力をしなければならない．

**（独立行政法人等への事案の移送）**
**第22条**　① 行政機関の長は，開示請求に係る保有個人情報が独立行政法人等から提供されたものであるとき，その他独立行政法人等において独立行政法人等個人情報保護法第19条第1項に規定する開示決定等をすることにつき正当な理由があるときは，当該独立行政法人等と協議の上，当該独立行政法人等に対し，事案を移送することができる．この場合において，移送をした行政機関の長は，開示請求者に対し，事案を移送した旨を書面により通知しなければならない．

② 前項の規定により事案が移送されたときは，当該事案については，保有個人情報を移送を受けた独立行政法人等が保有する独立行政法人等個人情報保護法第2条第3項に規定する保有個人情報と，開示請求を移送を受けた独立行政法人等に対する独立行政法人等個人情報保護法第12条第2項に規定する開示請求とみなして，独立行政法人等個人情報保護法の規定を適用する．この場合において，独立行政法人等個人情報保護法第19条第1項中「第13条第3項」とあるのは，「行政機関個人情報保護法第13条第3項」とする．

③ 第1項の規定により事案が移送された場合において，移送を受けた独立行政法人等が開示の実施をするときは，移送をした行政機関の長は，当該開示の実施に必要な協力をしなければならない．

**（第三者に対する意見書提出の機会の付与等）**
**第23条**　① 開示請求に係る保有個人情報に国，独立行政法人等，地方公共団体，地方独立行政法人及び開示請求者以外の者（以下この条，第43条及び第44条において「第三者」という．）に関する情報が含まれているときは，行政機関の長は，開示決定等をするに当たって，当該情報に係る第三者に対し，政令で定めるところにより，当該第三者に関する情報の内容その他政令で定める事項を通知して，意見書を提出する機会を与えることができる．

② 行政機関の長は，次の各号のいずれかに該当するときは，開示決定に先立ち，当該第三者に対し，政令で定めるところにより，開示請求に係る当該第三者に関する情報の内容その他政令で定める事項を書面により通知して，意見書を提出する機会を与えなければならない．ただし，当該第三者の所在が判明しない場合は，この限りでない．
1　第三者に関する情報が含まれている保有個人情報を開示しようとする場合であって，当該第三者に関する情報が第14条第2号ロ又は同条第3号ただし書に規定する情報に該当すると認められるとき．
2　第三者に関する情報が含まれている保有個人情報を第16条の規定により開示しようとするとき．

③ 行政機関の長は，前2項の規定により意見書の提出の機会を与えられた第三者が当該第三者に関する情報の開示に反対の意思を表示した意見書を提出した場合において，開示決定をするときは，開示決定の日と開示を実施する日との間に少なくとも2週間を置かなければならない．この場合において，行政機関の長は，開示決定後直ちに，当該意見書（第42条及び第43条において「反対意見書」という．）を提出した第三者に対し，開示決定をした旨及びその理由並びに開示を実施する日を書面により通知しなければならない．

**（開示の実施）**
**第24条**　① 保有個人情報の開示は，当該保有個人情報が，文書又は図画に記録されているときは閲覧又は写しの交付により，電磁的記録に記録されているときはその種別，情報化の進展状況等を勘案して行政機関が定める方法により行う．ただし，閲覧の方法による保有個人情報の開示にあっては，行政機関の長は，当該保有個人情報が記録されている文書又は図画の保存に支障を生ずるおそれがあると認めるとき，その他正当な理由があるときは，その写しにより，これを行うことができる．

② 行政機関は，前項の規定に基づく電磁的記録についての開示の方法に関する定めを一般の閲覧に供しなければならない．

③ 開示決定に基づき保有個人情報の開示を受ける者は，政令で定めるところにより，当該開示をした行政機関の長に対し，その求める開示の実施の方法その他の政令で定める事項を申し出なければならない．

④ 前項の規定による申出は，第18条第1項に規定する通知があった日から30日以内にしなければならない．ただし，当該期間内に当該申出をすることができないことにつき正当な理由があるときは，この限りでない．

**（他の法令による開示の実施との調整）**
**第25条**　① 行政機関の長は，他の法令の規定により，開示請求者に対し開示請求に係る保有個人情報が前条第1項本文に規定する方法と同一の方法で開示することとされている場合（開示の期間が定められている場合にあっては，当該期間内に限る．）には，同項本文の規定にかかわらず，当該保有個人情報については，当該同一の方法による開示を行わない．ただし，当該他の法令の規定に一定の場合に

は開示をしない旨の定めがあるときは、この限りでない。
② 他の法令の規定に定める開示の方法が縦覧であるときは、当該縦覧を前条第1項本文の閲覧とみなして、前項の規定を適用する。
　(手数料)
第26条　① 開示請求をする者は、政令で定めるところにより、実費の範囲内において政令で定める額の手数料を納めなければならない。
② 前項の手数料の額を定めるに当たっては、できる限り利用しやすい額とするよう配慮しなければならない。

## 第2節　訂　正

　(訂正請求権)
第27条　① 何人も、自己を本人とする保有個人情報(次に掲げるものに限る。第36条第1項において同じ。)の内容が事実でないと思料するときは、この法律の定めるところにより、当該保有個人情報を保有する行政機関の長に対し、当該保有個人情報の訂正(追加又は削除を含む。以下同じ。)を請求することができる。ただし、当該保有個人情報の訂正に関して他の法律又はこれに基づく命令の規定により特別の手続が定められているときは、この限りでない。
　1　開示決定に基づき開示を受けた保有個人情報
　2　第22条第1項の規定により事案が移送された場合において、独立行政法人等個人情報保護法第21条第3項に規定する開示決定に基づき開示を受けた保有個人情報
　3　開示決定に係る保有個人情報であって、第25条第1項の規定により開示を受けたもの
② 未成年者又は成年被後見人の法定代理人は、本人に代わって前項の規定による訂正の請求(以下「訂正請求」という。)をすることができる。
③ 訂正請求は、保有個人情報の開示を受けた日から90日以内にしなければならない。
　(訂正請求の手続)
第28条　① 訂正請求は、次に掲げる事項を記載した書面(以下「訂正請求書」という。)を行政機関の長に提出してしなければならない。
　1　訂正請求をする者の氏名及び住所又は居所
　2　訂正請求に係る保有個人情報の開示を受けた日その他当該保有個人情報を特定するに足りる事項
　3　訂正請求の趣旨及び理由
② 前項の場合において、訂正請求をする者は、政令で定めるところにより、訂正請求に係る保有個人情報の本人であること(前条第2項の規定による訂正請求にあっては、訂正請求に係る保有個人情報の本人の法定代理人であること)を示す書類を提示し、又は提出しなければならない。
③ 行政機関の長は、訂正請求書に形式上の不備があると認めるときは、訂正請求をした者(以下「訂正請求者」という。)に対し、相当の期間を定めて、その補正を求めることができる。
　(保有個人情報の訂正義務)
第29条　行政機関の長は、訂正請求があった場合において、当該訂正請求に理由があると認めるときは、当該訂正請求に係る保有個人情報の利用目的の達成に必要な範囲内で、当該保有個人情報の訂正をしなければならない。
　(訂正請求に対する措置)
第30条　① 行政機関の長は、訂正請求に係る保有個人情報の訂正をするときは、その旨の決定をし、訂正請求者に対し、その旨を書面により通知しなければならない。
② 行政機関の長は、訂正請求に係る保有個人情報の訂正をしないときは、その旨の決定をし、訂正請求者に対し、その旨を書面により通知しなければならない。
　(訂正決定等の期限)
第31条　① 前条各項の決定(以下「訂正決定等」という。)は、訂正請求があった日から30日以内にしなければならない。ただし、第28条第3項の規定により補正を求めた場合にあっては、当該補正に要した日数は、当該期間に算入しない。
② 前項の規定にかかわらず、行政機関の長は、事務処理上の困難その他正当な理由があるときは、同項に規定する期間を30日以内に限り延長することができる。この場合において、行政機関の長は、訂正請求者に対し、遅滞なく、延長後の期間及び延長の理由を書面により通知しなければならない。
　(訂正決定等の期限の特例)
第32条　行政機関の長は、訂正決定等に特に長期間を要すると認めるときは、前条の規定にかかわらず、相当の期間内に訂正決定等をすれば足りる。この場合において、行政機関の長は、同条第1項に規定する期間内に、訂正請求者に対し、次に掲げる事項を書面により通知しなければならない。
　1　この条の規定を適用する旨及びその理由
　2　訂正決定等をする期限
　(事案の移送)
第33条　① 行政機関の長は、訂正請求に係る保有個人情報が第21条第3項の規定に基づき他の行政機関から提供されたものであるとき、その他他の行政機関の長において訂正決定等をすることにつき正当な理由があるときは、当該他の行政機関の長と協議の上、当該他の行政機関の長に対し、事案を移送することができる。この場合においては、移送をした行政機関の長は、訂正請求者に対し、事案を移送した旨を書面により通知しなければならない。
② 前項の規定により事案が移送されたときは、移送を受けた行政機関の長において、当該訂正請求についての訂正決定等をしなければならない。この場合において、移送をした行政機関の長が移送前にした行為は、移送を受けた行政機関の長がしたものとみなす。
③ 前項の場合において、移送を受けた行政機関の長が第30条第1項の決定(以下「訂正決定」という。)をしたときは、移送をした行政機関の長は、当該訂正決定に基づき訂正の実施をしなければならない。
　(独立行政法人等への事案の移送)
第34条　① 行政機関の長は、訂正請求に係る保有個人情報が第27条第1項第2号に掲げるものである とき、その他独立行政法人等において独立行政法人等個人情報保護法第31条第1項に規定する訂正決定等をすることにつき正当な理由があるときは、当該独立行政法人等と協議の上、当該独立行政法人等に対し、事案を移送することができる。この場合においては、移送をした行政機関の長は、訂正請求者に対し、事案を移送した旨を書面により通知しなければならない。
② 前項の規定により事案が移送されたときは、当該事案については、保有個人情報を移送を受けた独立

行政法人等が保有する独立行政法人等個人情報保護法第2条第3項に規定する保有個人情報と、訂正請求を移送を受けた独立行政法人等に対する独立行政法人等個人情報保護法第27条第2項に規定する訂正請求とみなして、独立行政法人等個人情報保護法の規定を適用する。この場合において、独立行政法人等個人情報保護法第31条第1項中「第28条第3項」とあるのは、「行政機関個人情報保護法第28条第3項」とする。

③ 第1項の規定により事案が移送された場合において、移送を受けた独立行政法人等が独立行政法人等個人情報保護法第33条第3項に規定する訂正決定をしたときは、移送をした行政機関の長は、当該訂正決定に基づき訂正の実施をしなければならない。

（保有個人情報の提供先への通知）
**第35条** 行政機関の長は、訂正決定（前条第3項の訂正決定を含む。）に基づく保有個人情報の訂正の実施をした場合において、必要があると認めるときは、当該保有個人情報の提供先に対し、遅滞なく、その旨を書面により通知するものとする。

## 第3節 利用停止
（利用停止請求権）
**第36条** ① 何人も、自己を本人とする保有個人情報が次の各号のいずれかに該当すると思料するときは、この法律の定めるところにより、当該保有個人情報を保有する行政機関の長に対し、当該各号に定める措置を請求することができる。ただし、当該保有個人情報の利用の停止、消去又は提供の停止（以下「利用停止」という。）に関して他の法律又はこれに基づく命令の規定により特別の手続が定められているときは、この限りでない。
 1 当該保有個人情報を保有する行政機関により適法に取得されたものでないとき、第3条第2項の規定に違反して保有されているとき、又は第8条第1項及び第2項の規定に違反して利用されているとき当該保有個人情報の利用の停止又は消去
 2 第8条第1項及び第2項の規定に違反して提供されているとき当該保有個人情報の利用停止

② 未成年者又は成年被後見人の法定代理人は、本人に代わって前項の規定による利用停止の請求（以下「利用停止請求」という。）をすることができる。

③ 利用停止請求は、保有個人情報の開示を受けた日から90日以内にしなければならない。

（利用停止請求の手続）
**第37条** ① 利用停止請求は、次に掲げる事項を記載した書面（以下「利用停止請求書」という。）を行政機関の長に提出してしなければならない。
 1 利用停止請求をする者の氏名及び住所又は居所
 2 利用停止請求に係る保有個人情報の開示を受けた日その他当該保有個人情報を特定するに足りる事項
 3 利用停止請求の趣旨及び理由

② 前項の場合において、利用停止請求をする者は、政令で定めるところにより、利用停止請求に係る保有個人情報の本人であること（前条第2項の規定による利用停止請求にあっては、利用停止請求に係る保有個人情報の本人の法定代理人であること）を示す書類を提示し、又は提出しなければならない。

③ 行政機関の長は、利用停止請求書に形式上の不備があると認めるときは、利用停止請求をした者（以下「利用停止請求者」という。）に対し、相当の期間を定めて、その補正を求めることができる。

（保有個人情報の利用停止義務）
**第38条** 行政機関の長は、利用停止請求があった場合において、当該利用停止請求に理由があると認めるときは、当該行政機関における個人情報の適正な取扱いを確保するために必要な限度で、当該利用停止請求に係る保有個人情報の利用停止をしなければならない。ただし、当該保有個人情報の利用停止をすることにより、当該保有個人情報の利用目的に係る事務の性質上、当該事務の適正な遂行に著しい支障を及ぼすおそれがあると認められるときは、この限りでない。

（利用停止請求に対する措置）
**第39条** ① 行政機関の長は、利用停止請求に係る保有個人情報の利用停止をするときは、その旨の決定をし、利用停止請求者に対し、その旨を書面により通知しなければならない。

② 行政機関の長は、利用停止請求に係る保有個人情報の利用停止をしないときは、その旨の決定をし、利用停止請求者に対し、その旨を書面により通知しなければならない。

（利用停止決定等の期限）
**第40条** ① 前条各項の決定（以下「利用停止決定等」という。）は、利用停止請求があった日から30日以内にしなければならない。ただし、第37条第3項の規定により補正を求めた場合にあっては、当該補正に要した日数は、当該期間に算入しない。

② 前項の規定にかかわらず、行政機関の長は、事務処理上の困難その他正当な理由があるときは、同項に規定する期間を30日以内に限り延長することができる。この場合において、行政機関の長は、利用停止請求者に対し、遅滞なく、延長後の期間及び延長の理由を書面により通知しなければならない。

（利用停止決定等の期限の特例）
**第41条** 行政機関の長は、利用停止決定等に特に長期間を要すると認めるときは、前条の規定にかかわらず、相当の期間内に利用停止決定等をすれば足りる。この場合において、行政機関の長は、同条第1項に規定する期間内に、利用停止請求者に対し、次に掲げる事項を書面により通知しなければならない。
 1 この条の規定を適用する旨及びその理由
 2 利用停止決定等をする期限

## 第4節 不服申立て
（審査会への諮問）
**第42条** 開示決定等、訂正決定等又は利用停止決定等について行政不服審査法（昭和37年法律第160号）による不服申立てがあったときは、当該不服申立てに対する裁決又は決定をすべき行政機関の長は、次の各号のいずれかに該当する場合を除き、情報公開・個人情報保護審査会（不服申立てに対する裁決又は決定をすべき行政機関の長が会計検査院長である場合にあっては、別に法律で定める審査会）に諮問しなければならない。
 1 不服申立てが不適法であり、却下するとき。
 2 裁決又は決定で、不服申立てに係る開示決定等（開示請求に係る保有個人情報の全部を開示する旨の決定を除く。）以下この号及び第44条第1項において同じ。）を取り消し、又は変更し、当該不服申立てに係る保有個人情報の全部を開示することとするとき。ただし、当該開示決定等について反対意見書が提出されているときを除く。
 3 裁決又は決定で、不服申立てに係る訂正決定等（訂正請求の全部を容認して訂正をする旨の決定

を除く．）を取り消し，又は変更し，当該不服申立てに係る訂正請求の全部を容認して訂正をすることとするとき．
4 裁決又は決定で，不服申立てに係る利用停止決定等（利用停止請求の全部を容認して利用停止をする旨の決定を除く．）を取り消し，又は変更し，当該不服申立てに係る利用停止請求の全部を容認して利用停止をすることとするとき．

**（諮問をした旨の通知）**
**第43条** 前条の規定により諮問をした行政機関の長は，次に掲げる者に対し，諮問をした旨を通知しなければならない．
1 不服申立人及び参加人
2 開示請求者，訂正請求者又は利用停止請求者（これらの者が不服申立人又は参加人である場合を除く．）
3 当該不服申立てに係る開示決定等について反対意見書を提出した第三者（当該第三者が不服申立人又は参加人である場合を除く．）

**（第三者からの不服申立てを棄却する場合等における手続等）**
**第44条** ① 第23条第3項の規定は，次の各号のいずれかに該当する裁決又は決定をする場合について準用する．
1 開示決定に対する第三者からの不服申立てを却下し，又は棄却する裁決又は決定
2 不服申立てに係る開示決定等を変更し，当該開示決定等に係る保有個人情報を開示する旨の裁決又は決定（第三者である参加人が当該第三者に関する情報の開示に反対の意思を表示している場合に限る．）

② 開示決定等，訂正決定等又は利用停止決定等についての審査請求については，政令で定めるところにより，行政不服審査法第5条第2項の規定の特例を設けることができる．

### 第5章　雑　則

**（適用除外等）**
**第45条** ① 前章の規定は，刑事事件若しくは少年の保護事件に係る裁判，検察官，検察事務官若しくは司法警察職員が行う処分，刑若しくは保護処分の執行，更生緊急保護又は恩赦に係る保有個人情報（当該裁判，処分若しくは執行を受けた者，更生緊急保護の申出をした者又は恩赦の上申があった者に係るものに限る．）については，適用しない．
② 保有個人情報（行政機関の保有する情報の公開に関する法律第5条に規定する不開示情報を専ら記録する行政文書に記録されているものに限る．）のうち，まだ分類その他の整理が行われていないもので，同一の利用目的に係るものが著しく大量にあるためその中から特定の保有個人情報を検索することが著しく困難であるものは，前章（第4節を除く．）の規定の適用については，行政機関に保有されていないものとみなす．

**（権限又は事務の委任）**
**第46条** 行政機関の長は，政令（内閣の所轄の下に置かれる機関及び会計検査院にあっては，当該機関の命令）で定めるところにより，前3章（第10条及び前章第4節を除く．）に定める権限又は事務を当該行政機関の職員に委任することができる．

**（開示請求等をしようとする者に対する情報の提供等）**
**第47条** ① 行政機関の長は，開示請求，訂正請求又は利用停止請求（以下この項において「開示請求等」という．）をしようとする者がそれぞれ容易かつ的確に開示請求等をすることができるよう，当該行政機関が保有する保有個人情報の特定に資する情報の提供その他開示請求等をしようとする者の利便を考慮した適切な措置を講ずるものとする．
② 総務大臣は，この法律の円滑な運用を確保するため，総合的な案内所を整備するものとする．

**（苦情処理）**
**第48条** 行政機関の長は，行政機関における個人情報の取扱いに関する苦情の適切かつ迅速な処理に努めなければならない．

**（施行の状況の公表）**
**第49条** ① 総務大臣は，行政機関の長に対し，この法律の施行の状況について報告を求めることができる．
② 総務大臣は，毎年度，前項の報告を取りまとめ，その概要を公表するものとする．

**（資料の提出及び説明の要求）**
**第50条** 総務大臣は，前条第1項に定めるもののほか，この法律の目的を達成するため必要があると認めるときは，行政機関の長に対し，行政機関における個人情報の取扱いに関する事務の実施状況について，資料の提出及び説明を求めることができる．

**（意見の陳述）**
**第51条** 総務大臣は，この法律の目的を達成するため必要があると認めるときは，行政機関の長に対し，行政機関における個人情報の取扱いに関し意見を述べることができる．

**（政令への委任）**
**第52条** この法律に定めるもののほか，この法律の実施のため必要な事項は，政令で定める．

### 第6章　罰　則

**第53条** 行政機関の職員若しくは職員であった者又は第6条第2項の受託業務に従事している者若しくは従事していた者が，正当な理由がないのに，個人の秘密に属する事項が記録された第2条第4項第1号に係る個人情報ファイル（その全部又は一部を複製し，又は加工したものを含む．）を提供したときは，2年以下の懲役又は100万円以下の罰金に処する．
**第54条** 前条に規定する者が，その業務に関して知り得た保有個人情報を自己若しくは第三者の不正な利益を図る目的で提供し，又は盗用したときは，1年以下の懲役又は50万円以下の罰金に処する．
**第55条** 行政機関の職員がその職権を濫用して，専らその職務の用以外の用に供する目的で個人の秘密に属する事項が記録された文書，図画又は電磁的記録を収集したときは，1年以下の懲役又は50万円以下の罰金に処する．
**第56条** 前3条の規定は，日本国外においてこれらの条の罪を犯した者にも適用する．
**第57条** 偽りその他不正の手段により，開示決定に基づく保有個人情報の開示を受けた者は，10万円以下の過料に処する．

### 附　則

**（施行期日）**
**第1条** この法律は，公布の日から起算して2年を

超えない範囲内において政令で定める日から施行する．
（経過措置）
第2条 ① この法律の施行の際現に行政機関が保有している個人情報ファイルについての改正後の行政機関の保有する個人情報の保護に関する法律第10条第1項の規定の適用については，同項中「保有しようとする」とあるのは「保有している」と，「あらかじめ」とあるのは「この法律の施行後遅滞なく」とする．
② この法律の施行前に改正前の行政機関の保有する電子計算機処理に係る個人情報の保護に関する法律第13条第1項又は第2項の規定によりされた請求については，なお従前の例による．
③ この法律の施行前にした行為及び前項の規定によりなお従前の例によることとされる場合におけるこの法律の施行後にした行為に対する罰則の適用については，なお従前の例による．
④ 前3項に定めるもののほか，この法律の施行に関し必要な経過措置は，政令で定める．

附　則（平15・7・16法119）（抄）
（施行期日）
第1条 この法律は，地方独立行政法人法（平成15年法律第118号）の施行の日から施行する．ただし，次の各号に掲げる規定は，当該各号に定める日から施行する．
　2 第24条の規定　行政機関の保有する個人情報の保護に関する法律の施行の日又はこの法律の施行の日のいずれか遅い日
（その他の経過措置の政令への委任）
第6条 この附則に規定するもののほか，この法律の施行に伴い必要な経過措置は，政令で定める．

附　則（平17・10・21法102）（抄）
（施行期日）
第1条 この法律は，郵政民営化法の施行の日から施行する．

## 28　国税通則法(抄)

（昭37・4・2法律第66号，昭37・4・1施行，最終改正：平19・3・30法律第6号）

### 第1章　総　則

第1節　通則
（目　的）
第1条 この法律は，国税についての基本的な事項及び共通的な事項を定め，税法の体系的な構成を整備し，かつ，国税に関する法律関係を明確にするとともに，税務行政の公正な運営を図り，もつて国民の納税義務の適正かつ円滑な履行に資することを目的とする．

### 第2章　国税の納付義務の確定

第2節　申告納税方式による国税に係る税額等の確定手続
第1款　納税申告
（期限内申告）
第17条 ① 申告納税方式による国税の納税者は，国税に関する法律の定めるところにより，納税申告書を法定申告期限までに税務署長に提出しなければならない．
② 前項の規定により提出する納税申告書は，期限内申告書という．

第3款　更正又は決定
（更　正）
第24条 税務署長は，納税申告書の提出があつた場合において，その納税申告書に記載された課税標準等又は税額等の計算が国税に関する法律の規定に従つていなかつたとき，その他当該課税標準等又は税額等がその調査したところと異なるときは，その調査により，当該申告書に係る課税標準等又は税額等を更正する．
（決　定）
第25条 税務署長は，納税申告書を提出する義務があると認められる者が当該申告書を提出しなかつた場合には，その調査により，当該申告書に係る課税標準等及び税額等を決定する．ただし，決定により納付すべき税額及び還付金の額に相当する税額が生じないときは，この限りでない．
（再更正）
第26条 税務署長は，前2条又はこの条の規定による更正又は決定をした後，その更正又は決定をした課税標準等又は税額等が過大又は過少であることを知つたときは，その調査により，当該更正又は決定に係る課税標準等又は税額等を更正する．
（更正等の効力）
第29条 ① 第24条（更正）又は第26条（再更正）の規定による更正（以下「更正」という．）で既に確定した納付すべき税額を増加させるものは，既に確定した納付すべき税額に係る部分の国税についての納税義務に影響を及ぼさない．
② 既に確定した納付すべき税額を減少させる更正は，その更正により減少した税額に係る部分以外の部分の国税についての納税義務に影響を及ぼさない．
③ 更正又は決定を取り消す処分又は判決は，その処分又は判決により減少した税額に係る部分以外の部分の国税についての納税義務に影響を及ぼさない．

第3節　賦課課税方式による国税に係る税額等の確定手続
（課税標準申告）
第31条 ① 賦課課税方式による国税の納税者は，国税に関する法律の定めるところにより，その国税の課税標準を記載した申告書をその提出期限までに税務署長に提出しなければならない．
② 第21条第1項（納税申告書の提出先）及び第22条（郵送等に係る納税申告書等の提出時期）の規定は，前項の申告書（以下「課税標準申告書」という．）について準用する．
（賦課決定）
第32条 ① 税務署長は，賦課課税方式による国税については，その調査により，課税標準申告書を提出すべき期限（課税標準申告書の提出を要しない国税については，その納税義務の成立の時）後に，次の各号の区分に応じ，当該各号に掲げる事項を決定する．
　1 課税標準申告書の提出があつた場合において，当該申告書に記載された課税標準が税務署長の調査したところと同じであるとき．納付すべき税額
　2 課税標準申告書を提出すべきものとされている

国税につき当該申告書の提出がないとき,又は当該申告書の提出があつた場合において,当該申告書に記載された課税標準が税務署長の調査したところと異なるとき. 課税標準及び納付すべき税額
3 課税標準申告書の提出を要しないとき. 課税標準(第69条(加算税の税目)に規定する加算税及び過怠税については,その計算の基礎となる税額.以下この条において同じ.)及び納付すべき税額
② 税務署長は,前項又はこの項の規定による決定をした後,その決定をした課税標準(前項第1号に掲げる場合にあつては,同号の課税標準申告書に記載された課税標準)又は納付すべき税額が過大又は過少であることを知つたときは,その調査により,当該決定に係る課税標準及び納付すべき税額を変更する決定をする.
③ 第1項の規定による決定は,税務署長がその決定に係る課税標準及び納付すべき税額を記載した賦課決定通知書(第1項第1号に掲げる場合にあつては,納税告知書)を送達して行なう.
④ 第2項の規定による決定は,税務署長が次に掲げる事項を記載した賦課決定通知書を送達して行なう.
1 その決定前の課税標準及び納付すべき税額
2 その決定後の課税標準及び納付すべき税額
3 その決定前の納付すべき税額がその決定により増加し,又は減少するときは,その増加し,又は減少する納付すべき税額
⑤ 第27条(国税庁又は国税局の職員の調査に基づく更正又は決定),第28条第3項後段(決定通知書の附記事項)及び第29条(更正等の効力)の規定は,第1項又は第2項の規定による決定(以下「賦課決定」という.)について準用する.

### 第3章 国税の納付及び徴収

#### 第2節 国税の徴収
##### 第1款 納税の請求
(納税の告知)
**第36条** ① 税務署長は,国税に関する法律の規定により次に掲げる国税(その滞納処分費を除く.以下次条において同じ.)を徴収しようとするときは,納税の告知をしなければならない.
1 賦課課税方式による国税(過少申告加算税,無申告加算税及び前条第3項に規定する重加算税を除く.)
2 源泉徴収による国税でその法定納期限までに納付されなかつたもの
3 自動車重量税でその法定納期限までに納付されなかつたもの
4 登録免許税でその法定納期限までに納付されなかつたもの
② 前項の規定による納税の告知は,税務署長が,政令で定めるところにより,納付すべき税額,納期限及び納付場所を記載した納税告知書を送達して行う.ただし,担保として提供された金銭をもつて消費税等を納付させる場合その他政令で定める場合には,納税告知書の送達に代え,当該職員に口頭で当該告知をさせることができる.

(督 促)
**第37条** ① 納税者がその国税を第35条(申告納税方式による国税の納付)又は前条第2項の納期限(予定納税に係る所得税については,所得税法第104条第1項,第107条第1項又は第115条(予定納税額の納付)(これらの規定を同法第166条(非居住者に対する準用)において準用する場合を含む.)の納期限とし,延滞税及び利子税については,その計算の基礎となる国税のこれらの納期限とする.以下「納期限」という.)までに完納しない場合には,税務署長は,次に掲げる国税である場合を除き,その納税者に対し,督促状によりその納付を督促しなければならない.
1 次条第1項若しくは第3項又は国税徴収法第159条(保全差押)の規定の適用を受けた国税
2 国税に関する法律の規定により一定の事実が生じた場合に直ちに徴収するものとされている国税
② 前項の督促状は,国税に関する法律に別段の定めがあるものを除き,その国税の納期限から50日以内に発するものとする.
③ 第1項の督促をする場合において,その督促に係る国税についての延滞税又は利子税があるときは,その延滞税又は利子税につき,あわせて督促しなければならない.

##### 第2款 滞納処分
(滞納処分)
**第40条** 税務署長は,第37条(督促)の規定による督促に係る国税がその督促を発した日から起算して10日を経過した日までに完納されない場合,第38条第1項(繰上請求)の規定による請求に係る国税がその請求に係る期限までに完納されない場合その他国税徴収法に定める場合には,同法その他の法律の規定により滞納処分を行なう.

第3節 雑 則(略)

### 第5章 国税の還付及び還付加算金

(還 付)
**第56条** ① 国税局長,税務署長又は税関長は,還付金又は国税に係る過誤納金(以下「還付金等」という.)があるときは,遅滞なく,金銭で還付しなければならない.
② 国税局長は,必要があると認めるときは,その管轄区域内の地域を所轄する税務署長からその還付すべき還付金等について還付の引継ぎを受けることができる.

(充 当)
**第57条** ① 国税局長,税務署長又は税関長は,還付金等がある場合において,その還付を受けるべき者につき納付すべきこととなつている国税(その納める義務が信託財産責任負担債務である国税に係る還付金等である場合にはその納める義務が当該信託財産責任負担債務である国税に限るものとし,その納める義務が信託財産責任負担債務である国税に係る還付金等でない場合にはその納める義務が信託財産限定責任負担債務である国税以外の国税に限る.)があるときは,前条第1項の規定による還付に代えて,還付金等をその国税に充当しなければならない.この場合において,その充当をした国税のうちに延滞税又は利子税があるときは,その還付金等は,まず延滞税又は利子税の計算の基礎となる国税に充当しなければならない.
② 前項の規定による充当があつた場合には,政令で定める充当をするのに適することとなつた時に,その充当をした還付金等に相当する額の国税の納付があつたものとみなす.

③ 国税局長,税務署長又は税関長は,第1項の規定による充当をしたときは,その旨をその充当に係る国税を納付すべき者に通知しなければならない.

## 第6章 附帯税

### 第1節 延滞税及び利子税

(延滞税)

第60条 ① 納税者は,次の各号の1に該当するときは,延滞税を納付しなければならない.
1 期限内申告書を提出した場合において,当該申告書の提出により納付すべき国税をその法定納期限までに完納しないとき.
2 期限後申告書若しくは修正申告書を提出し,又は更正若しくは第25条(決定)の規定による決定を受けた場合において,第35条第2項(期限後申告等による納付)の規定により納付すべき国税があるとき.
3 納税の告知を受けた場合において,当該告知により納付すべき国税(第5号に規定する国税,不納付加算税,重加算税及び過怠税を除く.)をその法定納期限後に納付するとき.
4 予定納税に係る所得税をその法定納期限までに完納しないとき.
5 源泉徴収による国税をその法定納期限までに完納しないとき.
② 延滞税の額は,前項各号に規定する国税の法定納期限(純損失の繰戻し等による還付金額が過大であつたことにより納付すべきこととなつた国税,輸入の許可を受けて保税地域から引き取られる物品に対する消費税等(石油石炭税法第17条第3項(引取りに係る原油等についての石油石炭税の納付)の規定により納付すべき石油石炭税を除く.)その他政令で定める国税については,政令で定める日)の翌日からその国税を完納する日までの期間の日数に応じ,その未納の税額に年14.6パーセントの割合を乗じて計算した額とする.ただし,納期限(納期又は物納の許可の取消しがあつた場合には,その取消しに係る書面が発せられた日.以下この項並びに第63条第1項,第4項及び第5項(納税の猶予等の場合の延滞税の免除)において同じ.)までの期間又は納期限の翌日から2月を経過する日までの期間については,その未納の税額に年7.3パーセントの割合を乗じて計算した額とする.
③ 第1項の納税者は,延滞税の額の計算の基礎となる国税にあわせて納付しなければならない.
④ 延滞税は,その額の計算の基礎となる税額の属する税目の国税とする.

第2節 加算税(略)

## 第7章 国税の更正,決定,徴収,還付等の期間制限(略)

## 第7章の2 行政手続法との関係(略)

## 第8章 不服審査及び訴訟(略)

## 第9章 雑則(略)

## 第10章 罰則(略)

---

# 29 警察法(抄)

(昭29・6・8法律第162号,昭29・7・1施行,最終改正:平20・6・18法律第80号)

## 第1章 総則

(この法律の目的)

第1条 この法律は,個人の権利と自由を保護し,公共の安全と秩序を維持するため,民主的理念を基調とする警察の管理と運営を保障し,且つ,能率的にその任務を遂行するに足る警察の組織を定めることを目的とする.

(警察の責務)

第2条 ① 警察は,個人の生命,身体及び財産の保護に任じ,犯罪の予防,鎮圧及び捜査,被疑者の逮捕,交通の取締その他公共の安全と秩序の維持に当ることをもつてその責務とする.
② 警察の活動は,厳格に前項の責務の範囲に限られるべきものであつて,その責務の遂行に当つては,不偏不党且つ公平中正を旨とし,いやしくも日本国憲法の保障する個人の権利及び自由の干渉にわたる等その権限を濫用することがあつてはならない.

(服務の宣誓の内容)

第3条 この法律により警察の職務を行うすべての職員は,日本国憲法及び法律を擁護し,不偏不党且つ公平中正にその職務を遂行する旨の服務の宣誓を行うものとする.

## 第2章 国家公安委員会

(設置及び組織)

第4条 ① 内閣総理大臣の所轄の下に,国家公安委員会を置く.
② 国家公安委員会は,委員長及び5人の委員をもつて組織する.

(任務及び所掌事務)

第5条 ① 国家公安委員会は,国の公安に係る警察運営をつかさどり,警察教養,警察通信,情報技術の解析,犯罪鑑識,犯罪統計及び警察装備に関する事項を統轄し,並びに警察行政に関する調整を行うことにより,個人の権利と自由を保護し,公共の安全と秩序を維持することを任務とする.
② 国家公安委員会は,前項の任務を達成するため,次に掲げる事務について,警察庁を管理する.
1 警察に関する制度の企画及び立案に関すること.
2 警察に関する国の予算に関すること.
3 警察に関する国の政策の評価に関すること.
4 次に掲げる事案で国の公安に係るものについての警察運営に関すること.
イ 民心に不安を生ずべき大規模な災害に係る事案
ロ 地方の静穏を害するおそれのある騒乱に係る事案
ハ 国際関係に重大な影響を与え,その他国の重大な利益を著しく害するおそれのある航空機の強取,人質による強要,爆発物の所持その他これらに準ずる犯罪に係る事案
5 第71条の緊急事態に対処するための計画及びその実施に関すること.
6 次のいずれかに該当する広域組織犯罪その他の

事案（以下「広域組織犯罪等」という．）に対処するための警察の態勢に関すること．
　イ　全国の広範な区域において個人の生命，身体及び財産並びに公共の安全と秩序を害し，又は害するおそれのある事案
　ロ　国外において日本国民の生命，身体及び財産並びに日本国の重大な利益を害し，又は害するおそれのある事案
7　全国的な幹線道路における交通の規制に関すること．
8　犯罪による収益に関する情報の集約，整理及び分析並びに関係機関に対する提供に関すること．
9　国際刑事警察機構，外国の警察行政機関その他国際的な警察に関する関係機関との連絡に関すること．
10　国際捜査共助に関すること．
11　国際緊急援助活動に関すること．
12　所掌事務に係る国際協力に関すること．
13　債権管理回収業に関する特別措置法（平成10年法律第126号）の規定に基づく意見の陳述その他の活動に関すること．
14　無差別大量殺人行為を行った団体の規制に関する法律（平成11年法律第147号）の規定に基づく意見の陳述その他の活動に関すること．
15　皇宮警察に関すること．
16　警察教養施設の維持管理その他警察教養に関すること．
17　警察通信施設の維持管理その他警察通信に関すること．
18　犯罪の取締りのための電子情報処理組織及び電磁的記録（電子的方式，磁気的方式その他人の知覚によつては認識することができない方式で作られる記録であつて，電子計算機による情報処理の用に供されるものをいう．）の解析その他情報技術の解析に関すること．
19　犯罪鑑識施設の維持管理その他犯罪鑑識に関すること．
20　犯罪統計に関すること．
21　警察装備に関すること．
22　警察職員の任用，勤務及び活動の基準に関すること．
23　前号に掲げるもののほか，警察行政に関する調整に関すること．
24　前各号に掲げる事務を遂行するために必要な監察に関すること．
25　前各号に掲げるもののほか，他の法律（これに基づく命令を含む．）の規定に基づき警察庁の権限に属させられた事務
③　前項に規定するもののほか，国家公安委員会は，第1項の任務を達成するため，法律（これに基づく命令を含む．）の規定に基づきその権限に属させられた事務をつかさどる．
④　国家公安委員会は，都道府県公安委員会と常に緊密な連絡を保たなければならない．
**（委員長）**
**第6条**　①　委員長は，国務大臣をもつて充てる．
②　委員長は，会務を総理し，国家公安委員会を代表する．
③　国家公安委員会は，あらかじめ委員の互選により，委員長に故障がある場合において委員長を代理する者を定めておかなければならない．
**（委員の任命）**
**第7条**　①　委員は，任命前5年間に警察又は検察の

職務を行う職業的公務員の前歴のない者のうちから，内閣総理大臣が両議院の同意を得て任命する．
②　委員の任期が満了し，又は欠員を生じた場合において，国会の閉会又は衆議院の解散のために両議院の同意を得ることができないときは，内閣総理大臣は，前項の規定にかかわらず，同項に定める資格を有する者のうちから，委員を任命することができる．
③　前項の場合においては，任命後最初の国会で両議院の事後の承認を得なければならない．この場合において，両議院の事後の承認を得られないときは，内閣総理大臣は，直ちにその委員を罷免しなければならない．
④　次の各号のいずれかに該当する者は，委員となることができない．
　1　破産者で復権を得ない者
　2　禁錮以上の刑に処せられた者
⑤　委員の任命については，そのうち3人以上が同一の政党に所属することとなつてはならない．
**（委員の任期）**
**第8条**　①　委員の任期は，5年とする．但し，補欠の委員は，前任者の残任期間在任する．
②　委員は，1回に限り再任されることができる．
**（委員の失職及び罷免）**
**第9条**　①　委員は，第7条第4項各号の1に該当するに至つた場合においては，その職を失うものとする．
②　内閣総理大臣は，委員が心身の故障のため職務の執行ができないと認める場合又は委員に職務上の義務違反その他委員たるに適しない非行があると認める場合においては，両議院の同意を得て，これを罷免することができる．
③　内閣総理大臣は，両議院の同意を得て，左に掲げる委員を罷免する．
　1　委員のうち何人も所属していなかつた同一の政党に新たに3人以上の委員が所属するに至つた場合においては，これらの者のうち2人をこえる員数の委員
　2　委員のうち1人がすでに所属している政党に新たに2人以上の委員が所属するに至つた場合においては，これらの者のうち1人をこえる員数の委員
④　内閣総理大臣は，委員のうち2人がすでに所属している政党に新たに所属するに至つた委員を直ちに罷免する．
⑤　第7条第3項及び前3項の場合を除く外，委員は，その意に反して罷免されることがない．
**（委員の服務等）**
**第10条**　①　国家公務員法（昭和22年法律第120号）第96条第1項，第97条，第98条第1項，第99条，第100条第1項及び第2項，第103条第1項及び第2項並びに第104条の規定は，委員の服務について準用する．この場合において，同法第97条中「政令」とあるのは「内閣府令」と，同法第103条第2項中「人事院規則の定めるところにより，所轄庁の長の申出により人事院の承認」とあり，又は同法第104条中「内閣総理大臣及びその職員の所轄庁の長の許可」とあるのは「内閣総理大臣の承認」と読み替えるものとする．
②　委員は，国若しくは地方公共団体の常勤の職員又は国家公務員法第81条の5第1項に規定する短時間勤務の官職若しくは地方公務員法（昭和25年法律第261号）第28条の5第1項に規定する短時間勤務の職を占める職員と兼ねることができない．
③　委員は，政党その他の政治的団体の役員となり，

又は積極的に政治運動をしてはならない.
④ 委員の給与は,別に法律で定める.
(会 議)
第11条 ① 国家公安委員会は,委員長が招集する.
② 国家公安委員会は,委員長及び3人以上の委員の出席がなければ会議を開き,議決をすることができない.
② 国家公安委員会の議事は,出席委員の過半数でこれを決し,可否同数のときは,委員長の決するところによる.
③ 委員長に故障がある場合においては,第6条第3項に規定する委員長を代理する者は,前2項に規定する委員長の職務を行うものとし,これらの項に規定する会議又は議事の定足数の計算については,なお委員であるものとする.
(規則の制定)
第12条 国家公安委員会は,その所掌事務について,法律,政令又は内閣府令の特別の委任に基づいて,国家公安委員会規則を制定することができる.
(監察の指示等)
第12条の2 ① 国家公安委員会は,第5条第2項第24号の規定について必要があると認めるときは,警察庁に対する同意の規定に基づく指示を具体的又は個別的な事項にわたるものとすることができる.
② 国家公安委員会は,前項の規定による指示をした場合において,必要があると認めるときは,その指名する委員に,当該指示に係る事項の履行の状況を点検させることができる.
③ 国家公安委員会は,警察庁の職員に,前項の規定により指名された委員の同意に規定する事務を補助させることができる.
(専門委員)
第12条の3 ① 国家公安委員会に,犯罪被害者等給付金の支給等による犯罪被害者等の支援に関する法律(昭和55年法律第36号)及びオウム真理教犯罪被害者等を救済するための給付金の支給に関する法律(平成20年法律第80号)の規定による裁定に係る審査請求について専門の事項を調査審議させるため,専門委員若干人を置く.
② 専門委員の任命,任期その他専門委員に関し必要な事項は,政令で定める.

## 第3章 警察庁

第1節 総 則
(設 置)
第15条 国家公安委員会に,警察庁を置く.
(長 官)
第16条 ① 警察庁の長は,警察庁長官とし,国家公安委員会が内閣総理大臣の承認を得て,任免する.
② 警察庁長官(以下「長官」という.)は,国家公安委員会の管理に服し,警察庁の庁務を統括し,所部の職員を任免し,及びその服務についてこれを統督し,並びに警察庁の所掌事務について,都道府県警察を指揮監督する.
(所掌事務)
第17条 警察庁は,国家公安委員会の管理の下に,第5条第2項各号に掲げる事務をつかさどり,及び同条第3項の事務について国家公安委員会を補佐する.
(次 長)
第18条 ① 警察庁に,次長1人を置く.
② 次長は,長官を助け,庁務を整理し,各部局及び機関の事務を監督する.

第2節 内部部局
(内部部局)
第19条 ① 警察庁に,長官官房及び次の5局を置く.
生活安全局
刑事局
交通局
警備局
情報通信局
② 刑事局に組織犯罪対策部を,警備局に外事情報部を置く.
(官房長,局長及び部長)
第20条 ① 長官官房に官房長を,各局に局長を置く.
② 官房長又は局長は,命を受け,長官官房の事務又は局務を掌理する.
③ 各部に,部長を置く.
④ 部長は,命を受け,部務を掌理する.
第3節 附属機関
(警察大学校)
第27条 ① 警察庁に,警察大学校を附置する.
② 警察大学校は,警察職員に対し,上級の幹部として必要な教育訓練を行い,警察に関する学術の研修をつかさどる.
③ 警察大学校に,校長を置く.
④ 警察大学校の位置及び内部組織は,内閣府令で定める.
(科学警察研究所)
第28条 ① 警察庁に,科学警察研究所を附置する.
② 科学警察研究所は,左に掲げる事務をつかさどる.
1 科学捜査についての研究及び実験並びにこれらを応用する鑑定及び検査に関すること.
2 少年の非行防止その他犯罪の防止についての研究及び実験に関すること.
3 交通事故の防止その他交通警察についての研究及び実験に関すること.
③ 科学警察研究所に,所長を置く.
④ 科学警察研究所の位置及び内部組織は,内閣府令で定める.
(皇宮警察本部)
第29条 ① 警察庁に,皇宮警察本部を附置する.
② 皇宮警察本部は,天皇及び皇后,皇太子その他の皇族の護衛,皇居及び御所の警衛その他の皇宮警察に関する事務をつかさどる.
③ 皇宮警察本部に,本部長を置く.
④ 皇宮警察本部に,皇宮警察学校を置き,皇宮警察の職員に対して必要な教育訓練を行う.
⑤ 皇宮警察本部の位置及び内部組織は,内閣府令で定める.
第4節 地方機関
(管区警察局の設置)
第30条 ① 警察庁に,その所掌事務のうち,第5条第2項第2号,第4号から第14号まで,第16号から第19号まで及び第22号から第25号までに掲げるものに係るものを分掌させるため,地方機関として,管区警察局を置く.
② 管区警察局の名称,位置及び管轄区域は,次の表のとおりとする.

| 名称 | 位置 | 管轄区域 |
|---|---|---|
| 東北管区警察局 | 仙台市 | 青森県　岩手県　宮城県　秋田県　山形県　福島県 |

| 関東管区警察局 | さいたま市 | 茨城県　栃木県　群馬県　埼玉県　千葉県　神奈川県　新潟県　山梨県　長野県　静岡県 |
|---|---|---|
| 中部管区警察局 | 名古屋市 | 富山県　石川県　福井県　岐阜県　愛知県　三重県 |
| 近畿管区警察局 | 大阪市 | 滋賀県　京都府　大阪府　兵庫県　奈良県　和歌山県 |
| 中国管区警察局 | 広島市 | 鳥取県　島根県　岡山県　広島県　山口県 |
| 四国管区警察局 | 高松市 | 徳島県　香川県　愛媛県　高知県 |
| 九州管区警察局 | 福岡市 | 福岡県　佐賀県　長崎県　熊本県　大分県　宮崎県　鹿児島県　沖縄県 |

### 第5節　職員
（職員）
第34条　① 警察庁に，警察官，皇宮護衛官，事務官，技官その他所要の職員を置く．
② 皇宮護衛官は，皇宮警察本部に置く．
③ 長官は警察官とし，警察庁の次長，官房長，局長（情報通信局長を除く．）及び部長，管区警察局長その他政令で定める職は警察官をもつて，皇宮警察本部長は皇宮護衛官をもつて充てる．
第35条　削除

## 第4章　都道府県警察

### 第1節　総則
（設置及び責務）
第36条　① 都道府県に，都道府県警察を置く．
② 都道府県警察は，当該都道府県の区域につき，第2条の責務に任ずる．
（経費）
第37条　① 都道府県警察に要する次に掲げる経費で政令で定めるものは，国庫が支弁する．
1　警視正以上の階級にある警察官の俸給その他の給与，地方公務員共済組合負担金及び公務災害補償に要する経費
2　警察教養施設の維持管理及び警察学校における教育訓練に要する経費
3　警察通信施設の維持管理その他警察通信に要する経費
4　犯罪鑑識施設の維持管理その他犯罪鑑識に要する経費
5　犯罪統計に要する経費
6　警察用車両及び船舶並びに警備装備品の整備に要する経費
7　警衛及び警備に要する経費
8　国の公安に係る犯罪その他特殊の犯罪の捜査に要する経費
9　武力攻撃事態等における対処措置及び緊急対処事態における緊急対処措置並びに国の機関と共同して行うこれらの措置についての訓練に要する経費
10　犯罪被害者等給付金に関する事務の処理に要する経費
11　第21条第20号に規定する給付金に関する事務の処理に要する経費

② 前項の規定により国庫が支弁することとなる経費を除き，都道府県警察に要する経費は，当該都道府県が支弁する．
③ 都道府県の支弁に係る都道府県警察に要する経費については，予算の範囲内において，政令で定めるところにより，国がその一部を補助する．

### 第2節　都道府県公安委員会
（組織及び権限）
第38条　① 都道府県知事の所轄の下に，都道府県公安委員会を置く．
② 都道府県公安委員会は，都，道，府及び地方自治法（昭和22年法律第67号）第252条の19第1項の規定により指定する市（以下「指定市」という．）を包括する県（以下「指定県」という．）にあつては5人の委員，指定市以外の県にあつては3人の委員をもつて組織する．
③ 都道府県公安委員会は，都道府県警察を管理する．
④ 第5条第3項の規定は，都道府県公安委員会の事務について準用する．
⑤ 都道府県公安委員会は，その権限に属する事務に関し，法令又は条例の特別の委任に基いて，都道府県公安委員会規則を制定することができる．
⑥ 都道府県公安委員会は，国家公安委員会及び他の都道府県公安委員会と常に緊密な連絡を保たなければならない．

（委員の任命）
第39条　① 委員は，当該都道府県の議会の議員の被選挙権を有する者で，任命前5年間に警察又は検察の職務を行う職業的公務員の前歴のないもののうちから，都道府県知事が都道府県の議会の同意を得て，任命する．但し，道，府及び指定県にあつては，その委員のうち2人は，当該道，府又は県が包括する指定市の議会の議員の被選挙権を有する者で，任命前5年間に警察又は検察の職務を行う職業的公務員の前歴のないもののうちから，当該指定市の市長がその市の議会の同意を得て推せんしたものについて，当該道，府又は県の知事が任命する．
② 次の各号のいずれかに該当する者は，委員となることができない．
1　破産者で復権を得ない者
2　禁錮以上の刑に処せられた者
③ 委員の任命については，そのうち2人以上（都，道，府及び指定県にあつては3人以上）が同一の政党に所属することとなつてはならない．

（委員の任期）
第40条　① 委員の任期は，3年とする．但し，補欠の委員は，前任者の残任期間在任する．
② 委員は，2回に限り再任されることができる．

（委員の失職及び罷免）
第41条　① 委員は，左の各号の1に該当する場合においては，その職を失うものとする．但し，当該都道府県の議会の議員の被選挙権を有する者でなくなつたことが住所を移したことに因る場合において，その住所が同一都道府県の区域内にあるときは，この限りでない．
1　第39条第2項各号の1に該当するに至つた場合
2　当該都道府県の議会の議員の被選挙権を有する者でなくなつた場合（第39条第1項但書に規定する委員については，当該指定市の議会の議員の被選挙権を有する者でなくなつた場合）
② 都道府県知事は，委員が心身の故障のため職務の執行ができないと認める場合又は委員に職務上の

義務違反その他委員たるに適しない非行があると認める場合においては，当該都道府県の議会の同意を得て，これを罷免することができる．但し，第39条第1項但書に規定する委員の罷免については，道，府又は指定県の知事は，当該指定市の市長に対しその市の議会の同意を得ることを求めるものとし，その同意があつたときは，これを罷免することができる．

③ 指定県以外の県の知事は，委員のうち2人以上が同一の政党に所属するに至つた場合においては，これらの者のうち1人をこえる員数の委員を当該県の議会の同意を得て，罷免する．

④ 都，道，府及び指定県の知事は，委員のうち3人以上が同一の政党に所属するに至つた場合においては，第9条第3項各号の規定の例により，これるに至つた員数の委員を，当該都，道，府又は指定県の議会の同意を得て，罷免する．但し，新たに同一の政党に所属するに至つた委員のうちに第39条第1項但書に規定するものを含むときは，これらの委員のうち罷免すべきものは，くじで定める．

⑤ 都道府県知事は，委員のうち1人（都，道，府及び指定県にあつては2人）がすでに所属している政党に新たに所属するに至つた委員を直ちに罷免する．

⑥ 前4項の場合を除く外，委員は，その意に反して罷免されることがない．

（委員の服務等）
**第42条** ① 地方公務員法第30条から第34条まで及び第38条第1項の規定は，委員の服務について準用する．ただし，地方公務員法第38条第1項に規定する地位を兼ね，又は同項に規定する行為をすることが委員の職務の遂行上支障がないと認める場合のほかは，同項に規定する許可を与えるものとする．

② 委員は，地方公共団体の議会の議員若しくは常勤の職員又は地方公務員法第28条の5第1項に規定する短時間勤務の職を占める職員と兼ねることができない．

③ 委員は，政党その他の政治的団体の役員となり，又は積極的に政治運動をしてはならない．

（委員長）
**第43条** ① 都道府県公安委員会に委員長を置き，委員が互選する．

② 委員長の任期は，1年とする．但し，再任することができる．

③ 委員長は，会務を総理し，都道府県公安委員会を代表する．

### 第3節 都道府県警察の組織
（警視庁及び道府県警察本部）
**第47条** ① 都警察の本部として警視庁を，道府県警察の本部として道府県警察本部を置く．

② 警視庁及び道府県警察本部は，それぞれ，都道府県公安委員会の管理の下に，都警察及び道府県警察の事務をつかさどり，並びに第38条第4項において準用する第5条第3項の事務について都道府県公安委員会を補佐する．

③ 警視庁は特別区の区域内に，道府県警察本部は道府県庁所在地に置く．

④ 警視庁及び道府県警察本部の内部組織は，政令で定める基準に従い，条例で定める．

（警視総監及び道府県警察本部長）
**第48条** ① 都警察に警視総監を，道府県警察に道府県警察本部長を置く．

② 警視総監及び道府県警察本部長（以下「警察本部長」という．）は，それぞれ，都道府県公安委員会の管理に服し，警視庁及び道府県警察本部の事務を統括し，並びに警視庁及び道府県警察の所属の警察職員を指揮監督する．

（警視総監の任免）
**第49条** ① 警視総監は，国家公安委員会が都公安委員会の同意を得た上内閣総理大臣の承認を得て，任免する．

② 都公安委員会は，国家公安委員会に対し，警視総監の懲戒又は罷免に関し必要な勧告をすることができる．

（警察本部長の任免）
**第50条** ① 警察本部長は，国家公安委員会が道府県公安委員会の同意を得て，任免する．

② 道府県公安委員会は，国家公安委員会に対し，警察本部長の懲戒又は罷免に関し必要な勧告をすることができる．

（方面本部）
**第51条** ① 道の区域を5以内の方面に分ち，方面の区域内における警察の事務を処理させるため，方面ごとに方面本部を置く．但し，道警察本部の所在地を包括する方面には，置かないものとする．

② 方面本部に，方面本部長を置く．

③ 方面本部長は，道警察本部長の管理に服し，方面本部の事務を統括し，及び道警察本部長の命を受け，方面本部の所属の警察職員を指揮監督する．

④ 前条の規定は，方面本部長について準用する．

⑤ 方面の数，名称及び区域並びに方面本部の位置は，国家公安委員会の意見を聞いて，条例で定める．

⑥ 方面本部の内部組織は，政令で定める基準に従い，条例で定める．

（市警察部）
**第52条** ① 指定市の区域内における道府県警察本部の事務を分掌させるため，当該指定市の区域に市警察部を置く．

② 市警察部に，部長を置く．

③ 市警察部長は，市警察部の事務を統括し，及び道府県警察本部長の命を受け，市警察部の所属の警察職員を指揮監督する．

（警察署等）
**第53条** ① 都道府県の区域を分ち，各地域を管轄する警察署を置く．

② 警察署に，署長を置く．

③ 警察署長は，警視総監，警察本部長，方面本部長又は市警察部長の指揮監督を受け，その管轄区域内における警察の事務を処理し，所属の警察職員を指揮監督する．

④ 警察署の名称，位置及び管轄区域は，政令で定める基準に従い，条例で定める．

⑤ 警察署の下部機構として，交番その他の派出所又は駐在所を置くことができる．

（警察署協議会）
**第53条の2** ① 警察署に，警察署協議会を置くものとする．ただし，管轄区域内の人口が僅少であることその他特別の事情がある場合は，これを置かないことができる．

② 警察署協議会は，警察署の管轄区域内における警察の事務の処理に関し，警察署長の諮問に応ずるとともに，警察署長に対して意見を述べる機関とする．

③ 警察署協議会の委員は，都道府県公安委員会が委嘱する．

④ 警察署協議会の設置，その委員の定数，任期その

他警察署協議会に関し必要な事項は,条例(警察署協議会の議事の手続にあつては,都道府県公安委員会規則)で定める.
　(府県警察学校等)
第54条 ① 警察庁に警視庁警察学校を,道府県警察本部に道府県警察学校を附置する.
② 警視庁警察学校及び府県警察学校は,警察職員に対し,新任者に対する教育訓練その他所要の教育訓練を行う.
③ 道警察学校は,警察職員に対し,新任者に対する教育訓練,幹部として必要な教育訓練その他所要の教育訓練を行う.
　(職　員)
第55条 ① 都道府県警察に,警察官その他所要の職員を置く.
② 警視総監,警察本部長,方面本部長,市警察部長及び警察署長は,警察官をもつて充てる.
③ 第1項の職員のうち,警視総監,警察本部長及び方面本部長以外の警視正以上の階級にある警察官は,国家公安委員会が都道府県公安委員会の同意を得て,任免し,その他の職員は,警視総監又は警察本部長がそれぞれ都道府県公安委員会の意見を聞いて,任免する.
④ 都道府県公安委員会は,警視総監,警察本部長及び方面本部長以外の警視正以上の階級にある警察官については国家公安委員会に対し,その他の職員については警視総監又は警察本部長に対し,それぞれその懲戒又は罷免に関し必要な勧告をすることができる.
　(職員の人事管理)
第56条 ① 都道府県警察の職員のうち,警視正以上の階級にある警察官(以下「地方警務官」という.)は,一般職の国家公務員とする.
② 前項の職員以外の都道府県警察の職員(以下「地方警察職員」という.)の任用及び給与,勤務時間その他の勤務条件,並びに服務に関して地方公務員法の規定により条例又は人事委員会規則で定めることとされている事項については,第34条第1項に規定する職員の例を基準として当該条例又は人事委員会規則を定めるものとする.
③ 警視総監又は警察本部長は,第43条の2第1項の規定による指示かある場合のほか,都道府県警察の職員が次の各号のいずれかに該当する疑いがあると認める場合は,速やかに事実を調査し,当該職員が当該各号のいずれかに該当することが明らかになつたときは,都道府県公安委員会に対し,都道府県公安委員会の定めるところにより,その結果を報告しなければならない.
　1　その職務を遂行するに当たつて,法令又は条例の規定に違反した場合
　2　前号に掲げるもののほか,職務上の義務に違反し,又は職務を怠つた場合
　3　全体の奉仕者たるにふさわしくない非行のあつた場合
　(職員の定員)
第57条 ① 地方警務官の定員は,都道府県警察を通じて,政令で定め,その都道府県警察ごとの階級別定員は,内閣府令で定める.
② 地方警察職員の定員(警察官については,階級別定員を含む.)は,条例で定める.この場合において,警察官の定員については,政令で定める基準に従わなければならない.

　第4節　都道府県警察相互間の関係等
　(協力の義務)
第59条　都道府県警察は,相互に協力する義務を負う.
　(援助の要求)
第60条 ① 都道府県公安委員会は,警察庁又は他の都道府県警察に対して援助の要求をすることができる.
② 前項の規定により都道府県公安委員会が他の都道府県警察に対して援助の要求をしようとするときは,あらかじめ(やむを得ない場合においては,事後に)必要な事項を警察庁に連絡しなければならない.
③ 第1項の規定による援助の要求により派遣された警察庁又は他の都道府県警察の警察官は,援助の要求をした都道府県公安委員会の管理する都道府県警察の管轄区域内において,当該都道府県公安委員会の管理の下に,職権を行うことができる.
　(管轄区域の境界周辺における事案に関する権限)
第60条の2　管轄区域が隣接し,又は近接する都道府県警察は,相互に協議して定めたところにより,社会的経済的の一体性の程度,地理的状況等から判断して相互に権限を及ぼす必要があると認められる境界の周辺の区域(境界から政令で定める距離までの区域に限る.)における事案を処理するため,当該関係都道府県警察の管轄区域に権限を及ぼすことができる.
　(広域組織犯罪等に関する権限)
第60条の3　都道府県警察は,広域組織犯罪等を処理するため,必要な限度において,その管轄区域外に権限を及ぼすことができる.
　(管轄区域外における権限)
第61条　都道府県警察は,居住者,滞在者その他のその管轄区域の関係者の生命,身体及び財産の保護並びにその管轄区域における犯罪の鎮圧及び捜査,被疑者の逮捕その他公安の維持に関連して必要がある限度においては,その管轄区域外にも,権限を及ぼすことができる.
　(事案の共同処理等に係る指揮及び連絡)
第61条の2 ① 警視総監又は警察本部長は,当該都道府県警察が,他の都道府県警察の管轄区域に権限を及ぼし,その他他の都道府県警察と共同して事案を処理する場合において,必要があると認めるときは,相互に協議して定めたところにより,関係都道府県警察の1の警察官(第60条第1項の規定による援助の要求により派遣された者を含む.)に,当該事案の処理に関し,当該協議によりあらかじめ定めた方針の範囲内で,それぞれの都道府県警察の警察職員に対して必要な指揮を行わせることができる.
② 第60条第2項の規定は,前項の規定による協議をしようとする場合について準用する.
③ 都道府県警察は,他の都道府県警察の管轄区域に権限を及ぼすときは,当該他の都道府県警察と緊密な連絡を保たなければならない.
　(広域組織犯罪等に対処するための措置)
第61条の3 ① 長官は,広域組織犯罪等に対処するため必要があると認めるときは,関係都道府県警察間の分担その他の広域組織犯罪等に対処するための警察の態勢に関する事項について,必要な指示をすることができる.
② 都道府県警察は,前項の指示に係る事項を実施するため必要があるときは,第60条第1項の規定に

より他の都道府県警察に対し広域組織犯罪等の処理に要する人員の派遣を要求すること，第60条の3の規定により広域組織犯罪等を処理するためその管轄区域外に権限を及ぼすことその他のこの節に規定する措置をとらなければならない．

## 第5章　警察職員

(警察官の階級)
**第62条**　警察官(長官を除く．)の階級は，警視総監，警視長，警視長，警視正，警視，警部，警部補，巡査部長及び巡査とする．

(警察官の職務)
**第63条**　警察官は，上官の指揮監督を受け，警察の事務を執行する．

(警察官の職権行使)
**第64条**　都道府県警察の警察官は，この法律に特別の定がある場合を除く外，当該都道府県警察の管轄区域内において職権を行うものとする．

(現行犯人に関する職権行使)
**第65条**　警察官は，いかなる地域においても，刑事訴訟法(昭和23年法律第131号)第212条に規定する現行犯人の逮捕に関しては，警察官としての職権を行うことができる．

(移動警察等に関する職権行使)
**第66条**　① 警察官は，二以上の都道府県警察の管轄区域にわたる交通機関における移動警察については，関係都道府県警察の協議して定めたところにより，当該関係都道府県警察の管轄区域内において，職権を行うことができる．
② 警察官は，二以上の都道府県警察の管轄区域にわたる道路運送法(昭和26年法律第183号)第2条第8項に規定する自動車道及び政令で定める道路法(昭和27年法律第180号)第2条第1項に規定する道路の政令で定める区域における交通の円滑と危険の防止を図るため必要があると認められる場合においては，前項の規定の例により，当該道路の区域における事案について，当該関係都道府県警察の管轄区域内において，職権を行うことができる．

(小型武器の所持)
**第67条**　警察官は，その職務の遂行のため小型武器を所持することができる．

## 第6章　緊急事態の特別措置

(布　告)
**第71条**　① 内閣総理大臣は，大規模な災害又は騒乱その他の緊急事態に際して，治安の維持のため特に必要があると認めるときは，国家公安委員会の勧告に基き，全国又は一部の区域について緊急事態の布告を発することができる．
② 前項の布告には，その区域，事態の概要及び布告の効力を発する日時を記載しなければならない．

(内閣総理大臣の統制)
**第72条**　内閣総理大臣は，前条に規定する緊急事態の布告が発せられたときは，本章の定めるところに従い，一時的に警察を統制する．この場合においては，内閣総理大臣は，その緊急事態を収拾するため必要な限度において，長官を直接に指揮監督するものとする．

(長官の命令，指揮等)
**第73条**　① 第71条に規定する緊急事態の布告が発せられたときは，長官は布告に記載された区域(以下本条中「布告区域」という．)を管轄する都道府県警察の警視総監又は警察本部長に対し，管区警察局は布告区域を管轄する府県警察の警察本部長に対し，必要な命令をし，又は指揮をするものとする．
② 第71条に規定する緊急事態の布告が発せられたときは，長官は，布告区域を管轄する都道府県警察以外の都道府県警察に対して，布告区域の必要な区域に警察官を派遣することを命ずることができる．
③ 第71条に規定する緊急事態の布告が発せられたときは，布告区域(前項の規定により布告区域以外の区域に派遣された場合においては，当該区域)に派遣された警察官は，当該区域内のいかなる地域においても職権を行うことができる．

(国会の承認及び布告の廃止)
**第74条**　① 内閣総理大臣は，第71条の規定により，緊急事態の布告を発した場合には，これを発した日から20日以内に国会に付議して，その承認を求めなければならない．但し，国会が閉会中の場合又は衆議院が解散されている場合には，その後最初に召集される国会においてすみやかにその承認を求めなければならない．
② 内閣総理大臣は，前項の場合において不承認の議決があつたとき，国会が緊急事態の布告の廃止を議決したとき，又は当該布告の必要がなくなつたときは，すみやかに当該布告を廃止しなければならない．

(国家公安委員会の助言義務)
**第75条**　国家公安委員会は，内閣総理大臣に対し，本章に規定する内閣総理大臣の職権の行使について，常に必要な助言をしなければならない．

## 第7章　雑　則

(検察官との関係)
**第76条**　① 都道府県公安委員会及び警察官と検察官との関係は，刑事訴訟法の定めるところによる．
② 国家公安委員会及び長官は，検事総長と常に緊密な連絡を保つものとする．

(国有財産等の無償使用等)
**第78条**　① 国は，国有財産法(昭和23年法律第73号)第22条(同法第19条において準用する場合を含む．)及び財政法(昭和22年法律第34号)第9条第1項の規定にかかわらず，警察教養施設，警察通信施設，犯罪鑑識施設その他都道府県警察の用に供する必要のある警察用の国有財産(国有財産法第2条第1項に規定する国有財産をいう．)及び国有の物品を当該都道府県警察に無償で使用させることができる．
② 警察庁又は都道府県警察は，連絡のため，相互に警察通信施設を使用することができる．

(苦情の申出等)
**第79条**　① 都道府県警察の職員の職務執行について苦情がある者は，都道府県公安委員会に対し，国家公安委員会規則で定める手続に従い，文書により苦情の申出をすることができる．
② 都道府県公安委員会は，前項の申出があつたときは，法令又は条例の規定に基づきこれを誠実に処理し，処理の結果を文書により申出者に通知しなければならない．ただし，次に掲げる場合は，この限りでない．
1　申出が都道府県警察の事務の適正な遂行を妨げる目的で行われたと認められるとき．

(この法律の目的)〜

2 申出者の所在が不明であるとき．
3 申出者が他の者と共同で苦情の申出を行つたと認められる場合において，当該他の者に当該苦情に係る処理の結果を通知したとき．

(抗告訴訟等の取扱い)
**第80条** 都道府県公安委員会は，その処分（行政事件訴訟法（昭和37年法律第139号）第3条第2項に規定する処分をいう．以下この条において同じ．）若しくは裁決（同条第3項に規定する裁決をいう．以下この条において同じ．）又はその管理する方面公安委員会若しくは都道府県警察の職員の処分若しくは裁決に係る同法第11条第1項（同法第38条第1項（同法第43条第2項において準用する場合を含む．）又は同法第43条第1項において準用する場合を含む．）の規定による都道府県を被告とする訴訟について，当該都道府県を代表する．

## 30 警察官職務執行法

(昭23・7・12法律第136号，昭23・7・12施行，
最終改正：平18・6・23法律第94号)

(この法律の目的)
**第1条** ① この法律は，警察官が警察法（昭和29年法律第162号）に規定する個人の生命，身体及び財産の保護，犯罪の予防，公安の維持並びに他の法令の執行等の職権職務を忠実に遂行するために，必要な手段を定めることを目的とする．
② この法律に規定する手段は，前項の目的のため必要な最小の限度において用いるべきものであつて，いやしくもその濫用にわたるようなことがあつてはならない．

(質問)
**第2条** ① 警察官は，異常な挙動その他周囲の事情から合理的に判断して何らかの犯罪を犯し，若しくは犯そうとしていると疑うに足りる相当な理由のある者又は既に行われた犯罪について，若しくは犯罪が行われようとしていることについて知つていると認められる者を停止させて質問することができる．
② その場で前項の質問をすることが本人に対して不利であり，又は交通の妨害になると認められる場合においては，質問するため，その者に附近の警察署，派出所又は駐在所に同行することを求めることができる．
③ 前2項に規定する者は，刑事訴訟に関する法律の規定によらない限り，身柄を拘束され，又はその意に反して警察署，派出所若しくは駐在所に連行され，若しくは答弁を強要されることはない．
④ 警察官は，刑事訴訟に関する法律により逮捕されている者については，その身体について凶器を所持しているかどうかを調べることができる．

(保護)
**第3条** ① 警察官は，異常な挙動その他周囲の事情から合理的に判断して次の各号のいずれかに該当することが明らかであり，かつ，応急の救護を要すると信ずるに足りる相当な理由のある者を発見したときは，取りあえず警察署，病院，救護施設等の適当な場所において，これを保護しなければならない．

1 精神錯乱又は泥酔のため，自己又は他人の生命，身体又は財産に危害を及ぼすおそれのある者
2 迷い子，病人，負傷者等で適当な保護者を伴わず，応急の救護を要すると認められる者（本人がこれを拒んだ場合を除く．）

② 前項の措置をとつた場合においては，警察官は，できるだけすみやかに，その者の家族，知人その他の関係者に通知し，その者の引取方について必要な手配をしなければならない．責任ある家族，知人等が見つからないときは，すみやかにその事件を適当な公衆保健若しくは公共福祉のための機関又はこの種の者の処置について法令により責任を負う他の公の機関に，その事件を引き継がなければならない．
③ 第1項の規定による警察の保護は，24時間をこえてはならない．但し，引き続き保護することを承認する簡易裁判所（当該保護をした警察官の属する警察署所在地を管轄する簡易裁判所をいう．以下同じ．）の裁判官の許可状のある場合は，この限りでない．
④ 前項但書の許可状は，警察官の請求に基き，裁判官において已むを得ない事情があると認めた場合に限り，これを発するものとし，その延長に係る期間は，通じて5日をこえてはならない．この許可状には已むを得ないと認められる事情を明記しなければならない．
⑤ 警察官は，第1項の規定により警察で保護をした者の氏名，住所，保護の理由，保護及び引渡の時日並びに引渡先を毎週簡易裁判所に通知しなければならない．

(避難等の措置)
**第4条** ① 警察官は，人の生命若しくは身体に危険を及ぼし，又は財産に重大な損害を及ぼす虞のある天災，事変，工作物の損壊，交通事故，危険物の爆発，狂犬，奔馬の類等の出現，極端な雑踏等危険な事態がある場合においては，その場に居合わせた者，その事物の管理者その他関係者に必要な警告を発し，及び特に急を要する場合においては，危害を受ける虞のある者に対し，その場の危害を避けしめるために必要な限度でこれを引き留め，若しくは避難させ，又はその場に居合わせた者，その事物の管理者その他関係者に対し，危害防止のため通常必要と認められる措置をとることを命じ，又は自らその措置をとることができる．
② 前項の規定により警察官がとつた処置については，順序を経て所属の公安委員会にこれを報告しなければならない．この場合において，公安委員会は他の公の機関に対し，その後の処置について必要と認める協力を求めるため適当な措置をとらなければならない．

(犯罪の予防及び制止)
**第5条** 警察官は，犯罪がまさに行われようとするのを認めたときは，その予防のため関係者に警告を発し，又，もしその行為により人の生命若しくは身体に危険が及び，又は財産に重大な損害を受ける虞があつて，急を要する場合においては，その行為を制止することができる．

(立入)
**第6条** ① 警察官は，前2条に規定する危険な事態が発生し，人の生命，身体又は財産に対し危害が切迫した場合において，その危害を予防し，損害の拡大を防ぎ，又は被害者を救助するため，已むを得

いと認めるときは、合理的に必要と判断される限度において他人の土地、建物又は船車の中に立ち入ることができる.

② 興行場、旅館、料理屋、駅その他多数の客の来集する場所の管理者又はこれに準ずる者は、その公開時間中において、警察官が犯罪の予防又は人の生命、身体若しくは財産に対する危害予防のため、その場所に立ち入ることを要求した場合においては、正当の理由なくして、これを拒むことができない.

③ 警察官は、前2項の規定による立入に際しては、みだりに関係者の正当な業務を妨害してはならない.

④ 警察官は、第1項又は第2項の規定による立入に際して、その場所の管理者又はこれに準ずる者から要求された場合には、その理由を告げ、且つ、その身分を示す証票を呈示しなければならない.

(武器の使用)
第7条 警察官は、犯人の逮捕若しくは逃走の防止、自己若しくは他人に対する防護又は公務執行に対する抵抗の抑止のため必要であると認める相当な理由のある場合においては、その事態に応じ合理的に必要と判断される限度において、武器を使用することができる. 但し、刑法 (明治40年法律第45号) 第36条 (正当防衛) 若しくは同法第37条 (緊急避難) に該当する場合又は左の各号の1に該当する場合を除いては、人に危害を与えてはならない.
1 死刑又は無期若しくは長期3年以上の懲役若しくは禁こにあたる兇悪な罪を現に犯し、若しくは既に犯したと疑うに足りる充分な理由のある者がその者に対する警察官の職務の執行に対して抵抗し、若しくは逃亡しようとするとき又は第三者がその者を逃がそうとして警察官に抵抗するとき、これを防ぎ、又は逮捕するために他に手段がないと警察官において信ずるに足りる相当な理由のある場合.
2 逮捕状により逮捕する際又は勾引状若しくは勾留状を執行する際その本人がその者に対する警察官の職務の執行に対して抵抗し、若しくは逃亡しようとするとき又は第三者がその者を逃がそうとして警察官に抵抗するとき、これを防ぎ、又は逮捕するために他に手段がないと警察官において信ずるに足りる相当な理由のある場合.

(他の法令による職権職務)
第8条 警察官は、この法律の規定によるの外、刑事訴訟その他に関する法令及び警察の規則による職権職務を遂行すべきものとする.

# 31 破壊活動防止法(抄)

(昭27・7・21法律第240号, 昭27・7・21施行, 最終改正:平7・5・12法律第91号)

## 第1章 総則

(この法律の目的)
第1条 この法律は、団体の活動として暴力主義的破壊活動を行つた団体に対する必要な規制措置を定めるとともに、暴力主義的破壊活動に関する刑罰規定を補整し、もつて、公共の安全の確保に寄与することを目的とする.

(この法律の解釈適用)
第2条 この法律は、国民の基本的人権に重大な関係を有するものであるから、公共の安全の確保のために必要な最小限度においてのみ適用すべきであつて、いやしくもこれを拡張して解釈するようなことがあつてはならない.

(規制の基準)
第3条 ① この法律による規制及び規制のための調査は、第1条に規定する目的を達成するために必要な最小限度においてのみ行うべきであつて、いやしくも権限を逸脱して、思想、信教、集会、結社、表現及び学問の自由並びに勤労者の団結し、及び団体行動をする権利その他日本国憲法の保障する国民の自由と権利を、不当に制限するようなことがあつてはならない.

② この法律による規制及び規制のための調査については、いやしくもこれを濫用し、労働組合その他の団体の正当な活動を制限し、又はこれに介入するようなことがあつてはならない.

(定 義)
第4条 ① この法律で「暴力主義的破壊活動」とは、次に掲げる行為をいう.
1 イ 刑法 (明治40年法律第45号) 第77条 (内乱), 第78条 (予備及び陰謀), 第79条 (内乱等幇助), 第81条 (外患誘致), 第82条 (外患援助), 第87条 (未遂罪) 又は第88条 (予備及び陰謀) に規定する行為をなすこと.
ロ この号に規定する行為の教唆をなすこと.
ハ 刑法第77条, 第81条又は第82条に規定する行為を実行させる目的をもつて、その行為のせん動をなすこと.
ニ 刑法第77条, 第81条又は第82条に規定する行為を実行させる目的をもつて、その実行の正当性又は必要性を主張した文書又は図画を印刷し、頒布し、又は公然掲示すること.
ホ 刑法第77条, 第81条又は第82条に規定する行為を実行させる目的をもつて、無線通信又は有線放送により、その実行の正当性又は必要性を主張する通信をなすこと.
2 政治上の主義若しくは施策を推進し、支持し、又はこれに反対する目的をもつて、次に掲げる行為の1をなすこと.
イ 刑法第106条 (騒乱) に規定する行為
ロ 刑法第108条 (現住建造物等放火) 又は第109条第1項 (非現住建造物等放火) に規定する行為
ハ 刑法第117条第1項前段 (激発物破裂) に規定する行為
ニ 刑法第125条 (往来危険) に規定する行為
ホ 刑法第126条第1項又は第2項 (汽車転覆等) に規定する行為
ヘ 刑法第199条 (殺人) に規定する行為
ト 刑法第236条第1項 (強盗) に規定する行為
チ 爆発物取締罰則 (明治17年太政官布告第32号) 第1条 (爆発物使用) に規定する行為
リ 警察若しくは警察の職務を行い、若しくはこれを補助する者、法令により拘禁された者を看守し、若しくは護送する者又はこの法律の規定により調査に従事する者に対し、凶器又は毒劇物を携え、多衆共同してなす刑法第95条 (公務執行妨害及び職務強要) に規定する行為

ヌ この号イからリまでに規定する行為の一の予備,陰謀若しくは教唆をなし,又はこの号イからリまでに規定する行為の一を実行させる目的をもつてその行為のせん動をなすこと.
② この法律で「せん動」とは,特定の行為を実行させる目的をもつて,文書若しくは図画又は言動により,人に対し,その行為を実行する決意を生ぜしめ又は既に生じている決意を助長させるような勢のある刺激を与えることをいう.
③ この法律で「団体」とは,特定の共同目的を達成するための多数人の継続的結合体又はその連合体をいう.但し,ある団体の支部,分会その他の下部組織も,この要件に該当する場合には,これに対して,この法律による規制を行うことができるものとする.

## 第2章 破壊的団体の規制

(団体活動の制限)
**第5条** ① 公安審査委員会は,団体の活動として暴力主義的破壊活動を行つた団体に対して,当該団体が継続又は反覆して将来さらに団体の活動として暴力主義的破壊活動を行う明らかなおそれがあると認めるに足りる十分な理由があるときは,左に掲げる処分を行うことができる.但し,その処分は,そのおそれを除去するために必要且つ相当な限度をこえてはならない.
1 当該暴力主義的破壊活動が集団示威運動,集団行進又は公開の集会において行われたものである場合においては,6月をこえない期間及び地域を定めて,それぞれ,集団示威運動,集団行進又は公開の集会を行うことを禁止すること.
2 当該暴力主義的破壊活動が機関誌紙(団体がその目的,主義,方針等を主張し,通報し,又は宣伝するために継続的に刊行する出版物をいう.)によつて行われたものである場合においては,6月をこえない期間を定めて,当該機関誌紙を続けて印刷し,又は頒布することを禁止すること.
3 6月をこえない期間を定めて,当該暴力主義的破壊活動に関与した特定の役職員(代表者,主幹者その他名称のいかんを問わず当該団体の事務に従事する者をいう.以下同じ.)又は構成員に当該団体のためにする行為をさせることを禁止すること.
② 前項の処分が効力を生じた後は,何人も,当該団体の役職員又は構成員として,その処分の趣旨に反する行為をしてはならない.但し,同項第3号の処分が効力を生じた場合において,当該役職員又は構成員が当該処分の効力に関する訴訟に通常必要とされる行為をすることは,この限りでない.

(脱法行為の禁止)
**第6条** 前条第1項の処分を受けた団体の役職員又は構成員は,いかなる名義においても,同条第2項の規定による禁止を免れる行為をしてはならない.

(解散の指定)
**第7条** 公安審査委員会は,左に掲げる団体が継続又は反覆して将来さらに団体の活動として暴力主義的破壊活動を行う明らかなおそれがあると認めるに足りる十分な理由があり,且つ,第5条第1項の処分によつては,そのおそれを有効に除去することができないと認められるときは,当該団体に対して,解散の指定を行うことができる.

1 団体の活動として第4条第1項第1号に掲げる暴力主義的破壊活動を行つた団体
2 団体の活動として第4条第1項第2号イからリまでに掲げる暴力主義的破壊活動を行い,若しくはその実行に着手してこれを遂げず,又は人を教唆し,若しくはこれを実行させる目的をもつて人を煽動して,これを行わせた団体
3 第5条第1項の処分を受け,さらに団体の活動として暴力主義的破壊活動を行つた団体

(団体のためにする行為の禁止)
**第8条** 前条の処分が効力を生じた後は,当該処分の原因となつた暴力主義的破壊活動が行われた日以後当該団体の役職員又は構成員であつた者は,当該団体のためにするいかなる行為もしてはならない.但し,その処分の効力に関する訴訟又は当該団体の財産若しくは事務の整理に通常必要とされる行為は,この限りでない.

(脱法行為の禁止)
**第9条** 前条に規定する者は,いかなる名義においても,同条の規定による禁止を免れる行為をしてはならない.

(財産の整理)
**第10条** ① 法人について,第7条の処分が訴訟手続によつてその取消を求めることのできないことが確定したときは,その法人は,解散する.
② 第7条の処分が訴訟手続によつてその取消を求めることのできないことが確定したときは,当該団体は,すみやかに,その財産を整理しなければならない.
③ 前項の財産整理が終了したときは,当該団体の役職員であつた者は,そのてん末を公安調査庁長官に届け出なければならない.

## 第6章 罰則

(内乱,外患の罪の教唆等)
**第38条** ① 刑法第77条,第81条若しくは第82条の罪の教唆をなし,又はこれらの罪を実行させる目的をもつてその罪のせん動をなした者は,7年以下の懲役又は禁錮に処する.
② 左の各号の一に該当する者は,5年以下の懲役又は禁錮に処する.
1 刑法第78条,第79条又は第88条の罪の教唆をなした者
2 刑法第77条,第81条又は第82条の罪を実行させる目的をもつて,その実行の正当性又は必要性を主張した文書又は図画を印刷し,頒布し,又は公然掲示した者
3 刑法第77条,第81条又は第82条の罪を実行させる目的をもつて,無線通信又は有線放送により,その実行の正当性又は必要性を主張する通信をなした者
③ 刑法第77条,第78条又は第79条の罪に係る前2項の罪を犯し,未だ暴動にならない前に自首した者は,その刑を減軽し,又は免除する.

(政治目的のための放火の罪の予備等)
**第39条** 政治上の主義若しくは施策を推進し,支持し,又はこれに反対する目的をもつて,刑法第108条,第109条第1項,第117条第1項前段,第126条第1項若しくは第2項,第199条若しくは第236条第1項の罪の予備,陰謀若しくは教唆をなし,又はこれらの罪を実行させる目的をもつてするその罪

のせん動をなした者は,5年以下の懲役又は禁こに処する.
**(政治目的のための騒乱の罪の予備等)**
**第40条** 政治上の主義若しくは施策を推進し,支持し,又はこれに反対する目的をもって,左の各号の罪の予備,陰謀若しくは教唆をなし,又はこれらの罪を実行させる目的をもってするその罪のせん動をなした者は,3年以下の懲役又は禁こに処する.
1 刑法第106条の罪
2 刑法第125条の罪
3 検察若しくは警察の職務を行い,若しくはこれを補助する者,法令により拘禁された者を看守し,若しくは護送する者又はこの法律の規定により調査に従事する者に対し,凶器若しくは毒劇物を携え,多衆共同してなす刑法第95条の罪
**(教唆)**
**第41条** この法律に定める教唆の規定は,教唆された者が教唆に係る犯罪を実行したときは,刑法総則に定める教唆の規定の適用を排除するものではない.この場合においては,その刑を比較し,重い刑をもって処断する.
**(団体のためにする行為の禁止違反の罪)**
**第42条** 第8条又は第9条の規定に違反した者は,3年以下の懲役又は5万円以下の罰金に処する.
**(団体活動の制限処分の違反の罪)**
**第43条** 第5条第2項又は第6条の規定に違反した者は,2年以下の懲役又は3万円以下の罰金に処する.
**(退去命令違反の罪)**
**第44条** 第15条第4項の規定による命令に違反した者は,3万円以下の罰金に処する.

## 32 自衛隊法(抄)

(昭29・6・9 法律第165号,昭29・7・1施行,最終改正:平20・6・18法律第75号)

### 第1章 総則

**(この法律の目的)**
**第1条** この法律は,自衛隊の任務,自衛隊の部隊の組織及び編成,自衛隊の行動及び権限,隊員の身分取扱等を定めることを目的とする.
**(定義)**
**第2条** ① この法律において「自衛隊」とは,防衛大臣,防衛副大臣,防衛大臣政務官及び防衛大臣秘書官並びに防衛省の事務次官及び防衛参事官並びに防衛省の内部部局,防衛大学校,防衛医科大学校,統合幕僚監部,情報本部,技術研究本部,装備施設本部,防衛監察本部,地方防衛局その他の機関(政令で定める合議制の機関並びに防衛省設置法(昭和29年法律第164号)第4条第24号又は第25号に掲げる事務をつかさどる部局又は職で政令で定めるものを除く.)並びに陸上自衛隊,海上自衛隊及び航空自衛隊を含むものとする.
② この法律において「陸上自衛隊」とは,陸上幕僚監部並びに統合幕僚監部及び陸上幕僚長の監督を受ける部隊及び機関を含むものとする.
③ この法律において「海上自衛隊」とは,海上幕僚監部並びに統合幕僚監部及び海上幕僚長の監督を受ける部隊及び機関を含むものとする.
④ この法律において「航空自衛隊」とは,航空幕僚監部並びに統合幕僚監部及び航空幕僚長の監督を受ける部隊及び機関を含むものとする.
⑤ この法律(第94条の6第3号を除く.)において「隊員」とは,防衛省の職員で,防衛大臣,防衛副大臣,防衛大臣政務官,防衛大臣秘書官,第1項の政令で定める合議制の機関の委員,同項の政令で定める部局に勤務する職員及び同項の政令で定める職にある職員以外のものをいうものとする.
**(自衛隊の任務)**
**第3条** ① 自衛隊は,我が国の平和と独立を守り,国の安全を保つため,直接侵略及び間接侵略に対し我が国を防衛することを主たる任務とし,必要に応じ,公共の秩序の維持に当たるものとする.
② 自衛隊は,前項に規定するもののほか,同項の主たる任務の遂行に支障を生じない限度において,かつ,武力による威嚇又は武力の行使に当たらない範囲において,次に掲げる活動であつて,別に法律で定めるところにより自衛隊が実施することとされるものを行うことを任務とする.
1 我が国周辺の地域における我が国の平和及び安全に重要な影響を与える事態に対応して行う我が国の平和及び安全の確保に資する活動
2 国際連合を中心とした国際平和のための取組への寄与その他の国際協力の推進を通じて我が国を含む国際社会の平和及び安全の維持に資する活動
③ 陸上自衛隊は主として陸において,海上自衛隊は主として海において,航空自衛隊は主として空においてそれぞれ行動することを任務とする.

### 第2章 指揮監督

**(内閣総理大臣の指揮監督権)**
**第7条** 内閣総理大臣は,内閣を代表して自衛隊の最高の指揮監督権を有する.
**(防衛大臣の指揮監督権)**
**第8条** ① 防衛大臣は,この法律の定めるところに従い,自衛隊の事務を統括する.ただし,陸上自衛隊,海上自衛隊又は航空自衛隊の部隊及び機関(以下「部隊等」という.)に対する防衛大臣の指揮監督は,次の各号に掲げる隊務の区分に応じ,当該各号に定める者を通じて行うものとする.
1 統合幕僚監部の所掌事務に係る陸上自衛隊,海上自衛隊又は航空自衛隊の隊務 統合幕僚長
2 陸上幕僚監部の所掌事務に係る陸上自衛隊の隊務 陸上幕僚長
3 海上幕僚監部の所掌事務に係る海上自衛隊の隊務 海上幕僚長
4 航空幕僚監部の所掌事務に係る航空自衛隊の隊務 航空幕僚長
**(幕僚長の職務)**
**第9条** ① 統合幕僚長,陸上幕僚長,海上幕僚長又は航空幕僚長(以下「幕僚長」という.)は,防衛大臣の指揮監督を受け,それぞれ前条各号に掲げる隊務及び統合幕僚監部,陸上自衛隊,海上自衛隊又は航空自衛隊の隊員の服務を監督する.
② 幕僚長は,それぞれ前条各号に掲げる隊務に関し最高の専門的助言者として防衛大臣を補佐する.
③ 幕僚長は,それぞれ,前条各号に掲げる隊務に関

し,部隊等に対する防衛大臣の命令を執行する.

## 第5章　隊員

### 第4節　服務

**(服務の本旨)**
**第52条**　隊員は,わが国の平和と独立を守る自衛隊の使命を自覚し,一致団結,厳正な規律を保持し,常に徳操を養い,人格を尊重し,心身をきたえ,技能をみがき,強い責任感をもつて専心その職務の遂行にあたり,事に臨んでは危険を顧みず,身をもつて責務の完遂に努め,もつて国民の負託にこたえることを期するものとする.

**(秘密を守る義務)**
**第59条**　① 隊員は,職務上知ることのできた秘密を漏らしてはならない. その職を離れた後も,同様とする.

**(団体の結成等の禁止)**
**第64条**　① 隊員は,勤務条件等に関し使用者たる国の利益を代表する者と交渉するための組合その他の団体を結成し,又はこれに加入してはならない.
② 隊員は,同盟罷業,怠業その他の争議行為をし,又は政府の活動能率を低下させる怠業的行為をしてはならない.
③ 何人も,前項の行為を企て,又はその遂行を共謀し,教唆し,若しくはせん動してはならない.
④ 前3項の規定に違反する行為をした隊員は,その行為の開始とともに,国に対し,法令に基いて保有する任用上の権利をもつて対抗することができない.

## 第6章　自衛隊の行動

**(防衛出動)**
**第76条**　① 内閣総理大臣は,我が国に対する外部からの武力攻撃(以下「武力攻撃」という.)が発生した事態又は武力攻撃が発生する明白な危険が切迫していると認められるに至つた事態に際して,我が国を防衛するため必要があると認める場合には,自衛隊の全部又は一部の出動を命ずることができる. この場合においては,武力攻撃事態等における我が国の平和と独立並びに国及び国民の安全の確保に関する法律(平成15年法律第79号)第9条の定めるところにより,国会の承認を得なければならない.
② 内閣総理大臣は,出動の必要がなくなつたときは,直ちに,自衛隊の撤収を命じなければならない.

**(国民保護等派遣)**
**第77条の4**　① 防衛大臣は,都道府県知事から武力攻撃事態等における国民の保護のための措置に関する法律第15条第1項の規定による要請を受けた場合において事態やむを得ないと認めるとき,又は武力攻撃事態等対策本部長から同条第2項の規定による求めがあつたときは,内閣総理大臣の承認を得て,当該要請又は求めに係る国民の保護のための措置を実施するため,部隊等を派遣することができる.

**(命令による治安出動)**
**第78条**　① 内閣総理大臣は,間接侵略その他の緊急事態に際して,一般の警察力をもつては,治安を維持することができないと認められる場合には,自衛隊の全部又は一部の出動を命ずることができる.
② 内閣総理大臣は,前項の規定による出動を命じた場合には,出動を命じた日から20日以内に国会に付議して,その承認を求めなければならない. ただし,国会が閉会中の場合又は衆議院が解散されている場合には,その後最初に召集される国会において,すみやかに,その承認を求めなければならない.
③ 内閣総理大臣は,前項の場合において不承認の議決があつたとき,又は出動の必要がなくなつたときは,すみやかに,自衛隊の撤収を命じなければならない.

**(要請による治安出動)**
**第81条**　① 都道府県知事は,治安維持上重大な事態につきやむを得ない必要があると認める場合には,当該都道府県の都道府県公安委員会と協議の上,内閣総理大臣に対し,部隊等の出動を要請することができる.
② 内閣総理大臣は,前項の要請があり,事態やむを得ないと認める場合には,部隊等の出動を命ずることができる.
③ 都道府県知事は,事態が収まり,部隊等の出動の必要がなくなつたと認める場合には,内閣総理大臣に対し,すみやかに,部隊等の撤収を要請しなければならない.
④ 内閣総理大臣は,前項の要請があつた場合又は部隊等の出動の必要がなくなつたと認める場合には,すみやかに,部隊等の撤収を命じなければならない.
⑤ 都道府県知事は,第1項に規定する要請をした場合には,事態が収つた後,すみやかに,その旨を当該都道府県の議会に報告しなければならない.
⑥ 第1項及び第3項に規定する要請の手続は,政令で定める.

**(災害派遣)**
**第83条**　① 都道府県知事その他政令で定める者は,天災地変その他の災害に際して,人命又は財産の保護のため必要があると認める場合には,部隊等の派遣を防衛大臣又はその指定する者に要請することができる.
② 防衛大臣又はその指定する者は,前項の要請があり,事態やむを得ないと認める場合には,部隊等を救援のため派遣することができる. ただし,天災地変その他の災害に際し,その事態に照らし特に緊急を要し,前項の要請を待ついとまがないと認められるときは,同項の要請を待たないで,部隊等を派遣することができる.
③ 庁舎,営舎その他の防衛省の施設又はこれらの近傍に火災その他の災害が発生した場合においては,部隊等の長は,部隊等を派遣することができる.
④ 第1項の要請の手続は,政令で定める.
⑤ 第1項から第3項までの規定は,武力攻撃事態等における国民の保護のための措置に関する法律第2条第4項に規定する武力攻撃災害及び同法第183条において準用する同法第14条第1項に規定する緊急対処事態における災害については,適用しない.

**(地震防災派遣)**
**第83条の2**　防衛大臣は,大規模地震対策特別措置法(昭和53年法律第73号)第11条第1項に規定する地震災害警戒本部長から同法第13条第2項の規定による要請があつた場合には,部隊等を支援のため派遣することができる.

**(原子力災害派遣)**
**第83条の3**　防衛大臣は,原子力災害対策特別措置法(平成11年法律第156号)第17条第1項に規定する原子力災害対策本部長から同法第20条第4項の規定による要請があつた場合には,部隊等を支援のため派遣することができる.

## 第7章　自衛隊の権限等

**(武器の保有)**
**第87条**　自衛隊は,その任務の遂行に必要な武器を保有することができる.

**(防衛出動時の武力行使)**
**第88条**　① 第76条第1項の規定により出動を命ぜられた自衛隊は,わが国を防衛するため,必要な武力を行使することができる.
② 前項の武力行使に際しては,国際の法規及び慣例によるべき場合にあつてはこれを遵守し,かつ,事態に応じ合理的に必要と判断される限度をこえてはならないものとする.

**(治安出動時の権限)**
**第89条**　① 警察官職務執行法(昭和23年法律第136号)の規定は,第78条第1項又は第81条第2項の規定により出動を命ぜられた自衛隊の自衛官の職務の執行について準用する.この場合において,同法第4条第2項中「公安委員会」とあるのは,「防衛大臣の指定する者」と読み替えるものとする.
② 前項において準用する警察官職務執行法第7条の規定により自衛官が武器を使用するには,刑法(明治40年法律第45号)第36条又は第37条に該当する場合を除き,当該部隊指揮官の命令によらなければならない.

**第90条**　① 第78条第1項又は第81条第2項の規定により出動を命ぜられた自衛隊の自衛官は,前条の規定により武器を使用する場合のほか,次の各号の一に該当する相当の理由があるときは,その事態に応じ合理的に必要と判断される限度で武器を使用することができる.
1　職務上警護する人,施設又は物件が暴行又は侵害を受け,又は受けようとする明白な危険があり,武器を使用するほか,他にこれを排除する適当な手段がない場合
2　多衆集合して暴行若しくは脅迫をし,又は暴行若しくは脅迫をしようとする明白な危険があり,武器を使用するほか,他にこれを鎮圧し,又は防止する適当な手段がない場合
3　前号に掲げる場合のほか,小銃,機関銃(機関けん銃を含む.),砲,化学兵器,生物兵器その他の殺傷力がこれらに類する武器を所持し,又は所持していると疑うに足りる相当の理由のある者が暴行又は脅迫をし又はする高い蓋然性があり,武器を使用するほか,他にこれを鎮圧し,又は防止する適当な手段がない場合

**(防衛出動時の公共の秩序の維持のための権限)**
**第92条**　① 第76条第1項の規定により出動を命ぜられた自衛隊は,第88条の規定により武力を行使するほか,必要に応じ,公共の秩序を維持するため行動することができる.

**(防衛秘密)**
**第96条の2**　① 防衛大臣は,自衛隊についての別表第4に掲げる事項であつて,公になつていないもののうち,我が国の防衛上特に秘匿することが必要であるもの(日米相互防衛援助協定等に伴う秘密保護法(昭和29年法律第166号)第1条第3項に規定する特別防衛秘密に該当するものを除く.)を防衛秘密として指定するものとする.
② 前項の規定による指定は,次の各号のいずれかに掲げる方法により行わなければならない.

1　政令で定めるところにより,前項に規定する事項を記録する文書,図画若しくは物件又は当該事項を化体する物件に標記を付すこと.
2　前項に規定する事項の性質上前号の規定によることが困難である場合において,政令で定めるところにより,当該事項が同項の規定の適用を受けることとなる旨を当該事項を取り扱う者に通知すること.
③ 長官は,自衛隊の任務遂行上特段の必要がある場合に限り,国の行政機関の職員のうち防衛に関連する職務に従事する者又は防衛省との契約に基づき防衛秘密に係る物件の製造若しくは役務の提供を業とする者に,政令で定めるところにより,防衛秘密の取扱いの業務を行わせることができる.
④ 防衛大臣は,第1項及び第2項に定めるもののほか,政令で定めるところにより,第1項に規定する事項の保護上必要な措置を講ずるものとする.

## 第8章　雑　則

**(防衛出動時における物資の収用等)**
**第103条**　① 第76条第1項の規定により自衛隊が出動を命ぜられ,当該自衛隊の行動に係る地域における自衛隊の任務遂行上必要があると認められる場合には,都道府県知事は,防衛大臣又は政令で定める者の要請に基き,病院,診療所その他政令で定める施設(以下本条中「施設」という.)を管理し,土地,家屋若しくは物資(以下本条中「土地等」という.)を使用し,物資の生産,集荷,販売,配給,保管若しくは輸送を業とする者に対してその取り扱う物資の保管を命じ,又はこれらの物資を収用することができる.ただし,事態に照らし緊急を要すると認めるときは,防衛大臣又は政令で定める者は,都道府県知事に通知した上で,自らこれらの権限を行うことができる.
② 第76条第1項の規定により自衛隊が出動を命ぜられた場合においては,当該自衛隊の行動に係る地域以外の地域においても,都道府県知事は,長官又は政令で定める者の要請に基づき,自衛隊の任務遂行上特に必要があると認めるときは,防衛大臣が告示して定めた地域内に限り,施設の管理,土地等の使用若しくは物資の収用を行い,又は取扱物資の保管命令を発し,また,当該地域内にある医療,土木建築工事又は輸送を業とする者に対して,当該地域内においてこれらの者が現に従事している医療,土木建築工事又は輸送の業務と同種の業務で長官が政令で定める者が指定したものに従事することを命ずることができる.

## 第9章　罰　則

**第118条**　① 次の各号の一に該当する者は,1年以下の懲役又は3万円以下の罰金に処する.
1　第59条第1項又は第2項の規定に違反して秘密を漏らした者
2　第62条第1項の規定に違反した者
3　第62条第2項の規定に違反して営利を目的とする会社その他の団体の地位に就いた者
4　正当な理由がなくて自衛隊の保有する武器を使用した者
② 前項第1号に掲げる行為を企て,教唆し,又はそのほう助をした者は,同項の刑に処する.
**第119条**　① 次の各号のいずれかに該当する者は,

3年以下の懲役又は禁錮に処する.
1 第61条第1項の規定に違反した者
2 第64条第1項の規定に違反して組合その他の団体を結成した者
3 第64条第2項の規定に違反した者
4 第70条第1項第1号の規定による防衛招集命令を受けた予備自衛官又は第75条の4第1項第1号若しくは第3号の規定による防衛招集命令若しくは治安招集命令を受けた即応予備自衛官で,正当な理由がなくて指定された日から3日を過ぎてなお指定された場所に出頭しないもの
5 第77条又は第79条第1項の規定による出動待機命令を受けた者で,正当な理由がなくて職務の場所を離れて3日を過ぎたもの又は職務の場所につくように命ぜられた日から正当な理由がなくて7日を過ぎてなお職務の場所につかないもの
6 第78条第1項又は第81条第2項に規定する治安出動命令を受けた者で,上官の職務上の命令に反抗し,又はこれに服従しないもの
7 上官の職務上の命令に対し多数共同して反抗した者
8 正当な権限がなくて又は上官の職務上の命令に違反して自衛隊の部隊を指揮した者

② 前項第2号若しくは第4号から第6号までに規定する行為の遂行を教唆し,若しくはそのほう助をした者は同項第3号,第7号若しくは第8号に規定する行為の遂行を共謀し,教唆し,若しくはせん動した者は,それぞれ同項の刑に処する.

**第120条** ① 第78条第1項又は第81条第2項に規定する治安出動命令を受けた者で,次の各号の一に該当するものは,5年以下の懲役又は禁こに処する.
1 第64条第2項の規定に違反した者
2 正当な理由がなくて職務の場所を離れ3日を過ぎた者又は職務の場所につくように命ぜられた日から正当な理由がなくて3日を過ぎてなお職務の場所につかない者
3 上官の職務上の命令に対し多数共同して反抗した者
4 正当な権限がなくて又は上官の職務上の命令に違反して自衛隊の部隊を指揮した者

② 前項第2号に規定する行為の遂行を教唆し,若しくはそのほう助をした者は同項第1号,第3号若しくは第4号に規定する行為の遂行を共謀し,教唆し,若しくはせん動した者は,それぞれ同項の刑に処する.

**第121条** 自衛隊の所有し,又は使用する武器,弾薬,航空機その他の防衛の用に供する物を損壊し,又は傷害した者は,5年以下の懲役又は5万円以下の罰金に処する.

**第122条** ① 防衛秘密を取り扱うことを業務とする者がその業務により知得した防衛秘密を漏らしたときは,5年以下の懲役に処する.防衛秘密を取り扱うことを業務としなくなつた後においても,同様とする.
② 前項の未遂罪は,罰する.
③ 過失により,前項の罪を犯した者は,1年以下の禁錮又は3万円以下の罰金に処する.
④ 第1項に規定する行為の遂行を共謀し,教唆し,又は煽動した者は,3年以下の懲役に処する.
⑤ 第2項の罪を犯した者は前項の罪を犯した者のうち第1項に規定する行為の遂行を共謀したものが自首したときは,その刑を減軽し,又は免除する.
⑥ 第1項から第4項までの罪は,刑法第3条の例に従う.

**第124条** 第103条第13項(第103条の2第3項において準用する場合を含む.)又は第14項の規定による立入検査を拒み,妨げ,若しくは忌避し,又は同項の規定による報告をせず,若しくは虚偽の報告をした者は,20万円以下の罰金に処する.

**第125条** 第103条第1項又は第2項の規定による取扱物資の保管命令に違反して当該物資を隠匿し,毀棄し,又は搬出したときは,6月以下の懲役又は30万円以下の罰金に処する.

**第126条** 法人の代表者又は法人若しくは人の代理人,使用人その他の従業員が,その法人又は人の業務に関し前2条の違反行為をしたときは,行為者を罰するほか,その法人又は人に対しても,各本条の罰金刑を科する.

**附 則** (略)

## 33 国民の安全の確保に関する法律

〔武力攻撃事態等における我が国の平和と独立並びに国及び国民の安全の確保に関する法律〕(抄)

(平15・6・13法律第79号,平15・6・13施行,最終改正:平18・12・22法律第118号)

### 第1章 総 則

(目 的)
**第1条** この法律は,武力攻撃事態等(武力攻撃事態及び武力攻撃予測事態をいう.以下同じ.)への対処について,基本理念,国,地方公共団体等の責務,国民の協力その他の基本となる事項を定めることにより,武力攻撃事態等への対処のための態勢を整備し,併せて武力攻撃事態等への対処に関して必要となる法制の整備に関する事項を定め,もって我が国の平和と独立並びに国及び国民の安全の確保に資することを目的とする.

(定 義)
**第2条** この法律において,次の各号に掲げる用語の意義は,それぞれ当該各号に定めるところによる.
1 武力攻撃 我が国に対する外部からの武力攻撃をいう.
2 武力攻撃事態 武力攻撃が発生した事態又は武力攻撃が発生する明白な危険が切迫していると認められるに至った事態をいう.
3 武力攻撃予測事態 武力攻撃事態には至っていないが,事態が緊迫し,武力攻撃が予測されるに至った事態をいう.
4 指定行政機関 次に掲げる機関で政令で定めるものをいう.
 イ 内閣府,宮内庁並びに内閣府設置法(平成11年法律第89号)第49条第1項及び第2項に規定する機関並びに国家行政組織法(昭和23年法律第120号)第3条第2項に規定する機関
 ロ 内閣府設置法第37条及び第54条並びに宮内庁法(昭和22年法律第70号)第16条第1項並びに国家行政組織法第8条に規定する機関

ハ 内閣府設置法第39条及び第55条並びに宮内庁法第16条第2項並びに国家行政組織法第8条の2に規定する機関
ニ 内閣府設置法第40条及び第56条並びに国家行政組織法第8条の3に規定する機関
5 指定地方行政機関 指定行政機関の地方支分部局（内閣府設置法第43条及び第57条（宮内庁法第18条第1項において準用する場合を含む。）並びに宮内庁法第17条第1項並びに国家行政組織法第9条の地方支分部局をいう。）その他の国の地方行政機関で、政令で定めるものをいう。
6 指定公共機関 独立行政法人（独立行政法人通則法（平成11年法律第103号）第2条第1項に規定する独立行政法人をいう。）、日本銀行、日本赤十字社、日本放送協会その他の公共的機関及び電気、ガス、輸送、通信その他の公益的事業を営む法人で、政令で定めるものをいう。
7 対処措置 第9条第1項の対処基本方針が定められてから廃止されるまでの間に、指定行政機関、地方公共団体又は指定公共機関が法律の規定に基づいて実施する次に掲げる措置をいう。
イ 武力攻撃事態等を終結させるためにその推移に応じて実施する次に掲げる措置
(1) 武力攻撃を排除するために必要な自衛隊が実施する武力の行使、部隊等の展開その他の行動
(2) (1)に掲げる自衛隊の行動及びアメリカ合衆国の軍隊が実施する日本国とアメリカ合衆国との間の相互協力及び安全保障条約（以下「日米安保条約」という。）に従って武力攻撃を排除するために必要な行動が円滑かつ効果的に行われるために実施する物品、施設又は役務の提供その他の措置
(3) (1)及び(2)に掲げるもののほか、外交上の措置その他の措置
ロ 武力攻撃から国民の生命、身体及び財産を保護するため、又は武力攻撃が国民生活及び国民経済に影響を及ぼす場合において当該影響が最小となるようにするために武力攻撃事態等の推移に応じて実施する次に掲げる措置
(1) 警報の発令、避難の指示、被災者の救助、施設及び設備の応急の復旧その他の措置
(2) 生活関連物資等の価格安定、配分その他の措置

（武力攻撃事態等への対処に関する基本理念）
**第3条** ① 武力攻撃事態等への対処においては、国、地方公共団体及び指定公共機関が、国民の協力を得つつ、相互に連携協力し、万全の措置が講じられなければならない。
② 武力攻撃予測事態においては、武力攻撃の発生が回避されるようにしなければならない。
③ 武力攻撃事態においては、武力攻撃の発生に備えるとともに、武力攻撃が発生した場合には、これを排除しつつ、その速やかな終結を図らなければならない。ただし、武力攻撃が発生した場合においてこれを排除するに当たっては、武力の行使は、事態に応じ合理的に必要と判断される限度においてなされなければならない。
④ 武力攻撃事態等への対処においては、日本国憲法の保障する国民の自由と権利が尊重されなければならず、これに制限が加えられる場合にあっても、その制限は当該武力攻撃事態等に対処するため必要最小限のものに限られ、かつ、公正かつ適正な手続の下に行われなければならない。この場合において、日本国憲法第14条、第18条、第19条、第21条その他の基本的人権に関する規定は、最大限に尊重されなければならない。
⑤ 武力攻撃事態等においては、当該武力攻撃事態等及びこれへの対処に関する状況について、適時に、かつ、適切な方法で国民に明らかにされるようにしなければならない。
⑥ 武力攻撃事態等への対処においては、日米安保条約に基づいてアメリカ合衆国と緊密に協力しつつ、国際連合を始めとする国際社会の理解及び協調的行動が得られるようにしなければならない。

（国の責務）
**第4条** 国は、我が国の平和と独立を守り、国及び国民の安全を保つため、武力攻撃事態等において、我が国を防衛し、国土並びに国民の生命、身体及び財産を保護する固有の使命を有することから、前条の基本理念にのっとり、組織及び機能のすべてを挙げて、武力攻撃事態等に対処するとともに、国全体として万全の措置が講じられるようにする責務を有する。

（地方公共団体の責務）
**第5条** 地方公共団体は、当該地方公共団体の地域並びに当該地方公共団体の住民の生命、身体及び財産を保護する使命を有することにかんがみ、国及び他の地方公共団体その他の機関と相互に協力し、武力攻撃事態等への対処に関し、必要な措置を実施する責務を有する。

（指定公共機関の責務）
**第6条** 指定公共機関は、国及び地方公共団体その他の機関と相互に協力し、武力攻撃事態等への対処に関し、その業務について、必要な措置を実施する責務を有する。

（国と地方公共団体との役割分担）
**第7条** 武力攻撃事態等への対処の性格にかんがみ、国においては武力攻撃事態等への対処に関する主要な役割を担い、地方公共団体においては武力攻撃事態等における当該地方公共団体の住民の生命、身体及び財産の保護に関して、国の方針に基づく措置の実施その他適切な役割を担うことを基本とするものとする。

（国民の協力）
**第8条** 国民は、国及び国民の安全を確保することの重要性にかんがみ、指定行政機関、地方公共団体又は指定公共機関が対処措置を実施する際は、必要な協力をするよう努めるものとする。

# 34 国民保護法
〔武力攻撃事態等における国民の保護のための措置に関する法律〕
（平16・6・18法律第112号, 平16・9・17施行、最終改正：平20・6・18法律第75号）

## 第1章 総則（抄）

第1節 通則
（目的）
**第1条** この法律は、武力攻撃事態等において武力

攻撃から国民の生命、身体及び財産を保護し、並びに武力攻撃の国民生活及び国民経済に及ぼす影響が最小となるようにすることの重要性にかんがみ、これらの事項に関し、国、地方公共団体の責務、国民の協力、住民の避難に関する措置、避難住民等の救援に関する措置、武力攻撃災害への対処に関する措置その他の必要な事項を定めることにより、武力攻撃事態等における我が国の平和と独立並びに国及び国民の安全の確保に関する法律（平成15年法律第79号。以下「事態対処法」という。）と相まって、国全体として万全の態勢を整備し、もって武力攻撃事態等における国民の保護のための措置を的確かつ迅速に実施することを目的とする。

（定義）
**第2条** ① この法律において「武力攻撃事態等」、「武力攻撃」、「武力攻撃事態」、「指定行政機関」、「指定地方行政機関」、「指定公共機関」、「対処基本方針」、「対策本部」及び「対策本部長」の意義は、それぞれ事態対処法第1条、第2条第1号から第6号まで（第3号を除く。）、第9条第1項、第10条第1項及び第11条第1項に規定する当該用語の意義による。
② この法律において「指定地方公共機関」とは、都道府県の区域において電気、ガス、輸送、通信、医療その他の公益的事業を営む法人、地方道路公社（地方道路公社法（昭和45年法律第82号）第1条の地方道路公社をいう。）その他の公共的施設を管理する法人及び地方独立行政法人（地方独立行政法人法（平成15年法律第118号）第2条第1項の地方独立行政法人をいう。）であらかじめ当該法人の意見を聴いて当該都道府県の知事が指定するものをいう。
③ この法律において「国民の保護のための措置」とは、対処基本方針が定められてから廃止されるまでの間に、指定行政機関、地方公共団体又は指定公共機関若しくは指定地方公共機関が法律の規定に基づいて実施する事態対処法第22条第1号に掲げる措置（同号ヘに掲げる措置にあっては、対処基本方針が廃止された後これらの者が法律の規定に基づいて実施するものを含む。）をいう。
④ この法律において「武力攻撃災害」とは、武力攻撃により直接又は間接に生ずる人の死亡又は負傷、火事、爆発、放射性物質の放出その他の人的又は物的災害をいう。

（国、地方公共団体等の責務）
**第3条** ① 国は、国民の安全を確保するため、武力攻撃事態等に備えて、あらかじめ、国民の保護のための措置の実施に関する基本的な方針を定めるとともに、武力攻撃事態等においては、その組織及び機能のすべてを挙げて自ら国民の保護のための措置を的確かつ迅速に実施し、又は地方公共団体及び指定公共機関が実施する国民の保護のための措置を的確かつ迅速に支援し、並びに国民の保護のための措置に関し国費による適切な措置を講ずること等により、国全体として万全の態勢を整備する責務を有する。
② 地方公共団体は、国があらかじめ定める国民の保護のための措置の実施に関する基本的な方針に基づき、武力攻撃事態等においては、自ら国民の保護のための措置を的確かつ迅速に実施し、及び当該地方公共団体の区域において関係機関が実施する国民の保護のための措置を総合的に推進する責務を有する。
③ 指定公共機関及び指定地方公共機関は、武力攻撃事態等においては、この法律で定めるところにより、その業務について、国民の保護のための措置を実施する責務を有する。
④ 国、地方公共団体並びに指定公共機関及び指定地方公共機関は、国民の保護のための措置を実施するに当たっては、相互に連携協力し、その的確かつ迅速な実施に万全を期さなければならない。

（国民の協力等）
**第4条** ① 国民は、この法律の規定により国民の保護のための措置の実施に関し協力を要請されたときは、必要な協力をするよう努めるものとする。
② 前項の協力は国民の自発的な意思にゆだねられるものであって、その要請に当たって強制にわたることがあってはならない。
③ 国及び地方公共団体は、自主防災組織（災害対策基本法（昭和36年法律第223号）第5条第2項の自主防災組織をいう。以下同じ。）及びボランティアにより行われる国民の保護のための措置に資するための自発的な活動に対し、必要な支援を行うよう努めるものとする。

（基本的人権の尊重）
**第5条** ① 国民の保護のための措置を実施するに当たっては、日本国憲法の保障する国民の自由と権利が尊重されなければならない。
② 前項に規定する国民の保護のための措置を実施する場合において、国民の自由と権利に制限が加えられるときであっても、その制限は当該国民の保護のための措置を実施するため必要最小限のものに限られ、かつ、公正かつ適正な手続の下に行われるものとし、いやしくも国民を差別的に取り扱い、並びに思想及び良心の自由並びに表現の自由を侵すものであってはならない。

（国民の権利利益の迅速な救済）
**第6条** 国及び地方公共団体は、国民の保護のための措置の実施に伴う損失補償、国民の保護のための措置に係る不服申立て又は訴訟その他の国民の権利利益の救済に係る手続について、できる限り迅速に処理するよう努めなければならない。

（日本赤十字社の自主性の尊重等）
**第7条** ① 国及び地方公共団体は、日本赤十字社が実施する国民の保護のための措置については、その特性にかんがみ、その自主性を尊重しなければならない。
② 国及び地方公共団体は、放送事業者（放送法（昭和25年法律第132号）第2条第3号の2の放送事業者その他の放送（公衆によって直接受信されることを目的とする電気通信の送信をいう。次条第2項において同じ。）の事業を行う者をいう。以下同じ。）である指定公共機関及び指定地方公共機関が実施する国民の保護のための措置については、その言論その他表現の自由に特に配慮しなければならない。

（国民に対する情報の提供）
**第8条** ① 国及び地方公共団体は、武力攻撃事態等においては、国民の保護のための措置に関し、国民に対し、正確な情報を、適時に、かつ、適切な方法で提供しなければならない。
② 国及び地方公共団体並びに指定公共機関及び指定地方公共機関は、国民の保護のための措置に関する情報については、新聞、放送、インターネットその他の

a 適切な方法により,迅速に国民に提供するよう努めなければならない.
(留意事項)
第9条 ① 国民の保護のための措置を実施するに当たっては,高齢者,障害者その他特に配慮を要する者の保護について留意しなければならない.
b ② 国民の保護のための措置を実施するに当たっては,国際的な武力紛争において適用される国際人道法の的確な実施を確保しなければならない.

## 35 環境基本法

(平5・11・19法律第91号,平5・11・19施行,最終改正:平20・6・18法律第83号)

### 第1章 総則

(目的)
第1条 この法律は,環境の保全について,基本理念を定め,並びに国,地方公共団体,事業者及び国民の責務を明らかにするとともに,環境の保全に関する施策の基本となる事項を定めることにより,環境の保全に関する施策を総合的かつ計画的に推進し,もって現在及び将来の国民の健康で文化的な生活の確保に寄与するとともに人類の福祉に貢献することを目的とする.
(定義)
第2条 ① この法律において「環境への負荷」とは,人の活動により環境に加えられる影響であって,環境の保全上の支障の原因となるおそれのあるものをいう.
② この法律において「地球環境保全」とは,人の活動による地球全体の温暖化又はオゾン層の破壊の進行,海洋の汚染,野生生物の種の減少その他の地球の全体又はその広範な部分の環境に影響を及ぼす事態に係る環境の保全であって,人類の福祉に貢献するとともに国民の健康で文化的な生活の確保に寄与するものをいう.
③ この法律において「公害」とは,環境の保全上の支障のうち,事業活動その他の人の活動に伴って生ずる相当範囲にわたる大気の汚染,水質の汚濁(水質以外の水の状態又は水底の底質が悪化することを含む.第16条第1項を除き,以下同じ.),土壌の汚染,騒音,振動,地盤の沈下(鉱物の掘採のための土地の掘削によるものを除く.以下同じ.)及び悪臭によって,人の健康又は生活環境(人の生活に密接な関係のある財産並びに人の生活に密接な関係のある動植物及びその生育環境を含む.以下同じ.)に係る被害が生ずることをいう.
(環境の恵沢の享受と継承等)
第3条 環境の保全は,環境を健全で恵み豊かなものとして維持することが人間の健康で文化的な生活に欠くことのできないものであること及び生態系が微妙な均衡を保つことによって成り立っており人類の存続の基盤である限りある環境が,人間の活動による環境への負荷によって損なわれるおそれが生じてきていることにかんがみ,現在及び将来の世代の人間が健全で恵み豊かな環境の恵沢を享受するとともに人類の存続の基盤である環境が将来にわたって維持されるように適切に行われなければならない.
(環境への負荷の少ない持続的発展が可能な社会の構築等)
第4条 環境の保全は,社会経済活動その他の活動による環境への負荷をできる限り低減することその他の環境の保全に関する行動がすべての者の公平な役割分担の下に自主的かつ積極的に行われるようになることによって,健全で恵み豊かな環境を維持しつつ,環境への負荷の少ない健全な経済の発展を図りながら持続的に発展することができる社会が構築されることを旨とし,及び科学的知見の充実の下に環境の保全上の支障が未然に防がれることを旨として,行われなければならない.
(国際的協調による地球環境保全の積極的推進)
第5条 地球環境保全が人類共通の課題であるとともに国民の健康で文化的な生活を将来にわたって確保する上での課題であること及び我が国の経済社会が国際的な密接な相互依存関係の中で営まれていることにかんがみ,地球環境保全は,我が国の能力を生かして,及び国際社会において我が国の占める地位に応じて,国際的協調の下に積極的に推進されなければならない.
(国の責務)
第6条 国は,前3条に定める環境の保全についての基本理念(以下「基本理念」という.)にのっとり,環境の保全に関する基本的かつ総合的な施策を策定し,及び実施する責務を有する.
(地方公共団体の責務)
第7条 地方公共団体は,基本理念にのっとり,環境の保全に関し,国の施策に準じた施策及びその他のその地方公共団体の区域の自然的社会的条件に応じた施策を策定し,及び実施する責務を有する.
(事業者の責務)
第8条 ① 事業者は,基本理念にのっとり,その事業活動を行うに当たっては,これに伴って生ずるばい煙,汚水,廃棄物等の処理その他の公害を防止し,又は自然環境を適正に保全するために必要な措置を講ずる責務を有する.
② 事業者は,基本理念にのっとり,環境の保全上の支障を防止するため,物の製造,加工又は販売その他の事業活動を行うに当たって,その事業活動に係る製品その他の物が廃棄物となった場合にその適正な処理が図られることとなるように必要な措置を講ずる責務を有する.
③ 前2項に定めるもののほか,事業者は,基本理念にのっとり,環境の保全上の支障を防止するため,物の製造,加工又は販売その他の事業活動を行うに当たって,その事業活動に係る製品その他の物が使用され又は廃棄されることによる環境への負荷の低減に資するように努めるとともに,その事業活動において,再生資源その他の環境への負荷の低減に資する原材料,役務等を利用するように努めなければならない.
④ 前3項に定めるもののほか,事業者は,基本理念にのっとり,その事業活動に関し,これに伴う環境への負荷の低減その他の環境の保全に自ら努めるとともに,国又は地方公共団体が実施する環境の保全に関する施策に協力する責務を有する.
(国民の責務)
第9条 ① 国民は,基本理念にのっとり,環境の保全上の支障を防止するため,その日常生活に伴う環境

# 第2章 環境の保全に関する基本的施策

への負荷の低減に努めなければならない.
② 前項に定めるもののほか,国民は,基本理念にのっとり,環境の保全に自ら努めるとともに,国又は地方公共団体が実施する環境の保全に関する施策に協力する責務を有する.

**(環境の日)**
**第10条** ① 事業者及び国民の間に広く環境の保全についての関心と理解を深めるとともに,積極的に環境の保全に関する活動を行う意欲を高めるため,環境の日を設ける.
② 環境の日は,6月5日とする.
③ 国及び地方公共団体は,環境の日の趣旨にふさわしい事業を実施するように努めなければならない.

**(法制上の措置等)**
**第11条** 政府は,環境の保全に関する施策を実施するため必要な法制上又は財政上の措置その他の措置を講じなければならない.

**(年次報告等)**
**第12条** ① 政府は,毎年,国会に,環境の状況及び政府が環境の保全に関して講じた施策に関する報告を提出しなければならない.
② 政府は,毎年,前項の報告に係る環境の状況を考慮して講じようとする施策を明らかにした文書を作成し,これを国会に提出しなければならない.

**(放射性物質による大気の汚染等の防止)**
**第13条** 放射性物質による大気の汚染,水質の汚濁及び土壌の汚染の防止のための措置については,原子力基本法(昭和30年法律第186号)その他の関係法律で定めるところによる.

## 第2章 環境の保全に関する基本的施策

**第1節 施策の策定等に係る指針**
**第14条** この章に定める環境の保全に関する施策の策定及び実施は,基本理念にのっとり,次に掲げる事項の確保を旨として,各種の施策相互の有機的な連携を図りつつ総合的かつ計画的に行われなければならない.
1 人の健康が保護され,及び生活環境が保全され,並びに自然環境が適正に保全されるよう,大気,水,土壌その他の環境の自然的構成要素が良好な状態に保持されること.
2 生態系の多様性の確保,野生生物の種の保存その他の生物の多様性の確保が図られるとともに,森林,農地,水辺地等における多様な自然環境が地域の自然的社会的条件に応じて体系的に保全されること.
3 人と自然との豊かな触れ合いが保たれること.

**第2節 環境基本計画**
**第15条** ① 政府は,環境の保全に関する施策の総合的かつ計画的な推進を図るため,環境の保全に関する基本的な計画(以下「環境基本計画」という.)を定めなければならない.
② 環境基本計画は,次に掲げる事項について定めるものとする.
1 環境の保全に関する総合的かつ長期的な施策の大綱
2 前号に掲げるもののほか,環境の保全に関する施策を総合的かつ計画的に推進するために必要な事項
③ 環境大臣は,中央環境審議会の意見を聴いて,環境基本計画の案を作成し,閣議の決定を求めなければならない.
④ 環境大臣は,前項の規定による閣議の決定があったときは,遅滞なく,環境基本計画を公表しなければならない.
⑤ 前2項の規定は,環境基本計画の変更について準用する.

**第3節 環境基準**
**第16条** ① 政府は,大気の汚染,水質の汚濁,土壌の汚染及び騒音に係る環境上の条件について,それぞれ,人の健康を保護し,及び生活環境を保全する上で維持されることが望ましい基準を定めるものとする.
② 前項の基準が,二以上の類型を設け,かつ,それぞれの類型を当てはめる地域又は水域を指定すべきものとして定められる場合には,その地域又は水域の指定に関する事務は,二以上の都道府県の区域にわたる地域又は水域であって政令で定めるものにあっては政府が,それ以外の地域又は水域にあってはその地域又は水域が属する都道府県の知事が,それぞれ行うものとする.
③ 第1項の基準については,常に適切な科学的判断が加えられ,必要な改定がなされなければならない.
④ 政府は,この章に定める施策であって公害の防止に関係するもの(以下「公害の防止に関する施策」という.)を総合的かつ有効適切に講ずることにより,第1項の基準が確保されるように努めなければならない.

**第4節 特定地域における公害の防止**
**(公害防止計画の作成)**
**第17条** ① 環境大臣は,次のいずれかに該当する地域について,関係都道府県知事に対し,その地域において実施されるべき公害の防止に関する施策に係る基本方針を示して,その施策に係る計画(以下「公害防止計画」という.)の策定を指示するものとする.
1 現に公害が著しく,かつ,公害の防止に関する施策を総合的に講じなければ公害の防止を図ることが著しく困難であると認められる地域
2 人口及び産業の急速な集中その他の事情により公害が著しくなるおそれがあり,かつ,公害の防止に関する施策を総合的に講じなければ公害の防止を図ることが著しく困難になると認められる地域
② 前項の基本方針は,環境基本計画を基本として策定するものとする.
③ 関係都道府県知事は,第1項の規定による指示を受けたときは,同項の基本方針に基づき公害防止計画を作成し,環境大臣に協議し,その同意を得なければならない.
④ 環境大臣は,第1項の規定による指示及び前項の同意をするに当たっては,あらかじめ,公害対策会議の議を経なければならない.
⑤ 環境大臣は,第1項の規定による指示をするに当たっては,あらかじめ,関係都道府県知事の意見を聴かなければならない.

**(公害防止計画の達成の推進)**
**第18条** 国及び地方公共団体は,公害防止計画の達成に必要な措置を講ずるように努めなければならない.

**第5節 国が講ずる環境の保全のための施策等**
**(国の施策の策定等に当たっての配慮)**
**第19条** 国は,環境に影響を及ぼすと認められる施策を策定し,及び実施するに当たっては,環境の保全について配慮しなければならない.

(環境影響評価の推進)
第20条　国は、土地の形状の変更、工作物の新設その他これらに類する事業を行う事業者が、その事業の実施に当たりあらかじめその事業に係る環境への影響について自ら適正に調査、予測又は評価を行い、その結果に基づき、その事業に係る環境の保全について適正に配慮することを推進するため、必要な措置を講ずるものとする。

(環境の保全上の支障を防止するための規制)
第21条　① 国は、環境の保全上の支障を防止するため、次に掲げる規制の措置を講じなければならない。
1　大気の汚染、水質の汚濁、土壌の汚染又は悪臭の原因となる物質の排出、騒音又は振動の発生、地盤の沈下の原因となる地下水の採取その他の行為に関し、事業者等の遵守すべき基準を定めること等により行う公害を防止するために必要な規制の措置
2　土地利用に関し公害を防止するために必要な規制の措置及び公害が著しく、又は著しくなるおそれがある地域における公害の原因となる施設の設置に関し公害を防止するために必要な規制の措置
3　自然環境を保全することが特に必要な区域における土地の形状の変更、工作物の新設、木竹の伐採その他の自然環境の適正な保全に支障を及ぼすおそれがある行為に関し、その支障を防止するために必要な規制の措置
4　採捕、損傷その他の行為であって、保護することが必要な野生生物、地形若しくは地質又は温泉源その他の自然物の適正な保護に支障を及ぼすおそれがあるものに関し、その支障を防止するために必要な規制の措置
5　公害及び自然環境の保全上の支障が共に生ずるか又は生ずるおそれがある場合にこれらを共に防止するために必要な規制の措置
② 前項に定めるもののほか、国は、人の健康又は生活環境に係る環境の保全上の支障を防止するため、同項第1号又は第2号に掲げる措置に準じて必要な規制の措置を講ずるように努めなければならない。

(環境の保全上の支障を防止するための経済的措置)
第22条　① 国は、環境への負荷を生じさせる活動又は生じさせる原因となる活動(以下この条において「負荷活動」という。)を行う者がその負荷活動に係る環境への負荷の低減のための施設の整備その他の適切な措置をとることを助長することにより環境の保全上の支障を防止するため、その負荷活動を行う者にその者の経済的状況等を勘案しつつ必要かつ適正な経済的助成を行うために必要な措置を講ずるように努めるものとする。
② 国は、負荷活動を行う者に対し適正かつ公平な経済的な負担を課すことによりその者が自らその負荷活動に係る環境への負荷の低減に努めることとなるように誘導することを目的とする施策が、環境の保全上の支障を防止するための有効性を期待され、国際的にも推奨されていることにかんがみ、その施策に関し、これに係る措置を講じた場合における環境の保全上の支障の防止に係る効果、我が国の経済に与える影響等を適切に調査し及び研究するとともに、その措置を講ずる必要がある場合には、その措置に係る施策を活用して環境の保全上の支障を防止することについて国民の理解と協力を得るように努めるものとする。この場合において、その措置が地球環境保全のための施策に係るもので

あるときは、その効果が適切に確保されるようにするため、国際的な連携に配慮するものとする。

(環境の保全に関する施設の整備その他の事業の推進)
第23条　① 国は、緩衝地帯その他の環境保全上の支障を防止するための公共的施設の整備及び汚泥のしゅんせつ、絶滅のおそれのある野生動植物の保護増殖その他の環境保全上の支障を防止するための事業を推進するため、必要な措置を講ずるものとする。
② 国は、下水道、廃棄物の公共的な処理施設、環境への負荷の低減に資する交通施設(移動施設を含む。)その他の環境保全上の支障の防止に資する公共的施設の整備及び森林の整備その他の環境の保全上の支障の防止に資する事業を推進するため、必要な措置を講ずるものとする。
③ 国は、公園、緑地その他の公共的施設の整備その他の自然環境の適正な整備及び健全な利用のための事業を推進するため、必要な措置を講ずるものとする。
④ 国は、前2項に定める公共的施設の適切な利用を促進するための措置その他のこれらの施設に係る環境の保全上の効果が増進されるために必要な措置を講ずるものとする。

(環境への負荷の低減に資する製品等の利用の促進)
第24条　① 国は、事業者に対し、物の製造、加工又は販売その他の事業活動に際して、あらかじめ、その事業活動に係る製品その他の物が使用され又は廃棄されることによる環境への負荷について事業者が自ら評価することにより、その物に係る環境への負荷の低減について適正に配慮することができるように技術的支援等を行うため、必要な措置を講ずるものとする。
② 国は、再生資源その他の環境への負荷の低減に資する原材料、製品、役務等の利用が促進されるように、必要な措置を講ずるものとする。

(環境の保全に関する教育、学習等)
第25条　国は、環境の保全に関する教育及び学習の振興並びに環境の保全に関する広報活動の充実により事業者及び国民が環境の保全についての理解を深めるとともにこれらの者の環境の保全に関する活動を行う意欲が増進されるようにするため、必要な措置を講ずるものとする。

(民間団体等の自発的な活動を促進するための措置)
第26条　国は、事業者、国民又はこれらの者の組織する民間の団体(以下「民間団体等」という。)が自発的に行う緑化活動、再生資源に係る回収活動その他の環境の保全に関する活動が促進されるように、必要な措置を講ずるものとする。

(情報の提供)
第27条　国は、第25条の環境の保全に関する教育及び学習の振興並びに前条の民間団体等が自発的に行う環境の保全に関する活動の促進に資するため、個人及び法人の権利利益の保護に配慮しつつ環境の状況その他の環境の保全に関する必要な情報を適切に提供するように努めるものとする。

(調査の実施)
第28条　国は、環境の状況の把握、環境の変化の予測又は環境の変化による影響の予測に関する調査その他の環境を保全するための施策の策定に必要

な調査を実施するものとする.
(監視等の体制の整備)
第29条　国は,環境の状況を把握し,及び環境の保全に関する施策を適正に実施するために必要な監視,巡視,観測,測定,試験及び検査の体制の整備に努めるものとする.
(科学技術の振興)
第30条　① 国は,環境の変化の機構の解明,環境への負荷の低減並びに環境が経済から受ける影響及び経済に与える恵沢を総合的に評価するための方法の開発に関する科学技術その他の環境の保全に関する科学技術の振興を図るものとする.
② 国は,環境の保全に関する科学技術の振興を図るため,試験研究の体制の整備,研究開発の推進及びその成果の普及,研究者の養成その他の必要な措置を講ずるものとする.
(公害に係る紛争の処理及び被害の救済)
第31条　① 国は,公害に係る紛争に関するあっせん,調停その他の紛争を効果的に実施し,その他公害に係る紛争の円滑な処理を図るため,必要な措置を講じなければならない.
② 国は,公害に係る被害の救済のための措置の円滑な実施を図るため,必要な措置を講じなければならない.
### 第6節　地球環境保全等に関する国際協力等
(地球環境保全等に関する国際協力等)
第32条　① 国は,地球環境保全に関する国際的な連携を確保することその他の地球環境保全に関する国際協力を推進するために必要な措置を講ずるように努めるほか,開発途上にある海外の地域の環境の保全及び国際的に高い価値があると認められている環境の保全であって人類の福祉に貢献するとともに国民の健康で文化的な生活の確保に寄与するもの(以下この条において「開発途上地域の環境の保全等」という.)に資するための支援を行うことその他の開発途上地域の環境の保全等に関する国際協力を推進するために必要な措置を講ずるように努めるものとする.
② 国は,地球環境保全及び開発途上地域の環境の保全等(以下「地球環境保全等」という.)に関する国際協力について専門的な知見を有する者の育成,本邦以外の地域の環境の状況その他の地球環境保全等に関する情報の収集,整理及び分析その他の地球環境保全等に関する国際協力の円滑な推進を図るために必要な措置を講ずるように努めるものとする.
(監視,観測等に係る国際的な連携の確保等)
第33条　国は,地球環境保全等に関する環境の状況の監視,観測及び測定の効果的な推進を図るための国際的な連携を確保するように努めるとともに,地球環境保全等に関する調査及び試験研究の推進を図るための国際協力を推進するように努めるものとする.
(地方公共団体又は民間団体等による活動を促進するための措置)
第34条　① 国は,地球環境保全等に関する国際協力を推進すする上で地方公共団体が果たす役割の重要性にかんがみ,地方公共団体による地球環境保全等に関する国際協力のための活動の促進を図るため,情報の提供その他の必要な措置を講ずるように努めるものとする.
② 国は,地球環境保全等に関する国際協力を推進する上で民間団体等によって本邦以外の地域において地球環境保全等に関する国際協力のための自発的な活動が行われることの重要性にかんがみ,その活動の促進を図るため,情報の提供その他の必要な措置を講ずるように努めるものとする.
(国際協力の実施等に当たっての配慮)
第35条　① 国は,国際協力の実施に当たっては,本邦以外の地域において行われる事業活動に係る地球環境保全等について配慮するように努めなければならない.
② 国は,本邦以外の地域において行われる事業活動に関して,その事業活動に係る事業者がその事業活動が行われる地域に係る地球環境保全等について適正に配慮することができるようにするため,その事業者に対する情報の提供その他の必要な措置を講ずるように努めるものとする.
### 第7節　地方公共団体の施策
第36条　地方公共団体は,第5節に定める国の施策に準じた施策及びその他のその地方公共団体の区域の自然的社会的条件に応じた環境の保全のために必要な施策を,これらの総合的かつ計画的な推進を図りつつ実施するものとする.この場合において,都道府県は,主として,広域にわたる施策の実施及び市町村が行う施策の総合調整を行うものとする.
### 第8節　費用負担等
(原因者負担)
第37条　国及び地方公共団体は,公害又は自然環境の保全上の支障(以下この条において「公害等に係る支障」という.)を防止するために国若しくは地方公共団体又はこれらに準ずる者(以下この条において「公的事業主体」という.)により実施されることが公害等に係る支障の迅速な防止の必要性,事業の規模その他の事情を勘案して必要かつ適切であると認められる事業が公的事業主体により実施される場合において,その事業の必要を生じさせた者の活動により生ずる公害等に係る支障の程度及びその活動が全体の公害等に係る支障の原因となると認められる程度を勘案してその事業の必要を生じさせた者にその事業の実施に要する費用を負担させることが適当であると認められるときは,その事業について,その事業の必要を生じさせた者にその事業の必要を生じさせた限度においてその事業の実施に要する費用の全部又は一部を適正かつ公平に負担させるために必要な措置を講ずるものとする.
(受益者負担)
第38条　国及び地方公共団体は,自然環境を保全することが特に必要な区域における自然環境の保全のための事業の実施により著しく利益を受ける者がある場合において,その者にその受益の限度においてその事業の実施に要する費用の全部又は一部を適正かつ公平に負担させるために必要な措置を講ずるものとする.
(地方公共団体に対する財政措置等)
第39条　国は,地方公共団体が環境の保全に関する施策を策定し,及び実施するための費用について,必要な財政上の措置その他の措置を講ずるように努めるものとする.
(国及び地方公共団体の協力)
第40条　国及び地方公共団体は,環境の保全に関する施策を講ずるにつき,相協力するものとする.
(事務の区分)
第40条の2　第16条第2項の規定により都道府県が処理することとされている事務(政令で定める

## 第3章 環境の保全に関する審議会その他の合議制の機関等

### 第1節 環境の保全に関する審議会その他の合議制の機関

(中央環境審議会)
**第41条** ① 環境省に、中央環境審議会を置く。
② 中央環境審議会は、次に掲げる事務をつかさどる。
1 環境基本計画に関し、第15条第3項に規定する事項を処理すること。
2 環境大臣又は関係大臣の諮問に応じ、環境の保全に関する重要事項を調査審議すること。
3 自然公園法（昭和32年法律第161号）、農用地の土壌の汚染防止等に関する法律（昭和45年法律第139号）、自然環境保全法（昭和47年法律第85号）、動物の愛護及び管理に関する法律（昭和48年法律第105号）、瀬戸内海環境保全特別措置法（昭和48年法律第110号）、公害健康被害の補償等に関する法律（昭和48年法律第111号）、絶滅のおそれのある野生動植物の種の保存に関する法律（平成4年法律第75号）、ダイオキシン類対策特別措置法（平成11年法律第105号）、循環型社会形成推進基本法（平成12年法律第110号）、食品循環資源の再生利用等の促進に関する法律（平成12年法律第116号）、使用済自動車の再資源化等に関する法律（平成14年法律第87号）、鳥獣の保護及び狩猟の適正化に関する法律（平成14年法律第88号）、特定外来生物による生態系等に係る被害の防止に関する法律（平成16年法律第78号）、石綿による健康被害の救済に関する法律（平成18年法律第4号）、生物多様性基本法（平成20年法律第58号）及び愛がん動物用飼料の安全性の確保に関する法律（平成20年法律第83号）によりその権限に属させられた事務を処理すること。
③ 中央環境審議会は、前項に規定する事項に関し、環境大臣又は関係大臣に意見を述べることができる。
④ 前2項に定めるもののほか、中央環境審議会の組織、所掌事務及び委員その他の職員その他中央環境審議会に関し必要な事項については、政令で定める。

**第42条** 削除

(都道府県の環境の保全に関する審議会その他の合議制の機関)
**第43条** ① 都道府県は、その都道府県の区域における環境の保全に関して、基本的事項を調査審議させる等のため、環境の保全に関し学識経験のある者を含む者で構成される審議会その他の合議制の機関を置く。
② 前項の審議会その他の合議制の機関の組織及び運営に関し必要な事項は、その都道府県の条例で定める。

(市町村の環境の保全に関する審議会その他の合議制の機関)
**第44条** 市町村は、その市町村の区域における環境の保全に関して、基本的事項を調査審議させる等のため、その市町村の条例で定めるところにより、環境の保全に関し学識経験のある者を含む者で構成される審議会その他の合議制の機関を置くことができる。

### 第2節 公害対策会議

(設置及び所掌事務)
**第45条** ① 環境省に、特別の機関として、公害対策会議（以下「会議」という。）を置く。
② 会議は、次に掲げる事務をつかさどる。
1 公害防止計画に関し、第17条第4項に規定する事項を処理すること。
2 前号に掲げるもののほか、公害の防止に関する施策であって基本的かつ総合的なものの企画に関して審議し、及びその施策の実施を推進すること。
3 前2号に掲げるもののほか、他の法令の規定によりその権限に属させられた事務

(組織等)
**第46条** ① 会議は、会長及び委員をもって組織する。
② 会長は、環境大臣をもって充てる。
③ 委員は、内閣官房長官、関係行政機関の長及び内閣府設置法（平成11年法律第89号）第9条第1項に規定する特命担当大臣のうちから、環境大臣の申出により、内閣総理大臣が任命する。
④ 会議に、幹事を置く。
⑤ 幹事は、関係行政機関の職員のうちから、環境大臣が任命する。
⑥ 幹事は、会議の所掌事務について、会長及び委員を助ける。
⑦ 前各項に定めるもののほか、会議の組織及び運営に関し必要な事項は、政令で定める。

**附　則** （略）

---

# 36　教育基本法

(平18・12・22法律第120号、平18・12・22施行)

我々日本国民は、たゆまぬ努力によって築いてきた民主的で文化的な国家を更に発展させるとともに、世界の平和と人類の福祉の向上に貢献することを願うものである。

我々は、この理想を実現するため、個人の尊厳を重んじ、真理と正義を希求し、公共の精神を尊び、豊かな人間性と創造性を備えた人間の育成を期するとともに、伝統を継承し、新しい文化の創造を目指す教育を推進する。

ここに、我々は、日本国憲法の精神にのっとり、我が国の未来を切り拓く教育の基本を確立し、その振興を図るため、この法律を制定する。

## 第1章　教育の目的及び理念

(教育の目的)
**第1条** 教育は、人格の完成を目指し、平和で民主的な国家及び社会の形成者として必要な資質を備えた心身ともに健康な国民の育成を期して行われなければならない。

(教育の目標)
**第2条** 教育は、その目的を実現するため、学問の自由を尊重しつつ、次に掲げる目標を達成するよう行われるものとする。
1 幅広い知識と教養を身に付け、真理を求める態度を養い、豊かな情操と道徳心を培うとともに、健やかな身体を養うこと。

2 個人の価値を尊重して,その能力を伸ばし,創造性を培い,自主及び自律の精神を養うとともに,職業及び生活との関連を重視し,勤労を重んずる態度を養うこと.
3 正義と責任,男女の平等,自他の敬愛と協力を重んずるとともに,公共の精神に基づき,主体的に社会の形成に参画し,その発展に寄与する態度を養うこと.
4 生命を尊び,自然を大切にし,環境の保全に寄与する態度を養うこと.
5 伝統と文化を尊重し,それらをはぐくんできた我が国と郷土を愛するとともに,他国を尊重し,国際社会の平和と発展に寄与する態度を養うこと.

(生涯学習の理念)
**第3条** 国民一人一人が,自己の人格を磨き,豊かな人生を送ることができるよう,その生涯にわたって,あらゆる機会に,あらゆる場所において学習することができ,その成果を適切に生かすことのできる社会の実現が図られなければならない.

(教育の機会均等)
**第4条** ① すべて国民は,ひとしく,その能力に応じた教育を受ける機会を与えられなければならず,人種,信条,性別,社会的身分,経済的地位又は門地によって,教育上差別されない.
② 国及び地方公共団体は,障害のある者が,その障害の状態に応じ,十分な教育を受けられるよう,教育上必要な支援を講じなければならない.
③ 国及び地方公共団体は,能力があるにもかかわらず,経済的理由によって修学が困難な者に対して,奨学の措置を講じなければならない.

## 第2章 教育の実施に関する基本

(義務教育)
**第5条** ① 国民は,その保護する子に,別に法律で定めるところにより,普通教育を受けさせる義務を負う.
② 義務教育として行われる普通教育は,各個人の有する能力を伸ばしつつ社会において自立的に生きる基礎を培い,また,国家及び社会の形成者として必要とされる基本的な資質を養うことを目的として行われるものとする.
③ 国及び地方公共団体は,義務教育の機会を保障し,その水準を確保するため,適切な役割分担及び相互の協力の下,その実施に責任を負う.
④ 国又は地方公共団体の設置する学校における義務教育については,授業料を徴収しない.

(学校教育)
**第6条** ① 法律に定める学校は,公の性質を有するものであって,国,地方公共団体及び法律に定める法人のみが,これを設置することができる.
② 前項の学校においては,教育の目標が達成されるよう,教育を受ける者の心身の発達に応じて,体系的な教育が組織的に行われなければならない.この場合において,教育を受ける者が,学校生活を営む上で必要な規律を重んずるとともに,自ら進んで学習に取り組む意欲を高めることを重視して行われなければならない.

(大 学)
**第7条** ① 大学は,学術の中心として,高い教養と専門的能力を培うとともに,深く真理を探究して新たな知見を創造し,これらの成果を広く社会に提供することにより,社会の発展に寄与するものとする.

② 大学については,自主性,自律性その他の大学における教育及び研究の特性が尊重されなければならない.

(私立学校)
**第8条** 私立学校の有する公の性質及び学校教育において果たす重要な役割にかんがみ,国及び地方公共団体は,その自主性を尊重しつつ,助成その他の適当な方法によって私立学校教育の振興に努めなければならない.

(教 員)
**第9条** ① 法律に定める学校の教員は,自己の崇高な使命を深く自覚し,絶えず研究と修養に励み,その職責の遂行に努めなければならない.
② 前項の教員については,その使命と職責の重要性にかんがみ,その身分は尊重され,待遇の適正が期せられるとともに,養成と研修の充実が図られなければならない.

(家庭教育)
**第10条** ① 父母その他の保護者は,子の教育について第一義的責任を有するものであって,生活のために必要な習慣を身に付けさせるとともに,自立心を育成し,心身の調和のとれた発達を図るよう努めるものとする.
② 国及び地方公共団体は,家庭教育の自主性を尊重しつつ,保護者に対する学習の機会及び情報の提供その他の家庭教育を支援するために必要な施策を講ずるよう努めなければならない.

(幼児期の教育)
**第11条** 幼児期の教育は,生涯にわたる人格形成の基礎を培う重要なものであることにかんがみ,国及び地方公共団体は,幼児の健やかな成長に資する良好な環境の整備その他適当な方法によって,その振興に努めなければならない.

(社会教育)
**第12条** ① 個人の要望や社会の要請にこたえ,社会において行われる教育は,国及び地方公共団体によって奨励されなければならない.
② 国及び地方公共団体は,図書館,博物館,公民館その他の社会教育施設の設置,学校の施設の利用,学習の機会及び情報の提供その他の適当な方法によって社会教育の振興に努めなければならない.

(学校,家庭及び地域住民等の相互の連携協力)
**第13条** 学校,家庭及び地域住民その他の関係者は,教育におけるそれぞれの役割と責任を自覚するとともに,相互の連携及び協力に努めるものとする.

(政治教育)
**第14条** ① 良識ある公民として必要な政治的教養は,教育上尊重されなければならない.
② 法律に定める学校は,特定の政党を支持し,又はこれに反対するための政治教育その他政治的活動をしてはならない.

(宗教教育)
**第15条** ① 宗教に関する寛容の態度,宗教に関する一般的な教養及び宗教の社会生活における地位は,教育上尊重されなければならない.
② 国及び地方公共団体が設置する学校は,特定の宗教のための宗教教育その他宗教的活動をしてはならない.

## 第3章 教育行政

(教育行政)

**第16条** ① 教育は,不当な支配に服することなく,この法律及び他の法律の定めるところにより行われるべきものであり,教育行政は,国と地方公共団体との適切な役割分担及び相互の協力の下,公正かつ適正に行われなければならない.
② 国は,全国的な教育の機会均等と教育水準の維持向上を図るため,教育に関する施策を総合的に策定し,実施しなければならない.
③ 地方公共団体は,その地域における教育の振興を図るため,その実情に応じた教育に関する施策を策定し,実施しなければならない.
④ 国及び地方公共団体は,教育が円滑かつ継続的に実施されるよう,必要な財政上の措置を講じなければならない.

(教育振興基本計画)
**第17条** ① 政府は,教育の振興に関する施策の総合的かつ計画的な推進を図るため,教育の振興に関する施策についての基本的な方針及び講ずべき施策その他必要な事項について,基本的な計画を定め,これを国会に報告するとともに,公表しなければならない.
② 地方公共団体は,前項の計画を参酌し,その地域の実情に応じ,当該地方公共団体における教育の振興のための施策に関する基本的な計画を定めるよう努めなければならない.

### 第4章 法令の制定

**第18条** この法律に規定する諸事項を実施するため,必要な法令が制定されなければならない.
附 則 (略)

## 37 学校教育法

(昭22・3・31法律第26号,昭22・4・1施行,
最終改正:平19・6・27法律第98号)

### 第1章 総 則

**第1条** この法律で,学校とは,幼稚園,小学校,中学校,高等学校,中等教育学校,特別支援学校,大学及び高等専門学校とする.
**第2条** ① 学校は,国(国立大学法人法(平成15年法律第112号)第2条第1項に規定する国立大学法人及び独立行政法人国立高等専門学校機構を含む.以下同じ.),地方公共団体(地方独立行政法人法(平成15年法律第118号)第68条第1項に規定する公立大学法人を含む.次項において同じ.)及び私立学校法第3条に規定する学校法人(以下学校法人と称する.)のみが,これを設置することができる.
② この法律で,国立学校とは,国の設置する学校を,公立学校とは,地方公共団体の設置する学校を,私立学校とは,学校法人の設置する学校をいう.
**第3条** 学校を設置しようとする者は,学校の種類に応じ,文部科学大臣の定める設備,編制その他に関する設置基準に従い,これを設置しなければならない.
**第4条** ① 国立学校,この法律によつて設置義務を負う者の設置する学校及び都道府県の設置する学校(大学及び高等専門学校を除く.)のほか,学校(高等学校(中等教育学校の後期課程を含む.)の通常の課程(以下「全日制の課程」という.),夜間その他特別の時間又は時期において授業を行う課程(以下「定時制の課程」という.)及び通信による教育を行う課程(以下「通信制の課程」という.),大学の学部,大学院及び大学院の研究科並びに第108条第2項の大学の学科についても同様とする.)の設置廃止,設置者の変更その他政令で定める事項は,次の各号に掲げる学校の区分に応じ,それぞれ当該各号に定める者の認可を受けなければならない.
1 公立又は私立の大学及び高等専門学校 文部科学大臣
2 市町村の設置する幼稚園,高等学校,中等教育学校及び特別支援学校 都道府県の教育委員会
3 私立の幼稚園,小学校,中学校,高等学校,中等教育学校及び特別支援学校 都道府県知事
② 前項の規定にかかわらず,同項第1号に掲げる学校を設置する者は,次に掲げる事項を行うときは,同項の届出を受けることを要しない.この場合において,当該学校を設置する者は,文部科学大臣の定めるところにより,あらかじめ,文部科学大臣に届け出なければならない.
1 大学の学部若しくは大学院の研究科又は第108条第2項の大学の学科の設置であつて,当該大学が授与する学位の種類及び分野の変更を伴わないもの
2 大学の学部若しくは大学院の研究科又は第108条第2項の大学の学科の廃止
3 前2号に掲げるもののほか,政令で定める事項
③ 文部科学大臣は,前項の届出があつた場合において,その届出に係る事項が,設備,授業その他の事項に関する法令の規定に適合しないと認めるときは,その届出をした者に対し,必要な措置をとるべきことを命ずることができる.
④ 地方自治法(昭和22年法律第67号)第252条の19第1項の指定都市の設置する幼稚園については,第1項の規定は,適用しない.この場合において,当該幼稚園を設置する者は,同項に規定する事項を行おうとするときは,あらかじめ,都道府県の教育委員会に届け出なければならない.
⑤ 第2項第1号の学位の種類及び分野の変更に関する基準は,文部科学大臣が,これを定める.
**第5条** 学校の設置者は,その設置する学校を管理し,法令に特別の定のある場合を除いては,その学校の経費を負担する.
**第6条** 学校においては,授業料を徴収することができる.ただし,国立又は公立の小学校及び中学校,中等教育学校の前期課程又は特別支援学校の小学部及び中学部における義務教育については,これを徴収することができない.
**第7条** 学校には,校長及び相当数の教員を置かなければならない.
**第8条** 校長及び教員(教育職員免許法(昭和24年法律第147号)の適用を受ける者を除く.)の資格に関する事項は,別に法律で定めるもののほか,文部科学大臣がこれを定める.
**第9条** 次の各号のいずれかに該当する者は,校長又は教員となることができない.
1 成年被後見人又は被保佐人

2　禁錮以上の刑に処せられた者
3　教育職員免許法第10条第1項第2号又は第3号に該当することにより免許状がその効力を失い,当該失効の日から3年を経過しない者
4　教育職員免許法第11条第1項から第3項までの規定により免許状取上げの処分を受け,3年を経過しない者
5　日本国憲法施行の日以後において,日本国憲法又はその下に成立した政府を暴力で破壊することを主張する政党その他の団体を結成し,又はこれに加入した者

第10条　私立学校は,校長を定め,大学及び高等専門学校にあつては文部科学大臣に,大学及び高等専門学校以外のものにあつては都道府県知事に届け出なければならない.

第11条　校長及び教員は,教育上必要があると認めるときは,文部科学大臣の定めるところにより,児童,生徒及び学生に懲戒を加えることができる.ただし,体罰を加えることはできない.

第12条　学校においては,別に法律で定めるところにより,幼児,児童,生徒及び学生並びに職員の健康の保持増進を図るため,健康診断を行い,その他その保健に必要な措置を講じなければならない.

第13条　第4条第1項各号に掲げる学校が次の各号のいずれかに該当する場合においては,それぞれ同条同号に定める者は,当該学校の閉鎖を命ずることができる.
1　法令の規定に故意に違反したとき
2　法令の規定によりその者がした命令に違反したとき
3　6箇月以上授業を行わなかつたとき

第14条　大学及び高等専門学校以外の市町村の設置する学校については都道府県の教育委員会,大学及び高等専門学校以外の私立学校については都道府県知事は,当該学校が,設備,授業その他の事項について,法令の規定又は都道府県の教育委員会若しくは都道府県知事の定める規程に違反したときは,その変更を命ずることができる.

第15条　① 文部科学大臣は,公立又は私立の大学及び高等専門学校が,設備,授業その他の事項について,法令の規定に違反していると認めるときは,当該学校に対し,必要な措置をとるべきことを勧告することができる.
② 文部科学大臣は,前項の規定による勧告によつてもなお当該勧告に係る事項(次項において「勧告事項」という.)が改善されない場合には,当該学校に対し,その変更を命ずることができる.
③ 文部科学大臣は,前項の規定による命令によつてもなお勧告事項が改善されない場合には,当該学校に対し,当該勧告事項に係る組織の廃止を命ずることができる.
④ 文部科学大臣は,第1項の規定による勧告又は第2項若しくは前項の規定による命令を行うために必要があると認めるときは,当該学校に対し,報告又は資料の提出を求めることができる.

## 第2章　義務教育

第16条　保護者(子に対して親権を行う者(親権を行う者のないときは,未成年後見人)をいう.以下同じ.)は,次条に定めるところにより,子に9年の普通教育を受けさせる義務を負う.

第17条　① 保護者は,子の満6歳に達した日の翌日以後における最初の学年の初めから,満12歳に達した日の属する学年の終わりまで,これを小学校又は特別支援学校の小学部に就学させる義務を負う.ただし,子が,満12歳に達した日の属する学年の終わりまでに小学校又は特別支援学校の小学部の課程を修了しないときは,満15歳に達した日の属する学年の終わり(それまでの間において当該課程を修了したときは,その修了した日の属する学年の終わり)までとする.
② 保護者は,子が小学校又は特別支援学校の小学部の課程を修了した日の翌日以後における最初の学年の初めから,満15歳に達した日の属する学年の終わりまで,これを中学校,中等教育学校の前期課程又は特別支援学校の中学部に就学させる義務を負う.
③ 前2項の義務の履行の督促その他これらの義務の履行に関し必要な事項は,政令で定める.

第18条　前条第1項又は第2項の規定によつて,保護者が就学させなければならない子(以下それぞれ「学齢児童」又は「学齢生徒」という.)で,病弱,発育不完全その他やむを得ない事由のため,就学困難と認められる者の保護者に対しては,市町村の教育委員会は,文部科学大臣の定めるところにより,同条第1項又は第2項の義務を猶予又は免除することができる.

第19条　経済的理由によつて,就学困難と認められる学齢児童又は学齢生徒の保護者に対しては,市町村は,必要な援助を与えなければならない.

第20条　学齢児童又は学齢生徒を使用する者は,その使用によつて,当該学齢児童又は学齢生徒が,義務教育を受けることを妨げてはならない.

第21条　義務教育として行われる普通教育は,教育基本法(平成18年法律第120号)第5条第2項に規定する目的を実現するため,次に掲げる目標を達成するよう行われるものとする.
1　学校内外における社会的活動を促進し,自主,自律及び協同の精神,規範意識,公正な判断力並びに公共の精神に基づき主体的に社会の形成に参画し,その発展に寄与する態度を養うこと.
2　学校内外における自然体験活動を促進し,生命及び自然を尊重する精神並びに環境の保全に寄与する態度を養うこと.
3　我が国と郷土の現状と歴史について,正しい理解に導き,伝統と文化を尊重し,それらをはぐくんできた我が国と郷土を愛する態度を養うとともに,進んで外国の文化の理解を通じて,他国を尊重し,国際社会の平和と発展に寄与する態度を養うこと.
4　家族と家庭の役割,生活に必要な衣,食,住,情報,産業その他の事項について基礎的な理解と技能を養うこと.
5　読書に親しませ,生活に必要な国語を正しく理解し,使用する基礎的な能力を養うこと.
6　生活に必要な数量的な関係を正しく理解し,処理する基礎的な能力を養うこと.
7　生活にかかわる自然現象について,観察及び実験を通じて,科学的に理解し,処理する基礎的な能力を養うこと.
8　健康,安全で幸福な生活のために必要な習慣を養うとともに,運動を通じて体力を養い,心身の調和的発達を図ること.
9　生活を明るく豊かにする音楽,美術,文芸その他

の芸術について基礎的な理解と技能を養うこと．
10 職業についての基礎的な知識及び技能，勤労を重んずる態度及び個性に応じて将来の進路を選択する能力を養うこと．

## 第3章 幼稚園

**第22条** 幼稚園は，義務教育及びその後の教育の基礎を培うものとして，幼児を保育し，幼児の健やかな成長のために適当な環境を与えて，その心身の発達を助長することを目的とする．

**第23条** 幼稚園における教育は，前条に規定する目的を実現するため，次に掲げる目標を達成するよう行われるものとする．
1 健康，安全で幸福な生活のために必要な基本的な習慣を養い，身体諸機能の調和的発達を図ること．
2 集団生活を通じて，喜んでこれに参加する態度を養うとともに家族や身近な人への信頼感を深め，自主，自律及び協同の精神並びに規範意識の芽生えを養うこと．
3 身近な社会生活，生命及び自然に対する興味を養い，それらに対する正しい理解と態度及び思考力の芽生えを養うこと．
4 日常の会話や，絵本，童話等に親しむことを通じて，言葉の使い方を正しく導くとともに，相手の話を理解しようとする態度を養うこと．
5 音楽，身体による表現，造形等に親しむことを通じて，豊かな感性と表現力の芽生えを養うこと．

**第24条** 幼稚園においては，第22条に規定する目的を実現するための教育を行うほか，幼児期の教育に関する各般の問題につき，保護者及び地域住民その他の関係者からの相談に応じ，必要な情報の提供及び助言を行うなど，家庭及び地域における幼児期の教育の支援に努めるものとする．

**第25条** 幼稚園の教育課程その他の保育内容に関する事項は，第22条及び第23条の規定に従い，文部科学大臣が定める．

**第26条** 幼稚園に入園することのできる者は，満3歳から，小学校就学の始期に達するまでの幼児とする．

**第27条** ① 幼稚園には，園長，教頭及び教諭を置かなければならない．
② 幼稚園には，前項に規定するもののほか，副園長，主幹教諭，指導教諭，養護教諭，栄養教諭，事務職員，養護助教諭その他必要な職員を置くことができる．
③ 第1項の規定にかかわらず，副園長を置くときその他特別の事情のあるときは，教頭を置かないことができる．
④ 園長は，園務をつかさどり，所属職員を監督する．
⑤ 副園長は，園長を助け，命を受けて園務をつかさどる．
⑥ 教頭は，園長（副園長を置く幼稚園にあつては，園長及び副園長）を助け，園務を整理し，及び必要に応じ幼児の保育をつかさどる．
⑦ 主幹教諭は，園長（副園長を置く幼稚園にあつては，園長及び副園長）及び教頭を助け，命を受けて園務の一部を整理し，並びに幼児の保育をつかさどる．
⑧ 指導教諭は，幼児の保育をつかさどり，並びに教諭その他の職員に対して，保育の改善及び充実のために必要な指導及び助言を行う．
⑨ 教諭は，幼児の保育をつかさどる．
⑩ 特別の事情のあるときは，第1項の規定にかかわらず，教諭に代えて助教諭又は講師を置くことができる．

⑪ 学校の実情に照らし必要があると認めるときは，第7項の規定にかかわらず，園長（副園長を置く幼稚園にあつては，園長及び副園長）及び教頭を助け，命を受けて園務の一部を整理し，並びに幼児の養護又は栄養の指導及び管理をつかさどる主幹教諭を置くことができる．

**第28条** 第37条第6項，第8項及び第12項から第17項まで並びに第42条から第44条までの規定は，幼稚園に準用する．

## 第4章 小学校

**第29条** 小学校は，心身の発達に応じて，義務教育として行われる普通教育のうち基礎的なものを施すことを目的とする．

**第30条** ① 小学校における教育は，前条に規定する目的を実現するために必要な程度において第21条各号に掲げる目標を達成するよう行われるものとする．
② 前項の場合においては，生涯にわたり学習する基盤が培われるよう，基礎的な知識及び技能を習得させるとともに，これらを活用して課題を解決するために必要な思考力，判断力，表現力その他の能力をはぐくみ，主体的に学習に取り組む態度を養うことに，特に意を用いなければならない．

**第31条** 小学校においては，前条第1項の規定による目標の達成に資するよう，教育指導を行うに当たり，児童の体験的な学習活動，特にボランティア活動や社会奉仕体験活動，自然体験活動その他の体験活動の充実に努めるものとする．この場合において，社会教育関係団体その他の関係団体及び関係機関との連携に十分配慮しなければならない．

**第32条** 小学校の修業年限は，6年とする．

**第33条** 小学校の教育課程に関する事項は，第29条及び第30条の規定に従い，文部科学大臣が定める．

**第34条** ① 小学校においては，文部科学大臣の検定を経た教科用図書又は文部科学省が著作の名義を有する教科用図書を使用しなければならない．
② 前項の教科用図書以外の図書その他の教材で，有益適切なものは，これを使用することができる．
③ 第1項の検定の申請に係る教科用図書に関し調査審議させるための審議会等（国家行政組織法（昭和23年法律第120号）第8条に規定する機関をいう．以下同じ．）については，政令で定める．

**第35条** ① 市町村の教育委員会は，次に掲げる行為の一又は二以上を繰り返し行う等性行不良であつて他の児童の教育に妨げがあると認める児童があるときは，その保護者に対して，児童の出席停止を命ずることができる．
1 他の児童に傷害，心身の苦痛又は財産上の損失を与える行為
2 職員に傷害又は心身の苦痛を与える行為
3 施設又は設備を損壊する行為
4 授業その他の教育活動の実施を妨げる行為
② 市町村の教育委員会は，前項の規定により出席停止を命ずる場合には，あらかじめ保護者の意見を聴取するとともに，理由及び期間を記載した文書を交付しなければならない．
③ 前項に規定するもののほか，出席停止の命令の手続に関し必要な事項は，教育委員会規則で定めるものとする．

④ 市町村の教育委員会は、出席停止の命令に係る児童の出席停止の期間における学習に対する支援その他の教育上必要な措置を講ずるものとする。
**第36条** 学齢に達しない子は、小学校に入学させることができない。
**第37条** ① 小学校には、校長、教頭、教諭、養護教諭及び事務職員を置かなければならない。
② 小学校には、前項に規定するもののほか、副校長、主幹教諭、指導教諭、栄養教諭その他必要な職員を置くことができる。
③ 第1項の規定にかかわらず、副校長を置くときその他特別の事情のあるときは教頭を、養護をつかさどる主幹教諭を置くときは養護教諭を、特別の事情のあるときは事務職員を、それぞれ置かないことができる。
④ 校長は、校務をつかさどり、所属職員を監督する。
⑤ 副校長は、校長を助け、命を受けて校務をつかさどる。
⑥ 副校長は、校長に事故があるときはその職務を代理し、校長が欠けたときはその職務を行う。この場合において、副校長が2人以上あるときは、あらかじめ校長が定めた順序で、その職務を代理し、又は行う。
⑦ 教頭は、校長(副校長を置く小学校にあつては、校長及び副校長)を助け、校務を整理し、及び必要に応じ児童の教育をつかさどる。
⑧ 教頭は、校長(副校長を置く小学校にあつては、校長及び副校長)に事故があるときは校長の職務を代理し、校長(副校長を置く小学校にあつては、校長及び副校長)が欠けたときは校長の職務を行う。この場合において、教頭が2人以上あるときは、あらかじめ校長が定めた順序で、校長の職務を代理し、又は行う。
⑨ 主幹教諭は、校長(副校長を置く小学校にあつては、校長及び副校長)及び教頭を助け、命を受けて校務の一部を整理し、並びに児童の教育をつかさどる。
⑩ 指導教諭は、児童の教育をつかさどり、並びに教諭その他の職員に対して、教育指導の改善及び充実のために必要な指導及び助言を行う。
⑪ 教諭は、児童の教育をつかさどる。
⑫ 養護教諭は、児童の養護をつかさどる。
⑬ 栄養教諭は、児童の栄養の指導及び管理をつかさどる。
⑭ 事務職員は、事務に従事する。
⑮ 助教諭は、教諭の職務を助ける。
⑯ 講師は、教諭又は助教諭に準ずる職務に従事する。
⑰ 養護助教諭は、養護教諭の職務を助ける。
⑱ 特別の事情のあるときは、第1項の規定にかかわらず、教諭に代えて助教諭又は講師を、養護教諭に代えて養護助教諭を置くことができる。
⑲ 学校の実情に照らし必要があると認めるときは、第9項の規定にかかわらず、校長(副校長を置く小学校にあつては、校長及び副校長)及び教頭を助け、命を受けて校務の一部を整理し、並びに児童の養護又は栄養の指導及び管理をつかさどる主幹教諭を置くことができる。
**第38条** 市町村は、その区域内にある学齢児童を就学させるに必要な小学校を設置しなければならない。
**第39条** 市町村は、適当と認めるときは、前条の規定による事務の全部又は一部を処理するため、市町村の組合を設けることができる。
**第40条** ① 市町村は、前条の規定によることを不可能又は不適当と認めるときは、小学校の設置に代え、学齢児童の全部又は一部の教育事務を、他の市町村又は前条の市町村の組合に委託することができる。
② 前項の場合においては、地方自治法第252条の14第3項において準用する同法第252条の2第2項中「都道府県知事」とあるのは、「都道府県知事及び都道府県の教育委員会」と読み替えるものとする。
**第41条** 町村が、前2条の規定による負担に堪えないと都道府県の教育委員会が認めるときは、都道府県は、その町村に対して、必要な補助を与えなければならない。
**第42条** 小学校は、文部科学大臣の定めるところにより当該小学校の教育活動その他の学校運営の状況について評価を行い、その結果に基づき学校運営の改善を図るため必要な措置を講ずることにより、その教育水準の向上に努めなければならない。
**第43条** 小学校は、当該小学校に関する保護者及び地域住民その他の関係者の理解を深めるとともに、これらの者との連携及び協力の推進に資するため、当該小学校の教育活動その他の学校運営の状況に関する情報を積極的に提供するものとする。
**第44条** 私立の小学校は、都道府県知事の所管に属する。

## 第5章 中学校

**第45条** 中学校は、小学校における教育の基礎の上に、心身の発達に応じて、義務教育として行われる普通教育を施すことを目的とする。
**第46条** 中学校における教育は、前条に規定する目的を実現するため、第21条各号に掲げる目標を達成するよう行われるものとする。
**第47条** 中学校の修業年限は、3年とする。
**第48条** 中学校の教育課程に関する事項は、第45条及び第46条の規定並びに次条において読み替えて準用する第30条第2項の規定に従い、文部科学大臣が定める。
**第49条** 第30条第2項、第31条、第34条、第35条及び第37条から第44条までの規定は、中学校に準用する。この場合において、第30条第2項中「前項」とあるのは「第46条」と、第31条中「前条第1項」とあるのは「第46条」と読み替えるものとする。

## 第6章 高等学校

**第50条** 高等学校は、中学校における教育の基礎の上に、心身の発達及び進路に応じて、高度な普通教育及び専門教育を施すことを目的とする。
**第51条** 高等学校における教育は、前条に規定する目的を実現するため、次に掲げる目標を達成するよう行われるものとする。
1 義務教育として行われる普通教育の成果を更に発展拡充させ、豊かな人間性、創造性及び健やかな身体を養い、国家及び社会の形成者として必要な資質を養うこと。
2 社会において果たさなければならない使命の自覚に基づき、個性に応じて将来の進路を決定させ、一般的な教養を高め、専門的な知識、技術及び技能を習得させること。
3 個性の確立に努めるとともに、社会について、広く深い理解と健全な批判力を養い、社会の発展に

寄与する態度を養うこと．
**第52条** 高等学校の学科及び教育課程に関する事項は，前2条の規定及び第62条において読み替えて準用する第30条第2項の規定に従い，文部科学大臣が定める．
**第53条** ① 高等学校には，全日制の課程のほか，定時制の課程を置くことができる．
② 高等学校には，定時制の課程のみを置くことができる．
**第54条** ① 高等学校には，全日制の課程又は定時制の課程のほか，通信制の課程を置くことができる．
② 高等学校には，通信制の課程のみを置くことができる．
③ 市町村の設置する高等学校については都道府県の教育委員会，私立の高等学校については都道府県知事は，高等学校の通信制の課程のうち，当該高等学校の所在する都道府県の区域内に住所を有する者のほか，全国的に他の都道府県の区域内に住所を有する者を併せて生徒とするものその他政令で定めるもの（以下この項において「広域の通信制の課程」という．）に係る第4条第1項に規定する認可（政令で定める事項に係るものに限る．）を行うときは，あらかじめ，文部科学大臣に届け出なければならない．都道府県の設置する高等学校の広域の通信制の課程について，当該都道府県の教育委員会がこの項前段の政令で定める事項を行うときも，同様とする．
④ 通信制の課程に関し必要な事項は，文部科学大臣が，これを定める．
**第55条** ① 高等学校の定時制の課程又は通信制の課程に在学する生徒が，技能教育のための施設で当該施設の所在地の都道府県の教育委員会の指定するものにおいて教育を受けているときは，校長は，文部科学大臣の定めるところにより，当該施設における学習を当該高等学校における教科の一部の履修とみなすことができる．
② 前項の施設の指定に関し必要な事項は，政令で，これを定める．
**第56条** 高等学校の修業年限は，全日制の課程においては，3年とし，定時制の課程及び通信制の課程については，3年以上とする．
**第57条** 高等学校に入学することのできる者は，中学校若しくはこれに準ずる学校を卒業した者若しくは中等教育学校の前期課程を修了した者又は文部科学大臣の定めるところにより，これと同等以上の学力があると認められた者とする．
**第58条** ① 高等学校には，専攻科及び別科を置くことができる．
② 高等学校の専攻科は，高等学校若しくはこれに準ずる学校若しくは中等教育学校を卒業した者又は文部科学大臣の定めるところにより，これと同等以上の学力があると認められた者に対して，精深な程度において，特別の事項を教授し，その研究を指導することを目的とし，その修業年限は，1年以上とする．
③ 高等学校の別科は，前条に規定する入学資格を有する者に対して，簡易な程度において，特別の技能教育を施すことを目的とし，その修業年限は，1年以上とする．
**第59条** 高等学校に関する入学，退学，転学その他必要な事項は，文部科学大臣が，これを定める．
**第60条** ① 高等学校には，校長，教頭，教諭及び事務職員を置かなければならない．
② 高等学校には，前項に規定するもののほか，副校長，主幹教諭，指導教諭，養護教諭，栄養教諭，養護助教諭，実習助手，技術職員その他必要な職員を置くことができる．
③ 第1項の規定にかかわらず，副校長を置くときは，教頭を置かないことができる．
④ 実習助手は，実験又は実習について，教諭の職務を助ける．
⑤ 特別の事情のあるときは，第1項の規定にかかわらず，教諭に代えて助教諭又は講師を置くことができる．
⑥ 技術職員は，技術に従事する．
**第61条** 高等学校に，全日制の課程，定時制の課程又は通信制の課程のうち二以上の課程を置くときは，それぞれの課程に関する校務を分担して整理する教頭を置かなければならない．ただし，命を受けて当該課程に関する校務をつかさどる副校長が置かれる一の課程については，この限りでない．
**第62条** 第30条第2項，第31条，第34条，第37条第4項から第17項まで及び第19項並びに第42条から第44条までの規定は，高等学校に準用する．この場合において，第30条第2項中「前項」とあるのは「第51条」と，第31条中「前条第1項」とあるのは「第51条」と読み替えるものとする．

## 第7章 中等教育学校

**第63条** 中等教育学校は，小学校における教育の基礎の上に，心身の発達及び進路に応じて，義務教育として行われる普通教育並びに高度な普通教育及び専門教育を一貫して施すことを目的とする．
**第64条** 中等教育学校における教育は，前条に規定する目的を実現するため，次に掲げる目標を達成するよう行われるものとする．
1 豊かな人間性，創造性及び健やかな身体を養い，国家及び社会の形成者として必要な資質を養うこと．
2 社会において果たさなければならない使命の自覚に基づき，個性に応じて将来の進路を決定させ，一般的な教養を高め，専門的な知識，技術及び技能を習得させること．
3 個性の確立に努めるとともに，社会について，広く深い理解と健全な批判力を養い，社会の発展に寄与する態度を養うこと．
**第65条** 中等教育学校の修業年限は，6年とする．
**第66条** 中等教育学校の課程は，これを前期3年の前期課程及び後期3年の後期課程に区分する．
**第67条** ① 中等教育学校の前期課程における教育は，第63条に規定する目的のうち，小学校における教育の基礎の上に，心身の発達に応じて，義務教育として行われる普通教育を施すことを実現するため，第21条各号に掲げる目標を達成するよう行われるものとする．
② 中等教育学校の後期課程における教育は，第63条に規定する目的のうち，心身の発達及び進路に応じて，高度な普通教育及び専門教育を施すことを実現するため，第64条各号に掲げる目標を達成するよう行われるものとする．
**第68条** 中等教育学校の前期課程の教育課程に関する事項並びに後期課程の学科及び教育課程に関する事項は，第63条，第64条及び前条の規定並びに第70条第1項において読み替えて準用する第30

条第2項の規定に従い,文部科学大臣が定める.
**第69条** ① 中等教育学校には,校長,教頭,教諭,養護教諭及び事務職員を置かなければならない.
② 中等教育学校には,前項に規定するもののほか,副校長,主幹教諭,指導教諭,栄養教諭,実習助手,技術職員その他必要な職員を置くことができる.
③ 第1項の規定にかかわらず,副校長を置くときは教頭を,養護をつかさどる主幹教諭を置くときは養護教諭を,それぞれ置かないことができる.
④ 特別の事情のあるときは,第1項の規定にかかわらず,教諭に代えて助教諭又は講師を,養護教諭に代えて養護助教諭を置くことができる.
**第70条** ① 第30条第2項,第31条,第34条,第37条第4項から第17項まで及び第19項,第42条から第44条まで,第59条並びに第60条第4項及び第6項の規定は中等教育学校に,第53条から第55条まで,第58条及び第61条の規定は中等教育学校の後期課程に,それぞれ準用する.この場合において,第30条第2項中「前項」とあるのは「第64条」と,第31条中「前条第1項」とあるのは「第64条」と読み替えるものとする.
② 前項において準用する第53条又は第54条の規定により後期課程に定時制の課程又は通信制の課程を置く中等教育学校については,第65条の規定にかかわらず,当該定時制の課程又は通信制の課程に係る修業年限は,6年以上とする.この場合において,第66条中「後期3年の後期課程」とあるのは「後期3年以上の後期課程」とする.
**第71条** 同一の設置者が設置する中学校及び高等学校においては,文部科学大臣の定めるところにより,中等教育学校に準じて,中学校における教育と高等学校における教育を一貫して施すことができる.

### 第8章　特別支援教育

**第72条** 特別支援学校は,視覚障害者,聴覚障害者,知的障害者,肢体不自由者又は病弱者(身体虚弱者を含む.以下同じ.)に対して,幼稚園,小学校,中学校又は高等学校に準ずる教育を施すとともに,障害による学習上又は生活上の困難を克服し自立を図るために必要な知識技能を授けることを目的とする.
**第73条** 特別支援学校においては,文部科学大臣の定めるところにより,前条に規定する者に対する教育のうち当該学校が行うものを明らかにするものとする.
**第74条** 特別支援学校においては,第72条に規定する目的を実現するための教育を行うほか,幼稚園,小学校,中学校,高等学校又は中等教育学校の要請に応じて,第81条第1項に規定する幼児,児童又は生徒の教育に関し必要な助言又は援助を行うよう努めるものとする.
**第75条** 第72条に規定する視覚障害者,聴覚障害者,知的障害者,肢体不自由者又は病弱者の障害の程度は,政令で定める.
**第76条** ① 特別支援学校には,小学部及び中学部を置かなければならない.ただし,特別の必要のある場合においては,そのいずれかのみを置くことができる.
② 特別支援学校には,小学部及び中学部のほか,幼稚部又は高等部を置くことができ,また,特別の必要のある場合においては,前項の規定にかかわらず,

小学部及び中学部を置かないで幼稚部又は高等部のみを置くことができる.
**第77条** 特別支援学校の幼稚部の教育課程その他の保育内容,小学部及び中学部の教育課程又は高等部の学科及び教育課程に関する事項は,幼稚園,小学校,中学校又は高等学校に準じて,文部科学大臣が定める.
**第78条** 特別支援学校には,寄宿舎を設けなければならない.ただし,特別の事情のあるときは,これを設けないことができる.
**第79条** ① 寄宿舎を設ける特別支援学校には,寄宿舎指導員を置かなければならない.
② 寄宿舎指導員は,寄宿舎における幼児,児童又は生徒の日常生活上の世話及び生活指導に従事する.
**第80条** 都道府県は,その区域内にある学齢児童及び学齢生徒のうち,視覚障害者,聴覚障害者,知的障害者,肢体不自由者又は病弱者で,その障害が第75条の政令で定める程度のものを就学させるに必要な特別支援学校を設置しなければならない.
**第81条** ① 幼稚園,小学校,中学校,高等学校及び中等教育学校においては,次項各号のいずれかに該当する幼児,児童及び生徒その他教育上特別の支援を必要とする幼児,児童及び生徒に対し,文部科学大臣の定めるところにより,障害による学習上又は生活上の困難を克服するための教育を行うものとする.
② 小学校,中学校,高等学校及び中等教育学校には,次の各号のいずれかに該当する児童及び生徒のために,特別支援学級を置くことができる.
1 知的障害者
2 肢体不自由者
3 身体虚弱者
4 弱視者
5 難聴者
6 その他障害のある者で,特別支援学級において教育を行うことが適当なもの
③ 前項に規定する学校においては,疾病により療養中の児童及び生徒に対して,特別支援学級を設け,又は教員を派遣して,教育を行うことができる.
**第82条** 第26条,第27条,第31条(第49条及び第62条において読み替えて準用する場合を含む.),第32条,第34条(第49条及び第62条において準用する場合を含む.),第36条,第37条(第28条,第49条及び第62条において準用する場合を含む.),第42条から第44条まで,第47条及び第56条から第60条までの規定は特別支援学校に,第84条の規定は特別支援学校の高等部に,それぞれ準用する.

### 第9章　大　学

**第83条** ① 大学は,学術の中心として,広く知識を授けるとともに,深く専門の学芸を教授研究し,知的,道徳的及び応用的能力を展開させることを目的とする.
② 大学は,その目的を実現するための教育研究を行い,その成果を広く社会に提供することにより,社会の発展に寄与するものとする.
**第84条** 大学は,通信による教育を行うことができる.
**第85条** 大学には,学部を置くことを常例とする.ただし,当該大学の教育研究上の目的を達成するため有益かつ適切である場合においては,学部以外の教育研究上の基本となる組織を置くことができる.

**第86条** 大学には、夜間において授業を行う学部又は通信による教育を行う学部を置くことができる。

**第87条** ① 大学の修業年限は、4年とする。ただし、特別の専門事項を教授研究する学部及び前条の夜間において授業を行う学部については、その修業年限は、4年を超えるものとすることができる。

② 医学を履修する課程、歯学を履修する課程、薬学を履修する課程のうち臨床に係る実践的な能力を培うことを主たる目的とするもの又は獣医学を履修する課程については、前項本文の規定にかかわらず、その修業年限は、6年とする。

**第88条** 大学の学生以外の者として一の大学において一定の単位を修得した者が当該大学に入学する場合において、当該単位の修得により当該大学の教育課程の一部を履修したと認められるときは、文部科学大臣の定めるところにより、修得した単位数その他の事項を勘案して大学が定める期間を修業年限に通算することができる。ただし、その期間は、当該大学の修業年限の2分の1を超えてはならない。

**第89条** 大学は、文部科学大臣の定めるところにより、当該大学の学生(第87条第2項に規定する課程に在学するものを除く。)で当該大学に3年(同条第1項ただし書の規定により修業年限を4年を超えるものとする学部の学生にあつては、3年以上で文部科学大臣の定める期間)以上在学したもの(これに準ずるものとして文部科学大臣の定める者を含む。)が、卒業の要件として当該大学の定める単位を優秀な成績で修得したと認める場合には、同項の規定にかかわらず、その卒業を認めることができる。

**第90条** ① 大学に入学することのできる者は、高等学校若しくは中等教育学校を卒業した者若しくは通常の課程による12年の学校教育を修了した者(通常の課程以外の課程によりこれに相当する学校教育を修了した者を含む。)又は文部科学大臣の定めるところにより、これと同等以上の学力があると認められた者とする。

② 前項の規定にかかわらず、次の各号に該当する大学は、文部科学大臣の定めるところにより、高等学校に文部科学大臣の定める年数以上在学した者(これに準ずる者として文部科学大臣が定める者を含む。)であつて、当該大学の定める分野において特に優れた資質を有すると認めるものを、当該大学に入学させることができる。

1 当該分野に関する教育研究が行われている大学院に置かれていること。
2 当該分野における特に優れた資質を有する者の育成を図るのにふさわしい教育研究上の実績及び指導体制を有すること。

**第91条** ① 大学には、専攻科及び別科を置くことができる。

② 大学の専攻科は、大学を卒業した者又は文部科学大臣の定めるところにより、これと同等以上の学力があると認められた者に対して、精深な程度において、特別の事項を教授し、その研究を指導することを目的とし、その修業年限は、1年以上とする。

③ 大学の別科は、前条第1項に規定する入学資格を有する者に対して、簡易な程度において、特別の技能教育を施すことを目的とし、その修業年限は、1年以上とする。

**第92条** ① 大学には学長、教授、准教授、助教、助手及び事務職員を置かなければならない。ただし、教育研究上の組織編制として適切と認められる場合には、准教授、助教又は助手を置かないことができる。

② 大学には、前項のほか、副学長、学部長、講師、技術職員その他必要な職員を置くことができる。

③ 学長は、校務をつかさどり、所属職員を統督する。

④ 副学長は、学長の職務を助ける。

⑤ 学部長は、学部に関する校務をつかさどる。

⑥ 教授は、専攻分野について、教育上、研究上又は実務上の特に優れた知識、能力及び実績を有する者であつて、学生を教授し、その研究を指導し、又は研究に従事する。

⑦ 准教授は、専攻分野について、教育上、研究上又は実務上の優れた知識、能力及び実績を有する者であつて、学生を教授し、その研究を指導し、又は研究に従事する。

⑧ 助教は、専攻分野について、教育上、研究上又は実務上の知識及び能力を有する者であつて、学生を教授し、その研究を指導し、又は研究に従事する。

⑨ 助手は、その所属する組織における教育研究の円滑な実施に必要な業務に従事する。

⑩ 講師は、教授又は准教授に準ずる職務に従事する。

**第93条** ① 大学には、重要な事項を審議するため、教授会を置かなければならない。

② 教授会の組織には、准教授その他の職員を加えることができる。

**第94条** 大学について第3条に規定する設置基準を定める場合及び第4条第5項に規定する基準を定める場合には、文部科学大臣は、審議会等で政令で定めるものに諮問しなければならない。

**第95条** 大学の設置の認可を行う場合及び大学に対し第4条第3項若しくは第15条第2項若しくは第3項の規定による命令又は同条第1項の規定による勧告を行う場合には、文部科学大臣は、審議会等で政令で定めるものに諮問しなければならない。

**第96条** 大学には、研究所その他の研究施設を附置することができる。

**第97条** 大学には、大学院を置くことができる。

**第98条** 公立又は私立の大学は、文部科学大臣の所轄とする。

**第99条** ① 大学院は、学術の理論及び応用を教授研究し、その深奥をきわめ、又は高度の専門性が求められる職業を担うための深い学識及び卓越した能力を培い、文化の進展に寄与することを目的とする。

② 大学院のうち、学術の理論及び応用を教授研究し、高度の専門性が求められる職業を担うための深い学識及び卓越した能力を培うことを目的とするものは、専門職大学院とする。

**第100条** 大学院を置く大学には、研究科を置くことを常例とする。ただし、当該大学の教育研究上の目的を達成するため有益かつ適切である場合においては、文部科学大臣の定めるところにより、研究科以外の教育研究上の基本となる組織を置くことができる。

**第101条** 大学院を置く大学には、夜間において授業を行う研究科又は通信による教育を行う研究科を置くことができる。

**第102条** ① 大学院に入学することのできる者は、第83条の大学を卒業した者又は文部科学大臣の定めるところにより、これと同等以上の学力があると認められた者とする。ただし、研究科の教育研究上必要がある場合においては、当該研究科に係る入学資格を、修士の学位若しくは第104条第1項に規定

する文部科学大臣の定める学位を有する者又は文部科学大臣の定めるところにより,これと同等以上の学力があると認められた者とすることができる.

② 前項本文の規定にかかわらず,大学院を置く大学は,文部科学大臣の定めるところにより,第83条の大学に文部科学大臣の定める年数以上在学した者(これに準ずる者として文部科学大臣の定める者を含む.)であつて,当該大学院を置く大学の定める単位を優秀な成績で修得したと認めるものを,当該大学院に入学させることができる.

**第103条** 教育研究上特別の必要がある場合においては,第85条の規定にかかわらず,学部を置くなく大学院を置くものを大学とすることができる.

**第104条** ① 大学(第108条第2項の大学(以下この条において「短期大学」という.)を除く.以下この条において同じ.)は,文部科学大臣の定めるところにより,大学を卒業した者に対し学士の学位を,大学院(専門職大学院を除く.)の課程を修了した者に対し修士又は博士の学位を,専門職大学院の課程を修了した者に対し文部科学大臣の定める学位を授与するものとする.

② 大学は,文部科学大臣の定めるところにより,前項の規定により博士の学位を授与された者と同等以上の学力があると認める者に対し,博士の学位を授与することができる.

③ 短期大学は,文部科学大臣の定めるところにより,短期大学を卒業した者に対し短期大学士の学位を授与するものとする.

④ 独立行政法人大学評価・学位授与機構は,文部科学大臣の定めるところにより,次の各号に掲げる者に対し,当該各号に定める学位を授与するものとする.

1 短期大学若しくは高等専門学校を卒業した者又はこれに準ずる者で,大学における一定の単位の修得又はこれに相当するものとして文部科学大臣の定める学習を行い,大学を卒業した者と同等以上の学力を有すると認める者 学士

2 学校以外の教育施設で学校教育に類する教育を行うもののうち当該教育を行うにつき他の法律に特別の規定があるものに置かれた課程で,大学又は大学院に相当する教育を行うと認めるものを修了した者 学士,修士又は博士

⑤ 学位に関する事項の定めについては,文部科学大臣は,第94条の政令で定める審議会等に諮問しなければならない.

**第105条** 大学は,文部科学大臣の定めるところにより,当該大学の学生以外の者を対象とした特別の課程を編成し,これを修了した者に対し,修了の事実を証する証明書を交付することができる.

**第106条** 大学は,当該大学の学長,副学長,学部長,教授,准教授又は講師として勤務したであつて,教育上又は学術上特に功績のあつた者に対し,当該大学の定めるところにより,名誉教授の称号を授与することができる.

**第107条** ① 大学においては,公開講座の施設を設けることができる.

② 公開講座に関し必要な事項は,文部科学大臣が,これを定める.

**第108条** ① 大学は,第83条第1項に規定する目的に代えて,深く専門の学芸を教授研究し,職業又は実際生活に必要な能力を育成することを主な目的とすることができる.

② 前項に規定する目的をその目的とする大学は,第87条第1項の規定にかかわらず,その修業年限を2年又は3年とする.

③ 前項の大学は,短期大学と称する.

④ 第2項の大学には,第85条及び第86条の規定にかかわらず,学部を置かないものとする.

⑤ 第2項の大学には,学科を置く.

⑥ 第2項の大学には,夜間において授業を行う学科又は通信による教育を行う学科を置くことができる.

⑦ 第2項の大学を卒業した者は,文部科学大臣の定めるところにより,第83条の大学に編入学することができる.

⑧ 第97条の規定は,第2項の大学については適用しない.

**第109条** ① 大学は,その教育研究水準の向上に資するため,文部科学大臣の定めるところにより,当該大学の教育及び研究,組織及び運営並びに施設及び設備(次項において「教育研究等」という.)の状況について自ら点検及び評価を行い,その結果を公表するものとする.

② 大学は,前項の措置に加え,当該大学の教育研究等の総合的な状況について,政令で定める期間ごとに,文部科学大臣の認証を受けた者(以下「認証評価機関」という.)による評価(以下「認証評価」という.)を受けるものとする.ただし,認証評価機関が存在しない場合その他特別の事由があるときは,文部科学大臣の定める措置を講じているときは,この限りでない.

③ 専門職大学院を置く大学にあつては,前項に規定するもののほか,当該専門職大学院の設置の目的に照らし,当該専門職大学院の教育課程,教員組織その他教育研究活動の状況について,政令で定める期間ごとに,認証評価を受けるものとする.ただし,当該専門職大学院の課程に係る分野について認証評価を行う認証評価機関が存在しない場合その他特別の事由がある場合であつて,文部科学大臣の定める措置を講じているときは,この限りでない.

④ 前2項の認証評価は,大学からの求めにより,大学評価基準(前2項の認証評価を行うために認証評価機関が定める基準をいう.次条において同じ.)に従つて行うものとする.

**第110条** ① 認証評価機関になろうとする者は,文部科学大臣の定めるところにより,申請により,文部科学大臣の認証を受けることができる.

② 文部科学大臣は,前項の規定による認証の申請が次の各号のいずれにも適合すると認めるときは,その認証をするものとする.

1 大学評価基準及び評価方法が認証評価を適確に行うに足りるものであること.

2 認証評価の公正かつ適確な実施を確保するために必要な体制が整備されていること.

3 第4項に規定する措置(同項に規定する通知を除く.)の前に認証評価の結果に係る大学からの意見の申立ての機会を付与していること.

4 認証評価を適確かつ円滑に行うに必要な経理的基礎を有する法人(人格のない社団又は財団で代表者又は管理人の定めのあるものを含む.次号において同じ.)であること.

5 次条第2項の規定により認証を取り消され,その取消しの日から2年を経過しない法人でないこと.

6 その他認証評価の公正かつ適確な実施に支障を及ぼすおそれがないこと.

③ 前項に規定する基準を適用するに際して必要な

細目は，文部科学大臣が，これを定める．
④ 認証評価機関は，認証評価を行つたときは，遅滞なく，その結果を大学に通知するとともに，文部科学大臣の定めるところにより，これを公表し，かつ，文部科学大臣に報告しなければならない．
⑤ 認証評価機関は，大学評価基準，評価方法その他文部科学大臣の定める事項を変更しようとするとき，又は認証評価の業務の全部若しくは一部を休止若しくは廃止しようとするときは，あらかじめ，文部科学大臣に届け出なければならない．
⑥ 文部科学大臣は，認証評価機関の認証をしたとき，又は前項の規定による届出があつたときは，その旨を官報で公示しなければならない．
**第111条** ① 文部科学大臣は，認証評価の公正かつ適確な実施が確保されないおそれがあると認めるときは，認証評価機関に対し，必要な報告又は資料の提出を求めることができる．
② 文部科学大臣は，認証評価機関が前項の求めに応じず，若しくは虚偽の報告若しくは資料の提出をしたとき，又は前条第2項及び第3項の規定に適合しなくなつたと認めるときその他認証評価の公正かつ適確な実施に著しく支障を及ぼす事由があると認めるときは，当該認証評価機関に対してこれを改善すべきことを求め，及びその求めによつてもなお改善されないときは，その認証を取り消すことができる．
③ 文部科学大臣は，前項の規定により認証評価機関の認証を取り消したときは，その旨を官報で公示しなければならない．
**第112条** 文部科学大臣は，次に掲げる場合には，第94条の政令で定める審議会等に諮問しなければならない．
1 認証評価機関の認証をするとき．
2 第110条第3項の細目を定めるとき．
3 認証評価機関の認証を取り消すとき．
**第113条** 大学は，教育研究の成果の普及及び活用の促進に資するため，その教育研究活動の状況を公表するものとする．
**第114条** 第37条第14項及び第60条第6項の規定は，大学に準用する．

## 第10章 高等専門学校

**第115条** ① 高等専門学校は，深く専門の学芸を教授し，職業に必要な能力を育成することを目的とする．
② 高等専門学校は，その目的を実現するための教育を行い，その成果を広く社会に提供することにより，社会の発展に寄与するものとする．
**第116条** ① 高等専門学校には，学科を置く．
② 前項の学科に関し必要な事項は，文部科学大臣が，これを定める．
**第117条** 高等専門学校の修業年限は，5年とする．ただし，商船に関する学科については，5年6月とする．
**第118条** 高等専門学校に入学することのできる者は，第57条に規定する者とする．
**第119条** ① 高等専門学校には，専攻科を置くことができる．
② 高等専門学校の専攻科は，高等専門学校を卒業した者又は文部科学大臣の定めるところにより，これと同等以上の学力があると認められた者に対して，精深な程度において，特別の事項を教授し，その研究を指導することを目的とし，その修業年限は，1年以上とする．
**第120条** ① 高等専門学校には，校長，教授，准教授，助教，助手及び事務職員を置かなければならない．ただし，教育上の組織編制として適切と認められる場合には，准教授，助教又は助手を置かないことができる．
② 高等専門学校には，前項のほか，講師，技術職員その他必要な職員を置くことができる．
③ 校長は，校務を掌り，所属職員を監督する．
④ 教授は，専攻分野について，教育上又は実務上の特に優れた知識，能力及び実績を有する者であつて，学生を教授する．
⑤ 准教授は，専攻分野について，教育上又は実務上の優れた知識，能力及び実績を有する者であつて，学生を教授する．
⑥ 助教は，専攻分野について，教育上又は実務上の知識及び能力を有する者であつて，学生を教授する．
⑦ 助手は，その所属する組織における教育の円滑な実施に必要な業務に従事する．
⑧ 講師は，教授又は准教授に準ずる職務に従事する．
**第121条** 高等専門学校を卒業した者は，準学士と称することができる．
**第122条** 高等専門学校を卒業した者は，文部科学大臣の定めるところにより，大学に編入学することができる．
**第123条** 第37条第14項，第59条，第60条第6項，第94条（設置基準に係る部分に限る．），第95条，第98条，第105条から第107条まで，第109条（第3項を除く．）及び第110条から第113条までの規定は，高等専門学校に準用する．

## 第11章 専修学校

**第124条** 第1条に掲げるもの以外の教育施設で，職業若しくは実際生活に必要な能力を育成し，又は教養の向上を図ることを目的として次の各号に該当する組織的な教育を行うもの（当該教育を行うにつき他の法律に特別の規定があるもの及び我が国に居住する外国人を専ら対象とするものを除く．）は，専修学校とする．
1 修業年限が1年以上であること．
2 授業時数が文部科学大臣の定める授業時数以上であること．
3 教育を受ける者が常時40人以上であること．
**第125条** ① 専修学校には，高等課程，専門課程又は一般課程を置く．
② 専修学校の高等課程においては，中学校若しくはこれに準ずる学校を卒業した者若しくは中等教育学校の前期課程を修了した者又は文部科学大臣の定めるところによりこれと同等以上の学力があると認められた者に対して，中学校における教育の基礎の上に，心身の発達に応じて前条の教育を行うものとする．
③ 専修学校の専門課程においては，高等学校若しくはこれに準ずる学校若しくは中等教育学校を卒業した者又は文部科学大臣の定めるところによりこれに準ずる学力があると認められた者に対して，高等学校における教育の基礎の上に，前条の教育を行うものとする．
④ 専修学校の一般課程においては，高等課程又は専門課程の教育以外の前条の教育を行うものとする．

**第126条** ① 高等課程を置く専修学校は,高等専修学校と称することができる.
② 専門課程を置く専修学校は,専門学校と称することができる.

**第127条** 専修学校は,国及び地方公共団体のほか,次に該当する者でなければ,設置することができない.
 1 専修学校を経営するために必要な経済的基礎を有すること.
 2 設置者(設置者が法人である場合にあつては,その経営を担当する当該法人の役員とする.次号において同じ.)が専修学校を経営するために必要な知識又は経験を有すること.
 3 設置者が社会的信望を有すること.

**第128条** 専修学校は,次に掲げる事項について文部科学大臣の定める基準に適合していなければならない.
 1 目的,生徒の数又は課程の種類に応じて置かなければならない教員の数
 2 目的,生徒の数又は課程の種類に応じて有しなければならない校地及び校舎の面積並びにその位置及び環境
 3 目的,生徒の数又は課程の種類に応じて有しなければならない設備
 4 目的又は課程の種類に応じた教育課程及び編制の大綱

**第129条** ① 専修学校には,校長及び相当数の教員を置かなければならない.
② 専修学校の校長は,教育に関する識見を有し,かつ,教育,学術又は文化に関する業務に従事した者でなければならない.
③ 専修学校の教員は,その担当する教育に関する専門的な知識又は技能に関し,文部科学大臣の定める資格を有する者でなければならない.

**第130条** ① 国又は都道府県が設置する専修学校を除くほか,専修学校の設置廃止(高等課程,専門課程又は一般課程の設置廃止を含む.),設置者の変更及び目的の変更は,市町村の設置する専修学校にあつては都道府県の教育委員会,私立の専修学校にあつては都道府県知事の認可を受けなければならない.
② 都道府県の教育委員会又は都道府県知事は,専修学校の設置(高等課程,専門課程又は一般課程の設置を含む.)の認可の申請があつたときは,申請の内容が第124条,第125条及び前3条の基準に適合するかどうかを審査した上で,認可に関する処分をしなければならない.
③ 前項の規定は,専修学校の設置者の変更及び目的の変更の認可の申請があつた場合について準用する.
④ 都道府県の教育委員会又は都道府県知事は,第1項の認可をしない処分をするときは,理由を付した書面をもつて申請者にその旨を通知しなければならない.

**第131条** 国又は都道府県が設置する専修学校を除くほか,専修学校の設置者は,その設置する専修学校の名称,位置又は学則を変更しようとするときその他政令で定める場合に該当するときは,市町村の設置する専修学校にあつては都道府県の教育委員会に,私立の専修学校にあつては都道府県知事に届け出なければならない.

**第132条** 専修学校の専門課程(修業年限が2年以上であることその他の文部科学大臣の定める基準を満たすものに限る.)を修了した者(第90条第1項に規定する者に限る.)は,文部科学大臣の定めるところにより,大学に編入学することができる.

**第133条** ① 第5条,第6条,第9条から第14条まで及び第42条から第44条までの規定は専修学校に,第105条の規定は専修学校を置く専修学校に準用する.この場合において,第10条中「大学及び高等専門学校にあつては文部科学大臣に,大学及び高等専門学校以外の学校にあつては都道府県知事に」とあるのは「都道府県知事に」と,第13条中「第4条第1項各号に掲げる学校」とあるのは「市町村の設置する専修学校又は私立の専修学校」と,「同項各号に定める者」とあるのは「都道府県の教育委員会又は都道府県知事」と,同条第2号中「その者」とあるのは「当該都道府県の教育委員会又は都道府県知事」と,第14条中「大学及び高等専門学校以外の市町村の設置する学校については都道府県の教育委員会,大学及び高等専門学校以外の私立学校については都道府県知事」とあるのは「市町村の設置する専修学校については都道府県の教育委員会,私立の専修学校については都道府県知事」と読み替えるものとする.
② 都道府県の教育委員会又は都道府県知事は,前項において準用する第13条の規定による処分をするときは,理由を付した書面をもつて当該専修学校の設置者にその旨を通知しなければならない.

### 第12章 雑 則

**第134条** ① 第1条に掲げるもの以外のもので,学校教育に類する教育を行うもの(当該教育を行うにつき他の法律に特別の規定があるもの及び第124条に規定する専修学校の教育を行うものを除く.)は,各種学校とする.
② 第4条第1項,第5条から第7条まで,第9条から第11条まで,第13条,第14条及び第42条から第44条までの規定は,各種学校に準用する.この場合において,第4条第1項中「次の各号に掲げる学校の区分に応じ,それぞれ当該各号に定める者」とあるのは「市町村の設置する各種学校にあつては都道府県の教育委員会,私立の各種学校にあつては都道府県知事」と,第10条中「大学及び高等専門学校にあつては文部科学大臣に,大学及び高等専門学校以外の学校にあつては都道府県知事に」とあるのは「都道府県知事に」と,第13条中「第4条第1項各号に掲げる学校」とあるのは「市町村の設置する各種学校又は私立の各種学校」と,「同項各号に定める者」とあるのは「都道府県の教育委員会又は都道府県知事」と,同条第2号中「その者」とあるのは「当該都道府県の教育委員会又は都道府県知事」と,第14条中「大学及び高等専門学校以外の市町村の設置する学校については都道府県の教育委員会,大学及び高等専門学校以外の私立学校については都道府県知事」とあるのは「市町村の設置する各種学校については都道府県の教育委員会,私立の各種学校については都道府県知事」と読み替えるものとする.
③ 前項のほか,各種学校に関し必要な事項は,文部科学大臣が,これを定める.

**第135条** ① 専修学校,各種学校その他第1条に掲げるもの以外の教育施設は,同条に掲げる学校の名称又は大学院の名称を用いてはならない.
② 高等課程を置く専修学校以外の教育施設は高等専修学校の名称を,専門課程を置く専修学校以外の

教育施設は専門学校の名称を,専修学校以外の教育施設は専修学校の名称を用いてはならない.

**第136条** ① 都道府県の教育委員会(私人の経営に係るものにあつては,都道府県知事)は,学校以外のもの又は専修学校若しくは各種学校以外のものが専修学校又は各種学校の教育を行うものと認める場合においては,関係者に対して,一定の期間内に専修学校設置又は各種学校設置の認可を申請すべき旨を勧告することができる.ただし,その期間は,1箇月を下ることができない.

② 都道府県の教育委員会(私人の経営に係るものにあつては,都道府県知事)は,前項に規定する関係者が,同項の規定による勧告に従わず引き続き専修学校若しくは各種学校の教育を行つているとき,又は専修学校設置若しくは各種学校設置の認可を申請したがその認可が得られなかつた場合において引き続き専修学校若しくは各種学校の教育を行つているときは,当該関係者に対して,当該教育をやめるべき旨を命ずることができる.

③ 都道府県知事は,前項の規定による命令をなす場合においては,あらかじめ私立学校審議会の意見を聞かなければならない.

**第137条** 学校教育上支障のない限り,学校には,社会教育に関する施設を附置し,又は学校の施設を社会教育その他公共のために,利用させることができる.

**第138条** 第17条第3項の政令で定める事項のうち同条第1項又は第2項の義務の履行に関する処分に該当するもので政令で定めるものについては,行政手続法(平成5年法律第88号)第3章の規定は,適用しない.

**第139条** 文部科学大臣がした大学又は高等専門学校の設置の認可に関する処分については,行政不服審査法(昭和37年法律第160号)による不服申立てをすることができない.

**第140条** この法律における市には,東京都の区を含むものとする.

**第141条** この法律(第85条及び第100条を除く.)及び他の法令(教育公務員特例法(昭和24年法律第1号)及び当該法令に特別の定めのあるものを除く.)において,大学の学部には第85条ただし書に規定する組織を含み,大学の大学院の研究科には第100条ただし書に規定する組織を含むものとする.

**第142条** この法律に規定するもののほか,この法律施行のため必要な事項で,地方公共団体の機関が処理しなければならないものについては政令で,その他のものについては文部科学大臣が,これを定める.

## 第13章 罰則

**第143条** 第13条の規定(第133条第1項及び第134条第2項において準用する場合を含む.)による閉鎖命令又は第136条第2項の規定による命令に違反した者は,6月以下の懲役若しくは禁錮又は20万円以下の罰金に処する.

**第144条** 第17条第1項又は第2項の義務の履行の督促を受け,なお履行しない者は,10万円以下の罰金に処する.

**第145条** 第20条の規定に違反した者は,10万円以下の罰金に処する.

**第146条** 第135条の規定に違反した者は,10万円以下の罰金に処する.

**附 則** (略)

## Ⅱ 民事法

# 38 民 法

(明29・4・27法律第89号,明31・7・16施行,
最終改正:平18・6・21法律第78号)

[目　次]
第1編　総則
　第1章　通則（1条・2条）
　第2章　人
　　第1節　権利能力（3条）
　　第2節　行為能力（4条-21条）
　　第3節　住所（22条-24条）
　　第4節　不在者の財産の管理及び失踪の宣告（25条-32条）
　　第5節　同時死亡の推定（32条の2）
　第3章　法人（33条-84条）
　第4章　物（85条-89条）
　第5章　法律行為
　　第1節　総則（90条-92条）
　　第2節　意思表示（93条-98条の2）
　　第3節　代理（99条-118条）
　　第4節　無効及び取消し（119条-126条）
　　第5節　条件及び期限（127条-137条）
　第6章　期間の計算（138条-143条）
　第7章　時効
　　第1節　総則（144条-161条）
　　第2節　取得時効（162条-165条）
　　第3節　消滅時効（166条-174条の2）
第2編　物権
　第1章　総則（175条-179条）
　第2章　占有権
　　第1節　占有権の取得（180条-187条）
　　第2節　占有権の効力（188条-202条）
　　第3節　占有権の消滅（203条・204条）
　　第4節　準占有（205条）
　第3章　所有権
　　第1節　所有権の限界
　　　第1款　所有権の内容及び範囲（206条-208条）
　　　第2款　相隣関係（209条-238条）
　　第2節　所有権の取得（239条-248条）
　　第3節　共有（249条-264条）
　第4章　地上権（265条-269条の2）
　第5章　永小作権（270条-279条）
　第6章　地役権（280条-294条）
　第7章　留置権（295条-302条）
　第8章　先取特権
　　第1節　総則（303条-305条）
　　第2節　先取特権の種類
　　　第1款　一般の先取特権（306条-310条）
　　　第2款　動産の先取特権（311条-324条）
　　　第3款　不動産の先取特権（325条-328条）
　　第3節　先取特権の順位（329条-332条）
　　第4節　先取特権の効力（333条-341条）
　第9章　質権
　　第1節　総則（342条-351条）
　　第2節　動産質（352条-355条）
　　第3節　不動産質（356条-361条）
　　第4節　権利質（362条-368条）
　第10章　抵当権
　　第1節　総則（369条-372条）
　　第2節　抵当権の効力（373条-395条）
　　第3節　抵当権の消滅（396条-398条）
　　第4節　根抵当（398条の2-398条の22）
第3編　債権
　第1章　総則
　　第1節　債権の目的（399条-411条）
　　第2節　債権の効力
　　　第1款　債務不履行の責任等（412条-422条）
　　　第2款　債権者代位権及び詐害行為取消権（423条-426条）
　　第3節　多数当事者の債権及び債務
　　　第1款　総則（427条）
　　　第2款　不可分債権及び不可分債務（428条-431条）
　　　第3款　連帯債務（432条-445条）
　　　第4款　保証債務
　　　　第1目　保証債務（446条-465条）
　　　　第2目　貸金等根保証契約（465条の2-465条の5）
　　第4節　債権の譲渡（466条-473条）
　　第5節　債権の消滅
　　　第1款　弁済
　　　　第1目　総則（474条-493条）
　　　　第2目　弁済の目的物の供託（494条-498条）
　　　　第3目　弁済による代位（499条-504条）
　　　第2款　相殺（505条-512条）
　　　第3款　更改（513条-518条）
　　　第4款　免除（519条）
　　　第5款　混同（520条）
　第2章　契約
　　第1節　総則
　　　第1款　契約の成立（521条-532条）
　　　第2款　契約の効力（533条-539条）
　　　第3款　契約の解除（540条-548条）
　　第2節　贈与（549条-554条）
　　第3節　売買
　　　第1款　総則（555条-559条）
　　　第2款　売買の効力（560条-578条）
　　　第3款　買戻し（579条-585条）
　　第4節　交換（586条）
　　第5節　消費貸借（587条-592条）
　　第6節　使用貸借（593条-600条）
　　第7節　賃貸借
　　　第1款　総則（601条-604条）
　　　第2款　賃貸借の効力（605条-616条）
　　　第3款　賃貸借の終了（617条-622条）
　　第8節　雇用（623条-631条）
　　第9節　請負（632条-642条）
　　第10節　委任（643条-656条）
　　第11節　寄託（657条-666条）
　　第12節　組合（667条-688条）
　　第13節　終身定期金（689条-694条）
　　第14節　和解（695条・696条）
　第3章　事務管理（697条-702条）
　第4章　不当利得（703条-708条）
　第5章　不法行為（709条-724条）
第4編　親族
　第1章　総則（725条-730条）
　第2章　婚姻
　　第1節　婚姻の成立
　　　第1款　婚姻の要件（731条-741条）
　　　第2款　婚姻の無効及び取消し（742条-749条）
　　第2節　婚姻の効力（750条-754条）
　　第3節　夫婦財産制
　　　第1款　総則（755条-759条）
　　　第2款　法定財産制（760条-762条）
　　第4節　離婚
　　　第1款　協議上の離婚（763条-769条）
　　　第2款　裁判上の離婚（770条・771条）
　第3章　親子
　　第1節　実子（772条-791条）
　　第2節　養子
　　　第1款　縁組の要件（792条-801条）
　　　第2款　縁組の無効及び取消し（802条-808条）
　　　第3款　縁組の効力（809条・810条）
　　　第4款　離縁（811条-817条）
　　　第5款　特別養子（817条の2-817条の11）
　第4章　親権

第1節 総則（818条・819条）
第2節 親権の効力（820条-833条）
第3節 親権の喪失（834条-837条）
第5章 後見
　第1節 後見の開始（838条）
　第2節 後見の機関
　　第1款 後見人（839条-847条）
　　第2款 後見監督人（848条-852条）
　第3節 後見の事務（853条-869条）
　第4節 後見の終了（870条-875条）
第6章 保佐及び補助
　第1節 保佐（876条-876条の5）
　第2節 補助（876条の6-876条の10）
第7章 扶養（877条-881条）
第5編 相続
　第1章 総則（882条-885条）
　第2章 相続人（886条-895条）
　第3章 相続の効力
　　第1節 総則（896条-899条）
　　第2節 相続分（900条-905条）
　　第3節 遺産の分割（906条-914条）
　第4章 相続の承認及び放棄
　　第1節 総則（915条-919条）
　　第2節 相続の承認
　　　第1款 単純承認（920条・921条）
　　　第2款 限定承認（922条-937条）
　　第3節 相続の放棄（938条-940条）
　第5章 財産分離（941条-950条）
　第6章 相続人の不存在（951条-959条）
　第7章 遺言
　　第1節 総則（960条-966条）
　　第2節 遺言の方式
　　　第1款 普通の方式（967条-975条）
　　　第2款 特別の方式（976条-984条）
　　第3節 遺言の効力（985条-1003条）
　　第4節 遺言の執行（1004条-1021条）
　　第5節 遺言の撤回及び取消し（1022条-1027条）
　第8章 遺留分（1028条-1044条）

## 第1編　総則

### 第1章　通則

**（基本原則）**
**第1条** ① 私権は，公共の福祉に適合しなければならない．
② 権利の行使及び義務の履行は，信義に従い誠実に行わなければならない．
③ 権利の濫用は，これを許さない．
**（解釈の基準）**
**第2条** この法律は，個人の尊厳と両性の本質的平等を旨として，解釈しなければならない．

### 第2章　人

#### 第1節　権利能力
**第3条** ① 私権の享有は，出生に始まる．
② 外国人は，法令又は条約の規定により禁止される場合を除き，私権を享有する．
#### 第2節　行為能力
**（成年）**
**第4条** 年齢20歳をもって，成年とする．
**（未成年者の法律行為）**
**第5条** ① 未成年者が法律行為をするには，その法定代理人の同意を得なければならない．ただし，単に権利を得，又は義務を免れる法律行為については，この限りでない．
② 前項の規定に反する法律行為は，取り消すことができる．
③ 第1項の規定にかかわらず，法定代理人が目的を定めて処分を許した財産は，その目的の範囲内において，未成年者が自由に処分することができる．目的を定めないで処分を許した財産を処分するときも，同様とする．
**（未成年者の営業の許可）**
**第6条** ① 1種又は数種の営業を許された未成年者は，その営業に関しては，成年者と同一の行為能力を有する．
② 前項の場合において，未成年者がその営業に堪えることができない事由があるときは，その法定代理人は，第4編（親族）の規定に従い，その許可を取り消し，又はこれを制限することができる．
**（後見開始の審判）**
**第7条** 精神上の障害により事理を弁識する能力を欠く常況にある者については，家庭裁判所は，本人，配偶者，四親等内の親族，未成年後見人，未成年後見監督人，保佐人，保佐監督人，補助人，補助監督人又は検察官の請求により，後見開始の審判をすることができる．
**（成年被後見人及び成年後見人）**
**第8条** 後見開始の審判を受けた者は，成年被後見人とし，これに成年後見人を付する．
**（成年被後見人の法律行為）**
**第9条** 成年被後見人の法律行為は，取り消すことができる．ただし，日用品の購入その他日常生活に関する行為については，この限りでない．
**（後見開始の審判の取消し）**
**第10条** 第7条に規定する原因が消滅したときは，家庭裁判所は，本人，配偶者，四親等内の親族，後見人（未成年後見人及び成年後見人をいう．以下同じ．），後見監督人（未成年後見監督人及び成年後見監督人をいう．以下同じ．）又は検察官の請求により，後見開始の審判を取り消さなければならない．
**（保佐開始の審判）**
**第11条** 精神上の障害により事理を弁識する能力が著しく不十分である者については，家庭裁判所は，本人，配偶者，四親等内の親族，後見人，後見監督人，補助人，補助監督人又は検察官の請求により，保佐開始の審判をすることができる．ただし，第7条に規定する原因がある者については，この限りでない．
**（被保佐人及び保佐人）**
**第12条** 保佐開始の審判を受けた者は，被保佐

人とし，これに保佐人を付する．

**（保佐人の同意を要する行為等）**

**第13条** ① 被保佐人が次に掲げる行為をするには，その保佐人の同意を得なければならない．ただし，第9条ただし書に規定する行為については，この限りでない．

1 元本を領収し，又は利用すること．
2 借財又は保証をすること．
3 不動産その他重要な財産に関する権利の得喪を目的とする行為をすること．
4 訴訟行為をすること．
5 贈与，和解又は仲裁合意（仲裁法（平成15年法律第138号）第2条第1項に規定する仲裁合意をいう．）をすること．
6 相続の承認若しくは放棄又は遺産の分割をすること．
7 贈与の申込みを拒絶し，遺贈を放棄し，負担付贈与の申込みを承諾し，又は負担付遺贈を承認すること．
8 新築，改築，増築又は大修繕をすること．
9 第602条に定める期間を超える賃貸借をすること．

② 家庭裁判所は，第11条本文に規定する者又は保佐人若しくは保佐監督人の請求により，被保佐人が前項各号に掲げる行為以外の行為をする場合であってもその保佐人の同意を得なければならない旨の審判をすることができる．ただし，第9条ただし書に規定する行為については，この限りでない．

③ 保佐人の同意を得なければならない行為について，保佐人が被保佐人の利益を害するおそれがないにもかかわらず同意をしないときは，家庭裁判所は，被保佐人の請求により，保佐人の同意に代わる許可を与えることができる．

④ 保佐人の同意を得なければならない行為であって，その同意又はこれに代わる許可を得ないでしたものは，取り消すことができる．

**（保佐開始の審判等の取消し）**

**第14条** ① 第11条本文に規定する原因が消滅したときは，家庭裁判所は，本人，配偶者，四親等内の親族，未成年後見人，未成年後見監督人，保佐人，保佐監督人又は検察官の請求により，保佐開始の審判を取り消さなければならない．

② 家庭裁判所は，前項に規定する者の請求により，前条第2項の審判の全部又は一部を取り消すことができる．

**（補助開始の審判）**

**第15条** ① 精神上の障害により事理を弁識する能力が不十分である者については，家庭裁判所は，本人，配偶者，四親等内の親族，後見人，後見監督人，保佐人，保佐監督人又は検察官の請求により，補助開始の審判をすることができる．ただし，第7条又は第11条本文に規定する原因がある者については，この限りでない．

② 本人以外の者の請求により補助開始の審判をするには，本人の同意がなければならない．

③ 補助開始の審判は，第17条第1項の審判又は第876条の9第1項の審判とともにしなければならない．

**（被補助人及び補助人）**

**第16条** 補助開始の審判を受けた者は，被補助人とし，これに補助人を付する．

**（補助人の同意を要する旨の審判等）**

**第17条** ① 家庭裁判所は，第15条第1項本文に規定する者又は補助人若しくは補助監督人の請求により，被補助人が特定の法律行為をするにはその補助人の同意を得なければならない旨の審判をすることができる．ただし，その審判によりその同意を得なければならないものとすることができる行為は，第13条第1項に規定する行為の一部に限る．

② 本人以外の者の請求により前項の審判をするには，本人の同意がなければならない．

③ 補助人の同意を得なければならない行為について，補助人が被補助人の利益を害するおそれがないにもかかわらず同意をしないときは，家庭裁判所は，被補助人の請求により，補助人の同意に代わる許可を与えることができる．

④ 補助人の同意を得なければならない行為であって，その同意又はこれに代わる許可を得ないでしたものは，取り消すことができる．

**（補助開始の審判等の取消し）**

**第18条** ① 第15条第1項本文に規定する原因が消滅したときは，家庭裁判所は，本人，配偶者，四親等内の親族，未成年後見人，未成年後見監督人，補助人，補助監督人又は検察官の請求により，補助開始の審判を取り消さなければならない．

② 家庭裁判所は，前項に規定する者の請求により，前条第1項の審判の全部又は一部を取り消すことができる．

③ 前条第1項の審判及び第876条の9第1項の審判をすべて取り消す場合には，家庭裁判所は，補助開始の審判を取り消さなければならない．

**（審判相互の関係）**

**第19条** ① 後見開始の審判をする場合において，本人が被保佐人又は被補助人であるときは，家庭裁判所は，その本人に係る保佐開始又は補助開始の審判を取り消さなければならない．

② 前項の規定は，保佐開始の審判をする場合において本人が成年被後見人若しくは被補助人であるとき，又は補助開始の審判をする場合に

おいて本人が成年被後見人若しくは被保佐人であるときについて準用する．

**(制限行為能力者の相手方の催告権)**
**第20条** ① 制限行為能力者(未成年者,成年被後見人,被保佐人及び第17条第1項の審判を受けた被補助人をいう．以下同じ．)の相手方は,その制限行為能力者が行為能力者(行為能力の制限を受けない者をいう．以下同じ．)となった後,その者に対し,1箇月以上の期間を定めて,その期間内にその取り消すことができる行為を追認するかどうかを確答すべき旨の催告をすることができる．この場合において,その者がその期間内に確答を発しないときは,その行為を追認したものとみなす．
② 制限行為能力者の相手方が,制限行為能力者が行為能力者とならない間に,その法定代理人,保佐人又は補助人に対し,その権限内の行為について前項に規定する催告をした場合において,これらの者が同項の期間内に確答を発しないときも,同項後段と同様とする．
③ 特別の方式を要する行為については,前2項の期間内にその方式を具備した旨の通知を発しないときは,その行為を取り消したものとみなす．
④ 制限行為能力者の相手方は,被保佐人又は第17条第1項の審判を受けた被補助人に対しては,第1項の期間内にその保佐人又は補助人の追認を得るべき旨の催告をすることができる．この場合において,その被保佐人又は被補助人がその期間内にその追認を得た旨の通知を発しないときは,その行為を取り消したものとみなす．

**(制限行為能力者の詐術)**
**第21条** 制限行為能力者が行為能力者であることを信じさせるため詐術を用いたときは,その行為を取り消すことができない．

### 第3節 住 所

**(住 所)**
**第22条** 各人の生活の本拠をその者の住所とする．

**(居 所)**
**第23条** ① 住所が知れない場合には,居所を住所とみなす．
② 日本に住所を有しない者は,その者が日本人又は外国人のいずれであるかを問わず,日本における居所をその者の住所とみなす．ただし,準拠法を定める法律に従いその者の住所地法によるべき場合は,この限りでない．

**(仮住所)**
**第24条** ある行為について仮住所を選定したときは,その行為に関しては,その仮住所を住所とみなす．

### 第4節 不在者の財産の管理及び失踪の宣告

**(不在者の財産の管理)**
**第25条** ① 従来の住所又は居所を去った者(以下「不在者」という．)がその財産の管理人(以下この節において単に「管理人」という．)を置かなかったときは,家庭裁判所は,利害関係人又は検察官の請求により,その財産の管理について必要な処分を命ずることができる．本人の不在中に管理人の権限が消滅したときも,同様とする．
② 前項の規定による命令後,本人が管理人を置いたときは,家庭裁判所は,その管理人,利害関係人又は検察官の請求により,その命令を取り消さなければならない．

**(管理人の改任)**
**第26条** 不在者が管理人を置いた場合において,その不在者の生死が明らかでないときは,家庭裁判所は,利害関係人又は検察官の請求により,管理人を改任することができる．

**(管理人の職務)**
**第27条** ① 前2条の規定により家庭裁判所が選任した管理人は,その管理すべき財産の目録を作成しなければならない．この場合において,その費用は,不在者の財産の中から支弁する．
② 不在者の生死が明らかでない場合において,利害関係人又は検察官の請求があるときは,家庭裁判所は,不在者が置いた管理人にも,前項の目録の作成を命ずることができる．
③ 前2項に定めるもののほか,家庭裁判所は,管理人に対し,不在者の財産の保存に必要と認める処分を命ずることができる．

**(管理人の権限)**
**第28条** 管理人は,第103条に規定する権限を超える行為を必要とするときは,家庭裁判所の許可を得て,その行為をすることができる．不在者の生死が明らかでない場合において,その管理人が不在者が定めた権限を超える行為を必要とするときも,同様とする．

**(管理人の担保提供及び報酬)**
**第29条** ① 家庭裁判所は,管理人に財産の管理及び返還について相当の担保を立てさせることができる．
② 家庭裁判所は,管理人と不在者との関係その他の事情により,不在者の財産の中から,相当な報酬を管理人に与えることができる．

**(失踪の宣告)**
**第30条** ① 不在者の生死が7年間明らかでないときは,家庭裁判所は,利害関係人の請求により,失踪の宣告をすることができる．
② 戦地に臨んだ者,沈没した船舶の中に在った

者その他死亡の原因となるべき危難に遭遇した者の生死が,それぞれ,戦争が止んだ後,船舶が沈没した後又はその他の危難が去った後1年間明らかでないときも,前項と同様とする.

(失踪の宣告の効力)
**第31条** 前条第1項の規定により失踪の宣告を受けた者は同項の期間が満了した時に,同条第2項の規定により失踪の宣告を受けた者はその危難が去った時に,死亡したものとみなす.

(失踪の宣告の取消し)
**第32条** ① 失踪者が生存すること又は前条に規定する時と異なる時に死亡したことの証明があったときは,家庭裁判所は,本人又は利害関係人の請求により,失踪の宣告を取り消さなければならない.この場合において,その取消しは,失踪の宣告後その取消し前に善意でした行為の効力に影響を及ぼさない.
② 失踪の宣告によって財産を得た者は,その取消しによって権利を失う.ただし,現に利益を受けている限度においてのみ,その財産を返還する義務を負う.

第5節 同時死亡の推定
**第32条の2** 数人の者が死亡した場合において,そのうちの1人が他の者の死亡後になお生存していたことが明らかでないときは,これらの者は,同時に死亡したものと推定する.

## 第3章 法 人

〔第3章は平18法50,平20・12・1施行〕

(法人の成立等)
**第33条** ① 法人は,この法律その他の法律の規定によらなければ,成立しない.
② 学術,技芸,慈善,祭祀,宗教その他の公益を目的とする法人,営利事業を営むことを目的とする法人その他の法人の設立,組織,運営及び管理については,この法律その他の法律の定めるところによる.

(法人の能力)
**第34条** 法人は,法令の規定に従い,定款その他の基本約款で定められた目的の範囲内において,権利を有し,義務を負う.

(外国法人)
**第35条** ① 外国法人は,国,国の行政区画及び外国会社を除き,その成立を認許しない.ただし,法律又は条約の規定により認許された外国法人は,この限りでない.
② 前項の規定により認許された外国法人は,日本において成立する同種の法人と同一の私権を有する.ただし,外国人が享有することのできない権利及び法律又は条約中に特別の規定がある権利については,この限りでない.

(登 記)
**第36条** 法人及び外国法人は,この法律その他の法令の定めるところにより,登記をするものとする.

(外国法人の登記)
**第37条** ① 外国法人(第35条第1項ただし書に規定する外国法人に限る.以下この条において同じ.)が日本に事務所を設けたときは,3週間以内に,その事務所の所在地において,次に掲げる事項を登記しなければならない.
1 外国法人の設立の準拠法
2 目的
3 名称
4 事務所の所在場所
5 存続期間を定めたときは,その定め
6 代表者の氏名及び住所
② 前項各号に掲げる事項に変更を生じたときは,3週間以内に,変更の登記をしなければならない.この場合において,登記前にあっては,その変更をもって第三者に対抗することができない.
③ 代表者の職務の執行を停止し,若しくはその職務を代行する者を選任する仮処分命令又はその仮処分命令を変更し,若しくは取り消す決定がされたときは,その登記をしなければならない.この場合においては,前項後段の規定を準用する.
④ 前2項の規定により登記すべき事項が外国において生じたときは,登記の期間は,その通知が到達した日から起算する.
⑤ 外国法人が初めて日本に事務所を設けたときは,その事務所の所在地において登記するまでは,第三者は,その法人の成立を否認することができる.
⑥ 外国法人が事務所を移転したときは,旧所在地においては3週間以内に移転の登記をし,新所在地においては4週間以内に第1項各号に掲げる事項を登記しなければならない.
⑦ 同一の登記所の管轄区域内において事務所を移転したときは,その移転の登記をすれば足りる.
⑧ 外国法人の代表者が,この条に規定する登記を怠ったときは,50万円以下の過料に処する.

**第38条から第84条まで** 削除

## 第4章 物

(定 義)
**第85条** この法律において「物」とは,有体物をいう.

(不動産及び動産)
**第86条** ① 土地及びその定着物は,不動産とする.
② 不動産以外の物は,すべて動産とする.

③ 無記名債権は,動産とみなす.
（主物及び従物）
第87条 ① 物の所有者が,その物の常用に供するため,自己の所有に属する他の物をこれに附属させたときは,その附属させた物を従物とする.
② 従物は,主物の処分に従う.
（天然果実及び法定果実）
第88条 ① 物の用法に従い収取する産出物を天然果実とする.
② 物の使用の対価として受けるべき金銭その他の物を法定果実とする.
（果実の帰属）
第89条 ① 天然果実は,その元物から分離する時に,これを収取する権利を有する者に帰属する.
② 法定果実は,これを収取する権利の存続期間に応じて,日割計算によりこれを取得する.

## 第5章 法律行為

### 第1節 総則
（公序良俗）
第90条 公の秩序又は善良の風俗に反する事項を目的とする法律行為は,無効とする.
（任意規定と異なる意思表示）
第91条 法律行為の当事者が法令中の公の秩序に関しない規定と異なる意思を表示したときは,その意思に従う.
（任意規定と異なる慣習）
第92条 法令中の公の秩序に関しない規定と異なる慣習がある場合において,法律行為の当事者がその慣習による意思を有しているものと認められるときは,その慣習に従う.

### 第2節 意思表示
（心裡留保）
第93条 意思表示は,表意者がその真意ではないことを知ってしたときであっても,そのためにその効力を妨げられない.ただし,相手方が表意者の真意を知り,又は知ることができたときは,その意思表示は,無効とする.
（虚偽表示）
第94条 ① 相手方と通じてした虚偽の意思表示は,無効とする.
② 前項の規定による意思表示の無効は,善意の第三者に対抗することができない.
（錯誤）
第95条 意思表示は,法律行為の要素に錯誤があったときは,無効とする.ただし,表意者に重大な過失があったときは,表意者は,自らその無効を主張することができない.
（詐欺又は強迫）
第96条 ① 詐欺又は強迫による意思表示は,取り消すことができる.

② 相手方に対する意思表示について第三者が詐欺を行った場合においては,相手方がその事実を知っていたときに限り,その意思表示を取り消すことができる.
③ 前2項の規定による詐欺による意思表示の取消しは,善意の第三者に対抗することができない.
（隔地者に対する意思表示）
第97条 ① 隔地者に対する意思表示は,その通知が相手方に到達した時からその効力を生ずる.
② 隔地者に対する意思表示は,表意者が通知を発した後に死亡し,又は行為能力を喪失したときであっても,そのためにその効力を妨げられない.
（公示による意思表示）
第98条 ① 意思表示は,表意者が相手方を知ることができず,又はその所在を知ることができないときは,公示の方法によってすることができる.
② 前項の公示は,公示送達に関する民事訴訟法（平成8年法律第109号）の規定に従い,裁判所の掲示場に掲示し,かつ,その掲示があったことを官報に少なくとも1回掲載して行う.ただし,裁判所は,相当と認めるときは,官報への掲載に代えて,市役所,区役所,町村役場又はこれらに準ずる施設の掲示場に掲示すべきことを命ずることができる.
③ 公示による意思表示は,最後に官報に掲載した日又はその掲載に代わる掲示を始めた日から2週間を経過した時に,相手方に到達したものとみなす.ただし,表意者が相手方を知らないこと又はその所在を知らないことについて過失があったときは,到達の効力を生じない.
④ 公示に関する手続は,相手方を知ることができない場合には表意者の住所地の,相手方の所在を知ることができない場合には相手方の最後の住所地の簡易裁判所の管轄に属する.
⑤ 裁判所は,表意者に,公示に関する費用を予納させなければならない.
（意思表示の受領能力）
第98条の2 意思表示の相手方がその意思表示を受けた時に未成年者又は成年被後見人であったときは,その意思表示をもってその相手方に対抗することができない.ただし,その法定代理人がその意思表示を知った後は,この限りでない.

### 第3節 代理
（代理行為の要件及び効果）
第99条 ① 代理人がその権限内において本人のためにすることを示してした意思表示は,本人に対して直接にその効力を生ずる.

② 前項の規定は,第三者が代理人に対してした意思表示について準用する.

（本人のためにすることを示さない意思表示）
第100条　代理人が本人のためにすることを示さないでした意思表示は,自己のためにしたものとみなす. ただし,相手方が,代理人が本人のためにすることを知り,又は知ることができたときは,前条第1項の規定を準用する.

（代理行為の瑕疵）
第101条　① 意思表示の効力が意思の不存在,詐欺,強迫又はある事情を知っていたこと若しくは知らなかったことにつき過失があったことによって影響を受けるべき場合には,その事実の有無は,代理人について決するものとする.
② 特定の法律行為をすることを委託された場合において,代理人が本人の指図に従ってその行為をしたときは,本人は,自ら知っていた事情について代理人が知らなかったことを主張することができない. 本人が過失によって知らなかった事情についても,同様とする.

（代理人の行為能力）
第102条　代理人は,行為能力者であることを要しない.

（権限の定めのない代理人の権限）
第103条　権限の定めのない代理人は,次に掲げる行為のみをする権限を有する.
　1　保存行為
　2　代理の目的である物又は権利の性質を変えない範囲内において,その利用又は改良を目的とする行為

（任意代理人による復代理人の選任）
第104条　委任による代理人は,本人の許諾を得たとき,又はやむを得ない事由があるときでなければ,復代理人を選任することができない.

（復代理人を選任した代理人の責任）
第105条　① 代理人は,前条の規定により復代理人を選任したときは,その選任及び監督について,本人に対してその責任を負う.
② 代理人は,本人の指名に従って復代理人を選任したときは,前項の責任を負わない. ただし,その代理人が,復代理人が不適任又は不誠実であることを知りながら,その旨を本人に通知し又は復代理人を解任することを怠ったときは,この限りでない.

（法定代理人による復代理人の選任）
第106条　法定代理人は,自己の責任で復代理人を選任することができる. この場合において,やむを得ない事由があるときは,前条第1項の責任のみを負う.

（復代理人の権限等）
第107条　① 復代理人は,その権限内の行為について,本人を代表する.
② 復代理人は,本人及び第三者に対して,代理人と同一の権利を有し,義務を負う.

（自己契約及び双方代理）
第108条　同一の法律行為については,相手方の代理人となり,又は当事者双方の代理人となることができない. ただし,債務の履行及び本人があらかじめ許諾した行為については,この限りでない.

（代理権授与の表示による表見代理）
第109条　第三者に対して他人に代理権を与えた旨を表示した者は,その代理権の範囲内においてその他人が第三者との間でした行為について,その責任を負う. ただし,第三者が,その他人が代理権を与えられていないことを知り,又は過失によって知らなかったときは,この限りでない.

（権限外の行為の表見代理）
第110条　前条本文の規定は,代理人がその権限外の行為をした場合において,第三者が代理人の権限があると信ずべき正当な理由があるときについて準用する.

（代理権の消滅事由）
第111条　① 代理権は,次に掲げる事由によって消滅する.
　1　本人の死亡
　2　代理人の死亡又は代理人が破産手続開始の決定若しくは後見開始の審判を受けたこと.
② 委任による代理権は,前項各号に掲げる事由のほか,委任の終了によって消滅する.

（代理権消滅後の表見代理）
第112条　代理権の消滅は,善意の第三者に対抗することができない. ただし,第三者が過失によってその事実を知らなかったときは,この限りでない.

（無権代理）
第113条　① 代理権を有しない者が他人の代理人としてした契約は,本人がその追認をしなければ,本人に対してその効力を生じない.
② 追認又はその拒絶は,相手方に対してしなければ,その相手方に対抗することができない. ただし,相手方がその事実を知ったときは,この限りでない.

（無権代理の相手方の催告権）
第114条　前条の場合において,相手方は,本人に対し,相当の期間を定めて,その期間内に追認をするかどうかを確答すべき旨の催告をすることができる. この場合において,本人がその期間内に確答をしないときは,追認を拒絶したものとみなす.

（無権代理の相手方の取消権）

**第115条** 代理権を有しない者がした契約は、本人が追認をしない間は、相手方が取り消すことができる。ただし、契約の時において代理権を有しないことを相手方が知っていたときは、この限りでない。

（無権代理行為の追認）
**第116条** 追認は、別段の意思表示がないときは、契約の時にさかのぼってその効力を生ずる。ただし、第三者の権利を害することはできない。

（無権代理人の責任）
**第117条** ① 他人の代理人として契約をした者は、自己の代理権を証明することができず、かつ、本人の追認を得ることができなかったときは、相手方の選択に従い、相手方に対して履行又は損害賠償の責任を負う。
② 前項の規定は、他人の代理人として契約をした者が代理権を有しないことを相手方が知っていたとき、若しくは過失によって知らなかったとき、又は他人の代理人として契約をした者が行為能力を有しなかったときは、適用しない。

（単独行為の無権代理）
**第118条** 単独行為については、その行為の時において、相手方が、代理人と称する者が代理権を有しないでする行為をすることに同意し、又はその代理権を争わなかったときに限り、第113条から前条までの規定を準用する。代理権を有しない者に対しその同意を得て単独行為をしたときも、同様とする。

### 第4節 無効及び取消し
（無効な行為の追認）
**第119条** 無効な行為は、追認によっても、その効力を生じない。ただし、当事者がその行為の無効であることを知って追認をしたときは、新たな行為をしたものとみなす。

（取消権者）
**第120条** ① 行為能力の制限によって取り消すことができる行為は、制限行為能力者又はその代理人、承継人若しくは同意をすることができる者に限り、取り消すことができる。
② 詐欺又は強迫によって取り消すことができる行為は、瑕疵ある意思表示をした者又はその代理人若しくは承継人に限り、取り消すことができる。

（取消しの効果）
**第121条** 取り消された行為は、初めから無効であったものとみなす。ただし、制限行為能力者は、その行為によって現に利益を受けている限度において、返還の義務を負う。

（取り消すことができる行為の追認）
**第122条** 取り消すことができる行為は、第120条に規定する者が追認したときは、以後、取り消すことができない。ただし、追認によって第三者の権利を害することはできない。

（取消し及び追認の方法）
**第123条** 取り消すことができる行為の相手方が確定している場合には、その取消し又は追認は、相手方に対する意思表示によってする。

（追認の要件）
**第124条** ① 追認は、取消しの原因となっていた状況が消滅した後にしなければ、その効力を生じない。
② 成年被後見人は、行為能力者となった後にその行為を了知したときは、その了知をした後でなければ、追認をすることができない。
③ 前2項の規定は、法定代理人又は制限行為能力者の保佐人若しくは補助人が追認をする場合には、適用しない。

（法定追認）
**第125条** 前条の規定により追認をすることができる時以後に、取り消すことができる行為について次に掲げる事実があったときは、追認をしたものとみなす。ただし、異議をとどめたときは、この限りでない。
1 全部又は一部の履行
2 履行の請求
3 更改
4 担保の供与
5 取り消すことができる行為によって取得した権利の全部又は一部の譲渡
6 強制執行

（取消権の期間の制限）
**第126条** 取消権は、追認をすることができる時から5年間行使しないときは、時効によって消滅する。行為の時から20年を経過したときも、同様とする。

### 第5節 条件及び期限
（条件が成就した場合の効果）
**第127条** ① 停止条件付法律行為は、停止条件が成就した時からその効力を生ずる。
② 解除条件付法律行為は、解除条件が成就した時からその効力を失う。
③ 当事者が条件が成就した場合の効果をその成就した時以前にさかのぼらせる意思を表示したときは、その意思に従う。

（条件の成否未定の間における相手方の利益の侵害の禁止）
**第128条** 条件付法律行為の各当事者は、条件の成否が未定である間は、条件が成就した場合にその法律行為から生ずべき相手方の利益を害することができない。

（条件の成否未定の間における権利の処分等）
**第129条** 条件の成否が未定である間における

当事者の権利義務は、一般の規定に従い、処分し、相続し、若しくは保存し、又はそのために担保を供することができる。

(条件の成就の妨害)
**第130条** 条件が成就することによって不利益を受ける当事者が故意にその条件の成就を妨げたときは、相手方は、その条件が成就したものとみなすことができる。

(既成条件)
**第131条** ① 条件が法律行為の時に既に成就していた場合において、その条件が停止条件であるときはその法律行為は無条件とし、その条件が解除条件であるときはその法律行為は無効とする。
② 条件が成就しないことが法律行為の時に既に確定していた場合において、その条件が停止条件であるときはその法律行為は無効とし、その条件が解除条件であるときはその法律行為は無条件とする。
③ 前2項に規定する場合において、当事者が条件が成就したこと又は成就しなかったことを知らない間は、第128条及び第129条の規定を準用する。

(不法条件)
**第132条** 不法な条件を付した法律行為は、無効とする。不法な行為をしないことを条件とするものも、同様とする。

(不能条件)
**第133条** ① 不能の停止条件を付した法律行為は、無効とする。
② 不能の解除条件を付した法律行為は、無条件とする。

(随意条件)
**第134条** 停止条件付法律行為は、その条件が単に債務者の意思のみに係るときは、無効とする。

(期限の到来の効果)
**第135条** ① 法律行為に始期を付したときは、その法律行為の履行は、期限が到来するまで、これを請求することができない。
② 法律行為に終期を付したときは、その法律行為の効力は、期限が到来した時に消滅する。

(期限の利益及びその放棄)
**第136条** ① 期限は、債務者の利益のために定めたものと推定する。
② 期限の利益は、放棄することができる。ただし、これによって相手方の利益を害することはできない。

(期限の利益の喪失)
**第137条** 次に掲げる場合には、債務者は、期限の利益を主張することができない。
1 債務者が破産手続開始の決定を受けたとき。
2 債務者が担保を滅失させ、損傷させ、又は減少させたとき。
3 債務者が担保を供する義務を負う場合において、これを供しないとき。

## 第6章 期間の計算

(期間の計算の通則)
**第138条** 期間の計算方法は、法令若しくは裁判上の命令に特別の定めがある場合又は法律行為に別段の定めがある場合を除き、この章の規定に従う。

(期間の起算)
**第139条** 時間によって期間を定めたときは、その期間は、即時から起算する。
**第140条** 日、週、月又は年によって期間を定めたときは、期間の初日は、算入しない。ただし、その期間が午前0時から始まるときは、この限りでない。

(期間の満了)
**第141条** 前条の場合には、期間は、その末日の終了をもって満了する。
**第142条** 期間の末日が日曜日、国民の祝日に関する法律(昭和23年法律第178号)に規定する休日その他の休日に当たるときは、その日に取引をしない慣習がある場合に限り、期間は、その翌日に満了する。

(暦による期間の計算)
**第143条** ① 週、月又は年によって期間を定めたときは、その期間は、暦に従って計算する。
② 週、月又は年の初めから期間を起算しないときは、その期間は、最後の週、月又は年においてその起算日に応当する日の前日に満了する。ただし、月又は年によって期間を定めた場合において、最後の月に応当する日がないときは、その月の末日に満了する。

## 第7章 時 効

### 第1節 総 則

(時効の効力)
**第144条** 時効の効力は、その起算日にさかのぼる。

(時効の援用)
**第145条** 時効は、当事者が援用しなければ、裁判所がこれによって裁判をすることができない。

(時効の利益の放棄)
**第146条** 時効の利益は、あらかじめ放棄することができない。

(時効の中断事由)
**第147条** 時効は、次に掲げる事由によって中断する。
1 請求

2　差押え,仮差押え又は仮処分
3　承認
（時効の中断の効力が及ぶ者の範囲）
**第148条**　前条の規定による時効の中断は,その中断の事由が生じた当事者及びその承継人の間においてのみ,その効力を有する.
（裁判上の請求）
**第149条**　裁判上の請求は,訴えの却下又は取下げの場合には,時効の中断の効力を生じない.
（支払督促）
**第150条**　支払督促は,債権者が民事訴訟法第392条に規定する期間内に仮執行の宣言の申立てをしないことによりその効力を失うときは,時効の中断の効力を生じない.
（和解及び調停の申立て）
**第151条**　和解の申立て又は民事調停法（昭和26年法律第222号）若しくは家事審判法（昭和22年法律第152号）による調停の申立ては,相手方が出頭せず,又は和解若しくは調停が調わないときは,1箇月以内に訴えを提起しなければ,時効の中断の効力を生じない.
（破産手続参加等）
**第152条**　破産手続参加,再生手続参加又は更生手続参加は,債権者がその届出を取り下げ,又はその届出が却下されたときは,時効の中断の効力を生じない.
（催　告）
**第153条**　催告は,6箇月以内に,裁判上の請求,支払督促の申立て,和解の申立て,民事調停法若しくは家事審判法による調停の申立て,破産手続参加,再生手続参加,更生手続参加,差押え,仮差押え又は仮処分をしなければ,時効の中断の効力を生じない.
（差押え,仮差押え及び仮処分）
**第154条**　差押え,仮差押え及び仮処分は,権利者の請求により又は法律の規定に従わないことにより取り消されたときは,時効の中断の効力を生じない.
**第155条**　差押え,仮差押え及び仮処分は,時効の利益を受ける者に対してしないときは,その者に通知をした後でなければ,時効の中断の効力を生じない.
（承　認）
**第156条**　時効の中断の効力を生ずべき承認をするには,相手方の権利についての処分につき行為能力又は権限があることを要しない.
（中断後の時効の進行）
**第157条**　①　中断した時効は,その中断の事由が終了した時から,新たにその進行を始める.
②　裁判上の請求によって中断した時効は,裁判が確定した時から,新たにその進行を始める.

（未成年者又は成年被後見人と時効の停止）
**第158条**　①　時効の期間の満了前6箇月以内の間に未成年者又は成年被後見人に法定代理人がないときは,その未成年者若しくは成年被後見人が行為能力者となった時又は法定代理人が就職した時から6箇月を経過するまでの間は,その未成年者又は成年被後見人に対して,時効は,完成しない.
②　未成年者又は成年被後見人がその財産を管理する父,母又は後見人に対して権利を有するときは,その未成年者若しくは成年被後見人が行為能力者となった時又は後任の法定代理人が就職した時から6箇月を経過するまでの間は,その権利について,時効は,完成しない.
（夫婦間の権利の時効の停止）
**第159条**　夫婦の一方が他の一方に対して有する権利については,婚姻の解消の時から6箇月を経過するまでの間は,時効は,完成しない.
（相続財産に関する時効の停止）
**第160条**　相続財産に関しては,相続人が確定した時,管理人が選任された時又は破産手続開始の決定があった時から6箇月を経過するまでの間は,時効は,完成しない.
（天災等による時効の停止）
**第161条**　時効の期間の満了の時に当たり,天災その他避けることのできない事変のため時効を中断することができないときは,その障害が消滅した時から2週間を経過するまでの間は,時効は,完成しない.

## 第2節　取得時効
（所有権の取得時効）
**第162条**　①　20年間,所有の意思をもって,平穏に,かつ,公然と他人の物を占有した者は,その所有権を取得する.
②　10年間,所有の意思をもって,平穏に,かつ,公然と他人の物を占有した者は,その占有の開始の時に,善意であり,かつ,過失がなかったときは,その所有権を取得する.
（所有権以外の財産権の取得時効）
**第163条**　所有権以外の財産権を,自己のためにする意思をもって,平穏に,かつ,公然と行使する者は,前条の区別に従い20年又は10年を経過した後,その権利を取得する.
（占有の中止等による取得時効の中断）
**第164条**　第162条の規定による時効は,占有者が任意にその占有を中止し,又は他人によってその占有を奪われたときは,中断する.
**第165条**　前条の規定は,第163条の場合について準用する.

## 第3節　消滅時効
（消滅時効の進行等）

第166条 ① 消滅時効は、権利を行使することができる時から進行する.
② 前項の規定は、始期付権利又は停止条件付権利の目的物を占有する第三者のために、その占有の開始の時から取得時効が進行することを妨げない. ただし、権利者は、その時効を中断するため、いつでも占有者の承認を求めることができる.

(債権等の消滅時効)
第167条 ① 債権は、10年間行使しないときは、消滅する.
② 債権又は所有権以外の財産権は、20年間行使しないときは、消滅する.

(定期金債権の消滅時効)
第168条 ① 定期金の債権は、第1回の弁済期から20年間行使しないときは、消滅する. 最後の弁済期から10年間行使しないときも、同様とする.
② 定期金の債権者は、時効の中断の証拠を得るため、いつでも、その債務者に対して承認書の交付を求めることができる.

(定期給付債権の短期消滅時効)
第169条 年又はこれより短い時期によって定めた金銭その他の物の給付を目的とする債権は、5年間行使しないときは、消滅する.

(3年の短期消滅時効)
第170条 次に掲げる債権は、3年間行使しないときは、消滅する. ただし、第2号に掲げる債権の時効は、同号の工事が終了した時から起算する.
 1 医師、助産師又は薬剤師の診療、助産又は調剤に関する債権
 2 工事の設計、施工又は監理を業とする者の工事に関する債権
第171条 弁護士又は弁護士法人は事件が終了した時から、公証人はその職務を執行した時から3年を経過したときは、その職務に関して受け取った書類について、その責任を免れる.

(2年の短期消滅時効)
第172条 ① 弁護士、弁護士法人又は公証人の職務に関する債権は、その原因となった事件が終了した時から2年間行使しないときは、消滅する.
② 前項の規定にかかわらず、同項の事件中の各事項が終了した時から5年を経過したときは、同項の期間内であっても、その事項に関する債権は、消滅する.
第173条 次に掲げる債権は、2年間行使しないときは、消滅する.
 1 生産者、卸売商人又は小売商人が売却した産物又は商品の代価に係る債権
 2 自己の技能を用い、注文を受けて、物を製作し又は自己の仕事場で他人のために仕事をすることを業とする者の仕事に関する債権
 3 学芸又は技能の教育を行う者が生徒の教育、衣食又は寄宿の代価について有する債権

(1年の短期消滅時効)
第174条 次に掲げる債権は、1年間行使しないときは、消滅する.
 1 月又はこれより短い時期によって定めた使用人の給料に係る債権
 2 自己の労力の提供又は演芸を業とする者の報酬又はその供給した物の代価に係る債権
 3 運送賃に係る債権
 4 旅館、料理店、飲食店、貸席又は娯楽場の宿泊料、飲食料、席料、入場料、消費物の代価又は立替金に係る債権
 5 動産の損料に係る債権

(判決で確定した権利の消滅時効)
第174条の2 ① 確定判決によって確定した権利については、10年より短い時効期間の定めがあるものであっても、その時効期間は、10年とする. 裁判上の和解、調停その他確定判決と同一の効力を有するものによって確定した権利についても、同様とする.
② 前項の規定は、確定の時に弁済期の到来していない債権については、適用しない.

## 第2編 物 権

### 第1章 総 則

(物権の創設)
第175条 物権は、この法律その他の法律に定めるもののほか、創設することができない.

(物権の設定及び移転)
第176条 物権の設定及び移転は、当事者の意思表示のみによって、その効力を生ずる.

(不動産に関する物権の変動の対抗要件)
第177条 不動産に関する物権の得喪及び変更は、不動産登記法(平成16年法律第123号)その他の登記に関する法律の定めるところに従いその登記をしなければ、第三者に対抗することができない.

(動産に関する物権の譲渡の対抗要件)
第178条 動産に関する物権の譲渡は、その動産の引渡しがなければ、第三者に対抗することができない.

(混 同)
第179条 ① 同一物について所有権及び他の物権が同一人に帰属したときは、当該他の物権は、消滅する. ただし、その物又は当該他の物権が第三者の権利の目的であるときは、この限

りでない．
② 所有権以外の物権及びこれを目的とする他の権利が同一人に帰属したときは，当該他の権利は，消滅する．この場合においては，前項ただし書の規定を準用する．
③ 前2項の規定は，占有権については，適用しない．

## 第2章　占有権

### 第1節　占有権の取得

(占有権の取得)
第180条　占有権は，自己のためにする意思をもって物を所持することによって取得する．

(代理占有)
第181条　占有権は，代理人によって取得することができる．

(現実の引渡し及び簡易の引渡し)
第182条　① 占有権の譲渡は，占有物の引渡しによってする．
② 譲受人又はその代理人が現に占有物を所持する場合には，占有権の譲渡は，当事者の意思表示のみによってすることができる．

(占有改定)
第183条　代理人が自己の占有物を以後本人のために占有する意思を表示したときは，本人は，これによって占有権を取得する．

(指図による占有移転)
第184条　代理人によって占有をする場合において，本人がその代理人に対して以後第三者のためにその物を占有することを命じ，その第三者がこれを承諾したときは，その第三者は，占有権を取得する．

(占有の性質の変更)
第185条　権原の性質上占有者に所有の意思がないものとされる場合には，その占有者が，自己に占有をさせた者に対して所有の意思があることを表示し，又は新たな権原により更に所有の意思をもって占有を始めるのでなければ，占有の性質は，変わらない．

(占有の態様等に関する推定)
第186条　① 占有者は，所有の意思をもって，善意で，平穏に，かつ，公然と占有をするものと推定する．
② 前後の両時点において占有をした証拠があるときは，占有は，その間継続したものと推定する．

(占有の承継)
第187条　① 占有者の承継人は，その選択に従い，自己の占有のみを主張し，又は自己の占有に前の占有者の占有を併せて主張することができる．

② 前の占有者の占有を併せて主張する場合には，その瑕疵をも承継する．

### 第2節　占有権の効力

(占有物について行使する権利の適法の推定)
第188条　占有者が占有物について行使する権利は，適法に有するものと推定する．

(善意の占有者による果実の取得等)
第189条　① 善意の占有者は，占有物から生ずる果実を取得する．
② 善意の占有者が本権の訴えにおいて敗訴したときは，その訴えの提起の時から悪意の占有者とみなす．

(悪意の占有者による果実の返還等)
第190条　① 悪意の占有者は，果実を返還し，かつ，既に消費し，過失によって損傷し，又は収取を怠った果実の代価を償還する義務を負う．
② 前項の規定は，暴行若しくは強迫又は隠匿によって占有をしている者について準用する．

(占有者による損害賠償)
第191条　占有物が占有者の責めに帰すべき事由によって滅失し，又は損傷したときは，その回復者に対し，悪意の占有者はその損害の全部の賠償をする義務を負い，善意の占有者はその滅失又は損傷により現に利益を受けている限度において賠償をする義務を負う．ただし，所有の意思のない占有者は，善意であるときであっても，全部の賠償をしなければならない．

(即時取得)
第192条　取引行為によって，平穏に，かつ，公然と動産の占有を始めた者は，善意であり，かつ，過失がないときは，即時にその動産について行使する権利を取得する．

(盗品又は遺失物の回復)
第193条　前条の場合において，占有物が盗品又は遺失物であるときは，被害者又は遺失者は，盗難又は遺失の時から2年間，占有者に対してその物の回復を請求することができる．

第194条　占有者が，盗品又は遺失物を，競売若しくは公の市場において，又はその物と同種の物を販売する商人から，善意で買い受けたときは，被害者又は遺失者は，占有者が支払った代価を弁償しなければ，その物を回復することができない．

(動物の占有による権利の取得)
第195条　家畜以外の動物で他人が飼育していたものを占有する者は，その占有の開始の時に善意であり，かつ，その動物が飼主の占有を離れた時から1箇月以内に飼主から回復の請求を受けなかったときは，その動物について行使する権利を取得する．

(占有者による費用の償還請求)

第196条 ① 占有者が占有物を返還する場合には，その物の保存のために支出した金額その他の必要費を回復者から償還させることができる．ただし，占有者が果実を取得したときは，通常の必要費は，占有者の負担に帰する．
② 占有者が占有物の改良のために支出した金額その他の有益費については，その価格の増加が現存する場合に限り，回復者の選択に従い，その支出した金額又は増価額を償還させることができる．ただし，悪意の占有者に対しては，裁判所は，回復者の請求により，その償還について相当の期限を許与することができる．

（占有の訴え）
第197条 占有者は，次条から第202条までの規定に従い，占有の訴えを提起することができる．他人のために占有をする者も，同様とする．

（占有保持の訴え）
第198条 占有者がその占有を妨害されたときは，占有保持の訴えにより，その妨害の停止及び損害の賠償を請求することができる．

（占有保全の訴え）
第199条 占有者がその占有を妨害されるおそれがあるときは，占有保全の訴えにより，その妨害の予防又は損害賠償の担保を請求することができる．

（占有回収の訴え）
第200条 ① 占有者がその占有を奪われたときは，占有回収の訴えにより，その物の返還及び損害の賠償を請求することができる．
② 占有回収の訴えは，占有を侵奪した者の特定承継人に対して提起することができない．ただし，その承継人が侵奪の事実を知っていたときは，この限りでない．

（占有の訴えの提起期間）
第201条 ① 占有保持の訴えは，妨害の存する間又はその消滅した後1年以内に提起しなければならない．ただし，工事により占有物に損害を生じた場合において，その工事に着手した時から1年を経過し，又はその工事が完成したときは，これを提起することができない．
② 占有保全の訴えは，妨害の危険の存する間は，提起することができる．この場合において，工事により占有物に損害を生ずるおそれがあるときは，前項ただし書の規定を準用する．
③ 占有回収の訴えは，占有を奪われた時から1年以内に提起しなければならない．

（本権の訴えとの関係）
第202条 ① 占有の訴えは本権の訴えを妨げず，また，本権の訴えは占有の訴えを妨げない．
② 占有の訴えについては，本権に関する理由に基づいて裁判をすることができない．

第3節 占有権の消滅
（占有権の消滅事由）
第203条 占有権は，占有者が占有の意思を放棄し，又は占有物の所持を失うことによって消滅する．ただし，占有者が占有回収の訴えを提起したときは，この限りでない．

（代理占有権の消滅事由）
第204条 ① 代理人によって占有をする場合には，占有権は，次に掲げる事由によって消滅する．
1 本人が代理人に占有をさせる意思を放棄したこと．
2 代理人が本人に対して以後自己又は第三者のために占有物を所持する意思を表示したこと．
3 代理人が占有物の所持を失ったこと．
② 占有権は，代理権の消滅のみによっては，消滅しない．

第4節 準占有
第205条 この章の規定は，自己のためにする意思をもって財産権の行使をする場合について準用する．

## 第3章 所有権

### 第1節 所有権の限界
#### 第1款 所有権の内容及び範囲
（所有権の内容）
第206条 所有者は，法令の制限内において，自由にその所有物の使用，収益及び処分をする権利を有する．

（土地所有権の範囲）
第207条 土地の所有権は，法令の制限内において，その土地の上下に及ぶ．

第208条 削除

#### 第2款 相隣関係
（隣地の使用請求）
第209条 ① 土地の所有者は，境界又はその付近において障壁又は建物を築造し又は修繕するため必要な範囲内で，隣地の使用を請求することができる．ただし，隣人の承諾がなければ，その家屋に立ち入ることはできない．
② 前項の場合において，隣人が損害を受けたときは，その償金を請求することができる．

（公道に至るための他の土地の通行権）
第210条 ① 他の土地に囲まれて公道に通じない土地の所有者は，公道に至るため，その土地を囲んでいる他の土地を通行することができる．
② 池沼，河川，水路若しくは海を通らなければ公道に至ることができないとき，又は崖があって土地と公道とに著しい高低差があるときも，前項と同様とする．

第211条 ① 前条の場合には,通行の場所及び方法は,同条の規定による通行権を有する者のために必要であり,かつ,他の土地のために損害が最も少ないものを選ばなければならない.
② 前条の規定による通行権を有する者は,必要があるときは,通路を開設することができる.

第212条 第210条の規定による通行権を有する者は,その通行する他の土地の損害に対して償金を支払わなければならない.ただし,通路の開設のために生じた損害に対するものを除き,1年ごとにその償金を支払うことができる.

第213条 ① 分割によって公道に通じない土地が生じたときは,その土地の所有者は,公道に至るため,他の分割者の所有地のみを通行することができる.この場合においては,償金を支払うことを要しない.
② 前項の規定は,土地の所有者がその土地の一部を譲り渡した場合について準用する.

(自然水流に対する妨害の禁止)
第214条 土地の所有者は,隣地から水が自然に流れて来るのを妨げてはならない.

(水流の障害の除去)
第215条 水流が天災その他避けることのできない事変により低地において閉塞したときは,高地の所有者は,自己の費用で,水流の障害を除去するため必要な工事をすることができる.

(水流に関する工作物の修繕等)
第216条 他の土地に貯水,排水又は引水のために設けられた工作物の破壊又は閉塞により,自己の土地に損害が及び,又は及ぶおそれがある場合には,その土地の所有者は,当該他の土地の所有者に,工作物の修繕若しくは障害の除去をさせ,又は必要があるときは予防工事をさせることができる.

(費用の負担についての慣習)
第217条 前2条の場合において,費用の負担について別段の慣習があるときは,その慣習に従う.

(雨水を隣地に注ぐ工作物の設置の禁止)
第218条 土地の所有者は,直接に雨水を隣地に注ぐ構造の屋根その他の工作物を設けてはならない.

(水流の変更)
第219条 ① 溝,堀その他の水流地の所有者は,対岸の土地が他人の所有に属するときは,その水路又は幅員を変更してはならない.
② 両岸の土地が水流地の所有者に属するときは,その所有者は,水路及び幅員を変更することができる.ただし,水流が隣地と交わる地点において,自然の水路に戻さなければならない.
③ 前2項の規定と異なる慣習があるときは,その慣習に従う.

(排水のための低地の通水)
第220条 高地の所有者は,その高地が浸水した場合にこれを乾かすため,又は自家用若しくは農工業用の余水を排出するため,公の水流又は下水道に至るまで,低地に水を通過させることができる.この場合においては,低地のために損害が最も少ない場所及び方法を選ばなければならない.

(通水用工作物の使用)
第221条 ① 土地の所有者は,その所有地の水を通過させるため,高地又は低地の所有者が設けた工作物を使用することができる.
② 前項の場合には,他人の工作物を使用する者は,その利益を受ける割合に応じて,工作物の設置及び保存の費用を分担しなければならない.

(堰の設置及び使用)
第222条 ① 水流地の所有者は,堰を設ける必要がある場合には,対岸の土地が他人の所有に属するときであっても,その堰を対岸に付着させて設けることができる.ただし,これによって生じた損害に対して償金を支払わなければならない.
② 対岸の土地の所有者は,水流地の一部がその所有に属するときは,前項の堰を使用することができる.
③ 前条第2項の規定は,前項の場合について準用する.

(境界標の設置)
第223条 土地の所有者は,隣地の所有者と共同の費用で,境界標を設けることができる.

(境界標の設置及び保存の費用)
第224条 境界標の設置及び保存の費用は,相隣者が等しい割合で負担する.ただし,測量の費用は,その土地の広狭に応じて分担する.

(囲障の設置)
第225条 ① 2棟の建物がその所有者を異にし,かつ,その間に空地があるときは,各所有者は,他の所有者と共同の費用で,その境界に囲障を設けることができる.
② 当事者間に協議が調わないときは,前項の囲障は,板塀又は竹垣その他これらに類する材料のものであって,かつ,高さ2メートルのものでなければならない.

(囲障の設置及び保存の費用)
第226条 前条の囲障の設置及び保存の費用は,相隣者が等しい割合で負担する.

(相隣者の1人による囲障の設置)
第227条 相隣者の1人は,第225条第2項に規定する材料より良好なものを用い,又は同項に規定する高さを増して囲障を設けることが

できる．ただし，これによって生ずる費用の増加額を負担しなければならない．
**（囲障の設置等に関する慣習）**
**第228条** 前3条の規定と異なる慣習があるときは，その慣習に従う．
**（境界標等の共有の推定）**
**第229条** 境界線上に設けた境界標，囲障，障壁，溝及び堀は，相隣者の共有に属するものと推定する．
**第230条** ① 1棟の建物の一部を構成する境界線上の障壁については，前条の規定は，適用しない．
② 高さの異なる2棟の隣接する建物を隔てる障壁の高さが，低い建物の高さを超えるときは，その障壁のうち低い建物を超える部分についても，前項と同様とする．ただし，防火障壁については，この限りでない．
**（共有の障壁の高さを増す工事）**
**第231条** ① 相隣者の1人は，共有の障壁の高さを増すことができる．ただし，その障壁がその工事に耐えないときは，自己の費用で，必要な工作を加え，又はその障壁を改築しなければならない．
② 前項の規定により障壁の高さを増したときは，その高さを増した部分は，その工事をした者の単独の所有に属する．
**第232条** 前条の場合において，隣人が損害を受けたときは，その償金を請求することができる．
**（竹木の枝の切除及び根の切取り）**
**第233条** ① 隣地の竹木の枝が境界線を越えるときは，その竹木の所有者に，その枝を切除させることができる．
② 隣地の竹木の根が境界線を越えるときは，その根を切り取ることができる．
**（境界線付近の建築の制限）**
**第234条** ① 建物を築造するには，境界線から50センチメートル以上の距離を保たなければならない．
② 前項の規定に違反して建築をしようとする者があるときは，隣地の所有者は，その建築を中止させ，又は変更させることができる．ただし，建築に着手した時から1年を経過し，又はその建物が完成した後は，損害賠償の請求のみをすることができる．
**第235条** ① 境界線から1メートル未満の距離において他人の宅地を見通すことのできる窓又は縁側（ベランダを含む．次項において同じ．）を設ける者は，目隠しを付けなければならない．
② 前項の距離は，窓又は縁側の最も隣地に近い点から垂直線によって境界線に至るまでを測定して算出する．
**（境界線付近の建築に関する慣習）**
**第236条** 前2条の規定と異なる慣習があるときは，その慣習に従う．
**（境界線付近の掘削の制限）**
**第237条** ① 井戸，用水だめ，下水だめ又は肥料だめを掘るには境界線から2メートル以上，池，穴蔵又はし尿だめを掘るには境界線から1メートル以上の距離を保たなければならない．
② 導水管を埋め，又は溝若しくは堀を掘るには，境界線からその深さの2分の1以上の距離を保たなければならない．ただし，1メートルを超えることを要しない．
**（境界線付近の掘削に関する注意義務）**
**第238条** 境界線の付近において前条の工事をするときは，土砂の崩壊又は水若しくは汚液の漏出を防ぐため必要な注意をしなければならない．

### 第2節 所有権の取得
**（無主物の帰属）**
**第239条** ① 所有者のない動産は，所有の意思をもって占有することによって，その所有権を取得する．
② 所有者のない不動産は，国庫に帰属する．
**（遺失物の拾得）**
**第240条** 遺失物は，遺失物法（平成18年法律第73号）の定めるところに従い公告をした後3箇月以内にその所有者が判明しないときは，これを拾得した者がその所有権を取得する．
**（埋蔵物の発見）**
**第241条** 埋蔵物は，遺失物法の定めるところに従い公告をした後6箇月以内にその所有者が判明しないときは，これを発見した者がその所有権を取得する．ただし，他人の所有する物の中から発見された埋蔵物については，これを発見した者及びその他人が等しい割合でその所有権を取得する．
**（不動産の付合）**
**第242条** 不動産の所有者は，その不動産に従として付合した物の所有権を取得する．ただし，権原によってその物を附属させた他人の権利を妨げない．
**（動産の付合）**
**第243条** 所有者を異にする数個の動産が，付合により，損傷しなければ分離することができなくなったときは，その合成物の所有権は，主たる動産の所有者に帰属する．分離するのに過分の費用を要するときも，同様とする．
**第244条** 付合した動産について主従の区別をすることができないときは，各動産の所有者は，その付合の時における価格の割合に応じてそ

の合成物を共有する．

(混　和)

**第245条**　前2条の規定は，所有者を異にする物が混和して識別することができなくなった場合について準用する．

(加　工)

**第246条**　① 他人の動産に工作を加えた者(以下この条において「加工者」という．)があるときは，その加工物の所有権は，材料の所有者に帰属する．ただし，工作によって生じた価格が材料の価格を著しく超えるときは，加工者がその加工物の所有権を取得する．

② 前項に規定する場合において，加工者が材料の一部を供したときは，その価格に工作によって生じた価格を加えたものが他人の材料の価格を超えるときに限り，加工者がその加工物の所有権を取得する．

(付合，混和又は加工の効果)

**第247条**　① 第242条から前条までの規定により物の所有権が消滅したときは，その物について存する他の権利も，消滅する．

② 前項に規定する場合において，物の所有者が，合成物，混和物又は加工物(以下この項において「合成物等」という．)の単独所有者となったときは，その物について存する他の権利は以後その合成物等について存し，物の所有者が合成物等の共有者となったときは，その物について存する他の権利は以後その持分について存する．

(付合，混和又は加工に伴う償金の請求)

**第248条**　第242条から前条までの規定の適用によって損失を受けた者は，第703条及び第704条の規定に従い，その償金を請求することができる．

### 第3節　共　有

(共有物の使用)

**第249条**　各共有者は，共有物の全部について，その持分に応じた使用をすることができる．

(共有持分の割合の推定)

**第250条**　各共有者の持分は，相等しいものと推定する．

(共有物の変更)

**第251条**　各共有者は，他の共有者の同意を得なければ，共有物に変更を加えることができない．

(共有物の管理)

**第252条**　共有物の管理に関する事項は，前条の場合を除き，各共有者の持分の価格に従い，その過半数で決する．ただし，保存行為は，各共有者がすることができる．

(共有物に関する負担)

**第253条**　① 各共有者は，その持分に応じ，管理の費用を支払い，その他共有物に関する負担を負う．

② 共有者が1年以内に前項の義務を履行しないときは，他の共有者は，相当の償金を支払ってその者の持分を取得することができる．

(共有物についての債権)

**第254条**　共有者の1人が共有物について他の共有者に対して有する債権は，その特定承継人に対しても行使することができる．

(持分の放棄及び共有者の死亡)

**第255条**　共有者の1人が，その持分を放棄したとき，又は死亡して相続人がないときは，その持分は，他の共有者に帰属する．

(共有物の分割請求)

**第256条**　① 各共有者は，いつでも共有物の分割を請求することができる．ただし，5年を超えない期間内は分割をしない旨の契約をすることを妨げない．

② 前項ただし書の契約は，更新することができる．ただし，その期間は，更新の時から5年を超えることができない．

**第257条**　前条の規定は，第229条に規定する共有物については，適用しない．

(裁判による共有物の分割)

**第258条**　① 共有物の分割について共有者間に協議が調わないときは，その分割を裁判所に請求することができる．

② 前項の場合において，共有物の現物を分割することができないとき，又は分割によってその価格を著しく減少させるおそれがあるときは，裁判所は，その競売を命ずることができる．

(共有に関する債権の弁済)

**第259条**　① 共有者の1人が他の共有者に対して共有に関する債権を有するときは，分割に際し，債務者に帰属すべき共有物の部分をもって，その弁済に充てることができる．

② 債権者は，前項の弁済を受けるため債務者に帰属すべき共有物の部分を売却する必要があるときは，その売却を請求することができる．

(共有物の分割への参加)

**第260条**　① 共有物について権利を有する者及び各共有者の債権者は，自己の費用で，分割に参加することができる．

② 前項の規定による参加の請求があったにもかかわらず，その請求をした者を参加させないで分割をしたときは，その分割は，その請求をした者に対抗することができない．

(分割における共有者の担保責任)

**第261条**　各共有者は，他の共有者が分割によって取得した物について，売主と同じく，その持分に応じて担保の責任を負う．

（共有物に関する証書）
**第262条** ① 分割が完了したときは，各分割者は，その取得した物に関する証書を保存しなければならない．
② 共有者の全員又はそのうちの数人に分割した物に関する証書は，その物の最大の部分を取得した者が保存しなければならない．
③ 前項の場合において，最大の部分を取得した者がないときは，分割者間の協議で証書の保存者を定める．協議が調わないときは，裁判所が，これを指定する．
④ 証書の保存者は，他の分割者の請求に応じて，その証書を使用させなければならない．

（共有の性質を有する入会権）
**第263条** 共有の性質を有する入会権については，各地方の慣習に従うほか，この節の規定を適用する．

（準共有）
**第264条** この節の規定は，数人で所有権以外の財産権を有する場合について準用する．ただし，法令に特別の定めがあるときは，この限りでない．

## 第4章 地上権

（地上権の内容）
**第265条** 地上権者は，他人の土地において工作物又は竹木を所有するため，その土地を使用する権利を有する．

（地 代）
**第266条** ① 第274条から第276条までの規定は，地上権者が土地の所有者に定期の地代を支払わなければならない場合について準用する．
② 地代については，前項に規定するもののほか，その性質に反しない限り，賃貸借に関する規定を準用する．

（相隣関係の規定の準用）
**第267条** 前章第1節第2款（相隣関係）の規定は，地上権者間又は地上権者と土地の所有者との間について準用する．ただし，第229条の規定は，境界線上の工作物が地上権の設定後に設けられた場合に限り，地上権者について準用する．

（地上権の存続期間）
**第268条** ① 設定行為で地上権の存続期間を定めなかった場合において，別段の慣習がないときは，地上権者は，いつでもその権利を放棄することができる．ただし，地代を支払うべきときは，1年前に予告をし，又は期限の到来していない1年分の地代を支払わなければならない．
② 地上権者が前項の規定によりその権利を放棄しないときは，裁判所は，当事者の請求により，20年以上50年以下の範囲内において，工作物又は竹木の種類及び状況その他地上権の設定当時の事情を考慮して，その存続期間を定める．

（工作物等の収去等）
**第269条** ① 地上権者は，その権利が消滅した時に，土地を原状に復してその工作物及び竹木を収去することができる．ただし，土地の所有者が時価相当額を提供してこれを買い取る旨を通知したときは，地上権者は，正当な理由がなければ，これを拒むことができない．
② 前項の規定と異なる慣習があるときは，その慣習に従う．

（地下又は空間を目的とする地上権）
**第269条の2** ① 地下又は空間は，工作物を所有するため，上下の範囲を定めて地上権の目的とすることができる．この場合においては，設定行為で，地上権の行使のためにその土地の使用に制限を加えることができる．
② 前項の地上権は，第三者がその土地の使用又は収益をする権利を有する場合においても，その権利又はこれを目的とする権利を有するすべての者の承諾があるときは，設定することができる．この場合において，土地の使用又は収益をする権利を有する者は，その地上権の行使を妨げることができない．

## 第5章 永小作権

（永小作権の内容）
**第270条** 永小作人は，小作料を支払って他人の土地において耕作又は牧畜をする権利を有する．

（永小作人による土地の変更の制限）
**第271条** 永小作人は，土地に対して，回復することのできない損害を生ずべき変更を加えることができない．

（永小作権の譲渡又は土地の賃貸）
**第272条** 永小作人は，その権利を他人に譲り渡し，又はその権利の存続期間内において耕作若しくは牧畜のため土地を賃貸することができる．ただし，設定行為で禁じたときは，この限りでない．

（賃貸借に関する規定の準用）
**第273条** 永小作人の義務については，この章の規定及び設定行為で定めるもののほか，その性質に反しない限り，賃貸借に関する規定を準用する．

（小作料の減免）
**第274条** 永小作人は，不可抗力により収益について損失を受けたときであっても，小作料の

免除又は減額を請求することができない.
　（永小作権の放棄）
第275条　永小作人は,不可抗力によって,引き続き3年以上全く収益を得ず,又は5年以上小作料より少ない収益を得たときは,その権利を放棄することができる.
　（永小作権の消滅請求）
第276条　永小作人が引き続き2年以上小作料の支払を怠ったときは,土地の所有者は,永小作権の消滅を請求することができる.
　（永小作権に関する慣習）
第277条　第271条から前条までの規定と異なる慣習があるときは,その慣習に従う.
　（永小作権の存続期間）
第278条　① 永小作権の存続期間は,20年以上50年以下とする. 設定行為で50年より長い期間を定めたときであっても,その期間は,50年とする.
② 永小作権の設定は,更新することができる. ただし,その存続期間は,更新の時から50年を超えることができない.
③ 設定行為で永小作権の存続期間を定めなかったときは,その期間は,別段の慣習がある場合を除き,30年とする.
　（工作物等の収去等）
第279条　第269条の規定は,永小作権について準用する.

## 第6章　地役権

　（地役権の内容）
第280条　地役権者は,設定行為で定めた目的に従い,他人の土地を自己の土地の便益に供する権利を有する. ただし,第3章第1節（所有権の限界）の規定（公の秩序に関するものに限る.）に違反しないものでなければならない.
　（地役権の付従性）
第281条　① 地役権は,要役地（地役権者の土地であって,他人の土地から便益を受けるものをいう. 以下同じ.）の所有権に従たるものとして,その所有権とともに移転し,又は要役地について存する他の権利の目的となるものとする. ただし,設定行為に別段の定めがあるときは,この限りでない.
② 地役権は,要役地から分離して譲り渡し,又は他の権利の目的とすることができない.
　（地役権の不可分性）
第282条　① 土地の共有者の1人は,その持分につき,その土地のために又はその土地について存する地役権を消滅させることができない.
② 土地の分割又はその一部の譲渡の場合には,地役権は,その各部のために又はその各部について存する. ただし,地役権がその性質により土地の一部のみに関するときは,この限りでない.
　（地役権の時効取得）
第283条　地役権は,継続的に行使され,かつ,外形上認識することができるものに限り,時効によって取得することができる.
第284条　① 土地の共有者の1人が時効によって地役権を取得したときは,他の共有者も,これを取得する.
② 共有者に対する時効の中断は,地役権を行使する各共有者に対してしなければ,その効力を生じない.
③ 地役権を行使する共有者が数人ある場合には,その1人について時効の停止の原因があっても,時効は,各共有者のために進行する.
　（用水地役権）
第285条　① 用水地役権の承役地（地役権者以外の者の土地であって,要役地の便益に供されるものをいう. 以下同じ.）において,水が要役地及び承役地の需要に比して不足するときは,その各土地の需要に応じて,まずこれを生活用に供し,その残余を他の用途に供するものとする. ただし,設定行為に別段の定めがあるときは,この限りでない.
② 同一の承役地について数個の用水地役権を設定したときは,後の地役権者は,前の地役権者の水の使用を妨げてはならない.
　（承役地の所有者の工作物の設置義務等）
第286条　設定行為又は設定後の契約により,承役地の所有者が自己の費用で地役権の行使のために工作物を設け,又はその修繕をする義務を負担したときは,承役地の所有者の特定承継人も,その義務を負担する.
第287条　承役地の所有者は,いつでも,地役権に必要な土地の部分の所有権を放棄して地役権者に移転し,これにより前条の義務を免れることができる.
　（承役地の所有者の工作物の使用）
第288条　① 承役地の所有者は,地役権の行使を妨げない範囲内において,その行使のために承役地の上に設けられた工作物を使用することができる.
② 前項の場合には,承役地の所有者は,その利益を受ける割合に応じて,工作物の設置及び保存の費用を分担しなければならない.
　（承役地の時効取得による地役権の消滅）
第289条　承役地の占有者が取得時効に必要な要件を具備する占有をしたときは,地役権は,これによって消滅する.
第290条　前条の規定による地役権の消滅時効は,地役権者がその権利を行使することによっ

て中断する.

(地役権の消滅時効)

第291条 第167条第2項に規定する消滅時効の期間は,継続的でなく行使される地役権については最後の行使の時から起算し,継続的に行使される地役権についてはその行使を妨げる事実が生じた時から起算する.

第292条 要役地が数人の共有に属する場合において,その1人のために時効の中断又は停止があるときは,その中断又は停止は,他の共有者のためにも,その効力を生ずる.

第293条 地役権者がその権利の一部を行使しないときは,その部分のみが時効によって消滅する.

(共有の性質を有しない入会権)

第294条 共有の性質を有しない入会権については,各地方の慣習に従うほか,この章の規定を準用する.

## 第7章 留置権

(留置権の内容)

第295条 ① 他人の物の占有者は,その物に関して生じた債権を有するときは,その債権の弁済を受けるまで,その物を留置することができる. ただし,その債権が弁済期にないときは,この限りでない.
② 前項の規定は,占有が不法行為によって始まった場合には,適用しない.

(留置権の不可分性)

第296条 留置権者は,債権の全部の弁済を受けるまでは,留置物の全部についてその権利を行使することができる.

(留置権者による果実の収取)

第297条 ① 留置権者は,留置物から生ずる果実を収取し,他の債権者に先立って,これを自己の債権の弁済に充当することができる.
② 前項の果実は,まず債権の利息に充当し,なお残余があるときは元本に充当しなければならない.

(留置権者による留置物の保管等)

第298条 ① 留置権者は,善良な管理者の注意をもって,留置物を占有しなければならない.
② 留置権者は,債務者の承諾を得なければ,留置物を使用し,賃貸し,又は担保に供することができない. ただし,その物の保存に必要な使用をすることは,この限りでない.
③ 留置権者が前2項の規定に違反したときは,債務者は,留置権の消滅を請求することができる.

(留置権者による費用の償還請求)

第299条 ① 留置権者は,留置物について必要費を支出したときは,所有者にその償還をさせることができる.
② 留置権者は,留置物について有益費を支出したときは,これによる価格の増加が現存する場合に限り,所有者の選択に従い,その支出した金額又は増価額を償還させることができる. ただし,裁判所は,所有者の請求により,その償還について相当の期限を許与することができる.

(留置権の行使と債権の消滅時効)

第300条 留置権の行使は,債権の消滅時効の進行を妨げない.

(担保の供与による留置権の消滅)

第301条 債務者は,相当の担保を供して,留置権の消滅を請求することができる.

(占有の喪失による留置権の消滅)

第302条 留置権は,留置権者が留置物の占有を失うことによって,消滅する. ただし,第298条第2項の規定により留置物を賃貸し,又は質権の目的としたときは,この限りでない.

## 第8章 先取特権

### 第1節 総則

(先取特権の内容)

第303条 先取特権者は,この法律その他の法律の規定に従い,その債務者の財産について,他の債権者に先立って自己の債権の弁済を受ける権利を有する.

(物上代位)

第304条 ① 先取特権は,その目的物の売却,賃貸,滅失又は損傷によって債務者が受けるべき金銭その他の物に対しても,行使することができる. ただし,先取特権者は,その払渡し又は引渡しの前に差押えをしなければならない.
② 債務者が先取特権の目的物につき設定した物権の対価についても,前項と同様とする.

(先取特権の不可分性)

第305条 第296条の規定は,先取特権について準用する.

### 第2節 先取特権の種類
#### 第1款 一般の先取特権

(一般の先取特権)

第306条 次に掲げる原因によって生じた債権を有する者は,債務者の総財産について先取特権を有する.
1 共益の費用
2 雇用関係
3 葬式の費用
4 日用品の供給

(共益費用の先取特権)

第307条 ① 共益の費用の先取特権は,各債権者の共同の利益のためにされた債務者の財産の保存,清算又は配当に関する費用について存

在する.
② 前項の費用のうちすべての債権者に有益でなかったものについては，先取特権は，その費用によって利益を受けた債権者に対してのみ存在する.

（雇用関係の先取特権）
**第308条** 雇用関係の先取特権は，給料その他債務者と使用人との間の雇用関係に基づいて生じた債権について存在する.

（葬式費用の先取特権）
**第309条** ① 葬式の費用の先取特権は，債務者のためにされた葬式の費用のうち相当な額について存在する.
② 前項の先取特権は，債務者がその扶養すべき親族のためにした葬式の費用のうち相当な額についても存在する.

（日用品供給の先取特権）
**第310条** 日用品の供給の先取特権は，債務者又はその扶養すべき同居の親族及びその家事使用人の生活に必要な最後の6箇月間の飲食料品，燃料及び電気の供給について存在する.

### 第2款 動産の先取特権
（動産の先取特権）
**第311条** 次に掲げる原因によって生じた債権を有する者は，債務者の特定の動産について先取特権を有する.
1 不動産の賃貸借
2 旅館の宿泊
3 旅客又は荷物の運輸
4 動産の保存
5 動産の売買
6 種苗又は肥料（蚕種又は蚕の飼養に供した桑葉を含む．以下同じ．）の供給
7 農業の労務
8 工業の労務

（不動産賃貸の先取特権）
**第312条** 不動産の賃貸の先取特権は，その不動産の賃料その他の賃貸借関係から生じた賃借人の債務に関し，賃借人の動産について存在する.

（不動産賃貸の先取特権の目的物の範囲）
**第313条** ① 土地の賃貸人の先取特権は，その土地又はその利用のための建物に備え付けられた動産，その土地の利用に供された動産及び賃借人が占有するその土地の果実について存在する.
② 建物の賃貸人の先取特権は，賃借人がその建物に備え付けた動産について存在する.

**第314条** 賃借権の譲渡又は転貸の場合には，賃貸人の先取特権は，譲受人又は転借人の動産にも及ぶ．譲渡人又は転貸人が受けるべき金銭についても，同様とする.

（不動産賃貸の先取特権の被担保債権の範囲）
**第315条** 賃借人の財産のすべてを清算する場合には，賃貸人の先取特権は，前期，当期及び次期の賃料その他の債務並びに前期及び当期に生じた損害の賠償債務についてのみ存在する.

**第316条** 賃貸人は，敷金を受け取っている場合には，その敷金で弁済を受けない債権の部分についてのみ先取特権を有する.

（旅館宿泊の先取特権）
**第317条** 旅館の宿泊の先取特権は，宿泊客が負担すべき宿泊料及び飲食料に関し，その旅館に在るその宿泊客の手荷物について存在する.

（運輸の先取特権）
**第318条** 運輸の先取特権は，旅客又は荷物の運送賃及び付随の費用に関し，運送人の占有する荷物について存在する.

（即時取得の規定の準用）
**第319条** 第192条から第195条までの規定は，第312条から前条までの規定による先取特権について準用する.

（動産保存の先取特権）
**第320条** 動産の保存の先取特権は，動産の保存のために要した費用又は動産に関する権利の保存，承認若しくは実行のために要した費用に関し，その動産について存在する.

（動産売買の先取特権）
**第321条** 動産の売買の先取特権は，動産の代価及びその利息に関し，その動産について存在する.

（種苗又は肥料の供給の先取特権）
**第322条** 種苗又は肥料の供給の先取特権は，種苗又は肥料の代価及びその利息に関し，その種苗又は肥料を用いた後1年以内にこれを用いた土地から生じた果実（蚕種又は蚕の飼養に供した桑葉の使用によって生じた物を含む．）について存在する.

（農業労務の先取特権）
**第323条** 農業の労務の先取特権は，その労務に従事する者の最後の1年間の賃金に関し，その労務によって生じた果実について存在する.

（工業労務の先取特権）
**第324条** 工業の労務の先取特権は，その労務に従事する者の最後の3箇月間の賃金に関し，その労務によって生じた製作物について存在する.

### 第3款 不動産の先取特権
（不動産の先取特権）
**第325条** 次に掲げる原因によって生じた債権を有する者は，債務者の特定の不動産について先取特権を有する.

1 不動産の保存
2 不動産の工事
3 不動産の売買

**(不動産保存の先取特権)**
**第326条** 不動産の保存の先取特権は,不動産の保存のために要した費用又は不動産に関する権利の保存,承認若しくは実行のために要した費用に関し,その不動産について存在する.

**(不動産工事の先取特権)**
**第327条** ① 不動産の工事の先取特権は,工事の設計,施工又は監理をする者が債務者の不動産に関してした工事の費用に関し,その不動産について存在する.
② 前項の先取特権は,工事によって生じた不動産の価格の増加が現存する場合に限り,その増価額についてのみ存在する.

**(不動産売買の先取特権)**
**第328条** 不動産の売買の先取特権は,不動産の代価及びその利息に関し,その不動産について存在する.

### 第3節 先取特権の順位
**(一般の先取特権の順位)**
**第329条** ① 一般の先取特権が互いに競合する場合には,その優先権の順位は,第306条各号に掲げる順序に従う.
② 一般の先取特権と特別の先取特権とが競合する場合には,特別の先取特権は,一般の先取特権に優先する.ただし,共益の費用の先取特権は,その利益を受けたすべての債権者に対して優先する効力を有する.

**(動産の先取特権の順位)**
**第330条** ① 同一の動産について特別の先取特権が互いに競合する場合には,その優先権の順位は,次に掲げる順序に従う.この場合において,第2号に掲げる動産の保存の先取特権について数人の保存者があるときは,後の保存者が前の保存者に優先する.
1 不動産の賃貸,旅館の宿泊及び運輸の先取特権
2 動産の保存の先取特権
3 動産の売買,種苗又は肥料の供給,農業の労務及び工業の労務の先取特権
② 前項の場合において,第1順位の先取特権者は,その債権取得の時において第2順位又は第3順位の先取特権者があることを知っていたときは,これらの者に対して優先権を行使することができない.第1順位の先取特権者のために物を保存した者に対しても,同様とする.
③ 果実に関しては,第1の順位は農業の労務に従事する者に,第2の順位は種苗又は肥料の供給者に,第3の順位は土地の賃貸人に属する.

**(不動産の先取特権の順位)**
**第331条** ① 同一の不動産について特別の先取特権が互いに競合する場合には,その優先権の順位は,第325条各号に掲げる順序に従う.
② 同一の不動産について売買が順次された場合には,売主相互間における不動産売買の先取特権の優先権の順位は,売買の前後による.

**(同一順位の先取特権)**
**第332条** 同一の目的物について同一順位の先取特権者が数人あるときは,各先取特権者は,その債権額の割合に応じて弁済を受ける.

### 第4節 先取特権の効力
**(先取特権と第三取得者)**
**第333条** 先取特権は,債務者がその目的である動産をその第三取得者に引き渡した後は,その動産について行使することができない.

**(先取特権と動産質権との競合)**
**第334条** 先取特権と動産質権とが競合する場合には,動産質権者は,第330条の規定による第1順位の先取特権者と同一の権利を有する.

**(一般の先取特権の効力)**
**第335条** ① 一般の先取特権者は,まず不動産以外の財産から弁済を受け,なお不足があるのでなければ,不動産から弁済を受けることができない.
② 一般の先取特権者は,不動産については,まず特別担保の目的とされていないものから弁済を受けなければならない.
③ 一般の先取特権者は,前2項の規定に従って配当に加入することを怠ったときは,その配当加入をしたならば弁済を受けることができた額については,登記をした第三者に対してその先取特権を行使することができない.
④ 前3項の規定は,不動産以外の財産の代価に先立って不動産の代価を配当し,又は他の不動産の代価に先立って特別担保の目的である不動産の代価を配当する場合には,適用しない.

**(一般の先取特権の対抗力)**
**第336条** 一般の先取特権は,不動産について登記をしなくても,特別担保を有しない債権者に対抗することができる.ただし,登記をした第三者に対しては,この限りでない.

**(不動産保存の先取特権の登記)**
**第337条** 不動産の保存の先取特権の効力を保存するためには,保存行為が完了した後直ちに登記をしなければならない.

**(不動産工事の先取特権の登記)**
**第338条** ① 不動産の工事の先取特権の効力を保存するためには,工事を始める前にその費用の予算額を登記しなければならない.この場合において,工事の費用が予算額を超えると

きは，先取特権は，その超過額については存在しない．
② 工事によって生じた不動産の増価額は，配当加入の時に，裁判所が選任した鑑定人に評価させなければならない．

(登記をした**不動産保存又は不動産工事の先取特権**)
**第339条** 前2条の規定に従って登記をした先取特権は，抵当権に先立って行使することができる．

(不動産売買の先取特権の登記)
**第340条** 不動産の売買の先取特権の効力を保存するためには，売買契約と同時に，不動産の代価又はその利息の弁済がされていない旨を登記しなければならない．

(抵当権に関する規定の準用)
**第341条** 先取特権の効力については，この節に定めるもののほか，その性質に反しない限り，抵当権に関する規定を準用する．

## 第9章 質 権

### 第1節 総 則

(質権の内容)
**第342条** 質権者は，その債権の担保として債務者又は第三者から受け取った物を占有し，かつ，その物について他の債権者に先立って自己の債権の弁済を受ける権利を有する．

(質権の目的)
**第343条** 質権は，譲り渡すことができない物をその目的とすることができない．

(質権の設定)
**第344条** 質権の設定は，債権者にその目的物を引き渡すことによって，その効力を生ずる．

(質権設定者による代理占有の禁止)
**第345条** 質権者は，質権設定者に，自己に代わって質物の占有をさせることができない．

(質権の被担保債権の範囲)
**第346条** 質権は，元本，利息，違約金，質権の実行の費用，質物の保存の費用及び債務の不履行又は質物の隠れた瑕疵によって生じた損害の賠償を担保する．ただし，設定行為に別段の定めがあるときは，この限りでない．

(質物の留置)
**第347条** 質権者は，前条に規定する債権の弁済を受けるまでは，質物を留置することができる．ただし，この権利は，自己に対して優先権を有する債権者に対抗することができない．

(転 質)
**第348条** 質権者は，その権利の存続期間内において，自己の責任で，質物について，転質をすることができる．この場合において，転質をし

たことによって生じた損失については，不可抗力によるものであっても，その責任を負う．

(契約による質物の処分の禁止)
**第349条** 質権設定者は，設定行為又は債務の弁済期前の契約において，質権者に弁済として質物の所有権を取得させ，その他法律に定める方法によらないで質物を処分させることを約することができない．

(留置権及び先取特権の規定の準用)
**第350条** 第296条から第300条まで及び第304条の規定は，質権について準用する．

(物上保証人の求償権)
**第351条** 他人の債務を担保するため質権を設定した者は，その債務を弁済し，又は質権の実行によって質物の所有権を失ったときは，保証債務に関する規定に従い，債務者に対して求償権を有する．

### 第2節 動産質

(動産質の対抗要件)
**第352条** 動産質権者は，継続して質物を占有しなければ，その質権をもって第三者に対抗することができない．

(質物の占有の回復)
**第353条** 動産質権者は，質物の占有を奪われたときは，占有回収の訴えによってのみ，その質物を回復することができる．

(動産質権の実行)
**第354条** 動産質権者は，その債権の弁済を受けないときは，正当な理由がある場合に限り，鑑定人の評価に従い質物をもって直ちに弁済に充てることを裁判所に請求することができる．この場合において，動産質権者は，あらかじめ，その請求をする旨を債務者に通知しなければならない．

(動産質権の順位)
**第355条** 同一の動産について数個の質権が設定されたときは，その質権の順位は，設定の前後による．

### 第3節 不動産質

(不動産質権者による使用及び収益)
**第356条** 不動産質権者は，質権の目的である不動産の用法に従い，その使用及び収益をすることができる．

(不動産質権者による管理の費用等の負担)
**第357条** 不動産質権者は，管理の費用を支払い，その他不動産に関する負担を負う．

(不動産質権者による利息の請求の禁止)
**第358条** 不動産質権者は，その債権の利息を請求することができない．

(設定行為に別段の定めがある場合等)
**第359条** 前3条の規定は，設定行為に別段の

定めがあるとき,又は担保不動産収益執行（民事執行法（昭和54年法律第4号）第180条第2号に規定する担保不動産収益執行をいう.以下同じ.）の開始があったときは,適用しない.
　（不動産質権の存続期間）
第360条　① 不動産質権の存続期間は,10年を超えることができない. 設定行為でこれより長い期間を定めたときであっても,その期間は,10年とする.
② 不動産質権の設定は,更新することができる.ただし,その存続期間は,更新の時から10年を超えることができない.
　（抵当権の規定の準用）
第361条　不動産質権については,この節に定めるもののほか,その性質に反しない限り,次章（抵当権）の規定を準用する.
　第4節　権利質
　（権利質の目的等）
第362条　① 質権は,財産権をその目的とすることができる.
② 前項の質権については,この節に定めるもののほか,その性質に反しない限り,前3節（総則,動産質及び不動産質）の規定を準用する.
　（債権質の設定）
第363条　債権であってこれを譲り渡すにはその証書を交付することを要するものを質権の目的とするときは,質権の設定は,その証書を交付することによって,その効力を生ずる.
　（指名債権を目的とする質権の対抗要件）
第364条　指名債権を質権の目的としたときは,第467条の規定に従い,第三債務者に質権の設定を通知し,又は第三債務者がこれを承諾しなければ,これをもって第三債務者その他の第三者に対抗することができない.
　（指図債権を目的とする質権の対抗要件）
第365条　指図債権を質権の目的としたときは,その証書に質権の設定の裏書をしなければ,これをもって第三者に対抗することができない.
　（質権者による債権の取立て等）
第366条　① 質権者は,質権の目的である債権を直接に取り立てることができる.
② 債権の目的物が金銭であるときは,質権者は,自己の債権額に対応する部分に限り,これを取り立てることができる.
③ 前項の債権の弁済期が質権者の債権の弁済期に到来したときは,質権者は,第三債務者にその弁済をすべき金額を供託させることができる. この場合において,質権は,その供託金について存在する.
④ 債権の目的物が金銭でないときは,質権者は,弁済として受けた物について質権を有する.

第367条　削除
第368条　削除

## 第10章　抵当権

　第1節　総則
　（抵当権の内容）
第369条　① 抵当権者は,債務者又は第三者が占有を移転しないで債務の担保に供した不動産について,他の債権者に先立って自己の債権の弁済を受ける権利を有する.
② 地上権及び永小作権も,抵当権の目的とすることができる. この場合においては,この章の規定を準用する.
　（抵当権の効力の及ぶ範囲）
第370条　抵当権は,抵当地の上に存する建物を除き,その目的である不動産（以下「抵当不動産」という.）に付加して一体となっている物に及ぶ. ただし,設定行為に別段の定めがある場合及び第424条の規定により債権者が債務者の行為を取り消すことができる場合は,この限りでない.
第371条　抵当権は,その担保する債権について不履行があったときは,その後に生じた抵当不動産の果実に及ぶ.
　（留置権等の規定の準用）
第372条　第296条,第304条及び第351条の規定は,抵当権について準用する.
　第2節　抵当権の効力
　（抵当権の順位）
第373条　同一の不動産について数個の抵当権が設定されたときは,その抵当権の順位は,登記の前後による.
　（抵当権の順位の変更）
第374条　① 抵当権の順位は,各抵当権者の合意によって変更することができる. ただし,利害関係を有する者があるときは,その承諾を得なければならない.
② 前項の規定による順位の変更は,その登記をしなければ,その効力を生じない.
　（抵当権の被担保債権の範囲）
第375条　① 抵当権者は,利息その他の定期金を請求する権利を有するときは,その満期となった最後の2年分についてのみ,その抵当権を行使することができる. ただし,それ以前の定期金についても,満期後に特別の登記をしたときは,その登記の時からその抵当権を行使することを妨げない.
② 前項の規定は,抵当権者が債務の不履行によって生じた損害の賠償を請求する権利を有する場合におけるその最後の2年分についても適用する. ただし,利息その他の定期金と通

算して2年分を超えることができない．

**(抵当権の処分)**
**第376条** ① 抵当権者は，その抵当権を他の債権の担保とし，又は同一の債務者に対する他の債権者の利益のためにその抵当権若しくはその順位を譲渡し，若しくは放棄することができる．
② 前項の場合において，抵当権者が数人のためにその抵当権の処分をしたときは，その処分の利益を受ける者の権利の順位は，抵当権の登記にした付記の前後による．

**(抵当権の処分の対抗要件)**
**第377条** ① 前条の場合には，第467条の規定に従い，主たる債務者に抵当権の処分を通知し，又は主たる債務者がこれを承諾しなければ，これをもって主たる債務者，保証人，抵当権設定者及びこれらの者の承継人に対抗することができない．
② 主たる債務者が前項の規定により通知を受け，又は承諾をしたときは，抵当権の処分の利益を受ける者の承諾を得ないでした弁済は，その受益者に対抗することができない．

**(代価弁済)**
**第378条** 抵当不動産について所有権又は地上権を買い受けた第三者が，抵当権者の請求に応じてその抵当権者にその代価を弁済したときは，抵当権は，その第三者のために消滅する．

**(抵当権消滅請求)**
**第379条** 抵当不動産の第三取得者は，第383条の定めるところにより，抵当権消滅請求をすることができる．

**第380条** 主たる債務者，保証人及びこれらの者の承継人は，抵当権消滅請求をすることができない．

**第381条** 抵当不動産の停止条件付第三取得者は，その停止条件の成否が未定である間は，抵当権消滅請求をすることができない．

**(抵当権消滅請求の時期)**
**第382条** 抵当不動産の第三取得者は，抵当権の実行としての競売による差押えの効力が発生する前に，抵当権消滅請求をしなければならない．

**(抵当権消滅請求の手続)**
**第383条** 抵当不動産の第三取得者は，抵当権消滅請求をするときは，登記をした各債権者に対し，次に掲げる書面を送付しなければならない．
1 取得の原因及び年月日，譲渡人及び取得者の氏名及び住所並びに抵当不動産の性質，所在及び代価その他取得者の負担を記載した書面
2 抵当不動産に関する登記事項証明書（現に効力を有する登記事項のすべてを証明したものに限る．）
3 債権者が2箇月以内に抵当権を実行して競売の申立てをしないときは，抵当不動産の第三取得者が第1号に規定する代価又は特に指定した金額を債権の順位に従って弁済し又は供託すべき旨を記載した書面

**(債権者のみなし承諾)**
**第384条** 次に掲げる場合には，前条各号に掲げる書面の送付を受けた債権者は，抵当不動産の第三取得者が同条第3号に掲げる書面に記載したところにより提供した同号の代価又は金額を承諾したものとみなす．
1 その債権者が前条各号に掲げる書面の送付を受けた後2箇月以内に抵当権を実行して競売の申立てをしないとき．
2 その債権者が前号の申立てを取り下げたとき．
3 第1号の申立てを却下する旨の決定が確定したとき．
4 第1号の申立てに基づく競売の手続を取り消す旨の決定（民事執行法第188条において準用する同法第63条第3項若しくは第68条の3第3項の規定又は同法第183条第1項第5号の謄本が提出された場合における同条第2項の規定による決定を除く．）が確定したとき．

**(競売の申立ての通知)**
**第385条** 第383条各号に掲げる書面の送付を受けた債権者は，前条第1号の申立てをするときは，同号の期間内に，債務者及び抵当不動産の譲渡人にその旨を通知しなければならない．

**(抵当権消滅請求の効果)**
**第386条** 登記をしたすべての債権者が抵当不動産の第三取得者の提供した代価又は金額を承諾し，かつ，抵当不動産の第三取得者がその承諾を得た代価又は金額を払い渡し又は供託したときは，抵当権は，消滅する．

**(抵当権者の同意の登記がある場合の賃貸借の対抗力)**
**第387条** ① 登記をした賃貸借は，その登記前に登記をした抵当権を有するすべての者が同意をし，かつ，その同意の登記があるときは，その同意をした抵当権者に対抗することができる．
② 抵当権者が前項の同意をするには，その抵当権を目的とする権利を有する者その他抵当権者の同意によって不利益を受けるべき者の承諾を得なければならない．

**(法定地上権)**
**第388条** 土地及びその上に存する建物が同一の所有者に属する場合において，その土地又は建物につき抵当権が設定され，その実行により所有者を異にするに至ったときは，その建物について，地上権が設定されたものとみなす．こ

の場合において、地代は、当事者の請求により、裁判所が定める。
**(抵当地の上の建物の競売)**
**第389条** ① 抵当権の設定後に抵当地に建物が築造されたときは、抵当権者は、土地とともにその建物を競売することができる。ただし、その優先権は、土地の代価についてのみ行使することができる。
② 前項の規定は、その建物の所有者が抵当地を占有するについて抵当権者に対抗することができる権利を有する場合には、適用しない。
**(抵当不動産の第三取得者による買受け)**
**第390条** 抵当不動産の第三取得者は、その競売において買受人となることができる。
**(抵当不動産の第三取得者による費用の償還請求)**
**第391条** 抵当不動産の第三取得者は、抵当不動産について必要費又は有益費を支出したときは、第196条の区別に従い、抵当不動産の代価から、他の債権者より先にその償還を受けることができる。
**(共同抵当における代価の配当)**
**第392条** ① 債権者が同一の債権の担保として数個の不動産につき抵当権を有する場合において、同時にその代価を配当すべきときは、その各不動産の価額に応じて、その債権の負担を按分する。
② 債権者が同一の債権の担保として数個の不動産につき抵当権を有する場合において、ある不動産の代価のみを配当すべきときは、抵当権者は、その代価から債権の全部の弁済を受けることができる。この場合において、次順位の抵当権者は、その弁済を受ける抵当権者が前項の規定に従い他の不動産の代価から弁済を受けるべき金額を限度として、その抵当権者に代位して抵当権を行使することができる。
**(共同抵当における代位の付記登記)**
**第393条** 前条第2項後段の規定により代位によって抵当権を行使する者は、その抵当権の登記にその代位を付記することができる。
**(抵当不動産以外の財産からの弁済)**
**第394条** ① 抵当権者は、抵当不動産の代価から弁済を受けない債権の部分についてのみ、他の財産から弁済を受けることができる。
② 前項の規定は、抵当不動産の代価に先立って他の財産の代価を配当すべき場合には、適用しない。この場合において、他の各債権者は、抵当権者に同項の規定による弁済を受けさせるため、抵当権者に配当すべき金額の供託を請求することができる。
**(抵当建物使用者の引渡しの猶予)**

**第395条** ① 抵当権者に対抗することができない賃貸借により抵当権の目的である建物の使用又は収益をする者であって次に掲げるもの（次項において「抵当建物使用者」という。）は、その建物の競売における買受人の買受けの時から6箇月を経過するまでは、その建物を買受人に引き渡すことを要しない。
1　競売手続の開始前から使用又は収益をする者
2　強制管理又は担保不動産収益執行の管理人が競売手続の開始後にした賃貸借により使用又は収益をする者
② 前項の規定は、買受人の買受けの時より後に同項の建物の使用をしたことの対価について、買受人が抵当建物使用者に対し相当の期間を定めてその1箇月分以上の支払の催告をし、その相当の期間内に履行がない場合には、適用しない。

### 第3節　抵当権の消滅
**(抵当権の消滅時効)**
**第396条** 抵当権は、債務者及び抵当権設定者に対しては、その担保する債権と同時でなければ、時効によって消滅しない。
**(抵当不動産の時効取得による抵当権の消滅)**
**第397条** 債務者又は抵当権設定者でない者が抵当不動産について取得時効に必要な要件を具備する占有をしたときは、抵当権は、これによって消滅する。
**(抵当権の目的である地上権等の放棄)**
**第398条** 地上権又は永小作権を抵当権の目的とした地上権者又は永小作人は、その権利を放棄しても、これをもって抵当権者に対抗することができない。

### 第4節　根抵当
**(根抵当権)**
**第398条の2** ① 抵当権は、設定行為で定めるところにより、一定の範囲に属する不特定の債権を極度額の限度において担保するためにも設定することができる。
② 前項の規定による抵当権（以下「根抵当権」という。）の担保すべき不特定の債権の範囲は、債務者との特定の継続的取引契約によって生ずるものその他債務者との一定の種類の取引によって生ずるものに限定して、定めなければならない。
③ 特定の原因に基づいて債務者との間に継続して生ずる債権又は手形上若しくは小切手上の請求権は、前項の規定にかかわらず、根抵当権の担保すべき債権とすることができる。
**(根抵当権の被担保債権の範囲)**
**第398条の3** ① 根抵当権者は、確定した元本並びに利息その他の定期金及び債務の不履行

によって生じた損害の賠償の全部について、極度額を限度として、その根抵当権を行使することができる.

② 債務者との取引によらないで取得する手形上又は小切手上の請求権を根抵当権の担保すべき債権とした場合において、次に掲げる事由があったときは、その前に取得したものについてのみ、その根抵当権を行使することができる. ただし、その後に取得したものであっても、その事由を知らないで取得したものについては、これを行使することを妨げない.
1 債務者の支払の停止
2 債務者についての破産手続開始、再生手続開始、更生手続開始又は特別清算開始の申立て
3 抵当不動産に対する競売の申立て又は滞納処分による差押え

(根抵当権の被担保債権の範囲及び債務者の変更)
**第398条の4** ① 元本の確定前においては、根抵当権の担保すべき債権の範囲の変更をすることができる. 債務者の変更についても、同様とする.
② 前項の変更をするには、後順位の抵当権者その他の第三者の承諾を得ることを要しない.
③ 第1項の変更について元本の確定前に登記をしなかったときは、その変更をしなかったものとみなす.

(根抵当権の極度額の変更)
**第398条の5** 根抵当権の極度額の変更は、利害関係を有する者の承諾を得なければ、することができない.

(根抵当権の元本確定期日の定め)
**第398条の6** ① 根抵当権の担保すべき元本については、その確定すべき期日を定め又は変更することができる.
② 第398条の4第2項の規定は、前項の場合について準用する.
③ 第1項の期日は、これを定め又は変更した日から5年以内でなければならない.
④ 第1項の期日の変更についてその変更前の期日より前に登記をしなかったときは、担保すべき元本は、その変更前の期日に確定する.

(根抵当権の被担保債権の譲渡等)
**第398条の7** ① 元本の確定前に根抵当権者から債権を取得した者は、その債権について根抵当権を行使することができない. 元本の確定前に債務者のために又は債務者に代わって弁済をした者も、同様とする.
② 元本の確定前に債務の引受けがあったときは、根抵当権者は、引受人の債務について、その根抵当権を行使することができない.
③ 元本の確定前に債権者又は債務者の交替による更改があったときは、その当事者は、第518条の規定にかかわらず、根抵当権を更改後の債務に移すことができない.

(根抵当権者又は債務者の相続)
**第398条の8** ① 元本の確定前に根抵当権者について相続が開始したときは、根抵当権は、相続開始の時に存する債権のほか、相続人と根抵当権設定者との合意により定めた相続人が相続の開始後に取得する債権を担保する.
② 元本の確定前にその債務者について相続が開始したときは、根抵当権は、相続開始の時に存する債務のほか、相続人と根抵当権設定者との合意により定めた相続人が相続の開始後に負担する債務を担保する.
③ 第398条の4第2項の規定は、前2項の合意をする場合について準用する.
④ 第1項及び第2項の合意について相続の開始後6箇月以内に登記をしないときは、担保すべき元本は、相続開始の時に確定したものとみなす.

(根抵当権者又は債務者の合併)
**第398条の9** ① 元本の確定前に根抵当権者について合併があったときは、根抵当権は、合併の時に存する債権のほか、合併後存続する法人又は合併によって設立された法人が合併後に取得する債権を担保する.
② 元本の確定前にその債務者について合併があったときは、根抵当権は、合併の時に存する債務のほか、合併後存続する法人又は合併によって設立された法人が合併後に負担する債務を担保する.
③ 前2項の場合には、根抵当権設定者は、担保すべき元本の確定を請求することができる. ただし、前項の場合において、その債務者が根抵当権設定者であるときは、この限りでない.
④ 前項の規定による請求があったときは、担保すべき元本は、合併の時に確定したものとみなす.
⑤ 第3項の規定による請求は、根抵当権設定者が合併のあったことを知った日から2週間を経過したときは、することができない. 合併の日から1箇月を経過したときも、同様とする.

(根抵当権者又は債務者の会社分割)
**第398条の10** ① 元本の確定前に根抵当権者を分割をする会社とする分割があったときは、根抵当権は、分割の時に存する債権のほか、分割をした会社及び分割により設立された会社又は当該分割をした会社がその事業に関して有する権利義務の全部又は一部を当該会社から承継した会社が分割後に取得する債権を担保する.

② 元本の確定前にその債務者を分割をする会社とする分割があったときは,根抵当権は,分割の時に存する債務のほか,分割をした会社及び分割により設立された会社又は当該分割をした会社がその事業に関して有する権利義務の全部又は一部を当該会社から承継した会社が分割後に負担する債務を担保する.
③ 前条第3項から第5項までの規定は,前2項の場合について準用する.

(根抵当権の処分)
**第398条の11** ① 元本の確定前においては,根抵当権者は,第376条第1項の規定による根抵当権の処分をすることができない.ただし,その根抵当権を他の債権の担保とすることを妨げない.
② 第377条第2項の規定は,前項ただし書の場合において元本の確定前にした弁済については,適用しない.

(根抵当権の譲渡)
**第398条の12** ① 元本の確定前においては,根抵当権者は,根抵当権設定者の承諾を得て,その根抵当権を譲り渡すことができる.
② 根抵当権者は,その根抵当権を2個の根抵当権に分割して,その一方を前項の規定により譲り渡すことができる.この場合において,その根抵当権を目的とする権利は,譲り渡した根抵当権について消滅する.
③ 前項の規定による譲渡をするには,その根抵当権を目的とする権利を有する者の承諾を得なければならない.

(根抵当権の一部譲渡)
**第398条の13** 元本の確定前においては,根抵当権者は,根抵当権設定者の承諾を得て,その根抵当権の一部譲渡(譲渡人が譲受人と根抵当権を共有するため,これを分割しないで譲り渡すことをいう.以下この節において同じ.)をすることができる.

(根抵当権の共有)
**第398条の14** ① 根抵当権の共有者は,それぞれその債権額の割合に応じて弁済を受ける.ただし,元本の確定前に,これと異なる割合を定め,又はある者が他の者に先立って弁済を受けるべきことを定めたときは,その定めに従う.
② 根抵当権の共有者は,他の共有者の同意を得て,第398条の12第1項の規定によりその権利を譲り渡すことができる.

(抵当権の順位の譲渡又は放棄と根抵当権の譲渡又は一部譲渡)
**第398条の15** 抵当権の順位の譲渡又は放棄を受けた根抵当権者が,その根抵当権の譲渡又は一部譲渡をしたときは,譲受人は,その順位の譲渡又は放棄の利益を受ける.

(共同根抵当)
**第398条の16** 第392条及び第393条の規定は,根抵当権については,その設定と同時に同一の債権の担保として数個の不動産につき根抵当権が設定された旨の登記をした場合に限り,適用する.

(共同根抵当の変更等)
**第398条の17** ① 前条の登記がされている根抵当権の担保すべき債権の範囲,債務者若しくは極度額の変更又はその譲渡若しくは一部譲渡は,その根抵当権が設定されているすべての不動産について登記をしなければ,その効力を生じない.
② 前条の登記がされている根抵当権の担保すべき元本は,1個の不動産についてのみ確定すべき事由が生じた場合においても,確定する.

(累積根抵当)
**第398条の18** 数個の不動産につき根抵当権を有する者は,第398条の16の場合を除き,各不動産の代価について,各極度額に至るまで優先権を行使することができる.

(根抵当権の元本の確定請求)
**第398条の19** ① 根抵当権設定者は,根抵当権の設定の時から3年を経過したときは,担保すべき元本の確定を請求することができる.この場合において,担保すべき元本は,その請求の時から2週間を経過することによって確定する.
② 根抵当権者は,いつでも,担保すべき元本の確定を請求することができる.この場合において,担保すべき元本は,その請求の時に確定する.
③ 前2項の規定は,担保すべき元本の確定すべき期日の定めがあるときは,適用しない.

(根抵当権の元本の確定事由)
**第398条の20** ① 次に掲げる場合には,根抵当権の担保すべき元本は,確定する.
1 根抵当権者が抵当不動産について競売若しくは担保不動産収益執行又は第372条において準用する第304条の規定による差押えを申し立てたとき.ただし,競売手続若しくは担保不動産収益執行手続の開始又は差押えがあったときに限る.
2 根抵当権者が抵当不動産に対して滞納処分による差押えをしたとき.
3 根抵当権者が抵当不動産に対する競売手続の開始又は滞納処分による差押えがあったことを知った時から2週間を経過したとき.
4 債務者又は根抵当権設定者が破産手続開始の決定を受けたとき.

② 前項第3号の競売手続の開始若しくは差押え又は同項第4号の破産手続開始の決定の効力が消滅したときは,担保すべき元本は,確定しなかったものとみなす.ただし,元本が確定したものとしてその根抵当権又はこれを目的とする権利を取得した者があるときは,この限りでない.

(根抵当権の極度額の減額請求)

第398条の21 ① 元本の確定後においては,根抵当権設定者は,その根抵当権の極度額を,現に存する債務の額と以後2年間に生ずべき利息その他の定期金及び債務の不履行による損害賠償の額とを加えた額に減額することを請求することができる.

② 第398条の16の登記がされている根抵当権の極度額の減額については,前項の規定による請求は,そのうちの1個の不動産についてすれば足りる.

(根抵当権の消滅請求)

第398条の22 ① 元本の確定後において現に存する債務の額が根抵当権の極度額を超えるときは,他人の債務を担保するためその根抵当権を設定した者又は抵当不動産について所有権,地上権,永小作権若しくは第三者に対抗することができる賃借権を取得した第三者は,その極度額に相当する金額を払い渡し又は供託して,その根抵当権の消滅請求をすることができる.この場合において,その払渡し又は供託は,弁済の効力を有する.

② 第398条の16の登記がされている根抵当権は,1個の不動産について前項の消滅請求があったときは,消滅する.

③ 第380条及び第381条の規定は,第1項の消滅請求について準用する.

## 第3編 債 権

## 第1章 総 則

### 第1節 債権の目的

(債権の目的)

第399条 債権は,金銭に見積もることができないものであっても,その目的とすることができる.

(特定物の引渡しの場合の注意義務)

第400条 債権の目的が特定物の引渡しであるときは,債務者は,その引渡しをするまで,善良な管理者の注意をもって,その物を保存しなければならない.

(種類債権)

第401条 ① 債権の目的物を種類のみで指定した場合において,法律行為の性質又は当事者の意思によってその品質を定めることができないときは,債務者は,中等の品質を有する物を給付しなければならない.

② 前項の場合において,債務者が物の給付をするのに必要な行為を完了し,又は債権者の同意を得てその給付すべき物を指定したときは,以後その物を債権の目的物とする.

(金銭債権)

第402条 ① 債権の目的物が金銭であるときは,債務者は,その選択に従い,各種の通貨で弁済をすることができる.ただし,特定の種類の通貨の給付を債権の目的としたときは,この限りでない.

② 債権の目的物である特定の種類の通貨が弁済期に強制通用の効力を失っているときは,債務者は,他の通貨で弁済をしなければならない.

③ 前2項の規定は,外国の通貨の給付を債権の目的とした場合について準用する.

第403条 外国の通貨で債権額を指定したときは,債務者は,履行地における為替相場により,日本の通貨で弁済をすることができる.

(法定利率)

第404条 利息を生ずべき債権について別段の意思表示がないときは,その利率は,年5分とする.

(利息の元本への組入れ)

第405条 利息の支払が1年分以上延滞した場合において,債権者が催告をしても,債務者がその利息を支払わないときは,債権者は,これを元本に組み入れることができる.

(選択債権における選択権の帰属)

第406条 債権の目的が数個の給付の中から選択によって定まるときは,その選択権は,債務者に属する.

(選択権の行使)

第407条 ① 前条の選択権は,相手方に対する意思表示によって行使する.

② 前項の意思表示は,相手方の承諾を得なければ,撤回することができない.

(選択権の移転)

第408条 債権が弁済期にある場合において,相手方から相当の期間を定めて催告をしても,選択権を有する当事者がその期間内に選択をしないときは,その選択権は,相手方に移転する.

(第三者の選択権)

第409条 ① 第三者が選択をすべき場合には,その選択は,債権者又は債務者に対する意思表示によってする.

② 前項に規定する場合において,第三者が選択をすることができず,又は選択をする意思を有しないときは,選択権は,債務者に移転する.

(不能による選択債権の特定)
**第410条** ① 債権の目的である給付の中に、初めから不能であるもの又は後に至って不能となったものがあるときは、債権は、その残存するものについて存在する。
② 選択権を有しない当事者の過失によって給付が不能となったときは、前項の規定は、適用しない。
(選択の効力)
**第411条** 選択は、債権の発生の時にさかのぼってその効力を生ずる。ただし、第三者の権利を害することはできない。

### 第2節　債権の効力
#### 第1款　債務不履行の責任等
(履行期と履行遅滞)
**第412条** ① 債務の履行について確定期限があるときは、債務者は、その期限の到来した時から遅滞の責任を負う。
② 債務の履行について不確定期限があるときは、債務者は、その期限の到来したことを知った時から遅滞の責任を負う。
③ 債務の履行について期限を定めなかったときは、債務者は、履行の請求を受けた時から遅滞の責任を負う。
(受領遅滞)
**第413条** 債権者が債務の履行を受けることを拒み、又は受けることができないときは、その債権者は、履行の提供があった時から遅滞の責任を負う。
(履行の強制)
**第414条** ① 債務者が任意に債務の履行をしないときは、債権者は、その強制履行を裁判所に請求することができる。ただし、債務の性質がこれを許さないときは、この限りでない。
② 債務の性質が強制履行を許さない場合において、その債務が作為を目的とするときは、債権者は、債務者の費用で第三者にこれをさせることを裁判所に請求することができる。ただし、法律行為を目的とする債務については、裁判をもって債務者の意思表示に代えることができる。
③ 不作為を目的とする債務については、債務者の費用で、債務者がした行為の結果を除去し、又は将来のため適当な処分をすることを裁判所に請求することができる。
④ 前3項の規定は、損害賠償の請求を妨げない。
(債務不履行による損害賠償)
**第415条** 債務者がその債務の本旨に従った履行をしないときは、債権者は、これによって生じた損害の賠償を請求することができる。債務者の責めに帰すべき事由によって履行をすることができなくなったときも、同様とする。
(損害賠償の範囲)
**第416条** ① 債務の不履行に対する損害賠償の請求は、これによって通常生ずべき損害の賠償をさせることをその目的とする。
② 特別の事情によって生じた損害であっても、当事者がその事情を予見し、又は予見することができたときは、債権者は、その賠償を請求することができる。
(損害賠償の方法)
**第417条** 損害賠償は、別段の意思表示がないときは、金銭をもってその額を定める。
(過失相殺)
**第418条** 債務の不履行に関して債権者に過失があったときは、裁判所は、これを考慮して、損害賠償の責任及びその額を定める。
(金銭債務の特則)
**第419条** ① 金銭の給付を目的とする債務の不履行については、その損害賠償の額は、法定利率によって定める。ただし、約定利率が法定利率を超えるときは、約定利率による。
② 前項の損害賠償については、債権者は、損害の証明をすることを要しない。
③ 第1項の損害賠償については、債務者は、不可抗力をもって抗弁とすることができない。
(賠償額の予定)
**第420条** ① 当事者は、債務の不履行について損害賠償の額を予定することができる。この場合において、裁判所は、その額を増減することができない。
② 賠償額の予定は、履行の請求又は解除権の行使を妨げない。
③ 違約金は、賠償額の予定と推定する。
**第421条** 前条の規定は、当事者が金銭でないものを損害の賠償に充てるべき旨を予定した場合について準用する。
(損害賠償による代位)
**第422条** 債権者が、損害賠償として、その債権の目的である物又は権利の価額の全部の支払を受けたときは、債務者は、その物又は権利について当然に債権者に代位する。

#### 第2款　債権者代位権及び詐害行為取消権
(債権者代位権)
**第423条** ① 債権者は、自己の債権を保全するため、債務者に属する権利を行使することができる。ただし、債務者の一身に専属する権利は、この限りでない。
② 債権者は、その債権の期限が到来しない間は、裁判上の代位によらなければ、前項の権利を行使することができない。ただし、保存行為は、この限りでない。

(詐害行為取消権)
**第424条** ① 債権者は,債務者が債権者を害することを知ってした法律行為の取消しを裁判所に請求することができる.ただし,その行為によって利益を受けた者又は転得者がその行為又は転得の時において債権者を害すべき事実を知らなかったときは,この限りでない.
② 前項の規定は,財産権を目的としない法律行為については,適用しない.

(詐害行為の取消しの効果)
**第425条** 前条の規定による取消しは,すべての債権者の利益のためにその効力を生ずる.

(詐害行為取消権の期間の制限)
**第426条** 第424条の規定による取消権は,債権者が取消しの原因を知った時から2年間行使しないときは,時効によって消滅する.行為の時から20年を経過したときも,同様とする.

### 第3節 多数当事者の債権及び債務
#### 第1款 総則
(分割債権及び分割債務)
**第427条** 数人の債権者又は債務者がある場合において,別段の意思表示がないときは,各債権者又は各債務者は,それぞれ等しい割合で権利を有し,又は義務を負う.

#### 第2款 不可分債権及び不可分債務
(不可分債権)
**第428条** 債権の目的がその性質上又は当事者の意思表示によって不可分である場合において,数人の債権者があるときは,各債権者はすべての債権者のために履行を請求し,債務者はすべての債権者のために各債権者に対して履行をすることができる.

(不可分債権者の1人について生じた事由等の効力)
**第429条** ① 不可分債権者の1人と債務者との間に更改又は免除があった場合においても,他の不可分債権者は,債務の全部の履行を請求することができる.この場合においては,その1人の不可分債権者がその権利を失わなければ分与される利益を債務者に償還しなければならない.
② 前項に規定する場合のほか,不可分債権者の1人の行為又は1人について生じた事由は,他の不可分債権者に対してその効力を生じない.

(不可分債務)
**第430条** 前条の規定及び次款(連帯債務)の規定(第434条から第440条までの規定を除く.)は,数人が不可分債務を負担する場合について準用する.

(可分債権又は可分債務への変更)
**第431条** 不可分債権が可分債権となったときは,各債権者は自己が権利を有する部分についてのみ履行を請求することができ,不可分債務が可分債務となったときは,各債務者はその負担部分についてのみ履行の責任を負う.

#### 第3款 連帯債務
(履行の請求)
**第432条** 数人が連帯債務を負担するときは,債権者は,その連帯債務者の1人に対し,又は同時に若しくは順次にすべての連帯債務者に対し,全部又は一部の履行を請求することができる.

(連帯債務者の1人についての法律行為の無効等)
**第433条** 連帯債務者の1人について法律行為の無効又は取消しの原因があっても,他の連帯債務者の債務は,その効力を妨げられない.

(連帯債務者の1人に対する履行の請求)
**第434条** 連帯債務者の1人に対する履行の請求は,他の連帯債務者に対しても,その効力を生ずる.

(連帯債務者の1人との間の更改)
**第435条** 連帯債務者の1人と債権者との間に更改があったときは,債権は,すべての連帯債務者の利益のために消滅する.

(連帯債務者の1人による相殺等)
**第436条** ① 連帯債務者の1人が債権者に対して債権を有する場合において,その連帯債務者が相殺を援用したときは,債権は,すべての連帯債務者の利益のために消滅する.
② 前項の債権を有する連帯債務者が相殺を援用しない間は,その連帯債務者の負担部分についてのみ他の連帯債務者が相殺を援用することができる.

(連帯債務者の1人に対する免除)
**第437条** 連帯債務者の1人に対してした債務の免除は,その連帯債務者の負担部分についてのみ,他の連帯債務者の利益のためにも,その効力を生ずる.

(連帯債務者の1人との間の混同)
**第438条** 連帯債務者の1人と債権者との間に混同があったときは,その連帯債務者は,弁済をしたものとみなす.

(連帯債務者の1人についての時効の完成)
**第439条** 連帯債務者の1人のために時効が完成したときは,その連帯債務者の負担部分については,他の連帯債務者も,その義務を免れる.

(相対的効力の原則)
**第440条** 第434条から前条までに規定する場合を除き,連帯債務者の1人について生じた事由は,他の連帯債務者に対してその効力を生じない.

(連帯債務者についての破産手続の開始)
**第441条** 連帯債務者の全員又はそのうちの数人が破産手続開始の決定を受けたときは,債権者は,その債権の全額について各破産財団の配当に加入することができる.
(連帯債務者間の求償権)
**第442条** ① 連帯債務者の1人が弁済をし,その他自己の財産をもって共同の免責を得たときは,その連帯債務者は,他の連帯債務者に対し,各自の負担部分について求償権を有する.
② 前項の規定による求償は,弁済その他免責があった日以後の法定利息及び避けることができなかった費用その他の損害の賠償を包含する.
(通知を怠った連帯債務者の求償の制限)
**第443条** ① 連帯債務者の1人が債権者から履行の請求を受けたことを他の連帯債務者に通知しないで弁済をし,その他自己の財産をもって共同の免責を得た場合において,他の連帯債務者は,債権者に対抗することができる事由を有していたときは,その負担部分について,その事由をもってその免責を得た連帯債務者に対抗することができる.この場合において,相殺をもってその免責を得た連帯債務者に対抗したときは,過失のある連帯債務者は,債権者に対し,相殺によって消滅すべきであった債務の履行を請求することができる.
② 連帯債務者の1人が弁済をし,その他自己の財産をもって共同の免責を得たことを他の連帯債務者に通知することを怠ったため,他の連帯債務者が善意で弁済をし,その他有償の行為をもって免責を得たときは,その免責を得た連帯債務者は,自己の弁済その他免責のためにした行為を有効であったものとみなすことができる.
(償還をする資力のない者の負担部分の分担)
**第444条** 連帯債務者の中に償還をする資力のない者があるときは,その償還をすることができない部分は,求償者及び他の資力のある者の間で,各自の負担部分に応じて分割して負担する.ただし,求償者に過失があるときは,他の連帯債務者に対して分担を請求することができない.
(連帯の免除と弁済をする資力のない者の負担部分の分担)
**第445条** 連帯債務者の1人が連帯の免除を得た場合において,他の連帯債務者の中に弁済をする資力のない者があるときは,債権者は,その資力のない者が弁済をすることができない部分のうち連帯の免除を得た者が負担すべき部分を負担する.

第4款　保証債務
第1目　総則
(保証人の責任等)
**第446条** ① 保証人は,主たる債務者がその債務を履行しないときに,その履行をする責任を負う.
② 保証契約は,書面でしなければ,その効力を生じない.
③ 保証契約がその内容を記録した電磁的記録(電子的方式,磁気的方式その他人の知覚によっては認識することができない方式で作られる記録であって,電子計算機による情報処理の用に供されるものをいう.)によってされたときは,その保証契約は,書面によってされたものとみなして,前項の規定を適用する.
(保証債務の範囲)
**第447条** ① 保証債務は,主たる債務に関する利息,違約金,損害賠償その他その債務に従たるすべてのものを包含する.
② 保証人は,その保証債務についてのみ,違約金又は損害賠償の額を約定することができる.
(保証人の負担が主たる債務より重い場合)
**第448条** 保証人の負担が債務の目的又は態様において主たる債務より重いときは,これを主たる債務の限度に減縮する.
(取り消すことができる債務の保証)
**第449条** 行為能力の制限によって取り消すことができる債務を保証した者は,保証契約の時においてその取消しの原因を知っていたときは,主たる債務の不履行の場合又はその債務の取消しの場合においてこれと同一の目的を有する独立の債務を負担したものと推定する.
(保証人の要件)
**第450条** ① 債務者が保証人を立てる義務を負う場合には,その保証人は,次に掲げる要件を具備する者でなければならない.
1　行為能力者であること.
2　弁済をする資力を有すること.
② 保証人が前項第2号に掲げる要件を欠くに至ったときは,債権者は,同項各号に掲げる要件を具備する者をもってこれに代えることを請求することができる.
③ 前2項の規定は,債権者が保証人を指名した場合には,適用しない.
(他の担保の供与)
**第451条** 債務者は,前条第1項各号に掲げる要件を具備する保証人を立てることができないときは,他の担保を供してこれに代えることができる.
(催告の抗弁)
**第452条** 債権者が保証人に債務の履行を請求

したときは,保証人は,まず主たる債務者に催告をすべき旨を請求することができる. ただし,主たる債務者が破産手続開始の決定を受けたとき,又はその行方が知れないときは,この限りでない.
(検索の抗弁)
第453条 債権者が前条の規定に従い主たる債務者に催告をした後であっても,保証人が主たる債務者に弁済をする資力があり,かつ,執行が容易であることを証明したときは,債権者は,まず主たる債務者の財産について執行をしなければならない.
(連帯保証の場合の特則)
第454条 保証人は,主たる債務者と連帯して債務を負担したときは,前2条の権利を有しない.
(催告の抗弁及び検索の抗弁の効果)
第455条 第452条又は第453条の規定により保証人の請求又は証明があったにもかかわらず,債権者が催告又は執行をすることを怠ったために主たる債務者から全部の弁済を得られなかったときは,保証人は,債権者が直ちに催告又は執行をすれば弁済を得ることができた限度において,その義務を免れる.
(数人の保証人がある場合)
第456条 数人の保証人がある場合には,それらの保証人が各別の行為により債務を負担したときであっても,第427条の規定を適用する.
(主たる債務者について生じた事由の効力)
第457条 ① 主たる債務者に対する履行の請求その他の事由による時効の中断は,保証人に対しても,その効力を生ずる.
② 保証人は,主たる債務者の債権による相殺をもって債権者に対抗することができる.
(連帯保証人について生じた事由の効力)
第458条 第434条から第440条までの規定は,主たる債務者が保証人と連帯して債務を負担する場合について準用する.
(委託を受けた保証人の求償権)
第459条 ① 保証人が主たる債務者の委託を受けて保証をした場合において,過失なく債権者に弁済をすべき旨の裁判の言渡しを受け,又は主たる債務者に代わって弁済をし,その他自己の財産をもって債務を消滅させるべき行為をしたときは,その保証人は,主たる債務者に対して求償権を有する.
② 第442条第2項の規定は,前項の場合について準用する.
(委託を受けた保証人の事前の求償権)
第460条 保証人は,主たる債務者の委託を受けて保証をした場合において,次に掲げるときは,主たる債務者に対して,あらかじめ,求償権を行使することができる.
1 主たる債務者が破産手続開始の決定を受け,かつ,債権者がその破産財団の配当に加入しないとき.
2 債務が弁済期にあるとき. ただし,保証契約の後に債権者が主たる債務者に許与した期限は,保証人に対抗することができない.
3 債務の弁済期が不確定で,かつ,その最長期をも確定することができない場合において,保証契約の後10年を経過したとき.
(主たる債務者が保証人に対して償還をする場合)
第461条 ① 前2条の規定により主たる債務者が保証人に対して償還をする場合において,債権者が全部の弁済を受けない間は,主たる債務者は,保証人に担保を供させ,又は保証人に対して自己に免責を得させることを請求することができる.
② 前項に規定する場合において,主たる債務者は,供託をし,担保を供し,又は保証人に免責を得させて,その償還の義務を免れることができる.
(委託を受けない保証人の求償権)
第462条 ① 主たる債務者の委託を受けないで保証をした者が弁済をし,その他自己の財産をもって主たる債務者にその債務を免れさせたときは,主たる債務者は,その当時利益を受けた限度において償還をしなければならない.
② 主たる債務者の意思に反して保証をした者は,主たる債務者が現に利益を受けている限度においてのみ求償権を有する. この場合において,主たる債務者が求償の日以前に相殺の原因を有していたことを主張するときは,保証人は,債権者に対し,その相殺によって消滅すべきであった債務の履行を請求することができる.
(通知を怠った保証人の求償の制限)
第463条 ① 第443条の規定は,保証人について準用する.
② 保証人が主たる債務者の委託を受けて保証をした場合において,善意で弁済をし,その他自己の財産をもって債務を消滅させるべき行為をしたときは,第443条の規定は,主たる債務者についても準用する.
(連帯債務又は不可分債務の保証人の求償権)
第464条 連帯債務者又は不可分債務者の1人のために保証をした者は,他の債務者に対し,その負担部分のみについて求償権を有する.
(共同保証人間の求償権)
第465条 ① 第442条から第444条までの規定は,数人の保証人がある場合において,そのうちの1人の保証人が,主たる債務が不可分であるため又は各保証人が全額を弁済すべき旨の

特約があるため,その全額又は自己の負担部分を超える額を弁済したときについて準用する.
② 第462条の規定は,前項に規定する場合を除き,互いに連帯しない保証人の1人が全額又は自己の負担部分を超える額を弁済したときについて準用する.

### 第2目 貸金等根保証契約
(貸金等根保証契約の保証人の責任等)
**第465条の2** ① 一定の範囲に属する不特定の債務を主たる債務とする保証契約(以下「根保証契約」という.)であってその債務の範囲に金銭の貸渡し又は手形の割引を受けることによって負担する債務(以下「貸金等債務」という.)が含まれるもの(保証人が法人であるものを除く.以下「貸金等根保証契約」という.)の保証人は,主たる債務の元本,主たる債務に関する利息,違約金,損害賠償その他その債務に従たるすべてのもの及びその保証債務について約定された違約金又は損害賠償の額について,その全部に係る極度額を限度として,その履行をする責任を負う.
② 貸金等根保証契約は,前項に規定する極度額を定めなければ,その効力を生じない.
③ 第446条第2項及び第3項の規定は,貸金等根保証契約における第1項に規定する極度額の定めについて準用する.

(貸金等根保証契約の元本確定期日)
**第465条の3** ① 貸金等根保証契約において主たる債務の元本の確定すべき期日(以下「元本確定期日」という.)の定めがある場合において,その元本確定期日がその貸金等根保証契約の締結の日から5年を経過する日より後の日と定められているときは,その元本確定期日の定めは,その効力を生じない.
② 貸金等根保証契約において元本確定期日の定めがない場合(前項の規定により元本確定期日の定めがその効力を生じない場合を含む.)には,その元本確定期日は,その貸金等根保証契約の締結の日から3年を経過する日とする.
③ 貸金等根保証契約における元本確定期日の変更をする場合において,変更後の元本確定期日がその変更をした日から5年を経過する日より後の日となるときは,その元本確定期日の変更は,その効力を生じない.ただし,元本確定期日の前2箇月以内に元本確定期日の変更をする場合において,変更後の元本確定期日が変更前の元本確定期日から5年以内の日となるときは,この限りでない.
④ 第446条第2項及び第3項の規定は,貸金等根保証契約における元本確定期日の定め及びその変更(その貸金等根保証契約の締結の日から3年以内の日を元本確定期日とする旨の定め及び元本確定期日より前の日を変更後の元本確定期日とする変更を除く.)について準用する.

(貸金等根保証契約の元本の確定事由)
**第465条の4** 次に掲げる場合には,貸金等根保証契約における主たる債務の元本は,確定する.
1 債権者が,主たる債務者又は保証人の財産について,金銭の支払を目的とする債権についての強制執行又は担保権の実行を申し立てたとき.ただし,強制執行又は担保権の実行の手続の開始があったときに限る.
2 主たる債務者又は保証人が破産手続開始の決定を受けたとき.
3 主たる債務者又は保証人が死亡したとき.

(保証人が法人である貸金等債務の根保証契約の求償権)
**第465条の5** 保証人が法人である根保証契約であってその主たる債務の範囲に貸金等債務が含まれるものにおいて,第465条の2第1項に規定する極度額の定めがないとき,元本確定期日の定めがないとき,又は元本確定期日の定め若しくはその変更が第465条の3第1項若しくは第3項の規定を適用するとすればその効力を生じないものであるときは,その根保証契約の保証人の主たる債務者に対する求償権についての保証契約(保証人が法人であるものを除く.)は,その効力を生じない.

### 第4節 債権の譲渡
(債権の譲渡性)
**第466条** ① 債権は,譲り渡すことができる.ただし,その性質がこれを許さないときは,この限りでない.
② 前項の規定は,当事者が反対の意思を表示した場合には,適用しない.ただし,その意思表示は,善意の第三者に対抗することができない.

(指名債権の譲渡の対抗要件)
**第467条** ① 指名債権の譲渡は,譲渡人が債務者に通知をし,又は債務者が承諾をしなければ,債務者その他の第三者に対抗することができない.
② 前項の通知又は承諾は,確定日付のある証書によってしなければ,債務者以外の第三者に対抗することができない.

(指名債権の譲渡における債務者の抗弁)
**第468条** ① 債務者が異議をとどめないで前条の承諾をしたときは,譲渡人に対抗することができた事由があっても,これをもって譲受人に対抗することができない.この場合において,債務者がその債務を消滅させるために譲渡

人に払い渡したものがあるときはこれを取り戻し,譲渡人に対して負担した債務があるときはこれを成立しないものとみなすことができる.
② 譲渡人が譲渡の通知をしたにとどまるときは,債務者は,その通知を受けるまでに譲渡人に対して生じた事由をもって譲受人に対抗することができる.

(指図債権の譲渡の対抗要件)
第469条 指図債権の譲渡は,その証書に譲渡の裏書をして譲受人に交付しなければ,債務者その他の第三者に対抗することができない.

(指図債権の債務者の調査の権利等)
第470条 指図債権の債務者は,その証書の所持人並びにその署名及び押印の真偽を調査する権利を有するが,その義務を負わない.ただし,債務者に悪意又は重大な過失があるときは,その弁済は,無効とする.

(記名式所持人払債権の債務者の調査の権利等)
第471条 前条の規定は,債権に関する証書に債権者を指名する記載がされているが,その証書の所持人に弁済をすべき旨が付記されている場合について準用する.

(指図債権の譲渡における債務者の抗弁の制限)
第472条 指図債権の債務者は,その証書に記載した事項及びその証書の性質から当然に生ずる結果を除き,その指図債権の譲渡前の債務者に対抗することができた事由をもって善意の譲受人に対抗することができない.

(無記名債権の譲渡における債務者の抗弁の制限)
第473条 前条の規定は,無記名債権について準用する.

### 第5節 債権の消滅
#### 第1款 弁済
##### 第1目 総則

(第三者の弁済)
第474条 ① 債務の弁済は,第三者もすることができる.ただし,その債務の性質がこれを許さないとき,又は当事者が反対の意思を表示したときは,この限りでない.
② 利害関係を有しない第三者は,債務者の意思に反して弁済をすることができない.

(弁済として引き渡した物の取戻し)
第475条 弁済をした者が弁済として他人の物を引き渡したときは,その弁済をした者は,更に有効な弁済をしなければ,その物を取り戻すことができない.

第476条 譲渡につき行為能力の制限を受けた所有者が弁済として物の引渡しをした場合において,その弁済を取り消したときは,その所有者は,更に有効な弁済をしなければ,その物を取り戻すことができない.

(弁済として引き渡した物の消費又は譲渡がされた場合の弁済の効力等)
第477条 前2条の場合において,債権者が弁済として受領した物を善意で消費し,又は譲り渡したときは,その弁済は,有効とする.この場合において,債権者が第三者から賠償の請求を受けたときは,弁済をした者に対して求償をすることを妨げない.

(債権の準占有者に対する弁済)
第478条 債権の準占有者に対してした弁済は,その弁済をした者が善意であり,かつ,過失がなかったときに限り,その効力を有する.

(受領する権限のない者に対する弁済)
第479条 前条の場合を除き,弁済を受領する権限を有しない者に対してした弁済は,債権者がこれによって利益を受けた限度においてのみ,その効力を有する.

(受取証書の持参人に対する弁済)
第480条 受取証書の持参人は,弁済を受領する権限があるものとみなす.ただし,弁済をした者がその権限がないことを知っていたとき,又は過失によって知らなかったときは,この限りでない.

(支払の差止めを受けた第三債務者の弁済)
第481条 ① 支払の差止めを受けた第三債務者が自己の債権者に弁済をしたときは,差押債権者は,その受けた損害の限度において更に弁済をすべき旨を第三債務者に請求することができる.
② 前項の規定は,第三債務者からその債権者に対する求償権の行使を妨げない.

(代物弁済)
第482条 債務者が,債権者の承諾を得て,その負担した給付に代えて他の給付をしたときは,その給付は,弁済と同一の効力を有する.

(特定物の現状による引渡し)
第483条 債権の目的が特定物の引渡しであるときは,弁済をする者は,その引渡しをすべき時の現状でその物を引き渡さなければならない.

(弁済の場所)
第484条 弁済をすべき場所について別段の意思表示がないときは,特定物の引渡しは債権発生の時にその物が存在した場所において,その他の弁済は債権者の現在の住所において,それぞれしなければならない.

(弁済の費用)
第485条 弁済の費用について別段の意思表示がないときは,その費用は,債務者の負担とす

る。ただし、債権者が住所の移転その他の行為によって弁済の費用を増加させたときは、その増加額は、債権者の負担とする。

（受取証書の交付請求）
**第486条** 弁済をした者は、弁済を受領した者に対して受取証書の交付を請求することができる。

（債権証書の返還請求）
**第487条** 債権に関する証書がある場合において、弁済をした者が全部の弁済をしたときは、その証書の返還を請求することができる。

（弁済の充当の指定）
**第488条** ① 債務者が同一の債権者に対して同種の給付を目的とする数個の債務を負担する場合において、弁済として提供した給付がすべての債務を消滅させるのに足りないときは、弁済をする者は、給付の時に、その弁済を充当すべき債務を指定することができる。
② 弁済をする者が前項の規定による指定をしないときは、弁済を受領する者は、その受領の時に、その弁済を充当すべき債務を指定することができる。ただし、弁済をする者がその充当に対して直ちに異議を述べたときは、この限りでない。
③ 前2項の場合における弁済の充当の指定は、相手方に対する意思表示によってする。

（法定充当）
**第489条** 弁済をする者及び弁済を受領する者がいずれも前条の規定による弁済の充当の指定をしないときは、次の各号の定めるところに従い、その弁済を充当する。
1 債務の中に弁済期にあるものと弁済期にないものとがあるときは、弁済期にあるものに先に充当する。
2 すべての債務が弁済期にあるとき、又は弁済期にないときは、債務者のために弁済の利益が多いものに先に充当する。
3 債務者のために弁済の利益が相等しいときは、弁済期が先に到来したもの又は先に到来すべきものに先に充当する。
4 前2号に掲げる事項が相等しい債務の弁済は、各債務の額に応じて充当する。

（数個の給付をすべき場合の充当）
**第490条** 1個の債務の弁済として数個の給付をすべき場合において、弁済をする者がその債務の全部を消滅させるのに足りない給付をしたときは、前2条の規定を準用する。

（元本、利息及び費用を支払うべき場合の充当）
**第491条** ① 債務者が1個又は数個の債務について元本のほか利息及び費用を支払うべき場合において、弁済をする者がその債務の全部を消滅させるのに足りない給付をしたときは、これを順次に費用、利息及び元本に充当しなければならない。
② 第489条の規定は、前項の場合について準用する。

（弁済の提供の効果）
**第492条** 債務者は、弁済の提供の時から、債務の不履行によって生ずべき一切の責任を免れる。

（弁済の提供の方法）
**第493条** 弁済の提供は、債務の本旨に従って現実にしなければならない。ただし、債権者があらかじめその受領を拒み、又は債務の履行について債権者の行為を要するときは、弁済の準備をしたことを通知してその受領の催告をすれば足りる。

　　　第2目　弁済の目的物の供託
（供　託）
**第494条** 債権者が弁済の受領を拒み、又はこれを受領することができないときは、弁済をすることができる者（以下この目において「弁済者」という。）は、債権者のために弁済の目的物を供託してその債務を免れることができる。弁済者が過失なく債権者を確知することができないときも、同様とする。

（供託の方法）
**第495条** ① 前条の規定による供託は、債務の履行地の供託所にしなければならない。
② 供託所について法令に特別の定めがない場合には、裁判所は、弁済者の請求により、供託所の指定及び供託物の保管者の選任をしなければならない。
③ 前条の規定により供託をした者は、遅滞なく、債権者に供託の通知をしなければならない。

（供託物の取戻し）
**第496条** ① 債権者が供託を受諾せず、又は供託を有効と宣告した判決が確定しない間は、弁済者は、供託物を取り戻すことができる。この場合においては、供託をしなかったものとみなす。
② 前項の規定は、供託によって質権又は抵当権が消滅した場合には、適用しない。

（供託に適しない物等）
**第497条** 弁済の目的物が供託に適しないとき、又はその物について滅失若しくは損傷のおそれがあるときは、弁済者は、裁判所の許可を得て、これを競売に付し、その代金を供託することができる。その物の保存について過分の費用を要するときも、同様とする。

（供託物の受領の要件）
**第498条** 債務者が債権者の給付に対して弁済をすべき場合には、債権者は、その給付をしな

### 第3目 弁済による代位
(任意代位)
**第499条** ① 債務者のために弁済をした者は,その弁済と同時に債権者の承諾を得て,債権者に代位することができる.
② 第467条の規定は,前項の場合について準用する.
(法定代位)
**第500条** 弁済をするについて正当な利益を有する者は,弁済によって当然に債権者に代位する.
(弁済による代位の効果)
**第501条** 前2条の規定により債権者に代位した者は,自己の権利に基づいて求償をすることができる範囲内において,債権の効力及び担保としてその債権者が有していた一切の権利を行使することができる.この場合においては,次の各号の定めるところに従わなければならない.
1 保証人は,あらかじめ先取特権,不動産質権又は抵当権の登記にその代位を付記しなければ,その先取特権,不動産質権又は抵当権の目的である不動産の第三取得者に対して債権者に代位することができない.
2 第三取得者は,保証人に対して債権者に代位しない.
3 第三取得者の1人は,各不動産の価格に応じて,他の第三取得者に対して債権者に代位する.
4 物上保証人の1人は,各財産の価格に応じて,他の物上保証人に対して債権者に代位する.
5 保証人と物上保証人との間においては,その数に応じて,債権者に代位する.ただし,物上保証人が数人あるときは,保証人の負担部分を除いた残額について,各財産の価格に応じて,債権者に代位する.
6 前号の場合において,その財産が不動産であるときは,第1号の規定を準用する.
(一部弁済による代位)
**第502条** ① 債権の一部について代位弁済があったときは,代位者は,その弁済をした価額に応じて,債権者とともにその権利を行使する.
② 前項の場合において,債務の不履行による契約の解除は,債権者のみがすることができる.この場合においては,代位者に対し,その弁済をした価額及びその利息を償還しなければならない.
(債権者による債権証書の交付等)
**第503条** ① 代位弁済によって全部の弁済を受けた債権者は,債権に関する証書及び自己の占有する担保物を代位者に交付しなければならない.
② 債権の一部について代位弁済があった場合には,債権者は,債権に関する証書にその代位を記入し,かつ,自己の占有する担保物の保存を代位者に監督させなければならない.
(債権者による担保の喪失等)
**第504条** 第500条の規定により代位をすることができる者がある場合において,債権者が故意又は過失によってその担保を喪失し,又は減少させたときは,その代位をすることができる者は,その喪失又は減少によって償還を受けることができなくなった限度において,その責任を免れる.

### 第2款 相 殺
(相殺の要件等)
**第505条** ① 2人が互いに同種の目的を有する債務を負担する場合において,双方の債務が弁済期にあるときは,各債務者は,その対当額について相殺によってその債務を免れることができる.ただし,債務の性質がこれを許さないときは,この限りでない.
② 前項の規定は,当事者が反対の意思を表示した場合には,適用しない.ただし,その意思表示は,善意の第三者に対抗することができない.
(相殺の方法及び効力)
**第506条** ① 相殺は,当事者の一方から相手方に対する意思表示によってする.この場合において,その意思表示には,条件又は期限を付することができない.
② 前項の意思表示は,双方の債務が互いに相殺に適するようになった時にさかのぼってその効力を生ずる.
(履行地の異なる債務の相殺)
**第507条** 相殺は,双方の債務の履行地が異なるときであっても,することができる.この場合において,相殺をする当事者は,相手方に対し,これによって生じた損害を賠償しなければならない.
(時効により消滅した債権を自働債権とする相殺)
**第508条** 時効によって消滅した債権がその消滅以前に相殺に適するようになっていた場合には,その債権者は,相殺をすることができる.
(不法行為により生じた債権を受働債権とする相殺の禁止)
**第509条** 債務が不法行為によって生じたときは,その債務者は,相殺をもって債権者に対抗することができない.
(差押禁止債権を受働債権とする相殺の禁止)
**第510条** 債権が差押えを禁じたものであるときは,その債務者は,相殺をもって債権者に対

抗することができない.
(支払の差止めを受けた債権を受働債権とする相殺の禁止)
第511条 支払の差止めを受けた第三債務者は,その後に取得した債権による相殺をもって差押債権者に対抗することができない.
(相殺の充当)
第512条 第488条から第491条までの規定は,相殺について準用する.

### 第3款 更 改
(更 改)
第513条 ① 当事者が債務の要素を変更する契約をしたときは,その債務は,更改によって消滅する.
② 条件付債務を無条件債務としたとき,無条件債務に条件を付したとき,又は債務の条件を変更したときは,いずれも債務の要素を変更したものとみなす.
(債務者の交替による更改)
第514条 債務者の交替による更改は,債権者と更改後に債務者となる者との契約によってすることができる. ただし,更改前の債務者の意思に反するときは,この限りでない.
(債権者の交替による更改)
第515条 債権者の交替による更改は,確定日付のある証書によってしなければ,第三者に対抗することができない.
第516条 第468条第1項の規定は,債権者の交替による更改について準用する.
(更改前の債務が消滅しない場合)
第517条 更改によって生じた債務が,不法な原因のため又は当事者の知らない事由によって成立せず又は取り消されたときは,更改前の債務は,消滅しない.
(更改後の債務への担保の移転)
第518条 更改の当事者は,更改前の債務の目的の限度において,その債務の担保として設定された質権又は抵当権を更改後の債務に移すことができる. ただし,第三者がこれを設定した場合には,その承諾を得なければならない.

### 第4款 免 除
第519条 債権者が債務者に対して債務を免除する意思を表示したときは,その債権は,消滅する.

### 第5款 混 同
第520条 債権及び債務が同一人に帰属したときは,その債権は,消滅する. ただし,その債権が第三者の権利の目的であるときは,この限りでない.

## 第2章 契 約

### 第1節 総 則
#### 第1款 契約の成立
(承諾の期間の定めのある申込み)
第521条 ① 承諾の期間を定めてした契約の申込みは,撤回することができない.
② 申込者が前項の申込みに対して同項の期間内に承諾の通知を受けなかったときは,その申込みは,その効力を失う.
(承諾の通知の延着)
第522条 ① 前条第1項の申込みに対する承諾の通知が同項の期間の経過後に到達した場合であっても,通常の場合にはその期間内に到達すべき時に発送したものであることを知ることができるときは,申込者は,遅滞なく,相手方に対してその延着の通知を発しなければならない. ただし,その到達前に遅延の通知を発したときは,この限りでない.
② 申込者が前項本文の延着の通知を怠ったときは,承諾の通知は,前条第1項の期間内に到達したものとみなす.
(遅延した承諾の効力)
第523条 申込者は,遅延した承諾を新たな申込みとみなすことができる.
(承諾の期間の定めのない申込み)
第524条 承諾の期間を定めないで隔地者に対してした申込みは,申込者が承諾の通知を受けるのに相当な期間を経過するまでは,撤回することができない.
(申込者の死亡又は行為能力の喪失)
第525条 第97条第2項の規定は,申込者が反対の意思を表示した場合又はその相手方が申込者の死亡若しくは行為能力の喪失の事実を知っていた場合には,適用しない.
(隔地者間の契約の成立時期)
第526条 ① 隔地者間の契約は,承諾の通知を発した時に成立する.
② 申込者の意思表示又は取引上の慣習により承諾の通知を必要としない場合には,契約は,承諾の意思表示と認めるべき事実があった時に成立する.
(申込みの撤回の通知の延着)
第527条 ① 申込みの撤回の通知が承諾の通知を発した後に到達した場合であっても,通常の場合にはその前に到達すべき時に発送したものであることを知ることができるときは,承諾者は,遅滞なく,申込者に対してその延着の通知を発しなければならない.
② 承諾者が前項の延着の通知を怠ったときは,契約は,成立しなかったものとみなす.

### （申込みに変更を加えた承諾）
**第528条** 承諾者が，申込みに条件を付し，その他変更を加えてこれを承諾したときは，その申込みの拒絶とともに新たな申込みをしたものとみなす．

### （懸賞広告）
**第529条** ある行為をした者に一定の報酬を与える旨を広告した者（以下この款において「懸賞広告者」という．）は，その行為をした者に対してその報酬を与える義務を負う．

### （懸賞広告の撤回）
**第530条** ① 前条の場合において，懸賞広告者は，その指定した行為を完了する者がない間は，前の広告と同一の方法によってその広告を撤回することができる．ただし，その広告中に撤回をしない旨を表示したときは，この限りでない．
② 前項本文に規定する方法によって撤回をすることができない場合には，他の方法によって撤回をすることができる．この場合において，その撤回は，これを知った者に対してのみ，その効力を有する．
③ 懸賞広告者がその指定した行為をする期間を定めたときは，その撤回をする権利を放棄したものと推定する．

### （懸賞広告の報酬を受ける権利）
**第531条** ① 広告に定めた行為をした者が数人あるときは，最初にその行為をした者のみが報酬を受ける権利を有する．
② 数人が同時に前項の行為をした場合には，各自が等しい割合で報酬を受ける権利を有する．ただし，報酬がその性質上分割に適しないとき，又は広告において1人がこれを受けるものとしたときは，抽選でこれを受ける者を定める．
③ 前2項の規定は，広告中にこれと異なる意思を表示したときは，適用しない．

### （優等懸賞広告）
**第532条** ① 広告に定めた行為をした者が数人ある場合において，その優等者のみに報酬を与えるべきときは，その広告は，応募の期間を定めたときに限り，その効力を有する．
② 前項の場合において，応募者中いずれの者の行為が優等であるかは，広告中に定めた者が判定し，広告中に判定をする者を定めなかったときは懸賞広告者が判定する．
③ 応募者は，前項の判定に対して異議を述べることができない．
④ 前条第2項の規定は，数人の行為が同等と判定された場合について準用する．

### 第2款　契約の効力
### （同時履行の抗弁）
**第533条** 双務契約の当事者の一方は，相手方がその債務の履行を提供するまでは，自己の債務の履行を拒むことができる．ただし，相手方の債務が弁済期にないときは，この限りでない．

### （債権者の危険負担）
**第534条** ① 特定物に関する物権の設定又は移転を双務契約の目的とした場合において，その物が債務者の責めに帰することができない事由によって滅失し，又は損傷したときは，その滅失又は損傷は，債権者の負担に帰する．
② 不特定物に関する契約については，第401条第2項の規定によりその物が確定した時から，前項の規定を適用する．

### （停止条件付双務契約における危険負担）
**第535条** ① 前条の規定は，停止条件付双務契約の目的物が条件の成否が未定である間に滅失した場合には，適用しない．
② 停止条件付双務契約の目的物が債務者の責めに帰することができない事由によって損傷したときは，その損傷は，債権者の負担に帰する．
③ 停止条件付双務契約の目的物が債務者の責めに帰すべき事由によって損傷した場合において，条件が成就したときは，債権者は，その選択に従い，契約の履行の請求又は解除権の行使をすることができる．この場合においては，損害賠償の請求を妨げない．

### （債務者の危険負担等）
**第536条** ① 前2条に規定する場合を除き，当事者双方の責めに帰することができない事由によって債務を履行することができなくなったときは，債務者は，反対給付を受ける権利を有しない．
② 債権者の責めに帰すべき事由によって債務を履行することができなくなったときは，債務者は，反対給付を受ける権利を失わない．この場合において，自己の債務を免れたことによって利益を得たときは，これを債権者に償還しなければならない．

### （第三者のためにする契約）
**第537条** ① 契約により当事者の一方が第三者に対してある給付をすることを約したときは，その第三者は，債務者に対して直接にその給付を請求する権利を有する．
② 前項の場合において，第三者の権利は，その第三者が債務者に対して同項の契約の利益を享受する意思を表示した時に発生する．

### （第三者の権利の確定）
**第538条** 前条の規定により第三者の権利が発生した後は，当事者は，これを変更し，又は消滅させることができない．

### （債務者の抗弁）
**第539条** 債務者は，第537条第1項の契約に

第3編 第2章 契約

### 第3款 契約の解除
**(解除権の行使)**
**第540条** ① 契約又は法律の規定により当事者の一方が解除権を有するときは、その解除は、相手方に対する意思表示によってする。
② 前項の意思表示は、撤回することができない。
**(履行遅滞等による解除権)**
**第541条** 当事者の一方がその債務を履行しない場合において、相手方が相当の期間を定めてその履行の催告をし、その期間内に履行がないときは、相手方は、契約の解除をすることができる。
**(定期行為の履行遅滞による解除権)**
**第542条** 契約の性質又は当事者の意思表示により、特定の日時又は一定の期間内に履行をしなければ契約をした目的を達することができない場合において、当事者の一方が履行をしないでその時期を経過したときは、相手方は、前条の催告をすることなく、直ちにその契約の解除をすることができる。
**(履行不能による解除権)**
**第543条** 履行の全部又は一部が不能となったときは、債権者は、契約の解除をすることができる。ただし、その債務の不履行が債務者の責めに帰することができない事由によるものであるときは、この限りでない。
**(解除権の不可分性)**
**第544条** ① 当事者の一方が数人ある場合には、契約の解除は、その全員から又はその全員に対してのみ、することができる。
② 前項の場合において、解除権が当事者のうちの一人について消滅したときは、他の者についても消滅する。
**(解除の効果)**
**第545条** ① 当事者の一方がその解除権を行使したときは、各当事者は、その相手方を原状に復させる義務を負う。ただし、第三者の権利を害することはできない。
② 前項本文の場合において、金銭を返還するときは、その受領の時から利息を付さなければならない。
③ 解除権の行使は、損害賠償の請求を妨げない。
**(契約の解除と同時履行)**
**第546条** 第533条の規定は、前条の場合について準用する。
**(催告による解除権の消滅)**
**第547条** 解除権の行使について期間の定めがないときは、相手方は、解除権を有する者に対し、相当の期間を定めて、その期間内に解除を

するかどうかを確答すべき旨の催告をすることができる。この場合において、その期間内に解除の通知を受けないときは、解除権は、消滅する。
**(解除権者の行為等による解除権の消滅)**
**第548条** ① 解除権を有する者が自己の行為若しくは過失によって契約の目的物を著しく損傷し、若しくは返還することができなくなったとき、又は加工若しくは改造によってこれを他の種類の物に変えたときは、解除権は、消滅する。
② 契約の目的物が解除権を有する者の行為又は過失によらないで滅失し、又は損傷したときは、解除権は、消滅しない。

### 第2節 贈 与
**(贈 与)**
**第549条** 贈与は、当事者の一方が自己の財産を無償で相手方に与える意思を表示し、相手方が受諾をすることによって、その効力を生ずる。
**(書面によらない贈与の撤回)**
**第550条** 書面によらない贈与は、各当事者が撤回することができる。ただし、履行の終わった部分については、この限りでない。
**(贈与者の担保責任)**
**第551条** ① 贈与者は、贈与の目的である物又は権利の瑕疵又は不存在について、その責任を負わない。ただし、贈与者がその瑕疵又は不存在を知りながら受贈者に告げなかったときは、この限りでない。
② 負担付贈与については、贈与者は、その負担の限度において、売主と同じく担保の責任を負う。
**(定期贈与)**
**第552条** 定期の給付を目的とする贈与は、贈与者又は受贈者の死亡によって、その効力を失う。
**(負担付贈与)**
**第553条** 負担付贈与については、この節に定めるもののほか、その性質に反しない限り、双務契約に関する規定を準用する。
**(死因贈与)**
**第554条** 贈与者の死亡によって効力を生ずる贈与については、その性質に反しない限り、遺贈に関する規定を準用する。

### 第3節 売 買
#### 第1款 総 則
**(売 買)**
**第555条** 売買は、当事者の一方がある財産権を相手方に移転することを約し、相手方がこれに対してその代金を支払うことを約することによって、その効力を生ずる。
**(売買の一方の予約)**
**第556条** ① 売買の一方の予約は、相手方が売

買を完結する意思を表示した時から,売買の効力を生ずる.
② 前項の意思表示について期間を定めなかったときは,予約者は,相手方に対し,相当の期間を定めて,その期間内に売買を完結するかどうかを確答すべき旨の催告をすることができる.この場合において,相手方がその期間内に確答をしないときは,売買の一方の予約は,その効力を失う.

（手付）

**第557条** ① 買主が売主に手付を交付したときは,当事者の一方が契約の履行に着手するまでは,買主はその手付を放棄し,売主はその倍額を償還して,契約の解除をすることができる.
② 第545条第3項の規定は,前項の場合には,適用しない.

（売買契約に関する費用）

**第558条** 売買契約に関する費用は,当事者双方が等しい割合で負担する.

（有償契約への準用）

**第559条** この節の規定は,売買以外の有償契約について準用する.ただし,その有償契約の性質がこれを許さないときは,この限りでない.

#### 第2款 売買の効力

（他人の権利の売買における売主の義務）

**第560条** 他人の権利を売買の目的としたときは,売主は,その権利を取得して買主に移転する義務を負う.

（他人の権利の売買における売主の担保責任）

**第561条** 前条の場合において,売主がその売却した権利を取得して買主に移転することができないときは,買主は,契約の解除をすることができる.この場合において,契約の時においてその権利が売主に属しないことを知っていたときは,損害賠償の請求をすることができない.

（他人の権利の売買における善意の売主の解除権）

**第562条** ① 売主が契約の時においてその売却した権利が自己に属しないことを知らなかった場合において,その権利を取得して買主に移転することができないときは,売主は,損害を賠償して,契約の解除をすることができる.
② 前項の場合において,買主が契約の時においてその買い受けた権利が売主に属しないことを知っていたときは,売主は,買主に対し,単にその売却した権利を移転することができない旨を通知して,契約の解除をすることができる.

（権利の一部が他人に属する場合における売主の担保責任）

**第563条** ① 売買の目的である権利の一部が他人に属することにより,売主がこれを買主に移転することができないときは,買主は,その不足する部分の割合に応じて代金の減額を請求することができる.
② 前項の場合において,残存する部分のみであれば買主がこれを買い受けなかったときは,善意の買主は,契約の解除をすることができる.
③ 代金減額の請求又は契約の解除は,善意の買主が損害賠償の請求をすることを妨げない.

**第564条** 前条の規定による権利は,買主が善意であったときは事実を知った時から,悪意であったときは契約の時から,それぞれ1年以内に行使しなければならない.

（数量の不足又は物の一部滅失の場合における売主の担保責任）

**第565条** 前2条の規定は,数量を指示して売買をした物に不足がある場合又は物の一部が契約の時に既に滅失していた場合において,買主がその不足又は滅失を知らなかったときについて準用する.

（地上権等がある場合等における売主の担保責任）

**第566条** ① 売買の目的物が地上権,永小作権,地役権,留置権又は質権の目的である場合において,買主がこれを知らず,かつ,そのために契約をした目的を達することができないときは,買主は,契約の解除をすることができる.この場合において,契約の解除をすることができないときは,損害賠償の請求のみをすることができる.
② 前項の規定は,売買の目的である不動産のために存すると称した地役権が存しなかった場合及びその不動産について登記をした賃貸借があった場合について準用する.
③ 前2項の場合において,契約の解除又は損害賠償の請求は,買主が事実を知った時から1年以内にしなければならない.

（抵当権等がある場合における売主の担保責任）

**第567条** ① 売買の目的である不動産について存した先取特権又は抵当権の行使により買主がその所有権を失ったときは,買主は,契約の解除をすることができる.
② 買主は,費用を支出してその所有権を保存したときは,売主に対し,その費用の償還を請求することができる.
③ 前2項の場合において,買主は,損害を受けたときは,その賠償を請求することができる.

（強制競売における担保責任）

**第568条** ① 強制競売における買受人は,第561条から前条までの規定により,債務者に対

し,契約の解除をし,又は代金の減額を請求することができる.

② 前項の場合において,債務者が無資力であるときは,買受人は,代金の配当を受けた債権者に対し,その代金の全部又は一部の返還を請求することができる.

③ 前2項の場合において,債務者が物若しくは権利の不存在を知りながら申し出なかったとき,又は債権者がこれを知りながら競売を請求したときは,買受人は,これらの者に対し,損害賠償の請求をすることができる.

(債権の売主の担保責任)
第569条 ① 債権の売主が債務者の資力を担保したときは,契約の時における資力を担保したものと推定する.

② 弁済期に至らない債権の売主が債務者の将来の資力を担保したときは,弁済期における資力を担保したものと推定する.

(売主の瑕疵担保責任)
第570条 売買の目的物に隠れた瑕疵があったときは,第566条の規定を準用する.ただし,強制競売の場合は,この限りでない.

第571条 第533条の規定は,第563条から第566条まで及び前条の場合について準用する.

(担保責任を負わない旨の特約)
第572条 売主は,第560条から前条までの規定による担保の責任を負わない旨の特約をしたときであっても,知りながら告げなかった事実及び自ら第三者のために設定し又は第三者に譲り渡した権利については,その責任を免れることができない.

(代金の支払期限)
第573条 売買の目的物の引渡しについて期限があるときは,代金の支払についても同一の期限を付したものと推定する.

(代金の支払場所)
第574条 売買の目的物の引渡しと同時に代金を支払うべきときは,その引渡しの場所において支払わなければならない.

(果実の帰属及び代金の利息の支払)
第575条 ① まだ引き渡されていない売買の目的物が果実を生じたときは,その果実は,売主に帰属する.

② 買主は,引渡しの日から,代金の利息を支払う義務を負う.ただし,代金の支払について期限があるときは,その期限が到来するまでは,利息を支払うことを要しない.

(権利を失うおそれがある場合の買主による代金の支払の拒絶)
第576条 売買の目的について権利を主張する者があるために買主がその買い受けた権利の全部又は一部を失うおそれがあるときは,買主は,その危険の限度に応じて,代金の全部又は一部の支払を拒むことができる.ただし,売主が相当の担保を供したときは,この限りでない.

(抵当権等の登記がある場合の買主による代金の支払の拒絶)
第577条 ① 買い受けた不動産について抵当権の登記があるときは,買主は,抵当権消滅請求の手続が終わるまで,その代金の支払を拒むことができる.この場合において,売主は,買主に対し,遅滞なく抵当権消滅請求をすべき旨を請求することができる.

② 前項の規定は,買い受けた不動産について先取特権又は質権の登記がある場合について準用する.

(売主による代金の供託の請求)
第578条 前2条の場合においては,売主は,買主に対して代金の供託を請求することができる.

第3款 買戻し
(買戻しの特約)
第579条 不動産の売主は,売買契約と同時にした買戻しの特約により,買主が支払った代金及び契約の費用を返還して,売買の解除をすることができる.この場合において,当事者が別段の意思を表示しなかったときは,不動産の果実と代金の利息とは相殺したものとみなす.

(買戻しの期間)
第580条 ① 買戻しの期間は,10年を超えることができない.特約でこれより長い期間を定めたときは,その期間は,10年とする.

② 買戻しについて期間を定めたときは,その後にこれを伸長することができない.

③ 買戻しについて期間を定めなかったときは,5年以内に買戻しをしなければならない.

(買戻しの特約の対抗力)
第581条 ① 売買契約と同時に買戻しの特約を登記したときは,買戻しは,第三者に対してもその効力を生ずる.

② 登記をした賃借人の権利は,その残存期間中1年を超えない期間に限り,売主に対抗することができる.ただし,売主を害する目的で賃貸借をしたときは,この限りでない.

(買戻権の代位行使)
第582条 売主の債権者が第423条の規定により売主に代わって買戻しをしようとするときは,買主は,裁判所において選任した鑑定人の評価に従い,不動産の現在の価額から売主が返還すべき金額を控除した残額に達するまで売主の債務を弁済し,なお残余があるときはこれを売主に返還して,買戻権を消滅させること

ができる.
（買戻しの実行）
**第583条** ① 売主は,第580条に規定する期間内に代金及び契約の費用を提供しなければ,買戻しをすることができない.
② 買主又は転得者が不動産について費用を支出したときは,売主は,第196条の規定に従い,その償還をしなければならない. ただし,有益費については,裁判所は,売主の請求により,その償還について相当の期限を許与することができる.
（共有持分の買戻特約付売買）
**第584条** 不動産の共有者の一人が買戻しの特約を付してその持分を売却した後に,その不動産の分割又は競売があったときは,売主は,買主が受け,若しくは受けるべき部分又は代金について,買戻しをすることができる. ただし,売主に通知をしないでした分割及び競売は,売主に対抗することができない.
**第585条** ① 前条の場合において,買主が不動産の競売における買受人となったときは,売主は,競売の代金及び第583条に規定する費用を支払って買戻しをすることができる. この場合には,売主は,その不動産の全部の所有権を取得する.
② 他の共有者が分割を請求したことにより買主が競売における買受人となったときは,売主は,その持分のみについて買戻しをすることはできない.

### 第4節 交換

**第586条** ① 交換は,当事者が互いに金銭の所有権以外の財産権を移転することを約することによって,その効力を生ずる.
② 当事者の一方が他の権利とともに金銭の所有権を移転することを約した場合におけるその金銭については,売買の代金に関する規定を準用する.

### 第5節 消費貸借
（消費貸借）
**第587条** 消費貸借は,当事者の一方が種類,品質及び数量の同じ物をもって返還をすることを約して相手方から金銭その他の物を受け取ることによって,その効力を生ずる.
（準消費貸借）
**第588条** 消費貸借によらないで金銭その他の物を給付する義務を負う者がある場合において,当事者がその物を消費貸借の目的とすることを約したときは,消費貸借は,これによって成立したものとみなす.
（消費貸借の予約と破産手続の開始）
**第589条** 消費貸借の予約は,その後に当事者の一方が破産手続開始の決定を受けたときは,その効力を失う.
（貸主の担保責任）
**第590条** ① 利息付きの消費貸借において,物に隠れた瑕疵があったときは,貸主は,瑕疵がない物をもってこれに代えなければならない. この場合においては,損害賠償の請求を妨げない.
② 無利息の消費貸借においては,借主は,瑕疵がある物の価額を返還することができる. この場合において,貸主がその瑕疵を知りながら借主に告げなかったときは,前項の規定を準用する.
（返還の時期）
**第591条** ① 当事者が返還の時期を定めなかったときは,貸主は,相当の期間を定めて返還の催告をすることができる.
② 借主は,いつでも返還をすることができる.
（価額の償還）
**第592条** 借主が貸主から受け取った物と種類,品質及び数量の同じ物をもって返還をすることができなくなったときは,その時における物の価額を償還しなければならない. ただし,第402条第2項に規定する場合は,この限りでない.

### 第6節 使用貸借
（使用貸借）
**第593条** 使用貸借は,当事者の一方が無償で使用及び収益をした後に返還をすることを約して相手方からある物を受け取ることによって,その効力を生ずる.
（借主による使用及び収益）
**第594条** ① 借主は,契約又はその目的物の性質によって定まった用法に従い,その物の使用及び収益をしなければならない.
② 借主は,貸主の承諾を得なければ,第三者に借用物の使用又は収益をさせることができない.
③ 借主が前2項の規定に違反して使用又は収益をしたときは,貸主は,契約の解除をすることができる.
（借用物の費用の負担）
**第595条** ① 借主は,借用物の通常の必要費を負担する.
② 第583条第2項の規定は,前項の通常の必要費以外の費用について準用する.
（貸主の担保責任）
**第596条** 第551条の規定は,使用貸借について準用する.
（借用物の返還の時期）
**第597条** ① 借主は,契約に定めた時期に,借用物の返還をしなければならない.
② 当事者が返還の時期を定めなかったときは,借主は,契約に定めた目的に従い使用及び収益

を終わった時に、返還をしなければならない。ただし、その使用及び収益を終わる前であっても、使用及び収益をするのに足りる期間を経過したときは、貸主は、直ちに返還を請求することができる。
③ 当事者が返還の時期並びに使用及び収益の目的を定めなかったときは、貸主は、いつでも返還を請求することができる。

（借主による収去）
**第598条** 借主は、借用物を原状に復して、これに附属させた物を収去することができる。

（借主の死亡による**使用貸借の終了**）
**第599条** 使用貸借は、借主の死亡によって、その効力を失う。

（損害賠償及び費用の償還の請求権についての期間の制限）
**第600条** 契約の本旨に反する使用又は収益によって生じた損害の賠償及び借主が支出した費用の償還は、貸主が返還を受けた時から1年以内に請求しなければならない。

## 第7節　賃貸借
### 第1款　総　則
（賃貸借）
**第601条** 賃貸借は、当事者の一方がある物の使用及び収益を相手方にさせることを約し、相手方がこれに対してその賃料を支払うことを約することによって、その効力を生ずる。

（短期賃貸借）
**第602条** 処分につき行為能力の制限を受けた者又は処分の権限を有しない者が賃貸借をする場合には、次の各号に掲げる賃貸借は、それぞれ当該各号に定める期間を超えることができない。
1　樹木の栽植又は伐採を目的とする山林の賃貸借　10年
2　前号に掲げる賃貸借以外の土地の賃貸借　5年
3　建物の賃貸借　3年
4　動産の賃貸借　6箇月

（**短期賃貸借の更新**）
**第603条** 前条に定める期間は、更新することができる。ただし、その期間満了前、土地については1年以内、建物については3箇月以内、動産については1箇月以内に、その更新をしなければならない。

（賃貸借の存続期間）
**第604条** ① 賃貸借の存続期間は、20年を超えることができない。契約でこれより長い期間を定めたときであっても、その期間は、20年とする。
② 賃貸借の存続期間は、更新することができる。ただし、その期間は、更新の時から20年を超えることができない。

### 第2款　賃貸借の効力
（不動産賃貸借の対抗力）
**第605条** 不動産の賃貸借は、これを登記したときは、その後その不動産について物権を取得した者に対しても、その効力を生ずる。

（賃貸物の修繕等）
**第606条** ① 賃貸人は、賃貸物の使用及び収益に必要な修繕をする義務を負う。
② 賃貸人が賃貸物の保存に必要な行為をしようとするときは、賃借人は、これを拒むことができない。

（賃借人の意思に反する保存行為）
**第607条** 賃貸人が賃借人の意思に反して保存行為をしようとする場合において、そのために賃借人が賃借をした目的を達することができなくなるときは、賃借人は、契約の解除をすることができる。

（**賃借人による費用の償還請求**）
**第608条** ① 賃借人は、賃借物について賃貸人の負担に属する必要費を支出したときは、賃貸人に対し、直ちにその償還を請求することができる。
② 賃借人が賃借物について有益費を支出したときは、賃貸人は、賃貸借の終了の時に、第196条第2項の規定に従い、その償還をしなければならない。ただし、裁判所は、賃貸人の請求により、その償還について相当の期限を許与することができる。

（減収による賃料の減額請求）
**第609条** 収益を目的とする土地の賃借人は、不可抗力によって賃料より少ない収益を得たときは、その収益の額に至るまで、賃料の減額を請求することができる。ただし、宅地の賃貸借については、この限りでない。

（減収による解除）
**第610条** 前条の場合において、同条の賃借人は、不可抗力によって引き続き2年以上賃料より少ない収益を得たときは、契約の解除をすることができる。

（賃借物の一部滅失による賃料の減額請求等）
**第611条** ① 賃借物の一部が賃借人の過失によらないで滅失したときは、賃借人は、その滅失した部分の割合に応じて、賃料の減額を請求することができる。
② 前項の場合において、残存する部分のみでは賃借人が賃借をした目的を達することができないときは、賃借人は、契約の解除をすることができる。

（賃借権の譲渡及び転貸の制限）

第612条 ① 賃借人は、賃貸人の承諾を得なければ、その賃借権を譲り渡し、又は賃借物を転貸することができない.
② 賃借人が前項の規定に違反して第三者に賃借物の使用又は収益をさせたときは、賃貸人は、契約の解除をすることができる.
(転貸の効果)
第613条 ① 賃借人が適法に賃借物を転貸したときは、転借人は、賃貸人に対して直接に義務を負う. この場合においては、賃料の前払をもって賃貸人に対抗することができない.
② 前項の規定は、賃貸人が賃借人に対してその権利を行使することを妨げない.
(賃料の支払時期)
第614条 賃料は、動産、建物及び宅地については毎月末に、その他の土地については毎年末に、支払わなければならない. ただし、収穫の季節があるものについては、その季節の後に遅滞なく支払わなければならない.
(賃借人の通知義務)
第615条 賃借物が修繕を要し、又は賃借物について権利を主張する者があるときは、賃借人は、遅滞なくその旨を賃貸人に通知しなければならない. ただし、賃貸人が既にこれを知っているときは、この限りでない.
(使用貸借の規定の準用)
第616条 第594条第1項、第597条第1項及び第598条の規定は、賃貸借について準用する.

### 第3款 賃貸借の終了

(期間の定めのない賃貸借の解約の申入れ)
第617条 ① 当事者が賃貸借の期間を定めなかったときは、各当事者は、いつでも解約の申入れをすることができる. この場合においては、次の各号に掲げる賃貸借は、解約の申入れの日からそれぞれ当該各号に定める期間を経過することによって終了する.
1 土地の賃貸借 1年
2 建物の賃貸借 3箇月
3 動産及び貸席の賃貸借 1日
② 収穫の季節がある土地の賃貸借については、その季節の後次の耕作に着手する前に、解約の申入れをしなければならない.
(期間の定めのある賃貸借の解約をする権利の留保)
第618条 当事者が賃貸借の期間を定めた場合であっても、その一方又は双方がその期間内に解約をする権利を留保したときは、前条の規定を準用する.
(賃貸借の更新の推定等)
第619条 ① 賃貸借の期間が満了した後賃借人が賃借物の使用又は収益を継続する場合において、賃貸人がこれを知りながら異議を述べないときは、従前の賃貸借と同一の条件で更に賃貸借をしたものと推定する. この場合において、各当事者は、第617条の規定により解約の申入れをすることができる.
② 従前の賃貸借について当事者が担保を供していたときは、その担保は、期間の満了によって消滅する. ただし、敷金については、この限りでない.
(賃貸借の解除の効力)
第620条 賃貸借の解除をした場合には、その解除は、将来に向かってのみその効力を生ずる. この場合において、当事者の一方に過失があったときは、その者に対する損害賠償の請求を妨げない.
(損害賠償及び費用の償還の請求権についての期間の制限)
第621条 第600条の規定は、賃貸借について準用する.
第622条 削除

### 第8節 雇用

(雇 用)
第623条 雇用は、当事者の一方が相手方に対して労働に従事することを約し、相手方がこれに対してその報酬を与えることを約することによって、その効力を生ずる.
(報酬の支払時期)
第624条 ① 労働者は、その約した労働を終わった後でなければ、報酬を請求することができない.
② 期間によって定めた報酬は、その期間を経過した後に、請求することができる.
(使用者の権利の譲渡の制限等)
第625条 ① 使用者は、労働者の承諾を得なければ、その権利を第三者に譲り渡すことができない.
② 労働者は、使用者の承諾を得なければ、自己に代わって第三者を労働に従事させることができない.
③ 労働者が前項の規定に違反して第三者を労働に従事させたときは、使用者は、契約の解除をすることができる.
(期間の定めのある雇用の解除)
第626条 ① 雇用の期間が5年を超え、又は雇用が当事者の一方若しくは第三者の終身の間継続すべきときは、当事者の一方は、5年を経過した後、いつでも契約の解除をすることができる. ただし、この期間は、商工業の見習を目的とする雇用については、10年とする.
② 前項の規定により契約の解除をしようとするときは、3箇月前にその予告をしなければな

（期間の定めのない雇用の解約の申入れ）
第627条 ① 当事者が雇用の期間を定めなかったときは、各当事者は、いつでも解約の申入れをすることができる。この場合において、雇用は、解約の申入れの日から2週間を経過することによって終了する。
② 期間によって報酬を定めた場合には、解約の申入れは、次期以後についてすることができる。ただし、その解約の申入れは、当期の前半にしなければならない。
③ 6箇月以上の期間によって報酬を定めた場合には、前項の解約の申入れは、3箇月前にしなければならない。

（やむを得ない事由による雇用の解除）
第628条 当事者が雇用の期間を定めた場合であっても、やむを得ない事由があるときは、各当事者は、直ちに契約の解除をすることができる。この場合において、その事由が当事者の一方の過失によって生じたものであるときは、相手方に対して損害賠償の責任を負う。

（雇用の更新の推定等）
第629条 ① 雇用の期間が満了した後労働者が引き続きその労働に従事する場合において、使用者がこれを知りながら異議を述べないときは、従前の雇用と同一の条件で更に雇用をしたものと推定する。この場合において、各当事者は、第627条の規定により解約の申入れをすることができる。
② 従前の雇用について当事者が担保を供していたときは、その担保は、期間の満了によって消滅する。ただし、身元保証金については、この限りでない。

（雇用の解除の効力）
第630条 第620条の規定は、雇用について準用する。

（使用者についての破産手続の開始による解約の申入れ）
第631条 使用者が破産手続開始の決定を受けた場合には、雇用に期間の定めがあるときであっても、労働者又は破産管財人は、第627条の規定により解約の申入れをすることができる。この場合において、各当事者は、相手方に対し、解約によって生じた損害の賠償を請求することができない。

第9節 請 負
（請 負）
第632条 請負は、当事者の一方がある仕事を完成することを約し、相手方がその仕事の結果に対してその報酬を支払うことを約することによって、その効力を生ずる。

（報酬の支払時期）
第633条 報酬は、仕事の目的物の引渡しと同時に、支払わなければならない。ただし、物の引渡しを要しないときは、第624条第1項の規定を準用する。

（請負人の担保責任）
第634条 ① 仕事の目的物に瑕疵があるときは、注文者は、請負人に対し、相当の期間を定めて、その瑕疵の修補を請求することができる。ただし、瑕疵が重要でない場合において、その修補に過分の費用を要するときは、この限りでない。
② 注文者は、瑕疵の修補に代えて、又はその修補とともに、損害賠償の請求をすることができる。この場合においては、第533条の規定を準用する。

第635条 仕事の目的物に瑕疵があり、そのために契約をした目的を達することができないときは、注文者は、契約の解除をすることができる。ただし、建物その他の土地の工作物については、この限りでない。

（請負人の担保責任に関する規定の不適用）
第636条 前2条の規定は、仕事の目的物の瑕疵が注文者の供した材料の性質又は注文者の与えた指図によって生じたときは、適用しない。ただし、請負人がその材料又は指図が不適当であることを知りながら告げなかったときは、この限りでない。

（請負人の担保責任の存続期間）
第637条 ① 前3条の規定による瑕疵の修補又は損害賠償の請求及び契約の解除は、仕事の目的物を引き渡した時から1年以内にしなければならない。
② 仕事の目的物の引渡しを要しない場合には、前項の期間は、仕事が終了した時から起算する。

第638条 ① 建物その他の土地の工作物の請負人は、その工作物又は地盤の瑕疵について、引渡しの後5年間その担保の責任を負う。ただし、この期間は、石造、土造、れんが造、コンクリート造、金属造その他これらに類する構造の工作物については、10年とする。
② 工作物が前項の瑕疵によって滅失し、又は損傷したときは、注文者は、その滅失又は損傷の時から1年以内に、第634条の規定による権利を行使しなければならない。

（担保責任の存続期間の伸長）
第639条 第637条及び前条第1項の期間は、第167条の規定による消滅時効の期間内に限り、契約で伸長することができる。

（担保責任を負わない旨の特約）
第640条 請負人は、第634条又は第635条の

規定による担保の責任を負わない旨の特約をしたときであっても,知りながら告げなかった事実については,その責任を免れることができない.
**(注文者による契約の解除)**
**第641条** 請負人が仕事を完成しない間は,注文者は,いつでも損害を賠償して契約の解除をすることができる.
**(注文者についての破産手続の開始による解除)**
**第642条** ① 注文者が破産手続開始の決定を受けたときは,請負人又は破産管財人は,契約の解除をすることができる.この場合において,請負人は,既にした仕事の報酬及びその中に含まれていない費用について,破産財団の配当に加入することができる.
② 前項の場合には,契約の解除によって生じた損害の賠償は,破産管財人が契約の解除をした場合における請負人に限り,請求することができる.この場合において,請負人は,その損害賠償について,破産財団の配当に加入する.

### 第10節 委任

**第643条** 委任は,当事者の一方が法律行為をすることを相手方に委託し,相手方がこれを承諾することによって,その効力を生ずる.
**(受任者の注意義務)**
**第644条** 受任者は,委任の本旨に従い,善良な管理者の注意をもって,委任事務を処理する義務を負う.
**(受任者による報告)**
**第645条** 受任者は,委任者の請求があるときは,いつでも委任事務の処理の状況を報告し,委任が終了した後は,遅滞なくその経過及び結果を報告しなければならない.
**(受任者による受取物の引渡し等)**
**第646条** 受任者は,委任事務を処理するに当たって受け取った金銭その他の物を委任者に引き渡さなければならない.その収取した果実についても,同様とする.
② 受任者は,委任者のために自己の名で取得した権利を委任者に移転しなければならない.
**(受任者の金銭の消費についての責任)**
**第647条** 受任者は,委任者に引き渡すべき金額又はその利益のために用いるべき金額を自己のために消費したときは,その消費した日以後の利息を支払わなければならない.この場合において,なお損害があるときは,その賠償の責任を負う.
**(受任者の報酬)**
**第648条** ① 受任者は,特約がなければ,委任者に対して報酬を請求することができない.
② 受任者は,報酬を受けるべき場合には,委任事務を履行した後でなければ,これを請求することができない.ただし,期間によって報酬を定めたときは,第624条第2項の規定を準用する.
③ 委任が受任者の責めに帰することができない事由によって履行の中途で終了したときは,受任者は,既にした履行の割合に応じて報酬を請求することができる.
**(受任者による費用の前払請求)**
**第649条** 委任事務を処理するについて費用を要するときは,委任者は,受任者の請求により,その前払をしなければならない.
**(受任者による費用等の償還請求等)**
**第650条** ① 受任者は,委任事務を処理するのに必要と認められる費用を支出したときは,委任者に対し,その費用及び支出の日以後におけるその利息の償還を請求することができる.
② 受任者は,委任事務を処理するのに必要と認められる債務を負担したときは,委任者に対し,自己に代わってその弁済をすることを請求することができる.この場合において,その債務が弁済期にないときは,委任者に対し,相当の担保を供させることができる.
③ 受任者は,委任事務を処理するため自己に過失なく損害を受けたときは,委任者に対し,その賠償を請求することができる.
**(委任の解除)**
**第651条** ① 委任は,各当事者がいつでもその解除をすることができる.
② 当事者の一方が相手方に不利な時期に委任の解除をしたときは,その当事者の一方は,相手方の損害を賠償しなければならない.ただし,やむを得ない事由があったときは,この限りでない.
**(委任の解除の効力)**
**第652条** 第620条の規定は,委任について準用する.
**(委任の終了事由)**
**第653条** 委任は,次に掲げる事由によって終了する.
1 委任者又は受任者の死亡
2 委任者又は受任者が破産手続開始の決定を受けたこと.
3 受任者が後見開始の審判を受けたこと.
**(委任の終了後の処分)**
**第654条** 委任が終了した場合において,急迫の事情があるときは,受任者又はその相続人若しくは法定代理人は,委任者又はその相続人若しくは法定代理人が委任事務を処理することができるに至るまで,必要な処分をしなければ

**(委任の終了の対抗要件)**
**第655条** 委任の終了事由は、これを相手方に通知したとき、又は相手方がこれを知っていたときでなければ、これをもってその相手方に対抗することができない。

**(準委任)**
**第656条** この節の規定は、法律行為でない事務の委任について準用する。

### 第11節 寄　託

**(寄　託)**
**第657条** 寄託は、当事者の一方が相手方のために保管をすることを約してある物を受け取ることによって、その効力を生ずる。

**(寄託物の使用及び第三者による保管)**
**第658条** ① 受寄者は、寄託者の承諾を得なければ、寄託物を使用し、又は第三者にこれを保管させることができない。
② 第105条及び第107条第2項の規定は、受寄者が第三者に寄託物を保管させることができる場合について準用する。

**(無償受寄者の注意義務)**
**第659条** 無報酬で寄託を受けた者は、自己の財産に対するのと同一の注意をもって、寄託物を保管する義務を負う。

**(受寄者の通知義務)**
**第660条** 寄託物について権利を主張する第三者が受寄者に対して訴えを提起し、又は差押え、仮差押え若しくは仮処分をしたときは、受寄者は、遅滞なくその事実を寄託者に通知しなければならない。

**(寄託者による損害賠償)**
**第661条** 寄託者は、寄託物の性質又は瑕疵によって生じた損害を受寄者に賠償しなければならない。ただし、寄託者が過失なくその性質若しくは瑕疵を知らなかったとき、又は受寄者がこれを知っていたときは、この限りでない。

**(寄託者による返還請求)**
**第662条** 当事者が寄託物の返還の時期を定めたときであっても、寄託者は、いつでもその返還を請求することができる。

**(寄託物の返還の時期)**
**第663条** ① 当事者が寄託物の返還の時期を定めなかったときは、受寄者は、いつでもその返還をすることができる。
② 返還の時期の定めがあるときは、受寄者は、やむを得ない事由がなければ、その期限前に返還をすることができない。

**(寄託物の返還の場所)**
**第664条** 寄託物の返還は、その保管をすべき場所でしなければならない。ただし、受寄者が正当な事由によってその物を保管する場所を変更したときは、その現在の場所で返還をすることができる。

**(委任の規定の準用)**
**第665条** 第646条から第650条まで（同条第3項を除く。）の規定は、寄託について準用する。

**(消費寄託)**
**第666条** ① 第5節（消費貸借）の規定は、受寄者が契約により寄託物を消費することができる場合について準用する。
② 前項において準用する第591条第1項の規定にかかわらず、前項の契約に返還の時期を定めなかったときは、寄託者は、いつでも返還を請求することができる。

### 第12節 組　合

**(組合契約)**
**第667条** ① 組合契約は、各当事者が出資をして共同の事業を営むことを約することによって、その効力を生ずる。
② 出資は、労務をその目的とすることができる。

**(組合財産の共有)**
**第668条** 各組合員の出資その他の組合財産は、総組合員の共有に属する。

**(金銭出資の不履行の責任)**
**第669条** 金銭を出資の目的とした場合において、組合員がその出資をすることを怠ったときは、その利息を支払うほか、損害の賠償をしなければならない。

**(業務の執行の方法)**
**第670条** ① 組合の業務の執行は、組合員の過半数で決する。
② 前項の業務の執行は、組合契約でこれを委任した者（次項において「業務執行者」という。）が数人あるときは、その過半数で決する。
③ 組合の常務は、前2項の規定にかかわらず、各組合員又は各業務執行者が単独で行うことができる。ただし、その完了前に他の組合員又は業務執行者が異議を述べたときは、この限りでない。

**(委任の規定の準用)**
**第671条** 第644条から第650条までの規定は、組合の業務を執行する組合員について準用する。

**(業務執行組合員の辞任及び解任)**
**第672条** ① 組合契約で1人又は数人の組合員に業務の執行を委任したときは、その組合員は、正当な事由がなければ、辞任することができない。
② 前項の組合員は、正当な事由がある場合に限り、他の組合員の一致によって解任することが

できる．
(組合員の組合の業務及び財産状況に関する検査)
第673条 各組合員は，組合の業務を執行する権利を有しないときであっても，その業務及び組合財産の状況を検査することができる．
(組合員の損益分配の割合)
第674条 ① 当事者が損益分配の割合を定めなかったときは，その割合は，各組合員の出資の価額に応じて定める．
② 利益又は損失についてのみ分配の割合を定めたときは，その割合は，利益及び損失に共通であるものと推定する．
(組合員に対する組合の債権者の権利の行使)
第675条 組合の債権者は，その債権の発生の時に組合員の損失分担の割合を知らなかったときは，各組合員に対して等しい割合でその権利を行使することができる．
(組合員の持分の処分及び組合財産の分割)
第676条 ① 組合員は，組合財産についてその持分を処分したときは，その処分をもって組合及び組合と取引をした第三者に対抗することができない．
② 組合員は，清算前に組合財産の分割を求めることができない．
(組合の債務者による相殺の禁止)
第677条 組合の債務者は，その債務と組合員に対する債権とを相殺することができない．
(組合員の脱退)
第678条 ① 組合契約で組合の存続期間を定めなかったとき，又はある組合員の終身の間組合が存続すべきことを定めたときは，各組合員は，いつでも脱退することができる．ただし，やむを得ない事由がある場合を除き，組合に不利な時期に脱退することができない．
② 組合の存続期間を定めた場合であっても，各組合員は，やむを得ない事由があるときは，脱退することができる．
第679条 前条の場合のほか，組合員は，次に掲げる事由によって脱退する．
1 死亡
2 破産手続開始の決定を受けたこと．
3 後見開始の審判を受けたこと．
4 除名
(組合員の除名)
第680条 組合員の除名は，正当な事由がある場合に限り，他の組合員の一致によってすることができる．ただし，除名した組合員にその旨を通知しなければ，これをもってその組合員に対抗することができない．
(脱退した組合員の持分の払戻し)

第681条 ① 脱退した組合員と他の組合員との間の計算は，脱退の時における組合財産の状況に従ってしなければならない．
② 脱退した組合員の持分は，その出資の種類を問わず，金銭で払い戻すことができる．
③ 脱退の時にまだ完了していない事項については，その完了後に計算をすることができる．
(組合の解散事由)
第682条 組合は，その目的である事業の成功又はその成功の不能によって解散する．
(組合の解散の請求)
第683条 やむを得ない事由があるときは，各組合員は，組合の解散を請求することができる．
(組合契約の解除の効力)
第684条 第620条の規定は，組合契約について準用する．
(組合の清算及び清算人の選任)
第685条 ① 組合が解散したときは，清算は，総組合員が共同して，又はその選任した清算人がこれをする．
② 清算人の選任は，総組合員の過半数で決する．
(清算人の業務の執行の方法)
第686条 第670条の規定は，清算人が数人ある場合について準用する．
(組合員である清算人の辞任及び解任)
第687条 第672条の規定は，組合契約で組合員の中から清算人を選任した場合について準用する．
(清算人の職務及び権限並びに残余財産の分割方法)
第688条 ① 清算人の職務は，次のとおりとする．
1 現務の結了
2 債権の取立て及び債務の弁済
3 残余財産の引渡し
② 清算人は，前項各号に掲げる職務を行うために必要な一切の行為をすることができる．
③ 残余財産は，各組合員の出資の価額に応じて分割する．

## 第13節 終身定期金

(終身定期金契約)
第689条 終身定期金契約は，当事者の一方が，自己，相手方又は第三者の死亡に至るまで，定期に金銭その他の物を相手方又は第三者に給付することを約することによって，その効力を生ずる．
(終身定期金の計算)
第690条 終身定期金は，日割りで計算する．
(終身定期金契約の解除)
第691条 ① 終身定期金債務者が終身定期金の元本を受領した場合において，その終身定期金の給付を怠り，又はその他の義務を履行しな

いときは、相手方は、元本の返還を請求することができる。この場合において、相手方は、既に受け取った終身定期金の中からその元本の利息を控除した残額を終身定期金債務者に返還しなければならない。
② 前項の規定は、損害賠償の請求を妨げない。

（終身定期金契約の解除と同時履行）
**第692条** 第533条の規定は、前条の場合について準用する。

（終身定期金債権の存続の宣告）
**第693条** ① 終身定期金債務者の責めに帰すべき事由によって第689条に規定する死亡が生じたときは、裁判所は、終身定期金債権者又はその相続人の請求により、終身定期金債権が相当の期間存続することを宣告することができる。
② 前項の規定は、第691条の権利の行使を妨げない。

（終身定期金の遺贈）
**第694条** この節の規定は、終身定期金の遺贈について準用する。

### 第14節　和解

（和解）
**第695条** 和解は、当事者が互いに譲歩をしてその間に存する争いをやめることを約することによって、その効力を生ずる。

（和解の効力）
**第696条** 当事者の一方が和解によって争いの目的である権利を有するものと認められ、又は相手方がこれを有しないものと認められた場合において、その当事者の一方が従来その権利を有していなかった旨の確証又は相手方がこれを有していた旨の確証が得られたときは、その権利は、和解によってその当事者の一方に移転し、又は消滅したものとする。

### 第3章　事務管理

（事務管理）
**第697条** ① 義務なく他人のために事務の管理を始めた者（以下この章において「管理者」という。）は、その事務の性質に従い、最も本人の利益に適合する方法によって、その事務の管理（以下「事務管理」という。）をしなければならない。
② 管理者は、本人の意思を知っているとき、又はこれを推知することができるときは、その意思に従って事務管理をしなければならない。

（緊急事務管理）
**第698条** 管理者は、本人の身体、名誉若しくは財産に対する急迫の危害を免れさせるために事務管理をしたときは、悪意又は重大な過失があるのでなければ、これによって生じた損害を賠償する責任を負わない。

（管理者の通知義務）
**第699条** 管理者は、事務管理を始めたことを遅滞なく本人に通知しなければならない。ただし、本人が既にこれを知っているときは、この限りでない。

（管理者による事務管理の継続）
**第700条** 管理者は、本人又はその相続人若しくは法定代理人が管理をすることができるに至るまで、事務管理を継続しなければならない。ただし、事務管理の継続が本人の意思に反し、又は本人に不利であることが明らかであるときは、この限りでない。

（委任の規定の準用）
**第701条** 第645条から第647条までの規定は、事務管理について準用する。

（管理者による費用の償還請求等）
**第702条** ① 管理者は、本人のために有益な費用を支出したときは、本人に対し、その償還を請求することができる。
② 第650条第2項の規定は、管理者が本人のために有益な債務を負担した場合について準用する。
③ 管理者が本人の意思に反して事務管理をしたときは、本人が現に利益を受けている限度においてのみ、前2項の規定を適用する。

### 第4章　不当利得

（不当利得の返還義務）
**第703条** 法律上の原因なく他人の財産又は労務によって利益を受け、そのために他人に損失を及ぼした者（以下この章において「受益者」という。）は、その利益の存する限度において、これを返還する義務を負う。

（悪意の受益者の返還義務等）
**第704条** 悪意の受益者は、その受けた利益に利息を付して返還しなければならない。この場合において、なお損害があるときは、その賠償の責任を負う。

（債務の不存在を知ってした弁済）
**第705条** 債務の弁済として給付をした者は、その時において債務の存在しないことを知っていたときは、その給付したものの返還を請求することができない。

（期限前の弁済）
**第706条** 債務者は、弁済期にない債務の弁済として給付をしたときは、その給付したものの返還を請求することができない。ただし、債務者が錯誤によってその給付をしたときは、債権者は、これによって得た利益を返還しなければ

(他人の債務の弁済)
第707条 ① 債務でない者が錯誤によって債務の弁済をした場合において、債権者が善意で証書を滅失させ若しくは損傷し、担保を放棄し、又は時効によってその債権を失ったときは、その弁済をした者は、返還の請求をすることができない.
② 前項の規定は、弁済をした者から債務者に対する求償権の行使を妨げない.

(不法原因給付)
第708条 不法の原因のために給付をした者は、その給付したものの返還を請求することができない. ただし、不法な原因が受益者についてのみ存したときは、この限りでない.

## 第5章 不法行為

(不法行為による損害賠償)
第709条 故意又は過失によって他人の権利又は法律上保護される利益を侵害した者は、これによって生じた損害を賠償する責任を負う.

(財産以外の損害の賠償)
第710条 他人の身体、自由若しくは名誉を侵害した場合又は他人の財産権を侵害した場合のいずれであるかを問わず、前条の規定により損害賠償の責任を負う者は、財産以外の損害に対しても、その賠償をしなければならない.

(近親者に対する損害の賠償)
第711条 他人の生命を侵害した者は、被害者の父母、配偶者及び子に対しては、その財産権が侵害されなかった場合においても、損害の賠償をしなければならない.

(責任能力)
第712条 未成年者は、他人に損害を加えた場合において、自己の行為の責任を弁識するに足りる知能を備えていなかったときは、その行為について賠償の責任を負わない.

第713条 精神上の障害により自己の行為の責任を弁識する能力を欠く状態にある間に他人に損害を加えた者は、その賠償の責任を負わない. ただし、故意又は過失によって一時的にその状態を招いたときは、この限りでない.

(責任無能力者の監督義務者等の責任)
第714条 ① 前2条の規定により責任無能力者がその責任を負わない場合において、その責任無能力者を監督する法定の義務を負う者は、その責任無能力者が第三者に加えた損害を賠償する責任を負う. ただし、監督義務者がその義務を怠らなかったとき、又はその義務を怠らなくても損害が生ずべきであったときは、この限りでない.
② 監督義務者に代わって責任無能力者を監督する者も、前項の責任を負う.

(使用者等の責任)
第715条 ① ある事業のために他人を使用する者は、被用者がその事業の執行について第三者に加えた損害を賠償する責任を負う. ただし、使用者が被用者の選任及びその事業の監督について相当の注意をしたとき、又は相当の注意をしても損害が生ずべきであったときは、この限りでない.
② 使用者に代わって事業を監督する者も、前項の責任を負う.
③ 前2項の規定は、使用者又は監督者から被用者に対する求償権の行使を妨げない.

(注文者の責任)
第716条 注文者は、請負人がその仕事について第三者に加えた損害を賠償する責任を負わない. ただし、注文又は指図についてその注文者に過失があったときは、この限りでない.

(土地の工作物等の占有者及び所有者の責任)
第717条 ① 土地の工作物の設置又は保存に瑕疵があることによって他人に損害を生じたときは、その工作物の占有者は、被害者に対してその損害を賠償する責任を負う. ただし、占有者が損害の発生を防止するのに必要な注意をしたときは、所有者がその損害を賠償しなければならない.
② 前項の規定は、竹木の栽植又は支持に瑕疵がある場合について準用する.
③ 前2項の場合において、損害の原因について他にその責任を負う者があるときは、占有者又は所有者は、その者に対して求償権を行使することができる.

(動物の占有者等の責任)
第718条 ① 動物の占有者は、その動物が他人に加えた損害を賠償する責任を負う. ただし、動物の種類及び性質に従い相当の注意をもってその管理をしたときは、この限りでない.
② 占有者に代わって動物を管理する者も、前項の責任を負う.

(共同不法行為者の責任)
第719条 ① 数人が共同の不法行為によって他人に損害を加えたときは、各自が連帯してその損害を賠償する責任を負う. 共同行為者のうちいずれの者がその損害を加えたかを知ることができないときも、同様とする.
② 行為者を教唆した者及び幇助した者は、共同行為者とみなして、前項の規定を適用する.

(正当防衛及び緊急避難)
第720条 ① 他人の不法行為に対し、自己又は第三者の権利又は法律上保護される利益を防

衛するため、やむを得ず加害行為をした者は、損害賠償の責任を負わない。ただし、被害者から不法行為をした者に対する損害賠償の請求を妨げない。
② 前項の規定は、他人の物から生じた急迫の危難を避けるためその物を損傷した場合について準用する。

(損害賠償請求権に関する胎児の権利能力)
**第721条** 胎児は、損害賠償の請求権については、既に生まれたものとみなす。

(損害賠償の方法及び過失相殺)
**第722条** ① 第417条の規定は、不法行為による損害賠償について準用する。
② 被害者に過失があったときは、裁判所は、これを考慮して、損害賠償の額を定めることができる。

(名誉毀損における原状回復)
**第723条** 他人の名誉を毀損した者に対しては、裁判所は、被害者の請求により、損害賠償に代えて、又は損害賠償とともに、名誉を回復するのに適当な処分を命ずることができる。

(不法行為による損害賠償請求権の期間の制限)
**第724条** 不法行為による損害賠償の請求権は、被害者又はその法定代理人が損害及び加害者を知った時から3年間行使しないときは、時効によって消滅する。不法行為の時から20年を経過したときも、同様とする。

## 第4編 親 族

## 第1章 総 則

(親族の範囲)
**第725条** 次に掲げる者は、親族とする。
1 六親等内の血族
2 配偶者
3 三親等内の姻族

(親等の計算)
**第726条** ① 親等は、親族間の世代数を数えて、これを定める。
② 傍系親族の親等を定めるには、その1人又はその配偶者から同一の祖先にさかのぼり、その祖先から他の1人に下るまでの世代数による。

(縁組による親族関係の発生)
**第727条** 養子と養親及びその血族との間においては、養子縁組の日から、血族間におけるのと同一の親族関係を生ずる。

(離婚等による姻族関係の終了)
**第728条** ① 姻族関係は、離婚によって終了する。
② 夫婦の一方が死亡した場合において、生存配偶者が姻族関係を終了させる意思を表示したときも、前項と同様とする。

(離縁による親族関係の終了)
**第729条** 養子及びその配偶者並びに養子の直系卑属及びその配偶者と養親及びその血族との親族関係は、離縁によって終了する。

(親族間の扶け合い)
**第730条** 直系血族及び同居の親族は、互いに扶け合わなければならない。

## 第2章 婚 姻

### 第1節 婚姻の成立
#### 第1款 婚姻の要件

(婚姻適齢)
**第731条** 男は、18歳に、女は、16歳にならなければ、婚姻をすることができない。

(重婚の禁止)
**第732条** 配偶者のある者は、重ねて婚姻をすることができない。

(再婚禁止期間)
**第733条** ① 女は、前婚の解消又は取消しの日から6箇月を経過した後でなければ、再婚をすることができない。
② 女が前婚の解消又は取消の前から懐胎していた場合には、その出産の日から、前項の規定を適用しない。

(近親者間の婚姻の禁止)
**第734条** ① 直系血族又は三親等内の傍系血族の間では、婚姻をすることができない。ただし、養子と養方の傍系血族との間では、この限りでない。
② 第817条の9の規定により親族関係が終了した後も、前項と同様とする。

(直系姻族間の婚姻の禁止)
**第735条** 直系姻族の間では、婚姻をすることができない。第728条又は第817条の9の規定により姻族関係が終了した後も、同様とする。

(養親子等の間の婚姻の禁止)
**第736条** 養子若しくはその配偶者又は養子の直系卑属若しくはその配偶者と養親又はその直系尊属との間では、第729条の規定により親族関係が終了した後でも、婚姻をすることができない。

(未成年者の婚姻についての父母の同意)
**第737条** ① 未成年の子が婚姻をするには、父母の同意を得なければならない。
② 父母の一方が同意しないときは、他の一方の同意だけで足りる。父母の一方が知れないとき、死亡したとき、又はその意思を表示することができないときも、同様とする。

(成年被後見人の婚姻)
**第738条** 成年被後見人が婚姻をするには、そ

の成年後見人の同意を要しない．
（婚姻の届出）
**第739条** ① 婚姻は，戸籍法（昭和22年法律第224号）の定めるところにより届け出ることによって，その効力を生ずる．
② 前項の届出は，当事者双方及び成年の証人2人以上が署名した書面で，又はこれらの者から口頭で，しなければならない．
（婚姻の届出の受理）
**第740条** 婚姻の届出は，その婚姻が第731条から第737条まで及び前条第2項の規定その他の法令の規定に違反しないことを認めた後でなければ，受理することができない．
（外国に在る日本人間の婚姻の方式）
**第741条** 外国に在る日本人間で婚姻をしようとするときは，その国に駐在する日本の大使，公使又は領事にその届出をすることができる．この場合においては，前2条の規定を準用する．

### 第2款 婚姻の無効及び取消し
（婚姻の無効）
**第742条** 婚姻は，次に掲げる場合に限り，無効とする．
1 人違いその他の事由によって当事者間に婚姻をする意思がないとき．
2 当事者が婚姻の届出をしないとき．ただし，その届出が第739条第2項に定める方式を欠くだけであるときは，婚姻は，そのためにその効力を妨げられない．
（婚姻の取消し）
**第743条** 婚姻は，次条から第747条までの規定によらなければ，取り消すことができない．
（不適法な婚姻の取消し）
**第744条** ① 第731条から第736条までの規定に違反した婚姻は，各当事者，その親族又は検察官から，その取消しを家庭裁判所に請求することができる．ただし，検察官は，当事者の一方が死亡した後は，これを請求することができない．
② 第732条又は第733条の規定に違反した婚姻については，当事者の配偶者又は前配偶者も，その取消しを請求することができる．
（不適齢者の婚姻の取消し）
**第745条** ① 第731条の規定に違反した婚姻は，不適齢者が適齢に達したときは，その取消しを請求することができない．
② 不適齢者は，適齢に達した後，なお3箇月間は，その婚姻の取消しを請求することができる．ただし，適齢に達した後に追認をしたときは，この限りでない．
（再婚禁止期間内にした婚姻の取消し）
**第746条** 第733条の規定に違反した婚姻は，前婚の解消若しくは取消しの日から6箇月を経過し，又は女が再婚後に懐胎したときは，その取消しを請求することができない．
（詐欺又は強迫による婚姻の取消し）
**第747条** ① 詐欺又は強迫によって婚姻をした者は，その婚姻の取消しを家庭裁判所に請求することができる．
② 前項の規定による取消権は，当事者が，詐欺を発見し，若しくは強迫を免れた後3箇月を経過し，又は追認をしたときは，消滅する．
（婚姻の取消しの効力）
**第748条** ① 婚姻の取消しは，将来に向かってのみその効力を生ずる．
② 婚姻の時においてその取消しの原因があることを知らなかった当事者が，婚姻によって財産を得たときは，現に利益を受けている限度において，その返還をしなければならない．
③ 婚姻の時においてその取消しの原因があることを知っていた当事者は，婚姻によって得た利益の全部を返還しなければならない．この場合において，相手方が善意であったときは，これに対して損害を賠償する責任を負う．
（離婚の規定の準用）
**第749条** 第728条第1項，第766条から第769条まで，第790条第1項ただし書並びに第819条第2項，第3項，第5項及び第6項の規定は，婚姻の取消しについて準用する．

## 第2節 婚姻の効力
（夫婦の氏）
**第750条** 夫婦は，婚姻の際に定めるところに従い，夫又は妻の氏を称する．
（生存配偶者の復氏等）
**第751条** ① 夫婦の一方が死亡したときは，生存配偶者は，婚姻前の氏に復することができる．
② 第769条の規定は，前項及び第728条第2項の場合について準用する．
（同居，協力及び扶助の義務）
**第752条** 夫婦は同居し，互いに協力し扶助しなければならない．
（婚姻による成年擬制）
**第753条** 未成年者が婚姻をしたときは，これによって成年に達したものとみなす．
（夫婦間の契約の取消権）
**第754条** 夫婦間でした契約は，婚姻中，いつでも，夫婦の一方からこれを取り消すことができる．ただし，第三者の権利を害することはできない．

## 第3節 夫婦財産制
### 第1款 総則
（夫婦の財産関係）
**第755条** 夫婦が，婚姻の届出前に，その財産に

ついて別段の契約をしなかったときは、その財産関係は、次款に定めるところによる。
**(夫婦財産契約の対抗要件)**
**第756条** 夫婦が法定財産制と異なる契約をしたときは、婚姻の届出までにその登記をしなければ、これを夫婦の承継人及び第三者に対抗することができない。
**第757条** 削除
**(夫婦の財産関係の変更の制限等)**
**第758条** ① 夫婦の財産関係は、婚姻の届出後は、変更することができない。
② 夫婦の一方が、他の一方の財産を管理する場合において、管理が失当であったことによってその財産を危うくしたときは、他の一方は、自らその管理をすることを家庭裁判所に請求することができる。
③ 共有財産については、前項の請求とともに、その分割を請求することができる。
**(財産の管理者の変更及び共有財産の分割の対抗要件)**
**第759条** 前条の規定又は第755条の契約の結果により、財産の管理者を変更し、又は共有財産の分割をしたときは、その登記をしなければ、これを夫婦の承継人及び第三者に対抗することができない。
**第2款 法定財産制**
**(婚姻費用の分担)**
**第760条** 夫婦は、その資産、収入その他一切の事情を考慮して、婚姻から生ずる費用を分担する。
**(日常の家事に関する債務の連帯責任)**
**第761条** 夫婦の一方が日常の家事に関して第三者と法律行為をしたときは、他の一方は、これによって生じた債務について、連帯してその責任を負う。ただし、第三者に対し責任を負わない旨を予告した場合は、この限りでない。
**(夫婦間における財産の帰属)**
**第762条** ① 夫婦の一方が婚姻前から有する財産及び婚姻中自己の名で得た財産は、その特有財産（夫婦の一方が単独で有する財産をいう。）とする。
② 夫婦のいずれに属するか明らかでない財産は、その共有に属するものと推定する。
**第4節 離婚**
**第1款 協議上の離婚**
**(協議上の離婚)**
**第763条** 夫婦は、その協議で、離婚をすることができる。
**(婚姻の規定の準用)**
**第764条** 第738条、第739条及び第747条の規定は、協議上の離婚について準用する。
**(離婚の届出の受理)**
**第765条** ① 離婚の届出は、その離婚が前条において準用する第739条第2項の規定及び第819条第1項の規定その他の法令の規定に違反しないことを認めた後でなければ、受理することができない。
② 離婚の届出が前項の規定に違反して受理されたときであっても、離婚は、そのためにその効力を妨げられない。
**(離婚後の子の監護に関する事項の定め等)**
**第766条** ① 父母が協議上の離婚をするときは、子の監護をすべき者その他監護について必要な事項は、その協議で定める。協議が調わないとき、又は協議をすることができないときは、家庭裁判所が、これを定める。
② 子の利益のため必要があると認めるときは、家庭裁判所は、子の監護をすべき者を変更し、その他監護について相当な処分を命ずることができる。
③ 前2項の規定によっては、監護の範囲外では、父母の権利義務に変更を生じない。
**(離婚による復氏等)**
**第767条** ① 婚姻によって氏を改めた夫又は妻は、協議上の離婚によって婚姻前の氏に復する。
② 前項の規定により婚姻前の氏に復した夫又は妻は、離婚の日から3箇月以内に戸籍法の定めるところにより届け出ることによって、離婚の際に称していた氏を称することができる。
**(財産分与)**
**第768条** ① 協議上の離婚をした者の一方は、相手方に対して財産の分与を請求することができる。
② 前項の規定による財産の分与について、当事者間に協議が調わないとき、又は協議をすることができないときは、当事者は、家庭裁判所に対して協議に代わる処分を請求することができる。ただし、離婚の時から2年を経過したときは、この限りでない。
③ 前項の場合には、家庭裁判所は、当事者双方がその協力によって得た財産の額その他一切の事情を考慮して、分与をさせるべきかどうか並びに分与の額及び方法を定める。
**(離婚による復氏の際の権利の承継)**
**第769条** ① 婚姻によって氏を改めた夫又は妻が、第897条第1項の権利を承継した後、協議上の離婚をしたときは、当事者その他の関係人の協議で、その権利を承継すべき者を定めなければならない。
② 前項の協議が調わないとき、又は協議をすることができないときは、同項の権利を承継すべき者は、家庭裁判所がこれを定める。
**第2款 裁判上の離婚**

(裁判上の離婚)
**第770条** ① 夫婦の一方は,次に掲げる場合に限り,離婚の訴えを提起することができる.
1 配偶者に不貞な行為があったとき.
2 配偶者から悪意で遺棄されたとき.
3 配偶者の生死が3年以上明らかでないとき.
4 配偶者が強度の精神病にかかり,回復の見込みがないとき.
5 その他婚姻を継続し難い重大な事由があるとき.
② 裁判所は,前項第1号から第4号までに掲げる事由がある場合であっても,一切の事情を考慮して婚姻の継続を相当と認めるときは,離婚の請求を棄却することができる.
(協議上の離婚の規定の準用)
**第771条** 第766条から第769条までの規定は,裁判上の離婚について準用する.

## 第3章 親 子

### 第1節 実 子

(嫡出の推定)
**第772条** ① 妻が婚姻中に懐胎した子は,夫の子と推定する.
② 婚姻の成立の日から200日を経過した後又は婚姻の解消若しくは取消しの日から300日以内に生まれた子は,婚姻中に懐胎したものと推定する.
(父を定めることを目的とする訴え)
**第773条** 第733条第1項の規定に違反して再婚をした女が出産した場合において,前条の規定によりその子の父を定めることができないときは,裁判所が,これを定める.
(嫡出の否認)
**第774条** 第772条の場合において,夫は,子が嫡出であることを否認することができる.
(嫡出否認の訴え)
**第775条** 前条の規定による否認権は,子又は親権を行う母に対する嫡出否認の訴えによって行う.親権を行う母がないときは,家庭裁判所は,特別代理人を選任しなければならない.
(嫡出の承認)
**第776条** 夫は,子の出生後において,その嫡出であることを承認したときは,その否認権を失う.
(嫡出否認の訴えの出訴期間)
**第777条** 嫡出否認の訴えは,夫が子の出生を知った時から1年以内に提起しなければならない.
**第778条** 夫が成年被後見人であるときは,前条の期間は,後見開始の審判の取消しがあった後夫が子の出生を知った時から起算する.
(認 知)

**第779条** 嫡出でない子は,その父又は母がこれを認知することができる.
(認知能力)
**第780条** 認知をするには,父又は母が未成年者又は成年被後見人であるときであっても,その法定代理人の同意を要しない.
(認知の方式)
**第781条** ① 認知は,戸籍法の定めるところにより届け出ることによってする.
② 認知は,遺言によっても,することができる.
(成年の子の認知)
**第782条** 成年の子は,その承諾がなければ,これを認知することができない.
(胎児又は死亡した子の認知)
**第783条** ① 父は,胎内に在る子でも,認知することができる.この場合においては,母の承諾を得なければならない.
② 父又は母は,死亡した子でも,その直系卑属があるときに限り,認知することができる.この場合において,その直系卑属が成年であるときは,その承諾を得なければならない.
(認知の効力)
**第784条** 認知は,出生の時にさかのぼってその効力を生ずる.ただし,第三者が既に取得した権利を害することはできない.
(認知の取消しの禁止)
**第785条** 認知をした父又は母は,その認知を取り消すことができない.
(認知に対する反対の事実の主張)
**第786条** 子その他の利害関係人は,認知に対して反対の事実を主張することができる.
(認知の訴え)
**第787条** 子,その直系卑属又はこれらの者の法定代理人は,認知の訴えを提起することができる.ただし,父又は母の死亡の日から3年を経過したときは,この限りでない.
(認知後の子の監護に関する事項の定め等)
**第788条** 第766条の規定は,父が認知する場合について準用する.
(準 正)
**第789条** ① 父が認知した子は,その父母の婚姻によって嫡出子の身分を取得する.
② 婚姻中父母が認知した子は,その認知の時から,嫡出子の身分を取得する.
③ 前2項の規定は,子が既に死亡していた場合について準用する.
(子の氏)
**第790条** ① 嫡出である子は,父母の氏を称する.ただし,子の出生前に父母が離婚したときは,離婚の際における父母の氏を称する.
② 嫡出でない子は,母の氏を称する.

(子の氏の変更)
第791条 ① 子が父又は母と氏を異にする場合には、子は、家庭裁判所の許可を得て、戸籍法の定めるところにより届け出ることによって、その父又は母の氏を称することができる．
② 父又は母が氏を改めたことにより子が父母と氏を異にする場合には、子は、父母の婚姻中に限り、前項の許可を得ないで、戸籍法の定めるところにより届け出ることによって、その父母の氏を称することができる．
③ 子が15歳未満であるときは、その法定代理人が、これに代わって、前2項の行為をすることができる．
④ 前3項の規定により氏を改めた未成年の子は、成年に達した時から1年以内に戸籍法の定めるところにより届け出ることによって、従前の氏に復することができる．

### 第2節 養子
#### 第1款 縁組の要件
(養親となる者の年齢)
第792条 成年に達した者は、養子をすることができる．
(尊属又は年長者を養子とすることの禁止)
第793条 尊属又は年長者は、これを養子とすることができない．
(後見人が被後見人を養子とする縁組)
第794条 後見人が被後見人(未成年被後見人及び成年被後見人をいう．以下同じ．)を養子とするには、家庭裁判所の許可を得なければならない．後見人の任務が終了した後、まだその管理の計算が終わらない間も、同様とする．
(配偶者のある者が未成年者を養子とする縁組)
第795条 配偶者のある者が未成年者を養子とするには、配偶者とともにしなければならない．ただし、配偶者の嫡出である子を養子とする場合又は配偶者がその意思を表示することができない場合は、この限りでない．
(配偶者のある者の縁組)
第796条 配偶者のある者が縁組をするには、その配偶者の同意を得なければならない．ただし、配偶者とともに縁組をする場合又は配偶者がその意思を表示することができない場合は、この限りでない．
(15歳未満の者を養子とする縁組)
第797条 ① 養子となる者が15歳未満であるときは、その法定代理人が、これに代わって、縁組の承諾をすることができる．
② 法定代理人が前項の承諾をするには、養子となる者の父母でその監護をすべき者であるものが他にあるときは、その同意を得なければならない．
(未成年者を養子とする縁組)
第798条 未成年者を養子とするには、家庭裁判所の許可を得なければならない．ただし、自己又は配偶者の直系卑属を養子とする場合は、この限りでない．
(婚姻の規定の準用)
第799条 第738条及び第739条の規定は、縁組について準用する．
(縁組の届出の受理)
第800条 縁組の届出は、その縁組が第792条から前条までの規定その他の法令の規定に違反しないことを認めた後でなければ、受理することができない．
(外国に在る日本人間の縁組の方式)
第801条 外国に在る日本人間で縁組をしようとするときは、その国に駐在する日本の大使、公使又は領事にその届出をすることができる．この場合においては、第799条において準用する第739条の規定及び前条の規定を準用する．

#### 第2款 縁組の無効及び取消し
(縁組の無効)
第802条 縁組は、次に掲げる場合に限り、無効とする．
1 人違いその他の事由によって当事者間に縁組をする意思がないとき．
2 当事者が縁組の届出をしないとき．ただし、その届出が第799条において準用する第739条第2項に定める方式を欠くだけであるときは、縁組は、そのためにその効力を妨げられない．
(縁組の取消し)
第803条 縁組は、次条から第808条までの規定によらなければ、取り消すことができない．
(養親が未成年者である場合の縁組の取消し)
第804条 第792条の規定に違反した縁組は、養親又はその法定代理人から、その取消しを家庭裁判所に請求することができる．ただし、養親が、成年に達した後6箇月を経過し、又は追認をしたときは、この限りでない．
(養子が尊属又は年長者である場合の縁組の取消し)
第805条 第793条の規定に違反した縁組は、各当事者又はその親族から、その取消しを家庭裁判所に請求することができる．
(後見人と被後見人との間の無許可縁組の取消し)
第806条 ① 第794条の規定に違反した縁組は、養子又はその実方の親族から、その取消しを家庭裁判所に請求することができる．ただし、管理の計算が終わった後、養子が追認をし、又は6箇月を経過したときは、この限りでない．

② 前項ただし書の追認は，養子が，成年に達し，又は行為能力を回復した後にしなければ，その効力を生じない．
③ 養子が，成年に達せず，又は行為能力を回復しない間に，管理の計算が終わった場合には，第1項ただし書の期間は，養子が，成年に達し，又は行為能力を回復した時から起算する．

**（配偶者の同意のない縁組等の取消し）**
**第806条の2**　① 第796条の規定に違反した縁組は，縁組の同意をしていない者から，その取消しを家庭裁判所に請求することができる．ただし，その者が，縁組を知った後6箇月を経過し，又は追認をしたときは，この限りでない．
② 詐欺又は強迫によって第796条の同意をした者は，その縁組の取消しを家庭裁判所に請求することができる．ただし，その者が，詐欺を発見し，若しくは強迫を免れた後6箇月を経過し，又は追認をしたときは，この限りでない．

**（子の監護をすべき者の同意のない縁組等の取消し）**
**第806条の3**　① 第797条第2項の規定に違反した縁組は，縁組の同意をしていない者から，その取消しを家庭裁判所に請求することができる．ただし，その者が追認をしたとき，又は養子が15歳に達した後6箇月を経過し，若しくは追認をしたときは，この限りでない．
② 前条第2項の規定は，詐欺又は強迫によって第797条第2項の同意をした者について準用する．

**（養子が未成年者である場合の無許可縁組の取消し）**
**第807条**　第798条の規定に違反した縁組は，養子，その実方の親族又は養子に代わって縁組の承諾をした者から，その取消しを家庭裁判所に請求することができる．ただし，養子が，成年に達した後6箇月を経過し，又は追認をしたときは，この限りでない．

**（婚姻の取消し等の規定の準用）**
**第808条**　① 第747条及び第748条の規定は，縁組について準用する．この場合において，第747条第2項中「3箇月」とあるのは，「6箇月」と読み替えるものとする．
② 第769条及び第816条の規定は，縁組の取消しについて準用する．

#### 第3款　縁組の効力
**（嫡出子の身分の取得）**
**第809条**　養子は，縁組の日から，養親の嫡出子の身分を取得する．

**（養子の氏）**
**第810条**　養子は，養親の氏を称する．ただし，婚姻によって氏を改めた者については，婚姻の際に定めた氏を称すべき間は，この限りでない．

#### 第4款　離縁
**（協議上の離縁等）**
**第811条**　① 縁組の当事者は，その協議で，離縁をすることができる．
② 養子が15歳未満であるときは，その離縁は，養親と養子の離縁後にその法定代理人となるべき者との協議でこれをする．
③ 前項の場合において，養子の父母が離婚しているときは，その協議で，その一方を養子の離縁後にその親権者となるべき者と定めなければならない．
④ 前項の協議が調わないとき，又は協議をすることができないときは，家庭裁判所は，同項の父若しくは母又は養親の請求によって，協議に代わる審判をすることができる．
⑤ 第2項の法定代理人となるべき者がないときは，家庭裁判所は，養子の親族その他の利害関係人の請求によって，養子の離縁後にその未成年後見人となるべき者を選任する．
⑥ 縁組の当事者の一方が死亡した後に生存当事者が離縁をしようとするときは，家庭裁判所の許可を得て，これをすることができる．

**（夫婦である養親と未成年者との離縁）**
**第811条の2**　養親が夫婦である場合において未成年者と離縁をするには，夫婦が共にしなければならない．ただし，夫婦の一方がその意思を表示することができないときは，この限りでない．

**（婚姻の規定の準用）**
**第812条**　第738条，第739条及び第747条の規定は，協議上の離縁について準用する．この場合において，同条第2項中「3箇月」とあるのは，「6箇月」と読み替えるものとする．

**（離縁の届出の受理）**
**第813条**　① 離縁の届出は，その離縁が前条において準用する第739条第2項の規定並びに第811条及び第811条の2の規定その他の法令の規定に違反しないことを認めた後でなければ，受理することができない．
② 離縁の届出が前項の規定に違反して受理されたときであっても，離縁は，そのためにその効力を妨げられない．

**（裁判上の離縁）**
**第814条**　① 縁組の当事者の一方は，次に掲げる場合に限り，離縁の訴えを提起することができる．
1　他の一方から悪意で遺棄されたとき．
2　他の一方の生死が3年以上明らかでないとき．
3　その他縁組を継続し難い重大な事由があるとき．

② 第770条第2項の規定は、前項第1号及び第2号に掲げる場合について準用する。

(養子が15歳未満である場合の離縁の訴えの当事者)
第815条　養子が15歳に達しない間は、第811条の規定により養親と離縁の協議をすることができる者から、又はこれに対して、離縁の訴えを提起することができる。

(離縁による復氏等)
第816条　① 養子は、離縁によって縁組前の氏に復する。ただし、配偶者とともに養子をした養親の一方のみと離縁をした場合は、この限りでない。
② 縁組の日から7年を経過した後に前項の規定により縁組前の氏に復した者は、離縁の日から3箇月以内に戸籍法の定めるところにより届け出ることによって、離縁の際に称していた氏を称することができる。

(離縁による復氏の際の権利の承継)
第817条　第769条の規定は、離縁について準用する。

### 第5款　特別養子

(特別養子縁組の成立)
第817条の2　① 家庭裁判所は、次条から第817条の7までに定める要件があるときは、養親となる者の請求により、実方の血族との親族関係が終了する縁組(以下この款において「特別養子縁組」という。)を成立させることができる。
② 前項に規定する請求をするには、第794条又は第798条の許可を得ることを要しない。

(養親の夫婦共同縁組)
第817条の3　① 養親となる者は、配偶者のある者でなければならない。
② 夫婦の一方は、他の一方が養親とならないときは、養親となることができない。ただし、夫婦の一方が他の一方の嫡出である子(特別養子縁組以外の縁組による養子を除く。)の養親となる場合は、この限りでない。

(養子となる者の年齢)
第817条の4　25歳に達しない者は、養親となることができない。ただし、養親となる夫婦の一方が25歳に達していない場合においても、その者が20歳に達しているときは、この限りでない。

(養子となる者の年齢)
第817条の5　第817条の2に規定する請求の時に6歳に達している者は、養子となることができない。ただし、その者が8歳未満であって6歳に達する前から引き続き養親となる者に監護されている場合は、この限りでない。

(父母の同意)
第817条の6　特別養子縁組の成立には、養子となる者の父母の同意がなければならない。ただし、父母がその意思を表示することができない場合又は父母による虐待、悪意の遺棄その他養子となる者の利益を著しく害する事由がある場合は、この限りでない。

(子の利益のための特別の必要性)
第817条の7　特別養子縁組は、父母による養子となる者の監護が著しく困難又は不適当であることその他特別の事情がある場合において、子の利益のため特に必要があると認めるときに、これを成立させるものとする。

(監護の状況)
第817条の8　① 特別養子縁組を成立させるには、養親となる者が養子となる者を6箇月以上の期間監護した状況を考慮しなければならない。
② 前項の期間は、第817条の2に規定する請求の時から起算する。ただし、その請求前の監護の状況が明らかであるときは、この限りでない。

(実方との親族関係の終了)
第817条の9　養子と実方の父母及びその血族との親族関係は、特別養子縁組によって終了する。ただし、第817条の3第2項ただし書に規定する他の一方及びその血族との親族関係については、この限りでない。

(特別養子縁組の離縁)
第817条の10　① 次の各号のいずれにも該当する場合において、養子の利益のため特に必要があると認めるときは、家庭裁判所は、養子、実父母又は検察官の請求により、特別養子縁組の当事者を離縁させることができる。
1　養親による虐待、悪意の遺棄その他養子の利益を著しく害する事由があること。
2　実父母が相当の監護をすることができること。
② 離縁は、前項の規定による場合のほか、これをすることができない。

(離縁による実方との親族関係の回復)
第817条の11　養子と実父母及びその血族との間においては、離縁の日から、特別養子縁組によって終了した親族関係と同一の親族関係を生ずる。

### 第4章　親権

#### 第1節　総則

(親権者)
第818条　① 成年に達しない子は、父母の親権に服する。
② 子が養子であるときは、養親の親権に服する。
③ 親権は、父母の婚姻中は、父母が共同して行

う．ただし，父母の一方が親権を行うことができないときは，他の一方が行う．

（離婚又は認知の場合の親権者）
**第819条** ① 父母が協議上の離婚をするときは，その協議で，その一方を親権者と定めなければならない．
② 裁判上の離婚の場合には，裁判所は，父母の一方を親権者と定める．
③ 子の出生前に父母が離婚した場合には，親権は，母が行う．ただし，子の出生後に，父母の協議で，父を親権者と定めることができる．
④ 父が認知した子に対する親権は，父母の協議で父を親権者と定めたときに限り，父が行う．
⑤ 第1項，第3項又は前項の協議が調わないとき，又は協議をすることができないときは，家庭裁判所は，父又は母の請求によって，協議に代わる審判をすることができる．
⑥ 子の利益のため必要があると認めるときは，家庭裁判所は，子の親族の請求によって，親権者を他の一方に変更することができる．

### 第2節 親権の効力
（監護及び教育の権利義務）
**第820条** 親権を行う者は，子の監護及び教育をする権利を有し，義務を負う．

（居所の指定）
**第821条** 子は，親権を行う者が指定した場所に，その居所を定めなければならない．

（懲戒）
**第822条** ① 親権を行う者は，必要な範囲内で自らその子を懲戒し，又は家庭裁判所の許可を得て，これを懲戒場に入れることができる．
② 子を懲戒場に入れる期間は，6箇月以下の範囲内で，家庭裁判所が定める．ただし，この期間は，親権を行う者の請求によって，いつでも短縮することができる．

（職業の許可）
**第823条** ① 子は，親権を行う者の許可を得なければ，職業を営むことができない．
② 親権を行う者は，第6条第2項の場合には，前項の許可を取り消し，又はこれを制限することができる．

（財産の管理及び代表）
**第824条** 親権を行う者は，子の財産を管理し，かつ，その財産に関する法律行為についてその子を代表する．ただし，その子の行為を目的とする債務を生ずべき場合には，本人の同意を得なければならない．

（父母の一方が共同の名義でした行為の効力）
**第825条** 父母が共同して親権を行う場合において，父母の一方が，共同の名義で，子に代わって法律行為をし又は子がこれをすることに同意したときは，その行為は，他の一方の意思に反したときであっても，そのためにその効力を妨げられない．ただし，相手方が悪意であったときは，この限りでない．

（利益相反行為）
**第826条** ① 親権を行う父又は母とその子との利益が相反する行為については，親権を行う者は，その子のために特別代理人を選任することを家庭裁判所に請求しなければならない．
② 親権を行う者が数人の子に対して親権を行う場合において，その1人と他の子との利益が相反する行為については，親権を行う者は，その一方のために特別代理人を選任することを家庭裁判所に請求しなければならない．

（財産の管理における注意義務）
**第827条** 親権を行う者は，自己のためにするのと同一の注意をもって，その管理権を行わなければならない．

（財産の管理の計算）
**第828条** 子が成年に達したときは，親権を行った者は，遅滞なくその管理の計算をしなければならない．ただし，その子の養育及び財産の管理の費用は，その子の財産の収益と相殺したものとみなす．

**第829条** 前条ただし書の規定は，無償で子に財産を与える第三者が反対の意思を表示したときは，その財産については，これを適用しない．

（第三者が無償で子に与えた財産の管理）
**第830条** ① 無償で子に財産を与える第三者が，親権を行う父又は母にこれを管理させない意思を表示したときは，その財産は，父又は母の管理に属しないものとする．
② 前項の財産につき父母が共に管理権を有しない場合において，第三者が管理者を指定しなかったときは，家庭裁判所は，子，その親族又は検察官の請求によって，その管理者を選任する．
③ 第三者が管理者を指定したときであっても，その管理者の権限が消滅し，又はこれを改任する必要がある場合において，第三者が更に管理者を指定しないときも，前項と同様とする．
④ 第27条から第29条までの規定は，前2項の場合について準用する．

（委任の規定の準用）
**第831条** 第654条及び第655条の規定は，親権を行う者が子の財産を管理する場合及び前条の場合について準用する．

（財産の管理について生じた親子間の債権の消滅時効）
**第832条** ① 親権を行った者とその子との間に財産の管理について生じた債権は，その管理権が消滅した時から5年間これを行使しない

ときは,時効によって消滅する.
② 子がまだ成年に達しない間に管理権が消滅した場合において子に法定代理人がないときは,前項の期間は,その子が成年に達し,又は後任の法定代理人が就職した時から起算する.
(子に代わる親権の行使)
第833条 親権を行う者は,その親権に服する子に代わって親権を行う.

### 第3節 親権の喪失

(親権の喪失の宣告)
第834条 父又は母が,親権を濫用し,又は著しく不行跡であるときは,家庭裁判所は,子の親族又は検察官の請求によって,その親権の喪失を宣告することができる.

(管理権の喪失の宣告)
第835条 親権を行う父又は母が,管理が失当であったことによってその子の財産を危うくしたときは,家庭裁判所は,子の親族又は検察官の請求によって,その管理権の喪失を宣告することができる.

(親権又は管理権の喪失の宣告の取消し)
第836条 前2条に規定する原因が消滅したときは,家庭裁判所は,本人又はその親族の請求によって,前2条の規定による親権又は管理権の喪失の宣告を取り消すことができる.

(親権又は管理権の辞任及び回復)
第837条 ① 親権を行う父又は母は,やむを得ない事由があるときは,家庭裁判所の許可を得て,親権又は管理権を辞することができる.
② 前項の事由が消滅したときは,父又は母は,家庭裁判所の許可を得て,親権又は管理権を回復することができる.

## 第5章 後 見

### 第1節 後見の開始

第838条 後見は,次に掲げる場合に開始する.
1 未成年者に対して親権を行う者がないとき,又は親権を行う者が管理権を有しないとき.
2 後見開始の審判があったとき.

### 第2節 後見の機関

#### 第1款 後見人

(未成年後見人の指定)
第839条 ① 未成年者に対して最後に親権を行う者は,遺言で,未成年後見人を指定することができる.ただし,管理権を有しない者は,この限りでない.
② 親権を行う父母の一方が管理権を有しないときは,他の一方は,前項の規定により未成年後見人の指定をすることができる.

(未成年後見人の選任)
第840条 前条の規定により未成年後見人となるべき者がないときは,家庭裁判所は,未成年被後見人又はその親族その他の利害関係人の請求によって,未成年後見人を選任する.未成年後見人が欠けたときも,同様とする.

(父母による未成年後見人の選任の請求)
第841条 父若しくは母が親権若しくは管理権を辞し,又は親権を失ったことによって未成年後見人を選任する必要が生じたときは,その父又は母は,遅滞なく未成年後見人の選任を家庭裁判所に請求しなければならない.

(未成年後見人の数)
第842条 未成年後見人は,1人でなければならない.

(成年後見人の選任)
第843条 ① 家庭裁判所は,後見開始の審判をするときは,職権で,成年後見人を選任する.
② 成年後見人が欠けたときは,家庭裁判所は,成年被後見人若しくはその親族その他の利害関係人の請求により又は職権で,成年後見人を選任する.
③ 成年後見人が選任されている場合においても,家庭裁判所は,必要があると認めるときは,前項に規定する者若しくは成年後見人の請求により,又は職権で,更に成年後見人を選任することができる.
④ 成年後見人を選任するには,成年被後見人の心身の状態並びに生活及び財産の状況,成年後見人となる者の職業及び経歴並びに成年被後見人との利害関係の有無(成年後見人となる者が法人であるときは,その事業の種類及び内容並びにその法人及びその代表者と成年被後見人との利害関係の有無),成年被後見人の意見その他一切の事情を考慮しなければならない.

(後見人の辞任)
第844条 後見人は,正当な事由があるときは,家庭裁判所の許可を得て,その任務を辞することができる.

(辞任した後見人による新たな後見人の選任の請求)
第845条 後見人がその任務を辞したことによって新たに後見人を選任する必要が生じたときは,その後見人は,遅滞なく新たな後見人の選任を家庭裁判所に請求しなければならない.

第846条 (後見人の解任) 後見人に不正な行為,著しい不行跡その他後見の任務に適しない事由があるときは,家庭裁判所は,後見監督人,被後見人若しくはその親族若しくは検察官の請求により又は職権で,これを解任することができる.

(後見人の欠格事由)
第847条 次に掲げる者は,後見人となること

ができない．
1 未成年者
2 家庭裁判所で免ぜられた法定代理人，保佐人又は補助人
3 破産者
4 被後見人に対して訴訟をし，又はした者並びにその配偶者及び直系血族
5 行方の知れない者

### 第2款　後見監督人

（未成年後見監督人の指定）

**第848条**　未成年後見人を指定することができる者は，遺言で，未成年後見監督人を指定することができる．

（未成年後見監督人の選任）

**第849条**　前条の規定により指定した未成年後見監督人がない場合において必要があると認めるときは，家庭裁判所は，未成年被後見人，その親族若しくは未成年後見人の請求により又は職権で，未成年後見監督人を選任することができる．未成年後見監督人の欠けた場合も，同様とする．

（成年後見監督人の選任）

**第849条の2**　家庭裁判所は，必要があると認めるときは，成年被後見人，その親族若しくは成年後見人の請求により又は職権で，成年後見監督人を選任することができる．

（後見監督人の欠格事由）

**第850条**　後見人の配偶者，直系血族及び兄弟姉妹は，後見監督人となることができない．

（後見監督人の職務）

**第851条**　後見監督人の職務は，次のとおりとする．
1 後見人の事務を監督すること．
2 後見人が欠けた場合に，遅滞なくその選任を家庭裁判所に請求すること．
3 急迫の事情がある場合に，必要な処分をすること．
4 後見人又はその代表する者と被後見人との利益が相反する行為について被後見人を代表すること．

（委任及び後見人の規定の準用）

**第852条**　第644条，第654条，第655条，第843条第4項，第844条，第846条，第847条，第859条の2，第859条の3，第861条第2項及び第862条の規定は，後見監督人について準用する．

### 第3節　後見の事務

（財産の調査及び目録の作成）

**第853条**　① 後見人は，遅滞なく被後見人の財産の調査に着手し，1箇月以内に，その調査を終わり，かつ，その目録を作成しなければならない．ただし，この期間は，家庭裁判所において伸長することができる．
② 財産の調査及びその目録の作成は，後見監督人があるときは，その立会いをもってしなければ，その効力を生じない．

（財産の目録の作成前の権限）

**第854条**　後見人は，財産の目録の作成を終わるまでは，急迫の必要がある行為のみをする権限を有する．ただし，これをもって善意の第三者に対抗することができない．

（後見人の被後見人に対する債権又は債務の申出義務）

**第855条**　① 後見人が，被後見人に対し，債権を有し，又は債務を負う場合において，後見監督人があるときは，財産の調査に着手する前に，これを後見監督人に申し出なければならない．
② 後見人が，被後見人に対し債権を有することを知ってこれを申し出ないときは，その債権を失う．

（被後見人が包括財産を取得した場合についての準用）

**第856条**　前3条の規定は，後見人が就職した後被後見人が包括財産を取得した場合について準用する．

（未成年被後見人の身上の監護に関する権利義務）

**第857条**　未成年後見人は，第820条から第823条までに規定する事項について，親権を行う者と同一の権利義務を有する．ただし，親権を行う者が定めた教育の方法及び居所を変更し，未成年被後見人を懲戒場に入れ，営業を許可し，その許可を取り消し，又はこれを制限するには，未成年後見監督人があるときは，その同意を得なければならない．

（成年被後見人の意思の尊重及び身上の配慮）

**第858条**　成年後見人は，成年被後見人の生活，療養看護及び財産の管理に関する事務を行うに当たっては，成年被後見人の意思を尊重し，かつ，その心身の状態及び生活の状況に配慮しなければならない．

（財産の管理及び代表）

**第859条**　① 後見人は，被後見人の財産を管理し，かつ，その財産に関する法律行為について被後見人を代表する．
② 第824条ただし書の規定は，前項の場合について準用する．

（成年後見人が数人ある場合の権限の行使等）

**第859条の2**　① 成年後見人が数人あるときは，家庭裁判所は，職権で，数人の成年後見人が，共同して又は事務を分掌して，その権限を行使すべきことを定めることができる．

② 家庭裁判所は，職権で，前項の規定による定めを取り消すことができる．
③ 成年後見人が数人あるときは，第三者の意思表示は，その1人に対してすれば足りる．

**(成年被後見人の居住用不動産の処分についての許可)**
**第859条の3** 成年後見人は，成年被後見人に代わって，その居住の用に供する建物又はその敷地について，売却，賃貸，賃貸借の解除又は抵当権の設定その他これらに準ずる処分をするには，家庭裁判所の許可を得なければならない．

**(利益相反行為)**
**第860条** 第826条の規定は，後見人について準用する．ただし，後見監督人がある場合は，この限りでない．

**(支出金額の予定及び後見の事務の費用)**
**第861条** ① 後見人は，その就職の初めにおいて，被後見人の生活，教育又は療養看護及び財産の管理のために毎年支出すべき金額を予定しなければならない．
② 後見人が後見の事務を行うために必要な費用は，被後見人の財産の中から支弁する．

**(後見人の報酬)**
**第862条** 家庭裁判所は，後見人及び被後見人の資力その他の事情によって，被後見人の財産の中から，相当な報酬を後見人に与えることができる．

**(後見の事務の監督)**
**第863条** ① 後見監督人又は家庭裁判所は，いつでも，後見人に対し後見の事務の報告若しくは財産の目録の提出を求め，又は後見の事務若しくは被後見人の財産の状況を調査することができる．
② 家庭裁判所は，後見監督人，被後見人若しくはその親族その他の利害関係人の請求により又は職権で，被後見人の財産の管理その他後見の事務について必要な処分を命ずることができる．

**(後見監督人の同意を要する行為)**
**第864条** 後見人が，被後見人に代わって営業若しくは第13条第1項各号に掲げる行為をし，又は未成年被後見人がこれをすることに同意するには，後見監督人があるときは，その同意を得なければならない．ただし，同項第1号に掲げる元本の領収については，この限りでない．
**第865条** ① 後見人が，前条の規定に違反してし又は同意を与えた行為は，被後見人又は後見人が取り消すことができる．この場合においては，第20条の規定を準用する．
② 前項の規定は，第121条から第126条までの規定の適用を妨げない．

**(被後見人の財産等の譲受けの取消し)**
**第866条** ① 後見人が被後見人の財産又は被後見人に対する第三者の権利を譲り受けたときは，被後見人は，これを取り消すことができる．この場合においては，第20条の規定を準用する．
② 前項の規定は，第121条から第126条までの規定の適用を妨げない．

**(未成年被後見人に代わる親権の行使)**
**第867条** ① 未成年後見人は，未成年被後見人に代わって親権を行う．
② 第853条から第857条まで及び第861条から前条までの規定は，前項の場合について準用する．

**(財産に関する権限のみを有する未成年後見人)**
**第868条** 親権を行う者が管理権を有しない場合には，未成年後見人は，財産に関する権限のみを有する．

**(委任及び親権の規定の準用)**
**第869条** 第644条及び第830条の規定は，後見について準用する．

### 第4節 後見の終了
**(後見の計算)**
**第870条** 後見人の任務が終了したときは，後見人又はその相続人は，2箇月以内にその管理の計算(以下「後見の計算」という．)をしなければならない．ただし，この期間は，家庭裁判所において伸長することができる．
**第871条** 後見の計算は，後見監督人があるときは，その立会いをもってしなければならない．

**(未成年被後見人と未成年後見人等との間の契約等の取消し)**
**第872条** ① 未成年被後見人が成年に達した後後見の計算の終了前に，その者と未成年後見人又はその相続人との間でした契約は，その者が取り消すことができる．その者が未成年被後見人又はその相続人に対してした単独行為も，同様とする．
② 第20条及び第121条から第126条までの規定は，前項の場合について準用する．

**(返還金に対する利息の支払等)**
**第873条** ① 後見人が被後見人に返還すべき金額及び被後見人が後見人に返還すべき金額には，後見の計算が終了した時から，利息を付さなければならない．
② 後見人は，自己のために被後見人の金銭を消費したときは，その消費の時から，これに利息を付さなければならない．この場合において，なお損害があるときは，その賠償の責任を負う．

**(委任の規定の準用)**

**第874条** 第654条及び第655条の規定は、後見について準用する。

(後見に関して生じた債権の消滅時効)
**第875条** ① 第832条の規定は、後見人又は後見監督人と被後見人との間において後見に関して生じた債権の消滅時効について準用する。
② 前項の消滅時効は、第872条の規定により法律行為を取り消した場合には、その取消しの時から起算する。

## 第6章 保佐及び補助

### 第1節 保佐

(保佐の開始)
**第876条** 保佐は、保佐開始の審判によって開始する。

(保佐人及び臨時保佐人の選任等)
**第876条の2** ① 家庭裁判所は、保佐開始の審判をするときは、職権で、保佐人を選任する。
② 第843条第2項から第4項まで及び第844条から第847条までの規定は、保佐人について準用する。
③ 保佐人又はその代表する者と被保佐人との利益が相反する行為については、保佐人は、臨時保佐人の選任を家庭裁判所に請求しなければならない。ただし、保佐監督人がある場合は、この限りでない。

(保佐監督人)
**第876条の3** ① 家庭裁判所は、必要があると認めるときは、被保佐人、その親族若しくは保佐人の請求により又は職権で、保佐監督人を選任することができる。
② 第644条、第654条、第655条、第843条第4項、第844条、第846条、第847条、第850条、第851条、第859条の2、第859条の3、第861条第2項及び第862条の規定は、保佐監督人について準用する。この場合において、第851条第4号中「被後見人を代表する」とあるのは、「被保佐人を代表し、又は被保佐人がこれをすることに同意する」と読み替えるものとする。

(保佐人に代理権を付与する旨の審判)
**第876条の4** ① 家庭裁判所は、第11条本文に規定する者又は保佐人若しくは保佐監督人の請求によって、被保佐人のために特定の法律行為について保佐人に代理権を付与する旨の審判をすることができる。
② 本人以外の者の請求によって前項の審判をするには、本人の同意がなければならない。
③ 家庭裁判所は、第1項に規定する者の請求によって、同項の審判の全部又は一部を取り消すことができる。

(保佐の事務及び保佐人の任務の終了等)
**第876条の5** ① 保佐人は、保佐の事務を行うに当たっては、被保佐人の意思を尊重し、かつ、その心身の状態及び生活の状況に配慮しなければならない。
② 第644条、第859条の2、第859条の3、第861条第2項、第862条及び第863条の規定は保佐の事務について、第824条ただし書の規定は保佐人が前条第1項の代理権を付与する旨の審判に基づき被保佐人を代表する場合について準用する。
③ 第654条、第655条、第870条、第871条及び第873条の規定は保佐人の任務が終了した場合について、第832条の規定は保佐人又は保佐監督人と被保佐人との間において保佐に関して生じた債権について準用する。

### 第2節 補助

(補助の開始)
**第876条の6** 補助は、補助開始の審判によって開始する。

(補助人及び臨時補助人の選任等)
**第876条の7** ① 家庭裁判所は、補助開始の審判をするときは、職権で、補助人を選任する。
② 第843条第2項から第4項まで及び第844条から第847条までの規定は、補助人について準用する。
③ 補助人又はその代表する者と被補助人との利益が相反する行為については、補助人は、臨時補助人の選任を家庭裁判所に請求しなければならない。ただし、補助監督人がある場合は、この限りでない。

(補助監督人)
**第876条の8** ① 家庭裁判所は、必要があると認めるときは、被補助人、その親族若しくは補助人の請求により又は職権で、補助監督人を選任することができる。
② 第644条、第654条、第655条、第843条第4項、第844条、第846条、第847条、第850条、第851条、第859条の2、第859条の3、第861条第2項及び第862条の規定は、補助監督人について準用する。この場合において、第851条第4号中「被後見人を代表する」とあるのは、「被補助人を代表し、又は被補助人がこれをすることに同意する」と読み替えるものとする。

(補助人に代理権を付与する旨の審判)
**第876条の9** ① 家庭裁判所は、第15条第1項本文に規定する者又は補助人若しくは補助監督人の請求によって、被補助人のために特定の法律行為について補助人に代理権を付与する旨の審判をすることができる。
② 第876条の4第2項及び第3項の規定は、前項の審判について準用する。

(補助の事務及び補助人の任務の終了等)
**第876条の10** ① 第644条,第859条の2,第859条の3,第861条第2項,第862条,第863条及び第876条の5第1項の規定は補助の事務について,第824条ただし書の規定は補助人が前条第1項の代理権を付与する旨の審判に基づき被補助人を代表する場合について準用する.
② 第654条,第655条,第870条,第871条及び第873条の規定は補助人の任務が終了した場合について,第832条の規定は補助人又は補助監督人と被補助人との間において補助に関して生じた債権について準用する.

## 第7章 扶養

(扶養義務者)
**第877条** ① 直系血族及び兄弟姉妹は,互いに扶養をする義務がある.
② 家庭裁判所は,特別の事情があるときは,前項に規定する場合のほか,三親等内の親族間においても扶養の義務を負わせることができる.
③ 前項の規定による審判があった後事情に変更を生じたときは,家庭裁判所は,その審判を取り消すことができる.

(扶養の順位)
**第878条** 扶養をする義務のある者が数人ある場合において,扶養をすべき者の順序について,当事者間に協議が調わないとき,又は協議をすることができないときは,家庭裁判所が,これを定める.扶養を受ける権利のある者が数人ある場合において,扶養義務者の資力がその全員を扶養するのに足りないときの扶養を受けるべき者の順序についても,同様とする.

(扶養の程度又は方法)
**第879条** 扶養の程度又は方法について,当事者間に協議が調わないとき,又は協議をすることができないときは,扶養権利者の需要,扶養義務者の資力その他一切の事情を考慮して,家庭裁判所が,これを定める.

(扶養に関する協議又は審判の変更又は取消し)
**第880条** 扶養をすべき者若しくは扶養を受けるべき者の順序又は扶養の程度若しくは方法について協議又は審判があった後事情に変更を生じたときは,家庭裁判所は,その協議又は審判の変更又は取消しをすることができる.

(扶養請求権の処分の禁止)
**第881条** 扶養を受ける権利は,処分することができない.

## 第5編 相 続

## 第1章 総 則

(相続開始の原因)
**第882条** 相続は,死亡によって開始する.
(相続開始の場所)
**第883条** 相続は,被相続人の住所において開始する.
(相続回復請求権)
**第884条** 相続回復の請求権は,相続人又はその法定代理人が相続権を侵害された事実を知った時から5年間行使しないときは,時効によって消滅する.相続開始の時から20年を経過したときも,同様とする.

(相続財産に関する費用)
**第885条** ① 相続財産に関する費用は,その財産の中から支弁する.ただし,相続人の過失によるものは,この限りでない.
② 前項の費用は,遺留分権利者が贈与の減殺によって得た財産をもって支弁することを要しない.

## 第2章 相続人

(相続に関する胎児の権利能力)
**第886条** ① 胎児は,相続については,既に生まれたものとみなす.
② 前項の規定は,胎児が死体で生まれたときは,適用しない.

(子及びその代襲者等の相続権)
**第887条** ① 被相続人の子は,相続人となる.
② 被相続人の子が,相続の開始以前に死亡したとき,又は第891条の規定に該当し,若しくは廃除によって,その相続権を失ったときは,その者の子がこれを代襲して相続人となる.ただし,被相続人の直系卑属でない者は,この限りでない.
③ 前項の規定は,代襲者が,相続の開始以前に死亡し,又は第891条の規定に該当し,若しくは廃除によって,その代襲相続権を失った場合について準用する.

**第888条** 削除
(直系尊属及び兄弟姉妹の相続権)
**第889条** ① 次に掲げる者は,第887条の規定により相続人となるべき者がない場合には,次に掲げる順序の順位に従って相続人となる.
1 被相続人の直系尊属.ただし,親等の異なる者の間では,その近い者を先にする.
2 被相続人の兄弟姉妹
② 第887条第2項の規定は,前項第2号の場合について準用する.

(配偶者の相続権)
第890条 被相続人の配偶者は、常に相続人となる。この場合において、第887条又は前条の規定により相続人となるべき者があるときは、その者と同順位とする。

(相続人の欠格事由)
第891条 次に掲げる者は、相続人となることができない。
1 故意に被相続人又は相続について先順位若しくは同順位にある者を死亡するに至らせ、又は至らせようとしたために、刑に処せられた者
2 被相続人の殺害されたことを知って、これを告発せず、又は告訴しなかった者。ただし、その者に是非の弁別がないとき、又は殺害者が自己の配偶者若しくは直系血族であったときは、この限りでない。
3 詐欺又は強迫によって、被相続人が相続に関する遺言をし、撤回し、取り消し、又は変更することを妨げた者
4 詐欺又は強迫によって、被相続人に相続に関する遺言をさせ、撤回させ、取り消させ、又は変更させた者
5 相続に関する被相続人の遺言書を偽造し、変造し、破棄し、又は隠匿した者

(推定相続人の廃除)
第892条 遺留分を有する推定相続人(相続が開始した場合に相続人となるべき者をいう。以下同じ。)が、被相続人に対して虐待をし、若しくはこれに重大な侮辱を加えたとき、又は推定相続人にその他の著しい非行があったときは、被相続人は、その推定相続人の廃除を家庭裁判所に請求することができる。

(遺言による推定相続人の廃除)
第893条 被相続人が遺言で推定相続人を廃除する意思を表示したときは、遺言執行者は、その遺言が効力を生じた後、遅滞なく、その推定相続人の廃除を家庭裁判所に請求しなければならない。この場合において、その推定相続人の廃除は、被相続人の死亡の時にさかのぼってその効力を生ずる。

(推定相続人の廃除の取消し)
第894条 ① 被相続人は、いつでも、推定相続人の廃除の取消しを家庭裁判所に請求することができる。
② 前条の規定は、推定相続人の廃除の取消しについて準用する。

(推定相続人の廃除に関する審判確定前の遺産の管理)
第895条 ① 推定相続人の廃除又はその取消しの請求があった後その審判が確定する前に相続が開始したときは、家庭裁判所は、親族、利害関係人又は検察官の請求によって、遺産の管理について必要な処分を命ずることができる。推定相続人の廃除の遺言があったときも、同様とする。
② 第27条から第29条までの規定は、前項の規定により家庭裁判所が遺産の管理人を選任した場合について準用する。

## 第3章 相続の効力

第1節 総則
(相続の一般的効力)
第896条 相続人は、相続開始の時から、被相続人の財産に属した一切の権利義務を承継する。ただし、被相続人の一身に専属したものは、この限りでない。

(祭祀に関する権利の承継)
第897条 ① 系譜、祭具及び墳墓の所有権は、前条の規定にかかわらず、慣習に従って祖先の祭祀を主宰すべき者が承継する。ただし、被相続人の指定に従って祖先の祭祀を主宰すべき者があるときは、その者が承継する。
② 前項本文の場合において慣習が明らかでないときは、同項の権利を承継すべき者は、家庭裁判所が定める。

(共同相続の効力)
第898条 相続人が数人あるときは、相続財産は、その共有に属する。
第899条 各共同相続人は、その相続分に応じて被相続人の権利義務を承継する。

第2節 相続分
(法定相続分)
第900条 同順位の相続人が数人あるときは、その相続分は、次の各号の定めるところによる。
1 子及び配偶者が相続人であるときは、子の相続分及び配偶者の相続分は、各2分の1とする。
2 配偶者及び直系尊属が相続人であるときは、配偶者の相続分は、3分の2とし、直系尊属の相続分は、3分の1とする。
3 配偶者及び兄弟姉妹が相続人であるときは、配偶者の相続分は、4分の3とし、兄弟姉妹の相続分は、4分の1とする。
4 子、直系尊属又は兄弟姉妹が数人あるときは、各自の相続分は、相等しいものとする。ただし、嫡出でない子の相続分は、嫡出である子の相続分の2分の1とし、父母の一方のみを同じくする兄弟姉妹の相続分は、父母の双方を同じくする兄弟姉妹の相続分の2分の1とする。

(代襲相続人の相続分)

**第901条** ① 第887条第2項又は第3項の規定により相続人となる直系卑属の相続分は,その直系尊属が受けるべきであったものと同じとする.ただし,直系卑属が数人あるときは,その各自の直系尊属が受けるべきであった部分について,前条の規定に従ってその相続分を定める.
② 前項の規定は,第889条第2項の規定により兄弟姉妹の子が相続人となる場合について準用する.

（遺言による相続分の指定）
**第902条** ① 被相続人は,前2条の規定にかかわらず,遺言で,共同相続人の相続分を定め,又はこれを定めることを第三者に委託することができる.ただし,被相続人又は第三者は,遺留分に関する規定に違反することができない.
② 被相続人が,共同相続人中の1人若しくは数人の相続分のみを定め,又はこれを第三者に定めさせたときは,他の共同相続人の相続分は,前2条の規定により定める.

（特別受益者の相続分）
**第903条** ① 共同相続人中に,被相続人から,遺贈を受け,又は婚姻若しくは養子縁組のため若しくは生計の資本として贈与を受けた者があるときは,被相続人が相続開始の時において有した財産の価額にその贈与の価額を加えたものを相続財産とみなし,前3条の規定により算定した相続分の中からその遺贈又は贈与の価額を控除した残額をもってその者の相続分とする.
② 遺贈又は贈与の価額が,相続分の価額に等しく,又はこれを超えるときは,受遺者又は受贈者は,その相続分を受けることができない.
③ 被相続人が前2項の規定と異なった意思を表示したときは,その意思表示は,遺留分に関する規定に違反しない範囲内で,その効力を有する.

**第904条** 前条に規定する贈与の価額は,受贈者の行為によって,その目的である財産が滅失し,又はその価格の増減があったときであっても,相続開始の時においてなお原状のままであるものとみなしてこれを定める.

（寄与分）
**第904条の2** ① 共同相続人中に,被相続人の事業に関する労務の提供又は財産上の給付,被相続人の療養看護その他の方法により被相続人の財産の維持又は増加について特別の寄与をした者があるときは,被相続人が相続開始の時において有した財産の価額から共同相続人の協議で定めたその者の寄与分を控除したものを相続財産とみなし,第900条から第902条までの規定により算定した相続分に寄与分を加えた額をもってその者の相続分とする.
② 前項の協議が調わないとき,又は協議をすることができないときは,家庭裁判所は,同項に規定する寄与をした者の請求により,寄与の時期,方法及び程度,相続財産の額その他一切の事情を考慮して,寄与分を定める.
③ 寄与分は,被相続人が相続開始の時において有した財産の価額から遺贈の価額を控除した残額を超えることができない.
④ 第2項の請求は,第907条第2項の規定による請求があった場合又は第910条に規定する場合にすることができる.

（相続分の取戻権）
**第905条** ① 共同相続人の1人が遺産の分割前にその相続分を第三者に譲り渡したときは,他の共同相続人は,その価額及び費用を償還して,その相続分を譲り受けることができる.
② 前項の権利は,1箇月以内に行使しなければならない.

### 第3節 遺産の分割
（遺産の分割の基準）
**第906条** 遺産の分割は,遺産に属する物又は権利の種類及び性質,各相続人の年齢,職業,心身の状態及び生活の状況その他一切の事情を考慮してこれをする.

（遺産の分割の協議又は審判等）
**第907条** ① 共同相続人は,次条の規定により被相続人が遺言で禁じた場合を除き,いつでも,その協議で,遺産の分割をすることができる.
② 遺産の分割について,共同相続人間に協議が調わないとき,又は協議をすることができないときは,各共同相続人は,その分割を家庭裁判所に請求することができる.
③ 前項の場合において特別の事由があるときは,家庭裁判所は,期間を定めて,遺産の全部又は一部について,その分割を禁ずることができる.

（遺産の分割の方法の指定及び遺産の分割の禁止）
**第908条** 被相続人は,遺言で,遺産の分割の方法を定め,若しくはこれを定めることを第三者に委託し,又は相続開始の時から5年を超えない期間を定めて,遺産の分割を禁ずることができる.

（遺産の分割の効力）
**第909条** 遺産の分割は,相続開始の時にさかのぼってその効力を生ずる.ただし,第三者の権利を害することはできない.

（相続の開始後に認知された者の価額の支払請求権）
**第910条** 相続の開始後認知によって相続人と

なった者が遺産の分割を請求しようとする場合において,他の共同相続人が既にその分割その他の処分をしたときは,価額のみによる支払の請求権を有する.

(共同相続人間の担保責任)
第911条　各共同相続人は,他の共同相続人に対して,売主と同じく,その相続分に応じて担保の責任を負う.

(遺産の分割によって受けた債権についての担保責任)
第912条　① 各共同相続人は,その相続分に応じ,他の共同相続人が遺産の分割によって受けた債権について,その分割の時における債務者の資力を担保する.
② 弁済期に至らない債権及び停止条件付きの債権については,各共同相続人は,弁済をすべき時における債務者の資力を担保する.

(資力のない共同相続人がある場合の担保責任の分担)
第913条　担保の責任を負う共同相続人中に償還をする資力のない者があるときは,その償還することができない部分は,求償者及び他の資力のある者が,それぞれその相続分に応じて分担する.ただし,求償者に過失があるときは,他の共同相続人に対して分担を請求することができない.

(遺言による担保責任の定め)
第914条　前3条の規定は,被相続人が遺言で別段の意思を表示したときは,適用しない.

### 第4章　相続の承認及び放棄

第1節　総則
(相続の承認又は放棄をすべき期間)
第915条　① 相続人は,自己のために相続の開始があったことを知った時から3箇月以内に,相続について,単純若しくは限定の承認又は放棄をしなければならない.ただし,この期間は,利害関係人又は検察官の請求によって,家庭裁判所において伸長することができる.
② 相続人は,相続の承認又は放棄をする前に,相続財産の調査をすることができる.

第916条　相続人が相続の承認又は放棄をしないで死亡したときは,前条第1項の期間は,その者の相続人が自己のために相続の開始があったことを知った時から起算する.

第917条　相続人が未成年者又は成年被後見人であるときは,第915条第1項の期間は,その法定代理人が未成年者又は成年被後見人のために相続の開始があったことを知った時から起算する.

(相続財産の管理)
第918条　① 相続人は,その固有財産におけるのと同一の注意をもって,相続財産を管理しなければならない.ただし,相続の承認又は放棄をしたときは,この限りでない.
② 家庭裁判所は,利害関係人又は検察官の請求によって,いつでも,相続財産の保存に必要な処分を命ずることができる.
③ 第27条から第29条までの規定は,前項の規定により家庭裁判所が相続財産の管理人を選任した場合について準用する.

(相続の承認及び放棄の撤回及び取消し)
第919条　① 相続の承認及び放棄は,第915条第1項の期間内でも,撤回することができない.
② 前項の規定は,第1編(総則)及び前編(親族)の規定により相続の承認又は放棄の取消しをすることを妨げない.
③ 前項の取消権は,追認をすることができる時から6箇月間行使しないときは,時効によって消滅する.相続の承認又は放棄の時から10年を経過したときも,同様とする.
④ 第2項の規定により限定承認又は相続の放棄の取消しをしようとする者は,その旨を家庭裁判所に申述しなければならない.

第2節　相続の承認
第1款　単純承認
(単純承認の効力)
第920条　相続人は,単純承認をしたときは,無限に被相続人の権利義務を承継する.

(法定単純承認)
第921条　次に掲げる場合には,相続人は,単純承認をしたものとみなす.
1　相続人が相続財産の全部又は一部を処分したとき.ただし,保存行為及び第602条に定める期間を超えない賃貸をすることは,この限りでない.
2　相続人が第915条第1項の期間内に限定承認又は相続の放棄をしなかったとき.
3　相続人が,限定承認又は相続の放棄をした後であっても,相続財産の全部若しくは一部を隠匿し,私にこれを消費し,又は悪意でこれを相続財産の目録中に記載しなかったとき.ただし,その相続人が相続の放棄をしたことによって相続人となった者が相続の承認をした後は,この限りでない.

第2款　限定承認
(限定承認)
第922条　相続人は,相続によって得た財産の限度においてのみ被相続人の債務及び遺贈を弁済すべきことを留保して,相続の承認をすることができる.

(共同相続人の限定承認)

第923条　相続人が数人あるときは、限定承認は、共同相続人の全員が共同してのみこれをすることができる。

（限定承認の方式）
第924条　相続人は、限定承認をしようとするときは、第915条第1項の期間内に、相続財産の目録を作成して家庭裁判所に提出し、限定承認をする旨を申述しなければならない。

（限定承認をしたときの権利義務）
第925条　相続人が限定承認をしたときは、その被相続人に対して有した権利義務は、消滅しなかったものとみなす。

（限定承認者による管理）
第926条　① 限定承認者は、その固有財産におけるのと同一の注意をもって、相続財産の管理を継続しなければならない。
② 第645条、第646条、第650条第1項及び第2項並びに第918条第2項及び第3項の規定は、前項の場合について準用する。

（相続債権者及び受遺者に対する公告及び催告）
第927条　① 限定承認者は、限定承認をした後5日以内に、すべての相続債権者（相続財産に属する債務の債権者をいう。以下同じ。）及び受遺者に対し、限定承認をしたこと及び一定の期間内にその請求の申出をすべき旨を公告しなければならない。この場合において、その期間は、2箇月を下ることができない。
② 前項の規定による公告には、相続債権者及び受遺者がその期間内に申出をしないときは弁済から除斥されるべき旨を付記しなければならない。ただし、限定承認者は、知れている相続債権者及び受遺者を除斥することができない。
③ 限定承認者は、知れている相続債権者及び受遺者には、各別にその申出の催告をしなければならない。
④ 第1項の規定による公告は、官報に掲載してする。

（公告期間満了前の弁済の拒絶）
第928条　限定承認者は、前条第1項の期間の満了前には、相続債権者及び受遺者に対して弁済を拒むことができる。

（公告期間満了後の弁済）
第929条　第927条第1項の期間が満了した後は、限定承認者は、相続財産をもって、その期間内に同項の申出をした相続債権者その他知れている相続債権者に、それぞれその債権額の割合に応じて弁済をしなければならない。ただし、優先権を有する債権者の権利を害することはできない。

（期限前の債務等の弁済）
第930条　① 限定承認者は、弁済期に至らない債権であっても、前条の規定に従って弁済をしなければならない。
② 条件付きの債権又は存続期間の不確定な債権は、家庭裁判所が選任した鑑定人の評価に従って弁済をしなければならない。

（受遺者に対する弁済）
第931条　限定承認者は、前2条の規定に従って各相続債権者に弁済をした後でなければ、受遺者に弁済をすることができない。

（弁済のための相続財産の換価）
第932条　前3条の規定に従って弁済をするにつき相続財産を売却する必要があるときは、限定承認者は、これを競売に付さなければならない。ただし、家庭裁判所が選任した鑑定人の評価に従い相続財産の全部又は一部の価額を弁済して、その競売を止めることができる。

（相続債権者及び受遺者の換価手続への参加）
第933条　相続債権者及び受遺者は、自己の費用で、相続財産の競売又は鑑定に参加することができる。この場合においては、第260条第2項の規定を準用する。

（不当な弁済をした限定承認者の責任等）
第934条　① 限定承認者は、第927条の公告若しくは催告をすることを怠り、又は同条第1項の期間内に相続債権者若しくは受遺者に弁済をしたことによって他の相続債権者若しくは受遺者に弁済をすることができなくなったときは、これによって生じた損害を賠償する責任を負う。第929条から第931条までの規定に違反して弁済をしたときも、同様とする。
② 前項の規定は、情を知って不当に弁済を受けた相続債権者又は受遺者に対する他の相続債権者又は受遺者の求償を妨げない。
③ 第724条の規定は、前2項の場合について準用する。

（公告期間内に申出をしなかった相続債権者及び受遺者）
第935条　第927条第1項の期間内に同項の申出をしなかった相続債権者及び受遺者で限定承認者に知れなかったものは、残余財産についてのみその権利を行使することができる。ただし、相続財産について特別担保を有する者は、この限りでない。

（相続人が数人ある場合の相続財産の管理人）
第936条　① 相続人が数人ある場合には、家庭裁判所は、相続人の中から、相続財産の管理人を選任しなければならない。
② 前項の相続財産の管理人は、相続人のために、これに代わって、相続財産の管理及び債務の弁済に必要な一切の行為をする。

③ 第926条から前条までの規定は,第1項の相続財産の管理人について準用する．この場合において,第927条第1項中「限定承認をした後5日以内」とあるのは,「その相続財産の管理人の選任があった後10日以内」と読み替えるものとする．

(法定単純承認の事由がある場合の相続債権者)
**第937条** 限定承認をした共同相続人の1人又は数人について第921条第1号又は第3号に掲げる事由があるときは,相続債権者は,相続財産をもって弁済を受けることができなかった債権額について,当該共同相続人に対し,その相続分に応じて権利を行使することができる．

### 第3節 相続の放棄
(相続の放棄の方式)
**第938条** 相続の放棄をしようとする者は,その旨を家庭裁判所に申述しなければならない．

(相続の放棄の効力)
**第939条** 相続の放棄をした者は,その相続に関しては,初めから相続人とならなかったものとみなす．

(相続の放棄をした者による管理)
**第940条** ① 相続の放棄によって相続人となった者が相続財産の管理を始めることができるまで,自己の財産におけるのと同一の注意をもって,その財産の管理を継続しなければならない．
② 第645条,第646条,第650条第1項及び第2項並びに第918条第2項及び第3項の規定は,前項の場合について準用する．

## 第5章 財産分離

(相続債権者又は受遺者の請求による財産分離)
**第941条** ① 相続債権者又は受遺者は,相続開始の時から3箇月以内に,相続人の財産の中から相続財産を分離することを家庭裁判所に請求することができる．相続財産が相続人の固有財産と混合しない間は,その期間の満了後も,同様とする．
② 家庭裁判所が前項の請求によって財産分離を命じたときは,その請求をした者は,5日以内に,他の相続債権者及び受遺者に対し,財産分離の命令があったこと及び一定の期間内に配当加入の申出をすべき旨を公告しなければならない．この場合において,その期間は,2箇月を下ることができない．
③ 前項の規定による公告は,官報に掲載してする．

(財産分離の効力)
**第942条** 財産分離の請求をした者及び前条第2項の規定により配当加入の申出をした者は,相続財産について,相続人の債権者に先立って弁済を受ける．

(財産分離の請求後の相続財産の管理)
**第943条** ① 財産分離の請求があったときは,家庭裁判所は,相続財産の管理について必要な処分を命ずることができる．
② 第27条から第29条までの規定は,前項の規定により家庭裁判所が相続財産の管理人を選任した場合について準用する．

(財産分離の請求後の相続人による管理)
**第944条** ① 相続人は,単純承認をした後でも,財産分離の請求があったときは,以後,その固有財産におけるのと同一の注意をもって,相続財産の管理をしなければならない．ただし,家庭裁判所が相続財産の管理人を選任したときは,この限りでない．
② 第645条から第647条まで並びに第650条第1項及び第2項の規定は,前項の場合について準用する．

(不動産についての財産分離の対抗要件)
**第945条** 財産分離は,不動産については,その登記をしなければ,第三者に対抗することができない．

(物上代位の規定の準用)
**第946条** 第304条の規定は,財産分離の場合について準用する．

(相続債権者及び受遺者に対する弁済)
**第947条** ① 相続人は,第941条第1項及び第2項の期間の満了前には,相続債権者及び受遺者に対して弁済を拒むことができる．
② 財産分離の請求があったときは,相続人は,第941条第2項の期間の満了後に,相続財産をもって,財産分離の請求又は配当加入の申出をした相続債権者及び受遺者に,それぞれその債権額の割合に応じて弁済をしなければならない．ただし,優先権を有する債権者の権利を害することはできない．
③ 第930条から第934条までの規定は,前項の場合について準用する．

(相続人の固有財産からの弁済)
**第948条** 財産分離の請求をした者及び配当加入の申出をした者は,相続財産をもって全部の弁済を受けることができなかった場合に限り,相続人の固有財産についてその権利を行使することができる．この場合においては,相続人の債権者は,その者に先立って弁済を受けることができる．

(財産分離の請求の防止等)
**第949条** 相続人は,その固有財産をもって相続債権者若しくは受遺者に弁済をし,又はこれ

に相当の担保を供して, 財産分離の請求を防止し, 又はその効力を消滅させることができる. ただし, 相続人の債権者が, これによって損害を受けるべきことを証明して, 異議を述べたときは, この限りでない.

**(相続人の債権者の請求による財産分離)**
**第950条** ① 相続人が限定承認をすることができる間又は相続財産が相続人の固有財産と混合しない間は, 相続人の債権者は, 家庭裁判所に対して財産分離の請求をすることができる.
② 第304条, 第925条, 第927条から第934条まで, 第943条から第945条まで及び第948条の規定は, 前項の場合について準用する. ただし, 第927条の公告及び催告は, 財産分離の請求をした債権者がしなければならない.

### 第6章 相続人の不存在

**(相続財産法人の成立)**
**第951条** 相続人のあることが明らかでないときは, 相続財産は, 法人とする.

**(相続財産の管理人の選任)**
**第952条** ① 前条の場合には, 家庭裁判所は, 利害関係人又は検察官の請求によって, 相続財産の管理人を選任しなければならない.
② 前項の規定により相続財産の管理人を選任したときは, 家庭裁判所は, 遅滞なくこれを公告しなければならない.

**(不在者の財産の管理人に関する規定の準用)**
**第953条** 第27条から第29条までの規定は, 前条第1項の相続財産の管理人 (以下この章において単に「相続財産の管理人」という.) について準用する.

**(相続財産の管理人の報告)**
**第954条** 相続財産の管理人は, 相続債権者又は受遺者の請求があるときは, その請求をした者に相続財産の状況を報告しなければならない.

**(相続財産法人の不成立)**
**第955条** 相続人のあることが明らかになったときは, 第951条の法人は, 成立しなかったものとみなす. ただし, 相続財産の管理人がその権限内でした行為の効力を妨げない.

**(相続財産の管理人の代理権の消滅)**
**第956条** ① 相続財産の管理人の代理権は, 相続人が相続の承認をした時に消滅する.
② 前項の場合には, 相続財産の管理人は, 遅滞なく相続人に対して管理の計算をしなければならない.

**(相続債権者及び受遺者に対する弁済)**
**第957条** ① 第952条第2項の公告があった後2箇月以内に相続人のあることが明らかにならなかったときは, 相続財産の管理人は, 遅滞なく, すべての相続債権者及び受遺者に対し, 一定の期間内にその請求の申出をすべき旨を公告しなければならない. この場合において, その期間は, 2箇月を下ることができない.
② 第927条第2項から第4項まで及び第928条から第935条まで (第932条ただし書を除く.) の規定は, 前項の場合について準用する.

**(相続人の捜索の公告)**
**第958条** 前条第1項の期間の満了後, なお相続人のあることが明らかでないときは, 家庭裁判所は, 相続財産の管理人又は検察官の請求によって, 相続人があるならば一定の期間内にその権利を主張すべき旨を公告しなければならない. この場合において, その期間は, 6箇月を下ることができない.

**(権利を主張する者がない場合)**
**第958条の2** 前条の期間内に相続人としての権利を主張する者がないときは, 相続人並びに相続財産の管理人に知れなかった相続債権者及び受遺者は, その権利を行使することができない.

**(特別縁故者に対する相続財産の分与)**
**第958条の3** ① 前条の場合において, 相当と認めるときは, 家庭裁判所は, 被相続人と生計を同じくしていた者, 被相続人の療養看護に努めた者その他被相続人と特別の縁故があった者の請求によって, これらの者に, 清算後残存すべき相続財産の全部又は一部を与えることができる.
② 前項の請求は, 第958条の期間の満了後3箇月以内にしなければならない.

**(残余財産の国庫への帰属)**
**第959条** 前条の規定により処分されなかった相続財産は, 国庫に帰属する. この場合においては, 第956条第2項の規定を準用する.

### 第7章 遺言

#### 第1節 総則
**(遺言の方式)**
**第960条** 遺言は, この法律に定める方式に従わなければ, することができない.

**(遺言能力)**
**第961条** 15歳に達した者は, 遺言をすることができる.

**第962条** 第5条, 第9条, 第13条及び第17条の規定は, 遺言については, 適用しない.

**第963条** 遺言者は, 遺言をする時においてその能力を有しなければならない.

**(包括遺贈及び特定遺贈)**
**第964条** 遺言者は, 包括又は特定の名義で, その財産の全部又は一部を処分することができ

る。ただし,遺留分に関する規定に違反することができない。

(相続人に関する規定の準用)
**第965条** 第886条及び第891条の規定は,受遺者について準用する。

(被後見人の遺言の制限)
**第966条** ① 被後見人が,後見の計算の終了前に,後見人又はその配偶者若しくは直系卑属の利益となるべき遺言をしたときは,その遺言は,無効とする。
② 前項の規定は,直系血族,配偶者又は兄弟姉妹が後見人である場合には,適用しない。

### 第2節 遺言の方式
#### 第1款 普通の方式
(普通の方式による遺言の種類)
**第967条** 遺言は,自筆証書,公正証書又は秘密証書によってしなければならない。ただし,特別の方式によることを許す場合は,この限りでない。

(自筆証書遺言)
**第968条** ① 自筆証書によって遺言をするには,遺言者が,その全文,日付及び氏名を自書し,これに印を押さなければならない。
② 自筆証書中の加除その他の変更は,遺言者が,その場所を指示し,これを変更した旨を付記して特にこれに署名し,かつ,その変更の場所に印を押さなければ,その効力を生じない。

(公正証書遺言)
**第969条** 公正証書によって遺言をするには,次に掲げる方式に従わなければならない。
1 証人2人以上の立会いがあること。
2 遺言者が遺言の趣旨を公証人に口授すること。
3 公証人が,遺言者の口述を筆記し,これを遺言者及び証人に読み聞かせ,又は閲覧させること。
4 遺言者及び証人が,筆記の正確なことを承認した後,各自これに署名し,印を押すこと。ただし,遺言者が署名することができない場合は,公証人がその事由を付記して,署名に代えることができる。
5 公証人が,その証書は前各号に掲げる方式に従って作ったものである旨を付記して,これに署名し,印を押すこと。

(公正証書遺言の方式の特則)
**第969条の2** ① 口がきけない者が公正証書によって遺言をする場合には,遺言者は,公証人及び証人の前で,遺言の趣旨を通訳人の通訳により申述し,又は自書して,前条第2号の口授に代えなければならない。この場合における同条第3号の規定の適用については,同号中「口述」とあるのは,「通訳人の通訳による申述又は自書」とする。
② 前条の遺言者又は証人が耳が聞こえない者である場合には,公証人は,同条第3号に規定する筆記した内容を通訳人の通訳により遺言者又は証人に伝えて,同号の読み聞かせに代えることができる。
③ 公証人は,前2項に定める方式に従って公正証書を作ったときは,その旨をその証書に付記しなければならない。

(秘密証書遺言)
**第970条** ① 秘密証書によって遺言をするには,次に掲げる方式に従わなければならない。
1 遺言者が,その証書に署名し,印を押すこと。
2 遺言者が,その証書を封じ,証書に用いた印章をもってこれに封印すること。
3 遺言者が,公証人1人及び証人2人以上の前に封書を提出して,自己の遺言書である旨並びにその筆者の氏名及び住所を申述すること。
4 公証人が,その証書を提出した日付及び遺言者の申述を封紙に記載した後,遺言者及び証人とともにこれに署名し,印を押すこと。
② 第968条第2項の規定は,秘密証書による遺言について準用する。

(方式に欠ける秘密証書遺言の効力)
**第971条** 秘密証書による遺言は,前条に定める方式に欠けるものがあっても,第968条に定める方式を具備しているときは,自筆証書による遺言としてその効力を有する。

(秘密証書遺言の方式の特則)
**第972条** ① 口がきけない者が秘密証書によって遺言をする場合には,遺言者は,公証人及び証人の前で,その証書は自己の遺言書である旨並びにその筆者の氏名及び住所を通訳人の通訳により申述し,又は封紙に自書して,第970条第1項第3号の申述に代えなければならない。
② 前項の場合において,遺言者が通訳人の通訳により申述したときは,公証人は,その旨を封紙に記載しなければならない。
③ 第1項の場合において,遺言者が封紙に自書したときは,公証人は,その旨を封紙に記載して,第970条第1項第4号に規定する申述の記載に代えなければならない。

(成年被後見人の遺言)
**第973条** ① 成年被後見人が事理を弁識する能力を一時回復した時において遺言をするには,医師2人以上の立会いがなければならない。
② 遺言に立ち会った医師は,遺言者が遺言をする時において精神上の障害により事理を弁識する能力を欠く状態になかった旨を遺言書に付記して,これに署名し,印を押さなければ

らない．ただし，秘密証書による遺言にあっては，その封紙にその旨の記載をし，署名し，印を押さなければならない．

（証人及び立会人の欠格事由）
**第974条** 次に掲げる者は，遺言の証人又は立会人となることができない．
1 未成年者
2 推定相続人及び受遺者並びにこれらの配偶者及び直系血族
3 公証人の配偶者，四親等内の親族，書記及び使用人

（共同遺言の禁止）
**第975条** 遺言は，2人以上の者が同一の証書ですることができない．

### 第2款 特別の方式
（死亡の危急に迫った者の遺言）
**第976条** 疾病その他の事由によって死亡の危急に迫った者が遺言をしようとするときは，証人3人以上の立会いをもって，その1人に遺言の趣旨を口授して，これをすることができる．この場合においては，その口授を受けた者が，これを筆記して，遺言者及び他の証人に読み聞かせ，又は閲覧させ，各証人がその筆記の正確なことを承認した後，これに署名し，印を押さなければならない．
② 口がきけない者が前項の規定により遺言をする場合には，遺言者は，証人の前で，遺言の趣旨を通訳人の通訳により申述して，同項の口授に代えなければならない．
③ 第1項後段の遺言者又は他の証人が耳が聞こえない者である場合には，遺言の趣旨の口授又は申述を受けた者は，同項後段に規定する筆記した内容を通訳人の通訳によりその遺言者又は他の証人に伝えて，同項後段の読み聞かせに代えることができる．
④ 前3項の規定によりした遺言は，遺言の日から20日以内に，証人の1人又は利害関係人から家庭裁判所に請求してその確認を得なければ，その効力を生じない．
⑤ 家庭裁判所は，前項の遺言が遺言者の真意に出たものであるとの心証を得なければ，これを確認することができない．

（伝染病隔離者の遺言）
**第977条** 伝染病のため行政処分によって交通を断たれた場所に在る者は，警察官1人及び証人1人以上の立会いをもって遺言書を作ることができる．

（在船者の遺言）
**第978条** 船舶中に在る者は，船長又は事務員1人及び証人2人以上の立会いをもって遺言書を作ることができる．

（船舶遭難者の遺言）
**第979条** ① 船舶が遭難した場合において，当該船舶中に在って死亡の危急に迫った者は，証人2人以上の立会いをもって口頭で遺言をすることができる．
② 口がきけない者が前項の規定により遺言をする場合には，遺言者は，通訳人の通訳によりこれをしなければならない．
③ 前2項の規定に従ってした遺言は，証人が，その趣旨を筆記して，これに署名し，印を押し，かつ，証人の1人又は利害関係人から遅滞なく家庭裁判所に請求してその確認を得なければ，その効力を生じない．
④ 第976条第5項の規定は，前項の場合について準用する．

（遺言関係者の署名及び押印）
**第980条** 第977条及び第978条の場合には，遺言者，筆者，立会人及び証人は，各自遺言書に署名し，印を押さなければならない．

（署名又は押印が不能の場合）
**第981条** 第977条から第979条までの場合において，署名又は印を押すことのできない者があるときは，立会人又は証人は，その事由を付記しなければならない．

（普通の方式による遺言の規定の準用）
**第982条** 第968条第2項及び第973条から第975条までの規定は，第976条から前条までの規定による遺言について準用する．

（特別の方式による遺言の効力）
**第983条** 第976条から前条までの規定によりした遺言は，遺言者が普通の方式によって遺言をすることができるようになった時から6箇月間生存するときは，その効力を生じない．

（外国に在る日本人の遺言の方式）
**第984条** 日本の領事の駐在する地に在る日本人が公正証書又は秘密証書によって遺言をしようとするときは，公証人の職務は，領事が行う．

### 第3節 遺言の効力
（遺言の効力の発生時期）
**第985条** ① 遺言は，遺言者の死亡の時からその効力を生ずる．
② 遺言に停止条件を付した場合において，その条件が遺言者の死亡後に成就したときは，遺言は，条件が成就した時からその効力を生ずる．

（遺贈の放棄）
**第986条** ① 受遺者は，遺言者の死亡後，いつでも，遺贈の放棄をすることができる．
② 遺贈の放棄は，遺言者の死亡の時にさかのぼってその効力を生ずる．

（受遺者に対する遺贈の承認又は放棄の催告）
**第987条** 遺贈義務者（遺贈の履行をする義務

を負う者をいう。以下この節において同じ.）その他の利害関係人は，受遺者に対し，相当の期間を定めて，その期間内に遺贈の承認又は放棄をすべき旨の催告をすることができる．この場合において，受遺者がその期間内に遺贈義務者に対してその意思を表示しないときは，遺贈を承認したものとみなす．

（受遺者の相続人による遺贈の承認又は放棄）
**第988条** 受遺者が遺贈の承認又は放棄をしないで死亡したときは，その相続人は，自己の相続権の範囲内で，遺贈の承認又は放棄をすることができる．ただし，遺言者がその遺言に別段の意思を表示したときは，その意思に従う．

（遺贈の承認及び放棄の撤回及び取消し）
**第989条** ① 遺贈の承認及び放棄は，撤回することができない．
② 第919条第2項及び第3項の規定は，遺贈の承認及び放棄について準用する．

（包括受遺者の権利義務）
**第990条** 包括受遺者は，相続人と同一の権利義務を有する．

（受遺者による担保の請求）
**第991条** 受遺者は，遺贈が弁済期に至らない間は，遺贈義務者に対して相当の担保を請求することができる．停止条件付きの遺贈についてその条件の成否が未定である間も，同様とする．

（受遺者による果実の取得）
**第992条** 受遺者は，遺贈の履行を請求することができる時から果実を取得する．ただし，遺言者がその遺言に別段の意思を表示したときは，その意思に従う．

（遺贈義務者による費用の償還請求）
**第993条** ① 第299条の規定は，遺贈義務者が遺言者の死亡後に遺贈の目的物について費用を支出した場合について準用する．
② 果実を収取するために支出した通常の必要費は，果実の価格を超えない限度で，その償還を請求することができる．

（受遺者の死亡による遺贈の失効）
**第994条** ① 遺贈は，遺言者の死亡以前に受遺者が死亡したときは，その効力を生じない．
② 停止条件付きの遺贈については，受遺者がその条件の成就前に死亡したときも，前項と同様とする．ただし，遺言者がその遺言に別段の意思を表示したときは，その意思に従う．

（遺贈の無効又は失効の場合の財産の帰属）
**第995条** 遺贈が，その効力を生じないとき，又は放棄によってその効力を失ったときは，受遺者が受けるべきであったものは，相続人に帰属する．ただし，遺言者がその遺言に別段の意思を表示したときは，その意思に従う．

（相続財産に属しない権利の遺贈）
**第996条** 遺贈は，その目的である権利が遺言者の死亡の時において相続財産に属しなかったときは，その効力を生じない．ただし，その権利が相続財産に属するかどうかにかかわらず，これを遺贈の目的としたものと認められるときは，この限りでない．

**第997条** ① 相続財産に属しない権利を目的とする遺贈が前条ただし書の規定により有効であるときは，遺贈義務者は，その権利を取得して受遺者に移転する義務を負う．
② 前項の場合において，同項に規定する権利を取得することができないとき，又はこれを取得するについて過分の費用を要するときは，遺贈義務者は，その価額を弁償しなければならない．ただし，遺言者がその遺言に別段の意思を表示したときは，その意思に従う．

（不特定物の遺贈義務者の担保責任）
**第998条** ① 不特定物を遺贈の目的とした場合において，受遺者がこれにつき第三者から追奪を受けたときは，遺贈義務者は，これに対して，売主と同じく，担保の責任を負う．
② 不特定物を遺贈の目的とした場合において，物に瑕疵があったときは，遺贈義務者は，瑕疵のない物をもってこれに代えなければならない．

（遺贈の物上代位）
**第999条** ① 遺言者が，遺贈の目的物の滅失若しくは変造又はその占有の喪失によって第三者に対して償金を請求する権利を有するときは，その権利を遺贈の目的としたものと推定する．
② 遺贈の目的物が，他の物と付合し，又は混和した場合において，遺言者が第243条から第245条までの規定により合成物又は混和物の単独所有者又は共有者となったときは，その全部の所有権又は持分を遺贈の目的としたものと推定する．

（第三者の権利の目的である財産の遺贈）
**第1000条** 遺贈の目的である物又は権利が遺言者の死亡の時において第三者の権利の目的であるときは，受遺者は，遺贈義務者に対してその権利を消滅させるべき旨を請求することができない．ただし，遺言者がその遺言に反対の意思を表示したときは，この限りでない．

（債権の遺贈の物上代位）
**第1001条** ① 債権を遺贈の目的とした場合において，遺言者が弁済を受け，かつ，その受け取った物がなお相続財産中に在るときは，その物を遺贈の目的としたものと推定する．
② 金銭を目的とする債権を遺贈の目的とした場合においては，相続財産中にその債権額に相当する金銭がないときであっても，その金額を

遺贈の目的としたものと推定する.
　(負担付遺贈)
**第1002条**　① 負担付遺贈を受けた者は,遺贈の目的の価額を超えない限度においてのみ,負担した義務を履行する責任を負う.
② 受遺者が遺贈の放棄をしたときは,負担の利益を受けるべき者は,自ら受遺者となることができる.ただし,遺言者がその遺言に別段の意思を表示したときは,その意思に従う.
　(負担付遺贈の受遺者の免責)
**第1003条**　負担付遺贈の目的の価額が相続の限定承認又は遺留分回復の訴えによって減少したときは,受遺者は,その減少の割合に応じて,その負担した義務を免れる.ただし,遺言者がその遺言に別段の意思を表示したときは,その意思に従う.

### 第4節　遺言の執行
　(遺言書の検認)
**第1004条**　① 遺言書の保管者は,相続の開始を知った後,遅滞なく,これを家庭裁判所に提出して,その検認を請求しなければならない.遺言書の保管者がない場合において,相続人が遺言書を発見した後も,同様とする.
② 前項の規定は,公正証書による遺言については,適用しない.
③ 封印のある遺言書は,家庭裁判所において相続人又はその代理人の立会いがなければ,開封することができない.
　(過　料)
**第1005条**　前条の規定により遺言書を提出することを怠り,その検認を経ないで遺言を執行し,又は家庭裁判所外においてその開封をした者は,5万円以下の過料に処する.
　(遺言執行者の指定)
**第1006条**　① 遺言者は,遺言で,1人又は数人の遺言執行者を指定し,又はその指定を第三者に委託することができる.
② 遺言執行者の指定の委託を受けた者は,遅滞なく,その指定をして,これを相続人に通知しなければならない.
③ 遺言執行者の指定の委託を受けた者がその委託を辞そうとするときは,遅滞なくその旨を相続人に通知しなければならない.
　(遺言執行者の任務の開始)
**第1007条**　遺言執行者が就職を承諾したときは,直ちにその任務を行わなければならない.
　(遺言執行者に対する就職の催告)
**第1008条**　相続人その他の利害関係人は,遺言執行者に対し,相当の期間を定めて,その期間内に就職を承諾するかどうかを確答すべき旨の催告をすることができる.この場合において,遺言執行者が,その期間内に相続人に対して確答をしないときは,就職を承諾したものとみなす.
　(遺言執行者の欠格事由)
**第1009条**　未成年者及び破産者は,遺言執行者となることができない.
　(遺言執行者の選任)
**第1010条**　遺言執行者がないとき,又はなくなったときは,家庭裁判所は,利害関係人の請求によって,これを選任することができる.
　(相続財産の目録の作成)
**第1011条**　① 遺言執行者は,遅滞なく,相続財産の目録を作成して,相続人に交付しなければならない.
② 遺言執行者は,相続人の請求があるときは,その立会いをもって相続財産の目録を作成し,又は公証人にこれを作成させなければならない.
　(遺言執行者の権利義務)
**第1012条**　① 遺言執行者は,相続財産の管理その他遺言の執行に必要な一切の行為をする権利義務を有する.
② 第644条から第647条まで及び第650条の規定は,遺言執行者について準用する.
　(遺言の執行の妨害行為の禁止)
**第1013条**　遺言執行者がある場合には,相続人は,相続財産の処分その他遺言の執行を妨げるべき行為をすることができない.
　(特定財産に関する遺言の執行)
**第1014条**　前3条の規定は,遺言が相続財産のうち特定の財産に関する場合には,その財産についてのみ適用する.
　(遺言執行者の地位)
**第1015条**　遺言執行者は,相続人の代理人とみなす.
　(遺言執行者の復任権)
**第1016条**　① 遺言執行者は,やむを得ない事由がなければ,第三者にその任務を行わせることができない.ただし,遺言者がその遺言に反対の意思を表示したときは,この限りでない.
② 遺言執行者が前項ただし書の規定により第三者にその任務を行わせる場合には,相続人に対して,第105条に規定する責任を負う.
　(遺言執行者が数人ある場合の任務の執行)
**第1017条**　① 遺言執行者が数人ある場合には,その任務の執行は,過半数で決する.ただし,遺言者がその遺言に別段の意思を表示したときは,その意思に従う.
② 各遺言執行者は,前項の規定にかかわらず,保存行為をすることができる.
　(遺言執行者の報酬)
**第1018条**　① 家庭裁判所は,相続財産の状況

その他の事情によって遺言執行者の報酬を定めることができる．ただし，遺言者がその遺言に報酬を定めたときは，この限りでない．

② 第648条第2項及び第3項の規定は，遺言執行者が報酬を受けるべき場合について準用する．

（遺言執行者の解任及び辞任）

第1019条 ① 遺言執行者がその任務を怠ったときその他正当な事由があるときは，利害関係人は，その解任を家庭裁判所に請求することができる．

② 遺言執行者は，正当な事由があるときは，家庭裁判所の許可を得て，その任務を辞することができる．

（委任の規定の準用）

第1020条 第654条及び第655条の規定は，遺言執行者の任務が終了した場合について準用する．

（遺言の執行に関する費用の負担）

第1021条 遺言の執行に関する費用は，相続財産の負担とする．ただし，これによって遺留分を減ずることができない．

## 第5節 遺言の撤回及び取消し

（遺言の撤回）

第1022条 遺言者は，いつでも，遺言の方式に従って，その遺言の全部又は一部を撤回することができる．

（前の遺言と後の遺言との抵触等）

第1023条 ① 前の遺言が後の遺言と抵触するときは，その抵触する部分については，後の遺言で前の遺言を撤回したものとみなす．

② 前項の規定は，遺言が遺言後の生前処分その他の法律行為と抵触する場合について準用する．

（遺言書又は遺贈の目的物の破棄）

第1024条 遺言者が故意に遺言書を破棄したときは，その破棄した部分については，遺言を撤回したものとみなす．遺言者が故意に遺贈の目的物を破棄したときも，同様とする．

（撤回された遺言の効力）

第1025条 前3条の規定により撤回された遺言は，その撤回の行為が，撤回され，取り消され，又は効力を生じなくなるに至ったときであっても，その効力を回復しない．ただし，その行為が詐欺又は強迫による場合は，この限りでない．

（遺言の撤回権の放棄の禁止）

第1026条 遺言者は，その遺言を撤回する権利を放棄することができない．

（負担付遺贈に係る遺言の取消し）

第1027条 負担付遺贈を受けた者がその負担した義務を履行しないときは，相続人は，相当の期間を定めてその履行の催告をすることができる．この場合において，その期間内に履行がないときは，その負担付遺贈に係る遺言の取消しを家庭裁判所に請求することができる．

## 第8章 遺留分

（遺留分の帰属及びその割合）

第1028条 兄弟姉妹以外の相続人は，遺留分として，次の各号に掲げる区分に応じてそれぞれ当該各号に定める割合に相当する額を受ける．

1　直系尊属のみが相続人である場合　被相続人の財産の3分の1

2　前号に掲げる場合以外の場合　被相続人の財産の2分の1

（遺留分の算定）

第1029条 ① 遺留分は，被相続人が相続開始の時において有した財産の価額にその贈与した財産の価額を加えた額から債務の全額を控除して，これを算定する．

② 条件付きの権利又は存続期間の不確定な権利は，家庭裁判所が選任した鑑定人の評価に従って，その価格を定める．

第1030条 贈与は，相続開始前の1年間にしたものに限り，前条の規定によりその価額を算入する．当事者双方が遺留分権利者に損害を加えることを知って贈与をしたときは，1年前の日より前にしたものについても，同様とする．

（遺贈又は贈与の減殺請求）

第1031条 遺留分権利者及びその承継人は，遺留分を保全するのに必要な限度で，遺贈及び前条に規定する贈与の減殺を請求することができる．

（条件付権利等の贈与又は遺贈の一部の減殺）

第1032条 条件付きの権利又は存続期間の不確定な権利を贈与又は遺贈の目的とした場合において，その贈与又は遺贈の一部を減殺すべきときは，遺留分権利者は，第1029条第2項の規定により定めた価格に従い，直ちにその残部の価額を受贈者又は受遺者に給付しなければならない．

（贈与と遺贈の減殺の順序）

第1033条 贈与は，遺贈を減殺した後でなければ，減殺することができない．

（遺贈の減殺の割合）

第1034条 遺贈は，その目的の価額の割合に応じて減殺する．ただし，遺言者がその遺言に別段の意思を表示したときは，その意思に従う．

（贈与の減殺の順序）

第1035条 贈与の減殺は，後の贈与から順次前の贈与に対してする．

（受贈者による果実の返還）

第1036条 受贈者は，その返還すべき財産のほか，減殺の請求があった日以後の果実を返還し

**（受贈者の無資力による損失の負担）**
**第1037条** 減殺を受けるべき受贈者の無資力によって生じた損失は、遺留分権利者の負担に帰する．

**（負担付贈与の減殺請求）**
**第1038条** 負担付贈与は、その目的の価額から負担の価額を控除したものについて、その減殺を請求することができる．

**（不相当な対価による有償行為）**
**第1039条** 不相当な対価をもってした有償行為は、当事者双方が遺留分権利者に損害を加えることを知ってしたものに限り、これを贈与とみなす．この場合において、遺留分権利者がその減殺を請求するときは、その対価を償還しなければならない．

**（受贈者が贈与の目的を譲渡した場合等）**
**第1040条** ① 減殺を受けるべき受贈者が贈与の目的を他人に譲り渡したときは、遺留分権利者にその価額を弁償しなければならない．ただし、譲受人が譲渡の時において遺留分権利者に損害を加えることを知っていたときは、遺留分権利者は、これに対しても減殺を請求することができる．
② 前項の規定は、受贈者が贈与の目的につき権利を設定した場合について準用する．

**（遺留分権利者に対する価額による弁償）**
**第1041条** ① 受贈者及び受遺者は、減殺を受けるべき限度において、贈与又は遺贈の目的の価額を遺留分権利者に弁償して返還の義務を免れることができる．
② 前項の規定は、前条第1項ただし書の場合について準用する．

**（減殺請求権の期間の制限）**
**第1042条** 減殺の請求権は、遺留分権利者が、相続の開始及び減殺すべき贈与又は遺贈があったことを知った時から1年間行使しないときは、時効によって消滅する．相続開始の時から10年を経過したときも、同様とする．

**（遺留分の放棄）**
**第1043条** ① 相続の開始前における遺留分の放棄は、家庭裁判所の許可を受けたときに限り、その効力を生ずる．
② 共同相続人の1人のした遺留分の放棄は、他の各共同相続人の遺留分に影響を及ぼさない．

**（代襲相続及び相続分の規定の準用）**
**第1044条** 第887条第2項及び第3項，第900条，第901条，第903条並びに第904条の規定は、遺留分について準用する．

附　則（昭和22・12・22法222）（抄）
**第1条** この法律は、昭和23年1月1日から、これを施行する．
**第3条** この附則で、新法とは、この法律による改正後の民法をいい、旧法とは、従前の民法をいい、応急措置法とは、昭和22年法律第74号をいう．
**第4条** 新法は、別段の規定のある場合を除いては、新法施行前に生じた事項にもこれを適用する．但し、旧法及び応急措置法によつて生じた効力を妨げない．
**第8条** 新法施行前にした婚姻が旧法によつて取り消すことができる場合でも、その取消の原因である事項が新法に定めてないときは、その婚姻は、これを取り消すことができない．
**第25条** ① 応急措置法施行前に開始した相続に関しては、第2項の場合を除いて、なお、旧法を適用する．
② 応急措置法施行前に家督相続が開始し、新法施行後に旧法によれば家督相続人を選定しなければならない場合には、その相続に関しては、新法を適用する．但し、その相続の開始が入夫婚姻の取消、入夫の離婚又は養子縁組の取消によるときは、その相続は、財産の相続に関しては開始しなかつたものとみなし、第28条の規定を準用する．

附　則（平16・12・1法147）（抄）
**（施行期日）**
**第1条** この法律は、公布の日から起算して6月を超えない範囲内において政令で定める日から施行する．

**（経過措置の原則）**
**第2条** この法律による改正後の民法（以下「新法」という．）の規定は、次条及び附則第4条（第3項及び第5項を除く．）の規定による場合を除き、この法律の施行前に生じた事項にも適用する．ただし、この法律による改正前の民法の規定によって生じた効力を妨げない．

**（保証契約の方式に関する経過措置）**
**第3条** 新法第446条第2項及び第3項の規定は、この法律の施行前に締結された保証契約については、適用しない．

**（貸金等根保証契約に関する経過措置）**
**第4条** ① 新法第465条の2及び第465条の3（第2項を除く．）の規定は、この法律の施行前に締結された貸金等根保証契約（新法第465条の2第1項に規定する貸金等根保証契約をいう．以下同じ．）については、適用しない．
② この法律の施行前に締結された貸金等根保証契約であって元本確定期日（新法第465条の3第1項に規定する元本確定期日をいう．以下同じ．）の定めがあるもののうち次の各号に掲げるものの元本確定期日は、その定めにか

かわらず,それぞれ当該各号に定める日とする.
1 新法第465条の2第1項に規定する極度額(以下この条において単に「極度額」という.)の定めがない貸金等根保証契約であって,その元本確定期日がその定めによりこの法律の施行の日(以下この条において「施行日」という.)から起算して3年を経過する日より後の日と定められているもの　施行日から起算して3年を経過する日
2 極度額の定めがある貸金等根保証契約であって,その元本確定期日がその定めにより施行日から起算して5年を経過する日より後の日と定められているもの　施行日から起算して5年を経過する日
③ この法律の施行前に締結された貸金等根保証契約であって元本確定期日の定めがないものについての新法第465条の3第2項の規定の適用については,同項中「元本確定期日の定めがない場合(前項の規定により元本確定期日の定めがその効力を生じない場合を含む.)」とあるのは「元本確定期日の定めがない場合」と,「その貸金等根保証契約の締結の日から3年」とあるのは「この法律の日から起算して3年」とする.
④ 施行日以後にこの法律の施行前に締結された貸金等根保証契約における元本確定期日の変更をする場合において,変更後の元本確定期日が変更前の元本確定期日より後の日となるときは,その元本確定期日の変更は,その効力を生じない.
⑤ この法律の施行前に新法第465条の4各号に掲げる場合に該当する事由が生じた貸金等根保証契約であって,その主たる債務の元本が確定していないものについては,施行日にその事由が生じたものとみなして,同条の規定を適用する.
⑥ この法律の施行前に締結された新法第465条の5に規定する保証契約については,同条の規定は,適用しない.
⑦ 前項の保証契約の保証人は,新法第465条の5に規定する根保証契約の保証人の主たる債務者に対する求償権に係る当該主たる債務者の債務について,次の各号に掲げる区分に応じ,その元本確定期日がそれぞれ当該各号に定める日である日の保証人であるとしたならば当該主たる債務者が負担すべきこととなる額を限度として,その履行をする責任を負う.
1 当該根保証契約において極度額の定めがない場合　施行日から起算して3年を経過する日
2 当該根保証契約において極度額の定めがある場合　施行日から起算して5年を経過する日
⑧ 第6項の保証契約の保証人は,前項の根保証契約において元本確定期日の定めがない場合には,同項各号に掲げる区分に応じ,その元本確定期日がそれぞれ当該各号に定める日であるとしたならば同項の主たる債務者が負担すべきこととなる額を限度として,その履行をする責任を負う.

## 39 民法施行法(抄)

(明31・6・21法律第11号,明31・7・16施行,最終改正:平19・3・31法律第23号)

### 第1章 通則

**第4条** 証書ハ確定日附アルニ非サレハ第三者ニ対シ其作成ノ日ニ付キ完全ナル証拠力ヲ有セス
**第5条** ① 証書ハ左ノ場合ニ限リ確定日附アルモノトス
1 公正証書ナルトキハ其日附ヲ以テ確定日附トス
2 登記所又ハ公証人役場ニ於テ私署証書ニ日附アル印章ヲ押捺シタルトキハ其印章ノ日附ヲ以テ確定日附トス
3 私署証書ノ署名者中ニ死亡シタル者アルトキハ其死亡ノ日ヨリ確定日附アルモノトス
4 確定日附アル証書中ニ私署証書ヲ引用シタルトキハ其証書ノ日附ヲ以テ引用シタル私署証書ノ確定日附トス
5 官庁(日本郵政公社ヲ含ム)又ハ公署ニ於テ私署証書ニ或事項ヲ記入シ之ニ日附ヲ記載シタルトキハ其日附ヲ以テ其証書ノ確定日附トス
6 郵便認証司(郵便法(昭和22年法律第165号)第59条第1項ニ規定スル郵便認証司ヲ謂フ)ガ同法第58条第1号ニ規定スル内容証明ノ取扱ニ係ル認証ヲシタルトキハ同号ノ規定ニ従ヒテ記載シタル日付ヲ以テ確定日付トス
② 指定公証人(公証人法(明治41年法律第53号)第7条ノ2第1項ニ規定スル指定公証人ヲ謂フ以下之ニ同ジ)ガ其設ケタル公証人役場ニ於テ請求ニ基キ法務省令ノ定ムル方法ニ依リ電磁的記録(電子的方式,磁気的方式其他人ノ知覚ヲ以テ認識スルコト能ハザル方式(以下電磁的方式ト称ス)ニ依リ作ラルル記録ニシテ電子計算機ニ依ル情報処理ノ用ニ供セラルルモノヲ謂フ以下之ニ同ジ)ニ記録セラレタル情報ニ日付ヲ内容トスル情報(以下日付情報ト称ス)ヲ電磁的方式ニ依リ付シタルトキハ当該電磁的記録ニ記録セラレタル情報ハ確定日付アル証書ト看做ス但公務員ガ職務上作成シタル電磁的記録以外ノモノニ付シタルトキニ限ル
③ 前項ノ場合ニ於テハ日付情報ノ日付ヲ以テ確定日付トス
**第11条** 本法ハ民法施行ノ日ヨリ之ヲ施行ス

### 第2章 総則編ニ関スル規定(略)

## 第3章 物権編ニ関スル規定

**第35条** 慣習上物権トシテ認メタル権利ニシテ民法施行前ニ発生シタルモノト雖モ其施行ノ後ハ民法其他ノ法律ニ定ムルモノニ非サレバ物権タル効力ヲ有セス

**第36条** 民法ニ定メタル物権ハ民法施行前ニ発生シタルモノト雖モ其施行ノ日ヨリ民法ニ定メタル効力ヲ有ス

## 第4章 債権編ニ関スル規定

**第57条** 指図証券,無記名証券及ヒ民法第471条ニ掲ケタル証券ハ非訟事件手続法(明治31年法律第14号)第142条ニ規定スル公示催告手続ニ依リテ之ヲ無効ト為スコトヲ得

## 第5章 親族編ニ関スル規定(略)

## 第6章 相続編ニ関スル規定(略)

# 40 一般社団法人及び一般財団法人に関する法律(抄)

(平18・6・2法律第48号, 平20・12・1施行)

## 第1章 総則

### 第1節 通則

(趣旨)
**第1条** 一般社団法人及び一般財団法人の設立,組織,運営及び管理については,他の法律に特別の定めがある場合を除くほか,この法律の定めるところによる.

(定義)
**第2条** この法律において,次の各号に掲げる用語の意義は,当該各号に定めるところによる.
1. 一般社団法人等 一般社団法人又は一般財団法人をいう.
2. 大規模一般社団法人 最終事業年度(各事業年度に係る第123条第2項に規定する計算書類につき第126条第2項の承認(第127条前段に規定する場合にあっては,第124条第3項の承認)を受けた場合における当該各事業年度のうち最も遅いものをいう.)に係る貸借対照表(第127条前段に規定する場合にあっては,同条の規定により定時社員総会に報告された貸借対照表をいい,一般社団法人の成立後最初の定時社員総会までの間においては,第123条第1項の貸借対照表をいう.)の負債の部に計上した額の合計額が200億円以上である一般社団法人をいう.
3. 大規模一般財団法人 最終事業年度(各事業年度に係る第199条において準用する第123条第2項に規定する計算書類につき第199条において準用する第126条第2項の承認(第199条において準用する第127条前段に規定する場合にあっては,第199条において準用する第124条第3項の承認)を受けた場合における当該各事業年度のうち最も遅いものをいう.)に係る貸借対照表(第199条において準用する第127条前段に規定する場合にあっては,同条の規定により定時評議員会に報告された貸借対照表をいい,一般財団法人の成立後最初の定時評議員会までの間においては,第199条において準用する第123条第1項の貸借対照表をいう.)の負債の部に計上した額の合計額が200億円以上である一般財団法人をいう.
4. 子法人 一般社団法人又は一般財団法人がその経営を支配している法人として法務省令で定めるものをいう.
5. 吸収合併 一般社団法人又は一般財団法人が他の一般社団法人又は一般財団法人とする合併であって,合併により消滅する法人の権利義務の全部を合併後存続する法人に承継させるものをいう.
6. 新設合併 二以上の一般社団法人又は一般財団法人がする合併であって,合併により消滅する法人の権利義務の全部を合併により設立する法人に承継させるものをいう.
7. 公告方法 一般社団法人又は一般財団法人が公告(この法律又は他の法律の規定により官報に掲載する方法によりしなければならないものとされているものを除く.)をする方法をいう.

(法人格)
**第3条** 一般社団法人及び一般財団法人は,法人とする.

(住所)
**第4条** 一般社団法人及び一般財団法人の住所は,その主たる事務所の所在地にあるものとする.

### 第2節 法人の名称

**第5条** ① 一般社団法人又は一般財団法人は,その種類に従い,その名称中に一般社団法人又は一般財団法人という文字を用いなければならない.
② 一般社団法人は,その名称中に,一般財団法人であると誤認されるおそれのある文字を用いてはならない.
③ 一般財団法人は,その名称中に,一般社団法人であると誤認されるおそれのある文字を用いてはならない.

### 第3節 商法の規定の不適用

**第9条** 商法(明治32年法律第48号)第11条から第15条まで及び第19条から第24条までの規定は,一般社団法人及び一般財団法人については,適用しない.

## 第2章 一般社団法人

### 第1節 設立
#### 第1款 定款の作成

(定款の作成)
**第10条** ① 一般社団法人を設立するには,その社員になろうとする者(以下「設立時社員」という.)が,共同して定款を作成し,その全員がこれに署名し,又は記名押印しなければならない.
② 前項の定款は,電磁的記録(電子的方式,磁気的方式その他人の知覚によっては認識することができない方式で作られる記録であって,電子計算機による情報処理の用に供されるものとして法務省令で定めるものをいう.以下同じ.)をもって作成することができる.この場合において,当該電磁的記録に記録された情報については,法務省令で定める署名又は記名押印に代わる措置をとらなければな

らない．
**(定款の記載又は記録事項)**
**第11条** ① 一般社団法人の定款には，次に掲げる事項を記載し，又は記録しなければならない．
1 目的
2 名称
3 主たる事務所の所在地
4 設立時社員の氏名又は名称及び住所
5 社員の資格の得喪に関する規定
6 公告方法
7 事業年度
② 社員に剰余金又は残余財産の分配を受ける権利を与える旨の定款の定めは，その効力を有しない．
### 第5款 一般社団法人の成立
**第22条** 一般社団法人は，その主たる事務所の所在地において設立の登記をすることによって成立する．
## 第2節 社員
### 第1款 総則
**(経費の負担)**
**第27条** 社員は，定款で定めるところにより，一般社団法人に対し，経費を支払う義務を負う．
**(任意退社)**
**第28条** ① 社員は，いつでも退社することができる．ただし，定款で別段の定めをすることを妨げない．
② 前項ただし書の規定による定款の定めがある場合であっても，やむを得ない事由があるときは，社員は，いつでも退社することができる．
**(法定退社)**
**第29条** 前条の場合のほか，社員は，次に掲げる事由によって退社する．
1 定款で定めた事由の発生
2 総社員の同意
3 死亡又は解散
4 除名
**(除名)**
**第30条** ① 社員の除名は，正当な事由があるときに限り，社員総会の決議によってすることができる．この場合において，一般社団法人は，当該社員に対し，当該社員総会の日から1週間前までにその旨を通知し，かつ，社員総会において弁明する機会を与えなければならない．
② 除名は，除名した社員にその旨を通知しなければ，これをもって当該社員に対抗することができない．
## 第3節 機関
### 第1款 社員総会
**(社員総会の権限)**
**第35条** ① 社員総会は，この法律に規定する事項及び一般社団法人の組織，運営，管理その他一般社団法人に関する一切の事項について決議をすることができる．
② 前項の規定にかかわらず，理事会設置一般社団法人にあっては，この法律に規定する事項及び定款で定めた事項に限り，決議をすることができる．
③ 前2項の規定にかかわらず，社員総会は，社員に剰余金を分配する旨の決議をすることができない．
④ この法律の規定により社員総会の決議を必要とする事項について，理事，理事会その他の社員総会以外の機関が決定することができることを内容とする定款の定めは，その効力を有しない．
**(議決権の数)**

**第48条** ① 社員は，各1個の議決権を有する．ただし，定款で別段の定めをすることを妨げない．
② 前項ただし書の規定にかかわらず，社員総会において決議をする事項の全部につき社員が議決権を行使することができない旨の定款の定めは，その効力を有しない．
**(社員総会の決議)**
**第49条** ① 社員総会の決議は，定款に別段の定めがある場合を除き，総社員の議決権の過半数を有する社員が出席し，出席した当該社員の議決権の過半数をもって行う．
② 前項の規定にかかわらず，次に掲げる社員総会の決議は，総社員の半数以上であって，総社員の議決権の3分の2（これを上回る割合を定款で定めた場合にあっては，その割合）以上に当たる多数をもって行わなければならない．
1 第30条第1項の社員総会
2 第70条第1項の社員総会（監事を解任する場合に限る．）
3 第113条第1項の社員総会
4 第146条の社員総会
5 第147条の社員総会
6 第148条第3号及び第150条の社員総会
7 第247条，第251条第1項及び第257条の社員総会
③ 理事会設置一般社団法人においては，社員総会は，第38条第1項第2号に掲げる事項以外の事項については，決議をすることができない．ただし，第55条第1項若しくは第2項に規定する者の選任又は第109条第2項の会計監査人の出席を求めることについては，この限りでない．
### 第2款 社員総会以外の機関の設置
**(社員総会以外の機関の設置)**
**第60条** ① 一般社団法人には，1人又は2人以上の理事を置かなければならない．
② 一般社団法人は，定款の定めによって，理事会，監事又は会計監査人を置くことができる．
**(監事の設置義務)**
**第61条** 理事会設置一般社団法人及び会計監査人設置一般社団法人は，監事を置かなければならない．
**(会計監査人の設置義務)**
**第62条** 大規模一般社団法人は，会計監査人を置かなければならない．
### 第3款 役員等の選任及び解任
**(選任)**
**第63条** ① 役員（理事及び監事をいう．以下この款において同じ．）及び会計監査人は，社員総会の決議によって選任する．
② 前項の決議をする場合には，法務省令で定めるところにより，役員が欠けた場合又はこの法律若しくは定款で定めた役員の員数を欠くこととなるときに備えて補欠の役員を選任することができる．
**(一般社団法人と役員等との関係)**
**第64条** 一般社団法人と役員及び会計監査人との関係は，委任に関する規定に従う．
### 第4款 理事
**(業務の執行)**
**第76条** ① 理事は，定款に別段の定めがある場合を除き，一般社団法人（理事会設置一般社団法人を除く．以下この条において同じ．）の業務を執行する．
② 理事が2人以上ある場合には，一般社団法人の業務は，定款に別段の定めがある場合を除き，理事の

過半数をもって決定する.
③ 前項の場合には,理事は,次に掲げる事項についての決定を各理事に委任することができない.
1 従たる事務所の設置,移転及び廃止
2 第38条第1項各号に掲げる事項
3 理事の職務の執行が法令及び定款に適合することを確保するためその他その一般社団法人の業務の適正を確保するために必要なものとして法務省令で定める体制の整備
4 第114条第1項の規定による定款の定めに基づく第111条第1項の責任の免除
④ 大規模一般社団法人においては,理事は,前項第3号に掲げる事項を決定しなければならない.
(一般社団法人の代表)
第77条 ① 理事は,一般社団法人を代表する.ただし,他に代表理事その他一般社団法人を代表する者を定めた場合は,この限りでない.
② 前項本文の理事が2人以上ある場合には,理事は,各自,一般社団法人を代表する.
③ 一般社団法人(理事会設置一般社団法人を除く.)は,定款,定款の定めに基づく理事の互選又は社員総会の決議によって,理事の中から代表理事を定めることができる.
④ 代表理事は,一般社団法人の業務に関する一切の裁判上又は裁判外の行為をする権限を有する.
⑤ 前項の権限に加えた制限は,善意の第三者に対抗することができない.
(代表者の行為についての損害賠償責任)
第78条 一般社団法人は,代表理事その他の代表者がその職務を行うについて第三者に加えた損害を賠償する責任を負う.
(表見代表理事)
第82条 一般社団法人は,代表理事以外の理事に理事長その他一般社団法人を代表する権限を有するものと認められる名称を付した場合には,当該理事がした行為について,善意の第三者に対してその責任を負う.
(忠実義務)
第83条 理事は,法令及び定款並びに社員総会の決議を遵守し,一般社団法人のため忠実にその職務を行わなければならない.
第5款 理事会
(理事会の権限等)
第90条 ① 理事会は,すべての理事で組織する.
② 理事会は,次に掲げる職務を行う.
1 理事会設置一般社団法人の業務執行の決定
2 理事の職務の執行の監督
3 代表理事の選定及び解職
③ 理事会は,理事の中から代表理事を選定しなければならない.
④ 理事会は,次に掲げる事項その他の重要な業務執行の決定を理事に委任することができない.
1 重要な財産の処分及び譲受け
2 多額の借財
3 重要な使用人の選任及び解任
4 従たる事務所その他の重要な組織の設置,変更及び廃止
5 理事の職務の執行が法令及び定款に適合することを確保するための体制その他一般社団法人の業務の適正を確保するために必要なものとして法務省令で定める体制の整備
6 第114条第1項の規定による定款の定めに基づく第111条第1項の責任の免除
⑤ 大規模一般社団法人である理事会設置一般社団法人においては,理事会は,前項第5号に掲げる事項を決定しなければならない.
第6款 監事
(監事の権限)
第99条 ① 監事は,理事の職務の執行を監査する.この場合において,監事は,法務省令で定めるところにより,監査報告を作成しなければならない.
② 監事は,いつでも,理事及び使用人に対して事業の報告を求め,又は監事設置一般社団法人の業務及び財産の状況の調査をすることができる.
③ 監事は,その職務を行うため必要があるときは,監事設置一般社団法人の子法人に対して事業の報告を求め,又はその子法人の業務及び財産の状況の調査をすることができる.
④ 前項の子法人は,正当な理由があるときは,同項の報告又は調査を拒むことができる.
第7款 会計監査人
(会計監査人の権限等)
第107条 ① 会計監査人は,次節の定めるところにより,一般社団法人の計算書類(第123条第2項に規定する計算書類をいう.第117条第2項第1号イにおいて同じ.)及びその附属明細書を監査する.この場合において,会計監査人は,法務省令で定めるところにより,会計監査報告を作成しなければならない.
第5節 基金
第1款 基金を引き受ける者の募集
(基金を引き受ける者の募集等に関する定款の定め)
第131条 一般社団法人(一般社団法人の成立前にあっては,設立時社員.次条から第134条まで(第133条第1項第1号を除く.)及び第136条第1号において同じ.)は,基金(この款の規定により,一般社団法人に拠出された金銭その他の財産であって,当該一般社団法人が拠出者に対してこの法律及び当該一般社団法人と拠出者との間の合意の定めるところに従い返還義務(金銭以外の財産については,拠出時の当該財産の価額に相当する金銭の返還義務)を負うものをいう.以下同じ.)を引き受ける者の募集をすることができる旨を定款で定めることができる.この場合においては,次に掲げる事項を定款で定めなければならない.
1 基金の拠出者の権利に関する規定
2 基金の返還の手続
(募集事項の決定)
第132条 ① 一般社団法人は,前条の募集をしようとするときは,その都度,次に掲げる事項(以下この款において「募集事項」という.)を定めなければならない.
1 募集に係る基金の総額
2 金銭以外の財産を拠出の目的とするときは,その旨並びに当該財産の内容及びその価額
3 基金の拠出に係る金銭の払込み又は前号の財産の給付の期日又はその期間
② 設立時社員は,募集事項を定めようとするときは,その全員の同意を得なければならない.
第8節 解散
(解散の事由)
第148条 一般社団法人は,次に掲げる事由によって解散する.

1 定款で定めた存続期間の満了
2 定款で定めた解散の事由の発生
3 社員総会の決議
4 社員が欠けたこと.
5 合併(合併により当該一般社団法人が消滅する場合に限る.)
6 破産手続開始の決定
7 第261条第1項又は第268条の規定による解散を命ずる裁判

(休眠一般社団法人のみなし解散)
**第149条** ① 休眠一般社団法人(一般社団法人であって,当該一般社団法人に関する登記が最後にあった日から5年を経過したものをいう.以下この条において同じ.)は,法務大臣が休眠一般社団法人に対し2箇月以内に法務省令で定めるところによりその主たる事務所の所在地を管轄する登記所に事業を廃止していない旨の届出をすべき旨を官報に公告した場合において,その届出をしないときは,その2月の期間の満了の時に,解散したものとみなす.ただし,当該期間内に当該休眠一般社団法人に関する登記がされたときは,この限りでない.
② 登記所は,前項の規定による公告があったときは,休眠一般社団法人に対し,その旨の通知を発しなければならない.

# 第3章 一般財団法人

## 第1節 設立
### 第1款 定款の作成
(定款の作成)
**第152条** ① 一般財団法人を設立するには,設立者(設立者が2人以上あるときは,その全員)が定款を作成し,これに署名し,又は記名押印しなければならない.
② 設立者は,遺言で,次条第1項各号に掲げる事項及び第154条に規定する事項を定めて一般財団法人を設立する意思を表示することができる.この場合においては,遺言執行者は,当該遺言の効力が生じた後,遅滞なく,当該遺言で定めた事項を記載した定款を作成し,これに署名し,又は記名押印しなければならない.
③ 第10条第2項の規定は,前2項の定款について準用する.

(定款の記載又は記録事項)
**第153条** ① 一般財団法人の定款には,次に掲げる事項を記載し,又は記録しなければならない.
1 目的
2 名称
3 主たる事務所の所在地
4 設立者の氏名又は名称及び住所
5 設立に際して設立者(設立者が2人以上あるときは,各設立者)が拠出をする財産及びその価額
6 設立時評議員(一般財団法人の設立に際して評議員となる者をいう.以下同じ.),設立時理事(一般財団法人の設立に際して理事となる者をいう.以下この節及び第319条第2項において同じ.)及び設立時監事(一般財団法人の設立に際して監事となる者をいう.以下この節,第254条第7号及び同項において同じ.)の選任に関する事項
7 設立しようとする一般財団法人が会計監査人設置一般財団法人(会計監査人を置く一般財団法人又はこの法律の規定により会計監査人を置かなければならない一般財団法人をいう.以下同じ.)であるときは,設立時会計監査人(一般財団法人の設立に際して会計監査人となる者をいう.以下この節及び第319条第2項第6号において同じ.)の選任に関する事項
8 評議員の選任及び解任の方法
9 公告方法
10 事業年度
② 前項第5号の財産の価額の合計額は,300万円を下回ってはならない.
③ 次に掲げる定款の定めは,その効力を有しない.
1 第1項第8号の方法として,理事会が評議員を選任し,又は解任する旨の定款の定め
2 設立者に剰余金又は残余財産の分配を受ける権利を与える旨の定款の定め

**第154条** 前条第1項に掲げる事項のほか,一般財団法人の定款には,この法律の規定により定款の定めがなければその効力を生じない事項及びその他の事項でこの法律の規定に違反しないものを記載し,又は記録することができる.

(定款の認証)
**第155条** 第152条第1項及び第2項の定款は,公証人の認証を受けなければ,その効力を生じない.

(定款の備置き及び閲覧等)
**第156条** ① 設立者(一般財団法人の成立後にあっては,当該一般財団法人)は,定款を設立者が定めた場所(一般財団法人の成立後にあっては,その主たる事務所及び従たる事務所)に備え置かなければならない.

### 第2款 財産の拠出
(財産の拠出の履行)
**第157条** ① 設立者(第152条第2項の場合にあっては,遺言執行者.以下この条,第161条第2項,第166条から第168条まで,第200条第2項,第319条第3項及び第7章において同じ.)は,第155条の公証人の認証の後遅滞なく,第153条第1項第5号に規定する拠出に係る金銭の全額を払い込み,又は同号に規定する拠出に係る金銭以外の財産の全部を給付しなければならない.ただし,設立者が定めたとき(設立者が2人以上あるときは,その全員の同意があるとき)は,登記,登録その他権利の設定又は移転を第三者に対抗するために必要な行為は,一般財団法人の成立後にすることを妨げない.
② 前項の規定による払込みは,設立者が定めた銀行等の払込みの取扱いの場所においてしなければならない.

### 第6款 一般財団法人の成立
(一般財団法人の成立)
**第163条** 一般財団法人は,その主たる事務所の所在地において設立の登記をすることによって成立する.

## 第2節 機関
### 第1款 機関の設置
(機関の設置)
**第170条** ① 一般財団法人は,評議員,評議員会,理事,理事会及び監事を置かなければならない.
② 一般財団法人は,定款の定めによって,会計監査人を置くことができる.

(会計監査人の設置義務)
**第171条** 大規模一般財団法人は,会計監査人を置

### 第2款 評議員等の選任及び解任
(一般財団法人と評議員等との関係)
**第172条** ① 一般財団法人と評議員,理事,監事及び会計監査人との関係は,委任に関する規定に従う.
② 理事は,一般財団法人の財産のうち一般財団法人の目的である事業を行うために不可欠なものとして定款で定めた基本財産があるときは,定款で定めるところにより,これを維持しなければならず,かつ,これについて一般財団法人の目的である事業を行うことを妨げることとなる処分をしてはならない.

### 第3款 評議員及び評議員会
(評議員会の権限等)
**第178条** ① 評議員会は,すべての評議員で組織する.
② 評議員会は,この法律に規定する事項及び定款で定めた事項に限り,決議をすることができる.
③ この法律の規定により評議員会の決議を必要とする事項について,理事,理事会その他の評議員会以外の機関が決定することができることを内容とする定款の定めは,その効力を有しない.

### 第5節 事業の譲渡
**第201条** 一般財団法人が事業の全部の譲渡をするには,評議員会の決議によらなければならない.

### 第6節 解散
(解散の事由)
**第202条** ① 一般財団法人は,次に掲げる事由によって解散する.
1 定款で定めた存続期間の満了
2 定款で定めた解散の事由の発生
3 基本財産の滅失その他の事由による一般財団法人の目的である事業の成功の不能
4 合併(合併により当該一般財団法人が消滅する場合に限る.)
5 破産手続開始の決定
6 第261条第1項又は第268条の規定による解散を命ずる裁判
② 一般財団法人は,前項各号に掲げる事由のほか,ある事業年度及びその翌事業年度に係る貸借対照表上の純資産額がいずれも300万円未満となった場合においても,当該翌事業年度に関する定時評議員会の終結の時に解散する.
③ 前項合併により設立する一般財団法人は,前項に規定する場合のほか,第199条において準用する第123条第1項の貸借対照表及びその成立の日の属する事業年度に係る貸借対照表上の純資産額がいずれも300万円未満となった場合においても,当該事業年度に関する定時評議員会の終結の時に解散する.

## 第4章 清算

### 第1節 清算の開始
(清算の開始原因)
**第206条** 一般社団法人又は一般財団法人は,次に掲げる場合には,この章の定めるところにより,清算をしなければならない.
1 解散した場合(第148条第5号又は第202条第1項第4号に掲げる事由によって解散した場合及び破産手続開始の決定により解散した場合であって当該破産手続が終了していない場合を除く.)
2 設立の無効の訴えに係る請求を認容する判決が確定した場合
3 設立の取消しの訴えに係る請求を認容する判決が確定した場合

## 第6章 雑則

### 第4節 登記
#### 第1款 総則
(登記の効力)
**第299条** ① この法律の規定により登記すべき事項は,登記の後でなければ,これをもって善意の第三者に対抗することができない.登記の後であっても,第三者が正当な事由によってその登記があることを知らなかったときは,同様とする.
② 故意又は過失によって不実の事項を登記した者は,その事項が不実であることをもって善意の第三者に対抗することができない.

## 第7章 罰則(略)

**附 則** (略)

---

## 41 不動産登記法(抄)

(平16・6・18法律第123号,平17・3・7施行,最終改正:平19・12・21法律第132号)

### 第1章 総則

(目 的)
**第1条** この法律は,不動産の表示及び不動産に関する権利を公示するための登記に関する制度について定めることにより,国民の権利の保全を図り,もって取引の安全と円滑に資することを目的とする.
(定 義)
**第2条** この法律において,次の各号に掲げる用語の意義は,それぞれ当該各号に定めるところによる.
1 不動産 土地又は建物をいう.
2 不動産の表示 不動産についての第27条第1号,第3号若しくは第4号,第34条第1項各号,第43条第1項,第44条第1項各号又は第58条第1項各号に規定する登記事項をいう.
3 表示に関する登記 不動産の表示に関する登記をいう.
4 権利に関する登記 不動産についての次条各号に掲げる権利に関する登記をいう.
5 登記記録 表示に関する登記又は権利に関する登記について,1筆の土地又は1個の建物ごとに第12条の規定により作成される電磁的記録(電子的方式,磁気的方式その他人の知覚によっては認識することができない方式で作られる記録であって,電子計算機による情報処理の用に供されるものをいう.以下同じ.)をいう.
6 登記事項 この法律の規定により登記記録として記録すべき事項をいう.
7 表題部 登記記録のうち,表示に関する登記が記録される部分をいう.
8 権利部 登記記録のうち,権利に関する登記が記録される部分をいう.
9 登記簿 登記記録が記録される帳簿であって,磁気ディスク(これに準ずる方法により一定の事項を確実に記録することができる物を含む.以下同じ.)をもって調製するものをいう.

10 表題部所有者　所有権の登記がない不動産の登記記録の表題部に,所有者として記録されている者をいう.
11 登記名義人　登記記録の権利部に,次条各号に掲げる権利について権利者として記録されている者をいう.
12 登記権利者　権利に関する登記をすることにより,登記上,直接に利益を受ける者をいい,間接に利益を受ける者を除く.
13 登記義務者　権利に関する登記をすることにより,登記上,直接に不利益を受ける登記名義人をいい,間接に不利益を受ける登記名義人を除く.
14 登記識別情報　第22条本文の規定により登記名義人が登記を申請する場合において,当該登記名義人自らが当該登記を申請していることを確認するために用いられる符号その他の情報であって,登記名義人を識別することができるものをいう.
15 変更の登記　登記事項に変更があった場合に当該登記事項を変更する登記をいう.
16 更正の登記　登記事項に錯誤又は遺漏があった場合に当該登記事項を訂正する登記をいう.
17 地番　第35条の規定により1筆の土地ごとに付す番号をいう.
18 地目　土地の用途による分類であって,第34条第2項の法務省令で定めるものをいう.
19 地積　1筆の土地の面積であって,第34条第2項の法務省令で定めるものをいう.
20 表題登記　表示に関する登記のうち,当該不動産について表題部に最初にされる登記をいう.
21 家屋番号　第45条の規定により1個の建物ごとに付す番号をいう.
22 区分建物　1棟の建物の構造上区分された部分で独立して住居,店舗,事務所又は倉庫その他建物としての用途に供することができるものであって,建物の区分所有等に関する法律(昭和37年法律第69号.以下「区分所有法」という.)第2条第3項に規定する専有部分であるもの(区分所有法第4条第2項の規定により共用部分とされたものを含む.)をいう.
23 附属建物　表題登記がある建物に附属する建物であって,当該表題登記がある建物と一体のものとして1個の建物として登記されるものをいう.
24 抵当証券　抵当証券法(昭和6年法律第15号)第1条第1項に規定する抵当証券をいう.

(登記することができる権利等)
**第3条**　登記は,不動産の表示又は不動産についての次に掲げる権利の保存等(保存,設定,移転,変更,処分の制限又は消滅をいう.次条第2項及び第105条第1号において同じ.)についてする.
1 所有権
2 地上権
3 永小作権
4 地役権
5 先取特権
6 質権
7 抵当権
8 賃借権
9 採石権(採石法(昭和25年法律第291号)に規定する採石権をいう.第50条及び第82条において同じ.)

(権利の順位)
**第4条**　① 同一の不動産について登記した権利の順位は,法令に別段の定めがある場合を除き,登記の前後による.
② 付記登記(権利に関する登記のうち,既にされた権利に関する登記についてする登記であって,当該既にされた権利に関する登記を変更し,若しくは更正し,又は所有権以外の権利にあってはこれを移転し,若しくはこれを目的とする権利の保存等をするもので当該既にされた権利に関する登記と一体のものとして公示する必要があるものをいう.以下この項及び第66条において同じ.)の順位は主登記(付記登記の対象となる既にされた権利に関する登記をいう.以下この項において同じ.)の順位により,同一の主登記に係る付記登記の順位はその前後による.

(登記がないことを主張することができない第三者)
**第5条**　① 詐欺又は強迫によって登記の申請を妨げた第三者は,その登記がないことを主張することができない.
② 他人のために登記を申請する義務を負う第三者は,その登記がないことを主張することができない.ただし,その登記の登記原因(登記の原因となる事実又は法律行為をいう.以下同じ.)が自己の登記の登記原因の後に生じたときは,この限りでない.

## 第2章　登記所及び登記官

(登記所)
**第6条**　登記の事務は,不動産の所在地を管轄する法務局若しくは地方法務局若しくはこれらの支局又はこれらの出張所(以下単に「登記所」という.)がつかさどる.
② 不動産が二以上の登記所の管轄区域にまたがる場合には,法務省令で定めるところにより,法務大臣又は法務局若しくは地方法務局の長が,当該不動産に関する登記の事務をつかさどる登記所を指定する.
③ 前項に規定する場合において,同項の指定がされるまでの間,登記の申請は,当該二以上の登記所のうち,一の登記所にすることができる.

(事務の委任)
**第7条**　法務大臣は,一の登記所の管轄に属する事務を他の登記所に委任することができる.

(事務の停止)
**第8条**　法務大臣は,登記所においてその事務を停止しなければならない事由が生じたときは,期間を定めて,その停止を命ずることができる.

(登記官)
**第9条**　登記所における事務は,登記官(登記所に勤務する法務事務官のうちから,法務局又は地方法務局の長が指定する者をいう.以下同じ.)が取り扱う.

(登記官の除斥)
**第10条**　登記官又はその配偶者若しくは四親等内の親族(配偶者又は四親等内の親族であった者を含む.以下この条において同じ.)が登記の申請人であるときは,当該登記官は,当該登記をすることができない.登記官又はその配偶者若しくは四親等内の親族が申請人を代表して申請するときも,同様とする.

## 第3章　登記記録等

(登　記)

第11条　登記は、登記官が登記簿に登記事項を記録することによって行う。
(登記記録の作成)
第12条　登記記録は、表題部及び権利部に区分して作成する。
(登記記録の滅失と回復)
第13条　法務大臣は、登記記録の全部又は一部が滅失したときは、登記官に対し、一定の期間を定めて、当該登記記録の回復に必要な処分を命ずることができる。
(地図等)
第14条　① 登記所には、地図及び建物所在図を備え付けるものとする。
(法務省令への委任)
第15条　この章に定めるもののほか、登記簿及び登記記録並びに地図、建物所在図及び地図に準ずる図面の記録の保存及び上記の事務に関し必要な事項は、法務省令で定める。

## 第4章　登記手続

### 第1節　総則
(当事者の申請又は嘱託による登記)
第16条　① 登記は、法令に別段の定めがある場合を除き、当事者の申請又は官庁若しくは公署の嘱託がなければ、することができない。
(代理権の不消滅)
第17条　登記の申請をする者の委任による代理人の権限は、次に掲げる事由によっては、消滅しない。
1　本人の死亡
2　本人である法人の合併による消滅
3　本人である受託者の信託に関する任務の終了
4　法定代理人の死亡又はその代理権の消滅若しくは変更
(申請の方法)
第18条　登記の申請は、次に掲げる方法のいずれかにより、不動産を識別するために必要な事項、申請人の氏名又は名称、登記の目的その他の登記の申請に必要な事項として政令で定める情報(以下「申請情報」という。)を登記所に提供してしなければならない。
1　法務省令で定めるところにより電子情報処理組織(登記所の使用に係る電子計算機(入出力装置を含む。以下この号において同じ。)と申請人又はその代理人の使用に係る電子計算機とを電気通信回線で接続した電子情報処理組織をいう。)を使用する方法
2　申請情報を記載した書面(法務省令で定めるところにより申請情報の全部又は一部を記録した磁気ディスクを含む。)を提出する方法
(受　付)
第19条　① 登記官は、前条の規定により申請情報が登記所に提供されたときは、法務省令で定めるところにより、当該申請情報に係る登記の申請の受付をしなければならない。
② 同一の不動産に関し二以上の申請がされた場合において、その前後が明らかでないときは、これらの申請は、同時にされたものとみなす。
③ 登記官は、申請の受付をしたときは、当該申請に受付番号を付さなければならない。この場合において、同一の不動産に関し同時に二以上の申請がされたとき(前項の規定により同時にされたものとみなされるときを含む。)は、同一の受付番号を付するものとする。
(登記の順序)
第20条　登記官は、同一の不動産に関し権利に関する登記の申請が二以上あったときは、これらの登記を受付番号の順序に従ってしなければならない。
(登記識別情報の通知)
第21条　登記官は、その登記をすることによって申請人自らが登記名義人となる場合において、当該登記を完了したときは、法務省令で定めるところにより、速やかに、当該申請人に対し、当該登記に係る登記識別情報を通知しなければならない。ただし、当該申請人があらかじめ登記識別情報の通知を希望しない旨の申出をした場合その他の法務省令で定める場合は、この限りでない。
(登記識別情報の提供)
第22条　登記権利者及び登記義務者が共同して権利に関する登記の申請をする場合その他登記名義人が政令で定める登記の申請をする場合には、申請人は、その申請情報と併せて当該登記義務者(登記名義人。次条第1項、第2項及び第4項第6号において同じ。)の登記識別情報を提供しなければならない。ただし、前条ただし書の規定により登記識別情報が通知されなかった場合その他の申請人が登記識別情報を提供することができないことにつき正当な理由がある場合は、この限りでない。
(事前通知等)
第23条　① 登記官は、申請人が前条に規定する申請をする場合において、同条ただし書の規定により登記識別情報を提供することができないときは、法務省令で定める方法により、同条に規定する登記義務者に対し、当該申請があった旨及び当該申請の内容が真実であると思料するときは法務省令で定める期間内に法務省令で定めるところによりその旨の申出をすべき旨を通知しなければならない。この場合において、登記官は、当該期間内にあっては、当該申出がない限り、当該申請に係る登記をすることができない。
② 登記官は、前項の登記の申請が所有権に関するものである場合において、同項の登記義務者の住所について変更の登記がされているときは、法務省令で定める場合を除き、同項の申請に基づいて登記をする前に、法務省令で定める方法により、同項の規定による通知のほか、当該登記義務者の登記記録上の前の住所にあてて、当該申請があった旨を通知しなければならない。
③ 前2項の規定は、登記官が第25条(第10号を除く。)の規定により申請を却下すべき場合には、適用しない。
④ 第1項の規定は、同項に規定する場合において、次の各号のいずれかに掲げるときは、適用しない。
1　当該申請が登記の申請の代理を業とすることができる代理人によってされた場合であって、登記官が当該代理人から法務省令で定めるところにより当該申請人が第1項の登記義務者であることを確認するために必要な情報の提供を受け、かつ、その内容を相当と認めるとき。
2　当該申請に係る申請情報(委任による代理人によって申請する場合にあっては、その権限を証する情報)を記載し、又は記録した書面又は電磁的記録について、公証人(公証人法(明治41年法律

第53号）第8条の規定により公証人の職務を行う法務事務官をいう．）から当該申請人が第1項の登記義務者であることを確認するために必要な認証がされ，かつ，登記官がその内容を相当と認めるとき．

**（登記官による本人確認）**
**第24条** ① 登記官は，登記の申請があった場合において，申請人となるべき者以外の者が申請していると疑うに足りる相当な理由があると認めるときは，次条の規定により当該申請を却下すべき場合を除き，申請人又はその代表者若しくは代理人に対し，出頭を求め，質問をし，又は文書の提示その他必要な情報の提供を求める方法により，当該申請人の申請の権限の有無を調査しなければならない．
② 登記官は，前項に規定する申請人又はその代表者若しくは代理人が遠隔の地に居住しているとき，その他相当と認めるときは，他の登記所の登記官に同項の調査を嘱託することができる．

**（申請の却下）**
**第25条** 登記官は，次に掲げる場合には，理由を付した決定で，登記の申請を却下しなければならない．ただし，当該申請の不備を補正することができるものである場合において，登記官が定めた相当の期間内に，申請人がこれを補正したときは，この限りでない．
1 申請に係る不動産の所在地が当該申請を受けた登記所の管轄に属しないとき．
2 申請が登記事項（他の法令の規定により登記記録として登記すべき事項を含む．）以外の事項の登記を目的とするとき．
3 申請に係る登記が既に登記されているとき．
4 申請の権限を有しない者の申請によるとき．
5 申請情報又はその提供の方法がこの法律に基づく命令又はその他の法令の規定により定められた方式に適合しないとき．
6 申請情報の内容である不動産又は登記の目的である権利が登記記録と合致しないとき．
7 申請情報の内容である登記義務者（第65条，第77条，第89条第1項（同条第2項（第95条第2項において準用する場合を含む．）及び第95条第2項において準用する場合を含む．），第93条（第95条第2項において準用する場合を含む．）又は第110条前段の場合にあっては，登記名義人）の氏名若しくは名称又は住所が登記記録と合致しないとき．
8 申請情報の内容が第61条に規定する登記原因を証する情報の内容と合致しないとき．
9 第22条本文若しくは第61条の規定又はこの法律に基づく命令若しくはその他の法令の規定により申請情報と併せて提供しなければならないものとされている情報が提供されないとき．
10 第23条第1項に規定する期間内に同項の申出がないとき．
11 表示に関する登記の申請に係る不動産の表示が第29条の規定による登記官の調査の結果と合致しないとき．
12 登録免許税を納付しないとき．
13 前各号に掲げる場合のほか，登記すべきものでないときとして政令で定めるとき．

**（政令への委任）**
**第26条** この章に定めるもののほか，申請情報の提供の方法並びに申請情報と併せて提供することが必要な情報及びその提供の方法その他の登記申請の手続に関し必要な事項は，政令で定める．

### 第2節 表示に関する登記
#### 第1款 通 則

**（表示に関する登記の登記事項）**
**第27条** 土地及び建物の表示に関する登記の登記事項は，次のとおりとする．
1 登記原因及びその日付
2 登記の年月日
3 所有権の登記がない不動産（共用部分（区分所有法第4条第2項に規定する共用部分をいう．以下同じ．）である旨の登記又は団地共用部分（区分所有法第67条第1項に規定する団地共用部分をいう．以下同じ．）である旨の登記がある建物を除く．）については，所有者の氏名又は名称及び住所並びに所有者が2人以上であるときはその所有権の持分
4 前3号に掲げるもののほか，不動産を識別するために必要な事項として法務省令で定めるもの

**（職権による表示に関する登記）**
**第28条** 表示に関する登記は，登記官が，職権ですることができる．

**（登記官による調査）**
**第29条** ① 登記官は，表示に関する登記について第18条の規定により申請があった場合及び前条の規定により職権で登記しようとする場合において，必要があると認めるときは，当該不動産の表示に関する事項を調査することができる．
② 登記官は，前項の調査をする場合において，必要があると認めるときは，日出から日没までの間に限り，当該不動産の所有者その他の関係者に対し，文書若しくは電磁的記録に記録された事項を法務省令で定める方法により表示したものの提示を求め，若しくは質問をすることができる．この場合において，登記官は，その身分を示す証明書を携帯し，関係者の請求があったときは，これを提示しなければならない．

**（一般承継人による申請）**
**第30条** 表題部所有者又は所有権の登記名義人が表示に関する登記の申請人となることができる場合において，当該表題部所有者又は登記名義人について相続その他の一般承継があったときは，相続人その他の一般承継人は，当該表示に関する登記を申請することができる．

**（表題部所有者の氏名等の変更の登記又は更正の登記）**
**第31条** 表題部所有者の氏名若しくは名称又は住所についての変更の登記又は更正の登記は，表題部所有者以外の者は，申請することができない．

**（表題部所有者の変更等に関する登記手続）**
**第32条** 表題部所有者又はその持分についての変更は，当該不動産について所有権の保存の登記をした後において，その所有権の移転の登記の手続をするのでなければ，登記することができない．

**（表題部所有者の更正の登記等）**
**第33条** ① 不動産の所有者と当該不動産の表題部所有者とが異なる場合においてする当該表題部所有者についての更正の登記は，当該不動産の所有者以外の者は，申請することができない．
② 前項の場合において，当該不動産の所有者は，当該表題部所有者の承諾があるときでなければ，申請することができない．

③ 不動産の表題部所有者である共有者の持分については,当該共有者以外の者は,申請することができない.

④ 前項の更正の登記をする共有者は,当該更正の登記によってその持分を更正することとなる他の共有者の承諾があるときでなければ,申請することができない.

#### 第2款　土地の表示に関する登記
(土地の表示に関する登記の登記事項)

**第34条** ① 土地の表示に関する登記の登記事項は,第27条各号に掲げるもののほか,次のとおりとする.
1　土地の所在する市,区,郡,町,村及び字
2　地番
3　地目
4　地積

② 前項第3号の地目及び同項第4号の地積に関し必要な事項は,法務省令で定める.

(地　番)

**第35条**　登記所は,法務省令で定めるところにより,地番を付すべき区域(第39条第2項及び第41条第2号において「地番区域」という.)を定め,1筆の土地ごとに地番を付さなければならない.

(土地の表題登記の申請)

**第36条**　新たに生じた土地又は表題登記がない土地の所有権を取得した者は,その所有権の取得の日から1月以内に,表題登記を申請しなければならない.

(地目又は地積の変更の登記の申請)

**第37条** ① 地目又は地積について変更があったときは,表題部所有者又は所有権の登記名義人は,その変更があった日から1月以内に,当該地目又は地積に関する変更の登記を申請しなければならない.

② 地目又は地積について変更の後に表題部所有者又は所有権の登記名義人となった者は,その者に係る表題部所有者についての更正の登記又は所有権の登記があった日から1月以内に,当該地目又は地積に関する変更の登記を申請しなければならない.

(土地の表題部の更正の登記の申請)

**第38条**　第27条第1号,第2号若しくは第4号(同号にあっては,法務省令で定めるものに限る.)又は第34条第1項第1号,第3号若しくは第4号に掲げる登記事項に関する更正の登記は,表題部所有者又は所有権の登記名義人以外の者は,申請することができない.

(分筆又は合筆の登記)

**第39条** ① 分筆又は合筆の登記は,表題部所有者又は所有権の登記名義人以外の者は,申請することができない.

② 登記官は,前項の申請がない場合であっても,1筆の土地の一部が別の地目となり,又は地番区域(地番区域でない字を含む.第41条第2号において同じ.)を異にするに至ったときは,職権で,その土地の分筆の登記をしなければならない.

③ 登記官は,第1項の申請がない場合であっても,第14条第1項の地図を作成するため必要があると認めるときは,第1項に規定する表題部所有者又は所有権の登記名義人の異議がないときに限り,職権で,分筆又は合筆の登記をすることができる.

(土地の滅失の登記の申請)

**第42条**　土地が滅失したときは,表題部所有者又は所有権の登記名義人は,その滅失の日から1月以内に,当該土地の滅失の登記を申請しなければならない.

#### 第3款　建物の表示に関する登記
(建物の表示に関する登記の登記事項)

**第44条** ① 建物の表示に関する登記の登記事項は,第27条各号に掲げるもののほか,次のとおりとする.
1　建物の所在する市,区,郡,町,村,字及び土地の地番(区分建物である建物にあっては,当該建物が属する1棟の建物の所在する市,区,郡,町,村,字及び土地の地番)
2　家屋番号
3　建物の種類,構造及び床面積
4　建物の名称があるときは,その名称
5　附属建物があるときは,その所在する市,区,郡,町,村,字及び土地の地番(区分建物である附属建物にあっては,当該附属建物が属する1棟の建物の所在する市,区,郡,町,村,字及び土地の地番)並びに種類,構造及び床面積
6　建物が共用部分又は団地共用部分であるときは,その旨
7　建物又は附属建物が区分建物であるときは,当該建物又は附属建物が属する1棟の建物の構造及び床面積
8　建物又は附属建物が区分建物である場合であって,当該建物又は附属建物が属する1棟の建物の名称があるときは,その名称
9　建物又は附属建物が区分建物である場合において,当該区分建物について区分所有法第2条第6項に規定する敷地利用権(登記されたものに限る.)であって,区分所有法第22条第1項本文(同条第3項において準用する場合を含む.)の規定により区分所有者の有する専有部分と分離して処分することができないもの(以下「敷地権」という.)があるときは,その敷地権

(家屋番号)

**第45条**　登記所は,法務省令で定めるところにより,1個の建物ごとに家屋番号を付さなければならない.

(敷地権である旨の登記)

**第46条**　登記官は,表示に関する登記のうち,区分建物に関する敷地権について表題部に最初に登記をするときは,当該敷地権の目的である土地の登記記録について,職権で,当該登記記録中の所有権,地上権その他の権利が敷地権である旨の登記をしなければならない.

(建物の表題登記の申請)

**第47条** ① 新築した建物又は区分建物以外の表題登記がない建物の所有権を取得した者は,その所有権の取得の日から1月以内に,表題登記を申請しなければならない.

② 区分建物である建物を新築した場合において,その所有者について相続その他の一般承継があったときは,相続人その他の一般承継人も,被承継人を表題部所有者とする当該建物についての表題登記を申請することができる.

(区分建物についての建物の表題登記の申請方法)

**第48条** ① 区分建物が属する1棟の建物が新築された場合又は表題登記がない建物に接続して区分建物が新築されて1棟の建物となった場合における当該区分建物についての表題登記の申請は,当該新築された1棟の建物又は当該区分建物が属することとなった1棟の建物に属する他の区分建物についての表題登記の申請と併せてしなければならない.

② 前項の場合において,当該区分建物の所有者は,

他の区分建物の所有者に代わって，当該他の区分建物についての表題登記を申請することができる．
③ 表題登記がある建物（区分建物を除く．）に接続して区分建物が新築された場合における当該区分建物についての表題登記の申請は，当該表題登記がある建物についての表題部の変更の登記の申請と併せてしなければならない．
④ 前項の場合において，当該区分建物の所有者は，当該表題登記がある建物の表題部所有者若しくは所有権の登記名義人又はこれらの者の相続人その他の一般承継人に代わって，当該表題登記がある建物についての表題部の変更の登記を申請することができる．

**（建物の表題部の変更の登記）**
**第51条** ① 第44条第1項各号（第2号及び第6号を除く．）に掲げる登記事項について変更があったときは，表題部所有者又は所有権の登記名義人（共用部分である旨の登記又は団地共用部分である旨の登記がある建物の場合にあっては，所有者）は，当該変更があった日から1月以内に，当該登記事項に関する変更の登記を申請しなければならない．
② 前項の登記事項について変更があった後に表題部所有者又は所有権の登記名義人となった者は，その者に係る表題部所有者についての更正の登記又は所有権の登記があった日から1月以内に，当該登記事項に関する変更の登記を申請しなければならない．
③ 第1項の登記事項について変更があった後に共用部分である旨の登記又は団地共用部分である旨の登記があったときは，所有者（前2項の規定により登記を申請しなければならない者を除く．）は，共用部分である旨の登記又は団地共用部分である旨の登記がされた日から1月以内に，当該登記事項に関する変更の登記を申請しなければならない．
④ 共用部分である旨の登記又は団地共用部分である旨の登記がある建物について，第1項の登記事項について変更があった後に所有権を取得した者（前項の規定により登記を申請しなければならない者を除く．）は，その所有権の取得の日から1月以内に，当該登記事項に関する変更の登記を申請しなければならない．
⑤ 建物が区分建物である場合において，第44条第1項第1号（区分建物である建物に係るものに限る．）又は第7号から第9号までに掲げる登記事項（同号に掲げる登記事項にあっては，法務省令で定めるものに限る．次項及び第53条第2項において同じ．）に関する変更の登記は，当該建物に係る区分建物と同じ1棟の建物に属する他の区分建物についてされた変更の登記としての効力を有する．
⑥ 前項の場合において，同項に規定する登記事項に関する変更の登記がされたときは，登記官は，職権で，当該1棟の建物に属する他の区分建物について，当該登記事項に関する変更の登記をしなければならない．

**（区分建物となったことによる建物の表題部の変更の登記）**
**第52条** ① 表題登記がある建物（区分建物を除く．）に接続して区分建物が新築されて1棟の建物となったことにより当該表題登記がある建物が区分建物になった場合における当該表題登記がある建物についての表題部の変更の登記の申請は，当該新築に係る区分建物についての表題登記の申請と併せてしなければならない．
② 前項の場合において，当該表題登記がある建物の表題部所有者又は所有権の登記名義人は，当該新築に係る区分建物についての表題登記を申請することができる．
③ いずれも表題登記がある二以上の建物（区分建物を除く．）が増築その他の工事により相互に接続して区分建物になった場合における当該表題登記がある二以上の建物についての表題部の変更の登記の申請は，一括してしなければならない．
④ 前項の場合において，当該表題登記がある二以上の建物のうち，表題登記がある一の建物の表題部所有者又は所有権の登記名義人は，当該表題登記がある他の建物の表題部所有者若しくは所有権の登記名義人又はこれらの者の相続人その他の一般承継人に代わって，当該表題登記がある他の建物について表題部の変更の登記を申請することができる．

**（建物の表題部の更正の登記）**
**第53条** ① 第27条第1号，第2号若しくは第4号（同号にあっては，法務省令で定めるものに限る．）又は第44条第1項各号（第2号及び第6号を除く．）に掲げる登記事項に関する更正の登記は，表題部所有者又は所有権の登記名義人（共用部分である旨の登記又は団地共用部分である旨の登記がある建物の場合にあっては，所有者）以外の者は，申請することができない．
② 第51条第5項及び第6項の規定は，建物が区分建物である場合における同条第5項に規定する登記事項に関する表題部の更正の登記について準用する．

**（建物の分割，区分又は合併の登記）**
**第54条** ① 次に掲げる登記は，表題部所有者又は所有権の登記名義人以外の者は，申請することができない．
1 建物の分割の登記（表題登記がある建物の附属建物を当該表題登記がある建物の登記記録から分割して登記記録上別の1個の建物とする登記をいう．以下同じ．）
2 建物の区分の登記（表題登記がある建物又は附属建物の部分であって区分建物に該当するものを登記記録上区分建物とする登記をいう．以下同じ．）
3 建物の合併の登記（表題登記がある建物を登記記録上他の表題登記がある建物の附属建物とする登記又は表題登記がある区分建物を登記記録上これと接続する他の区分建物である表題登記がある建物若しくは附属建物に合併して1個の建物とする登記をいう．以下同じ．）
② 共用部分である旨の登記又は団地共用部分である旨の登記がある建物についての建物の分割の登記又は建物の区分の登記は，所有者以外の者は，申請することができない．
③ 第40条の規定は，所有権等の登記以外の権利に関する登記がある建物についての建物の分割の登記又は建物の区分の登記をするときについて準用する．

**（建物の合併の登記の制限）**
**第56条** 次に掲げる建物の合併の登記は，することができない．
1 共用部分である旨の登記又は団地共用部分である旨の登記がある建物の合併の登記
2 表題部所有者又は所有権の登記名義人が相互に異なる建物の合併の登記

3 表題部所有者又は所有権の登記名義人が相互に持分を異にする建物の合併の登記
4 所有権の登記がない建物と所有権の登記がある建物との建物の合併の登記
5 所有権等の登記以外の権利に関する登記がある建物(権利に関する登記であって、合併後の建物の登記記録に登記することができるものとして法務省令で定めるものがある建物を除く。)の建物の合併の登記

(建物の滅失の登記の申請)
第57条 建物が滅失したときは、表題部所有者又は所有権の登記名義人(共用部分である旨の登記又は団地共用部分である旨の登記がある場合にあっては、所有者)は、その滅失の日から1月以内に、当該建物の滅失の登記を申請しなければならない。

(共用部分である旨の登記等)
第58条 ① 共用部分である旨の登記又は団地共用部分である旨の登記に係る建物の表示に関する登記の登記事項は、第27条各号(第3号を除く。)及び第44条第1項各号(第6号を除く。)に掲げるもののほか、次のとおりとする。
1 共用部分である旨の登記にあっては、当該共用部分である建物が当該建物の属する1棟の建物以外の1棟の建物に属する建物の区分所有者の共用に供されるものであるときは、その旨
2 団地共用部分である旨の登記にあっては、当該団地共用部分を共用すべき者の所有する建物(当該建物が区分建物であるときは、当該建物が属する1棟の建物)

第3節 権利に関する登記
第1款 通則
(権利に関する登記の登記事項)
第59条 権利に関する登記の登記事項は、次のとおりとする。
1 登記の目的
2 申請の受付の年月日及び受付番号
3 登記原因及びその日付
4 登記に係る権利の権利者の氏名又は名称及び住所並びに登記名義人が2人以上であるときは当該権利の登記名義人ごとの持分
5 登記の目的である権利の消滅に関する定めがあるときは、その定め
6 共有物分割禁止の定め(共有物若しくは所有権以外の権利について民法(明治29年法律第89号)第256条第1項ただし書(同法第264条において準用する場合を含む。)の規定により分割をしない旨の契約をした場合若しくは同法第908条の規定により被相続人が遺言で共有物若しくは所有権以外の財産権について分割を禁止した場合における共有物若しくは所有権以外の財産権の分割を禁止する定め又は同法第907条第3項の規定により家庭裁判所が遺産である共有物若しくは所有権以外の財産権についてした分割を禁止する審判をいう。第65条において同じ。)があるときは、その定め
7 民法第423条その他の法令の規定により他人に代わって登記を申請した者(以下「代位者」という。)があるときは、当該代位者の氏名又は名称及び住所並びに代位原因
8 第2号に掲げるもののほか、権利の順位を明らかにするために必要な事項として法務省令で定めるもの

(共同申請)
第60条 権利に関する登記の申請は、法令に別段の定めがある場合を除き、登記権利者及び登記義務者が共同してしなければならない。

(登記原因証明情報の提供)
第61条 権利に関する登記を申請する場合には、申請人は、法令に別段の定めがある場合を除き、その申請情報と併せて登記原因を証する情報を提供しなければならない。

(一般承継人による申請)
第62条 登記権利者、登記義務者又は登記名義人が権利に関する登記の申請人となる場合において、当該登記権利者、登記義務者又は登記名義人について相続その他の一般承継があったときは、相続人その他の一般承継人は、当該権利に関する登記を申請することができる。

(判決による登記等)
第63条 ① 第60条、第65条又は第89条第1項(同条第2項(第95条第2項において準用する場合を含む。)及び第95条第2項において準用する場合を含む。)の規定にかかわらず、これらの規定により申請を共同してしなければならない者の一方に登記手続をすべきことを命ずる確定判決による登記は、当該申請を共同してしなければならない者の他方が単独で申請することができる。
② 相続又は法人の合併による権利の移転の登記は、登記権利者が単独で申請することができる。

(登記名義人の氏名等の変更の登記又は更正の登記等)
第64条 ① 登記名義人の氏名若しくは名称又は住所についての変更の登記又は更正の登記は、登記名義人が単独で申請することができる。
② 抵当証券が発行されている場合における債務者の氏名若しくは名称又は住所についての変更の登記又は更正の登記は、債務者が単独で申請することができる。

(共有物分割禁止の定めの登記)
第65条 共有物分割禁止の定めに係る権利の変更の登記の申請は、当該権利の共有者であるすべての登記名義人が共同してしなければならない。

(権利の変更の登記又は更正の登記)
第66条 権利の変更の登記又は更正の登記は、登記上の利害関係を有する第三者(権利の変更の登記又は更正の登記につき利害関係を有する抵当証券の所持人又は裏書人を含む。以下この条において同じ。)の承諾がある場合及び当該第三者がない場合に限り、付記登記によってすることができる。

(登記の更正)
第67条 ① 登記官は、権利に関する登記に錯誤又は遺漏があることを発見したときは、遅滞なく、その旨を登記権利者及び登記義務者(登記権利者及び登記義務者がない場合にあっては、登記名義人。第3項及び第71条第1項において同じ。)に通知しなければならない。ただし、登記権利者、登記義務者又は登記名義人がそれぞれ2人以上あるときは、その1人に対し通知すれば足りる。
② 登記官は、前項の場合において、登記の錯誤又は遺漏が登記官の過誤によるものであるときは、遅滞なく、当該登記官を監督する法務局又は地方法務局の長の許可を得て、登記の更正をしなければならない。ただし、登記上の利害関係を有する第三者(当

該登記の更正につき利害関係を有する抵当証券の所持人又は裏書人を含む。以下この項において同じ。）がある場合にあっては，当該第三者の承諾があるときに限る。
③ 登記官が前項の登記の更正をしたときは，その旨を登記権利者及び登記義務者に通知しなければならない。この場合において，第1項ただし書の規定を準用する。
④ 第1項及び前項の通知は，代位者にもしなければならない。この場合において，第1項ただし書の規定を準用する。
　（登記の抹消）
第68条　権利に関する登記の抹消は，登記上の利害関係を有する第三者（当該登記の抹消につき利害関係を有する抵当証券の所持人又は裏書人を含む。以下この条において同じ。）がある場合には，当該第三者の承諾があるときに限り，申請することができる。
　（死亡又は解散による登記の抹消）
第69条　権利が人の死亡又は法人の解散によって消滅する旨が登記されている場合において，当該権利がその死亡又は解散によって消滅したときは，第60条の規定にかかわらず，登記権利者は，単独で当該権利に係る権利に関する登記の抹消を申請することができる。
　（抹消された登記の回復）
第72条　抹消された登記（権利に関する登記に限る。）の回復は，登記上の利害関係を有する第三者（当該登記の回復につき利害関係を有する抵当証券の所持人又は裏書人を含む。以下この条において同じ。）がある場合には，当該第三者の承諾があるときに限り，申請することができる。
　（敷地権付き区分建物に関する登記等）
第73条　① 敷地権付き区分建物についての所有権又は担保権（一般の先取特権，質権又は抵当権をいう。以下この条において同じ。）に係る権利に関する登記は，第46条の規定により敷地権である旨の登記をした土地の敷地権についてされた登記としての効力を有する。ただし，次に掲げる登記は，この限りでない。
1～4　（略）
② 第46条の規定により敷地権である旨の登記をした土地には，敷地権の移転の登記又は敷地権を目的とする担保権に係る権利に関する登記をすることができない。ただし，当該土地が敷地権の目的となった後にその登記原因が生じたもの（分離処分禁止の場合を除く。）又は敷地権についての仮登記若しくは質権若しくは抵当権に係る権利に関する登記であって当該土地が敷地権の目的となる前にその登記原因が生じたものは，この限りでない。
③ 敷地権付き区分建物には，当該建物のみの所有権の移転を登記原因とする所有権の登記又は当該建物のみを目的とする担保権に係る権利に関する登記をすることができない。ただし，当該建物の敷地権が生じた後にその登記原因が生じたもの（分離処分禁止の場合を除く。）又は当該建物のみの所有権についての仮登記若しくは当該建物のみを目的とする質権若しくは抵当権に係る権利に関する登記であって当該建物の敷地権が生ずる前にその登記原因が生じたものは，この限りでない。
　　第2款　所有権に関する登記
　（所有権の保存の登記）

第74条　① 所有権の保存の登記は，次に掲げる者以外の者は，申請することができない。
1　表題部所有者又はその相続人その他の一般承継人
2　所有権を有することが確定判決によって確認された者
3　収用（土地収用法（昭和26年法律第219号）その他の法律の規定による収用をいう。第118条第1項及び第3項から第5項までにおいて同じ。）によって所有権を取得した者
② 区分建物にあっては，表題部所有者から所有権を取得した者も，前項の登記を申請することができる。この場合において，当該建物が敷地権付き区分建物であるときは，当該敷地権の登記名義人の承諾を得なければならない。
　（**表題登記がない**不動産についてする所有権の保存の登記）
第75条　登記官は，前条第1項第2号又は第3号に掲げる者の申請に基づいて表題登記がない不動産について所有権の保存の登記をするときは，当該不動産に関する不動産の表示のうち法務省令で定めるものを登記しなければならない。
　（所有権の保存の登記の登記事項等）
第76条　① 所有権の保存の登記においては，第59条第3号の規定にかかわらず，登記原因及びその日付を登記することを要しない。ただし，敷地権付き区分建物について第74条第2項の規定により所有権の保存の登記をする場合は，この限りでない。
② 登記官は，所有権の登記がない不動産について嘱託により所有権の処分の制限の登記をするときは，職権で，所有権の保存の登記をしなければならない。
③ 前条の規定は，表題登記がない不動産について嘱託により所有権の処分の制限の登記をする場合について準用する。
　（所有権の登記の抹消）
第77条　所有権の登記の抹消は，所有権の移転の登記がない場合に限り，所有権の登記名義人が単独で申請することができる。
　　第3款　用益権に関する登記
　（地上権の登記の登記事項）
第78条　地上権の登記の登記事項は，第59条各号に掲げるもののほか，次のとおりとする。
1　地上権設定の目的
2　地代又はその支払時期の定めがあるときは，その定め
3　存続期間又は借地借家法（平成3年法律第90号）第22条前段若しくは第23条第1項の定めがあるときは，その定め
4　地上権設定の目的が借地借家法第23条第1項又は第2項に規定する建物の所有であるときは，その旨
5　民法第269条の2第1項前段に規定する地上権の設定にあっては，その目的である地下又は空間の上下の範囲及び同項後段の定めがあるときは，その定め
　（永小作権の登記の登記事項）
第79条　永小作権の登記の登記事項は，第59条各号に掲げるもののほか，次のとおりとする。
1　小作料
2　存続期間又は小作料の支払時期の定めがあるときは，その定め
3　民法第272条ただし書の定めがあるときは，その定め

4 前2号に規定するもののほか，永小作人の権利又は義務に関する定めがあるときは，その定め
**(地役権の登記の登記事項等)**
**第80条** ① 承役地（民法第285条第1項に規定する承役地をいう．以下この条において同じ．）についてする地役権の登記の登記事項は，第59条各号に掲げるもののほか，次のとおりとする．
1 要役地（民法第281条第1項に規定する要役地をいう．以下この条において同じ．）
2 地役権設定の目的及び範囲
3 民法第281条第1項ただし書若しくは第285条第1項ただし書の別段の定め又は同法第286条の定めがあるときは，その定め
② 前項の登記においては，第59条第4号の規定にかかわらず，地役権者の氏名又は名称及び住所を登記することを要しない．
③ 要役地に所有権の登記がないときは，承役地に地役権の設定の登記をすることができない．
④ 登記官は，承役地に地役権の設定の登記をしたときは，要役地について，職権で，法務省令で定める事項を登記しなければならない．
**(賃借権の登記等の登記事項)**
**第81条** 賃借権の登記又は賃借物の転貸の登記の登記事項は，第59条各号に掲げるもののほか，次のとおりとする．
1 賃料
2 存続期間又は賃料の支払時期の定めがあるときは，その定め
3 賃借権の譲渡又は賃借物の転貸を許す旨の定めがあるときは，その定め
4 敷金があるときは，その旨
5 賃貸人が財産の処分につき行為能力の制限を受けた者又は財産の処分の権限を有しない者であるときは，その旨
6 土地の賃借権設定の目的が建物の所有であるときは，その旨
7 前号に規定する場合において建物が借地借家法第23条第1項又は第2項に規定する建物であるときは，その旨
8 借地借家法第22条前段，第23条第1項，第38条第1項前段若しくは第39条第1項又は高齢者の居住の安定確保に関する法律（平成13年法律第26号）第56条の定めがあるときは，その定め
**(採石権の登記の登記事項)**
**第82条** 採石権の登記の登記事項は，第59条各号に掲げるもののほか，次のとおりとする．
1 存続期間
2 採石権の内容又は採石料若しくはその支払時期の定めがあるときは，その定め
**第4款 担保権等に関する登記**
**(担保権の登記の登記事項)**
**第83条** ① 先取特権，質権若しくは転質権又は抵当権の登記の登記事項は，第59条各号に掲げるもののほか，次のとおりとする．
1 債権額（一定の金額を目的としない債権については，その価額）
2 債務者の氏名又は名称及び住所
3 所有権以外の権利を目的とするときは，その目的となる権利
4 二以上の不動産に関する権利を目的とするときは，当該二以上の不動産及び当該権利
5 外国通貨で第1号の債権額を指定した債権を担保する質権若しくは転質権又は抵当権の登記にあっては，本邦通貨で表示した担保限度額
② 登記官は，前項第4号に掲げる事項を明らかにするため，法務省令で定めるところにより，共同担保目録を作成することができる．
**(債権の一部譲渡による担保権の移転の登記等の登記事項)**
**第84条** 債権の一部について譲渡又は代位弁済がされた場合における先取特権，質権若しくは転質権又は抵当権の移転の登記の登記事項は，第59条各号に掲げるもののほか，当該譲渡又は代位弁済の目的である債権の額とする．
**(不動産工事の先取特権の保存の登記)**
**第85条** 不動産工事の先取特権の保存の登記においては，第83条第1項第1号の債権額として工事費用の予算額を登記事項とする．
**(建物を新築する場合の不動産工事の先取特権の保存の登記)**
**第86条** ① 建物を新築する場合における不動産工事の先取特権の保存の登記については，当該建物の所有者となるべき者を登記義務者とみなす．この場合においては，第22条本文の規定は，適用しない．
② 前項の登記事項は，第59条各号及び第83条第1項各号（第3号を除く．）に掲げるもののほか，次のとおりとする．
1 新築する建物並びに当該建物の種類，構造及び床面積は設計書による旨
2 登記義務者の氏名又は名称及び住所
③ 前項第1号の規定は，所有権の登記がある建物の附属建物を新築する場合における不動産工事の先取特権の保存の登記について準用する．
**(建物の建築が完了した場合の登記)**
**第87条** ① 前条第1項の登記をした場合において，建物の建築が完了したときは，当該建物の所有者は，遅滞なく，所有権の保存の登記を申請しなければならない．
② 前条第3項の登記をした場合において，附属建物の建築が完了したときは，当該附属建物が属する建物の所有権の登記名義人は，遅滞なく，当該附属建物の新築による建物の表題部の変更の登記を申請しなければならない．
**(抵当権の登記の登記事項)**
**第88条** ① 抵当権（根抵当権（民法第398条の2第1項の規定による抵当権をいう．以下同じ．）を除く．）の登記の登記事項は，第59条各号及び第83条第1項各号に掲げるもののほか，次のとおりとする．
1 利息に関する定めがあるときは，その定め
2 民法第375条第2項に規定する損害の賠償額の定めがあるときは，その定め
3 債権に付した条件があるときは，その条件
4 民法第370条ただし書の別段の定めがあるときは，その定め
5 抵当証券発行の定めがあるときは，その定め
6 前号の定めがある場合において元本又は利息の弁済期又は支払場所の定めがあるときは，その定め
② 根抵当権の登記の登記事項は，第59条各号及び第83条第1項各号（第1号を除く．）に掲げるもののほか，次のとおりとする．
1 担保すべき債権の範囲及び極度額
2 民法第370条ただし書の別段の定めがあるときは，その定め
3 担保すべき元本の確定すべき期日の定めがある

ときは,その定め
4 民法第398条の14第1項ただし書の定めがあるときは,その定め
(抵当権の順位の変更の登記等)
第89条 ① 抵当権の順位の変更の登記の申請は,順位を変更する当該抵当権の登記名義人が共同してしなければならない.
② 前項の規定は,民法第398条の14第1項ただし書の定めがある場合の当該定めの登記の申請について準用する.
(抵当権の処分の登記)
第90条 第83条及び第88条の規定は,民法第376条第1項の規定により抵当権を他の債権のための担保とし,又は抵当権を譲渡し,若しくは放棄する場合の登記について準用する.
(共同抵当の代位の登記)
第91条 ① 民法第393条の規定による代位の登記の登記事項は,第59条各号に掲げるもののほか,先順位の抵当権者が弁済を受けた不動産に関する権利,当該不動産の代価及び当該弁済を受けた額とする.
② 第83条及び第88条の規定は,前項の登記について準用する.
(根抵当権当事者の相続に関する合意の登記の制限)
第92条 民法第398条の8第1項又は第2項の合意の登記は,当該相続による根抵当権の移転又は債務者の変更の登記をした後でなければ,することができない.
(根抵当権の元本の確定の登記)
第93条 民法第398条の19第2項又は第398条の20第1項第3号若しくは第4号の規定により根抵当権の担保すべき元本が確定した場合において,第60条の規定にかかわらず,当該根抵当権の登記名義人が単独で申請することができる.ただし,同項第3号又は第4号の規定により根抵当権の担保すべき元本が確定した場合における申請は,当該根抵当権又はこれを目的とする権利の取得の登記の申請と併せてしなければならない.
(抵当証券に関する登記)
第94条 ① 登記官は,抵当証券を交付したときは,職権で,抵当証券交付の登記をしなければならない.
② 抵当証券法第1条第2項の申請があった場合において,同法第5条第2項の嘱託を受けた登記所の登記官が抵当証券を作成したときは,当該登記官は,職権で,抵当証券作成の登記をしなければならない.
③ 前項の場合において,同項の申請を受けた登記所の登記官は,抵当証券を交付したときは抵当証券交付の登記を,同項の申請を却下したときは抵当証券作成の登記の抹消を同項の登記所に嘱託しなければならない.
④ 第2項の規定による抵当証券作成の登記をした不動産について,前項の規定による嘱託により抵当証券交付の登記をしたときは,当該抵当証券交付の登記は,当該抵当証券作成の登記をした時にさかのぼってその効力を生ずる.
(質権の登記の登記事項)
第95条 ① 質権又は転質の登記の登記事項は,第59条各号及び第83条第1項各号に掲げるもののほか,次のとおりとする.
1 存続期間の定めがあるときは,その定め
2 利息に関する定めがあるときは,その定め
3 違約金又は賠償額の定めがあるときは,その定め

4 債権に付した条件があるときは,その条件
5 民法第346条ただし書の別段の定めがあるときは,その定め
6 民法第359条の規定によりその設定行為について別段の定め(同法第356条又は第357条に規定するものに限る.)があるときは,その定め
7 民法第361条において準用する同法第370条ただし書の別段の定めがあるときは,その定め
(買戻しの特約の登記の登記事項)
第96条 買戻しの特約の登記の登記事項は,第59条各号に掲げるもののほか,買主が支払った代金及び契約の費用並びに買戻しの期間の定めがあるときはその定めとする.

第6款 仮登記
(仮登記)
第105条 仮登記は,次に掲げる場合にすることができる.
1 第3条各号に掲げる権利について保存等があった場合において,当該保存等に係る登記の申請をするために登記所に対し提供しなければならない情報であって,第25条第9号の登記情報と併せて提供しなければならないものとされているもののうち法務省令で定めるものを提供することができないとき.
2 第3条各号に掲げる権利の設定,移転,変更又は消滅に関して請求権(始期付き又は停止条件付きのものその他将来確定することが見込まれるものを含む.)を保全しようとするとき.
(仮登記に基づく本登記の順位)
第106条 仮登記に基づいて本登記(仮登記がされた後,これと同一の不動産についてされる同一の権利についての権利に関する登記であって,当該不動産に係る登記記録に当該仮登記に基づく登記であることが記録されているものをいう.以下同じ.)をした場合は,当該本登記の順位は,当該仮登記の順位による.
(仮登記の申請方法)
第107条 ① 仮登記は,仮登記の登記義務者の承諾があるとき及び仮登記を命ずる処分があるときは,第60条の規定にかかわらず,当該仮登記の登記権利者が単独で申請することができる.
② 仮登記の登記権利者及び登記義務者が共同して仮登記を申請する場合については,第22条本文の規定は,適用しない.

## 第5章 登記事項の証明等

(登記事項証明書の交付等)
第119条 ① 何人も,登記官に対し,手数料を納付して,登記記録に記録されている事項の全部又は一部を証明した書面(以下「登記事項証明書」という.)の交付を請求することができる.
② 何人も,登記官に対し,手数料を納付して,登記記録に記録されている事項の概要を記載した書面の交付を請求することができる.
③ 前2項の手数料の額は,物価の状況,登記事項証明書の交付に要する実費その他一切の事情を考慮して政令で定める.
④ 第1項及び第2項の手数料の納付は,収入印紙をもってしなければならない.ただし,法務省令で定める方法で登記事項証明書の交付を請求するときは,法務省令で定めるところにより,現金をもって

することができる.
⑤ 第1項の交付の請求は,法務省令で定める場合を除き,請求に係る不動産の所在地を管轄する登記所以外の登記所の登記官に対してもすることができる.
(地図の写しの交付等)
**第120条** ① 何人も,登記官に対し,手数料を納付して,地図,建物所在図又は地図に準ずる図面(以下この条において「地図等」という.)の全部又は一部の写し(地図等が電磁的記録に記録されているときは,当該記録された情報の内容を証明した書面)の交付を請求することができる.
② 何人も,登記官に対し,手数料を納付して,地図等(地図等が電磁的記録に記録されているときは,当該記録された情報の内容を法務省令で定める方法により表示したもの)の閲覧を請求することができる.
③ 前条第3項から第5項までの規定は,地図等について準用する.

# 第6章 筆界特定

## 第1節 総則
(定義)
**第123条** この章において,次の各号に掲げる用語の意義は,それぞれ当該各号に定めるところによる.
1 筆界 表題登記がある1筆の土地(以下単に「1筆の土地」という.)とこれに隣接する他の土地(表題登記がない土地を含む.以下同じ.)との間において,当該1筆の土地が登記された時にその境を構成するものとされた二以上の点及びこれらを結ぶ直線をいう.
2 筆界特定 1筆の土地及びこれに隣接する他の土地について,この章の定めるところにより,筆界の現地における位置を特定すること(その位置を特定することができないときは,その位置の範囲を特定すること)をいう.
3 対象土地 筆界特定の対象となる筆界で相互に隣接する1筆の土地及び他の土地をいう.
4 関係土地 対象土地以外の土地(表題登記がない土地を含む.)であって,筆界特定の対象となる筆界上の点を含む他の筆界で対象土地の一方又は双方と接するものをいう.
5 所有権登記名義人等 所有権の登記がある1筆の土地にあっては所有権の登記名義人,所有権の登記がない1筆の土地にあっては表題部所有者,表題登記がない土地にあっては所有者をいい,所有権の登記名義人又は表題部所有者の相続人その他の一般承継人を含む.
(筆界特定の事務)
**第124条** ① 筆界特定の事務は,対象土地の所在地を管轄する法務局又は地方法務局がつかさどる.
② 第6条第2項及び第3項の規定は,筆界特定の事務について準用する.この場合において,同条第2項中「不動産」とあるのは「対象土地」と,「登記所」とあるのは「法務局又は地方法務局」と,「法務局若しくは地方法務局」とあるのは「法務局」と,同条第3項中「登記所」とあるのは「法務局又は地方法務局」と読み替えるものとする.
(筆界特定登記官)
**第125条** 筆界特定は,筆界特定登記官(登記官のうちから,法務局又は地方法務局の長が指定する者をいう.以下同じ.)が行う.

(筆界調査委員)
**第127条** ① 法務局及び地方法務局に,筆界特定について必要な事実の調査を行い,筆界特定登記官に意見を提出させるため,筆界調査委員若干人を置く.
② 筆界調査委員は,前項の職務を行うのに必要な専門的知識及び経験を有する者のうちから,法務局又は地方法務局の長が任命する.
③ 筆界調査委員の任期は,2年とする.
④ 筆界調査委員は,再任されることができる.
⑤ 筆界調査委員は,非常勤とする.

## 第2節 筆界特定の手続
### 第1款 筆界特定の申請
(筆界特定の申請)
**第131条** ① 土地の所有権登記名義人等は,筆界特定登記官に対し,当該土地とこれに隣接する他の土地との筆界について,筆界特定の申請をすることができる.
② 筆界特定の申請は,次に掲げる事項を明らかにしてしなければならない.
1 申請の趣旨
2 筆界特定の申請人の氏名又は名称及び住所
3 対象土地に係る第34条第1項第1号及び第2号に掲げる事項(表題登記がない土地にあっては,同項第1号に掲げる事項)
4 筆界特定を必要とする理由
5 前各号に掲げるもののほか,法務省令で定める事項
③ 筆界特定の申請人は,政令で定めるところにより,手数料を納付しなければならない.
④ 第18条の規定は,筆界特定の申請について準用する.この場合において,同条中「不動産を識別するために必要な事項,申請人の氏名又は名称,登記の目的その他の登記の申請に必要な事項として政令で定める情報(以下「申請情報」という.)」とあるのは「第131条第2項各号に掲げる事項に係る情報(第2号,第132条第1項第4号及び第150条において「筆界特定申請情報」という.)」と,「登記所」とあるのは「法務局又は地方法務局」と,同条第2号中「申請情報」とあるのは「筆界特定申請情報」と読み替えるものとする.
(筆界特定の申請の通知)
**第133条** ① 筆界特定の申請があったときは,筆界特定登記官は,遅滞なく,法務省令で定めるところにより,その旨を公告し,かつ,その旨を次に掲げる者(以下「関係人」という.)に通知しなければならない.ただし,前条第1項の規定により当該申請を却下すべき場合は,この限りでない.
1 対象土地の所有権登記名義人等であって筆界特定の申請人以外のもの
2 関係土地の所有権登記名義人等
② 前項本文の場合において,関係人の所在が判明しないときは,同項本文の規定による通知を,関係人の氏名又は名称,通知をすべき事項及び当該事項を記載した書面をいつでも関係人に交付する旨を対象土地の所在地を管轄する法務局又は地方法務局の掲示場に掲示することによって行うことができる.この場合においては,掲示を始めた日から2週間を経過したときに,当該通知が関係人に到達したものとみなす.

### 第2款 筆界の調査等
(筆界調査委員の指定等)
**第134条** ① 法務局又は地方法務局の長は,前条第

1項本文の規定による公告及び通知がされたときは,対象土地の筆界特定のために必要な事実の調査を行うべき筆界調査委員を指定しなければならない.
② 次の各号のいずれかに該当する者は,前項の筆界調査委員に指定することができない.
　1　対象土地又は関係土地のうちいずれかの土地の所有権の登記名義人(仮登記の登記名義人を含む.以下この号において同じ.),表題部所有者若しくは所有者又は所有権以外の権利の登記名義人若しくは当該権利を有する者
　2　前号に掲げる者の配偶者又は四親等内の親族(配偶者又は四親等内の親族であった者を含む.次号において同じ.)
　3　第1号に掲げる者の代理人若しくは代表者(代理人又は代表者であった者を含む.)又はその配偶者若しくは四親等内の親族
③ 第1項の規定による指定を受けた筆界調査委員が数人あるときは,共同してその職務を行う.ただし,筆界特定登記官の許可を得て,それぞれ単独にその職務を行い,又は職務を分掌することができる.
④ 法務局又は地方法務局の長は,その職員に,筆界調査委員による事実の調査を補助させることができる.
(筆界調査委員による事実の調査)
第135条　① 筆界調査委員は,前条第1項の規定による指定を受けたときは,対象土地又は関係土地その他の土地の測量又は実地調査をすること,筆界特定の関係人若しくは関係人又はその他の参考人からその知っている事実を聴取し又は資料の提出を求めることその他対象土地の筆界特定のために必要な事実の調査をすることができる.
② 筆界調査委員は,前項の事実の調査に当たっては,筆界特定が対象土地の所有権の境界の特定を目的とするものでないことに留意しなければならない.
(測量及び実地調査)
第136条　① 筆界調査委員は,対象土地の測量又は実地調査を行うときは,あらかじめ,その旨並びにその日時及び場所を筆界特定の申請人及び関係人に通知して,これに立ち会う機会を与えなければならない.
② 第133条第2項の規定は,前項の規定による通知について準用する.
　第3節　筆界特定
(筆界調査委員の意見の提出)
第142条　筆界調査委員は,第140条第1項の期日の後,対象土地の筆界特定のために必要な調査を終了したときは,遅滞なく,筆界特定登記官に対し,対象土地の筆界特定についての意見を提出しなければならない.
(筆界特定)
第143条　① 筆界特定登記官は,前条の規定により筆界調査委員の意見が提出されたときは,その意見を踏まえ,登記記録,地図又は地図に準ずる図面及び登記簿の附属書類の内容,対象土地及び関係土地の地形,地目,面積及び形状並びに工作物,囲障又は境界標の有無その他の状況及びこれらの設置の経緯その他の事情を総合的に考慮して,対象土地の筆界特定をし,その結論及び理由の要旨を記載した筆界特定書を作成しなければならない.
② 筆界特定書は,図面及び図面上の点の現地における位置を示す方法として法務省令で定めるものにより,筆界特定の内容を表示しなければならない.
③ 筆界特定書は,電磁的記録をもって作成することができる.
(筆界特定の通知等)
第144条　① 筆界特定登記官は,筆界特定をしたときは,遅滞なく,筆界特定の申請人に対し,筆界特定書の写しを交付する方法(筆界特定書が電磁的記録をもって作成されているときは,法務省令で定める方法)により当該筆界特定書の内容を通知するとともに,法務省令で定めるところにより,筆界特定をした旨を公告し,かつ,関係人に通知しなければならない.
② 第133条第2項の規定は,前項の規定による通知について準用する.
　第4節　雑　則
(手続費用の負担等)
第146条　① 筆界特定の手続における測量に要する費用その他の法務省令で定める費用(以下この条において「手続費用」という.)は,筆界特定の申請人の負担とする.
⑤ 筆界特定登記官は,筆界特定の申請人に手続費用の概算額を予納させなければならない.
(筆界確定訴訟における釈明処分の特則)
第147条　筆界特定がされた場合において,当該筆界特定に係る筆界について民事訴訟の手続により筆界の確定を求める訴えが提起されたときは,裁判所は,当該訴えに係る訴訟において,訴訟関係を明瞭にするため,登記官に対し,当該筆界特定に係る筆界特定手続記録の送付を嘱託することができる.民事訴訟の手続により筆界の確定を求める訴えが提起された後,当該訴えに係る筆界について筆界特定がされたときも,同様とする.
(筆界確定訴訟の判決との関係)
第148条　筆界特定がされた場合において,当該筆界特定に係る筆界について民事訴訟の手続により筆界の確定を求める訴えに係る判決が確定したときは,当該筆界特定は,当該判決と抵触する範囲において,その効力を失う.

## 第7章　雑　則

(登記識別情報の安全確保)
第151条　① 登記官は,その取り扱う登記識別情報の漏えい,滅失又は毀損の防止その他の登記識別情報の安全管理のために必要かつ適切な措置を講じなければならない.
② 登記官その他の不動産登記の事務に従事する法務局若しくは地方法務局若しくはこれらの支局又はこれらの出張所に勤務する法務事務官又はその職にあった者は,その事務に関して知り得た登記識別情報の作成又は管理に関する秘密を漏らしてはならない.
(行政手続法の適用除外)
第152条　登記官の処分については,行政手続法(平成5年法律第88号)第2章及び第3章の規定は,適用しない.
(行政機関の保有する情報の公開に関する法律の適用除外)
第153条　登記簿等及び筆界特定書等については,行政機関の保有する情報の公開に関する法律(平成11年法律第42号)の規定は,適用しない.
(行政手続等における情報通信の技術の利用に関

する法律の適用除外)
第154条 この法律又はこの法律に基づく命令の規定による手続等(行政手続等における情報通信の技術の利用に関する法律(平成14年法律第151号)第2条第10号に規定する手続等をいう。)については,同法第3条から第6条までの規定は,適用しない.

(行政機関の保有する個人情報の保護に関する法律の適用除外)
第155条 登記簿等に記録されている保有個人情報(行政機関の保有する個人情報の保護に関する法律(平成15年法律第58号)第2条第3項に規定する保有個人情報をいう。)については,同法第4章の規定は,適用しない.

(審査請求)
第156条 ① 登記官の処分を不当とする者は,当該登記官を監督する法務局又は地方法務局の長に審査請求をすることができる.
② 審査請求は,登記官を経由してしなければならない.

(審査請求事件の処理)
第157条 ① 登記官は,審査請求を理由があると認めるときは,相当の処分をしなければならない.
② 登記官は,審査請求に理由がないと認めるときは,その請求の日から3日以内に,意見を付して事件を前条第1項の法務局又は地方法務局の長に送付しなければならない.
③ 前条第1項の法務局又は地方法務局の長は,審査請求に理由があると認めるときは,登記官に相当の処分を命じ,その旨を審査請求人のほか登記上の利害関係人に通知しなければならない.
④ 前条第1項の法務局又は地方法務局の長は,前項の処分を命ずる前に登記官に仮登記を命ずることができる.

(行政不服審査法の適用除外)
第158条 登記官の処分に係る審査請求については,行政不服審査法(昭和37年法律第160号)第14条,第17条,第24条,第25条第1項ただし書,第34条第2項から第7項まで,第37条第6項,第40条第3項から第6項まで及び第43条の規定は,適用しない.

## 第8章 罰 則(略)

## 42 動産及び債権の譲渡の対抗要件に関する民法の特例等に関する法律(抄)

(平10・6・12法律第104号,平10・10・1施行,最終改正:平19・3・31法律第23号)

### 第1章 総 則

(趣 旨)
第1条 この法律は,法人がする動産及び債権の譲渡の対抗要件に関し民法(明治29年法律第89号)の特例等を定めるものとする.

(定 義)
第2条 ① この法律において「登記事項」とは,この法律の規定により登記すべき事項をいう.

② この法律において「延長登記」とは,次条第2項に規定する動産譲渡登記又は第4条第2項に規定する債権譲渡登記若しくは第14条第1項に規定する質権設定登記の存続期間を延長する登記をいう.
③ この法律において「抹消登記」とは,次条第2項に規定する動産譲渡登記若しくは第14条第1項に規定する債権譲渡登記若しくは第14条第1項に規定する質権設定登記を抹消する登記をいう.

(動産の譲渡の対抗要件の特例等)
第3条 ① 法人が動産(当該動産につき貨物引換証,預証券及び買入証券,倉荷証券又は船荷証券が作成されているものを除く.以下同じ。)を譲渡した場合において,当該動産の譲渡につき動産譲渡登記ファイルに譲渡の登記がされたときは,当該動産について,民法第178条の引渡しがあったものとみなす.
② 代理人によって占有されている動産の譲渡につき前項に規定する登記(以下「動産譲渡登記」という。)がされ,その譲受人として登記されている者が当該代理人に対して当該動産の引渡しを請求した場合において,当該代理人が本人に対して当該請求につき異議があれば相当の期間内にこれを述べるべき旨を遅滞なく催告し,本人がその期間内に異議を述べなかったときは,当該代理人は,その譲受人として登記されている者に当該動産を引渡し,それによって本人に損害が生じたときであっても,その賠償の責任を負わない.
③ 前2項の規定は,動産の譲渡に係る第10条第1項第2号に掲げる事由に基づいてされた動産譲渡登記の抹消登記について準用する.この場合において,前項中「譲受人」とあるのは,「譲渡人」と読み替えるものとする.

(債権の譲渡の対抗要件の特例等)
第4条 ① 法人が債権(指名債権であって金銭の支払を目的とするものに限る.以下同じ。)を譲渡した場合において,当該債権の譲渡につき債権譲渡登記ファイルに譲渡の登記がされたときは,当該債権の債務者以外の第三者については,民法第467条の規定による確定日付のある証書による通知があったものとみなす.この場合においては,当該登記の日付をもって確定日付とする.
② 前項に規定する登記(以下「債権譲渡登記」という。)がされた場合において,当該債権の譲渡及びその譲渡につき債権譲渡登記がされたことについて,譲渡人若しくは譲受人が当該債権の債務者に第11条第2項に規定する登記事項証明書を交付して通知をし,又は当該債務者が承諾をしたときは,当該債務者についても,前項と同様とする.
③ 前項の場合においては,民法第468条第2項の規定は,前項に規定する通知がされたときに限り適用する.この場合においては,当該債権の債務者は,同項に規定する通知を受けるまでに譲渡人に対して生じた事由を譲受人に対抗することができる.
④ 前3項の規定は,当該債権の譲渡に係る第10条第1項第2号に掲げる事由に基づいてされた債権譲渡登記の抹消登記について準用する.この場合において,前項中「譲渡人」とあるのは「譲受人」と,「譲受人」とあるのは「譲渡人」と読み替えるものとする.

### 第2章 動産譲渡登記及び債権譲渡登記等

(動産譲渡登記)

**第7条** ① 指定法務局等に，磁気ディスク（これに準ずる方法により一定の事項を確実に記録することができる物を含む．次条第1項及び第12条第1項において同じ．）をもって調製する動産譲渡登記ファイルを備える．

② 動産譲渡登記は，譲渡人及び譲受人の申請により，動産譲渡登記ファイルに，次に掲げる事項を記録することによって行う．
1 譲渡人の商号又は名称及び本店又は主たる事務所
2 譲受人の氏名及び住所（法人にあっては，商号又は名称及び本店又は主たる事務所）
3 譲渡人又は譲受人の本店又は主たる事務所が外国にあるときは，日本における営業所又は事務所
4 動産譲渡登記の登記原因及びその日付
5 譲渡に係る動産を特定するために必要な事項で法務省令で定めるもの
6 動産譲渡登記の存続期間
7 登記番号
8 登記の年月日

③ 前項第6号の存続期間は，10年を超えることができない．ただし，10年を超えて存続期間を定めるべき特別の事由がある場合は，この限りでない．

④ 動産譲渡登記（以下この項において「旧登記」という．）がされた譲渡に係る動産につき譲受人が更に譲渡をし，旧登記の存続期間の満了前に動産譲渡登記（以下この項において「新登記」という．）がされた場合において，新登記の存続期間が満了する日が旧登記の存続期間が満了する日の後に到来するときは，当該動産については，旧登記の存続期間は，新登記の存続期間が満了する日まで延長されたものとみなす．

⑤ 動産譲渡登記がされた譲渡に係る動産につき譲受人が更に譲渡をし，当該動産譲渡登記の存続期間の満了前に民法第178条の引渡しがされた場合（第3条第1項の規定により同法第178条の引渡しがあったものとみなされる場合を除く．）には，当該動産については，当該動産譲渡登記の存続期間は，無期限とみなす．

**（債権譲渡登記）**
**第8条** ① 指定法務局等に，磁気ディスクをもって調製する債権譲渡登記ファイルを備える．

② 債権譲渡登記は，譲渡人及び譲受人の申請により，債権譲渡登記ファイルに，次に掲げる事項を記録することによって行う．
1 前条第2項第1号から第3号まで，第7号及び第8号に掲げる事項
2 債権譲渡登記の登記原因及びその日付
3 譲渡に係る債権（既に発生した債権のみを譲渡する場合に限る．第10条第3項第3号において同じ．）の総額
4 譲渡に係る債権を特定するために必要な事項で法務省令で定めるもの
5 債権譲渡登記の存続期間

③ 前項第5号の存続期間は，次の各号に掲げる区分に応じ，それぞれ当該各号に定める期間を超えることができない．ただし，当該期間を超えて存続期間を定めるべき特別の事由がある場合は，この限りでない．
1 譲渡に係る債権の債務者のすべてが特定している場合 50年
2 前号に掲げる場合以外の場合 10年

④ 債権譲渡登記（以下この項において「旧登記」という．）がされた譲渡に係る債権につき譲受人が更に譲渡をし，旧登記の存続期間の満了前に債権譲渡登記（以下この項において「新登記」という．）がされた場合において，新登記の存続期間が満了する日が旧登記の存続期間が満了する日の後に到来するときは，当該債権については，旧登記の存続期間は，新登記の存続期間が満了する日まで延長されたものとみなす．

⑤ 債権譲渡登記がされた譲渡に係る債権につき譲受人が更に譲渡をし，当該債権譲渡登記の存続期間の満了前に民法第467条の規定による通知又は承諾がされた場合（第4条第1項の規定により同法第467条の規定による通知があったものとみなされる場合を除く．）には，当該債権については，当該債権譲渡登記の存続期間は，無期限とみなす．

**（延長登記）**
**第9条** ① 譲渡人及び譲受人は，動産譲渡登記又は債権譲渡登記に係る延長登記を申請することができる．ただし，当該動産譲渡登記又は債権譲渡登記の存続期間の延長により第7条第3項又は前条第3項の規定に反することとなるときは，この限りでない．

② 前項の規定による延長登記は，当該動産譲渡登記に係る動産譲渡登記ファイル又は当該債権譲渡登記に係る債権譲渡登記ファイルの記録に，次に掲げる事項を記録することによって行う．
1 動産譲渡登記又は債権譲渡登記の存続期間を延長する旨
2 延長後の存続期間
3 登記番号
4 登記の年月日

**（抹消登記）**
**第10条** ① 譲渡人及び譲受人は，次に掲げる事由があるときは，動産譲渡登記又は債権譲渡登記に係る抹消登記を申請することができる．
1 動産の譲渡又は債権の譲渡が効力を生じないこと．
2 動産の譲渡又は債権の譲渡が取消し，解除その他の原因により効力を失ったこと．
3 譲渡に係る動産は譲渡に係る債権が消滅したこと．

② 前項の規定による抹消登記は，当該動産譲渡登記に係る動産譲渡登記ファイル又は当該債権譲渡登記に係る債権譲渡登記ファイルの記録に，次に掲げる事項を記録することによって行う．
1 当該動産譲渡登記又は債権譲渡登記を抹消する旨
2 抹消登記の登記原因及びその日付
3 登記番号
4 登記の年月日

③ 譲渡に係る動産又は譲渡に係る債権が数個記録されている動産譲渡登記又は債権譲渡登記について，その一部の動産又は債権に係る部分につき抹消登記をするときは，前項第2号から第4号までに掲げる事項のほか，次に掲げる事項をも記録しなければならない．
1 当該動産譲渡登記又は債権譲渡登記の一部を抹消する旨
2 抹消登記に係る動産又は債権を特定するために必要な事項で法務省令で定めるもの
3 抹消後の譲渡に係る債権の総額

**（登記事項概要証明書等の交付）**
**第11条** ① 何人も，指定法務局等の登記官に対し，動産譲渡登記ファイル又は債権譲渡登記ファイル

に記録されている登記事項の概要（動産譲渡登記ファイル又は債権譲渡登記ファイルに記録されている事項のうち，第7条第2項第5号，第8条第2項第4号及び前条第3項第2号に掲げる事項を除いたものをいう．次条第2項及び第3項において同じ．）を証明した書面（第21条第1項において「登記事項概要証明書」という．）の交付を請求することができる．

② 次に掲げる者は，指定法務局等の登記官に対し，動産譲渡登記ファイル又は債権譲渡登記ファイルに記録されている事項について，動産譲渡登記ファイル又は債権譲渡登記ファイルに記録されている事項を証明した書面（第21条第1項において「登記事項証明書」という．）の交付を請求することができる．
  1 譲渡に係る動産又は譲渡に係る債権の譲渡人又は譲受人
  2 譲渡に係る動産を差し押さえた債権者その他の当該動産の譲渡につき利害関係を有する者として政令で定めるもの
  3 譲渡に係る債権の債務者その他の当該債権の譲渡につき利害関係を有する者として政令で定めるもの
  4 譲渡に係る動産又は譲渡に係る債権の譲渡人の使用人

**（登記事項概要ファイルへの記録等）**
**第12条** ① 本店等所在地法務局等に，磁気ディスクをもって調製する動産譲渡登記事項概要ファイル及び債権譲渡登記事項概要ファイルを備える．
② 動産譲渡登記若しくは債権譲渡登記又は抹消登記をした登記官は，本店等所在地法務局等に対し，当該登記をした旨その他当該登記に係る登記事項の概要のうち法務省令で定めるものを通知しなければならない．
③ 前項の規定による通知を受けた本店等所在地法務局等の登記官は，遅滞なく，通知を受けた事項の概要のうち法務省令で定めるものを譲渡人の動産譲渡登記事項概要ファイル又は債権譲渡登記事項概要ファイル（次条第1項及び第18条において「登記事項概要ファイル」と総称する．）に記録しなければならない．

**（概要記録事項証明書の交付）**
**第13条** ① 何人も，本店等所在地法務局等の登記官に対し，登記事項概要ファイルに記録されている事項を証明した書面（第21条第1項において「概要記録事項証明書」という．）の交付を請求することができる．
② 前項の交付の請求は，法務省令で定める場合を除き，本店等所在地法務局等以外の法務局若しくは地方法務局若しくはこれらの支局又はこれらの出張所の登記官に対してもすることができる．

**（債権質への準用）**
**第14条** ① 第4条及び第8条の規定並びに第5条，第6条及び第9条から前条までの規定中債権の譲渡に係る部分は，法人が債権を目的として質権を設定した場合において，当該質権の設定につき債権譲渡登記ファイルに記録された質権の設定の登記（以下「質権設定登記」という．）について準用する．〔後略〕

## 第3章　補　則(略)

---

## 43　戸籍法（抄）

(昭22・12・22法律第224号，昭23・1・1施行，
最終改正：平19・5・11法律第35号)

### 第1章　総　則

**第1条** ① 戸籍に関する事務は，市町村長がこれを管掌する．
② 前項の事務は，地方自治法（昭和22年法律第67号）第2条第9項第1号に規定する第1号法定受託事務とする．
**第2条** 市町村長は，自己又はその配偶者，直系尊属若しくは直系卑属に関する戸籍事件については，その職務を行うことができない．
**第3条** ① 法務大臣は，市町村長が戸籍事務を処理するに当たりよるべき基準を定めることができる．
② 市役所又は町村役場の所在地を管轄する法務局又は地方法務局の長は，戸籍事務の処理に関し必要があると認めるときは，市町村長に対し，報告を求め，又は助言若しくは勧告をすることができる．この場合において，戸籍事務の処理の適正を確保するため特に必要があると認めるときは，指示をすることができる．
③ 戸籍事務については，地方自治法第245条の4，第245条の7第2項第1号，第3項及び第4項，第245条の8第12項及び第13項並びに第245条の9第2項第1号，第3項及び第4項の規定は，適用しない．
**第4条** 都の区のある区域においては，この法律中の市，市長及び市役所に関する規定は，区，区長及び区役所にこれを準用する．地方自治法第252条の19第1項の指定都市においても，同様である．
**第5条** 削除

### 第2章　戸籍簿

**第6条** 戸籍は，市町村の区域内に本籍を定める一の夫婦及びこれと氏を同じくする子ごとに，これを編製する．ただし，日本人でない者（以下「外国人」という．）と婚姻をした者又は配偶者がない者について新たに戸籍を編製するときは，その者及びこれと氏を同じくする子ごとに，これを編製する．
**第7条** 戸籍は，これをつづつて帳簿とする．
**第8条** ① 戸籍は，正本と副本を設ける．
② 正本は，これを市役所又は町村役場に備え，副本は，管轄法務局若しくは地方法務局又はその支局がこれを保存する．
**第9条** 戸籍は，その筆頭に記載した者の氏名及び本籍でこれを表示する．その者が戸籍から除かれた後も，同様である．
**第10条** ① 戸籍に記載されている者（その戸籍から除かれた者（その者に係る全部の記載が市町村長の過誤によつてされたものであつて，当該記載が第24条第2項の規定によつて訂正された場合における その者を除く．）を含む．）又はその配偶者，直系尊属若しくは直系卑属は，その戸籍の謄本若しくは抄本又は戸籍に記載した事項に関する証明書（以下「戸籍謄本等」という．）の交付の請求をすることができる．
② 市町村長は，前項の請求が不当な目的によること

が明らかなときは、これを拒むことができる。
③ 第1項の請求をしようとする者は、郵便その他の法務省令で定める方法により、戸籍謄本等の送付を求めることができる。

**第10条の2** ① 前条第1項に規定する者以外の者は、次の各号に掲げる場合に限り、戸籍謄本等の交付の請求をすることができる。この場合において、当該請求をする者は、それぞれ当該各号に定める事項を明らかにしてこれをしなければならない。
 1 自己の権利を行使し、又は自己の義務を履行するために戸籍の記載事項を確認する必要がある場合　権利又は義務の発生原因及び内容並びに当該権利を行使し、又は当該義務を履行するために戸籍の記載事項の確認を必要とする理由
 2 国又は地方公共団体の機関に提出する必要がある場合　戸籍謄本等を提出すべき国又は地方公共団体の機関又は当該機関への提出を必要とする理由
 3 前2号に掲げる場合のほか、戸籍の記載事項を利用する正当な理由がある場合　戸籍の記載事項の利用の目的及び方法並びにその利用を必要とする事由
② 前項の規定にかかわらず、国又は地方公共団体の機関は、法令の定める事務を遂行するために必要がある場合には、戸籍謄本等の交付の請求をすることができる。この場合において、当該請求の任に当たる権限を有する職員は、その官職、当該事務の種類及び根拠となる法令の条項並びに戸籍の記載事項の利用の目的を明らかにしてこれをしなければならない。
③ 第1項の規定にかかわらず、弁護士（弁護士法人を含む。次項において同じ。）、司法書士（司法書士法人を含む。次項において同じ。）、土地家屋調査士（土地家屋調査士法人を含む。次項において同じ。）、税理士（税理士法人を含む。次項において同じ。）、社会保険労務士（社会保険労務士法人を含む。次項において同じ。）、弁理士（特許業務法人を含む。次項において同じ。）、海事代理士又は行政書士（行政書士法人を含む。）は、受任している事件又は事務に関する業務を遂行するために必要がある場合には、戸籍謄本等の交付の請求をすることができる。この場合において、当該請求をする者は、その有する資格、当該業務の種類、当該事件又は事務の依頼者の氏名又は名称及び当該依頼者についての第1項各号に定める事項を明らかにしてこれをしなければならない。

**第10条の3** ① 第10条第1項又は前条第1項から第5項までの請求をする場合において、現に請求の任に当たつている者は、市町村長に対し、運転免許証を提示する方法その他の法務省令で定める方法により、当該請求の任に当たつている者を特定するために必要な氏名その他の法務省令で定める事項を明らかにしなければならない。
② 前項の場合において、現に請求の任に当たつている者が、当該請求をする者（前条第2項の請求にあつては、当該請求の任に当たる権限を有する職員。以下この項及び次条において「請求者」という。）の代理人であるときその他請求者と異なる者であるときは、当該請求の任に当たつている者は、市町村長に対し、法務省令で定める方法により、請求者の依頼又は法令の規定により当該請求の任に当たるものであることを明らかにする書面を提供しなければならない。

**第10条の4** 市町村長は、第10条の2第1項から第5項までの請求がされた場合において、これらの規定により請求者が明らかにしなければならない事項が明らかにされていないと認めるときは、当該請求者に対し、必要な説明を求めることができる。

**第11条** 戸籍簿の全部又は一部が、滅失したとき、又は滅失のおそれがあるときは、法務大臣は、その再製又は補完について必要な処分を指示する。この場合において、滅失したものであるときは、その旨を告示しなければならない。

**第11条の2** ① 虚偽の届出等（届出、報告、申請、請求若しくは嘱託、証書若しくは航海日誌の謄本又は裁判をいう。次項において同じ。）若しくは錯誤による届出等又は市町村長の過誤によつて記載がされ、かつ、その記載につき第24条第2項、第113条、第114条又は第116条の規定により訂正がされた戸籍について、当該戸籍に記載されている者（その戸籍から除かれた者を含む。次項において同じ。）から、当該訂正に係る事項の記載のない戸籍の再製の申出があつたときは、法務大臣は、その再製について必要な処分を指示する。ただし、再製によつて記載に錯誤又は遺漏がある戸籍となるときは、この限りでない。
② 市町村長が記載をするに当たつて文字の訂正、追加又は削除をした戸籍について、当該戸籍に記載されている者から、当該訂正、追加又は削除に係る事項の記載のない戸籍の再製の申出があつたときも、前項本文と同様とする。

**第12条** ① 一戸籍内の全員をその戸籍から除いたときは、その戸籍は、これを戸籍簿から除いて別につづり、除籍簿として、これを保存する。
② 第9条、第11条及び前条の規定は、除籍簿及び除かれた戸籍について準用する。

**第12条の2** 第10条から第10条の4までの規定は、除かれた戸籍の謄本若しくは抄本又は除かれた戸籍に記載した事項に関する証明書（以下「除籍謄本等」という。）の交付の請求をする場合に準用する。

## 第3章　戸籍の記載

**第13条** 戸籍には、本籍の外、戸籍内の各人について、左の事項を記載しなければならない。
 1 氏名
 2 出生の年月日
 3 戸籍に入つた原因及び年月日
 4 実父母の氏名及び実父母との続柄
 5 養子であるときは、養親の氏名及び養親との続柄
 6 夫婦については、夫又は妻である旨
 7 他の戸籍から入つた者については、その戸籍の表示
 8 その他法務省令で定める事項

**第14条** ① 氏名を記載するには、左の順序による。
 第1　夫婦が、夫の氏を称するときは夫、妻の氏を称するときは妻
 第2　配偶者
 第3　子
② 子の間では、出生の前後による。
③ 戸籍を編製した後にその戸籍に入るべき原因が生じた者については、戸籍の末尾にこれを記載する。

**第15条** 戸籍の記載は、届出、報告、申請、請求若し

**第16条** 婚姻の届出があつたときは，夫婦について新戸籍を編製する．但し，夫婦が，夫の氏を称する場合に夫，妻の氏を称する場合に妻が戸籍の筆頭に記載した者であるときは，この限りでない．
② 前項但書の場合には，夫の氏を称する妻は，夫の戸籍に入り，妻の氏を称する夫は，妻の戸籍に入る．
③ 日本人と外国人との婚姻の届出があつたときは，その夫人について新戸籍を編製する．ただし，その者が戸籍の筆頭に記載した者であるときは，この限りでない．

**第17条** 戸籍の筆頭に記載した者及びその配偶者以外の者がこれと同一の氏を称する子又は養子を有するに至つたときは，その者について新戸籍を編製する．

**第18条** ① 父母の氏を称する子は，父母の戸籍に入る．
② 前項の場合を除く外，父の氏を称する子は，父の戸籍に入り，母の氏を称する子は，母の戸籍に入る．
③ 養子は，養親の戸籍に入る．

**第19条** ① 婚姻又は養子縁組によつて氏を改めた者が，離婚，離縁又は婚姻若しくは縁組の取消によつて，婚姻又は縁組前の氏に復するときは，婚姻又は縁組前の戸籍に入る．但し，その戸籍が既に除かれているとき，又はその者が新戸籍編製の申出をしたときは，新戸籍を編製する．
② 前項の規定は，民法第751条第1項の規定によつて婚姻前の氏に復する場合及び同法第791条第4項の規定によつて従前の氏に復する場合にこれを準用する．
③ 民法第767条第2項（同法第749条及び第771条において準用する場合を含む．）又は第816条第2項（同法第808条第2項において準用する場合を含む．）の規定によつて離婚若しくは婚姻の取消又は離縁若しくは縁組の取消の際に称していた氏を称する旨の届出があつた場合において，その届出をした者を筆頭に記載した戸籍が編製されていないとき，又はその者を筆頭に記載した戸籍に在る者が他にあるときは，その届出をした者について新戸籍を編製する．

**第20条** 前2条の規定によつて他の戸籍に入るべき者に配偶者があるときは，前2条の規定にかかわらず，その夫婦について新戸籍を編製する．

**第20条の2** ① 第107条第2項又は第3項の規定によつて氏を変更する旨の届出があつた場合において，その届出をした者を筆頭に記載した戸籍に在る者が他にあるときは，その届出をした者について新戸籍を編製する．
② 第107条第4項において準用する同条第1項の規定によつて氏を変更する旨の届出があつたときは，届出事件の本人について新戸籍を編製する．

**第20条の3** ① 第68条の2の規定によつて縁組の届出があつたときは，まず養子について新戸籍を編製する．ただし，養子が養親の戸籍に在るときは，この限りでない．
② 第14条第3項の規定は，前項ただし書の場合に準用する．

**第20条の4** 性同一性障害者の性別の取扱いの特例に関する法律（平成15年法律第111号）第3条第1項の規定による性別の取扱いの変更の審判があつた場合において性別の取扱いの変更の審判を受けた者の戸籍に記載されている者（その戸籍から除かれた者を含む．）が他にあるときは，当該性別の取扱いの変更の審判を受けた者について新戸籍を編製する．

**第21条** ① 成年に達した者は，分籍をすることができる．但し，戸籍の筆頭に記載した者及びその配偶者は，この限りでない．
② 分籍の届出があつたときは，新戸籍を編製する．

**第22条** 父又は母の戸籍に入る者を除く外，戸籍に記載がない者についてあらたに戸籍の記載をすべきときは，新戸籍を編製する．

**第23条** 第16条乃至第21条の規定によつて，新戸籍を編製され，又は他の戸籍に入る者は，従前の戸籍から除籍される．死亡し，失踪の宣告を受け，又は国籍を失つた者も，同様である．

**第24条** ① 戸籍の記載が法律上許されないものであること又はその記載に錯誤若しくは遺漏があることを発見した場合には，市町村長は，遅滞なく届出人又は届出事件の本人にその旨を通知しなければならない．但し，その錯誤又は遺漏が市町村長の過誤によるものであるときは，この限りでない．
② 前項の通知をすることができないとき，又は通知をしても戸籍訂正の申請をする者がないときは，市町村長は，管轄法務局又は地方法務局の長の許可を得て，戸籍の訂正をすることができる．前項ただし書の場合も，同様である．
③ 裁判所その他の官庁，検察官又は吏員がその職務上戸籍の記載が法律上許されないものであること又はその記載に錯誤若しくは遺漏があることを知つたときは，遅滞なく届出事件の本人の本籍地の市町村長にその旨を通知しなければならない．

## 第4章 届 出

### 第1節 通 則

**第25条** ① 届出は，届出事件の本人の本籍地又は届出人の所在地でこれをしなければならない．
② 外国人に関する届出は，届出人の所在地でこれをしなければならない．

**第26条** 本籍が明かでない者又は本籍がない者について，届出があつた後に，その者の本籍が明かになつたとき，又はその者が本籍を有するに至つたときは，届出事件の本人は，その事実を知つた日から10日以内に，届出事件を表示して，届出を受理した市町村長にその旨を届け出なければならない．

**第27条** 届出は，書面又は口頭でこれをすることができる．

**第27条の2** ① 市町村長は，届出によつて効力を生ずべき認知，縁組，離縁，離婚，婚姻の届出（以下この条において「縁組等の届出」という．）が市役所又は町村役場に出頭した者によつてされる場合には，当該出頭した者に対し，法務省令で定めるところにより，当該出頭した者が届出事件の本人（認知にあつては認知する者，民法第797条第1項に規定する縁組にあつては養親となる者及び養子となる者の法定代理人，同法第811条第2項に規定する離縁にあつては養親及び養子の法定代理人となるべき者とする．次項及び第3項において同じ．）であるかどうかの確認をするため，当該出頭した者を特定するために必要な氏名の記載が法務省令で定める事項を示す運転免許証その他の資料の提供又はこれらの事項についての説明を求めるものとする．
② 市町村長は，縁組等の届出があつた場合において，

a 届出事件の本人のうちに、前項の規定による措置によつては市役所又は町村役場に出頭して届け出たことを確認することができない者があるときは、当該縁組等の届出をした後遅滞なく、当該本人に対し、法務省令で定める方法により、当該縁組等の届出を受理したことを通知しなければならない。

b 何人も、その本籍地の市町村長に対し、あらかじめ、法務省令で定める方法により、自らを届出事件の本人とする縁組等の届出がされた場合であつても、自らが市役所又は町村役場に出頭して届け出たことを第1項の規定による措置により確認することができないときは当該縁組等の届出を受理しないよう申し出ることができる。

c ④ 市町村長は、前項の規定による申出に係る縁組等の届出があつた場合において、当該申出をした者が市役所又は町村役場に出頭して届け出たことを第1項の規定による措置により確認することができなかつたときは、当該縁組等の届出を受理することができない。

d ⑤ 市町村長は、前項の規定により縁組等の届出を受理することができなかつた場合には、遅滞なく、第3項の規定による申出をした者に対し、法務省令で定める方法により、当該縁組等の届出があつたことを通知しなければならない。

e **第28条** ① 法務大臣は、事件の種類によつて、届書の様式を定めることができる。
② 前項の場合には、その事件の届出は、当該様式によつてこれをしなければならない。但し、やむを得ない事由があるときは、この限りでない。

**第29条** 届書には、左の事項を記載し、届出人が、これに署名し、印をおさなければならない。
f 1 届出事件
2 届出の年月日
3 届出人の出生の年月日、住所及び戸籍の表示
4 届出人と届出事件の本人と異なるときは、届出事件の本人の氏名、出生の年月日、住所、戸籍の表示及び届出人の資格

g **第30条** ① 届出事件によつて、届出人又は届出事件の本人が他の戸籍に入るべきときは、その戸籍の表示を、その者が従前の戸籍から除かれるべきときは、従前の戸籍の表示を、その者について新戸籍を編製すべきときは、その旨、新戸籍編製の原因及び新本籍を、届書に記載しなければならない。

h ② 届出事件によつて、届出人若しくは届出事件の本人でない者が他の戸籍に入り、又はその者について新戸籍を編製すべきときは、その者の氏名、出生の年月日及び住所を記載する外、その者が他の戸籍に入るか又はその者について新戸籍を編製するかの区別に従つて、前項に掲げる事項を記載しなければならない。

i ③ 届出人でない者について新戸籍を編製すべきときは、その者の従前の本籍と同一の場所を新本籍と定めたものとみなす。

**第31条** ① 届出をすべき者が未成年者又は成年被後見人であるときは、親権を行う者又は後見人を届出義務者とする。ただし、未成年者又は成年被後見人が届出をすることを妨げない。
j ② 親権を行う者又は後見人が届出をする場合には、届書に次に掲げる事項を記載しなければならない。
1 届出をすべき者の氏名、出生の年月日及び本籍
2 行為能力の制限の原因
k 3 届出人が親権を行う者又は後見人である旨

**第32条** 未成年者又は成年被後見人がその法定代理人の同意を得ないですることができる行為については、未成年者又は成年被後見人が、これを届け出なければならない。

**第33条** 証人を必要とする事件の届出については、証人は、届書に出生の年月日、住所及び本籍を記載して署名し、印をおさなければならない。

**第34条** ① 届書に記載すべき事項であつて、存しないもの又は知れないものがあるときは、その旨を記載しなければならない。
② 市町村長は、特に重要であると認める事項を記載しない届書を受理することができない。

**第35条** 届書には、この法律その他の法令に定める事項の外、戸籍に記載すべき事項を明かにするために必要であるものは、これを記載しなければならない。

**第36条** ① 2箇所以上の市役所又は町村役場で戸籍の記載をすべき場合には、市役所又は町村役場の数と同数の届書を提出しなければならない。
② 本籍地外で届出をするときは、前項の規定によるものの外、なお、1通の届書を提出しなければならない。
③ 前2項の場合に、相当と認めるときは、市町村長は、届書の謄本を作り、これを届書に代えることができる。

**第37条** ① 口頭で届出をするには、届出人は、市役所又は町村役場に出頭し、届書に記載すべき事項を陳述しなければならない。
② 市町村長は、届出人の陳述を筆記し、届出の年月日を記載して、これを届出人に読み聞かせ、且つ、届出人に、その書面に署名させ、印をおさせなければならない。
③ 届出人が疾病その他の事故によつて出頭することができないときは、代理人によつて届出をすることができる。但し、第60条、第61条、第66条、第68条、第70条乃至第72条、第74条及び第76条の届出については、この限りでない。

**第38条** ① 届出事件について父母その他の者の同意又は承諾を必要とするときは、届書にその同意又は承諾を証する書面を添附しなければならない。但し、同意又は承諾をした者に、届書にその旨を附記させて、署名させ、印をおさせるだけで足りる。
② 届出事件について裁判又は官庁の許可を必要とするときは、届書に裁判又は許可書の謄本を添附しなければならない。

**第39条** 届書に関する規定は、第37条第2項及び前条第1項の書面にこれを準用する。

**第40条** 外国に在る日本人は、この法律の規定に従つて、その国に駐在する日本の大使、公使又は領事に届出をすることができる。

**第41条** ① 外国に在る日本人が、その国の方式によつて、届出事件に関する証書を作らせたときは、3箇月以内にその国に駐在する日本の大使、公使又は領事に発送しなければならない。
② 大使、公使又は領事がその国に駐在しないときは、3箇月以内に本籍地の市町村長に証書の謄本を発送しなければならない。

**第42条** 大使、公使又は領事は、前2条の規定によつて書類を受理したときは、遅滞なく、外務大臣を経由してこれを本人の本籍地の市町村長に送付しなければならない。

**第43条** ① 届出期間は、届出事件発生の日からこれを起算する。

② 裁判が確定した日から期間を起算すべき場合に，裁判が送達又は交付前に確定したときは，その送達又は交付の日からこれを起算する．

**第44条** ① 市町村長は，届出を怠った者があることを知ったときは，相当の期間を定めて，届出義務者に対し，その期間内に届出をすべき旨を催告しなければならない．

② 届出義務者が前項の期間内に届出をしなかったときは，市町村長は，更に相当の期間を定めて，催告をすることができる．

③ 第24条第2項の規定は，前2項の催告をすることができない場合及び催告をしても届出をしない場合に，同条第3項の規定は，裁判所その他の官庁，検察官又は吏員がその職務上届出を怠った者があることを知った場合にこれを準用する．

**第45条** 市町村長は，届出を受理した場合に，届書に不備があるため戸籍の記載をすることができないときは，届出人に，その追完をさせなければならない．この場合には，前条の規定を準用する．

**第46条** 届出期間が経過した後の届出であっても，市町村長は，これを受理しなければならない．

**第47条** ① 市町村長は，届出人がその生存中に郵便又は民間事業者による信書の送達に関する法律（平成14年法律第99号）第2条第6項に規定する一般信書便事業者若しくは同条第9項に規定する特定信書便事業者による同条第2項に規定する信書便によって発送した届書については，当該届出人の死亡後であっても，これを受理しなければならない．

② 前項の規定によって届書が受理されたときは，届出人の死亡の時に届出があったものとみなす．

**第48条** ① 届出人は，届出の受理又は不受理の証明書を請求することができる．

② 利害関係人は，特別の事由がある場合に限り，届書その他市町村長の受理した書類の閲覧を請求し，又はその書類に記載した事項について証明書を請求することができる．

③ 第10条第3項及び第10条の3の規定は，前2項の場合に準用する．

## 第2節 出 生

**第49条** ① 出生の届出は，14日以内（国外で出生があったときは，3箇月以内）にこれをしなければならない．

② 届書には，次の事項を記載しなければならない．
1 子の男女の別及び嫡出子又は嫡出でない子の別
2 出生の年月日時分及び場所
3 父母の氏名及び本籍，父又は母が外国人であるときは，その氏名及び国籍
4 その他法務省令で定める事項

③ 医師，助産師又はその他の者が出産に立ち会った場合には，医師，助産師，その他の者の順序に従ってそのうちの1人が法務省令・厚生労働省令の定めるところによって作成する出生証明書を届書に添付しなければならない．ただし，やむを得ない事由があるときは，この限りでない．

**第50条** ① 子の名には，常用平易な文字を用いなければならない．

② 常用平易な文字の範囲は，法務省令でこれを定める．

**第51条** ① 出生の届出は，出生地でこれをすることができる．

② 汽車その他の交通機関（船舶を除く．以下同じ．）の中で出生があったときは母がその交通機関から降りた地で，航海日誌を備えない船舶の中で出生があったときはその船舶が最初に入港した地で，出生の届出をすることができる．

**第52条** ① 嫡出子出生の届出は，父又は母がこれをし，子の出生前に父母が離婚をした場合には，母がこれをしなければならない．

② 嫡出でない子の出生の届出は，母がこれをしなければならない．

③ 前2項の規定によって届出をすべき者が届出をすることができない場合には，左の者は，その順序に従って，届出をしなければならない．
第1 同居者
第2 出産に立ち会った医師，助産師又はその他の者

④ 第1項又は第2項の規定によって届出をすべき者が届出をすることができない場合には，その以外の法定代理人も，届出をすることができる．

**第53条** 嫡出子否認の訴を提起したときであっても，出生の届出をしなければならない．

**第54条** ① 民法第773条の規定によって裁判所が父を定むべきときは，出生の届出は，母がこれをしなければならない．この場合には，届書に，父が未定である事由を記載しなければならない．

② 第52条第3項及び第4項の規定は，前項の場合にこれを準用する．

**第55条** ① 航海中に出生があったときは，船長は，24時間以内に，第49条第2項に掲げる事項を航海日誌に記載して，署名し，印をおさなければならない．

② 前項の手続をした後に，船舶が日本の港に着いたときは，船長は，遅滞なく出生に関する航海日誌の謄本をその地の市町村長に送付しなければならない．

③ 船舶が外国の港に着いたときは，船長は，遅滞なく出生に関する航海日誌の謄本をその国に駐在する日本の大使，公使又は領事に送付し，大使，公使又は領事は，遅滞なく外務大臣を経由してこれを本籍地の市町村長に送付しなければならない．

**第56条** 病院，刑事施設その他の公設所で出生があった場合に，父母が共に届出をすることができないときは，公設所の長又は管理人が，届出をしなければならない．

**第57条** ① 棄児を発見した者又は棄児発見の申告を受けた警察官は，24時間以内にその旨を市町村長に申し出なければならない．

② 前項の申出があったときは，市町村長は，氏名をつけ，本籍を定め，且つ，附属品，発見の場所，年月日時その他の状況並びに氏名，男女の別，出生の推定年月日及び本籍を調書に記載しなければならない．その調書は，これを届書とみなす．

**第58条** 前条第1項に規定する手続をする前に，棄児が死亡したときは，死亡の届出とともにその手続をしなければならない．

**第59条** 父又は母は，棄児を引き取ったときは，その日から1箇月以内に，出生の届出をし，且つ，戸籍の訂正を申請しなければならない．

## 第3節 認 知

**第60条** 認知をしようとする者は，左の事項を届書に記載して，その旨を届け出なければならない．
1 父が認知をする場合には，母の氏名及び本籍
2 死亡した子を認知する場合には，死亡の年月日並びにその直系卑属の氏名，出生の年月日及び本籍

**第61条** 胎内に在る子を認知する場合には，届書にその旨，母の氏名及び本籍を記載し，母の本籍地でこれを届け出なければならない．

**第62条** 民法第789条第2項の規定によって嫡出

子となるべき者について，父母が嫡出子出生の届出をしたときは，その届出は，認知の届出の効力を有する．

**第63条** ① 認知の裁判が確定したときは，訴を提起した者は，裁判が確定した日から10日以内に，裁判の謄本を添附して，その旨を届け出なければならない．その届書には，裁判が確定した日を記載しなければならない．

② 訴えを提起した者が前項の規定による届出をしないときは，その相手方は，裁判の謄本を添附して，認知の裁判が確定した旨を届け出ることができる．この場合には，同項後段の規定を準用する．

**第64条** 遺言による認知の場合には，遺言執行者は，その就職の日から10日以内に，認知に関する遺言の謄本を添附して，第60条又は第61条の規定に従つて，その届出をしなければならない．

**第65条** 認知された胎児が死体で生まれたときは，出生届出義務者は，その事実を知つた日から14日以内に，認知の届出地で，その旨を届け出なければならない．但し，遺言執行者が前条の届出をした場合には，遺言執行者が，その届出をしなければならない．

#### 第4節 養子縁組

**第66条** 縁組をしようとする者は，その旨を届け出なければならない．

**第68条** 民法第797条の規定によつて縁組の承諾をする場合には，届出は，その承諾をする者がこれをしなければならない．

**第68条の2** 第63条第1項の規定は，縁組の裁判が確定した場合に準用する．

**第69条** 第63条の規定は，縁組取消の裁判が確定した場合にこれを準用する．

**第69条の2** 第73条の2の規定は，民法第808条第2項において準用する同法第816条第2項の規定によつて縁組取消しの際に称していた氏を称しようとする場合に準用する．

#### 第5節 養子離縁

**第70条** 離縁をしようとする者は，その旨を届け出なければならない．

**第71条** 民法第811条第2項の規定によつて協議上の離縁をする場合には，届出は，その協議をする者がこれをしなければならない．

**第72条** 民法第811条第6項の規定によつて離縁をする場合には，生存当事者だけで，その届出をすることができる．

**第73条** ① 第63条の規定は，離縁又は離縁取消の裁判が確定した場合にこれを準用する．

② 第75条第2項の規定は，検察官が離縁の裁判を請求した場合に準用する．

**第73条の2** 民法第816条第2項の規定によつて離縁の際に称していた氏を称しようとする者は，離縁の年月日を届書に記載して，その旨を届け出なければならない．

#### 第6節 婚姻

**第74条** 婚姻をしようとする者は，左の事項を届書に記載して，その旨を届け出なければならない．
1 夫婦が称する氏
2 その他法務省令で定める事項

**第75条** ① 第63条の規定は，婚姻取消の裁判が確定した場合にこれを準用する．

② 検察官が訴を提起した場合には，裁判が確定した後に，遅滞なく戸籍記載の請求をしなければならない．

**第75条の2** 第77条の2の規定は，民法第749条において準用する同法第767条第2項の規定によつて婚姻の取消しの際に称していた氏を称しようとする場合に準用する．

#### 第7節 離婚

**第76条** 離婚をしようとする者は，左の事項を届書に記載して，その旨を届け出なければならない．
1 親権者と定められる当事者の氏名及びその親権に服する子の氏名
2 その他法務省令で定める事項

**第77条** ① 第63条の規定は，離婚又は離婚取消の裁判が確定した場合にこれを準用する．

② 前項に規定する離婚の届書には，左の事項をも記載しなければならない．
1 親権者と定められた当事者の氏名及びその親権に服する子の氏名
2 その他法務省令で定める事項

**第77条の2** 民法第767条第2項（同法第771条において準用する場合を含む．）の規定によつて離婚の際に称していた氏を称しようとする者は，離婚の年月日を届書に記載して，その旨を届け出なければならない．

#### 第8節 親権及び未成年者の後見

**第78条** 民法第819条第3項但書又は第4項の規定によつて協議で親権者を定めようとする者は，その旨を届け出なければならない．

**第79条** 第63条第1項の規定は，民法第819条第3項ただし書若しくは第4項の協議に代わる裁判が確定し，若しくは親権者変更の裁判が確定した場合又は父母の一方が親権若しくは管理権の喪失の宣告を受け他の一方がそれらの権利を行う場合において，親権又は管理権の喪失の宣告の取消しの裁判が確定した場合においてその裁判を請求した者について準用する．

**第80条** 親権若しくは管理権を辞し，又はこれを回復しようとする者は，その旨を届け出なければならない．

**第81条** ① 民法第838条第1号に規定する場合に開始する後見（以下「未成年者の後見」という．）の開始の届出は，未成年後見人が，その就職の日から10日以内に，これをしなければならない．

② 届書には，次に掲げる事項を記載しなければならない．
1 後見開始の原因及び年月日
2 未成年後見人が就職した年月日

**第82条** 未成年後見人が更迭した場合には，後任者は，就職の日から10日以内にその旨を届け出なければならない．この場合には，前条第2項の規定を準用する．

**第83条** ① 遺言による未成年後見人指定の場合には，指定に関する遺言の謄本を届書に添付しなければならない．

② 未成年後見人選任の裁判があつた場合には，裁判の謄本を届書に添付しなければならない．

**第84条** 未成年者の後見の終了の届出は，未成年後見人が，10日以内に，これをしなければならない．その届書には，未成年者の後見の終了の原因及び年月日を記載しなければならない．

**第85条** 未成年後見人に関するこの節の規定は，未成年後見監督人に準用する．

#### 第9節 死亡及び失踪

**第86条** ① 死亡の届出は，届出義務者が，死亡の事

実を知つた日から7日以内（国外で死亡があつたときは、その事実を知つた日から3箇月以内）に、これをしなければならない．
② 届書には、次の事項を記載し、診断書又は検案書を添付しなければならない．
 1 死亡の年月日時分及び場所
 2 その他法務省令で定める事項
③ やむを得ない事由によつて診断書又は検案書を得ることができないときは、死亡の事実を証すべき書面を以てこれに代えることができる．この場合には、届書に診断書又は検案書を得ることができない事由を記載しなければならない．
**第87条** ① 左の者は、その順序に従つて、死亡の届出をしなければならない．但し、順序にかかわらず届出をすることができる．
 第1　同居の親族
 第2　その他の同居者
 第3　家主、地主又は家屋若しくは土地の管理人
② 死亡の届出は、同居の親族以外の親族、後見人、保佐人、補助人及び任意後見人も、これをすることができる．
**第88条** ① 死亡の届出は、死亡地でこれをすることができる．
② 死亡地が明らかでないときは死体が最初に発見された地で、汽車その他の交通機関の中で死亡があつたときは死体をその交通機関から降ろした地で、航海日誌を備えない船舶の中で死亡があつたときはその船舶が最初に入港した地で、死亡の届出をすることができる．
**第89条** 水難、火災その他の事変によつて死亡した者がある場合には、その取調をした官庁又は公署は、死亡地の市町村長に死亡の報告をしなければならない．但し、外国又は法務省令で定める地域で死亡があつたときは、死亡者の本籍地の市町村長に死亡の報告をしなければならない．
**第90条** ① 死刑の執行があつたときは、刑事施設の長は、遅滞なく刑事施設の所在地の市町村長に死亡の報告をしなければならない．
② 前項の規定は、刑事施設に収容中死亡した者の引取人がない場合にこれを準用する．この場合には、報告書に診断書又は検案書を添付しなければならない．
**第94条** 第63条第1項の規定は、失踪宣告又は失踪宣告取消の裁判が確定した場合においてその裁判を請求した者にこれを準用する．この場合には、失踪宣告の届書に民法第31条の規定によつて死亡したとみなされる日をも記載しなければならない．
### 第10節　生存配偶者の復氏及び姻族関係の終了
**第95条** 民法第751条第1項の規定によつて婚姻前の氏に復しようとする者は、その旨を届け出なければならない．
**第96条** 民法第728条第2項の規定によつて姻族関係を終了させる意思を表示しようとする者は、死亡した配偶者の氏名、本籍及び死亡の年月日を届書に記載して、その旨を届け出なければならない．
### 第11節　推定相続人の廃除
**第97条** 第63条第1項の規定は、推定相続人の廃除又は廃除取消の裁判が確定した場合において、その裁判を請求した者にこれを準用する．
### 第12節　入籍
**第98条** ① 民法第791条第1項から第3項までの規定によつて父又は母の氏を称しようとする者は、

その父又は母の氏名及び本籍を届書に記載して、その旨を届け出なければならない．
② 民法第791条第2項の規定によつて父母の氏を称しようとする者に配偶者がある場合には、配偶者とともに届け出なければならない．
**第99条** ① 民法第791条第4項の規定によつて従前の氏に復しようとする者は、同条第1項から第3項までの規定によつて氏を改めた年月日を届書に記載して、その旨を届け出なければならない．
② 前項の者に配偶者がある場合には、配偶者とともに届け出なければならない．
### 第14節　国籍の得喪
**第102条** ① 国籍法（昭和25年法律第147号）第3条第1項又は第17条第1項若しくは第2項の規定によつて国籍を取得した場合の国籍取得の届出は、国籍を取得した者が、その取得の日から1箇月以内（その者がその日に国外に在るときは、3箇月以内）に、これをしなければならない．
② 届書には、次の事項を記載し、国籍取得を証すべき書面を添付しなければならない．
 1 国籍取得の年月日
 2 国籍取得の際に有していた外国の国籍
 3 父母の氏名及び本籍、父又は母が外国人であるときは、その氏名及び国籍
 4 配偶者の氏名及び本籍、配偶者が外国人であるときは、その氏名及び国籍
 5 その他法務省令で定める事項
**第102条の2** 帰化の届出は、帰化した者が、告示の日から1箇月以内に、これをしなければならない．この場合における届書の記載事項については、前条第2項の規定を準用する．
**第103条** ① 国籍喪失の届出は、届出事件の本人、配偶者又は4親等内の親族が、国籍喪失の事実を知つた日から1箇月以内（届出をすべき者がその事実を知つた日に国外に在るときは、その日から3箇月以内）に、これをしなければならない．
② 届書には、次の事項を記載し、国籍喪失を証すべき書面を添付しなければならない．
 1 国籍喪失の原因及び年月日
 2 新たに外国の国籍を取得したときは、その国籍
**第104条** ① 国籍法第12条に規定する国籍の留保の意思の表示は、出生の届出をすることができる者（第52条第3項の規定によつて届出をすべき者を除く．）が、出生の日から3箇月以内に、日本の国籍を留保する旨を届け出ることによつて、これをしなければならない．
② 前項の届出は、出生の届出とともにこれをしなければならない．
③ 天災その他第1項に規定する者の責めに帰することができない事由によつて同項の期間内に届出をすることができないときは、その期間は、届出をすることができるに至つた時から14日とする．
**第104条の2** ① 国籍法第14条第2項の規定による日本の国籍の選択の宣言は、その宣言をしようとする者が、その旨を届け出ることによつて、これをしなければならない．
② 届書には、その者が有する外国の国籍を記載しなければならない．
**第104条の3** 市町村長は、戸籍事務の処理に際し、国籍法第14条第1項の規定による国籍の選択をすべき者が同項に定める期限内にその選択をしていないと思料するときは、その者の氏名、本籍その他

a 法務省令で定める事項を管轄法務局又は地方法務局の長に通知しなければならない．
**第105条** ① 官庁又は公署がその職務上国籍を喪失した者があることを知つたときは，遅滞なく本籍地の市町村長に，国籍喪失を証すべき書面を添附して，国籍喪失の報告をしなければならない．
② 報告書には，第103条第2項に掲げる事項を記載しなければならない．
**第106条** ① 外国の国籍を有する日本人がその外国の国籍を喪失したときは，その者は，その喪失の事実を知つた日から1箇月以内（その者がその事実を知つた日に国外に在るときは，その日から3箇月以内）に，その旨を届け出なければならない．
c ② 届書には，外国の国籍の喪失の原因及び年月日を記載し，その喪失を証すべき書面を添附しなければならない．

### 第15節 氏名の変更

**第107条** ① やむを得ない事由によつて氏を変更しようとするときは，戸籍の筆頭に記載した者及びその配偶者は，家庭裁判所の許可を得て，その旨を届け出なければならない．
d ② 外国人と婚姻をした者がその氏を配偶者の称している氏に変更しようとするときは，その者は，その婚姻の日から6箇月以内に限り，家庭裁判所の許可を得ないで，その旨を届け出ることができる．
e ③ 前項の規定によつて氏を変更した者が離婚，婚姻の取消し又は配偶者の死亡の日以後にその氏を変更の際に称していた氏に変更しようとするときは，その者は，その日から3箇月以内に限り，家庭裁判所の許可を得ないで，その旨を届け出ることができる．
f ④ 第1項の規定は，父又は母が外国人である者（戸籍の筆頭に記載した者又はその配偶者を除く．）でその氏をその父又は母の称している氏に変更しようとするものに準用する．
**第107条の2** 正当な事由によつて名を変更しようとする者は，家庭裁判所の許可を得て，その旨を届け出なければならない．

### 第5章 戸籍の訂正

**第113条** 戸籍の記載が法律上許されないものであること又はその記載に錯誤若しくは遺漏があることを発見した場合には，利害関係人は，家庭裁判所の許可を得て，戸籍の訂正を申請することができる．
h **第114条** 届出によつて効力を生ずべき行為について戸籍の記載をした後に，その行為が無効であることを発見したときは，届出人又は届出事件の本人は，家庭裁判所の許可を得て，戸籍の訂正を申請することができる．
i **第115条** 前2条の許可の裁判があつたときは，1箇月以内に，その謄本を添附して，戸籍の訂正を申請しなければならない．
**第116条** ① 確定判決によつて戸籍の訂正をすべきときは，訴を提起した者は，判決が確定した日から1箇月以内に，判決の謄本を添附して，戸籍の訂正を申請しなければならない．
j ② 検察官が訴を提起した場合には，判決が確定した後に，遅滞なく戸籍の謄本を請求しなければならない．
**第117条** 第25条第1項，第27条から第32条まで，第34条から第39条まで，第43条から第48条まで，及び第63条第2項前段の規定は，戸籍訂正の申請に準用する．
k

### 第6章 電子情報処理組織による戸籍事務の取扱いに関する特例

**第118条** ① 法務大臣の指定する市町村長は，法務省令の定めるところにより戸籍事務の全部又は一部を電子情報処理組織によつて取り扱うことができる．
② 前項の指定は，市町村長の申出に基づき，告示してしなければならない．

### 第8章 雑 則（略）

### 第9章 罰 則（略）

## 44 貸金業法（抄）

（昭58・5・13法律第32号，昭58・11・1施行，
最終改正：平20・6・18法律第74号）

### 第1章 総 則

（目 的）
**第1条** この法律は，貸金業が我が国の経済社会において果たす役割にかんがみ，貸金業を営む者について登録制度を実施し，その事業に対し必要な規制を行うとともに，貸金業者の組織する団体を認可する制度を設け，その適正な活動を促進するほか，指定信用情報機関の制度を設けることにより，貸金業を営む者の業務の適正な運営の確保及び資金需要者等の利益の保護を図るとともに，国民経済の適切な運営に資することを目的とする．

（定 義）
**第2条** ① この法律において「貸金業」とは，金銭の貸付け又は金銭の貸借の媒介（手形の割引，売渡担保その他これらに類する方法によつてする金銭の交付又は当該方法によつてする金銭の授受の媒介を含む．以下これらを総称して単に「貸付け」という．）で業として行うものをいう．ただし，次に掲げるものを除く．
1 国又は地方公共団体が行うもの
2 貸付けを業として行うにつき他の法律に特別の規定のある者が行うもの
3 物品の売買，運送，保管又は売買の媒介を業とする者がその取引に付随して行うもの
4 事業者がその従業者に対して行うもの
5 前各号に掲げるもののほか，資金需要者等の利益を損なうおそれがないと認められる貸付けを行う者で政令で定めるものが行うもの
② この法律において「貸金業者」とは，次条第1項の登録を受けた者をいう．
③ この法律において「貸付けの契約」とは，貸付けに係る契約又は当該契約に係る保証契約をいう．
④ この法律において「顧客等」とは，資金需要者である顧客又は保証人となろうとする者をいう．
⑤ この法律において「債務者等」とは，債務者又は保証人をいう．
⑥ この法律において「資金需要者等」とは，顧客等又は債務者等をいう．
⑦ この法律において「極度方式基本契約」とは，貸

付けに係る契約のうち,資金需要者である顧客によりあらかじめ定められた条件に従つた返済が行われることを条件として,当該顧客の請求に応じ,極度額の限度内において貸付けを行うことを約するものをいう.
⑧ この法律において「極度方式貸付け」とは,極度方式基本契約に基づく貸付けをいう.
⑨ この法律において「極度方式保証契約」とは,極度方式基本契約に基づく不特定の債務を主たる債務とする保証契約をいう.
⑩ この法律において「貸金業協会」とは,第3章第1節の規定に基づいて設立された法人をいう.
⑪ この法律において「電磁的記録」とは,電子的方式,磁気的方式その他の人の知覚によつては認識することができない方式で作られる記録であつて,電子計算機による情報処理の用に供されるものとして内閣府令で定めるものをいう.
⑫ この法律において「電磁的方法」とは,電子情報処理組織を使用する方法その他の情報通信の技術を利用する方法であつて内閣府令で定めるものをいう.
⑬ この法律において「信用情報」とは,資金需要者である顧客又は債務者の借入金の返済能力に関する情報をいう.
⑭ この法律において「個人信用情報」とは,個人を相手方とする貸付けに係る契約(極度方式基本契約その他の内閣府令で定めるものを除く.)に係る第41条の35第1項各号に掲げるものをいう.
⑮ この法律において「信用情報提供等業務」とは,信用情報の収集及び貸金業者に対する信用情報の提供を行う業務をいう.
⑯ この法律において「指定信用情報機関」とは,第41条の13第1項の規定による指定を受けた者をいう.
⑰ この法律において「住宅資金貸付契約」とは,住宅の建設若しくは購入に必要な資金(住宅の用に供する土地又は借地権の取得に必要な資金を含む.)又は住宅の改良に必要な資金の貸付けに係る契約をいう.

## 第2章 貸金業者

### 第1節 登録
(登録)
**第3条** ① 貸金業を営もうとする者は,二以上の都道府県の区域内に営業所又は事務所を設置してその事業を営もうとする場合にあつては内閣総理大臣の,一の都道府県の区域内にのみ営業所又は事務所を設置してその事業を営もうとする場合にあつては当該営業所又は事務所の所在地を管轄する都道府県知事の登録を受けなければならない.
② 前項の登録は,3年ごとにその更新を受けなければ,その期間の経過によつて,その効力を失う.
③ 第1項の登録のうち内閣総理大臣の登録を受けようとする者は,登録免許税法(昭和42年法律第35号)の定めるところにより登録免許税を,登録の更新のうち内閣総理大臣の登録の更新を受けようとする者は,政令の定めるところにより手数料を,それぞれ納めなければならない.

### 第2節 業務
(返済能力の調査)
**第13条** ① 貸金業者は,貸付けの契約を締結しようとする場合には,顧客等の収入又は収益その他の資力,信用,借入れの状況,返済計画その他の返済能力に関する事項を調査しなければならない.

(貸付条件等の掲示)
**第14条** 貸金業者は,内閣府令で定めるところにより,営業所又は事務所ごとに,顧客の見やすい場所に,次に掲げる事項を掲示しなければならない.
1 貸付けの利率(利息及び第12条の8第2項に規定するみなし利息の総額(1年分に満たない利息及びみなし利息を元本に組み入れる契約がある場合にあつては,当該契約に基づき元本に組み入れられた金銭を含む.)を内閣府令で定める方法によつて算出した元本の額で除して得た年率(当該年率に小数点以下3位未満の端数があるときは,これを切り捨てるものとする.)を100分率で表示するもの(市場金利に一定の利率を加える方法により算定される利息を用いて貸付けの利率を算定する場合その他貸付けの利率を表示し,又は説明することができないことについて内閣府令で定めるやむを得ない理由がある場合にあつては,貸付けの利率に準ずるものとして内閣府令で定めるもの)をいう.以下同じ.)
2 返済の方式
3 返済期間及び返済回数
4 当該営業所又は事務所に置かれる貸金業務取扱主任者の氏名
5 前各号に掲げるもののほか,内閣府令で定める事項

(貸付条件の広告等)
**第15条** ① 貸金業者は,貸付けの条件について広告をするとき,又は貸付けの契約の締結について勧誘をする場合において貸付けの条件を表示し,若しくは説明するときは,内閣府令で定めるところにより,次に掲げる事項を表示し,又は説明しなければならない.
1 貸金業者の商号,名称又は氏名及び登録番号
2 貸付けの利率
3 前2号に掲げるもののほか,内閣府令で定める事項
② 貸金業者は,前項に規定する広告をし,又は書面若しくはこれに代わる電磁的記録を送付して勧誘(広告に準ずるものとして内閣府令で定めるものに限る.)をするときは,電話番号その他の連絡先等であつて内閣府令で定めるものについては,これに貸金業者登録簿に登録された第4条第1項第7号に掲げる事項に係るもの以外のものを表示し,又は記載してはならない.

(誇大広告の禁止等)
**第16条** ① 貸金業者は,その貸金業の業務に関して広告又は勧誘をするときは,貸付けの利率その他の貸付けの条件について,著しく事実に相違する表示若しくは説明をし,又は実際のものよりも著しく有利であると人を誤認させるような表示若しくは説明をしてはならない.
② 前項に定めるもののほか,貸金業者は,その貸金業の業務に関して広告又は勧誘をするときは,次に掲げる表示又は説明をしてはならない.
1 資金需要者等を誘引することを目的とした特定の商品を当該貸金業者の中心的な商品であると誤解させるような表示又は説明
2 他の貸金業者の利用者又は返済能力がない者を対象として勧誘する旨の表示又は説明
3 借入れが容易であることを過度に強調すること

により，資金需要者等の借入意欲をそそるような表示又は説明
　4　公的な年金，手当等の受給者の借入意欲をそそるような表示又は説明
　5　貸付けの利率以外の利率を貸付けの利率と誤解させるような表示又は説明
　6　前各号に掲げるもののほか，資金需要者等の利益の保護に欠けるおそれがある表示又は説明として内閣府令で定めるもの
③　貸金業者は，資金需要者等の知識，経験，財産の状況及び貸付けの契約の締結の目的に照らして不適当と認められる勧誘を行つて資金需要者等の利益の保護に欠け，又は欠けることとなるおそれがないように，貸金業の業務を行わなければならない．
④　貸金業者は，貸付けの契約の締結を勧誘した場合において，当該勧誘を受けた資金需要者等から当該貸付けの契約を締結しない旨の意思（当該勧誘を引き続き受けることを希望しない旨の意思を含む．）が表示されたときは，当該勧誘を引き続き行つてはならない．
⑤　貸金業者は，その貸金業の業務に関して広告又は勧誘をするときは，資金需要者等の返済能力を超える貸付けの防止に配慮するとともに，その広告又は勧誘が過度にわたることがないように努めなければならない．

**（保証契約締結前の書面の交付）**
**第16条の2**　①　貸金業者は，貸付けに係る契約（極度方式基本契約及び極度方式貸付けに係る契約を除く．）を締結しようとする場合には，当該契約を締結するまでに，内閣府令で定めるところにより，次に掲げる事項を明らかにし，当該契約の内容を説明する書面を当該契約の相手方となろうとする者に交付しなければならない．
　1　貸金業者の商号，名称又は氏名及び住所
　2　保証期間
　3　保証金額
　4　保証の範囲に関する事項で内閣府令で定めるもの
　5　保証人が主たる債務者と連帯して債務を負担するときは，民法（明治29年法律第89号）第454条の規定の趣旨その他の連帯保証債務の内容に関する事項として内閣府令で定めるもの
　6　前各号に掲げるもののほか，内閣府令で定める事項
②　貸金業者は，極度方式基本契約を締結しようとする場合には，当該極度方式基本契約を締結するまでに，内閣府令で定めるところにより，次に掲げる事項を明らかにし，当該極度方式基本契約の内容を説明する書面を当該極度方式基本契約の相手方となろうとする者に交付しなければならない．
　1　貸金業者の商号，名称又は氏名及び住所
　2　極度額（貸金業者が極度方式基本契約の相手方となろうとする者に対し貸付けの元本の残高の上限として極度額を下回る額を提示する場合にあつては，当該下回る額及び極度額）
　3　貸付けの利率
　4　返済の方式
　5　賠償額の予定に関する定めがあるときは，その内容
　6　前各号に掲げるもののほか，内閣府令で定める事項
③　貸金業者は，貸付けに係る契約について保証契約を締結しようとする場合には，当該保証契約を締結するまでに，内閣府令で定めるところにより，次に掲げる事項（一定の範囲に属する不特定の貸付けに係る債務を主たる債務とする保証契約にあつては，第3号に掲げる事項を除く．）を明らかにし，当該保証契約の内容を説明する書面を当該保証契約の保証人となろうとする者に交付しなければならない．
　1　貸金業者の商号，名称又は氏名及び住所
　2　保証期間
　3　保証金額
　4　保証の範囲に関する事項で内閣府令で定めるもの
　5　保証人が主たる債務者と連帯して債務を負担するときは，民法（明治29年法律第89号）第454条の規定の趣旨その他の連帯保証債務の内容に関する事項として内閣府令で定めるもの
　6　前各号に掲げるもののほか，内閣府令で定める事項
④　貸金業者は，前3項の規定による書面の交付に代えて，政令で定めるところにより，第1項若しくは第2項の貸付けの契約の相手方となろうとする者又は前項の保証人となろうとする者の承諾を得て，前項の規定により明らかにすべきものとされる事項を電磁的方法により提供することができる．この場合において，貸金業者は，当該書面の交付を行つたものとみなす．

**（生命保険契約等に係る同意前の書面の交付）**
**第16条の3**　①　貸金業者が，貸付けの契約の相手方又は相手方となろうとする者の死亡によつて保険金の支払を受けることとなる保険契約を締結しようとする場合において，これらの者から保険法（平成20年法律第56号）第38条又は第67条第1項の同意を得ようとするときは，あらかじめ，内閣府令で定めるところにより，次に掲げる事項を記載した書面をこれらの者に交付しなければならない．
　1　当該保険契約が，これらの者が死亡した場合に貸金業者に対し保険金額の支払をすべきことを定めるものである旨
　2　前号に掲げるもののほか，内閣府令で定める事項
②　貸金業者は，前項の規定による書面の交付に代えて，政令で定めるところにより，貸付けの契約の相手方又は相手方となろうとする者の承諾を得て，同項各号に掲げる事項を電磁的方法により提供することができる．この場合において，貸金業者は，当該書面の交付を行つたものとみなす．

**（契約締結時の書面の交付）**
**第17条**　①　貸金業者は，貸付けに係る契約（極度方式基本契約を除く．第4項において同じ．）を締結したときは，遅滞なく，内閣府令で定めるところにより，次に掲げる事項についてその契約の内容を明らかにする書面をその相手方に交付しなければならない．当該書面に記載した事項のうち，重要なものとして内閣府令で定めるものを変更したときも，同様とする．
　1　貸金業者の商号，名称又は氏名及び住所
　2　契約年月日
　3　貸付けの金額
　4　貸付けの利率
　5　返済の方式
　6　返済期間及び返済回数
　7　賠償額の予定に関する定めがあるときは，その内容
　8　前各号に掲げるもののほか，内閣府令で定める

事項
(受取証書の交付)
**第18条** ① 貸金業者は,貸付けの契約に基づく債権の全部又は一部について弁済を受けたときは,その都度,直ちに,内閣府令で定めるところにより,次に掲げる事項を記載した書面を当該弁済をした者に交付しなければならない.
 1 貸金業者の商号,名称又は氏名及び住所
 2 契約年月日
 3 貸付けの金額(保証契約にあつては,保証に係る貸付けの金額.次条及び第21条第2項第4号において同じ.)
 4 受領金額及びその利息,賠償額の予定に基づく賠償金又は元本への充当額
 5 受領年月日
 6 前各号に掲げるもののほか,内閣府令で定める事項

## 第4章 雑 則

(高金利を定めた金銭消費貸借契約の無効)
**第42条** ① 貸金業を営む者が業として行う金銭を目的とする消費貸借の契約(手形の割引,売渡担保その他これらに類する方法によつて金銭を交付する契約を含む.)において,年109.5パーセント(2月29日を含む1年については年109.8パーセントとし,1日当たりについては0.3パーセントとする.)を超える割合による利息(債務の不履行について予定される賠償額を含む.)の契約をしたときは,当該消費貸借の契約は,無効とする.
② 出資の受入れ,預り金及び金利等の取締りに関する法律第5条の4第1項から第4項までの規定は,前項の利息の契約について準用する.

附 則(平20・6・18法74)(抄)

(施行期日)
**第1条** この法律は,公布の日から起算して1年6月を超えない範囲内において政令で定める日から施行する.ただし,次の各号に掲げる規定は,当該各号に定める日から施行する.
 4 附則第11条の規定 貸金業の規制等に関する法律の一部を改正する法律(平成18年法律第115号)附則第1条第3号に掲げる規定の施行の日又はこの法律の施行の日のいずれか遅い日

---

## 45 仮登記担保契約に関する法律(抄)

(昭53・6・20法律第78号,
最終改正:平16・12・3法律第152号)

(趣 旨)
**第1条** この法律は,金銭債務を担保するため,その不履行があるときは債権者に債務者又は第三者に属する所有権その他の権利の移転等をすることを目的としてされた代物弁済の予約,停止条件付代物弁済契約その他の契約で,その契約による権利について仮登記又は仮登録のできるもの(以下「仮登記担保契約」という.)の効力等に関し,特別の定めをするものとする.

(所有権移転の効力の制限等)
**第2条** ① 仮登記担保契約が土地又は建物(以下「土地等」という.)の所有権の移転を目的とするものである場合には,予約を完結する意思を表示した日,停止条件が成就した日その他のその契約において所有権を移転するものとされている日以後に,債権者が次に規定する清算金の見積額(清算金がないと認めるときは,その旨)をその契約の相手方である債務者又は第三者(以下「債務者等」という.)に通知し,かつ,その通知が債務者等に到達した日から2月を経過しなければ,その所有権の移転の効力は,生じない.
② 前項の規定による通知は,同項に規定する期間(以下「清算期間」という.)が経過する時の土地等の見積価額並びにその時の債権及び債務者等が負担すべき費用で債権者が代わつて負担したもの(土地等が2個以上あるときは,各土地等の所有権の移転によつて消滅させようとする債権及びその費用をいう.)の額(以下「債権等の額」という.)を明らかにしてしなければならない.

(清算金)
**第3条** ① 債権者は,清算期間が経過した時の土地等の価額がその時の債権等の額を超えるときは,その超える額に相当する金銭(以下「清算金」という.)を債務者等に支払わなければならない.
② 民法(明治29年法律第89号)第533条の規定は,清算金の支払の債務と土地等の所有権移転の登記及び引渡しの債務の履行について準用する.
③ 前2項の規定に反する特約で債務者等に不利なものは,無効とする.ただし,清算期間が経過した後にされたものは,この限りでない.

(物上代位)
**第4条** ① 第2条第1項に規定する場合において,債権者のために土地等の所有権に関する仮登記がされているときは,その仮登記(以下「担保仮登記」という.)後に登記(仮登記を含む.)がされた先取特権,質権又は抵当権を有する者は,その順位により,債務者等が支払を受けるべき清算金(同項の規定による通知に係る清算金の見積額を限度とする.)に対しても,その権利を行うことができる.この場合には,清算金の払渡し前に差押えをしなければならない.
② 前項の規定は,担保仮登記後にされた担保仮登記(第14条の担保仮登記を除く.以下「後順位の担保仮登記」という.)の権利者について準用する.
③ 第13条第2項及び第3項の規定は,後順位の担保仮登記の権利者が前項の規定によりその権利を行う場合について準用する.

(物上代位権者等に対する通知)
**第5条** ① 第2条第1項の規定による通知が債務者等に到達した時において,担保仮登記後に登記(仮登記を含む.)がされている先取特権,質権若しくは抵当権を有する者又は後順位の担保仮登記の権利者があるときは,債権者は,遅滞なく,これらの者に対し,同項の規定による通知が債務者等に到達した日及び同条の規定により債務者等に通知した事項を通知しなければならない.
② 第2条第1項の規定による通知が債務者等に到達した時において,担保仮登記に基づく本登記につき登記上利害関係を有する第三者(前項の規定による通知を受けるべき者を除く.)があるときは,債権者は,遅滞なく,その第三者に対し,同条第1項の規定による通知をした旨及び同条の規定により債務者等に通知した債権等の額を通知しなければ

ならない．
③ 前２項の規定による通知は，通知を受ける者の登記簿上の住所又は事務所にあてて発すれば足りる．
（清算金の支払に関する処分の禁止）
第６条 ① 清算金の支払を目的とする債権については，清算期間が経過するまでは，譲渡その他の処分をすることができない．
② 清算期間が経過する前に清算金の支払の債務が弁済された場合には，その弁済をもつて第４条第１項の先取特権，質権若しくは抵当権を有する者又は後順位の担保仮登記の権利者に対抗することができない．前条第１項の規定による通知がされないで清算金の支払の債務が弁済された場合も，同様とする．
（清算金の供託）
第７条 ① 債権者は，清算金の支払を目的とする債権につき差押え又は仮差押えの執行があるときは，清算期間が経過した後，清算金を債務履行地の供託所に供託して，その限度において債務を免れることができる．
② 前項の規定により供託がされたときは，債務者等の供託金の還付請求権につき，同項の差押え又は仮差押えの執行がされたものとみなす．
③ 債権者は，第15条第１項に規定する場合を除き，供託金を取り戻すことができない．
④ 債権者は，債務者等のほか，差押債権者又は仮差押債権者に対しても，遅滞なく，供託の通知をしなければならない．
（通知の拘束力）
第８条 ① 債権者は，清算金の額が第２条第１項の規定により通知した清算金の見積額に満たないことを主張することができない．
② 第４条第１項の先取特権，質権若しくは抵当権を有する者又は後順位の担保仮登記の権利者は，清算金の額が前項の見積額を超えることを主張することができない．
（債権の一部消滅）
第９条 清算期間が経過した時の土地等の価額がその時の債権等の額に満たないときは，債権は，反対の特約がない限り，その価額の限度において消滅する．
（法定借地権）
第10条 土地及びその上にある建物が同一の所有者に属する場合において，その土地につき担保仮登記がされたときは，その仮登記に基づく本登記がされる場合につき，その建物の所有を目的として土地の賃貸借がされたものとみなす．この場合において，その存続期間及び借賃は，当事者の請求により，裁判所が定める．
（受戻権）
第11条 債務者等は，清算金の支払の債務の弁済を受けるまでは，債権等の額（債権が消滅しなかつたものとすれば，債務者が支払うべき債権等の額をいう．）に相当する金銭を債権者に提供して，土地等の所有権の受戻しを請求することができる．ただし，清算期間が経過した時から５年が経過したとき，又は第三者が所有権を取得したときは，この限りでない．
（競売の請求）
第12条 第４条第１項の先取特権，質権又は抵当権を有する者は，清算期間内に，これらの権利によつて担保される債権の弁済期の到来前であつても，土地等の競売を請求することができる．
（優先弁済請求権）
第13条 ① 担保仮登記がされている土地等に対する強制競売，担保権の実行としての競売又は企業担保権の実行手続（以下「強制競売等」という．）においては，その担保仮登記の権利者は，他の債権者に先立つて，その債権の弁済を受けることができる．この場合における順位に関しては，その担保仮登記に係る権利を抵当権とみなし，その担保仮登記のされた時にその抵当権の設定の登記がされたものとみなす．
② 前項の場合において，担保仮登記の権利者が利息その他の定期金を請求する権利を有するときは，その満期となつた最後の２年分についてのみ，同項の規定による権利を行うことができる．
③ 前項の規定は，担保仮登記の権利者が債務の不履行によつて生じた損害の賠償を請求する権利を有する場合において，その最後の２年分についても，これを適用する．ただし，利息その他の定期金と通算して２年分を超えることができない．
（根担保仮登記の効力）
第14条 仮登記担保契約で，消滅すべき金銭債務がその契約の時に特定されていないものに基づく担保仮登記は，強制競売等においては，その効力を有しない．
（土地等の所有権以外の権利を目的とする契約への準用）
第20条 第２条から前条までの規定は，仮登記担保契約で，土地等の所有権以外の権利（先取特権，質権，抵当権及び企業担保権を除く．）の取得を目的とするものについて準用する．

附　則　（略）

## 46　電子記録債権法(抄)

（平19・6・27法律第102号）

### 第１章　総　則

（趣旨）
第１条　この法律は，電子記録債権の発生，譲渡等について定めるとともに，電子記録債権に係る電子記録を行う電子債権記録機関の業務，監督等について必要な事項を定めるものとする．
（定義）
第２条 ① この法律において「電子記録債権」とは，その発生又は譲渡についてこの法律の規定による電子記録（以下単に「電子記録」という．）を要件とする金銭債権をいう．
② この法律において「電子債権記録機関」とは，第51条第１項の規定により主務大臣の指定を受けた株式会社をいう．
③ この法律において「記録原簿」とは，債権記録が記録される帳簿であって，磁気ディスク（これに準ずる方法により一定の事項を確実に記録することができる物として主務省令で定めるものを含む．）をもって電子債権記録機関が調製するものをいう．
④ この法律において「債権記録」とは，発生記録により発生する電子記録債権又は電子記録債権から

第43条第1項に規定する分割をする電子記録債権ごとに作成される電磁的記録（電子的方式，磁気的方式その他の人の知覚によっては認識することができない方式で作られる記録であって，電子計算機による情報処理の用に供されるものをいう．以下同じ．）をいう．
⑤ この法律において「記録事項」とは，この法律の規定に基づき債権記録に記録すべき事項をいう．
⑥ この法律において「電子記録名義人」とは，債権記録に電子記録債権の債権者又は質権者として記録されている者をいう．
⑦ この法律において「電子記録権利者」とは，電子記録をすることにより，電子記録上，直接に利益を受ける者をいい，間接に利益を受ける者を除く．
⑧ この法律において「電子記録義務者」とは，電子記録をすることにより，電子記録上，直接に不利益を受ける者をいい，間接に不利益を受ける者を除く．
⑨ この法律において「電子記録保証」とは，電子記録債権に係る債務を主たる債務とする保証であって，保証記録をしたものをいう．

### 第2章　電子記録債権の発生，譲渡等

#### 第1節　通則
##### 第1款　電子記録
**（電子記録の方法）**
**第3条**　電子記録は，電子債権記録機関が記録原簿に記録事項を記録することによって行う．
**（当事者の請求又は官公署の嘱託による電子記録）**
**第4条**　電子記録は，法令に別段の定めがある場合を除き，当事者の請求又は官公署若しくは公署の嘱託がなければ，することができない．
② 請求による電子記録の手続に関するこの法律の規定は，法令に別段の定めがある場合を除き，官庁又は公署の嘱託による電子記録の手続について準用する．
**（請求の当事者）**
**第5条**　① 電子記録の請求は，法令に別段の定めがある場合を除き，電子記録権利者及び電子記録義務者（これらの者について相続その他の一般承継があったときは，その相続人その他の一般承継人．第3項において同じ．）双方がしなければならない．
② 電子記録権利者又は電子記録義務者（これらの者について相続その他の一般承継があったときは，その相続人その他の一般承継人．以下この項において同じ．）に電子記録の請求をすべきことを命ずる確定判決による電子記録は，当該請求をしなければならない他の電子記録権利者又は電子記録義務者だけで請求することができる．
③ 電子記録権利者及び電子記録義務者が電子記録の請求を共同してしない場合における電子記録の請求は，これらの者のすべてが電子記録の請求をした時に，その効力を生ずる．
**（請求の方法）**
**第6条**　電子記録の請求は，請求者の氏名又は名称及び住所その他の電子記録の請求に必要な情報として政令で定めるものを電子債権記録機関に提供してしなければならない．
**（電子債権記録機関による電子記録）**
**第7条**　① 電子債権記録機関は，この法律又はこの法律に基づく命令の規定による電子記録の請求があったときは，遅滞なく，当該請求に係る電子記録をしなければならない．
② 電子債権記録機関は，第51条第1項第5号に規定する業務規程（以下この章において単に「業務規程」という．）の定めるところにより，保証記録，質権設定記録若しくは分割記録をしないこととし，又はこれらの電子記録若しくは譲渡記録について回数の制限をすることができる．この場合において，電子債権記録機関が第16条第2項第15号に掲げる事項を債権記録に記録していないときは，何人も，当該業務規程の定めの効力を主張することができない．
**（電子記録の順序）**
**第8条**　① 電子債権記録機関は，同一の電子記録債権に関し二以上の電子記録の請求があったときは，当該請求の順序に従って電子記録をしなければならない．
② 同一の電子記録債権に関し同時に二以上の電子記録が請求された場合において，請求に係る電子記録の内容が相互に矛盾するときは，前条第1項の規定にかかわらず，電子債権記録機関は，いずれの請求に基づく電子記録もしてはならない．
③ 同一の電子記録債権に関し二以上の電子記録が請求された場合において，その前後が明らかでないときは，これらの請求は，同時にされたものとみなす．
**（電子記録の効力）**
**第9条**　① 電子記録債権の内容は，債権記録の記録により定まるものとする．
② 電子記録名義人は，電子記録に係る電子記録債権についての権利を適法に有するものと推定する．
**（電子記録の訂正等）**
**第10条**　① 電子債権記録機関は，次に掲げる場合には，電子記録の訂正をしなければならない．ただし，電子記録上の利害関係を有する第三者がある場合にあっては，当該第三者の承諾があるときに限る．
1　電子記録の請求に当たって電子債権記録機関に提供された情報の内容と異なる内容の記録がされている場合
2　請求がなければすることができない電子記録が，請求がないのにされている場合
3　電子債権記録機関が自らの権限により記録すべき記録事項について，記録すべき内容と異なる内容の記録がされている場合
4　電子債権記録機関が自らの権限により記録すべき記録事項について，その記録がされていない場合（一の電子記録の記録事項の全部が記録されていないときを除く．）
② 電子債権記録機関は，第86条各号に掲げる期間のうちのいずれかが経過する日までに電子記録が消去されたときは，当該電子記録の回復をしなければならない．この場合においては，前項ただし書の規定を準用する．
**（不実の電子記録等についての電子債権記録機関の責任）**
**第11条**　電子債権記録機関は，前条第1項各号に掲げる場合又は同条第2項に規定するときは，これらの規定に規定する事由によって当該電子債権記録機関の請求をした者その他の第三者に生じた損害を賠償する責任を負う．ただし，電子債権記録機関の代表者及び使用人その他の従業者がその職務を行うについて注意を怠らなかったことを証明したときは，この限りでない．

##### 第2款　電子記録債権に係る意思表示等

(意思表示の無効又は取消しの特則)
**第12条** ① 電子記録の請求における相手方に対する意思表示についての民法第93条ただし書若しくは第95条の規定による無効又は同法第96条第1項若しくは第2項の規定による取消しは,善意でかつ重大な過失がない第三者(同条第1項及び第2項の規定による取消しにあっては,取消し後の第三者に限る。)に対抗することができない。
② 前項の規定は,次に掲げる場合には,適用しない。
　1 前項に規定する第三者が,支払期日以後に電子記録債権の譲渡,買入れ,差押え,仮差押え又は破産手続開始の決定(分割払の方法により支払う電子記録債権の場合には,到来した支払期日に係る部分についてのものに限る。)があった場合におけるその譲受人,質権者,差押債権者,仮差押債権者又は破産管財人であるとき。
　2 前項の意思表示の無効又は取消しを対抗しようとする者が個人(当該電子記録において個人事業者(消費者契約法(平成12年法律第61号)第2条第2項に規定する事業者である個人をいう。以下同じ。)である旨の記録がされている者を除く。)である場合

(無権代理人の責任の特則)
**第13条** 電子記録の請求における相手方に対する意思表示についての民法第117条第2項の規定の適用については,同項中「過失」とあるのは,「重大な過失」とする。

(権限がない者の請求による電子記録についての電子債権記録機関の責任)
**第14条** 電子債権記録機関は,次に掲げる者の請求により電子記録をしたときは,これによって第三者に生じた損害を賠償する責任を負う。ただし,電子債権記録機関の代表者及び使用人その他の従業者がその職務を行うについて注意を怠らなかったことを証明したときは,この限りでない。
　1 代理権を有しない者
　2 他人になりすました者

## 第2節 発　生

(電子記録債権の発生)
**第15条** 電子記録債権(保証記録に係るもの及び電子記録保証をした者(以下「電子記録保証人」という。)が第35条第1項(同条第2項及び第3項において準用する場合を含む。)の規定により取得する電子記録債権(以下「特別求償権」という。)を除く。次条において同じ。)は,発生記録をすることによって生ずる。

(発生記録)
**第16条** ① 発生記録においては,次に掲げる事項を記録しなければならない。
　1 債務者が一定の金額を支払う旨
　2 支払期日(確定日に限るものとし,分割払の方法により債務を支払う場合にあっては,各支払期日とする。)
　3 債権者の氏名又は名称及び住所
　4 債権者が2人以上ある場合において,その債権が不可分債権であるときは債権者ごとの債権の金額
　5 債務者の氏名又は名称及び住所
　6 債務者が2人以上ある場合において,その債務が不可分債務又は連帯債務であるときはその旨,可分債務であるときは債務者ごとの債務の金額
　7 記録番号(発生記録又は分割記録をする際に一の債権記録ごとに付す番号をいう。以下同じ。)
　8 電子記録の年月日
② 発生記録においては,次に掲げる事項を記録することができる。
　1 第62条第1項に規定する口座間送金決済に関する契約に係る支払をするときは,その旨並びに債務者の預金又は貯金の口座(以下「債務者口座」という。)及び債権者の預金又は貯金の口座(以下「債権者口座」という。)
　2 第64条に規定する契約に係る支払をするときは,その旨
　3 前2号に規定するもののほか,支払方法についての定めをするときは,その定め(分割払の方法により債務を支払う場合にあっては,各支払期日ごとに支払うべき金額を含む。)
　4 利息,遅延損害金又は違約金についての定めをするときは,その定め
　5 期限の利益の喪失についての定めをするときは,その定め
　6 相殺又は代物弁済についての定めをするときは,その定め
　7 弁済の充当の指定についての定めをするときは,その定め
　8 第19条第1項(第38条において読み替えて準用する場合を含む。)の規定を適用しない旨の定めをするときは,その定め
　9 債権者又は債務者が個人事業者であるときは,その旨
　10 債務者が法人又は個人事業者(その旨の記録がされる者に限る。)である場合において,第20条第1項(第38条において読み替えて準用する場合を含む。)の規定を適用しない旨の定めをするときは,その定め
　11 債務者が法人又は個人事業者(その旨の記録がされる者に限る。)であって前号に掲げる定めが記録されない場合において,債務者が債権者(譲渡記録における譲受人を含む。以下この項において同じ。)に対抗することができる抗弁についての定めをするときは,その定め
　12 譲渡記録,保証記録,質権設定記録若しくは分割記録をすることができないこととし,又はこれらの電子記録について回数の制限その他の制限をする旨の定めをするときは,その定め
　13 債権者と債務者との間の通知の方法についての定めをするときは,その定め
　14 債権者と債務者との間の紛争の解決の方法についての定めをするときは,その定め
　15 電子債権記録機関が第7条第2項の規定により保証記録,質権設定記録若しくは分割記録をしないこととし,又はこれらの電子記録若しくは譲渡記録について回数の制限その他の制限をしたときは,その定め
　16 前各号に掲げるもののほか,電子記録債権の内容となるものとして政令で定める事項
③ 第1項第1号から第6号までに掲げる事項のいずれかの記録が欠けているときは,電子記録債権は,発生しない。

## 第3節 譲　渡

(電子記録債権の譲渡)
**第17条** 電子記録債権の譲渡は,譲渡記録をしなければ,その効力を生じない。

(譲渡記録)

**第18条** ① 譲渡記録においては,次に掲げる事項を記録しなければならない.
1 電子記録債権の譲渡をする旨
2 譲渡人が電子記録義務者の相続人であるときは,譲渡人の氏名及び住所
3 譲受人の氏名又は名称及び住所
4 電子記録の年月日
② 譲渡記録においては,次に掲げる事項を記録することができる.
1 発生記録(当該発生記録の記録事項について変更記録がされたときは,当該変更記録を含む.以下同じ.)において債務の支払を債権者口座に対する払込みによってする旨の定めが記録されている場合において,譲渡記録に当たり譲受人が譲受人の預金又は貯金の口座に対する払込みによって支払を受けようとするときは,当該口座(発生記録において払込みをする預金又は貯金の口座の変更に関する定めが記録されているときは,これと抵触しないものに限る.)
2 譲渡人が個人事業者であるときは,その旨
3 譲渡人と譲受人(譲渡人に譲受人として記録された者を含む.次号において同じ.)との間の通知の方法についての定めをするときは,その定め
4 譲渡人と譲受人との間の紛争の解決の方法についての定めをするときは,その定め
5 前各号に掲げるもののほか,政令で定める事項
③ 消費者についてされた前項第2号に掲げる事項の記録は,その効力を有しない.
④ 電子債権記録機関は,発生記録において第16条第2項第12号又は第15号に掲げる事項(譲渡記録に係る部分に限る.)が記録されているときは,その記録に抵触する譲渡記録をしてはならない.
(善意取得)
**第19条** ① 譲渡記録の請求により電子記録債権の譲受人として記録された者は,当該電子記録債権を取得する.ただし,その者に悪意又は重大な過失があるときは,この限りでない.
② 前項の規定は,次に掲げる場合には,適用しない.
1 第16条第2項第8号に掲げる事項が記録されている場合
2 前項に規定する者が,支払期日以後にされた譲渡記録の請求により電子記録債権(分割払の方法により支払うものにあっては,到来した支払期日に係る部分に限る.)の譲受人として記録されたものである場合
3 個人(個人事業者である旨の記録がされている者を除く.)である電子記録債権の譲渡人がした譲渡記録の請求における譲受人に対する意思表示が効力を有しない場合において,前項に規定する者が当該譲渡記録後にされた譲渡記録の請求により譲受人として記録されたものであるとき.
(抗弁の切断)
**第20条** ① 発生記録における債務者又は電子記録保証人(以下「電子記録債務者」という.)は,電子記録債権の債権者に当該電子記録債権を譲渡した者に対する人的関係に基づく抗弁をもって当該債権者に対抗することができない.ただし,当該債権者が,当該電子記録債務者を害することを知って当該電子記録債権を取得したときは,この限りでない.
② 前項の規定は,次に掲げる場合には,適用しない.
1 第16条第2項第10号又は第32条第2項第6号に掲げる事項が記録されている場合
2 前項の債権者が,支払期日以後にされた譲渡記録の請求により電子記録債権(分割払の方法により支払うものにあっては,到来した支払期日に係る部分に限る.)の譲受人として記録されたものである場合
3 前項の電子記録債務者が個人(個人事業者である旨の記録がされている者を除く.)である場合

### 第4節 消 滅

(支払免責)
**第21条** 電子記録名義人に対してした電子記録債権についての支払は,当該電子記録名義人がその支払を受ける権利を有しない場合であっても,その効力を有する.ただし,その支払をした者に悪意又は重大な過失があるときは,この限りでない.
(混同)
**第22条** ① 電子記録債務者(その相続人その他の一般承継人を含む.以下この項において同じ.)が電子記録債権を取得した場合には,民法第520条本文の規定にかかわらず,当該電子記録債権は消滅しない.ただし,当該電子記録債務者又は当該電子記録債務者の承諾を得た他の電子記録債務者の請求により,当該電子記録債権の取得に伴う混同を原因とする支払等記録がされたときは,この限りでない.
② 次の各号に掲げる者は,電子記録債権を取得しても,当該各号に定める者に対して電子記録保証によって生じた債権(以下「電子記録保証債務」という.)の履行を請求することができない.
1 発生記録における債務者 電子記録保証人
2 電子記録保証人 他の電子記録保証人(弁済その他自己の財産をもって主たる債務としてに記録された債務を消滅させるべき行為をしたとするならば,この号に掲げる電子記録保証人に対して特別求償権を行使することができるものに限る.)
(消滅時効)
**第23条** 電子記録債権は,3年間行使しないときは,時効によって消滅する.
(支払等記録の記録事項)
**第24条** 支払等記録においては,次に掲げる事項を記録しなければならない.
1 支払,相殺その他の債務の全部若しくは一部を消滅させる行為又は混同(以下「支払等」という.)により消滅し,又は消滅することとなる電子記録名義人に対する債務を特定するために必要な事項
2 支払等をした金額その他の当該支払等の内容(利息,遅延損害金,違約金又は費用が生じている場合にあっては,消滅した元本の額を含む.)
3 支払等があった日
4 支払等をした者(支払等が相殺による債務の消滅である場合にあっては,電子記録名義人が当該相殺によって免れた債務の債権者.以下同じ.)の氏名又は名称及び住所
5 支払等をした者が当該支払等をするについて民法第500条の正当の利益を有する者であるときは,その旨
6 電子記録の年月日
7 前各号に掲げるもののほか,政令で定める事項
(支払等記録の請求)
**第25条** ① 支払等記録は,次に掲げる者だけで請求することができる.

1 当該支払等記録についての電子記録義務者
2 前号に掲げる者の相続人その他の一般承継人
3 次に掲げる者であって、前2号に掲げる者全員の承諾を得たもの
　イ 電子記録債務者
　ロ 支払等をした者（前2号及びイに掲げる者を除く.）
　ハ イ又はロに掲げる者の相続人その他の一般承継人
② 電子記録債権又はこれを目的とする質権の被担保債権（次項において「電子記録債権等」という.）について支払等がされた場合には、前項第3号イからハまでに掲げる者は、同項第1号又は第2号に掲げる者に対し、同項第3号の承諾をすることを請求することができる.
③ 電子記録債権等について支払をする者は、第1項第1号又は第2号に掲げる者に対し、当該支払をするのと引換えに、同項第3号の承諾をすることを請求することができる.
④ 根質権の担保すべき債権についての支払等をしたことによる支払等記録の請求は、当該支払等が当該根質権の担保すべき元本の確定後にされたものであり、かつ、当該確定の電子記録がされている場合でなければ、することができない.

### 第5節　記録事項の変更

**（電子記録債権の内容の意思表示による変更）**

**第26条**　電子記録債権又はこれを目的とする質権の内容の意思表示による変更は、この法律に別段の定めがある場合を除き、変更記録をしなければ、その効力を生じない.

**（変更記録の記録事項）**

**第27条**　変更記録においては、次に掲げる事項を記録しなければならない.
1 変更する記録事項
2 前号の記録事項を変更する旨及びその原因
3 第1号の記録事項についての変更後の内容（当該記録事項を記録しないこととする場合にあっては、当該記録事項を削除する旨）
4 変更記録の年月日

**（求償権の譲渡に伴い電子記録債権が移転した場合の変更記録）**

**第28条**　電子記録債権に支払等をした者として記録されている者であって当該支払等により電子記録債権の債権者に代位したものがした求償権（特別求償権を除く.）の譲渡に伴い当該電子記録債権が移転した場合の変更記録は、その者の氏名又は名称及び住所を当該求償権の譲受人の氏名又は名称及び住所に変更する記録をすることによって行う.

**（変更記録の請求）**

**第29条**　① 変更記録の請求は、当該変更記録につき電子記録上の利害関係を有する者（その者について相続その他の一般承継があったときは、その相続人その他の一般承継人）の全員がしなければならない.
② 前項の規定にかかわらず、相続又は法人の合併による電子記録名義人又は電子記録債務者の変更を内容とする変更記録は、相続人又は合併後存続する法人若しくは合併により設立された法人だけで請求することができる. ただし、相続人が2人以上ある場合には、その全員が当該変更記録を請求しなければならない.
③ 第5条第2項及び第3項の規定は、第1項及び前項ただし書の場合について準用する.
④ 第1項の規定にかかわらず、電子記録名義人又は電子記録債務者の氏名若しくは名称又は住所についての変更記録は、その者が単独で請求することができる. 他の者の権利義務に影響を及ぼさないことが明らかな変更記録であって業務規程の定めるものについても、同様とする.

**（変更記録が無効な場合における電子記録債務者の責任）**

**第30条**　変更記録がその請求の無効、取消しその他の事由により効力を有しない場合には、当該変更記録前に債務を負担した電子記録債務者は、当該変更記録前の債権記録の内容に従って責任を負う. ただし、当該変更記録の請求における相手方に対する意思表示を適法にした者の間においては、当該意思表示をした電子記録債務者は、当該変更記録以後の債権記録の内容に従って責任を負う.
② 前項本文に規定する場合には、当該変更記録後に債務を負担した電子記録債務者は、当該変更記録後の債権記録の内容に従って責任を負う.

### 第6節　電子記録保証

**（保証記録による電子記録債権の発生）**

**第31条**　電子記録保証に係る電子記録債権は、保証記録をすることによって生ずる.

**（保証記録）**

**第32条**　① 保証記録においては、次に掲げる事項を記録しなければならない.
1 保証をする旨
2 保証人の氏名又は名称及び住所
3 主たる債務者の氏名又は名称及び住所その他主たる債務を特定するために必要な事項
4 保証記録の年月日
② 保証記録においては、次に掲げる事項を記録することができる.
1 保証の範囲を限定する旨の定めをするときは、その定め
2 遅延損害金又は違約金についての定めをするときは、その定め
3 相殺又は代物弁済についての定めをするときは、その定め
4 弁済の充当の指定についての定めをするときは、その定め
5 保証人が個人事業者であるときは、その旨
6 保証人が法人又は個人事業者（その旨の記録がされる者に限る.）である場合において、保証記録をした時の債権者に対する保証による責任事由について第20条第1項（第38条において読み替えて準用する場合を含む.）の規定を適用しない旨の定めをするときは、その定め
7 保証人が法人又は個人事業者（その旨の記録がされる者に限る.）であって前号に掲げる定めが記録されない場合において、保証人が債権者（譲渡記録における譲受人を含む. 以下この項において同じ.）に対抗することができる抗弁についての定めをするときは、その定め
8 債権者と保証人との間の通知の方法についての定めをするときは、その定め
9 債権者と保証人との間の紛争の解決の方法についての定めをするときは、その定め
10 前各号に掲げるもののほか、政令で定める事項
③ 第1項第1号から第3号までに掲げる事項のいずれかの記録が欠けているときは、電子記録保証に

係る電子記録債権は,発生しない.
④ 消費者についてされた第2項第5号に掲げる事項の記録は,その効力を有しない.
⑤ 電子債権記録機関は,発生記録において第16条第2項第12号又は第15号に掲げる事項(保証記録に係る部分に限る.)が記録されているときは,その記録の内容に抵触する保証記録をしてはならない.

(電子記録保証の独立性)
**第33条** ① 電子記録保証債務は,その主たる債務者として記録されている者がその主たる債務を負担しない場合(第16条第1項第1号から第6号まで又は前条第1項第1号から第3号までに掲げる事項の記録が欠けている場合を除く.)においても,その効力を妨げられない.
② 前項の規定は,電子記録保証人が個人(個人事業者である旨の記録がされている者を除く.)である場合には,適用しない.

(民法等の適用除外)
**第34条** ① 民法第452条,第453条及び第456条から第458条まで並びに商法(明治32年法律第48号)第511条第2項の規定は,電子記録保証については,適用しない.
② 前項の規定にかかわらず,電子記録保証人が個人(個人事業者である旨の記録がされている者を除く.)である場合には,当該電子記録保証人は,主たる債務者の債権による相殺をもって債権者に対抗することができる.

(特別求償権)
**第35条** ① 発生記録によって生じた債務を主たる債務とする電子記録保証人が出えん(弁済その他自己の財産をもって主たる債務として記録された債権を消滅させるべき行為をいう.以下この条において同じ.)をした場合において,その旨の支払等記録がされたときは,民法第459条,第462条,第463条及び第465条の規定にかかわらず,当該電子記録保証人は,次に掲げる者に対し,出えんにより共同の免責を得た額,出えんをした日以後の遅延損害金の額及び避けることができなかった費用の額の合計額について電子記録債権を取得する.ただし,第3号に掲げる者に対しては,自己の負担部分を超えて出えんをした額のうち同号に掲げる者の負担部分の額に限る.
1 主たる債務者
2 当該出えんをした者が電子記録保証人となる前に当該者を債権者として当該主たる債務と同一の債務を主たる債務とする電子記録保証をしていた他の電子記録保証人
3 当該主たる債務と同一の債務を主たる債務とする他の電子記録保証人(前号に掲げる者及び電子記録保証人となる前に当該出えんをした者の電子記録保証に係る債権者であったものを除く.).
② 前項の規定は,電子記録保証によって生じた債務を主たる債務とする電子記録保証人が出えんをした場合について準用する.
③ 第1項の規定は,電子記録保証債務を主たる債務とする電子記録保証人が出えんをした場合について準用する.この場合において,同項中「次に掲げる者」とあるのは,「次に掲げる者及びその出えんを主たる債務者として記録されている電子記録保証人がしたとするならば,次に掲げる者に該当することとなるもの」と読み替えるものとする.

### 第7節 質 権
(電子記録債権の質入れ)
**第36条** ① 電子記録債権を目的とする質権の設定は,質権設定記録をしなければ,その効力を生じない.
② 民法第362条第2項の規定は,前項の質権については,適用しない.
③ 民法第296条から第300条まで,第304条,第342条,第343条,第346条,第348条,第349条,第351条,第373条,第374条,第378条,第390条,第391条,第398条の2から第398条の10まで,第398条の19,第398条の20(第1項第3号を除く.)及び第398条の22の規定は,第1項の質権について準用する.

(質権設定記録の記録事項)
**第37条** ① 質権設定記録(根質権の質権設定記録を除く.次項において同じ.)においては,次に掲げる事項を記録しなければならない.
1 質権を設定する旨
2 質権者の氏名又は名称及び住所
3 被担保債権の債務者の氏名又は名称及び住所,被担保債権の額(一定の金額を目的としない債権については,その価額.以下同じ.)その他担保債権を特定するために必要な事項
4 一の債権記録における質権設定記録及び転質の電子記録がされた順序を示す番号(以下「質権番号」という.)
5 電子記録の年月日
② 質権設定記録においては,次に掲げる事項を記録することができる.
1 被担保債権につき利息,遅延損害金又は違約金についての定めがあるときは,その定め
2 被担保債権に付した条件があるときは,その条件
3 前条第3項において準用する民法第346条ただし書の別段の定めをするときは,その定め
4 質権の実行に関し,その方法,条件その他の事項について定めをするときは,その定め
5 発生記録において電子記録債権に係る債務の支払を債権者口座に対する払込みによってする旨の定めが記録されている場合において,質権設定記録に当たり質権者が質権者の預金又は貯金の口座に対する払込みによって支払を受けようとするときは,当該口座(発生記録において払込みをすべき預金又は貯金の口座の変更に関する定めが記録されているときは,これと抵触しないものに限る.)
6 質権設定者と質権者(質権設定記録後に当該質権についての質権者として記録される者を含む.次号において同じ.)との間の通知の方法についての定めをするときは,その定め
7 質権設定者と質権者との間の紛争の解決の方法についての定めをするときは,その定め
8 前各号に掲げるもののほか,政令で定める事項
③ 根質権の質権設定記録においては,次に掲げる事項を記録しなければならない.
1 根質権を設定する旨
2 根質権者の氏名又は名称及び住所
3 担保すべき債権の債務者の氏名又は名称及び住所
4 担保すべき債権の範囲及び極度額
5 質権番号
6 電子記録の年月日
④ 根質権の質権設定記録においては,次に掲げる事項を記録することができる.
1 担保すべき元本の確定すべき期日の定めをする

ときは,その定め
2 根質権の実行に関し,その方法,条件その他の事項について定めをするときは,その定め
3 発生記録において電子記録債権に係る債務の支払を債務者口座に対する払込みによってする旨の定めが記録されている場合において,根質権の質権設定記録に当たり根質権者が根質権者の預金又は貯金の口座に対する払込みによって支払を受けようとするときは,当該口座(発生記録において払込みをする貯金は貯金の口座の変更に関する定めが記録されているときは,これと抵触しないものに限る.)
4 根質権設定者と根質権者(根質権の質権設定記録後に当該根質権者についての根質権者として記録された者を含む.次号において同じ.)との間の通知の方法についての定めをするときは,その定め
5 根質権設定者と根質権者との間の紛争の解決の方法についての定めをするときは,その定め
6 前各号に掲げるもののほか,政令で定める事項
 (善意取得及び抗弁の切断)
第38条 第19条及び第20条の規定は,質権設定記録について準用する.この場合において,第19条第1項中「譲受人」とあるのは「質権者」と,「当該電子記録債権」とあるのは「その質権」と,同条第2項第2号中「譲受人」とあるのは「質権者」と,同項第3号中「された譲渡記録」とあるのは「された質権設定記録」と,第20条第1項中「債権者に当該電子記録債権を譲渡した」とあるのは「質権者にその質権を設定した」と,「当該債権者に」とあるのは「当該質権者に」と,同項ただし書中「債権者が」とあるのは「当該質権者が」と,「当該電子記録債権を取得した」とあるのは「当該質権を取得した」と,同条第2項第2号中「債権者」とあり,及び「譲受人」とあるのは「質権者」と読み替えるものとする.
 (質権の順位の変更の電子記録)
第39条 ① 第36条第3項において準用する民法第374条第1項の規定による質権の順位の変更の電子記録においては,次に掲げる事項を記録しなければならない.
 1 質権の順位を変更する旨
 2 順位を変更する質権の質権番号
 3 変更後の質権の順位
 4 電子記録の年月日
② 前項の電子記録の請求は,順位を変更する質権の電子記録名義人の全員がしなければならない.この場合において,第5条第2項及び第3項の規定を準用する.
 (転 質)
第40条 ① 第36条第3項において準用する民法第348条の規定による転質は,転質の電子記録をしなければ,その効力を生じない.
② 第37条第1項から第4項までの規定は,転質の電子記録について準用する.
③ 転質の電子記録においては,転質の目的である質権の質権番号をも記録しなければならない.
④ 質権者が二以上の者のために転質をしたときは,その転質の順位は,転質の電子記録の前後による.
 (被担保債権の譲渡に伴う質権等の移転による変更記録の特則)
第41条 ① 被担保債権の一部について譲渡がされた場合における質権又は転質の移転による変更記録においては,第27条各号に掲げる事項のほか,当該譲渡の目的である被担保債権の額をも記録しなければならない.
② 根質権の担保すべき債権の譲渡がされた場合における根質権の移転による変更記録の請求は,当該譲渡が当該根質権の担保すべき元本の確定後にされたものであり,かつ,元本確定の電子記録がされている場合でなければ,することができない.
 (根質権の担保すべき元本の確定の電子記録)
第42条 ① 根質権の担保すべき元本(以下この条において単に「元本」という.)の確定の電子記録においては,次に掲げる事項を記録しなければならない.
 1 元本が確定した旨
 2 元本が確定した根質権の質権番号
 3 元本の確定の年月日
 4 電子記録の年月日
② 第36条第3項において準用する民法第398条の19第2項又は第398条の20第1項第4号の規定により元本が確定した場合の電子記録は,当該根質権の電子記録名義人が請求することができる.ただし,同号の規定により元本が確定した場合における請求は,当該根質権又はこれを目的とする権利の取得の電子記録の請求と併せてしなければならない.

### 第8節 分 割

 (分割記録)
第43条 ① 電子記録債権は,分割(債権者又は債務者として記録されている者が2人以上ある場合において,特定の債権者又は債務者について分離をすることを含む.)をすることができる.
② 電子記録債権の分割は,次条から第47条までの規定により,分割をする電子記録債権が記録されている債権記録(以下「原債権記録」という.)及び新たに作成する債権記録(以下「分割債権記録」という.)に分割記録をすると同時に原債権記録に記録されている事項の一部を分割債権記録に記録することによって行う.
③ 分割記録の請求は,分割債権記録に債権者として記録される者だけですることができる.
 (分割記録の記録事項)
第44条 ① 分割債権記録においては,分割債権記録に次に掲げる事項を記録しなければならない.
 1 原債権記録から分割をした旨
 2 原債権記録及び分割債権記録の記録番号
 3 発生記録における債権者であって分割債権記録に記録されるものが一定の金額を支払う旨
 4 債権者の氏名又は名称及び住所
 5 電子記録の年月日
② 分割記録においては,原債権記録に次に掲げる事項を記録しなければならない.
 1 分割をした旨
 2 分割債権記録の記録番号
 3 電子記録の年月日
③ 電子債権記録機関は,発生記録において第16条第2項第12号又は第15号に掲げる事項(分割記録に係る部分に限る.)が記録されているときは,その記録の内容に抵触する分割記録をしてはならない.
 (分割記録に伴う分割債権記録への記録)
第45条 ① 電子債権記録機関は,分割記録と同時に,分割債権記録に次に掲げる事項を記録しなければ

ならない．
1 分割債権記録に記載される電子債権についての原債権記録中の現に効力を有する電子記録において記録されている事項（次に掲げるものを除く．）
イ 債務者が一定の金額を支払う旨
ロ 当該債権債権が分割払の方法により債務を支払うものである場合における各支払期日及び当該支払期日ごとに支払うべき金額
ハ 譲渡記録，保証記録，質権設定記録又は分割記録をすることができる回数（以下「記録可能回数」という．）が記録されている場合におけるその記録可能回数
ニ 原債権記録の記録番号
ホ 原債権に分割記録がされている場合における当該分割記録において記録されている事項（イに掲げるものを除く．）
2 分割債権記録に記録される電子債権債権が原債権記録において分割払の方法により債務を支払うものとして記録されている場合には，当該電子記録債権の支払期日（原債権記録に支払期日として記録されているものに限る．）
3 前号に規定する場合において，分割債権記録に記録される電子債権債権が分割払の方法により債務を支払うものであるときは，当該電子記録債権の各支払期日ごとに支払うべき金額（原債権記録に記録されている対応する各支払期日ごとに支払うべき金額の範囲内のものに限る．）
4 原債権記録に記録可能回数が記録されている場合には，当該記録可能回数（分割記録の記録可能回数にあっては，当該記録可能回数から一を控除した残りの記録可能回数）のうち，分割債権記録における記録可能回数
② 電子債権記録機関は，分割債権記録に前項第1号に掲げる事項を記録したときは当該事項を原債権記録から転写した旨及びその年月日を，同項第2号から第4号までに掲げる事項を記録したときはその記録の年月日を当該分割債権記録に記録しなければならない．

（分割債権記録に伴う原債権記録への記録）
第46条 ① 電子債権記録機関は，分割記録と同時に，原債権記録に次に掲げる事項を記録しなければならない．
1 分割債権記録に記録される電子債権債権について原債権記録に記録されている事項のうち，前条第1項第1号イからハまでに掲げる事項の記録を削除する旨
2 発生記録における債務者が分割記録の直前に原債権記録に記録された第16条第1項第1号（当該原債権記録が他の分割による分割債権記録である場合にあっては，第44条第1項第3号）に規定する一定の金額から分割債権記録に記録される第44条第1項第3号に規定する一定の金額を控除して得た金額を支払う旨
3 分割債権記録に記録される電子債権債権が原債権記録において分割払の方法により債務を支払うものとして記録されている場合には，分割債権記録の後も原債権記録に引き続き記録されることとなる支払期日
4 前号に規定する場合において，分割記録の後も原債権記録に引き続き記録されることとなる電子記録債権が分割払の方法により債務を支払うものであるときは，当該電子記録債権の各支払期日ごとに支払うべき金額
5 原債権記録に記録可能回数が記録されている場合には，当該記録可能回数（分割記録の記録可能回数にあっては，当該記録可能回数から一を控除した残りの記録可能回数）から分割債権記録における記録可能回数を控除した残りの記録可能回数
② 電子債権記録機関は，原債権記録に前項各号に掲げる事項を記録したときは，その記録の年月日を当該原債権記録に記録しなければならない．

（主務省令への委任）
第47条 第43条第3項及び前3条の規定にかかわらず，次に掲げる場合における分割記録の請求，分割記録の記録事項並びに分割記録に伴う分割債権記録及び原債権記録への記録について必要な事項は，これらの規定の例に準じて主務省令で定める．
1 原債権記録に債権者ごとの債権の金額又は債務者ごとの債務の金額が記録されている場合
2 原債権記録に第32条第2項第1号に掲げる事項が記録された保証記録がされている場合
3 原債権記録に特別求償権が記録されている場合
4 前3号に掲げるもののほか，主務省令で定める場合

## 第9節 雑 則

（信託の電子記録）
第48条 ① 電子記録債権又はこれを目的とする質権（以下この項において「電子記録債権等」という．）については，信託の電子記録をしなければ，電子記録債権等が信託財産に属することを第三者に対抗することができない．
② この法律に定めるもののほか，信託の電子記録に関し必要な事項は，政令で定める．

（電子記録債権に関する強制執行等）
第49条 ① 電子債権記録機関は，電子記録債権に関する強制執行，滞納処分その他の処分の制限があった場合において，これらの処分の制限に係る書類の送達を受けたときは，遅滞なく，強制執行等の電子記録をしなければならない．
② 強制執行等の電子記録に関し必要な事項は，政令で定める．
③ 電子記録債権に関する強制執行，仮差押え及び仮処分，競売並びに没収保全の手続に関し必要な事項は，最高裁判所規則で定める．

（政令への委任）
第50条 この法律に定めるもののほか，電子記録債権の電子記録の手続その他電子記録に関し必要な事項は，政令で定める．

## 第3章 電子債権記録機関

### 第1節 通 則

（電子債権記録業を営む者の指定）
第51条 ① 主務大臣は，次に掲げる要件を備える者を，その申請により，第56条に規定する業務（以下「電子債権記録業」という．）を営む者として，指定することができる．
1 次に掲げる機関を置く株式会社であること．
イ 取締役会
ロ 監査役会又は委員会（会社法（平成17年法律第86号）第2条第12号に規定する委員会をいう．）
ハ 会計監査人

2 第75条第1項の規定によりこの項の指定を取り消された日から5年を経過しない者でないこと．
3 この法律又はこれに相当する外国の法令の規定に違反し，罰金の刑（これに相当する外国の法令による刑を含む．）に処せられ，その刑の執行を終わり，又はその刑の執行を受けることがなくなった日から5年を経過しない者でないこと．
4 取締役，会計参与，監査役又は執行役のうちに次のいずれかに該当する者がないこと．
　イ 成年被後見人若しくは被保佐人又は外国の法令上これらに相当する者
　ロ 破産手続開始の決定を受けて復権を得ない者又は外国の法令上これに相当する者
　ハ 禁錮以上の刑（これに相当する外国の法令による刑を含む．）に処せられ，その刑の執行を終わり，又はその刑の執行を受けることがなくなった日から5年を経過しない者
　ニ 第75条第1項の規定によりこの項の指定を取り消された場合又はこの法律に相当する外国の法令の規定により当該外国において受けている この項の指定に類する行政処分を取り消された場合において，その取消しの日前30日以内にその会社の取締役，会計参与，監査役又は執行役（外国会社における外国の法令上これらに相当する者を含む．ホにおいて同じ．）であった者でその取消しの日から5年を経過しない者
　ホ 第75条第1項の規定又はこの法律に相当する外国の法令の規定により解任を命ぜられた取締役，会計参与，監査役若しくは執行役でその処分を受けた日から5年を経過しない者
　ヘ この法律，会社法若しくはこれらに相当する外国の法令の規定に違反し，又は刑法（明治40年法律第45号）第204条，第206条，第208条，第208条の3，第222条若しくは第247条の罪，暴力行為等処罰に関する法律（大正15年法律第60号）の罪若しくは暴力団員による不当な行為の防止等に関する法律（平成3年法律第77号）第46条，第47条，第49条若しくは第50条の罪を犯し，罰金の刑（これに相当する外国の法令による刑を含む．）に処せられ，その刑の執行を終わり，又はその刑の執行を受けることがなくなった日から5年を経過しない者
5 定款及び電子債権記録業の実施に関する規程（以下「業務規程」という．）が，法令に適合し，かつ，この法律の定めるところにより電子債権記録業を適正かつ確実に遂行するために十分であると認められること．
6 電子債権記録業を健全に遂行するに足りる財産的基礎を有し，かつ，電子債権記録業に係る収支の見込みが良好であると認められること．
7 その人的構成に照らして，電子債権記録業を適正かつ確実に遂行することができる知識及び経験を有し，かつ，十分な社会的信用を有すると認められること．
② 主務大臣は，前項の指定をしたときは，その指定した電子債権記録機関の商号及び本店の所在地を官報で公示しなければならない．

**（指定の申請）**
**第52条** ① 前条第1項の指定を受けようとする者は，次に掲げる事項を記載した指定申請書を主務大臣に提出しなければならない．
1 商号
2 資本金の額及び純資産額
3 本店その他の営業所の名称及び所在地
4 取締役及び監査役（委員会設置会社にあっては，取締役及び執行役）の氏名
5 会計参与設置会社にあっては，会計参与の氏名又は名称
② 指定申請書には，次に掲げる書類を添付しなければならない．
1 前条第1項第3号及び第4号に掲げる要件に該当する旨を誓約する書面
2 定款
3 会社の登記事項証明書
4 業務規程
5 貸借対照表及び損益計算書
6 収支の見込みを記載した書類
7 前各号に掲げるもののほか，主務省令で定める書類
③ 前項の場合において，定款，貸借対照表又は損益計算書が電磁的記録で作成されているときは，書類に代えて電磁的記録（主務省令で定めるものに限る．）を添付することができる．

**（資本金の額等）**
**第53条** ① 電子債権記録機関の資本金の額は，政令で定める金額以上でなければならない．
② 前項の政令で定める金額は，5億円を下回ってはならない．
③ 電子債権記録機関の純資産額は，第1項の政令で定める金額以上でなければならない．

**（適用除外）**
**第54条** 会社法第331条第2項ただし書（同法第335条第1項において準用する場合を含む．），第332条第2項（同法第334条第1項において準用する場合を含む．），第336条第2項及び第402条第5項ただし書の規定は，電子債権記録機関については，適用しない．

**（秘密保持義務）**
**第55条** 電子債権記録機関の取締役，会計参与（会計参与が法人であるときは，その職務を行うべき社員），監査役，執行役若しくは職員又はこれらの職にあった者は，電子債権記録業に関して知り得た秘密を漏らし，又は盗用してはならない．

### 第2節 業務

**（電子債権記録機関の業務）**
**第56条** 電子債権記録機関は，この法律及び業務規程の定めるところにより，電子記録債権に係る電子記録に関する業務を行うものとする．

**（兼業の禁止）**
**第57条** 電子債権記録機関は，電子債権記録業及びこれに附帯する業務のほか，他の業務を営むことができない．

**（電子債権記録業の一部の委託）**
**第58条** ① 電子債権記録機関は，主務省令で定めるところにより，電子債権記録業の一部を，主務大臣の承認を受けて，銀行等（銀行（銀行法（昭和56年法律第59号）第2条第1項に規定する銀行をいう．），協同組織金融機関（協同組織金融機関の優先出資に関する法律（平成5年法律第44号）第2条第1項に規定する協同組織金融機関をいう．）その他の政令で定める金融機関をいう．以下同じ．）その他の者に委託することができる．
② 銀行等は，他の法律の規定にかかわらず，前項の規定による委託を受け，当該委託に係る業務を行う

ことができる．
**（業務規程）**
**第59条** 電子債権記録機関は，業務規程において，電子記録の実施の方法，第62条第１項に規定する口座間送金決済に関する契約又は第64条に規定する契約に係る事項その他の主務省令で定める事項を定めなければならない．

**（電子債権記録機関を利用する者の保護）**
**第60条** 電子債権記録機関は，当該電子債権記録機関を利用する者の保護に欠けることのないように業務を営まなければならない．

**（差別的取扱いの禁止）**
**第61条** 電子債権記録機関は，特定の者に対し不当な差別的取扱いをしてはならない．

### 第３節 口座間送金決済等に係る措置
**（口座間送金決済に関する契約の締結）**
**第62条** ① 電子債権記録機関は，債務者及び銀行等と口座間送金決済に関する契約を締結することができる．
② 前項及び次条第２項に規定する「口座間送金決済」とは，電子記録債権（保証記録に係るもの及び特別求償権を除く．以下この節において同じ．）に係る債務について，電子債権記録機関，債務者及び銀行等の合意に基づき，あらかじめ電子債権記録機関が当該債権に係る情報として記録されている支払期日，支払うべき金額，債務者口座及び債権者口座に係る情報を提供し，当該支払期日に当該銀行等が当該債務者口座から当該債権者口座に対する払込みの取扱いをすることによって行われる支払をいう．

**（口座間送金決済についての支払等記録）**
**第63条** ① 電子債権記録機関は，前条第１項に規定する口座間送金決済に関する契約を締結した場合において，第16条第２項第１号に掲げる事項が債権記録に記録されているときは，当該契約に係る銀行等に対し，前条第２項に規定する情報を提供しなければならない．
② 前項の場合において，支払期日に支払うべき電子記録債権に係る債務の全額について口座間送金決済があった旨の通知を同項に規定する銀行等から受けたときは，電子債権記録機関は，遅滞なく，当該口座間送金決済についての支払等記録をしなければならない．

**（支払に関するその他の契約の締結）**
**第64条** 電子債権記録機関は，第62条第１項に規定する口座間送金決済に関する契約のほか，債務者又は債権者及び銀行等と電子記録債権に係る債務の債権者口座に対する払込みによる支払に関する契約を締結することができる．

**（その他の契約に係る支払についての支払等記録）**
**第65条** 電子債権記録機関は，前条に規定する契約を締結し，第16条第２項第２号に掲げる事項が債権記録に記録されている場合において，電子記録債権に係る債務の債権者口座に対する払込みによる支払に関する通知を当該契約に係る銀行等から受けたとき（電子記録債権に係る債務の支払があったことを電子債権記録機関において確実に知り得る場合として主務省令で定める場合に限る．）は，遅滞なく，当該支払についての支払等記録をしなければならない．

**（口座間送金決済等の通知に係る第８条の適用）**
**第66条** 第63条第２項及び前条に規定する通知は，電子記録の請求とみなして，第８条の規定を適用する．

### 第４節 監督
**（帳簿書類等の作成及び保存）**
**第67条** 電子債権記録機関は，主務省令で定めるところにより，業務に関する帳簿書類その他の記録を作成し，保存しなければならない．

**（業務及び財産に関する報告書の提出）**
**第68条** ① 電子債権記録機関は，事業年度ごとに，業務及び財産に関する報告書を作成し，主務大臣に提出しなければならない．
② 前項の報告書の記載事項，提出期日その他同項の報告書に関し必要な事項は，主務省令で定める．

**（資本金の額の変更）**
**第69条** ① 電子債権記録機関は，その資本金の額を減少しようとするときは，主務省令で定めるところにより，主務大臣の認可を受けなければならない．
② 電子債権記録機関は，その資本金の額を増加しようとするときは，主務省令で定めるところにより，主務大臣に届け出なければならない．

**（定款又は業務規程の変更）**
**第70条** 電子債権記録機関の定款又は業務規程の変更は，主務大臣の認可を受けなければ，その効力を生じない．

**（電子債権記録業の休止の認可）**
**第71条** 電子債権記録機関は，電子債権記録業を休止しようとするときは，主務省令で定めるところにより，主務大臣の認可を受けなければならない．

**（商号等の変更の届出）**
**第72条** ① 電子債権記録機関は，第52条第１項第１号又は第３号から第５号までに掲げる事項に変更があったときは，その旨を同条第２項第１号又は第３号に掲げる書類を，主務省令で定めるところにより，主務大臣に届け出なければならない．
② 主務大臣は，前項の規定により電子債権記録機関の商号又は本店の所在地の変更の届出があったときは，その旨を官報で公示しなければならない．

**（報告及び検査）**
**第73条** ① 主務大臣は，電子債権記録業の適正かつ確実な遂行のため必要があると認めるときは，電子債権記録機関若しくは当該電子債権記録機関から業務の委託を受けた者に対し，当該電子債権記録機関の業務若しくは財産に関して報告若しくは資料の提出を命じ，又は当該職員に，電子債権記録機関若しくは当該電子債権記録機関から業務の委託を受けた者の営業所若しくは事務所に立ち入り，当該電子債権記録機関若しくは当該電子債権記録機関から業務の委託を受けた者の業務若しくは財産の状況若しくは帳簿書類その他の物件の検査（当該電子債権記録機関から業務の委託を受けた者にあっては，当該電子債権記録機関の業務又は財産に関し必要なものに限る．）をさせ，若しくは関係者に質問（当該電子債権記録機関から業務の委託を受けた者の関係者にあっては，当該電子債権記録機関の業務又は財産に関し必要なものに限る．）をさせることができる．
② 前項の規定により立入検査をする職員は，その身分を示す証明書を携帯し，関係者に提示しなければならない．
③ 第１項の規定による立入検査の権限は，犯罪捜査のために認められたものと解してはならない．

**（業務改善命令）**
**第74条** 主務大臣は，電子債権記録業の適正かつ確

実な遂行のため必要があると認めるときは、その必要の限度において、電子債権記録機関に対し、業務の運営又は財産の状況の改善に必要な措置をとるべきことを命ずることができる。

### (指定の取消し等)
**第75条** ① 主務大臣は、電子債権記録機関が次の各号のいずれかに該当するときは、第51条第1項の指定を取り消し、6月以内の期間を定めてその業務の全部若しくは一部の停止を命じ、又はその取締役、会計参与、監査役若しくは執行役の解任を命ずることができる。
1 第51条第1項第3号又は第4号に掲げる要件に該当しないこととなったとき。
2 第51条第1項の指定当時に同項各号のいずれかに該当していなかったことが判明したとき。
3 不正の手段により第51条第1項の指定を受けたことが判明したとき。
4 この法律若しくはこの法律に基づく命令又はこれらに基づく処分に違反したとき。

② 主務大臣は、前項の規定により第51条第1項の指定を取り消したときは、その旨を官報で公示しなければならない。

### (業務移転命令)
**第76条** ① 主務大臣は、電子債権記録機関が次の各号のいずれかに該当するときは、期限を定めて、電子債権記録業を他の株式会社に移転することを命ずることができる。
1 前条第1項の規定により第51条第1項の指定を取り消されたとき。
2 電子債権記録業を廃止したとき。
3 解散した(設立、新設分割又は新設分割を無効とする判決が確定したときを含む。)。
4 電子債権記録業の継続に著しい支障を来すことなく弁済期にある債務を弁済することができない事態又は破産手続開始の原因となる事実の生ずるおそれがあると認められるとき。

② 前項の規定による命令を受けた電子債権記録機関における会社法第322条第1項、第466条、第467条第1項、第783条第1項又は第795条第1項の規定による決議(同法第783条第1項の規定による決議にあっては、同法第309条第3項第2号の株主総会の決議を除く。)は、同法第309条第2項及び第324条第2項の規定にかかわらず、出席した株主の議決権の3分の2以上に当たる多数をもって、仮にすることができる。

### (債権記録の失効)
**第77条** ① 電子債権記録機関が前条第1項の規定による命令を受けた場合において、当該命令に定められた期限内にその電子債権記録業を移転することなく当該期限を経過したときは、当該期限を経過した日にその備える記録原簿に記録されている債権記録は、その効力を失う。

② 電子記録債権及びこれを目的とする質権は、前項の規定により債権記録がその効力を失った日(以下この条において「効力失効日」という。)以後は、当該債権記録に記録された電子記録債権の内容をその権利の内容とする指名債権及びこれを目的とする質権として存続するものとする。

③ 効力失効日に電子債権保証人であった者が前項の指名債権についての弁済その他自己の財産をもって主たる債務として記録されていた債務を消滅させるべき行為をしたときは、その者は、特別求

償権と同一の内容の求償権を取得する。

④ 主務大臣は、効力失効日以後、速やかに、第1項に規定する債権記録がその効力を失った旨を官報で公示しなければならない。

⑤ 電子債権記録機関であった者又は一般承継人(合併により消滅した電子債権記録機関の権利義務を承継した者であって、電子債権記録業を営まないものに限る。以下この章において同じ。)は、効力失効日以後、直ちに、次の各号に掲げる者に対し、それぞれ当該各号に定める事項(債務者口座を除く。)について、当該事項の全部を証明した書面を送付しなければならない。
1 効力失効日に電子記録名義人であった者 効力失効日に債権記録に記録されていた事項(この号に掲げる者が分割債権記録に記録されていた者であるときは、当該分割債権記録に至るまでの各原債権記録中の当該分割債権記録に至る分割記録がされる前に記録された事項を含む。)のうち、譲渡記録又は質権設定記録若しくは転質の電子記録(これらの電子記録の記録事項について変更記録がされていたときは、当該変更記録を含む。以下「譲渡記録等」という。)であって電子記録名義人以外の者が譲受人又は質権者として記録されていたもの(次に掲げるものを除く。)において記録されている事項を除き、すべての事項
イ 第18条第2項第3号若しくは第4号、第37条第2項第6号若しくは第7号又は同条第4項第4号若しくは第5号に掲げる事項が記録されていた譲渡記録等
ロ 個人が譲渡人又は譲受人として記録されていた譲渡記録等
ハ 効力失効日に電子記録名義人であった者が変更記録において記録されていた場合における当該変更記録に係る譲渡記録等
2 効力失効日に電子記録債務者として記録されていた者 効力失効日に債権記録に記録されていた事項(この号に掲げる者が分割債権記録に記録されていた者であるときは、当該分割債権記録に至るまでの各原債権記録中の当該分割債権記録に至る分割記録がされる前に記録された事項を含む。)

## 第5節 合併、分割及び事業の譲渡
### (特定合併の認可)
**第78条** ① 電子債権記録機関を全部又は一部の当事者とする合併(合併後存続する株式会社又は合併により設立される株式会社が電子債権記録業を営む場合に限る。以下この条において「特定合併」という。)は、主務大臣の認可を受けなければ、その効力を生じない。

② 前項の認可を受けようとする電子債権記録機関は、特定合併後存続する株式会社又は特定合併により設立される株式会社(以下この条において「特定合併後の電子債権記録機関」という。)について第52条第1項各号に掲げる事項を記載した合併認可申請書を主務大臣に提出しなければならない。

③ 合併認可申請書には、合併契約の内容を記載し、又は記録した書面又は電磁的記録(主務省令で定めるものに限る。以下この項において同じ。)その他主務省令で定める書面又は電磁的記録を添付しなければならない。

④ 主務大臣は、第1項の認可の申請があった場合においては、その申請が次に掲げる基準に適合しているかどうかを審査しなければならない。

1 特定合併後の電子債権記録機関が第51条第1項各号に掲げる要件に該当すること.
2 電子債権記録業の承継が円滑かつ適切に行われると見込まれること.
⑤ 特定合併後の電子債権記録機関(電子債権記録機関が特定合併後存続する株式会社である場合を除く.)は,特定合併の時に第51条第1項の指定を受けたものとみなす.
⑥ 特定合併後の電子債権記録機関は,特定合併により消滅した電子債権記録機関の業務に関し,行政官庁の認可その他の処分に基づいて有する権利義務を承継する.

(新設分割の認可)
**第79条** ① 電子債権記録機関が新たに設立する株式会社に電子債権記録業の全部又は一部を承継させるために行う新設分割(以下この条において単に「新設分割」という.)は,主務大臣の認可を受けなければ,その効力を生じない.
② 前項の認可を受けようとする電子債権記録機関は,新設分割により設立される株式会社(以下この条において「設立会社」という.)について次に掲げる事項を記載した新設分割認可申請書を主務大臣に提出しなければならない.
1 第52条第1項各号に掲げる事項
2 設立会社が承継する電子債権記録業
③ 新設分割認可申請書には,新設分割計画の内容を記載し,又は記録した書面又は電磁的記録(主務省令で定めるものに限る.以下この項において同じ.)その他主務省令で定める書面又は電磁的記録を添付しなければならない.
④ 主務大臣は,第1項の認可の申請があった場合においては,その申請が次に掲げる基準に適合しているかどうかを審査しなければならない.
1 設立会社が第51条第1項第1号及び第4号から第7号までに掲げる要件に該当すること.
2 電子債権記録業の承継が円滑かつ適切に行われると見込まれること.
⑤ 設立会社は,新設分割の時に第51条第1項の指定を受けたものとみなす.
⑥ 設立会社は,新設分割をした電子債権記録機関の承継の対象となる業務に関し,行政官庁の認可その他の処分に基づいて有する権利義務を承継する.

(吸収分割の認可)
**第80条** ① 電子債権記録機関が他の株式会社に電子債権記録業の全部又は一部を承継させるために行う吸収分割(以下この条において単に「吸収分割」という.)は,主務大臣の認可を受けなければ,その効力を生じない.
② 前項の認可を受けようとする電子債権記録機関は,吸収分割により電子債権記録業の全部又は一部を承継する株式会社(以下この条において「承継会社」という.)について次に掲げる事項を記載した吸収分割認可申請書を主務大臣に提出しなければならない.
1 第52条第1項各号に掲げる事項
2 承継会社が承継する電子債権記録業
③ 吸収分割認可申請書には,吸収分割契約の内容を記載し,又は記録した書面又は電磁的記録(主務省令で定めるものに限る.以下この項において同じ.)その他主務省令で定める書面又は電磁的記録を添付しなければならない.
④ 主務大臣は,第1項の認可の申請があった場合においては,その申請が次に掲げる基準に適合しているかどうかを審査しなければならない.
1 承継会社が第51条第1項各号に掲げる要件に該当すること.
2 電子債権記録業の承継が円滑かつ適切に行われると見込まれること.

(事業譲渡の認可)
**第81条** ① 電子債権記録機関が他の株式会社に行う電子債権記録業の全部又は一部の譲渡(以下この条において「事業譲渡」という.)は,主務大臣の認可を受けなければ,その効力を生じない.
② 前項の認可を受けようとする電子債権記録機関は,事業譲渡により電子債権記録業の全部又は一部を譲り受ける株式会社(以下この条において「譲受会社」という.)について次に掲げる事項を記載した事業譲渡認可申請書を主務大臣に提出しなければならない.
1 第52条第1項各号に掲げる事項
2 譲受会社が承継する電子債権記録業
③ 事業譲渡認可申請書には,譲渡契約の内容を記載し,又は記録した書面又は電磁的記録(主務省令で定めるものに限る.以下この項において同じ.)その他主務省令で定める書面又は電磁的記録を添付しなければならない.
④ 主務大臣は,第1項の認可の申請があった場合においては,その申請が次に掲げる基準に適合しているかどうかを審査しなければならない.
1 譲受会社が第51条第1項各号に掲げる要件に該当すること.
2 電子債権記録業の承継が円滑かつ適切に行われると見込まれること.
⑤ 譲受会社(電子債権記録機関が譲受会社である場合を除く.)は,事業譲渡の時に第51条第1項の指定を受けたものとみなす.
⑥ 譲受会社は,事業譲渡をした電子債権記録機関の譲渡の対象となる業務に関し,行政官庁の認可その他の処分に基づいて有する権利義務を承継する.

### 第6節 解散等
(解散等の認可)
**第82条** 次に掲げる事項は,主務大臣の認可を受けなければ,その効力を生じない.
1 電子債権記録機関の解散についての株主総会の決議
2 電子債権記録機関を全部又は一部の当事者とする合併(合併後存続する株式会社又は合併により設立される株式会社が電子債権記録業を営まない場合に限る.)

(指定の失効)
**第83条** ① 電子債権記録機関が次の各号のいずれかに該当するときは,第51条第1項の指定は,その効力を失う.
1 電子債権記録業を廃止したとき.
2 解散したとき(設立,新設合併又は新設分割を無効とする判決が確定したときを含む.).
3 第76条第1項の規定による命令を受けた場合(同項第4号に該当する場合に限る.)において,当該命令において定められた期限内にその電子債権記録業を移転しなかったとき.
② 前項の規定により第51条第1項の指定が効力を失ったときは,電子債権記録機関であった者又は一般承継人は,主務省令で定めるところにより,その旨を主務大臣に届け出なければならない.

③ 主務大臣は、前項の規定による届出があったときは、その旨を官報で公示しなければならない。

(指定取消し等の場合のみなし電子債権記録機関)
**第84条** 電子債権記録機関が第75条第1項の規定により第51条第1項の指定を取り消された場合又は前条第1項の規定により当該指定が効力を失った場合(同項第3号に該当する場合を除く。)においては、その電子債権記録機関であった者又は一般承継人は、当該電子債権記録機関が行った電子債権記録業を速やかに結了しなければならない。この場合において、当該電子債権記録機関であった者又は一般承継人は、その電子債権記録業の結了の目的の範囲内において、なおこれを電子債権記録機関とみなす。

(清算手続等における主務大臣の意見等)
**第85条** ① 裁判所は、電子債権記録機関の清算手続、破産手続、再生手続、更生手続又は承認援助手続において、主務大臣に対し、意見を求め、又は検査若しくは調査を依頼することができる。
② 主務大臣は、前項に規定する手続において、必要があると認めるときは、裁判所に対し、意見を述べることができる。
③ 第73条の規定は、第1項の規定により主務大臣が裁判所から検査又は調査の依頼を受けた場合について準用する。

## 第4章 雑 則

(債権記録等の保存)
**第86条** 電子債権記録機関は、次に掲げる期間のうちのいずれかが経過する日までの間、債権記録及び当該債権記録に記録された電子記録の請求に当たって電子債権記録機関に提供された情報が記載され、又は記録されている書面又は電磁的記録を保存しなければならない。
1 当該債権記録に記録されたすべての電子記録債権に係る債務の全額について支払い等記録がされた日又は変更記録により当該債権記録中のすべての記録事項について削除する旨の記録がされた日から5年間
2 当該債権記録に記録された支払期日(分割払の方法により債務を支払う場合にあっては、最終の支払期日)又は最後の電子記録がされた日のいずれか遅い日から10年間

(記録事項の開示)
**第87条** ① 次の各号に掲げる者及びその相続人その他の一般承継人並びにこれらの者の財産の管理及び処分をする権利を有する者は、電子債権記録機関に対し、その営業時間内は、いつでも、業務規程の定める費用を支払って、当該各号に定める事項(債務者口座を除く。)について、主務省令で定める方法により表示したものの閲覧又は当該事項の全部若しくは一部を証明した書面若しくは電磁的記録の提供の請求(以下この条において「開示請求」という。)をすることができる。
1 電子記録名義人 権利記録に記録されている事項(当該電子記録名義人が分割債権記録に記録されている者であるときは、当該分割債権記録に至るまでの各原債権記録中の当該分割債権記録に至る分割記録がされる前に記録された事項を含む。)のうち、譲渡記録等であって電子記録名義人以外の者が譲受人又は質権者として記録されているもの(次に掲げるものを除く。)において記録されている事項を除き、すべての事項
イ 第18条第2項第3号若しくは第4号、第37条第2項第6号若しくは第7号又は同条第4項第4号若しくは第5号に掲げる事項が記録されている譲渡記録等
ロ 個人が譲渡人又は譲受人として記録されている譲渡記録等
ハ 電子記録名義人が変更記録において記録されている場合における当該変更記録に係る譲渡記録等
2 電子記録債務者として記録されている者 債権記録に記録されている事項(当該電子記録債務者として記録されている者が分割債権記録に記録されている者であるときは、当該分割債権記録に至るまでの各原債権記録中の当該分割債権記録に至る分割記録がされる前に記録された事項を含む。)のうち、譲渡記録等であって電子記録名義人以外の者が譲受人又は質権者として記録されているものにおいて記録されている事項(次に掲げるものを除く。)を除き、すべての事項
イ 電子記録名義人が変更記録において記録されている場合における当該変更記録に係る譲渡記録等において記録されている事項
ロ 当該電子記録債務者として記録されている者が発生記録若しくは譲渡記録等において債権者、譲受人若しくは質権者として記録されている者又はその他の者の相続人その他の一般承継人(以下この号において「債権者等」という。)に対して人的関係に基づく抗弁を有するときは、当該債権者等から電子記録名義人に至るまでの一連の譲渡記録等において譲受人又は質権者として記録されている者(電子記録名義人を除く。)の氏名又は名称及び住所
3 債権記録に記録されている者であって、前2号に掲げる者以外のもの 債権記録に記録されている事項(この号に掲げる者が原債権記録に記録されている者であるときは、その後の分割債権記録に記録された事項を含む。)のうち、次に掲げる事項
イ 当該債権記録中の発生記録及び開示請求をする者(ロにおいて「開示請求者」という。)が電子記録の請求をした者となっている電子記録(当該電子記録の記録事項について変更記録がされているときは、当該変更記録を含む。)において記録されている事項
ロ 開示請求者を電子記録義務者とする譲渡記録等がされている場合において、当該電子記録が、代理権を有しない者が当該開示請求者の代理人としてした請求又は当該開示請求者の名義でりました者の請求によってされたものであるときは、当該開示請求者から電子記録名義人に至るまでの一連の譲渡記録等において譲受人又は質権者として記録されている者の氏名又は名称及び住所
② 電子債権記録機関は、前項に規定するもののほか、電子記録の請求をした者が請求に際しその開示について同意をしている記録事項については、主務省令で定めるところにより、その同意の範囲内で一定の者が開示請求をすることを認めることができる。

(電子記録の請求に当たって提供された情報の開示)
**第88条** 自己の氏名又は名称が電子記録の請求者として電子債権記録機関に提供された者は、電子債

権記録機関に対し、その営業時間内は、いつでも、業務規程の定める費用を支払って、当該電子記録の請求に当たって電子債権記録機関に提供された情報について、次に掲げる請求をすることができる。当該電子記録の請求が適法であるかどうかについて利害関係を有する者も、正当な理由があるときは、当該利害関係がある部分に限り、同様とする。
1 当該情報が書面に記載されているときは、当該書面の閲覧の請求
2 前号の書面の謄本又は抄本の交付の請求
3 当該情報が電磁的記録に記録されているときは、当該電磁的記録に記録された事項を主務省令で定める方法により表示したものの閲覧の請求
4 前号の電磁的記録に記録された事項を電磁的方法(電子情報処理組織を使用する方法その他の情報通信の技術を利用する方法であって主務省令で定めるものをいう。)であって業務規程の定めるものにより提供することの請求又はその事項を記載した書面の交付の請求

(財務大臣への資料提出等)
**第89条** 財務大臣は、その所掌に係る金融破綻処理制度及び金融危機管理に関し、電子記録債権に係る制度の企画又は立案をするため必要があると認めるときは、内閣総理大臣に対し、必要な資料の提出及び説明を求めることができる。

(主務省令への委任)
**第90条** この法律に定めるもののほか、この法律の実施のため必要な事項は、主務省令で定める。

(主務大臣及び主務省令)
**第91条** この法律において、主務大臣は法務大臣及び内閣総理大臣とし、主務省令は法務省令・内閣府令とする。

(権限の委任)
**第92条** ① 内閣総理大臣は、この法律の規定による権限(政令で定めるものを除く。)を金融庁長官に委任する。
② 金融庁長官は、政令で定めるところにより、前項の規定により委任された権限の一部を財務局長又は財務支局長に委任することができる。

## 第5章 罰則

**第93条** 第7条第1項若しくは第49条第1項の規定に違反して、記録原簿に電子記録をすべき事項を記録せず、又はこれに虚偽の記録をした者は、3年以下の懲役若しくは300万円以下の罰金に処し、又はこれを併科する。

**第94条** 第75条第1項の規定による業務の停止の命令に違反した者は、2年以下の懲役若しくは300万円以下の罰金に処し、又はこれを併科する。

**第95条** 次の各号のいずれかに該当する者は、1年以下の懲役若しくは300万円以下の罰金に処し、又はこれを併科する。
1 第52条第1項、第78条第2項、第79条第2項、第80条第2項若しくは第81条第2項の申請書若しくは第52条第2項の書類に虚偽の記載をし、若しくは当該書類に代えて電磁的記録を添付すべき場合における当該電磁的記録に虚偽の記録をし、又は第78条第3項、第79条第3項、第80条第3項若しくは第81条第3項の書面若しくは電磁的記録に虚偽の記載若しくは記録をして提出した者
2 第67条の規定による記録の作成若しくは保存をせず、又は虚偽の記録を作成した者
3 第68条第1項の規定による報告書の提出をせず、又は虚偽の記載をした報告書を提出した者
4 第73条第1項の規定による報告若しくは資料の提出をせず、若しくは虚偽の報告をし、若しくは虚偽の資料を提出し、又は同項の規定による検査を拒み、妨げ、若しくは忌避し、又は同項の規定による質問に対し答弁をせず、若しくは虚偽の答弁をした者
5 第85条第3項において準用する第73条第1項の規定による報告若しくは資料の提出をせず、若しくは虚偽の報告をし、若しくは虚偽の資料を提出し、又は同項の規定による検査を拒み、妨げ、若しくは忌避し、又は同項の規定による質問に対し答弁をせず、若しくは虚偽の答弁をした者
6 第86条の規定に違反して、同条の債権記録又は書面若しくは電磁的記録を保存しなかった者

**第96条** 第55条の規定に違反した者は、1年以下の懲役又は50万円以下の罰金に処する。

**第97条** 次の各号のいずれかに該当する者は、30万円以下の罰金に処する。
1 第69条第1項の規定による認可を受けないで資本金の額を減少し、又は虚偽の申請をして同項の認可を受けた者
2 第72条第1項の規定による届出をせず、又は虚偽の届出をした者

**第98条** 法人の代表者、代理人、使用人その他の従業者が、その法人の業務に関し、次の各号に掲げる規定の違反行為をしたときは、その行為者を罰するほか、その法人に対して当該各号に定める罰金刑を科する。
1 第93条又は第94条 3億円以下の罰金刑
2 第95条(第5号を除く。) 2億円以下の罰金刑
3 第95条第5号又は前条 各本条の罰金刑

**第99条** 電子債権記録機関(第3号にあっては、第77条第5項に規定する電子債権記録機関であった者又は一般承継人)の役員又は清算人が次の各号のいずれかに該当するときは、100万円以下の過料に処する。
1 第69条第2項の規定に違反して、届出をせず、又は虚偽の届出をしたとき。
2 第74条又は第76条第1項の規定による命令に違反したとき。
3 第77条第5項の規定に違反して、同項の書面を送付しなかったとき。
4 正当な理由がないのに第87条第1項又は第88条の規定による請求を拒み、又は虚偽の記載若しくは記録をした書面若しくは電磁的記録を提供したとき。

**第100条** 第83条第2項に規定する電子債権記録機関であった者又は一般承継人の役員又は清算人が同項の規定に違反して、届出を怠ったときは、30万円以下の過料に処する。

**附 則** (略)

## 47 利息制限法(抄)

(昭29・5・15法律第100号,昭29・6・15施行,
最終改正:平18・12・20法律第115号)

### 第1章 利息等の制限

(利息の制限)
**第1条** 金銭を目的とする消費貸借における利息の契約は,その利息が次の各号に掲げる場合に応じ当該各号に定める利率により計算した金額を超えるときは,その超過部分について,無効とする.
1 元本の額が10万円未満の場合 年2割
2 元本の額が10万円以上100万円未満の場合 年1割8分
3 元本の額が100万円以上の場合 年1割5分

(利息の天引き)
**第2条** 利息の天引きをした場合において,天引額が債務者の受領額を元本として前条に規定する利率により計算した金額を超えるときは,その超過部分は,元本の支払に充てたものとみなす.

(みなし利息)
**第3条** 前2条の規定の適用については,金銭を目的とする消費貸借に関し債権者の受ける元本以外の金銭は,礼金,割引金,手数料,調査料その他いかなる名義をもってするかを問わず,利息とみなす.ただし,契約の締結及び債務の弁済の費用は,この限りでない.

(賠償額の予定の制限)
**第4条** ① 金銭を目的とする消費貸借上の債務の不履行による賠償額の予定は,その賠償額が元本に対する割合が第1条に規定する率の1.46倍を超えるときは,その超過部分について,無効とする.
② 前項の規定の適用については,違約金は,賠償額の予定とみなす.

## 48 消費者契約法(抄)

(平12・5・12法律第61号,平13・4・1施行,
最終改正:平20・5・2法律第29号)

### 第1章 総則

(目的)
**第1条** この法律は,消費者と事業者との間の情報の質及び量並びに交渉力の格差にかんがみ,事業者の一定の行為により消費者が誤認し,又は困惑した場合について契約の申込み又はその承諾の意思表示を取り消すことができることとするとともに,事業者の損害賠償の責任を免除する条項その他の消費者の利益を不当に害することとなる条項の全部又は一部を無効とするほか,消費者の被害の発生又は拡大を防止するため適格消費者団体が事業者等に対し差止請求をすることができることとすることにより,消費者の利益の擁護を図り,もって国民生活の安定向上と国民経済の健全な発展に寄与することを目的とする.

(定 義)
**第2条** ① この法律において「消費者」とは,個人(事業として又は事業のために契約の当事者となる場合におけるものを除く.)をいう.
② この法律(第43条第2項第2号を除く.)において「事業者」とは,法人その他の団体及び事業として又は事業のために契約の当事者となる場合における個人をいう.
③ この法律において「消費者契約」とは,消費者と事業者との間で締結される契約をいう.
④ この法律において「適格消費者団体」とは,不特定かつ多数の消費者の利益のためにこの法律の規定による差止請求権を行使するのに必要な適格性を有する法人である消費者団体(消費者基本法(昭和43年法律第78号)第8条の消費者団体をいう.以下同じ.)として第13条の定めるところにより内閣総理大臣の認定を受けた者をいう.

(事業者及び消費者の努力)
**第3条** ① 事業者は,消費者契約の条項を定めるに当たっては,消費者の権利義務その他の消費者契約の内容が消費者にとって明確かつ平易なものになるよう配慮するとともに,消費者契約の締結について勧誘をするに際しては,消費者の理解を深めるために,消費者の権利義務その他の消費者契約の内容についての必要な情報を提供するよう努めなければならない.
② 消費者は,消費者契約を締結するに際しては,事業者から提供された情報を活用し,消費者の権利義務その他の消費者契約の内容について理解するよう努めるものとする.

### 第2章 消費者契約

第1節 消費者契約の申込み又はその承諾の意思表示の取消し

(消費者契約の申込み又はその承諾の意思表示の取消し)
**第4条** ① 消費者は,事業者が消費者契約の締結について勧誘をするに際し,当該消費者に対して次の各号に掲げる行為をしたことにより当該各号に定める誤認をし,それにより当該消費者契約の申込み又はその承諾の意思表示をしたときは,これを取り消すことができる.
1 重要事項について事実と異なることを告げること.当該告げられた内容が事実であるとの誤認
2 物品,権利,役務その他の当該消費者契約の目的となるものに関し,将来におけるその価額,将来において当該消費者が受け取るべき金額その他の将来における変動が不確実な事項につき断定的判断を提供すること.当該提供された断定的判断の内容が確実であるとの誤認
② 消費者は,事業者が消費者契約の締結について勧誘をするに際し,当該消費者に対してある重要事項又は当該重要事項に関連する事項について当該消費者の利益となる旨を告げ,かつ,当該重要事項について当該消費者の不利益となる事実(当該告知により当該事実が存在しないと消費者が通常考えるべきものに限る.)を故意に告げなかったことにより,当該事実が存在しないとの誤認をし,それによって当該消費者契約の申込み又はその承諾の意思表示をしたときは,これを取り消すことができる.ただし,当該事業者が当該消費者に対し当該事実を告げようとしたにもかかわらず,当該消費者がこれ

を拒んだときは,この限りでない.
③ 消費者は,事業者が消費者契約の締結について勧誘をする際に,当該消費者に対して次に掲げる行為をしたことにより困惑し,それによって当該消費者契約の申込み又はその承諾の意思表示をしたときは,これを取り消すことができる.
 1 当該事業者に対し,当該消費者が,その住居又はその業務を行っている場所から退去すべき旨の意思を示したにもかかわらず,それらの場所から退去しないこと.
 2 当該事業者が当該消費者契約の締結について勧誘をしている場所から当該消費者が退去する旨の意思を示したにもかかわらず,その場所から当該消費者を退去させないこと.
④ 第1項第1号及び第2項の「重要事項」とは,消費者契約に係る次に掲げる事項であって消費者の当該消費者契約を締結するか否かについての判断に通常影響を及ぼすべきものをいう.
 1 物品,権利,役務その他の当該消費者契約の目的となるものの質,用途その他の内容
 2 物品,権利,役務その他の当該消費者契約の目的となるものの対価その他の取引条件
⑤ 第1項から第3項までの規定による消費者契約の申込み又はその承諾の意思表示の取消しは,これをもって善意の第三者に対抗することができない.

**(媒介の委託を受けた第三者及び代理人)**
**第5条** ① 前条の規定は,事業者が第三者に対し,当該事業者と消費者との間における消費者契約の締結について媒介をすることの委託(以下この項において単に「委託」という.)をし,当該委託を受けた第三者(その第三者から委託(二以上の段階にわたる委託を含む.)を受けた者を含む.以下「受託者等」という.)が消費者に対して同条第1項から第3項までに規定する行為をした場合について準用する.この場合において,同条第2項ただし書中「当該事業者」とあるのは,「当該事業者又は次条第1項に規定する受託者等」と読み替えるものとする.
② 消費者契約の締結に係る消費者の代理人(復代理人(二以上の段階にわたり復代理人として選任された者を含む.)を含む.以下同じ.),事業者の代理人及び受託者等の代理人は,前条第1項から第3項まで(前項において準用する場合を含む.次条及び第7条において同じ.)の規定の適用については,それぞれ消費者,事業者及び受託者等とみなす.

**(解釈規定)**
**第6条** 第4条第1項から第3項までの規定は,これらの項に規定する消費者契約の申込み又はその承諾の意思表示に対する民法(明治29年法律第89号)第96条の規定の適用を妨げるものと解してはならない.

**(取消権の行使期間等)**
**第7条** ① 第4条第1項から第3項までの規定による取消権は,追認をすることができる時から6箇月間行わないときは,時効によって消滅する.当該消費者契約の締結の時から5年を経過したときも,同様とする.
② 会社法(平成17年法律第86号)その他の法律により詐欺又は強迫を理由として取消しをすることができないものとされている株式若しくは出資の引受け又は基金の拠出が消費者契約としてされた場合には,当該株式若しくは出資の引受け又は基金の拠出に係る意思表示については,第4条第1項から第3項まで(第5条第1項において準用する場合を含む.)の規定によりその取消しをすることができない.

## 第2節 消費者契約の条項の無効

**(事業者の損害賠償の責任を免除する条項の無効)**
**第8条** ① 次に掲げる消費者契約の条項は,無効とする.
 1 事業者の債務不履行により消費者に生じた損害を賠償する責任の全部を免除する条項
 2 事業者の債務不履行(当該事業者,その代表者又はその使用する者の故意又は重大な過失によるものに限る.)により消費者に生じた損害を賠償する責任の一部を免除する条項
 3 消費者契約における事業者の債務の履行に際してされた当該事業者の不法行為により消費者に生じた損害を賠償する民法の規定による責任の全部を免除する条項
 4 消費者契約における事業者の債務の履行に際してされた当該事業者の不法行為(当該事業者,その代表者又はその使用する者の故意又は重大な過失によるものに限る.)により消費者に生じた損害を賠償する民法の規定による責任の一部を免除する条項
 5 消費者契約が有償契約である場合において,当該消費者契約の目的物に隠れた瑕疵があるとき(当該消費者契約が請負契約である場合には,当該消費者契約の仕事の目的物に隠れた瑕疵があるとき.次項において同じ.)に,当該瑕疵により消費者に生じた損害を賠償する事業者の責任の全部を免除する条項
② 前項第5号に掲げる条項については,次に掲げる場合に該当するときは,同項の規定は,適用しない.
 1 当該消費者契約において,当該消費者契約の目的物に隠れた瑕疵があるときに,当該事業者が瑕疵のない物をもってこれに代える責任又は当該瑕疵を修補する責任を負うこととされている場合
 2 当該消費者契約と当該事業者の委託を受けた他の事業者との間の契約又は当該事業者と他の事業者との間の当該消費者のためにする契約で,当該消費者契約の締結に先立って又はこれと同時に締結されたものにおいて,当該消費者契約の目的物に隠れた瑕疵があるときに,当該他の事業者が,当該瑕疵により当該消費者に生じた損害を賠償する責任の全部若しくは一部を負い,瑕疵のない物をもってこれに代える責任を負い,又は当該瑕疵を修補する責任を負うこととされている場合

**(消費者が支払う損害賠償の額を予定する条項等の無効)**
**第9条** 次の各号に掲げる消費者契約の条項は,当該各号に定める部分について,無効とする.
 1 当該消費者契約の解除に伴う損害賠償の額を予定し,又は違約金を定める条項であって,これらを合算した額が,当該条項において設定された解除の事由,時期等の区分に応じ,当該消費者契約と同種の消費者契約の解除に伴いこの条項において生ずべき平均的な損害の額を超えるもの 当該超える部分
 2 当該消費者契約に基づき支払うべき金銭の全部又は一部を消費者が支払期日(支払回数が二以上である場合には,それぞれの支払期日.以下この号において同じ.)までに支払わない場合における損害賠償の額を予定し,又は違約金を定める条

項であって，これらを合算した額が，支払日の翌日からその支払をする日までの期間について，その日数に応じ，当該支払期日に支払うべき額から当該支払期日に支払うべき額のうち既に支払われた額を控除した額に年14.6パーセントの割合を乗じて計算した額を超えるもの　当該超える部分

**(消費者の利益を一方的に害する条項の無効)**

**第10条**　民法，商法（明治32年法律第48号）その他の法律の公の秩序に関しない規定の適用による場合に比し，消費者の権利を制限し，又は消費者の義務を加重する消費者契約の条項であって，民法第1条第2項に規定する基本原則に反して消費者の利益を一方的に害するものは，無効とする．

### 第3節　補則
**(他の法律の適用)**

**第11条**　① 消費者契約の申込み又はその承諾の意思表示の取消し及び消費者契約の条項の効力については，この法律の規定によるほか，民法及び商法の規定による．

② 消費者契約の申込み又はその承諾の意思表示の取消し及び消費者契約の条項の効力について民法及び商法以外の他の法律に別段の定めがあるときは，その定めるところによる．

## 第3章　差止請求

### 第1節　差止請求権
**(差止請求権)**

**第12条**　① 適格消費者団体は，事業者，受託者又は事業者の代理人若しくは受託者等の代理人（以下「事業者等」と総称する．）が，消費者契約の締結について勧誘をするに際し，不特定かつ多数の消費者に対して第4条第1項から第3項までに規定する行為（同条第2項に規定する行為にあっては，同項ただし書の場合に該当するものを除く．次項において同じ．）を現に行い又は行うおそれがあるときは，その事業者等に対し，当該行為の停止若しくは予防又は当該行為に供した物の廃棄若しくは除去その他の当該行為の停止若しくは予防に必要な措置をとることを請求することができる．ただし，民法及び商法以外の他の法律の規定によれば当該行為を理由として当該消費者契約を取り消すことができないときは，この限りでない．

② 適格消費者団体は，次の各号に掲げる者が，消費者契約の締結について勧誘をするに際し，不特定かつ多数の消費者に対して第4条第1項から第3項までに掲げる行為を現に行い又は行うおそれがあるときは，当該各号に定める者に対し，当該各号に掲げる者に対する是正の指示又は教唆の停止その他の当該行為の停止又は予防に必要な措置をとることを請求することができる．この場合においては，前項ただし書の規定を準用する．

1　受託者等　当該受託者等に対して委託（二以上の段階にわたる委託を含む．）をした事業者又は他の受託者等

2　事業者の代理人又は受託者等の代理人　当該代理人を自己の代理人とする事業者若しくは受託者等又はこれらの他の代理人

③ 適格消費者団体は，事業者又はその代理人が，消費者契約を締結するに際し，不特定かつ多数の消費者との間で第8条から第10条までに規定する消費者契約の条項（第8条第1項第5号に掲げる消費者契約の条項にあっては，同条第2項各号に掲げる場合に該当するものを除く．次項において同じ．）を含む消費者契約の申込み又はその承諾の意思表示を現に行い又は行うおそれがあるときは，その事業者又はその代理人に対し，当該行為の停止若しくは予防又は当該行為に供した物の廃棄若しくは除去その他の当該行為の停止若しくは予防に必要な措置をとることを請求することができる．ただし，民法及び商法以外の他の法律の規定によれば当該消費者契約の条項が無効とされないときは，この限りでない．

④ 適格消費者団体は，事業者の代理人が，消費者契約を締結するに際し，不特定かつ多数の消費者との間で第8条から第10条までに規定する消費者契約の条項を含む消費者契約の申込み又はその承諾の意思表示を現に行い又は行うおそれがあるときは，当該代理人を自己の代理人とする事業者又はその代理人に対し，当該代理人に対する是正の指示又は教唆の停止その他の当該行為の停止又は予防に必要な措置をとることを請求することができる．この場合においては，前項ただし書の規定を準用する．

**(差止請求の制限)**

**第12条の2**　① 前条，不当景品類及び不当表示防止法（昭和37年法律第134号）第11条の2又は特定商取引に関する法律（昭和51年法律第57号）第58条の4から第58条の9までの規定による請求（以下「差止請求」という．）は，次に掲げる場合には，することができない．

1　当該適格消費者団体若しくは第三者の不正な利益を図り又は当該差止請求に係る相手方に損害を加えることを目的とする場合

2　他の適格消費者団体を当事者とする差止請求に係る訴訟等（訴訟並びに和解の申立てに係る手続，調停及び仲裁をいう．以下同じ．）につき既に確定判決等（確定判決及びこれと同一の効力を有するものをいい，次のイからハまでに掲げるものを除く．以下同じ．）が存する場合において，請求の内容及び相手方が同一である場合．ただし，当該他の適格消費者団体について，当該確定判決等に係る訴訟等の手続に関し，次条第1項の認定が第34条第1項第4号に掲げる事由により取り消され，又は同条第3項の規定により同号に掲げる事由があった旨の認定がされたときは，この限りでない．

イ　訴えを却下した確定判決

ロ　前号に掲げる場合に該当することのみを理由として差止請求を棄却した確定判決及び仲裁判断

ハ　差止請求をする権利（以下「差止請求権」という．）の不存在又は差止請求権に係る債務の不存在の確認の請求（第24条において「差止請求権不存在等確認請求」という．）を棄却した確定判決及びこれと同一の効力を有するもの

② 前項第2号本文の規定は，当該確定判決に係る訴訟の口頭弁論の終結後又は当該確定判決と同一の効力を有するものの成立後に生じた事由に基づいて同号本文に掲げる場合の当該差止請求をすることを妨げない．

### 第2節　適格消費者団体
#### 第1款　適格消費者団体の認定等
**(適格消費者団体の認定)**

**第13条**　① 差止請求関係業務（不特定かつ多数の消費者の利益のために差止請求権を行使する業務並びに当該業務の遂行に必要な消費者の被害に関

する情報の収集並びに消費者の被害の防止及び救済に資する差止請求権の行使の結果に関する情報の提供に係る業務をいう．以下同じ．）を行おうとする者は，内閣総理大臣の認定を受けなければならない．
② 前項の認定を受けようとする者は，内閣総理大臣に認定の申請をしなければならない．
③ 内閣総理大臣は，前項の申請をした者が次に掲げる要件のすべてに適合しているときに限り，第1項の認定をすることができる．
1 特定非営利活動促進法（平成10年法律第7号）第2条第2項に規定する特定非営利活動法人又は一般社団法人若しくは一般財団法人であること．
2 消費生活に関する情報の収集及び消費者への情報の提供，消費者の被害の防止及び救済のための活動その他の不特定かつ多数の消費者の利益の擁護を図るための活動を行うことを主たる目的とし，現にその活動を相当期間にわたり継続して適正に行っていると認められること．
3 差止請求関係業務の実施に係る組織，差止請求関係業務の実施の方法，差止請求関係業務に関して知り得た情報の管理及び秘密の保持の方法その他の差止請求関係業務を適正に遂行するための体制及び業務規程が適切に整備されていること．
4 その理事に関し，次に掲げる要件に適合するものであること．
 イ 差止請求関係業務の執行を決定する機関として理事をもって構成する理事会が置かれており，かつ，定款で定めるその決定の方法が次に掲げる要件に適合していると認められること．
 (1) 当該理事会の決議が理事の過半数又はこれを上回る割合以上の多数決により行われるものとされていること．
 (2) 第41条第1項の規定による差止請求，差止請求に係る訴えの提起その他の差止請求関係業務の執行に係る重要な事項の決定が理事その他の者に委任されていないこと．
 ロ 理事の構成が次の(1)又は(2)のいずれかに該当するものでないこと．この場合において，第2号に掲げる要件に適合する者は，次の(1)又は(2)に規定する事業者に該当しないものとみなす．
 (1) 理事の数のうちに占める特定の事業者（当該事業者との間に発行済株式の総数の2分の1以上の株式の数を保有する関係その他の内閣府令で定める特別の関係のある者を含む．）の関係者（当該事業者及びその役員又は職員である者その他の内閣府令で定める者をいう．(2)において同じ．）の数の割合が3分の1を超えていること．
 (2) 理事の数のうちに占める同一の業種（内閣府令で定める事業の区分をいう．）に属する事業を行う事業者の関係者の数の割合が2分の1を超えていること．
5 差止請求の要否及びその内容についての検討を行う部門において次のイ及びロに掲げる者（以下「専門委員」と総称する．）が共にその専門的な知識経験に基づいて必要な助言を行い又は意見を述べる体制が整備されていることその他差止請求関係業務を遂行するための人的体制に照らして，差止請求関係業務を適正に遂行することができる専門的な知識経験を有すると認められること．
 イ 消費生活に関する消費者と事業者との間に生じた苦情に係る相談（第40条第1項において「消費生活相談」という．）その他の消費生活に関する事項について専門的な知識経験を有する者として内閣府令で定める条件に適合する者
 ロ 弁護士，司法書士その他の法律に関する専門的な知識経験を有する者として内閣府令で定める条件に適合する者
6 差止請求関係業務を適正に遂行するに足りる経理的基礎を有すること．
7 差止請求関係業務以外の業務を行う場合には，その業務を行うことによって差止請求関係業務の適正な遂行に支障を及ぼすおそれがないこと．
④ 前項第3号の業務規程には，差止請求関係業務の実施の方法，差止請求関係業務に関して知り得た情報の管理及び秘密の保持の方法その他の内閣府令で定める事項が定められていなければならない．
この場合において，業務規程に定める差止請求関係業務の実施の方法には，同項第5号の検討を行う部門における専門委員からの助言又は意見の聴取に関する措置及び役員，職員又は専門委員が差止請求に係る相手方と特別の利害関係を有する場合の措置その他業務の公正な実施の確保に関する措置が含まれていなければならない．
⑤ 次のいずれかに該当する者は，第1項の認定を受けることができない．
1 この法律その他消費者の利益の擁護に関する法律で政令で定めるもの若しくはこれらの法律に基づく命令の規定若しくはこれらの規定に基づく処分に違反して罰金の刑に処せられ，その刑の執行を終わり，又はその刑の執行を受けることがなくなった日から3年を経過しない法人
2 第34条第1項各号に掲げる事由により第1項の認定を取り消され，又は同条第3項の規定により同条第1項第4号に掲げる事由があった旨の認定がされ，その取消し又は認定の日から3年を経過しない法人
3 暴力団員による不当な行為の防止等に関する法律（平成3年法律第77号）第2条第6号に規定する暴力団員（以下この号において「暴力団員」という．）又は暴力団員でなくなった日から5年を経過しない者（次号及び第6号ハにおいて「暴力団員等」という．）がその事業活動を支配する法人
4 暴力団員等をその業務に従事させ，又はその業務の補助者として使用するおそれのある法人
5 政治団体（政治資金規正法（昭和23年法律第194号）第3条第1項に規定する政治団体をいう．）
6 役員のうちに次のいずれかに該当する者のある法人
 イ 禁錮以上の刑に処せられ，又はこの法律その他消費者の利益の擁護に関する法律で政令で定めるもの若しくはこれらの法律に基づく命令の規定若しくはこれらの規定に基づく処分に違反して罰金の刑に処せられ，その刑の執行を終わり，又はその刑の執行を受けることがなくなった日から3年を経過しない者
 ロ 適格消費者団体が第34条第1項各号に掲げる事由により第1項の認定を取り消され，又は同条第3項の規定により同条第1項第4号に掲げる事由があった旨の認定がされた場合において，その取消し又は認定の日前6月以内に当該適格消費者団体の役員であった者でその取消し又は

認定の日から3年を経過しないもの
ハ 暴力団員等

#### 第2款 差止請求関係業務等

(差止請求権の行使等)

**第23条** ① 適格消費者団体は,不特定かつ多数の消費者の利益のために,差止請求権を適切に行使しなければならない.

② 適格消費者団体は,差止請求権を濫用してはならない.

③ 適格消費者団体は,事案の性質に応じて他の適格消費者団体と共同して差止請求権を行使するほか,差止請求関係業務について相互に連携を図りながら協力するように努めなければならない.

④ 適格消費者団体は,次に掲げる場合には,内閣府令で定めるところにより,遅滞なく,その旨を他の適格消費者団体に通知するとともに,その旨及びその内容その他の内閣府令で定める事項を内閣総理大臣に報告しなければならない.この場合において,当該適格消費者団体が,当該通知及び報告に代えて,すべての適格消費者団体及び内閣総理大臣が電磁的方法(電子情報処理組織を使用する方法その他の情報通信の技術を利用する方法をいう.以下同じ.)を利用して同一の情報を閲覧することができる状態に置く措置であって内閣府令で定めるものを講じたときは,当該通知及び報告をしたものとみなす.

1 第41条第1項(同条第3項において準用する場合を含む.)の規定による差止請求をしたとき.

2 前号に掲げる場合のほか,裁判外において差止請求をしたとき.

3 差止請求に係る訴えの提起(和解の申立て,調停の申立て又は仲裁合意を含む.)又は仮処分命令の申立てがあったとき.

4 差止請求に係る判決の言渡し(調停の成立,調停に代わる決定の告知又は仲裁判断を含む.)又は差止請求に係る仮処分命令の申立てについての決定の告知があったとき.

5 前号の判決に対する上訴の提起(調停に代わる決定に対する異議の申立て又は仲裁判断の取消しの申立てを含む.)又は同号の決定に対する不服の申立てがあったとき.

6 第4号の判決(調停に代わる決定又は仲裁判断を含む.)又は同号の決定が確定したとき.

7 差止請求に係る裁判上の和解が成立したとき.

8 前2号に掲げる場合のほか,差止請求に係る訴訟(和解の申立てに係る手続,調停手続又は仲裁手続を含む.)又は差止請求に係る仮処分命令に関する手続が終了したとき.

9 差止請求に係る裁判外の和解が成立したときその他差止請求に関する相手方との間の協議が調ったとき,又はこれが調わなかったとき.

10 差止請求に関し,請求の放棄,和解,上訴の取下げその他の内閣府令で定める手続に係る行為であって,それにより確定判決及びこれと同一の効力を有するものが存することとなるものをしようとするとき.

11 その他差止請求に関し内閣府令で定める手続に係る行為がされたとき.

⑤ 内閣総理大臣は,前項の規定による報告を受けたときは,すべての適格消費者団体並びに内閣総理大臣,公正取引委員会及び経済産業大臣が電磁的方法を利用して同一の情報を閲覧することができる状態に置く措置その他の内閣府令で定める方法により,他の適格消費者団体並びに公正取引委員会及び経済産業大臣に当該報告の日時及び概要その他内閣府令で定める事項を伝達するものとする.

⑥ 適格消費者団体について,第12条の2第1項第2号本文の確定判決等で強制執行をすることができるものが存する場合には,当該適格消費者団体は,当該確定判決等に係る差止請求権を放棄することができない.

(消費者の被害に関する情報の取扱い)

**第24条** 適格消費者団体は,差止請求権の行使(差止請求権不存在等確認請求に係る訴訟を含む.第28条において同じ.)に関し,消費者から収集した消費者の被害に関する情報をその相手方その他の第三者が当該被害に係る消費者を識別することができる方法で利用するに当たっては,あらかじめ,当該消費者の同意を得なければならない.

(秘密保持義務)

**第25条** 適格消費者団体の役員,職員若しくは専門委員又はこれらの職にあった者は,正当な理由がなく,差止請求関係業務に関して知り得た秘密を漏らしてはならない.

(氏名等の明示)

**第26条** 適格消費者団体の差止請求関係業務に従事する者は,その差止請求関係業務を行うに当たり,相手方の請求があったときは,当該適格消費者団体の名称,自己の氏名及び適格消費者団体における役職又は地位その他の内閣府令で定める事項を,その相手方に明らかにしなければならない.

(判決等に関する情報の提供)

**第27条** 適格消費者団体は,消費者の被害の防止及び救済に資するため,消費者に対し,差止請求に係る判決(確定判決と同一の効力を有するもの及び仮処分命令の申立てについての決定を含む.)又は裁判外の和解の内容その他必要な情報を提供するよう努めなければならない.

(財産上の利益の受領の禁止等)

**第28条** ① 適格消費者団体は,次に掲げる場合を除き,その差止請求に係る相手方から,その差止請求権の行使に関し,寄附金,賛助金その他名目のいかんを問わず,金銭その他の財産上の利益を受けてはならない.

1 差止請求に係る判決(確定判決と同一の効力を有するもの及び仮処分命令の申立てについての決定を含む.以下この項において同じ.)又は民事訴訟法(平成8年法律第109号)第73条第1項の決定により訴訟費用(和解の費用,調停手続の費用及び仲裁手続の費用を含む.)を負担することとされた相手方から訴訟費用に相当する額の償還として財産上の利益を受けるとき.

2 差止請求に係る判決に基づいて民事執行法(昭和54年法律第4号)第172条第1項の規定により命じられた金銭の支払として財産上の利益を受けるとき.

3 差止請求に係る判決に基づく強制執行の執行費用に相当する額の償還として財産上の利益を受けるとき.

4 差止請求に係る相手方の債務の履行を確保するために約定された違約金の支払として財産上の利益を受けるとき.

② 適格消費者団体の役員,職員又は専門委員は,適格消費者団体の差止請求に係る相手方から,その差

止請求権の行使に関し,寄附金,賛助金その他名目のいかんを問わず,金銭その他の財産上の利益を受けてはならない.
③ 適格消費者団体又はその役員,職員若しくは専門委員は,適格消費者団体の差止請求に係る相手方から,その差止請求権の行使に関し,寄附金,賛助金その他名目のいかんを問わず,金銭その他の財産上の利益を第三者に受けさせてはならない.
④ 前3項に規定する差止請求に係る相手方からの差止請求権の行使に関して受け又は受けさせてはならない財産上の利益には,その相手方がその差止請求権の行使に関してした不法行為によって生じた損害の賠償として受け又は受けさせる財産上の利益は含まれない.
⑤ 適格消費者団体は,第1項各号に規定する財産上の利益を受けたときは,これに相当する金額を積み立て,これを差止請求関係業務に要する費用に充てなければならない.
⑥ 適格消費者団体は,その定款において,差止請求関係業務を廃止し,又は第13条第1項の認定の失効(差止請求関係業務の廃止によるものを除く.)若しくは取消しにより差止請求関係業務を終了した場合において,積立金(前項の規定により積み立てられた金額をいう.)に残余があるときは,その残余に相当する金額を,他の適格消費者団体(第35条の規定により差止請求権を承継した適格消費者団体がある場合にあっては,当該適格消費者団体)があるときは当該他の適格消費者団体に,これがないときは第13条第3項第2号に掲げる要件に適合する消費者団体であって内閣総理大臣が指定するもの又は国に帰属させる旨を定めておかなければならない.

(業務の範囲及び区分経理)
**第29条** ① 適格消費者団体は,その行う差止請求関係業務に支障がない限り,定款の定めるところにより,差止請求関係業務以外の業務を行うことができる.
② 適格消費者団体は,次に掲げる業務に係る経理をそれぞれ区分して整理しなければならない.
1 差止請求関係業務
2 不特定かつ多数の消費者の利益の擁護を図るための活動に係る業務(前号に掲げる業務を除く.)
3 前2号に掲げる業務以外の業務

**第3款 監 督**
(帳簿書類の作成及び保存)
**第30条** 適格消費者団体は,内閣府令で定めるところにより,その業務及び経理に関する帳簿書類を作成し,これを保存しなければならない.

**第4款 補 則**
(規 律)
**第36条** 適格消費者団体は,これを政党又は政治的目的のために利用してはならない.
(官公庁等への協力依頼)
**第37条** 内閣総理大臣は,この法律の実施のため必要があると認めるときは,官庁,公共団体その他の者に照会し,又は協力を求めることができる.
(内閣総理大臣への意見)
**第38条** 次の各号に掲げる者は,適格消費者団体についてそれぞれ当該各号に定める事由があると疑うに足りる相当な理由があるときは,内閣総理大臣が当該適格消費者団体に対して適当な措置をとることが必要であると認める場合には,内閣総理大臣に対し,その旨の意見を述べることができる.

(判決等に関する情報の公表)
**第39条** ① 内閣総理大臣は,消費者の被害の防止及び救済に資するため,適格消費者団体から第23条第4項第4号から第9号まで及び第11号の規定による報告を受けたときは,インターネットの利用その他適切な方法により,速やかに,差止請求に係る判決(確定判決と同一の効力を有するもの及び仮処分命令の申立てについての決定を含む.)又は裁判外の和解の概要,当該適格消費者団体の名称及び当該差止請求に係る相手方の氏名又は名称その他内閣府令で定める事項を公表するものとする.
② 前項に規定する事項のほか,内閣総理大臣は,差止請求関係業務に関する情報を広く国民に提供するため,インターネットの利用その他適切な方法により,適格消費者団体の名称及び住所並びに差止請求関係業務を行う事務所の所在地その他内閣府令で定める必要な情報を公表することができる.
③ 内閣総理大臣は,独立行政法人国民生活センターに,前2項の情報の公表に関する業務を行わせることができる.

(適格消費者団体への協力等)
**第40条** ① 独立行政法人国民生活センター及び地方公共団体は,内閣府令で定めるところにより,適格消費者団体の求めに応じ,当該適格消費者団体が差止請求権を適切に行使するために必要な限度において,当該適格消費者団体に対し,消費生活相談に関する情報で内閣府令で定めるものを提供することができる.
② 前項の規定により情報の提供を受けた適格消費者団体は,当該情報を当該差止請求権の適切な行使の用に供する目的以外の目的のために利用し,又は提供してはならない.

**第3節 訴訟手続等の特例**
(書面による事前の請求)
**第41条** ① 適格消費者団体は,差止請求に係る訴えを提起しようとするときは,その訴えの被告となるべき者に対し,あらかじめ,請求の要旨及び紛争の要点その他の内閣府令で定める事項を記載した書面により差止請求をし,かつ,その到達した時から1週間を経過した後でなければ,その訴えを提起することができない.ただし,当該被告となるべき者がその差止請求を拒んだときは,この限りでない.
② 前項の請求は,その請求が通常到達すべきであった時に,到達したものとみなす.
③ 前項の規定は,差止請求に係る仮処分命令の申立てについて準用する.

(訴訟の目的の価額)
**第42条** 差止請求に係る訴えは,訴訟の目的の価額の算定については,財産権上の請求でない請求に係る訴えとみなす.

(管 轄)
**第43条** ① 差止請求に係る訴訟については,民事訴訟法第5条(第5号に係る部分を除く.)の規定は,適用しない.
② 次の各号に掲げる規定による差止請求に係る訴えは,当該各号に定める行為があった地を管轄する裁判所にも提起することができる.
1 第12条 同条に規定する事業者等の行為
2 不当景品類及び不当表示防止法第11条の2 同条に規定する事業者の行為
3 特定商取引に関する法律第58条の4から第58条の9まで これらの規定に規定する当該差止請

求に係る相手方である販売業者,役務提供事業者,統括者,勧誘者,一般連鎖販売業者,関連商品の販売を行う者又は業務提供誘引販売業を行う者(同法第58条の7第2項の規定による差止請求に係る訴えにあっては,勧誘者)の行為

(移　送)
**第44条**　裁判所は,差止請求に係る訴えが提起された場合であって,他の裁判所に同一又は同種の行為の差止請求に係る訴訟が係属している場合においては,当事者の住所又は所在地,尋問を受けるべき証人の住所,争点又は証拠の共通性その他の事情を考慮して,相当と認めるときは,申立てにより又は職権で,当該訴えに係る訴訟の全部又は一部について,当該他の裁判所又は他の管轄裁判所に移送することができる.

(訴訟手続の中止)
**第46条**　① 内閣総理大臣は,現に係属する差止請求に係る訴訟につき既に他の適格消費者団体を当事者とする第12条の2第1項第2号本文の確定判決等が存する場合において,当該他の適格消費者団体につき当該確定判決等に係る訴訟等の手続に関し第34条第1項第4号に掲げる事由があると疑うに足りる相当な理由がある場合(同条第2項の規定により同号に掲げる事由があるものとみなすことができる場合を含む.)であって,同条第1項の規定による第13条第1項の認定の取消し又は第34条第3項の規定による認定(次項において「認定の取消し等」という.)をするかどうかの判断をするため相当の期間を要すると認めるときは,内閣府令で定めるところにより,当該差止請求に係る訴訟が係属する裁判所(以下この条において「受訴裁判所」という.)に対し,その旨及びその判断に要すると認められる期間を通知するものとする.
② 内閣総理大臣は,前項の規定による通知をした場合には,その通知に係る期間内に,認定の取消し等をするかどうかの判断をし,その結果を受訴裁判所に通知するものとする.
③ 第1項の規定による通知があった場合において,必要があると認めるときは,受訴裁判所は,その通知に係る期間を経過する日まで(その期間を経過する前に前項の規定による通知を受けたときは,その通知を受けた日まで),訴訟手続を中止することができる.

(間接強制の支払額の算定)
**第47条**　差止請求権について民事執行法第172条第1項に規定する方法により強制執行を行う場合において,同項又は同条第2項の規定により債務者が債権者に対し支払うべき金銭の額を定めるに当たっては,執行裁判所は,債務不履行により不特定かつ多数の消費者が受けるべき不利益を特に考慮しなければならない.

## 第4章　雑　則

(適用除外)
**第48条**　この法律の規定は,労働契約については,適用しない.

## 第5章　罰　則

**第49条**　① 適格消費者団体の役員,職員又は専門委員が,適格消費者団体の差止請求に係る相手方から,寄附金,賛助金その他名目のいかんを問わず,当該適格消費者団体においてその差止請求権の行使をしないこと若しくはしなかったこと,その差止請求権の放棄をすること若しくはしたこと,その相手方との間でその差止請求に係る和解をすること若しくはしたこと又はその差止請求に係る訴訟その他の手続を他の事由により終了させることしくはを終了させたことの報酬として,金銭その他の財産上の利益を受け,又は第三者(当該適格消費者団体を含む.)に受けさせたときは,3年以下の懲役又は300万円以下の罰金に処する.
② 前項の利益を供与した者も,同項と同様とする.
③ 第1項の場合において,犯人又は情を知った第三者が収受した財産上の利益は,没収する.その全部又は一部を没収することができないときは,その価額を追徴する.
④ 第1項の罪は,日本国外においてこれらの罪を犯した者にも適用する.
⑤ 第2項の罪は,刑法(明治40年法律第45号)第2条の例に従う.

**第50条**　次のいずれかに該当する者は,100万円以下の罰金に処する.
1　偽りその他不正の手段により第13条第1項の認定,第17条第2項の有効期間の更新又は第19条第3項若しくは第20条第3項の認定を受けた者
2　第25条の規定に違反して,差止請求関係業務に関して知り得た秘密を漏らした者

**第51条**　次のいずれかに該当する者は,50万円以下の罰金に処する.
1　第14条第1項(第17条第6項,第19条第6項及び第20条第6項において準用する場合を含む.)の申請書又は第14条第2項各号(第17条第6項,第19条第6項及び第20条第6項において準用する場合を含む.)に掲げる書類に虚偽の記載をして提出した者
2　第16条第3項の規定に違反して,適格消費者団体であると誤認されるおそれのある文字をその名称中に用い,又はその業務に関し,適格消費者団体であると誤認されるおそれのある表示をした者
3　第30条の規定に違反して,帳簿書類の作成若しくは保存をせず,又は虚偽の帳簿書類の作成をした者
4　第32条第1項の規定による報告をせず,若しくは虚偽の報告をし,又は同項の規定による検査を拒み,妨げ,若しくは忌避し,若しくは同項の規定による質問に対して陳述をせず,若しくは虚偽の陳述をした者

**第52条**　① 法人(法人でない団体で代表者又は管理人の定めのあるものを含む.以下この項において同じ.)の代表者若しくは管理人は法人若しくは人の代理人,使用人その他の従業者が,その法人又は人の業務に関して,前3条の違反行為をしたときは,行為者を罰するほか,その法人又は人に対しても,各本条の罰金刑を科する.
② 法人でない団体について前項の規定の適用がある場合には,その代表者又は管理人が,その訴訟行為につき法人でない団体を代表するほか,法人を被告人又は被疑者とする場合の刑事訴訟に関する法律の規定を準用する.

**第53条**　次のいずれかに該当する者は,30万円以下の過料に処する.
1　第16条第2項の規定による掲示をせず,又は虚偽の掲示をした者

2　第18条,第19条第2項若しくは第7項,第20条第2項若しくは第7項又は第21条第1項の規定による届出をせず,又は虚偽の届出をした者
3　第23条第4項前段の規定による通知若しくは報告をせず,又は虚偽の通知若しくは報告をした者
4　第24条の規定に違反して,消費者の被害に関する情報を利用した者
5　第26条の規定に違反して,同条の請求を拒んだ者
6　第31条第1項の規定に違反して,財務諸表等を作成せず,又はこれに記載し,若しくは記録すべき事項を記載せず,若しくは記録せず,若しくは虚偽の記載若しくは記録をした者
7　第31条第2項の規定による調査を拒み,妨げ,若しくは忌避し,又は同項の規定による調査において説明をせず,若しくは虚偽の説明をした者
8　第31条第3項の規定に違反して,書類を備え置かなかった者
9　第31条第5項の規定に違反して,正当な理由がないのに同条第4項各号に掲げる請求を拒んだ者
10　第35条第6項の規定に違反して,書類を提出せず,又は書類に虚偽の記載若しくは記録をして提出した者
11　第40条第2項の規定に違反して,情報を同項に定める目的以外の目的のために利用し,又は提供した者

## 49　電子消費者契約民法特例法

〔電子消費者契約及び電子承諾通知に関する民法の特例に関する法律〕

(平13・6・29法律第95号,平13・12・25施行)

(趣　旨)
**第1条**　この法律は,消費者が行う電子消費者契約の要素に特定の錯誤があった場合及び隔地者間の契約において電子承諾通知を発する場合に関し民法(明治29年法律第89号)の特例を定めるものとする.

(定　義)
**第2条**　①　この法律において「電子消費者契約」とは,消費者と事業者との間で電磁的方法により電子計算機の映像面を介して締結される契約であって,事業者又はその委託を受けた者が当該映像面に表示する手続に従って消費者がその使用する電子計算機を用いて送信することによってその申込み又はその承諾の意思表示を行うものをいう.
②　この法律において「消費者」とは,個人(事業として又は事業のために契約の当事者となる場合におけるものを除く.)をいい,「事業者」とは,法人その他の団体及び事業として又は事業のために契約の当事者となる場合における個人をいう.
③　この法律において「電磁的方法」とは,電子情報処理組織を使用する方法その他の情報通信の技術を利用する方法をいう.
④　この法律において「電子承諾通知」とは,契約の申込みに対する承諾の通知であって,電磁的方法のうち契約の申込みに対する承諾をしようとする者が使用する電子計算機等(電子計算機,ファクシミリ装置,テレックス又は電話機をいう.以下同じ.)と当該契約の申込みをした者が使用する電子計算機等とを接続する電気通信回線を通じて送信する方法により行うものをいう.

(電子消費者契約に関する民法の特例)
**第3条**　民法第95条ただし書の規定は,消費者が行う電子消費者契約の申込み又はその承諾の意思表示について,その電子消費者契約の要素に錯誤があった場合であって,当該錯誤が次のいずれかに該当するときは,適用しない.ただし,当該電子消費者契約の相手方である事業者(その委託を受けた者を含む.以下同じ.)が,当該申込み又はその承諾の意思表示に際して,電磁的方法によりその映像面を介して,その消費者の申込み又はその承諾の意思表示を行う意思の有無について確認を求める措置を講じた場合又はその消費者から当該事業者に対して当該措置を講ずる必要がない旨の意思の表明があった場合は,この限りでない.
1　消費者がその使用する電子計算機を用いて送信した時に当該事業者との間で電子消費者契約の申込み又はその承諾の意思表示を行う意思がなかったとき.
2　消費者がその使用する電子計算機を用いて送信した時に当該電子消費者契約の申込み又はその承諾の意思表示と異なる内容の意思表示を行う意思があったとき.

(電子承諾通知に関する民法の特例)
**第4条**　民法第526条第1項及び第527条の規定は,隔地者間の契約において電子承諾通知を発する場合については,適用しない.

## 50　割賦販売法(抄)

(昭36・7・1法律第159号,昭36・12・1施行,最終改正:平20・6・18法律第74号)

### 第1章　総　則

(目的及び運用上の配慮)
**第1条**　①　この法律は,割賦販売等に係る取引の公正の確保,購入者等が受けることのある損害の防止及びクレジットカード番号等の適切な管理に必要な措置を講ずることにより,割賦販売等に係る取引の健全な発達を図るとともに,購入者等の利益を保護し,あわせて商品等の流通及び役務の提供を円滑にし,もつて国民経済の発展に寄与することを目的とする.
②　この法律の運用にあたつては,割賦販売等を行なう中小商業者の事業の安定及び振興に留意しなければならない.

(定　義)
**第2条**　①　この法律において「割賦販売」とは,次に掲げるものをいう.
1　購入者から商品若しくは権利の代金を,又は役務の提供を受ける者から役務の対価を2月以上の期間にわたり,かつ,3回以上に分割して受領すること(購入者又は役務の提供を受ける者として販売業者又は役務の提供の事業を営む者(以下「役務提供事業者」という.)の指定する銀行その他

預金の受入れを業とする者に対し、2月以上の期間にわたり3回以上預金させた後、その預金のうちから商品若しくは権利の対価の支払を受領することを含む。）を条件として指定商品若しくは指定権利を販売し、又は指定役務を提供すること。

2 それを提示し若しくは通知して、又はそれと引換えに、商品若しくは権利を購入し、又は有償で役務の提供を受けることができるカードその他の物又は番号、記号その他の符号（以下この項及び次項並びに第29条の2において「カード等」という。）をこれにより商品若しくは権利を購入しようとする者又は役務の提供を受けようとする者（以下この項及び次項、次条、第4条の2（第29条の4第1項において準用する場合を含む。）、第29条の2並びに第38条において「利用者」という。）に交付し又は付与し、あらかじめ定められた時期ごとに、そのカード等の提示若しくは通知を受けて、又はそれと引換えに当該利用者に販売した商品若しくは権利の代金又は当該利用者に提供する役務の対価の合計額を基礎としてあらかじめ定められた方法により算定して得た金額を当該利用者から受領することを条件として、指定商品若しくは指定権利を販売し又は指定役務を提供すること。

② この法律において「ローン提携販売」とは、次に掲げるものをいう。

1 カード等を利用者に交付し又は付与し、当該利用者がそのカード等を提示し若しくは通知して、又はそれと引換えに購入した商品若しくは権利の代金又は提供を受ける役務の対価に充てるためにする金銭の借入れで、2月以上の期間にわたり、かつ、3回以上に分割して返還することを条件とするものに係る購入者又は役務の提供を受ける者の債務の保証（業として保証を行う者に当該債務の保証を委託することを含む。）をして、指定商品若しくは指定権利を販売し、又は指定役務を提供すること。

2 カード等を利用者に交付し又は付与し、当該利用者がそのカード等を提示し若しくは通知して、又はそれと引換えに購入した商品若しくは権利の代金又は提供を受ける役務の対価に充てるためにする金銭の借入れで、あらかじめ定められた時期ごとに、その借入金の合計額を基礎としてあらかじめ定められた方法により算定して得た金額を返済することを条件とするものに係る当該利用者の債務の保証（業として保証を行う者に当該債務の保証を委託することを含む。）をして、そのカード等の提示若しくは通知を受けて、又はそれと引換えに指定商品若しくは指定権利を販売し又は指定役務を提供すること。

③ この法律において「包括信用購入あつせん」とは、次に掲げるものをいう。

1 それを提示し若しくは通知して、又はそれと引換えに、特定の販売業者から商品若しくは権利を購入し、又は特定の役務提供事業者から有償で役務の提供を受けることができるカードその他の物又は番号、記号その他の符号（以下この項及び次項、第30条から第30条の2の3まで、第34条並びに第35条の16において「カード等」という。）をこれにより商品若しくは権利を購入しようとする者又は役務の提供を受けようとする者（以下こ

の項、第30条から第30条の2の3まで、第30条の5の2、第30条の6において準用する第4条の2、第33条の2（第33条の3第2項において準用する場合を含む。）、第35条の3の43、第35条の3の46、第35条の3の57、第35条の3の59及び第35条の16において「利用者」という。）に交付し又は付与し、当該利用者がそのカード等を提示し若しくは通知して、又はそれと引換えに特定の販売業者から商品若しくは権利を購入し、又は特定の役務提供事業者から役務の提供を受けるときは、当該販売業者又は当該役務提供事業者に当該商品若しくは当該権利の代金又は当該役務の対価に相当する額の交付（当該販売業者又は当該役務提供事業者以外の者を通じた当該販売業者又は当該役務提供事業者への交付を含む。）をするとともに、当該利用者から当該代金又は当該対価に相当する額をあらかじめ定められた時期までに受領すること（当該利用者が当該販売業者から商品若しくは権利を購入する契約を締結し、又は当該役務提供事業者から役務の提供を受ける契約を締結した時から2月を超えない範囲内においてあらかじめ定められた時期までに受領することを除く。）。

2 カード等を利用者に交付し又は付与し、当該利用者がそのカード等を提示し若しくは通知して、又はそれと引換えに特定の販売業者から商品若しくは権利を購入し、又は特定の役務提供事業者から役務の提供を受けるときは、当該販売業者又は当該役務提供事業者に当該商品若しくは当該権利の代金又は当該役務の対価に相当する額の交付（当該販売業者又は当該役務提供事業者以外の者を通じた当該販売業者又は当該役務提供事業者への交付を含む。）をするとともに、当該利用者からあらかじめ定められた時期ごとに当該商品若しくは当該権利の代金又は当該役務の対価の合計額を基礎としてあらかじめ定められた方法により算定して得た金額を受領すること。

④ この法律において「個別信用購入あつせん」とは、カード等を利用することなく、特定の販売業者が行う購入者への商品若しくは指定権利の販売又は特定の役務提供事業者が行う役務の提供を受ける者への役務の提供を条件として、当該商品若しくは当該指定権利の代金又は当該役務の対価の全部又は一部に相当する金額の当該販売業者又は当該役務提供事業者への交付（当該販売業者又は当該役務提供事業者以外の者を通じた当該販売業者又は当該役務提供事業者への交付を含む。）をするとともに、当該購入者又は当該役務の提供を受ける者からあらかじめ定められた時期までに当該金額を受領すること（当該購入者又は当該役務の提供を受ける者が当該販売業者から商品若しくは指定権利を購入する契約を締結し、又は当該役務提供事業者から役務の提供を受ける契約を締結した時から2月を超えない範囲内においてあらかじめ定められた時期までに受領することを除く。）をいう。

⑤ この法律において「指定商品」とは、定型的な条件で販売するのに適する商品であつて政令で定めるものをいい、「指定権利」とは、施設を利用し又は役務の提供を受ける権利のうち国民の日常生活に係る取引において販売されるものであつて政令で定めるものをいい、「指定役務」とは、次項、第35条の3の61及び第35条の3の62を除き、国民の日常生活に係る取引において有償で提供される役

務であつて政令で定めるものをいう．
⑥ この法律において「前払式特定取引」とは，次の各号に掲げる取引で，当該各号に定める者に対する商品の引渡し又は政令で定める役務（以下この項，第35条の3の61及び第35条の3の62において「指定役務」という．）の提供に先立つてその者から当該商品の代金又は当該指定役務の対価の全部又は一部を2月以上の期間にわたり，かつ，3回以上に分割して受領するものをいう．
1 商品の売買の取次ぎ　購入者
2 指定役務の提供又は指定役務の提供を受けることの取次ぎ　当該指定役務の提供を受ける者

(平20法74による改正前の条文，施行1年6月内)

#### (目的及び運用上の配慮)
**第1条** ① この法律は割賦販売等に係る取引を公正にし，その健全な発達を図ることにより，購入者等の利益を保護し，あわせて商品等の流通及び役務の提供を円滑にし，もつて国民経済の発展に寄与することを目的とする．
② 〔同〕

#### (定　義)
**第2条** ① 〔同〕
1 〔同〕
2 それと引換えに，又はそれを提示し若しくは通知して，商品若しくは権利を購入し，又は有償で役務の提供を受けることができる証票その他の物又は番号，記号その他の符号（以下この項及び次項，次条並びに第29条の2において「証票等」という．）をこれにより商品若しくは権利を購入しようとする者又は役務の提供を受けようとする者（以下この項及び次項，次条，第4条の2（第29条の4第1項において準用する場合を含む．）並びに第29条の2において「利用者」という．）に交付し又は付与し，あらかじめ定められた時期ごとに，その証票等と引換えに，又はその提示若しくは通知を受けて当該利用者に提供した商品若しくは権利の代金又は当該利用者に提供する役務の対価の合計額を基礎としてあらかじめ定められた方法により算定して得た金額を当該利用者から受領することを条件として，指定商品若しくは指定権利を販売し又は指定役務を提供すること．
② 〔同〕
1 指定商品若しくは指定権利の代金又は指定役務の対価の全部又は一部に充てるための金銭の借入れで，2月以上の期間にわたつて，かつ，3回以上に分割して返還することを条件とするものに係る購入者又は役務の提供を受ける者の債務の保証（業として保証を行う者に当該債務の保証を委託することを含む．）をして，当該指定商品若しくは指定権利を販売し又は指定役務を提供すること．
2 証票等を利用者に交付し又は付与し，当該利用者がその証票等と引換えに，又はそれを提示し若しくは通知して購入した商品若しくは権利の代金又は提供を受ける役務の対価に充てるためにする金銭の借入れで，あらかじめ定められた時期ごとに，その借入金の合計額を基礎としてあらかじめ定められた方法により算定して得た金額を返済することを条件とするものに係る当該利用者の債務の保証（業として保証を行う者に当該債務の保証を委託することを含む．）をして，その証票等と引換えに，又はその提示若しくは通知を受けて指定商品若しくは指定権利を販売し又は指定役務を提供すること．
③ この法律において「割賦購入あつせん」とは，次に掲げるものをいう．
1 それと引換えに，又はそれを提示し若しくは通知して，特定の販売業者から商品若しくは権利を購入し，又は特定の役務提供事業者から有償で役務の提供を受けることができる証票その他の物又は番号，記号その他の符号（以下この項，第30条及び第34条において「証票等」という．）をこれにより商品若しくは権利を購入しようとする者又は役務の提供を受けようとする者（以下この項，第30条及び第30条の6において準用する第4条の2において「利用者」という．）に交付し又は付与し，当該利用者がその証票等と引換えに，又はそれを提示し若しくは通知して特定の販売業者から商品若しくは権利を購入し，又は特定の役務提供事業者から役務の提供を受けるときは，当該利用者が購入した商品若しくは権利の代金又は当該役務の対価に相当する額を2月以上の期間にわたり，かつ，3回以上に分割して受領し，当該販売業者又は当該役務提供事業者に当該金額を交付（当該販売業者又は当該役務提供事業者以外の者を通じた当該販売業者又は当該役務提供事業者への交付を含む．）すること．
2 証票等を利用することなく，特定の販売業者が行う購入者への指定商品若しくは指定権利の販売又は特定の役務提供事業者が行う役務の提供を受ける者への指定役務の提供を条件として，当該指定商品若しくは指定権利の代金又は当該指定役務の対価の全部又は一部に相当する金額を当該販売業者又は当該役務提供事業者に交付（当該販売業者又は当該役務提供事業者以外の者を通じた当該販売業者又は当該役務提供事業者への交付を含む．）し，当該購入者又は当該指定役務の提供を受ける者から2月以上の期間にわたり，かつ，3回以上に分割して当該金額を受領すること．
3 証票等を利用者に交付し又は付与し，あらかじめ定められた時期ごとに，当該利用者がその証票等と引換えに，又はそれを提示し若しくは通知して特定の販売業者から購入した商品若しくは権利の代金又は特定の役務提供事業者から提供を受ける役務の対価の合計額を基礎としてあらかじめ定められた方法により算定して得た金額を当該利用者から受領し，当該販売業者又は当該役務提供事業者に当該商品若しくは当該権利の代金又は当該役務の対価に相当する額を交付（当該販売業者又は当該役務提供事業者以外の者を通じた当該販売業者又は当該役務提供事業者への交付を含む．）すること．
④ この法律において「指定商品」とは，定型的な条件で販売するのに適する商品であつて政令で定めるものをいい，「指定権利」とは，施設を利用し又は役務の提供を受ける権利のうち国民の日常生活に係る取引において販売されるものであつて政令で定めるものをいい，「指定役務」とは，第30条の2の2及び第35条の3の3を除き，国民の日常生活に係る取引において有償で提供される役務であつて政令で定めるものをいう．
⑤ この法律において「前払式特定取引」とは，次の各号に掲げる取引で，当該各号に掲げる者に対する商品の引渡し又は政令で定める役務（以下この項，第35条の3の2及び第35条の3の3において「指定役務」という．）の提供に先立つてその者から当該商品の代金又は当該指定役務の対価の全部又は一部を2月以上の期間にわたり，かつ，3回以上に分割して受領するものをいう．
1・2 〔同〕

### 第2章　割賦販売

#### 第1節　総　則
#### (割賦販売条件の表示)
**第3条** ① 割賦販売を業とする者（以下「割賦販売業者」という．）は，前条第1項第1号に規定する割賦販売（カード等を利用者に交付し又は付与し，

そのカード等の提示若しくは通知を受けて，又はそれと引換えに当該利用者に商品若しくは権利を販売し，又は役務を提供するものを除く．）の方法により，指定商品若しくは指定権利を販売しようとするとき又は指定役務を提供しようとするときは，その相手方に対して，経済産業省令で定めるところにより，当該指定商品，当該指定権利又は当該指定役務に関する次の事項を示さなければならない．

1　商品若しくは権利の現金販売価格（商品の引渡し又は権利の移転と同時にその代金の全額を受領する場合の価格をいう．以下同じ．）又は役務の現金提供価格（役務を提供する契約の締結と同時にその対価の全額を受領する場合の価格をいう．以下同じ．）

2　商品若しくは権利の割賦販売価格（割賦販売の方法により商品又は権利を販売する場合の価格をいう．以下同じ．）又は役務の割賦提供価格（割賦販売の方法により役務を提供する場合の価格をいう．以下同じ．）

3　割賦販売に係る商品若しくは権利の代金又は役務の対価の支払（その支払に充てるための預金の預入を含む．次項を除き，以下同じ．）の期間及び回数

4　第11条に規定する前払式割賦販売以外の割賦販売の場合には，経済産業省令で定める方法により算定した割賦販売の手数料の料率

5　第11条に規定する前払式割賦販売の場合には，商品の引渡時期

② 割賦販売業者は，前条第1項第1号に規定する割賦販売（カード等を利用者に交付し又は付与し，そのカード等の提示若しくは通知を受けて，又はそれと引換えに当該利用者に商品若しくは権利を販売し，又は役務を提供するものに限る．）の方法により，指定商品若しくは指定権利を販売するため又は指定役務を提供するため，カード等を利用者に交付し若しくは付与するときは，経済産業省令で定めるところにより，当該割賦販売をする場合における商品若しくは権利の販売条件又は役務の提供条件に関する次の事項を記載した書面を当該利用者に交付しなければならない．

1　割賦販売に係る商品若しくは権利の代金又は役務の対価の支払の期間及び回数

2　経済産業省令で定める方法により算定した割賦販売の手数料の料率

3　前2号に掲げるもののほか，経済産業省令で定める事項

③ 割賦販売業者は，前条第1項第2号に規定する割賦販売の方法により，指定商品若しくは指定権利を販売するため又は指定役務を提供するため，カード等を利用者に交付し又は付与するときは，経済産業省令で定めるところにより，当該割賦販売をする場合における商品若しくは権利の販売条件又は役務の提供条件に関する次の事項を記載した書面を当該利用者に交付しなければならない．

1　利用者が弁済をすべき時期及び当該時期ごとの弁済金の額の算定方法

2　経済産業省令で定める方法により算定した割賦販売の手数料の料率

3　前2号に掲げるもののほか，経済産業省令で定める事項

④ 割賦販売業者は，第1項，第2項又は前項の割賦販売の方法により指定商品若しくは指定権利を販売する場合の販売条件又は指定役務を提供する場合の提供条件について広告をするときは，経済産業省令で定めるところにより，当該広告に，それぞれ第1項各号，第2項各号又は前項各号の事項を表示しなければならない．

（割賦販売条件の表示）
**第3条**　① 割賦販売を業とする者（以下「割賦販売業者」という．）は，前条第1項第1号に規定する割賦販売（証票等を利用者に交付し又は付与し，その証票等と引換えに又はその提示若しくは通知を受けて当該利用者に商品若しくは権利を販売し，又は役務を提供するものを除く．）の方法により，指定商品若しくは指定権利を販売しようとするとき又は指定役務を提供しようとするときは，その相手方に対して，経済産業省令で定めるところにより，当該指定商品，当該指定権利又は当該指定役務に関する次の事項を示さなければならない．

1　商品若しくは権利の現金販売価格（商品の引渡し若しくは権利の移転と同時にその代金の全額を受領する場合の価格をいう．以下同じ．）又は役務の現金提供価格（役務を提供する契約の締結と同時にその対価の全額を受領する場合の価格をいう．以下同じ．）

2　商品若しくは権利の割賦販売価格（割賦販売の方法により商品又は権利を販売する場合の価格をいう．以下同じ．）又は役務の割賦提供価格（割賦販売の方法により役務を提供する場合の価格をいう．以下同じ．）

3～5〔同〕

② 割賦販売業者は，前条第1項第1号に規定する割賦販売（証票等を利用者に交付し又は付与し，その証票等と引換えに又はその提示若しくは通知を受けて当該利用者に商品若しくは権利を販売し，又は役務を提供するものに限る．）の方法により，指定商品若しくは指定権利を販売するため又は指定役務を提供するため，証票等を利用者に交付し又は付与するときは，経済産業省令で定めるところにより，当該割賦販売をする場合における商品若しくは権利の販売条件又は役務の提供条件に関する次の事項を記載した書面を当該利用者に交付しなければならない．

1～3〔同〕

③ 割賦販売業者は，前条第1項第2号に規定する割賦販売の方法により，指定商品若しくは指定権利を販売するため又は指定役務を提供するため，証票等を利用者に交付し又は付与するときは，経済産業省令で定めるところにより，当該割賦販売をする場合における商品若しくは権利の販売条件又は役務の提供条件に関する次の事項を記載した書面を当該利用者に交付しなければならない．

1～3〔同〕

④〔同〕

（書面の交付）
**第4条**　① 割賦販売業者は，第2条第1項第1号に規定する割賦販売の方法により指定商品若しくは指定権利を販売する契約又は指定役務を提供する契約を締結したときは，遅滞なく，経済産業省令で定めるところにより，次の事項について当該契約の内容を明らかにする書面を購入者又は役務の提供を受ける者に交付しなければならない．

1　商品若しくは権利の割賦販売価格又は役務の割賦提供価格

2　賦払金（割賦販売に係る各回ごとの代金の支払分をいう．以下同じ．）の額

3　賦払金の支払の時期及び方法

4　商品の引渡時期若しくは権利の移転時期又は役務の提供時期

5 契約の解除に関する事項
6 所有権の移転に関する定めがあるときは,その内容
7 前各号に掲げるもののほか,経済産業省令で定める事項

② 割賦販売業者は,第2条第1項第2号に規定する割賦販売の方法により指定商品若しくは指定権利を販売する契約又は指定役務を提供する契約を締結したときは,遅滞なく,経済産業省令で定めるところにより,次の事項について当該契約の内容を明らかにする書面を購入者又は役務の提供を受ける者に交付しなければならない.
1 商品若しくは権利の現金販売価格又は役務の現金提供価格
2 弁済金の支払の方法
3 商品の引渡時期若しくは権利の移転時期又は役務の提供時期
4 契約の解除に関する事項
5 所有権の移転に関する定めがあるときは,その内容
6 前各号に掲げるもののほか,経済産業省令で定める事項

③ 割賦販売業者は,指定商品,指定権利又は指定役務に係る第2条第1項第2号に規定する割賦販売に係る弁済金の支払を請求するときは,あらかじめ,経済産業省令で定めるところにより,次の事項を記載した書面を購入者又は役務の提供を受ける者に交付しなければならない.
1 弁済金を支払うべき時期
2 前号の時期に支払われるべき弁済金の額及びその算定根拠

**(情報通信の技術を利用する方法)**
**第4条の2** 割賦販売業者は,第3条第2項若しくは第3項又は前条各項の規定による書面の交付に代えて,政令で定めるところにより,当該利用者又は購入者若しくは役務の提供を受ける者の承諾を得て,当該書面に記載すべき事項を電子情報処理組織を使用する方法その他の情報通信の技術を利用する方法であつて経済産業省令で定めるもの(以下「電磁的方法」という.)により提供することができる.この場合において,当該割賦販売業者は,当該書面を交付したものとみなす.

> **(情報通信の技術を利用する方法)**
> **第4条の2** ① 割賦販売業者は,第3条第2項若しくは第3項又は前条各項の規定による書面の交付に代えて,政令で定めるところにより,当該利用者又は購入者若しくは役務の提供を受ける者の承諾を得て,当該書面に記載すべき事項を電子情報処理組織を使用する方法その他の情報通信の技術を利用する方法であつて経済産業省令で定めるものにより提供することができる.この場合において,当該割賦販売業者は,当該書面を交付したものとみなす.
> ② 前項前段に規定する方法(経済産業省令で定める方法を除く.)により前条第1項又は第2項の規定による書面の交付に代えて行われた当該書面に記載すべき事項の提供は,購入者又は役務の提供を受ける者の使用に係る電子計算機に備えられたファイルへの記録がされた時に当該購入者又は役務の提供を受ける者に到達したものとみなす.
>
> **(営業所等以外の場所における割賦販売に係る書面の交付)**
> **第4条の3** ① 割賦販売業者は,営業所,代理店その他の経済産業省令で定める場所(以下「営業所等」という.)以外の場所において,第3条第1項の割賦販売の方法により指定商品若しくは指定権利を販売する契約又は指定役務を提供する契約の申込みを受けたときは第4条第1項各号の事項について,第3条第2項の割賦販売の方法により指定商品若しくは指定権利を販売する契約又は指定役務を提供する契約の申込みを受けたときは第4条第1項第4号から第7号までの事項及び当該指定商品若しくは当該指定権利の現金販売価格又は当該指定役務の現金提供価格について,第2条第1項第2号に規定する割賦販売の方法により指定商品若しくは指定権利を販売する契約又は指定役務を提供する契約の申込みを受けたときは第4条第2項各号(第2号を除く.)の事項について,直ちに,その契約の申込みの内容を記載した書面を当該申込みをした者に交付しなければならない.ただし,割賦販売業者が,営業所等以外の場所において割賦販売の方法により指定商品若しくは指定権利を販売する契約又は指定役務を提供する契約の申込みを受け,かつ,その際その契約を締結した場合において,直ちに,その契約が第2条第1項第1号に規定する割賦販売の方法による販売又は提供に係るものにあつては第4条第1項の書面を,その契約が第2条第1項第2号に規定する割賦販売の方法による販売又は提供に係るものにあつては第4条第2項の書面を購入者又は役務の提供を受ける者に交付したときは,この限りでない.
> ② 前項本文の規定は,割賦販売の方法により指定商品を販売する契約(次に掲げるものを除く.)であつて当該契約の申込みをした者のために商行為となるものの申込みについては,適用しない.
> 1 連鎖販売個人契約(特定商取引に関する法律(昭和51年法律第57号)第33条第1項に規定する連鎖販売業に係る連鎖販売取引についての契約)(当該契約以外の契約であつてその連鎖販売業に係る商品若しくは権利の販売又は役務の提供に係るものを含む.)のうち,その連鎖販売業に係る商品若しくは権利の販売若しくはそのあつせん又は役務の提供若しくはそのあつせんを店舗その他これに類similar する設備によらないで行う個人との契約をいう.以下同じ.)
> 2 業務提供誘引販売個人契約(特定商取引に関する法律第51条第1項に規定する業務提供誘引販売業に係る業務提供誘引販売取引についての契約のうち,その業務提供誘引販売業に関して提供され,又はあつせんされる業務を事業その他これに類する施設によらないで行う個人との契約をいう.以下同じ.)

**(契約の申込みの撤回等)**
**第4条の4** ① 割賦販売業者が営業所等以外の場所において割賦販売の方法により指定商品(割賦販売の方法により指定商品を販売する場合の取引条件についての交渉が割賦販売業者と購入者との間で相当の期間にわたり行われることが通常の取引方法である商品として政令で定める指定商品を除く.以下この条において同じ.)若しくは指定権利を販売する契約若しくは指定役務を提供する契約の申込みを受けた場合における当該申込みをした者又は割賦販売業者の営業所等以外の場所において割賦販売の方法により指定商品若しくは指定権利を販売する契約若しくは指定役務を提供する契約を締結した場合における当該購入者若しくは当該指定役務の提供を受ける者(割賦販売業者の営業所等において当該契約の申込みをした購入者又は当該契約を締結した者を除く.以下この条において「申込者等」という.)は,次に掲げる場合を除き,書面により当該契約の申込みの撤回又は当該契約の解除(以下この条において「申込みの撤回等」という.)を行うことができる.この場合において,割賦販売業者は,当該申込みの撤回等に伴う損害賠償又は違約金の支払を請求することができない.
1 申込者等が第2条第1項第1号に規定する割賦販

売の方法により指定商品若しくは指定権利を販売する契約又は指定役務を提供する契約の申込者等にあつては第4条第1項の書面を受領した日（その日前に前条第1項本文の書面を受領した場合にあつては、当該書面を受領した日）、第2条第1項第2号に規定する割賦販売の方法により指定商品若しくは指定権利を販売する契約又は指定役務を提供する契約の申込者等にあつては第4条第2項の書面を受領した日（その日前に前条第1項本文の書面を受領した場合にあつては、当該書面を受領した日）以後において割賦販売業者から申込みの撤回等を行うことができる旨及びその申込みの撤回等を行う場合の方法について経済産業省令で定めるところにより告げられた場合において、その告げられた日から起算して8日を経過したとき。

2　申込者等が、第2条第1項第1号に規定する割賦販売の方法における当該契約に係る賦払金の全部の支払の義務を履行したとき。

3　申込者等が割賦販売業者から、指定商品でその使用若しくは一部の消費により価額が著しく減少するおそれがある商品として政令で定めるものを使用し、又はその全部若しくは一部を消費したときは又は指定権利を行使し、若しくは指定役務の提供を受けたときは申込みの撤回等を行うことができない旨を経済産業省令で定めるところにより告げられた場合において、申込者等が当該商品を使用し、又はその全部若しくは一部を消費したとき。

② 申込みの撤回等は、前項前段の書面を発した時に、その効力を生ずる。

③ 申込みの撤回等があつた場合において、当該契約に係る指定商品の引渡し又は指定権利の移転が既にされているときは、当該商品の引取り又は指定権利の返還に要する費用は、割賦販売業者の負担とする。

④ 割賦販売業者は、割賦販売の方法により指定商品を販売する契約又は指定役務を提供する契約につき申込みの撤回等があつた場合には、既に当該指定権利の行使により施設が利用され若しくは役務が提供されたとき又は当該指定役務を提供する契約に基づき役務が提供されたときにおいても、申込者等に対し、当該契約に係る指定権利の対価その他の金銭又は当該指定権利の行使により得られた利益に相当する金銭の支払を請求することができない。

⑤ 割賦販売業者は、割賦販売の方法により指定役務を提供する契約につき申込みの撤回等があつた場合において、当該契約に関連して金銭を受領しているときは、申込者等に対し、速やかに、これを返還しなければならない。

⑥ 割賦販売の方法により指定役務を提供する契約又は指定役務を提供する契約における申込者等は、当該契約につき申込みの撤回等を行つた場合において、当該契約に係る役務の提供に伴い申込者等の土地又は建物その他の工作物の現状が変更されたときは、申込者等と当該契約を締結した割賦販売業者に対し、その原状回復に必要な措置を無償で講ずることを請求することができる。

⑦ 前各項の規定に反する特約であつて申込者等に不利なものは、無効とする。

⑧ 前各項の規定は、割賦販売の方法により指定商品若しくは指定権利を販売し、若しくは指定役務を提供する契約であつて次の各号のいずれかに該当するもの又はその申込みについては、適用しない。

1　当該契約が前条第4項に規定する指定商品（同法第9条第1項（第2号を除く．）の政令で定めるものを除く．）、指定権利若しくは指定役務、同法第41条第2項に規定する特定継続的役務若しくは当該特定継続的役務の提供を受ける権利若しくは同法第48条第2項に規定する関連商品に係る契約で、連鎖販売個人契約又は業務提供誘引販売個人契約

2　申込者等のために商行為となる契約（前号に掲げるものを除く．）

（契約の解除等の制限）

第5条　① 割賦販売業者は、割賦販売の方法により指定商品若しくは指定権利を販売する契約又は指定役務を提供する契約について賦払金（第2条第1項第2号に規定する割賦販売の方法により指定商品若しくは指定権利を販売する契約又は指定役務を提供する契約にあつては、弁済金．以下この項において同じ．）の支払の義務が履行されない場合において、20日以上の相当な期間を定めてその支払を書面で催告し、その期間内にその義務が履行されないときでなければ、賦払金の支払の遅滞を理由として、契約を解除し、又は支払時期の到来していない賦払金の支払を請求することができない．

② 前項の規定に反する特約は、無効とする．

③ 前2項の規定は、割賦販売の方法により指定商品を販売する契約（連鎖販売個人契約及び業務提供誘引販売個人契約を除く．）であつて購入者のために商行為となるものについては、適用しない．

（契約の解除等に伴う損害賠償等の額の制限）

第6条　割賦販売業者は、第2条第1項第1号に規定する割賦販売の方法により指定商品若しくは指定権利を販売する契約又は指定役務を提供する契約が解除された場合（第3項及び第4項に規定する場合を除く．）には、損害賠償額の予定又は違約金の定めがあるときにおいても、次の各号に掲げる場合に応じ当該各号に定める額にこれに対する法定利率による遅延損害金の額を加算した金額を超える額の金銭の支払を購入者又は役務の提供を受ける者に対して請求することができない．

1　当該商品又は当該権利が返還された場合　当該商品の通常の使用料の額又は当該権利の行使により通常得られる利益に相当する額（当該商品又は当該権利の割賦販売価格に相当する額から当該商品又は当該権利の返還された時における価額を控除した額が通常の使用料の額又は当該権利の行使により通常得られる利益に相当する額を超えるときは、その額）

2　当該商品又は当該権利が返還されない場合　当該商品又は当該権利の割賦販売価格に相当する額

3　当該契約の解除が当該商品の引渡し若しくは当該権利の移転又は当該役務の提供の開始前である場合（次号に掲げる場合を除く．）　契約の締結及び履行のために通常要する費用の額

4　当該役務が特定商取引に関する法律（昭和51年法律第57号）第41条第2項に規定する特定継続的役務に該当する場合であつて、当該役務を提供する契約の同法第49条第1項の規定に基づく解除が当該役務の提供の開始前である場合　契約の締結及び履行のために通常要する費用の額として当該役務ごとに同条第2項第2号の政令で定める額

> 4　当該役務が特定商取引に関する法律第41条第2項に規定する特定継続的役務に該当する場合であつて、当該役務を提供する契約の同法第49条第1項の規定に基づく解除が当該役務の提供の開始前である場合　契約の締結及び履行のために通常要する費用の額として当該役務ごとに同条第2項第2号の政令で定める額

5 当該役務を提供する契約の解除が当該役務の提供の開始後である場合(次号に掲げる場合を除く.) 提供された当該役務の対価に相当する額に, 当該役務の割賦提供価格に相当する額から当該役務の現金提供価格に相当する額を控除した額を加算した額
6 当該役務が特定商取引に関する法律第41条第2項に規定する特定継続的役務に該当する場合であつて, 当該役務を提供する契約の同法第49条第1項の規定に基づく解除が当該役務の提供の開始後である場合 次の額を合算した額
  イ 提供された当該役務の対価に相当する額に, 当該役務の割賦提供価格に相当する額から当該役務の現金提供価格に相当する額を控除した額を加算した額
  ロ 当該役務を提供する契約の解除によつて通常生ずる損害の額として当該役務ごとに同条第2項第1号ロの政令で定める額
② 割賦販売業者は, 前項の契約について賦払金の支払の義務が履行されない場合(契約が解除された場合を除く.)には, 損害賠償額の予定又は違約金の定めがあるときにおいても, 当該商品若しくは当該権利の割賦販売価格又は当該役務の割賦提供価格に相当する額から既に支払われた賦払金の額を控除した額にこれに対する法定利率による遅延損害金の額を加算した金額を超える額の金銭の支払を購入者又は役務の提供を受ける者に対して請求することができない.
③ 割賦販売業者は, 第2条第1項第1号に規定する割賦販売の方法により指定商品若しくは指定権利を販売する契約又は指定役務を提供する契約が特定商取引に関する法律第37条第2項に規定する連鎖販売契約に該当する場合であつて, 当該契約が同法第40条の2第1項の規定により解除された場合には, 損害賠償額の予定又は違約金の定めがあるときにおいても, 契約の締結及び履行のために通常要する費用の額(次の各号のいずれかに該当する場合にあつては, 当該額に当該各号に掲げる場合に応じ当該各号に定める額を加算した額)にこれに対する法定利率による遅延損害金の額を加算した金額を超える額の金銭の支払を購入者又は役務の提供を受ける者に対して請求することができない.
1 当該連鎖販売契約の解除が当該連鎖販売取引に伴う特定商取引に関する法律第33条第1項に規定する特定負担(次号, 第35条の3の11及び第35条の3の14において「特定負担」という.)に係る商品の引渡し又は権利の移転後である場合 次の額を合算した額

> 1 当該連鎖販売契約の解除が当該連鎖販売取引に伴う特定商取引に関する法律第33条第1項に規定する特定負担(次号において単に「特定負担」という.)に係る商品の引渡し又は権利の移転後である場合 次の額を合算した額

  イ 引き渡された当該商品又は移転された当該権利(当該連鎖販売契約に基づき販売が行われた商品又は権利に限り, 特定商取引に関する法律第40条の2第2項の規定により当該商品又は当該権利に係る同法に規定する商品販売契約が解除されたものを除く.)の割賦販売価格に相当する額
  ロ 提供された特定商取引に関する法律第33条第1項に規定する特定利益(第35条の3の14において「特定利益」という.)その他の金品(同法第40条の2第2項の規定により解除された同項に規定する商品販売契約に係る商品又は権利に係るものに限る.)に相当する額

> ロ 提供された特定商取引に関する法律第33条第1項に規定する特定利益その他の金品(同法第40条の2第2項の規定により解除された同項に規定する商品販売契約に係る商品又は権利に係るものに限る.)に相当する額

2 当該連鎖販売契約の解除が当該連鎖販売取引に伴う特定負担に係る役務の提供開始後である場合 提供された当該役務(当該連鎖販売契約に基づき提供されたものに限る.)の対価に相当する額に, 当該役務の割賦提供価格に相当する額から当該役務の現金提供価格に相当する額を控除した額を加算した額
④ 割賦販売業者は, 第2条第1項第1号に規定する割賦販売の方法により指定商品又は指定権利を販売する契約が特定商取引に関する法律第40条の2第2項に規定する商品販売契約に該当する場合であつて, 当該契約が同項の規定により解除された場合には, 損害賠償額の予定又は違約金の定めがあるときにおいても, 次の各号に掲げる場合に応じ当該各号に定める額にこれに対する法定利率による遅延損害金の額を加算した金額を超える額の金銭の支払を購入者に対して請求することができない.
1 当該商品若しくは当該権利が返還された場合又は当該商品販売契約の解除が当該商品の引渡し若しくは当該権利の移転前である場合 当該商品又は当該権利の現金販売価格の10分の1に相当する額に, 当該商品又は当該権利の割賦販売価格に相当する額から当該商品又は当該権利の現金販売価格に相当する額を控除した額を加算した額
2 当該商品又は当該権利が返還されない場合 当該商品又は当該権利の割賦販売価格に相当する額

(所有権に関する推定)
**第7条** 第2条第1項第1号に規定する割賦販売の方法により販売された指定商品(耐久性を有するものとして政令で定めるものに限る.)の所有権は, 賦払金の全部の支払の義務が履行される時までは, 割賦販売業者に留保されたものと推定する.

### 第3節 前払式割賦販売

(前払式割賦販売業の許可)
**第11条** 指定商品を引き渡すに先立つて購入者から2回以上にわたりその代金の全部又は一部を受領する第2条第1項第1号に規定する割賦販売(以下「前払式割賦販売」という.)は, 経済産業大臣の許可を受けた者でなければ, 業として営んではならない. ただし, 次の場合は, この限りでない.
1 指定商品の前払式割賦販売の方法による年間の販売額が政令で定める金額に満たない場合
2 指定商品が新たに定められた場合において, 現に指定商品を前払式割賦販売により販売することを業として営んでいる者が, その定められた日から6月間(その期間内に次条第1項の申請書を提出した場合には, その申請につき許可又は不許可の処分があるまでの間を含む.)当該商品を販売するとき.
3 前号の期間が経過した後において, その期間の末日までに締結した同号の指定商品の前払式割賦

販売の契約に基づく取引を結了する目的の範囲内で営む場合

## 第2章の2　ローン提携販売

**（ローン提携販売条件の表示）**

**第29条の2**　① ローン提携販売を業とする者（以下「ローン提携販売業者」という。）は、第2条第2項第1号に規定するローン提携販売の方法により指定商品若しくは指定権利を販売するため又は指定役務を提供するためカード等を利用者に交付し又は付与するときは、経済産業省令で定めるところにより、当該ローン提携販売をする場合における商品若しくは権利の販売条件又は役務の提供条件に関する次の事項を記載した書面を当該利用者に交付しなければならない。

1　ローン提携販売に係る借入金の返還（利息の支払を含む。）の期間及び回数
2　経済産業省令で定める方法により算定したローン提携販売に係る借入金の利息その他の手数料の料率
3　前2号に掲げるもののほか、経済産業省令で定める事項

② ローン提携販売業者は、第2条第2項第2号に規定するローン提携販売の方法により、指定商品若しくは指定権利を販売するため又は指定役務を提供するため、カード等を利用者に交付し又は付与するときは、経済産業省令で定めるところにより、当該ローン提携販売をする場合における商品若しくは権利の販売条件又は役務の提供条件に関する次の事項を記載した書面を当該利用者に交付しなければならない。

1　利用者が弁済をすべき時期及び当該時期ごとの弁済の額の算定方法
2　経済産業省令で定める方法により算定したローン提携販売に係る借入金の利息その他の手数料の料率
3　前2号に掲げるもののほか、経済産業省令で定める事項

③ ローン提携販売業者は、第1項又は前項のローン提携販売の方法により指定商品若しくは指定権利を販売する場合の販売条件又は指定役務を提供する場合の提供条件について広告をするときは、経済産業省令で定めるところにより、当該広告に、それぞれ第1項各号又は前項各号の事項を表示しなければならない。

**（ローン提携販売条件の表示）**

**第29条の2**　① ローン提携販売を業とする者（以下「ローン提携販売業者」という。）は、第2条第2項第1号に規定するローン提携販売（証票等を利用者に交付し又は付与し、その証票等と引換えに、又はその提示若しくは通知を受けて当該利用者に商品若しくは権利を販売し、又は役務を提供するものを除く。）の方法により、指定商品若しくは指定権利を販売するとき又は指定役務を提供するときは、その相手方に対して、経済産業省令で定めるところにより、当該指定商品、当該指定権利又は当該指定役務に関する次の事項を示さなければならない。

1　商品若しくは権利の現金販売価格又は役務の現金提供価格
2　購入者又は役務の提供を受ける者の支払総額（ローン提携販売の方法により商品若しくは権利を販売し又は役務を提供する場合の価格（保証料その他の手数料を含む。）及びローン提携販売に係る借入金の利息の合計額をいう。以下この章において同じ。）
3　ローン提携販売に係る借入金の返還（利息の支払を含む。次項において同じ。）の期間及び回数
4　経済産業省令で定める方法により算定したローン提携販売に係る借入金の利息その他の手数料の料率

② ローン提携販売業者は、第2条第2項第1号に規定するローン提携販売（証票等を利用者に交付し付与し、その証票等と引換えに、又はその提示若しくは通知を受けて当該利用者に商品若しくは権利を販売し、又は役務を提供するものに限る。）の方法により指定商品若しくは指定権利を販売するため又は指定役務を提供するため証票等を利用者に交付し又は付与するときは、経済産業省令で定めるところにより、当該ローン提携販売をする場合における商品若しくは権利の販売条件又は役務の提供条件に関する次の事項を記載した書面を当該利用者に交付しなければならない。

1　ローン提携販売に係る借入金の返還の期間及び回数
2・3　［同］

③ ローン提携販売業者は、第2条第2項第2号に規定するローン提携販売の方法により、指定商品若しくは指定権利を販売するため又は指定役務を提供するため、証票等を利用者に交付し又は付与するときは、経済産業省令で定めるところにより、当該ローン提携販売をする場合における商品若しくは権利の販売条件又は役務の提供条件に関する次の事項を記載した書面を当該利用者に交付しなければならない。

1〜3　［同］

4 ローン提携販売業者は、第1項、第2項又は前項のローン提携販売の方法により指定商品若しくは指定権利を販売する場合の販売条件又は指定役務を提供する場合の提供条件について広告をするときは、経済産業省令で定めるところにより、当該広告に、それぞれ第1項各号、第2項各号又は前項各号の事項を表示しなければならない。

## 第3章　信用購入あつせん

### 第1節　包括信用購入あつせん
#### 第1款　業務

**（包括信用購入あつせんの取引条件の表示）**

**第30条**　① 包括信用購入あつせんを業とする者（以下「包括信用購入あつせん業者」という。）は、第2条第3項第1号に規定する包括信用購入あつせんをするためカード等を利用者に交付し又は付与するときは、経済産業省令で定めるところにより、当該包括信用購入あつせんをする場合における取引条件に関する次の事項を記載した書面を当該利用者に交付しなければならない。

1　包括信用購入あつせんに係る商品若しくは権利の代金又は役務の対価（包括信用購入あつせんの手数料を含む。）の支払の期間及び回数
2　経済産業省令で定める方法により算定した包括信用購入あつせんの手数料の料率
3　前2号に掲げるもののほか、経済産業省令で定める事項

② 包括信用購入あつせん業者は、第2条第3項第2号に規定する包括信用購入あつせんをするためカード等を利用者に交付し又は付与するときは、経済産業省令で定めるところにより、当該包括信用購入あつせんをする場合における取引条件に関する次の事項を記載した書面を当該利用者に交付しなければならない。

1　利用者が弁済をすべき時期及び当該時期ごとの

弁済金の額の算定方法
2 経済産業省令で定める方法により算定した包括信用購入あつせんの手数料の料率
3 前2号に掲げるもののほか，経済産業省令で定める事項
③ 包括信用購入あつせん業者は，包括信用購入あつせんをする場合の取引条件について広告をするときは，経済産業省令で定めるところにより，当該広告に，それぞれ第1項各号又は前項各号の事項を表示しなければならない．

（割賦購入あつせんの取引条件の表示）
第30条 ① 割賦購入あつせんを業とする者（以下「割賦購入あつせん業者」という．）は，第2条第3項第1号に規定する割賦購入あつせんをするため証票等を利用者に交付し又は付与するときは，経済産業省令で定めるところにより，当該割賦購入あつせんをする場合における取引条件に関する次の事項を記載した書面を当該利用者に交付しなければならない．
1 割賦購入あつせんに係る商品若しくは権利の代金又は役務の対価（割賦購入あつせんの手数料を含む．）の支払の期間及び回数
2 経済産業省令で定める方法により算定した割賦購入あつせんの手数料の料率
3 〔同〕
② 割賦購入あつせん業者と割賦購入あつせんに係る契約を締結した販売業者（以下「割賦購入あつせん関係販売業者」という．）又は役務提供事業者（以下「割賦購入あつせん関係役務提供事業者」という．）は，第2条第3項第2号に規定する割賦購入あつせんに係る販売又は提供の方法により指定商品若しくは指定権利を販売し，又は指定役務を提供するときは，その相手方に対して，経済産業省令で定めるところにより，当該指定商品，当該指定権利又は当該指定役務に関する次の事項を示さなければならない．
1 商品若しくは権利の現金販売価格又は役務の現金提供価格
2 購入者又は役務の提供を受ける者の支払総額（割賦購入あつせんに係る販売又は提供の方法により商品若しくは権利を販売する場合の価格又は役務を提供する場合の価格，及び割賦購入あつせんの手数料の合計額をいう．次条第5項において同じ．）
3 割賦購入あつせんに係る商品若しくは権利の代金又は役務の対価の全部又は一部（当該代金又は当該対価の全部又は一部に係る割賦購入あつせんの手数料を含む．）の支払の期間及び回数
4 経済産業省令で定める方法により算定した割賦購入あつせんの手数料の料率
③ 割賦購入あつせん業者は，第2条第3項第3号に規定する割賦購入あつせんをするため証票等を利用者に交付し又は付与するときは，経済産業省令で定めるところにより，当該割賦購入あつせんをする場合における取引条件に関する次の事項を記載した書面を当該利用者に交付しなければならない．
1 利用者が弁済をすべき時期及び当該時期ごとの弁済金の額の算定方法
2 経済産業省令で定める方法により算定した割賦購入あつせんの手数料の料率
3 〔同〕
④ 割賦購入あつせん業者は，第2条第3項第1号又は第3号に規定する割賦購入あつせんをする場合の取引条件について広告をするときは，経済産業省令で定めるところにより，当該広告に，それぞれ第1項各号又は前項各号の事項を表示しなければならない．
⑤ 割賦購入あつせん関係販売業者又は割賦購入あつせん関係役務提供事業者は，第2条第3項第2号に規定する割賦購入あつせんに係る販売又は提供の方法により指定商品若しくは指定権利を販売する場合の

販売条件又は指定役務を提供する場合の提供条件について広告をするときは，経済産業省令で定めるところにより，当該広告に第2項各号の事項を表示しなければならない．

## 第3章の2　前払式特定取引

（前払式特定取引業の許可）
第35条の3の61　前払式特定取引は，経済産業大臣の許可を受けた者でなければ，業として営んではならない．ただし，次の場合は，この限りでない．
1 商品又は指定役務の前払式特定取引の方法による年間の取引額が政令で定める金額に満たない場合
2 指定役務が新たに定められた場合において，現に当該指定役務につき前払式特定取引の方法による取引を業として営んでいる者が，その定められた日から6月間（その期間内に次条において準用する第12条第1項の申請書を提出した場合には，その申請につき許可又は不許可の処分があるまでの間を含む．）当該指定役務につき営む場合
3 前号の期間が経過した後において，その期間の末日までに締結した同号の指定役務についての前払式特定取引の契約に基づく取引を結了する目的の範囲内で営む場合

## 第4章　雑　則

（カード等の譲受け等の禁止）
第37条　何人も，業として，カード等（第2条第1項第2号のカードその他の物及び同条第3項第1号のカードその他の物をいう．以下この条及び第51条の3において同じ．）を譲り受け，又は資金の融通に関してカード等の提供を受けてはならない．

（支払能力を超える購入等の防止）
第38条　割賦販売業者及びローン提携販売業者は，共同して設立した信用情報機関（信用情報の収集並びに割賦販売業者及びローン提携販売業者に対する信用情報の提供を業とする者をいう．以下同じ．）を利用すること等により得た正確な信用情報に基づき，それにより利用者又は購入者若しくは役務の提供を受ける者が支払うこととなる賦払金等が当該利用者又は購入者若しくは役務の提供を受ける者の支払能力を超えると認められる割賦販売又はローン提携販売を行わないよう努めなければならない．

（信用情報の適正な使用等）
第39条　① 割賦販売業者，ローン提携販売業者，包括信用購入あつせん業者若しくは個別信用購入あつせん業者又はこれらの役員若しくは職員は，利用者（第2条第1項第2号に規定する利用者及び同条第3項第1号に規定する利用者をいう．以下この条において同じ．）又は購入者若しくは役務の提供を受ける者の支払能力に関する事項の調査以外の目的のために信用情報機関に信用情報の提供の依頼をし，又は信用情報機関から提供を受けた信用情報を支払能力に関する事項の調査以外の目的に使用し，若しくは第三者に提供してはならない．
② 信用情報機関は，信用情報を利用者又は購入者若しくは役務の提供を受ける者の支払能力に関する事項の調査以外の目的のために使用してはならない．
③ 信用情報機関は，正確な信用情報を割賦販売業者，ローン提携販売業者，包括信用購入あつせん業者及び個別信用購入あつせん業者に提供するよう努め

なければならない.

**(証票等の譲受け等の禁止)**
**第37条** 何人も,業として,証票等(第2条第1項第2号に規定する証票等又は同条第3項第1号に規定する証票等のうち,証票その他の物をいう.以下この条及び第50条第2号において同じ.)を譲り受け,又は資金の融通に関して証票等の提供を受けてはならない.

**(支払能力を超える購入の防止)**
**第38条** 割賦販売業者,ローン提携販売業者及び割賦購入あつせん業者(以下「割賦販売業者等」という.)は,共同して設立した信用情報機関(購入者の支払能力に関する情報(以下「信用情報」という.)の収集並びに割賦販売業者等に対する信用情報の提供を業とするものをいう.以下同じ.)を利用すること等により得た正確な信用情報に基づき,それにより購入者が支払うこととなる賦払金等が当該購入者の支払能力を超えると認められる割賦販売,ローン提携販売又は割賦購入あつせんを行わないよう努めなければならない.

**(信用情報の適正な使用等)**
**第39条** 割賦販売業者等及び信用情報機関は,信用情報を購入者の支払能力の調査以外の目的のために使用してはならない.
② 信用情報機関は,正確な信用情報を割賦販売業者等に提供するよう努めなければならない.

## 51 特定商取引に関する法律(抄)

(昭51・6・4法律第57号,昭51・12・3施行,
最終改正:平20・6・18法律第74号)

### 第1章 総則

**(目的)**
**第1条** この法律は,特定商取引(訪問販売,通信販売及び電話勧誘販売に係る取引,連鎖販売取引,特定継続的役務提供に係る取引並びに業務提供誘引販売取引をいう.以下同じ.)を公正にし,及び購入者等が受けることのある損害の防止を図ることにより,購入者等の利益を保護し,あわせて商品等の流通及び役務の提供を適正かつ円滑にし,もつて国民経済の健全な発展に寄与することを目的とする.

### 第2章 訪問販売,通信販売及び電話勧誘販売

#### 第1節 定義

**(定義)**
**第2条** ① この章及び第58条の4第1項において「訪問販売」とは,次に掲げるものをいう.
1 販売業者又は役務の提供の事業を営む者(以下「役務提供事業者」という.)が営業所,代理店その他の経済産業省令で定める場所(以下「営業所等」という.)以外の場所において,売買契約の申込みを受け,若しくは売買契約を締結して行う商品若しくは指定権利の販売又は役務を有償で提供する契約(以下「役務提供契約」という.)の申込みを受け,若しくは役務提供契約を締結して行う役務の提供
2 販売業者又は役務提供事業者が,営業所等にお

いて,営業所等以外の場所において呼び止めて営業所等に同行させた者その他政令で定める方法により誘引した者(以下「特定顧客」という.)から売買契約の申込みを受け,若しくは特定顧客と売買契約を締結して行う商品若しくは指定権利の販売又は特定顧客から役務提供契約の申込みを受け,若しくは特定顧客と役務提供契約を締結して行う役務の提供
② この章及び第58条の5において「通信販売」とは,販売業者又は役務提供事業者が郵便その他の経済産業省令で定める方法(以下「郵便等」という.)により売買契約又は役務提供契約の申込みを受けて行う商品若しくは指定権利の販売又は役務の提供であつて電話勧誘販売に該当しないものをいう.
③ この章及び第58条の6第1項において「電話勧誘販売」とは,販売業者又は役務提供事業者が,電話をかけ又は政令で定める方法により電話をかけさせ,その電話において行う売買契約又は役務提供契約の締結についての勧誘(以下「電話勧誘行為」という.)により,その相手方(以下「電話勧誘顧客」という.)から当該売買契約の申込みを郵便等により受け,若しくは電話勧誘顧客と当該売買契約を郵便等により締結して行う商品若しくは指定権利の販売又は電話勧誘顧客から当該役務提供契約の申込みを郵便等により受け,若しくは電話勧誘顧客と当該役務提供契約を郵便等により締結して行う役務の提供をいう.
④ この章並びに第58条の5及び第67条第1項において「指定権利」とは,施設を利用し又は役務の提供を受ける権利のうち国民の日常生活に係る取引において販売されるものであつて政令で定めるものをいう.

#### 第2節 訪問販売

**(訪問販売における氏名等の明示)**
**第3条** 販売業者又は役務提供事業者は,訪問販売をしようとするときは,その勧誘に先立つて,その相手方に対し,販売業者又は役務提供事業者の氏名又は名称,売買契約又は役務提供契約の締結について勧誘をする目的である旨及び当該勧誘に係る商品若しくは権利又は役務の種類を明らかにしなければならない.

**(契約を締結しない旨の意思を表示した者に対する勧誘の禁止等)**
**第3条の2** ① 販売業者又は役務提供事業者は,訪問販売をしようとするときは,その相手方に対し,勧誘を受ける意思があることを確認するよう努めなければならない.
② 販売業者又は役務提供事業者は,訪問販売に係る売買契約又は役務提供契約を締結しない旨の意思を表示した者に対し,当該売買契約又は当該役務提供契約の締結について勧誘をしてはならない.

**(訪問販売における書面の交付)**
**第4条** 販売業者又は役務提供事業者は,営業所等以外の場所において商品若しくは指定権利につき売買契約の申込みを受け,若しくは役務につき役務提供契約の申込みを受けたとき又は営業所等において特定顧客から商品若しくは指定権利につき売買契約の申込みを受け,若しくは役務につき役務提供契約の申込みを受けたときは,直ちに,経済産業省令で定めるところにより,次の事項についてその申込みの内容を記載した書面をその申込みをした

者に交付しなければならない．ただし，その申込みを受けた際その売買契約又は役務提供契約を締結した場合においては，この限りでない．
1　商品若しくは権利の種類
2　商品若しくは権利の販売価格又は役務の対価
3　商品若しくは権利の代金又は役務の対価の支払の時期及び方法
4　商品の引渡時期若しくは権利の移転時期又は役務の提供時期
5　第9条第1項の規定による売買契約若しくは役務提供契約の申込みの撤回又は当該売買契約若しくは当該役務提供契約の解除に関する事項（同条第2項から第7項までの規定に関する事項（第26条第3項又は第4項の規定の適用がある場合にあつては，同条第3項又は第4項の規定に関する事項を含む．）を含む）
6　前各号に掲げるもののほか，経済産業省令で定める事項

第5条　①　販売業者又は役務提供事業者は，次の各号のいずれかに該当するときは，次項に規定する場合を除き，遅滞なく（前条ただし書に規定する場合に該当するときは，直ちに），経済産業省令で定めるところにより，同各号の事項（同条第5号の事項については，売買契約又は役務提供契約の解除に関する事項に限る．）についてその売買契約又は役務提供契約の内容を明らかにする書面を購入者又は役務の提供を受ける者に交付しなければならない．
1　営業所等以外の場所において，商品若しくは指定権利につき売買契約を締結したとき又は役務につき役務提供契約を締結したとき（営業所等において特定顧客以外の顧客から申込みを受け，営業所等以外の場所において当該売買契約又は役務提供契約を締結したときを除く．）．
2　営業所等以外の場所において商品若しくは指定権利につき売買契約又は役務提供契約の申込みを受け，営業所等においてその売買契約又は役務提供契約を締結したとき．
3　営業所等において，特定顧客と商品若しくは指定権利につき売買契約を締結したとき又は役務につき役務提供契約を締結したとき．
②　販売業者又は役務提供事業者は，前項各号のいずれに該当する場合においても，その売買契約又は役務提供契約を締結した際に，商品を引き渡し，若しくは指定権利を移転し，又は役務を提供し，かつ，商品若しくは指定権利の代金又は役務の対価の全部を受領したときは，直ちに，経済産業省令で定めるところにより，前条第1号及び第2号の事項並びに同条第5号の事項のうち売買契約又は役務提供契約の解除に関する事項その他経済産業省令で定める事項を記載した書面を購入者又は役務の提供を受ける者に交付しなければならない．

（禁止行為）
第6条　①　販売業者又は役務提供事業者は，訪問販売に係る売買契約若しくは役務提供契約の締結について勧誘をするに際し，又は訪問販売に係る売買契約若しくは役務提供契約の申込みの撤回若しくは解除を妨げるため，次の事項につき，不実のことを告げる行為をしてはならない．
1　商品の種類及びその性能若しくは品質又は権利若しくは役務の種類及びこれらの内容その他これらに類するものとして経済産業省令で定める事項
2　商品若しくは権利の販売価格又は役務の対価

3　商品若しくは権利の代金又は役務の対価の支払の時期及び方法
4　商品の引渡時期若しくは権利の移転時期又は役務の提供時期
5　当該売買契約若しくは当該役務提供契約の申込みの撤回又は当該売買契約若しくは当該役務提供契約の解除に関する事項（第9条第1項から第7項までの規定に関する事項（第26条第3項又は第4項の規定の適用がある場合にあつては，同条第3項又は第4項の規定に関する事項を含む．）
6　顧客が当該売買契約又は当該役務提供契約の締結を必要とする事情に関する事項
7　前各号に掲げるもののほか，当該売買契約又は当該役務提供契約に関する事項であつて，顧客又は購入者若しくは役務の提供を受ける者の判断に影響を及ぼすこととなる重要なもの
②　販売業者又は役務提供事業者は，訪問販売に係る売買契約又は役務提供契約の締結について勧誘をするに際し，前項第1号から第5号までに掲げる事項につき，故意に事実を告げない行為をしてはならない．
③　販売業者又は役務提供事業者は，訪問販売に係る売買契約若しくは役務提供契約を締結させ，又は訪問販売に係る売買契約若しくは役務提供契約の申込みの撤回若しくは解除を妨げるため，人を威迫して困惑させてはならない．
④　販売業者又は役務提供事業者は，訪問販売に係る売買契約又は役務提供契約の締結について勧誘をするためのものであることを告げずに営業所等以外の場所において呼び止めて同行させることその他政令で定める方法により誘引した者に対し，公衆の出入りする場所以外の場所において，当該売買契約又は当該役務提供契約の締結について勧誘をしてはならない．

（合理的な根拠を示す資料の提出）
第6条の2　主務大臣は，前条第1項第1号に掲げる事項につき不実のことを告げる行為をしたか否かを判断するため必要があると認めるときは，当該販売業者又は当該役務提供事業者に対し，期間を定めて，当該告げた事項の裏付けとなる合理的な根拠を示す資料の提出を求めることができる．この場合において，当該販売業者又は当該役務提供事業者が当該資料を提出しないときは，次条及び第8条第1項の規定の適用については，当該販売業者又は当該役務提供事業者は，同号に掲げる事項につき不実のことを告げる行為をしたものとみなす．

（指示）
第7条　主務大臣は，販売業者又は役務提供事業者が第3条，第3条の2第2項若しくは第4条から第6条までの規定に違反し，又は次に掲げる行為をした場合において，訪問販売に係る取引の公正及び購入者又は役務の提供を受ける者の利益が害されるおそれがあると認めるときは，その販売業者又は役務提供事業者に対し，必要な措置をとるべきことを指示することができる．
1　訪問販売に係る売買契約若しくは役務提供契約に基づく債務又は訪問販売に係る売買契約若しくは役務提供契約の解除によつて生ずる債務の全部又は一部の履行を拒否し，又は不当に遅延させること．
2　訪問販売に係る売買契約若しくは役務提供契

の締結について勧誘をするに際し，又は訪問販売に係る売買契約若しくは役務提供契約の申込みの撤回若しくは解除を妨げるため，当該売買契約又は当該役務提供契約に関する事項であつて，顧客又は購入者若しくは役務の提供を受ける者の判断に影響を及ぼすこととなる重要なもの（第6条第1項第1号から第5号までに掲げるものを除く.）につき，故意に事実を告げない行為．

3　正当な理由がないのに訪問販売に係る売買契約であつて日常生活において通常必要とされる分量を著しく超える商品の売買契約の締結について勧誘することその他顧客の財産の状況に照らし不適当と認められる行為として経済産業省令で定めるもの

4　前3号に掲げるもののほか，訪問販売に関する行為であつて，訪問販売に係る取引の公正及び購入者又は役務の提供を受ける者の利益を害するおそれがあるものとして経済産業省令で定めるもの．

（業務の停止等）
**第8条**　① 主務大臣は，販売業者若しくは役務提供事業者が第3条，第3条の2第2項若しくは第4条から第6条までの規定に違反し若しくは前条各号に掲げる行為をした場合において訪問販売に係る取引の公正及び購入者若しくは役務の提供を受ける者の利益が害されるおそれがあると認めるとき，又は販売業者若しくは役務提供事業者が同条の規定による指示に従わないときは，その販売業者又は役務提供事業者に対し，1年以内の期間を限り，訪問販売に関する業務の全部又は一部を停止すべきことを命ずることができる．

② 主務大臣は，前項の規定による命令をしたときは，その旨を公表しなければならない．

（訪問販売における契約の申込みの撤回等）
**第9条**　① 販売業者若しくは役務提供事業者が営業所等以外の場所において商品若しくは指定権利若しくは役務につき売買契約若しくは役務提供契約の申込みを受けた場合若しくは販売業者若しくは役務提供事業者が営業所等において特定顧客から商品若しくは指定権利若しくは役務につき売買契約若しくは役務提供契約の申込みを受けた場合におけるその申込みをした者又は販売業者若しくは役務提供事業者が営業所等以外の場所において商品若しくは指定権利若しくは役務提供契約を締結した場合（営業所等において申込みを受け，営業所等以外の場所において売買契約若しくは役務提供契約を締結した場合を除く.）若しくは販売業者若しくは役務提供事業者が営業所等において特定顧客と商品若しくは指定権利若しくは役務につき売買契約若しくは役務提供契約を締結した場合におけるその購入者若しくは役務の提供を受ける者（以下この条から第9条の3までにおいて「申込者等」という.）は，書面によりその売買契約若しくは役務提供契約の申込みの撤回又はその売買契約若しくは役務提供契約の解除（以下この条において「申込みの撤回等」という.）を行うことができる．ただし，申込者等が第5条の書面を受領した日（その日前に第4条の書面を受領した場合にあつては，その書面を受領した日）から起算して8日を経過した場合（申込者等が，販売業者又は役務提供事業者が第6条第1項の規定に違反して申込みの撤回等に関する事項につき不実のことを告げる行為をしたことにより当該告げられた内容が事実であるとの誤認をし，又は販売業者若しくは役務提供事業者が同条第3項の規定に違反して威迫したことにより困惑し，これらによつて当該期間を経過するまでに申込みの撤回等を行わなかつた場合には，当該申込者等が，当該販売業者又は当該役務提供事業者が経済産業省令で定めるところにより当該売買契約若しくは当該役務提供契約の申込みの撤回等を行うことができる旨を記載して交付した書面を受領した日から起算して8日を経過した場合）においては，この限りでない．

② 申込みの撤回等は，当該申込みの撤回等に係る書面を発した時に，その効力を生ずる．

③ 申込みの撤回等があつた場合においては，販売業者又は役務提供事業者は，その申込みの撤回等に伴う損害賠償又は違約金の支払を請求することができない．

④ 申込みの撤回等があつた場合において，その売買契約に係る商品の引渡し又は権利の移転が既にされているときは，その引取り又は返還に要する費用は，販売業者の負担とする．

⑤ 販売業者又は役務提供事業者は，商品若しくは指定権利の売買契約又は役務提供契約につき申込みの撤回等があつた場合には，既に当該売買契約に基づき引き渡された商品が使用され若しくは当該権利の行使により施設が利用され若しくは役務が提供され又は当該役務提供契約に基づき役務が提供されたときにおいても，申込者等に対し，当該商品の使用により得られた利益又は当該権利の行使により得られた利益に相当する金銭又は当該役務提供契約に係る役務の対価その他の金銭の支払を請求することができない．

⑥ 役務提供事業者は，役務提供契約につき申込みの撤回等があつた場合において，当該役務提供契約に関連して金銭を受領しているときは，申込者等に対し，速やかに，これを返還しなければならない．

⑦ 役務提供契約又は指定権利の売買契約の申込者等は，その役務提供契約又は売買契約につき申込みの撤回等があつた場合において，当該役務提供契約又は当該指定権利に係る役務の提供に伴い申込者等の土地又は建物その他の工作物の現状が変更されたときは，当該役務提供事業者又は当該指定権利の販売業者に対し，その原状回復に必要な措置を無償で講ずることを請求することができる．

⑧ 前各項の規定に反する特約で申込者等に不利なものは，無効とする．

（通常必要とされる分量を著しく超える商品の売買契約等の申込みの撤回等）
**第9条の2**　① 申込者等は，次に掲げる契約に該当する売買契約若しくは役務提供契約の申込みの撤回又は売買契約若しくは役務提供契約の解除（以下この条において「申込みの撤回等」という.）を行うことができる．ただし，申込者等に当該契約の締結を必要とする特別の事情があつたときは，この限りでない．

1　その日常生活において通常必要とされる分量を著しく超える商品若しくは指定権利の売買契約又はその日常生活において通常必要とされる回数，期間若しくは分量を著しく超えて役務の提供を受ける役務提供契約

2　当該販売業者又は役務提供事業者が，当該売買契約若しくは役務提供契約に基づく債務を履行す

ることにより申込者等にとつて当該売買契約に係る商品若しくは指定権利と同種の商品若しくは指定権利の分量がその日常生活において通常必要とされる分量を著しく超えることとなること若しくは当該役務提供契約に係る役務と同種の役務の提供を受ける回数若しくは期間若しくはその分量がその日常生活において通常必要とされる回数,期間若しくは分量を著しく超えることとなることを知り,又は申込者等にとつて当該売買契約に係る商品若しくは指定権利と同種の商品若しくは指定権利の分量がその日常生活において通常必要とされる分量を既に著しく超えていること若しくは当該役務提供契約に係る役務と同種の役務の提供を受ける回数若しくは期間若しくはその分量がその日常生活において通常必要とされる回数,期間若しくは分量を既に著しく超えていることを知りながら,申込みを受け,又は締結した売買契約又は役務提供契約
② 前項の規定による権利は,当該売買契約又は当該役務提供契約の締結の時から1年以内に行使しなければならない.
③ 前条第3項から第8項までの規定は,第1項の規定による申込みの撤回等について準用する.この場合において,同項中「前条項」とあるのは,「次条第1項及び第2項並びに同条第3項において準用する第3項から前項まで」と読み替えるものとする.

(訪問販売における契約の申込み又はその承諾の意思表示の取消し)
**第9条の3** ① 申込者等は,販売業者又は役務提供事業者が訪問販売に係る売買契約又は役務提供契約の締結について勧誘をするに際し次の各号に掲げる行為をしたことにより,当該各号に定める誤認をし,それによつて当該売買契約若しくは当該役務提供契約の申込み又はその承諾の意思表示をしたときは,これを取り消すことができる.
 1 第6条第1項の規定に違反して不実のことを告げる行為 当該告げられた内容が事実であるとの誤認
 2 第6条第2項の規定に違反して故意に事実を告げない行為 当該事実が存在しないとの誤認
② 前項の規定による訪問販売に係る売買契約若しくは役務提供契約の申込み又はその承諾の意思表示の取消しは,これをもつて善意の第三者に対抗することができない.
③ 第1項の規定は,同項に規定する訪問販売に係る売買契約若しくは役務提供契約の申込み又はその承諾の意思表示に対する民法(明治29年法律第89号)第96条の規定の適用を妨げるものと解してはならない.
④ 第1項の規定による取消権は,追認をすることができる時から6月間行わないときは,時効によつて消滅する.当該売買契約又は当該役務提供契約の締結の時から5年を経過したときも,同様とする.

(訪問販売における契約の解除等に伴う損害賠償等の額の制限)
**第10条** ① 販売業者又は役務提供事業者は,第5条第1項各号のいずれかに該当する売買契約又は役務提供契約の締結をした場合において,その売買契約又はその役務提供契約が解除されたときは,損害賠償額の予定又は違約金の定めがあるときにおいても,次の各号に掲げる場合に応じ当該各号に定め

る額にこれに対する法定利率による遅延損害金の額を加算した金額を超える額の金銭の支払を購入者又は役務の提供を受ける者に対して請求することができない.
 1 当該商品又は当該権利が返還された場合 当該商品の通常の使用料の額又は当該権利の行使により通常得られる利益に相当する額(当該商品又は当該権利の販売価格に相当する額から当該商品又は当該権利の返還された時における価額を控除した額が通常の使用料の額又は当該権利の行使により通常得られる利益に相当する額を超えるときは,その額)
 2 当該商品又は当該権利が返還されない場合 当該商品又は当該権利の販売価格に相当する額
 3 当該役務提供契約の解除が当該役務の提供の開始後である場合 提供された当該役務の対価に相当する額
 4 当該契約の解除が当該商品の引渡し若しくは当該権利の移転又は当該役務の提供の開始前である場合 契約の締結及び履行のために通常要する費用の額
② 販売業者又は役務提供事業者は,第5条第1項各号のいずれかに該当する売買契約又は役務提供契約の締結をした場合において,その売買契約についての代金又はその役務提供契約についての対価の全部又は一部の支払の義務が履行されない場合(売買契約又は役務提供契約が解除された場合を除く.)には,損害賠償額の予定又は違約金の定めがあるときにおいても,当該商品若しくは当該権利の販売価格又は当該役務の対価に相当する額から既に支払われた当該商品若しくは当該権利の代金又は当該役務の対価の額を控除した額にこれに対する法定利率による遅延損害金の額を加算した金額を超える額の金銭の支払を購入者又は役務の提供を受ける者に対して請求することができない.

### 第3節 通信販売
(通信販売についての広告)
**第11条** 販売業者又は役務提供事業者は,通信販売をする場合の商品若しくは指定権利の販売条件又は役務の提供条件について広告をするときは,経済産業省令で定めるところにより,当該広告に,当該商品若しくは当該権利又は当該役務に関する次の事項を表示しなければならない.ただし,当該広告に,請求により,これらの事項を記載した書面を遅滞なく交付し,又はこれらの事項を記録した電磁的記録(電子的方式,磁気的方式その他人の知覚によつては認識することができない方式で作られる記録であつて,電子計算機による情報処理の用に供されるものをいう.)を遅滞なく提供する旨の表示をする場合には,販売業者又は役務提供事業者は,経済産業省令で定めるところにより,これらの事項の一部を表示しないことができる.
 1 商品若しくは権利の販売価格又は役務の対価(販売価格に商品の送料が含まれない場合には,販売価格及び商品の送料)
 2 商品若しくは権利の代金又は役務の対価の支払の時期及び方法
 3 商品の引渡時期若しくは権利の移転時期又は役務の提供時期
 4 商品若しくは指定権利の売買契約の申込みの撤回又は売買契約の解除に関する事項(第15条の2第1項ただし書に規定する特約がある場合には,

その内容を含む.)
5 前各号に掲げるもののほか,経済産業省令で定める事項
(誇大広告等の禁止)
第12条 販売業者又は役務提供事業者は,通信販売をする場合の商品若しくは指定権利の販売条件又は役務の提供条件について広告をするときは,当該商品の性能又は当該権利若しくは当該役務の内容,当該商品若しくは当該権利の売買契約の申込みの撤回又は売買契約の解除に関する事項(第15条の2第1項ただし書に規定する特約がある場合には,その内容を含む.)その他の経済産業省令で定める事項について,著しく事実に相違する表示をし,又は実際のものよりも著しく優良であり,若しくは有利であると人を誤認させるような表示をしてはならない.
(通信販売における承諾等の通知)
第13条 ① 販売業者又は役務提供事業者は,指定商品若しくは指定権利又は指定役務につき売買契約又は役務提供契約の申込みをした者から当該商品の引渡し若しくは権利の移転又は当該役務の提供に先立つて当該商品若しくは当該権利の代金又は当該役務の対価の全部又は一部を受領することとする通信販売をする場合において,郵便等により当該商品若しくは当該権利又は当該役務につき売買契約又は役務提供契約の申込みを受け,かつ,当該商品若しくは当該権利の代金又は当該役務の対価の全部又は一部を受領したときは,遅滞なく,経済産業省令で定めるところにより,その申込みを承諾する旨又は承諾しない旨(その受領前にその申込みを承諾する旨又は承諾しない旨をその申込みをした者に通知している場合には,その旨)その他の経済産業省令で定める事項をその者に書面により通知しなければならない.ただし,当該商品若しくは当該権利の代金又は当該役務の対価の全部又は一部を受領した後遅滞なく当該商品を送付し,若しくは当該権利を移転し,又は当該役務を提供したときは,この限りでない.

### 第4節 電話勧誘販売

(電話勧誘販売における氏名等の明示)
第16条 販売業者又は役務提供事業者は,電話勧誘販売をしようとするときは,その勧誘に先立つて,その相手方に対し,販売業者又は役務提供事業者の氏名又は名称及びその勧誘を行う者の氏名並びに商品若しくは権利又は役務の種類並びにその電話が売買契約又は役務提供契約の締結について勧誘をするためのものであることを告げなければならない.
(契約を締結しない旨の意思を表示した者に対する勧誘の禁止)
第17条 販売業者又は役務提供事業者は,電話勧誘販売に係る売買契約又は役務提供契約を締結しない旨の意思を表示した者に対し,当該売買契約又は当該役務提供契約の締結について勧誘をしてはならない.
(電話勧誘販売における書面の交付)
第18条 販売業者又は役務提供事業者は,電話勧誘行為により,電話勧誘顧客から商品若しくは指定権利につき当該売買契約の申込みを郵便等により受け,又は役務につき当該売買契約の申込みを郵便等により受けたときは,遅滞なく,経済産業省令で定めるところにより,次の事項についてその申込みの内容を記載した書面をその申込みをした者に交付しなければならない.ただし,その申込みを受けた際にその売買契約又は役務提供契約を締結した場合においては,この限りでない.
1 商品若しくは権利又は役務の種類
2 商品若しくは権利の販売価格又は役務の対価
3 商品若しくは権利の代金又は役務の対価の支払の時期及び方法
4 商品の引渡時期若しくは権利の移転時期又は役務の提供時期
5 第24条第1項の規定による売買契約若しくは役務提供契約の申込みの撤回又は売買契約若しくは役務提供契約の解除に関する事項(同条第2項から第7項までの規定に関する事項を含む.第26条第3項又は第4項の規定の適用がある場合にあつては,同条第3項又は第4項の規定に関する事項を含む.)
6 前各号に掲げるもののほか,経済産業省令で定める事項
(禁止行為)
第21条 ① 販売業者又は役務提供事業者は,電話勧誘販売に係る売買契約若しくは役務提供契約の締結について勧誘をするに際し,又は電話勧誘販売に係る売買契約若しくは役務提供契約の申込みの撤回若しくは解除を妨げるため,次の事項につき,不実のことを告げる行為をしてはならない.
1 商品の種類及びその性能若しくは品質又は権利若しくは役務の種類及びこれらの内容その他これらに類するものとして経済産業省令で定める事項
2 商品若しくは権利の販売価格又は役務の対価
3 商品若しくは権利の代金又は役務の対価の支払の時期及び方法
4 商品の引渡時期若しくは権利の移転時期又は役務の提供時期
5 当該売買契約若しくは当該役務提供契約の申込みの撤回又は当該売買契約若しくは当該役務提供契約の解除に関する事項(第24条第1項から第7項までの規定に関する事項を含む.第26条第3項又は第4項の規定の適用がある場合にあつては,同条第3項又は第4項の規定に関する事項を含む.)を含む.)
6 電話勧誘顧客が当該売買契約又は当該役務提供契約の締結を必要とする事情に関する事項
7 前各号に掲げるもののほか,当該売買契約又は当該役務提供契約に関する事項であつて,電話勧誘顧客又は購入者若しくは役務の提供を受ける者の判断に影響を及ぼすこととなる重要なもの
② 販売業者又は役務提供事業者は,電話勧誘販売に係る売買契約若しくは役務提供契約の締結について勧誘をするに際し,前項第1号から第5号までに掲げる事項につき,故意に事実を告げない行為をしてはならない.
③ 販売業者又は役務提供事業者は,電話勧誘販売に係る売買契約若しくは役務提供契約を締結させ,又は電話勧誘販売に係る売買契約若しくは役務提供契約の申込みの撤回若しくは解除を妨げるため,人を威迫して困惑させてはならない.
(電話勧誘販売における契約の申込みの撤回等)
第24条 ① 販売業者又は役務提供事業者が電話勧誘行為により電話勧誘顧客から商品若しくは指定権利若しくは役務につき当該売買契約若しくは当該役務提供契約の申込みを郵便等により受け

た場合におけるその申込みをした者又は販売業者若しくは役務提供事業者が電話勧誘行為により電話勧誘顧客と商品若しくは指定権利若しくは役務につき売買契約若しくは役務提供契約を郵便等により締結した場合におけるその購入者若しくは役務の提供を受ける者(以下この条及び次条において「申込者等」という。)は,書面によりその売買契約若しくは役務提供契約の申込みの撤回又はその売買契約若しくは役務提供契約の解除(以下この条において「申込みの撤回等」という。)を行うことができる。ただし,申込者等が第19条の書面を受領した日(その日前に第18条の書面を受領した場合にあつては,その書面を受領した日)から起算して8日を経過した場合(申込者等が,販売業者若しくは役務提供事業者が第21条第1項の規定に違反して申込みの撤回等に関する事項につき不実のことを告げる行為をしたことにより当該告げられた内容が事実であるとの誤認をし,又は販売業者若しくは役務提供事業者が同条第3項の規定に違反して威迫したことにより困惑し,これらによつて当該期間を経過するまでに申込みの撤回等を行わなかつた場合には,当該申込者等が,当該販売業者又は当該役務提供事業者が経済産業省令で定めるところにより当該売買契約又は当該役務提供契約の申込みの撤回等を行うことができる旨を記載して交付した書面を受領した日から起算して8日を経過した場合)においては,この限りでない。

(電話勧誘販売における契約の申込み又はその承諾の意思表示の取消し)
**第24条の2** ① 申込者等は,販売業者又は役務提供事業者が電話勧誘販売に係る売買契約又は役務提供契約の締結について勧誘をするに際し,次の各号に掲げる行為をしたことにより,当該各号に定める誤認をし,それによつて当該売買契約若しくは当該役務提供契約の申込み又はその承諾の意思表示をしたときは,これを取り消すことができる。
1 第21条第1項の規定に違反して不実のことを告げる行為 当該告げられた内容が事実であるとの誤認
2 第21条第2項の規定に違反して故意に事実を告げない行為 当該事実が存在しないとの誤認
② 第9条の3第2項から第4項までの規定は,前項の規定による電話勧誘販売に係る売買契約若しくは役務提供契約の申込み又はその承諾の意思表示の取消しについて準用する。

### 第5節 雑則

(適用除外)
**第26条** ① 前3節の規定は,次の販売又は役務の提供で訪問販売,通信販売又は電話勧誘販売に該当するものについては,適用しない。
1 売買契約又は役務提供契約で,その申込みをした者が営業のために若しくは営業として締結するもの又は購入者若しくは役務の提供を受ける者が営業のために若しくは営業として締結するものに係る販売又は役務の提供
2 本邦外に在る者に対する商品若しくは権利の販売又は役務の提供
3 国又は地方公共団体が行う販売又は役務の提供
4 次の団体がその直接又は間接の構成員に対して行う販売又は役務の提供(その団体が構成員以外の者にその事業又は施設を利用させることができる場合には,これらの者に対して行う販売又は役

務の提供を含む。)
イ 特別の法律に基づいて設立された組合並びにその連合会及び中央会
ロ 国家公務員法(昭和22年法律第120号)第108条の2又は地方公務員法(昭和25年法律第261号)第52条の団体
ハ 労働組合
5 事業者がその従業者に対して行う販売又は役務の提供
⑤ 第4条から第10条までの規定は,次の訪問販売については,適用しない。
1 その住居において売買契約若しくは役務提供契約の申込みをし又は売買契約若しくは役務提供契約を締結することを請求した者に対して行う訪問販売
2 販売業者又は役務提供事業者がその営業所等以外の場所において商品若しくは指定権利若しくは役務につき売買契約若しくは役務提供契約の申込みを受け又は売買契約若しくは役務提供契約を締結することが通例であり,かつ,通常購入者又は役務の提供を受ける者の利益を損なうおそれがないと認められる取引の態様で政令で定めるものに該当する訪問販売
⑥ 第18条,第19条及び第21条から前条までの規定は,次の電話勧誘販売については,適用しない。
1 売買契約若しくは役務提供契約の申込みをし又は売買契約若しくは役務提供契約を締結するために電話をかけることを請求した者(電話勧誘行為又は政令で定める行為によりこれを請求した者を除く。)に対して行う電話勧誘販売
2 販売業者又は役務提供事業者が電話勧誘行為により商品若しくは指定権利若しくは役務につき当該売買契約若しくは当該役務提供契約の申込みを郵便等により受け又は当該売買契約若しくは役務提供契約を締結することが通例であり,かつ,通常購入者又は役務の提供を受ける者の利益を損なうおそれがないと認められる取引の態様で政令で定めるものに該当する電話勧誘販売
⑦ 第10条及び前条の規定は,割賦販売(割賦販売法(昭和36年法律第159号)第2条第1項に規定する割賦販売をいう。以下同じ。)で訪問販売又は電話勧誘販売に該当するものについては,適用しない。
⑧ 第11条及び第13条の規定は,割賦販売等(割賦販売,割賦販売法第2条第2項に規定するローン提携販売,同条第3項に規定する包括信用購入あつせん又は同条第4項に規定する個別信用購入あつせんに係る販売をいう。次項において同じ。)で通信販売に該当するものについては,適用しない。
⑨ 第20条の規定は,割賦販売等で電話勧誘販売に該当するものについては,適用しない。

### 第3章 連鎖販売取引

(定義)
**第33条** ① この章並びに第58条の7第1項及び第3項並びに第67条第1項において「連鎖販売業」とは,物品(施設を利用し又は役務の提供を受ける権利を含む。以下同じ。)の販売(そのあつせんを含む。)又は有償で行う役務の提供(そのあつせんを含む。)の事業であつて,販売の目的物たる物品(以下この章及び第58条の7第1項第1号イにおいて「商品」という。)の再販売(販売の相手方が

商品を買い受けて販売することをいう.以下同じ.),受託販売(販売の委託を受けて商品を販売することをいう.以下同じ.)若しくは同種役務のあつせんをする者は同種役務の提供(その役務と同一の種類の役務の提供をすることをいう.以下同じ.)若しくはその役務の提供のあつせんをする者を特定利益(その商品の再販売,受託販売若しくは販売のあつせんをする他の者又は同種役務の提供若しくはその役務の提供のあつせんをする他の者が получる取引料その他の経済産業省令で定める要件に該当する利益の全部又は一部をいう.以下この章及び第58条の7第1項第4号において同じ.)を収受し得ることをもって誘引し,その者と特定負担(その商品の購入若しくはその役務の対価の支払又は取引料の提供をいう.以下この章において同じ.)を伴うその商品の販売若しくはそのあつせん又は同種役務の提供若しくはその役務の提供のあつせんに係る取引(その取引条件の変更を含む.以下「連鎖販売取引」という.)をするものをいう.

② この章並びに第58条の7,第66条第1項及び第67条第1項において「統括者」とは,連鎖販売業に係る商品に自己の商標を付し,若しくは連鎖販売業に係る役務の提供について自己の商号その他特定の表示を使用させ,連鎖販売業に関する約款を定め,又は連鎖販売業を行う者の経営に関し継続的に指導を行う等一連の連鎖販売業を実質的に統括する者をいう.

③ この章において「取引料」とは,取引料,加盟料,保証金その他いかなる名義をもってするかを問わず,取引をする際し,又は取引条件を変更するに際し提供される金品をいう.

**(連鎖販売取引における氏名等の明示)**

**第33条の2** 統括者,勧誘者(統括者がその統括する一連の連鎖販売業に係る連鎖販売取引について勧誘を行わせる者をいう.以下同じ.)又は一般連鎖販売業者(統括者又は勧誘者以外の者であつて,連鎖販売業を行う者をいう.以下同じ.)は,その統括者の統括する一連の連鎖販売業に係る連鎖販売取引をしようとするときは,その勧誘に先立つて,その相手方に対し,統括者,勧誘者又は一般連鎖販売業者の氏名又は名称(勧誘者又は一般連鎖販売業者にあつては,その連鎖販売業に係る統括者の氏名又は名称を含む.),特定負担を伴う取引についての契約の締結について勧誘をする目的である旨及び当該勧誘に係る商品又は役務の種類を明らかにしなければならない.

**(禁止行為)**

**第34条** ① 統括者又は勧誘者は,その統括者の統括する一連の連鎖販売業に係る連鎖販売取引についての契約(その連鎖販売業に係る商品の販売若しくはそのあつせん又は役務の提供若しくはそのあつせんを店舗その他これに類似する設備(以下「店舗等」という.)によらないで行う個人との契約に限る.以下この条において同じ.)の締結について勧誘をするに際し,又はその連鎖販売業についての契約の解除を妨げるため,次の事項につき,故意に事実を告げず,又は不実のことを告げる行為をしてはならない.

1 商品(施設を利用し及び役務の提供を受ける権利を除く.)の種類及びその性能若しくは品質又は施設を利用し若しくは役務の提供を受ける権利若しくは役務の種類及びこれらの内容その他これらに類するものとして経済産業省令で定める事項

2 当該連鎖販売取引に伴う特定負担に関する事項

3 当該契約の解除に関する事項(第40条第1項から第3項まで及び第40条の2第1項から第5項までの規定に関する事項を含む.)

4 その連鎖販売業に係る特定利益に関する事項

5 前各号に掲げるもののほか,その連鎖販売業に関する事項であつて,連鎖販売取引の相手方の判断に影響を及ぼすこととなる重要なもの

② 一般連鎖販売業者は,その統括者の統括する一連の連鎖販売業に係る連鎖販売取引についての契約の締結について勧誘をするに際し,又はその連鎖販売業に係る連鎖販売取引についての契約の解除を妨げるため,前項各号の事項につき,不実のことを告げる行為をしてはならない.

③ 統括者,勧誘者又は一般連鎖販売業者は,その統括者の統括する一連の連鎖販売業に係る連鎖販売取引についての契約を締結させ,又はその連鎖販売業に係る連鎖販売取引についての契約の解除を妨げるため,人を威迫して困惑させてはならない.

④ 統括者,勧誘者又は一般連鎖販売業者は,特定負担を伴う取引についての契約の締結について勧誘をするためのものであることを告げずに営業所,代理店その他の経済産業省令で定める場所以外の場所において呼び止めて同行させることその他政令で定める方法により誘引した者に対し,公衆の出入りする場所以外の場所において,当該契約の締結について勧誘をしてはならない.

**(連鎖販売取引についての広告)**

**第35条** 統括者,勧誘者又は一般連鎖販売業者は,その統括者の統括する一連の連鎖販売業に係る連鎖販売取引について広告をするときは,経済産業省令で定めるところにより,当該広告に,その連鎖販売業に関する次の事項を表示しなければならない.

1 商品又は役務の種類

2 当該連鎖販売取引に伴う特定負担に関する事項

3 その連鎖販売業に係る特定利益について広告をするときは,その計算の方法

4 前3号に掲げるもののほか,経済産業省令で定める事項

**(誇大広告等の禁止)**

**第36条** 統括者,勧誘者又は一般連鎖販売業者は,その統括者の統括する一連の連鎖販売業に係る連鎖販売取引について広告をするときは,その連鎖販売業に係る商品(施設を利用し及び役務の提供を受ける権利を除く.)の性能若しくは品質又は施設を利用し若しくは役務の提供を受ける権利若しくは役務の内容,当該連鎖販売取引に伴う特定負担,当該連鎖販売業に係る特定利益その他の経済産業省令で定める事項について,著しく事実に相違する表示をし,又は実際のものよりも著しく優良であり,若しくは有利であると人を誤認させるような表示をしてはならない.

**(連鎖販売契約の解除等)**

**第40条** ① 連鎖販売業を行う者がその連鎖販売業に係る連鎖販売契約を締結した場合におけるその連鎖販売契約の相手方(その連鎖販売業に係る商品の販売若しくはそのあつせん又は役務の提供若しくはそのあつせんを店舗等によらないで行う個人に限る.以下この章において「連鎖販売加入者」という.)は,第37条第2項の書面を受領した日

(その連鎖販売契約に係る特定負担が再販売をする商品（施設を利用し及び役務の提供を受ける権利を除く。以下この項において同じ。）の購入についてのものである場合において，その連鎖販売契約に基づき購入したその商品につき最初の引渡しを受けた日がその受領した日後であるときは，その引渡しを受けた日．次条第1項において同じ．）から起算して20日を経過したとき（連鎖販売加入者が，統括者若しくは勧誘者が第34条第1項の規定に違反し若しくは一般連鎖販売業者が同条第2項の規定に違反してこの項の規定による連鎖販売契約の解除に関する事項につき不実のことを告げる行為をしたことにより当該告げられた内容が事実であるとの誤認をし，又は統括者，勧誘者若しくは一般連鎖販売業者が同条第3項の規定に違反して威迫したことにより困惑し，これらによって当該期間を経過するまでにこの項の規定による連鎖販売契約の解除を行わなかった場合には，当該連鎖販売加入者が，その連鎖販売業に係る統括者，勧誘者又は一般連鎖販売業者が経済産業省令で定めるところによりこの項の規定による連鎖販売契約の解除を行うことができる旨を記載して交付した書面を受領した日から起算して20日を経過したとき）を除き，書面によりその連鎖販売契約の解除を行うことができる．この場合において，その連鎖販売業を行う者は，その連鎖販売契約の解除に伴う損害賠償又は違約金の支払を請求することができない．

## 第4章　特定継続的役務提供

**（定義）**

**第41条**　① この章及び第58条の8第1項第1号において「特定継続的役務提供」とは，次に掲げるものをいう．
1　役務提供事業者が，特定継続的役務をそれぞれの特定継続的役務ごとに政令で定める期間を超える期間にわたり提供することを約し，相手方がこれに応じて政令で定める金額を超える金銭を支払うことを約する契約（以下この章において「特定継続的役務提供契約」という．）を締結して行う特定継続的役務の提供
2　販売業者が，特定継続的役務の提供（前号の政令で定める期間を超える期間にわたり提供するものに限る．）を受ける権利を同号の政令で定める金額を超える金銭を受け取つて販売する契約（以下この章において「特定権利販売契約」という．）を締結して行う特定継続的役務の提供を受ける権利の販売

② この章並びに第58条の8第1項第1号及び第67条第1項において「特定継続的役務」とは，国民の日常生活に係る取引において有償で継続的に提供される役務であつて，次の各号のいずれにも該当するものとして，政令で定めるものをいう．
1　役務の提供を受ける者の身体の美化又は知識若しくは技能の向上その他のその者の心身又は身上に関する目的を実現させることをもつて誘引が行われるもの
2　役務の性質上，前号に規定する目的が実現するかどうかが確実でないもの

**（誇大広告等の禁止）**

**第43条**　役務提供事業者又は販売業者は，特定継続的役務提供をする場合の特定継続的役務の提供条件又は特定継続的役務の提供を受ける権利の販売条件について広告をするときは，当該特定継続的役務の内容又は効果その他の経済産業省令で定める事項について，著しく事実に相違する表示をし，又は実際のものよりも著しく優良であり，若しくは有利であると人を誤認させるような表示をしてはならない．

**（禁止行為）**

**第44条**　① 役務提供事業者又は販売業者は，特定継続的役務提供等契約の締結について勧誘をするに際し，又は特定継続的役務提供等契約の解除を妨げるため，次の事項につき，不実のことを告げる行為をしてはならない．
1　役務の提供を受ける権利の種類及びこれらの内容又は効果（権利の場合にあつては，当該権利に係る役務の効果）その他これらに類するものとして経済産業省令で定める事項
2　役務の提供又は権利の行使による役務の提供に際し当該役務の提供を受ける者又は当該権利の購入者が購入する必要のある商品がある場合には，その商品の種類及びその性能若しくは品質その他これらに類するものとして経済産業省令で定める事項
3　役務の対価又は権利の販売価格その他の役務の提供を受ける者又は役務の提供を受ける権利の購入者が支払わなければならない金銭の額
4　前号に掲げる金銭の支払の時期及び方法
5　役務の提供期間又は権利の行使により受けることができる役務の提供期間
6　当該特定継続的役務提供等契約の解除に関する事項（第48条第1項から第7項まで及び第49条第1項から第6項までの規定に関する事項を含む．）
7　顧客が当該特定継続的役務提供等契約の締結を必要とする事情に関する事項
8　前各号に掲げるもののほか，当該特定継続的役務提供等契約に関する事項であつて，顧客又は特定継続的役務の提供を受ける者若しくは特定継続的役務の提供を受ける権利の購入者の判断に影響を及ぼすこととなる重要なもの

② 役務提供事業者又は販売業者は，特定継続的役務提供等契約の締結について勧誘をするに際し，前項第1号から第6号までに掲げる事項につき，故意に事実を告げない行為をしてはならない．

③ 役務提供事業者又は販売業者は，特定継続的役務提供等契約を締結させ，又は特定継続的役務提供等契約の解除を妨げるため，人を威迫して困惑させてはならない．

## 第5章　業務提供誘引販売取引

**（定義）**

**第51条**　① この章並びに第58条の9，第66条第1項及び第67条第1項において「業務提供誘引販売業」とは，物品の販売（そのあつせんを含む．）又は有償で行う役務の提供（そのあつせんを含む．）の事業であつて，その販売の目的物たる物品（以下この章及び第58条第1項第3号において「商品」という．）又はその提供される役務を利用する業務（その商品の販売若しくはそのあつせん又はその役務の提供若しくはそのあつせんを行う者が自ら提供を行い，又はあつせんを行うものに限る．）に従事することにより得られる利益（以下この章にお

いて「業務提供利益」という.）を収受し得ることをもつて相手方を誘引し,その者と特定負担（その商品の購入若しくはその役務の対価の支払又は取引料の提供をいう．以下この章において同じ．）を伴うその商品の販売若しくはそのあつせん又はその役務の提供若しくはそのあつせんに係る取引（その取引条件の変更を含む．以下「業務提供誘引販売取引」という．）をするものをいう．

② この章において「取引料」とは,取引料,登録料,保証金その他いかなる名義をもつてするかを問わず,取引をするに際し,又は取引条件を変更するに際し提供される金品をいう．

（業務提供誘引販売取引における氏名等の明示）
**第51条の2** 業務提供誘引販売業を行う者は,業務提供誘引販売業に係る業務提供誘引販売取引をしようとするときは,その勧誘に先立つて,その相手方に対し,業務提供誘引販売業を行う者の氏名又は名称,特定負担を伴う取引についての契約の締結について勧誘をする目的である旨及び当該勧誘に係る商品又は役務の種類を明らかにしなければならない．

（禁止行為）
**第52条** ① 業務提供誘引販売業を行う者は,その業務提供誘引販売業に係る業務提供誘引販売取引についての契約（その業務提供誘引販売業に関して提供され,又はあつせんされる業務を事業所その他これに類似する施設（以下「事業所等」という．）によらないで行う個人との契約に限る．以下この条において同じ．）の締結について勧誘をするに際し,又はその業務提供誘引販売業に係る業務提供誘引販売取引についての契約の解除を妨げるため,次の事項につき,故意に事実を告げず,又は不実のことを告げる行為をしてはならない．

1 商品（施設を利用し及び役務の提供を受ける権利を除く．）の種類及びその性能若しくは品質又は施設を利用し若しくは役務の提供を受ける権利若しくは役務の種類及びこれらの内容その他これらに類するものとして経済産業省令で定める事項
2 当該業務提供誘引販売取引に伴う特定負担に関する事項
3 当該契約の解除に関する事項（第58条第1項から第3項までの規定に関する事項を含む．）
4 当該業務提供誘引販売業に係る業務提供利益に関する事項
5 前各号に掲げるもののほか,その業務提供誘引販売業に関する事項であつて,業務提供誘引販売取引の相手方の判断に影響を及ぼすこととなる重要なもの

② 業務提供誘引販売業を行う者は,その業務提供誘引販売業に係る業務提供誘引販売取引についての契約を締結させ,又はその業務提供誘引販売業に係る業務提供誘引販売取引についての契約の解除を妨げるため,人を威迫して困惑させてはならない．

③ 業務提供誘引販売業を行う者は,特定負担を伴う取引についての契約の締結について勧誘をするためのものであることを告げずに営業所,代理店その他の経済産業省令で定める場所以外の場所において呼び止めて同行させることその他政令で定める方法により誘引した者に対し,公衆の出入りする場所以外の場所において,当該業務提供誘引販売業に係る業務提供誘引販売取引についての契約の締結について勧誘をしてはならない．

（合理的な根拠を示す資料の提出）
**第52条の2** 主務大臣は,前条第1項第1号又は第4号に掲げる事項につき不実のことを告げる行為をしたか否かを判断するため必要があると認めるときは,当該業務提供誘引販売業を行う者に対し,期間を定めて,当該告げた事項の裏付けとなる合理的な根拠を示す資料の提出を求めることができる．この場合において,当該業務提供誘引販売業を行う者が当該資料を提出しないときは,第56条第1項及び第57条第1項の規定の適用については,当該業務提供誘引販売業を行う者は,前条第1項第1号又は第4号に掲げる事項につき不実のことを告げる行為をしたものとみなす．

（業務提供誘引販売取引についての広告）
**第53条** 業務提供誘引販売業を行う者は,その業務提供誘引販売業に係る業務提供誘引販売取引について広告をするときは,経済産業省令で定めるところにより,当該広告に,業務提供誘引販売取引に関する次の事項を表示しなければならない．
1 商品又は役務の種類
2 当該業務提供誘引販売取引に伴う特定負担に関する事項
3 その業務提供誘引販売業に関して提供し,又はあつせんする業務について広告をするときは,その業務の提供条件
4 前3号に掲げるもののほか,経済産業省令で定める事項

（誇大広告等の禁止）
**第54条** 業務提供誘引販売業を行う者は,その業務提供誘引販売業に係る業務提供誘引販売取引について広告をするときは,当該業務提供誘引販売取引に伴う特定負担,当該業務提供誘引販売業に係る業務提供利益その他の経済産業省令で定める事項について,著しく事実に相違する表示をし,又は実際のものよりも著しく優良であり,若しくは有利であると人を誤認させるような表示をしてはならない．

## 第6章 雑則

（売買契約に基づかないで送付された商品）
**第59条** ① 販売業者は,売買契約の申込みを受けた場合におけるその申込みをした者及び売買契約を締結した場合におけるその購入者（以下この項において「申込者等」という．）以外の者に対して売買契約の申込みをし,かつ,その申込みに係る商品を送付した場合又は申込者等に対してその売買契約に係る商品以外の商品につき売買契約の申込みをし,かつ,その申込みに係る商品を送付した場合において,その商品の送付があつた日から起算して14日を経過する日（その日が,その商品の送付を受けた者が販売業者に対してその商品の引取りの請求をした場合におけるその請求の日から起算して7日を経過する日後であるときは,その7日を経過する日）までに,その商品の送付を受けた者がその申込みにつき承諾をせず,かつ,販売業者がその商品の引取りをしないときは,その送付した商品の返還を請求することができない．

② 前項の規定は,その商品の送付を受けた者のために商行為となる売買契約の申込みについては,適用しない．

**附 則**（平成20・5・2法29）（抄）
（施行期日）

① この法律は、平成21年4月1日から施行する。ただし（中略）第4条の規定は、特定商取引に関する法律及び割賦販売法の一部を改正する法律（平成20年法律第74号）の施行の日から施行する。
附　則（平成20・6・18法74）（抄）
（施行期日）
第1条　この法律は、公布の日から起算して1年6月を超えない範囲内において政令で定める日から施行する。ただし、次の各号に掲げる規定は、当該各号に定める日から施行する。
1　附則第4条第11項及び第12項（中略）の規定　公布の日
2　第1条（特定商取引に関する法律の一部改正）及び附則第3条の規定　公布の日から起算して6月を超えない範囲内において政令で定める日
3・4　（略）

## 52　借地借家法

(平3・10・4法律第90号, 平4・8・1施行, 最終改正：平19・12・21法律第132号)

### 第1章　総　則

（趣　旨）
第1条　この法律は、建物の所有を目的とする地上権及び土地の賃借権の存続期間、効力等並びに建物の賃貸借の契約の更新、効力等に関し特別の定めをするとともに、借地条件の変更等の裁判手続に関し必要な事項を定めるものとする。

（定　義）
第2条　この法律において、次の各号に掲げる用語の意義は、当該各号に定めるところによる。
1　借地権　建物の所有を目的とする地上権又は土地の賃借権をいう。
2　借地権者　借地権を有する者をいう。
3　借地権設定者　借地権者に対して借地権を設定している者をいう。
4　転借地権　建物の所有を目的とする土地の賃借権で借地権者が設定しているものをいう。
5　転借地権者　転借地権を有する者をいう。

### 第2章　借　地

#### 第1節　借地権の存続期間等

（借地権の存続期間）
第3条　借地権の存続期間は、30年とする。ただし、契約でこれより長い期間を定めたときは、その期間とする。

（借地権の更新後の期間）
第4条　当事者が借地契約を更新する場合においては、その期間は、更新の日から10年（借地権の設定後の最初の更新にあっては、20年）とする。ただし、当事者がこれより長い期間を定めたときは、その期間とする。

（借地契約の更新請求等）
第5条　① 借地権の存続期間が満了する場合において、借地権者が契約の更新を請求したときは、建物がある場合に限り、前条の規定によるもののほか、従前の契約と同一の条件で契約を更新したものとみなす。ただし、借地権設定者が遅滞なく異議を述べたときは、この限りでない。
② 借地権の存続期間が満了した後、借地権者が土地の使用を継続するときも、建物がある場合に限り、前項と同様とする。
③ 転借地権が設定されている場合においては、転借地権者がする土地の使用の継続を借地権者がする土地の使用の継続とみなして、借地権者と借地権設定者との間について前項の規定を適用する。

（借地契約の更新拒絶の要件）
第6条　前条の異議は、借地権設定者及び借地権者（転借地権者を含む。以下この条において同じ。）が土地の使用を必要とする事情のほか、借地に関する従前の経過及び土地の利用状況並びに借地権設定者が土地の明渡しの条件として又は土地の明渡しと引換えに借地権者に対して財産上の給付をする旨の申出をした場合におけるその申出を考慮して、正当の事由があると認められる場合でなければ、述べることができない。

（建物の再築による借地権の期間の延長）
第7条　① 借地権の存続期間が満了する前に建物の滅失（借地権者又は転借地権者による取壊しを含む。以下同じ。）があった場合において、借地権者が残存期間を超えて存続すべき建物を築造したときは、その建物を築造するにつき借地権設定者の承諾がある場合に限り、借地権は、承諾があった日又は建物が築造された日のいずれか早い日から20年間存続する。ただし、残存期間がこれより長いとき、又は当事者がこれより長い期間を定めたときは、その期間による。
② 借地権者が借地権設定者に対し残存期間を超えて存続すべき建物を新たに築造する旨を通知した場合において、借地権設定者がその通知を受けた後2月以内に異議を述べなかったときは、その建物を築造するつき前項の借地権設定者の承諾があったものとみなす。ただし、契約の更新の後（同項の規定により借地権の存続期間が延長された場合にあっては、借地権の当初の存続期間が満了すべき日の後。次条及び第18条において同じ。）に通知があった場合においては、この限りでない。
③ 転借地権が設定されている場合においては、転借地権者がする建物の築造を借地権者がする建物の築造とみなして、借地権者と借地権設定者との間について第1項の規定を適用する。

（借地契約の更新後の建物の滅失による解約等）
第8条　① 契約の更新の後に建物の滅失があった場合においては、借地権者は、地上権の放棄又は土地の賃貸借の解約の申入れをすることができる。
② 前項に規定する場合において、借地権者が借地権設定者の承諾を得ないで残存期間を超えて存続すべき建物を築造したときは、借地権設定者は、地上権の消滅の請求又は土地の賃貸借の解約の申入れをすることができる。
③ 前2項の場合においては、借地権は、地上権の放棄若しくは消滅の請求又は土地の賃貸借の解約の申入れがあった日から3月を経過することによって消滅する。
④ 第1項に規定する地上権の放棄又は土地の賃貸借の解約の申入れをする権利は、第2項に規定する地上権の消滅の請求又は土地の賃貸借の解約の申入れをする権利を制限する場合に限り、制限することができる。

## 52 借地借家法

⑤ 転借地権が設定されている場合においては、転借地権者がする建物の築造を借地権者がする建物の築造とみなして、借地権者と借地権設定者との間について第2項の規定を適用する。

（強行規定）
**第9条** この節の規定に反する特約で借地権者に不利なものは、無効とする。

### 第2節 借地権の効力

（借地権の対抗力等）
**第10条** ① 借地権は、その登記がなくても、土地の上に借地権者が登記されている建物を所有するときは、これをもって第三者に対抗することができる。
② 前項の場合において、建物の滅失があっても、借地権者が、その建物を特定するために必要な事項、その滅失があった日及び建物を新たに築造する旨を土地の上の見やすい場所に掲示するときは、借地権は、なお同項の効力を有する。ただし、建物の滅失があった日から2年を経過した後にあっては、その前に建物を新たに築造し、かつ、その建物につき登記した場合に限る。
③ 民法（明治29年法律第89号）第566条第1項及び第3項の規定は、前2項の規定により第三者に対抗することができる借地権の目的である土地が売買の目的物である場合に準用する。
④ 民法第533条の規定は、前項の場合に準用する。

（地代等増減請求権）
**第11条** ① 地代又は土地の借賃（以下この条及び次条において「地代等」という。）が、土地に対する租税その他の公課の増減により、土地の価格の上昇若しくは低下その他の経済事情の変動により、又は近傍類似の土地の地代等に比較して不相当となったときは、契約の条件にかかわらず、当事者は、将来に向かって地代等の額の増減を請求することができる。ただし、一定の期間地代等を増額しない旨の特約がある場合には、その定めに従う。
② 地代等の増額について当事者間に協議が調わないときは、その請求を受けた者は、増額を正当とする裁判が確定するまでは、相当と認める額の地代等を支払うことをもって足りる。ただし、その裁判が確定した場合において、既に支払った額に不足があるときは、その不足額に年1割の割合による支払期後の利息を付してこれを支払わなければならない。
③ 地代等の減額について当事者間に協議が調わないときは、その請求を受けた者は、減額を正当とする裁判が確定するまでは、相当と認める額の地代等の支払を請求することができる。ただし、その裁判が確定した場合において、既に支払を受けた額が正当とされた地代等の額を超えるときは、その超過額に年1割の割合による受領の時からの利息を付してこれを返還しなければならない。

（借地権設定者の先取特権）
**第12条** ① 借地権設定者は、弁済期の到来した最後の2年分の地代等について、借地権者がその土地において所有する建物の上に先取特権を有する。
② 前項の先取特権は、地上権又は土地の賃貸借の登記をすることによって、その効力を保存する。
③ 第1項の先取特権は、他の権利に対して優先する効力を有する。ただし、共益費用、不動産保存及び不動産工事の先取特権並びに地上権又は土地の賃貸借の登記より先に登記された質権及び抵当権には後れる。
④ 前3項の規定は、転借地権者がその土地において所有する建物について準用する。

（建物買取請求権）
**第13条** ① 借地権の存続期間が満了した場合において、契約の更新がないときは、借地権者は、借地権設定者に対し、建物その他借地権者が権原により土地に附属させた物を時価で買い取るべきことを請求することができる。
② 前項の場合において、建物が借地権の存続期間が満了する前に借地権設定者の承諾を得ないで残存期間を超えて存続すべきものとして新たに築造されたものであるときは、裁判所は、借地権設定者の請求により、代金の全部又は一部の支払につき相当の期限を許与することができる。
③ 前2項の規定は、借地権の存続期間が満了した場合における転借地権者と借地権設定者との間について準用する。

（第三者の建物買取請求権）
**第14条** 第三者が賃借権の目的である土地の上の建物その他借地権者が権原によって土地に附属させた物を取得した場合において、借地権設定者が賃借権の譲渡又は転貸を承諾しないときは、その第三者は、借地権設定者に対し、建物その他借地権者が権原によって土地に附属させた物を時価で買い取るべきことを請求することができる。

（自己借地権）
**第15条** ① 借地権を設定する場合においては、他の者と共に有することとなるときに限り、借地権設定者が自らその借地権を有することができる。
② 借地権が借地権設定者に帰した場合であっても、他の者と共にその借地権を有するときは、その借地権は、消滅しない。

（強行規定）
**第16条** 第10条、第13条及び第14条の規定に反する特約で借地権者又は転借地権者に不利なものは、無効とする。

### 第3節 借地条件の変更等

（借地条件の変更及び増改築の許可）
**第17条** ① 建物の種類、構造、規模又は用途を制限する旨の借地条件がある場合において、法令による土地利用の規制の変更、付近の土地の利用状況の変化その他の事情の変更により現に借地権を設定するにはそのような借地条件と異なる建物の所有を目的とすることが相当であるにもかかわらず、借地条件の変更につき当事者間に協議が調わないときは、裁判所は、当事者の申立てにより、その借地条件を変更することができる。
② 増改築を制限する旨の借地条件がある場合において、土地の通常の利用上相当とすべき増改築につき当事者間に協議が調わないときは、裁判所は、借地権者の申立てにより、その増改築についての借地権設定者の承諾に代わる許可を与えることができる。
③ 裁判所は、前2項の裁判をする場合において、当事者間の利益の衡平を図るため必要があるときは、他の借地条件を変更し、財産上の給付を命じ、その他相当の処分をすることができる。
④ 裁判所は、前3項の裁判をするには、借地権の残存期間、土地の状況、借地に関する従前の経過その他一切の事情を考慮しなければならない。
⑤ 転借地権が設定されている場合において、必要があるときは、裁判所は、転借地権者の申立てにより、転借地権とともに借地権につき第1項から第3項までの裁判をすることができる。

⑥ 裁判所は，特に必要がないと認める場合を除き，第1項から第3項まで又は前項の裁判をする前に鑑定委員会の意見を聴かなければならない．

（借地契約の更新後の建物の再築の許可）
**第18条** ① 契約の更新の後において，借地権者が残存期間を超えて存続すべき建物を新たに築造することにつきやむを得ない事情があるにもかかわらず，借地権設定者がその建物の築造を承諾しないときは，借地権設定者が地上権の消滅の請求又は土地の賃貸借の解約の申入れをすることができない旨を定めた場合を除き，裁判所は，借地権者の申立てにより，借地権設定者の承諾に代わる許可を与えることができる．この場合において，当事者間の利益の衡平を図るため必要があるときは，延長すべき借地権の期間として第7条第1項の規定による期間と異なる期間を定め，他の借地条件を変更し，財産上の給付を命じ，その他相当の処分をすることができる．
② 裁判所は，前項の裁判をするには，建物の状況，建物の滅失があった場合には滅失に至った事情，借地に関する従前の経過，借地権設定者及び借地権者（転借地権者を含む．）が土地の使用を必要とする事情その他一切の事情を考慮しなければならない．
③ 前条第5項及び第6項の規定は，第1項の裁判をする場合に準用する．

（土地の賃借権の譲渡又は転貸の許可）
**第19条** ① 借地権者が賃借権の目的である土地の上の建物を第三者に譲渡しようとする場合において，その第三者が賃借権を取得し又は転借をしても借地権設定者に不利となるおそれがないにもかかわらず，借地権設定者がその賃借権の譲渡又は転貸を承諾しないときは，裁判所は，借地権者の申立てにより，借地権設定者の承諾に代わる許可を与えることができる．この場合において，当事者間の利益の衡平を図るため必要があるときは，賃借権の譲渡若しくは転貸を条件とする借地条件の変更を命じ，又はその許可を財産上の給付に係らしめることができる．
② 裁判所は，前項の裁判をするには，賃借権の残存期間，借地に関する従前の経過，賃借権の譲渡又は転貸を必要とする事情その他一切の事情を考慮しなければならない．
③ 第1項の申立てがあった場合において，裁判所が定める期間内に借地権設定者が自ら建物の譲渡及び賃借権の譲渡又は転貸を受ける旨の申立てをしたときは，裁判所は，同項の規定にかかわらず，相当の対価及び転貸の条件を定めて，これを命ずることができる．この裁判においては，当事者双方に対し，その義務を同時に履行すべきことを命ずることができる．
④ 前項の申立ては，第1項の申立てが取り下げられたとき，又は不適法として却下されたときは，その効力を失う．
⑤ 第3項の裁判があった後は，第1項又は第3項の申立ては，当事者の合意がある場合でなければ取り下げることができない．
⑥ 裁判所は，特に必要がないと認める場合を除き，第1項又は第3項の裁判をする前に鑑定委員会の意見を聴かなければならない．
⑦ 前各項の規定は，転借地権が設定されている場合における転借地権者と借地権設定者との間について準用する．ただし，借地権設定者が第3項の申立

てをするには，借地権者の承諾を得なければならない．

（建物競売等の場合における土地の賃借権の譲渡の許可）
**第20条** ① 第三者が賃借権の目的である土地の上の建物を競売又は公売により取得した場合において，その第三者が賃借権を取得しても借地権設定者に不利となるおそれがないにもかかわらず，借地権設定者がその賃借権の譲渡を承諾しないときは，裁判所は，その第三者の申立てにより，借地権設定者の承諾に代わる許可を与えることができる．この場合において，当事者間の利益の衡平を図るため必要があるときは，借地条件を変更し，又は財産上の給付を命ずることができる．
② 前条第2項から第6項までの規定は，前項の申立てがあった場合に準用する．
③ 第1項の申立ては，建物の代金を支払った後2月以内に限り，することができる．
④ 民事調停法（昭和26年法律第222号）第19条の規定は，同条に規定する期間内に第1項の申立てをした場合に準用する．
⑤ 前各項の規定は，転借地権者から競売又は公売により建物を取得した第三者と借地権設定者との間について準用する．ただし，借地権設定者が第2項において準用する前条第3項の申立てをするには，借地権者の承諾を得なければならない．

（強行規定）
**第21条** 第17条から第19条までの規定に反する特約で借地権者又は転借地権者に不利なものは，無効とする．

### 第4節　定期借地権等

（定期借地権）
**第22条** 存続期間を50年以上として借地権を設定する場合においては，第9条及び第16条の規定にかかわらず，契約の更新（更新の請求及び土地の使用の継続によるものを含む．次条第1項において同じ．）及び建物の築造による存続期間の延長がなく，並びに第13条の規定による買取りの請求をしないこととする旨を定めることができる．この場合においては，その特約は，公正証書による等書面によってしなければならない．

（事業用定期借地権等）
**第23条** ① 専ら事業の用に供する建物（居住の用に供するものを除く．次項において同じ．）の所有を目的とし，かつ，存続期間を30年以上50年未満として借地権を設定する場合においては，第9条及び第16条の規定にかかわらず，契約の更新及び建物の築造による存続期間の延長がなく，並びに第13条の規定による買取りの請求をしないこととする旨を定めることができる．
② 専ら事業の用に供する建物の所有を目的とし，かつ，存続期間を10年以上30年未満として借地権を設定する場合には，第3条から第8条まで，第13条及び第18条の規定は，適用しない．
③ 前2項に規定する借地権の設定を目的とする契約は，公正証書によってしなければならない．

（建物譲渡特約付借地権）
**第24条** ① 借地権を設定する場合（前条第2項に規定する借地権を設定する場合を除く．）においては，第9条の規定にかかわらず，借地権を消滅させるため，その設定後30年以上を経過した日に借地権の目的である土地の上の建物を借地権設定者に相当の対価で譲渡する旨を定めることができる．

② 前項の特約により借地権が消滅した場合において，その借地権者又は建物の賃借人でその消滅後建物の使用を継続しているものが請求をしたときは，請求の時にその建物につきその借地権者又は建物の賃借人と借地権設定者との間で期間の定めのない賃貸借（借地権者が請求をした場合において，借地権の残存期間があるときは，その残存期間を存続期間とする賃貸借）がされたものとみなす．この場合において，建物の借賃は，当事者の請求により，裁判所が定める．

③ 第1項の特約がある場合において，借地権者又は建物の賃借人と借地権設定者との間でその建物につき第38条第1項の規定による賃貸借契約をしたときは，前項の規定にかかわらず，その定めに従う．

**（一時使用目的の借地権）**
**第25条** 第3条から第8条まで，第13条，第17条，第18条及び第22条から前条までの規定は，臨時設備の設置その他一時使用のために借地権を設定したことが明らかな場合には，適用しない．

## 第3章 借家

**第1節 建物賃貸借契約の更新等**
**（建物賃貸借契約の更新等）**
**第26条** ① 建物の賃貸借について期間の定めがある場合において，当事者が期間の満了の1年前から6月前までの間に相手方に対して更新をしない旨の通知又は条件を変更しなければ更新をしない旨の通知をしなかったときは，従前の契約と同一の条件で契約を更新したものとみなす．ただし，その期間は，定めがないものとする．

② 前項の通知をした場合であっても，建物の賃貸借の期間が満了した後建物の賃借人が使用を継続する場合において，建物の賃貸人が遅滞なく異議を述べなかったときも，同項と同様とする．

③ 建物の転貸借がされている場合においては，建物の転借人がする建物の使用の継続を建物の賃借人がする建物の使用の継続とみなして，建物の賃借人と賃貸人との間について前項の規定を適用する．

**（解約による建物賃貸借の終了）**
**第27条** ① 建物の賃貸人が解約の申入れをした場合においては，建物の賃貸借は，解約の申入れの日から6月を経過することによって終了する．

② 前条第2項及び第3項の規定は，建物の賃貸借が解約の申入れによって終了した場合に準用する．

**（建物賃貸借契約の更新拒絶等の要件）**
**第28条** 建物の賃貸人による第26条第1項の通知又は建物の賃貸借の解約の申入れは，建物の賃貸人及び賃借人（転借人を含む．以下この条において同じ．）が建物の使用を必要とする事情のほか，建物の賃貸借に関する従前の経過，建物の利用状況及び建物の現況並びに建物の賃貸人が建物の明渡しの条件として又は建物の明渡しと引換えに建物の賃借人に対して財産上の給付をする旨の申出をした場合におけるその申出を考慮して，正当の事由があると認められる場合でなければ，することができない．

**（建物賃貸借の期間）**
**第29条** ① 期間を1年未満とする建物の賃貸借は，期間の定めがない建物の賃貸借とみなす．

② 民法第604条の規定は，建物の賃貸借については，適用しない．

**（強行規定）**
**第30条** この節の規定に反する特約で建物の賃借人に不利なものは，無効とする．

**第2節 建物賃貸借の効力**
**（建物賃貸借の対抗力等）**
**第31条** ① 建物の賃貸借は，その登記がなくても，建物の引渡しがあったときは，その後その建物について物権を取得した者に対し，その効力を生ずる．

② 民法第566条第1項及び第3項の規定は，前項の規定により効力を有する賃貸借の目的物である場合に準用する．

③ 民法第533条の規定は，前項の場合に準用する．

**（借賃増減請求権）**
**第32条** ① 建物の借賃が，土地若しくは建物に対する租税その他の負担の増減により，土地若しくは建物の価格の上昇若しくは低下その他の経済事情の変動により，又は近傍同種の建物の借賃に比較して不相当となったときは，契約の条件にかかわらず，当事者は，将来に向かって建物の借賃の額の増減を請求することができる．ただし，一定の期間建物の借賃を増額しない旨の特約がある場合には，その定めに従う．

② 建物の借賃の増額について当事者間に協議が調わないときは，その請求を受けた者は，増額を正当とする裁判が確定するまでは，相当と認める額の建物の借賃を支払うことをもって足りる．ただし，その裁判が確定した場合において，既に支払った額に不足があるときは，その不足額に年1割の割合による支払期後の利息を付してこれを支払わなければならない．

③ 建物の借賃の減額について当事者間に協議が調わないときは，その請求を受けた者は，減額を正当とする裁判が確定するまでは，相当と認める額の建物の借賃の支払を請求することができる．ただし，その裁判が確定した場合において，既に支払を受けた額が正当とされた建物の借賃の額を超えるときは，その超過額に年1割の割合による受領の時からの利息を付してこれを返還しなければならない．

**（造作買取請求権）**
**第33条** ① 建物の賃借人の同意を得て建物に付加した畳，建具その他の造作がある場合には，建物の賃借人は，建物の賃貸借が期間の満了又は解約の申入れによって終了するときに，建物の賃貸人に対し，その造作を時価で買い取るべきことを請求することができる．建物の賃貸人から買い受けた造作についても，同様とする．

② 前項の規定は，建物の賃貸借が期間の満了又は解約の申入れによって終了する場合における建物の転借人と賃借人との間について準用する．

**（建物賃貸借終了の場合における転借人の保護）**
**第34条** ① 建物の転貸借がされている場合において，建物の賃貸借が期間の満了又は解約の申入れによって終了するときは，建物の賃貸人は，建物の転借人にその旨の通知をしなければ，その終了を建物の転借人に対抗することができない．

② 建物の賃貸人が前項の通知をしたときは，建物の転貸借は，その通知がされた日から6月を経過することによって終了する．

**（借地上の建物の賃借人の保護）**
**第35条** ① 借地権の目的である土地の上の建物につき賃貸借がされている場合において，借地権の存続期間の満了によって建物の賃借人が土地を明け

渡すべきときは,建物の賃借人が借地権の存続期間が満了することをその1年前までに知らなかった場合に限り,裁判所は,建物の賃借人の請求により,建物の賃借人がこれを知った日から1年を超えない範囲内において,土地の明渡しにつき相当の期限を許与することができる.
② 前項の規定により裁判所が期限の許与をしたときは,建物の賃貸借は,その期限が到来することによって終了する.

(居住用建物の賃貸借の承継)
第36条 ① 居住の用に供する建物の賃借人が相続人なしに死亡した場合において,その当時婚姻又は縁組の届出をしていないが,建物の賃借人と事実上夫婦又は養親子と同様の関係にあった同居者があるときは,その同居者は,建物の賃借人の権利義務を承継する.ただし,相続人なしに死亡したことを知った後1月以内に建物の賃貸人に反対の意思を表示したときは,この限りでない.
② 前項本文の場合においては,建物の賃貸借関係に基づき生じた債権又は債務は,同項の規定により建物の賃借人の権利義務を承継した者に帰属する.

(強行規定)
第37条 第31条,第34条及び第35条の規定に反する特約で建物の賃借人又は転借人に不利なものは,無効とする.

## 第3節 定期建物賃貸借等

(定期建物賃貸借)
第38条 ① 期間の定めがある建物の賃貸借をする場合においては,公正証書による等書面によって契約をするときに限り,第30条の規定にかかわらず,契約の更新がないこととする旨を定めることができる.この場合には,第29条第1項の規定を適用しない.
② 前項の規定による建物の賃貸借をしようとするときは,建物の賃貸人は,あらかじめ,建物の賃借人に対し,同項の規定による建物の賃貸借は契約の更新がなく,期間の満了により当該建物の賃貸借は終了することについて,その旨を記載した書面を交付して説明しなければならない.
③ 建物の賃貸人が前項の規定による説明をしなかったときは,契約の更新がないこととする旨の定めは,無効とする.
④ 第1項の規定による建物の賃貸借において,期間が1年以上である場合には,建物の賃貸人は,期間の満了の1年前から6月前までの間(以下この項において「通知期間」という.)に建物の賃借人に対し期間の満了により建物の賃貸借が終了する旨の通知をしなければ,その終了を建物の賃借人に対抗することができない.ただし,建物の賃貸人が通知期間の経過後建物の賃借人に対しその旨の通知をした場合においては,その通知の日から6月を経過した後は,この限りでない.
⑤ 第1項の規定による居住の用に供する建物の賃貸借(床面積(建物の一部分を賃貸借の目的とする場合にあっては,当該一部分の床面積)が200平方メートル未満の建物に係るものに限る.)において,転勤,療養,親族の介護その他のやむを得ない事情により,建物の賃借人が建物を自己の生活の本拠として使用することが困難となったときは,建物の賃借人は,建物の賃貸借の解約の申入れをすることができる.この場合においては,建物の賃貸借は,解約の申入れの日から1月を経過することによって終了する.
⑥ 前2項の規定に反する特約で建物の賃借人に不利なものは,無効とする.
⑦ 第32条の規定は,第1項の規定による建物の賃貸借において,借賃の改定に係る特約がある場合には,適用しない.

(取壊し予定の建物の賃貸借)
第39条 ① 法令又は契約により一定の期間を経過した後に建物を取り壊すべきことが明らかな場合においては,第30条の規定にかかわらず,建物を取り壊すこととなる時に賃貸借が終了する旨を定めることができる.
② 前項の特約は,同建物を取り壊すべき事由を記載した書面によってしなければならない.

(一時使用目的の建物の賃貸借)
第40条 この章の規定は,一時使用のために建物の賃貸借をしたことが明らかな場合には,適用しない.

## 第4章 借地条件の変更等の裁判手続

(管轄裁判所)
第41条 第17条第1項,第2項若しくは第5項(第18条第3項において準用する場合を含む.),第18条第1項,第19条第1項(同条第7項において準用する場合を含む.)若しくは第3項(同条第7項並びに第20条第2項及び第5項において準用する場合を含む.)又は第20条第1項(同条第5項において準用する場合を含む.)に規定する事件は,借地権の目的である土地の所在地を管轄する地方裁判所が管轄する.ただし,当事者の合意があるときは,その所在地を管轄する簡易裁判所が管轄することを妨げない.

(非訟事件手続法の準用及び最高裁判所規則)
第42条 ① 特別の定めがある場合を除き,前条の事件に関しては,非訟事件手続法(明治31年法律第14号)第1編の規定を準用する.ただし,同法第6条,第7条,第15条及び第32条の規定は,この限りでない.
② この法律に定めるもののほか,前条の事件に関し必要な事項は,最高裁判所規則で定める.

(裁判所職員の除斥等)
第43条 裁判所職員の除斥及び忌避に関する民事訴訟法(平成8年法律第109号)の規定は,第41条の事件について準用する.

(鑑定委員会)
第44条 ① 鑑定委員会は,3人以上の委員で組織する.
② 鑑定委員は,次に掲げる者の中から,事件ごとに,裁判所が指定する.ただし,特に必要があるときは,それ以外の者の中から指定することを妨げない.
1 地方裁判所が特別の知識経験を有する者その他適当な者の中から毎年あらかじめ選任した者
2 当事者が合意によって選定した者
③ 鑑定委員には,最高裁判所規則で定める旅費,日当及び宿泊料を支給する.

(審問期日)
第45条 ① 裁判所は,審問期日を開き,当事者の陳述を聴かなければならない.
② 当事者は,他の当事者の審問に立ち会うことができる.

(事実の探知及び証拠調べ)
第46条 ① 裁判所は,職権で事実の探知をし,かつ,職権で又は申出により必要と認める証拠調べをし

なければならない．
② 証拠調べについては，民事訴訟の例による．
**（審理の終結）**
**第47条** 裁判所は，審理を終結するときは，審問期日においてその旨を宣言しなければならない．
**（即時抗告）**
**第48条** ① 第17条第1項から第3項まで若しくは第5項（第18条第3項において準用する場合を含む．），第18条第1項，第19条第1項（同条第7項において準用する場合を含む．）若しくは第5項（同条第7項並びに第20条第2項及び第5項において準用する場合を含む．）又は第20条第1項（同条第5項において準用する場合を含む．）の規定による裁判に対しては，その告知を受けた日から2週間の不変期間内に，即時抗告をすることができる．
② 前項の裁判は，確定しなければその効力を生じない．
**（裁判の効力の及ぶ者の範囲）**
**第49条** 前条第1項の裁判は，当事者又は最終の審問期日の後裁判の確定前の承継人に対し，その効力を有する．
**（給付を命ずる裁判の効力）**
**第50条** 第17条第3項若しくは第5項（第18条第3項において準用する場合を含む．），第18条第1項，第19条第3項（同条第7項並びに第20条第2項及び第5項において準用する場合を含む．）又は第20条第1項（同条第5項において準用する場合を含む．）の規定による裁判で給付を命ずるものは，強制執行に関しては，裁判上の和解と同一の効力を有する．
**（譲渡又は転貸の許可の裁判の失効）**
**第51条** 第19条第1項（同条第7項において準用する場合を含む．）の規定による裁判は，その効力を生じた後6月以内に借地権者が建物の譲渡をしないときは，その効力を失う．ただし，この期間は，その裁判において伸長し，又は短縮することができる．
**（和解及び調停）**
**第52条** 民事訴訟法第89条，第264条，第265条及び第267条（和解に関する部分に限る．）並びに民事調停法第20条の規定は，第41条の事件について準用する．
**（事件の記録の閲覧等）**
**第53条** ① 当事者及び利害関係を疎明した第三者は，裁判所書記官に対し，第41条の事件の記録の閲覧若しくは謄写，その正本，謄本若しくは抄本の交付又は事件に関する事項の証明書の交付を請求することができる．
② 民事訴訟法第91条第4項及び第5項の規定は，前項の記録について準用する．
**（費用の裁判の特則）**
**第54条** 民事訴訟法第73条（第2項中同法第61条から第66条までの規定を準用する部分を除く．），第74条及び第121条の規定は，第19条第4項（同条第7項並びに第20条第2項及び第5項において準用する場合を含む．）の場合に準用する．
**附　則**（抄）
**（経過措置の原則）**
**第4条** この法律の規定は，この附則に特別の定めがある場合を除き，この法律の施行前に生じた事項にも適用する．ただし，附則第2条の規定による廃止前の建物保護に関する法律，借地法及び借家法の規定により生じた効力を妨げない．
**（借地上の建物の朽廃に関する経過措置）**
**第5条** この法律の施行前に設定された借地権について，その借地権の目的である土地の上の建物の朽廃に関する消滅については，なお従前の例による．
**（借地契約の更新に関する経過措置）**
**第6条** この法律の施行前に設定された借地権に係る契約の更新に関しては，なお従前の例による．
**（建物の再築による借地権の期間の延長に関する経過措置）**
**第7条** ① この法律の施行前に設定された借地権について，その借地権の目的である土地の上の建物の滅失後の建物の築造による借地権の期間の延長に関してはなお，従前の例による．
② 第8条の規定は，この法律の施行前に設定された借地権については，適用しない．
**（借地権の対抗力に関する経過措置）**
**第8条** 第10条第2項の規定は，この法律の施行前に借地権の目的である土地の上の建物の滅失があった場合には，適用しない．
**（建物買取請求権に関する経過措置）**
**第9条** ① 第13条第2項の規定は，この法律の施行前に設定された借地権については，適用しない．
② 第13条第3項の規定は，この法律の施行前に設定された転借地権については，適用しない．
**（借地条件の変更の裁判に関する経過措置）**
**第10条** この法律の施行前にした申立てに係る借地条件の変更の事件については，なお従前の例による．
**（借地契約の更新後の建物の再築の許可の裁判に関する経過措置）**
**第11条** 第18条の規定は，この法律の施行前に設定された借地権については，適用しない．
**（建物賃貸借契約の更新拒絶等に関する経過措置）**
**第12条** この法律の施行前にされた建物の賃貸借契約の更新の拒絶の通知及び解約の申入れに関しては，なお従前の例による．
**（造作買取請求権に関する経過措置）**
**第13条** 第33条第2項の規定は，この法律の施行前にされた建物の転貸借については，適用しない．
**（借地上の建物の賃借人の保護に関する経過措置）**
**第14条** 第35条の規定は，この法律の施行前に又は施行後1年以内に借地権の存続期間が満了した場合には，適用しない．

# 53 失火ノ責任ニ関スル法律

（明32・3・8法律第40号，明32・3・28施行）

民法第709条ノ規定ハ失火ノ場合ニハ之ヲ適用セス但シ失火者ニ重大ナル過失アリタルトキハ此ノ限ニ在ラス

# 54 製造物責任法（PL法）

（平6・7・1法律第85号，平7・7・1施行）

**（目　的）**
**第1条** この法律は，製造物の欠陥により人の生命，

身体又は財産に係る被害が生じた場合における製造業者等の損害賠償の責任について定めることにより，被害者の保護を図り，もって国民生活の安定向上と国民経済の健全な発展に寄与することを目的とする．

(定義)
**第2条** ① この法律において「製造物」とは，製造又は加工された動産をいう．
② この法律において「欠陥」とは，当該製造物の特性，その通常予見される使用形態，その製造業者等が当該製造物を引き渡した時期その他の当該製造物に係る事情を考慮して，当該製造物が通常有すべき安全性を欠いていることをいう．
③ この法律において「製造業者等」とは，次のいずれかに該当する者をいう．
1 当該製造物を業として製造，加工又は輸入した者（以下単に「製造業者」という．）
2 自ら当該製造物の製造業者として当該製造物にその氏名，商号，商標その他の表示（以下「氏名等の表示」という．）をした者又は当該製造物にその製造業者と誤認させるような氏名等の表示をした者
3 前2号に掲げる者のほか，当該製造物の製造，加工，輸入又は販売に係る形態その他の事情からみて，当該製造物にその実質的な製造業者と認めることができる氏名等の表示をした者

(製造物責任)
**第3条** 製造業者等は，その製造，加工，輸入又は前条第3項第2号若しくは第3号の氏名等の表示をした製造物であって，その引き渡したものの欠陥により他人の生命，身体又は財産を侵害したときは，これにより生じた損害を賠償する責めに任ずる．ただし，その損害が当該製造物についてのみ生じたときは，この限りでない．

(免責事由)
**第4条** 前条の場合において，製造業者等は，次の各号に掲げる事項を証明したときは，同条に規定する賠償の責めに任じない．
1 当該製造物をその製造業者等が引き渡した時における科学又は技術に関する知見によっては，当該製造物にその欠陥があることを認識することができなかったこと．
2 当該製造物が他の製造物の部品又は原材料として使用された場合において，その欠陥が専ら当該他の製造物の製造業者が行った設計に関する指示に従ったことにより生じ，かつ，その欠陥が生じたことにつき過失がないこと．

(期間の制限)
**第5条** 第3条に規定する損害賠償の請求権は，被害者又はその法定代理人が損害及び賠償義務者を知った時から3年間行わないときは，時効によって消滅する．その製造業者等が当該製造物を引き渡した時から10年を経過したときも，同様とする．
② 前項後段の期間は，身体に蓄積した場合に人の健康を害することとなる物質による損害又は一定の潜伏期間が経過した後に症状が現れる損害については，その損害が生じた時から起算する．

(民法の適用)
**第6条** 製造物の欠陥による製造業者等の損害賠償の責任については，この法律の規定によるほか，民法（明治29年法律第89号）の規定による．

## 55 任意後見契約に関する法律(抄)

(平11・12・8法律第150号，平12・4・1施行)

(趣旨)
**第1条** この法律は，任意後見契約の方式，効力等に関し特別の定めをするとともに，任意後見人に対する監督に関し必要な事項を定めるものとする．

(定義)
**第2条** この法律において，次の各号に掲げる用語の意義は，当該各号の定めるところによる．
1 任意後見契約 委任者が，受任者に対し，精神上の障害により事理を弁識する能力が不十分な状況における自己の生活，療養看護及び財産の管理に関する事務の全部又は一部を委託し，その委託に係る事務について代理権を付与する委任契約であって，第4条第1項の規定により任意後見監督人が選任された時からその効力を生ずる旨の定めのあるものをいう．
2 本人 任意後見契約の委任者をいう．
3 任意後見受任者 第4条第1項の規定により任意後見監督人が選任される前における任意後見契約の受任者をいう．
4 任意後見人 第4条第1項の規定により任意後見監督人が選任された後における任意後見契約の受任者をいう．

(任意後見契約の方式)
**第3条** 任意後見契約は，法務省令で定める様式の公正証書によってしなければならない．

(任意後見監督人の選任)
**第4条** ① 任意後見契約が登記されている場合において，精神上の障害により本人の事理を弁識する能力が不十分な状況にあるときは，家庭裁判所は，本人，配偶者，四親等内の親族又は任意後見受任者の請求により，任意後見監督人を選任する．ただし，次に掲げる場合は，この限りでない．
1 本人が未成年者であるとき．
2 本人が成年被後見人，被保佐人又は被補助人である場合において，当該本人に係る後見，保佐又は補助を継続することが本人の利益のため特に必要であると認めるとき．
3 任意後見受任者が次に掲げる者であるとき．
イ 民法（明治29年法律第89号）第847条各号（第4号を除く．）に掲げる者
ロ 本人に対して訴訟をし，又はした者及びその配偶者並びに直系血族
ハ 不正な行為，著しい不行跡その他任意後見人の任務に適しない事由がある者
② 前項の規定により任意後見監督人を選任する場合において，本人が成年被後見人，被保佐人又は被補助人であるときは，家庭裁判所は，当該本人に係る後見開始，保佐開始又は補助開始の審判（以下「後見開始の審判等」と総称する．）を取り消さなければならない．
③ 第1項の規定により本人以外の者の請求により任意後見監督人を選任するには，あらかじめ本人の同意がなければならない．ただし，本人がその意思を表示することができないときは，この限りでない．
④ 任意後見監督人が欠けた場合には，家庭裁判所は，本人，その親族若しくは任意後見人の請求により，

又は職権で,任意後見監督人を選任する.
⑤ 任意後見監督人が選任されている場合においても,家庭裁判所は,必要があると認めるときは,前項に掲げる者の請求により,又は職権で,更に任意後見監督人を選任することができる.

（任意後見監督人の欠格事由）
第5条 任意後見受任者又は任意後見人の配偶者,直系血族及び兄弟姉妹は,任意後見監督人となることができない.

（本人の意思の尊重等）
第6条 任意後見人は,第2条第1号に規定する委託に係る事務（以下「任意後見人の事務」という.）を行うに当たっては,本人の意思を尊重し,かつ,その心身の状態及び生活の状況に配慮しなければならない.

（任意後見監督人の職務等）
第7条 ① 任意後見監督人の職務は,次のとおりとする.
1 任意後見人の事務を監督すること.
2 任意後見人の事務に関し,家庭裁判所に定期的に報告をすること.
3 急迫の事情がある場合に,任意後見人の代理権の範囲内において,必要な処分をすること.
4 任意後見人又はその代表する者と本人との利益が相反する行為について本人を代表すること.

（任意後見人の解任）
第8条 任意後見人に不正な行為,著しい不行跡その他その任務に適しない事由があるときは,家庭裁判所は,任意後見監督人,本人,その親族又は検察官の請求により,任意後見人を解任することができる.

（任意後見契約の解除）
第9条 ① 第4条第1項の規定により任意後見監督人が選任される前においては,本人又は任意後見受任者は,いつでも,公証人の認証を受けた書面によって,任意後見契約を解除することができる.
② 第4条第1項の規定により任意後見監督人が選任された後においては,本人又は任意後見人は,正当な事由がある場合に限り,家庭裁判所の許可を得て,任意後見契約を解除することができる.

（後見,保佐及び補助との関係）
第10条 ① 任意後見契約が登記されている場合には,家庭裁判所は,本人の利益のため特に必要があると認めるときに限り,後見開始の審判等をすることができる.
② 前項の場合における後見開始の審判等の請求は,任意後見受任者,任意後見人又は任意後見監督人もすることができる.
③ 第4条第1項の規定により任意後見監督人が選任されたときにおいて本人が後見開始の審判等を受けたときは,任意後見契約は終了する.

## 56 扶養義務の準拠法に関する法律

（昭61・6・12法律第84号,昭61・9・1施行,最終改正：平18・6・21法律第78号）

（趣 旨）
第1条 この法律は,夫婦,親子その他の親族関係から生ずる扶養の義務（以下「扶養義務」という.）の準拠法に関し必要な事項を定めるものとする.

（準拠法）
第2条 ① 扶養義務は,扶養権利者の常居所地法によつて定める.ただし,扶養権利者の常居所地法によればその者が扶養義務者から扶養を受けることができないときは,当事者の共通本国法によつて定める.
② 前項の規定により適用すべき法によれば扶養権利者が扶養義務者から扶養を受けることができないときは,扶養義務は,日本法によつて定める.

（傍系親族間及び姻族間の扶養義務の準拠法の特例）
第3条 ① 傍系親族間又は姻族間の扶養義務は,扶養義務者が,当事者の共通本国法によれば扶養権利者に対して扶養をする義務を負わないことを理由として異議を述べたときは,前条の規定にかかわらず,その法によつて定める.当事者の共通本国法がない場合において,扶養義務者が,その者の常居所地法によれば扶養権利者に対して扶養をする義務を負わないことを理由として異議を述べたときも,同様とする.
② 前項の規定は,子に対する扶養義務の準拠法に関する条約（昭和52年条約第8号）が適用される場合には,適用しない.

（離婚をした当事者間等の扶養義務の準拠法についての特則）
第4条 ① 離婚をした当事者間の扶養義務は,第2条の規定にかかわらず,その離婚について適用された法によつて定める.
② 前項の規定は,法律上の別居をした夫婦間及び婚姻が無効とされ,又は取り消された当事者間の扶養義務について準用する.

（公的機関の費用償還を受ける権利の準拠法）
第5条 公的機関が扶養権利者に対して行つた給付について扶養義務者からその費用の償還を受ける権利は,その機関が従う法による.

（扶養義務の準拠法の適用範囲）
第6条 扶養権利者のためにその者の扶養を受ける権利を行使することができる者の範囲及びその行使をすることができる期間並びに前条の扶養義務者の義務の限度は,扶養義務の準拠法による.

（常居所地法及び本国法）
第7条 当事者が,地域的に,若しくは人的に法を異にする国に常居所を有し,又はその国の国籍を有する場合には,第2条第1項及び第3条第1項の規定の適用については,その国の規則に従い指定される法を,そのような規則がないときは当事者に最も密接な関係がある法を,当

(趣　旨)～

　(公　序)
第8条　① 外国法によるべき場合において,その規定の適用が明らかに公の秩序に反するときは,これを適用しない.
② 扶養の程度は,適用すべき外国法に別段の定めがある場合においても,扶養権利者の需要及び扶養義務者の資力を考慮して定める.

附　則　(抄)
(施行期日)
① この法律は,扶養義務の準拠法に関する条約が日本国について効力を生ずる日から施行する.
(経過措置)
② この法律の施行前の期間に係る扶養義務については,なお従前の例による.

---

## 57　遺言の方式の準拠法に関する法律

(昭39・6・10法律第100号,昭39・8・2施行,最終改正:平18・6・21法律第78号)

(趣　旨)
第1条　この法律は,遺言の方式の準拠法に関し必要な事項を定めるものとする.
(準拠法)
第2条　遺言は,その方式が次に掲げる法のいずれかに適合するときは,方式に関し有効とする.

1　行為地法
2　遺言者が遺言の成立又は死亡の当時国籍を有した国の法
3　遺言者が遺言の成立又は死亡の当時住所を有した地の法
4　遺言者が遺言の成立又は死亡の当時常居所を有した地の法
5　不動産に関する遺言について,その不動産の所在地法

第3条　遺言を取り消す遺言については,前条の規定によるほか,その方式が,従前の遺言を同条の規定により有効とする法のいずれかに適合するときも,方式に関し有効とする.
(共同遺言)
第4条　前2条の規定は,2人以上の者が同一の証書でした遺言の方式についても,適用する.
(方式の範囲)
第5条　遺言者の年齢,国籍その他の人的資格による遺言の方式の制限は,方式の範囲に属するものとする.遺言が有効であるために必要とされる証人が有すべき資格についても,同様とする.
(本国法)
第6条　遺言者が地域により法を異にする国の国籍を有した場合には,第2条第2号の規定の適用については,その国の規則に従い遺言者が属した地域の法を,そのような規則がないときは遺言者が最も密接な関係を有した地域の法を,遺言者が国籍を有した国の法とする.
(住所地法)
第7条　① 第2条第3号の規定の適用については,遺言者が特定の地に住所を有したかどうかは,その地の法によつて定める.
② 第2条第3号の規定の適用については,遺言の成立又は死亡の当時における遺言者の住所が知れないときは,遺言者がその当時居所を有した地の法を遺言者がその当時住所を有した地の法とする.
(公　序)
第8条　外国法によるべき場合において,その規定の適用が明らかに公の秩序に反するときは,これを適用しない.

附　則　(抄)
(施行期日)
① この法律は,遺言の方式に関する法律の抵触に関する条約が日本国について効力を生ずる日から施行する.
(経過規定)
② この法律は,この法律の施行前に成立した遺言についても,適用する.ただし,遺言者がこの法律の施行前に死亡した場合には,その遺言については,なお従前の例による.

# III 商 事 法

## 58 商 法(抄)

(明 32・3・9 法律第 48 号,明 32・6・16 施行,
最終改正:平 20・6・6 法律第 57 号)

## 第1編 総 則

### 第1章 通 則

(趣旨等)
**第1条** ① 商人の営業,商行為その他商事については,他の法律に特別の定めがあるものを除くほか,この法律の定めるところによる.
② 商事に関し,この法律に定めがない事項については商慣習に従い,商慣習がないときは,民法(明治29年法律第89号)の定めるところによる.
(公法人の商行為)
**第2条** 公法人が行う商行為については,法令に別段の定めがある場合を除き,この法律の定めるところによる.
(一方的商行為)
**第3条** ① 当事者の一方のために商行為となる行為については,この法律をその双方に適用する者をいう.
② 当事者の一方が2人以上ある場合において,その1人のために商行為となる行為については,この法律をその全員に適用する.

### 第2章 商 人

(定 義)
**第4条** ① この法律において「商人」とは,自己の名をもって商行為をすることを業とする者をいう.
② 店舗その他これに類似する設備によって物品を販売することを業とする者又は鉱業を営む者は,商行為を行うことを業としない者であっても,これを商人とみなす.
(未成年者登記)
**第5条** 未成年者が前条の営業を行うときは,その登記をしなければならない.
(後見人登記)
**第6条** ① 後見人が被後見人のために第4条の営業を行うときは,その登記をしなければならない.
② 後見人の代理権に加えた制限は,善意の第三者に対抗することができない.
(小商人)
**第7条** 第5条,前条,次章,第11条第2項,第15条第2項,第17条第2項前段,第5章及び第22条の規定は,小商人(商人のうち,法務省令で定めるその営業のために使用する財産の価額が法務省令で定める金額を超えないものをいう.)については,適用しない.

### 第3章 商業登記

(通 則)
**第8条** この編の規定により登記すべき事項は,当事者の申請により,商業登記法(昭和38年法律第125号)の定めるところに従い,商業登記簿にこれを登記する.
(登記の効力)
**第9条** ① この編の規定により登記すべき事項は,登記の後でなければ,これをもって善意の第三者に対抗することができない.登記の後であっても,第三者が正当な事由によってその登記があることを知らなかったときは,同様とする.
② 故意又は過失によって不実の事項を登記した者は,その事項が不実であることをもって善意の第三者に対抗することができない.
(変更の登記及び消滅の登記)
**第10条** この編の規定により登記した事項に変更が生じ,又はその事項が消滅したときは,当事者は,遅滞なく,変更の登記又は消滅の登記をしなければならない.

### 第4章 商 号

(商号の選定)
**第11条** ① 商人(会社及び外国会社を除く.以下この編において同じ.)は,その氏,氏名その他の名称をもってその商号とすることができる.
② 商人は,その商号の登記をすることができる.
(他の商人と誤認させる名称等の使用の禁止)
**第12条** ① 何人も,不正の目的をもって,他の商人であると誤認されるおそれのある名称又は商号を使用してはならない.
② 前項の規定に違反する名称又は商号の使用によって営業上の利益を侵害され,又は侵害されるおそれがある商人は,その営業上の利益を侵害する者又は侵害するおそれがある者に対し,その侵害の停止又は予防を請求することができる.
(過 料)
**第13条** 前条第1項の規定に違反した者は,100万円以下の過料に処する.
(自己の商号の使用を他人に許諾した商人の責任)
**第14条** 自己の商号を使用して営業又は事業を行うことを他人に許諾した商人は,当該商人が当該営業を行うものと誤認して当該他人と取引をした者に対し,当該他人と連帯して,当該取引によって生じた債務を弁済する責任を負う.
(商号の譲渡)
**第15条** ① 商人の商号は,営業とともにする場合又は営業を廃止する場合に限り,譲渡することができる.
② 前項の規定による商号の譲渡は,登記をしなければ,第三者に対抗することができない.
(営業譲渡人の競業の禁止)
**第16条** ① 営業を譲渡した商人(以下この章において「譲渡人」という.)は,当事者の別段の意思表示がない限り,同一の市町村(東京都の特別区の存する区域及び地方自治法(昭和22年法律第67号)第252条の19第1項の指定都市にあっては,区.以下同じ.)の区域内及びこれに隣接する市町村の区域内においては,その営業を譲渡した日から20年間は,同一の営業を行ってはならない.
② 譲渡人が同一の営業を行わない旨の特約をした場合には,その特約は,その営業を譲渡した日から30年の期間内に限り,その効力を有する.
③ 前2項の規定にかかわらず,譲渡人は,不正の競争の目的をもって同一の営業を行ってはならない.

(譲渡人の商号を使用した譲受人の責任等)
**第17条** ① 営業を譲り受けた商人(以下この章において「譲受人」という.)が譲渡人の商号を引き続き使用する場合には,その譲受人も,譲渡人の営業によって生じた債務を弁済する責任を負う.
② 前項の規定は,営業を譲渡した後,遅滞なく,譲受人が譲渡人の債務を弁済する責任を負わない旨を登記した場合には,適用しない.営業を譲渡した後,遅滞なく,譲渡人及び譲受人から第三者に対しその旨の通知をした場合において,その通知を受けた第三者についても,同様とする.
③ 譲受人が第1項の規定により譲渡人の債務を弁済する責任を負う場合には,譲渡人の責任は,営業を譲渡した日後2年以内に請求又は請求の予告をしない債権者に対しては,その期間を経過した時に消滅する.
④ 第1項に規定する場合において,譲渡人の営業によって生じた債権について,その譲受人にした弁済は,弁済者が善意でかつ重大な過失がないときは,その効力を有する.

(譲受人による債務の引受け)
**第18条** ① 譲受人が譲渡人の商号を引き続き使用しない場合においても,譲渡人の営業によって生じた債務を引き受ける旨の広告をしたときは,譲渡人の債権者は,その譲受人に対して弁済の請求をすることができる.
② 譲受人が前項の規定により譲渡人の債務を弁済する責任を負う場合には,譲渡人の責任は,同項の広告があった日後2年以内に請求又は請求の予告をしない債権者に対しては,その期間を経過した時に消滅する.

## 第5章 商業帳簿

**第19条** ① 商人の会計は,一般に公正妥当と認められる会計の慣行に従うものとする.
② 商人は,その営業のために使用する財産について,法務省令で定めるところにより,適時に,正確な商業帳簿(会計帳簿及び貸借対照表をいう.以下この条において同じ.)を作成しなければならない.
③ 商人は,帳簿閉鎖の時から10年間,その商業帳簿及びその営業に関する重要な資料を保存しなければならない.
④ 裁判所は,申立てにより又は職権で,訴訟の当事者に対し,商業帳簿の全部又は一部の提出を命ずることができる.

## 第6章 商業使用人

(支配人)
**第20条** 商人は,支配人を選任し,その営業所において,その営業を行わせることができる.

(支配人の代理権)
**第21条** ① 支配人は,商人に代わってその営業に関する一切の裁判上又は裁判外の行為をする権限を有する.
② 支配人は,他の使用人を選任し,又は解任することができる.
③ 支配人の代理権に加えた制限は,善意の第三者に対抗することができない.

(支配人の登記)
**第22条** 商人が支配人を選任したときは,その登記をしなければならない.支配人の代理権の消滅についても,同様とする.

(支配人の競業の禁止)
**第23条** ① 支配人は,商人の許可を受けなければ,次に掲げる行為をしてはならない.
1 自ら営業を行うこと.
2 自己又は第三者のためにその商人の営業の部類に属する取引をすること.
3 他の商人又は会社若しくは外国会社の使用人となること.
4 会社の取締役,執行役又は業務を執行する社員となること.
② 支配人が前項の規定に違反して同項第2号に掲げる行為をしたときは,当該行為によって支配人又は第三者が得た利益の額は,商人に生じた損害の額と推定する.

(表見支配人)
**第24条** 商人の営業所の営業の主任者であることを示す名称を付した使用人は,当該営業所の営業に関し,一切の裁判外の行為をする権限を有するものとみなす.ただし,相手方が悪意であったときは,この限りでない.

(ある種類又は特定の事項の委任を受けた使用人)
**第25条** ① 商人の営業に関するある種類又は特定の事項の委任を受けた使用人は,当該事項に関する一切の裁判外の行為をする権限を有する.
② 前項の使用人の代理権に加えた制限は,善意の第三者に対抗することができない.

(物品の販売等を目的とする店舗の使用人)
**第26条** 物品の販売等(販売,賃貸その他これらに類する行為をいう.以下この条において同じ.)を目的とする店舗の使用人は,その店舗に在る物品の販売等をする権限を有するものとみなす.ただし,相手方が悪意であったときは,この限りでない.

## 第7章 代理商

(通知義務)
**第27条** 代理商(商人のためにその平常の営業の部類に属する取引の代理又は媒介をする者で,その商人の使用人でないものをいう.以下この章において同じ.)は,取引の代理又は媒介をしたときは,遅滞なく,商人に対して,その旨の通知を発しなければならない.

(代理商の競業の禁止)
**第28条** ① 代理商は,商人の許可を受けなければ,次に掲げる行為をしてはならない.
1 自己又は第三者のためにその商人の営業の部類に属する取引をすること.
2 その商人の営業と同種の事業を行う会社の取締役,執行役又は業務を執行する社員となること.
② 代理商が前項の規定に違反して同項第1号に掲げる行為をしたときは,当該行為によって代理商又は第三者が得た利益の額は,商人に生じた損害の額と推定する.

(通知を受ける権限)
**第29条** 物品の販売又はその媒介の委託を受けた代理商は,第526条第2項の通知その他売買に関する通知を受ける権限を有する.

(契約の解除)
**第30条** ① 商人及び代理商は,契約の期間を定めなかったときは,2箇月前までに予告し,その契約を解除することができる.

② 前項の規定にかかわらず、やむを得ない事由があるときは、商人及び代理商は、いつでもその契約を解除することができる。
（代理商の留置権）
第31条　代理商は、取引の代理又は媒介をしたことによって生じた債権の弁済期が到来しているときは、その弁済を受けるまでは、商人のために当該代理商が占有する物又は有価証券を留置することができる。ただし、当事者が別段の意思表示をしたときは、この限りでない。

## 第8章　雑　則

第32条　この法律の規定により署名すべき場合には、記名押印をもって、署名に代えることができる。
第33条から第500条まで　削除（平17法87）

## 第2編　商行為

## 第1章　総　則

（絶対的商行為）
第501条　次に掲げる行為は、商行為とする。
1　利益を得て譲渡する意思をもってする動産、不動産若しくは有価証券の有償取得又はその取得したものの譲渡を目的とする行為
2　他人から取得する動産又は有価証券の供給契約及びその履行のためにする有償取得を目的とする行為
3　取引所においてする取引
4　手形その他の商業証券に関する行為
（営業的商行為）
第502条　次に掲げる行為は、営業としてするときは、商行為とする。ただし、専ら賃金を得る目的で物を製造し、又は労務に従事する者の行為は、この限りでない。
1　賃貸する意思をもってする動産若しくは不動産の有償取得若しくは賃借又はその取得し若しくは賃借したものの賃貸を目的とする行為
2　他人のためにする製造又は加工に関する行為
3　電気又はガスの供給に関する行為
4　運送に関する行為
5　作業又は労務の請負
6　出版、印刷又は撮影に関する行為
7　客の来集を目的とする場屋における取引
8　両替その他の銀行取引
9　保険
10　寄託の引受け
11　仲立ち又は取次ぎに関する行為
12　商行為の代理の引受け
13　信託の引受け
（附属的商行為）
第503条　① 商人がその営業のためにする行為は、商行為とする。
② 商人の行為は、その営業のためにするものと推定する。
（商行為の代理）
第504条　商行為の代理人が本人のためにすることを示さないでこれをした場合であっても、その行為は、本人に対してその効力を生ずる。ただし、相手方が、代理人が本人のためにすることを知らなかったときは、代理人に対して履行の請求をすることを妨げない。
（商行為の委任）
第505条　商行為の受任者は、委任の本旨に反しない範囲内において、委任を受けていない行為をすることができる。
（商行為の委任による代理権の消滅事由の特例）
第506条　商行為の委任による代理権は、本人の死亡によっては、消滅しない。
（対話者間における契約の申込み）
第507条　商人である対話者間において契約の申込みを受けた者が直ちに承諾をしなかったときは、その申込みは、その効力を失う。
（隔地者間における契約の申込み）
第508条　① 商人である隔地者の間において承諾の期間を定めないで契約の申込みを受けた者が相当の期間内に承諾の通知を発しなかったときは、その申込みは、その効力を失う。
② 民法第523条の規定は、前項の場合について準用する。
（契約の申込みを受けた者の諾否通知義務）
第509条　① 商人が平常取引をする者からその営業の部類に属する契約の申込みを受けたときは、遅滞なく、契約の申込みに対する諾否の通知を発しなければならない。
② 商人が前項の通知を発することを怠ったときは、その商人は、同項の契約の申込みを承諾したものとみなす。
（契約の申込みを受けた者の物品保管義務）
第510条　商人がその営業の部類に属する契約の申込みを受けた場合において、その申込みとともに受け取った物品があるときは、その申込みを拒絶したときであっても、申込者の費用をもってその物品を保管しなければならない。ただし、その物品の価額がその費用を償うのに足りないとき、又は商人がその保管によって損害を受けるときは、この限りでない。
（多数当事者間の債務の連帯）
第511条　① 数人の者がその1人又は全員のために商行為となる行為によって債務を負担したときは、その債務は、各自が連帯して負担する。
② 保証人がある場合において、債務が主たる債務者の商行為によって生じたものであるとき、又は保証が商行為であるときは、主たる債務者及び保証人が各別の行為によって債務を負担したときであっても、その債務は、各自が連帯して負担する。
（報酬請求権）
第512条　商人がその営業の範囲内において他人のために行為をしたときは、相当の報酬を請求することができる。
（利息請求権）
第513条　① 商人間において金銭の消費貸借をしたときは、貸主は、法定利息（次条の法定利率による利息をいう。以下同じ。）を請求することができる。
② 商人がその営業の範囲内において他人のために金銭の立替えをしたときは、その立替えの日以後の法定利息を請求することができる。
（商事法定利率）
第514条　商行為によって生じた債務に関しては、法定利率は、年6分とする。
（契約による質物の処分の禁止の適用除外）
第515条　民法第349条の規定は、商行為によって生じた債権を担保するために設定した質権については、適用しない。

(債務の履行の場所)
第516条 ① 商行為によって生じた債務の履行をすべき場所がその行為の性質又は当事者の意思表示によって定まらないときは,特定物の引渡しはその行為の時にその物が存在した場所において,その他の債務の履行は債権者の現在の営業所(営業所がない場合にあっては,その住所)において,それぞれしなければならない.
② 指図債権及び無記名債権の弁済は,債務者の現在の営業所(営業所がない場合にあっては,その住所)においてしなければならない.

(指図債権等の証券の提示と履行遅滞)
第517条 指図債権又は無記名債権の債務者は,その債務の履行について期限の定めがあるときであっても,その期限が到来した後に所持人がその証券を提示してその履行の請求をした時から遅滞の責任を負う.

(有価証券喪失の場合の権利行使方法)
第518条 金銭その他の物又は有価証券の給付を目的とする有価証券の所持人がその有価証券を喪失した場合において,非訟事件手続法(明治31年法律第14号)第156条に規定する公示催告の申立てをしたときは,その債務者に,その債務の目的物を供託させ,又は相当の担保を供してその有価証券の趣旨に従い履行をさせることができる.

(有価証券の譲渡方法及び善意取得)
第519条 ① 金銭その他の物又は有価証券の給付を目的とする有価証券の譲渡については,当該有価証券の性質に応じ,手形法(昭和7年法律第20号)第12条,第13条及び第14条第2項又は小切手法(昭和8年法律第57号)第5条第2項及び第19条の規定を準用する.
② 金銭その他の物又は有価証券の給付を目的とする有価証券の取得については,小切手法第21条の規定を準用する.

(取引時間)
第520条 法令又は慣習により商人の取引時間の定めがあるときは,その取引時間内に限り,債務の履行をし,又はその履行の請求をすることができる.

(商人間の留置権)
第521条 商人間においてその双方のために商行為となる行為によって生じた債権が弁済期にあるときは,債権者は,その債権の弁済を受けるまで,その債務者との間における商行為によって自己の占有に属した債務者の所有する物又は有価証券を留置することができる.ただし,当事者の別段の意思表示があるときは,この限りでない.

(商事消滅時効)
第522条 商行為によって生じた債権は,この法律に別段の定めがある場合を除き,5年間行使しないときは,時効によって消滅する.ただし,他の法令に5年間より短い時効期間の定めがあるときは,その定めるところによる.
第523条 削除

## 第2章 売買

(売主による目的物の供託及び競売)
第524条 ① 商人間の売買において,買主がその目的物の受領を拒み,又はこれを受領することができないときは,売主は,その物を供託し,又は相当の期間を定めて催告をした後に競売に付することができる.この場合において,売主がその物を供託し,又は競売に付したときは,遅滞なく,買主に対してその旨の通知を発しなければならない.
② 損傷その他の事由による価格の低落のおそれがある物は,前項の催告をしないで競売に付することができる.
③ 前2項の規定により売買の目的物を競売に付したときは,売主は,その代価を供託しなければならない.ただし,その代価の全部又は一部を代金に充当することを妨げない.

(定期売買の履行遅滞による解除)
第525条 商人間の売買において,売買の性質又は当事者の意思表示により,特定の日時又は一定の期間内に履行をしなければ契約をした目的を達することができない場合において,当事者の一方が履行をしないでその時期を経過したときは,相手方は,直ちにその履行の請求をした場合を除き,契約の解除をしたものとみなす.

(買主による目的物の検査及び通知)
第526条 ① 商人間の売買において,買主は,その売買の目的物を受領したときは,遅滞なく,その物を検査しなければならない.
② 前項に規定する場合において,買主は,同項の規定による検査により売買の目的物に瑕疵があること又はその数量に不足があることを発見したときは,直ちに売主に対してその旨の通知を発しなければ,その瑕疵又は数量の不足を理由として契約の解除又は代金減額若しくは損害賠償の請求をすることができない.売買の目的物に直ちに発見することのできない瑕疵がある場合において,買主が6箇月以内にその瑕疵を発見したときも,同様とする.
③ 前項の規定は,売主がその瑕疵又は数量の不足につき悪意であった場合には,適用しない.

(買主による目的物の保管及び供託)
第527条 ① 前条第1項に規定する場合においては,買主は,契約の解除をしたときであっても,売主の費用をもって売買の目的物を保管し,又は供託しなければならない.ただし,その物について滅失又は損傷のおそれがあるときは,裁判所の許可を得てその物を競売に付し,かつ,その代価を保管し,又は供託しなければならない.
② 前項ただし書の許可に係る事件は,同項の売買の目的物の所在地を管轄する地方裁判所が管轄する.
③ 第1項の規定により買主が売買の目的物を競売に付したときは,遅滞なく,売主に対してその旨の通知を発しなければならない.
④ 前3項の規定は,売主及び買主の営業所(営業所がない場合にあっては,その住所)が同一の市町村の区域内にある場合には,適用しない.
第528条 前条の規定は,売主から買主に引き渡した物品が注文した物品と異なる場合における当該売主から買主に引き渡した物品及び売主から買主に引き渡した物品の数量が注文した数量を超過した場合における当該超過した部分の数量の物品について準用する.

## 第3章 交互計算

(交互計算)
第529条 交互計算は,商人間又は商人と商人でない者との間で平常取引をする場合において,一定の期間内の取引から生ずる債権及び債務の総額につ

いて相殺をし、その残額の支払をすることを約することによって、その効力を生ずる.
(商業証券に係る債権債務に関する特則)
第530条 手形その他の商業証券から生じた債権及び債務を交互計算に組み入れた場合において、その商業証券の債務者が弁済をしないときは、当事者は、その債務に関する項目を交互計算から除外することができる.
(交互計算の期間)
第531条 当事者が相殺をすべき期間を定めなかったときは、その期間は、6箇月とする.
(交互計算の承認)
第532条 当事者は、債権及び債務の各項目を記載した計算書の承認をしたときは、当該各項目について異議を述べることができない. ただし、当該計算書の記載に錯誤又は脱漏があったときは、この限りでない.
(残額についての利息請求権等)
第533条 ① 相殺によって生じた残額については、債権者は、計算の閉鎖の日以後の法定利息を請求することができる.
② 前項の規定は、当該相殺に係る債権及び債務の各項目を交互計算に組み入れた日からこれに利息を付することを妨げない.
(交互計算の解除)
第534条 各当事者は、いつでも交互計算の解除をすることができる. この場合において、交互計算の解除をしたときは、直ちに、計算を閉鎖して、残額の支払を請求することができる.

## 第4章 匿名組合

(匿名組合契約)
第535条 匿名組合契約は、当事者の一方が相手方の営業のために出資をし、その営業から生ずる利益を分配することを約することによって、その効力を生ずる.
(匿名組合員の出資及び権利義務)
第536条 ① 匿名組合員の出資は、営業者の財産に属する.
② 匿名組合員は、金銭その他の財産のみをその出資の目的とすることができる.
③ 匿名組合員は、営業者の業務を執行し、又は営業者を代表することができない.
④ 匿名組合員は、営業者の行為について、第三者に対して権利及び義務を有しない.
(自己の氏名等の使用を許諾した匿名組合員の責任)
第537条 匿名組合員は、自己の氏若しくは氏名を営業者の商号中に用いること又は自己の商号を営業者の商号として使用することを許諾したときは、その使用以後に生じた債務については、営業者と連帯してこれを弁済する責任を負う.
(利益の配当の制限)
第538条 出資が損失によって減少したときは、その損失をてん補した後でなければ、匿名組合員は、利益の配当を請求することができない.
(貸借対照表の閲覧等並びに業務及び財産状況に関する検査)
第539条 ① 匿名組合員は、営業年度の終了時において、営業者の営業時間内に、次に掲げる請求をし、又は営業者の業務及び財産の状況を検査することができる.

1 営業者の貸借対照表が書面をもって作成されているときは、当該書面の閲覧又は謄写の請求
2 営業者の貸借対照表が電磁的記録（電子的方式、磁気的方式その他人の知覚によっては認識することができない方式で作られる記録であって、電子計算機による情報処理の用に供されるもので法務省令で定めるものをいう.）をもって作成されているときは、当該電磁的記録に記録された事項を法務省令で定める方法により表示したものの閲覧又は謄写の請求
② 匿名組合員は、重要な事由があるときは、いつでも、裁判所の許可を得て、営業者の業務及び財産の状況を検査することができる.
③ 前項の許可に係る事件は、営業者の営業所の所在地（営業所がない場合にあっては、営業者の住所地）を管轄する地方裁判所が管轄する.
(匿名組合契約の解除)
第540条 ① 匿名組合契約で匿名組合の存続期間を定めなかったとき、又はある当事者の終身の間匿名組合が存続すべきことを定めたときは、各当事者は、営業年度の終了時において、契約の解除をすることができる. ただし、6箇月前にその予告をしなければならない.
② 匿名組合の存続期間を定めたか否かにかかわらず、やむを得ない事由があるときは、各当事者は、いつでも匿名組合契約の解除をすることができる.
(匿名組合契約の終了事由)
第541条 前条の場合のほか、匿名組合契約は、次に掲げる事由によって終了する.
1 匿名組合の目的である事業の成功又はその成功の不能
2 営業者の死亡又は営業者が後見開始の審判を受けたこと
3 営業者又は匿名組合員が破産手続開始の決定を受けたこと.
(匿名組合契約の終了に伴う出資の価額の返還)
第542条 匿名組合契約が終了したときは、営業者は、匿名組合員にその出資の価額を返還しなければならない. ただし、出資が損失によって減少したときは、その残額を返還すれば足りる.

## 第5章 仲立営業

第543条 仲立人トハ他人間ノ商行為ノ媒介ヲ為スヲ業トスル者ヲ謂フ
第544条 仲立人ガ其媒介シタル行為ニ付キ当事者ノ為メニ支払其他此ノ給付ヲ受クルコトヲ得ル別段ノ意思表示又ハ慣習アルトキハ此限ニ在ラス
第545条 仲立人ガ其媒介スル行為ニ付キ見本ヲ受取リタルトキハ其行為ガ完了スルマテ之ヲ保管スルコトヲ要ス
第546条 ① 当事者間ニ於テ行為ガ成立シタルトキハ仲立人ハ遅滞ナク各当事者ノ氏名又ハ商号、行為ノ年月日及ヒ其要領ヲ記載シタル書面ヲ作リ署名ノ後之ヲ各当事者ニ交付スルコトヲ要ス
② 当事者ガ直チニ履行ヲ為スヘキ場合ヲ除ク外仲立人ハ各当事者ヲシテ前項ノ書面ニ署名セシメタル後之ヲ其相手方ニ交付スルコトヲ要ス
③ 前2項ノ場合ニ於テ当事者ノ一方ガ書面ヲ受領セス又ハ之ニ署名セサルトキハ仲立人ハ遅滞ナク相手方ニ対シテ其通知ヲ発スルコトヲ要ス
第547条 ① 仲立人ハ其帳簿ニ前条第1項ニ掲ケタ

② 当事者ハ何時ニテモ仲立人カ自己ノ為メニ媒介シタル行為ニ付キ其帳簿ノ謄本ノ交付ヲ請求スルコトヲ得
**第548条** 当事者カ其氏名又ハ商号ヲ相手方ニ示サヽルヘキ旨ヲ仲立人ニ命シタルトキハ仲立人ハ第546条第1項ノ書面及ヒ前条第2項ノ謄本ニ其氏名又ハ商号ヲ記載スルコトヲ得ス
**第549条** 仲立人カ当事者ノ一方ノ氏名又ハ商号ヲ其相手方ニ示ササリシトキハ之ニ対シテ自ラ履行ヲ為ス責ニ任ス
**第550条** ① 仲立人ハ第546条ノ手続ヲ終ハリタル後ニ非サレハ報酬ヲ請求スルコトヲ得ス
② 仲立人ノ報酬ハ当事者双方平分シテ之ヲ負担ス

### 第6章 問屋営業

**第551条** 問屋トハ自己ノ名ヲ以テ他人ノ為メニ物品ノ販売又ハ買入ヲ為スヲ業トスル者ヲ謂フ
**第552条** ① 問屋カ他人ノ為メニ為シタル販売又ハ買入ニ因リ相手方ニ対シテ自ラ権利ヲ得義務ヲ負フ
② 問屋ト委託者トノ間ニ於テハ本章ノ規定ノ外委任及ヒ代理ニ関スル規定ヲ準用ス
**第553条** 問屋ハ委託者ノ為メニ為シタル販売又ハ買入ニ付キ相手方カ其債務ヲ履行セサル場合ニ於テ自ラ其履行ヲ為ス責ニ任ス但別段ノ意思表示又ハ慣習アルトキハ此限ニ在ラス
**第554条** 問屋カ委託者ノ指定シタル金額ヨリ廉価ニテ販売ヲ為シ又ハ高価ニテ買入ヲ為シタル場合ニ於テ自ラ其差額ヲ負担スルトキハ其販売又ハ買入ハ委託者ニ対シテ其効力ヲ生ス
**第555条** ① 問屋カ取引所ノ相場アル物品ノ販売又ハ買入ノ委託ヲ受ケタルトキハ自ラ買主又ハ売主ト為ルコトヲ得此場合ニ於テハ売買ノ代価ハ問屋カ買主又ハ売主ト為リタルコトノ通知ヲ発シタル時ニ於ケル取引所ノ相場ニ依リテ之ヲ定ム
② 前項ノ場合ニ於テモ問屋ハ委託者ニ対シテ報酬ヲ請求スルコトヲ得
**第556条** 問屋カ買入ノ委託ヲ受ケタル場合ニ於テ委託者カ買入レタル物品ヲ受取ルコトヲ拒ミ又ハ之ヲ受取ルコト能ハサルトキハ第524条ノ規定ヲ準用ス
**第557条** 第27条及ヒ第31条ノ規定ハ問屋ニ之ヲ準用ス
**第558条** 本章ノ規定ハ自己ノ名ヲ以テ他人ノ為メニ販売又ハ買入ニ非サル行為ヲ為スヲ業トスル者ニ之ヲ準用ス

### 第7章 運送取扱営業

**第559条** ① 運送取扱人トハ自己ノ名ヲ以テ物品運送ノ取次ヲ為スヲ業トスル者ヲ謂フ
② 運送取扱人ニハ本章ニ別段ノ定アル場合ヲ除ク外問屋ニ関スル規定ヲ準用ス
**第560条** 運送取扱人ハ自己又ハ其使用人カ運送品ノ受取,引渡,保管,運送人ノ選択其他運送ニ関スル注意ヲ怠ラサリシコトヲ証明スルニ非サレハ運送品ノ滅失,毀損又ハ延著ニ付キ損害賠償ノ責ヲ免ルヽコトヲ得ス
**第561条** ① 運送取扱人ハ運送品ヲ運送人ニ引渡シタルトキハ直チニ其報酬ヲ請求スルコトヲ得
② 運送取扱契約ヲ以テ運送賃ノ額ヲ定メタルトキハ運送取扱人ハ特約アルニ非サレハ別ニ報酬ヲ請求スルコトヲ得ス
**第562条** 運送取扱人ハ運送品ニ関シ受取ルヘキ報酬,運送賃其他委託者ノ為メニ為シタル立替又ハ前貸ニ付テノミ其運送品ヲ留置スルコトヲ得
**第563条** ① 数人相次テ運送ノ取次ヲ為ス場合ニ於テハ後者ハ前者ニ代ハリテ其権利ヲ行使スル義務ヲ負フ
② 前項ノ場合ニ於テ後者カ前者ニ弁済ヲ為シタルトキハ前者ノ権利ヲ取得ス
**第564条** 運送取扱人カ運送人ニ弁済ヲ為シタルトキハ運送人ノ権利ヲ取得ス
**第565条** ① 運送取扱人ハ特約ナキトキハ自ラ運送ヲ為スコトヲ得此場合ニ於テハ運送取扱人ハ運送人ト同一ノ権利義務ヲ有ス
② 運送取扱人カ委託者ノ請求ニ因リテ貨物引換証ヲ作リタルトキハ自ラ運送ヲ為スモノト看做ス
**第566条** ① 運送取扱人ノ責任ハ荷受人カ運送品ヲ受取リタル日ヨリ1年ヲ経過シタルトキハ時効ニ因リテ消滅ス
② 前項ノ期間ハ運送品ノ全部滅失ノ場合ニ於テハ其引渡アルヘカリシ日ヨリ之ヲ起算ス
③ 前2項ノ規定ハ運送取扱人ニ悪意アリタル場合ニハ之ヲ適用セス
**第567条** 運送取扱人ノ委託者又ハ荷受人ニ対スル債権ハ1年ヲ経過シタルトキハ時効ニ因リテ消滅ス
**第568条** 第578条及ヒ第583条ノ規定ハ運送取扱営業ニ之ヲ準用ス

### 第8章 運送営業

#### 第1節 総則
**第569条** 運送人トハ陸上又ハ湖川,港湾ニ於テ物品又ハ旅客ノ運送ヲ為スヲ業トスル者ヲ謂フ

#### 第2節 物品運送
**第570条** ① 荷送人ハ運送人ノ請求ニ因リ運送状ヲ交付スルコトヲ要ス
② 運送状ニハ左ノ事項ヲ記載シ荷送人之ニ署名スルコトヲ要ス
1 運送品ノ種類,重量又ハ容積及ヒ其荷造ノ種類,個数並ニ記号
2 到達地
3 荷受人ノ氏名又ハ商号
4 運送状ノ作成地及ヒ其作成ノ年月日
**第571条** ① 運送人ハ荷送人ノ請求ニ因リ貨物引換証ヲ交付スルコトヲ要ス
② 貨物引換証ニハ左ノ事項ヲ記載シ運送人之ニ署名スルコトヲ要ス
1 前条第2項第1号乃至第3号ニ掲ケタル事項
2 荷送人ノ氏名又ハ商号
3 運送賃
4 貨物引換証ノ作成地及ヒ其作成ノ年月日
**第572条** 貨物引換証ヲ作リタルトキハ運送ニ関スル事項ハ運送人ト所持人トノ間ニ於テハ貨物引換証ニ定ムル所ニ依ル
**第573条** 貨物引換証ヲ作リタルトキハ運送品ニ関スル処分ハ貨物引換証ヲ以テスルニ非サレハ之ヲ為スコトヲ得ス
**第574条** 貨物引換証ハ其記名式ナルトキト雖モ裏書ニ依リテ之ヲ譲渡スコトヲ得但貨物引換証ニ裏書ヲ禁スル旨ヲ記載シタルトキハ此限ニ在ラス
**第575条** 貨物引換証ニ依リ運送品ヲ受取ルコトヲ得ヘキ者ニ貨物引換証ヲ引渡シタルトキハ其引渡

ハ運送品ノ上ニ行使スル権利ノ取得ニ付キ運送品ノ引渡ト同一ノ効力ヲ有ス
第576条 ① 運送品ノ全部又ハ一部カ不可抗力ニ因リテ滅失シタルトキハ運送人ハ其運送賃ヲ請求スルコトヲ得若シ運送人カ既ニ其運送賃ノ全部又ハ一部ヲ受取リタルトキハ之ヲ返還スルコトヲ要ス
② 運送品ノ全部又ハ一部カ其性質若クハ瑕疵又ハ荷送人ノ過失ニ因リテ滅失シタルトキハ運送人ハ運送賃ノ全額ヲ請求スルコトヲ得
第577条 荷送人ハ自己若クハ運送取扱人又ハ其使用人其他運送ノ為メ使用シタル者カ運送品ノ受取,引渡,保管及ヒ運送ニ関スル注意ヲ怠ラサリシコトヲ証明スルニ非サレハ運送品ノ滅失,毀損又ハ延着ニ付キ損害賠償ノ責ヲ免ルルコトヲ得ス
第578条 貨幣,有価証券其他ノ高価品ニ付テハ荷送人カ運送ヲ委託スルニ当タリ其種類及ヒ価額ヲ明告シタルニ非サレハ運送人ハ損害賠償ノ責ニ任セス
第579条 数人相次テ運送ヲ為ス場合ニ於テハ各運送人ハ運送品ノ滅失,毀損又ハ延着ニ付キ連帯シテ損害賠償ノ責ニ任ス
第580条 ① 運送品ノ全部滅失ノ場合ニ於ケル損害賠償ノ額ハ其引渡アルヘカリシ日ニ於ケル到達地ノ価格ニ依リテ之ヲ定ム
② 運送品ノ一部滅失又ハ毀損ノ場合ニ於ケル損害賠償ノ額ハ其引渡アリタル日ニ於テ到達地ノ価格ニ依リテ之ヲ定ム但延着ノ場合ニ於テハ前項ノ規定ヲ準用ス
③ 運送品ノ滅失又ハ毀損ノ為メ支払フコトヲ要サル運送賃其他ノ費用ハ前2項ノ賠償額ヨリ之ヲ控除ス
第581条 運送品カ運送人ノ悪意又ハ重大ナル過失ニ因リテ滅失,毀損又ハ延着シタルトキハ運送人ハ一切ノ損害ヲ賠償スル責ニ任ス
第582条 ① 荷送人又ハ貨物引換証ノ所持人ハ運送人ニ対シ運送ノ中止,運送品ノ返還其他ノ処分ヲ請求スルコトヲ得此場合ニ於テハ運送人ハ既ニ為シタル運送ノ割合ニ応スル運送賃,立替金及ヒ其処分ニ因リテ生シタル費用ノ弁済ヲ請求スルコトヲ得
② 前項ニ定メタル荷送人ノ権利ハ運送品カ到達地ニ達シタル後荷受人カ其引渡ヲ請求シタルトキハ消滅ス
第583条 運送品カ到達地ニ達シタル後ハ荷受人ハ運送契約ニ因リテ生シタル荷送人ノ権利ヲ取得ス
④ 荷受人カ運送品ヲ受取リタルトキハ運送人ニ対シ運送賃其他ノ費用ヲ支払フ義務ヲ負フ
第584条 貨物引換証ヲ作リタル場合ニ於テハ之ト引換ニ非サレハ運送品ノ引渡ヲ請求スルコトヲ得ス
第585条 ① 荷受人ヲ確知スルコト能ハサルトキハ運送人ハ運送品ヲ供託スルコトヲ得
② 前項ノ場合ニ於テ運送人カ荷送人ニ対シ相当ノ期間ヲ定メ運送品ノ処分ニ付キ指図ヲ為スヘキ旨ヲ催告スルモ荷送人カ其指図ヲ為ササルトキハ運送人ハ運送品ヲ競売スルコトヲ得
③ 運送人ハ前2項ノ規定ニ従ヒテ運送品ノ供託又ハ競売ヲ為シタルトキハ遅滞ナク荷送人ニ対シテ其通知ヲ発スルコトヲ要ス
第586条 ① 前条ノ規定ハ運送品ノ引渡ニ関シテ争アル場合ニ之ヲ準用ス
② 運送人カ競売ヲ為スニハ予メ荷受人ニ対シ相当ノ期間ヲ定メテ運送品ノ受取ヲ催告シ其期間経過ノ後更ニ荷送人ニ対スル催告ヲ為スコトヲ要ス

③ 運送人ハ遅滞ナク荷受人ニ対シテモ運送品ノ供託又ハ競売ノ通知ヲ発スルコトヲ要ス
第587条 第524条第2項及ヒ第3項ノ規定ハ前2条ノ場合ニ之ヲ準用ス
第588条 ① 運送人ノ責任ハ荷受人カ留保ヲ為サスシテ運送品ヲ受取リ且運送賃其他ノ費用ヲ支払ヒタルトキハ消滅ス但運送品ニ直チニ発見スルコト能ハサル毀損又ハ一部滅失アリタル場合ニ於テ荷受人カ引渡ノ日ヨリ2週間内ニ運送人ニ対シテ其通知ヲ発シタルトキハ此限ニ在ラス
② 前項ノ規定ハ運送人ニ悪意アリタル場合ニハ之ヲ適用セス
第589条 第562条,第563条,第566条及ヒ第567条ノ規定ハ運送人ニ之ヲ準用ス

### 第3節 旅客運送

第590条 ① 旅客ノ運送人ハ自己又ハ其使用人カ運送ニ関スル注意ヲ怠ラサリシコトヲ証明スルニ非サレハ旅客カ運送ノ為メニ受ケタル損害ヲ賠償スル責ヲ免ルルコトヲ得ス
② 損害賠償ノ額ヲ定ムルニ付テハ裁判所ハ被害者及ヒ其家族ノ情況ヲ斟酌スルコトヲ要ス
第591条 ① 旅客ノ運送人ハ旅客ヨリ引渡ヲ受ケタル手荷物ニ付テハ特ニ運送賃ヲ請求セサルトキト雖モ物品運送人ト同一ノ責任ヲ負フ
② 手荷物カ到達地ニ達シタル日ヨリ1週間内ニ旅客カ其引渡ヲ請求セサルトキハ第524条ノ規定ヲ準用ス但住所又ハ居所ノ知レサル旅客ニハ催告及ヒ通知ヲ為スコトヲ要セス
第592条 旅客ノ運送人ハ旅客ヨリ引渡ヲ受ケサル手荷物ノ滅失又ハ毀損ニ付テハ自己又ハ其使用人ニ過失アル場合ヲ除クケ損害賠償ノ責ニ任セス

## 第9章 寄 託

### 第1節 総則

第593条 商人カ其営業ノ範囲内ニテ寄託ヲ受ケタルトキハ報酬ヲ受ケサルトキト雖モ善良ナル管理者ノ注意ヲ為スコトヲ要ス
第594条 ① 旅店,飲食店,浴場其他客ノ来集ヲ目的トスル場屋ノ主人ハ客ヨリ寄託ヲ受ケタル物品ノ滅失又ハ毀損ニ付キ其不可抗力ニ因リタルコトヲ証明スルニ非サレハ損害賠償ノ責ヲ免ルルコトヲ得ス
② 客カ特ニ寄託セサル物品ト雖モ場屋中ニ携帯シタル物品カ場屋ノ主人又ハ其使用人ノ不注意ニ因リテ滅失又ハ毀損シタルトキハ場屋ノ主人ハ損害賠償ノ責ニ任ス
③ 客ノ携帯品ニ付キ責任ヲ負ハサル旨ヲ告示シタルトキト雖モ場屋ノ主人ハ前2項ノ責任ヲ免ルルコトヲ得ス
第595条 貨幣,有価証券其他ノ高価品ニ付テハ客カ其種類及ヒ価額ヲ明告シテ之ヲ前条ノ場屋ノ主人ニ寄託シタルニ非サレハ其場屋ノ主人ハ其物品ノ滅失又ハ毀損ニ因リテ生シタル損害ヲ賠償スル責ニ任セス
第596条 ① 前条ノ責任ハ場屋ノ主人カ寄託物ヲ返還シ又ハ客カ携帯品ヲ持去リタル後1年ヲ経過シタルトキハ時効ニ因リテ消滅ス
② 前項ノ期間ハ物品ノ全部滅失ノ場合ニ於テハ客カ場屋ヲ去リタル時ヨリ之ヲ起算ス
③ 前2項ノ規定ハ場屋ノ主人ニ悪意アリタル場合ニハ之ヲ適用セス

## 第2節　倉庫営業

**第597条**　倉庫営業者トハ他人ノ為メニ物品ヲ倉庫ニ保管スルヲ業トスル者ヲ謂フ

**第598条**　倉庫営業者ハ寄託者ノ請求ニ因リ寄託物ノ預証券及ヒ質入証券ヲ交付スルコトヲ要ス

**第599条**　預証券及ヒ質入証券ニハ左ノ事項及ヒ番号ヲ記載シ倉庫営業者之ニ署名スルコトヲ要ス
1　受寄物ノ種類, 品質, 数量及ヒ其荷造ノ種類, 個数並ニ記号
2　寄託者ノ氏名又ハ商号
3　保管ノ場所
4　保管料
5　保管ノ期間ヲ定メタルトキハ其期間
6　受寄物ヲ保険ニ付シタルトキハ保険金額, 保険期間及ヒ保険者ノ氏名又ハ商号
7　証券ノ作成地及ヒ其作成ノ年月日

**第600条**　倉庫営業者カ預証券及ヒ質入証券ヲ寄託者ニ交付シタルトキハ其帳簿ニ左ノ事項ヲ記載スルコトヲ要ス
1　前条第1号, 第2号及ヒ第4号乃至第6号ニ掲ケタル事項
2　証券ノ番号及ヒ其作成ノ年月日

**第601条**　①　預証券及ヒ質入証券ノ所持人ハ倉庫営業者ニ対シ寄託物ヲ分割シ且其各部分ニ対スル預証券及ヒ質入証券ノ交付ヲ請求スルコトヲ得此場合ニ於テハ所持人ハ前ノ預証券及ヒ質入証券ヲ倉庫営業者ニ返還スルコトヲ要ス
②　前項ニ定メタル寄託物ノ分割及ヒ証券ノ交付ニ関スル費用ハ所持人之ヲ負担ス

**第602条**　預証券及ヒ質入証券ヲ作リタルトキハ寄託ニ関スル事項ハ倉庫営業者ト所持人トノ間ニ於テハ其証券ノ定ムル所ニ依ル

**第603条**　①　預証券及ヒ質入証券ハ其記名式ナルトキト雖モ裏書ニ依リテ之ヲ譲渡シ又ハ之ヲ質入スルコトヲ得但証券ニ裏書ヲ禁スル旨ヲ記載シタルトキハ此限ニ在ラス
②　預証券ノ所持人カ未タ質入ヲ為ササル間ハ預証券及ヒ質入証券ハ各別ニ之ヲ譲渡スコトヲ得ス

**第604条**　第573条及ヒ第575条ノ規定ハ預証券及ヒ質入証券ニ之ヲ準用ス

**第605条**　預証券及ヒ質入証券カ滅失シタルトキハ其所持人ハ相当ノ担保ヲ供シテ更ニ其証券ノ交付ヲ請求スルコトヲ得此場合ニ於テハ倉庫営業者ハ其旨ヲ帳簿ニ記載スルコトヲ要ス

**第606条**　①　質入証券ニ第1ノ質入裏書ヲ為スニハ債権額, 其利息及ヒ弁済期ヲ記載スルコトヲ要ス
②　第1ノ質権者ヵ前項ニ掲ケタル事項ヲ預証券ニ記載シテ之ニ署名スルニ非サレハ質権ヲ以テ第三者ニ対抗スルコトヲ得ス

**第607条**　預証券ノ所持人ハ寄託物ヲ以テ預証券ニ記載シタル債権額及ヒ利息ヲ弁済スル義務ヲ負フ

**第608条**　質入証券ノ所持人ハ債権ノ弁済ヲ倉庫営業者ノ営業所ニ於テ之ヲ為スコトヲ要ス

**第609条**　質入証券ノ所持人カ弁済期ニ至リ支払ヲ受ケサルトキハ手形ニ関スル規定ニ従ヒテ拒絶証書ヲ作ラシムルコトヲ要ス

**第610条**　質入証券ノ所持人ハ拒絶証書作成ノ日ヨリ1週間ヲ経過シタル後ニ非サレハ寄託物ノ競売ヲ請求スルコトヲ得ス

**第611条**　①　倉庫営業者ハ競売代金ノ中ヨリ競売ニ関スル費用, 受寄物ニ課スヘキ租税, 保管料其他保管ニ関スル費用及ヒ立替金ヲ控除シタル後其残額ヲ質入証券ト引換ニ其所持人ニ支払フコトヲ要ス
②　競売代金ノ中ヨリ前項ニ掲ケタル費用, 租税, 保管料, 立替金及ヒ質入証券所持人ノ債権額, 利息, 拒絶証書作成ノ費用ヲ控除シタル後余剰アルトキハ倉庫営業者ハ之ヲ預証券ト引換ニ其所持人ニ支払フコトヲ要ス

**第612条**　競売代金ヲ以テ質入証券ニ記載シタル債権ノ全部ヲ弁済スルコト能ハサリシトキハ倉庫営業者ハ其支払ヒタル金額ヲ質入証券ニ記載シテ其証券ヲ返還シ且其旨ヲ帳簿ニ記載スルコトヲ要ス

**第613条**　①　質入証券ノ所持人ハ先ツ寄託物ニ付キ弁済ヲ受ケ尚ホ不足アルトキハ其裏書人ニ対シテ不足額ヲ請求スルコトヲ得
②　手形法第45条第1項第3項第5項第6項, 第48条第1項, 第49条及ヒ第50条第1項ノ規定ハ前項ニ定メタル不足額ノ請求ニ之ヲ準用ス
③　質入証券ノ第52条第3項ノ規定ハ不足額ノ請求ヲ受クル者ノ営業所所又ハ住所ノ所在地カ其請求ヲ為ス者ノ営業所又ハ住所ノ所在地ト異ナル場合ニ於ケル償還額ノ算定ニ付キ之ヲ準用ス

**第614条**　質入証券ノ所持人カ弁済期ニ至リ支払ヲ受ケサリシ場合ニ於テ拒絶証書ヲ作ラシメサリシトキ又ハ拒絶証書作成ノ日ヨリ2週間内ニ寄託物ノ競売ヲ請求セサリシトキハ裏書人ニ対スル請求権ヲ失フ

**第615条**　質入証券所持人ノ預証券所持人ニ対スル請求権ノ弁済期ヨリ1年質入証券裏書人ニ対スル請求権ハ寄託物ニ付キ弁済ヲ受ケタル日ヨリ6个月質入証券裏書人ノ其前者ニ対スル請求権ハ償還ヲ為シタル日ヨリ6个月ヲ経過シタルトキハ時効ニ因リテ消滅ス

**第616条**　①　寄託者又ハ預証券ノ所持人ハ営業時間内何時ニテモ倉庫営業者ニ対シテ寄託物ノ点検若クハ其見本ノ摘出ヲ求メ又ハ其保存ニ必要ナル処分ヲ為スコトヲ得
②　質入証券ノ所持人ハ営業時間内何時ニテモ倉庫営業者ニ対シテ寄託物ノ点検ヲ求ムルコトヲ得

**第617条**　倉庫営業者ハ自己又ハ其使用人カ受寄物ノ保管ニ関シ注意ヲ怠ラサリシコトヲ証明スルニ非サレハ其滅失又ハ毀損ニ付キ損害賠償ノ責ヲ免ルルコトヲ得ス

**第618条**　倉庫営業者ハ受寄物出庫ノ時ニ非サレハ保管料及ヒ立替金其他受寄物ニ関スル費用ノ支払ヲ請求スルコトヲ得但受寄物ノ一部出庫ノ場合ニ於テハ割合ニ応シテ其支払ヲ請求スルコトヲ得

**第619条**　当事者カ保管ノ期間ヲ定メサリシトキハ倉庫営業者ハ受寄物入庫ノ日ヨリ6个月ヲ経過シタル後ニ非サレハ其返還ヲ為スコトヲ得ス但已ムコトヲ得サル事由アルトキハ此限ニ在ラス

**第620条**　預証券及ヒ質入証券ヲ作リタル場合ニ於テハ之ト引換ニ非サレハ寄託物ノ返還ヲ請求スルコトヲ得ス

**第621条**　預証券ノ所持人ハ質入証券ニ記載シタル債権ノ弁済期前ト雖モ其債権ノ全額及ヒ弁済期マテノ利息ヲ倉庫営業者ニ供託シテ寄託物ノ返還ヲ請求スルコトヲ得

**第622条**　①　寄託物カ同種類ニシテ同一ノ品質ヲ有シ且分割スルコトヲ得ヘキ物ナルトキハ預証券ノ所持人ハ債権ノ一部ノ弁済及ヒ其利息ヲ倉庫営業者ニ供託シ其割合ニ応シテ寄託物ノ一部ノ返還ヲ請求スルコトヲ得此場合ニ於テ倉庫営業者ハ供託ヲ受ケタル金額及ヒ返還シタル寄託物ノ数量ヲ預証券

ニ記載シ且其旨ヲ帳簿ニ記載スルコトヲ要ス
② 前項ニ定メタル寄託物ノ一部出庫ニ関スル費用ハ預証券ノ所持人之ヲ負担ス
**第623条** ① 前2条ノ場合ニ於テ買入証券ノ所持人ノ権利ハ供託金ノ上ニ存ス
② 第612条ノ規定ハ前条第1項ノ供託金ヲ以テ買入証券ノ代価ヲ弁済シタル債権ノ一部ヲ弁済シタル場合ニ之ヲ準用ス
**第624条** ① 第524条第1項及ヒ第2項ノ規定ハ寄託者又ハ預証券ノ所持人カ寄託物ヲ受取ルコトヲ拒ミ又ハ之ヲ受取ルコト能ハサル場合ニ之ヲ準用ス此場合ニ於テ買入証券ノ所持人ノ権利ハ競売代金ノ上ニ存在ス
② 第611条及ヒ第612条ノ規定ハ前項ノ場合ニ之ヲ準用ス
**第625条** 第588条ノ規定ハ倉庫営業者ニ之ヲ準用ス
**第626条** ① 寄託物ノ滅失又ハ毀損ニ因リテ生スル倉庫営業者ノ責任ハ出庫ノ日ヨリ1年ヲ経過シタルトキハ時効ニ因リテ消滅ス
② 前項期間ニ寄託物ノ全部滅失ノ場合ニ於テハ倉庫営業者カ寄託人ノ所持人、若シ其所持人カ知レサルトキハ寄託者ニ対シテ其滅失ノ通知ヲ発シタル日ヨリ之ヲ起算ス
③ 前2項ノ規定ハ倉庫営業者ニ悪意アリタル場合ニハ之ヲ適用セス
**第627条** ① 倉庫営業者ハ寄託者ノ請求アルトキハ預証券及ヒ買入証券ニ代ヘテ倉庫証券ヲ交付スルコトヲ要ス
② 倉荷証券ニハ預証券ニ関スル規定ヲ準用ス
**第628条** 倉荷証券ヲ以テ質権ノ目的ト為シタル場合ニ於テ質権者ノ承諾アルトキハ寄託者ハ債権ノ弁済期前ト雖モ寄託物ノ一部ノ返還ヲ請求スルコトヲ得此場合ニ於テ倉庫営業者ハ返還シタル寄託物ノ種類、品質及ヒ数量ヲ倉荷証券ニ記載シ且其旨ヲ帳簿ニ記載スルコトヲ要ス

## 第10章 保　険

### 第1節 損害保険
#### 第1款 総則

**第629条** 損害保険契約ハ当事者ノ一方カ偶然ナル一定ノ事故ニ因リテ生スルコトアルヘキ損害ヲ填補スルコトヲ約シ相手方カ之ニ其報酬ヲ与フルコトヲ約スルニ因リテ其効力ヲ生ス
**第630条** 保険契約ハ金銭ニ見積ルコトヲ得ヘキ利益ニ限リ之ヲ以テ其目的ト為スコトヲ得
**第631条** 保険金額カ保険契約ノ目的ノ価額ニ超過シタルトキハ其超過シタル部分ニ付テハ保険契約ハ無効トス
**第632条** ① 同一ノ目的ニ付キ同時ニ数箇ノ保険契約ヲ為シタル場合ニ於テ其保険金額カ保険価額ニ超過シタルトキハ各保険者ノ負担額ハ其各自ノ保険金額ノ割合ニ依リテ之ヲ定ム
② 数箇ノ保険契約カ日附ヲ同一ナルトキハ其契約ハ同時ニ為シタルモノト推定ス
**第633条** 相次テ数箇ノ保険契約ヲ為シタルトキハ前ノ保険者先ツ損害ヲ負担シ若シ其負担額カ損害ノ全部ヲ填補スルニ足ラサルトキハ後ノ保険者之ヲ負担ス
**第634条** 保険価額ノ全部ヲ保険ニ付シタル後ト雖モ左ノ場合ニ限リ更ニ保険契約ヲ為スコトヲ得
　1 前ノ保険者ニ対スル権利ヲ後ノ保険者ニ譲渡スルコトヲ約シタルトキ
　2 前ノ保険者ニ対スル権利ノ全部又ハ一部ヲ抛棄スルコトヲ約シタルトキ
　3 前ノ保険者カ損害ノ填補ヲ為ササルコトヲ条件トシタルトキ
**第635条** 同時ニ又ハ相次テ数箇ノ保険契約ヲ為シタル場合ニ於テ保険者ノ1人ニ対スル権利ノ抛棄ハ他ノ保険者ノ権利義務ニ影響ヲ及ホサス
**第636条** 保険価額ノ一部ヲ保険ニ付シタル場合ニ於テハ保険者ノ負担ハ保険金額ノ保険価額ニ対スル割合ニ依リテ之ヲ定ム
**第637条** 保険価額カ保険期間中著シク減少シタルトキハ保険契約者ハ保険者ニ対シテ保険金額及ヒ保険料ノ減額ヲ請求スルコトヲ得但保険料ノ減額ハ将来ニ向テノミ其効力ヲ生ス
**第638条** ① 保険者カ填補スヘキ損害ノ額ハ其損害カ生シタル地ニ於ケル其時ノ価額ニ依リテ之ヲ定ム
② 前項ノ損害額ヲ計算スルニ必要ナル費用ハ保険者之ヲ負担ス
**第639条** 当事者カ保険価額ヲ定メタルトキハ保険者ハ其価額ノ著シク過当ナルコトヲ証明スルニ非サレハ其填補額ノ減少ヲ請求スルコトヲ得
**第640条** 戦争其他ノ変乱ニ因リテ生シタル損害ハ特約アルニ非サレハ保険者之ヲ填補スル責ニ任セス
**第641条** 保険ノ目的ノ性質若クハ瑕疵、其自然ノ消耗又ハ保険契約者若クハ被保険者ノ悪意若クハ重大ナル過失ニ因リテ生シタル損害ハ保険者之ヲ填補スル責ニ任セス
**第642条** 保険契約ノ当時事者ノ一方ハ被保険者カ事故ノ生セサルヘキコト又ハ既ニ生シタルコトヲ知レリトキハ其契約ハ無効トス
**第643条** 保険契約ノ全部又ハ一部カ無効ナル場合ニ於テ保険契約者及ヒ被保険者カ善意ニシテ且重大ナル過失ナキトキハ保険者ニ対シテ保険料ノ全部又ハ一部ノ返還ヲ請求スルコトヲ得
**第644条** ① 保険契約ノ当時保険契約者カ悪意又ハ重大ナル過失ニ因リ重要ナル事実ヲ告ケス又ハ重要ナル事項ニ付キ不実ノ事ヲ告ケタルトキハ保険者ハ契約ノ解除ヲ為スコトヲ得但保険者カ其事実ヲ知リ又ハ過失ニ因リテ之ヲ知ラサリシトキハ此限ニ在ラス
② 前項ノ解除権ハ保険者カ解除ノ原因ヲ知リタル時ヨリ1个月間之ヲ行ハサルトキハ消滅ス契約ノ時ヨリ5年ヲ経過シタルトキ亦同シ
**第645条** ① 前条ノ規定ニ依リ保険者カ契約ノ解除ヲ為シタルトキハ其解除ハ将来ニ向テノミ其効力ヲ生ス
② 保険者ハ危険発生ノ後解除ヲ為シタル場合ニ於テモ填補ノ責ニ任セス若シ既ニ保険金額ノ支払ヲ為シタルトキハ其返還ヲ請求スルコトヲ得但保険契約者ニ於テ危険ノ発生カ其告ケス又ハ告ケサリシ事実ニ基カサルコトヲ証明シタルトキハ此限ニ在ラス
**第646条** 保険契約ノ当事者カ特別ノ危険ヲ斟酌シテ保険料ヲ定メタル場合ニ於テ保険期間中其危険カ消滅シタルトキハ将来ニ向テ保険料ノ減額ヲ請求スルコトヲ得
**第647条** 保険契約カ他人ノ為メニ之ヲ為スコトヲ得但其場合ニ於テハ保険契約者ハ保険者ニ対シ保険料ヲ支払フ義務ヲ負フ
**第648条** 保険契約者カ委任ヲ受ケスシテ他人ノ為メニ契約ヲ為シタル場合ニ於テ其旨ヲ保険者ニ告

第649条 ① 保険者ハ保険契約者ノ請求ニ因リ保険証券ヲ交付スルコトヲ要ス
② 保険証券ニハ左ノ事項ヲ記載シ保険者之ニ署名スルコトヲ要ス
1 保険ノ目的
2 保険者ノ負担シタル危険
3 保険価額ヲ定メタルトキハ其価額
4 保険金額
5 保険料及ヒ其支払ノ方法
6 保険期間ヲ定メタルトキハ其始期及ヒ終期
7 保険契約者ノ氏名又ハ商号
8 保険契約ノ年月日
9 保険証券ノ作成地及ヒ其作成ノ年月日
第650条 ① 被保険者カ保険ノ目的ヲ譲渡シタルトキハ同時ニ保険契約ニ因リテ生シタル権利ヲ譲渡シタルモノト推定ス
② 前項ノ場合ニ於テ保険ノ目的ノ譲渡ニ著シク危険ヲ変更又ハ増加シタルトキハ保険契約ハ其効力ヲ失フ
第651条 ① 保険者カ破産手続開始ノ決定ヲ受ケタルトキハ保険契約者ハ契約ノ解除ヲ為スコトヲ得但其解除ハ将来ニ向テノミ其効力ヲ生ス
② 前項ノ規定ニ依リテ解除ヲ為ササル保険契約ハ破産手続開始ノ決定ノ後3个月ヲ経過シタルトキハ其効力ヲ失フ
第652条 他人ノ為メニ保険契約ヲ為シタル場合ニ於テ保険契約者カ破産手続開始ノ決定ヲ受ケタルトキハ保険者ハ被保険者ニ対シテ保険料ヲ請求スルコトヲ得但被保険者カ其権利ヲ抛棄シタルトキハ此限ニ在ラス
第653条 保険者ノ責任カ始マル前ニ於テハ保険契約者ハ契約ノ全部又ハ一部ノ解除ヲ為スコトヲ得
第654条 保険者ニ被保険者ノ行為ニ因ラスシテ保険ノ目的ノ全部又ハ一部ニ付キ保険者ノ負担ニ帰スヘキ危険カ生セサルニ至リタルトキハ保険者ハ保険料ノ全部又ハ一部ヲ返還スルコトヲ要ス
第655条 前2条ノ場合ニ於テハ保険者ハ其返還スヘキ保険料ノ半額ニ相当スル金額ヲ請求スルコトヲ得
第656条 保険期間中危険カ保険契約者又ハ被保険者ノ責ニ帰スヘキ事由ニ因リテ著シク変更又ハ増加シタルトキハ保険契約ハ其効力ヲ失フ
第657条 ① 保険期間中危険カ保険契約者又ハ被保険者ノ責ニ帰スヘカラサル事由ニ因リテ著シク変更又ハ増加シタルトキハ保険者ハ契約ノ解除ヲ為スコトヲ得但其解除ハ将来ニ向テノミ其効力ヲ生ス
② 前項ノ場合ニ於テ保険契約者又ハ被保険者カ危険ノ著シク変更又ハ増加シタルコトヲ知リタルトキハ直チニ之ヲ保険者ニ通知スルコトヲ要ス若シ其通知ヲ怠リタルトキハ保険者ハ危険ノ変更又ハ増加ノ時ヨリ保険契約カ其効力ヲ失ヒタルモノト看做スコトヲ得
③ 保険者カ通知ヲ受ケタル危険ノ変更若クハ増加ヲ知リタル後遅滞ナク契約ノ解除ヲ為ササルトキハ其契約ヲ承認シタルモノト看做ス
第658条 保険者ノ負担シタル危険ノ発生ニ因リテ損害カ生シタル場合ニテ保険契約者又ハ被保険者カ其損害ノ生シタルコトヲ知リタルトキハ遅滞ナク保険者ニ其通知ヲ発スルコトヲ要ス

第659条 保険ノ目的ニ付キ保険者ノ負担スヘキ損害カ生シタルトキハ其後ニ至リ其目的カ保険者ノ負担セサル危険ニ因リ滅失シタルトキト雖モ保険者ハ其損害ヲ填補スル責ヲ免ルルコトヲ得ス
第660条 ① 被保険者ハ損害ノ防止ニ力ヲ尽ムルコトヲ要ス但之カ為メニ必要又ハ有益ナリシ費用及ヒ填補額カ保険金額ニ超過スルトキト雖モ保険者之ヲ負担ス
② 第636条ノ規定ハ前項但書ノ場合ニ之ヲ準用ス
第661条 保険ノ目的ノ全部カ滅失シタル場合ニテ保険者カ保険金額ノ全部ヲ支払ヒタルトキハ被保険者カ其目的ニ付キ有セル権利ヲ取得ス但保険価額ノ一部ヲ保険ニ付シタル場合ニ於テハ保険者ノ権利ハ保険金額ノ保険価額ニ対スル割合ニ依リテ之ヲ定ム
第662条 ① 損害カ第三者ノ行為ニ因リテ生シタル場合ニ於テ保険者カ被保険者ニ対シ其負担額ヲ支払ヒタルトキハ其支払ヒタル金額ノ限度ニ於テ保険契約者又ハ被保険者カ第三者ニ対シテ有セル権利ヲ取得ス
② 保険者カ被保険者ニ対シ其負担額ノ一部ヲ支払ヒタルトキハ保険契約者又ハ被保険者ノ権利ヲ害セサル範囲内ニ於テノミ前項ニ定メタル権利ヲ行フコトヲ得
第663条 保険金額支払ノ義務及ヒ保険料返還ノ義務ハ2年保険料支払ノ義務ハ1年ヲ経過シタルトキハ時効ニ因リテ消滅ス
第664条 本節ノ規定ハ相互保険ニ之ヲ準用ス但其性質カ之ヲ許ササルトキハ此限ニ在ラス

### 第2款 火災保険

第665条 火災ニ因リテ生シタル損害ハ其火災ノ原因何タルヲ問ハス保険者之ヲ填補スル責ニ任ス但第640条及ヒ第641条ノ場合ハ此限ニ在ラス
第666条 消防又ハ避難ニ必要ナル処分ニ因リ保険ノ目的ニ付キ生シタル損害ハ保険者之ヲ填補スル責ニ任ス
第667条 賃借人其他他人ノ物ヲ保管スル者ニ其支払フコトアルヘキ損害賠償ノ為メ其物ヲ保険ニ付シタルトキハ所有者ハ保険者ニ対シテ直接ニ其損害ノ填補ヲ請求スルコトヲ得
第668条 火災保険証券ニハ第649条第2項ニ掲ケタル事項ノ外左ノ事項ヲ記載スルコトヲ要ス
1 保険ニ付シタル建物ノ所在、構造及ヒ用方
2 動産ヲ保険ニ付シタルトキハ之ヲ納ルル建物ノ所在、構造及ヒ用方

### 第3款 運送保険

第669条 保険者ハ特約ナキトキハ運送人カ運送品ヲ受取リタル時ヨリ之ヲ荷受人ニ引渡ス時マテニ生スルコトアルヘキ損害ヲ填補スル責ニ任ス
第670条 ① 運送品ノ保険ニ付テハ発送ノ地及ヒ時ニ於ケル其価額及ヒ到達地マテノ運送賃其他ノ費用ヲ以テ保険価額トス
② 運送品ノ到達ニ因リテ得ヘキ利益ハ特約アルトキニ限リ之ヲ保険価額中ニ算入ス
第671条 運送保険証券ニハ第649条第2項ニ掲ケタル事項ノ外左ノ事項ヲ記載スルコトヲ要ス
1 運送ノ道筋及ヒ方法
2 運送人ノ氏名又ハ商号
3 運送品ノ受取及ヒ引渡ノ場所
4 運送期間ヲ定メタルトキハ其期間
第672条 保険契約ハ特約ニ非サレハ運送上ノ

必要ニ因リ一時運送ヲ中止シ又ハ運送ノ道筋若クハ方法ヲ変更シタルトキト雖モ其効力ヲ失ハス

## 第2節 生命保険

**第673条** 生命保険契約ハ当事者ノ一方カ相手方又ハ第三者ノ生死ニ関シ一定ノ金額ヲ支払フヘキコトヲ約シ相手方カ之ニ其報酬ヲ与フルコトヲ約スルニ因リテ其効力ヲ生ス

**第674条** ① 他人ノ死亡ニ因リテ保険金額ノ支払ヲ為スヘキコトヲ定ムル保険契約ニハ其者ノ同意アルコトヲ要ス但被保険者カ保険金額ヲ受取ルヘキ者ナルトキハ此限ニ在ラス
② 前項ノ保険契約ニ因リテ生シタル権利ノ譲渡ニハ被保険者ノ同意アルコトヲ要ス
③ 保険金額ヲ受取ルヘキ者ナル場合ニ於テ保険金額ヲ受取ルヘキ者カ其権利ヲ譲渡ストキ又ハ第1項但書ノ場合ニ於テ権利ヲ譲受ケタル者カ更ニ之ヲ譲渡ストキ亦同シ

**第675条** ① 保険金額ヲ受取ルヘキ者カ第三者ナルトキハ其第三者ハ当然保険契約ノ利益ヲ享受ス但保険契約者カ別段ノ意思ヲ表示シタルトキハ其意思ニ従フ
② 前項但書ノ規定ニ依リ保険契約者カ保険金額ヲ受取ルヘキ者ヲ指定又ハ変更スル権利ヲ有スル場合ニ於テ其権利ヲ行ハスシテ死亡シタルトキハ保険金額ヲ受取ルヘキ者ノ権利ハ之ニ因リテ確定ス

**第676条** ① 保険金額ヲ受取ルヘキ者カ被保険者ニ非サル第三者ナル場合ニ於テ其者カ死亡シタルトキハ保険契約者ハ更ニ保険金額ヲ受取ルヘキ者ヲ指定スルコトヲ得
② 保険契約者カ前項ニ定メタル権利ヲ行ハスシテ死亡シタルトキハ保険金額ヲ受取ルヘキ者ノ相続人ヲ以テ保険金額ヲ受取ルヘキ者トス

**第677条** ① 保険契約者カ契約後保険金額ヲ受取ルヘキ者ヲ指定又ハ変更シタルトキハ保険者ニ其指定又ハ変更ヲ通知スルニ非サレハ之ヲ以テ保険者ニ対抗スルコトヲ得ス
② 第674条第1項ノ規定ハ前項ノ指定及ヒ変更ニ之ヲ準用ス

**第678条** ① 保険契約ノ当時保険契約者又ハ被保険者ニ悪意又ハ重大ナル過失ニ因リ重要ナル事実ヲ告ケス又ハ重要ナル事項ニ付キ不実ノ事ヲ告ケタルトキハ保険者ハ解除ヲ為スコトヲ得保険者カ其事実ヲ知リ又ハ過失ニ因リテ之ヲ知ラサリシトキハ此限ニ在ラス
② 第644条第2項及ヒ第645条ノ規定ハ前項ノ場合ニ之ヲ準用ス

**第679条** 生命保険証券ニハ第649条第2項ニ掲クル事項ノ外左ノ事項ヲ記載スルコトヲ要ス
1 保険契約ノ種類
2 被保険者ノ氏名
3 保険金額ヲ受取ルヘキ者ヲ定メタルトキハ其者ノ氏名

**第680条** ① 左ノ場合ニ於テハ保険者ハ保険金額ヲ支払フ責ニ任セス
1 被保険者カ自殺、決闘其他ノ犯罪又ハ死刑ノ執行ニ因リテ死亡シタルトキ
2 保険金額ヲ受取ルヘキ者カ故意ニテ被保険者ヲ死ニ致シタルトキ但其者カ保険金額ノ一部ヲ受取ルヘキ場合ニ於テハ保険者ハ其残額ヲ支払フ責ヲ免ルルコトヲ得ス
3 保険契約者カ故意ニテ被保険者ヲ死ニ致シタルトキ

② 前項第1号及ヒ第2号ノ場合ニ於テハ保険者ハ被保険者ノ為ニ積立テタル金額ヲ保険契約者ニ払戻スコトヲ要ス

**第681条** 保険契約者又ハ保険金額ヲ受取ルヘキ者カ被保険者ノ死亡シタルコトヲ知リタルトキハ遅滞ナク保険者ニ対シテ其通知ヲ発スルコトヲ要ス

**第682条** 被保険者カ保険金額ヲ払戻ス義務カ2年ヲ経過シタルトキハ時効ニ因リテ消滅ス

**第683条** ① 第640条、第642条、第643条、第646条、第647条、第649条第1項、第651条乃至第653条、第656条、第657条、第663条及ヒ第664条ノ規定ハ生命保険ニ之ヲ準用ス
② 第640条、第651条、第653条、第656条及ヒ第657条ノ場合ニ於テハ保険者カ保険金額ヲ支払フコトヲ要セサルトキハ被保険者ノ為ニ積立テタル金額ヲ保険契約者ニ払戻スコトヲ要ス

〔第629～第683条 削除（平20法57）〕

### 第3編 海 商（略）

**保険法の施行に伴う関係法律整備法中経過規定**
（平20·6·6法57）（抄）

（商法の一部改正に伴う経過措置）
**第2条** この法律の施行の日（中略）前に締結された保険契約については、保険法（平成20年法律第56号）附則第3条から第6条までの規定により同法の規定が適用される場合を除き、なお従前の例による。

**附 則**（平20·6·6法57）
この法律は、保険法の施行の日から施行する。

### 59 会社法

（平17·7·26法律第86号, 平18·5·1施行, 最終改正：平20·6·13法律第65号）

## 第1編 総 則

### 第1章 通 則

（趣 旨）
**第1条** 会社の設立、組織、運営及び管理については、他の法律に特別の定めがある場合を除くほか、この法律の定めるところによる。

（定 義）
**第2条** この法律において、次の各号に掲げる用語の意義は、当該各号に定めるところによる。
1 会社 株式会社、合名会社、合資会社又は合同会社をいう。
2 外国会社 外国の法令に準拠して設立された法人その他の外国の団体であって、会社と同種のもの又は会社に類似するものをいう。
3 子会社 会社がその総株主の議決権の過半数を有する株式会社その他の当該会社がその経営を支配している法人として法務省令で定めるものをいう。
4 親会社 株式会社を子会社とする会社その他の当該株式会社の経営を支配している法人として法務省令で定めるものをいう。
5 公開会社 その発行する全部又は一部の株式の

内容として譲渡による当該株式の取得について株式会社の承認を要する旨の定款の定めを設けていない株式会社をいう．

6 大会社　次に掲げる要件のいずれかに該当する株式会社をいう．
　イ　最終事業年度に係る貸借対照表（第439条前段に規定する場合にあっては，同条の規定により定時株主総会に報告された貸借対照表をいい，株式会社の成立後最初の定時株主総会までの間においては，第435条第1項の貸借対照表をいう．ロにおいて同じ．）に資本金として計上した額が5億円以上であること．
　ロ　最終事業年度に係る貸借対照表の負債の部に計上した額の合計額が200億円以上であること．
7 取締役会設置会社　取締役会を置く株式会社又はこの法律の規定により取締役会を置かなければならない株式会社をいう．
8 会計参与設置会社　会計参与を置く株式会社をいう．
9 監査役設置会社　監査役を置く株式会社（その監査役の監査の範囲を会計に関するものに限定する旨の定款の定めがあるものを除く．）又はこの法律の規定により監査役を置かなければならない株式会社をいう．
10 監査役会設置会社　監査役会を置く株式会社又はこの法律の規定により監査役会を置かなければならない株式会社をいう．
11 会計監査人設置会社　会計監査人を置く株式会社又はこの法律の規定により会計監査人を置かなければならない株式会社をいう．
12 委員会設置会社　指名委員会,監査委員会及び報酬委員会（以下「委員会」という．）を置く株式会社をいう．
13 種類株式発行会社　剰余金の配当その他の第108条第1項各号に掲げる事項について内容の異なる二以上の種類の株式を発行する株式会社をいう．
14 種類株主総会　種類株主（種類株式発行会社におけるある種類の株式の株主をいう．以下同じ．）の総会をいう．
15 社外取締役　株式会社の取締役であって，当該株式会社又はその子会社の業務執行取締役（株式会社の第363条第1項各号に掲げる取締役及び当該株式会社の業務を執行したその他の取締役をいう．以下同じ．）若しくは執行役又は支配人その他の使用人でなく，かつ，過去に当該株式会社又はその子会社の業務執行取締役若しくは執行役又は支配人その他の使用人となったことがないものをいう．
16 社外監査役　株式会社の監査役であって，過去に当該株式会社又はその子会社の取締役，会計参与（会計参与が法人であるときは,その職務を行うべき社員）若しくは執行役又は支配人その他の使用人となったことがないものをいう．
17 譲渡制限株式　株式会社がその発行する全部又は一部の株式の内容として譲渡による当該株式の取得について当該株式会社の承認を要する旨の定めを設けている場合における当該株式をいう．
18 取得請求権付株式　株式会社がその発行する全部又は一部の株式の内容として株主が当該株式会社に対して当該株式の取得を請求することができる旨の定めを設けている場合における当該株式をいう．
19 取得条項付株式　株式会社がその発行する全部又は一部の株式の内容として当該株式会社が一定の事由が生じたことを条件として当該株式を取得することができる旨の定めを設けている場合における当該株式をいう．
20 単元株式数　株式会社がその発行する株式について，一定の数の株式をもって株主が株主総会又は種類株主総会において1個の議決権を行使することができる一単元の株式とする旨の定款の定めを設けている場合における当該一定の数をいう．
21 新株予約権　株式会社に対して行使することにより当該株式会社の株式の交付を受けることができる権利をいう．
22 新株予約権付社債　新株予約権を付した社債をいう．
23 社債　この法律の規定により会社が行う割当てにより発生する当該会社を債務者とする金銭債権であって,第676条各号に掲げる事項についての定めに従い償還されるものをいう．
24 最終事業年度　各事業年度に係る第435条第2項に規定する計算書類につき第438条第2項の承認（第439条前段に規定する場合にあっては,第436条第3項の承認）を受けた場合における当該各事業年度のうち最も遅いものをいう．
25 配当財産　株式会社が剰余金の配当をする場合における配当する財産をいう．
26 組織変更　次のイ又はロに掲げる会社がその組織を変更することにより当該イ又はロに定める会社となることをいう．
　イ　株式会社　合名会社,合資会社又は合同会社
　ロ　合名会社,合資会社又は合同会社　株式会社
27 吸収合併　会社が他の会社とする合併であって,合併により消滅する会社の権利義務の全部を合併後存続する会社に承継させるものをいう．
28 新設合併　二以上の会社がする合併であって,合併により消滅する会社の権利義務の全部を合併により設立する会社に承継させるものをいう．
29 吸収分割　株式会社又は合同会社がその事業に関して有する権利義務の全部又は一部を分割後他の会社に承継させることをいう．
30 新設分割　一又は二以上の株式会社又は合同会社がその事業に関して有する権利義務の全部又は一部を分割により設立する会社に承継させることをいう．
31 株式交換　株式会社がその発行済株式（株式会社が発行している株式をいう．以下同じ．）の全部を他の株式会社又は合同会社に取得させることをいう．
32 株式移転　一又は二以上の株式会社がその発行済株式の全部を新たに設立する株式会社に取得させることをいう．
33 公告方法　会社（外国会社を含む．）が公告（この法律又は他の法律の規定により官報に掲載する方法によりしなければならないものとされているものを除く．）をする方法をいう．
34 電子公告　公告方法のうち,電磁的方法（電子情報処理組織を使用する方法その他の情報通信の技術を利用する方法であって法務省令で定めるものをいう．以下同じ．）により不特定多数の者が公告すべき内容である情報の提供を受けることができる状態に置く措置であって法務省令で定めるものをとる方法をいう．

**（法人格）**

第3条　会社は,法人とする.
（住　所）
第4条　会社の住所は,その本店の所在地にあるものとする.
（商行為）
第5条　会社（外国会社を含む.次条第1項,第8条及び第9条において同じ.）がその事業としてする行為及びその事業のためにする行為は,商行為とする.

## 第2章　会社の商号

（商　号）
第6条　① 会社は,その名称を商号とする.
② 会社は,株式会社,合名会社,合資会社又は合同会社の種類に従い,それぞれその商号中に株式会社,合名会社,合資会社又は合同会社という文字を用いなければならない.
③ 会社は,その商号中に,他の種類の会社であると誤認されるおそれのある文字を用いてはならない.
（会社と誤認させる名称等の使用の禁止）
第7条　会社でない者は,その名称又は商号中に,会社であると誤認されるおそれのある文字を用いてはならない.
第8条　① 何人も,不正の目的をもって,他の会社であると誤認されるおそれのある名称又は商号を使用してはならない.
② 前項の規定に違反する名称又は商号の使用によって営業上の利益を侵害され又は侵害されるおそれがある会社は,その営業上の利益を侵害する者又は侵害するおそれがある者に対し,その侵害の停止又は予防を請求することができる.
（自己の商号の使用を他人に許諾した会社の責任）
第9条　自己の商号を使用して事業又は営業を行うことを他人に許諾した会社は,当該会社が当該事業を行うものと誤認して当該他人と取引をした者に対し,当該他人と連帯して,当該取引によって生じた債務を弁済する責任を負う.

## 第3章　会社の使用人等

### 第1節　会社の使用人

（支配人）
第10条　会社（外国会社を含む.以下この編において同じ.）は,支配人を選任し,その本店又は支店において,その事業を行わせることができる.
（支配人の代理権）
第11条　① 支配人は,会社に代わってその事業に関する一切の裁判上又は裁判外の行為をする権限を有する.
② 支配人は,他の使用人を選任し,又は解任することができる.
③ 支配人の代理権に加えた制限は,善意の第三者に対抗することができない.
（支配人の競業の禁止）
第12条　① 支配人は,会社の許可を受けなければ,次に掲げる行為をしてはならない.
　1　自ら営業を行うこと.
　2　自己又は第三者のために会社の事業の部類に属する取引をすること.
　3　他の会社又は商人（会社を除く.第24条において同じ.）の使用人となること.
　4　他の会社の取締役,執行役又は業務を執行する

社員となること.
② 支配人が前項の規定に違反して同項第2号に掲げる行為をしたときは,当該行為によって支配人又は第三者が得た利益の額は,会社に生じた損害の額と推定する.
（表見支配人）
第13条　会社の本店又は支店の事業の主任者であることを示す名称を付した使用人は,当該本店又は支店の事業に関し,一切の裁判外の行為をする権限を有するものとみなす.ただし,相手方が悪意であったときは,この限りでない.
（ある種類又は特定の事項の委任を受けた使用人）
第14条　① 事業に関するある種類又は特定の事項の委任を受けた使用人は,当該事項に関する一切の裁判外の行為をする権限を有する.
② 前項に規定する使用人の代理権に加えた制限は,善意の第三者に対抗することができない.
（物品の販売等を目的とする店舗の使用人）
第15条　物品の販売等（販売,賃貸その他これらに類する行為をいう.以下この条において同じ.）を目的とする店舗の使用人は,その店舗に在る物品の販売等をする権限を有するものとみなす.ただし,相手方が悪意であったときは,この限りでない.

### 第2節　会社の代理商

（通知義務）
第16条　代理商（会社のためにその平常の事業の部類に属する取引の代理又は媒介をする者で,その会社の使用人でないものをいう.以下この節において同じ.）は,取引の代理又は媒介をしたときは,遅滞なく,会社に対して,その旨の通知を発しなければならない.
（代理商の競業の禁止）
第17条　① 代理商は,会社の許可を受けなければ,次に掲げる行為をしてはならない.
　1　自己又は第三者のために会社の事業の部類に属する取引をすること.
　2　会社の事業と同種の事業を行う他の会社の取締役,執行役又は業務を執行する社員となること.
② 代理商が前項の規定に違反して同項第1号に掲げる行為をしたときは,当該行為によって代理商又は第三者が得た利益の額は,会社に生じた損害の額と推定する.
（通知を受ける権限）
第18条　物品の販売又はその媒介の委託を受けた代理商は,商法（明治32年法律第48号）第526条第2項の通知その他の売買に関する通知を受ける権限を有する.
（契約の解除）
第19条　① 会社及び代理商は,契約の期間を定めなかったときは,2箇月前までに予告し,その契約を解除することができる.
② 前項の規定にかかわらず,やむを得ない事由があるときは,会社及び代理商は,いつでもその契約を解除することができる.
（代理商の留置権）
第20条　代理商は,取引の代理又は媒介をしたことによって生じた債権の弁済期が到来しているときは,その弁済を受けるまでは,会社のために当該代理商が占有する物又は有価証券を留置することができる.ただし,当事者が別段の意思表示をしたときは,この限りでない.

### 第4章 事業の譲渡をした場合の競業の禁止等

**(譲渡会社の競業の禁止)**
**第21条** ① 事業を譲渡した会社(以下この章において「譲渡会社」という.)は,当事者の別段の意思表示がない限り,同一の市町村(東京都の特別区の存する区域及び地方自治法(昭和22年法律第67号)第252条の19第1項の指定都市にあっては,区.以下この項において同じ.)の区域内及びこれに隣接する市町村の区域内においては,その事業を譲渡した日から20年間は,同一の事業を行ってはならない.
② 譲渡会社が同一の事業を行わない旨の特約をした場合には,その特約は,その事業を譲渡した日から30年の期間内に限り,その効力を有する.
③ 前2項の規定にかかわらず,譲渡会社は,不正の競争の目的をもって同一の事業を行ってはならない.

**(譲渡会社の商号を使用した譲受会社の責任等)**
**第22条** ① 事業を譲り受けた会社(以下この章において「譲受会社」という.)が譲渡会社の商号を引き続き使用する場合には,その譲受会社も,譲渡会社の事業によって生じた債務を弁済する責任を負う.
② 前項の規定は,事業を譲り受けた後,遅滞なく,譲受会社がその本店の所在地において譲渡会社の債務を弁済する責任を負わない旨を登記した場合には,適用しない.事業を譲り受けた後,遅滞なく,譲受会社及び譲渡会社から第三者に対しその旨の通知をした場合において,その通知を受けた第三者についても,同様とする.
③ 譲受会社が第1項の規定により譲渡会社の債務を弁済する責任を負う場合には,譲渡会社の責任は,事業を譲渡した日後2年以内に請求又は請求の予告をしない債権者に対しては,その期間を経過した時に消滅する.
④ 第1項に規定する場合において,譲渡会社の事業によって生じた債権について,譲受会社にした弁済は,弁済者が善意でかつ重大な過失がないときは,その効力を有する.

**(譲受会社による債務の引受け)**
**第23条** ① 譲受会社が譲渡会社の商号を引き続き使用しない場合においても,その譲受会社が譲渡会社の事業によって生じた債務を引き受ける旨の広告をしたときは,譲渡会社の債権者は,その譲受会社に対して弁済の請求をすることができる.
② 譲受会社が前項の規定により譲渡会社の債務を弁済する責任を負う場合には,譲渡会社の責任は,同項の広告があった日後2年以内に請求又は請求の予告をしない債権者に対しては,その期間を経過した時に消滅する.

**(商人との間での事業の譲渡又は譲受け)**
**第24条** ① 会社が商人に対してその事業を譲渡した場合には,当該会社を商法第16条第1項に規定する譲渡人とみなして,同法第17条及び第18条の規定を適用する.
② 会社が商人の営業を譲り受けた場合には,当該商人を譲渡会社とみなして,前2条の規定を適用する.

## 第2編 株式会社

### 第1章 設立

**第1節 総則**
**第25条** ① 株式会社は,次に掲げるいずれかの方法により設立することができる.
1 次節から第8節までに規定するところにより,発起人が設立時発行株式(株式会社の設立に際して発行する株式をいう.以下同じ.)の全部を引き受ける方法
2 次節,第3節,第39条及び第6節から第9節までに規定するところにより,発起人が設立時発行株式を引き受けるほか,設立時発行株式を引き受ける者の募集をする方法
② 各発起人は,株式会社の設立に際し,設立時発行株式を1株以上引き受けなければならない.

**第2節 定款の作成**
**第26条** ① 株式会社を設立するには,発起人が定款を作成し,その全員がこれに署名し,又は記名押印しなければならない.
② 前項の定款は,電磁的記録(電子的方式,磁気的方式その他人の知覚によっては認識することができない方式で作られる記録であって,電子計算機による情報処理の用に供されるものとして法務省令で定めるものをいう.以下同じ.)をもって作成することができる.この場合において,当該電磁的記録に記録された情報については,法務省令で定める署名又は記名押印に代わる措置をとらなければならない.

**(定款の記載又は記録事項)**
**第27条** 株式会社の定款には,次に掲げる事項を記載し,又は記録しなければならない.
1 目的
2 商号
3 本店の所在地
4 設立に際して出資される財産の価額又はその最低額
5 発起人の氏名又は名称及び住所

**第28条** 株式会社を設立する場合には,次に掲げる事項は,第26条第1項の定款に記載し,又は記録しなければ,その効力を生じない.
1 金銭以外の財産を出資する者の氏名又は名称,当該財産及びその価額並びにその者に対して割り当てる設立時発行株式の数(設立しようとする株式会社が種類株式発行会社である場合にあっては,設立時発行株式の種類及び種類ごとの数.第32条第1項第1号において同じ.)
2 株式会社の成立後に譲り受けることを約した財産及びその価額並びにその譲渡人の氏名又は名称
3 株式会社の成立により発起人が受ける報酬その他の特別の利益及びその発起人の氏名又は名称
4 株式会社の負担する設立に関する費用(定款の認証の手数料その他株式会社に損害を与えるおそれがないものとして法務省令で定めるものを除く.)

**第29条** 第27条各号及び前条各号に掲げる事項のほか,株式会社の定款には,この法律の規定により定款の定めがなければその効力を生じない事項及びその他の事項でこの法律の規定に違反しないものを記載し,又は記録することができる.

### (定款の認証)
**第30条** ① 第26条第1項の定款は、公証人の認証を受けなければ、その効力を生じない。
② 前項の公証人の認証を受けた定款は、株式会社の成立前は、第33条第7項若しくは第9項又は第37条第1項若しくは第2項の規定による場合を除き、これを変更することができない。

### (定款の備置き及び閲覧等)
**第31条** ① 発起人(株式会社の成立後にあっては、当該株式会社)は、定款を発起人が定めた場所(株式会社の成立後にあっては、その本店及び支店)に備え置かなければならない。
② 発起人(株式会社の成立後にあっては、その株主及び債権者)は、発起人が定めた時間(株式会社の成立後にあっては、その営業時間)内は、いつでも、次に掲げる請求をすることができる。ただし、第2号又は第4号に掲げる請求をするには、発起人(株式会社の成立後にあっては、当該株式会社)の定めた費用を支払わなければならない。
1 定款が書面をもって作成されているときは、当該書面の閲覧の請求
2 前号の書面の謄本又は抄本の交付の請求
3 定款が電磁的記録をもって作成されているときは、当該電磁的記録に記録された事項を法務省令で定める方法により表示したものの閲覧の請求
4 前号の電磁的記録に記録された事項を電磁的方法であって発起人(株式会社の成立後にあっては、当該株式会社)の定めたものにより提供することの請求又はその事項を記載した書面の交付の請求
③ 株式会社の成立後において、当該株式会社の親会社社員(親会社の株主その他の社員をいう。以下同じ。)がその権利を行使するため必要があるときは、当該親会社社員は、裁判所の許可を得て、当該株式会社の定款について前項各号に掲げる請求をすることができる。ただし、同項第2号又は第4号に掲げる請求をするには、当該株式会社の定めた費用を支払わなければならない。
④ 定款が電磁的記録をもって作成されている場合であって、支店における第2項第3号及び第4号に掲げる請求に応じることを可能とするための措置として法務省令で定めるものをとっている株式会社についての第1項の規定の適用については、同項中「本店及び支店」とあるのは、「本店」とする。

### 第3節 出 資
### (設立時発行株式に関する事項の決定)
**第32条** ① 発起人は、株式会社の設立に際して次に掲げる事項(定款に定めがある事項を除く。)を定めようとするときは、その全員の同意を得なければならない。
1 発起人が割当てを受ける設立時発行株式の数
2 前号の設立時発行株式と引換えに払い込む金銭の額
3 成立後の株式会社の資本金及び資本準備金の額に関する事項
② 設立しようとする株式会社が種類株式発行会社である場合において、前項第1号の設立時発行株式が第108条第3項前段の規定による定款の定めがあるものであるときは、発起人は、その全員の同意を得て、当該設立時発行株式の内容を定めなければならない。

### (定款の記載又は記録事項に関する検査役の選任)
**第33条** ① 発起人は、定款に第28条各号に掲げる事項についての記載又は記録があるときは、第30条第1項の公証人の認証の後遅滞なく、当該事項を調査させるため、裁判所に対し、検査役の選任の申立てをしなければならない。
② 前項の申立てがあった場合には、裁判所は、これを不適法として却下する場合を除き、検査役を選任しなければならない。
③ 裁判所は、前項の検査役を選任した場合には、成立後の株式会社が当該検査役に対して支払う報酬の額を定めることができる。
④ 第2項の検査役は、必要な調査を行い、当該調査の結果を記載し、又は記録した書面又は電磁的記録(法務省令で定めるものに限る。)を裁判所に提供して報告をしなければならない。
⑤ 裁判所は、前項の報告について、その内容を明瞭(りょう)にし、又はその根拠を確認するため必要があると認めるときは、第2項の検査役に対し、更に前項の報告を求めることができる。
⑥ 第2項の検査役は、第4項の報告をしたときは、発起人に対し、同項の書面の写しを交付し、又は同項の電磁的記録に記録された事項を法務省令で定める方法により提供しなければならない。
⑦ 裁判所は、第4項の報告を受けた場合において、第28条各号に掲げる事項(第2項の検査役の調査を経ていないものを除く。)を不当と認めたときは、これを変更する決定をしなければならない。
⑧ 発起人は、前項の決定により第28条各号に掲げる事項の全部又は一部が変更された場合には、当該決定の確定後1週間以内に限り、その設立時発行株式の引受けに係る意思表示を取り消すことができる。
⑨ 前項に規定する場合には、発起人は、その全員の同意によって、第7項の決定の確定後1週間以内に限り、当該決定により変更された事項についての定めを廃止する定款の変更をすることができる。
⑩ 前各項の規定は、次の各号に掲げる場合には、当該各号に定める事項については、適用しない。
1 第28条第1号及び第2号の財産(以下この章において「現物出資財産等」という。)について定款に記載され、又は記録された価額の総額が500万円を超えない場合 同条第1号及び第2号に掲げる事項
2 現物出資財産等のうち、市場価格のある有価証券(金融商品取引法(昭和23年法律第25号)第2条第1項に規定する有価証券をいい、同条第2項の規定により有価証券とみなされる権利を含む。以下同じ。)について定款に記載され、又は記録された価額が当該有価証券の市場価格として法務省令で定める方法により算定されるものを超えない場合 当該有価証券についての第28条第1号又は第2号に掲げる事項
3 現物出資財産等について定款に記載され、又は記録された価額が相当であることについて弁護士、弁護士法人、公認会計士(外国公認会計士(公認会計士法(昭和23年法律第103号)第16条の2第5項に規定する外国公認会計士をいう。)を含む。以下同じ。)、監査法人、税理士又は税理士法人の証明(現物出資財産等が不動産である場合にあっては、当該証明及び不動産鑑定士の鑑定評価。以下この号において同じ。)を受けた場合 第28条第1号又は第2号に掲げる事項(当該証明を受けた現物出資財産等に係るものに限る。)
⑪ 次に掲げる者は、前項第3号に規定する証明をす

ることができない．
1　発起人
2　第28条第2号の財産の譲渡人
3　設立時取締役（第38条第1項に規定する設立時取締役をいう．）又は設立時監査役（同条第2項第2号に規定する設立時監査役をいう．）
4　業務の停止の処分を受け，その停止の期間を経過しない者
5　弁護士法人，監査法人又は税理士法人であって，その社員の半数以上が第1号から第3号までに掲げるもののいずれかに該当するもの

（出資の履行）
**第34条**　① 発起人は，設立時発行株式の引受け後遅滞なく，引き受けた設立時発行株式につき，その出資に係る金銭の全額を払い込み，又はその出資に係る金銭以外の財産の全部を給付しなければならない．ただし，発起人全員の同意があるときは，登記，登録その他の権利の設定又は移転を第三者に対抗するために必要な行為は，株式会社の成立後にすることを妨げない．
② 前項の規定による払込みは，発起人が定めた銀行等（銀行（銀行法（昭和56年法律第59号）第2条第1項に規定する銀行をいう．第703条第1号において同じ．），信託会社（信託業法（平成16年法律第154号）第2条第2項に規定する信託会社をいう．以下同じ．）その他これに準ずるものとして法務省令で定めるものをいう．以下同じ．）の払込みの取扱いの場所においてしなければならない．

（設立時発行株式の株主となる権利の譲渡）
**第35条**　前条第1項の規定による払込み又は給付（以下この章において「出資の履行」という．）をすることにより設立時発行株式の株主となる権利の譲渡は，成立後の株式会社に対抗することができない．

（設立時発行株式の株主となる権利の喪失）
**第36条**　① 発起人のうち出資の履行をしていないものがある場合には，発起人は，当該出資の履行をしていない発起人に対して，期日を定め，その期日までに当該出資の履行をしなければならない旨を通知しなければならない．
② 前項の規定による通知は，同項に規定する期日の2週間前までにしなければならない．
③ 第1項の規定による通知を受けた発起人は，同項に規定する期日までに出資の履行をしないときは，当該出資の履行をすることにより設立時発行株式の株主となる権利を失う．

（発行可能株式総数の定め等）
**第37条**　① 発起人は，株式会社が発行することができる株式の総数（以下「発行可能株式総数」という．）を定款で定めていない場合には，株式会社の成立の時までに，その全員の同意によって，定款を変更して発行可能株式総数の定めを設けなければならない．
② 発起人は，発行可能株式総数を定款で定めている場合には，株式会社の成立の時までに，その全員の同意によって，発行可能株式総数についての定款の変更をすることができる．
③ 設立時発行株式の総数は，発行可能株式総数の4分の1を下ることができない．ただし，設立しようとする株式会社が公開会社でない場合は，この限りでない．

**第4節　設立時役員等の選任及び解任**

（設立時役員等の選任）
**第38条**　① 発起人は，出資の履行が完了した後，遅滞なく，設立時取締役（株式会社の設立に際して取締役となる者をいう．以下同じ．）を選任しなければならない．
② 次の各号に掲げる場合には，発起人は，出資の履行が完了した後，遅滞なく，当該各号に定める者を選任しなければならない．
1　設立しようとする株式会社が会計参与設置会社である場合　設立時会計参与（株式会社の設立に際して会計参与となる者をいう．以下同じ．）
2　設立しようとする株式会社が監査役設置会社（監査役の監査の範囲を会計に関するものに限定する旨の定款の定めのある株式会社を含む．）である場合　設立時監査役（株式会社の設立に際して監査役となる者をいう．以下同じ．）
3　設立しようとする株式会社が会計監査人設置会社である場合　設立時会計監査人（株式会社の設立に際して会計監査人となる者をいう．以下同じ．）
③ 定款で設立時取締役，設立時会計参与，設立時監査役又は設立時会計監査人として定められた者は，出資の履行が完了した時に，それぞれ設立時取締役，設立時会計参与，設立時監査役又は設立時会計監査人に選任されたものとみなす．

**第39条**　① 設立しようとする株式会社が取締役会設置会社である場合には，設立時取締役は，3人以上でなければならない．
② 設立しようとする株式会社が監査役会設置会社である場合には，設立時監査役は，3人以上でなければならない．
③ 第331条第1項（第335条第1項において準用する場合を含む．），第333条第1項若しくは第3項又は第337条第1項若しくは第3項の規定により成立後の株式会社の取締役，会計参与，監査役又は会計監査人となることができない者は，それぞれ設立時取締役，設立時会計参与，設立時監査役又は設立時会計監査人（以下この節において「設立時役員等」という．）となることができない．

（設立時役員等の選任の方法）
**第40条**　① 設立時役員等の選任は，発起人の議決権の過半数をもって決定する．
② 前項の場合には，発起人は，出資の履行をした設立時発行株式1株につき1個の議決権を有する．ただし，単元株式数を定款で定めている場合には，一単元の設立時発行株式につき1個の議決権を有する．
③ 前項の規定にかかわらず，設立しようとする株式会社が種類株式発行会社である場合において，取締役の全部又は一部の選任について議決権を行使することができるものと定められた種類の設立時発行株式を発行するときは，当該種類の設立時発行株式については，発起人は，当該取締役となる設立時取締役の選任についての議決権を行使することができない．
④ 前項の規定は，設立時会計参与，設立時監査役及び設立時会計監査人の選任について準用する．

（設立時役員等の選任の方法の特則）
**第41条**　① 前条第1項の規定にかかわらず，株式会社の設立に際して第108条第1項第9号に掲げる事項（取締役に関するものに限る．）についての定めがある種類の株式を発行する場合には，設立時取締役の選任は，同条第2項第9号に定める事項につ

a　いての定款の定めの例に従い,当該種類の設立時発行株式を引き受けた発起人の議決権(当該種類の設立時発行株式についての議決権に限る。)の過半数をもって決定する。
② 前項の場合には,発起人は,出資の履行をした類の設立時発行株式1株につき1個の議決権を有する。ただし,単元株式数を定款で定めている場合には,一単元の種類の設立時発行株式につき1個の議決権を有する。
③ 前2項の規定は,株式会社の設立に際して第108条第1項第9号に掲げる事項(監査役に関するものに限る。)についての定めがある種類の株式を発行する場合について準用する。

**(設立時役員等の解任)**
**第42条** 発起人は,株式会社の成立の時までの間,その選任した設立時役員等(第38条第3項の規定により設立時役員等に選任されたものとみなされたものを含む。)を解任することができる。

**(設立時役員等の解任の方法)**
**第43条** ① 設立時役員等の解任は,発起人の議決権の過半数(設立時監査役を解任する場合にあっては,3分の2以上に当たる多数)をもって決定する。
② 前項の場合には,発起人は,出資の履行をした設立時発行株式1株につき1個の議決権を有する。ただし,単元株式数を定款で定めている場合には,一単元の設立時発行株式につき1個の議決権を有する。
③ 前項の規定にかかわらず,設立しようとする株式会社が種類株式発行会社である場合において,取締役の全部又は一部の解任について議決権を行使することができないものと定められた種類の設立時発行株式を発行するときは,発起人は,当該取締役となる設立時取締役の解任についての議決権を行使することができない。
④ 前項の規定は,設立時会計参与,設立時監査役及び設立時会計監査人の解任について準用する。

**(設立時取締役等の解任の方法の特則)**
**第44条** ① 前条第1項の規定にかかわらず,第41条第1項の規定により選任された設立時取締役の解任は,その選任に係る発起人の議決権の過半数をもって決定する。
② 前項の規定にかかわらず,第41条第1項の規定により又は類似創立総会(第84条に規定する種類創立総会をいう。)若しくは種類株主総会において選任された取締役を発起人又は種類株主総会の決議によって解任することができる旨の定款の定めがある場合には,同項の規定により選任された設立時取締役の解任は,発起人の議決権の過半数をもって決定する。
③ 前2項の規定にかかわらず,出資の履行をした種類の設立時発行株式1株につき1個の議決権を有する。ただし,単元株式数を定款で定めている場合には,一単元の種類の設立時発行株式につき1個の議決権を有する。
④ 前項の規定にかかわらず,第2項の規定により設立時取締役を解任する場合において,取締役の全部又は一部の解任について議決権を行使することができないものと定められた種類の設立時発行株式を発行するときは,当該種類の設立時発行株式については,発起人は,当該取締役となる設立時取締役の解任についての議決権を行使することができない。
⑤ 前各項の規定は,第41条第3項において準用する同条第1項の規定により選任された設立時監査役の解任について準用する。この場合において,第1項及び第2項中「過半数」とあるのは,「3分の2以上に当たる多数」と読み替えるものとする。

**(設立時役員等の選任又は解任の効力についての特則)**
**第45条** ① 株式会社の設立に際して第108条第1項第8号に掲げる事項についての定めがある種類の株式を発行する場合において,当該種類の株式の内容として次の各号に掲げる事項について種類株主総会の決議があることを必要とする旨の定款の定めがあるときは,当該各号に定める事項は,定款の定めに従い,第40条第1項又は第43条第1項の規定による決定のほか,当該種類の設立時発行株式を引き受けた発起人の議決権(当該種類の設立時発行株式についての議決権に限る。)の過半数をもってする決定がなければ,その効力を生じない。
1　取締役の全部又は一部の選任又は解任　当該取締役となる設立時取締役の選任又は解任
2　会計参与の全部又は一部の選任又は解任　当該会計参与となる設立時会計参与の選任又は解任
3　監査役の全部又は一部の選任又は解任　当該監査役となる設立時監査役の選任又は解任
4　会計監査人の全部又は一部の選任又は解任　当該会計監査人となる設立時会計監査人の選任又は解任
② 前項の場合には,発起人は,出資の履行をした種類の設立時発行株式1株につき1個の議決権を有する。ただし,単元株式数を定款で定めている場合には,一単元の種類の設立時発行株式につき1個の議決権を有する。

### 第5節　設立時取締役等による調査
**第46条** ① 設立時取締役(設立しようとする株式会社が監査役設置会社である場合にあっては,設立時取締役及び設立時監査役。以下この条において同じ。)は,その選任後遅滞なく,次に掲げる事項を調査しなければならない。
1　第33条第10項第1号又は第2号に掲げる場合における現物出資財産等(同号に掲げる場合にあっては,市場価格のある有価証券に限る。)について定款に記載され,又は記録された価額が相当であること。
2　第33条第10項第3号に規定する証明が相当であること。
3　出資の履行が完了していること。
4　前3号に掲げる事項のほか,株式会社の設立の手続が法令又は定款に違反していないこと。
② 設立時取締役は,前項の規定による調査により,同項各号に掲げる事項について法令若しくは定款に違反し,又は不当な事項があると認めるときは,発起人にその旨を通知しなければならない。
③ 設立しようとする株式会社が委員会設置会社である場合には,設立時取締役は,第1項の規定による調査を終了したときはその旨を,前項の規定による通知をしたときはその旨及びその内容を,設立時代表執行役(第48条第1項第3号に規定する設立時代表執行役をいう。)に通知しなければならない。

### 第6節　設立時代表取締役等の選定等
**(設立時代表取締役の選定等)**
**第47条** ① 設立時取締役は,設立しようとする株式会社が取締役会設置会社(委員会設置会社を除く。)である場合には,設立時取締役の中から株式会社の設立に際して代表取締役(株式会社を代表

する取締役をいう．以下同じ．）となる者（以下「設立時代表取締役」という．）を選定しなければならない．
② 設立時取締役は，株式会社の成立の時までの間，設立時代表取締役を解職することができる．
③ 前2項の規定による設立時代表取締役の選定及び解職は，設立時取締役の過半数をもって決定する．
（設立時委員の選定等）
**第48条** ① 設立しようとする株式会社が委員会設置会社である場合には，設立時取締役は，次に掲げる措置をとらなければならない．
 1 設立時取締役の中から次に掲げる者（次項において「設立時委員」という．）を選定すること．
  イ 株式会社の設立に際して指名委員会の委員となる者
  ロ 株式会社の設立に際して監査委員会の委員となる者
  ハ 株式会社の設立に際して報酬委員会の委員となる者
 2 株式会社の設立に際して執行役となる者（以下「設立時執行役」という．）を選定すること．
 3 設立時執行役の中から株式会社の設立に際して代表執行役となる者（以下「設立時代表執行役」という．）を選定すること．ただし，設立時執行役が1人であるときは，その者が設立時代表執行役に選定されたものとする．
② 設立時取締役は，株式会社の成立の時までの間，設立時委員若しくは設立時代表執行役を解職し，又は設立時執行役を解任することができる．
③ 前2項の規定による措置は，設立時取締役の過半数をもって決定する．

### 第7節 株式会社の成立
（株式会社の成立）
**第49条** 株式会社は，その本店の所在地において設立の登記をすることによって成立する．
（株式の引受人の権利）
**第50条** ① 発起人は，株式会社の成立の時に，出資の履行をした設立時発行株式の株主となる．
② 前項の規定により株主となる権利の譲渡は，成立後の株式会社に対抗することができない．
（引受けの無効又は取消しの制限）
**第51条** ① 民法（明治29年法律第89号）第93条ただし書及び第94条第1項の規定は，設立時発行株式の引受けに係る意思表示については，適用しない．
② 発起人は，株式会社の成立後は，錯誤を理由として設立時発行株式の引受けの無効を主張し，又は詐欺若しくは強迫を理由として設立時発行株式の引受けの取消しをすることができない．

### 第8節 発起人等の責任
（出資された財産等の価額が不足する場合の責任）
**第52条** ① 株式会社の成立の時における現物出資財産等の価額が当該現物出資財産等について定款に記載され，又は記録された価額（定款の変更があった場合にあっては，変更後の価額）に著しく不足するときは，発起人及び設立時取締役は，当該株式会社に対し，連帯して，当該不足額を支払う義務を負う．
② 前項の規定にかかわらず，次に掲げる場合には，発起人（第28条第1号の財産を給付した者又は同条第2号の財産の譲渡人を除く．第2号において同じ．）及び設立時取締役は，現物出資財産等について同項の義務を負わない．
 1 第28条第1号又は第2号に掲げる事項について第33条第2項の検査役の調査を経た場合
 2 当該発起人又は設立時取締役がその職務を行うについて注意を怠らなかったことを証明した場合
③ 第1項に規定する場合には，第33条第10項第3号に規定する証明をした者（以下この項において「証明者」という．）は，第1項の義務を負う者と連帯して，同項の不足額を支払う義務を負う．ただし，当該証明者が当該証明をするについて注意を怠らなかったことを証明した場合は，この限りでない．
（発起人等の損害賠償責任）
**第53条** ① 発起人，設立時取締役又は設立時監査役は，株式会社の設立についてその任務を怠ったときは，当該株式会社に対し，これによって生じた損害を賠償する責任を負う．
② 発起人，設立時取締役又は設立時監査役がその職務を行うについて悪意又は重大な過失があったときは，当該発起人，設立時取締役又は設立時監査役は，これによって第三者に生じた損害を賠償する責任を負う．
（発起人等の連帯責任）
**第54条** 発起人，設立時取締役又は設立時監査役が株式会社又は第三者に生じた損害を賠償する責任を負う場合において，他の発起人，設立時取締役又は設立時監査役も当該損害を賠償する責任を負うときは，これらの者は，連帯債務者とする．
（責任の免除）
**第55条** 第52条第1項の規定により発起人の負う義務及び第53条第1項の規定により発起人，設立時取締役又は設立時監査役の負う責任は，総株主の同意がなければ，免除することができない．
（株式会社不成立の場合の責任）
**第56条** 株式会社が成立しなかったときは，発起人は，連帯して，株式会社の設立に関してした行為についてその責任を負い，株式会社の設立に関して支出した費用を負担する．

### 第9節 募集による設立
#### 第1款 設立時発行株式を引き受ける者の募集
（設立時発行株式を引き受ける者の募集）
**第57条** ① 発起人は，この款の定めるところにより，設立時発行株式を引き受ける者の募集をする旨を定めることができる．
② 発起人は，前項の募集をする旨を定めようとするときは，その全員の同意を得なければならない．
（設立時募集株式に関する事項の決定）
**第58条** ① 発起人は，前条第1項の募集をしようとするときは，その都度，設立時募集株式（同項の募集に応じて設立時発行株式の引受けの申込みをした者に対して割り当てる設立時発行株式をいう．以下この節において同じ．）について次に掲げる事項を定めなければならない．
 1 設立時募集株式の数（設立しようとする株式会社が種類株式発行会社である場合にあっては，その種類及び種類ごとの数．以下この款において同じ．）
 2 設立時募集株式の払込金額（設立時募集株式1株と引換えに払い込む金銭の額をいう．以下この款において同じ．）
 3 設立時募集株式と引換えにする金銭の払込みの期日又はその期間
 4 一定の日までに設立の登記がされない場合において，設立時募集株式の引受けの取消しをすること

とができることとするときは,その旨及びその一定の日
② 発起人は,前項各号に掲げる事項を定めようとするときは,その全員の同意を得なければならない.
③ 設立時募集株式の払込金額その他の前条第1項の募集の条件は,当該募集(設立しようとする株式会社が種類株式発行会社である場合にあっては,種類及び当該募集)ごとに,均等に定めなければならない.

(設立時募集株式の申込み)
**第59条** ① 発起人は,第57条第1項の募集に応じて設立時募集株式の引受けの申込みをしようとする者に対し,次に掲げる事項を通知しなければならない.
1 定款の認証の年月日及びその認証をした公証人の氏名
2 第27条各号,第28条各号,第32条第1項各号及び前条第1項各号に掲げる事項
3 発起人が出資した財産の価額
4 第63条第1項の規定による払込みの取扱いの場所
5 前各号に掲げるもののほか,法務省令で定める事項
② 発起人のうち出資の履行をしていないものがある場合には,発起人は,第36条第1項に規定する期日後でなければ,前項の規定による通知をすることができない.
③ 第57条第1項の募集に応じて設立時募集株式の引受けの申込みをする者は,次に掲げる事項を記載した書面を発起人に交付しなければならない.
1 申込みをする者の氏名又は名称及び住所
2 引き受けようとする設立時募集株式の数
④ 前項の申込みをする者は,同項の書面の交付に代えて,政令で定めるところにより,発起人の承諾を得て,同項の書面に記載すべき事項を電磁的方法により提供することができる.この場合において,当該申込みをした者は,同項の書面を交付したものとみなす.
⑤ 発起人は,第1項各号に掲げる事項について変更があったときは,直ちに,その旨及び当該変更があった事項を第3項の申込みをした者(以下この款において「申込者」という.)に通知しなければならない.
⑥ 発起人が申込者に対してする通知又は催告は,第3項第1号の住所(当該申込者が別に通知又は催告を受ける場所又は連絡先を発起人に通知した場合にあっては,その場所又は連絡先)にあてて発すれば足りる.
⑦ 前項の通知又は催告は,その通知又は催告が通常到達すべきであった時に,到達したものとみなす.

(設立時募集株式の割当て)
**第60条** ① 発起人は,申込者の中から設立時募集株式の割当てを受ける者を定め,かつ,その者に割り当てる設立時募集株式の数を定めなければならない.この場合において,発起人は,当該申込者に割り当てる設立時募集株式の数を,前条第3項第2号の数よりも減少することができる.
② 発起人は,第58条第1項第3号の期日(同号の期間を定めた場合にあっては,その期間の初日)の前日までに,申込者に対し,当該申込者に割り当てる設立時募集株式の数を通知しなければならない.

(設立時募集株式の申込み及び割当てに関する特則)
**第61条** 前2条の規定は,設立時募集株式を引き受けようとする者がその総数の引受けを行う契約を締結する場合には,適用しない.

(設立時募集株式の引受け)
**第62条** 次の各号に掲げる者は,当該各号に定める設立時募集株式の数について設立時募集株式の引受人となる.
1 申込者 発起人の割り当てた設立時募集株式の数
2 前条の契約により設立時募集株式の総数を引き受けた者 その者が引き受けた設立時募集株式の数

(設立時募集株式の払込金額の払込み)
**第63条** ① 設立時募集株式の引受人は,第58条第1項第3号の期日又は同号の期間内に,発起人が定めた銀行等の払込みの取扱いの場所において,それぞれの設立時募集株式の払込金額の全額の払込みを行わなければならない.
② 前項の規定による払込みをすることにより設立時発行株式の株主となる権利の譲渡は,成立後の株式会社に対抗することができない.
③ 設立時募集株式の引受人は,第1項の規定による払込みをしないときは,当該払込みをすることにより設立時募集株式の株主となる権利を失う.

(払込金の保管証明)
**第64条** ① 第57条第1項の募集をした場合には,発起人は,第34条第1項及び前条第1項の規定による払込みの取扱いをした銀行等に対し,これらの規定により払い込まれた金額に相当する金銭の保管に関する証明書の交付を請求することができる.
② 前項の証明書を交付した銀行等は,当該証明書の記載が事実と異なること又は第34条第1項若しくは前条第1項の規定により払い込まれた金銭の返還に関する制限があることをもって成立後の株式会社に対抗することができない.

**第2款 創立総会等**

(創立総会の招集)
**第65条** ① 第57条第1項の募集をする場合には,発起人は,第58条第1項第3号の期日又は同号の期間の末日のうち最も遅い日以後,遅滞なく,設立時株主(第50条第1項又は第102条第2項の規定により株式会社の株主となる者をいう.以下同じ.)の総会(以下「創立総会」という.)を招集しなければならない.
② 発起人は,前項に規定する場合において,必要があると認めるときは,いつでも,創立総会を招集することができる.

(創立総会の権限)
**第66条** 創立総会は,この節に規定する事項及び株式会社の設立の廃止,創立総会の終結その他株式会社の設立に関する事項に限り,決議をすることができる.

(創立総会の招集の決定)
**第67条** ① 発起人は,創立総会を招集する場合には,次に掲げる事項を定めなければならない.
1 創立総会の日時及び場所
2 創立総会の目的である事項
3 創立総会に出席しない設立時株主が書面によって議決権を行使することができることとするときは,その旨
4 創立総会に出席しない設立時株主が電磁的方法によって議決権を行使することができることとするときは,その旨
5 前各号に掲げるもののほか,法務省令で定める事項

② 発起人は,設立時株主(創立総会において決議をすることができる事項の全部につき議決権を行使することができない設立時株主を除く。次条から第71条までにおいて同じ.)の数が1,000人以上である場合には,前項第3号に掲げる事項を定めなければならない.

(創立総会の招集の通知)
第68条 ① 創立総会を招集するには,発起人は,創立総会の日の2週間(前条第1項第3号又は第4号に掲げる事項を定めたときを除き,設立しようとする株式会社が公開会社でない場合にあっては,1週間(当該設立しようとする株式会社が取締役会設置会社以外の株式会社である場合において,これを下回る期間を定款で定めた場合にあっては,その期間))前までに,設立時株主に対してその通知を発しなければならない.
② 次に掲げる場合には,前項の通知は,書面でしなければならない.
 1 前条第1項第3号又は第4号に掲げる事項を定めた場合
 2 設立しようとする株式会社が取締役会設置会社である場合
③ 発起人は,前項の書面による通知の発出に代えて,政令で定めるところにより,設立時株主の承諾を得て,電磁的方法により通知を発することができる.この場合において,当該発起人は,同項の書面による通知を発したものとみなす.
④ 前2項の通知には,第1項各号に掲げる事項を記載し,又は記録しなければならない.
⑤ 発起人が設立時株主に対してする通知又は催告は,第27条第5号又は第59条第3項第1号の住所(当該設立時株主が別に通知又は催告を受ける場所又は連絡先を発起人に通知した場合にあっては,その場所又は連絡先)にあてて発すれば足りる.
⑥ 前項の通知又は催告は,その通知又は催告が通常到達すべきであった時に,到達したものとみなす.
⑦ 前2項の規定は,第1項の通知に際して設立時株主に書面を交付し,又は当該書面に記載すべき事項を電磁的方法により提供する場合について準用する.この場合において,前項中「到達したもの」とあるのは,「当該書面の交付又は当該事項の電磁的方法による提供があったもの」と読み替えるものとする.

(招集手続の省略)
第69条 前条の規定にかかわらず,創立総会は,設立時株主の全員の同意があるときは,招集の手続を経ることなく開催することができる.ただし,第67条第1項第3号又は第4号に掲げる事項を定めた場合は,この限りでない.

(創立総会参考書類及び議決権行使書面の交付等)
第70条 ① 発起人は,第67条第1項第3号に掲げる事項を定めた場合には,第68条第1項の通知に際して,法務省令で定めるところにより,設立時株主に対し,議決権の行使について参考となるべき事項を記載した書類(以下この款において「創立総会参考書類」という.)及び設立時株主が議決権を行使するための書面(以下この款において「議決権行使書面」という.)を交付しなければならない.
② 発起人は,第68条第3項の承諾をした設立時株主に対し同項の電磁的方法による通知を発するときは,前項の規定による創立総会参考書類及び議決権行使書面の交付に代えて,これらの書類に記載すべき事項を電磁的方法により提供することができる.ただし,設立時株主の請求があったときは,これらの書類を当該設立時株主に交付しなければならない.

第71条 ① 発起人は,第67条第1項第4号に掲げる事項を定めた場合には,第68条第1項の通知に際して,法務省令で定めるところにより,設立時株主に対し,創立総会参考書類を交付しなければならない.
② 発起人は,第68条第3項の承諾をした設立時株主に対し同項の電磁的方法による通知を発するときは,前項の規定による創立総会参考書類の交付に代えて,当該創立総会参考書類に記載すべき事項を電磁的方法により提供することができる.ただし,設立時株主の請求があったときは,創立総会参考書類を当該設立時株主に交付しなければならない.
③ 発起人は,第1項に規定する場合には,第68条第3項の承諾をした設立時株主に対する同項の電磁的方法による通知に際して,法務省令で定めるところにより,設立時株主に対し,議決権行使書面に記載すべき事項を当該電磁的方法により提供しなければならない.
④ 発起人は,第1項に規定する場合において,第68条第3項の承諾をしていない設立時株主から創立総会の日の1週間前までに議決権行使書面に記載すべき事項の電磁的方法による提供の請求があったときは,法務省令で定めるところにより,直ちに,当該設立時株主に対し,当該事項を電磁的方法により提供しなければならない.

(議決権の数)
第72条 ① 設立時株主(成立後の株式会社がその総株主の議決権の4分の1以上を有することその他の事由を通じて成立後の株式会社がその経営を実質的に支配することが可能となる関係にあるものとして法務省令で定める設立時株主を除く.)は,創立総会において,その引き受けた設立時発行株式1株につき1個の議決権を有する.ただし,単元株式数を定款で定めている場合には,一単元の設立時発行株式につき1個の議決権を有する.
② 設立しようとする株式会社が種類株式発行会社である場合において,株主総会において議決権を行使することができる事項について制限がある種類の設立時発行株式を発行するときは,創立総会において,設立時株主は,株主総会において議決権を行使することができる事項に相当する事項に限り,当該設立時発行株式について議決権を行使することができる.
③ 前項の規定にかかわらず,株式会社の設立の廃止については,設立時株主は,その引き受けた設立時発行株式について議決権を行使することができる.

(創立総会の決議)
第73条 ① 創立総会の決議は,当該創立総会において議決権を行使することができる設立時株主の議決権の過半数であって,出席した当該設立時株主の議決権の3分の2以上に当たる多数をもって行う.
② 前項の規定にかかわらず,発行する全部の株式の内容として譲渡による当該株式の取得について当該株式会社の承認を要する旨の定款の定めを設ける定款の変更を行う場合(設立しようとする株式会社が種類株式発行会社である場合を除く.)には,当該定款の変更についての創立総会の決議は,当該創立総会において議決権を行使することがで

きる設立時株主の半数以上であって,当該設立時株主の議決権の3分の2以上に当たる多数をもって行わなければならない.
③ 定款を変更してその発行する全部の株式の内容として第107条第1項第3号に掲げる事項についての定款の定めを設け,又は当該事項についての定款の変更(当該事項についての定款の定めを廃止するものを除く.)をしようとする場合(設立しようとする株式会社が種類株式発行会社である場合を除く.)には,設立時株主全員の同意を得なければならない.
④ 創立総会は,第67条第1項第2号に掲げる事項以外の事項については,決議をすることができない.ただし,定款の変更又は株式会社の設立の廃止については,この限りでない.

(議決権の代理行使)
**第74条** ① 設立時株主は,代理人によってその議決権を行使することができる.この場合においては,当該設立時株主又は代理人は,代理権を証明する書面を発起人に提出しなければならない.
② 前項の代理権の授与は,創立総会ごとにしなければならない.
③ 第1項の設立時株主又は代理人は,代理権を証明する書面の提出に代えて,政令で定めるところにより,発起人の承諾を得て,当該書面に記載すべき事項を電磁的方法により提供することができる.この場合において,当該設立時株主又は代理人は,当該書面を提出したものとみなす.
④ 設立時株主が第68条第3項の承諾をした者である場合には,発起人は,正当な理由がなければ,前項の承諾をすることを拒んではならない.
⑤ 発起人は,創立総会に出席することができる代理人の数を制限することができる.
⑥ 発起人(株式会社の成立後にあっては,当該株式会社.次条第3項及び第76条第4項において同じ.)は,創立総会の日から3箇月間,代理権を証明する書面及び第3項の電磁的方法により提供された事項が記録された電磁的記録を発起人が定めた場所(株式会社の成立後にあっては,その本店.次条第3項及び第76条第4項において同じ.)に備え置かなければならない.
⑦ 設立時株主(株式会社の成立後にあっては,その株主.次条第4項及び第76条第5項において同じ.)は,発起人が定めた時間(株式会社の成立後にあっては,その営業時間.次条第4項及び第76条第5項において同じ.)内は,いつでも,次に掲げる請求をすることができる.
1 代理権を証明する書面の閲覧又は謄写の請求
2 前項の電磁的記録に記録された事項を法務省令で定める方法により表示したものの閲覧又は謄写の請求

(書面による議決権の行使)
**第75条** ① 書面による議決権の行使は,議決権行使書面に必要な事項を記載し,法務省令で定める時までに当該議決権行使書面を発起人に提出して行う.
② 前項の規定により行使した議決権の数は,出席した設立時株主の議決権の数に算入する.
③ 発起人は,創立総会の日から3箇月間,第1項の規定により提出された議決権行使書面を発起人が定めた場所に備え置かなければならない.
④ 設立時株主は,発起人が定めた時間内は,いつで

も,第1項の規定により提出された議決権行使書面の閲覧又は謄写の請求をすることができる.

(電磁的方法による議決権の行使)
**第76条** ① 電磁的方法による議決権の行使は,政令で定めるところにより,発起人の承諾を得て,法務省令で定める時までに議決権行使書面に記載すべき事項を,電磁的方法により当該発起人に提供して行う.
② 設立時株主が第68条第3項の承諾をした者である場合には,発起人は,正当な理由がなければ,前項の承諾をすることを拒んではならない.
③ 第1項の規定により電磁的方法によって行使した議決権の数は,出席した設立時株主の議決権の数に算入する.
④ 発起人は,創立総会の日から3箇月間,第1項の規定により提供された事項を記録した電磁的記録を発起人が定めた場所に備え置かなければならない.
⑤ 設立時株主は,発起人が定めた時間内は,いつでも,前項の電磁的記録に記録された事項を法務省令で定める方法により表示したものの閲覧又は謄写の請求をすることができる.

(議決権の不統一行使)
**第77条** ① 設立時株主は,その有する議決権を統一しないで行使することができる.この場合においては,創立総会の日の3日前までに,発起人に対してその旨及びその理由を通知しなければならない.
② 発起人は,前項の設立時株主が他人のために設立時株式を引き受けた者でないときは,設立時株主が同項の規定によりその有する議決権を統一しないで行使することを拒むことができる.

(発起人の説明義務)
**第78条** 発起人は,創立総会において,設立時株主から特定の事項について説明を求められた場合には,当該事項について必要な説明をしなければならない.ただし,当該事項が創立総会の目的である事項に関しないものである場合,その説明をすることにより設立時株主の共同の利益を著しく害する場合その他正当な理由がある場合として法務省令で定める場合は,この限りでない.

(議長の権限)
**第79条** ① 創立総会の議長は,当該創立総会の秩序を維持し,議事を整理する.
② 創立総会の議長は,その命令に従わない者その他当該創立総会の秩序を乱す者を退場させることができる.

(延期又は続行の決議)
**第80条** 創立総会においてその延期又は続行について決議があった場合には,第67条及び第68条の規定は,適用しない.

(議事録)
**第81条** ① 創立総会の議事については,法務省令で定めるところにより,議事録を作成しなければならない.
② 発起人(株式会社の成立後にあっては,当該株式会社.次条第2項において同じ.)は,創立総会の日から10年間,前項の議事録を発起人が定めた場所(株式会社の成立後にあっては,その本店.同条第2項において同じ.)に備え置かなければならない.
③ 設立時株主(株式会社の成立後にあっては,その株主及び債権者.次条第3項において同じ.)は,発起人が定めた時間(株式会社の成立後にあっては,その営業時間.同項において同じ.)内は,いつ

でも，次に掲げる請求をすることができる．
1 第1項の議事録が書面をもって作成されているときは，当該書面の閲覧又は謄写の請求
2 第1項の議事録が電磁的記録をもって作成されているときは，当該電磁的記録に記録された事項を法務省令で定める方法により表示したものの閲覧又は謄写の請求
④ 株式会社の成立後において，当該株式会社の親会社社員は，その権利を行使するため必要があるときは，裁判所の許可を得て，第1項の議事録について前項各号に掲げる請求をすることができる．
(創立総会の決議の省略)
第82条 ① 発起人が創立総会の目的である事項について提案をした場合において，当該提案につき設立時株主（当該事項について議決権を行使することができるものに限る．）の全員が書面又は電磁的記録により同意の意思表示をしたときは，当該提案を可決する旨の創立総会の決議があったものとみなす．
② 発起人は，前項の規定により創立総会の決議があったものとみなされた日から10年間，同項の書面又は電磁的記録を発起人が定めた場所に備え置かなければならない．
③ 設立時株主は，発起人が定めた時間内は，いつでも，次に掲げる請求をすることができる．
1 前項の書面の閲覧又は謄写の請求
2 前項の電磁的記録に記録された事項を法務省令で定める方法により表示したものの閲覧又は謄写の請求
④ 株式会社の成立後において，当該株式会社の親会社社員は，その権利を行使するため必要があるときは，裁判所の許可を得て，第2項の書面又は電磁的記録について前項各号に掲げる請求をすることができる．
(創立総会への報告の省略)
第83条 発起人が設立時株主の全員に対して創立総会に報告すべき事項を通知した場合において，当該事項を創立総会に報告することを要しないことにつき設立時株主の全員が書面又は電磁的記録により同意の意思表示をしたときは，当該事項の創立総会への報告があったものとみなす．
(種類株主総会の決議を必要とする旨の定めがある場合)
第84条 設立しようとする株式会社が種類株式発行会社である場合において，その設立に際して発行するある種類の株式の内容として，株主総会において決議すべき事項について，当該決議のほか，当該種類の株式の種類株主を構成員とする種類株主総会の決議があることを必要とする旨の定めがあるときは，当該事項は，その定款の定めの例に従い，創立総会の決議のほか，当該種類の設立時発行株式の設立時種類株主（ある種類の設立時発行株式の設立時株主をいう．以下この節において同じ．）を構成員とする種類創立総会（ある種類の設立時発行株式の設立時種類株主の総会をいう．以下同じ．）の決議がなければ，その効力を生じない．ただし，当該種類創立総会において議決権を行使することができる設立時種類株主が存しない場合は，この限りでない．
(種類創立総会の招集及び決議)
第85条 ① 前条，第90条第1項（同条第2項において準用する場合を含む．），第92条第1項（同条

第3項において準用する場合を含む．），第100条第1項又は第101条第1項の規定により種類創立総会の決議をする場合には，発起人は，種類創立総会を招集しなければならない．
② 種類創立総会の決議は，当該種類創立総会において議決権を行使することができる設立時種類株主の議決権の過半数であって，出席した設立時種類株主の議決権の3分の2以上に当たる多数をもって行う．
③ 前項の規定にかかわらず，第100条第1項の決議は，同項に規定する種類創立総会において議決権を行使することができる設立時種類株主の半数以上であって，当該設立時種類株主の議決権の3分の2以上に当たる多数をもって行わなければならない．
(創立総会に関する規定の準用)
第86条 第67条から第71条まで，第72条第1項及び第74条から第82条までの規定は，種類創立総会について準用する．この場合において，第67条第1項第3号及び第4号並びに第2項，第68条第1項及び第3項，第69条から第71条まで，第72条第1項，第74条第1項，第3項及び第4項，第75条第2項，第76条第2項及び第3項，第77条，第78条本文並びに第82条第1項中「設立時株主」とあるのは，「設立時種類株主（ある種類の設立時発行株式の設立時株主をいう．）」と読み替えるものとする．

第3款 設立に関する事項の報告

第87条 ① 発起人は，株式会社の設立に関する事項を創立総会に報告しなければならない．
② 発起人は，次の各号に掲げる場合には，当該各号に定める事項を記載し，又は記録した書面又は電磁的記録を創立総会に提出し，又は提供しなければならない．
1 定款に第28条各号に掲げる事項（第33条第10項各号に掲げる場合における当該各号に定める事項を除く．）の定めがある場合 第33条第2項の検査役の同条第4項の報告の内容
2 第33条第10項第3号に掲げる場合 同号に規定する証明の内容

第4款 設立時取締役等の選任及び解任
(設立時取締役等の選任)
第88条 第57条第1項の募集をする場合には，設立時取締役，設立時会計参与，設立時監査役又は設立時会計監査人の選任は，創立総会の決議によって行わなければならない．
(累積投票による設立時取締役の選任)
第89条 ① 創立総会の目的である事項が2人以上の設立時取締役の選任である場合には，設立時株主（設立時取締役の選任について議決権を行使することができる設立時株主に限る．以下この条において同じ．）は，定款に別段の定めがあるときを除き，発起人に対し，第3項から第5項までに規定するところにより設立時取締役を選任すべきことを請求することができる．
② 前項の規定による請求は，同項の創立総会の日の5日前までにしなければならない．
③ 第72条第1項の規定にかかわらず，第1項の規定による請求があった場合には，設立時取締役の選任の決議については，設立時株主は，その引き受けた設立時発行株式1株（単元株式数を定款で定めている場合にあっては，一単元の設立時発行株式）につき，当該創立総会において選任する設立時取締役

の数と同数の議決権を有する．この場合において
は，設立時株主は，1人のみに投票し，又は2人以上
に投票して，その議決権を行使することができる．
④ 前項の場合には，投票の最多数を得た者から順次
設立時取締役に選任されたものとする．
⑤ 前2項に定めるもののほか，第1項の規定による
請求があった場合における設立時取締役の選任に
関し必要な事項は，法務省令で定める．
（種類創立総会の決議による設立時取締役等の選任）
第90条　① 第88条の規定にかかわらず，株式会社の
設立に際して第108条第1項第9号に掲げる事項
（取締役に関するものに限る．）についての定めが
ある種類の株式を発行する場合には，設立時取締役
は，同条第2項第9号に定める事項についての定款
の定めの例に従い，当該種類の設立時発行株式の設
立時種類株主を構成員とする種類創立総会の決議
によって選任しなければならない．
② 前項の規定は，株式会社の設立に際して第108条
第1項第9号に掲げる事項（監査役に関するものに
限る．）についての定めがある種類の株式を発行
する場合について準用する．
（設立時取締役等の解任）
第91条　第88条の規定により選任された設立時取
締役，設立時会計参与，設立時監査役又は設立時会
計監査人は，株式会社の成立の時までの間，創立総
会の決議によって解任することができる．
第92条　① 第90条第1項の規定により選任された
設立時取締役は，株式会社の成立の時までの間，そ
の選任に係る種類の設立時発行株式の設立時種類
株主を構成員とする種類創立総会の決議によって
解任することができる．
② 前項の規定にかかわらず，第41条第1項の規定
により又は種類創立総会若しくは種類株主総会に
おいて選任された取締役を株主総会の決議によっ
て解任することができる旨の定款の定めがある場
合には，第90条第1項の規定により選任された設
立時取締役は，株式会社の成立の時までの間，創立
総会の決議によって解任することができる．
③ 前2項の規定は，第90条第2項において準用す
る同条第1項の規定により選任された設立時監査
役について準用する．
第5款　設立時取締役等による調査
（設立時取締役等による調査）
第93条　① 設立時取締役（設立しようとする株式
会社が監査役設置会社である場合にあっては，設立
時取締役及び設立時監査役．以下この条において
同じ．）は，その選任後遅滞なく，次に掲げる事項を
調査しなければならない．
1　第33条第10項第1号又は第2号に掲げる場合
における現物出資財産等（同号に掲げる場合に
あっては，同号の有価証券に限る．）について定款
に記載され，又は記録された価額が相当であるこ
と．
2　第33条第10項第3号に規定する証明が相当で
あること．
3　発起人による出資の履行及び第63条第1項の
規定による払込みが完了していること．
4　前3号に掲げる事項のほか，株式会社の設立の
手続が法令又は定款に違反していないこと．
② 設立時取締役は，前項の規定による調査の結果を
創立総会に報告しなければならない．
③ 設立時取締役は，創立総会において，設立時株主

から第1項の規定による調査に関する事項につい
て説明を求められた場合には，当該事項について必
要な説明をしなければならない．
（設立時取締役等が発起人である場合の特則）
第94条　① 設立時取締役（設立しようとする株式
会社が監査役設置会社である場合にあっては，設立
時取締役及び設立時監査役）の全部又は一部が発
起人である場合には，創立総会においては，その決
議によって，前条第1項各号に掲げる事項を調査
する者を選任することができる．
② 前項の規定により選任された者は，必要な調査を
行い，当該調査の結果を創立総会に報告しなければ
ならない．

第6款　定款の変更
（発起人による定款の変更の禁止）
第95条　第57条第1項の募集をする場合には，発
起人は，第58条第1項第3号の期日又は同号の期
間の初日のうち最も早い日以後は，第33条第9項
並びに第37条第1項及び第2項の規定にかかわら
ず，定款の変更をすることができない．
（創立総会における定款の変更）
第96条　第30条第2項の規定にかかわらず，創立
総会においては，その決議によって，定款の変更を
することができる．
（設立時発行株式の引受けの取消し）
第97条　創立総会において，第28条各号に掲げる
事項を変更する定款の変更の決議をした場合には，
当該創立総会においてその変更に反対した設立時
株主は，当該決議後2週間以内に限り，その設立時
発行株式の引受けに係る意思表示を取り消すこと
ができる．
（創立総会の決議による発行可能株式総数の定め）
第98条　第57条第1項の募集をする場合において，
発行可能株式総数を定款で定めていないときは，株
式会社の成立の時までに，創立総会の決議によって，
定款を変更して発行可能株式総数の定めを設けな
ければならない．
（定款の変更の手続の特則）
第99条　設立しようとする会社が種類株式発行会
社である場合において，次の各号に掲げるときは，
当該各号の種類の設立時発行株式の設立時種類株
主全員の同意を得なければならない．
1　ある種類の株式の内容として第108条第1項第
6号に掲げる事項についての定款の定めを設け，
又は当該事項についての定款の定めの変更（当該事項に
ついての定款の定めを廃止するものを除く．）を
しようとするとき．
2　ある種類の株式について第322条第2項の規定
による定款の定めを設けようとするとき．
第100条　① 設立しようとする株式会社が種類株式
発行会社である場合において，定款を変更してある
種類の株式の内容として第108条第1項第4号又
は第7号に掲げる事項についての定款の定めを設
けるときは，当該定款の変更は，次に掲げる設立時
種類株主を構成員とする種類創立総会（当該設立
時種類株主に係る設立時発行株式の種類が二以上
ある場合にあっては，当該二以上の設立時発行株式
の種類別に区分された設立時種類株主を構成員と
する種類創立総会．以下この条において同じ．）
の決議がなければ，その効力を生じない．ただし，
当該種類創立総会において議決権を行使すること
ができる設立時種類株主が存しない場合は，この限

1 当該種類の設立時発行株式の設立時種類株主
2 第108条第2項第5号ロの他の株式を当該種類の株式とする定めがある取得請求権付株式の設立時種類株主
3 第108条第2項第6号ロの他の株式を当該種類の株式とする定めがある取得条項付株式の設立時種類株主

② 前項に規定する種類創立総会において当該定款の変更に反対した設立時種類株主は,当該種類創立総会の決議後2週間以内に限り,その設立時発行株式の引受けに係る意思表示を取り消すことができる.

第101条 ① 設立しようとする株式会社が種類株式発行会社である場合において,次に掲げる事項についての定款の変更をすることにより,ある種類の設立時発行株式の設立時種類株主に損害を及ぼすおそれがあるときは,当該定款の変更は,当該種類の設立時発行株式の設立時種類株主を構成員とする種類創立総会(当該設立時種類株主に係る設立時発行株式の種類が二以上ある場合にあっては,当該二以上の設立時発行株式の種類別に区分された設立時種類株主を構成員とする各種類創立総会)の決議がなければ,その効力を生じない.ただし,当該種類創立総会において議決権を行使することができる設立時種類株主が存しない場合は,この限りでない.
1 株式の種類の追加
2 株式の内容の変更
3 発行可能株式総数又は発行可能種類株式総数(株式会社が発行することができる一の種類の株式の総数をいう.以下同じ.)の増加

② 前項の規定は,単元株式数についての定款の変更であって,当該定款の変更について第322条第2項の規定による定款の定めがある場合における当該種類の設立時発行株式の設立時種類株主を構成員とする種類創立総会については,適用しない.

### 第7款 設立手続等の特則等

(設立手続等の特則)

第102条 ① 設立時募集株式の引受人は,発起人が定めた時間内は,いつでも,第31条第2項各号に掲げる請求をすることができる.ただし,同項第2号又は第4号に掲げる請求をするには,発起人の定めた費用を支払わなければならない.

② 設立時募集株式の引受人は,株式会社の成立の時に,第63条第1項の規定による払込みを行った設立時募集株式の株主となる.

③ 民法第93条ただし書及び第94条第1項の規定は,設立時募集株式の引受けの申込み及び割当て並びに第61条の契約に係る意思表示については,適用しない.

④ 設立時募集株式の引受人は,株式会社の成立後又は創立総会若しくは種類創立総会においてその議決権を行使した後は,錯誤を理由として設立時発行株式の引受けの無効を主張し,又は詐欺若しくは強迫を理由として設立時発行株式の引受けの取消しをすることができない.

(発起人の責任等)

第103条 ① 第57条第1項の募集をした場合における第52条第2項の規定の適用については,同項中「次に」とあるのは,「第1号に」とする.

② 第57条第1項の募集をした場合において,当該募集の広告その他当該募集に関する書面又は電磁的記録に自己の氏名又は名称及び株式会社の設立を賛助する旨を記載し,又は記録することを承諾した者(発起人を除く.)は,発起人とみなして,前節及び前項の規定を適用する.

## 第2章 株 式

### 第1節 総則

(株主の責任)

第104条 株主の責任は,その有する株式の引受価額を限度とする.

(株主の権利)

第105条 ① 株主は,その有する株式につき次に掲げる権利その他この法律の規定により認められた権利を有する.
1 剰余金の配当を受ける権利
2 残余財産の分配を受ける権利
3 株主総会における議決権

② 株主に前項第1号及び第2号に掲げる権利の全部を与えない旨の定款の定めは,その効力を有しない.

(共有者による権利の行使)

第106条 株式が二以上の者の共有に属するときは,共有者は,当該株式についての権利を行使する者1人を定め,株式会社に対し,その者の氏名又は名称を通知しなければ,当該株式についての権利を行使することができない.ただし,株式会社が当該権利を行使することに同意した場合は,この限りでない.

(株式の内容についての特別の定め)

第107条 ① 株式会社は,その発行する全部の株式の内容として次に掲げる事項を定めることができる.
1 譲渡による当該株式の取得について当該株式会社の承認を要すること.
2 当該株式について,株主が当該株式会社に対してその取得を請求することができること.
3 当該株式について,当該株式会社が一定の事由が生じたことを条件としてこれを取得することができること.

② 株式会社は,全部の株式の内容として次の各号に掲げる事項を定めるときは,当該各号に定める事項を定款で定めなければならない.
1 譲渡による当該株式の取得について当該株式会社の承認を要すること 次に掲げる事項
 イ 当該株式を譲渡により取得することについて当該株式会社の承認を要する旨
 ロ 一定の場合においては株式会社が第136条又は第137条第1項の承認をしたものとみなすときは,その旨及び当該一定の場合
2 当該株式について,株主が当該株式会社に対してその取得を請求することができること 次に掲げる事項
 イ 株主が当該株式会社に対して当該株主の有する株式を取得することを請求することができる旨
 ロ イの株式1株を取得するのと引換えに当該株主に対して当該株式会社の社債(新株予約権付社債についてのものを除く.)を交付するときは,当該社債の種類(第681条第1号に規定する種類をいう.以下この編において同じ.)及び種類ごとの社債の金額の合計額又はその算定方法
 ハ イの株式1株を取得するのと引換えに当該株主に対して当該株式会社の新株予約権(新株予約権付社債に付されたものを除く.)を交付するときは,当該新株予約権の内容及び数又はその算

定方法
ニ イの株式1株を取得するのと引換えに当該株主に対して当該株式会社の新株予約権付社債を交付するときは,当該新株予約権付社債についてのロに規定する事項及び当該新株予約権付社債に付された新株予約権についてのハに規定する定方法
ホ イの株式1株を取得するのと引換えに当該株主に対して当該株式会社の株式等(株式,社債及び新株予約権をいう.以下同じ.)以外の財産を交付するときは,当該財産の内容及び数若しくは額又はこれらの算定方法
ヘ 株主が当該株式会社に対して当該株式を取得することを請求することができる期間
3 当該株式について,当該株式会社が一定の事由が生じたことを条件としてこれを取得することができる. 次に掲げる事項
イ 一定の事由が生じた日に当該株式会社がその株式を取得する旨及びその事由
ロ 当該株式会社が別に定める日が到来することをもってイの事由とするときは,その旨
ハ イの事由が生じた日にイの株式の一部を取得することとするときは,その旨及び取得する株式の一部の決定の方法
ニ イの株式1株を取得するのと引換えに当該株主に対して当該株式会社の社債(新株予約権付社債についてのものを除く.)を交付するときは,当該社債の種類及び種類ごとの各社債の金額の合計額又はその算定方法
ホ イの株式1株を取得するのと引換えに当該株主に対して当該株式会社の新株予約権(新株予約権付社債についてのものを除く.)を交付するときは,当該新株予約権の内容及び数又はその算定方法
ヘ イの株式1株を取得するのと引換えに当該株主に対して当該株式会社の新株予約権付社債を交付するときは,当該新株予約権付社債についてのニに規定する事項及び当該新株予約権付社債に付された新株予約権についてのホに規定する事項
ト イの株式1株を取得するのと引換えに当該株主に対して当該株式会社の株式等以外の財産を交付するときは,当該財産の内容及び数若しくは額又はこれらの算定方法

**(異なる種類の株式)**
**第108条** ① 株式会社は,次に掲げる事項について異なる定めをした内容の異なる二以上の種類の株式を発行することができる.ただし,委員会設置会社及び公開会社は,第9号に掲げる事項についての定めがある種類の株式を発行することができない.
1 剰余金の配当
2 残余財産の分配
3 株主総会において議決権を行使することができる事項
4 譲渡による当該種類の株式の取得について当該株式会社の承認を要すること.
5 当該種類の株式について,株主が当該株式会社に対してその取得を請求することができること.
6 当該種類の株式について,当該株式会社が一定の事由が生じたことを条件としてこれを取得することができること.
7 当該種類の株式について,当該株式会社が株主総会の決議によってその全部を取得すること.
8 株主総会(取締役会設置会社にあっては株主総会又は取締役会,清算人会設置会社(第478条第6項に規定する清算人会設置会社をいう.以下この条において同じ.)にあっては株主総会又は清算人会)において決議すべき事項のうち,当該決議のほか,当該種類の株式の種類株主を構成員とする種類株主総会の決議があることを必要とするもの
9 当該種類の株式の種類株主を構成員とする種類株主総会において取締役又は監査役を選任すること.
② 株式会社は,次の各号に掲げる事項について内容の異なる二以上の種類の株式を発行する場合には,当該各号に定める事項及び発行可能種類株式総数を定款で定めなければならない.
1 剰余金の配当 当該種類の株主に交付する配当財産の価額の決定の方法,剰余金の配当をする条件その他剰余金の配当に関する取扱いの内容
2 残余財産の分配 当該種類の株主に交付する残余財産の価額の決定の方法,当該残余財産の種類その他残余財産の分配に関する取扱いの内容
3 株主総会において議決権を行使することができる事項 次に掲げる事項
イ 株主総会において議決権を行使することができる事項
ロ 当該種類の株式につき議決権の行使の条件を定めるときは,その条件
4 譲渡による当該種類の株式の取得について当該株式会社の承認を要すること 当該種類の株式についての前条第2項第1号に定める事項
5 当該種類の株式について,株主が当該株式会社に対してその取得を請求することができること. 次に掲げる事項
イ 当該種類の株式についての前条第2項第2号に定める事項
ロ 当該種類の株式1株を取得するのと引換えに当該株主に対して当該株式会社の他の株式を交付するときは,当該他の株式の種類及び種類ごとの数又はその算定方法
6 当該種類の株式について,当該株式会社が一定の事由が生じたことを条件としてこれを取得することができること. 次に掲げる事項
イ 当該種類の株式についての前条第2項第3号に定める事項
ロ 当該種類の株式1株を取得するのと引換えに当該株主に対して当該株式会社の他の株式を交付するときは,当該他の株式の種類及び種類ごとの数又はその算定方法
7 当該種類の株式について,当該株式会社が株主総会の決議によってその全部を取得すること 次に掲げる事項
イ 第171条第1項第1号に規定する取得対価の価額の決定の方法
ロ 当該株主総会の決議をすることができるか否かについての条件を定めるときは,その条件
8 株主総会(取締役会設置会社にあっては株主総会又は取締役会,清算人会設置会社にあっては株主総会又は清算人会)において決議すべき事項のうち,当該決議のほか,当該種類の株式の種類株主を構成員とする種類株主総会の決議があることを必要とするもの 次に掲げる事項
イ 当該種類株主総会の決議があることを必要と

する事項
ロ 当該種類株主総会の決議を必要とする条件を定めるときは、その条件
9 当該種類の株式の種類株主を構成員とする種類株主総会において取締役又は監査役を選任すること 次に掲げる事項
イ 当該種類株主を構成員とする種類株主総会において取締役又は監査役を選任すること及び選任する取締役又は監査役の数
ロ イの定めにより選任することができる取締役又は監査役の全部又は一部を他の種類株主と共同して選任することとするときは、当該他の種類株主の有する株式の種類及び共同して選任する取締役又は監査役の数
ハ イ又はロに掲げる事項を変更する条件があるときは、その条件及びその条件が成就した場合におけるる変更後のイ又はロに掲げる事項
ニ イからハまでに掲げるもののほか、法務省令で定める事項
③ 前2の規定にかかわらず、同項各号に定める事項(剰余金の配当について内容の異なる種類の種類株主が配当を受けることができる額その他法務省令で定める事項に限る。)の全部又は一部については、当該種類の株式を初めて発行する時までに、株主総会(取締役会設置会社にあっては株主総会又は取締役会、清算人会設置会社にあっては株主総会又は清算人会)の決議によって定める旨を定款で定めることができる。この場合においては、その内容の要綱を定款で定めなければならない。

(株主の平等)
第109条 ① 株式会社は、株主を、その有する株式の内容及び数に応じて、平等に取り扱わなければならない。
② 前項の規定にかかわらず、公開会社でない株式会社は、第105条第1項各号に掲げる権利に関する事項について、株主ごとに異なる取扱いを行う旨を定款で定めることができる。
③ 前項の規定による定款の定めがある場合には、同項の株主が有する株式を同項の権利に関する事項について内容の異なる種類の株式とみなして、この編及び第5編の規定を適用する。

(定款の変更の手続の特則)
第110条 定款を変更してその発行する全部の株式の内容として第107条第1項第3号に掲げる事項についての定款の定めを設け、又は当該事項についての定款の変更(当該事項についての定款の定めを廃止するものを除く。)をしようとする場合(株式会社が種類株式発行会社である場合を除く。)には、株主全員の同意を得なければならない。

第111条 ① 種類株式発行会社がある種類の株式の発行後に定款を変更して当該種類の株式の内容として第108条第1項第6号に掲げる事項についての定款の定めを設け、又は当該事項についての定款の変更(当該事項についての定款の定めを廃止するものを除く。)をしようとするときは、当該種類の株式を有する株主全員の同意を得なければならない。
② 種類株式発行会社がある種類の株式の内容として第108条第1項第4号又は第7号に掲げる事項についての定款の定めを設ける場合には、当該定款の変更は、次に掲げる種類株主を構成員とする種類株主総会(当該種類株主に係る株式の種類が二以上ある場合にあっては、当該二以上の株式の種類別に区分された種類株主を構成員とする各種類株主総会。以下この条において同じ。)の決議がなければ、その効力を生じない。ただし、当該種類株主総会において議決権を行使することができる種類株主が存しない場合は、この限りでない。
1 当該種類の株式の種類株主
2 第108条第2項第5号ロの他の株式を当該種類の株式とする定めがある取得請求権付株式の種類株主
3 第108条第2項第6号ロの他の株式を当該種類の株式とする定めがある取得条項付株式の種類株主

(取締役の選任等に関する種類株式の定款の定めの廃止の特則)
第112条 ① 第108条第2項第9号に掲げる事項(取締役に関するものに限る。)についての定款の定めは、この法律又は定款で定めた取締役の員数を欠いた場合において、そのために当該員数に足りる数の取締役を選任することができないときは、廃止されたものとみなす。
② 前項の規定は、第108条第2項第9号に掲げる事項(監査役に関するものに限る。)についての定款の定めについて準用する。

(発行可能株式総数)
第113条 ① 株式会社は、定款を変更して発行可能株式総数についての定めを廃止することができない。
② 定款を変更して発行可能株式総数を減少するときは、変更後の発行可能株式総数は、定款の変更が効力を生じた時における発行済株式の総数を下ることができない。
③ 定款を変更して発行可能株式総数を増加する場合には、変更後の発行可能株式総数は、当該定款の変更が効力を生じた時における発行済株式の総数の4倍を超えることができない。ただし、株式会社が公開会社でない場合は、この限りでない。
④ 新株予約権(第236条第1項第4号の期間の初日が到来していないものを除く。)の新株予約権者が第282条の規定により取得することとなる株式の数は、発行可能株式総数から発行済株式(自己株式(株式会社が有する自己の株式をいう。以下同じ。)を除く。)の総数を控除して得た数を超えてはならない。

(発行可能種類株式総数)
第114条 ① 定款を変更してある種類の株式の発行可能種類株式総数を減少するときは、変更後の当該種類の株式の発行可能種類株式総数は、当該定款の変更が効力を生じた時における当該種類の発行済株式の総数を下ることができない。
② ある種類の株式についての次に掲げる数の合計数は、当該種類の株式の発行可能種類株式総数から当該種類の発行済株式(自己株式を除く。)の総数を控除して得た数を超えてはならない。
1 取得請求権付株式(第107条第2項第2号ハの期間の初日が到来していないものを除く。)の株主(当該株式会社を除く。)が第167条第2項の規定により取得することとなる同項第4号に規定する他の株式の数
2 取得条項付株式の株主(当該株式会社を除く。)が第170条第2項の規定により取得することとなる同項第4号に規定する他の株式の数
3 新株予約権(第236条第1項第4号の期間の初日が到来していないものを除く。)の新株予約権

者が第282条の規定により取得することとなる株式の数

(議決権制限株式の発行数)
**第115条** 種類株式発行会社が公開会社である場合において、株主総会において議決権を行使することができる事項について制限のある種類の株式(以下この条において「議決権制限株式」という。)の数が発行済株式の総数の2分の1を超えるに至ったときは、株式会社は、直ちに、議決権制限株式の数を発行済株式の総数の2分の1以下にするための必要な措置をとらなければならない。

(反対株主の株式買取請求)
**第116条** ① 次の各号に掲げる場合には、反対株主は、株式会社に対し、自己の有する当該各号に定める株式を公正な価格で買い取ることを請求することができる。
1 その発行する全部の株式の内容として第107条第1項第1号に掲げる事項についての定めを設ける定款の変更をする場合 全部の株式
2 ある種類の株式の内容として第108条第1項第4号又は第7号に掲げる事項についての定めを設ける定款の変更をする場合 第111条第2項各号に規定する株式
3 次に掲げる行為をする場合において、ある種類の株式(第322条第2項の規定による定款の定めがあるものに限る。)を有する種類株主に損害を及ぼすおそれがあるとき 当該種類の株式
イ 株式の併合又は株式の分割
ロ 第185条に規定する株式無償割当て
ハ 単元株式数についての定款の変更
ニ 当該株式会社の株式を引き受ける者の募集(第202条第1項各号に掲げる事項を定めるものに限る。)
ホ 当該株式会社の新株予約権を引き受ける者の募集(第241条第1項各号に掲げる事項を定めるものに限る。)
ヘ 第277条に規定する新株予約権無償割当て
② 前項に規定する「反対株主」とは、次の各号に掲げる場合における当該各号に定める株主をいう。
1 前項各号の行為をするために株主総会(種類株主総会を含む。)の決議を要する場合 次に掲げる株主
イ 当該株主総会に先立って当該行為に反対する旨を当該株式会社に対し通知し、かつ、当該株主総会において当該行為に反対した株主(当該株主総会において議決権を行使することができるものに限る。)
ロ 当該株主総会において議決権を行使することができない株主
2 前号に規定する場合以外の場合 すべての株主
③ 第1項各号の行為をしようとする株式会社は、当該行為が効力を生ずる日(以下この条及び次条において「効力発生日」という。)の20日前までに、同項各号に定める株式の株主に対し、当該行為をする旨を通知しなければならない。
④ 前項の規定による通知は、公告をもってこれに代えることができる。
⑤ 第1項の規定による請求(以下この節において「株式買取請求」という。)は、効力発生日の20日前の日から効力発生日の前日までの間に、その株式買取請求に係る株式の数(種類株式発行会社にあっては、株式の種類及び種類ごとの数)を明らかにしてしなければならない。
⑥ 株式買取請求をした株主は、株式会社の承諾を得た場合に限り、その株式買取請求を撤回することができる。
⑦ 株式会社が第1項各号の行為を中止したときは、株式買取請求は、その効力を失う。

(株式の価格の決定等)
**第117条** ① 株式買取請求があった場合において、株式の価格の決定について、株主と株式会社との間に協議が調ったときは、株式会社は、効力発生日から60日以内にその支払をしなければならない。
② 株式の価格の決定について、効力発生日から30日以内に協議が調わないときは、株主又は株式会社は、その期間の満了の日後30日以内に、裁判所に対し、価格の決定の申立てをすることができる。
③ 前条第6項の規定にかかわらず、前項に規定する場合において、効力発生日から60日以内に同項の申立てがないときは、その期間の満了後は、株主は、いつでも、株式買取請求を撤回することができる。
④ 株式会社は、裁判所の決定した価格に対する第1項の期間の満了の日後の年6分の利率により算定した利息をも支払わなければならない。
⑤ 株式買取請求に係る株式の買取りは、当該株式の代金の支払の時に、その効力を生ずる。
⑥ 株券発行会社(その株式(種類株式発行会社にあっては、全部の種類の株式)に係る株券を発行する旨の定款の定めがある株式会社をいう。以下同じ。)は、株券が発行されている株式について株式買取請求があったときは、株券と引換えに、その株式買取請求に係る株式の代金を支払わなければならない。

(新株予約権買取請求)
**第118条** ① 次の各号に掲げる定款の変更をする場合には、当該各号に定める新株予約権の新株予約権者は、株式会社に対し、自己の有する新株予約権を公正な価格で買い取ることを請求することができる。
1 その発行する全部の株式の内容として第107条第1項第1号に掲げる事項についての定めを設ける定款の変更 全部の新株予約権
2 ある種類の株式の内容として第108条第1項第4号又は第7号に掲げる事項についての定款の定めを設ける定款の変更 当該種類の株式を目的とする新株予約権
② 新株予約権付社債に付された新株予約権の新株予約権者は、前項の規定による請求(以下この節において「新株予約権買取請求」という。)をするときは、併せて、新株予約権付社債についての社債を買い取ることを請求しなければならない。ただし、当該新株予約権付社債に付された新株予約権について別段の定めがある場合は、この限りでない。
③ 第1項各号に掲げる定款の変更をしようとする株式会社は、当該定款の変更が効力を生ずる日(以下この条及び次条において「定款変更日」という。)の20日前までに、同項各号に定める新株予約権の新株予約権者に対し、当該定款の変更を行う旨を通知しなければならない。
④ 前項の規定による通知は、公告をもってこれに代えることができる。
⑤ 新株予約権買取請求は、定款変更日の20日前の日から定款変更日の前日までの間に、その新株予約権買取請求に係る新株予約権の内容及び数を明らかにしてしなければならない。

⑥ 新株予約権買取請求をした新株予約権者は、株式会社の承諾を得た場合に限り、その新株予約権買取請求を撤回することができる。
⑦ 株式会社が第1項各号に掲げる定款の変更を中止したときは、新株予約権買取請求は、その効力を失う。

(新株予約権の価格の決定等)
第119条 ① 新株予約権買取請求があった場合において、新株予約権(当該新株予約権が新株予約権付社債に付されたものである場合にあっては、新株予約権付社債についての社債の買取りの請求があったときは、当該社債を含む。以下この条において同じ。)の価格の決定について、新株予約権者と株式会社との間に協議が調ったときは、株式会社は、定款変更日から60日以内にその支払をしなければならない。
② 新株予約権の価格の決定について、定款変更日から30日以内に協議が調わないときは、新株予約権者又は株式会社は、その期間の満了の日後30日以内に、裁判所に対し、価格の決定の申立てをすることができる。
③ 前条第6項の規定にかかわらず、前項に規定する場合において、定款変更日から60日以内に同項の申立てがないときは、その期間の満了後は、新株予約権者は、いつでも、新株予約権買取請求を撤回することができる。
④ 株式会社は、裁判所の決定した価格に対する第1項の満了の日後の年6分の利率により算定した利息をも支払わなければならない。
⑤ 新株予約権買取請求に係る新株予約権の買取りは、当該新株予約権の代金の支払の時に、その効力を生ずる。
⑥ 株式会社は、新株予約権証券が発行されている新株予約権について新株予約権買取請求があったときは、新株予約権証券と引換えに、その新株予約権買取請求に係る新株予約権の代金を支払わなければならない。
⑦ 株式会社は、第249条第2号に規定する新株予約権付社債券が発行されている新株予約権付社債に付された新株予約権について新株予約権買取請求があったときは、その新株予約権付社債券と引換えに、その新株予約権買取請求に係る新株予約権の代金を支払わなければならない。

(株主の権利の行使に関する利益の供与)
第120条 ① 株式会社は、何人に対しても、株主の権利の行使に関し、財産上の利益の供与(当該株式会社又はその子会社の計算においてするものに限る。以下この条において同じ。)をしてはならない。
② 株式会社が特定の株主に対して無償で財産上の利益の供与をしたときは、当該株式会社は、株主の権利の行使に関し、財産上の利益の供与をしたものと推定する。株式会社が特定の株主に対して有償で財産上の利益の供与をした場合において、当該株式会社又はその子会社の受けた利益が当該財産上の利益に比して著しく少ないときも、同様とする。
③ 株式会社が第1項の規定に違反して財産上の利益の供与をしたときは、当該利益の供与を受けた者は、これを当該株式会社又はその子会社に返還しなければならない。この場合において、当該利益の供与を受けた者は、当該株式会社又はその子会社に対して当該利益と引換えに給付をしたものがあるときは、その返還を受けることができる。

④ 株式会社が第1項の規定に違反して財産上の利益の供与をしたときは、当該利益の供与をすることに関与した取締役(委員会設置会社にあっては、執行役を含む。以下この項において同じ。)として法務省令で定める者は、当該株式会社に対して、連帯して、供与した利益の価額に相当する額を支払う義務を負う。ただし、その者(当該利益の供与をした取締役を除く。)がその職務を行うについて注意を怠らなかったことを証明した場合は、この限りでない。
⑤ 前項の義務は、総株主の同意がなければ、免除することができない。

第2節 株主名簿
(株主名簿)
第121条 株式会社は、株主名簿を作成し、これに次に掲げる事項(以下「株主名簿記載事項」という。)を記載し、又は記録しなければならない。
1 株主の氏名又は名称及び住所
2 前号の株主の有する株式の数(種類株式発行会社にあっては、株式の種類及び種類ごとの数)
3 第1号の株主が株式を取得した日
4 株式会社が株券発行会社である場合には、第2号の株式(株券が発行されているものに限る。)に係る株券の番号

(株主名簿記載事項を記載した書面の交付等)
第122条 ① 前条第1号の株主は、株式会社に対し、当該株主についての株主名簿に記載され、若しくは記録された株主名簿記載事項を記載した書面の交付又は当該株主名簿記載事項を記録した電磁的記録の提供を請求することができる。
② 前項の書面には、株式会社の代表取締役(委員会設置会社にあっては、代表執行役。次項において同じ。)が署名し、又は記名押印しなければならない。
③ 第1項の電磁的記録には、株式会社の代表取締役が法務省令で定める署名又は記名押印に代わる措置をとらなければならない。
④ 前3項の規定は、株券発行会社については、適用しない。

(株主名簿管理人)
第123条 株式会社は、株主名簿管理人(株主名簿に代わって株主名簿の作成及び備置きその他の株主名簿に関する事務を行う者をいう。以下同じ。)を置く旨を定款で定め、当該事務を行うことを委託することができる。

(基準日)
第124条 ① 株式会社は、一定の日(以下この章において「基準日」という。)を定めて、基準日において株主名簿に記載され、又は記録されている株主(以下この条において「基準日株主」という。)をその権利を行使することができる者と定めることができる。
② 基準日を定める場合には、株式会社は、基準日株主が行使することができる権利(基準日から3箇月以内に行使するものに限る。)の内容を定めなければならない。
③ 株式会社は、基準日を定めたときは、当該基準日の2週間前までに、当該基準日及び前項の規定により定めた事項を公告しなければならない。ただし、定款に当該基準日及び当該事項について定めがあるときは、この限りでない。
④ 基準日株主が行使することができる権利が株主総会又は種類株主総会における議決権である場合には、株式会社は、当該基準日後に株式を取得した

者の全部又は一部を当該権利を行使することができる者と定めることができる．ただし，当該株式の基準日株主の権利を害することができない．
⑤　第1項から第3項までの規定は，第149条第1項に規定する登録株式質権者について準用する．

**（株主名簿の備置き及び閲覧等）**
**第125条**　①　株式会社は，株主名簿をその本店（株主名簿管理人がある場合にあっては，その営業所）に備え置かなければならない．
②　株主及び債権者は，株式会社の営業時間内は，いつでも，次に掲げる請求をすることができる．この場合においては，当該請求の理由を明らかにしてしなければならない．
　1　株主名簿が書面をもって作成されているときは，当該書面の閲覧又は謄写の請求
　2　株主名簿が電磁的記録をもって作成されているときは，当該電磁的記録に記録された事項を法務省令で定める方法により表示したものの閲覧又は謄写の請求
③　株式会社は，前項の請求があったときは，次のいずれかに該当する場合を除き，これを拒むことができない．
　1　当該請求を行う株主又は債権者（以下この項において「請求者」という．）がその権利の確保又は行使に関する調査以外の目的で請求を行ったとき．
　2　請求者が当該株式会社の業務の遂行を妨げ，又は株主の共同の利益を害する目的で請求を行ったとき．
　3　請求者が当該株式会社の業務と実質的に競争関係にある事業を営み，又はこれに従事するものであるとき．
　4　請求者が株主名簿の閲覧又は謄写によって知り得た事実を利益を得て第三者に通報するため請求を行ったとき．
　5　請求者が，過去2年以内において，株主名簿の閲覧又は謄写によって知り得た事実を利益を得て第三者に通報したことがあるものであるとき．
④　株式会社の親会社社員は，その権利を行使するため必要があるときは，裁判所の許可を得て，当該株式会社の株主名簿について第2項各号に掲げる請求をすることができる．この場合においては，当該請求の理由を明らかにしてしなければならない．
⑤　前項の親会社社員について第3項各号のいずれかに規定する事由があるときは，裁判所は，前項の許可をすることができない．

**（株主に対する通知等）**
**第126条**　①　株式会社が株主に対してする通知又は催告は，株主名簿に記載し，又は記録した当該株主の住所（当該株主が別に通知又は催告を受ける場所又は連絡先を当該株式会社に通知した場合にあっては，その場所又は連絡先）にあてて発すれば足りる．
②　前項の通知又は催告は，その通知又は催告が通常到達すべきであった時に，到達したものとみなす．
③　株式が二以上の者の共有に属するときは，共有者は，株式会社が株主に対してする通知又は催告を受領する者1人を定め，当該株式会社に対し，その氏名又は名称を通知しなければならない．この場合においては，その者を株主とみなして，前2項の規定を適用する．
④　前項の規定による共有者の通知がない場合には，株式会社が株式の共有者に対してする通知又は催告は，そのうちの1人に対してすれば足りる．
⑤　前各項の規定は，第299条第1項（第325条において準用する場合を含む．）の通知に際して株主に書面を交付し，又は当該書面に記載すべき事項を電磁的方法により提供する場合について準用する．この場合において，第2項中「到達したもの」とあるのは，「当該書面の交付又は当該事項の電磁的方法による提供があったもの」と読み替えるものとする．

### 第3節　株式の譲渡等
#### 第1款　株式の譲渡
**（株式の譲渡）**
**第127条**　株主は，その有する株式を譲渡することができる．

**（株券発行会社の株式の譲渡）**
**第128条**　①　株券発行会社の株式の譲渡は，当該株式に係る株券を交付しなければ，その効力を生じない．ただし，自己株式の処分による株式の譲渡については，この限りでない．
②　株券の発行前にした譲渡は，株券発行会社に対し，その効力を生じない．

**（自己株式の処分に関する特則）**
**第129条**　①　株券発行会社は，自己株式を処分した日以後遅滞なく，当該自己株式を取得した者に対し，株券を交付しなければならない．
②　前項の規定にかかわらず，公開会社でない株券発行会社は，同項の者から請求がある時までは，同項の株券を交付しないことができる．

**（株式の譲渡の対抗要件）**
**第130条**　①　株式の譲渡は，その株式を取得した者の氏名又は名称及び住所を株主名簿に記載し，又は記録しなければ，株式会社その他の第三者に対抗することができない．
②　株券発行会社における前項の規定の適用については，同項中「株式会社その他の第三者」とあるのは，「株式会社」とする．

**（権利の推定等）**
**第131条**　①　株券の占有者は，当該株券に係る株式についての権利を適法に有するものと推定する．
②　株券の交付を受けた者は，当該株券に係る株式についての権利を取得する．ただし，その者に悪意又は重大な過失があるときは，この限りでない．

**（株主の請求によらない株主名簿記載事項の記載又は記録）**
**第132条**　①　株式会社は，次の各号に掲げる場合には，当該各号の株式の株主に係る株主名簿記載事項を株主名簿に記載し，又は記録しなければならない．
　1　株式を発行した場合
　2　当該株式会社の株式を取得した場合
　3　自己株式を処分した場合
②　株式会社は，株式の併合をした場合には，併合した株式について，その株式の株主に係る株主名簿記載事項を株主名簿に記載し，又は記録しなければならない．
③　株式会社は，株式の分割をした場合には，分割した株式について，その株式の株主に係る株主名簿記載事項を株主名簿に記載し，又は記録しなければならない．

**（株主の請求による株主名簿記載事項の記載又は記録）**
**第133条**　①　株式を当該株式を発行した株式会社以外の者から取得した者（当該株式会社を除く．以

下この節において「株式取得者」という．）は，当該株式会社に対し，当該株式に係る株主名簿記載事項を株主名簿に記載し，又は記録することを請求することができる．
② 前項の規定による請求は，利害関係人の利益を害するおそれがないものとして法務省令で定める場合を除き，その取得した株式の株主として株主名簿に記載され，若しくは記録された者又はその相続人その他の一般承継人と共同してしなければならない．
**第134条** 前条の規定は，株式取得者が取得した株式が譲渡制限株式である場合には，適用しない．ただし，次のいずれかに該当する場合は，この限りでない．
1 当該株式取得者が当該譲渡制限株式を取得することについて第136条の承認を受けていること．
2 当該株式取得者が当該譲渡制限株式を取得したことについて第137条第1項の承認を受けていること．
3 当該株式取得者が第140条第4項に規定する指定買取人であること．
4 当該株式取得者が相続その他の一般承継により譲渡制限株式を取得した者であること．
**（親会社株式の取得の禁止）**
**第135条** ① 子会社は，その親会社である株式会社の株式（この条において「親会社株式」という．）を取得してはならない．
② 前項の規定は，次に掲げる場合には，適用しない．
1 他の会社（外国会社を含む．）の事業の全部を譲り受ける場合において当該他の会社の有する親会社株式を譲り受ける場合
2 合併後消滅する会社から親会社株式を承継する場合
3 吸収分割により他の会社から親会社株式を承継する場合
4 新設分割により他の会社から親会社株式を承継する場合
5 前各号に掲げるもののほか，法務省令で定める場合
③ 子会社は，相当の時期にその有する親会社株式を処分しなければならない．

### 第2款　株式の譲渡に係る承認手続
**（株主からの承認の請求）**
**第136条** 譲渡制限株式の株主は，その有する譲渡制限株式を他人（当該譲渡制限株式を発行した株式会社を除く．）に譲り渡そうとするときは，当該株式会社に対し，当該他人が当該譲渡制限株式を取得することについて承認をするか否かの決定をすることを請求することができる．
**（株式取得者からの承認の請求）**
**第137条** ① 譲渡制限株式を取得した株式取得者は，株式会社に対し，当該譲渡制限株式を取得したことについて承認をするか否かの決定をすることを請求することができる．
② 前項の規定による請求は，利害関係人の利益を害するおそれがないものとして法務省令で定める場合を除き，その取得した株式の株主として株主名簿に記載され，若しくは記録された者又はその相続人その他の一般承継人と共同してしなければならない．
**（譲渡等承認請求の方法）**
**第138条** 次の各号に掲げる請求（以下この款において「譲渡等承認請求」という．）は，当該各号に定める事項を明らかにしてしなければならない．

1 第136条の規定による請求　次に掲げる事項
イ 当該請求をする株主が譲り渡そうとする譲渡制限株式の数（種類株式発行会社にあっては，譲渡制限株式の種類及び種類ごとの数）
ロ イの譲渡制限株式を譲り受ける者の氏名又は名称
ハ 株式会社が第136条の承認をしない旨の決定をする場合において，当該株式会社又は第140条第4項に規定する指定買取人がイの譲渡制限株式を買い取ることを請求するときは，その旨
2 前条第1項の規定による請求　次に掲げる事項
イ 当該請求をする株式取得者の取得した譲渡制限株式の数（種類株式発行会社にあっては，譲渡制限株式の種類及び種類ごとの数）
ロ イの株式取得者の氏名又は名称
ハ 株式会社が前条第1項の承認をしない旨の決定をする場合において，当該株式会社又は第140条第4項に規定する指定買取人がイの譲渡制限株式を買い取ることを請求するときは，その旨
**（譲渡等の承認の決定等）**
**第139条** ① 株式会社が第136条又は第137条第1項の承認をするか否かの決定をするには，株主総会（取締役会設置会社にあっては，取締役会）の決議によらなければならない．ただし，定款に別段の定めがある場合は，この限りでない．
② 株式会社は，前項の決定をしたときは，譲渡等承認請求をした者（以下この款において「譲渡等承認請求者」という．）に対し，当該決定の内容を通知しなければならない．
**（株式会社又は指定買取人による買取り）**
**第140条** ① 株式会社は，第138条第1号ハ又は第2号ハの請求を受けた場合において，第136条又は第137条第1項の承認をしない旨の決定をしたときは，当該譲渡等承認請求に係る譲渡制限株式（以下この款において「対象株式」という．）を買い取らなければならない．この場合においては，次に掲げる事項を定めなければならない．
1 対象株式を買い取る旨
2 株式会社が買い取る対象株式の数（種類株式発行会社にあっては，対象株式の種類及び種類ごとの数）
② 前各号に掲げる事項の決定は，株主総会の決議によらなければならない．
③ 譲渡等承認請求者は，前項の株主総会において議決権を行使することができない．ただし，当該譲渡等承認請求者以外の株主の全部が同項の株主総会において議決権を行使することができない場合は，この限りでない．
④ 第1項の規定にかかわらず，同項に規定する場合には，株式会社は，対象株式の全部又は一部を買い取る者（以下この款において「指定買取人」という．）を指定することができる．
⑤ 前項の規定による指定は，株主総会（取締役会設置会社にあっては，取締役会）の決議によらなければならない．ただし，定款に別段の定めがある場合は，この限りでない．
**（株式会社による買取りの通知）**
**第141条** ① 株式会社は，前条第1項各号に掲げる事項を決定したときは，譲渡等承認請求者に対し，これらの事項を通知しなければならない．
② 株式会社は，前項の規定による通知をしようとするときは，1株当たり純資産額（1株当たりの純資

産額として法務省令で定める方法により算定される額をいう．以下同じ．）に前条第1項第2号の対象株式の数を乗じて得た額をその本店の所在地の供託所に供託し，かつ，当該供託を証する書面を譲渡等承認請求者に交付しなければならない．

③ 対象株式が株券発行会社の株式である場合には，当該交付を受けた日から1週間以内に，前条第1項第2号の対象株式に係る株券を当該株券発行会社の本店の所在地の供託所に供託しなければならない．この場合においては，当該譲渡等承認請求者は，当該株券発行会社に対し，遅滞なく，当該供託をした旨を通知しなければならない．

④ 前項の譲渡等承認請求者が同項の期間内に同項の規定による供託をしなかったときは，株券発行会社は，前条第1項第2号の対象株式の売買契約を解除することができる．

**（指定買取人による買取りの通知）**
**第142条** ① 指定買取人は，第140条第4項の規定による指定を受けたときは，譲渡等承認請求者に対し，次に掲げる事項を通知しなければならない．
1 指定買取人として指定を受けた旨
2 指定買取人が買い取る対象株式の数（種類株式発行会社にあっては，対象株式の種類及び種類ごとの数）

② 指定買取人は，前項の規定による通知をしようとするときは，1株当たり純資産額に同項第2号の対象株式の数を乗じて得た額を本店の所在地の供託所に供託し，かつ，当該供託を証する書面を譲渡等承認請求者に交付しなければならない．

③ 対象株式が株券発行会社の株式である場合には，前項の書面の交付を受けた譲渡等承認請求者は，当該交付を受けた日から1週間以内に，第1項第2号の対象株式に係る株券を当該株券発行会社の本店の所在地の供託所に供託しなければならない．この場合においては，当該譲渡等承認請求者は，指定買取人に対し，遅滞なく，当該供託をした旨を通知しなければならない．

④ 前項の譲渡等承認請求者が同項の期間内に同項の規定による供託をしなかったときは，指定買取人は，第1項第2号の対象株式の売買契約を解除することができる．

**（譲渡等承認請求の撤回）**
**第143条** ① 第138条第1号ハ又は第2号ハの請求をした譲渡等承認請求者は，第141条第1項の規定による通知を受けた後は，株式会社の承諾を得た場合に限り，その請求を撤回することができる．

② 第138条第1号ハ又は第2号ハの請求をした譲渡等承認請求者は，前条第1項の規定による通知を受けた後は，指定買取人の承諾を得た場合に限り，その請求を撤回することができる．

**（売買価格の決定）**
**第144条** ① 第141条第1項の規定による通知があった場合には，第140条第1項第2号の対象株式の売買価格は，株式会社と譲渡等承認請求者との協議によって定める．

② 株式会社又は譲渡等承認請求者は，第141条第1項の規定による通知があった日から20日以内に，裁判所に対し，売買価格の決定の申立てをすることができる．

③ 裁判所は，前項の決定をするには，譲渡等承認請求の時における株式会社の資産状態その他一切の事情を考慮しなければならない．

④ 第1項の規定にかかわらず，第2項の期間内に同項の申立てがあったときは，当該申立てにより裁判所が定めた額をもって第140条第1項第2号の対象株式の売買価格とする．

⑤ 第1項の規定にかかわらず，第2項の期間内に同項の申立てがないとき（当該期間内に第1項の協議が調った場合を除く．）は，1株当たり純資産額に第140条第1項第2号の対象株式の数を乗じて得た額をもって当該対象株式の売買価格とする．

⑥ 第141条第2項の規定による供託をした場合において，第140条第1項第2号の対象株式の売買価格が確定したときは，株式会社は，供託した金銭に相当する額を限度として，売買代金の全部又は一部を支払ったものとみなす．

⑦ 前各項の規定は，第142条第1項の規定による通知があった場合について準用する．この場合において，第1項中「第140条第1項第2号」とあるのは「第142条第1項第2号」と，「株式会社」とあるのは「指定買取人」と，第2項中「株式会社」とあるのは「指定買取人」と，第4項及び第5項中「第140条第1項第2号」とあるのは「第142条第1項第2号」と，前項中「第141条第2項」とあるのは「第142条第2項」と，「第140条第1項第2号」とあるのは「同条第1項第2号」と，「株式会社」とあるのは「指定買取人」と読み替えるものとする．

**（株式会社が承認をしたとみなされる場合）**
**第145条** 次に掲げる場合には，株式会社は，第136条又は第137条第1項の承認をする旨の決定をしたものとみなす．ただし，株式会社と譲渡等承認請求者との合意により別段の定めをしたときは，この限りでない．
1 株式会社が第136条又は第137条第1項の規定による請求の日から2週間（これを下回る期間を定款で定めた場合にあっては，その期間）以内に第139条第2項の規定による通知をしなかった場合
2 株式会社が第139条第2項の規定による通知の日から40日（これを下回る期間を定款で定めた場合にあっては，その期間）以内に第141条第1項の規定による通知をしなかった場合（指定買取人が第139条第2項の規定による通知の日から10日（これを下回る期間を定款で定めた場合にあっては，その期間）以内に第142条第1項の規定による通知をした場合を除く．）
3 前2号に掲げる場合のほか，法務省令で定める場合

### 第3款 株式の質入れ
**（株式の質入れ）**
**第146条** ① 株主は，その有する株式に質権を設定することができる．

② 株券発行会社の株式の質入れは，当該株式に係る株券を交付しなければ，その効力を生じない．

**（株式の質入れの対抗要件）**
**第147条** ① 株式の質入れは，その質権者の氏名又は名称及び住所を株主名簿に記載し，又は記録しなければ，株式会社その他の第三者に対抗することができない．

② 前項の規定にかかわらず，株券発行会社の株式の質権者は，継続して当該株式に係る株券を占有しなければ，その質権をもって株券発行会社その他の第三者に対抗することができない．

③ 民法第364条の規定は、株式については、適用しない。

**(株主名簿の記載等)**
**第148条** 株式に質権を設定した者は、株式会社に対し、次に掲げる事項を株主名簿に記載し、又は記録することを請求することができる。
1 質権者の氏名又は名称及び住所
2 質権の目的である株式

**(株主名簿の記載事項を記載した書面の交付等)**
**第149条** ① 前条各号に掲げる事項が株主名簿に記載され、又は記録された質権者(以下「登録株式質権者」という。)は、株式会社に対し、当該登録株式質権者についての株主名簿に記載され、若しくは記録された同条各号に掲げる事項を記載した書面の交付又は当該事項を記録した電磁的記録の提供を請求することができる。
② 前項の書面には、株式会社の代表取締役(委員会設置会社にあっては、代表執行役。次項において同じ。)が署名し、又は記名押印しなければならない。
③ 第1項の電磁的記録には、株式会社の代表取締役が法務省令で定める署名又は記名押印に代わる措置をとらなければならない。
④ 前3項の規定は、株券発行会社については、適用しない。

**(登録株式質権者に対する通知等)**
**第150条** ① 株式会社が登録株式質権者に対してする通知又は催告は、株主名簿に記載し、又は記録した当該登録株式質権者の住所(当該登録株式質権者が別に通知又は催告を受ける場所又は連絡先を当該株式会社に通知した場合にあっては、その場所又は連絡先)にあてて発すれば足りる。
② 前項の通知又は催告は、その通知又は催告が通常到達すべきであった時に、到達したものとみなす。

**(株式の質入れの効果)**
**第151条** 株式会社が次に掲げる行為をした場合には、株式を目的とする質権は、当該行為によって当該株式の株主が受けることのできる金銭等(金銭その他の財産をいう。以下同じ。)について存在する。
1 第167条第1項の規定による取得請求権付株式の取得
2 第170条第1項の規定による取得条項付株式の取得
3 第173条第1項の規定による第171条第1項に規定する全部取得条項付種類株式の取得
4 株式の併合
5 株式の分割
6 第185条に規定する株式無償割当て
7 第277条に規定する新株予約権無償割当て
8 剰余金の配当
9 残余財産の分配
10 組織変更
11 合併(合併により当該株式会社が消滅する場合に限る。)
12 株式交換
13 株式移転
14 株式の取得(第1号から第3号までに掲げる行為を除く。)

**第152条** ① 株式会社(株券発行会社を除く。以下この条において同じ。)は、前条第1号から第3号までに掲げる行為をした場合(これらの行為に際して当該株式会社が株式を交付する場合に限る。)又は同条第6号に掲げる行為をした場合において、同条の質権の質権者が登録株式質権者(第218条第5項の規定による請求により第148条各号に掲げる事項が株主名簿に記載され、又は記録されたものを除く。以下この款において同じ。)であるときは、前条の株主が受けることができる株式について、その質権者の氏名又は名称及び住所を株主名簿に記載し、又は記録しなければならない。
② 株式会社は、株式の併合をした場合において、前条の質権の質権者が登録株式質権者であるときは、併合した株式について、その質権者の氏名又は名称及び住所を株主名簿に記載し、又は記録しなければならない。
③ 株式会社は、株式の分割をした場合において、前条の質権の質権者が登録株式質権者であるときは、分割した株式について、その質権者の氏名又は名称及び住所を株主名簿に記載し、又は記録しなければならない。

**第153条** ① 株券発行会社は、前条第1項に規定する場合には、第151条の株主が受ける株式に係る株券を登録株式質権者に引き渡さなければならない。
② 株券発行会社は、前条第2項に規定する場合には、併合した株式に係る株券を登録株式質権者に引き渡さなければならない。
③ 株券発行会社は、前条第3項に規定する場合には、分割した株式について新たに発行する株券を登録株式質権者に引き渡さなければならない。

**第154条** ① 登録株式質権者は、第151条の金銭等(金銭に限る。)を受領し、他の債権者に先立って自己の債権の弁済に充てることができる。
② 前項の債権の弁済期が到来していないときは、登録株式質権者は、株式会社に同項に規定する金銭等に相当する金額を供託させることができる。この場合において、質権は、その供託金について存在する。

**第4款 信託財産に属する株式についての対抗要件等**

**第154条の2** ① 株式については、当該株式が信託財産に属する旨を株主名簿に記載し、又は記録しなければ、当該株式が信託財産に属することを株式会社その他の第三者に対抗することができない。
② 第121条第1号の株主は、その有する株式が信託財産に属するときは、株式会社に対し、その旨を株主名簿に記載し、又は記録することを請求することができる。
③ 株主名簿に前項の規定による記載又は記録がされた株式についての第122条第1項及び第132条の規定の適用については、第122条第1項中「記録された株主名簿記載事項」とあるのは「記録された株主名簿記載事項(当該株主の有する株式が信託財産に属する旨を含む。)」と、第132条中「株主名簿記載事項」とあるのは「株主名簿記載事項(当該株主の有する株式が信託財産に属する旨を含む。)」とする。
④ 前3項の規定は、株券発行会社については、適用しない。

**第4節 株式会社による自己の株式の取得**
**第1款 総 則**

**第155条** 株式会社は、次に掲げる場合に限り、当該株式会社の株式を取得することができる。
1 第107条第2項第3号イの事由が生じた場合
2 第138条第1号ハ又は第2号ハの請求があった場合
3 次条第1項の決議があった場合

4 第166条第1項の規定による請求があった場合
5 第171条第1項の決議があった場合
6 第176条第1項の規定による請求をした場合
7 第192条第1項の規定による請求があった場合
8 第197条第3項各号に掲げる事項を定めた場合
9 第234条第4項(各第235条第2項において準用する場合を含む.)に掲げる事項を定めた場合
10 他の会社(外国会社を含む.)の事業の全部を譲り受ける場合において当該他の会社が有する当該株式会社の株式を取得する場合
11 合併後消滅する会社から当該株式会社の株式を承継する場合
12 吸収分割をする会社から当該株式会社の株式を承継する場合
13 前各号に掲げる場合のほか,法務省令で定める場合

### 第2款 株主との合意による取得
#### 第1目 総則
(株式の取得に関する事項の決定)

**第156条** ① 株式会社が株主との合意により当該株式会社の株式を有償で取得するには,あらかじめ,株主総会の決議によって,次に掲げる事項を定めなければならない.ただし,第3号の期間は,1年を超えることができない.
1 取得する株式の数(種類株式発行会社にあっては,株式の種類及び種類ごとの数)
2 株式を取得するのと引換えに交付する金銭等(当該株式会社の株式等を除く.以下この款において同じ.)の内容及びその総額
3 株式を取得することができる期間
② 前項の規定は,前条第1号及び第2号並びに第4号から第13号までに掲げる場合には,適用しない.

(取得価格等の決定)

**第157条** ① 株式会社は,前条第1項の規定による決定に従い株式を取得しようとするときは,その都度,次に掲げる事項を定めなければならない.
1 取得する株式の数(種類株式発行会社にあっては,株式の種類及び数)
2 株式1株を取得するのと引換えに交付する金銭等の内容及び数若しくは額又はこれらの算定方法
3 株式を取得するのと引換えに交付する金銭等の総額
4 株式の譲渡しの申込みの期日
② 取締役会設置会社においては,前項各号に掲げる事項の決定は,取締役会の決議によらなければならない.
③ 第1項の株式の取得の条件は,同項の規定による決定ごとに,均等に定めなければならない.

(株主に対する通知等)

**第158条** ① 株式会社は,株主(種類株式発行会社にあっては,取得する株式の種類の種類株主)に対し,前条第1項各号に掲げる事項を通知しなければならない.
② 公開会社においては,前項の規定による通知は,公告をもってこれに代えることができる.

(譲渡しの申込み)

**第159条** ① 前条第1項の規定による通知を受けた株主は,その有する株式の譲渡しの申込みをしようとするときは,株式会社に対し,その申込みに係る株式の数(種類株式発行会社にあっては,株式の種類及び数)を明らかにしなければならない.
② 株式会社は,第157条第1項第4号の期日において,前項の株主が申込みをした株式の譲受けを承諾したものとみなす.ただし,同項の株主が申込みをした株式の総数(以下この項において「申込総数」という.)が同条第1項第1号の数(以下この項において「取得総数」という.)を超えるときは,取得総数を申込総数で除して得た数に前項の株主が申込みをした株式の数を乗じて得た数(その数に1に満たない端数がある場合にあっては,これを切り捨てるものとする.)の株式の譲受けを承諾したものとみなす.

#### 第2目 特定の株主からの取得
(特定の株主からの取得)

**第160条** ① 株式会社は,第156条第1項各号に掲げる事項の決定に併せて,同項の規定による決議によって,第158条第1項の規定による通知を特定の株主に対して行う旨を定めることができる.
② 株式会社は,前項の規定による決定をしようとするときは,法務省令で定める時までに,株主(種類株式発行会社にあっては,取得する株式の種類の種類株主)に対し,次項の規定による請求をすることができる旨を通知しなければならない.
③ 前項の株主は,第1項の特定の株主に自己をも加えたものを同項の株主総会の議案とすることを,法務省令で定める時までに,請求することができる.
④ 第1項の特定の株主は,第156条第1項の株主総会において議決権を行使することができない.ただし,第1項の特定の株主以外の株主の全部が当該株主総会において議決権を行使することができない場合は,この限りでない.
⑤ 第1項の特定の株主を定めた場合における第158条第1項の規定の適用については,同項中「株主(種類株式発行会社にあっては,取得する株式の種類の種類株主)」とあるのは,「第160条第1項の特定の株主」とする.

(市場価格のある株式の取得の特則)

**第161条** 前条第2項及び第3項の規定は,取得する株式が市場価格のある株式である場合において,当該株式1株を取得するのと引換えに交付する金銭等の額が当該株式の市場価格として法務省令で定める方法により算定されるものを超えないときは,適用しない.

(相続人等からの取得の特則)

**第162条** 第160条第2項及び第3項の規定は,株式会社が株主の相続人その他の一般承継人からその相続その他の一般承継により取得した当該株式会社の株式を取得する場合には,適用しない.ただし,次のいずれかに該当する場合は,この限りでない.
1 株式会社が公開会社である場合
2 当該相続人その他の一般承継人が株主総会又は種類株主総会において当該株式について議決権を行使した場合

(子会社からの株式の取得)

**第163条** 株式会社がその子会社の有する当該株式会社の株式を取得する場合における第156条第1項の規定の適用については,同項中「株主総会」とあるのは,「株主総会(取締役会設置会社にあっては,取締役会)」とする.この場合においては,第157条から第160条までの規定は,適用しない.

(特定の株主からの取得に関する定款の定め)

**第164条** ① 株式会社は,株式(種類株式発行会社にあっては,ある種類の株式.次項において同じ.)の取得について第160条第1項の規定による決定をするときは同条第2項及び第3項の規定を適用

しない旨を定款で定めることができる.
② 株式の発行後に定款を変更して当該株式について前項の規定による定款の定めを設け,又は当該定めについての定款の変更(同項の定めを廃止するものを除く.)をしようとするときは,当該株式を有する株主全員の同意を得なければならない.

### 第3目 市場取引等による株式の取得

**第165条** ① 第157条から第160条までの規定は,株式会社が市場において行う取引又は金融商品取引法第27条の2第6項に規定する公開買付けの方法(以下この条において「市場取引等」という.)により当該株式会社の株式を取得する場合には,適用しない.
② 取締役会設置会社は,市場取引等により当該株式会社の株式を取得することを取締役会の決議によって定めることができる旨を定款で定めることができる.
③ 前項の規定による定款の定めを設けた場合における第156条第1項の規定の適用については,同項中「株主総会」とあるのは,「株主総会(第165条第1項に規定する場合にあっては,株主総会又は取締役会)」とする.

### 第3款 取得請求権付株式及び取得条項付株式の取得

### 第1目 取得請求権付株式の取得の請求

(取得の請求)
**第166条** ① 取得請求権付株式の株主は,株式会社に対して,当該株主の有する取得請求権付株式を取得することを請求することができる.ただし,当該取得請求権付株式を取得するのと引換えに第107条第2項第2号ロからホまでに規定する財産を交付する場合において,これらの財産の帳簿価額が当該請求の日における第461条第2項の分配可能額を超えているときは,この限りでない.
② 前項の規定による請求は,その請求に係る取得請求権付株式の数(種類株式発行会社にあっては,取得請求権付株式の種類及び種類ごとの数)を明らかにしてしなければならない.
③ 株券発行会社の株主がその有する取得請求権付株式について第1項の規定による請求をしようとするときは,当該取得請求権付株式に係る株券を株券発行会社に提出しなければならない.ただし,当該取得請求権付株式に係る株券が発行されていない場合は,この限りでない.

(効力の発生)
**第167条** ① 株式会社は,前条第1項の規定による請求の日に,その請求に係る取得請求権付株式を取得する.
② 次の各号に掲げる場合には,前条第1項の規定による請求をした株主は,その請求の日に,第107条第2項第2号(種類株式発行会社にあっては,第108条第2項第5号)に定める事項についての定めに従い,当該各号に定める者となる.
1 第107条第2項第2号ロに掲げる事項についての定めがある場合 同号ロの社債の社債権者
2 第107条第2項第2号ハに掲げる事項についての定めがある場合 同号ハの新株予約権の新株予約権者
3 第107条第2項第2号ニに掲げる事項についての定めがある場合 同号ニの新株予約権付社債についての社債の社債権者及び当該新株予約権付社債に付された新株予約権の新株予約権者

4 第108条第2項第5号ロに掲げる事項についての定めがある場合 同号ロの他の株式の株主
③ 前項第4号に掲げる場合において,同号に規定する他の株式の数に1株に満たない端数があるときは,これを切り捨てるものとする.この場合においては,株式会社は,定款に別段の定めがある場合を除き,次の各号に掲げる場合の区分に応じ,当該各号に定める額にその端数を乗じて得た額に相当する金銭を前条第1項の規定による請求をした株主に対して交付しなければならない.
1 当該株式が市場価格のある株式である場合 当該株式1株の市場価格として法務省令で定める方法により算定される額
2 前号に掲げる場合以外の場合 1株当たり純資産額
④ 前項の規定は,当該株式会社の社債及び新株予約権について端数がある場合について準用する.この場合において,同項第2号中「1株当たり純資産額」とあるのは,「法務省令で定める額」と読み替えるものとする.

### 第2目 取得条項付株式の取得

(取得する日の決定)
**第168条** ① 第107条第2項第3号ロに掲げる事項についての定めがある場合には,株式会社は,同号ロの日を株主総会(取締役会設置会社にあっては,取締役会)の決議によって定めなければならない.ただし,定款に別段の定めがある場合は,この限りでない.
② 第107条第2項第3号ロの日を定めたときは,株式会社は,取得条項付株式の株主(同号ハに掲げる事項についての定めがある場合にあっては,次条第1項の規定により決定した取得条項付株式の株主)及びその登録株式質権者に対し,当該日の2週間前までに,当該日を通知しなければならない.
③ 前項の規定による通知は,公告をもってこれに代えることができる.

(取得する株式の決定等)
**第169条** ① 株式会社は,第107条第2項第3号ハに掲げる事項についての定めがある場合において,取得条項付株式を取得しようとするときは,その取得する取得条項付株式を決定しなければならない.
② 前項の取得条項付株式は,株主総会(取締役会設置会社にあっては,取締役会)の決議によって定めなければならない.ただし,定款に別段の定めがある場合は,この限りでない.
③ 第1項の規定による決定をしたときは,株式会社は,同項の規定により決定した取得条項付株式の株主及びその登録株式質権者に対し,直ちに,当該取得条項付株式を取得する旨を通知しなければならない.
④ 前項の規定による通知は,公告をもってこれに代えることができる.

(効力の発生等)
**第170条** ① 株式会社は,第107条第2項第3号イの事由が生じた日(同号ハに掲げる事項についての定めがある場合にあっては,第1号に掲げる日又は第2号に掲げる日のいずれか遅い日.次項及び第5項において同じ.)に,取得条項付株式(同条第2項第3号ハに掲げる事項についての定めがある場合にあっては,前条第1項の規定により決定したもの.次項において同じ.)を取得する.
1 第107条第2項第3号イの事由が生じた日

2 前条第3項の規定による通知の日又は同条第4項の公告の日から2週間を経過した日
② 次の各号に掲げる場合には，取得条項付株式の株主（当該株式会社を除く．）は，第107条第2項第3号の事由が生じた日に，同号（種類株式発行会社にあっては，第108条第2項第6号）に定める事項についての定めに従い，当該各号に定める者となる．
1 第107条第2項第3号ニに掲げる事項についての定めがある場合　同号ニの社債の社債権者
2 第107条第2項第3号ホに掲げる事項についての定めがある場合　同号ホの新株予約権の新株予約権者
3 第107条第2項第3号ヘに掲げる事項についての定めがある場合　同号ヘの新株予約権付社債についての社債の社債権者及び当該新株予約権付社債に付された新株予約権の新株予約権者
4 第108条第2項第6号ロに掲げる事項についての定めがある場合　同号ロの他の株式の株主
③ 株式会社は，第107条第2項第3号イの事由が生じた後，遅滞なく，取得条項付株式の株主及びその登録株式質権者（同号ハに掲げる事項についての定めがある場合にあっては，前条第1項の規定により決定した取得条項付株式の株主及びその登録株式質権者）に対し，当該事由が生じた旨を通知しなければならない．ただし，第168条第2項の規定による通知又は同条第3項の公告をしたときは，この限りでない．
④ 前項本文の規定による通知は，公告をもってこれに代えることができる．
⑤ 前各項の規定は，取得条項付株式を取得するのと引換えに第107条第2項第3号イからヘまでに規定する財産を交付する場合において，これらの財産の帳簿価額が同号イの事由が生じた日における第461条第2項の分配可能額を超えているときは，適用しない．

#### 第4款　全部取得条項付種類株式の取得
**（全部取得条項付種類株式の取得に関する決定）**
**第171条**　① 全部取得条項付種類株式（第108条第1項第7号に掲げる事項についての定めがある種類の株式をいう．以下この款において同じ．）を発行した種類株式発行会社は，株主総会の決議によって，全部取得条項付種類株式の全部を取得することができる．この場合においては，当該株主総会の決議によって，次に掲げる事項を定めなければならない．
1 全部取得条項付種類株式を取得するのと引換えに金銭等を交付するときは，当該金銭等（以下この条において「取得対価」という．）についての次に掲げる事項
イ 当該取得対価が当該株式会社の株式であるときは，当該株式の種類及び種類ごとの数又はその数の算定方法
ロ 当該取得対価が当該株式会社の社債（新株予約権付社債についてのものを除く．）であるときは，当該社債の種類及び種類ごとの各社債の金額の合計額又はその算定方法
ハ 当該取得対価が当該株式会社の新株予約権（新株予約権付社債に付されたものを除く．）であるときは，当該新株予約権の内容及び数又はその算定方法
ニ 当該取得対価が当該株式会社の新株予約権付社債であるときは，当該新株予約権付社債についてのロに規定する事項及び当該新株予約権付社債に付された新株予約権についてのハに規定する事項
ホ 当該取得対価が当該株式会社の株式等以外の財産であるときは，当該財産の内容及び数若しくは額又はこれらの算定方法
2 前号に規定する事項には，全部取得条項付種類株式の株主に対する取得対価の割当てに関する事項
3 株式会社が全部取得条項付種類株式を取得する日（以下この款において「取得日」という．）
② 前項第2号に掲げる事項についての定めは，株主（当該株式会社を除く．）の有する全部取得条項付種類株式の数に応じて取得対価を割り当てることを内容とするものでなければならない．
③ 取締役は，第1項の株主総会において，全部取得条項付種類株式の全部を取得することを必要とする理由を説明しなければならない．

**（裁判所に対する価格の決定の申立て）**
**第172条**　① 前条第1項各号に掲げる事項を定めた場合には，次に掲げる株主は，同項の株主総会の日から20日以内に，裁判所に対し，株式会社による全部取得条項付種類株式の取得の価格の決定の申立てをすることができる．
1 当該株主総会に先立って当該株式会社による全部取得条項付種類株式の取得に反対する旨を当該株式会社に対し通知し，かつ，当該株主総会において当該取得に反対した株主（当該株主総会において議決権を行使することができるものに限る．）
2 当該株主総会において議決権を行使することができない株主
② 株式会社は，裁判所の決定した価格に対する取得日後の年6分の利率により算定した利息をも支払わなければならない．

**（効力の発生）**
**第173条**　① 株式会社は，取得日に，全部取得条項付種類株式の全部を取得する．
② 次の各号に掲げる場合には，当該株式会社以外の全部取得条項付種類株式の株主は，取得日に，第171条第1項の株主総会の決議による定めに従い，当該各号に定める者となる．
1 第171条第1項第1号イに掲げる事項についての定めがある場合　同号イの株式の株主
2 第171条第1項第1号ロに掲げる事項についての定めがある場合　同号ロの社債の社債権者
3 第171条第1項第1号ハに掲げる事項についての定めがある場合　同号ハの新株予約権の新株予約権者
4 第171条第1項第1号ニに掲げる事項についての定めがある場合　同号ニの新株予約権付社債についての社債の社債権者及び当該新株予約権付社債に付された新株予約権の新株予約権者

#### 第5款　相続人等に対する売渡しの請求
**（相続人等に対する売渡しの請求に関する定款の定め）**
**第174条**　株式会社は，相続その他の一般承継により当該株式会社の株式（譲渡制限株式に限る．）を取得した者に対し，当該株式を当該株式会社に売り渡すことを請求することができる旨を定款で定めることができる．

**（売渡しの請求の決定）**
**第175条**　① 株式会社は，前条の規定による定款の定めがある場合において，次条第1項の規定による請求をしようとするときは，その都度，株主総会の

決議によって、次に掲げる事項を定めなければならない.
1 次条第1項の規定による請求をする株式の数（種類株式発行会社にあっては、株式の種類及び種類ごとの数）
2 前号の株式を有する者の氏名又は名称
② 前項第2号の者は、同項の株主総会において議決権を行使することができない．ただし、同号の者以外の株主の全部が当該株主総会において議決権を行使することができない場合は、この限りでない．

（売渡しの請求）
第176条 ① 株式会社は、前条第1項各号に掲げる事項を定めたときは、同項第2号の者に対し、同項第1号の株式を当該株式会社に売り渡すことを請求することができる．ただし、当該株式会社が相続その他の一般承継があったことを知った日から1年を経過したときは、この限りでない．
② 前項の規定による請求は、その請求に係る株式の数（種類株式発行会社にあっては、株式の種類及び種類ごとの数）を明らかにしてしなければならない．
③ 株式会社は、いつでも、第1項の規定による請求を撤回することができる．

（売買価格の決定）
第177条 ① 前条第1項の規定による請求があった場合には、第175条第1項第1号の株式の売買価格は、株式会社と同項第2号の者との協議によって定める．
② 株式会社又は第175条第1項第2号の者は、前条第1項の規定による請求があった日から20日以内に、裁判所に対し、売買価格の決定の申立てをすることができる．
③ 裁判所は、前項の決定をするには、前条第1項の規定による請求の時における株式会社の資産状態その他一切の事情を考慮しなければならない．
④ 第1項の規定にかかわらず、第2項の期間内に同項の申立てがあったときは、当該申立てにより裁判所が定めた額をもって第175条第1項第1号の株式の売買価格とする．
⑤ 第2項の期間内に同項の申立てがないとき（当該期間内に第1項の協議が調った場合を除く.）は、前条第1項の規定による請求は、その効力を失う．

第6款 株式の消却
第178条 ① 株式会社は、自己株式を消却することができる．この場合においては、消却する自己株式の数（種類株式発行会社にあっては、自己株式の種類及び種類ごとの数）を定めなければならない．
② 取締役会設置会社においては、前項後段の規定による決定は、取締役会の決議によらなければならない．
第179条 削除

第5節 株式の併合等
第1款 株式の併合
（株式の併合）
第180条 ① 株式会社は、株式の併合をすることができる．
② 株式会社は、株式の併合をしようとするときは、その都度、株主総会の決議によって、次に掲げる事項を定めなければならない．
1 併合の割合
2 株式の併合がその効力を生ずる日
3 株式会社が種類株式発行会社である場合には、併合する株式の種類
③ 取締役は、前項の株主総会において、株式の併合をすることを必要とする理由を説明しなければならない．

（株主に対する通知等）
第181条 ① 株式会社は、前条第2項第2号の日の2週間前までに、株主（種類株式発行会社にあっては、同項第3号の種類の種類株主．次条において同じ.）及びその登録株式質権者に対し、同項各号に掲げる事項を通知しなければならない．
② 前項の規定による通知は、公告をもってこれに代えることができる．

（効力の発生）
第182条 株主は、第180条第2項第2号の日に、その日の前日に有する株式（種類株式発行会社にあっては、同項第3号の種類の株式．以下この条において同じ.）の数に同項第1号の割合を乗じて得た数の株式の株主となる．

第2款 株式の分割
（株式の分割）
第183条 ① 株式会社は、株式の分割をすることができる．
② 株式会社は、株式の分割をしようとするときは、その都度、株主総会（取締役会設置会社にあっては、取締役会）の決議によって、次に掲げる事項を定めなければならない．
1 株式の分割により増加する株式の総数の株式の分割前の発行済株式（種類株式発行会社にあっては、第3号の種類の発行済株式）の総数に対する割合及び当該株式の分割に係る基準日
2 株式の分割がその効力を生ずる日
3 株式会社が種類株式発行会社である場合には、分割する株式の種類

（効力の発生等）
第184条 ① 基準日において株主名簿に記載され、又は記録されている株主（種類株式発行会社にあっては、基準日において株主名簿に記載され、又は記録されている前条第2項第3号の種類の種類株主）は、同項第2号の日に、基準日に有する株式（種類株式発行会社にあっては、同項第3号の種類の株式．以下この項において同じ.）の数に同条第2項第1号の割合を乗じて得た数の株式を取得する．
② 株式会社（現に二以上の種類の株式を発行しているものを除く.）は、第466条の規定にかかわらず、株主総会の決議によらないで、前条第2項第2号の日における発行可能株式総数をその日の前日の発行可能株式総数に同項第1号の割合を乗じて得た数の範囲内で増加する定款の変更をすることができる．

第3款 株式無償割当て
（株式無償割当て）
第185条 株式会社は、株主（種類株式発行会社にあっては、ある種類の種類株主）に対して新たに払込みをさせないで当該株式会社の株式の割当て（以下この款において「株式無償割当て」という.）をすることができる．

（株式無償割当てに関する事項の決定）
第186条 ① 株式会社は、株式無償割当てをしようとするときは、その都度、次に掲げる事項を定めなければならない．
1 株主に割り当てる株式の数（種類株式発行会社にあっては、株式の種類及び種類ごとの数）又はその数の算定方法
2 当該株式無償割当てがその効力を生ずる日

3 株式会社が種類株式発行会社である場合には,当該株式無償割当てを受ける株主の有する株式の種類

② 前項第1号に掲げる事項についての定めは,当該株式会社以外の株主(種類株式発行会社にあっては,同項第3号の種類の種類株主)の有する株式(種類株式発行会社にあっては,同項第3号の種類の株式)の数に応じて同項第1号の株式を割り当てることを内容とするものでなければならない.

③ 第1項各号に掲げる事項の決定は,株主総会(取締役会設置会社にあっては,取締役会)の決議によらなければならない. ただし,定款に別段の定めがある場合は,この限りでない.

(株式無償割当ての効力の発生等)
第187条 ① 前条第1項第1号の株式の割当てを受けた株主は,同項第2号の日に,同項第1号の株式の株主となる.
② 株式会社は,前条第1項第2号の日後遅滞なく,株主(種類株式発行会社にあっては,同項第3号の種類の種類株主)及びその登録株式質権者に対し,当該株主が割当てを受けた株式の数(種類株式発行会社にあっては,株式の種類及び種類ごとの数)を通知しなければならない.

第6節 単元株式数
第1款 総則
(単元株式数)
第188条 ① 株式会社は,その発行する株式について,一定の数の株式をもって株主が株主総会又は種類株主総会において1個の議決権を行使することができる一単元の株式とする旨を定款で定めることができる.
② 前項の一定の数は,法務省令で定める数を超えることはできない.
③ 種類株式発行会社においては,単元株式数は,株式の種類ごとに定めなければならない.

(単元未満株式についての権利の制限等)
第189条 ① 単元株式数に満たない数の株式(以下「単元未満株式」という.)を有する株主(以下「単元未満株主」という.)は,その有する単元未満株式について,株主総会及び種類株主総会において議決権を行使することができない.
② 株式会社は,単元未満株主が当該単元未満株式について次に掲げる権利以外の権利の全部又は一部を行使することができない旨を定款で定めることができる.
1 第171条第1項第1号に規定する取得対価の交付を受ける権利
2 株式会社による取得条項付株式の取得と引換えに金銭等の交付を受ける権利
3 第185条に規定する株式無償割当てを受ける権利
4 第192条第1項の規定により単元未満株式を買い取ることを請求する権利
5 残余財産の分配を受ける権利
6 前各号に掲げるもののほか,法務省令で定める権利
③ 株券発行会社は,単元未満株式に係る株券を発行しないことができる旨を定款で定めることができる.

(理由の開示)
第190条 単元株式数を定める場合には,取締役は,当該単元株式数を定める定款の変更を目的とする株主総会において,当該単元株式数を定めることを必要とする理由を説明しなければならない.

(定款変更手続の特則)
第191条 株式会社は,次のいずれにも該当する場合には,第466条の規定にかかわらず,株主総会の決議によらないで,単元株式数(種類株式発行会社にあっては,各種類の株式の単元株式数. 以下この条において同じ.)を増加し,又は単元株式数についての定款の定めを設ける定款の変更をすることができる.
1 株式の分割と同時に単元株式数を増加し,又は単元株式数についての定款の定めを設けるものであること.
2 イに掲げる数がロに掲げる数を下回るものでないこと.
 イ 当該定款の変更後において各株主がそれぞれ有する株式の数を単元株式数で除して得た数
 ロ 当該定款の変更前において各株主がそれぞれ有する株式の数(単元株式数を定めている場合にあっては,当該株式の数を単元株式数で除して得た数)

第2款 単元未満株主の買取請求
(単元未満株式の買取りの請求)
第192条 ① 単元未満株主は,株式会社に対し,自己の有する単元未満株式を買い取ることを請求することができる.
② 前項の規定による請求は,その請求に係る単元未満株式の数(種類株式発行会社にあっては,単元未満株式の種類及び種類ごとの数)を明らかにしてしなければならない.
③ 第1項の規定による請求をした単元未満株主は,株式会社の承諾を得た場合に限り,当該請求を撤回することができる.

(単元未満株式の価格の決定)
第193条 ① 前条第1項の規定による請求があった場合には,次の各号に掲げる場合の区分に応じ,当該各号に定める額をもって当該請求に係る単元未満株式の価格とする.
1 当該単元未満株式が市場価格のある株式である場合 当該単元未満株式の市場価格として法務省令で定める方法により算定される額
2 前号に掲げる場合以外の場合 株式会社と前条第1項の規定による請求をした単元未満株主との協議によって定める額
② 前項第2号に掲げる場合には,前条第1項の規定による請求をした単元未満株主又は株式会社は,当該請求をした日から20日以内に,裁判所に対し,価格の決定の申立てをすることができる.
③ 裁判所は,前項の決定をするには,前条第1項の規定による請求の時における株式会社の資産状態その他一切の事情を考慮しなければならない.
④ 第1項の規定にかかわらず,第2項の期間内に同項の申立てがあったときは,当該申立てにより裁判所が定めた額をもって当該単元未満株式の価格とする.
⑤ 第1項の規定にかかわらず,同項第2号に掲げる場合において,第2項の期間内に同項の申立てがないとき(第1項第2号の協議が調った場合を除く.)は,1株当たり純資産額に前条第1項の規定による請求に係る単元未満株式の数を乗じて得た額をもって当該単元未満株式の価格とする.
⑥ 前条第1項の規定による請求に係る株式の買取りは,当該株式の代金の支払の時に,その効力を生

ずる.
⑦ 株券発行会社は,株券が発行されている株式につき前条第1項の規定による請求があったときは,株券と引換えに,その請求に係る株式の代金を支払わなければならない.

#### 第3款 単元未満株主の売渡請求
**第194条** ① 株式会社は,単元未満株主が当該株式会社に対して単元未満株式売渡請求(単元未満株主が有する単元未満株式の数と併せて単元株式数となる数の株式を当該単元未満株主に売り渡すことを請求することをいう.以下この条において同じ.)をすることができる旨を定款で定めることができる.
② 単元未満株式売渡請求は,当該単元未満株主に売り渡す単元未満株式の数(種類株式発行会社にあっては,単元未満株式の種類及び種類ごとの数)を明らかにしてしなければならない.
③ 単元未満株式売渡請求を受けた株式会社は,当該単元未満株式売渡請求を受けた時に前項の単元未満株式の数に相当する数の株式を有しない場合を除き,自己株式を当該単元未満株主に売り渡さなければならない.
④ 第192条第3項及び前条第1項から第6項までの規定は,単元未満株式の売渡請求について準用する.

#### 第4款 単元株式数の変更等
**第195条** ① 株式会社は,第466条の規定にかかわらず,取締役の決定(取締役会設置会社にあっては,取締役会の決議)によって,定款を変更して単元株式数を減少し,又は単元株式数についての定款の定めを廃止することができる.
② 前項の規定による定款の変更をした場合には,株式会社は,当該定款の変更の効力が生じた日以後遅滞なく,その株主(種類株式発行会社にあっては,同項の規定により単元株式数を変更した種類の種類株主)に対し,当該定款の変更をした旨を通知しなければならない.
③ 前項の規定による通知は,公告をもってこれに代えることができる.

### 第7節 株主に対する通知の省略等
**(株主に対する通知の省略)**
**第196条** ① 株式会社が株主に対してする通知又は催告が5年以上継続して到達しない場合には,株式会社は,当該株主に対する通知又は催告をすることを要しない.
② 前項の場合には,同項の株主に対する株式会社の義務の履行を行う場所は,株式会社の住所地とする.
③ 前2項の規定は,登録株式質権者について準用する.
**(株式の競売)**
**第197条** ① 株式会社は,次のいずれにも該当する株式を競売し,かつ,その代金をその株式の株主に交付することができる.
1 その株式の株主に対して前条第1項又は第294条第2項の規定により通知及び催告をすることを要しないもの
2 その株式の株主が継続して5年間剰余金の配当を受領しなかったもの
② 株式会社は,前項の規定による競売に代えて,市場価格のある同項の株式については市場価格として法務省令で定める方法により算定される額をもって,市場価格のない同項の株式については裁判所の許可を得て競売以外の方法により,これを売却することができる.この場合において,当該許可の申立ては,取締役が2人以上あるときは,その全員の同意によってしなければならない.
③ 株式会社は,前項の規定により売却する株式の全部又は一部を買い取ることができる.この場合においては,次に掲げる事項を定めなければならない.
1 買い取る株式の数(種類株式発行会社にあっては,株式の種類及び種類ごとの数)
2 前号の株式の買取りをするのと引換えに交付する金銭の総額
④ 取締役会設置会社においては,前項各号に掲げる事項の決定は,取締役会の決議によらなければならない.
⑤ 第1項及び第2項の規定にかかわらず,登録株式質権者がある場合には,当該登録株式質権者が次のいずれにも該当する者であるときに限り,株式会社は,第1項の規定による競売又は第2項の規定による売却をすることができる.
1 前条第3項において準用する同条第1項の規定により通知又は催告をすることを要しない者
2 継続して5年間第154条第1項の規定により受領することができる剰余金の配当を受領しなかった者
**(利害関係人の異議)**
**第198条** ① 前条第1項の規定による競売又は同条第2項の規定による売却をする場合には,株式会社は,同条第1項の株式の株主その他の利害関係人が一定の期間内に異議を述べることができる旨その他法務省令で定める事項を公告し,かつ,当該株式の株主及びその登録株式質権者には,各別にこれを催告しなければならない.ただし,当該期間は,3箇月を下ることができない.
② 第126条第1項及び第150条第1項の規定にかかわらず,前項の規定による催告は,株主名簿に記載し,又は記録した当該株主及び登録株式質権者の住所(当該株主又は登録株式質権者が別に通知又は催告を受ける場所又は連絡先を当該株式会社に通知した場合にあっては,その場所又は連絡先を含む.)にあてて発しなければならない.
③ 第126条第3項及び第4項の規定にかかわらず,株式が二以上の者の共有に属するときは,第1項の規定による催告は,共有者に対し,株主名簿に記載し,又は記録した住所(当該共有者が別に通知又は催告を受ける場所又は連絡先を当該株式会社に通知した場合にあっては,その場所又は連絡先を含む.)にあてて発しなければならない.
④ 第196条第1項(同条第3項において準用する場合を含む.)の規定は,第1項の規定による催告については,適用しない.
⑤ 第1項の規定による公告をした場合(前条第1項の株式に係る株券が発行されている場合に限る.)において,第1項の期間内に利害関係人が異議を述べなかったときは,当該株式に係る株券は,当該期間の末日に無効となる.

### 第8節 募集株式の発行等
#### 第1款 募集事項の決定等
**(募集事項の決定)**
**第199条** ① 株式会社は,その発行する株式又はその処分する自己株式を引き受ける者の募集をしようとするときは,その都度,募集株式(当該募集に応じてこれらの株式の引受けの申込みをした者に対して割り当てる株式をいう.以下この節において同じ.)について次に掲げる事項を定めなければ

ならない．
1 募集株式の数（種類株式発行会社にあっては，募集株式の種類及び数．以下この節において同じ．）
2 募集株式の払込金額（募集株式1株と引換えに払い込む金銭又は給付する金銭以外の財産の額をいう．以下この節において同じ．）又はその算定方法
3 金銭以外の財産を出資の目的とするときは，その旨並びに当該財産の内容及び価額
4 募集株式と引換えにする金銭の払込み又は前号の財産の給付の期日又はその期間
5 株式を発行するときは，増加する資本金及び資本準備金に関する事項
② 前項各号に掲げる事項（以下この節において「募集事項」という．）の決定は，株主総会の決議によらなければならない．
③ 第1項第2号の払込金額が募集株式を引き受ける者に特に有利な金額である場合には，取締役は，前項の株主総会において，当該払込金額でその者の募集をすることを必要とする理由を説明しなければならない．
④ 種類株式発行会社において，第1項第1号の募集株式の種類が譲渡制限株式であるときは，当該種類の株式に関する募集事項の決定の委任は，当該種類の株式について前条第4項の定款の定めがある場合を除き，当該種類の株式の種類株主を構成員とする種類株主総会の決議がなければ，その効力を生じない．ただし，当該種類株主総会において議決権を行使することができる種類株主が存しない場合は，この限りでない．
⑤ 募集事項は，第1項の募集ごとに，均等に定めなければならない．

（募集事項の決定の委任）
**第200条** ① 前条第2項及び第4項の規定にかかわらず，株主総会においては，その決議によって，募集事項の決定を取締役（取締役会設置会社にあっては，取締役会）に委任することができる．この場合においては，その委任に基づいて募集事項の決定をすることができる募集株式の数の上限及び払込金額の下限を定めなければならない．
② 前項の払込金額の下限が募集株式を引き受ける者に特に有利な金額である場合には，取締役は，同項の株主総会において，当該払込金額でその者の募集をすることを必要とする理由を説明しなければならない．
③ 第1項の決議は，前条第1項第4号の期日（同号の期間を定めた場合にあっては，その期間の末日）が当該決議の日から1年以内の日である同項の募集についてのみその効力を有する．
④ 種類株式発行会社において，第1項の募集株式の種類が譲渡制限株式であるときは，当該種類の株式に関する募集事項の決定の委任は，当該種類の株式について前条第4項の定款の定めがある場合を除き，当該種類の株式の種類株主を構成員とする種類株主総会の決議がなければ，その効力を生じない．ただし，当該種類株主総会において議決権を行使することができる種類株主が存しない場合は，この限りでない．

（公開会社における募集事項の決定の特則）
**第201条** ① 第199条第3項に規定する場合を除き，公開会社における同条第2項の規定の適用については，同条中「株主総会」とあるのは，「取締役会」

とする．この場合においては，前条の規定は，適用しない．
② 前項の規定により読み替えて適用する第199条第2項の取締役会の決議によって募集事項を定める場合において，市場価格のある株式を引き受ける者の募集をするときは，同条第1項第2号に掲げる事項に代えて，公正な価額による払込みを実現するために適当な払込金額の決定の方法を定めることができる．
③ 公開会社は，第1項の規定により読み替えて適用する第199条第2項の取締役会の決議によって募集事項を定めたときは，同条第1項第4号の期日（同号の期間を定めた場合にあっては，その期間の初日）の2週間前までに，株主に対し，当該募集事項（前項の規定により払込金額の決定の方法を定めた場合にあっては，その方法を含む．以下この節において同じ．）を通知しなければならない．
④ 前項の規定による通知は，公告をもってこれに代えることができる．
⑤ 第3項の規定は，株式会社が募集事項について同項に規定する場合の2週間前までに金融商品取引法第4条第1項から第3項までの届出をしている場合その他の株主の保護に欠けるおそれがないものとして法務省令で定める場合には，適用しない．

（株主に株式の割当てを受ける権利を与える場合）
**第202条** ① 株式会社は，第199条第1項の募集において，株主に株式の割当てを受ける権利を与えることができる．この場合においては，募集事項のほか，次に掲げる事項を定めなければならない．
1 株主に対し，次条第2項の申込みをすることにより当該株式会社の募集株式（種類株式発行会社にあっては，当該株主の有する種類の株式と同一の種類のもの）の割当てを受ける権利を与える旨
2 前号の募集株式の引受けの申込みの期日
② 前項の場合には，同項第1号の株主（当該株式会社を除く．）は，その有する株式の数に応じて募集株式の割当てを受ける権利を有する．ただし，当該株主が割当てを受ける募集株式の数に1株に満たない端数があるときは，これを切り捨てるものとする．
③ 第1項各号に掲げる事項を定める場合には，募集事項及び同項各号に掲げる事項は，次の各号に掲げる場合の区分に応じ，当該各号に定める方法によって定めなければならない．
1 当該募集事項及び第1項各号に掲げる事項を取締役の決定によって定めることができる旨の定款の定めがある場合（株式会社が取締役会設置会社である場合を除く．） 取締役の決定
2 当該募集事項及び第1項各号に掲げる事項を取締役会の決議によって定めることができる旨の定款の定めがある場合（次号に掲げる場合を除く．） 取締役会の決議
3 株式会社が公開会社である場合 取締役会の決議
4 前3号に掲げる場合以外の場合 株主総会の決議
④ 株式会社は，第1項各号に掲げる事項を定めた場合には，同項第2号の期日の2週間前までに，同項第1号の株主（当該株式会社を除く．）に対し，次に掲げる事項を通知しなければならない．
1 募集事項
2 当該株主が割当てを受ける募集株式の数
3 第1項第2号の期日
⑤ 第199条第2項から第4項まで及び前2条の規定は，第1項から第3項までの規定により株主に株式

### 第2款　募集株式の割当て

**（募集株式の申込み）**

**第203条** ① 株式会社は，第199条第1項の募集に応じて募集株式の引受けの申込みをしようとする者に対し，次に掲げる事項を通知しなければならない．
1　株式会社の商号
2　募集事項
3　金銭の払込みをすべきときは，払込みの取扱いの場所
4　前3号に掲げるもののほか，法務省令で定める事項

② 第199条第1項の募集に応じて募集株式の引受けの申込みをする者は，次に掲げる事項を記載した書面を株式会社に交付しなければならない．
1　申込みをする者の氏名又は名称及び住所
2　引き受けようとする募集株式の数

③ 前項の申込みをする者は，同項の書面の交付に代えて，政令で定めるところにより，株式会社の承諾を得て，同項の書面に記載すべき事項を電磁的方法により提供することができる．この場合において，当該申込みをした者は，同項の書面を交付したものとみなす．

④ 第1項の規定は，株式会社が同項各号に掲げる事項を記載した金融商品取引法第2条第10項に規定する目論見書を第1項の申込みをしようとする者に対して交付している場合その他募集株式の引受けの申込みをしようとする者の保護に欠けるおそれがないものとして法務省令で定める場合には，適用しない．

⑤ 株式会社は，第1項各号に掲げる事項について変更があったときは，直ちに，その旨及び当該変更があった事項を第2項の申込みをした者（以下この款において「申込者」という．）に通知しなければならない．

⑥ 株式会社が申込者に対してする通知又は催告は，第2項第1号の住所（当該申込者が別に通知又は催告を受ける場所又は連絡先を当該株式会社に通知した場合にあっては，その場所又は連絡先）にあてて発すれば足りる．

⑦ 前項の通知又は催告は，その通知又は催告が通常到達すべきであった時に，到達したものとみなす．

**（募集株式の割当て）**

**第204条** ① 株式会社は，申込者の中から募集株式の割当てを受ける者を定め，かつ，その者に割り当てる募集株式の数を定めなければならない．この場合において，株式会社は，当該申込者に割り当てる募集株式の数を，前条第2項第2号の数よりも減少することができる．

② 募集株式が譲渡制限株式である場合には，前項の規定による決定は，株主総会（取締役会設置会社にあっては，取締役会）の決議によらなければならない．ただし，定款に別段の定めがある場合は，この限りでない．

③ 株式会社は，第199条第1項第4号の期日（同号の期間を定めた場合にあっては，その期間の初日）の前日までに，申込者に対し，当該申込者に割り当てる募集株式の数を通知しなければならない．

④ 第202条の規定により株主に株式の割当てを受ける権利を与えた場合において，株主が同条第1項第2号の期日までに前条第2項の申込みをしないときは，当該株主は，募集株式の割当てを受ける権利を失う．

**（募集株式の申込み及び割当てに関する特則）**

**第205条** 前2条の規定は，募集株式を引き受けようとする者がその総数の引受けを行う契約を締結する場合には，適用しない．

**（募集株式の引受け）**

**第206条** 次の各号に掲げる者は，当該各号に定める募集株式の数について募集株式の引受人となる．
1　申込者　株式会社の割り当てた募集株式の数
2　前条の契約により募集株式の総数を引き受けた者　その者が引き受けた募集株式の数

### 第3款　金銭以外の財産の出資

**第207条** ① 株式会社は，第199条第1項第3号に掲げる事項を定めたときは，募集株式の引受けの申込み又は第205条の契約に係る意思表示があった後遅滞なく，同号の財産（以下この節において「現物出資財産」という．）の価額を調査させるため，裁判所に対し，検査役の選任の申立てをしなければならない．

② 前項の申立てがあった場合には，裁判所は，これを不適法として却下する場合を除き，検査役を選任しなければならない．

③ 裁判所は，前項の検査役を選任した場合には，株式会社が当該検査役に対して支払う報酬の額を定めることができる．

④ 第2項の検査役は，必要な調査を行い，当該調査の結果を記載し，又は記録した書面又は電磁的記録（法務省令で定めるものに限る．）を裁判所に提供して報告をしなければならない．

⑤ 裁判所は，前項の報告について，その内容を明瞭にし，又はその根拠を確認するため必要があると認めるときは，第2項の検査役に対し，更に前項の報告を求めることができる．

⑥ 第2項の検査役は，第4項の報告をしたときは，株式会社に対し，同項の書面の写しを交付し，又は同項の電磁的記録に記録された事項を法務省令で定める方法により提供しなければならない．

⑦ 裁判所は，第4項の報告を受けた場合において，現物出資財産について定められた第199条第1項第3号の価額（第2項の検査役の調査を経ていないものを除く．）を不当と認めたときは，これを変更する決定をしなければならない．

⑧ 募集株式の引受人（現物出資財産を給付する者に限る．以下この条において同じ．）は，前項の決定により現物出資財産の価額の全部又は一部が変更された場合には，当該決定の確定後1週間以内に限り，その募集株式の引受けの申込み又は第205条の契約に係る意思表示を取り消すことができる．

⑨ 前各項の規定は，次の各号に掲げる場合には，当該各号に定める事項については，適用しない．
1　募集株式の引受人に割り当てる株式の総数が発行済株式の総数の10分の1を超えない場合　当該募集株式の引受人が給付する現物出資財産の価額
2　現物出資財産について定められた第199条第1項第3号の価額の総額が500万円を超えない場合　当該現物出資財産の価額
3　現物出資財産のうち，市場価格のある有価証券について定められた第199条第1項第3号の価額が当該有価証券の市場価格として法務省令で定める方法により算定されるものを超えない場合　当該有価証券についての現物出資財産の価額
4　現物出資財産について定められた第199条第1項第3号の価額が相当であることについて弁護士，

弁護士法人,公認会計士,監査法人,税理士又は税理士法人の証明(現物出資財産が不動産である場合にあっては,当該証明及び不動産鑑定士の鑑定評価.以下この号において同じ.)を受けた場合　当該証明を受けた現物出資財産の価額
　　5　現物出資財産が株式会社に対する金銭債権(弁済期が到来しているものに限る.)であって,当該金銭債権について定められた第199条第1項第3号の価額が当該金銭債権に係る負債の帳簿価額を超えない場合　当該金銭債権についての現物出資財産の価額
⑩　次に掲げる者は,前項第4号に規定する証明をすることができない.
　　1　取締役,会計参与,監査役若しくは執行役又は支配人その他の使用人
　　2　募集株式の引受人
　　3　業務の停止の処分を受け,その停止の期間を経過しない者
　　4　弁護士法人,監査法人又は税理士法人であって,その社員の半数以上が第1号又は第2号に掲げる者のいずれかに該当するもの
### 第4款　出資の履行等
(出資の履行)
第208条　①　募集株式の引受人(現物出資財産を給付する者を除く.)は,第199条第1項第4号の期日又は同号の期間内に,株式会社が定めた銀行等の払込みの取扱いの場所において,それぞれの募集株式の払込金額の全額を払い込まなければならない.
②　募集株式の引受人(現物出資財産を給付する者に限る.)は,第199条第1項第4号の期日又は同号の期間内に,それぞれの募集株式の払込金額の全額に相当する現物出資財産を給付しなければならない.
③　募集株式の引受人は,第1項の規定による払込み又は前項の規定による給付(以下この款において「出資の履行」という.)をする債務と株式会社に対する債権とを相殺することができない.
④　出資の履行をすることにより募集株式の株主となる権利の譲渡は,株式会社に対抗することができない.
⑤　募集株式の引受人は,出資の履行をしないときは,当該出資の履行をすることにより募集株式の株主となる権利を失う.
(株主となる時期)
第209条　募集株式の引受人は,次の各号に掲げる場合には,当該各号に定める日に,出資の履行をした募集株式の株主となる.
　　1　第199条第1項第4号の期日を定めた場合　当該期日
　　2　第199条第1項第4号の期間を定めた場合　出資の履行をした日
### 第5款　募集株式の発行等をやめることの請求
第210条　次に掲げる場合において,株主が不利益を受けるおそれがあるときは,株主は,株式会社に対し,第199条第1項の募集に係る株式の発行又は自己株式の処分をやめることを請求することができる.
　　1　当該株式の発行又は自己株式の処分が法令又は定款に違反する場合
　　2　当該株式の発行又は自己株式の処分が著しく不公正な方法により行われる場合
### 第6款　募集に係る責任等

(引受けの無効又は取消しの制限)
第211条　①　民法第93条ただし書及び第94条第1項の規定は,募集株式の引受けの申込み及び割当て並びに第205条の契約に係る意思表示については,適用しない.
②　募集株式の引受人は,第209条の規定により株主となった日から1年を経過した後又はその株式について権利を行使した後は,錯誤を理由として募集株式の引受けの無効を主張し,又は詐欺若しくは強迫を理由として募集株式の引受けの取消しをすることができない.
(不公正な払込金額で株式を引き受けた者等の責任)
第212条　①　募集株式の引受人は,次の各号に掲げる場合には,株式会社に対し,当該各号に定める額を支払う義務を負う.
　　1　取締役(委員会設置会社にあっては,取締役又は執行役)と通じて著しく不公正な払込金額で募集株式を引き受けた場合　当該払込金額と当該募集株式の公正な価額との差額に相当する金額
　　2　第209条の規定により募集株式の株主となった時におけるその給付した現物出資財産の価額がこれについて定められた第199条第1項第3号の価額に著しく不足する場合　当該不足額
②　前項第2号に掲げる場合において,現物出資財産を給付した募集株式の引受人が当該現物出資財産の価額がこれについて定められた第199条第1項第3号の価額に著しく不足することにつき善意でかつ重大な過失がないときは,募集株式の引受けの申込み又は第205条の契約に係る意思表示を取り消すことができる.
(出資された財産等の価額が不足する場合の取締役等の責任)
第213条　①　前条第1項第2号に掲げる場合には,次に掲げる者(以下この条において「取締役等」という.)は,株式会社に対し,同号に定める額を支払う義務を負う.
　　1　当該募集株式の引受人の募集に関する職務を行った業務執行取締役(委員会設置会社にあっては,執行役.以下この条において同じ.)その他当該業務執行取締役の行う業務の執行に職務上関与した者として法務省令で定めるもの
　　2　現物出資財産の価額の決定に関する株主総会の決議があったときは,当該株主総会に議案を提案した取締役として法務省令で定めるもの
　　3　現物出資財産の価額の決定に関する取締役会の決議があったときは,当該取締役会に議案を提案した取締役(委員会設置会社にあっては,取締役又は執行役)として法務省令で定めるもの
②　前項の規定にかかわらず,次に掲げる場合には,取締役等は,現物出資財産について同項の義務を負わない.
　　1　現物出資財産の価額について第207条第2項の検査役の調査を経た場合
　　2　当該取締役等がその職務を行うについて注意を怠らなかったことを証明した場合
③　第1項に規定する場合には,第207条第9項第4号に規定する証明をした者(以下この条において「証明者」という.)は,株式会社に対し前条第1項第2号に定める額を支払う義務を負う.ただし,当該証明者が当該証明をするについて注意を怠らなかったことを証明したときは,この限りでない.

④ 募集株式の引受人がその給付した現物出資財産についての前条第1項第2号に定める額を支払う義務を負う場合において、次の各号に掲げる者が当該現物出資財産について当該各号に定める義務を負うときは、これらの者は、連帯債務者とする。
1 取締役等 第1項の義務
2 証明者 前項本文の義務

### 第9節 株　券
#### 第1款 総　則
（株券を発行する旨の定款の定め）

**第214条** 株式会社は、その株式（種類株式発行会社にあっては、全部の種類の株式）に係る株券を発行する旨を定款で定めることができる。

（株券の発行）

**第215条** ① 株券発行会社は、株式を発行した日以後遅滞なく、当該株式に係る株券を発行しなければならない。
② 株券発行会社は、株式の併合をしたときは、第180条第2項第2号の日以後遅滞なく、併合した株式に係る株券を発行しなければならない。
③ 株券発行会社は、株式の分割をしたときは、第183条第2項第2号の日以後遅滞なく、分割した株式に係る株券（既に発行されているものを除く。）を発行しなければならない。
④ 前3項の規定にかかわらず、公開会社でない株券発行会社は、株主から請求がある時までは、これらの規定の株券を発行しないことができる。

（株券の記載事項）

**第216条** 株券には、次に掲げる事項及びその番号を記載し、株券発行会社の代表取締役（委員会設置会社にあっては、代表執行役）がこれに署名し、又は記名押印しなければならない。
1 株券発行会社の商号
2 当該株券に係る株式の数
3 譲渡による当該株券に係る株式の取得について株式会社の承認を要することを定めたときは、その旨
4 種類株式発行会社にあっては、当該株券に係る株式の種類及びその内容

（株券不所持の申出）

**第217条** ① 株券発行会社の株主は、当該株券発行会社に対し、当該株主の有する株式に係る株券の所持を希望しない旨を申し出ることができる。
② 前項の規定による申出は、その申出に係る株式の数（種類株式発行会社にあっては、株式の種類及び種類ごとの数）を明らかにしてしなければならない。この場合において、当該株式に係る株券が発行されているときは、当該株主は、当該株券を株券発行会社に提出しなければならない。
③ 第1項の規定による申出を受けた株券発行会社は、遅滞なく、前項前段の株式に係る株券を発行しない旨を株主名簿に記載し、又は記録しなければならない。
④ 株券発行会社は、前項の規定による記載又は記録をしたときは、第2項前段の株式に係る株券を発行することができない。
⑤ 第2項後段の規定により提出された株券は、第3項の規定による記載又は記録をした時において、無効となる。
⑥ 第1項の規定による申出をした株主は、いつでも、株券発行会社に対し、第2項前段の株式に係る株券を発行することを請求することができる。この場合において、第2項後段の規定により提出された株券があるときは、株券の発行に要する費用は、当該株主の負担とする。

（株券を発行する旨の定款の定めの廃止）

**第218条** ① 株券発行会社は、その株式（種類株式発行会社にあっては、全部の種類の株式）に係る株券を発行する旨の定款の定めを廃止する定款の変更をしようとするときは、当該定款の変更の効力が生ずる日の2週間前までに、次に掲げる事項を公告し、かつ、株主及び登録株式質権者には、別にこれを通知しなければならない。
1 その株式（種類株式発行会社にあっては、全部の種類の株式）に係る株券を発行する旨の定款の定めを廃止する旨
2 定款の変更がその効力を生ずる日
3 前号の日において当該株式会社の株券は無効となる旨
② 株券発行会社の株式に係る株券は、前項第2号の日に無効となる。
③ 第1項の規定にかかわらず、株式の全部について株券を発行していない株券発行会社がその株式（種類株式発行会社にあっては、全部の種類の株式）に係る株券を発行する旨の定款の定めを廃止する定款の変更をしようとするときは、同項第2号の日の2週間前までに、株主及び登録株式質権者に対し、同項第1号及び第2号に掲げる事項を通知すれば足りる。
④ 前項の規定による通知は、公告をもってこれに代えることができる。
⑤ 第1項に規定する場合には、株式の質権者（登録株式質権者を除く。）は、同項第2号の日までに、株券発行会社に対し、第148条各号に掲げる事項を株主名簿に記載し、又は記録することを請求することができる。

#### 第2款 株券の提出等
（株券の提出に関する公告等）

**第219条** ① 株券発行会社が次の各号に掲げる行為をする場合には、当該行為の効力が生ずる日までに当該株券発行会社に対し当該各号に定める株式に係る株券を提出しなければならない旨を当該日の1箇月前までに、公告し、かつ、当該株式の株主及びその登録株式質権者には、各別にこれを通知しなければならない。ただし、当該株式の全部について株券を発行していない場合は、この限りでない。
1 第107条第1項第1号に掲げる事項についての定款の定めを設ける定款の変更　全部の株式（種類株式発行会社にあっては、当該事項についての定めを設ける種類の株式）
2 株式の併合　全部の株式（種類株式発行会社にあっては、第180条第2項第3号の種類の株式）
3 第171条第1項に規定する全部取得条項付種類株式の取得　当該全部取得条項付種類株式
4 取得条項付株式の取得　当該取得条項付株式
5 組織変更　全部の株式
6 合併（合併により当該株式会社が消滅する場合に限る。）　全部の株式
7 株式交換　全部の株式
8 株式移転　全部の株式
② 株券発行会社は、前項各号に掲げる行為の効力が生ずる日までに株券発行会社に対して株券を提出しない者があるときは、株券の提出があるまでの間、当該行為によって当該株券に係る株式の株主

a が受けることのできる金銭等の交付を拒むことができる。
③ 第1項各号に定める株式に係る株券は、当該各号に掲げる行為の効力が生ずる日に無効となる。

（株券の提出をすることができない場合）
第220条 ① 前条第1項各号に掲げる行為をした場合において、株券を提出することができない者があるときは、株券発行会社は、その者の請求により、利害関係人に対し異議があれば一定の期間内にこれを述べることができる旨を公告することができる。ただし、当該期間は、3箇月を下ることができない。
② 前項の規定による公告をした場合において、同項の期間内に利害関係人が異議を述べなかったときは、株券発行会社は、同項の請求をした者に対し、前条第2項の金銭等を交付することができる。
③ 第1項の規定による公告の費用は、同項の請求をした者の負担とする。

### 第3款 株券喪失登録

（株券喪失登録簿）
第221条 株券発行会社（株式会社がその株式（種類株式発行会社にあっては、全部の種類の株式）に係る株券を発行する旨の定款の定めを廃止する定款の変更をした日の翌日から起算して1年を経過していない場合における当該株式会社を含む。以下この款（第223条、第227条及び第228条第2項を除く。）において同じ。）は、株券喪失登録簿を作成し、これに次に掲げる事項（以下この款において「株券喪失登録簿記載事項」という。）を記載し、又は記録しなければならない。
1 第223条の規定による請求に係る株券（第218条第2項又は第219条第3項の規定により無効となった株券及び株式の発行又は自己株式の処分の無効の訴えに係る請求を認容する判決が確定した場合における当該株式に係る株券を含む。以下この款（第228条を除く。）において同じ。）の番号
2 前条の株券を喪失した者の氏名又は名称及び住所
3 第1号の株券に係る株式の株主又は登録株式質権者として株主名簿に記載され、又は記録されている者（以下この款において「名義人」という。）の氏名又は名称及び住所
4 第1号の株券につき前3号に掲げる事項を記載し、又は記録した日（以下この款において「株券喪失登録日」という。）

（株券喪失登録簿に関する事務の委託）
第222条 株券喪失登録簿における第123条の規定の適用については、同条中「株主名簿」とあるのは「株主名簿及び株券喪失登録簿」と、「株主名簿に」とあるのは「株主名簿及び株券喪失登録簿に」とする。

（株券喪失登録の請求）
第223条 株券を喪失した者は、法務省令で定めるところにより、株券発行会社に対し、当該株券についての株券喪失登録簿記載事項を株券喪失登録簿に記載し、又は記録すること（以下「株券喪失登録」という。）を請求することができる。

（名義人等に対する通知）
第224条 ① 株券発行会社が前条の規定による請求に応じて株券喪失登録をした場合において、当該請求に係る株券を喪失した者として株券喪失登録簿に記載され、又は記録された者（以下この款において「株券喪失登録者」という。）が当該株券に係る株式の名義人でないときは、株券発行会社は、遅滞なく、当該名義人に対し、当該株券について株券喪失登録をした旨並びに第221条第1号、第2号及び第4号に掲げる事項を通知しなければならない。
② 株式についての権利を行使するために株券が株券発行会社に提出された場合において、当該株券について株券喪失登録がされているときは、株券発行会社は、遅滞なく、当該株券を提出した者に対し、当該株券について株券喪失登録がされている旨を通知しなければならない。

（株券を所持する者による抹消の申請）
第225条 ① 株券喪失登録がされた株券を所持する者（その株券についての株券喪失登録者を除く。）は、法務省令で定めるところにより、株券発行会社に対し、当該株券喪失登録の抹消を申請することができる。ただし、株券喪失登録日の翌日から起算して1年を経過したときは、この限りでない。
② 前項の規定による申請をしようとする者は、株券発行会社に対し、同項の株券を提出しなければならない。
③ 第1項の規定による申請を受けた株券発行会社は、遅滞なく、同項の株券喪失登録者に対し、同項の規定による申請をした者の氏名又は名称及び住所並びに同項の株券の番号を通知しなければならない。
④ 株券発行会社は、前項の規定による通知の日から2週間を経過した日に、第2項の規定により提出された株券に係る株券喪失登録を抹消しなければならない。この場合においては、株券発行会社は、当該株券を第1項の規定による申請をした者に返還しなければならない。

（株券喪失登録者による抹消の申請）
第226条 ① 株券喪失登録者は、法務省令で定めるところにより、株券発行会社に対し、株券喪失登録（その株式（種類株式発行会社にあっては、全部の種類の株式）に係る株券を発行する旨の定款の定めを廃止する定款の変更をした場合にあっては、前条第2項の規定により提出された株券についての株券喪失登録を除く。）の抹消を申請することができる。
② 前項の規定による申請を受けた株券発行会社は、当該申請を受けた日に、当該申請に係る株券喪失登録を抹消しなければならない。

（株券を発行する旨の定款の定めを廃止した場合における株券喪失登録の抹消）
第227条 その株式（種類株式発行会社にあっては、全部の種類の株式）に係る株券を発行する旨の定款の定めを廃止する定款の変更をする場合には、株券発行会社は、当該定款の変更の効力が生ずる日に、株券喪失登録（当該株券喪失登録がされた株券に係る株式の名義人が株券喪失登録者であるものに限り、第225条第2項の規定により提出された株券についてのものを除く。）を抹消しなければならない。

（株券の無効）
第228条 ① 株券喪失登録（抹消されたものを除く。）がされた株券は、株券喪失登録日の翌日から起算して1年を経過した日に無効となる。
② 前項の規定により株券が無効となった場合には、株券発行会社は、当該株券についての株券喪失登録者に対し、株券を再発行しなければならない。

（異議催告手続との関係）
第229条 ① 株券喪失登録者が第220条第1項の請求をした場合には、株券発行会社は、同項の期間の末日が株券喪失登録日の翌日から起算して1年を

経過する日前に到来するときに限り,同項の規定による公告をすることができる.
② 株券発行会社が第220条第1項の規定による公告をするときは,当該株券発行会社は,当該公告をした日に,当該公告に係る株券についての株券喪失登録を抹消しなければならない.

**(株券喪失登録の効力)**
**第230条** ① 株券発行会社は,次に掲げる日のいずれか早い日(以下この条において「登録抹消日」という.)までの間は,株券喪失登録がされた株券に係る株式を取得した者の氏名又は名称及び住所を株主名簿に記載し,又は記録することができない.
 1 当該株券喪失登録が抹消された日
 2 株券喪失登録日の翌日から起算して1年を経過した日
② 株券発行会社は,登録抹消日後でなければ,株券喪失登録がされた株券を再発行することができない.
③ 株券喪失登録者が株券喪失登録をした株券に係る株式の名義人でないときは,当該株式の株主は,登録抹消日までの間は,株主総会又は種類株主総会において議決権を行使することができない.
④ 株券喪失登録がされた株券に係る株式については,第197条第1項の規定による競売又は同条第2項の規定による売却をすることができない.

**(株券喪失登録簿の備置き及び閲覧等)**
**第231条** ① 株券発行会社は,株券喪失登録簿をその本店(株主名簿管理人がある場合にあっては,その営業所)に備え置かなければならない.
② 何人も,株券発行会社の営業時間内は,いつでも,株券喪失登録簿(利害関係がある部分に限る.)について,次に掲げる請求をすることができる.この場合においては,当該請求の理由を明らかにしてしなければならない.
 1 株券喪失登録簿が書面をもって作成されているときは,当該書面の閲覧又は謄写の請求
 2 株券喪失登録簿が電磁的記録をもって作成されているときは,当該電磁的記録に記録された事項を法務省令で定める方法により表示したものの閲覧又は謄写の請求

**(株券喪失登録者に対する通知等)**
**第232条** ① 株券発行会社が株券喪失登録者に対してする通知又は催告は,株券喪失登録簿に記載し,又は記録した当該株券喪失登録者の住所(当該株券喪失登録者が別に通知又は催告を受ける場所又は連絡先を株券発行会社に通知した場合にあっては,その場所又は連絡先)にあてて発すれば足りる.
② 前項の通知又は催告は,その通知又は催告が通常到達すべきであった時に,到達したものとみなす.

**(適用除外)**
**第233条** 非訟事件手続法(明治31年法律第14号)第3編の規定は,株券については,適用しない.

### 第10節 雑則
**(1に満たない端数の処理)**
**第234条** ① 次の各号に掲げる行為に際して当該各号に定める者に当該株式会社の株式を交付する場合において,その交付に対しなければならない当該株式会社の株式の数に1株に満たない端数があるときは,その端数の合計数(その合計数に1に満たない端数がある場合にあっては,これを切り捨てるものとする.)に相当する数の株式を競売し,かつ,その端数に応じてその競売により得られた代金を当該者に交付しなければならない.
 1 第170条第1項の規定による株式の取得　当該株式会社の株主
 2 第173条第1項の規定による株式の取得　当該株式会社の株主
 3 第185条に規定する株式無償割当て　当該株式会社の株主
 4 第275条第1項の規定による新株予約権の取得　第236条第1項第7号イの新株予約権の新株予約権者
 5 合併(合併により当該株式会社が存続する場合に限る.)　合併後消滅する会社の株主又は社員
 6 合併契約に基づく設立時発行株式の発行　合併後消滅する会社の株主又は社員
 7 株式交換による他の株式会社の発行済株式全部の取得　株式交換をする株式会社の株主
 8 株式移転計画に基づく設立時発行株式の発行　株式移転をする株式会社の株主
② 株式会社は,前項の規定による競売に代えて,市場価格のある同項の株式については市場価格として法務省令で定める方法により算定される額をもって,市場価格のない同項の株式については裁判所の許可を得て競売以外の方法により,これを売却することができる.この場合において,当該許可の申立ては,取締役が2人以上あるときは,その全員の同意によってしなければならない.
③ 前項の規定により第1項の株式を売却した場合における同項の規定の適用については,同項中「競売により」とあるのは,「売却により」とする.
④ 株式会社は,第2項の規定により売却する株式の全部又は一部を買い取ることができる.この場合においては,次に掲げる事項を定めなければならない.
 1 買い取る株式の数(種類株式発行会社にあっては,株式の種類及び種類ごとの数)
 2 前号の株式の買取りをするのと引換えに交付する金銭の総額
⑤ 取締役会設置会社においては,前項各号に掲げる事項の決定は,取締役会の決議によらなければならない.
⑥ 第1項から第4項までの規定は,第1項各号に掲げる行為に際して当該各号に定める者に当該株式会社の社債又は新株予約権を交付するときについて準用する.

**第235条** ① 株式会社が株式の分割又は株式の併合をすることにより株式の数に1株に満たない端数が生ずるときは,その端数の合計数(その合計数に1に満たない端数が生ずる場合にあっては,これを切り捨てるものとする.)に相当する数の株式を競売し,かつ,その端数に応じてその競売により得られた代金を株主に交付しなければならない.
② 前条第2項から第5項までの規定は,前項の場合について準用する.

## 第3章 新株予約権

### 第1節 総則
**(新株予約権の内容)**
**第236条** ① 株式会社が新株予約権を発行するときは,次に掲げる事項を当該新株予約権の内容としなければならない.
 1 当該新株予約権の目的である株式の数(種類株式発行会社にあっては,株式の種類及び種類ごとの数)又はその数の算定方法

2 当該新株予約権の行使に際して出資される財産の価額又はその算定方法
3 金銭以外の財産を当該新株予約権の行使に際してする出資の目的とするときは,その旨並びに当該財産の内容及び価額
4 当該新株予約権を行使することができる期間
5 当該新株予約権の行使により株式を発行する場合における増加する資本金及び資本準備金に関する事項
6 譲渡による当該新株予約権の取得について当該株式会社の承認を要することとするときは,その旨
7 当該新株予約権について,当該株式会社が一定の事由が生じたことを条件としてこれを取得することができることとするときは,次に掲げる事項
 イ 一定の事由が生じた日に当該株式会社がその新株予約権を取得する旨及びその事由
 ロ 当該株式会社が別に定める日が到来することをもってイの事由とするときは,その旨
 ハ イの事由が生じた日にイの新株予約権の一部を取得することとするときは,その旨及び取得する新株予約権の一部の決定の方法
 ニ イの新株予約権を取得するのと引換えに当該新株予約権の新株予約権者に対して当該株式会社の株式を交付するときは,株式の種類(種類株式発行会社にあっては,株式の種類及び種類ごとの数)又はその算定方法
 ホ イの新株予約権を取得するのと引換えに当該新株予約権の新株予約権者に対して当該株式会社の社債(新株予約権付社債についてのものを除く.)を交付するときは,当該社債の種類及び種類ごとの各社債の金額の合計額又はその算定方法
 ヘ イの新株予約権を取得するのと引換えに当該新株予約権の新株予約権者に対して当該株式会社の他の新株予約権(新株予約権付社債に付されたものを除く.)を交付するときは,当該他の新株予約権の内容及び数又はその算定方法
 ト イの新株予約権を取得するのと引換えに当該新株予約権の新株予約権者に対して当該株式会社の新株予約権付社債を交付するときは,当該新株予約権付社債についてのホに規定する事項及び新株予約権付社債に付された新株予約権についてのヘに規定する事項
 チ イの新株予約権を取得するのと引換えに当該新株予約権の新株予約権者に対して当該株式会社の株式等以外の財産を交付するときは,当該財産の内容及び数若しくは額又はこれらの算定方法
8 当該株式会社が次のイからホまでに掲げる行為をする場合において,当該新株予約権の新株予約権者に当該イからホまでに定める株式会社の新株予約権を交付することとするときは,その旨及びその条件
 イ 合併(合併により当該株式会社が消滅する場合に限る.) 合併後存続する株式会社又は合併により設立する株式会社
 ロ 吸収分割 吸収分割をする株式会社がその事業に関して有する権利義務の全部又は一部を承継する株式会社
 ハ 新設分割 新設分割により設立する株式会社
 ニ 株式交換 株式交換をする株式会社の発行済株式の全部を取得する株式会社
 ホ 株式移転 株式移転により設立する株式会社

9 新株予約権を行使した新株予約権者に交付する株式の数に1株に満たない端数がある場合において,これを切り捨てるものとするときは,その旨
10 当該新株予約権(新株予約権付社債に付されたものを除く.)に係る新株予約権証券を発行することとするときは,その旨
11 前号に規定する場合において,新株予約権者が第290条の規定による請求の全部又は一部をすることができないこととするときは,その旨
② 新株予約権付社債に付された新株予約権の数は,当該新株予約権付社債についての社債の金額ごとに,均等に定めなければならない.

(共有者による権利の行使)
第237条 ① 新株予約権が二以上の者の共有に属するときは,共有者は,当該新株予約権についての権利を行使する者1人を定め,株式会社に対し,その者の氏名又は名称を通知しなければ,当該新株予約権についての権利を行使することができない.ただし,株式会社が当該権利を行使することに同意した場合は,この限りでない.

第2節 新株予約権の発行
第1款 募集事項の決定等
(募集事項の決定)
第238条 ① 株式会社は,その発行する新株予約権を引き受ける者の募集をしようとするときは,その都度,募集新株予約権(当該募集に応じて当該新株予約権の引受けの申込みをした者に対して割り当てる新株予約権をいう.以下この章において同じ.)について次に掲げる事項(以下この節において「募集事項」という.)を定めなければならない.
1 募集新株予約権の内容及び数
2 募集新株予約権と引換えに金銭の払込みを要しないこととする場合には,その旨
3 前号に規定する場合以外の場合には,募集新株予約権の払込金額(募集新株予約権1個と引換えに払い込む金銭の額をいう.以下この章において同じ.)又はその算定方法
4 募集新株予約権を割り当てる日(以下この節において「割当日」という.)
5 募集新株予約権と引換えにする金銭の払込みの期日を定めるときは,その期日
6 募集新株予約権が新株予約権付社債に付されたものである場合には,第676条各号に掲げる事項
7 前号に規定する場合において,同号の新株予約権付社債に付された新株予約権についての第118条第1項,第777条第1項,第787条第1項又は第808条第1項の規定による請求の方法につき別段の定めをするときは,その定め
② 募集事項の決定は,株主総会の決議によらなければならない.
③ 次に掲げる場合には,取締役は,前項の株主総会において,第1号の条件又は第2号の金額で募集新株予約権を引き受ける者の募集をすることを必要とする理由を説明しなければならない.
1 第1項第2号に規定する場合において,金銭の払込みを要しないこととすることが当該者に特に有利な条件であるとき.
2 第1項第3号に規定する場合において,同号の払込金額が当該者に特に有利な金額であるとき.
④ 種類株式発行会社において,募集新株予約権の目的である株式の種類の全部又は一部が譲渡制限株式であるときは,当該募集新株予約権に関する募集

事項の決定は、当該種類の株式を目的とする募集新株予約権を引き受ける者の募集について当該種類の株式の種類株主を構成員とする種類株主総会の決議を要しない旨の定款の定めがある場合を除き、当該種類株主総会の決議がなければ、その効力を生じない。ただし、当該種類株主総会において議決権を行使することができる種類株主が存しない場合は、この限りでない。

⑤ 募集事項は、第1項の募集ごとに、均等に定めなければならない。

（募集事項の決定の委任）

**第239条** ① 前条第2項及び第4項の規定にかかわらず、株主総会においては、その決議によって、募集事項の決定を募集事項の決定を取締役会設置会社にあっては、取締役会）に委任することができる。この場合においては、次に掲げる事項を定めなければならない。
 1 その委任に基づいて募集事項の決定をすることができる募集新株予約権の内容及び数の上限
 2 前号の募集新株予約権につき金銭の払込みを要しないこととする場合には、その旨
 3 前号の募集新株予約権以外の場合には、募集新株予約権の払込金額の下限

② 次に掲げる場合には、取締役は、前項の株主総会において、第1号の条件又は第2号の金額で募集新株予約権を引き受ける者の募集をすることを必要とする理由を説明しなければならない。
 1 前項第2号に規定する場合において、金銭の払込みを要しないこととすることが当該者に特に有利な条件であるとき。
 2 前項第3号に規定する場合において、同号の払込金額の下限が当該者に特に有利な金額であるとき。

③ 第1項の決議は、割当日が当該決議の日から1年以内の日である前条第1項の募集についてのみその効力を有する。

④ 種類株式発行会社において、募集新株予約権の目的である株式の種類の全部又は一部が譲渡制限株式であるときは、当該募集新株予約権に関する募集事項の決定の委任は、前条第4項の定款の定めがある場合を除き、当該種類株主総会の決議がなければ、その効力を生じない。ただし、当該種類株主総会において議決権を行使することができる種類株主が存しない場合は、この限りでない。

（公開会社における募集事項の決定の特則）

**第240条** ① 第238条第3項各号に掲げる場合を除き、公開会社における同条第2項の規定の適用については、同項中「株主総会」とあるのは、「取締役会」とする。この場合においては、前条の規定は、適用しない。

② 公開会社は、前項の規定により読み替えて適用する第238条第2項の取締役会の決議によって募集事項を定めた場合には、割当日の2週間前までに、株主に対し、当該募集事項を通知しなければならない。

③ 前項の規定による通知は、公告をもってこれに代えることができる。

④ 第2項の規定は、株式会社が募集事項について割当日の2週間前までに金融商品取引法第4条第1項から第3項までの届出をしている場合その他の株主の保護に欠けるおそれがないものとして法務省令で定める場合には、適用しない。

（株主に新株予約権の割当てを受ける権利を与える場合）

**第241条** ① 株式会社は、第238条第1項の募集において、株主に新株予約権の割当てを受ける権利を与えることができる。この場合においては、募集事項のほか、次に掲げる事項を定めなければならない。
 1 株主に対し、次条第2項の申込みをすることにより当該株式会社の募集新株予約権（種類株式発行会社にあっては、その目的である株式の種類が当該株主の有する種類の株式と同一の種類のもの）の割当てを受ける権利を与える旨
 2 前号の募集新株予約権の引受けの申込みの期日

② 前項の場合には、同項第1号の株主（当該株式会社を除く。）は、その有する株式の数に応じて募集新株予約権の割当てを受ける権利を有する。ただし、当該株主が割当てを受ける募集新株予約権の数に1に満たない端数があるときは、これを切り捨てるものとする。

③ 第1項各号に掲げる事項を定める場合には、募集事項及び同項各号に掲げる事項は、次の各号に掲げる場合の区分に応じ、当該各号に定める方法によって定めなければならない。
 1 当該募集事項及び第1項各号に掲げる事項を取締役の決定によって定めることができる旨の定款の定めがある場合（株式会社が取締役会設置会社である場合を除く。）　取締役の決定
 2 当該募集事項及び第1項各号に掲げる事項を取締役会の決議によって定めることができる旨の定款の定めがある場合（次号に掲げる場合を除く。）　取締役会の決議
 3 株式会社が公開会社である場合　取締役会の決議
 4 前3号に掲げる場合以外の場合　株主総会の決議

④ 株式会社は、第1項各号に掲げる事項を定めた場合には、同項第2号の期日の2週間前までに、同項第1号の株主（当該株式会社を除く。）に対し、次に掲げる事項を通知しなければならない。
 1 募集事項
 2 当該株主が割当てを受ける募集新株予約権の内容及び数
 3 第1項第2号の期日

⑤ 第238条第2項から第4項まで及び前2項の規定は、第1項から第3項までの規定により株主に新株予約権の割当てを受ける権利を与える場合には、適用しない。

**第2款　募集新株予約権の割当て**

（募集新株予約権の申込み）

**第242条** ① 株式会社は、第238条第1項の募集に応じて募集新株予約権の引受けの申込みをしようとする者に対し、次に掲げる事項を通知しなければならない。
 1 株式会社の商号
 2 募集事項
 3 新株予約権の行使に際して金銭の払込みをすべきときは、払込みの取扱いの場所
 4 前3号に掲げるもののほか、法務省令で定める事項

② 第238条第1項の募集に応じて募集新株予約権の引受けの申込みをする者は、次に掲げる事項を記載した書面を株式会社に交付しなければならない。
 1 申込みをする者の氏名又は名称及び住所
 2 引き受けようとする募集新株予約権の数

③ 前項の申込みをする者は、同項の書面の交付に代えて、政令で定めるところにより、株式会社の承諾を得て、同項の書面に記載すべき事項を電磁的方法により提供することができる。この場合において、

a 当該申込みをした者は,同項の書面を交付したものとみなす。
④ 第1項の規定は,株式会社が同項各号に掲げる事項を記載した金融商品取引法第2条第10項に規定する目論見書を第1項の申込みをしようとする者に対して交付している場合その他募集新株予約権の引受けの申込みをしようとする者の保護に欠けるおそれがないものとして法務省令で定める場合には,適用しない。
⑤ 株式会社は,第1項各号に掲げる事項について変更があったときは,直ちに,その旨及び当該変更があった事項を第2項の申込みをした者(以下この款において「申込者」という。)に通知しなければならない。
⑥ 募集新株予約権が新株予約権付社債に付されたものである場合には,申込者(募集新株予約権のみの申込みをした者に限る。)は,その申込みに係る募集新株予約権を付した新株予約権付社債の引受けの申込みをしたものとみなす。
d ⑦ 株式会社が申込者に対してする通知又は催告は,第2項第1号の住所(当該申込者が別に通知又は催告を受ける場所又は連絡先を当該株式会社に通知した場合にあっては,その場所又は連絡先)にあてて発すれば足りる。
⑧ 前項の通知又は催告は,その通知又は催告が通常到達すべきであった時に,到達したものとみなす。
**(募集新株予約権の割当て)**
**第243条** ① 株式会社は,申込者の中から募集新株予約権の割当てを受ける者を定め,かつ,その者に割り当てる募集新株予約権の数を定めなければならない。この場合において,株式会社は,当該申込者に割り当てる募集新株予約権の数を,前条第2項第2号の数よりも減少することができる。
f ② 次に掲げる場合には,前項の規定による決定は,株主総会(取締役会設置会社にあっては,取締役会)の決議によらなければならない。ただし,定款に別段の定めがある場合は,この限りでない。
g 1 募集新株予約権の目的である株式の全部又は一部が譲渡制限株式である場合
2 募集新株予約権が譲渡制限新株予約権(新株予約権であって,譲渡による当該新株予約権の取得について株式会社の承認を要する旨の定めがあるものをいう。以下この章において同じ。)である場合
h
③ 株式会社は,割当日の前日までに,申込者に対し,当該申込者に割り当てる募集新株予約権の数(当該募集新株予約権が新株予約権付社債に付されたものである場合にあっては,当該新株予約権付社債についての社債の種類及び各社債の金額の合計額を含む。)を通知しなければならない。
i ④ 第241条の規定により株主に新株予約権の割当てを受ける権利を与えた場合において,株主が同条第1項第2号の期日までに前項第2号の申込みをしないときは,当該株主は,募集新株予約権の割当てを受ける権利を失う。
j **(募集新株予約権の申込み及び割当てに関する特則)**
**第244条** ① 前2条の規定は,募集新株予約権を引き受けようとする者がその総数の引受けを行う契約を締結する場合には,適用しない。
② 募集新株予約権が新株予約権付社債に付されたものである場合における前項の規定の適用については,同項中「の引受け」とあるのは,「及び当該

k

募集新株予約権を付した社債の総額の引受け」とする。
**(新株予約権者となる日)**
**第245条** ① 次の各号に掲げる者は,割当日に,当該各号に定める募集新株予約権の新株予約権者となる。
1 申込者 株式会社の割り当てた募集新株予約権
2 前条第1項の契約により募集新株予約権の総数を引き受けた者 その者が引き受けた募集新株予約権
② 募集新株予約権が新株予約権付社債に付されたものである場合には,前項の規定により募集新株予約権の新株予約権者となる者は,当該募集新株予約権を付した新株予約権付社債についての社債の社債権者となる。
**第3款 募集新株予約権に係る払込み**
**第246条** ① 第238条第1項第3号に規定する場合には,新株予約権者は,募集新株予約権についての第236条第1項第4号の期間の初日の前日(第238条第1項第5号に規定する場合にあっては,同号の期日。第3項において「払込期日」という。)までに,株式会社が定めた銀行等の払込みの取扱いの場所において,それぞれの募集新株予約権の払込金額の全額を払い込まなければならない。
② 前項の規定にかかわらず,新株予約権者は,株式会社の承諾を得て,同項の規定による払込みに代えて,払込金額に相当する金銭以外の財産を給付し,又は当該株式会社に対する債権をもって相殺することができる。
③ 第238条第1項第3号に規定する場合には,新株予約権者は,募集新株予約権についての払込期日までに,それぞれの募集新株予約権の払込金額の全額の払込み(当該払込みに代えてする金銭以外の財産の給付又は当該株式会社に対する債権をもってする相殺を含む。)をしないときは,当該募集新株予約権者となる権利を失う。
**第4款 募集新株予約権の発行をやめることの請求**
**第247条** 次に掲げる場合において,株主が不利益を受けるおそれがあるときは,株主は,株式会社に対し,第238条第1項の募集に係る新株予約権の発行をやめることを請求することができる。
1 当該新株予約権の発行が法令又は定款に違反する場合
2 当該新株予約権の発行が著しく不公正な方法により行われる場合
**第5款 雑 則**
**第248条** 第676条から第680条までの規定は,新株予約権付社債についての社債を引き受ける者の募集については,適用しない。
**第3節 新株予約権原簿**
**(新株予約権原簿)**
**第249条** 株式会社は,新株予約権を発行した日以後遅滞なく,新株予約権原簿を作成し,次の各号に掲げる新株予約権の区分に応じ,当該各号に定める事項(以下「新株予約権原簿記載事項」という。)を記載し,又は記録しなければならない。
1 無記名式の新株予約権証券が発行されている新株予約権(以下この章において「無記名新株予約権」という。) 当該新株予約権証券の番号並びに当該無記名新株予約権の内容及び数
2 無記名式の新株予約権付社債券(証券発行新株予約権付社債(新株予約権付社債であって,当該

新株予約権付社債についての社債につき社債券を発行する旨の定めがあるものをいう. 以下この章において同じ.)に係る社債券をいう. 以下同じ.)が発行されている新株予約権付社債(以下この章において「無記名新株予約権付社債」という.)に付された新株予約権 当該新株予約権付社債券の番号並びに当該新株予約権の内容及び数
3 前2号に掲げる新株予約権以外の新株予約権 次に掲げる事項
イ 新株予約権者の氏名又は名称及び住所
ロ イの新株予約権者の有する新株予約権の内容及び数
ハ イの新株予約権者が新株予約権を取得した日
ニ ロの新株予約権が証券発行新株予約権(新株予約権付社債に付されたものを除く.)であって, 当該新株予約権に係る新株予約権証券を発行する旨の定めがあるものをいう. 以下この章において同じ.)であるときは, 当該新株予約権(新株予約権証券が発行されているものに限る.)に係る新株予約権証券の番号
ホ ロの新株予約権が証券発行新株予約権付社債に付されたものであるときは, 当該新株予約権を付した新株予約権付社債(新株予約権付社債券が発行されているものに限る.)に係る新株予約権付社債券の番号

**(新株予約権原簿記載事項を記載した書面の交付等)**
**第250条** ① 前条第3号イの新株予約権者は, 株式会社に対し, 当該新株予約権についての新株予約権原簿に記載され, 若しくは記録された新株予約権原簿記載事項を記載した書面の交付又は当該新株予約権原簿記載事項を記録した電磁的記録の提供を請求することができる.
② 前項の書面には, 株式会社の代表取締役(委員会設置会社にあっては, 代表執行役. 次項において同じ.)が署名し, 又は記名押印しなければならない.
③ 第1項の電磁的記録には, 株式会社の代表取締役が法務省令で定める署名又は記名押印に代わる措置をとらなければならない.
④ 前3項の規定は, 証券発行新株予約権及び証券発行新株予約権付社債に付された新株予約権については, 適用しない.

**(新株予約権原簿の管理)**
**第251条** 株式会社が新株予約権を発行している場合における第123条の規定の適用については, 同条中「株主名簿の」とあるのは「株主名簿及び新株予約権原簿の」と,「株主名簿に」とあるのは「株主名簿及び新株予約権原簿に」とする.

**(新株予約権原簿の備置き及び閲覧等)**
**第252条** ① 株式会社は, 新株予約権原簿をその本店(株主名簿管理人がある場合にあっては, その営業所)に備え置かなければならない.
② 株主及び債権者は, 株式会社の営業時間内は, いつでも, 次に掲げる請求をすることができる. この場合においては, 当該請求の理由を明らかにしてしなければならない.
1 新株予約権原簿が書面をもって作成されているときは, 当該書面の閲覧又は謄写の請求
2 新株予約権原簿が電磁的記録をもって作成されているときは, 当該電磁的記録に記録された事項を法務省令で定める方法により表示したものの閲覧又は謄写の請求
③ 株式会社は, 前項の請求があったときは, 次のいずれかに該当する場合を除き, これを拒むことができない.
1 当該請求を行う株主又は債権者(以下この項において「請求者」という.)がその権利の確保又は行使に関する調査以外の目的で請求を行ったとき.
2 請求者が当該株式会社の業務の遂行を妨げ, 又は株主の共同の利益を害する目的で請求を行ったとき.
3 請求者が当該株式会社の業務と実質的に競争関係にある事業を営み, 又はこれに従事するものであるとき.
4 請求者が新株予約権原簿の閲覧又は謄写によって知り得た事実を利益を得て第三者に通報するため請求を行ったとき.
5 請求者が, 過去2年以内において, 新株予約権原簿の閲覧又は謄写によって知り得た事実を利益を得て第三者に通報したことがあるものであるとき.
④ 株式会社の親会社社員は, その権利を行使するため必要があるときは, 裁判所の許可を得て, 当該株式会社の新株予約権原簿について第2項各号に掲げる請求をすることができる. この場合においては, 当該請求の理由を明らかにしてしなければならない.
⑤ 前項の親会社社員について第3項各号のいずれかに規定する事由があるときは, 裁判所は, 前項の許可をすることができない.

**(新株予約権者に対する通知等)**
**第253条** ① 株式会社が新株予約権者に対してする通知又は催告は, 新株予約権原簿に記載し, 又は記録した当該新株予約権者の住所(当該新株予約権者が別に通知又は催告を受ける場所又は連絡先を当該株式会社に通知した場合にあっては, その場所又は連絡先)にあてて発すれば足りる.
② 前項の通知又は催告は, その通知又は催告が通常到達すべきであった時に, 到達したものとみなす.
③ 新株予約権が二以上の者の共有に属するときは, 共有者は, 株式会社が新株予約権者に対してする通知又は催告を受領する者1人を定め, 当該株式会社に対し, その者の氏名又は名称を通知しなければならない. この場合においては, その者を新株予約権者とみなして, 前2項の規定を適用する.
④ 前項の規定による通知がない場合には, 株式会社が新株予約権の共有者に対してする通知又は催告は, そのうちの1人に対してすれば足りる.

### 第4節 新株予約権の譲渡等
#### 第1款 新株予約権の譲渡
**(新株予約権の譲渡)**
**第254条** ① 新株予約権者は, その有する新株予約権を譲渡することができる.
② 前項の規定にかかわらず, 新株予約権付社債に付された新株予約権のみを譲渡することはできない. ただし, 当該新株予約権付社債についての社債が消滅したときは, この限りでない.
③ 新株予約権付社債についての社債のみを譲渡することはできない. ただし, 当該新株予約権付社債に付された新株予約権が消滅したときは, この限りでない.

**(証券発行新株予約権の譲渡)**
**第255条** ① 証券発行新株予約権の譲渡は, 当該証券発行新株予約権に係る新株予約権証券を交付しなければ, その効力を生じない. ただし, 自己新株予約権(株式会社が有する自己の新株予約権をい

う。以下この章において同じ。）の処分による証券発行新株予約権の譲渡については、この限りでない。
② 証券発行新株予約権付社債に付された新株予約権の譲渡は、当該証券発行新株予約権付社債に付された新株予約権付社債券を交付しなければ、その効力を生じない。ただし、自己新株予約権付社債（株式会社が有する自己の新株予約権付社債をいう。以下この条及び次条において同じ。）の処分による当該自己新株予約権付社債に付された新株予約権の譲渡については、この限りでない。

（自己新株予約権の処分に関する特則）
**第256条** ① 株式会社は、自己新株予約権（証券発行新株予約権に限る。）を処分した日以後遅滞なく、当該自己新株予約権を取得した者に対し、新株予約権証券を交付しなければならない。
② 前項の規定にかかわらず、株式会社は、同項の者から請求がある時までは、同項の新株予約権証券を交付しないことができる。
③ 株式会社は、自己新株予約権付社債（証券発行新株予約権付社債に限る。）を処分した日以後遅滞なく、当該自己新株予約権付社債を取得した者に対し、新株予約権付社債券を交付しなければならない。
④ 第687条の規定は、自己新株予約権付社債の処分による当該自己新株予約権付社債についての社債の譲渡については、適用しない。

（新株予約権の譲渡の対抗要件）
**第257条** ① 新株予約権の譲渡は、その新株予約権を取得した者の氏名又は名称及び住所を新株予約権原簿に記載し、又は記録しなければ、株式会社その他の第三者に対抗することができない。
② 記名式の新株予約権証券が発行されている証券発行新株予約権及び記名式の新株予約権付社債券が発行されている証券発行新株予約権付社債に付された新株予約権についての前項の規定の適用については、同項中「株式会社その他の第三者」とあるのは、「株式会社」とする。
③ 第1項の規定は、無記名新株予約権及び無記名新株予約権付社債に付された新株予約権については、適用しない。

（権利の推定等）
**第258条** ① 新株予約権証券の占有者は、当該新株予約権証券に係る証券発行新株予約権についての権利を適法に有するものと推定する。
② 新株予約権証券の交付を受けた者は、当該新株予約権証券に係る証券発行新株予約権についての権利を取得する。ただし、その者に悪意又は重大な過失があるときは、この限りでない。
③ 新株予約権付社債券の占有者は、当該新株予約権付社債券に係る証券発行新株予約権付社債に付された新株予約権についての権利を適法に有するものと推定する。
④ 新株予約権付社債券の交付を受けた者は、当該新株予約権付社債券に係る証券発行新株予約権付社債に付された新株予約権についての権利を取得する。ただし、その者に悪意又は重大な過失があるときは、この限りでない。

（新株予約権者の請求によらない新株予約権原簿記載事項の記載又は記録）
**第259条** ① 株式会社は、次の各号に掲げる場合には、当該各号の新株予約権の新株予約権者に係る新株予約権原簿記載事項を新株予約権原簿に記載し、又は記録しなければならない。

1 当該株式会社の新株予約権を取得した場合
2 自己新株予約権を処分した場合
② 前項の規定は、無記名新株予約権及び無記名新株予約権付社債に付された新株予約権については、適用しない。

（新株予約権者の請求による新株予約権原簿記載又は記録）
**第260条** ① 新株予約権を当該新株予約権を発行した株式会社以外の者から取得した者（当該株式会社を除く。以下この節において「新株予約権取得者」という。）は、当該株式会社に対し、当該新株予約権に係る新株予約権原簿記載事項を新株予約権原簿に記載し、又は記録することを請求することができる。
② 前項の規定による請求は、利害関係人の利益を害するおそれがないものとして法務省令で定める場合を除き、その取得した新株予約権の新株予約権者として新株予約権原簿に記載され、若しくは記録された者又はその相続人その他の一般承継人と共同してしなければならない。
③ 前2項の規定は、無記名新株予約権及び無記名新株予約権付社債に付された新株予約権については、適用しない。

**第261条** 前条の規定は、新株予約権取得者が取得した新株予約権が譲渡制限新株予約権である場合には、適用しない。ただし、次のいずれかに該当する場合は、この限りでない。
1 当該新株予約権取得者が当該譲渡制限新株予約権を取得することについて次条の承認を受けていること。
2 当該新株予約権取得者が当該譲渡制限新株予約権を取得したことについて第263条第1項の承認を受けていること。
3 当該新株予約権取得者が相続その他の一般承継により譲渡制限新株予約権を取得した者であること。

### 第2款 新株予約権の譲渡の制限

（新株予約権者からの承認の請求）
**第262条** 譲渡制限新株予約権の新株予約権者は、その有する譲渡制限新株予約権を他人（当該譲渡制限新株予約権を発行した株式会社を除く。）に譲り渡そうとするときは、当該株式会社に対し、当該他人が当該譲渡制限新株予約権を取得することについて承認をするか否かの決定をすることを請求することができる。

（新株予約権取得者からの承認の請求）
**第263条** ① 譲渡制限新株予約権を取得した新株予約権取得者は、株式会社に対し、当該譲渡制限新株予約権を取得したことについて承認をするか否かの決定をすることを請求することができる。
② 前項の規定による請求は、利害関係人の利益を害するおそれがないものとして法務省令で定める場合を除き、その取得した新株予約権の新株予約権者として新株予約権原簿に記載され、若しくは記録された者又はその相続人その他の一般承継人と共同してしなければならない。

（譲渡等承認請求の方法）
**第264条** 次の各号に掲げる請求（以下この款において「譲渡等承認請求」という。）は、当該各号に定める事項を明らかにしてしなければならない。
1 第262条の規定による請求　次に掲げる事項
　イ 譲渡承認請求をする新株予約権者が譲り渡そうとする譲渡制限新株予約権の内容及び数

ロ イの譲渡制限新株予約権を譲り受ける者の氏名又は名称
2 前条第1項の規定による請求 次に掲げる事項
 イ 前項請求をする新株予約権取得者の取得した譲渡制限新株予約権の内容及び数
 ロ イの新株予約権取得者の氏名又は名称
（譲渡等の決定等）
第265条 ① 株式会社が第262条又は第263条第1項の承認をするか否かの決定をするには、株主総会（取締役会設置会社にあっては、取締役会）の決議によらなければならない。ただし、新株予約権の内容として別段の定めがある場合は、この限りでない。
② 株式会社は、前項の決定をしたときは、譲渡等承認請求をした者に対し、当該決定の内容を通知しなければならない。
（株式会社が承認をしたとみなされる場合）
第266条 株式会社が譲渡等承認請求の日から2週間（これを下回る期間を定款で定めた場合にあっては、その期間）以内に前条第2項の規定による通知をしなかった場合には、第262条又は第263条第1項の承認をしたものとみなす。ただし、当該株式会社と当該譲渡等承認請求をした者との合意により別段の定めをしたときは、この限りでない。
   第3款 新株予約権の質入れ
（新株予約権の質入れ）
第267条 ① 新株予約権者は、その有する新株予約権に質権を設定することができる。
② 前項の規定にかかわらず、新株予約権付社債に付された新株予約権のみに質権を設定することはできない。ただし、当該新株予約権付社債についての社債が消滅したときは、この限りでない。
③ 前項の規定にかかわらず、新株予約権付社債についての社債のみに質権を設定することはできない。ただし、当該新株予約権付社債に付された新株予約権が消滅したときは、この限りでない。
④ 証券発行新株予約権の質入れは、当該証券発行新株予約権に係る新株予約権証券を交付しなければ、その効力を生じない。
⑤ 証券発行新株予約権付社債に付された新株予約権の質入れは、当該証券発行新株予約権付社債に係る新株予約権付社債券を交付しなければ、その効力を生じない。
（新株予約権の質入れの対抗要件）
第268条 ① 新株予約権の質入れは、その質権者の氏名又は名称及び住所を新株予約権原簿に記載し、又は記録しなければ、株式会社その他の第三者に対抗することができない。
② 前項の規定にかかわらず、証券発行新株予約権の質権者は、継続して当該証券発行新株予約権に係る新株予約権証券を占有しなければ、その質権をもって株式会社その他の第三者に対抗することができない。
③ 第1項の規定にかかわらず、証券発行新株予約権付社債に付された新株予約権の質権者は、継続して当該証券発行新株予約権付社債に係る新株予約権付社債券を占有しなければ、その質権をもって株式会社その他の第三者に対抗することができない。
（新株予約権原簿の記載等）
第269条 ① 新株予約権に質権を設定した者は、株式会社に対し、次に掲げる事項を新株予約権原簿に記載し、又は記録することを請求することができる。
 1 質権者の氏名又は名称及び住所

 2 質権の目的である新株予約権
② 前項の規定は、無記名新株予約権及び無記名新株予約権付社債に付された新株予約権については、適用しない。
（新株予約権原簿の記載事項を記載した書面の交付等）
第270条 ① 前条第1項各号に掲げる事項が新株予約権原簿に記載され、又は記録された質権者（以下「登録新株予約権質権者」という。）は、株式会社に対し、当該登録新株予約権質権者についての新株予約権原簿に記載され、若しくは記録された同項各号に掲げる事項を記載した書面の交付又は当該事項を記録した電磁的記録の提供を請求することができる。
② 前項の書面には、株式会社の代表取締役（委員会設置会社にあっては、代表執行役。次項において同じ。）が署名し、又は記名押印しなければならない。
③ 第1項の電磁的記録には、株式会社の代表取締役が法務省令で定める署名又は記名押印に代わる措置をとらなければならない。
④ 前3項の規定は、証券発行新株予約権及び証券発行新株予約権付社債に付された新株予約権については、適用しない。
（登録新株予約権質権者に対する通知等）
第271条 ① 株式会社が登録新株予約権質権者に対してする通知又は催告は、新株予約権原簿に記載し、又は記録した当該登録新株予約権質権者の住所（当該登録新株予約権質権者が別に通知又は催告を受ける場所又は連絡先を当該株式会社に通知した場合にあっては、その場所又は連絡先）にあてて発すれば足りる。
② 前項の通知又は催告は、その通知又は催告が通常到達すべきであった時に、到達したものとみなす。
（新株予約権の質入れの効果）
第272条 ① 株式会社が次に掲げる行為をした場合には、新株予約権を目的とする質権は、当該行為によって当該新株予約権の新株予約権者が受けることのできる金銭等について存在する。
 1 新株予約権の取得
 2 組織変更
 3 合併（合併により当該株式会社が消滅する場合に限る。）
 4 吸収分割
 5 新設分割
 6 株式交換
 7 株式移転
② 登録新株予約権質権者は、前項の金銭等（金銭に限る。）を受領し、他の債権者に先立って自己の債権の弁済に充てることができる。
③ 前項の債権の弁済期が到来していないときは、登録新株予約権質権者は、株式会社に同項に規定する金銭等に相当する金額を供託させることができる。この場合において、質権は、その供託金について存在する。
④ 新株予約権付社債に付された新株予約権（第236条第1項第3号の財産が当該新株予約権付社債についての社債であるものであって、当該社債の償還額が当該新株予約権についての同項第2号の価額以上であるものに限る。）を目的とする質権は、当該新株予約権の行使をすることにより当該新株予約権の新株予約権者が交付を受ける株式について存在する。

#### 第4款 信託財産に属する新株予約権についての対抗要件等

**第272条の2** ① 新株予約権については、当該新株予約権が信託財産に属する旨を新株予約権原簿に記載し、又は記録しなければ、当該新株予約権が信託財産に属することを株式会社その他の第三者に対抗することができない。

② 第249条第3号の新株予約権者は、その有する新株予約権が信託財産に属するときは、株式会社に対し、その旨を新株予約権原簿に記載し、又は記録することを請求することができる。

③ 新株予約権原簿に前項の規定による記載又は記録がされた場合における第250条第1項及び第259条第1項の規定の適用については、第250条第1項中「記録された新株予約権原簿記載事項」とあるのは「記録された新株予約権原簿記載事項(当該新株予約権者の有する新株予約権が信託財産に属する旨を含む。)」と、第259条第1項中「新株予約権原簿記載事項」とあるのは「新株予約権原簿記載事項(当該新株予約権者の有する新株予約権が信託財産に属する旨を含む。)」とする。

④ 前3項の規定は、証券発行新株予約権及び証券発行新株予約権付社債に付された新株予約権については、適用しない。

### 第5節 株式会社による自己の新株予約権の取得
#### 第1款 募集事項の定めに基づく新株予約権の取得

**(取得する日の決定)**

**第273条** ① 取得条項付新株予約権(第236条第1項第7号イに掲げる事項についての定めがある新株予約権をいう。以下この章において同じ。)の内容として同号ロに掲げる事項についての定めがある場合には、株式会社は、同号ロの日を株主総会(取締役会設置会社にあっては、取締役会)の決議によって定めなければならない。ただし、当該取得条項付新株予約権の内容として別段の定めがある場合は、この限りでない。

② 第236条第1項第7号ロの日を定めたときは、株式会社は、取得条項付新株予約権の新株予約権者(同号ハに掲げる事項についての定めがある場合にあっては、次条第1項の規定により決定した取得条項付新株予約権の新株予約権者)及びその登録新株予約権質権者に対し、当該日の2週間前までに、当該日を通知しなければならない。

③ 前項の規定による通知は、公告をもってこれに代えることができる。

**(取得する新株予約権の決定等)**

**第274条** ① 株式会社は、新株予約権の内容として第236条第1項第7号ハに掲げる事項についての定めがある場合において、取得条項付新株予約権を取得しようとするときは、その取得する取得条項付新株予約権を決定しなければならない。

② 前項の取得条項付新株予約権は、株主総会(取締役会設置会社にあっては、取締役会)の決議によって定めなければならない。ただし、当該取得条項付新株予約権の内容として別段の定めがある場合は、この限りでない。

③ 第1項の規定による決定をしたときは、株式会社は、同項の規定により決定した取得条項付新株予約権の新株予約権者及びその登録新株予約権質権者に対し、直ちに、当該取得条項付新株予約権を取得する旨を通知しなければならない。

④ 前項の規定による通知は、公告をもってこれに代えることができる。

**(効力の発生等)**

**第275条** ① 株式会社は、第236条第1項第7号イの事由が生じた日(同号ハに掲げる事項についての定めがある場合にあっては、第1号に掲げる日又は第2号に掲げる日のいずれか遅い日。次項及び第3項において同じ。)に、取得条項付新株予約権(同条第1項第7号ハに掲げる事項についての定めがある場合にあっては、前条第1項の規定により決定したもの。次項及び第3項において同じ。)を取得する。

1 第236条第1項第7号イの事由が生じた日
2 前条第3項の規定による通知の日又は同条第4項の公告の日から2週間を経過した日

② 前項の規定により株式会社が取得する取得条項付新株予約権が新株予約権付社債に付されたものである場合には、株式会社は、第236条第1項第7号イの事由が生じた日に、当該新株予約権付社債についての社債を取得する。

③ 次の各号に掲げる場合には、取得条項付新株予約権の新株予約権者(当該株式会社を除く。)は、第236条第1項第7号イの事由が生じた日に、同号に定める事項についての定めに従い、当該各号に定める者となる。

1 第236条第1項第7号ニに掲げる事項についての定めがある場合 同号ニの株式の株主
2 第236条第1項第7号ホに掲げる事項についての定めがある場合 同号ホの社債の社債権者
3 第236条第1項第7号ヘに掲げる事項についての定めがある場合 同号ヘの他の新株予約権の新株予約権者
4 第236条第1項第7号トに掲げる事項についての定めがある場合 同号トの新株予約権付社債についての社債の社債権者及び当該新株予約権付社債に付された新株予約権の新株予約権者

④ 株式会社は、第236条第1項第7号イの事由が生じた後、遅滞なく、取得条項付新株予約権の新株予約権者及びその登録新株予約権質権者(同号ハに掲げる事項についての定めがある場合にあっては、前条第1項の規定により決定した取得条項付新株予約権の新株予約権者及びその登録新株予約権質権者)に対し、当該事由が生じた旨を通知しなければならない。ただし、第273条第2項の規定による通知又は同条第3項の公告をしたときは、この限りでない。

⑤ 前項本文の規定による通知は、公告をもってこれに代えることができる。

#### 第2款 新株予約権の消却

**第276条** ① 株式会社は、自己新株予約権を消却することができる。この場合においては、消却する自己新株予約権の内容及び数を定めなければならない。

② 取締役会設置会社においては、前項後段の規定による決定は、取締役会の決議によらなければならない。

### 第6節 新株予約権無償割当て

**(新株予約権無償割当て)**

**第277条** 株式会社は、株主(種類株式発行会社にあっては、ある種類の種類株主)に対して新たに払込みをさせないで当該株式会社の新株予約権の割当て(以下この節において「新株予約権無償割当て」という。)をすることができる。

**(新株予約権無償割当てに関する事項の決定)**

**第278条** ① 株式会社は,新株予約権無償割当てをしようとするときは,その都度,次に掲げる事項を定めなければならない.
  1 株主に割り当てる新株予約権の内容及び数又はその算定方法
  2 前号の新株予約権が新株予約権付社債に付されたものであるときは,同号の新株予約権付社債についての社債の種類及び各社債の金額の合計額又はその算定方法
  3 当該新株予約権無償割当てがその効力を生ずる日
  4 株式会社が種類株式発行会社である場合には,当該新株予約権無償割当てを受ける株主の有する株式の種類
② 前項第1号及び第2号に掲げる事項についての定めは,当該株式会社以外の株主(種類株式発行会社にあっては,同項第4号の種類の種類株主)の有する株式(種類株式発行会社にあっては,同項第4号の種類の株式)の数に応じて同項第1号の新株予約権及び同項第2号の社債を割り当てることを内容とするものでなければならない.
③ 第1項各号に掲げる事項の決定は,株主総会(取締役会設置会社にあっては,取締役会)の決議によらなければならない.ただし,定款に別段の定めがある場合は,この限りでない.

**(新株予約権無償割当ての効力の発生等)**
**第279条** ① 前条第1項第1号の新株予約権の割当てを受けた株主は,同項第3号の日に,同項第1号の新株予約権(同項第2号に規定する場合にあっては,同項第1号の新株予約権の新株予約権者及び同項第2号の社債の社債権者)となる.
② 株式会社は,前条第1項第1号の新株予約権についての第236条第1項第4号の期間の初日の2週間前までに,株主(種類株式発行会社にあっては,前条第1項第4号の種類の種類株主)及び登録株式質権者に対し,当該株主が割当てを受けた新株予約権の内容及び数(前条第1項第2号に規定する場合にあっては,当該株主が割当てを受けた社債の種類及び各社債の金額の合計額を含む.)を通知しなければならない.

### 第7節 新株予約権の行使
#### 第1款 総則
**(新株予約権の行使)**
**第280条** ① 新株予約権の行使は,次に掲げる事項を明らかにしてしなければならない.
  1 その行使に係る新株予約権の内容及び数
  2 新株予約権を行使する日
② 証券発行新株予約権を行使しようとするときは,当該証券発行新株予約権に係る新株予約権証券を株式会社に提出しなければならない.ただし,当該新株予約権証券が発行されていないときは,この限りでない.
③ 証券発行新株予約権付社債に付された新株予約権を行使しようとする場合には,当該新株予約権の新株予約権者は,当該新株予約権を付した新株予約権付社債に係る新株予約権付社債券を株式会社に提示しなければならない.この場合において,当該株式会社は,当該新株予約権付社債券に当該証券発行新株予約権付社債に付された新株予約権が消滅した旨を記載しなければならない.
④ 前項の規定にかかわらず,証券発行新株予約権付社債に付された新株予約権を行使しようとする場合において,当該新株予約権の行使により当該証券発行新株予約権付社債についての社債が消滅するときは,当該新株予約権の新株予約権者は,当該新株予約権を付した新株予約権付社債に係る新株予約権付社債券を株式会社に提出しなければならない.
⑤ 第3項の規定にかかわらず,証券発行新株予約権付社債についての社債の償還後に当該証券発行新株予約権付社債に付された新株予約権を行使しようとする場合には,当該新株予約権の新株予約権者は,当該新株予約権を付した新株予約権付社債に係る新株予約権付社債券を株式会社に提出しなければならない.
⑥ 株式会社は,自己新株予約権を行使することができない.

**(新株予約権の行使に際しての払込み)**
**第281条** ① 金銭を新株予約権の行使に際してする出資の目的とするときは,新株予約権者は,前条第1項第2号の日に,株式会社が定めた銀行等の払込みの取扱いの場所において,その行使に係る新株予約権についての第236条第1項第2号の価額の全額を払い込まなければならない.
② 金銭以外の財産を新株予約権の行使に際してする出資の目的とするときは,新株予約権者は,前条第1項第2号の日に,その行使に係る新株予約権についての第236条第1項第3号の財産を給付しなければならない.この場合において,当該財産の価額が同項第2号の価額に足りないときは,前項の払込みの取扱いの場所においてその差額に相当する金銭を払い込まなければならない.
③ 新株予約権者は,第1項の規定による払込み又は前項の規定による給付をする債務と株式会社に対する債権とを相殺することができない.

**(株主となる時期)**
**第282条** 新株予約権を行使した新株予約権者は,当該新株予約権の目的である株式の株主となる.

**(1に満たない端数の処理)**
**第283条** 新株予約権を行使した場合において,当該新株予約権の新株予約権者に交付する株式の数に1株に満たない端数があるときは,株式会社は,当該新株予約権者に対し,次の各号に掲げる場合の区分に応じ,当該各号に定める額にその端数を乗じて得た額に相当する金銭を交付しなければならない.ただし,第236条第1項第9号に掲げる事項についての定めがある場合は,この限りでない.
  1 当該株式が市場価格のある株式である場合 当該株式1株の市場価格として法務省令で定める方法により算定される額
  2 前号に掲げる場合以外の場合 1株当たり純資産額

#### 第2款 金銭以外の財産の出資
**第284条** ① 株式会社は,第236条第1項第3号に掲げる事項についての定めがある新株予約権が行使された場合には,第281条第2項の規定による給付があった後,遅滞なく,同号の財産(以下この節において「現物出資財産」という.)の価額を調査させるため,裁判所に対し,検査役の選任の申立てをしなければならない.
② 前項の申立てがあった場合には,裁判所は,これを不適法として却下する場合を除き,検査役を選任しなければならない.
③ 裁判所は,前項の検査役を選任した場合には,株

a 式会社が当該検査役に対して支払う報酬の額を定めることができる．
④ 第2項の検査役は，必要な調査を行い，当該調査の結果を記載し，又は記録した書面又は電磁的記録（法務省令で定めるものに限る．）を裁判所に提供して報告をしなければならない．
b ⑤ 裁判所は，前項の報告について，その内容を明瞭にし，又はその根拠を確認するため必要があると認めるときは，第2項の検査役に対し，更に前項の報告を求めることができる．
⑥ 第2項の検査役は，第4項の報告をしたときは，株式会社に対し，同項の書面の写しを交付し，又は同項の電磁的記録に記録された事項を法務省令で定める方法により提供しなければならない．
⑦ 裁判所は，第4項の報告を受けた場合において，現物出資財産について定められた第236条第1項第3号の価額（第2項の検査役の調査を経ていないものを除く．）を不当と認めたときは，これを変更する決定をしなければならない．
d ⑧ 第1項の新株予約権の新株予約権者は，前項の決定により現物出資財産の価額の全部又は一部が変更された場合には，当該決定の確定後1週間以内に限り，その新株予約権の行使に係る意思表示を取り消すことができる．
⑨ 前各項の規定は，次の各号に掲げる場合には，当該各号に定める事項については，適用しない．
1 行使された新株予約権の新株予約権者が交付を受ける株式の総数が発行済株式の総数の10分の1を超えない場合　当該新株予約権者が給付する現物出資財産の価額
f 2 現物出資財産について定められた第236条第1項第3号の価額の総額が500万円を超えない場合　当該現物出資財産の価額
3 現物出資財産のうち，市場価格のある有価証券について定められた第236条第1項第3号の価額が当該有価証券の市場価格として法務省令で定める方法により算定されるものを超えない場合　当該有価証券についての現物出資財産の価額
g 4 現物出資財産について定められた第236条第1項第3号の価額が相当であることについて弁護士，弁護士法人，公認会計士，監査法人，税理士又は税理士法人の証明（現物出資財産が不動産である場合にあっては，当該証明及び不動産鑑定士の鑑定評価．以下この号において同じ．）を受けた場合　当該証明を受けた現物出資財産の価額
h 5 現物出資財産が株式会社に対する金銭債権（弁済期が到来しているものに限る．）であって，当該金銭債権について定められた第236条第1項第3号の価額が当該金銭債権に係る負債の帳簿価額を超えない場合　当該金銭債権についての現物出資財産の価額
i ⑩ 次に掲げる者は，前項第4号に規定する証明をすることができない．
1 取締役，会計参与，監査役若しくは執行役又は支配人その他の使用人
j 2 新株予約権者
3 業務の停止の処分を受け，その停止の期間を経過しない者
4 弁護士法人，監査法人又は税理士法人であって，その社員の半数以上が第1号又は第2号に掲げる者のいずれかに該当するもの
k **第3款　責　任**

（不公正な払込金額で新株予約権を引き受けた者等の責任）
**第285条** ① 新株予約権を行使した新株予約権者は，次の各号に掲げる場合には，株式会社に対し，当該各号に定める額を支払う義務を負う．
1 第238条第1項第2号に規定する場合において，募集新株予約権につき金銭の払込みを要しないこととすることが著しく不公正な条件であるとき（取締役（委員会設置会社にあっては，取締役又は執行役．次号において同じ．）と通じて新株予約権を引き受けた場合に限る．）　当該新株予約権の公正な価額
2 第238条第1項第3号に規定する場合において，取締役と通じて著しく不公正な払込金額で新株予約権を引き受けたとき　当該払込金額と当該新株予約権の公正な価額との差額に相当する金額
3 第282条の規定により株主となった時における その給付した現物出資財産の価額がこれについて定められた第236条第1項第3号の価額に著しく不足する場合　当該不足額
② 前項第3号に掲げる場合において，現物出資財産を給付した新株予約権者が当該現物出資財産の価額がこれについて定められた第236条第1項第3号の価額に著しく不足することにつき善意でかつ重大な過失がないときは，新株予約権の行使に係る意思表示を取り消すことができる．

（出資された財産等の価額が不足する場合の取締役等の責任）
**第286条** ① 前条第1項第3号に掲げる場合には，次に掲げる者（以下この条において「取締役等」という．）は，株式会社に対し，同号に定める額を支払う義務を負う．
1 当該新株予約権者の募集に関する職務を行った業務執行取締役（委員会設置会社にあっては，執行役．以下この号において同じ．）その他当該業務執行取締役の行う業務の執行に職務上関与した者として法務省令で定めるもの
2 現物出資財産の価額の決定に関する株主総会の決議があったときは，当該株主総会に議案を提案した取締役として法務省令で定めるもの
3 現物出資財産の価額の決定に関する取締役会の決議があったときは，当該取締役会に議案を提案した取締役（委員会設置会社にあっては，取締役又は執行役）として法務省令で定めるもの
② 前項の規定にかかわらず，次に掲げる場合には，取締役等は，現物出資財産について同項の義務を負わない．
1 現物出資財産の価額について第284条第2項の検査役の調査を経た場合
2 当該取締役等がその職務を行うについて注意を怠らなかったことを証明した場合
③ 第1項に規定する場合には，第284条第9項第4号に規定する証明をした者（以下この条において「証明者」という．）は，株式会社に対し前条第1項第3号に定める額を支払う義務を負う．ただし，当該証明者が当該証明をするについて注意を怠らなかったことを証明したときは，この限りでない．
④ 新株予約権者がその給付した現物出資財産についての前条第1項第3号に定める額を支払う義務を負う場合において，次に掲げる者が当該現物出資財産について当該各号に定める義務を負うときは，これらの者は，連帯債務者とする．

1 取締役等 第1項の義務
2 証明者 前項本文の義務
### 第4款 雑則
**第287条** 第276条第1項の場合のほか,新株予約権者がその有する新株予約権を行使することができなくなったときは,当該新株予約権は,消滅する.

## 第8節 新株予約権に係る証券
### 第1款 新株予約権証券
（新株予約権証券の発行）
**第288条** ① 証券発行新株予約権を発行した日以後遅滞なく,株式会社は,当該証券発行新株予約権に係る新株予約権証券を発行しなければならない.
② 前項の規定にかかわらず,株式会社は,新株予約権者から請求がある時までは,同項の新株予約権証券を発行しないことができる.

（新株予約権証券の記載事項）
**第289条** 新株予約権証券には,次に掲げる事項及びその番号を記載し,株式会社の代表取締役（委員会設置会社にあっては,代表執行役）がこれに署名し,又は記名押印しなければならない.
1 株式会社の商号
2 当該新株予約権証券に係る証券発行新株予約権の内容及び数

（記名式と無記名式との間の転換）
**第290条** 証券発行新株予約権の新株予約権者は,第236条第1項第11号に掲げる事項についての定めによりすることができないこととされている場合を除き,いつでも,その記名式の新株予約権証券を無記名式とし,又はその無記名式の新株予約権証券を記名式とすることを請求することができる.

（新株予約権証券の喪失）
**第291条** ① 新株予約権証券は,非訟事件手続法第142条に規定する公示催告手続によって無効とすることができる.
② 新株予約権証券を喪失した者は,非訟事件手続法第148条第1項に規定する除権決定を得た後でなければ,その再発行を請求することができない.

### 第2款 新株予約権付社債券
**第292条** ① 証券発行新株予約権付社債に係る新株予約権付社債券には,第697条第1項の規定により記載すべき事項のほか,当該証券発行新株予約権付社債に付された新株予約権の内容及び数を記載しなければならない.
② 証券発行新株予約権付社債についての社債の償還をする場合において,当該証券発行新株予約権付社債に付された新株予約権が消滅していないときは,株式会社は,当該証券発行新株予約権付社債に係る新株予約権付社債券と引換えに社債の償還をすることを請求することができる.この場合においては,株式会社は,社債の償還をするのと引換えに,当該新株予約権付社債券の提示を求め,当該新株予約権付社債券に社債の償還をした旨を記載することができる.

### 第3款 新株予約権証券等の提出
（新株予約権証券の提出に関する公告等）
**第293条** ① 株式会社が次の各号に掲げる行為をする場合において,当該各号に定める新株予約権に係る新株予約権証券（当該新株予約権が新株予約権付社債に付されたものである場合にあっては,当該新株予約権付社債に係る新株予約権付社債券.以下この款において同じ.）を発行しているときは,当該株式会社は,当該行為の効力が生ずる日までに当該株式会社に対し当該新株予約権証券を提出しなければならない旨を当該日の1箇月前までに,公告し,かつ,当該新株予約権証券の新株予約権者及びその登録株予約権質権者には,各別にこれを通知しなければならない.
1 取得条項付新株予約権の取得 当該取得条項付新株予約権
2 組織変更 全部の新株予約権
3 合併（合併により当該株式会社が消滅する場合に限る.） 全部の新株予約権
4 吸収分割 第758条第5号イに規定する吸収分割契約新株予約権
5 新設分割 第763条第10号イに規定する新設分割計画新株予約権
6 株式交換 第768条第1項第4号イに規定する株式交換契約新株予約権
7 株式移転 第773条第1項第9号イに規定する株式移転計画新株予約権
② 株式会社は,前項各号に掲げる行為の効力が生ずる日までに当該株式会社に対して新株予約権証券を提出しない者があるときは,当該行為によって当該新株予約権証券に係る新株予約権の新株予約権者が交付を受けることができる金銭等の交付を拒むことができる.
③ 第1項各号に定める新株予約権に係る新株予約権証券は,同項各号に掲げる行為の効力が生ずる日に無効となる.
④ 第220条の規定は,第1項各号に掲げる行為をした場合において,新株予約権証券を提出することができない者があるときについて準用する.

（無記名式の新株予約権証券等が提出されない場合）
**第294条** ① 第132条の規定にかかわらず,前条第1項第1号に掲げる行為をする場合（株式会社が新株予約権を取得するのと引換えに当該新株予約権の新株予約権者に対して当該株式会社の株式を交付する場合に限る.）において,同項の規定により新株予約権証券（無記名式のものに限る.以下この条において同じ.）が提出されないときは,株式会社は,当該新株予約権証券を有する者が交付を受けることができる株式に係る第121条第1号に掲げる事項を株主名簿に記載し,又は記録することを要しない.
② 前項に規定する場合には,株式会社は,前条第1項の規定により提出しなければならない新株予約権証券を有する者が交付を受けることができる株式の株主に対する通知又は催告をすることを要しない.
③ 第249条及び第259条第1項の規定にかかわらず,前条第1項第1号に掲げる行為をする場合（株式会社が新株予約権を取得するのと引換えに当該新株予約権の新株予約権者に対して当該株式会社の他の新株予約権（新株予約権付社債に付されたものを除く.）を交付する場合に限る.）において,同項の規定により新株予約権証券が提出されないときは,株式会社は,当該新株予約権証券を有する者が交付を受けることができる当該他の新株予約権（無記名新株予約権を除く.）に係る第249条第3号イに掲げる事項を新株予約権原簿に記載し,又は記録することを要しない.
④ 前項に規定する場合には,株式会社は,前条第1項の規定により提出しなければならない新株予約

a 権証券を有する者が交付を受けることができる新株予約権の新株予約権者に対する通知又は催告をすることを要しない。
⑤ 第249条及び第259条第1項の規定にかかわらず、前条第1項第1号に掲げる行為をする場合（株式会社が新株予約権を取得するのと引換えに当該新株予約権者に対して当該新株予約権の新株予約権付社債を交付する場合に限る。）において、同項の規定により新株予約権証券が提出されないときは、株式会社は、当該新株予約権証券を有する者が交付を受けることができる新株予約権付社債（無記名新株予約権付社債を除く。）に付された
c 新株予約権に係る第249条第3号イに掲げる事項を新株予約権原簿に記載し、又は記録することを要しない。
⑥ 前項に規定する場合には、株式会社は、前条第1項の規定により提出しなければならない新株予約権証券を有する者が交付を受けることができる新
d 株予約権付社債に付された新株予約権の新株予約権者に対する通知又は催告をすることを要しない。

## 第4章　機関

### 第1節　株主総会及び種類株主総会
#### 第1款　株主総会

**（株主総会の権限）**
e 第295条　① 株主総会は、この法律に規定する事項及び株式会社の組織、運営、管理その他株式会社に関する一切の事項について決議をすることができる。
② 前項の規定にかかわらず、取締役会設置会社においては、株主総会は、この法律に規定する事項及び
f 定款で定めた事項に限り、決議をすることができる。
③ この法律の規定により株主総会の決議を必要とする事項について、取締役、執行役、取締役会その他の株主総会以外の機関が決定することができることを内容とする定款の定めは、その効力を有しない。
**（株主総会の招集）**
g 第296条　① 定時株主総会は、毎事業年度の終了後一定の時期に招集しなければならない。
② 株主総会は、必要がある場合には、いつでも、招集することができる。
③ 株主総会は、次条第4項の規定により招集する場合を除き、取締役が招集する。
**（株主による招集の請求）**
h 第297条　① 総株主の議決権の100分の3（これを下回る割合を定款で定めた場合にあっては、その割合）以上の議決権を6箇月（これを下回る期間を定款で定めた場合にあっては、その期間）前から引き続き有する株主は、取締役に対し、株主総会の目的である事項（当該株主が議決権を行使することができる事項に限る。）及び招集の理由を示して、株主総会の招集を請求することができる。
② 公開会社でない株式会社における前項の規定の適用については、同項中「6箇月（これを下回る期間を定款で定めた場合にあっては、その期間）前から引き続き有する」とあるのは、「有する」とする。
j ③ 第1項の株主総会の目的である事項について議決権を行使することができない株主が有する議決権の数は、同項の総株主の議決権の数に算入しない。
④ 次に掲げる場合には、第1項の規定による請求をした株主は、裁判所の許可を得て、株主総会を招集することができる。

1　第1項の規定による請求の後遅滞なく招集の手続が行われない場合
2　第1項の規定による請求があった日から8週間（これを下回る期間を定款で定めた場合にあっては、その期間）以内の日を株主総会の日とする株主総会の招集の通知が発せられない場合
**（株主総会の招集の決定）**
第298条　① 取締役（前条第4項の規定により株主が株主総会を招集する場合にあっては、当該株主。次項本文及び次条から第302条までにおいて同じ。）は、株主総会を招集する場合には、次に掲げる事項を定めなければならない。
1　株主総会の日時及び場所
2　株主総会の目的である事項があるときは、当該事項
3　株主総会に出席しない株主が書面によって議決権を行使することができることとするときは、その旨
4　株主総会に出席しない株主が電磁的方法によって議決権を行使することができることとするときは、その旨
5　前各号に掲げるもののほか、法務省令で定める事項
② 取締役は、株主（株主総会において決議をすることができる事項の全部につき議決権を行使することができない株主を除く。次条から第302条までにおいて同じ。）の数が1,000人以上である場合には、前項第3号に掲げる事項を定めなければならない。ただし、当該株式会社が金融商品取引法第2条第16項に規定する金融商品取引所に上場されている株式を発行している株式会社であって法務省令で定めるものである場合は、この限りでない。
③ 取締役会設置会社における前項の規定の適用については、同項中「株主総会において決議をすることができる事項」とあるのは、「前項第2号に掲げる事項」とする。
④ 取締役会設置会社においては、前条第4項の規定により株主が株主総会を招集するときを除き、第1項各号に掲げる事項の決定は、取締役会の決議によらなければならない。
**（株主総会の招集の通知）**
第299条　① 株主総会を招集するには、取締役は、株主総会の日の2週間（前条第1項第3号又は第4号に掲げる事項を定めたときを除き、公開会社でない株式会社にあっては、1週間（当該株式会社が取締役会設置会社以外の株式会社である場合において、これを下回る期間を定款で定めた場合にあっては、その期間））前までに、株主に対してその通知を発しなければならない。
② 次に掲げる場合には、前項の通知は、書面でしなければならない。
1　前条第1項第3号又は第4号に掲げる事項を定めた場合
2　株式会社が取締役会設置会社である場合
③ 取締役は、前項の書面による通知の発出に代えて、政令で定めるところにより、株主の承諾を得て、電磁的方法により通知を発することができる。この場合において、当該取締役は、同項の書面による通知を発したものとみなす。
④ 前2項の通知には、前条第1項各号に掲げる事項を記載し、又は記録しなければならない。
**（招集手続の省略）**

**第300条** 前条の規定にかかわらず、株主総会は、株主の全員の同意があるときは、招集の手続を経ることなく開催することができる。ただし、第298条第1項第3号又は第4号に掲げる事項を定めた場合は、この限りでない。

**（株主総会参考書類及び議決権行使書面の交付等）**

**第301条** ① 取締役は、第298条第1項第3号に掲げる事項を定めた場合には、第299条第1項の通知に際して、法務省令で定めるところにより、株主に対し、議決権の行使について参考となるべき事項を記載した書類（以下この款において「株主総会参考書類」という。）及び株主が議決権を行使するための書面（以下この款において「議決権行使書面」という。）を交付しなければならない。
② 取締役は、第299条第3項の承諾をした株主に対し同項の電磁的方法による通知を発するときは、前項の規定による株主総会参考書類及び議決権行使書面の交付に代えて、これらの書類に記載すべき事項を電磁的方法により提供することができる。ただし、株主の請求があったときは、これらの書類を当該株主に交付しなければならない。

**第302条** ① 取締役は、第298条第1項第4号に掲げる事項を定めた場合には、第299条第1項の通知に際して、法務省令で定めるところにより、株主に対し、株主総会参考書類を交付しなければならない。
② 取締役は、第299条第3項の承諾をした株主に対し同項の電磁的方法による通知を発するときは、前項の規定による株主総会参考書類の交付に代えて、当該株主総会参考書類に記載すべき事項を電磁的方法により提供することができる。ただし、株主の請求があったときは、株主総会参考書類を当該株主に交付しなければならない。
③ 取締役は、第1項に規定する場合には、第299条第3項の承諾をした株主に対する同項の電磁的方法による通知に際して、法務省令で定めるところにより、株主に対し、議決権行使書面に記載すべき事項を当該電磁的方法により提供しなければならない。
④ 取締役は、第1項に規定する場合において、第299条第3項の承諾をしていない株主から株主総会の日の1週間前までに議決権行使書面に記載すべき事項の電磁的方法による提供の請求があったときは、法務省令で定めるところにより、直ちに、当該株主に対し、当該事項を電磁的方法により提供しなければならない。

**（株主提案権）**

**第303条** ① 株主は、取締役に対し、一定の事項（当該株主が議決権を行使することができる事項に限る。次項において同じ。）を株主総会の目的とすることを請求することができる。
② 前項の規定にかかわらず、取締役会設置会社においては、総株主の議決権の100分の1（これを下回る割合を定款で定めた場合にあっては、その割合）以上の議決権又は300個（これを下回る数を定款で定めた場合にあっては、その個数）以上の議決権を6箇月（これを下回る期間を定款で定めた場合にあっては、その期間）前から引き続き有する株主に限り、取締役に対し、一定の事項を株主総会の目的とすることを請求することができる。この場合において、その請求は、株主総会の日の8週間（これを下回る期間を定款で定めた場合にあっては、その期間）前までにしなければならない。
③ 公開会社でない取締役会設置会社における前項の規定の適用については、同項中「6箇月（これを下回る期間を定款で定めた場合にあっては、その期間）前から引き続き有する」とあるのは、「有する」とする。
④ 第2項の一定の事項について議決権を行使することができない株主が有する議決権の数は、同項の総株主の議決権の数に算入しない。

**第304条** 株主は、株主総会において、株主総会の目的である事項（当該株主が議決権を行使することができる事項に限る。次条第1項において同じ。）につき議案を提出することができる。ただし、当該議案が法令若しくは定款に違反する場合又は実質的に同一の議案につき株主総会において総株主（当該議案について議決権を行使することができない株主を除く。）の議決権の10分の1（これを下回る割合を定款で定めた場合にあっては、その割合）以上の賛成を得られなかった日から3年を経過していない場合は、この限りでない。

**第305条** ① 株主は、取締役に対し、株主総会の日の8週間（これを下回る期間を定款で定めた場合にあっては、その期間）前までに、株主総会の目的である事項につき当該株主が提出しようとする議案の要領を株主に通知すること（第299条第2項又は第3項の通知をする場合にあっては、その通知に記載し、又は記録すること）を請求することができる。ただし、取締役会設置会社においては、総株主の議決権の100分の1（これを下回る割合を定款で定めた場合にあっては、その割合）以上の議決権又は300個（これを下回る数を定款で定めた場合にあっては、その個数）以上の議決権を6箇月（これを下回る期間を定款で定めた場合にあっては、その期間）前から引き続き有する株主に限り、当該請求をすることができる。
② 公開会社でない取締役会設置会社における前項ただし書の規定の適用については、同項ただし書中「6箇月（これを下回る期間を定款で定めた場合にあっては、その期間）前から引き続き有する」とあるのは、「有する」とする。
③ 第1項の株主総会の目的である事項について議決権を行使することができない株主が有する議決権の数は、同項ただし書の総株主の議決権の数に算入しない。
④ 前3項の規定は、第1項の議案が法令若しくは定款に違反する場合又は実質的に同一の議案につき株主総会において総株主（当該議案について議決権を行使することができない株主を除く。）の議決権の10分の1（これを下回る割合を定款で定めた場合にあっては、その割合）以上の賛成を得られなかった日から3年を経過していない場合には、適用しない。

**（株主総会の招集手続等に関する検査役の選任）**

**第306条** ① 株式会社又は総株主（株主総会において決議をすることができる事項の全部につき議決権を行使することができない株主を除く。）の議決権の100分の1（これを下回る割合を定款で定めた場合にあっては、その割合）以上の議決権を有する株主は、株主総会に係る招集の手続及び決議の方法を調査させるため、当該株主総会に先立ち、裁判所に対し、検査役の選任の申立てをすることができる。
② 公開会社である取締役会設置会社における前項の規定の適用については、同項中「株主総会において決議をすることができる事項」とあるのは「第

298条第1項第2号に掲げる事項」と,「有する」とあるのは「6箇月（これを下回る期間を定款で定めた場合にあっては,その期間）前から引き続き有する」とし,公開会社でない取締役会設置会社における同様の規定の適用については,同項中「株主総会において決議をすることができる事項」とあるのは,「第298条第1項第2号に掲げる事項」とする.

③ 前2項の規定による検査役の選任の申立てがあった場合には,裁判所は,これを不適法として却下する場合を除き,検査役を選任しなければならない.

④ 裁判所は,前項の検査役を選任した場合には,株式会社が当該検査役に対して支払う報酬の額を定めることができる.

⑤ 第3項の検査役は,必要な調査を行い,当該調査の結果を記載し,又は記録した書面又は電磁的記録（法務省令で定めるものに限る.）を裁判所に提供して報告をしなければならない.

⑥ 裁判所は,前項の報告について,その内容を明瞭にし,又はその根拠を確認するため必要があると認めるときは,第3項の検査役に対し,更に前項の報告を求めることができる.

⑦ 第3項の検査役は,第5項の報告をしたときは,株式会社（検査役の選任の申立てをした者が当該株式会社でない場合にあっては,当該株式会社及びその者）に対し,同項の書面の写しを交付し,又は同項の電磁的記録に記録された事項を法務省令で定める方法により提供しなければならない.

**（裁判所による株主総会招集等の決定）**
**第307条** ① 裁判所は,前条第5項の報告があった場合において,必要があると認めるときは,取締役に対し,次に掲げる措置の全部又は一部を命じなければならない.
 1 一定の期間内に株主総会を招集すること.
 2 前条第5項の調査の結果を株主に通知すること.
② 裁判所が前項第1号に掲げる措置を命じた場合には,取締役は,前条第5項の報告の内容を同号の株主総会において開示しなければならない.
③ 前項に規定する場合には,取締役（監査役設置会社にあっては,取締役及び監査役）は,前条第5項の報告の内容を調査し,その結果を第1項第1号の株主総会に報告しなければならない.

**（議決権の数）**
**第308条** ① 株主（株式会社がその総株主の議決権の4分の1以上を有することその他の事由を通じて株式会社がその経営を実質的に支配することが可能な関係にあるものとして法務省令で定める株主を除く.）は,株主総会において,その有する株式1株につき1個の議決権を有する.ただし,単元株式数を定款で定めている場合には,一単元の株式につき1個の議決権を有する.
② 前項の規定にかかわらず,株式会社は,自己株式については,議決権を有しない.

**（株主総会の決議）**
**第309条** ① 株主総会の決議は,定款に別段の定めがある場合を除き,議決権を行使することができる株主の議決権の過半数を有する株主が出席し,出席した当該株主の議決権の過半数をもって行う.
② 前項の規定にかかわらず,次に掲げる株主総会の決議は,当該株主総会において議決権を行使することができる株主の議決権の過半数（3分の1以上の割合を定款で定めた場合にあっては,その割合以上）を有する株主が出席し,出席した当該株主の議決権の3分の2（これを上回る割合を定款で定めた場合にあっては,その割合）以上に当たる多数をもって行わなければならない.この場合において,当該決議の要件に加えて,一定の数以上の株主の賛成を要する旨その他の要件を定款で定めることを妨げない.
 1 第140条第2項及び第5項の株主総会
 2 第156条第1項の株主総会（第160条第1項の特定の株主を除く場合に限る.）
 3 第171条第1項及び第175条第1項の株主総会
 4 第180条第2項の株主総会
 5 第199条第2項,第200条第1項,第202条第3項第4号及び第204条第2項の株主総会
 6 第238条第2項,第239条第1項,第241条第3項第4号及び第243条第2項の株主総会
 7 第339条第1項の株主総会（第342条第3項から第5項までの規定により選任された取締役を解任する場合又は監査役を解任する場合に限る.）
 8 第425条第1項の株主総会
 9 第447条第1項の株主総会（次のいずれにも該当する場合を除く.）
  イ 定時株主総会において第447条第1項各号に掲げる事項を定めること.
  ロ 第447条第1項第1号の額がイの定時株主総会の日（第439条前段に規定する場合にあっては,第436条第3項の承認があった日）における欠損の額として法務省令で定める方法により算定される額を超えないこと.
 10 第454条第4項の株主総会（配当財産が金銭以外の財産であり,かつ,株主に対して同項第1号に規定する金銭分配請求権を与えないこととする場合に限る.）
 11 第6章から第8章までの規定により株主総会の決議を要する場合における当該株主総会
 12 第5編の規定により株主総会の決議を要する場合における当該株主総会
③ 前2項の規定にかかわらず,次に掲げる株主総会（種類株式発行会社の株主総会を除く.）の決議は,当該株主総会において議決権を行使することができる株主の半数以上（これを上回る割合を定款で定めた場合にあっては,その割合以上）であって,当該株主の議決権の3分の2（これを上回る割合を定款で定めた場合にあっては,その割合）以上に当たる多数をもって行わなければならない.
 1 その発行する全部の株式の内容として譲渡による当該株式の取得について当該株式会社の承認を要する旨の定款の定めを設ける定款の変更を行う株主総会
 2 第783条第1項の株主総会（合併により消滅する株式会社又は株式交換をする株式会社が公開会社であり,かつ,当該株式会社の株主に対して交付する金銭等の全部又は一部が譲渡制限株式等（同条第3項に規定する譲渡制限株式等をいう.次号において同じ.）である場合における当該株主総会に限る.）
 3 第804条第1項の株主総会（合併又は株式移転をする株式会社が公開会社であり,かつ,当該株式会社の株主に対して交付する金銭等の全部又は一部が譲渡制限株式等である場合における当該株主総会に限る.）

④ 前3項の規定にかかわらず，第109条第2項の規定による定款の定めについての定款の変更（当該定款の定めを廃止するものを除く．）を行う株主総会の決議は，総株主の半数以上（これを上回る割合を定款で定めた場合にあっては，その割合以上）であって，総株主の議決権の4分の3（これを上回る割合を定款で定めた場合にあっては，その割合）以上に当たる多数をもって行わなければならない．
⑤ 取締役会設置会社においては，株主総会は，第298条第1項第2号に掲げる事項以外の事項については，決議をすることができない．ただし，第316条第1項若しくは第2項に規定する者の選任又は第398条第2項の会計監査人の出席を求めることについては，この限りでない．

**（議決権の代理行使）**
第310条 ① 株主は，代理人によってその議決権を行使することができる．この場合においては，当該株主又は代理人は，代理権を証明する書面を株式会社に提出しなければならない．
② 前項の代理権の授与は，株主総会ごとにしなければならない．
③ 第1項の株主又は代理人は，代理権を証明する書面の提出に代えて，政令で定めるところにより，株式会社の承諾を得て，当該書面に記載すべき事項を電磁的方法により提供することができる．この場合において，当該株主又は代理人は，当該書面を提出したものとみなす．
④ 株主が第299条第3項の承諾をした者である場合には，株式会社は，正当な理由がなければ，前項の承諾をすることを拒んではならない．
⑤ 株式会社は，株主総会に出席することができる代理人の数を制限することができる．
⑥ 株式会社は，株主総会の日から3箇月間，代理権を証明する書面及び第3項の電磁的方法により提供された事項が記録された電磁的記録をその本店に備え置かなければならない．
⑦ 株主（前項の株主総会において決議をした事項の全部につき議決権を行使することができない株主を除く．次条第4項及び第312条第5項において同じ．）は，株式会社の営業時間内は，いつでも，次に掲げる請求をすることができる．
 1 代理権を証明する書面の閲覧又は謄写の請求
 2 前項の電磁的記録に記録された事項を法務省令で定める方法により表示したものの閲覧又は謄写の請求

**（書面による議決権の行使）**
第311条 ① 書面による議決権の行使は，議決権行使書面に必要な事項を記載し，法務省令で定める時までに当該記載をした議決権行使書面を株式会社に提出して行う．
② 前項の規定により書面によって行使した議決権の数は，出席した株主の議決権の数に算入する．
③ 株式会社は，株主総会の日から3箇月間，第1項の規定により提出された議決権行使書面をその本店に備え置かなければならない．
④ 株主は，株式会社の営業時間内は，いつでも，第1項の規定により提出された議決権行使書面の閲覧又は謄写の請求をすることができる．

**（電磁的方法による議決権の行使）**
第312条 ① 電磁的方法による議決権の行使は，政令で定めるところにより，株式会社の承諾を得て，法務省令で定める時までに議決権行使書面に記載すべき事項を，電磁的方法により当該株式会社に提供して行う．
② 株主が第299条第3項の承諾をした者である場合には，株式会社は，正当な理由がなければ，前項の承諾をすることを拒んではならない．
③ 第1項の規定により電磁的方法によって行使した議決権の数は，出席した株主の議決権の数に算入する．
④ 株式会社は，株主総会の日から3箇月間，第1項の規定により提供された事項を記録した電磁的記録をその本店に備え置かなければならない．
⑤ 株主は，株式会社の営業時間内は，いつでも，前項の電磁的記録に記録された事項を法務省令で定める方法により表示したものの閲覧又は謄写の請求をすることができる．

**（議決権の不統一行使）**
第313条 ① 株主は，その有する議決権を統一しないで行使することができる．
② 取締役会設置会社においては，前項の株主は，株主総会の日の3日前までに，取締役会設置会社に対してその有する議決権を統一しないで行使する旨及びその理由を通知しなければならない．
③ 株式会社は，第1項の株主が他人のために株式を有する者でないときは，当該株主が同項の規定によりその有する議決権を統一しないで行使することを拒むことができる．

**（取締役等の説明義務）**
第314条 取締役，会計参与，監査役及び執行役は，株主総会において，株主から特定の事項について説明を求められた場合には，当該事項について必要な説明をしなければならない．ただし，当該事項が株主総会の目的である事項に関しないものである場合，その説明をすることにより株主の共同の利益を著しく害する場合その他正当な理由がある場合として法務省令で定める場合は，この限りでない．

**（議長の権限）**
第315条 ① 株主総会の議長は，当該株主総会の秩序を維持し，議事を整理する．
② 株主総会の議長は，その命令に従わない者その他当該株主総会の秩序を乱す者を退場させることができる．

**（株主総会に提出された資料等の調査）**
第316条 ① 株主総会においては，その決議によって，取締役，会計参与，監査役，監査役会及び会計監査人が当該株主総会に提出し，又は提供した資料を調査する者を選任することができる．
② 第297条の規定により招集された株主総会においては，その決議によって，株式会社の業務及び財産の状況を調査する者を選任することができる．

**（延期又は続行の決議）**
第317条 株主総会においてその延期又は続行について決議があった場合には，第298条及び第299条の規定は，適用しない．

**（議事録）**
第318条 ① 株主総会の議事については，法務省令で定めるところにより，議事録を作成しなければならない．
② 株式会社は，株主総会の日から10年間，前項の議事録をその本店に備え置かなければならない．
③ 株式会社は，株主総会の日から5年間，第1項の議事録の写しをその支店に備え置かなければならない．ただし，当該議事録が電磁的記録をもって作

成されている場合であって、支店における次項第2号に掲げる請求に応じることを可能とするための措置として法務省令で定めるものをとっているときは、この限りでない。
④ 株主及び債権者は、株式会社の営業時間内は、いつでも、次に掲げる請求をすることができる。
 1 第1項の議事録が書面をもって作成されているときは、当該書面又は当該書面の写しの閲覧又は謄写の請求
 2 第1項の議事録が電磁的記録をもって作成されているときは、当該電磁的記録に記録された事項を法務省令で定める方法により表示したものの閲覧又は謄写の請求
⑤ 株式会社の親会社社員は、その権利を行使するため必要があるときは、裁判所の許可を得て、第1項の議事録について前項各号に掲げる請求をすることができる。

(株主総会の決議の省略)
第319条 ① 取締役又は株主が株主総会の目的である事項について提案をした場合において、当該提案につき株主(当該事項について議決権を行使することができるものに限る。)の全員が書面又は電磁的記録により同意の意思表示をしたときは、当該提案を可決する旨の株主総会の決議があったものとみなす。
② 株式会社は、前項の規定により株主総会の決議があったものとみなされた日から10年間、同項の書面又は電磁的記録をその本店に備え置かなければならない。
③ 株主及び債権者は、株式会社の営業時間内は、いつでも、次に掲げる請求をすることができる。
 1 前項の書面の閲覧又は謄写の請求
 2 前項の電磁的記録に記録された事項を法務省令で定める方法により表示したものの閲覧又は謄写の請求
④ 株式会社の親会社社員は、その権利を行使するため必要があるときは、裁判所の許可を得て、第2項の書面又は電磁的記録について前項各号に掲げる請求をすることができる。
⑤ 第1項の規定により定時株主総会の目的である事項のすべてについての提案を可決する旨の株主総会の決議があったものとみなされた場合には、その時に当該定時株主総会が終結したものとみなす。

(株主総会への報告の省略)
第320条 取締役が株主の全員に対して株主総会に報告すべき事項を通知した場合において、当該事項を株主総会に報告することを要しないことにつき株主の全員が書面又は電磁的記録により同意の意思表示をしたときは、当該事項の株主総会への報告があったものとみなす。

    第2款 種類株主総会
(種類株主総会の権限)
第321条 種類株主総会は、この法律に規定する事項及び定款で定めた事項に限り、決議をすることができる。

(ある種類の種類株主に損害を及ぼすおそれがある場合の種類株主総会)
第322条 ① 種類株式発行会社が次に掲げる行為をする場合において、ある種類の株式の種類株主に損害を及ぼすおそれがあるときは、当該行為は、当該種類の株式の種類株主を構成員とする種類株主総会(当該種類株主に係る株式の種類が二以上ある場合にあっては、当該二以上の株式の種類別に区分された種類株主を構成員とする各種類株主総会。以下この条において同じ。)の決議がなければ、その効力を生じない。ただし、当該種類株主総会において議決権を行使することができる種類株主が存しない場合は、この限りでない。
 1 次に掲げる事項についての定款の変更(第111条第1項又は第2項に規定するものを除く。)
  イ 株式の種類の追加
  ロ 株式の内容の変更
  ハ 発行可能株式総数又は発行可能種類株式総数の増加
 2 株式の併合又は株式の分割
 3 第185条に規定する株式無償割当て
 4 当該株式会社の株式を引き受ける者の募集(第202条第1項第1号に掲げる事項を定めるものに限る。)
 5 当該株式会社の新株予約権を引き受ける者の募集(第241条第1項第1号に掲げる事項を定めるものに限る。)
 6 第277条に規定する新株予約権無償割当て
 7 合併
 8 吸収分割
 9 吸収分割による他の会社がその事業に関して有する権利義務の全部又は一部の承継
 10 新設分割
 11 株式交換
 12 株式交換による他の株式会社の発行済株式全部の取得
 13 株式移転
② 種類株式発行会社は、ある種類の株式の内容として、前項の規定による種類株主総会の決議を要しない旨を定款で定めることができる。
③ 第1項の規定は、前項の規定による定款の定めがある種類の株式の種類株主を構成員とする種類株主総会については、適用しない。ただし、同項第1号に規定する定款の変更(単元株式数についてのものを除く。)を行う場合は、この限りでない。
④ ある種類の株式の発行後に定款を変更して当該種類の株式について第2項の規定による定款の定めを設けようとするときは、当該種類の種類株主全員の同意を得なければならない。

(種類株主総会の決議を必要とする旨の定めがある場合)
第323条 種類株式発行会社において、ある種類の株式の内容として、決議(取締役会設置会社にあっては株主総会又は取締役会、第478条第6項に規定する清算人会設置会社にあっては株主総会又は清算人会)において決議すべき事項について、当該決議のほか、当該種類の株式の種類株主を構成員とする種類株主総会の決議があることを必要とする旨の定めがあるときは、当該事項は、その定款の定めに従い、株主総会、取締役会又は清算人会の決議のほか、当該種類の株式の種類株主を構成員とする種類株主総会の決議がなければ、その効力を生じない。ただし、当該種類株主総会において議決権を行使することができる種類株主が存しない場合は、この限りでない。

(種類株主総会の決議)
第324条 ① 種類株主総会の決議は、定款に別段の定めがある場合を除き、その種類の株式の総株主の議決権の過半数を有する株主が出席し、出席した当

該株主の議決権の過半数をもって行う．
② 前項の規定にかかわらず，次に掲げる種類株主総会の決議は，当該種類株主総会において議決権を行使することができる株主の議決権の過半数（3分の1以上の割合を定款で定めた場合にあっては，その割合以上）を有する株主が出席し，出席した当該株主の議決権の3分の2（これを上回る割合を定款で定めた場合にあっては，その割合）以上に当たる多数をもって行わなければならない．この場合においては，当該決議の要件に加えて，一定の数以上の株主の賛成を要する旨その他の要件を定款で定めることを妨げない．
 1 第111条第2項の種類株主総会（ある種類の株式の内容として第108条第1項第7号に掲げる事項についての定款の定めを設ける場合に限る．）
 2 第199条第4項及び第200条第4項の種類株主総会
 3 第238条第4項及び第239条第4項の種類株主総会
 4 第322条第1項の種類株主総会
 5 第347条第2項の規定により読み替えて適用する第339条第1項の種類株主総会
 6 第795条第4項の種類株主総会
③ 前2項の規定にかかわらず，次に掲げる種類株主総会の決議は，当該種類株主総会において議決権を行使することができる株主の半数以上（これを上回る割合を定款で定めた場合にあっては，その割合以上）であって，当該種類株主の議決権の3分の2（これを上回る割合を定款で定めた場合にあっては，その割合）以上に当たる多数をもって行わなければならない．
 1 第111条第2項の種類株主総会（ある種類の株式の内容として第108条第1項第4号に掲げる事項についての定款の定めを設ける場合に限る．）
 2 第783条第3項及び第804条第3項の種類株主総会

**（株主総会に関する規定の準用）**
**第325条** 前款（第295条第1項第2項，第296条第1項及び第2項並びに第309条を除く．）の規定は，種類株主総会について準用する．この場合において，第297条第1項中「総株主」とあるのは「総株主（ある種類の株式の株主に限る．以下この款（第308条第1項を除く．）において同じ．）」と，「株主は」とあるのは「株主（ある種類の株式の株主に限る．以下この款（第318条第4項及び第319条第3項を除く．）において同じ．）は」と読み替えるものとする．

**第2節　株主総会以外の機関の設置**
**（株主総会以外の機関の設置）**
**第326条** ① 株式会社には，1人又は2人以上の取締役を置かなければならない．
② 株式会社は，定款の定めによって，取締役会，会計参与，監査役，監査役会，会計監査人又は委員会を置くことができる．

**（取締役会等の設置義務等）**
**第327条** ① 次に掲げる株式会社は，取締役会を置かなければならない．
 1 公開会社
 2 監査役会設置会社
 3 委員会設置会社
② 取締役会設置会社（委員会設置会社を除く．）は，監査役を置かなければならない．ただし，公開会社でない会計参与設置会社については，この限りでない．
③ 会計監査人設置会社（委員会設置会社を除く．）は，監査役を置かなければならない．
④ 監査役設置会社は，監査役を置いてはならない．
⑤ 委員会設置会社は，会計監査人を置かなければならない．

**（大会社における監査役会等の設置義務）**
**第328条** ① 大会社（公開会社でないもの及び委員会設置会社を除く．）は，監査役会及び会計監査人を置かなければならない．
② 公開会社でない大会社は，会計監査人を置かなければならない．

**第3節　役員及び会計監査人の選任及び解任**
**第1款　選　任**
**（選　任）**
**第329条** ① 役員（取締役，会計参与及び監査役をいう．以下この節，第371条第4項及び第394条第3項において同じ．）及び会計監査人は，株主総会の決議によって選任する．
② 前項の決議をする場合には，法務省令で定めるところにより，役員が欠けた場合又はこの法律若しくは定款で定めた役員の員数を欠くこととなるときに備えて補欠の役員を選任することができる．

**（株式会社と役員等との関係）**
**第330条** 株式会社と役員及び会計監査人との関係は，委任に関する規定に従う．

**（取締役の資格等）**
**第331条** ① 次に掲げる者は，取締役となることができない．
 1 法人
 2 成年被後見人若しくは被保佐人又は外国の法令上これらと同様に取り扱われている者
 3 この法律若しくは一般社団法人及び一般財団法人に関する法律（平成18年法律第48号）の規定に違反し，又は金融商品取引法第197条，第197条の2第1号から第10号の3まで若しくは第13号，第198条第8号，第199条，第200条第1号から第12号の2まで，第20号若しくは第21号，第203条第3項若しくは第205条第1号から第6号まで，第19号若しくは第20号の罪，民事再生法（平成11年法律第225号）第255条，第256条，第258条から第260条まで若しくは第262条の罪，外国倒産処理手続の承認援助に関する法律（平成12年法律第129号）第65条，第66条，第68条若しくは第69条の罪，会社更生法（平成14年法律第154号）第266条，第267条，第269条から第271条まで若しくは第273条の罪若しくは破産法（平成16年法律第75号）第265条，第266条，第268条から第272条まで若しくは第274条の罪を犯し，刑に処せられ，その執行を終わり，又はその執行を受けることがなくなった日から2年を経過しない者
 4 前号に規定する法律の規定以外の法令の規定に違反し，禁錮（こ）以上の刑に処せられ，その執行を終わるまで又はその執行を受けることがなくなるまでの者（刑の執行猶予中の者を除く．）
② 株式会社は，取締役が株主でなければならない旨を定款で定めることができない．ただし，公開会社でない株式会社においては，この限りでない．
③ 委員会設置会社の取締役は，当該委員会設置会社の支配人その他の使用人を兼ねることができない．
④ 取締役会設置会社においては，取締役は，3人以上でなければならない．

（取締役の任期）
第332条 ① 取締役の任期は，選任後2年以内に終了する事業年度のうち最終のものに関する定時株主総会の終結の時までとする．ただし，定款又は株主総会の決議によって，その任期を短縮することを妨げない．
② 前項の規定は，公開会社でない株式会社（委員会設置会社を除く．）において，定款によって，同項の任期を選任後10年以内に終了する事業年度のうち最終のものに関する定時株主総会の終結の時まで伸長することを妨げない．
③ 委員会設置会社の取締役についての第1項の規定の適用については，同項中「2年」とあるのは，「1年」とする．
④ 前3項の規定にかかわらず，次に掲げる定款の変更をした場合には，取締役の任期は，当該定款の変更の効力が生じた時に満了する．
 1 委員会を置く旨の定款の変更
 2 委員会を置く旨の定款の定めを廃止する定款の変更
 3 その発行する株式の全部の内容として譲渡による当該株式の取得について当該株式会社の承認を要する旨の定款の定めを廃止する定款の変更（委員会設置会社がするものを除く．）
（会計参与の資格等）
第333条 ① 会計参与は，公認会計士若しくは監査法人又は税理士若しくは税理士法人でなければならない．
② 会計参与に選任された監査法人又は税理士法人は，その社員の中から会計参与の職務を行うべき者を選定し，これを株式会社に通知しなければならない．この場合においては，次項各号に掲げる者を選定することはできない．
③ 次に掲げる者は，会計参与となることができない．
 1 株式会社若しくはその子会社の取締役，監査役若しくは執行役又は支配人その他の使用人
 2 業務の停止の処分を受け，その停止の期間を経過しない者
 3 税理士法（昭和26年法律第237号）第43条の規定により同法第2条第2項に規定する税理士業務を行うことができない者
第334条 ① 第332条の規定は，会計参与の任期について準用する．
② 前項において準用する第332条の規定にかかわらず，会計参与設置会社が会計参与を置く旨の定款の定めを廃止する定款の変更をした場合には，会計参与の任期は，当該定款の変更の効力が生じた時に満了する．
（監査役の資格等）
第335条 ① 第331条第1項及び第2項の規定は，監査役について準用する．
② 監査役は，株式会社若しくはその子会社の取締役若しくは支配人その他の使用人又は当該子会社の会計参与（会計参与が法人であるときは，その職務を行うべき社員）若しくは執行役を兼ねることができない．
③ 監査役会設置会社においては，監査役は，3人以上で，そのうち半数以上は，社外監査役でなければならない．
（監査役の任期）
第336条 ① 監査役の任期は，選任後4年以内に終了する事業年度のうち最終のものに関する定時株主総会の終結の時までとする．
② 前項の規定は，公開会社でない株式会社において，定款によって，同項の任期を選任後10年以内に終了する事業年度のうち最終のものに関する定時株主総会の終結の時まで伸長することを妨げない．
③ 第1項の規定は，定款によって，任期の満了前に退任した監査役の補欠として選任された監査役の任期を退任した監査役の任期の満了する時までとすることを妨げない．
④ 前3項の規定にかかわらず，次に掲げる定款の変更をした場合には，監査役の任期は，当該定款の変更の効力が生じた時に満了する．
 1 監査役を置く旨の定款の定めを廃止する定款の変更
 2 委員会を置く旨の定款の変更
 3 監査役の監査の範囲を会計に関するものに限定する旨の定款の定めを廃止する定款の変更
 4 その発行する全部の株式の内容として譲渡による当該株式の取得について当該株式会社の承認を要する旨の定款の定めを廃止する定款の変更
（会計監査人の資格等）
第337条 ① 会計監査人は，公認会計士又は監査法人でなければならない．
② 会計監査人に選任された監査法人は，その社員の中から会計監査人の職務を行うべき者を選定し，これを株式会社に通知しなければならない．この場合においては，次項第2号に掲げる者を選定することはできない．
③ 次に掲げる者は，会計監査人となることができない．
 1 公認会計士法の規定により，第435条第2項に規定する計算書類について監査をすることができない者
 2 株式会社の子会社若しくはその取締役，会計参与，監査役若しくは執行役から公認会計士若しくは監査法人の業務以外の業務により継続的な報酬を受けている者又はその配偶者
 3 監査法人でその社員の半数以上が前号に掲げる者であるもの
（会計監査人の任期）
第338条 ① 会計監査人の任期は，選任後1年以内に終了する事業年度のうち最終のものに関する定時株主総会の終結の時までとする．
② 会計監査人は，前項の定時株主総会において別段の決議がされなかったときは，当該定時株主総会において再任されたものとみなす．
③ 前2項の規定にかかわらず，会計監査人設置会社が会計監査人を置く旨の定款の定めを廃止する定款の変更をした場合には，会計監査人の任期は，当該定款の変更の効力が生じた時に満了する．

#### 第2款 解 任

（解 任）
第339条 ① 役員及び会計監査人は，いつでも，株主総会の決議によって解任することができる．
② 前項の規定により解任された者は，その解任について正当な理由がある場合を除き，株式会社に対し，解任によって生じた損害の賠償を請求することができる．
（監査役等による会計監査人の解任）
第340条 ① 監査役は，会計監査人が次のいずれかに該当するときは，その会計監査人を解任することができる．

1 職務上の義務に違反し、又は職務を怠ったとき．
2 会計監査人としてふさわしくない非行があったとき．
3 心身の故障のため、職務の執行に支障があり、又はこれに堪えないとき．
② 前項の規定による解任は、監査役が2人以上ある場合には、監査役の全員の同意によって行わなければならない．
③ 第1項の規定により会計監査人を解任したときは、監査役（監査役が2人以上ある場合にあっては、監査役の互選によって定めた監査役）は、その旨及び解任の理由を解任後最初に招集される株主総会に報告しなければならない．
④ 監査役会設置会社における前3項の規定の適用については、第1項中「監査役」とあるのは「監査役会」と、第2項中「監査役が2人以上ある場合には、監査役」とあるのは「監査役」と、前項中「監査役（監査役が2人以上ある場合にあっては、監査役の互選によって定めた監査役）」とあるのは「監査会が選定した監査役」とする．
⑤ 委員会設置会社における第1項から第3項までの規定の適用については、第1項中「監査役」とあるのは「監査委員会」と、第2項中「監査役が2人以上ある場合には、監査役」とあるのは「監査委員会の委員」と、第3項中「監査役（監査役が2人以上ある場合にあっては、監査役の互選によって定めた監査役）」とあるのは「監査委員会が選定した監査委員会の委員」とする．

### 第3款　選任及び解任の手続に関する特則
**（役員の選任及び解任の株主総会の決議）**
**第341条**　第309条第1項の規定にかかわらず、役員を選任し、又は解任する株主総会の決議は、議決権を行使することができる株主の議決権の過半数（3分の1以上の割合を定款で定めた場合にあっては、その割合以上）を有する株主が出席し、出席した当該株主の議決権の過半数（これを上回る割合を定款で定めた場合にあっては、その割合以上）をもって行わなければならない．

**（累積投票による取締役の選任）**
**第342条**　① 株主総会の目的である事項が2人以上の取締役の選任である場合には、株主（取締役の選任について議決権を行使することができる株主に限る．以下この条において同じ．）は、定款に別段の定めがあるときを除き、株式会社に対し、第3項から第5項までに規定するところにより取締役を選任すべきことを請求することができる．
② 前項の規定による請求は、同項の株主総会の日の5日前までにしなければならない．
③ 第308条第1項の規定にかかわらず、第1項の規定による請求があった場合には、取締役の選任の決議については、株主は、その有する株式1株（単元株式数を定款で定めている場合にあっては、一単元の株式）につき、当該株主総会において選任する取締役の数と同数の議決権を有する．この場合においては、株主は、1人のみに投票し、又は2人以上に投票して、議決権を行使することができる．
④ 前項の場合には、投票の最多数を得た者から順次取締役に選任されたものとする．
⑤ 前2項に定めるもののほか、第1項の規定による請求があった場合における取締役の選任に関し必要な事項は、法務省令で定める．
⑥ 前条の規定は、前3項に規定するところにより選任された取締役の解任の決議については、適用しない．

**（監査役の選任に関する監査役の同意等）**
**第343条**　① 取締役は、監査役がある場合において、監査役の選任に関する議案を株主総会に提出するには、監査役（監査役が2人以上ある場合にあっては、その過半数）の同意を得なければならない．
② 監査役は、取締役に対し、監査役の選任を株主総会の目的とすること又は監査役の選任に関する議案を株主総会に提出することを請求することができる．
③ 監査役会設置会社における前2項の規定の適用については、第1項中「監査役（監査役が2人以上ある場合にあっては、その過半数）」とあるのは「監査役会」と、前項中「監査役は」とあるのは「監査役会は」とする．
④ 第341条の規定は、監査役の解任の決議については、適用しない．

**（会計監査人の選任に関する監査役の同意等）**
**第344条**　① 監査役設置会社においては、取締役は、次に掲げる行為をするには、監査役（監査役が2人以上ある場合にあっては、その過半数）の同意を得なければならない．
1 会計監査人の選任に関する議案を株主総会に提出すること．
2 会計監査人の解任を株主総会の目的とすること．
3 会計監査人を再任しないことを株主総会の目的とすること．
② 監査役は、取締役に対し、次に掲げる行為をすることを請求することができる．
1 会計監査人の選任に関する議案を株主総会に提出すること．
2 会計監査人の選任又は解任を株主総会の目的とすること．
3 会計監査人を再任しないことを株主総会の目的とすること．
③ 監査役会設置会社における前2項の規定の適用については、第1項中「監査役（監査役が2人以上ある場合にあっては、その過半数）」とあり、及び前項中「監査役は」とあるのは、「監査役会は」とする．

**（会計参与等の選任等についての意見の陳述）**
**第345条**　① 会計参与は、株主総会において、会計参与の選任若しくは解任又は辞任について意見を述べることができる．
② 会計参与を辞任した者は、辞任後最初に招集される株主総会に出席して、辞任した旨及びその理由を述べることができる．
③ 取締役は、前項の者に対し、同項の株主総会を招集する旨及び第298条第1項第1号に掲げる事項を通知しなければならない．
④ 第1項の規定は監査役について、前2項の規定は監査役を辞任した者について、それぞれ準用する．この場合において、第1項中「会計参与の」とあるのは、「監査役の」と読み替えるものとする．
⑤ 第1項の規定は会計監査人について、第2項及び第3項の規定は会計監査人を辞任した者及び第340条第1項の規定により会計監査人を解任された者について、それぞれ準用する．この場合において、第1項中「株主総会において、会計参与の選任若しくは解任又は辞任について」とあるのは「会計監査人の選任、解任若しくは不再任又は辞任について、株主総会に出席して」と、第2項中「辞任後」とあるのは「解任後又は辞任後」と、「辞任した旨及び

その理由」とあるのは「辞任した旨及びその理由又は解任についての意見」と読み替えるものとする.

**(役員等に欠員を生じた場合の措置)**
**第346条** ① 役員が欠けた場合又はこの法律若しくは定款で定めた役員の員数が欠けた場合には,任期の満了又は辞任により退任した役員は,新たに選任された役員(次項の一時役員の職務を行うべき者を含む.)が就任するまで,なお役員としての権利義務を有する.
② 前項に規定する場合において,裁判所は,必要があると認めるときは,利害関係人の申立てにより,一時役員の職務を行うべき者を選任することができる.
③ 裁判所は,前項の一時役員の職務を行うべき者を選任した場合には,株式会社がその者に対して支払う報酬の額を定めることができる.
④ 会計監査人が欠けた場合又は定款で定めた会計監査人の員数が欠けた場合において,遅滞なく会計監査人が選任されないときは,監査役は,一時会計監査人の職務を行うべき者を選任しなければならない.
⑤ 第337条及び第340条の規定は,前項の一時会計監査人の職務を行うべき者について準用する.
⑥ 監査役会設置会社における第4項の規定の適用については,同項中「監査役」とあるのは,「監査役会」とする.
⑦ 委員会設置会社における第4項の規定の適用については,同項中「監査役」とあるのは,「監査委員会」とする.

**(種類株主総会における取締役又は監査役の選任等)**
**第347条** ① 第108条第1項第9号に掲げる事項(取締役に関するものに限る.)についての定めがある種類の株式を発行している場合における第329条第1項,第332条第1項,第339条第1項及び第341条の規定の適用については,第329条第1項中「株主総会」とあるのは「株主総会(取締役については,第108条第2項第9号に定める事項についての定款の定めに従い,各種類の株式の種類株主を構成員とする種類株主総会)」と,第332条第1項及び第339条第1項中「株主総会の決議」とあるのは「株主総会(第41条第1項の規定により又は第90条第2項の規定により読み替えて適用する第329条第1項の規定により読み替えて適用する第329条第1項の種類株主総会において選任された取締役については,当該取締役の選任に係る種類の株式の種類株主を構成員とする種類株主総会(定款に別段の定めがある場合又は当該取締役の任期満了前に当該種類株主総会において議決権を行使することができる株主が存在しなくなった場合にあっては,株主総会))の決議」と,第341条中「第309条第1項」とあるのは「第309条第1項及び第324条」と,「株主総会」とあるのは「株主総会(第347条第1項の規定により読み替えて適用する第329条第1項の種類株主総会を含む.)」とする.
② 第108条第1項第9号に掲げる事項(監査役に関するものに限る.)についての定めがある種類の株式を発行している場合における第329条第1項,第339条第1項,第341条並びに第343条第1項及び第2項の規定の適用については,第329条第1項中「株主総会」とあるのは「株主総会(監査役については,第108条第2項第9号に定める事項についての定款の定めに従い,各種類の株式の種類株主を構成員とする種類株主総会)」と,第339条第1項中「株主総会」とあるのは「株主総会(第41条第3項において準用する同条第1項の規定により又は第90条第2項において準用する同条第1項の種類創立総会若しくは第347条第2項の規定により読み替えて適用する第329条第1項の種類株主総会において選任された監査役については,当該監査役の選任に係る種類の株式の種類株主を構成員とする種類株主総会(定款に別段の定めがある場合又は当該監査役の任期満了前に当該種類株主総会において議決権を行使することができる株主が存在しなくなった場合にあっては,株主総会))」と,第341条中「第309条第1項」とあるのは「第309条第1項及び第324条」と,「株主総会」とあるのは「株主総会(第347条第2項の規定により読み替えて適用する第329条第1項の種類株主総会を含む.)」と,第343条第1項及び第2項中「株主総会」とあるのは「第347条第2項の規定により読み替えて適用する第329条第1項の種類株主総会」とする.

**第4節 取締役**
**(業務の執行)**
**第348条** ① 取締役は,定款に別段の定めがある場合を除き,株式会社(取締役会設置会社を除く.以下この条において同じ.)の業務を執行する.
② 取締役が2人以上ある場合には,株式会社の業務は,定款に別段の定めがある場合を除き,取締役の過半数をもって決定する.
③ 前項の場合には,取締役は,次に掲げる事項についての決定を各取締役に委任することができない.
 1 支配人の選任及び解任
 2 支店の設置,移転及び廃止
 3 第298条第1項各号(第325条において準用する場合を含む.)に掲げる事項
 4 取締役の職務の執行が法令及び定款に適合することを確保するための体制その他株式会社の業務の適正を確保するために必要なものとして法務省令で定める体制の整備
 5 第426条第1項の規定による定款の定めに基づく第423条第1項の責任の免除
④ 大会社においては,取締役は,前項第4号に掲げる事項を決定しなければならない.

**(株式会社の代表)**
**第349条** ① 取締役は,株式会社を代表する.ただし,他に代表取締役その他株式会社を代表する者を定めた場合は,この限りでない.
② 前項本文の取締役が2人以上ある場合には,取締役は,各自,株式会社を代表する.
③ 株式会社(取締役会設置会社を除く.)は,定款,定款の定めに基づく取締役の互選又は株主総会の決議によって,取締役の中から代表取締役を定めることができる.
④ 代表取締役は,株式会社の業務に関する一切の裁判上又は裁判外の行為をする権限を有する.
⑤ 前項の権限に加えた制限は,善意の第三者に対抗することができない.

**(代表者の行為についての損害賠償責任)**
**第350条** 株式会社は,代表取締役その他の代表者がその職務を行うについて第三者に加えた損害を賠償する責任を負う.

**(代表取締役に欠員を生じた場合の措置)**

第2編 第4章 機関　　403　　59 会社法

第351条 ① 代表取締役が欠けた場合又は定款で定めた代表取締役の員数が欠けた場合には,任期の満了又は辞任により退任した代表取締役は,新たに選定された代表取締役(次項の一時代表取締役の職務を行うべき者を含む.)が就任するまで,なお代表取締役としての権利義務を有する.
② 前項に規定する場合において,裁判所は,必要があると認めるときは,利害関係人の申立てにより,一時代表取締役の職務を行うべき者を選任することができる.
③ 裁判所は,前項の一時代表取締役の職務を行うべき者を選任した場合には,株式会社がその者に対して支払う報酬の額を定めることができる.
(取締役の職務を代行する者の権限)
第352条 ① 民事保全法(平成元年法律第91号)第56条に規定する仮処分命令により選任された取締役又は代表取締役の職務を代行する者は,仮処分命令に別段の定めがある場合を除き,株式会社の常務に属しない行為をするには,裁判所の許可を得なければならない.
② 前項の規定に違反して行った取締役又は代表取締役の職務を代行する者の行為は,無効とする. ただし,株式会社は,これをもって善意の第三者に対抗することができない.
(株式会社と取締役との間の訴えにおける会社の代表)
第353条 第349条第4項の規定にかかわらず,株式会社が取締役(取締役であった者を含む. 以下この条において同じ.)に対し,又は取締役が株式会社に対して訴えを提起する場合には,株主総会は,当該訴えについて株式会社を代表する者を定めることができる.
(表見代表取締役)
第354条 株式会社は,代表取締役以外の取締役に社長,副社長その他株式会社を代表する権限を有するものと認められる名称を付した場合には,当該取締役がした行為について,善意の第三者に対してその責任を負う.
(忠実義務)
第355条 取締役は,法令及び定款並びに株主総会の決議を遵守し,株式会社のため忠実にその職務を行わなければならない.
(競業及び利益相反取引の制限)
第356条 ① 取締役は,次に掲げる場合には,株主総会において,当該取引につき重要な事実を開示し,その承認を受けなければならない.
1 取締役が自己又は第三者のために株式会社の事業の部類に属する取引をしようとするとき.
2 取締役が自己又は第三者のために株式会社と取引をしようとするとき.
3 株式会社が取締役の債務を保証することその他取締役以外の者との間において株式会社と当該取締役との利益が相反する取引をしようとするとき.
② 民法第108条の規定は,前項の承認を受けた同項第2号の取引については,適用しない.
(取締役の報告義務)
第357条 ① 取締役は,株式会社に著しい損害を及ぼすおそれのある事実があることを発見したときは,直ちに,当該事実を株主(監査役設置会社にあっては,監査役)に報告しなければならない.
② 監査役設置会社における前項の規定の適用については,同項中「株主(監査役設置会社にあって

は,監査役)」とあるのは,「監査役会」とする.
(業務の執行に関する検査役の選任)
第358条 ① 株式会社の業務の執行に関し,不正の行為又は法令若しくは定款に違反する重大な事実があることを疑うに足りる事由があるときは,次に掲げる株主は,当該株式会社の業務及び財産の状況を調査させるため,裁判所に対し,検査役の選任の申立てをすることができる.
1 総株主(株主総会において決議をすることができる事項の全部につき議決権を行使することができない株主を除く.)の議決権の100分の3(これを下回る割合を定款で定めた場合にあっては,その割合)以上の議決権を有する株主
2 発行済株式(自己株式を除く.)の100分の3(これを下回る割合を定款で定めた場合にあっては,その割合)以上の数の株式を有する株主
② 前項の申立てがあった場合には,裁判所は,これを不適法として却下する場合を除き,検査役を選任しなければならない.
③ 裁判所は,前項の検査役を選任した場合には,株式会社が当該検査役に対して支払う報酬の額を定めることができる.
④ 第2項の検査役は,その職務を行うため必要があるときは,株式会社の子会社の業務及び財産の状況を調査することができる.
⑤ 第2項の検査役は,必要な調査を行い,当該調査の結果を記載し,又は記録した書面又は電磁的記録(法務省令で定めるものに限る.)を裁判所に提供して報告をしなければならない.
⑥ 裁判所は,前項の報告について,その内容を明瞭にし,又はその根拠を確認するため必要があると認めるときは,第2項の検査役に対し,更に前項の報告を求めることができる.
⑦ 第2項の検査役は,第5項の報告をしたときは,株式会社及び検査役の選任の申立てをした株主に対し,同項の書面の写しを交付し,又は同項の電磁的記録に記録された事項を法務省令で定める方法により提供しなければならない.
(裁判所による株主総会招集等の決定)
第359条 ① 裁判所は,前条第5項の報告があった場合において,必要があると認めるときは,取締役に対し,次に掲げる措置の全部又は一部を命じなければならない.
1 一定の期間内に株主総会を招集すること.
2 前条第5項の調査の結果を株主に通知すること.
② 裁判所が前項第1号に掲げる措置を命じた場合には,取締役は,前条第5項の報告の内容を同号の株主総会において開示しなければならない.
③ 前項に規定する場合には,取締役(監査役設置会社にあっては,取締役及び監査役)は,前条第5項の報告の内容を調査し,その結果を第1項第1号の株主総会に報告しなければならない.
(株主による取締役の行為の差止め)
第360条 ① 6箇月(これを下回る期間を定款で定めた場合にあっては,その期間)前から引き続き株式を有する株主は,取締役が株式会社の目的の範囲外の行為その他法令若しくは定款に違反する行為をし,又はこれらの行為をするおそれがある場合において,当該行為によって当該株式会社に著しい損害が生ずるおそれがあるときは,当該取締役に対し,当該行為をやめることを請求することができる.
② 公開会社でない株式会社における前項の規定の

適用については,同項中「6箇月(これを下回る期間を定款で定めた場合にあっては,その期間)前から引き続き株式を有する株主」とあるのは,「株主」とする.
③ 監査役設置会社又は委員会設置会社における第1項の規定の適用については,同項中「著しい損害」とあるのは,「回復することができない損害」とする.

(取締役の報酬等)
**第361条** ① 取締役の報酬,賞与その他の職務執行の対価として株式会社から受ける財産上の利益(以下この章において「報酬等」という.)についての次に掲げる事項は,定款に当該事項を定めていないときは,株主総会の決議によって定める.
 1 報酬等のうち額が確定しているものについては,その額
 2 報酬等のうち額が確定していないものについては,その具体的な算定方法
 3 報酬等のうち金銭でないものについては,その具体的な内容
② 前項第2号又は第3号に掲げる事項を定め,又はこれを改定する議案を株主総会に提出した取締役は,当該株主総会において,当該事項を相当とする理由を説明しなければならない.

### 第5節 取締役会
#### 第1款 権限等
(取締役会の権限等)
**第362条** ① 取締役会は,すべての取締役で組織する.
② 取締役会は,次に掲げる職務を行う.
 1 取締役会設置会社の業務執行の決定
 2 取締役の職務の執行の監督
 3 代表取締役の選定及び解職
③ 取締役会は,取締役の中から代表取締役を選定しなければならない.
④ 取締役会は,次に掲げる事項その他の重要な業務執行の決定を取締役に委任することができない.
 1 重要な財産の処分及び譲受け
 2 多額の借財
 3 支配人その他の重要な使用人の選任及び解任
 4 支店その他の重要な組織の設置,変更及び廃止
 5 第676条第1号に掲げる事項その他の社債を引き受ける者の募集に関する重要な事項として法務省令で定める事項
 6 取締役の職務の執行が法令及び定款に適合することを確保するための体制その他株式会社の業務の適正を確保するために必要なものとして法務省令で定める体制の整備
 7 第426条第1項の規定による定款の定めに基づく第423条第1項の責任の免除
⑤ 大会社である取締役会設置会社においては,取締役会は,前項第6号に掲げる事項を決定しなければならない.

(取締役会設置会社の取締役の権限)
**第363条** ① 次に掲げる取締役は,取締役会設置会社の業務を執行する.
 1 代表取締役
 2 代表取締役以外の取締役であって,取締役会の決議によって取締役会設置会社の業務を執行する取締役として選定されたもの
② 前項各号に掲げる取締役は,3箇月に1回以上,自己の職務の執行の状況を取締役会に報告しなければならない.

(取締役会設置会社と取締役との間の訴えにおける会社の代表)
**第364条** 第353条に規定する場合には,取締役会は,同条の規定による株主総会の定めがある場合を除き,同条の訴えについて取締役会設置会社を代表する者を定めることができる.

(競業及び取締役会設置会社との取引等の制限)
**第365条** ① 取締役会設置会社における第356条の規定の適用については,同条第1項中「株主総会」とあるのは,「取締役会」とする.
② 取締役会設置会社においては,第356条第1項各号の取引をした取締役は,当該取引後,遅滞なく,当該取引についての重要な事実を取締役会に報告しなければならない.

#### 第2款 運営
(招集権者)
**第366条** ① 取締役会は,各取締役が招集する.ただし,取締役会を招集する取締役を定款又は取締役会で定めたときは,その取締役が招集する.
② 前項ただし書に規定する場合には,同項ただし書の規定により定められた取締役(以下この章において「招集権者」という.)以外の取締役は,招集権者に対し,取締役会の目的である事項を示して,取締役会の招集を請求することができる.
③ 前項の規定による請求があった日から5日以内に,その請求があった日から2週間以内の日を取締役会の日とする取締役会の招集の通知が発せられない場合には,その請求をした取締役は,取締役会を招集することができる.

(株主による招集の請求)
**第367条** ① 取締役会設置会社(監査役設置会社及び委員会設置会社を除く.)の株主は,取締役が取締役会設置会社の目的の範囲外の行為その他法令若しくは定款に違反する行為をし,又はこれらの行為をするおそれがあると認めるときは,取締役会の招集を請求することができる.
② 前項の規定による請求は,取締役(前条第1項ただし書に規定する場合にあっては,招集権者)に対し,取締役会の目的である事項を示して行わなければならない.
③ 前条第3項の規定は,第1項の規定による請求があった場合について準用する.
④ 第1項の規定による請求を行った株主は,当該請求に基づき招集され,又は前項において準用する前条第3項の規定により招集した取締役会に出席し,意見を述べることができる.

(招集手続)
**第368条** ① 取締役会を招集する者は,取締役会の日の1週間(これを下回る期間を定款で定めた場合にあっては,その期間)前までに,各取締役(監査役設置会社にあっては,各取締役及び各監査役)に対してその通知を発しなければならない.
② 前項の規定にかかわらず,取締役会は,取締役(監査役設置会社にあっては,取締役及び監査役)の全員の同意があるときは,招集の手続を経ることなく開催することができる.

(取締役会の決議)
**第369条** ① 取締役会の決議は,議決に加わることができる取締役の過半数(これを上回る割合を定款で定めた場合にあっては,その割合以上)が出席し,その過半数(これを上回る割合を定款で定めた場合にあっては,その割合以上)をもって行う.

② 前項の決議について特別の利害関係を有する取締役は、議決に加わることができない。
③ 取締役会の議事については、法務省令で定めるところにより、議事録を作成し、議事録が書面をもって作成されているときは、出席した取締役及び監査役は、これに署名し、又は記名押印しなければならない。
④ 前項の議事録が電磁的記録をもって作成されている場合における当該電磁的記録に記録された事項については、法務省令で定める署名又は記名押印に代わる措置をとらなければならない。
⑤ 取締役会の決議に参加した取締役であって第3項の議事録に異議をとどめないものは、その決議に賛成したものと推定する。

（取締役会の決議の省略）
**第370条** 取締役会設置会社は、取締役が取締役会の決議の目的である事項について提案をした場合において、当該提案につき取締役（当該事項について議決に加わることができるものに限る。）の全員が書面又は電磁的記録により同意の意思表示をしたとき（監査役設置会社にあっては、監査役が当該提案について異議を述べたときを除く。）は、当該提案を可決する旨の取締役会の決議があったものとみなす旨を定款で定めることができる。

（議事録等）
**第371条** ① 取締役会設置会社は、取締役会の日（前条の規定により取締役会の決議があったものとみなされた日を含む。）から10年間、第369条第3項の議事録又は前条の意思表示を記載し、若しくは記録した書面若しくは電磁的記録（以下この条において「議事録等」という。）をその本店に備え置かなければならない。
② 株主は、その権利を行使するため必要があるときは、株式会社の営業時間内は、いつでも、次に掲げる請求をすることができる。
　1 前項の議事録等が書面をもって作成されているときは、当該書面の閲覧又は謄写の請求
　2 前項の議事録等が電磁的記録をもって作成されているときは、当該電磁的記録に記録された事項を法務省令で定める方法により表示したものの閲覧又は謄写の請求
③ 監査役設置会社又は委員会設置会社における前項の規定の適用については、同項中「株式会社の営業時間内は、いつでも」とあるのは、「裁判所の許可を得て」とする。
④ 取締役会設置会社の債権者は、役員又は執行役の責任を追及するため必要があるときは、裁判所の許可を得て、当該取締役会設置会社の議事録等について第2項各号に掲げる請求をすることができる。
⑤ 前項の規定は、取締役会設置会社の親会社社員がその権利を行使するため必要があるときについて準用する。
⑥ 裁判所は、第3項において読み替えて適用する第2項各号に掲げる請求又は第4項（前項において準用する場合を含む。以下この項において同じ。）の請求に係る閲覧又は謄写をすることにより、当該取締役会設置会社又はその親会社若しくは子会社に著しい損害を及ぼすおそれがあると認めるときは、第3項において読み替えて適用する第2項の許可又は第4項の許可をすることができない。

（取締役会への報告の省略）
**第372条** ① 取締役、会計参与、監査役又は会計監査人が取締役（監査役設置会社にあっては、取締役及び監査役）の全員に対して取締役会に報告すべき事項を通知したときは、当該事項を取締役会へ報告することを要しない。
② 前項の規定は、第363条第2項の規定による報告については、適用しない。
③ 委員会設置会社についての前2項の規定の適用については、第1項中「監査役又は会計監査人」とあるのは「会計監査人又は執行役」と、「取締役（監査役設置会社にあっては、取締役及び監査役）」とあるのは「取締役」と、前項中「第363条第2項」とあるのは「第417条第4項」とする。

（特別取締役による取締役会の決議）
**第373条** ① 第369条第1項の規定にかかわらず、取締役会設置会社（委員会設置会社を除く。）が次に掲げる要件のいずれにも該当する場合には、取締役会は、第362条第4項第1号及び第2号に掲げる事項についての取締役会の決議については、あらかじめ選定した3人以上の取締役（以下この章において「特別取締役」という。）のうち、議決に加わることができるものの過半数（これを上回る割合を取締役会で定めた場合にあっては、その割合以上）が出席し、その過半数（これを上回る割合を取締役会で定めた場合にあっては、その割合以上）をもって行うことができる旨を定めることができる。
　1 取締役の数が6人以上であること。
　2 取締役のうち1人以上が社外取締役であること。
② 前項の規定による特別取締役による議決の定めがある場合には、特別取締役以外の取締役は、第362条第4項第1号及び第2号に掲げる事項の決定をする取締役会に出席することを要しない。この場合における第366条第1項本文及び第368条の規定の適用については、第366条第1項本文中「各取締役」とあるのは「各特別取締役（第373条第1項に規定する特別取締役をいう。第368条において同じ。）」と、第368条第1項中「定款」とあるのは「取締役会」と、「各取締役」とあるのは「各特別取締役」と、同条第2項中「取締役（」とあるのは「特別取締役（」と、「取締役及び」とあるのは「特別取締役及び」とする。
③ 特別取締役の互選によって定められた者は、前項の決議後、遅滞なく、当該決議の内容を特別取締役以外の取締役に報告しなければならない。
④ 第366条（第1項本文を除く。）、第367条、第369条第1項及び第370条の規定は、第2項の取締役会については、適用しない。

### 第6節　会計参与

（会計参与の権限）
**第374条** ① 会計参与は、取締役と共同して、計算書類（第435条第2項に規定する計算書類をいう。以下この章において同じ。）及びその附属明細書、臨時計算書類（第441条第1項に規定する臨時計算書類をいう。以下この章において同じ。）並びに連結計算書類（第444条第1項に規定する連結計算書類をいう。第396条第1項において同じ。）を作成する。この場合においては、会計参与は、法務省令で定めるところにより、会計参与報告を作成しなければならない。
② 会計参与は、いつでも、次に掲げるものの閲覧及び謄写をし、又は取締役及び支配人その他の使用人に対して会計に関する報告を求めることができる。
　1 会計帳簿又はこれに関する資料が書面をもって

作成されているときは,当該書面
2 会計帳簿又はこれに関する資料が電磁的記録をもって作成されているときは,当該電磁的記録に記録された事項を法務省令で定める方法により表示したもの
③ 会計参与は,その職務を行うため必要があるときは,会計参与設置会社の子会社に対して会計に関する報告を求め,又は会計参与設置会社若しくはその子会社の業務及び財産の状況の調査をすることができる.
④ 前項の子会社は,正当な理由があるときは,同項の報告又は調査を拒むことができる.
⑤ 会計参与は,その職務を行うに当たっては,第333条第3項第2号又は第3号に掲げる者を使用してはならない.
⑥ 委員会設置会社における第1項及び第2項の規定の適用については,同項中「取締役」とあるのは「執行役」と,第2項中「取締役及び」とあるのは「執行役及び取締役並びに」とする.

**(会計参与の報告義務)**
**第375条** ① 会計参与は,その職務を行うに際して取締役の職務の執行に関し不正の行為又は法令若しくは定款に違反する重大な事実があることを発見したときは,遅滞なく,これを株主(監査役設置会社にあっては,監査役)に報告しなければならない.
② 監査役会設置会社における前項の規定の適用については,同項中「株主(監査役設置会社にあっては,監査役)」とあるのは「監査役会」とする.
③ 委員会設置会社における第1項の規定の適用については,同項中「取締役」とあるのは「執行役又は取締役」と,「株主(監査役設置会社にあっては,監査役)」とあるのは「監査委員会」とする.

**(取締役会への出席)**
**第376条** ① 取締役会設置会社の会計参与(会計参与が監査法人又は税理士法人である場合にあっては,その職務を行うべき社員.以下この条において同じ.)は,第436条第3項,第441条第3項又は第444条第5項の承認をする取締役会に出席しなければならない.この場合において,会計参与は,必要があると認めるときは,意見を述べなければならない.
② 会計参与設置会社において,前項の取締役会を招集する者は,当該取締役会の日の1週間(これを下回る期間を定款で定めた場合にあっては,その期間)前までに,各会計参与に対してその通知を発しなければならない.
③ 会計参与設置会社において,第368条第2項の規定により第1項の取締役会を招集の手続を経ることなく開催するときは,会計参与の全員の同意を得なければならない.

**(株主総会における意見の陳述)**
**第377条** ① 第374条第1項に規定する書類の作成に関する事項について会計参与が取締役と意見を異にするときは,会計参与(会計参与が監査法人又は税理士法人である場合にあっては,その職務を行うべき社員)は,株主総会において意見を述べることができる.
② 委員会設置会社における前項の規定の適用については,同項中「取締役」とあるのは,「執行役」とする.

**(会計参与による計算書類等の備置き等)**
**第378条** ① 会計参与は,次の各号に掲げるものを,当該各号に定める期間,法務省令で定めるところにより,当該会計参与が定めた場所に備え置かなければならない.
1 各事業年度に係る計算書類及びその附属明細書並びに会計参与報告 定時株主総会の日の1週間(取締役会設置会社にあっては,2週間)前の日(第319条第1項の場合にあっては,同項の提案があった日)から5年間
2 臨時計算書類及び会計参与報告 臨時計算書類を作成した日から5年間
② 会計参与設置会社の株主及び債権者は,会計参与設置会社の営業時間内(会計参与が請求に応ずることが困難な場合として法務省令で定める場合を除く.)は,いつでも,会計参与に対し,次に掲げる請求をすることができる.ただし,第2号又は第4号に掲げる請求をするには,当該会計参与の定めた費用を支払わなければならない.
1 前項各号に掲げるものが書面をもって作成されているときは,当該書面の閲覧の請求
2 前号の書面の謄本又は抄本の交付の請求
3 前項各号に掲げるものが電磁的記録をもって作成されているときは,当該電磁的記録に記録された事項を法務省令で定める方法により表示したものの閲覧の請求
4 前号の電磁的記録に記録された事項を電磁的方法であって会計参与の定めたものにより提供することの請求又はその事項を記載した書面の交付の請求
③ 会計参与設置会社の親会社社員は,その権利を行使するため必要があるときは,裁判所の許可を得て,当該会計参与設置会社の第1項各号に掲げるものについて前項各号に掲げる請求をすることができる.ただし,同項第2号又は第4号に掲げる請求をするには,当該会計参与の定めた費用を支払わなければならない.

**(会計参与の報酬等)**
**第379条** ① 会計参与の報酬等は,定款にその額を定めていないときは,株主総会の決議によって定める.
② 会計参与が2人以上ある場合において,各会計参与の報酬等について定款の定め又は株主総会の決議がないときは,当該報酬等は,前項の報酬等の範囲内において,会計参与の協議によって定める.
③ 会計参与(会計参与が監査法人又は税理士法人である場合にあっては,その職務を行うべき社員)は,株主総会において,会計参与の報酬等について意見を述べることができる.

**(費用等の請求)**
**第380条** 会計参与がその職務の執行について会計参与設置会社に対して次に掲げる請求をしたときは,当該会社は,当該請求に係る費用又は債務が当該会計参与の職務の執行に必要でないことを証明した場合を除き,これを拒むことができない.
1 費用の前払の請求
2 支出した費用及び支出の日以後におけるその利息の償還の請求
3 負担した債務の債権者に対する弁済(当該債務が弁済期にない場合にあっては,相当の担保の提供)の請求

### 第7節 監査役
**(監査役の権限)**
**第381条** ① 監査役は,取締役(会計参与設置会社にあっては,取締役及び会計参与)の職務の執行を

監査する．この場合において，監査役は，法務省令で定めるところにより，監査報告を作成しなければならない．
② 監査役は，いつでも，取締役及び会計参与並びに支配人その他の使用人に対して事業の報告を求め，又は監査役設置会社の業務及び財産の状況の調査をすることができる．
③ 監査役は，その職務を行うため必要があるときは，監査役設置会社の子会社に対して事業の報告を求め，又はその子会社の業務及び財産の状況の調査をすることができる．
④ 前項の子会社は，正当な理由があるときは，同項の報告又は調査を拒むことができる．

**(取締役への報告義務)**
**第382条** 監査役は，取締役が不正の行為をし，若しくは当該行為をするおそれがあると認めるとき，又は法令若しくは定款に違反する事実若しくは著しく不当な事実があると認めるときは，遅滞なく，その旨を取締役（取締役会設置会社にあっては，取締役会）に報告しなければならない．

**(取締役会への出席義務等)**
**第383条** ① 監査役は，取締役会に出席し，必要があると認めるときは，意見を述べなければならない．ただし，監査役が2人以上ある場合において，第373条第1項の規定による特別取締役による議決の定めがあるときは，監査役の互選によって，監査役の中から特に同条第2項の取締役会に出席する監査役を定めることができる．
② 監査役は，前条に規定する場合において，必要があると認めるときは，取締役（第366条第1項ただし書に規定する場合にあっては，招集権者）に対し，取締役会の招集を請求することができる．
③ 前項の規定による請求があった日から5日以内に，その請求があった日から2週間以内の日を取締役会の日とする取締役会の招集の通知が発せられない場合には，その請求をした監査役は，取締役会を招集することができる．
④ 前2項の規定は，第373条第2項の取締役会については，適用しない．

**(株主総会に対する報告義務)**
**第384条** 監査役は，取締役が株主総会に提出しようとする議案，書類その他法務省令で定めるものを調査しなければならない．この場合において，法令若しくは定款に違反し，又は著しく不当な事項があると認めるときは，その調査の結果を株主総会に報告しなければならない．

**(監査役による取締役の行為の差止め)**
**第385条** ① 監査役は，取締役が監査役設置会社の目的の範囲外の行為その他法令若しくは定款に違反する行為をし，又はこれらの行為をするおそれがある場合において，当該行為によって当該監査役設置会社に著しい損害が生ずるおそれがあるときは，当該取締役に対し，当該行為をやめることを請求することができる．
② 前項の場合において，裁判所が仮処分をもって同項の規定による請求をやめることを命ずるときは，担保を立てさせないものとする．

**(監査役設置会社と取締役との間の訴えにおける会社の代表)**
**第386条** ① 第349条第4項，第353条及び第364条の規定にかかわらず，監査役設置会社が取締役（取締役であった者を含む．以下この条において同じ．）に対し，又は取締役が監査役設置会社に対して訴えを提起する場合には，当該訴えについては，監査役が監査役設置会社を代表する．
② 第349条第4項の規定にかかわらず，次に掲げる場合には，監査役が監査役設置会社を代表する．
 1 監査役設置会社が第847条第1項の訴えの提起の請求（取締役の責任を追及する訴えの提起の請求に限る．）を受ける場合
 2 監査役設置会社が第849条第3項の訴訟告知（取締役の責任を追及する訴えに係るものに限る．）並びに第850条第2項の規定による通知及び催告（取締役の責任を追及する訴えに係る訴訟における和解に関するものに限る．）を受ける場合

**(監査役の報酬等)**
**第387条** 監査役の報酬等は，定款にその額を定めていないときは，株主総会の決議によって定める．
② 監査役が2人以上ある場合において，各監査役の報酬等について定款の定め又は株主総会の決議がないときは，当該報酬等は，前項の報酬等の範囲において，監査役の協議によって定める．
③ 監査役は，株主総会において，監査役の報酬等について意見を述べることができる．

**(費用等の請求)**
**第388条** 監査役がその職務の執行について監査役設置会社（監査役の監査の範囲を会計に関するものに限定する旨の定款の定めがある株式会社を含む．）に対して次に掲げる請求をしたときは，当該監査役設置会社は，当該請求に係る費用又は債務が当該監査役の職務の執行に必要でないことを証明した場合を除き，これを拒むことができない．
 1 費用の前払の請求
 2 支出した費用及び支出の日以後におけるその利息の償還の請求
 3 負担した債務の債権者に対する弁済（当該債務が弁済期にない場合にあっては，相当の担保の提供）の請求

**(定款の定めによる監査範囲の限定)**
**第389条** ① 公開会社でない株式会社（監査役会設置会社及び会計監査人設置会社を除く．）は，第381条第1項の規定にかかわらず，その監査役の監査の範囲を会計に関するものに限定する旨を定款で定めることができる．
② 前項の規定による定款の定めがある株式会社の監査役は，法務省令で定めるところにより，監査報告を作成しなければならない．
③ 前項の監査役は，取締役が株主総会に提出しようとする会計に関する議案，書類その他の法務省令で定めるものを調査し，その調査の結果を株主総会に報告しなければならない．
④ 第2項の監査役は，いつでも，次に掲げるものの閲覧及び謄写をし，又は取締役及び会計参与並びに支配人その他の使用人に対して会計に関する報告を求めることができる．
 1 会計帳簿又はこれに関する資料が書面をもって作成されているときは，当該書面
 2 会計帳簿又はこれに関する資料が電磁的記録をもって作成されているときは，当該電磁的記録に記録された事項を法務省令で定める方法により表示したもの
⑤ 第2項の監査役は，その職務を行うため必要があるときは，株式会社の子会社に対して会計に関する報告を求め，又は株式会社若しくはその子会社の業

務及び財産の状況の調査をすることができる．
⑥ 前項の子会社は，正当な理由があるときは，同項の規定による報告又は調査を拒むことができる．
⑦ 第381条から第386条までの規定は，第1項の規定による定款の定めがある株式会社については，適用しない．

## 第8節　監査役会
### 第1款　権限等
**第390条**　① 監査役会は，すべての監査役で組織する．
② 監査役会は，次に掲げる職務を行う．ただし，第3号の決定は，監査役の権限の行使を妨げることはできない．
1　監査報告の作成
2　常勤の監査役の選定及び解職
3　監査の方針，監査役会設置会社の業務及び財産の状況の調査の方法その他の監査役の職務の執行に関する事項の決定
③ 監査役会は，監査役の中から常勤の監査役を選定しなければならない．
④ 監査役は，監査役会の求めがあるときは，いつでもその職務の執行の状況を監査役会に報告しなければならない．

### 第2款　運営
（招集権者）
**第391条**　監査役会は，各監査役が招集する．
（招集手続）
**第392条**　① 監査役会を招集するには，監査役は，監査役会の日の1週間（これを下回る期間を定款で定めた場合にあっては，その期間）前までに，各監査役に対してその通知を発しなければならない．
② 前項の規定にかかわらず，監査役会は，監査役の全員の同意があるときは，招集の手続を経ることなく開催することができる．
（監査役会の決議）
**第393条**　① 監査役会の決議は，監査役の過半数をもって行う．
② 監査役会の議事については，法務省令で定めるところにより，議事録を作成し，議事録が書面をもって作成されているときは，出席した監査役は，これに署名し，又は記名押印しなければならない．
③ 前項の議事録が電磁的記録をもって作成されている場合における当該電磁的記録に記録された事項については，法務省令で定める署名又は記名押印に代わる措置をとらなければならない．
④ 監査役会の決議に参加した監査役であって第2項の議事録に異議をとどめないものは，その決議に賛成したものと推定する．
（議事録）
**第394条**　① 監査役会設置会社は，監査役会の日から10年間，前条第2項の議事録をその本店に備え置かなければならない．
② 監査役会設置会社の株主は，その権利を行使するため必要があるときは，裁判所の許可を得て，次に掲げる請求をすることができる．
1　前項の議事録が書面をもって作成されているときは，当該書面の閲覧又は謄写の請求
2　前項の議事録が電磁的記録をもって作成されているときは，当該電磁的記録に記録された事項を法務省令で定める方法により表示したものの閲覧又は謄写の請求
③ 前項の規定は，監査役会設置会社の債権者が役員の責任を追及するため必要があるとき及び親会社社員がその権利を行使するため必要があるときについて準用する．
④ 裁判所は，第2項（前項において準用する場合を含む．以下この項において同じ．）の請求に係る閲覧又は謄写をすることにより，当該監査役会設置会社又はその親会社若しくは子会社に著しい損害を及ぼすおそれがあると認めるときは，第2項の許可をすることができない．
（監査役会への報告の省略）
**第395条**　取締役，会計参与，監査役又は会計監査人が監査役の全員に対して監査役会に報告すべき事項を通知したときは，当該事項を監査役会へ報告することを要しない．

## 第9節　会計監査人
（会計監査人の権限等）
**第396条**　① 会計監査人は，次章の定めるところにより，株式会社の計算書類及びその附属明細書，臨時計算書類並びに連結計算書類を監査する．この場合において，会計監査人は，法務省令で定めるところにより，会計監査報告を作成しなければならない．
② 会計監査人は，いつでも，次に掲げるものの閲覧及び謄写をし，又は取締役及び会計参与並びに支配人その他の使用人に対し，会計に関する報告を求めることができる．
1　会計帳簿又はこれに関する資料が書面をもって作成されているときは，当該書面
2　会計帳簿又はこれに関する資料が電磁的記録をもって作成されているときは，当該電磁的記録に記録された事項を法務省令で定める方法により表示したもの
③ 会計監査人は，その職務を行うため必要があるときは，会計監査人設置会社の子会社に対して会計に関する報告を求め，又は会計監査人設置会社若しくはその子会社の業務及び財産の状況の調査をすることができる．
④ 前項の子会社は，正当な理由があるときは，同項の報告又は調査を拒むことができる．
⑤ 会計監査人は，その職務を行うに当たっては，次のいずれかに該当する者を使用してはならない．
1　第337条第3項第1号又は第2号に掲げる者
2　会計監査人設置会社又はその子会社の取締役，会計参与，監査役若しくは執行役又は支配人その他の使用人である者
3　会計監査人設置会社又はその子会社から公認会計士又は監査法人の業務以外の業務により継続的な報酬を受けている者
⑥ 委員会設置会社における第2項の規定の適用については，同項中「取締役」とあるのは，「執行役，取締役」とする．
（監査役に対する報告）
**第397条**　① 会計監査人は，その職務を行うに際して取締役の職務の執行に関し不正の行為又は法令若しくは定款に違反する重大な事実があることを発見したときは，遅滞なく，これを監査役に報告しなければならない．
② 監査役は，その職務を行うため必要があるときは，会計監査人に対し，その監査に関する報告を求めることができる．
③ 監査役会設置会社における第1項の規定の適用については，同項中「監査役」とあるのは，「監査役会」とする．
④ 委員会設置会社における第1項及び第2項の規

定の適用については,第1項中「取締役」とあるのは「執行役又は取締役」と,「監査役」とあるのは「監査委員会」と,第2項中「監査役」とあるのは「監査委員会が選定した監査委員会の委員」とする.
(定時株主総会における会計監査人の意見の陳述)
第398条 ① 第396条第1項に規定する書類が法令又は定款に適合するかどうかについて会計監査人が監査役と意見を異にするときは,会計監査人(会計監査人が監査法人である場合にあっては,その職務を行うべき社員.次項において同じ.)は,定時株主総会に出席して意見を述べることができる.
② 定時株主総会において会計監査人の出席を求める決議があったときは,会計監査人は,定時株主総会に出席して意見を述べなければならない.
③ 監査役会設置会社における第1項の規定の適用については,同項中「監査役」とあるのは,「監査役会又は監査役」とする.
④ 委員会設置会社における第1項の規定の適用については,同項中「監査役」とあるのは,「監査委員会又はその委員」とする.
(会計監査人の報酬等の決定に関する監査役の関与)
第399条 ① 取締役は,会計監査人又は一時会計監査人の職務を行うべき者の報酬等を定める場合には,監査役(監査役が2人以上ある場合にあっては,その過半数)の同意を得なければならない.
② 監査役会設置会社における前項の規定の適用については,同項中「監査役(監査役が2人以上ある場合にあっては,その過半数)」とあるのは,「監査役会」とする.
③ 委員会設置会社における第1項の規定の適用については,同項中「監査役(監査役が2人以上ある場合にあっては,その過半数)」とあるのは,「監査委員会」とする.

### 第10節　委員会及び執行役
#### 第1款　委員の選定,執行役の選任等
(委員の選定等)
第400条 ① 各委員会は,委員3人以上で組織する.
② 各委員会の委員は,取締役の中から,取締役会の決議によって選定する.
③ 各委員会の委員の過半数は,社外取締役でなければならない.
④ 監査委員会の委員(以下「監査委員」という.)は,委員会設置会社若しくはその子会社の執行役若しくは業務執行取締役又は委員会設置会社の子会社の会計参与(会計参与が法人であるときは,その職務を行うべき社員)若しくは支配人その他の使用人を兼ねることができない.
(委員の解職等)
第401条 ① 各委員会の委員は,いつでも,取締役会の決議によって解職することができる.
② 前条第1項に規定する各委員会の委員の員数(定款で4人以上の員数を定めたときは,その員数)が欠けた場合には,任期の満了又は辞任により退任した委員は,新たに選定された委員(次項の一時委員の職務を行うべき者を含む.)が就任するまで,なお委員としての権利義務を有する.
③ 前項に規定する場合において,裁判所は,必要があると認めるときは,利害関係人の申立てにより,一時委員の職務を行うべき者を選任することができる.
④ 裁判所は,前項の一時委員の職務を行うべき者を選任した場合には,委員会設置会社がその者に対して支払う報酬の額を定めることができる.
(執行役の選任等)
第402条 ① 委員会設置会社には,1人又は2人以上の執行役を置かなければならない.
② 執行役は,取締役会の決議によって選任する.
③ 委員会設置会社と執行役との関係は,委任に関する規定に従う.
④ 第331条第1項の規定は,執行役について準用する.
⑤ 株式会社は,執行役が株主でなければならない旨を定款で定めることができない.ただし,公開会社でない委員会設置会社については,この限りでない.
⑥ 執行役は,取締役を兼ねることができる.
⑦ 執行役の任期は,選任後1年以内に終了する事業年度のうち最終のものに関する定時株主総会の終結後最初に招集される取締役会の終結の時までとする.ただし,定款によって,その任期を短縮することを妨げない.
⑧ 前項の規定にかかわらず,委員会設置会社が委員会を置く旨の定款の定めを廃止する定款の変更をした場合には,執行役の任期は,当該定款の変更の効力が生じた時に満了する.
(執行役の解任等)
第403条 ① 執行役は,いつでも,取締役会の決議によって解任することができる.
② 前項の規定により解任された執行役は,その解任について正当な理由がある場合を除き,委員会設置会社に対し,解任によって生じた損害の賠償を請求することができる.
③ 第401条第2項から第4項までの規定は,執行役が欠けた場合又は定款で定めた執行役の員数が欠けた場合について準用する.

#### 第2款　委員会の権限等
(委員会の権限等)
第404条 ① 指名委員会は,株主総会に提出する取締役(会計参与設置会社にあっては,取締役及び会計参与)の選任及び解任に関する議案の内容を決定する.
② 監査委員会は,次に掲げる職務を行う.
1 執行役等(執行役及び取締役をいい,会計参与設置会社にあっては,執行役,取締役及び会計参与をいう.以下この款において同じ.)の職務の執行の監査及び監査報告の作成
2 株主総会に提出する会計監査人の選任及び解任並びに会計監査人を再任しないことに関する議案の内容の決定
③ 報酬委員会は,第361条第1項並びに第379条第1項及び第2項の規定にかかわらず,執行役等の個人別の報酬等の内容を決定する.執行役が委員会設置会社の支配人その他の使用人を兼ねているときは,当該支配人その他の使用人の報酬等の内容についても,同様とする.
④ 委員がその職務の執行(当該委員が所属する委員会の職務の執行に関するものに限る.以下この項において同じ.)について委員会設置会社に対して次に掲げる請求をしたときは,当該委員会設置会社は,当該請求に係る費用又は債務が当該委員の職務の執行に必要でないことを証明した場合を除き,これを拒むことができない.
1 費用の前払の請求
2 支出をした費用及び支出の日以後におけるその利息の償還の請求
3 負担した債務の債権者に対する弁済(当該債務

が弁済期にない場合にあっては,相当の担保の提供)の請求
(監査委員会による調査)
**第405条** ① 監査委員会が選定する監査委員は,いつでも,執行役等及び支配人その他の使用人に対し,その職務の執行に関する事項の報告を求め,又は委員会設置会社の業務及び財産の状況の調査をすることができる.
② 監査委員会が選定する監査委員は,監査委員会の職務を執行するため必要があるときは,委員会設置会社の子会社に対して事業の報告を求め,又はその子会社の業務及び財産の状況の調査をすることができる.
③ 前項の子会社は,正当な理由があるときは,同項の報告又は調査を拒むことができる.
④ 第1項及び第2項の監査委員は,当該各項の報告の徴収又は調査に関する事項についての監査委員会の決議があるときは,これに従わなければならない.
(取締役会への報告義務)
**第406条** 監査委員は,執行役又は取締役が不正の行為をし,若しくは当該行為をするおそれがあると認めるとき,又は法令若しくは定款に違反する事実若しくは著しく不当な事実があると認めるときは,遅滞なく,その旨を取締役会に報告しなければならない.
(監査委員による執行役等の行為の差止め)
**第407条** ① 監査委員は,執行役又は取締役が委員会設置会社の目的の範囲外の行為その他法令若しくは定款に違反する行為をし,又はこれらの行為をするおそれがある場合において,当該行為によって当該委員会設置会社に著しい損害が生ずるおそれがあるときは,当該執行役又は取締役に対し,当該行為をやめることを請求することができる.
② 前項の場合において,裁判所が仮処分をもって同項の執行役又は取締役に対し,その行為をやめることを命ずるときは,担保を立てさせないものとする.
(委員会設置会社と執行役又は取締役との間の訴えにおける会社の代表等)
**第408条** ① 第420条第3項において準用する第349条第4項の規定並びに第353条及び第364条の規定にかかわらず,委員会設置会社が執行役(執行役であった者を含む.以下この条において同じ.)若しくは取締役(取締役であった者を含む.以下この条において同じ.)に対し,又は執行役若しくは取締役が委員会設置会社に対して訴えを提起する場合には,当該訴えについては,次の各号に掲げる場合の区分に応じ,当該各号に定める者が委員会設置会社を代表する.
1 監査委員が当該訴えに係る訴訟の当事者である場合 取締役会が定める者(株主総会が当該訴えについて委員会設置会社を代表する者を定めた場合にあっては,その者)
2 前号に掲げる場合以外の場合 監査委員会が選定する監査委員
② 前項の規定にかかわらず,執行役又は取締役が委員会設置会社に対して訴えを提起する場合には,監査委員(当該訴えを提起する者であるものを除く.)に対してされた訴状の送達は,当該委員会設置会社に対して効力を有する.
③ 第420条第3項において準用する第349条第4項の規定にかかわらず,次に掲げる場合には,監査委員が委員会設置会社を代表する.

1 委員会設置会社が第847条第1項の規定による請求(執行役又は取締役の責任を追及する訴えの提起の請求に限る.)を受ける場合(当該監査委員が当該訴えに係る訴訟の相手方となる場合を除く.)
2 委員会設置会社が第849条第3項の訴訟告知(執行役又は取締役の責任を追及する訴えに係るものに限る.)並びに第850条第2項の規定による通知及び催告(執行役又は取締役の責任を追及する訴えに係る訴訟における和解に関するものに限る.)を受ける場合(当該監査委員がこれらの訴えに係る訴訟の当事者である場合を除く.)
(報酬委員会による報酬の決定の方法等)
**第409条** ① 報酬委員会は,執行役等の個人別の報酬等の内容に係る決定に関する方針を定めなければならない.
② 報酬委員会は,第404条第3項の規定による決定をするには,前項の方針に従わなければならない.
③ 報酬委員会は,次の各号に掲げるものを執行役等の個人別の報酬等とする場合には,その内容として,当該各号に定める事項を決定しなければならない.ただし,会計参与の個人別の報酬等は,第1号に掲げるものでなければならない.
1 額が確定しているもの 個人別の額
2 額が確定していないもの 個人別の具体的な算定方法
3 金銭でないもの 個人別の具体的な内容
### 第3款 委員会の運営
(招集権者)
**第410条** 委員会は,当該委員会の各委員が招集する.
(招集手続等)
**第411条** ① 委員会を招集するには,その委員は,委員会の日の1週間(これを下回る期間を取締役会で定めた場合にあっては,その期間)前までに,当該委員会の各委員に対してその通知を発しなければならない.
② 前項の規定にかかわらず,委員会は,当該委員会の委員の全員の同意があるときは,招集の手続を経ることなく開催することができる.
③ 執行役等は,委員会の要求があったときは,委員会に出席し,当該委員会が求めた事項について説明しなければならない.
(委員会の決議)
**第412条** ① 委員会の決議は,議決に加わることができるその委員の過半数(これを上回る割合を取締役会で定めた場合にあっては,その割合以上)が出席し,その過半数(これを上回る割合を取締役会で定めた場合にあっては,その割合以上)をもって行う.
② 前項の決議について特別の利害関係を有する委員は,議決に加わることができない.
③ 委員会の議事については,法務省令で定めるところにより,議事録を作成し,議事録が書面をもって作成されているときは,出席した委員は,これに署名し,又は記名押印しなければならない.
④ 前項の議事録が電磁的記録をもって作成されている場合における当該電磁的記録に記録された事項については,法務省令で定める署名又は記名押印に代わる措置をとらなければならない.
⑤ 委員会の決議に参加した委員であって第3項の議事録に異議をとどめないものは,その決議に賛成したものと推定する.
(議事録)

第413条 ① 委員会設置会社は、委員会の日から10年間、前条第3項の議事録をその本店に備え置かなければならない。
② 委員会設置会社の取締役は、次に掲げるものの閲覧及び謄写をすることができる。
　1　前項の議事録が書面をもって作成されているときは、当該書面
　2　前項の議事録が電磁的記録をもって作成されているときは、当該電磁的記録に記録された事項を法務省令で定める方法により表示したもの
③ 委員会設置会社の株主は、その権利を行使するため必要があるときは、裁判所の許可を得て、第1項の議事録について前項各号に掲げるものの閲覧又は謄写の請求をすることができる。
④ 前項の規定は、委員会設置会社の債権者が委員の責任を追及するため必要があるとき及び親会社社員がその権利を行使するため必要があるときについて準用する。
⑤ 裁判所は、第3項（前項において準用する場合を含む。以下この項において同じ。）の請求に係る閲覧又は謄写をすることにより、当該委員会設置会社又はその親会社若しくは子会社に著しい損害を及ぼすおそれがあると認めるときは、第3項の許可をすることができない。

**（委員会への報告の省略）**
第414条　執行役、取締役、会計参与又は会計監査人が委員の全員に対して委員会に報告すべき事項を通知したときは、当該事項を委員会へ報告することを要しない。

### 第4款　委員会設置会社の取締役の権限等
**（委員会設置会社の取締役の権限）**
第415条　委員会設置会社の取締役は、この法律又はこの法律に基づく命令に別段の定めがある場合を除き、委員会設置会社の業務を執行することができない。

**（委員会設置会社の取締役会の権限）**
第416条 ① 委員会設置会社の取締役会は、第362条の規定にかかわらず、次に掲げる職務を行う。
　1　次に掲げる事項その他委員会設置会社の業務執行の決定
　　イ　経営の基本方針
　　ロ　監査委員会の職務の執行のため必要なものとして法務省令で定める事項
　　ハ　執行役が2人以上ある場合における執行役の職務の分掌及び指揮命令の関係その他の執行役相互の関係に関する事項
　　ニ　次条第2項の規定による取締役会の招集の請求を受ける取締役
　　ホ　執行役の職務の執行が法令及び定款に適合することを確保するための体制その他株式会社の業務の適正を確保するために必要なものとして法務省令で定める体制の整備
　2　執行役等の職務の執行の監督
② 委員会設置会社の取締役会は、前項第1号からホまでに掲げる事項を決定しなければならない。
③ 委員会設置会社の取締役会は、第1項各号に掲げる職務の執行を取締役に委任することができない。
④ 委員会設置会社の取締役会は、その決議によって、委員会設置会社の業務執行の決定を執行役に委任することができる。ただし、次に掲げる事項については、この限りでない。
　1　第136条又は第137条第1項の決定及び第140条第4項の規定による指定
　2　第165条第3項において読み替えて適用する第156条第1項各号に掲げる事項の決定
　3　第262条又は第263条第1項の決定
　4　第298条第1項各号に掲げる事項の決定
　5　株主総会に提出する議案（取締役、会計参与及び会計監査人の選任及び解任並びに会計監査人を再任しないことに関するものを除く。）の内容の決定
　6　第365条第1項において読み替えて適用する第356条第1項（第419条第2項において読み替えて準用する場合を含む。）の承認
　7　第366条第1項ただし書の規定による取締役会を招集する取締役の決定
　8　第400条第2項の規定による委員の選定及び第401条第1項の規定による委員の解職
　9　第402条第2項の規定による執行役の選任及び第403条第1項の規定による執行役の解任
　10　第408条第1項第1号の規定による委員会設置会社を代表する者の決定
　11　第420条第1項前段の規定による代表執行役の選定及び同条第2項の規定による代表執行役の解職
　12　第426条第1項の規定による定款の定めに基づく第423条第1項の責任の免除
　13　第436条第3項、第441条第3項及び第444条第5項の承認
　14　第454条第5項において読み替えて適用する同条第1項の規定により定めなければならないとされる事項の決定
　15　第467条第1項各号に掲げる行為に係る契約（当該委員会設置会社の株主総会の決議による承認を要しないものを除く。）の内容の決定
　16　合併契約（当該委員会設置会社の株主総会の決議による承認を要しないものを除く。）の内容の決定
　17　吸収分割契約（当該委員会設置会社の株主総会の決議による承認を要しないものを除く。）の内容の決定
　18　新設分割計画（当該委員会設置会社の株主総会の決議による承認を要しないものを除く。）の内容の決定
　19　株式交換契約（当該委員会設置会社の株主総会の決議による承認を要しないものを除く。）の内容の決定
　20　株式移転計画の内容の決定

**（委員会設置会社の取締役会の運営）**
第417条 ① 委員会設置会社においては、招集権者の定めがある場合であっても、委員会がその委員の中から選定する者は、取締役会を招集することができる。
② 執行役は、前条第1項第1号ニの取締役に対し、取締役会の目的である事項を示して、取締役会の招集を請求することができる。この場合において、当該請求があった日から5日以内に、当該請求があった日から2週間以内の日を取締役会の日とする取締役会の招集の通知が発せられなければ、当該執行役は、取締役会を招集することができる。
③ 委員会がその委員の中から選定する者は、遅滞なく、当該委員会の職務の執行の状況を取締役会に報告しなければならない。
④ 執行役は、3箇月に1回以上、自己の職務の執行の状況を取締役会に報告しなければならない。こ

の場合において,執行役は,代理人(他の執行役に限る.)により当該報告をすることができる.
⑤ 執行役は,取締役会の要求があったときは,取締役会に出席し,取締役会が求めた事項について説明をしなければならない.

#### 第5款 執行役の権限等
(執行役の権限)
**第418条** 執行役は,次に掲げる職務を行う.
1 第416条第4項の規定による取締役会の決議によって委任を受けた委員会設置会社の業務の執行の決定
2 委員会設置会社の業務の執行

(執行役の監査委員に対する報告義務等)
**第419条** ① 執行役は,委員会設置会社に著しい損害を及ぼすおそれのある事実を発見したときは,直ちに,当該事実を監査委員に報告しなければならない.
② 第355条,第356条及び第365条第2項の規定は,執行役について準用する.この場合において,第356条第1項中「株主総会」とあるのは「取締役会」と,第365条第2項中「取締役会設置会社においては,第356条第1項各号」とあるのは「第356条第1項各号」と読み替えるものとする.
③ 第357条の規定は,委員会設置会社については,適用しない.

(代表執行役)
**第420条** ① 取締役会は,執行役の中から代表執行役を選定しなければならない.この場合において,執行役が1人のときは,その者が代表執行役に選定されたものとする.
② 代表執行役は,いつでも,取締役会の決議によって解職することができる.
③ 第349条第4項及び第5項の規定は代表執行役について,第352条の規定は民事保全法第56条に規定する仮処分命令により選任された執行役又は代表執行役の職務を代行する者について,第401条第2項から第4項までの規定は代表執行役が欠けた場合又は定款で定めた代表執行役の員数が欠けた場合について,それぞれ準用する.

(表見代表執行役)
**第421条** 委員会設置会社は,代表執行役以外の執行役に社長,副社長その他委員会設置会社を代表する権限を有するものと認められる名称を付した場合には,当該執行役がした行為について,善意の第三者に対してその責任を負う.

(株主による執行役の行為の差止め)
**第422条** ① 6箇月(これを下回る期間を定款で定めた場合にあっては,その期間)前から引き続き株式を有する株主は,執行役が委員会設置会社の目的の範囲外の行為その他法令若しくは定款に違反する行為をし,又はこれらの行為をするおそれがある場合において,当該行為によって当該委員会設置会社に回復することができない損害が生ずるおそれがあるときは,当該執行役に対し,当該行為をやめることを請求することができる.
② 公開会社でない委員会設置会社における前項の規定の適用については,同項中「6箇月(これを下回る期間を定款で定めた場合にあっては,その期間)前から引き続き株式を有する株主」とあるのは,「株主」とする.

#### 第11節 役員等の損害賠償責任
(役員等の株式会社に対する損害賠償責任)
**第423条** ① 取締役,会計参与,監査役,執行役又は会計監査人(以下この節において「役員等」という.)は,その任務を怠ったときは,株式会社に対し,これによって生じた損害を賠償する責任を負う.
② 取締役又は執行役が第356条第1項(第419条第2項において準用する場合を含む.以下この項において同じ.)の規定に違反して第356条第1項第1号の取引をしたときは,当該取引によって取締役,執行役又は第三者が得た利益の額は,前項の損害の額と推定する.
③ 第356条第1項第2号又は第3号(これらの規定を第419条第2項において準用する場合を含む.)の取引によって株式会社に損害が生じたときは,次に掲げる取締役又は執行役は,その任務を怠ったものと推定する.
1 第356条第1項(第419条第2項において準用する場合を含む.)の取締役又は執行役
2 株式会社が当該取引をすることを決定した取締役又は執行役
3 当該取引に関する取締役会の承認の決議に賛成した取締役(委員会設置会社においては,当該取引が委員会設置会社と取締役との間の取引又は委員会設置会社と取締役との利益が相反する取引である場合に限る.)

(株式会社に対する損害賠償責任の免除)
**第424条** 前条第1項の責任は,総株主の同意がなければ,免除することができない.

(責任の一部免除)
**第425条** ① 前条の規定にかかわらず,第423条第1項の責任は,当該役員等が職務を行うにつき善意でかつ重大な過失がないときは,賠償の責任を負う額から次に掲げる額の合計額(第427条第1項において「最低責任限度額」という.)を控除して得た額を限度として,株主総会の決議によって免除することができる.
1 当該役員等がその在職中に株式会社から職務執行の対価として受け,又は受けるべき財産上の利益の1年間当たりの額に相当する額として法務省令で定める方法により算定される額に,次のイからハまでに掲げる役員等の区分に応じ,当該イからハまでに定める数を乗じて得た額
イ 代表取締役又は代表執行役 6
ロ 代表取締役以外の取締役(社外取締役を除く.)又は代表執行役以外の執行役 4
ハ 社外取締役,会計参与,監査役又は会計監査人 2
2 当該役員等が当該株式会社の新株予約権を引き受けた場合(第238条第3項各号に掲げる場合に限る.)における当該新株予約権に関する財産上の利益に相当する額として法務省令で定める方法により算定される額
② 前項の場合には,取締役は,同項の株主総会において次に掲げる事項を開示しなければならない.
1 責任の原因となった事実及び賠償の責任を負う額
2 前項の規定により免除することができる額の限度及びその算定の根拠
3 責任を免除すべき理由及び免除額
③ 監査役設置会社又は委員会設置会社においては,取締役は,第423条第1項の責任の免除(取締役(監査委員であるものを除く.)及び執行役の責任の免除に限る.)に関する議案を株主総会に提出するには,次の各号に掲げる株式会社の区分に応じ,当該各号に定める者の同意を得なければならない.

1 監査役設置会社 監査役（監査役が2人以上ある場合にあっては、各監査役）
2 委員会設置会社 各監査委員

④ 第1項の決議があった場合において、株式会社が当該決議後に同項の役員等に対し退職慰労金その他の法務省令で定める財産上の利益を与えるときは、株主総会の承認を受けなければならない。当該役員等が同項第2号の新株予約権を当該決議後に行使し、又は譲渡するときも同様とする。

⑤ 第1項の決議があった場合において、当該役員等が前項の決議後に新株予約権を表示する新株予約権証券を所持するときは、当該役員等は、遅滞なく、当該新株予約権証券を株式会社に対し預託しなければならない。この場合において、当該役員等は、同項の譲渡について同項の承認を受けた後でなければ、当該新株予約権証券の返還を求めることができない。

（取締役等による免除に関する定款の定め）
**第426条** ① 第424条の規定にかかわらず、監査役設置会社（取締役が2人以上ある場合に限る。）又は委員会設置会社は、第423条第1項の責任について、当該役員等が職務を行うにつき善意でかつ重大な過失がない場合において、責任の原因となった事実の内容、当該役員等の職務の執行の状況その他の事情を勘案して特に必要と認めるときは、前条第1項の規定により免除することができる額を限度として取締役（当該責任を負う取締役を除く。）の過半数の同意（取締役会設置会社にあっては、取締役会の決議）によって免除することができる旨を定款で定めることができる。

② 前条第3項の規定は、定款を変更して前項の規定による定款の定め（取締役（監査委員であるものを除く。）及び執行役の責任を免除することができる旨の定めに限る。）を設ける議案を株主総会に提出する場合、同項の規定による定款の定めに基づく責任の免除（取締役（監査委員であるものを除く。）及び執行役の責任の免除に限る。）についての取締役の同意を得る場合及び当該責任の免除に関する議案を取締役会に提出する場合について準用する。

③ 第1項の規定による定款の定めに基づいて役員等の責任を免除する旨の同意（取締役会設置会社にあっては、取締役会の決議）を行ったときは、取締役は、遅滞なく、前条第2項各号に掲げる事項及び責任を免除することに異議がある場合には一定の期間内に当該異議を述べるべき旨を公告し、又は株主に通知しなければならない。ただし、当該期間は、1箇月を下ることができない。

④ 公開会社でない株式会社における前項の規定の適用については、同項中「公告し、又は株主に通知し」とあるのは、「株主に通知し」とする。

⑤ 総株主（第3項の責任を負う役員等であるものを除く。）の議決権の100分の3（これを下回る割合を定款で定めた場合にあっては、その割合）以上の議決権を有する株主が同項の期間内に同項の異議を述べたときは、株式会社は、第1項の規定による定款の定めに基づく免除をしてはならない。

⑥ 前条第4項及び第5項の規定は、第1項の規定による定款の定めに基づき責任を免除した場合について準用する。

（責任限定契約）
**第427条** ① 第424条の規定にかかわらず、株式会社は、社外取締役、会計参与、社外監査役又は会計監査人（以下この条において「社外取締役等」という。）の第423条第1項の責任について、当該社外取締役等が職務を行うにつき善意でかつ重大な過失がないときは、定款で定めた額の範囲内であらかじめ株式会社が定めた額と最低責任限度額とのいずれか高い額を限度とする旨の契約を社外取締役等と締結することができる旨を定款で定めることができる。

② 前項の契約を締結した社外取締役等が当該株式会社又はその子会社の業務執行取締役若しくは執行役又は支配人その他の使用人に就任したときは、当該契約は、将来に向かってその効力を失う。

③ 第425条第3項の規定は、定款を変更して第1項の規定による定款の定め（社外取締役（監査委員であるものを除く。）と契約を締結することができる旨の定めに限る。）を設ける議案を株主総会に提出する場合について準用する。

④ 第1項の契約を締結した株式会社が、当該契約の相手方である社外取締役等が任務を怠ったことにより損害を受けたことを知ったときは、その後最初に招集される株主総会において次に掲げる事項を開示しなければならない。
1 第425条第2項第1号及び第2号に掲げる事項
2 当該契約の内容及び当該契約を締結した理由
3 第423条第1項の損害のうち、当該社外取締役等が賠償する責任を負わないとされた額

⑤ 第425条第4項及び第5項の規定は、社外取締役等が第1項の契約によって同項に規定する限度を超える部分について損害を賠償する責任を負わないとされた場合について準用する。

（取締役が自己のためにした取引に関する特則）
**第428条** ① 第356条第1項第2号（第419条第2項において準用する場合を含む。）の取引（自己のためにした取引に限る。）をした取締役又は執行役の第423条第1項の責任は、任務を怠ったことが当該取締役又は執行役の責めに帰することができない事由によるものであることをもって免れることができない。

② 前3条の規定は、前項の責任については、適用しない。

（役員等の第三者に対する損害賠償責任）
**第429条** ① 役員等がその職務を行うについて悪意又は重大な過失があったときは、当該役員等は、これによって第三者に生じた損害を賠償する責任を負う。

② 次の各号に掲げる者が、当該各号に定める行為をしたときも、前項と同様とする。ただし、その者が当該行為をすることについて注意を怠らなかったことを証明したときは、この限りでない。
1 取締役及び執行役 次に掲げる行為
 イ 株式、新株予約権、社債若しくは新株予約権付社債を引き受ける者の募集をする際に通知しなければならない重要な事項についての虚偽の通知又は当該募集のための当該株式会社の事業その他の事項に関する説明に用いた資料についての虚偽の記載若しくは記録
 ロ 計算書類及び事業報告並びにこれらの附属明細書並びに臨時計算書類に記載し、又は記録すべき重要な事項についての虚偽の記載又は記録
 ハ 虚偽の登記
 ニ 虚偽の公告（第440条第3項に規定する措置を含む。）

2 会計参与 計算書類及びその附属明細書,臨時計算書類並びに会計参与報告に記載し,又は記録すべき重要な事項についての虚偽の記載又は記録
3 監査役及び監査委員 監査報告に記載し,又は記録すべき重要な事項についての虚偽の記載又は記録
4 会計監査人 会計監査報告に記載し,又は記録すべき重要な事項についての虚偽の記載又は記録

(役員等の連帯責任)
**第430条** 役員等が株式会社又は第三者に生じた損害を賠償する責任を負う場合において,他の役員等も当該損害を賠償する責任を負うときは,これらの者は,連帯債務者とする.

## 第5章 計算等

### 第1節 会計の原則
**第431条** 株式会社の会計は,一般に公正妥当と認められる企業会計の慣行に従うものとする.

### 第2節 会計帳簿等
#### 第1款 会計帳簿

(会計帳簿の作成及び保存)
**第432条** ① 株式会社は,法務省令で定めるところにより,適時に,正確な会計帳簿を作成しなければならない.
② 株式会社は,会計帳簿の閉鎖の時から10年間,その会計帳簿及びその事業に関する重要な資料を保存しなければならない.

(会計帳簿の閲覧等の請求)
**第433条** ① 総株主(株主総会において決議をすることができる事項の全部につき議決権を行使することができない株主を除く.)の議決権の100分の3(これを下回る割合を定款で定めた場合にあっては,その割合)以上の議決権を有する株主又は発行済株式(自己株式を除く.)の100分の3(これを下回る割合を定款で定めた場合にあっては,その割合)以上の数の株式を有する株主は,株式会社の営業時間内は,いつでも,次に掲げる請求をすることができる.この場合においては,当該請求の理由を明らかにしてしなければならない.
 1 会計帳簿又はこれに関する資料が書面をもって作成されているときは,当該書面の閲覧又は謄写の請求
 2 会計帳簿又はこれに関する資料が電磁的記録をもって作成されているときは,当該電磁的記録に記録された事項を法務省令で定める方法により表示したものの閲覧又は謄写の請求
② 前項の請求があったときは,株式会社は,次のいずれかに該当すると認められる場合を除き,これを拒むことができない.
 1 当該請求を行う株主(以下この項において「請求者」という.)がその権利の確保又は行使に関する調査以外の目的で請求を行ったとき.
 2 請求者が当該株式会社の業務の遂行を妨げ,株主の共同の利益を害する目的で請求を行ったとき.
 3 請求者が当該株式会社の業務と実質的に競争関係にある事業を営み,又はこれに従事するものであるとき.
 4 請求者が会計帳簿又はこれに関する資料の閲覧又は謄写によって知り得た事実を利益を得て第三者に通報するため請求したとき.
 5 請求者が,過去2年以内において,会計帳簿又はこれに関する資料の閲覧又は謄写によって知り得た事実を利益を得て第三者に通報したことがあるものであるとき.
③ 株式会社の親会社社員は,その権利を行使するため必要があるときは,裁判所の許可を得て,会計帳簿又はこれに関する資料について第1項各号に掲げる請求をすることができる.この場合においては,当該請求の理由を明らかにしなければならない.
④ 前項の親会社社員について第2項各号のいずれかに規定する事由があるときは,裁判所は,前項の許可をすることができない.

(会計帳簿の提出命令)
**第434条** 裁判所は,申立てにより又は職権で,訴訟の当事者に対し,会計帳簿の全部又は一部の提出を命ずることができる.

#### 第2款 計算書類等
(計算書類等の作成及び保存)
**第435条** ① 株式会社は,法務省令で定めるところにより,その成立の日における貸借対照表を作成しなければならない.
② 株式会社は,法務省令で定めるところにより,各事業年度に係る計算書類(貸借対照表,損益計算書その他株式会社の財産及び損益の状況を示すために必要かつ適当なものとして法務省令で定めるものをいう.以下この章において同じ.)及び事業報告並びにこれらの附属明細書を作成しなければならない.
③ 計算書類及び事業報告並びにこれらの附属明細書は,電磁的記録をもって作成することができる.
④ 株式会社は,計算書類を作成した時から10年間,当該計算書類及びその附属明細書を保存しなければならない.

(計算書類等の監査等)
**第436条** ① 監査役設置会社(監査役の監査の範囲を会計に関するものに限定する旨の定款の定めがある株式会社を含み,会計監査人設置会社を除く.)においては,前条第2項の計算書類及び事業報告並びにこれらの附属明細書は,法務省令で定めるところにより,監査役の監査を受けなければならない.
② 会計監査人設置会社においては,次の各号に掲げるものは,法務省令で定めるところにより,当該各号に定める者の監査を受けなければならない.
 1 前条第2項の計算書類及びその附属明細書 監査役(委員会設置会社にあっては,監査委員会)及び会計監査人
 2 前条第2項の事業報告及びその附属明細書 監査役(委員会設置会社にあっては,監査委員会)
③ 取締役会設置会社においては,前条第2項の計算書類及び事業報告並びにこれらの附属明細書(第1項又は前項の規定の適用がある場合にあっては,第1項又は前項の監査を受けたもの)は,取締役会の承認を受けなければならない.

(計算書類等の株主への提供)
**第437条** 取締役会設置会社においては,取締役は,定時株主総会の招集の通知に際して,法務省令で定めるところにより,株主に対し,前条第3項の承認を受けた計算書類及び事業報告(同条第1項又は第2項の規定の適用がある場合にあっては,監査報告又は会計監査報告を含む.)を提供しなければならない.

(計算書類等の定時株主総会への提出等)

第438条 ① 次の各号に掲げる株式会社においては，取締役は，当該各号に定める計算書類及び事業報告を定時株主総会に提出し，又は提供しなければならない．
　1　第436条第1項に規定する監査役設置会社（取締役会設置会社を除く．）　第436条第1項の監査を受けた計算書類及び事業報告
　2　会計監査人設置会社（取締役会設置会社を除く．）　第436条第2項の監査を受けた計算書類及び事業報告
　3　取締役会設置会社　第436条第3項の承認を受けた計算書類及び事業報告
　4　前3号に掲げるもの以外の株式会社　第435条第2項の計算書類及び事業報告
② 前項の規定により提出され，又は提供された計算書類は，定時株主総会の承認を受けなければならない．
③ 取締役は，第1項の規定により提出され，又は提供された事業報告の内容を定時株主総会に報告しなければならない．

（会計監査人設置会社の特則）
第439条　会計監査人設置会社については，第436条第3項の承認を受けた計算書類が法令及び定款に従い株式会社の財産及び損益の状況を正しく表示しているものとして法務省令で定める要件に該当する場合には，前条第2項の規定は，適用しない．この場合においては，取締役は，当該計算書類の内容を定時株主総会に報告しなければならない．

（計算書類の公告）
第440条 ① 株式会社は，法務省令で定めるところにより，定時株主総会の終結後遅滞なく，貸借対照表（大会社にあっては，貸借対照表及び損益計算書）を公告しなければならない．
② 前項の規定にかかわらず，その公告方法が第939条第1項第1号又は第2号に掲げる方法である株式会社は，前項に規定する貸借対照表の要旨を公告することで足りる．
③ 前項の株式会社は，法務省令で定めるところにより，定時株主総会の終結後遅滞なく，第1項に規定する貸借対照表の内容である情報を，定時株主総会の終結の日後5年を経過する日までの間，継続して電磁的方法により不特定多数の者が提供を受けることができる状態に置く措置をとることができる．この場合においては，前2項の規定は，適用しない．
④ 金融商品取引法第24条第1項の規定により有価証券報告書を内閣総理大臣に提出しなければならない株式会社については，前3項の規定は，適用しない．

（臨時計算書類）
第441条 ① 株式会社は，最終事業年度の直後の事業年度に属する一定の日（以下この項において「臨時決算日」という．）における当該株式会社の財産の状況を把握するため，法務省令で定めるところにより，次に掲げるもの（以下「臨時計算書類」という．）を作成することができる．
　1　臨時決算日における貸借対照表
　2　臨時決算日の属する事業年度の初日から臨時決算日までの期間に係る損益計算書
② 第436条第1項に規定する監査役設置会社又は会計監査人設置会社においては，法務省令で定めるところにより，監査役又は会計監査人（委員会設置会社にあっては，監査委員会及び会計監査人）の監査を受けなければならない．

③ 取締役会設置会社においては，臨時計算書類（前項の規定の適用がある場合にあっては，同項の監査を受けたもの）は，取締役会の承認を受けなければならない．
④ 次の各号に掲げる株式会社においては，当該各号に定める臨時計算書類は，株主総会の承認を受けなければならない．ただし，臨時計算書類が法令及び定款に従い株式会社の財産及び損益の状況を正しく表示しているものとして法務省令で定める要件に該当するする場合は，この限りでない．
　1　第436条第1項に規定する監査役設置会社又は会計監査人設置会社（いずれも取締役会設置会社を除く．）　第2項の監査を受けた臨時計算書類
　2　取締役会設置会社　前項の承認を受けた臨時計算書類
　3　前2号に掲げるもの以外の株式会社　第1項の臨時計算書類

（計算書類等の備置き及び閲覧等）
第442条 ① 株式会社は，次の各号に掲げるもの（以下この条において「計算書類等」という．）を，当該各号に定める期間，その本店に備え置かなければならない．
　1　各事業年度に係る計算書類及び事業報告並びにこれらの附属明細書（第436条第1項又は第2項の規定の適用がある場合にあっては，監査報告又は会計監査報告を含む．）　定時株主総会の日の1週間（取締役会設置会社にあっては，2週間）前の日（第319条第1項の場合にあっては，同項の提案があった日）から5年間
　2　臨時計算書類（前条第2項の規定の適用がある場合にあっては，監査報告又は会計監査報告を含む．）　臨時計算書類を作成した日から5年間
② 株式会社は，次の各号に掲げる計算書類等の写しを，当該各号に定める期間，その支店に備え置かなければならない．ただし，計算書類等が電磁的記録で作成されている場合であって，支店における次項第3号及び第4号に掲げる請求に応じることを可能とするための措置として法務省令で定めるものをとっているときは，この限りでない．
　1　前項第1号に掲げる計算書類等　定時株主総会の日の1週間（取締役会設置会社にあっては，2週間）前の日（第319条第1項の場合にあっては，同項の提案があった日）から3年間
　2　前項第2号に掲げる計算書類等　同号の臨時計算書類を作成した日から3年間
③ 株主及び債権者は，株式会社の営業時間内は，いつでも，次に掲げる請求をすることができる．ただし，第2号又は第4号に掲げる請求をするには，当該株式会社の定めた費用を支払わなければならない．
　1　計算書類等が書面をもって作成されているときは，当該書面又は当該書面の写しの閲覧の請求
　2　前号の書面の謄本又は抄本の交付の請求
　3　計算書類等が電磁的記録をもって作成されているときは，当該電磁的記録に記録された事項を法務省令で定める方法により表示したものの閲覧の請求
　4　前号の電磁的記録に記録された事項を電磁的方法であって株式会社の定めたものにより提供することの請求又はその事項を記載した書面の交付の請求
④ 株式会社の親会社社員は，その権利を行使するため必要があるときは，裁判所の許可を得て，当該株

式会社の計算書類等について前項各号に掲げる請求をすることができる。ただし、同項第2号又は第4号に掲げる請求をするには、当該株式会社の定めた費用を支払わなければならない。
**（計算書類等の提出命令）**
**第443条** 裁判所は、申立てにより又は職権で、訴訟の当事者に対し、計算書類及びその附属明細書の全部又は一部の提出を命ずることができる。
### 第3款　連結計算書類
**第444条** ① 会計監査人設置会社は、法務省令で定めるところにより、各事業年度に係る連結計算書類（当該会計監査人設置会社及びその子会社から成る企業集団の財産及び損益の状況を示すために必要かつ適当なものとして法務省令で定めるものをいう。以下同じ。）を作成することができる。
② 連結計算書類は、電磁的記録をもって作成することができる。
③ 事業年度の末日において大会社であって金融商品取引法第24条第1項の規定により有価証券報告書を内閣総理大臣に提出しなければならないものは、当該事業年度に係る連結計算書類を作成しなければならない。
④ 連結計算書類は、法務省令で定めるところにより、監査役（委員会設置会社にあっては、監査委員会）及び会計監査人の監査を受けなければならない。
⑤ 会計監査人設置会社が取締役会設置会社である場合には、前項の監査を受けた連結計算書類は、取締役会の承認を受けなければならない。
⑥ 会計監査人設置会社が取締役会設置会社である場合には、取締役は、定時株主総会の招集の通知に際して、法務省令で定めるところにより、株主に対し、前項の承認を受けた連結計算書類を提供しなければならない。
⑦ 次の各号に掲げる会計監査人設置会社においては、取締役は、当該各号に定める連結計算書類を定時株主総会に提出し、又は提供しなければならない。この場合においては、当該各号に定める連結計算書類の内容及び第4項の監査の結果を定時株主総会に報告しなければならない。
1　取締役会設置会社である会計監査人設置会社　第5項の承認を受けた連結計算書類
2　前号に掲げるもの以外の会計監査人設置会社　第4項の監査を受けた連結計算書類
### 第3節　資本金の額等
#### 第1款　総　　則
**（資本金の額及び準備金の額）**
**第445条** ① 株式会社の資本金の額は、この法律に別段の定めがある場合を除き、設立又は株式の発行に際して株主となる者が当該株式会社に対して払込み又は給付をした財産の額とする。
② 前項の払込み又は給付に係る額の2分の1を超えない額は、資本金として計上しないことができる。
③ 前項の規定により資本金として計上しないこととした額は、資本準備金として計上しなければならない。
④ 剰余金の配当をする場合には、株式会社は、法務省令で定めるところにより、当該剰余金の配当により減少する剰余金の額に10分の1を乗じて得た額を資本準備金又は利益準備金（以下「準備金」と総称する。）として計上しなければならない。
⑤ 合併、吸収分割、新設分割、株式交換又は株式移転に際して資本金又は準備金として計上すべき額については、法務省令で定める。
**（剰余金の額）**
**第446条** 株式会社の剰余金の額は、第1号から第4号までに掲げる額の合計額から第5号から第7号までに掲げる額の合計額を減じて得た額とする。
1　最終事業年度の末日におけるイ及びロに掲げる額の合計額からハからホまでに掲げる額を減じて得た額
　イ　資産の額
　ロ　自己株式の帳簿価額の合計額
　ハ　負債の額
　ニ　資本金及び準備金の額の合計額
　ホ　ハ及びニに掲げるもののほか、法務省令で定める各勘定科目に計上した額の合計額
2　最終事業年度の末日後に自己株式の処分をした場合における当該自己株式の対価の額から当該自己株式の帳簿価額を控除して得た額
3　最終事業年度の末日後に資本金の額の減少をした場合における当該減少額（次条第1項第2号の額を除く。）
4　最終事業年度の末日後に準備金の額の減少をした場合における当該減少額（第448条第1項第2号の額を除く。）
5　最終事業年度の末日後に第178条第1項の規定により自己株式の消却をした場合における当該自己株式の帳簿価額
6　最終事業年度の末日後に剰余金の配当をした場合における次に掲げる額の合計額
　イ　第454条第1項第1号の配当財産の帳簿価額の総額（同条第4項第1号に規定する金銭分配請求権を行使した株主に割り当てた当該配当財産の帳簿価額を除く。）
　ロ　第454条第4項第1号に規定する金銭分配請求権を行使した株主に交付した金銭の額の合計額
　ハ　第456条に規定する基準未満株式の株主に支払った金銭の額の合計額
7　前各号に掲げるもののほか、法務省令で定める各勘定科目に計上した額の合計額
#### 第2款　資本金の額の減少等
##### 第1目　資本金の額の減少等
**（資本金の額の減少）**
**第447条** ① 株式会社は、資本金の額を減少することができる。この場合においては、株主総会の決議によって、次に掲げる事項を定めなければならない。
1　減少する資本金の額
2　減少する資本金の額の全部又は一部を準備金とするときは、その旨及び準備金とする額
3　資本金の額の減少がその効力を生ずる日
② 前項第1号の額は、同項第3号の日における資本金の額を超えてはならない。
③ 株式会社が株式の発行と同時に資本金の額を減少する場合において、当該資本金の額の減少の効力が生ずる日後の資本金の額が当該日前の資本金の額を下回らないときにおける第1項の規定の適用については、同項中「株主総会の決議」とあるのは、「取締役の決定（取締役会設置会社にあっては、取締役会の決議）」とする。
**（準備金の額の減少）**
**第448条** ① 株式会社は、準備金の額を減少することができる。この場合においては、株主総会の決議によって、次に掲げる事項を定めなければならない。

1　減少する準備金の額
2　減少する準備金の額の全部又は一部を資本金とするときは，その旨及び資本金とする額
3　準備金の額の減少がその効力を生ずる日
② 前項第1号の額は，同項第3号の日における準備金の額を超えてはならない．
③ 株式会社が株式の発行と同時に準備金の額を減少する場合において，当該準備金の額の減少の効力が生ずる日後の準備金の額が当該日前の準備金の額を下回らないときにおける第1項の規定の適用については，同項中「株主総会の決議」とあるのは，「取締役の決定（取締役会設置会社にあっては，取締役会の決議）」とする．

(債権者の異議)
**第449条** ① 株式会社が資本金又は準備金（以下この条において「資本金等」という．）の額を減少する場合（減少する準備金の額の全部を資本金とする場合を除く．）には，当該株式会社の債権者は，当該株式会社に対し，資本金等の額の減少について異議を述べることができる．ただし，準備金の額のみを減少する場合であって，次のいずれにも該当するときは，この限りでない．
1　定時株主総会において前条第1項各号に掲げる事項を定めること．
2　前条第1項第1号の額が前号の定時株主総会の日（第439条前段に規定する場合にあっては，第436条第3項の承認があった日）における欠損の額として法務省令で定める方法により算定される額を超えないこと．
② 前項の規定により株式会社の債権者が異議を述べることができる場合には，当該株式会社は，次に掲げる事項を官報に公告し，かつ，知れている債権者には，各別にこれを催告しなければならない．ただし，第3号の期間は，1箇月を下ることができない．
1　当該資本金等の額の減少の内容
2　当該株式会社の計算書類に関する事項として法務省令で定めるもの
3　債権者が一定の期間内に異議を述べることができる旨
③ 前項の規定にかかわらず，株式会社が同項の規定による公告を，官報のほか，第939条第1項の規定による定款の定めに従い，同項第2号又は第3号に掲げる公告方法によりするときは，前項の規定による各別の催告は，することを要しない．
④ 債権者が第2項第3号の期間内に異議を述べなかったときは，当該債権者は，当該資本金等の額の減少について承認をしたものとみなす．
⑤ 債権者が第2項第3号の期間内に異議を述べたときは，株式会社は，当該債権者に対し，弁済し，若しくは相当の担保を提供し，又は当該債権者に弁済を受けさせることを目的として信託会社等（信託会社及び信託業務を営む金融機関（金融機関の信託業務の兼営等に関する法律（昭和18年法律第43号）第1条第1項の認可を受けた金融機関をいう．）をいう．以下同じ．）に相当の財産を信託しなければならない．ただし，当該資本金等の額の減少をしても当該債権者を害するおそれがないときは，この限りでない．
⑥ 次の各号に掲げるものは，当該各号に定める日にその効力を生ずる．ただし，第2項から前項までの規定による手続が終了していないときは，この限りでない．

1　資本金の額の減少　第447条第1項第3号の日
2　準備金の額の減少　前条第1項第3号の日
⑦ 株式会社は，前項各号に定める日前は，いつでも当該日を変更することができる．

**第2目　資本金の額の増加等**
(資本金の額の増加)
**第450条** ① 株式会社は，剰余金の額を減少して，資本金の額を増加することができる．この場合においては，次に掲げる事項を定めなければならない．
1　減少する剰余金の額
2　資本金の額の増加がその効力を生ずる日
② 前項各号に掲げる事項の決定は，株主総会の決議によらなければならない．
③ 第1項第1号の額は，同項第2号の日における剰余金の額を超えてはならない．

(準備金の額の増加)
**第451条** ① 株式会社は，剰余金の額を減少して，準備金の額を増加することができる．この場合においては，次に掲げる事項を定めなければならない．
1　減少する剰余金の額
2　準備金の額の増加がその効力を生ずる日
② 前項各号に掲げる事項の決定は，株主総会の決議によらなければならない．
③ 第1項第1号の額は，同項第2号の日における剰余金の額を超えてはならない．

**第3目　剰余金についてのその他の処分**
**第452条** 株式会社は，株主総会の決議によって，損失の処理，任意積立金の積立てその他の剰余金の処分（前目に定めるもの及び剰余金の配当その他株式会社の財産を処分するものを除く．）をすることができる．この場合においては，当該剰余金の処分の額その他の法務省令で定める事項を定めなければならない．

**第4節　剰余金の配当**
(株主に対する剰余金の配当)
**第453条** 株式会社は，その株主（当該株式会社を除く．）に対し，剰余金の配当をすることができる．
(剰余金の配当に関する事項の決定)
**第454条** ① 株式会社は，前条の規定による剰余金の配当をしようとするときは，その都度，株主総会の決議によって，次に掲げる事項を定めなければならない．
1　配当財産の種類（当該株式会社の株式等を除く．）及び帳簿価額の総額
2　株主に対する配当財産の割当てに関する事項
3　当該剰余金の配当がその効力を生ずる日
② 前項に規定する場合において，剰余金の配当について内容の異なる二以上の種類の株式を発行しているときは，株式会社は，当該種類の株式の内容に応じ，同項第2号に掲げる事項として，次に掲げる事項を定めることができる．
1　ある種類の株式の株主に対して配当財産の割当てをしないこととするときは，その旨及び当該株式の種類
2　前号に掲げる事項のほか，配当財産の割当てについて株式の種類ごとに異なる取扱いを行うこととするときは，その旨及び当該異なる取扱いの内容
③ 第1項第2号に掲げる事項についての定めは，株主（当該株式会社及び前項第1号の種類の株式の株主を除く．）の有する株式の数（前項第2号に掲げる事項についての定めがある場合にあっては，各種類の株式の数）に応じて配当財産を割り当てる

ことを内容とするものでなければならない.
④ 配当財産が金銭以外の財産であるときは,株式会社は,株主総会の決議によって,次に掲げる事項を定めることができる.ただし,第1項の期間の末日は,第1項第3号の日以前の日でなければならない.
 1 株主に対して金銭分配請求権(当該配当財産に代えて金銭を交付することを株式会社に対して請求する権利をいう.以下この章において同じ.)を与えるときは,その旨及び金銭分配請求権を行使することができる期間
 2 一定の数未満の数の株式を有する株主に対して配当財産の割当てをしないこととするときは,その旨及びその数
⑤ 取締役会設置会社は,一事業年度の途中において1回に限り取締役会の決議によって剰余金の配当(配当財産が金銭であるものに限る.以下この項において「中間配当」という.)をすることができる旨を定款で定めることができる.この場合における中間配当についての第1項の規定の適用については,同項中「株主総会」とあるのは,「取締役会」とする.

(金銭分配請求権の行使)
**第455条** ① 前条第4項第1号に規定する場合には,株式会社は,同号の期間の末日の20日前までに,株主に対し,同号に掲げる事項を通知しなければならない.
② 株式会社は,金銭分配請求権を行使した株主に対し,当該株主が割当てを受けた配当財産に代えて,当該配当財産の価額に相当する金銭を支払わなければならない.この場合においては,次の各号に掲げる場合の区分に応じ,当該各号に定める額をもって当該配当財産の価額とする.
 1 当該配当財産が市場価格のある財産である場合 当該配当財産の市場価格として法務省令で定める方法により算定される額
 2 前号に掲げる場合以外の場合 株式会社の申立てにより裁判所が定める額

(基準株式数を定めた場合の処理)
**第456条** 第454条第4項第2号の数(以下この条において「基準株式数」という.)を定めた場合には,株式会社は,基準株式数に満たない数の株式(以下この条において「基準未満株式」という.)を有する株主に対し,前条第2項後段の規定の例により基準株式数の株式を有する株主が割当てを受けた配当財産の価額として定めた額に当該基準未満株式の数の基準株式数に対する割合を乗じて得た額に相当する金銭を支払わなければならない.

(配当財産の交付の方法等)
**第457条** ① 配当財産(第455条第2項の規定により支払う金銭及び前条の規定により支払う金銭を含む.以下この条において同じ.)は,株主名簿に記載し,又は記録した株主(登録株式質権者を含む.以下この条において同じ.)の住所又は株主が株式会社に通知した場所(第3項において「住所等」という.)において,これを交付しなければならない.
② 前項の規定による配当財産の交付に要する費用は,株式会社の負担とする.ただし,株主の責めに帰すべき事由によってその費用が増加したときは,その増加額は,株主の負担とする.
③ 前2項の規定は,日本に住所等を有しない株主に対する配当財産の交付については,適用しない.

(適用除外)
**第458条** 第453条から前条までの規定は,株式会社の純資産額が300万円を下回る場合には,適用しない.

第5節 剰余金の配当等を決定する機関の特則
(剰余金の配当等を取締役会が決定する旨の定款の定め)
**第459条** ① 会計監査人設置会社(取締役の任期の末日が選任後1年以内に終了する事業年度のうち最終のものに関する定時株主総会の終結の日後の日であるもの及び監査役設置会社であって監査役会設置会社でないものを除く.)は,次に掲げる事項を取締役会(第2号に掲げる事項については第436条第3項の取締役会に限る.)が定めることができる旨を定款で定めることができる.
 1 第160条第1項の規定による決定をする場合以外の場合における第156条第1項各号に掲げる事項
 2 第449条第1項第2号に該当する場合における第448条第1項第1号及び第3号に掲げる事項
 3 第452条後段の事項
 4 第454条第1項各号及び同条第4項各号に掲げる事項.ただし,配当財産が金銭以外の財産であり,かつ,株主に対して金銭分配請求権を与えないこととする場合を除く.
② 前項の規定による定款の定めは,最終事業年度に係る計算書類が法令及び定款に従い株式会社の財産及び損益の状況を正しく表示しているものとして法務省令で定める要件に該当する場合に限り,その効力を有する.
③ 第1項の規定による定款の定めがある場合における第449条第1項第1号の規定の適用については,同号中「定時株主総会」とあるのは,「定時株主総会又は第436条第3項の取締役会」とする.

(株主の権利の制限)
**第460条** ① 前条第1項の規定による定款の定めがある場合には,株式会社は,同項各号に掲げる事項を株主総会の決議によっては定めない旨を定款で定めることができる.
② 前項の規定による定款の定めは,最終事業年度に係る計算書類が法令及び定款に従い株式会社の財産及び損益の状況を正しく表示しているものとして法務省令で定める要件に該当する場合に限り,その効力を有する.

第6節 剰余金の配当等に関する責任
(配当等の制限)
**第461条** ① 次に掲げる行為により株主に対して交付する金銭等(当該株式会社の株式を除く.以下この項において同じ.)の帳簿価額の総額は,当該行為がその効力を生ずる日における分配可能額を超えてはならない.
 1 第138条第1号ハ又は第2号ハの請求に応じて行う当該株式会社の株式の買取り
 2 第156条第1項の規定による決定に基づく当該株式会社の株式の取得(第163条に規定する場合又は第165条第1項に規定する場合における当該株式会社による株式の取得に限る.)
 3 第157条第1項の規定による決定に基づく当該株式会社の株式の取得
 4 第173条第1項の規定による当該株式会社の株式の取得
 5 第176条第1項の規定による請求に基づく当該株式会社の株式の買取り
 6 第197条第3項の規定による当該株式会社の株

式の買取り
7　第234条第4項（第235条第2項において準用する場合を含む．）の規定による当該株式会社の株式の買取り
8　剰余金の配当
② 前項に規定する「分配可能額」とは，第1号及び第2号に掲げる額の合計額から第3号から第6号までに掲げる額の合計額を減じて得た額をいう（以下この節において同じ．）．
1　剰余金の額
2　臨時計算書類につき第441条第4項の承認（同項ただし書に規定する場合にあっては，同条第3項の承認）を受けた場合における次に掲げる額
　イ　第441条第1項第2号の期間の利益の額として法務省令で定める各勘定科目に計上した額の合計額
　ロ　第441条第1項第2号の期間内に自己株式を処分した場合における当該自己株式の対価の額
3　自己株式の帳簿価額
4　最終事業年度の末日後に自己株式を処分した場合における当該自己株式の対価の額
5　第2号に規定する場合における第441条第1項第2号の期間の損失の額として法務省令で定める各勘定科目に計上した額の合計額
6　前3号に掲げるもののほか，法務省令で定める各勘定科目に計上した額の合計額

**（剰余金の配当等に関する責任）**
**第462条** ① 前条第1項の規定に違反して株式会社が同項各号に掲げる行為をした場合には，当該行為により金銭等の交付を受けた者並びに当該行為に関する職務を行った業務執行者（業務執行取締役（委員会設置会社にあっては，執行役．以下この項において同じ．）その他当該業務執行取締役の行う業務の執行に職務上関与した者として法務省令で定めるものをいう．以下この節において同じ．）及び当該行為が次の各号に掲げるものである場合における当該各号に定める者は，当該株式会社に対し，連帯して，当該金銭等の交付を受けた者が交付を受けた金銭等の帳簿価額に相当する金銭を支払う義務を負う．
1　前条第1項第2号に掲げる行為　次に掲げる者
　イ　第156条第1項の規定による決定に係る株主総会の決議があった場合（当該決議によって定められた同項第2号の金銭等の総額が当該決議の日における分配可能額を超える場合に限る．）における当該株主総会に係る総会議案提案取締役（当該株主総会に議案を提案した取締役として法務省令で定めるものをいう．以下この項において同じ．）
　ロ　第156条第1項の規定による決定に係る取締役会の決議があった場合（当該決議によって定められた同項第2号の金銭等の総額が当該決議の日における分配可能額を超える場合に限る．）における当該取締役会に係る取締役会議案提案取締役（当該取締役会に議案を提案した取締役（委員会設置会社にあっては，取締役又は執行役）として法務省令で定めるものをいう．以下この項において同じ．）
2　前条第1項第3号に掲げる行為　次に掲げる者
　イ　第157条第1項の規定による決定に係る株主総会の決議があった場合（当該決議によって定められた同項第3号の総額が当該決議の日における分配可能額を超える場合に限る．）における当該株主総会に係る総会議案提案取締役
　ロ　第157条第1項の規定による決定に係る取締役会の決議があった場合（当該決議によって定められた同項第3号の総額が当該決議の日における分配可能額を超える場合に限る．）における当該取締役会に係る取締役会議案提案取締役
3　前条第1項第4号に掲げる行為　第171条第1項の株主総会（当該株主総会の決議によって定められた同項第1号に規定する取得対価の総額が当該決議の日における分配可能額を超える場合の当該株主総会に限る．）に係る総会議案提案取締役
4　前条第1項第6号に掲げる行為　次に掲げる者
　イ　第197条第3項後段の規定による決定に係る株主総会の決議があった場合（当該決議によって定められた同項第2号の総額が当該決議の日における分配可能額を超える場合に限る．）における当該株主総会に係る総会議案提案取締役
　ロ　第197条第3項後段の規定による決定に係る取締役会の決議があった場合（当該決議によって定められた同項第2号の総額が当該決議の日における分配可能額を超える場合に限る．）における当該取締役会に係る取締役会議案提案取締役
5　前条第1項第7号に掲げる行為　次に掲げる者
　イ　第234条第4項後段（第235条第2項において準用する場合を含む．）の規定による決定に係る株主総会の決議があった場合（当該決議によって定められた第234条第4項第2号（第235条第2項において準用する場合を含む．）の総額が当該決議の日における分配可能額を超える場合に限る．）における当該株主総会に係る総会議案提案取締役
　ロ　第234条第4項後段（第235条第2項において準用する場合を含む．）の規定による決定に係る取締役会の決議があった場合（当該決議によって定められた第234条第4項第2号（第235条第2項において準用する場合を含む．）の総額が当該決議の日における分配可能額を超える場合に限る．）における当該取締役会に係る取締役会議案提案取締役
6　前条第1項第8号に掲げる行為　次に掲げる者
　イ　第454条第1項の規定による決定に係る株主総会の決議があった場合（当該決議によって定められた配当財産の帳簿価額が当該決議の日における分配可能額を超える場合に限る．）における当該株主総会に係る総会議案提案取締役
　ロ　第454条第1項の規定による決定に係る取締役会の決議があった場合（当該決議によって定められた配当財産の帳簿価額が当該決議の日における分配可能額を超える場合に限る．）における当該取締役会に係る取締役会議案提案取締役
② 前項の規定にかかわらず，業務執行者及び同項各号に定める者は，その職務を行うについて注意を怠らなかったことを証明したときは，同項の義務を負わない．
③ 第1項の規定により業務執行者及び同項各号に定める者の負う義務は，免除することができない．ただし，前条第1項の行為の時における分配可能額を限度として当該義務を免除することについて総株主の同意がある場合は，この限りでない．
**（株主に対する求償権の制限等）**

**第463条** ① 前条第1項に規定する場合において,株式会社が第461条第1項各号に掲げる行為により株主に対して交付した金銭等の帳簿価額の総額が当該行為がその効力を生じた日における分配可能額を超えることにつき善意の株主は,当該株主が交付を受けた金銭等について,前条第1項の金銭を支払った業務執行者及び同項各号に定める者からの求償の請求に応ずる義務を負わない.
② 前条第1項に規定する場合には,株式会社の債権者は,同項の規定により義務を負う株主に対し,その交付を受けた金銭等の帳簿価額(当該額が当該債権者の株式会社に対して有する債権額を超える場合にあっては,当該債権額)に相当する金銭を支払わせることができる.

**(買取請求に応じて株式を取得した場合の責任)**
**第464条** ① 株式会社が第116条第1項の規定による請求に応じて株式を取得する場合において,当該請求をした株主に対して支払った金銭の額が当該支払の日における分配可能額を超えるときは,当該株式の取得に関する職務を行った業務執行者は,株式会社に対し,連帯して,その超過額を支払う義務を負う.ただし,その者がその職務を行うについて注意を怠らなかったことを証明した場合は,この限りでない.
② 前項の義務は,総株主の同意がなければ,免除することができない.

**(欠損が生じた場合の責任)**
**第465条** ① 株式会社が次の各号に掲げる行為をした場合において,当該行為をした日の属する事業年度(その事業年度の直前の事業年度が最終事業年度でないときは,その事業年度の直前の事業年度)に係る計算書類につき第438条第2項の承認(第439条前段に規定する場合にあっては,第436条第3項の承認)を受けた時における第461条第2項第3号,第4号及び第6号に掲げる額の合計額が同項第1号に掲げる額を超えるときは,当該各号に掲げる行為に関する職務を行った業務執行者は,当該株式会社に対し,連帯して,その超過額(当該超過額が当該各号に定める額を超える場合にあっては,当該各号に定める額)を支払う義務を負う.ただし,当該業務執行者がその職務を行うについて注意を怠らなかったことを証明した場合は,この限りでない.

1 第138条第1号ハ又は第2号ハの請求に応じて行う当該株式会社の株式の買取り 当該株式の買取りにより株主に対して交付した金銭等の帳簿価額の総額
2 第156条第1項の規定による決定に基づく当該株式会社の株式の取得(第163条に規定する場合又は第165条第1項に規定する場合における当該株式会社による株式の取得に限る.) 当該株式の取得により株主に対して交付した金銭等の帳簿価額の総額
3 第157条第1項の規定による決定に基づく当該株式会社の株式の取得 当該株式の取得により株主に対して交付した金銭等の帳簿価額の総額
4 第167条第1項の規定による当該株式会社の株式の取得 当該株式の取得により株主に対して交付した金銭等の帳簿価額の総額
5 第170条第1項の規定による当該株式会社の株式の取得 当該株式の取得により株主に対して交付した金銭等の帳簿価額の総額
6 第173条第1項の規定による当該株式会社の株式の取得 当該株式の取得により株主に対して交付した金銭等の帳簿価額の総額
7 第176条第1項の規定による請求に基づく当該株式会社の株式の買取り 当該株式の買取りにより株主に対して交付した金銭等の帳簿価額の総額
8 第197条第3項の規定による当該株式会社の株式の買取り 当該株式の買取りにより株主に対して交付した金銭等の帳簿価額の総額
9 次のイ又はロに掲げる規定による当該株式会社の株式の買取り 当該株式の買取りにより当該イ又はロに定める者に対して交付した金銭等の帳簿価額の総額
 イ 第234条第4項 同条第1項各号に定める者
 ロ 第235条第2項において準用する第234条第4項 株主
10 剰余金の配当(次のイからハまでに掲げるものを除く.) 当該剰余金の配当についての第446条第6号イからハまでに掲げる額の合計額
 イ 定時株主総会(第439条前段に規定する場合にあっては,定時株主総会又は第436条第3項の取締役会)において第454条第1項各号に掲げる事項を定める場合における剰余金の配当
 ロ 第447条第1項各号に掲げる事項を定めるための株主総会において第454条第1項各号に掲げる事項を定める場合(同項第1号の額(第456条の規定により基準未満株式の株主に支払う金銭があるときは,その額を合算した額)が第447条第1項第1号の額を超えない場合であって,同項第2号に掲げる事項についての定めがない場合に限る.)における剰余金の配当
 ハ 第448条第1項各号に掲げる事項を定めるための株主総会において第454条第1項各号に掲げる事項を定める場合(同項第1号の額(第456条の規定により基準未満株式の株主に支払う金銭があるときは,その額を合算した額)が第448条第1項第1号の額を超えない場合であって,同項第2号に掲げる事項についての定めがない場合に限る.)における剰余金の配当
② 前項の義務は,総株主の同意がなければ,免除することができない.

## 第6章 定款の変更

**第466条** 株式会社は,その成立後,株主総会の決議によって,定款を変更することができる.

## 第7章 事業の譲渡等

**(事業譲渡等の承認等)**
**第467条** ① 株式会社は,次に掲げる行為をする場合には,当該行為がその効力を生ずる日(以下この章において「効力発生日」という.)の前日までに,株主総会の決議によって,当該行為に係る契約の承認を受けなければならない.
1 事業の全部の譲渡
2 事業の重要な一部の譲渡(当該譲渡により譲り渡す資産の帳簿価額が当該株式会社の総資産額として法務省令で定める方法により算定される額の5分の1(これを下回る割合を定款で定めた場合にあっては,その割合)を超えないものを除く.)
3 他の会社(外国会社その他の法人を含む.次条において同じ.)の事業の全部の譲受け

4 事業の全部の賃貸,事業の全部の経営の委任,他人と事業上の損益の全部を共通にする契約その他これらに準ずる契約の締結,変更又は解約
5 当該株式会社(第25条第1項各号に掲げる方法により設立したものに限る。以下この号において同じ。)の成立後2年以内におけるその成立前から存在する財産であってその事業のために継続して使用するものの取得。ただし,イに掲げる額のロに掲げる額に対する割合が5分の1(これを下回る割合を当該株式会社の定款で定めた場合にあっては,その割合)を超えない場合を除く。
 イ 当該財産の対価として交付する財産の帳簿価額の合計額
 ロ 当該株式会社の純資産額として法務省令で定める方法により算定される額
② 前項第3号に掲げる行為をする場合において,当該行為をする株式会社が譲り受ける資産に当該株式会社の株式が含まれるときは,取締役は,同該株主総会において,当該株式に関する事項を説明しなければならない。

**(事業譲渡等の承認を要しない場合)**
**第468条** ① 前条の規定は,同条第1項第1号から第4号までに掲げる行為(以下この章において「事業譲渡等」という。)に係る契約の相手方が当該事業譲渡等をする株式会社の特別支配会社(ある株式会社の総株主の議決権の10分の9(これを上回る割合を当該株式会社の定款で定めた場合にあっては,その割合)以上を他の会社及び当該他の会社が発行済株式の全部を有する株式会社その他これに準ずるものとして法務省令で定める法人が有している場合における当該他の会社をいう。以下同じ。)である場合には,適用しない。
② 前条の規定は,同条第1項第3号に掲げる行為をする場合において,第1号に掲げる額の第2号に掲げる額に対する割合が5分の1(これを下回る割合を定款で定めた場合にあっては,その割合)を超えないときは,適用しない。
 1 当該他の会社の事業の全部の対価として交付する財産の帳簿価額の合計額
 2 当該株式会社の純資産額として法務省令で定める方法により算定される額
③ 前項に規定する場合において,法務省令で定める数の株式(前条第1項の株主総会において議決権を行使することができるものに限る。)を有する株主が次条第3項の規定による同条第4項の公告の日から2週間以内に前条第1項第3号に掲げる行為に反対する旨を当該行為をする株式会社に対し通知したときは,当該株式会社は,効力発生日の前日までに,株主総会の決議によって,当該行為に係る契約の承認を受けなければならない。

**(反対株主の株式買取請求)**
**第469条** ① 事業譲渡等をする場合には,反対株主は,事業譲渡等をする株式会社に対し,自己の有する株式を公正な価格で買い取ることを請求することができる。ただし,第467条第1項第1号に掲げる行為をする場合において当該行為と同時に第471条第3号の株主総会の決議がされたときは,この限りでない。
② 前項に規定する「反対株主」とは,次の各号に掲げる場合における当該各号に定める株主をいう。
 1 事業譲渡等をするために株主総会(種類株主総会を含む。)の決議を要する場合 次に掲げる株主

 イ 当該株主総会に先立って当該事業譲渡等に反対する旨を当該株式会社に対し通知し,かつ,当該株主総会において当該事業譲渡等に反対した株主(当該株主総会において議決権を行使することができるものに限る。)
 ロ 当該株主総会において議決権を行使することができない株主
 2 前号に規定する場合以外の場合 すべての株主
③ 事業譲渡等をしようとする株式会社は,効力発生日の20日前までに,その株主に対し,事業譲渡等をする旨(第467条第2項に規定する場合にあっては,同条第1項第3号に掲げる行為をする旨及び同条第2項の株式に関する事項)を通知しなければならない。
④ 次に掲げる場合には,前項の規定による通知は,公告をもってこれに代えることができる。
 1 事業譲渡等をする株式会社が公開会社である場合
 2 事業譲渡等をする株式会社が第467条第1項の株主総会の決議によって事業譲渡等に係る契約の承認を受けた場合
⑤ 第1項の規定による請求(以下この章において「株式買取請求」という。)は,効力発生日の20日前の日から効力発生日の前日までの間に,その株式買取請求に係る株式の数(種類株式発行会社にあっては,株式の種類及び種類ごとの数)を明らかにしてしなければならない。
⑥ 株式買取請求をした株主は,事業譲渡等をする株式会社の承諾を得た場合に限り,その株式買取請求を撤回することができる。
⑦ 事業譲渡等を中止したときは,株式買取請求は,その効力を失う。

**(株式の価格の決定等)**
**第470条** ① 株式買取請求があった場合において,株式の価格の決定について,株主と事業譲渡等をする株式会社との間に協議が調ったときは,当該株式会社は,効力発生日から60日以内にその支払をしなければならない。
② 株式の価格の決定について,効力発生日から30日以内に協議が調わないときは,株主又は前項の株式会社は,その期間の満了の日後30日以内に,裁判所に対し,価格の決定の申立てをすることができる。
③ 前条第6項の規定にかかわらず,前項に規定する場合において,効力発生日から60日以内に同項の申立てがないときは,その期間の満了後は,株主は,いつでも,株式買取請求を撤回することができる。
④ 第1項の株式会社は,裁判所の決定した価格に対する同項の期間の満了の日後の年6分の利率により算定した利息をも支払わなければならない。
⑤ 株式買取請求に係る株式の買取りは,当該株式の代金の支払の時に,その効力を生ずる。
⑥ 株券発行会社は,株券が発行されている株式についての株式買取請求があったときは,株券と引換えに,その株式買取請求に係る株式の代金を支払わなければならない。

## 第8章 解 散

**(解散の事由)**
**第471条** 株式会社は,次に掲げる事由によって解散する。
 1 定款で定めた存続期間の満了
 2 定款で定めた解散の事由の発生

3 株主総会の決議
4 合併(合併により当該株式会社が消滅する場合に限る。)
5 破産手続開始の決定
6 第824条第1項又は第833条第1項の規定による解散を命ずる裁判

**(休眠会社のみなし解散)**
**第472条** ① 休眠会社(株式会社であって、当該株式会社に関する登記が最後にあった日から12年を経過したものをいう。以下この条において同じ。)は、法務大臣が休眠会社に対し2箇月以内に法務省令で定めるところによりその本店の所在地を管轄する登記所に事業を廃止していない旨の届出をすべき旨を官報に公告した場合において、その届出をしないときは、その2箇月の期間の満了の時に、解散したものとみなす。ただし、当該期間内に当該休眠会社に関する登記がされたときは、この限りでない。
② 登記所は、前項の規定による公告があったときは、休眠会社に対し、その旨の通知を発しなければならない。

**(株式会社の継続)**
**第473条** 株式会社は、第471条第1号から第3号までに掲げる事由によって解散した場合(前条第1項の規定により解散したものとみなされた場合を含む。)には、次章の規定による清算が結了するまで(同項の規定により解散したものとみなされた場合にあっては、解散したものとみなされた後3年以内に限る。)、株主総会の決議によって、株式会社を継続することができる。

**(解散した株式会社の合併等の制限)**
**第474条** 株式会社が解散した場合には、当該株式会社は、次に掲げる行為をすることができない。
1 合併(合併により当該株式会社が存続する場合に限る。)
2 吸収分割による他の会社がその事業に関して有する権利義務の全部又は一部の承継

## 第9章 清 算

### 第1節 総 則
#### 第1款 清算の開始
**(清算の開始原因)**
**第475条** 株式会社は、次に掲げる場合には、この章の定めるところにより、清算をしなければならない。
1 解散した場合(第471条第4号に掲げる事由によって解散した場合及び破産手続開始の決定により解散した場合であって当該破産手続が終了していない場合を除く。)
2 設立の無効の訴えに係る請求を認容する判決が確定した場合
3 株式移転の無効の訴えに係る請求を認容する判決が確定した場合

**(清算株式会社の能力)**
**第476条** 前条の規定により清算をする株式会社(以下「清算株式会社」という。)は、清算の目的の範囲内において、清算が結了するまではなお存続するものとみなす。

#### 第2款 清算株式会社の機関
##### 第1目 株主総会以外の機関の設置
**第477条** ① 清算株式会社には、1人又は2人以上の清算人を置かなければならない。
② 清算株式会社は、定款の定めによって、清算人会、監査役又は監査役会を置くことができる。
③ 監査役会を置く旨の定款の定めがある清算株式会社は、清算人会を置かなければならない。
④ 第475条各号に掲げる場合に該当することとなった時において公開会社又は大会社であった清算株式会社は、監査役を置かなければならない。
⑤ 第475条各号に掲げる場合に該当することとなった時において委員会設置会社であった清算株式会社であって、前項の規定の適用があるものにおいては、監査委員が監査役となる。
⑥ 第4章第2節の規定は、清算株式会社については、適用しない。

##### 第2目 清算人の就任及び解任並びに監査役の退任
**(清算人の就任)**
**第478条** ① 次に掲げる者は、清算株式会社の清算人となる。
1 取締役(次号又は第3号に掲げる者がある場合を除く。)
2 定款で定める者
3 株主総会の決議によって選任された者
② 前項の規定により清算人となる者がないときは、裁判所は、利害関係人の申立てにより、清算人を選任する。
③ 前2項の規定にかかわらず、第471条第6号に掲げる事由によって解散した清算株式会社については、裁判所は、利害関係人若しくは法務大臣の申立てにより又は職権で、清算人を選任する。
④ 第1項及び第2項の規定にかかわらず、第475条第2号又は第3号に掲げる場合に該当することとなった清算株式会社については、裁判所は、利害関係人の申立てにより、清算人を選任する。
⑤ 第475条各号に掲げる場合に該当することとなった時において委員会設置会社であった清算株式会社における第1項第1号及び第335条第3項の規定の適用については、第1項第1号中「取締役」とあるのは「監査委員以外の取締役」と、第335条第3項中「社外監査役」とあるのは「過去に当該監査役設置会社又はその子会社の取締役(社外取締役を除く。)、会計参与(会計参与が法人であるときは、その職務を行うべき社員)若しくは執行役又は支配人その他の使用人となったことがないもの」とする。
⑥ 第330条及び第331条第1項の規定は清算人について、同条第4項の規定は清算人会設置会社(清算人会を置く清算株式会社又はこの法律の規定により清算人会を置かなければならない清算株式会社をいう。以下同じ。)について、それぞれ準用する。この場合において、同項中「取締役は」とあるのは、「清算人は」と読み替えるものとする。

**(清算人の解任)**
**第479条** ① 清算人(前条第2項から第4項までの規定により裁判所が選任したものを除く。)は、いつでも、株主総会の決議によって解任することができる。
② 重要な事由があるときは、裁判所は、次に掲げる株主の申立てにより、清算人を解任することができる。
1 総株主(次に掲げる株主を除く。)の議決権の100分の3(これを下回る割合を定款で定めた場合にあっては、その割合)以上の議決権を6箇月(これを下回る期間を定款で定めた場合にあっては、その期間)前から引き続き有する株主(次に

掲げる株主を除く.)
　イ　清算人を解任する旨の議案について議決権を行使することができない株主
　ロ　当該申立てに係る清算人である株主
② 発行済株式（次に掲げる株主の有する株式を除く.）の100分の3（これを下回る割合を定款で定めた場合にあっては，その割合）以上の数の株式を6箇月（これを下回る期間を定款で定めた場合にあっては，その期間）前から引き続き有する株主（次に掲げる株主を除く.）
　イ　当該清算株式会社である株主
　ロ　当該申立てに係る清算人である株主
③ 公開会社でない清算株式会社における前項各号の規定の適用については，これらの規定中「6箇月（これを下回る期間を定款で定めた場合にあっては，その期間）前から引き続き有する」とあるのは，「有する」とする.
④ 第346条第1項から第3項までの規定は，清算人について準用する.

（監査役の退任）
**第480条**　清算株式会社の監査役は，当該清算株式会社が次に掲げる定款の変更をした場合には，当該定款の変更の効力が生じた時に退任する.
　1　監査役を置く旨の定款の定めを廃止する定款の変更
　2　監査役の監査の範囲を会計に関するものに限定する旨の定款の定めを廃止する定款の変更
② 第336条の規定は，清算株式会社の監査役については，適用しない.

### 第3目　清算人の職務等
（清算人の職務）
**第481条**　清算人は，次に掲げる職務を行う.
　1　現務の結了
　2　債権の取立て及び債務の弁済
　3　残余財産の分配

（業務の執行）
**第482条**　① 清算人は，清算株式会社（清算人会設置会社を除く．以下この条において同じ.）の業務を執行する.
② 清算人が2人以上ある場合には，清算株式会社の業務は，定款に別段の定めがある場合を除き，清算人の過半数をもって決定する.
③ 前項の場合には，清算人は，次に掲げる事項についての決定を各清算人に委任することができない.
　1　支配人の選任及び解任
　2　支店の設置，移転及び廃止
　3　第298条第1項各号（第325条において準用する場合を含む.）に掲げる事項
　4　清算人の職務の執行が法令及び定款に適合することを確保するための体制その他清算株式会社の業務の適正を確保するために必要なものとして法務省令で定める体制の整備
④ 第353条から第357条まで，第360条及び第361条の規定は，清算人（同条の規定については，第478条第2項から第4項までの規定により裁判所が選任したものを除く.）について準用する．この場合において，第353条中「第349条第4項」とあるのは「第483条第6項において準用する第349条第4項」と，第354条中「代表取締役」とあるのは「代表清算人（第483条第1項に規定する代表清算人をいう.）」と，第360条第3項中「監査役設置会社又は委員会設置会社」とあるのは「監査役設置会

社」と読み替えるものとする.

（清算株式会社の代表）
**第483条**　① 清算人は，清算株式会社を代表する．ただし，他に代表清算人（清算株式会社を代表する清算人をいう．以下同じ.）その他清算株式会社を代表する者を定めた場合は，この限りでない.
② 前項本文の清算人が2人以上ある場合には，清算人は，各自，清算株式会社を代表する.
③ 清算株式会社（清算人会設置会社を除く.）は，定款，定款の定めに基づく清算人（第478条第2項から第4項までの規定により裁判所が選任したものを除く．以下この項において同じ.）の互選又は株主総会の決議によって，清算人の中から代表清算人を定めることができる.
④ 第478条第1項第1号の規定により取締役が清算人となる場合において，代表取締役を定めていたときは，当該代表取締役が代表清算人となる.
⑤ 裁判所は，第478条第2項から第4項までの規定により清算人を選任する場合には，その清算人の中から代表清算人を定めることができる.
⑥ 第349条第4項及び第5項並びに第351条の規定は代表清算人について，第352条の規定は民事保全法第56条に規定する仮処分命令により選任された清算人又は代表清算人の職務を代行する者について，それぞれ準用する.

（清算株式会社についての破産手続の開始）
**第484条**　① 清算株式会社の財産がその債務を完済するのに足りないことが明らかになったときは，清算人は，直ちに破産手続開始の申立てをしなければならない.
② 清算人は，清算株式会社が破産手続開始の決定を受けた場合において，破産管財人にその事務を引き継いだときは，その任務を終了したものとする.
③ 前項に規定する場合において，清算株式会社が既に債権者に支払い，又は株主に分配したものがあるときは，破産管財人は，これを取り戻すことができる.

（裁判所の選任する清算人の報酬）
**第485条**　裁判所は，第478条第2項から第4項までの規定により清算人を選任した場合には，清算株式会社が当該清算人に対して支払う報酬の額を定めることができる.

（清算人の清算株式会社に対する損害賠償責任）
**第486条**　① 清算人は，その任務を怠ったときは，清算株式会社に対し，これによって生じた損害を賠償する責任を負う.
② 清算人が第482条第4項において準用する第356条第1項の規定に違反して同項第1号の取引をしたときは，当該取引により清算人又は第三者が得た利益の額は，前項の損害の額と推定する.
③ 第482条第4項において準用する第356条第1項第2号又は第3号の取引によって清算株式会社に損害が生じたときは，次に掲げる清算人は，その任務を怠ったものと推定する.
　1　第482条第4項において準用する第356条第1項の清算人
　2　清算株式会社が当該取引をすることを決定した清算人
　3　当該取引に関する清算人会の承認の決議に賛成した清算人
④ 第424条及び第428条第1項の規定は，清算人の第1項の責任について準用する．この場合において，同条第1項中「第356条第1項第2号（第419

**(清算人の第三者に対する損害賠償責任)**
**第487条** ① 清算人がその職務を行うについて悪意又は重大な過失があったときは、当該清算人は、これによって第三者に生じた損害を賠償する責任を負う。
② 清算人が、次に掲げる行為をしたときも、前項と同様とする。ただし、当該清算人が当該行為をするについて注意を怠らなかったことを証明したときは、この限りでない。
 1 株式、新株予約権、社債若しくは新株予約権付社債を引き受ける者の募集をする際に通知しなければならない重要な事項についての虚偽の通知又は当該募集のための当該清算株式会社の事業その他の事項に関する説明に用いた資料についての虚偽の記載若しくは記録
 2 第492条第1項に規定する財産目録等並びに第494条第1項の貸借対照表及び事務報告並びにこれらの附属明細書に記載し、又は記録すべき重要な事項についての虚偽の記載又は記録
 3 虚偽の登記
 4 虚偽の公告

**(清算人及び監査役の連帯責任)**
**第488条** ① 清算人又は監査役が清算株式会社又は第三者に生じた損害を賠償する責任を負う場合において、他の清算人又は監査役も当該損害を賠償する責任を負うときは、これらの者は、連帯債務者とする。
② 前項の場合には、第430条の規定は、適用しない。

#### 第4目 清算人会

**(清算人会の権限等)**
**第489条** ① 清算人会は、すべての清算人で組織する。
② 清算人会は、次に掲げる職務を行う。
 1 清算人会設置会社の業務執行の決定
 2 清算人の職務の執行の監督
 3 代表清算人の選定及び解職
③ 清算人会は、清算人の中から代表清算人を選定しなければならない。ただし、他に代表清算人があるときは、この限りでない。
④ 清算人会は、その選定した代表清算人及び第483条第4項の規定により代表清算人となった者を解職することができる。
⑤ 第483条第5項の規定により裁判所が代表清算人を定めたときは、清算人会は、代表清算人を選定し、又は解職することができない。
⑥ 清算人会は、次に掲げる事項その他の重要な業務執行の決定を清算人に委任することができない。
 1 重要な財産の処分及び譲受け
 2 多額の借財
 3 支配人その他の重要な使用人の選任及び解任
 4 支店その他の重要な組織の設置、変更及び廃止
 5 第676条第1号に掲げる事項その他の社債を引き受ける者の募集に関する重要な事項として法務省令で定める事項
 6 清算人の職務の執行が法令及び定款に適合することを確保するための体制その他清算株式会社の業務の適正を確保するために必要なものとして法務省令で定める体制の整備
⑦ 次に掲げる清算人は、清算人会設置会社の業務を執行する。
 1 代表清算人
 2 代表清算人以外の清算人であって、清算人会の決議によって清算人会設置会社の業務を執行する清算人として選定されたもの
⑧ 第363条第2項、第364条及び第365条の規定は、清算人会設置会社について準用する。この場合において、第363条第2項中「前項各号」とあるのは「第489条第7項各号」と、「取締役が」とあるのは「清算人は」と、「取締役会」とあるのは「清算人会」と、第364条中「第353条」とあるのは「第482条第4項において準用する第353条」と、「取締役会は」とあるのは「清算人会は」と、第365条第1項中「第356条」とあるのは「第482条第4項において準用する第356条」と、「取締役会」とあるのは「清算人会」と、同条第2項中「第356条第1項各号」とあるのは「第482条第4項において準用する第356条第1項各号」と、「取締役は」とあるのは「清算人は」と、「取締役会に」とあるのは「清算人会に」と読み替えるものとする。

**(清算人会の運営)**
**第490条** ① 清算人会は、各清算人が招集する。ただし、清算人会を招集する清算人を定款又は清算人会で定めたときは、その清算人が招集する。
② 前項ただし書に規定する場合には、同項ただし書の規定により定められた清算人(以下この項において「招集権者」という。)以外の清算人は、招集権者に対し、清算人会の目的である事項を示して、清算人会の招集を請求することができる。
③ 前項の規定による請求があった日から5日以内に、その請求があった日から2週間以内の日を清算人会の日とする清算人会の招集の通知が発せられない場合には、その請求をした清算人は、清算人会を招集することができる。
④ 第367条及び第368条の規定は、清算人会設置会社における清算人会の招集について準用する。この場合において、第367条第1項中「監査役設置会社及び委員会設置会社」とあるのは「監査役設置会社」と、「取締役が」とあるのは「清算人が」と、同条第2項中「取締役(前条第1項ただし書に規定する場合にあっては、招集権者)」とあるのは「清算人(第490条第1項ただし書に規定する場合にあっては、同条第2項に規定する招集権者)」と、同条第3項及び第4項中「前条第3項」とあるのは「第490条第3項」と、第368条第1項中「各取締役」とあるのは「各清算人」と、同条第2項中「取締役(」とあるのは「清算人(」と、「取締役及び」とあるのは「清算人及び」と読み替えるものとする。
⑤ 第369条から第371条までの規定は、清算人会設置会社における清算人会の決議について準用する。この場合において、第369条第1項中「取締役の」とあるのは「清算人の」と、同条第2項中「取締役」とあるのは「清算人」と、同条第3項中「取締役及び」とあるのは「清算人及び」と、同条第5項中「取締役であって」とあるのは「清算人であって」と、第370条中「取締役が」とあるのは「清算人が」と、「取締役(」とあるのは「清算人(」と、第371条第3項中「監査役設置会社又は委員会設置会社」とあるのは「監査役設置会社」と、同条第4項中「役員及び執行役が」とあるのは「清算人又は監査役」と読み替えるものとする。
⑥ 第372条第1項及び第2項の規定は、清算人会設

置会社における清算人会への報告について準用する．この場合において，同条第1項中「取締役，会計参与，監査役又は会計監査人」とあるのは「清算人又は監査役」と，「取締役」とあるのは「清算人」と，「取締役及び」とあるのは「清算人及び」と，同条第2項中「第363条第2項」とあるのは「第489条第8項において準用する第363条第2項」と読み替えるものとする．

### 第5目　取締役等に関する規定の適用

**第491条**　清算株式会社については，第2章（第155条を除く．），第3章，第4章第1節，第335条第2項，第343条第1項及び第2項，第345条第4項において準用する同条第3項，第359条，同章第7節及び第8節並びに第7章の規定中取締役，代表取締役，取締役会又は取締役会設置会社に関する規定は，それぞれ清算人，代表清算人，清算人会又は清算人会設置会社に関する規定として清算人，代表清算人，清算人会又は清算人会設置会社に適用があるものとする．

### 第3款　財産目録等

**（財産目録等の作成等）**

**第492条**　清算人（清算人会設置会社にあっては，第489条第7項各号に掲げる清算人）は，その就任後遅滞なく，清算株式会社の財産の現況を調査し，法務省令で定めるところにより，第475条各号に掲げる場合に該当することとなった日における財産目録及び貸借対照表（以下この条及び次条において「財産目録等」という．）を作成しなければならない．
② 清算人会設置会社においては，財産目録等は，清算人会の承認を受けなければならない．
③ 清算人は，財産目録等（前項の規定の適用がある場合にあっては，同項の承認を受けたもの）を株主総会に提出し，又は提供し，その承認を受けなければならない．
④ 清算株式会社は，財産目録等を作成した時からその本店の所在地における清算結了の登記の時までの間，当該財産目録等を保存しなければならない．

**（財産目録等の提出命令）**

**第493条**　裁判所は，申立てにより又は職権で，訴訟の当事者に対し，財産目録等の全部又は一部の提出を命ずることができる．

**（貸借対照表等の作成及び保存）**

**第494条**　① 清算株式会社は，法務省令で定めるところにより，各清算事務年度（第475条各号に掲げる場合に該当することとなった日の翌日又はその後毎年その日に応当する日（応当する日がない場合にあっては，その前日）から始まる各1年の期間をいう．）に係る貸借対照表及び事務報告並びにこれらの附属明細書を作成しなければならない．
② 前項の貸借対照表及び事務報告並びにこれらの附属明細書は，電磁的記録をもって作成することができる．
③ 清算株式会社は，第1項の貸借対照表を作成した時からその本店の所在地における清算結了の登記の時までの間，当該貸借対照表及びその附属明細書を保存しなければならない．

**（貸借対照表等の監査等）**

**第495条**　① 監査役設置会社（監査役の監査の範囲を会計に関するものに限定する旨の定款の定めがある株式会社を含む．）においては，前条第1項の貸借対照表及び事務報告並びにこれらの附属明細書は，法務省令で定めるところにより，監査役の監査を受けなければならない．
② 清算人会設置会社においては，前条第1項の貸借対照表及び事務報告並びにこれらの附属明細書（前項の規定の適用がある場合にあっては，同項の監査を受けたもの）は，清算人会の承認を受けなければならない．

**（貸借対照表等の備置き及び閲覧等）**

**第496条**　① 清算株式会社は，第494条第1項に規定する各清算事務年度に係る貸借対照表及び事務報告並びにこれらの附属明細書（前条の規定の適用がある場合にあっては，監査報告を含む．以下この条において「貸借対照表等」という．）を，定時株主総会の日の1週間前の日（第319条第1項の場合にあっては，同項の提案があった日）からその本店の所在地における清算結了の登記の時までの間，その本店に備え置かなければならない．
② 株主及び債権者は，清算株式会社の営業時間内は，いつでも，次に掲げる請求をすることができる．ただし，第2号又は第4号に掲げる請求をするには，当該清算株式会社の定めた費用を支払わなければならない．
　1　貸借対照表等が書面をもって作成されているときは，当該書面の閲覧の請求
　2　前号の書面の謄本又は抄本の交付の請求
　3　貸借対照表等が電磁的記録をもって作成されているときは，当該電磁的記録に記録された事項を法務省令で定める方法により表示したものの閲覧の請求
　4　前号の電磁的記録に記録された事項を電磁的方法であって清算株式会社の定めたものにより提供することの請求又はその事項を記載した書面の交付の請求
③ 清算株式会社の親会社社員は，その権利を行使するため必要があるときは，裁判所の許可を得て，当該清算株式会社の貸借対照表等について前項各号に掲げる請求をすることができる．ただし，同項第2号又は第4号に掲げる請求をするには，当該清算株式会社の定めた費用を支払わなければならない．

**（貸借対照表等の定時株主総会への提出等）**

**第497条**　① 次の各号に掲げる清算株式会社においては，清算人は，当該各号に定める貸借対照表及び事務報告を定時株主総会に提出し，又は提供しなければならない．
　1　第495条第1項に規定する監査役設置会社（清算人会設置会社を除く．）　同項の監査を受けた貸借対照表及び事務報告
　2　清算人会設置会社　第495条第2項の承認を受けた貸借対照表及び事務報告
　3　前2号に掲げるもの以外の清算株式会社　第494条第1項の貸借対照表及び事務報告
② 前項の規定により提出され，又は提供された貸借対照表は，定時株主総会の承認を受けなければならない．
③ 清算人は，第1項の規定により提出され，又は提供された事務報告の内容を定時株主総会に報告しなければならない．

**（貸借対照表等の提出命令）**

**第498条**　裁判所は，申立てにより又は職権で，訴訟の当事者に対し，第494条第1項の貸借対照表及びその附属明細書の全部又は一部の提出を命ずることができる．

## 第4款　債務の弁済等
### (債権者に対する公告等)
**第499条**　① 清算株式会社は, 第475条各号に掲げる場合に該当することとなった後, 遅滞なく, 当該清算株式会社の債権者に対し, 一定の期間内にその債権を申し出るべき旨を官報に公告し, かつ, 知れている債権者には, 各別にこれを催告しなければならない. ただし, 当該期間は, 2箇月を下ることができない.
② 前項の規定による公告には, 当該債権者が当該期間内に申出をしないときは清算から除斥される旨を付記しなければならない.

### (債務の弁済の制限)
**第500条**　① 清算株式会社は, 前条第1項の期間内は, 債務の弁済をすることができない. この場合において, 清算株式会社は, その債務の不履行によって生じた責任を免れることができない.
② 前項の規定にかかわらず, 清算株式会社は, 前条第1項の期間内であっても, 裁判所の許可を得て, 少額の債権, 清算株式会社の財産につき存する担保権によって担保される債権その他これを弁済しても他の債権者を害するおそれがない債権に係る債務について, その弁済をすることができる. この場合において, 当該許可の申立ては, 清算人が2人以上あるときは, その全員の同意によってしなければならない.

### (条件付債権等に係る債務の弁済)
**第501条**　① 清算株式会社は, 条件付債権, 存続期間が不確定な債権その他その額が不確定な債権に係る債務を弁済することができる. この場合においては, これらの債権を評価させるため, 裁判所に対し, 鑑定人の選任の申立てをしなければならない.
② 前項の場合には, 清算株式会社は, 同項の鑑定人の評価に従い同項の債権に係る債務を弁済しなければならない.
③ 第1項の鑑定人の選任の手続に関する費用は, 清算株式会社の負担とする. 当該鑑定人による鑑定のための呼出し及び質問に関する費用についても, 同様とする.

### (債務の弁済前における残余財産の分配の制限)
**第502条**　清算株式会社は, 当該清算株式会社の債務を弁済した後でなければ, その財産を株主に分配することができない. ただし, その存否又は額について争いのある債権に係る債務についてその弁済をするために必要と認められる財産を留保した場合は, この限りでない.

### (清算からの除斥)
**第503条**　① 清算株式会社の債権者 (知れている債権者を除く.) であって第499条第1項の期間内にその債権の申出をしなかったものは, 清算から除斥される.
② 前項の規定により清算から除斥された債権者は, 分配がされていない残余財産に対してのみ, 弁済を請求することができる.
③ 清算株式会社の残余財産を株主の一部に分配した場合には, 当該株主の受けた分配と同一の割合の分配を当該株主以外の株主に対してするために必要な財産は, 前項の残余財産から控除する.

## 第5款　残余財産の分配
### (残余財産の分配に関する事項の決定)
**第504条**　① 清算株式会社は, 残余財産の分配をしようとするときは, 清算人の決定 (清算人会設置会社にあっては, 清算人会の決議) によって, 次に掲げる事項を定めなければならない.
1　残余財産の種類
2　株主に対する残余財産の割当てに関する事項
② 前項に規定する場合において, 残余財産の分配について内容の異なる二以上の種類の株式を発行しているときは, 清算株式会社は, 当該種類の株式の内容に応じ, 同項第2号に掲げる事項として, 次に掲げる事項を定めることができる.
1　ある種類の株式の株主に対して残余財産の割当てをしないこととするときは, その旨及び当該株式の種類
2　前号に掲げる事項のほか, 残余財産の割当てについて株式の種類ごとに異なる取扱いを行うこととするときは, その旨及び当該異なる取扱いの内容
③ 第1項第2号に掲げる事項についての定めは, 株主 (当該清算株式会社及び前項第1号の種類の株式の株主を除く.) の有する株式の数 (前項第2号に掲げる事項についての定めがある場合にあっては, 各種類の株式の数) に応じて残余財産を割り当てることを内容とするものでなければならない.

### (残余財産が金銭以外の財産である場合)
**第505条**　① 株主は, 残余財産が金銭以外の財産であるときは, 金銭分配請求権 (当該残余財産に代えて金銭を交付することを清算株式会社に対して請求する権利をいう. 以下この条において同じ.) を有する. この場合において, 清算株式会社は, 清算人の決定 (清算人会設置会社にあっては, 清算人会の決議) によって, 次に掲げる事項を定めなければならない.
1　金銭分配請求権を行使することができる期間
2　一定の数未満の数の株式を有する株主に対して残余財産の割当てをしないこととするときは, その旨及びその数
② 前項に規定する場合には, 清算株式会社は, 同項第1号の期間の末日の20日前までに, 株主に対し, 同号に掲げる事項を通知しなければならない.
③ 清算株式会社は, 金銭分配請求権を行使した株主に対し, 当該株主が割当てを受けた残余財産に代えて, 当該残余財産の価額に相当する金銭を支払わなければならない. この場合においては, 次の各号に掲げる場合の区分に応じ, 当該各号に定める額をもって当該残余財産の価額とする.
1　当該残余財産が市場価格のある財産である場合　当該残余財産の市場価格として法務省令で定める方法により算定される額
2　前号に掲げる場合以外の場合　清算株式会社の申立てにより裁判所が定める額

### (基準株式数を定めた場合の処理)
**第506条**　前条第1項第2号の数 (以下この条において「基準株式数」という.) を定めた場合には, 清算株式会社は, 基準株式数に満たない数の株式 (以下この条において「基準未満株式」という.) を有する株主に対し, 前条第3項後段の規定の例により基準株式数の株式を有する株主が割当てを受けた残余財産の価額として定めた額に当該基準未満株式の数の基準株式数に対する割合を乗じて得た額に相当する金銭を支払わなければならない.

## 第6款　清算事務の終了等
**第507条**　① 清算株式会社は, 清算事務が終了したときは, 遅滞なく, 法務省令で定めるところにより, 決算報告を作成しなければならない.

② 清算人会設置会社においては,決算報告は,清算人会の承認を受けなければならない.
③ 清算人は,決算報告(前項の規定の適用がある場合にあっては,同項の承認を受けたもの)を株主総会に提出し,又は提供し,その承認を受けなければならない.
④ 前項の承認があったときは,任務を怠ったことによる清算人の損害賠償の責任は,免除されたものとみなす.ただし,清算人の職務の執行に関し不正の行為があったときは,この限りでない.

**第7款 帳簿資料の保存**

**第508条** ① 清算人(清算人会設置会社にあっては,第489条第7項第6号に掲げる清算人)は,清算株式会社の本店の所在地における清算結了の登記の時から10年間,清算株式会社の帳簿並びにその事業及び清算に関する重要な資料(以下この条において「帳簿資料」という.)を保存しなければならない.
② 裁判所は,利害関係人の申立てにより,前項の清算人に代わって帳簿資料を保存する者を選任することができる.この場合においては,同項の規定は,適用しない.
③ 前項の規定により選任された者は,清算株式会社の本店の所在地における清算結了の登記の時から10年間,帳簿資料を保存しなければならない.
④ 第2項の規定による選任の手続に関する費用は,清算株式会社の負担とする.

**第8款 適用除外等**

**第509条** ① 次に掲げる規定は,清算株式会社については,適用しない.
1 第155条
2 第5章第2節第2款(第435条第4項,第440条第3項,第442条及び第443条を除く.)及び第3款並びに第3節から第5節まで
3 第5編第4章並びに第5章中株式交換及び株式移転の手続に係る部分
② 清算株式会社は,無償で取得する場合その他法務省令で定める場合に限り,当該清算株式会社の株式を取得することができる.

**第2節 特別清算**

**第1款 特別清算の開始**

(特別清算開始の原因)

**第510条** 裁判所は,清算株式会社に次に掲げる事由があると認めるときは,第514条の規定に基づき,申立てにより,当該清算株式会社に対し特別清算の開始を命ずる.
1 清算の遂行に著しい支障を来すべき事情があること.
2 債務超過(清算株式会社の財産がその債務を完済するのに足りない状態をいう.次条第2項において同じ.)の疑いがあるとき.

(特別清算開始の申立て)

**第511条** ① 債権者,清算人,監査役又は株主は,特別清算開始の申立てをすることができる.
② 清算株式会社に債務超過の疑いがあるときは,清算人は,特別清算開始の申立てをしなければならない.

(他の手続の中止命令)

**第512条** ① 裁判所は,特別清算開始の申立てがあった場合において,必要があると認めるときは,債権者,清算人,監査役若しくは株主の申立てにより又は職権で,特別清算開始の申立てにつき決定があるまでの間,次に掲げる手続の中止を命ずることができる.ただし,第1号に掲げる破産手続については破産手続開始の決定がされていない場合に限り,第2号に掲げる手続についてはその手続の申立人である債権者に不当な損害を及ぼすおそれがない場合に限る.
1 清算株式会社についての破産手続
2 清算株式会社の財産に対して既にされている強制執行,仮差押え若しくは仮処分の手続(一般の先取特権その他一般の優先権がある債権に基づくものを除く.)
② 特別清算開始の申立てを却下する決定に対して第890条第5項の即時抗告がされたときも,前項と同様とする.

(特別清算開始申立ての取下げの制限)

**第513条** 特別清算開始の申立てをした者は,特別清算開始の命令前に限り,当該申立てを取り下げることができる.この場合において,前条の規定による中止の命令,第540条第2項の規定による保全処分又は第541条第2項の規定による処分がされた後は,裁判所の許可を得なければならない.

(特別清算開始の命令)

**第514条** 裁判所は,特別清算開始の申立てがあった場合において,特別清算開始の原因となる事由があると認めるときは,次のいずれかに該当する場合を除き,特別清算開始の命令をする.
1 特別清算の手続の費用の予納がないとき.
2 特別清算によっても清算を結了する見込みがないことが明らかであるとき.
3 特別清算によることが債権者の一般の利益に反することが明らかであるとき.
4 不当な目的で特別清算開始の申立てがされたとき,その他申立てが誠実にされたものでないとき.

(他の手続の中止等)

**第515条** ① 特別清算開始の命令があったときは,破産手続開始の申立て,清算株式会社の財産に対する強制執行,仮差押え若しくは仮処分又は財産開示手続(民事執行法(昭和54年法律第4号)第197条第1項の申立てによるものに限る.以下この項において同じ.)の申立てはすることができず,破産手続(破産手続開始の決定がされていないものに限る.),清算株式会社の財産に対して既にされている強制執行,仮差押え及び仮処分の手続並びに財産開示手続は中止する.ただし,一般の先取特権その他一般の優先権がある債権に基づく強制執行,仮差押え,仮処分又は財産開示手続については,この限りでない.
② 特別清算開始の命令が確定したときは,前項の規定により中止した手続は,特別清算の手続の関係においては,その効力を失う.
③ 特別清算開始の命令があったときは,清算株式会社の債権者の債権(一般の先取特権その他一般の優先権がある債権,特別清算の手続のために清算株式会社に対して生じた債権及び清算手続に関する清算株式会社に対する費用請求権を除く.以下この節において「協定債権」という.)については,第938条第1項第2号又は第3号に規定する特別清算開始の登記の日から2箇月を経過する日までの間は,時効は,完成しない.

(担保権の実行の手続等の中止命令)

**第516条** 裁判所は,特別清算開始の命令があった場合において,債権者の一般の利益に適合し,かつ,担保権の実行の手続等(清算株式会社の財産につ

き存する担保権の実行の手続,企業担保権の実行の手続又は清算株式会社の財産に対して既にされている一般の先取特権その他一般の優先権がある債権に基づく強制執行の手続をいう.以下この条において同じ.)の申立人に不当な損害を及ぼすおそれがないものと認めるときは,清算人,監査役,債権者若しくは株主の申立てにより又は職権で,相当の期間を定めて,担保権の実行の手続等の中止を命ずることができる.

(相殺の禁止)
**第517条** ① 協定債権を有する債権者(以下この節において「協定債権者」という.)は,次に掲げる場合には,相殺をすることができない.
1 特別清算開始後に清算株式会社に対して債務を負担したとき.
2 支払不能(清算株式会社が,支払能力を欠くために,その債務のうち弁済期にあるものにつき,一般的かつ継続的に弁済することができない状態をいう.以下この款において同じ.)になった後に契約によって負担する債務を専ら協定債権をもってする相殺に供する目的で清算株式会社の財産の処分を内容とする契約を清算株式会社との間で締結し,又は清算株式会社に対して債務を負担する者の債務を引き受けることを内容とする契約を締結することにより清算株式会社に対して債務を負担した場合であって,当該契約の締結の当時,支払不能であったことを知っていたとき.
3 支払の停止があった後に清算株式会社に対して債務を負担した場合であって,その負担の当時,支払の停止があったことを知っていたとき.ただし,当該支払の停止の当時において支払不能でなかったときは,この限りでない.
4 特別清算開始の申立てがあった後に清算株式会社に対して債務を負担した場合であって,その負担の当時,特別清算開始の申立てがあったことを知っていたとき.
② 前項第2号から第4号までの規定は,これらの規定に規定する債務の負担が次に掲げる原因のいずれかに基づく場合には,適用しない.
1 法定の原因
2 支払不能であったこと又は支払の停止若しくは特別清算開始の申立てがあったことを協定債権者が知った時より前に生じた原因
3 特別清算開始の申立てがあった時より1年以上前に生じた原因

**第518条** ① 清算株式会社に対して債務を負担する者は,次に掲げる場合には,相殺をすることができない.
1 特別清算開始後に他人の協定債権を取得したとき.
2 支払不能になった後に協定債権を取得した場合であって,その取得の当時,支払不能であったことを知っていたとき.
3 支払の停止があった後に協定債権を取得した場合であって,その取得の当時,支払の停止があったことを知っていたとき.ただし,当該支払の停止があった時において支払不能でなかったときは,この限りでない.
4 特別清算開始の申立てがあった後に協定債権を取得した場合であって,その取得の当時,特別清算開始の申立てがあったことを知っていたとき.
② 前項第2号から第4号までの規定は,これらの規定に規定する協定債権の取得が次に掲げる原因のいずれかに基づく場合には,適用しない.
1 法定の原因
2 支払不能であったこと又は支払の停止若しくは特別清算開始の申立てがあったことを清算株式会社に対して債務を負担する者が知った時より前に生じた原因
3 特別清算開始の申立てがあった時より1年以上前に生じた原因
4 清算株式会社に対して債務を負担する者と清算株式会社との間の契約

### 第2款 裁判所による監督及び調査

(裁判所による監督)
**第519条** ① 特別清算開始の命令があったときは,清算株式会社の業務は,裁判所の監督に属する.
② 裁判所は,必要があると認めるときは,清算株式会社の業務を監督する官庁に対し,当該清算株式会社の特別清算の手続について意見の陳述を求め,又は調査を嘱託することができる.
③ 前項の官庁は,裁判所に対し,当該清算株式会社の特別清算の手続について意見を述べることができる.

(裁判所による調査)
**第520条** 裁判所は,いつでも,清算株式会社に対し,清算事務及び財産の状況の報告を命じ,その他清算の監督上必要な調査をすることができる.

(裁判所への財産目録等の提出)
**第521条** 特別清算開始の命令があった場合には,清算株式会社は,第492条第3項の承認の後遅滞なく,財産目録等(同項に規定する財産目録等をいう.以下この条において同じ.)を裁判所に提出しなければならない.この場合において,財産目録等が電磁的記録をもって作成されているときは,当該電磁的記録に記録された事項を記載した書面を裁判所に提出しなければならない.

(調査命令)
**第522条** ① 裁判所は,特別清算開始後において,清算株式会社の財産の状況を考慮して必要があると認めるときは,清算人,監査役,債権者の申出をした債権者その他清算株式会社に知れている債権者の債権の総額の10分の1以上に当たる債権を有する債権者若しくは総株主(株主総会において決議をすることができる事項の全部につき議決権を行使することができない株主を除く.)の議決権の100分の3(これを下回る割合を定款で定めた場合にあっては,その割合)以上の議決権を6箇月(これを下回る期間を定款で定めた場合にあっては,その期間)前から引き続き有する株主若しくは発行済株式(自己株式を除く.)の100分の3(これを下回る割合を定款で定めた場合にあっては,その割合)以上の数の株式を6箇月(これを下回る期間を定款で定めた場合にあっては,その期間)前から引き続き有する株主の申立てにより又は職権で,次に掲げる事項について,調査委員による調査を命ずる処分(第533条において「調査命令」という.)をすることができる.
1 特別清算開始に至った事情
2 清算株式会社の業務及び財産の状況
3 第540条第1項の規定による保全処分をする必要があるかどうか.
4 第542条第1項の規定による保全処分をする必要があるかどうか.
5 第545条第1項に規定する役員等責任査定決定

をする必要があるかどうか．
　6　その他特別清算に必要な事項で裁判所の指定するもの
② 清算株式会社の財産につき担保権（特別の先取特権，質権，抵当権又はこの法律若しくは商法の規定による留置権に限る．）を有する債権者がその担保権の行使によって弁済を受けることができる債権の額は，前項の債権の額に算入しない．
③ 公開会社でない清算株式会社における第1項の規定の適用については，同項中「6箇月（これを下回る期間を定款で定めた場合にあっては，その期間）前から引き続き有する」とあるのは，「有する」とする．
　　　第3款　清算人
（清算人の公平誠実義務）
第523条　特別清算が開始された場合には，清算人は，債権者，清算株式会社及び株主に対し，公平かつ誠実に清算事務を行う義務を負う．
（清算人の解任等）
第524条　① 裁判所は，清算人が清算事務を適切に行っていないとき，その他重要な事由があるときは，債権者若しくは株主の申立てにより又は職権で，清算人を解任することができる．
② 清算人が欠けたときは，裁判所は，清算人を選任する．
③ 清算人がある場合においても，裁判所は，必要があると認めるときは，更に清算人を選任することができる．
（清算人代理）
第525条　① 清算人は，必要があるときは，その職務を行わせるため，自己の責任で1人又は2人以上の清算人代理を選任することができる．
② 前項の清算人代理の選任については，裁判所の許可を得なければならない．
（清算人の報酬等）
第526条　① 清算人は，費用の前払及び裁判所が定める報酬を受けることができる．
② 前項の規定は，清算人代理について準用する．
　　　第4款　監督委員
（監督委員の選任等）
第527条　① 裁判所は，1人又は2人以上の監督委員を選任し，当該監督委員に対し，第535条第1項の許可に代わる同意をする権限を付与することができる．
② 法人は，監督委員となることができる．
（監督委員に対する監督等）
第528条　① 監督委員は，裁判所が監督する．
② 裁判所は，監督委員が清算株式会社の業務及び財産の管理の監督を適切に行っていないとき，その他重要な事由があるときは，利害関係人の申立てにより又は職権で，監督委員を解任することができる．
（2人以上の監督委員の職務執行）
第529条　監督委員が2人以上あるときは，共同してその職務を行う．ただし，裁判所の許可を得て，それぞれ単独にその職務を行い，又は職務を分掌することができる．
（監督委員による調査等）
第530条　① 監督委員は，いつでも，清算株式会社の清算人及び監査役並びに支配人その他の使用人に対し，事業の報告を求め，又は清算株式会社の業務及び財産の状況を調査することができる．
② 監督委員は，その職務を行うため必要があるときは，清算株式会社の子会社に対し，事業の報告を求め，又はその子会社の業務及び財産の状況を調査することができる．
（監督委員の注意義務）
第531条　① 監督委員は，善良な管理者の注意をもって，その職務を行わなければならない．
② 監督委員が前項の注意を怠ったときは，その監督委員は，利害関係人に対し，連帯して損害を賠償する責任を負う．
（監督委員の報酬等）
第532条　① 監督委員は，費用の前払及び裁判所が定める報酬を受けることができる．
② 監督委員は，その選任後，清算株式会社に対する債権又は清算株式会社の株式を譲り受け，又は譲り渡すには，裁判所の許可を得なければならない．
③ 監督委員が前項の許可を得ないで同項に規定する行為をしたときは，費用及び報酬の支払を受けることができない．
　　　第5款　調査委員
（調査委員の選任等）
第533条　裁判所は，調査命令をする場合には，当該調査命令において，1人又は2人以上の調査委員を選任し，調査委員が調査すべき事項及び裁判所に対して調査の結果の報告をすべき期間を定めなければならない．
（監督委員に関する規定の準用）
第534条　前款（第527条第1項及び第529条ただし書を除く．）の規定は，調査委員について準用する．
　　　第6款　清算株式会社の行為の制限等
（清算株式会社の行為の制限）
第535条　① 特別清算開始の命令があった場合には，清算株式会社が次に掲げる行為をするには，裁判所の許可を得なければならない．ただし，第527条第1項の規定により監督委員が選任されているときは，これに代わる監督委員の同意を得なければならない．
　1　財産の処分（次条第1項各号に掲げる行為を除く．）
　2　借財
　3　訴えの提起
　4　和解又は仲裁合意（仲裁法（平成15年法律第138号）第2条第1項に規定する仲裁合意をいう．）
　5　権利の放棄
　6　その他裁判所の指定する行為
② 前項の規定にかかわらず，同項第1号から第5号までに掲げる行為については，次に掲げる場合には，同項の許可を要しない．
　1　最高裁判所規則で定める額以下の価額を有するものに関するとき．
　2　前号に掲げるもののほか，裁判所が前項の許可を要しないものとしたものに関するとき．
③ 第1項の許可又はこれに代わる監督委員の同意を得ないでした行為は，無効とする．ただし，これをもって善意の第三者に対抗することができない．
（事業の譲渡の制限等）
第536条　① 特別清算開始の命令があった場合には，清算株式会社が次に掲げる行為をするには，裁判所の許可を得なければならない．
　1　事業の全部の譲渡
　2　事業の重要な一部の譲渡（当該譲渡により譲り渡す資産の帳簿価額が当該清算株式会社の総資産額として法務省令で定める方法により算定される額の5分の1（これを下回る割合を定款で定めた

場合にあっては,その割合)を超えないものを除く.)
② 前条第3項の規定は,前項の許可を得ないでした行為について準用する.
③ 第7章(第467条第1項第5号を除く.)の規定は,特別清算の場合には,適用しない.
(債務の弁済の制限)
**第537条** ① 特別清算開始の命令があった場合には,清算株式会社は,協定債権者に対して,その債権額の割合に応じて弁済をしなければならない.
② 前項の規定にかかわらず,清算株式会社は,裁判所の許可を得て,少額の協定債権,清算株式会社の財産につき存する担保権によって担保される協定債権その他これを弁済しても他の債権者を害するおそれがない協定債権に係る債務について,債権額の割合を超えて弁済をすることができる.
(換価の方法)
**第538条** ① 清算株式会社は,民事執行法その他強制執行の手続に関する法令の規定により,その財産の換価をすることができる.この場合においては,第535条第1項第1号の規定は,適用しない.
② 清算株式会社は,民事執行法その他強制執行の手続に関する法令の規定により,第522条第2項に規定する担保権(以下この条及び次条において単に「担保権」という.)の目的である財産の換価をすることができる.この場合においては,当該担保権を有する者(以下この条及び次条において「担保権者」という.)は,その換価を拒むことができない.
③ 前2項の場合には,民事執行法第63条及び第129条(これらの規定を同法その他強制執行の手続に関する法令において準用する場合を含む.)の規定は,適用しない.
④ 第2項の場合において,担保権者が受けるべき金額がまだ確定していないときは,清算株式会社は,代金を別に寄託しなければならない.この場合においては,担保権は,寄託された代金につき存する.
(担保権者が処分をすべき期間の指定)
**第539条** ① 担保権者が法律に定められた方法によらないで担保権の目的である財産の処分をする権利を有するときは,裁判所は,清算株式会社の申立てにより,担保権者がその処分をすべき期間を定めることができる.
② 担保権者が,前項の期間内に処分をしないときは,同項の権利を失う.

### 第7款 清算の監督上必要な処分等
(清算株式会社の財産に関する保全処分)
**第540条** ① 裁判所は,特別清算開始の命令があった場合において,清算の監督上必要があると認めるときは,債権者,清算人,監査役若しくは株主の申立てにより又は職権で,清算株式会社の財産に関し,その財産の処分禁止の仮処分その他の必要な保全処分を命ずることができる.
② 裁判所は,特別清算開始の申立てがあった時から当該申立てについての決定があるまでの間においても,必要があると認めるときは,債権者,清算人,監査役若しくは株主の申立てにより又は職権で,前項の規定による保全処分をすることができる.特別清算開始の申立てを却下する決定に対して第890条第5項の即時抗告がされたときも,同様とする.
③ 第1項の規定又は前項の規定により清算株式会社が債権者に対して弁済その他の債務を消滅させる行為をすることを禁止する旨の保全処分を命じた場合には,債権者は,特別清算の関係においては,当該保全処分に反してされた弁済その他の債務を消滅させる行為の効力を主張することができない.ただし,債権者が,その行為の当時,当該保全処分がされたことを知っていたときに限る.
(株主名簿の記載等の禁止)
**第541条** ① 裁判所は,特別清算開始の命令があった場合において,清算の監督上必要があると認めるときは,債権者,清算人,監査役若しくは株主の申立てにより又は職権で,清算株式会社が株主名簿記載事項を株主名簿に記載し,又は記録することを禁止することができる.
② 裁判所は,特別清算開始の申立てがあった時から当該申立てについての決定があるまでの間においても,必要があると認めるときは,債権者,清算人,監査役若しくは株主の申立てにより又は職権で,前項の規定による処分をすることができる.特別清算開始の申立てを却下する決定に対して第890条第5項の即時抗告がされたときも,同様とする.
(役員等の財産に対する保全処分)
**第542条** ① 裁判所は,特別清算開始の命令があった場合において,清算の監督上必要があると認めるときは,清算株式会社の申立てにより又は職権で,発起人,設立時取締役,設立時監査役,第423条第1項に規定する役員等又は清算人(以下この款において「対象役員等」という.)の責任に基づく損害賠償請求権につき,当該対象役員等の財産に対する保全処分をすることができる.
② 裁判所は,特別清算開始の申立てがあった時から当該申立てについての決定があるまでの間においても,緊急の必要があると認めるときは,清算株式会社の申立てにより又は職権で,前項の規定による保全処分をすることができる.特別清算開始の申立てを却下する決定に対して第890条第5項の即時抗告がされたときも,同様とする.
(役員等の責任の免除の禁止)
**第543条** 裁判所は,特別清算開始の命令があった場合において,清算の監督上必要があると認めるときは,債権者,清算人,監査役若しくは株主の申立てにより又は職権で,対象役員等の責任の免除の禁止の処分をすることができる.
(役員等の責任の免除の取消し)
**第544条** ① 特別清算開始の命令があったときは,清算株式会社は,特別清算開始の申立てがあった後又はその前1年以内にした対象役員等の責任の免除を取り消すことができる.不正の目的によってした対象役員等の責任の免除についても,同様とする.
② 前項の規定による取消権は,訴え又は抗弁によって,行使する.
③ 第1項の規定による取消しは,特別清算開始の命令があった日から2年を経過したときは,行使することができない.当該対象役員等の責任の免除の日から20年を経過したときも,同様とする.
(役員等責任査定決定)
**第545条** ① 裁判所は,特別清算開始の命令があった場合において,必要があると認めるときは,清算株式会社の申立てにより又は職権で,対象役員等の責任に基づく損害賠償請求権の査定の裁判(以下この条において「役員等責任査定決定」という.)をすることができる.
② 裁判所は,職権で役員等責任査定決定の手続を開始する場合には,その旨の決定をしなければならない.
③ 第1項の申立て又は前項の決定があったときは,

時効の中断に関しては,裁判上の請求があったものとみなす.
④ 役員等責任査定決定の手続(役員等責任査定決定があった後のものを除く.)は,特別清算が終了したときは,終了する.

### 第8款 債権者集会
**(債権者集会の招集)**
**第546条** ① 債権者集会は,特別清算の実行上必要がある場合には,いつでも,招集することができる.
② 債権者集会は,次条第3項の規定により招集する場合を除き,清算株式会社が招集する.

**(債権者による招集の請求)**
**第547条** ① 債権の申出をした協定債権者その他清算株式会社に知れている協定債権者の協定債権の総額の10分の1以上に当たる協定債権を有する協定債権者は,清算株式会社に対し,債権者集会の目的である事項及び招集の理由を示して,債権者集会の招集を請求することができる.
② 清算株式会社の財産につき第522条第2項に規定する担保権を有する協定債権者がその担保権の行使によって弁済を受けることができる協定債権の額は,前項の協定債権の額に算入しない.
③ 次に掲げる場合には,第1項の規定による請求をした協定債権者は,裁判所の許可を得て,債権者集会を招集することができる.
　1 第1項の規定による請求の後遅滞なく招集の手続が行われない場合
　2 第1項の規定による請求があった日から6週間以内の日を債権者集会の日とする債権者集会の招集の通知が発せられない場合

**(債権者集会の招集等の決定)**
**第548条** ① 債権者集会を招集する者(以下この款において「招集者」という.)は,債権者集会を招集する場合には,次に掲げる事項を定めなければならない.
　1 債権者集会の日時及び場所
　2 債権者集会の目的である事項
　3 債権者集会に出席しない協定債権者が電磁的方法によって議決権を行使することができることとするときは,その旨
　4 前3号に掲げるもののほか,法務省令で定める事項
② 清算株式会社が債権者集会を招集する場合には,当該清算株式会社は,各協定債権について債権者集会における議決権の行使の許否及びその額を定めなければならない.
③ 清算株式会社以外の者が債権者集会を招集する場合には,その招集者は,清算株式会社に対し,前項に規定する事項を定めることを請求しなければならない.この場合において,その請求があったときは,清算株式会社は,同項に規定する事項を定めなければならない.
④ 清算株式会社の財産につき第522条第2項に規定する担保権を有する協定債権者が,その担保権の行使によって弁済を受けることができる協定債権の額については,議決権を有しない.

**(債権者集会の招集の通知)**
**第549条** ① 債権者集会を招集するには,招集者は,債権者集会の日の2週間前までに,債権の申出をした協定債権者その他清算株式会社に知れている協定債権者及び清算株式会社に対して,書面をもってその通知を発しなければならない.
② 招集者は,前項の書面による通知の発出に代えて,政令で定めるところにより,同項の通知を受けるべき者の承諾を得て,電磁的方法により通知を発することができる.この場合において,当該招集者は,同項の書面による通知を発したものとみなす.
③ 前2項の通知には,前条第1項各号に掲げる事項を記載し,又は記録しなければならない.
④ 前項の規定は,債権の申出をした債権者その他清算株式会社に知れている債権者であって一般の先取特権その他一般の優先権がある債権,特別清算の手続のために清算株式会社に対して生じた債権又は特別清算の手続に関する清算株式会社に対する費用請求権を有するものについて準用する.

**(債権者集会参考書類及び議決権行使書面の交付等)**
**第550条** ① 招集者は,前条第1項の通知に際しては,法務省令で定めるところにより,債権の申出をした協定債権者その他清算株式会社に知れている協定債権者に対し,当該協定債権者が有する協定債権について第548条第2項又は第3項の規定により定められた事項及び議決権の行使について参考となるべき事項を記載した書類(次項において「債権者集会参考書類」という.)並びに協定債権者が議決権を行使するための書面(以下この款において「議決権行使書面」という.)を交付しなければならない.
② 招集者は,前条第2項の承諾をした協定債権者に対し同項の電磁的方法による通知を発するときは,前項の規定による債権者集会参考書類及び議決権行使書面の交付に代えて,これらの書類に記載すべき事項を電磁的方法により提供することができる.ただし,協定債権者の請求があったときは,これらの書類を当該協定債権者に交付しなければならない.

**第551条** ① 招集者は,第548条第1項第3号に掲げる事項を定めた場合には,第549条第2項の承諾をした協定債権者に対する電磁的方法による通知に際して,法務省令で定めるところにより,協定債権者に対し,議決権行使書面に記載すべき事項を当該電磁的方法により提供しなければならない.
② 招集者は,第548条第1項第3号に掲げる事項を定めた場合において,第549条第2項の承諾をしていない協定債権者から債権者集会の日の1週間前までに議決権行使書面に記載すべき事項の電磁的方法による提供の請求があったときは,法務省令で定めるところにより,直ちに,当該協定債権者に対し,当該事項を電磁的方法により提供しなければならない.

**(債権者集会の指揮等)**
**第552条** ① 債権者集会は,裁判所が指揮する.
② 債権者集会を招集しようとするときは,招集者は,あらかじめ,第548条第1項各号に掲げる事項及び同条第2項又は第3項の規定により定められた事項を裁判所に届け出なければならない.

**(異議を述べられた議決権の取扱い)**
**第553条** 債権者集会において,第548条第2項又は第3項の規定により各協定債権について定められた事項について,当該協定債権を有する者又は他の協定債権者が異議を述べたときは,裁判所がこれを定める.

**(債権者集会の決議)**
**第554条** ① 債権者集会において決議をする事項を可決するには,次に掲げる同意のいずれもがなければならない.

1　出席した議決権者（議決権を行使することができる協定債権者をいう。以下この款及び次款において同じ。）の過半数の同意
　2　当該議決権者の議決権の総額の2分の1を超える議決権を有する者の同意
②　第558条第1項の規定によりその有する議決権の一部のみを前項の事項に同意するものとして行使した議決権者（その余の議決権を行使しなかったものを除く。）があるときの同項第1号の規定の適用については、当該議決権者1人につき、出席した議決権者の数に1を、同意をした議決権者の数に2分の1を、それぞれ加算するものとする。
③　債権者集会は、第548条第1項第2号に掲げる事項以外の事項については、決議をすることができない。
　（議決権の代理行使）
第555条　①　協定債権者は、代理人によってその議決権を行使することができる。この場合において、当該協定債権者又は代理人は、代理権を証明する書面を招集者に提出しなければならない。
②　前項の代理権の授与は、債権者集会ごとにしなければならない。
③　第1項の協定債権者又は代理人は、代理権を証明する書面の提出に代えて、政令で定めるところにより、招集者の承諾を得て、当該書面に記載すべき事項を電磁的方法により提供することができる。この場合において、当該協定債権者又は代理人は、当該書面を提出したものとみなす。
④　協定債権者が第549条第2項の承諾をした者である場合には、招集者は、正当な理由がなければ、前項の承諾をすることを拒んではならない。
　（書面による議決権の行使）
第556条　①　債権者集会に出席しない協定債権者は、書面によって議決権を行使することができる。
②　書面による議決権の行使は、議決権行使書面に必要な事項を記載し、法務省令で定める時までに当該記載をした議決権行使書面を招集者に提出して行う。
③　前項の規定により書面によって議決権を行使した議決権者は、第554条第1項及び第567条第1項の規定の適用については、債権者集会に出席したものとみなす。
　（電磁的方法による議決権の行使）
第557条　①　電磁的方法による議決権の行使は、政令で定めるところにより、招集者の承諾を得て、法務省令で定める時までに議決権行使書面に記載すべき事項を、電磁的方法により当該招集者に提供して行う。
②　協定債権者が第549条第2項の承諾をした者である場合には、招集者は、正当な理由がなければ、前項の承諾をすることを拒んではならない。
③　第1項の規定により電磁的方法によって議決権を行使した議決権者は、第554条第1項及び第567条第1項の規定の適用については、債権者集会に出席したものとみなす。
　（議決権の不統一行使）
第558条　①　協定債権者は、その有する議決権を統一しないで行使することができる。この場合においては、債権者集会の日の3日前までに、招集者に対してその旨及びその理由を通知しなければならない。
②　招集者は、前項の協定債権者が他人のために協定債権を有する者でないときは、当該協定債権者が同項の規定によりその有する議決権を統一しないで

行使することを拒むことができる。
　（担保権を有する債権者等の出席等）
第559条　債権者集会又は招集者は、次に掲げる債権者の出席を求め、その意見を聴くことができる。この場合において、債権者集会にあっては、これをする旨の決議を経なければならない。
　1　第522条第2項に規定する担保権を有する債権者
　2　一般の先取特権その他一般の優先権がある債権、特別清算の手続のために清算株式会社に対して生じた債権又は特別清算に関する清算株式会社に対する費用請求権を有する債権者
　（延期又は続行の決議）
第560条　債権者集会においてその延期又は続行について決議があった場合には、第548条（第4項を除く。）及び第549条の規定は、適用しない。
　（議事録）
第561条　債権者集会の議事については、招集者は、法務省令で定めるところにより、議事録を作成しなければならない。
　（清算人の調査結果等の債権者集会に対する報告）
第562条　特別清算開始の命令があった場合において、第492条第1項に規定する清算人が清算株式会社の財産の現況についての調査を終了して財産目録等（同項に規定する財産目録等をいう。以下この条において同じ。）を作成したときは、清算株式会社は、遅滞なく、債権者集会を招集し、当該債権者集会に対して、清算株式会社の業務及び財産の状況の調査の結果並びに財産目録等の要旨を報告するとともに、清算の実行の方針及び見込みに関して意見を述べなければならない。ただし、債権者集会に対する報告及び意見の陳述以外の方法によりその報告すべき事項及び当該意見の内容を債権者に周知させることが適当であると認めるときは、この限りでない。

　　　第9款　協　定
　（協定の申出）
第563条　清算株式会社は、債権者集会に対し、協定の申出をすることができる。
　（協定の条項）
第564条　①　協定においては、協定債権者の権利（第522条第2項に規定する担保権を除く。）の全部又は一部の変更に関する条項を定めなければならない。
②　協定債権者の権利の全部又は一部を変更する条項においては、債務の減免、期限の猶予その他の権利の変更の一般的基準を定めなければならない。
　（協定による権利の変更）
第565条　協定による権利の変更の内容は、協定債権者の間では平等でなければならない。ただし、不利益を受ける協定債権者の同意がある場合又は少額の協定債権について別段の定めをしても衡平を害しない場合その他協定債権者の間に差を設けても衡平を害しない場合は、この限りでない。
　（担保権を有する債権者等の参加）
第566条　清算株式会社は、協定案の作成に当たり必要があると認めるときは、次に掲げる債権者の参加を求めることができる。
　1　第522条第2項に規定する担保権を有する債権者
　2　一般の先取特権その他一般の優先権がある債権を有する債権者
　（協定の可決の要件）
第567条　①　第554条第1項の規定にかかわらず、債

権者集会において協定を可決するには,次に掲げる同意のいずれかがなければならない.
1 出席した議決権者の過半数の同意
2 議決権者の議決権の総額の3分の2以上の議決権を有する者の同意
② 第554条第2項の規定は,前項第1号の規定の適用について準用する.
(協定の認可の申立て)
**第568条** 協定が可決されたときは,清算株式会社は,遅滞なく,裁判所に対し,協定の認可の申立てをしなければならない.
(協定の認可又は不認可の決定)
**第569条** ① 前条の申立てがあった場合には,裁判所は,次項の場合を除き,協定の認可の決定をする.
② 裁判所は,次のいずれかに該当する場合には,協定の不認可の決定をする.
1 特別清算の手続又は協定が法律の規定に違反し,かつ,その不備を補正することができないものであるとき. ただし,特別清算の手続が法律の規定に違反する場合において,当該違反の程度が軽微であるときは,この限りでない.
2 協定が遂行される見込みがないとき.
3 協定が不正の方法によって成立するに至ったとき.
4 協定が債権者の一般の利益に反するとき.
(協定の効力発生の時期)
**第570条** 協定は,認可の決定の確定により,その効力を生ずる.
(協定の効力範囲)
**第571条** ① 協定は,清算株式会社及びすべての協定債権者のために,かつ,それらの者に対して効力を有する.
② 協定は,第522条第2項に規定する債権者が有する同項に規定する担保権,協定債権者が清算株式会社の保証人その他清算株式会社と共に債務を負担する者に対して有する権利及び清算株式会社以外の者が協定債権者のために提供した担保に影響を及ぼさない.
(協定の内容の変更)
**第572条** 協定の実行上必要があるときは,協定の内容を変更することができる. この場合においては,第563条から前条までの規定を準用する.

### 第10款 特別清算の終了

(特別清算終結の決定)
**第573条** 裁判所は,特別清算開始後,次に掲げる場合には,清算人,監査役,債権者,株主又は調査委員の申立てにより,特別清算終結の決定をする.
1 特別清算が結了したとき.
2 特別清算の必要がなくなったとき.
(破産手続開始の決定)
**第574条** ① 裁判所は,特別清算開始後,次に掲げる場合において,清算株式会社に破産手続開始の原因となる事実があると認めるときは,職権で,破産法に従い,破産手続開始の決定をしなければならない.
1 協定の見込みがないとき.
2 協定の実行の見込みがないとき.
3 特別清算によることが債権者の一般の利益に反するとき.
② 裁判所は,特別清算開始後,次に掲げる場合において,清算株式会社に破産手続開始の原因となる事実があると認めるときは,職権で,破産法に従い,破産手続開始の決定をすることができる.
1 協定が否決されたとき.

2 協定の不認可の決定が確定したとき.
③ 前2項の規定による破産手続開始の決定があった場合における破産法第71条第1項第4号並びに第2項第2号及び第3号,第72条第1項第4号並びに第2項第2号及び第3号,第160条(第1項第1号を除く.),第162条(第1項第2号を除く.),第163条第2項,第164条第1項(同条第2項において準用する場合を含む.),第166条並びに第167条第2項(同法第170条第2項において準用する場合を含む.)の規定の適用については,次の各号に掲げる区分に応じ,当該各号に定める申立てがあった時に破産手続開始の申立てがあったものとみなす.
1 特別清算開始の申立ての前に特別清算開始の命令の確定によって効力を失った破産手続における破産手続開始の申立てがある場合 当該破産手続における破産手続開始の申立て
2 前号に掲げる場合以外の場合 特別清算開始の申立て
④ 第1項又は第2項の規定により破産手続開始の決定があったときは,特別清算の手続のために清算株式会社に対して生じた債権及び特別清算の手続に関する清算株式会社に対する費用請求権は,財団債権とする.

## 第3編 持分会社

## 第1章 設 立

(定款の作成)
**第575条** ① 合名会社,合資会社又は合同会社(以下「持分会社」と総称する.)を設立するには,その社員になろうとする者が定款を作成し,その全員がこれに署名し,又は記名押印しなければならない.
② 前項の定款は,電磁的記録をもって作成することができる. この場合において,当該電磁的記録に記録された情報については,法務省令で定める署名又は記名押印に代わる措置をとらなければならない.
(定款の記載又は記録事項)
**第576条** ① 持分会社の定款には,次に掲げる事項を記載し,又は記録しなければならない.
1 目的
2 商号
3 本店の所在地
4 社員の氏名又は名称及び住所
5 社員が無限責任社員又は有限責任社員のいずれであるかの別
6 社員の出資の目的(有限責任社員にあっては,金銭等に限る.)及びその価額又は評価の標準
② 設立しようとする持分会社が合名会社である場合には,前項第5号に掲げる事項として,その社員の全部を無限責任社員とする旨を記載し,又は記録しなければならない.
③ 設立しようとする持分会社が合資会社である場合には,第1項第5号に掲げる事項として,その社員の一部を無限責任社員とし,その他の社員を有限責任社員とする旨を記載し,又は記録しなければならない.
④ 設立しようとする持分会社が合同会社である場合には,第1項第5号に掲げる事項として,その社員の全部を有限責任社員とする旨を記載し,又は記録しなければならない.

a **第577条** 前条に規定するもののほか,持分会社の定款には,この法律の規定により定款の定めがなければその効力を生じない事項及びその他の事項でこの法律の規定に違反しないものを記載し,又は記録することができる.
　　（合同会社の設立時の出資の履行）
b **第578条** 設立しようとする持分会社が合同会社である場合には,当該合同会社の社員になろうとする者は,定款の作成後,合同会社の設立の登記をする時までに,その出資に係る金銭の全額を払い込み,又はその出資に係る金銭以外の財産の全部を給付しなければならない.ただし,合同会社の社員になろうとする者全員の同意があるときは,登記,登録その他権利の設定又は移転を第三者に対抗するために必要な行為は,合同会社の成立後にすることを妨げない.
　　（持分会社の成立）
d **第579条** 持分会社は,その本店の所在地において設立の登記をすることによって成立する.

## 第2章 社　員

### 第1節 社員の責任等
（社員の責任）
e **第580条** ① 社員は,次に掲げる場合には,連帯して,持分会社の債務を弁済する責任を負う.
　1　当該持分会社の財産をもってその債務を完済することができない場合
　2　当該持分会社の財産に対する強制執行がその効を奏しなかった場合（社員が,当該持分会社に弁済をする資力があり,かつ,強制執行が容易であることを証明した場合を除く.）
f ② 有限責任社員は,その出資の価額（既に持分会社に対し履行した出資の価額を除く.）を限度として,持分会社の債務を弁済する責任を負う.
　　（社員の抗弁）
g **第581条** ① 社員が持分会社の債務を弁済する責任を負う場合には,社員は,持分会社が主張することができる抗弁をもって当該持分会社の債権者に対抗することができる.
② 前項に規定する場合において,持分会社がその債権者に対して相殺権,取消権又は解除権を有するときは,社員は,当該債権者に対して債務の履行を拒むことができる.
h 　　（社員の出資に係る責任）
**第582条** ① 社員が金銭を出資の目的とした場合において,その出資をすることを怠ったときは,当該社員は,その利息を支払うほか,損害の賠償をしなければならない.
i ② 社員が債権を出資の目的とした場合において,当該債権の債務者が弁済期に弁済をしなかったときは,当該社員は,その弁済をする責任を負う.この場合においては,当該社員は,その利息を支払うほか,損害の賠償をしなければならない.
　　（社員の責任を変更した場合の特則）
j **第583条** ① 有限責任社員が無限責任社員となった場合には,当該無限責任社員となった者は,その者が無限責任社員となる前に生じた持分会社の債務についても,無限責任社員としてこれを弁済する責任を負う.
② 有限責任社員（合同会社の社員を除く.）が出資の価額を減少した場合であっても,当該有限責任社
k 員は,その旨の登記をする前に生じた持分会社の債務については,従前の責任の範囲内でこれを弁済する責任を負う.
③ 無限責任社員が有限責任社員となった場合であっても,当該有限責任社員となった者は,その旨の登記をする前に生じた持分会社の債務については,無限責任社員として当該債務を弁済する責任を負う.
④ 前2項の責任は,前2項の登記後2年以内に請求又は請求の予告をしない持分会社の債権者に対しては,当該登記後2年を経過した時に消滅する.
　　（無限責任社員となることを許された未成年者の行為能力）
**第584条** 持分会社の無限責任社員となることを許された未成年者は,社員の資格に基づく行為に関しては,行為能力者とみなす.
### 第2節 持分の譲渡等
（持分の譲渡）
**第585条** ① 社員は,他の社員の全員の承諾がなければ,その持分の全部又は一部を他人に譲渡することができない.
② 前項の規定にかかわらず,業務を執行しない有限責任社員は,業務を執行する社員の全員の承諾があるときは,その持分の全部又は一部を他人に譲渡することができる.
③ 第637条の規定にかかわらず,業務を執行しない有限責任社員の持分の譲渡に伴い定款の変更を生ずるときは,その持分の譲渡による定款の変更は,業務を執行する社員の全員の同意によってすることができる.
④ 前3項の規定は,定款で別段の定めをすることを妨げない.
　　（持分の全部の譲渡をした社員の責任）
**第586条** ① 持分の全部を他人に譲渡した社員は,その旨の登記をする前に生じた持分会社の債務について,従前の責任の範囲内でこれを弁済する責任を負う.
② 前項の責任は,同項の登記後2年以内に請求又は請求の予告をしない持分会社の債権者に対しては,当該登記後2年を経過した時に消滅する.
**第587条** ① 持分会社は,その持分の全部又は一部を譲り受けることができない.
② 持分会社が当該持分会社の持分を取得した場合には,当該持分は,当該持分会社がこれを取得した時に,消滅する.
### 第3節 誤認行為の責任
（無限責任社員であると誤認させる行為等をした有限責任社員の責任）
**第588条** ① 合資会社の有限責任社員が自己を無限責任社員であると誤認させる行為をしたときは,当該有限責任社員は,その誤認に基づいて合資会社と取引をした者に対し,無限責任社員と同一の責任を負う.
② 合資会社又は合同会社の有限責任社員がその責任の限度を誤認させる行為（前項の行為を除く.）をしたときは,当該有限責任社員は,その誤認に基づいて合資会社又は合同会社と取引をした者に対し,その誤認させた責任の範囲内で当該合資会社又は合同会社の債務を弁済する責任を負う.
　　（社員であると誤認させる行為をした者の責任）
**第589条** ① 合名会社又は合資会社の社員でない者が自己を無限責任社員であると誤認させる行為を

したときは,当該社員でない者は,その誤認に基づいて合名会社又は合資会社と取引をした者に対し,無限責任社員と同一の責任を負う.
② 合資会社又は合同会社の社員でない者が自己を有限責任社員であると誤認させる行為をしたときは,当該社員でない者は,その誤認に基づいて合資会社又は合同会社と取引をした者に対し,その誤認させた責任の範囲内で当該合資会社又は合同会社の債務を弁済する責任を負う.

## 第3章 管 理

### 第1節 総則
（業務の執行）
**第590条** ① 社員は,定款に別段の定めがある場合を除き,持分会社の業務を執行する.
② 社員が2人以上ある場合には,持分会社の業務は,定款に別段の定めがある場合を除き,社員の過半数をもって決定する.
③ 前項の規定にかかわらず,持分会社の常務は,各社員が単独で行うことができる.ただし,その完了前に他の社員が異議を述べた場合は,この限りでない.
（業務を執行する社員を定款で定めた場合）
**第591条** ① 業務を執行する社員を定款で定めた場合において,業務を執行する社員が2人以上あるときは,持分会社の業務は,定款に別段の定めがある場合を除き,業務を執行する社員の過半数をもって決定する.この場合における前条第3項の規定の適用については,同項中「社員」とあるのは,「業務を執行する社員」とする.
② 前項の規定にかかわらず,同項に規定する場合には,支配人の選任及び解任は,社員の過半数をもって決定する.ただし,定款で別段の定めをすることを妨げない.
③ 業務を執行する社員を定款で定めた場合において,その業務を執行する社員の全員が退社したときは,当該定款の定めは,その効力を失う.
④ 業務を執行する社員を定款で定めた場合には,その業務を執行する社員は,正当な事由がなければ,辞任することができない.
⑤ 前項の業務を執行する社員は,正当な事由がある場合に限り,他の社員の一致によって解任することができる.
⑥ 前2項の規定は,定款で別段の定めをすることを妨げない.
（社員の持分会社の業務及び財産状況に関する調査）
**第592条** ① 業務を執行する社員を定款で定めた場合には,各社員は,持分会社の業務を執行する権利を有しないときであっても,その業務及び財産の状況を調査することができる.
② 前項の規定は,定款で別段の定めをすることを妨げない.ただし,定款によっても,社員が事業年度の終了時又は重要な事由があるときに同項の規定による調査をすることを制限する旨を定めることができない.

### 第2節 業務を執行する社員
（業務を執行する社員と持分会社との関係）
**第593条** ① 業務を執行する社員は,善良な管理者の注意をもって,その職務を行う義務を負う.
② 業務を執行する社員は,法令及び定款を遵守し,持分会社のため忠実にその職務を行わなければならない.

③ 業務を執行する社員は,持分会社又は他の社員の請求があるときは,いつでもその職務の執行の状況を報告し,その職務が終了した後は,遅滞なくその経過及び結果を報告しなければならない.
④ 民法第646条から第650条までの規定は,業務を執行する社員と持分会社との関係について準用する.この場合において,同法第646条第1項,第648条第2項,第649条及び第650条中「委任事務」とあるのは「その職務」と,同法第648条第3項中「委任」とあるのは「前項の職務」と読み替えるものとする.
⑤ 前2項の規定は,定款で別段の定めをすることを妨げない.
（競業の禁止）
**第594条** ① 業務を執行する社員は,当該社員以外の社員の全員の承認を受けなければ,次に掲げる行為をしてはならない.ただし,定款に別段の定めがある場合は,この限りでない.
1 自己又は第三者のために持分会社の事業の部類に属する取引をすること.
2 持分会社の事業と同種の事業を目的とする会社の取締役,執行役又は業務を執行する社員となること.
② 業務を執行する社員が前項の規定に違反して同項第1号に掲げる行為をしたときは,当該行為によって当該業務を執行する社員又は第三者が得た利益の額は,持分会社に生じた損害の額と推定する.
（利益相反取引の制限）
**第595条** ① 業務を執行する社員は,次に掲げる場合には,当該取引について当該社員以外の社員の過半数の承認を受けなければならない.ただし,定款に別段の定めがある場合は,この限りでない.
1 業務を執行する社員が自己又は第三者のために持分会社と取引をしようとするとき.
2 持分会社が業務を執行する社員の債務を保証することその他社員でない者との間において持分会社と当該社員との利益が相反する取引をしようとするとき.
② 民法第108条の規定は,前項の承認を受けた同項第1号の取引については,適用しない.
（業務を執行する社員の持分会社に対する損害賠償責任）
**第596条** 業務を執行する社員は,その任務を怠ったときは,持分会社に対し,連帯して,これによって生じた損害を賠償する責任を負う.
（業務を執行する有限責任社員の第三者に対する損害賠償責任）
**第597条** 業務を執行する有限責任社員がその職務を行うについて悪意又は重大な過失があったときは,当該有限責任社員は,連帯して,これによって第三者に生じた損害を賠償する責任を負う.
（法人が業務を執行する社員である場合の特則）
**第598条** ① 法人が業務を執行する社員である場合には,当該法人は,当該業務を執行する社員の職務を行うべき者を選任し,その者の氏名及び住所を他の社員に通知しなければならない.
② 第593条から前条までの規定は,前項の規定により選任された社員の職務を行うべき者について準用する.
（持分会社の代表）
**第599条** ① 業務を執行する社員は,持分会社を代表する.ただし,他に持分会社を代表する社員その

他持分会社を代表する者を定めた場合は,この限りでない.
② 前項本文の業務を執行する社員が2人以上ある場合には,業務を執行する社員は,各自,持分会社を代表する.
③ 持分会社は,定款又は定款の定めに基づく社員の互選によって,業務を執行する社員の中から持分会社を代表する社員を定めることができる.
④ 持分会社を代表する社員は,持分会社の業務に関する一切の裁判上又は裁判外の行為をする権限を有する.
⑤ 前項の権限に加えた制限は,善意の第三者に対抗することができない.

(持分会社を代表する社員等の行為についての損害賠償責任)
**第600条** 持分会社は,持分会社を代表する社員その他の代表者がその職務を行うについて第三者に加えた損害を賠償する責任を負う.

(持分会社と社員との間の訴えにおける会社の代表)
**第601条** 第599条第4項の規定にかかわらず,持分会社が社員に対し,又は社員が持分会社に対して訴えを提起する場合において,当該訴えについて持分会社を代表する者(当該社員を除く.)が存しないときは,当該社員以外の社員の過半数をもって,当該訴えについて持分会社を代表する者を定めることができる.

**第602条** 第599条第1項の規定にかかわらず,社員が持分会社に対して社員の責任を追及する訴えの提起を請求した場合において,持分会社が当該請求の日から60日以内に当該訴えを提起しないときは,当該請求をした社員は,当該訴えについて持分会社を代表することができる.ただし,当該訴えが当該社員若しくは第三者の不正な利益を図り又は当該持分会社に損害を加えることを目的とする場合は,この限りでない.

### 第3節 業務を執行する社員の職務を代行する者

**第603条** ① 民事保全法第56条に規定する仮処分命令により選任された業務を執行する社員又は持分会社を代表する社員の職務を代行する者は,仮処分命令に別段の定めがある場合を除き,持分会社の常務に属しない行為をするには,裁判所の許可を得なければならない.
② 前項の規定に違反して行った業務を執行する社員又は持分会社を代表する社員の職務を代行する者の行為は,無効とする.ただし,持分会社は,これをもって善意の第三者に対抗することができない.

## 第4章 社員の加入及び退社

### 第1節 社員の加入

(社員の加入)
**第604条** ① 持分会社は,新たに社員を加入させることができる.
② 持分会社の社員の加入は,当該社員に係る定款の変更をした時に,その効力を生ずる.
③ 前項の規定にかかわらず,合同会社が新たに社員を加入させる場合において,新たに社員となろうとする者が定款の変更をした時にその出資に係る払込み又は給付の全部又は一部を履行していないときは,その者は,当該払込み又は給付を完了した時に,合同会社の社員となる.

(加入した社員の責任)
**第605条** 持分会社の成立後に加入した社員は,その加入前に生じた持分会社の債務についても,これを弁済する責任を負う.

### 第2節 社員の退社

(任意退社)
**第606条** ① 持分会社の存続期間を定款で定めなかった場合又はある社員の終身の間持分会社が存続することを定款で定めた場合には,各社員は,事業年度の終了の時において退社をすることができる.この場合においては,各社員は,6箇月前までに持分会社に退社の予告をしなければならない.
② 前項の規定は,定款で別段の定めをすることを妨げない.
③ 前2項の規定にかかわらず,各社員は,やむを得ない事由があるときは,いつでも退社することができる.

(法定退社)
**第607条** ① 社員は,前条,第609条第1項,第642条第2項及び第845条の場合のほか,次に掲げる事由によって退社する.
1 定款で定めた事由の発生
2 総社員の同意
3 死亡
4 合併(合併により当該法人である社員が消滅する場合に限る.)
5 破産手続開始の決定
6 解散(前2号に掲げる事由によるものを除く.)
7 後見開始の審判を受けたこと.
8 除名
② 持分会社は,その社員が前項第5号から第7号までに掲げる事由の全部又は一部によっては退社しない旨を定めることができる.

(相続及び合併の場合の特則)
**第608条** ① 持分会社は,その社員が死亡した場合又は合併により消滅した場合における当該社員の相続人その他の一般承継人が当該社員の持分を承継する旨を定款で定めることができる.
② 第604条第2項の規定にかかわらず,前項の規定による定款の定めがある場合には,同項の一般承継人(社員以外のものに限る.)は,同項の持分を承継した時に,当該持分を有する社員となる.
③ 第1項の定款の定めがある場合には,持分会社は,同項の一般承継人が持分を承継した時に,当該一般承継人に係る定款の変更をしたものとみなす.
④ 第1項の一般承継人(相続により持分を承継したものであって,出資に係る払込み又は給付の全部又は一部を履行していないものに限る.)が2人以上ある場合には,各一般承継人は,連帯して当該出資に係る払込み又は給付の履行をする責任を負う.
⑤ 第1項の一般承継人(相続により持分を承継したものに限る.)が2人以上ある場合には,各一般承継人は,承継した持分についての権利を行使する1人を定めなければ,承継した持分についての権利を行使することができない.ただし,持分会社が当該権利を行使することに同意した場合は,この限りでない.

(持分の差押債権者による退社)
**第609条** ① 社員の持分を差し押さえた債権者は,事業年度の終了時において当該社員を退社させることができる.この場合においては,当該債権者は,6箇月前までに持分会社及び当該社員にその予告をしなければならない.

② 前項後段の予告は、同項の社員が、同項の債権者に対し、弁済し、又は相当の担保を提供したときは、その効力を失う．
③ 第1項後段の予告をした同項の債権者は、裁判所に対し、持分の払戻しの請求権の保全に関し必要な処分をすることを申し立てることができる．
　（退社に伴う定款のみなし変更）
**第610条**　第606条, 第607条第1項, 前条第1項又は第642条第2項の規定により社員が退社した場合（第845条の規定により社員が退社したものとみなされる場合を含む．）には、持分会社は、当該社員が退社した時に、当該社員に係る定款の定めを廃止する定款の変更をしたものとみなす．
　（退社に伴う持分の払戻し）
**第611条**　① 退社した社員は、その出資の種類を問わず、その持分の払戻しを受けることができる．ただし、第608条第1項及び第2項の規定により当該社員の一般承継人が社員となった場合は、この限りでない．
② 退社した社員と持分会社との間の計算は、退社の時における持分会社の財産の状況に従ってしなければならない．
③ 退社した社員の持分は、その出資の種類を問わず、金銭で払い戻すことができる．
④ 退社の時にまだ完了していない事項については、その完了後に計算をすることができる．
⑤ 社員が除名により退社した場合における第2項及び前項の規定の適用については、これらの規定中「退社の時」とあるのは、「除名の訴えを提起した時」とする．
⑥ 前項に規定する場合には、持分会社は、除名の訴えを提起した日後年6分の利率により算定した利息をも支払わなければならない．
⑦ 社員の持分の差押えは、持分の払戻しを請求する権利に対しても、その効力を有する．
　（退社した社員の責任）
**第612条**　① 退社した社員は、その登記をする前に生じた持分会社の債務について、従前の責任の範囲内でこれを弁済する責任を負う．
② 前項の責任は、同項の登記後2年以内に請求又は請求の予告をしない持分会社の債権者に対しては、当該登記後2年を経過した時に消滅する．
　（商号変更の請求）
**第613条**　持分会社がその商号中に退社した社員の氏若しくは氏名又は名称を用いているときは、当該退社した社員は、当該持分会社に対し、その氏若しくは氏名又は名称の使用をやめることを請求することができる．

## 第5章　計算等

### 第1節　会計の原則
**第614条**　持分会社の会計は、一般に公正妥当と認められる企業会計の慣行に従うものとする．
### 第2節　会計帳簿
　（会計帳簿の作成及び保存）
**第615条**　① 持分会社は、法務省令で定めるところにより、適時に、正確な会計帳簿を作成しなければならない．
② 持分会社は、会計帳簿の閉鎖の時から10年間、その会計帳簿及びその事業に関する重要な資料を保存しなければならない．

　（会計帳簿の提出命令）
**第616条**　裁判所は、申立てにより又は職権で、訴訟の当事者に対し、会計帳簿の全部又は一部の提出を命ずることができる．
### 第3節　計算書類
　（計算書類の作成及び保存）
**第617条**　① 持分会社は、法務省令で定めるところにより、その成立の日における貸借対照表を作成しなければならない．
② 持分会社は、法務省令で定めるところにより、各事業年度に係る計算書類（貸借対照表その他の持分会社の財産の状況を示すために必要かつ適切なものとして法務省令で定めるものをいう．以下この章において同じ．）を作成しなければならない．
③ 計算書類は、電磁的記録をもって作成することができる．
④ 持分会社は、計算書類を作成した時から10年間、これを保存しなければならない．
　（計算書類の閲覧等）
**第618条**　① 持分会社の社員は、当該持分会社の営業時間内は、いつでも、次に掲げる請求をすることができる．
　1　計算書類が書面をもって作成されているときは、当該書面の閲覧又は謄写の請求
　2　計算書類が電磁的記録をもって作成されているときは、当該電磁的記録に記録された事項を法務省令で定める方法により表示したものの閲覧又は謄写の請求
② 前項の規定は、定款で別段の定めをすることを妨げない．ただし、定款によっても、社員が事業年度の終了時に同項各号に掲げる請求をすることを制限する旨を定めることができない．
　（計算書類の提出命令）
**第619条**　裁判所は、申立てにより又は職権で、訴訟の当事者に対し、計算書類の全部又は一部の提出を命ずることができる．
### 第4節　資本金の額の減少
**第620条**　① 持分会社は、損失のてん補のために、その資本金の額を減少することができる．
② 前項の規定により減少する資本金の額は、損失の額として法務省令で定める方法により算定される額を超えることができない．
### 第5節　利益の配当
　（利益の配当）
**第621条**　① 社員は、持分会社に対し、利益の配当を請求することができる．
② 持分会社は、利益の配当を請求する方法その他の利益の配当に関する事項を定款で定めることができる．
③ 社員の持分の差押えは、利益の配当を請求する権利に対しても、その効力を有する．
　（社員の損益分配の割合）
**第622条**　① 損益分配の割合について定款の定めがないときは、その割合は、各社員の出資の価額に応じて定める．
② 利益又は損失の一方についてのみ分配の割合についての定めを定款で定めたときは、その割合は、利益及び損失の分配に共通であるものと推定する．
　（有限責任社員の利益の配当に関する責任）
**第623条**　① 持分会社が利益の配当により有限責任社員に対して交付した金銭等の帳簿価額（以下この項において「配当額」という．）が当該利益の配

当をする日における利益額（持分会社の利益の額として法務省令で定める方法により算定される額をいう。以下この章において同じ。）を超える場合には、当該利益の配当を受けた有限責任社員は、当該持分会社に対し、連帯して、当該配当額に相当する金銭を支払う義務を負う。

② 前項に規定する場合における同項の利益の配当を受けた有限責任社員についての第580条第2項の規定の適用については、同項中「を限度として」とあるのは、「及び第623条第1項の配当額が同項の利益額を超過する額（同項の義務を履行した額を除く。）の合計額を限度として」とする。

#### 第6節　出資の払戻し

**第624条**　① 社員は、持分会社に対し、既に出資をして払込み又は給付をした金銭等の払戻し（以下この編において「出資の払戻し」という。）を請求することができる。この場合において、当該金銭等が金銭以外の財産であるときは、当該財産の価額に相当する金銭の払戻しを請求することを妨げない。

② 持分会社は、出資の払戻しを請求する方法その他の出資の払戻しに関する事項を定款で定めることができる。

③ 社員の持分の差押えは、出資の払戻しを請求する権利に対しても、その効力を有する。

#### 第7節　合同会社の計算等に関する特則

##### 第1款　計算書類の閲覧に関する特則

**第625条**　合同会社の債権者は、当該合同会社の営業時間内は、いつでも、その計算書類（作成した日から5年以内のものに限る。）について第618条第1項各号に掲げる請求をすることができる。

##### 第2款　資本金の額の減少に関する特則

（出資の払戻し又は持分の払戻しを行う場合の資本金の額の減少）

**第626条**　① 合同会社は、第620条第1項の場合のほか、出資の払戻し又は持分の払戻しのために、その資本金の額を減少することができる。

② 前項の規定により出資の払戻しのために減少する資本金の額は、第632条第2項に規定する出資払戻額から出資の払戻しをする日における剰余金額を控除して得た額を超えてはならない。

③ 第1項の規定により持分の払戻しのために減少する資本金の額は、第635条第1項に規定する持分払戻額から持分の払戻しをする日における剰余金額を控除して得た額を超えてはならない。

④ 前2項に規定する「剰余金額」とは、第1号に掲げる額から第2号から第4号までに掲げる額の合計額を減じて得た額をいう（第4款及び第5款において同じ。）。

1 資産の額
2 負債の額
3 資本金の額
4 前2号に掲げるもののほか、法務省令で定める各勘定科目に計上した額の合計額

（債権者の異議）

**第627条**　① 合同会社が資本金の額を減少する場合には、合同会社の債権者は、当該合同会社に対し、資本金の額の減少について異議を述べることができる。

② 前項に規定する場合には、合同会社は、次に掲げる事項を官報に公告し、かつ、知れている債権者には、各別にこれを催告しなければならない。ただし、第2号の期間は、1箇月を下ることができない。

1 当該資本金の額の減少の内容
2 債権者が一定の期間内に異議を述べることができる旨

③ 前項の規定にかかわらず、合同会社が同項の規定による公告を、官報のほか、第939条第1項の規定による定款の定めに従い、同項第2号又は第3号に掲げる公告方法によりするときは、前項の規定による各別の催告は、することを要しない。

④ 債権者が第2項第2号の期間内に異議を述べなかったときは、当該債権者は、当該資本金の額の減少について承認をしたものとみなす。

⑤ 債権者が第2項第2号の期間内に異議を述べたときは、合同会社は、当該債権者に対し、弁済し、若しくは相当の担保を提供し、又は当該債権者に弁済を受けさせることを目的として信託会社等に相当の財産を信託しなければならない。ただし、当該資本金の額の減少をしても当該債権者を害するおそれがないときは、この限りでない。

⑥ 資本金の額の減少は、前各項の手続が終了した日に、その効力を生ずる。

##### 第3款　利益の配当に関する特則

（利益の配当の制限）

**第628条**　合同会社は、利益の配当により社員に対して交付する金銭等の帳簿価額（以下この款において「配当額」という。）が当該利益の配当をする日における利益額を超える場合には、当該利益の配当をすることができない。この場合においては、合同会社は、第621条第1項の規定による請求を拒むことができる。

（利益の配当に関する責任）

**第629条**　① 合同会社が前条の規定に違反して利益の配当をした場合には、当該利益の配当に関する業務を執行した社員は、当該合同会社に対し、当該利益の配当を受けた社員と連帯して、当該配当額に相当する金銭を支払う義務を負う。ただし、当該業務執行を執行した社員がその職務を行うについて注意を怠らなかったことを証明した場合は、この限りでない。

② 前項の義務は、免除することができない。ただし、利益の配当をした日における利益額を限度として当該義務を免除することについて総社員の同意がある場合は、この限りでない。

（社員に対する求償権の制限等）

**第630条**　① 前条第1項に規定する場合において、利益の配当を受けた社員は、配当額が利益の配当をした日における利益額を超えることにつき善意であるときは、当該配当額について、当該利益の配当に関する業務を執行した社員からの求償の請求に応ずる義務を負わない。

② 前条第1項に規定する場合には、合同会社の債権者は、利益の配当を受けた社員に対し、配当額（当該配当額が当該債権者の合同会社に対して有する債権額を超える場合にあっては、当該債権額）に相当する金銭を支払わせることができる。

③ 第623条第2項の規定は、合同会社の社員については、適用しない。

（欠損が生じた場合の責任）

**第631条**　① 合同会社が利益の配当をした場合において、当該利益の配当をした日の属する事業年度の末日に欠損額（合同会社の欠損の額として法務省令で定める方法により算定される額をいう。以下この項において同じ。）が生じたときは、当該利益の配当に関する業務を執行した社員は、当該合同会

社に対し,当該利益の配当を受けた社員と連帯して,その欠損額(当該欠損額が配当額を超えるときは,当該配当額)を支払う義務を負う.ただし,当該業務を執行した社員がその職務を行うについて注意を怠らなかったことを証明した場合は,この限りでない.
② 前項の義務は,総社員の同意がなければ,免除することができない.

#### 第4款 出資の払戻しに関する特則
(出資の払戻しの制限)
**第632条** ① 第624条第1項の規定にかかわらず,合同会社の社員は,定款を変更してその出資の価額を減少する場合を除き,同項前段の規定による請求をすることができない.
② 合同会社が出資の払戻しにより社員に対して交付する金銭等の帳簿価額(以下この款において「出資払戻額」という.)が,第624条第1項前段の規定による請求をした日における剰余金額(第626条第1項の資本金の額の減少をした場合にあっては,その減少をした後の剰余金額.以下この款において同じ.)又は前項の出資の価額を減少した額のいずれか少ない額を超える場合には,当該出資の払戻しをすることができない.この場合においては,合同会社は,第624条第1項前段の規定による請求を拒むことができる.

(出資の払戻しに関する社員の責任)
**第633条** ① 合同会社が前条の規定に違反して出資の払戻しをした場合には,当該出資の払戻しに関する業務を執行した社員は,当該合同会社に対し,当該出資の払戻しを受けた社員と連帯して,当該出資払戻額に相当する金銭を支払う義務を負う.ただし,当該業務を執行した社員がその職務を行うについて注意を怠らなかったことを証明した場合は,この限りでない.
② 前項の義務は,免除することができない.ただし,出資の払戻しをした日における剰余金額を限度として当該義務を免除することについて総社員の同意がある場合は,この限りでない.

(社員に対する求償権の制限等)
**第634条** ① 前条第1項に規定する場合において,出資の払戻しを受けた社員は,当該出資払戻額が出資の払戻しをした日における剰余金額を超えることにつき善意であるときは,当該出資払戻額について,当該出資の払戻しに関する業務を執行した社員からの求償の請求に応ずる義務を負わない.
② 前条第1項に規定する場合には,合同会社の債権者は,出資の払戻しを受けた社員に対し,出資払戻額(当該出資払戻額が当該債権者の合同会社に対して有する債権額を超える場合にあっては,当該債権額)に相当する金銭を支払わせることができる.

#### 第5款 退社に伴う持分の払戻しに関する特則
(債権者の異議)
**第635条** ① 合同会社が持分の払戻しにより社員に対して交付する金銭等の帳簿価額(以下この款において「持分払戻額」という.)が当該持分の払戻しをする日における剰余金額を超える場合には,当該合同会社の債権者は,当該合同会社に対し,持分の払戻しについて異議を述べることができる.
② 前項に規定する場合には,合同会社は,次に掲げる事項を官報に公告し,かつ,知れている債権者には,各別にこれを催告しなければならない.ただし,第2号の期間は,1箇月(持分払戻額が当該合同会社の純資産額として法務省令で定める方法により算定される額を超える場合にあっては,2箇月)を下ることができない.
1 当該剰余金額を超える持分の払戻しの内容
2 債権者が一定の期間内に異議を述べることができる旨
③ 前項の規定にかかわらず,合同会社が同項の規定による公告を,官報のほか,第939条第1項の規定による定款の定めに従い,同項第2号又は第3号に掲げる公告方法によりするときは,前項の規定による各別の催告は,することを要しない.ただし,持分払戻額が当該合同会社の純資産額として法務省令で定める方法により算定される額を超える場合は,この限りでない.
④ 債権者が第2項第2号の期間内に異議を述べなかったときは,当該債権者は,当該持分の払戻しについて承認をしたものとみなす.
⑤ 債権者が第2項第2号の期間内に異議を述べたときは,合同会社は,当該債権者に対し,弁済し,若しくは相当の担保を提供し,又は当該債権者に弁済を受けさせることを目的として信託会社等に相当の財産を信託しなければならない.ただし,持分払戻額が当該合同会社の純資産額として法務省令で定める方法により算定される額を超えない場合において,当該持分の払戻しをしても当該債権者を害するおそれがないときは,この限りでない.

(業務を執行した社員の責任)
**第636条** ① 合同会社が前条の規定に違反して持分の払戻しをした場合には,当該持分の払戻しに関する業務を執行した社員は,当該合同会社に対し,当該持分の払戻しを受けた社員と連帯して,当該持分払戻額に相当する金銭を支払う義務を負う.ただし,持分の払戻しに関する業務を執行した社員がその職務を行うについて注意を怠らなかったことを証明した場合は,この限りでない.
② 前項の義務は,免除することができない.ただし,持分の払戻しをした時における剰余金額を限度として当該義務を免除することについて総社員の同意がある場合は,この限りでない.

### 第6章 定款の変更

(定款の変更)
**第637条** 持分会社は,定款に別段の定めがある場合を除き,総社員の同意によって,定款の変更をすることができる.

(定款の変更による持分会社の種類の変更)
**第638条** ① 合名会社は,次の各号に掲げる定款の変更をすることにより,当該各号に定める種類の持分会社となる.
1 有限責任社員を加入させる定款の変更 合資会社
2 その社員の一部を有限責任社員とする定款の変更 合資会社
3 その社員の全部を有限責任社員とする定款の変更 合同会社
② 合資会社は,次の各号に掲げる定款の変更をすることにより,当該各号に定める種類の持分会社となる.
1 その社員の全部を無限責任社員とする定款の変更 合名会社
2 その社員の全部を有限責任社員とする定款の変更 合同会社
③ 合同会社は,次の各号に掲げる定款の変更をする

ことにより、当該各号に定める種類の持分会社となる。
1 その社員の全部を無限責任社員とする定款の変更 合名会社
2 無限責任社員を加入させる定款の変更 合資会社
3 その社員の一部を無限責任社員とする定款の変更 合資会社

(合資会社の社員の退社による定款のみなし変更)
**第639条** ① 合資会社の有限責任社員が退社したことにより当該合資会社の社員が無限責任社員のみとなった場合には、当該合資会社は、合名会社となる定款の変更をしたものとみなす。
② 合資会社の無限責任社員が退社したことにより当該合資会社の社員が有限責任社員のみとなった場合には、当該合資会社は、合同会社となる定款の変更をしたものとみなす。

(定款の変更時の出資の履行)
**第640条** ① 第638条第1項第3号又は第2項第2号に掲げる定款の変更をする場合において、当該定款の変更をする持分会社の社員が当該定款の変更後の合同会社に対する出資に係る払込み又は給付の全部又は一部を履行していないときは、当該定款の変更は、当該払込み及び給付が完了した日に、その効力を生ずる。
② 前条第2項の規定により合同会社となる定款の変更をしたものとみなされた場合において、社員がその出資に係る払込み又は給付の全部又は一部を履行していないときは、当該定款の変更をしたものとみなされた日から1箇月以内に、当該払込み又は給付を完了しなければならない。ただし、当該期間内に、合名会社又は合資会社となる定款の変更をした場合は、この限りでない。

## 第7章 解 散

(解散の事由)
**第641条** 持分会社は、次に掲げる事由によって解散する。
1 定款で定めた存続期間の満了
2 定款で定めた解散の事由の発生
3 総社員の同意
4 社員が欠けたこと。
5 合併(合併により当該持分会社が消滅する場合に限る。)
6 破産手続開始の決定
7 第824条第1項又は第833条第2項の規定による解散を命ずる裁判

(持分会社の継続)
**第642条** ① 持分会社は、前条第1号から第3号までに掲げる事由によって解散した場合には、次章の規定による清算が結了するまで、社員の全部又は一部の同意によって、持分会社を継続することができる。
② 前項の場合には、持分会社を継続することについて同意しなかった社員は、持分会社が継続することとなった日に、退社する。

(解散した持分会社の合併等の制限)
**第643条** 持分会社が解散した場合には、当該持分会社は、次に掲げる行為をすることができない。
1 合併(合併により当該持分会社が存続する場合に限る。)
2 吸収分割による他の会社がその事業に関して有する権利義務の全部又は一部の承継

## 第8章 清 算

### 第1節 清算の開始

(清算の開始原因)
**第644条** 持分会社は、次に掲げる場合には、この章の定めるところにより、清算をしなければならない。
1 解散した場合(第641条第5号に掲げる事由によって解散した場合及び破産手続開始の決定により解散した場合であって当該破産手続が終了していない場合を除く。)
2 設立の無効の訴えに係る請求を認容する判決が確定した場合
3 設立の取消しの訴えに係る請求を認容する判決が確定した場合

(清算持分会社の能力)
**第645条** 前条の規定により清算をする持分会社(以下「清算持分会社」という。)は、清算の目的の範囲内において、清算が結了するまではなお存続するものとみなす。

### 第2節 清算人

(清算人の設置)
**第646条** 清算持分会社には、1人又は2人以上の清算人を置かなければならない。

(清算人の就任)
**第647条** ① 次に掲げる者は、清算持分会社の清算人となる。
1 業務を執行する社員(次号又は第3号に掲げる者がある場合を除く。)
2 定款で定める者
3 社員(業務を執行する社員を定款で定めた場合にあっては、その社員)の過半数の同意によって定める者
② 前項の規定により清算人となる者がないときは、裁判所は、利害関係人の申立てにより、清算人を選任する。
③ 前2項の規定にかかわらず、第641条第4号又は第7号に掲げる事由によって解散した清算持分会社については、裁判所は、利害関係人若しくは法務大臣の申立てにより又は職権で、清算人を選任する。
④ 第1項及び第2項の規定にかかわらず、第644条第2号又は第3号に掲げる場合に該当することとなった清算持分会社については、裁判所は、利害関係人の申立てにより、清算人を選任する。

(清算人の解任)
**第648条** ① 清算人(前条第2項から第4項までの規定により裁判所が選任したものを除く。)は、いつでも、解任することができる。
② 前項の規定による解任は、定款に別段の定めがある場合を除き、社員の過半数をもって決定する。
③ 重要な事由があるときは、裁判所は、社員その他利害関係人の申立てにより、清算人を解任することができる。

(清算人の職務)
**第649条** 清算人は、次に掲げる職務を行う。
1 現務の結了
2 債権の取立て及び債務の弁済
3 残余財産の分配

(業務の執行)
**第650条** ① 清算人は、清算持分会社の業務を執行する。
② 清算人が2人以上ある場合には、清算持分会社の

業務は、定款に別段の定めがある場合を除き、清算人の過半数をもって決定する。
③ 前項の規定にかかわらず、社員が2人以上ある場合には、清算持分会社の事業の全部又は一部の譲渡は、社員の過半数をもって決定する。

**(清算人と清算持分会社との関係)**
**第651条** ① 清算持分会社と清算人との関係は、委任に関する規定に従う。
② 第593条第2項、第594条及び第595条の規定は、清算人について準用する。この場合において、第594条第1項及び第595条第1項中「当該社員以外の社員」とあるのは、「社員（当該清算人が社員である場合にあっては、当該清算人以外の社員）」と読み替えるものとする。

**(清算人の清算持分会社に対する損害賠償責任)**
**第652条** 清算人は、その任務を怠ったときは、清算持分会社に対し、連帯して、これによって生じた損害を賠償する責任を負う。

**(清算人の第三者に対する損害賠償責任)**
**第653条** 清算人がその職務を行うについて悪意又は重大な過失があったときは、当該清算人は、連帯して、これによって第三者に生じた損害を賠償する責任を負う。

**(法人が清算人である場合の特則)**
**第654条** ① 法人が清算人である場合には、当該法人は、当該清算人の職務を行うべき者を選任し、その者の氏名及び住所を社員に通知しなければならない。
② 前3条の規定は、前項の規定により選任された清算人の職務を行うべき者について準用する。

**(清算持分会社の代表)**
**第655条** ① 清算人は、清算持分会社を代表する。ただし、他に清算持分会社を代表する清算人その他清算持分会社を代表する者を定めた場合は、この限りでない。
② 前項本文の清算人が2人以上ある場合には、清算人は、各自、清算持分会社を代表する。
③ 清算持分会社は、定款又は定款の定めに基づく清算人（第647条第2項から第4項までの規定により裁判所が選任したものを除く。以下この項において同じ。）の互選によって、清算人の中から清算持分会社を代表する清算人を定めることができる。
④ 第647条第1項第1号の規定により業務を執行する社員が清算人となる場合において、持分会社を代表する社員を定めていたときは、当該社員を代表する清算人が清算持分会社を代表する清算人となる。
⑤ 裁判所は、第647条第2項から第4項までの規定により清算人を選任する場合には、その清算人の中から清算持分会社を代表する清算人を定めることができる。
⑥ 第599条第4項及び第5項の規定は清算持分会社を代表する清算人について、第603条の規定は民事保全法第56条に規定する仮処分命令により選任された清算人又は清算持分会社を代表する清算人の職務を代行する者について、それぞれ準用する。

**(清算持分会社についての破産手続の開始)**
**第656条** ① 清算持分会社の財産がその債務を完済するのに足りないことが明らかになったときは、清算人は、直ちに破産手続開始の申立てをしなければならない。
② 清算人は、清算持分会社が破産手続開始の決定を受けた場合において、破産管財人にその事務を引き継いだときは、その任務を終了したものとする。
③ 前項に規定する場合において、清算持分会社が既に債権者に支払い、又は社員に分配したものがあるときは、破産管財人は、これを取り戻すことができる。

**(裁判所の選任する清算人の報酬)**
**第657条** 裁判所は、第647条第2項から第4項までの規定により清算人を選任した場合には、清算持分会社が当該清算人に対して支払う報酬の額を定めることができる。

### 第3節　財産目録等

**(財産目録等の作成等)**
**第658条** ① 清算人は、その就任後遅滞なく、清算持分会社の財産の現況を調査し、法務省令で定めるところにより、第644条各号に掲げる場合に該当することとなった日における財産目録及び貸借対照表（以下この節において「財産目録等」という。）を作成し、各社員にその内容を通知しなければならない。
② 清算持分会社は、財産目録等を作成した時からその本店の所在地における清算結了の登記の時までの間、当該財産目録等を保存しなければならない。
③ 清算持分会社は、社員の請求により、毎月清算の状況を報告しなければならない。

**(財産目録等の提出命令)**
**第659条** 裁判所は、申立てにより又は職権で、訴訟の当事者に対し、財産目録等の全部又は一部の提出を命ずることができる。

### 第4節　債務の弁済等

**(債権者に対する公告等)**
**第660条** ① 清算持分会社（合同会社に限る。以下この項及び次条において同じ。）は、第644条各号に掲げる場合に該当することとなった後、遅滞なく、当該清算持分会社の債権者に対し、一定の期間内にその債権を申し出るべき旨を官報に公告し、かつ、知れている債権者には、各別にこれを催告しなければならない。ただし、当該期間は、2箇月を下ることができない。
② 前項の規定による公告には、当該債権者が当該期間内に申出をしないときは清算から除斥される旨を付記しなければならない。

**(債務の弁済の制限)**
**第661条** ① 清算持分会社は、前条第1項の期間内は、債務の弁済をすることができない。この場合において、清算持分会社は、その債務の不履行によって生じた責任を免れることができない。
② 前項の規定にかかわらず、清算持分会社は、前条第1項の期間内であっても、裁判所の許可を得て、少額の債権、清算持分会社の財産につき存する担保権によって担保される債権その他これを弁済しても他の債権者を害するおそれがない債権に係る債務について、その弁済をすることができる。この場合において、当該許可の申立ては、清算人が2人以上あるときは、その全員の同意によってしなければならない。

**(条件付債権等に係る債務の弁済)**
**第662条** ① 清算持分会社は、条件付債権、存続期間が不確定な債権その他その額が不確定な債権に係る債務を弁済することができる。この場合においては、これらの債権を評価させるため、裁判所に対し、鑑定人の選任の申立てをしなければならない。
② 前項の場合には、清算持分会社は、同項の鑑定人の評価に従い同項の債権に係る債務を弁済しなければならない。

③ 第1項の鑑定人の選任の手続に関する費用は，清算持分会社の負担とする．当該鑑定人による鑑定のための呼出し及び質問に関する費用についても，同様とする．
（出資の履行の請求）
第663条　清算持分会社に現に存する財産がその債務を完済するのに足りないときにおいて，その出資の全部又は一部を履行していない社員があるときは，当該出資に係る定款の定めにかかわらず，当該清算持分会社は，当該社員に出資させることができる．
（債務の弁済前における残余財産の分配の制限）
第664条　清算持分会社は，当該清算持分会社の債務を弁済した後でなければ，その財産を社員に分配することができない．ただし，その存否又は額について争いのある債権に係る債務についてその弁済をするために必要と認められる財産を留保した場合は，この限りでない．
（清算からの除斥）
第665条　① 清算持分会社（合同会社に限る．以下この条において同じ．）の債権者（知れている債権者を除く．）であって第660条第1項の期間内にその債権の申出をしなかったものは，清算から除斥される．
② 前項の規定により清算から除斥された債権者は，分配がされていない残余財産に対してのみ，弁済を請求することができる．
③ 清算持分会社の残余財産を社員の一部に分配した場合には，その社員の受けた分配と同一の割合の分配を当該社員以外の社員に対してするために必要な財産は，前項の残余財産から控除する．

## 第5節　残余財産の分配
（残余財産の分配の割合）
第666条　残余財産の分配の割合について定款の定めがないときは，その割合は，各社員の出資の価額に応じて定める．

## 第6節　清算事務の終了等
第667条　① 清算持分会社は，清算事務が終了したときは，遅滞なく，清算に係る計算をして，社員の承認を受けなければならない．
② 社員が1箇月以内に前項の計算について異議を述べなかったときは，社員は，当該計算の承認をしたものとみなす．ただし，清算人の職務の執行に不正の行為があったときは，この限りでない．

## 第7節　任意清算
（財産の処分の方法）
第668条　① 持分会社（合名会社及び合資会社に限る．以下この節において同じ．）は，定款又は総社員の同意によって，当該持分会社が第641条第1号から第3号までに掲げる事由によって解散した場合における当該持分会社の財産の処分の方法を定めることができる．
② 第2節から前節までの規定は，前項の財産の処分の方法を定めた持分会社については，適用しない．
（財産目録等の作成）
第669条　① 前条第1項の財産の処分の方法を定めた持分会社が第641条第1号から第3号までに掲げる事由によって解散した場合には，清算持分会社（合名会社及び合資会社に限る．以下この節において同じ．）は，解散の日から2週間以内に，法務省令で定めるところにより，解散の日における財産目録及び貸借対照表を作成しなければならない．
② 前条第1項の財産の処分の方法を定めていない持分会社が第641条第1号から第3号までに掲げる事由によって解散した場合において，解散後に同項の財産の処分の方法を定めたときは，清算持分会社は，当該財産の処分の方法を定めた日から2週間以内に，法務省令で定めるところにより，解散の日における財産目録及び貸借対照表を作成しなければならない．
（債権者の異議）
第670条　① 持分会社が第668条第1項の財産の処分の方法を定めた場合には，当該清算持分会社の債権者は，当該清算持分会社に対し，当該財産の処分の方法について異議を述べることができる．
② 前項に規定する場合には，清算持分会社は，解散の日（前条第2項に規定する場合にあっては，当該財産の処分の方法を定めた日）から2週間以内に，次に掲げる事項を官報に公告し，かつ，知れている債権者には，各別にこれを催告しなければならない．ただし，第2号の期間は，1箇月を下ることができない．
1　第668条第1項の財産の処分の方法に従い清算をする旨
2　債権者が一定の期間内に異議を述べることができる旨
③ 前項の規定にかかわらず，清算持分会社が同項の規定による公告を，官報のほか，第939条第1項の規定による定款の定めに従い，同項第2号又は第3号に掲げる公告方法によりするときは，前項の規定による各別の催告は，することを要しない．
④ 債権者が第2項第2号の期間内に異議を述べなかったときは，当該債権者は，当該財産の処分の方法について承認をしたものとみなす．
⑤ 債権者が第2項第2号の期間内に異議を述べたときは，清算持分会社は，当該債権者に対し，弁済し，若しくは相当の担保を提供し，又は当該債権者に弁済を受けさせることを目的として信託会社等に相当の財産を信託しなければならない．
（持分の差押債権者の同意等）
第671条　① 清算持分会社が第668条第1項の財産の処分の方法を定めた場合において，社員の持分を差し押さえた債権者があるときは，その解散後の清算持分会社がその財産の処分をするには，その債権者の同意を得なければならない．
② 前項の清算持分会社が同項の規定に違反してその財産の処分をしたときは，社員の持分を差し押さえた債権者は，当該清算持分会社に対し，その持分に相当する金額の支払を請求することができる．

## 第8節　帳簿資料の保存
第672条　① 清算人（第668条第1項の財産の処分の方法を定めた場合にあっては，清算持分会社を代表する社員）は，清算持分会社の本店の所在地における清算結了の登記の時から10年間，清算持分会社の帳簿並びにその事業及び清算に関する重要な資料（以下この条において「帳簿資料」という．）を保存しなければならない．
② 前項の規定にかかわらず，定款で又は社員の過半数をもって帳簿資料を保存する者を定めた場合には，その者は，清算持分会社の本店の所在地における清算結了の登記の時から10年間，帳簿資料を保存しなければならない．
③ 裁判所は，利害関係人の申立てにより，第1項の清算人又は前項の規定により帳簿資料を保存する者に代わって帳簿資料を保存する者を選任することが

とができる．この場合においては，前2項の規定は，適用しない．
④ 前項の規定により選任された者は，清算持分会社の本店の所在地における清算結了の登記の時から10年間，帳簿資料を保存しなければならない．
⑤ 第3項の規定による選任の手続に関する費用は，清算持分会社の負担とする．

#### 第9節 社員の責任の消滅時効
**第673条** ① 第580条に規定する社員の責任は，清算持分会社の本店の所在地における解散の登記をした後5年以内に請求又は請求の予告をしない清算持分会社の債権者に対しては，その登記後5年を経過した時に消滅する．
② 前項の期間の経過後であっても，社員に分配していない残余財産があるときは，清算持分会社の債権者は，清算持分会社に対して弁済を請求することができる．

#### 第10節 適用除外等
**（適用除外）**
**第674条** 次に掲げる規定は，清算持分会社については，適用しない．
1 第4章第1節
2 第606条，第607条第1項（第3号及び第4号を除く．）及び第609条
3 第5章第3節（第617条第4項，第618条及び第619条を除く．）から第6節まで及び第7節第2款
4 第638条第1項第3号及び第2項第2号

**（相続及び合併による退社の特則）**
**第675条** 清算持分会社の社員が死亡した場合又は合併により消滅した場合には，第608条第1項の定款の定めがないときであっても，当該社員の相続人その他の一般承継人は，当該社員の持分を承継する．この場合においては，同条第4項及び第5項の規定を準用する．

### 第4編　社　債

### 第1章　総　則

**（募集社債に関する事項の決定）**
**第676条** 会社は，その発行する社債を引き受ける者の募集をしようとするときは，その都度，募集社債（当該募集に応じて当該社債の引受けの申込みをした者に対して割り当てる社債をいう．以下この編において同じ．）について次に掲げる事項を定めなければならない．
1 募集社債の総額
2 各募集社債の金額
3 募集社債の利率
4 募集社債の償還の方法及び期限
5 利息支払の方法及び期限
6 社債券を発行するときは，その旨
7 社債権者が第698条の規定による請求の全部又は一部をすることができないこととするときは，その旨
8 社債管理者が社債権者集会の決議によらずに第706条第1項第2号に掲げる行為をすることができることとするときは，その旨
9 各募集社債の払込金額（各募集社債と引換えに払い込む金銭の額をいう．以下この章において同じ．）若しくはその最低金額又はこれらの算定方法
10 募集社債と引換えにする金銭の払込みの期日
11 一定の日までに募集社債の総額について割当てを行うを定めていない場合において，募集社債の全部を発行しないこととするときは，その旨及びその一定の日
12 前各号に掲げるもののほか，法務省令で定める事項

**（募集社債の申込み）**
**第677条** ① 会社は，前条の募集に応じて募集社債の引受けの申込みをしようとする者に対し，次に掲げる事項を通知しなければならない．
1 会社の商号
2 当該募集に係る前条各号に掲げる事項
3 前2号に掲げるもののほか，法務省令で定める事項
② 前条の募集に応じて募集社債の引受けの申込みをする者は，次に掲げる事項を記載した書面を会社に交付しなければならない．
1 申込みをする者の氏名又は名称及び住所
2 引き受けようとする募集社債の金額及び金額ごとの数
3 会社が前条第9号の最低金額を定めたときは，希望する払込金額
③ 前項の申込みをする者は，同項の書面の交付に代えて，政令で定めるところにより，会社の承諾を得て，同項の書面に記載すべき事項を電磁的方法により提供することができる．この場合において，当該申込みをした者は，同項の書面を交付したものとみなす．
④ 第1項の規定は，会社が同項各号に掲げる事項を記載した金融商品取引法第2条第10項に規定する目論見書を第1項の申込みをしようとする者に対して交付している場合その他募集社債の引受けの申込みをしようとする者の保護に欠けるおそれがないものとして法務省令で定める場合には，適用しない．
⑤ 会社は，第1項各号に掲げる事項について変更があったときは，直ちに，その旨及び当該変更があった事項を第2項の申込みをした者（以下この章において「申込者」という．）に通知しなければならない．
⑥ 会社が申込者に対してする通知又は催告は，第2項第1号の住所（当該申込者が別に通知又は催告を受ける場所又は連絡先を当該会社に通知した場合にあっては，その場所又は連絡先）にあてて発すれば足りる．
⑦ 前項の通知又は催告は，その通知又は催告が通常到達すべきであった時に，到達したものとみなす．

**（募集社債の割当て）**
**第678条** ① 会社は，申込者の中から募集社債の割当てを受ける者を定め，かつ，その者に割り当てる募集社債の金額及び金額ごとの数を定めなければならない．この場合において，会社は，当該申込者に割り当てる募集社債の金額ごとの数を，前条第2項第2号の数よりも減少することができる．
② 会社は，第676条第10号の期日の前日までに，申込者に対し，当該申込者に割り当てる募集社債の金額及び金額ごとの数を通知しなければならない．

**（募集社債の申込み及び割当てに関する特則）**
**第679条** 前2条の規定は，募集社債を引き受けようとする者がその総額の引受けを行う契約を締結する場合には，適用しない．

**（募集社債の社債権者）**

**第680条** 次の各号に掲げる者は,当該各号に定める募集社債の社債権者となる.
 1 申込者 会社の割り当てた募集社債
 2 前条の契約により募集社債の総額を引き受けた者 その者が引き受けた募集社債

（社債原簿）
**第681条** 会社は,社債を発行した日以後遅滞なく,社債原簿を作成し,これに次に掲げる事項（以下この章において「社債原簿記載事項」という.）を記載し,又は記録しなければならない.
 1 第676条第3号から第8号までに掲げる事項その他の社債の内容を特定するものとして法務省令で定める事項（以下この編において「種類」という.）
 2 種類ごとの社債の総額及び各社債の金額
 3 各社債と引換えに払い込まれた金銭の額及び払込みの日
 4 社債権者（無記名社債（無記名式の社債券が発行されている社債をいう.以下この編において同じ.）の社債権者を除く.）の氏名又は名称及び住所
 5 前号の社債権者が各社債を取得した日
 6 社債券を発行したときは,社債券の番号,発行の日,社債券が記名式か,又は無記名式かの別及び無記名式の社債券の数
 7 前各号に掲げるもののほか,法務省令で定める事項

（社債原簿記載事項を記載した書面の交付等）
**第682条** ① 社債権者（無記名社債の社債権者を除く.）は,社債を発行した会社（以下この編において「社債発行会社」という.）に対し,当該社債権者についての社債原簿に記載され,若しくは記録された社債原簿記載事項を記載した書面の交付又は当該社債原簿記載事項を記録した電磁的記録の提供を請求することができる.
② 前項の書面には,社債発行会社の代表者が署名し,又は記名押印しなければならない.
③ 第1項の電磁的記録には,社債発行会社の代表者が法務省令で定める署名又は記名押印に代わる措置をとらなければならない.
④ 前3項の規定は,当該社債について社債券を発行する旨の定めがある場合には,適用しない.

（社債原簿管理人）
**第683条** 会社は,社債原簿管理人（会社に代わって社債原簿の作成及び備置きその他の社債原簿に関する事務を行う者をいう.以下同じ.）を定め,当該事務を行うことを委託することができる.

（社債原簿の備置き及び閲覧等）
**第684条** ① 社債発行会社は,社債原簿をその本店（社債原簿管理人がある場合にあっては,その営業所）に備え置かなければならない.
② 社債権者その他の法務省令で定める者は,社債発行会社の営業時間内は,いつでも,次に掲げる請求をすることができる.この場合においては,当該請求の理由を明らかにしてしなければならない.
 1 社債原簿が書面をもって作成されているときは,当該書面の閲覧又は謄写の請求
 2 社債原簿が電磁的記録をもって作成されているときは,当該電磁的記録に記録された事項を法務省令で定める方法により表示したものの閲覧又は謄写の請求
③ 社債発行会社は,前項の請求があったときは,次のいずれかに該当する場合を除き,これを拒むことができない.
 1 当該請求を行う者がその権利の確保又は行使に関する調査以外の目的で請求を行ったとき.
 2 当該請求を行う者が社債原簿の閲覧又は謄写によって知り得た事実を利益を得て第三者に通報するため請求を行ったとき.
 3 当該請求を行う者が,過去2年以内において,社債原簿の閲覧又は謄写によって知り得た事実を利益を得て第三者に通報したことがあるものであるとき.
④ 社債発行会社が株式会社である場合には,当該社債発行会社の親会社社員は,その権利を行使するため必要があるときは,裁判所の許可を得て,当該社債発行会社の社債原簿について第2項各号に掲げる請求をすることができる.この場合においては,当該請求の理由を明らかにしなければならない.
⑤ 前項の親会社社員について第3項各号のいずれかに規定する事由があるときは,裁判所は,前項の許可をすることができない.

（社債権者に対する通知等）
**第685条** ① 社債発行会社が社債権者に対してする通知又は催告は,社債権者の住所（当該社債権者が別に通知又は催告を受ける場所又は連絡先を当該社債発行会社に通知した場合にあっては,その場所又は連絡先）にあてて発すれば足りる.
② 前項の通知又は催告は,その通知又は催告が通常到達すべきであった時に,到達したものとみなす.
③ 社債が二以上の者の共有に属するときは,共有者は,社債発行会社が社債権者に対してする通知又は催告を受領する者1人を定め,当該社債発行会社に対し,その者の氏名又は名称を通知しなければならない.この場合においては,その者を社債権者とみなして,前2項の規定を適用する.
④ 前項の規定による共有者の通知がない場合には,社債発行会社が社債権者に対してする通知又は催告は,そのうちの1人に対してすれば足りる.
⑤ 前各項の規定は,第720条第1項の通知に際して社債権者に書面を交付し,又は当該書面に記載すべき事項を電磁的方法により提供する場合について準用する.この場合において,第2項中「到達したもの」とあるのは,「当該書面の交付又は当該事項の電磁的方法による提供があったもの」と読み替えるものとする.

（共有者による権利の行使）
**第686条** 社債が二以上の者の共有に属するときは,共有者は,社債についての権利を行使する者1人を定め,会社に対し,その者の氏名又は名称を通知しなければ,当該社債についての権利を行使することができない.ただし,会社が当該権利を行使することに同意した場合は,この限りでない.

（社債券を発行する場合の社債の譲渡）
**第687条** 社債券を発行する旨の定めがある社債の譲渡は,当該社債に係る社債券を交付しなければ,その効力を生じない.

（社債の譲渡の対抗要件）
**第688条** ① 社債の譲渡は,その社債を取得した者の氏名又は名称及び住所を社債原簿に記載し,又は記録しなければ,社債発行会社その他の第三者に対抗することができない.
② 当該社債について社債券を発行する旨の定めがある場合における前項の規定の適用については,同項中「社債発行会社その他の第三者」とあるのは,

「社債発行会社」とする.
③ 前2項の規定は,無記名社債については,適用しない.

(権利の推定等)
**第689条** ① 社債券の占有者は,当該社債券に係る社債についての権利を適法に有するものと推定する.
② 社債券の交付を受けた者は,当該社債券に係る社債についての権利を取得する.ただし,その者に悪意又は重大な過失があるときは,この限りでない.

(社債権者の請求によらない社債原簿記載事項の記載又は記録)
**第690条** ① 社債発行会社は,次の各号に掲げる場合には,当該各号の社債の社債権者に係る社債原簿記載事項を社債原簿に記載し,又は記録しなければならない.
1 当該社債発行会社の社債を取得した場合
2 当該社債発行会社が有する自己の社債を処分した場合
② 前項の規定は,無記名社債については,適用しない.

(社債権者の請求による社債原簿記載事項の記載又は記録)
**第691条** ① 社債を社債発行会社以外の者から取得した者(当該社債発行会社を除く.)は,当該社債発行会社に対し,当該社債に係る社債原簿記載事項を社債原簿に記載し,又は記録することを請求することができる.
② 前項の規定による請求は,利害関係人の利益を害するおそれがないものとして法務省令で定める場合を除き,その取得した社債の社債権者として社債原簿に記載され,若しくは記録された者又はその相続人その他の一般承継人と共同してしなければならない.
③ 前2項の規定は,無記名社債については,適用しない.

(社債券を発行する場合の社債の質入れ)
**第692条** 社債券を発行する旨の定めがある社債の質入れは,当該社債に係る社債券を交付しなければ,その効力を生じない.

(社債の質入れの対抗要件)
**第693条** ① 社債の質入れは,その質権者の氏名又は名称及び住所を社債原簿に記載し,又は記録しなければ,社債発行会社その他の第三者に対抗することができない.
② 前項の規定にかかわらず,社債券を発行する旨の定めがある社債の質権者は,継続して当該社債に係る社債券を占有しなければ,その質権をもって社債発行会社その他の第三者に対抗することができない.

(質権に関する社債原簿の記載等)
**第694条** ① 社債に質権を設定した者は,社債発行会社に対し,次に掲げる事項を社債原簿に記載し,又は記録することを請求することができる.
1 質権者の氏名又は名称及び住所
2 質権の目的である社債
② 前項の規定は,社債券を発行する旨の定めがある場合には,適用しない.

(質権に関する社債原簿の記載事項を記載した書面の交付等)
**第695条** ① 前条第1項各号に掲げる事項が社債原簿に記載され,又は記録された質権者は,社債発行会社に対し,当該質権者についての社債原簿に記載され,若しくは記録された同項各号に掲げる事項を記載した書面の交付又は当該事項を記録した電磁的記録の提供を請求することができる.
② 前項の書面には,社債発行会社の代表者が署名し,又は記名押印しなければならない.
③ 第1項の電磁的記録には,社債発行会社の代表者が法務省令で定める署名又は記名押印に代わる措置をとらなければならない.

(信託財産に属する社債についての対抗要件等)
**第695条の2** ① 社債については,当該社債が信託財産に属する旨を社債原簿に記載し,又は記録しなければ,当該社債が信託財産に属することを株式会社その他の第三者に対抗することができない.
② 第681条第4号の社債権者は,その有する社債が信託財産に属するときは,株式会社に対し,その旨を社債原簿に記載し,又は記録することを請求することができる.
③ 社債原簿に前項の規定による記載又は記録がされた場合における第682条第1項及び第690条第1項の規定の適用については,第682条第1項中「記録された社債原簿記載事項」とあるのは「記録された社債原簿記載事項(当該社債権者の有する社債が信託財産に属する旨を含む.)」と,第690条第1項中「社債原簿記載事項」とあるのは「社債原簿記載事項(当該社債権者の有する社債が信託財産に属する旨を含む.)」とする.
④ 前3項の規定は,社債券を発行する旨の定めがある社債については,適用しない.

(社債券の発行)
**第696条** 社債発行会社は,社債券を発行する旨の定めがある社債を発行した日以後遅滞なく,当該社債に係る社債券を発行しなければならない.

(社債券の記載事項)
**第697条** ① 社債券には,次に掲げる事項及びその番号を記載し,社債発行会社の代表者がこれに署名し,又は記名押印しなければならない.
1 社債発行会社の商号
2 当該社債券に係る社債の金額
3 当該社債券に係る社債の種類
② 社債券には,利札を付することができる.

(記名式と無記名式との間の転換)
**第698条** 社債券が発行されている社債の社債権者は,第676条第7号に掲げる事項についての定めによりすることができないこととされている場合を除き,いつでも,その記名式の社債券を無記名式とし,又はその無記名式の社債券を記名式とすることを請求することができる.

(社債券の喪失)
**第699条** ① 社債券は,非訟事件手続法第142条に規定する公示催告手続によって無効とすることができる.
② 社債券を喪失した者は,非訟事件手続法第148条第1項に規定する除権決定を得た後でなければ,その再発行を請求することができない.

(利札が欠けている場合における社債の償還)
**第700条** ① 社債発行会社は,社債券が発行されている社債をその償還の期限前に償還する場合において,これに付された利札が欠けているときは,当該利札に表示される社債の利息の請求権の額を償還額から控除しなければならない.ただし,当該請求権が弁済期にある場合は,この限りでない.
② 前項の利札の所持人は,いつでも,社債発行会社に対し,これと引換えに同項の規定により控除しな

けれ ばならない額の支払を請求することができる.
(社債の償還請求権等の消滅時効)
第701条 ① 社債の償還請求権は,10年間行使しないときは,時効によって消滅する.
② 社債の利息の請求権及び前条第2項の規定による請求権は,5年間行使しないときは,時効によって消滅する.

## 第2章 社債管理者

(社債管理者の設置)
第702条 会社は,社債を発行する場合には,社債管理者を定め,社債権者のために,弁済の受領,債権の保全その他の社債の管理を行うことを委託しなければならない.ただし,各社債の金額が1億円以上である場合その他社債権者の保護に欠けるおそれがないものとして法務省令で定める場合は,この限りでない.
(社債管理者の資格)
第703条 社債管理者は,次に掲げる者でなければならない.
1 銀行
2 信託会社
3 前2号に掲げるもののほか,これらに準ずるものとして法務省令で定める者
(社債管理者の義務)
第704条 ① 社債管理者は,社債権者のために,公平かつ誠実に社債の管理を行わなければならない.
② 社債管理者は,社債権者に対し,善良な管理者の注意をもって社債の管理を行わなければならない.
(社債管理者の権限等)
第705条 ① 社債管理者は,社債権者のために社債に係る債権の弁済を受け,又は社債に係る債権の実現を保全するために必要な一切の裁判上又は裁判外の行為をする権限を有する.
② 社債管理者が前項の弁済を受けた場合には,社債権者は,その社債管理者に対し,社債の償還額及び利息の支払を請求することができる.この場合において,社債券を発行する旨の定めがあるときは,社債権者は,社債券と引換えに当該償還額の支払を,利札と引換えに当該利息の支払を請求しなければならない.
③ 前項前段の規定による請求権は,10年間行使しないときは,時効によって消滅する.
④ 社債管理者は,その管理の委託を受けた社債につき第1項の行為をするために必要があるときは,裁判所の許可を得て,社債発行会社の業務及び財産の状況を調査することができる.
第706条 ① 社債管理者は,社債権者集会の決議によらなければ,次に掲げる行為をしてはならない.ただし,第2号に掲げる行為については,第676条第8号に掲げる事項についての定めがあるときは,この限りでない.
1 当該社債の全部についてするその支払の猶予,その債務の不履行によって生じた責任の免除又は和解(次号に掲げる行為を除く.)
2 当該社債の全部についてする訴訟行為又は破産手続,再生手続,更生手続若しくは特別清算に属する手続に属する行為(前条第1項の行為を除く.)
② 社債管理者は,前項ただし書の規定により社債権者集会の決議によらずに同項第2号に掲げる行為をしたときは,遅滞なく,その旨を公告し,かつ,知れている社債権者には,各別にこれを通知しなければならない.
③ 前項の規定による公告は,社債発行会社における公告の方法によりしなければならない.ただし,その方法が電子公告であるときは,その公告は,官報に掲載する方法でしなければならない.
④ 社債管理者は,その管理の委託を受けた社債につき第1項第8号に掲げる行為をするために必要があるときは,裁判所の許可を得て,社債発行会社の業務及び財産の状況を調査することができる.
(特別代理人の選任)
第707条 社債権者と社債管理者との利益が相反する場合において,社債権者のために裁判上又は裁判外の行為をする必要があるときは,裁判所は,社債権者集会の申立てにより,特別代理人を選任しなければならない.
(社債管理者等の行為の方式)
第708条 社債管理者又は前条の特別代理人が社債権者のために裁判上又は裁判外の行為をするときは,個別の社債権者を表示することを要しない.
(二以上の社債管理者がある場合の特則)
第709条 ① 二以上の社債管理者があるときは,これらの者が共同してその権限に属する行為をしなければならない.
② 前項に規定する場合において,社債管理者が第705条第1項の弁済を受けたときは,社債管理者は,社債権者に対し,連帯して,当該弁済の額を支払う義務を負う.
(社債管理者の責任)
第710条 ① 社債管理者は,この法律又は社債権者集会の決議に違反する行為をしたときは,社債権者に対し,連帯して,これによって生じた損害を賠償する責任を負う.
② 社債管理者は,社債発行会社が社債の償還若しくは利息の支払を怠り,若しくは社債発行会社について支払の停止があった後又はその前3箇月以内に,次に掲げる行為をしたときは,社債権者に対し,損害を賠償する責任を負う.ただし,当該社債管理者が誠実にすべき社債の管理を怠らなかったこと又は当該損害が当該行為によって生じたものでないことを証明したときは,この限りでない.
1 当該社債管理者の債権に係る債務について社債発行会社から担保の供与又は債務の消滅に関する行為を受けること.
2 当該社債管理者と法務省令で定める特別の関係がある者に対して当該社債管理者の債権を譲り渡すこと(当該特別の関係がある者が当該社債管理者に係る債務について社債発行会社から担保の供与又は債務の消滅に関する行為を受けた場合に限る.)
3 当該社債管理者が社債発行会社に対する債権を有する場合において,契約によって負担する債務を専ら当該債権をもってする相殺に供する目的で社債発行会社の財産の処分を内容とする契約を社債発行会社との間で締結し,又は社債発行会社に対して債務を負担する者の債務を引き受けることを内容とする契約を締結し,かつ,これにより社債発行会社に対し負担した債務と当該債権とを相殺すること.
4 当該社債管理者が社債発行会社に対して債務を負担する場合において,社債発行会社に対する債権を譲り受け,かつ,当該債務と当該債権とを相殺すること.

(社債管理者の辞任)
**第711条** ① 社債管理者は,社債発行会社及び社債権者集会の同意を得て辞任することができる.この場合において,他に社債管理者がないときは,当該社債管理者は,あらかじめ,事務を承継する社債管理者を定めなければならない.
② 前項の規定にかかわらず,社債管理者は,第702条の規定による委託に係る契約に定めた事由があるときは,辞任することができる.ただし,当該契約に事務を承継する社債管理者に関する定めがないときは,この限りでない.
③ 第1項の規定にかかわらず,社債管理者は,やむを得ない事由があるときは,裁判所の許可を得て,辞任することができる.

(社債管理者が辞任した場合の責任)
**第712条** 第710条第2項の規定は,社債発行会社が社債の償還若しくは利息の支払を怠り,若しくは社債発行会社について支払の停止があった後又はその前3箇月以内に前条第2項の規定により辞任した社債管理者について準用する.

(社債管理者の解任)
**第713条** 裁判所は,社債管理者がその義務に違反したとき,その事務処理に不適任であるときその他正当な理由があるときは,社債発行会社又は社債権者集会の申立てにより,当該社債管理者を解任することができる.

(社債管理者の事務の承継)
**第714条** ① 社債管理者が次のいずれかに該当することとなった場合において,他に社債管理者がないときは,社債発行会社は,事務を承継する社債管理者を定め,社債権者のために,社債の管理を行うことを委託しなければならない.この場合においては,社債発行会社は,社債権者集会の同意を得るため,遅滞なく,これを招集し,かつ,その同意を得ることができなかったときは,その同意に代わる裁判所の許可の申立てをしなければならない.
1 第703条各号に掲げる者でなくなったとき.
2 第711条第3項の規定により辞任したとき.
3 前条の規定により解任されたとき.
4 解散したとき.
② 社債発行会社は,前項前段に規定する場合において,同項各号のいずれにも該当することとなった日後2箇月以内に,同項後段の規定による招集をせず,又は同項後段の申立てをしなかったときは,当該社債の総額について期限の利益を喪失する.
③ 第1項前段に規定する場合において,やむを得ない事由があるときは,利害関係人は,裁判所に対し,事務を承継する社債管理者の選任の申立てをすることができる.
④ 社債発行会社は,第1項前段の規定により事務を承継する社債管理者を定めた場合(社債権者集会の同意を得た場合を除く.)又は前項の規定による事務を承継する社債管理者の選任があった場合には,遅滞なく,その旨を公告し,かつ,知れている社債権者には,各別にこれを通知しなければならない.

## 第3章 社債権者集会

(社債権者集会の構成)
**第715条** 社債権者は,社債の種類ごとに社債権者集会を組織する.

(社債権者集会の権限)
**第716条** 社債権者集会は,この法律に規定する事項及び社債権者の利害に関する事項について決議をすることができる.

(社債権者集会の招集)
**第717条** ① 社債権者集会は,必要がある場合には,いつでも,招集することができる.
② 社債権者集会は,次条第3項の規定により招集する場合を除き,社債発行会社又は社債管理者が招集する.

(社債権者による招集の請求)
**第718条** ① ある種類の社債の総額(償還済みの額を除く.)の10分の1以上に当たる社債を有する社債権者は,社債発行会社又は社債管理者に対し,社債権者集会の目的である事項及び招集の理由を示して,社債権者集会の招集を請求することができる.
② 社債発行会社が有する自己の当該種類の社債の金額の合計額は,前項に規定する社債の総額に算入しない.
③ 次に掲げる場合には,第1項の規定による請求をした社債権者は,裁判所の許可を得て,社債権者集会を招集することができる.
1 第1項の規定による請求の後遅滞なく招集の手続が行われない場合
2 第1項の規定による請求があった日から8週間以内の日を社債権者集会の日とする社債権者集会の招集の通知が発せられない場合
④ 第1項の規定による請求又は前項の規定による招集をしようとする無記名式の社債権者は,その社債券を社債発行会社又は社債管理者に提示しなければならない.

(社債権者集会の招集の決定)
**第719条** 社債権者集会を招集する者(以下この章において「招集者」という.)は,社債権者集会を招集する場合には,次に掲げる事項を定めなければならない.
1 社債権者集会の日時及び場所
2 社債権者集会の目的である事項
3 社債権者集会に出席しない社債権者が電磁的方法によって議決権を行使することができることとするときは,その旨
4 前3号に掲げるもののほか,法務省令で定める事項

(社債権者集会の招集の通知)
**第720条** ① 社債権者集会を招集するには,招集者は,社債権者集会の日の2週間前までに,知れている社債権者及び社債発行会社並びに社債管理者がある場合にあっては社債管理者に対して,書面をもってその通知を発しなければならない.
② 招集者は,前項の書面による通知の発出に代えて,政令で定めるところにより,同項の通知を受けるべき者の承諾を得て,電磁的方法により通知を発することができる.この場合において,当該招集者は,同項の書面による通知を発したものとみなす.
③ 前2項の通知には,前条各号に掲げる事項を記載し,又は記録しなければならない.
④ 社債発行会社が無記名式の社債券を発行している場合において,社債権者集会を招集するには,招集者は,社債権者集会の日の3週間前までに,社債権者集会を招集する旨及び前条各号に掲げる事項を公告しなければならない.
⑤ 前項の規定による公告は,社債発行会社における公告の方法によりしなければならない.ただし,招

集会が社債発行会社以外の者である場合において,その方法が電子公告であるときは,その公告は,官報に掲載する方法でしなければならない.

**(社債権者集会参考書類及び議決権行使書面の交付等)**
**第721条** ① 招集者は,前条第1項の通知に際しては,法務省令で定めるところにより,知れている社債権者に対し,議決権の行使について参考となるべき事項を記載した書類(以下この条において「社債権者集会参考書類」という.)及び社債権者が議決権を行使するための書面(以下この章において「議決権行使書面」という.)を交付しなければならない.
② 招集者は,前条第2項の承諾をした社債権者に対し同項の電磁的方法による通知を発するときは,前項の規定による社債権者集会参考書類及び議決権行使書面の交付に代えて,これらの書類に記載すべき事項を電磁的方法により提供することができる.ただし,社債権者の請求があったときは,これらの書類を当該社債権者に交付しなければならない.
③ 招集者は,前条第4項の規定による公告をした場合において,社債権者集会の日の1週間前までに無記名社債の社債権者の請求があったときは,直ちに,社債権者集会参考書類及び議決権行使書面を当該社債権者に交付しなければならない.
④ 招集者は,前項の規定による社債権者集会参考書類及び議決権行使書面の交付に代えて,政令で定めるところにより,社債権者の承諾を得て,これらの書類に記載すべき事項を電磁的方法により提供することができる.この場合において,当該招集者は,同項の規定によるこれらの書類の交付をしたものとみなす.

**第722条** ① 招集者は,第719条第3号に掲げる事項を定めた場合には,第720条第2項の承諾をした社債権者に対する電磁的方法による通知に際して,法務省令で定めるところにより,社債権者に対し,議決権行使書面に記載すべき事項を当該電磁的方法により提供しなければならない.
② 招集者は,第719条第3号に掲げる事項を定めた場合において,第720条第2項の承諾をしていない社債権者に対し社債権者集会の日の1週間前までに議決権行使書面に記載すべき事項の電磁的方法による提供の請求があったときは,法務省令で定めるところにより,直ちに,当該社債権者に対し,当該事項を電磁的方法により提供しなければならない.

**(議決権の額等)**
**第723条** ① 社債権者は,社債権者集会において,その有する当該種類の社債の金額の合計額(償還済みの額を除く.)に応じて,議決権を有する.
② 前項の規定にかかわらず,社債発行会社は,その有する自己の社債については,議決権を有しない.
③ 議決権を行使しようとする無記名社債の社債権者は,社債権者集会の日の1週間前までに,その社債券を招集者に提示しなければならない.

**(社債権者集会の決議)**
**第724条** ① 社債権者集会において決議をする事項を可決するには,出席した議決権者(議決権を行使することができる社債権者をいう.以下この章において同じ.)の議決権の総額の2分の1を超える議決権を有する者の同意がなければならない.
② 前項の規定にかかわらず,社債権者集会において次に掲げる事項を可決するには,議決権者の議決権の総額の5分の1以上で,かつ,出席した議決権者の議決権の総額の3分の2以上の議決権を有する者の同意がなければならない.
1 第706条第1項各号に掲げる行為に関する事項
2 第706条第1項,第736条第1項,第737条第1項ただし書及び第738条の規定により社債権者集会の決議を必要とする事項
③ 社債権者集会は,第719条第2号に掲げる事項以外の事項については,決議をすることができない.

**第725条** ① 社債権者は,代理人によってその議決権を行使することができる.この場合においては,当該社債権者又は代理人は,代理権を証明する書面を招集者に提出しなければならない.
② 前項の代理権の授与は,社債権者集会ごとにしなければならない.
③ 第1項の社債権者又は代理人は,代理権を証明する書面の提出に代えて,政令で定めるところにより,招集者の承諾を得て,当該書面に記載すべき事項を電磁的方法により提供することができる.この場合において,当該社債権者又は代理人は,当該書面を提出したものとみなす.
④ 社債権者が第720条第2項の承諾をした者である場合には,招集者は,正当な理由がなければ,前項の承諾をすることを拒んではならない.

**(書面による議決権の行使)**
**第726条** ① 社債権者集会に出席しない社債権者は,書面によって議決権を行使することができる.
② 書面による議決権の行使は,議決権行使書面に必要な事項を記載し,法務省令で定める時までに当該記載をした議決権行使書面を招集者に提出して行う.
③ 前項の規定により書面によって行使した議決権の額は,出席した議決権者の議決権の額に算入する.

**(電磁的方法による議決権の行使)**
**第727条** ① 電磁的方法による議決権の行使は,政令で定めるところにより,招集者の承諾を得て,法務省令で定める時までに議決権行使書面に記載すべき事項を,電磁的方法により当該招集者に提供して行う.
② 社債権者が第720条第2項の承諾をした者である場合には,招集者は,正当な理由がなければ,前項の承諾をすることを拒んではならない.
③ 第1項の規定により電磁的方法によって行使した議決権の額は,出席した議決権者の議決権の額に算入する.

**(議決権の不統一行使)**
**第728条** ① 社債権者は,その有する議決権を統一しないで行使することができる.この場合においては,社債権者集会の日の3日前までに,招集者に対してその旨及びその理由を通知しなければならない.
② 招集者は,前項の社債権者が他人のために社債を有する者でないときは,当該社債権者が同項の規定によりその有する議決権を統一しないで行使することを拒むことができる.

**(社債発行会社の代表者の出席等)**
**第729条** ① 社債発行会社又は社債管理者は,その代表者若しくは代理人を社債権者集会に出席させ,又は書面により意見を述べることができる.ただし,社債管理者にあっては,その社債権者集会が第707条の特別代理人の選任について招集されたものであるときは,この限りでない.

② 社債権者集会又は招集者は、必要があると認めるときは、社債発行会社に対し、その代表者又は代理人の出席を求めることができる。この場合において、社債権者集会にあっては、これをする旨の決議を経なければならない。

（延期又は続行の決議）
第730条 社債権者集会においてその延期又は続行について決議があった場合には、第719条及び第720条の規定は、適用しない。

（議事録）
第731条 ① 社債権者集会の議事については、招集者は、法務省令で定めるところにより、議事録を作成しなければならない。
② 社債発行会社は、社債権者集会の日から10年間、前項の議事録をその本店に備え置かなければならない。
③ 社債管理者及び社債権者は、社債発行会社の営業時間内は、いつでも、次に掲げる請求をすることができる。
 1 第1項の議事録が書面をもって作成されているときは、当該書面の閲覧又は謄写の請求
 2 第1項の議事録が電磁的記録をもって作成されているときは、当該電磁的記録に記録された事項を法務省令で定める方法により表示したものの閲覧又は謄写の請求

（社債権者集会の決議の認可の申立て）
第732条 社債権者集会の決議があったときは、招集者は、当該決議があった日から1週間以内に、裁判所に対し、当該決議の認可の申立てをしなければならない。

（社債権者集会の決議の不認可）
第733条 裁判所は、次のいずれかに該当する場合には、社債権者集会の決議の認可をすることができない。
 1 社債権者集会の招集の手続又はその決議の方法が法令又は第676条の募集のための当該社債発行会社の事業その他の事項に関する説明に用いた資料に記載され、若しくは記録された事項に違反するとき。
 2 決議が不正の方法によって成立するに至ったとき。
 3 決議が著しく不公正であるとき。
 4 決議が社債権者の一般の利益に反するとき。

（社債権者集会の決議の効力）
第734条 ① 社債権者集会の決議は、裁判所の認可を受けなければ、その効力を生じない。
② 社債権者集会の決議は、当該種類の社債を有するすべての社債権者に対してその効力を有する。

（社債権者集会の決議の認可又は不認可の決定の公告）
第735条 社債発行会社は、社債権者集会の決議の認可又は不認可の決定があった場合には、遅滞なく、その旨を公告しなければならない。

（代表社債権者の選任等）
第736条 ① 社債権者集会においては、その決議によって、当該種類の社債の総額（償還済みの額を除く。）の1,000分の1以上に当たる社債を有する社債権者の中から、1人又は2人以上の代表社債権者を選任し、これに社債権者集会において決議をする事項についての決定を委任することができる。
② 第718条第2項の規定は、前項に規定する社債の総額について準用する。
③ 代表社債権者が2人以上ある場合において、社債権者集会において別段の定めを行わなかったときは、第1項に規定する事項についての決定は、その過半数をもって行う。

（社債権者集会の決議の執行）
第737条 ① 社債権者集会の決議は、社債管理者又は代表社債権者（社債管理者があるときを除く。）が執行する。ただし、社債権者集会の決議によって別に社債権者集会の決議を執行する者を定めたときは、この限りでない。
② 第705条第1項から第3項まで、第708条及び第709条の規定は、代表社債権者又は前項ただし書の規定により定められた社債権者集会の決議を執行する者（以下この章において「決議執行者」という。）が社債権者集会の決議を執行する場合について準用する。

（代表社債権者等の解任等）
第738条 社債権者集会においては、その決議によって、代表社債権者若しくは決議執行者を解任し、又はこれらの者に委任した事項を変更することができる。

（社債の利息の支払等を怠ったことによる期限の利益の喪失）
第739条 ① 社債発行会社が社債の利息の支払を怠ったとき、又は定期に社債の一部を償還しなければならない場合においてその償還を怠ったときは、社債権者集会の決議に基づき、当該決議を執行する者は、社債発行会社に対し、一定の期間内にその弁済をしなければならない旨及び当該期間内にその弁済をしないときは当該社債の総額について期限の利益を喪失する旨を書面により通知することができる。ただし、当該期間は、2箇月を下ることができない。
② 前項の決議を執行する者は、同項の規定による書面による通知に代えて、政令で定めるところにより、社債発行会社の承諾を得て、同項の規定により通知する事項を電磁的方法により提供することができる。この場合において、当該決議を執行する者は、当該書面による通知をしたものとみなす。
③ 社債発行会社は、第1項の期間内に同項の弁済をしなかったときは、当該社債の総額について期限の利益を喪失する。

（債権者の異議手続の特則）
第740条 ① 第449条、第627条、第635条、第670条、第779条（第781条第2項において準用する場合を含む。）、第789条（第793条第2項において準用する場合を含む。）、第799条（第802条第2項において準用する場合を含む。）又は第810条（第813条第2項において準用する場合を含む。）の規定により社債権者が異議を述べるには、社債権者集会の決議によらなければならない。この場合においては、裁判所は、利害関係人の申立てにより、社債権者のために異議を述べることができる期間を伸長することができる。
② 前項の規定にかかわらず、社債管理者は、社債権者のために、異議を述べることができる。ただし、第702条の規定による委託に係る契約に別段の定めがあるときは、この限りでない。
③ 社債発行会社における第449条第2項、第627条第2項、第635条第2項、第670条第2項、第779条第2項（第781条第2項において準用する場合を含む。以下この項において同じ。）、第789条第2項（第793条第2項において準用する場合を含む。以

下この項において同じ.),第799条第2項(第802条第2項において準用する場合を含む.以下この項において同じ.)及び第810条第2項(第813条第2項において準用する場合を含む.以下この項において同じ.)の規定の適用については,第449条第2項,第627条第2項,第635条第2項,第670条第2項,第779条第2項及び第799条第2項中「知れている債権者」とあるのは「知れている債権者(社債管理者がある場合にあっては,当該社債管理者を含む.)」と,第789条第2項及び第810条第2項中「知れている債権者(同項の規定により異議を述べることができるものに限る.)」とあるのは「知れている債権者(同項の規定により異議を述べることができるものに限り,社債管理者がある場合にあっては当該社債管理者を含む.)」とする.

(社債管理者等の報酬等)
**第741条** ① 社債管理者,代表社債権者又は決議執行者に対して与えるべき報酬,その事務処理のために要する費用及びその支出の日以後における利息並びにその事務処理のために自己の過失なくして受けた損害の賠償額は,社債発行会社との契約に定めがある場合を除き,裁判所の許可を得て,社債発行会社の負担とすることができる.
② 前項の許可の申立ては,社債管理者,代表社債権者又は決議執行者がする.
③ 社債管理者,代表社債権者又は決議執行者は,第1項の報酬,費用及び利息並びに損害の賠償額に関し,第705条第1項(第737条第2項において準用する場合を含む.)の弁済を受けた額について,社債権者に先立って弁済を受ける権利を有する.

(社債権者集会の費用の負担)
**第742条** ① 社債権者集会に関する費用は,社債発行会社の負担とする.
② 第732条の申立てに関する費用は,社債発行会社の負担とする.ただし,裁判所は,社債発行会社その他利害関係人の申立てにより又は職権で,当該費用の全部又は一部について,招集者その他利害関係人の中から別に負担者を定めることができる.

## 第5編 組織変更,合併,会社分割,株式交換及び株式移転

### 第1章 組織変更

#### 第1節 通則

(組織変更計画の作成)
**第743条** 会社は,組織変更をすることができる.この場合においては,組織変更計画を作成しなければならない.

#### 第2節 株式会社の組織変更

(株式会社の組織変更計画)
**第744条** ① 株式会社が組織変更をする場合には,当該株式会社は,組織変更計画において,次に掲げる事項を定めなければならない.
1 組織変更後の持分会社(以下この編において「組織変更後持分会社」という.)が合名会社,合資会社又は合同会社のいずれであるかの別
2 組織変更後持分会社の目的,商号及び本店の所在地
3 組織変更後持分会社の社員についての次に掲げる事項
 イ 当該社員の氏名又は名称及び住所

 ロ 当該社員が無限責任社員又は有限責任社員のいずれであるかの別
 ハ 当該社員の出資の価額
4 前2号に掲げるもののほか,組織変更後持分会社の定款で定める事項
5 組織変更後持分会社が組織変更に際して組織変更をする株式会社の株主に対してその株式に代わる金銭等(組織変更後持分会社の持分を除く.以下この号及び次号において同じ.)を交付するときは,当該金銭等についての次に掲げる事項
 イ 当該金銭等が組織変更後持分会社の社債であるときは,当該社債の種類(第107条第2項第2号ロに規定する社債の種類をいう.以下この編において同じ.)及び種類ごとの各社債の金額の合計額又はその算定方法
 ロ 当該金銭等が組織変更後持分会社の社債以外の財産であるときは,当該財産の内容及び数若しくは額又はこれらの算定方法
6 前号に規定する場合には,組織変更をする株式会社の株主(組織変更をする株式会社を除く.)に対する同号の金銭等の割当てに関する事項
7 組織変更をする株式会社が新株予約権を発行しているときは,組織変更後持分会社が組織変更に際して当該新株予約権の新株予約権者に対して交付する当該新株予約権に代わる金銭の額又はその算定方法
8 前号に規定する場合には,組織変更をする株式会社の新株予約権の新株予約権者に対する同号の金銭の割当てに関する事項
9 組織変更がその効力を生ずる日(以下この章において「効力発生日」という.)
② 組織変更後持分会社が合名会社であるときは,前項第3号ロに掲げる事項として,その社員の全部を無限責任社員とする旨を定めなければならない.
③ 組織変更後持分会社が合資会社であるときは,第1項第3号ロに掲げる事項として,その社員の一部を無限責任社員とし,その他の社員を有限責任社員とする旨を定めなければならない.
④ 組織変更後持分会社が合同会社であるときは,第1項第3号ロに掲げる事項として,その社員の全部を有限責任社員とする旨を定めなければならない.

(株式会社の組織変更の効力の発生等)
**第745条** ① 組織変更をする株式会社は,効力発生日に,持分会社となる.
② 組織変更をする株式会社は,効力発生日に,前条第1項第2号から第4号までに掲げる事項についての定めに従い,当該事項に係る定款の変更をしたものとみなす.
③ 組織変更をする株式会社の株主は,効力発生日に,前条第1項第3号に掲げる事項についての定めに従い,組織変更後持分会社の社員となる.
④ 前条第1項第5号イに掲げる事項についての定めがある場合には,組織変更をする株式会社の株主は,効力発生日に,同項第6号に掲げる事項についての定めに従い,同項第5号イの社債の社債権者となる.
⑤ 組織変更をする株式会社の新株予約権は,効力発生日に,消滅する.
⑥ 前各項の規定は,第779条の規定による手続が終了していない場合又は組織変更を中止した場合には,適用しない.

#### 第3節 持分会社の組織変更

(持分会社の組織変更計画)
**第746条** ① 持分会社が組織変更をする場合には,当該持分会社は,組織変更計画において,次に掲げる事項を定めなければならない.
1 組織変更後の株式会社(以下この条において「組織変更後株式会社」という.)の目的,商号,本店の所在地及び発行可能株式総数
2 前号に掲げるもののほか,組織変更後株式会社の定款で定める事項
3 組織変更後株式会社の取締役の氏名
4 次のイからハまでに掲げる場合の区分に応じ,当該イからハまでに定める事項
 イ 組織変更後株式会社が会計参与設置会社である場合 組織変更後株式会社の会計参与の氏名又は名称
 ロ 組織変更後株式会社が監査役設置会社(監査役の監査の範囲を会計に関するものに限定する旨の定款の定めがある株式会社を含む.)である場合 組織変更後株式会社の監査役の氏名
 ハ 組織変更後株式会社が会計監査人設置会社である場合 組織変更後株式会社の会計監査人の氏名又は名称
5 組織変更をする持分会社の社員が組織変更に際して取得する組織変更後株式会社の株式の数(種類株式発行会社にあっては,株式の種類及び種類ごとの数)又はその数の算定方法
6 組織変更をする持分会社の社員に対する前号の株式の割当てに関する事項
7 組織変更をする持分会社が組織変更に際して組織変更をする持分会社の社員に対してその持分に代わる金銭等(組織変更後株式会社の株式を除く.以下この号及び次号において同じ.)を交付するときは,当該金銭等についての次に掲げる事項
 イ 当該金銭等が組織変更後株式会社の社債(新株予約権付社債についてのものを除く.)であるときは,当該社債の種類及び種類ごとの各社債の金額の合計額又はその算定方法
 ロ 当該金銭等が組織変更後株式会社の新株予約権(新株予約権付社債に付されたものを除く.)であるときは,当該新株予約権の内容及び数又はその算定方法
 ハ 当該金銭等が組織変更後株式会社の新株予約権付社債であるときは,当該新株予約権付社債についてのイに規定する事項及び当該新株予約権付社債に付された新株予約権についてのロに規定する事項
 ニ 当該金銭等が組織変更後株式会社の社債等(社債及び新株予約権をいう.以下この編において同じ.)以外の財産であるときは,当該財産の内容及び数若しくは額又はこれらの算定方法
8 前号に規定する場合には,組織変更をする持分会社の社員に対する同号の金銭等の割当てに関する事項
9 効力発生日

(持分会社の組織変更の効力の発生等)
**第747条** ① 組織変更をする持分会社は,効力発生日に,株式会社となる.
② 組織変更をする持分会社は,効力発生日に,前条第1号及び第2号に掲げる事項についての定めに従い,当該事項に係る定款の変更をしたものとみなす.
③ 組織変更をする持分会社の社員は,効力発生日に,前条第6号に掲げる事項についての定めに従い,同条第5号の株式の株主となる.
④ 次の各号に掲げる場合には,組織変更をする持分会社の社員は,効力発生日に,前条第8号に掲げる事項についての定めに従い,当該各号に定める者となる.
1 前条第7号イに掲げる事項についての定めがある場合 同号イの社債の社債権者
2 前条第7号ロに掲げる事項についての定めがある場合 同号ロの新株予約権の新株予約権者
3 前条第7号ハに掲げる事項についての定めがある場合 同号ハの新株予約権付社債についての社債の社債権者及び当該新株予約権付社債に付された新株予約権の新株予約権者
⑤ 前各項の規定は,第781条第2項において準用する第779条(第2項第2号を除く.)の規定による手続が終了していない場合又は組織変更を中止した場合には,適用しない.

## 第2章 合 併

### 第1節 通 則

(合併契約の締結)
**第748条** 会社は,他の会社と合併をすることができる.この場合においては,合併をする会社は,合併契約を締結しなければならない.

### 第2節 吸収合併

#### 第1款 株式会社が存続する吸収合併

(株式会社が存続する吸収合併契約)
**第749条** ① 会社が吸収合併をする場合において,吸収合併後存続する会社(以下この編において「吸収合併存続会社」という.)が株式会社であるときは,吸収合併契約において,次に掲げる事項を定めなければならない.
1 株式会社である吸収合併存続会社(以下この編において「吸収合併存続株式会社」という.)及び吸収合併により消滅する会社(以下この編において「吸収合併消滅会社」という.)の商号及び住所
2 吸収合併存続株式会社が吸収合併に際して株式会社である吸収合併消滅会社(以下この編において「吸収合併消滅株式会社」という.)の株主又は持分会社である吸収合併消滅会社(以下この編において「吸収合併消滅持分会社」という.)の社員に対してその株式又は持分に代わる金銭等を交付するときは,当該金銭等についての次に掲げる事項
 イ 当該金銭等が吸収合併存続株式会社の株式であるときは,当該株式の数(種類株式発行会社にあっては,株式の種類及び種類ごとの数)又はその数の算定方法並びに当該吸収合併存続株式会社の資本金及び準備金の額に関する事項
 ロ 当該金銭等が吸収合併存続株式会社の社債(新株予約権付社債についてのものを除く.)であるときは,当該社債の種類及び種類ごとの各社債の金額の合計額又はその算定方法
 ハ 当該金銭等が吸収合併存続株式会社の新株予約権(新株予約権付社債に付されたものを除く.)であるときは,当該新株予約権の内容及び数又はその算定方法
 ニ 当該金銭等が吸収合併存続株式会社の新株予約権付社債であるときは,当該新株予約権付社債についてのロに規定する事項及び当該新株予約

権付社債に付された新株予約権についてのハに規定する事項
　　ホ　当該金銭等が吸収合併存続株式会社の株式等以外の財産であるときは、当該財産の内容及び数若しくは額又はこれらの算定方法
　3　前号に規定する場合には、吸収合併消滅株式会社の株主（吸収合併消滅株式会社及び吸収合併存続株式会社を除く。）又は吸収合併消滅持分会社の社員（吸収合併存続株式会社を除く。）に対する同号の金銭等の割当てに関する事項
　4　吸収合併消滅株式会社が新株予約権を発行しているときは、吸収合併存続株式会社が吸収合併に際して当該新株予約権の新株予約権者に対して交付する当該新株予約権に代わる当該吸収合併存続株式会社の新株予約権又は金銭についての次に掲げる事項
　　イ　当該吸収合併消滅株式会社の新株予約権の新株予約権者に対して吸収合併存続株式会社の新株予約権を交付するときは、当該新株予約権の内容及び数又はその算定方法
　　ロ　イに規定する場合において、イの吸収合併消滅株式会社の新株予約権が新株予約権付社債に付された新株予約権であるときは、吸収合併存続株式会社が当該新株予約権付社債についての社債に係る債務を承継する旨並びに当該承継に係る社債の種類及び種類ごとの各社債の金額の合計額又はその算定方法
　　ハ　当該吸収合併消滅株式会社の新株予約権の新株予約権者に対して金銭を交付するときは、当該金銭の額又はその算定方法
　5　前号に規定する場合には、吸収合併消滅株式会社の新株予約権者に対する同号の吸収合併存続株式会社の新株予約権又は金銭の割当てに関する事項
　6　吸収合併がその効力を生ずる日（以下この節において「効力発生日」という。）
②　前項に規定する場合において、吸収合併消滅株式会社が種類株式発行会社であるときは、吸収合併存続株式会社は、吸収合併消滅株式会社の発行する種類の株式の内容に応じ、同項第3号に掲げる事項として次に掲げる事項を定めることができる。
　1　ある種類の株式の株主に対して金銭等の割当てをしないこととするときは、その旨及び当該株式の種類
　2　前号に掲げる事項のほか、金銭等の割当てについて株式の種類ごとに異なる取扱いを行うこととするときは、その旨及び当該異なる取扱いの内容
③　第1項に規定する場合には、同項第3号に掲げる事項についての定めは、吸収合併消滅株式会社の株主（吸収合併消滅株式会社及び吸収合併存続株式会社並びに前項第1号の種類の株式の株主を除く。）の有する株式の数（前項第2号に掲げる事項についての定めがある場合にあっては、各種類の株式の数）に応じて金銭等を交付することを内容とするものでなければならない。

**（株式会社が存続する吸収合併の効力の発生等）**
**第750条**　①　吸収合併存続株式会社は、効力発生日に、吸収合併消滅会社の権利義務を承継する。
②　吸収合併消滅会社の吸収合併による解散は、吸収合併の登記の後でなければ、これをもって第三者に対抗することができない。
③　次の各号に掲げる場合には、吸収合併消滅株式会社の株主又は吸収合併消滅持分会社の社員は、効力発生日に、前条第1項第3号に掲げる事項についての定めに従い、当該各号に定める者となる。
　1　前条第1項第2号イに掲げる事項についての定めがある場合　同号イの株式の株主
　2　前条第1項第2号ロに掲げる事項についての定めがある場合　同号ロの社債の社債権者
　3　前条第1項第2号ハに掲げる事項についての定めがある場合　同号ハの新株予約権の新株予約権者
　4　前条第1項第2号ニに掲げる事項についての定めがある場合　同号ニの新株予約権付社債についての社債の社債権者及び当該新株予約権付社債に付された新株予約権の新株予約権者
④　吸収合併消滅株式会社の新株予約権は、効力発生日に、消滅する。
⑤　前条第1項第4号イに規定する場合には、吸収合併消滅株式会社の新株予約権者は、効力発生日に、同項第5号に掲げる事項についての定めに従い、同項第4号イの吸収合併存続株式会社の新株予約権の新株予約権者となる。
⑥　前各項の規定は、第789条（第1項第3号及び第2項第3号を除き、第793条第2項において準用する場合を含む。）若しくは第799条の規定による手続が終了していない場合又は吸収合併を中止した場合には、適用しない。

　　　第2款　持分会社が存続する吸収合併
　　　　（持分会社が存続する吸収合併契約）
**第751条**　①　会社が吸収合併をする場合において、吸収合併存続会社が持分会社であるときは、吸収合併契約において、次に掲げる事項を定めなければならない。
　1　持分会社である吸収合併存続会社（以下この節において「吸収合併存続持分会社」という。）及び吸収合併消滅会社の商号及び住所
　2　吸収合併消滅株式会社の株主又は吸収合併消滅持分会社の社員が吸収合併に際して吸収合併存続持分会社の社員となるときは、次のイからハまでに掲げる場合の区分に応じ、当該イからハまでに定める事項
　　イ　合名会社　当該社員の氏名又は名称及び住所並びに出資の価額
　　ロ　合資会社　当該社員の氏名又は名称及び住所、当該社員が無限責任社員又は有限責任社員のいずれであるかの別並びに当該社員の出資の価額
　　ハ　合同会社　当該社員の氏名又は名称及び住所並びに出資の価額
　3　吸収合併存続持分会社が吸収合併に際して吸収合併消滅株式会社の株主又は吸収合併消滅持分会社の社員に対してその株式又は持分に代わる金銭等（吸収合併存続持分会社の持分を除く。）を交付するときは、当該金銭等についての次に掲げる事項
　　イ　当該金銭等が吸収合併存続持分会社の社債であるときは、当該社債の種類及び種類ごとの各社債の金額の合計額又はその算定方法
　　ロ　当該金銭等が吸収合併存続持分会社の社債以外の財産であるときは、当該財産の内容及び数若しくは額又はこれらの算定方法
　4　吸収合併消滅株式会社の株主（吸収合併消滅株式会社及び吸収合併存続持分会社を除く。）又は吸収合併消滅持分会社

の社員（吸収合併存続持分会社を除く．）に対する同号の金銭等の割当てに関する事項
5 吸収合併消滅株式会社が新株予約権を発行しているときは，吸収合併消滅株式会社が吸収合併に際して当該新株予約権の新株予約権者に対して交付する当該新株予約権に代わる金銭の額又はその算定方法
6 前号に規定する場合には，吸収合併消滅株式会社の新株予約権の新株予約権者に対する同号の金銭の割当てに関する事項
7 効力発生日
② 前項に規定する場合において，吸収合併消滅株式会社が種類株式発行会社であるときは，吸収合併存続持分会社及び吸収合併消滅株式会社は，吸収合併消滅株式会社の発行する種類の株式の内容に応じ，同項第4号に掲げる事項として次に掲げる事項を定めることができる．
 1 ある種類の株式の株主に対して金銭等の割当てをしないこととするときは，その旨及び当該株式の種類
 2 前号に掲げる事項のほか，金銭等の割当てについて株式の種類ごとに異なる取扱いを行うこととするときは，その旨及び当該異なる取扱いの内容
③ 第1項に規定する場合には，同項第4号に掲げる事項についての定めは，吸収合併消滅株式会社の株主（吸収合併消滅株式会社及び吸収合併存続持分会社並びに前項第1号の種類の株式の株主を除く．）の有する株式の数（前項第2号に掲げる事項についての定めがある場合にあっては，各種類の株式の数）に応じて金銭等を交付することを内容とするものでなければならない．

**（持分会社が存続する吸収合併の効力の発生等）**
**第752条** ① 吸収合併存続持分会社は，効力発生日に，吸収合併消滅会社の権利義務を承継する．
② 吸収合併消滅株式会社の吸収合併による解散は，吸収合併の登記の後でなければ，これをもって第三者に対抗することができない．
③ 前条第1項第2号に規定する場合には，吸収合併消滅株式会社の株主又は吸収合併消滅持分会社の社員は，効力発生日に，同号に掲げる事項についての定めに従い，吸収合併存続持分会社の社員となる．この場合においては，吸収合併存続持分会社は，効力発生日に，同号の社員に係る定款の変更をしたものとみなす．
④ 前条第1項第3号イに掲げる事項についての定めがある場合には，吸収合併消滅株式会社の株主又は吸収合併消滅持分会社の社員は，効力発生日に，同項第4号に掲げる事項についての定めに従い，同項第3号イの社債権者となる．
⑤ 吸収合併消滅株式会社の新株予約権は，効力発生日に，消滅する．
⑥ 前各項の規定は，第789条（第1項第3号及び第2項第3号を除き，第793条第2項において準用する場合を含む．）若しくは第802条第2項において準用する第799条（第2項第3号を除く．）の規定による手続が終了していない場合又は吸収合併を中止した場合には，適用しない．

### 第3節 新設合併

#### 第1款 株式会社を設立する新設合併

**（株式会社を設立する新設合併契約）**
**第753条** ① 二以上の会社が新設合併をする場合において，新設合併により設立する会社（以下この編において「新設合併設立会社」という．）が株式会社であるときは，新設合併契約において，次に掲げる事項を定めなければならない．
 1 新設合併により消滅する会社（以下この編において「新設合併消滅会社」という．）の商号及び住所
 2 株式会社である新設合併設立会社（以下この編において「新設合併設立株式会社」という．）の目的，商号，本店の所在地及び発行可能株式総数
 3 前号に掲げるもののほか，新設合併設立株式会社の定款で定める事項
 4 新設合併設立株式会社の設立時取締役の氏名
 5 次のイからハまでに掲げる場合の区分に応じ，当該イからハまでに定める事項
  イ 新設合併設立株式会社が会計参与設置会社である場合 新設合併設立株式会社の設立時会計参与の氏名又は名称
  ロ 新設合併設立株式会社が監査役設置会社（監査役の監査の範囲を会計に関するものに限定する旨の定款の定めがある株式会社を含む．）である場合 新設合併設立株式会社の設立時監査役の氏名
  ハ 新設合併設立株式会社が会計監査人設置会社である場合 新設合併設立株式会社の設立時会計監査人の氏名又は名称
 6 新設合併設立株式会社が新設合併に際して株式会社である新設合併消滅会社（以下この編において「新設合併消滅株式会社」という．）の株主又は持分会社である新設合併消滅会社（以下この編において「新設合併消滅持分会社」という．）の社員に対して交付する株式又は持分に代わる当該新設合併設立株式会社の株式の数（種類株式発行会社にあっては，株式の種類及び種類ごとの数）又はその数の算定方法並びに当該新設合併設立株式会社の資本金及び準備金の額に関する事項
 7 新設合併消滅株式会社の株主（新設合併消滅株式会社を除く．）又は新設合併消滅持分会社の社員に対する前号の株式の割当てに関する事項
 8 新設合併設立株式会社が新設合併に際して新設合併消滅株式会社の株主又は新設合併消滅持分会社の社員に対してその株式又は持分に代わる当該新設合併設立株式会社の社債等を交付するときは，当該社債等についての次に掲げる事項
  イ 当該社債等が新設合併設立株式会社の社債（新株予約権付社債についてのものを除く．）であるときは，当該社債の種類及び種類ごとの各社債の金額の合計額又はその算定方法
  ロ 当該社債等が新設合併設立株式会社の新株予約権（新株予約権付社債に付されたものを除く．）であるときは，当該新株予約権の内容及び数又はその算定方法
  ハ 当該社債等が新設合併設立株式会社の新株予約権付社債であるときは，当該新株予約権付社債についてのイに規定する事項及び当該新株予約権付社債に付された新株予約権についてのロに規定する事項
 9 前号に規定する場合には，新設合併消滅株式会社の株主（新設合併消滅株式会社を除く．）又は新設合併消滅持分会社の社員に対する同号の社債等の割当てに関する事項
 10 新設合併消滅株式会社が新株予約権を発行しているときは，新設合併設立株式会社が新設合併に

際して当該新株予約権の新株予約権者に対して交付する当該新株予約権に代わる当該新設合併設立株式会社の新株予約権又は金銭についての次に掲げる事項

　イ　当該新設合併消滅株式会社の新株予約権の新株予約権者に対して新設合併設立株式会社の新株予約権を交付するときは,当該新株予約権の内容及び数又はその算定方法

　ロ　イに規定する場合において,イの新設合併消滅株式会社の新株予約権が新株予約権付社債に付された新株予約権であるときは,新設合併設立株式会社が当該新株予約権付社債についての社債に係る債務を承継する旨並びにその承継に係る社債の種類及び種類ごとの各社債の金額の合計額又はその算定方法

　ハ　当該新設合併消滅株式会社の新株予約権の新株予約権者に対して金銭を交付するときは,当該金銭の額又はその算定方法

11　前号に規定する場合には,新設合併消滅株式会社の新株予約権の新株予約権者に対する同号の新設合併設立株式会社の新株予約権又は金銭の割当てに関する事項

② 前項に規定する場合において,新設合併消滅株式会社の全部又は一部が種類株式発行会社であるときは,新設合併設立株式会社は,新設合併消滅株式会社の発行する種類の株式の内容に応じ,同項第7号に掲げる事項(新設合併消滅株式会社の株主に係る事項に限る。次項において同じ。)として次に掲げる事項を定めることができる。

1　ある種類の株式の株主に対して新設合併設立株式会社の株式の割当てをしないこととするときは,その旨及び当該株式の種類

2　前号に掲げる事項のほか,新設合併設立株式会社の株式の割当てについて株式の種類ごとに異なる取扱いを行うこととするときは,その旨及び当該異なる取扱いの内容

③ 第1項に規定する場合には,同項第7号に掲げる事項についての定めは,新設合併消滅株式会社の株主(新設合併消滅株式会社及び前項第1号の種類の株式の株主を除く。)の有する株式の数(前項第2号に掲げる事項についての定めがある場合にあっては,各種類の株式の数)に応じて新設合併設立株式会社の株式を交付することを内容とするものでなければならない。

④ 前2項の規定は,第1項第9号に掲げる事項について準用する。この場合において,前2項中「新設合併設立株式会社の株式」とあるのは,「新設合併設立株式会社の社債等」と読み替えるものとする。

**(株式会社を設立する新設合併の効力の発生等)**

**第754条**　① 新設合併設立株式会社は,その成立の日に,新設合併消滅株式会社の権利義務を承継する。

② 前条第1項に規定する場合には,新設合併消滅株式会社の株主又は新設合併消滅持分会社の社員は,新設合併設立株式会社の成立の日に,同項第7号に掲げる事項についての定めに従い,同項第6号の株式の株主となる。

③ 次の各号に掲げる場合には,新設合併消滅株式会社の株主又は新設合併消滅持分会社の社員は,新設合併設立株式会社の成立の日に,前条第1項第9号に掲げる事項についての定めに従い,当該各号に定める者となる。

1　前条第1項第8号イに掲げる事項についての定めがある場合　同号イの社債の社債権者

2　前条第1項第8号ロに掲げる事項についての定めがある場合　同号ロの新株予約権の新株予約権者

3　前条第1項第8号ハに掲げる事項についての定めがある場合　同号ハの新株予約権付社債についての社債の社債権者及び当該新株予約権付社債に付された新株予約権の新株予約権者

④ 新設合併消滅株式会社の新株予約権は,新設合併設立株式会社の成立の日に,消滅する。

⑤ 前条第1項第10号イに規定する場合には,新設合併消滅株式会社の新株予約権の新株予約権者は,新設合併設立株式会社の成立の日に,同項第11号に掲げる事項についての定めに従い,同項第10号イの新設合併設立株式会社の新株予約権の新株予約権者となる。

### 第2款　持分会社を設立する新設合併
**(持分会社を設立する新設合併契約)**

**第755条**　① 二以上の会社が新設合併をする場合において,新設合併設立会社が持分会社であるときは,新設合併契約において,次に掲げる事項を定めなければならない。

1　新設合併消滅会社の商号及び住所

2　持分会社である新設合併設立会社(以下この編において「新設合併設立持分会社」という。)が合名会社,合資会社又は合同会社のいずれであるかの別

3　新設合併設立持分会社の目的,商号及び本店の所在地

4　新設合併設立持分会社の社員についての次に掲げる事項

　イ　当該社員の氏名又は名称及び住所

　ロ　当該社員が無限責任社員又は有限責任社員のいずれであるかの別

　ハ　当該社員の出資の価額

5　前2号に掲げるもののほか,新設合併設立持分会社の定款で定める事項

6　新設合併設立持分会社が新設合併に際して新設合併消滅会社の株主又は新設合併消滅持分会社の社員に対してその株式又は持分に代わる当該新設合併設立持分会社の社債を交付するときは,当該社債の種類及び種類ごとの各社債の金額の合計額又はその算定方法

7　前号に規定する場合には,新設合併消滅株式会社の株主(新設合併消滅株式会社を除く。)又は新設合併消滅持分会社の社員に対する同号の社債の割当てに関する事項

8　新設合併消滅株式会社が新株予約権を発行しているときは,新設合併設立持分会社が新設合併に際して当該新株予約権の新株予約権者に対して交付する当該新株予約権に代わる金銭の額又はその算定方法

9　前号に規定する場合には,新設合併消滅株式会社の新株予約権の新株予約権者に対する同号の金銭の割当てに関する事項

② 新設合併設立持分会社が合名会社であるときは,前項第4号ロに掲げる事項として,その社員の全部を無限責任社員とする旨を定めなければならない。

③ 新設合併設立持分会社が合資会社であるときは,第1項第4号ロに掲げる事項として,その社員の一部を無限責任社員とし,その他の社員を有限責任社員とする旨を定めなければならない。

④ 新設合併設立持分会社が合同会社であるときは,

第1項第4号ロに掲げる事項として，その社員の全部を有限責任社員とする旨を定めなければならない．

**(持分会社を設立する新設合併の効力の発生等)**
**第756条** ① 新設合併設立持分会社は，その成立の日に，新設合併消滅会社の権利義務を承継する．
② 前条第1項に規定する場合には，新設合併消滅株式会社の株主又は新設合併消滅持分会社の社員は，新設合併設立持分会社の成立の日に，同条第4号に掲げる事項についての定めに従い，当該新設合併設立持分会社の社員となる．
③ 前条第1項第6号に掲げる事項についての定めがある場合には，新設合併消滅株式会社の株主又は新設合併消滅持分会社の社員は，新設合併設立持分会社の成立の日に，同条第7号に掲げる事項についての定めに従い，同号の社債の社債権者となる．
④ 新設合併消滅株式会社の新株予約権は，新設合併設立持分会社の成立の日に，消滅する．

## 第3章　会社分割

### 第1節　吸収分割
#### 第1款　通則

**(吸収分割契約の締結)**
**第757条** 会社（株式会社又は合同会社に限る．）は，吸収分割をすることができる．この場合においては，当該会社がその事業に関して有する権利義務の全部又は一部を当該会社から承継する会社（以下この編において「吸収分割承継会社」という．）との間で，吸収分割契約を締結しなければならない．

#### 第2款　株式会社に権利義務を承継させる吸収分割

**(株式会社に権利義務を承継させる吸収分割契約)**
**第758条** 会社が吸収分割をする場合において，吸収分割承継会社が株式会社であるときは，吸収分割契約において，次に掲げる事項を定めなければならない．
1　吸収分割をする会社（以下この編において「吸収分割会社」という．）及び株式会社である吸収分割承継会社（以下この編において「吸収分割承継株式会社」という．）の商号及び住所
2　吸収分割承継株式会社が吸収分割により吸収分割会社から承継する資産，債務，雇用契約その他の権利義務（株式会社である吸収分割会社（以下この編において「吸収分割株式会社」という．）及び吸収分割承継株式会社の株式並びに吸収分割株式会社の新株予約権に係る義務を除く．）に関する事項
3　吸収分割により吸収分割株式会社又は吸収分割承継株式会社の株式を吸収分割承継株式会社に承継させるときは，当該株式に関する事項
4　吸収分割承継株式会社が吸収分割に際して吸収分割会社に対してその事業に関する権利義務の全部又は一部に代わる金銭等を交付するときは，当該金銭等についての次に掲げる事項
　イ　当該金銭等が吸収分割承継株式会社の株式であるときは，当該株式の数（種類株式発行会社にあっては，株式の種類及び種類ごとの数）又はその数の算定方法並びに当該吸収分割承継株式会社の資本金及び準備金の額に関する事項
　ロ　当該金銭等が吸収分割承継株式会社の社債（新株予約権付社債についてのものを除く．）であるときは，当該社債の種類及び種類ごとの各社債の金額の合計額又はその算定方法
　ハ　当該金銭等が吸収分割承継株式会社の新株予約権（新株予約権付社債に付されたものを除く．）であるときは，当該新株予約権の内容及び数又はその算定方法
　ニ　当該金銭等が吸収分割承継株式会社の新株予約権付社債であるときは，当該新株予約権付社債についてのロに規定する事項及び当該新株予約権付社債に付された新株予約権についてのハに規定する事項
　ホ　当該金銭等が吸収分割承継株式会社の株式以外の財産であるときは，当該財産の内容及び数若しくは額又はこれらの算定方法
5　吸収分割承継株式会社が吸収分割に際して吸収分割株式会社の新株予約権の新株予約権者に対して当該新株予約権に代わる当該吸収分割承継株式会社の新株予約権を交付するときは，当該新株予約権についての次に掲げる事項
　イ　当該吸収分割承継株式会社の新株予約権の交付を受ける吸収分割株式会社の新株予約権の新株予約権者の有する新株予約権（以下この編において「吸収分割契約新株予約権」という．）の内容
　ロ　吸収分割契約新株予約権の新株予約権者に対して交付する吸収分割承継株式会社の新株予約権の内容及び数又はその算定方法
　ハ　吸収分割契約新株予約権が新株予約権付社債に付された新株予約権であるときは，吸収分割承継株式会社が当該新株予約権付社債についての社債に係る債務を承継する旨並びにその承継に係る社債の種類及び種類ごとの各社債の金額の合計額又はその算定方法
6　前号に規定する場合には，吸収分割契約新株予約権の新株予約権者に対する同号の吸収分割承継株式会社の新株予約権の割当てに関する事項
7　吸収分割がその効力を生ずる日（以下この節において「効力発生日」という．）
8　吸収分割株式会社が効力発生日に次に掲げる行為をするときは，その旨
　イ　第171条第1項の規定による株式の取得（同項第1号に規定する取得対価が吸収分割承継株式会社の株式（吸収分割株式会社が吸収分割をする前から有するものを除き，吸収分割承継株式会社の株式に準ずるものとして法務省令で定めるものを含む．ロにおいて同じ．）のみであるものに限る．）
　ロ　剰余金の配当（配当財産が吸収分割承継株式会社の株式のみであるものに限る．）

**(株式会社に権利義務を承継させる吸収分割の効力の発生等)**
**第759条** ① 吸収分割承継株式会社は，効力発生日に，吸収分割契約の定めに従い，吸収分割会社の権利義務を承継する．
② 前項の規定にかかわらず，第789条第1項第2号（第793条第2項において準用する場合を含む．次項において同じ．）の規定により異議を述べることができる吸収分割会社の債権者（第789条第2項（第3号を除き，第793条第2項において準用する場合を含む．次項及び次項において同じ．）の各別の催告をしなければならないものに限る．次項において同じ．）が第789条第2項の各別の催告を受けなかった場合には，当該債権者は，吸収分

割契約において吸収分割後に吸収分割会社に対して債務の履行を請求することができないものとされているときであっても、当該債権者は、吸収分割会社に対して、吸収分割会社が効力発生日に有していた財産の価額を限度として、当該債務の履行を請求することができる。

③ 第1項の規定にかかわらず、第789条第1項第2号の規定により異議を述べることができる吸収分割会社の債権者が同条第2項の各別の催告を受けなかった場合には、当該債権者は、吸収分割契約において吸収分割後に吸収分割承継株式会社に対して債務の履行を請求することができないものとされているときであっても、吸収分割承継株式会社に対して、承継した財産の価額を限度として、当該債務の履行を請求することができる。

④ 次の各号に掲げる場合には、吸収分割会社は、効力発生日に、吸収分割契約の定めに従い、当該各号に定める者となる。
 1 前条第4号イに掲げる事項についての定めがある場合 同号イの株式の株主
 2 前条第4号ロに掲げる事項についての定めがある場合 同号ロの社債の社債権者
 3 前条第4号ハに掲げる事項についての定めがある場合 同号ハの新株予約権の新株予約権者
 4 前条第4号ニに掲げる事項についての定めがある場合 同号ニの新株予約権付社債についての社債の社債権者及び当該新株予約権付社債に付された新株予約権の新株予約権者

⑤ 前条第5号に規定する場合には、効力発生日に、吸収分割契約新株予約権は、消滅し、当該吸収分割契約新株予約権の新株予約権者は、同条第5号ロに掲げる事項についての定めに従い、同条第5号ロの吸収分割承継株式会社の新株予約権の新株予約権者となる。

⑥ 前各項の規定は、第789条(第1項第3号及び第2項第3号を除き、第793条第2項において準用する場合を含む。)若しくは第799条の規定による手続が終了していない場合又は吸収分割を中止した場合には、適用しない。

### 第3款 持分会社に権利義務を承継させる吸収分割

(持分会社に権利義務を承継させる吸収分割契約)

**第760条** 会社が吸収分割をする場合において、吸収分割承継会社が持分会社であるときは、吸収分割契約において、次に掲げる事項を定めなければならない。
 1 吸収分割会社及び持分会社である吸収分割承継会社(以下この節において「吸収分割承継持分会社」という。)の商号及び住所
 2 吸収分割承継持分会社が吸収分割により吸収分割会社から承継する資産、債務、雇用契約その他の権利義務(吸収分割承継会社の株式及び新株予約権に係る義務を除く。)に関する事項
 3 吸収分割により吸収分割株式会社の株式を吸収分割承継持分会社に承継させるときは、当該株式に関する事項
 4 吸収分割会社が吸収分割に際して吸収分割承継持分会社の社員となるときは、次のイからハまでに掲げる吸収分割承継持分会社の区分に応じ、当該イからハまでに定める事項
  イ 合名会社 当該社員の氏名又は名称及び住所並びに出資の価額
  ロ 合資会社 当該社員の氏名又は名称及び住所、当該社員が無限責任社員又は有限責任社員のいずれであるかの別並びに当該社員の出資の価額
  ハ 合同会社 当該社員の氏名又は名称及び住所並びに出資の価額
 5 吸収分割承継持分会社が吸収分割に際して吸収分割会社に対してその事業に関する権利義務の全部又は一部に代わる金銭等(吸収分割承継持分会社の持分を除く。)を交付するときは、当該金銭等についての次に掲げる事項
  イ 当該金銭等が吸収分割承継持分会社の社債であるときは、当該社債の種類及び種類ごとの各社債の金額の合計額又はその算定方法
  ロ 当該金銭等が吸収分割承継持分会社の社債以外の財産であるときは、当該財産の内容及び数若しくは額又はこれらの算定方法
 6 効力発生日
 7 吸収分割株式会社が効力発生日に次に掲げる行為をするときは、その旨
  イ 第171条第1項の規定による株式の取得(同項第1号に規定する取得対価が吸収分割承継持分会社の持分(吸収分割株式会社が吸収分割をする前から有するものを除き、吸収分割承継持分会社の持分に準ずるものとして法務省令で定めるものを含む。ロにおいて同じ。)のみであるものに限る。)
  ロ 剰余金の配当(配当財産が吸収分割承継持分会社の持分のみであるものに限る。)

(持分会社に権利義務を承継させる吸収分割の効力の発生等)

**第761条** ① 吸収分割承継持分会社は、効力発生日に、吸収分割契約の定めに従い、吸収分割会社の権利義務を承継する。

② 前項の規定にかかわらず、第789条第1項第2号(第793条第2項において準用する場合を含む。次項において同じ。)の規定により異議を述べることができる吸収分割会社の債権者(第789条第2項(第3号を除き、第793条第2項において準用する場合を含む。以下この項及び次項において同じ。)の別の催告をしなければならないものに限る。次項において同じ。)が第789条第2項の各別の催告を受けなかった場合には、当該債権者は、吸収分割契約において吸収分割後に吸収分割会社に対して債務の履行を請求することができないものとされているときであっても、吸収分割会社に対して、吸収分割会社が効力発生日に有していた財産の価額を限度として、当該債務の履行を請求することができる。

③ 第1項の規定にかかわらず、第789条第1項第2号の規定により異議を述べることができる吸収分割会社の債権者が同条第2項の各別の催告を受けなかった場合には、当該債権者は、吸収分割契約において吸収分割後に吸収分割承継持分会社に対して債務の履行を請求することができないものとされているときであっても、吸収分割承継持分会社に対して、承継した財産の価額を限度として、当該債務の履行を請求することができる。

④ 前条第4号に規定する場合には、吸収分割会社は、効力発生日に、同号に掲げる事項についての定めに従い、吸収分割承継持分会社の社員となる。この場合においては、吸収分割承継持分会社は、効力発生日に、同号の社員に係る定款の変更をしたものとみ

なす.
⑤ 前条第5号イに掲げる事項についての定めがある場合には,吸収分割会社は,効力発生日に,吸収分割契約の定めに従い,同号イの社債の新債権者となる.
⑥ 前各項の規定は,第789条(第1項第3号及び第2項第3号を除き,第793条第2項において準用する場合を含む.)若しくは第802条第2項において準用する第799条(第2項第3号を除く.)の規定による手続が終了していない場合又は吸収分割を中止した場合には,適用しない.

### 第2節 新設分割
#### 第1款 通則
(新設分割計画の作成)
**第762条** ① 一又は二以上の株式会社又は合同会社は,新設分割をすることができる.この場合においては,新設分割計画を作成しなければならない.
② 二以上の株式会社又は合同会社が共同して新設分割をする場合には,当該二以上の株式会社又は合同会社は,共同して新設分割計画を作成しなければならない.

#### 第2款 株式会社を設立する新設分割
(株式会社を設立する新設分割計画)
**第763条** 一又は二以上の株式会社又は合同会社が新設分割をする場合において,新設分割により設立する会社(以下この編において「新設分割設立会社」という.)が株式会社であるときは,新設分割計画において,次に掲げる事項を定めなければならない.
1 株式会社である新設分割設立会社(以下この編において「新設分割設立株式会社」という.)の目的,商号,本店の所在地及び発行可能株式総数
2 前号に掲げるもののほか,新設分割設立株式会社の定款で定める事項
3 新設分割設立株式会社の設立時取締役の氏名
4 次のイからハまでに掲げる場合の区分に応じ,当該イからハまでに定める事項
　イ 新設分割設立株式会社が会計参与設置会社である場合 新設分割設立株式会社の設立時会計参与の氏名又は名称
　ロ 新設分割設立株式会社が監査役設置会社(監査役の監査の範囲を会計に関するものに限定する旨の定款の定めがある株式会社を含む.)である場合 新設分割設立株式会社の設立時監査役の氏名
　ハ 新設分割設立株式会社が会計監査人設置会社である場合 新設分割設立株式会社の設立時会計監査人の氏名又は名称
5 新設分割設立株式会社が新設分割により新設分割をする会社(以下この編において「新設分割会社」という.)から承継する資産,債務,雇用契約その他の権利義務(株式会社である新設分割会社(以下この編において「新設分割株式会社」という.)の株式及び新株予約権に係る義務を除く.)に関する事項
6 新設分割株式会社が新設分割に際して新設分割会社に対して交付するその事業に関する権利義務の全部又は一部に代わる当該新設分割設立株式会社の株式の数(種類株式発行会社にあっては,株式の種類及び種類ごとの数)又はその数の算定方法並びに当該新設分割設立株式会社の資本金及び準備金の額に関する事項
7 二以上の株式会社又は合同会社が共同して新設分割をするときは,新設分割会社に対する前号の株式の割当てに関する事項
8 新設分割設立株式会社が新設分割に際して新設分割会社に対してその事業に関する権利義務の全部又は一部に代わる当該新設分割設立株式会社の社債等を交付するときは,当該社債等についての次に掲げる事項
　イ 当該社債等が新設分割設立株式会社の社債(新株予約権付社債についてのものを除く.)であるときは,当該社債の種類及び種類ごとの各社債の金額の合計額又はその算定方法
　ロ 当該社債等が新設分割設立株式会社の新株予約権(新株予約権付社債に付されたものを除く.)であるときは,当該新株予約権の内容及び数又はその算定方法
　ハ 当該社債等が新設分割設立株式会社の新株予約権付社債であるときは,当該新株予約権付社債についてのイに規定する事項及び当該新株予約権付社債に付された新株予約権についてのロに規定する事項
9 前号に規定する場合において,二以上の株式会社又は合同会社が共同して新設分割をするときは,新設分割会社に対する同号の社債等の割当てに関する事項
10 新設分割設立株式会社が新設分割に際して新設分割株式会社の新株予約権の新株予約権者に対して当該新株予約権に代わる当該新設分割設立株式会社の新株予約権を交付するときは,当該新株予約権についての次に掲げる事項
　イ 当該新設分割設立株式会社の新株予約権の交付を受ける新設分割株式会社の新株予約権の新株予約権者の有する新株予約権(以下この編において「新設分割計画新株予約権」という.)の内容
　ロ 新設分割計画新株予約権の新株予約権者に対して交付する新設分割設立株式会社の新株予約権の内容及び数又はその算定方法
　ハ 新設分割計画新株予約権が新株予約権付社債に付された新株予約権であるときは,新設分割設立株式会社が当該新株予約権付社債についての社債に係る債務を承継する旨並びにその承継に係る社債の種類及び種類ごとの各社債の金額の合計額又はその算定方法
11 前号に規定する場合には,新設分割計画新株予約権の新株予約権者に対する同号の新設分割設立株式会社の新株予約権の割当てに関する事項
12 新設分割株式会社が新設分割設立株式会社の成立の日に次に掲げる行為をするときは,その旨
　イ 第171条第1項の規定による株式の取得(同項第1号に掲げる事項として取得対価が新設分割設立株式会社の株式(これに準ずるものとして法務省令で定めるものを含む.ロにおいて同じ.)のみであるものに限る.)
　ロ 剰余金の配当(配当財産が新設分割設立株式会社の株式のみであるものに限る.)

(株式会社を設立する新設分割の効力の発生等)
**第764条** ① 新設分割設立株式会社は,その成立の日に,新設分割計画の定めに従い,新設分割会社の権利義務を承継する.
② 前項の規定にかかわらず,第810条第1項第2号(第813条第2項において準用する場合を含む.次項において同じ.)の規定により異議を述べること

ができる新設分割会社の債権者（第810条第2項（第3号を除き，第813条第2項において準用する場合を含む．以下この項及び次項において同じ．）の各別の催告をしなければならないものに限る．次項において同じ．）が第810条第2項の各別の催告を受けなかった場合には，当該債権者は，新設分割計画において新設分割後に新設分割会社に対して債務の履行を請求することができないものとされているときであっても，新設分割会社に対して，新設分割会社が新設分割設立株式会社の成立の日に有していた財産の価額を限度として，当該債務の履行を請求することができる．

③ 第1項の規定にかかわらず，第810条第1項第2号の規定により異議を述べることができる新設分割会社の債権者が同条第2項の各別の催告を受けなかった場合には，当該債権者は，新設分割計画において新設分割後に新設分割設立株式会社に対して債務の履行を請求することができないものとされているときであっても，新設分割設立株式会社に対して，承継した財産の価額を限度として，当該債務の履行を請求することができる．

④ 前条に規定する場合には，新設分割会社は，新設分割設立株式会社の成立の日に，新設分割計画の定めに従い，同条第6号の株式の株主となる．

⑤ 次の各号に掲げる場合には，新設分割設立株式会社の成立の日に，新設分割計画の定めに従い，当該各号に定める者となる．
1 前条第8号イに掲げる事項についての定めがある場合　同号イの社債の社債権者
2 前条第8号ロに掲げる事項についての定めがある場合　同号ロの新株予約権の新株予約権者
3 前条第8号ハに掲げる事項についての定めがある場合　同号ハの新株予約権付社債についての社債の社債権者及び当該新株予約権付社債に付された新株予約権の新株予約権者

⑥ 二以上の株式会社又は合同会社が共同して新設分割をする場合における前2項の規定の適用については，第4項中「新設分割計画の定め」とあるのは「同条第7号に掲げる事項についての定め」と，前項中「新設分割計画の定め」とあるのは「同条第9号に掲げる事項についての定め」とする．

⑦ 前条第10号に規定する場合には，新設分割設立株式会社の成立の日に，新設分割計画新株予約権は，消滅し，当該新設分割計画新株予約権の新株予約権者は，同条第11号に掲げる事項についての定めに従い，同号に掲げる新設分割設立株式会社の新株予約権の新株予約権者となる．

#### 第3款　持分会社を設立する新設分割

**（持分会社を設立する新設分割計画）**

**第765条**　① 一又は二以上の株式会社又は合同会社が新設分割をする場合において，新設分割設立会社が持分会社であるときは，新設分割計画において，次に掲げる事項を定めなければならない．
1 持分会社である新設分割設立会社（以下この編において「新設分割設立持分会社」という．）が合名会社，合資会社又は合同会社のいずれであるかの別
2 新設分割設立持分会社の目的，商号及び本店の所在地
3 新設分割設立持分会社の社員についての次に掲げる事項
イ 当該社員の名称及び住所
ロ 当該社員が無限責任社員又は有限責任社員のいずれであるかの別
ハ 当該社員の出資の価額
4 前2号に掲げるもののほか，新設分割設立持分会社の定款で定める事項
5 新設分割設立持分会社が新設分割により新設分割会社から承継する資産，債務，雇用契約その他の権利義務（新設分割株式会社の株式及び新株予約権に係る義務を除く．）に関する事項
6 新設分割設立持分会社が新設分割に際して新設分割会社に対してその事業に関する権利義務の全部又は一部に代わる新設分割設立持分会社の社債を交付するときは，当該社債の種類及び種類ごとの各社債の金額の合計額又はその算定方法
7 前号に規定する場合において，二以上の株式会社又は合同会社が共同して新設分割をするときは，新設分割会社に対する同号の社債の割当てに関する事項
8 新設分割株式会社が新設分割設立持分会社の成立の日に次に掲げる行為をするときは，その旨
イ 第171条第1項の規定による株式の取得（同項第1号に規定する取得対価が新設分割設立持分会社の持分（これに準ずるものとして法務省令で定めるものを含む．ロにおいて同じ．）のみであるものに限る．）
ロ 剰余金の配当（配当財産が新設分割設立持分会社の持分のみであるものに限る．）

② 新設分割設立持分会社が合名会社であるときは，前項第3号ロに掲げる事項として，その社員の全部を無限責任社員とする旨を定めなければならない．

③ 新設分割設立持分会社が合資会社であるときは，第1項第3号ロに掲げる事項として，その社員の一部を無限責任社員とし，その他の社員を有限責任社員とする旨を定めなければならない．

④ 新設分割設立持分会社が合同会社であるときは，第1項第3号ロに掲げる事項として，その社員の全部を有限責任社員とする旨を定めなければならない．

**（持分会社を設立する新設分割の効力の発生等）**

**第766条**　① 新設分割設立持分会社は，その成立の日に，新設分割計画の定めに従い，新設分割会社の権利義務を承継する．

② 前項の規定にかかわらず，第810条第1項第2号（第813条第2項において準用する場合を含む．次項において同じ．）の規定により異議を述べることができる新設分割会社の債権者（第810条第2項（第3号を除き，第813条第2項において準用する場合を含む．以下この項及び次項において同じ．）の各別の催告をしなければならないものに限る．次項において同じ．）が第810条第2項の各別の催告を受けなかった場合には，当該債権者は，新設分割計画において新設分割後に新設分割会社に対して債務の履行を請求することができないものとされているときであっても，新設分割会社に対して，新設分割会社が新設分割設立持分会社の成立の日に有していた財産の価額を限度として，当該債務の履行を請求することができる．

③ 前項の規定にかかわらず，第810条第1項第2号の規定により異議を述べることができる新設分割会社の債権者が同条第2項の各別の催告を受けなかった場合には，当該債権者は，新設分割計画において新設分割後に新設分割設立持分会社に対して債務の履行を請求することができないものとさ

第5編 第4章 株式交換及び株式移転

れているときであっても、新設分割設立持分会社に対して、承継した財産の価額を限度として、当該債務の履行を請求することができる。
④ 前条第1項に規定する場合には、新設分割会社は、新設分割設立持分会社の成立の日に、同項第3号に掲げる事項についての定めに従い、当該新設分割設立持分会社の社員となる。
⑤ 前条第1項第6号に掲げる事項についての定めがある場合には、新設分割会社は、新設分割設立持分会社の成立の日に、新設分割計画の定めに従い、同号の新株予約権の新株予約権者となる。
⑥ 二以上の株式会社又は合同会社が共同して新設分割をする場合における前項の規定の適用については、同項中「新設分割計画の定めに従い、同号」とあるのは、「同項第7号に掲げる事項についての定めに従い、同項第6号」とする。

### 第4章 株式交換及び株式移転

#### 第1節　株式交換
##### 第1款　通則
（株式交換契約の締結）
**第767条**　株式会社は、株式交換をすることができる。この場合においては、当該株式会社の発行済株式の全部を取得する会社（株式会社又は合同会社に限る。以下この編において「株式交換完全親会社」という。）との間で、株式交換契約を締結しなければならない。

##### 第2款　株式会社に発行済株式を取得させる株式交換
（株式会社に発行済株式を取得させる株式交換契約）
**第768条**　① 株式会社が株式交換をする場合において、株式交換完全親会社が株式会社であるときは、株式交換契約において、次に掲げる事項を定めなければならない。
1　株式交換をする株式会社（以下この編において「株式交換完全子会社」という。）及び株式会社である株式交換完全親会社（以下この編において「株式交換完全親株式会社」という。）の商号及び住所
2　株式交換完全親株式会社が株式交換に際して株式交換完全子会社の株主に対してその株式に代わる金銭等を交付するときは、当該金銭等についての次に掲げる事項
イ　当該金銭等が株式交換完全親株式会社の株式であるときは、当該株式の数（種類株式発行会社にあっては、株式の種類及び種類ごとの数）又はその数の算定方法並びに当該株式交換完全親株式会社の資本金及び準備金の額に関する事項
ロ　当該金銭等が株式交換完全親株式会社の社債（新株予約権付社債についてのものを除く。）であるときは、当該社債の種類及び種類ごとの各社債の金額の合計額又はその算定方法
ハ　当該金銭等が株式交換完全親株式会社の新株予約権（新株予約権付社債に付されたものを除く。）であるときは、当該新株予約権の内容及び数又はその算定方法
ニ　当該金銭等が株式交換完全親株式会社の新株予約権付社債であるときは、ロに規定する事項及び当該新株予約権付社債に付された新株予約権についてのハに規定する事項

ホ　当該金銭等が株式交換完全親株式会社の株式等以外の財産であるときは、当該財産の内容及び数若しくは額又はこれらの算定方法
3　前号に規定する場合には、株式交換完全子会社の株主（株式交換完全親株式会社を除く。）に対する同号の金銭等の割当てに関する事項
4　株式交換完全親株式会社が株式交換に際して株式交換完全子会社の新株予約権の新株予約権者に対して当該新株予約権に代わる当該株式交換完全親株式会社の新株予約権を交付するときは、当該新株予約権についての次に掲げる事項
イ　当該株式交換完全親株式会社の新株予約権の交付を受ける株式交換完全子会社の新株予約権の新株予約権者の有する新株予約権（以下この編において「株式交換契約新株予約権」という。）の内容
ロ　株式交換契約新株予約権の新株予約権者に対して交付する株式交換完全親株式会社の新株予約権の内容及び数又はその算定方法
ハ　株式交換契約新株予約権が新株予約権付社債に付された新株予約権であるときは、株式交換完全親株式会社が当該新株予約権付社債についての社債に係る債務を承継する旨並びに当該承継に係る社債の種類及び種類ごとの各社債の金額の合計額又はその算定方法
5　前号に規定する場合には、株式交換契約新株予約権の新株予約権者に対する同号の株式交換完全親株式会社の新株予約権の割当てに関する事項
6　株式交換がその効力を生ずる日（以下この節において「効力発生日」という。）
② 前項に規定する場合において、株式交換完全子会社が種類株式発行会社であるときは、株式交換完全子会社及び株式交換完全親株式会社は、株式交換完全子会社の発行する種類の株式の内容に応じ、同項第3号に掲げる事項として次に掲げる事項を定めることができる。
1　ある種類の株式の株主に対して金銭等の割当てをしないこととするときは、その旨及び当該株式の種類
2　前号に掲げる事項のほか、金銭等の割当てについて株式の種類ごとに異なる取扱いを行うこととするときは、その旨及び当該異なる取扱いの内容
③ 第1項に規定する場合には、同項第3号に掲げる事項についての定めは、株式交換完全子会社の株主（株式交換完全親株式会社及び前項第1号の種類の株式の株主を除く。）の有する株式の数（前項第2号に掲げる事項についての定めがある場合にあっては、各種類の株式の数）に応じて金銭等を交付することを内容とするものでなければならない。

（株式会社に発行済株式を取得させる株式交換の効力の発生等）
**第769条**　① 株式交換完全親株式会社は、効力発生日に、株式交換完全子会社の発行済株式（株式交換完全親株式会社の有する株式交換完全子会社の株式を除く。）の全部を取得する。
② 前項の場合には、株式交換完全親株式会社が株式交換完全子会社の株式（譲渡制限株式に限り、株式交換完全親株式会社が効力発生日前から有するものを除く。）を取得したことについて、当該株式交換完全子会社が第137条第1項の承認をしたものとみなす。
③ 次の各号に掲げる場合には、株式交換完全子会社

の株主は,効力発生日に,前条第1項第3号に掲げる事項についての定めに従い,当該各号に定める者となる.
1 前条第1項第2号イに掲げる事項についての定めがある場合 同号イの株式の株主
2 前条第1項第2号ロに掲げる事項についての定めがある場合 同号ロの社債の社債権者
3 前条第1項第2号ハに掲げる事項についての定めがある場合 同号ハの新株予約権の新株予約権者
4 前条第1項第2号ニに掲げる事項についての定めがある場合 同号ニの新株予約権付社債についての社債の社債権者及び当該新株予約権付社債に付された新株予約権の新株予約権者
④ 前条第1項第4号に規定する場合には,効力発生日に,株式交換契約新株予約権は,消滅し,当該株式交換契約新株予約権の新株予約権者は,同項第5号に掲げる事項についての定めに従い,同項第4号ロの株式交換完全親株式会社の新株予約権の新株予約権者となる.
⑤ 前条第1項第4号ハに規定する場合には,株式交換完全親株式会社は,効力発生日に,同号ハの新株予約権付社債についての社債に係る債務を承継する.
⑥ 前各項の規定は,第789条若しくは第799条の規定による手続が終了していない場合又は株式交換を中止した場合には,適用しない.

**第3款 合同会社に発行済株式を取得させる株式交換**

(合同会社に発行済株式を取得させる株式交換契約)
**第770条** ① 株式会社が株式交換をする場合において,株式交換完全親会社が合同会社であるときは,株式交換契約において,次に掲げる事項を定めなければならない.
1 株式交換完全子会社及び合同会社である株式交換完全親会社(以下この編において「株式交換完全親合同会社」という.)の商号及び住所
2 株式交換完全子会社の株主が株式交換に際して株式交換完全親合同会社の社員となるときは,当該社員の氏名又は名称及び住所並びに出資の価額
3 株式交換完全子会社の株主に対してその株式に代わる金銭等(株式交換完全親合同会社の持分を除く.)を交付するときは,当該金銭等についての次に掲げる事項
イ 当該金銭等が当該株式交換完全親合同会社の社債であるときは,当該社債の種類及び種類ごとの各社債の金額の合計額又はその算定方法
ロ 当該金銭等が当該株式交換完全親合同会社の社債以外の財産であるときは,当該財産の内容及び数若しくは額又はこれらの算定方法
4 前号に規定する場合には,株式交換完全子会社の株主(株式交換完全親合同会社を除く.)に対する同号の金銭等の割当てに関する事項
5 効力発生日
② 前項に規定する場合において,株式交換完全子会社が種類株式発行会社であるときは,株式交換完全子会社及び株式交換完全親合同会社は,株式交換完全子会社の発行する種類の株式の内容に応じ,同項第4号に掲げる事項として次に掲げる事項を定めることができる.
1 ある種類の株式の株主に対して金銭等の割当てをしないこととするときは,その旨及び当該株式の種類
2 前号に掲げる事項のほか,金銭等の割当てについて株式の種類ごとに異なる取扱いを行うこととするときは,その旨及び当該異なる取扱いの内容
③ 第1項に規定する場合には,同項第4号に掲げる事項についての定めは,株式交換完全子会社の株主(株式交換完全親合同会社及び前項第1号の種類の株式の株主を除く.)の有する株式の数(前項第2号に掲げる事項についての定めがある場合にあっては,各種類の株式の数)に応じて金銭等を交付することを内容とするものでなければならない.

(合同会社に発行済株式を取得させる株式交換の効力の発生等)
**第771条** ① 株式交換完全親合同会社は,効力発生日に,株式交換完全子会社の発行済株式(株式交換完全親合同会社の有する株式交換完全子会社の株式を除く.)の全部を取得する.
② 前項の場合には,株式交換完全親合同会社が株式交換完全子会社の株式(譲渡制限株式に限り,当該株式交換完全親合同会社が効力発生日前から有するものを除く.)を取得したことについて,当該株式交換完全子会社が第137条第1項の承認をしたものとみなす.
③ 第1項第2号に規定する場合には,株式交換完全子会社の株主は,効力発生日に,同号に掲げる事項についての定めに従い,株式交換完全親合同会社の社員となる.この場合においては,株式交換完全親合同会社は,効力発生日に,同号の社員に係る定款の変更をしたものとみなす.
④ 第1項第3号に掲げる事項についての定めがある場合には,株式交換完全子会社の株主は,効力発生日に,同項第4号に掲げる事項についての定めに従い,同項第3号の金銭等の社債権者となる.
⑤ 前各項の規定は,第802条第2項において準用する第799条(第2項第3号を除く.)の規定による手続が終了していない場合又は株式交換を中止した場合には,適用しない.

## 第2節 株式移転

(株式移転計画の作成)
**第772条** ① 一又は二以上の株式会社は,株式移転をすることができる.この場合においては,株式移転計画を作成しなければならない.
② 二以上の株式会社が共同して株式移転をする場合には,当該二以上の株式会社は,共同して株式移転計画を作成しなければならない.

(株式移転計画)
**第773条** ① 一又は二以上の株式会社が株式移転をする場合には,株式移転計画において,次に掲げる事項を定めなければならない.
1 株式移転により設立する株式会社(以下この編において「株式移転設立完全親会社」という.)の目的,商号,本店の所在地及び発行可能株式総数
2 前号に掲げるもののほか,株式移転設立完全親会社の定款で定める事項
3 株式移転設立完全親会社の設立時取締役の氏名
4 次のイからハまでに掲げる場合の区分に応じ,当該イからハまでに定める事項
イ 株式移転設立完全親会社が会計参与設置会社である場合 株式移転設立完全親会社の設立時会計参与の氏名又は名称
ロ 株式移転設立完全親会社が監査役設置会社(監査役の監査の範囲を会計に関するものに限定する旨の定款の定めがある株式会社を含む.)で

ある場合　株式移転設立完全親会社の設立時監査役の氏名
ハ　株式移転設立完全親会社が会計監査人設置会社である場合　株式移転設立完全親会社の設立時会計監査人の氏名又は名称
5　株式移転設立完全親会社が株式移転に際して株式移転をする株式会社（以下この編において「株式移転完全子会社」という．）の株主に対して交付するその株式に代わる当該株式移転設立完全親会社の株式の数（種類株式発行会社にあっては，株式の種類及び種類ごとの数）又はその数の算定方法並びに当該株式移転設立完全親会社の資本金及び準備金の額に関する事項
6　株式移転完全子会社の株主に対する前号の株式の割当てに関する事項
7　株式移転設立完全親会社が株式移転に際して株式移転完全子会社の株主に対してその株式に代わる当該株式移転設立完全親会社の社債等を交付するときは，当該社債等についての次に掲げる事項
イ　当該社債等が株式移転設立完全親会社の社債（新株予約権付社債についてのものを除く．）であるときは，当該社債の種類及び種類ごとの各社債の金額の合計額又はその算定方法
ロ　当該社債等が株式移転設立完全親会社の新株予約権（新株予約権付社債に付されたものを除く．）であるときは，当該新株予約権の内容及び数又はその算定方法
ハ　当該社債等が株式移転設立完全親会社の新株予約権付社債であるときは，当該新株予約権付社債についてのイに規定する事項及び当該新株予約権付社債に付された新株予約権についてのロに規定する事項
8　前号に規定する場合には，株式移転完全子会社の株主に対する同号の社債等の割当てに関する事項
9　株式移転設立完全親会社が株式移転に際して株式移転完全子会社の新株予約権の新株予約権者に対して当該新株予約権に代わる当該株式移転設立完全親会社の新株予約権を交付するときは，当該新株予約権についての次に掲げる事項
イ　当該株式移転設立完全親会社の新株予約権の交付を受ける株式移転完全子会社の新株予約権の新株予約権者の有する新株予約権（以下この編において「株式移転計画新株予約権」という．）の内容
ロ　株式移転計画新株予約権の新株予約権者に対して交付する株式移転設立完全親会社の新株予約権の内容及び数又はその算定方法
ハ　株式移転計画新株予約権が新株予約権付社債に付された新株予約権であるときは，株式移転設立完全親会社が当該新株予約権付社債についての社債に係る債務を承継する旨並びにその承継に係る社債の種類及び種類ごとの各社債の金額の合計額又はその算定方法
10　前号に規定する場合には，株式移転計画新株予約権の新株予約権者に対する同号の株式移転設立完全親会社の新株予約権の割当てに関する事項
② 前項に規定する場合において，株式移転完全子会社が種類株式発行会社であるときは，株式移転完全子会社は，その発行する種類の株式の内容に応じ，同項第6号に掲げる事項として次に掲げる事項を定めることができる．
1　ある種類の株式の株主に対して株式移転設立完全親会社の株式の割当てをしないこととするときは，その旨及び当該株式の種類
2　前号に掲げる事項のほか，株式移転設立完全親会社の株式の割当てについて株式の種類ごとに異なる取扱いを行うこととするときは，その旨及び当該異なる取扱いの内容
③ 第1項に規定する場合には，同項第6号に掲げる事項についての定めは，株式移転完全子会社（前項第1号の種類の株式の株主を除く．）の有する株式の数（前項第2号に掲げる事項についての定めがある場合にあっては，各種類の株式の数）に応じて株式移転設立完全親会社の株式を交付することを内容とするものでなければならない．
④ 前2項の規定は，第1項第8号に掲げる事項について準用する．この場合において，前2項中「株式移転設立完全親会社の株式」とあるのは，「株式移転設立完全親会社の社債等」と読み替えるものとする．

（株式移転の効力の発生等）
**第774条**　① 株式移転設立完全親会社は，その成立の日に，株式移転完全子会社の発行済株式の全部を取得する．
② 株式移転完全子会社の株主は，株式移転設立完全親会社の成立の日に，前条第1項第6号に掲げる事項についての定めに従い，同項第5号の株式の株主となる．
③ 次の各号に掲げる場合には，株式移転完全子会社の株主は，株式移転設立完全親会社の成立の日に，前条第1項第8号に掲げる事項についての定めに従い，当該各号に定める者となる．
1　前条第1項第7号イに掲げる事項についての定めがある場合　同号イの社債の社債権者
2　前条第1項第7号ロに掲げる事項についての定めがある場合　同号ロの新株予約権の新株予約権者
3　前条第1項第7号ハに掲げる事項についての定めがある場合　同号ハの新株予約権付社債についての社債の社債権者及び新株予約権付社債に付された新株予約権の新株予約権者
④ 前条第1項第9号に規定する場合には，株式移転設立完全親会社の成立の日に，当該株式移転計画新株予約権は，消滅し，当該株式移転計画新株予約権の新株予約権者は，同項第10号に掲げる事項についての定めに従い，同項第9号ロの株式移転設立完全親会社の新株予約権の新株予約権者となる．
⑤ 前条第1項第9号ハに規定する場合には，株式移転設立完全親会社は，その成立の日に，同号ハの新株予約権付社債についての社債に係る債務を承継する．

## 第5章　組織変更，合併，会社分割，株式交換及び株式移転の手続

### 第1節　組織変更の手続
#### 第1款　株式会社の手続
（組織変更計画に関する書面等の備置き及び閲覧等）
**第775条**　① 組織変更をする株式会社は，組織変更計画備置開始日から組織変更がその効力を生ずる日（以下この節において「効力発生日」という．）までの間，組織変更計画の内容その他法務省令で定める事項を記載し，又は記録した書面又は電磁的記録をその本店に備え置かなければならない．
② 前項に規定する「組織変更計画備置開始日」と

は、次に掲げる日のいずれか早い日をいう．
1　組織変更計画について組織変更をする株式会社の総株主の同意を得た日
2　組織変更をする株式会社が新株予約権を発行しているときは、第777条第3項の規定による通知の日又は同条第4項の公告の日のいずれか早い日
3　第779条第2項の規定による公告の日又は同項の規定による催告の日のいずれか早い日
③　組織変更をする株式会社の株主及び債権者は、当該株式会社に対して、その営業時間内は、いつでも、次に掲げる請求をすることができる．ただし、第2号又は第4号に掲げる請求をするには、当該株式会社の定めた費用を支払わなければならない．
1　第1項の書面の閲覧の請求
2　第1項の書面の謄本又は抄本の交付の請求
3　第1項の電磁的記録に記録された事項を法務省令で定める方法により表示したものの閲覧の請求
4　第1項の電磁的記録に記録された事項を電磁的方法であって株式会社の定めたものにより提供することの請求又はその事項を記載した書面の交付の請求

（株式会社の組織変更計画の承認等）
**第776条**　①　組織変更をする株式会社は、効力発生日の前日までに、組織変更計画について当該株式会社の総株主の同意を得なければならない．
②　組織変更をする株式会社は、効力発生日の20日前までに、その登録株式質権者及び登録新株予約権質権者に対し、組織変更をする旨を通知しなければならない．
③　前項の規定による通知は、公告をもってこれに代えることができる．

（新株予約権買取請求）
**第777条**　①　株式会社が組織変更をする場合には、組織変更をする株式会社の新株予約権の新株予約権者は、当該株式会社に対し、自己の有する新株予約権を公正な価格で買い取ることを請求することができる．
②　新株予約権付社債に付された新株予約権の新株予約権者は、前項の規定による請求（以下この款において「新株予約権買取請求」という．）をするときは、併せて、新株予約権付社債についての社債を買い取ることを請求しなければならない．ただし、当該新株予約権付社債に付された新株予約権について別段の定めがある場合は、この限りでない．
③　組織変更をしようとする株式会社は、効力発生日の20日前までに、その新株予約権の新株予約権者に対し、組織変更をする旨を通知しなければならない．
④　前項の規定による通知は、公告をもってこれに代えることができる．
⑤　新株予約権買取請求は、効力発生日の20日前の日から効力発生日の前日までの間に、その新株予約権買取請求に係る新株予約権の内容及び数を明らかにしてしなければならない．
⑥　新株予約権買取請求をした新株予約権者は、組織変更をする株式会社の承諾を得た場合に限り、その新株予約権買取請求を撤回することができる．
⑦　組織変更を中止したときは、新株予約権買取請求は、その効力を失う．

（新株予約権の価格の決定等）
**第778条**　①　新株予約権買取請求があった場合において、新株予約権（当該新株予約権が新株予約権付社債に付されたものである場合において、当該新株予約権付社債についての社債の買取りの請求があったときは、当該社債を含む．以下この条において同じ．）の価格の決定について、新株予約権者と組織変更後持分会社（効力発生日後における組織変更後持分会社．以下この条において同じ．）との間に協議が調ったときは、当該株式会社は、効力発生日から60日以内にその支払をしなければならない．
②　新株予約権の価格の決定について、効力発生日から30日以内に協議が調わないときは、新株予約権者又は組織変更後持分会社は、その期間の満了の日後30日以内に、裁判所に対し、価格の決定の申立てをすることができる．
③　前条第6項の規定にかかわらず、前項に規定する場合において、効力発生日から60日以内に同項の申立てがないときは、その期間の満了後は、新株予約権者は、いつでも、新株予約権買取請求を撤回することができる．
④　組織変更後持分会社は、裁判所の決定した価格に対する第1項の期間の満了の日後の年6分の利率により算定した利息をも支払わなければならない．
⑤　新株予約権買取請求に係る新株予約権の買取りは、効力発生日に、その効力を生ずる．
⑥　組織変更をする株式会社は、新株予約権証券が発行されている新株予約権について新株予約権買取請求があったときは、新株予約権証券と引換えに、その新株予約権買取請求に係る新株予約権の代金を支払わなければならない．
⑦　組織変更をする株式会社は、新株予約権付社債券が発行されている新株予約権付社債に付された新株予約権について新株予約権買取請求があったときは、新株予約権付社債券と引換えに、その新株予約権買取請求に係る新株予約権の代金を支払わなければならない．

（債権者の異議）
**第779条**　①　組織変更をする株式会社の債権者は、当該株式会社に対し、組織変更について異議を述べることができる．
②　組織変更をする株式会社は、次に掲げる事項を官報に公告し、かつ、知れている債権者には、各別にこれを催告しなければならない．ただし、第3号の期間は、1箇月を下ることができない．
1　組織変更をする旨
2　組織変更をする株式会社の計算書類（第435条第2項に規定する計算書類をいう．以下この章において同じ．）に関する事項として法務省令で定めるもの
3　債権者が一定の期間内に異議を述べることができる旨
③　前項の規定にかかわらず、組織変更をする株式会社が同項の規定による公告を、官報のほか、第939条第1項の規定による定款の定めに従い、同項第2号又は第3号に掲げる公告方法によりするときは、前項の規定による各別の催告は、することを要しない．
④　債権者が第2項第3号の期間内に異議を述べなかったときは、当該債権者は、当該組織変更について承認をしたものとみなす．
⑤　債権者が第2項第3号の期間内に異議を述べたときは、組織変更をする株式会社は、当該債権者に対し、弁済し、若しくは相当の担保を提供し、又は当該債権者に弁済を受けさせることを目的として信託会社等に相当の財産を信託しなければならない．

第5編 第5章 組織変更,合併,会社分割,

ただし,当該組織変更をしても当該債権者を害するおそれがないときは,この限りでない.
（組織変更の効力発生日の変更）
第780条 ① 組織変更をする株式会社は,効力発生日を変更することができる.
② 前項の場合には,組織変更をする株式会社は,変更前の効力発生日（変更後の効力発生日が変更前の効力発生日の日である場合にあっては,当該変更後の効力発生日）の前日までに,変更後の効力発生日を公告しなければならない.
③ 第1項の規定により効力発生日を変更したときは,変更後の効力発生日を効力発生日とみなして,この款及び第745条の規定を適用する.
　　　　　第2款　持分会社の手続
第781条 ① 組織変更をする持分会社は,効力発生日の前日までに,組織変更計画について当該持分会社の総社員の同意を得なければならない. ただし,定款に別段の定めがある場合は,この限りでない.
② 第779条（第2項第2号を除く.）及び前条の規定は,組織変更をする持分会社について準用する. この場合において,第779条第3項中「組織変更をする株式会社」とあるのは「組織変更をする持分会社（合同会社に限る.）」と,前条第3項中「及び第745条」とあるのは「並びに第747条及び次条第1項」と読み替えるものとする.
　　　第2節　吸収合併等の手続
　　　　　第1款　吸収合併消滅会社,吸収分割会社及び
　　　　　　　　　株式交換完全子会社の手続
　　　　　　第1目　株式会社の手続
（吸収合併契約等に関する書面等の備置き及び閲覧等）
第782条 ① 次の各号に掲げる株式会社（以下この目において「消滅株式会社等」という.）は,吸収合併契約等備置開始日から吸収合併,吸収分割又は株式交換（以下この節において「吸収合併等」という.）がその効力を生ずる日（以下この節において「効力発生日」という.）後6箇月を経過する日（吸収合併消滅株式会社にあっては,効力発生日）までの間,当該各号に定めるもの（以下この目において「吸収合併契約等」という.）の内容その他法務省令で定める事項を記載し,又は記録した書面又は電磁的記録をその本店に備え置かなければならない.
　1　吸収合併消滅株式会社　吸収合併契約
　2　吸収分割株式会社　吸収分割契約
　3　株式交換完全子会社　株式交換契約
② 前項に規定する「吸収合併契約等備置開始日」とは,次に掲げる日のいずれか早い日をいう.
　1　吸収合併契約等について株主総会（種類株主総会を含む.）の決議によってその承認を受けなければならないときは,当該株主総会の日の2週間前の日（第319条第1項の場合にあっては,同項の提案があった日）
　2　第785条第3項の規定による通知を受けるべき株主があるときは,同項の規定による通知の日又は同条第4項の公告の日のいずれか早い日
　3　第787条第3項の規定による通知を受けるべき新株予約権者があるときは,同項の規定による通知の日又は同条第4項の公告の日のいずれか早い日
　4　第789条の規定による手続をしなければならないときは,同条第2項の規定による公告の日又は同条第3項の規定による催告の日のいずれか早い日

　5　前各号に規定する場合以外の場合には,吸収分割契約又は株式交換契約の締結の日から2週間を経過した日
③ 消滅株式会社等の株主及び債権者（株式交換完全子会社にあっては,株主及び新株予約権者）は,消滅株式会社等に対して,その営業時間内は,いつでも,次に掲げる請求をすることができる. ただし,第2号又は第4号に掲げる請求をするには,当該消滅株式会社等の定めた費用を支払わなければならない.
　1　第1項の書面の閲覧の請求
　2　第1項の書面の謄本又は抄本の交付の請求
　3　第1項の電磁的記録に記録された事項を法務省令で定める方法により表示したものの閲覧の請求
　4　第1項の電磁的記録に記録された事項を電磁的方法であって消滅株式会社等の定めたものにより提供することの請求又はその事項を記載した書面の交付の請求
（吸収合併契約等の承認等）
第783条 ① 消滅株式会社等は,効力発生日の前日までに,株主総会の決議によって,吸収合併契約等の承認を受けなければならない.
② 前項の規定にかかわらず,吸収合併消滅株式会社又は株式交換完全子会社が種類株式発行会社でない場合において,吸収合併消滅株式会社又は株式交換完全子会社の株主に対して交付する金銭等（以下この条において「合併対価等」という.）の全部又は一部が持分等（持分会社の持分その他これに準ずるものとして法務省令で定めるものをいう. 以下この条において同じ.）であるときは,吸収合併契約又は株式交換契約について吸収合併消滅株式会社又は株式交換完全子会社の総株主の同意を得なければならない.
③ 吸収合併消滅株式会社又は株式交換完全子会社が種類株式発行会社である場合において,合併対価等の全部又は一部が譲渡制限株式等（譲渡制限株式その他これに準ずるものとして法務省令で定めるものをいう. 以下この章において同じ.）であるときは,吸収合併又は株式交換は,当該譲渡制限株式等の割当てを受ける種類の株式（譲渡制限株式を除く.）の種類株主を構成員とする種類株主総会（当該種類株主に係る株式の種類が二以上ある場合にあっては,当該二以上の株式の種類別に区分された種類株主を構成員とする各種類株主総会）の決議がなければ,その効力を生じない. ただし,当該種類株主総会において議決権を行使することができる株主が存しない場合は,この限りでない.
④ 吸収合併消滅株式会社又は株式交換完全子会社が種類株式発行会社である場合において,合併対価等の全部又は一部が持分等であるときは,吸収合併又は株式交換は,当該持分等の割当てを受ける種類の株主の全員の同意がなければ,その効力を生じない.
⑤ 消滅株式会社等は,効力発生日の20日前までに,その登録株式質権者（次条第3項に規定する場合における登録株式質権者を除く.）及び第787条第3項各号に定める新株予約権の登録新株予約権質権者に対し,吸収合併等をする旨を通知しなければならない.
⑥ 前項の規定による通知は,公告をもってこれに代えることができる.
（吸収合併契約等の承認を要しない場合）
第784条 ① 前条第1項の規定は,吸収合併存続会

社,吸収分割承継会社又は株式交換完全親会社(以下この目において「存続会社等」という.)が消滅株式会社等の特別支配会社である場合には,適用しない.ただし,吸収合併等又は株式交換における合併対価等の全部又は一部が譲渡制限株式等である場合であって,消滅株式会社等が公開会社であり,かつ,種類株式発行会社でないときは,この限りでない.

② 前項本文に規定する場合において,次に掲げる場合であって,消滅株式会社等の株主が不利益を受けるおそれがあるときは,消滅株式会社等の株主は,消滅株式会社等に対し,吸収合併等をやめることを請求することができる.

1 当該吸収合併等が法令又は定款に違反する場合
2 第749条第1項第2号若しくは第3号,第751条第1項第2号若しくは第4号,第758条第4号,第760条第4号若しくは第5号,第768条第1項第2号若しくは第3号又は第770条第1項第3号若しくは第4号に掲げる事項が消滅株式会社等又は存続会社等の財産の状況その他の事情に照らして著しく不当である場合

③ 前条及び前項の規定は,吸収分割により吸収分割承継会社に承継させる資産の帳簿価額の合計額が吸収分割株式会社の総資産額として法務省令で定める方法により算定される額の5分の1(これを下回る割合を吸収分割株式会社の定款で定めた場合にあっては,その割合)を超えない場合には,適用しない.

(反対株主の株式買取請求)
第785条 ① 吸収合併等をする場合(次に掲げる場合を除く.)には,反対株主は,消滅株式会社等に対し,自己の有する株式を公正な価格で買い取ることを請求することができる.

1 第783条第2項に規定する場合
2 前条第3項に規定する場合

② 前項に規定する「反対株主」とは,次の各号に掲げる場合における当該各号に定める株主(第783条第4項に規定する場合における同項に規定する持分等の割当てを受ける株主を除く.)をいう.

1 吸収合併等をするために株主総会(種類株主総会を含む.)の決議を要する場合 次に掲げる株主
 イ 当該株主総会に先立って当該吸収合併等に反対する旨を当該消滅株式会社等に対し通知し,かつ,当該株主総会において当該吸収合併等に反対した株主(当該株主総会において議決権を行使することができるものに限る.)
 ロ 当該株主総会において議決権を行使することができない株主
2 前号に規定する場合以外の場合 すべての株主

③ 消滅株式会社等は,効力発生日の20日前までに,その株主(第783条第4項に規定する場合における同項に規定する持分等の割当てを受ける株主を除く.)に対し,吸収合併等をする旨並びに存続会社等の商号及び住所を通知しなければならない.ただし,第1項各号に掲げる場合は,この限りでない.

④ 次に掲げる場合には,前項の規定による通知は,公告をもってこれに代えることができる.

1 消滅株式会社等が公開会社である場合
2 消滅株式会社等が第783条第1項の株主総会の決議によって吸収合併契約等の承認を受けた場合

⑤ 第1項の規定による請求(以下この目において「株式買取請求」という.)は,効力発生日の20日前の日から効力発生日の前日までの間に,その株式買取請求に係る株式の数(種類株式発行会社にあっては,株式の種類及び種類ごとの数)を明らかにしてしなければならない.

⑥ 株式買取請求をした株主は,消滅株式会社等の承諾を得た場合に限り,その株式買取請求を撤回することができる.

⑦ 吸収合併等を中止したときは,株式買取請求は,その効力を失う.

(株式の価格の決定等)
第786条 ① 株式買取請求があった場合において,株式の価格の決定について,株主と消滅株式会社等(吸収合併後における効力発生日後にあっては,吸収合併存続会社.以下この条において同じ.)との間に協議が調ったときは,消滅株式会社等は,効力発生日から60日以内にその支払をしなければならない.

② 株式の価格の決定について,効力発生日から30日以内に協議が調わないときは,株主又は消滅株式会社等は,その期間の満了の日後30日以内に,裁判所に対し,価格の決定の申立てをすることができる.

③ 前条第6項の規定にかかわらず,前項に規定する場合において,効力発生日から60日以内に同項の申立てがないときは,その期間の満了後は,株主は,いつでも,株式買取請求を撤回することができる.

④ 消滅株式会社等は,裁判所の決定した価格に対する第1項の期間の満了の日後の年6分の利率により算定した利息をも支払わなければならない.

⑤ 株式買取請求に係る株式の買取りは,効力発生日(吸収合併の場合にあっては,当該株式の代金の支払の時)に,その効力を生ずる.

⑥ 株券発行会社は,株券が発行されている株式について株式買取請求があったときは,株券と引換えに,その株式買取請求に係る株式の代金を支払わなければならない.

(新株予約権買取請求)
第787条 ① 次の各号に掲げる行為をする場合には,当該各号に定める消滅株式会社等の新株予約権の新株予約権者は,消滅株式会社等に対し,自己の有する新株予約権を公正な価格で買い取ることを請求することができる.

1 吸収合併 第749条第1項第4号又は第5号に掲げる事項についての定めが第236条第1項第8号の条件(同号イに関するものに限る.)に合致する新株予約権以外の新株予約権
2 吸収分割(吸収分割承継会社が株式会社である場合に限る.) 次に掲げる新株予約権のうち,第758条第5号又は第760条第5号に掲げる事項についての定めが第236条第1項第8号の条件(同号ロに関するものに限る.)に合致する新株予約権以外の新株予約権
 イ 吸収分割契約新株予約権
 ロ 吸収分割契約新株予約権以外の新株予約権であって,吸収分割をする場合において当該新株予約権の新株予約権者に吸収分割承継株式会社の新株予約権を交付することとする旨の定めがあるもの
3 株式交換(株式交換完全親会社が株式会社である場合に限る.) 次に掲げる新株予約権のうち,第768条第1項第4号又は第5号に掲げる事項についての定めが第236条第1項第8号の条件(同号ニに関するものに限る.)に合致する新株予約権以外の新株予約権

イ　株式交換契約新株予約権
ロ　株式交換契約新株予約権以外の新株予約権であって，株式交換をする場合において当該新株予約権の新株予約権者に株式交換完全親株式会社の新株予約権を交付することとする旨の定めがあるもの
② 新株予約権付社債に付された新株予約権の新株予約権者は，前項の規定による請求（以下この目において「新株予約権買取請求」という．）をするときは，併せて，新株予約権付社債についての社債を買い取ることを請求しなければならない．ただし，当該新株予約権付社債に付された新株予約権について別段の定めがある場合は，この限りでない．
③ 次の各号に掲げる消滅株式会社等は，効力発生日の20日前までに，当該各号に定める新株予約権の新株予約権者に対し，吸収合併等をする旨並びに存続会社等の商号及び住所を通知しなければならない．
　1　吸収合併消滅株式会社　全部の新株予約権
　2　吸収分割承継会社が株式会社である場合における吸収分割株式会社　次に掲げる新株予約権
　　イ　吸収分割契約新株予約権
　　ロ　吸収分割契約新株予約権以外の新株予約権であって，吸収分割をする場合において当該新株予約権の新株予約権者に吸収分割承継株式会社の新株予約権を交付することとする旨の定めがあるもの
　3　株式交換完全親会社が株式会社である場合における株式交換完全子会社　次に掲げる新株予約権
　　イ　株式交換契約新株予約権
　　ロ　株式交換契約新株予約権以外の新株予約権であって，株式交換をする場合において当該新株予約権の新株予約権者に株式交換完全親株式会社の新株予約権を交付することとする旨の定めがあるもの
④ 前項の規定による通知は，公告をもってこれに代えることができる．
⑤ 新株予約権買取請求は，効力発生日の20日前の日から効力発生日の前日までの間に，その新株予約権買取請求に係る新株予約権の内容及び数を明らかにしてしなければならない．
⑥ 新株予約権買取請求をした新株予約権者は，消滅株式会社等の承諾を得た場合に限り，その新株予約権買取請求を撤回することができる．
⑦ 吸収合併等を中止したときは，新株予約権買取請求は，その効力を失う．

（新株予約権の価格の決定等）
**第788条**　① 新株予約権買取請求があった場合において，新株予約権（当該新株予約権が新株予約権付社債に付されたものである場合にあっては，当該新株予約権付社債についての社債の買取りがあったときは，当該社債を含む．以下この条において同じ．）の価格の決定について，新株予約権者と消滅株式会社等（吸収合併をする場合における効力発生日後にあっては，吸収合併存続会社．以下この条において同じ．）との間に協議が調ったときは，消滅株式会社等は，効力発生日から60日以内にその支払をしなければならない．
② 新株予約権の価格の決定について，効力発生日から30日以内に協議が調わないときは，新株予約権者又は消滅株式会社等は，その期間の満了の日後30日以内に，裁判所に対し，価格の決定の申立てをすることができる．

③ 前条第6項の規定にかかわらず，前項に規定する場合において，効力発生日から60日以内に同項の申立てがないときは，その期間の満了後は，新株予約権者は，いつでも，新株予約権買取請求を撤回することができる．
④ 消滅株式会社等は，裁判所の決定した価格に対する第1項の期間の満了の日後の年6分の利率により算定した利息をも支払わなければならない．
⑤ 新株予約権買取請求に係る新株予約権の買取りは，次の各号に掲げる新株予約権の区分に応じ，当該各号に定める時に，その効力を生ずる．
　1　前条第1項第1号に定める新株予約権　効力発生日
　2　前条第1項第2号イに掲げる新株予約権　効力発生日
　3　前条第1項第2号ロに掲げる新株予約権　当該新株予約権の代金の支払の時
　4　前条第1項第3号イに掲げる新株予約権　効力発生日
　5　前条第1項第3号ロに掲げる新株予約権　当該新株予約権の代金の支払の時
⑥ 消滅株式会社等は，新株予約権証券が発行されている新株予約権について新株予約権買取請求があったときは，新株予約権証券と引換えに，その新株予約権買取請求に係る新株予約権の代金を支払わなければならない．
⑦ 消滅株式会社等は，新株予約権付社債券が発行されている新株予約権が付された新株予約権付社債について新株予約権買取請求があったときは，新株予約権付社債券と引換えに，その新株予約権買取請求に係る新株予約権の代金を支払わなければならない．

（債権者の異議）
**第789条**　① 次の各号に掲げる場合には，当該各号に定める債権者は，消滅株式会社等に対し，吸収合併等について異議を述べることができる．
　1　吸収合併をする場合　吸収合併消滅株式会社の債権者
　2　吸収分割をする場合　吸収分割後吸収分割株式会社に対して債務の履行（当該債務の保証人として吸収分割承継会社と連帯して負担する保証債務の履行を含む．）を請求することができない吸収分割株式会社の債権者（第758条第8号又は第760条第7号に掲げる事項についての定めがある場合にあっては，吸収分割株式会社の債権者）
　3　株式交換契約新株予約権が新株予約権付社債に付された新株予約権である場合　当該新株予約権付社債についての社債権者
② 前項の規定により消滅株式会社等の債権者の全部又は一部が異議を述べることができる場合には，消滅株式会社等は，次に掲げる事項を官報に公告し，かつ，知れている債権者（同項の規定により異議を述べることができるものに限る．）には，各別にこれを催告しなければならない．ただし，第4号の期間は，1箇月を下ることができない．
　1　吸収合併等をする旨
　2　存続会社等の商号及び住所
　3　消滅株式会社等及び存続会社等（株式会社に限る．）の計算書類に関する事項として法務省令で定めるもの
　4　債権者が一定の期間内に異議を述べることができる旨

③ 前項の規定にかかわらず,消滅株式会社等が同項の規定による公告を,官報のほか,第939条第1項の規定による定款の定めに従い,同項第2号又は第3号に掲げる公告方法によりするときは,前項の規定による各別の催告(吸収分割をする場合における不法行為によって生じた吸収分割株式会社の債務の債権者に対するものを除く.)は,することを要しない.
④ 債権者が第2項第4号の期間内に異議を述べなかったときは,当該債権者は,当該吸収合併等について承認をしたものとみなす.
⑤ 債権者が第2項第4号の期間内に異議を述べたときは,消滅株式会社等は,当該債権者に対し,弁済し,若しくは相当の担保を提供し,又は当該債権者に弁済を受けさせることを目的として信託会社等に相当の財産を信託しなければならない.ただし,当該吸収合併等をしても当該債権者を害するおそれがないときは,この限りでない.

(吸収合併等の効力発生日の変更)
**第790条** ① 消滅株式会社等は,存続会社等との合意により,効力発生日を変更することができる.
② 前項の場合には,消滅株式会社等は,変更前の効力発生日(変更後の効力発生日が変更前の効力発生日前の日である場合にあっては,当該変更後の効力発生日)の前日までに,変更後の効力発生日を公告しなければならない.
③ 第1項の規定により効力発生日を変更したときは,変更後の効力発生日を効力発生日とみなして,この節並びに第750条,第752条,第759条,第761条,第769条及び第771条の規定を適用する.

(吸収分割又は株式交換に関する書面等の備置き及び閲覧等)
**第791条** ① 吸収分割株式会社又は株式交換完全子会社は,効力発生日後遅滞なく,吸収分割承継会社又は株式交換完全親会社と共同して,次の各号に掲げる区分に応じ,当該各号に定めるものを作成しなければならない.
1 吸収分割株式会社 吸収分割により吸収分割承継会社が承継した吸収分割株式会社の権利義務その他の吸収分割に関する事項として法務省令で定める事項を記載し,又は記録した書面又は電磁的記録
2 株式交換完全子会社 株式交換により株式交換完全親会社が取得した株式交換完全子会社の株式の数その他の株式交換に関する事項として法務省令で定める事項を記載し,又は記録した書面又は電磁的記録
② 吸収分割株式会社又は株式交換完全子会社は,効力発生日から6箇月間,前項各号の書面又は電磁的記録をその本店に備え置かなければならない.
③ 吸収分割株式会社の株主,債権者その他の利害関係人は,吸収分割株式会社に対して,その営業時間内は,いつでも,次に掲げる請求をすることができる.ただし,第2号又は第4号に掲げる請求をするには,吸収分割株式会社の定めた費用を支払わなければならない.
1 前項の書面の閲覧の請求
2 前項の書面の謄本又は抄本の交付の請求
3 前項の電磁的記録に記録された事項を法務省令で定める方法により表示したものの閲覧の請求
4 前項の電磁的記録に記録された事項を電磁的方法であって吸収分割株式会社の定めたものにより提供することの請求又はその事項を記載した書面の交付の請求
④ 前項の規定は,株式交換完全子会社について準用する.この場合において,同項中「吸収分割株式会社の株主,債権者その他の利害関係人」とあるのは,「効力発生日に株式交換完全子会社の株主又は新株予約権者であった者」と読み替えるものとする.

(剰余金の配当等に関する特則)
**第792条** 第458条及び第2編第5章第6節の規定は,次に掲げる行為については,適用しない.
1 第758条第8号イ又は第760条第7号イの株式の取得
2 第758条第8号ロ又は第760条第7号ロの剰余金の配当

### 第2目 持分会社の手続
**第793条** ① 次に掲げる行為をする持分会社は,効力発生日の前日までに,吸収合併契約等について当該持分会社の総社員の同意を得なければならない.ただし,定款に別段の定めがある場合は,この限りでない.
1 吸収合併(吸収合併により当該持分会社が消滅する場合に限る.)
2 吸収分割(当該持分会社(合同会社に限る.)がその事業に関して有する権利義務の全部を他の会社に承継させる場合に限る.)
② 第789条(第1項第3号及び第2項第3号を除く.)及び第790条の規定は,吸収合併消滅持分会社又は合同会社である吸収分割持分会社(以下この目において「吸収分割合同会社」という.)について準用する.この場合において,第789条第1項第2号中「債権者(第758条第8号又は第760条第7号に掲げる事項についての定めがある場合にあっては,吸収分割株式会社の債権者)」とあるのは「債権者」と,同条第3項中「消滅株式会社等」とあるのは「吸収合併消滅持分会社(吸収合併存続会社が株式会社又は合同会社である場合にあっては,合同会社に限る.)又は吸収分割合同会社」と読み替えるものとする.

## 第2款 吸収合併存続会社,吸収分割承継会社及び株式交換完全親会社の手続
### 第1目 株式会社の手続
(吸収合併契約等に関する書面等の備置き及び閲覧等)
**第794条** ① 吸収合併存続株式会社,吸収分割承継株式会社又は株式交換完全親株式会社(以下この目において「存続株式会社等」という.)は,吸収合併契約等備置開始日から効力発生日後6箇月を経過する日までの間,吸収合併契約等の内容その他法務省令で定める事項を記載し,又は記録した書面又は電磁的記録をその本店に備え置かなければならない.
② 前項に規定する「吸収合併契約等備置開始日」とは,次に掲げる日のいずれか早い日をいう.
1 吸収合併契約等について株主総会(種類株主総会を含む.)の決議によってその承認を受けなければならないときは,当該株主総会の日の2週間前の日(第319条第1項の場合にあっては,同項の提案があった日)
2 第797条第3項の規定による通知の日又は同条第4項の公告の日のいずれか早い日
3 第799条の規定による手続をしなければならないときは,同条第2項の規定による公告の日又は

同項の規定による催告の日のいずれか早い日
③ 存続株式会社等の株主及び債権者（株式交換完全子会社の株主に対して交付する金銭等が株式交換完全親株式会社の株式その他これに準ずるものとして法務省令で定めるもののみである場合（第768条第1項第4号ハに規定する場合を除く.）にあっては，株主）は，存続株式会社等に対して，その営業時間内は，いつでも，次に掲げる請求をすることができる．ただし，第2号又は第4号に掲げる請求をするには，当該存続株式会社等の定めた費用を支払わなければならない．
1 第1項の書面の閲覧の請求
2 第1項の書面の謄本又は抄本の交付の請求
3 第1項の電磁的記録に記録された事項を法務省令で定める方法により表示したものの閲覧の請求
4 第1項の電磁的記録に記録された事項を電磁的方法であって存続株式会社等の定めたものにより提供することの請求又はその事項を記載した書面の交付の請求

（吸収合併契約等の承認等）
第795条 ① 存続株式会社等は，効力発生日の前日までに，株主総会の決議によって，吸収合併契約等の承認を受けなければならない．
② 次に掲げる場合には，取締役は，前項の株主総会において，その旨を説明しなければならない．
1 吸収合併存続会社又は吸収分割承継株式会社が承継する吸収合併消滅会社又は吸収分割会社の債務の額として法務省令で定める額（次号において「承継債務額」という．）が吸収合併存続株式会社又は吸収分割承継株式会社が承継する吸収合併消滅会社又は吸収分割会社の資産の額として法務省令で定める額（同号において「承継資産額」という．）を超える場合
2 吸収合併存続株式会社又は吸収分割承継株式会社が吸収合併消滅株式会社の株主，吸収合併消滅持分会社の社員又は吸収分割会社に対して交付する金銭等（吸収合併存続株式会社又は吸収分割承継株式会社の株式等を除く．）の帳簿価額が承継資産額から承継債務額を控除して得た額を超える場合
3 株式交換完全親株式会社が株式交換完全子会社の株主に対して交付する金銭等（株式交換完全親株式会社の株式等を除く．）の帳簿価額が株式交換完全親株式会社が取得する株式交換完全子会社の株式の額として法務省令で定める額を超える場合
③ 承継する吸収合併消滅会社又は吸収分割承継株式会社の資産に吸収合併存続株式会社又は吸収分割承継株式会社の株式が含まれる場合には，取締役は，第1項の株主総会において，当該株式に関する事項を説明しなければならない．
④ 存続株式会社等が種類株式発行会社である場合において，次の各号に掲げる場合には，吸収合併等は，当該各号に定める種類の株式（譲渡制限株式であって，第199条第4項の定款の定めがないものに限る．）の種類株主を構成員とする種類株主総会（当該種類株主に係る種類が二以上ある場合にあっては，当該二以上の種類の株式の種類別に区分された種類株主を構成員とする各種類株主総会）の決議がなければ，その効力を生じない．ただし，当該種類株主総会において議決権を行使することができる株主が存しない場合は，この限りでない．
1 吸収合併消滅株式会社の株主又は吸収合併消滅持分会社の社員に対して交付する金銭等が吸収合併存続株式会社の株式である場合　第749条第1項第2号イの種類の株式
2 吸収分割会社に対して交付する金銭等が吸収分割承継株式会社の株式である場合　第758条第4号イの種類の株式
3 株式交換完全子会社の株主に対して交付する金銭等が株式交換完全親株式会社の株式である場合　第768条第1項第2号イの種類の株式

（吸収合併契約等の承認を要しない場合等）
第796条 ① 前条第1項から第3項までの規定は，吸収合併消滅会社，吸収分割会社又は株式交換完全子会社（以下この目において「消滅会社等」という．）が存続株式会社等の特別支配会社である場合には，適用しない．ただし，吸収合併消滅株式会社若しくは株式交換完全子会社の株主，吸収合併消滅持分会社の社員又は吸収分割会社に対して交付する金銭等の全部又は一部が存続株式会社等の譲渡制限株式である場合であって，存続株式会社等が公開会社でないときは，この限りでない．
② 前項本文に規定する場合において，次に掲げる場合であって，存続株式会社等の株主が不利益を受けるおそれがあるときは，存続株式会社等の株主は，存続株式会社等に対し，吸収合併等をやめることを請求することができる．
1 当該吸収合併等が法令又は定款に違反する場合
2 第749条第1項第2号若しくは第3号，第758条第4号又は第768条第1項第2号若しくは第3号に掲げる事項が存続株式会社等又は消滅会社等の財産の状況その他の事情に照らして著しく不当である場合
③ 前条第1項から第3項までの規定は，第1号に掲げる額の第2号に掲げる額に対する割合が5分の1（これを下回る割合を存続株式会社等の定款で定めた場合にあっては，その割合）を超えない場合には，適用しない．ただし，同条第2項各号に掲げる場合又は第1項ただし書に規定する場合は，この限りでない．
1 次に掲げる額の合計額
イ 吸収合併消滅株式会社若しくは株式交換完全子会社の株主，吸収合併消滅持分会社の社員又は吸収分割会社（以下この号において「消滅会社等の株主等」という．）に対して交付する存続株式会社等の株式の数に1株当たり純資産額を乗じて得た額
ロ 消滅会社等の株主等に対して交付する存続株式会社等の社債，新株予約権又は新株予約権付社債の帳簿価額の合計額
ハ 消滅会社等の株主等に対して交付する存続株式会社等の株式等以外の財産の帳簿価額の合計額
2 存続株式会社等の純資産額として法務省令で定める方法により算定される額
④ 前項本文に規定する場合において，法務省令で定める数の株式（前条第1項の株主総会において議決権を行使することができるものに限る．）を有する株主が次条第3項の規定による通知又は同条第4項の公告の日から2週間以内に吸収合併等に反対する旨を存続株式会社等に対し通知したときは，当該存続株式会社等は，効力発生日の前日までに，株主総会の決議によって，吸収合併契約等の承認を受けなければならない．

**（反対株主の株式買取請求）**
**第797条** ① 吸収合併等をする場合には，反対株主は，存続株式会社等に対し，自己の有する株式を公正な価格で買い取ることを請求することができる．
② 前項に規定する「反対株主」とは，次の各号に掲げる場合における当該各号に定める株主をいう．
1 吸収合併等をするために株主総会（種類株主総会を含む．）の決議を要する場合　次に掲げる株主
イ　当該株主総会に先立って当該吸収合併等に反対する旨を当該存続株式会社等に対し通知し，かつ，当該株主総会において当該吸収合併等に反対した株主（当該株主総会において議決権を行使することができるものに限る．）
ロ　当該株主総会において議決権を行使することができない株主
2 前号に規定する場合以外の場合　すべての株主
③ 存続株式会社等は，効力発生日の20日前までに，その株主に対し，吸収合併等をする旨並びに消滅会社等の商号及び住所（第795条第3項に規定する場合にあっては，吸収合併等をする旨，消滅会社等の商号及び住所並びに同項の株式に関する事項）を通知しなければならない．
④ 次に掲げる場合には，前項の規定による通知は，公告をもってこれに代えることができる．
1 存続株式会社等が公開会社である場合
2 存続株式会社等が第795条第1項の株主総会の決議によって吸収合併契約等の承認を受けた場合
⑤ 第1項の規定による請求（以下この目において「株式買取請求」という．）は，効力発生日の20日前の日から効力発生日の前日までの間に，その株式買取請求に係る株式の数（種類株式発行会社にあっては，株式の種類及び種類ごとの数）を明らかにしてしなければならない．
⑥ 株式買取請求をした株主は，存続株式会社等の承諾を得た場合に限り，その株式買取請求を撤回することができる．
⑦ 吸収合併等を中止したときは，株式買取請求は，その効力を失う．

**（株式の価格の決定等）**
**第798条** ① 株式買取請求があった場合において，株式の価格の決定について，株主と存続株式会社等との間に協議が調ったときは，存続株式会社等は，効力発生日から60日以内にその支払をしなければならない．
② 株式の価格の決定について，効力発生日から30日以内に協議が調わないときは，株主又は存続株式会社等は，その期間の満了の日後30日以内に，裁判所に対し，価格の決定の申立てをすることができる．
③ 前条第6項の規定にかかわらず，前項に規定する場合において，効力発生日から60日以内に同項の申立てがないときは，その期間の満了後は，株主は，いつでも，株式買取請求を撤回することができる．
④ 存続株式会社等は，裁判所の決定した価格に対する第1項の期間の満了の日後の年6分の利率により算定した利息をも支払わなければならない．
⑤ 株式買取請求に係る株式の買取りは，当該株式の代金の支払の時に，その効力を生ずる．
⑥ 株券発行会社は，株券が発行されている株式について株式買取請求があったときは，株券と引換えに，その株式買取請求に係る株式の代金を支払わなければならない．

**（債権者の異議）**
**第799条** ① 次の各号に掲げる場合には，当該各号に定める債権者は，存続株式会社等に対し，吸収合併等について異議を述べることができる．
1 吸収合併をする場合　吸収合併存続株式会社の債権者
2 吸収分割をする場合　吸収分割承継株式会社の債権者
3 株式交換をする場合において，株式交換完全子会社の株主に対して交付する金銭等が株式交換完全親株式会社の株式その他これに準ずるものとして法務省令で定めるもの以外のものである場合以外の場合又は第768条第1項第4号ハに規定する場合　株式交換完全親株式会社の債権者
② 前項の規定により存続株式会社等の債権者が異議を述べることができる場合には，存続株式会社等は，次に掲げる事項を官報に公告し，かつ，知れている債権者には，各別にこれを催告しなければならない．ただし，第4号の期間は，1箇月を下ることができない．
1 吸収合併等をする旨
2 消滅会社等の商号及び住所
3 存続株式会社等及び消滅会社等（株式会社に限る．）の計算書類に関する事項として法務省令で定めるもの
4 債権者が一定の期間内に異議を述べることができる旨
③ 前項の規定にかかわらず，存続株式会社等が同項の規定による公告を，官報のほか，第939条第1項の規定による定款の定めに従い，同項第2号又は第3号に掲げる公告方法によりするときは，前項の規定による各別の催告は，することを要しない．
④ 債権者が第2項第4号の期間内に異議を述べなかったときは，当該債権者は，当該吸収合併等について承認をしたものとみなす．
⑤ 債権者が第2項第4号の期間内に異議を述べたときは，存続株式会社等は，当該債権者に対し，弁済し，若しくは相当の担保を提供し，又は当該債権者に弁済を受けさせることを目的として信託会社等に相当の財産を信託しなければならない．ただし，当該吸収合併等をしても当該債権者を害するおそれがないときは，この限りでない．

**（消滅会社等の株主等に対して交付する金銭等が存続株式会社等の親会社株式である場合の特則）**
**第800条** ① 第135条第1項の規定にかかわらず，吸収合併消滅株式会社若しくは株式交換完全子会社の株主，吸収分割消滅会社の社員又は吸収分割会社（以下この項において「消滅会社等の株主等」という．）に対して交付する金銭等の全部又は一部が存続株式会社等の親会社株式（同条第1項に規定する親会社株式をいう．以下この条において同じ．）である場合には，当該存続株式会社等は，吸収合併等に際して消滅会社等の株主等に対して交付する当該親会社株式の総数を超えない範囲において当該親会社株式を取得することができる．
② 第135条第3項の規定にかかわらず，前項の存続株式会社等は，効力発生日までの間は，存続株式会社等の親会社株式を保有することができる．ただし，吸収合併等を中止したときは，この限りでない．

**（吸収合併等に関する書面等の備置き及び閲覧等）**
**第801条** ① 吸収合併存続株式会社は，効力発生日後遅滞なく，吸収合併により吸収合併存続株式会社が承継した吸収合併消滅会社の権利義務その他の

吸収合併に関する事項として法務省令で定める事項を記載し,又は記録した書面又は電磁的記録を作成しなければならない.
② 吸収分割承継株式会社(合同会社が吸収分割をする場合における当該吸収分割承継株式会社に限る.)は,効力発生日後遅滞なく,吸収分割合同会社と共同して,吸収分割により吸収分割承継株式会社が承継した吸収分割合同会社の権利義務その他の吸収分割に関する事項として法務省令で定める事項を記載し,又は記録した書面又は電磁的記録を作成しなければならない.
③ 次の各号に掲げる存続株式会社等は,効力発生日から6箇月間,当該各号に定めるものをその本店に備え置かなければならない.
 1 吸収合併存続株式会社 第1項の書面又は電磁的記録
 2 吸収分割承継株式会社 前項又は第791条第1項第1号の書面又は電磁的記録
 3 株式交換完全親株式会社 第791条第1項第2号の書面又は電磁的記録
④ 吸収合併存続株式会社の株主及び債権者は,吸収合併存続株式会社に対して,その営業時間内は,いつでも,次に掲げる請求をすることができる.ただし,第2号又は第4号に掲げる請求をするには,当該吸収合併存続株式会社の定めた費用を支払わなければならない.
 1 前項第1号の書面の閲覧の請求
 2 前項第1号の書面の謄本又は抄本の交付の請求
 3 前項第1号の電磁的記録に記録された事項を法務省令で定める方法により表示したものの閲覧の請求
 4 前項第1号の電磁的記録に記録された事項を電磁的方法であって吸収合併存続株式会社の定めたものにより提供することの請求又はその事項を記載した書面の交付の請求
⑤ 前項の規定は,吸収分割承継株式会社について準用する.この場合において,同項中「株主及び債権者」とあるのは「株主,債権者その他の利害関係人」と,同項各号中「前項第1号」とあるのは「前項第2号」と読み替えるものとする.
⑥ 第4項の規定は,株式交換完全親株式会社について準用する.この場合において,同項中「株主及び債権者」とあるのは「株主及び債権者(株式交換完全子会社の株主に対して交付する金銭等が株式交換完全親株式会社の株式その他これに準ずるものとして法務省令で定めるもののみである場合(第768条第1項第4号ハに規定する場合を除く.)にあっては,株式交換完全親株式会社の株主)」と,同項各号中「前項第1号」とあるのは「前項第3号」と読み替えるものとする.

### 第2目 持分会社の手続

**第802条** ① 次の各号に掲げる行為をする持分会社(以下この条において「存続持分会社等」という.)は,当該各号に定める場合には,効力発生日の前日までに,吸収合併契約等について存続持分会社等の総社員の同意を得なければならない.ただし,定款に別段の定めがある場合は,この限りでない.
 1 吸収合併(吸収合併により当該持分会社が存続する場合に限る.) 第751条第1項第2号に規定する場合
 2 吸収分割による他の会社がその事業に関して有する権利義務の全部又は一部の承継 第760条第4号に規定する場合
 3 株式交換による株式会社の発行済株式の全部の取得 第770条第1項第2号に規定する場合
② 第799条(第2項第3号を除く.)及び第800条の規定は,存続持分会社等について準用する.この場合において,第799条第1項第3号中「株式交換完全親株式会社の株式」とあるのは「株式交換完全親合同会社の持分」と,「場合又は第768条第1項第4号ハに規定する場合」とあるのは「場合」と読み替えるものとする.

## 第3節 新設合併等の手続
### 第1款 新設合併消滅会社,新設分割会社及び株式移転完全子会社の手続
#### 第1目 株式会社の手続
**(新設合併契約等に関する書面等の備置き及び閲覧等)**

**第803条** ① 次の各号に掲げる株式会社(以下この目において「消滅株式会社等」という.)及び新設合併設立会社,新設分割設立会社又は株式移転設立完全親会社(以下この目において「設立会社」という.)の成立の日から6箇月を経過する日(新設合併消滅株式会社にあっては,新設合併設立会社の成立の日)までの間,当該各号に定めるもの(以下この節において「新設合併契約等」という.)の内容その他法務省令で定める事項を記載し,又は記録した書面又は電磁的記録をその本店に備え置かなければならない.
 1 新設合併消滅株式会社 新設合併契約
 2 新設分割株式会社 新設分割計画
 3 株式移転完全子会社 株式移転計画
② 前項に規定する「新設合併契約等備置開始日」とは,次に掲げる日のいずれか早い日をいう.
 1 新設合併契約等について株主総会(種類株主総会を含む.)の決議によってその承認を受けなければならないときは,当該株主総会の日の2週間前の日(第319条第1項の場合にあっては,同項の提案があった日)
 2 第806条第3項の規定による通知を受けるべき株主があるときは,同項の規定による通知の日又は同条第4項の公告の日のいずれか早い日
 3 第808条第3項の規定による通知を受けるべき新株予約権者があるときは,同項の規定による通知の日又は同条第4項の公告の日のいずれか早い日
 4 第810条の規定による手続をしなければならないときは,同条第2項の規定による公告の日又は同項の規定による催告の日のいずれか早い日
 5 前各号に規定する場合以外の場合には,新設分割計画の作成の日から2週間を経過した日
③ 消滅株式会社等の株主及び債権者(株式移転完全子会社にあっては,株主及び新株予約権者)は,消滅株式会社等に対して,その営業時間内は,いつでも,次に掲げる請求をすることができる.ただし,第2号又は第4号に掲げる請求をするには,当該消滅株式会社等の定めた費用を支払わなければならない.
 1 第1項の書面の閲覧の請求
 2 第1項の書面の謄本又は抄本の交付の請求
 3 第1項の電磁的記録に記録された事項を法務省令で定める方法により表示したものの閲覧の請求
 4 第1項の電磁的記録に記録された事項を電磁的方法であって消滅株式会社等の定めたものにより提供することの請求又はその事項を記載した書面

の交付の請求
**(新設合併契約等の承認)**
**第804条** ① 消滅株式会社等は,株主総会の決議によって,新設合併契約等の承認を受けなければならない.
② 前項の規定にかかわらず,新設合併設立会社が持分会社である場合には,新設合併契約について新設合併消滅株式会社の総株主の同意を得なければならない.
③ 新設合併消滅株式会社又は株式移転完全子会社が種類株式発行会社である場合において,新設合併消滅株式会社又は株式移転完全子会社の株主に対して交付する新設合併設立株式会社又は株式移転設立完全親株式会社の株式の全部又は一部が譲渡制限株式等であるときは,当該新設合併又は株式移転は,当該譲渡制限株式等の割当てを受ける種類の株式(譲渡制限株式を除く.)の種類株主を構成員とする種類株主総会(当該種類株主に係る株式の種類が二以上ある場合にあっては,当該二以上の株式の種類別に区分された種類株主を構成員とする各種類株主総会)の決議がなければ,その効力を生じない.ただし,当該種類株主総会において議決権を行使することができる株主が存しない場合は,この限りでない.
④ 消滅株式会社等は,第1項の株主総会の決議の日(第2項に規定する場合にあっては,同項の総株主の同意を得た日)から2週間以内に,その登録株式質権者(次条に規定する場合における登録株式質権者を除く.)及び第808条第3項各号に定める新株予約権の登録新株予約権質権者に対し,新設合併,新設分割又は株式移転(以下この節において「新設合併等」という.)をする旨を通知しなければならない.
⑤ 前項の規定による通知は,公告をもってこれに代えることができる.

**(新設分割計画の承認を要しない場合)**
**第805条** 前条第1項の規定は,新設分割により新設分割設立会社に承継させる資産の帳簿価額の合計額が新設分割株式会社の総資産額として法務省令で定める方法により算定される額の5分の1(これを下回る割合を新設分割株式会社の定款で定めた場合にあっては,その割合)を超えない場合には,適用しない.

**(反対株主の株式買取請求)**
**第806条** ① 新設合併等をする場合(次に掲げる場合を除く.)には,反対株主は,消滅株式会社等に対し,自己の有する株式を公正な価格で買い取ることを請求することができる.
1 第804条第2項に規定する場合
2 前条に規定する場合
② 前項に規定する「反対株主」とは,次に掲げる株主をいう.
1 第804条第1項の株主総会(新設合併等をするために種類株主総会の決議を要する場合にあっては,当該種類株主総会を含む.)に先立って当該新設合併等に反対する旨を当該消滅株式会社等に対し通知し,かつ,当該株主総会において当該新設合併等に反対した株主(当該株主総会において議決権を行使することができるものに限る.)
2 当該株主総会において議決権を行使することができない株主
③ 消滅株式会社等は,第804条第1項の株主総会の決議の日から2週間以内に,その株主に対し,新設合併等をする旨並びに他の新設合併消滅会社,新設分割会社又は株式移転完全子会社(以下この節において「消滅株式会社等」という.)の商号及び住所を通知しなければならない.ただし,第1項各号に掲げる場合は,この限りでない.
④ 前項の規定による通知は,公告をもってこれに代えることができる.
⑤ 第1項の規定による請求(以下この目において「株式買取請求」という.)は,第3項の規定による通知日又は前項の公告をした日から20日以内に,その株式買取請求に係る株式の数(種類株式発行会社にあっては,株式の種類及び種類ごとの数)を明らかにしてしなければならない.
⑥ 株式買取請求をした株主は,消滅株式会社等の承諾を得た場合に限り,その株式買取請求を撤回することができる.
⑦ 新設合併等を中止したときは,株式買取請求は,その効力を失う.

**(株式の価格の決定等)**
**第807条** ① 株式買取請求があった場合において,株式の価格の決定について,株主と消滅株式会社等(新設合併をする場合における新設合併設立会社.以下この条において同じ.)との間に協議が調ったときは,消滅株式会社等は,設立会社の成立の日から60日以内にその支払をしなければならない.
② 株式の価格の決定について,設立会社の成立の日から30日以内に協議が調わないときは,株主又は消滅株式会社等は,その期間の満了の日後30日以内に,裁判所に対し,価格の決定の申立てをすることができる.
③ 前条第6項の規定にかかわらず,前項に規定する場合において,設立会社の成立の日から60日以内に同項の申立てがないときは,その期間の満了後は,株主は,いつでも,株式買取請求を撤回することができる.
④ 消滅株式会社等は,裁判所の決定した価格に対する第1項の期間の満了の日後の年6分の利率により算定した利息をも支払わなければならない.
⑤ 株式買取請求に係る株式の買取りは,設立会社の成立の日(新設分割をする場合にあっては,当該株式の代金の支払の時)に,その効力を生ずる.
⑥ 株券発行会社は,株券が発行されている株式について株式買取請求があったときは,株券と引換えに,その株式買取請求に係る株式の代金を支払わなければならない.

**(新株予約権買取請求)**
**第808条** ① 次の各号に掲げる行為をする場合には,当該各号に定める消滅株式会社等の新株予約権の新株予約権者は,消滅株式会社等に対し,自己の有する新株予約権を公正な価格で買い取ることを請求することができる.
1 新設合併 第753条第1項第10号又は第11号に掲げる事項についての定めが第236条第1項第8号の条件(同号イに関するものに限る.)に合致する新株予約権以外の新株予約権
2 新設分割(新設分割設立会社が株式会社である場合に限る.) 次に掲げる新株予約権のうち,第763条第10号又は第11号に掲げる事項についての定めが第236条第1項第8号の条件(同号ハに関するものに限る.)に合致する新株予約権以外

の新株予約権
　イ　新設分割計画新株予約権
　ロ　新設分割計画新株予約権以外の新株予約権であって、新設分割をする場合において当該新株予約権の新株予約権者に新設分割設立株式会社の新株予約権を交付することとする旨の定めがあるもの
　3　株式移転　次に掲げる新株予約権のうち、第773条第1項第9号又は第10号に掲げる事項についての定めが第236条第1項第8号の条件（同号ホに関するものに限る。）に合致する新株予約権以外の新株予約権
　イ　株式移転計画新株予約権
　ロ　株式移転計画新株予約権以外の新株予約権であって、株式移転をする場合において当該新株予約権の新株予約権者に株式移転設立完全親会社の新株予約権を交付することとする旨の定めがあるもの
② 新株予約権付社債に付された新株予約権の新株予約権者は、前項の規定による請求（以下この目において「新株予約権買取請求」という。）をするときは、併せて、新株予約権付社債についての社債を買い取ることを請求しなければならない。ただし、当該新株予約権付社債に付された新株予約権についての別段の定めがある場合は、この限りでない。
③ 次の各号に掲げる消滅株式会社等は、第804条第1項の株主総会の決議の日（同条第2項に規定する場合にあっては同項の総株主の同意を得た日、第805条に規定する場合にあっては新設分割計画の作成の日）から2週間以内に、当該各号に定める新株予約権の新株予約権者に対し、新設合併等をする旨並びに他の消滅会社等及び設立会社の商号及び住所を通知しなければならない。
　1　新設合併消滅株式会社　全部の新株予約権
　2　新設分割設立会社が株式会社である場合における新設分割株式会社　次に掲げる新株予約権
　イ　新設分割計画新株予約権
　ロ　新設分割計画新株予約権以外の新株予約権であって、新設分割をする場合において当該新株予約権の新株予約権者に新設分割設立株式会社の新株予約権を交付することとする旨の定めがあるもの
　3　株式移転完全子会社　次に掲げる新株予約権
　イ　株式移転計画新株予約権
　ロ　株式移転計画新株予約権以外の新株予約権であって、株式移転をする場合において当該新株予約権の新株予約権者に株式移転設立完全親会社の新株予約権を交付することとする旨の定めがあるもの
④ 前項の規定による通知は、公告をもってこれに代えることができる。
⑤ 新株予約権買取請求は、第3項の規定による通知又は前項の公告をした日から20日以内に、その新株予約権買取請求に係る新株予約権の内容及び数を明らかにしてしなければならない。
⑥ 新株予約権買取請求をした新株予約権者は、消滅株式会社等の承諾を得た場合に限り、その新株予約権買取請求を撤回することができる。
⑦ 新設合併等を中止したときは、新株予約権買取請求は、その効力を失う。
（新株予約権の価格の決定等）
第809条　① 新株予約権買取請求があった場合において、新株予約権（当該新株予約権が新株予約権付社債に付されたものである場合において、当該新株予約権付社債についての社債の買取りの請求があったときは、その社債を含む。以下この条において同じ。）の価格の決定について、新株予約権者と消滅株式会社等（新設合併をする場合における新設合併設立会社の成立の日後においては、設立会社。以下この条において同じ。）との間に協議が調ったときは、消滅株式会社等は、設立会社の成立の日から60日以内にその支払をしなければならない。
② 新株予約権の価格の決定について、設立会社の成立の日から30日以内に協議が調わないときは、新株予約権者又は消滅株式会社等は、その期間の満了の日後30日以内に、裁判所に対し、価格の決定の申立てをすることができる。
③ 前条第6項の規定にかかわらず、前項に規定する場合において、設立会社の成立の日から60日以内に同項の申立てがないときは、その期間の満了後は、新株予約権者は、いつでも、新株予約権買取請求を撤回することができる。
④ 消滅株式会社等は、裁判所の決定した価格に対する第1項の期間の満了の日後の年6分の利率により算定した利息をも支払わなければならない。
⑤ 新株予約権買取請求に係る新株予約権の買取りは、次の各号に掲げる新株予約権の区分に応じ、当該各号に定める時に、その効力を生ずる。
　1　前条第1項第1号に定める新株予約権　新設合併設立会社の成立の日
　2　前条第1項第2号に掲げる新株予約権　新設分割設立会社の成立の日
　3　前条第1項第2号ロに掲げる新株予約権　当該新株予約権の代金の支払の時
　4　前条第1項第3号イに掲げる新株予約権　株式移転設立完全親会社の成立の日
　5　前条第1項第3号ロに掲げる新株予約権　当該新株予約権の代金の支払の時
⑥ 消滅株式会社等は、新株予約権証券が発行されている新株予約権について新株予約権買取請求があったときは、新株予約権証券と引換えに、その新株予約権買取請求に係る新株予約権の代金を支払わなければならない。
⑦ 消滅株式会社等は、新株予約権付社債券が発行されている新株予約権付社債に付された新株予約権について新株予約権買取請求があったときは、新株予約権付社債券と引換えに、その新株予約権買取請求に係る新株予約権の代金を支払わなければならない。
（債権者の異議）
第810条　① 次の各号に掲げる場合には、当該各号に定める債権者は、消滅株式会社等に対し、新設合併等について異議を述べることができる。
　1　新設合併をする場合　新設合併消滅株式会社の債権者
　2　新設分割をする場合　新設分割後新設分割株式会社に対して債務の履行（当該債務の保証人として新設分割設立会社と連帯して負担する保証債務の履行を含む。）を請求することができない新設分割株式会社の債権者（第763条第12号又は第765条第1項第8号に掲げる事項についての定めがある場合にあっては、新設分割株式会社の債権者）
　3　株式移転計画新株予約権が新株予約権付社債に

付された新株予約権である場合　当該新株予約権付社債についての社債権者
② 前項の規定により消滅株式会社等の債権者の全部又は一部が異議を述べることができる場合には, 消滅株式会社等は, 次に掲げる事項を官報に公告し, かつ, 知れている債権者（同項の規定により異議を述べることができるものに限る.）には, 各別にこれを催告しなければならない. ただし, 第4号の期間は, 1箇月を下ることができない.
1　新設合併等をする旨
2　他の消滅会社等及び設立会社の商号及び住所
3　消滅株式会社等の計算書類に関する事項として法務省令で定めるもの
4　債権者が一定の期間内に異議を述べることができる旨
③ 前項の規定にかかわらず, 消滅株式会社等が同項の規定による公告を, 官報のほか, 第939条第1項の規定による公告の定めに従い, 同項第2号又は第3号に掲げる公告方法によりするときは, 前項の規定による各別の催告（新設分割をする場合における不法行為によって生じた新設分割株式会社の債務の債権者に対するものを除く.）は, することを要しない.
④ 債権者が第2項第4号の期間内に異議を述べなかったときは, 当該債権者は, 当該新設合併等について承認をしたものとみなす.
⑤ 債権者が第2項第4号の期間内に異議を述べたときは, 消滅株式会社等は, 当該債権者に対し, 弁済し, 若しくは相当の担保を提供し, 又は当該債権者に弁済を受けさせることを目的として信託会社等に相当の財産を信託しなければならない. ただし, 当該新設合併等をしても当該債権者を害するおそれがないときは, この限りでない.

**（新設分割又は株式移転に関する書面等の備置き及び閲覧等）**
**第811条** ① 新設分割株式会社又は株式移転完全子会社は, 新設分割設立会社又は株式移転設立完全親会社の成立の日後遅滞なく, 新設分割設立会社又は株式移転設立完全親会社と共同して, 次の各号に掲げる区分に応じ, 当該各号に定めるものを作成しなければならない.
1　新設分割株式会社　新設分割により新設分割設立会社が承継した新設分割株式会社の権利義務その他の新設分割に関する事項として法務省令で定める事項を記載し, 又は記録した書面又は電磁的記録
2　株式移転完全子会社　株式移転により株式移転設立完全親会社が取得した株式移転完全子会社の株式の数その他の株式移転に関する事項として法務省令で定める事項を記載し, 又は記録した書面又は電磁的記録
② 新設分割株式会社又は株式移転完全子会社は, 新設分割設立会社又は株式移転設立完全親会社の成立の日から6箇月間, 前項各号の書面又は電磁的記録をその本店に備え置かなければならない.
③ 新設分割株式会社の株主, 債権者その他の利害関係人は, 新設分割株式会社に対して, その営業時間内は, いつでも, 次に掲げる請求をすることができる. ただし, 第2号又は第4号に掲げる請求をするには, 当該新設分割株式会社の定めた費用を支払わなければならない.
1　前項の書面の閲覧の請求

2　前項の書面の謄本又は抄本の交付の請求
3　前項の電磁的記録に記録された事項を法務省令で定める方法により表示したものの閲覧の請求
4　前項の電磁的記録に記録された事項を電磁的方法であって新設分割株式会社の定めたものにより提供することの請求又はその事項を記載した書面の交付の請求
④ 前項の規定は, 株式移転完全子会社について準用する. この場合において, 同項中「新設分割株式会社の株主, 債権者その他の利害関係人」とあるのは, 「株式移転設立完全親会社の成立の日に株式移転完全子会社の株主又は新株予約権者であった者」と読み替えるものとする.

**（剰余金の配当等に関する特則）**
**第812条**　第458条及び第2編第5章第6節の規定は, 次に掲げる行為については, 適用しない.
1　第763条第12号イ又は第765条第1項第8号イの株式の取得
2　第763条第12号ロ又は第765条第1項第8号ロの剰余金の配当

**第2目　持分会社の手続**
**第813条** ① 次に掲げる行為をする持分会社は, 新設合併契約等について当該持分会社の総社員の同意を得なければならない. ただし, 定款に別段の定めがある場合は, この限りでない.
1　新設合併
2　新設分割（当該持分会社（合同会社に限る.）がその事業に関して有する権利義務の全部を他の会社に承継させる場合に限る.）
② 第810条（第1項第3号及び第2項第3号を除く.）の規定は, 新設合併消滅持分会社又は合同会社である新設分割株式会社（以下この節において「新設分割合同会社」という.）について準用する. この場合において, 同条第1項第2号中「債権者（第763条第12号又は第765条第1項第8号に掲げる事項についての定めがある場合にあっては, 新設分割株式会社の債権者）」とあるのは「債権者」と, 同条第3項中「消滅株式会社等」とあるのは「新設合併消滅持分会社（新設分割設立会社が株式会社又は合同会社である場合にあっては, 合同会社に限る.）又は新設分割合同会社」と読み替えるものとする.

**第2款　新設合併設立会社, 新設分割設立会社及び株式移転設立完全親会社の手続**
**第1目　株式会社の手続**
**（株式会社の設立の特則）**
**第814条** ① 第2編第1章（第27条（第4号及び第5号を除く.）, 第29条, 第31条, 第39条, 第6節及び第49条を除く.）の規定は, 新設合併設立株式会社, 新設分割設立株式会社又は株式移転設立完全親会社（以下この目において「設立株式会社」という.）の設立については, 適用しない.
② 設立株式会社の定款は, 消滅会社等が作成する.

**（新設合併契約等に関する書面等の備置き及び閲覧等）**
**第815条** ① 新設合併設立株式会社は, その成立の日後遅滞なく, 新設合併により新設合併設立株式会社が承継した新設合併消滅会社の権利義務その他の新設合併に関する事項として法務省令で定める事項を記載し, 又は記録した書面又は電磁的記録を作成しなければならない.
② 新設分割設立株式会社（一又は二以上の合同会

社のみが新設分割をする場合における当該新設分割設立株式会社に限る.）は、その成立の日後遅滞なく、新設分割合同会社と共同して、新設分割により新設分割設立株式会社が承継した新設分割合同会社の権利義務その他の新設分割に関する事項として法務省令で定める事項を記載し、又は記録した書面又は電磁的記録を作成しなければならない.

③ 次の各号に掲げる設立株式会社は、その成立の日から6箇月間、当該各号に定めるものをその本店に備え置かなければならない.

1　新設合併設立株式会社　第1項の書面又は電磁的記録及び新設合併契約の内容その他法務省令で定める事項を記載し、又は記録した書面又は電磁的記録

2　新設分割設立株式会社　前項又は第811条第1項第1号の書面又は電磁的記録

3　株式移転設立完全親会社　第811条第1項第2号の書面又は電磁的記録

④ 新設合併設立株式会社の株主及び債権者は、新設合併設立株式会社に対して、その営業時間内は、いつでも、次に掲げる請求をすることができる．ただし、第2号又は第4号に掲げる請求をするには、当該新設合併設立株式会社の定めた費用を支払わなければならない.

1　前項第1号の書面の閲覧の請求

2　前項第1号の書面の謄本又は抄本の交付の請求

3　前項第1号の電磁的記録に記録された事項を法務省令で定める方法により表示したものの閲覧の請求

4　前項第1号の電磁的記録に記録された事項を電磁的方法であって新設合併設立株式会社の定めたものにより提供することの請求又はその事項を記載した書面の交付の請求

⑤ 前項の規定は、新設分割設立株式会社について準用する．この場合において、同項中「株主及び債権者」とあるのは「株主、債権者その他の利害関係人」と、同項各号中「前項第1号」とあるのは「前項第2号」と読み替えるものとする．

⑥ 第4項の規定は、株式移転設立完全親会社について準用する．この場合において、同項中「株主及び債権者」とあるのは「株主及び新株予約権者」と、同項各号中「前項第1号」とあるのは「前項第3号」と読み替えるものとする．

### 第2目　持分会社の手続

**（持分会社の設立の特則）**

**第816条**　① 第575条及び第578条の規定は、新設合併設立持分会社又は新設分割設立持分会社（次項において「設立持分会社」という．）の設立については、適用しない．

② 設立持分会社の定款は、消滅会社等が作成する．

## 第6編　外国会社

**（外国会社の日本における代表者）**

**第817条**　① 外国会社は、日本において取引を継続してしようとするときは、日本における代表者を定めなければならない．この場合において、その日本における代表者のうち1人以上は、日本に住所を有する者でなければならない．

② 外国会社の日本における代表者は、当該外国会社の日本における業務に関する一切の裁判上又は裁判外の行為をする権限を有する．

③ 前項の権限に加えた制限は、善意の第三者に対抗することができない．

④ 外国会社は、その日本における代表者がその職務を行うについて第三者に加えた損害を賠償する責任を負う．

**（登記前の継続取引の禁止等）**

**第818条**　① 外国会社は、外国会社の登記をするまでは、日本において取引を継続してすることができない．

② 前項の規定に違反して取引をした者は、相手方に対し、外国会社と連帯して、当該取引によって生じた債務を弁済する責任を負う．

**（貸借対照表に相当するものの公告）**

**第819条**　① 外国会社の登記をした外国会社（日本における同種の会社又は最も類似する会社（株式会社であるものに限る．）は、法務省令で定めるところにより、第438条第2項の承認と同様の手続又はこれに類似する手続の終結後遅滞なく、貸借対照表に相当するものを日本において公告しなければならない．

② 前項の規定にかかわらず、その公告方法が第939条第1項第1号又は第2号に掲げる方法である外国会社は、前項に規定する貸借対照表に相当するものの要旨を公告することで足りる．

③ 前項の外国会社は、法務省令で定めるところにより、第1項の手続の終結後遅滞なく、同項に規定する貸借対照表に相当するものの内容である情報を、当該手続の終結の日後5年を経過する日までの間、継続して電磁的方法により日本において不特定多数の者が提供を受けることができる状態に置く措置をとることができる．この場合においては、前2項の規定は、適用しない．

④ 金融商品取引法第24条第1項の規定により有価証券報告書を内閣総理大臣に提出しなければならない外国会社については、前3項の規定は、適用しない．

**（日本に住所を有する日本における代表者の退任）**

**第820条**　① 外国会社の登記をした外国会社は、日本における代表者（日本に住所を有するものに限る．）の全員が退任しようとするときは、当該外国会社の債権者に対し異議があれば一定の期間内にこれを述べることができる旨を官報に公告し、かつ、知れている債権者には、各別にこれを催告しなければならない．ただし、当該期間は、1箇月を下ることができない．

② 債権者が前項の期間内に異議を述べたときは、同項の外国会社は、当該債権者に対し、弁済し、若しくは相当の担保を提供し、又は当該債権者に弁済を受けさせることを目的として信託会社等に相当の財産を信託しなければならない．ただし、同項の退任をしても当該債権者を害するおそれがないときは、この限りでない．

③ 第1項の退任は、前2項の手続が終了した後にその登記をすることによって、その効力を生ずる．

**（擬似外国会社）**

**第821条**　① 日本に本店を置き、又は日本において事業を行うことを主たる目的とする外国会社は、日本において取引を継続してすることができない．

② 前項の規定に違反して取引をした者は、相手方に対し、外国会社と連帯して、当該取引によって生じた債務を弁済する責任を負う．

**（日本にある外国会社の財産についての清算）**

**第822条** ① 裁判所は、次に掲げる場合には、利害関係人の申立てにより又は職権で、日本にある外国会社の財産の全部について清算の開始を命ずることができる。
　1　外国会社が第827条第1項の規定による命令を受けた場合
　2　外国会社が日本において取引を継続してすることをやめた場合
② 前項の場合には、裁判所は、清算人を選任する。
③ 第476条、第2編第9章第1節第2款、第492条、同節第4款及び第508条の規定並びに同節第2節（第510条、第511条及び第514条を除く。）の規定は、その性質上許されないものを除き、第1項の規定による日本にある外国会社の財産についての清算について準用する。
④ 第820条の規定は、外国会社が第1項の清算の開始を命じられた場合において、当該外国会社の日本における代表者（日本に住所を有するものに限る。）の全員が退任しようとするときは、適用しない。

（他の法律の適用関係）
**第823条**　外国会社は、他の法律の適用については、日本における同種の会社又は最も類似する会社とみなす。ただし、他の法律に別段の定めがあるときは、この限りでない。

## 第7編　雑　則

### 第1章　会社の解散命令等

#### 第1節　会社の解散命令
（会社の解散命令）
**第824条** ① 裁判所は、次に掲げる場合において、公益を確保するため会社の存立を許すことができないと認めるときは、法務大臣又は株主、社員、債権者その他の利害関係人の申立てにより、会社の解散を命ずることができる。
　1　会社の設立が不法な目的に基づいてされたとき。
　2　会社が正当な理由がないのにその成立の日から1年以内にその事業を開始せず、又は引き続き1年以上その事業を休止したとき。
　3　業務執行取締役、執行役又は業務を執行する社員が、法令若しくは定款で定める会社の権限を逸脱し若しくは濫用する行為又は刑罰法令に触れる行為をした場合において、法務大臣から書面による警告を受けたにもかかわらず、なお継続的に又は反覆して当該行為をしたとき。
② 株主、社員、債権者その他の利害関係人が前項の申立てをしたときは、裁判所は、会社の申立てにより、同項の申立てをした者に対し、相当の担保を立てるべきことを命ずることができる。
③ 会社は、前項の規定による申立てをするには、第1項の申立てが悪意によるものであることを疎明しなければならない。
④ 民事訴訟法（平成8年法律第109号）第75条第5項及び第7項並びに第76条から第80条までの規定は、第2項の規定により第1項の申立てについて立てるべき担保について準用する。

（会社の財産に関する保全処分）
**第825条**　裁判所は、前条第1項の申立てがあった場合には、法務大臣若しくは株主、社員、債権者その他の利害関係人の申立てにより又は職権で、同項の申立てにつき決定があるまでの間、会社の財産に関し、管理人による管理を命ずる処分（次項において「管理命令」という。）その他の必要な保全処分を命ずることができる。
② 裁判所は、管理命令をする場合には、当該管理命令において、管理人を選任しなければならない。
③ 裁判所は、法務大臣若しくは株主、社員、債権者その他の利害関係人の申立てにより又は職権で、前項の管理人を解任することができる。
④ 裁判所は、第2項の管理人を選任した場合には、会社が当該管理人に対して支払う報酬の額を定めることができる。
⑤ 第2項の管理人は、裁判所が監督する。
⑥ 裁判所は、第2項の管理人に対し、会社の財産の状況の報告をし、かつ、その管理の計算をすることを命ずることができる。
⑦ 民法第644条、第646条、第647条及び第650条の規定は、第2項の管理人について準用する。この場合において、同法第646条、第647条及び第650条中「委任者」とあるのは、「会社」と読み替えるものとする。

（官庁等の法務大臣に対する通知義務）
**第826条**　裁判所その他の官庁、検察官又は吏員は、その職務上第824条第1項の申立て又は同項第3号の警告をすべき事由があることを知ったときは、法務大臣にその旨を通知しなければならない。

#### 第2節　外国会社の取引継続禁止又は営業所閉鎖の命令

**第827条** ① 裁判所は、次に掲げる場合には、法務大臣又は株主、社員、債権者その他の利害関係人の申立てにより、外国会社が日本において取引を継続してすることの禁止又は日本に設けられた営業所の閉鎖を命ずることができる。
　1　外国会社の事業が不法な目的に基づいて行われたとき。
　2　外国会社が正当な理由がないのに外国会社の登記の日から1年以内にその事業を開始せず、又は引き続き1年以上その事業を休止したとき。
　3　外国会社が正当な理由がないのに支払を停止したとき。
　4　外国会社の日本における代表者その他その業務を執行する者が、法令で定める外国会社の権限を逸脱し若しくは濫用する行為又は刑罰法令に触れる行為をした場合において、法務大臣から書面による警告を受けたにもかかわらず、なお継続的に又は反覆して当該行為をしたとき。
② 第824条第2項から第4項まで及び前2条の規定は、前項の場合について準用する。この場合において、第824条第2項中「前項」とあり、同条第3項及び第4項中「第1項」とあり、並びに第825条第1項中「前条第1項」とあるのは「第827条第1項」と、前条中「第824条第1項」とあるのは「次条第1項」と、「同項第3号」とあるのは「同項第4号」と読み替えるものとする。

### 第2章　訴　訟

#### 第1節　会社の組織に関する訴え
（会社の組織に関する行為の無効の訴え）
**第828条** ① 次の各号に掲げる行為の無効は、当該各号に定める期間に、訴えをもってのみ主張することができる。
　1　会社の設立　会社の成立の日から2年以内

2　株式会社の成立後における株式の発行　株式の発行の効力が生じた日から6箇月以内（公開会社でない株式会社にあっては，株式の発行の効力が生じた日から1年以内）
3　自己株式の処分　自己株式の処分の効力が生じた日から6箇月以内（公開会社でない株式会社にあっては，自己株式の処分の効力が生じた日から1年以内）
4　新株予約権（当該新株予約権が新株予約権付社債に付されたものである場合にあっては，当該新株予約権付社債についての社債を含む．以下この章において同じ．）の発行　新株予約権の発行の効力が生じた日から6箇月以内（公開会社でない株式会社にあっては，新株予約権の発行の効力が生じた日から1年以内）
5　株式会社における資本金の額の減少　資本金の額の減少の効力が生じた日から6箇月以内
6　会社の組織変更　組織変更の効力が生じた日から6箇月以内
7　会社の吸収合併　吸収合併の効力が生じた日から6箇月以内
8　会社の新設合併　新設合併の効力が生じた日から6箇月以内
9　株式会社の吸収分割　吸収分割の効力が生じた日から6箇月以内
10　株式会社の新設分割　新設分割の効力が生じた日から6箇月以内
11　株式会社の株式交換　株式交換の効力が生じた日から6箇月以内
12　株式会社の株式移転　株式移転の効力が生じた日から6箇月以内
② 次の各号に掲げる行為の無効の訴えは，当該各号に定める者に限り，提起することができる．
1　前項第1号に掲げる行為　設立する株式会社の株主等（株主，取締役又は清算人（監査役設置会社にあっては株主，取締役，監査役又は清算人，委員会設置会社にあっては株主，取締役，執行役又は清算人）をいう．以下この節において同じ．）又は設立する持分会社の社員等（社員又は清算人をいう．以下この項において同じ．）
2　前項第2号に掲げる行為　当該株式会社の株主等
3　前項第3号に掲げる行為　当該株式会社の株主等
4　前項第4号に掲げる行為　当該株式会社の株主等又は新株予約権者
5　前項第5号に掲げる行為　当該株式会社の株主等，破産管財人又は資本金の額の減少について承認をしなかった債権者
6　前項第6号に掲げる行為　当該行為の効力が生じた日において組織変更をする会社の株主等若しくは社員等であった者又は組織変更後の会社の株主等，社員等，破産管財人若しくは組織変更について承認をしなかった債権者
7　前項第7号に掲げる行為　当該行為の効力が生じた日において吸収合併をする会社の株主等若しくは社員等であった者又は吸収合併後存続する会社の株主等，社員等，破産管財人若しくは吸収合併について承認をしなかった債権者
8　前項第8号に掲げる行為　当該行為の効力が生じた日において新設合併をする会社の株主等若しくは社員等であった者又は新設合併により設立する会社の株主等，社員等，破産管財人若しくは新設合併について承認をしなかった債権者
9　前項第9号に掲げる行為　当該行為の効力が生じた日において吸収分割契約をした会社の株主等若しくは社員等であった者又は吸収分割契約をした会社の株主等，社員等，破産管財人若しくは吸収分割について承認をしなかった債権者
10　前項第10号に掲げる行為　当該行為の効力が生じた日において新設分割をする会社の株主等若しくは社員等であった者又は新設分割をする会社若しくは新設分割により設立する会社の株主等，社員等，破産管財人若しくは新設分割について承認をしなかった債権者
11　前項第11号に掲げる行為　当該行為の効力が生じた日において株式交換契約をした会社の株主等若しくは社員等であった者又は株式交換契約をした会社の株主等，社員等，破産管財人若しくは株式交換について承認をしなかった債権者
12　前項第12号に掲げる行為　当該行為の効力が生じた日において株式移転をする株式会社の株主等であった者又は株式移転により設立する株式会社の株主等

（新株発行等の不存在の確認の訴え）
**第829条**　次に掲げる行為については，当該行為が存在しないことの確認を，訴えをもって請求することができる．
1　株式会社の成立後における株式の発行
2　自己株式の処分
3　新株予約権の発行

（株主総会等の決議の不存在又は無効の確認の訴え）
**第830条**　① 株主総会若しくは種類株主総会又は創立総会若しくは種類創立総会（以下この節及び第937条第1項第1号トにおいて「株主総会等」という．）の決議については，決議が存在しないことの確認を，訴えをもって請求することができる．
② 株主総会等の決議については，決議の内容が法令に違反することを理由として，決議が無効であることの確認を，訴えをもって請求することができる．

（株主総会等の決議の取消しの訴え）
**第831条**　① 次の各号に掲げる場合には，株主等（当該株主総会等が創立総会又は種類創立総会である場合にあっては，株主等，設立時株主，設立時取締役又は設立時監査役）は，株主総会等の決議の日から3箇月以内に，訴えをもって当該決議の取消しを請求することができる．当該決議の取消しにより取締役，監査役又は清算人（当該決議が株主総会又は種類株主総会の決議である場合にあっては第346条第1項（第479条第4項において準用する場合を含む．）の規定により取締役，監査役又は清算人としての権利義務を有する者を含み，当該決議が創立総会又は種類創立総会の決議である場合にあっては設立時取締役又は設立時監査役を含む．）となる者も，同様とする．
1　株主総会等の招集の手続又は決議の方法が法令若しくは定款に違反し，又は著しく不公正なとき．
2　株主総会等の決議の内容が定款に違反するとき．
3　株主総会等の決議について特別の利害関係を有する者が議決権を行使したことによって，著しく不当な決議がされたとき．
② 前項の訴えの提起があった場合において，株主総会等の招集の手続又は決議の方法が法令又は定款に違反するときであっても，裁判所は，その違反する事実が重大でなく，かつ，決議に影響を及ぼさないものであると認めるときは，同項の規定による請求を棄

却することができる.

**(持分会社の設立の取消しの訴え)**
**第832条** 次の各号に掲げる場合には,当該各号に定める者は,持分会社の成立の日から2年以内に,訴えをもって持分会社の設立の取消しを請求することができる.
1 社員が民法その他の法律の規定により設立に係る意思表示を取り消すことができるとき 当該社員
2 社員がその債権者を害することを知って持分会社を設立したとき 当該債権者

**(会社の解散の訴え)**
**第833条** ① 次に掲げる場合において,やむを得ない事由があるときは,総株主(株主総会において決議をすることができる事項の全部につき議決権を行使することができない株主を除く.)の議決権の10分の1(これを下回る割合を定款で定めた場合にあっては,その割合)以上の議決権を有する株主又は発行済株式(自己株式を除く.)の10分の1(これを下回る割合を定款で定めた場合にあっては,その割合)以上の数の株式を有する株主は,訴えをもって株式会社の解散を請求することができる.
1 株式会社が業務の執行において著しく困難な状況に至り,当該株式会社に回復することができない損害が生じ,又は生ずるおそれがあるとき.
2 株式会社の財産の管理又は処分が著しく失当で,当該株式会社の存立を危うくするとき.
② やむを得ない事由がある場合には,持分会社の社員は,訴えをもって持分会社の解散を請求することができる.

**(被 告)**
**第834条** 次の各号に掲げる訴え(以下この節において「会社の組織に関する訴え」と総称する.)については,当該各号に定める者を被告とする.
1 会社の設立の無効の訴え 設立する会社
2 株式会社の成立後における株式の発行の無効の訴え(第840条第1項において「新株発行の無効の訴え」という.) 株式の発行をした株式会社
3 自己株式の処分の無効の訴え 自己株式の処分をした会社
4 新株予約権の発行の無効の訴え 新株予約権の発行をした株式会社
5 株式会社における資本金の額の減少の無効の訴え 当該株式会社
6 会社の組織変更の無効の訴え 組織変更後の会社
7 会社の吸収合併の無効の訴え 吸収合併後存続する会社
8 会社の新設合併の無効の訴え 新設合併により設立する会社
9 会社の吸収分割の無効の訴え 吸収分割契約をした会社
10 会社の新設分割の無効の訴え 新設分割をする会社及び新設分割により設立する会社
11 株式会社の株式交換の無効の訴え 株式交換契約をした会社
12 株式会社の株式移転の無効の訴え 株式移転をする株式会社及び株式移転により設立する株式会社
13 株式会社の成立後における株式の発行が存在しないことの確認の訴え 株式の発行をした株式会社
14 自己株式の処分が存在しないことの確認の訴え 自己株式の処分をした株式会社
15 新株予約権の発行が存在しないことの確認の訴え 新株予約権の発行をした株式会社
16 株主総会等の決議が存在しないこと又は株主総会等の決議の内容が法令に違反することを理由として当該決議が無効であることの確認の訴え 当該株式会社
17 株主総会等の決議の取消しの訴え 当該株式会社
18 第832条第1号の規定による持分会社の設立の取消しの訴え 当該持分会社
19 第832条第2号の規定による持分会社の設立の取消しの訴え 当該持分会社及び同号の社員
20 株式会社の解散の訴え 当該株式会社
21 持分会社の解散の訴え 当該持分会社

**(訴えの管轄及び移送)**
**第835条** ① 会社の組織に関する訴えは,被告となる会社の本店の所在地を管轄する地方裁判所の管轄に専属する.
② 前条第9号から第12号までの規定により二以上の地方裁判所が管轄権を有するときは,当該各号に掲げる訴えは,先に訴えの提起があった地方裁判所が管轄する.
③ 前項の場合には,裁判所は,当該訴えに係る訴訟がその管轄に属する場合においても,著しい損害又は遅滞を避けるため必要があると認めるときは,申立てにより又は職権で,訴訟を他の管轄裁判所に移送することができる.

**(担保提供命令)**
**第836条** ① 会社の組織に関する訴えであって,株主又は設立時株主が提起することができるものについては,裁判所は,被告の申立てにより,当該会社の組織に関する訴えを提起した株主又は設立時株主に対し,相当の担保を立てるべきことを命ずることができる.ただし,株主が取締役,監査役,執行役若しくは清算人であるとき,又は設立時株主が設立時取締役若しくは設立時監査役であるときは,この限りでない.
② 前項の規定は,会社の組織に関する訴えであって,債権者が提起することができるものについて準用する.
③ 被告は,第1項(前項において準用する場合を含む.)の申立てをするには,原告の訴えの提起が悪意によるものであることを疎明しなければならない.

**(弁論等の必要的併合)**
**第837条** 同一の請求を目的とする会社の組織に関する訴えに係る訴訟が数個同時に係属するときは,その弁論及び裁判は,併合してしなければならない.

**(認容判決の効力が及ぶ者の範囲)**
**第838条** 会社の組織に関する訴えに係る請求を認容する確定判決は,第三者に対してもその効力を有する.

**(無効又は取消しの判決の効力)**
**第839条** 会社の組織に関する訴え(第834条第1号から第12号まで,第18号及び第19号に掲げる訴えに限る.)に係る請求を認容する判決が確定したときは,当該判決において無効とされ,又は取り消された行為(当該行為によって会社が設立された場合にあっては当該設立を含み,当該行為に際して株式又は新株予約権が交付された場合にあっては当該株式又は新株予約権を含む.)は,将来に向かってその効力を失う.

**(新株発行の無効判決の効力)**
**第840条** ① 新株発行の無効の訴えに係る請求を認容する判決が確定したときは,当該株式会社は,当該判決の確定時における当該株式に係る株主に対

し，払込みを受けた金額又は給付を受けた財産の給付の時における価額に相当する金銭を支払わなければならない．この場合において，当該株式会社が株券発行会社であるときは，当該株式会社は，当該株主に対し，当該金銭の支払をするのと引換えに，当該株式に係る旧株券（前条の規定により効力を失った株式に係る株券をいう．以下この節において同じ．）を返還することを請求することができる．

② 前項の金銭の金額が同項の判決が確定した時における会社財産の状況に照らして著しく不相当であるときは，裁判所は，同項前段の株式会社又は株主の申立てにより，当該金額の増減を命ずることができる．

③ 前項の申立ては，同項の判決が確定した日から6箇月以内にしなければならない．

④ 第1項前段に規定する場合には，同項前段の株式を目的とする質権は，同項の金銭について存在する．

⑤ 第1項前段に規定する場合には，前項の質権の登録株式質権者は，第1項前段の株式会社から同項の金銭を受領し，他の債権者に先立って自己の債権の弁済に充てることができる．

⑥ 前項の債権の弁済期が到来していないときは，同項の登録株式質権者は，第1項前段の株式会社に同項の金銭に相当する金額を供託することができる．この場合において，質権は，その供託金について存在する．

**（自己株式の処分の無効判決の効力）**

**第841条** ① 自己株式の処分の無効の訴えに係る請求を認容する判決が確定したときは，当該株式会社は，当該判決の確定時における当該自己株式に係る株主に対し，払込みを受けた金額又は給付を受けた財産の給付の時における価額に相当する金銭を支払わなければならない．この場合において，当該株式会社が株券発行会社であるときは，当該株式会社は，当該株主に対し，当該金銭の支払をするのと引換えに，当該自己株式に係る旧株券を返還することを請求することができる．

② 前条第2項から第6項までの規定は，前項の場合について準用する．この場合において，同条第4項中「株式」とあるのは，「自己株式」と読み替えるものとする．

**（新株予約権発行の無効判決の効力）**

**第842条** ① 新株予約権の発行の無効の訴えに係る請求を認容する判決が確定したときは，当該株式会社は，当該判決の確定時における当該新株予約権に係る新株予約権者に対し，払込みを受けた金額又は給付を受けた財産の給付の時における価額に相当する金銭を支払わなければならない．この場合において，当該新株予約権に係る新株予約権証券（当該新株予約権が新株予約権付社債に付されたものである場合にあっては，当該新株予約権付社債に係る新株予約権付社債券．以下この項において同じ．）を発行しているときは，当該株式会社は，当該新株予約権者に対し，当該金銭の支払をするのと引換えに，第839条の規定により効力を失った新株予約権に係る新株予約権証券を返還することを請求することができる．

② 第840条第2項から第6項までの規定は，前項の場合について準用する．この場合において，同条第2項中「株主」とあるのは「新株予約権者」と，同条第4項中「株式」とあるのは「新株予約権」と，同条第5項及び第6項中「登録株式質権者」とあるのは「登録新株予約権質権者」と読み替えるものとする．

**（合併又は会社分割の無効判決の効力）**

**第843条** ① 次の各号に掲げる行為の無効の訴えに係る請求を認容する判決が確定したときは，当該行為をした会社は，当該行為の効力が生じた日後に当該各号に定める会社が負担した債務について，連帯して弁済する責任を負う．

1　会社の吸収合併　吸収合併後存続する会社
2　会社の新設合併　新設合併により設立する会社
3　会社の吸収分割　吸収分割をする会社がその事業に関して有する権利義務の全部又は一部を当該会社から承継する会社
4　会社の新設分割　新設分割により設立する会社

② 前項に規定する場合には，同項各号に掲げる行為の効力が生じた日後に当該各号に定める会社が取得した財産は，当該行為をした会社と当該各号に定める会社の共有に属する．ただし，同項第4号に掲げる行為を一の会社がした場合には，同号に定める会社が取得した財産は，当該行為をした一の会社に属する．

③ 第1項及び前項本文に規定する場合には，各会社の第1項の債務の負担部分及び前項本文の財産の共有持分は，各会社の協議によって定める．

④ 各会社の第1項の債務の負担部分又は第2項本文の財産の共有持分について，前項の協議が調わないときは，裁判所は，各会社の申立てにより，第1項各号に掲げる行為の効力が生じた時における各会社の財産の額その他一切の事情を考慮して，これを定める．

**（株式交換又は株式移転の無効判決の効力）**

**第844条** ① 株式会社の株式交換又は株式移転の無効の訴えに係る請求を認容する判決が確定した場合において，株式交換又は株式移転をする株式会社（以下この条において「旧完全子会社」という．）の発行済株式の全部を取得する株式会社（以下この条において「旧完全親会社」という．）が当該株式交換又は株式移転に際して当該旧完全親会社の株式（以下この条において「旧完全親会社株式」という．）を交付したときは，当該旧完全親会社は，当該判決の確定時における当該旧完全親会社株式に係る株主に対し，当該株式交換又は株式移転の際に当該旧完全親会社株式の交付を受けた者が有していた旧完全子会社の株式（以下この条において「旧完全子会社株式」という．）を交付しなければならない．この場合において，当該旧完全親会社が株券発行会社であるときは，当該旧完全親会社は，当該株主に対し，当該旧完全子会社株式を交付するのと引換えに，当該旧完全親会社株式に係る旧株券を返還することを請求することができる．

② 前項前段に規定する場合には，旧完全親会社株式を目的とする質権は，旧完全子会社株式について存在する．

③ 前項の質権の質権者が登録株式質権者であるときは，旧完全親会社は，第1項の判決の確定後遅滞なく，旧完全子会社に対し，当該登録株式質権者についての第148条各号に掲げる事項を通知しなければならない．

④ 前項の規定による通知を受けた旧完全子会社は，その株主名簿に同項の登録株式質権者の質権の目的である株式に係る株主名簿記載事項を記載し，又は記録した場合には，直ちに，当該株主名簿に当該登録株式質権者についての第148条各号に掲げる

事項を記載し、又は記録しなければならない。
⑤ 第3項に規定する場合において、同項の旧完全子会社が株券発行会社であるときは、旧完全親会社は、登録株式質権者に対し、第2項の旧完全子会社株式に係る株券を引き渡さなければならない。ただし、第1項前段の株主が旧完全子会社株式の交付を受けるために旧完全親会社株式に係る旧株券を提出しなければならない場合において、旧株券の提出があるまでの間は、この限りでない。

（持分会社の設立の無効又は取消しの判決の効力）
**第845条** 持分会社の設立の無効又は取消しの訴えに係る請求を認容する判決が確定した場合において、その無効又は取消しの原因が一部の社員のみにあるときは、他の社員の全員の同意によって、当該持分会社を継続することができる。この場合においては、当該原因がある社員は、退社したものとみなす。

（原告が敗訴した場合の損害賠償責任）
**第846条** 会社の組織に関する訴えを提起した原告が敗訴した場合において、原告に悪意又は重大な過失があったときは、原告は、被告に対し、連帯して損害を賠償する責任を負う。

## 第2節 株式会社における責任追及等の訴え

（責任追及等の訴え）
**第847条** ① 6箇月（これを下回る期間を定款で定めた場合にあっては、その期間）前から引き続き株式を有する株主（第189条第2項の定款の定めによりその権利を行使することができない単元未満株主を除く。）は、株式会社に対し、書面その他の法務省令で定める方法により、発起人、設立時取締役、設立時監査役、役員等（第423条第1項に規定する役員等をいう。以下この条において同じ。）若しくは清算人の責任を追及する訴え、第120条第3項の利益の返還を求める訴え又は第212条第1項若しくは第285条第1項の規定による支払を求める訴え（以下この節において「責任追及等の訴え」という。）の提起を請求することができる。ただし、責任追及等の訴えが当該株主若しくは第三者の不正な利益を図り又は当該株式会社に損害を加えることを目的とする場合は、この限りでない。
② 公開会社でない株式会社における前項の規定の適用については、同項中「6箇月（これを下回る期間を定款で定めた場合にあっては、その期間）前から引き続き株式を有する株主」とあるのは、「株主」とする。
③ 株式会社が第1項の規定による請求の日から60日以内に責任追及等の訴えを提起しないときは、当該請求をした株主は、株式会社のために、責任追及等の訴えを提起することができる。
④ 株式会社は、第1項の規定による請求の日から60日以内に責任追及等の訴えを提起しない場合において、当該請求をした株主又は同項の発起人、設立時取締役、設立時監査役、役員等若しくは清算人から請求を受けたときは、当該請求をした者に対し、遅滞なく、責任追及等の訴えを提起しない理由を書面その他の法務省令で定める方法により通知しなければならない。
⑤ 第1項及び第3項の規定にかかわらず、同項の期間の経過により回復することができない損害が生ずるおそれがある場合には、第1項の株主は、株式会社のために、直ちに責任追及等の訴えを提起することができる。ただし、同項ただし書に規定する場合は、この限りでない。
⑥ 第3項又は前項の責任追及等の訴えは、訴訟の目的の価額の算定については、財産権上の請求でない請求に係る訴えとみなす。
⑦ 株主が責任追及等の訴えを提起したときは、裁判所は、被告の申立てにより、当該株主に対し、相当の担保を立てるべきことを命ずることができる。
⑧ 被告が前項の申立てをするには、責任追及等の訴えの提起が悪意によるものであることを疎明しなければならない。

（訴えの管轄）
**第848条** 責任追及等の訴えは、株式会社の本店の所在地を管轄する地方裁判所の管轄に専属する。

（訴訟参加）
**第849条** ① 株主又は株式会社は、共同訴訟人として、又は当事者の一方を補助するため、責任追及等の訴えに係る訴訟に参加することができる。ただし、不当に訴訟手続を遅延させることとなるとき、又は裁判所に対し過大な事務負担を及ぼすこととなるときは、この限りでない。
② 株式会社が、取締役（監査委員を除く。）、執行役及び清算人並びにこれらの者であった者を補助するため、責任追及等の訴えに係る訴訟に参加するには、次の各号に掲げる株式会社の区分に応じ、当該各号に定める者の同意を得なければならない。
1　監査役設置会社　監査役（監査役が2人以上ある場合にあっては、各監査役）
2　委員会設置会社　各監査委員
③ 株主は、責任追及等の訴えを提起したときは、遅滞なく、株式会社に対し、訴訟告知をしなければならない。
④ 株式会社は、責任追及等の訴えを提起したとき、又は前項の訴訟告知を受けたときは、遅滞なく、その旨を公告し、又は株主に通知しなければならない。
⑤ 公開会社でない株式会社における前項の規定の適用については、同項中「公告し、又は株主に通知し」とあるのは、「株主に通知し」とする。

（和　解）
**第850条** ① 民事訴訟法第267条の規定は、株式会社が責任追及等の訴えに係る訴訟における和解の当事者でない場合には、当該訴訟における訴訟の目的については、適用しない。ただし、当該株式会社の承認がある場合は、この限りでない。
② 前項に規定する場合において、裁判所は、株式会社に対し、和解の内容を通知し、かつ、当該和解に異議があるときは2週間以内に異議を述べるべき旨を催告しなければならない。
③ 株式会社が前項の期間内に書面により異議を述べなかったときは、同項の規定による通知の内容で株主が和解をすることを承認したものとみなす。
④ 第55条、第120条第5項、第424条（第486条第4項において準用する場合を含む。）、第462条第3項（同項ただし書に規定する分配可能額を超えない部分について負う義務に係る部分に限る。）、第464条第2項及び第465条第2項の規定は、責任追及等の訴えに係る訴訟における和解をする場合には、適用しない。

（株主でなくなった者の訴訟追行）
**第851条** 責任追及等の訴えを提起した株主又は第849条第1項の規定により共同訴訟人として当該責任追及等の訴えに係る訴訟に参加した株主が当該訴訟の係属中に株主でなくなった場合であっ

ても，次に掲げるときは，その者が，訴訟を追行することができる．
1 その者が当該株式会社の株式交換又は株式移転により当該株式会社の完全親会社（特定の株式会社の発行済株式の全部を有する株式会社その他これと同等のものとして法務省令で定める株式会社をいう．以下この条において同じ．）の株式を取得したとき．
2 その者が当該株式会社が合併により消滅する会社となる合併により，合併により設立する株式会社又は合併後存続する株式会社若しくはその完全親会社の株式を取得したとき．

② 前項の規定は，同項第1号（この項又は次項において準用する場合を含む．）に掲げる場合において，前項の株主が同項の訴訟の係属中に当該株式会社の完全親会社の株式の株主でなくなったときについて準用する．この場合において，同項（この項又は次項において準用する場合を含む．）中「当該株式会社」とあるのは，「当該完全親会社」と読み替えるものとする．

③ 第1項の規定は，同項第2号（前項又はこの項において準用する場合を含む．）に掲げる場合において，第1項の株主が同項の訴訟の係属中に合併により設立する会社又は合併後存続する株式会社若しくはその完全親会社の株式の株主でなくなったときについて準用する．この場合において，同項（前項又はこの項において準用する場合を含む．）中「当該株式会社」とあるのは，「合併により設立する株式会社又は合併後存続する株式会社若しくはその完全親会社」と読み替えるものとする．

（費用等の請求）
第852条 責任追及等の訴えを提起した株主が勝訴（一部勝訴を含む．）した場合において，当該責任追及等の訴えに係る訴訟に関し，必要な費用（訴訟費用を除く．）を支出したとき又は弁護士若しくは弁護士法人に報酬を支払うべきときは，当該株式会社に対し，その費用の額の範囲内又はその報酬額の範囲内で相当と認められる額の支払を請求することができる．

② 責任追及等の訴えを提起した株主が敗訴した場合であっても，悪意があったときを除き，当該株主は，当該株式会社に対し，これによって生じた損害を賠償する義務を負わない．

③ 前2項の規定は，第849条第1項の規定により同項の訴訟に参加した株主について準用する．

（再審の訴え）
第853条 ① 責任追及等の訴えが提起された場合において，原告及び被告が共謀して責任追及等の訴えに係る訴訟の目的である株式会社の権利を害する目的をもって判決をさせたときは，株式会社又は株主は，確定した終局判決に対し，再審の訴えをもって，不服を申し立てることができる．

② 前条の規定は，前項の再審の訴えについて準用する．

第3節 株式会社の役員の解任の訴え
（株式会社の役員の解任の訴え）
第854条 ① 役員（第329条第1項に規定する役員をいう．以下この節において同じ．）の職務の執行に関し不正の行為又は法令若しくは定款に違反する重大な事実があったにもかかわらず，当該役員を解任する旨の議案が株主総会において否決されたとき又は当該役員を解任する旨の株主総会の決議が323条の規定によりその効力を生じないときは，次に掲げる株主は，当該株主総会の日から30日以内に，訴えをもって当該役員の解任を請求することができる．

1 総株主（次に掲げる株主を除く．）の議決権の100分の3（これを下回る割合を定款で定めた場合にあっては，その割合）以上の議決権を6箇月（これを下回る期間を定款で定めた場合にあっては，その期間）前から引き続き有する株主（次に掲げる株主を除く．）
イ 当該役員を解任する旨の議案について議決権を行使することができない株主
ロ 当該請求に係る役員である株主
2 発行済株式（次に掲げる株主の有する株式を除く．）の100分の3（これを下回る割合を定款で定めた場合にあっては，その割合）以上の数の株式を6箇月（これを下回る期間を定款で定めた場合にあっては，その期間）前から引き続き有する株主（次に掲げる株主を除く．）
イ 当該株式会社である株主
ロ 当該請求に係る役員である株主

② 公開会社でない株式会社における前項各号の規定の適用については，これらの規定中「6箇月（これを下回る期間を定款で定めた場合にあっては，その期間）前から引き続き有する」とあるのは，「有する」とする．

③ 第108条第1項第9号に掲げる事項（取締役に関するものに限る．）についての定めがある種類の株式を発行している株式会社における第1項の規定の適用については，同項中「株主総会」とあるのは，「株主総会（第347条第1項の規定により読み替えて適用する第339条第1項の種類株主総会を含む．）」とする．

④ 第108条第1項第9号に掲げる事項（監査役に関するものに限る．）についての定めがある種類の株式を発行している株式会社における第1項の規定の適用については，同項中「株主総会」とあるのは，「株主総会（第347条第2項の規定により読み替えて適用する第339条第1項の種類株主総会を含む．）」とする．

（被告）
第855条 前条第1項の訴え（次条及び第937条第1項第1号ヌにおいて「株式会社の役員の解任の訴え」という．）については，当該株式会社及び前条第1項の役員を被告とする．

（訴えの管轄）
第856条 株式会社の役員の解任の訴えは，当該株式会社の本店の所在地を管轄する地方裁判所の管轄に専属する．

第4節 特別清算に関する訴え
（役員等の責任の免除の取消しの訴えの管轄）
第857条 第544条第2項の訴えは，特別清算裁判所（第880条第1項に規定する特別清算裁判所をいう．次条第3項において同じ．）の管轄に専属する．

（役員等責任査定決定に対する異議の訴え）
第858条 ① 役員等責任査定決定（第545条第1項に規定する役員等責任査定決定をいう．この条において同じ．）に不服がある者は，第899条第4項の規定による送達を受けた日から1箇月の不変期間内に，異議の訴えを提起することができる．

② 前項の訴えは，これを提起する者が，対象役員等（第542条第1項に規定する対象役員等をいう．以下この項において同じ．）であるときは清算株式会

社を、清算株式会社であるときは対象役員等を、それぞれ被告としなければならない。
③ 第1項の訴えは、特別清算裁判所の管轄に専属する。
④ 第1項の訴えについての判決においては、訴えを不適法として却下する場合を除き、役員等責任査定決定を認可し、変更し、又は取り消す。
⑤ 役員等責任査定決定を認可し、又は変更した判決は、強制執行に関しては、給付を命ずる判決と同一の効力を有する。
⑥ 役員等責任査定決定を認可し、又は変更した判決については、受訴裁判所は、民事訴訟法第259条第1項の定めるところにより、仮執行の宣言をすることができる。

**第5節 持分会社の社員の除名の訴え等**
（持分会社の社員の除名の訴え）
第859条 持分会社の社員（以下この条及び第861条第1号において「対象社員」という。）について次に掲げる事由があるときは、当該持分会社は、対象社員以外の社員の過半数の決議に基づき、訴えをもって対象社員の除名を請求することができる。
1 出資の義務を履行しないこと。
2 第594条第1項（第598条第2項において準用する場合を含む。）の規定に違反したこと。
3 業務を執行するに当たって不正の行為をし、又は業務を執行する権利がないのに業務の執行に関与したこと。
4 持分会社を代表するに当たって不正の行為をし、又は代表権がないのに持分会社を代表して行為をしたこと。
5 前各号に掲げるもののほか、重要な義務を尽くさないこと。

（持分会社の業務を執行する社員の業務執行権又は代表権の消滅の訴え）
第860条 持分会社の業務を執行する社員（以下この条及び次条第2号において「対象業務執行社員」という。）について次に掲げる事由があるときは、当該持分会社は、対象業務執行社員以外の社員の過半数の決議に基づき、訴えをもって対象業務執行社員の業務を執行する権利又は代表権の消滅を請求することができる。
1 前各号に掲げる事由があるとき。
2 持分会社の業務を執行し、又は持分会社を代表することに著しく不適任なとき。

（被 告）
第861条 次の各号に掲げる訴えについては、当該各号に定める者を被告とする。
1 第859条の訴え（次条及び第937条第1項第1号において「持分会社の社員の除名の訴え」という。） 対象社員
2 前条の訴え（次条及び第937条第1項第1号ヲにおいて「持分会社の業務を執行する社員の業務執行権又は代表権の消滅の訴え」という。） 対象業務執行社員

（訴えの管轄）
第862条 持分会社の社員の除名の訴え及び持分会社の業務を執行する社員の業務執行権又は代表権の消滅の訴えは、当該持分会社の本店の所在地を管轄する地方裁判所の管轄に専属する。

**第6節 清算持分会社の財産処分の取消しの訴え**
（清算持分会社の財産処分の取消しの訴え）
第863条 ① 清算持分会社（合名会社及び合資会社に限る。以下この項において同じ。）が次の各号に掲げる行為をしたときは、当該各号に定める者は、訴えをもって当該行為の取消しを請求することができる。ただし、当該行為がその者を害しないものであるときは、この限りでない。
1 第670条の規定に違反して行った清算持分会社の財産の処分 清算持分会社の債権者
2 第671条第1項の規定に違反して行った清算持分会社の財産の処分 清算持分会社の社員の持分を差し押さえた債権者
② 民法第424条第1項ただし書、第425条及び第426条の規定は、前項の場合について準用する。この場合において、同法第424条第1項ただし書中「その行為によって」とあるのは、「会社法（平成17年法律第86号）第863条第1項各号に掲げる行為によって」と読み替えるものとする。

第864条 前条第1項の訴えについては、同項各号に掲げる行為の相手方又は転得者を被告とする。

**第7節 社債発行会社の弁済等の取消しの訴え**
（社債発行会社の弁済等の取消しの訴え）
第865条 ① 社債を発行した会社が社債権者に対してした弁済、社債権者との間でした和解その他の社債権者に対してした、又は社債権者との間でした行為が著しく不公正であるときは、社債管理者は、訴えをもって当該行為の取消しを請求することができる。
② 前項の訴えは、社債管理者が同項の行為の取消しの原因となる事実を知った時から6箇月を経過したときは、提起することができない。同項の行為の時から1年を経過したときも、同様とする。
③ 第1項に規定する場合において、社債権者集会の決議があるときは、代表社債権者又は決議執行者（第737条第2項に規定する決議執行者をいう。）も、訴えをもって第1項の行為の取消しを請求することができる。ただし、同項の行為の時から1年を経過したときは、この限りでない。
④ 民法第424条第1項ただし書及び第425条の規定は、第1項及び前項本文の場合について準用する。この場合において、同法第424条第1項ただし書中「その行為によって」とあるのは「会社法第865条第1項に規定する行為によって」と、「債権者を害すべき事実」とあるのは「その行為が著しく不公正であること」と、同法第425条中「債権者」とあるのは「社債権者」と読み替えるものとする。

（被 告）
第866条 前条第1項又は第3項の訴えについては、同条第1項の行為の相手方又は転得者を被告とする。
（訴えの管轄）
第867条 第865条第1項又は第3項の訴えは、社債を発行した会社の本店の所在地を管轄する地方裁判所の管轄に専属する。

# 第3章 非 訟

## 第1節 総 則
（非訟事件の管轄）
第868条 ① この法律の規定による非訟事件（次項から第5項までに規定する事件を除く。）は、会社の本店の所在地を管轄する地方裁判所の管轄に属する。
② 親会社社員（会社である親会社の株主又は社員に限る。）によるこの法律の規定により株式会社が

作成し,又は備え置いた書面又は電磁的記録についての次に掲げる閲覧等(閲覧,謄写,謄本若しくは抄本の交付,事項の提供又は事項を記載した書面の交付をいう.第870条第1号において同じ.)の許可の申立てに係る事件は,当該株式会社の本店の所在地を管轄する地方裁判所の管轄に属する.
 1 当該書面の閲覧若しくは謄写又はその謄本若しくは抄本の交付
 2 当該電磁的記録に記録された事項を表示したものの閲覧若しくは謄写又は電磁的方法による当該事項の提供又は当該事項を記載した書面の交付
③ 第705条第4項,第706条第4項,第707条,第711条第3項,第713条,第714条第1項及び第3項,第718条第3項,第732条,第740条第1項並びに第741条第1項の規定による裁判の申立てに係る事件は,社債を発行した会社の本店の所在地を管轄する地方裁判所の管轄に属する.
④ 第822条第1項の規定による外国会社の清算に係る事件並びに第827条第1項の規定による裁判及び同条第2項において準用する第825条第1項の規定による保全処分に係る事件は,当該外国会社の日本における営業所の所在地(日本における営業所を設けていない場合にあっては,日本における代表者の住所地)を管轄する地方裁判所の管轄に属する.
⑤ 第843条第4項の申立てに係る事件は,同条第1項各号に掲げる行為の無効の訴えの第1審の受訴裁判所の管轄に属する.

(疎明)
**第869条** この法律の規定による許可の申立てをする場合には,その原因となる事実を疎明しなければならない.

(陳述の聴取)
**第870条** 裁判所は,この法律の規定(第2編第9章第2節を除く.)による非訟事件についての裁判のうち,次の各号に掲げる裁判をする場合には,当該各号に定める者(第4号及び第6号については,申立人を除く.)の陳述を聴かなければならない.
 1 この法律の規定により株式会社が作成し,又は備え置いた書面又は電磁的記録の閲覧等の許可の申立てについての裁判 当該株式会社
 2 第346条第2項,第351条第2項若しくは第401条第3項(第403条第3項及び第420条第3項において準用する場合を含む.)の規定により選任された一時取締役,会計参与,監査役,代表取締役,委員,執行役若しくは代表執行役の職務を行うべき者,清算人,第479条第4項において準用する第346条第2項若しくは第483条第6項において準用する第351条第2項の規定により選任された一時清算人若しくは代表清算人の職務を行うべき者,検査役又は第825条第2項(第827条第3項において準用する場合を含む.)の管理人の報酬の額の決定 当該会社及び報酬を受ける者
 3 清算人又は社債管理者の解任についての裁判 当該清算人又は社債管理者
 4 第117条第2項,第119条第2項,第172条第1項,第193条第2項(第194条第4項において準用する場合を含む.),第470条第2項,第778条第2項,第786条第2項,第788条第2項,第798条第2項,第807条第2項又は第809条第2項の規定による株式又は新株予約権(当該新株予約権が新株予約権付社債に付されたものである場合においては,当該新株予約権付社債についての社債の買取りの請求があったときは,当該社債を含む.)の価格の決定 価格の決定の申立てをすることができる者
 5 第33条第7項の規定による裁判 設立時取締役,第28条第1号の金銭以外の財産を出資する者及び同条第2号の譲渡人
 6 第144条第2項(同条第7項において準用する場合を含む.)又は第177条第2項の規定による株式の売買価格の決定 売買価格の決定の申立てをすることができる者(第140条第4項に規定する指定買取人がある場合にあっては,当該指定買取人を含む.)
 7 第207条第7項又は第284条第7項の規定による裁判 当該株式会社及び第199条第1項第3号又は第236条第1項第3号の規定により金銭以外の財産を出資する者
 8 第455条第2項第2号又は第505条第3項第2号の規定による裁判 当該株主
 9 第456条又は第506条の規定による裁判 当該株主
 10 第732条の規定による裁判 利害関係人
 11 第740条第1項の規定による申立てを認容する裁判 社債を発行した会社
 12 第741条第1項の許可の申立てについての裁判 社債を発行した会社
 13 第824条第1項の規定による裁判 当該会社
 14 第827条第1項の規定による裁判 当該外国会社
 15 第843条第4項の申立てについての裁判 同項に規定する裁判をした会社

(理由の付記)
**第871条** この法律の規定による非訟事件についての裁判には,理由を付さなければならない.ただし,次に掲げる裁判については,この限りでない.
 1 前条第2号に掲げる裁判
 2 第874条各号に掲げる裁判

(即時抗告)
**第872条** 次の各号に掲げる裁判に対しては,当該各号に定める者は,即時抗告をすることができる.
 1 第609条第3項又は第825条第1項(第827条第2項において準用する場合を含む.)の規定による保全処分についての裁判 利害関係人
 2 第840条第2項(第841条第2項において準用する場合を含む.)の規定による裁判の申立てについての裁判 申立人,株主及び株式会社
 3 第842条第2項において準用する第840条第2項の規定による裁判の申立てについての裁判 申立人,新株予約権者及び株式会社
 4 第870条各号に掲げる裁判 申立人及び当該各号に定める者(同条第2号,第5号及び第7号にあっては,当該各号に定める者)

(原裁判の執行停止)
**第873条** 前条の即時抗告は,執行停止の効力を有する.ただし,次に掲げる裁判に対するものについては,この限りでない.
 1 第870条第2号に掲げる裁判
 2 第870条第3号に掲げる裁判
 3 第870条第5号又は第7号に掲げる裁判
 4 第870条第11号に掲げる裁判

(不服申立ての制限)
**第874条** 次に掲げる裁判に対しては,不服を申し立てることができない.
 1 第870条第2号に規定する一時取締役,会計参与,

監査役，代表取締役，委員，執行役若しくは代表執行役の職務を行うべき者，清算人，代表清算人，清算持分会社を代表する清算人，同号に規定する一時清算人若しくは代表清算人の職務を行うべき者，検査役，第501条第1項（第822条第3項において準用する場合を含む．）若しくは第662条第1項の鑑定人，第508条第2項（第822条第3項において準用する場合を含む．）若しくは第672条第3項の帳簿資料の保存をする者，社債管理者の特別代理人又は第714条第3項の事務を承継する社債管理者の選任又は選定の裁判

2　第825条第2項（第827条第2項において準用する場合を含む．）の管理人の選任又は解任についての裁判

3　第825条第6項（第827条第2項において準用する場合を含む．）の規定による裁判

4　この法律の規定による許可の申立てを認容する裁判（第870条第1号及び第12号に掲げる裁判を除く．）

（非訟事件手続法の規定の適用除外）
**第875条**　この法律の規定による非訟事件については，非訟事件手続法第15条の規定は，適用しない．

（最高裁判所規則）
**第876条**　この法律に定めるもののほか，この法律の規定による非訟事件の手続に関し必要な事項は，最高裁判所規則で定める．

## 第2節　新株発行の無効判決後の払戻金増減の手続に関する特則

（審問等の必要的併合）
**第877条**　第840条第2項（第841条第2項及び第842条第2項において準用する場合を含む．）の申立てに係る事件が数個同時に係属するときは，審問及び裁判は，併合してしなければならない．

（裁判の効力）
**第878条**　① 第840条第2項（第841条第2項において準用する場合を含む．）の申立てについての裁判は，総株主に対してその効力を生ずる．

② 第842条第2項において準用する第840条第2項の申立てについての裁判は，総新株予約権者に対してその効力を生ずる．

## 第3節　特別清算の手続に関する特則
### 第1款　通則

（特別清算事件の管轄）
**第879条**　① 第868条第1項の規定にかかわらず，法人が株式会社の総株主（株主総会において決議をすることができる事項の全部につき議決権を行使することができない株主を除く．次項において同じ．）の議決権の過半数を有する場合には，当該法人（以下この条において「親法人」という．）について特別清算事件，破産事件，再生事件又は更生事件（以下この条において「特別清算事件等」という．）が係属しているときにおける当該株式会社についての特別清算開始の申立ては，親法人の特別清算事件等が係属している地方裁判所にもすることができる．

② 前項に規定する株式会社又は親法人及び同項に規定する株式会社が他の株式会社の総株主の議決権の過半数を有する場合には，当該他の株式会社についての特別清算開始の申立ては，親法人の特別清算事件等が係属している地方裁判所にもすることができる．

③ 前2項の規定の適用については，第308条第1項の法務省令で定める株主は，その有する株式について，議決権を有するものとみなす．

④ 第868条第1項の規定にかかわらず，株式会社が最終事業年度について第444条の規定により当該株式会社及び他の株式会社に係る連結計算書類を作成し，かつ，当該株式会社の定時株主総会においてその内容が報告された場合には，当該株式会社についての特別清算事件等が係属しているときにおける当該他の株式会社についての特別清算開始の申立ては，当該株式会社の特別清算事件等が係属している地方裁判所にもすることができる．

（特別清算開始後の通常清算事件の管轄及び移送）
**第880条**　① 第868条第1項の規定にかかわらず，清算株式会社について特別清算開始の命令があったときは，当該清算株式会社についての第2編第9章第1節（第508条を除く．）の規定による申立てに係る事件（次項において「通常清算事件」という．）は，当該清算株式会社の特別清算事件が係属する地方裁判所（以下この節において「特別清算裁判所」という．）が管轄する．

② 通常清算事件が係属する地方裁判所以外の地方裁判所に同一の清算株式会社について特別清算事件が係属し，かつ，特別清算開始の命令があった場合において，当該通常清算事件を処理するために相当と認めるときは，特別清算裁判所（通常清算事件を取り扱う1人の裁判官又は裁判官の合議体をいう．）は，職権で，当該通常清算事件を特別清算裁判所に移送することができる．

（疎明）
**第881条**　第2編第9章第2節（第547条第3項を除く．）の規定による許可の申立てについては，第869条の規定は，適用しない．

（理由の付記）
**第882条**　① 特別清算の手続に関する決定で即時抗告をすることができるものには，理由を付さなければならない．ただし，第526条第1項（同条第2項において準用する場合を含む．）及び第532条第1項（第534条において準用する場合を含む．）の規定による決定については，この限りでない．

② 特別清算の手続に関する決定については，第871条の規定は，適用しない．

（裁判書の送達）
**第883条**　この節の規定による裁判書の送達については，民事訴訟法第1編第5章第4節（第104条を除く．）の規定を準用する．

（不服申立て）
**第884条**　① 特別清算の手続に関する裁判につき利害関係を有する者は，この節に特別の定めがある場合に限り，当該裁判に対し即時抗告をすることができる．

② 前項の即時抗告は，この節に特別の定めがある場合を除き，執行停止の効力を有する．

③ 非訟事件手続法第20条の規定は，特別清算の手続に関する決定については，適用しない．

（公　告）
**第885条**　① この節の規定による公告は，官報に掲載してする．

② 前項の公告は，掲載があった日の翌日に，その効力を生ずる．

（事件に関する文書の閲覧等）
**第886条**　① 利害関係人は，裁判所書記官に対し，第2編第9章第2節若しくはこの節又は非訟事件手

続法第1編（特別清算開始の命令があった場合にあっては，同章第1節若しくは第2節若しくは第1節（同章第1節の規定による申立てに係る事件に係る部分に限る．）若しくはこの節又は非訟事件手続法第1編）の規定（これらの規定において準用するこの法律その他の法律の規定を含む．）に基づき，裁判所に提出され，又は裁判所が作成した文書その他の物件（以下この条及び次条第1項において「文書等」という．）の閲覧を請求することができる．
② 利害関係人は，裁判所書記官に対し，文書等の謄写，その正本，謄本若しくは抄本の交付又は事件に関する事項の証明書の交付を請求することができる．
③ 前項の規定は，文書等のうち録音テープ又はビデオテープ（これらに準ずる方法により一定の事項を記録した物を含む．）に関しては，適用しない．この場合において，これらの物について利害関係人の請求があるときは，裁判所書記官は，その複製を許さなければならない．
④ 前3項の規定にかかわらず，次の各号に掲げる者は，当該各号に定める命令，保全処分，処分又は裁判のいずれかがあるまでの間は，前3項の規定による請求をすることができない．ただし，当事者が特別清算開始の申立人である場合は，この限りでない．
 1 清算株式会社以外の利害関係人 第512条の規定による中止の命令，第540条第2項の規定による保全処分，第541条第2項の規定による処分又は特別清算開始の申立てについての裁判
 2 清算株式会社 特別清算開始の申立てに関する清算株式会社を呼び出す審問の期日の指定の裁判又は前号に定める命令，保全処分，処分若しくは裁判
⑤ 民事訴訟法第91条第5項の規定は，文書等について準用する．

**（支障部分の閲覧等の制限）**
**第887条** ① 次に掲げる文書等について，利害関係人がその閲覧若しくは謄写，その正本，謄本若しくは抄本の交付又はその複製（以下この条において「閲覧等」という．）を行うことにより，清算株式会社の清算の遂行に著しい支障を生ずるおそれがある部分（以下この条において「支障部分」という．）があることにつき疎明があった場合には，裁判所は，当該文書等を提出した清算株式会社又は調査委員の申立てにより，支障部分の閲覧等をすることができる者を，当該申立てをした者及び清算株式会社に限ることができる．
 1 第520条の規定による報告又は第522条第1項に規定する調査の結果の報告に係る文書等
 2 第535条第1項又は第536条第1項の許可を得るために裁判所に提出された文書等
② 前項の申立てがあったときは，その申立てについての裁判が確定するまで，利害関係人（同項の申立てをした者及び清算株式会社を除く．次項においても同じ．）は，支障部分の閲覧等の請求をすることができない．
③ 支障部分の閲覧等の請求をしようとする利害関係人は，特別清算裁判所に対し，第1項に規定する要件を欠くこと又はこれを欠くに至ったことを理由として，同項の規定による決定の取消しの申立てをすることができる．
④ 第1項の申立てを却下する決定及び前項の申立てについての裁判に対しては，即時抗告をすることができる．

⑤ 第1項の規定による決定を取り消す決定は，確定しなければその効力を生じない．

**第2款 特別清算の開始の手続に関する特則**

**（特別清算開始の申立て）**
**第888条** ① 債権者又は株主が特別清算開始の申立てをするときは，特別清算開始の原因となる事由を疎明しなければならない．
② 債権者が特別清算開始の申立てをするときは，その有する債権の存在をも疎明しなければならない．
③ 特別清算開始の申立てをするときは，申立人は，第514条第1号に規定する特別清算の手続の費用として裁判所の定める金額を予納しなければならない．
④ 前項の費用の予納に関する決定に対しては，即時抗告をすることができる．

**（他の手続の中止命令）**
**第889条** ① 裁判所は，第512条の規定による中止の命令を変更し，又は取り消すことができる．
② 前項の中止の命令及び同項の規定による決定に対しては，即時抗告をすることができる．
③ 前項の即時抗告は，執行停止の効力を有しない．
④ 第2項に規定する裁判及び同項の即時抗告についての裁判があった場合には，その裁判書を当事者に送達しなければならない．

**（特別清算開始の命令）**
**第890条** ① 裁判所は，特別清算開始の命令をしたときは，直ちに，その旨を公告し，かつ，特別清算開始の命令の裁判書を清算株式会社に送達しなければならない．
② 特別清算開始の命令は，清算株式会社に対する裁判書の送達がされた時から，効力を生ずる．
③ 特別清算開始の命令の手続の費用は，清算株式会社の負担とする．
④ 特別清算開始の命令に対しては，清算株式会社に限り，即時抗告をすることができる．
⑤ 特別清算開始の申立てを却下した裁判に対しては，申立人に限り，即時抗告をすることができる．
⑥ 特別清算開始の命令をした裁判所は，第4項の即時抗告があった場合において，当該命令を取り消す決定が確定したときは，直ちに，その旨を公告しなければならない．

**（担保権の実行の手続等の中止命令）**
**第891条** ① 裁判所は，第516条の規定による中止の命令を発する場合には，同条に規定する担保権の実行の手続等の申立人の陳述を聴かなければならない．
② 裁判所は，前項の中止の命令を変更し，又は取り消すことができる．
③ 第1項の中止の命令及び前項の規定による変更の決定に対しては，第1項の申立人に限り，即時抗告をすることができる．
④ 前項の即時抗告は，執行停止の効力を有しない．
⑤ 第3項に規定する裁判及び同項の即時抗告についての裁判があった場合には，その裁判書を当事者に送達しなければならない．

**第3款 特別清算の実行の手続に関する特則**

**（調査命令）**
**第892条** ① 裁判所は，調査命令（第522条第1項に規定する調査命令をいう．次項において同じ．）を変更し，又は取り消すことができる．
② 調査命令及び前項の規定による決定に対しては，即時抗告をすることができる．

③ 前項の即時抗告は、執行停止の効力を有しない。
④ 第2項に規定する裁判及び同項の即時抗告についての裁判があった場合には、その裁判書を当事者に送達しなければならない。
**（清算人の解任及び報酬等）**
**第893条** ① 裁判所は、第524条第1項の規定により清算人を解任する場合には、当該清算人の陳述を聴かなければならない。
② 第524条第1項の規定による解任の裁判に対しては、即時抗告をすることができる。
③ 前項の即時抗告は、執行停止の効力を有しない。
④ 第526条第1項（同条第2項において準用する場合を含む。）の規定による決定に対しては、即時抗告をすることができる。
**（監督委員の解任及び報酬等）**
**第894条** ① 裁判所は、監督委員を解任する場合には、当該監督委員の陳述を聴かなければならない。
② 第532条第1項の規定による決定に対しては、即時抗告をすることができる。
**（調査委員の解任及び報酬等）**
**第895条** 前条の規定は、調査委員について準用する。
**（事業の譲渡の許可の申立て）**
**第896条** ① 清算人は、第536条第1項の許可の申立てをする場合には、知れている債権者の意見を聴き、その内容を裁判所に報告しなければならない。
② 裁判所は、第536条第1項の許可をする場合には、労働組合等（清算株式会社の使用人その他の従業者の過半数で組織する労働組合があるときはその労働組合、清算株式会社の使用人その他の従業者の過半数で組織する労働組合がないときは清算株式会社の使用人その他の従業者の過半数を代表する者をいう。）の意見を聴かなければならない。
**（担保権者が処分をすべき期間の指定）**
**第897条** ① 第539条第1項の申立てについての裁判に対しては、即時抗告をすることができる。
② 前項の裁判及び同項の即時抗告についての裁判があった場合には、その裁判書を当事者に送達しなければならない。
**（清算株式会社の財産に関する保全処分等）**
**第898条** ① 裁判所は、次に掲げる裁判を変更し、又は取り消すことができる。
 1 第540条第1項又は第2項の規定による保全処分
 2 第541条第1項又は第2項の規定による処分
 3 第542条第1項又は第2項の規定による保全処分
 4 第543条の規定による処分
② 前項各号に掲げる裁判及び同項の規定による決定に対しては、即時抗告をすることができる。
③ 前項の即時抗告は、執行停止の効力を有しない。
④ 第2項に規定する裁判及び同項の即時抗告についての裁判があった場合には、その裁判書を当事者に送達しなければならない。
⑤ 裁判所は、第1項第2号に掲げる裁判をしたときは、直ちに、その旨を公告しなければならない。当該裁判を変更し、又は取り消す決定があったときも、同様とする。
**（役員等責任査定決定）**
**第899条** ① 清算株式会社は、第545条第1項の申立てをするときは、その原因となる事実を疎明しなければならない。
② 役員等責任査定決定（第545条第1項に規定する役員等責任査定決定をいう。以下この条において同じ。）及び同項の申立てを却下する決定には、

理由を付さなければならない。
③ 裁判所は、前項に規定する裁判をする場合には、対象役員等（第542条第1項に規定する対象役員等をいう。）の陳述を聴かなければならない。
④ 役員等責任査定決定があった場合には、その裁判書を当事者に送達しなければならない。
⑤ 第858条第1項の訴えが、同項の期間内に提起されなかったとき、又は却下されたときは、役員等責任査定決定は、給付を命ずる確定判決と同一の効力を有する。
**（債権者集会の招集の許可の申立てについての裁判）**
**第900条** 第547条第3項の許可の申立てを却下する決定に対しては、即時抗告をすることができる。
**（協定の認可又は不認可の決定）**
**第901条** ① 利害関係人は、第568条の申立てに係る協定を認可すべきかどうかについて、意見を述べることができる。
② 第568条第1項の協定の認可の決定をしたときは、裁判所は、直ちに、その旨を公告しなければならない。
③ 第568条の申立てについての裁判に対しては、即時抗告をすることができる。この場合において、前項の協定の認可の決定に対する即時抗告の期間は、同項の規定による公告が効力を生じた日から起算して2週間とする。
④ 前3項の規定は、第572条の規定により協定の内容を変更する場合について準用する。

**第4款 特別清算の終了の手続に関する特則**
**（特別清算終結の申立てについての裁判）**
**第902条** ① 特別清算終結の決定をしたときは、裁判所は、直ちに、その旨を公告しなければならない。
② 特別清算終結の申立てについての裁判に対しては、即時抗告をすることができる。この場合において、特別清算終結の決定に対する即時抗告の期間は、前項の規定による公告が効力を生じた日から起算して2週間とする。
③ 特別清算終結の決定は、確定しなければその効力を生じない。
④ 特別清算終結の決定をした裁判所は、第2項の即時抗告があった場合において、当該決定を取り消す決定が確定したときは、直ちに、その旨を公告しなければならない。

**第4節 外国会社の清算の手続に関する特則**
**（特別清算の手続に関する規定の準用）**
**第903条** 前節の規定は、その性質上許されないものを除き、第822条第1項の規定による日本にある外国会社の財産についての清算について準用する。

**第5節 会社の解散命令等の手続に関する特則**
**（法務大臣の関与）**
**第904条** ① 裁判所は、第824条第1項又は第827条第1項の申立てについての裁判をする場合には、法務大臣に対し、意見を求めなければならない。
② 法務大臣は、裁判所が前項の申立てに係る事件について審問をするときは、当該審問に立ち会うことができる。
③ 裁判所は、法務大臣に対し、第1項の申立てに係る事件が係属したこと及び前項の審問の期日を通知しなければならない。
④ 第1項の申立てを却下する裁判に対しては、法務大臣は、即時抗告をすることができる。
**（会社の財産に関する保全処分についての特則）**
**第905条** ① 裁判所は第825条第1項（第827条第2項において準用する場合を含む。）の保全処分を

した場合には，非訟事件手続法第26条本文の費用は，会社又は外国会社の負担とする．当該保全処分について必要な費用も，同様とする．
② 前項の保全処分又は第825条第1項（第827条第2項において準用する場合を含む．）の規定による申立てを却下する裁判に対して即時抗告があった場合において，抗告裁判所が当該即時抗告に理由があると認めて原裁判を取り消したときは，その抗告審における手続に要する裁判費用及び抗告人が負担した前審における手続に要する裁判費用は，会社又は外国会社の負担とする．
**第906条** ① 利害関係人は，裁判所書記官に対し，第825条第6項（第827条第2項において準用する場合を含む．）の報告又は第1項に関する資料の閲覧を請求することができる．
② 利害関係人は，裁判所書記官に対し，前項の資料の謄写又はその正本，謄本若しくは抄本の交付を請求することができる．
③ 前項の規定は，第1項の資料のうち録音テープ又はビデオテープ（これらに準ずる方法により一定の事項を記録した物を含む．）に関しては，適用しない．この場合において，これらの物について利害関係人の請求があるときは，裁判所書記官は，その複製を許さなければならない．
④ 法務大臣は，裁判所書記官に対し，第1項の資料の閲覧を請求することができる．
⑤ 民事訴訟法第91条第5項の規定は，第1項の資料について準用する．

## 第4章 登 記

### 第1節 総 則
（通 則）
**第907条** この法律の規定により登記すべき事項（第938条第3項の保全処分の登記に係る事項を除く．）は，当事者の申請又は裁判所書記官の嘱託により，商業登記法（昭和38年法律第125号）の定めるところに従い，商業登記簿にこれを登記する．
（登記の効力）
**第908条** ① この法律の規定により登記すべき事項は，登記の後でなければ，これをもって善意の第三者に対抗することができない．登記の後であっても，第三者が正当な事由によってその登記があることを知らなかったときは，同様とする．
② 故意又は過失によって不実の事項を登記した者は，その事項が不実であることをもって善意の第三者に対抗することができない．
（変更の登記及び消滅の登記）
**第909条** この法律の規定により登記した事項に変更が生じ，又はその事項が消滅したときは，当事者は，遅滞なく，変更の登記又は消滅の登記をしなければならない．
（登記の期間）
**第910条** この法律の規定により登記すべき事項のうち官庁の許可を要するものの登記の期間については，その許可書の到達した日から起算する．

### 第2節 会社の登記
#### 第1款 本店の所在地における登記
（株式会社の設立の登記）
**第911条** ① 株式会社の設立の登記は，その本店の所在地において，次に掲げる日のいずれか遅い日から2週間以内にしなければならない．

1 第46条第1項の規定による調査が終了した日（設立しようとする株式会社が委員会設置会社である場合にあっては，設立時代表執行役が同条第3項の規定による通知を受けた日）
2 発起人が定めた日
② 前項の規定にかかわらず，第57条第1項の募集をする場合には，前項の登記は，次に掲げる日のいずれか遅い日から2週間以内にしなければならない．
1 創立総会の終結の日
2 第84条の種類創立総会の決議をしたときは，当該決議の日
3 第97条の創立総会の決議をしたときは，当該決議の日から2週間を経過した日
4 第100条第1項の種類創立総会の決議をしたときは，当該決議の日から2週間を経過した日
5 第101条第1項の種類創立総会の決議をしたときは，当該決議の日
③ 第1項の登記においては，次に掲げる事項を登記しなければならない．
1 目的
2 商号
3 本店及び支店の所在場所
4 株式会社の存続期間又は解散の事由についての定款の定めがあるときは，その定め
5 資本金の額
6 発行可能株式総数
7 発行する株式の内容（種類株式発行会社にあっては，発行可能種類株式総数及び発行する各種類の株式の内容）
8 単元株式数についての定款の定めがあるときは，その単元株式数
9 発行済株式の総数並びにその種類及び種類ごとの数
10 株券発行会社であるときは，その旨
11 株主名簿管理人を置いたときは，その氏名又は名称及び住所並びに営業所
12 新株予約権を発行したときは，次に掲げる事項
　イ 新株予約権の数
　ロ 第236条第1項第1号から第4号までに掲げる事項
　ハ ロに掲げる事項のほか，新株予約権の行使の条件を定めたときは，その条件
　ニ 第236条第1項第7号並びに第238条第1項第2号及び第3号に掲げる事項
13 取締役の氏名
14 代表取締役の氏名及び住所（第22号に規定する場合を除く．）
15 取締役会設置会社であるときは，その旨
16 会計参与設置会社であるときは，その旨並びに会計参与の氏名又は名称及び第378条第1項の場所
17 監査役設置会社（監査役の監査の範囲を会計に関するものに限定する旨の定款の定めがある株式会社を含む．）であるときは，その旨及び監査役の氏名
18 監査役会設置会社であるときは，その旨及び監査役のうち社外監査役であるものについて社外監査役である旨
19 会計監査人設置会社であるときは，その旨及び会計監査人の氏名又は名称
20 第346条第4項の規定により選任された一時会計監査人の職務を行うべき者を置いたときは，その氏名又は名称

21 第373条第1項の規定による特別取締役による議決の定めがあるときは、次に掲げる事
　イ 第373条第1項の規定による特別取締役による議決の定めがある旨
　ロ 特別取締役の氏名
　ハ 取締役のうち社外取締役であるものについて、社外取締役である旨
22 委員会設置会社であるときは、その旨及び次に掲げる事項
　イ 取締役のうち社外取締役であるものについて、社外取締役である旨
　ロ 各委員会の委員及び執行役の氏名
　ハ 代表執行役の氏名及び住所
23 第426条第1項の規定による取締役、会計参与、監査役、執行役又は会計監査人の責任の免除についての定款の定めがあるときは、その定め
24 第427条第1項の規定による社外取締役、会計参与、社外監査役又は会計監査人が負う責任の限度に関する契約の締結についての定款の定めがあるときは、その定め
25 前号の定款の定めが社外取締役に関するものであるときは、取締役のうち社外取締役であるものについて、社外取締役である旨
26 第24号の定款の定めが社外監査役に関するものであるときは、監査役のうち社外監査役であるものについて、社外監査役である旨
27 第440条第3項の規定による措置をとることとするときは、同条第1項に規定する貸借対照表の内容である情報について不特定多数の者がその提供を受けるために必要な事項であって法務省令で定めるもの
28 第939条第1項の規定による公告方法についての定款の定めがあるときは、その定め
29 前号の定款の定めが電子公告を公告方法とする旨のものであるときは、次に掲げる事項
　イ 電子公告により公告すべき内容である情報について不特定多数の者がその提供を受けるために必要な事項であって法務省令で定めるもの
　ロ 第939条第3項後段の規定による定款の定めがあるときは、その定め
30 第28号の定款の定めがないときは、第939条第4項の規定により官報に掲載する方法を公告方法とする旨

**(合名会社の設立の登記)**
**第912条** 合名会社の設立の登記は、その本店の所在地において、次に掲げる事項を登記してしなければならない。
1 目的
2 商号
3 本店及び支店の所在場所
4 合名会社の存続期間又は解散の事由についての定款の定めがあるときは、その定め
5 社員の氏名又は名称及び住所
6 合名会社を代表する社員の氏名又は名称（合名会社を代表しない社員がある場合に限る。）
7 合名会社を代表する社員が法人であるときは、当該社員の職務を行うべき者の氏名及び住所
8 第939条第1項の規定による公告方法についての定款の定めがあるときは、その定め
9 前号の定款の定めが電子公告を公告方法とする旨のものであるときは、次に掲げる事項
　イ 電子公告により公告すべき内容である情報について不特定多数の者がその提供を受けるために必要な事項であって法務省令で定めるもの
　ロ 第939条第3項後段の規定による定款の定めがあるときは、その定め
10 第8号の定款の定めがないときは、第939条第4項の規定により官報に掲載する方法を公告方法とする旨

**(合資会社の設立の登記)**
**第913条** 合資会社の設立の登記は、その本店の所在地において、次に掲げる事項を登記してしなければならない。
1 目的
2 商号
3 本店及び支店の所在場所
4 合資会社の存続期間又は解散の事由についての定款の定めがあるときは、その定め
5 社員の氏名又は名称及び住所
6 社員が有限責任社員又は無限責任社員のいずれであるかの別
7 有限責任社員の出資の目的及びその価額並びに既に履行した出資の価額
8 合資会社を代表する社員の氏名又は名称（合資会社を代表しない社員がある場合に限る。）
9 合資会社を代表する社員が法人であるときは、当該社員の職務を行うべき者の氏名及び住所
10 第939条第1項の規定による公告方法についての定款の定めがあるときは、その定め
11 前号の定款の定めが電子公告を公告方法とする旨のものであるときは、次に掲げる事項
　イ 電子公告により公告すべき内容である情報について不特定多数の者がその提供を受けるために必要な事項であって法務省令で定めるもの
　ロ 第939条第3項後段の規定による定款の定めがあるときは、その定め
12 第10号の定款の定めがないときは、第939条第4項の規定により官報に掲載する方法を公告方法とする旨

**(合同会社の設立の登記)**
**第914条** 合同会社の設立の登記は、その本店の所在地において、次に掲げる事項を登記してしなければならない。
1 目的
2 商号
3 本店及び支店の所在場所
4 合同会社の存続期間又は解散の事由についての定款の定めがあるときは、その定め
5 資本金の額
6 合同会社の業務を執行する社員の氏名又は名称
7 合同会社を代表する社員の氏名又は名称及び住所
8 合同会社を代表する社員が法人であるときは、当該社員の職務を行うべき者の氏名及び住所
9 第939条第1項の規定による公告方法についての定款の定めがあるときは、その定め
10 前号の定款の定めが電子公告を公告方法とする旨のものであるときは、次に掲げる事項
　イ 電子公告により公告すべき内容である情報について不特定多数の者がその提供を受けるために必要な事項であって法務省令で定めるもの
　ロ 第939条第3項後段の規定による定款の定めがあるときは、その定め
11 第9号の定款の定めがないときは、第939条第4項の規定により官報に掲載する方法を公告方法と

する旨
**（変更の登記）**
**第915条** ① 会社において第911条第3項各号又は前3号に掲げる事項に変更が生じたときは, 2週間以内に, その本店の所在地において, 変更の登記をしなければならない.
② 前項の規定にかかわらず, 第199条第1項第4号の期間を定めた場合における株式の発行による変更の登記は, 当該期間の末日現在により, 当該末日から2週間以内にすれば足りる.
③ 第1項の規定にかかわらず, 次に掲げる事由による変更の登記は, 毎月末日現在により, 当該末日から2週間以内にすれば足りる.
　1　新株予約権の行使
　2　第166条第1項の規定による請求（株式の内容として第107条第2項第2号ハ若しくは二又は第108条第2項第5号ロに掲げる事項についての定めがある場合に限る.）
**（他の登記所の管轄区域内への本店の移転の登記）**
**第916条** 会社がその本店を他の登記所の管轄区域内に移転したときは, 2週間以内に, 旧所在地においては移転の登記をし, 新所在地においては次の各号に掲げる会社の区分に応じ当該各号に定める事項を登記しなければならない.
　1　株式会社　第911条第3項各号に掲げる事項
　2　合名会社　第912条各号に掲げる事項
　3　合資会社　第913条各号に掲げる事項
　4　合同会社　第914条各号に掲げる事項
**（職務執行停止の仮処分等の登記）**
**第917条** 次の各号に掲げる会社の区分に応じ, 当該各号に定める者の職務の執行を停止し, 若しくはその職務を代行する者を選任する仮処分命令又はその仮処分命令を変更し, 若しくは取り消す決定がされたときは, その本店の所在地において, その登記をしなければならない.
　1　株式会社　取締役, 会計参与, 監査役, 代表取締役, 委員, 執行役又は代表執行役
　2　合名会社　社員
　3　合資会社　社員
　4　合同会社　業務を執行する社員
**（支配人の登記）**
**第918条** 会社が支配人を選任し, 又はその代理権が消滅したときは, その本店の所在地において, その登記をしなければならない.
**（持分会社の種類の変更の登記）**
**第919条** 持分会社が第638条の規定により他の種類の持分会社となったときは, 同条に規定する定款の変更の効力が生じた日から2週間以内に, その本店の所在地において, 種類の変更前の持分会社については解散の登記をし, 種類の変更後の持分会社については設立の登記をしなければならない.
**（組織変更の登記）**
**第920条** 会社が組織変更をしたときは, その効力が生じた日から2週間以内に, その本店の所在地において, 組織変更前の会社については解散の登記をし, 組織変更後の会社については設立の登記をしなければならない.
**（吸収合併の登記）**
**第921条** 会社が吸収合併をしたときは, その効力が生じた日から2週間以内に, その本店の所在地において, 吸収合併により消滅する会社については解散の登記をし, 吸収合併後存続する会社については

変更の登記をしなければならない.
**（新設合併の登記）**
**第922条** ① 二以上の会社が新設合併をする場合において, 新設合併により設立する会社が株式会社であるときは, 次の各号に掲げる場合の区分に応じ, 当該各号に定める日から2週間以内に, その本店の所在地において, 新設合併により消滅する会社については解散の登記をし, 新設合併により設立する会社については設立の登記をしなければならない.
　1　新設合併により消滅する会社が株式会社のみである場合　次に掲げる日のいずれか遅い日
　　イ　第804条第1項の株主総会の決議の日
　　ロ　新設合併をするために種類株主総会の決議を要するときは, 当該決議の日
　　ハ　第806条第3項の規定による通知又は同条第4項の公告をした日から20日を経過した日
　　ニ　新設合併により消滅する会社が新株予約権を発行しているときは, 第808条第3項の規定による通知又は同条第4項の公告をした日から20日を経過した日
　　ホ　第810条の規定による手続が終了した日
　　ヘ　新設合併により消滅する会社が合意により定めた日
　2　新設合併により消滅する会社が持分会社のみである場合　次に掲げる日のいずれか遅い日
　　イ　第813条第1項の総社員の同意を得た日（同項ただし書に規定する場合にあっては, 定款の定めによる手続を終了した日）
　　ロ　第813条第2項において準用する第810条の規定による手続が終了した日
　　ハ　新設合併により消滅する会社が合意により定めた日
　3　新設合併により消滅する会社が株式会社及び持分会社である場合　前2号に定める日のいずれか遅い日
② 二以上の会社が新設合併をする場合において, 新設合併により設立する会社が持分会社であるときは, 次の各号に掲げる場合の区分に応じ, 当該各号に定める日から2週間以内に, その本店の所在地において, 新設合併により消滅する会社については解散の登記をし, 新設合併により設立する会社については設立の登記をしなければならない.
　1　新設合併により消滅する会社が株式会社のみである場合　次に掲げる日のいずれか遅い日
　　イ　第804条第2項の総株主の同意を得た日
　　ロ　新設合併により消滅する会社が新株予約権を発行しているときは, 第808条第3項の規定による通知又は同条第4項の公告をした日から20日を経過した日
　　ハ　第810条の規定による手続が終了した日
　　ニ　新設合併により消滅する会社が合意により定めた日
　2　新設合併により消滅する会社が持分会社のみである場合　次に掲げる日のいずれか遅い日
　　イ　第813条第1項の総社員の同意を得た日（同項ただし書に規定する場合にあっては, 定款の定めによる手続を終了した日）
　　ロ　第813条第2項において準用する第810条の規定による手続が終了した日
　　ハ　新設合併により消滅する会社が合意により定めた日
　3　新設合併により消滅する会社が株式会社及び持

分会社である場合 前2号に定める日のいずれか遅い日
(吸収分割の登記)
**第923条** 会社が吸収分割をしたときは、その効力が生じた日から2週間以内に、その本店の所在地において、吸収分割をする会社及び当該会社がその事業に関して有する権利義務の全部又は一部を当該会社から承継する会社についての変更の登記をしなければならない。
(新設分割の登記)
**第924条** ① 一又は二以上の株式会社又は合同会社が新設分割をする場合において、新設分割により設立する会社が株式会社であるときは、次の各号に掲げる場合の区分に応じ、当該各号に定める日から2週間以内に、その本店の所在地において、新設分割をする会社については変更の登記をし、新設分割により設立する会社については設立の登記をしなければならない。
1 新設分割をする会社が株式会社のみである場合 次に掲げる日のいずれか遅い日
 イ 第805条に規定する場合以外の場合には、第804条第1項の株主総会の決議の日
 ロ 新設分割をするために種類株主総会の決議を要するときは、当該決議の日
 ハ 第805条に規定する場合以外の場合には、第806条第3項の規定による通知又は同条第4項の公告をした日から20日を経過した日
 ニ 第808条第3項の規定による通知を受けるべき新株予約権者があるときは、同項の規定による通知又は同条第4項の公告をした日から20日を経過した日
 ホ 第810条の規定による手続をしなければならないときは、当該手続が終了した日
 ヘ 新設分割をする株式会社が定めた日(二以上の株式会社が共同して新設分割をする場合にあっては、当該二以上の新設分割をする株式会社が合意により定めた日)
2 新設分割をする会社が合同会社のみである場合 次に掲げる日のいずれか遅い日
 イ 第813条第1項の総社員の同意を得た日(同項ただし書の場合にあっては、定款の定めによる手続を終了した日)
 ロ 第813条第2項において準用する第810条の規定による手続をしなければならないときは、当該手続が終了した日
 ハ 新設分割をする合同会社が定めた日(二以上の合同会社が共同して新設分割をする場合にあっては、当該二以上の新設分割をする合同会社が合意により定めた日)
3 新設分割をする会社が株式会社及び合同会社である場合 前2号に定める日のいずれか遅い日
② 一又は二以上の株式会社又は合同会社が新設分割をする場合において、新設分割により設立する会社が持分会社であるときは、次の各号に掲げる場合の区分に応じ、当該各号に定める日から2週間以内に、その本店の所在地において、新設分割をする会社については変更の登記をし、新設分割により設立する会社については設立の登記をしなければならない。
1 新設分割をする会社が株式会社のみである場合 次に掲げる日のいずれか遅い日
 イ 第805条に規定する場合以外の場合には、第804条第1項の株主総会の決議の日
 ロ 新設分割をするために種類株主総会の決議を要するときは、当該決議の日
 ハ 第805条に規定する場合以外の場合には、第806条第3項の規定による通知又は同条第4項の公告をした日から20日を経過した日
 ニ 第810条の規定による手続をしなければならないときは、当該手続が終了した日
 ホ 新設分割をする株式会社が定めた日(二以上の株式会社が共同して新設分割をする場合にあっては、当該二以上の新設分割をする株式会社が合意により定めた日)
2 新設分割をする会社が合同会社のみである場合 次に掲げる日のいずれか遅い日
 イ 第813条第1項の総社員の同意を得た日(同項ただし書の場合にあっては、定款の定めによる手続を終了した日)
 ロ 第813条第2項において準用する第810条の規定による手続をしなければならないときは、当該手続が終了した日
 ハ 新設分割をする合同会社が定めた日(二以上の合同会社が共同して新設分割をする場合にあっては、当該二以上の新設分割をする合同会社が合意により定めた日)
3 新設分割をする会社が株式会社及び合同会社である場合 前2号に定める日のいずれか遅い日
(株式移転の登記)
**第925条** 一又は二以上の株式会社が株式移転をする場合には、次に掲げる日のいずれか遅い日から2週間以内に、株式移転により設立する株式会社について、その本店の所在地において、設立の登記をしなければならない。
1 第804条第1項の株主総会の決議の日
2 株式移転をするために種類株主総会の決議を要するときは、当該決議の日
3 第806条第3項の規定による通知又は同条第4項の公告をした日から20日を経過した日
4 第808条第3項の規定による通知を受けるべき新株予約権者があるときは、同項の規定による通知又は同条第4項の公告をした日から20日を経過した日
5 第810条の規定による手続をしなければならないときは、当該手続が終了した日
6 株式移転をする株式会社が定めた日(二以上の株式会社が共同して株式移転をする場合にあっては、当該二以上の株式移転をする株式会社が合意により定めた日)
(解散の登記)
**第926条** 第471条第1号から第3号まで又は第641条第1号から第4号までの規定により会社が解散したときは、2週間以内に、その本店の所在地において、解散の登記をしなければならない。
(継続の登記)
**第927条** 第473条、第642条第1項又は第845条の規定により会社が継続したときは、2週間以内に、その本店の所在地において、継続の登記をしなければならない。
(清算人の登記)
**第928条** ① 第478条第1項第1号に掲げる者が清算株式会社の清算人となったときは、解散の日から2週間以内に、その本店の所在地において、次に掲げる事項を登記しなければならない。

1 清算人の氏名
2 代表清算人の氏名及び住所
3 清算株式会社が清算人会設置会社であるときは,その旨
② 第647条第1項第1号に掲げる者が清算持分会社の清算人となったときは,解散の日から2週間以内に,その本店の所在地において,次に掲げる事項を登記しなければならない.
1 清算人の氏名又は名称及び住所
2 清算持分会社を代表する清算人の氏名又は名称(清算持分会社を代表しない清算人がある場合に限る.)
3 清算持分会社を代表する清算人が法人であるときは,清算人の職務を行うべき者の氏名及び住所
③ 清算人が選任されたときは,2週間以内に,その本店の所在地において,清算株式会社にあっては第1項各号に掲げる事項を,清算持分会社にあっては前条号に掲げる事項を登記しなければならない.
④ 第915条第1項の規定は前3項の規定による登記について,第917条の規定は清算人,代表清算人又は清算持分会社を代表する清算人について,それぞれ準用する.

(清算結了の登記)
**第929条** 清算が結了したときは,次の各号に掲げる会社の区分に応じ,当該各号に定める日から2週間以内に,その本店の所在地において,清算結了の登記をしなければならない.
1 清算株式会社 第507条第3項の承認の日
2 清算持分会社(合名会社及び合資会社に限る.) 第667条第1項の承認の日(第668条第1項の財産の処分の方法を定めた場合にあっては,その財産の処分を完了した日)
3 清算持分会社(合同会社に限る.) 第667条第1項の承認の日

### 第2款 支店の所在地における登記
(支店の所在地における登記)
**第930条** ① 次の各号に掲げる場合(当該各号に規定する支店が本店の所在地を管轄する登記所の管轄区域内にある場合を除く.)には,当該各号に定める期間内に,当該支店の所在地において,支店の所在地における登記をしなければならない.
1 会社の設立に際して支店を設けた場合(次号から第4号までに規定する場合を除く.) 本店の所在地における設立の登記をした日から2週間以内
2 新設合併により設立する会社が新設合併に際して支店を設けた場合 第922条第1項各号又は第2項各号に定める日から3週間以内
3 新設分割により設立する会社が新設分割に際して支店を設けた場合 第924条第1項各号又は第2項各号に定める日から3週間以内
4 株式移転により設立する株式会社が株式移転に際して支店を設けた場合 第925条各号に掲げる日のいずれか遅い日から3週間以内
5 会社の成立後に支店を設けた場合 支店を設けた日から3週間以内
② 支店の所在地における登記においては,次に掲げる事項を登記しなければならない.ただし,支店の所在地を管轄する登記所の管轄区域内に新たに支店を設けたときは,第3号に掲げる事項を登記すれば足りる.
1 商号
2 本店の所在場所
3 支店(その所在地を管轄する登記所の管轄区域内にあるものに限る.)の所在場所
③ 前項各号に掲げる事項に変更が生じたときは,3週間以内に,当該支店の所在地において,変更の登記をしなければならない.

(他の登記所の管轄区域内への支店の移転の登記)
**第931条** 会社がその支店を他の登記所の管轄区域内に移転したときは,旧所在地(本店の所在地を管轄する登記所の管轄区域内にある場合を除く.)においては3週間以内に移転の登記を,新所在地(本店の所在地を管轄する登記所の管轄区域内にある場合を除く.以下この条において同じ.)においては4週間以内に前条第2項各号に掲げる事項を登記しなければならない.ただし,本店の所在地を管轄する登記所の管轄区域内に新たに支店を移転したときは,新所在地においては,同項第3号に掲げる事項を登記すれば足りる.

(支店における変更の登記等)
**第932条** 第919条から第925条まで及び第929条に規定する場合には,これらの規定に規定する日から3週間以内に,支店の所在地においても,これらの規定に規定する登記をしなければならない.ただし,第921条,第923条又は第924条に規定する変更の登記は,第930条第2項各号に掲げる事項に変更が生じた場合に限り,するものとする.

### 第3節 外国会社の登記
(外国会社の登記)
**第933条** ① 外国会社が第817条第1項の規定により初めて日本における代表者を定めたときは,3週間以内に,次の各号に掲げる場合の区分に応じ,当該各号に定める地において,外国会社の登記をしなければならない.
1 日本に営業所を設けていない場合 日本における代表者(日本に住所を有するものに限る.以下この節において同じ.)の住所地
2 日本に営業所を設けた場合 当該営業所の所在地
② 外国会社の登記においては,日本における同種の会社又は最も類似する会社の種類に従い,第911条第3項各号又は第912条から第914条までの各号に掲げる事項を登記するほか,次に掲げる事項を登記しなければならない.
1 外国会社の設立の準拠法
2 日本における代表者の氏名及び住所
3 日本における同種の会社又は最も類似する会社が株式会社であるときは,第1号に規定する準拠法の規定による公告をする方法
4 前号に規定する場合において,第819条第3項に規定する措置をとることとするときは,同条第1項に規定する貸借対照表に相当するものの内容である情報について不特定多数の者がその提供を受けるために必要な事項であって法務省令で定めるもの
5 第939条第2項の規定による公告方法についての定めがあるときは,その定め
6 前号の定めが電子公告を公告方法とする旨のものであるときは,次に掲げる事項
イ 電子公告により公告すべき内容である情報について不特定多数の者がその提供を受けるために必要な事項であって法務省令で定めるもの
ロ 第939条第3項後段の規定による定めがあるときは,その定め
7 第5号の定めがないときは,第939条第4項の

規定により官報に掲載する方法を公告方法とする旨
③ 外国会社が日本に設けた営業所に関する前項の規定の適用については、当該営業所を第911条第3項第3号、第912条第3号、第913条第3号又は第914条第3号に規定する支店とみなす。
④ 第915条及び第918条から第929条までの規定は、外国会社について準用する。この場合において、これらの規定中「2週間」とあるのは「3週間」と、「本店の所在地」とあるのは「日本における代表者（日本に住所を有するものに限る。）の住所地（日本に営業所を設けた外国会社にあっては、当該営業所の所在地）」と読み替えるものとする。
⑤ 前各項の規定により登記すべき事項が外国において生じたときは、登記の期間は、その通知が日本における代表者に到達した日から起算する。

**（日本における代表者の選任の登記等）**
**第934条** ① 日本に営業所を設けていない外国会社が外国会社の登記後に日本における代表者を新たに定めた場合（その住所地が登記がされた他の日本における代表者の住所地を管轄する登記所の管轄区域内にある場合を除く。）には、3週間以内に、その新たに定めた日本における代表者の住所地においても、外国会社の登記をしなければならない。
② 日本に営業所を設けた外国会社が外国会社の登記後に日本に営業所を新たに設けた場合（その所在地が登記がされた他の営業所の所在地を管轄する登記所の管轄区域内にある場合を除く。）には、3週間以内に、その新たに設けた日本における代表者の所在地においても、外国会社の登記をしなければならない。

**（日本における代表者の住所の移転の登記等）**
**第935条** ① 日本に営業所を設けていない外国会社の日本における代表者が外国会社の登記後にその住所を他の登記所の管轄区域内に移転したときは、旧住所地においては3週間以内に移転の登記をし、新住所地においては4週間以内に外国会社の登記をしなければならない。ただし、登記がされた他の日本における代表者の住所地を管轄する登記所の管轄区域内に住所を移転したときは、新住所地においては、その住所を移転したことを登記すれば足りる。
② 日本に営業所を設けた外国会社が外国会社の登記後に営業所を他の登記所の管轄区域内に移転したときは、旧所在地においては3週間以内に移転の登記をし、新所在地においては4週間以内に外国会社の登記をしなければならない。ただし、登記がされた他の営業所の所在地を管轄する登記所の管轄区域内に営業所を移転したときは、新所在地においては、その営業所を移転したことを登記すれば足りる。

**（日本における営業所の設置の登記等）**
**第936条** ① 日本に営業所を設けていない外国会社が外国会社の登記後に日本に営業所を設けたときは、日本における代表者の住所地においては3週間以内に営業所を設けたことを登記し、当該営業所の所在地においては4週間以内に外国会社の登記をしなければならない。ただし、登記がされた日本における代表者の住所地を管轄する登記所の管轄区域内に営業所を設けたときは、その営業所を設けたことを登記すれば足りる。
② 日本に営業所を設けた外国会社が外国会社の登記後にすべての営業所を閉鎖した場合には、その外国会社の日本における代表者の全員が退任しようとするときを除き、その営業所の所在地においては3週間以内に営業所を閉鎖したことを登記し、日本における代表者の住所地においては4週間以内に外国会社の登記をしなければならない。ただし、登記がされた日本における代表者の住所地を管轄する登記所の管轄区域内に日本における代表者の住所地があるときは、すべての営業所を閉鎖したことを登記すれば足りる。

### 第4節　登記の嘱託
**（裁判による登記の嘱託）**
**第937条** ① 次に掲げる場合には、裁判所書記官は、職権で、遅滞なく、会社の本店（第1号トに規定する場合であって当該決議によって第930条第2項各号に掲げる事項についての登記がされているときにあっては、本店及び当該登記に係る支店）の所在地を管轄する登記所にその登記を嘱託しなければならない。
1　次に掲げる訴えに係る請求を認容する判決が確定したとき。
　イ　会社の設立の無効の訴え
　ロ　株式会社の成立後における株式の発行の無効の訴え
　ハ　新株予約権（当該新株予約権が新株予約権付社債に付されたものである場合にあっては、当該新株予約権付社債についての社債を含む。以下この節において同じ。）の発行の無効の訴え
　ニ　株式会社における資本金の額の減少の無効の訴え
　ホ　株式会社の成立後における株式の発行が存在しないことの確認の訴え
　ヘ　新株予約権の発行が存在しないことの確認の訴え
　ト　株主総会等の決議した事項についての登記があった場合における次に掲げる訴え
　　(1)　株主総会等の決議が存在しないこと又は株主総会等の決議の内容が法令に違反することを理由として当該決議が無効であることの確認の訴え
　　(2)　株主総会等の決議の取消しの訴え
　チ　持分会社の設立の取消しの訴え
　リ　会社の解散の訴え
　ヌ　株式会社の役員の解任の訴え
　ル　持分会社の社員の除名の訴え
　ヲ　持分会社の業務を執行する社員の業務執行権又は代表権の消滅の訴え
2　次に掲げる裁判があったとき。
　イ　第346条第2項、第351条第2項又は第401条第3項（第403条第3項及び第420条第3項において準用する場合を含む。）の規定による一時取締役、会計参与、監査役、代表取締役、委員、執行役又は代表執行役の職務を行うべき者の選任の裁判
　ロ　第479条第4項において準用する第346条第2項又は第483条第6項において準用する第351条第2項の規定による一時清算人の職務を行うべき者の選任の裁判（次条第2項第1号に規定する裁判を除く。）
　ハ　イ又はロに掲げる裁判を取り消す裁判（次条第2項第2号に規定する裁判を除く。）
　ニ　清算人又は代表清算人若しくは清算持分会社を代表する清算人の選任又は選定の裁判を取り消す裁判（次条第2項第3号に規定する裁判を除く。）
　ホ　清算人の解任の裁判（次条第2項第4号に規

定する裁判を除く.)
3 次に掲げる裁判が確定したとき.
イ 前号ホに掲げる裁判を取り消す裁判
ロ 第824条第1項の規定による会社の解散を命ずる裁判
② 第827条第1項の規定による外国会社の日本における取引の継続又は営業所の閉鎖を命ずる裁判が確定したときは,裁判所書記官は,職権で,遅滞なく,次の各号に掲げる外国会社の区分に応じ,当該各号に定める地を管轄する登記所にその登記を嘱託しなければならない.
1 日本に営業所を設けていない外国会社 日本における代表者(日本に住所を有するものに限る.)の住所地
2 日本に営業所を設けている外国会社 当該営業所の所在地
③ 次の各号に掲げる訴えに係る請求を認容する判決が確定した場合には,裁判所書記官は,職権で,遅滞なく,各会社の本店の所在地を管轄する登記所に当該各号に定める登記を嘱託しなければならない.
1 会社の組織変更の無効の訴え 組織変更をする会社についての解散の登記及び組織変更をする会社についての回復の登記
2 会社の吸収合併の無効の訴え 吸収合併後存続する会社についての変更の登記及び吸収合併により消滅する会社についての回復の登記
3 会社の新設合併の無効の訴え 新設合併により設立する会社についての解散の登記及び新設合併により消滅する会社についての回復の登記
4 会社の吸収分割の無効の訴え 吸収分割をする会社及び当該会社がその事業に関して有する権利義務の全部又は一部を当該会社から承継する会社についての変更の登記
5 会社の新設分割の無効の訴え 新設分割をする会社についての変更の登記及び新設分割により設立する会社についての解散の登記
6 株式会社の株式交換の無効の訴え 株式交換をする株式会社(第768条第1項第4号に掲げる事項についての定めがある場合に限る.)及び株式交換をする株式会社の発行済株式の全部を取得する会社についての変更の登記
7 株式会社の株式移転の無効の訴え 株式移転をする株式会社(第773条第1項第9号に掲げる事項についての定めがある場合に限る.)についての変更の登記及び株式移転により設立する株式会社についての解散の登記
④ 前項に規定する場合において,同項各号に掲げる訴えに係る請求の目的に係る組織変更,合併又は会社分割により第930条第2項各号に掲げる事項についての登記がされているときは,各会社の支店の所在地を管轄する登記所にも前項各号に定める登記を嘱託しなければならない.

**(特別清算に関する裁判による登記の嘱託)**
**第938条** ① 次の各号に掲げる場合には,裁判所書記官は,職権で,遅滞なく,清算株式会社の本店(第3号に掲げる場合であって特別清算終結の決定がされたときにあっては,本店及び支店)の所在地を管轄する登記所に当該各号に定める登記を嘱託しなければならない.
1 特別清算開始の命令があったとき 特別清算開始の登記
2 特別清算開始の命令を取り消す決定が確定したとき 特別清算開始の取消しの登記
3 特別清算終結の決定が確定したとき 特別清算終結の登記
② 次に掲げる場合には,裁判所書記官は,職権で,遅滞なく,清算株式会社の本店の所在地を管轄する登記所にその登記を嘱託しなければならない.
1 特別清算開始後における第479条第4項において準用する第346条第2項又は第483条第6項において準用する第351条第2項の規定による一時清算人又は代表清算人の職務を行うべき者の選任の裁判があったとき.
2 前号の裁判を取り消す裁判があったとき.
3 特別清算開始後における清算人又は代表清算人の選任又は選定の裁判を取り消す裁判があったとき.
4 特別清算開始後における清算人の解任の裁判があったとき.
5 前号の裁判を取り消す裁判が確定したとき.
③ 次に掲げる場合には,裁判所書記官は,職権で,遅滞なく,当該保全処分の登記を嘱託しなければならない.
1 清算株式会社の財産に属する権利で登記されたものに関し第540条第1項又は第2項の規定による保全処分があったとき.
2 登記のある権利に関し第542条第1項又は第2項の規定による保全処分があったとき.
④ 前項の規定は,同項に規定する保全処分の変更若しくは取消しがあった場合又は当該保全処分が効力を失った場合について準用する.
⑤ 前2項の規定は,登録のある権利について準用する.
⑥ 前各項の規定は,その性質上許されないものを除き,第822条第1項の規定による日本にある外国会社の財産についての清算について準用する.

## 第5章 公告

### 第1節 総則
**(会社の公告方法)**
**第939条** ① 会社は,公告方法として,次に掲げる方法のいずれかを定款で定めることができる.
1 官報に掲載する方法
2 時事に関する事項を掲載する日刊新聞紙に掲載する方法
3 電子公告
② 外国会社は,公告方法として,前項各号に掲げる方法のいずれかを定めることができる.
③ 会社又は外国会社が第1項第3号に掲げる方法を公告方法とする旨を定める場合には,電子公告を公告方法とする旨を定めれば足りる.この場合においては,事故その他やむを得ない事由によって電子公告による公告をすることができない場合の公告方法として,同項第1号又は第2号に掲げる方法のいずれかを定めることができる.
④ 第1項又は第2項の規定による定めがない会社又は外国会社の公告方法は,第1項第1号の方法とする.

**(電子公告の公告期間等)**
**第940条** ① 株式会社又は持分会社が電子公告によりこの法律の規定による公告をする場合には,次の各号に掲げる公告の区分に応じ,当該各号に定める日までの間,継続して電子公告による公告をしなければならない.

1 この法律の規定により特定の日の一定の期間前に公告しなければならない場合における当該公告当該特定の日
2 第440条第1項の規定による公告 同項の定時株主総会の終結の日後5年を経過する日
3 公告に定める期間内に異議を述べることができる旨の公告 当該期間を経過する日
4 前3号に掲げる公告以外の公告 当該公告の開始後1箇月を経過する日

② 外国会社が電子公告により第819条第1項の規定による公告をする場合には、同項の手続の終結の日後5年を経過する日までの間、継続して電子公告による公告をしなければならない。

③ 前2項の規定にかかわらず、これらの規定により電子公告による公告をしなければならない期間（以下この章において「公告期間」という。）中公告の中断（不特定多数の者が提供を受けることができる状態に置かれた情報がその状態に置かれないこととなったこと又はその情報がその状態に置かれた後改変されたことをいう。以下この項において同じ。）が生じた場合において、次のいずれにも該当するときは、その公告の中断は、当該公告の効力に影響を及ぼさない。

1 公告の中断が生ずることにつき会社が善意でかつ重大な過失がないこと又は会社に正当な事由があること。
2 公告の中断が生じた時間の合計が公告期間の10分の1を超えないこと。
3 会社が公告の中断が生じたことを知った後速やかにその旨、公告の中断が生じた時間及び公告の中断の内容を当該公告に付して公告したこと。

## 第2節 電子公告調査機関

（電子公告調査）

**第941条** この法律又は他の法律の規定による公告（第440条第1項の規定による公告を除く。以下この節において同じ。）を電子公告によりしようとする会社は、公告期間中、当該公告の内容である情報が不特定多数の者が提供を受けることができる状態に置かれているかどうかについて、法務省令で定めるところにより、法務大臣の登録を受けた者（以下この節において「調査機関」という。）に対し、調査を行うことを求めなければならない。

（登録）

**第942条** ① 前条の登録（以下この節において単に「登録」という。）は、同条の規定による調査（以下この節において「電子公告調査」という。）を行うとする者の申請により行う。
② 登録を受けようとする者は、実費を勘案して政令で定める額の手数料を納付しなければならない。

（欠格事由）

**第943条** 次のいずれかに該当する者は、登録を受けることができない。

1 この節の規定若しくは農業協同組合法（昭和22年法律第132号）第92条第5項、金融商品取引法第50条の2第10項、公認会計士法第34条の20第6項、第34条の23第4項、消費生活協同組合法（昭和23年法律第200号）第26条第6項、水産業協同組合法（昭和23年法律第242号）第121条第5項、中小企業等協同組合法（昭和24年法律第181号）第33条第7項（輸出水産業の振興に関する法律（昭和29年法律第154号）第20条並びに中小企業団体の組織に関する法律（昭和32年法律第185号）第5条の23第3項及び第47条第2項において準用する場合を含む。）、弁護士法（昭和24年法律第205号）第30条の28第6項（同法第43条第3項において準用する場合を含む。）、船主相互保険組合法（昭和25年法律第177号）第55条第3項、司法書士法（昭和25年法律第197号）第45条の2第6項、土地家屋調査士法（昭和25年法律第228号）第40条の2第6項、商品取引所法（昭和25年法律第239号）第11条第9項、行政書士法（昭和26年法律第4号）第13条の20の2第6項、投資信託及び投資法人に関する法律（昭和26年法律第198号）第25条第2項（同法第59条において準用する場合を含む。）及び第186条の2第6項、税理士法第48条の19の2第6項（同法第49条の12第3項において準用する場合を含む。）、信用金庫法（昭和26年法律第238号）第87条の4第4項、輸出入取引法（昭和27年法律第299号）第15条第6項（同法第19条の6において準用する場合を含む。）、中小漁業融資保証法（昭和27年法律第346号）第55条第5項、労働金庫法（昭和28年法律第227号）第91条の4第4項、鉱工業技術研究組合法（昭和36年法律第81号）第9条第7項、農業信用保証保険法（昭和36年法律第204号）第48条の3第5項（同法第58条の9第7項において準用する場合を含む。）、社会保険労務士法（昭和43年法律第89号）第25条の23の2第6項、森林組合法（昭和53年法律第36号）第8条の2第5項、銀行法第49条の2第2項、保険業法（平成7年法律第105号）第67条の2及び第217条第3項、資産の流動化に関する法律（平成10年法律第105号）第194条第4項、弁理士法（平成12年法律第49号）第53条の2第6項、農林中央金庫法（平成13年法律第93号）第96条の2第4項、信託業法第57条第6項並びに一般社団法人及び一般財団法人に関する法律第333条（以下この節において「電子公告関係規定」と総称する。）において準用する第955条第1項の規定又はこの節の規定に基づく命令に違反し、罰金以上の刑に処せられ、その執行を終わり、又は執行を受けることがなくなった日から2年を経過しない者

2 第954条の規定により登録を取り消され、その取消しの日から2年を経過しない者
3 法人であって、その業務を行う理事等（理事、取締役、執行役、業務を執行する社員、監事若しくは監査役又はこれらに準ずる者をいう。第947条において同じ。）のうちに前2号のいずれかに該当する者があるもの

（登録基準）

**第944条** ① 法務大臣は、第942条第1項の規定により登録を申請した者が、次に掲げる要件のすべてに適合しているときは、その登録をしなければならない。この場合において、登録に関して必要な手続は、法務省令で定める。

1 電子公告調査に必要な電子計算機（入出力装置を含む。以下この号において同じ。）及びプログラム（電子計算機に対する指令であって、一の結果を得ることができるように組み合わされたものをいう。以下この号において同じ。）であって次に掲げる要件のすべてに適合するものを用いて電子公告調査を行うものであること。

イ 当該電子計算機及びプログラムが電子公告に

より公告されている情報をインターネットを利用して閲覧することができるものであること．
ロ 当該電子計算機若しくはその用に供する電磁的記録を損壊し，当該電子計算機に虚偽の情報若しくは不正な指令を与え，又はその他の方法により，当該電子計算機に使用目的に沿うべき動作をさせず，又は使用目的に反する動作をさせることを防ぐために必要な措置が講じられていること．
ハ 当該電子計算機及びプログラムがその電子公告調査を行う期間を通じて当該電子計算機に入力された情報及び指令並びにインターネットを利用して提供を受けた情報を保存する機能を有していること．
2 電子公告調査を適正に行うために必要な実施方法が定められていること．
② 登録は，調査機関登録簿に次に掲げる事項を記載してするものとする．
1 登録年月日及び登録番号
2 登録を受けた者の氏名又は名称及び住所並びに法人にあっては，その代表者の氏名
3 登録を受けた者が電子公告調査を行う事業所の所在地

（登録の更新）
**第945条** ① 登録は，3年を下らない政令で定める期間ごとにその更新を受けなければ，その期間の経過によって，その効力を失う．
② 前3条の規定は，前項の登録の更新について準用する．

（調査の義務等）
**第946条** ① 調査機関は，電子公告調査を行うことを求められたときは，正当な理由がある場合を除き，電子公告調査を行わなければならない．
② 調査機関は，公正に，かつ，法務省令で定める方法により電子公告調査を行わなければならない．
③ 調査機関は，電子公告調査を行う場合には，法務省令で定めるところにより，電子公告調査を行うことを求めた者（以下この節において「調査委託者」という．）の商号その他の法務省令で定める事項を法務大臣に報告しなければならない．
④ 調査機関は，電子公告調査の後遅滞なく，調査委託者に対して，法務省令で定めるところにより，当該電子公告調査の結果を通知しなければならない．

（電子公告調査を行うことができない場合）
**第947条** 調査機関は，次に掲げる者の電子公告による公告又はその者若しくはその電子公告による公告に関与した場合として法務省令で定める場合における当該公告については，電子公告調査を行うことができない．
1 当該調査機関
2 当該調査機関が株式会社である場合における親株式会社（当該調査機関を子会社とする株式会社をいう．）
3 理事等又は職員（過去2年間にそのいずれかであった者を含む．次号において同じ．）が当該調査機関の理事等に占める割合が2分の1を超える法人
4 理事等又は職員のうちに当該調査機関（法人であるものを除く．）又は当該調査機関の代表権を有する理事等が含まれている法人

（事業所の変更の届出）
**第948条** 調査機関は，電子公告調査を行う事業所の所在地を変更しようとするときは，変更しようとする日の2週間前までに，法務大臣に届け出なければならない．

（業務規程）
**第949条** ① 調査機関は，電子公告調査の業務に関する規程（次項において「業務規程」という．）を定め，電子公告調査の業務の開始前に，法務大臣に届け出なければならない．これを変更しようとするときも，同様とする．
② 業務規程には，電子公告調査の実施方法，電子公告調査に関する料金その他の法務省令で定める事項を定めておかなければならない．

（業務の休廃止）
**第950条** 調査機関は，電子公告調査の業務の全部又は一部を休止し，又は廃止しようとするときは，法務省令で定めるところにより，あらかじめ，その旨を法務大臣に届け出なければならない．

（財務諸表等の備置き及び閲覧等）
**第951条** ① 調査機関は，毎事業年度経過後3箇月以内に，その事業年度の財産目録，貸借対照表及び損益計算書又は収支計算書並びに事業報告書（これらの作成に代えて電磁的記録の作成がされている場合における当該電磁的記録を含む．次項において「財務諸表等」という．）を作成し，5年間事業所に備えて置かなければならない．
② 調査委託者その他の利害関係人は，調査機関に対し，その業務時間内は，いつでも，次に掲げる請求をすることができる．ただし，第2号又は第4号に掲げる請求をするには，当該調査機関の定めた費用を支払わなければならない．
1 財務諸表等が書面をもって作成されているときは，当該書面の閲覧又は謄写の請求
2 前号の書面の謄本又は抄本の交付の請求
3 財務諸表等が電磁的記録をもって作成されているときは，当該電磁的記録に記録された事項を法務省令で定める方法により表示したものの閲覧又は謄写の請求
4 前号の電磁的記録に記録された事項を電磁的方法であって調査機関の定めたものにより提供することの請求又は当該事項を記載した書面の交付の請求

（適合命令）
**第952条** 法務大臣は，調査機関が第944条第1項各号のいずれかに適合しなくなったと認めるときは，その調査機関に対し，これらの規定に適合するため必要な措置をとるべきことを命ずることができる．

（改善命令）
**第953条** 法務大臣は，調査機関が第946条の規定に違反していると認めるときは，その調査機関に対し，電子公告調査を行うべきこと又は電子公告調査の方法その他の業務の方法の改善に関し必要な措置をとるべきことを命ずることができる．

（登録の取消し等）
**第954条** 法務大臣は，調査機関が次のいずれかに該当するときは，その登録を取り消し，又は期間を定めて電子公告調査の業務の全部若しくは一部の停止を命ずることができる．
1 第943条第1号又は第3号に該当するに至ったとき．
2 第947条（電子公告関係規定において準用する場合を含む．）から第950条まで，第951条第1項

又は次条第1項（電子公告関係規定において準用する場合を含む．）の規定に違反したとき．
3　正当な理由がないのに第951条第2項各号又は次条第2項各号（電子公告関係規定において準用する場合を含む．）の規定による請求を拒んだとき．
4　第952条又は前条（電子公告関係規定において準用する場合を含む．）の命令に違反したとき．
5　不正の手段により第941条の登録を受けたとき．

（調査記録簿等の記載等）

第955条　① 調査機関は，法務省令で定めるところにより，調査記録又はこれに準ずるものとして法務省令で定めるもの（以下この条において「調査記録簿等」という．）を備え，電子公告調査に関し法務省令で定めるものを記載し，又は記録し，及び当該調査記録簿等を保存しなければならない．
② 調査委託者その他の利害関係人は，調査機関に対し，当該調査機関が前項又は次条第2項の規定により保存している調査記録簿等（利害関係がある部分に限る．）について，次に掲げる請求をすることができる．ただし，当該請求をするには，当該調査機関の定めた費用を支払わなければならない．
1　調査記録簿等が書面をもって作成されているときは，当該書面の写しの交付の請求
2　調査記録簿等が電磁的記録をもって作成されているときは，当該電磁的記録に記録された事項を電磁的方法であって調査機関の定めたものにより提供することの請求又は当該事項を記載した書面の交付の請求

（調査記録簿等の引継ぎ）

第956条　① 調査機関は，電子公告調査の業務の全部の廃止をしようとするとき，又は第954条の規定により登録が取り消されたときは，その保存に係る前条第1項（電子公告関係規定において準用する場合を含む．）の調査記録簿等を他の調査機関に引き継がなければならない．
② 前項の規定により同項の調査記録簿等の引継ぎを受けた調査機関は，法務省令で定めるところにより，その調査記録簿等を保存しなければならない．

（法務大臣による電子公告調査の業務の実施）

第957条　① 法務大臣は，登録を受ける者がないとき，第950条の規定による電子公告調査の業務の全部又は一部の休止又は廃止の届出があったとき，第954条の規定により登録を取り消し，又は調査機関に対し電子公告調査の業務の全部若しくは一部の停止を命じたとき，調査機関が天災その他の事由によって電子公告調査の業務の全部又は一部を実施することが困難となったとき，その他必要があると認めるときは，当該電子公告調査の業務の全部又は一部を自ら行うことができる．
② 法務大臣が前項の規定により電子公告調査の業務の全部又は一部を自ら行う場合における電子公告調査の業務の引継ぎその他の必要な事項については，法務省令で定める．
③ 第1項の規定により法務大臣が行う電子公告調査を受ける者は，実費を勘案して政令で定める額の手数料を納付しなければならない．

（報告及び検査）

第958条　① 法務大臣は，この法律の施行に必要な限度において，調査機関に対し，その業務若しくは経理の状況に関し報告をさせ，又はその職員に，調査機関の事務所若しくは事業所に立ち入り，業務の状況若しくは帳簿，書類その他の物件を検査させることができる．
② 前項の規定により職員が立入検査をする場合には，その身分を示す証明書を携帯し，関係人にこれを提示しなければならない．
③ 第1項の規定による立入検査の権限は，犯罪捜査のために認められたものと解釈してはならない．

（公　示）

第959条　法務大臣は，次に掲げる場合には，その旨を官報に公示しなければならない．
1　登録をしたとき．
2　第945条第1項の規定により登録が効力を失ったことを確認したとき．
3　第948条又は第950条の届出があったとき．
4　第954条の規定により登録を取り消し，又は電子公告調査の業務の全部若しくは一部の停止を命じたとき．
5　第957条第1項の規定により法務大臣が電子公告調査の業務の全部若しくは一部を自ら行うものとするとき，又は自ら行っていた電子公告調査の業務の全部若しくは一部を行わないこととするとき．

## 第8章　罰　則

（取締役等の特別背任罪）

第960条　① 次に掲げる者が，自己若しくは第三者の利益を図り又は株式会社に損害を加える目的で，その任務に背く行為をし，当該株式会社に財産上の損害を加えたときは，10年以下の懲役若しくは1,000万円以下の罰金に処し，又はこれを併科する．
1　発起人
2　設立時取締役又は設立時監査役
3　取締役，会計参与，監査役又は執行役
4　民事保全法第56条に規定する仮処分命令により選任された取締役，監査役又は執行役の職務を代行する者
5　第346条第2項，第351条第2項又は第401条第3項（第403条第3項及び第420条第3項において準用する場合を含む．）の規定により選任された一時取締役，会計参与，監査役，代表取締役，委員，執行役又は代表執行役の職務を行うべき者
6　支配人
7　事業に関するある種類又は特定の事項の委任を受けた使用人
8　検査役
② 次に掲げる者が，自己若しくは第三者の利益を図り又は清算株式会社に損害を加える目的で，その任務に背く行為をし，当該清算株式会社に財産上の損害を加えたときも，前項と同様とする．
1　清算株式会社の清算人
2　民事保全法第56条に規定する仮処分命令により選任された清算株式会社の清算人の職務を代行する者
3　第479条第4項において準用する第346条第2項又は第483条第6項において準用する第351条第2項の規定により選任された一時清算人又は代表清算人の職務を行うべき者
4　清算人代理
5　監督委員
6　調査委員

（代表社債権者等の特別背任罪）

第961条　代表社債権者又は決議執行者（第737条

が、自己若しくは第三者の利益を図り又は社債権者に損害を加える目的で、その任務に背く行為をし、社債権者に財産上の損害を加えたときは、5年以下の懲役若しくは500万円以下の罰金に処し、又はこれを併科する。

(未遂罪)
**第962条** 前2条の罪の未遂は、罰する。

(会社財産を危うくする罪)
**第963条** ① 第960条第1項第1号又は第2号に掲げる者が、第34条第1項若しくは第63条第1項の規定による払込み若しくは給付について、又は第28条各号に掲げる事項について、裁判所又は創立総会若しくは種類創立総会に対し、虚偽の申述を行い、又は事実を隠ぺいしたときは、5年以下の懲役若しくは500万円以下の罰金に処し、又はこれを併科する。
② 第960条第1項第3号から第5号までに掲げる者が、第199条第1項第3号又は第236条第1項第3号に掲げる事項について、裁判所又は株主総会若しくは種類株主総会に対し、虚偽の申述を行い、又は事実を隠ぺいしたときも、前項と同様とする。
③ 検査役が、第28条各号、第199条第1項第3号又は第236条第1項第3号に掲げる事項について、裁判所に対し、虚偽の申述を行い、又は事実を隠ぺいしたときも、第1項と同様とする。
④ 第94条第1項の規定により選任された者が、第34条第1項若しくは第63条第1項の規定による払込み若しくは給付について、創立総会に対し、虚偽の申述を行い、又は事実を隠ぺいしたときも、第1項と同様とする。
⑤ 第960条第1項第3号から第7号までに掲げる者が、次のいずれかに該当する場合にも、第1項と同様とする。
 1 何人の名義をもってするかを問わず、株式会社の計算において不正にその株式を取得したとき。
 2 法令又は定款の規定に違反して、剰余金の配当をしたとき。
 3 株式会社の目的の範囲外において、投機取引のために株式会社の財産を処分したとき。

(虚偽文書行使等の罪)
**第964条** ① 次に掲げる者が、株式、新株予約権、社債又は新株予約権付社債を引き受ける者の募集をするに当たり、会社の事業その他の事項に関する説明を記載した資料若しくは当該募集の広告その他の当該募集に関する文書であって重要な事項について虚偽の記載のあるものを行使し、又はこれらの書類の作成に代えて電磁的記録の作成がされている場合における当該電磁的記録であって重要な事項について虚偽の記録のあるものをその募集の事務の用に供したときは、5年以下の懲役若しくは500万円以下の罰金に処し、又はこれを併科する。
 1 第960条第1項各号に掲げる者
 2 持分会社の業務を執行する社員
 3 民事保全法第56条に規定する仮処分命令により選任された持分会社の業務を執行する社員の職務を代行する者
 4 株式、新株予約権、社債又は新株予約権付社債を引き受ける者の募集の委託を受けた者
② 第960条第1項第3号から第7号までに掲げる者が、株式、新株予約権、社債又は新株予約権付社債の売出しを行う者が、その売出しに関する文書であって重要な事項について虚偽の記載のあるものを行

使し、又は当該文書の作成に代えて電磁的記録の作成がされている場合における当該電磁的記録であって重要な事項について虚偽の記録のあるものをその売出しの事務の用に供したときも、前項と同様とする。

(預合いの罪)
**第965条** 第960条第1項第1号から第7号までに掲げる者が、株式の発行に係る払込みを仮装するため預合いを行ったときは、5年以下の懲役若しくは500万円以下の罰金に処し、又はこれを併科する。預合いに応じた者も、同様とする。

(株式の超過発行の罪)
**第966条** 次に掲げる者が、株式会社が発行することができる株式の総数を超えて株式を発行したときは、5年以下の懲役又は500万円以下の罰金に処する。
 1 発起人
 2 設立時取締役又は設立時執行役
 3 取締役、執行役又は清算人
 4 民事保全法第56条に規定する仮処分命令により選任された取締役、執行役又は清算人の職務を代行する者
 5 第346条第2項(第479条第4項において準用する場合を含む。)又は第403条第3項において準用する第401条第3項の規定により選任された一時取締役、執行役又は清算人の職務を行うべき者

(取締役等の贈収賄罪)
**第967条** ① 次に掲げる者が、その職務に関し、不正の請託を受けて、財産上の利益を収受し、又はその要求若しくは約束をしたときは、5年以下の懲役又は500万円以下の罰金に処する。
 1 第960条第1項各号又は第2項各号に掲げる者
 2 第961条に規定する者
 3 会計監査人又は第346条第4項の規定により選任された一時会計監査人の職務を行うべき者
② 前項の利益を供与し、又はその申込み若しくは約束をした者は、3年以下の懲役又は300万円以下の罰金に処する。

(株主等の権利の行使に関する贈収賄罪)
**第968条** ① 次に掲げる事項に関し、不正の請託を受けて、財産上の利益を収受し、又はその要求若しくは約束をした者は、5年以下の懲役又は500万円以下の罰金に処する。
 1 株主総会若しくは種類株主総会、創立総会若しくは種類創立総会、社債権者集会又は債権者集会における発言又は議決権の行使
 2 第210条若しくは第247条、第297条第1項若しくは第4項、第303条第1項若しくは第2項、第304条、第305条第1項若しくは第306条第1項若しくは第2項(これらの規定を第325条において準用する場合を含む。)、第358条第1項、第360条第1項若しくは第2項(これらの規定を第482条第4項において準用する場合を含む。)、第422条第1項若しくは第2項、第426条第5項、第433条第1項若しくは第2項若しくは第479条第2項に規定する株主の権利の行使、第511条第1項若しくは第522条第1項に規定する株主若しくは債権者の権利の行使又は第547条第1項若しくは第3項に規定する債権者の権利の行使
 3 社債の総額(償還済みの額を除く。)の10分の1以上に当たる社債を有する社債権者の権利の行使

4　第828条第1項,第829条から第831条まで,第833条第1項,第847条第3項若しくは第5項,第853条,第854条若しくは第858条に係る訴えの提起（株式会社の株主,債権者又は新株予約権者若しくは新株予約権付社債を有する者がするものに限る.）

5　第849条第1項の規定による株主の訴訟参加

② 前項の利益を供与し,又はその申込み若しくは約束をした者も,同項と同様とする.

（没収及び追徴）
**第969条**　第967条第1項又は前条第1項の場合において,犯人の収受した利益は,没収する.その全部又は一部を没収することができないときは,その価額を追徴する.

（株主の権利の行使に関する利益供与の罪）
**第970条**　① 第960条第1項第3号から第6号までに掲げる者又はその他の株式会社の使用人が,株主の権利の行使に関し,当該株式会社又はその子会社の計算において財産上の利益を供与したときは,3年以下の懲役又は300万円以下の罰金に処する.

② 情を知って,前項の利益の供与を受け,又は第三者にこれを供与させた者も,同項と同様とする.

③ 株主の権利の行使に関し,株式会社又はその子会社の計算において第1項の利益を自己又は第三者に供与することを同項に規定する者に要求した者も,同項と同様とする.

④ 前2項の罪を犯した者が,その実行について第1項に規定する者に対し威迫の行為をしたときは,5年以下の懲役又は500万円以下の罰金に処する.

⑤ 前3項の罪を犯した者には,情状により,懲役及び罰金を併科することができる.

⑥ 第1項の罪を犯した者が自首したときは,その刑を減軽し,又は免除することができる.

（国外犯）
**第971条**　① 第960条から第963条まで,第965条,第966条,第967条第1項,第968条第1項及び前条第1項の罪は,日本国外においてこれらの罪を犯した者にも適用する.

② 第967条第2項,第968条第2項及び前条第2項から第4項までの罪は,刑法（明治40年法律第45号）第2条の例に従う.

（法人における罰則の適用）
**第972条**　第960条,第961条,第963条から第966条まで,第967条第1項又は第970条第1項に規定する者が法人であるときは,これらの規定及び第962条の規定は,その行為をした取締役,執行役その他業務を執行する役員又は支配人に対してそれぞれ適用する.

（業務停止命令違反の罪）
**第973条**　第954条の規定による電子公告調査（第942条第1項に規定する電子公告調査をいう.以下同じ.）の業務の全部又は一部の停止の命令に違反した者は,1年以下の懲役若しくは100万円以下の罰金に処し,又はこれを併科する.

（虚偽届出等の罪）
**第974条**　次のいずれかに該当する者は,30万円以下の罰金に処する.

1　第950条の規定による届出をせず,又は虚偽の届出をした者

2　第955条第1項の規定に違反して,調査記録簿等（同項に規定する調査記録簿等をいう.以下この号において同じ.）に同項に規定する電子公告調査に関し法務省令で定めるものを記載せず,若しくは記録せず,若しくは虚偽の記載若しくは記録をし,又は同項若しくは第956条第2項の規定に違反して調査記録簿等を保存しなかった者

3　第958条第1項の規定による報告をせず,若しくは虚偽の報告をし,又は同項の規定による検査を拒み,妨げ,若しくは忌避した者

（両罰規定）
**第975条**　法人の代表者又は法人若しくは人の代理人,使用人その他の従業者が,その法人又は人の業務に関し,前2条の違反行為をしたときは,行為者を罰するほか,その法人又は人に対しても,各本条の罰金刑を科する.

（過料に処すべき行為）
**第976条**　発起人,設立時取締役,設立時監査役,設立時執行役,取締役,会計参与若しくはその職務を行うべき社員,監査役,執行役,会計監査人若しくはその職務を行うべき社員,清算人,清算人代理,持分会社の業務を執行する社員,民事保全法第56条に規定する仮処分命令により選任された取締役,監査役,執行役,清算人若しくは持分会社の業務を承継する社員の職務を代行する者,第960条第1項第5号に規定する一時取締役,会計参与,監査役,代表取締役,委員,執行役若しくは代表執行役の職務を行うべき者,清算人代理,第967条第1項第3号に規定する一時会計監査人の職務を行うべき者,検査役,監督委員,調査委員,株主名簿管理人,社債原簿管理人,社債管理者,事務を承継する社債管理者,代表社債権者,決議執行者,外国会社の日本における代表者又は支配人は,次のいずれかに該当する場合には,100万円以下の過料に処する.ただし,その行為について刑を科するときは,この限りでない.

1　この法律の規定による登記をすることを怠ったとき.

2　この法律の規定による公告若しくは通知をすることを怠ったとき,又は不正の公告若しくは通知をしたとき.

3　この法律の規定による開示をすることを怠ったとき.

4　この法律の規定に違反して,正当な理由がないのに,書類若しくは電磁的記録に記録された事項を法務省令で定める方法により表示したものの閲覧若しくは謄写又は書類の謄本若しくは抄本の交付,電磁的記録に記録された事項を電磁的方法により提供すること若しくはその事項を記載した書面の交付を拒んだとき.

5　この法律の規定による調査を妨げたとき.

6　官庁,株主総会若しくは種類株主総会,創立総会若しくは種類創立総会,社債権者集会又は債権者集会に対し,虚偽の申述を行い,又は事実を隠ぺいしたとき.

7　定款,株主名簿,株券喪失登録簿,新株予約権原簿,社債原簿,議事録,財産目録,会計帳簿,貸借対照表,損益計算書,事業報告,事務報告,第435条第2項若しくは第494条第1項の附属明細書,会計参与報告,監査報告,会計監査報告,決算報告又は第122条第1項,第149条第1項,第250条第1項,第270条第1項,第682条第1項,第695条第1項,第782条第1項,第791条第1項,第794条第1項,第801条第1項若しくは第2項,第803条第1項,

第811条第1項若しくは第815条第1項若しくは第2項の書面若しくは電磁的記録に記載し、若しくは記録すべき事項を記載せず、若しくは記録せず、又は虚偽の記載若しくは記録をしたとき。
8 第31条第1項の規定、第74条第6項、第75条第3項、第76条第4項、第81条第2項若しくは第82条第2項(これらの規定を第86条において準用する場合を含む。)、第125条第1項、第231条第1項若しくは第252条第1項、第310条第6項、第311条第4項、第312条第5項、第318条第2項若しくは第3項若しくは第319条第2項(これらの規定を第325条において準用する場合を含む。)、第371条第1項(第490条第5項において準用する場合を含む。)、第378条第1項、第394条第1項、第413条第1項、第442条第1項若しくは第2項、第496条第1項、第684条第1項、第731条第2項、第782条第1項、第791条第2項、第794条第1項、第801条第3項、第803条第1項、第811条第2項又は第815条第3項の規定に違反して、帳簿又は書類若しくは電磁的記録を備え置かなかったとき。
9 正当な理由がないのに、株主総会若しくは種類株主総会又は創立総会若しくは種類創立総会において、株主又は設立時株主の求めた事項について説明をしなかったとき。
10 第135条第1項の規定に違反して株式を取得したとき、又は同条第3項の規定に違反して株式の処分をすることを怠ったとき。
11 第178条第1項又は第2項の規定に違反して、株式の消却をしたとき。
12 第197条第1項又は第2項の規定に違反して、株式の競売をしたとき又は売却をしたとき。
13 株式、新株予約権又は社債の発行の日前に株券、新株予約権証券又は社債券を発行したとき。
14 第215条第1項、第288条第1項又は第696条の規定に違反して、遅滞なく、株券、新株予約権証券又は社債券を発行しなかったとき。
15 株券、新株予約権証券又は社債券に記載すべき事項を記載せず、又は虚偽の記載をしたとき。
16 第225条第4項、第226条第2項、第227条又は第229条第2項の規定に違反して、株券喪失登録を抹消しなかったとき。
17 第230条第1項の規定に違反して、株主名簿に記載し、又は記録したとき。
18 第296条第1項の規定又は第307条第1項第1号(第325条において準用する場合を含む。)若しくは第359条第1項第1号の規定による裁判所の命令に違反して、株主総会を招集しなかったとき。
19 第303条第1項又は第2項(これらの規定を第325条において準用する場合を含む。)の規定による請求があった場合において、その請求に係る事項を株主総会又は種類株主総会の目的としなかったとき。
20 第335条第3項の規定に違反して、社外監査役を監査役の半数以上に選任しなかったとき。
21 第343条第2項(第347条第2項の規定により読み替えて適用する場合を含む。)又は第344条第2項の規定による請求があった場合において、その請求に係る事項を株主総会又は種類株主総会の目的とせず、又はその請求に係る議案を株主総会又は種類株主総会に提出しなかったとき。
22 取締役、会計参与、監査役、執行役又は会計監査人がこの法律又は定款で定めたその員数を欠くこととなった場合において、その選任(一時会計監査人の職務を行うべき者の選任を含む。)の手続をすることを怠ったとき。
23 第365条第2項(第419条第2項及び第489条第8項において準用する場合を含む。)の規定に違反して、取締役会又は清算人会に報告せず、又は虚偽の報告をしたとき。
24 第390条第3項の規定に違反して、常勤の監査役を選定しなかったとき。
25 第445条第3項若しくは第4項の規定に違反して資本準備金若しくは準備金を計上せず、又は第448条の規定に違反して準備金の額の減少をしたとき。
26 第449条第2項若しくは第5項、第627条第2項若しくは第5項、第635条第2項若しくは第5項、第670条第2項若しくは第5項、第779条第2項若しくは第5項(これらの規定を第781条第2項において準用する場合を含む。)、第789条第2項若しくは第5項(これらの規定を第793条第2項において準用する場合を含む。)、第799条第2項若しくは第5項(これらの規定を第802条第2項において準用する場合を含む。)、第810条第2項若しくは第5項(これらの規定を第813条第2項において準用する場合を含む。)又は第820条第1項若しくは第2項の規定に違反して、資本金若しくは準備金の額の減少、持分の払戻し、持分会社の財産の処分、組織変更、吸収合併、新設合併、吸収分割、新設分割、株式交換、株式移転又は外国会社の日本における代表者の全員の退任をしたとき。
27 第484条第1項若しくは第656条第1項の規定に違反して破産手続開始の申立てを怠ったとき、又は第511条第2項の規定に違反して特別清算開始の申立てをすることを怠ったとき。
28 清算の結了を遅延させる目的で、第499条第1項、第660条第1項又は第670条第2項の期間を不当に定めたとき。
29 第500条第1項、第537条第1項又は第661条第1項の規定に違反して、債務の弁済をしたとき。
30 第502条又は第664条の規定に違反して、清算株式会社又は清算持分会社の財産を分配したとき。
31 第535条第1項又は第536条第1項の規定に違反したとき。
32 第540条第1項若しくは第2項又は第542条第1項若しくは第2項の規定による保全処分に違反したとき。
33 第702条の規定に違反して社債を発行し、又は第714条第1項の規定に違反して事務を承継する社債管理者を定めなかったとき。
34 第827条第1項の規定による裁判所の命令に違反したとき。
35 第941条の規定に違反して、電子公告調査を求めなかったとき。

**第977条** 次のいずれかに該当する者は、100万円以下の過料に処する。
1 第946条第3項の規定に違反して、報告をせず、又は虚偽の報告をした者
2 第951条第1項の規定に違反して、財務諸表等(同項に規定する財務諸表等をいう。以下同じ。)を備え置かず、又は財務諸表等に記載し、若しくは記録すべき事項を記載せず、若しくは記録せず、若しくは虚偽の記載若しくは記録をした者
3 正当な理由がないのに、第951条第2項各号又は

は第955条第2項各号に掲げる請求を拒んだ者
**第978条** 次のいずれかに該当する者は,100万円以下の過料に処する.
  1 第6条第3項の規定に違反して,他の種類の会社であると誤認されるおそれのある文字をその商号中に用いた者
  2 第7条の規定に違反して,会社であると誤認されるおそれのある文字をその名称又は商号中に使用した者
  3 第8条第1項の規定に違反して,他の会社(外国会社を含む.)であると誤認されるおそれのある名称又は商号を使用した者
**第979条** ① 会社の成立前に当該会社の名義を使用して事業をした者又は発起人は,会社の設立の登録免許税の額に相当する過料に処する.
② 第818条第1項又は第821条第1項の規定に違反して取引をした者も,前項と同様とする.

### 附 則

(施行期日)
1 この法律は,公布の日から起算して1年6月を超えない範囲内において政令で定める日から施行する.
(経過措置の原則)
2 この法律の規定(罰則を除く.)は,他の法律に特別の定めがある場合を除き,この法律の施行前に生じた事項にも適用する.
(商号の使用に関する経過措置)
3 第6条第3項の規定は,この法律の施行の際現にその商号中に合同会社であると誤認されるおそれのある文字を用いている場合における会社法の施行に伴う関係法律の整備等に関する法律(平成17年法律第87号)第3条第2項に規定する特例有限会社,同法第66条第1項前段の規定により存続する株式会社又は同条第3項前段の規定により存続する合名会社若しくは合資会社については,この法律の施行の日から起算して6月間(これらの会社が当該期間内に商号の変更をした場合にあっては,当該商号の変更をするまでの期間)は,適用しない.
(合併等に際して株主等に対して交付する金銭等に関する経過措置)
4 この法律の施行の日から1年を経過する日までの間において合併契約が締結される合併,吸収分割契約が締結される吸収分割若しくは新設分割計画が作成される新設分割,株式交換契約が締結される株式交換又は株式移転計画が作成される株式移転の手続に関する第749条第2項,第751条第1項,第753条第1項,第755条第1項,第758条第4号,第760条,第763条,第765条第1項,第768条第1項第2号,第770条第1項及び第773条第1項の規定の適用については,第749条第1項第2号中「次に掲げる事項」とあるのは「次に掲げる事項(ロからホまでに掲げる事項を除く.)」と,第751条第1項各号列記以外の部分中「次に掲げる事項」とあるのは「次に掲げる事項(第3号及び第4号に掲げる事項を除く.)」と,第753条第1項各号列記以外の部分中「次に掲げる事項」とあるのは「次に掲げる事項(第8号及び第9号に掲げる事項を除く.)」と,第755条第1項各号列記以外の部分中「次に掲げる事項」とあるのは「次に掲げる事項(第6号及び第7号に掲げる事項を除く.)」と,第758条第4号中「次に掲げる事項」とあるのは「次に掲げる事項(ロからホまでに掲げる事項を除く.)」と,第760条各号列記以外の部分中「次に掲げる事項」とあるのは「次に掲げる事項(第5号に掲げる事項を除く.)」と,第763条各号列記以外の部分中「次に掲げる事項」とあるのは「次に掲げる事項(第8号及び第9号に掲げる事項を除く.)」と,第765条第1項各号列記以外の部分中「次に掲げる事項」とあるのは「次に掲げる事項(第6号及び第7号に掲げる事項を除く.)」と,第768条第1項第2号中「次に掲げる事項」とあるのは「次に掲げる事項(ロからホまでに掲げる事項を除く.)」と,第770条第1項各号列記以外の部分中「次に掲げる事項」とあるのは「次に掲げる事項(第3号及び第4号に掲げる事項を除く.)」と,第773条第1項各号列記以外の部分中「次に掲げる事項」とあるのは「次に掲げる事項(第7号及び第8号に掲げる事項を除く.)」とする.

## 60 会社法施行規則(抄)

(平18・2・7法務省令第12号,平18・5・1施行,最終改正:平20・9・29法務省令第53号)

### 第1編 総 則

#### 第1章 通 則

(目 的)
**第1条** この省令は,会社法(平成17年法律第86号.以下「法」という.)の規定に基づく委任その他法の施行に必要な事項を定めることを目的とする.
(定 義)
**第2条** ① この省令において,「会社」,「外国会社」,「子会社」,「親会社」,「公開会社」,「取締役会設置会社」,「会計参与設置会社」,「監査役設置会社」,「監査役会設置会社」,「会計監査人設置会社」,「委員会設置会社」,「種類株式発行会社」,「種類株主総会」,「社外取締役」,「社外監査役」,「譲渡制限株式」,「取得条項付株式」,「単元株式数」,「新株予約権」,「新株予約権付社債」,「社債」,「配当財産」,「組織変更」,「吸収合併」,「新設合併」,「吸収分割」,「新設分割」,「株式交換」,「株式移転」又は「電子公告」とは,それぞれ法第2条に規定する会社,外国会社,子会社,親会社,公開会社,取締役会設置会社,会計参与設置会社,監査役設置会社,監査役会設置会社,会計監査人設置会社,委員会設置会社,種類株式発行会社,種類株主総会,社外取締役,社外監査役,譲渡制限株式,取得条項付株式,単元株式数,新株予約権,新株予約権付社債,社債,配当財産,組織変更,吸収合併,新設合併,吸収分割,新設分割,株式交換,株式移転又は電子公告をいう.
② この省令において,次の各号に掲げる用語の意義は,当該各号に定めるところによる.
  1 委員会 法第2条第12号に規定する委員会をいう.
  2 種類株主 法第2条第14号に規定する種類株主をいう.
  3 業務執行取締役 法第2条第15号に規定する業務執行取締役をいう.
  4 発行済株式 法第2条第31号に規定する発行済株式をいう.

5 電磁的方法　法第2条第34号に規定する電磁的方法をいう．
6 設立時発行株式　法第25条第1項第1号に規定する設立時発行株式をいう．
7 有価証券　法第33条第10項第2号に規定する有価証券をいう．
8 銀行等　法第34条第2項に規定する銀行等をいう．
9 発行可能株式総数　法第37条第1項に規定する発行可能株式総数をいう．
10 設立時取締役　法第38条第1項に規定する設立時取締役をいう．
11 設立時会計参与　法第38条第2項第1号に規定する設立時会計参与をいう．
12 設立時監査役　法第38条第2項第2号に規定する設立時監査役をいう．
13 設立時会計監査人　法第38条第2項第3号に規定する設立時会計監査人をいう．
14 代表取締役　法第47条第1項に規定する代表取締役をいう．
15 設立時執行役　法第48条第1項第2号に規定する設立時執行役をいう．
16 設立時募集株式　法第58条第1項に規定する設立時募集株式をいう．
17 設立時株主　法第65条第1項に規定する設立時株主をいう．
18 創立総会　法第65条第1項に規定する創立総会をいう．
19 創立総会参考書類　法第70条第1項に規定する創立総会参考書類をいう．
20 種類創立総会　法第84条に規定する種類創立総会をいう．
21 発行可能種類株式総数　法第101条第1項第3号に規定する発行可能種類株式総数をいう．
22 株式等　法第107条第2項第2号ホに規定する株式等をいう．
23 自己株式　法第113条第4項に規定する自己株式をいう．
24 株券発行会社　法第117条第6項に規定する株券発行会社をいう．
25 株主名簿記載事項　法第121条に規定する株主名簿記載事項をいう．
26 株主名簿管理人　法第123条に規定する株主名簿管理人をいう．
27 株式取得者　法第133条第1項に規定する株式取得者をいう．
28 親会社株式　法第135条第1項に規定する親会社株式をいう．
29 譲渡等承認請求者　法第139条第2項に規定する譲渡等承認請求者をいう．
30 対象株式　法第140条第1項に規定する対象株式をいう．
31 指定買取人　法第140条第4項に規定する指定買取人をいう．
32 1株当たり純資産額　法第141条第2項に規定する1株当たり純資産額をいう．
33 登録株式質権者　法第149条第1項に規定する登録株式質権者をいう．
34 金銭等　法第151条に規定する金銭等をいう．
35 全部取得条項付種類株式　法第171条第1項に規定する全部取得条項付種類株式をいう．
36 単元未満株式売渡請求　法第194条第1項に規定する単元未満株式売渡請求をいう．
37 募集株式　法第199条第1項に規定する募集株式をいう．
38 株券喪失登録日　法第221条第4号に規定する株券喪失登録日をいう．
39 株券喪失登録　法第223条に規定する株券喪失登録をいう．
40 株券喪失登録者　法第224条第1項に規定する株券喪失登録者をいう．
41 募集新株予約権　法第238条第1項に規定する募集新株予約権をいう．
42 新株予約権付社債券　法第249条第2号に規定する新株予約権付社債券をいう．
43 証券発行新株予約権付社債　法第249条第2号に規定する証券発行新株予約権付社債をいう．
44 証券発行新株予約権　法第249条第3号ニに規定する証券発行新株予約権をいう．
45 自己新株予約権　法第255条第1項に規定する自己新株予約権をいう．
46 新株予約権取得者　法第260条第1項に規定する新株予約権取得者をいう．
47 取得条項付新株予約権　法第273条第1項に規定する取得条項付新株予約権をいう．
48 新株予約権無償割当て　法第277条に規定する新株予約権無償割当てをいう．
49 株主総会参考書類　法第301条第1項に規定する株主総会参考書類をいう．
50 報酬等　法第361条第1項に規定する報酬等をいう．
51 議事録等　法第371条第1項に規定する議事録等をいう．
52 役員等　法第423条第1項に規定する役員等をいう．
53 臨時決算日　法第441条第1項に規定する臨時決算日をいう．
54 臨時計算書類　法第441条第1項に規定する臨時計算書類をいう．
55 連結計算書類　法第444条第1項に規定する連結計算書類をいう．
56 分配可能額　法第461条第2項に規定する分配可能額をいう．
57 事業譲渡等　法第468条第1項に規定する事業譲渡等をいう．
58 清算株式会社　法第476条に規定する清算株式会社をいう．
59 清算人会設置会社　法第478条第6項に規定する清算人会設置会社をいう．
60 財産目録等　法第492条第1項に規定する財産目録等をいう．
61 各清算事務年度　法第494条第1項に規定する各清算事務年度をいう．
62 貸借対照表等　法第496条第1項に規定する貸借対照表等をいう．
63 協定債権　法第515条第3項に規定する協定債権をいう．
64 協定債権者　法第517条第1項に規定する協定債権者をいう．
65 債権者集会参考書類　法第550条第1項に規定する債権者集会参考書類をいう．
66 持分会社　法第575条第1項に規定する持分会社をいう．
67 清算持分会社　法第645条に規定する清算持分

会社をいう.
68 募集社債 法第676条に規定する募集社債をいう.
69 社債発行会社 法第682条第1項に規定する社債発行会社をいう.
70 社債原簿管理人 法第683条に規定する社債原簿管理人をいう.
71 社債権者集会参考書類 法第721条第1項に規定する社債権者集会参考書類をいう.
72 組織変更後持分会社 法第744条第1項第1号に規定する組織変更後持分会社をいう.
73 社債等 法第746条第7号ニに規定する社債等をいう.
74 吸収合併消滅会社 法第749条第1項第1号に規定する吸収合併消滅会社をいう.
75 吸収合併存続会社 法第749条第1項に規定する吸収合併存続会社をいう.
76 吸収合併存続株式会社 法第749条第1項第1号に規定する吸収合併存続株式会社をいう.
77 吸収合併消滅株式会社 法第749条第1項第2号に規定する吸収合併消滅株式会社をいう.
78 吸収合併存続持分会社 法第751条第1項に規定する吸収合併存続持分会社をいう.
79 新設合併設立会社 法第753条第1項に規定する新設合併設立会社をいう.
80 新設合併消滅会社 法第753条第1項第1号に規定する新設合併消滅会社をいう.
81 新設合併設立株式会社 法第753条第1項第2号に規定する新設合併設立株式会社をいう.
82 新設合併消滅株式会社 法第753条第1項第6号に規定する新設合併消滅株式会社をいう.
83 吸収分割承継会社 法第757条に規定する吸収分割承継会社をいう.
84 吸収分割会社 法第758条第1号に規定する吸収分割会社をいう.
85 吸収分割承継株式会社 法第758条第1号に規定する吸収分割承継株式会社をいう.
86 吸収分割株式会社 法第758条第2号に規定する吸収分割株式会社をいう.
87 吸収分割承継持分会社 法第760条第1号に規定する吸収分割承継持分会社をいう.
88 新設分割会社 法第763条第5号に規定する新設分割会社をいう.
89 新設分割株式会社 法第763条第5号に規定する新設分割株式会社をいう.
90 新設分割設立会社 法第763条に規定する新設分割設立会社をいう.
91 新設分割設立株式会社 法第763条第1号に規定する新設分割設立株式会社をいう.
92 新設分割設立持分会社 法第765条第1項第1号に規定する新設分割設立持分会社をいう.
93 株式交換完全親会社 法第767条に規定する株式交換完全親会社をいう.
94 株式交換完全子会社 法第768条第1項第1号に規定する株式交換完全子会社をいう.
95 株式交換完全親株式会社 法第768条第1項第1号に規定する株式交換完全親株式会社をいう.
96 株式交換完全親合同会社 法第770条第1項第1号に規定する株式交換完全親合同会社をいう.
97 株式移転設立完全親会社 法第773条第1項第1号に規定する株式移転設立完全親会社をいう.
98 株式移転完全子会社 法第773条第1項第5号に規定する株式移転完全子会社をいう.
99 吸収分割合同会社 法第793条第2項に規定する吸収分割合同会社をいう.
100 存続株式会社等 法第794条第1項に規定する存続株式会社等をいう.
101 新設分割合同会社 法第813条第2項に規定する新設分割合同会社をいう.
③ この省令において,次の各号に掲げる用語の意義は,当該各号に定めるところによる.
1 法人等 法人その他の団体をいう.
2 会社等 会社(外国会社を含む.),組合(外国における組合に相当するものを含む.)その他これらに準ずる事業体をいう.
3 役員 取締役,会計参与,監査役,執行役,理事,監事その他これらに準ずる者をいう.
4 会社役員 当該株式会社の取締役,会計参与,監査役及び執行役をいう.
5 社外役員 会社役員のうち,次のいずれにも該当するものをいう.
 イ 当該会社役員が社外取締役又は社外監査役であること.
 ロ 当該会社役員が次のいずれかの要件に該当すること.
 (1) 当該会社役員が法第373条第1項第2号,第400条第3項,第425条第1項第1号ハ又は第427条第1項の社外取締役であること.
 (2) 当該会社役員が法第335条第3項又は第427条第1項の社外監査役であること.
 (3) 当該会社役員を当該株式会社の社外取締役又は社外監査役であるものとして計算関係書類,事業報告,株主総会参考書類その他当該株式会社が法令その他これに準ずるものの規定に基づき作成する資料に表示していること.
6 業務執行者 次に掲げる者をいう.
 イ 業務執行取締役,執行役その他の法人等の業務を執行する役員
 ロ 業務を執行する社員,法第598条第1項の職務を行うべき者その他これに相当する者
 ハ 使用人
7 社外取締役候補者 次に掲げるいずれにも該当する候補者をいう.
 イ 当該候補者が過去に当該株式会社又はその子会社の業務執行取締役若しくは執行役又は支配人その他の使用人となったことがないこと.
 ロ 当該候補者が現に当該株式会社又はその子会社の業務執行取締役若しくは執行役又は支配人その他の使用人でないこと.
 ハ 当該候補者を就任後当該株式会社の業務を執行する取締役として選定する予定がないこと.
 ニ 当該候補者を当該株式会社の執行役として選任する予定がないこと.
 ホ 当該候補者を就任後当該株式会社の使用人とする予定がないこと.
 ヘ 次のいずれかの要件に該当すること.
 (1) 当該候補者を法第373条第1項第2号,第400条第3項,第425条第1項第1号ハ又は第427条第1項の社外取締役であるものとする予定があること.
 (2) 当該候補者を当該株式会社の社外取締役であるものとして計算関係書類,事業報告,株主総会参考書類その他株式会社が法令その他これに準ずるものの規定に基づき作成する資料に表示する予定があること.

8 社外監査役候補者　次に掲げるいずれにも該当する候補者をいう．
　イ　当該候補者が過去に当該株式会社又はその子会社の取締役，会計参与（会計参与が法人であるときは，その職務を行うべき社員）若しくは執行役又は支配人その他の使用人となったことがないこと．
　ロ　次のいずれかの要件に該当すること．
　　(1)　当該候補者を法第335条第3項又は第427条第1項の社外監査役であるものとする予定があること．
　　(2)　当該候補者を当該株式会社の社外監査役であるものとして計算関係書類，事業報告，株主総会参考書類その他株式会社が法令その他これに準ずるものの規定に基づき作成する資料に表示する予定があること．
9 最終事業年度　次のイ又はロに掲げる会社の区分に応じ，当該イ又はロに定めるものをいう．
　イ　株式会社　法第2条第24号に規定する最終事業年度
　ロ　持分会社　各事業年度に係る法第617条第2項に規定する計算書類を作成した場合における当該各事業年度のうち最も遅いもの．
10 計算書類　次のイ又はロに掲げる会社の区分に応じ，当該イ又はロに定めるものをいう．
　イ　株式会社　法第435条第2項に規定する計算書類
　ロ　持分会社　法第617条第2項に規定する計算書類
11 計算関係書類　株式会社についての次に掲げるものをいう．
　イ　成立の日における貸借対照表
　ロ　各事業年度に係る計算書類及びその附属明細書
　ハ　臨時計算書類
　ニ　連結計算書類
12 計算書類等　次のイ又はロに掲げる会社の区分に応じ，当該イ又はロに定めるものをいう．
　イ　株式会社　各事業年度に係る計算書類及び事業報告（法第436条第1項又は第2項の規定の適用がある場合にあっては，監査報告又は会計監査報告を含む．）
　ロ　持分会社　法第617条第2項に規定する計算書類
13 臨時計算書類等　法第441条第1項に規定する臨時計算書類（同条第2項の規定の適用がある場合にあっては，監査報告又は会計監査報告を含む．）をいう．
14 新株予約権等　新株予約権その他当該法人等に対して付与することにより当該法人等の株式その他の持分の交付を受けることができる権利をいう．
15 公開買付け等　金融商品取引法（昭和23年法律第25号）第27条の2第6項（同法第27条の22の2第2項において準用する場合を含む．）に規定する公開買付け及びこれに相当する外国の法令に基づく制度をいう．
16 社債取得者　社債を社債発行会社以外の者から取得した者（当該社債発行会社を除く．）をいう．
17 信託社債　信託の受託者が発行する社債であって，信託財産（信託法（平成18年法律第108号）第2条第3項に規定する信託財産．以下同じ．）のために発行するものをいう．
18 設立時役員等　設立時取締役，設立時会計参与，設立時監査役及び設立時会計監査人をいう．
19 特定関係事業者　次に掲げるものをいう．
　イ　当該株式会社の親会社及び親会社（当該株式会社に親会社がない場合にあっては，当該株式会社）の子会社及び関連会社（当該親会社が会社でない場合におけるその子会社及び関連会社に相当するものを含む．）
　ロ　当該株式会社の主要な取引先である者（法人以外の団体を含む．）
20 請求対象者　次に掲げる者のうち，法第847条第1項の規定による請求に係る第217条第1号に掲げる者をいう．
　イ　発起人
　ロ　設立時取締役及び設立時監査役
　ハ　役員等
　ニ　清算人
　ホ　法第120条第3項の利益の供与を受けた者
　ヘ　法第212条第1項の義務を負う募集株式の引受人
　ト　法第285条第1項の義務を負う募集新株予約権の引受人
21 関連会社　会社計算規則（平成18年法務省令第13号）第2条第3項第19号に規定する関連会社をいう．
22 連結配当規制適用会社　会社計算規則第2条第3項第72号に規定する連結配当規制適用会社をいう．
23 組織変更株式交換　保険業法（平成7年法律第105号）第96条の5第1項に規定する組織変更株式交換をいう．
24 組織変更株式移転　保険業法第96条の8第1項に規定する組織変更株式移転をいう．

## 第2章　子会社及び親会社

**(子会社及び親会社)**
**第3条**　① 法第2条第3号に規定する法務省令で定めるものは，同号に規定する会社が他の会社等の財務及び事業の方針の決定を支配している場合における当該他の会社等とする．
② 法第2条第4号に規定する法務省令で定めるものは，会社等が同号に規定する株式会社の財務及び事業の方針の決定を支配している場合における当該会社等とする．
③ 前2項に規定する「財務及び事業の方針の決定を支配している場合」とは，次に掲げる場合（財務上又は事業上の関係からみて他の会社等の財務又は事業の方針の決定を支配していないことが明らかであると認められる場合を除く．）をいう（以下この項において同じ．）．
1 他の会社等（次に掲げる会社等であって，有効な支配従属関係が存在しないと認められるものを除く．以下この項において同じ．）の議決権の総数に対する自己（その子会社及び子法人等（会社以外の会社等が他の会社等の財務及び事業の方針の決定を支配している場合における当該他の会社等をいう．）を含む．以下この項において同じ．）の計算において所有している議決権の数の割合が100分の50を超えている場合
　イ　民事再生法（平成11年法律第225号）の規定による再生手続開始の決定を受けた会社等
　ロ　会社更生法（平成14年法律第154号）の規定

による更生手続開始の決定を受けた株式会社
ハ 破産法（平成16年法律第75号）の規定による破産手続開始の決定を受けた株式会社
ニ その他イからハまでに掲げる会社等に準ずる会社等
2 他の会社等の議決権の総数に対する自己の計算において所有している議決権の数の割合が100分の40以上である場合（前号に掲げる場合を除く．）であって，次に掲げるいずれかの要件に該当する場合
イ 他の会社等の議決権の総数に対する自己所有等議決権数（次に掲げる議決権の数の合計数をいう．次号において同じ．）の割合が100分の50を超えていること．
(1) 自己の計算において所有している議決権
(2) 自己と出資，人事，資金，技術，取引等において緊密な関係があることにより自己の意思と同一の内容の議決権を行使すると認められる者が所有している議決権
(3) 自己の意思と同一の内容の議決権を行使することに同意している者が所有している議決権
ロ 他の会社等の取締役会その他これに準ずる機関の構成員の総数に対する次に掲げる者（当該他の会社等の財務及び事業の方針の決定に関して影響を与えることができるものに限る．）の数の割合が100分の50を超えていること．
(1) 自己の役員
(2) 自己の業務を執行する社員
(3) 自己の使用人
(4) (1)から(3)までに掲げる者であった者
ハ 自己が他の会社等の重要な財務及び事業の方針の決定を支配する契約等が存在すること．
ニ 他の会社等の資金調達額（貸借対照表の負債の部に計上されているものに限る．）の総額に対する自己が行う融資（債務の保証及び担保の提供を含む．ニにおいて同じ．）の額（自己と出資，人事，資金，技術，取引等において緊密な関係のある者が行う融資の額を含む．）の割合が100分の50を超えていること．
ホ その他自己が他の会社等の財務及び事業の方針の決定を支配していることが推測される事実が存在すること．
3 他の会社等の議決権の総数に対する自己所有等議決権数の割合が100分の50を超えている場合（自己の計算において議決権を所有していない場合を含み，前2号に掲げる場合を除く．）であって，前号ロからホまでに掲げるいずれかの要件に該当する場合
④ 法第135条第1項の親会社についての第2項の規定の適用については，同条第1項の子会社を第2項の法第2条第4号に規定する株式会社とみなす．

**（特別目的会社の特則）**
**第4条** 前条の規定にかかわらず，特別目的会社（資産の流動化に関する法律（平成10年法律第105号）第2条第3項に規定する特定目的会社及び事業の内容の変更が制限されているこれと同様の事業を営む事業体をいう．以下この条において同じ．）については，次に掲げる要件のいずれにも該当する場合には，当該特別目的会社に対する出資者又は当該特別目的会社に資産を譲渡した会社の子会社に該当しないものと推定する．
1 当該特別目的会社が適正な価額で譲り受けた資産から生ずる収益をその発行する証券（当該証券に表示されるべき権利を含む．）の所有者（資産の流動化に関する法律第2条第12項に規定する特定目的借入れに係る債権者及びこれと同様の借入れに係る債権者を含む．）に享受させることを目的として設立されていること．
2 当該特別目的会社の事業がその目的に従って適切に遂行されていること．

## 第2編　株式会社

## 第1章　設立

**第1節　通則**
**（設立費用）**
**第5条** 法第28条第4号に規定する法務省令で定めるものは，次に掲げるものとする．
1 定款に係る印紙税
2 設立時発行株式と引換えにする金銭の払込みの取扱いをした銀行等に支払うべき手数料及び報酬
3 法第33条第3項の規定により決定された検査役の報酬
4 株式会社の設立の登記の登録免許税

**（検査役の調査を要しない市場価格のある有価証券）**
**第6条** 法第33条第10項第2号に規定する法務省令で定める方法は，次に掲げる額のうちいずれか高い額をもって同号に規定する有価証券の価格とする方法とする．
1 法第30条第1項の認証の日における当該有価証券を取引する市場における最終の価格（当該日に売買取引がない場合又は当該日が当該市場の休業日に当たる場合にあっては，その後最初になされた売買取引の成立価格）
2 法第30条第1項の認証の日において当該有価証券が公開買付け等の対象であるときは，当該日における当該公開買付け等に係る契約における当該有価証券の価格

**（銀行等）**
**第7条** 法第34条第2項に規定する法務省令で定めるものは，次に掲げるものとする．
1 株式会社商工組合中央金庫
2 農業協同組合法（昭和22年法律第132号）第10条第1項第3号の事業を行う農業協同組合又は農業協同組合連合会
3 水産業協同組合法（昭和23年法律第242号）第11条第1項第4号，第87条第1項第4号，第93条第1項第2号又は第97条第1項第2号の事業を行う漁業協同組合，漁業協同組合連合会，水産加工業協同組合又は水産加工業協同組合連合会
4 信用協同組合又は中小企業等協同組合法（昭和24年法律第181号）第9条の9第1項第1号の事業を行う協同組合連合会
5 信用金庫又は信用金庫連合会
6 労働金庫又は労働金庫連合会
7 農林中央金庫
**第2節　募集設立**（略）

## 第2章　株式

**第1節　総則**
**（種類株主総会における取締役又は監査役の選任）**
**第19条** 法第108条第2項第9号ニに規定する法務省令で定める事項は，次に掲げる事項とする．

1 当該種類の株式の種類株主を構成員とする種類株主総会において取締役を選任することができる場合にあっては,次に掲げる事項
  イ 当該種類株主総会において社外取締役を選任しなければならないこととするときは,その旨及び選任しなければならない社外取締役の数
  ロ イの定めにより選任しなければならない社外取締役の全部又は一部を他の種類株主と共同して選任することとするときは,当該他の種類株主の有する株式の種類及び共同して選任する社外取締役の数
  ハ イ又はロに掲げる事項を変更する条件があるときは,その条件及びその条件が成就した場合における変更後のイ又はロに掲げる事項
2 当該種類の株式の種類株主を構成員とする種類株主総会において監査役を選任することができる場合にあっては,次に掲げる事項
  イ 当該種類株主総会において社外監査役を選任しなければならないこととするときは,その旨及び選任しなければならない社外監査役の数
  ロ イの定めにより選任しなければならない社外監査役の全部又は一部を他の種類株主と共同して選任することとするときは,当該他の種類株主の有する株式の種類及び共同して選任する社外監査役の数
  ハ イ又はロに掲げる事項を変更する条件があるときは,その条件及びその条件が成就した場合における変更後のイ又はロに掲げる事項

(種類株式の内容)
**第20条** ① 法第108条第3項に規定する法務省令で定める事項は,次の各号に掲げる事項について内容の異なる種類の株式の内容のうち,当該各号に定める事項以外の事項とする.
1 剰余金の配当 配当財産の種類
2 残余財産の分配 残余財産の種類
3 株主総会において議決権を行使することができる事項 法第108条第2項第3号イに掲げる事項
4 当該種類の株式について,株主が当該株式会社に対してその取得を請求することができること 次に掲げる事項
  イ 法第107条第2項第2号イに掲げる事項
  ロ 当該種類の株式1株を取得するのと引換えに当該種類の株主に対して交付する財産の種類
5 当該種類の株式について,当該株式会社が一定の事由が生じたことを条件としてこれを取得することができること 次に掲げる事項
  イ 一定の事由が生じた日に当該株式会社がその株式を取得する旨
  ロ 法第107条第2項第3号ロに規定する場合における同号イの事由
  ハ 法第107条第2項第3号ハに掲げる事項(当該種類の株式の株主の有する当該種類の株式の数に応じて定めるものを除く.)
  ニ 当該種類の株式1株を取得するのと引換えに当該種類の株主に対して交付する財産の種類
6 当該種類の株式について,当該株式会社が株主総会の決議によってその全部を取得すること 法第108条第2項第7号イに掲げる事項
7 当該種類の株式について(取締役会設置会社にあっては株主総会又は取締役会,清算人会設置会社にあっては株主総会又は清算人会)において決議すべき事項のうち,当該決議のほか,当該種類の株式の種類株主を構成員とする種類株主総会の決議があることを必要とするもの 法第108条第2項第8号イに掲げる事項
② 次に掲げる事項は,前項の株式の内容に含まれるものと解してはならない.
1 法第164条第1項に規定する定款の定め
2 法第167条第3項に規定する定款の定め
3 法第168条第1項及び第169条第2項に規定する定款の定め
4 法第174条に規定する定款の定め
5 法第189条第2項及び第194条第1項に規定する定款の定め
6 法第199条第4項及び第238条第4項に規定する定款の定め

(利益の供与に関して責任をとるべき取締役等)
**第21条** 法第120条第4項に規定する法務省令で定める者は,次に掲げる者とする.
1 利益の供与(法第120条第1項に規定する利益の供与をいう.以下この条において同じ.)に関する職務を行った取締役及び執行役
2 利益の供与が取締役会の決議に基づいて行われたときは,次に掲げる者
  イ 当該取締役会の決議に賛成した取締役
  ロ 当該取締役会に当該利益の供与に関する議案を提案した取締役及び執行役
3 利益の供与が株主総会の決議に基づいて行われたときは,次に掲げる者
  イ 当該株主総会に当該利益の供与に関する議案を提案した取締役
  ロ イの議案の提案の決定に同意した取締役(取締役会設置会社の取締役を除く.)
  ハ イの議案の提案が取締役会の決議に基づいて行われたときは,当該取締役会の決議に賛成した取締役
  ニ 当該株主総会において当該利益の供与に関する事項について説明をした取締役及び執行役

### 第2節 株式の譲渡等
(株主名簿記載事項の記載等の請求)
**第22条** ① 法第133条第2項に規定する法務省令で定める場合は,次に掲げる場合とする.
1 株式取得者が,株主として株主名簿に記載若しくは記録がされた者又はその一般承継人に対して当該株式取得者の取得した株式に係る法第133条第1項の規定による請求をすべきことを命ずる確定判決を得た場合において,当該確定判決の内容を証する書面その他の資料を提供して請求をしたとき.
2 株式取得者が前号の確定判決と同一の効力を有するものの内容を証する書面その他の資料を提供して請求をしたとき.
3 株式取得者が指定買取人である場合において,譲渡等承認請求者に対して売買代金の全部を支払ったことを証する書面その他の資料を提供して請求をしたとき.
4 株式取得者が一般承継により当該株式会社の株式を取得した者である場合において,当該一般承継を証する書面その他の資料を提供して請求をしたとき.
5 株式取得者が当該株式会社の株式を競売により取得した者である場合において,当該競売により取得したことを証する書面その他の資料を提供して請求をしたとき.

6 株式取得者が株式交換（組織変更株式交換を含む．）により当該株式会社の発行済株式の全部を取得した会社である場合において，当該株式取得者が請求をしたとき．
7 株式取得者が株式移転（組織変更株式移転を含む．）により当該株式会社の発行済株式の全部を取得した株式会社である場合において，当該株式取得者が請求をしたとき．
8 株式取得者が法第197条第1項の株式を取得した者である場合において，同条第2項の規定による売却に係る代金の全部を支払ったことを証する書面その他の資料を提供して請求をしたとき．
9 株式取得者が株券喪失登録者である場合において，当該株式取得者が株券喪失登録日の翌日から起算して1年を経過した日以降に，請求をしたとき（株券喪失登録が当該日前に抹消された場合を除く．）．
② 前項の規定にかかわらず，株式会社が株券発行会社である場合には，法第133条第2項に規定する法務省令で定める場合は，次に掲げる場合とする．
1 株式取得者が株券を提示して請求をした場合
2 株式取得者が株式交換（組織変更株式交換を含む．）により当該株式会社の発行済株式の全部を取得した会社である場合において，当該株式取得者が請求をしたとき．
3 株式取得者が株式移転（組織変更株式移転を含む．）により当該株式会社の発行済株式の全部を取得した株式会社である場合において，当該株式取得者が請求をしたとき．
4 株式取得者が法第197条第1項の株式を取得した者である場合において，同条第2項の規定による売却に係る代金の全部を支払ったことを証する書面その他の資料を提供して請求をしたとき．

**（子会社による親会社株式の取得）**
**第23条** 法第135条第2項第5号に規定する法務省令で定める場合は，次に掲げる場合とする．
1 吸収分割（法以外の法令（外国の法令を含む．以下この条において同じ．）に基づく吸収分割に相当する行為を含む．）に際して親会社株式の割当てを受ける場合
2 株式交換（法以外の法令に基づく株式交換に相当する行為を含む．）に際してその有する自己の株式（持分その他これに準ずるものを含む．以下この条において同じ．）と引換えに親会社株式の割当てを受ける場合
3 株式移転（法以外の法令に基づく株式移転に相当する行為を含む．）に際してその有する自己の株式と引換えに親会社株式の割当てを受ける場合
4 親会社株式を無償で取得する場合
5 その有する他の法人等の株式につき当該他の法人等が行う剰余金の配当又は残余財産の分配（これらに相当する行為を含む．）により親会社株式の交付を受ける場合
6 その有する他の法人等の株式につき当該他の法人等が行う次に掲げる行為に際して当該株式と引換えに当該親会社株式の交付を受ける場合
　イ 組織の変更
　ロ 合併
　ハ 株式交換（法以外の法令に基づく株式交換に相当する行為を含む．）
　ニ 株式移転（法以外の法令に基づく株式移転に相当する行為を含む．）
　ホ 取得条項付株式（これに相当する株式を含む．）の取得
　ヘ 全部取得条項付種類株式（これに相当する株式を含む．）の取得
7 その有する他の法人等の新株予約権等を当該他の法人等が当該新株予約権等の定めに基づき取得することと引換えに親会社株式の交付をする場合において，当該親会社株式の交付を受けるとき．
8 法第135条第1項の子会社である者（会社を除く．）が行う次に掲げる行為に際して払込みをする対価として親会社株式を交付するために，その対価として交付すべき当該親会社株式の総数を超えない範囲において当該親会社株式を取得する場合
　イ 組織の変更
　ロ 合併
　ハ 法以外の法令に基づく吸収分割に相当する行為による他の法人等がその事業に関して有する権利義務の全部又は一部の承継
　ニ 法以外の法令に基づく株式交換に相当する行為による他の法人等が発行している株式の全部の取得
9 他の法人等（会社及び外国会社を除く．）の事業の全部を譲り受ける場合において，当該他の法人等の有する親会社株式を承継するとき．
10 合併後消滅する法人等（会社を除く．）から親会社株式を承継する場合
11 吸収分割又は新設分割に相当する行為により他の法人等（会社を除く．）から親会社株式を承継する場合
12 親会社株式を発行している株式会社（連結配当規制適用会社に限る．）の他の子会社から当該親会社株式を譲り受ける場合
13 その権利の実行に当たり目的を達成するために親会社株式を取得することが必要，かつ，不可欠である場合（前各号に掲げる場合を除く．）

**（株式取得者からの承認の請求）**
**第24条** ① 法第137条第2項に規定する法務省令で定める場合は，次に掲げる場合とする．
1 株式取得者が，株主として株主名簿に記載若しくは記録がされた者又はその一般承継人に対して当該株式取得者の取得した株式に係る法第137条第1項の規定による請求をすべきことを命ずる確定判決を得た場合において，当該確定判決の内容を証する書面その他の資料を提供して請求をしたとき．
2 株式取得者が前号の確定判決と同一の効力を有するものの内容を証する書面その他の資料を提供して請求をしたとき．
3 株式取得者が当該株式会社の株式を競売により取得した者である場合において，当該競売により取得したことを証する書面その他の資料を提供して請求をしたとき．
4 株式取得者が組織変更株式交換により当該株式会社の株式の全部を取得した会社である場合において，当該株式取得者が請求をしたとき．
5 株式取得者が株式移転（組織変更株式移転を含む．）により当該株式会社の発行済株式の全部を取得した株式会社である場合において，当該株式取得者が請求をしたとき．
6 株式取得者が法第197条第1項の株式を取得した者である場合において，同条第2項の規定による売却に係る代金の全部を支払ったことを証する

書面その他の資料を提供して請求をしたとき.
7 株式取得者が株券喪失登録者である場合において,当該株式取得者が株券喪失登録日の翌日から起算して1年を経過した日以降に,請求をしたとき(株券喪失登録が当該日前に抹消された場合を除く.).
② 前項の規定にかかわらず,株式会社が株券発行会社である場合には,法第137条第2項に規定する法務省令で定める場合は,次に掲げる場合とする.
1 株式取得者が株券を提示して請求をしたとき.
2 株式取得者が組織変更株式交換により当該株式会社の株式の全部を取得した会社である場合において,当該株式取得者が請求をしたとき.
3 株式取得者が株式移転(組織変更株式移転を含む.)により当該株式会社の発行済株式の全部を取得した株式会社である場合において,当該株式取得者が請求をしたとき.
4 株式取得者が法第197条第1項の株式を取得した者である場合において,同条第2項の規定による売却に係る代金の全部を支払ったことを証する書面その他の資料を提供して請求をしたとき.

(1株当たり純資産額)
**第25条** ① 法第141条第2項に規定する法務省令で定める方法は,基準純資産額を基準株式数で除して得た額に1株当たり純資産額を算定すべき株式についての株式係数を乗じて得た額をもって当該株式の1株当たりの純資産額とする方法とする.
② 当該株式会社が算定基準日において清算株式会社である場合における前項の規定の適用については,同項中「基準純資産額」とあるのは,「法第492条第1項の規定により作成した貸借対照表の資産の部に計上した額から負債の部に計上した額を減じて得た額(零未満である場合にあっては,零)」とする.
③ 第1項に規定する「基準純資産額」とは,算定基準日における第1号から第6号までに掲げる額の合計額から第7号に掲げる額を減じて得た額(零未満である場合にあっては,零)をいう.
1 資本金の額
2 資本準備金の額
3 利益準備金の額
4 法第446条に規定する剰余金の額
5 最終事業年度(法第461条第2項第2号に規定する場合にあっては,法第441条第1項第2号の期間(当該期間が二以上ある場合にあっては,その末日が最も遅いもの))の末日(最終事業年度がない場合にあっては,株式会社の成立の日)における評価・換算差額等に係る額
6 新株予約権の帳簿価額
7 自己株式及び自己新株予約権の帳簿価額の合計額
④ 第1項に規定する「基準株式数」とは,次に掲げる場合の区分に応じ,当該各号に定める数をいう.
1 種類株式発行会社でない場合 発行済株式(自己株式を除く.)の総数
2 種類株式発行会社である場合 株式会社が発行している各種類の株式(自己株式を除く.)の数に当該種類の株式に係る株式係数を乗じて得た数の合計数
⑤ 第3項及び前項第2号に規定する「株式係数」とは,1(種類株式発行会社において,定款である種類の株式についての第1項及び前項の適用に関して当該種類の株式1株を1とは異なる数の株式として取り扱うために1以外の数を定めた場合にあっては,当該数)をいう.
⑥ 第2項及び第3項に規定する「算定基準日」とは,次の各号に掲げる規定に規定する1株当たり純資産額を算定する場合における当該各号に定める日をいう.
1 法第141条第2項 同条第1項の規定による通知の日
2 法第142条第2項 同条第1項の規定による通知の日
3 法第144条第5項 法第141条第1項の規定による通知の日
4 法第144条第7項において準用する同条第5項 法第142条第1項の規定による通知の日
5 法第167条第3項第2号 法第166条第1項本文の規定による請求の日
6 法第193条第5項 法第192条第1項の規定による請求の日
7 法第194条第4項において準用する法第193条第5項 単元未満株式売渡請求の日
8 法第283条第2号 新株予約権の行使の日
9 法第796条第3項第1号イ 吸収合併契約,吸収分割契約又は株式交換契約を締結した日(当該契約により当該契約を締結した日後から当該吸収合併,吸収分割又は株式交換の効力が生ずる時の直前までの間の時に限る.)を定めた場合にあっては,当該時)
10 法第33条第2号 法第166条第1項本文の規定による請求の日

(承認したものとみなされる場合)
**第26条** 法第145条第3号に規定する法務省令で定める場合は,次に掲げる場合とする.
1 株式会社が法第139条第2項の規定による通知の日から40日(これを下回る期間を定款で定めた場合にあっては,その期間)又は法第141条第1項の規定による通知をした場合において,当該期間内に譲渡等承認請求者に対して同条第2項の書面を交付しなかったとき(指定買取人が法第139条第2項の規定による通知の日から10日(これを下回る期間を定款で定めた場合にあっては,その期間)以内に法第142条第1項の規定による通知をした場合を除く.).
2 指定買取人が法第139条第2項の規定による通知の日から10日(これを下回る期間を定款で定めた場合にあっては,その期間)以内に法第142条第1項の規定による通知をした場合において,当該期間内に譲渡等承認請求者に対して同条第2項の書面を交付しなかったとき.
3 譲渡等承認請求者が当該株式会社又は指定買取人との間の対象株式に係る売買契約を解除した場合

**第3節 株式会社による自己の株式の取得**
(自己の株式を取得することができる場合)
**第27条** 法第155条第13号に規定する法務省令で定める場合は,次に掲げる場合とする.
1 当該株式会社の株式を無償で取得する場合
2 当該株式会社が有する他の法人等の株式(持分その他これに準ずるものを含む.以下この条において同じ.)につき当該他の法人等が行う剰余金の配当又は残余財産の分配(これらに相当する行為を含む.)により当該株式会社の株式の交付を受ける場合
3 当該株式会社が有する他の法人等の株式につき

当該他の法人等が行う次に掲げる行為に際して当該株式と引換えに当該株式会社の株式の交付を受ける場合
　イ　組織の変更
　ロ　合併
　ハ　株式交換（法以外の法令（外国の法令を含む．）に基づく株式交換に相当する行為を含む．）
　ニ　取得条項付株式（これに相当する株式を含む．）の取得
　ホ　全部取得条項付種類株式（これに相当する株式を含む．）の取得
4　当該株式会社が有する他の法人等の新株予約権等を当該他の法人等が当該新株予約権等の定めに基づく取得することと引換えに当該株式会社の株式の交付をする場合において，当該株式会社の株式の交付を受けるとき．
5　当該株式会社が法第116条第5項，第469条第5項，第785条第5項，第797条第5項又は第806条第5項（これらの規定を株式会社について他の法令において準用する場合を含む．）に規定する株式買取請求に応じて当該株式会社の株式を取得する場合
6　合併後消滅する法人等（会社を除く．）から当該株式会社の株式を承継する場合
7　他の法人等（会社及び外国会社を除く．）の事業の全部を譲り受ける場合において，当該他の法人等の有する当該株式会社の株式を譲り受けるとき．

**（特定の株主から自己の株式を取得する際の通知時期）**
**第28条**　法第160条第2項に規定する法務省令で定める時は，法第156条第1項の株主総会の日の2週間前とする．ただし，次の各号に掲げる場合には，当該各号に定める時とする．
1　法第299条第1項の規定による通知を発すべき時が当該株主総会の日の2週間を下回る期間（1週間以上の期間に限る．）前である場合　当該通知を発すべき時
2　法第299条第1項の規定による通知を発すべき時が当該株主総会の日の1週間を下回る期間前である場合　当該株主総会の日の1週間前
3　法第300条の規定により招集の手続を経ることなく当該株主総会を開催する場合　当該株主総会の日の1週間前

**（議案の追加の請求の時期）**
**第29条**　法第160条第3項に規定する法務省令で定める時は，法第156条第1項の株主総会の日の5日（定款でこれを下回る期間を定めた場合にあっては，その期間）前とする．

**（市場価格を超えない額の対価による自己の株式の取得）**
**第30条**　法第161条に規定する法務省令で定める方法は，次に掲げる額のうちいずれか高い額をもって同条に規定する株式の価格とする方法とする．
1　法第156条第1項の決議の日の前日における当該株式を取引する市場における最終の価格（当該日に売買取引がない場合又は当該日が当該市場の休業日に当たる場合にあっては，その後最初になされた売買取引の成立価格）
2　法第156条第1項の決議の日の前日において当該株式が公開買付け等の対象であるときは，当該日における当該公開買付け等に係る契約における当該株式の価格

**（取得請求権付株式の行使により株式の数に端数が生ずる場合）**
**第31条**　法第167条第3項第1号に規定する法務省令で定める方法は，次に掲げる額のうちいずれか高い額をもって同号に規定する株式の価格とする方法とする．
1　法第166条第1項の規定による請求の日（以下この条において「請求日」という．）における当該株式を取引する市場における最終の価格（当該請求日に売買取引がない場合又は当該請求日が当該市場の休業日に当たる場合にあっては，その後最初になされた売買取引の成立価格）
2　請求日において当該株式が公開買付け等の対象であるときは，当該請求日における当該公開買付け等に係る契約における当該株式の価格

**（取得請求権付株式の行使により市場価格のある社債等に端数が生ずる場合）**
**第32条**　法第167条第4項において準用する同条第3項第1号に規定する法務省令で定める方法は，次の各号に掲げる財産の区分に応じ，当該各号に定める額を同号に規定する財産の価格とする方法とする．
1　社債（新株予約権付社債についてのものを除く．以下この号において同じ．）　法第166条第1項の規定による請求の日（以下この号において「請求日」という．）における当該社債を取引する市場における最終の価格（当該請求日に売買取引がない場合又は当該請求日が当該市場の休業日に当たる場合にあっては，その後最初になされた売買取引の成立価格）
2　新株予約権（当該新株予約権が新株予約権付社債に付されたものである場合にあっては，当該新株予約権付社債．以下この号において同じ．）　次に掲げる額のうちいずれか高い額
　イ　請求日における当該新株予約権を取引する市場における最終の価格（当該請求日に売買取引がない場合又は当該請求日が当該市場の休業日に当たる場合にあっては，その後最初になされた売買取引の成立価格）
　ロ　請求日において当該新株予約権が公開買付け等の対象であるときは，当該請求日における当該公開買付け等に係る契約における当該新株予約権の価格

**（取得請求権付株式の行使により市場価格のない社債等に端数が生ずる場合）**
**第33条**　法第167条第4項において準用する同条第3項第2号に規定する法務省令で定める額は，次の各号に掲げる場合の区分に応じ，当該各号に定める額とする．
1　社債について端数がある場合　当該社債の金額
2　新株予約権について端数がある場合　当該新株予約権につき会計帳簿に付すべき価額（当該価額を算定することができないときは，当該新株予約権の目的である各株式についての1株当たり純資産額の合計額から当該新株予約権の行使に際して出資される財産の価額を減じて得た額（零未満である場合にあっては，零））

### 第4節　単元株式数

**（単元株式数）**
**第34条**　法第188条第2項に規定する法務省令で定める数は，1,000とする．

**（単元未満株式についての権利）**
**第35条**　①　法第189条第2項第6号に規定する法

務省令で定める権利は,次に掲げるものとする.
1 法第31条第2項第8号に掲げる請求をする権利
2 法第122条第1項の規定による株主名簿記載事項（法第154条の2第3項に規定する場合にあっては,当該株主の有する株式が信託財産に属する旨を含む.）を記載した書面の交付又は当該株主名簿記載事項を記録した電磁的記録の提供を請求する権利
3 法第125条第2項各号に掲げる請求をする権利
4 法第133条第1項の規定による請求（次に掲げる事由により取得した場合における請求に限る.）をする権利
　イ 相続その他の一般承継
　ロ 吸収分割若しくは新設分割による他の会社がその事業に関して有する権利義務の承継
　ハ 株式交換又は株式移転による他の株式会社の発行済株式の全部の取得
　ニ 法第197条第2項の規定による売却
5 法第137条第1項の規定による請求（前号イからニまでに掲げる事由により取得した場合における請求に限る.）をする権利
6 株式会社が行う次に掲げる行為により金銭等の交付を受ける権利
　イ 株式の併合
　ロ 株式の分割
　ハ 新株予約権無償割当て
　ニ 剰余金の配当
　ホ 組織変更
7 株式会社が行う次の各号に掲げる行為により当該各号に定める者が交付する金銭等の交付を受ける権利
　イ 吸収合併（会社以外の者と行う合併を含み,合併により当該株式会社が消滅する場合に限る.）　当該吸収合併後存続するもの
　ロ 新設合併（会社以外の者と行う合併を含む.）　当該新設合併により設立されるもの
　ハ 株式交換　株式交換完全親会社
　ニ 株式移転　株式移転設立完全親会社
② 前項の規定にかかわらず,株式会社が株券発行会社である場合には,法第189条第2項第6号に規定する法務省令で定める権利は,次に掲げるものとする.
1 前項第1号,第3号,第6号及び第7号に掲げる権利
2 法第133条第1項の規定による請求をする権利
3 法第137条第1項の規定による請求をする権利
4 法第189条第3項の定款の定めがある場合以外の場合における法第215条第4項及び第217条第6項の規定による株券の発行を請求する権利
5 法第189条第3項の定款の定めがある場合以外の場合における法第217条第1項の規定による株券の所持を希望しない旨の申出をする権利

**（市場価格のある単元未満株式の買取りの価格）**
**第36条**　法第193条第1項第1号に規定する法務省令で定める方法は,次に掲げる額のうちいずれか高い額をもって同号に規定する株式の価格とする方法とする.
1 法第192条第1項の規定による請求の日（以下この条において「請求日」という.）における当該株式を取引する市場における最終の価格（当該請求日に売買取引がない場合又は当該請求日が当該市場の休業日に当たる場合にあっては,その後最初になされた売買取引の成立価格）

2 請求日において当該株式が公開買付け等の対象であるときは,当該請求日における当該公開買付け等に係る契約における当該株式の価格

**（市場価格のある単元未満株式の売渡しの価格）**
**第37条**　法第194条第4項において準用する法第193条第1項第1号に規定する法務省令で定める方法は,次に掲げる額のうちいずれか高い額をもって単元未満株式売渡請求に係る株式の価格とする方法とする.
1 単元未満株式売渡請求の日（以下この条において「請求日」という.）における当該株式を取引する市場における最終の価格（当該請求日に売買取引がない場合又は当該請求日が当該市場の休業日に当たる場合にあっては,その後最初になされた売買取引の成立価格）
2 請求日において当該株式が公開買付け等の対象であるときは,当該請求日における当該公開買付け等に係る契約における当該株式の価格

## 第5節　株主に対する通知の省略等
**（市場価格のある株式の売却価格）**
**第38条**　法第197条第2項に規定する法務省令で定める方法は,次の各号に掲げる場合の区分に応じ,当該各号に定める額をもって同項に規定する株式の価格とする方法とする.
1 当該株式を市場において行う取引によって売却する場合　当該取引によって売却する価格
2 前号に掲げる場合以外の場合　次に掲げる額のうちいずれか高い額
　イ 法第197条第2項の規定により売却する日（以下この条において「売却日」という.）における当該株式を取引する市場における最終の価格（当該売却日に売買取引がない場合又は当該売却日が当該市場の休業日に当たる場合にあっては,その後最初になされた売買取引の成立価格）
　ロ 当該売却日において当該株式が公開買付け等の対象であるときは,当該売却日における当該公開買付け等に係る契約における当該株式の価格

**（公告事項）**
**第39条**　法第198条第1項に規定する法務省令で定める事項は,次に掲げるものとする.
1 法第197条第1項の株式（以下この条において「競売対象株式」という.）を競売し又は売却する旨
2 競売対象株式の株主として株主名簿に記載又は記録がされた者の氏名又は名称及び住所
3 競売対象株式の数（種類株式発行会社にあっては,競売対象株式の種類及び種類ごとの数）
4 競売対象株式につき株券が発行されているときは,当該株券の番号

## 第6節　募集株式の発行等
**（募集事項の通知等を要しない場合）**
**第40条**　法第201条第5項に規定する法務省令で定める場合は,株式会社が同条第3項に規定する期日の2週間前までに,金融商品取引法の規定に基づき次に掲げる書類（同法に規定する募集事項に相当する事項をその内容とするものに限る.）の届出又は提出をしている場合（当該書類に記載すべき事項を金融商品取引法の規定に基づき電磁的方法により提供している場合を含む.）とする.
1 金融商品取引法第4条第1項又は第2項の届出をする場合における同法第5条第1項の届出書（訂正届出書を含む.）
2 金融商品取引法第23条の3第1項に規定する

発行登録書及び同法第23条の8第1項に規定する発行登録追補書類（訂正発行登録書を含む．）
3　金融商品取引法第24条第1項に規定する有価証券報告書（訂正報告書を含む．）
4　金融商品取引法第24条の4の7第1項に規定する四半期報告書（訂正報告書を含む．）
5　金融商品取引法第24条の5第1項に規定する半期報告書（訂正報告書を含む．）
6　金融商品取引法第24条の5第4項に規定する臨時報告書（訂正報告書を含む．）

**（申込みをしようとする者に対して通知すべき事項）**
**第41条**　法第203条第1項第4号に規定する法務省令で定める事項は，次に掲げる事項とする．
1　発行可能株式総数（種類株式発行会社にあっては，各種類の株式の発行可能種類株式総数を含む．）
2　株式会社（種類株式発行会社を除く．）が発行する株式の内容として法第107条第1項各号に掲げる事項を定めているときは，当該株式の内容
3　株式会社（種類株式発行会社に限る．）が法第108条第1項各号に掲げる事項につき内容の異なる株式を発行することとしているときは，各種類の株式の内容（ある種類の株式につき同条第3項の定款の定めがある場合において，当該定款の定めにより株式会社が当該種類の株式の内容を定めていないときは，当該種類の株式の内容の要綱）
4　単元株式数についての定款の定めがあるときは，その単元株式数（種類株式発行会社にあっては，各種類の単元株式数）
5　次に掲げる定款の定めがあるときは，その規定
　イ　法第139条第1項，第140条第5項又は第145条第1号若しくは第2号に規定する定款の定め
　ロ　法第164条第1項に規定する定款の定め
　ハ　法第167条第3項に規定する定款の定め
　ニ　法第168条第1項又は第169条第2項に規定する定款の定め
　ホ　法第174条に規定する定款の定め
　ヘ　法第347条に規定する定款の定め
　ト　第26条第1号又は第2号に規定する定款の定め
6　株主名簿管理人を置く旨の定款の定めがあるときは，その氏名又は名称及び住所並びに営業所
7　定款に定められた事項（法第203条第1項第1号から第3号まで及び前各号に掲げる事項を除く．）であって，当該株式会社に対して募集株式の引受けの申込みをしようとする者が当該者に対して通知することを請求した事項

**（申込みをしようとする者に対する通知を要しない場合）**
**第42条**　法第203条第4項に規定する法務省令で定める場合は，次に掲げる場合であって，株式会社が同条第1項の申込みをしようとする者に対して同項各号に掲げる事項を提供している場合とする．
1　当該株式会社が金融商品取引法の規定に基づき目論見書に記載すべき事項を電磁的方法により提供している場合
2　当該株式会社が外国の法令に基づき目論見書その他これに相当する書面その他の資料を提供している場合

**（検査役の調査を要しない市場価格のある有価証券）**
**第43条**　法第207条第9項第3号に規定する法務省令で定める方法は，次に掲げる額のうちいずれか高い額をもって同号に規定する有価証券の価格とする方法とする．

1　法第199条第1項第3号の価額を定めた日（以下この条において「価額決定日」という．）における当該有価証券を取引する市場における最終の価格（当該価額決定日に売買取引がない場合又は当該価額決定日が当該市場の休業日に当たる場合にあっては，その後最初になされた売買取引の成立価格）
2　価額決定日において当該有価証券が公開買付け等の対象であるときは，当該価額決定日における当該公開買付け等に係る契約における当該有価証券の価格

**（出資された財産等の価額が不足する場合に責任をとるべき取締役等）**
**第44条**　法第213条第1項第1号に規定する法務省令で定めるものは，次に掲げる者とする．
1　現物出資財産（法第207条第1項に規定する現物出資財産をいう．以下この条から第46条までにおいて同じ．）の価額の決定に関する職務を行った取締役及び執行役
2　現物出資財産の価額の決定に関する株主総会の決議があったときは，当該株主総会に現物出資財産の価額に関する事項について説明をした取締役及び執行役
3　現物出資財産の価額の決定に関する取締役会の決議があったときは，当該取締役会の決議に賛成した取締役

**第45条**　法第213条第1項第2号に規定する法務省令で定めるものは，次に掲げる者とする．
1　株主総会に現物出資財産の価額の決定に関する議案を提案した取締役
2　前号の議案の提案の決定に同意した取締役（取締役会設置会社の取締役を除く．）
3　第1号の議案の提案が取締役会の決議に基づいて行われたときは，当該取締役会の決議に賛成した取締役

**第46条**　法第213条第1項第3号に規定する法務省令で定めるものは，取締役会に現物出資財産の価額の決定に関する議案を提案した取締役及び執行役とする．

### 第7節　株　券
**（株券喪失登録請求）**
**第47条**　① 法第223条の規定による請求（以下この条において「株券喪失登録請求」という．）は，この条に定めるところにより，行わなければならない．
② 株券喪失登録請求は，株券喪失登録請求をする者（次項において「株券喪失登録請求者」という．）の氏名又は名称及び住所並びに喪失した株券の番号を明らかにしてしなければならない．
③ 株券喪失登録請求者が株券喪失登録請求をしようとするときは，次の各号に掲げる場合の区分に応じ，当該各号に定める資料を株式会社に提供しなければならない．
1　株券喪失登録請求者が当該株券に係る株式の株主又は登録株式質権者として株主名簿に記載又は記録がされている者である場合　株券の喪失の事実を証する資料
2　前号に掲げる場合以外の場合　次に掲げる資料
　イ　株券喪失登録請求者が株券喪失登録請求をする株券を，当該株券に係る株式につき法第121条第3号の取得の日として株主名簿に記載又は記録がされている日以後に所持していたことを証する資料

ロ 株券の喪失の事実を証する資料
④ 株券喪失登録に係る株券が会社法の施行に伴う関係法律の整備等に関する法律の施行に伴う経過措置を定める政令（平成17年政令第367号）第2条の規定により法第121条第3号の規定が適用されない株式に係るものである場合における前項第2号の規定の適用については，同号中「次に」とあるのは，「ロに」とする．

**（株券を所持する者による抹消の申請）**
第48条　法第225条第1項の規定による申請は，株券を提示し，当該申請をする者の氏名又は名称及び住所を明らかにしてしなければならない．

**（株券喪失登録者による抹消の申請）**
第49条　法第226条第1項の規定による申請は，当該申請をする株券喪失登録者の氏名又は名称及び住所並びに当該申請に係る株券喪失登録がされた株券の番号を明らかにしてしなければならない．

### 第8節　雑則

**（株式の発行等により1に満たない株式の端数を処理する場合における市場価格）**
第50条　法第234条第2項に規定する法務省令で定める方法は，次の各号に掲げる場合の区分に応じ，当該各号に定める額をもって同項に規定する株式の価格とする方法とする．
1　当該株式を市場において行う取引によって売却する場合　当該取引によって売却する価格
2　前号に掲げる場合以外の場合　次に掲げる額のうちいずれか高い額
イ　法第234条第2項の規定により売却する日（以下この条において「売却日」という．）における当該株式を取引する市場における最終の価格（当該売却日に売買取引がない場合又は当該売却日が当該市場の休業日に当たる場合にあっては，その後最初になされた売買取引の成立価格）
ロ　売却日において当該株式が公開買付け等の対象であるときは，当該売却日における当該公開買付け等に係る契約における当該株式の価格

**（1に満たない社債等の端数を処理する場合における市場価格）**
第51条　法第234条第6項において準用する同条第2項に規定する法務省令で定める方法は，次の各号に掲げる場合の区分に応じ，当該各号に定める額をもって同条第6項において準用する同条第2項の規定により売却する財産の価格とする方法とする．
1　法第234条第6項に規定する社債又は新株予約権を市場において行う取引によって売却する場合　当該取引によって売却する価格
2　前号に掲げる場合以外の場合において，社債（新株予約権付社債についての社債を除く．以下この号において同じ．）を売却するとき　法第234条第6項において準用する同条第2項の規定により売却する日（以下この条において「売却日」という．）における当該社債を取引する市場における最終の価格（当該売却日に売買取引がない場合又は当該売却日が当該市場の休業日に当たる場合にあっては，その後最初になされた売買取引の成立価格）
3　第1号に掲げる場合以外の場合において，新株予約権（当該新株予約権が新株予約権付社債に付されたものである場合にあっては，当該新株予約権付社債．以下この号において同じ．）を売却するとき　次に掲げる額のうちいずれか高い額

イ　売却日における当該新株予約権を取引する市場における最終の価格（当該売却日に売買取引がない場合又は当該売却日が当該市場の休業日に当たる場合にあっては，その後最初になされた売買取引の成立価格）
ロ　売却日において当該新株予約権が公開買付け等の対象であるときは，当該売却日における当該公開買付け等に係る契約における当該新株予約権の価格

**（株式の分割等により1に満たない株式の端数を処理する場合における市場価格）**
第52条　法第235条第2項において準用する法第234条第2項に規定する法務省令で定める方法は，次の各号に掲げる場合の区分に応じ，当該各号に定める額をもって法第235条第2項において準用する法第234条第2項に規定する株式の価格とする方法とする．
1　当該株式を市場において行う取引によって売却する場合　当該取引によって売却する価格
2　前号に掲げる場合以外の場合　次に掲げる額のうちいずれか高い額
イ　法第235条第2項において準用する法第234条第2項の規定により売却する日（以下この条において「売却日」という．）における当該株式を取引する市場における最終の価格（当該売却日に売買取引がない場合又は当該売却日が当該市場の休業日に当たる場合にあっては，その後最初になされた売買取引の成立価格）
ロ　売却日において当該株式が公開買付け等の対象であるときは，当該売却日における当該公開買付け等に係る契約における当該株式の価格

### 第3章　新株予約権

**（募集事項の通知等を要しない場合）**
第53条　法第240条第4項に規定する法務省令で定める場合は，株式会社が同項に規定する期日の2週間前までに，金融商品取引法の規定に基づき次に掲げる書類（法第238条第1項に規定する募集事項に相当する事項をその内容とするものに限る．）の届出又は提出をしている場合（当該書類に記載すべき事項を金融商品取引法の規定に基づき電磁的方法により提供している場合を含む．）とする．
1　金融商品取引法第4条第1項又は第2項の届出をする場合における同法第5条第1項の届出書（訂正届出書を含む．）
2　金融商品取引法第23条の3第1項に規定する発行登録書及び同法第23条の8第1項に規定する発行登録追補書類（訂正発行登録書を含む．）
3　金融商品取引法第24条第1項に規定する有価証券報告書（訂正報告書を含む．）
4　金融商品取引法第24条の4の7第1項に規定する四半期報告書（訂正報告書を含む．）
5　金融商品取引法第24条の5第1項に規定する半期報告書（訂正報告書を含む．）
6　金融商品取引法第24条の5第4項に規定する臨時報告書（訂正報告書を含む．）

**（申込みをしようとする者に対する通知すべき事項）**
第54条　法第242条第1項第4号に規定する法務省令で定める事項は，次に掲げる事項とする．
1　発行可能株式総数（種類株式発行会社にあって

は,各種類の株式の発行可能種類株式総数を含む.)
2 株式会社(種類株式発行会社を除く.)が発行する株式の内容として法第107条第1項各号に掲げる事項を定めているときは,当該株式の内容
3 株式会社(種類株式発行会社に限る.)が法第108条第1項各号に掲げる事項につき内容の異なる株式を発行することとしているときは,各種類の株式の内容(ある種類の株式につき同条第3項の定款の定めがある場合において,当該定款の定めにより当該種類の株式の内容を定めていないときは,当該種類の株式の内容の要綱)
4 単元株式数についての定款の定めがあるときは,その単元株式数(種類株式発行会社にあっては,各種類の株式の単元株式数)
5 次に掲げる定款の定めがあるときは,その規定
イ 法第139条第1項,第140条第5項又は第145条第1号若しくは第2号に規定する定款の定め
ロ 法第164条第1項に規定する定款の定め
ハ 法第167条第3項に規定する定款の定め
ニ 法第168条第1項又は第169条第2項に規定する定款の定め
ホ 法第174条に規定する定款の定め
ヘ 法第347条に規定する定款の定め
ト 法第26条第1号又は第2号に規定する定款の定め
6 株主名簿管理人を置く旨の定款の定めがあるときは,その氏名又は名称及び住所並びに営業所
7 定款に定められた事項(法第242条第1項第1号から第3号まで及び前各号に掲げる事項を除く.)であって,当該株式会社に対して募集新株予約権の引受けの申込みをしようとする者が当該者に対して通知を請求した事項

**(申込みをしようとする者に対して通知を要しない場合)**

**第55条** 法第242条第4項に規定する法務省令で定める場合は,次に掲げる場合であって,株式会社が同条第1項の申込みをしようとする者に対して同各号に掲げる事項を提供している場合とする.
1 当該株式会社が金融商品取引法の規定に基づき目論見書に記載すべき事項を電磁的方法により提供している場合
2 当該株式会社が外国の法令に基づき目論見書その他これに相当する書面その他の資料を提供している場合

**(新株予約権原簿記載事項の記載等の請求)**

**第56条** ① 法第260条第2項に規定する法務省令で定める場合は,次に掲げる場合とする.
1 新株予約権取得者が,新株予約権者として新株予約権原簿に記載若しくは記録がされた者又はその一般承継人に対して当該新株予約権取得者の取得した新株予約権に係る法第260条第1項の規定による請求をすべきことを命ずる確定判決を得た場合において,当該確定判決の内容を証する書面その他の資料を提供して請求をしたとき.
2 新株予約権取得者が前号の確定判決と同一の効力を有するものの内容を証する書面その他の資料を提供して請求をしたとき.
3 新株予約権取得者が一般承継により当該株式会社の新株予約権を取得した者である場合において,当該一般承継を証する書面その他の資料を提供して請求をしたとき.
4 新株予約権取得者が当該株式会社の新株予約権を競売により取得した者である場合において,当該競売により取得したことを証する書面その他の資料を提供して請求をしたとき.
② 前項の規定にかかわらず,新株予約権取得者が取得した新株予約権が証券発行新株予約権又は証券発行新株予約権付社債に付された新株予約権である場合には,法第260条第2項に規定する法務省令で定める場合は,次に掲げる場合が新株予約権証券又は新株予約権付社債券を提示して請求をした場合とする.

**(新株予約権取得者からの承認の請求)**

**第57条** ① 法第263条第2項に規定する法務省令で定める場合は,次に掲げる場合とする.
1 新株予約権取得者が,新株予約権者として新株予約権原簿に記載若しくは記録がされた者又はその一般承継人に対して当該新株予約権取得者の取得した新株予約権に係る法第263条第1項の規定による請求をすべきことを命ずる確定判決を得た場合において,当該確定判決の内容を証する書面その他の資料を提供して請求をしたとき.
2 新株予約権取得者が前号の確定判決と同一の効力を有するものの内容を証する書面その他の資料を提供して請求をしたとき.
3 新株予約権取得者が当該株式会社の新株予約権を競売により取得した者である場合において,当該競売により取得したことを証する書面その他の資料を提供して請求をしたとき.
② 前項の規定にかかわらず,新株予約権取得者が取得した新株予約権が証券発行新株予約権又は証券発行新株予約権付社債に付された新株予約権である場合には,法第263条第2項に規定する法務省令で定める場合は,次に掲げる場合が新株予約権証券又は新株予約権付社債券を提示して請求をした場合とする.

**(新株予約権の行使により株式に端数が生じる場合)**

**第58条** 法第283条第1号に規定する法務省令で定める方法は,次に掲げる額のうちいずれか高い額をもって同号に規定する株式の価格とする方法とする.
1 新株予約権の行使の日(以下この条において「行使日」という.)における当該株式を取引する市場における最終の価格(当該行使日に売買取引がない場合又は当該行使日が当該市場の休業日に当たる場合にあっては,その後最初になされた売買取引の成立価格)
2 行使日において当該株式が公開買付け等の対象であるときは,当該行使日における当該公開買付け等に係る契約における当該株式の価格

**(検査役の調査を要しない市場価格のある有価証券)**

**第59条** 法第284条第9項第3号に規定する法務省令で定める方法は,次に掲げる額のうちいずれか高い額をもって同号に規定する有価証券の価格とする方法とする.
1 新株予約権の行使の日(以下この条において「行使日」という.)における当該有価証券を取引する市場における最終の価格(当該行使日に売買取引がない場合又は当該行使日が当該市場の休業日に当たる場合にあっては,その後最初になされた売買取引の成立価格)
2 行使日において当該有価証券が公開買付け等の対象であるときは,当該行使日における当該公開買付け等に係る契約における当該有価証券の価格

**(出資された財産等の価額が不足する場合に責任**

**をとるべき取締役等)**
**第60条** 法第286条第1項第1号に規定する法務省令で定めるものは,次に掲げる者とする.
1 現物出資財産(法第284条第1項に規定する現物出資財産をいう.以下この条から第62条までにおいて同じ.)の価額の決定に関する職務を行った取締役及び執行役
2 現物出資財産の価額の決定に関する株主総会の決議があったときは,当該株主総会において当該現物出資財産の価額に関する事項について説明をした取締役及び執行役
3 現物出資財産の価額の決定に関する取締役会の決議があったときは,当該取締役会の決議に賛成した取締役

**第61条** 法第286条第1項第2号に規定する法務省令で定めるものは,次に掲げる者とする.
1 株主総会に現物出資財産の価額の決定に関する議案を提案した取締役
2 前号の議案の提案の決定に同意した取締役(取締役会設置会社の取締役を除く.)
3 第1号の議案の提案の決定が取締役会の決議に基づいて行われたときは,当該取締役会の決議に賛成した取締役

**第62条** 法第286条第1項第3号に規定する法務省令で定めるものは,取締役会に現物出資財産の価額の決定に関する議案を提案した取締役及び執行役とする.

## 第4章 機関

### 第1節 株主総会及び種類株主総会
#### 第1款 通則
**(招集の決定事項)**
**第63条** 法第298条第1項第5号に規定する法務省令で定める事項は,次に掲げる事項とする.
1 法第298条第1項第1号に規定する株主総会が定時株主総会である場合において,同号の日が次に掲げる要件のいずれかに該当するときは,その日時を決定した理由(ロに該当する場合にあっては,その日時を決定したことにつき特に理由がある場合における当該理由に限る.)
 イ 当該日が前事業年度に係る定時株主総会の日に応当する日と著しく離れた日であること.
 ロ 株式会社が公開会社である場合において,当該日と同一の日において定時株主総会を開催する他の株式会社(公開会社に限る.)が著しく多いこと.
2 法第298条第1項第1号に規定する株主総会の場所が過去に開催した株主総会のいずれの場所とも著しく離れた場所であるとき(次に掲げる場合を除く.)は,その場所を決定した理由
 イ 当該場所が定款で定められたものである場合
 ロ 当該場所で開催することについて株主総会に出席しない株主全員の同意がある場合
3 法第298条第1項第3号又は第4号に掲げる事項を定めたときは,次に掲げる事項(定款にロからニまで及びヘに掲げる事項についての定めがある場合においてその事項の決定を取締役に委任する旨を決定した場合における当該事項を除く.)
 イ 次款の規定により株主総会参考書類に記載すべき事項(第86条第3号及び第4号,第87条第3号及び第4号,第88条第3号及び第4号,第89条第3号,第90条第3号,第91条第3号並びに第92条第3号に掲げる事項を除く.)
 ロ 特定の時(株主総会の日時以前の時であって,法第299条第1項の規定により通知を発した日から2週間を経過した日以後の時に限る.)をもって書面による議決権の行使の期限とする旨を定めるときは,その特定の時
 ハ 特定の時(株主総会の日時以前の時であって,法第299条第1項の規定により通知を発した日から2週間を経過した日以後の時に限る.)をもって電磁的方法による議決権の行使の期限とする旨を定めるときは,その特定の時
 ニ 第66条第1項第2号の取扱いを定めるときは,その取扱いの内容
 ホ 第94条第1項の措置をとることにより株主に対して提供する株主総会参考書類に記載しないものとする事項
 ヘ 一の株主が同一の議案につき次に掲げる場合の区分に応じ,次に定める規定により重複して議決権を行使した場合において,当該同一の議案に対する議決権の行使の内容が異なるものであるときにおける当該株主の議決権の行使の取扱いに関する事項を定めるとき(次号に規定する場合を除く.)は,その事項
  (1) 法第298条第1項第3号に掲げる事項を定めた場合 法第311条第1項
  (2) 法第298条第1項第4号に掲げる事項を定めた場合 法第312条第1項
4 法第298条第1項第3号及び第4号に掲げる事項を定めたときは,次に掲げる事項(定款にイ又はロに掲げる事項についての定めがある場合における当該事項を除く.)
 イ 法第299条第3項の承諾をした株主の請求があった時に当該株主に対して法第301条第1項の規定による議決権行使書面(法第301条第1項に規定する議決権行使書面をいう.以下この節において同じ.)の交付(当該交付に代えて行う同条第2項の規定による電磁的方法による提供を含む.)をすることとするときは,その旨
 ロ 一の株主が同一の議案につき法第311条第1項又は第312条第1項の規定により重複して議決権を行使した場合において,当該同一の議案に対する議決権の行使の内容が異なるものであるときにおける当該株主の議決権の行使の取扱いに関する事項を定めるときは,その事項
5 法第310条第1項の規定による代理人による議決権の行使について,代理権(代理人の資格を含む.)を証明する方法,代理人の数その他代理人による議決権の行使に関する事項を定めるとき(定款に当該事項についての定めがある場合を除く.)は,その事項
6 法第313条第2項の規定による通知の方法を定めるとき(定款に当該通知の方法についての定めがある場合を除く.)は,その方法
7 第3号に規定する場合以外の場合において,次に掲げる事項が株主総会の目的である事項であるときは,当該事項に係る議案の概要(議案が確定していない場合にあっては,その旨)
 イ 役員等の選任
 ロ 役員等の報酬等
 ハ 法第199条第3項又は第200条第2項に規定する場合における募集株式を引き受ける者の募集

ニ 法第238条第3項各号又は第239条第2項各号に掲げる場合における募集新株予約権を引き受ける者の募集
ホ 事業譲渡等
ヘ 定款の変更
ト 合併
チ 吸収分割
リ 吸収分割による他の会社がその事業に関して有する権利義務の全部又は一部の承継
ヌ 新設分割
ル 株式交換
ヲ 株式交換による他の株式会社の発行済株式全部の取得
ワ 株式移転

(書面による議決権の行使について定めることを要しない株式会社)
**第64条** 法第298条第2項に規定する法務省令で定めるものは,株式会社の取締役(法第297条第4項の規定により株主が株主総会を招集する場合にあっては,当該株主)が法第298条第2項(同条第3項の規定により読み替えて適用する場合を含む.)に規定する株主の全部に対して金融商品取引法の規定に基づき株主総会の通知に際して委任状の用紙を交付することにより議決権の行使を第三者に代理させることを勧誘している場合における当該株式会社とする.

(株主総会参考書類)
**第65条** ① 法第301条第1項又は第302条第1項の規定により交付すべき株主総会参考書類に記載すべき事項は,次款の定めるところによる.
② 法第298条第1項第3号及び第4号に掲げる事項を定めた株式会社が行った株主総会参考書類の交付(当該交付に代えて行う電磁的方法による提供を含む.)は,法第301条第1項及び第302条第1項の規定による株主総会参考書類の交付とする.
③ 取締役は,株主総会参考書類に記載すべき事項について,招集通知(法第299条第2項又は第3項の規定による通知をいう.以下この節において同じ.)を発出した日から株主総会の前日までの間に修正をすべき事情が生じた場合における修正後の事項を株主に周知させる方法を,当該招集通知と併せて通知することができる.

(議決権行使書面)
**第66条** ① 法第301条第1項の規定により交付すべき株主総会参考書類に記載すべき事項又は法第302条第3項若しくは第4項の規定により電磁的方法により提供すべき議決権行使書面に記載すべき事項は,次に掲げる事項とする.
1 各議案(次のイからハまでに掲げる場合にあっては,当該イからハまでに定めるもの)についての賛否(棄権の欄を設ける場合にあっては,棄権を含む.)を記載する欄
イ 二以上の役員等の選任に関する議案である場合 各候補者の選任
ロ 二以上の役員等の解任に関する議案である場合 各役員等の解任
ハ 二以上の会計監査人の不再任に関する議案である場合 各会計監査人の不再任
2 第65条第3号に掲げる事項についての定めがあるときは,第1号の欄に記載された議決権行使書面が株式会社に提出された場合における各議案についての賛成,反対又は棄権のいずれかの意思の表示があったものとする取扱いの内容
3 第63条第3号ヘ又は第4号ロに掲げる事項についての定めがあるときは,当該事項
4 議決権の行使の期限
5 議決権を行使すべき株主の氏名又は名称及び行使することができる議決権の数(次のイ又はロに掲げる場合にあっては,当該イ又はロに定める数を含む.)
イ 議案ごとに当該株主が行使することができる議決権の数が異なる場合 議案ごとの議決権の数
ロ 一部の議案につき議決権を行使することができない場合 議決権を行使することができる議案又は議決権を行使することができない議案
② 第65条第4号イに掲げる事項についての定めがある場合には,株式会社は,法第299条第3項の承諾をした株主の請求があった時に,当該株主に対して,法第301条第1項の規定による議決権行使書面の交付(当該交付に代えて行う同条第2項の規定による電磁的方法による提供を含む.)をしなければならない.
③ 同一の株主総会に関して株主に対して提供する招集通知の内容とすべき事項のうち,議決権行使書面に記載している事項がある場合には,当該事項は,招集通知の内容とすることを要しない.
④ 同一の株主総会に関して株主に対して提供する議決権行使書面に記載すべき事項(第1項第2号から第4号までに掲げる事項に限る.)のうち,招集通知の内容とする事項がある場合には,当該事項は,議決権行使書面に記載することを要しない.

(実質的に支配することが可能となる関係)
**第67条** ① 法第308条第1項に規定する法務省令で定める株主は,株式会社(当該株式会社の子会社を含む.)が,当該株式会社の株主である会社等の議決権(同項その他これに準ずる法以外の法令(外国の法令を含む.)の規定により行使することができないとされる議決権を含み,役員等(会計監査人を除く.)の選任及び定款の変更に関する議案(これらの議案に相当するものを含む.)の全部につき株主総会(これに相当するものを含む.)において議決権を行使することができない株式(これに相当するものを含む.)に係る議決権を除く.以下この条において「相互保有対象議決権」という.)の総数の4分の1以上を有する場合における当該株主であるもの(当該株主であるもの以外の者が当該株式会社の株主総会の議案につき議決権を行使することができない場合(当該議案を決議する場合に限る.)における当該株主を除く.)とする.
② 前項の場合には,株式会社及びその子会社の有する相互保有対象議決権の数並びに相互保有対象議決権の総数(以下この条において「対象議決権数」という.)は,当該株式会社の株主総会の日における対象議決権数とする.
③ 前項の規定にかかわらず,特定基準日(当該株主総会において議決権を行使することができる者を定めるための法第124条第1項に規定する基準日をいう.以下この条において同じ.)を定めた場合には,対象議決権数は,当該特定基準日における対象議決権数とする.ただし,次の各号に掲げる場合には,当該各号に定める日における対象議決権数とする.
1 特定基準日後に当該株式会社又はその子会社が

株式交換,株式移転その他の行為により相互保有対象議決権の全部を取得した場合　当該行為の効力が生じた日
2　対象議決権数の増加又は減少が生じた場合（前号に掲げる場合を除く.）において,当該増加又は減少により第1項の株主であるものが有する当該株式会社の株式につき議決権を行使できることとなること又は議決権を行使できないこととなることを特定基準日から当該株主総会についての法第298条第1項各号に掲げる事項の全部を決定した日（株式会社が当該日後の日を定めた場合にあっては,その日）までの間に当該株式会社が知ったとき　当該株式会社が知った日
④　前項第2号の規定にかかわらず,当該株式会社は,当該株主総会についての法第298条第1項各号に掲げる事項の全部を決定した日（株式会社が当該日後の日を定めた場合にあっては,その日）から当該株主総会の日までの間に生じた事項（当該株式会社が前項第2号の増加又は減少の事実を知ったことを含む.）を勘案して,対象議決権数を算定することができる.

**（欠損の額）**
**第68条**　法第309条第2項第9号ロに規定する法務省令で定める方法は,次に掲げる額のうちいずれか高い額をもって欠損の額とする方法とする.
1　零
2　零から分配可能額を減じて得た額

**（書面による議決権行使の期限）**
**第69条**　法第311条第1項に規定する法務省令で定める時は,株主総会の日時の直前の営業時間の終了時（第63条第3号ロに掲げる事項についての定めがある場合にあっては,同号ロの特定の時）とする.

**（電磁的方法による議決権行使の期限）**
**第70条**　法第312条第1項に規定する法務省令で定める時は,株主総会の日時の直前の営業時間の終了時（第63条第3号ハに掲げる事項についての定めがある場合にあっては,同号ハの特定の時）とする.

**（取締役等の説明義務）**
**第71条**　法第314条に規定する法務省令で定める場合は,次に掲げる場合とする.
1　株主が説明を求めた事項について説明をするために調査をすることが必要である場合（次に掲げる場合を除く.）
　イ　当該株主が株主総会の日より相当の期間前に当該事項を株式会社に対して通知した場合
　ロ　当該事項について説明をするために必要な調査が著しく容易である場合
2　株主が説明を求めた事項について説明をすることにより株式会社その他の者（当該株主を除く.）の権利を侵害することとなる場合
3　株主が当該株主総会において実質的に同一の事項について繰り返して説明を求める場合
4　前3号に掲げる場合のほか,株主が説明を求めた事項について説明をしないことにつき正当な理由がある場合

**（議事録）**
**第72条**　① 法第318条第1項の規定による株主総会の議事録の作成については,この条の定めるところによる.
②　株主総会の議事録は,書面又は電磁的記録をもって作成しなければならない.
③　株主総会の議事録は,次に掲げる事項を内容とするものでなければならない.
1　株主総会が開催された日時及び場所（当該場所に存しない取締役,執行役,会計参与,監査役,会計監査人又は株主が株主総会に出席をした場合における当該出席の方法を含む.）
2　株主総会の議事の経過の要領及びその結果
3　次に掲げる規定により株主総会において述べられた意見又は発言があるときは,その意見又は発言の内容の概要
　イ　法第345条第1項（同条第4項及び第5項において準用する場合を含む.）
　ロ　法第345条第2項（同条第4項及び第5項において準用する場合を含む.）
　ハ　法第377条第1項
　ニ　法第379条第3項
　ホ　法第384条
　ヘ　法第387条第3項
　ト　法第389条第3項
　チ　法第398条第1項
　リ　法第398条第2項
4　株主総会に出席した取締役,執行役,会計参与,監査役又は会計監査人の氏名又は名称
5　株主総会の議長が存するときは,議長の氏名
6　議事録の作成に係る職務を行った取締役の氏名
④　次の各号に掲げる場合には,株主総会の議事録は,当該各号に定める事項を内容とするものとする.
1　法第319条第1項の規定により株主総会の決議があったものとみなされた場合　次に掲げる事項
　イ　株主総会の決議があったものとみなされた事項の内容
　ロ　イの事項の提案をした者の氏名又は名称
　ハ　株主総会の決議があったものとみなされた日
　ニ　議事録の作成に係る職務を行った取締役の氏名
2　法第320条の規定により株主総会への報告があったものとみなされた場合　次に掲げる事項
　イ　株主総会への報告があったものとみなされた事項の内容
　ロ　株主総会への報告があったものとみなされた日
　ハ　議事録の作成に係る職務を行った取締役の氏名

### 第2款　株主総会参考書類
#### 第1目　通則

**第73条**　① 株主総会参考書類には,次に掲げる事項を記載しなければならない.
1　議案
2　議案につき法第384条又は第389条第3項の規定により株主総会に報告すべき調査の結果があるときは,その結果の概要
②　株主総会参考書類には,この節に定めるもののほか,株主の議決権の行使について参考となると認める事項を記載することができる.
③　同一の株主総会に関して株主に対して提供する株主総会参考書類に記載すべき事項のうち,他の書面に記載している事項又は電磁的方法により提供する事項がある場合には,これらの事項は,株主に対して提供する株主総会参考書類に記載することを要しない.この場合においては,他の書面に記載している事項又は電磁的方法により提供する事項があることを明らかにしなければならない.
④　同一の株主総会に関して株主に対して提供する招集通知又は法第437条の規定により株主に対して提供する事業報告の内容とすべき事項のうち,株主総会参考書類に記載している事項がある場合に

は、当該事項は、株主に対して提供する招集通知又は法第437条の規定により株主に対して提供する事業報告の内容とすることを要しない。

## 第2目　役員の選任
### （取締役の選任に関する議案）

**第74条** ① 取締役が取締役の選任に関する議案を提出する場合には、株主総会参考書類には、次に掲げる事項を記載しなければならない。
1 候補者の氏名、生年月日及び略歴
2 就任の承諾を得ていないときは、その旨

② 前項に規定する場合において、株式会社が公開会社であるときは、株主総会参考書類には、次に掲げる事項を記載しなければならない。
1 候補者の有する当該株式会社の株式の数（種類株式発行会社にあっては、株式の種類及び種類ごとの数）
2 候補者が他の法人等を代表する者であるときは、その事実（重要でないものを除く。）
3 候補者と株式会社との間に特別の利害関係があるときは、その事実の概要
4 候補者が現に当該株式会社の取締役であるときは、当該株式会社における地位及び担当

③ 第1項に規定する場合において、株式会社が公開会社であって、かつ、他の会社の子会社であるときは、株主総会参考書類には、次に掲げる事項を記載しなければならない。
1 候補者が現に当該他の会社（当該他の会社の子会社（当該株式会社を除く。以下この項において同じ。）の業務執行者であるときは、当該他の会社における地位及び担当
2 候補者が過去5年間に当該他の会社の業務執行者であったことを当該株式会社が知っているときは、当該他の会社における地位及び担当

④ 第1項に規定する場合において、候補者が社外取締役候補者であるときは、株主総会参考書類には、当該候補者についての次に掲げる事項（株式会社が公開会社でない場合にあっては、第3号から第7号までに掲げる事項を除く。）を記載しなければならない。
1 当該候補者が社外取締役候補者である旨
2 当該候補者を社外取締役候補者とした理由
3 当該候補者が現に当該株式会社の社外取締役（社外役員に限る。以下この項において同じ。）である場合において、当該候補者が最後に選任された後在任中に当該株式会社において法令又は定款に違反する事実その他の不当な業務の執行が行われた事実（重要でないものを除く。）があるときは、その事実並びに当該事実の発生の予防のために当該候補者が行った行為及び当該事実の発生後の対応として行った行為の概要
4 当該候補者が過去5年間に他の株式会社の取締役、執行役又は監査役に就任していた場合において、その在任中に当該他の株式会社において法令又は定款に違反する事実その他不当な業務の執行が行われた事実があることを当該株式会社が知っているときは、その事実（重要でないものを除き、当該候補者が当該他の株式会社における社外取締役又は監査役であったときは、当該事実の発生の予防のために当該候補者が行った行為及び当該事実の発生後の対応として行った行為の概要を含む。）
5 当該候補者が過去に社外取締役又は社外監査役となること以外の方法で会社（外国会社を含む。）

の経営に関与していない者であるときは、当該経営に関与したことがない候補者であっても社外取締役としての職務を適切に遂行することができるものと当該株式会社が判断した理由
6 当該候補者が次のいずれかに該当することを当該株式会社が知っているときは、その旨
イ 当該株式会社の特定関係事業者の業務執行者であること。
ロ 当該株式会社又は当該株式会社の特定関係事業者から多額の金銭その他の財産（これらの者の取締役、会計参与、執行役若しくはこれらに類する者としての報酬等を除く。）を受ける予定があり、又は過去2年間に受けていたこと。
ハ 当該株式会社又は当該株式会社の特定関係事業者の業務執行者の配偶者、三親等以内の親族その他これに準ずるものであること。
ニ 過去5年間に当該株式会社の特定関係事業者の業務執行者となったことがあること。
ホ 過去2年間に合併、吸収分割、新設分割又は事業の譲受け（ホ及び第76条第4項第6号ホにおいて「合併等」という。）により当該株式会社がその事業に関して有する権利義務を当該株式会社が承継又は譲受けをした場合において、当該合併等の直前に当該株式会社の社外取締役又は監査役でなく、かつ、当該他の株式会社の業務執行者であったこと。
7 当該候補者が現に当該株式会社の社外取締役又は監査役であるときは、これらの役員に就任してからの年数
8 当該候補者と当該株式会社との間で法第427条第1項の契約を締結しているとき又は当該契約を締結する予定があるときには、その契約の内容の概要
9 前各号に掲げる事項に関する記載についての当該候補者の意見があるときは、その意見の内容

### （会計参与の選任に関する議案）

**第75条** 取締役が会計参与の選任に関する議案を提出する場合には、株主総会参考書類には、次に掲げる事項を記載しなければならない。
1 次のイ又はロに掲げる場合の区分に応じ、当該イ又はロに定める事項
イ 候補者が公認会計士（公認会計士法（昭和23年法律第103号）第16条の2第5項に規定する外国公認会計士を含む。以下同じ。）又は税理士である場合　その氏名、事務所の所在場所、生年月日及び略歴
ロ 候補者が監査法人又は税理士法人である場合　その名称、主たる事務所の所在場所及び沿革
2 就任の承諾を得ていないときは、その旨
3 法第345条第1項の規定による会計参与の意見があるときは、その意見の内容の概要
4 当該候補者が過去2年間に業務の停止の処分を受けた者である場合にはその処分に係る事項のうち、当該株式会社が株主総会参考書類に記載することが適切であるものと判断した事項

### （監査役の選任に関する議案）

**第76条** ① 取締役が監査役の選任に関する議案を提出する場合には、株主総会参考書類には、次に掲げる事項を記載しなければならない。
1 候補者の氏名、生年月日及び略歴
2 株式会社との間に特別の利害関係があるときは、その事実の概要

3 就任の承諾を得ていないときは,その旨
4 議案が法第343条第2項の規定による請求により提出されたものであるときは,その旨
5 法第345条第4項において準用する同条第1項の規定による監査役の意見があるときは,その意見の内容の概要
② 前項に規定する場合において,株式会社が公開会社であるときは,株主総会参考書類には,次に掲げる事項を記載しなければならない.
1 候補者の有する当該株式会社の株式の数(種類株式発行会社にあっては,株式の種類及び種類ごとの数)
2 候補者が他の法人等を代表する者であるときは,その事実(重要でないものを除く.)
3 候補者が現に当該株式会社の監査役であるときは,当該株式会社における地位及び担当
③ 第1項に規定する場合において,株式会社が公開会社であり,かつ,他の会社の子会社であるときは,株主総会参考書類には,次に掲げる事項を記載しなければならない.
1 候補者が現に当該他の会社(当該他の会社の子会社(当該株式会社を除く.)を含む.以下この項において同じ.)の業務執行者であるときは,当該他の会社における地位及び担当
2 候補者が過去5年間に当該他の会社の業務執行者であったことを当該株式会社が知っているときは,当該他の会社における地位及び担当
④ 第1項に規定する場合において,候補者が社外監査役候補者であるときは,株主総会参考書類には,次に掲げる事項(株式会社が公開会社でない場合にあっては,第3号から第7号までに掲げる事項を除く.)を記載しなければならない.
1 当該候補者が社外監査役候補者である旨
2 当該候補者を社外監査役候補者とした理由
3 当該候補者が現に当該株式会社の社外役員(社外役員に限る.以下この号において同じ.)である場合において,当該候補者が最後に選任された後在任中に当該株式会社において法令又は定款に違反する事実その他不正な業務の執行が行われた事実(重要でないものを除く.)があるときは,その事実並びに当該事実の発生の予防のために当該候補者が行った行為及び当該事実の発生後の対応として行った行為の概要
4 当該候補者が過去5年間に他の株式会社の取締役,執行役又は監査役に就任していた場合において,その在任中に当該他の株式会社において法令又は定款に違反する事実その他不正な業務の執行が行われた事実があることを当該株式会社が知っているときは,その事実(重要でないものを除く.また,当該候補者が当該他の株式会社における社外取締役又は監査役であったときは,当該事実の発生の予防のために当該候補者が行った行為及び当該事実の発生後の対応として行った行為の概要を含む.)
5 当該候補者が過去に社外取締役又は社外監査役となること以外の方法で会社(外国会社を含む.)の経営に関与していなかった候補者であっても社外監査役としての職務を適切に遂行することができるものと当該株式会社が判断した理由
6 当該候補者が次のいずれかに該当することを当該株式会社が知っているときは,その旨
イ 当該株式会社の特定関係事業者の業務執行者であること.
ロ 当該株式会社又は当該株式会社の特定関係事業者から多額の金銭その他の財産(これらの者の役員であることに対する報酬等を除く.)を受ける予定があり,又は過去2年間に受けていたこと.
ハ 当該株式会社又は当該株式会社の特定関係事業者の業務執行者の配偶者,三親等以内の親族その他これに準ずる者であること.
ニ 過去5年間に当該株式会社の特定関係事業者の業務執行者となったことがあること.
ホ 過去2年間に合併等により他の会社の事業に関して有する権利義務を当該株式会社が承継又は譲受けをした場合において,当該合併等の直前に当該株式会社の監査役でなく,かつ,当該他の株式会社の業務執行者であったこと.
7 当該候補者が現に当該株式会社の監査役であるときは,監査役に就任してからの年数
8 当該候補者と当該株式会社との間で法第427条第1項の契約を締結しているとき又は当該契約を締結する予定があるときには,その契約の内容の概要
9 前各号に掲げる事項に関する記載についての当該候補者の意見があるときは,その意見の内容

(会計監査人の選任に関する議案)
第77条 取締役が会計監査人の選任に関する議案を提出する場合には,株主総会参考書類には,次に掲げる事項を記載しなければならない.
1 次のイ又はロに掲げる場合の区分に応じ,当該イ又はロに定める事項
イ 候補者が公認会計士である場合 その氏名,事務所の所在場所,生年月日及び略歴
ロ 候補者が監査法人である場合 その名称,主たる事務所の所在場所及び沿革
2 就任の承諾を得ていないときは,その旨
3 議案が法第344条第2項第1号又は第2号の規定による請求によって提出されたものであるときは,その旨
4 法第345条第5項において準用する同条第1項の規定による会計監査人の意見があるときは,その意見の内容の概要
5 当該候補者が現に業務の停止の処分を受け,その停止の期間を経過しない者であるときは,当該処分に係る事項
6 当該候補者が過去2年間に業務の停止の処分を受けた者である場合における当該処分に係る事項のうち,当該株式会社が株主総会参考書類に記載することが適切であるものと判断した事項
7 株式会社が公開会社である場合において,当該候補者が当該株式会社の親会社若しくは当該親会社(当該株式会社に親会社がない場合にあっては,当該株式会社)の子会社(当該株式会社を除く.)若しくは関連会社(当該親会社が会社でない場合におけるその子会社に相当するものを含む.)から多額の金銭その他の財産上の利益(これらの者から受ける会計監査人(法以外の法令の規定によるこれに相当するものを含む.)としての報酬等及び公認会計士法第2条第1項に規定する業務の対価を除く.)を受ける予定があるとき又は過去2年間に受けていたときは,その内容

第3目 役員の解任等
(取締役の解任に関する議案)
第78条 取締役が取締役の解任に関する議案を提

出する場合には,株主総会参考書類には,次に掲げる事項を記載しなければならない.
1 取締役の氏名
2 解任の理由

**(会計参与の解任に関する議案)**
**第79条** 取締役が会計参与の解任に関する議案を提出する場合には,株主総会参考書類には,次に掲げる事項を記載しなければならない.
1 会計参与の氏名又は名称
2 解任の理由
3 法第345条第1項の規定による会計参与の意見があるときは,その意見の内容の概要

**(監査役の解任に関する議案)**
**第80条** 取締役が監査役の解任に関する議案を提出する場合には,株主総会参考書類には,次に掲げる事項を記載しなければならない.
1 監査役の氏名
2 解任の理由
3 法第345条第4項において準用する同条第1項の規定による監査役の意見があるときは,その意見の内容の概要

**(会計監査人の解任又は不再任に関する議案)**
**第81条** 取締役が会計監査人の解任又は不再任に関する議案を提出する場合には,株主総会参考書類には,次に掲げる事項を記載しなければならない.
1 会計監査人の氏名又は名称
2 解任又は不再任の理由
3 議案が法第344条第2項第2号又は第3号の規定による請求によって提出されたものであるときは,その旨
4 法第345条第5項において準用する同条第1項の規定による会計監査人の意見があるときは,その意見の内容の概要

### 第4目 役員の報酬等

**(取締役の報酬等に関する議案)**
**第82条** ① 取締役が取締役の報酬等に関する議案を提出する場合には,株主総会参考書類には,次に掲げる事項を記載しなければならない.
1 法第361条第1項各号に掲げる事項の算定の基準
2 議案が既に定められている法第361条第1項各号に掲げる事項を変更するものであるときは,変更の理由
3 議案が二以上の取締役についての定めであるときは,当該定めに係る取締役の員数
4 議案が退職慰労金に関するものであるときは,退職する各取締役の略歴
② 前項第4号に規定する場合において,議案が一定の基準に従い退職慰労金の額を決定することを取締役,監査役その他の第三者に一任するものであるときは,株主総会参考書類には,当該一定の基準の内容を記載しなければならない.ただし,各株主が当該基準を知ることができるようにするための適切な措置を講じている場合は,この限りでない.
③ 第1項に規定する場合において,株式会社が公開会社であり,かつ,取締役の一部が社外取締役(社外役員に限る.以下この項において同じ.)であるときは,株主総会参考書類には,第1項第1号から第3号までに掲げる事項のうち社外取締役に関するものは,社外取締役以外の取締役と区別して記載しなければならない.

**(会計参与の報酬等に関する議案)**
**第83条** ① 取締役が会計参与の報酬等に関する議案を提出する場合には,株主総会参考書類には,次に掲げる事項を記載しなければならない.
1 法第379条第1項に規定する事項の算定の基準
2 議案が既に定められている法第379条第1項に規定する事項を変更するものであるときは,変更の理由
3 議案が二以上の会計参与についての定めであるときは,当該定めに係る会計参与の員数
4 議案が退職慰労金に関するものであるときは,退職する各会計参与の略歴
5 法第379条第3項の規定による会計参与の意見があるときは,その意見の内容の概要
② 前項第4号に規定する場合において,議案が一定の基準に従い退職慰労金の額を決定することを取締役,監査役その他の第三者に一任するものであるときは,株主総会参考書類には,当該一定の基準の内容を記載しなければならない.ただし,各株主が当該基準を知ることができるようにするための適切な措置を講じている場合は,この限りでない.

**(監査役の報酬等に関する議案)**
**第84条** ① 取締役が監査役の報酬等に関する議案を提出する場合には,株主総会参考書類には,次に掲げる事項を記載しなければならない.
1 法第387条第1項に規定する事項の算定の基準
2 議案が既に定められている法第387条第1項に規定する事項を変更するものであるときは,変更の理由
3 議案が二以上の監査役についての定めであるときは,当該定めに係る監査役の員数
4 議案が退職慰労金に関するものであるときは,退職する各監査役の略歴
5 法第387条第3項の規定による監査役の意見があるときは,その意見の内容の概要
② 前項第4号に規定する場合において,議案が一定の基準に従い退職慰労金の額を決定することを取締役,監査役その他の第三者に一任するものであるときは,株主総会参考書類には,当該一定の基準の内容を記載しなければならない.ただし,各株主が当該基準を知ることができるようにするための適切な措置を講じている場合は,この限りでない.

### 第5目 計算関係書類の承認

**第85条** 取締役が計算関係書類の承認に関する議案を提出する場合には,次の各号に掲げる場合は,株主総会参考書類には,当該各号に定める事項を記載しなければならない.
1 法第398条第1項の規定による会計監査人の意見がある場合 その意見の内容
2 株式会社が取締役会設置会社である場合において,取締役会の意見があるとき その意見の概要

### 第6目 合併契約等の承認

**(吸収合併契約の承認に関する議案)**
**第86条** 取締役が吸収合併契約の承認に関する議案を提出する場合には,株主総会参考書類には,次に掲げる事項を記載しなければならない.
1 当該吸収合併を行う理由
2 吸収合併契約の内容の概要
3 当該株式会社が吸収合併消滅株式会社である場合において,法第298条第1項の決定をした日における第182条第1項各号(第5号及び第6号を除く.)に掲げる事項があるときは,当該事項の内容の概要

4 当該株式会社が吸収合併存続株式会社である場合において、法第298条第1項の決定をした日における第191条各号（第6号及び第7号を除く.）に掲げる事項があるときは、当該事項の内容の概要

**（吸収分割契約の承認に関する議案）**
**第87条** 取締役が吸収分割契約の承認に関する議案を提出する場合には、株主総会参考書類には、次に掲げる事項を記載しなければならない.
1 当該吸収分割を行う理由
2 吸収分割契約の内容の概要
3 当該株式会社が吸収分割株式会社である場合において、法第298条第1項の決定をした日における第183条各号（第2号、第6号及び第7号を除く.）に掲げる事項があるときは、当該事項の内容の概要
4 当該株式会社が吸収分割承継株式会社である場合において、法第298条第1項の決定をした日における第192条各号（第2号、第7号及び第8号を除く.）に掲げる事項があるときは、当該事項の内容の概要

**（株式交換契約の承認に関する議案）**
**第88条** 取締役が株式交換契約の承認に関する議案を提出する場合には、株主総会参考書類には、次に掲げる事項を記載しなければならない.
1 当該株式交換を行う理由
2 株式交換契約の内容の概要
3 当該株式会社が株式交換完全子会社である場合において、法第298条第1項の決定をした日における第184条第1項各号（第5号及び第6号を除く.）に掲げる事項があるときは、当該事項の内容の概要
4 当該株式会社が株式交換完全親株式会社である場合において、法第298条第1項の決定をした日における第193条各号（第5号及び第6号を除く.）に掲げる事項があるときは、当該事項の内容の概要

**（新設合併契約の承認に関する議案）**
**第89条** 取締役が新設合併契約の承認に関する議案を提出する場合には、株主総会参考書類には、次に掲げる事項を記載しなければならない.
1 当該新設合併を行う理由
2 新設合併契約の内容の概要
3 当該株式会社が新設合併消滅株式会社である場合において、法第298条第1項の決定をした日における第204条各号（第6号及び第7号を除く.）に掲げる事項があるときは、当該事項の内容の概要
4 新設合併設立株式会社の取締役となる者についての第74条に規定する事項
5 新設合併設立株式会社が会計参与設置会社であるときは、当該新設合併設立株式会社の会計参与となる者についての第75条に規定する事項
6 新設合併設立株式会社が監査役設置会社（監査役の監査の範囲を会計に関するものに限定する旨の定款の定めがある株式会社を含む.）であるときは、当該新設合併設立株式会社の監査役となる者についての第76条に規定する事項
7 新設合併設立株式会社が会計監査人設置会社であるときは、当該新設合併設立株式会社の会計監査人となる者についての第77条に規定する事項

**（新設分割計画の承認に関する議案）**
**第90条** 取締役が新設分割計画の承認に関する議案を提出する場合には、株主総会参考書類には、次に掲げる事項を記載しなければならない.
1 当該新設分割を行う理由
2 新設分割計画の内容の概要
3 当該株式会社が新設分割株式会社である場合において、法第298条第1項の決定をした日における第205条各号（第7号及び第8号を除く.）に掲げる事項があるときは、当該事項の内容の概要

**（株式移転計画の承認に関する議案）**
**第91条** 取締役が株式移転計画の承認に関する議案を提出する場合には、株主総会参考書類には、次に掲げる事項を記載しなければならない.
1 当該株式移転を行う理由
2 株式移転計画の内容の概要
3 当該株式会社が株式移転完全子会社である場合において、法第298条第1項の決定をした日における第206条各号（第5号及び第6号を除く.）に掲げる事項があるときは、当該事項の内容の概要
4 株式移転設立完全親会社の取締役となる者についての第74条に規定する事項
5 株式移転設立完全親会社が会計参与設置会社であるときは、当該株式移転設立完全親会社の会計参与となる者についての第75条に規定する事項
6 株式移転設立完全親会社が監査役設置会社（監査役の監査の範囲を会計に関するものに限定する旨の定款の定めがある株式会社を含む.）であるときは、当該株式移転設立完全親会社の監査役となる者についての第76条に規定する事項
7 株式移転設立完全親会社が会計監査人設置会社であるときは、当該株式移転設立完全親会社の会計監査人となる者についての第77条に規定する事項

**（事業譲渡等に係る契約の承認に関する議案）**
**第92条** 取締役が事業譲渡等に係る契約の承認に関する議案を提出する場合には、株主総会参考書類には、次に掲げる事項を記載しなければならない.
1 当該事業譲渡等を行う理由
2 当該事業譲渡等に係る契約の内容の概要
3 当該契約に基づき当該株式会社が受け取る対価又は契約の相手方に交付する対価の算定の相当性に関する事項の概要

#### 第7目 株主提案の場合における記載事項

**第93条** ① 議案が株主の提出に係るものである場合には、株主総会参考書類には、次に掲げる事項（第3号又は第4号に掲げる事項が株主総会参考書類にその全部を記載することが適切でない程度の多数の文字、記号その他のものをもって構成されている場合（株式会社がその全部を記載することが適切であるものとして定めた分量を超える場合を含む.）にあっては、当該事項の概要）を記載しなければならない.
1 議案が株主の提出に係るものである旨
2 議案に対する取締役（取締役会設置会社である場合にあっては、取締役会）の意見があるときは、その意見の内容
3 株主が法第305条第1項の規定による請求に際して提案の理由（当該提案の理由が明らかに虚偽である場合又は専ら人の名誉を侵害し、若しくは侮辱する目的によるものと認められる場合における当該提案の理由を除く.）を株式会社に対して通知したときは、その理由
4 議案が次のイからニまでに掲げる者の選任に関するものである場合において、株主が法第305条

第1項の規定による請求に際して当該イからニまでに定める事項（当該事項が明らかに虚偽である場合における当該事項を除く．）を株式会社に対して通知したときは，その内容
　イ　取締役　第74条に規定する事項
　ロ　会計参与　第75条に規定する事項
　ハ　監査役　第76条に規定する事項
　ニ　会計監査人　第77条に規定する事項
② 二以上の株主から同一の趣旨の議案が提出されている場合には，株主総会参考書類には，その議案及びこれに対する取締役（取締役会設置会社である場合にあっては，取締役会）の意見の内容は，各別に記載することを要しない．ただし，二以上の株主から同一の趣旨の提案があった旨を記載しなければならない．
③ 二以上の株主から同一の趣旨の提案の理由が提出されている場合には，株主総会参考書類には，その提案の理由は，各別に記載することを要しない．

#### 第8目　株主総会参考書類の記載の特則

**第94条** ① 株主総会参考書類に記載すべき事項（次に掲げるものを除く．）に係る情報を，当該株主総会に係る招集通知を発出する時から当該株主総会の日から3箇月が経過する日までの間，継続して電磁的方法により株主に供する電気通信回線に接続することにより，その記録媒体のうち自動公衆送信の用に供する部分に記録され，又は当該装置に入力される情報を自動公衆送信する機能を有する装置をいう．以下同じ．）に接続する方法によって行われるものに限る．）をとる場合には，当該事項は，当該事項を記載した株主総会参考書類を株主に対して提供したものとみなす．ただし，この項の措置をとる旨の定款の定めがある場合に限る．
　1　議案
　2　第133条第3項第1号に掲げる事項を株主総会参考書類に記載することとしている場合における当該事項
　3　次項の規定により株主総会参考書類に記載すべき事項
　4　株主総会参考書類に記載すべき事項（前2号に掲げるものを除く．）につきこの項の措置をとることについて監査役又は監査委員会が異議を述べている事項
② 前項の場合には，株主に対して提供する株主総会参考書類に，同項の措置をとるために使用する自動公衆送信装置のうち当該措置をとるための用に供する部分をインターネットにおいて識別するための文字，記号その他の符号又はこれらの結合であって，情報の提供を受ける者がその使用に係る電子計算機に入力することにより当該情報の内容を閲覧し，当該電子計算機に備えられたファイルに当該情報を記録することができるものを記載しなければならない．

#### 第3款　種類株主総会

**第95条** 次の各号に掲げる規定は，当該各号に定めるものについて準用する．
　1　第63条（第1号を除く．）　法第325条において準用する法第298条第1項第5号に規定する法務省令で定める事項
　2　第64条　法第325条において準用する法第298条第2項に規定する法務省令で定めるもの
　3　第65条及び前款　種類株主総会の株主総会参考書類
　4　第66条　種類株主総会の議決権行使書面
　5　第67条　法第325条において準用する法第308条第1項に規定する法務省令で定める株主
　6　第69条　法第325条において準用する法第311条第1項に規定する法務省令で定める時
　7　第70条　法第325条において準用する法第312条第1項に規定する法務省令で定める時
　8　第71条　法第325条において準用する法第314条条に規定する法務省令で定める場合
　9　第72条　法第325条において準用する法第318条第1項に規定する議事録の作成

### 第2節　会社役員の選任

（補欠の会社役員の選任）

**第96条** ① 法第329条第2項の規定による補欠の会社役員（執行役を除く．以下この条において同じ．）の選任については，この条の定めるところによる．
② 法第329条第2項に規定する決議により補欠の会社役員を選任する場合には，次に掲げる事項を併せて決定しなければならない．
　1　当該候補者が補欠の会社役員である旨
　2　当該候補者を補欠の社外取締役として選任するときは，その旨
　3　当該候補者を補欠の社外監査役として選任するときは，その旨
　4　当該候補者を1人又は2人以上の特定の会社役員の補欠の会社役員として選任するときは，その旨及び当該特定の会社役員の氏名（会計参与である場合にあっては，氏名又は名称）
　5　同一の会社役員（二以上の会社役員の補欠として選任した場合にあっては，当該二以上の会社役員）につき2人以上の補欠の会社役員を選任するときは，当該補欠の会社役員相互間の優先順位
　6　補欠の会社役員について，就任前にその選任の取消しを行う場合があるときは，その旨及び取消しを行うための手続
③ 補欠の会社役員の選任に係る決議が効力を有する期間は，定款に別段の定めがある場合を除き，当該決議後最初に開催する定時株主総会の開始の時までとする．ただし，株主総会（当該補欠の会社役員を法第108条第1項第9号に掲げる事項についてその定めに従い種類株式の種類株主総会の決議によって選任する場合にあっては，当該種類株主総会）の決議によってその期間を短縮することを妨げない．

（累積投票による取締役の選任）

**第97条** ① 法第342条第5項の規定により法務省令で定めるべき事項は，この条の定めるところによる．
② 法第342条第1項の規定による請求があった場合には，取締役（株主総会の議長が存する場合にあっては議長，取締役及び議長が存しない場合にあっては当該請求をした株主）は，同項の株主総会における取締役の選任の決議に先立ち，同条第3項から第5項までに定めるところにより取締役を選任することを明らかにしなければならない．
③ 法第342条第4項の場合において，投票の同数を得た者が2人以上存する場合には，同条第1項の株主総会において選任する取締役の数の取締役について投票の最多数を得た者から順次取締役に選任されたものとすることができないときは，当該株

主総会において選任する取締役の数以下の数であって投票の最多数を得た者から順次取締役に選任されたものとすることができる数の範囲内で,投票の最多数を得た者から順次取締役に選任されたものとする.
④ 前項に規定する場合において,法第342条第1項の株主総会において選任する取締役の数から前項の規定により取締役に選任されたものとされた者の数を減じて得た数の取締役は,同条第3項及び第4項に規定するところによらないで,株主総会の決議により選任する.

### 第3節 取締役
第98条 ① 法第348条第3項第4号に規定する法務省令で定める体制は,次に掲げる体制とする.
1 取締役の職務の執行に係る情報の保存及び管理に関する体制
2 損失の危険の管理に関する規程その他の体制
3 取締役の職務の執行が効率的に行われることを確保するための体制
4 使用人の職務の執行が法令及び定款に適合することを確保するための体制
5 当該株式会社並びにその親会社及び子会社から成る企業集団における業務の適正を確保するための体制
② 取締役が2人以上ある株式会社である場合には,前項に規定する体制には,業務の決定が適正に行われることを確保するための体制を含むものとする.
③ 監査役設置会社以外の株式会社である場合には,第1項に規定する体制には,取締役が株主に報告すべき事項の報告をするための体制を含むものとする.
④ 監査役設置会社(監査役の監査の範囲を会計に関するものに限定する旨の定款の定めがある株式会社を含む.)である場合には,第1項に規定する体制には,次に掲げる体制を含むものとする.
1 監査役がその職務を補助すべき使用人を置くことを求めた場合における当該使用人に関する事項
2 前号の使用人の取締役からの独立性に関する事項
3 取締役及び使用人が監査役に報告をするための体制その他の監査役への報告に関する体制
4 その他監査役の監査が実効的に行われることを確保するための体制

### 第4節 取締役会
(社債を引き受ける者の募集に際して取締役会が定めるべき事項)
第99条 ① 法第362条第4項第5号に規定する法務省令で定める事項は,次に掲げる事項とする.
1 二以上の募集(法第676条の募集をいう.以下この条において同じ.)に係る法第676条各号に掲げる事項の決定を委任するときは,その旨
2 募集社債の総額の上限(前号に規定する場合にあっては,各募集に係る募集社債の総額の上限の合計額)
3 募集社債の利率の上限その他の利率に関する事項の要綱
4 募集社債の払込金額(法第676条第9号に規定する払込金額をいう.以下この条において同じ.)の総額の最低金額その他の払込金額に関する事項の要綱
② 前項の規定にかかわらず,信託社債(当該信託社債について信託財産に属する財産をもってその履行の責任を負うものに限る.)の募集に係る法第676条各号に掲げる事項の決定を委任する場合には,法第362条第4項第5号に規定する法務省令で定める事項は,当該決定を委任する旨とする.

(業務の適正を確保するための体制)
第100条 ① 法第362条第4項第6号に規定する法務省令で定める体制は,次に掲げる体制とする.
1 取締役の職務の執行に係る情報の保存及び管理に関する体制
2 損失の危険の管理に関する規程その他の体制
3 取締役の職務の執行が効率的に行われることを確保するための体制
4 使用人の職務の執行が法令及び定款に適合することを確保するための体制
5 当該株式会社並びにその親会社及び子会社から成る企業集団における業務の適正を確保するための体制
② 監査役設置会社以外の株式会社である場合には,前項に規定する体制には,取締役が株主に報告すべき事項の報告をするための体制を含むものとする.
③ 監査役設置会社(監査役の監査の範囲を会計に関するものに限定する旨の定款の定めがある株式会社を含む.)である場合には,第1項に規定する体制には,次に掲げる体制を含むものとする.
1 監査役がその職務を補助すべき使用人を置くことを求めた場合における当該使用人に関する事項
2 前号の使用人の取締役からの独立性に関する事項
3 取締役及び使用人が監査役に報告をするための体制その他の監査役への報告に関する体制
4 その他監査役の監査が実効的に行われることを確保するための体制

(取締役会の議事録)
第101条 ① 法第369条第3項の規定による取締役会の議事録の作成については,この条の定めるところによる.
② 取締役会の議事録は,書面又は電磁的記録をもって作成しなければならない.
③ 取締役会の議事録は,次に掲げる事項を内容とするものでなければならない.
1 取締役会が開催された日時及び場所(当該場所に存しない取締役,執行役,会計参与,監査役,会計監査人又は株主が取締役会に出席をした場合における当該出席の方法を含む.)
2 取締役会が法第373条第2項の取締役会であるときは,その旨
3 取締役会が次に掲げるいずれかのものに該当するときは,その旨
 イ 法第366条第2項の規定による取締役の請求を受けて招集されたもの
 ロ 法第366条第3項の規定により取締役が招集したもの
 ハ 法第367条第1項の規定による株主の請求を受けて招集されたもの
 ニ 法第367条第5項において準用する法第366条第3項の規定により株主が招集したもの
 ホ 法第383条第2項の規定による監査役の請求を受けて招集されたもの
 ヘ 法第383条第3項の規定により監査役が招集したもの
 ト 法第417条第1項の規定により委員の中から選定された者が招集したもの
 チ 法第417条第2項前段の規定による執行役の請求を受けて招集されたもの
 リ 法第417条第2項後段の規定により執行役が

招集したもの
4 取締役会の議事の経過の要領及びその結果
5 決議を要する事項について特別の利害関係を有する取締役があるときは,当該取締役の氏名
6 次に掲げる規定により取締役会において述べられた意見又は発言があるときは,その意見又は発言の内容の概要
　イ 法第365条第2項(法第419条第2項において準用する場合を含む.)
　ロ 法第367条第4項
　ハ 法第376条第1項
　ニ 法第382条
　ホ 法第383条第1項
　ヘ 法第406条
7 取締役会に出席した執行役,会計参与,会計監査人又は株主の氏名又は名称
8 取締役会の議長が存するときは,議長の氏名
④ 次の各号に掲げる場合には,取締役会の議事録は,当該各号に定める事項を内容とするものとする.
1 法第370条の規定により取締役会の決議があったものとみなされた場合 次に掲げる事項
　イ 取締役会の決議があったものとみなされた事項の内容
　ロ イの事項の提案をした取締役の氏名
　ハ 取締役会の決議があったものとみなされた日
　ニ 議事録の作成に係る職務を行った取締役の氏名
2 法第372条第1項(同条第3項の規定により読み替えて適用する場合を含む.)の規定により取締役会への報告を要しないものとされた場合 次に掲げる事項
　イ 取締役会への報告を要しないものとされた事項の内容
　ロ 取締役会への報告を要しないものとされた日
　ハ 議事録の作成に係る職務を行った取締役の氏名

### 第5節　会計参与

**(会計参与報告の内容)**

**第102条**　法第374条第1項の規定により作成すべき会計参与報告は,次に掲げる事項を内容とするものでなければならない.
1 会計参与が職務を行うにつき会計参与設置会社と合意した事項のうち主なもの
2 計算関係書類のうち,取締役又は執行役と会計参与が共同して作成したものの種類
3 計算関係書類の作成のために採用している会計処理の原則及び手続並びに表示方法その他計算関係書類の作成のための基本となる事項であって,次に掲げる事項(重要性の乏しいものを除く.)
　イ 資産の評価基準及び評価方法
　ロ 固定資産の減価償却の方法
　ハ 引当金の計上基準
　ニ 収益及び費用の計上基準
　ホ その他計算関係書類の作成のための基本となる重要な事項
4 計算関係書類の作成に用いた資料の種類その他計算関係書類の作成の過程及び方法
5 前号に規定する資料が次に掲げる事由に該当するときは,その旨及びその理由
　イ 当該資料が著しく遅滞して作成されたとき.
　ロ 当該資料に重要な事項について虚偽の記載がされていたとき.
6 計算関係書類の作成に必要な資料が作成されていなかったとき又は適切に保存されていなかったときは,その旨及びその理由
7 会計参与が計算関係書類の作成のために行った報告の徴収及び調査の結果
8 会計参与が計算関係書類の作成に際して取締役又は執行役と協議した主な事項

**(計算書類等の備置き)**

**第103条**　① 法第378条第1項の規定により会計参与が同項各号に掲げるものを備え置く場所(以下この条において「会計参与報告等備置場所」という.)を定める場合には,この条の定めるところによる.
② 会計参与は,当該会計参与である公認会計士若しくは監査法人又は税理士若しくは税理士法人の事務所(公認会計士法(昭和26年法律第237号)第2条第3項の規定により税理士又は税理士法人の補助者として常時同項に規定する業務に従事する者であるときは,その従事する税理士事務所又は所属税理士法人の事務所)の場所の中から会計参与報告等備置場所を定めなければならない.
③ 会計参与は,会計参与報告等備置場所として会計参与設置会社の本店又は支店と異なる場所を定めなければならない.
④ 会計参与は,会計参与報告等備置場所を定めた場合には,遅滞なく,会計参与設置会社に対して,会計参与報告等備置場所を通知しなければならない.

**(計算書類の閲覧)**

**第104条**　法第378条第2項に規定する法務省令で定めるときとは,当該会計参与である公認会計士若しくは監査法人又は税理士若しくは税理士法人の業務時間外である場合とする.

### 第6節　監査役

**(監査報告の作成)**

**第105条**　① 法第381条第1項の規定により法務省令で定める事項については,この条の定めるところによる.
② 監査役は,その職務を適切に遂行するため,次に掲げる者との意思疎通を図り,情報の収集及び監査の環境の整備に努めなければならない.この場合において,取締役又は取締役会は,監査役の職務の執行のための必要な体制の整備に留意しなければならない.
1 当該株式会社の取締役,会計参与及び使用人
2 当該株式会社の子会社の取締役,会計参与,執行役,業務を執行する社員,法第598条第1項の職務を行うべき者その他これらの者に相当する者及び使用人
3 その他監査役が適切に職務を遂行するに当たり意思疎通を図るべき者
③ 前項の規定は,監査役が公正不偏の態度及び独立の立場を保持することができなくなるおそれのある関係の創設及び維持を認めるものと解してはならない.
④ 監査役は,その職務の遂行に当たり,必要に応じ,当該株式会社の他の監査役,当該株式会社の親会社及び子会社の監査役その他これらに相当する者との意思疎通及び情報の交換を図るよう努めなければならない.

**(監査役の調査の対象)**

**第106条**　法第384条に規定する法務省令で定めるものは,電磁的記録その他の資料とする.

**(監査報告の作成)**

**第107条**　① 法第389条第2項の規定により法務省

令で定める事項については、この条の定めるところによる．

② 監査役は、その職務を適切に遂行するため、次に掲げる者との意思疎通を図り、情報の収集及び監査の環境の整備に努めなければならない．この場合において、取締役又は取締役会は、監査役の職務の執行のための必要な体制の整備に留意しなければならない．
 1 当該株式会社の取締役、会計参与及び使用人
 2 当該株式会社の子会社の取締役、会計参与、執行役、業務を執行する社員、法第598条第1項の職務を行うべき者その他これらの者に相当する者及び使用人
 3 その他監査役が適切に職務を遂行するに当たり意思疎通を図るべき者

③ 前項の規定は、監査役が公正不偏の態度及び独立の立場を保持することができなくなるおそれのある関係の創設及び維持を認めるものと解してはならない．

④ 監査役は、その職務の遂行に当たり、必要に応じ、当該株式会社の取締役、当該株式会社の親会社及び子会社の監査役その他これらに相当する者との意思疎通及び情報の交換を図るよう努めなければならない．

(監査の範囲が限定されている**監査役の調査の対象**)
**第108条** 法第389条第3項に規定する法務省令で定めるものは、次に掲げるものとする．
 1 計算関係書類
 2 次に掲げる議案が株主総会に提出される場合における当該議案
  イ 当該株式会社の株式の取得に関する議案（当該取得に際して交付する金銭等の合計額に係る部分に限る．）
  ロ 剰余金の配当に関する議案（剰余金の配当に際して交付する金銭等の合計額に係る部分に限る．）
  ハ 法第447条第1項の資本金の額の減少に関する議案
  ニ 法第448条第1項の準備金の額の減少に関する議案
  ホ 法第450条第1項の資本金の額の増加に関する議案
  ヘ 法第451条第1項の準備金の額の増加に関する議案
  ト 法第452条に規定する剰余金の処分に関する議案
 3 次に掲げる事項を含む議案が株主総会に提出される場合における当該事項
  イ 法第199条第1項第5号の増加する資本金及び資本準備金に関する事項
  ロ 法第236条第1項第5号の増加する資本金及び資本準備金に関する事項
  ハ 法第749条第1項第2号イの資本金及び準備金の額に関する事項
  ニ 法第753条第1項第6号の資本金及び準備金の額に関する事項
  ホ 法第758条第4号の資本金及び準備金の額に関する事項
  ヘ 法第763条第6号の資本金及び準備金の額に関する事項
  ト 法第768条第1項第2号イの資本金及び準備金の額に関する事項
  チ 法第773条第1項第5号の資本金及び準備金の額に関する事項
 4 前3号に掲げるもののほか、これらに準ずるもの

**第7節 監査役会**
**第109条** ① 法第393条第2項の規定による監査役会の議事録の作成については、この条の定めるところによる．
② 監査役会の議事録は、書面又は電磁的記録をもって作成しなければならない．
③ 監査役会の議事録は、次に掲げる事項を内容とするものでなければならない．
 1 監査役会が開催された日時及び場所（当該場所に存しない監査役、取締役、会計参与又は会計監査人が監査役会に出席をした場合における当該出席の方法を含む．）
 2 監査役会の議事の経過の要領及びその結果
 3 次に掲げる規定により監査役会において述べられた意見又は発言があるときは、その意見又は発言の内容の概要
  イ 法第357条第2項の規定により読み替えて適用する同条第1項（法第482条第4項において準用する場合を含む．）
  ロ 法第375条第2項の規定により読み替えて適用する同条第1項
  ハ 法第397条第3項の規定により読み替えて適用する同条第1項
 4 監査役会に出席した取締役、会計参与又は会計監査人の氏名又は名称
 5 監査役会の議長が存するときは、議長の氏名

④ 法第395条の規定により監査役会への報告を要しないものとされた場合には、監査役会の議事録は、次の各号に掲げる事項を内容とするものとする．
 1 監査役会への報告を要しないものとされた事項の内容
 2 監査役会への報告を要しないものとされた日
 3 議事録の作成に係る職務を行った監査役の氏名

**第8節 会計監査人**
**第110条** ① 法第396条第1項後段の規定により法務省令で定める事項については、この条の定めるところによる．
② 会計監査人は、その職務を適切に遂行するため、次に掲げる者との意思疎通を図り、情報の収集及び監査の環境の整備に努めなければならない．ただし、会計監査人が公正不偏の態度及び独立の立場を保持することができなくなるおそれのある関係の創設及び維持を認めるものと解してはならない．
 1 当該株式会社の取締役、会計参与及び使用人
 2 当該株式会社の子会社の取締役、会計参与、執行役、業務を執行する社員、法第598条第1項の職務を行うべき者その他これらの者に相当する者及び使用人
 3 その他会計監査人が適切に職務を遂行するに当たり意思疎通を図るべき者

**第9節 委員会及び執行役**
(**委員会の議事録**)
**第111条** ① 法第412条第3項の規定による委員会の議事録の作成については、この条の定めるところによる．
② 委員会の議事録は、書面又は電磁的記録をもって作成しなければならない．
③ 委員会の議事録は、次に掲げる事項を内容とするものでなければならない．

1 委員会が開催された日時及び場所（当該場所に存しない取締役,執行役,会計参与又は会計監査人が委員会に出席をした場合における当該出席の方法を含む.）
2 委員会の議事の経過の要領及びその結果
3 決議を要する事項について特別の利害関係を有する委員があるときは,その氏名
4 委員会において次に掲げる意見又は発言があるときは,その意見又は発言の内容の概要
 イ 法第375条第3項の規定により読み替えて適用する同条第1項の規定により監査委員会において述べられた意見又は発言
 ロ 法第397条第4項の規定により読み替えて適用する同条第1項の規定により監査委員会において述べられた意見又は発言
 ハ 法第419条第1項の規定により行うべき監査委員に対する報告が監査委員会において行われた場合における当該報告に係る意見又は発言
5 委員会に出席した執行役,会計参与又は会計監査人の氏名又は名称
6 委員会の議長が存するときは,議長の氏名
④ 法第414条の規定により委員会への報告を要しないものとされた場合には,委員会の議事録は,次の各号に掲げる事項を内容とするものとする.
1 委員会への報告を要しないものとされた事項の内容
2 委員会への報告を要しないものとされた日
3 議事録の作成に係る職務を行った委員の氏名

**（業務の適正を確保するための体制）**
**第112条** ① 法第416条第1項第1号ロに規定する法務省令で定めるものは,次に掲げるものとする.
1 監査委員会の職務を補助すべき取締役及び使用人に関する事項
2 前号の取締役及び使用人の執行役からの独立性に関する事項
3 執行役及び使用人が監査委員会に報告をするための体制その他の監査委員会への報告に関する体制
4 その他監査委員会の監査が実効的に行われることを確保するための体制
② 法第416条第1項第1号ホに規定する法務省令で定める体制は,次に掲げる体制とする.
1 執行役の職務の執行に係る情報の保存及び管理に関する体制
2 損失の危険の管理に関する規程その他の体制
3 執行役の職務の執行が効率的に行われることを確保するための体制
4 使用人の職務の執行が法令及び定款に適合することを確保するための体制
5 当該株式会社並びにその親会社及び子会社から成る企業集団における業務の適正を確保するための体制

**第10節 役員等の損害賠償責任**
**（報酬等の額の算定方法）**
**第113条** 法第425条第1項第1号に規定する法務省令で定める方法により算定される額は,次に掲げる額の合計額とする.
1 役員等がその在職中に報酬,賞与その他の職務執行の対価（当該役員等が当該株式会社の取締役,執行役又は支配人その他の使用人を兼ねていた場合における当該取締役,執行役又は支配人その他の使用人の報酬,賞与その他の職務執行の対価を含む.）として株式会社から受け,又は受けるべき財産上の利益（次号に定めるものを除く.）の額の事業年度（次のイからハまでに掲げる場合の区分に応じ,当該イからハまでに定める日を含む事業年度及びその前の各事業年度に限る.）ごとの合計額（当該事業年度の期間が1年でない場合にあっては,当該合計額を1年当たりの額に換算した額）のうち最も高い額
 イ 法第425条第1項の株主総会の決議を行った場合 当該株主総会の決議の日
 ロ 法第426条第1項の規定による定款の定めに基づいて責任を免除する旨の同意（取締役会設置会社にあっては,取締役会の決議.ロにおいて同じ.）を行った場合 当該同意のあった日
 ハ 法第427条第1項の契約を締結した場合 責任の原因となる事実が生じた日（二以上の日がある場合にあっては,最も遅い日）
2 イに掲げる額をロに掲げる数で除して得た額
 イ 次に掲げる額の合計額
  (1) 当該役員等が当該株式会社から受けた退職慰労金の額
  (2) 当該役員等が当該株式会社の取締役,執行役又は支配人その他の使用人を兼ねていた場合における当該取締役若しくは執行役としての退職慰労金又は支配人その他の使用人としての退職手当のうち当該役員等を兼ねていた期間の職務執行の対価である部分の額
  (3) (1)又は(2)に掲げるものの性質を有する財産上の利益の額
 ロ 当該役員等がその職に就いていた年数（当該役員等が次に掲げるものに該当する場合における次に定める数が当該年数を超えている場合にあっては,当該数）
  (1) 代表取締役又は代表執行役　6
  (2) 代表取締役以外の取締役（社外取締役を除く.）又は代表執行役以外の執行役　4
  (3) 社外取締役,会計参与,監査役又は会計監査人　2

**（特に有利な条件で引き受けた職務執行の対価以外の新株予約権）**
**第114条** 法第425条第1項第2号に規定する法務省令で定める方法により算定される額は,次の各号に掲げる場合の区分に応じ,当該各号に定める額とする.
1 当該役員等が就任後に新株予約権（当該役員等が職務執行の対価として株式会社から受けたものを除く.以下この条において同じ.）を行使した場合 イに掲げる額からロに掲げる額を減じて得た額（零未満である場合にあっては,零）に当該新株予約権の行使により当該役員等が交付を受けた当該株式会社の株式の数を乗じて得た額
 イ 当該新株予約権の行使時における当該株式の1株当たりの時価
 ロ 当該新株予約権についての法第236条第1項第2号の価額及び法第238条第1項第3号の払込金額の合計額の当該新株予約権の目的である株式1株当たりの額
2 当該役員等が就任後に新株予約権を譲渡した場合 当該新株予約権の譲渡価額から法第238条第1項第3号の払込金額を減じて得た額に当該新株予約権の数を乗じた額

**（責任の免除の決議後に受ける退職慰労金等）**

第115条　法第425条第4項（法第426条第6項及び第427条第5項において準用する場合を含む.）に規定する法務省令で定める財産上の利益とは、次に掲げるものとする.
1　退職慰労金
2　当該役員等が当該株式会社の取締役又は執行役を兼ねていたときは、当該取締役又は執行役としての退職慰労金
3　当該役員等が当該株式会社の支配人その他の使用人を兼ねていたときは、当該支配人その他の使用人としての退職手当のうち当該役員等を兼ねていた期間の職務執行の対価である部分
4　前3号に掲げるものの性質を有する財産上の利益

## 第5章　計算等

### 第1節　計算関係書類

第116条　次に掲げる規定に規定する法務省令で定めるべき事項（事業報告及びその附属明細書に係るものを除く.）は、会社計算規則の定めるところによる.
1　法第432条第1項
2　法第435条第1項及び第2項
3　法第436条第1項及び第2項
4　法第437条
5　法第439条
6　法第440条第1項及び第3項
7　法第441条第1項、第2項及び第4項
8　法第444条第1項、第4項及び第6項
9　法第445条第4項及び第5項
10　法第446条第1号ホ及び第7号
11　法第452条
12　法第459条第2項
13　法第460条第2項
14　法第461条第2項第2号イ、第5号及び第6号
15　法第462条第1項

### 第2節　事業報告

#### 第1款　通則

第117条　次の各号に掲げる規定に規定する法務省令で定めるべき事項（事業報告及びその附属明細書に係るものに限る.）は、当該各号に定める規定の定めるところによる. ただし、他の法令に別段の定めがある場合は、この限りでない.
1　法第435条第2項　次款
2　法第436条第1項及び第2項　第3款
3　法第437条　第4款

#### 第2款　事業報告等の内容

（事業報告の内容）
第118条　① 事業報告は、次に掲げる事項をその内容としなければならない.
1　当該株式会社の状況に関する重要な事項（計算書類及びその附属明細書並びに連結計算書類の内容となる事項を除く.）
2　法第348条第3項第4号、第362条第4項第6号若しくは第416条第1項第1号ロ及びホに規定する体制の整備についての決定又は決議があるときは、その決定又は決議の内容の概要

（公開会社の特則）
第119条　株式会社が当該事業年度の末日において公開会社である場合には、前条各号に掲げる事項のほか、次に掲げる事項を事業報告の内容としなければならない.
1　株式会社の現況に関する事項
2　株式会社の会社役員に関する事項
3　株式会社の株式に関する事項
4　株式会社の新株予約権等に関する事項

（株式会社の現況に関する事項）
第120条　① 前条第1号に規定する「株式会社の現況に関する事項」とは、次に掲げる事項（当該株式会社の事業が二以上の部門に分かれている場合にあっては、部門別に区別することが困難である場合を除き、その部門別に区別された事項）とする.
1　当該事業年度の末日における主要な事業内容
2　当該事業年度の末日における主要な営業所及び工場並びに使用人の状況
3　当該事業年度の末日において主要な借入先があるときは、その借入先及び借入額
4　当該事業年度における事業の経過及びその成果
5　当該事業年度における次に掲げる事項についての状況（重要なものに限る.）
　イ　資金調達
　ロ　設備投資
　ハ　事業の譲渡、吸収分割又は新設分割
　ニ　他の会社（外国会社を含む.）の事業の譲受け
　ホ　吸収合併（会社以外の者との合併（当該合併後当該株式会社が存続するものに限る.）を含む.）又は吸収分割による他の法人等の事業に関する権利義務の承継
　ヘ　他の会社（外国会社を含む.）の株式その他の持分又は新株予約権等の取得又は処分
6　直前3事業年度（当該事業年度の末日において3事業年度が終了していない株式会社にあっては、成立後の各事業年度）の財産及び損益の状況
7　重要な親会社及び子会社の状況
8　対処すべき課題
9　前各号に掲げるもののほか、当該株式会社の現況に関する重要な事項
② 株式会社が当該事業年度に係る連結計算書類を作成している場合には、前項各号に掲げる事項については、当該株式会社及びその子会社から成る企業集団の現況に関する事項とすることができる. この場合において、当該事項に相当する事項が連結計算書類の内容となっているときは、当該事項を事業報告の内容としないことができる.
③ 第1項第6号に掲げる事項については、当該事業年度における過年度事項（当該事業年度より前の事業年度に係る貸借対照表、損益計算書又は株主資本等変動計算書に表示すべき事項をいう.）が会計方針の変更その他の正当な理由により当該事業年度より前の事業年度に係る定時株主総会において承認又は報告をしたものと異なっているときは、修正後の過年度事項を反映した事項とすることを妨げない.

（株式会社の会社役員に関する事項）
第121条　第119条第2号に規定する「株式会社の会社役員に関する事項」とは、次に掲げる事項とする. ただし、当該事業年度の末日において委員会設置会社でない株式会社にあっては、第6号に掲げる事項を省略することができる.
1　会社役員（直前の定時株主総会の終結の日の翌日以降に在任していた者に限る. 次号、第3号、第8号及び第9号並びに第128条において同じ.）の氏名（会計参与にあっては、氏名又は名称）
2　会社役員の地位及び担当

3 会社役員が他の法人等の代表者その他これに類する者であるときは,その重要な事実
4 当該事業年度に掛かる会社役員の報酬等について,次のイからハまでに掲げる場合の区分に応じ,当該イからハまでに定める事項
　イ 会社役員の全部につき取締役,会計参与,監査役又は執行役ごとの報酬等の総額を掲げることとする場合　取締役,会計参与,監査役又は執行役ごとの報酬等の総額及び員数
　ロ 会社役員の全部につき当該会社役員ごとの報酬等の額を掲げることとする場合　当該会社役員ごとの報酬等の額
　ハ 会社役員の一部につき当該会社役員ごとの報酬等の額を掲げることとする場合　当該会社役員ごとの報酬等の額並びにその他の会社役員についての取締役,会計参与,監査役又は執行役ごとの報酬等の総額及び員数
5 当該事業年度において受け,又は受ける見込みの額が明らかとなった会社役員の報酬等(前号の規定により当該事業年度に係る事業報告の内容とする事業報告の内容及びその前の事業年度に係る事業報告の内容とした報酬等を除く。)について,前号イからハまでに掲げる場合の区分に応じ,当該イからハまでに掲げる場合の区分に応じ,当該イからハまでに定める事項
6 各会社役員の報酬等の額又はその算定方法に係る決定に関する方針を定めているときは,当該方針の決定の方法及びその方針の内容の概要
7 当該事業年度中に辞任した会社役員又は解任された会社役員(株主総会又は種類株主総会の決議によって解任されたものを除く。)があるときは,次に掲げる事項
　イ 当該会社役員の氏名(会計参与にあっては,氏名又は名称)
　ロ 法第345条第1項(同条第4項において読み替えて準用する場合を含む。)の意見があったときは,その意見の内容
　ハ 法第345条第2項(同条第4項において読み替えて準用する場合を含む。)の理由があったときは,その理由
8 当該事業年度に係る当該株式会社の会社役員(会計参与を除く。)の重要な兼職の状況(第3号に掲げる事項を除く。)
9 会社役員のうち監査役又は監査委員が財務及び会計に関する相当程度の知見を有しているものであるときは,その事実
10 前各号に掲げるもののほか,株式会社の会社役員に関する重要な事項

**(株式会社の株式に関する事項)**
**第122条**　第119条第3号に規定する「株式会社の株式に関する事項」とは,次に掲げる事項とする.
1 当該事業年度の末日において発行済株式(自己株式を除く。)の総数の10分の1以上の数の株式を有する株主の氏名又は名称及び当該株主の有する当該株式会社の株式の数(種類株式発行会社にあっては,株式の種類及び種類ごとの数)
2 前号に掲げるもののほか,株式会社の株式に関する重要な事項

**(株式会社の新株予約権等に関する事項)**
**第123条**　第119条第4号に規定する「株式会社の新株予約権等に関する事項」とは,次に掲げる事項とする.

1 当該事業年度の末日において当該株式会社の会社役員が当該株式会社の新株予約権等(職務執行の対価として当該株式会社が交付したものに限る。以下この号及び次号において同じ。)を有しているときは,次に掲げる者の区分ごとの当該新株予約権等の内容の概要及び新株予約権等を有する者の人数
　イ 当該株式会社の取締役(社外役員を除き,執行役を含む。)
　ロ 当該株式会社の社外取締役(社外役員に限る。)
　ハ 当該株式会社の取締役(執行役を含む。)以外の会社役員
2 当該事業年度中に次に掲げる者に対して当該株式会社が交付した新株予約権等があるときは,次に掲げる者の区分ごとの当該新株予約権等の内容の概要及び交付した者の人数
　イ 当該株式会社の使用人(当該株式会社の役員を兼ねている者を除く。)
　ロ 当該株式会社の子会社の役員及び使用人(当該株式会社の会社役員又はイに掲げる者を兼ねている者を除く。)
3 前2号に掲げるもののほか,当該株式会社の新株予約権等に関する重要な事項

**(社外役員を設けた株式会社の特則)**
**第124条**　会社役員のうち社外役員(直前の定時株主総会の終結の日の翌日以降に在任していた者に限る。次号から第5号までにおいて同じ。)である者が存する場合には,株式会社の会社役員に関する事項には,第121条に規定する事項のほか,次に掲げる事項を含むものとする.
1 社外役員が他の会社(外国会社を含む。以下この号において同じ。)の業務執行取締役,執行役,業務を執行する社員若しくは法第598条第1項の職務を行うべき者(他の会社が外国会社である場合にあっては,これらに相当するもの。第3号において同じ。)又は使用人であるときは,その事実及び当該株式会社と当該他の会社との関係(重要でないものを除く。)
2 社外役員が他の株式会社の社外役員を兼任しているときは,その事実(重要でないものを除く。)
3 社外役員が当該株式会社又は当該株式会社の特定関係事業者の業務執行取締役,執行役,業務を執行する社員若しくは法第598条第1項の職務を行うべき者又は使用人の配偶者,三親等以内の親族その他これに準ずる者であることを当該株式会社が知っているときは,その事実(重要でないものを除く。)
4 各社外役員の当該事業年度における主な活動状況(次に掲げる事項を含む。)
　イ 取締役会(当該社外役員が次に掲げる者である場合にあっては,次に定めるものを含む.ロにおいて同じ。)への出席の状況
　　(1) 監査役会設置会社の社外監査役　監査役会
　　(2) 委員会設置会社の監査委員　監査委員会
　ロ 取締役会における発言の状況
　ハ 当該社外役員の意見により当該株式会社の事業の方針又は事業その他の事項に係る決定が変更されたときは,その内容(重要でないものを除く。)
　ニ 当該事業年度中に当該株式会社において法令又は定款に違反する事実その他不正な業務の執行(当該社外役員が社外監査役である場合にあっては,不正な業務の執行)が行われた事実

(重要でないものを除く.)があるときは,各社外役員が当該事実の発生の予防のために行った行為及び当該事実の発生後の対応として行った行為の概要
5 社外役員と当該株式会社との間で法第427条第1項の契約を締結しているときは,当該契約の内容の概要(当該契約によって当該社外役員の職務の適正性が損なわれないようにするための措置を講じている場合にあっては,その内容を含む.)
6 当該事業年度に係る社外役員の報酬等について,次のイからハまでに掲げる場合の区分に応じ,当該イからハまでに定める事項
  イ 社外役員の全部につき報酬等の総額を掲げることとする場合 社外役員の報酬等の総額及び員数
  ロ 社外役員の全部につき当該社外役員ごとの報酬等の額を掲げることとする場合 当該社外役員ごとの報酬等の額
  ハ 社外役員の一部につき当該社外役員ごとの報酬等の額を掲げることとする場合 当該社外役員ごとの報酬等の額並びにその他の社外役員についての報酬等の総額及び員数
7 当該事業年度において受け,又は受ける見込みの額が明らかとなった社外役員の報酬等(前号の規定により当該事業年度に係る事業報告の内容とする報酬等及び当該事業年度前の事業年度に係る事業報告の内容とした報酬等を除く.)について,前号イからハまでに掲げる場合の区分に応じ,当該イからハまでに定める事項
8 社外役員が当該株式会社の親会社又は当該親会社(当該株式会社に親会社がない場合にあっては,当該株式会社)の子会社(当該親会社が株式会社でない場合におけるその子会社に相当するものを含む.)から当該事業年度において役員としての報酬等を受けているときは,当該報酬等の総額(社外役員であった期間に受けたものに限る.)
9 社外役員についての前各号に掲げる事項の内容に対して当該社外役員の意見があるときは,その意見の内容

(会計参与設置会社の特則)
第125条 株式会社が当該事業年度の末日において会計参与設置会社である場合において,会計参与と当該株式会社との間で法第427条第1項の契約を締結しているときは,当該契約の内容の概要(当該契約によって当該会計参与の職務の適正性が損なわれないようにするための措置を講じている場合にあっては,その内容を含む.)を事業報告の内容としなければならない.

(会計監査人設置会社の特則)
第126条 株式会社が当該事業年度の末日において会計監査人設置会社である場合には,次に掲げる事項(株式会社が当該事業年度の末日において公開会社でない場合にあっては,第2号から第4号までに掲げる事項を除く.)を事業報告の内容としなければならない.
1 会計監査人の氏名又は名称
2 当該事業年度に係る各会計監査人の報酬等の額
3 会計監査人に対して公認会計士法第2条第1項の業務以外の業務(以下この号において「非監査業務」という.)の対価を支払っているときは,当該非監査業務の内容
4 会計監査人の解任又は不再任の決定の方針
5 会計監査人が現に業務の停止の処分を受け,その停止の期間を経過しない者であるときは,当該処分に係る事項
6 会計監査人が過去2年間に業務の停止の処分を受けた者である場合における当該処分に係る事項のうち,当該株式会社が事業報告の内容とすることが適切であるものと判断した事項
7 会計監査人と当該株式会社との間で法第427条第1項の契約を締結しているときは,当該契約の内容の概要(当該契約によって当該会計監査人の職務の適正性が損なわれないようにするための措置を講じている場合にあっては,その内容を含む.)
8 株式会社が法第444条第3項に規定する大会社であるときは,次に掲げる事項
  イ 当該株式会社の会計監査人である公認会計士(公認会計士法第16条の2第5項に規定する外国公認会計士を含む. 以下この条において同じ.)又は監査法人に当該株式会社及びその子会社が支払うべき金銭その他の財産上の利益の合計額(当該事業年度に係る連結損益計算書に計上すべきものに限る.)
  ロ 当該株式会社の会計監査人以外の公認会計士又は監査法人(外国におけるこれらの資格に相当する資格を有する者を含む.)が当該株式会社の子会社(重要なものに限る.)の計算関係書類(これに相当するものを含む.)の監査(法又は金融商品取引法(これらの法律に相当する外国の法令を含む.)の規定によるものに限る.)をしているときは,その事実
9 当該事業年度中に辞任した会計監査人又は解任された会計監査人(株主総会の決議によって解任されたものを除く.)がある場合には,次に掲げる事項
  イ 当該会計監査人の氏名又は名称
  ロ 法第340条第3項の理由があるときは,その理由
  ハ 法第345条第5項において読み替えて準用する同条第1項の意見があったときは,その意見の内容
  ニ 法第345条第5項において読み替えて準用する同条第2項の理由又は意見があるときは,その理由又は意見
10 法第459条第1項の規定による定款の定めがあるときは,当該定款の定めにより取締役会に与えられた権限の行使に関する事項

(株式会社の支配に関する基本方針)
第127条 株式会社が当該株式会社の財務及び事業の方針の決定を支配する者の在り方に関する基本方針(以下この条において「基本方針」という.)を定めている場合には,次に掲げる事項を事業報告の内容としなければならない.
1 基本方針の内容
2 次に掲げる取組みの具体的な内容
  イ 当該株式会社の財産の有効な活用,適切な企業集団の形成その他の基本方針の実現に資する特別な取組み
  ロ 基本方針に照らして不適切な者によって当該株式会社の財務及び事業の方針の決定が支配されることを防止するための取組み
3 前号の取組みの次に掲げる要件への該当性に関する当該株式会社の取締役(取締役会設置会社にあっては,取締役会)の判断及びその判断に係る理由(当該理由が社外役員の存否に関する事項のみである場合における当該事項を除く.)

イ 当該取組みが基本方針に沿うものであること．
ロ 当該取組みが当該株式会社の株主の共同の利益を損なうものではないこと．
ハ 当該取組みが当該株式会社の会社役員の地位の維持を目的とするものではないこと．

**（事業報告の附属明細書）**
第128条 事業報告の附属明細書は，事業報告の内容を補足する重要な事項をその内容とするものでなければならない．この場合において，株式会社が当該事業年度の末日において公開会社であるときは，他の会社の業務執行取締役，執行役，業務を執行する社員は法第598条第1項の職務を行うべき者を兼ねる会社役員（会計参与を除く．）についての兼務の状況の明細（当該他の会社の事業が当該株式会社の事業と同一の部類のものであるときは，その旨を含む．）（重要でないものを除く．）を事業報告の附属明細書の内容としなければならない．

### 第3款 事業報告等の監査
**（監査役の監査報告の内容）**
第129条 ① 監査役は，事業報告及びその附属明細書を受領したときは，次に掲げる事項（監査役会設置会社の監査役の監査報告にあっては，第1号から第6号までに掲げる事項）を内容とする監査報告を作成しなければならない．
1 監査役の監査（計算関係書類に係るものを除く．以下この款において同じ．）の方法及びその内容
2 事業報告及びその附属明細書が法令又は定款に従い当該株式会社の状況を正しく示しているかどうかについての意見
3 当該株式会社の取締役（当該事業年度中に当該株式会社が委員会設置会社であった場合にあっては，執行役を含む．）の職務の遂行に関し，不正の行為又は法令若しくは定款に違反する重大な事実があったときは，その事実
4 監査のため必要な調査ができなかったときは，その旨及びその理由
5 第118条第2号に掲げる事項（監査の範囲に属さないものを除く．）がある場合において，当該事項の内容が相当でないと認めるときは，その旨及びその理由
6 第127条に規定する事項が事業報告の内容となっているときは，当該事項についての意見
7 監査報告を作成した日
② 前項の規定にかかわらず，監査役の監査の範囲を会計に関するものに限定する旨の定款の定めがある株式会社の監査役は，前項各号に掲げる事項に代えて，事業報告を監査する権限がないことを明らかにした監査報告を作成しなければならない．

**（監査役会の監査報告の内容等）**
第130条 ① 監査役会は，前条第1項の規定により監査役が作成した監査報告（以下この条において「監査役監査報告」という．）に基づき，監査役会の監査報告（以下この条において「監査役会監査報告」という．）を作成しなければならない．
② 監査役会監査報告は，次に掲げる事項を内容とするものでなければならない．この場合において，監査役は，当該事項に係る監査役会監査報告の内容と当該事項に係る当該監査役の監査役監査報告の内容が異なる場合には，当該事項に係る監査役監査報告に付記することができる．
1 監査役及び監査役会の監査の方法及びその内容
2 前条第1項第2号から第6号までに掲げる事項
3 監査役会監査報告を作成した日
③ 監査役会が監査役会監査報告を作成する場合には，監査役会は，1回以上，会議を開催する方法又は情報の送受信により同時に意見の交換をすることができる方法により，監査役会監査報告の内容（前項後段の規定による付記の内容を除く．）を審議しなければならない．

**（監査委員会の監査報告の内容等）**
第131条 ① 監査委員会は，事業報告及びその附属明細書を受領したときは，次に掲げる事項を内容とする監査報告を作成しなければならない．この場合において，監査委員は，当該事項に係る監査報告の内容が他の監査委員の意見と異なる場合には，その意見を監査報告に付記することができる．
1 監査委員会の監査の方法及びその内容
2 第129条第1項第2号から第6号までに掲げる事項
3 監査報告を作成した日
② 前項に規定する監査報告の内容（前項後段の規定による付記の内容を除く．）は，監査委員会の決議をもって定めなければならない．

**（監査役監査報告等の通知期限）**
第132条 ① 特定監査役は，次に掲げる日のいずれか遅い日までに，特定取締役に対して監査報告（監査役会設置会社にあっては，第130条第1項の規定により作成した監査役会の監査報告に限る．以下この条において同じ．）の内容を通知しなければならない．
1 事業報告を受領した日から4週間を経過した日
2 事業報告の附属明細書を受領した日から1週間を経過した日
3 特定取締役及び特定監査役の間で合意した日
② 事業報告及びその附属明細書については，特定取締役が前項の規定による監査報告の内容の通知を受けた日に，監査役（委員会設置会社にあっては，監査委員会）の監査を受けたものとする．
③ 前項の規定にかかわらず，特定監査役が第1項の規定によりすべき日までに同項の規定による監査報告の内容の通知をしない場合には，当該通知をすべき日に，事業報告及びその附属明細書については，監査役（委員会設置会社にあっては，監査委員）の監査を受けたものとみなす．
④ 第1項及び第2項に規定する「特定取締役」とは，次の各号に掲げる場合の区分に応じ，当該各号に定める者をいう．
1 第1項の規定による通知を受ける者を定めた場合 当該通知を受ける者と定められた者
2 前号に掲げる場合以外の場合 事業報告及びその附属明細書の作成に関する職務を行った取締役及び執行役
⑤ 第1項及び第3項に規定する「特定監査役」とは，次の各号に掲げる株式会社の区分に応じ，当該各号に定める者とする．
1 監査役設置会社（監査役の監査の範囲を会計に関するものに限定する旨の定款の定めがある株式会社を含み，監査役会設置会社を除く．） 次のイ又はロに掲げる場合の区分に応じ，当該イ又はロに定める者
イ 二以上の監査役が存する場合において，第1項の規定による監査報告の内容の通知をすべき監査役を定めたとき 当該通知をすべき監査役と

して定められた監査役
ロ　二以上の監査役が存する場合において，第1項の規定による監査報告の内容の通知をすべき監査役を定めていないとき　すべての監査役
ハ　イ又はロに掲げる場合以外の場合　監査役
2　監査役会設置会社　次のイ又はロに掲げる場合の区分に応じ，当該イ又はロに定める者
イ　監査役会が第1項の規定による監査報告の内容の通知をすべき監査役を定めた場合　当該通知をすべき監査役として定められた監査役
ロ　イに掲げる場合以外の場合　すべての監査役
3　委員会設置会社　監査委員会において第1項の規定による監査報告の内容の通知をすべき監査委員として定められた監査委員

#### 第4款　事業報告等の株主への提供

**第133条**　① 法第437条の規定により株主に対して行う提供事業報告（次の各号に掲げる株式会社の区分に応じ，当該各号に定めるものをいう。以下この条において同じ。）の提供に関しては，この条に定めるところによる。
1　株式会社（監査役設置会社及び委員会設置会社を除く。）　事業報告
2　監査役設置会社及び委員会設置会社　次に掲げるもの
イ　事業報告
ロ　事業報告に係る監査役（監査役会設置会社にあっては監査役会，委員会設置会社にあっては監査委員会）の監査報告があるときは，当該監査報告（監査役会設置会社及び委員会設置会社を除く。）の各監査役の監査報告の内容（監査報告を作成した日を除く。）が同一である場合にあっては，一又は二以上の監査役の監査報告）
ハ　前条第3項の規定により監査を受けたものとみなされたときは，その旨を記載又は記録をした書面又は電磁的記録

② 定時株主総会の招集通知（法第299条第2項又は第3項の規定による通知をいう。以下この条において同じ。）を次の各号に掲げる方法により行う場合には，提供事業報告は，当該各号に定める方法により提供しなければならない。
1　書面の提供　次のイ又はロに掲げる場合の区分に応じ，当該イ又はロに定める方法
イ　提供事業報告が書面をもって作成されている場合　当該書面に記載された事項を記載した書面の提供
ロ　提供事業報告が電磁的記録をもって作成されている場合　当該電磁的記録に記録された事項を記載した書面の提供
2　電磁的方法による提供　次のイ又はロに掲げる場合の区分に応じ，当該イ又はロに定める方法
イ　提供事業報告が書面をもって作成されている場合　当該書面に記載された事項の電磁的方法による提供
ロ　提供事業報告が電磁的記録をもって作成されている場合　当該電磁的記録に記録された事項の電磁的方法による提供

③ 事業報告に表示すべき事項（次に掲げるものを除く。）に係る情報を，定時株主総会に係る招集通知を発する時から定時株主総会の日から3箇月が経過する日までの間，継続して電磁的方法により株主が提供を受けることができる状態に置く措置（第222条第1項第1号ロに掲げる方法のうち，インターネットに接続された自動公衆送信装置を使用する方法によって行われるものに限る。）をとる場合における前項の規定の適用については，当該事項につき同項各号に掲げる場合の区分に応じ，当該各号に定める方法により株主に対して提供したものとみなす。ただし，この項の措置をとる旨の定款の定めがある場合に限る。
1　第120条第1項第1号から第8号まで，第121条第1号から第6号まで及び第9号，第122条第1号並びに第123条第1号及び第2号に掲げる事項
2　事業報告に表示すべき事項（前号に掲げるものを除く。）につきこの項の措置をとることについて監査役又は監査委員会が異議を述べている場合における当該事項

④ 前項の場合には，取締役は，同項の措置をとるために使用する自動公衆送信装置のうち当該措置をとるための用に供する部分をインターネットにおいて識別するための文字，記号その他の符号又はこれらの結合であって，情報の提供を受ける者がその使用に係る電子計算機に入力することによって当該情報の内容を閲覧し，当該電子計算機に備えられたファイルに当該情報を記録することができるものを株主に対して通知しなければならない。

⑤ 第3項の規定により事業報告に表示すべき事項の一部が株主に対して第2項各号に定める方法により提供したものとみなされた場合において，監査役又は監査委員会が，現に株主に対して提供される事業報告が監査報告を作成するに際して監査をした事業報告の一部であることを株主に対して通知すべき旨を取締役に請求したときは，取締役は，その旨を株主に対して通知しなければならない。

⑥ 取締役は，事業報告の内容とすべき事項について，定時株主総会の招集通知を発出した日から定時株主総会の前日までの間に修正をすべき事情が生じた場合における修正後の事項を株主に周知させる方法を，当該招集通知と併せて通知することができる。

### 第6章　事業の譲渡等

**（総資産額）**
**第134条**　① 法第467条第1項第2号に規定する法務省令で定める方法は，算定基準日（同号に規定する譲渡に係る契約を締結した日（当該契約により当該契約を締結した日と異なる時（当該契約を締結した日後から当該譲渡の効力が生ずる時の直前までの間の時に限る。）を定めた場合にあっては，当該時）をいう。以下この条において同じ。）における第1号から第8号までに掲げる額の合計額から第9号に掲げる額を減じて得た額をもって株式会社の総資産額とする方法とする。
1　資本金の額
2　資本準備金の額
3　利益準備金の額
4　法第446条に規定する剰余金の額
5　最終事業年度（法第461条第2項第2号に規定する場合にあっては，法第441条第1項第2号の期間（当該期間が二以上ある場合にあっては，その末日が最も遅いもの）。以下この項において同じ。）の末日（最終事業年度がない場合にあっては，株式会社の成立の日。以下この条において同じ。）における評価・換算差額等に係る

6 最終事業年度の末日において負債の部に計上した額
7 最終事業年度の末日後に吸収合併,吸収分割による他の会社に係る権利義務の承継又は他の会社(外国会社を含む.)の事業の全部の譲受けをしたときは,これらの行為により承継又は譲受けをした負債の額
8 新株予約権の帳簿価額
9 自己株式及び自己新株予約権の帳簿価額の合計額
② 前項の規定にかかわらず,算定基準日において法第467条第1項第2号に規定する譲渡をする株式会社が清算株式会社である場合における同号ニに規定する法務省令で定める方法は,法第492条第1項の規定により作成した貸借対照表の資産の部に計上した額をもって株式会社の総資産額とする方法とする.

(純資産額)
**第135条** ① 法第467条第1項第5号ロに規定する法務省令で定める方法は,算定基準日(同号に規定する取得に係る契約を締結した日(当該契約により当該契約を締結した日と異なる時(当該契約を締結した日後から当該取得の効力が生ずる時の直前までの間の時に限る.)を定めた場合にあっては,当該時)をいう.以下この条において同じ.)における第1号から第6号までに掲げる額の合計額から第7号に掲げる額を減じて得た額(当該額が500万円を下回る場合にあっては,500万円)をもって株式会社の純資産額とする方法とする.
1 資本金の額
2 資本準備金の額
3 利益準備金の額
4 法第446条に規定する剰余金の額
5 最終事業年度(法第461条第2項第2号に規定する場合にあっては,法第441条第1項第2号の期間(当該期間が二以上ある場合にあっては,その末日が最も遅いもの).以下この号において同じ.)の末日(最終事業年度がない場合にあっては,株式会社の成立の日)における評価・換算差額等に係る額
6 新株予約権の帳簿価額
7 自己株式及び自己新株予約権の帳簿価額の合計額
② 前項の規定にかかわらず,算定基準日において法第467条第1項第5号ロに規定する取得をする株式会社が清算株式会社である場合における同号ロに規定する法務省令で定める方法は,法第492条第1項の規定により作成した貸借対照表の資産の部に計上した額から負債の部に計上した額を減じて得た額(当該額が500万円を下回る場合にあっては,500万円)をもって株式会社の純資産額とする方法とする.

(特別支配会社)
**第136条** ① 法第468条第1項に規定する法務省令で定める法人は,次に掲げるものとする.
1 法第468条第1項に規定する他の会社がその持分の全部を有する法人(株式会社を除く.)
2 法第468条第1項に規定する他の会社及び特定完全子法人(当該他の会社が発行済株式の全部を有する株式会社及び前号に掲げる法人をいう.以下この項において同じ.)又は特定完全子法人がその持分の全部を有する法人
② 前項第2号の規定の適用については,同号に掲げる法人は,同号に規定する特定完全子法人とみなす.

(純資産額)
**第137条** ① 法第468条第2項第2号に規定する法務省令で定める方法は,算定基準日(法第467条第1項第3号に規定する譲受けに係る契約を締結した日(当該契約により当該契約を締結した日と異なる時(当該契約を締結した日後から当該譲受けの効力が生ずる時の直前までの間の時に限る.)を定めた場合にあっては,当該時)をいう.以下この条において同じ.)における第1号から第6号までに掲げる額の合計額から第7号に掲げる額を減じて得た額(当該額が500万円を下回る場合にあっては,500万円)をもって株式会社の純資産額とする方法とする.
1 資本金の額
2 資本準備金の額
3 利益準備金の額
4 法第446条に規定する剰余金の額
5 最終事業年度(法第461条第2項第2号に規定する場合にあっては,法第441条第1項第2号の期間(当該期間が二以上ある場合にあっては,その末日が最も遅いもの).以下この号において同じ.)の末日(最終事業年度がない場合にあっては,株式会社の成立の日)における評価・換算差額等に係る額
6 新株予約権の帳簿価額
7 自己株式及び自己新株予約権の帳簿価額の合計額
② 前項の規定にかかわらず,算定基準日において法第467条第1項第3号に規定する譲受けをする株式会社が清算株式会社である場合における法第468条第2項第2号に規定する法務省令で定める方法は,法第492条第1項の規定により作成した貸借対照表の資産の部に計上した額から負債の部に計上した額を減じて得た額(当該額が500万円を下回る場合にあっては,500万円)をもって株式会社の純資産額とする方法とする.

(事業譲渡等につき株主総会の承認を要する場合)
**第138条** 法第468条第3項に規定する法務省令で定める数は,次に掲げる数のいずれか小さい数とする.
1 特定株式(法第468条第3項に規定する行為に係る株主総会において議決権を行使することができることを内容とする株式をいう.以下この条において同じ.)の総数に2分の1(当該株主総会の決議が成立するための要件として当該特定株式の議決権の総数の一定の割合以上の議決権を有する株主が出席しなければならない旨の定款の定めがある場合にあっては,当該一定の割合)を乗じて得た数に3分の1(当該株主総会の決議が成立するための要件として当該株主総会に出席した当該特定株主(特定株式の株主をいう.以下この条において同じ.)の有する議決権の総数の一定の割合以上の多数が賛成しなければならない旨の定款の定めがある場合にあっては,1から当該一定の割合を減じて得た割合)を乗じて得た数に1を加えた数
2 法第468条第3項に規定する行為に係る決議が成立するための要件として一定の数以上の特定株主の賛成を要する旨の定款の定めがある場合において,特定株主の総数から株式会社に対して当該行為に反対する旨の通知をした特定株主の数を減じて得た数が当該一定の数未満となるときにおける当該行為に反対する旨の通知をした有する特定株式の数

3 法第468条第3項に規定する行為に係る決議が成立するための要件として前2号の定款の定め以外の定款の定めがある場合にあっては,当該行為に反対する旨の通知をした特定株主の全部が同意に規定する株主総会において反対したとすれば当該決議が成立しないときは,当該行為に反対する旨の通知をした特定株主の有する特定株式の数
4 定款で定めた数

## 第7章 解 散

**第139条** ① 法第472条第1項の届出(以下この条において単に「届出」という.)は,書面でしなければならない.
② 前項の書面には,次に掲げる事項を記載し,株式会社の代表者又は代理人が記名押印しなければならない.
1 当該株式会社の商号及び本店並びに代表者の氏名及び住所
2 代理人によって届出をするときは,その氏名及び住所
3 まだ事業を廃止していない旨
4 届出の年月日
5 登記所の表示
③ 代理人によって届出をするには,第1項の書面にその権限を証する書面を添付しなければならない.
④ 第1項又は前項の書面に押印すべき株式会社の代表者の印鑑は,商業登記法(昭和38年法律第125号)第20条第1項の規定により提出したものでなければならない.ただし,法第472条第2項の規定による通知に係る書面を提出して届出をする場合は,この限りでない.

## 第8章 清 算

### 第1節 総 則

**(清算株式会社の業務の適正を確保するための体制)**
**第140条** ① 法第482条第3項第4号に規定する法務省令で定める体制は,次に掲げる体制とする.
1 清算人の職務の執行に係る情報の保存及び管理に関する体制
2 損失の危険の管理に関する規程その他の体制
3 使用人の職務の執行が法令及び定款に適合することを確保するための体制
② 清算人が2人以上ある清算株式会社である場合には,前項に規定する体制には,業務の決定が適正に行われることを確保するための体制を含むものとする.
③ 監査役設置会社以外の清算株式会社である場合には,第1項に規定する体制には,清算人が株主に報告すべき事項の報告をするための体制を含むものとする.
④ 監査役設置会社(監査役の監査の範囲を会計に関するものに限定する旨の定款の定めがある清算株式会社を含む.)である場合には,第1項に規定する体制には,次に掲げる体制を含むものとする.
1 監査役がその職務を補助すべき使用人を置くことを求めた場合における当該使用人に関する体制
2 前号の使用人の清算人からの独立性に関する事項
3 清算人及び使用人が監査役に報告をするための体制その他の監査役への報告に関する体制
4 その他監査役の監査が実効的に行われることを確保するための体制

**(社債を引き受ける者の募集に際して清算人会が定めるべき事項)**
**第141条** 法第489条第6項第5号に規定する法務省令で定める事項は,次に掲げる事項とする.
1 二以上の募集(法第676条の募集をいう.以下この条において同じ.)に係る法第676条各号に掲げる事項の決定を委託するときは,その旨
2 募集社債の総額の上限(前号に規定する場合にあっては,各募集に係る募集社債の総額の上限の合計額)
3 募集社債の利率の上限その他の利率に関する事項の要綱
4 募集社債の払込金額(法第676条第9号に規定する金額をいう.以下この号において同じ.)の総額の最低金額その他の払込金額に関する事項の要綱

**(財産目録)**
**第144条** ① 法第492条第1項の規定により作成すべき財産目録については,この条の定めるところによる.
② 前項の財産目録に計上すべき財産については,その処分価格を付すことが困難な場合を除き,法第475条各号に掲げる場合に該当することとなった日における処分価格を付さなければならない.この場合において,清算株式会社の会計帳簿については,財産目録に付された価格を取得価額とみなす.
③ 第1項の財産目録は,次に掲げる部に区分して表示しなければならない.この場合において,第1号及び第2号に掲げる部は,その内容を示す適当な名称を付した項目に細分することができる.
1 資産
2 負債
3 正味資産

**(清算開始時の貸借対照表)**
**第145条** ① 法第492条第1項の規定により作成すべき貸借対照表については,この条の定めるところによる.
② 前項の貸借対照表は,財産目録に基づき作成しなければならない.
③ 第1項の貸借対照表は,次に掲げる部に区分して表示しなければならない.この場合において,第1号及び第2号に掲げる部は,その内容を示す適当な名称を付した項目に細分することができる.
1 資産
2 負債
3 純資産
④ 処分価格を付すことが困難な資産がある場合には,第1項の貸借対照表には,当該資産に係る財産評価の方針を注記しなければならない.

## 第3編 持分会社

### 第2章 清 算

**(財産目録)**
**第160条** ① 法第658条第1項又は第669条第1項若しくは第2項の規定により作成すべき財産目録については,この条の定めるところによる.
② 前項の財産目録に計上すべき財産については,その処分価格を付すことが困難な場合を除き,法第644条各号に掲げる場合に該当することとなった日における処分価格を付さなければならない.この

場合において,清算持分会社の会計帳簿については,財産目録に付された価格を取得額とみなす.
③ 第1項の財産目録は,次に掲げる部に区分して表示しなければならない.この場合において,第1号及び第2号に掲げる部は,その内容を示す適当な名称を付した項目に細分することができる.
1 資産
2 負債
3 正味資産

(清算開始時の貸借対照表)
**第161条** ① 法第658条第1項又は第669条第1項若しくは第2項の規定により作成すべき貸借対照表については,この条の定めるところによる.
② 前項の貸借対照表は,財産目録に基づき作成しなければならない.
③ 第1項の貸借対照表は,次に掲げる部に区分して表示しなければならない.この場合において,第1号及び第2号に掲げる部は,その内容を示す適当な名称を付した項目に細分することができる.
1 資産
2 負債
3 純資産
④ 処分価格を付すことが困難な資産がある場合には,第1項の貸借対照表には,当該資産に係る財産評価の方針を注記しなければならない.

## 第4編 社 債

### 第1章 総 則

(募集事項)
**第162条** 法第676条第12号に規定する法務省令で定める事項は,次に掲げる事項とする.
1 数回に分けて募集社債と引換えに金銭の払込みをさせるときは,その旨及び各払込みの期日における払込金額(法第676条第9号に規定する払込金額をいう.)
2 他の会社と合同して募集社債を発行するときは,その旨及び各会社の負担部分
3 募集社債と引換えにする金銭の払込みに代えて金銭以外の財産を給付する旨の契約を締結するときは,その契約の内容
4 法第702条の規定による委託に係る契約において法に規定する社債管理者の権限以外の権限を定めるときは,その権限の内容
5 法第711条第2項本文に規定するときは,同項本文に規定する事由
6 募集社債が信託社債であるときは、その旨及び当該信託社債についての信託を特定するために必要な事項

(申込みをしようとする者に対して通知すべき事項)
**第163条** 法第677条第1項第3号に規定する法務省令で定める事項は,次に掲げる事項とする.
1 社債管理者を定めたときは,その名称及び住所
2 社債原簿管理人を定めたときは,その氏名又は名称及び住所

(申込みをしようとする者に対する通知を要しない場合)
**第164条** 法第677条第4項に規定する法務省令で定める場合は,次に掲げる場合であって,会社が同条第1項の申込みをしようとする者に対して同項各号に掲げる事項を提供している場合とする.

1 当該会社が金融商品取引法の規定に基づき目論見書に記載すべき事項を電磁的方法により提供している場合
2 当該会社が外国の法令に基づき目論見書その他これに相当する書面その他の資料を提供している場合
3 長期信用銀行法(昭和27年法律第187号) 第11条第4項の規定に基づく公告により同条各号の事項を提供している場合
4 株式会社商工組合中央金庫法(平成19年法律第74号) 第36条第3項の規定に基づく公告により同項各号の事項を提供している場合

(社債の種類)
**第165条** 法第681条第1号に規定する法務省令で定める事項は,次に掲げる事項とする.
1 社債の利率
2 社債の償還の方法及び期限
3 利息支払の方法及び期限
4 社債券を発行するときは,その旨
5 社債権者が法第698条の規定による請求の全部又は一部をすることができないこととするときは,その旨
6 社債管理者が社債権者集会の決議によらずに法第706条第1項第2号に掲げる行為をすることができることとするときは,その旨
7 他の会社と合同して募集社債を発行するときは,その旨及び各会社の負担部分
8 社債管理者を定めたときは,その名称及び住所並びに法第702条の規定による委託に係る契約の内容
9 社債原簿管理人を定めたときは,その氏名又は名称及び住所
10 社債が担保付社債であるときは,担保付社債信託法(明治38年法律第52号) 第19条第1項第1号,第11号及び第13号に掲げる事項
11 社債が信託社債であるときは、当該信託社債についての信託を特定するために必要な事項

(社債原簿記載事項)
**第166条** 法第681条第7号に規定する法務省令で定める事項は,次に掲げる事項とする.
1 募集社債と引換えにする金銭の払込みに代えて金銭以外の財産の給付があったときは,その財産の価額及び給付の日
2 社債権者が募集社債と引換えにする金銭の払込みをする債務と会社に対する債権とを相殺したときは,その債権の額及び相殺をした日

(閲覧権者)
**第167条** 法第684条第2項に規定する法務省令で定める者は,社債権者その他の社債発行会社の債権者並びに株主及び社員とする.

(社債原簿記載事項の記載等の請求)
**第168条** ① 法第691条第2項に規定する法務省令で定める場合は,次に掲げる場合とする.
1 社債取得者が,社債権者として社債原簿に記載若しくは記録がされた者又はその一般承継人に対して当該社債取得者の取得した社債に係る法第691条第1項の規定による請求をすべきことを命ずる確定判決を得た場合において,当該確定判決の内容を証する書面その他の資料を提供して請求をしたとき.
2 社債取得者が前号の確定判決と同一の効力を有するものの内容を証する書面その他の資料を提供

して請求をしたとき.
3 社債取得者が一般承継により当該会社の社債を取得した者である場合において,当該一般承継を証する書面その他の資料を提供して請求したとき.
4 社債取得者が当該会社の社債を競売により取得した者である場合において,当該競売により取得したことを証する書面その他の資料を提供して請求をしたとき.
② 前項の規定にかかわらず,社債取得者が取得した社債が社債券を発行する定めがあるものである場合には,法第691条第2項に規定する法務省令で定める場合は,社債取得者が社債券を提示して請求をした場合とする.

## 第2章 社債管理者

(社債管理者を設置することを要しない場合)
**第169条** 法第702条に規定する法務省令で定める場合は,ある種類(法第681条第1号に規定する種類をいう.以下この条において同じ.)の社債の総額を当該種類の各社債の金額の最低額で除して得た数が50を下回る場合とする.

(社債管理者の資格)
**第170条** 法第703条第3号に規定する法務省令で定める者は,次に掲げる者とする.
1 担保付社債信託法第3条の免許を受けた者
2 株式会社商工組合中央金庫
3 農業協同組合法第10条第1項第2号及び第3号の事業を併せ行う農業協同組合又は農業協同組合連合会
4 信用協同組合又は中小企業等協同組合法第9条の9第1項第1号の事業を行う協同組合連合会
5 信用金庫又は信用金庫連合会
6 労働金庫連合会
7 長期信用銀行法第2条に規定する長期信用銀行
8 保険業法第2条第2項に規定する保険会社
9 農林中央金庫

(特別の関係)
**第171条** ① 法第710条第2項第2号(法第712条において準用する場合を含む.)に規定する法務省令で定める特別の関係は,次に掲げる関係とする.
1 法人の総社員又は総株主の議決権の100分の50を超える議決権を有する者(以下この条において「支配社員」という.)と当該法人(以下この条において「被支配法人」という.)との関係
2 被支配法人とその支配社員の他の被支配法人との関係
② 支配社員とその被支配法人が合わせて他の法人の総社員又は総株主の議決権の100分の50を超える議決権を有する場合には,当該他の法人も,当該支配社員の被支配法人とみなして前項の規定を適用する.

## 第3章 社債権者集会

(社債権者集会の招集の決定事項)
**第172条** ① 法第719条第4号に規定する法務省令で定める事項は,次に掲げる事項とする.
1 次条の規定により社債権者集会参考書類に記載すべき事項
2 書面による議決権の行使の期限(社債権者集会の日時以前の時であって,法第720条第1項の規定による通知を発した日から2週間を経過した日以後の時に限る.)
3 一の社債権者が同一の議案につき法第726条第1項(法第719条第3号に掲げる事項を定めた場合にあっては,法第726条第1項又は第727条第1項)の規定により重複して議決権を行使した場合において,当該同一の議案に対する議決権の行使の内容が異なるものであるときにおける当該社債権者の議決権の行使の取扱いに関する事項を定めるときは,その事項
4 法第174条第1項第3号の取扱いを定めるときは,その取扱いの内容
5 法第719条第3号に掲げる事項を定めたときは,次に掲げる事項
イ 電磁的方法による議決権の行使の期限(社債権者集会の日時以前の時であって,法第720条第1項の規定による通知を発した日から2週間を経過した日以後の時に限る.)
ロ 法第720条第2項の承諾をした社債権者の請求があった時に当該社債権者に対して法第721条第1項の規定による議決権行使書面(同項に規定する議決権行使書面をいう.以下この章において同じ.)の交付(当該交付に代えて行う同条第2項の規定による電磁的方法による提供を含む.)をすることとするときは,その旨

(社債権者集会参考書類)
**第173条** ① 社債権者集会参考書類には,次に掲げる事項を記載しなければならない.
1 議案
2 議案が代表社債権者の選任に関する議案であるときは,次に掲げる事項
イ 候補者の氏名又は名称
ロ 候補者の略歴又は沿革
ハ 候補者が社債発行会社又は社債管理者と特別の利害関係があるときは,その事実の概要
② 社債権者集会参考書類には,前項に定めるもののほか,社債権者の議決権の行使について参考となると認める事項を記載することができる.
③ 同一の社債権者集会に関して社債権者に対して提供する社債権者集会参考書類に記載すべき事項のうち,他の書面に記載している事項又は電磁的方法により提供している事項がある場合には,これらの事項は,社債権者集会参考書類に記載することを要しない.
④ 同一の社債権者集会に関して社債権者に対して提供する招集通知(法第720条第1項又は第2項の規定による通知をいう.以下この章において同じ.)の内容とすべき事項のうち,社債権者集会参考書類に記載している事項がある場合には,当該事項は,招集通知の内容とすることを要しない.

(議決権行使書面)
**第174条** ① 法第721条第1項の規定により交付すべき議決権行使書面に記載すべき事項又は法第722条第1項若しくは第2項の規定による電磁的方法により提供すべき議決権行使書面に記載すべき事項は,次に掲げる事項とする.
1 各議案についての賛否(棄権の欄を設ける場合にあっては,棄権を含む.)を記載する欄
2 第172条第3号に掲げる事項を定めたときは,当該事項
3 第172条第4号に掲げる事項を定めたときは,第1号の欄に記載がない議決権行使書面が招集者(法第719条に規定する招集者をいう.以下この

条において同じ.)に提出された場合における各議案についての賛成,反対又は棄権のいずれかの意見の表示があったものとする取扱いの内容
　4　議決権の行使の期限
　5　議決権を行使すべき社債権者の氏名又は名称及び行使することができる議決権の数
② 第172条第5号ロに掲げる事項を定めた場合には,招集者は,法第720条第2項の承諾をした社債権者の請求があった時に,当該社債権者に対して,法第721条第1項の規定による議決権行使書面(当該交付に代えて行う同条第2項の規定による電磁的方法による提供を含む.)をしなければならない.
③ 同一の社債権者集会に関して社債権者に対して提供する議決権行使書面に記載すべき事項(第1項第2号から第4号までに掲げる事項に限る.)のうち,招集通知の内容としている事項がある場合には,当該事項は,社債権者に対して提供する議決権行使書面に記載することを要しない.
④ 同一の社債権者集会に関して社債権者に対して提供する招集通知の内容とすべき事項のうち,議決権行使書面に記載している事項がある場合には,当該事項は,社債権者に対して提供する招集通知の内容とすることを要しない.

**(書面による議決権行使の期限)**
**第175条**　法第726条第2項に規定する法務省令で定める時は,第172条第2号の行使の期限とする.

**(電磁的方法による議決権行使の期限)**
**第176条**　法第727条第1項に規定する法務省令で定める時は,第172条第5号イの行使の期限とする.

**(社債権者集会の議事録)**
**第177条** ① 法第731条第1項の規定による社債権者集会の議事録の作成については,この条の定めるところによる.
② 社債権者集会の議事録は,書面又は電磁的記録をもって作成しなければならない.
③ 社債権者集会の議事録は,次に掲げる事項を内容とするものでなければならない.
　1　社債権者集会が開催された日時及び場所
　2　社債権者集会の議事の経過の要領及びその結果
　3　法第729条第1項の規定により社債権者集会において述べられた意見があるときは,その意見の内容の概要
　4　社債権者集会に出席した社債発行会社の代表者又は社債管理者の氏名又は名称
　5　社債権者集会の議長が存するときは,議長の氏名
　6　議事録の作成に係る職務を行った者の氏名又は名称

## 第5編　組織変更,合併,会社分割,株式交換及び株式移転

### 第1章　吸収分割契約及び新設分割計画

#### 第1節　吸収分割契約
**第178条**　法第758条第8号イ及び第760条第7号イに規定する法務省令で定めるものは,次に掲げるものとする.
　1　イに掲げる額からロに掲げる額を減じて得た額がハに掲げる額よりも小さい場合における吸収分割に際して吸収分割株式会社が吸収分割承継会社から取得した金銭等であって,法第758条第8号又は第760条第7号の定めに従い取得対価(法第171条第1項第1号に規定する取得対価をいう.以下この条において同じ.)又は配当財産として交付する承継会社株式等(吸収分割承継株式会社の株式又は吸収分割承継持分会社の持分をいう.以下この号において同じ.)以外の金銭等
　　イ　法第758条第8号イ若しくはロ又は第760条第7号イ若しくはロに掲げる行為により吸収分割株式会社の株主に対して交付する金銭等(法第758条第8号又は第760条第7号イに掲げる行為)をする場合にあっては,取得対価として交付する吸収分割承継会社の株式を除く.)の合計額
　　ロ　イに規定する金銭等のうち承継会社株式等の価額の合計額
　　ハ　イに規定する金銭等の合計額に20分の1を乗じて得た額
　2　特定株式取得をする場合における取得対価として交付する吸収分割承継会社の株式

#### 第2節　新設分割計画
**第179条**　法第763条第12号及び第765条第1項第8号イに規定する法務省令で定めるものは,次に掲げるものとする.
　1　イに掲げる額からロに掲げる額を減じて得た額がハに掲げる額よりも小さい場合における新設分割に際して新設分割株式会社が新設分割設立会社から取得した金銭等であって,法第763条第12号又は第765条第1項第8号の定めに従い取得対価(法第171条第1項第1号に規定する取得対価をいう.以下この条において同じ.)又は配当財産として交付する設立会社株式等(新設分割設立株式会社の株式又は新設分割設立持分会社の持分をいう.以下この号において同じ.)以外の金銭等
　　イ　法第763条第12号若しくはロ又は第765条第1項第8号イ若しくはロに掲げる行為により新設分割会社の株主に対して交付する金銭等(法第763条第12号又は第765条第1項第8号に掲げる行為(次号において「特定株式取得」という.)をする場合にあっては,取得対価として交付する新設分割設立会社の株式を除く.)の合計額
　　ロ　イに規定する金銭等のうち設立会社株式等の価額の合計額
　　ハ　イに規定する金銭等の合計額に20分の1を乗じて得た額
　2　特定株式取得をする場合における取得対価として交付する新設分割設立会社の株式

### 第2章　組織変更をする株式会社の手続

**(組織変更をする株式会社の事前開示事項)**
**第180条**　法第775条第1項に規定する法務省令で定める事項は,次に掲げる事項とする.
　1　組織変更をする株式会社が新株予約権を発行しているときは,法第744条第1項第7号及び第8号に掲げる事項についての定めの相当性に関する事項
　2　組織変更をする株式会社において最終事業年度がないときは,当該組織変更をする株式会社の成立の日における貸借対照表
　3　組織変更後持分会社の債務の履行の見込みに関する事項
　4　法第775条第2項に規定する組織変更計画備置

開始日後,前3号に掲げる事項に変更が生じたときは,変更後の当該事項
**(計算書類に関する事項)**
**第181条** 法第779条第2項第2号に規定する法務省令で定めるものは,同項の規定による公告の日又は同項の規定による催告の日のいずれか早い日における次の各号に掲げる場合の区分に応じ,当該各号に定めるものとする.
1 最終事業年度に係る貸借対照表又はその要旨につき組織変更をする株式会社が法第440条第1項又は第2項の規定により公告をしている場合 次に掲げるもの
 イ 官報で公告をしているときは,当該官報の日付及び当該公告が掲載されている頁
 ロ 時事に関する事項を掲載する日刊新聞紙で公告をしているときは,当該日刊新聞紙の名称,日付及び当該公告が掲載されている頁
 ハ 電子公告により公告をしているときは,法第911条第3項第29号イに掲げる事項
2 最終事業年度に係る貸借対照表につき組織変更をする株式会社が法第440条第3項に規定する措置を執っている場合 法第911条第3項第27号に掲げる事項
3 組織変更をする株式会社が法第440条第4項に規定する株式会社である場合において,当該株式会社が金融商品取引法第24条第1項の規定により最終事業年度に係る有価証券報告書を提出しているとき その旨
4 組織変更をする株式会社が会社法の施行に伴う関係法律の整備等に関する法律(平成17年法律第87号)第28条の規定により法第440条の規定が適用されないものである場合 その旨
5 組織変更をする株式会社につき最終事業年度がない場合 その旨
6 組織変更をする株式会社が清算株式会社である場合 その旨
7 前各号に掲げる場合以外の場合 会社計算規則第6編第2章の規定による最終事業年度に係る貸借対照表の要旨の内容

## 第3章 吸収合併消滅株式会社,吸収分割株式会社及び株式交換完全子会社の手続

**(吸収合併消滅株式会社の事前開示事項)**
**第182条** ① 法第782条第1項に規定する法務省令で定める事項は,同項に規定する消滅株式会社等が吸収合併消滅株式会社である場合には,次に掲げる事項とする.
1 合併対価の相当性に関する事項
2 合併対価について参考となるべき事項
3 吸収合併に係る新株予約権の定めの相当性に関する事項
4 計算書類等に関する事項
5 吸収合併が効力を生ずる日以後における吸収合併存続会社の債務(法第789条第1項の規定により吸収合併について異議を述べることができる債権者に対して負担する債務に限る.)の履行の見込みに関する事項
6 吸収合併契約等備置開始日(法第782条第2項に規定する吸収合併契約等備置開始日をいう.以下この章において同じ.)後,前各号に掲げる事項に変更が生じたときは,変更後の当該事項

② この条において「合併対価」とは,吸収合併存続会社が吸収合併に際して吸収合併消滅株式会社の株主に対してその株式に代えて交付する金銭等をいう.
③ 第1項第1号に規定する「合併対価の相当性に関する事項」とは,次に掲げる事項その他の法第749条第1項第2号及び第3号に掲げる事項並びに法第751条第1項第2号から第4号までに掲げる事項についての定め(当該定めがない場合にあっては,当該定めがないこと)の相当性に関する事項とする.
1 合併対価の総数又は総額の相当性に関する事項
2 合併対価として当該種類の財産を選択した理由
3 吸収合併存続会社と吸収合併消滅株式会社とが共通支配下関係(会社計算規則第2条第3項第31号に規定する共通支配下関係をいう.以下この章及び第184条において同じ.)にあるときは,当該吸収合併消滅株式会社の株主(当該吸収合併消滅株式会社と共通支配下関係にある株主を除く.)の利益を害さないように留意した事項(当該事項がない場合にあっては,その旨)
④ 第1項第2号に規定する「合併対価について参考となるべき事項」とは,次の各号に掲げる場合の区分に応じ,当該各号に定める事項その他これに準ずる事項(法第782条第1項に規定する書面又は電磁的記録にこれらの事項の全部又は一部の記載又は記録をしないことにつき吸収合併消滅株式会社の総株主の同意がある場合にあっては,当該同意があったものを除く.)とする.
1 合併対価の全部又は一部が吸収合併存続会社の株式又は持分である場合 次に掲げる事項
 イ 吸収合併存続会社の定款の定め
 ロ 次に掲げる事項その他の合併対価の換価の方法に関する事項
 (1) 合併対価を取引する市場
 (2) 合併対価の取引の媒介,取次ぎ又は代理を行う者
 (3) 合併対価の譲渡その他の処分に制限があるときは,その内容
 ハ 合併対価に市場価格があるときは,その価格に関する事項
 ニ 吸収合併存続会社の過去5年間にその末日が到来した各事業年度(次に掲げる事業年度を除く.)に係る貸借対照表の内容
 (1) 最終事業年度
 (2) ある事業年度に係る貸借対照表の内容につき,法令の規定に基づく公告(法第440条第3項の措置に相当するものを含む.)をしている場合における当該事業年度
 (3) ある事業年度に係る貸借対照表の内容につき,金融商品取引法第24条第1項の規定により有価証券報告書を内閣総理大臣に提出している場合における当該事業年度
2 合併対価の全部又は一部が法人等の株式,持分その他これらに準ずるもの(吸収合併存続会社の株式又は持分を除く.)である場合 次に掲げる事項(当該事項が日本語以外の言語で表示されている場合にあっては,当該事項(氏名又は名称を除く.)を日本語で表示した事項)
 イ 当該法人等の定款その他これに相当するものの定め
 ロ 当該法人等が会社でないときは,次に掲げる権

利に相当する権利その他の合併対価に係る権利（重要でないものを除く．）の内容
(1) 剰余金の配当を受ける権利
(2) 残余財産の分配を受ける権利
(3) 株主総会における議決権
(4) 合併その他の行為がされる場合において、自己の有する株式を公正な価格で買い取ることを請求する権利
(5) 定款その他の資料（当該資料が電磁的記録をもって作成されている場合にあっては、当該電磁的記録に記録された事項を表示したもの）の閲覧又は謄写を請求する権利

ハ 当該法人等が、その株主、社員その他これらに相当する者（以下この号及び第184条において「株主等」という．）に対し、日本語以外の言語を使用して情報の提供をすることとされているときは、当該言語

ニ 吸収合併が効力を生ずる日に当該法人等の株主総会その他これに相当するものの開催があるものとした場合における当該法人等の株主等が有すると見込まれる議決権その他これに相当するものの総数

ホ 当該法人等について登記（当該法人等が外国の法令に準拠して設立されたものである場合にあっては、法第933条第1項の外国会社の登記又は非訟事件手続法（明治31年法律第14号）第124条の外国法人の登記に限る．）がされていないときは、次に掲げる事項
(1) 当該法人等を代表する者の氏名又は名称及び住所
(2) 当該法人等の役員（(1)に掲げる者を除く．）の氏名又は名称

ヘ 当該法人等の最終事業年度（当該法人等が会社以外のものである場合にあっては、最終事業年度に相当するもの．以下この号において同じ．）に係る計算書類（最終事業年度がない場合にあっては、当該法人等の成立の日における貸借対照表）その他これに相当するものの内容（当該計算書類等の内容について監査役、監査委員会、会計監査人その他これらに相当するものの監査を受けている場合にあっては、監査報告その他これに相当するものの内容の概要を含む．）

ト 次に掲げる場合の区分に応じ、次に定める事項
(1) 当該法人等が株式会社である場合 当該法人等の最終事業年度に係る事業報告について監査役又は監査委員会の監査を受けている場合にあっては、監査報告の内容を含む．）
(2) 当該法人等が株式会社以外のものである場合 当該法人等の最終事業年度に係る第118条各号及び第119条各号に掲げる事項に相当する事項の内容の概要（当該事項について監査役、監査委員会その他これらに相当するものの監査を受けている場合にあっては、監査報告その他これに相当するものの内容の概要を含む．）

チ 当該法人等の過去5年間にその末日が到来した各事業年度（次に掲げる事業年度を除く．）に係る貸借対照表その他これに相当するものの内容
(1) ある事業年度
(2) ある事業年度に係る貸借対照表その他これに相当するものの内容につき、法令の規定に基づく公告（法第440条第3項の措置に相当するものを含む．）をしている場合における当該事業年度
(3) ある事業年度に係る貸借対照表その他これに相当するものの内容につき、金融商品取引法第24条第1項の規定により有価証券報告書を内閣総理大臣に提出している場合における当該事業年度

リ 前号ロ及びハに掲げる事項

ヌ 合併対価が自己株式の取得、持分の払戻しその他これらに相当する方法により払戻しを受けることができるものであるときは、その手続に関する事項

3 合併対価の全部又は一部が吸収合併存続会社の社債、新株予約権又は新株予約権付社債である場合　第1号ロからニまでに掲げる事項

4 合併対価の全部又は一部が法人等の社債、新株予約権、新株予約権付社債その他これらに準ずるもの（吸収合併存続会社の社債、新株予約権又は新株予約権付社債を除く．）である場合　次に掲げる事項（当該事項が日本語以外の言語で表示されている場合にあっては、当該事項（氏名又は名称を除く．）を日本語で表示した事項）
イ 第1号ロ及びハに掲げる事項
ロ 第2号ホからトまでに掲げる事項

5 合併対価の全部又は一部が吸収合併存続会社のその他の法人等の株式、持分、社債、新株予約権、新株予約権付社債その他これらに準ずるもの及び金銭以外の財産である場合　第1号ロ及びハに掲げる事項

⑤ 第1項第3号に規定する「吸収合併に係る新株予約権の定めの相当性に関する事項」とは、次の各号に掲げる場合の区分に応じ、当該各号に定める事項とする．
1 吸収合併存続会社が株式会社である場合　法第749条第1項第4号及び第5号に掲げる事項についての定め
2 吸収合併存続会社が持分会社である場合　法第751条第1項第5号及び第6号に掲げる事項についての定め

⑥ 第1項第4号に規定する「計算書類等に関する事項」とは、次に掲げる事項とする．
1 吸収合併存続会社についての次に掲げる事項
イ 最終事業年度に係る計算書類等（最終事業年度がない場合にあっては、吸収合併存続会社の成立の日における貸借対照表）の内容
ロ 最終事業年度の末日（最終事業年度がない場合にあっては、吸収合併存続会社の成立の日．ハにおいて同じ．）後の日を臨時決算日（二以上の臨時決算日がある場合にあっては、最も遅いもの）とする臨時計算書類等があるときは、当該臨時計算書類等の内容
ハ 最終事業年度の末日後に重要な財産の処分、重大な債務の負担その他の会社財産の状況に重要な影響を与える事象が生じたときは、その内容（吸収合併契約等備置開始日後吸収合併の効力が生ずる日までの間に新たな最終事業年度が存することとなる場合にあっては、当該新たな最終事業年度の末日後に生じた事象の内容に限る．）

2 吸収合併消滅株式会社（清算株式会社を除く．以下この号において同じ．）についての次に掲げる事項

イ 吸収合併消滅株式会社において最終事業年度の末日（最終事業年度がない場合にあっては，吸収合併消滅株式会社の成立の日）後に重要な財産の処分，重大な債務の負担その他の会社財産の状況に重要な影響を与える事象が生じたときは，その内容（吸収合併契約等備置開始日後吸収合併の効力が生ずる日までの間に新たな最終事業年度が存することとなる場合にあっては，当該新たな最終事業年度の末日後に生じた事象の内容に限る。）
ロ 吸収合併消滅株式会社において最終事業年度がないときは，吸収合併消滅株式会社の成立の日における貸借対照表

**(吸収分割株式会社の事前開示事項)**
**第183条** 法第782条第1項に規定する法務省令で定める事項は，同項に規定する消滅株式会社等が吸収分割株式会社である場合には，次に掲げる事項とする。
1 次のイ又はロに掲げる場合の区分に応じ，当該イ又はロに定める定め（当該定めがない場合にあっては，当該定めがないこと）の相当性に関する事項
イ 吸収分割承継会社が株式会社である場合 法第758条第4号に掲げる事項についての定め
ロ 吸収分割承継会社が持分会社である場合 法第760条第4号及び第5号に掲げる事項についての定め
2 法第758条第8号又は第760条第7号に掲げる事項を定めたときは，次に掲げる事項
イ 法第758条第8号イ又は第760条第7号イに掲げる行為をする場合において，法第171条第1項の決議が行われているときは，同項各号に掲げる事項
ロ 法第758条第8号ロ又は第760条第7号ロに掲げる行為をする場合において，法第454条第1項の決議が行われているときは，同項第1号及び第2号に掲げる事項
3 吸収分割株式会社が法第787条第3項第2号に定める新株予約権を発行している場合において，吸収分割承継会社が株式会社であるときは，法第758条第5号及び第6号に掲げる事項についての定めの相当性に関する事項（当該新株予約権に係る事項に限る。）
4 吸収分割承継会社についての次に掲げる事項
イ 最終事業年度に係る計算書類等（最終事業年度がない場合にあっては，吸収分割承継会社の成立の日における貸借対照表）の内容
ロ 最終事業年度の末日（最終事業年度がない場合にあっては，吸収分割承継会社の成立の日。ハにおいて同じ。）後の日を臨時決算日（二以上の臨時決算日がある場合にあっては，最も遅いもの）とする臨時計算書類等があるときは，当該臨時計算書類等の内容
ハ 最終事業年度の末日後に重要な財産の処分，重大な債務の負担その他の会社財産の状況に重要な影響を与える事象が生じたときは，その内容（吸収合併契約等備置開始日後吸収分割の効力が生ずる日までの間に新たな最終事業年度が存することとなる場合にあっては，当該新たな最終事業年度の末日後に生じた事象の内容に限る。）
5 吸収分割株式会社（清算株式会社を除く。以下この号において同じ。）についての次に掲げる事項

イ 吸収分割株式会社において最終事業年度の末日（最終事業年度がない場合にあっては，吸収分割株式会社の成立の日）後に重要な財産の処分，重大な債務の負担その他の会社財産の状況に重要な影響を与える事象が生じたときは，その内容（吸収合併契約等備置開始日後吸収分割の効力が生ずる日までの間に新たな最終事業年度が存することとなる場合にあっては，当該新たな最終事業年度の末日後に生じた事象の内容に限る。）
ロ 吸収分割株式会社において最終事業年度がないときは，吸収分割株式会社の成立の日における貸借対照表
6 吸収分割が効力を生ずる日以後における吸収分割株式会社の債務及び吸収分割承継会社の債務（吸収分割株式会社が吸収分割により吸収分割承継会社に承継させるものに限る。）の履行の見込みに関する事項
7 吸収合併契約等備置開始日後吸収分割が効力を生ずる日までの間に，前各号に掲げる事項に変更が生じたときは，変更後の当該事項

**(株式交換完全子会社の事前開示事項)**
**第184条** ① 法第782条第1項に規定する法務省令で定める事項は，同項に規定する消滅株式会社等が株式交換完全子会社である場合には，次に掲げる事項とする。
1 交換対価の相当性に関する事項
2 交換対価について参考となるべき事項
3 株式交換に係る新株予約権の定めの相当性に関する事項
4 計算書類等に関する事項
5 法第789条第1項の規定により株式交換について異議を述べることができる債権者があるときは，株式交換が効力を生ずる日以後における株式交換完全親会社の債務（当該債権者に対して負担する債務に限る。）の履行の見込みに関する事項
6 吸収合併契約等備置開始日後株式交換が効力を生ずる日までの間に，前各号に掲げる事項に変更が生じたときは，変更後の当該事項
② この条において「交換対価」とは，株式交換完全親会社が株式交換に際して株式交換完全子会社の株主に対してその株式に代えて交付する金銭等をいう。
③ 第1項第1号に規定する「交換対価の相当性に関する事項」とは，次に掲げる事項その他の法第768条第1項第2号及び第3号に掲げる事項又は法第770条第1項第2号から第4号までに掲げる事項についての定め（当該定めがない場合にあっては，当該定めがないこと）の相当性に関する事項とする。
1 交換対価の総数又は総額の相当性に関する事項
2 交換対価として当該種類の財産を選択した理由
3 株式交換完全親会社と株式交換完全子会社とが共通支配下関係にある場合は，株式交換完全子会社の株主（当該株式交換完全子会社と共通支配下関係にある株主を除く。）の利益を害さないように留意した事項（当該事項がない場合にあっては，その旨）
④ 第1項第2号に規定する「交換対価について参考となるべき事項」とは，次の各号に掲げる場合の区分に応じ，当該各号に定める事項その他これに準ずる事項（法第782条第1項に規定する書面又は電磁的記録にこれらの事項の全部又は一部の記載

又は記録をしないことにつき株式交換完全子会社の総株主の同意がある場合にあっては,当該同意があったものを除く.)とする.
1 交換対価の全部又は一部が株式交換完全親会社の株式又は持分である場合 次に掲げる事項
 イ 当該株式交換完全親会社の定款の定め
 ロ 次に掲げる事項その他の交換対価の換価の方法に関する事項
  (1) 交換対価を取引する市場
  (2) 交換対価の取引の媒介,取次ぎ又は代理を行う者
  (3) 交換対価の譲渡その他の処分に制限があるときは,その内容
 ハ 交換対価に市場価格があるときは,その価格に関する事項
 ニ 株式交換完全親会社の過去5年間にその末日が到来した各事業年度(次に掲げる事業年度を除く.)に係る貸借対照表の内容
  (1) 最終事業年度
  (2) ある事業年度に係る貸借対照表の内容につき,法令の規定に基づく公告(法第440条第3項の措置に相当するものを含む.)をしている場合における当該事業年度
  (3) ある事業年度に係る貸借対照表の内容につき,金融商品取引法第24条第1項の規定により有価証券報告書を内閣総理大臣に提出している場合における当該事業年度
2 交換対価の全部又は一部が法人等の株式,持分その他これらに準ずるもの(株式交換完全親会社の株式又は持分を除く.)である場合 次に掲げる事項(当該事項が日本語以外の言語で表示されている場合にあっては,当該事項(氏名又は名称を除く.)を日本語で表示した事項)
 イ 当該法人等の定款その他これに相当するものの内容
 ロ 当該法人等が会社でないときは,次に掲げる権利に相当する権利その他の交換対価に係る権利(重要でないものを除く.)の内容
  (1) 剰余金の配当を受ける権利
  (2) 残余財産の分配を受ける権利
  (3) 株主総会における議決権
  (4) 合併その他の行為がされる場合において,自己の有する株式を公正な価格で買い取ることを請求する権利
  (5) 定款その他の資料(当該資料が電磁的記録をもって作成されている場合にあっては,当該電磁的記録に記録された事項を表示したもの)の閲覧又は謄写を請求する権利
 ハ 当該法人等がその株主等に対し,日本語以外の言語を使用して情報の提供をすることとされているときは,当該言語
 ニ 株式交換が効力を生ずる日に当該法人等の株主総会その他これに相当するものの開催があるものとした場合における当該法人等の株主等が有すると見込まれる議決権その他これに相当する権利の数
 ホ 当該法人等について登記(当該法人等が外国の法令に準拠して設立されたものである場合にあっては,法第933条第1項の外国会社の登記又は非訟事件手続法第124条の外国法人の登記に限る.)がされていないときは,次に掲げる事項
  (1) 当該法人等を代表する者の氏名又は名称及び住所
  (2) 当該法人等の役員((1)に掲げる者を除く.)の氏名又は名称
 ヘ 当該法人等の最終事業年度(当該法人等が会社以外のものである場合にあっては,最終事業年度に相当するもの.以下この号において同じ.)に係る計算書類(最終事業年度がない場合にあっては,当該法人等の成立の日における貸借対照表)その他これに相当するものの内容(当該計算書類その他これに相当するものについて監査役,監査委員会,会計監査人その他これらに相当するものの監査を受けている場合にあっては,監査報告その他これに相当するものの内容の概要を含む.)
 ト 次に掲げる場合の区分に応じ,次に定める事項
  (1) 当該法人等が株式会社である場合 当該法人等の最終事業年度に係る事業報告の内容(当該事業報告について監査役又は監査委員会の監査を受けている場合にあっては,監査報告の内容を含む.)
  (2) 当該法人等が株式会社以外のものである場合 当該法人等の最終事業年度に係る第118条各号及び第119条各号に掲げる事項に相当する事項の内容の概要(当該事項について監査役,監査委員会その他これらに相当するものの監査を受けている場合にあっては,監査報告その他これに相当するものの内容の概要を含む.)
 チ 当該法人等の過去5年間にその末日が到来した各事業年度(次に掲げる事業年度を除く.)に係る貸借対照表その他これに相当するものの内容
  (1) 最終事業年度
  (2) ある事業年度に係る貸借対照表その他これに相当するものの内容につき,法令の規定に基づく公告(法第440条第3項の措置に相当するものを含む.)をしている場合における当該事業年度
  (3) ある事業年度に係る貸借対照表その他これに相当するものの内容につき,金融商品取引法第24条第1項の規定により有価証券報告書を内閣総理大臣に提出している場合における当該事業年度
 リ 前号ロ及びハに掲げる事項
 ヌ 交換対価が自己株式の取得,持分の払戻しその他これらに相当する方法により払戻しを受けることができるものであるときは,その手続に関する事項
3 交換対価の全部又は一部が株式交換完全親会社の社債,新株予約権又は新株予約権付社債である場合 第1号ロからニまでに掲げる事項
4 交換対価の全部又は一部が法人等の社債,新株予約権,新株予約権付社債その他これらに準ずるもの(株式交換完全親会社の社債,新株予約権又は新株予約権付社債を除く.)である場合 次に掲げる事項(当該事項が日本語以外の言語で表示されている場合にあっては,当該事項(氏名又は名称を除く.)を日本語で表示した事項)
 イ 第1号ロ及びハに掲げる事項
 ロ 第2号ホからチまでに掲げる事項
5 交換対価の全部又は一部が株式交換完全親会社その他の法人等の株式,持分,社債,新株予約権,新株予約権付社債その他これらに準ずるもの及び金銭以外の財産である場合 第1号ロ及びハに掲げ

る事項
⑤ 第1項第3号に規定する「株式交換に係る新株予約権の相当性に関する事項」とは,株式交換完全子会社が法第787条第3項第3号に定める新株予約権を発行している場合(株式交換完全親会社が株式会社であるときに限る.)における法第768条第1項第4号及び第5号に掲げる事項についての定めの相当性に関する事項(当該新株予約権に係る事項に限る.)とする.
⑥ 第1項第4号に規定する「計算書類等に関する事項」とは,次に掲げる事項とする.
 1 株式交換完全親会社についての次に掲げる事項
  イ 最終事業年度に係る計算書類等(最終事業年度がない場合にあっては,株式交換完全親会社の成立の日における貸借対照表)の内容
  ロ 最終事業年度の末日(最終事業年度がない場合にあっては,株式交換完全親会社の成立の日.ハにおいて同じ.)後の日を臨時決算日(二以上の臨時決算日がある場合にあっては,最も遅いもの)とする臨時計算書類等があるときは,当該臨時計算書類等の内容
  ハ 最終事業年度の末日後に重要な財産の処分,重大な債務の負担その他の会社財産の状況に重要な影響を与える事象が生じたときは,その内容(吸収合併契約等備置開始日後株式交換の効力が生ずるまでの間に新たな最終事業年度が存することとなる場合にあっては,当該新たな最終事業年度の末日後に生じた事象の内容に限る.)
 2 株式交換完全子会社についての次に掲げる事項
  イ 株式交換完全子会社において最終事業年度の末日(最終事業年度がない場合にあっては,株式交換完全子会社の成立の日)後に重要な財産の処分,重大な債務の負担その他の会社財産の状況に重要な影響を与える事象が生じたときは,その内容(吸収合併契約等備置開始日後株式交換の効力が生ずるまでの間に新たな最終事業年度が存することとなる場合にあっては,当該新たな最終事業年度の末日後に生じた事象の内容に限る.)
  ロ 株式交換完全子会社において最終事業年度がないときは,株式交換完全子会社の成立の日における貸借対照表

**第185条** 法第783条第2項に規定する法務省令で定めるものは,権利の移転又は行使に債務者その他第三者の承諾を要するもの(持分会社の持分及び譲渡制限株式を除く.)とする.

**(譲渡制限株式等)**
**第186条** 法第783条第3項に規定する法務省令で定めるものは,次の各号に掲げる場合の区分に応じ,当該各号に定める株式会社の取得条項付株式(当該取得条項付株式に係る法第108条第2項第6号ロの他の株式の種類が当該各号に定める株式会社の譲渡制限株式であるものに限る.)又は取得条項付新株予約権(当該取得条項付新株予約権に係る法第236条第1項第7号ニの株式が当該各号に定める株式会社の譲渡制限株式であるものに限る.)とする.
 1 吸収合併をする場合  吸収合併存続株式会社
 2 株式交換をする場合  株式交換完全親株式会社
 3 新設合併をする場合  新設合併設立株式会社
 4 株式移転をする場合  株式移転設立完全親株式会社

**(総資産の額)**
**第187条** ① 法第784条第3項に規定する法務省令で定める方法は,算定基準日(吸収分割契約を締結した日(当該吸収分割契約における当該吸収分割契約を締結した日から当該吸収分割の効力が生ずる時の直前までの間の時に限る.)を定めた場合にあっては,当該時)をいう.以下この条において同じ.)における第1号から第8号までに掲げる額の合計額から第9号に掲げる額を減じて得た額をもって吸収分割株式会社の総資産額とする方法とする.
 1 資本金の額
 2 資本準備金の額
 3 利益準備金の額
 4 法第446条に規定する剰余金の額
 5 最終事業年度(法第461条第2項第2号に規定する場合にあっては,法第441条第1項第2号の期間(当該期間が二以上ある場合にあっては,その末日が最も遅いもの).以下この項において同じ.)の末日(最終事業年度がない場合にあっては,吸収分割株式会社の成立の日.以下この項において同じ.)における評価・換算差額等に係る額
 6 新株予約権の帳簿価額
 7 最終事業年度の末日において負債の部に計上した額
 8 最終事業年度の末日後に吸収合併,吸収分割による他の会社の事業に係る権利義務の承継又は他の会社(外国会社を含む.)の事業の全部の譲受けをしたときは,これらの行為により承継又は譲受けをした負債の額
 9 自己株式及び自己新株予約権の帳簿価額の合計額
② 前項の規定にかかわらず,算定基準日において吸収分割株式会社が清算株式会社である場合における法第784条第3項に規定する法務省令で定める方法は,法第492条第1項の規定により作成した貸借対照表の資産の部に計上した額をもって吸収分割株式会社の総資産額とする方法とする.

**(計算書類に関する事項)**
**第188条** 法第789条第2項第3号に規定する法務省令で定めるものは,同項の規定による公告の日又は同項の規定による催告の日のいずれか早い日における次の各号に掲げる場合の区分に応じ,当該各号に定めるものとする.
 1 最終事業年度に係る貸借対照表又はその要旨につき公告対象会社(法第789条第2項第3号の株式会社をいう.以下この条において同じ.)が法第440条第1項又は第2項の規定により公告をしている場合 次に掲げるもの
  イ 官報で公告をしているときは,当該官報の日付及び当該公告が掲載されている頁
  ロ 時事に関する事項を掲載する日刊新聞紙で公告をしているときは,当該日刊新聞紙の名称,日付及び当該公告が掲載されている頁
  ハ 電子公告により公告をしているときは,法第911条第3項第29号に掲げる事項
 2 最終事業年度に係る貸借対照表につき公告対象会社が法第440条第3項に規定する措置を執っている場合 法第911条第3項第27号に掲げる事項
 3 公告対象会社が法第440条第4項に規定する株式会社である場合において,当該株式会社が金融商品取引法第24条第1項の規定により最終事業年度に係る有価証券報告書を提出しているときはその旨

4 公告対象会社が会社法の施行に伴う関係法律の整備等に関する法律第28条の規定により法第440条の規定が適用されないものである場合　その旨
5 公告対象会社につき最終事業年度がない場合　その旨
6 公告対象会社が清算株式会社である場合　その旨
7 前各号に掲げる場合以外の場合　会社計算規則第6編第2章の規定による最終事業年度に係る貸借対照表の要旨の内容

**（吸収分割株式会社の事後開示事項）**

**第189条**　法第791条第1項第1号に規定する法務省令で定める事項は、次に掲げる事項とする。
1 吸収分割が効力を生じた日
2 吸収分割株式会社における法第785条、第787条及び第789条の規定による手続の経過
3 吸収分割承継会社における法第797条の規定及び法第799条（法第802条第2項において準用する場合を含む。）の規定による手続の経過
4 吸収分割により吸収分割承継会社が吸収分割株式会社から承継した重要な権利義務に関する事項
5 法第923条の変更の登記をした日
6 前各号に掲げるもののほか、吸収分割に関する重要な事項

**（株式交換完全子会社の事後開示事項）**

**第190条**　法第791条第1項第2号に規定する法務省令で定める事項は、次に掲げる事項とする。
1 株式交換が効力を生じた日
2 株式交換完全子会社における法第785条、第787条及び第789条の規定による手続の経過
3 株式交換完全親会社における法第797条の規定及び法第799条（法第802条第2項において準用する場合を含む。）の規定による手続の経過
4 株式交換により株式交換完全親会社に移転した株式交換完全子会社の株式の数（株式交換完全子会社が種類株式発行会社であるときは、株式の種類及び種類ごとの数）
5 前各号に掲げるもののほか、株式交換に関する重要な事項

## 第4章　吸収合併存続株式会社、吸収分割承継株式会社及び株式交換完全親株式会社の手続

**（吸収合併存続株式会社の事前開示事項）**

**第191条**　法第794条第1項に規定する法務省令で定める事項は、同項に規定する存続株式会社等が吸収合併存続株式会社である場合には、次に掲げる事項とする。
1 法第749条第1項第2号及び第3号に掲げる事項についての定め（当該定めがない場合にあっては、当該定めがないこと）の相当性に関する事項
2 法第749条第1項第4号及び第5号に掲げる事項を定めたときは、当該事項についての定め（全部の新株予約権の新株予約権者に対して交付する吸収合併消滅会社の新株予約権の数及び金銭の額を零とする旨の定めを除く。）の相当性に関する事項
3 吸収合併消滅会社（清算株式会社及び清算持分会社を除く。）についての次に掲げる事項
イ　最終事業年度に係る計算書類等（最終事業年度がない場合にあっては、吸収合併消滅会社の成立の日における貸借対照表）の内容
ロ　最終事業年度の末日（最終事業年度がない場合にあっては、吸収合併消滅会社の成立の日。ハにおいて同じ。）後の日を臨時決算日（二以上の臨時決算日がある場合にあっては、最も遅いもの）とする臨時計算書類等があるときは、当該臨時計算書類等の内容
ハ　最終事業年度の末日後に重要な財産の処分、重大な債務の負担その他の会社財産の状況に重要な影響を与える事象が生じたときは、その内容（吸収合併契約等備置開始日（法第794条第2項に規定する吸収合併契約等備置開始日をいう。以下この章において同じ。）後吸収合併の効力が生ずる日までの間に新たな最終事業年度が存することとなる場合にあっては、当該新たな最終事業年度の末日後に生じた事象の内容に限る。）
4 吸収合併消滅会社（清算株式会社又は清算持分会社に限る。）が法第492条第1項又は第658条第1項若しくは第669条第1項若しくは第2項の規定により作成した貸借対照表
5 吸収合併存続株式会社についての次に掲げる事項
イ　吸収合併存続株式会社において最終事業年度の末日（最終事業年度がない場合にあっては、吸収合併存続株式会社の成立の日）後に重要な財産の処分、重大な債務の負担その他の会社財産の状況に重要な影響を与える事象が生じたときは、その内容（吸収合併契約等備置開始日後吸収合併の効力が生ずる日までの間に新たな最終事業年度が存することとなる場合にあっては、当該新たな最終事業年度の末日後に生じた事象の内容に限る。）
ロ　吸収合併存続株式会社において最終事業年度がないときは、吸収合併存続株式会社の成立の日における貸借対照表
6 吸収合併が効力を生ずる日以後における吸収合併存続株式会社の債務（法第799条第1項の規定により吸収合併について異議を述べることができる債権者に対して負担する債務に限る。）の履行の見込みに関する事項
7 吸収合併契約等備置開始日後吸収合併が効力を生ずる日までの間に、前各号に掲げる事項に変更が生じたときは、変更後の当該事項

**（吸収分割承継株式会社の事前開示事項）**

**第192条**　法第794条第1項に規定する法務省令で定める事項は、同項に規定する存続株式会社等が吸収分割承継株式会社である場合には、次に掲げる事項とする。
1 法第758条第4号に掲げる事項についての定め（当該定めがない場合にあっては、当該定めがないこと）の相当性に関する事項
2 法第758条第8号に掲げる事項を定めたときは、次に掲げる事項
イ　法第758条第8号イに掲げる行為をする場合において、法第171条第1項の決議が行われているときは、同項各号に掲げる事項
ロ　法第758条第8号ロに掲げる行為をする場合において、法第454条第1項の決議が行われているときは、同項第1号及び第2号に掲げる事項
3 法第758条第5号及び第6号に掲げる事項を定めたときは、当該事項についての定めの相当性に関する事項
4 吸収分割会社（清算株式会社及び清算持分会社を除く。）についての次に掲げる事項

イ 最終事業年度に係る計算書類等(最終事業年度がない場合にあっては,吸収分割会社の成立の日における貸借対照表)の内容
ロ 最終事業年度の末日(最終事業年度がない場合にあっては,吸収分割会社の成立の日.ハにおいて同じ.)後の日を臨時決算日(二以上の臨時決算日がある場合にあっては,最も遅いもの)とする臨時計算書類等があるときは,当該臨時計算書類等の内容
ハ 最終事業年度の末日後に重要な財産の処分,重大な債務の負担その他の会社財産の状況に重要な影響を与える事象が生じたときは,その内容(吸収合併契約等備置開始日後吸収分割の効力が生ずる日までの間に新たな最終事業年度が存することとなる場合にあっては,当該新たな最終事業年度の末日後に生じた事象の内容に限る.)
5 吸収分割会社(清算株式会社は清算持分会社に限る.)が法第492条第1項又は第658条第1項若しくは第669条第1項若しくは第2項の規定により作成した貸借対照表
6 吸収分割承継株式会社についての次に掲げる事項
イ 吸収分割承継株式会社において最終事業年度の末日(最終事業年度がない場合にあっては,吸収分割承継株式会社の成立の日)後に重要な財産の処分,重大な債務の負担その他の会社財産の状況に重要な影響を与える事象が生じたときは,その内容(吸収合併契約等備置開始日後吸収分割の効力が生ずる日までの間に新たな最終事業年度が存することとなる場合にあっては,当該新たな最終事業年度の末日後に生じた事象の内容に限る.)
ロ 吸収分割承継株式会社において最終事業年度がないときは,吸収分割承継株式会社の成立の日における貸借対照表
7 吸収分割が効力を生ずる日以後における吸収分割承継株式会社の債務(法第799条第1項の規定により吸収分割について異議を述べることができる債権者に対して負担する債務に限る.)の履行の見込みに関する事項
8 吸収合併契約等備置開始日後吸収分割が効力を生ずる日までの間に,前各号に掲げる事項に変更が生じたときは,変更後の当該事項

**(株式交換完全親株式会社の事前開示事項)**

**第193条** 法第794条第1項に規定する法務省令で定める事項は,同項に規定する存続株式会社等が株式交換完全親株式会社である場合には,次に掲げる事項とする.
1 法第768条第1項第2号及び第3号に掲げる事項についての定め(当該定めがないときは,当該定めがないこと)の相当性に関する事項
2 法第768条第1項第4号及び第5号に掲げる事項を定めたときは,当該事項についての定めの相当性に関する事項
3 株式交換完全子会社についての次に掲げる事項
イ 最終事業年度に係る計算書類等(最終事業年度がない場合にあっては,株式交換完全子会社の成立の日における貸借対照表)の内容
ロ 最終事業年度の末日(最終事業年度がない場合にあっては,株式交換完全子会社の成立の日.ハにおいて同じ.)後の日を臨時決算日(二以上の臨時決算日がある場合にあっては,最も遅いもの)とする臨時計算書類等があるときは,当該臨時計算書類等の内容
ハ 最終事業年度の末日後に重要な財産の処分,重大な債務の負担その他の会社財産の状況に重要な影響を与える事象が生じたときは,その内容(吸収合併契約等備置開始日後株式交換の効力が生ずる日までの間に新たな最終事業年度が存することとなる場合にあっては,当該新たな最終事業年度の末日後に生じた事象の内容に限る.)
4 株式交換完全親株式会社についての次に掲げる事項
イ 株式交換完全親株式会社において最終事業年度の末日(最終事業年度がない場合にあっては,株式交換完全親株式会社の成立の日)後に重要な財産の処分,重大な債務の負担その他の会社財産の状況に重要な影響を与える事象が生じたときは,その内容(吸収合併契約等備置開始日後株式交換の効力が生ずる日までの間に新たな最終事業年度が存することとなる場合にあっては,当該新たな最終事業年度の末日後に生じた事象の内容に限る.)
ロ 株式交換完全親株式会社において最終事業年度がないときは,株式交換完全親株式会社の成立の日における貸借対照表
5 法第799条第1項の規定により株式交換について異議を述べることができる債権者があるときは,株式交換が効力を生ずる日以後における株式交換完全親株式会社の債務(当該債権者に対して負担する債務に限る.)の履行の見込みに関する事項
6 吸収合併契約等備置開始日後株式交換が効力を生ずる日までの間に,前各号に掲げる事項に変更が生じたときは,変更後の当該事項

**(株式交換完全親株式会社の株式に準ずるもの)**

**第194条** 法第794条第3項に規定する法務省令で定めるものは,第1号に掲げる額から第2号に掲げる額を減じて得た額が第3号に掲げる額よりも小さい場合における法第768条第1項第2号及び第3号の定めに従い交付する株式交換完全親株式会社の株式以外の金銭等とする.
1 株式交換完全子会社の株主に対して交付する金銭等の合計額
2 前号に規定する金銭等のうち株式交換完全親株式会社の株式の価額の合計額
3 第1号に規定する金銭等の合計額に20分の1を乗じて得た額

**(資産の額等)**

**第195条** ① 法第795条第2項第1号に規定する債務の額として法務省令で定める額は,第1号に掲げる額から第2号に掲げる額を減じて得た額とする.
1 吸収合併又は吸収分割の直後に吸収合併存続株式会社又は吸収分割承継株式会社の貸借対照表の作成があったものとする場合における当該貸借対照表の負債の部に計上すべき額から法第795条第2項第2号の株式等(社債(吸収合併又は吸収分割の直前に吸収合併存続株式会社又は吸収分割承継株式会社が有していた社債を除く.)に限る.)につき合併帳簿に付すべき額を減じて得た額
2 吸収合併又は吸収分割の直前に吸収合併存続株式会社又は吸収分割承継株式会社の貸借対照表の作成があったものとする場合における当該貸借対照表の負債の部に計上すべき額
② 法第795条第2項第1号に規定する資産の額として法務省令で定める額は,第1号に掲げる額から

第2号に掲げる額を減じて得た額とする．
1 吸収合併又は吸収分割の直後に吸収合併存続株式会社又は吸収分割承継株式会社の貸借対照表の作成があったものとする場合における当該貸借対照表の資産の部に計上すべき額
2 吸収合併又は吸収分割の直前に吸収合併存続株式会社又は吸収分割承継株式会社の貸借対照表の作成があったものとする場合における当該貸借対照表の資産の部に計上すべき額から法第795条第2項第2号に規定する金銭等（同号の吸収合併存続株式会社又は吸収分割承継株式会社が有していた社債を含む．）の帳簿価額を減じて得た額
③ 前項の規定にかかわらず，吸収合併存続株式会社が連結配当規制適用会社である場合において，吸収合併消滅株式会社が吸収合併存続株式会社の子会社であるときは，法第795条第2項第1号に規定する資産の額として法務省令で定める額は，次に掲げる額のうちいずれか高い額とする．
1 第1項第1号に掲げる額から同項第2号に掲げる額を減じて得た額
2 前第1号に掲げる額から同項第2号に掲げる額を減じて得た額
④ 第2項の規定にかかわらず，吸収分割承継株式会社が連結配当規制適用会社である場合において，吸収分割会社が吸収分割承継株式会社の子会社であるときは，法第795条第2項第1号に規定する資産の額として法務省令で定める額は，次に掲げる額のうちいずれか高い額とする．
1 第1項第1号に掲げる額から同項第2号に掲げる額を減じて得た額
2 第2項第1号に掲げる額から同項第2号に掲げる額を減じて得た額
⑤ 法第795条第2項第3号に規定する法務省令で定める額は，第1号及び第2号に掲げる額の合計額から第3号に掲げる額を減じて得た額とする．
1 株式交換完全親株式会社が株式交換により取得する株式交換完全子会社の株式につき会計帳簿に付すべき額
2 会社計算規則第20条第1号の規定により計上したのれんの額
3 会社計算規則第31条第1項本文（同条第2項において準用する場合を含む．）の規定により計上する負債の額（株式交換完全子会社が株式交換完全親株式会社（連結配当規制適用会社に限る．）の子会社である場合にあっては，零）

（純資産の額）
**第196条** 法第796条第3項第2号に規定する法務省令で定める方法は，算定基準日（吸収合併契約，吸収分割契約又は株式交換契約を締結した日（当該これらの契約により当該これらの契約を締結した日と異なる時（当該これらの契約を締結した日後から当該吸収合併，吸収分割又は株式交換の効力が生ずる時の直前までの間の時に限る．）を定めた場合にあっては，当該時）をいう．以下この条において同じ．）における第1号から第6号までに掲げる額の合計額から第7号に掲げる額を減じて得た額（当該額が500万円を下回る場合にあっては，500万円）をもって存続株式会社等（法第794条第1項に規定する存続株式会社等をいう．以下この条において同じ．）の純資産額とする方法とする．
1 資本金の額

2 資本準備金の額
3 利益準備金の額
4 法第446条に規定するその他剰余金の額
5 最終事業年度（法第461条第2項第2号に規定する場合にあっては，法第441条第1項第2号の期間（当該期間が二以上ある場合にあっては，その末日が最も遅いもの））の末日（最終事業年度がない場合にあっては，存続株式会社等の成立の日）における評価・換算差額等に係る額
6 新株予約権の帳簿価額
7 自己株式及び自己新株予約権の帳簿価額の合計額

（株式の数）
**第197条** 法第796条第4項に規定する法務省令で定める数は，次に掲げる数のうちいずれか小さい数とする．
1 特定株式（法第796条第4項に規定する行為に係る株主総会において議決権を行使することができることを内容とする株式をいう．以下この条において同じ．）の総数に2分の1（当該株主総会の決議が成立するための要件として当該特定株式の議決権の総数の一定の割合以上の議決権を有する株主が出席しなければならない旨の定款の定めがある場合にあっては，当該一定の割合）を乗じて得た数に3分の1（当該株主総会の決議が成立するための要件として当該特定株主総会に出席した当該特定株主（特定株式の株主をいう．以下この条において同じ．）の有する議決権の総数の一定の割合以上の多数が賛成しなければならない旨の定款の定めがある場合にあっては，1から当該一定の割合を減じて得た割合）を乗じて得た数に1を加えた数
2 法第796条第4項に規定する行為に係る決議が成立するための要件として一定の数以上の特定株主の賛成を要する旨の定款の定めがある場合において，特定株主の総数から株式会社に対して当該行為に反対する旨の通知をした特定株主の数を減じて得た数が当該一定の数未満となるときにおける当該行為に反対する旨の通知をした特定株主の有する特定株式の数
3 法第796条第4項に規定する行為に係る決議が成立するための要件として前号の定款の定め以外の定款の定めがある場合において，当該行為に反対する旨の通知をした特定株主の全部が同項に規定する株主総会において反対したとすれば当該決議が成立しないときは，当該行為に反対する旨の通知をした特定株主の有する特定株式の数
4 定款で定めた数

（株式交換完全親株式会社の株式に準ずるもの）
**第198条** 法第799条第3号に規定する法務省令で定めるものは，第1号に掲げる額から第2号に掲げる額を減じて得た額が第3号に掲げる額よりも小さい場合における法第768条第1項第2号及び第3号の定めに従い交付する株式交換完全親株式会社の株式以外の金銭等とする．
1 株式交換完全子会社の株主に対して交付する金銭等の合計額
2 前号に規定する金銭等のうち株式交換完全親株式会社の株式の価額の合計額
3 第1号に規定する金銭等の合計額に20分の1を乗じて得た額

（計算書類に関する事項）
**第199条** 法第799条第2項第3号に規定する法務

省令で定めるものは,同項の規定による公告の日又は同項の規定による催告の日のいずれか早い日における次の各号に掲げる場合の区分に応じ,当該各号に定めるものとする.
1 最終事業年度に係る貸借対照表又はその要旨につき公告対象会社(法第799条第2項第3号の株式会社をいう.以下この条において同じ.)が法第440条第1項又は第2項の規定により公告をしている場合 次に掲げるもの
 イ 官報で公告をしているときは,当該官報の日付及び当該公告が掲載されている頁
 ロ 時事に関する事項を掲載する日刊新聞紙で公告をしているときは,当該日刊新聞紙の名称,日付及び当該公告が掲載されている頁
 ハ 電子公告により公告をしているときは,法第911条第3項第29号に掲げる事項
2 最終事業年度に係る貸借対照表につき公告対象会社が法第440条第3項に規定する措置を執っている場合 法第911条第3項第27号に掲げる事項
3 公告対象会社が法第440条第4項に規定する株式会社である場合において,当該株式会社が金融商品取引法第24条第1項の規定により最終事業年度に係る有価証券報告書を提出しているとき その旨
4 公告対象会社が会社法の施行に伴う関係法律の整備等に関する法律第28条の規定により法第440条の規定が適用されないものである場合 その旨
5 公告対象会社につき最終事業年度がない場合 その旨
6 公告対象会社が清算株式会社である場合 その旨
7 前各号に掲げる場合以外の場合 会社計算規則第6編第2章の規定による最終事業年度に係る貸借対照表の要旨の内容

**(吸収合併存続会社の事後開示事項)**
**第200条** 法第801条第1項に規定する法務省令で定める事項は,次に掲げる事項とする.
1 吸収合併が効力を生じた日
2 吸収合併消滅会社における法第785条及び第787条の規定並びに法第789条(法第793条第2項において準用する場合を含む.)の規定による手続の経過
3 吸収合併存続会社における法第797条及び第799条の規定による手続の経過
4 吸収合併により吸収合併存続会社が吸収合併消滅会社から承継した重要な権利義務に関する事項
5 法第782条第1項の規定により吸収合併消滅株式会社が備え置いた事前開示書面又は電磁的記録に記載又は記録がされた事項(吸収合併契約の内容を除く.)
6 法第921条の変更の登記をした日
7 前各号に掲げるもののほか,吸収合併に関する重要な事項

**(吸収分割承継株式会社の事後開示事項)**
**第201条** 法第801条第2項に規定する法務省令で定める事項は,次に掲げる事項とする.
1 吸収分割が効力を生じた日
2 吸収分割合同会社における法第793条第2項において準用する法第789条の規定による手続の経過
3 吸収分割承継株式会社における法第797条及び第799条の規定による手続の経過
4 吸収分割により吸収分割承継株式会社が吸収分割合同会社から承継した重要な権利義務に関する事項
5 法第923条の変更の登記をした日
6 前各号に掲げるもののほか,吸収分割に関する重要な事項

**(株式交換完全親株式会社の株式に準ずるもの)**
**第202条** 法第801条第6項において準用する同条第4項に規定する法務省令で定めるものは,第1号に掲げる額から第2号に掲げる額を減じて得た額が第3号に掲げる額よりも小さい場合における法第768条第1項第2号及び第3号の定めに従い交付する株式交換完全親株式会社の株式以外の金銭等とする.
1 株式交換完全子会社の株主に対して交付する金銭等の合計額
2 前号に規定する金銭等のうち株式交換完全親株式会社の株式の価額の合計額
3 第1号に規定する金銭等の合計額に20分の1を乗じて得た額

**(株式交換完全親合同会社の持分に準ずるもの)**
**第203条** 法第802条第2項において準用する法第799条第1項第3号に規定する法務省令で定めるものは,第1号に掲げる額から第2号に掲げる額を減じて得た額が第3号に掲げる額よりも小さい場合における法第768条第1項第2号及び第3号の定めに従い交付する株式交換完全親合同会社の持分以外の金銭等とする.
1 株式交換完全子会社の株主に対して交付する金銭等の合計額
2 前号に規定する金銭等のうち株式交換完全親合同会社の持分の価額の合計額
3 第1号に規定する金銭等の合計額に20分の1を乗じて得た額

### 第5章 新設合併消滅株式会社,新設分割株式会社及び株式移転完全子会社の手続

**(新設合併消滅株式会社の事前開示事項)**
**第204条** 法第803条第1項に規定する法務省令で定める事項は,同項に規定する消滅株式会社等が新設合併消滅株式会社である場合には,次に掲げる事項とする.
1 次のイ又はロに掲げる場合の区分に応じ,当該イ又はロに定める定めの相当性に関する事項
 イ 新設合併設立会社が株式会社である場合 法第753条第1項第6号から第9号までに掲げる事項についての定め
 ロ 新設合併設立会社が持分会社である場合 法第755条第1項第4号,第6号及び第7号に掲げる事項についての定め
2 新設合併消滅会社の全部又は一部が新株予約権を発行しているときは,次のイ又はロに掲げる場合の区分に応じ,当該イ又はロに定める定めの相当性に関する事項
 イ 新設合併設立会社が株式会社である場合 法第753条第1項第10号及び第11号に掲げる事項についての定め
 ロ 新設合併設立会社が持分会社である場合 法第755条第1項第8号及び第9号に掲げる事項についての定め
3 他の新設合併消滅会社(清算株式会社及び清算持分会社を除く.以下この号において同じ.)に

ついての次に掲げる事項
　イ　最終事業年度に係る計算書類等（最終事業年度がない場合にあっては，他の新設合併消滅会社の成立の日における貸借対照表）の内容
　ロ　最終事業年度の末日（最終事業年度がない場合にあっては，他の新設合併消滅会社の成立の日）後の日を臨時決算日（二以上の臨時決算日がある場合にあっては，最も遅いもの）とする臨時計算書類等があるときは，当該臨時計算書類等の内容
　ハ　他の新設合併消滅会社において最終事業年度の末日（最終事業年度がない場合にあっては，他の新設合併消滅会社の成立の日）後に重要な財産の処分，重大な債務の負担その他の会社財産の状況に重要な影響を与える事象が生じたときは，その内容（新設合併契約等備置開始日（法第803条第2項に規定する新設合併契約等備置開始日をいう。以下この章において同じ。）後新設合併の効力が生ずる日までの間に新たな最終事業年度が存することとなる場合にあっては，当該新たな最終事業年度の末日後に生じた事象の内容に限る。）
　4　他の新設合併消滅会社（清算株式会社又は清算持分会社に限る。）が法第492条第1項又は第658条第1項若しくは第669条第1項若しくは第2項の規定により作成した貸借対照表
　5　当該新設合併消滅株式会社（清算株式会社を除く。以下この号において同じ。）についての次に掲げる事項
　イ　当該新設合併消滅株式会社において最終事業年度の末日（最終事業年度がない場合にあっては，当該新設合併消滅株式会社の成立の日）後に重要な財産の処分，重大な債務の負担その他の会社財産の状況に重要な影響を与える事象が生じたときは，その内容（新設合併契約等備置開始日後新設合併の効力が生ずる日までの間に新たな最終事業年度が存することとなる場合にあっては，当該新たな最終事業年度の末日後に生じた事象の内容に限る。）
　ロ　当該新設合併消滅株式会社において最終事業年度がない場合には，当該新設合併消滅株式会社の成立の日における貸借対照表
　6　新設合併の効力を生ずる日以後における新設合併設立会社の債務（他の新設合併消滅会社から承継する債務を除く。）の履行の見込みに関する事項
　7　新設合併契約等備置開始日後，前各号に掲げる事項に変更が生じたときは，変更後の当該事項

**（新設分割株式会社の事前開示事項）**
**第205条**　法第803条第1項に規定する法務省令で定める事項は，同項に規定する消滅株式会社等が新設分割株式会社である場合には，次に掲げる事項とする。
　1　次のイ又はロに掲げる場合の区分に応じ，当該イ又はロに定める定めの相当性に関する事項
　イ　新設分割設立会社が株式会社である場合　法第763条第6号から第9号までに掲げる事項についての定め
　ロ　新設分割設立会社が持分会社である場合　法第765条第1項第3号，第6号及び第7号に掲げる事項についての定め
　2　法第763条第12号又は第765条第1項第8号に掲げる事項を定めたときは，次に掲げる事項
　イ　法第763条第12号イ又は第765条第1項第8号イに掲げる行為をする場合において，法第171条第1項の決議が行われているときは，同項各号に掲げる事項
　ロ　法第763条第12号ロ又は第765条第1項第8号ロに掲げる行為をする場合において，法第454条第1項の決議が行われているときは，同項第1号及び第2号に掲げる事項
　3　新設分割株式会社の全部又は一部が法第808条第3項第2号に定める新株予約権を発行している場合において，新設分割設立会社が株式会社であるときは，法第763条第10号及び第11号に掲げる事項についての定めの相当性に関する事項（当該新株予約権に係る事項に限る。）
　4　他の新設分割会社（清算株式会社及び清算持分会社を除く。以下この号において同じ。）についての次に掲げる事項
　イ　最終事業年度に係る計算書類等（最終事業年度がない場合にあっては，他の新設分割会社の成立の日における貸借対照表）の内容
　ロ　最終事業年度の末日（最終事業年度がない場合にあっては，他の新設分割会社の成立の日）後の日を臨時決算日（二以上の臨時決算日がある場合にあっては，最も遅いもの）とする臨時計算書類等があるときは，当該臨時計算書類等の内容
　ハ　他の新設分割会社において最終事業年度の末日（最終事業年度がない場合にあっては，他の新設分割会社の成立の日）後に重要な財産の処分，重大な債務の負担その他の会社財産の状況に重要な影響を与える事象が生じたときは，その内容（新設合併契約等備置開始日後新設分割の効力が生ずる日までの間に新たな最終事業年度が存することとなる場合にあっては，当該新たな最終事業年度の末日後に生じた事象の内容に限る。）
　5　他の新設分割会社（清算株式会社又は清算持分会社に限る。）が法第492条第1項又は第658条第1項若しくは第669条第1項若しくは第2項の規定により作成した貸借対照表
　6　当該新設分割会社（清算株式会社を除く。以下この号において同じ。）についての次に掲げる事項
　イ　当該新設分割会社において最終事業年度の末日（最終事業年度がない場合にあっては，当該新設分割会社の成立の日）後に重要な財産の処分，重大な債務の負担その他の会社財産の状況に重要な影響を与える事象が生じたときは，その内容（新設合併契約等備置開始日後新設分割の効力が生ずる日までの間に新たな最終事業年度が存することとなる場合にあっては，当該新たな最終事業年度の末日後に生じた事象の内容に限る。）
　ロ　当該新設分割会社において最終事業年度がないときは，当該新設分割会社の成立の日における貸借対照表
　7　新設分割が効力を生ずる日以後における当該新設分割会社の債務及び新設分割設立会社の債務（当該新設分割会社が新設分割により新設分割設立会社に承継させるものに限る。）の履行の見込みに関する事項
　8　新設合併契約等備置開始日後新設分割が効力を生ずる日までの間に，前各号に掲げる事項に変更が生じたときは，変更後の当該事項

(株式移転完全子会社の事前開示事項)
**第206条** 法第803条第1項に規定する法務省令で定める事項は,同項に規定する消滅株式会社等が株式移転完全子会社である場合には,次に掲げる事項とする.
1 法第773条第1項第5号から第8号までに掲げる事項についての定めの相当性に関する事項
2 株式移転完全子会社の全部又は一部が法第808条第3項第3号に定める新株予約権を発行している場合には,法第773条第1項第9号及び第10号に掲げる事項についての定めの相当性に関する事項(当該新株予約権に係るものに限る.)
3 他の株式移転完全子会社についての次に掲げる事項
 イ 最終事業年度に係る計算書類等(最終事業年度がない場合にあっては,他の株式移転完全子会社の成立の日における貸借対照表)の内容
 ロ 最終事業年度の末日(最終事業年度がない場合にあっては,他の株式移転完全子会社の成立の日)後の日を臨時決算日(二以上の臨時決算日がある場合にあっては,最も遅いもの)とする臨時計算書類等があるときは,当該臨時計算書類等の内容
 ハ 他の株式移転完全子会社において最終事業年度の末日(最終事業年度がない場合にあっては,他の株式移転完全子会社の成立の日)後に重要な財産の処分,重大な債務の負担その他の会社財産の状況に重要な影響を与える事象が生じたときは,その内容(新設合併契約等備置開始日後株式移転の効力が生ずる日までの間に新たな最終事業年度が存することとなる場合にあっては,当該新たな最終事業年度の末日後に生じた事象の内容に限る.)
4 当該株式移転完全子会社についての次に掲げる事項
 イ 当該株式移転完全子会社において最終事業年度の末日(最終事業年度がない場合にあっては,当該株式移転完全子会社の成立の日)後に重要な財産の処分,重大な債務の負担その他の会社財産の状況に重要な影響を与える事象が生じたときは,その内容(新設合併契約等備置開始日後株式移転の効力が生ずる日までの間に新たな最終事業年度が存することとなる場合にあっては,当該新たな最終事業年度の末日後に生じた事象の内容に限る.)
 ロ 当該株式移転完全子会社において最終事業年度がないときは,当該株式移転完全子会社の成立の日における貸借対照表
5 法第810条の規定により株式移転について異議を述べることができる債権者があるときは,株式移転が効力を生ずる日以後における株式移転設立完全親会社の債務(他の株式移転完全子会社から承継する債務を除き,当該異議を述べることができる債権者に対して負担する債務に限る.)の履行の見込みに関する事項
6 新設合併契約等備置開始日後株式移転が効力を生ずる日までの間に,前各号に掲げる事項に変更が生じたときは,変更後の当該事項

(総資産の額)
**第207条** ① 法第805条に規定する法務省令で定める方法は,算定基準日(新設分割計画を作成した日(当該新設分割計画により当該新設分割計画を作成した日と異なる時(当該新設分割計画を作成した日後から当該新設分割の効力が生ずる時の直前までの間の時に限る.)を定めた場合にあっては,当該時)をいう.以下この条において同じ.)における第1号から第8号までに掲げる額の合計額から第9号に掲げる額を減じて得た額をもって新設分割株式会社の総資産額とする方法とする.
1 資本金の額
2 資本準備金の額
3 利益準備金の額
4 法第446条に規定する剰余金の額
5 最終事業年度(法第461条第2項第2号に規定する場合にあっては,法第441条第1項第2号の期間(当該期間が2以上ある場合にあっては,その末日が最も遅いもの).以下この項において同じ.)の末日(最終事業年度がない場合にあっては,新設分割株式会社の成立の日.以下この項において同じ.)における評価・換算差額等に係る額
6 新株予約権の帳簿価額
7 最終事業年度の末日において負債の部に計上した額
8 最終事業年度の末日後に吸収合併,吸収分割による他の会社の事業に係る権利義務の承継又は他の会社(外国会社を含む.)の事業の全部の譲受けをした場合には,これらの行為により承継又は譲受けをした負債の額
9 自己株式及び自己新株予約権の帳簿価額の合計額
② 前項の規定にかかわらず,算定基準日において新設分割株式会社が清算株式会社である場合における法第805条に規定する法務省令で定める方法は,法第492条第1項の規定により作成した貸借対照表の資産の部に計上した額をもって新設分割株式会社の総資産額とする方法とする.

(計算書類に関する事項)
**第208条** 法第810条第2項第3号に規定する法務省令で定めるものは,同項の規定による公告の日又は同項の規定による催告の日のいずれか早い日における次の各号に掲げる場合の区分に応じ,当該各号に定めるものとする.
1 最終事業年度に係る貸借対照表又はその要旨につき公告対象会社(法第810条第2項第3号の株式会社をいう.以下この条において同じ.)が法第440条第1項又は第2項の規定により公告をしている場合 次に掲げるもの
 イ 官報で公告をしているときは,当該官報の日付及び当該公告が掲載されている頁
 ロ 時事に関する事項を掲載する日刊新聞紙で公告をしているときは,当該日刊新聞紙の名称,日付及び当該公告が掲載されている頁
 ハ 電子公告により公告をしているときは,法第911条第3項第29号に掲げる事項
2 最終事業年度に係る貸借対照表につき公告対象会社が法第440条第3項の規定による措置を執っている場合 法第911条第3項第27号に掲げる事項
3 公告対象会社が法第440条第4項に規定する株式会社である場合において,当該株式会社が金融商品取引法第24条第1項の規定により最終事業年度に係る有価証券報告書を提出しているとき その旨
4 公告対象会社が会社法の施行に伴う関係法律の整備等に関する法律第28条の規定により法第440条の規定が適用されないものである場合 そ

の旨
5 公告対象会社につき最終事業年度がない場合　その旨
6 公告対象会社が清算株式会社である場合　その旨
7 前各号に掲げる場合以外の場合　会社計算規則第6編第2章の規定による最終事業年度に係る貸借対照表の要旨の内容

**（新設分割株式会社の事後開示事項）**
**第209条** 法第811条第1項第1号に規定する法務省令で定める事項は，次に掲げる事項とする．
1 新設分割が効力を生じた日
2 法第806条及び第808条の規定並びに法第810条（法第813条第2項において準用する場合を含む．）の規定にした手続の経過
3 新設分割により新設分割設立会社が新設分割会社から承継した重要な権利義務に関する事項
4 前3号に掲げるもののほか，新設分割に関する重要な事項

**（株式移転完全子会社の事後開示事項）**
**第210条** 法第811条第1項第2号に規定する法務省令で定める事項は，次に掲げる事項とする．
1 株式移転が効力を生じた日
2 法第806条，第808条及び第810条の規定による手続の経過
3 株式移転により株式移転設立完全親会社に移転した株式移転完全子会社の株式の数（株式移転完全子会社が種類株式発行会社であるときは，株式の種類及び種類ごとの数）
4 前3号に掲げるもののほか，株式移転に関する重要な事項

### 第6章　新設合併設立株式会社，新設分割設立株式会社及び株式移転設立完全親会社の手続

**（新設合併設立株式会社の事後開示事項）**
**第211条** 法第815条第1項に規定する法務省令で定める事項は，次に掲げる事項とする．
1 新設合併が効力を生じた日
2 法第806条及び第808条の規定並びに法第810条（法第813条第2項において準用する場合を含む．）の規定にした手続の経過
3 新設合併により新設合併設立株式会社が新設合併消滅会社から承継した重要な権利義務に関する事項
4 前3号に掲げるもののほか，新設合併に関する重要な事項

**（新設分割設立株式会社の事後開示事項）**
**第212条** 法第815条第2項に規定する法務省令で定める事項は，次に掲げる事項とする．
1 新設分割が効力を生じた日
2 法第813条第2項において準用する法第810条の規定による手続の経過
3 新設分割により新設分割設立株式会社が新設分割合同会社から承継した重要な権利義務に関する事項
4 前3号に掲げるもののほか，新設分割に関する重要な事項

**（新設合併設立株式会社の事後開示事項）**
**第213条** 法第815条第3項第1号に規定する法務省令で定める事項は，法第803条第1項の規定により新設合併消滅株式会社が備え置いた書面又は電磁的記録に記載又は記録がされた事項（新設合併契約の内容を除く．）とする．

### 第6編　外国会社

**（計算書類の公告）**
**第214条** ① 外国会社が法第819条第1項の規定により貸借対照表に相当するもの（以下この条において「外国貸借対照表」という．）の公告をする場合には，外国貸借対照表に関する注記（注記に相当するものを含む．）の部分を省略することができる．
② 法第819条第2項に規定する外国貸借対照表の要旨とは，外国貸借対照表を次に掲げる項目（当該項目に相当するものを含む．）に区分したものをいう．
1 資産の部
　イ 流動資産
　ロ 固定資産
　ハ その他
2 負債の部
　イ 流動負債
　ロ 固定負債
　ハ その他
3 純資産の部
　イ 資本金及び資本剰余金
　ロ 利益剰余金
　ハ その他
③ 外国会社が法第819条第1項の規定による外国貸借対照表の公告又は同条第2項の規定による外国貸借対照表の要旨の公告をする場合において，当該外国貸借対照表が日本語以外の言語で作成されているときは，当該外国会社は，当該公告を日本語をもってすることを要しない．
④ 外国貸借対照表が存しない外国会社については，当該外国会社に会社計算規則の規定を適用することとしたならば作成されることとなるものを外国貸借対照表とみなして，前3項の規定を適用する．

### 第7編　雑　則

### 第1章　訴　訟

**（責任追及等の訴えの提起の請求方法）**
**第217条** 法第847条第1項の法務省令で定める方法は，次に掲げる事項を記載した書面の提出又は当該事項の電磁的方法による提供とする．
1 被告となるべき者
2 請求の趣旨及び請求を特定するのに必要な事実

**（訴えを提起しない理由の通知方法）**
**第218条** 法第847条第4項の法務省令で定める方法は，次に掲げる事項を記載した書面の提出又は当該事項の電磁的方法による提供とする．
1 株式会社が行った調査の内容（次号の判断の基礎とした資料を含む．）
2 請求対象者の責任又は義務の有無についての判断
3 請求対象者に責任又は義務があると判断した場合において，責任追及等の訴え（法第847条第1項に規定する責任追及等の訴えをいう．）を提起しないときは，その理由

**（完全親会社）**
**第219条** ① 法第851条第1項第1号（同条第2項及び第3項において準用する場合を含む．以下この条において同じ．）に規定する法務省令で定める株式会社は，ある株式会社及び当該ある株式会社の

完子会社（当該ある株式会社が発行済株式の全部を有する株式会社をいう。以下この条において同じ。）又は当該ある株式会社の完全子会社が法第851条第1項第1号の特定の株式の発行済株式の全部を有する場合における当該ある株式会社とする．
② 前項の規定の適用については，同項のある株式会社及び当該ある株式会社の完全子会社又は当該ある株式会社の完全子会社が他の株式会社の発行済株式の全部を有する場合における当該他の株式会社は，完全子会社とみなす．

## 61 会社計算規則（抄）

（平18・2・7法務省令第13号，平18・5・1施行，最終改正：平20・3・19法務省令第12号）

### 第1編 総則

（目的）
**第1条** この省令は，会社法（平成17年法律第86号。以下「法」という．）の規定により委任された会社の計算に関する事項その他の事項について，必要な事項を定めることを目的とする．

（定義）
**第2条** ① この省令において「会社」，「外国会社」，「子会社」，「親会社」，「公開会社」，「取締役会設置会社」，「会計参与設置会社」，「監査役会設置会社」，「監査役会設置会社」，「会計監査人設置会社」，「委員会設置会社」，「種類株式発行会社」，「取得請求権付株式」，「取得条項付株式」，「新株予約権」，「新株予約権付社債」，「社債」，「配当財産」，「組織変更」，「吸収分割」，「新設分割」又は「電子公告」とは，それぞれ法第2条に規定する会社，外国会社，子会社，親会社，公開会社，取締役会設置会社，会計参与設置会社，監査役設置会社，監査役会設置会社，会計監査人設置会社，委員会設置会社，種類株式発行会社，取得請求権付株式，取得条項付株式，新株予約権，新株予約権付社債，社債，配当財産，組織変更，吸収分割，新設分割又は電子公告をいう．
② この省令において，次の各号に掲げる用語の意義は，当該各号に定めるところによる．
1 発行済株式 法第2条第31号に規定する発行済株式をいう．
2 電磁的方法 法第2条第34号に規定する電磁的方法をいう．
3 設立時発行株式 法第25条第1項第1号に規定する設立時発行株式をいう．
4 電磁的記録 法第26条第2項に規定する電磁的記録をいう．
5 現物出資財産等 法第33条第10項第1号に規定する現物出資財産等をいう．
6 自己株式 法第113条第4項に規定する自己株式をいう．
7 親会社株式 法第135条第1項に規定する親会社株式をいう．
8 金銭等 法第151条に規定する金銭等をいう．
9 全部取得条項付種類株式 法第171条第1項に規定する全部取得条項付種類株式をいう．

10 株式無償割当て 法第185条に規定する株式無償割当てをいう．
11 単元未満株式売渡請求 法第194条第1項に規定する単元未満株式売渡請求をいう．
12 募集株式 法第199条第1項に規定する募集株式をいう．
13 募集新株予約権 法第238条第1項に規定する募集新株予約権をいう．
14 自己新株予約権 法第255条第1項に規定する自己新株予約権をいう．
15 取得条項付新株予約権 法第273条第1項に規定する取得条項付新株予約権をいう．
16 新株予約権無償割当て 法第277条第1項に規定する新株予約権無償割当てをいう．
17 報酬等 法第361条第1項に規定する報酬等をいう．
18 臨時計算書類 法第441条第1項に規定する臨時計算書類をいう．
19 臨時決算日 法第441条第1項に規定する臨時決算日をいう．
20 連結計算書類 法第444条第1項に規定する連結計算書類をいう．
21 準備金 法第445条第4項に規定する準備金をいう．
22 分配可能額 法第461条第2項に規定する分配可能額をいう．
23 持分会社 法第575条第1項に規定する持分会社をいう．
24 持分払戻額 法第635条第1項に規定する持分払戻額をいう．
25 組織変更後持分会社 法第744条第1項第1号に規定する組織変更後持分会社をいう．
26 組織変更後株式会社 法第746条第1号に規定する組織変更後株式会社をいう．
27 社債等 法第746条第7号ニに規定する社債等をいう．
28 吸収分割承継会社 法第757条に規定する吸収分割承継会社をいう．
29 吸収分割会社 法第758条第1号に規定する吸収分割会社をいう．
30 新設分割設立会社 法第763条に規定する新設分割設立会社をいう．
31 新設分割会社 法第763条第5号に規定する新設分割会社をいう．
③ この省令において，次の各号に掲げる用語の意義は，当該各号に定めるところによる．
1 最終事業年度 次のイ又はロに掲げる会社の区分に応じ，当該イ又はロに定めるものをいう．
 イ 株式会社 法第2条第24号に規定する最終事業年度
 ロ 持分会社 各事業年度に係る計算書類を作成した場合における当該事業年度のうち最も遅いもの
2 計算書類 次のイ又はロに掲げる会社の区分に応じ，当該イ又はロに定めるものをいう．
 イ 株式会社 法第435条第2項に規定する計算書類
 ロ 持分会社 法第617条第2項に規定する計算書類
3 計算関係書類 次に掲げるものをいう．
 イ 成立の日における貸借対照表
 ロ 各事業年度に係る計算書類及びその附属明細書

ハ 臨時計算書類
ニ 連結計算書類
4 吸収合併 法第2条第27号に規定する吸収合併（会社が会社以外の法人とする合併であって、合併後会社が存続するものを含む。）をいう。
5 新設合併 法第2条第28号に規定する新設合併（会社が会社以外の法人とする合併であって、合併後会社が設立されるものを含む。）をいう。
6 株式交換 法第2条第31号に規定する株式交換（保険業法（平成7年法律第105号）第96条の5第1項に規定する組織変更株式交換を含む。）をいう。
7 株式移転 法第2条第32号に規定する株式移転（保険業法第96条の8第1項に規定する組織変更株式移転を含む。）をいう。
8 吸収合併存続会社 法第749条第1項に規定する吸収合併存続会社（会社以外の法人とする吸収合併後会社を含む。）をいう。
9 吸収合併消滅会社 法第749条第1項第1号に規定する吸収合併消滅会社（会社以外の法人とする吸収合併により消滅する会社以外の法人を含む。）をいう。
10 新設合併設立会社 法第753条第1項に規定する新設合併設立会社（会社以外の法人とする新設合併により設立される会社を含む。）をいう。
11 新設合併消滅会社 法第753条第1項第1号に規定する新設合併消滅会社（会社以外の法人とする新設合併により消滅する会社以外の法人を含む。）をいう。
12 株式交換完全親会社 法第767条に規定する株式交換完全親会社（保険業法第96条の5第1項に規定する組織変更株式交換完全親会社を含む。）をいう。
13 株式交換完全子会社 法第768条第1項第1号に規定する株式交換完全子会社（保険業法第96条の5第1項に規定する組織変更株式交換完全親会社にその株式の全部を取得されることとなる株式会社を含む。）をいう。
14 株式移転設立完全親会社 法第773条第1項第1号に規定する株式移転設立完全親会社（保険業法第96条の8第1項に規定する組織変更株式移転設立完全親会社を含む。）をいう。
15 株式移転完全子会社 法第773条第1項第5号に規定する株式移転完全子会社（保険業法第96条の8第1項に規定する組織変更株式移転設立完全親会社にその発行する株式の全部を取得されることとなる株式会社を含む。）をいう。
16 会社等 会社（外国会社を含む。）、組合（外国における組合に相当するものを含む。）その他これらに準ずる事業体をいう。
17 株主 株主及び持分会社の社員その他これらに相当するものをいう。
18 株式 株式及び持分をいう。
19 関連会社 会社が他の会社等の財務及び事業の方針の決定に対して重要な影響を与えることができる場合における当該他の会社等（子会社を除く。）をいう。
20 連結子会社 連結の範囲に含められる子会社をいう。
21 非連結子会社 連結の範囲から除かれる子会社をいう。
22 連結会社 当該株式会社及びその連結子会社をいう。
23 関係会社 当該株式会社の親会社、子会社及び関連会社並びに当該株式会社が他の会社等の関連会社である場合における当該他の会社等をいう。
24 持分法 投資会社が、被投資会社の純資産及び損益のうち当該投資会社に帰属する部分の変動に応じて、その投資の金額を各事業年度ごとに修正する方法をいう。
25 税効果会計 貸借対照表又は連結貸借対照表に計上されている資産及び負債の金額と課税所得の計算の結果算定された資産及び負債の金額との間に差異がある場合において、当該差異に係る法人税等（法人税、住民税及び事業税（利益に関連する金額を課税標準として課される事業税をいう。以下同じ。）の金額を適切に期間配分することにより、法人税等を控除する前の当期純利益の金額と法人税等の金額を合理的に対応させるための会計処理をいう。
26 ヘッジ会計 ヘッジ手段（資産（将来の取引により確実に発生すると見込まれるものを含む。以下この号において同じ。）若しくは負債（将来の取引により確実に発生すると見込まれるものを含む。以下この号において同じ。）又はデリバティブ取引に係る価格変動、金利変動及び為替変動による損失の可能性を減殺することを目的とし、かつ、当該可能性を減殺することが客観的に認められる取引をいう。以下同じ。）に係る損益とヘッジ対象（ヘッジ手段の対象である資産若しくは負債又はデリバティブ取引をいう。）に係る損益を同一の会計期間に認識するための会計処理をいう。
27 売買目的有価証券 時価の変動により利益を得ることを目的として保有する有価証券をいう。
28 満期保有目的の債券 満期まで所有する意図をもって保有する債券（満期まで所有する意図をもって取得したものに限る。）をいう。
29 自己社債 会社が有する自己の社債をいう。
30 公開買付け等 金融商品取引法（昭和23年法律第25号）第27条の2第6項（同法第27条の22の2第2項において準用する場合を含む。）に規定する公開買付け及びこれに相当する外国の法令に基づく制度をいう。
31 共通支配下関係 二以上の者（人格のないものを含む。以下この号において同じ。）が同一の者に支配（一時的な支配を除く。以下この号において同じ。）をされている場合又は二以上の者のうちの一の者が他のすべての者を支配している場合における当該二以上の者に係る関係をいう。
32 吸収型再編 次に掲げる行為をいう。
イ 吸収合併
ロ 吸収分割
ハ 株式交換
33 吸収型再編受入行為 次に掲げる行為をいう。
イ 吸収合併による吸収合併消滅会社の権利義務の全部の承継
ロ 吸収分割による吸収分割会社がその事業に関して有する権利義務の全部又は一部の承継
ハ 株式交換による株式交換完全子会社の発行済株式全部の取得
34 吸収型再編対象財産 次のイ又はロに掲げる吸収型再編の区分に応じ、当該イ又はロに定める財産をいう。
イ 吸収合併 吸収合併により吸収合併存続会社

が承継する財産
ロ 吸収分割　吸収分割により吸収分割承継会社が承継する財産
35 吸収型再編受入会社　次のイからハまでに掲げる吸収型再編の区分に応じ，当該イからハまでに定める会社をいう．
イ 吸収合併　吸収合併存続会社
ロ 吸収分割　吸収分割承継会社
ハ 株式交換　株式交換完全親会社
36 吸収型再編対価　次のイからハまでに掲げる吸収型再編の区分に応じ，当該イからハまでに定める財産をいう．
イ 吸収合併　吸収合併に際して吸収合併存続会社が吸収合併消滅会社の株主に対して交付する財産
ロ 吸収分割　吸収分割に際して吸収分割承継会社が吸収分割会社に対して交付する財産
ハ 株式交換　株式交換に際して株式交換完全親会社が株式交換完全子会社の株主に対して交付する財産
37 吸収型再編対価時価　吸収型再編の対価の時価その他適切な方法により算定された吸収型再編対価の価額をいう．
38 吸収型再編対価簿価　次のイ又はロに掲げる吸収型再編対価（吸収型再編受入会社の株式を除く．）の区分に応じ，当該イ又はロに定める額の合計額（吸収型再編受入会社の株式以外の吸収型再編対価が存しない場合にあっては，零）をいう．
イ ロに掲げるもの以外の吸収型再編対価　吸収型再編受入会社における吸収型再編の直前の帳簿価額（当該帳簿価額が適正でない場合にあっては，適正な価額をいう．以下同じ．）
ロ 吸収型再編受入会社の社債等（自己社債及び自己新株予約権を除く．）　吸収型再編受入会社において当該社債等に付すべき帳簿価額
39 吸収型再編簿価株主資本額　イに掲げる額からロ及びハに掲げる額の合計額を減じて得た額
イ 吸収型再編対象財産（資産（吸収型再編受入会社の自己株式となる株式を含む．）に限る．）に付すべき価額
ロ 吸収型再編対象財産（負債に限る．）に付すべき価額
ハ 次に掲げる吸収型再編の区分に応じ，次に定める価額
（1）吸収合併　吸収合併消滅会社が発行していた新株予約権の吸収合併の直前の帳簿価額
（2）吸収分割　吸収分割会社が発行していた新株予約権（当該吸収分割に際して消滅するものに限る．）の吸収分割の直前の帳簿価額
40 中間子会社等　次のイ又はロに掲げる吸収型再編の区分に応じ，当該イ又はロに定める者をいう．
イ 吸収合併（吸収合併消滅会社が吸収合併存続会社の子会社であるものとして計算すべき場合における当該吸収合併に限る．次号イにおいて同じ．）　吸収合併消滅会社の株主のうち，吸収合併消滅会社の親会社その他の当該吸収合併消滅会社を支配する者及びその子会社（当該支配する者が会社でない場合におけるその子会社に相当するものを含む．）であって，吸収合併消滅会社及び吸収合併存続会社以外のもの
ロ 吸収分割（分割型吸収分割を含む．）吸収分割会社が

吸収分割承継会社の子会社であるものとして計算すべき場合における当該吸収分割に限る．次号ロにおいて同じ．）　吸収分割会社の株主のうち，吸収分割会社の親会社その他の当該吸収分割会社を支配する者及びその子会社（当該支配する者が会社でない場合におけるその子会社に相当するものを含む．）であって，吸収分割会社及び吸収分割承継会社以外のもの
40の2 少数株主　次のイ又はロに掲げる吸収型再編の区分に応じ，当該イ又はロに定める者をいう．
イ 吸収合併　吸収合併消滅会社の株主のうち，吸収合併消滅会社，吸収合併存続会社及び中間子会社等以外のもの
ロ 吸収分割　吸収分割会社の株主のうち，吸収分割会社，吸収分割承継会社及び中間子会社等以外のもの
41 分割型吸収分割　吸収分割のうち，吸収分割契約において法第 758 条第 8 号又は第 760 条第 7 号に掲げる事項を定めたものであって，吸収型再編対価が当該事項についての定めに従い吸収型再編対価の全部を当該吸収分割会社の株主に対して交付するもの
42 株式交換完全子会社簿価株主資本額　イ及びロに掲げる額の合計額からハに掲げる額を減じて得た額という．
イ 株式交換の効力が生ずる日前に到来した株式交換完全親会社の最終の事業年度の末日その他株式交換に際して株式交換完全親会社の取得する株式交換完全子会社の株式の帳簿価額の算定の基礎となる株式交換完全子会社の財産の帳簿価額を評価すべき日における株式交換子会社の資産（ロに定める新株予約権に限る．）に係る帳簿価額
ロ 株式交換に際して株式交換完全親会社が株式交換完全子会社の新株予約権者に新株予約権を交付する場合において，株式交換完全子会社が認識すべき利益の額として適切な額
ハ イに規定する事業年度の末日又は評価すべき日における株式交換子会社の負債（新株予約権に係る義務を含む．）に係る帳簿価額
43 株式交換完全子会社株式簿価評価額　イに掲げる額からロに掲げる額を減じて得た額をいう．
イ 株式交換完全子会社株価株主資本額
ロ 株式交換の直前に株式交換完全親会社が株式交換完全子会社の株式を有する場合における当該株式の帳簿価額
44 吸収型再編直前資本金額　吸収型再編の直前の吸収型再編受入会社の資本金の額をいう．
45 吸収型再編後資本金額　吸収型再編後の吸収型再編受入会社の資本金の額をいう．
46 吸収型再編直前資本準備金額　吸収型再編の直前の吸収型再編受入会社の資本準備金の額をいう．
47 吸収型再編後資本準備金額　吸収型再編後の吸収型再編受入会社の資本準備金の額をいう．
48 吸収型再編直前資本剰余金額　吸収型再編の直前の吸収型再編受入会社のその他資本剰余金（吸収型再編受入会社が持分会社である場合にあっては，資本剰余金．次号において同じ．）の額をいう．
49 吸収型再編後資本剰余金額　吸収型再編後の吸収型再編受入会社のその他資本剰余金の額をいう．
50 吸収型再編直前利益準備金額　吸収型再編の直前の吸収型再編受入会社の利益準備金の額をいう．
51 吸収型再編後利益準備金額　吸収型再編後の吸

収型再編受入会社の利益準備金の額をいう.
52 吸収型再編直前利益剰余金額　吸収型再編の直前の吸収型再編受入会社のその他利益剰余金(吸収型再編受入会社が持分会社である場合にあっては,利益剰余金. 次号において同じ.)の額をいう.
53 吸収型再編後利益剰余金額　吸収型再編後の吸収型再編受入会社のその他利益剰余金の額をいう.
54 新設型再編　次に掲げる行為をいう.
　イ　新設合併
　ロ　新設分割
　ハ　株式移転
55 新設型再編対象財産　次のイ又はロに掲げる新設型再編の区分に応じ,当該イ又はロに定める財産をいう.
　イ　新設合併　新設合併により新設合併設立会社が承継する財産
　ロ　新設分割　新設分割により新設分割設立会社が承継する財産
56 新設型再編受入会社　次のイからハまでに掲げる新設型再編の区分に応じ,当該イからハまでに定める会社をいう.
　イ　新設合併　新設合併設立会社
　ロ　新設分割　新設分割設立会社
　ハ　株式移転　株式移転設立完全親会社
57 新設型再編簿価債権株主資本額　イに掲げる額からロ及びハに掲げる額の合計額を減じて得た額
　イ　新設型再編対象財産(資産に限る.)に付すべき価額
　ロ　新設型再編対象財産(負債に限る.)に付すべき価額
　ハ　次に掲げる新設型再編の区分に応じ,次に定める価額
　　(1)　新設合併　新設合併消滅会社が発行していた新株予約権の新設合併の直前の帳簿価額
　　(2)　新設分割　新設分割会社が発行していた新株予約権(当該新設分割に際して消滅するものに限る.)の新設分割の直前の帳簿価額
58 新設型再編対価　次のイからハまでに掲げる新設型再編の区分に応じ,当該イからハまでに定める財産をいう.
　イ　新設合併　新設合併に際して新設合併設立会社が新設合併消滅会社の株主に対して交付する財産
　ロ　新設分割　新設分割に際して新設分割設立会社が新設分割会社に対して交付する財産
　ハ　株式移転　株式移転に際して株式移転設立完全親会社が株式移転完全子会社の株主に対して交付する財産
59 新設型再編対価時価　新設型再編対価の時価その他適切な方法により算定された新設型再編対価の価額をいう.
60 新設型再編対価簿価　新設型再編対価である新設型再編受入会社の社債等につき新設型再編受入会社において付すべき帳簿価額(新設型再編対価である新設型再編受入会社の社債等が存しない場合にあっては,零)をいう.
61 新設合併取得会社　新設合併消滅会社のうち,一の会社の有する財産に付された新設合併直前の帳簿価額を当該財産に付すべき新設合併設立会社における帳簿価額とすべき場合における当該一の会社をいう.
62 分割型新設分割　新設分割のうち,新設分割計画

において法第763条第12号又は第765条第1項第8号に掲げる事項を定めたものであって,新設分割会社が当該事項についての定めに従い新設型再編対価の全部を当該新設分割会社の株主に対して交付するものをいう.
63 株式移転完全子会社簿価株主資本額　イ及びロに掲げる額の合計額からハに掲げる額を減じて得た額をいう.
　イ　株式移転に際して株式移転設立完全親会社の取得する株式移転完全子会社の株式の帳簿価額の算定の基礎となる株式移転完全子会社の財産の帳簿価額を評価すべき適切な日における株式交換完全子会社の資産(自己新株予約権を含む.)に係る帳簿価額
　ロ　株式移転に際して株式移転設立完全親会社が株式移転完全子会社の新株予約権に新株予約権者に新株予約権を交付する場合において,株式移転完全子会社が認識すべき利益の額として適切な額
　ハ　イに規定する日における株式移転完全子会社の負債(新株予約権に係る義務を含む.)に係る帳簿価額
64 簿価評価完全子会社　株式移転完全子会社であって,当該株式移転完全子会社の株式につき株式移転設立完全親会社が付すべき帳簿価額(第33条の規定により計上する負債の額を含む.)を株式移転完全子会社簿価株主資本額をもって算定すべき額とみなされる当該株式移転完全子会社をいう.
65 混合評価完全子会社　簿価評価完全子会社及び時価評価完全子会社以外の株式移転完全子会社をいう.
66 時価評価完全子会社　株式移転完全子会社であって,当該株式移転完全子会社の株式の取得原価を新設型再編対価(株式移転の直前に株式移転完全子会社が新株予約権を発行している場合にあっては,当該新株予約権者の新株予約権者に対して交付する新株予約権(新株予約権付社債についての社債を含む.)を含む.)の時価その他当該株式移転完全子会社の株式の時価を適切に算定する方法をもって測定すべき場合における当該株式移転完全子会社をいう.
67 設立時資本金額　新設型再編受入会社の設立時の資本金の額をいう.
68 設立時資本準備金額　新設型再編受入会社の設立時の資本準備金の額をいう.
69 設立時資本剰余金額　新設型再編受入会社の設立時のその他資本剰余金(新設型再編受入会社が持分会社である場合にあっては,資本剰余金)の額をいう.
70 設立時利益準備金額　新設型再編受入会社の設立時の利益準備金の額をいう.
71 設立時利益剰余金額　新設型再編受入会社の設立時のその他利益剰余金(新設型再編受入会社が持分会社である場合にあっては,利益剰余金)の額をいう.
72 連結配当規制適用会社　ある事業年度の末日が最終事業年度の末日となる時から当該ある事業年度の次の事業年度の末日が最終事業年度の末日となる時までの間における当該株式会社の分配可能額の算定につき第186条第4号の規定を適用する旨を当該ある事業年度に係る計算書類の作成に際して定めた株式会社(ある事業年度に係る連結計

算書類を作成しているものに限る.)をいう.
73 リース物件 リース契約により使用する物件をいう.
74 ファイナンス・リース取引 リース契約に基づく期間の中途において当該リース契約を解除することができないリース取引又はこれに準ずるリース取引で,リース物件の借主が,当該リース物件からもたらされる経済的利益を実質的に享受することができ,かつ,当該リース物件の使用に伴って生じる費用等を実質的に負担することとなるものをいう.
75 所有権移転ファイナンス・リース取引 ファイナンス・リース取引のうち,リース契約上の諸条件に照らしてリース物件の所有権が借主に移転すると認められるものをいう.
76 所有権移転外ファイナンス・リース取引 ファイナンス・リース取引のうち,所有権移転ファイナンス・リース取引以外のものをいう.

④ 前項第19号に規定する「財務及び事業の方針の決定に対して重要な影響を与えることができる場合」とは,次に掲げる場合(財務上又は事業上の関係からみて他の会社等の財務又は事業の方針の決定に対して重要な影響を与えることができないことが明らかであると認められる場合を除く.)をいう.
1 他の会社等(次に掲げる会社等であって,当該会社等の財務又は事業の方針の決定に対して重要な影響を与えることができないと認められるものを除く.以下この項において同じ.)の議決権の総数に対する自己(その子会社を含む.以下この項において同じ.)の計算において所有している議決権の数の割合が100分の20以上である場合
 イ 民事再生法(平成11年法律第225号)の規定による再生手続開始の決定を受けた会社
 ロ 会社更生法(平成14年法律第154号)の規定による更生手続開始の決定を受けた株式会社
 ハ 破産法(平成16年法律第75号)の規定による破産手続開始の決定を受けた会社等
 ニ その他イからハまでに掲げる会社等に準ずる会社等
2 他の会社等の議決権の総数に対する自己の計算において所有している議決権の数の割合が100分の15以上である場合(前号に掲げる場合を除く.)であって,次に掲げるいずれかの要件に該当する場合
 イ 次に掲げる者(他の会社等の財務及び事業の方針の決定に関して影響を与えることができるものに限る.)が他の会社等の代表取締役,取締役又はこれらに準ずる役職に就任していること.
 (1) 自己の役員
 (2) 自己の業務を執行する社員
 (3) 自己の使用人
 (4) (1)から(3)までに掲げる者であった者
 ロ 自己が他の会社等に対して重要な融資を行っていること.
 ハ 自己が他の会社等に対して重要な技術を提供していること.
 ニ 自己と他の会社等との間に重要な販売,仕入れその他の事業上の取引があること.
 ホ その他自己が他の会社等の財務及び事業の方針の決定に対して重要な影響を与えることができることが推測される事実が存在すること.
3 他の会社等の議決権の総数に対する自己所有等議決権数(次に掲げる議決権の数の合計数をい

う.)の割合が100分の20以上である場合(自己の計算において議決権を所有していない場合を含み,前2号に掲げる場合を除く.)であって,前号イからホまでに掲げるいずれかの要件に該当する場合
 イ 自己の計算において所有している議決権
 ロ 自己と出資,人事,資金,技術,取引等において緊密な関係があることにより自己の意思と同一の内容の議決権を行使すると認められる者が所有している議決権
 ハ 自己の意思と同一の内容の議決権を行使することに同意している者が所有している議決権
4 自己と自己から独立した者との間の契約その他これに準ずるものに基づきこれらの者が他の会社等を共同で支配している場合

(会計慣行のしん酌)
第3条 この省令の用語の解釈及び規定の適用に関しては,一般に公正妥当と認められる企業会計の基準その他の企業会計の慣行をしん酌しなければならない.

## 第2編 会計帳簿

## 第1章 総則

第4条 ① 法第432条第1項及び第615条第1項の規定により作成又は保存すべき会計帳簿に付すべき資産,負債及び純資産の価額その他会計帳簿の作成に関する事項(法第445条第4項及び第5項の規定により法務省令で定めるべき事項を含む.)については,この編の定めるところによる.
② 会計帳簿は,書面又は電磁的記録をもって作成しなければならない.

## 第2章 資産及び負債

### 第1節 資産及び負債の評価
#### 第1款 通則
(資産の評価)
第5条 ① 資産については,この省令又は法以外の法令に別段の定めがある場合を除き,会計帳簿にその取得価額を付さなければならない.
② 償却すべき資産については,事業年度の末日(事業年度の末日以外の日において評価すべき場合にあっては,その日.以下この編において同じ.)において,相当の償却をしなければならない.
③ 次の各号に掲げる資産については,事業年度の末日において当該各号に定める価格を付すべき場合には,当該各号に定める価格を付さなければならない.
1 事業年度の末日における時価がその時の取得原価より著しく低い資産(当該資産の時価がその取得原価まで回復すると認められるものを除く.) 事業年度の末日における時価
2 事業年度の末日において予測することができない減損が生じた資産又は減損損失を認識すべき資産 その時の取得原価から相当の減額をした額
④ 取立不能のおそれのある債権については,事業年度の末日においてその時に取り立てることができないと見込まれる額を控除しなければならない.
⑤ 債権については,その取得価額が債権金額と異なる場合その他相当の理由がある場合には,適正な価格を付することができる.
⑥ 次に掲げる資産については,事業年度の末日にお

いてその時の時価又は適正な価格を付すことができる.
一 事業年度の末日における時価がその時の取得原価より低い資産
二 市場価格のある資産(子会社及び関連会社の株式並びに満期保有目的の債券を除く.)
三 前二号に掲げる資産のほか,事業年度の末日においてその時の時価又は適正な価格を付すことが適当な資産

**(負債の評価)**
**第6条** ① 負債については,この省令又は法以外の法令に別段の定めがある場合を除き,会計帳簿に債務額を付さなければならない.
② 次に掲げる負債については,事業年度の末日においてその時の時価又は適正な価格を付すことができる.
一 次に掲げるもののほか将来の費用又は損失(収益の控除を含む.以下この号において同じ.)の発生に備えて,その合理的な見積額のうち当該事業年度の負担に属する金額を費用又は損失として繰り入れることにより計上すべき引当金(株主に対して役務を提供する場合において計上すべき引当金を含む.)
イ 退職給付引当金(使用人が退職した後に当該使用人に退職一時金,退職年金その他これらに類する財産の支給をする場合における事業年度の末日において繰り入れるべき引当金をいう.)
ロ 返品調整引当金(常時,販売する棚卸資産について,当該販売の際の価額による買戻しに係る特約を結んでいる場合における事業年度の末日において繰り入れるべき引当金をいう.)
二 払込みを受けた金額が債務額と異なる社債
三 前二号に掲げる負債のほか,事業年度の末日においてその時の時価又は適正な価格を付すことが適当な負債

**第2款 組織変更等の際の資産及び負債の評価**
**(組織変更の際の資産及び負債の評価替えの禁止)**
**第7条** 会社が組織変更をする場合には,当該組織変更をすることを理由にその有する資産及び負債の帳簿価額を変更することはできない.

**(組織再編行為の際の資産及び負債の評価)**
**第8条** ① 次の各号に掲げる会社が,吸収型再編対象財産の全部の取得原価を吸収型再編対価の時価その他当該吸収型再編対象財産の時価を適切に算定する方法をもって測定することとすべき場合を除き,吸収型再編対象財産には,当該各号に定める会社における当該吸収型再編の直前の帳簿価額を付さなければならない.
一 吸収合併存続会社 吸収合併消滅会社
二 吸収分割承継会社 吸収分割会社
② 前項の規定は,新設合併及び新設分割の場合について準用する.

**(持分会社の出資請求権)**
**第9条** ① 持分会社が組織変更をする場合において,当該持分会社が当該組織変更の直前に持分会社の社員に対して出資の履行をすべきことを請求する権利に係る債権を資産として計上しているときは,当該組織変更の直前に,当該持分会社は,当該債権を資産として計上しないものとみなす.
② 前項の規定は,社員に対して出資の履行をすべきことを請求する権利に係る債権を資産として計上している持分会社が吸収合併消滅会社又は新設合

併消滅会社となる場合について準用する.
**(会社以外の法人が会社となる場合における資産及び負債の評価)**

**第2節 のれん**
**第1款 通則**
**第11条** 会社は,この節に定めがある場合に限り,資産又は負債としてのれんを計上することができる.

**第2款 吸収合併**
**(時価で評価する場合におけるのれんの計上)**
**第12条** ① 吸収型再編対象財産の全部の取得原価を吸収型再編対価の時価その他当該吸収型再編対象財産の時価を適切に算定する方法をもって測定することとすべき場合には,吸収合併存続会社は,吸収合併に際して,資産又は負債としてのれんを計上することができる.
② 前項の規定により計上するのれんの額を算定する場合において,次の各号に掲げるときは,当該各号に定めるものをも吸収型再編対価として考慮するものとする.
一 吸収合併存続会社が吸収合併の直前に吸収合併消滅会社に対して有しているとき 当該株式
二 吸収合併の直前に吸収合併消滅会社が新株予約権を発行しているとき 当該新株予約権の新株予約権者に対して交付する財産
三 吸収合併の直前に吸収合併の費用があるとき 当該費用のうち吸収型再編対価として考慮すべきもの

**(共通支配下関係にある場合におけるのれんの計上)**
**第13条** ① 吸収合併消滅会社と吸収合併存続会社が共通支配下関係にあるものとして計算すべき場合(次条第1項に規定する場合及び第59条の規定を適用する場合を除く.)において,次の各号に掲げるときは,吸収合併存続会社は,吸収合併に際して,当該各号に定めるのれんを計上することができる.ただし,吸収型再編対価の一部が吸収合併存続会社の株式である場合は,第1号に定めるのれんは,吸収型再編対価簿価を超えて計上することはできない.
一 イに掲げる額がロに掲げる額未満である場合(吸収型再編対価の全部が吸収合併存続会社の株式である場合を除く.) その差額に対応する部分についての資産としてのれん
イ (1)に掲げる額から(2)に掲げる額を減じて得た額
(1) 吸収型再編簿価株主資本額
(2) 吸収合併の直前に吸収合併存続会社が有する吸収合併消滅会社の株式の帳簿価額
ロ 吸収型再編対価簿価
二 前号イに掲げる額が同号ロに掲げる額以上である場合(吸収型再編対価の全部又は一部が吸収合併存続会社の株式である場合を除く.) その差額に対応する部分についての負債としてのれん
② 前項の場合には,同項の規定により計上するのれんの額は,吸収型再編簿価株主資本額には,算入しない.

**(子会社と合併をする場合におけるのれん等の計上)**
**第14条** ① 吸収合併消滅会社が吸収合併存続会社の子会社であるものとして計算すべき場合には,吸収合併存続会社は,吸収合併に際して,少数株主及び中間子会社等の吸収合併消滅会社に対する持分に相当する部分につき資産又は負債としてのれんを計上することができる.
② 第12条第2項(第3号に係る部分に限る.)の規定は,前項に規定する場合(当該吸収合併存続会社

の親会社その他の当該吸収合併存続会社を支配する者が存する場合を除く．）において，少数株主の吸収合併消滅会社に対する持分に相当する部分について計上するのみについて準用する．
③ 前条（第1項第1号(2)に係る部分を除く．）の規定は，第1項に規定する場合（当該吸収合併存続会社の親会社その他の当該吸収合併存続会社を支配する者が存する場合に限る．）において，少数株主の吸収合併消滅会社に対する持分に相当する部分について計上するのれんについて準用する．この場合において，同条第1項中「吸収型再編対価簿価」とあるのは「吸収型再編対価簿価（少数株主に交付する吸収型再編対価に相当する部分に限る．）」と，同条第1号イ(1)中「吸収型再編簿価株主資本額」とあるのは「吸収型再編簿価株主資本額（少数株主の吸収合併消滅会社に対する持分に相当する部分に限る．）」と読み替えるものとする．
④ 前条（第1項第1号(2)に係る部分を除く．）の規定は，第1項に規定する場合において，中間子会社等の吸収合併消滅会社に対する持分に相当する部分について計上するのれんについて準用する．この場合において，同条第1項中「吸収型再編対価簿価」とあるのは「吸収型再編対価簿価（中間子会社等に交付する吸収型再編対価に相当する部分に限る．）」と，同条第1号イ(1)中「吸収型再編簿価株主資本額」とあるのは「吸収型再編簿価株主資本額（中間子会社等の吸収合併消滅会社に対する持分に相当する部分に限る．）」と読み替えるものとする．
⑤ 第1項に規定する場合には，吸収合併存続会社が有する吸収合併消滅会社の株式の帳簿価額と吸収型再編簿価株主資本額（吸収合併存続会社の吸収合併消滅会社に対する持分に相当する部分に限る．）との差額は，利益又は損失に計上する．

（のれんの計上の禁止）
**第15条** 吸収型再編対象財産に吸収合併消滅会社における吸収合併の直前の帳簿価額を付すべき場合には，吸収合併存続会社は，吸収合併に際して，のれんを計上することができない．ただし，次に掲げる場合は，この限りでない．
1 前2条の規定によりのれんを計上することができる場合
2 吸収型再編対象財産にのれんが含まれる場合において，当該のれんを資産又は負債として計上するとき．
3 前2号に掲げる場合のほか，のれんを計上しなければならない正当な理由がある場合において，適正なのれんを計上するとき．

## 第3章 純資産

### 第1節 株式会社の株主資本
#### 第1款 株式の交付等
（通則）
**第36条** ① 株式会社がその成立後に行う株式の交付（法第445条第5項に掲げる行為に際しての株式の交付を除く．）による株式会社の資本金等増加限度額（同条第1項に規定する株主となる者が当該株式会社に対して払込み又は給付した財産の額をいう．以下この節において同じ．），その他資本剰余金及びその他利益剰余金の額並びに自己株式対価額（第178条第2項第8号及び第186条第8号ロ並びに法第446条第2号並びに第461条第2項第2号ロ及び第4号に規定する自己株式の対価の額をいう．以下この章において同じ．）については，この款の定めるところによる．
② 前項に規定する「成立後に行う株式の交付」とは，株式会社のその成立後において行う次に掲げる場合における株式の発行及び自己株式の処分（第8号，第9号，第12号，第14号及び第15号に掲げる場合にあっては，自己株式の処分）をいう．
1 法第2編第2章第8節の定めるところにより募集株式を引き受ける者の募集を行う場合
2 取得請求権付株式（法第108条第2項第5号ロに掲げる事項についての定めがあるものに限る．以下この章において同じ．）の取得をする場合
3 取得条項付株式（法第108条第2項第6号ロに掲げる事項についての定めがあるものに限る．以下この章において同じ．）の取得をする場合
4 全部取得条項付種類株式（当該全部取得条項付種類株式を取得するに際して法第171条第1項第1号イに掲げる事項についての定めをした場合における当該取得条項付種類株式に限る．以下この章において同じ．）の取得をする場合
5 株式無償割当てをする場合
6 新株予約権の行使があった場合
7 取得条項付新株予約権（法第236条第1項第7号ニに掲げる事項についての定めがあるものに限る．以下この章において同じ．）の取得をする場合
8 単元未満株式売渡請求を受けた場合
9 株式会社が当該株式会社の株式を取得したことにより生ずる法第462条第1項に規定する義務を履行する場合（株主と連帯して義務を負う者を含む．）に対して当該株主から取得した株式に相当する株式を交付すべき場合
10 吸収合併（会社以外の法人との合併後株式会社が存続する合併を含む．）後当該株式会社が存続する場合
11 吸収分割による他の会社がその事業に関して有する権利義務の全部又は一部の承継をする場合
12 吸収分割により吸収分割会社（株式会社に限る．）が自己株式を吸収分割承継会社に承継させる場合
13 株式交換による他の株式会社の発行済株式の全部の取得をする場合
14 株式交換に際して自己株式を株式交換完全親会社に取得される場合
15 株式移転に際して自己株式を株式移転設立完全親会社に取得される場合

（募集株式を引き受ける者の募集を行う場合）
**第37条** ① 法第2編第2章第8節の定めるところにより募集株式を引き受ける者の募集を行う場合には，資本金等増加限度額は，第1号に掲げる額から第2号に掲げる額を減じて得た額に株式発行割合（当該募集に際して発行する株式の数を当該募集に際して発行する株式の数及び処分する自己株式の数の合計数で除して得た割合をいう．以下この条において同じ．）を乗じて得た額から第3号に掲げる額を減じて得た額（零未満である場合にあっては，零）とする．
1 次に掲げる額の合計額
イ 法第208条第1項の規定により払込みを受けた金銭（当該金銭がハに規定する財産に該当する場合における当該金銭を除く．）の金額（外国

の通貨をもって金銭の払込みを受けた場合にあっては、法第199条第1項第4号の期日（同号の期間を定めた場合にあっては、法第208条第1項の規定により払込みを受けた日）の為替相場に基づき算出された金額

ロ　法第208条第2項の規定により給付を受けた金銭以外の財産（当該財産がハに規定する財産に該当する場合における当該財産を除く。）の法第199条第1項第4号の期日（同号の期間を定めた場合にあっては、法第208条第2項の規定により給付を受けた日）における価額

ハ　法第208条第1項又は第2項の規定により払込み又は給付を受けた財産（当該財産の株式会社における帳簿価額として、当該財産の払込み又は給付をした者における当該払込み又は給付の直前の帳簿価額を付すべき場合における当該財産に限る。）の払込み又は給付を受けた直前の当該払込み又は給付の直前の帳簿価額の合計額

2　法第199条第1項第5号に掲げる事項として募集株式の交付に係る費用の額のうち、株式会社が資本金等増加限度額から減ずべき額と定めた額

3　イに掲げる額からロに掲げる額を減じて得た額が零以上であるときは、当該額

イ　当該募集に際して処分する自己株式の帳簿価額
ロ　第1号に掲げる額から第2号に掲げる額を減じて得た額（零未満である場合にあっては、零）に自己株式処分割合（1から株式発行割合を減じて得た割合をいう。以下この条において同じ。）を乗じて得た額

② 前項に規定する場合には、同項の行為後の次の各号に掲げる額は、同項の行為の直前の当該額に、当該各号に定める額を加算して得た額とする。

1　その他資本剰余金の額　イ及びロに掲げる額の合計額からハに掲げる額を減じて得た額

イ　前項第1号に掲げる額から第2号に掲げる額を減じて得た額に自己株式処分割合を乗じて得た額

ロ　次に掲げる額のうちいずれか少ない額
（1）前項第3号に掲げる額
（2）前項第1号に掲げる額から同項第2号に掲げる額を減じて得た額に株式発行割合を乗じて得た額（零未満である場合にあっては、零）

ハ　当該募集に際して処分する自己株式の帳簿価額

2　その他利益剰余金の額　前項第1号に掲げる額から同項第2号に掲げる額を減じて得た額が零未満である場合における当該額に株式発行割合を乗じて得た額

③ 第1項に規定する場合には、自己株式対価額は、第1項第1号に掲げる額から同項第2号に掲げる額を減じて得た額に自己株式処分割合を乗じて得た額とする。

④ 第2項第1号ロに掲げる額は、第178条第2項第8号及び第186条第8号並びに法第446条第2号並びに第461条第2項第2号ロ及び第4号の規定の適用については、当該額も、自己株式対価額に含まれるものとみなす。

⑤ 第1項第1号の規定の適用については、募集株式を引き受ける者が出資する金銭以外の財産について法第199条第1項第3号に掲げる価額と、当該財産の帳簿価額（当該出資に係る資本金及び資本準備金の額を含む。）とが同一の額でなければならないと解してはならない。

（株式の取得に伴う株式の発行等をする場合）

第38条　① 次に掲げる場合には、資本金等増加限度額は、零とする。

1　取得請求権付株式の取得をする場合
2　取得条項付株式の取得をする場合
3　全部取得条項付種類株式の取得をする場合

② 前項各号に規定する場合には、自己株式対価額は、当該各号に掲げる場合において処分する自己株式の帳簿価額とする。

（株式無償割当てをする場合）

第39条　① 株式無償割当てをする場合には、資本金等増加限度額は、零とする。

② 前項に規定する場合には、株式無償割当て後のその他資本剰余金の額は、株式無償割当ての直前のその他資本剰余金の額から株式無償割当てに際して処分する自己株式の帳簿価額を減じて得た額とする。

③ 第1項に規定する場合には、自己株式対価額は、零とする。

（新株予約権の行使があった場合）

第40条　① 新株予約権の行使があった場合には、資本金等増加限度額は、第1号及び第2号に掲げる額の合計額から第3号に掲げる額を減じて得た額に株式発行割合（当該行使に際して発行する株式の数を当該行使に際して発行する株式の数及び処分する自己株式の数の合計数で除して得た割合をいう。以下この条において同じ。）を乗じて得た額から第4号に掲げる額を減じて得た額（零未満である場合にあっては、零）とする。

1　行使時における当該新株予約権の帳簿価額
2　次に掲げる額の合計額

イ　法第281条第1項に規定する場合又は同条第2項後段に規定する場合におけるこれらの規定により払込みを受けた金銭（当該金銭がハに規定する財産に該当する場合における当該金銭を除く。）の金額（外国の通貨をもって金銭の払込みを受けた場合にあっては、行使時の為替相場に基づき算出された金額）

ロ　法第281条第2項前段の規定により給付を受けた金銭以外の財産（当該財産がハに規定する財産に該当する場合における当該財産を除く。）の行使時の価額

ハ　法第281条第1項又は第2項の規定により払込み又は給付を受けた財産（当該財産の株式会社における帳簿価額として、当該財産の払込み又は給付をした者における当該払込み又は給付の直前の帳簿価額を付すべき場合における当該財産に限る。）の払込み又は給付をした者における当該払込み又は給付の直前の帳簿価額の合計額

3　法第236条第1項第5号に掲げる事項として新株予約権の行使に応じて行う株式の交付に係る費用の額のうち、株式会社が資本金等増加限度額から減ずべき額と定めた額

4　イに掲げる額からロに掲げる額を減じて得た額が零以上であるときは、当該額

イ　当該行使に際して処分する自己株式の帳簿価額
ロ　第1号及び第2号に掲げる額の合計額から第3号に掲げる額を減じて得た額（零未満である場合にあっては、零）に自己株式処分割合（1から株式発行割合を減じて得た割合をいう。以下この条において同じ。）を乗じて得た額

② 前項に規定する場合には、新株予約権の行使後の次の各号に掲げる額は、当該行使の直前の当該額に、

当該各号に定める額を加算して得た額とする.
1 その他資本剰余金の額 イ及びロに掲げる額の合計額からハに掲げる額を減じて得た額
 イ 前項第1号に掲げる額から同項第3号に掲げる額を減じて得た額に自己株式処分割合を乗じて得た額
 ロ 次に掲げる額のうちいずれか少ない額
  (1) 前項第4号に掲げる額
  (2) 前項第1号及び第2号に掲げる額の合計額から前項第3号に掲げる額を減じて得た額に株式発行割合を乗じて得た額(零未満である場合にあっては,零)
 ハ 当該行使に際して処分する自己株式の帳簿価額
2 その他利益剰余金の額 前項第1号及び第2号に掲げる額の合計額から前項第3号に掲げる額を減じて得た額が零未満である場合における当該額に株式発行割合を乗じて得た額
③ 第1項に規定する場合には,自己株式対価額は,同項第1号及び第2号に掲げる額の合計額から同項第3号に掲げる額を減じて得た額に自己株式処分割合を乗じて得た額とする.
④ 第2項第1号に掲げる額は,第178条第2項第8号及び第186条第8号ロ並びに法第446条第2号並びに第461条第2項第2号ロ及び第4号の規定の適用については,当該額も,自己株式対価額に含まれるものとみなす.
⑤ 第1項第1号の規定の適用については,新株予約権が募集新株予約権であった場合における当該募集新株予約権についての法第238条第1項第2号及び第3号に掲げる事項と,第1項第1号の帳簿額とが同一のものでなければならないと解してはならない.
⑥ 第1項第2号の規定の適用については,新株予約権を行使する者が出資する金銭以外の財産について法第236条第1項第2号及び第3号に掲げる価額と,当該財産の帳簿価額(当該出資に係る資本金及び資本準備金の額を含む.)とが同一の額でなければならないと解してはならない.

**(取得条項付新株予約権の取得をする場合)**
**第41条** ① 取得条項付新株予約権の取得をする場合には,資本金等増加限度額は,第1号から第2号及び第3号に掲げる額の合計額を減じて得た額に株式発行割合(当該取得に際して発行する株式の数を当該取得に際して発行する株式の数及び処分する自己株式の数の合計数で除して得た割合をいう.以下この条において同じ.)を乗じて得た額から第4号に掲げる額を減じて得た額(零未満である場合にあっては,零)とする.
1 当該取得時における当該取得条項付新株予約権(当該取得条項付新株予約権が新株予約権付社債(これに準ずるものを含む.以下この号において同じ.)に付されたものである場合にあっては,当該新株予約権付社債についての社債(これに準ずるものを含む.)を含む.以下この項において同じ.)の価額
2 当該取得条項付新株予約権の取得と引換えに行う株式の交付に係る費用の額のうち,株式会社が資本金等増加限度額から減ずるべき額と定めた額
3 株式会社が当該取得条項付新株予約権を取得するのと引換えに交付する財産(当該新株予約権付社債を除く.)の帳簿価額(当該財産が社債(自己社債を除く.)又は新株予約権(自己新株予約権

を除く.)である場合にあっては,会計帳簿に付すべき額)の合計額
4 イに掲げる額からロに掲げる額を減じて得た額が零以上であるときは,当該額
 イ 当該取得に際して処分する自己株式の帳簿価額
 ロ 第1号に掲げる額から第2号及び第3号に掲げる額の合計額を減じて得た額(零未満である場合にあっては,零)に自己株式処分割合(1から株式発行割合を減じて得た割合をいう.以下この条において同じ.)を乗じて得た額
② 前項に規定する場合には,取得条項付新株予約権の取得後の次の各号に掲げる額は,取得条項付新株予約権の取得の直前の当該額に,当該各号に定める額を加算して得た額とする.
1 その他資本剰余金の額 イ及びロに掲げる額の合計額からハに掲げる額を減じて得た額
 イ 前項第1号に掲げる額から同項第2号及び第3号に掲げる額の合計額を減じて得た額に自己株式処分割合を乗じて得た額
 ロ 次に掲げる額のうちいずれか少ない額
  (1) 前項第4号に掲げる額
  (2) 前項第1号に掲げる額から同項第2号及び第3号に掲げる額の合計額を減じて得た額に株式発行割合を乗じて得た額(零未満である場合にあっては,零)
 ハ 当該取得に際して処分する自己株式の帳簿価額
2 その他利益剰余金の額 前項第1号に掲げる額から同項第2号及び第3号に掲げる額の合計額を減じて得た額が零未満である場合における当該額に株式発行割合を乗じて得た額
③ 第1項に規定する場合には,自己株式対価額は,同項第1号に掲げる額から同項第2号及び第3号に掲げる額の合計額を減じて得た額に自己株式処分割合を乗じて得た額とする.
④ 第2項第1号ロに掲げる額は,第178条第2項第8号及び第186条第8号ロ並びに法第446条第2号並びに第461条第2項第2号ロ及び第4号の規定の適用については,当該額も,自己株式対価額に含まれるものとみなす.

**(単元未満株式売渡請求を受けた場合)**
**第42条** ① 単元未満株式売渡請求を受けた場合には,資本金等増加限度額は,零とする.
② 前項に規定する場合には,単元未満株式売渡請求後のその他資本剰余金の額は,第1号及び第2号に掲げる額の合計額から第3号に掲げる額を減じて得た額とする.
1 単元未満株式売渡請求の直前のその他資本剰余金の額
2 当該単元未満株式売渡請求に係る代金の額
3 当該単元未満株式売渡請求に応じて処分する自己株式の帳簿価額
③ 第1項に規定する場合には,自己株式対価額は,単元未満株式売渡請求に係る代金の額とする.

**(法第462条第1項に規定する義務を履行する株主に対して株式を交付すべき場合)**
**第43条** ① 株式会社が当該株式会社の株式を取得したことにより生ずる法第462条第1項に規定する義務を履行する株主(株主と連帯して義務を負う者を含む.)に対して当該株主から取得した株式に相当する株式を交付すべき場合には,資本金等増加限度額は,零とする.
② 前項に規定する場合には,同項の行為後のその他

資本剰余金の額は、第1号及び第2号に掲げる額の合計額から第3号に掲げる額を減じて得た額とする。
1 前項の行為の直前のその他資本剰余金の額
2 当該株主(株主と連帯して義務を負う者を含む。)が株式会社に対して支払った金銭の額
3 当該交付に際して処分する自己株式の帳簿価額
③ 第1項に規定する場合には、自己株式に対応する、同項の株主(株主と連帯して義務を負う者を含む。)が株式会社に対して支払った金銭の額とする。

**(設立時又は成立後の株式の交付に伴う義務が履行された場合)**
**第44条** 次に掲げる義務が履行された場合には、株式会社のその他資本剰余金の額は、当該義務の履行により株式会社に対して支払われた額が増加するものとする。
1 法第52条第1項の規定により同項に定める額の全部又は一部を支払う義務(当該義務を履行した者が同項の現物出資財産等(第28条第1号の財産に限る。)を給付した発起人である場合における当該義務に限る。)
2 法第212条第1項各号に掲げる場合において同項の規定により当該各号に定める額の全部又は一部を支払う義務
3 法第285条第1項各号に掲げる場合において同項の規定により当該各号に定める額の全部又は一部を支払う義務

### 第2款 剰余金の配当
**(法第445条第4項の規定による準備金の計上)**
**第45条** ① 株式会社が剰余金の配当をする場合には、剰余金の配当後の資本準備金の額は、当該剰余金の配当の直前の資本準備金の額に、次の各号に掲げる場合の区分に応じ、当該各号に定める額を加算して得た額とする。
1 当該剰余金の配当をする日における準備金の額が当該日における基準資本金額(資本金の額に4分の1を乗じて得た額をいう。以下この条において同じ。)以上である場合 零
2 当該剰余金の配当をする日における準備金の額が当該日における基準資本金額未満である場合 イ又はロに掲げる額のうちいずれか少ない額に資本剰余金配当割合(次条第1号に掲げる額を法第446条第6号に掲げる額で除して得た割合をいう。)を乗じて得た額
イ 当該剰余金の配当をする日における準備金計上限度額(基準資本金額から準備金の額を減じて得た額をいう。以下この条において同じ。)
ロ 法第446条第6号に掲げる額に10分の1を乗じて得た額

② 株式会社が剰余金の配当をする場合には、剰余金の配当後の利益準備金の額は、当該剰余金の配当の直前の利益準備金の額に、次の各号に掲げる場合の区分に応じ、当該各号に定める額を加算して得た額とする。
1 当該剰余金の配当をする日における準備金の額が当該日における基準資本金額以上である場合 零
2 当該剰余金の配当をする日における準備金の額が当該日における基準資本金額未満である場合
イ又はロに掲げる額のうちいずれか少ない額に利益剰余金配当割合(次条第2号イに掲げる額を法第446条第6号に掲げる額で除して得た割合をいう。)を乗じて得た額
イ 当該剰余金の配当をする日における準備金計上限度額
ロ 法第446条第6号に掲げる額に10分の1を乗じて得た額

**(減少する剰余金の額)**
**第46条** 株式会社が剰余金の配当をする場合には、剰余金の配当後の次の各号に掲げる額は、当該剰余金の配当の当該直前から、当該各号に定める額を減じて得た額とする。
1 その他資本剰余金の額 次に掲げる額の合計額
イ 法第446条第6号に掲げる額のうち、株式会社がその他資本剰余金から減ずるべきと定めた額
ロ 前条第1項第2号に掲げるときは、同号に定める額
2 その他利益剰余金の額 次に掲げる額の合計額
イ 法第446条第6号に掲げる額のうち、株式会社がその他利益剰余金から減ずるべきと定めた額
ロ 前条第2項第2号に掲げるときは、同号に定める額

### 第3款 自己株式
**第47条** ① 株式会社が当該株式会社の株式を取得する場合には、その取得価額を、増加すべき自己株式の額とする。
② 株式会社が自己株式の処分又は消却をする場合には、その帳簿価額を、減少すべき自己株式の額とする。
③ 株式会社が自己株式の消却をする場合には、自己株式の消却後のその他資本剰余金の額は、当該自己株式の消却の直前のその他資本剰余金から当該消却する自己株式の帳簿価額を減じて得た額とする。

### 第4款 株式会社の資本金等の額の増減
**(資本金の額)**
**第48条** ① 株式会社の資本金の額は、第1款及び第4節に定めるところのほか、次の各号に掲げる場合に限り、当該各号に定める額が増加するものとする。
1 法第448条の規定により準備金(資本準備金に限る。)の額を減少する場合(同条第1項第2号に掲げる事項を定めた場合に限る。) 同号の資本金とする額に相当する額
2 法第450条の規定により剰余金の額を減少する場合 同条第1項第1号の減少する剰余金の額(その他資本剰余金に係る額に限る。)に相当する額
② 株式会社の資本金の額は、法第447条の規定による場合に限り、同条第1項第1号の額に相当する額が減少するものとする。この場合において、次に掲げる場合には、資本金の額が減少するものと解して、
1 新株の発行の無効の訴えに係る請求を認容する判決が確定した場合
2 自己株式の処分の無効の訴えに係る請求を認容する判決が確定した場合
3 会社の吸収合併、吸収分割又は株式交換の無効の訴えに係る請求を認容する判決が確定した場合
4 設立時発行株式又は募集株式の引受けに係る意思表示その他の株式の発行又は自己株式の処分に係る意思表示が無効とされ、又は取り消された場合

**(資本準備金の額)**
**第49条** ① 株式会社の資本準備金の額は、第1款及び第2款並びに第4節に定めるところのほか、次の各号に掲げる場合に限り、当該各号に定める額が増加するものとする。
1 法第447条の規定により資本金の額を減少する場合(同条第1項第2号に掲げる事項を定めた場

合に限る。）　同号の準備金とする額に相当する額
2　法第451条の規定により剰余金の額を減少する場合　同条第1項第1号の額（その他資本剰余金に係る額に限る。）に相当する額
② 株式会社の資本準備金の額は、法第448条の規定による場合に限り、同条第1項第1号の額（資本準備金に係る額に限る。）に相当する額が減少するものとする。この場合においては、前条第2項後段の規定を準用する。

**（その他資本剰余金の額）**
**第50条**　① 株式会社のその他資本剰余金の額は、第1款及び第4節に定めるところのほか、次の各号に掲げる場合に限り、当該各号に定める額が増加するものとする。
1　法第447条の規定により資本金の額を減少する場合　同条第1項第1号の額（同項第2号に規定する場合にあっては、当該額から同号の額を減じて得た額）に相当する額
2　法第448条の規定により準備金の額を減少する場合　同条第1項第1号の額（資本準備金に係る額に限り、同項第2号に規定する場合にあっては、当該額から資本準備金についての同号の額を減じて得た額）に相当する額
3　前2号に掲げるもののほか、その他資本剰余金の額を増加すべき場合　その他資本剰余金の額を増加する額として適切な額
② 株式会社のその他資本剰余金の額は、前3款及び第4節に定めるところのほか、次の各号に掲げる場合に限り、当該各号に定める額が減少するものとする。
1　法第450条の規定により資本金の額を減少する場合　同条第1項第1号の額（その他資本剰余金に係る額に限る。）に相当する額
2　法第451条の規定により剰余金の額を減少する場合　同条第1項第1号の額（その他資本剰余金に係る額に限る。）に相当する額
3　前2号に掲げるもののほか、その他資本剰余金の額を減少すべき場合　その他資本剰余金の額を減少する額として適切な額
③ 前項、前3款及び第4節の場合において、これらの規定により減少すべきその他資本剰余金の額の全部又は一部を減少させないこととすることが必要、かつ、適当であるときは、これらの規定にかかわらず、減少させないことが適当なものについては、その他資本剰余金の額を減少させないことができる。

**（利益準備金の額）**
**第51条**　① 株式会社の利益準備金の額は、第2款及び第4節に定めるところのほか、法第451条の規定により剰余金の額を減少する場合に限り、同条第1項第1号の額（その他利益剰余金に係る額に限る。）に相当する額が増加するものとする。
② 株式会社の利益準備金の額は、法第448条の規定による場合に限り、同条第1項第1号の額（利益準備金に係る額に限る。）に相当する額が減少するものとする。

**（その他利益剰余金の額）**
**第52条**　① 株式会社のその他利益剰余金の額は、第4節に定めるところのほか、次の各号に掲げる場合に限り、当該各号に定める額が増加するものとする。
1　法第448条の規定により準備金の額を減少する場合　同条第1項第1号の額（利益準備金に係る額に限る。）に相当する額
2　当期純利益金額が生じた場合　当該当期純利益金額
3　前2号に掲げるもののほか、その他利益剰余金の額を増加すべき場合　その他利益剰余金の額を増加する額として適切な額
② 株式会社のその他利益剰余金の額は、次項、前3款及び第4節に定めるところのほか、次の各号に掲げる場合に限り、当該各号に定める額が減少するものとする。
1　法第451条の規定により剰余金の額を減少する場合　同条第1項第1号の額（その他利益剰余金に係る額に限る。）に相当する額
2　当期純損失金額が生じた場合　当該当期純損失金額
3　前2号に掲げるもののほか、その他利益剰余金の額を減少すべき場合　その他利益剰余金の額を減少する額として適切な額
③ 第50条第3項の規定により減少すべきその他資本剰余金の額を減少させない額がある場合には、当該減少させない額に対応する額をその他利益剰余金から減少させるものとする。

### 第4節　吸収合併、吸収分割及び株式交換に際しての株主資本及び社員資本

#### 第1款　吸収合併

**（吸収型再編対価の全部又は一部が吸収合併存続会社の株式である場合における吸収合併存続会社の株主資本及び社員資本）**
**第58条**　① 吸収型再編対価の全部又は一部が吸収合併存続会社の株式である場合（次条の規定を適用する場合を除く。）には、吸収合併存続会社の次の各号に掲げる額は、当該各号に定める額とする。
1　吸収型再編後資本金額　次に掲げる額の合計額
イ　吸収型再編直前資本金額
ロ　株主払込資本変動額（(1)に掲げる額から(2)に掲げる額を減じて得た額をいう。以下この条において同じ。）が零以上の額であるときは、当該株主払込資本変動額の範囲内で、吸収合併存続会社が吸収合併契約の定めに従い定めた額（零以上の額に限る。）
　(1) 吸収型再編株主資本変動額（当該額が零未満である場合にあっては、零）
　(2) 吸収型再編対価として処分する自己株式の帳簿価額
2　吸収型再編後資本準備金額　次に掲げる額の合計額
イ　吸収型再編直前資本準備金額
ロ　株主払込資本変動額が零以上の額であるときは、当該株主払込資本変動額から前号ロに掲げる額を減じて得た額の範囲内で、吸収合併存続会社が吸収合併契約の定めに従い定めた額（零以上の額に限る。）
3　吸収型再編後資本剰余金額　イ及びロに掲げる額の合計額からハに掲げる額を減じて得た額
イ　吸収型再編直前資本剰余金額
ロ　株主払込資本変動額
ハ　第1号ロ及び前号ロに掲げる額の合計額
4　吸収型再編後利益準備金額　吸収型再編直前利益準備金額
5　吸収型再編後利益剰余金額　次に掲げる額の合計額
イ　吸収型再編直前利益剰余金額
ロ　吸収型再編株主資本変動額が零未満であるときは、吸収型再編株主資本変動額

② 前項に規定する「吸収型再編株主資本変動額」とは，次の各号に掲げる場合の区分に応じ，当該各号に定める額をいう．
1 吸収型再編対象財産の全部の取得原価を吸収型再編対価時価その他当該吸収型再編対象財産の時価を適切に算定する方法をもって測定することとすべき場合 吸収型再編対価時価（吸収合併存続会社の株式に係るものに限る．）
2 吸収合併消滅会社と吸収合併存続会社が共通支配下関係にあるものとして計算すべき場合（次号及び第4号に掲げる場合を除く．）イに掲げる額からロ及びハに掲げる額の合計額を減じて得た額
 イ 吸収型再編簿価株主資本額
 ロ 吸収合併の直前に吸収合併存続会社が有する吸収合併消滅会社の株式の帳簿価額
 ハ 吸収型再編対価簿価
3 吸収合併消滅会社が吸収合併存続会社の子会社であるものとして計算すべき場合（当該吸収合併存続会社の親会社その他の当該吸収合併存続会社を支配する者が存しない場合に限る．）次に掲げる額の合計額
 イ 吸収型再編対価時価（少数株主に交付する吸収合併存続会社の株式に係るものに限る．）
 ロ 吸収型再編簿価株主資本額（中間子会社等の吸収合併消滅会社に対する持分に相当する部分に限る．）から中間子会社等に交付する吸収型再編対価簿価を減じて得た額
4 吸収合併消滅会社が吸収合併存続会社の子会社であるものとして計算すべき場合（当該吸収合併存続会社の親会社その他の当該吸収合併存続会社を支配する者が存しない場合を除く．）吸収型再編簿価株主資本額（少数株主又は中間子会社等の吸収合併消滅会社に対する持分に相当する部分に限る．）から吸収型再編対価簿価を減じて得た額
5 前各号の規定を適用することにより株主資本又は社員資本を計算することができない場合又は計算することが適切でない場合 第2号に定めるところに準じて計算して得た額

**（資本金等も引き継ぐ場合等における株主資本及び社員資本）**
**第59条** ① 吸収合併存続会社の資本金，資本剰余金及び利益剰余金につき吸収合併消滅会社における吸収合併の直前の資本金，資本剰余金及び利益剰余金を引き継ぐものとして計算することが適切である場合には，吸収合併後の吸収合併存続会社の次の各号に掲げるものの額は，当該各号に定める額とする．
1 吸収型再編後資本金額 次に掲げる額の合計額
 イ 吸収型再編直前資本金額
 ロ 吸収合併の直前の吸収合併消滅会社の資本金の額（吸収型再編対価が存しない場合にあっては，零）
2 吸収型再編後資本準備金額 次に掲げる額の合計額
 イ 吸収型再編直前資本準備金額
 ロ 吸収合併の直前の吸収合併消滅会社の資本準備金の額（吸収型再編対価が存しない場合にあっては，零）
3 吸収型再編後資本剰余金額 イ及びロに掲げる額の合計額からハ及びニに掲げる額の合計額を減じて得た額
 イ 吸収型再編直前資本剰余金額
 ロ 吸収合併の直前の吸収合併消滅会社のその他資本剰余金の額（吸収型再編対価が存しない場合にあっては，吸収合併の直前の吸収合併消滅会社の資本金の額，資本準備金の額及びその他資本剰余金の額の合計額）
 ハ 吸収型再編対価として処分する吸収合併存続会社の自己株式の帳簿価額
 ニ 吸収合併存続会社又は吸収合併消滅会社の有する吸収合併消滅会社の株式の帳簿価額
4 吸収型再編後利益準備金額 次に掲げる額の合計額
 イ 吸収型再編直前利益準備金額
 ロ 吸収合併の直前の吸収合併消滅会社の利益準備金の額（吸収型再編対価が存しない場合にあっては，零）
5 吸収型再編後利益剰余金額 次に掲げる額の合計額
 イ 吸収型再編直前利益剰余金額
 ロ 吸収合併の直前の吸収合併消滅会社のその他利益剰余金の額（吸収型再編対価が存しない場合にあっては，吸収合併の直前の吸収合併消滅会社の利益準備金の額及びその他利益剰余金の額の合計額）
② 前項に規定する「吸収合併存続会社の資本金，資本剰余金及び利益剰余金につき吸収合併消滅会社における吸収合併の直前の資本金，資本剰余金及び利益剰余金を引き継ぐものとして計算することが適切である場合」とは，次のいずれにも該当する場合をいう．
1 吸収型再編対象財産に吸収合併消滅会社における吸収合併の直前の帳簿価額を付すべき場合であること．
2 次に掲げるいずれかの場合であること．
 イ 吸収型再編対価の全部が吸収合併存続会社の株式である場合
 ロ 吸収型再編対価が存しない場合
3 次に掲げるいずれかの場合であること．
 イ 前項の規定に従って計算すべき場合
 ロ イに掲げる場合のほか，前条第2項第2号又は第5号に掲げる場合において，吸収合併存続会社がこの条の規定を適用するものと定めたとき．

**第6節 設立時の株主資本及び社員資本**
**第1款 通常の設立**
**（株式会社の設立時の株主資本）**
**第74条** ① 法第25条第1項第1号に掲げる方法により株式会社を設立する場合における株式会社の設立時に行う株式の発行に係る法第445条第1項に規定する株主となる者が当該株式会社に対して払込み又は給付をした財産の額とは，第1号に掲げる額から第2号に掲げる額を減じて得た額（零未満である場合にあっては，零）とする．
1 次に掲げる額の合計額（零未満である場合にあっては，零）
 イ 法第34条第1項又は第63条第1項の規定により払込みを受けた金銭（当該金銭がハに規定する財産に該当する場合における当該金銭を除く．）の金額（外国の通貨をもって金銭の払込みを受けた場合にあっては，払込みがあった日の為替相場に基づき算出された金額）
 ロ 法第34条第1項の規定により給付を受けた金銭以外の財産（当該財産がハに規定する財産に該当する場合における当該財産を除く．）の給付があった日における当該財産の価額

ハ 法第34条第1項又は第63条第1項の規定により払込み又は給付を受けた財産(当該財産の株式会社における帳簿価額として,当該財産の払込み又は給付をした者における当該払込み又は給付の直前の帳簿価額を付すべき場合における当該財産に限る.)の払込み又は給付をした者における当該払込み又は給付の直前の帳簿価額の合計額
2 法第32条第1項第3号に掲げる事項として,設立に要した費用の額のうち設立に際して資本金又は資本準備金の額として計上すべき額から減ずるべき額と定めた額
② 設立(法第25条第1項各号に掲げる方法によるものに限る.以下この条において同じ.)時の株式会社のその他資本剰余金の額は,零とする.
③ 設立時の株式会社の利益準備金の額は,零とする.
④ 設立時の株式会社のその他利益剰余金の額は,零(第1項第1号からハまでに掲げる額の合計額から同項第2号に掲げる額を減じて得た額が零未満である場合にあっては,当該額)とする.
⑤ 第1項第1号の規定の適用については,設立時に発起人が出資する金銭以外の財産について定款に定めた額と,当該財産の帳簿価額(当該出資に係る資本金及び資本準備金の額を含む.)とが同一の額でなければならないと解してはならない.

### 第3款 新設分割

**(単独新設分割の場合における株主資本及び社員資本)**

**第80条** 新設分割設立会社の次の各号に掲げる額は,当該各号に定める額とする.ただし,次条第1項本文に規定する場合において,新設分割会社が同条の規定を適用するものと定めたときは,この限りでない.
1 設立時資本金額 設立時株主払込資本額(イに掲げる額からロに掲げる額を減じて得た額をいう.以下この条において同じ.)(当該設立時株主払込資本額が零未満である場合にあっては,零)の範囲内で,新設分割会社が新設分割計画に従い定めた額(零以上の額に限る.)
 イ 新設型再編簿価株主資本額
 ロ 新設型再編対価簿価
2 設立時資本準備金額 設立時株主払込資本額(当該設立時株主払込資本額が零未満である場合にあっては,零)から設立時資本金額を減じて得た額の範囲内で,新設分割会社が新設分割計画に従い定めた額(零以上の額に限る.)
3 設立時資本剰余金額 設立時株主払込資本額(当該設立時株主払込資本額が零未満である場合にあっては,零)から設立時資本金額及び設立時資本準備金額の合計額を減じて得た額
4 設立時利益準備金額 零
5 設立時利益剰余金額 零(新設型再編簿価株主資本額が零未満である場合にあっては,当該新設型再編簿価株主資本額)

**(資本金等を適当に定めることができる場合における株主資本及び社員資本)**

**第81条** ① 分割型新設分割の新設型再編対価の全部が新設分割設立会社の株式である場合には,新設分割設立会社の次に掲げる額は,適当に定めることができる.ただし,適当に定めることが適切でない場合は,この限りでない.
1 設立時資本金額(零以上の額に限る.)
2 設立時資本準備金額(零以上の額に限る.)
3 設立時資本剰余金額
4 設立時利益準備金額(零以上の額に限る.)
5 設立時利益剰余金額
② 前項本文の場合には,新設分割会社は,同項各号に掲げる額に対応して,その資本金,資本準備金若しくはその他資本剰余金又は利益準備金若しくはその他利益剰余金の額を適切に定めなければならない.この場合において,これらの額の変更に関しては,法第2編第5章第3節第2款の規定その他の法の規定に従うものとする.

**(共同新設分割の場合における株主資本及び社員資本)**

**第82条** 二以上の会社が新設分割をする場合には,次に掲げるところに従い,新設分割設立会社の株主資本又は社員資本を計算するものとする.
1 仮に各新設分割会社が他の新設分割会社と共同しないで新設分割を行うことによって会社を設立するものとして,当該会社(以下この条において「仮会社」という.)の計算を行う.
2 各仮会社が新設合併をすることにより設立される会社が新設分割設立会社となるものとみなして,当該新設分割設立会社の計算を行う.

### 第4款 株式移転

**第83条** 株式移転設立完全親会社の次の各号に掲げる額は,当該各号に定める額とする.
1 設立時資本金額 新設型再編株主払込資本額(次に掲げる額の合計額をいう.以下この条において同じ.)(当該新設型再編株主払込資本額が零未満である場合にあっては,零)の範囲内で,株式移転完全子会社が株式移転計画の定めに従い定めた額(零以上の額に限る.)
 イ 簿価評価完全子会社(簿価評価完全子会社の株主に交付する新設型再編対価の全部が株式移転設立完全親会社の社債等である場合又は簿価評価完全子会社の株主に交付する新設型再編対価が存しない場合における当該簿価評価完全子会社(以下この条において「非株式交付完全子会社」という.)を除く.)の株式移転完全子会社簿価株主資本額及び第27条第1号の規定により計上されるのれんの額の合計額から新設型再編対価簿価(当該簿価評価完全子会社の株主又は新株予約権者に交付するものに係るものに限る.)を減じて得た額
 ロ 時価評価完全子会社の株主に対して交付する新設型再編対価時価(当該時価評価完全子会社の株主に交付する株式移転設立完全親会社の株式に係るものに限る.)
 ハ 混合評価完全子会社に係る次に掲げる額の合計額
 (1) 混合評価完全子会社の株式移転完全子会社簿価株主資本額及び第28条の規定により計上されるのれんの額の合計のうち,株式移転設立完全親会社の設立時株主払込資本額を定めるに当たって算入すべき額から新設型再編対価簿価(当該混合評価完全子会社の株主又は新株予約権者に交付するものに係るものに限る.)のうち,株式移転設立完全親会社の設立時株主払込資本額を定めるに当たって減ずるべき額を減じて得た額
 (2) 混合評価完全子会社の株主に対して交付する新設型再編対価時価(当該混合評価完全子会社

の株主に交付する株式移転設立完全親会社の株式に係るものに限る.)のうち,株式移転設立完全親会社の新設型再編株主払込資本額を定めるに当たって算入すべき額
2 設立時資本準備金額　新設型再編株主払込資本額(当該新設型再編株主払込資本額が零未満である場合にあっては,零)から設立時資本金額を減じて得た額の範囲内で,株式移転計画の定めに従い定めた額(零以上の額に限る.)
3 設立時資本剰余金額　新設型再編株主払込資本額(当該新設型再編株主払込資本額が零未満である場合にあっては,零)から設立時資本金額及び設立時資本準備金額の合計額を減じて得た額
4 設立時利益準備金額　零
5 設立時利益剰余金額　零(新設型再編株主払込資本額が零未満であるときは,当該新設型再編株主払込資本額)

# 第3編　計算関係書類

## 第1章　総則

### 第1節　表示の原則

**第89条**　① 計算関係書類に係る事項の金額は,1円単位,1,000円単位又は100万円単位をもって表示するものとする.
② 計算関係書類は,日本語をもって表示するものとする.ただし,その他の言語をもって表示することが不当でない場合は,この限りでない.
③ 計算関係書類(各事業年度に係る計算書類の附属明細書を除く.)については,貸借対照表,損益計算書その他計算関係書類を構成するものごとに,一の書面その他の資料として作成をしなければならないものと解してはならない.

### 第2節　株式会社の個別計算書類

**(成立の日の貸借対照表)**
**第90条**　法第435条第1項の規定により作成すべき貸借対照表は,株式会社の成立の日における会計帳簿に基づき作成しなければならない.

**(各事業年度に係る計算書類)**
**第91条**　① 法第435条第2項に規定する法務省令で定めるものは,この編の規定に従い作成される株主資本等変動計算書及び個別注記表とする.
② 各事業年度に係る計算書類及びその附属明細書の作成に係る期間は,当該事業年度の前事業年度の末日の翌日(当該事業年度の前事業年度がない場合にあっては,成立の日)から当該事業年度の末日までの期間とする.この場合において,当該期間は,1年(事業年度の末日を変更する場合における変更後の最初の事業年度については,1年6箇月)を超えることができない.
③ 法第435条第2項の規定により作成すべき各事業年度に係る計算書類及びその附属明細書は,当該事業年度に係る会計帳簿に基づき作成しなければならない.

**(臨時計算書類)**
**第92条**　① 臨時計算書類の作成に係る期間(次項において「臨時会計年度」という.)は,当該事業年度の前事業年度の末日の翌日(当該事業年度の前事業年度がない場合にあっては,成立の日)から臨時決算日までの期間とする.
② 臨時計算書類は,臨時会計年度に係る会計帳簿に基づき作成しなければならない.
③ 株式会社が臨時計算書類を作成しようとする場合において,当該株式会社についての最終事業年度がないときは,当該株式会社の成立の日から最初の事業年度が終結する日までの間,当該最初の事業年度に属する一定の日を臨時決算日とみなして,法第441条の規定を適用することができる.

### 第3節　株式会社の連結計算書類

**(連結計算書類)**
**第93条**　法第444条第1項に規定する法務省令で定めるものは,この編の規定に従い作成される次に掲げるものとする.
1 連結貸借対照表
2 連結損益計算書
3 連結株主資本等変動計算書
4 連結注記表

**第94条**　各事業年度に係る連結計算書類の作成に係る期間(以下この編において「連結会計年度」という.)は,当該事業年度の前事業年度の末日の翌日(当該事業年度の前事業年度がない場合にあっては,成立の日)から当該事業年度の末日までの期間とする.

**(連結の範囲)**
**第95条**　① 株式会社は,そのすべての子会社を連結の範囲に含めなければならない.ただし,次のいずれかに該当する子会社は,連結の範囲に含めないものとする.
1 財務及び事業の方針を決定する機関(株主総会その他これに準ずる機関をいう.)に対する支配が一時的であると認められる子会社
2 前号に掲げるもののほか,連結の範囲に含めることにより当該株式会社の利害関係人の判断を著しく誤らせるおそれがあると認められる子会社
② 前項の規定により連結の範囲に含めるべき子会社のうち,その資産,売上高等からみて,連結の範囲から除いてもその企業集団の財産及び損益の状況に関する合理的な判断を妨げない程度に重要性の乏しいものは,連結の範囲から除くことができる.

**(事業年度に係る期間の異なる子会社)**
**第96条**　① 株式会社の事業年度の末日と異なる日をその事業年度の末日とする連結子会社は,当該株式会社の事業年度の末日において,連結計算書類の作成の基礎となる計算書類を作成するために必要とされる決算を行わなければならない.ただし,当該連結子会社の事業年度の末日と当該株式会社の事業年度の末日との差異が3箇月を超えない場合において,当該連結子会社の事業年度に係る計算書類を基礎として連結計算書類を作成するときは,この限りでない.
② 前項ただし書の規定により連結計算書類を作成する場合には,連結子会社の事業年度の末日と当該株式会社の事業年度の末日が異なることから生ずる連結会社相互間の取引に係る会計記録の重要な不一致について,調整をしなければならない.

**第97条**　連結貸借対照表は,株式会社の連結会計年度に対応する期間に係る連結会社の貸借対照表(連結子会社が前条第1項本文の規定による決算を行う場合における当該連結子会社の貸借対照表については,当該決算に係る貸借対照表)の資産,負

債及び純資産の金額を基礎として作成しなければならない．この場合においては，連結会社の貸借対照表に計上された資産，負債及び純資産の金額を，連結貸借対照表の適切な項目に計上することができる．

(連結損益計算書)
第98条　連結損益計算書は，株式会社の連結会計年度に対応する期間に係る連結会社の損益計算書（連結子会社が第96条第1項本文の規定による決算を行う場合における当該連結子会社の損益計算書については，当該決算に係る損益計算書）の収益若しくは費用又は利益若しくは損失の金額を基礎として作成しなければならない．この場合においては，連結会社の損益計算書に計上された収益若しくは費用又は利益若しくは損失の金額を，連結損益計算書の適切な項目に計上することができる．

(連結株主資本等変動計算書)
第99条　連結株主資本等変動計算書は，株式会社の連結会計年度に対応する期間に係る連結会社の株主資本等変動計算書（連結子会社が第96条第1項本文の規定による決算を行う場合における当該連結子会社の株主資本等変動計算書については，当該決算に係る株主資本等変動計算書）の株主資本等（株主資本その他の会社等の純資産をいう．以下この条において同じ．）を基礎として作成しなければならない．この場合においては，連結会社の株主資本等変動計算書に表示された株主資本等に係る額を，連結株主資本等変動計算書の適切な項目に計上することができる．

(連結子会社の資産及び負債の評価等)
第100条　連結計算書類の作成に当たっては，連結子会社の資産及び負債の評価並びに株式会社の連結子会社に対する投資とこれに対応する当該連結子会社の資本との相殺消去その他必要とされる連結会社相互間の項目の相殺消去をしなければならない．

(持分法の適用)
第101条　① 非連結子会社及び関連会社に対する投資については，持分法により計算する価額をもって連結貸借対照表に計上しなければならない．ただし，次のいずれかに該当する非連結子会社及び関連会社に対する投資については，持分法を適用しないものとする．
1　財務及び事業の方針の決定に対する影響が一時的であると認められる関連会社
2　持分法を適用することにより株式会社の利害関係人の判断を著しく誤らせるおそれがあると認められる非連結子会社及び関連会社
② 前項の規定により持分法を適用すべき非連結子会社及び関連会社のうち，その損益等からみて，持分法の対象から除いても連結計算書類に重要な影響を与えないものは，持分法の対象から除くことができる．

## 第2章　貸借対照表等

(通　則)
第104条　貸借対照表等（貸借対照表及び連結貸借対照表をいう．以下この編において同じ．）については，この章に定めるところによる．

(貸借対照表等の区分)
第105条　① 貸借対照表等は，次に掲げる部に区分して表示しなければならない．
1　資産
2　負債
3　純資産
② 資産の部又は負債の部の各項目は，当該項目に係る資産又は負債を示す適当な名称を付さなければならない．
③ 株式会社が二以上の異なる種類の事業を営んでいる場合には，連結貸借対照表の資産の部及び負債の部は，その営む事業の種類ごとに区分することができる．

(資産の部の区分)
第106条　① 資産の部は，次に掲げる項目に区分しなければならない．この場合において，各項目（第2号に掲げる項目を除く．）は，適当な項目に細分しなければならない．
1　流動資産
2　固定資産
3　繰延資産
② 固定資産に係る項目は，次に掲げる項目に区分しなければならない．この場合において，各項目は，適当な項目に細分しなければならない．
1　有形固定資産
2　無形固定資産
3　投資その他の資産
③ 次の各号に掲げる資産は，当該各号に定めるものに属するものとする．
1　次に掲げる資産　流動資産
イ　現金及び預金（1年内に期限の到来しない預金を除く．）
ロ　受取手形（通常の取引（当該会社の事業目的のための営業活動において，経常的に又は短期間に循環して発生する取引をいう．以下この章において同じ．）に基づいて発生した手形債権（破産更生債権等（破産債権，再生債権，更生債権その他これらに準ずる債権をいう．以下この章において同じ．）で1年内に弁済を受けることができないことが明らかなものを除く．）をいう．）
ハ　売掛金（通常の取引に基づいて発生した事業上の未収金（当該未収金に係る債権が破産更生債権等で1年内に弁済を受けることができないことが明らかなものである場合における当該未収金を除く．）をいう．）
ニ　所有権移転ファイナンス・リース取引におけるリース債権のうち，通常の取引に基づいて発生したもの（破産更生債権等で1年内に回収されないことが明らかなものを除く．）及び通常の取引以外の取引に基づいて発生したもので1年内に期限が到来するもの
ホ　所有権移転外ファイナンス・リース取引におけるリース投資資産のうち，通常の取引に基づいて発生したもの（破産更生債権等で1年内に回収されないことが明らかなものを除く．）及び通常の取引以外の取引に基づいて発生したもので1年内に期限が到来するもの
ヘ　売買目的有価証券及び1年内に満期の到来する有価証券
ト　商品（販売の目的をもって所有する土地，建物その他の不動産を含む．）
チ　製品，副産物及び作業くず
リ　半製品（自製部分品を含む．）
ヌ　原料及び材料（購入部分品を含む．）

ル 仕掛品及び半成工事
ヲ 消耗品,消耗工具,器具及び備品その他の貯蔵品であって,相当な価額以上のもの
ワ 前渡金(商品,原材料等の購入のための前渡金(当該前渡金に係る債権が破産更生債権等で1年内に弁済を受けることができないことが明らかなものである場合における当該前渡金を除く.)をいう.)
カ 前払費用であって,1年内に費用となるべきもの
ヨ 未収収益
タ 次に掲げる繰延税金資産
　(1) 流動資産に属する資産又は流動負債に属する負債に関連する繰延税金資産
　(2) 特定の資産又は負債に関連しない繰延税金資産であって,1年内に取り崩されると認められるもの
レ その他の資産であって,1年内に現金化できると認められるもの
2 次に掲げる資産(ただし,イからチまでに掲げる資産については,事業の用に供するものに限る.) 有形固定資産
イ 建物及び暖房,照明,通風等の付属設備
ロ 構築物(ドック,橋,岸壁,さん橋,軌道,貯水池,坑道,煙突その他土地に定着する土木設備又は工作物をいう.)
ハ 機械及び装置並びにホイスト,コンベヤー,起重機等の搬送設備その他の付属設備
ニ 船舶及び水上運搬具
ホ 鉄道車両,自動車その他の陸上運搬具
ヘ 工具,器具及び備品(耐用年数1年以上のものに限る.)
ト 土地
チ リース資産(当該会社がファイナンス・リース取引におけるリース物件の借主である資産であって,当該リース物件がイからトまで及びヌに掲げるものである場合に限る.)
リ 建設仮勘定(イからトまでに掲げる資産で事業の用に供するものを建設した場合における支出及び当該建設の目的のために充当した材料をいう.)
ヌ その他の有形資産であって,有形固定資産に属する資産とすべきもの
3 次に掲げる資産 無形固定資産
イ 特許権
ロ 借地権(地上権を含む.)
ハ 商標権
ニ 実用新案権
ホ 意匠権
ヘ 鉱業権
ト 漁業権(入漁権を含む.)
チ ソフトウエア
リ のれん
ヌ リース資産(当該会社がファイナンス・リース取引におけるリース物件の借主である資産であって,当該リース物件がイからトまで及びルに掲げるものである場合に限る.)
ル その他の無形資産であって,無形固定資産に属する資産とすべきもの
4 次に掲げる資産 投資その他の資産
イ 関係会社の株式(売買目的有価証券に該当する株式を除く.以下同じ.)その他流動資産に属しない有価証券
ロ 出資金
ハ 長期貸付金
ニ 次に掲げる繰延税金資産
　(1) 有形固定資産,無形固定資産若しくは投資その他の資産に属する資産又は固定負債に属する負債に関連する繰延税金資産
　(2) 特定の資産又は負債に関連しない繰延税金資産であって,1年内に取り崩されると認められないもの
ホ 所有権移転ファイナンス・リース取引におけるリース債権のうち第1号ニに掲げるもの以外のもの
ヘ 所有権移転外ファイナンス・リース取引におけるリース投資資産のうち第1号ホに掲げるもの以外のもの
ト その他の資産であって,投資その他の資産に属する資産とすべきもの
チ その他の資産であって,流動資産,有形固定資産,無形固定資産又は繰延資産に属しないもの
5 繰延資産として計上することが適当であると認められるもの 繰延資産
④ 前項に規定する「1年内」とは,次の各号に掲げる貸借対照表等の区分に応じ,当該各号に定める日から起算して1年以内の日をいう(以下この編において同じ.)
1 成立の日における貸借対照表 会社の成立の日
2 事業年度に係る貸借対照表 事業年度の末日の翌日
3 臨時計算書類の貸借対照表 臨時決算日の翌日
4 連結貸借対照表 連結会計年度の末日の翌日
**(負債の部の区分)**
**第107条** ① 負債の部は,次に掲げる項目に区分しなければならない.この場合において,各項目は,適当な項目に細分しなければならない.
1 流動負債
2 固定負債
② 次の各号に掲げる負債は,当該各号に定めるものに属するものとする.
1 次に掲げる負債 流動負債
イ 支払手形(通常の取引に基づいて発生した手形債務をいう.)
ロ 買掛金(通常の取引に基づいて発生した事業上の未払金.)
ハ 前受金(受注工事,受注品等に対する前受金をいう.)
ニ 引当金(資産に係る引当金及び1年内に使用されないと認められるものを除く.)
ホ 通常の取引に関連して発生する未払金又は預り金で一般の取引慣行として発生後短期間に支払われるもの
ヘ 未払費用
ト 前受収益
チ 次に掲げる繰延税金負債
　(1) 流動資産に属する資産又は流動負債に属する負債に関連する繰延税金負債
　(2) 特定の資産又は負債に関連しない繰延税金負債であって,1年内に取り崩されると認められるもの
リ ファイナンス・リース取引におけるリース債務のうち,1年内に期限が到来するもの
ヌ その他の負債であって,1年内に支払又は返済されると認められるもの

2 次に掲げる負債　固定負債
イ 社債
ロ 長期借入金
ハ 引当金(資産に係る引当金及び前号ニに掲げる引当金を除く.)
ニ 次に掲げる繰延税金負債
　(1) 有形固定資産,無形固定資産若しくは投資その他の資産に属する資産又は固定負債に属する負債に関連する繰延税金負債
　(2) 特定の資産又は負債に関連しない繰延税金負債であって,1年内に取り崩されると認められないもの
ホ のれん
ヘ ファイナンス・リース取引におけるリース債務のうち,前号リに掲げるもの以外のもの
ト その他の負債であって,流動負債に属しないもの

(純資産の部の区分)
**第108条** ① 純資産の部は,次の各号に掲げる貸借対照表等の区分に応じ,当該各号に定める項目に区分しなければならない.
1 株式会社の貸借対照表　次に掲げる項目
イ 株主資本
ロ 評価・換算差額等
ハ 新株予約権
2 株式会社の連結貸借対照表　次に掲げる項目
イ 株主資本
ロ 評価・換算差額等
ハ 新株予約権
ニ 少数株主持分
3 持分会社の貸借対照表　次に掲げる項目
イ 社員資本
ロ 評価・換算差額等
② 株主資本に係る項目は,次に掲げる項目に区分しなければならない.この場合において,第5号に掲げる項目は,控除項目とする.
1 資本金
2 新株式申込証拠金
3 資本剰余金
4 利益剰余金
5 自己株式
6 自己株式申込証拠金
③ 社員資本に係る項目は,次に掲げる項目に区分しなければならない.
1 資本金
2 出資金申込証拠金
3 資本剰余金
4 利益剰余金
④ 株式会社の貸借対照表の資本剰余金に係る項目は,次に掲げる項目に区分しなければならない.
1 資本準備金
2 その他資本剰余金
⑤ 株式会社の貸借対照表の利益剰余金に係る項目は,次に掲げる項目に区分しなければならない.
1 利益準備金
2 その他利益剰余金
⑥ 第4項第2号及び前項第2号に掲げる項目は,適当な名称を付した項目に細分することができる.
⑦ 評価・換算差額等に係る項目は,次に掲げる項目にその他適当な名称を付した項目に細分しなければならない.ただし,第4号に掲げる項目は,連結貸借対照表に限る.
1 その他有価証券評価差額金

2 繰延ヘッジ損益
3 土地再評価差額金
4 為替換算調整勘定
⑧ 新株予約権に係る項目は,自己新株予約権に係る項目を控除項目として区分することができる.
⑨ 連結貸借対照表についての次の各号に掲げるものに計上すべきものは,当該各号に定めるものとする.
1 第2項第5号の自己株式　次に掲げる額の合計額
イ 当該株式会社が保有する当該株式会社の株式の帳簿価額
ロ 連結子会社並びに持分法を適用する非連結子会社及び関連会社が保有する当該株式会社の株式の帳簿価額のうち,当該株式会社のこれらの会社に対する持分に相当する額
2 第7項第5号の為替換算調整勘定　外国にある子会社又は関連会社の資産及び負債の換算に用いる為替相場と純資産の換算に用いる為替相場とが異なることにより生じる換算差額

(貸倒引当金等の表示)
**第109条** ① 各資産に係る引当金は,次項の規定による場合のほか,当該各資産の項目に対する控除項目として,貸倒引当金その他当該引当金の設定目的を示す名称を付した項目をもって表示しなければならない.ただし,流動資産,有形固定資産,無形固定資産,投資その他の資産又は繰延資産の区分に応じ,これらの資産に対する控除項目として一括して表示することを妨げない.
② 各資産に係る引当金は,当該各資産の金額から直接控除し,その控除残高を当該各資産の金額として表示することができる.

(有形固定資産に対する減価償却累計額の表示)
**第110条** ① 各有形固定資産に対する減価償却累計額は,次項の規定による場合のほか,当該各有形固定資産の項目に対する控除項目として,減価償却累計額の項目をもって表示しなければならない.ただし,これらの有形固定資産に対する控除項目として一括して表示することを妨げない.
② 各有形固定資産に対する減価償却累計額は,当該各有形固定資産の金額から直接控除し,その控除残高を当該各有形固定資産の金額として表示することができる.

(有形固定資産に対する減損損失累計額の表示)
**第111条** ① 各有形固定資産に対する減損損失累計額は,次項及び第3項の規定による場合のほか,当該各有形固定資産の金額(前条第2項の規定により有形固定資産に対する減価償却累計額を当該有形固定資産の金額から直接控除しているときは,その控除後の金額)から直接控除し,その控除残高を当該各有形固定資産の金額として表示しなければならない.
② 減価償却を行う各有形固定資産に対する減損損失累計額は,当該各有形固定資産の項目に対する控除項目として,減損損失累計額の項目をもって表示することができる.ただし,これらの有形固定資産に対する控除項目として一括して表示することを妨げない.
③ 前条第1項及び前項の規定により減価償却累計額及び減損損失累計額を控除項目として表示する場合には,減損損失累計額を減価償却累計額に合算して,減価償却累計額の項目をもって表示することができる.

(無形固定資産の表示)

第112条 ① 各無形固定資産に対する減価償却累計額及び減損損失累計額は、当該各無形固定資産の金額から直接控除し、その控除残高を当該各無形固定資産の金額として表示しなければならない。

(関係会社株式等の表示)
第113条 ① 関係会社の株式又は出資金は、関係会社株式又は関係会社出資金の項目をもって別に表示しなければならない。
② 前項の規定は、連結貸借対照表及び持分会社の貸借対照表については、適用しない。

(繰延税金資産等の表示)
第114条 ① 流動資産に属する繰延税金資産の金額及び流動負債に属する繰延税金負債の金額については、その差額のみを繰延税金資産又は繰延税金負債として流動資産又は流動負債に表示しなければならない。
② 固定資産に属する繰延税金資産の金額及び固定負債に属する繰延税金負債の金額については、その差額のみを繰延税金資産又は繰延税金負債として固定資産又は固定負債に表示しなければならない。
③ 連結貸借対照表に係る前2項の規定の適用については、これらの規定中「その差額」とあるのは、「異なる納税主体に係るものを除き、その差額」とする。

(繰延資産の表示)
第115条 ① 各繰延資産に対する償却累計額は、当該各繰延資産の金額から直接控除し、その控除残高を各繰延資産の金額として表示しなければならない。

(連結貸借対照表ののれん)
第116条 連結貸借対照表に表示するのれんには、連結子会社に係る投資の金額がこれに対応する連結子会社の資本の金額と異なる場合に生ずるのれんを含むものとする。

(新株予約権の表示)
第117条 自己新株予約権の額は、新株予約権の金額から直接控除し、その控除残高を新株予約権の金額として表示しなければならない。ただし、自己新株予約権を控除項目として表示することを妨げない。

## 第3章 損益計算書等

(通 則)
第118条 損益計算書等(損益計算書及び連結損益計算書をいう。以下この編において同じ。)については、この章の定めるところによる。

(損益計算書等の区分)
第119条 ① 損益計算書等は、次に掲げる項目に区分して表示しなければならない。この場合において、各項目について細分することが適当な場合には、適当な項目に細分することができる。
 1 売上高
 2 売上原価
 3 販売費及び一般管理費
 4 営業外収益
 5 営業外費用
 6 特別利益
 7 特別損失
② 特別利益に属する利益は、固定資産売却益、前期損益修正益その他の項目の区分に従い、細分しなければならない。
③ 特別損失に属する損失は、固定資産売却損、減損損失、災害による損失、前期損益修正損その他の項目の区分に従い、細分しなければならない。
④ 前2項の規定にかかわらず、前2項の各利益又は各損失のうち、その金額が重要でないものについては、当該利益又は損失を細分しないこととすることができる。
⑤ 連結会社が二以上の異なる種類の事業を営んでいる場合には、連結損益計算書の第1項第1号から第3号までに掲げる収益又は費用は、その営む事業の種類ごとに区分することができる。
⑥ 次の各号に掲げる場合における連結損益計算書には、当該各号に定める額を相殺した後の額を表示することができる。
 1 連結貸借対照表の資産の部に計上されたのれんの償却額及び負債の部に計上されたのれんの償却額が生ずる場合(これらの償却額が重要である場合を除く。) 連結貸借対照表の資産の部に計上されたのれんの償却額及び負債の部に計上されたのれんの償却額
 2 持分法による投資利益及び持分法による投資損失が生ずる場合 投資利益及び投資損失
⑦ 損益計算書等の項目は、当該項目に係る収益若しくは費用又は利益若しくは損失を示す適当な名称を付さなければならない。

(売上総損益金額)
第120条 ① 売上高から売上原価を減じて得た額(以下「売上総損益金額」という。)は、売上総利益金額として表示しなければならない。
② 前項の規定にかかわらず、売上総損益金額が零未満である場合には、零から売上総損益金額を減じて得た額を、売上総損失金額として表示しなければならない。

(営業損益金額)
第121条 ① 売上総損益金額から販売費及び一般管理費の合計額を減じて得た額(以下「営業損益金額」という。)は、営業利益金額として表示しなければならない。
② 前項の規定にかかわらず、営業損益金額が零未満である場合には、零から営業損益金額を減じて得た額を、営業損失金額として表示しなければならない。

(経常損益金額)
第122条 ① 営業損益金額に営業外収益を加算して得た額から営業外費用を減じて得た額(以下「経常損益金額」という。)は、経常利益金額として表示しなければならない。
② 前項の規定にかかわらず、経常損益金額が零未満である場合には、零から経常損益金額を減じて得た額を、経常損失金額として表示しなければならない。

(税引前当期純損益金額)
第123条 ① 経常損益金額に特別利益を加算して得た額から特別損失を減じて得た額(以下「税引前当期純損益金額」という。)は、税引前当期純利益金額(連結損益計算書にあっては、税金等調整前当期純利益金額)として表示しなければならない。
② 前項の規定にかかわらず、税引前当期純損益金額が零未満である場合には、零から税引前当期純損益金額を減じて得た額を、税引前当期純損失金額(連結損益計算書にあっては、税金等調整前当期純損失金額)として表示しなければならない。
③ 前2項の規定にかかわらず、臨時計算書類の損益計算書の税引前当期純損益金額の表示については、適当な名称を付することができる。

(税 等)

第124条 ① 次に掲げる項目の金額は,その内容を示す名称を付した項目をもって,税引前当期純利益金額又は税引前当期純損失金額(連結損益計算書にあっては,税金等調整前当期純利益金額又は税金等調整前当期純損失金額)の次に表示しなければならない.ただし,第3号及び第4号に掲げる項目は,連結損益計算書に限る.
 1 当該事業年度(連結損益計算書にあっては,連結会計年度)に係る法人税等
 2 法人税等調整額(税効果会計の適用により計上される前号に掲げる法人税等の調整をいう.)
 3 税金等調整前当期純利益として表示した額があるときは,当該額のうち少数株主持分に属するもの
 4 税金等調整前当期純損失として表示した額があるときは,当該額のうち少数株主持分に属するもの
② 法人税等の更正,決定等による納付税額又は還付税額がある場合には,前項第1号に掲げる項目の次に,その内容を示す名称を付した項目をもって表示するものとする.ただし,これらの金額の重要性が乏しい場合は,同号に掲げる項目の金額に含めて表示することができる.

(当期純損益金額)
第125条 ① 第1号から第3号までに掲げる額の合計額から第4号及び第5号に掲げる額の合計額を減じて得た額(以下「当期純損益金額」という.)は,当期純利益金額として表示しなければならない.
 1 税引前当期純損益金額
 2 前条第1項第4号に掲げる項目の金額
 3 前条第2項に規定する場合(同項ただし書の場合を除く.)において,還付税額があるときは当該還付税額
 4 前条第1項第1号から第3号までに掲げる項目の金額
 5 前条第2項に規定する場合(同項ただし書の場合を除く.)において,納付税額があるときは,当該納付税額
② 前項の規定にかかわらず,当期純損益金額が零未満である場合には,零から当期純損益金額を減じて得た額を,当期純損失金額として表示しなければならない.
③ 前2項の規定にかかわらず,臨時計算書類の損益計算書における当期純損益金額の表示については,適当な名称を付すことができる.

(包括利益)
第126条 損益計算書等には,包括利益に関する事項を表示することができる.

## 第4章 株主資本等変動計算書等

第127条 ① 株主資本等変動計算書等(株主資本等変動計算書,連結株主資本等変動計算書及び社員資本等変動計算書をいう.以下この編において同じ.)については,この条に定めるところによる.
② 株主資本等変動計算書等は,次の各号に掲げる株主資本等変動計算書等の区分に応じ,当該各号に定める項目に区分して表示しなければならない.
 1 株主資本等変動計算書 次に掲げる項目
  イ 株主資本
  ロ 評価・換算差額等
  ハ 新株予約権
 2 連結株主資本等変動計算書 次に掲げる項目
  イ 株主資本
  ロ 評価・換算差額等
  ハ 新株予約権
  ニ 少数株主持分
 3 社員資本等変動計算書 次に掲げる項目
  イ 社員資本
  ロ 評価・換算差額等
③ 次の各号に掲げる項目は,当該各号に定める項目に区分しなければならない.
 1 株主資本等変動計算書の株主資本 次に掲げる項目
  イ 資本金
  ロ 新株式申込証拠金
  ハ 資本剰余金
  ニ 利益剰余金
  ホ 自己株式
  ヘ 自己株式申込証拠金
 2 連結株主資本等変動計算書の株主資本 次に掲げる項目
  イ 資本金
  ロ 新株式申込証拠金
  ハ 資本剰余金
  ニ 利益剰余金
  ホ 自己株式
  ヘ 自己株式申込証拠金
 3 社員資本等変動計算書の社員資本 次に掲げる項目
  イ 資本金
  ロ 資本剰余金
  ハ 利益剰余金
④ 株主資本等変動計算書の次の各号に掲げる項目は,当該各号に定める項目に区分しなければならない.この場合において,第1号ロ及び第2号ロに掲げる項目は,適当な名称を付した項目に細分することができる.
 1 資本剰余金 次に掲げる項目
  イ 資本準備金
  ロ その他資本剰余金
 2 利益剰余金 次に掲げる項目
  イ 利益準備金
  ロ その他利益剰余金
⑤ 評価・換算差額等に係る項目は,次に掲げる項目その他適当な名称を付した項目に細分することができる.
 1 その他有価証券評価差額金
 2 繰延ヘッジ損益
 3 土地再評価差額金
 4 為替換算調整勘定
⑥ 新株予約権に係る項目は,自己新株予約権に係る項目を控除項目として区分することができる.
⑦ 資本金,資本剰余金,利益剰余金及び自己株式に係る項目は,それぞれ次に掲げるものについて明らかにしなければならない.この場合において,第2号に掲げるものは,各変動事由ごとに当期変動額及び変動事由を明らかにしなければならない.
 1 前期末残高
 2 当期変動額
 3 当期末残高
⑧ 評価・換算差額等,新株予約権及び少数株主持分に係る項目は,それぞれ前期末残高及び当期末残高並びにその差額について明らかにしなければならない.この場合において,主要な当期変動額について,その変動事由とともに明らかにすることを妨げ

ない.
⑨ 連結株主資本等変動計算書についての次の各号に掲げるものに計上すべきものは,当該各号に定めるものとする.
1 第3項第2号ホの自己株式 次に掲げる額の合計額
イ 当該株式会社が保有する当該株式会社の株式の帳簿価額
ロ 連結子会社並びに持分法を適用する非連結子会社及び関連会社が保有する当該株式会社の株式の帳簿価額のうち,当該株式会社のこれらの会社に対する持分に相当する額
2 第5項第4号の為替換算調整勘定 外国にある子会社又は関連会社の資産及び負債の換算に用いる為替相場と純資産の換算に用いる為替相場とが異なることによって生じる換算差額

## 第5章 注記表

(通 則)
第128条 注記表(個別注記表及び連結注記表をいう.以下この編において同じ.)については,この章の定めるところによる.
(注記表の区分)
第129条 ① 注記表は,次に掲げる項目に区分して表示しなければならない.
1 継続企業の前提に関する注記
2 重要な会計方針に係る事項(連結注記表にあっては,連結計算書類の作成のための基本となる重要な事項)に関する注記
3 貸借対照表等に関する注記
4 損益計算書に関する注記
5 株主資本等変動計算書(連結注記表にあっては,連結株主資本等変動計算書)に関する注記
6 税効果会計に関する注記
7 リースにより使用する固定資産に関する注記
8 関連当事者との取引に関する注記
9 1株当たり情報に関する注記
10 重要な後発事象に関する注記
11 連結配当規制適用会社に関する注記
12 その他の注記
② 次の各号に掲げる注記表には,当該各号に定める項目を表示することを要しない.
1 会計監査人設置会社以外の株式会社(公開会社を除く.)の個別注記表 前項第1号,第3号,第4号及び第6号から第11号までに掲げる項目
2 会計監査人設置会社以外の公開会社の個別注記表 前項第1号及び第7号から第11号までに掲げる項目
3 連結注記表 前項第4号,第6号から第8号まで及び第11号に掲げる項目
4 持分会社の個別注記表 前項第1号及び第3号から第11号までに掲げる項目
(注記の方法)
第130条 貸借対照表等,損益計算書等又は株主資本等変動計算書等の特定の項目に関連する注記については,その関連を明らかにしなければならない.
(継続企業の前提に関する注記)
第131条 継続企業の前提に関する注記は,当該会社の事業年度の末日において,財務指標の悪化の傾向,重要な債務の不履行等財政状態の可能性その他会社が将来にわたって事業を継続するとの前提(以下この条において「継続企業の前提」という.)に重要な疑義を抱かせる事象又は状況が存在する場合における次に掲げる事項とする.
1 当該事象又は状況が存在する旨及びその内容
2 継続企業の前提に関する重要な疑義の存在の有無
3 当該事象又は状況を解消又は大幅に改善するための経営者の対応及び経営計画
4 当該重要な疑義の影響の計算書類(連結注記表にあっては,連結計算書類)への反映の有無
(重要な会計方針に係る事項に関する注記)
第132条 ① 重要な会計方針に係る事項に関する注記は,計算書類の作成のために採用している会計処理の原則及び手続並びに表示方法その他計算書類作成のための基本となる事項(次項において「会計方針」という.)であって,次に掲げる事項(重要性の乏しいものを除く.)とする.
1 資産の評価基準及び評価方法
2 固定資産の減価償却の方法
3 引当金の計上基準
4 収益及び費用の計上基準
5 その他計算書類等の作成のための基本となる重要な事項
② 会計方針を変更した場合には,次に掲げる事項(重要性の乏しいものを除く.)も重要な会計方針に関する注記とする.
1 会計処理の原則又は手続を変更したときは,その旨,変更の理由及び当該変更が計算書類に与えている影響の内容
2 表示方法を変更したときは,その内容
(連結計算書類の作成のための基本となる重要な事項に関する注記)
第133条 ① 連結計算書類の作成のための基本となる重要な事項に関する注記は,次に掲げる事項とする.この場合において,当該注記は当該各号に掲げる事項に区分しなければならない.
1 連結の範囲に関する次に掲げる事項
イ 連結子会社の数及び主要な連結子会社の名称
ロ 非連結子会社がある場合には,次に掲げる事項
(1) 主要な非連結子会社の名称
(2) 非連結子会社を連結の範囲から除いた理由
ハ 株式会社が議決権の過半数を自己の計算において所有している会社等を子会社としなかったときは,当該会社等の名称及び子会社としなかった理由
ニ 第95条第1項ただし書の規定により連結の範囲から除かれた子会社の財産又は損益に関する事項であって,当該企業集団の財産及び損益の状態の判断に影響を与えると認められる重要なものがあるときは,その内容
2 持分法の適用に関する次に掲げる事項
イ 持分法を適用した非連結子会社又は関連会社の数及びこれらのうち主要な会社等の名称
ロ 持分法を適用しない非連結子会社又は関連会社があるときは,次に掲げる事項
(1) 当該非連結子会社又は関連会社のうち主要な会社等の名称
(2) 当該非連結子会社又は関連会社に持分法を適用しない理由
ハ 当該株式会社が議決権の100分の20以上,100分の50以下を自己の計算において所有している会社等を関連会社としなかったときは,当該会社等の名称及び関連会社としなかった理由
ニ 持分法の適用の手続について特に示す必要が

あると認められる事項がある場合には,その内容
3 会計処理基準に関する次に掲げる事項
 イ 重要な資産の評価基準及び評価方法
 ロ 重要な減価償却資産の減価償却の方法
 ハ 重要な引当金の計上基準
 ニ その他連結計算書類の作成のための重要な事項
4 連結子会社の資産及び負債の評価に関する事項
② 連結計算書類作成のための基本となる重要な事項を変更した場合には,次に掲げる事項(重要性の乏しいものを除く.)も連結計算書類作成のための基本となる重要な事項に関する注記とする.
1 連結の範囲又は持分法の適用の範囲を変更したときは,その旨及び変更の理由
2 会計処理の原則及び手続を変更したときは,その旨,変更の理由及び当該変更が連結計算書類に与えている影響の内容
3 表示方法を変更したときは,その内容
(貸借対照表等に関する注記)
第134条 貸借対照表等に関する注記は,次に掲げる事項(連結注記表にあっては,第6号から第9号までに掲げる事項を除く.)とする.
1 資産が担保に供されている場合における次に掲げる事項
 イ 資産が担保に供されていること.
 ロ イの資産の内容及びその金額
 ハ 担保に係る債務の金額
2 資産に係る引当金を直接控除した場合における各資産の資産項目別の引当金の金額(一括して注記することが適当な場合にあっては,各資産について流動資産,有形固定資産,無形固定資産,投資その他の資産又は繰延資産ごとに一括した引当金の金額)
3 資産に係る減価償却累計額を直接控除した場合における各資産の資産項目別の減価償却累計額(一括して注記することが適当な場合にあっては,各資産について一括した減価償却累計額)
4 資産に係る減損損失累計額を減価償却累計額に合算して減価償却累計額の項目をもって表示した場合にあっては,減価償却累計額に減損損失累計額が含まれている旨
5 保証債務,手形遡求債務,重要な係争事件に係る損害賠償義務その他これらに準ずる債務(負債の部に計上したものを除く.)があるときは,当該債務の内容及び金額
6 関係会社に対する金銭債権又は金銭債務をその金銭債権又は金銭債務が属する項目ごとに,他の金銭債権又は金銭債務と区分して表示していないときは,当該関係会社に対する金銭債権又は金銭債務の当該関係会社に対する金銭債権又は金銭債務が属する項目ごとの金額又は二以上の項目について一括した金額
7 取締役,監査役及び執行役との間の取引による取締役,監査役及び執行役に対する金銭債権があるときは,その総額
8 取締役,監査役及び執行役との間の取引による取締役,監査役及び執行役に対する金銭債務があるときは,その総額
9 当該株式会社の親会社株式の各表示区分別の金額
(損益計算書に関する注記)
第135条 損益計算書に関する注記は,関係会社との営業取引による取引高の総額及び営業取引以外の取引による取引高の総額とする.

(株主資本等変動計算書に関する注記)
第136条 株主資本等変動計算書に関する注記は,次に掲げる事項とする.この場合において,連結注記表を作成する株式会社は,第2号に掲げる事項以外の事項は,省略することができる.
1 当該事業年度の末日における発行済株式の数(種類株式発行会社にあっては,種類ごとの発行済株式の数)
2 当該事業年度の末日における自己株式の数(種類株式発行会社にあっては,種類ごとの自己株式の数)
3 当該事業年度中に行った剰余金の配当(当該事業年度の末日後に行う剰余金の配当のうち,剰余金の配当を受ける者を定めるための法第124条第1項に規定する基準日が当該事業年度中のものを含む.)に関する次に掲げる事項その他の事項
 イ 配当財産が金銭である場合における当該金銭の総額
 ロ 配当財産が金銭以外の財産である場合における当該財産の帳簿価額(当該剰余金の配当をした日においてその時の時価を付した場合にあっては,当該時価を付した後の帳簿価額)の総額
4 当該事業年度の末日における当該株式会社が発行している新株予約権(法第236条第1項第4号の期間の初日が到来していないものを除く.)の目的となる当該株式会社の株式の数(種類株式発行会社にあっては,種類及び種類ごとの数)
(連結株主資本等変動計算書に関する注記)
第137条 連結株主資本等変動計算書に関する注記は,次に掲げる事項とする.
1 当該連結会計年度の末日における当該株式会社の発行済株式の総数(種類株式発行会社にあっては,種類ごとの発行済株式の総数)
2 当該連結会計年度中に行った剰余金の配当(当該連結会計年度の末日後に行う剰余金の配当のうち,剰余金の配当を受ける者を定めるための法第124条第1項に規定する基準日が当該連結会計年度中のものを含む.)に関する次に掲げる事項その他の事項
 イ 配当財産が金銭である場合における当該金銭の総額
 ロ 配当財産が金銭以外の財産である場合における当該財産の帳簿価額(当該剰余金の配当をした日においてその時の時価を付した場合にあっては,当該時価を付した後の帳簿価額)の総額
3 当該連結会計年度の末日における当該株式会社が発行している新株予約権(法第236条第1項第4号の期間の初日が到来していないものを除く.)の目的となる当該株式会社の株式の数(種類株式発行会社にあっては,種類及び種類ごとの数)
(税効果会計に関する注記)
第138条 税効果会計に関する注記は,次に掲げるもの(重要でないものを除く.)の発生の主な原因とする.
1 繰延税金資産(その算定に当たり繰延税金資産から控除された金額がある場合における当該金額を含む.)
2 繰延税金負債
(リースにより使用する固定資産に関する注記)
第139条 リースにより使用する固定資産に関する注記は,ファイナンス・リース取引の借主である株式会社が当該ファイナンス・リース取引について通

常の売買取引に係る方法に準じて会計処理を行っていない場合におけるリース物件(固定資産に限る.以下この条において同じ.)に関する事項とする.この場合において,当該リース物件の全部又は一部に係る次に掲げる事項(各リース物件について一括して注記する場合にあっては,一括して注記すべきリース物件に関する事項)を含めることを妨げない.
1 当該事業年度の末日における取得原価相当額
2 当該事業年度の末日における減価償却累計額相当額
3 当該事業年度の末日における未経過リース料相当額
4 前3号に掲げるもののほか,当該リース物件に係る重要な事項

**(関連当事者との取引に関する注記)**
**第140条** ① 関連当事者との取引に関する注記は,株式会社と関連当事者との間に取引(当該株式会社と第三者との間の取引で当該株式会社と当該関連当事者との間の利益が相反するものを含む.)がある場合における次に掲げる事項であって,重要なものとする.ただし,会計監査人設置会社以外の株式会社にあっては,第4号から第6号まで及び第8号に掲げる事項を省略することができる.
1 当該関連当事者が会社等であるときは,次に掲げる事項
　イ その名称
　ロ 当該関連当事者の総株主の議決権の総数に占める株式会社が有する議決権の数の割合
　ハ 当該株式会社の総株主の議決権の総数に占める当該関連当事者が有する議決権の数の割合
2 当該関連当事者が個人であるときは,次に掲げる事項
　イ その氏名
　ロ 当該株式会社の総株主の議決権の総数に占める当該関連当事者が有する議決権の数の割合
3 当該株式会社と当該関連当事者との関係
4 取引の内容
5 取引の種類別の取引金額
6 取引条件及び取引条件の決定方針
7 取引により発生した債権又は債務に係る主な項目別の当該事業年度の末日における残高
8 取引条件の変更があったときは,その旨,変更の内容及び当該変更が計算書類に与えている影響の内容

② 関連当事者との間の取引のうち次に掲げる取引については,前項に規定する注記を要しない.
1 一般競争入札による取引並びに預金利息及び配当金の受取りその他取引の性質からみて取引条件が一般の取引と同様であることが明白な取引
2 取締役,会計参与,監査役又は執行役(以下この条において「役員」という.)に対する報酬等の給付
3 前2号に掲げる取引のほか,当該取引に係る条件につき市場価格その他当該取引に係る公正な価格を勘案して一般の取引の条件と同様のものを決定していることが明白な場合における当該取引
③ 関連当事者との取引に関する注記は,第1項各号に掲げる区分に従い,関連当事者ごとに表示しなければならない.
④ 前3項に規定する「関連当事者」とは,次に掲げる者をいう.

1 当該株式会社の親会社
2 当該株式会社の子会社
3 当該株式会社の親会社の子会社(当該親会社が会社でない場合にあっては,当該親会社の子会社に相当するものを含む.)
4 当該株式会社のその他の関係会社(当該株式会社が他の会社等の関連会社である場合における当該他の会社をいう.以下この号において同じ.)並びに当該その他の関係会社の親会社(当該その他の関係会社が株式会社でない場合にあっては,親会社に相当するもの)及び子会社(当該その他の関係会社が会社でない場合にあっては,子会社に相当するもの)
5 当該株式会社の関連会社及び当該関連会社の子会社(当該関連会社が会社でない場合にあっては,子会社に相当するもの)
6 当該株式会社の主要株主(自己又は他人の名義をもって当該株式会社の総株主の議決権の総数の100分の10以上の議決権(次に掲げる株式に係る議決権を除く.)を保有している株主をいう.)及びその近親者(二親等内の親族をいう.以下この条において同じ.)
　イ 信託業(信託業法(平成16年法律第154号)第2条第1項に規定する信託業をいう.)を営む者が信託財産として所有する株式
　ロ 有価証券関連業(金融商品取引法第28条第8項に規定する有価証券関連業をいう.)を営む者が引き受け又は売出しを行う業務により取得した株式
　ハ 金融商品取引法第156条の24第1項に規定する業務を営む者がその業務として所有する株式
7 当該株式会社の役員及びその近親者
8 当該株式会社の親会社の役員又はこれらに準ずる者及びその近親者
9 前3号に掲げる者が他の会社等の議決権の過半数を自己の計算において所有している場合における当該会社等及び当該会社等の子会社(当該会社等が会社でない場合にあっては,子会社に相当するもの)
10 従業員のための企業年金(当該株式会社と重要な取引(掛金の拠出を除く.)を行う場合に限る.)

**(1株当たり情報に関する注記)**
**第141条** 1株当たり情報に関する注記は,1株当たりの次に掲げる額とする.
1 純資産額
2 当期純利益金額又は当期純損失金額

**(重要な後発事象に関する注記)**
**第142条** ① 個別注記表における重要な後発事象に関する注記は,当該株式会社の事業年度の末日後,当該株式会社の翌事業年度以降の財産又は損益に重要な影響を及ぼす事象が発生した場合における当該事象とする.
② 連結注記表における重要な後発事象に関する注記は,当該株式会社の事業年度の末日後,連結会社並びに持分法が適用される非連結子会社及び関連会社の翌事業年度以降の財産又は損益に重要な影響を及ぼす事象が発生した場合における当該事象とする.ただし,当該株式会社の事業年度の末日と異なる日をその事業年度の末日とする子会社及び関連会社については,当該子会社及び関連会社の事業年度の末日後に発生した場合における当該事象とする.

（連結配当規制適用会社に関する注記）
**第143条** 連結配当規制適用会社に関する注記は，当該事業年度の末日が最終事業年度の末日となる時等，連結配当規制適用会社となる旨とする．
（その他の注記）
**第144条** その他の注記は，第131条から前条までに掲げるもののほか，貸借対照表等，損益計算書等及び株主資本等変動計算書等により会社（連結注記表にあっては，企業集団）の財産又は損益の状態を正確に判断するために必要な事項とする．

## 第6章 附属明細書

**第145条** 各事業年度に係る株式会社の計算書類に係る附属明細書には，次に掲げる事項（公開会社以外の株式会社にあっては，第1号から第3号に掲げる事項）のほか，株式会社の貸借対照表，損益計算書，株主資本等変動計算書及び個別注記表の内容を補足する重要な事項を表示しなければならない．
1 有形固定資産及び無形固定資産の明細
2 引当金の明細
3 販売費及び一般管理費の明細
4 第140条第1項ただし書の規定により省略した事項があるときは，当該事項

## 第4編 計算関係書類の監査

## 第1章 通則

**第149条** ① 法第436条第1項及び第2項，第441条第2項並びに第444条第4項の規定による監査（計算関係書類（成立の日における貸借対照表を除く．以下この編において同じ．）に係るものに限る．以下この編において同じ．）については，この編の定めるところによる．
② 前項に規定する監査には，公認会計士法（昭和23年法律第103号）第2条第1項に規定する監査のほか，計算関係書類に表示された情報と計算関係書類に表示すべき情報との合致の程度を確かめ，かつ，その結果を利害関係者に伝達するための手続を含むものとする．

## 第2章 会計監査人設置会社以外の株式会社における監査

（監査役の監査報告の内容）
**第150条** ① 監査役（会計監査人設置会社の監査役を除く．以下この章において同じ．）は，計算関係書類を受領したときは，次に掲げる事項（監査役会設置会社の監査役の監査報告にあっては，第1号から第4号までに掲げる事項）を内容とする監査報告を作成しなければならない．
1 監査役の監査の方法及びその内容
2 計算関係書類が当該株式会社の財産及び損益の状況をすべての重要な点において適正に表示しているかどうかについての意見
3 監査のため必要な調査ができなかったときは，その旨及びその理由
4 追記情報
5 監査報告を作成した日
② 前項第4号に規定する「追記情報」とは，次に掲げる事項その他の事項のうち，監査役の判断に関して説明を付す必要がある事項又は計算関係書類の内容のうち強調する必要がある事項とする．
1 正当な理由による会計方針の変更
2 重要な偶発事象
3 重要な後発事象
（監査役会の監査報告の内容等）
**第151条** ① 監査役会（会計監査人設置会社の監査役会を除く．以下この章において同じ．）は，前条第1項の規定により監査役が作成した監査報告（以下この条において「監査役監査報告」という．）に基づき，監査役会の監査報告（以下この条において「監査役会監査報告」という．）を作成しなければならない．
② 監査役会監査報告は，次に掲げる事項を内容とするものでなければならない．この場合において，監査役は，当該事項に係る監査役の監査役監査報告の内容と異なる場合には，当該事項に係る各監査役の監査役監査報告の内容を監査役会監査報告に付記することができる．
1 前条第1項第2号から第4号までに掲げる事項
2 監査役及び監査役会の監査の方法及びその内容
3 監査役会監査報告を作成した日
③ 監査役会が監査役会監査報告を作成する場合には，監査役会は，1回以上，会議を開催する方法又は情報の送受信により同時に意見の交換をすることができる方法により，監査役会監査報告の内容（前項後段の規定による付記を除く．）を審議しなければならない．
（監査報告の通知期限等）
**第152条** ① 特定監査役は，次の各号に掲げる監査報告（監査役会設置会社にあっては，前条第1項の規定により作成された監査役会の監査報告に限る．以下この条において同じ．）の区分に応じ，当該各号に定める日までに，特定取締役に対し，当該監査報告の内容を通知しなければならない．
1 各事業年度に係る計算書類及びその附属明細書についての監査報告 次に掲げる日のいずれか遅い日
イ 当該計算書類の全部を受領した日から4週間を経過した日
ロ 当該計算書類の附属明細書を受領した日から1週間を経過した日
ハ 特定取締役及び特定監査役が合意により定めた日があるときは，その日
2 臨時計算書類についての監査報告 次に掲げる日のいずれか遅い日
イ 当該臨時計算書類の全部を受領した日から4週間を経過した日
ロ 特定取締役及び特定監査役が合意により定めた日があるときは，その日
② 計算関係書類については，特定取締役が前項の規定による監査報告の内容の通知を受けた日に，監査役の監査を受けたものとする．
③ 前項の規定にかかわらず，特定監査役が第1項の規定により通知をすべき日までに同項の規定による監査報告の内容の通知をしない場合には，当該通知をすべき日に，計算関係書類については，監査役の監査を受けたものとみなす．
④ 第1項及び第2項に規定する「特定取締役」とは，次の各号に掲げる場合の区分に応じ，当該各号に定める者（当該株式会社が会計参与設置会社である場合にあっては，当該各号に定める者及び会計

参与)をいう.
1 第1項の規定による通知を受ける者を定めた場合　当該通知を受ける者として定められた者
2 前号に掲げる場合以外の場合　監査を受けるべき計算関係書類の作成に関する職務を行った取締役
⑤ 第1項及び第3項に規定する「特定監査役」とは,次の各号に掲げる株式会社の区分に応じ,当該各号に定める者とする.
1 監査役設置会社(監査役の監査の範囲を会計に関するものに限定する旨の定款の定めがある株式会社を含み,監査役会設置会社及び会計監査人設置会社を除く.)　次のイからハまでに掲げる場合の区分に応じ,当該イからハまでに定める者
イ 二以上の監査役が存する場合において,第1項の規定による監査報告の内容の通知をすべき監査役を定めたとき　当該通知をすべき監査役として定められた監査役
ロ 二以上の監査役が存する場合において,第1項の規定による監査報告の内容の通知をすべき監査役を定めていないとき　すべての監査役
ハ イ又はロに掲げる場合以外の場合　監査役
2 監査役会設置会社(会計監査人設置会社を除く.)　次のイ又はロに掲げる場合の区分に応じ,当該イ又はロに定める者
イ 監査役会が第1項の規定による監査報告の内容の通知をすべき監査役を定めた場合　当該通知をすべき監査役として定められた監査役
ロ イに掲げる場合以外の場合　すべての監査役

### 第3章　会計監査人設置会社における監査

**(計算関係書類の提供)**
**第153条**　① 計算関係書類を作成した取締役(委員会設置会社にあっては,執行役)は,会計監査人に対して計算関係書類を提供しようとするときは,監査役(委員会設置会社にあっては,監査委員会の指定した監査委員)に対しても計算関係書類を提供しなければならない.

**(会計監査報告の内容)**
**第154条**　① 会計監査人は,計算関係書類を受領したときは,次に掲げる事項を内容とする会計監査報告を作成しなければならない.
1 会計監査人の監査の方法及びその内容
2 計算関係書類が当該株式会社の財産及び損益の状況をすべての重要な点において適正に表示しているかどうかについての意見があるときは,その意見(当該意見が次のイからハまでに掲げる意見である場合にあっては,それぞれ当該イからハまでに定める事項)
イ 無限定適正意見　監査の対象となった計算関係書類が一般に公正妥当と認められる企業会計の慣行に準拠して,当該計算関係書類に係る期間の財産及び損益の状況をすべての重要な点において適正に表示していると認められる旨
ロ 除外事項を付した限定付適正意見　監査の対象となった計算関係書類が除外事項を除き一般に公正妥当と認められる企業会計の慣行に準拠して,当該計算関係書類に係る期間の財産及び損益の状況をすべての重要な点において適正に表示していると認められる旨並びに除外事項
ハ 不適正意見　監査の対象となった計算関係書類が不適正である旨及びその理由
3 前号の意見がないときは,その旨及びその理由
4 追記情報
5 会計監査報告を作成した日
② 前項第4号に規定する「追記情報」とは,次に掲げる事項その他の事項のうち,会計監査人の判断に関して説明を付す必要がある事項又は計算関係書類の内容のうち強調する必要がある事項とする.
1 継続企業の前提に係る事項
2 正当な理由による会計方針の変更
3 重要な偶発事象
4 重要な後発事象
③ 当該事業年度に係る計算書類(その附属明細書を含む.以下この項において同じ.)の監査をする時における過年度事項(当該事業年度より前の事業年度に係る計算書類に表示すべき事項をいう.以下この項において同じ.)が会計方針の変更その他の正当な理由により当該事業年度より前の事業年度に係る定時株主総会において承認又は報告をしたものと異なるものに修正されている場合において,当該事業年度に係る計算書類が当該修正後の過年度事項を前提として作成されているときは,会計監査人は,当該修正に係る事項をも,監査しなければならない.臨時計算書類及び連結計算書類についても,同様とする.

**(会計監査人設置会社の監査役の監査報告の内容)**
**第155条**　会計監査人設置会社の監査役は,計算関係書類及び会計監査報告(第158条第3項に規定する場合にあっては,計算関係書類)を受領したときは,次に掲げる事項(監査役会設置会社の監査役の監査報告にあっては,第1号から第5号までに掲げる事項)を内容とする監査報告を作成しなければならない.
1 監査役の監査の方法及びその内容
2 会計監査人の監査の方法又は結果を相当でないと認めたときは,その旨及びその理由(第158条第3項に規定する場合にあっては,会計監査報告を受領していない旨)
3 重要な後発事象(会計監査報告の内容となっているものを除く.)
4 会計監査人の職務の遂行が適正に実施されることを確保するための体制に関する事項
5 監査のため必要な調査ができなかったときは,その旨及びその理由
6 監査報告を作成した日

**(会計監査人設置会社の監査役会の監査報告の内容等)**
**第156条**　① 会計監査人設置会社の監査役会は,前条の規定により監査役が作成した監査報告(以下この条において「監査役監査報告」という.)に基づき,監査役会の監査報告(以下この条において「監査役会監査報告」という.)を作成しなければならない.
② 監査役会監査報告は,次に掲げる事項を内容とするものでなければならない.この場合において,監査役は,当該事項に係る監査役会監査報告の内容が当該事項に係る監査役会監査報告の内容と異なる場合には,当該事項に係る各監査役の監査役監査報告の内容を監査役会監査報告に付記することができる.
1 監査役及び監査役会の監査の方法及びその内容
2 前条第2号から第5号までに掲げる事項
3 監査役会監査報告を作成した日

③ 会計監査人設置会社の監査役会が監査役会監査報告を作成する場合には、監査役は、1回以上、会議を開催する方法又は情報の送受信により同時に意見の交換をすることができる方法により、監査役会監査報告の内容（前項後段の規定による付記を除く。）を審議しなければならない。

**（監査委員会の監査報告の内容）**
**第157条** ① 監査委員会は、計算関係書類及び会計監査報告（次条第3項に規定する場合にあっては、計算関係書類）を受領したときは、次に掲げる事項を内容とする監査報告を作成しなければならない。この場合において、監査委員は、当該事項に係る監査報告の内容が当該監査委員の意見と異なる場合には、その意見を監査報告に付記することができる。
1 監査委員会の監査の方法及びその内容
2 第155条第2号から第5号までに掲げる事項
3 監査報告を作成した日
② 前項に規定する監査報告の内容（同項後段の規定による付記を除く。）は、監査委員会の決議をもって定めなければならない。

**（会計監査報告の通知期限等）**
**第158条** ① 会計監査人は、次の各号に掲げる会計監査報告の区分に応じ、当該各号に定める日までに、特定監査役及び特定取締役に対し、当該会計監査報告の内容を通知しなければならない。
1 各事業年度に係る計算書類及びその附属明細書についての会計監査報告　次に掲げる日のいずれか遅い日
　イ 当該計算書類の全部を受領した日から4週間を経過した日
　ロ 当該計算書類の附属明細書を受領した日から1週間を経過した日
　ハ 特定取締役、特定監査役及び会計監査人の間で合意により定めた日があるときは、その日
2 臨時計算書類についての会計監査報告　次に掲げる日のいずれか遅い日
　イ 当該臨時計算書類の全部を受領した日から4週間を経過した日
　ロ 特定取締役、特定監査役及び会計監査人の間で合意により定めた日があるときは、その日
3 連結計算書類についての会計監査報告　当該連結計算書類の全部を受領した日から4週間を経過した日（特定取締役、特定監査役及び会計監査人の間で合意により定めた日がある場合にあっては、その日）
② 計算関係書類については、特定監査役及び特定取締役が前項の規定による会計監査報告の内容の通知を受けた日に、会計監査人の監査を受けたものとする。
③ 前項の規定にかかわらず、会計監査人が第1項の規定により通知をすべき日までに同項の規定による会計監査報告の内容の通知をしない場合には、当該通知をすべき日に、計算関係書類については、会計監査人の監査を受けたものとみなす。
④ 第1項及び第2項に規定する「特定取締役」とは、次の各号に掲げる場合の区分に応じ、当該各号に定める者（当該株式会社が会計参与設置会社である場合にあっては、当該各号に定める者及び会計参与）をいう（第160条において同じ。）。
1 第1項の規定による通知を受ける者を定めた場合　当該通知を受ける者として定められた者
2 前号に掲げる場合以外の場合　監査を受けるべ

き計算関係書類の作成に関する職務を行った取締役及び執行役
⑤ 第1項及び第2項に規定する「特定監査役」とは、次の各号に掲げる株式会社の区分に応じ、当該各号に定める者とする（以下この章において同じ。）。
1 監査役設置会社（監査役会設置会社を除く。）次のイからハに掲げる場合の区分に応じ、当該イからハまでに定める者
　イ 二以上の監査役が存する場合において、第1項の規定による会計監査報告の内容の通知を受ける監査役を定めたとき　当該通知を受ける監査役として定められた監査役
　ロ 二以上の監査役が存する場合において、第1項の規定による会計監査報告の内容の通知を受ける監査役を定めていないとき　すべての監査役
　ハ イ又はロに掲げる場合以外の場合　監査役
2 監査役会設置会社　次のイ又はロに掲げる場合の区分に応じ、当該イ又はロに定める者
　イ 監査役会が第1項の規定による会計監査報告の内容の通知を受ける監査役を定めた場合　当該通知を受ける監査役として定められた監査役
　ロ イに掲げる場合以外の場合　すべての監査役
3 委員会設置会社　監査委員会が第1項の規定による会計監査報告の内容の通知を受ける監査委員として定められた監査委員

**（会計監査人の職務の遂行に関する事項）**
**第159条** 会計監査人は、前条第1項の規定による特定監査役に対する会計監査報告の内容の通知に際して、当該特定監査役に対し、会計監査人の次に掲げる事項（当該事項に係る定めがない場合にあっては、当該事項を定めていない旨）を通知しなければならない。ただし、すべての監査役（委員会設置会社にあっては、監査委員会）が既に当該事項を知っている場合は、この限りでない。
1 独立性に関する事項その他監査に関する法令及び規程の遵守に関する事項
2 監査、監査に準ずる業務及びこれらに関する業務の契約の受任及び継続の方針に関する事項
3 会計監査人の職務の遂行が適正に行われることを確保するための体制に関するその他の事項

**（会計監査人設置会社の監査役等の監査報告の通知期限）**
**第160条** ① 会計監査人設置会社の特定監査役は、次の各号に掲げる監査報告の区分に応じ、当該各号に定める日までに、特定取締役及び会計監査人に対し監査報告（監査役会設置会社にあっては、第156条第1項の規定により作成した監査役会の監査報告に限る。以下この条において同じ。）の内容を通知しなければならない。
1 連結計算書類以外の計算関係書類についての監査報告　次に掲げる日のいずれか遅い日
　イ 会計監査報告を受領した日（第158条第3項に規定する場合にあっては、同項の規定により監査を受けたものとみなされた日。次号において同じ。）から1週間を経過した日
　ロ 特定取締役及び特定監査役の間で合意により定めた日があるときは、その日
2 連結計算書類についての監査報告　会計監査報告を受領した日から1週間を経過した日（特定取締役及び特定監査役の間で合意により定めた日がある場合にあっては、その日）
② 計算関係書類については、特定取締役及び会計監査

査人が前項の規定による監査報告の内容の通知を受けた日に，監査役（委員会設置会社にあっては，監査委員会）の監査を受けたものとする．
③ 前項の規定にかかわらず，特定監査役が第1項の規定により通知をすべき日までに同項の規定による監査報告の内容の通知をしない場合には，当該通知を受ける日に，計算関係書類については，監査役（委員会設置会社にあっては，監査委員会）の監査を受けたものとみなす．

## 第5編　計算書類の株主への提供及び承認の特則に関する要件

## 第1章　計算書類等の株主への提供

**（計算書類等の提供）**
**第161条** ① 法第437条の規定により株主に対して行う提供計算書類（次の各号に掲げる株式会社の区分に応じ，当該各号に定めるものをいう．以下この条において同じ．）の提供に関しては，この条に定めるところによる．
1　株式会社（監査役設置会社及び会計監査人設置会社を除く．）　計算書類
2　会計監査人設置会社以外の監査役設置会社　次に掲げるもの
　イ　計算書類
　ロ　計算書類に係る監査役（監査役会設置会社にあっては，監査役会）の監査報告があるときは，当該監査報告（二以上の監査役が存する株式会社（監査役会設置会社を除く．）の各監査役の監査報告の内容（監査報告を作成した日を除く．）が同一である場合にあっては，一又は二以上の監査役の監査報告）
　ハ　第152条第3項の規定により監査を受けたものとみなされたときは，その旨の記載又は記録をした書面又は電磁的記録
3　会計監査人設置会社　次に掲げるもの
　イ　計算書類
　ロ　計算書類に係る会計監査報告があるときは，当該会計監査報告
　ハ　会計監査人が存しないとき（法第346条第4項の1会計監査人の職務を行うべき者が存する場合を除く．）は，会計監査人が存しない旨の記載又は記録をした書面又は電磁的記録
　ニ　第158条第3項の規定により監査を受けたものとみなされたときは，その旨の記載又は記録をした書面又は電磁的記録
　ホ　計算書類に係る監査役（監査役会設置会社にあっては監査役会，委員会設置会社にあっては監査委員会）の監査報告があるときは，当該監査報告（二以上の監査役が存する株式会社（監査役会設置会社を除く．）の各監査役の監査報告の内容（監査報告を作成した日を除く．）が同一である場合にあっては，一又は二以上の監査役の監査報告）
　ヘ　前条第3項の規定により監査を受けたものとみなされたときは，その旨の記載又は記録をした書面又は電磁的記録
② 定時株主総会の招集通知（法第299条第2項又は第3項の規定による通知をいう．以下同じ．）を次の各号に掲げる方法により行う場合にあっては，提供計算書類は，当該各号に定める方法により提供しなければならない．
1　書面の提供　次のイ又はロに掲げる場合の区分に応じ，当該イ又はロに定める方法
　イ　提供計算書類が書面をもって作成されている場合　当該書面に記載された事項を記載した書面の提供
　ロ　提供計算書類が電磁的記録をもって作成されている場合　当該電磁的記録に記録された事項を記載した書面の提供
2　電磁的方法による提供　次のイ又はロに掲げる場合の区分に応じ，当該イ又はロに定める方法
　イ　提供計算書類が書面をもって作成されている場合　当該書面に記載された事項の電磁的方法による提供
　ロ　提供計算書類が電磁的記録をもって作成されている場合　当該電磁的記録に記録された事項の電磁的方法による提供
③ 提供計算書類を提供する際には，当該事業年度より前の事業年度に係る貸借対照表，損益計算書又は株主資本等変動計算書に表示すべき事項（以下この項において「過年度事項」という．）を併せて提供することができる．この場合において，提供計算書類の提供をする時における過年度事項が会計方針の変更その他の正当な理由により当該事業年度より前の事業年度に係る定時株主総会において承認又は報告をしたものと異なるものとなっているときは，修正後の過年度事項を提供することを妨げない．
④ 提供計算書類に表示すべき事項（個別注記表に係るものに限る．）に係る情報を，定時株主総会に係る招集通知を発出する時から定時株主総会の日から3箇月が経過する日までの間，継続して電磁的方法により株主が提供を受けることができる状態に置く措置（会社法施行規則（平成18年法務省令第12号）第222条第1項第1号ロに掲げる方法のうち，インターネットに接続された自動公衆送信装置（公衆の用に供する電気通信回線に接続することにより，その記録媒体のうち自動公衆送信の用に供する部分に記録され，又は当該装置に入力される情報を自動公衆送信する機能を有する装置をいう．以下この章において同じ．）を使用する方法によって行われるものに限る．）をとる場合における第2項の規定の適用については，当該事項につき同項各号に掲げる場合の区分に応じ，当該各号に定める方法により株主に対して提供したものとみなす．ただし，この項の措置をとる旨の定款の定めがある場合に限る．
⑤ 前項の場合には，取締役は，同項の措置をとるために使用する自動公衆送信装置のうち当該措置をとるための用に供する部分をインターネットにおいて識別するための文字，記号その他の符号又はこれらの結合であって，情報の提供を受ける者がその使用に係る電子計算機に入力することによって当該情報の内容を閲覧し，当該電子計算機に備えられたファイルに当該情報を記録することができるものを株主に対して通知しなければならない．
⑥ 第4項の規定により計算書類に表示した事項の一部が株主に対して第2項各号に定める方法により提供したものとみなされる場合において，監査役，会計監査人又は監査委員会が，現に株主に対して提供された計算書類が監査報告又は会計監査報告を作成するに際して監査をした計算書類の一部であ

ることを株主に対して通知すべき旨を取締役に請求したときは,取締役は,その旨を株主に対して通知しなければならない.

⑦ 取締役は,計算書類の内容とすべき事項について,定時株主総会の招集通知を発出した日から定時株主総会の前日までの間に修正をすべき事情が生じた場合における修正後の事項を株主に周知させる方法を,当該招集通知と併せて通知することができる.

**(連結計算書類の提供)**

**第162条** ① 法第444条第6項の規定により株主に対して連結計算書類の提供をする場合において,定時株主総会の招集通知を次の各号に掲げる方法により行うときは,連結計算書類は,当該各号に定める方法により提供しなければならない.

1 書面の提供 次のイ又はロに掲げる場合の区分に応じ,当該イ又はロに定める方法
　イ 連結計算書類が書面をもって作成されている場合 当該書面に記載された事項を記載した書面の提供
　ロ 連結計算書類が電磁的記録をもって作成されている場合 当該電磁的記録に記録された事項を記載した書面の提供

2 電磁的方法による提供 次のイ又はロに掲げる場合の区分に応じ,当該イ又はロに定める方法
　イ 連結計算書類が書面をもって作成されている場合 当該書面に記載された事項の電磁的方法による提供
　ロ 連結計算書類が電磁的記録をもって作成されている場合 当該電磁的記録に記録された事項の電磁的方法による提供

② 前項の連結計算書類に係る会計監査報告又は監査報告がある場合において,当該会計監査報告又は監査報告の内容をも株主に対して提供することを定めたときにおける同項の規定の適用については,同項第1号イ及びロ並びに第2号イ及びロ中「連結計算書類」とあるのは,「連結計算書類(当該連結計算書類に係る会計監査報告又は監査報告を含む.)」とする.

③ 連結計算書類を提供する際には,当該連結会計年度より前の連結会計年度に係る連結貸借対照表,連結損益計算書又は連結株主資本等変動計算書に表示すべき事項(以下この項において「過年度事項」という.)を併せて提供することができる.この場合において,連結計算書類の提供をする時における過年度事項が会計方針の変更その他の正当な理由により当該連結会計年度より前の連結会計年度に相当する事業年度に係る定時株主総会において報告をしたものと異なるものとなっているときは,修正後の過年度事項を提供することを妨げない.

④ 連結計算書類(第2項に規定する場合にあっては,当該連結計算書類に係る会計監査報告又は監査報告を含む.)に表示すべき事項に係る情報を,定時株主総会に係る招集通知を発出する時から定時株主総会の日から3箇月が経過する日までの間,継続して電磁的方法により株主が提供を受けることができる状態に置く措置(会社法施行規則第222条第1項第1号ロに掲げる方法のうち,インターネットに接続された自動公衆送信装置を使用する方法によって行われるものに限る.)をとる場合における第1項の規定の適用については,当該事項につき同項各号に掲げる場合の区分に応じ,当該各号に定める方法により株主に対して提供したものと

みなす.ただし,この項の措置をとる旨の定款の定めがある場合に限る.

⑤ 前項の場合には,取締役は,同項の措置をとるために使用する自動公衆送信装置のうち当該措置をとるための用に供する部分をインターネットにおいて識別するための文字,記号その他の符号又はこれらの結合であって,情報の提供を受ける者がその使用に係る電子計算機に入力することによって当該情報の内容を閲覧し,当該電子計算機に備えられたファイルに当該情報を記録することができるものを株主に対して通知しなければならない.

⑥ 第4項の規定により連結計算書類に表示した事項の一部が株主に対して第1項各号に定める方法により提供したものとみなされた場合において,監査役,会計監査人又は監査委員会が,現に株主に対して提供された連結計算書類が監査報告又は会計監査報告を作成するに際して監査をした連結計算書類の一部であることを株主に対して通知すべき旨を取締役に請求したときは,取締役は,その旨を株主に対して通知しなければならない.

⑦ 取締役は,連結計算書類の内容とすべき事項について,定時株主総会の招集通知を発出した日から定時株主総会の前日までの間に修正をすべき事情が生じた場合における修正後の事項を株主に周知させる方法を,当該招集通知と併せて通知することができる.

## 第2章　計算書類等の承認の特則に関する要件

**第163条** 法第439条及び第441条第4項(以下この条において「承認特則規定」という.)に規定する法務省令で定める要件は,次のいずれにも該当することとする.

1 承認特則規定に規定する計算関係書類についての会計監査報告の内容に第154条第1項第2号イに定める事項(当該計算関係書類が臨時計算書類である場合にあっては,当該事項に相当する事項を含む.)が含まれていること.

2 前号の会計監査報告に係る監査役,監査役会又は監査委員会の監査報告(監査役会設置会社にあっては,第156条第1項の規定により作成した監査役会の監査報告に限る.)の内容として会計監査人の監査の方法又は結果を相当でないと認める意見がないこと.

3 第156条第2項後段又は第157条第1項後段の規定により第1号の会計監査報告に係る監査役又は監査委員会の監査報告に付記された内容が前号の意見でないこと.

4 承認特則規定に規定する計算関係書類が第160条第3項の規定により監査を受けたものとみなされること.

5 取締役会を設置していること.

# 第6編　計算書類の公告等

## 第1章　計算書類の公告

**第164条** ① 株式会社が法第440条第1項の規定による公告(同条第3項の規定による措置を含む.以下この項において同じ.)をする場合には,次に掲げる事項を当該公告において明らかにしなけれ

ばならない．この場合において，第1号から第7号に掲げる事項は，当該事業年度に係る個別注記表に表示した注記に限るものとする．
1 継続企業の前提に関する注記
2 重要な会計方針に係る事項に関する注記
3 貸借対照表に関する注記
4 税効果会計に関する注記
5 関連当事者との取引に関する注記
6 1株当たり情報に関する注記
7 重要な後発事象に関する注記
8 当期純損益金額

② 株式会社が法第440条第1項の規定により損益計算書の公告をする場合における前項の規定の適用については，同項中「次に」とあるのは，「第1号から第7号までに」とする．
③ 前項の規定は，株式会社が損益計算書の内容である情報について法第440条第3項に規定する措置をとる場合について準用する．

## 第2章　計算書類の要旨の公告

### 第1節　総則

**第165条** 法第440条第2項の規定により貸借対照表の要旨又は損益計算書の要旨を公告する場合における貸借対照表の要旨及び損益計算書の要旨については，この章の定めるところによる．

## 第3章　雑則

**（貸借対照表等の電磁的方法による公開の方法）**
**第175条** 法第440条第3項の規定による措置は，会社法施行規則第222条第1項第1号ロに掲げる方法のうち，インターネットに接続された自動公衆送信装置（公衆の用に供する電気通信回線に接続することにより，その記録媒体のうち自動公衆送信の用に供する部分に記録され，又は当該装置に入力される情報を自動公衆送信する機能を有する装置をいう．）を使用する方法によって行わなければならない．

**（不適正意見がある場合等における公告事項）**
**第176条** 次の各号のいずれかに該当する場合において，会計監査人設置会社が法第440条第1項又は第2項の規定による公告（同条第3項に規定する措置を含む．以下この条において同じ．）をするときは，当該各号に定める事項を当該公告において明らかにしなければならない．
1 会計監査人が存しない場合（法第346条第4項の1時会計監査人の職務を行うべき者が存する場合を除く．）　会計監査人が存しない旨
2 法第158条第3項の規定により監査を受けたものとみなされた場合　その旨
3 当該公告に係る計算書類についての会計監査報告に不適正意見がある場合　その旨
4 当該公告に係る計算書類についての会計監査報告が第154条第1項第3号に掲げる事項を内容としているものである場合　その旨

## 第7編　株式会社の計算に係る計数等に関する事項

### 第1章　株式会社の剰余金の額

**（最終事業年度の末日における控除額）**
**第177条** 法第446条第1項ホに規定する法務省令で定める各勘定科目に計上した額の合計額は，第1号に掲げる額から第2号から第4号までに掲げる額の合計額を減じて得た額とする．
1 法第446条第1項イ及びロに掲げる額の合計額
2 法第446条第1項ハ及びニに掲げる額の合計額
3 その他資本剰余金の額
4 その他利益剰余金の額

**（最終事業年度の末日後に生ずる控除額）**
**第178条** ① 法第446条第7号に規定する法務省令で定める各勘定科目に計上した額の合計額は，第1号から第4号までに掲げる額の合計額から第5号及び第6号に掲げる額の合計額を減じて得た額とする．
1 最終事業年度の末日後に剰余金の額を減少して資本金の額又は準備金の額を増加した場合における当該減少額
2 最終事業年度の末日後に剰余金の配当をした場合における第46条第1号ロ及び第2号ロに掲げる額
3 最終事業年度の末日後に株式会社が吸収型再編受入行為に際して処分する自己株式に係る法第446条第2号に掲げる額
4 最終事業年度の末日後に株式会社が吸収分割会社又は新設分割会社となる吸収分割又は新設分割に際して剰余金の額を減少した場合における当該減少額
5 最終事業年度の末日後に株式会社が吸収型再編受入行為をした場合における当該吸収型再編受入行為に係る次に掲げる額の合計額
　イ 吸収型再編後資本剰余金額から吸収型再編直前資本剰余金額を減じて得た額
　ロ 吸収型再編後利益剰余金額から吸収型再編直前利益剰余金額を減じて得た額
6 最終事業年度の末日後に第44条の規定により増加したその他資本剰余金の額

② 前項の規定にかかわらず，最終事業年度のない株式会社における法第446条第7号に規定する法務省令で定める各勘定科目に計上した額の合計額は，第1号から第5号までに掲げる額の合計額から第6号から第12号までに掲げる額の合計額を減じて得た額とする．
1 成立の日に法第178条第1項の規定により自己株式の消却をした場合における当該自己株式の帳簿価額
2 成立の日後に剰余金の配当をした場合における当該剰余金の配当に係る法第446条第6号に掲げる額
3 成立の日後に剰余金の額を減少して資本金の額又は準備金の額を増加した場合における当該減少額
4 成立の日後に剰余金の配当をした場合における第46条第1号ロ及び第2号ロに掲げる額
5 成立の日後に株式会社が吸収分割会社又は新設分割会社となる吸収分割又は新設分割に際して剰余金の額を減少した場合における当該減少額
6 成立の日におけるその他資本剰余金の額
7 成立の日におけるその他利益剰余金の額
8 成立の日に自己株式の処分をした場合（吸収型再編受入行為に際して自己株式の処分をした場合を除く．）における当該自己株式の対価の額から当該自己株式の帳簿価額を減じて得た額
9 成立の日に資本金の額の減少をした場合にお

ける当該減少額（法第447条第1項第2号の額を除く.）
10 成立の日後に準備金の額の減少をした場合における当該減少額（法第448条第1項第2号の額を除く.）
11 成立の日後に株式会社が吸収型再編受入行為をした場合における当該吸収型再編に係る次に掲げる額の合計額
　イ 吸収型再編後資本剰余金額から吸収型再編直前資本剰余金額を減じて得た額
　ロ 吸収型再編後利益剰余金額から吸収型再編直前利益剰余金額を減じて得た額
12 成立の日後に第44条の規定により増加したその他資本剰余金の額
③ 最終事業年度の末日後に株式会社以外の法人が株式会社となった場合には，株式会社となった日における株式会社のその他資本剰余金の額及びその他利益剰余金の額の合計額を最終事業年度の末日における剰余金の額とみなす.

### 第2章　資本金等の額の減少

**（欠損の額）**
**第179条**　法第449条第1項第2号に規定する法務省令で定める方法は，次に掲げる額のうちいずれか高い額をもって欠損の額とする方法とする.
1 零
2 零から分配可能額を減じて得た額
**（計算書類に関する事項）**
**第180条**　法第449条第2項第2号に規定する法務省令で定めるものは，同項の規定による公告の日又は同項の規定による催告の日のいずれか早い日における次の各号に掲げる場合の区分に応じ，当該各号に定めるものとする.
1 最終事業年度に係る貸借対照表又はその要旨につき公告対象会社（法第449条第2項第2号の株式会社をいう．以下この条において同じ.）が法第440条第1項又は第2項の規定により公告をしている場合　次に掲げるもの
　イ 官報で公告をしているときは，当該官報の日付及び当該公告が掲載されている頁
　ロ 時事に関する事項を掲載する日刊新聞紙で公告をしているときは，当該日刊新聞紙の名称，日付及び当該公告が掲載されている頁
　ハ 電子公告により公告をしているときは，法第911条第3項第29号イに掲げる事項
2 最終事業年度に係る貸借対照表について公告対象会社が法第440条第3項に規定する措置をとっている場合　法第911条第3項第27号に掲げる事項
3 公告対象会社が法第440条第4項に規定する株式会社である場合において，当該株式会社が金融商品取引法第24条第1項の規定により最終事業年度に係る有価証券報告書を提出している場合　その旨
4 公告対象会社が会社法の施行に伴う関係法律の整備等に関する法律（平成17年法律第87号）第28条の規定により法第440条の規定が適用されないものである場合　その旨
5 公告対象会社につき最終事業年度がない場合　その旨
6 前各号に掲げる場合以外の場合　前編第2章の規定による最終事業年度に係る貸借対照表の要旨の内容

### 第3章　剰余金の処分

**第181条**　① 法第452条後段に規定する法務省令で定める事項は，同条前段に規定する剰余金の処分（同条前段の株主総会の決議を経ないで剰余金の項目に係る額の増加又は減少をすべき場合における剰余金の処分を除く.）に係る次に掲げる事項とする.
1 増加する剰余金の項目
2 減少する剰余金の項目
3 処分する各剰余金の項目に係る額
② 前項に規定する「株主総会の決議を経ないで剰余金の項目に係る額の増加又は減少をすべき場合」とは，次に掲げる場合とする.
1 法令又は定款の規定（法第452条の規定及び同条前段の株主総会（法第459条の定款の定めがある場合にあっては，取締役会．以下この条において同じ.）の決議によるべき旨を定める規定を除く.）により剰余金の項目に係る額の増加又は減少をすべき場合
2 法第452条前段の株主総会の決議によりある剰余金の項目に係る額の増加又は減少をさせた場合において，当該決議の定めるところに従い，同条前段の株主総会の決議を経ないで当該剰余金の項目に係る額の減少又は増加をすべきとき.

### 第4章　剰余金の配当に際しての金銭分配請求権

**第182条**　法第455条第2項第1号に規定する法務省令で定める方法は，次に掲げる額のうちいずれか高い額をもって配当財産の価格とする方法とする.
1 法第454条第4項第1号の期間の末日（以下この条において「行使期限日」という.）における当該配当財産を取引する市場における最終の価格（当該行使期限日に売買取引がない場合又は当該行使期限日が当該市場の休業日に当たる場合にあっては，その後最初になされた売買取引の成立価格）
2 行使期限日において当該配当財産が公開買付け等の対象であるときは，当該行使期限日における当該公開買付け等に係る契約における当該配当財産の価格

### 第5章　剰余金の分配を決定する機関の特則に関する要件

**第183条**　法第459条第2項及び第460条第2項（以下この条において「分配特則規定」という.）に規定する法務省令で定める要件は，次のいずれにも該当することとする.
1 分配特則規定に規定する計算書類についての会計監査報告の内容に第154条第1項第2号イに定める事項が含まれていること．
2 前号の会計監査報告に係る監査役会又は監査委員会の監査報告の内容として会計監査人の監査の方法又は結果を相当でないと認める意見がないこと．
3 第156条第2項後段又は第157条第1項後段の規定により第1項の会計監査報告に係る監査役会又は監査委員会の監査報告に付記された内容が前号の意見でないこと．
4 分配特則規定に規定する計算関係書類が第160

条第3項の規定により監査を受けたものとみなされたものでないこと．

### 第6章 分配可能額

**（臨時計算書類の利益の額）**
**第184条** 法第461条第2項第2号イに規定する法務省令で定める各勘定科目に計上した額は，臨時計算書類の損益計算書に計上された当期純損益金額（零以上の額に限る．）とする．

**（臨時計算書類の損失の額）**
**第185条** 法第461条第2項第5号に規定する法務省令で定める各勘定科目に計上した額の合計額は，零から臨時計算書類の損益計算書に計上された当期純損益金額（零未満の額に限る．）を減じて得た額とする．

**（その他減ずるべき額）**
**第186条** 法第461条第2項第6号に規定する法務省令で定める各勘定科目に計上した額は，第1号から第8号までに掲げる額の合計額から第9号及び第10号に掲げる額の合計額を減じて得た額とする．
1　最終事業年度（法第461条第2項第2号に規定する場合にあっては，法第441条第1項第2号の期間（当該期間が二以上ある場合にあっては，その末日が最も遅いもの）．以下この号，次号，第3号，第6号ハ，第8号イ及び第9号において同じ．）の末日（最終事業年度がない場合（法第461条第2項第2号に規定する場合を除く．）にあっては，成立の日．以下この号，次号，第3号，第6号ハ，第8号イ及び第9号において同じ．）におけるのれん等調整額（資産の部に計上したのれんの額を2で除して得た額及び繰延資産の部に計上した額の合計額をいう．以下この号及び第4号において同じ．）が次のイからハまでに掲げる場合に該当する場合における当該イからハまでに定める額
イ　当該のれん等調整額が資本等金額（最終事業年度の末日における資本金の額及び準備金の額の合計額をいう．以下この号において同じ．）以下である場合　零
ロ　当該のれん等調整額が資本等金額及び最終事業年度の末日におけるその他資本剰余金の額の合計額以下である場合（イに掲げる場合を除く．）　当該のれん等調整額から資本等金額を減じて得た額
ハ　当該のれん等調整額が資本等金額及び最終事業年度の末日におけるその他資本剰余金の額の合計額を超えている場合　次に掲げる場合の区分に応じ，次に定める額
(1)　最終事業年度の末日におけるのれんの額を2で除して得た額が資本等金額及び最終事業年度の末日におけるその他資本剰余金の額の合計額以下の場合　当該のれん等調整額から資本等金額を減じて得た額
(2)　最終事業年度の末日におけるのれんの額を2で除して得た額が資本等金額及び最終事業年度の末日におけるその他資本剰余金の額の合計額を超えている場合　最終事業年度の末日におけるその他資本剰余金の額及び繰延資産の部に計上した額の合計額
2　最終事業年度の末日における貸借対照表のその他有価証券評価差額金の項目に計上した額（当該額が零以上である場合にあっては，零）を零から減じて得た額
3　最終事業年度の末日における貸借対照表の土地再評価差額金の項目に計上した額（当該額が零以上である場合にあっては，零）を零から減じて得た額
4　株式会社が連結配当規制適用会社であるとき（第2条第3項第72号のある事業年度が最終事業年度である場合に限る．）は，イに掲げる額からロ及びハに掲げる額の合計額を減じて得た額（当該額が零未満である場合にあっては，零）
イ　最終事業年度の末日における貸借対照表の(1)から(3)までに掲げる額の合計額から(4)に掲げる額を減じて得た額
(1)　株主資本の額
(2)　その他有価証券評価差額金の項目に計上した額（当該額が零以上である場合にあっては，零）
(3)　土地再評価差額金の項目に計上した額（当該額が零以上である場合にあっては，零）
(4)　のれん等調整額（当該のれん等調整額が資本金の額，資本剰余金の額及び利益準備金の額の合計額を超えている場合にあっては，資本金の額，資本剰余金の額及び利益準備金の額の合計額）
ロ　最終事業年度の末日後に子会社から当該株式会社の株式を取得した場合における当該株式の取得直前の当該子会社における帳簿価額のうち，当該株式会社の当該子会社に対する持分に相当する額
ハ　最終事業年度の末日における連結貸借対照表の(1)から(3)までに掲げる額の合計額から(4)に掲げる額を減じて得た額
(1)　株主資本の額
(2)　その他有価証券評価差額金の項目に計上した額（当該額が零以上である場合にあっては，零）
(3)　土地再評価差額金の項目に計上した額（当該額が零以上である場合にあっては，零）
(4)　のれん等調整額（当該のれん等調整額が資本金の額及び資本剰余金の額の合計額を超えている場合にあっては，資本金の額及び資本剰余金の額の合計額）
5　最終事業年度の末日（最終事業年度がない場合にあっては，成立の日．第7号及び第10号において同じ．）後に二以上の臨時計算書類を作成した場合における最終の臨時計算書類以外の臨時計算書類に係る法第461条第2項第2号に掲げる額（同号ロに掲げる額のうち，吸収型再編受入行為及び特定募集（次の要件のいずれにも該当する場合におけるロの募集をいう．以下この条において同じ．）に際して処分する自己株式に係るものを除く．）から同項第5号に掲げる額を減じて得た額
イ　最終事業年度の末日後に法第173条第1項の規定により当該株式会社の株式の取得（株式の取得に際して当該株式の株主に対してロの募集により当該株式会社が払込み又は給付を受けた財産のみを交付する場合における当該株式の取得に限る．）をすること．
ロ　法第2編第2章第8節の規定によりイの株式（当該株式の取得と同時に当該取得した株式の内容を変更する場合にあっては，当該変更後の内容の株式）の全部又は一部を引き受ける者の募集をすること．
ハ　イの株式の取得に係る法第171条第1項第3

号の日とロの募集に係る法第199条第1項第4号の期日が同一の日であること．
6　300万円に相当する額から次に掲げる額の合計額を減じて得た額（当該額が零未満である場合にあっては，零）
　イ　資本金の額及び準備金の額の合計額
　ロ　新株予約権の帳簿価額
　ハ　最終事業年度の末日の貸借対照表の評価・換算差額等の各項目に計上した額（当該項目に計上した額が零未満である場合にあっては，零）の合計額
7　最終事業年度の末日後株式会社が吸収型再編受入行為又は特定募集に際して処分する自己株式に係る法第461条第2項第2号ロに掲げる額
8　次に掲げる額の合計額
　イ　最終事業年度の末日後に第44条の規定により増加したその他資本剰余金の額
　ロ　最終事業年度がない株式会社が成立の日後に自己株式を処分した場合における当該自己株式の対価の額
9　最終事業年度の末日後に株式会社が当該株式会社の株式を取得した場合（法第155条第12号に掲げる場合以外の場合において，当該株式の取得と引換えに当該株式の株主に対して当該株式会社の株式を交付するときに限る．）における当該取得した株式の帳簿価額から次に掲げる額の合計額を減じて得た額
　イ　当該取得に際して当該取得した株式の株主に交付する当該株式会社の株式以外の財産（社債等（自己社債及び自己新株予約権を除く．ロにおいて同じ．）を除く．）の帳簿価額
　ロ　当該取得に際して当該取得した株式の株主に交付する当該株式会社の社債等に付すべき帳簿価額
10　最終事業年度の末日後に株式会社が吸収型再編受入行為又は特定募集に際して処分する自己株式に係る法第461条第2項第4号（最終事業年度がない場合にあっては，第8号）に掲げる額

**（剰余金の配当等に関して責任をとるべき取締役等）**
**第187条**　法第462条第1項各号列記以外の部分に規定する法務省令で定めるものは，次の各号に掲げる行為の区分に応じ，当該各号に定める者とする．
1　法第461条第1項第1号に掲げる行為　次に掲げる者
　イ　株式の買取りによる金銭等の交付に関する職務を行った取締役及び執行役
　ロ　法第140条第2項の株主総会において株式の買取りに関する事項について説明をした取締役及び執行役
　ハ　分配可能額の計算に関する報告を監査役（監査委員会を含む．以下この条において同じ．）又は会計監査人が請求したときは，当該請求に応じて報告をした取締役及び執行役
2　法第461条第1項第2号に掲げる行為　次に掲げる者
　イ　株式の取得による金銭等の交付に関する職務を行った取締役及び執行役
　ロ　法第156条第1項の規定による決定に係る株主総会において株式の取得に関する事項について説明をした取締役及び執行役
　ハ　法第156条第1項の規定による決定に係る取締役会において株式の取得に賛成した取締役
　ニ　分配可能額の計算に関する報告を監査役又は会計監査人が請求したときは，当該請求に応じて報告をした取締役及び執行役
3　法第461条第1項第3号に掲げる行為　次に掲げる者
　イ　株式の取得による金銭等の交付に関する職務を行った取締役及び執行役
　ロ　法第157条第1項の規定による決定に係る株主総会において株式の取得に関する事項について説明をした取締役及び執行役
　ハ　法第157条第1項の規定による決定に係る取締役会において株式の取得に賛成した取締役
　ニ　分配可能額の計算に関する報告を監査役又は会計監査人が請求したときは，当該請求に応じて報告をした取締役及び執行役
4　法第461条第1項第4号に掲げる行為　次に掲げる者
　イ　株式の取得による金銭等の交付に関する職務を行った取締役及び執行役
　ロ　法第171条第1項の株主総会において株式の取得に関する事項について説明をした取締役及び執行役
　ハ　分配可能額の計算に関する報告を監査役又は会計監査人が請求したときは，当該請求に応じて報告をした取締役及び執行役
5　法第461条第1項第5号に掲げる行為　次に掲げる者
　イ　株式の買取りによる金銭等の交付に関する職務を行った取締役及び執行役
　ロ　法第175条第1項の株主総会において株式の買取りに関する事項について説明をした取締役及び執行役
　ハ　分配可能額の計算に関する報告を監査役又は会計監査人が請求したときは，当該請求に応じて報告をした取締役及び執行役
6　法第461条第1項第6号に掲げる行為　次に掲げる者
　イ　株式の買取りによる金銭等の交付に関する職務を行った取締役及び執行役
　ロ　法第197条第3項後段の規定による決定に係る株主総会において株式の買取りに関する事項について説明をした取締役及び執行役
　ハ　法第197条第3項後段の規定による決定に係る取締役会において株式の買取りに賛成した取締役
　ニ　分配可能額の計算に関する報告を監査役又は会計監査人が請求したときは，当該請求に応じて報告をした取締役及び執行役
7　法第461条第1項第7号に掲げる行為　次に掲げる者
　イ　株式の買取りによる金銭等の交付に関する職務を行った取締役及び執行役
　ロ　法第234条第4項後段（法第235条第2項において準用する場合を含む．）の規定による決定に係る株主総会において株式の買取りに関する事項について説明をした取締役及び執行役
　ハ　法第234条第4項後段（法第235条第2項において準用する場合を含む．）の規定による決定に係る取締役会において株式の買取りに賛成した取締役
　ニ　分配可能額の計算に関する報告を監査役又は会計監査人が請求したときは，当該請求に応じて

報告をした取締役及び執行役
8 法第461条第1項第8号に掲げる行為　次に掲げる者
　イ　剰余金の配当による金銭等の交付に関する職務を行った取締役及び執行役
　ロ　法第454条第1項の規定による決定に係る株主総会において剰余金の配当に関する事項について説明をした取締役及び執行役
　ハ　法第454条第1項の規定による決定に係る取締役会において剰余金の配当に関する決議に賛成した取締役
　ニ　分配可能額の計算に関する報告を監査役又は会計監査人が請求したときは,当該請求に応じて報告をした取締役及び執行役
9 法第116条第1項各号の行為に係る同意の規定による請求に応じてする株式の取得　株式の取得による金銭等の交付に関する職務を行った取締役及び次のイからニまでに掲げる行為の区分に応じ,当該イからニまでに定める者
　イ　その発行する全部の株式の内容として法第107条第1項第1号に掲げる事項についての定めを設ける定款の変更　次に掲げる者
　　(1) 株主総会に当該定款の変更に関する議案を提案した取締役
　　(2) (1)の議案の提案の決定に同意した取締役(取締役会設置会社の取締役を除く.)
　　(3) (1)の議案の提案が取締役会の決議に基づいて行われたときは,当該取締役会の決議に賛成した取締役
　ロ　ある種類の株式の内容として法第108条第1項第4号又は第7号に掲げる事項についての定めを設ける定款の変更　次に掲げる者
　　(1) 株主総会に当該定款の変更に関する議案を提案した取締役
　　(2) (1)の議案の提案の決定に同意した取締役(取締役会設置会社の取締役を除く.)
　　(3) (1)の議案の提案が取締役会の決議に基づいて行われたときは,当該取締役会の決議に賛成した取締役
　ハ　法第116条第1項第3号に規定する場合における同号イからハまで及びヘに掲げる行為　次に掲げる者
　　(1) 当該行為が株主総会の決議に基づいて行われたときは,当該株主総会に当該行為に関する議案を提案した取締役
　　(2) (1)の議案の提案の決定に同意した取締役(取締役会設置会社の取締役を除く.)
　　(3) (1)の議案の提案が取締役会の決議に基づいて行われたときは,当該取締役会の決議に賛成した取締役
　　(4) 当該行為が取締役会の決議に基づいて行われたときは,当該取締役会において当該行為に賛成した取締役
　ニ　法第116条第1項第3号に規定する場合における同号ニ及びホに掲げる行為　次に掲げる者
　　(1) 当該行為に関する職務を行った取締役及び執行役
　　(2) 当該行為が株主総会の決議に基づいて行われたときは,当該株主総会に当該行為に関する議案を提案した取締役
　　(3) (2)の議案の提案の決定に同意した取締役(取締役会設置会社の取締役を除く.)
　　(4) (2)の議案の提案が取締役会の決議に基づいて行われたときは,当該取締役会の決議に賛成した取締役
　　(5) 当該行為が取締役会の決議に基づいて行われたときは,当該取締役会の決議に賛成した取締役
10 法第465条第1項第4号に掲げる行為　株式の取得による金銭等の交付に関する職務を行った取締役
11 法第465条第1項第5号に掲げる行為　次に掲げる者
　イ　株式の取得による金銭等の交付に関する職務を行った取締役及び執行役
　ロ　法第107条第2項第3号イの事由が株主総会の決議に基づいて生じたときは,当該株主総会に当該行為に関する議案を提案した取締役
　ハ　ロの議案の提案の決定に同意した取締役(取締役会設置会社の取締役を除く.)
　ニ　ロの議案の提案が取締役会の決議に基づいて行われたときは,当該取締役会の決議に賛成した取締役
　ホ　法第107条第2項第3号イの事由が取締役会の決議に基づいて生じたときは,当該取締役会の決議に賛成した取締役

**第188条**　法第462条第1項第1号イに規定する法務省令で定めるものは,次に掲げる者とする.
1 株主総会に議案を提案した取締役
2 前号の議案の提案の決定に同意した取締役(取締役会設置会社の取締役を除く.)
3 第1号の議案の提案が取締役会の決議に基づいて行われたときは,当該取締役会において当該取締役会の決議に賛成した取締役

**第189条**　法第462条第1項第1号ロに規定する法務省令で定めるものは,取締役会に議案を提案した取締役及び執行役とする.

## 第8編　持分会社の計算に係る計数等に関する事項(略)

# 62　保険法

(平20・6・6・法律第56号)

## 第1章　総則

(趣旨)
**第1条**　保険に係る契約の成立,効力,履行及び終了については,他の法令に定めるもののほか,この法律の定めるところによる.

(定義)
**第2条**　この法律において,次の各号に掲げる用語の意義は,当該各号に定めるところによる.
1 保険契約　保険契約,共済契約その他いかなる名称であるかを問わず,当事者の一方が一定の事由が生じたことを条件として財産上の給付(生命保険契約及び傷害疾病定額保険契約にあっては,金銭の支払に限る.以下「保険給付」という.)を行うことを約し,相手方がこれに対して当該一定の事由の発生の可能性に応じたものとして保険料(共済掛金を含む.以下同じ.)を支払うこと

を約する契約をいう.
2 保険者 保険契約の当事者のうち,保険給付を行う義務を負う者をいう.
3 保険契約者 保険契約の当事者のうち,保険料を支払う義務を負う者をいう.
4 被保険者 次のイからハまでに掲げる保険契約の区分に応じ,当該イからハまでに定める者をいう.
　イ 損害保険契約 損害保険契約によりてん補することとされる損害を受ける者
　ロ 生命保険契約 その者の生存又は死亡に関し保険者が保険給付を行うこととなる者
　ハ 傷害疾病定額保険契約 その者の傷害又は疾病(以下「傷害疾病」という.)に基づき保険者が保険給付を行うこととなる者
5 保険金受取人 保険給付を受ける者として生命保険契約又は傷害疾病定額保険契約で定めるものをいう.
6 損害保険契約 保険契約のうち,保険者が一定の偶然の事故によって生ずることのある損害をてん補することを約するものをいう.
7 傷害疾病損害保険契約 損害保険契約のうち,保険者が人の傷害疾病によって生ずることのある損害(当該傷害疾病が生じた者が受けるものに限る.)をてん補することを約するものをいう.
8 生命保険契約 保険契約のうち,保険者が人の生存又は死亡に関し一定の保険給付を行うことを約するもの(傷害疾病定額保険契約に該当するものを除く.)をいう.
9 傷害疾病定額保険契約 保険契約のうち,保険者が人の傷害疾病に基づき一定の保険給付を行うことを約するものをいう.

## 第2章 損害保険

第1節 成 立
(損害保険契約の目的)
第3条 損害保険契約は,金銭に見積もることができる利益に限り,その目的とすることができる.
(告知義務)
第4条 保険契約者又は被保険者になる者は,損害保険契約の締結に際し,損害保険契約によりてん補することとされる損害の発生の可能性(以下この章において「危険」という.)に関する重要な事項のうち保険者になる者が告知を求めたもの(第28条第1項及び第29条第1項において「告知事項」という.)について,事実の告知をしなければならない.
(遡及保険)
第5条 ① 損害保険契約を締結する前に発生した保険事故(損害保険契約によりてん補することとされる損害を生ずることのある偶然の事故として当該損害保険契約で定めるものをいう.以下この章において同じ.)による損害をてん補する旨の定めは,保険契約者が当該損害保険契約の申込み又はその承諾をした時において,保険契約者又は被保険者が既に保険事故が発生していることを知っていたときは,無効とする.
② 損害保険契約の申込みの時より前に発生した保険事故による損害をてん補する旨の定めは,保険者又は保険契約者が当該損害保険契約の申込みをした時において,当該保険者が保険事故が発生していないことを知っていたときは,無効とする.

(損害保険契約の締結時の書面交付)
第6条 ① 保険者は,損害保険契約を締結したときは,遅滞なく,保険契約者に対し,次に掲げる事項を記載した書面を交付しなければならない.
1 保険者の氏名又は名称
2 保険契約者の氏名又は名称
3 被保険者の氏名又は名称その他の被保険者を特定するために必要な事項
4 保険事故
5 その期間内に発生した保険事故による損害をてん補するものとして損害保険契約で定める期間
6 保険金額(保険給付の限度額として損害保険契約で定めるものをいう.以下この章において同じ.)又は保険金額の定めがないときはその旨
7 保険の目的物(保険事故によって損害が生ずることのある物として損害保険契約で定めるものをいう.以下この章において同じ.)があるときは,これを特定するために必要な事項
8 第9条ただし書に規定する約定保険価額があるときは,その約定保険価額
9 保険料及びその支払の方法
10 第29条第1項第1号の通知をすべき旨が定められているときは,その旨
11 損害保険契約を締結した年月日
12 書面を作成した年月日
② 前項の書面には,保険者(法人その他の団体にあっては,その代表者)が署名し,又は記名押印しなければならない.
(強行規定)
第7条 第4条の規定に反する特約で保険契約者又は被保険者に不利なもの及び第5条第2項の規定に反する特約で保険契約者に不利なものは,無効とする.

第2節 効 力
(第三者のためにする損害保険契約)
第8条 被保険者が損害保険契約の当事者以外の者であるときは,当該被保険者は,当然に当該損害保険契約の利益を享受する.
(超過保険)
第9条 損害保険契約の締結の時において保険金額が保険の目的物の価額(以下この章において「保険価額」という.)を超えていたことにつき保険契約者及び被保険者が善意でかつ重大な過失がなかったときは,保険契約者は,その超過部分について,当該損害保険契約を取り消すことができる.ただし,保険価額について約定した一定の価額(以下この章において「約定保険価額」という.)があるときは,この限りでない.
(保険価額の減少)
第10条 損害保険契約の締結後に保険価額が著しく減少したときは,保険契約者は,保険者に対し,将来に向かって,保険金額又は約定保険価額については減少後の保険価額までの減額を,保険料についてはその減額後の保険金額に対応する保険料に至るまでの減額をそれぞれ請求することができる.
(危険の減少)
第11条 損害保険契約の締結後に危険が著しく減少したときは,保険契約者は,保険者に対し,将来に向かって,保険料について,減少後の当該危険に対応する保険料に至るまでの減額を請求することができる.
(強行規定)

第12条　第8条の規定に反する特約で被保険者に不利なもの及び第9条本文又は前2条の規定に反する特約で保険契約者に不利なものは、無効とする。

### 第3節　保険給付

（損害の発生及び拡大の防止）

第13条　保険契約者及び被保険者は、保険事故が発生したことを知ったときは、これによる損害の発生及び拡大の防止に努めなければならない。

（損害発生の通知）

第14条　保険契約者又は被保険者は、保険事故による損害が生じたことを知ったときは、遅滞なく、保険者に対し、その旨の通知を発しなければならない。

（損害発生後の保険の目的物の滅失）

第15条　保険者は、保険事故による損害が生じた場合には、当該損害に係る保険の目的物が当該損害の発生後に保険事故によらずに滅失したときであっても、当該損害をてん補しなければならない。

（火災保険契約による損害てん補の特則）

第16条　火災を保険事故とする損害保険契約の保険者は、保険事故が発生していないときであっても、消火、避難その他の消防の活動のために必要な処置によって保険の目的物に生じた損害をてん補しなければならない。

（保険者の免責）

第17条　①　保険者は、保険契約者又は被保険者の故意又は重大な過失によって生じた損害をてん補する責任を負わない。戦争その他の変乱によって生じた損害についても、同様とする。

②　責任保険契約（損害保険契約のうち、被保険者が損害賠償の責任を負うことによって生ずることのある損害をてん補するものをいう。以下同じ。）に関する前項の規定の適用については、同項中「故意又は重大な過失」とあるのは、「故意」とする。

（損害額の算定）

第18条　①　損害保険契約によりてん補すべき損害の額（以下この章において「てん補損害額」という。）は、その損害が生じた地及び時における価額によって算定する。

②　約定保険価額があるときは、てん補損害額は、当該約定保険価額によって算定する。ただし、当該約定保険価額が保険価額を著しく超えるときは、てん補損害額は、保険価額によって算定する。

（一部保険）

第19条　保険金額が保険価額（約定保険価額があるときは、当該約定保険価額）に満たないときは、保険者が行うべき保険給付の額は、当該保険金額の当該保険価額に対する割合をてん補損害額に乗じて得た額とする。

（重複保険）

第20条　①　損害保険契約によりてん補すべき損害について他の損害保険契約がこれをてん補することとなっている場合においても、保険者は、てん補損害額の全額（前条に規定する場合にあっては、同条の規定により行うべき保険給付の額の全額）について、保険給付を行う義務を負う。

②　二以上の損害保険契約の各保険者が行うべき保険給付の合計額がてん補損害額（各損害保険契約に基づいて算定したてん補損害額が異なるときは、そのうち最も高い額。以下この項において同じ。）を超える場合において、保険者の1人が自己の負担部分（他の損害保険契約がないとする場合における各保険者が行うべき保険給付の額のその合計額に対する割合をてん補損害額に乗じて得た額をいう。以下この項において同じ。）を超えて保険給付を行い、これにより共同の免責を得たときは、当該保険者は、自己の負担部分を超える部分に限り、他の保険者に対し、各自の負担部分について求償権を有する。

（保険給付の履行期）

第21条　①　保険給付を行う期限を定めた場合であっても、当該期限が、保険事故、てん補損害額、保険者が免責される事由その他の保険給付を行うために確認をすることが損害保険契約上必要とされる事項の確認をするための相当の期間を経過する日後の日であるときは、当該期間を経過する日をもって保険給付を行う期限とする。

②　保険給付を行う期限を定めなかったときは、保険者は、保険給付の請求があった後、当該請求に係る保険事故及びてん補損害額の確認をするために必要な期間を経過するまでは、遅滞の責任を負わない。

③　保険者が前2項に規定する確認をするために必要な調査を行うに当たり、保険契約者又は被保険者が正当な理由なく当該調査を妨げ、又はこれに応じなかった場合には、保険者は、これにより保険給付を遅延した期間について、遅滞の責任を負わない。

（責任保険契約についての先取特権）

第22条　①　責任保険契約の被保険者に対して当該責任保険契約の保険事故に係る損害賠償請求権を有する者は、保険給付を請求する権利について先取特権を有する。

②　被保険者は、前項の損害賠償請求権に係る債務について弁済をした金額又は当該損害賠償請求権を有する者の承諾があった金額の限度においてのみ、保険者に対して保険給付を請求する権利を行使することができる。

③　責任保険契約に基づき保険給付を請求する権利は、譲り渡し、質権の目的とし、又は差し押さえることができない。ただし、次に掲げる場合は、この限りでない。

1　第1項の損害賠償請求権を有する者に譲り渡し、又は当該損害賠償請求権に関して差し押さえる場合
2　前項の規定により被保険者が保険給付を請求する権利を行使することができる場合

（費用の負担）

第23条　①　次に掲げる費用は、保険者の負担とする。
1　てん補損害額の算定に必要な費用
2　第13条の場合において、損害の発生又は拡大の防止のために必要又は有益であった費用

②　第19条の規定は、前項第2号に掲げる費用の額について準用する。この場合において、同条中「てん補損害額」とあるのは、「第23条第1項第2号に掲げる費用の額」と読み替えるものとする。

（残存物代位）

第24条　保険者は、保険の目的物の全部が滅失した場合において、保険給付を行ったときは、保険給付の額の保険価額（約定保険価額があるときは、当該約定保険価額）に対する割合に応じて、当該保険の目的物について被保険者が有する所有権その他の物権について当然に被保険者に代位する。

（請求権代位）

第25条　①　保険者は、保険給付を行ったときは、次に掲げる額のうちいずれか少ない額を限度として、保険事故による損害が生じたことにより被保険者が取得する債権（債務の不履行その他の理由によ

り債権について生ずることのある損害をてん補する損害保険契約においては,当該債権を含む.以下この条において「被保険者債権」という.)について当然に被保険者に代位する.
1 当該保険者が行った保険給付の額
2 被保険者債権の額(前号に掲げる額がてん補損害額に不足するときは,被保険者債権の額から当該不足額を控除した残額)
② 前項の場合において,同項第1号に掲げる額がてん補損害額に不足するときは,被保険者は,被保険者債権のうち保険者が同項の規定により代位した部分を除いた部分について,当該代位に係る保険者の債権に先立って弁済を受ける権利を有する.

(強行規定)
第26条 第15条,第21条第1項若しくは第3項又は前2条の規定に反する特約で被保険者に不利なものは,無効とする.

### 第4節 終 了
(保険契約者による解除)
第27条 保険契約者は,いつでも損害保険契約を解除することができる.

(告知義務違反による解除)
第28条 ① 保険者は,保険契約者又は被保険者が,告知事項について,故意又は重大な過失により事実の告知をせず,又は不実の告知をしたときは,損害保険契約を解除することができる.
② 保険者は,前項の規定にかかわらず,次に掲げる場合には,損害保険契約を解除することができない.
1 損害保険契約の締結の時において,保険者が前項の事実を知り,又は過失によって知らなかったとき.
2 保険者のために保険契約の締結の媒介を行うことができる者(保険者のために保険契約の締結の代理を行うことができる者を除く.以下「保険媒介者」という.)が,保険契約者又は被保険者が前項の事実の告知をすることを妨げたとき.
3 保険媒介者が,保険契約者又は被保険者に対し,前項の事実の告知をせず,又は不実の告知をすることを勧めたとき.
③ 前項第2号及び第3号の規定は,当該各号に規定する保険媒介者の行為がなかったとしても保険契約者又は被保険者が第1項の事実の告知をせず,又は不実の告知をしたと認められる場合には,適用しない.
④ 第1項の規定による解除権は,保険者が同項の規定による解除の原因があることを知った時から1箇月間行使しないときは,消滅する.損害保険契約の締結の時から5年を経過したときも,同様とする.

(危険増加による解除)
第29条 ① 損害保険契約の締結後に危険増加(告知事項についての危険が高くなり,損害保険契約で定められている保険料が当該危険を計算の基礎として算出される保険料に不足する状態になることをいう.以下この条及び第31条第2項第2号において同じ.)が生じた場合において,保険料を当該危険増加に対応した額に変更するとしたならば当該損害保険契約を継続することができるときであっても,保険者は,次に掲げる要件のいずれにも該当する場合には,当該損害保険契約を解除することができる.
1 当該危険増加に係る告知事項について,その内容に変更が生じたときは保険契約者又は被保険者

が保険者に遅滞なくその旨の通知をすべき旨が当該損害保険契約で定められていること.
2 保険契約者又は被保険者が故意又は重大な過失により遅滞なく前号の通知をしなかったこと.
② 前条第4項の規定は,前項の規定による解除権について準用する.この場合において,同条第4項中「損害保険契約の締結の時」とあるのは,「次条第1項に規定する危険増加が生じた時」と読み替えるものとする.

(重大事由による解除)
第30条 保険者は,次に掲げる事由がある場合には,損害保険契約を解除することができる.
1 保険契約者又は被保険者が,保険者に当該損害保険契約に基づく保険給付を行わせることを目的として損害を生じさせ,又は生じさせようとしたこと.
2 被保険者が,当該損害保険契約に基づく保険給付の請求について詐欺を行い,又は行おうとしたこと.
3 前2号に掲げるもののほか,保険者の当該保険契約者又は被保険者に対する信頼を損ない,当該損害保険契約の存続を困難とする重大な事由

(解除の効力)
第31条 ① 損害保険契約の解除は,将来に向かってのみその効力を有する.
② 保険者は,次の各号に掲げる規定により損害保険契約の解除をした場合には,当該各号に定める損害をてん補する責任を負わない.
1 第28条第1項 解除がされた時までに発生した保険事故による損害.ただし,同項の事実に基づかずに発生した保険事故による損害については,この限りでない.
2 第29条第1項 解除に係る危険増加が生じた時から解除がされた時までに発生した保険事故による損害.ただし,当該危険増加をもたらした事由に基づかずに発生した保険事故による損害については,この限りでない.
3 前条 同条各号に掲げる事由が生じた時から解除がされた時までに発生した保険事故による損害

(保険料の返還の制限)
第32条 保険者は,次に掲げる場合には,保険料を返還する義務を負わない.
1 保険契約者又は被保険者の詐欺又は強迫を理由として損害保険契約に係る意思表示を取り消した場合
2 損害保険契約が第5条第1項の規定により無効とされる場合.ただし,保険者が保険事故の発生を知って当該損害保険契約の申込み又はその承諾をしたときは,この限りでない.

(強行規定)
第33条 ① 第28条第1項から第3項まで,第29条第1項,第30条又は第31条の規定に反する特約で保険契約者又は被保険者に不利なものは,無効とする.
② 前条の規定に反する特約で保険契約者に不利なものは,無効とする.

### 第5節 傷害疾病損害保険の特則
(被保険者による解除請求)
第34条 ① 被保険者が傷害疾病損害保険契約の当事者以外の者であるときは,当該被保険者は,保険契約者に対し,当該傷害疾病損害保険契約との間に別段の合意がある場合を除き,当該傷害疾病損害保険契約を解除することを請求することができる.

② 保険契約者は,前項の規定により傷害疾病損害保険契約を解除することの請求を受けたときは,当該傷害疾病損害保険契約を解除することができる.
(傷害疾病損害保険契約に関する読替え)
第35条 傷害疾病損害保険契約における第1節から前節までの規定の適用については,第5条第1項,第14条,第21条第3項及び第26条中「被保険者」とあるのは「被保険者(被保険者の死亡によって生ずる損害をてん補する傷害疾病損害保険契約にあっては,その相続人)」と,第5条第1項中「保険事故が発生している」とあるのは「保険事故による損害が生じている」と,同条第2項中「保険事故が発生していない」とあるのは「保険事故による損害が生じていない」と,第17条第1項,第30条及び第32条第1号中「被保険者」とあるのは「被保険者(被保険者の死亡によって生ずる損害をてん補する傷害疾病損害保険契約にあっては,被保険者又はその相続人)が」と,第17条第1項中「被保険者」とあるのは「被保険者(被保険者の死亡によって生ずる損害をてん補する傷害疾病損害保険契約にあっては,以下この条において同じ.)が」と,第32条第2号中「保険事故の発生」とあるのは「保険事故による損害が生じていること」と,第33条第1項中「,第30条又は第31条」とあるのは「又は第31条」と,「不利なものは」とあるのは「不利なもの及び第30条の規定に反する特約で保険契約者又は被保険者(被保険者の死亡によって生ずる損害をてん補する傷害疾病損害保険契約にあっては,被保険者又はその相続人)に不利なものは」とする.

第6節 適用除外
第36条 第7条,第12条,第26条及び第33条の規定は,次に掲げる損害保険契約については,適用しない.
1 商法(明治32年法律第48号)第815条第1項に規定する海上保険契約
2 航空機若しくは航空機により運送される貨物を保険の目的物とする損害保険契約又は航空機の事故により生じた損害を賠償する責任に係る責任保険契約
3 原子力施設を保険の目的物とする損害保険契約又は原子力施設の事故により生じた損害を賠償する責任に係る責任保険契約
4 前3号に掲げるもののほか,法人その他の団体又は事業を行う個人の事業活動に伴って生ずることのある損害をてん補する損害保険契約(傷害疾病損害保険契約に該当するものを除く.)

## 第3章 生命保険

第1節 成立
(告知義務)
第37条 保険契約者又は被保険者になる者は,生命保険契約の締結に際し,保険事故(被保険者の死亡又は一定の時点における生存をいう.以下この章において同じ.)の発生の可能性(以下この章において「危険」という.)に関する重要な事項のうち保険者になる者が告知を求めたもの(第55条第1項及び第56条第1項において「告知事項」という.)について,事実の告知をしなければならない.
(被保険者の同意)
第38条 生命保険契約の当事者以外の者を被保険者とする死亡保険契約(保険者が被保険者の死亡に関し保険給付を行うことを約する生命保険契約をいう.以下この章において同じ.)は,当該被保険者の同意がなければ,その効力を生じない.
(遡及保険)
第39条 ① 死亡保険契約を締結する前に発生した保険事故に関し保険給付を行う旨の定めは,保険契約者が当該死亡保険契約の申込み又はその承諾をした時において,当該保険契約者又は保険金受取人が既に保険事故が発生していることを知っていたときは,無効とする.
② 死亡保険契約の申込みの時より前に発生した保険事故に関し保険給付を行う旨の定めは,保険者又は保険契約者が当該死亡保険契約の申込みをした時において,当該保険者又は保険契約者が保険事故が発生していないことを知っていたときは,無効とする.
(生命保険契約の締結時の書面交付)
第40条 保険者は,生命保険契約を締結したときは,遅滞なく,保険契約者に対し,次に掲げる事項を記載した書面を交付しなければならない.
1 保険者の氏名又は名称
2 保険契約者の氏名又は名称
3 被保険者の氏名その他の被保険者を特定するために必要な事項
4 保険金受取人の氏名又は名称その他の保険金受取人を特定するために必要な事項
5 保険事故
6 その期間内に保険事故が発生した場合に保険給付を行うものとして生命保険契約で定める期間
7 保険給付の額及びその方法
8 保険料及びその支払の方法
9 第56条第1項第1号の通知をすべき旨が定められているときは,その旨
10 生命保険契約を締結した年月日
11 書面を作成した年月日
② 前項の書面には,保険者(法人その他の団体にあっては,その代表者)が署名し,又は記名押印しなければならない.
(強行規定)
第41条 第37条の規定に反する特約で保険契約者又は被保険者に不利なもの及び第39条第2項の規定に反する特約で保険契約者に不利なものは,無効とする.

第2節 効力
(第三者のためにする生命保険契約)
第42条 保険金受取人が生命保険契約の当事者以外の者であるときは,当該保険金受取人は,当然に当該生命保険契約の利益を享受する.
(保険金受取人の変更)
第43条 ① 保険契約者は,保険事故が発生するまでは,保険金受取人の変更をすることができる.
② 保険金受取人の変更は,保険者に対する意思表示によってする.
③ 前項の意思表示は,その通知が保険者に到達したときは,当該通知を発した時にさかのぼってその効力を生ずる.ただし,その到達前に行われた保険給付の効力を妨げない.
(遺言による保険金受取人の変更)
第44条 ① 保険金受取人の変更は,遺言によっても,することができる.
② 遺言による保険金受取人の変更は,その遺言が効力を生じた後,保険契約者の相続人がその旨を保険

者に通知しなければ、これをもって保険者に対抗することができない.

**(保険金受取人の変更についての被保険者の同意)**
**第45条** 死亡保険契約の保険金受取人の変更は、被保険者の同意がなければ、その効力を生じない.

**(保険金受取人の死亡)**
**第46条** 保険金受取人が保険事故の発生前に死亡したときは、その相続人の全員が保険金受取人となる.

**(保険給付請求権の譲渡等についての被保険者の同意)**
**第47条** 死亡保険契約に基づき保険給付を請求する権利の譲渡又は当該権利を目的とする質権の設定(保険事故が発生した後にされたものを除く.)は、被保険者の同意がなければ、その効力を生じない.

**(危険の減少)**
**第48条** 生命保険契約の締結後に危険が著しく減少したときは、保険契約者は、保険者に対し、将来に向かって、保険料について、減少後の当該危険に対応する保険料に至るまでの減額を請求することができる.

**(強行規定)**
**第49条** 第42条の規定に反する特約で保険金受取人に不利なもの及び前条の規定に反する特約で保険契約者に不利なものは、無効とする.

### 第3節 保険給付

**(被保険者の死亡の通知)**
**第50条** 死亡保険契約の保険契約者又は保険金受取人は、被保険者が死亡したことを知ったときは、遅滞なく、保険者に対し、その旨の通知を発しなければならない.

**(保険者の免責)**
**第51条** 死亡保険契約の保険者は、次に掲げる場合には、保険給付を行う責任を負わない. ただし、第3号に掲げる場合には、被保険者を故意に死亡させた保険金受取人以外の保険金受取人に対する責任については、この限りでない.
1 被保険者が自殺をしたとき.
2 保険契約者が被保険者を故意に死亡させたとき(前号に掲げる場合を除く.).
3 保険金受取人が被保険者を故意に死亡させたとき(前2号に掲げる場合を除く.).
4 戦争その他の変乱によって被保険者が死亡したとき.

**(保険給付の履行期)**
**第52条** ① 保険給付を行う期限を定めた場合であっても、当該期限が、保険事故、保険者が免責される事由その他の保険給付を行うために確認をすることが生命保険契約上必要とされる事項の確認をするための相当の期間を経過する日後の日であるときは、当該期間を経過する日をもって保険給付を行う期限とする.
② 保険給付を行う期限を定めなかったときは、保険者は、保険給付の請求があった後、当該請求に係る保険事故の確認をするために必要な期間を経過するまでは、遅滞の責任を負わない.
③ 保険者が前2項に規定する確認をするために必要な調査を行うに当たり、保険契約者、被保険者又は保険金受取人が正当な理由なく当該調査を妨げ、又はこれに応じなかった場合には、保険者は、これにより保険給付を遅延した期間について、遅滞の責任を負わない.

**(強行規定)**

**第53条** 前条第1項又は第3項の規定に反する特約で保険金受取人に不利なものは、無効とする.

### 第4節 終 了

**第54条** 保険契約者は、いつでも生命保険契約を解除することができる.

**(告知義務違反による解除)**
**第55条** ① 保険者は、保険契約者又は被保険者が、告知事項について、故意又は重大な過失により事実の告知をせず、又は不実の告知をしたときは、生命保険契約を解除することができる.
② 保険者は、前項の規定にかかわらず、次に掲げる場合には、生命保険契約を解除することができない.
 1 保険契約の締結の時において、保険者が前項の事実を知り、又は過失によって知らなかったとき.
 2 保険媒介者が、保険契約者又は被保険者が前項の事実の告知をすることを妨げたとき.
 3 保険媒介者が、保険契約者又は被保険者に対し、前項の事実の告知をせず、又は不実の告知をすることを勧めたとき.
③ 前項第2号及び第3号の規定は、当該各号に規定する保険媒介者の行為がなかったとしても保険契約者又は被保険者が第1項の事実の告知をせず、又は不実の告知をしたと認められる場合には、適用しない.
④ 第1項の規定による解除権は、保険者が同項の規定による解除の原因があることを知った時から1箇月間行使しないときは、消滅する. 生命保険契約の締結の時から5年を経過したときも、同様とする.

**(危険増加による解除)**
**第56条** ① 生命保険契約の締結後に危険増加(告知事項についての危険が高くなり、生命保険契約で定められている保険料が当該危険を計算の基礎として算出された保険料に不足する状態になることをいう. 以下この条及び第59条第2項第2号において同じ.)が生じた場合において、保険料を当該危険増加に対応した保険料に変更するとしたならば当該生命保険契約を継続することができるときであっても、保険者は、次に掲げる要件のいずれにも該当する場合には、当該生命保険契約を解除することができる.
 1 当該危険増加に係る告知事項について、その内容に変更が生じたときは保険契約者又は被保険者が保険者に遅滞なくその旨の通知をすべき旨が当該生命保険契約で定められていること.
 2 保険契約者又は被保険者が故意又は重大な過失により遅滞なく前号の通知をしなかったこと.
② 前条第4項の規定は、前項の規定による解除権について準用する. この場合において、同条第4項中「生命保険契約の締結の時」とあるのは、「次条第1項に規定する危険増加が生じた時」と読み替えるものとする.

**(重大事由による解除)**
**第57条** 保険者は、次に掲げる事由がある場合には、生命保険契約(保険給付を行うこととなる事故が第1号に掲げるものにあっては、死亡保険契約に限る.)を解除することができる.
 1 保険契約者又は保険金受取人が、保険者に保険給付を行わせることを目的として故意に被保険者を死亡させ、又は死亡させようとしたこと.
 2 保険金受取人が、当該生命保険契約に基づく保険給付の請求について詐欺を行い、又は行おうと

したこと．
3　前二号に掲げるもののほか，保険者の保険契約者，被保険者又は保険金受取人に対する信頼を損ない，当該生命保険契約の存続を困難とする重大な事由

**(被保険者による解除請求)**
**第58条**　① 死亡保険契約の被保険者が当該死亡保険契約の当事者以外の者である場合において，次に掲げるときは，当該被保険者は，保険契約者に対し，当該死亡保険契約を解除することを請求することができる．
1　前条第1号又は第2号に掲げる事由がある場合
2　前号に掲げるもののほか，被保険者の保険契約者又は保険金受取人に対する信頼を損ない，当該死亡保険契約の存続を困難とする重大な事由がある場合
3　保険契約者と被保険者との間の親族関係の終了その他の事情により，被保険者が第38条の同意をするに当たって基礎とした事情が著しく変更した場合
② 保険契約者は，前項の規定により死亡保険契約を解除することの請求を受けたときは，当該死亡保険契約を解除することができる．

**(解除の効力)**
**第59条**　① 生命保険契約の解除は，将来に向かってのみその効力を生ずる．
② 保険者は，次の各号に掲げる規定により生命保険契約の解除をした場合には，当該各号に定める保険事故に関し保険給付を行う責任を負わない．
1　第55条第1項　解除がされた時までに発生した保険事故．ただし，同項の事実に基づかずに発生した保険事故については，この限りでない．
2　第56条第1項　解除に係る危険増加が生じた時から解除がされた時までに発生した保険事故．ただし，当該危険増加をもたらした事由に基づかずに発生した保険事故については，この限りでない．
3　第57条　同条各号に掲げる事由が生じた時から解除がされた時までに発生した保険事故

**(契約当事者以外の者による解除の効力等)**
**第60条**　① 差押債権者，破産管財人その他の死亡保険契約（第63条に規定する保険料積立金があるものに限る．次項及び第62条第1項において同じ．）の当事者以外の者で当該死亡保険契約の解除をすることができるもの（次項及び第62条において「解除権者」という．）がする当該解除は，保険者がその通知を受けた時から1箇月を経過した日に，その効力を生ずる．
② 保険金受取人（前項に規定する通知の時において保険契約者でない者を除き，保険金受取人若しくは被保険者の親族又は被保険者である者に限る．次項及び次条において「介入権者」という．）が，保険契約者の同意を得て，前項の期間が経過するまでの間に，当該通知の日に当該死亡保険契約の解除の効力が生じたとすれば保険者が解除権者に対して支払うべき金額を解除権者に対して支払い，かつ，保険者に対してその旨の通知をしたときは，同項に規定する解除は，その効力を生じない．
③ 第1項に規定する解除の意思表示が差押えの手続又は保険契約者の破産手続，再生手続若しくは更生手続においてされたものである場合において，介入権者が前項の規定による支払及びその旨の通知をしたときは，当該差押えの手続，破産手続，再生手続又は更生手続との関係においては，保険者が当該解除により支払うべき金銭の支払をしたものとみなす．

**第61条**　① 死亡保険契約の解除により保険契約者が保険者に対して有することとなる金銭債権を差し押さえた債権者が前条第1項に規定する通知をした場合において，同条第2項の規定による支払の時に保険者が当該差押えに係る金銭債権の支払をするとすれば民事執行法（昭和54年法律第4号）その他の法令の規定による供託をすることができるときは，介入権者は，当該供託の方法により同項の規定による支払をすることができる．
② 前項の通知があった場合において，前条第2項の規定による支払の時に保険者が当該差押えに係る金銭債権の支払をするとすれば民事執行法その他の法令の規定による供託の義務を負うときは，介入権者は，当該供託の方法により同項の規定による支払をしなければならない．
③ 介入権者が前2項の規定により供託の方法による支払をしたときは，当該供託に係る差押えの手続との関係においては，保険者が当該差押えに係る金銭債権につき当該供託の方法による支払をしたものとみなす．

**第62条**　① 第60条第1項に規定する通知の時から同項に規定する解除の効力が生じ，又は同条第2項の規定により当該解除の効力が生じないこととなるまでの間に保険事故が発生したことにより保険者が保険給付を行うべきときは，当該保険者は，当該保険給付を行うべき額の限度で，解除権者に対し，同項に規定する金額を支払わなければならない．この場合において，保険金受取人に対しては，当該保険給付を行うべき額から当該解除権者に支払った金額を控除した残額について保険給付を行えば足りる．
② 前条の規定は，前項の規定による保険者の解除権者に対する支払について準用する．

**(保険料積立金の払戻し)**
**第63条**　保険者は，次に掲げる事由により生命保険契約が終了した場合には，保険契約者に対し，当該保険終了の時における保険料積立金（受領した保険料の総額のうち，当該生命保険契約に係る保険給付に充てるべきものとして，保険料又は保険給付の額を定めるための予定死亡率，予定利率その他の計算の基礎を用いて算出される金額に相当する部分をいう．）を払い戻さなければならない．ただし，保険者が保険給付を行う責任を負うときは，この限りでない．
1　第51条各号（第2号を除く．）に規定する事由
2　保険者の責任が開始する前における第54条又は第58条第2項の規定による解除
3　第56条第1項の規定による解除
4　第96条第1項の規定による解除又は同条第2項の規定による生命保険契約の失効

**(保険料の返還の制限)**
**第64条**　保険者は，次に掲げる場合には，保険料を返還する義務を負わない．
1　保険契約者，被保険者又は保険金受取人の詐欺又は強迫を理由として生命保険契約に係る意思表示を取り消した場合
2　生命保険契約が第39条第1項の規定により無効とされる場合．ただし，保険者が保険事故の発生を知って当該死亡保険契約の申込み又はその承

諾をしたときは,この限りでない.
(強行規定)
第65条 次の各号に掲げる規定に反する特約で当該各号に定める者に不利なものは,無効とする.
1 第55条第1項から第3項まで又は第56条第1項 保険契約者又は被保険者
2 第57条又は第59条 保険契約者,被保険者又は保険金受取人
3 前2条 保険契約者

## 第4章 傷害疾病定額保険

第1節 成 立
(告知義務)
第66条 保険契約者又は被保険者になる者は,傷害疾病定額保険契約の締結に際し,給付事由(傷害疾病による治療,死亡その他の保険給付を行う要件として傷害疾病定額保険契約で定める事由をいう.以下この章において同じ.)の発生の可能性(以下この章において「危険」という.)に関する重要な事項のうち保険者になる者が告知を求めたもの(第84条第1項及び第85条第1項において「告知事項」という.)について,事実の告知をしなければならない.
(被保険者の同意)
第67条 ① 傷害疾病定額保険契約の当事者以外の者を被保険者とする傷害疾病定額保険契約は,当該被保険者の同意がなければ,その効力を生じない.ただし,被保険者(被保険者の死亡に関する保険給付にあっては,被保険者又はその相続人)が保険金受取人である場合は,この限りでない.
② 前項ただし書の規定は,給付事由が傷害疾病による死亡のみである傷害疾病定額保険契約については,適用しない.
(遡及保険)
第68条 ① 傷害疾病定額保険契約を締結する前に発生した給付事由に基づき保険給付を行う旨の定めは,保険契約者が当該傷害疾病定額保険契約の申込み又はその承諾をした時において,当該保険契約者,被保険者又は保険金受取人が既に給付事由が発生していたときを知っていたときは,無効とする.
② 傷害疾病定額保険契約の申込みの時より前に発生した給付事由に基づき保険給付を行う旨の定めは,保険者が当該保険契約者が当該傷害疾病定額保険契約の申込みをした時において,当該保険者が給付事由が発生していないことを知っていたときは,無効とする.
(傷害疾病定額保険契約の締結時の書面交付)
第69条 ① 保険者は,傷害疾病定額保険契約を締結したときは,遅滞なく,保険契約者に対し,次に掲げる事項を記載した書面を交付しなければならない.
1 保険者の氏名又は名称
2 保険契約者の氏名又は名称
3 被保険者の氏名その他の被保険者を特定するために必要な事項
4 保険金受取人の氏名又は名称その他の保険金受取人を特定するために必要な事項
5 給付事由
6 その期間内に傷害疾病又は給付事由が発生した場合に保険給付を行うものとして傷害疾病定額保険契約で定める期間
7 保険給付の額及びその方法
8 保険料及びその支払の方法
9 第85条第1項第1号の通知をすべき旨が定められているときは,その旨
10 傷害疾病定額保険契約を締結した年月日
11 書面を作成した年月日
② 前項の書面には,保険者(法人その他の団体にあっては,その代表者)が署名し,又は記名押印しなければならない.
(強行規定)
第70条 第66条の規定に反する特約で保険契約者又は被保険者に不利なもの及び第68条第2項の規定に反する特約で保険契約者に不利なものは,無効とする.

第2節 効 力
(第三者のためにする傷害疾病定額保険契約)
第71条 保険金受取人が傷害疾病定額保険契約の当事者以外の者であるときは,当該保険金受取人は,当然に当該傷害疾病定額保険契約の利益を享受する.
(保険金受取人の変更)
第72条 ① 保険契約者は,給付事由が発生するまでは,保険金受取人の変更をすることができる.
② 保険金受取人の変更は,保険者に対する意思表示によってする.
③ 前項の意思表示は,その通知が保険者に到達したときは,当該通知を発した時にさかのぼってその効力を生ずる.ただし,その到達前に行われた保険給付の効力を妨げない.
(遺言による保険金受取人の変更)
第73条 ① 保険金受取人の変更は,遺言によっても,することができる.
② 遺言による保険金受取人の変更は,その遺言が効力を生じた後,保険契約者の相続人がその旨を保険者に通知しなければ,これをもって保険者に対抗することができない.
(保険金受取人の変更についての被保険者の同意)
第74条 ① 保険金受取人の変更は,被保険者の同意がなければ,その効力を生じない.ただし,変更後の保険金受取人が被保険者(被保険者の死亡に関する保険給付にあっては,被保険者又はその相続人)である場合は,この限りでない.
② 前項ただし書の規定は,給付事由が傷害疾病による死亡のみである傷害疾病定額保険契約については,適用しない.
(保険金受取人の死亡)
第75条 保険金受取人が給付事由の発生前に死亡したときは,その相続人の全員が保険金受取人となる.
(保険給付請求権の譲渡等についての被保険者の同意)
第76条 保険給付を請求する権利の譲渡又は当該権利を目的とする質権の設定(給付事由が発生した後にされたものを除く.)は,被保険者の同意がなければ,その効力を生じない.
(危険の減少)
第77条 傷害疾病定額保険契約の締結後に危険が著しく減少したときは,保険契約者は,保険者に対し,将来に向かって,保険料について,減少後の当該危険に対応する保険料に至るまでの減額を請求することができる.
(強行規定)
第78条 第71条の規定に反する特約で保険金受取人に不利なもの及び前条の規定に反する特約で保険契約者に不利なものは,無効とする.

## 第3節 保険給付

(給付事由発生の通知)
**第79条** 保険契約者,被保険者又は保険金受取人は,給付事由が発生したことを知ったときは,遅滞なく,保険者に対し,その旨の通知を発しなければならない.

(保険者の免責)
**第80条** 保険者は,次に掲げる場合には,保険給付を行う責任を負わない.ただし,第3号に掲げる場合には,給付事由を発生させた保険金受取人以外の保険金受取人に対する責任については,この限りでない.
1 被保険者が故意又は重大な過失により給付事由を発生させたとき.
2 保険契約者が故意又は重大な過失により給付事由を発生させたとき(前号に掲げる場合を除く.).
3 保険金受取人が故意又は重大な過失により給付事由を発生させたとき(前2号に掲げる場合を除く.).
4 戦争その他の変乱によって給付事由が発生したとき.

(保険給付の履行期)
**第81条** ① 保険給付を行う期限を定めた場合であっても,当該期限が,給付事由,保険者が免責される事由その他の保険給付を行うために確認をすることが傷害疾病定額保険契約上必要とされる事項の確認をするための相当の期間を経過する日後の日であるときは,当該期間を経過する日をもって保険給付を行う期限とする.
② 保険給付を行う期限を定めなかったときは,保険者は,保険給付の請求があった後,当該請求に係る給付事由の確認をするために必要な期間を経過するまでは,遅滞の責任を負わない.

(強行規定)
**第82条** 前条第1項又は第3項の規定に反する特約で保険金受取人に不利なものは,無効とする.

## 第4節 終 了

(保険契約者による解除)
**第83条** 保険契約者は,いつでも傷害疾病定額保険契約を解除することができる.

(告知義務違反による解除)
**第84条** ① 保険者は,保険契約者又は被保険者が,告知事項について,故意又は重大な過失により事実の告知をせず,又は不実の告知をしたときは,傷害疾病定額保険契約を解除することができる.
② 保険者は,前項の規定にかかわらず,次に掲げる場合には,傷害疾病定額保険契約を解除することができない.
1 傷害疾病定額保険契約の締結の時において,保険者が前項の事実を知り,又は過失によって知らなかったとき.
2 保険媒介者が,保険契約者又は被保険者が前項の事実の告知をすることを妨げたとき.
3 保険媒介者が,保険契約者又は被保険者に対し,前項の事実の告知をせず,又は不実の告知をすることを勧めたとき.
③ 前項第2号及び第3号の規定は,当該各号に規定する保険媒介者の行為がなかったとしても保険契約者又は被保険者が第1項の事実の告知をせず,又は不実の告知をしたと認められる場合には,適用しない.
④ 第1項の規定による解除権は,保険者が同項の規定による解除の原因があったことを知った時から1箇月間行使しないときは,消滅する.傷害疾病定額保険契約の締結の時から5年を経過したときも,同様とする.

(危険増加による解除)
**第85条** ① 傷害疾病定額保険契約の締結後に危険増加(告知事項についての危険が高くなり,傷害疾病定額保険契約で定められている保険料が当該危険を計算の基礎として算出される保険料に不足する状態になることをいう.以下この条及び第88条第2項第2号において同じ.)が生じた場合において,保険料を当該危険増加に対応した額に変更するとしたならば当該傷害疾病定額保険契約を継続することができるときであっても,保険者は,次に掲げる要件のいずれにも該当する場合には,当該傷害疾病定額保険契約を解除することができる.
1 当該危険増加に係る告知事項について,その内容に変更が生じたときは保険契約者又は被保険者が保険者に遅滞なくその旨の通知をすべき旨が当該傷害疾病定額保険契約で定められていること.
2 保険契約者又は被保険者が故意又は重大な過失により遅滞なく前号の通知をしなかったこと.
② 前条第4項の規定は,前項の規定による解除権について準用する.この場合において,同条第4項中「傷害疾病定額保険契約の締結の時」とあるのは,「次条第1項に規定する危険増加が生じた時」と読み替えるものとする.

(重大事由による解除)
**第86条** 保険者は,次に掲げる事由がある場合には,傷害疾病定額保険契約を解除することができる.
1 保険契約者,被保険者又は保険金受取人が,保険者に当該傷害疾病定額保険契約に基づく保険給付を行わせることを目的として給付事由を発生させ,又は発生させようとしたこと.
2 保険金受取人が,当該傷害疾病定額保険契約に基づく保険給付の請求について詐欺を行い,又は行おうとしたこと.
3 前2号に掲げるもののほか,保険者の保険契約者,被保険者又は保険金受取人に対する信頼を損ない,当該傷害疾病定額保険契約の存続を困難とする重大な事由

(被保険者による解除請求)
**第87条** ① 被保険者が傷害疾病定額保険契約の当事者以外の者である場合において,次に掲げるときは,当該被保険者は,保険契約者に対し,当該傷害疾病定額保険契約を解除することを請求することができる.
1 第67条第1項ただし書に規定する場合(同項の同意がある場合を除く.)
2 前条第1号又は第2号に掲げる事由がある場合
3 前号に掲げるもののほか,被保険者の保険契約者又は保険金受取人に対する信頼を損ない,当該傷害疾病定額保険契約の存続を困難とする重大な事由がある場合
4 保険契約者と被保険者との間の親族関係の終了その他の事情により,被保険者が第67条第1項の同意をするに当たって基礎とした事情が著しく変更した場合
② 保険契約者は,前項の規定により傷害疾病定額保険契約を解除することの請求を受けたときは,当該傷害疾病定額保険契約を解除することができる.

(解除の効力)
**第88条** ① 傷害疾病定額保険契約の解除は,将来に向かってのみその効力を生ずる.

② 保険者は，次の各号に掲げる規定により傷害疾病定額保険契約の解除をした場合には，当該各号に定める事由に基づき保険給付を行う責任を負わない．
　1　第84条第1項　解除がされた時に発生した傷害疾病．ただし，同項の事実に基づかずに発生した傷害疾病については，この限りでない．
　2　第85条第1項　解除に係る危険増加が生じた時から解除がされた時までに発生した傷害疾病．ただし，当該危険増加をもたらした事由に基づかずに発生した傷害疾病については，この限りでない．
　3　第86条　解除に掲げる事由が生じた時から解除がされた時までに発生した給付事由

（契約当事者以外の者による解除の効力等）
**第89条**　差押債権者，破産管財人その他の傷害疾病定額保険契約（第92条に規定する保険料積立金があるものに限る．以下この条から第91条までにおいて同じ．）の当事者以外の者で当該傷害疾病定額保険契約の解除をすることができるもの（次項及び同条において「解除権者」という．）がする当該解除は，保険者がその通知を受けた時から1箇月を経過した日に，その効力を生ずる．
② 保険金受取人（前項に規定する通知の時において，保険契約者である者を除き，保険契約者若しくは被保険者の親族又は被保険者である者に限る．次項及び次条において「介入権者」という．）が，保険契約者の同意を得て，前項の期間が経過するまでの間に，当該通知の日に当該傷害疾病定額保険契約の解除の効力が生ずるとすれば解除権者に対して支払うべき金額を解除権者に対して支払い，かつ，保険者に対してその旨の通知をしたときは，同項に規定する解除は，その効力を生じない．
③ 第1項に規定する解除の意思表示が差押えの手続又は保険契約者の破産手続，再生手続若しくは更生手続においてされたものである場合において，介入権者が前項の規定による支払及びその旨の通知をしたときは，当該差押えの手続，破産手続，再生手続又は更生手続との関係においては，保険者が当該解除により支払うべき金銭の支払をしたものとみなす．

**第90条**　① 傷害疾病定額保険契約の解除により保険契約者が保険者に対して有することとなる金銭債権を差し押さえた債権者が前条第1項に規定する通知をした場合において，同条第2項の規定による支払の時に保険者が当該差押えに係る金銭債権の支払をするとすれば民事執行法その他の法令の規定による供託をすることができるときは，介入権者は，当該供託の方法により同項の規定による支払をすることができる．
② 前項の通知があった場合において，前条第2項の規定による支払の時に保険者が当該差押えに係る金銭債権の支払をするとすれば民事執行法その他の法令の規定による供託の義務を負うときは，介入権者は，当該供託の方法により同項の規定による支払をしなければならない．
③ 介入権者が前2項の規定により供託の方法による支払をしたときは，当該供託に係る差押えの手続との関係においては，保険者が当該差押えに係る金銭債権につき当該供託の方法による支払をしたものとみなす．
④ 介入権者は，第1項又は第2項の規定による供託をしたときは，民事執行法その他の法令の規定により第三債務者が執行裁判所その他の官庁又は公署

に対してすべき届出をしなければならない．
**第91条**　① 第89条第1項に規定する通知の時から同項の規定する解除の効力が生じ，又は同条第2項の規定により解除の効力が生じないこととなるまでの間に給付事由が発生したことにより保険者が保険給付を行うべき場合において，当該保険給付を行うことにより傷害疾病定額保険契約が終了することとなるときは，当該保険者は，当該保険給付を行うべき額の限度で，解除権者に対し，同項に規定する金額を支払わなければならない．この場合において，保険金受取人に対しては，当該保険給付を行うべき額から当該解除権者に支払った金額を控除した残額について保険給付を行えば足りる．
② 前条の規定は，前項の規定による保険者の解除権者に対する支払について準用する．

（保険料積立金の払戻し）
**第92条**　保険者は，次に掲げる事由により傷害疾病定額保険契約が終了した場合には，保険料積立金（受領した保険料の総額のうち，当該傷害疾病定額保険契約に係る保険給付に充てるべきものとして，保険料又は保険金の額を定めるための給付事由の発生率，予定利率その他の計算の基礎を用いて算出される金額に相当する部分をいう．）を払い戻さなければならない．ただし，保険者が保険給付を行う責任を負うときは，この限りでない．
　1　第80条各号（第2号を除く．）に規定する事由
　2　保険者の責任が開始する前における第83条又は第87条第2項の規定による解除
　3　第85条第1項の規定による解除
　4　第96条第1項の規定による解除又は同条第2項の規定による当該傷害疾病定額保険契約の失効

（保険料の返還の制限）
**第93条**　保険者は，次に掲げる場合には，保険料を返還する義務を負わない．
　1　保険契約者，被保険者又は保険金受取人の詐欺又は強迫を理由として傷害疾病定額保険契約に係る意思表示を取り消した場合
　2　傷害疾病定額保険契約が第68条第1項の規定により無効とされる場合．ただし，保険者が給付事由の発生を知って当該傷害疾病定額保険契約の申込又はその承諾をしたときは，この限りでない．

（強行規定）
**第94条**　次の各号に掲げる規定に反する特約で当該各号に定める者に不利なものは，無効とする．
　1　第84条第1項から第3項まで又は第85条第1項　保険契約者又は被保険者
　2　第86条又は第88条　保険契約者，被保険者又は保険金受取人
　3　前2条　保険契約者

## 第5章　雑　則

（消滅時効）
**第95条**　① 保険給付を請求する権利，保険料の返還を請求する権利及び第63条又は第92条に規定する保険料積立金の払戻しを請求する権利は，3年間行わないときは，時効によって消滅する．
② 保険料を請求する権利は，1年間行わないときは，時効によって消滅する．

（保険者の破産）
**第96条**　① 保険者が破産手続開始の決定を受けた

ときは,保険契約者は,保険契約を解除することができる.
② 保険契約者が前項の規定による保険契約の解除をしなかったときは,当該保険契約は,破産手続開始の決定の日から3箇月を経過した日にその効力を失う.

**附　則**（抄）
（施行期日）
**第1条**　この法律は,公布の日から起算して2年を超えない範囲内において政令で定める日から施行する.

## 63　手形法

（昭7・7・15法律第20号,昭9・1・1施行,最終改正:平18・6・21法律第78号）

### 第1編　為替手形

### 第1章　為替手形ノ振出及方式

**第1条**　為替手形ニハ左ノ事項ヲ記載スヘシ
1　証券ノ文言中ニ其ノ証券ノ作成ニ用フル語ヲ以テ記載スル為替手形ナルコトヲ示ス文字
2　一定ノ金額ヲ支払フヘキ旨ノ単純ナル委託
3　支払ヲ為スヘキ者（支払人）ノ名称
4　満期ノ表示
5　支払ヲ為スヘキ地ノ表示
6　支払ヲ受ク又ハ之ヲ受クル者ヲ指図スル者ノ名称
7　手形ヲ振出ス日及地ノ表示
8　手形ヲ振出ス者（振出人）ノ署名

**第2条**　① 前条ニ掲グル事項ノ何レカヲ欠ク証券ハ為替手形ノ効力ヲ有セズ但シ次ノ数項ニ規定スル場合ハ此ノ限ニ在ラズ
② 満期ノ記載ナキ為替手形ハ之ヲ一覧払モノト看做ス
③ 支払人ノ名称ニ附記シタル地ハ特別ノ表示ナキ限リ之ヲ支払地ニシテ且支払人ノ住所地タルモノト看做ス
④ 振出地ノ記載ナキ為替手形ハ振出人ノ名称ニ附記シタル地ニ於テ之ヲ振出シタルモノト看做ス

**第3条**　① 為替手形ハ振出人ノ自己指図ニテ之ヲ振出スコトヲ得
② 為替手形ハ振出人ノ自己宛ニテ之ヲ振出スコトヲ得
③ 為替手形ハ第三者ノ計算ニ於テ之ヲ振出スコトヲ得

**第4条**　為替手形ハ支払人ノ住所地ニ在ルト又ハ其ノ他ノ地ニ在ルトヲ問ハズ第三者ノ住所ニ於テ支払フヘキモノト為スコトヲ得

**第5条**　① 一覧払又ハ一覧後定期払ノ為替手形ニ於テハ振出人ハ手形金額ニ付利息ヲ生ズヘキ旨ヲ約定シ記載スルコトヲ得其ノ他ノ為替手形ニ於テハ此ノ約定ヲ記載ハ之ヲ為サザルモノト看做ス
② 利率ハ之ヲ手形ニ表示スルコトヲ要ス其ノ表示ナキトキハ利息ノ約定ノ記載ハ之ヲ為サザルモノト看做ス
③ 利息ハ別段ノ日附ノ表示ナキトキハ手形振出ノ日ヨリ発生ス

**第6条**　① 為替手形ノ金額ヲ文字及数字ヲ以テ記載シタル場合ニ於テ其ノ金額ニ差異アルトキハ文字ヲ以テ記載シタル金額ヲ手形金額トス
② 為替手形ノ金額ヲ文字ヲ以テ又ハ数字ヲ以テ重複シテ記載シタル場合ニ於テ其ノ金額ニ差異アルトキハ最小金額ヲ手形金額トス

**第7条**　為替手形ニ手形債務ノ負担ニ付キ行為能力ナキ者ノ署名,偽造ノ署名,仮設人ノ署名又ハ其ノ他ノ事由ニ因リ為替手形ノ署名者若ハ其ノ本人ニ義務ヲ負ハシムルコト能ハザル署名アル場合ト雖モ他ノ署名者ノ債務ハ之ガ為其ノ効力ヲ妨ゲラルルコトナシ

**第8条**　代理権ヲ有セザル者ガ代理人トシテ為替手形ニ署名シタルトキハ自ラ其ノ手形ニ因リ義務ヲ負フ其ノ者ガ支払ヲ為シタルトキハ本人ト同一ノ権利ヲ有ス権限ヲ超エタル代理人ニ付亦同ジ

**第9条**　① 振出人ハ引受及支払ヲ担保ス
② 振出人ハ引受ヲ担保セザル旨ヲ記載スルコトヲ得支払ヲ担保セザル旨ノ一切ノ文言ハ之ヲ記載セザルモノト看做ス

**第10条**　未完成ニテ振出シタル為替手形ニ予メ為シタル合意ト異ル補充ヲ為シタル場合ニ於テハ其ノ違反ハ之ヲ以テ所持人ニ対抗スルコトヲ得ズ但シ所持人ガ悪意又ハ重大ナル過失ニ因リ為替手形ヲ取得シタルトキハ此ノ限ニ在ラズ

### 第2章　裏　書

**第11条**　① 為替手形ハ指図式ニテ振出サザルトキト雖モ裏書ニ依リテ之ヲ譲渡スコトヲ得
② 振出人ガ為替手形ニ「指図禁止」ノ文字又ハト同一ノ意義ヲ有スル文言ヲ記載シタルトキハノ証券ハ指名債権ノ譲渡ニ関スル方式ニ従ヒ且其ノ効力ヲ以テノミ之ヲ譲渡スコトヲ得
③ 裏書ハ引受ヲ為シタル又ハサザル支払人,振出人其ノ他ノ債務者ニ対シテモ之ヲ為スコトヲ得此等ノ者ハ更ニ手形ヲ裏書スルコトヲ得

**第12条**　① 裏書ハ単純ナルコトヲ要ス裏書ニ附シタル条件ハ之ヲ記載セザルモノト看做ス
② 一部ノ裏書ハ之ヲ無効トス
③ 持参人払ノ裏書ハ白地式裏書ト同一ノ効力ヲ有ス

**第13条**　① 裏書ハ為替手形ハ之ト結合シタル紙片（補箋）ニ之ヲ記載シ裏書人署名スルコトヲ要ス
② 裏書ハ被裏書人ヲ指定セズシテ之ヲ為シ又ハ単ニ裏書人ノ署名ノミヲ以テ之ヲ為スコトヲ得（白地式裏書）此ノ後ノ場合ニ於テハ裏書ハ為替手形ノ裏面ニハ補箋ニ之ヲ為スニ非ザレバ其ノ効力ヲ有セズ

**第14条**　① 裏書ハ為替手形ヨリ生ズル一切ノ権利ヲ移転ス
② 裏書ガ白地式ナルトキハ所持人ハ
1　自己ノ名称又ハ他人ノ名称ヲ以テ白地ヲ補充スルコトヲ得
2　白地式ニ依リ又ハ他人ヲ表示シテ更ニ手形ヲ裏書スルコトヲ得
3　白地ヲ補充セズ且裏書ヲ為サズシテ手形ヲ第三者ニ譲渡スコトヲ得

**第15条**　① 裏書人ハ反対ノ文言ナキ限リ引受及支払ヲ担保ス
② 裏書人ハ新ナル裏書ヲ禁ズルコトヲ得此ノ場合ニ於テハ其ノ裏書人ハ手形ノ爾後ノ被裏書人ニ対シ担保ノ責ヲ負フコトナシ

**第16条** ① 為替手形ノ占有者ガ裏書ノ連続ニ依リ其ノ権利ヲ証明スルトキハ之ヲ適法ノ所持人ト看做ス最後ノ裏書ガ白地式ナル場合ト雖モ亦同ジ抹消シタル裏書ハ此ノ関係ニ於テハ之ヲ記載セザルモノト看做ス白地式裏書ニ次デ他ノ裏書アルトキハ其ノ裏書ヲ為シタル者ハ白地式裏書ニ因リテ手形ヲ取得シタルモノト看做ス

② 事由ノ何タルヲ問ハズ為替手形ノ占有ヲ失ヒタル者アル場合ニ於テ所持人ガ前項ノ規定ニ依リ其ノ権利ヲ証明スルトキハ手形ヲ返還スル義務ヲ負フコトナシ但シ所持人ガ悪意又ハ重大ナル過失ニ因リ之ヲ取得シタルトキハ此ノ限ニ在ラズ

**第17条** 為替手形ニ依リ請求ヲ受ケタル者ハ振出人其ノ他ノ所持人ノ前者ニ対スル人ノ関係ニ基ク抗弁ヲ以テ所持人ニ対抗スルコトヲ得ズ但シ所持人ガ其ノ債務者ヲ害スルコトヲ知リテ手形ヲ取得シタルトキハ此ノ限ニ在ラズ

**第18条** ① 裏書ニ「回収ノ為」，「取立ノ為」，「代理ノ為」其ノ他単ニ委任ヲ示ス文言アルトキハ所持人ハ為替手形ヨリ生ズル一切ノ権利ヲ行使スルコトヲ得但シ所持人ハ代理ノ為ノ裏書ノミヲ為スコトヲ得

② 前項ノ場合ニ於テハ債務者ガ所持人ニ対抗スルコトヲ得ル抗弁ハ裏書人ニ対抗スルコトヲ得ベカリシモノニ限ル

③ 代理ノ為ノ裏書ニ依ル委任ハ委任者ノ死亡又ハ其ノ者ガ行為能力ノ制限ヲ受ケタルコトニ因リ終了セズ

**第19条** ① 裏書ニ「担保ノ為」，「質入ノ為」其ノ他質権ノ設定ヲ示ス文言アルトキハ所持人ハ為替手形ヨリ生ズル一切ノ権利ヲ行使スルコトヲ得但シ所持人ノ為シタル裏書ハ代理ノ為ノ裏書トシテノ効力ノミヲ有ス

② 債務者ハ裏書人ニ対スル人ノ関係ニ基ク抗弁ヲ以テ所持人ニ対抗スルコトヲ得ズ但シ所持人ガ其ノ債務者ヲ害スルコトヲ知リテ手形ヲ取得シタルトキハ此ノ限ニ在ラズ

**第20条** ① 満期後ノ裏書ハ満期前ノ裏書ト同一ノ効力ヲ有ス但シ支払拒絶証書作成後ノ裏書又ハ支払拒絶証書作成期間経過後ノ裏書ハ指名債権ノ譲渡ノ効力ノミヲ有ス

② 日附ノ記載ナキ裏書ハ支払拒絶証書作成期間経過前ニ之ヲ為シタルモノト推定ス

### 第3章 引　受

**第21条** 為替手形ノ所持人又ハ単ナル占有者ハ満期ニ至ル迄引受ノ為支払人ニ其ノ住所ニ於テ之ヲ呈示スルコトヲ得

**第22条** ① 振出人ハ為替手形ニ期間ヲ定メ又ハ定メズシテ引受ノ為之ヲ呈示スベキ旨ヲ記載スルコトヲ得

② 振出人ハ手形ニ引受ノ為ノ呈示ヲ禁ズル旨ヲ記載スルコトヲ得但シ手形ガ第三者方ニテ若ハ支払人ノ住所地ニ非ザル地ニ於テ支払フベキモノナルトキ又ハ一覧後定期日払ノモノナルトキハ此ノ限ニ在ラズ

③ 振出人ハ一定ノ期日前ニハ呈示ヲ為スベカラザル旨ヲ記載スルコトヲ得

④ 各裏書人ハ引受ノ為ノ呈示ヲ為ス期間ヲ定メ又ハ定メズシテ引受ノ為之ヲ呈示スベキ旨ヲ記載スルコトヲ得但シ振出人ガ引受ノ為ノ呈示ヲ禁ジタルトキハ此ノ限ニ在ラズ

**第23条** ① 一覧後定期払ノ為替手形ハ其ノ日附ヨリ1年内ニ引受ノ為之ヲ呈示スルコトヲ要ス

② 振出人ハ前項ノ期間ヲ短縮シ又ハ伸長スルコトヲ得

③ 裏書人ハ前2項ノ期間ヲ短縮スルコトヲ得

**第24条** ① 支払人ハ第1ノ呈示ノ翌日ニ第2ノ呈示ヲ為スベキコトヲ請求スルコトヲ得利害関係人ハ此ノ請求ガ拒絶証書ニ記載セラレタルトキニ限リ之ニ応ズル呈示ナカリシコトヲ主張スルコトヲ得

② 所持人ハ引受ノ為ニ呈示シタル手形ヲ支払人ニ交付スルコトヲ要セズ

**第25条** ① 引受ハ為替手形ニ之ヲ記載スベシ引受ハ「引受」其ノ他之ト同一ノ意義ヲ有スル文字ヲ以テ表示シ支払人署名スベシ手形ノ表面ニ為シタル支払人ノ単ナル署名ハ之ヲ引受ト看做ス

② 一覧後定期払ノ手形又ハ特別ノ記載ニ従ヒ一定ノ期間内ニ引受ノ為呈示ヲ為スベキ手形ニ於テハ所持人ガ呈示ノ日ノ日附ヲ記載スベキコトヲ請求ザル場合ヲ除クノ外引受ニハ之ヲ為シタル日ノ日附ヲ記載スルコトヲ要ス日附ノ記載ナキトキハ所持人ハ裏書人及振出人ニ対スル遡求権ヲ保全スル為ニ八適法ノ時期ニ作ラシメタル拒絶証書ニ依リ其ノ記載ナカリシコトヲ証明スルコトヲ要ス

**第26条** ① 引受ハ単純ナルベシ但シ支払人ハ之ヲ手形金額ノ一部ニ制限スルコトヲ得

② 其ノ他引受ヲ為替手形ニ記載事項ニ加ヘタル他ノ変更ハ引受ノ拒絶ノ効力ヲ有ス但シ引受人ハ其ノ引受ノ文言ニ従ヒテ責任ヲ負フ

**第27条** ① 振出人ガ支払人ノ住所地ト異ル支払地ヲ為替手形ニ記載シタル場合ニ於テ第三者方ニテ支払ヲ為スベキ旨ヲ定メザリシトキハ支払人ノ引受ヲ為スニ当リ其ノ第三者ヲ定ムルコトヲ得之ヲ定メザリシトキハ引受人ハ支払地ニ於テ自ラ支払ヲ為ス義務ヲ負ヒタルモノト看做ス

② 手形ガ支払人ノ住所ニ於テ支払フベキモノナルトキハ支払人ハ引受ヲ為スニ当リ支払地ニ於ケル支払ノ場所ヲ定ムルコトヲ得

**第28条** ① 支払人ハ引受ニ因リ満期ニ於テ為替手形ノ支払ヲ為ス義務ヲ負フ

② 支払ナキ場合ニ於テハ所持人ハ第48条及第49条ノ規定ニ依リテ請求スルコトヲ得ベキ一切ノ金額ニ付引受人ニ対シ為替手形ヨリ生ズル直接ノ請求権ヲ有ス所持人ガ振出人ナルトキ雖モ亦同ジ

**第29条** ① 為替手形ニ引受ヲ記載シタル支払人ガ其ノ手形ノ返還前ニ之ヲ抹消シタルトキハ引受ヲ拒ミタルモノト看做ス抹消ハ証券ノ返還前ニ之ヲ為シタルモノト推定ス

② 前項ノ規定ニ拘ラズ支払人ガ書面ヲ以テ所持人又ハ手形ニ署名シタル者ニ引受ノ通知ヲ為シタルトキハ此等ノ者ニ対シ引受ノ文言ニ従ヒテ責任ヲ負フ

### 第4章 保　証

**第30条** ① 為替手形ノ支払ハ其ノ金額ノ全部又ハ一部ニ付保証ニ依リ之ヲ担保スルコトヲ得

② 第三者ハ前項ノ保証ヲ為スコトヲ得手形ニ署名シタル者ト雖モ亦同ジ

**第31条** ① 保証ハ為替手形又ハ補箋ニ之ヲ為スベシ

② 保証ハ「保証」其ノ他之ト同一ノ意義ヲ有スル文字ヲ以テ表示シ保証人署名スベシ

③ 為替手形ノ表面ニ為シタル単ナル署名ハ之ヲ保証ト看做ス但シ支払人又ハ振出人ノ署名ハ此ノ限ニ在ラズ
④ 保証ニハ何人ノ為ニ之ヲ為スカヲ表示スルコトヲ要ス其ノ表示ナキトキハ振出人ノ為ニ之ヲ為シタルモノト看做ス

**第32条** ① 保証人ハ保証セラレタル者ト同一ノ責任ヲ負フ
② 保証ハ其ノ担保シタル債務方式ノ瑕疵ヲ除キ他ノ如何ナル事由ニ因リテ無効ナルトキト雖モ之ヲ有効トス
③ 保証人ガ為替手形ノ支払ヲ為シタルトキハ保証セラレタル者及其ノ者ノ為替手形上ノ債務者ニ対シ為替手形ヨリ生ズル権利ヲ取得ス

## 第5章 満期

**第33条** 為替手形ハ左ノ何レカニシテ之ヲ振出スコトヲ得
1 一覧払
2 一覧後定期払
3 日附後定期払
4 確定日払
② 前項ト異ル満期又ハ分割払ノ為替手形ハ之ヲ無効トス

**第34条** ① 一覧払ノ為替手形ハ呈示アリタルトキ之ヲ支払フベキモノトス此ノ手形ハ其ノ日ヨリ1年内ニ支払ノ為之ヲ呈示スルコトヲ要ス振出人ハ此ノ期間ヲ短縮シ又ハ伸長スルコトヲ得裏書人ハ此等ノ期間ヲ短縮スルコトヲ得
② 振出人ハ一定ノ期日前ニハ一覧払ノ為替手形ノ支払ノ為呈示スルコトヲ得ザル旨ヲ定ムルコトヲ得此ノ場合ニ於テ呈示ノ期間ハ其ノ期日ヨリ始マル

**第35条** ① 一覧後定期払ノ為替手形ノ満期ハ引受ノ日附又ハ拒絶証書ノ日附ニ依リテ之ヲ定ム
② 拒絶証書アラザル場合ニ於テハ日附ナキ引受ハ引受人ニ関スル限リ引受ノ為ノ呈示期間ノ末日ニ之ヲ為シタルモノト看做ス

**第36条** ① 日附後又ハ一覧後1月又ハ数月払ノ為替手形ハ支払ヲ為スベキ月ニ於ケル応当日ヲ以テ満期トス応当日ナキトキハ其ノ月ノ末日ヲ以テ満期トス
② 日附後又ハ一覧後1月半又ハ数月半払ノ為替手形ニ付テハ先ヅ全月ヲ計算ス
③ 月ノ始, 月ノ央 (2月ノ央等) 又ハ月ノ終ヲ以テ満期ヲ定メタルトキハ其ノ月ノ1日, 15日又ハ末日ヲ謂フ
④ 「8日」又ハ「15日」トハ1週又ハ2週ニ非ズシテ満8日又ハ満15日ヲ謂フ
⑤ 「半月」トハ15日ノ期間ヲ謂フ

**第37条** ① 振出地ト暦ヲ異ニスル地ニテ確定日ニ支払フベキ為替手形ニ付日ハ支払地ノ暦ニ依リテ之ヲ定メタルモノト看做ス
② 暦ヲ異ニスル2地ノ間ニ振出シタル為替手形ガ日附後定期払ナルトキハ振出ノ日ヲ支払地ノ暦ニ換ヘ之ニ依リテ満期ヲ定ム
③ 為替手形ノ呈示期間ニ付前項ノ規定ニ従ヒテ之ヲ計算ス
④ 前3項ノ規定ハ為替手形ノ文言又ハ証券ノ単ナル記載ニ依リ別段ノ意思ヲ知リ得ベキトキハ之ヲ適用セズ

## 第6章 支払

**第38条** ① 確定日払, 日附後定期払又ハ一覧後定期払ノ為替手形ノ所持人ハ支払ヲ為スベキ日又ハ之ニ次グ2取引日内ニ支払ノ為手形ヲ呈示スルコトヲ要ス
② 手形交換所ニ於ケル為替手形ノ呈示ハ支払ノ為ノ呈示タル効力ヲ有ス

**第39条** ① 為替手形ノ支払人ハ支払ヲ為スニ当リ所持人ニ対シ手形ニ受取ヲ証スル記載ヲ為シテ之ヲ交付スベキコトヲ請求スルコトヲ得
② 所持人ハ一部支払ヲ拒ムコトヲ得ズ
③ 一部支払ノ場合ニ於テハ支払人ハ其ノ支払アリタル旨ノ手形上ノ記載及受取証書ノ交付ヲ請求スルコトヲ得

**第40条** ① 為替手形ノ所持人ハ満期前ニハ其ノ支払ヲ受クルコトヲ要セズ
② 満期前ニ支払ヲ為ス支払人ハ自己ノ危険ニ於テ之ヲ為スモノトス
③ 満期ニ於テ支払ヲ為ス者ハ悪意又ハ重大ナル過失ナキ限リ其ノ責ヲ免ル此ノ者ハ裏書ノ連続ノ整否ヲ調査スル義務アルモ裏書人ノ署名ヲ調査スル義務ナシ

**第41条** ① 支払地ノ通貨ニ非ザル通貨ヲ以テ支払フベキ旨ヲ記載シタル為替手形ニ付テハ満期ノ日ニ於ケル価格ニ依リ其ノ国ノ通貨ヲ以テ支払ヲ為スコトヲ得債務者ガ支払ヲ遅滞シタルトキハ所持人ハ其ノ選択ニ依リ満期ノ日又ハ支払ノ日ノ相場ニ従ヒ其ノ国ノ通貨ヲ以テ為替手形ノ金額ヲ支払フベキコトヲ請求スルコトヲ得
② 外国通貨ノ価格ハ支払地ノ慣習ニ依リ之ヲ定ム但シ振出人ハ手形ニ定メタル換算率ニ依リ支払金額ヲ計算スベキ旨ヲ記載スルコトヲ得
③ 前2項ノ規定ハ振出人ガ特種ノ通貨ヲ以テ支払フベキ旨 (外国通貨現実支払文句) ヲ記載シタル場合ニハ之ヲ適用セズ
④ 振出国ト支払国トニ於テ同名異価ヲ有スル通貨ニ依リ為替手形ノ金額ヲ定メタルトキハ支払地ノ通貨ニ依リテ之ヲ定メタルモノト推定ス

**第42条** 第38条ニ規定スル期間内ニ為替手形ノ呈示ナキトキハ各債務者ハ所持人ノ費用及危険ニ於テ手形金額ヲ所轄官庁ニ供託スルコトヲ得

## 第7章 引受拒絶又ハ支払拒絶ニ因ル遡求

**第43条** 満期ニ於テ支払ナキトキハ所持人ハ裏書人, 振出人其ノ他ノ債務者ニ対シ其ノ遡求権ヲ行フコトヲ得左ノ場合ニ於テハ満期前ト雖モ亦同ジ
1 引受ノ全部又ハ一部ノ拒絶アリタルトキ
2 引受ヲ為シタルト若ハ為サザル支払人ガ破産手続開始ノ決定ヲ受ケタル場合, 其ノ支払停止ノ場合又ハ其ノ財産ニ対スル強制執行ガ効ヲ奏セザル場合
3 引受ノ為ノ呈示ヲ禁ジタル手形ノ振出人ガ破産手続開始ノ決定ヲ受ケタル場合

**第44条** ① 引受又ハ支払ノ拒絶ハ公正証書 (引受拒絶証書又ハ支払拒絶証書) ニ依リ之ヲ証明スルコトヲ要ス
② 引受拒絶証書ハ引受ヲ為ノ呈示期間内ニ之ヲ作ラシムルコトヲ要ス第24条第1項ニ規定スル場合ニ於テ期間ノ末日ニ第1ノ呈示アリタルトキハ拒絶証書ハ其ノ翌日ニ之ヲ作ラシムルコトヲ得

③ 確定日払,日附後定期払又ハ一覧後定期払ノ為替手形ノ支払拒絶証書ハ替手形ノ支払ヲ為スベキ日又ハ之ニ次グ2取引日内ニ之ヲ作ラシムルコトヲ要ス一覧払ノ手形ノ支払拒絶証書ハ引受拒絶証書ノ作成ニ関シテ前項ニ規定スル条件ニ従ヒ之ヲ作ラシムルコトヲ要ス

④ 引受拒絶証書アルトキハ支払ノ為ノ呈示及支払拒絶証書ヲ要セズ

⑤ 引受ヲ為シタル若ハ為サザル支払人ガ支払ヲ停止シタル場合又ハ其ノ財産ニ対スル強制執行ガ効ヲ奏セザル場合ニ於テハ所持人ハ支払人ニ対手形ノ支払ノ為ノ呈示ヲ為シ且拒絶証書ヲ作ラシメタル後ニ非ザレバ其ノ遡求権ヲ行フコトヲ得ズ

⑥ 引受ヲ為シタル若ハ為サザル支払人ガ破産手続開始ノ決定ヲ受ケタル場合又ハ引受ヲ為スコトヲ禁ジタル手形ノ振出人ガ破産手続開始ノ決定宣告ヲ受ケタル場合ニ於テ所持人ガ其ノ遡求権ヲ行フニハ破産手続開始ノ決定裁判書ヲ提出スルヲ以テ足ル

**第45条** ① 所持人ハ拒絶証書作成ノ日ニ次グ又ハ無費用償還文句アル場合ニ於テハ呈示ノ日ニ次グ4取引日内ニ己ノ裏書人及振出人ニ対シ引受拒絶又ハ支払拒絶アリタルコトヲ通知スルコトヲ要ス各裏書人ハ通知ヲ受ケタル日ニ次グ2取引日内ニ前ノ通知者全員ノ名称及宛所ヲ示シテ自己ノ受ケタル通知ヲ己ニ次グ裏書人ニ通知シ順次振出人及プモノトス此ノ期間ハ各其ノ通知ヲ受ケタル時ヨリ進行ス

② 前項ノ規定ニ従ヒ為替手形ノ署名者ニ通知ヲ為ストキハ同一ノ期間内ニ其ノ保証人ニ同一ノ通知ヲ為スコトヲ要ス

③ 裏書人ガ其ノ宛所ヲ記載セズ又ハ其ノ記載ガ読ミ難キ場合ニハ其ノ直前ノ裏書人ニ通知スルヲ以テ足ル

④ 通知ヲ為スベキ者ハ如何ナル方法ニ依リテモ之ヲ為スコトヲ得単ニ為替手形ヲ返付スルニ依リテモ亦之ヲ為スコトヲ得

⑤ 通知ヲ為シタル者ハ適法ノ期間内ニ通知ヲ為シタルコトヲ証明スルヲ要ス此ノ期間内ニ通知ヲ為ス書面ヲ郵便ニ付シタル民間事業者による信書の送達に関する法律（平成14年法律第99号）第2条第6項ニ規定スル一般信書便事業者若ハ同条第9項ニ規定スル特定信書便事業者ノ提供スル同条第2項ニ規定スル信書便ノ役務ヲ利用シテ発送シタル場合ニ於テハ其ノ期間ヲ遵守シタルモノト看做ス

⑥ 前項ノ期間内ニ通知ヲ為サザル者ハ其ノ権利ヲ失フコトナシ但シ過失ニ因リテ生ジタル損害アルトキハ為替手形ノ金額ヲ超エザル範囲内ニ於テ其ノ賠償ノ責ニ任ズ

**第46条** ① 振出人,裏書人又ハ保証人ハ拒絶ニ記載シ且署名シタル「無費用償還」,「拒絶証書不要」ノ文句其ノ他ト同一ノ意義ヲ有スル文言ニ依リ所持人ニ対シ其ノ権利ノ行使ノ為引受拒絶証書又ハ支払拒絶証書ノ作成ヲ免除スルコトヲ得

② 前項ノ文言ハ所持人ニ対シ法定期間内ニ於ケル呈示ノ義務及通知ノ義務ヲ免除スルコトナシ同項ノ不遵守ハ為替手形ニ対シ之ヲ援用スル者ノ於テ其ノ証明ヲ為スコトヲ要ス

③ 振出人ガ第1項ノ文言ヲ記載シタルトキハ一切ノ署名者ニ対シ其ノ効力ヲ生ズ裏書人又ハ保証人ガ之ヲ記載シタルトキハ其ノ裏書人又ハ保証人ニ

対シテノミ其ノ効力ヲ生ズ振出人ガ此ノ文言ヲ記載シタルニ拘ラズ所持人ガ拒絶証書ヲ作ラシメタルトキハ其ノ費用ハ所持人之ヲ負担シ裏書人又ハ保証人ガ此ノ文言ヲ記載シタル場合ニ於テ拒絶証書ノ作成アリタルトキハ一切ノ署名者ヲシテ其ノ費用ヲ償還セシムルコトヲ得

**第47条** ① 為替手形ノ振出,引受,裏書又ハ保証ヲ為シタル者ハ所持人ニ対シ合同シテ其ノ責ニ任ズ

② 所持人ハ前項ノ債務者ニ対シ其ノ負ヒタル順序ニ拘ラズ各別又ハ共同ニ請求ヲ為スコトヲ得

③ 為替手形ノ署名者ニシテ之ヲ受戻シタルモノモ同一ノ権利ヲ有ス

④ 債務者ノ1人ニ対スル請求ハ他ノ債務者ニ対スル請求ヲ妨ゲズ既ニ請求ヲ受ケタル者ノ後者ニ対シテモ亦同ジ

**第48条** ① 所持人ハ遡求ヲ受クル者ニ対シ左ノ金額ヲ請求スルコトヲ得

1 引受又ハ支払アラザリシ為替手形ノ金額及利息ノ記載アルトキハ利息

2 年6分ノ率ニ依ル満期以後ノ利息

3 拒絶証書ノ費用,通知ノ費用及其ノ他ノ費用

② 満期到達前遡求権ヲ行フトキハ割引ニ依リ手形金額ヲ減ズ其ノ割引ハ所持人ノ住所地ニ於ケル遡求ノ日ノ公定割引率（銀行率）ニ依リ之ヲ計算ス

**第49条** 為替手形ヲ受戻シタル者ハ其ノ前者ニ対シ左ノ金額ヲ請求スルコトヲ得

1 其ノ支払ヒタル総金額

2 前号ノ金額ニ対シ年6分ノ率ニ依リ計算シタル支払ノ日以後ノ利息

3 其ノ支出シタル費用

**第50条** ① 遡求ヲ受ケタル又ハ受クベキ債務者ハ支払ト引換ニ拒絶証書,受取ノ証スル記載ヲ為シタル計算書及為替手形ノ交付ヲ請求スルコトヲ得

② 為替手形ヲ受戻シタル裏書人ハ自己及後者ノ裏書ヲ抹消スルコトヲ得

**第51条** ① 一部引受ノ後遡求権ヲ行フ場合ニ於テ引受アラザリシ手形金額ノ支払ヲ為ス者ハ其ノ支払ノ旨手形ニ記載スルコト及受取証書ノ交付スルコトヲ請求スルコトヲ得所持人ハ爾後ノ遡求ヲ為サシムル為手形ノ証明謄本及拒絶証書ヲ交付スルコトヲ要ス

**第52条** ① 遡求権ヲ有スル者ハ反対ノ記載ナキ限リ其ノ前者ニ対シ一覧払トシテ振出シ且其ノ者ノ住所地ニ於テ支払フベキ新手形（戻手形）ニ依リ遡求ヲ為スコトヲ得

② 戻手形ハ第48条及第49条ニ規定スル金額ノ外其ノ手形ノ仲立料及印紙税ヲ含ム

③ 所持人ガ戻手形ヲ振出ス場合ニ於テハ其ノ金額ハ本手形ノ支払地ヨリ前者ノ住所地ニ宛テ振出ス一覧払ノ為替手形ノ相場ニ依リ之ヲ定ム裏書人ガ戻手形ヲ振出ス場合ニ於テハ其ノ金額ハ其ノ振出人ガ其ノ住所地ヨリ前者ノ住所地ニ宛テ振出ス一覧払手形ノ相場ニ依リ之ヲ定ム

**第53条** ① 左ノ期間ノ経過シタルトキハ所持人ハ裏書人,振出人其ノ他ノ債務者ニ対シ其ノ権利ヲ失フ但シ引受人ニ対シテハ此ノ限ニ在ラズ

1 一覧払又ハ一覧後定期払ノ為替手形ノ呈示ノ期間

2 引受拒絶証書又ハ支払拒絶証書ノ作成期間

3 無費用償還文句アル場合ニ於ケル支払ノ為ノ呈示期間

② 振出人ノ記載シタル期間内ニ引受ノ為ノ呈示ヲ為サザルトキハ所持人ハ支払拒絶及引受拒絶ニ因

ル遡求権ヲ失フ但シ其ノ記載ノ文言ニ依リ振出人ガ引受ノ担保義務ノミヲ免レントスル意思ヲ有シタルコトヲ知リ得ベキトキハ此ノ限ニ在ラズ
③ 裏書ニ呈示期間ノ記載アルトキハ其ノ裏書人ニ限リ之ヲ援用スルコトヲ得

**第54条** ① 法定ノ期間内ニ於ケル為替手形ノ呈示又ハ拒絶証書ノ作成ヲ避クベカラザル障碍（国ノ法令ニ依ル禁制其ノ他ノ不可抗力）ニ因リテ妨ゲラレタルトキハ其ノ期間ハ伸長ス
② 所持人ハ自己ノ裏書人ニ対シ遅滞ナク其ノ不可抗力ヲ通知シ且為替手形又ハ補箋ニ其ノ通知ヲ記載シ日附ヲ附シテ之ニ署名スルコトヲ要ス其ノ他ニ付テハ第45条ノ規定ヲ準用ス
③ 不可抗力ガ止ミタルトキハ所持人ハ遅滞ナク引受ノ為支払ノ為替手形ヲ呈示シ且必要アルトキハ拒絶証書ヲ作ラシムルコトヲ要ス
④ 不可抗力ガ満期ヨリ30日ヲ超エテ継続スルトキハ呈示又ハ拒絶証書ノ作成ヲ要セズシテ遡求権ヲ行フコトヲ得
⑤ 一覧払ノ又ハ一覧後定期払ノ為替手形ニ付テハ30日ノ期間ハ呈示期間ノ経過前ト雖モ所持人ガ其ノ裏書人ニ不可抗力ノ通知ヲ為シタル日ヨリ進行シ一覧後定期払ノ為替手形ニ付テハ30日ノ期間ニ為替手形ニ記載シタル一覧後ノ期間ヲ加フ
⑥ 所持人又ハ所持人ガ手形ノ呈示若ハ拒絶証書ノ作成ヲ委任シタル者ノ単純ナル人ノ事由ハ不可抗力ヲ構成スルモノト認メズ

## 第8章　参　加

### 第1節　通　則

**第55条** ① 振出人,裏書人又ハ保証人ハ予備支払人ヲ記載スルコトヲ得
② 為替手形ハ遡求ヲ受クベキ何レノ債務者ノ為ニ参加ヲ為スコトニ於テモ本章ニ規定スル条件ニ従ヒ其ノ引受又ハ支払ヲ受クルコトヲ得
③ 参加人ハ第三者,支払人又ハ既ニ為替手形上ノ債務ヲ負フ者タルコトヲ得但シ引受人ハ此ノ限ニ在ラズ
④ 参加人ハ其ノ被参加人ニ対シ2取引日内ニ其ノ参加ノ通知ヲ為スコトヲ要ス此ノ期間ノ不遵守ノ場合ニ於テ過失ニ因リテ生ジタル損害アルトキハ参加人ハ為替手形ノ金額ヲ超エザル範囲内ニ於テ其ノ賠償ノ責ニ任ズ

### 第2節　参加引受

**第56条** ① 参加引受ハ引受ノ為ノ呈示ヲ禁ゼザル為替手形ノ所持人ガ満期前ニ遡求権ヲ有スル一切ノ場合ニ於テ之ヲ為スコトヲ得
② 為替手形ニ支払地ニ於ケル予備支払人ノ記載シアルトキハ手形ノ所持人ガ其ノ者ニ為替手形ヲ呈示シ且拒絶証書ニ依リ其ノ者ガ引受ヲ拒ミタルコトヲ証スルニ非ザレバ其ノ記載アル者ニ対シ為シタル及其ノ後者ニ対シ満期前ニ遡求権ヲ行フコトヲ得ズ
③ 参加ノ他ノ場合ニ於テハ所持人ハ参加引受ヲ拒ムコトヲ得若所持人ガ之ヲ受諾スルトキハ被参加人及其ノ後者ニ対シ満期前ニ遡求権ヲ行フコトヲ得ズ

**第57条** 参加引受ハ為替手形ニ之ヲ記載シ参加人署名スベシ参加引受ニハ被参加人ヲ表示スベシ其ノ表示ナキトキハ振出人ノ為ニ之ヲ為シタルモノト看做ス

**第58条** ① 参加引受人ハ所持人及被参加人ヨリノ裏書人ニ対シ被参加人ト同一ノ義務ヲ負フ

② 被参加人及其ノ前者ハ参加引受ニ拘ラズ所持人ニ対シ第48条ニ規定スル金額ノ支払ト引換ニ為替手形ノ交付ヲ請求スルコトヲ得拒絶証書及受取証ニ記載ヲ為シタル計算書アルトキハ其ノ交付ヲモ請求スルコトヲ得

### 第3節　参加支払

**第59条** ① 参加支払ハ所持人ガ満期又ハ満期前ニ遡求権ヲ有スル一切ノ場合ニ於テ之ヲ為スコトヲ得
② 支払ハ被参加人ガ支払ヲ為スベキ全額ニ付之ヲ為スコトヲ要ス
③ 支払ハ支払拒絶証書ヲ作ラシムルコトヲ得ベキ最後ノ日ノ翌日迄ニ之ヲ為スコトヲ要ス

**第60条** ① 為替手形ガ支払地ニ住所ヲ有スル参加人ニ依リテ引受ケラレタルトキ又ハ支払地ニ住所ヲ有スル者ガ予備支払人トシテ記載セラレタルトキハ所持人ハ此等ノ者ニ全テノ者ニ手形ヲ呈示シ且必要アルトキハ拒絶証書ヲ作ラシムルコトヲ得ベキ最後ノ日ノ翌日迄ニ支払拒絶証書ヲ作ラシムルコトヲ要ス
② 前項ノ期間内ニ拒絶証書ノ作成ナキトキハ予備支払人ヲ記載シタル者又ハ被参加人及其ノ後ノ裏書人ハ義務ヲ免ル

**第61条** 参加支払ヲ拒ミタル所持人ハ其ノ支払ニ因リテ義務ヲ免ルベカリシ者ニ対シ遡求権ヲ失フ

**第62条** ① 参加支払ニハ被参加人ヲ表示シテ為替手形ニ之ヲ記載シタル受取証ノ記載ニ依リ之ヲ証スルコトヲ要ス其ノ表示ナキトキハ支払ハ振出人ノ為ニ之ヲ為シタルモノト看做ス
② 為替手形ハ参加支払人ニ之ヲ交付スルコトヲ要ス拒絶証書ヲ作ラシメタルトキハ之ヲモ交付スルコトヲ要ス

**第63条** ① 参加支払人ハ被参加人及其ノ者ノ為替手形上ノ債務者ニ対シ為替手形ヨリ生ズル権利ヲ取得ス但シ更ニ為替手形ヲ裏書スルコトヲ得ズ
② 被参加人ヨリ後ノ裏書人ハ義務ヲ免ル
③ 参加支払ノ競合ノ場合ニ於テハ最モ多数ノ義務ヲ免レシムルモノ優先ス事情ヲ知リ此ノ規定ニ反シテ参加シタル者ハ義務ヲ免ルベカリシ者ニ対スル遡求権ヲ失フ

## 第9章　複本及謄本

### 第1節　複　本

**第64条** ① 為替手形ハ同一内容ノ数通ヲ以テ之ヲ振出スコトヲ得
② 此ノ複本ニハ其ノ証券ノ文言中ニ番号ヲ附スルコトヲ要ス之ヲ欠クトキハ各通ハ之ヲ各別ノ為替手形ト看做ス
③ 1通限リテ振出ス旨ノ記載ナキ手形ノ所持人ハ自己ノ費用ヲ以テ複本ノ交付ヲ請求スルコトヲ得此ノ場合ニ於テハ所持人ハ自己ノ直接ノ裏書人ニ対シテ請求ヲ為スベク此ノ裏書人ハ自己ノ裏書人ニ対シテ手続ヲ為スコトニ依リテ之ニ協力シ順次振出人ニ及ブベキモノトス各裏書人ハ新ナル複本ニ裏書ヲ再記スルコトヲ要ス

**第65条** ① 複本ノ1通ノ支払ハ其ノ支払ガ他ノ複本ヲ無効ナラシムル旨ノ記載ナキトキ雖モ義務ヲ免レシム但シ支払人ハ引受ヲ為シタル各通ニシテ返還ヲ受ケザルモノニ付責任ヲ負フ
② 数人ニ各別ニ複本ヲ譲渡シタル裏書人及其ノ後ノ裏書人ハ其ノ署名アル各通ニシテ返還ヲ受ケザルモノニ付責任ヲ負フ

第66条 ① 引受ヲ為複本ノ1通ヲ送付シタル者ハ他ノ各通ニ此ノ1通ヲ保持スル者ノ名称ヲ記載スベシ其ノ者ハ他ノ1通ノ正当ナル所持人ニ対シ之ヲ引渡スコトヲ要ス
② 保持者ガ引渡ヲ拒ミタルトキハ所持人ハ拒絶証書ニ依リ左ノ事実ヲ証スルニ非ザレバ遡求権ヲ行フコトヲ得ズ
　1 引受ヲ為送付シタル1通ガ請求ヲ為スモ引渡サレザリシコト
　2 他ノ1通ヲ以テ引受又ハ支払ヲ受クルコト能ハザリシコト

### 第2節 謄 本

第67条 ① 為替手形ノ所持人ハ其ノ謄本ヲ作ル権利ヲ有ス
② 謄本ニハ裏書其ノ他原本ニ掲ゲタル一切ノ事項ヲ正確ニ再記シ且其ノ末尾ニ示スコトヲ要ス
③ 謄本ニハ原本ト同一ノ方法ニ従ヒ且同一ノ効力ヲ以テ裏書又ハ保証ヲ為スコトヲ得

第68条 ① 謄本ニハ原本ノ保持者ヲ表示スベシ保持者ハ謄本ノ正当ナル所持人ニ対シ其ノ原本ヲ引渡スコトヲ要ス
② 保持者ガ引渡ヲ拒ミタルトキハ所持人ハ拒絶証書ニ依リ原本ノ請求ヲ為スモ引渡サレザリシコトヲ証スルニ非ザレバ謄本ニ裏書又ハ保証ヲシタル者ニ対シ遡求権ヲ行フコトヲ得ズ
③ 謄本作成前ニ為シタル最後ノ裏書ノ後ニ「爾後ノ裏書ハ謄本ニ為シタルモノノミ効力ヲ有ス」ノ文句其ノ他之ト同一ノ意義ヲ有スル文言ガ原本ニ存スルトキハ原本ニ為シタル其ノ後ノ裏書ハ之ヲ無効トス

### 第10章 変 造

第69条 為替手形ノ文言ノ変造ノ場合ニ於テハ其ノ変造後ノ署名者ハ変造シタル文言ニ従ヒテ責任ヲ負ヒ変造前ノ署名者ハ原文言ニ従ヒテ責任ヲ負フ

### 第11章 時 効

第70条 ① 引受人ニ対スル為替手形上ノ請求権ハ満期ノ日ヨリ3年ヲ以テ時効ニ罹ル
② 所持人ノ裏書人及振出人ニ対スル請求権ハ適法ノ時期ニ作ラシメタル拒絶証書ノ日附ヨリ、無費用償還文句ノ場合ニ於テハ満期ノ日ヨリ1年ヲ以テ時効ニ罹ル
③ 裏書人ノ他ノ裏書人及振出人ニ対スル請求権ハ其ノ裏書人ガ手形ノ受戻ヲ為シタル日又ハ其ノ者ガ訴ヲ受ケタル日ヨリ6月ヲ以テ時効ニ罹ル

第71条 時効ノ中断ハ其ノ中断ノ事由ガ生ジタル者ニ対シテノミ其ノ効力ヲ生ズ

### 第12章 通 則

第72条 ① 満期ガ法定ノ休日ニ当ル為替手形ハ之ニ次グ第1ノ取引日ニ至ル迄其ノ支払ヲ請求スルコトヲ得ズ又為替手形ニ関スル他ノ行為殊ニ引受ノ為ノ呈示及拒絶証書ノ作成ハ取引日ニ於テノミ之ヲ為スコトヲ得
② 末日ガ法定ノ休日ニトスル一定ノ期間内ニ前項ノ行為ヲ為スベキ場合ニ於テハ期間ハ其ノ満了ニ次グ第1ノ取引日迄之ヲ伸長ス期間中ノ休日ハ之ヲ期間ニ算入ス

第73条 法定又ハ約定ノ期間ニハ其ノ初ノ日ヲ算入セズ

第74条 恩恵日ハ法律上ノモノタルト裁判上ノモノタルヲ問ハズ之ヲ認メズ

### 第2編 約束手形

第75条 約束手形ニハ左ノ事項ヲ記載スベシ
　1 証券ノ文言中ニ其ノ証券ノ作成ニ用フル語ヲ以テ記載スル約束手形ナルコトヲ示ス文字
　2 一定ノ金額ヲ支払フベキ旨ノ単純ナル約束
　3 満期ノ表示
　4 支払ヲ為スベキ地ノ表示
　5 支払ヲ受ケ又ハ之ヲ受クル者ヲ指図スル者ノ名称
　6 手形ヲ振出ス日及地ノ表示
　7 手形ヲ振出ス者（振出人）ノ署名

第76条 ① 前条ニ掲グル事項ノ何レカヲ欠ク証券ハ約束手形タルノ効力ヲ有セズ但シ次ノ数項ニ規定スル場合ハ此ノ限ニ在ラズ
② 満期ノ記載ナキ約束手形ハ之ヲ一覧払ノモノト看做ス
③ 振出地ハ特別ノ表示ナキ限リ之ヲ支払地ニシテ且振出人ノ住所地タルモノト看做ス
④ 振出地ノ記載ナキ約束手形ハ振出人ノ名称ニ附記シタル地ニ於テ之ヲ振出シタルモノト看做ス

第77条 ① 左ノ事項ニ関スル為替手形ニ付テノ規定ハ約束手形ノ性質ニ反セザル限リ之ヲ約束手形ニ準用ス
　1 裏書（第11条乃至第20条）
　2 満期（第33条乃至第37条）
　3 支払（第38条乃至第42条）
　4 支払拒絶ニ因ル遡求（第43条乃至第50条, 第52条乃至第54条）
　5 参加支払（第55条, 第59条乃至第63条）
　6 謄本（第67条及第68条）
　7 変造（第69条）
　8 時効（第70条及第71条）
　9 休日, 期間ノ計算及恩恵日ノ禁止（第72条乃至第74条）
② 第三者方ニテ又ハ支払人ノ住所地ニ非ザル地ニ於テ支払ヲ為スベキ為替手形（第4条及第27条），利息ノ約定（第5条），支払金額ニ関スル記載ノ差異（第6条），第7条ニ規定スル条件ノ下ニ為サレタル署名ノ効果，権限ナクシテ又ハ之ヲ超エテ為シタル者ノ署名ノ効果（第8条）及白地為替手形（第10条）ニ関スル規定モ亦之ヲ約束手形ニ準用ス
③ 保証ニ関スル規定（第30条乃至第32条）モ亦之ヲ約束手形ニ準用ス第31条末項ノ場合ニ於テ何人ノ為ニ保証ヲシタルカヲ表示セザルトキハ約束手形ノ振出人ノ為ニ之ヲ為シタルモノト看做ス

第78条 ① 約束手形ノ振出人ハ為替手形ノ引受人ト同一ノ義務ヲ負フ
② 一覧後定期払ノ約束手形ハ第23条ニ規定スル期間内ニ振出人ノ一覧ノ為之ヲ呈示スルコトヲ要ス一覧後ノ期間ハ振出人ガ手形ニ一覧ノ旨ヲ記載シテ署名シタル日ヨリ進行ス振出人ガ日附アル一覧ノ旨ノ記載ヲ拒ミタルトキハ拒絶証書ニ依リテ之ヲ証スルコトヲ要ス（第25条）其ノ日附ハ一覧後ノ期間ノ初日トス

### 附 則

第79条 本法施行ノ期日ハ勅令ヲ以テ之ヲ定ム
第80条 商法第4編第1章乃至第3章及商法施行法第124条乃至第126条ハ之ヲ削除ス但シ商法其

ノ他ノ法令ノ規定ノ適用上之ニ依ルベキ場合ニ於テハ仍其ノ効力ヲ有ス
**第81条** 本法施行前ニ振出シタル為替手形及約束手形ニ付従前ノ規定ニ依ル
**第82条** 本法ニ於テ署名トアルハ記名捺印ヲ含ム
**第83条** 第38条第2項（第77条第1項ニ於テ準用スル場合ヲ含ム）ノ手形交換所ハ法務大臣ヲ之ヲ指定ス
**第84条** 拒絶証書ノ作成ニ関スル事項ハ勅令ヲ以テ之ヲ定ム
**第85条** 為替手形又ハ約束手形ヨリ生ジタル権利ガ手続ノ欠缺又ハ時効ニ因リテ消滅シタルトキト雖モ所持人ハ振出人、引受人又ハ裏書人ニ対シ其ノ受ケタル利益ノ限度ニ於テ償還ノ請求ヲ為スコトヲ得
**第86条** ① 裏書人ノ他裏書人及振出人ニ対スル為替手形上及約束手形上ノ請求権ノ消滅時効ハ其ノ者ガ訴ヲ受ケタル場合ニ在リテハ前者ニ対シ訴訟告知ヲ為スニ因リテ中断ス
② 前項ノ規定ニ因リテ中断シタル時効ハ裁判ノ確定シタル時ヨリ更ニ其ノ進行ヲ始ム
**第87条** 本法ニ於テ休日トハ祭日、祝日、日曜日ノ他ノ一般ノ休日及政令ヲ以テ定ムル日ヲ謂フ
**第88条** ① 為替手形及約束手形ニ依リ義務ヲ負フ者ノ能力ハ其ノ本国法ニ依リ之ヲ定ム但シ其ノ国ノ法ガ他国ノ法ニ依ルコトヲ定メタルトキハ其ノ他国ノ法ヲ適用ス
② 前項ニ掲グル法ニ依リ行為能力ヲ有セザル者ト雖モ他ノ国ノ領域ニ於テ署名ヲ為シ其ノ国ノ法ニ依レバ行為能力ヲ有スベキトキハ責任ヲ負フ
**第89条** ① 為替手形上及約束手形上ノ行為ノ方式ハ署名ヲ為シタル地ノ属スル国ノ法ニ依リ之ヲ定ム
② 為替手形上及約束手形上ノ行為ガ前項ノ規定ニ依リ有効ナラザル場合ト雖モ後ノ行為ヲ為シタル地ノ属スル国ノ法ニ依レバ適式ナルトキハ後ノ行為ノ前ノ行為ガ不適式ナルニ因リ其ノ効力ヲ妨ゲラルルコトナシ
③ 日本人ガ外国ニ於テ為シタル為替手形及約束手形上ノ行為ハ日本法ニ定ムル方式ニ適合スル限リ他ノ日本人ニ対シ其ノ効力ヲ有ス
**第90条** ① 為替手形ノ引受人及約束手形ノ振出人ノ義務ノ効力ハ其ノ証券ノ支払地ノ属スル国ノ法ニ依リ之ヲ定ム
② 前項ニ掲グル者ヲ除キ為替手形又ハ約束手形ニ依リ債務ヲ負フ者ノ署名ヨリ生ズル効力ハ其ノ署名ヲ為シタル地ノ属スル国ノ法ニ依リ之ヲ定ム但シ遡求権ヲ行使スル期間ハ一切ノ署名者ニ付証券ノ振出地ノ属スル国ノ法ニ依リ之ヲ定ム
**第91条** 為替手形ノ所持人ガ証券ノ振出ノ原因タル債権ヲ取得スルヤ否ヤハ証券ノ振出地ノ属スル国ノ法ニ依リ之ヲ定ム
**第92条** ① 為替手形ノ引受ヲ手形金額ノ一部ニ制限シ得ルヤ否ヤ及所持人ニ一部支払ヲ受諾スル義務アリヤ否ヤハ支払地ノ属スル国ノ法ニ依リ之ヲ定ム
② 前項ノ規定ハ約束手形ノ支払ニ之ヲ準用ス
**第93条** 拒絶証書ノ方式及作成期間其ノ他為替手形上及約束手形上ノ権利ノ行使又ハ保存ニ必要ナル行為ノ方式ハ拒絶証書ヲ作ルベキ地ノ其ノ行為ヲ為スベキ地ノ属スル国ノ法ニ依リ之ヲ定ム
**第94条** 為替手形又ハ約束手形ノ喪失又ハ盗難ノ場合ニ為スベキ手続ハ支払地ノ属スル国ノ法ニ依リ之ヲ定ム

# 64 小切手法

(昭8・7・29法律第57号, 昭9・1・1施行,
最終改正：平18・6・21法律第78号)

## 第1章 小切手ノ振出及方式

**第1条** 小切手ニハ左ノ事項ヲ記載スベシ
1 証券ノ文言中ニ其ノ証券ノ作成ニ用フル語ヲ以テ記載スル小切手ナルコトヲ示ス文字
2 一定ノ金額ヲ支払フベキ旨ノ単純ナル委託
3 支払ヲ為スベキ者（支払人）ノ名称
4 支払ヲ為スベキ地ノ表示
5 小切手ノ振出ス日及地ノ表示
6 小切手ノ振出ス者（振出人）ノ署名
**第2条** ① 前条ニ掲グル事項ノ何レカヲ欠ク証券ハ小切手タル効力ヲ有セズ但シ次ノ数項ニ規定スル場合ハ此ノ限ニ在ラズ
② 支払人ノ名称ニ附記シタル地ハ特別ノ表示ナキ限リ之ヲ支払地ト看做ス支払人ノ名称ニ数箇ノ地ノ附記アルトキハ小切手ハ初頭ニ記載シアル地ニ於テ之ヲ支払フベキモノトス
③ 前項ノ規定其ノ他何等ノ表示ナキ小切手ハ振出地ニ於テ之ヲ支払フベキモノトス
④ 振出地ノ記載ナキ小切手ハ振出人ノ名称ニ附記シタル地ニ於テ振出シタルモノト看做ス
**第3条** 小切手ハ其ノ呈示ノ時ニ於テ振出人ノ処分シ得ル資金アル銀行ニ宛テ且振出人ヲシテ資金ヲ小切手ニ依リ処分スルコトヲ得シムル明示又ハ黙示ノ契約ニ従ヒ之ヲ振出スベキモノトス但シ此ノ規定ニ従ハザルトキト雖モ証券ノ小切手タル効力ヲ妨ゲズ
**第4条** 小切手ハ引受ヲ為スコトヲ得ズ小切手ニ為シタル引受ノ記載ハ之ヲ為サザルモノト看做ス
**第5条** ① 小切手ハ左ノ何レカニシテ之ヲ振出スコトヲ得
1 記名式又ハ指図式
2 記名式ニシテ「指図禁止」ノ文字又ハ之ト同一ノ意義ヲ有スル文言ヲ記載スルモノ
3 持参人払式
② 記名小切手ニシテ「又ハ持参人ニ」ノ文字又ハ之ト同一ノ意義ヲ有スル文言ヲ記載シタルモノハ之ヲ持参人払小切手ト看做ス
③ 受取人ノ記載ナキ小切手ハ之ヲ持参人払式小切手ト看做ス
**第6条** ① 小切手ハ振出人ノ自己指図ニテ之ヲ振出スコトヲ得
② 小切手ハ第三者ノ計算ニ於テ之ヲ振出スコトヲ得
③ 小切手ハ振出人ノ自己宛ニテ之ヲ振出スコトヲ得
**第7条** 小切手ニ記載シタル利息ノ約定ハ之ヲ為サザルモノト看做ス
**第8条** 小切手ハ支払人ノ住所地ニルト又ハ其ノ他ノ地ニ在ルトヲ問ハズ第三者ノ住所ニ於テ支払フベキモノト為スコトヲ得但シ其ノ第三者ハ銀行タルコトヲ要ス
**第9条** ① 小切手ノ金額ヲ文字ト数字ヲ以テ記載シタル場合ニ於テ其ノ金額ニ差異アルトキハ文字ヲ

以テ記載シタル金額ヲ小切手金額トス
② 小切手ノ金額ヲ文字ヲ以テ又ハ数字ヲ以テ重複シテ記載シタル場合ニ於テ其ノ金額ニ差異アルトキハ最小金額ヲ以テ小切手金額トス
**第10条** 小切手ニ小切手債務ノ負担ニ付キ行為能力ナキ者ノ署名、偽造ノ署名、仮設人ノ署名又ハ其ノ他ノ事由ニ因リ小切手ノ署名者若ハ其ノ本人ニ義務ヲ負ハシムルコト能ハザル署名アル場合ニ雖モ他ノ署名者ノ債務ハ之ガ為其ノ効力ヲ妨ゲラルルコトナシ
**第11条** 代理権ヲ有セザル者ガ代理人トシテ小切手ニ署名シタルトキハ自ラ其ノ小切手ニ因リ義務ヲ負フ其ノ者ガ支払ヲ為シタルトキハ本人ト同一ノ権利ヲ有ス権限ヲ超エタル代理人ニ付亦同ジ
**第12条** 振出人ハ支払ヲ担保ス振出人ガ之ヲ担保セザル旨ノ一切ノ文言ハ之ヲ記載セザルモノト看做ス
**第13条** 未完成ニテ振出シタル小切手ニ予メ為シタル合意ト異ル補充ヲ為シタル場合ニ於テハ其ノ違反ハ之ヲ以テ所持人ニ対抗スルコトヲ得ズ但シ所持人ガ悪意又ハ重大ナル過失ニ因リ小切手ヲ取得シタルトキハ此ノ限ニ在ラズ

### 第2章 譲 渡

**第14条** ① 記名式又ハ指図式ノ小切手ハ裏書ニ依リテ之ヲ譲渡スコトヲ要ス
② 記名式小切手ニシテ「指図禁止」ノ文字又ハ之ト同一ノ意義ヲ有スル文言ヲ記載シタルモノハ指名債権ノ譲渡ニ関スル方式ニ従ヒ且其ノ効力ヲ以テノミ之ヲ譲渡スコトヲ得
③ 裏書ハ振出人其ノ他ノ債務者ニ対シテモ之ヲ為スコトヲ得此等ノ者ハ更ニ小切手ヲ裏書スルコトヲ得
**第15条** ① 裏書ハ単純ナルコトヲ要ス裏書ニ附シタル条件ハ之ヲ記載セザルモノト看做ス
② 一部ノ裏書ハ之ヲ無効トス
③ 支払人ノ裏書モ亦之ヲ無効トス
④ 持参人払ノ裏書ハ白地式裏書ト同一ノ効力ヲ有ス
⑤ 支払人ニ対シテ為シタル裏書ハ受取証書タル効力ノミヲ有ス但シ支払人ガ数個ノ営業所ヲ有スル場合ニ於テ小切手ノ振宛テラレタル営業所以外ノ営業所ニ対シテ為シタル裏書ハ此ノ限ニ在ラズ
**第16条** ① 裏書ハ小切手又ハ之ト結合シタル紙片（補箋）ニ之ヲ記載シ裏書人署名スルコトヲ要ス
② 裏書ハ被裏書人ヲ指定セズシテ之ヲ為シ又ハ単ニ裏書人ノ署名ノミヲ以テ之ヲ為スコトヲ得（白地式裏書）此ノ後ノ場合ニ於テハ裏書ハ小切手ノ裏面又ハ補箋ニ之ヲ為スニ非ザレバ其ノ効力ヲ有セズ
**第17条** ① 裏書ハ小切手ヨリ生ズル一切ノ権利ヲ移転ス
② 裏書ガ白地式ナルトキハ所持人ハ
 1 自己ノ名称又ハ他人ノ名称ヲ以テ白地ヲ補充スルコトヲ得
 2 白地式ニ依リ又ハ他人ヲ表示シテ更ニ小切手ヲ裏書スルコトヲ得
 3 白地ヲ補充セズ且裏書ヲ為サズシテ小切手ヲ第三者ニ譲渡スコトヲ得
**第18条** ① 裏書人ハ反対ノ文言ナキ限リ支払ヲ担保ス
② 裏書人ハ新ナル裏書ヲ禁ズルコトヲ得此ノ場合ニ於テハ其ノ裏書人ハ小切手ノ爾後ノ被裏書人ニ対シ担保ノ責ヲ負フコトナシ
**第19条** 裏書シ得ベキ小切手ノ占有者ガ裏書ノ連続ニ依リ其ノ権利ヲ証明スルトキハ之ヲ適法ノ所持人ト看做ス最後ノ裏書ガ白地式ナル場合ニ雖モ亦同ジ抹消シタル裏書ハ此ノ関係ニ於テハ之ヲ記載セザルモノト看做ス白地式裏書ニ次デ他ノ裏書アルトキハ其ノ裏書ヲ為シタル者ハ白地式裏書ニ因リテ小切手ヲ取得シタルモノト看做ス
**第20条** 持参人払式小切手ニ裏書ヲ為シタルトキハ裏書人ハ遡求ニ関スル規定ニ従ヒ責任ヲ負フ但シ之ガ為ニ証券ハ指図式小切手ニ変ズルコトナシ
**第21条** 事由ノ何タルヲ問ハズ小切手ノ占有ヲ失ヒタル者アル場合ニ於テ其ノ小切手ヲ取得シタル所持人ハ小切手ヲ裏書シ得ベキ持参人払式ノミノ所持人又ハ裏書シ得ベキモノニシテ其ノ所持人ガ第19条ノ規定ニ依リ権利ヲ証明スルトキハ之ヲ返還スル義務ヲ負フコトナシ但シ悪意又ハ重大ナル過失ニ因リテ之ヲ取得シタルトキハ此ノ限ニ在ラズ
**第22条** 小切手ニ依リ請求ヲ受ケタル者ハ振出人其ノ他所持人ノ前者ニ対スル人ノ関係ニ基ク抗弁ヲ以テ所持人ニ対抗スルコトヲ得ズ但シ所持人ガ其ノ債務者ヲ害スルコトヲ知リテ小切手ヲ取得シタルトキハ此ノ限ニ在ラズ
**第23条** ① 裏書ニ「回収ノ為」、「取立ノ為」、「代理ノ為」其ノ他単ナル委任ヲ示ス文言アルトキハ所持人ハ小切手ヨリ生ズル一切ノ権利ヲ行使スルコトヲ得但シ所持人ハ代理ノ為ノ裏書ノミヲ為スコトヲ得
② 前項ノ場合ニ於テハ債務者ガ所持人ニ対抗スルコトヲ得ル抗弁ハ裏書人ニ対抗スルコトヲ得ベカリシモノニ限ル
③ 代理ノ為ノ裏書ニ依ル委任ハ委任者ノ死亡又ハ其ノ者ガ行為能力ノ制限ヲ受ケタルコトニ因リ終了セズ
**第24条** ① 拒絶証書若ハ之ト同一ノ効力ヲ有スル宣言ノ作成後ノ裏書又ハ呈示期間経過後ノ裏書ハ指名債権ノ譲渡ノ効力ノミヲ有ス
② 日附ノ記載ナキ裏書ハ拒絶証書若ハ之ト同一ノ効力ヲ有スル宣言ノ作成前又ハ呈示期間経過前ニ之ヲ為シタルモノト推定ス

### 第3章 保 証

**第25条** ① 小切手ノ支払ハ其ノ金額ノ全部又ハ一部ニ付保証ニ依リ之ヲ担保スルコトヲ得
② 支払人ヲ除クノ外第三者ハ前項ノ保証ヲ為スコトヲ得小切手ニ署名シタル者ト雖亦同ジ
**第26条** ① 保証ハ小切手又ハ補箋ニ之ヲ為スベシ
② 保証ハ「保証」其ノ他之ト同一ノ意義ヲ有スル文字ヲ以テ表示シ保証人署名スベシ
③ 小切手ノ表面ニ為シタル単ナル署名ハ之ヲ保証ト看做ス但シ振出人ノ署名ハ此ノ限ニ在ラズ
④ 保証ニハ何人ノ為ニ之ヲ為スカヲ表示スルコトヲ要ス其ノ表示ナキトキハ振出人ノ為ニ之ヲ為シタルモノト看做ス
**第27条** ① 保証人ハ保証セラレタル者ト同一ノ責任ヲ負フ
② 保証ハ其ノ担保シタル債務ガ方式ノ瑕疵ヲ除キ他ノ如何ナル事由ニ因リテ無効ナルトキト雖モ之ヲ有効トス
③ 保証人ガ小切手ノ支払ヲ為シタルトキハ保証セ

ラレタル者及其ノ者小切手上ノ債務者ニ対シ小切手ヨリ生ズル権利ヲ取得ス

## 第4章　呈示及支払

**第28条** ① 小切手ハ一覧払ノモノトス之ニ反スル一切ノ記載ハ之ヲ為サザルモノト看做ス
② 振出ノ日附トシテ記載シタル日ヨリ前ニ支払ノ為呈示シタル小切手ハ呈示ノ日ニ於テ之ヲ支払フベキモノトス

**第29条** ① 国内ニ於テ振出シ且支払フベキ小切手ハ10日内ニ之ヲ為支払呈示スルコトヲ要ス
② 支払地与振出地国異ニ国ニ在ル且シ振出シタル小切手ハ振出地及支払地ガ同一洲ニ存スルトキハ20日内又異ル洲ニ存スルトキハ70日内ニ之ヲ呈示スルコトヲ要ス
③ 前項ノ適用ニ付テハ欧羅巴洲ノ一国ニ於テ振出シ地中海沿岸ノ一国ニ於テ支払フベキ小切手又ハ地中海沿岸ノ一国ニ於テ振出シ欧羅巴洲ノ一国ニ於テ支払フベキ小切手ハ同一洲内ニ於テ振出シ且支払フベキモノト看做ス
④ 本条ニ掲グル期間ノ起算日ハ小切手ニ振出ノ日附トシテ記載シタル日トス

**第30条** 小切手ガ暦ヲ異ニスル2地ノ間ニ振出タルモナルトキハ振出ノ日ヲ支払地ノ暦ノ応当日ニ換フ

**第31条** 手形交換所ニ於ケル小切手ノ呈示ハ支払ノ為ノ呈示タル効力ヲ有ス

**第32条** ① 小切手ノ支払委託ノ取消ハ呈示期間経過後ニ於テノミ其ノ効力ヲ生ズ
② 支払委託ノ取消ナキトキハ支払人ハ期間経過後ト雖モ支払ヲ為スコトヲ得

**第33条** 振出ノ後振出人ガ死亡シ又ハ行為能力ヲ失フモ小切手ノ効力ニ影響ヲ及ボスコトナシ

**第34条** ① 小切手ノ支払人ハ支払ヲ為スニ当リ所持人ニ対シ小切手ニ受取ヲ証シ記載ヲ為シテ之ヲ交付スベキコトヲ請求スルコトヲ得
② 所持人ハ一部支払ヲ拒ムコトヲ得ズ
③ 一部支払ノ場合ニ於テハ支払人ハ其ノ支払アリタル旨ノ小切手上ノ記載及受取証書ノ交付ヲ請求スルコトヲ得

**第35条** 裏書ヲ得べキ小切手ノ支払ヲ為ス支払人ハ裏書ノ連続ノ整否ヲ調査スル義務アルモ裏書人ノ署名ヲ調査スル義務ナシ

**第36条** ① 支払地ノ通貨ニ非ザル通貨ヲ以テ支払フベキ旨ノ記載シタル小切手ニ付テハ其ノ呈示期間内ハ支払ノ日ニ於ケル価格ニ依リ其ノ国ノ通貨ヲ以テ支払ヲ為スコトヲ得呈示スルモ支払ナカリシトキハ所持人ハ其ノ選択ニ依リ呈示ノ日又ハ支払ノ日ノ相場ニ従ヒ其ノ国ノ通貨ヲ以テ小切手ノ金額ヲ支払フベキコトヲ請求スルコトヲ得
② 外国通貨ノ価格ハ支払地ノ慣習ニ依リ之ヲ定ム但シ振出人小切手ニ定メタル換算率ニ依リ支払金額ヲ計算スベキ旨ヲ記載スルコトヲ得
③ 前2項ノ規定ハ振出人ガ特種ノ通貨ヲ以テ支払フベキ旨（外国通貨現実支払文句）ヲ記載シタル場合ニハ之ヲ適用セズ
④ 振出国ト支払国トニ於テ同名異価ヲ有スル通貨ニ依リ小切手ノ金額ヲ定メタルトキハ支払地ノ通貨ニ依リテ之ヲ定メタルモノト推定ス

## 第5章　線引小切手

**第37条** ① 小切手ノ振出人又ハ所持人ハ小切手ニ線引ヲ為スコトヲ得線引ハ次条ニ定ムル効力ヲ有ス
② 線引ハ小切手ノ表面ニ2条ノ平行線ヲ引キテ之ヲ為スベシ線引ハ一般ハ特定タルコトヲ得
③ 2条ノ線内ニ何等ノ指定ヲ為サザルカ又ハ「銀行」若ハ之ト同一ノ意義ヲ有スル文字ヲ記載シタルトキハ線引ハ一般トシ2条ノ線内ニ銀行ノ名称ヲ記載シタルトキハ線引ハ之ヲ特定トス
④ 一般線引ハ之ヲ特定線引ニ変更スルコトヲ得ルモ特定線引ハ之ヲ一般線引ニ変更スルコトヲ得ズ
⑤ 線引又ハ被指定銀行ノ名称ノ抹消ハ之ヲ為サザルモノト看做ス

**第38条** ① 一般線引小切手ハ支払人ニ於テ銀行ニ対シ支払人ノ取引先ニ対シテノミ之ヲ支払フコトヲ得
② 特定線引小切手ハ支払人ニ於テ被指定銀行ニ対シテノミ又被指定銀行ガ支払人ナルトキハ自己ノ取引先ニ対シテノミ之ヲ支払フコトヲ得但シ被指定銀行ハ他ノ銀行ヲシテ小切手ノ取立ヲ為サシムルコトヲ得
③ 銀行ハ自己ノ取引先又ハ他ノ銀行ヨリノミ線引小切手ヲ取得スルコトヲ得銀行ハ此等ノ者以外ノ者ノ為ニ線引小切手ノ取立ヲ為スコトヲ得
④ 数箇ノ特定線引ヲ有スル小切手ニ付テハ之ヲ支払フコトヲ得ズ但シ2箇ノ線引アル場合ニ於テ其ノ1ガ手形交換所ニ於ケル取立ノ為ニ為サレタルモノナルトキハ此ノ限ニ在ラズ
⑤ 前4項ノ規定ニ遵守セザル支払人又ハ銀行ハ之ガ為ニ生ジタル損害ニ付小切手ノ金額ニ達スル迄賠償ノ責ニ任ズ

## 第6章　支払拒絶ニ因ル遡求

**第39条** 適法ノ時期ニ呈示シタル小切手ノ支払ナキ場合ニ於テ左ノ何レカニ依リ支払拒絶ヲ証明シタルトキハ所持人ハ裏書人,振出人其ノ他ノ債務者ニ対シ其ノ遡求権ヲ行フコトヲ得
1　公正証書（拒絶証書）
2　小切手ニ呈示ノ日ヲ表示シテ記載シ且日附ヲ附シタル支払人ノ宣言
3　適法ノ時期ニ小切手ヲ呈示シタルモ其ノ支払ナカリシ旨ヲ証明シ且日附ヲ附シタル手形交換所ノ宣言

**第40条** ① 拒絶証書ハ之ト同一ノ効力ヲ有スル宣言ハ呈示期間経過前ニ之ヲ作ラシムルコトヲ要ス
② 期間ノ末日ニ呈示アリタルトキハ拒絶証書又ハ之ト同一ノ効力ヲ有スル宣言ハ之ニ次グ第1ノ取引日ニ之ヲ作ラシムルコトヲ得

**第41条** ① 所持人ハ拒絶証書ハ之ト同一ノ効力ヲ有スル宣言ノ作成ノ日ニ次グ又ハ無費用償還文句アル場合ニハ呈示ノ日ニ次グ4取引日内ニ自己ノ裏書人及振出人ニ対シ支払拒絶アリタルコトヲ通知スルコトヲ要ス各裏書人ハ通知ヲ受ケタル日ニ次グ2取引日内ニ前ノ通知者全員ノ名称及宛所ヲ示シテ自己ノ受ケタル通知ヲ自己ノ裏書人ニ通知シ順次振出人ニ及ブモノトス此ノ期間ハ各其ノ通知ヲ受ケタル時ヨリ進行ス
② 前項ノ規定ニ従ヒ小切手ノ署名者ニ通知ヲ為ストキハ同一期間内ニ其ノ保証人ニ同一ノ通知ヲ為スコトヲ得

③ 裏書人ガ其ノ宛所ニ記載セズ又ハ其ノ記載ガ読ミ難キ場合ニ於テハ其ノ裏書人ノ直接ノ前者ニ通知スルヲ以テ足ル
④ 通知ヲ為スベキ者ガ如何ナル方法ニ依リテモ之ヲ為スコトヲ得単ニ小切手ヲ返付スルニ依リテ亦之ヲ為スコトヲ得
⑤ 通知ヲ為スベキ者ガ適法ノ期間内ニ通知ヲ為シタルコトヲ証明スルコトヲ要ス此ノ期間内ニ通知ヲ為ス書面ヲ郵便ニ付シ又ハ民間事業者による信書の送達に関する法律（平成14年法律第99号）第2条第6項ニ規定スル一般信書便事業者若ハ同条第9項ニ規定スル特定信書便事業者ノ提供スル同条第2項ニ規定スル信書便ノ役務ヲ利用シテ発送シタル場合ニ於テハ其ノ期間ヲ遵守シタルモノト看做ス
⑥ 前項ノ期間内ニ通知ヲ為サザル者ハ其ノ権利ヲ失フコトナシ但シ過失ニ因リテ生ジタル損害アルトキハ小切手ノ金額ヲ超エザル範囲内ニ於テ其ノ賠償ノ責ニ任ズ
**第42条** ① 振出人，裏書人又ハ保証人ノ証券ニ記載シ且署名シタル「無費用償還」，「拒絶証書不要」ノ文句其ノ他之ト同一ノ意義ヲ有スル文言ニ依リ所持人ニ対シ其ノ求償権ヲ行為ノ拒絶証書又ハ之ト同一ノ効力ヲ有スル宣言ノ作成ヲ免除スルコトヲ得
② 前項ノ文言ハ所持人ニ対シ法定期間内ニ於ケル小切手ノ呈示及通知ノ義務ヲ免除スルコトナシ期間ノ不遵守ヲ援用スル者ニ於テハ其ノ証明ヲ為スコトヲ要ス
③ 振出人ガ第1項ノ文言ヲ記載シタルトキハ一切ノ署名者ニ対シ其ノ効力ヲ生ズ裏書人又ハ保証人ガ之ヲ記載シタルトキハ其ノ裏書人又ハ保証人ニ対シテノミ其ノ効力ヲ生ズ振出人ガ此ノ文言ヲ記載シタルニ拘ラズ所持人ガ拒絶証書又ハ之ト同一ノ効力ヲ有スル宣言ノ作成ヲラシメタルトキハ其ノ費用ハ所持人之ヲ負担ス裏書人又ハ保証人ガ此ノ文言ヲ記載シタル場合ニ於テ拒絶証書又ハ之ト同一ノ効力ヲ有スル宣言ノ作成アリタルトキハ一切ノ署名者ニ対シ其ノ費用ノ償還セシムルコトヲ得
**第43条** ① 小切手上ノ各債務者ハ所持人ニ対シ合同シテ其ノ責ニ任ズ
② 所持人ハ前項ノ債務者ニ対シ其ノ債務ヲ負ヒタル順序ニ拘ラズ各別又ハ共同ニ請求ヲ為スコトヲ得
③ 小切手ノ署名者ニシテ之ヲ受戻シタルモノモ同一ノ権利ヲ有ス
④ 債務者ノ1人ニ対スル請求ハ他ノ債務者ニ対スル請求ヲ妨ゲズ既ニ請求ヲ受ケタル者ノ後者ニ対シテモ亦同ジ
**第44条** 所持人ハ遡求ヲ受クル者ニ対シ左ノ金額ヲ請求スルコトヲ得
1　支払アラザリシ小切手ノ金額
2　年6分ノ率ニ依ル呈示ノ日以後ノ利息
3　拒絶証書又ハ之ト同一ノ効力ヲ有スル宣言ノ費用，通知ノ費用及其ノ他ノ費用
**第45条** 小切手ヲ受戻シタル者ハ其ノ前者ニ対シ左ノ金額ヲ請求スルコトヲ得
1　其ノ支払ヒタル総金額
2　前号ノ金額ニ対シ年6分ノ率ニ依リ計算シタル支払ノ日以後ノ利息
3　拒絶証書費用
**第46条** ① 遡求ヲ受ケタル又ハ受クベキ債務者ガ支払ト引換ニ拒絶証書又ハ之ト同一ノ効力ヲ有スル宣言，受取ヲ証スル記載ヲ為シタル計算書及小切手ノ交付ヲ請求スルコトヲ得
② 小切手ヲ受戻シタル裏書人ハ自己及後者ノ裏書ヲ抹消スルコトヲ得
**第47条** ① 法定ノ期間内ニ於ケル小切手ノ呈示又ハ拒絶証書若ハ之ト同一ノ効力ヲ有スル宣言ノ作成ガ避クベカラザル障碍（国ノ法令ニ依ル禁制其ノ他ノ不可抗力）ニ因リテ妨ゲラレタルトキハ其ノ期間ヲ伸長ス
② 所持人ハ自己ノ裏書人ニ対シ遅滞ナク其ノ不可抗力ヲ通知シ且小切手又ハ補箋ニ其ノ通知ヲ為シ日附ヲ附シテ之ニ署名スルコトヲ要ス其ノ他ニ付テハ第41条ノ規定ヲ準用ス
③ 不可抗力ガ止ミタルトキハ所持人ハ遅滞ナク支払ノ為小切手ヲ呈示シ且必要アルトキハ拒絶証書又ハ之ト同一ノ効力ヲ有スル宣言ヲ作ラシムルコトヲ要ス
④ 不可抗力ガ所持人ニ於テ其ノ裏書人ニ不可抗力ノ通知ヲ為シタル日ヨリ15日ヲ超エテ継続スルトキハ呈示期間経過前ニ其ノ通知ヲ為シタル場合トスタモ第41条ノ拒絶証書ナラ同一ノ効力ヲ有スル宣言ヲ要セズシテ遡求権ヲ行フコトヲ得
⑤ 所持人又ハ所持人ガ小切手ノ呈示又ハ拒絶証書若ハ之ト同一ノ効力ヲ有スル宣言ノ作成ヲ委任シタル者ニ付キ単ニ純ナル人ノ事由ハ不可抗力ヲ構成スルモノト認メズ

### 第7章　複　本

**第48条** 一国ニ於テ振出シ他ノ国ニ於テ若ハ振出国ノ海外領土ニ於テ支払フベキ小切手，一国ノ海外領土ニ於テ振出シ又ノ国ニ於テ支払フベキ小切手，一国ト同一海外領土ニ於テ振出シ且支払フベキ小切手又ハ一国ノ海外領土ニ於テ振出シ他ノ他ノ海外領土ニ於テ支払フベキ小切手ハ持参人払ノモノヲ除クノ外同一内容ノ数通ヲ以テ之ヲ振出スコトヲ得数通ヲ以テ小切手ヲ振出シタルトキハ其ノ証券ノ文言中ニ番号ヲ附スルコトヲ要ス之ヲ欠クトキハ各通ハ之ヲ各別ノ小切手ト看做ス
**第49条** ① 複本ノ1通ノ支払ハ其ノ支払ガ他ノ複本ヲ無効ナラシムル旨ノ記載ナキトキト雖モ義務ヲ免レシム
② 数人ニ各別ニ複本ヲ譲渡シタル裏書人及其ノ後ノ裏書人ハ其ノ署名アル各通ニシテ返還ヲ受ケザルモノニ付責任ヲ負フ

### 第8章　変　造

**第50条** 小切手ノ文言ノ変造ノ場合ニ於テハ其ノ変造後ノ署名者ハ変造シタル文言ニ従ヒテ責任ヲ負ヒ変造前ノ署名者ハ原文言ニ従ヒテ責任ヲ負フ

### 第9章　時　効

**第51条** ① 所持人ノ裏書人，振出人其ノ他ノ債務者ニ対スル遡求権ハ呈示期間経過後6月ヲ以テ時効ニ罹ル
② 小切手ノ支払ヲ為スベキ債務者ノ他ノ債務者ニ対スル遡求権ハ其ノ債務者ガ小切手ノ受戻ヲ為シタル日又ハ其ノ者ガ出訴ヲ受ケタル日ヨリ6月ヲ以テ時効ニ罹ル
**第52条** 時効ノ中断ハ其ノ中断ノ事由ガ生ジタル者ニ対シテノミ其ノ効力ヲ生ズ

## 第10章 支払保証

**第53条** ① 支払人ハ小切手ニ支払保証ヲ為スコトヲ得
② 支払保証ハ小切手ノ表面ニ「支払保証」其ノ他支払ヲ為ス旨ノ文字ヲ以テ表示シ日附ヲ附シテ支払人署名スベシ

**第54条** ① 支払保証ハ単純ナルコトヲ要ス
② 支払保証ニ依リ小切手ノ記載事項ニ加ヘタル変更ハ之ヲ記載セザルモノト看做ス

**第55条** ① 支払保証ヲ為シタル支払人ハ呈示期間経過前ニ小切手ノ呈示アリタル場合ニ於テノミ其ノ支払ヲ為ス義務ヲ負フ
② 支払ナキ場合ニ於テ前項ノ呈示アリタルコトハ第39条ノ規定ニ依リ之ヲ証明スルコトヲ要ス
③ 第44条及第45条ノ規定ハ前項ノ場合ニ之ヲ準用ス

**第56条** 支払保証ニ因リ振出人其ノ他ノ小切手上ノ債務者ハ其ノ責ヲ免ルルコトナシ

**第57条** 第47条ノ規定ハ支払人ニ対スル権利ノ行使ニ付之ヲ準用ス

**第58条** 支払保証ヲ為シタル支払人ニ対スル小切手上ノ請求権ハ呈示期間経過後1年ヲ以テ時効ニ罹ル

## 第11章 通則

**第59条** 本法ニ於テ「銀行」ナル文字ハ法令ニ依リテ銀行ト同視セラルル人ヲ包含ス施設ヲ含ム

**第60条** ① 小切手ノ呈示及拒絶証書ノ作成ハ取引日ニ於テノミ之ヲ為スコトヲ得
② 小切手ニ関スル行為ヲ為ス殊ニ呈示又ハ拒絶証書ハ之ト同一ノ効力ヲ有スル宣言ノ作成ノ為法令ニ規定シタル期間ノ末日ガ法定ノ休日ニ当ル場合ニ於テハ期間ハ其ノ満了ニ次グ第1ノ取引日迄之ヲ伸長スルモノトス尚ノ休日ハ之ヲ期間ニ算入ス

**第61条** 本法ニ規定スル期間ニハ其ノ初日ヲ算入セズ

**第62条** 恩恵日ハ法律上ノモノタルト裁判上ノモノタルトヲ問ハズ之ヲ認メズ

## 附 則

**第63条** 本法施行ノ期日ハ勅令ヲ以テ之ヲ定ム

**第64条** 商法第4編第4章ノ之ヲ削除ス

**第65条** 本法施行前ニ振出シタル小切手ニ付テハ仍従前ノ規定ニ依ル

**第66条** 本法施行後6月内ニ日本ニ於テ振出シタル小切手ニ振出地ノ記載ヲ欠クトキト雖モ小切手タル効力ヲ有ス

**第67条** 本法ニ於テ署名トアルハ記名捺印ヲ含ム

**第68条** 朝鮮,台湾,樺太,関東州,南洋群島及ハ勅令ヲ以テ指定シ亜細亜洲ノ地域ニ於テ振出シ日本内地ニ於テ支払フベキ小切手ノ呈示期間ハ勅令ヲ以テ之ヲ伸長スルコトヲ得

**第69条** 第31条ノ手形交換所ハ法務大臣ガ指定ス

**第70条** 拒絶証書ノ作成ニ関スル事項ハ勅令ヲ以テ之ヲ定ム

**第71条** 小切手ノ振出人ガ第3条ノ規定ニ違反シタルトキハ5,000円以下ノ過料ニ処ス

**第72条** 小切手ヨリ生ジタル権利ガ手続ノ欠缺又ハ時効ニ因リテ消滅シタル場合ト雖モ所持人ハ振出人,裏書人又ハ支払保証ヲ為シタル支払人ニ対シテ其ノ受ケタル利益ノ限度ニ於テ償還ノ請求ヲ為スコトヲ得

**第73条** ① 裏書人ノ他ノ裏書人及振出人ニ対スル小切手上ノ請求権ノ消滅時効ハ其ノ者ガ訴ヲ受ケタル場合ニ在リテハ前者ニ対シ訴訟告知ヲ為スニ因リテ中断ス
② 前項ノ規定ニ因リテ中断シタル時効ハ裁判ノ確定シタル時ヨリ更ニ其ノ進行ヲ始ム

**第74条** 振出人又ハ所持人ガ証券ノ表面ニ「計算ノ為」ノ文字又ハ之ト同一ノ意義ヲ有スル文言ヲ記載シテ現金ノ支払ヲ禁ジタル小切手ニシテ外国ニ於テ振出シ日本ニ於テ支払フベキモノハ一般線引小切手タル効力ヲ有ス

**第75条** 本法ニ於テ休日トハ祭日,祝日,日曜日其ノ他ノ一般ノ休日及政令ヲ以テ定ムル日ヲ謂フ

**第76条** ① 小切手ニ依リ義務ヲ負フ者ノ能力ハ其ノ本国法ニ依リ之ヲ定ム其ノ国ノ法ガ他国ノ法ニ依ルコトヲ定メルトキハ其ノ他ノ国ノ法ヲ適用ス
② 前項ニ掲グル法ニ依リ能力ナキ者ト雖モ他ノ国ノ領域ニ於テ署名ヲ為シタル其ノ国ノ法ニ依レバ行為能力ヲ有スベキトキハ責任ヲ負フ

**第77条** ① 小切手ノ支払人タルコトヲ得ル者ハ支払地ノ属スル国ノ法ニ依リ之ヲ定ム
② 支払地ノ属スル国ノ法ニ依リ支払人タルコトヲ得ザル者ヲ支払人トシタル為小切手ガ無効ナルトキト雖モ之ト同一ノ規定ナキ国ニ於テ其ノ小切手ニ為シタル署名ニ因リ生ズル債務ハ之ガ為其ノ効力ヲ妨ゲラルルコトナシ

**第78条** ① 小切手上ノ行為ノ方式ハ署名ヲ為シタル地ノ属スル国ノ法ニ依リ之ヲ定ム但シ支払地ノ属スル国ノ法ニ規定スル方式ニ依リテ足ル
② 小切手上ノ行為ガ前項ノ規定ニ依リ有効ナラザル場合ト雖モ之ヲ行為ヲ為シタル地ノ属スル国ノ法ニ依レバ適式ナルトキハ後ノ行為ハ前ノ行為ガ不適式ナルコトニ因リ其ノ効力ヲ妨ゲラルルコトナシ
③ 日本人ガ外国ニ於テ為シタル小切手上ノ行為ハ其ノ行為ガ日本法ニ規定スル方式ニ適合スル限リ他ノ日本人ニ対シ其ノ効力ヲ有ス

**第79条** 小切手ヨリ生ジタル義務ノ効力ハ署名ヲ為シタル地ノ属スル国ノ法ニ依リ之ヲ定ム但シ遡求権ヲ行使スル期間ハ一切ノ署名者ニ付証券ノ振出地ノ属スル国ノ法ニ依リ之ヲ定ム

**第80条** 左ノ事項ハ小切手ノ支払地ノ属スル国ノ法ニ依リ之ヲ定ム

1 小切手ハ一覧払タルコトヲ要スルヤ否ヤ,一覧後定期払トシテ振出シ得ルヤ否ヤ及先日附小切手ノ効力

2 呈示期間

3 小切手ニ引受,支払保証,確認又ハ査証ヲ為シ得ルヤ否ヤ及此等ノ記載ノ効力

4 所持人ハ一部支払ヲ請求シ得ルヤ否ヤ及一部支払ヲ受諾スル義務アリヤ否ヤ

5 小切手ニ線引ヲ為シ得ルヤ否ヤ,小切手ニ「計算ノ為」ノ文字又ハ之ト同一ノ意義ヲ有スル文言ヲ記載シ得ルヤ否ヤ及線引又ハ「計算ノ為」ノ文字若ハ之ト同一ノ意義ヲ有スル文言ノ記載ノ効力

6 所持人ハ資金ニ対シ特別ノ権利ヲ有スルヤ否ヤ及此ノ権利ノ性質

7 振出人ハ小切手ノ支払ノ委託ヲ取消シ又ハ支払差止ノ手続ヲ為シ得ルヤ否ヤ

8 小切手ノ喪失又ハ盗難ノ場合ニ為スベキ手続

9 裏書人,振出人其ノ他ノ債務者ニ対スル遡求権保全ノ為拒絶証書又ハ之ト同一ノ効力ヲ有スル宣

言ヲ必要トスルヤ否ヤ
**第81条** 拒絶証書ノ方式及作成期間其ノ他小切手上ノ権利ノ行使又ハ保存ニ必要ナル行為ノ方式ハ拒絶証書ヲ作ルベキ地又ハ其ノ行為ヲ為スベキ地ノ属スル国ノ法ニ依リ之ヲ定ム

## 65 金融商品取引法(抄)

(昭23・4・13法律第25号,昭23・5・6施行,
最終改正:平20・6・13法律第65号)

### 第1章 総 則

(目 的)
**第1条** この法律は,企業内容等の開示の制度を整備するとともに,金融商品取引業を行う者に関し必要な事項を定め,金融商品取引所の適切な運営を確保すること等により,有価証券の発行及び金融商品等の取引等を公正にし,有価証券の流通を円滑にするほか,資本市場の機能の十全な発揮による金融商品等の公正な価格形成等を図り,もつて国民経済の健全な発展及び投資者の保護に資することを目的とする.

(定 義)
**第2条** ① この法律において「有価証券」とは,次に掲げるものをいう.
1 国債証券
2 地方債証券
3 特別の法律により法人の発行する債券(次号及び第11号に掲げるものを除く.)
4 資産の流動化に関する法律(平成10年法律第105号)に規定する特定社債券
5 社債券(相互会社の社債券を含む.以下同じ.)
6 特別の法律により設立された法人の発行する出資証券(次号,第8号及び第11号に掲げるものを除く.)
7 協同組織金融機関の優先出資に関する法律(平成5年法律第44号.以下「優先出資法」という.)に規定する優先出資証券
8 資産の流動化に関する法律に規定する優先出資証券又は新優先出資引受権を表示する証券
9 株券又は新株予約権証券
10 投資信託及び投資法人に関する法律(昭和26年法律第198号)に規定する投資信託又は外国投資信託の受益証券
11 投資信託及び投資法人に関する法律に規定する投資証券若しくは投資法人債券又は外国投資証券
12 貸付信託の受益証券
13 資産の流動化に関する法律に規定する特定目的信託の受益証券
14 信託法(平成18年法律第108号)に規定する受益証券発行信託の受益証券
15 法人が事業に必要な資金を調達するために発行する約束手形のうち,内閣府令で定めるもの
16 抵当証券法(昭和6年法律第15号)に規定する抵当証券
17 外国又は外国の者の発行する証券又は証書で第1号から第9号まで又は第12号から前号までに掲げる証券又は証書の性質を有するもの(次号に掲げるものを除く.)
18 外国の者の発行する証券又は証書で銀行業を営む者その他の金銭の貸付けを業として行う者の貸付債権を信託する信託の受益権又はこれに類する権利を表示するもののうち,内閣府令で定めるもの
19 金融商品市場において金融商品市場を開設する者の定める基準及び方法に従い行う第21項第3号に掲げる取引に係る権利,外国金融商品市場(第8項第3号ロに規定する外国金融商品市場をいう.以下この号において同じ.)において行う取引であつて第21項第3号に掲げる取引と類似の取引に係る権利又は金融商品市場及び外国金融商品市場によらないで行う第22項第3号若しくは第4号に掲げる取引に係る権利(以下「オプション」という.)を表示する証券又は証書
20 前各号に掲げる証券又は証書の預託を受けた者が当該証券又は証書の発行された国以外の国において発行する証券又は証書で,当該預託を受けた証券又は証書に係る権利を表示するもの
21 前各号に掲げるもののほか,流通性その他の事情を勘案し,公益又は投資者の保護を確保することが必要と認められるものとして政令で定める証券又は証書

② 前項第1号から第15号までに掲げる有価証券,同項第17号に掲げる有価証券(同項第16号に掲げる有価証券の性質を有するものを除く.)及び同項第18号に掲げる有価証券に表示されるべき権利並びに同項第16号に掲げる有価証券,同項第17号に掲げる有価証券(同項第16号に掲げる有価証券の性質を有するものに限る.)及び同項第19号から第21号までに掲げる有価証券であつて内閣府令で定めるものに表示されるべき権利(以下この項及び次項において「有価証券表示権利」と総称する.)は,有価証券表示権利について当該権利を表示する当該有価証券が発行されていない場合においても,当該権利を当該有価証券とみなし,電子記録債権(電子記録債権法(平成19年法律第102号)第2条第1項に規定する電子記録債権をいう.以下この項において同じ.)のうち,流通性その他の事情を勘案し,社債券その他の前項各号に掲げる有価証券とみなすことが必要と認められるものとして政令で定めるもの(第7号及び次項において「特定電子記録債権」という.)は,当該電子記録債権を当該有価証券とみなし,次に掲げる権利は,証券又は証書に表示されるべき権利以外の権利であつても有価証券とみなして,この法律の規定を適用する.
1 信託の受益権(前項第10号に規定する投資信託の受益証券に表示されるべきもの及び同項第12号から第14号までに掲げる有価証券に表示されるべきものを除く.)
2 外国の者に対する権利で前号に掲げる権利の性質を有するもの(前項第10号に規定する外国投資信託の受益証券に表示されるべきもの並びに同項第17号及び第18号に掲げる有価証券に表示されるべきものに該当するものを除く.)
3 合名会社若しくは合資会社の社員権(政令で定めるものに限る.)又は合同会社の社員権
4 外国法人の社員権で前号に掲げる権利の性質を有するもの
5 民法(明治29年法律第89号)第667条第1項に規定する組合契約,商法(明治32年法律第48

号）第535条に規定する匿名組合契約,投資事業有限責任組合契約に関する法律（平成10年法律第90号）第3条第1項に規定する投資事業有限責任組合契約は有限責任事業組合契約に関する法律（平成17年法律第40号）第3条第1項に規定する有限責任事業組合契約に基づく権利,社団法人の社員権その他の権利（外国の法令に基づくものを除く.）のうち,当該権利を有する者（以下この号において「出資者」という.）が出資又は拠出をした金銭（これに類するものとして政令で定めるものを含む.）を充てて行う事業（以下この号において「出資対象事業」という.）から生ずる収益の配当又は当該出資対象事業に係る財産の分配を受けることができる権利であって,次のいずれにも該当しないもの（前項各号に掲げる有価証券に表示される権利及びこの項（この号を除く.）の規定により有価証券とみなされる権利を除く.）
　イ　出資者の全員が出資対象事業に関与する場合として政令で定める場合における当該出資者の権利
　ロ　出資者がその出資又は拠出の額を超えて収益の配当又は出資対象事業に係る財産の分配を受けることがないことを内容とする当該出資者の権利（イに掲げる権利を除く.）
　ハ　保険業法（平成7年法律第105号）第2条第1項に規定する保険業を行う者が保険者となる保険契約,農業協同組合法（昭和22年法律第132号）第10条第1項第10号に規定する事業を行う同法第5条に規定する組合と締結した共済契約,消費生活協同組合法（昭和23年法律第200号）第10条第2項に規定する共済事業を行う同法第4条に規定する組合と締結した共済契約,水産業協同組合法（昭和23年法律第242号）第11条第1項第11号,第93条第1項第6号の2若しくは第100条の2第1項第1号に規定する事業を行う同法第2条に規定する組合と締結した共済契約,中小企業等協同組合法（昭和24年法律第181号）第9条の2第7項に規定する共済事業を行う同法3条に規定する組合と締結した共済契約又は不動産特定共同事業法（平成6年法律第77号）第2条第3項に規定する不動産特定共同事業契約に基づく権利（イ及びロに掲げる権利を除く.）
　ニ　イからハまでに掲げるもののほか,当該権利を有価証券とみなさなくても公益又は出資者の保護のため支障を生ずることがないと認められるものとして政令で定める権利
6　外国の法令に基づく権利であって,前号に掲げる権利に類するもの
7　特定電子記録債権及び前各号に掲げるもののほか,前項に規定する有価証券及び前各号に掲げる権利と同様の経済的性質を有することその他の事情を勘案し,有価証券とみなすことにより公益又は投資者の保護を確保することが必要かつ適当と認められるものとして政令で定める権利
③　この法律において,「有価証券の募集」とは,新たに発行される有価証券の取得の申込みの勧誘（これに類するものとして内閣府令で定めるものを含む.以下「取得勧誘」という.）のうち,当該取得勧誘が第1項に掲げる有価証券は前項の規定により有価証券とみなされる有価証券表示権利若しくは特定電子記録債権（次項第1号及び第6項,次条第4項及び第5項並びに第23条の13第4項において「第1項有価証券」という.）に係るものである場合にあつては第1号及び第2号に掲げる場合,当該取得勧誘が前項の規定により有価証券とみなされる同項各号に掲げる権利（次項第2号,次条第4項及び第5項並びに第23条の13第3項において「第2項有価証券」という.）に係るものである場合にあつては第3号に掲げる場合に該当するものをいい,「有価証券の私募」とは,取得勧誘であつて有価証券の募集に該当しないものをいう.
1　多数の者（適格機関投資家（有価証券に対する投資に係る専門的知識及び経験を有する者として内閣府令で定める者をいう.以下同じ.）が含まれる場合であつて,当該有価証券がその取得者である適格機関投資家から適格機関投資家以外の者に譲渡されるおそれが少ないものに該当するときは,当該適格機関投資家を除く.）を相手方として行う場合として政令で定める場合（特定投資家のみを相手方とする場合を除く.）
2　前号に掲げる場合のほか,次に掲げる場合のいずれにも該当しない場合
　イ　適格機関投資家のみを相手方として行う場合であつて,当該有価証券がその取得者から適格機関投資家以外の者に譲渡されるおそれが少ないものとして政令で定める場合
　ロ　特定投資家のみを相手方として行う場合であつて,次に掲げる要件のすべてに該当するとき（イに掲げる場合を除く.）.
　（1）当該取得勧誘の相手方が国,日本銀行及び適格機関投資家以外の者である場合にあつては,金融商品取引業者等（第34条に規定する金融商品取引業者等をいう.次項及び第4条第3項において同じ.）が顧客からの委託により又は自己のために当該取得勧誘を行うこと.
　（2）当該有価証券がその取得者から特定投資家等（特定投資家又は非居住者（外国為替及び外国貿易法（昭和24年法律第228号）第6条第1項第6号に規定する非居住者をいい,政令で定める者に限る.）をいう.以下同じ.）以外の者に譲渡されるおそれが少ないものとして政令で定める場合に該当すること.
　ハ　前号に掲げる場合並びにイ及びロに掲げる場合以外の場合（政令で定める要件に該当する場合を除く.）であつて,当該有価証券がその取得者から多数の者に譲渡されるおそれが少ないものとして政令で定める場合
3　前2号に掲げる場合に応じることにより相当程度多数の者が当該取得勧誘に係る有価証券を所有することとなる場合として政令で定める場合
④　この法律において「有価証券の売出し」とは,既に発行された有価証券の売付けの申込み又はその買付けの申込みの勧誘（以下「売付け勧誘等」という.）のうち,次の各号に掲げる有価証券の区分に応じ,当該各号に定める場合に該当するものをいい,取引所金融商品市場における有価証券の売買及びこれに準ずる取引その他の政令で定める有価証券の取引に係るものを除く.）をいう.
1　第1項有価証券　均一の条件で,多数の者を相手方として行う場合として政令で定める場合（次に掲げる要件のすべてに該当する場合を除く.）

イ 当該売付け勧誘等が特定投資家のみを相手方として行われること．
ロ 当該売付け勧誘等の相手方が国，日本銀行及び適格機関投資家以外の者である場合にあつては，金融商品取引業者等が顧客からの委託により又は自己のために当該売付け勧誘等を行うこと．
ハ 当該有価証券がその取得者から特定投資家等以外の者に譲渡されるおそれが少ないものとして政令で定める場合に該当すること．
2 第2項有価証券 その売付け勧誘等に応じることにより，当該売付け勧誘等に係る有価証券を相当程度多数の者が所有することとなる場合として政令で定める場合

⑤ この法律において，「発行者」とは，有価証券を発行し，又は発行しようとする者（内閣府令で定める有価証券については，内閣府令で定める者）をいうものとし，証券又は証書に表示されるべき権利以外の権利で第2項の規定により有価証券とみなされるものについては，権利の種類ごとに内閣府令で定める者が内閣府令で定める時に当該権利を有価証券として発行するものとみなす．

⑥ この法律（第5章を除く．）において「引受人」とは，有価証券の募集若しくは売出し又は私募若しくは特定投資家向け売付け勧誘等（均一の条件で多数の者を相手方として行う場合として政令で定める場合に該当する第1項有価証券に係る売付け勧誘等であつて，第4項第1号からハまでに掲げる要件のすべてに該当するもの（取引所金融商品市場における有価証券の売買又はこれに準ずる取引その他の政令で定める有価証券の取引に係るものを除く．）をいう．以下同じ．）に際し，次の各号のいずれかを行う者をいう．
1 当該有価証券を取得させることを目的として当該有価証券の全部又は一部を取得すること．
2 当該有価証券の全部又は一部につき他にこれを取得する者がない場合にその残部を取得することを内容とする契約をすること．

⑦ この法律において「有価証券届出書」とは，第5条第1項（同条第5項において準用する場合を含む．以下同じ．）の規定による届出書及び同条第6項の規定によりこれに添付する書類並びに第7条，第9条第1項又は第10条第1項の規定による訂正届出書をいう．

⑧ この法律において「金融商品取引業」とは，次に掲げる行為（その内容等を勘案し，投資者の保護のため支障を生ずることがないとして政令で定めるもの及び銀行，優先出資法第2条第1項に規定する協同組織金融機関（以下「協同組織金融機関」という．）その他政令で定める金融機関が行う第12号，第14号，第15号及び第28条第8項各号に掲げるものを除く．）のいずれかを業として行うことをいう．
1 有価証券の売買（デリバティブ取引に該当するものを除く．以下同じ．），市場デリバティブ取引又は外国市場デリバティブ取引（有価証券の売買にあつては，第10号に掲げるものを除く．）
2 有価証券の売買，市場デリバティブ取引又は外国市場デリバティブ取引の媒介，取次ぎ（有価証券等清算取次ぎを除く．）又は代理（有価証券の売買の媒介，取次ぎ又は代理にあつては，第10号に掲げるものを除く．）
3 次に掲げる取引の委託の媒介，取次ぎ又は代理
イ 取引所金融商品市場における有価証券の売買又は市場デリバティブ取引
ロ 外国金融商品市場（取引所金融商品市場に類似する市場で外国に存するものをいう．以下同じ．）における有価証券の売買又は外国市場デリバティブ取引
4 店頭デリバティブ取引又はその媒介，取次ぎ（有価証券等清算取次ぎを除く．）若しくは代理（以下「店頭デリバティブ取引等」という．）
5 有価証券等清算取次ぎ
6 有価証券の引受け（有価証券の募集若しくは売出し又は私募若しくは特定投資家向け売付け勧誘等に際し，第6項各号に掲げるもののいずれかを行うことをいう．）
7 有価証券（次に掲げるものに限る．）の募集又は私募
イ 第1項第10号に規定する投資信託の受益証券のうち，投資信託及び投資法人に関する法律第2条第1項に規定する委託者指図型投資信託の受益権に係るもの
ロ 第1項第10号に規定する外国投資信託の受益証券
ハ 第1項第16号に掲げる有価証券
ニ 第1項第17号に掲げる有価証券のうち，同項第16号に掲げる有価証券の性質を有するもの
ホ イ若しくはロに掲げる有価証券に表示されるべき権利又はハ若しくはニに掲げる有価証券のうち内閣府令で定めるものに表示されるべき権利であつて，第2項の規定により有価証券とみなされるもの
ヘ 第2項の規定により有価証券とみなされる同項第5号又は第6号に掲げる権利
ト イからヘまでに掲げるもののほか，政令で定める有価証券
8 有価証券の売出し又は特定投資家向け売付け勧誘等
9 有価証券の募集若しくは売出しの取扱い又は私募若しくは特定投資家向け売付け勧誘等の取扱い
10 有価証券の売買，その媒介，取次ぎ若しくは代理であつて，電子情報処理組織を使用して，同時に多数の者を一方の当事者又は各当事者として次に掲げる売買価格の決定方法又はこれに類似する方法により行うもの（取り扱う有価証券の種類等に照らして取引所金融商品市場又は店頭売買有価証券市場（第67条第2項に規定する店頭売買有価証券市場をいう．）以外において行うことが投資者保護のため適当でないと認められるものとして政令で定めるものを除く．）
イ 競売買の方法（有価証券の売買高が政令で定める基準を超えない場合に限る．）
ロ 金融商品取引所に上場されている有価証券について，当該金融商品取引所が開設する取引所金融商品市場における当該有価証券の売買価格を用いる方法
ハ 第67条の11第1項の規定により登録を受けた有価証券（以下「店頭売買有価証券」という．）について，当該登録を行う認可金融商品取引業協会が公表する当該有価証券の売買価格を用いる方法
ニ 顧客の間の交渉に基づく価格を用いる方法
ホ イからニまでに掲げるもののほか，内閣府令で定める方法

11 当事者の一方が相手方に対して次に掲げるものに関し、口頭、文書(新聞、雑誌、書籍その他不特定多数の者に販売することを目的として発行されるもので、不特定多数の者により随時に購入可能なものを除く。)その他の方法により助言を行うことを約し、相手方がそれに対し報酬を支払うことを約する契約(以下「投資顧問契約」という。)を締結し、当該投資顧問契約に基づき、助言を行うこと。
 イ 有価証券の価値等(有価証券の価値、有価証券関連オプション(金融商品市場において金融商品市場を開設する者の定める基準及び方法に従い行う第28条第8項第3号ハに掲げる取引に係る権利、外国金融商品市場において行う取引であつて同号ハに掲げる取引と類似の取引に係る権利又は金融商品市場及び外国金融商品市場によらないで行う同項第4号ハ若しくはニに掲げる取引に係る権利をいう。)の対価の額又は金融商品市場の相場その他の指標に係る権利に係る権利をいう。)の対価の額若しくは利率その他これらに準ずるものとして内閣府令で定めるもの又はこれらに基づいて算出した数値をいう。)の動向
 ロ 金融商品の価値等(金融商品の価値、オプションの対価の額又は金融指標の動向をいう。以下同じ。)の分析に基づく投資判断(投資の対象となる有価証券の種類、銘柄、数及び価格並びに売買の別、方法及び時期についての判断又は行うべきデリバティブ取引の内容及び時期についての判断をいう。以下同じ。)
12 次に掲げる契約を締結し、当該契約に基づき、金融商品の価値等の分析に基づく投資判断に基づいて有価証券又はデリバティブ取引に係る権利に対する投資として、金銭その他の財産の運用(その指図を含む。以下同じ。)を行うこと。
 イ 投資信託及び投資法人に関する法律第2条第13項に規定する登録投資法人と同法第188条第1項第4号に規定する資産の運用に係る委託契約
 ロ イに掲げるもののほか、当事者の一方が、相手方から、金融商品の価値等の分析に基づく投資判断の全部又は一部を一任されるとともに、当該投資判断に基づき当該相手方のため投資を行うのに必要な権限を委任されることを内容とする契約(以下「投資一任契約」という。)
13 投資顧問契約又は投資一任契約の締結の代理又は媒介
14 金融商品の価値等の分析に基づく投資判断に基づいて有価証券又はデリバティブ取引に係る権利に対する投資として、第1項第10号に掲げる有価証券に表示される権利その他の政令で定める権利を有する者から拠出を受けた金銭その他の財産の運用を行うこと(第12号に掲げる行為に該当するものを除く。)。
15 金融商品の価値等の分析に基づく投資判断に基づいて主として有価証券又はデリバティブ取引に係る権利に対する投資として、次に掲げる権利その他の政令で定める権利を有する者から出資又は拠出を受けた金銭その他の財産の運用を行うこと(第12号及び前号に掲げる行為に該当するものを除く。)。
 イ 第1項第14号に掲げる有価証券又は同項第17号に掲げる有価証券(同項第14号に掲げる有価証券の性質を有するものに限る。)に表示される権利
 ロ 第2項第1号又は第2号に掲げる権利
 ハ 第2項第5号又は第6号に掲げる権利
16 その行う第1号から第10号までに掲げる行為に関して、顧客から金銭又は第1項各号に掲げる証券若しくは証書の預託を受けること。
17 社債等の振替に関する法律(平成13年法律第75号)第2条第1項に規定する社債等の振替を行うために口座の開設を受けて社債等の振替を行うこと。
18 前各号に掲げる行為に類するものとして政令で定める行為
⑨ この法律において「金融商品取引業者」とは、第29条の規定により内閣総理大臣の登録を受けた者をいう。
⑩ この法律において「目論見書」とは、有価証券の募集若しくは売出し(第4条第1項第4号に掲げるものを除く。)、同条第2項に規定する適格機関投資家取得有価証券一般勧誘(有価証券の売出しに該当するものを除く。)又は同条第3項に規定する特定投資家等取得有価証券一般勧誘(有価証券の売出しに該当するものを除く。)のために当該有価証券の発行者の事業その他の事項に関する説明を記載する書面であつて、相手方に交付し、又は相手方からの交付の請求があつた場合に交付するものをいう。
⑪ この法律において「金融商品仲介業」とは、金融商品取引業者(第28条第1項に規定する第1種金融商品取引業又は同条第4項に規定する投資運用業を行う者に限る。)又は登録金融機関(第33条の2の登録を受けた銀行、協同組織金融機関その他政令で定める金融機関をいう。以下同じ。)の委託を受けて、次に掲げる行為(同項に規定する投資運用業を行う者が行う第4号に掲げる行為を除く。)のいずれかを当該金融商品取引業者又は登録金融機関のために行う業務をいう。
 1 有価証券の売買の媒介(第8項第10号に掲げるものを除く。)
 2 第8項第3号に規定する媒介
 3 第8項第9号に掲げる行為
 4 第8項第13号に規定する媒介
⑫ この法律において「金融商品仲介業者」とは、第66条の規定により内閣総理大臣の登録を受けた者をいう。
⑬ この法律において「認可金融商品取引業協会」とは、第4章第1節第1款の規定に基づいて設立された者をいう。
⑭ この法律において「金融商品市場」とは、有価証券の売買又は市場デリバティブ取引を行う市場をいう。
⑮ この法律において「金融商品会員制法人」とは、金融商品市場の開設を目的として第5章第2節第1款の規定に基づいて設立された会員組織の社団をいう。
⑯ この法律において「金融商品取引所」とは、第80条第1項の規定により内閣総理大臣の免許を受けて金融商品市場を開設する金融商品会員制法人又は株式会社をいう。
⑰ この法律において「取引所金融商品市場」とは、金融商品取引所の開設する金融商品市場をいう。
⑱ この法律において「金融商品取引所持株会社」

とは、第87条の6第2項に規定する株式会社金融商品取引所を子会社（第105条の16第4項に規定する子会社をいう。）とする株式会社をいって、第106条の10第1項の規定により内閣総理大臣の認可を受けて設立され、又は同項若しくは同条第3項ただし書の規定により内閣総理大臣の認可を受けているものをいう。

⑲ この法律において「取引参加者」とは、第112条第1項又は第113条第1項の規定による取引資格に基づき、取引所金融商品市場における有価証券の売買又は市場デリバティブ取引に参加できる者をいう。

⑳ この法律において「デリバティブ取引」とは、市場デリバティブ取引、店頭デリバティブ取引又は外国市場デリバティブ取引をいう。

㉑ この法律において「市場デリバティブ取引」とは、金融商品市場において、金融商品市場を開設する者の定める基準及び方法に従い行う次に掲げる取引をいう。

1 売買の当事者が将来の一定の時期において金融商品及びその対価の授受を約する売買であつて、当該売買の目的となつている金融商品の転売又は買戻しをしたときは差金の授受によつて決済することができる取引

2 当事者があらかじめ金融指標として約定する数値（以下「約定数値」という。）と将来の一定の時期における現実の当該金融指標の数値（以下「現実数値」という。）の差に基づいて算出される金銭の授受を約する取引

3 当事者の一方の意思表示により当事者間において次に掲げる取引を成立させることができる権利を相手方が当事者の一方に付与し、当事者の一方がこれに対して対価を支払うことを約する取引
 イ 金融商品の売買（第1号に掲げる取引を除く。）
 ロ 前2号及び次号から第6号までに掲げる取引（前項に掲げる取引に準ずる取引で金融商品取引所の定めるものを含む。）

4 当事者が元本として定めた金額について当事者の一方が相手方と取り決めた金融商品（第24項第3号に掲げるものを除く。）の利率等（利率その他これに準ずるものとして内閣府令で定めるものをいう。以下同じ。）又は金融指標（金融商品（同号に掲げるものを除く。）の利率等及びこれに基づいて算出した数値を除く。以下この号及び次項第5号において同じ。）の約定した期間における変化率に基づいて金銭を支払い、相手方が当事者の一方と取り決めた金融商品（第24項第3号に掲げるものを除く。）の利率等又は金融指標の約定した期間における変化率に基づいて金銭を支払うことを相互に約する取引（これらの金銭の支払とあわせて当該元本として定めた金額に相当する金銭又は金融商品を授受することを約するものを含む。）

5 当事者の一方が金銭を支払い、これに対して当事者があらかじめ定めた次に掲げるいずれかの事由が発生した場合において相手方が金銭を支払うことを約する取引（当該事由が発生した場合において、当事者の一方が金融商品、金融商品に係る権利又は金銭債権（金融商品であるもの及び金融商品に係る権利であるものを除く。）を移転することを約するものを含み、前3号に掲げるものを除く。）
 イ 法人の信用状態に係る事由その他これに類似するものとして政令で定めるもの
 ロ 当事者がその発生に影響を及ぼすことが不可能又は著しく困難な事由であつて、当該当事者その他の事業者の事業活動に重大な影響を与えるものとして政令で定めるもの（イに掲げるものを除く。）

6 前各号に掲げる取引に類似する取引であつて、政令で定めるもの

㉒ この法律において「店頭デリバティブ取引」とは、金融商品市場及び外国金融商品市場によらないで行う次に掲げる取引（その内容等を勘案し、公益又は投資者の保護のため支障を生ずることがないと認められるものとして政令で定めるものを除く。）

1 売買の当事者が将来の一定の時期において金融商品（第24項第5号に掲げるものを除く。以下この項において同じ。）及びその対価の授受を約する売買であつて、当該売買の目的となつている金融商品の売戻し又は買戻しその他政令で定める行為をしたときは差金の授受によつて決済することができる取引

2 約定数値と現実数値の差に基づいて算出される金銭の授受を約する取引又はこれに類似する取引

3 当事者の一方の意思表示により当事者間において次に掲げる取引を成立させることができる権利を相手方が当事者の一方に付与し、当事者の一方がこれに対して対価を支払うことを約する取引又はこれに類似する取引
 イ 金融商品の売買（第1号に掲げる取引を除く。）
 ロ 前2号及び第5号から第7号までに掲げる取引

4 当事者の一方の意思表示により当事者間において当該意思表示を行う場合の金融指標としてあらかじめ約定する数値と現に当該意思表示を行つた時期における現実の当該金融指標の数値の差に基づいて算出される金銭を授受することとなる権利を成立させることができる権利を相手方が当事者の一方に付与し、当事者の一方がこれに対して対価を支払うことを約する取引又はこれに類似する取引

5 当事者が元本として定めた金額について当事者の一方が相手方と取り決めた金融商品（第24項第3号に掲げるものを除く。）の利率等若しくは金融指標の約定した期間における変化率に基づいて金銭を支払い、相手方が当事者の一方と取り決めた金融商品（同号に掲げるものを除く。）の利率等若しくは金融指標の約定した期間における変化率に基づいて金銭を支払うことを相互に約する取引（これらの金銭の支払とあわせて当該元本として定めた金額に相当する金銭又は金融商品を授受することを約するものを含む。）又はこれに類似する取引

6 当事者の一方が金銭を支払い、これに対してあらかじめ定めた次に掲げるいずれかの事由が発生した場合において相手方が金銭を支払うことを約する取引（当該事由が発生した場合において、当事者の一方が金融商品、金融商品に係る権利又は金銭債権（金融商品であるもの及び金融商品に係る権利であるものを除く。）を移転することを約するものを含み、第2号から前号までに掲げるものを除く。）
 イ 法人の信用状態に係る事由その他これに類似するものとして政令で定めるもの

ロ 当事者がその発生に影響を及ぼすことが不可能又は著しく困難な事由であつて,当該当事者その他の事業者の事業活動に重大な影響を与えるものとして政令で定めるもの(イに掲げるものを除く.)

7 前各号に掲げるもののほか,これらと同様の経済的性質を有する取引であつて,公益又は投資者の保護を確保することが必要と認められるものとして政令で定める取引

㉓ この法律において「外国市場デリバティブ取引」とは,外国金融商品市場において行う取引であつて,市場デリバティブ取引と類似の取引をいう.

㉔ この法律において「金融商品」とは,次に掲げるものをいう.
1 有価証券
2 預金契約に基づく債権その他の権利又は当該権利を表示する証券若しくは証書であつて政令で定めるもの(前号に掲げるものを除く.)
3 通貨
4 前3号に掲げるもののほか,同一の種類のものが多数存在し,価格の変動が著しい資産であつて,当該資産に係るデリバティブ取引(デリバティブ取引に類似する取引を含む.)について投資者の保護を確保することが必要と認められるものとして政令で定めるもの(商品取引所法(昭和25年法律第239号)第2条第4項に規定する商品を除く.)
5 第1号若しくは第2号に掲げるもの又は前号に掲げるもののうち内閣府令で定めるものについて,金融商品取引所が,市場デリバティブ取引を円滑化するため,利率,償還期限その他の条件を標準化した標準物

㉕ この法律において「金融指標」とは,次に掲げるものをいう.
1 金融商品の価格又は金融商品(前項第3号に掲げるものを除く.)の利率等
2 気象庁その他の者が発表する気象の観測の成果に係る数値
3 その変動に影響を及ぼすことが不可能若しくは著しく困難であつて,事業者の事業活動に重大な影響を与える指標(前号に掲げるものを除く.)又は社会経済の状況に関する統計の数値であつて,これらの指標又は数値に係るデリバティブ取引(デリバティブ取引に類似する取引を含む.)について投資者の保護を確保することが必要と認められるものとして政令で定めるもの(商品取引所法第2条第5項に規定する商品指数を除く.)
4 前3号に掲げるものに基づいて算出した数値

㉖ この法律において「外国金融商品取引所」とは,第155条第1項の規定により内閣総理大臣の認可を受けた者をいう.

㉗ この法律において「有価証券等清算取次ぎ」とは,金融商品取引業者又は登録金融機関が金融商品取引清算機関の業務方法書の定めるところにより顧客の委託を受けてその計算において行う対象取引(次項に規定する「対象取引」をいう.以下この項において同じ.)であつて,対象取引に基づく債務を当該金融商品取引清算機関に引き受けさせることを条件とし,かつ,次に掲げる要件のいずれかに該当するものをいう.
1 当該顧客が当該金融商品取引業者又は登録金融機関を代理して成立させるものであること.
2 当該顧客がその委託に際しあらかじめ当該対象取引に係る相手方その他内閣府令で定める事項を特定するものであること.

㉘ この法律において「金融商品債務引受業」とは,金融商品取引業者,登録金融機関又は証券金融会社(以下この項において「金融商品債務引受業対象者」という.)を相手方として,金融商品債務引受業対象者が行う対象取引の元請け,デリバティブ取引その他政令で定める取引をいう.)に基づく債務の引受けを業として行うことをいう.

㉙ この法律において「金融商品取引清算機関」とは,第156条の2又は第156条の19の規定により内閣総理大臣の免許又は承認を受けた者をいう.

㉚ この法律において「証券金融会社」とは,第156条の24の規定により内閣総理大臣の免許を受けた者をいう.

㉛ この法律において「特定投資家」とは,次に掲げる者をいう.
1 適格機関投資家
2 国
3 日本銀行
4 前3号に掲げるもののほか,第79条の21に規定する投資者保護基金その他の内閣府令で定める法人

㉜ この法律において「特定取引所金融商品市場」とは,第117条の2第1項の規定により同項に規定する一般投資家等買付けをすることが禁止されている取引所金融商品市場をいう.

㉝ この法律において「特定上場有価証券」とは,特定取引所金融商品市場のみに上場されている有価証券をいう.

## 第2章 企業内容等の開示

**(組織再編成等)**

**第2条の2** ① この章において「組織再編成」とは,合併,会社分割,株式交換その他会社の組織に関する行為で政令で定めるものをいう.
② この章において「組織再編成発行手続」とは,組織再編成により新たに有価証券が発行される場合における当該組織再編成に係る書面等の備置き(会社法(平成17年法律第86号)第782条第1項の規定による書面若しくは電磁的記録の備置き又は同法第803条第1項の規定による書面若しくは電磁的記録の備置きをいう.次項において同じ.)その他政令で定める行為をいう.
③ この章において「組織再編成交付手続」とは,組織再編成により既に発行された有価証券が交付される場合における当該組織再編成に係る書面等の備置きその他政令で定める行為をいう.
④ この章において「特定組織再編成発行手続」とは,組織再編成発行手続のうち,当該組織再編成発行手続が第1項有価証券に係るものである場合にあつては第1号及び第2号に掲げる場合,当該組織再編成発行手続が第2項有価証券に係るものである場合にあつては第3号に掲げる場合に該当するものをいう.
1 組織再編成により吸収合併消滅会社(会社法第749条第1項第1号に規定する吸収合併消滅会社をいう.)又は株式交換完全子会社(同法第768条第1項第1号に規定する株式交換完全子会社をいう.)となる会社その他政令で定める会社(第4条第1項第2号イにおいて「組織再編成対象会

# 第2章 企業内容等の開示　　65 金融商品取引法

社」という.）が発行者である株券（新株予約権証券その他の政令で定める有価証券を含む.）の所有者（以下「組織再編成対象会社株主等」という.）が多数の者である場合として政令で定める場合（組織再編成対象会社株主等が適格機関投資家のみである場合を除く.）

2　前号に掲げる場合のほか，次に掲げる場合のいずれにも該当しない場合

イ　組織再編成対象会社株主等が適格機関投資家のみである場合であつて，当該組織再編成発行手続に係る有価証券がその取得者から適格機関投資家以外の者に譲渡されるおそれが少ないものとして政令で定める場合

ロ　前号に掲げる場合及びイに掲げる場合以外の場合（政令で定める要件に該当する場合を除く.）であつて，当該組織再編成発行手続に係る有価証券がその取得者から多数の者に譲渡されるおそれが少ないものとして政令で定める場合

3　組織再編成対象会社株主等が相当程度多数の者である場合として政令で定める場合

⑤　この章において「特定組織再編成交付手続」とは，次の各号に掲げる有価証券の区分に応じ，当該各号に定める場合に該当する組織再編成交付手続をいう．

1　第1項有価証券　組織再編成対象会社株主等が多数の者である場合として政令で定める場合

2　第2項有価証券　組織再編成対象会社株主等が相当程度多数の者である場合として政令で定める場合

**（適用除外有価証券）**

**第3条**　この章の規定は，次に掲げる有価証券については，適用しない．

1　第2条第1項第1号及び第2号に掲げる有価証券

2　第2条第1項第3号，第6号及び第12号に掲げる有価証券（企業内容等の開示を行わせることが公益又は投資者保護のため必要かつ適当なものとして政令で定めるものを除く.）

3　第2条第2項の規定により有価証券とみなされる同項各号に掲げる権利（次に掲げるもの（第24条第1項において「有価証券投資事業権利等」という．）を除く.）

イ　第2条第2項第5号に掲げる権利のうち，当該権利に係る出資対象事業（同号に規定する出資対象事業をいう．）が主として有価証券に対する投資を行う事業であるものとして政令で定めるもの

ロ　第2条第2項第1号から第4号まで，第6号又は第7号に掲げる権利のうち，イに類する権利として政令で定めるもの

ハ　その他政令で定めるもの

4　政府が元本の償還及び利息の支払について保証している社債券

5　前号に掲げる有価証券以外の有価証券で政令で定めるもの

**（募集又は売出しの届出）**

**第4条**　①　有価証券の募集（特定組織再編成発行手続を含む．第13条及び第15条第2項から第6項までを除き，以下この章及び次章において同じ.）又は有価証券の売出し（次項に規定する適格機関投資家等取得有価証券一般勧誘及び第3項に規定する特定投資家等取得有価証券一般勧誘に該当するものを除き，特定組織再編成交付手続を含む．以下この項において同じ.）は，発行者が当該有価証券の募集又は売出しに関し内閣総理大臣に届出をしているものでなければ，することができない．ただし，次の各号のいずれかに該当するものについては，この限りでない．

1　有価証券の募集又は売出しの相手方が当該有価証券に係る次条第1項各号に掲げる事項に関する情報を既に取得し，又は容易に取得することができる場合として政令で定める場合における当該有価証券の募集又は売出し

2　有価証券の募集又は売出しに係る組織再編成発行手続又は組織再編成交付手続のうち，次に掲げる場合のいずれかに該当するものがある場合における当該有価証券の募集又は売出し（前号に掲げるものを除く.）

イ　組織再編成対象会社が発行者である株券（新株予約権証券その他の政令で定める有価証券を含む.）に関して開示が行われている場合に該当しない場合

ロ　組織再編成発行手続に係る新たに発行される有価証券又は組織再編成交付手続に係る既に発行された有価証券に関して開示が行われている場合

3　その有価証券に関して開示が行われている場合における当該有価証券の売出し（前2号に掲げるものを除く.）

4　その有価証券発行勧誘等（取得勧誘及び組織再編成発行手続をいう．以下同じ.）が次に掲げる場合に該当するものであつた有価証券（イに掲げる場合にあつては，第2条第3項第1号の規定により当該有価証券発行勧誘等の相手方から除かれた適格機関投資家が取得した有価証券に限る.）の売出しで，適格機関投資家のみを相手方とするもの（前3号に掲げるものを除く.）

イ　第2条第3項第1号に掲げる場合

ロ　第2条第3項第2号イに掲げる場合

ハ　第2条第3項第4号第2号イに掲げる場合

5　発行価額又は売出価額の総額が1億円未満の有価証券の募集又は売出しで内閣府令で定めるもの（前2号に掲げるものを除く.）

②　その有価証券発行勧誘等が次に掲げる場合に該当するものであつた有価証券（第1号に掲げる場合にあつては，第2条第3項第1号の規定により当該有価証券発行勧誘等の相手方から除かれた適格機関投資家が取得した有価証券に限る.）の有価証券交付勧誘等（売付け勧誘等及び組織再編成交付手続をいう．以下同じ.）で，適格機関投資家が適格機関投資家以外の者に対して行うもの（以下「適格機関投資家取得有価証券一般勧誘」という．）は，発行者が当該適格機関投資家取得有価証券一般勧誘に関し内閣総理大臣に届出をしているものでなければ，することができない．ただし，当該有価証券に関して開示が行われている場合及び内閣府令で定めるやむを得ない理由により行われることその他の内閣府令で定める要件を満たす場合は，この限りでない．

1　第2条第3項第1号に掲げる場合

2　第2条第3項第2号イに掲げる場合

3　第2条の2第4項第2号イに掲げる場合

③　次の各号のいずれかに該当する有価証券（第24条第1項各号のいずれかに該当するもの又は多数

の特定投資家に所有される見込みが少ないと認められるものとして政令で定めるものを除く。以下「特定投資家向け有価証券」という。）の有価証券交付勧誘等で、金融商品取引業者等に委託して特定投資家等に対して行うもの以外のもの（国、日本銀行及び適格機関投資家に対して行うもの他政令で定めるものを除く。以下「特定投資家等取得有価証券一般勧誘」という。）は、発行者が当該特定投資家等取得有価証券一般勧誘に関し内閣総理大臣に届出をしているものでなければ、することができない。ただし、当該特定投資家向け有価証券に関して開示が行われている場合及び当該特定投資家等取得有価証券一般勧誘に関して届出が行われなくても公益又は投資者保護に欠けることがないものとして内閣府令で定める場合は、この限りでない。
　1　その取得勧誘が第2条第3項第2号ロに掲げる場合に該当する取得勧誘（以下「特定投資家向け取得勧誘」という。）であつた有価証券
　2　その売付け勧誘等が特定投資家向け売付け勧誘等であつた有価証券
　3　前2号のいずれかに掲げる有価証券の発行者が発行する有価証券であつて、前2号のいずれかに掲げる有価証券と同一種類の有価証券として内閣府令で定めるもの
　4　特定上場有価証券その他流通状況がこれに準ずるものとして政令で定める有価証券
④　有価証券の募集又は売出し（第1項第4号に掲げる有価証券の売出しを除くものとし、適格機関投資家取得有価証券一般勧誘（有価証券の売出しに該当するものを除く。）、特定投資家等取得有価証券一般勧誘（有価証券の売出しに該当するものを除く。）及び特定組織再編成交付手続を含む。次項及び第6項、第13条並びに第15条第2項から第6項までを除き、以下この章及び次章において同じ。）が一定の日において株主名簿（優先出資法に規定する優先出資者名簿を含む。）に記載され、又は記録されている株主（優先出資法に規定する優先出資者を含む。）に対し行われる場合には、当該募集又は売出しに関する前3項の規定による届出は、その日の25日前までにしなければならない。ただし、有価証券の発行価格又は売出価格その他の事情を勘案して内閣府令で定める場合は、この限りでない。
⑤　第1項第3号若しくは第5号に掲げる有価証券の募集若しくは売出し若しくは第2項ただし書の規定により同項本文の規定の適用を受けない適格機関投資家取得有価証券一般勧誘若しくは第3項ただし書の規定により同項本文の規定の適用を受けない特定投資家等取得有価証券一般勧誘のうち、有価証券の売出しに該当するもの若しくは有価証券の売出しに該当せず、かつ、開示が行われている場合に該当しないもの（以下この項及び次項において「特定募集等」という。）をし、又は当該特定募集等に係る有価証券を取得させ若しくは売り付ける場合に使用する資料には、当該特定募集等が第1項本文、第2項本文又は第3項本文の規定の適用を受けないものである旨を表示しなければならない。
⑥　特定募集等が行われる場合においては、当該特定募集等に係る有価証券の発行者は、当該特定募集等が開始した日の前日までに、内閣府令で定めるところにより、当該特定募集等に関する通知書を内閣総理大臣に提出しなければならない。ただし、開示が行われている場合における第4項に規定する有

価証券の売出しでその売出価額の総額が1億円未満のもの及び第1項第5号に掲げる有価証券の募集又は売出しでその売出価額の総額が売出価額の総額が内閣府令で定める金額以下のものについては、この限りでない。
⑦　第1項第2号イ及びロ並びに第3号、第2項、第3項並びに前2項に規定する開示が行われている場合とは、次に掲げる場合をいう。
　1　当該有価証券について既に行われた募集若しくは売出し（適格機関投資家取得有価証券一般勧誘又は特定投資家等取得有価証券一般勧誘に該当するものを除く。）に関する第1項の規定による届出、当該有価証券について既に行われた適格機関投資家取得有価証券一般勧誘に関する第2項の規定による届出又は当該有価証券について既に行われた特定投資家等取得有価証券一般勧誘に関する第3項の規定による届出がその効力を生じている場合（当該有価証券の発行者が第24条第1項ただし書（同条第5項において準用し、及びこれらの規定を第27条において準用する場合を含む。）の規定の適用を受けている者である場合を除く。）
　2　前号に掲げる場合に準ずるものとして内閣府令で定める場合

**（有価証券届出書の提出）**
**第5条**　①　前条第1項から第3項までの規定による有価証券の募集又は売出し（特定有価証券（その投資者の投資判断に重要な影響を及ぼす情報がその発行者が行う資産の運用その他これに類似する事業に関する情報である有価証券として政令で定めるものをいう。以下この項及び第5項並びに第24条において同じ。）に係る有価証券の募集又は売出しを除く。以下この項及び次項において同じ。）に係る届出をしようとする発行者は、その者が会社（外国会社を含み、第50章の2第9項及び第156条の3第2項第3号を除き、以下下同じ。）である場合（当該有価証券（特定有価証券を除く。以下この項から第4項までにおいて同じ。）の発行により会社を設立する場合を含む。）においては、内閣府令で定めるところにより、次に掲げる事項を記載した届出書を内閣総理大臣に提出しなければならない。ただし、当該有価証券の発行価格の決定前に募集をする必要がある場合その他の内閣府令で定める場合には、第1号のうち発行価格その他の内閣府令で定める事項を記載しないで提出することができる。
　1　当該募集又は売出しに関する事項
　2　当該会社の商号、当該会社の属する企業集団（当該会社及び当該会社が他の会社の議決権の過半数を所有していることその他の当該会社と密接な関係を有する者として内閣府令で定める要件に該当する者（内閣府令で定める会社その他の団体に限る。）の集団をいう。以下同じ。）及び当該会社の経理の状況その他事業の内容に関する重要な事項その他の公益又は投資者保護のため必要かつ適当なものとして内閣府令で定める事項
②　前条第1項本文、第2項本文又は第3項本文の規定の適用を受ける有価証券の募集又は売出しのうち発行価額又は売出価額の総額が5億円未満のもので内閣府令で定めるもの（第24条第2項において「少額募集等」という。）に関し、前項の届出書を提出しようとする者のうち次の各号のいずれにも該当しない者は、当該届出書に、同項第2号に掲

げる事項のうち当該会社に係るものとして内閣府令で定めるものを記載することにより，同号に掲げる事項の記載に代えることができる．
1 第24条第1項第1号，第2号又は第4号に掲げる有価証券に該当する有価証券の発行者
2 第4条第1項本文，第2項本文又は第3項本文の規定の適用を受けた有価証券の募集又は売出しにつき前項第2号に掲げる事項を記載した同項の届出書を提出した者又は提出しなければならない者（前号に掲げる者を除く.）
3 既に，有価証券報告書（第24条第1項に規定する報告書をいう．以下この条において同じ．）のうち同条に規定する事項を記載したもの又は第24条の4の7第1項若しくは第2項の規定による四半期報告書（以下この条において「四半期報告書」という．）のうち第24条の4の7第1項に規定する事項を記載したもの若しくは半期報告書（第24条の5第1項に規定する報告書をいう．以下この条及び第24条第2項において同じ．）のうち第24条の5第1項に規定する事項を記載したものを提出している者（前2号に掲げる者を除く.）
③ 既に内閣府令で定める期間継続して有価証券報告書のうち内閣府令で定めるものを提出している者は，前条第1項から第3項までの規定による届出をしようとする場合には，第1項の届出書に，内閣府令で定めるところにより，その者に係る直近の有価証券報告書及びその添付書類並びにその提出以後に提出される四半期報告書又は半期報告書並びにこれらの訂正報告書の写しをとじ込み，かつ，当該有価証券報告書提出後に生じた事実で内閣府令で定めるものを記載することにより，同項第2号に掲げる事項の記載に代えることができる．
④ 次に掲げるすべての要件を満たす者が前条第1項から第3項までの規定による届出をしようとする場合において，第1項の届出書に，内閣府令で定めるところにより，その者に係る直近の有価証券報告書及びその添付書類並びにその提出以後に提出される四半期報告書又は半期報告書及び臨時報告書（第24条の5第4項に規定する報告書をいう．）並びにこれらの訂正報告書（以下「参照書類」という．）を参照すべき旨を記載したときは，第1項第2号に掲げる事項の記載をしたものとみなす．
1 既に内閣府令で定める期間継続して有価証券報告書のうち内閣府令で定めるものを提出していること．
2 当該者に係る第1項第2号に掲げる事項に関する情報が既に公衆に広範に提供されているものとして，その者が発行者である場合で既に公表されたものの取引所金融商品市場における取引状況等に関し内閣府令で定める基準に該当すること．

(届出書類の写しの金融商品取引所等への提出)
第6条 前条の各号に掲げる有価証券の発行者は，第4条第1項から第3項までの規定による届出をしたときは，遅滞なく，前条第1項及び第6項の規定による届出書類の写しを当該各号に掲げる者に提出しなければならない．
1 金融商品取引所に上場されている有価証券 当該金融商品取引所
2 流通状況が前号に掲げる有価証券に準ずるものとして政令で定める有価証券 政令で定める認可金融商品取引業協会

(届出の効力発生日)
第8条 ① 第4条第1項から第3項までの規定による届出は，内閣総理大臣が第5条第1項の規定による届出書（同項ただし書に規定する事項の記載がない場合には，当該事項に係る前条の規定による訂正届出書．次項において同じ．）を受理した日から15日を経過した日に，その効力を生ずる．
② 前項の期間内に前条の規定による訂正届出書の提出があった場合における同項の規定の適用については，内閣総理大臣がこれを受理した日に，第5条第1項の規定による届出書の受理があつたものとみなす．

(形式不備等による訂正届出書の提出命令)
第9条 ① 内閣総理大臣は，第5条第1項若しくは第7条の規定による届出書類に形式上の不備があり，又はその書類に記載すべき重要な事項の記載が不十分であると認めるときは，届出者に対し，訂正届出書の提出を命ずることができる．この場合においては，行政手続法（平成5年法律第88号）第13条第1項の規定による意見陳述のための手続の区分にかかわらず，聴聞を行わなければならない．

(虚偽記載等による訂正届出書の提出命令及び効力の停止命令)
第10条 ① 内閣総理大臣は，有価証券届出書のうちに重要な事項について虚偽の記載があり，又は記載すべき重要な事項若しくは誤解を生じさせないために必要な重要な事実の記載が欠けていることを発見したときは，いつでも，届出者に対し，訂正届出書の提出を命じ，必要があると認めるときは，第4条第1項から第3項までの規定による届出の効力の停止を命ずることができる．この場合においては，行政手続法第13条第1項の規定による意見陳述のための手続の区分にかかわらず，聴聞を行わなければならない．

(虚偽記載のある有価証券届出書の届出後1年内の届出の効力の停止等)
第11条 ① 内閣総理大臣は，有価証券届出書のうちに重要な事項について虚偽の記載がある場合において，公益又は投資者保護のため必要かつ適当であると認めるときは，当該有価証券届出書又はその届出者がこれを提出した日から1年以内に提出する第5条第1項に規定する届出書若しくは第23条の3第1項に規定する発行登録書若しくは第23条の8第1項に規定する発行登録追補書類について，届出者に対し，公益又は投資者保護のため相当と認められる期間，その届出の効力若しくは当該発行登録書若しくは当該発行登録追補書類に係る発行登録の効力の停止を命じ，又は第8条第1項（第23条の5第1項において準用する場合を含む．）に規定する期間を延長することができる．この場合においては，行政手続法第13条第1項の規定による意見陳述のための手続の区分にかかわらず，聴聞を行わなければならない．

(訂正届出書の写しの金融商品取引所等への提出)
第12条 第6条の規定は，第7条，第9条第1項又は第10条第1項の規定により訂正届出書が提出された場合について準用する．

(目論見書の作成及び虚偽記載のある目論見書等の使用禁止)
第13条 ① その募集又は売出し（第4条第1項第4号に掲げる有価証券の売出しを除くものとし，適格機関投資家取得有価証券一般勧誘（有価証券の

売出しに該当するものを除く.）及び特定投資家等取得有価証券一般勧誘（有価証券の売出しに該当するものを除く.）を含む．以下この条並びに第15条第2項から第4項まで及び第6項において同じ.）につき第4条第1項本文，第2項本文又は第3項本文の規定の適用を受ける有価証券の発行者は，当該募集又は売出しに際し，目論見書を作成しなければならない．開示が行われている場合（同条第1項第2号イに規定する開示が行われている場合をいう．以下この項及び次項において同じ.）における有価証券の売出し（その売出価額の総額が1億円未満であるものその他内閣府令で定めるものを除く.）に係る有価証券（以下この章において「既に開示された有価証券」という．）の発行者についても，同様とする．

② 前項の目論見書は，次の各号に掲げる場合の区分に応じ，当該各号に定める事項に関する内容を記載しなければならない．ただし，第1号に掲げる場合の目論見書については，第5条第1項ただし書の規定により同条第1号のうち発行価格その他の内閣府令で定める事項（以下この項及び第15条第5項において「発行価格等」という．）を記載しないで第5条第1項本文の規定による届出書を提出した場合には，当該発行価格等を記載することを要しない．

1　第15条第2項本文の規定により交付しなければならない場合　次のイは口に掲げる場合の区分に応じ，当該イは口に定める事項
  イ　その募集又は売出しにつき第4条第1項本文又は第2項本文の規定の適用を受ける有価証券　次に掲げる事項
    (1)　第5条第1項各号に掲げる事項のうち，投資者の投資判断に極めて重要な影響を及ぼすものとして内閣府令で定めるもの
    (2)　第5条第1項各号に掲げる事項以外の事項であつて内閣府令で定めるもの
  ロ　既に開示された有価証券　次に掲げる事項
    (1)　イ(1)に掲げる事項
    (2)　第5条第1項各号に掲げる事項以外の事項であつて内閣府令で定めるもの

2　第15条第3項の規定により交付しなければならない場合　次のイは口に掲げる場合の区分に応じ，当該イは口に定める事項
  イ　その募集又は売出しにつき第4条第1項本文又は第2項本文の規定の適用を受ける有価証券　次に掲げる事項
    (1)　第5条第1項各号に掲げる事項のうち，投資者の投資判断に重要な影響を及ぼすものとして内閣府令で定めるもの
    (2)　第5条第1項各号に掲げる事項以外の事項であつて内閣府令で定めるもの
  ロ　既に開示された有価証券　次に掲げる事項
    (1)　イ(1)に掲げる事項
    (2)　第5条第1項各号に掲げる事項以外の事項であつて内閣府令で定めるもの

3　第15条第4項の規定により交付しなければならない場合　第7条の規定による訂正届出書に記載した事項

③ 前項第1号及び第2号に掲げる場合の目論見書であつて，第5条第4項（同条第5項において準用する場合を含む．以下同じ．）の規定の適用を受けた届出書を提出した者が作成すべきもの又は同条第4項各号に掲げるすべての要件を満たす者が作成すべき既に開示された有価証券に係るものについては，参照書類を参照すべき旨を記載するとは，同条第1項第2号に掲げる事項の記載をしたものとみなす．

④ 何人も，第4条第1項本文，第2項本文若しくは第3項本文の規定の適用を受ける有価証券又は既に開示された有価証券の募集又は売出しのために，虚偽の記載があり，又は記載すべき内容の記載が欠けている第1項の目論見書を使用してはならない．

⑤ 何人も，第4条第1項本文，第2項本文若しくは第3項本文の規定の適用を受ける有価証券又は既に開示された有価証券の募集又は売出しのために第1項の目論見書以外の文書，図画，音声その他の資料（電磁的記録（電子的方式，磁気的方式その他人の知覚によつては認識することができない方式で作られる記録であつて，電子計算機による情報処理の用に供されるものをいう．以下同じ．）をもつて作成された場合においては，その電磁的記録に記録された情報の内容を表示したものを含む．第17条において同じ．）を使用する場合には，虚偽の表示又は誤解を生じさせる表示をしてはならない．

**第14条**　削除

**（届出の効力発生前の有価証券の取引禁止及び目論見書の交付）**

**第15条**　① 発行者，有価証券の売出しをする者，引受人（適格機関投資家取得有価証券一般勧誘（開示が行われている場合における有価証券に係るものを除く．）又は特定投資家等取得有価証券一般勧誘（開示が行われている場合における有価証券に係るものを除く．）に際し，第2条第6項各号のいずれかを行う者を含む．以下この章において同じ．），金融商品取引業者，登録金融機関又は金融商品仲介業者は，その募集又は売出しにつき第4条第1項本文，第2項本文又は第3項本文の規定の適用を受ける有価証券については，これらの規定による届出がその効力を生じているのでなければ，これを募集又は売出しにより取得させ，又は売り付けてはならない．

② 発行者，有価証券の売出しをする者，引受人，金融商品取引業者，登録金融機関又は金融商品仲介業者は，前項の有価証券又は既に開示された有価証券を募集又は売出しにより取得させ，又は売り付ける場合には，第13条第2項第1号に定める事項に関する内容を記載した目論見書をあらかじめ又は同時に交付しなければならない．ただし，次に掲げる場合は，この限りでない．

1　適格機関投資家に取得させ，又は売り付ける場合（当該有価証券を募集又は売出しにより取得させ，又は売り付ける時までに当該適格機関投資家から当該目論見書の交付の請求があつた場合を除く．）

2　当該目論見書の交付を受けないことについて同意する次に掲げる者に当該有価証券を取得させ，又は売り付ける場合（当該有価証券を募集又は売出しにより取得させ，又は売り付ける時までに当該同意した者から当該目論見書の交付の請求があつた場合を除く．）
  イ　当該有価証券と同一の銘柄を所有する者
  ロ　その同居者が既に当該目論見書の交付を受け，又は確実に交付を受けると見込まれる者

③ 発行者，有価証券の売出しをする者，引受人，金融

商品取引業者,登録金融機関又は金融商品仲介業者は,第1項の有価証券(政令で定めるものに限る.以下この項において同じ.)又は既に開示された有価証券を募集以外は売出しにより取得させ,又は売り付ける場合において,その取得させ,又は売り付ける時までに,相手方から第13条第2項第2号に定める事項に関する内容を記載した目論見書の交付の請求があつたときには,直ちに,当該目論見書を交付しなければならない.

④ 発行者,有価証券の売出しをする者,引受人,金融商品取引業者,登録金融機関又は証券会社,登録金融機関は,第1項の有価証券を募集以外は売出しにより取得させ,又は売り付ける場合において,当該有価証券に係る第5条第1項の届出書について第7条の規定による訂正届出書が提出されたときには,第13条第2項第3号に定める事項に関する内容を記載した目論見書をあらかじめ又は同時に交付しなければならない.ただし,第2項各号に掲げる場合は,この限りでない.

(違反行為者の賠償責任)
**第16条** 前条の規定に違反して有価証券を取得させた者は,これを取得した者に対し当該違反行為に因り生じた損害を賠償する責に任ずる.

(虚偽記載のある目論見書等を使用した者の賠償責任)
**第17条** 第4条第1項本文,第2項本文若しくは第3項本文の規定の適用を受ける有価証券又は既に開示された有価証券の募集以外し出しについて,重要な事項について虚偽の記載があり,若しくは記載すべき重要な事項若しくは誤解を生じさせないために必要な事実の記載が欠けている第13条第1項の目論見書又は重要な事項について虚偽の表示若しくは誤解を生ずるような表示があり,若しくは誤解を生じさせないために必要な事実の表示が欠けている資料を使用して有価証券を取得させた者は,記載が虚偽であり,若しくは欠けていること又は表示が虚偽であり,若しくは誤解を生ずるような表示であり,若しくは表示が欠けていることを知らないで当該有価証券を取得した者が受けた損害を賠償する責めに任ずる.ただし,賠償の責めに任ずべき者が,記載が虚偽であり,若しくは欠けていること又は表示が虚偽であり,若しくは誤解を生ずるような表示であることを知らず,かつ,相当な注意を用いたにもかかわらず知ることができなかつたことを証明したときは,この限りでない.

(虚偽記載のある届出書の届出者等の賠償責任)
**第18条** ① 有価証券届出書のうちに,重要な事項について虚偽の記載があり,又は記載すべき重要な事項若しくは誤解を生じさせないために必要な重要な事実の記載が欠けているときは,当該有価証券届出書の届出者は,当該有価証券を当該募集又は売出しに応じて取得した者に対し,損害賠償の責めに任ずる.ただし,当該有価証券を取得した者がその取得の申込みの際記載が虚偽であり,又は欠けていることを知つていたときは,この限りでない.

② 前項の規定は,第13条第1項の目論見書のうちに重要な事項について虚偽の記載があり,又は記載すべき重要な事項若しくは誤解を生じさせないために必要な重要な事実の記載が欠けている場合について準用する.この場合において,前項中「有価証券届出書の届出者」とあるのは「目論見書を作成した発行者」と,「募集又は売出しに応じて」とあるのは「募集又は売出しに応じ当該目論見書の交付を受けて」と読み替えるものとする.

(虚偽記載のある届出書の届出者等の賠償責任額)
**第19条** ① 前条の規定による賠償の責めに任ずべき額は,請求権者が当該有価証券の取得について支払つた額から次の各号の一に掲げる額を控除した額とする.
1 前条の規定により損害賠償を請求する時における市場価額(市場価額がないときは,その時における処分推定価額)
2 前号の時前に当該有価証券を処分した場合においては,その処分価額

② 前条の規定により賠償の責めに任ずべき者は,当該有価証券が受けた損害の額の全部又は一部は,有価証券届出書又は目論見書のうちに重要な事項について虚偽の記載があり,又は記載すべき重要な事項若しくは誤解を生じさせないために必要な重要な事実の記載が欠けていたことにより生ずべき当該有価証券の値下り以外の事情により生じたことを証明した場合においては,その全部又は一部については,賠償の責めに任じない.

(虚偽記載のある届出書の届出者等に対する賠償請求権の時効)
**第20条** 第18条の規定による賠償の請求権は,請求権者が有価証券届出書又は目論見書のうちに重要な事項について虚偽の記載があり,又は記載すべき重要な事項若しくは誤解を生じさせないために必要な重要な事実の記載が欠けていたことを知つた時又は相当な注意をもつて知ることができる時から3年間,これを行わないときは,消滅する.当該有価証券の募集若しくは売出しに係る第4条第1項から第3項までの規定による届出がその効力を生じた時又は当該目論見書の交付があつた時から7年間(第10条第1項又は第11条第1項の規定による伴止命令があつた場合には,当該停止命令があつた日からその解除があつた日までの期間は,算入しない.),これを行わないときも,また,同様とする.

(虚偽記載のある届出書の提出会社の役員等の賠償責任)
**第21条** ① 有価証券届出書のうちに重要な事項について虚偽の記載があり,又は記載すべき重要な事項若しくは誤解を生じさせないために必要な重要な事実の記載が欠けているときは,次に掲げる者は,当該有価証券を募集又は売出しに応じて取得した者に対し,記載が虚偽であり又は欠けていることにより生じた損害を賠償する責めに任ずる.ただし,当該有価証券を取得した者がその取得の申込みの際記載が虚偽であり,又は欠けていることを知つていたときは,この限りでない.
1 当該有価証券届出書を提出した会社のその提出の時における役員(取締役,会計参与,監査役若しくは執行役又はこれらに準ずる者をいう.第163条から第167条までを除き,以下同じ.)又は当該会社の発起人(その提出が会社の成立前にされたときに限る.)
2 当該売出しに係る有価証券の所有者(その者が当該有価証券を所有している者からその売出しをすることを内容とする契約によりこれを取得した場合には,当該契約の相手方)
3 当該有価証券届出書に係る第193条の2第1項に規定する監査証明において,当該監査証明に係

る書類について記載が虚偽であり又は欠けているものを虚偽でなく又は欠けていないものとして証明した公認会計士又は監査法人
　4　当該募集に係る有価証券の発行者又は第2号に掲げる者のいずれかと元引受契約を締結した金融商品取引業者又は登録金融機関

② 前項の場合において、次の各号に掲げる者は、当該各号に掲げる事項を証明したときは、同項に規定する賠償の責めに任じない．
　1　前項第1号又は第2号に掲げる者　記載が虚偽であり又は欠けていることを知らず，かつ，相当な注意を用いたにもかかわらず知ることができなかつたこと．
　2　前項第3号に掲げる者　同号の証明をしたことについて故意又は過失がなかつたこと．
　3　前項第4号に掲げる者　記載が虚偽であり又は欠けていることを知らず，かつ，第193条の2第1項に規定する財務計算に関する書類に係る部分以外の部分については，相当な注意を用いたにもかかわらず知ることができなかつたこと．

③ 第1項第1号及び第2号並びに前項第1号の規定は，第13条第1項の目論見書のうちに重要な事項について虚偽の記載があり，又は記載すべき重要な事項若しくは誤解を生じさせないために必要な重要な事実の記載が欠けている場合について準用する．この場合において，第1項中「募集又は売出しに応じて」とあるのは「募集又は売出しに応じ当該目論見書の交付を受けて」と，「当該有価証券届出書を提出した会社」とあるのは「当該目論見書を作成した会社」と，「その提出」とあるのは「その作成」と読み替えるものとする．

④ 第1項第4号において「元引受契約」とは，有価証券の募集又は売出しに際して締結する次の各号のいずれかの契約をいう．
　1　当該有価証券を取得させることを目的として当該有価証券の全部又は一部を発行者又は所有者（金融商品取引業者及び登録金融機関を除く．次号において同じ．）から取得することを内容とする契約
　2　当該有価証券の全部又は一部につき他にこれを取得する者がない場合にその残部を発行者又は所有者から取得することを内容とする契約

**（虚偽記載等のある書類の提出者の賠償責任）**

第21条の2　① 第25条第1項各号（第5号及び第9号を除く．）に掲げる書類（以下この条において「書類」という．）のうちに，重要な事項について虚偽の記載があり，又は記載すべき重要な事実若しくは誤解を生じさせないために必要な重要な事実の記載が欠けているときは，当該書類の提出者は，当該書類が同項の規定により公衆の縦覧に供されている間に当該書類（同項第12号に掲げる書類を除く．）の提出者は当該会社（同号に掲げる書類に限る．）の提出者を親会社等（第24条の7第1項に規定する親会社等をいう．）とする者が発行者である有価証券を募集又は売出しによらないで取得した者に対し，第19条第1項の規定の例により算出した額を超えない限度において，記載が虚偽であり，又は欠けていること（以下この条において「虚偽記載等」という．）により生じた損害を賠償する責めに任ずる．ただし，当該有価証券を取得した者がその取得の際虚偽記載等を知つていたときは，この限りでない．

② 前項本文の場合において，当該書類の虚偽記載等の事実の公表がされたときは，当該虚偽記載等の事実の公表がされた日（以下この項において「公表日」という．）前1年以内に当該有価証券を取得し，当該公表日において引き続き当該有価証券を所有する者は，当該公表日前1月間の当該有価証券の市場価額（市場価額がないときは，処分推定価額．以下この項において同じ．）の平均額から当該公表日後1月間の当該有価証券の市場価額の平均額を控除した額を，当該書類の虚偽記載等により生じた損害の額とすることができる．

③ 前項の「虚偽記載等の事実の公表」とは，当該書類の提出者又は当該提出者の業務若しくは財産に関し法令に基づく権限を有する者により，当該書類の虚偽記載等に係る記載すべき重要な事項又は誤解を生じさせないために必要な重要な事実について，第25条第1項の規定による公衆の縦覧その他の手段により，多数の者の知り得る状態に置く措置がとられたことをいう．

④ 第2項の場合において，その賠償の責めに任ずべき者は，その請求権者が受けた損害の額の全部又は一部が，当該書類の虚偽記載等によつて生ずべき当該有価証券の値下り以外の事情により生じたことを証明したときは，その全部又は一部については，賠償の責めに任じない．

⑤ 前項の場合を除くほか，第2項の場合において，その請求権者が受けた損害の額の全部又は一部が，当該書類の虚偽記載等によつて生ずべき当該有価証券の値下り以外の事情により生じたことが認められ，かつ，当該事情により生じた損害の性質上その額を証明することが極めて困難であるときは，裁判所は，口頭弁論の全趣旨及び証拠調べの結果に基づき，賠償の責めに任じない損害の額として相当な額の認定をすることができる．

**（虚偽記載等のある書類の提出者に対する賠償請求権の時効）**

第21条の3　第20条の規定は，前条の規定による賠償の請求権について準用する．この場合において，第20条中「第18条」とあるのは「第21条の2」と，「有価証券届出書若しくは目論見書」とあるのは「第25条第1項各号（第5号及び第9号を除く．）に掲げる書類」と，「3年間」とあるのは「2年間」と，「当該有価証券の募集若しくは売出しに係る第4条第1項から第3項までの規定による届出がその効力を生じた時又は当該目論見書の作成があつたときから7年間（第10条第1項又は第11条第1項の規定による停止命令があつた場合には，当該停止命令があつた日からその解除があつた日までの期間は，算入しない．）」とあるのは「当該書類が提出された時から5年間」と読み替えるものとする．

**（虚偽記載等のある届出書の提出会社の役員等の賠償責任）**

第22条　① 有価証券届出書のうちに重要な事項について虚偽の記載があり，又は記載すべき重要な事項若しくは誤解を生じさせないために必要な重要な事実の記載が欠けているときは，第21条第1項第1号及び第3号に掲げる者は，記載が虚偽であり，又は欠けていることを知らないで，当該有価証券届出書の届出者が発行者である有価証券を募集又は売出しによらないで取得した者に対し，記載が虚偽であり，又は欠けていることにより生じた損

害を賠償する責めに任ずる．
② 第21条第2項第1号及び第2号の規定は，前項に規定する賠償の責めに任ずべき者について準用する．

**(有価証券報告書の提出)**
**第24条** ① 有価証券の発行者である会社は，その会社が発行者である有価証券特定有価証券を除く．次の各号を除き，以下この条において同じ．）が次に掲げる有価証券のいずれかに該当する場合には，内閣府令で定めるところにより，事業年度ごとに，当該会社の商号，当該会社の属する企業集団及び当該会社の経理の状況その他の事業の内容に関する重要な事項その他の公益又は投資者保護のため必要かつ適当なものとして内閣府令で定める事項を記載した報告書（以下「有価証券報告書」という．）を，内国会社にあつては当該事業年度経過後3月以内（やむを得ない理由により当該期間内に提出できないと認められる場合には，内閣府令で定めるところにより，あらかじめ内閣総理大臣の承認を受けた期間内），外国会社にあつては公益又は投資者保護のため必要かつ適当なものとして政令で定める期間内に，内閣総理大臣に提出しなければならない．ただし，当該有価証券が第3号に掲げる有価証券（株券その他の政令で定める有価証券に限る．）に該当する場合においてその発行者である会社（報告書提出開始年度（当該有価証券の募集又は売出しにつき第4条第1項本文，第2項本文若しくは第3項本文又は第23条の8第1項本文若しくは第2項の規定の適用を受けることとなつた日の属する事業年度をいい，当該報告書提出開始年度が複数あるときは，その直近のものをいう．）終了後5年を経過している場合に該当する会社に限る．）の当該事業年度の末日及び当該事業年度の開始の日前4年以内に開始した事業年度すべての末日における当該有価証券の所有者の数が政令で定めるところにより計算した数に満たない場合であつて有価証券報告書を提出しなくても公益又は投資者保護に欠けることがないものとして内閣府令で定めるところにより内閣総理大臣の承認を受けたとき，当該有価証券が第4号に掲げる有価証券に該当する場合において，その発行者である会社の資本金の額が当該事業年度の末日において5億円未満（当該有価証券が第2条第2項の規定により有価証券とみなされる有価証券投資事業権利等である場合にあつては，当該会社の資産の額として政令で定めるものの額が当該事業年度の末日において政令で定める額未満）であるとき，及び当該事業年度の末日における当該有価証券の所有者の数が政令で定める数に満たないとき，並びに当該有価証券が第3号又は第4号に掲げる有価証券に該当する場合において有価証券報告書を提出しなくても公益又は投資者保護に欠けることがないものとして政令で定めるところにより内閣総理大臣の承認を受けたときは，この限りでない．
1 金融商品取引所に上場されている有価証券（特定上場有価証券を除く．）
2 流通状況が前号に掲げる有価証券に準ずるものとして政令で定める有価証券（流通状況が特定上場有価証券に準ずるものとして政令で定める有価証券を除く．）
3 その募集又は売出しにつき第4条第1項本文，第2項本文若しくは第3項本文又は第23条の8第1項本文若しくは第2項の規定の適用を受けた有価証券（前2号に掲げるものを除く．）
4 当該会社が発行する有価証券（株券，第2条第2項の規定により有価証券とみなされる有価証券事業権利等その他の政令で定める有価証券に限る．）で，当該事業年度又は当該事業年度の開始の日前4年以内に開始した事業年度のいずれかの末日におけるその所有者の数が政令で定める数以上（当該有価証券が同項の規定により有価証券とみなされる有価証券投資事業権利等である場合にあつては，当該事業年度の末日におけるその所有者の数が政令で定める数以上）であるもの（前3号に掲げるものを除く．）

② 前項第3号に掲げる有価証券に該当する有価証券の発行者である会社は，少額募集等に係る第5条第2項に規定する事項を記載した同条第1項に規定する届出書を提出した会社のうち次の各号のいずれにも該当しない会社は，前項本文の規定により提出しなければならない有価証券報告書に，同項本文に規定する事項のうち当該会社に係るものとして内閣府令で定めるものを記載することにより，同条に規定する事項の記載に代えることができる．
1 既に，前項本文に規定する事項を記載した有価証券報告書又は第24条の4の7第1項若しくは第2項の規定による四半期報告書のうち同条第1項に規定する事項を記載したもの若しくは第24条の5第1項に規定する事項を記載した半期報告書を提出している者
2 第4条第1項本文，第2項本文又は第3項本文の規定の適用を受けた有価証券の募集又は売出しにつき，第5条第1項第2号に掲げる事項を記載した同項に規定する届出書を提出した者又は提出しなければならない者（前号に掲げる者を除く．）

③ 第1項本文の規定の適用を受けない会社が発行者である有価証券が同項第1号から第3号までに掲げる有価証券に該当することとなつたとき（内閣府令で定める場合を除く．）は，当該会社は，内閣府令で定めるところにより，その該当することとなつた日の属する事業年度の直前事業年度に係る有価証券報告書を，遅滞なく，内閣総理大臣に提出しなければならない．

④ 第1項第4号に規定する所有者の数の算定に関し必要な事項は，内閣府令で定める．

⑤ 前各項の規定は，特定有価証券が第1項各号に掲げる有価証券のいずれかに該当する場合について準用する．この場合において，同項本文中「有価証券の発行者である会社」とあるのは「有価証券の発行者である会社（内閣府令で定める有価証券については，内閣府令で定める者を除く．）」と，「特定有価証券を除く．」とあるのは「特定有価証券に限る．」と，「事業年度ごとに」とあるのは「当該特定有価証券につき，内閣府令で定める期間（以下この条において「特定期間」という．）ごと」と，「当該会社の商号，当該会社の属する企業集団及び当該会社の経理の状況その他の事業」とあるのは「当該会社が行う資産の運用その他これに類似する事業に係る資産の経理の状況その他の事業」と，「当該事業年度」とあるのは「当該特定期間」と，同項ただし書中「当該有価証券が第3号に掲げる有価証券（株券その他の政令で定める有価証券に限る．）に該当する場合においてその発行者である会社（報告書提出開始年度（当該有価証券の募集又は売出しにつき第4条第1項本文，第2項本文若しくは第

3項本文又は第23条の8第1項本文若しくは第2項の規定の適用を受けることとなつた日の属する事業年度をいい,当該報告書提出開始年度が複数あるときは,その直近のものをいう.)終了後5年を経過している場合に該当する会社に限る.)の当該事業年度の末日及び当該事業年度の開始の日前4年以内に開始した事業年度すべての末日における当該有価証券の所有者の数が政令で定めるところにより計算した数に満たない場合であつて有価証券報告書を提出しなくても公益又は投資者保護に欠けることがないものとして内閣府令で定めるところにより内閣総理大臣の承認を受けたとき,当該有価証券が第4号」とあるのは「当該特定有価証券が第4号」と,「及び当該事業年度の末日における当該有価証券の所有者の数が政令で定める数に満たないとき,並びに」とあるのは「及び」と,同項本文中「株券,第2条第2項の規定により有価証券とみなされる有価証券投資事業権利等」とあるのは「第2条第2項の規定により有価証券とみなされる有価証券投資事業権利等」と,「当該事業年度又は当該事業年度の開始の日前4年以内に開始した事業年度のいずれかの末日におけるその所有者の数が政令で定める数以上(当該有価証券が同項の規定により有価証券とみなされる有価証券投資事業権利等である場合にあつては,事業年度の末日におけるその所有者の数が政令で定める数以上)」とあるのは「当該特定期間の末日におけるその所有者の数が政令で定める数以上」と,第2項中「有価証券の」とあるのは「特定有価証券の」と,第3項中「第1項本文」とあるのは「第5項において準用する第1項本文」と,「発行者」とあるのは「発行者(内閣府令で定める有価証券については,内閣府令で定める者を除く.)」と,「有価証券が」とあるのは「特定有価証券が」と,「その該当することとなつた日」とあるのは「当該特定有価証券につき,その該当することとなつた日」と,「事業年度」とあるのは「特定期間」と読み替えるものとするほか,必要な技術的読替えは,政令で定める.

⑥ 有価証券報告書には,定款その他の書類で公益又は投資者保護のため必要かつ適当なものとして内閣府令で定めるものを添付しなければならない.

⑦ 第6条の規定は,第1項から第3項まで(これらの規定を第5項において準用する場合を含む.)及び前項の規定により有価証券報告書及びその添付書類が提出された場合について準用する.

⑭ 第1項(第5項において準用する場合に限る.以下この条において同じ.)の規定により有価証券報告書を提出しなければならない会社が,内閣府令で定めるところにより,第1項に規定する内閣府令で定める事項の一部を記載した書面(法令又は金融商品取引法の規則(これに類するものとして内閣府令で定めるものを含む.)に基づいて作成された書面に限る.以下この項及び次項において「報告書代替書面」という.)を有価証券報告書と併せて内閣総理大臣に提出する場合において,公益又は投資者保護に欠けることがないものとして内閣府令で定めるところにより内閣総理大臣の承認を受けた場合における第1項及び第2項の規定の適用については,第1項中「内閣府令で定める事項」とあるのは「内閣府令で定める事項(第14項に規定する報告書代替書面に記載された事項を除く.)」

と,第2項中「同項本文に規定する事項」とあるのは「同項本文に規定する事項(第14項に規定する報告書代替書面に記載された事項を除く.)」と.

⑮ 前項の規定により読み替えて適用する第1項の有価証券報告書と併せて報告書代替書面を提出した場合には,当該報告書代替書面を当該有価証券報告書の一部とみなし,当該報告書代替書面を提出したことを当該報告書代替書面を当該有価証券報告書の一部として提出したものとみなして,金融商品取引法の規定を適用する.

(訂正届出書に関する規定の準用)
**第24条の2** ① 第7条,第9条第1項及び第10条第1項の規定は,有価証券報告書及びその添付書類について準用する.この場合において,第7条中「第4条第1項から第3項までの規定による届出の日以後当該届出がその効力を生ずることとなる日前において」と,第5条第1項及び第6項の規定による届出書類」とあるのは「有価証券報告書及びその添付書類」と,「届出者」とあるのは「有価証券報告書の提出者」と,「訂正届出書」とあるのは「訂正報告書」と,第9条第1項中「届出者」とあるのは「有価証券報告書の提出者」と,「訂正届出書」とあるのは「訂正報告書」と,第10条第1項中「届出者」とあるのは「有価証券報告書の提出者」と,「訂正届出書の提出を命じ,必要があると認めるときは,第4条第1項又は第2項の規定による届出の効力の停止」とあるのは,「訂正報告書の提出」とするものとする.

(虚偽記載のある有価証券報告書の提出会社の役員等の賠償責任)
**第24条の4** 第22条の規定は,有価証券報告書のうちに重要な事項について虚偽の記載があり,又は記載すべき重要な事項若しくは誤解を生じさせないために必要な重要な事実の記載が欠けている場合について準用する.この場合において,同条第1項中「有価証券を募集又は売出しによらないで取得した者」とあるのは,「有価証券を取得した者」と読み替えるものとする.

(半期報告書及び臨時報告書の提出)
**第24条の5** ① 第24条第1項の規定による有価証券報告書を提出しなければならない会社(第23条の3第4項の規定により有価証券報告書を提出した会社を含む.第4項において同じ.)のうち,第24条の4の7第1項の規定により四半期報告書を提出しなければならない会社(同条第2項の規定により四半期報告書を提出した会社を含む.第3項において同じ.)以外の会社は,その事業年度が6月を超える場合には,内閣府令で定めるところにより,当該事業年度が開始した日以後6月間の当該会社の属する企業集団及び当該会社の経理の状況その他事業の内容に関する重要な事項その他の公益又は投資者保護のため必要かつ適当なものとして内閣府令で定める事項を記載した報告書(以下「半期報告書」という.)を,当該期間経過後3月以内(やむを得ない理由により当該期間内に提出できないと認められる場合には,内閣府令で定めるところにより,あらかじめ内閣総理大臣の承認を受けた期間内)に,内閣総理大臣に提出しなければならない.

(自己株券買付状況報告書の提出)
**第24条の6** ① 金融商品取引所に上場されている株券,流通状況が金融商品取引所に上場されている

第2章 企業内容等の開示 **611** 65 金融商品取引法

株券に準ずるものとして政令で定める株券その他政令で定める有価証券(以下この条,第27条の22の2から第27条の22の4まで及び第167条において「上場株券等」という.)の発行者である会社は,会社法第156条第1項(同法第165条第3項の規定により読み替えて適用する場合を含む.)の規定による株主総会の決議又は取締役会の決議があつた場合には,内閣府令で定めるにより,当該決議があつた株主総会又は取締役会(以下この項において「株主総会等」という.)の終結した日の属する月から同法第156条第1項第3号に掲げる期間の満了する日の属する月までの各月(以下この項において「報告月」という.)ごとに,当該株主総会等の決議に基づいて各報告月中に行つた自己株券に係る上場株券等の買付けの状況(買付けを行わなかつた場合を含む.)に関する事項その他の公益又は投資者保護のため必要かつ適当なものとして内閣府令で定める事項を記載した報告書を,各報告月の翌月15日までに,内閣総理大臣に提出しなければならない.

② 第7条,第9条第1項及び第10条第1項の規定は前項に規定する報告書(以下「自己株券買付状況報告書」という.)について,第22条の規定は自己株券買付状況報告書のうちに重要な事項について虚偽の記載があり,又は記載すべき重要な事項若しくは誤解を生じさせないために必要な重要な事実の記載が欠けている場合について,それぞれ準用する.この場合において,第7条中「第4条第1項から第3項までの規定による届出の日以後当該届出がその効力を生ずることとなる日前において,第5条第1項及び第6項の規定による届出書類」とあるのは「自己株券買付状況報告書(第24条の6第1項に規定する報告書をいう.以下この条,第9条第1項,第10条第1項及び第22条において同じ.)」と,「届出者」とあるのは「自己株券買付状況報告書の提出者」と,「訂正届出書」とあるのは「訂正報告書」と,第9条第1項中「届出者」とあるのは「自己株券買付状況報告書の提出者」と,「訂正届出書」とあるのは「訂正報告書」と,第10条第1項中「届出者」とあるのは「自己株券買付状況報告書の提出者」と,「訂正届出書の提出を命じ,必要があると認めるときは,第4条第1項又は第2項の規定による届出の効力の停止」とあるのは「訂正報告書の提出」と,第22条第1項中「第21条第1項第1号及び第3号に掲げる者」とあるのは「当該自己株券買付状況報告書の提出の時における役員」と,「有価証券届出書の届出者が発行者である有価証券を募集又は売出しによらないで取得した者」とあるのは「自己株券買付状況報告書の提出者が発行者である有価証券を取得した者」と,同条第2項中「第21条第2項第1号及び第2号」とあるのは「第21条第2項第1号及び第2号」と,「前項」とあるのは「第24条の6第2項において準用する前項」と読み替えるものとする.

③ 第6条の規定は,第1項の規定により自己株券買付状況報告書が提出された場合及び前項において準用する第7条,第9条第1項又は第10条第1項の規定により当該報告書の訂正報告書が提出された場合について準用する.

**(親会社等状況報告書の提出)**
**第24条の7** ① 第24条第1項の規定により有価証券報告書を提出しなければならない会社(同項第1号又は第2号に掲げる有価証券の発行者であるものに限る.第4項,次条第5項及び第27条の30の10において「提出会社」という.)の議決権の過半数を所有している会社その他の当該有価証券報告書を提出しなければならない会社と密接な関係を有するものとして政令で定める会社(第24条第1項(同条第5項において準用する場合を含む.第4項各号において同じ.)の規定により有価証券報告書を提出しなければならない会社(第23条の3第4項の規定により有価証券報告書を提出した会社その他内閣府令で定めるものを含む.)を除く.以下この条並びに次条第2項,第4項及び第5項において「親会社等」という.)は,内閣府令で定めるところにより,当該親会社等の事業年度(当該親会社等が特定有価証券の発行者である場合には,内閣府令で定める期間.以下この項及び次項において同じ.)ごとに,当該親会社等の株式を所有する者に関する事項その他の公益又は投資者保護のため必要かつ適当なものとして内閣府令で定める事項を記載した報告書(以下「親会社等状況報告書」という.)を,当該事業年度経過後3月以内(当該親会社等が外国会社である場合には,公益又は投資者保護のため必要かつ適当なものとして政令で定める期間内)に,内閣総理大臣に提出しなければならない.ただし,親会社等状況報告書を提出しなくても公益又は投資者保護に欠けることがないものとして政令で定めるところにより内閣総理大臣の承認を受けたときは,この限りでない.

② 前項本文の規定の適用を受けない会社が親会社等に該当することとなつたときは,当該親会社等に該当することとなつた会社は,内閣府令で定めるところにより,その該当することとなつた日の属する事業年度の直前事業年度に係る親会社等状況報告書を,遅滞なく,内閣総理大臣に提出しなければならない.ただし,親会社等状況報告書を提出しなくても公益又は投資者保護に欠けることがないものとして政令で定めるところにより内閣総理大臣の承認を受けたときは,この限りでない.

③ 第7条,第9条第1項及び第10条第1項の規定は,親会社等状況報告書について準用する.この場合において,第7条中「第4条第1項から第3項までの規定による届出の日以後当該届出がその効力を生ずることとなる日前において,第5条第1項及び第6項の規定による届出書類」とあるのは「親会社等状況報告書(第24条の7第1項に規定する親会社等状況報告書をいう.以下同じ.)」と,「届出者」とあるのは「親会社等状況報告書の提出者」と,「訂正届出書」とあるのは「訂正報告書」と,第9条第1項中「届出者」とあるのは「親会社等状況報告書の提出者」と,「訂正届出書」とあるのは「訂正報告書」と,第10条第1項中「届出者」とあるのは「親会社等状況報告書の提出者」と,「訂正届出書の提出を命じ,必要があると認めるときは,第4条第1項又は第2項の規定による届出の効力の停止」とあるのは「訂正報告書の提出」と読み替えるものとするほか,必要な技術的読替えは,政令で定める.

④ 第1項本文若しくは第2項本文の規定により親会社等状況報告書を提出し,又は前項において準用する第7条,第9条第1項若しくは第10条第1項の規定により親会社等状況報告書の訂正報告書を

提出した親会社等は、遅滞なく、これらの書類の写しを当該親会社等の提出子会社に送付するとともに、これらの書類の写しを次の各号に掲げる当該提出子会社の発行者である有価証券の区分に応じ、当該各号に定める者に提出しなければならない。
1 第24条第1項第1号に掲げる有価証券 同号の金融商品取引所
2 第24条第1項第2号に掲げる有価証券 政令で定める認可金融商品取引業協会

⑤ 第24条第8項、第9項及び第11項から第13項までの規定は、外国会社である親会社等が親会社等状況報告書を提出する場合について準用する。この場合において、同条第8項中「外国会社(第23条の3第4項の規定により継続開示書類を提出したものを含む。以下「報告書提出外国会社」という。)」とあるのは「外国会社である親会社等(第24条の7第1項に規定する親会社等をいう。以下この条において同じ。)」と、「外国において開示(当該外国の法令(外国金融商品市場を開設する者その他の内閣府令で定める者の規則を含む。)に基づいて当該外国において公衆の縦覧に供されることをいう。第24条の4の7第6項及び第24条の5第7項において同じ。)が行われている有価証券報告書等に類する」とあるのは「親会社等状況報告書に記載すべき事項を記載した」と、同条第9項中「当該外国会社報告書に記載されていない事項のうち公益又は投資者保護のため必要かつ適当なものとして内閣府令で定めるものを記載した書類その他」とあるのは「その他」と読み替えるものとするほか、必要な技術的読替えは、政令で定める。

⑥ 前各項の規定は、親会社等が会社以外の者である場合について準用する。この場合において、第1項中「議決権の過半数を所有している会社」とあるのは「議決権の過半数を所有している会社以外の者」と、「密接な関係を有するものとして政令で定めるもの」とあるのは「密接な関係を有する会社以外の者として政令で定める会社以外の者」と、「親会社等の株式を所有する者」とあるのは「親会社等の出資者その他の者」と、第2項中「会社が」とあるのは「会社以外の者が」と、「会社は」とあるのは「会社以外の者は」と、前中「外国会社である」とあるのは「外国の者である」と読み替えるものとするほか、必要な技術的読替えは、政令で定める。

**(有価証券届出書等の公衆縦覧)**
**第25条** ① 内閣総理大臣は、内閣府令で定めるところにより、次の各号に掲げる(以下この条及び次条において「縦覧書類」という。)書類を、当該縦覧書類を受理した日から当該各号に定める期間を経過する日(当該各号に掲げる訂正届出書、訂正発行登録書、訂正報告書又は訂正確認書にあつては、当該訂正の対象となつた当該各号に掲げる第5条第1項及び第6項の規定による届出書及びその添付書類、同条第4項の規定の適用を受ける届出書及びその添付書類、発行登録書及びその添付書類、有価証券報告書及びその添付書類、確認書、内部統制報告書及びその添付書類、四半期報告書、半期報告書、臨時報告書、自己株券買付状況報告書又は親会社等状況報告書に係る当該経過する日、第5号及び第9号に掲げる確認書(当該確認書中の有価証券報告書及びその添付書類の訂正報告書、四半期報告書の訂正報告書又は半期報告書の訂正報告書である場合に限る。)にあつては、当該訂正の対象となつた有価証券報告書及びその添付書類、四半期報告書又は半期報告書に係る当該経過する日)までの間、公衆の縦覧に供しなければならない。
1 第5条第1項及び第6項の規定による届出書及びその添付書類並びにこれらの訂正届出書(同条第4項の規定の適用を受ける届出書及びその添付書類並びにこれらの訂正届出書を除く。) 5年
2 第5条第4項の規定の適用を受ける届出書及びその添付書類並びにこれらの訂正届出書 1年
3 発行登録書及びその添付書類、発行登録追補書類及びその添付書類並びにこれらの訂正発行登録書 発行登録が効力を失うまでの期間
4 有価証券報告書及びその添付書類並びにこれらの訂正報告書 5年
5 第24条の4の2の規定による確認書及びその訂正確認書 5年
6 内部統制報告書及びその添付書類並びにこれらの訂正報告書 5年
7 四半期報告書及びその訂正報告書 3年
8 半期報告書及びその訂正報告書 3年
9 第24条の4の8及び第24条の5の2において準用する第24条の4の2の規定による確認書及びその訂正確認書 3年
10 臨時報告書及びその訂正報告書 1年
11 自己株券買付状況報告書及びその訂正報告書 1年
12 親会社等状況報告書及びその訂正報告書 5年

② 有価証券の発行者で前項第1号から第11号までに掲げる書類を提出したもの及び有価証券の発行者の親会社等が同項第12号に掲げる書類を提出したものは、これらの書類の写しを、内閣府令で定めるところにより、当該発行者の本店及び主要な支店に備え置き、これらの書類を内閣総理大臣に提出した日から当該各号に掲げる期間を経過する日までの間、公衆の縦覧に供しなければならない。

③ 金融商品取引所及び政令で定める認可金融商品取引業協会は、第6条(第12条、**第23条の12**第1項、第24条第7項、第24条の2第3項、第24条の4の2第5項(第24条の4の8第1項及び第24条の5の2第1項において準用する場合を含む。)、第24条の4の3第2項(第24条の4の8第2項及び第24条の5の2第2項において準用する場合を含む。)、第24条の4の4第5項、第24条の4の5第2項、第24条の4の7第5項(第24条の5の第6項及び第24条の5第3項において準用する場合を含む。第5項において同じ。)及び前条第4項の規定により提出された縦覧書類の写しを、内閣府令で定めるところにより、その事務所に備え置き、これらの書類の写しの提出があつた日から第1項各号に定める期間を経過する日までの間、公衆の縦覧に供しなければならない。

④ 有価証券の発行者で第1項第1号から第10号までに掲げる書類を提出したもの及び親会社等で同項第12号に掲げる書類を提出したものがその事業上の秘密の保持の必要から前3項に規定する書類の一部について公衆の縦覧に供しないことを内閣総理大臣に申請し、内閣総理大臣が当該申請を承認した場合においては、前3項の規定にかかわらず、その一部は、公衆の縦覧に供しないものとする。

⑤ 前項の承認を受けた有価証券の発行者及び親会

社等が第6条及び前条第4項の規定により縦覧書類の写しを提出子会社に送付し、又は金融商品取引所若しくは政令で定める認可金融商品取引業協会に提出する場合には、前項の規定により公衆の縦覧に供しないこととされた部分をこれらの書類の写しから削除して送付し、又は提出することができる。

（届出者等に対する報告の徴取及び検査）

**第26条** 内閣総理大臣は、公益又は投資者保護のため必要かつ適当であると認めるときは、縦覧書類を提出した者若しくは提出すべきであると認められる者若しくは有価証券の引受人その他の関係者若しくは参考人に対し参考となるべき報告若しくは資料の提出を命じ、又は当該職員をしてその者の帳簿書類その他の物件を検査させることができる。

## 第2章の2　公開買付けに関する開示

### 第1節　発行者以外の者による株券等の公開買付け

（発行者以外の者による株券等の公開買付け）

**第27条の2** ① その株券、新株予約権付社債券その他の有価証券で政令で定めるもの（以下この章及び第27条の30の11（第4項を除く。）において「株券等」という。）について有価証券報告書を提出しなければならない発行者又は特定上場有価証券（流通状況がこれに準ずるものとして政令で定めるものを含み、株券等に限る。）につき、当該発行者以外の者が行う買付け等（株券等の買付けその他の有償の譲受けをいい、これに類するものとして政令で定めるものを含む。以下この節において同じ。）であつて次のいずれにも該当するものは、公開買付けによらなければならない。ただし、新株予約権を有する者が当該新株予約権を行使することにより行う株券等の買付け等及び株券等の買付け等を行う者がその者の特別関係者（第7項第1号に掲げる者のうち内閣府令で定めるものに限る。）から行う株券等の買付け等その他政令で定める株券等の買付け等は、この限りでない。

1. 取引所金融商品市場外における株券等の買付け等（取引所金融商品市場における有価証券の売買等に準ずるものとして政令で定める売買による株券等の買付け等及び著しく少数の者から買付け等を行うものとして政令で定める場合における株券等の買付け等を除く。）の後におけるその者の所有（これに準ずるものとして政令で定める場合を含む。以下この節において同じ。）に係る株券等の株券等所有割合（その者に特別関係者（第7項第1号に掲げる者で、内閣府令で定める者を除く。）がある場合にあつては、その株券等所有割合を加算したもの。以下この項において同じ。）が100分の5を超える場合における当該株券等の買付け等
2. 取引所金融商品市場外における株券等の買付け等（取引所金融商品市場における有価証券の売買等に準ずるものとして政令で定める売買による株券等の買付け等を除く。第4号において同じ。）であつて著しく少数の者から株券等の買付け等を行うものとして政令で定める場合における株券等の買付け等の後におけるその者の所有に係る株券等の株券等所有割合が3分の1を超える場合における当該株券等の買付け等
3. 取引所金融商品市場における有価証券の売買等であつて競売買の方法以外の方法による有価証券の売買等として内閣総理大臣が定めるもの（以下この項において「特定売買等」という。）による買付け等による株券等の買付け等の後におけるその者の所有に係る株券等の株券等所有割合が3分の1を超える場合における特定売買等による当該株券等の買付け等
4. 6月を超えない範囲内において政令で定める期間内に政令で定める割合を超える株券等の取得を株券等の買付け等又は新規発行取得（株券等の発行者が新たに発行する株券等の取得をいう。以下この号において同じ。）により行う場合（株券等の買付け等により行う場合にあつては、政令で定める割合を超える株券等の買付け等が取引所金融商品市場外における株券等の買付け等（公開買付けによるものを除く。）により行うときに限る。）であつて、当該買付け等が新規発行取得の後におけるその者の所有に係る株券等の株券等所有割合が3分の1を超えるときにおける当該株券等の買付け等（前3号に掲げるものを除く。）
5. 当該株券等につき公開買付けが行われている場合において、当該株券等の発行者以外の者（その者の所有に係る株券等の株券等所有割合が3分の1を超える場合に限る。）が6月を超えない範囲内において政令で定める期間内に政令で定める割合を超える株券等の買付け等を行うときにおける当該株券等の買付け等（前各号に掲げるものを除く。）
6. その他前各号に掲げる株券等の買付け等に準ずるものとして政令で定める株券等の買付け等

② 前項本文に規定する公開買付けによる株券等の買付け等は、政令で定める期間の範囲内で買付け等の期間を定めて、行わなければならない。

③ 第1項本文に規定する公開買付けによる株券等の買付け等を行う場合には、買付け等の価格（買付け以外の場合にあつては、買付けの価格に準ずるものとして政令で定めるものとする。以下この節において同じ。）については、政令で定めるところにより、均一の条件によらなければならない。

④ 第1項本文に規定する公開買付けによる株券等の買付け等を行う場合には、株券等の管理、買付け等の代金の支払その他の政令で定める事務については、金融商品取引業者（第28条第1項に規定する第1種金融商品取引業を行う者に限る。第27条の12第3項において同じ。）又は銀行等（銀行、協同組織金融機関その他の政令で定める金融機関をいう。第27条の12第3項において同じ。）に行わせなければならない。

⑤ 第1項本文に規定する公開事件けによる株券等の買付け等を行う場合には、前3項の規定その他この節に定めるところによるほか、政令で定める条件及び方法によらなければならない。

⑥ この節において「公開買付け」とは、不特定かつ多数の者に対し、公告により株券等の買付け等の申込み又は売付け等（売付けその他の有償の譲渡をいう。以下この節において同じ。）の申込みの勧誘を行い、取引所金融商品市場外で株券等の買付け等を行うことをいう。

⑦ 第1項の「特別関係者」とは、次に掲げる者をいう。
1. 株券等の買付け等を行う者と、株式の所有関係、親族関係その他の政令で定める特別の関係にある者
2. 株券等の買付け等を行う者との間で、共同して

当該株券等を取得し,若しくは譲渡し,若しくは当該株券等の発行者の株主としての議決権その他の権利を行使すること又は当該株券等の買付け等の後に相互に当該株券等を譲渡し,若しくは譲り受けることを合意している者

⑧ 第1項の「株券等所有割合」とは,次に掲げる割合をいう。

1 株券等の買付け等を行う者にあつては,内閣府令で定めるところにより,その者の所有に係る当該株券等(その所有の態様その他の事情を勘案して内閣府令で定めるものを除く。以下この項において同じ。)に係る議決権の数(株券については内閣府令で定めるところにより計算した株式に係る議決権の数を,その他のものについては内閣府令で定める議決権の数をいう。以下この項において同じ。)の合計を,当該発行者の総議決権の数にその者及びその者の特別関係者の所有に係る当該発行者の発行する新株予約権付社債券その他の政令で定める有価証券に係る議決権の数を加算した数で除して得た割合

2 前項の特別関係者(同項第2号に掲げる者で当該株券等の発行者の株券等の買付け等を行うものを除く。)にあつては,内閣府令で定めるところにより,その者の所有に係る当該株券等に係る議決権の数の合計を,当該発行者の総議決権の数にその者及び前号に掲げる者の株券等の買付け等を行う者の所有に係る当該発行者の発行する新株予約権付社債券その他の政令で定める有価証券に係る議決権の数を加算した数で除して得た割合

(公開買付開始公告及び公開買付届出書の提出)

**第27条の3** ① 前条第1項本文の規定により同項に規定する公開買付(以下この節において「公開買付け」という。)によつて株券等の買付け等を行わなければならない者は,政令で定めるところにより,当該公開買付けについて,その目的,買付け等の価格,買付予定の株券等の数(株券については株式の数を,その他のものについては内閣府令で定める数をいう。以下この節において同じ。),買付け等の期間その他の内閣府令で定める事項を公告しなければならない。この場合において,当該期間が政令で定める期間より短いときは,第27条の10第3項の規定により当該買付け等の期間が延長されることがある旨を当該公告において明示しなければならない。

② 前項の規定による公告(以下この節において「公開買付開始公告」という。)を行つた者(以下この節において「公開買付者」という。)は,内閣府令で定めるところにより,当該公開買付開始公告を行つた日に,次に掲げる事項を記載した書類及び内閣府令で定める添付書類(以下この節並びに第167条,第197条及び第197条の2において「公開買付届出書」という。)を内閣総理大臣に提出をしなければならない。ただし,当該提出をしなければならない日が日曜日その他内閣府令で定める日に該当するときは,これらの日の翌日に提出するものとする。

1 買付け等の価格,買付予定の株券等の数,買付け等の期間(前項後段の規定により公告において明示した内容を含む。),買付け等に係る受渡しその他の決済及び公開買付けに対し付した条件(以下この節において「買付条件等」という。)

2 当該公開買付開始公告をした日以後において当該公開買付けに係る株券等の買付け等を公開買付けによらないで行う契約がある場合には,当該契約の内容

3 公開買付けの目的,公開買付けに関する事項その他の内閣府令で定める事項

③ 公開買付者,その特別関係者(第27条の2第7項に規定する特別関係者をいう。以下この節において同じ。)その他政令で定める関係者(以下この節において「公開買付者等」という。)は,その公開買付けにつき公開買付開始公告が行われた日の翌日以後は,当該公開買付者が公開買付届出書を内閣総理大臣に提出していなければ,売付け等の申込みの勧誘その他の当該公開買付けに係る内閣府令で定める行為をしてはならない。

④ 公開買付者は,当該公開買付届出書を提出した後,直ちに当該公開買付届出書の写しを当該公開買付けに係る株券等の発行者(当該公開買付届出書を提出した日において,既に当該発行者が公開買付者である公開買付届出書の提出をしている者がある場合には,当該提出をしている者を含む。)に送付するとともに,当該公開買付けに係る株券等が次の各号に掲げる株券等に該当する場合には,当該各号に掲げる株券等の区分に応じ,当該各号に定める者に送付しなければならない。この場合において,当該写しに関し必要な事項は,内閣府令で定める。

1 金融商品取引所に上場されている株券等 当該金融商品取引所

2 流通状況が前号に掲げる株券等に準ずるものとして政令で定める株券等 政令で定める認可金融商品取引業協会

(有価証券をもつて対価とする買付け等)

**第27条の4** ① 公開買付者等は,次項に規定する場合を除き,その公開買付けにつき有価証券をもつてその買付け等の対価とする場合において,当該有価証券が募集又は売出しにつき第4条第1項本文,第2項本文又は第3項本文の規定の適用を受けるものであるときは,公開買付届出書又は訂正届出書の提出と同時に当該有価証券の発行者が内閣総理大臣にこれらの規定による届出をしていなければ,売付け等の申込みの勧誘その他の当該公開買付けに係る内閣府令で定める行為をしてはならない。

② 前項の場合において,同項の有価証券が発行登録をされた有価証券であるときは,公開買付者等は,当該発行登録が効力を生じており,かつ,公開買付届出書又は訂正届出書の提出と同時に当該有価証券の発行登録者が発行登録追補書類を内閣総理大臣に提出していなければ,売付け等の申込みの勧誘その他の当該公開買付けに係る内閣府令で定める行為をしてはならない。

③ 有価証券をもつて買付け等の対価とする公開買付けであつて,当該有価証券の募集又は売出しにつき第4条第1項から第3項までの規定による届出が行われたもの又は発行登録追補書類が提出されたものに係る公開買付届出書の提出については,前条第2項の規定にかかわらず,公開買付届出書に記載すべき事項及び添付書類のうち内閣府令で定めるものの記載及び添付を省略することができる.

(公開買付けによらない買付け等の禁止)

**第27条の5** 公開買付者等は,公開買付期間(公開買付開始公告を行つた日から公開買付けに付した買付け等の期間の末日までをいい,当該期間を延長した場合には,延長した期間を含む。以下この節にお

いて同じ．）中においては，公開買付けによらないで当該公開買付けに係る株券等の発行者の株券等の買付け等を行つてはならない．ただし，次に掲げる場合は，この限りでない．
1 当該株券等の発行者の株券等の買付け等を公開買付けによらないで行う旨の契約を公開買付開始公告を行う前に締結している場合で公開買付届出書において当該契約があること及びその内容を明らかにしているとき．
2 第27条の2第7項第1号に掲げる者（同項第2号に掲げる者に該当するものを除く．）が，内閣府令で定めるところにより，同項第2号に掲げる者に該当しない旨の申出を内閣総理大臣に行つた場合
3 その他政令で定める場合

**（公開買付けに係る買付条件等の変更）**
**第27条の6** ① 公開買付者は，次に掲げる買付条件等の変更を行うことができない．
1 買付け等の価格の引下げ（公開買付開始公告及び公開買付届出書において公開買付期間中に対象者（第27条の10第1項に規定する対象者をいう．）が株式の分割その他の政令で定める行為を行つたときは内閣府令で定める基準に従い買付け等の価格の引下げを行うことがある旨の条件を付した場合に行うものを除く．）
2 買付予定の株券等の数の減少
3 買付け等の期間の短縮
4 その他政令で定める買付条件等の変更
② 公開買付者は，前項各号に規定するもの以外の買付条件等の変更を行うことができる．この場合において，当該変更を行おうとする公開買付者は，公開買付期間中に，政令で定めるところにより，買付条件等の変更の内容（第27条の10第3項の規定により買付け等の期間が延長された場合における当該買付け等の期間の延長を除く．）その他内閣府令で定める事項を公告しなければならない．
③ 前項の規定による公告を公開買付期間の末日までに行うことが困難である場合には，公開買付者は，当該末日までに同項に規定する内容及び内閣府令で定める事項を公表し，その後直ちに同項の規定の例により公告を行わなければならない．

**（公開買付開始公告の訂正）**
**第27条の7** ① 公開買付開始公告（前条第2項又は第3項の規定による公告及び同項の規定による公表を含む．次項において同じ．）を行つた公開買付者は，その内容に形式上の不備があり，又は記載された内容が事実と相違していると認めたときは，その内容を訂正して，内閣府令で定めるところにより，公告し，又は公表しなければならない．
② 内閣総理大臣は，公開買付開始公告の内容について訂正をする必要があると認めるときは，当該公開買付開始公告を行つた公開買付者に対し，期限を指定して，内閣府令で定めるところにより，その訂正の内容を公告し，又は公表することを命ずることができる．
③ 前項の規定による処分は，当該公開買付期間（次条第8項の規定により延長しなければならない期間を含む．）の末日後は，することができない．

**（公開買付説明書等の作成及び交付）**
**第27条の9** ① 公開買付者は，公開買付届出書に記載すべき事項その他内閣府令で定めるもの及び公益又は投資者保護のため必要かつ適当なものとして内閣府令で定める事項を記載した書類（以下この節並びに第197条の2及び第200条において「公開買付説明書」という．）を，内閣府令で定めるところにより，作成しなければならない．
② 公開買付者は，公開買付による株券等の買付け等を行う場合には，当該株券等の売付け等を行おうとする者に対し，内閣府令で定めるところにより，公開買付説明書を交付しなければならない．
③ 公開買付者は，前条第1項から第4項までの規定により訂正届出書を提出した場合には，直ちに，内閣府令で定めるところにより，公開買付説明書を訂正し，かつ，既に公開買付説明書を交付している者に対して，訂正した公開買付説明書を交付しなければならない．

**（公開買付対象者による意見表明報告書等及び公開買付者による対質問回答報告書等の提出）**
**第27条の10** ① 公開買付けに係る株券等の発行者（以下この節及び第27条の30の11第3項において「対象者」という．）は，内閣府令で定めるところにより，公開買付開始公告が行われた日から政令で定める期間内に，当該公開買付けに関する意見その他の内閣府令で定める事項を記載した書類（以下「意見表明報告書」という．）を内閣総理大臣に提出しなければならない．
② 意見表明報告書には，当該公開買付けに関する意見のほか，次に掲げる事項を記載することができる．
1 公開買付者に対する質問
2 公開買付開始公告に記載された買付け等の期間を政令で定める期間に延長することを請求する旨及びその理由（当該買付け等の期間が政令で定める期間より短い場合に限る．）
③ 前項の規定により意見表明報告書に同項第2号に掲げる請求をする旨の記載があり，かつ，第27条の14第1項の規定により内閣総理大臣が当該意見表明報告書を公衆の縦覧に供したときは，公開買付者は，買付け等の期間を政令で定める期間に延長しなければならない．
④ 対象者は，第2項の規定により意見表明報告書に同項第2号に掲げる請求をする旨の記載をした場合には，第1項に規定する期間の末日の翌日までに，政令で定めるところにより，前項の規定による延長後の買付け等の期間その他の内閣府令で定める事項を公告しなければならない．
⑤ 前項の規定による公告（次項において「期間延長請求公告」という．）を行つた対象者は，その内容に形式上の不備があり，又は記載された内容が事実と相違していると認めたときは，その内容を訂正して，内閣府令で定めるところにより，公告し，又は公表しなければならない．
⑥ 内閣総理大臣は，期間延長請求公告の内容について訂正する必要があると認められるときは，当該期間延長請求公告を行つた対象者に対し，期限を指定して，内閣府令で定めるところにより，その訂正の内容を公告し，又は公表することを命ずることができる．
⑦ 前項の規定による処分は，当該公開買付期間（第27条の8第8項の規定により延長しなければならない期間を含む．）の末日後は，することができない．
⑧ 第27条の8第1項から第5項まで（第3項第2号及び第3号を除く．）の規定は，意見表明報告書について準用する．この場合において，同条第1項中「訂正届出書」とあるのは「訂正報告書」と，「公開買付者」とあるのは「第27条の10第1項に

規定する対象者」と,同条第2項中「買付条件等の変更」とあるのは「公開買付けに関する意見の変更」と,「公開買付者」とあるのは「第27条の10第1項に規定する対象者」と,「訂正届出書」とあるのは「訂正報告書」と,同条第3項及び第4項中「公開買付者」とあるのは「第27条の10第1項に規定する対象者」と,「訂正届出書」とあるのは「訂正報告書」と,同条第5項中「第3項の規定による処分」とあるのは「第27条の10第8項において準用する第3項の規定による処分」と,「訂正届出書」とあるのは「訂正報告書」と,「前項の規定による処分」とあるのは「同条第8項において準用する前項の規定による処分」と読み替えるものとする.

⑨ 公開買付けに係る対象者が意見表明報告書を提出したときは,直ちに当該意見表明報告書の写しを当該公開買付者である公開買付者(当該意見表明報告書を提出した日において,当該公開買付者以外の者で既に当対象者である発行者の株券等に係る公開買付届出書を提出している者がある場合には,当該提出している者を含む.)に送付するとともに,当該公開買付けに係る株券等が第27条の3第4項各号に掲げる株券等に該当する場合には,当該各号に掲げる株券等の区分に応じ,当該各号に定める者に送付しなければならない.

⑩ 前項の規定は,第8項において準用する第27条の8第1項から第4項までの規定により訂正報告書が提出された場合について準用する.

⑪ 意見表明報告書に第2項第1号の質問が記載されている場合には,第9項の規定により当該意見表明報告書の写しの送付を受けた公開買付者は,当該送付を受けた日から政令で定める期間内に,内閣府令で定めるところにより,当該質問に対する回答(当該質問に対して回答する必要がないと認めた場合には,その理由)その他の内閣府令で定める事項を記載した書類(以下「対質問回答報告書」という.)を内閣総理大臣に提出しなければならない.

⑫ 第27条の8第1項から第5項まで(第2項第2号及び第3号を除く.)の規定は,対質問回答報告書について準用する.この場合において,同条第1項中「訂正届出書」とあるのは「訂正報告書」と,同条第2項中「買付条件等の変更」とあるのは「回答内容の変更」と,「訂正届出書」とあるのは「訂正報告書」と,同条第3項及び第4項中「訂正届出書」とあるのは「訂正報告書」と,同条第5項中「第3項の規定による処分」とあるのは「第27条の10第12項において準用する第3項の規定による処分」と,「訂正届出書」とあるのは「訂正報告書」と,「前項の規定による処分」とあるのは「同条第12項において準用する前項の規定による処分」と読み替えるものとする.

⑬ 公開買付者が対質問回答報告書を提出したときは,直ちに当該対質問回答報告書の写しを当該対象者(当該対質問回答報告書を提出した日において,既に当該発行者の株券等に係る公開買付届出書を提出している者がある場合には,当該提出している者を含む.)に送付するとともに,当該公開買付けに係る株券等が第27条の3第4項各号に掲げる株券等に該当する場合には,当該各号に掲げる株券等の区分に応じ,当該各号に定める者に送付しなければならない.

⑭ 前項の規定は,第12項において準用する第27条の8第1項から第4項までの規定により訂正報告書が提出された場合について準用する.

**(公開買付者による公開買付けの撤回及び契約の解除)**

**第27条の11** ① 公開買付者は,公開買付開始公告をした後においては,公開買付けに係る申込みの撤回及び契約の解除(以下この節において「公開買付けの撤回等」という.)を行うことができない.ただし,公開買付者が公開買付開始公告及び公開買付届出書において公開買付けに係る株券等の発行者若しくはその子会社(会社法第2条第3号に規定する子会社をいう.)の業務若しくは財産に関する重要な変更その他の公開買付けの目的の達成に重大な支障となる事情(政令で定めるものに限る.)が生じたときは公開買付けの撤回等をすることがある旨の条件を付した場合又は公開買付者に関し破産手続開始の決定その他の政令で定める重要な事情の変更が生じた場合には,この限りでない.

② 前項ただし書の規定による公開買付けの撤回等を行おうとする場合には,公開買付期間の末日までに,政令で定めるところにより,当該公開買付けの撤回等を行う旨及びその理由その他の内閣府令で定める事項を公告しなければならない.ただし,公告を当該末日までに行うことが困難である場合には,当該末日までに当該公告に記載すべき内容を,内閣府令で定めるところにより,公表し,その後直ちに公告を行うものとする.

③ 前項の規定による公告又は公表を行つた者は,内閣府令で定めるところにより,当該公告又は公表を行つた日に,前項に規定する公告の内容その他の内閣府令で定める事項を記載した書類(以下この節並びに第167条,第197条及び第197条の2において「公開買付撤回届出書」という.)を内閣総理大臣に提出しなければならない.

④ 第27条の3第4項の規定は,公開買付撤回届出書について準用する.この場合において,同項中「発行者(当該公開買付届出書を提出した日において,既に当該発行者の株券等に係る公開買付届出書の提出をしている者がある場合には,当該提出をしている者を含む.)」とあるのは,「発行者」と読み替えるものとする.

⑤ 公開買付けの撤回等は,第2項の規定により公告をした場合に限り,その効力を生ずる.この場合において,その効力を生ずる時期は,当該公告を行つた時(同項ただし書の規定により公表及び公告を行つたときにあつては,当該公表を行つた時)とする.

**(応募株主等による契約の解除)**

**第27条の12** ① 応募株主等(公開買付けに係る株券等の売付け等の申込みに対する承諾又は売付け等の申込みをした者をいう.以下この節において同じ.)は,公開買付期間(第27条の8第8項の規定により延長しなければならない期間を含み,次条第1項及び第4項,第27条の14第1項並びに第27条の21第1項及び第2項において同じ.)中においては,いつでも,当該公開買付けに係る契約の解除をすることができる.

② 応募株主等は,前項の規定により契約の解除をする場合において,公開買付開始公告及び公開買付届出書において当該公開買付けに係る契約の解除に関し政令で定める方法による旨の条件が付されているときは,当該方法によらなければならない.この場合において,当該契約の解除は,政令で定める

時に，その効力を生ずる．
③ 第1項の規定により応募株主等による契約の解除があつた場合においては，公開買付者は，当該契約の解除に伴う損害賠償又は違約金の支払を請求することができないものとし，応募株券等（応募株主等が公開買付けに応じて売付け等をした株券等をいう．以下この節において同じ．）を金融商品取引業者又は銀行等に管理させているときは，その返還に要する費用は，公開買付者の負担とする．

**（公開買付けに係る応募株券等の数等の公告及び公開買付報告書等の提出）**

**第27条の13** ① 公開買付者は，公開買付期間の末日の翌日に，政令で定めるところにより，当該公開買付けに係る応募株券等の数その他の内閣府令で定める事項を公告し，又は公表しなければならない．ただし，第27条の11第2項の規定により公告した場合は，この限りでない．

② 前項本文の規定による公告又は公表を行つた公開買付者は，内閣府令で定めるところにより，当該公告又は公表を行つた日に，当該公告又は公表の内容その他の内閣府令で定める事項を記載した書類（以下この節並びに第197条及び第197条の2において「公開買付報告書」という．）を内閣総理大臣に提出しなければならない．

③ 第27条の3第4項並びに第27条の8第1項から第6項までの規定は，公開買付報告書について準用する．この場合において，第27条の3第4項中「発行者（当該発行者の株券等を提出した日において，既に当該発行者の株券等に係る公開買付届出書の提出をしている者がある場合には，当該提出をしている者を含む．）」とあるのは「発行者」と，第27条の8第1項中「訂正届出書」とあるのは「訂正報告書」と，同条第2項中「当該公開買付期間の末日までの間において，買付条件等の変更（第27条の10第3項の規定による買付け等の期間の延長を除く．）その他の公開買付届出書に記載すべき重要な事項の変更その他当該公開買付届出書の内容を訂正すべき内閣府令で定める事情がある」とあるのは「第27条の13第5項に規定するあん分比例方式により買付け等をする株券等の数が確定した」と，「訂正届出書」とあるのは「訂正報告書」と，同条第3項中「訂正届出書」とあるのは「訂正報告書」と，「買付条件等がこの節の規定」とあるのは「買付け等に係る受渡しその他の決済が第27条の13第4項及び第5項の規定」と，「買付条件等の変更が第27条の6第1項の規定」とあるのは「買付け等をする株券等の数の計算の結果が第27条の13第5項に規定する内閣府令で定めるあん分比例方式」と，同条第4項中「訂正届出書」とあるのは，「訂正報告書」と，同条第5項中「第3項の規定による処分」とあるのは「第27条の13第3項において準用する第3項及び前項の規定による処分」と，「末日（当該末日後に提出される訂正届出書に係る処分にあつては，当該末日の翌日から起算して5年を経過した日）後は，することができないものとし，」とあるのは「末日」と，同条第6項中「第1項から第4項まで」とあるのは「第27条の13第3項において準用する第1項から第4項まで」と，「訂正届出書」とあるのは「訂正報告書」と読み替えるものとする．

④ 公開買付者は，公開買付期間中における応募株券等の全部について第27条の11第1項ただし書の規定により公開買付けの撤回等を行う場合並びに公開買付開始公告及び公開買付届出書において次に掲げる条件を付した場合（第2号の条件を付す場合にあつては，当該公開買付けの後における公開買付者の所有に係る株券等の株券等所有割合（第27条の2第8項に規定する株券等所有割合をいい，当該公開買付者に同条第1項第1号に規定する特別関係者がある場合にあつては，当該特別関係者の所有に係る株券等の同条第8項に規定する株券等所有割合を加算したものをいう．）が政令で定める割合を下回る場合に限る．）を除き，応募株券等の全部について，公開買付開始公告及び公開買付届出書に記載した買付条件等（第27条の6第2項の規定による公告及び第27条の8第3項の規定による公表及び公告により買付条件等を変更したときは，当該変更後の買付条件等）により，買付け等に係る受渡しその他の決済を行わなければならない．

1　応募株券等の数の合計が買付予定の株券等の数の全部又はその一部としてあらかじめ公開買付開始公告及び公開買付届出書において記載された数に満たないときは，応募株券等の全部の買付け等をしないこと．

2　応募株券等の数の合計が買付予定の株券等の数を超えるときは，その超える部分の全部又は一部の買付け等をしないこと．

⑤ 公開買付者は，前項第2号に掲げる条件を付した場合において，応募株券等の数の合計が買付予定の株券等の数を超えるときは，応募株主等から内閣府令で定めるあん分比例の方式（以下この節において「あん分比例方式」という．）により株券等の買付け等に係る受渡しその他の決済を行わなければならない．

**（公開買付届出書等の公衆縦覧）**

**第27条の14** ① 内閣総理大臣は，内閣府令で定めるところにより，公開買付届出書（その訂正届出書を含む．次条第1項において同じ．）及び公開買付撤回届出書並びに公開買付報告書，意見表明報告書及び対質問回答報告書（これらの訂正報告書を含む．次条第1項において同じ．）を，これらの書類を受理した日から当該公開買付けに係る公開買付期間の末日の翌日以後5年を経過する日までの間，公衆の縦覧に供しなければならない．

② 前項に規定する書類（以下この条において「縦覧書類」という．）を提出した者（以下この条において「提出者」という．）は，内閣総理大臣が同項の規定によりこれらの書類を公衆の縦覧に供している間は，当該縦覧書類の写しを，内閣府令で定めるところにより，その者の本店又は主たる事務所に備え置き，公衆の縦覧に供しなければならない．

③ 金融商品取引所及び政令で定める認可金融商品取引業協会は，内閣総理大臣が第1項の規定により縦覧書類を公衆の縦覧に供している間は，第27条の3第4項（第27条の8第6項，第27条の11第4項及び前条第3項において準用する場合を含む．）及び第27条の10第9項（同条第10項において準用する場合を含む．）及び第13項（同条第14項において準用する場合を含む．）の規定により送付された当該縦覧書類の写しを，内閣府令で定めるところにより，その事務所に備え置き，公衆の縦覧に供しなければならない．

④ 前3項に定めるもののほか，第1項の縦覧に関し

必要な事項は、内閣府令で定める。
⑤ 内閣総理大臣は、次のいずれかに掲げる処分をするときは、第1項の規定にかかわらず、当該処分に係る縦覧書類について、その全部又は一部を公衆の縦覧に供しないものとすることができる。
1 第27条の8第3項又は第4項の規定による訂正届出書の提出命令
2 第27条の10第8項若しくは第12項又は前条第3項において準用する第27条の8第3項又は第4項の規定による訂正報告書の提出命令
⑥ 前項の場合において、内閣総理大臣は、第2項の規定により当該縦覧書類の写しを公衆の縦覧に供する提出者及び第3項の規定により当該縦覧書類の写しを公衆の縦覧に供する金融商品取引所又は同項の政令で定める認可金融商品取引業協会に対し、当該縦覧書類の全部又は一部を公衆の縦覧に供しないこととした旨を通知するものとする。
⑦ 前項の規定により提出者又は金融商品取引所若しくは認可金融商品取引業協会が内閣総理大臣からの通知を受けたときは、その時以後、当該通知に係る縦覧書類の写しについては、第2項及び第3項の規定は、適用しない。

**(公開買付届出書等の真実性の認定等の禁止)**
**第27条の15** ① 何人も、公開買付届出書、公開買付撤回届出書、公開買付報告書、意見表明報告書若しくは対質問回答報告書の受理があつたことをもつて、内閣総理大臣が当該受理に係るこれらの書類の記載が真実かつ正確であり、かつ、これらの書類のうちに重要な事項の記載が欠けていないことを認定したものとみなすことができない。
② 公開買付者等及び対象者は、前項の規定に違反する表示をすることができない。

**(公開買付けに係る違反行為による賠償責任)**
**第27条の16** 第16条の規定は、第27条の3第3項若しくは第27条の8第7項の規定に違反して内閣府令で定める行為を行つた者又は第27条の9第2項若しくは第3項の規定に違反して当該株券等の買付け等をした者について準用する。この場合において、第16条中「これを取得した者」とあるのは、「当該公開買付けに応じて当該株券等の売付け等をした者」と読み替えるものとする。

**第27条の17** ① 第27条の5(第27条の8第10項において準用する場合を含む。以下この項において同じ。)の規定に違反して株券等の買付け等をした公開買付者等は、当該公開買付けに応じて株券等の売付け等をした者(第27条の5の規定に該当する株券等の売付け等を行つた者及び次条第2項第1号に規定する一部の者を除く。)に対し、損害賠償の責めに任ずる。
② 前項の規定により賠償の責めに任ずべき額は、同項の買付け等を行つた際に公開買付者等が支払つた価格(これに相当する利益の供与を含み、当該価格が均一でないときは、その最も有利な価格とする。)から公開買付価格(公開買付開始広告及び公開買付届出書に記載した買付け等の価格をいい、第27条の6第2項又は第3項の公告又は公表により買付け等の価格を変更したときは、当該変更後の価格をいう。以下この節において同じ。)を控除した金額に前項の規定による請求権者の応募株券等(あん分比例方式により売付け等ができなかつたものを除く。次条第2項及び第27条の20第2項において同じ。)の数を乗じた額とする。

**第27条の18** ① 第27条の13第4項の規定に違反して公開買付けによる株券等の買付け等に係る受渡しその他の決済を行つた者(以下この条において「公開買付けをした者」という。)は、当該公開買付けに応じて株券等の売付け等をした者(次項第1号に掲げる場合にあつては公開買付価格より有利な価格(これに相当する利益の供与を含む。以下この条において同じ。)で売付け等をした者を除くものとし、次項第2号に掲げる場合にあつては当該公開買付けをした者が同号の異なる方式で株券等の買付け等をしたことにより株券等の売付け等ができなかつた者を含む。)に対し、損害賠償の責めに任ずる。
② 前項の規定により賠償の責めに任ずべき額は、次に掲げる場合には、次の各号に掲げる区分に応じ当該各号に定める額とする。
1 当該公開買付けをした者が、当該公開買付けに応じて株券等の売付け等をした者の一部の者に対し、公開買付価格より有利な価格で買付け等を行つた場合 当該有利な価格(当該有利な価格が均一でないときは、その最も有利な価格とする。)から公開買付価格を控除した金額に前項の規定による請求権者の応募株券等の数を乗じた額
2 当該公開買付けをした者が公開買付届出書に記載されたあん分比例方式と異なる方式で株券等の買付け等をした場合 当該あん分比例方式で計算した場合に前項の規定による請求権者から買付け等がされるべき株券等の数から当該公開買付けをした者が当該請求権者から買付け等をした株券等の数を控除した数(当該請求権者から買付け等をしなかつた場合には、当該あん分比例方式で計算した場合に当該請求権者から買付け等がされるべき株券等の数とする。)に公開買付価格(前条第1項に該当する場合にあつては同条第2項に規定する公開買付者が支払つた価格、前号に掲げる場合に該当する場合にあつては同号に定める有利な価格とし、そのいずれにも該当する場合にあつてはそのいずれか有利な価格とする。)から前項の規定による損害賠償を請求する時における当該株券等の市場価格(市場価格がないときはその時における処分推定価格とし、当該請求時前に当該株券等を処分した場合にあつてはその処分価格とする。)を控除した金額を乗じた額

**(虚偽記載等のある公開買付説明書の使用者の賠償責任)**
**第27条の19** 第17条の規定は、重要な事項について虚偽の記載があり、又は表示すべき重要な事項若しくは誤解を生じさせないために必要な重要な事実の表示が欠けている公開買付説明書その他の表示を使用して株券等の売付け等をさせた者について準用する。この場合において、同条中「当該有価証券を取得した者」とあるのは、「当該公開買付けに応じて株券等の売付け等をした者」と読み替えるものとする。

**(虚偽記載等のある公開買付開始広告を行つた者等の賠償責任)**
**第27条の20** ① 第18条第1項の規定は、次に掲げる者について準用する。この場合において、同項中「当該有価証券を募集若しくは売出しに応じて取得した者」とあり、及び「当該有価証券を取得した者」とあるのは「当該公開買付けに応じて当該株券等の売付け等をした者」と、「その取得の申込み

の際」とあるのは「その売付け等の際」と読み替えるものとする.
1 重要な事項について虚偽の表示があり,又は表示すべき重要な事項若しくは誤解を生じさせないために必要な重要な事実の表示が欠けている公開買付開始公告又は第27条の6第2項若しくは第3項,第27条の7第1項若しくは第2項(これらの規定を第27条の8第12項において準用する場合を含む.)若しくは第27条の8第8項若しくは第11項の規定による公告若しくは公表(以下この条及び次条において「公開買付開始公告等」という.)を行つた者
2 重要な事項について虚偽の記載があり,又は記載すべき重要な事項若しくは誤解を生じさせないために必要な重要な事実の記載が欠けている公開買付届出書(その訂正届出書を含む.以下この条及び次条において同じ.)を提出した者
3 重要な事項について虚偽の記載があり,又は記載すべき重要な事項若しくは誤解を生じさせないために必要な重要な事実の記載が欠けている公開買付説明書(第27条の9第3項の規定により訂正された公開買付説明書を含む.以下この条及び次条において同じ.)を作成した者
4 重要な事項について虚偽の記載があり,又は記載すべき重要な事項若しくは誤解を生じさせないために必要な重要な事実の記載が欠けている対質問回答報告書(その訂正報告書を含む.以下この条及び次条において同じ.)を提出した者
② 前項(第1号及び第4号を除く.)の規定の適用がある場合において,公開買付期間の末日後に当該公開買付けに係る株券等の買付け等を当該公開買付けによらないで行う契約があるにもかかわらず,公開買付届出書又は公開買付説明書にその旨の記載をすることなく,当該公開買付期間の末日後に当該契約による買付け等をしたときは,当該公開買付者が当該公開買付けに応じて株券等の売付け等をした者(当該契約により株券等の売付け等をした者,第27条の5の規定に該当する株券等の売付け等をした者及び第27条の18第2項第1号に規定する一部の者を除く.)に対し賠償の責めに任ずべき額は,当該公開買付者が当該買付け等をした価格(これに相当する利益の供与を含み,当該価格が均一でない場合にあつては,その最も有利な価格とする.)から公開買付価格を控除した金額に前項において準用する第18条第1項の規定による請求権の応募株券等の数を乗じた額とする.
③ 次に掲げる者は,前項の適用がある場合を除き,第1項各号に掲げる者と連帯して同項の規定による賠償の責めに任ずる.ただし,次に掲げる者が,記載が虚偽であり又は欠けていることを知らず,かつ,相当な注意を用いたにもかかわらず知ることができなかつたことを証明したときは,この限りでない.
1 第1項各号に掲げる者の特別関係者(第27条の2第7項第2号に掲げる者に限る.)
2 第1項各号に掲げる者が法人その他の団体である場合には,当該法人その他の団体のその公開買付届出書,公開買付開始公告若しくは対質問回答報告書の提出又は公開買付説明書の作成を行つた時における取締役,会計参与,監査役,執行役,理事若しくは監事又はこれらに準ずる者

**第2節 発行者による上場株券等の公開買付け**
**(発行者による上場株券等の公開買付け)**

**第27条の22の2** ① 上場株券等の当該上場株券等の発行者による取引所金融商品市場外における買付け等(買付けその他の有償の譲受けをいう.以下この条及び次条において同じ.)のうち,次に掲げるものに該当するものについては,公開買付けによらなければならない.ただし,取引所金融商品市場における有価証券の売買等に準ずるものとして政令で定める取引による買付け等については,この限りでない.
1 会社法第156条第1項(同法第165条第3項の規定により読み替えて適用する場合を含む.)の規定による買付け等(同法第160条第1項に規定する同法第158条第1項の規定による通知を行う場合に限る.)
2 上場株券等の発行者が外国会社である買付け等のうち,多数の者が当該買付け等に関する事項を知り得る状態に置かれる方法により行われる買付け等として政令で定めるもの

**(業務等に関する重要事実の公表等)**
**第27条の22の3** ① 前条第1項に規定する公開買付けによる上場株券等の買付け等を行おうとする会社は,当該会社の重要事実(第166条第1項に規定する業務等に関する重要事実(内閣府令で定めるものを除く.)をいう.以下この条及び次条において同じ.)であつて第166条第1項に規定する公表がされていないものがあるときは,公開買付届出書(前条第2項において準用する第27条の3第2項に規定する公開買付届出書をいう.以下この条及び次条において同じ.)を提出する日前に,内閣府令で定めるところにより,当該重要事実を公表しなければならない.

**第2章の3 株券等の大量保有の状況に関する開示**

**(大量保有報告書の提出)**
**第27条の23** ① 株券,新株予約権付社債券その他の政令で定める有価証券(以下この項において「株券関連有価証券」という.)で金融商品取引所に上場されているもの(流通状況がこれに準ずるものとして政令で定める株券関連有価証券を含む.)の発行者である法人が発行した(内閣府令で定める有価証券については,内閣府令で定める.第27条の30第2項を除き,以下この章及び第27条の30の11第4項において同じ.)である対象有価証券(当該対象有価証券に係るオプション(当該オプションの行使により当該行使をした者が当該オプションに係る対象有価証券の売買において買主としての地位を取得するものに限る.)を表示する第2条第1項第19号に掲げる有価証券その他の当該対象有価証券に係る権利を表示するものとして政令で定めるものを含む.以下この章及び第27条の30の11第4項において「株券等」という.)の保有者で当該株券等に係るその株券等保有割合が100分の5を超えるもの(以下この章において「大量保有者」という.)は,内閣府令で定めるところにより,株券等保有割合に関する事項,取得資金に関する事項,保有の目的その他の内閣府令で定める事項を記載した報告書(以下「大量保有報告書」という.)を大量保有者となつた日から5日(日曜日その他政令で定める休日の日数は,算入しない.第27条の25第1項及び第27条の26において同じ.)

以内に，内閣総理大臣に提出しなければならない．ただし，第4項に規定する保有株券等の総数に増加がない場合その他の内閣府令で定める場合については，この限りでない．

② 前項の「対象有価証券」とは，株券，新株予約権付社債券その他の有価証券のうち政令で定めるものをいう．

③ 第1項の保有者には，自己又は他人(仮設人を含む．)の名義をもつて株券等を所有する者(売買その他の契約に基づき株券等の引渡請求権を有する者その他これに準ずる者として政令で定める者を含む．)のほか，次に掲げる者を含むものとする．

ただし，第1号に掲げる者については，同号に規定する権限を有することを知つた日において，保有権限を有することとなつた株券等(株券等に係る権利を表示する第2条第1項第20号に掲げる有価証券その他の内閣府令で定める有価証券を含む．以下この項及び次条において同じ．)に限り，保有者となつたものとみなす．

1 金銭の信託契約その他の契約又は法律の規定に基づき，株券等の発行者の株主としての議決権その他の権利を行使することができる権限又は当該議決権の行使について指図を行うことができる権限を有する者(次号に該当する者を除く．)であつて，当該発行者の事業活動を支配する目的を有する者

2 投資一任契約その他の契約又は法律の規定に基づき，株券等に投資をするのに必要な権限を有する者

④ 第1項の「株券等保有割合」とは，株券等の保有者(同項に規定する保有者をいう．以下この章において同じ．)の保有(前項各号に規定する権限を有する場合を含む．以下この章において同じ．)に係る当該株券等(その保有の態様その他の事情を勘案して内閣府令で定めるものを除く．以下この項において同じ．)の数(株券については株式の数を，その他のものについては内閣府令で定める数をいう．以下この章において同じ．)の合計から当該株券等の発行者が発行する株券等のうち，第161条の2第1項に規定する信用取引その他内閣府令で定める取引の方法により譲渡したことにより，引渡義務(共同保有者に対して負うものに限る．)を有するものの数を控除した数(以下この章において「保有株券等の数」という．)に当該発行者が発行する株券等に係る共同保有者の保有株券等(保有者及び共同保有者の間で引渡請求権その他の政令で定める権利が存在するものを除く．)の数を加算した数(以下この章において「保有株券等の総数」という．)を，当該発行者の発行済株式の総数又はこれに準ずるものとして内閣府令で定める数に当該保有者及び共同保有者の保有する当該株券等(株券その他の内閣府令で定める有価証券を除く．)の数を加算して除して得た割合をいう．

⑤ 前項の「共同保有者」とは，株券等の保有者が，当該株券等の発行者が発行する株券等の他の保有者と共同して当該株券等を取得し，若しくは譲渡し，又は当該株券等の発行者の株主としての議決権その他の権利を行使することを合意している場合における当該他の保有者をいう．

⑥ 株券等の保有者と当該株券等の発行者が発行する株券等の他の保有者が，株式の所有関係，親族関係その他の政令で定める特別の関係にある場合においては，当該他の保有者を当該保有者に係る第4項の共同保有者とみなす．ただし，当該保有者又は他の保有者のいずれかの保有株券等の数が内閣府令で定める数以下である場合においては，この限りでない．

**(株券保有状況通知書の作成及び交付)**
第27条の24 前条第3項第2号に掲げる者は，当該株券等の発行者の株主としての議決権その他の権利を行使することができる権限又は当該議決権その他の権利の行使について指図を行うことができる権限を有する顧客について，内閣府令で定めるところにより，毎月1回以上，当該株券の保有状況について説明した通知書を作成し，交付しなければならない．

**(大量保有報告書に係る変更報告書の提出)**
第27条の25 ① 大量保有報告書を提出すべき者は，大量保有者となつた日の後に，株券等保有割合(第27条の23第4項に規定する株券等保有割合をいう．以下この章において同じ．)が100分の1以上増加し又は減少した場合(保有株券等の総数の増加又は減少を伴わない場合を除く．以下この項において同じ．)その他の大量保有報告書に記載すべき重要な事項の変更として政令で定めるものがあつた場合は，内閣府令で定めるところにより，その日から5日以内に，当該変更に係る事項(以下「変更報告書」という．)を内閣総理大臣に提出しなければならない．ただし，株券等保有割合が100分の1以上減少したことによる変更報告書で当該変更報告書に記載された株券等保有割合が100分の5以下であるものを既に提出している場合その他の内閣府令で定める場合については，この限りでない．

② 株券等保有割合が減少したことにより変更報告書を提出する者は，短期間に大量の株券等を譲渡したものとして政令で定める基準に該当する場合においては，内閣府令で定めるところにより，譲渡の相手方及び対価に関する事項についても当該変更報告書に記載しなければならない．

③ 変更報告書又は変更報告書を提出する日の前日までに，新たに変更報告書を提出しなければならない事由が生じた場合には，当該変更報告書は，第1項本文の規定にかかわらず，提出されていないこれらの書類の提出と同時に内閣総理大臣に提出しなければならない．

④ 大量保有報告書又は変更報告書を提出した者は，これらの書類に記載された内容が事実と相違し，又は記載すべき重要な事項若しくは誤解を生じさせないために必要な重要な事実の記載が不十分であり，若しくは欠けていると認めるときは，訂正報告書を内閣総理大臣に提出しなければならない．

**(大量保有報告書等の写しの金融商品取引所等への提出)**
第27条の27 株券等の保有者は，大量保有報告書若しくは変更報告書又はこれらの訂正報告書を提出したときは，遅滞なく，これらの書類の写しを当該株券等の発行者及び次の各号に掲げる株券等の区分に応じ当該各号に定める者に送付しなければならない．

1 金融商品取引所に上場されている株券等の発行者が発行する株券等  当該金融商品取引所

2 流通状況が前号に掲げる株券等に準ずるものとして政令で定める株券等の発行者が発行する株券

### 第6章 有価証券の取引等に関する規制

等　政令で定める認可金融商品取引業協会

**（大量保有報告書等の公衆縦覧）**
**第27条の28**　① 内閣総理大臣は、内閣府令で定めるところにより、大量保有報告書及び変更報告書並びにこれらの訂正報告書を、これらの書類を受理した日から5年間、公衆の縦覧に供しなければならない。
② 金融商品取引所及び政令で定める認可金融商品取引業協会は、前条の規定により送付された前項に規定する書類（以下この条において「縦覧書類」という。）の写しを、内閣府令で定めるところにより、その事務所に備え置き、当該縦覧書類の写しの送付を受けた日から5年間、公衆の縦覧に供しなければならない。
③ 縦覧書類に記載された取得資金に関する事項について、当該資金が銀行、協同組織金融機関その他政令で定める金融機関（以下この項において「銀行等」という。）からの借入れによる場合（内閣府令で定める場合を除く。）には、内閣総理大臣は、第1項の規定にかかわらず、当該銀行等の名称を公衆の縦覧に供しないものとし、これらの書類を提出した者は、当該銀行等の名称を削除して当該縦覧書類の写しを送付するものとする。
④ 内閣総理大臣は、次条第1項において準用する第9条第1項又は第10条第1項の規定による訂正報告書の提出命令を行う場合には、第1項の規定にかかわらず、当該提出命令に係る縦覧書類について、その全部又は一部を公衆の縦覧に供しないものとすることができる。

### 第6章　有価証券の取引等に関する規制

**（不正行為の禁止）**
**第157条**　何人も、次に掲げる行為をしてはならない。
1　有価証券の売買その他の取引又はデリバティブ取引等について、不正の手段、計画又は技巧をすること。
2　有価証券の売買その他の取引又はデリバティブ取引等について、重要な事項について虚偽の表示があり、又は誤解を生じさせないために必要な重要な事実の表示が欠けている文書その他の表示を使用して金銭その他の財産を取得すること。
3　有価証券の売買その他の取引又はデリバティブ取引等を誘引する目的をもって、虚偽の相場を利用すること。

**（風説の流布、偽計、暴行又は脅迫の禁止）**
**第158条**　何人も、有価証券の募集、売出し若しくは売買その他の取引若しくはデリバティブ取引等のため、又は有価証券等（有価証券若しくはオプション又はデリバティブ取引に係る金融商品（有価証券を除く。）若しくは金融指標をいう。第168条第1項、第173条第1項及び第197条第2項において同じ。）の相場の変動を図る目的をもって、風説を流布し、偽計を用い、又は暴行若しくは脅迫をしてはならない。

**（相場操縦行為等の禁止）**
**第159条**　① 何人も、有価証券の売買（金融商品取引所が上場する有価証券、店頭売買有価証券又は取扱有価証券の売買に限る。以下この条において同じ。）、市場デリバティブ取引（金融商品取引所が上場する金融商品、店頭売買有価証券、取扱有価証券（これらの価格は利率等に基づき算出される金融指標を含む。）又は金融商品取引所が上場する金融指標に係るものに限る。以下この条において同じ。）のうちいずれかの取引が繁盛に行われていると他人に誤解させる等これらの取引の状況に関し他人に誤解を生じさせる目的をもって、次に掲げる行為をしてはならない。
1　権利の移転を目的としない仮装の有価証券の売買、市場デリバティブ取引（第2条第21項第1号に掲げる取引に限る。）又は店頭デリバティブ取引（同条第22項第1号に掲げる取引に限る。）をすること。
2　金銭の授受を目的としない仮装の市場デリバティブ取引（第2条第21項第2号、第4号及び第5号に掲げる取引に限る。）又は店頭デリバティブ取引（同条第22項第2号、第5号及び第6号に掲げる取引に限る。）をすること。
3　オプションの付与又は取得を目的としない仮装の市場デリバティブ取引（第2条第21項第3号に掲げる取引に限る。）又は店頭デリバティブ取引（同条第22項第3号及び第4号に掲げる取引に限る。）をすること。
4　自己のする売付け（有価証券以外の金融商品にあっては、第2条第21項第1号又は第22項第1号に掲げる取引による売付けに限る。）と同時期に、それと同価格において、他人が当該金融商品を買い付けること（有価証券以外の金融商品にあっては、同条第21項第1号又は第22項第1号に掲げる取引により買い付けることに限る。）をあらかじめその者と通謀の上、当該売付けをすること。
5　自己のする買付け（有価証券以外の金融商品にあっては、第2条第21項第1号又は第22項第1号に掲げる取引による買付けに限る。）と同時期に、それと同価格において、他人が当該金融商品を売り付けること（有価証券以外の金融商品にあっては、同条第21項第1号又は第22項第1号に掲げる取引により売り付けることに限る。）をあらかじめその者と通謀の上、当該買付けをすること。
6　市場デリバティブ取引（第2条第21項第2号に掲げる取引に限る。）又は店頭デリバティブ取引（同条第22項第2号に掲げる取引に限る。）の申込みと同時期に、当該取引の約定数値と同一の約定数値において、他人が当該取引の相手方となることをあらかじめその者と通謀の上、当該取引の申込みをすること。
7　市場デリバティブ取引（第2条第21項第3号に掲げる取引に限る。）又は店頭デリバティブ取引（同条第22項第3号及び第4号に掲げる取引に限る。）の申込みと同時期に、当該取引の対価の額と同一の対価の額において、他人が当該取引の相手方となることをあらかじめその者と通謀の上、当該取引の申込みをすること。
8　市場デリバティブ取引（第2条第21項第4号及び第5号に掲げる取引に限る。）又は店頭デリバティブ取引（同条第22項第5号及び第6号に掲げる取引に限る。）の申込みと同時期に、当該取引の条件と同一の条件において、他人が当該取引の相手方となることをあらかじめその者と通謀の上、当該取引の申込みをすること。
9　前各号に掲げる行為の委託等又は受託等をすること。
② 何人も、有価証券の売買、市場デリバティブ取引又は店頭デリバティブ取引（以下この条において「有価証券売買等」という。）のうちいずれかの取

引を誘引する目的をもつて、次に掲げる行為をしてはならない。
1　有価証券売買等が繁盛であると誤解させ、又は取引所金融商品市場における上場金融商品等（金融商品取引所が上場する金融商品、金融指標又はオプションをいう。以下この条において同じ。）若しくは店頭売買有価証券市場における店頭売買有価証券の相場を変動させるべき一連の有価証券売買又はその申込み、委託等若しくは受託等をすること。
2　取引所金融商品市場における上場金融商品等又は店頭売買有価証券市場における店頭売買有価証券の相場が自己又は他人の操作によつて変動するべき旨を流布すること。
3　有価証券売買等を行うにつき、重要な事項について虚偽であり、又は誤解を生じさせるべき表示を故意にすること。
② 何人も、政令で定めるところに違反して、取引所金融商品市場における上場金融商品等又は店頭売買有価証券市場における店頭売買有価証券の相場をくぎ付けし、固定し、又は安定させる目的をもつて、一連の有価証券売買等又はその申込み、委託等若しくは受託等をしてはならない。

（相場操縦行為等による賠償責任）
**第160条** ① 前条の規定に違反した者は、当該違反行為により形成された金融商品、金融指標若しくはオプションに係る価格、約定数値若しくは対価の額により、当該金融商品、金融指標若しくはオプションについて、取引所金融商品市場における有価証券の売買、市場デリバティブ取引、店頭売買有価証券市場における有価証券の売買若しくは取扱有価証券の売買（以下この項において「取引所金融商品市場における有価証券の売買等」という。）をし、又はその委託をした者が当該取引所金融商品市場等における有価証券の売買又は委託につき受けた損害を賠償する責任を負う。
② 前項の規定による賠償の請求権は、請求権者が前条の規定に違反する行為があつたことを知つた時から1年間又は当該行為があつた時から3年間、これを行わないときは、時効によつて消滅する。

（金融商品取引業者の自己計算取引等の制限）
**第161条** ① 内閣総理大臣は、金融商品取引業者等若しくは取引所取引許可業者が自己の計算において行う有価証券の売買を制限し、又は金融商品取引業者等若しくは取引所取引許可業者の行う過大な数量の売買であつて取引所金融商品市場若しくは店頭売買有価証券市場の秩序を害すると認められるものを制限するため、公益又は投資者保護のため必要かつ適当であると認める事項を内閣府令で定めることができる。
② 前項の規定は、市場デリバティブ取引及び店頭デリバティブ取引について準用する。

（信用取引における金銭の預託）
**第161条の2** ① 信用取引その他の内閣府令で定める取引については、金融商品取引業者は、内閣府令で定めるところにより、顧客から、当該取引に係る有価証券の売買の時前に内閣総理大臣が有価証券の売買その他の取引の公正を確保することを考慮して定める率を乗じた額を下らない額の金銭の預託を受けなければならない。
② 前項の金銭は、内閣府令で定めるところにより、有価証券をもつて充てることができる。

（空売り及び逆指値注文の禁止）
**第162条** ① 何人も、政令で定めるところに違反して、次に掲げる行為をしてはならない。
1　有価証券を有しないで若しくは有価証券を借り入れて（これらに準ずる場合として政令で定める場合を含む。）その売付けをすること又は当該売付けの委託等若しくは受託等をすること。
2　有価証券の相場が委託当時の相場より騰貴して自己の指値以上となつたときには直ちにその買付けをし、又は有価証券の相場が委託当時の相場より下落して自己の指値以下となつたときには直ちにその売付けをすべき旨の委託等をすること。
② 前項第2号の規定は、第2条第21項第2号及び第3号に規定する取引について準用する。この場合において、同項第2号の取引にあつては前項第2号中「有価証券」とあるのは「約定数値」と、「騰貴して」とあるのは「上昇して」と、「その買付けをし」とあるのは「現実数値が約定数値を上回つた場合に金銭を受領する立場の当事者となる取引をし」と、「下落して」とあるのは「低下して」と、「その売付けをすべき」とあるのは「現実数値が約定数値を下回つた場合に金銭を受領する立場の当事者となる取引をすべき」と、同条第21項第3号の取引にあつては前項第2号中「有価証券」とあるのは「オプション」と、「その買付けをし」とあるのは「オプションを取得する立場の当事者となり」と、「その売付けをすべき」とあるのは「オプションを付与する立場の当事者となるべき」と読み替えるものとする。

（上場会社等の役員等による特定有価証券等の売買等の報告の提出）
**第163条** ① 第2条第1項第5号、第7号又は第9号に掲げる有価証券（政令で定めるものを除く。）で金融商品取引所に上場されているもの、店頭売買有価証券又は取扱有価証券に該当するものその他の政令で定める有価証券の発行者（以下この条から第166条までにおいて「上場会社等」という。）の役員及び主要株主（自己又は他人（仮設人を含む。）の名義をもつて総株主等の議決権の100分の10以上の議決権（取得又は保有の態様その他の事情を勘案して内閣府令で定めるものを除く。）を保有している株主をいう。以下この条から第166条までにおいて同じ。）は、自己の計算において当該上場会社等の同条第5号、第7号若しくは第9号に掲げる有価証券（政令で定めるものを除く。）その他の政令で定める有価証券（以下この条から第166条までにおいて「特定有価証券」という。）又は当該上場会社等の特定有価証券に係るオプションを表示する同項第19号に掲げる有価証券その他の政令で定めるもの（以下この条において「関連有価証券」という。）に係る買付け等（特定有価証券又は関連有価証券（以下この条から第166条までにおいて「特定有価証券等」という。）の買付けその他の取引で政令で定めるものをいう。以下この条、次条及び第165条の2において同じ。）又は売付け等（特定有価証券等の売付けその他の取引で政令で定めるものをいう。以下この条から第166条の2までにおいて同じ。）をした場合（当該役員又は主要株主が委託者又は受益者である信託の受託者が当該上場会社等の特定有価証券等に係る買付け等若しくは売付け等をする場合であつて内閣府令で定める場合を含む。以下この条及び次条におい

第6章 有価証券の取引等に関する規制

て同じ。）には，内閣府令で定めるところにより，その売買その他の取引（以下この項，次条及び第165条の2において「売買等」という。）に関する報告書を売買等があつた日の属する月の翌月15日までに，内閣総理大臣に提出しなければならない。ただし，買付け等又は売付け等の態様その他の事情を勘案して内閣府令で定める場合は，この限りでない。
② 前項に規定する役員又は主要株主が，当該上場会社等の特定有価証券等に係る買付け等又は売付け等を金融商品取引業者又は取引所取引許可業者に委託して行つた場合においては，同項に規定する報告書は，当該金融商品取引業者等又は取引所取引許可業者を経由して提出するものとする。当該取引等の相手方が金融商品取引業者等又は取引所取引許可業者であるときも，同様とする。

（上場会社等の役員等の短期売買利益の返還）
第164条 ① 上場会社等の役員又は主要株主がその職務又は地位により取得した秘密を不当に利用することを防止するため，その者が当該上場会社等の特定有価証券等について，自己の計算においてそれに係る買付け等をした後6月以内に売付け等をし，又は売付け等をした後6月以内に買付け等をして利益を得た場合においては，当該上場会社等は，その利益を上場会社等に提供すべきことを請求することができる。
② 当該上場会社等の株主（保険契約者である社員又は出資者を含む。以下この項において同じ。）が上場会社等に対し前項の規定による請求を行うべき旨を要求した日の後60日以内に上場会社等が同項の規定による請求を行わない場合においては，当該株主は，上場会社等に代位して，その請求を行うことができる。
③ 前2項の規定により上場会社等の役員又は主要株主に対して請求する権利は，利益の取得があつた日から2年間行わないときは，消滅する。
④ 内閣総理大臣は，前条の報告書の記載に基づき，上場会社等の役員又は主要株主が第1項の利益を得ていると認める場合において，報告書のうち当該利益に係る部分（以下この条において「利益関係書類」という。）の写しを当該役員又は主要株主に送付し，当該役員又は主要株主から，当該利益関係書類に関し次項に定める期間内に同項の申立てがないときは，当該利益関係書類の写しを当該上場会社等に送付するものとする。ただし，内閣総理大臣が，当該利益関係書類の写しを当該役員若しくは主要株主又は当該上場会社等に送付する前において，第1項の利益が当該上場会社等に提供されたことを知つた場合は，この限りでない。
⑤ 前項本文の規定により上場会社等の役員又は主要株主に利益関係書類の写しが送付された場合において，当該役員又は主要株主は，当該利益関係書類の写しに記載された内容の売買等を行つていないと認めるときは，当該利益関係書類の写しを受領した日から起算して20日以内に，内閣総理大臣に，その旨の申立てをすることができる。
⑥ 前項の規定により，当該役員又は主要株主から当該利益関係書類の写しに記載された内容の売買等を行つていない旨の申立てがあつた場合には，第4項本文の規定の適用については，当該申立てに係る部分は，内閣総理大臣に対する前条第1項の規定による報告書に記載がなかつたものとみなす。
⑦ 内閣総理大臣は，第4項の規定に基づき上場会社等に利益関係書類の写しを送付した場合には，当該利益関係書類の写しを当該送付の日より起算して30日を経過した日から第3項に規定する請求権が消滅する日まで（請求権が消滅する日前において内閣総理大臣が第1項の利益が当該上場会社等に提供されたことを知つた場合には，当該知つた日まで）公衆の縦覧に供するものとする。ただし，内閣総理大臣が，当該利益関係書類の写しを公衆の縦覧に供する前において，第1項の利益が当該上場会社等に提供されたことを知つた場合は，この限りでない。
⑧ 前各項の規定は，主要株主が買付け等をし，又は売付け等をしたいずれかの時期において主要株主でない場合及び投員又は主要株主の買付け等又は売付け等の態様その他の事情を勘案して内閣府令で定める場合においては，適用しない。
⑨ 第4項において，内閣総理大臣が上場会社等の役員又は主要株主が第1項の利益を得ていると認める場合における当該利益の算定の方法については，内閣府令で定める。

（上場会社等の役員等の禁止行為）
第165条 上場会社等の役員又は主要株主は，次に掲げる行為をしてはならない。
 1 当該上場会社等の特定有価証券等の売付けその他の取引で政令で定めるもの（以下この条及び次条第15項において「特定取引」という。）であつて，当該特定取引に係る特定有価証券の額（特定有価証券の売付けについては当該売付けに係る特定有価証券の額を，その他の取引については内閣府令で定める額をいう。）が，その者が有する当該上場会社等の同種の特定有価証券の額として内閣府令で定める額を超えるもの
 2 当該上場会社等の特定有価証券に係る売付け等（特定取引を除く。）であつて，その売付け等において授受される金銭の額を算出する基礎となる特定有価証券の数量として内閣府令で定める数量が，その者が有する当該上場会社等の同種の特定有価証券の数量として内閣府令で定める数量を超えるもの

（会社関係者の禁止行為）
第166条 ① 次の各号に掲げる者（以下この条において「会社関係者」という。）であつて，当該上場会社等に係る業務等に関する重要事実（当該上場会社等の子会社に係る会社関係者（当該上場会社等に係る会社関係者に該当する者を除く。）については，当該子会社の業務等に関する重要事実であつて，次項第5号から第8号までに規定するものに限る。以下同じ。）を当該各号に定めるところにより知つたものは，当該業務等に関する重要事実の公表がされた後でなければ，当該上場会社等の特定有価証券等に係る売買その他の有償の譲渡若しくは譲受け又はデリバティブ取引（以下この条において「売買等」という。）をしてはならない。当該上場会社等に係る業務等に関する重要事実を次の各号に定めるところにより知つた会社関係者であつて，当該各号に掲げる会社関係者でなくなつた後1年以内のものについても，同様とする。
 1 当該上場会社等（当該上場会社等の親会社及び子会社を含む。以下この項において同じ。）の役員（会計参与が法人であるときは，その社員），代理人，使用人その他の従業者（以下この条及び次条において「役員等」という。）その者の職務に

関し知つたとき．
2 当該上場会社等の会社法第433条第1項に定める権利を有する株主若しくは優先出資法に規定する普通出資者のうちこれに類する権利を有するものとして内閣府令で定める者又は同条第3項に定める権利を有する社員（これらの株主，普通出資者又は社員が法人（法人でない団体で代表者又は管理人の定めのあるものを含む．以下この条及び次条において同じ．）であるときはその役員等を，これらの株主，普通出資者又は社員が法人以外の者であるときはその代理人又は使用人を含む．）
当該権利の行使に関し知つたとき．
3 当該上場会社等に対する法令に基づく権限を有する者
当該権限の行使に関し知つたとき．
4 当該上場会社等と契約を締結している者又は締結の交渉をしている者（その者が法人であるときはその役員等を，その者が法人以外の者であるときはその代理人又は使用人を含む．）であつて，当該上場会社等の役員等以外のもの
当該契約の締結若しくはその交渉又は履行に関し知つたとき．
5 第2号又は前号に掲げる者であつて法人であるものの役員等（その者が役員等である当該法人の他の役員等が，それぞれ第2号又は前号に定めるところにより当該上場会社等に係る業務等に関する重要事実を知つた場合におけるその者に限る．）
その者の職務に関し知つたとき．
② 前項に規定する業務等に関する重要事実とは，次に掲げる事実（第1号，第2号，第5号及び第6号に掲げる事実にあつては，投資者の投資判断に及ぼす影響が軽微なものとして内閣府令で定める基準に該当するものを除く．）をいう．
1 当該上場会社等の業務執行を決定する機関が次に掲げる事項を行うことについての決定をしたこと又は当該機関が当該決定（公表がされたものに限る．）に係る事項を行わないことを決定したこと．
イ 会社法第199条第1項に規定する募集株式の発行する株式若しくはその処分する自己株式を引き受ける者（協同組織金融機関が発行する優先出資を引き受ける者を含む．）の募集（処分する自己株式を引き受ける者の募集をするときにあつては，これに相当する外国の法令の規定（当該上場会社等が外国会社である場合に限る．以下この条において同じ．）によるものを含む．）又は同法第238条第1項に規定する募集新株予約権を引き受ける者の募集
ロ 資本金の額の減少
ハ 資本準備金又は利益準備金の額の減少
ニ 会社法第156条第1項（同法第163条及び第165条第3項の規定により読み替えて適用する場合を含む．）の規定又はこれらに相当する外国の法令の規定（当該上場会社等が外国会社である場合に限る．以下この条において同じ．）による自己の株式の取得
ホ 株式無償割当て
ヘ 株式（優先出資法に規定する優先出資を含む．）の分割
ト 剰余金の配当
チ 株式交換
リ 株式移転
ヌ 合併
ル 会社の分割
ヲ 事業の全部又は一部の譲渡又は譲受け
ワ 解散（合併による解散を除く．）
カ 新製品又は新技術の企業化
ヨ 業務上の提携その他のイからカまでに掲げる事項に準ずる事項として政令で定める事項
2 当該上場会社等に次に掲げる事実が発生したこと．
イ 災害に起因する損害又は業務遂行の過程で生じた損害
ロ 主要株主の異動
ハ 特定有価証券又は特定有価証券に係るオプションの上場の廃止又は登録の取消しの原因となる事実
ニ イからハまでに掲げる事実に準ずる事実として政令で定める事実
3 当該上場会社等の売上高，経常利益若しくは純利益（以下この条において「売上高等」という．）若しくは第1号トに規定する配当又は当該上場会社等の属する企業集団の売上高等について，公表がされた直近の予想値（当該予想値がない場合は，公表がされた前事業年度の実績値）に比較して当該上場会社等が新たに算出した予想値又は当事業年度の決算において差異（投資者の投資判断に及ぼす影響が重要なものとして内閣府令で定める基準に該当するものに限る．）が生じたこと．
4 前3号に掲げる事実を除き，当該上場会社等の運営，業務又は財産に関する重要な事実であつて投資者の投資判断に著しい影響を及ぼすもの
5 当該上場会社等の子会社の業務執行を決定する機関が当該子会社について次に掲げる事項を行うことについての決定をしたこと又は当該機関が当該決定（公表がされたものに限る．）に係る事項を行わないことを決定したこと．
イ 株式交換
ロ 株式移転
ハ 合併
ニ 会社の分割
ホ 事業の全部又は一部の譲渡又は譲受け
ヘ 解散（合併による解散を除く．）
ト 新製品又は新技術の企業化
チ 業務上の提携その他のイからトまでに掲げる事項に準ずる事項として政令で定める事項
6 当該上場会社等の子会社に次に掲げる事実が発生したこと．
イ 災害に起因する損害又は業務遂行の過程で生じた損害
ロ イに掲げる事実に準ずる事実として政令で定める事実
7 当該上場会社等の子会社（第2条第1項第5号，第7号又は第9号に掲げる有価証券で金融商品取引所に上場されているものの発行者その他の内閣府令で定めるものに限る．）の売上高等について，公表がされた直近の予想値（当該予想値がない場合は，公表がされた前事業年度の実績値）に比較して当該子会社が新たに算出した予想値又は当事業年度の決算において差異（投資者の投資判断に及ぼす影響が重要なものとして内閣府令で定める基準に該当するものに限る．）が生じたこと．
8 前3号に掲げる事実を除き，当該上場会社等の子会社の運営，業務又は財産に関する重要な事実であつて投資者の投資判断に著しい影響を及ぼすもの

③ 会社関係者(第1項後段に規定する者を含む.以下この項において同じ.)から当該会社関係者が第1項各号に定めるところにより知つた同項に規定する業務等に関する重要事実の伝達を受けた者(同項各号に掲げる者であつて,当該各号に定めるところにより当該業務等に関する重要事実を知つたものを除く.)又は職務上当該伝達を受けた者が所属する法人の他の役員等であつて,その者の職務に関し当該業務等に関する重要事実を知つたものは,当該業務等に関する重要事実の公表がされた後でなければ,当該上場会社等の特定有価証券等に係る売買等をしてはならない.

④ 第1項,第2項第1号,第3号,第5号及び第7号並びに前項の公表がされたとは,上場会社等の第1項に規定する業務等に関する重要事実,上場会社等の業務執行を決定する機関の決定,上場会社等の売上高等若しくは第2項第1号下に規定する配当,上場会社等の属する企業集団の売上高等,上場会社等の子会社の業務執行を決定する機関の決定又は上場会社等の子会社の売上高等について,当該上場会社等又は当該上場会社等の子会社(子会社については,当該子会社の第1項に規定する業務等に関する重要事実,当該子会社の業務執行を決定する機関の決定又は当該子会社の売上高等に限る.以下この項において同じ.)により多数の者の知り得る状態に置く措置として政令で定める措置がとられたこと又は当該上場会社等若しくは当該上場会社等の子会社が提出した第25条第1項に規定する書類(同項第11号に掲げる書類を除く.)にこれらの事項が記載されている場合において,当該書類が同項の規定により公衆の縦覧に供されたことをいう.

⑤ 第1項及び次条において「親会社」とは,他の会社(協同組織金融機関を含む.以下この項において同じ.)を支配している会社として政令で定めるものをいい,この条において「子会社」とは,他の会社が提出した第5条第1項の規定による届出書,第24条第1項の規定による有価証券報告書,第24条の4の7第1項若しくは第24条の5第1項の規定による四半期報告書若しくは第24条の5第1項の規定による半期報告書で第25条第1項の規定により公衆の縦覧に供されたもの,第27条の31第2項の規定により公表した特定証券情報又は第27条の32第1項若しくは第2項の規定により公表した発行者情報のうち,直近のものにおいて,当該他の会社の属する企業集団に属する会社として記載され,又は記録されたものをいう.

⑥ 第1項及び第3項の規定は,次に掲げる場合には,適用しない.
1 会社法第202条第1項第1号に規定する権利(優先出資法に規定する優先出資の割当てを受ける権利を含む.)を有する者が当該権利を行使することにより株券(優先出資法に規定する優先出資証券を含む.)を取得する場合
2 新株予約権を有する者が当該新株予約権を行使することにより株券を取得する場合
2の2 特定有価証券等に係るオプションを取得している者が当該オプションを行使することにより特定有価証券等に係る売買等をする場合
3 会社法第116条第1項,第469条第1項,第785条第1項,第797条第1項若しくは第806条第1項の規定による株式の買取りの請求又は法令上の義務に基づき売買等をする場合
4 当該上場会社等の株券等(第27条の2第1項に規定する株券等をいう.)に係る同項に規定する公開買付け(同項本文の規定の適用を受ける場合に限る.)又はこれに準ずる行為として政令で定めるものに対抗するため当該上場会社等の取締役会が決定した要請(委員会設置会社にあつては,執行役の決定した要請を含む.)に基づいて,当該上場会社等の特定有価証券等又は特定有価証券等の売買に係るオプション(当該オプションの行使により当該行使をした者が当該オプションに係る特定有価証券等の売買において買主としての地位を取得するものに限る.)の買付け(オプションにあつては,取得をいう.次号において同じ.)その他の有償の譲受けをする場合
4の2 会社法第156条第1項(同法第163条及び第165条第3項の規定により読み替えて適用する場合を含む.以下この号において同じ.)の規定又はこれらに相当する外国の法令の規定による自己の株式の取得についての当該上場会社等の同法第156条第1項に規定する株主総会若しくは取締役会の決議(委員会設置会社にあつては,執行役の決定を含む.)(同項各号に掲げる事項に係るものに限る.)又はこれらに相当する外国の法令の規定に基づいて行う決議(以下この号において「株主総会決議等」という.)について第1項に規定する公表(当該株主総会決議等の内容が当該上場会社等の業務執行を決定する機関の決定と同一の内容であり,かつ,当該株主総会決議の前に当該決定について同項に規定する公表がされている場合の当該公表を含む.)がされた後,当該株主総会決議等に基づいて当該自己の株式に係る株券若しくは株券に係る権利を表示する第2条第1項第20号に掲げる有価証券その他の政令で定める有価証券(以下この号において「株券等」という.)又は株券等の売買に係るオプション(当該オプションの行使により当該行使をした者が当該オプションに係る株券等の売買において買主としての地位を取得するものに限る.以下この号において同じ.)の買付けをする場合(当該自己の株式の取得についての当該上場会社等の業務執行を決定する機関の決定以外の同項に規定する業務等に関する重要事実について,同項に規定する公表がされていない場合(当該自己の株式の取得以外の同法第156条第1項の規定又はこれらに相当する外国の法令の規定による自己の株式の取得について,この号の規定に基づいて当該自己の株式に係る株券等又は株券等の売買に係るオプションの買付けをする場合を除く.)を除く.)
5 第159条第3項の政令で定めるところにより売買等をする場合
6 社債券(新株予約権付社債券を除く.)その他の政令で定める有価証券に係る売買等をする場合(内閣府令で定める場合を除く.)
7 第1項又は第3項の規定に該当する者の間において,売買等を取引所金融商品市場又は店頭売買有価証券市場によらないでする場合(当該売買をする者の双方において,当該売買等に係る特定有価証券等について,更に第1項又は第3項の規定に違反して売買等が行われることとなることを知つている場合を除く.)
8 上場会社等に係る第1項に規定する業務等に関

する重要事実を知る前に締結された当該上場会社等の特定有価証券等に係る売買等に関する契約の履行又は上場会社等に係る同項に規定する業務等に関する重要事実を知る前に決定された当該上場会社等の特定有価証券等に係る売買等の計画の実行として売買等をする場合その他これに準ずる特別の事情に基づく売買等であることが明らかな売買等をする場合（内閣府令で定める場合に限る．）

**（公開買付者等関係者の禁止行為）**
**第167条** ① 次の各号に掲げる者（以下この条において「公開買付者等関係者」という．）であつて，第27条の2第1項に規定する株券等で金融商品取引所に上場されているもの，店頭売買有価証券若しくは取扱有価証券に該当するもの（以下この条において「上場等株券等」という．）の同項に規定する公開買付け（同項本文の規定の適用を受ける場合に限る．）若しくはこれに準ずる行為として政令で定めるもの又は上場株券等の第27条の22の2第1項に規定する公開買付け（以下この条において「公開買付け等」という．）をする者（以下この条において「公開買付者等」という．）の公開買付け等の実施に関する事実又は公開買付け等の中止に関する事実を当該各号に定めるところにより知つたときは，当該公開買付け等の実施に関する事実又は公開買付け等の中止に関する事実の公表がされた後でなければ，公開買付け等の実施に関する事実に係る場合にあつては当該公開買付け等に係る上場等株券等若しくは上場株券等の発行者である者の発行する株券若しくは新株予約権付社債券その他の政令で定める有価証券（以下この条において「特定株券等」という．）又は当該特定株券等に係るオプションを表示する第2条第1項第19号に掲げる有価証券その他の政令で定める有価証券（以下この項において「関連株券等」という．）に係る買付け等（特定株券等又は関連株券等（以下この条において「株券等」という．）の買付けその他の取引で政令で定めるものをいう．以下この条において同じ．）をしてはならず，公開買付け等の中止に関する事実に係る場合にあつては当該公開買付け等に係る株券等に係る売付け等（株券等の売付けその他の取引で政令で定めるものをいう．以下この条において同じ．）をしてはならない．当該公開買付け等の実施に関する事実又は公開買付け等の中止に関する事実を次の各号に定めるところにより知つた公開買付者等関係者であつて，当該各号に掲げる公開買付者等関係者でなくなつた後1年以内のものについても，同様とする．

1　当該公開買付者等（その者が法人であるときは，その親会社を含む．以下この条において同じ．）の役員等（当該公開買付者等が法人以外の者であるときは，その代理人又は使用人）
　　その者の職務に関し知つたとき．
2　当該公開買付者等の会社法第433条第1項に定める権利を有する株主又は同条第3項に定める権利を有する社員（当該株主又は社員が法人であるときはその役員等を，当該株主又は社員が法人以外の者であるときはその代理人又は使用人を含む．）
　　当該権利の行使に関し知つたとき．
3　当該公開買付者等に対する法令に基づく権限を有する者
　　当該権限の行使に関し知つたとき．
4　当該公開買付者等と契約を締結している者又は締結の交渉をしている者（その者が法人であるときはその役員等を，その者が法人以外の者であるときはその代理人又は使用人を含む．）であつて，当該公開買付者等が法人であるときはその役員等以外のもの，その者が法人以外の者であるときはその代理人又は使用人以外のもの
　　当該契約の締結若しくはその交渉又は履行に関し知つたとき．
5　第2号又は前号に掲げる者であつて法人であるものの役員等（その者が役員である当該法人その他の役員等が，それぞれ第2号又は前号に定めるところにより当該公開買付者等の公開買付け等の実施に関する事実又は公開買付け等の中止に関する事実を知ることとなつた場合に限る．）
　　その者の職務に関し知つたとき．

② 前項に規定する公開買付け等の実施に関する事実とは公開買付け等の中止に関する事実とは，公開買付者等（当該公開買付者等が法人であるときは，その業務執行を決定する機関をいう．以下この項において同じ．）が，それぞれ公開買付け等を行うことについての決定をしたこと又は公開買付者等が当該決定（公表がされたものに限る．）に係る公開買付け等を行わないことを決定したことをいう．ただし，投資者の投資判断に及ぼす影響が軽微なものとして内閣府令で定める基準に該当するものを除く．

③ 公開買付者等関係者（第1項後段に規定する者を含む．以下この項において同じ．）から公開買付者等関係者が第1項各号に定めるところにより知つた同項に規定する公開買付け等の実施に関する事実又は公開買付け等の中止に関する事実（以下この条において「公開買付け等事実」という．）の伝達を受けた者（同項各号に掲げる者であつて，その者の職務上当該伝達を受けた者を知つたものを除く．）又は職務上当該伝達を受けた者が所属する法人の他の役員等であつて，その者の職務に関し当該公開買付け等事実を知つたものは，当該公開買付け等事実の公表がされた後でなければ，同項に規定する公開買付け等の実施に関する事実に係る場合にあつては当該公開買付け等に係る株券等に係る買付け等をしてはならず，同項に規定する公開買付け等の中止に関する事実に係る場合にあつては当該公開買付け等に係る株券等に係る売付け等をしてはならない．

④ 第1項から前項までにおける公表がされたとは，公開買付け等事実について，当該公開買付者等により多数の者の知り得る状態に置く措置として政令で定める措置がとられたこと，第27条の3第1項（第27条の22の2第2項において準用する場合を含む．）の規定による公告若しくは**第27条の11**第2項（第27条の22の2第2項において準用する場合を含む．）の規定による公告若しくは公表がされたこと又は**第27条の14**第1項（第27条の22の2第2項において準用する場合を含む．以下この項において同じ．）の規定により**第27条の14**第1項の公開買付届出書若しくは公開買付撤回届出書が公衆の縦覧に供されたことをいう．

⑤ 第1項及び第3項の規定は，次に掲げる場合には，適用しない．
1　会社法第202条第1項第1号に規定する権利を有する者が当該権利を行使することにより株券を取得する場合

2 新株予約権を有する者が当該新株予約権を行使することにより株券を取得する場合

2の2 株券等に係るオプションを取得している者が当該オプションを行使することにより株券等に係る買付け等又は売付け等をする場合

3 会社法第116条第1項,第469条第1項,第785条第1項,第797条第1項若しくは第806条第1項の規定による株式の買取りの請求又は法令上の義務に基づき株式等に係る買付け等又は売付け等をする場合

4 公開買付者等の要請(当該公開買付者等が会社である場合には,その取締役会が決定したもの(委員会設置会社にあつては,執行役の決定したものを含む.)に限る.)に基づいて当該公開買付け等に係る上場等株券等(上場等株券等の売買に係るオプションを含む.以下この号において同じ.)の買付け等をする場合(当該公開買付者等当該上場等株券等の売付け等をする目的をもつて当該上場等株券等の買付け等をする場合に限る.)

5 第1項に規定する公開買付け等に対抗するため当該公開買付け等に係る上場等株券等の発行者である会社の取締役会が決定した要請(委員会設置会社にあつては,執行役の決定した要請を含む.)に基づいて当該上場等株券等(当該上場等株券等の売買に係るオプションを含む.)の買付け等をする場合

6 第159条第3項の政令で定めるところにより株券等に係る買付け等又は売付け等をする場合

7 第1項に規定する公開買付け等の実施に関する事実を知つた者が当該公開買付け等の実施に関する事実を知つている者から買付け等を取引所金融商品市場若しくは店頭売買有価証券市場によらないでする場合又は同項に規定する公開買付け等の中止に関する事実を知つた者が当該公開買付け等の中止に関する事実を知つている者に売付け等を取引所金融商品市場若しくは店頭売買有価証券市場によらないでする場合(当該売付け等に係る株券等について,更に第3項の規定に違反して売付け等が行われることとなることを知つている場合を除く.)

8 公開買付者等の公開買付け等事実を知る前に締結された当該公開買付け等に係る株券等に係る買付け等若しくは売付け等に関する契約の履行又は公開買付者等の公開買付け等事実を知る前に決定された当該公開買付け等に係る株券等に係る買付け等若しくは売付け等の計画の実行として買付け等又は売付け等をする場合その他これに準ずる特別の事情に基づく買付け等又は売付け等であることが明らかな買付け等又は売付け等をする場合(内閣府令で定める場合に限る.)

(虚偽の相場の公示等の禁止)

第168条 ① 何人も,有価証券等の相場を偽つて公示し,又は公示し若しくは頒布する目的をもつて有価証券等の相場を偽つて記載した文書を作成し,若しくは頒布してはならない.

② 何人も,発行者,有価証券の売出しをする者,引受人又は金融商品取引業者等の請託を受けて,公示し又は頒布する目的をもつてこれらの者の発行,分担又は取扱いに係る有価証券に関し重要な事項について虚偽の記載をした文書を作成し,又は頒布してはならない.

③ 発行者,有価証券の売出しをする者,引受人又は金融商品取引業者等は,前項の請託をしてはならない.

(対価を受けて行う新聞等への意見表示の制限)

第169条 何人も,発行者,有価証券の売出しをする者,引受人,金融商品取引業者等又は第27条の3第3項(第27条の22の2第2項において準用する場合を含む.)に規定する公開買付者等から対価を受け,又は受けるべき約束をして,有価証券,発行者又は第27条の3第2項(第27条の22の2第2項において準用する場合を含む.)に規定する公開買付者等に関し投資についての判断を提供すべき意見を新聞紙若しくは雑誌に掲載し,又は文書,放送,映画その他の方法を用いて一般に表示する場合には,当該対価を受け,又は受けるべき約束をして行う旨の表示を併せてしなければならない.ただし,広告料を受け,又は受けるべき約束をしている者が,当該広告料を対価とし,広告として表示する場合については,この限りでない.

(有利買付け等の表示の禁止)

第170条 何人も,新たに発行される有価証券の取得の申込みの勧誘又は既に発行された有価証券の売付けの申込み若しくはその買付けの申込みの勧誘のうち,不特定かつ多数の者に対するもの(次条において「有価証券の不特定多数者向け勧誘等」という.)を行うに際し,不特定かつ多数の者に対して,これらの者の取得する当該有価証券を,自己又は他人が,あらかじめ特定した価格(あらかじめ特定した額につき一定の基準により算出される価格を含む.以下この条において同じ.)若しくはこれを超える価格により買い付ける旨又はあらかじめ特定した価格若しくはこれを超える価格により売り付けることをあつせんする旨の表示をし,又はこれらの表示と誤認されるおそれがある表示をしてはならない.ただし,当該有価証券が,第2条第1項第1号から第6号までに掲げる有価証券その他内閣府令で定める有価証券である場合は,この限りでない.

(一定の配当等の表示の禁止)

第171条 何人も,有価証券の不特定多数者向け勧誘等(第2条第1項第1号から第6号までに掲げる有価証券その他内閣府令で定める有価証券に係るものを除く.以下この条において同じ.)をする者又はこれらの者の役員,相談役,顧問その他これらに準ずる地位にある者若しくは代理人,使用人その他の従業者は,当該有価証券の不特定多数者向け勧誘等に際し,不特定かつ多数の者に対して,当該有価証券に関し一定の期間につき,利益の配当,収益の分配その他いかなる名称をもつてするを問わず,一定の額(一定の基準によりあらかじめ算出することができる額を含む.以下この条において同じ.)又はこれを超える額の金銭(処分することにより一定の額又はこれを超える額の金銭を得ることができるものを含む.)の供与が行われる旨の表示(当該表示と誤認されるおそれがある表示を含む.)をしてはならない.ただし,当該表示の内容が予想に基づくものである旨が明示されている場合は,この限りでない.

# 第6章の2 課徴金(略)

# 第7章 雑則

(裁判所の禁止又は停止命令)

第192条 ① 裁判所は、緊急の必要があり、かつ、公益及び投資者保護のため必要かつ適当であると認めるときは、内閣総理大臣又は内閣総理大臣及び財務大臣の申立てにより、この法律又はこの法律に基づく命令に違反する行為を行い、又は行おうとする者に対し、その行為の禁止又は停止を命ずることができる。
② 裁判所は、前項の規定により発した命令を取り消し、又は変更することができる。
③ 前2項の事件は、被申立人の住所地の地方裁判所の管轄とする。
④ 第1項及び第2項の裁判については、非訟事件手続法（明治31年法律第14号）の定めるところによる。

**（財務諸表の用語、様式及び作成方法）**
第193条　この法律の規定により提出される貸借対照表、損益計算書その他の財務計算に関する書類は、内閣総理大臣が一般に公正妥当であると認められるところに従つて内閣府令で定める用語、様式及び作成方法により、これを作成しなければならない。

## 第8章　罰　則（略）

## 第9章　犯罪事件の調査等

**附　則**　（略）
　　証券取引法等改正法の施行に伴う関係法律整備法中経過規定（平18・6・14法66）（抄）
**（法律の廃止）**
第1条　次に掲げる法律は、廃止する。
1　外国証券業者に関する法律（昭和46年法律第5号）
2　有価証券に係る投資顧問業の規制等に関する法律（昭和61年法律第74号）
3　抵当証券業の規制等に関する法律（昭和62年法律第114号）
4　金融先物取引法（昭和63年法律第77号）
　　証券取引法等改正法の施行に伴う関係法律整備法
**附　則**（平18・6・14法66）
　この法律は、平成18年証券取引法改正法（証券取引法等の一部を改正する法律（平成18法65））の施行の日（平成19・9・30）から施行する。（後略）

# Ⅳ　民事手続法

## 66　民事訴訟法

（平8・6・26法律第109号,平10・1・1施行.
最終改正：平19・6・27法律第95号）

[目　次]
第1編　総則
　第1章　通則（1条-3条）
　第2章　裁判所
　　第1節　管轄（4条-22条）
　　第2節　裁判所職員の除斥及び忌避（23条-27条）
　第3章　当事者
　　第1節　当事者能力及び訴訟能力（28条-37条）
　　第2節　共同訴訟（38条-41条）
　　第3節　訴訟参加（42条-53条）
　　第4節　訴訟代理人及び補佐人（54条-60条）
　第4章　訴訟費用
　　第1節　訴訟費用の負担（61条-74条）
　　第2節　訴訟費用の担保（75条-81条）
　　第3節　訴訟上の救助（82条-86条）
　第5章　訴訟手続
　　第1節　訴訟の審理等（87条-92条）
　　第2節　専門委員等
　　　第1款　専門委員（92条の2-92条の7）
　　　第2款　知的財産に関する事件における裁判所調査官の事務等（92条の8・92条の9）
　　第3節　期日及び期間（93条-97条）
　　第4節　送達（98条-113条）
　　第5節　裁判（114条-123条）
　　第6節　訴訟手続の中断及び中止（124条-132条）
　第6章　訴えの提起前における証拠収集の処分等（132条の2-132条の9）
　第7章　電子情報処理組織による申立て等（132条の10）
第2編　第一審の訴訟手続
　第1章　訴え（133条-147条）
　第2章　計画審理（147条の2・147条の3）
　第3章　口頭弁論及びその準備
　　第1節　口頭弁論（148条-160条）
　　第2節　準備書面等（161条-163条）
　　第3節　争点及び証拠の整理手続
　　　第1款　準備的口頭弁論（164条-167条）
　　　第2款　弁論準備手続（168条-174条）
　　　第3款　書面による準備手続（175条-178条）
　第4章　証拠
　　第1節　総則（179条-189条）
　　第2節　証人尋問（190条-206条）
　　第3節　当事者尋問（207条-211条）
　　第4節　鑑定（212条-218条）
　　第5節　書証（219条-231条）
　　第6節　検証（232条・233条）
　　第7節　証拠保全（234条-242条）
　第5章　判決（243条-260条）
　第6章　裁判によらない訴訟の完結（261条-267条）
　第7章　大規模訴訟に関する特則（268条-269条の2）
　第8章　簡易裁判所の訴訟手続に関する特則（270条-280条）
第3編　上訴
　第1章　控訴（281条-310条の2）
　第2章　上告（311条-327条）
　第3章　抗告（328条-337条）
第4編　再審（338条-349条）
第5編　手形訴訟及び小切手訴訟に関する特則（350条-367条）
第6編　少額訴訟に関する特則（368条-381条）
第7編　督促手続
　第1章　総則（382条-396条）
　第2章　電子情報処理組織による督促手続の特則（397条-402条）
第8編　執行停止（403条-405条）

## 第1編　総則

### 第1章　通則

（趣旨）
**第1条**　民事訴訟に関する手続については,他の法令に定めるもののほか,この法律の定めるところによる.

（裁判所及び当事者の責務）
**第2条**　裁判所は,民事訴訟が公正かつ迅速に行われるように努め,当事者は,信義に従い誠実に民事訴訟を追行しなければならない.

（最高裁判所規則）
**第3条**　この法律に定めるもののほか,民事訴訟に関する手続に関し必要な事項は,最高裁判所規則で定める.

### 第2章　裁判所

#### 第1節　管轄

（普通裁判籍による管轄）
**第4条**　① 訴えは,被告の普通裁判籍の所在地を管轄する裁判所の管轄に属する.
② 人の普通裁判籍は,住所により,日本国内に住所がないとき又は住所が知れないときは居所により,日本国内に居所がないとき又は居所が知れないときは最後の住所により定まる.
③ 大使,公使その他外国に在ってその国の裁判権からの免除を享有する日本人が前項の規定により普通裁判籍を有しないときは,その者の普通裁判籍は,最高裁判所規則で定める地にあるものとする.
④ 法人その他の社団又は財団の普通裁判籍は,その主たる事務所又は営業所により,事務所又は営業所がないときは代表者その他の主たる業務担当者の住所により定まる.
⑤ 外国の社団又は財団の普通裁判籍は,前項の規定にかかわらず,日本における主たる事務所又は営業所により,日本国内に事務所又は営業所がないときは日本における代表者その他の主たる業務担当者の住所により定まる.
⑥ 国の普通裁判籍は,訴訟について国を代表する官庁の所在地により定まる.

（財産権上の訴え等についての管轄）
**第5条**　次の各号に掲げる訴えは,それぞれ当該各号に定める地を管轄する裁判所に提起することができる.
1　財産権上の訴え

義務履行地
2 手形又は小切手による金銭の支払の請求を目的とする訴え
　手形又は小切手の支払地
3 船員に対する財産権上の訴え
　船舶の船籍の所在地
4 日本国内に住所（法人にあっては，事務所又は営業所．以下この号において同じ．）がない者又は住所が知れない者に対する財産権上の訴え
　請求若しくはその担保の目的又は差し押さえることができる被告の財産の所在地
5 事務所又は営業所を有する者に対する訴えでその事務所又は営業所における業務に関するもの
　当該事務所又は営業所の所在地
6 船舶所有者その他船舶を利用する者に対する船舶又は航海に関する訴え
　船舶の船籍の所在地
7 船舶債権その他船舶を担保とする債権に基づく訴え
　船舶の所在地
8 会社その他の社団又は財団に関する訴えで次に掲げるもの
　社団又は財団の普通裁判籍の所在地
イ　会社その他の社団からの社員若しくは社員であった者に対する訴え，社員からの社員若しくは社員であった者に対する訴え又は社員であった者からの社員に対する訴えで，社員としての資格に基づくもの
ロ　社団又は財団からの役員又は役員であった者に対する訴えで役員としての資格に基づくもの
ハ　会社からの発起人若しくは発起人であった者又は検査役若しくは検査役であった者に対する訴えで発起人又は検査役としての資格に基づくもの
ニ　会社その他の社団の債権者からの社員又は社員であった者に対する訴えで社員としての資格に基づくもの
9 不法行為に関する訴え
　不法行為があった地
10 船舶の衝突その他海上の事故に基づく損害賠償の訴え
　損害を受けた船舶が最初に到達した地
11 海難救助に関する訴え
　海難救助があった地又は救助された船舶が最初に到達した地
12 不動産に関する訴え
　不動産の所在地
13 登記又は登録に関する訴え
　登記又は登録をすべき地
14 相続権若しくは遺留分に関する訴え又は遺贈その他死亡によって効力を生ずべき行為に関する訴え
　相続開始の時における被相続人の普通裁判籍の所在地
15 相続債権その他相続財産の負担に関する訴えで前号に掲げる訴えに該当しないもの（相続財産の全部又は一部が同号に定める地を管轄する裁判所の管轄区域内にあるときに限る．）
　同号に定める地

**（特許権等に関する訴え等の管轄）**
**第6条**　① 特許権，実用新案権，回路配置利用権又はプログラムの著作物についての著作者の権利に関する訴え（以下「特許権等に関する訴え」という．）について，前2条の規定によれば次の各号に掲げる裁判所が管轄権を有すべき場合には，その訴えは，それぞれ当該各号に定める裁判所の管轄に専属する．
1　東京高等裁判所，名古屋高等裁判所，仙台高等裁判所又は札幌高等裁判所の管轄区域内に所在する地方裁判所
　東京地方裁判所
2　大阪高等裁判所，広島高等裁判所，福岡高等裁判所又は高松高等裁判所の管轄区域内に所在する地方裁判所
　大阪地方裁判所
② 特許権等に関する訴えについて，前2条の規定により前項各号に掲げる裁判所の管轄区域内に所在する簡易裁判所が管轄権を有する場合には，それぞれ当該各号に定める裁判所にも，その訴えを提起することができる．
③ 第1項第2号に定める裁判所が第一審としてした特許権等に関する訴えについての終局判決に対する控訴は，東京高等裁判所の管轄に専属する．ただし，第20条の2第1項の規定により移送された訴訟に係る訴えについての終局判決に対する控訴については，この限りでない．

**（意匠権等に関する訴えの管轄）**
**第6条の2**　意匠権，商標権，著作者の権利（プログラムの著作物についての著作者の権利を除く．），出版権，著作隣接権若しくは育成者権に関する訴え又は不正競争（不正競争防止法（平成5年法律第47号）第2条第1項に規定する不正競争をいう．）による営業上の利益の侵害に係る訴えについて，第4条又は第5条の規定により次の各号に掲げる裁判所が管轄権を有する場合には，それぞれ当該各号に定める裁判所にも，その訴えを提起することができる．

1 前条第1項第1号に掲げる裁判所（東京地方裁判所を除く．）　東京地方裁判所
2 前条第1項第2号に掲げる裁判所（大阪地方裁判所を除く．）　大阪地方裁判所

**（併合請求における管轄）**
**第7条**　一の訴えで数個の請求をする場合には，第4条から前条まで（第6条第3項を除く．）の規定により一の請求について管轄権を有する裁判所にその訴えを提起することができる．ただし，数人からの又は数人に対する訴えについては，第38条前段に定める場合に限る．

**（訴訟の目的の価額の算定）**
**第8条**　① 裁判所法（昭和22年法律第59号）の規定により管轄が訴訟の目的の価額により定まるときは，その価額は，訴えで主張する利益によって算定する．
② 前項の価額を算定することができないとき，又は極めて困難であるときは，その価額は140万円を超えるものとみなす．

**（併合請求の場合の価額の算定）**
**第9条**　① 一の訴えで数個の請求をする場合には，その価額を合算したものを訴訟の目的の価額とする．ただし，その訴えで主張する利益が各請求について共通である場合におけるその各請求については，この限りでない．
② 果実，損害賠償，違約金又は費用の請求が訴訟の附帯の目的であるときは，その価額は，訴訟の目的の価額に算入しない．

**（管轄裁判所の指定）**
**第10条**　① 管轄裁判所が法律上又は事実上裁判権を行うことができないときは，その裁判所の直近上級の裁判所は，申立てにより，決定で，管轄裁判所を定める．
② 裁判所の管轄区域が明確でないため管轄裁判所が定まらないときは，関係のある裁判所に共通する直近上級の裁判所は，申立てにより，決定で，管轄裁判所を定める．
③ 前2項の決定に対しては，不服を申し立てることができない．

**（管轄の合意）**
**第11条**　① 当事者は，第一審に限り，合意により管轄裁判所を定めることができる．
② 前項の合意は，一定の法律関係に基づく訴えに関し，かつ，書面でしなければ，その効力を生じない．
③ 第1項の合意がその内容を記録した電磁的記録（電子的方式，磁気的方式その他人の知覚によっては認識することができない方式で作られる記録であって，電子計算機による情報処理の用に供されるものをいう．以下同じ．）によってされたときは，その合意は，書面によってされたものとみなして，前項の規定を適用する．

**（応訴管轄）**
**第12条**　被告が第一審裁判所において管轄違いの抗弁を提出しないで本案について弁論をし，又は弁論準備手続において申述をしたときは，その裁判所は，管轄権を有する．

**（専属管轄の場合の適用除外等）**
**第13条**　① 第4条第1項，第5条，第6条第2項，第6条の2，第7条及び前2条の規定は，訴えについて法令に専属管轄の定めがある場合には，適用しない．
② 特許権等に関する訴えについて，第7条又は前2条の規定によれば第6条第1項各号に定める裁判所が管轄権を有することとなる場合には，前項の規定にかかわらず，第7条又は前2条の規定により，その裁判所は，管轄権を有する．

**（職権証拠調べ）**
**第14条**　裁判所は，管轄に関する事項について，職権で証拠調べをすることができる．

**（管轄の標準時）**
**第15条**　裁判所の管轄は，訴えの提起の時を標準として定める．

**（管轄違いの場合の取扱い）**
**第16条**　① 裁判所は，訴訟の全部又は一部がその管轄に属しないと認めるときは，申立てにより又は職権で，これを管轄裁判所に移送する．
② 地方裁判所は，訴訟がその管轄区域内の簡易裁判所の管轄に属する場合においても，相当と認めるときは，前項の規定にかかわらず，申立てにより又は職権で，訴訟の全部又は一部について自ら審理及び裁判をすることができる．ただし，訴訟がその簡易裁判所の専属管轄（当事者が第11条の規定により合意で定めたものを除く．）に属する場合は，この限りでない．

**（遅滞を避ける等のための移送）**
**第17条**　第一審裁判所は，訴訟がその管轄に属する場合においても，当事者及び尋問を受けるべき証人の住所，使用すべき検証物の所在地その他の事情を考慮して，訴訟の著しい遅滞を避け，又は当事者間の衡平を図るため必要があると認めるときは，申立てにより又は職権で，訴訟の全部又は一部を他の管轄裁判所に移送することができる．

**（簡易裁判所の裁量移送）**
**第18条**　簡易裁判所は，訴訟がその管轄に属する場合においても，相当と認めるときは，申立てにより又は職権で，訴訟の全部又は一部をその所在地を管轄する地方裁判所に移送することができる．

**（必要的移送）**
**第19条**　① 第一審裁判所は，訴訟がその管轄に

属する場合においても，当事者の申立て及び相手方の同意があるときは，訴訟の全部又は一部を申立てに係る地方裁判所又は簡易裁判所に移送しなければならない．ただし，移送により著しく訴訟手続を遅滞させることとなるとき，又はその申立てが，簡易裁判所からその所在地を管轄する地方裁判所への移送の申立て以外のものであって，被告が本案について弁論をし，若しくは弁論準備手続において申述をした後にされたものであるときは，この限りでない．

② 簡易裁判所は，その管轄に属する不動産に関する訴訟につき被告の申立てがあるときは，訴訟の全部又は一部をその所在地を管轄する地方裁判所に移送しなければならない．ただし，その申立ての前に被告が本案について弁論をした場合は，この限りでない．

（専属管轄の場合の移送の制限）
**第20条** ① 前3条の規定は，訴訟がその係属する裁判所の専属管轄（当事者が第11条の規定により合意で定めたものを除く．）に属する場合には，適用しない．
② 特許権等に関する訴えに係る訴訟について，第17条又は前条第1項の規定によれば第6条第1項各号に定める裁判所に移送すべき場合には，前項の規定にかかわらず，第17条又は前条第1項の規定を適用する．

（特許権等に関する訴え等に係る訴訟の移送）
**第20条の2** ① 第6条第1項各号に定める裁判所は，特許権等に関する訴えに係る訴訟が同項の規定によりその管轄に専属する場合においても，当該訴訟において審理すべき専門技術的事項を欠くことその他の事情により著しい損害又は遅滞を避けるため必要があると認めるときは，申立てにより又は職権で，訴訟の全部又は一部を第4条，第5条若しくは第11条の規定によれば管轄権を有すべき地方裁判所又は第19条第1項の規定によれば移送を受けるべき地方裁判所に移送することができる．
② 東京高等裁判所は，第6条第3項の控訴が提起された場合において，その控訴審において審理すべき専門技術的事項を欠くことその他の事情により著しい損害又は遅滞を避けるため必要があると認めるときは，申立てにより又は職権で，訴訟の全部又は一部を大阪高等裁判所に移送することができる．

（即時抗告）
**第21条** 移送の決定及び移送の申立てを却下した決定に対しては，即時抗告をすることができる．

（移送の裁判の拘束力等）
**第22条** ① 確定した移送の裁判は，移送を受けた裁判所を拘束する．
② 移送を受けた裁判所は，更に事件を他の裁判所に移送することができない．
③ 移送の裁判が確定したときは，訴訟は，初めから移送を受けた裁判所に係属していたものとみなす．

## 第2節 裁判所職員の除斥及び忌避

（裁判官の除斥）
**第23条** ① 裁判官は，次に掲げる場合には，その職務の執行から除斥される．ただし，第6号に掲げる場合にあっては，他の裁判所の嘱託により受託裁判官としてその職務を行うことを妨げない．
1 裁判官又はその配偶者若しくは配偶者であった者が，事件の当事者であるとき，又は事件について当事者と共同権利者，共同義務者若しくは償還義務者の関係にあるとき．
2 裁判官が当事者の四親等内の血族，三親等内の姻族若しくは同居の親族であるとき，又はあったとき．
3 裁判官が当事者の後見人，後見監督人，保佐人，保佐監督人，補助人又は補助監督人であるとき．
4 裁判官が事件について証人又は鑑定人となったとき．
5 裁判官が事件について当事者の代理人又は補佐人であるとき，又はあったとき．
6 裁判官が事件について仲裁判断に関与し，又は不服を申し立てられた前審の裁判に関与したとき．
② 前項に規定する除斥の原因があるときは，裁判所は，申立てにより又は職権で，除斥の裁判をする．

（裁判官の忌避）
**第24条** ① 裁判官について裁判の公正を妨げるべき事情があるときは，当事者は，その裁判官を忌避することができる．
② 当事者は，裁判官の面前において弁論をし，又は弁論準備手続において申述をしたときは，その裁判官を忌避することができない．ただし，忌避の原因があることを知らなかったとき，又は忌避の原因がその後に生じたときは，この限りでない．

（除斥又は忌避の裁判）
**第25条** ① 合議体の構成員である裁判官及び地方裁判所の1人の裁判官の除斥又は忌避についてはその裁判官の所属する裁判所が，簡易裁判所の裁判官の除斥又は忌避についてはその裁判所の所在地を管轄する地方裁判所が，決定で，裁判をする．
② 地方裁判所における前項の裁判は，合議体で

する．
③ 裁判官は，その除斥又は忌避についての裁判に関与することができない．
④ 除斥又は忌避を理由があるとする決定に対しては，不服を申し立てることができない．
⑤ 除斥又は忌避を理由がないとする決定に対しては，即時抗告をすることができる．

（訴訟手続の停止）
**第26条** 除斥又は忌避の申立てがあったときは，その申立てについての決定が確定するまで訴訟手続を停止しなければならない．ただし，急速を要する行為については，この限りでない．

（裁判所書記官への準用）
**第27条** この節の規定は，裁判所書記官について準用する．この場合において，裁判は，裁判所書記官の所属する裁判所がする．

## 第3章 当事者

### 第1節　当事者能力及び訴訟能力

（原則）
**第28条** 当事者能力，訴訟能力及び訴訟無能力者の法定代理は，この法律に特別の定めがある場合を除き，民法（明治29年法律第89号）その他の法令に従う．訴訟行為をするのに必要な授権についても，同様とする．

（法人でない社団等の当事者能力）
**第29条** 法人でない社団又は財団で代表者又は管理人の定めがあるものは，その名において訴え，又は訴えられることができる．

（選定当事者）
**第30条** 共同の利益を有する多数の者で前条の規定に該当しないものは，その中から，全員のために原告又は被告となるべき1人又は数人を選定することができる．
② 訴訟の係属の後，前項の規定により原告又は被告となるべき者を選定したときは，他の当事者は，当然に訴訟から脱退する．
③ 係属中の訴訟の原告又は被告と共同の利益を有する者で当事者でないものは，その原告又は被告を自己のためにも原告又は被告となるべき者として選定することができる．
④ 第1項又は前項の規定により原告又は被告となるべき者を選定した者（以下「選定者」という．）は，その選定を取り消し，又は選定された当事者（以下「選定当事者」という．）を変更することができる．
⑤ 選定当事者のうち死亡その他の事由によりその資格を喪失した者があるときは，他の選定当事者において全員のために訴訟行為をすることができる．

（未成年者及び成年被後見人の訴訟能力）
**第31条** 未成年者及び成年被後見人は，法定代理人によらなければ，訴訟行為をすることができない．ただし，未成年者が独立して法律行為をすることができる場合は，この限りでない．

（被保佐人，被補助人及び法定代理人の訴訟行為の特則）
**第32条** ① 被保佐人，被補助人（訴訟行為をすることにつきその補助人の同意を得ることを要するものに限る．次項及び第40条第4項において同じ．）又は後見人その他の法定代理人が相手方の提起した訴え又は上訴について訴訟行為をするには，保佐人若しくは保佐監督人，補助人若しくは補助監督人又は後見監督人の同意その他の授権を要しない．
② 被保佐人，被補助人又は後見人その他の法定代理人が次に掲げる訴訟行為をするには，特別の授権がなければならない．
1　訴えの取下げ，和解，請求の放棄若しくは認諾又は第48条（第50条第3項及び第51条において準用する場合を含む．）の規定による脱退
2　控訴，上告又は第318条第1項の申立ての取下げ
3　第360条（第367条第2項及び第378条第2項において準用する場合を含む．）の規定による異議の取下げ又はその取下げについての同意

（外国人の訴訟能力の特則）
**第33条** 外国人は，その本国法によれば訴訟能力を有しない場合であっても，日本法によれば訴訟能力を有すべきときは，訴訟能力者とみなす．

（訴訟能力等を欠く場合の措置等）
**第34条** ① 訴訟能力，法定代理権又は訴訟行為をするのに必要な授権を欠くときは，裁判所は，期間を定めて，その補正を命じなければならない．この場合において，遅滞のため損害を生ずるおそれがあるときは，裁判所は，一時訴訟行為をさせることができる．
② 訴訟能力，法定代理権又は訴訟行為をするのに必要な授権を欠く者がした訴訟行為は，これらを有するに至った当事者又は法定代理人の追認により，行為の時にさかのぼってその効力を生ずる．
③ 前2項の規定は，選定当事者が訴訟行為をする場合について準用する．

（特別代理人）
**第35条** ① 法定代理人がない場合又は法定代理人が代理権を行うことができない場合において，未成年者又は成年被後見人に対し訴訟行為をしようとする者は，遅滞のため損害を受けるおそれがあることを疎明して，受訴裁判所の

裁判長に特別代理人の選任を申し立てることができる．
② 裁判所は，いつでも特別代理人を改任することができる．
③ 特別代理人が訴訟行為をするには，後見人と同一の授権がなければならない．

（法定代理権の消滅の通知）
**第36条** ① 法定代理権の消滅は，本人又は代理人から相手方に通知しなければ，その効力を生じない．
② 前項の規定は，選定当事者の選定の取消し及び変更について準用する．

（法人の代表者等への準用）
**第37条** この法律中法定代理及び法定代理人に関する規定は，法人の代表者及び法人でない社団又は財団でその名において訴え，又は訴えられることができるものの代表者又は管理人について準用する．

### 第2節 共同訴訟

（共同訴訟の要件）
**第38条** 訴訟の目的である権利又は義務が数人について共通であるとき，又は同一の事実及び法律上の原因に基づくときは，その数人は，共同訴訟人として訴え，又は訴えられることができる．訴訟の目的である権利又は義務が同種であって事実上及び法律上同種の原因に基づくときも，同様とする．

（共同訴訟人の地位）
**第39条** 共同訴訟人の1人の訴訟行為，共同訴訟人の1人に対する相手方の訴訟行為及び共同訴訟人の1人について生じた事項は，他の共同訴訟人に影響を及ぼさない．

（必要的共同訴訟）
**第40条** ① 訴訟の目的が共同訴訟人の全員について合一にのみ確定すべき場合には，その1人の訴訟行為は，全員の利益においてのみその効力を生ずる．
② 前項に規定する場合には，共同訴訟人の1人に対する相手方の訴訟行為は，全員に対してその効力を生ずる．
③ 第1項に規定する場合において，共同訴訟人の1人について訴訟手続の中断又は中止の原因があるときは，その中断又は中止は，全員についてその効力を生ずる．
④ 第32条第1項の規定は，第1項に規定する場合において，共同訴訟人の1人が提起した上訴について他の共同訴訟人である被保佐人若しくは被補助人又は他の共同訴訟人の後見人その他の法定代理人のすべき訴訟行為について準用する．

（同時審判の申出がある共同訴訟）
**第41条** ① 共同被告の一方に対する訴訟の目的である権利と共同被告の他方に対する訴訟の目的である権利とが法律上併存し得ない関係にある場合において，原告の申出があったときは，弁論及び裁判は，分離しないでしなければならない．
② 前項の申出は，控訴審の口頭弁論の終結の時までにしなければならない．
③ 第1項の場合において，各共同被告に係る控訴事件が同一の控訴裁判所に各別に係属するときは，弁論及び裁判は，併合してしなければならない．

### 第3節 訴訟参加

（補助参加）
**第42条** 訴訟の結果について利害関係を有する第三者は，当事者の一方を補助するため，その訴訟に参加することができる．

（補助参加の申出）
**第43条** ① 補助参加の申出は，参加の趣旨及び理由を明らかにして，補助参加により訴訟行為をすべき裁判所にしなければならない．
② 補助参加の申出は，補助参加人としてすることができる訴訟行為とともにすることができる．

（補助参加についての異議等）
**第44条** ① 当事者が補助参加について異議を述べたときは，裁判所は，補助参加の許否について，決定で，裁判をする．この場合においては，補助参加人は，参加の理由を疎明しなければならない．
② 前項の異議は，当事者がこれを述べないで弁論をし，又は弁論準備手続において申述をした後は，述べることができない．
③ 第1項の裁判に対しては，即時抗告をすることができる．

（補助参加人の訴訟行為）
**第45条** ① 補助参加人は，訴訟について，攻撃又は防御の方法の提出，異議の申立て，上訴の提起，再審の訴えの提起その他一切の訴訟行為をすることができる．ただし，補助参加の時における訴訟の程度に従いすることができないものは，この限りでない．
② 補助参加人の訴訟行為は，被参加人の訴訟行為と抵触するときは，その効力を有しない．
③ 補助参加人は，補助参加について異議があった場合においても，補助参加を許さない裁判が確定するまでの間は，訴訟行為をすることができる．
④ 補助参加人の訴訟行為は，補助参加を許さない裁判が確定した場合においても，当事者が援用したときは，その効力を有する．

（補助参加人に対する裁判の効力）

**第46条** 補助参加に係る訴訟の裁判は,次に掲げる場合を除き,補助参加人に対してもその効力を有する.
1 前条第1項ただし書の規定により補助参加人が訴訟行為をすることができなかったとき.
2 前条第2項の規定により補助参加人の訴訟行為が効力を有しなかったとき.
3 被参加人が補助参加人の訴訟行為を妨げたとき.
4 被参加人が補助参加人のすることができない訴訟行為を故意又は過失によってしなかったとき.

(独立当事者参加)
**第47条** ① 訴訟の結果によって権利が害されることを主張する第三者又は訴訟の目的の全部若しくは一部が自己の権利であることを主張する第三者は,その訴訟の当事者の双方又は一方を相手方として,当事者としてその訴訟に参加することができる.
② 前項の規定による参加の申出は,書面でしなければならない.
③ 前項の書面は,当事者双方に送達しなければならない.
④ 第40条第1項から第3項までの規定は第1項の訴訟の当事者及び同項の規定によりその訴訟に参加した者について,第43条の規定は同項の規定による参加の申出について準用する.

(訴訟脱退)
**第48条** 前条第1項の規定により自己の権利を主張するため訴訟に参加した者がある場合には,参加前の原告又は被告は,相手方の承諾を得て訴訟から脱退することができる.この場合において,判決は,脱退した当事者に対してもその効力を有する.

(権利承継人の訴訟参加の場合における時効の中断等)
**第49条** 訴訟の係属中その訴訟の目的である権利の全部又は一部を譲り受けたことを主張して,第47条第1項の規定により訴訟参加をしたときは,その参加は,訴訟の係属の初めにさかのぼって時効の中断又は法律上の期間の遵守の効力を生ずる.

(義務承継人の訴訟引受け)
**第50条** ① 訴訟の係属中第三者がその訴訟の目的である義務の全部又は一部を承継したときは,裁判所は,当事者の申立てにより,決定で,その第三者に訴訟を引き受けさせることができる.
② 裁判所は,前項の決定をする場合には,当事者及び第三者を審尋しなければならない.
③ 第41条第1項及び第3項並びに前2条の規定は,第1項の規定により訴訟を引き受けさせる決定があった場合について準用する.

(義務承継人の訴訟参加及び権利承継人の訴訟引受け)
**第51条** 第47条から第49条までの規定は訴訟の係属中その訴訟の目的である義務の全部又は一部を承継したことを主張する第三者の訴訟参加について,前条の規定は訴訟の係属中第三者がその訴訟の目的である権利の全部又は一部を譲り受けた場合について準用する.

(共同訴訟参加)
**第52条** ① 訴訟の目的が当事者の一方及び第三者について合一にのみ確定すべき場合には,その第三者は,共同訴訟人としてその訴訟に参加することができる.
② 第43条並びに第47条第2項及び第3項の規定は,前項の規定による参加の申出について準用する.

(訴訟告知)
**第53条** ① 当事者は,訴訟の係属中,参加することができる第三者にその訴訟の告知をすることができる.
② 訴訟告知を受けた者は,更に訴訟告知をすることができる.
③ 訴訟告知は,その理由及び訴訟の程度を記載した書面を裁判所に提出してしなければならない.
④ 訴訟告知を受けた者が参加しなかった場合においても,第46条の規定の適用については,参加することができた時に参加したものとみなす.

## 第4節 訴訟代理人及び補佐人

(訴訟代理人の資格)
**第54条** ① 法令により裁判上の行為をすることができる代理人のほか,弁護士でなければ訴訟代理人となることができない.ただし,簡易裁判所においては,その許可を得て,弁護士でない者を訴訟代理人とすることができる.
② 前項の許可は,いつでも取り消すことができる.

(訴訟代理権の範囲)
**第55条** ① 訴訟代理人は,委任を受けた事件について,反訴,参加,強制執行,仮差押え及び仮処分に関する訴訟行為をし,かつ,弁済を受領することができる.
② 訴訟代理人は,次に掲げる事項については,特別の委任を受けなければならない.
1 反訴の提起
2 訴えの取下げ,和解,請求の放棄若しくは認諾又は第48条(第50条第3項及び第51条において準用する場合を含む.)の規定による脱退

3 控訴,上告若しくは第318条第1項の申立て又はこれらの取下げ
4 第360条(第367条第2項及び第378条第2項において準用する場合を含む.)の規定による異議の取下げ又はその取下げについての同意
5 代理人の選任
③ 訴訟代理権は,制限することができない.ただし,弁護士でない訴訟代理人については,この限りでない.
④ 前3項の規定は,法令により裁判上の行為をすることができる代理人の権限を妨げない.

(個別代理)
**第56条** ① 訴訟代理人が数人あるときは,各自当事者を代理する.
② 当事者が前項の規定と異なる定めをしても,その効力を生じない.

(当事者による更正)
**第57条** 訴訟代理人の事実に関する陳述は,当事者が直ちに取り消し,又は更正したときは,その効力を生じない.

(訴訟代理権の不消滅)
**第58条** ① 訴訟代理権は,次に掲げる事由によっては,消滅しない.
1 当事者の死亡又は訴訟能力の喪失
2 当事者である法人の合併による消滅
3 当事者である受託者の信託に関する任務の終了
4 法定代理人の死亡,訴訟能力の喪失又は代理権の消滅若しくは変更
② 一定の資格を有する者で自己の名で他人のために訴訟の当事者となるものの訴訟代理人の代理権は,当事者の死亡その他の事由による資格の喪失によっては,消滅しない.
③ 前項の規定は,選定当事者が死亡その他の事由により資格を喪失した場合について準用する.

(法定代理の規定の準用)
**第59条** 第34条第1項及び第2項並びに第36条第1項の規定は,訴訟代理について準用する.

(補佐人)
**第60条** ① 当事者又は訴訟代理人は,裁判所の許可を得て,補佐人とともに出頭することができる.
② 前項の許可は,いつでも取り消すことができる.
③ 補佐人の陳述は,当事者又は訴訟代理人が直ちに取り消し,又は更正しないときは,当事者又は訴訟代理人が自らしたものとみなす.

## 第4章 訴訟費用

### 第1節 訴訟費用の負担

(訴訟費用の負担の原則)
**第61条** 訴訟費用は,敗訴の当事者の負担とする.

(不必要な行為があった場合等の負担)
**第62条** 裁判所は,事情により,勝訴の当事者に,その権利の伸張若しくは防御に必要でない行為によって生じた訴訟費用又は行為の時における訴訟の程度において相手方の権利の伸張若しくは防御に必要であった行為によって生じた訴訟費用の全部又は一部を負担させることができる.

(訴訟を遅滞させた場合の負担)
**第63条** 当事者が適切な時期に攻撃若しくは防御の方法を提出しないことにより,又は期日若しくは期間の不遵守その他当事者の責めに帰すべき事由により訴訟を遅滞させたときは,裁判所は,その当事者に,その勝訴の場合においても,遅滞によって生じた訴訟費用の全部又は一部を負担させることができる.

(一部敗訴の場合の負担)
**第64条** 一部敗訴の場合における各当事者の訴訟費用の負担は,裁判所が,その裁量で定める.ただし,事情により,当事者の一方に訴訟費用の全部を負担させることができる.

(共同訴訟の場合の負担)
**第65条** ① 共同訴訟人は,等しい割合で訴訟費用を負担する.ただし,裁判所は,事情により,共同訴訟人に連帯して訴訟費用を負担させ,又は他の方法により負担させることができる.
② 裁判所は,前項の規定にかかわらず,権利の伸張又は防御に必要でない行為をした当事者に,その行為によって生じた訴訟費用を負担させることができる.

(補助参加の場合の負担)
**第66条** 第61条から前条までの規定は,補助参加についての異議によって生じた訴訟費用の補助参加人とその異議を述べた当事者との間における負担の関係及び補助参加によって生じた訴訟費用の補助参加人と相手方との間における負担の関係について準用する.

(訴訟費用の負担の裁判)
**第67条** ① 裁判所は,事件を完結する裁判において,職権で,その審級における訴訟費用の全部について,その負担の裁判をしなければならない.ただし,事情により,事件の一部又は中間の争いに関する裁判において,その費用についての負担の裁判をすることができる.
② 上級の裁判所が本案の裁判を変更する場合には,訴訟の総費用について,その負担の裁判

(和解の場合の負担)
第68条　当事者が裁判所において和解をした場合において,和解の費用又は訴訟費用の負担について特別の定めをしなかったときは,その費用は,各自が負担する.

(法定代理人等の費用償還)
第69条　① 法定代理人,訴訟代理人,裁判所書記官又は執行官が故意又は重大な過失によって無益な訴訟費用を生じさせたときは,受訴裁判所は,申立てにより又は職権で,これらの者に対し,その費用額の償還を命ずることができる.
② 前項の規定は,法定代理人又は訴訟代理人として訴訟行為をした者が,その代理権又は訴訟行為をするのに必要な授権があることを証明することができず,かつ,追認を得ることができなかった場合において,その訴訟行為によって生じた訴訟費用について準用する.
③ 第1項(前項において準用する場合を含む.)の規定による決定に対しては,即時抗告をすることができる.

(無権代理人の費用負担)
第70条　前条第2項に規定する場合において,裁判所が訴えを却下したときは,訴訟費用は,代理人として訴訟行為をした者の負担とする.

(訴訟費用額の確定手続)
第71条　① 訴訟費用の負担の額は,その負担の裁判が執行力を生じた後に,申立てにより,第一審裁判所の裁判所書記官が定める.
② 前項の場合において,当事者双方が訴訟費用を負担するときは,最高裁判所規則で定める場合を除き,各当事者の負担すべき費用は,その対当額について相殺があったものとみなす.
③ 第1項の申立てに関する処分は,相当と認める方法で告知することによって,その効力を生ずる.
④ 前項の処分に対する異議の申立ては,その告知を受けた日から1週間の不変期間内にしなければならない.
⑤ 前項の異議の申立ては,執行停止の効力を有する.
⑥ 裁判所は,第1項の規定による額を定める処分に対する異議の申立てを理由があると認める場合において,訴訟費用の負担の額を定めるべきときは,自らその額を定めなければならない.
⑦ 第4項の異議の申立てについての決定に対しては,即時抗告をすることができる.

(和解の場合の費用額の確定手続)
第72条　当事者が裁判所において和解をした場合において,和解の費用又は訴訟費用の負担を定め,その額を定めなかったときは,その額は,申立てにより,第一審裁判所(第275条の和解にあっては,和解が成立した裁判所)の裁判所書記官が定める.この場合においては,前条第2項から第7項までの規定を準用する.

(訴訟が裁判及び和解によらないで完結した場合等の取扱い)
第73条　① 訴訟が裁判及び和解によらないで完結したときは,申立てにより,第一審裁判所は決定で訴訟費用の負担を命じ,その裁判所の裁判所書記官はその決定が執行力を生じた後にその負担の額を定めなければならない.補助参加の申出の取下げ又は補助参加についての異議の取下げがあった場合も,同様とする.
② 第61条から第66条まで及び第71条第7項の規定は前項の申立てについての決定について,同条第2項及び第3項の規定は前項の申立てに関する裁判所書記官の処分について,同条第4項から第7項までの規定はその処分に対する異議の申立てについて準用する.

(費用額の確定処分の更正)
第74条　① 第71条第1項,第72条又は前条第1項の規定による額を定める処分に計算違い,誤記その他これらに類する明白な誤りがあるときは,裁判所書記官は,申立てにより又は職権で,いつでもその処分を更正することができる.
② 第71条第3項から第5項まで及び第7項の規定は,前項の規定による更正の処分及びこれに対する異議の申立てについて準用する.
③ 第1項に規定する額を定める処分に対し適法な異議の申立てがあったときは,前項の異議の申立ては,することができない.

### 第2節　訴訟費用の担保
(担保提供命令)
第75条　① 原告が日本国内に住所,事務所及び営業所を有しないときは,裁判所は,被告の申立てにより,決定で,訴訟費用の担保を立てるべきことを原告に命じなければならない.その担保に不足を生じたときも,同様とする.
② 前項の規定は,金銭の支払の請求の一部について争いがない場合において,その額が担保として十分であるときは,適用しない.
③ 被告は,担保を立てるべき事由があることを知った後に本案について弁論をし,又は弁論準備手続において申述をしたときは,第1項の申立てをすることができない.
④ 第1項の申立てをした被告は,原告が担保を立てるまで応訴を拒むことができる.
⑤ 裁判所は,第1項の決定において,担保の額及び担保を立てるべき期間を定めなければな

⑥ 担保の額は,被告が全審級において支出すべき訴訟費用の総額を標準として定める.
⑦ 第1項の申立てについての決定に対しては,即時抗告をすることができる.

(担保提供の方法)
**第76条** 担保を立てるには,担保を立てるべきことを命じた裁判所の所在地を管轄する地方裁判所の管轄区域内の供託所に金銭又は裁判所が相当と認める有価証券(社債,株式等の振替に関する法律(平成13年法律第75号)第278条第1項に規定する振替債を含む.次条において同じ.)を供託する方法その他最高裁判所規則で定める方法によらなければならない.ただし,当事者が特別の契約をしたときは,その契約による.

(担保物に対する被告の権利)
**第77条** 被告は,訴訟費用に関し,前条の規定により供託した金銭又は有価証券について,他の債権者に先立ち弁済を受ける権利を有する.

(担保不提供の効果)
**第78条** 原告が担保を立てるべき期間内にこれを立てないときは,裁判所は,口頭弁論を経ないで,判決で,訴えを却下することができる.ただし,判決前に担保を立てたときは,この限りでない.

(担保の取消し)
**第79条** ① 担保を立てた者が担保の事由が消滅したことを証明したときは,裁判所は,申立てにより,担保の取消しの決定をしなければならない.
② 担保を立てた者が担保の取消しについて担保権利者の同意を得たことを証明したときも,前項と同様とする.
③ 訴訟の完結後,裁判所が,担保を立てた者の申立てにより,担保権利者に対し,一定の期間内にその権利を行使すべき旨を催告し,担保権利者がその行使をしないときは,担保の取消しについて担保権利者の同意があったものとみなす.
④ 第1項及び第2項の規定による決定に対しては,即時抗告をすることができる.

(担保の変換)
**第80条** 裁判所は,担保を立てた者の申立てにより,決定で,その担保の変換を命ずることができる.ただし,その担保を契約によって他の担保に変換することを妨げない.

(他の法令による担保への準用)
**第81条** 第75条第4項,第5項及び第7項並びに第76条から前条までの規定は,他の法令により訴えの提起について立てるべき担保について準用する.

### 第3節 訴訟上の救助

(救助の付与)
**第82条** ① 訴訟の準備及び追行に必要な費用を支払う資力がない者又はその支払により生活に著しい支障を生ずる者に対しては,裁判所は,申立てにより,訴訟上の救助の決定をすることができる.ただし,勝訴の見込みがないとはいえないときに限る.
② 訴訟上の救助の決定は,審級ごとにする.

(救助の効力等)
**第83条** ① 訴訟上の救助の決定は,その定めるところに従い,訴訟及び強制執行について,次に掲げる効力を有する.
1 裁判費用並びに執行官の手数料及びその職務の執行に要する費用の支払の猶予
2 裁判所において付添いを命じた弁護士の報酬及び費用の支払の猶予
3 訴訟費用の担保の免除
② 訴訟上の救助の決定は,これを受けた者のためにのみその効力を有する.
③ 訴訟上の救助の承継人に対し,決定で,猶予した費用の支払を命ずる.

(救助の決定の取消し)
**第84条** 訴訟上の救助の決定を受けた者が第82条第1項本文に規定する要件を欠くことが判明し,又はこれを欠くに至ったときは,訴訟記録の存する裁判所は,利害関係人の申立てにより又は職権で,決定により,いつでも訴訟上の救助の決定を取り消し,猶予した費用の支払を命ずることができる.

(猶予された費用等の取立方法)
**第85条** 訴訟上の救助の決定を受けた者に支払を猶予した費用は,これを負担することとされた相手方から直接に取り立てることができる.この場合において,弁護士又は執行官は,報酬又は手数料及び費用について,訴訟上の救助の決定を受けた者に代わり,第71条第1項,第72条又は第73条第1項の申立て及び強制執行をすることができる.

(即時抗告)
**第86条** この節に規定する決定に対しては,即時抗告をすることができる.

## 第5章 訴訟手続

### 第1節 訴訟の審理等

(口頭弁論の必要性)
**第87条** ① 当事者は,訴訟について,裁判所において口頭弁論をしなければならない.ただし,決定で完結すべき事件については,裁判所が,口頭弁論をすべきか否かを定める.

② 前項ただし書の規定により口頭弁論をしない場合には,裁判所は,当事者を審尋することができる.
③ 前2項の規定は,特別の定めがある場合には,適用しない.
（受命裁判官による審尋）
第88条 裁判所は,審尋をする場合には,受命裁判官にこれを行わせることができる.
（和解の試み）
第89条 裁判所は,訴訟がいかなる程度にあるかを問わず,和解を試み,又は受命裁判官若しくは受託裁判官に和解を試みさせることができる.
（訴訟手続に関する異議権の喪失）
第90条 当事者が訴訟手続に関する規定の違反を知り,又は知ることができた場合において,遅滞なく異議を述べないときは,これを述べる権利を失う.ただし,放棄することができないものについては,この限りでない.
（訴訟記録の閲覧等）
第91条 ① 何人も,裁判所書記官に対し,訴訟記録の閲覧を請求することができる.
② 公開を禁止した口頭弁論に係る訴訟記録については,当事者及び利害関係を疎明した第三者に限り,前項の規定による請求をすることができる.
③ 当事者及び利害関係を疎明した第三者は,裁判所書記官に対し,訴訟記録の謄写,その正本,謄本若しくは抄本の交付又は訴訟に関する事項の証明書の交付を請求することができる.
④ 前項の規定は,訴訟記録中の録音テープ又はビデオテープ（これらに準ずる方法により一定の事項を記録した物を含む.）に関しては,適用しない.この場合において,これらの物について当事者又は利害関係を疎明した第三者の請求があるときは,裁判所書記官は,その複製を許さなければならない.
⑤ 訴訟記録の閲覧,謄写及び複製の請求は,訴訟記録の保存又は裁判所の執務に支障があるときは,することができない.
（秘密保護のための閲覧等の制限）
第92条 ① 次に掲げる事由につき疎明があった場合には,裁判所は,当該当事者の申立てにより,決定で,当該訴訟記録中当該秘密が記載され,又は記録された部分の閲覧若しくは謄写,その正本,謄本若しくは抄本の交付又はその複製（以下「秘密記載部分の閲覧等」という.）の請求をすることができる者を当事者に限ることができる.
1 訴訟記録中に当事者の私生活についての重大な秘密が記載され,又は記録されており,か

つ,第三者が秘密記載部分の閲覧等を行うことにより,その当事者が社会生活を営むのに著しい支障を生ずるおそれがあること.
2 訴訟記録中に当事者が保有する営業秘密（不正競争防止法第2条第6項に規定する営業秘密をいう.第132条の2第1項第3号及び第2項において同じ.）が記載され,又は記録されていること.
② 前項の申立てがあったときは,その申立てについての裁判が確定するまで,第三者は,秘密記載部分の閲覧等の請求をすることができない.
③ 秘密記載部分の閲覧等の請求をしようとする第三者は,訴訟記録の存する裁判所に対し,第1項に規定する要件を欠くこと又はこれを欠くに至ったことを理由として,同項の決定の取消しの申立てをすることができる.
④ 第1項の申立てを却下した裁判及び前項の申立てについての裁判に対しては,即時抗告をすることができる.
⑤ 第1項の決定を取り消す裁判は,確定しなければその効力を生じない.

### 第2節 専門委員等
#### 第1款 専門委員
（専門委員の関与）
第92条の2 ① 裁判所は,争点若しくは証拠の整理又は訴訟手続の進行に関し必要な事項の協議をするに当たり,訴訟関係を明瞭にし,又は訴訟手続の円滑な進行を図るため必要があると認めるときは,当事者の意見を聴いて,決定で,専門的な知見に基づく説明を聴くために専門委員を手続に関与させることができる.この場合において,専門委員の説明は,裁判長が書面により又は口頭弁論若しくは弁論準備手続の期日において口頭でさせなければならない.
② 裁判所は,証拠調べをするに当たり,訴訟関係又は証拠調べの結果の趣旨を明瞭にするため必要があると認めるときは,当事者の意見を聴いて,決定で,証拠調べの期日において専門的な知見に基づく説明を聴くために専門委員を手続に関与させることができる.この場合において,証人若しくは当事者本人の尋問又は鑑定人質問の期日において専門委員に説明をさせるときは,裁判長は,当事者の同意を得て,訴訟関係又は証拠調べの結果の趣旨を明瞭にするために必要な事項について専門委員が証人,当事者本人又は鑑定人に対し直接に問いを発することを許すことができる.
③ 裁判所は,和解を試みるに当たり,必要があると認めるときは,当事者の同意を得て,決定で,当事者双方が立ち会うことができる和解を

試みる期日において専門的な知見に基づく説明を聴くために専門委員を手続に関与させることができる．

（音声の送受信による通話の方法による専門委員の関与）

**第92条の3** 裁判所は，前条各項の規定により専門委員を手続に関与させる場合において，専門委員が遠隔の地に居住しているときその他相当と認めるときは，当事者の意見を聴いて，同条各項の期日において，最高裁判所規則で定めるところにより，裁判所及び当事者双方が専門委員との間で音声の送受信により同時に通話をすることができる方法によって，専門委員に同条各項の説明又は発問をさせることができる．

（専門委員の関与の決定の取消し）

**第92条の4** 裁判所は，相当と認めるときは，申立てにより又は職権で，専門委員を手続に関与させる決定を取り消すことができる．ただし，当事者双方の申立てがあるときは，これを取り消さなければならない．

（専門委員の指定及び任免等）

**第92条の5** ① 専門委員の員数は，各事件について1人以上とする．

② 第92条の2の規定により手続に関与させる専門委員は，当事者の意見を聴いて，裁判所が各事件について指定する．

③ 専門委員は，非常勤とし，その任免に関し必要な事項は，最高裁判所規則で定める．

④ 専門委員には，別に法律で定めるところにより手当を支給し，並びに最高裁判所規則で定める額の旅費，日当及び宿泊料を支給する．

（専門委員の除斥及び忌避）

**第92条の6** ① 第23条から第25条まで（同条第2項を除く．）の規定は，専門委員について準用する．

② 専門委員について除斥又は忌避の申立てがあったときは，その専門委員は，その申立てについての決定が確定するまでその申立てがあった事件の手続に関与することができない．

（受命裁判官等の権限）

**第92条の7** 受命裁判官又は受託裁判官が第92条の2各項の手続を行う場合には，同条から第92条の4まで及び第92条の5第2項の規定による裁判所及び裁判長の職務は，その裁判官が行う．ただし，第92条の2第2項の手続を行う場合には，専門委員を手続に関与させる決定，その決定の取消し及び専門委員の指定は，受訴裁判所がする．

### 第2款 知的財産に関する事件における裁判所調査官の事務等

（知的財産に関する事件における裁判所調査官の事務）

**第92条の8** 裁判所は，必要があると認めるときは，高等裁判所又は地方裁判所において知的財産に関する事件の審理及び裁判に関して調査を行う裁判所調査官に，当該事件において次に掲げる事務を行わせることができる．この場合において，当該裁判所調査官は，裁判長の命を受けて，当該事務を行うものとする．

1 次に掲げる期日又は手続において，訴訟関係を明瞭にするため，事実上及び法律上の事項に関し，当事者に対して問いを発し，又は立証を促すこと．
 イ 口頭弁論又は審尋の期日
 ロ 争点又は証拠の整理を行うための手続
 ハ 文書の提出義務又は検証の目的の提示義務の有無を判断するための手続
 ニ 争点又は証拠の整理に係る事項その他訴訟手続の進行に関し必要な事項についての協議を行うための手続

2 証拠調べの期日において，証人，当事者本人又は鑑定人に対し直接に問いを発すること．

3 和解を試みる期日において，専門的な知見に基づく説明をすること．

4 裁判官に対し，事件につき意見を述べること．

（知的財産に関する事件における裁判所調査官の除斥及び忌避）

**第92条の9** ① 第23条から第25条までの規定は，前条の事務を行う裁判所調査官について準用する．

② 前条の事務を行う裁判所調査官について除斥又は忌避の申立てがあったときは，その裁判所調査官は，その申立てについての決定が確定するまでその申立てがあった事件に関与することができない．

### 第3節 期日及び期間

（期日の指定及び変更）

**第93条** ① 期日は，申立てにより又は職権で，裁判長が指定する．

② 期日は，やむを得ない場合に限り，日曜日その他の一般の休日に指定することができる．

③ 口頭弁論及び弁論準備手続の期日の変更は，顕著な事由がある場合に限り許す．ただし，最初の期日の変更は，当事者の合意がある場合にも許す．

④ 前項の規定にかかわらず，弁論準備手続を経た口頭弁論の期日の変更は，やむを得ない事由がある場合でなければ，許すことができない．

（期日の呼出し）

**第94条** ① 期日の呼出しは，呼出状の送達，当該事件について出頭した者に対する期日の告

② 呼出状の送達及び当該事件について出頭した者に対する期日の告知以外の方法による期日の呼出しをしたときは、期日に出頭しない当事者、証人又は鑑定人に対し、法律上の制裁その他期日の不遵守による不利益を帰することができない。ただし、これらの者が期日の呼出しを受けた旨を記載した書面を提出したときは、この限りでない。

（期間の計算）
第95条 ① 期間の計算については、民法の期間に関する規定に従う。
② 期間を定める裁判において始期を定めなかったときは、期間は、その裁判が効力を生じた時から進行を始める。
③ 期間の末日が日曜日、土曜日、国民の祝日に関する法律（昭和23年法律第178号）に規定する休日、1月2日、1月3日又は12月29日から12月31日までの日に当たるときは、期間は、その翌日に満了する。

（期間の伸縮及び付加期間）
第96条 ① 裁判所は、法定の期間又はその定めた期間を伸長し、又は短縮することができる。ただし、不変期間については、この限りでない。
② 不変期間については、裁判所は、遠隔の地に住所又は居所を有する者のために付加期間を定めることができる。

（訴訟行為の追完）
第97条 ① 当事者がその責めに帰することができない事由により不変期間を遵守することができなかった場合には、その事由が消滅した後1週間以内に限り、不変期間内にすべき訴訟行為の追完をすることができる。ただし、外国に在る当事者については、この期間は、2月とする。
② 前項の期間については、前条第1項本文の規定は、適用しない。

第4節 送達
（職権送達の原則等）
第98条 ① 送達は、特別の定めがある場合を除き、職権でする。
② 送達に関する事務は、裁判所書記官が取り扱う。

（送達実施機関）
第99条 ① 送達は、特別の定めがある場合を除き、郵便又は執行官によってする。
② 郵便による送達にあっては、郵便の業務に従事する者を送達をする者とする。

（裁判所書記官による送達）
第100条 裁判所書記官は、その所属する裁判所の事件について出頭した者に対しては、自ら送達をすることができる。

（交付送達の原則）
第101条 送達は、特別の定めがある場合を除き、送達を受けるべき者に送達すべき書類を交付してする。

（訴訟無能力者等に対する送達）
第102条 ① 訴訟無能力者に対する送達は、その法定代理人にする。
② 数人が共同して代理権を行うべき場合には、送達は、その1人にすれば足りる。
③ 刑事施設に収容されている者に対する送達は、刑事施設の長にする。

（送達場所）
第103条 ① 送達は、送達を受けるべき者の住所、居所、営業所又は事務所（以下この節において「住所等」という。）においてする。ただし、法定代理人に対する送達は、本人の営業所又は事務所においてもすることができる。
② 前項に定める場所が知れないとき、又はその場所において送達をするのに支障があるときは、送達は、送達を受けるべき者が雇用、委任その他の法律上の行為に基づき就業する他人の住所等（以下「就業場所」という。）においてすることができる。送達を受けるべき者（次条第1項に規定する者を除く。）が就業場所において送達を受ける旨の申述をしたときも、同様とする。

（送達場所等の届出）
第104条 ① 当事者、法定代理人又は訴訟代理人は、送達を受けるべき場所（日本国内に限る。）を受訴裁判所に届け出なければならない。この場合においては、送達受取人をも届け出ることができる。
② 前項前段の規定による届出があった場合には、送達は、前条の規定にかかわらず、その届出に係る場所においてする。
③ 第1項前段の規定による届出をしない者で次の各号に掲げる送達を受けたものに対するその後の送達は、前条の規定にかかわらず、それぞれ当該各号に定める場所においてする。
1 前条の規定による送達
　その送達をした場所
2 次条後段の規定による送達のうち郵便の業務に従事する者が郵便事業株式会社の営業所（郵便事業株式会社から当該送達の業務の委託を受けた者の営業所を含む。第106条第1項後段において同じ。）においてするもの及び同項後段の規定による送達
　その送達において送達をすべき場所とされていた場所
3 第107条第1項第1号の規定による送達
　その送達においてあて先とした場所

### (出会送達)
**第105条** 前2条の規定にかかわらず,送達を受けるべき者で日本国内に住所等を有することが明らかでないもの(前条第1項前段の規定による届出をした者を除く.)に対する送達は,その者に出会った場所においてすることができる.日本国内に住所等を有することが明らかな者又は同項前段の規定による届出をした者が送達を受けることを拒まないときも,同様とする.

### (補充送達及び差置送達)
**第106条** ① 就業場所以外の送達をすべき場所において送達を受けるべき者に出会わないときは,使用人その他の従業者又は同居者であって,書類の受領について相当のわきまえのあるものに書類を交付することができる.郵便の業務に従事する者が郵便事業株式会社の営業所において書類を交付すべきときも,同様とする.

② 就業場所(第104条第1項前段の規定による届出に係る場所が就業場所である場合を含む.)において送達を受けるべき者に出会わない場合において,第103条第2項の他人又はその法定代理人若しくは使用人その他の従業者であって,書類の受領について相当のわきまえのあるものが書類の交付を受けることを拒まないときは,これらの者に書類を交付することができる.

③ 送達を受けるべき者又は第1項前段の規定により書類の交付を受けるべき者が正当な理由なくこれを受けることを拒んだときは,送達をすべき場所に書類を差し置くことができる.

### (書留郵便等に付する送達)
**第107条** ① 前条の規定により送達をすることができない場合には,裁判所書記官は,次の各号に掲げる区分に応じ,それぞれ当該各号に定める場所にあてて,書類を書留郵便又は民間事業者による信書の送達に関する法律(平成14年法律第99号)第2条第6項に規定する一般信書便事業者若しくは同条第9項に規定する特定信書便事業者の提供する同条第2項に規定する信書便の役務のうち書留郵便に準ずるものとして最高裁判所規則で定めるもの(次項及び第3項において「書留郵便等」という.)に付して発送することができる.

1 第103条の規定による送達をすべき場合
同条第1項に定める場所

2 第104条第2項の規定による送達をすべき場合
同項の場所

3 第104条第3項の規定による送達をすべき場合
同項の場所(その場所が就業場所である場合にあっては,訴訟記録に表れたその者の住所等)

② 前項第2号又は第3号の規定により書類を書留郵便等に付して発送した場合には,その後に送達すべき書類は,同項第2号又は第3号に定める場所にあてて,書留郵便等に付して発送することができる.

③ 前2項の規定により書類を書留郵便等に付して発送した場合には,その発送の時に,送達があったものとみなす.

### (外国における送達)
**第108条** 外国においてすべき送達は,裁判長がその国の管轄官庁又はその国に駐在する日本の大使,公使若しくは領事に嘱託してする.

### (送達報告書)
**第109条** 送達をした者は,書面を作成し,送達に関する事項を記載して,これを裁判所に提出しなければならない.

### (公示送達の要件)
**第110条** ① 次に掲げる場合には,裁判所書記官は,申立てにより,公示送達をすることができる.

1 当事者の住所,居所その他送達をすべき場所が知れない場合

2 第107条第1項の規定により送達をすることができない場合

3 外国においてすべき送達について,第108条の規定によることができず,又はこれによっても送達をすることができないと認めるべき場合

4 第108条の規定により外国の管轄官庁に嘱託を発した後6月を経過してもその送達を証する書面の送付がない場合

② 前項の場合において,裁判所は,訴訟の遅滞を避けるため必要があると認めるときは,申立てがないときであっても,裁判所書記官に公示送達をすることを命ずることができる.

③ 同一の当事者に対する2回目以降の公示送達は,職権でする.ただし,第1項第4号に掲げる場合は,この限りでない.

### (公示送達の方法)
**第111条** 公示送達は,裁判所書記官が送達すべき書類を保管し,いつでも送達を受けるべき者に交付すべき旨を裁判所の掲示場に掲示してする.

### (公示送達の効力発生の時期)
**第112条** ① 公示送達は,前条の規定による掲示を始めた日から2週間を経過することによって,その効力を生ずる.ただし,第110条

第3項の公示送達は,掲示を始めた日の翌日にその効力を生ずる.
② 外国においてすべき送達についてした公示送達にあっては,前項の期間は,6週間とする.
③ 前2項の期間は,短縮することができない.
(公示送達による意思表示の到達)
**第113条** 訴訟の当事者が相手方の所在を知ることができない場合において,相手方に対する公示送達がされた書類に,その相手方に対しその訴訟の目的である請求又は防御の方法に関する意思表示をする旨の記載があるときは,その意思表示は,第111条の規定による掲示を始めた日から2週間を経過した時に,相手方に到達したものとみなす.この場合においては,民法第98条第3項ただし書の規定を準用する.

### 第5節 裁 判
(既判力の範囲)
**第114条** ① 確定判決は,主文に包含するものに限り,既判力を有する.
② 相殺のために主張した請求の成立又は不成立の判断は,相殺をもって対抗した額について既判力を有する.
(確定判決等の効力が及ぶ者の範囲)
**第115条** ① 確定判決は,次に掲げる者に対してその効力を有する.
 1 当事者
 2 当事者が他人のために原告又は被告となった場合のその他人
 3 前2号に掲げる者の口頭弁論終結後の承継人
 4 前3号に掲げる者のために請求の目的物を所持する者
② 前項の規定は,仮執行の宣言について準用する.
(判決の確定時期)
**第116条** ① 判決は,控訴若しくは上告(第327条第1項(第380条第2項において準用する場合を含む.)の上告を除く.)の提起,第318条第1項の申立て又は第357条(第367条第2項において準用する場合を含む.)若しくは第378条第1項の規定による異議の申立てについて定めた期間の満了前には,確定しないものとする.
② 判決の確定は,前項の期間内にした控訴の提起,同項の上告の提起又は同項の申立てにより,遮断される.
(定期金による賠償を命じた確定判決の変更を求める訴え)
**第117条** ① 口頭弁論終結前に生じた損害につき定期金による賠償を命じた確定判決について,口頭弁論終結後に,後遺障害の程度,賃金水準その他の損害額の算定の基礎となった事情に著しい変更が生じた場合には,その判決の変更を求める訴えを提起することができる.ただし,その訴えの提起の日以後に支払期限が到来する定期金に係る部分に限る.
② 前項の訴えは,第一審裁判所の管轄に専属する.
(外国裁判所の確定判決の効力)
**第118条** 外国裁判所の確定判決は,次に掲げる要件のすべてを具備する場合に限り,その効力を有する.
 1 法令又は条約により外国裁判所の裁判権が認められること.
 2 敗訴の被告が訴訟の開始に必要な呼出し若しくは命令の送達(公示送達その他これに類する送達を除く.)を受けたこと又はこれを受けなかったが応訴したこと.
 3 判決の内容及び訴訟手続が日本における公の秩序又は善良の風俗に反しないこと.
 4 相互の保証があること.
(決定及び命令の告知)
**第119条** 決定及び命令は,相当と認める方法で告知することによって,その効力を生ずる.
(訴訟指揮に関する裁判の取消し)
**第120条** 訴訟の指揮に関する決定及び命令は,いつでも取り消すことができる.
(裁判所書記官の処分に対する異議)
**第121条** 裁判所書記官の処分に対する異議の申立てについては,その裁判所書記官の所属する裁判所が,決定で,裁判をする.
(判決に関する規定の準用)
**第122条** 決定及び命令には,その性質に反しない限り,判決に関する規定を準用する.
(判事補の権限)
**第123条** 判決以外の裁判は,判事補が単独ですることができる.

### 第6節 訴訟手続の中断及び中止
(訴訟手続の中断及び受継)
**第124条** ① 次の各号に掲げる事由があるときは,訴訟手続は,中断する.この場合においては,それぞれ当該各号に定める者は,訴訟手続を受け継がなければならない.
 1 当事者の死亡
  相続人,相続財産管理人その他法令により訴訟を続行すべき者
 2 当事者である法人の合併による消滅
  合併によって設立された法人又は合併後存続する法人
 3 当事者の訴訟能力の喪失又は法定代理人の死亡若しくは代理権の消滅
  法定代理人又は訴訟能力を有するに至った当事者
 4 次のイからハまでに掲げる者の信託に関する任務の終了 当該イからハまでに定める者

イ 当事者である受託者　新たな受託者又は信託財産管理者若しくは信託財産法人管理人
ロ 当事者である信託財産管理者又は信託財産法人管理人　新たな受託者又は新たな信託財産管理者若しくは新たな信託財産法人管理人
ハ 当事者である信託管理人　受益者又は新たな信託管理人
5 一定の資格を有する者で自己の名で他人のために訴訟の当事者となるものの死亡その他の事由による資格の喪失
　　同一の資格を有する者
6 選定当事者の全員の死亡その他の事由による資格の喪失
　　選定者の全員又は新たな選定当事者
② 前項の規定は、訴訟代理人がある間は、適用しない。
③ 第1項第1号に掲げる事由がある場合においても、相続人は、相続の放棄をすることができる間は、訴訟手続を受け継ぐことができない。
④ 第1項第2号の規定は、合併をもって相手方に対抗することができない場合には、適用しない。
⑤ 第1項第3号の法定代理人が保佐人又は補助人である場合にあっては、同号の規定は、次に掲げるときには、適用しない。
1 被保佐人又は被補助人が訴訟行為をすることについて保佐人又は補助人の同意を得ることを要しないとき。
2 被保佐人又は被補助人が前号に規定する同意を得ることを要する場合において、その同意を得ているとき。

**第125条**　削除

（相手方による受継の申立て）

**第126条**　訴訟手続の受継の申立ては、相手方もすることができる。

（受継の通知）

**第127条**　訴訟手続の受継の申立てがあった場合には、裁判所は、相手方に通知しなければならない。

（受継についての裁判）

**第128条**　① 訴訟手続の受継の申立てがあった場合には、裁判所は、職権で調査し、理由がないと認めるときは、決定で、その申立てを却下しなければならない。
② 判決書又は第254条第2項（第374条第2項において準用する場合を含む。）の調書の送達後に中断した訴訟手続の受継の申立てがあった場合には、その判決をした裁判所が、その申立てについて裁判をしなければならない。

（職権による続行命令）

**第129条**　当事者が訴訟手続の受継の申立てをしない場合においても、裁判所は、職権で、訴訟手続の続行を命ずることができる。

（裁判所の職務執行不能による中止）

**第130条**　天災その他の事由によって裁判所が職務を行うことができないときは、訴訟手続は、その事由が消滅するまで中止する。

（当事者の故障による中止）

**第131条**　① 当事者が不定期間の故障により訴訟手続を続行することができないときは、裁判所は、決定で、その中止を命ずることができる。
② 裁判所は、前項の決定を取り消すことができる。

（中断及び中止の効果）

**第132条**　① 判決の言渡しは、訴訟手続の中断中であっても、することができる。
② 訴訟手続の中断又は中止があったときは、期間は、進行を停止する。この場合においては、訴訟手続の受継の通知又はその続行の時から、新たに全期間の進行を始める。

## 第6章　訴えの提起前における証拠収集の処分等

（訴えの提起前における照会）

**第132条の2**　① 訴えを提起しようとする者が訴えの被告となるべき者に対し訴えの提起を予告する通知を書面でした場合（以下この章において当該通知を「予告通知」という。）には、その予告通知をした者（以下この章において「予告通知者」という。）は、その予告通知を受けた者に対し、その予告通知をした日から4月以内に限り、訴えの提起前に、訴えを提起した場合の主張又は立証を準備するために必要であることが明らかな事項について、相当の期間を定めて、書面で回答するよう、書面で照会をすることができる。ただし、その照会が次の各号のいずれかに該当するときは、この限りでない。
1 第163条各号のいずれかに該当する照会
2 相手方又は第三者の私生活についての秘密に関する事項についての照会であって、これに回答することにより、その相手方又は第三者が社会生活を営むのに支障を生ずるおそれがあるもの
3 相手方又は第三者の営業秘密に関する事項についての照会
② 前項第2号に規定する第三者の私生活についての秘密又は同項第3号に規定する第三者の営業秘密に関する事項についての照会については、相手方がこれに回答することをその第三者が承諾した場合には、これらの規定は、適用しない。

③ 予告通知の書面には,提起しようとする訴えに係る請求の要旨及び紛争の要点を記載しなければならない.
④ 第1項の照会は,既にした予告通知と重複する予告通知に基づいては,することができない.

**第132条の3** ① 予告通知を受けた者(以下この章において「被予告通知者」という.)は,予告通知者に対し,その予告通知の書面に記載された前条第3項の請求の要旨及び紛争の要点に対する答弁の要旨を記載した書面でその予告通知に対する返答をしたときは,予告通知者に対し,その予告通知がされた日から4月以内に限り,訴えの提起前に,訴えを提起された場合の主張又は立証を準備するために必要であることが明らかな事項について,相当の期間を定めて,書面で回答するよう,書面で照会をすることができる.この場合においては,同条第1項ただし書及び同条第2項の規定を準用する.
② 前項の照会は,既にされた予告通知と重複する予告通知に対する返答に基づいては,することができない.

(訴えの提起前における証拠収集の処分)
**第132条の4** ① 裁判所は,予告通知者又は前条第1項の返答をした被予告通知者の申立てにより,当該予告通知に係る訴えが提起された場合の立証に必要であることが明らかな証拠となるべきものについて,申立人がこれを自ら収集することが困難であると認められるときは,その予告通知又は返答の相手方(以下この章において単に「相手方」という.)の意見を聴いて,訴えの提起前に,その収集に係る次に掲げる処分をすることができる.ただし,その収集に要すべき時間又は嘱託を受けるべき者の負担が不相当なものとなることその他の事情により,相当でないと認めるときは,この限りでない.
 1 文書(第231条に規定する物件を含む.以下この章において同じ.)の所持者にその文書の送付を嘱託すること.
 2 必要な調査を官庁若しくは公署,外国の官庁若しくは公署又は学校,商工会議所,取引所その他の団体(次条第1項第2号において「官公署等」という.)に嘱託すること.
 3 専門的な知識経験を有する者にその専門的な知識経験に基づく意見の陳述を嘱託すること.
 4 執行官に対し,物の形状,占有関係その他の現況について調査を命ずること.
② 前項の処分の申立ては,予告通知がされた日から4月の不変期間内にしなければならない.ただし,その期間の経過後にその申立てをする

ことについて相手方の同意があるときは,この限りでない.
③ 第1項の処分の申立ては,既にした予告通知と重複する予告通知又はこれに対する返答に基づいては,することができない.
④ 裁判所は,第1項の処分をした後において,同項ただし書に規定する事情により相当でないと認められるに至ったときは,その処分を取り消すことができる.

(証拠収集の処分の管轄裁判所等)
**第132条の5** ① 次の各号に掲げる処分の申立ては,それぞれ当該各号に定める地を管轄する地方裁判所にしなければならない.
 1 前条第1項第1号の処分の申立て 申立人若しくは相手方の普通裁判籍の所在地又は文書を所持する者の居所
 2 前条第1項第2号の処分の申立て 申立人若しくは相手方の普通裁判籍の所在地又は調査の嘱託を受けるべき官公署等の所在地
 3 前条第1項第3号の処分の申立て 申立人若しくは相手方の普通裁判籍の所在地又は特定の物につき意見の陳述の嘱託がされるべき場合における当該特定の物の所在地
 4 前条第1項第4号の処分の申立て 調査に係る物の所在地
② 第16条第1項,第21条及び第22条の規定は,前条第1項の処分の申立てに係る事件について準用する.

(証拠収集の処分の手続等)
**第132条の6** ① 裁判所は,第132条の4第1項第1号から第3号までの処分をする場合には,嘱託を受けた者が文書の送付,調査結果の報告又は意見の陳述をすべき期間を定めなければならない.
② 第132条の4第1項第2号の嘱託若しくは同項第4号の命令に係る調査結果の報告又は同項第3号の嘱託に係る意見の陳述は,書面でしなければならない.
③ 裁判所は,第132条の4第1項の処分に基づいて文書の送付,調査結果の報告又は意見の陳述がされたときは,申立人及び相手方にその旨を通知しなければならない.
④ 裁判所は,次条の定める手続による申立人及び相手方の利用に供するため,前項に規定する通知を発した日から1月間,送付に係る文書又は調査結果の報告若しくは意見の陳述に係る書面を保管しなければならない.
⑤ 第180条第1項の規定は第132条の4第1項の処分について,第184条第1項の規定は第132条の4第1項第1号から第3号までの処分について,第213条の規定は同号の処分につ

（事件の記録の閲覧等）
**第132条の7** ① 申立人及び相手方は、裁判所書記官に対し、第132条の4第1項の処分の申立てに係る事件の記録の閲覧若しくは謄写、その正本、謄本若しくは抄本の交付又は当該事件に関する事項の証明書の交付を請求することができる．

② 第91条第4項及び第5項の規定は、前項の記録について準用する．この場合において、同条第4項中「前項」とあるのは「第132条の7第1項」と、「当事者又は利害関係を疎明した第三者」とあるのは「申立人又は相手方」と読み替えるものとする．

（不服申立ての不許）
**第132条の8** 第132条の4第1項の処分の申立てについての裁判に対しては、不服を申し立てることができない．

（証拠収集の処分に係る裁判に関する費用の負担）
**第132条の9** 第132条の4第1項の処分の申立てについての裁判に関する費用は、申立人の負担とする．

## 第7章 電子情報処理組織による申立て等

**第132条の10** ① 民事訴訟に関する手続における申立てその他の申述（以下「申立て等」という．）のうち、当該申立て等に関するこの法律その他の法令の規定により書面等（書面、書類、文書、謄本、抄本、正本、副本、複本その他文字、図形等人の知覚によって認識することができる情報が記載された紙その他の有体物をいう．以下同じ．）をもってするものとされているものであって、最高裁判所の定める裁判所に対してするもの（当該裁判所の裁判長、受命裁判官、受託裁判官又は裁判所書記官に対してするものを含む．）については、当該法令の規定にかかわらず、最高裁判所規則で定めるところにより、電子情報処理組織（裁判所の使用に係る電子計算機（入出力装置を含む．以下同じ．）と申立て等をする者又は第399条第1項の規定による処分の告知を受ける者の使用に係る電子計算機とを電気通信回線で接続した電子情報処理組織をいう．第397条から第401条までにおいて同じ．）を用いてすることができる．ただし、督促手続に関する申立てであって、支払督促の申立てが書面をもってされたものについては、この限りでない．

② 前項本文の規定によりされた申立て等については、当該申立て等を書面等をもってするものとして規定した申立て等に関する法令の規定に規定する書面等をもってされたものとみなして、当該申立て等に関する法令の規定を適用する．

③ 第1項本文の規定によりされた申立て等は、同項の裁判所の使用に係る電子計算機に備えられたファイルへの記録がされた時に、当該裁判所に到達したものとみなす．

④ 第1項本文の場合において、当該申立て等に関する他の法令の規定により署名等（署名、記名、押印その他氏名又は名称を書面等に記載することをいう．以下この項において同じ．）をすることとされているものについては、当該申立て等をする者は、当該法令の規定にかかわらず、当該署名等に代えて、最高裁判所規則で定めるところにより、氏名又は名称を明らかにする措置を講じなければならない．

⑤ 第1項本文の規定によりされた申立て等（督促手続における申立て等を除く．次項において同じ．）が第3項に規定するファイルに記録されたときは、第1項の裁判所は、当該ファイルに記録された情報の内容を書面に出力しなければならない．

⑥ 第1項本文の規定によりされた申立て等に係る第91条第1項又は第3項の規定による訴訟記録の閲覧若しくは謄写又はその正本、謄本若しくは抄本の交付（第401条において「訴訟記録の閲覧等」という．）は、前項の書面をもってするものとする．当該申立て等に係る書類の送達又は送付も、同様とする．

## 第2編 第一審の訴訟手続

### 第1章 訴え

（訴え提起の方式）
**第133条** ① 訴えの提起は、訴状を裁判所に提出してしなければならない．
② 訴状には、次に掲げる事項を記載しなければならない．
1 当事者及び法定代理人
2 請求の趣旨及び原因

（証書真否確認の訴え）
**第134条** 確認の訴えは、法律関係を証する書面の成立の真否を確定するためにも提起することができる．

（将来の給付の訴え）
**第135条** 将来の給付を求める訴えは、あらかじめその請求をする必要がある場合に限り、提起することができる．

（請求の併合）
**第136条** 数個の請求は、同種の訴訟手続による場合に限り、一の訴えですることができる．

（裁判長の訴状審査権）
**第137条** ① 訴状が第133条第2項の規定に違反する場合には、裁判長は、相当の期間を定め、その期間内に不備を補正すべきことを命じなければならない。民事訴訟費用等に関する法律（昭和46年法律第40号）の規定に従い訴えの提起の手数料を納付しない場合も、同様とする。
② 前項の場合において、原告が不備を補正しないときは、裁判長は、命令で、訴状を却下しなければならない。
③ 前項の命令に対しては、即時抗告をすることができる。

（訴状の送達）
**第138条** ① 訴状は、被告に送達しなければならない。
② 前条の規定は、訴状の送達をすることができない場合（訴状の送達に必要な費用を予納しない場合を含む。）について準用する。

（口頭弁論期日の指定）
**第139条** 訴えの提起があったときは、裁判長は、口頭弁論の期日を指定し、当事者を呼び出さなければならない。

（口頭弁論を経ない訴えの却下）
**第140条** 訴えが不適法でその不備を補正することができないときは、裁判所は、口頭弁論を経ないで、判決で、訴えを却下することができる。

（呼出費用の予納がない場合の訴えの却下）
**第141条** ① 裁判所は、民事訴訟費用等に関する法律の規定に従い当事者に対する期日の呼出しに必要な費用の予納を相当の期間を定めて原告に命じた場合において、その予納がないときは、被告に異議がない場合に限り、決定で、訴えを却下することができる。
② 前項の決定に対しては、即時抗告をすることができる。

（重複する訴えの提起の禁止）
**第142条** 裁判所に係属する事件については、当事者は、更に訴えを提起することができない。

（訴えの変更）
**第143条** ① 原告は、請求の基礎に変更がない限り、口頭弁論の終結に至るまで、請求又は請求の原因を変更することができる。ただし、これにより著しく訴訟手続を遅滞させることとなるときは、この限りでない。
② 請求の変更は、書面でしなければならない。
③ 前項の書面は、相手方に送達しなければならない。
④ 裁判所は、請求又は請求の原因の変更を不当であると認めるときは、申立てにより又は職権で、その変更を許さない旨の決定をしなければならない。

（選定者に係る請求の追加）
**第144条** ① 第30条第3項の規定による原告となるべき者の選定があった場合には、その者は、口頭弁論の終結に至るまで、その選定者のために請求の追加をすることができる。
② 第30条第3項の規定による被告となるべき者の選定があった場合には、原告は、口頭弁論の終結に至るまで、その選定者に係る請求の追加をすることができる。
③ 前条第1項ただし書及び第2項から第4項までの規定は、前2項の請求の追加について準用する。

（中間確認の訴え）
**第145条** ① 裁判が訴訟の進行中に争いとなっている法律関係の成立又は不成立に係るときは、当事者は、請求を拡張して、その法律関係の確認の判決を求めることができる。ただし、その確認の請求が他の裁判所の専属管轄（当事者が第11条の規定により合意で定めたものを除く。）に属するときは、この限りでない。
② 前項の訴訟が係属する裁判所が第6条第1項各号に定める裁判所である場合において、前項の確認の請求が同条第1項の規定により他の裁判所の専属管轄に属するときは、前項ただし書の規定は、適用しない。
③ 第143条第2項及び第3項の規定は、第1項の規定による請求の拡張について準用する。

（反　訴）
**第146条** ① 被告は、本訴の目的である請求又は防御の方法と関連する請求を目的とする場合に限り、口頭弁論の終結に至るまで、本訴の係属する裁判所に反訴を提起することができる。ただし、次に掲げる場合は、この限りでない。
1　反訴の目的である請求が他の裁判所の専属管轄（当事者が第11条の規定により合意で定めたものを除く。）に属するとき。
2　反訴の提起により著しく訴訟手続を遅滞させることとなるとき。
② 本訴の係属する裁判所が第6条第1項各号に定める裁判所である場合において、反訴の目的である請求が同項の規定により他の裁判所の専属管轄に属するときは、前項第1号の規定は、適用しない。
③ 反訴については、訴えに関する規定による。

（時効中断等の効力発生の時期）
**第147条** 時効の中断又は法律上の期間の遵守のために必要な裁判上の請求は、訴えを提起した時又は第143条第2項（第144条第3項及び第145条第3項において準用する場合を含む。）の書面を裁判所に提出した時に、その効

力を生ずる.

## 第2章　計画審理

（訴訟手続の計画的進行）
**第147条の2**　裁判所及び当事者は,適正かつ迅速な審理の実現のため,訴訟手続の計画的な進行を図らなければならない.

（審理の計画）
**第147条の3**　① 裁判所は,審理すべき事項が多数であり又は錯そうしているなど事件が複雑であることその他の事情によりその適正かつ迅速な審理を行うため必要があると認められるときは,当事者双方と協議をし,その結果を踏まえて審理の計画を定めなければならない.
② 前項の審理の計画においては,次に掲げる事項を定めなければならない.
1　争点及び証拠の整理を行う期間
2　証人及び当事者本人の尋問を行う期間
3　口頭弁論の終結及び判決の言渡しの予定時期
③ 第1項の審理の計画においては,前項各号に掲げる事項のほか,特定の事項についての攻撃又は防御の方法を提出すべき期間その他の訴訟手続の計画的な進行上必要な事項を定めることができる.
④ 裁判所は,審理の現状及び当事者の訴訟追行の状況その他の事情を考慮して必要があると認めるときは,当事者双方と協議をし,その結果を踏まえて第1項の審理の計画を変更することができる.

## 第3章　口頭弁論及びその準備

### 第1節　口頭弁論

（裁判長の訴訟指揮権）
**第148条**　① 口頭弁論は,裁判長が指揮する.
② 裁判長は,発言を許し,又はその命令に従わない者の発言を禁ずることができる.

（釈明権等）
**第149条**　① 裁判長は,口頭弁論の期日又は期日外において,訴訟関係を明瞭にするため,事実上及び法律上の事項に関し,当事者に対して問いを発し,又は立証を促すことができる.
② 陪席裁判官は,裁判長に告げて,前項に規定する処置をすることができる.
③ 当事者は,口頭弁論の期日又は期日外において,裁判長に対して必要な発問を求めることができる.
④ 裁判長又は陪席裁判官が,口頭弁論の期日外において,攻撃又は防御の方法に重要な変更を生じ得る事項について第1項又は第2項の規定による処置をしたときは,その内容を相手方に通知しなければならない.

（訴訟指揮等に対する異議）
**第150条**　当事者が,口頭弁論の指揮に関する裁判長の命令又は前条第1項若しくは第2項の規定による裁判長若しくは陪席裁判官の処置に対し,異議を述べたときは,裁判所は,決定で,その異議について裁判をする.

（釈明処分）
**第151条**　① 裁判所は,訴訟関係を明瞭にするため,次に掲げる処分をすることができる.
1　当事者本人又はその法定代理人に対し,口頭弁論の期日に出頭することを命ずること.
2　口頭弁論の期日において,当事者のため事務を処理し,又は補助する者で裁判所が相当と認めるものに陳述をさせること.
3　訴訟書類又は訴訟において引用した文書その他の物件で当事者の所持するものを提出させること.
4　当事者又は第三者の提出した文書その他の物件を裁判所に留め置くこと.
5　検証をし,又は鑑定を命ずること.
6　調査を嘱託すること.
② 前項に規定する検証,鑑定及び調査の嘱託については,証拠調べに関する規定を準用する.

（口頭弁論の併合等）
**第152条**　① 裁判所は,口頭弁論の制限,分離若しくは併合を命じ,又はその命令を取り消すことができる.
② 裁判所は,当事者を異にする事件について口頭弁論の併合を命じた場合において,その前に尋問をした証人について,尋問の機会がなかった当事者が尋問の申出をしたときは,その尋問をしなければならない.

（口頭弁論の再開）
**第153条**　裁判所は,終結した口頭弁論の再開を命ずることができる.

（通訳人の立会い等）
**第154条**　① 口頭弁論に関与する者が日本語に通じないとき,又は耳が聞こえない者若しくは口がきけない者であるときは,通訳人を立ち会わせる.　ただし,耳が聞こえない者又は口がきけない者には,文字で問い,又は陳述をさせることができる.
② 鑑定人に関する規定は,通訳人について準用する.

（弁論能力を欠く者に対する措置）
**第155条**　① 裁判所は,訴訟関係を明瞭にするために必要な陳述をすることができない当事者,代理人又は補佐人の陳述を禁じ,口頭弁論の続行のため新たな期日を定めることができる.
② 前項の規定により陳述を禁じた場合において,必要があると認めるときは,裁判所は,弁護

士の付添いを命ずることができる．

**（攻撃防御方法の提出時期）**

**第156条** 攻撃又は防御の方法は，訴訟の進行状況に応じ適切な時期に提出しなければならない．

**（審理の計画が定められている場合の攻撃防御方法の提出期間）**

**第156条の2** 第147条の3第1項の審理の計画に従った訴訟手続の進行上必要があると認めるときは，裁判長は，当事者の意見を聴いて，特定の事項についての攻撃又は防御の方法を提出すべき期間を定めることができる．

**（時機に後れた攻撃防御方法の却下等）**

**第157条** ① 当事者が故意又は重大な過失により時機に後れて提出した攻撃又は防御の方法については，これにより訴訟の完結を遅延させることとなると認めたときは，裁判所は，申立てにより又は職権で，却下の決定をすることができる．

② 攻撃又は防御の方法でその趣旨が明瞭でないものについて当事者が必要な釈明をせず，又は釈明をすべき期日に出頭しないときも，前項と同様とする．

**（審理の計画が定められている場合の攻撃防御方法の却下）**

**第157条の2** 第147条の3第3項又は第156条の2（第170条第5項において準用する場合を含む．）の規定により特定の事項についての攻撃又は防御の方法を提出すべき期間が定められている場合において，当事者がその期間の経過後に提出した攻撃又は防御の方法については，これにより審理の計画に従った訴訟手続の進行に著しい支障を生ずるおそれがあると認めたときは，裁判所は，申立てにより又は職権で，却下の決定をすることができる．ただし，その当事者がその期間内に当該攻撃又は防御の方法を提出することができなかったことについて相当の理由があることを疎明したときは，この限りでない．

**（訴状等の陳述の擬制）**

**第158条** 原告又は被告が最初にすべき口頭弁論の期日に出頭せず，又は出頭したが本案の弁論をしないときは，裁判所は，その者が提出した訴状又は答弁書その他の準備書面に記載した事項を陳述したものとみなし，出頭した相手方に弁論をさせることができる．

**（自白の擬制）**

**第159条** ① 当事者が口頭弁論において相手方の主張した事実を争うことを明らかにしない場合には，その事実を自白したものとみなす．ただし，弁論の全趣旨により，その事実を争ったものと認めるべきときは，この限りでない．

② 相手方の主張した事実を知らない旨の陳述をした者は，その事実を争ったものと推定する．

③ 第1項の規定は，当事者が口頭弁論の期日に出頭しない場合について準用する．ただし，その当事者が公示送達による呼出しを受けたものであるときは，この限りでない．

**（口頭弁論調書）**

**第160条** ① 裁判所書記官は，口頭弁論について，期日ごとに調書を作成しなければならない．

② 調書の記載について当事者その他の関係人が異議を述べたときは，調書にその旨を記載しなければならない．

③ 口頭弁論の方式に関する規定の遵守は，調書によってのみ証明することができる．ただし，調書が滅失したときは，この限りでない．

### 第2節　準備書面等

**（準備書面）**

**第161条** ① 口頭弁論は，書面で準備しなければならない．

② 準備書面には，次に掲げる事項を記載する．
1　攻撃又は防御の方法
2　相手方の請求及び攻撃又は防御の方法に対する陳述

③ 相手方が在廷していない口頭弁論においては，準備書面（相手方に送達されたもの又は相手方からその準備書面を受領した旨を記載した書面が提出されたものに限る．）に記載した事実でなければ，主張することができない．

**（準備書面等の提出期間）**

**第162条** 裁判長は，答弁書若しくは特定の事項に関する主張を記載した準備書面の提出又は特定の事項に関する証拠の申出をすべき期間を定めることができる．

**（当事者照会）**

**第163条** 当事者は，訴訟の係属中，相手方に対し，主張又は立証を準備するために必要な事項について，相当の期間を定めて，書面で回答するよう，書面で照会をすることができる．ただし，その照会が次の各号のいずれかに該当するときは，この限りでない．

1　具体的又は個別的でない照会
2　相手方を侮辱し，又は困惑させる照会
3　既にした照会と重複する照会
4　意見を求める照会
5　相手方が回答するために不相当な費用又は時間を要する照会
6　第196条又は第197条の規定により証言を拒絶することができる事項と同様の事項についての照会

## 第3節　争点及び証拠の整理手続
### 第1款　準備的口頭弁論
**(準備的口頭弁論の開始)**
**第164条**　裁判所は,争点及び証拠の整理を行うため必要があると認めるときは,この款に定めるところにより,準備的口頭弁論を行うことができる.

**(証明すべき事実の確認等)**
**第165条**　① 裁判所は,準備的口頭弁論を終了するに当たり,その後の証拠調べにより証明すべき事実を当事者との間で確認するものとする.
② 裁判長は,相当と認めるときは,準備的口頭弁論を終了するに当たり,当事者に準備的口頭弁論における争点及び証拠の整理の結果を要約した書面を提出させることができる.

**(当事者の不出頭等による終了)**
**第166条**　当事者が期日に出頭せず,又は第162条の規定により定められた期間内に準備書面の提出若しくは証拠の申出をしないときは,裁判所は,準備的口頭弁論を終了することができる.

**(準備的口頭弁論終了後の攻撃防御方法の提出)**
**第167条**　準備的口頭弁論の終了後に攻撃又は防御の方法を提出した当事者は,相手方の求めがあるときは,相手方に対し,準備的口頭弁論の終了前にこれを提出することができなかった理由を説明しなければならない.

### 第2款　弁論準備手続
**(弁論準備手続の開始)**
**第168条**　裁判所は,争点及び証拠の整理を行うため必要があると認めるときは,当事者の意見を聴いて,事件を弁論準備手続に付することができる.

**(弁論準備手続の期日)**
**第169条**　① 弁論準備手続は,当事者双方が立ち会うことができる期日において行う.
② 裁判所は,相当と認める者の傍聴を許すことができる.ただし,当事者が申し出た者については,手続を行うのに支障を生ずるおそれがあると認める場合を除き,その傍聴を許さなければならない.

**(弁論準備手続における訴訟行為等)**
**第170条**　① 裁判所は,当事者に準備書面を提出させることができる.
② 裁判所は,弁論準備手続の期日において,証拠の申出に関する裁判その他の口頭弁論の期日外においてすることができる裁判及び文書(第231条に規定する物件を含む.)の証拠調べをすることができる.
③ 裁判所は,当事者が遠隔の地に居住しているときその他相当と認めるときは,当事者の意見を聴いて,最高裁判所規則で定めるところにより,裁判所及び当事者双方が音声の送受信により同時に通話をすることができる方法によって,弁論準備手続の期日における手続を行うことができる.ただし,当事者の一方がその期日に出頭した場合に限る.
④ 前項の期日に出頭しないで同項の手続に関与した当事者は,その期日に出頭したものとみなす.
⑤ 第148条から第151条まで,第152条第1項,第153条から第159条まで,第162条,第165条及び第166条の規定は,弁論準備手続について準用する.

**(受命裁判官による弁論準備手続)**
**第171条**　① 裁判所は,受命裁判官に弁論準備手続を行わせることができる.
② 弁論準備手続を受命裁判官が行う場合には,前2条の規定による裁判所及び裁判長の職務(前条第2項に規定する裁判を除く.)は,その裁判官が行う.ただし,同条第5項において準用する第150条の規定による異議についての裁判及び同項において準用する第157条の2の規定による却下についての裁判は,受訴裁判所がする.
③ 弁論準備手続を行う受命裁判官は,第186条の規定による調査の嘱託,鑑定の嘱託,文書(第231条に規定する物件を含む.)を提出してする書証の申出及び文書(第229条第2項及び第231条に規定する物件を含む.)の送付の嘱託についての裁判をすることができる.

**(弁論準備手続に付する裁判の取消し)**
**第172条**　裁判所は,相当と認めるときは,申立てにより又は職権で,弁論準備手続に付する裁判を取り消すことができる.ただし,当事者双方の申立てがあるときは,これを取り消さなければならない.

**(弁論準備手続の結果の陳述)**
**第173条**　当事者は,口頭弁論において,弁論準備手続の結果を陳述しなければならない.

**(弁論準備手続終結後の攻撃防御方法の提出)**
**第174条**　第167条の規定は,弁論準備手続の終結後に攻撃又は防御の方法を提出した当事者について準用する.

### 第3款　書面による準備手続
**(書面による準備手続の開始)**
**第175条**　裁判所は,当事者が遠隔の地に居住しているときその他相当と認めるときは,当事者の意見を聴いて,事件を書面による準備手続(当事者の出頭なしに準備書面の提出等により争点及び証拠の整理をする手続をいう.以下

(書面による準備手続の方法等)
**第176条** ① 書面による準備手続は,裁判長が行う.ただし,高等裁判所においては,受命裁判官にこれを行わせることができる.
② 裁判長又は高等裁判所における受命裁判官(次項において「裁判長等」という.)は,第162条に規定する期間を定めなければならない.
③ 裁判長等は,必要があると認めるときは,最高裁判所規則で定めるところにより,裁判所及び当事者双方が音声の送受信により同時に通話をすることができる方法によって,争点及び証拠の整理に関する事項その他口頭弁論の準備のため必要な事項について,当事者双方と協議をすることができる.この場合においては,協議の結果を裁判所書記官に記録させることができる.
④ 第149条(第2項を除く.),第150条及び第165条第2項の規定は,書面による準備手続について準用する.

(証明すべき事実の確認)
**第177条** 裁判所は,書面による準備手続の終結後の口頭弁論の期日において,その後の証拠調べによって証明すべき事実を当事者との間で確認するものとする.

(書面による準備手続終結後の攻撃防御方法の提出)
**第178条** 書面による準備手続を終結した事件について,口頭弁論の期日において,第176条第4項において準用する第165条第2項の書面に記載した事項の陳述がされ,又は前条の規定による確認がされた後に攻撃又は防御の方法を提出した当事者は,相手方の求めがあるときは,相手方に対し,その陳述又は確認前にこれを提出することができなかった理由を説明しなければならない.

## 第4章 証 拠

### 第1節 総 則

(証明することを要しない事実)
**第179条** 裁判所において当事者が自白した事実及び顕著な事実は,証明することを要しない.

(証拠の申出)
**第180条** ① 証拠の申出は,証明すべき事実を特定してしなければならない.
② 証拠の申出は,期日前においてもすることができる.

(証拠調べを要しない場合)
**第181条** ① 裁判所は,当事者が申し出た証拠で必要でないと認めるものは,取り調べることを要しない.
② 証拠調べについて不定期間の障害があるときは,裁判所は,証拠調べをしないことができる.

(集中証拠調べ)
**第182条** 証人及び当事者本人の尋問は,できる限り,争点及び証拠の整理が終了した後に集中して行わなければならない.

(当事者の不出頭の場合の取扱い)
**第183条** 証拠調べは,当事者が期日に出頭しない場合であっても,することができる.

(外国における証拠調べ)
**第184条** ① 外国においてすべき証拠調べは,その国の管轄官庁又はその国に駐在する日本の大使,公使若しくは領事に嘱託してしなければならない.
② 外国においてした証拠調べは,その国の法律に違反する場合であっても,この法律に違反しないときは,その効力を有する.

(裁判所外における証拠調べ)
**第185条** ① 裁判所は,相当と認めるときは,裁判所外において証拠調べをすることができる.この場合においては,合議体の構成員に命じ,又は地方裁判所若しくは簡易裁判所に嘱託して証拠調べをさせることができる.
② 前項に規定する嘱託により職務を行う受託裁判官は,他の地方裁判所又は簡易裁判所において証拠調べをすることを相当と認めるときは,更に証拠調べの嘱託をすることができる.

(調査の嘱託)
**第186条** 裁判所は,必要な調査を官庁若しくは公署,外国の官庁若しくは公署又は学校,商工会議所,取引所その他の団体に嘱託することができる.

(参考人等の審尋)
**第187条** ① 裁判所は,決定で完結すべき事件について,参考人又は当事者本人を審尋することができる.ただし,参考人については,当事者が申し出た者に限る.
② 前項の規定による審尋は,相手方がある事件については,当事者双方が立ち会うことができる審尋の期日においてしなければならない.

(疎 明)
**第188条** 疎明は,即時に取り調べることができる証拠によってしなければならない.

(過料の裁判の執行)
**第189条** ① この章の規定による過料の裁判は,検察官の命令で執行する.この命令は,執行力のある債務名義と同一の効力を有する.
② 過料の裁判の執行は,民事執行法(昭和54年法律第4号)その他強制執行の手続に関する法令の規定に従ってする.ただし,執行をする前に裁判の送達をすることを要しない.

③ 刑事訴訟法（昭和23年法律第131号）第507条の規定は，過料の裁判の執行について準用する．

④ 過料の裁判の執行があった後に当該裁判（以下この項において「原裁判」という．）に対して即時抗告があった場合において，抗告裁判所が当該即時抗告を理由があると認めて原裁判を取り消して更に過料の裁判をしたときは，その金額の限度において当該過料の裁判の執行があったものとみなす．この場合において，原裁判の執行によって得た金額が当該過料の金額を超えるときは，その超過額は，これを還付しなければならない．

#### 第2節 証人尋問

（証人義務）

**第190条** 裁判所は，特別の定めがある場合を除き，何人でも証人として尋問することができる．

（公務員の尋問）

**第191条** ① 公務員又は公務員であった者を証人として職務上の秘密について尋問する場合には，裁判所は，当該監督官庁（衆議院若しくは参議院の議員又はその職にあった者についてはその院，内閣総理大臣その他の国務大臣又はあった者については内閣）の承認を得なければならない．

② 前項の承認は，公共の利益を害し，又は公務の遂行に著しい支障を生ずるおそれがある場合を除き，拒むことができない．

（不出頭に対する過料等）

**第192条** ① 証人が正当な理由なく出頭しないときは，裁判所は，決定で，これによって生じた訴訟費用の負担を命じ，かつ，10万円以下の過料に処する．

② 前項の決定に対しては，即時抗告をすることができる．

（不出頭に対する罰金等）

**第193条** ① 証人が正当な理由なく出頭しないときは，10万円以下の罰金又は拘留に処する．

② 前項の罪を犯した者には，情状により，罰金及び拘留を併科することができる．

（勾引）

**第194条** ① 裁判所は，正当な理由なく出頭しない証人の勾引を命ずることができる．

② 刑事訴訟法中勾引に関する規定は，前項の勾引について準用する．

（受命裁判官等による証人尋問）

**第195条** 裁判所は，次に掲げる場合に限り，受命裁判官又は受託裁判官に裁判所外で証人の尋問をさせることができる．

1 証人が受訴裁判所に出頭する義務がないとき，又は正当な理由により出頭することがで

きないとき．

2 証人が受訴裁判所に出頭するについて不相当な費用又は時間を要するとき．

3 現場において証人を尋問することが事実を発見するために必要であるとき．

4 当事者に異議がないとき．

（証言拒絶権）

**第196条** 証言が証人又は証人と次に掲げる関係を有する者が刑事訴追を受け，又は有罪判決を受けるおそれがある事項に関するときは，証人は，証言を拒むことができる．証言がこれらの者の名誉を害すべき事項に関するときも，同様とする．

1 配偶者，四親等内の血族若しくは三親等内の姻族の関係にあり，又はあったこと．

2 後見人と被後見人の関係にあること．

**第197条** ① 次に掲げる場合には，証人は，証言を拒むことができる．

1 第191条第1項の場合

2 医師，歯科医師，薬剤師，医薬品販売業者，助産師，弁護士（外国法事務弁護士を含む．），弁理士，弁護人，公証人，宗教，祈祷若しくは祭祀の職にある者又はこれらの職にあった者が職務上知り得た事実で黙秘すべきものについて尋問を受ける場合

3 技術又は職業の秘密に関する事項について尋問を受ける場合

② 前項の規定は，証人が黙秘の義務を免除された場合には，適用しない．

（証言拒絶の理由の疎明）

**第198条** 証言拒絶の理由は，疎明しなければならない．

（証言拒絶についての裁判）

**第199条** ① 第197条第1項第1号の場合を除き，証言拒絶の当否については，受訴裁判所が，当事者を審尋して，決定で，裁判をする．

② 前項の裁判に対しては，当事者及び証人は，即時抗告をすることができる．

（証言拒絶に対する制裁）

**第200条** 第192条及び第193条の規定は，証言拒絶を理由がないとする裁判が確定した後に証人が正当な理由なく証言を拒む場合について準用する．

（宣誓）

**第201条** ① 証人には，特別の定めがある場合を除き，宣誓をさせなければならない．

② 16歳未満の者又は宣誓の趣旨を理解することができない者を証人として尋問する場合には，宣誓をさせることができない．

③ 第196条の規定に該当する証人で証言拒絶の権利を行使しないものを尋問する場合には，

宣誓をさせないことができる.
④ 証人は,自己又は自己と第196条各号に掲げる関係を有する者に著しい利害関係のある事項について尋問を受けるときは,宣誓を拒むことができる.
⑤ 第198条及び第199条の規定は証人が宣誓を拒む場合について,第192条及び第193条の規定は宣誓拒絶を理由がないとする裁判が確定した後に証人が正当な理由なく宣誓を拒む場合について準用する.

(尋問の順序)
**第202条** ① 証人の尋問は,その尋問の申出をした当事者,他の当事者,裁判長の順序でする.
② 裁判長は,適当と認めるときは,当事者の意見を聴いて,前項の順序を変更することができる.
③ 当事者が前項の規定による変更について異議を述べたときは,裁判所は,決定で,その異議について裁判をする.

(書類に基づく陳述の禁止)
**第203条** 証人は,書類に基づいて陳述することができない. ただし,裁判長の許可を受けたときは,この限りでない.

(付添い)
**第203条の2** ① 裁判長は,証人の年齢又は心身の状態その他の事情を考慮し,証人が尋問を受ける場合に著しく不安又は緊張を覚えるおそれがあると認めるときは,その不安又は緊張を緩和するのに適当であり,かつ,裁判長若しくは当事者の尋問若しくは証人の陳述を妨げ,又はその陳述の内容に不当な影響を与えるおそれがないと認める者を,その証人の陳述中,証人に付き添わせることができる.
② 前項の規定により証人に付き添うこととされた者は,その証人の陳述中,裁判長若しくは当事者の尋問若しくは証人の陳述を妨げ,又はその陳述の内容に不当な影響を与えるような言動をしてはならない.
③ 当事者が,第1項の規定による裁判長の処置に対し,異議を述べたときは,裁判所は,決定で,その異議について裁判をする.

(遮へいの措置)
**第203条の3** ① 裁判長は,事案の性質,証人の年齢又は心身の状態,証人と当事者本人又はその法定代理人との関係(証人がこれらの者が行った犯罪により害を被った者であることを含む. 次条第2号において同じ.)その他の事情により,証人が当事者本人又はその法定代理人の面前(同条に規定する方法による場合を含む.)において陳述するときは圧迫を受け精神の平穏を著しく害されるおそれがあると認める場合であって,相当と認めるときは,その

当事者本人又は法定代理人とその証人との間で,一方から又は相互に相手の状態を認識することができないようにするための措置をとることができる.
② 裁判長は,事案の性質,証人が犯罪により害を被った者であること,証人の年齢,心身の状態又は名誉に対する影響その他の事情を考慮し,相当と認めるときは,傍聴人とその証人との間で,相互に相手の状態を認識することができないようにするための措置をとることができる.
③ 前条第3項の規定は,前2項の規定による裁判長の処置について準用する.

(映像等の送受信による通話の方法による尋問)
**第204条** 裁判所は,次に掲げる場合には,最高裁判所規則で定めるところにより,映像と音声の送受信により相手の状態を相互に認識しながら通話をすることができる方法によって,証人の尋問をすることができる.
1 証人が遠隔の地に居住するとき.
2 事案の性質,証人の年齢又は心身の状態,証人と当事者本人又はその法定代理人との関係その他の事情により,証人が裁判長及び当事者が証人を尋問するために在席する場所において陳述するときは圧迫を受け精神の平穏を著しく害されるおそれがあると認める場合であって,相当と認めるとき.

(尋問に代わる書面の提出)
**第205条** 裁判所は,相当と認める場合において,当事者に異議がないときは,証人の尋問に代え,書面の提出をさせることができる.

(受命裁判官等の権限)
**第206条** 受命裁判官又は受託裁判官が証人尋問をする場合には,裁判所及び裁判長の職務は,その裁判官が行う. ただし,第202条第3項の規定による異議についての裁判は,受訴裁判所がする.

### 第3節 当事者尋問

(当事者本人の尋問)
**第207条** ① 裁判所は,申立てにより又は職権で,当事者本人を尋問することができる. この場合においては,その当事者に宣誓をさせることができる.
② 証人及び当事者本人の尋問を行うときは,まず証人の尋問をする. ただし,適当と認めるときは,当事者の意見を聴いて,まず当事者本人の尋問をすることができる.

(不出頭等の効果)
**第208条** 当事者本人を尋問する場合において,その当事者が,正当な理由なく,出頭せず,又は

宣誓若しくは陳述を拒んだときは，裁判所は，尋問事項に関する相手方の主張を真実と認めることができる．

（虚偽の陳述に対する過料）

**第209条** ① 宣誓した当事者が虚偽の陳述をしたときは，裁判所は，決定で，10万円以下の過料に処する．

② 前項の決定に対しては，即時抗告をすることができる．

③ 第1項の場合において，虚偽の陳述をした当事者が訴訟の係属中その陳述が虚偽であることを認めたときは，裁判所は，事情により，同項の決定を取り消すことができる．

（証人尋問の規定の準用）

**第210条** 第195条，第201条第2項，第202条から第204条まで及び第206条の規定は，当事者本人の尋問について準用する．

（法定代理人の尋問）

**第211条** この法律中当事者本人の尋問に関する規定は，訴訟において当事者を代表する法定代理人について準用する．ただし，当事者本人を尋問することを妨げない．

### 第4節 鑑　定

（鑑定義務）

**第212条** ① 鑑定に必要な学識経験を有する者は，鑑定をする義務を負う．

② 第196条又は第201条第4項の規定により証言又は宣誓を拒むことができる者と同一の地位にある者及び同条第2項に規定する者は，鑑定人となることができない．

（鑑定人の指定）

**第213条** 鑑定人は，受訴裁判所，受命裁判官又は受託裁判官が指定する．

（忌　避）

**第214条** ① 鑑定人について誠実に鑑定をすることを妨げるべき事情があるときは，当事者は，その鑑定人が鑑定事項について陳述をする前に，これを忌避することができる．鑑定人が陳述をした場合であっても，その後に，忌避の原因が生じ，又は当事者がその原因があることを知ったときは，同様とする．

② 忌避の申立ては，受訴裁判所，受命裁判官又は受託裁判官にしなければならない．

③ 忌避を理由があるとする決定に対しては，不服を申し立てることができない．

④ 忌避を理由がないとする決定に対しては，即時抗告をすることができる．

（鑑定人の陳述の方式等）

**第215条** ① 裁判長は，鑑定人に，書面又は口頭で，意見を述べさせることができる．

② 裁判所は，鑑定人に意見を述べさせた場合において，当該意見の内容を明瞭にし，又はその根拠を確認するため必要があると認めるときは，申立てにより又は職権で，鑑定人に更に意見を述べさせることができる．

（鑑定人質問）

**第215条の2** ① 裁判所は，鑑定人に口頭で意見を述べさせる場合には，鑑定人が意見の陳述をした後に，鑑定人に対し質問をすることができる．

② 前項の質問は，裁判長，その鑑定の申出をした当事者，他の当事者の順序でする．

③ 裁判長は，適当と認めるときは，当事者の意見を聴いて，前項の順序を変更することができる．

④ 当事者が前項の規定による変更について異議を述べたときは，裁判所は，決定で，その異議について裁判をする．

（映像等の送受信による通話の方法による陳述）

**第215条の3** 裁判所は，鑑定人に口頭で意見を述べさせる場合において，鑑定人が遠隔の地に居住しているときその他相当と認めるときは，最高裁判所規則で定めるところにより，隔地者が映像と音声の送受信により相手の状態を相互に認識しながら通話をすることができる方法によって，意見を述べさせることができる．

（受命裁判官等の権限）

**第215条の4** 受命裁判官又は受託裁判官が鑑定人に意見を述べさせる場合には，裁判所及び裁判長の職務は，その裁判官が行う．ただし，第215条の2第4項の規定による異議についての裁判は，受訴裁判所がする．

（証人尋問の規定の準用）

**第216条** 第191条の規定は公務員又は公務員であった者に鑑定人として職務上の秘密について意見を述べさせる場合について，第197条から第199条までの規定は鑑定人が鑑定を拒む場合について，第201条第1項の規定は鑑定人に宣誓をさせる場合について，第192条及び第193条の規定は鑑定人が正当な理由なく出頭しない場合，鑑定人が宣誓を拒む場合及び鑑定拒絶を理由がないとする裁判が確定した後に鑑定人が正当な理由なく鑑定を拒む場合について準用する．

（鑑定証人）

**第217条** 特別の学識経験により知り得た事実に関する尋問については，証人尋問に関する規定による．

（鑑定の嘱託）

**第218条** ① 裁判所は，必要があると認めるときは，官庁若しくは公署，外国の官庁若しくは公署又は相当の設備を有する法人に鑑定を嘱託

することができる．この場合においては，宣誓に関する規定を除き，この節の規定を準用する．
② 前項の場合において，裁判所は，必要があると認めるときは，官庁，公署又は法人の指定した者に鑑定書の説明をさせることができる．

#### 第5節　書　証
（書証の申出）
**第219条**　書証の申出は，文書を提出し，又は文書の所持者にその提出を命ずることを申し立ててしなければならない．

（文書提出義務）
**第220条**　次に掲げる場合には，文書の所持者は，その提出を拒むことができない．
1　当事者が訴訟において引用した文書を自ら所持するとき．
2　挙証者が文書の所持者に対しその引渡し又は閲覧を求めることができるとき．
3　文書が挙証者の利益のために作成され，又は挙証者と文書の所持者との間の法律関係について作成されたとき．
4　前3号に掲げる場合のほか，文書が次に掲げるもののいずれにも該当しないとき．
　イ　文書の所持者又は文書の所持者と第196条各号に掲げる関係を有する者についての同条に規定する事項が記載されている文書
　ロ　公務員の職務上の秘密に関する文書でその提出により公共の利益を害し，又は公務の遂行に著しい支障を生ずるおそれがあるもの
　ハ　第197条第1項第2号に規定する事実又は同項第3号に規定する事項で，黙秘の義務が免除されていないものが記載されている文書
　ニ　専ら文書の所持者の利用に供するための文書（国又は地方公共団体が所持する文書にあっては，公務員が組織的に用いるものを除く．）
　ホ　刑事事件に係る訴訟に関する書類若しくは少年の保護事件の記録又はこれらの事件において押収されている文書

（文書提出命令の申立て）
**第221条**　① 文書提出命令の申立ては，次に掲げる事項を明らかにしてしなければならない．
1　文書の表示
2　文書の趣旨
3　文書の所持者
4　証明すべき事実
5　文書の提出義務の原因
② 前条第4号に掲げる場合であることを文書の提出義務の原因とする文書提出命令の申立ては，書証の申出を文書提出命令の申立てによってする必要がある場合でなければ，することができない．

（文書の特定のための手続）
**第222条**　① 文書提出命令の申立てをする場合において，前条第1項第1号又は第2号に掲げる事項を明らかにすることが著しく困難であるときは，その申立ての時においては，これらの事項に代えて，文書の所持者がその申立てに係る文書を識別することができる事項を明らかにすれば足りる．この場合においては，裁判所に対し，文書の所持者に当該文書についての同項第1号又は第2号に掲げる事項を明らかにすることを求めるよう申し出なければならない．
② 前項の規定による申出があったときは，裁判所は，文書提出命令の申立てに理由がないことが明らかな場合を除き，文書の所持者に対し，同項後段の事項を明らかにすることを求めることができる．

（文書提出命令等）
**第223条**　① 裁判所は，文書提出命令の申立てを理由があると認めるときは，決定で，文書の所持者に対し，その提出を命ずる．この場合において，文書に取り調べる必要がないと認める部分又は提出の義務があると認めることができない部分があるときは，その部分を除いて，提出を命ずることができる．
② 裁判所は，第三者に対して文書の提出を命じようとする場合には，その第三者を審尋しなければならない．
③ 裁判所は，公務員の職務上の秘密に関する文書について第220条第4号に掲げる場合であることを文書の提出義務の原因とする文書提出命令の申立てがあった場合には，その申立てに理由がないことが明らかなときを除き，当該文書が同号ロに掲げる文書に該当するかどうかについて，当該監督官庁（衆議院又は参議院の議員の職務上の秘密に関する文書についてはその院，内閣総理大臣その他の国務大臣の職務上の秘密に関する文書については内閣．以下この条において同じ．）の意見を聴かなければならない．この場合において，当該監督官庁は，当該文書が同号ロに掲げる文書に該当する旨の意見を述べるときは，その理由を示さなければならない．
④ 前項の場合において，当該監督官庁が当該文書の提出により次に掲げるおそれがあることを理由として当該文書が第220条第4号ロに掲げる文書に該当する旨の意見を述べたときは，裁判所は，その意見について相当の理由があると認めるに足りない場合に限り，文書の所持者に対し，その提出を命ずることができる．

1 国の安全が害されるおそれ,他国若しくは国際機関との信頼関係が損なわれるおそれ又は他国若しくは国際機関との交渉上不利益を被るおそれ

2 犯罪の予防,鎮圧又は捜査,公訴の維持,刑の執行その他の公共の安全と秩序の維持に支障を及ぼすおそれ

⑤ 第3項前段の場合において,当該監督官庁は,当該文書の所持者以外の第三者の技術又は職業の秘密に関する事項に係る記載がされている文書について意見を述べようとするときは,第220条第4号ロに掲げる文書に該当する旨の意見を述べようとするときを除き,あらかじめ,当該第三者の意見を聴くものとする.

⑥ 裁判所は,文書提出命令の申立てに係る文書が第220条第4号イからニまでに掲げる文書のいずれかに該当するかどうかの判断をするため必要があると認めるときは,文書の所持者にその提示をさせることができる. この場合においては,何人も,その提示された文書の開示を求めることができない.

⑦ 文書提出命令の申立てについての決定に対しては,即時抗告をすることができる.

**(当事者が文書提出命令に従わない場合等の効果)**

**第224条** ① 当事者が文書提出命令に従わないときは,裁判所は,当該文書の記載に関する相手方の主張を真実と認めることができる.

② 当事者が相手方の使用を妨げる目的で提出の義務がある文書を滅失させ,その他これを使用することができないようにしたときも,前項と同様とする.

③ 前2項に規定する場合において,相手方が,当該文書の記載に関して具体的な主張をすること及び当該文書により証明すべき事実を他の証拠により証明することが著しく困難であるときは,裁判所は,その事実に関する相手方の主張を真実と認めることができる.

**(第三者が文書提出命令に従わない場合の過料)**

**第225条** ① 第三者が文書提出命令に従わないときは,裁判所は,決定で,20万円以下の過料に処する.

② 前項の決定に対しては,即時抗告をすることができる.

**(文書送付の嘱託)**

**第226条** 書証の申出は,第219条の規定にかかわらず,文書の所持者にその文書の送付を嘱託することを申し立ててすることができる. ただし,当事者が法令により文書の正本又は謄本の交付を求めることができる場合は,この限

りでない.

**(文書の留置)**

**第227条** 裁判所は,必要があると認めるときは,提出又は送付に係る文書を留め置くことができる.

**(文書の成立)**

**第228条** ① 文書は,その成立が真正であることを証明しなければならない.

② 文書は,その方式及び趣旨により公務員が職務上作成したものと認めるべきときは,真正に成立した公文書と推定する.

③ 公文書の成立の真否について疑いがあるときは,裁判所は,職権で,当該官庁又は公署に照会をすることができる.

④ 私文書は,本人又はその代理人の署名又は押印があるときは,真正に成立したものと推定する.

⑤ 第2項及び第3項の規定は,外国の官庁又は公署の作成に係るものと認めるべき文書について準用する.

**(筆跡等の対照による証明)**

**第229条** ① 文書の成立の真否は,筆跡又は印影の対照によっても,証明することができる.

② 第219条,第223条,第224条第1項及び第2項,第226条並びに第227条の規定は,対照の用に供すべき筆跡又は印影を備える文書その他の物件の提出又は送付について準用する.

③ 対照をするのに適当な相手方の筆跡がないときは,裁判所は,対照の用に供すべき文字の筆記を相手方に命ずることができる.

④ 相手方が正当な理由なく前項の規定による決定に従わないときは,裁判所は,文書の成立の真否に関する挙証者の主張を真実と認めることができる. 書体を変えて筆記したときも,同様とする.

⑤ 第三者が正当な理由なく第2項において準用する第223条第1項の規定による提出の命令に従わないときは,裁判所は,決定で,10万円以下の過料に処する.

⑥ 前項の決定に対しては,即時抗告をすることができる.

**(文書の成立の真正を争った者に対する過料)**

**第230条** ① 当事者又はその代理人が故意又は重大な過失により真実に反して文書の成立の真正を争ったときは,裁判所は,決定で,10万円以下の過料に処する.

② 前項の決定に対しては,即時抗告をすることができる.

③ 第1項の場合において,文書の成立の真正を争った当事者又は代理人が訴訟の係属中その文書の成立が真正であることを認めたときは,裁判所は,事情により,同項の決定を取り消す

**(文書に準ずる物件への準用)**
**第231条** この節の規定は,図面,写真,録音テープ,ビデオテープその他の情報を表すために作成された物件で文書でないものについて準用する.

### 第6節 検 証

**(検証の目的の提示等)**
**第232条** ① 第219条,第223条,第224条,第226条及び第227条の規定は,検証の目的の提示又は送付について準用する.
② 第三者が正当な理由なく前項において準用する第223条第1項の規定による提示の命令に従わないときは,裁判所は,決定で,20万円以下の過料に処する.
③ 前項の決定に対しては,即時抗告をすることができる.

**(検証の際の鑑定)**
**第233条** 裁判所又は受命裁判官若しくは受託裁判官は,検証をするに当たり,必要があると認めるときは,鑑定を命ずることができる.

### 第7節 証拠保全

**(証拠保全)**
**第234条** 裁判所は,あらかじめ証拠調べをしておかなければその証拠を使用することが困難となる事情があると認めるときは,申立てにより,この章の規定に従い,証拠調べをすることができる.

**(管轄裁判所等)**
**第235条** ① 訴えの提起後における証拠保全の申立ては,その証拠を使用すべき審級の裁判所にしなければならない.ただし,最初の口頭弁論の期日が指定され,又は事件が弁論準備手続若しくは書面による準備手続に付された後口頭弁論の終結に至るまでの間は,受訴裁判所にしなければならない.
② 訴えの提起前における証拠保全の申立ては,尋問を受けるべき者若しくは文書を所持する者の居所又は検証物の所在地を管轄する地方裁判所又は簡易裁判所にしなければならない.
③ 急迫の事情がある場合には,訴えの提起後であっても,前項の地方裁判所又は簡易裁判所に証拠保全の申立てをすることができる.

**(相手方の指定ができない場合の取扱い)**
**第236条** 証拠保全の申立ては,相手方を指定することができない場合においても,することができる.この場合においては,裁判所は,相手方となるべき者のために特別代理人を選任することができる.

**(職権による証拠保全)**
**第237条** 裁判所は,必要があると認めるときは,訴訟の係属中,職権で,証拠保全の決定をすることができる.

**(不服申立ての不許)**
**第238条** 証拠保全の決定に対しては,不服を申し立てることができない.

**(受命裁判官による証拠調べ)**
**第239条** 第235条第1項ただし書の場合には,裁判所は,受命裁判官に証拠調べをさせることができる.

**(期日の呼出し)**
**第240条** 証拠調べの期日には,申立人及び相手方を呼び出さなければならない.ただし,急速を要する場合は,この限りでない.

**(証拠保全の費用)**
**第241条** 証拠保全に関する費用は,訴訟費用の一部とする.

**(口頭弁論における再尋問)**
**第242条** 証拠保全の手続において尋問をした証人について,当事者が口頭弁論における尋問の申出をしたときは,裁判所は,その尋問をしなければならない.

### 第5章 判 決

**(終局判決)**
**第243条** ① 裁判所は,訴訟が裁判をするのに熟したときは,終局判決をする.
② 裁判所は,訴訟の一部が裁判をするのに熟したときは,その一部について終局判決をすることができる.
③ 前項の規定は,口頭弁論の併合を命じた数個の訴訟中その一が裁判をするのに熟した場合及び本訴又は反訴が裁判をするのに熟した場合について準用する.

**第244条** 裁判所は,当事者の双方又は一方が口頭弁論の期日に出頭せず,又は弁論をしないで退廷をした場合において,審理の現状及び当事者の訴訟追行の状況を考慮して相当と認めるときは,終局判決をすることができる.ただし,当事者の一方が口頭弁論の期日に出頭せず,又は弁論をしないで退廷をした場合には,出頭した相手方の申出があるときに限る.

**(中間判決)**
**第245条** 裁判所は,独立した攻撃又は防御の方法その他中間の争いについて,裁判をするのに熟したときは,中間判決をすることができる.請求の原因及び数額について争いがある場合におけるその原因についても,同様とする.

**(判決事項)**
**第246条** 裁判所は,当事者が申し立てていない事項について,判決をすることができない.

**(自由心証主義)**

第247条　裁判所は、判決をするに当たり、口頭弁論の全趣旨及び証拠調べの結果をしん酌して、自由な心証により、事実についての主張を真実と認めるべきか否かを判断する。
（損害額の認定）
第248条　損害が生じたことが認められる場合において、損害の性質上その額を立証することが極めて困難であるときは、裁判所は、口頭弁論の全趣旨及び証拠調べの結果に基づき、相当な損害額を認定することができる。
（直接主義）
第249条　① 判決は、その基本となる口頭弁論に関与した裁判官がする。
② 裁判官が代わった場合には、当事者は、従前の口頭弁論の結果を陳述しなければならない。
③ 単独の裁判官が代わった場合又は合議体の裁判官の過半数が代わった場合において、その前に尋問をした証人について、当事者が更に尋問の申出をしたときは、裁判所は、その尋問をしなければならない。
（判決の発効）
第250条　判決は、言渡しによってその効力を生ずる。
（言渡期日）
第251条　① 判決の言渡しは、口頭弁論の終結の日から2月以内にしなければならない。ただし、事件が複雑であるときその他特別の事情があるときは、この限りでない。
② 判決の言渡しは、当事者が在廷しない場合においても、することができる。
（言渡しの方式）
第252条　判決の言渡しは、判決書の原本に基づいてする。
（判決書）
第253条　① 判決書には、次に掲げる事項を記載しなければならない。
1　主文
2　事実
3　理由
4　口頭弁論の終結の日
5　当事者及び法定代理人
6　裁判所
② 事実の記載においては、請求を明らかにし、かつ、主文が正当であることを示すのに必要な主張を摘示しなければならない。
（言渡しの方式の特則）
第254条　① 次に掲げる場合において、原告の請求を認容するときは、判決の言渡しは、第252条の規定にかかわらず、判決書の原本に基づかないですることができる。
1　被告が口頭弁論において原告の主張した事実を争わず、その他何らの防御の方法をも提出しない場合
2　被告が公示送達による呼出しを受けたにもかかわらず口頭弁論の期日に出頭しない場合（被告の提出した準備書面が口頭弁論において陳述されたものとみなされた場合を除く。）
② 前項の規定により判決の言渡しをしたときは、裁判所は、判決書の作成に代えて、裁判所書記官に、当事者及び法定代理人、主文、請求並びに理由の要旨を、判決の言渡しをした口頭弁論期日の調書に記載させなければならない。
（判決書等の送達）
第255条　① 判決書又は前条第2項の調書は、当事者に送達しなければならない。
② 前項に規定する送達は、判決書の正本又は前条第2項の調書の謄本によってする。
（変更の判決）
第256条　① 裁判所は、判決に法令の違反があることを発見したときは、その言渡し後1週間以内に限り、変更の判決をすることができる。ただし、判決が確定したとき、又は判決を変更するため事件につき更に弁論をする必要があるときは、この限りでない。
② 変更の判決は、口頭弁論を経ないでする。
③ 前項の判決の言渡期日の呼出しにおいては、公示送達による場合を除き、送達をすべき場所にあてて呼出状を発した時に、送達があったものとみなす。
（更正決定）
第257条　① 判決に計算違い、誤記その他これらに類する明白な誤りがあるときは、裁判所は、申立てにより又は職権で、いつでも更正決定をすることができる。
② 更正決定に対しては、即時抗告をすることができる。ただし、判決に対し適法な控訴があったときは、この限りでない。
（裁判の脱漏）
第258条　① 裁判所が請求の一部について裁判を脱漏したときは、訴訟は、その請求の部分については、なおその裁判所に係属する。
② 訴訟費用の負担の裁判を脱漏したときは、裁判所は、申立てにより又は職権で、その訴訟費用の負担について、決定で、裁判をする。この場合においては、第61条から第66条までの規定を準用する。
③ 前項の決定に対しては、即時抗告をすることができる。
④ 第2項の規定による訴訟費用の負担の裁判は、本案判決に対し適法な控訴があったときは、その効力を失う。この場合においては、控訴裁判所は、訴訟の総費用について、その負担の裁

判をする．
（仮執行の宣言）
**第259条** ① 財産権上の請求に関する判決については，裁判所は，必要があると認めるときは，申立てにより又は職権で，担保を立てて，又は立てないで仮執行をすることができることを宣言することができる．
② 手形又は小切手による金銭の支払の請求及びこれに附帯する法定利率による損害賠償の請求に関する判決については，裁判所は，職権で，担保を立てないで仮執行をすることができることを宣言しなければならない．ただし，裁判所が相当と認めるときは，仮執行を担保を立てることに係らしむることができる．
③ 裁判所は，申立てにより又は職権で，担保を立てて仮執行を免れることができることを宣言することができる．
④ 仮執行の宣言は，判決の主文に掲げなければならない．前項の規定による宣言についても，同様とする．
⑤ 仮執行の宣言の申立てについて裁判をしなかったとき，又は職権で仮執行の宣言をすべき場合においてこれをしなかったときは，裁判所は，申立てにより又は職権で，補充の決定をする．第3項の申立てについて裁判をしなかったときも，同様とする．
⑥ 第76条，第77条，第79条及び第80条の規定は，第1項から第3項までの担保について準用する．
（仮執行の宣言の失効及び原状回復等）
**第260条** ① 仮執行の宣言は，その宣言又は本案判決を変更する判決の言渡しにより，変更の限度においてその効力を失う．
② 本案判決を変更する場合には，裁判所は，被告の申立てにより，その判決において，仮執行の宣言に基づき被告が給付したものの返還及び仮執行により又はこれを免れるために被告が受けた損害の賠償を原告に命じなければならない．
③ 仮執行の宣言のみを変更したときは，後に本案判決を変更する判決について，前項の規定を適用する．

## 第6章　裁判によらない訴訟の完結

（訴えの取下げ）
**第261条** ① 訴えは，判決が確定するまで，その全部又は一部を取り下げることができる．
② 訴えの取下げは，相手方が本案について準備書面を提出し，弁論準備手続において申述をし，又は口頭弁論をした後にあっては，相手方の同意を得なければ，その効力を生じない．ただし，本訴の取下げがあった場合における反訴の取下げについては，この限りでない．
③ 訴えの取下げは，書面でしなければならない．ただし，口頭弁論，弁論準備手続又は和解の期日（以下この章において「口頭弁論等の期日」という．）においては，口頭ですることを妨げない．
④ 第2項本文の場合において，訴えの取下げが書面でされたときはその書面を，訴えの取下げが口頭弁論等の期日において口頭でされたとき（相手方がその期日に出頭したときを除く．）はその期日の調書の謄本を相手方に送達しなければならない．
⑤ 訴えの取下げの書面の送達を受けた日から2週間以内に相手方が異議を述べないときは，訴えの取下げに同意したものとみなす．訴えの取下げが口頭弁論等の期日において口頭でされた場合において，相手方がその期日に出頭したときは訴えの取下げがあった日から，相手方がその期日に出頭しなかったときは前項の謄本の送達があった日から2週間以内に相手方が異議を述べないときも，同様とする．
（訴えの取下げの効果）
**第262条** ① 訴訟は，訴えの取下げがあった部分については，初めから係属していなかったものとみなす．
② 本案について終局判決があった後に訴えを取り下げた者は，同一の訴えを提起することができない．
（訴えの取下げの擬制）
**第263条** 当事者双方が，口頭弁論若しくは弁論準備手続の期日に出頭せず，又は弁論若しくは弁論準備手続における申述をしないで退廷若しくは退席をした場合において，1月以内に期日指定の申立てをしないときは，訴えの取下げがあったものとみなす．当事者双方が，連続して2回，口頭弁論若しくは弁論準備手続の期日に出頭せず，又は弁論若しくは弁論準備手続における申述をしないで退廷若しくは退席をしたときも，同様とする．
（和解条項案の書面による受諾）
**第264条** 当事者が遠隔の地に居住していることその他の事由により出頭することが困難であると認められる場合において，その当事者があらかじめ裁判所又は受命裁判官若しくは受託裁判官から提示された和解条項案を受諾する旨の書面を提出し，他の当事者が口頭弁論等の期日に出頭してその和解条項案を受諾したときは，当事者間に和解が調ったものとみなす．
（裁判所等が定める和解条項）
**第265条** ① 裁判所又は受命裁判官若しくは

受託裁判官は,当事者の共同の申立てがあるときは,事件の解決のために適当な和解条項を定めることができる.
② 前項の申立ては,書面でしなければならない.この場合においては,その書面に同項の和解条項に服する旨を記載しなければならない.
③ 第1項の規定による和解条項の定めは,口頭弁論等の期日における告知その他相当と認める方法による告知によってする.
④ 当事者は,前項の告知前に限り,第1項の申立てを取り下げることができる.この場合においては,相手方の同意を得ることを要しない.
⑤ 第3項の告知が当事者双方にされたときは,当事者間に和解が調ったものとみなす.

(請求の放棄又は認諾)
第266条 ① 請求の放棄又は認諾は,口頭弁論等の期日においてする.
② 請求の放棄又は認諾をする旨の書面を提出した当事者が口頭弁論等の期日に出頭しないときは,裁判所又は受命裁判官若しくは受託裁判官は,その旨の陳述をしたものとみなすことができる.

(和解調書等の効力)
第267条 和解又は請求の放棄若しくは認諾を調書に記載したときは,その記載は,確定判決と同一の効力を有する.

### 第7章 大規模訴訟等に関する特則

(大規模訴訟に係る事件における受命裁判官による証人等の尋問)
第268条 裁判所は,大規模訴訟(当事者が著しく多数で,かつ,尋問すべき証人又は当事者本人が著しく多数である訴訟をいう.)に係る事件について,当事者に異議がないときは,受命裁判官に裁判所内で証人又は当事者本人の尋問をさせることができる.

(大規模訴訟に係る事件における合議体の構成)
第269条 ① 地方裁判所においては,前条に規定する事件について,5人の裁判官の合議体で審理及び裁判をする旨の決定をその合議体ですることができる.
② 前項の場合には,判事補は,同時に3人以上合議体に加わり,又は裁判長となることができない.

(特許権等に関する訴えに係る事件における合議体の構成)
第269条の2 ① 第6条第1項各号に定める裁判所においては,特許権等に関する訴えに係る事件について,5人の裁判官の合議体で審理及び裁判をする旨の決定をその合議体でする

ことができる.ただし,第20条の2第1項の規定により移送された訴訟に係る事件については,この限りでない.
② 前条第2項の規定は,前項の場合について準用する.

### 第8章 簡易裁判所の訴訟手続に関する特則

(手続の特色)
第270条 簡易裁判所においては,簡易な手続により迅速に紛争を解決するものとする.

(口頭による訴えの提起)
第271条 訴えは,口頭で提起することができる.

(訴えの提起において明らかにすべき事項)
第272条 訴えの提起においては,請求の原因に代えて,紛争の要点を明らかにすれば足りる.

(任意の出頭による訴えの提起等)
第273条 当事者双方は,任意に裁判所に出頭し,訴訟について口頭弁論をすることができる.この場合においては,訴えの提起は,口頭の陳述によってする.

(反訴の提起に基づく移送)
第274条 ① 被告が反訴で地方裁判所の管轄に属する請求をした場合において,相手方の申立てがあるときは,簡易裁判所は,決定で,本訴及び反訴を地方裁判所に移送しなければならない.この場合においては,第22条の規定を準用する.
② 前項の決定に対しては,不服を申し立てることができない.

(訴え提起前の和解)
第275条 ① 民事上の争いについては,当事者は,請求の趣旨及び原因並びに争いの実情を表示して,相手方の普通裁判籍の所在地を管轄する簡易裁判所に和解の申立てをすることができる.
② 前項の和解が調わない場合において,和解の期日に出頭した当事者双方の申立てがあるときは,裁判所は,直ちに訴訟の弁論を命ずる.この場合においては,和解の申立てをした者は,その申立てをした時に,訴えを提起したものとみなし,和解の費用は,訴訟費用の一部とする.
③ 申立人又は相手方が第1項の和解の期日に出頭しないときは,裁判所は,和解が調わないものとみなすことができる.
④ 第1項の和解については,第264条及び第265条の規定は,適用しない.

(和解に代わる決定)
第275条の2 ① 金銭の支払の請求を目的とする訴えについては,裁判所は,被告が口頭弁論において原告の主張した事実を争わず,その他何らの防御の方法をも提出しない場合にお

いて,被告の資力その他の事情を考慮して相当であると認めるときは,原告の意見を聴いて,第3項の期間の経過時から5年を超えない範囲内において,当該請求に係る金銭の支払について,その時期の定め若しくは分割払の定めをし,又はこれと併せて,その時期の定めに従い支払をしたとき,若しくはその分割払の定めによる期限の利益を次項の規定による定めにより失うことなく支払をしたときは訴え提起後の遅延損害金の支払義務を免除する旨の定めをして,当該請求に係る金銭の支払を命ずる決定をすることができる.

② 前項の分割払の定めをするときは,被告が支払を怠った場合における期限の利益の喪失についての定めをしなければならない.

③ 第1項の決定に対しては,当事者は,その決定の告知を受けた日から2週間の不変期間内に,その決定をした裁判所に異議を申し立てることができる.

④ 前項の期間内に異議の申立てがあったときは,第1項の決定は,その効力を失う.

⑤ 第3項の期間内に異議の申立てがないときは,第1項の決定は,裁判上の和解と同一の効力を有する.

(準備書面の省略等)

**第276条** ① 口頭弁論は,書面で準備することを要しない.

② 相手方が準備をしなければ陳述をすることができないと認めるべき事項は,前項の規定にかかわらず,書面で準備し,又は口頭弁論前直接に相手方に通知しなければならない.

③ 前項に規定する事項は,相手方が在廷していない口頭弁論においては,準備書面(相手方に送達されたもの又は相手方からその準備書面を受領した旨を記載した書面が提出されたものに限る.)に記載し,又は同項の規定による通知をしたものでなければ,主張することができない.

(続行期日における陳述の擬制)

**第277条** 第158条の規定は,原告又は被告が口頭弁論の続行の期日に出頭せず,又は出頭したが本案の弁論をしない場合について準用する.

(尋問等に代わる書面の提出)

**第278条** 裁判所は,相当と認めるときは,証人若しくは当事者本人の尋問又は鑑定人の意見の陳述に代え,書面の提出をさせることができる.

(司法委員)

**第279条** ① 裁判所は,必要があると認めるときは,和解を試みるについて司法委員に補助をさせ,又は司法委員を審理に立ち会わせて事件につきその意見を聴くことができる.

② 司法委員の員数は,各事件について1人以上とする.

③ 司法委員は,毎年あらかじめ地方裁判所の選任した者の中から,事件ごとに裁判所が指定する.

④ 前項の規定により選任される者の資格,員数その他同項の選任に関し必要な事項は,最高裁判所規則で定める.

⑤ 司法委員には,最高裁判所規則で定める額の旅費,日当及び宿泊料を支給する.

(判決書の記載事項)

**第280条** 判決書に事実及び理由を記載するには,請求の趣旨及び原因の要旨,その原因の有無並びに請求を排斥する理由である抗弁の要旨を表示すれば足りる.

## 第3編 上 訴

### 第1章 控 訴

(控訴をすることができる判決等)

**第281条** ① 控訴は,地方裁判所が第一審としてした終局判決又は簡易裁判所の終局判決に対してすることができる.ただし,終局判決後,当事者双方が共に上告をする権利を留保して控訴をしない旨の合意をしたときは,この限りでない.

② 第11条第2項及び第3項の規定は,前項の合意について準用する.

(訴訟費用の負担の裁判に対する控訴の制限)

**第282条** 訴訟費用の負担の裁判に対しては,独立して控訴をすることができない.

(控訴裁判所の判断を受ける裁判)

**第283条** 終局判決前の裁判は,控訴裁判所の判断を受ける.ただし,不服を申し立てることができない裁判及び抗告により不服を申し立てることができる裁判は,この限りでない.

(控訴権の放棄)

**第284条** 控訴をする権利は,放棄することができる.

(控訴期間)

**第285条** 控訴は,判決書又は第254条第2項の調書の送達を受けた日から2週間の不変期間内に提起しなければならない.ただし,その期間前に提起した控訴の効力を妨げない.

(控訴提起の方式)

**第286条** ① 控訴の提起は,控訴状を第一審裁判所に提出してしなければならない.

② 控訴状には,次に掲げる事項を記載しなければならない.

1 当事者及び法定代理人

2 第一審判決の表示及びその判決に対して控訴をする旨

（第一審裁判所による控訴の却下）
第287条 ① 控訴が不適法でその不備を補正することができないことが明らかであるときは、第一審裁判所は、決定で、控訴を却下しなければならない。
② 前項の決定に対しては、即時抗告をすることができる。

（裁判長の控訴状審査権）
第288条 第137条の規定は、控訴状が第286条第2項の規定に違反する場合及び民事訴訟費用等に関する法律の規定に従い控訴の提起の手数料を納付しない場合について準用する。

（控訴状の送達）
第289条 ① 控訴状は、被控訴人に送達しなければならない。
② 第137条の規定は、控訴状の送達をすることができない場合（控訴状の送達に必要な費用を予納しない場合を含む。）について準用する。

（口頭弁論を経ない控訴の却下）
第290条 控訴が不適法でその不備を補正することができないときは、控訴裁判所は、口頭弁論を経ないで、判決で、控訴を却下することができる。

（呼出費用の予納がない場合の控訴の却下）
第291条 ① 控訴裁判所は、民事訴訟費用等に関する法律の規定に従い当事者に対する期日の呼出しに必要な費用の予納を相当の期間を定めて控訴人に命じた場合において、その予納がないときは、決定で、控訴を却下することができる。
② 前項の決定に対しては、即時抗告をすることができる。

（控訴の取下げ）
第292条 ① 控訴は、控訴審の終局判決があるまで、取り下げることができる。
② 第261条第3項、第262条第1項及び第263条の規定は、控訴の取下げについて準用する。

（附帯控訴）
第293条 ① 被控訴人は、控訴権が消滅した後であっても、口頭弁論の終結に至るまで、附帯控訴をすることができる。
② 附帯控訴は、控訴の取下げがあったとき、又は不適法として控訴の却下があったときは、その効力を失う。ただし、控訴の要件を備えるものは、独立した控訴とみなす。
③ 附帯控訴については、控訴に関する規定による。ただし、附帯控訴の提起は、附帯控訴状を控訴裁判所に提出してすることができる。

（第一審判決についての仮執行の宣言）
第294条 控訴裁判所は、第一審判決について不服の申立てがない部分に限り、申立てにより、決定で、仮執行の宣言をすることができる。

（仮執行に関する裁判に対する不服申立て）
第295条 仮執行に関する控訴審の裁判に対しては、不服を申し立てることができない。ただし、前条の申立てを却下する決定に対しては、即時抗告をすることができる。

（口頭弁論の範囲等）
第296条 ① 口頭弁論は、当事者が第一審判決の変更を求める限度においてのみ、これをする。
② 当事者は、第一審における口頭弁論の結果を陳述しなければならない。

（第一審の訴訟手続の規定の準用）
第297条 前編第1章から第7章までの規定は、特別の定めがある場合を除き、控訴審の訴訟手続について準用する。ただし、第269条の規定は、この限りでない。

（第一審の訴訟行為の効力等）
第298条 ① 第一審においてした訴訟行為は、控訴審においてもその効力を有する。
② 第167条の規定は、第一審において準備的口頭弁論を終了し、又は弁論準備手続を終結した事件につき控訴審で攻撃又は防御の方法を提出した当事者について、第178条の規定は、第一審において書面による準備手続を終結した事件につき同条の陳述又は確認がされた場合において控訴審で攻撃又は防御の方法を提出した当事者について準用する。

（第一審の管轄違いの主張の制限）
第299条 ① 控訴審においては、当事者は、第一審裁判所が管轄権を有しないことを主張することができない。ただし、専属管轄（当事者が第11条の規定により合意で定めたものを除く。）については、この限りでない。
② 前項の第一審裁判所が第6条第1項各号に定める裁判所である場合において、当該訴訟が同項の規定により他の裁判所の専属管轄に属するときは、前項ただし書の規定は、適用しない。

（反訴の提起等）
第300条 ① 控訴審においては、反訴の提起は、相手方の同意がある場合に限り、することができる。
② 相手方が異議を述べないで反訴の本案について弁論をしたときは、反訴の提起に同意したものとみなす。
③ 前2項の規定は、選定者に係る請求の追加について準用する。

（攻撃防御方法の提出等の期間）
第301条 ① 裁判長は、当事者の意見を聴いて、攻撃若しくは防御の方法の提出、請求若しくは請求の原因の変更、反訴の提起又は選定者に係る請求の追加をすべき期間を定めることがで

きる.
② 前項の規定により定められた期間の経過後に同項に規定する訴訟行為をする当事者は,裁判所に対し,その期間内にこれをすることができなかった理由を説明しなければならない.
　（控訴棄却）
第302条　① 控訴裁判所は,第一審判決を相当とするときは,控訴を棄却しなければならない.
② 第一審判決がその理由によれば不当である場合においても,他の理由により正当であるときは,控訴を棄却しなければならない.
　（控訴権の濫用に対する制裁）
第303条　① 控訴裁判所は,前条第1項の規定により控訴を棄却する場合において,控訴人が訴訟の完結を遅延させることのみを目的として控訴を提起したものと認めるときは,控訴人に対し,控訴の提起の手数料として納付すべき金額の10倍以下の金銭の納付を命ずることができる.
② 前項の規定による裁判は,判決の主文に掲げなければならない.
③ 第1項の規定による裁判は,本案判決を変更する判決の言渡しにより,その効力を失う.
④ 上告裁判所は,上告を棄却する場合においても,第1項の規定による裁判を変更することができる.
⑤ 第189条の規定は,第1項の規定による裁判について準用する.
　（第一審判決の取消し及び変更の範囲）
第304条　第一審判決の取消し及び変更は,不服申立ての限度においてのみ,これをすることができる.
　（第一審判決が不当な場合の取消し）
第305条　控訴裁判所は,第一審判決を不当とするときは,これを取り消さなければならない.
　（第一審の判決の手続が違法な場合の取消し）
第306条　第一審の判決の手続が法律に違反したときは,控訴裁判所は,第一審判決を取り消さなければならない.
　（事件の差戻し）
第307条　控訴裁判所は,訴えを不適法として却下した第一審判決を取り消す場合には,事件を第一審裁判所に差し戻さなければならない.ただし,事件につき更に弁論をする必要がないときは,この限りでない.
第308条　① 前条本文に規定する場合のほか,控訴裁判所が第一審判決を取り消す場合において,事件につき更に弁論をする必要があるときは,これを第一審裁判所に差し戻すことができる.
② 第一審裁判所における訴訟手続が法律に違反したことを理由として事件を差し戻したときは,その訴訟手続は,これによって取り消されたものとみなす.
　（第一審の管轄違いを理由とする移送）
第309条　控訴裁判所は,事件が管轄違いであることを理由として第一審判決を取り消すときは,判決で,事件を管轄裁判所に移送しなければならない.
　（控訴審の判決における仮執行の宣言）
第310条　控訴裁判所は,金銭の支払の請求（第259条第2項の請求を除く.）に関する判決については,申立てがあるときは,不必要と認める場合を除き,担保を立てないで仮執行をすることができることを宣言しなければならない.ただし,控訴裁判所が相当と認めるときは,仮執行を担保を立てることに係らしめることができる.
　（特許権等に関する訴えに係る控訴事件における合議体の構成）
第310条の2　第6条第1項各号に定める裁判所が第一審としてした特許権に関する訴えについての終局判決に対する控訴が提起された東京高等裁判所においては,当該控訴に係る事件について,5人の裁判官の合議体で審理及び裁判をする旨の決定をその合議体ですることができる.ただし,第20条の2第1項の規定により移送された訴訟に係る訴えについての終局判決に対する控訴に係る事件については,この限りでない.

## 第2章　上　告

　（上告裁判所）
第311条　① 上告は,高等裁判所が第二審又は第一審としてした終局判決に対しては最高裁判所に,地方裁判所が第二審としてした終局判決に対しては高等裁判所にすることができる.
② 第281条第1項ただし書の場合には,地方裁判所の判決に対しては最高裁判所に,簡易裁判所の判決に対しては高等裁判所に,直ちに上告をすることができる.
　（上告の理由）
第312条　① 上告は,判決に憲法の解釈の誤りがあることその他憲法の違反があることを理由とするときに,することができる.
② 上告は,次に掲げる事由があることを理由とするときに,することができる.ただし,第4号に掲げる事由については,第34条第2項（第59条において準用する場合を含む.）の規定による追認があったときは,この限りでない.
　1　法律に従って判決裁判所を構成しなかったこと.

2 法律により判決に関与することができない裁判官が判決に関与したこと.
3 専属管轄に関する規定に違反したこと(第6条第1項各号に定める裁判所が第一審の終局判決をした場合において当該訴訟が同項の規定により他の裁判所の専属管轄に属するときを除く.).
4 法定代理権,訴訟代理権又は代理人が訴訟行為をするのに必要な授権を欠いたこと.
5 口頭弁論の公開の規定に違反したこと.
6 判決に理由を付せず,又は理由に食違いがあること.
③ 高等裁判所にする上告は,判決に影響を及ぼすことが明らかな法令の違反があることを理由とするときも,することができる.

(控訴の規定の準用)
第313条 前章の規定は,特別の定めがある場合を除き,上告及び上告審の訴訟手続について準用する.

(上告提起の方式等)
第314条 ① 上告の提起は,上告状を原裁判所に提出してしなければならない.
② 前条において準用する第288条及び第289条第2項の規定による裁判長の職権は,原裁判所の裁判長が行う.

(上告の理由の記載)
第315条 ① 上告状に上告の理由の記載がないときは,上告人は,最高裁判所規則で定める期間内に,上告理由書を原裁判所に提出しなければならない.
② 上告の理由は,最高裁判所規則で定める方式により記載しなければならない.

(原裁判所による上告の却下)
第316条 ① 次の各号に該当することが明らかであるときは,原裁判所は,決定で,上告を却下しなければならない.
1 上告が不適法でその不備を補正することができないとき.
2 前条第1項の規定に違反して上告理由書を提出せず,又は上告の理由の記載が同条第2項の規定に違反しているとき.
② 前項の決定に対しては,即時抗告をすることができる.

(上告裁判所による上告の却下等)
第317条 ① 前条第1項各号に掲げる場合には,上告裁判所は,決定で,上告を却下することができる.
② 上告裁判所である最高裁判所は,上告の理由が明らかに第312条第1項及び第2項に規定する事由に該当しない場合には,決定で,上告を棄却することができる.

(上告受理の申立て)
第318条 ① 上告をすべき裁判所が最高裁判所である場合には,最高裁判所は,原判決に最高裁判所の判例(これがない場合にあっては,大審院又は上告裁判所若しくは控訴裁判所である高等裁判所の判例)と相反する判断がある事件その他の法令の解釈に関する重要な事項を含むものと認められる事件について,申立てにより,決定で,上告審として事件を受理することができる.
② 前項の申立て(以下「上告受理の申立て」という.)においては,第312条第1項及び第2項に規定する事由を理由とすることができない.
③ 第1項の場合において,最高裁判所は,上告受理の申立ての理由中に重要でないと認めるものがあるときは,これを排除することができる.
④ 第1項の決定があった場合には,上告があったものとみなす.この場合においては,第320条の規定の適用については,上告受理の申立ての理由中前項の規定により排除されたもの以外のものを上告の理由とみなす.
⑤ 第313条から第315条まで及び第316条第1項の規定は,上告受理の申立てについて準用する.

(口頭弁論を経ない上告の棄却)
第319条 上告裁判所は,上告状,上告理由書,答弁書その他の書類により,上告を理由がないと認めるときは,口頭弁論を経ないで,判決で,上告を棄却することができる.

(調査の範囲)
第320条 上告裁判所は,上告の理由に基づき,不服の申立てがあった限度においてのみ調査をする.

(原判決の確定した事実の拘束)
第321条 ① 原判決において適法に確定した事実は,上告裁判所を拘束する.
② 第311条第2項の規定による上告があった場合には,上告裁判所は,原判決における事実の確定が法律に違反したことを理由として,その判決を破棄することができない.

(職権調査事項についての適用除外)
第322条 前2条の規定は,裁判所が職権で調査すべき事項には,適用しない.

(仮執行の宣言)
第323条 上告裁判所は,原判決について不服の申立てがない部分に限り,申立てにより,決定で,仮執行の宣言をすることができる.

(最高裁判所への移送)
第324条 上告裁判所である高等裁判所は,最高裁判所規則で定める事由があるときは,決定で,

（破棄差戻し等）
第325条 ① 第312条第1項又は第2項に規定する事由があるときは，上告裁判所は，原判決を破棄し，次条の場合を除き，事件を原裁判所に差し戻し，又はこれと同等の他の裁判所に移送しなければならない．高等裁判所が上告裁判所である場合において，判決に影響を及ぼすことが明らかな法令の違反があるときも，同様とする．
② 上告裁判所である最高裁判所は，第312条第1項又は第2項に規定する事由がない場合であっても，判決に影響を及ぼすことが明らかな法令の違反があるときは，原判決を破棄し，次条の場合を除き，事件を原裁判所に差し戻し，又はこれと同等の他の裁判所に移送することができる．
③ 前2項の規定により差戻し又は移送を受けた裁判所は，新たな口頭弁論に基づき裁判をしなければならない．この場合において，上告裁判所が破棄の理由とした事実上及び法律上の判断は，差戻し又は移送を受けた裁判所を拘束する．
④ 原判決に関与した裁判官は，前項の裁判に関与することができない．

（破棄自判）
第326条 次に掲げる場合には，上告裁判所は，事件について裁判をしなければならない．
1 確定した事実について憲法その他の法令の適用を誤ったことを理由として判決を破棄する場合において，事件がその事実に基づき裁判をするのに熟するとき．
2 事件が裁判所の権限に属しないことを理由として判決を破棄するとき．

（特別上告）
第327条 ① 高等裁判所が上告審としてした終局判決に対しては，その判決に憲法の解釈の誤りがあることその他憲法の違反があることを理由とするときに限り，最高裁判所に更に上告をすることができる．
② 前項の上告及びその上告審の訴訟手続には，その性質に反しない限り，第二審又は第一審の終局判決に対する上告及びその上告審の訴訟手続に関する規定を準用する．この場合において，第321条第1項中「原判決」とあるのは，「地方裁判所が第二審としてした終局判決（第311条第2項の規定による上告があった場合にあっては，簡易裁判所の終局判決）」と読み替えるものとする．

## 第3章 抗 告

（抗告をすることができる裁判）
第328条 ① 口頭弁論を経ないで訴訟手続に関する申立てを却下した決定又は命令に対しては，抗告をすることができる．
② 決定又は命令により裁判をすることができない事項について決定又は命令がされたときは，これに対して抗告をすることができる．

（受命裁判官等の裁判に対する不服申立て）
第329条 ① 受命裁判官又は受託裁判官の裁判に対して不服がある当事者は，受訴裁判所に異議の申立てをすることができる．ただし，その裁判が受訴裁判所の裁判であるとした場合に抗告をすることができるものであるときに限る．
② 抗告は，前項の申立てについての裁判に対してすることができる．
③ 最高裁判所又は高等裁判所が受訴裁判所である場合における第1項の規定の適用については，同項ただし書中「受訴裁判所」とあるのは，「地方裁判所」とする．

（再抗告）
第330条 抗告裁判所の決定に対しては，その決定に憲法の解釈の誤りがあることその他憲法の違反があること，又は決定に影響を及ぼすことが明らかな法令の違反があることを理由とするときに限り，更に抗告をすることができる．

（控訴又は上告の規定の準用）
第331条 抗告及び抗告裁判所の訴訟手続には，その性質に反しない限り，第1章の規定を準用する．ただし，前条の抗告及びこれに関する訴訟手続には，前章の規定中第二審又は第一審の終局判決に対する上告及びその上告審の訴訟手続に関する規定を準用する．

（即時抗告期間）
第332条 即時抗告は，裁判の告知を受けた日から1週間の不変期間内にしなければならない．

（原裁判所等による更正）
第333条 原裁判をした裁判所又は裁判長は，抗告を理由があると認めるときは，その裁判を更正しなければならない．

（原裁判の執行停止）
第334条 ① 抗告は，即時抗告に限り，執行停止の効力を有する．
② 抗告裁判所又は原裁判をした裁判所若しくは裁判官は，抗告について決定があるまで，原裁判の執行の停止その他必要な処分を命ずることができる．

（口頭弁論に代わる審尋）
第335条 抗告裁判所は，抗告について口頭弁

論をしない場合には,抗告人その他の利害関係人を審尋することができる.

(特別抗告)

**第336条** ① 地方裁判所及び簡易裁判所の決定及び命令で不服を申し立てることができないもの並びに高等裁判所の決定及び命令に対しては,その裁判に憲法の解釈の誤りがあることその他憲法の違反があることを理由とするときに,最高裁判所に特に抗告をすることができる.

② 前項の抗告は,裁判の告知を受けた日から5日の不変期間内にしなければならない.

③ 第1項の抗告及びこれに関する訴訟手続には,その性質に反しない限り,第327条第1項の上告及びその上告審の訴訟手続に関する規定並びに第334条第2項の規定を準用する.

(許可抗告)

**第337条** ① 高等裁判所の決定及び命令(第330条の抗告及び次項の申立てについての決定及び命令を除く.)に対しては,前条第1項の規定による場合のほか,その高等裁判所が次項の規定により許可したときに限り,最高裁判所に特に抗告をすることができる.ただし,その裁判が地方裁判所の裁判であるとした場合に抗告をすることができるものであるときに限る.

② 前項の高等裁判所は,同項の裁判について,最高裁判所の判例(これがない場合にあっては,大審院又は上告裁判所若しくは抗告裁判所である高等裁判所の判例)と相反する判断がある場合その他の法令の解釈に関する重要な事項を含むと認められる場合には,申立てにより,決定で,抗告を許可しなければならない.

③ 前項の申立てにおいては,前条第1項に規定する事由を理由とすることはできない.

④ 第2項の規定による許可があった場合には,第1項の抗告があったものとみなす.

⑤ 最高裁判所は,裁判に影響を及ぼすことが明らかな法令の違反があるときは,原裁判を破棄することができる.

⑥ 第313条,第315条及び前条第2項の規定は第2項の申立てについて,第318条第3項の規定は第2項の規定による許可をする場合について,同条第4項後段及び前条第3項の規定は第2項の規定による許可があった場合について準用する.

## 第4編 再 審

(再審の事由)

**第338条** ① 次に掲げる事由がある場合には,確定した終局判決に対し,再審の訴えをもって,不服を申し立てることができる.ただし,当事者が控訴若しくは上告によりその事由を主張したとき,又はこれを知りながら主張しなかったときは,この限りでない.

1 法律に従って判決裁判所を構成しなかったこと.
2 法律により判決に関与することができない裁判官が判決に関与したこと.
3 法定代理権,訴訟代理権又は代理人が訴訟行為をするのに必要な授権を欠いたこと.
4 判決に関与した裁判官が事件について職務に関する罪を犯したこと.
5 刑事上罰すべき他人の行為により,自白をするに至ったこと又は判決に影響を及ぼすべき攻撃若しくは防御の方法を提出することを妨げられたこと.
6 判決の証拠となった文書その他の物件が偽造又は変造されたものであったこと.
7 証人,鑑定人,通訳人又は宣誓した当事者若しくは法定代理人の虚偽の陳述が判決の証拠となったこと.
8 判決の基礎となった民事若しくは刑事の判決その他の裁判又は行政処分が後の裁判又は行政処分により変更されたこと.
9 判決に影響を及ぼすべき重要な事項について判断の遺脱があったこと.
10 不服の申立てに係る判決が前に確定した判決と抵触すること.

② 前項第4号から第7号までに掲げる事由がある場合においては,罰すべき行為について,有罪の判決若しくは過料の裁判が確定したとき,又は証拠がないという理由以外の理由により有罪の確定判決若しくは過料の確定裁判を得ることができないときに限り,再審の訴えを提起することができる.

③ 控訴審において事件につき本案判決をしたときは,第一審の判決に対し再審の訴えを提起することができない.

**第339条** 判決の基本となる裁判について前条第1項に規定する事由がある場合(同項第4号から第7号までに掲げる事由がある場合にあっては,同条第2項に規定する場合に限る.)には,その裁判に対し独立した不服申立ての方法を定めているときにおいても,その事由を判決に対する再審の理由とすることができる.

(管轄裁判所)

**第340条** ① 再審の訴えは,不服の申立てに係る判決をした裁判所の管轄に専属する.

② 審級を異にする裁判所が同一の事件についてした判決に対する再審の訴えは,上級の裁判所が併せて管轄する.

（再審の訴訟手続）
第341条　再審の訴訟手続には，その性質に反しない限り，各審級における訴訟手続に関する規定を準用する．

（再審期間）
第342条　① 再審の訴えは，当事者が判決の確定した後再審の事由を知った日から30日の不変期間内に提起しなければならない．
② 判決が確定した日（再審の事由が判決の確定した後に生じた場合にあっては，その事由が発生した日）から5年を経過したときは，再審の訴えを提起することができない．
③ 前2項の規定は，第338条第1項第3号に掲げる事由のうち代理権を欠いたこと及び同項第10号に掲げる事由を理由とする再審の訴えには，適用しない．

（再審の訴状の記載事項）
第343条　再審の訴状には，次に掲げる事項を記載しなければならない．
1　当事者及び法定代理人
2　不服の申立てに係る判決の表示及びその判決に対して再審を求める旨
3　不服の理由

（不服の理由の変更）
第344条　再審の訴えを提起した当事者は，不服の理由を変更することができる．

（再審の訴えの却下等）
第345条　① 裁判所は，再審の訴えが不適法である場合には，決定で，これを却下しなければならない．
② 裁判所は，再審の事由がない場合には，決定で，再審の請求を棄却しなければならない．
③ 前項の決定が確定したときは，同一の事由を不服の理由として，更に再審の訴えを提起することができない．

（再審開始の決定）
第346条　① 裁判所は，再審の事由がある場合には，再審開始の決定をしなければならない．
② 裁判所は，前項の決定をする場合には，相手方を審尋しなければならない．

（即時抗告）
第347条　第345条第1項及び第2項並びに前条第1項の決定に対しては，即時抗告をすることができる．

（本案の審理及び裁判）
第348条　① 裁判所は，再審開始の決定が確定した場合には，不服申立ての限度で，本案の審理及び裁判をする．
② 裁判所は，前項の場合において，判決を正当とするときは，再審の請求を棄却しなければならない．
③ 裁判所は，前項の場合を除き，判決を取り消した上，更に裁判をしなければならない．

（決定又は命令に対する再審）
第349条　① 即時抗告をもって不服を申し立てることができる決定又は命令で確定したものに対しては，再審の申立てをすることができる．
② 第338条から前条までの規定は，前項の申立てについて準用する．

### 第5編　手形訴訟及び小切手訴訟に関する特則

（手形訴訟の要件）
第350条　① 手形による金銭の支払の請求及びこれに附帯する法定利率による損害賠償の請求を目的とする訴えについては，手形訴訟による審理及び裁判を求めることができる．
② 手形訴訟による審理及び裁判を求める旨の申述は，訴状に記載してしなければならない．

（反訴の禁止）
第351条　手形訴訟においては，反訴を提起することができない．

（証拠調べの制限）
第352条　① 手形訴訟においては，証拠調べは，書証に限りすることができる．
② 文書の提出の命令又は送付の嘱託は，することができない．対照の用に供すべき筆跡又は印影を備える物件の提出の命令又は送付の嘱託についても，同様とする．
③ 文書の成立の真否又は手形の提示に関する事実については，申立てにより，当事者本人を尋問することができる．
④ 証拠調べの嘱託は，することができない．第186条の規定による調査の嘱託についても，同様とする．
⑤ 前各項の規定は，裁判所が職権で調査すべき事項には，適用しない．

（通常の手続への移行）
第353条　① 原告は，口頭弁論の終結に至るまで，被告の承諾を要しないで，訴訟を通常の手続に移行させる旨の申述をすることができる．
② 訴訟は，前項の申述があった時に，通常の手続に移行する．
③ 前項の場合には，裁判所は，直ちに，訴訟が通常の手続に移行した旨を記載した書面を被告に送付しなければならない．ただし，第1項の申述が被告の出頭した期日において口頭でされたものであるときは，その送付をすることを要しない．
④ 第2項の場合には，手形訴訟のため既に指定した期日は，通常の手続のために指定したものとみなす．

（口頭弁論の終結）
第354条　裁判所は、被告が口頭弁論において原告が主張した事実を争わず、その他何らの防御の方法をも提出しない場合には、前条第3項の規定による書面の送付前であっても、口頭弁論を終結することができる．

（口頭弁論を経ない訴えの却下）
第355条　① 請求の全部又は一部が手形訴訟による審理及び裁判をすることができないものであるときは、裁判所は、口頭弁論を経ないで、判決で、訴えの全部又は一部を却下することができる．
② 前項の場合において、原告が判決書の送達を受けた日から2週間以内に同額の請求について通常の手続により訴えを提起したときは、第147条の規定の適用については、その訴えの提起は、前の訴えの提起の時にしたものとみなす．

（控訴の禁止）
第356条　手形訴訟の終局判決に対しては、控訴をすることができない．ただし、前条第1項の判決を除き、訴えを却下した判決に対しては、この限りでない．

（異議の申立て）
第357条　手形訴訟の終局判決に対しては、訴えを却下した判決を除き、判決書又は第254条第2項の調書の送達を受けた日から2週間の不変期間内に、その判決をした裁判所に異議を申し立てることができる．ただし、その期間前に申し立てた異議の効力を妨げない．

（異議申立権の放棄）
第358条　異議を申し立てる権利は、その申立て前に限り、放棄することができる．

（口頭弁論を経ない異議の却下）
第359条　異議が不適法でその不備を補正することができないときは、裁判所は、口頭弁論を経ないで、判決で、異議を却下することができる．

（異議の取下げ）
第360条　① 異議は、通常の手続による第一審の終局判決があるまで、取り下げることができる．
② 異議の取下げは、相手方の同意を得なければ、その効力を生じない．
③ 第261条第3項から第5項まで、第262条第1項及び第263条の規定は、異議の取下げについて準用する．

（異議後の手続）
第361条　適法な異議があったときは、訴訟は、口頭弁論の終結前の程度に復する．この場合において、通常の手続によりその審理及び裁判をする．

（異議後の判決）
第362条　① 前条の規定によってすべき判決が手形訴訟の判決と符合するときは、裁判所は、手形訴訟の判決を認可しなければならない．ただし、手形訴訟の判決の手続が法律に違反したものであるときは、この限りでない．
② 前項の規定により手形訴訟の判決を認可する場合を除き、前条の規定によってすべき判決においては、手形訴訟の判決を取り消さなければならない．

（異議後の判決における訴訟費用）
第363条　① 異議を却下し、又は手形訴訟においてした訴訟費用の負担の裁判を認可する場合には、裁判所は、異議の申立てがあった後の訴訟費用の負担について裁判をしなければならない．
② 第258条第4項の規定は、手形訴訟の判決に対し適法な異議の申立てがあった場合について準用する．

（事件の差戻し）
第364条　控訴裁判所は、異議を不適法として却下した第一審判決を取り消す場合には、事件を第一審裁判所に差し戻さなければならない．ただし、事件につき更に弁論をする必要がないときは、この限りでない．

（訴え提起前の和解の手続から手形訴訟への移行）
第365条　第275条第2項後段の規定により提起があったものとみなされる訴えについては、手形訴訟による審理及び裁判を求める旨の申述は、同項前段の申立ての際にしなければならない．

（督促手続から手形訴訟への移行）
第366条　① 第395条又は第398条第1項（第402条第2項において準用する場合を含む．）の規定により提起があったものとみなされる訴えについては、手形訴訟による審理及び裁判を求める旨の申述は、支払督促の申立ての際にしなければならない．
② 第391条第1項の規定による仮執行の宣言があったときは、前項の申述は、なかったものとみなす．

（小切手訴訟）
第367条　① 小切手による金銭の支払の請求及びこれに附帯する法定利率による損害賠償の請求を目的とする訴えについては、小切手訴訟による審理及び裁判を求めることができる．
② 第350条第2項及び第351条から前条までの規定は、小切手訴訟に関して準用する．

## 第6編　少額訴訟に関する特則

（少額訴訟の要件等）
第368条　① 簡易裁判所においては、訴えの目

的価額が60万円以下の金銭の支払の請求を目的とする訴えについて,少額訴訟による審理及び裁判を求めることができる.ただし,同一の簡易裁判所において同一の年に最高裁判所規則で定める回数を超えてこれを求めることができない.
② 少額訴訟による審理及び裁判を求める旨の申述は,訴えの提起の際にしなければならない.
③ 前項の申述をするには,当該訴えを提起する簡易裁判所においてその年に少額訴訟による審理及び裁判を求めた回数を届け出なければならない.

(反訴の禁止)
**第369条** 少額訴訟においては,反訴を提起することができない.

(一期日審理の原則)
**第370条** ① 少額訴訟においては,特別の事情がある場合を除き,最初にすべき口頭弁論の期日において,審理を完了しなければならない.
② 当事者は,前項の期日前又はその期日において,すべての攻撃又は防御の方法を提出しなければならない.ただし,口頭弁論が続行されたときは,この限りでない.

(証拠調べの制限)
**第371条** 証拠調べは,即時に取り調べることができる証拠に限りすることができる.

(証人等の尋問)
**第372条** ① 証人の尋問は,宣誓をさせないですることができる.
② 証人又は当事者本人の尋問は,裁判官が相当と認める順序でする.
③ 裁判所は,相当と認めるときは,最高裁判所規則で定めるところにより,裁判所及び当事者双方と証人とが音声の送受信により同時に通話をすることができる方法によって,証人を尋問することができる.

(通常の手続への移行)
**第373条** ① 被告は,訴訟を通常の手続に移行させる旨の申述をすることができる.ただし,被告が最初にすべき口頭弁論の期日において弁論をし,又はその期日が終了した後は,この限りでない.
② 訴訟は,前項の申述があった時に,通常の手続に移行する.
③ 次に掲げる場合には,裁判所は,訴訟を通常の手続により審理及び裁判をする旨の決定をしなければならない.
 1 第368条第1項の規定に違反して少額訴訟による審理及び裁判を求めたとき.
 2 第368条第3項の規定によってすべき届出を相当の期間を定めて命じた場合において,その届出がないとき.
 3 公示送達によらなければ被告に対する最初にすべき口頭弁論の期日の呼出しをすることができないとき.
 4 少額訴訟により審理及び裁判をするのを相当でないと認めるとき.
④ 前項の決定に対しては,不服を申し立てることができない.
⑤ 訴訟が通常の手続に移行したときは,少額訴訟のため既に指定した期日は,通常の手続のために指定したものとみなす.

(判決の言渡し)
**第374条** ① 判決の言渡しは,相当でないと認める場合を除き,口頭弁論の終結後直ちにする.
② 前項の場合には,判決の言渡しは,判決書の原本に基づかないですることができる.この場合においては,第254条第2項及び第255条の規定を準用する.

(判決による支払の猶予)
**第375条** ① 裁判所は,請求を認容する判決をする場合において,被告の資力その他の事情を考慮して特に必要があると認めるときは,判決の言渡しの日から3年を超えない範囲内において,認容する請求に係る金銭の支払について,その時期の定め若しくは分割払の定めをし,又はこれと併せて,その時期の定めに従い支払をしたとき,若しくはその分割払の定めによる期限の利益を次項の規定による定めにより失うことなく支払をしたときは訴え提起後の遅延損害金の支払義務を免除する旨の定めをすることができる.
② 前項の分割払の定めをするときは,被告が支払を怠った場合における期限の利益の喪失についての定めをしなければならない.
③ 前2項の規定による定めに関する裁判に対しては,不服を申し立てることができない.

(仮執行の宣言)
**第376条** ① 請求を認容する判決については,裁判所は,職権で,担保を立てて,又は立てないで仮執行をすることができることを宣言しなければならない.
② 第76条,第77条,第79条及び第80条の規定は,前項の担保について準用する.

(控訴の禁止)
**第377条** 少額訴訟の終局判決に対しては,控訴をすることができない.

(異 議)
**第378条** ① 少額訴訟の終局判決に対しては,判決書又は第254条第2項(第374条第2項において準用する場合を含む.)の調書の送達を受けた日から2週間の不変期間内に,その判

決をした裁判所に異議を申し立てることができる．ただし，その期間前に申し立てた異議の効力を妨げない．
② 第358条から第360条までの規定は，前項の異議について準用する．

（異議後の審理及び裁判）
**第379条** ① 適法な異議があったときは，訴訟は，口頭弁論の終結前の程度に復する．この場合においては，通常の手続によりその審理及び裁判をする．
② 第362条，第363条，第369条，第372条第2項及び第375条の規定は，前項の審理及び裁判について準用する．

（異議後の判決に対する不服申立て）
**第380条** ① 第378条第2項において準用する第359条又は前条第1項の規定によってした終局判決に対しては，控訴をすることができない．
② 第327条の規定は，前項の終局判決について準用する．

（過　料）
**第381条** ① 少額訴訟による審理及び裁判を求めた者が第368条第3項の回数について虚偽の届出をしたときは，裁判所は，決定で，10万円以下の過料に処する．
② 前項の決定に対しては，即時抗告をすることができる．
③ 第189条の規定は，第1項の規定による過料の裁判について準用する．

## 第7編　督促手続

### 第1章　総則

（支払督促の要件）
**第382条** 金銭その他の代替物又は有価証券の一定の数量の給付を目的とする請求については，裁判所書記官は，債権者の申立てにより，支払督促を発することができる．ただし，日本において公示送達によらないでこれを送達することができる場合に限る．

（支払督促の申立て）
**第383条** ① 支払督促の申立ては，債務者の普通裁判籍の所在地を管轄する簡易裁判所の裁判所書記官に対してする．
② 次の各号に掲げる請求についての支払督促の申立ては，それぞれ当該各号に定める地を管轄する簡易裁判所の裁判所書記官に対してもすることができる．
　1 事務所又は営業所を有する者に対する請求でその事務所又は営業所における業務に関するもの
　　当該事務所又は営業所の所在地
　2 手形又は小切手による金銭の支払の請求及びこれに附帯する請求
　　手形又は小切手の支払地

（訴えに関する規定の準用）
**第384条** 支払督促の申立てには，その性質に反しない限り，訴えに関する規定を準用する．

（申立ての却下）
**第385条** ① 支払督促の申立てが第382条若しくは第383条の規定に違反するとき，又は申立ての趣旨から請求に理由がないことが明らかなときは，その申立てを却下しなければならない．請求の一部につき支払督促を発することができない場合におけるその一部についても，同様とする．
② 前項の規定による処分は，相当と認める方法で告知することによって，その効力を生ずる．
③ 前項の処分に対する異議の申立ては，その告知を受けた日から1週間の不変期間内にしなければならない．
④ 前項の異議の申立てについての裁判に対しては，不服を申し立てることができない．

（支払督促の発付等）
**第386条** ① 支払督促は，債務者を審尋しないで発する．
② 債務者は，支払督促に対し，これを発した裁判所書記官の所属する簡易裁判所に督促異議の申立てをすることができる．

（支払督促の記載事項）
**第387条** 支払督促には，次に掲げる事項を記載し，かつ，債務者が支払督促の送達を受けた日から2週間以内に督促異議の申立てをしないときは債権者の申立てにより仮執行の宣言をする旨を付記しなければならない．
　1 第382条の給付を命ずる旨
　2 請求の趣旨及び原因
　3 当事者及び法定代理人

（支払督促の送達）
**第388条** ① 支払督促は，債務者に送達しなければならない．
② 支払督促の効力は，債務者に送達された時に生ずる．
③ 債権者が申し出た場所に債務者の住所，居所，営業所若しくは事務所又は就業場所がないため，支払督促を送達することができないときは，裁判所書記官は，その旨を債権者に通知しなければならない．この場合において，債権者が通知を受けた日から2月の不変期間内にその申出に係る場所以外の送達をすべき場所の申出をしないときは，支払督促の申立てを取り下げたものとみなす．

（支払督促の更正）

**第389条** ① 第74条第1項及び第2項の規定は,支払督促について準用する.
② 仮執行の宣言後に適法な督促異議の申立てがあったときは,前項において準用する第74条第1項の規定による更正の処分に対する異議の申立ては,することができない.

（仮執行の宣言前の督促異議）
**第390条** 仮執行の宣言前に適法な督促異議の申立てがあったときは,支払督促は,その督促異議の限度で効力を失う.

（仮執行の宣言）
**第391条** ① 債務者が支払督促の送達を受けた日から2週間以内に督促異議の申立てをしないときは,裁判所書記官は,債権者の申立てにより,支払督促に手続の費用を付記して仮執行の宣言をしなければならない.ただし,その宣言前に督促異議の申立てがあったときは,この限りでない.
② 仮執行の宣言は,支払督促に記載し,これを当事者に送達しなければならない.ただし,債権者の同意があるときは,当該債権者に対しては,当該記載をした支払督促を送付することをもって,送達に代えることができる.
③ 第385条第2項及び第3項の規定は,第1項の申立てを却下する処分及びこれに対する異議の申立てについて準用する.
④ 前項の異議の申立てについての裁判に対しては,即時抗告をすることができる.
⑤ 第260条及び第388条第2項の規定は,第1項の仮執行の宣言について準用する.

（期間の徒過による支払督促の失効）
**第392条** 債権者が仮執行の宣言の申立てをすることができる時から30日以内にその申立てをしないときは,支払督促は,その効力を失う.

（仮執行の宣言後の督促異議）
**第393条** 仮執行の宣言を付した支払督促の送達を受けた日から2週間の不変期間を経過したときは,債務者は,その支払督促に対し,督促異議の申立てをすることができない.

（督促異議の却下）
**第394条** ① 簡易裁判所は,督促異議を不適法であると認めるときは,督促異議に係る請求が地方裁判所の管轄に属する場合においても,決定で,その督促異議を却下しなければならない.
② 前項の決定に対しては,即時抗告をすることができる.

（督促異議の申立てによる訴訟への移行）
**第395条** 適法な督促異議の申立てがあったときは,督促異議に係る請求については,その目的の価額に従い,支払督促の申立ての時に,支払督促を発した裁判所書記官の所属する簡易裁判所又はその所在地を管轄する地方裁判所に訴えの提起があったものとみなす.この場合においては,督促手続の費用は,訴訟費用の一部とする.

（支払督促の効力）
**第396条** 仮執行の宣言を付した支払督促に対し督促異議の申立てがないとき,又は督促異議の申立てを却下する決定が確定したときは,支払督促は,確定判決と同一の効力を有する.

### 第2章 電子情報処理組織による督促手続の特則

（電子情報処理組織による支払督促の申立て）
**第397条** 電子情報処理組織を用いて督促手続を取り扱う裁判所として最高裁判所規則で定める簡易裁判所（以下この章において「指定簡易裁判所」という.）の裁判所書記官に対しては,第383条の規定による場合のほか,同条に規定する簡易裁判所が別に最高裁判所規則で定める簡易裁判所である場合にも,最高裁判所規則で定めるところにより,電子情報処理組織を用いて支払督促の申立てをすることができる.

**第398条** ① 第132条の10第1項本文の規定により電子情報処理組織を用いてされた支払督促の申立てに係る督促手続における支払督促に対し適法な督促異議の申立てがあったときは,督促異議に係る請求については,その目的の価額に従い,当該支払督促の申立ての時に,第383条に規定する簡易裁判所を発した裁判所書記官の所属するもの若しくは前条の別に最高裁判所規則で定める簡易裁判所又はその所在地を管轄する地方裁判所に訴えの提起があったものとみなす.
② 前項の場合において,同項に規定する簡易裁判所又は地方裁判所が二以上あるときは,督促異議に係る請求については,これらの裁判所中に第383条第1項に規定する簡易裁判所又はその所在地を管轄する地方裁判所がある場合にはその裁判所に,その裁判所がない場合には同条第2項第1号に定める地を管轄する簡易裁判所又はその所在地を管轄する地方裁判所に訴えの提起があったものとみなす.
③ 前項の規定にかかわらず,債権者が,最高裁判所規則で定めるところにより,第1項に規定する簡易裁判所又は地方裁判所のうち,一の簡易裁判所又は地方裁判所を指定したときは,その裁判所に訴えの提起があったものとみなす.

（電子情報処理組織による処分の告知）
**第399条** ① 第132条の10第1項本文の規定により電子情報処理組織を用いてされた支払

a 督促の申立てに係る督促手続に関する指定簡易裁判所の裁判所書記官の処分の告知のうち，当該処分の告知に関するこの法律その他の法令の規定により書面等をもってするものとされているものについては，当該法令の規定にかかわらず，最高裁判所規則で定めるところにより，電子情報処理組織を用いてすることができる．

② 第132条の10第2項から第4項までの規定は，前項の規定により指定簡易裁判所の裁判所書記官がする処分の告知について準用する．

c ③ 前項において準用する第132条の10第3項の規定にかかわらず，第1項の規定による処分の告知を受けるべき債権者の同意があるときは，当該処分の告知は，裁判所の使用に係る電子計算機に備えられたファイルに当該処分に係る情報が最高裁判所規則で定めるところにより記録され，かつ，その記録に関する通知が当該債権者に対して発せられた時に，当該債権者に到達したものとみなす．

（電磁的記録による作成等）
e 第400条 ① 指定簡易裁判所の裁判所書記官が，第132条の10第1項本文の規定により電子情報処理組織を用いてされた支払督促の申立てに係る督促手続に関し，この法律その他の法令の規定により裁判所書記官が書面等の作成等（作成又は保管をいう．以下この条及び次条第1項において同じ．）をすることとされているものについては，当該法令の規定にかかわらず，書面等の作成等に代えて，最高裁判所規則で定めるところにより，当該書面等に係る電磁的記録の作成等をすることができる．

g ② 第132条の10第2項及び第4項の規定は，前項の規定により指定簡易裁判所の裁判所書記官がする電磁的記録の作成等について準用する．

h （電磁的記録に係る訴訟記録の取扱い）
第401条 ① 督促手続に係る訴訟記録のうち，第132条の10第1項本文の規定により電子情報処理組織を用いてされた申立て等に係る部分又は前条第1項の規定により電磁的記録の作成等がされた部分（以下この条において「電磁的記録部分」と称する．）について，第91条第1項又は第3項の規定による訴訟記録の閲覧等の請求があったときは，指定簡易裁判所の裁判所書記官は，当該指定簡易裁判所の使用に係る電子計算機に備えられたファイルに記録された電磁的記録部分の内容を書面に出力した上，当該訴訟記録の閲覧等を当該書面をもってするものとする．電磁的記録の作成等に係る書類の送達又は送付も，同様とする．

k ② 第132条の10第1項本文の規定により電子情報処理組織を用いてされた支払督促の申立てに係る督促手続における支払督促に対し適法な督促異議の申立てがあったときは，第398条の規定により訴えの提起があったものとみなされる裁判所は，電磁的記録部分の内容を書面に出力した上，当該訴訟記録の閲覧等を当該書面をもってするものとする．

（電子情報処理組織による督促手続における所定の方式の書面による支払督促の申立て）
第402条 ① 電子情報処理組織（裁判所の使用に係る複数の電子計算機を相互に電気通信回線で接続した電子情報処理組織をいう．）を用いて督促手続を取り扱う裁判所として最高裁判所規則で定める簡易裁判所の裁判所書記官に対しては，第383条の規定による場合のほか，同条に規定する簡易裁判所が別に最高裁判所規則で定める簡易裁判所である場合にも，最高裁判所規則で定める方式に適合する方式により記載された書面をもって支払督促の申立てをすることができる．

② 第398条の規定は，前項に規定する方式により記載された書面をもってされた支払督促の申立てに係る督促手続における支払督促に対し適法な督促異議の申立てがあったときについて準用する．

## 第8編　執行停止

（執行停止の裁判）
第403条 ① 次に掲げる場合には，裁判所は，申立てにより，決定で，担保を立てさせて，若しくは立てさせないで強制執行の一時の停止を命じ，又はこれとともに，担保を立てて強制執行の開始若しくは続行をすべき旨を命じ，若しくは担保を立てさせて既にした執行処分の取消しを命ずることができる．ただし，強制執行の開始又は続行をすべき旨の命令は，第3号から第6号までに掲げる場合に限り，することができる．

1 第327条第1項（第380条第2項において準用する場合を含む．次条において同じ．）の上告又は再審の訴えの提起があった場合において，不服の理由として主張した事情が法律上理由があるとみえ，事実上の点につき疎明があり，かつ，執行により償うことができない損害が生ずるおそれがあることにつき疎明があったとき．

2 仮執行の宣言を付した判決に対する上告の提起又は上告受理の申立てがあった場合において，原判決の破棄の原因となるべき事情及び執行により償うことができない損害を生ずるおそれがあることにつき疎明があったとき．

3 仮執行の宣言を付した判決に対する控訴の提起又は仮執行の宣言を付した支払督促に対する督促異議の申立て(次号の控訴の提起及び督促異議の申立てを除く。)があった場合において,原判決若しくは支払督促の取消し若しくは変更の原因となるべき事情がないとはいえないこと又は執行により著しい損害を生ずるおそれがあることにつき疎明があったとき.
4 手形又は小切手による金銭の支払の請求及びこれに附帯する法定利率による損害賠償の請求について,仮執行の宣言を付した判決に対する控訴の提起又は仮執行の宣言を付した支払督促に対する督促異議の申立てがあった場合において,原判決又は支払督促の取消し又は変更の原因となるべき事情につき疎明があったとき.
5 仮執行の宣言を付した手形訴訟若しくは小切手訴訟の判決に対する異議の申立て又は仮執行の宣言を付した少額訴訟の判決に対する異議の申立てがあった場合において,原判決の取消し又は変更の原因となるべき事情につき疎明があったとき.
6 第117条第1項の訴えの提起があった場合において,変更のため主張した事情が法律上理由があるとみえ,かつ,事実上の点につき疎明があったとき.
② 前項に規定する申立てについての裁判に対しては,不服を申し立てることができない.

**(原裁判所による裁判)**
**第404条** ① 第327条第1項の上告の提起,仮執行の宣言を付した判決に対する上告の提起若しくは上告受理の申立て又は仮執行の宣言を付した判決に対する控訴の提起があった場合において,訴訟記録が原裁判所に存するときは,その裁判が,前条第1項に規定する申立てについての裁判をする.
② 前項の規定は,仮執行の宣言を付した支払督促に対する督促異議の申立てがあった場合について準用する.

**(担保の提供)**
**第405条** ① この編の規定により担保を立てる場合において,供託をするには,担保を立てるべきことを命じた裁判所又は執行裁判所の所在地を管轄する地方裁判所の管轄区域内の供託所にしなければならない.
② 第76条,第77条,第79条及び第80条の規定は,前項の担保について準用する.

**附 則** (略)

## 67 民事訴訟規則

(平8・12・4最高裁判所規則5号,平10・1・1施行,改正:平20・10・1最高裁判所規則10号)

### 第1編 総 則

### 第1章 通 則

**(申立て等の方式)**
**第1条** ① 申立てその他の申述は,特別の定めがある場合を除き,書面又は口頭ですることができる.
② 口頭で申述をするには,裁判所書記官の面前で陳述をしなければならない.この場合においては,裁判所書記官は,調書を作成し,記名押印しなければならない.

**(当事者が裁判所に提出すべき書面の記載事項)**
**第2条** ① 訴状,準備書面その他の当事者又は代理人が裁判所に提出すべき書面には,次に掲げる事項を記載し,当事者又は代理人が記名押印するものとする.
1 当事者の氏名又は名称及び住所並びに代理人の氏名及び住所
2 事件の表示
3 附属書類の表示
4 年月日
5 裁判所の表示
② 前項の規定にかかわらず,当事者又は代理人からその住所を記載した同項の書面が提出されているとき,以後裁判所に提出する同項の書面については,これを記載することを要しない.

**(裁判所に提出すべき書面のファクシミリによる提出)**
**第3条** ① 裁判所に提出すべき書面は,次に掲げるものを除き,ファクシミリを利用して送信することにより提出することができる.
1 民事訴訟費用等に関する法律(昭和46年法律第40号)の規定により手数料を納付しなければならない申立てに係る書面
2 その提出により訴訟手続の開始,続行,停止又は完結をさせる書面(前号に該当する書面を除く.)
3 法定代理権,訴訟行為をするのに必要な授権又は訴訟代理人の権限を証明する書面その他の訴訟手続上重要な事項を証明する書面
4 上告理由書,上告受理申立て理由書その他これらに準ずる理由書
② ファクシミリを利用して書面が提出されたときは,裁判所が受信した時に,当該書面が裁判所に提出されたものとみなす.
③ 裁判所は,前項に規定する場合において,必要があると認めるときは,提出者に対し,送信に使用した書面を提出させることができる.

**(裁判所に提出する書面に記載した情報の電磁的方法による提供)**
**第3条の2** 裁判所は,判決書の作成に用いる場合その他必要があると認める場合において,当事者が裁判所に提出した書面に提出しようとする書面に記載した情報の内容を記録した電磁的記録(電子的方式,磁気的方式その他人の知覚によっては認識することができない方式で作られる記録であっ

て，電子計算機による情報処理の用に供されるものをいう．以下この条において同じ．）を有しているときは，その当事者に対し，当該電磁的記録に記録された情報を電磁的方法（電子情報処理組織を使用する方法その他の情報通信の技術を利用する方法をいう．）であって裁判所の定めるものにより裁判所に提供することを求めることができる．

**（催告及び通知）**
第4条 ① 民事訴訟に関する手続における催告及び通知は，相当と認める方法によることができる．
② 裁判所書記官は，催告又は通知をしたときは，その旨及び催告又は通知の方法を訴訟記録上明らかにしなければならない．
③ 催告は，これを受けるべき者の所在が明らかでないとき，又はその者が外国に在るときは，催告すべき事項を公告してすれば足りる．この場合には，その公告は，催告等すべき事項を記載した書面を裁判所の掲示場その他裁判所内の公衆の見やすい場所に掲示して行う．
④ 前項の規定による催告は，公告をした日から1週間を経過した時にその効力を生ずる．
⑤ この規則の規定による通知（第46条（公示送達の方法）第2項の規定による通知を除く．）は，これを受けるべき者の所在が明らかでないとき，又はその者が外国に在るときは，することを要しない．この場合においては，裁判所書記官は，その事由を訴訟記録上明らかにしなければならない．
⑥ 当事者その他の関係人に対する通知は，裁判所書記官にさせることができる．

**（訴訟書類の記載の仕方）**
第5条 訴訟書類は，簡潔な文章で整然かつ明瞭に記載しなければならない．

## 第2章　裁判所

### 第1節　管轄

**（普通裁判籍所在地の指定・法第4条）**
第6条　民事訴訟法（平成8年法律第109号．以下「法」という．）第4条（普通裁判籍による管轄）第3項の最高裁判所規則で定める地は，東京都千代田区とする．

**（移送の申立ての方式・法第16条等）**
第7条 ① 移送の申立ては，期日においてする場合を除き，書面でしなければならない．
② 前項の申立てをするときは，申立ての理由を明らかにしなければならない．

**（裁量移送における取扱い・法第17条等）**
第8条 ① 法第17条（遅滞を避ける等のための移送），第18条（簡易裁判所の裁量移送）又は第20条の2（特許権等に関する訴え等に係る訴訟の移送）の申立てがあったときは，裁判所は，相手方の意見を聴いて決定をするものとする．
② 裁判所は，職権により法第17条，第18条又は第20条の2の規定による移送の決定をするときは，当事者の意見を聴くことができる．

**（移送による記録の送付・法第22条）**
第9条　移送の裁判が確定したときは，移送の裁判をした裁判所の裁判所書記官は，移送を受けた裁判所の裁判所書記官に対し，訴訟記録を送付しなければならない．

### 第2節　裁判所職員の除斥，忌避及び回避

**（除斥又は忌避の申立ての方式等・法第23条等）**

第10条 ① 裁判官に対する除斥又は忌避の申立ては，その原因を明示して，裁判官の所属する裁判所にしなければならない．
② 前項の申立ては，期日においてする場合を除き，書面でしなければならない．
③ 除斥又は忌避の原因は，申立てをした日から3日以内に疎明しなければならない．法第24条（裁判官の忌避）第2項ただし書に規定する事実についても，同様とする．

**（除斥又は忌避についての裁判官の意見陳述・法第25条）**
第11条　裁判官は，その除斥又は忌避の申立てについて意見を述べることができる．

**（裁判官の回避）**
第12条　裁判官は，法第23条（裁判官の除斥）第1項又は第24条（裁判官の忌避）第1項に規定する場合には，監督権を有する裁判所の許可を得て，回避することができる．

**（裁判所書記官への準用等・法第27条）**
第13条　この節の規定は，裁判所書記官について準用する．この場合において，簡易裁判所の裁判所書記官の回避の許可は，その裁判所書記官の所属する裁判所の裁判所法（昭和22年法律第59号）第37条（司法行政事務）に規定する裁判官がする．

## 第3章　当事者

### 第1節　当事者能力及び訴訟能力

**（法人でない社団等の当事者能力の判断資料の提出・法第29条）**
第14条　裁判所は，法人でない社団又は財団で代表者又は管理人の定めがあるものとして訴え，又は訴えられた当事者に対し，定款その他の当該当事者の当事者能力を判断するために必要な資料を提出させることができる．

**（法定代理権等の証明・法第34条）**
第15条　法定代理権又は訴訟行為をするのに必要な授権は，書面で証明しなければならない．選定当事者の選定及び変更についても，同様とする．

**（特別代理人の選任及び改任の裁判の告知・法第35条）**
第16条　特別代理人の選任及び改任の裁判は，特別代理人にも告知しなければならない．

**（法定代理権の消滅の届出・法第36条）**
第17条　法定代理権の消滅の通知をした者は，その旨を裁判所に書面で届け出なければならない．選定当事者の選定の取消し及び変更の通知をした者についても，同様とする．

**（法人の代表者等への準用・法第37条）**
第18条　この規則中法定代理及び法定代理人に関する規定は，法人の代表者及び法人でない社団又は財団でその名において訴え，又は訴えられることができるものの代表者又は管理人について準用する．

### 第2節　共同訴訟

**（同時審判の申出の撤回等，法第41条）**
第19条 ① 法第41条（同時審判の申出がある共同訴訟）第1項の申出は，控訴審の口頭弁論の終結の時までは，いつでも撤回することができる．
② 前項の申出及びその撤回は，期日においてする場合を除き，書面でしなければならない．

### 第3節　訴訟参加

**（補助参加の申出書の送達等・法第43条等）**

第20条 ① 補助参加の申出書は、当事者双方に送達しなければならない。
② 前項に規定する送達は、補助参加の申出をした者から提出された副本によってする。
③ 前項の規定は、法第47条（独立当事者参加）第1項及び第52条（共同訴訟参加）第1項の規定による参加の申出書の送達について準用する。
（訴訟引受けの申立ての方式・法第50条等）
第21条 訴訟引受けの申立ては、期日においてする場合を除き、書面でしなければならない。
（訴訟告知書の送達等・法第53条）
第22条 ① 訴訟告知の書面は、訴訟告知を受けるべき者に送達しなければならない。
② 前項に規定する送達は、訴訟告知をした当事者から提出された副本によってする。
③ 裁判所は、第1項の書面を相手方に送付しなければならない。
第4節 訴訟代理人
（訴訟代理権の証明等・法第54条等）
第23条 ① 訴訟代理人の権限は、書面で証明しなければならない。
② 前項の書面が私文書であるときは、裁判所は、公証人その他の認証の権限を有する公務員の認証を受けるべきことを訴訟代理人に命ずることができる。
③ 訴訟代理人の権限の消滅の通知をした者は、その旨を裁判所に書面で届け出なければならない。

## 第4章 訴訟費用

第1節 訴訟費用の負担
（訴訟費用額の確定等を求める申立ての方式等・法第71条等）
第24条 ① 法第71条（訴訟費用額の確定手続）第1項、第72条（和解の場合の費用額の確定手続）又は第73条（訴訟が裁判及び和解によらないで完結した場合等の取扱い）第1項の申立ては、書面でしなければならない。
② 前項の申立てにより訴訟費用又は和解の費用（以下この節において「訴訟費用等」という。）の負担の額を定める処分を求めるときは、当事者は、費用計算書及び費用額の疎明に必要な書面を裁判所書記官に提出するとともに、同項の書面及び費用計算書について第47条（書類の送付）第1項の直送をしなければならない。
（相手方への催告等・法第71条等）
第25条 ① 裁判所書記官は、訴訟費用等の負担の額を定める処分をする前に、相手方に対し、費用計算書及び費用額の疎明に必要な書面並びに申立人の費用計算書の記載内容についての陳述を記載した書面を、一定の期間内に提出すべき旨を催告しなければならない。ただし、相手方のみが訴訟費用等を負担する場合において、記録上申立人の訴訟費用等についての負担の額が明らかであるときは、この限りでない。
② 相手方が前項の期間内に費用計算書又は費用額の疎明に必要な書面を提出しないときは、裁判所書記官は、申立人の費用のみについて、訴訟費用等の負担の額を定める処分をすることができる。ただし、相手方が訴訟費用等の負担の額を定める処分を求める申立てをすることを妨げない。
（費用額の確定処分の方式・法第71条等）
第26条 訴訟費用等の負担の額を定める処分は、これを記載した書面を作成し、その書面に処分をした裁判所書記官が記名押印してしなければならない。
（法第71条第2項の最高裁判所規則で定める場合）
第27条 法第71条（訴訟費用額の確定手続）第2項の最高裁判所規則で定める場合は、相手方が第25条（相手方への催告等）第1項の期間内に同項の費用計算書又は費用額の疎明に必要な書面を提出しない場合とする。
（費用額の確定処分の更正の申立ての方式・法第74条）
第28条 訴訟費用等の負担の額を定める処分の更正の申立ては、書面でしなければならない。
第2節 訴訟費用の担保
（法第76条の最高裁判所規則で定める担保提供の方法）
第29条 ① 法第76条（担保提供の方法）の規定による担保は、裁判所の許可を得て、担保を立てるべきことを命じられた者が銀行、保険会社、株式会社商工組合中央金庫、農林中央金庫、全国を地区とする信用金庫連合会、信用金庫又は労働金庫（以下この条において「銀行等」という。）との間において次に掲げる要件を満たす支払保証委託契約を締結する方法によって立てることができる。
 1 銀行等は、担保を立てるべきことを命じられた者のために、裁判所が定めた金額を限度として、担保に係る訴訟費用償還請求権についての債務名義又はその訴訟費用償還請求権の存在を確認するもので、確定判決と同一の効力を有するものに表示された額の金銭を担保権利者に支払うものであること。
 2 担保取消しの決定が確定した時に契約の効力が消滅するものであること。
 3 契約の変更又は解除をすることができないものであること。
 4 担保権利者の申出があったときは、銀行等は、契約が締結されたことを証する文書を担保権利者に交付するものであること。
② 前項の規定は、法第81条（他の法令による担保への準用）、第259条（仮執行の宣言）第6項（法において準用する場合を含む。）、第376条（仮執行の宣言）第2項及び第405条（担保の提供）第2項（他の法令において準用する場合を含む。）並びに他の法令において準用する法第76条（担保提供の方法）の最高裁判所規則で定める担保提供の方法について準用する。この場合において、前項第1号中「訴訟費用償還請求権」とあるのは「請求権」と、「確認するもので、確定判決」とあるのは「確認する確定判決若しくはこれ」と読み替えるものとする。
第3節 訴訟上の救助
（救助の事由の疎明・法第82条）
第30条 訴訟上の救助の事由は、疎明しなければならない。

## 第5章 訴訟手続

第1節 訴訟の審理等
（受命裁判官の指定及び裁判所の嘱託の手続）
第31条 ① 受命裁判官にその職務を行わせる場合には、裁判長がその裁判官を指定する。
② 裁判所がする嘱託の手続は、特別の定めがある場合を除き、裁判所書記官がする。
（和解のための処置・法第89条）

**第32条** ① 裁判所又は受命裁判官若しくは受託裁判官は、和解のため、当事者本人又はその法定代理人の出頭を命ずることができる。
② 裁判官又は受命裁判官若しくは受託裁判官は、相当と認めるときは、裁判所外において和解をすることができる。

(訴訟記録の正本等の様式・法第91条等)
**第33条** 訴訟記録の正本、謄本又は抄本には、正本、謄本又は抄本であることを記載し、裁判所書記官が記名押印しなければならない。

(閲覧等の制限の申立ての方式等・法第92条)
**第34条** ① 秘密記載部分の閲覧等の請求をすることができる者を当事者に限る決定を求める旨の申立ては、書面で、かつ、訴訟記録中の秘密記載部分を特定してしなければならない。
② 前項の決定においては、訴訟記録中の秘密記載部分を特定しなければならない。

### 第2節 専門委員等
#### 第1款 専門委員

(進行協議期日における専門委員の関与・法第92条の2)
**第34条の2** ① 法第92条の2(専門委員の関与)第1項の決定があった場合には、専門委員の説明は、裁判長が進行協議期日において口頭でさせることができる。
② 法第92条の3(音声の送受信による通話の方法による専門委員の関与)の規定は、前項の規定による進行協議期日における専門委員の説明について準用する。

(専門委員の説明に関する期日外における取扱い・法第92条の2)
**第34条の3** ① 裁判長が期日外において専門委員に説明を求めた場合において、その説明を求めた事項が訴訟関係を明瞭にする上で重要な事項であるときは、裁判所書記官は、当事者双方に対し、当該事項を通知しなければならない。
② 専門委員が期日外において説明を記載した書面を提出したときは、裁判所書記官は、当事者双方に対し、その写しを送付しなければならない。

(証拠調べ期日における裁判長の措置等・法第92条の2)
**第34条の4** ① 裁判長は、法第92条の2(専門委員の関与)第2項の規定により専門委員が手続に関与する場合において、証人尋問の期日において専門委員に説明をさせるに当たり、必要があると認めるときは、当事者の意見を聴いて、専門委員の説明が証人の証言に影響を及ぼさないための証人の退廷その他適当な措置を採ることができる。
② 当事者は、裁判長に対し、前項の措置を採ることを求めることができる。

(当事者の意見陳述の機会の付与・法第92条の2)
**第34条の5** 裁判所は、当事者に対し、専門委員がした説明について意見を述べる機会を与えなければならない。

(専門委員に対する準備の指示等・法第92条の2)
**第34条の6** ① 裁判長は、法第92条の2(専門委員の関与)又は第34条の2(進行協議期日における専門委員の関与)の規定により専門委員に説明をさせるに当たり、必要があると認めるときは、専門委員に対し、係争物の現況の確認その他の準備を指示することができる。
② 裁判長が前項に規定する指示をしたときは、裁判所書記官は、当事者双方に対し、その旨及びその内容を通知するものとする。

(音声の送受信による通話の方法による専門委員の関与・法第92条の3)
**第34条の7** ① 法第92条の2(専門委員の関与)第1項又は第2項の期日において、法第92条の3(音声の送受信による通話の方法による専門委員の関与)に規定する方法によって専門委員に説明又は発問をさせるときは、裁判所は、通話者及び通話先の場所の確認をしなければならない。
② 専門委員に前項の説明又は発問をさせたときは、その旨及び通話先の電話番号を調書に記載しなければならない。この場合においては、通話先の電話番号に加えてその場所を記載することができる。
③ 第1項の規定は、法第92条の2の第2項第3項の期日又は進行協議期日において第1項の方法によって専門委員に説明をさせる場合について準用する。

(専門委員の関与の決定の取消しの申立ての方式等・法第92条の4)
**第34条の8** ① 専門委員を手続に関与させる決定の取消しの申立ては、期日においてする場合を除き、書面でしなければならない。
② 前項の申立てをするときは、申立ての理由を明らかにしなければならない。ただし、当事者双方が同時に申立てをするときは、この限りでない。

(専門委員の除斥、忌避及び回避・法第92条の6)
**第34条の9** 第10条から第12条まで(除斥又は忌避の申立ての方式等、除斥又は忌避についての裁判官の意見陳述及び裁判官の回避)の規定は、専門委員について準用する。

(受命裁判官等の権限・法第92条の7)
**第34条の10** 受命裁判官又は受託裁判官が法第92条の2(専門委員の関与)各項の手続を行う場合には、第34条の2(進行協議期日における専門委員の関与)、第34条の4(証拠調べ期日における裁判長の措置等)、第34条の5(当事者の意見陳述の機会の付与)、第34条の6(専門委員に対する準備の指示等)第1項並びに第34条の7(音声の送受信による通話の方法による専門委員の関与)第1項及び第3項の規定による裁判所及び裁判長の職務は、その裁判官が行う。

#### 第2款 知的財産に関する事件における裁判所調査官の除斥、忌避及び回避

(除斥、忌避及び回避に関する規定の準用・法第92条の9)
**第34条の11** 第10条から第12条まで(除斥又は忌避の申立ての方式等、除斥又は忌避についての裁判官の意見陳述及び裁判官の回避)の規定は、法第92条の8(知的財産に関する事件における裁判所調査官の事務)の事務を行う裁判所調査官について準用する。

### 第3節 期日及び期間

(受命裁判官等の期日指定・法第93条)
**第35条** 受命裁判官又は受託裁判官が行う手続の期日は、その裁判官が指定する。

(期日変更の申立て・法第93条)
**第36条** 期日の変更の申立ては、期日の変更を必要とする事由を明らかにしてしなければならない。

(期日変更の制限・法第93条)
**第37条** 期日の変更は、次に掲げる事由に基づいては許してはならない。ただし、やむを得ない事由があるときは、この限りでない。

1 当事者の一方につき訴訟代理人が数人ある場合において、その一部の代理人について変更の事由が生じたこと．
2 期日指定後にその期日と同じ日時が他の事件の期日に指定されたこと．
**（裁判長等が定めた期間の伸縮・法第96条）**
第38条　裁判長，受命裁判官又は受託裁判官は，その定めた期間を伸長し，又は短縮することができる．
### 第4節　送達等
**（送達に関する事務の取扱いの嘱託・法第98条）**
第39条　送達に関する事務の取扱いは，送達地を管轄する地方裁判所の裁判所書記官に嘱託することができる．
**（送達すべき書類等・法第101条）**
第40条　① 送達すべき書類は，特別の定めがある場合を除き，当該書類の謄本又は副本とする．
② 送達すべき書類の提出に代えて調書を作成したときは，その調書の謄本又は抄本を交付して送達をする．
**（送達場所等の届出の方式・法第104条）**
第41条　① 送達を受けるべき場所の届出及び送達受取人の届出は，書面でしなければならない．
② 前項の届出は，できる限り，訴状，答弁書又は支払督促に対する督促異議の申立書に記載してしなければならない．
③ 送達を受けるべき場所を届け出る書面には，届出場所が就業場所であることその他の当事者，法定代理人又は訴訟代理人と届出場所との関係を明らかにする事項を記載しなければならない．
**（送達場所等の変更の届出・法第104条）**
第42条　① 当事者，法定代理人又は訴訟代理人は，送達を受けるべき場所として届け出た場所又は送達受取人として届け出た者を変更する届出をすることができる．
② 前条（送達場所等の届出の方式）第1項及び第3項の規定は，前項に規定する変更の届出について準用する．
**（就業場所における補充送達の通知・法第106条）**
第43条　法第106条（補充送達及び差置送達）第2項の規定による補充送達がされたときは，裁判所書記官は，その旨を送達を受けた者に通知しなければならない．
**（書留郵便に付する送達の通知・法第107条）**
第44条　法第107条（書留郵便に付する送達）第1項又は第2項の規定による書留郵便に付する送達をしたときは，裁判所書記官は，その旨及び当該書類について書留郵便に付して発送した時に送達があったものとみなされることを送達を受けた者に通知しなければならない．
**（受命裁判官等の外国における送達の権限・法第108条）**
第45条　受命裁判官又は受託裁判官が行う手続において外国における送達をすべきときは，その裁判官も法第108条（外国における送達）に規定する嘱託をすることができる．
**（公示送達の方法・法第111条）**
第46条　① 呼出状の公示送達は，呼出状を掲示場に掲示してする．
② 裁判所書記官は，公示送達があったことを官報又は新聞紙に掲載することができる．外国においてすべき送達については，裁判所書記官は，官報又は新聞紙への掲載に代えて，公示送達があったことを

通知することができる．
**（書類の送付）**
第47条　① 直送（当事者の相手方に対する直接の送付をいう．以下同じ．）その他の送付は，送付すべき書類の写しの交付又はその書類のファクシミリを利用しての送信によってする．
② 裁判所が当事者その他の関係人に対し送付すべき書類の送付に関する事務は，裁判所書記官が取り扱う．
③ 裁判所が当事者の提出に係る書類の相手方への送付をしなければならない場合（送達をしなければならない場合を除く．）において，当事者がその書類について直送をしたときは，その送付は，することを要しない．
④ 当事者が直送をしなければならない書類について，直送を困難とする事由その他相当とする事由があるときは，当該当事者は，裁判所に対し，当該書類の相手方への送付（準備書面については，送達又は送付）を裁判所書記官に行わせるよう申し立てることができる．
### 第5節　裁判
**（判決確定証明書・法第116条）**
第48条　① 第一審裁判所の裁判所書記官は，当事者又は利害関係を疎明した第三者の請求により，訴訟記録に基づいて判決の確定についての証明書を交付する．
② 訴訟がなお上訴審に係属中であるときは，前項の規定にかかわらず，上訴裁判所の裁判所書記官が，判決の確定した部分のみについて同項の証明書を交付する．
**（法第117条第1項の訴えの訴状の添付書類）**
第49条　法第117条（定期金による賠償を命じた確定判決の変更を求める訴え）第1項の訴えの訴状には，変更を求める確定判決の写しを添付しなければならない．
**（決定及び命令の方式等・法第119条等）**
第50条　① 決定書及び命令書には，決定又は命令をした裁判官が記名押印しなければならない．
② 決定又は命令の告知がされたときは，裁判所書記官は，その旨及び告知の方法を訴訟記録上明らかにしなければならない．
③ 決定及び命令には，前2項に規定するほか，その性質に反しない限り，判決に関する規定を準用する．
**（調書決定）**
第50条の2　最高裁判所が決定をする場合において，相当と認めるときは，決定書の作成に代えて，決定の内容を調書に記載させることができる．
### 第6節　訴訟手続の中断
**（訴訟手続の受継の申立ての方式・法第124条等）**
第51条　① 訴訟手続の受継の申立ては，書面でしなければならない．
② 前項の書面には，訴訟手続を受け継ぐ者が法第124条（訴訟手続の中断及び受継）第1項各号に定める者であることを明らかにする資料を添付しなければならない．
**（訴訟代理人による中断事由の届出・法第124条）**
第52条　法第124条（訴訟手続の中断及び受継）第1項各号に掲げる事由が生じたときは，訴訟代理人は，その旨を裁判所に書面で届け出なければならない．

## 第6章　訴えの提起前における証拠収集の処分等

**（予告通知の書面の記載事項等・法第132条の2）**
第52条の2　① 予告通知の書面には，法第132条の2（訴えの提起前における照会）第3項に規定する請求の要旨及び紛争の要点を記載するほか，次に掲げる事項を記載し，予告通知をする者又はその代理人が記名押印するものとする．
　1　予告通知をする者及び予告通知の相手方の氏名又は名称及び住所並びにそれらの代理人の氏名及び住所
　2　予告通知の年月日
　3　法第132条の2第1項の規定による予告通知である旨
② 前項の請求の要旨及び紛争の要点は，具体的に記載しなければならない．
③ 予告通知においては，できる限り，訴えの提起の予定時期を明らかにしなければならない．

**（予告通知に対する返答の書面の記載事項等・法第132条の3）**
第52条の3　① 予告通知に対する返答の書面には，法第132条の3（訴えの提起前における照会）第1項に規定する答弁の要旨を記載するほか，前条（予告通知の書面の記載事項等）第1項第1号に規定する事項，返答の年月日及び法第132条の3第1項の規定による返答である旨を記載し，返答をする者又はその代理人が記名押印するものとする．
② 前項の答弁の要旨は，具体的に記載しなければならない．

**（訴えの提起前における照会及び回答の書面の記載事項等・法第132条の2等）**
第52条の4　① 法第132条の2（訴えの提起前における照会）第1項の照会及びこれに対する回答は，照会の書面及び回答の書面を相手方に送付してする．この場合において，相手方に代理人があるときは，照会の書面は，当該代理人に対し送付するものとする．
② 前項の照会の書面には，次に掲げる事項を記載し，照会をする者又はその代理人が記名押印するものとする．
　1　照会をする者及び照会を受ける者並びにそれらの代理人の氏名
　2　照会の根拠となる予告通知の表示
　3　照会の年月日
　4　照会をする事項（以下この条において「照会事項」という．）及びその必要性
　5　法第132条の2第1項の規定により照会をする旨
　6　回答すべき期間
　7　照会をする者の住所，郵便番号及びファクシミリの番号
③ 第1項の回答の書面には，前項第1号及び第2号に掲げる事項，回答の年月日並びに照会事項に対する回答を記載し，照会を受けた者又はその代理人が記名押印するものとする．この場合において，照会事項中に法第132条の2第1項第1号に掲げる照会に該当することを理由としてその回答を拒絶するものがあるときは，法第163条（当事者照会）各号のいずれに該当するかをも，法第132条の2第1項第2号又は第3号に掲げる照会に該当することを理由としてその回答を拒絶するものがあるときは，

そのいずれに該当するかをも記載するものとする．
④ 照会事項は，項目を分けて記載するものとし，照会事項に対する回答は，できる限り，照会事項の項目に対応させて，かつ，具体的に記載するものとする．
⑤ 前各項の規定は，法第132条の3（訴えの提起前における照会）第1項の規定による照会及びこれに対する回答について準用する．

**（証拠収集の処分の申立ての方式・法第132条の4）**
第52条の5　① 法第132条の4（訴えの提起前における証拠収集の処分）第1項各号の処分の申立ては，書面でしなければならない．
② 前項の書面には，次に掲げる事項を記載しなければならない．
　1　申立ての根拠となる申立人がした予告通知又は返答の相手方（以下この章において単に「相手方」という．）の氏名又は名称及び住所
　2　申立てに係る処分の内容
　3　申立ての根拠となる申立人又は相手方がした予告通知（以下この項並びに次条（証拠収集の申立書の添付書類）第1項各号及び第2項において単に「予告通知」という．）に係る請求の要旨及び紛争の要点
　4　予告通知に係る訴えが提起された場合に立証されるべき事実及びこれと申立てに係る処分により得られる証拠となるべきものとの関係
　5　申立人が前号の証拠となるべきものを自ら収集することが困難である事由
　6　予告通知がされた日から4月の不変期間内にされた申立てであること又はその期間の経過後に申立てをすることについて相手方の同意があること．
③ 第1項の書面には，前項各号に掲げる事項のほか，次の各号に掲げる場合の区分に応じ，それぞれ当該各号に定める事項を記載しなければならない．
　1　法第132条の4第1項第1号の処分の申立てをする場合　当該文書の所持者の居所
　2　法第132条の4第1項第2号の処分の申立てをする場合　当該嘱託を受けるべき同号に規定する官公署等の所在地
　3　法第132条の4第1項第3号の処分の申立てをする場合であって，その申立てが特定の物についての意見の陳述の嘱託に係る場合　当該特定の物の所在地
　4　法第132条の4第1項第4号の処分の申立てをする場合　当該調査に係る物の所在地
④ 法第132条の4第1項第1号の処分の申立てにおける第2項第2号に掲げる事項の記載は，送付を求める文書（法第231条（文書に準ずる物件への準用）に規定する物件を含む．）を特定するに足りる事項を明らかにしてしなければならない．法第132条の4第1項第3号又は第4号の処分の申立てにおける前項第3号又は第4号に定める物についても，同様とする．
⑤ 法第132条の4第1項第2号又は第4号の処分の申立てにおける第2項第2号に掲げる事項の記載は，調査を求める事項を明らかにしてしなければならない．同条第1項第3号の処分の申立てにおける意見の陳述を求める事項についても，同様とする．
⑥ 第2項第5号の事由は，疎明しなければならない．

**（証拠収集の処分の申立書の添付書類・法第132条の6）**
第52条の6　① 前条（証拠収集の処分の申立ての方式）第1項の書面（以下この条において「申立

書」という.）には，次に掲げる書類を添付しなければならない．
1　予告通知の書面の写し
2　予告通知がされた日から4月の不変期間が経過しているときは，前条第2項第6号の相手方の同意を証する書面
② 予告通知に対する返答をした被予告通知者が法第132条の4（訴えの提起前における証拠収集の処分）第1項の処分の申立てをするときは，当該申立書には，前項各号に掲げる書類のほか，当該返答の書面の写しを添付しなければならない．
③ 法第132条の4第1項第3号の処分の申立てをする場合において，当該処分が特定の物についての意見の陳述を嘱託するものであり，かつ，当該特定の物に関する権利が登記又は登録をすることができるものであるときは，当該申立書には，当該特定の物の登記事項証明書又は登録原簿に記録されている事項を証明した書面を添付しなければならない．同項第4号の処分の申立てをする場合において，調査に係る物に関する権利が登記又は登録をすることができるものであるときも，同様とする．

**（証拠収集の処分の手続等・法第132条の6）**
**第52条の7** ① 裁判所は，必要があると認めるときは，嘱託を受けるべき者その他参考人の意見を聴くことができる．
② 法第132条の4（訴えの提起前における証拠収集の処分）第1項第1号に規定する文書の送付は，原本，正本又は認証のある謄本のほか，裁判所が嘱託を受けるべき者の負担その他の事情を考慮して相当と認めるときは，写しですることができる．
③ 第103条（外国における証拠調べの嘱託の手続）の規定は，法第132条の6（証拠収集の処分の手続等）第5項において準用する法第184条（外国における証拠調べ）第1項の規定により外国においてする法第132条の4第1項第1号から第3号までの処分に係る嘱託の手続について準用する．
④ 執行官は，法第132条の4第1項第4号の調査をするには，当該調査を実施する日時及び場所を定め，申立人及び相手方に対し，その日時及び場所を通知しなければならない．
⑤ 第4条（催告及び通知）第1項，第2項及び第5項の規定は，前項に規定する通知について準用する．この場合において，同条第2項及び第5項中「裁判所書記官」とあるのは「執行官」と，「訴訟記録上」とあるのは「報告書において」と読み替えるものとする．
⑥ 法第132条の4第1項第4号の調査の結果に関する報告書には，調査をした執行官の氏名，調査に係る物の表示，調査に着手した日時及びこれを終了した日時，調査をした場所，調査に立ち会った者があるときはその氏名，調査を命じられた事項並びに調査の結果を記載しなければならない．

**（訴えの提起の予定の有無等の告知）**
**第52条の8** 予告通知者は，予告通知をした日から4月が経過したとき，又はその経過前であっても被予告通知者の求めがあるときは，被予告通知者に対し，その予告通知に係る訴えの提起の予定の有無及びその予定時期を明らかにしなければならない．

## 第2編　第一審の訴訟手続

### 第1章　訴え

**（訴状の記載事項・法第133条）**
**第53条** ① 訴状には，請求の趣旨及び請求の原因（請求を特定するのに必要な事実をいう．）を記載するほか，請求を理由づける事実を具体的に記載し，かつ，立証を要する事由ごとに，当該事実に関連する事実で重要なもの及び証拠を記載しなければならない．
② 訴状に事実についての主張を記載するときは，できる限り，請求を理由づける事実についての主張と当該事実に関連する事実についての主張とを区別して記載しなければならない．
③ 攻撃又は防御の方法を記載した訴状は，準備書面を兼ねるものとする．
④ 訴状には，第1項に規定する事項のほか，原告又はその代理人の郵便番号及び電話番号（ファクシミリの番号を含む．）を記載しなければならない．

**（訴えの提起前に証拠保全が行われた場合の訴状の記載事項）**
**第54条** 訴えの提起前に証拠保全のための証拠調べが行われたときは，訴状には，前条（訴状の記載事項）第1項及び第4項に規定する事項のほか，その証拠調べを行った裁判所及び証拠保全事件の表示を記載しなければならない．

**（訴状の添付書類）**
**第55条** ① 次の各号に掲げる事件の訴状には，それぞれ当該各号に定める書類を添付しなければならない．
1　不動産に関する事件
　　登記事項証明書
2　手形又は小切手に関する事件
　　手形又は小切手の写し
② 前項に規定するほか，訴状には，立証を要する事由につき，証拠となるべき文書の写し（以下「書証の写し」という．）で重要なものを添付しなければならない．

**（訴状の補正の促し・法第137条）**
**第56条** 裁判長は，訴状の記載について必要な補正を促す場合には，裁判所書記官に命じて行わせることができる．

**（訴状却下命令に対する即時抗告・法第137条等）**
**第57条** 訴状却下の命令に対し即時抗告をするときは，抗告状には，却下された訴状を添付しなければならない．

**（訴状の送達等・法第138条等）**
**第58条** ① 訴状の送達は，原告から提出された副本によってする．
② 前項の規定は，法第143条（訴えの変更）第2項（法第144条（選定者に係る請求の追加）第3項及び第145条（中間確認の訴え）第3項において準用する場合を含む．）の書面の送達について準用する．

**（反訴・法第146条）**
**第59条** 反訴については，訴えに関する規定を適用する．

## 第2章 口頭弁論及びその準備

### 第1節 口頭弁論

**(最初の口頭弁論期日の指定・法第139条)**

**第60条** ① 訴えが提起されたときは、裁判長は、速やかに、口頭弁論の期日を指定しなければならない。ただし、事件を弁論準備手続に付する場合(付することについて当事者に異議がないときに限る。)又は書面による準備手続に付する場合は、この限りでない。

② 前項の期日は、特別の事由がある場合を除き、訴えが提起された日から30日以内の日に指定しなければならない。

**(最初の口頭弁論期日前における参考事項の聴取)**

**第61条** ① 裁判長は、最初にすべき口頭弁論の期日前に、当事者から、訴訟の進行に関する意見その他訴訟の進行について参考とすべき事項の聴取をすることができる。

② 裁判長は、前項の聴取をする場合には、裁判所書記官に命じて行わせることができる。

**(口頭弁論期日の開始)**

**第62条** 口頭弁論の期日は、事件の呼上げによって開始する。

**(期日外釈明の方法・法第149条)**

**第63条** ① 裁判長又は陪席裁判官は、口頭弁論の期日外において、法第149条(釈明権等)第1項又は第2項の規定による釈明のための処置をする場合には、裁判所書記官に命じて行わせることができる。

② 裁判長又は陪席裁判官は、口頭弁論の期日外において、攻撃又は防御の方法に重要な変更を生じ得る事項について前項の処置をしたときは、裁判所書記官は、その内容を訴訟記録上明らかにしなければならない。

**(口頭弁論期日の変更の制限)**

**第64条** 争点及び証拠の整理手続を経た事件についての口頭弁論の期日の変更は、事実及び証拠についての調査が十分に行われていないことを理由としては許してはならない。

**(訴訟代理人の陳述禁止等の通知・法第155条)**

**第65条** 裁判所が訴訟代理人の陳述を禁じ、又は弁護士の付添いを命じたときは、裁判所書記官は、その旨を本人に通知しなければならない。

**(口頭弁論調書の形式的記載事項・法第160条)**

**第66条** ① 口頭弁論の調書には、次に掲げる事項を記載しなければならない。
1 事件の表示
2 裁判官及び裁判所書記官の氏名
3 立ち会った検察官の氏名
4 出頭した当事者、代理人、補佐人及び通訳人の氏名
5 弁論の日時及び場所
6 弁論を公開したこと又は公開しなかったときはその旨及びその理由

② 前項の調書には、裁判所書記官が記名押印し、裁判長が認印しなければならない。

③ 前項の場合において、裁判長に支障があるときは、陪席裁判官がその事由を付記して認印しなければならない。裁判官に支障があるときは裁判所書記官がその旨を記載すれば足りる。

**(口頭弁論調書の実質的記載事項・法第160条)**

**第67条** ① 口頭弁論の調書には、弁論の要領を記載し、特に、次に掲げる事項を明確にしなければならない。

1 訴えの取下げ、和解、請求の放棄及び認諾並びに自白
2 法第147条の3(審理の計画)第1項の審理の計画が同項の規定により定められ、又は同条第4項の規定により変更されたときは、その定められ、又は変更された内容
3 証人、当事者本人及び鑑定人の陳述
4 証人、当事者本人及び鑑定人の宣誓の有無並びに証人又は鑑定人に宣誓をさせなかった理由
5 検証の結果
6 裁判長が記載を命じた事項及び当事者の請求により記載を許した事項
7 書面を作成しないでした裁判
8 口頭弁論の言渡し

② 前項の規定にかかわらず、訴訟が裁判によらないで完結した場合には、裁判長の許可を得て、証人、当事者本人及び鑑定人の陳述並びに検証の結果の記載を省略することができる。ただし、当事者が訴訟の完結を知った日から1週間以内にその記載をすべき旨の申出をしたときは、この限りでない。

③ 口頭弁論の調書には、弁論の要領のほか、当事者による攻撃又は防御の方法の提出の予定その他訴訟手続の進行に関する事項を記載することができる。

**(調書の記載に代わる録音テープ等への記録)**

**第68条** ① 裁判所書記官は、前条(口頭弁論調書の実質的記載事項)第1項の規定にかかわらず、裁判長の許可があったときは、証人、当事者本人又は鑑定人(以下「証人等」という。)の陳述を録音テープ又はビデオテープ(これらに準ずる方法により一定の事項を記録することができる物を含む。以下「録音テープ等」という。)に記録し、これをもって調書の記載に代えることができる。この場合において、当事者は、裁判長が許可をする際に、意見を述べることができる。

② 前項の場合において、訴訟が完結するまでに当事者の申出があったときは、証人等の陳述を記載した書面を作成しなければならない。訴訟が上訴審に係属中である場合において、上訴裁判所が必要があると認めたときも、同様とする。

**(書面等の引用添付)**

**第69条** 口頭弁論の調書には、書面、写真、録音テープ、ビデオテープその他裁判所において適当と認めるものを引用し、訴訟記録に添付して調書の一部とすることができる。

**(陳述の速記)**

**第70条** 裁判所は、必要があると認めるときは、申立てにより又は職権で、裁判所速記官その他の速記者に口頭弁論における陳述の全部又は一部を速記させることができる。

**(速記録の作成)**

**第71条** 裁判所速記官は、前条(陳述の速記)の規定により速記した場合には、速やかに、速記原本を反訳して速記録を作成しなければならない。ただし、第73条(速記原本の引用添付)の規定により速記原本が調書の一部とされるときその他裁判所が速記録を作成する必要がないと認めるときは、この限りでない。

**(速記録の引用添付)**

**第72条** 裁判所速記官が作成した速記録は、調書に引用し、訴訟記録に添付して調書の一部とするものとする。ただし、裁判所が速記録の引用を適当でな

**（速記原本の引用添付）**
**第73条** 証人及び当事者本人の尋問並びに鑑定人の口頭による意見の陳述については，裁判所が相当と認め，かつ，当事者が同意したときは，裁判所速記官が作成した速記原本を引用し，訴訟記録に添付して調書の一部とすることができる．

**（速記原本の反訳等）**
**第74条** ① 裁判所は，次に掲げる場合には，裁判所速記官に前条（速記原本の引用添付）の規定により調書の一部とされた速記原本を反訳して速記録を作成させなければならない．
 1 訴訟記録の閲覧，謄写又はその正本，謄本若しくは抄本の交付を請求する者が反訳を請求したとき．
 2 裁判官が代わったとき．
 3 上訴の提起又は上告受理の申立てがあったとき．
 4 その他必要があると認めるとき．
② 裁判所書記官は，前項の規定により作成された速記録を訴訟記録に添付し，その旨を当事者その他の関係人に通知しなければならない．
③ 前項の規定により訴訟記録に添付された速記録は，前条の規定により調書の一部とされた速記原本に代わるものとする．

**（速記原本の訳読）**
**第75条** 裁判所速記官は，訴訟記録の閲覧を請求する者が調書の一部とされた速記原本の訳読を請求した場合において裁判所書記官の求めがあったときは，その訳読をしなければならない．

**（口頭弁論における陳述の録音）**
**第76条** 裁判所は，必要があると認めるときは，申立てにより又は職権で，録音装置を使用して口頭弁論における陳述の全部又は一部を録取させることができる．この場合において，裁判所が相当と認めるときは，録音テープを反訳した調書を作成しなければならない．

**（法廷における写真の撮影等の制限）**
**第77条** 法廷における写真の撮影，速記，録音，録画又は放送は，裁判長の許可を得なければすることができない．

**（裁判所の審尋等への準用）**
**第78条** 法第160条（口頭弁論調書）及び第66条から前条まで（口頭弁論調書の形式的記載事項，口頭弁論調書の実質的記載事項，調書の記載に代わる録音テープ等への記録，書面等の引用添付，陳述の速記，速記録の作成，速記原本の引用添付，速記原本の反訳等，速記原本の訳読，口頭弁論における陳述の録音及び法廷における写真の撮影等の制限）の規定は，裁判所の審尋及び口頭弁論の期日外に行う証拠調べ並びに受命裁判官又は受託裁判官が行う手続について準用する．

## 第2節　準備書面等

**（準備書面・法第161条）**
**第79条** ① 答弁書その他の準備書面は，これに記載した事項について相手方が準備をするのに必要な期間をおいて，裁判所に提出しなければならない．
② 準備書面に事実についての主張を記載する場合には，できる限り，請求を理由づける事実，抗弁事実又は再抗弁事実についての主張とこれらに関連する事実についての主張を区別して記載しなければならない．
③ 準備書面において相手方の主張する事実を否認する場合には，その理由を記載しなければならない．
④ 第2項に規定する場合には，立証を要する事由ごとに，証拠を記載しなければならない．

**（答弁書）**
**第80条** ① 答弁書には，請求の趣旨に対する答弁を記載するほか，訴状に記載された事実に対する認否及び抗弁事実を具体的に記載し，かつ，立証を要する事由ごとに，当該事実に関連する事実で重要なもの及び証拠を記載しなければならない．やむを得ない事由によりこれらを記載することができない場合には，答弁書の提出後速やかに，これらを記載した準備書面を提出しなければならない．
② 答弁書には，立証を要する事由につき，重要な書証の写しを添付しなければならない．やむを得ない事由により添付することができない場合には，答弁書の提出後速やかに，これを提出しなければならない．
③ 第53条（訴状の記載事項）第4項の規定は，答弁書について準用する．

**（答弁に対する反論）**
**第81条** 被告の答弁により反論を要することとなった場合には，原告は，速やかに，答弁書に記載された事実に対する認否及び再抗弁事実を具体的に記載し，かつ，立証を要することとなった事由ごとに，当該事実に関連する事実で重要なもの及び証拠を記載した準備書面を提出しなければならない．当該準備書面には，立証を要することとなった事由につき，重要な書証の写しを添付しなければならない．

**（準備書面に引用した文書の取扱い）**
**第82条** ① 文書を準備書面に引用した当事者は，裁判所又は相手方の求めがあるときは，その写しを提出しなければならない．
② 前項の当事者は，同項の写しについて直送をしなければならない．

**（準備書面の直送）**
**第83条** ① 当事者は，準備書面について，第79条（準備書面）第1項の期間をおいて，直送をしなければならない．
② 前項の規定による準備書面の直送を受けた相手方は，当該準備書面を受領した旨を記載した書面について直送をするとともに，当該書面を裁判所に提出しなければならない．
③ 前項の規定は，当事者が，受領した旨を相手方が記載した準備書面を裁判所に提出した場合には，適用しない．

**（当事者照会・法第163条）**
**第84条** ① 法第163条（当事者照会）の規定による照会及びこれに対する回答は，照会書及び回答書を相手方に送付してする．この場合において，相手方に代理人があるときは，照会書は，当該代理人に対し送付するものとする．
② 前項の照会書には，次に掲げる事項を記載し，当事者又は代理人が記名押印するものとする．
 1 当事者及び代理人の氏名
 2 事件の表示
 3 訴訟の係属する裁判所の表示
 4 年月日
 5 照会をする事項（以下この条において「照会事項」という．）及びその必要性
 6 法第163条の規定により照会をする旨
 7 回答すべき期間
 8 照会をする者の住所，郵便番号及びファクシミリの番号

③ 第1項の回答書には、前項第1号から第4号までに掲げる事項及び照会事項に対する回答を記載し、当事者又は代理人が記名押印するものとする。この場合において、照会事項中に法第163条各号に掲げる照会に該当することを理由としてその回答を拒絶するものがあるときは、その条項をも記載するものとする。

④ 照会事項は、項目を分けて記載するものとし、照会事項に対する回答は、できる限り、照会事項の項目に対応させて、かつ、具体的に記載するものとする。

(調査の義務)
第85条　当事者は、主張及び立証を尽くすため、あらかじめ、証人その他の証拠について事実関係を詳細に調査しなければならない。

### 第3節　争点及び証拠の整理手続
#### 第1款　準備的口頭弁論
(証明すべき事実の調書記載等・法第165条)
第86条　① 裁判所は、準備的口頭弁論を終了するに当たり、その後の証拠調べによって証明すべき事実が確認された場合において、相当と認めるときは、裁判所書記官に当該事実を準備的口頭弁論の調書に記載させなければならない。

② 裁判長は、準備的口頭弁論を終了するに当たり、当事者に準備的口頭弁論における争点及び証拠の整理の結果を要約した書面を提出させる場合には、その書面の提出をすべき期間を定めることができる。

(法第167条の規定による当事者の説明の方式)
第87条　① 法第167条(準備的口頭弁論終了後の攻撃防御方法の提出)の規定による当事者の説明は、期日において口頭でする場合を除き、書面でしなければならない。

② 前項の説明が期日において口頭でされた場合には、相手方は、説明をした当事者に対し、当該説明の内容を記載した書面を交付するよう求めることができる。

#### 第2款　弁論準備手続
(弁論準備手続調書等・法第170条等)
第88条　① 弁論準備手続の調書には、当事者の陳述に基づき、法第161条(準備書面)第2項に掲げる事項を記載し、特に、証拠については、その申出を明確にしなければならない。

② 裁判所及び当事者双方が音声の送受信により同時に通話をすることができる方法によって弁論準備手続の期日における手続を行うときは、裁判所又は受命裁判官は、通話者及び通話先の場所の確認をしなければならない。

③ 前項の手続を行ったときは、その旨及び通話先の電話番号を弁論準備手続の調書に記載しなければならない。この場合においては、通話先の電話番号に加えてその場所を記載することができる。

④ 第1項及び前項に規定するほか、弁論準備手続の調書については、法第160条(口頭弁論調書)及びこの規則中口頭弁論の調書に関する規定を準用する。

(弁論準備手続の結果の陳述・法第173条)
第89条　弁論準備手続の終結後に、口頭弁論において、その後の証拠調べによって証明すべき事実を明らかにしてしなければならない。

(準備的口頭弁論の規定等の準用・法第170条等)
第90条　第63条(期日外釈明の方法)及び第65条(訴訟代理人の陳述禁止等の通知)並びに前款(準備的口頭弁論)の規定は、弁論準備手続について準用する。

#### 第3款　書面による準備手続
(音声の送受信による通話の方法による協議・法第176条)
第91条　① 裁判長又は高等裁判所における受命裁判官(以下この条において「裁判長等」という。)は、裁判所及び当事者双方が音声の送受信により同時に通話をすることができる方法によって書面による準備手続における協議をする場合には、その協議の日時を指定することができる。

② 前項の方法による協議をしたときは、裁判長等は、裁判所書記官に当該手続についての調書を作成させ、これに協議の結果を記載させることができる。

③ 第1項の方法による協議をし、かつ、裁判長等がその結果について裁判所書記官に記録をさせたときは、その記録に同項の方法による協議をした旨及び通話先の電話番号を記載させなければならない。この場合においては、通話先の電話番号に加えてその場所を記載させることができる。

④ 第88条(弁論準備手続調書等)第2項の規定は、第1項の方法による協議をする場合について準用する。

(口頭弁論の規定等の準用・法第176条)
第92条　第63条(期日外釈明の方法)及び第86条(証明すべき事実の調書記載等)第2項の規定は書面による準備手続について準用する。

(証明すべき事実の調書記載・法第177条)
第93条　書面による準備手続を終結した事件について、口頭弁論の期日において、その後の証拠調べによって証明すべき事実の確認がされたときは、当該事実を口頭弁論の調書に記載しなければならない。

(法第178条の規定による当事者の説明の方式)
第94条　① 法第178条(書面による準備手続終結後の攻撃防御方法の提出)の規定による当事者の説明は、期日において口頭でする場合を除き、書面でしなければならない。

② 第87条(法第167条の規定による当事者の説明の方式)第2項の規定は、前項の説明が期日において口頭でされた場合について準用する。

### 第4節　進行協議期日
(進行協議期日)
第95条　① 裁判所は、口頭弁論の期日外において、その審理を充実させることを目的として、当事者双方が立ち会うことができる進行協議期日を指定することができる。この期日においては、裁判所及び当事者は、口頭弁論における証拠調べと争点との関係の確認その他訴訟の進行に関し必要な事項についての協議を行うものとする。

② 訴えの取下げ並びに請求の放棄及び認諾は、進行協議期日においてもすることができる。

③ 法第261条(訴えの取下げ)第4項及び第5項の規定は、前項の訴えの取下げについて準用する。

(音声の送受信による通話の方法による進行協議期日)
第96条　① 裁判所は、当事者が遠隔の地に居住しているときその他相当と認めるときは、当事者の意見を聴いて、裁判所及び当事者双方が音声の送受信により同時に通話をすることができる方法によって、進行協議期日における手続を行うことができる。ただし、当事者の一方がその期日に出頭した場合に限る。

② 進行協議期日に出頭しないで前項の手続に関与

した当事者は、その期日に出頭したものとみなす.
③ 進行協議期日においては、前項の当事者は、前条（進行協議期日）第2項の規定にかかわらず、訴えの取下げ並びに請求の放棄及び認諾をすることができる.
④ 第88条（弁論準備手続調書等）第2項の規定は、第1項の手続を行う場合について準用する.
（裁判所外における進行協議期日）
**第97条** 裁判所は、相当と認めるときは、裁判所外において進行協議期日における手続を行うことができる.
（受命裁判官による進行協議期日）
**第98条** 裁判所は、受命裁判官に進行協議期日における手続を行わせることができる.

## 第3章 証 拠

第1節 総則
（証拠の申出・法第180条）
**第99条** ① 証拠の申出は、証明すべき事実及びこれと証拠との関係を具体的に明示してしなければならない.
② 第83条（準備書面の直送）の規定は、証拠の申出を記載した書面について準用する.
（証人及び当事者本人の一括申出・法第182条）
**第100条** 証人及び当事者本人の尋問の申出は、できる限り、一括してしなければならない.
（証拠調べの準備）
**第101条** 争点及び証拠の整理手続を経た事件については、裁判所は、争点及び証拠の整理手続の終了又は終結後における最初の口頭弁論の期日において、直ちに証拠調べをすることができるようにしなければならない.
（文書等の提出時期）
**第102条** 証人若しくは当事者本人の尋問又は鑑定人の口頭による意見の陳述において使用する予定の文書は、証人等の陳述の信用性を争うための証拠として使用するものを除き、当該尋問又は意見の陳述を開始する時の相当期間前までに、提出しなければならない. ただし、当該文書を提出することができないときは、その写しを提出すれば足りる.
（外国における証拠調べの嘱託の手続・法第184条）
**第103条** 外国においてすべき証拠調べの嘱託の手続は、裁判長がする.
（証拠調べの再嘱託の通知・法第185条）
**第104条** 受託裁判官が他の地方裁判所又は簡易裁判所に更に証拠調べの嘱託をしたときは、受託裁判官の所属する裁判所の裁判所書記官は、その旨を受訴裁判所及び当事者に通知しなければならない.
（嘱託に基づく証拠調べの記録の送付・法第185条）
**第105条** 受託裁判官の所属する裁判所の裁判所書記官は、受訴裁判所の裁判所書記官に対し、証拠調べに関する記録を送付しなければならない.

第2節 証人尋問
（証人尋問の申出）
**第106条** 証人尋問の申出は、証人を指定し、かつ、尋問に要する見込みの時間を明らかにしてしなければならない.
（尋問事項書）
**第107条** ① 証人尋問の申出をするときは、同時に、尋問事項書（尋問事項を記載した書面をいう. 以下同じ.）2通を提出しなければならない. ただし、やむを得ない事由があるときは、裁判長の定める期間内に提出すれば足りる.
② 尋問事項書は、できる限り、個別的かつ具体的に記載しなければならない.
③ 第1項の申出をする当事者は、尋問事項書について直送をしなければならない.
（呼出状の記載事項等）
**第108条** 証人の呼出状には、次に掲げる事項を記載し、尋問事項書を添付しなければならない.
1 当事者の表示
2 出頭すべき日時及び場所
3 出頭しない場合における法律上の制裁
（証人の出頭の確保）
**第109条** 証人を尋問する旨の決定があったときは、尋問の申出をした当事者は、証人を期日に出頭させるように努めなければならない.
（不出頭の届出）
**第110条** 証人は、期日に出頭することができない事由が生じたときは、直ちに、その事由を明らかにして届け出なければならない.
（勾引・法第194条）
**第111条** 刑事訴訟規則（昭和23年最高裁判所規則第32号）中勾引に関する規定は、正当な理由なく出頭しない証人の勾引について準用する.
（宣誓・法第201条）
**第112条** ① 証人の宣誓は、尋問の前にさせなければならない. ただし、特別の事由があるときは、尋問の後にさせることができる.
② 宣誓は、起立して厳粛に行わなければならない.
③ 裁判長は、証人に宣誓書を朗読させ、かつ、これに署名押印させなければならない. 証人が宣誓書を朗読することができないときは、裁判長は、裁判所書記官にこれを朗読させなければならない.
④ 前項の宣誓書には、良心に従って真実を述べ、何事も隠さず、また、何事も付け加えないことを誓う旨を記載しなければならない.
⑤ 裁判長は、宣誓の前に、宣誓の趣旨を説明し、かつ、偽証の罰を告げなければならない.
（尋問の順序・法第202条）
**第113条** ① 当事者による証人の尋問は、次の順序による.
1 尋問の申出をした当事者の尋問（主尋問）
2 相手方の尋問（反対尋問）
3 尋問の申出をした当事者の再度の尋問（再主尋問）
② 当事者は、裁判長の許可を得て、更に尋問をすることができる.
③ 裁判長は、法第202条（尋問の順序）第1項及び第2項の規定によるほか、必要があると認めるときは、いつでも、自ら証人を尋問し、又は当事者の尋問を許すことができる.
④ 陪席裁判官は、裁判長に告げて、証人を尋問することができる.
（質問の制限）
**第114条** ① 次の各号に掲げる尋問は、それぞれ当該各号に定める事項について行うものとする.
1 主尋問
　立証すべき事項及びこれに関連する事項
2 反対尋問
　主尋問に現れた事項及びこれに関連する事項並びに証言の信用性に関する事項
3 再主尋問

反対尋問に現れた事項及びこれに関連する事項
② 裁判長は、前項各号に掲げる尋問における質問が同項各号に定める事項以外の事項に関するものであって相当でないときは、申立てにより又は職権で、これを制限することができる。
**第115条** ① 質問は、できる限り、個別的かつ具体的にしなければならない。
② 当事者は、次に掲げる質問をしてはならない。ただし、第2号から第6号までに掲げる質問については、正当な理由がある場合は、この限りでない。
1 証人を侮辱し、又は困惑させる質問
2 誘導質問
3 既にした質問と重複する質問
4 争点に関係のない質問
5 意見の陳述を求める質問
6 証人が直接経験しなかった事実についての陳述を求める質問
③ 裁判長は、質問が前項の規定に違反するものであると認めるときは、申立てにより又は職権で、これを制限することができる。
**(文書等の質問への利用)**
**第116条** ① 当事者は、裁判長の許可を得て、文書、図面、写真、模型、装置その他の適当な物件(以下この条において「文書等」という。)を利用して証人に質問することができる。
② 前項の場合において、文書等が証拠調べをしていないものであるときは、当該質問の前に、相手方にこれを閲覧する機会を与えなければならない。ただし、相手方に異議のないときは、この限りでない。
③ 裁判長は、調書への添付その他必要があると認めるときは、当事者に対し、文書等の写しの提出を求めることができる。
**(異議・法第202条)**
**第117条** ① 当事者は、第113条(尋問の順序)第2項及び第3項、第114条(質問の制限)第2項、第115条(質問の制限)第3項並びに前条(文書等の質問への利用)第1項の規定による裁判長の裁判に対し、異議を述べることができる。
② 前項の異議に対しては、裁判所は、決定で、直ちに裁判をしなければならない。
**(対 質)**
**第118条** ① 裁判長は、必要があると認めるときは、証人と他の証人との対質を命ずることができる。
② 前項の規定により対質を命じたときは、その旨を調書に記載させなければならない。
③ 対質を行うときは、裁判長がまず証人を尋問することができる。
**(文字の筆記等)**
**第119条** 裁判長は、必要があると認めるときは、証人に文字の筆記その他の必要な行為をさせることができる。
**(後に尋問すべき証人の取扱い)**
**第120条** 裁判長は、必要があると認めるときは、後に尋問すべき証人に在廷を許すことができる。
**(傍聴人の退廷)**
**第121条** 裁判長は、証人が特定の傍聴人の面前(法第203条の3(遮へいの措置)第2項に規定する措置をとる場合及び法第204条(映像等の送受信による通話の方法による尋問)に規定する方法による場合を除く。)においては威圧され十分な陳述をすることができないと認めるときは、当事者の意見を聴いて、その証人が陳述する間、その傍聴人

を退廷させることができる。
**(書面による質問又は回答の朗読・法第154条)**
**第122条** 耳が聞こえない証人に書面で質問したとき、又は口がきけない証人に書面で答えさせたときは、裁判長は、裁判所書記官に質問又は回答を記載した書面を朗読させることができる。
**(付添い・法第203条の2)**
**第122条の2** ① 裁判長は、法第203条の2(付添い)第1項に規定する措置をとるに当たっては、当事者及び証人の意見を聴かなければならない。
② 前項の措置をとったときは、その旨並びに証人に付き添った者の氏名及びその者と証人との関係を調書に記載しなければならない。
**(遮へいの措置・法第203条の3)**
**第122条の3** ① 裁判長は、法第203条の3(遮へいの措置)第1項又は第2項に規定する措置をとるに当たっては、当事者及び証人の意見を聴かなければならない。
② 前項の措置をとったときは、その旨を調書に記載しなければならない。
**(映像等の送受信による通話の方法による尋問・法第204条)**
**第123条** ① 法第204条(映像等の送受信による通話の方法による尋問)第1号に掲げる場合における同条に規定する方法による尋問は、当事者の意見を聴いて、当事者を受訴裁判所に出頭させ、証人を当該尋問に必要な装置の設置された他の裁判所に出頭させてする。
② 法第204条第2号に掲げる場合における同条に規定する方法による尋問は、当事者及び証人の意見を聴いて、当事者を受訴裁判所に出頭させ、証人を受訴裁判所又は当該尋問に必要な装置の設置された他の裁判所に出頭させてする。この場合において、証人を受訴裁判所に出頭させるときは、裁判長及び当事者が証人を尋問するために在席する場所以外の場所にその証人を在席させるものとする。
③ 前2項の尋問をする場合には、文書の写しを送信してこれを提示することその他の尋問の実施に必要な処置を行うため、ファクシミリを利用することができる。
④ 第1項又は第2項の尋問をしたときは、その旨及び証人が出頭した裁判所(当該裁判所が受訴裁判所である場合を除く。)を調書に記載しなければならない。
**(書面尋問・法第205条)**
**第124条** ① 法第205条(尋問に代わる書面の提出)の規定により証人の尋問に代えて書面の提出をさせる場合には、裁判所は、尋問の申出をした当事者の相手方に対し、当該書面において回答を希望する事項を記載した書面を提出させることができる。
② 裁判長は、証人が尋問に代わる書面の提出をすべき期間を定めることができる。
③ 証人は、前項の書面に署名押印しなければならない。
**(受命裁判官等の権限・法第206条)**
**第125条** 受命裁判官又は受託裁判官が証人尋問をする場合には、裁判所及び裁判長の職務は、その裁判官が行う。

### 第3節 当事者尋問
**(対 質)**
**第126条** 裁判長は、必要があると認めるときは、当事者本人と、他の当事者本人又は証人との対質を命ずることができる。

(証人尋問の規定の準用・法第210条)
**第127条** 前節(証人尋問)の規定は、特別の定めがある場合を除き、当事者本人の尋問について準用する。ただし、第111条(勾引)、第120条(後に尋問すべき証人の取扱い)及び第124条(書面尋問)の規定は、この限りでない。
(法定代理人の尋問・法第211条)
**第128条** この規則中当事者本人の尋問に関する規定は、訴訟において当事者を代表する法定代理人について準用する。

### 第4節 鑑 定
(鑑定事項)
**第129条** ① 鑑定の申出をするときは、同時に、鑑定を求める事項を記載した書面を提出しなければならない。ただし、やむを得ない事由があるときは、裁判長の定める期間内に提出すれば足りる。
② 前項の申出をする当事者は、同項の書面について直送をしなければならない。
③ 相手方は、第1項の書面について意見があるときは、意見を記載した書面を裁判所に提出しなければならない。
④ 裁判長は、第1項の書面に基づき、前項の意見をも考慮して、鑑定事項を定める。この場合においては、鑑定事項を記載した書面を鑑定人に送付しなければならない。
(鑑定のために必要な事項についての協議)
**第129条の2** 裁判所は、口頭弁論若しくは弁論準備手続の期日又は進行協議期日において、鑑定事項の内容、鑑定に必要な資料その他鑑定のために必要な事項について、当事者及び鑑定人と協議をすることができる。書面による準備手続においても、同様とする。
(忌避の申立ての方式・法第214条)
**第130条** ① 鑑定人に対する忌避の申立ては、期日においてする場合を除き、書面でしなければならない。
② 忌避の原因は、疎明しなければならない。
(宣誓の方式)
**第131条** ① 宣誓書には、良心に従って誠実に鑑定をすることを誓う旨を記載しなければならない。
② 鑑定人の宣誓は、宣誓書を裁判所に提出する方式によってもさせることができる。この場合における裁判長による宣誓の趣旨の説明及び虚偽鑑定の罰の告知は、これらの事項を記載した書面を鑑定人に送付する方法によって行う。
(鑑定人の陳述の方式・法第215条)
**第132条** ① 裁判長は、鑑定人に、共同して又は各別に、意見を述べさせることができる。
② 裁判長は、鑑定人に書面で意見を述べさせる場合には、鑑定人の意見を聴いて、当該書面を提出すべき期間を定めることができる。
(鑑定人に更に意見を求める事項・法第215条)
**第132条の2** ① 法第215条(鑑定人の陳述の方式等)第2項の申立てをするときは、同時に、鑑定人に更に意見を求める事項を記載した書面を提出しなければならない。ただし、やむを得ない事由があるときは、裁判長の定める期間内に提出すれば足りる。
② 裁判所は、職権で意見を述べさせるときは、当事者に対し、あらかじめ、鑑定人に更に意見を求める事項を記載した書面を提出させることができる。
③ 前2項の書面を提出する当事者は、これらの書面について直送をしなければならない。

④ 相手方は、第1項又は第2項の書面について意見があるときは、意見を記載した書面を裁判所に提出しなければならない。
⑤ 裁判長は、第1項又は第2項の書面の内容及び前項の意見を考慮して、鑑定人に更に意見を求める事項を定める。この場合においては、当該事項を記載した書面を鑑定人に送付しなければならない。
(質問の順序・法第215条の2)
**第132条の3** ① 裁判長は、法第215条の2(鑑定人質問)第2項及び第3項の規定によるほか、必要があると認めるときは、いつでも、自ら鑑定人に対し質問をし、又は当事者の質問を許すことができる。
② 陪席裁判官は、裁判長に告げて、鑑定人に対し質問をすることができる。
③ 当事者の鑑定人に対する質問は、次の順序による。ただし、当事者双方が鑑定の申出をした場合における当事者の質問の順序は、裁判長が定める。
1 鑑定の申出をした当事者の質問
2 相手方の質問
3 鑑定の申出をした当事者の再度の質問
④ 当事者は、裁判長の許可を得て、更に質問をすることができる。
(質問の制限・法第215条の2)
**第132条の4** ① 鑑定人に対する質問は、鑑定人の意見の内容を明瞭にし、又はその根拠を確認するために必要な事項について行うものとする。
② 質問は、できる限り、具体的にしなければならない。
③ 質問は、次に掲げる質問をしてはならない。ただし、第2号及び第3号に掲げる質問については、正当な理由がある場合は、この限りでない。
1 鑑定人を侮辱し、又は困惑させる質問
2 誘導質問
3 既にした質問と重複する質問
4 第1項に規定する事項に関係のない質問
④ 裁判長は、質問が前項の規定に違反するものであると認めるときは、申立てにより又は職権で、これを制限することができる。
(映像等の送受信による通話の方法による陳述・法第215条の3)
**第132条の5** 法第215条の3(映像等の送受信による通話の方法による陳述)に規定する方法によって鑑定人に意見を述べさせるときは、当事者の意見を聴いて、鑑定人を受訴裁判所に出頭させ、鑑定人を当該手続に必要な装置の設置された場所であって裁判所が相当と認める場所に出頭させてこれを行う。
② 前項の場合には、文書の写しを送信してこれを提示することその他の手続の実施に必要な処置を行うため、ファクシミリを利用することができる。
③ 第1項の方法によって鑑定人に意見を述べさせたときは、その旨及び鑑定人が出頭した場所を調書に記載しなければならない。
(鑑定人の発問等)
**第133条** 鑑定人は、鑑定のため必要があるときは、審理に立ち会い、裁判長に証人若しくは当事者本人に対する尋問を求め、又は裁判長の許可を得て、これらの者に対し直接に問いを発することができる。
(異議・法第215条の2)
**第133条の2** ① 当事者は、第132条の3(質問の順序)第1項、第3項ただし書及び第4項、第132条の4(質問の制限)第4項、前条(鑑定人の発問等)並びに第134条(証人尋問の規定の準用)に

おいて準用する第116条（文書等の質問への利用）第1項の規定による裁判長の裁判に対し、異議を述べることができる。
② 前項の異議に対しては、裁判所は、決定で、直ちに裁判をしなければならない。
　　（証人尋問の規定の準用・法第216条）
第134条　第108条（呼出状の記載事項等）の規定は鑑定人の呼出状について、第110条（不出頭の届出）の規定は鑑定人に期日に出頭することができない事由が生じた場合について、第112条（宣誓）第2項、第3項及び第5項の規定は鑑定人に宣誓をさせる場合について、第116条（文書等の質問への利用）、第118条（対質）、第119条（文字の筆記等）、第121条（傍聴人の退席）及び第122条（書面による質問又は回答の朗読）の規定は鑑定人に口頭で意見を述べさせる場合について、第125条（受命裁判官等の権限）の規定は受命裁判官又は受託裁判官が鑑定人に意見を述べさせる場合について準用する。
　　（鑑定証人・法第217条）
第135条　鑑定証人の尋問については、証人尋問に関する規定を適用する。
　　（鑑定の嘱託への準用・法第218条）
第136条　この節の規定は、宣誓に関する規定を除き、鑑定の嘱託について準用する。
　　第5節　書証
　　（書証の申出等・法第219条）
第137条　① 文書を提出して書証の申出をするときは、当該申出をする時までに、その写し2通（当該文書を送付すべき相手方の数が2以上であるときは、その数に1を加えた通数）を提出するとともに、文書の記載から明らかな場合を除き、文書の標目、作成者及び立証趣旨を明らかにした証拠説明書2通（当該書面を送付すべき相手方の数が2以上であるときは、その数に1を加えた通数）を提出しなければならない。ただし、やむを得ない事由があるときは、裁判長の定める期間内に提出すれば足りる。
② 前項の申出をする当事者は、相手方に送付すべき文書の写し及びその文書に係る証拠説明書について直送をすることができる。
　　（訳文の添付等）
第138条　① 外国語で作成された文書を提出して書証の申出をするときは、取調べを求める部分についてその文書の訳文を添付しなければならない。この場合において、前条（書証の申出等）第2項の規定による直送をするときは、同時に、その訳文についても直送をしなければならない。
② 相手方は、前項の訳文の正確性について意見があるときは、意見を記載した書面を裁判所に提出しなければならない。
　　（書証の写しの提出期間・法第162条）
第139条　法第162条（準備書面等の提出期間）の規定により、裁判長が特定の事項に関する書証の申出（文書を提出するものに限る。）をすべき期間を定めたときは、当事者は、その期間が満了する前に、書証の写しを提出しなければならない。
　　（文書提出命令の申立ての方式等・法第221条等）
第140条　① 文書提出命令の申立ては、書面でしなければならない。
② 相手方は、前項の申立てについて意見があるときは、意見を記載した書面を裁判所に提出しなければならない。

③ 第99条（証拠の申出）第2項及び前項の規定は、法第222条（文書の特定のための手続）第1項の規定による申出について準用する。
　　（提示文書の保管・法第223条）
第141条　裁判所は、必要があると認めるときは、法第223条（文書提出命令）第6項前段の規定により提示された文書を一時保管することができる。
　　（受命裁判官等の証拠調べの調書）
第142条　① 受命裁判官又は受託裁判官に文書の証拠調べをさせる場合には、裁判所は、当該証拠調べについての調書に記載すべき事項を定めることができる。
② 受命裁判官又は受託裁判官の所属する裁判所の裁判所書記官は、前項の調書に同項の文書の写しを添付することができる。
　　（文書の提出等の方法）
第143条　① 文書の提出又は送付は、原本、正本又は認証のある謄本でしなければならない。
② 裁判所は、前項の規定にかかわらず、原本の提出を命じ、又は送付をさせることができる。
　　（録音テープ等の反訳文書の書証の申出があった場合の取扱い）
第144条　録音テープ等を反訳した文書を提出して書証の申出をした当事者は、相手方がその録音テープ等の複製物の交付を求めたときは、相手方にこれを交付しなければならない。
　　（文書の成立を否認する場合における理由の明示）
第145条　文書の成立を否認するときは、その理由を明らかにしなければならない。
　　（筆跡等の対照の用に供すべき文書等に係る調書等・法第229条）
第146条　① 法第229条（筆跡等の対照による証明）第1項に規定する筆跡又は印影の対照の用に供した書類の原本、謄本又は抄本は、調書に添付しなければならない。
② 第141条（提示文書の保管）の規定は、法第229条第2項において準用する法第223条（文書提出命令等）第1項の規定による文書その他の物件の提出について、第142条（受命裁判官等の証拠調べの調書）の規定は、法第229条第2項において準用する法第219条（書証の申出）、第223条第1項及び第226条（文書送付の嘱託）の規定により提出され、又は送付された文書その他の物件の取調べを受命裁判官又は受託裁判官にさせる場合における調書について準用する。
　　（文書に準ずる物件への準用・法第231条）
第147条　第137条から前条まで（書証の申出等、訳文の添付等、書証の写しの提出期間、文書提出命令の申立ての方式等、提示文書の保管、受命裁判官等の証拠調べの調書、文書の提出等の方法、録音テープ等の反訳文書の書証の申出があった場合の取扱い、文書の成立を否認する場合における理由の明示及び筆跡等の対照の用に供すべき文書等に係る調書等）の規定は、特別の定めがある場合を除き、法第231条（文書に準ずる物件への準用）に規定する物件について準用する。
　　（写真等の証拠説明書の記載事項）
第148条　写真又は録音テープ等の証拠調べの申出をするときは、その証拠説明書において、撮影、録音、録画等の対象並びにその日時及び場所をも明らかにしなければならない。
　　（録音テープ等の内容を説明した書面の提出等）

第149条 ① 録音テープ等の証拠調べの申出をした当事者は,裁判所又は相手方の求めがあるときは,当該録音テープ等の内容を説明した書面(当該録音テープ等を反訳した書面を含む.)を提出しなければならない.
② 前項の当事者は,同項の書面について直送をしなければならない.
③ 相手方は,第1項の書面における説明の内容について意見があるときは,意見を記載した書面を裁判所に提出しなければならない.

### 第6節 検 証

(検証の申出の方式)
第150条 検証の申出は,検証の目的を表示してしなければならない.
(検証の目的の提示等・法第232条)
第151条 第141条(提示文書の保管)の規定は,検証の目的の提示について,第142条(受命裁判官等の証拠調べの調書)の規定は,提示又は送付に係る検証の目的の検証を受命裁判官又は受託裁判官にさせる場合における調書について準用する.

### 第7節 証拠保全

(証拠保全の手続における証拠調べ・法第234条)
第152条 証拠保全の手続における証拠調べについては,この章の規定を適用する.
(証拠保全の申立ての方式・法第235条)
第153条 ① 証拠保全の申立ては,書面でしなければならない.
② 前項の書面には,次に掲げる事項を記載しなければならない.
1 相手方の表示
2 証明すべき事実
3 証拠
4 証拠保全の事由
③ 証拠保全の事由は,疎明しなければならない.
(証拠保全の記録の送付)
第154条 証拠保全のための証拠調べが行われた場合には,その証拠調べを行った裁判所の裁判所書記官は,本案の訴訟記録の存する裁判所の裁判所書記官に対し,証拠調べに関する記録を送付しなければならない.

## 第4章 判 決

(言渡しの方式・法第252条等)
第155条 ① 判決の言渡しは,裁判長が主文を朗読してする.
② 裁判長は,相当と認めるときは,判決の理由を朗読し,又は口頭でその要領を告げることができる.
③ 前2項の規定にかかわらず,法第254条(言渡しの方式の特則)第1項の規定による判決の言渡しは,裁判長が主文及び理由の要旨を告げてする.
(言渡期日の通知・法第251条)
第156条 判決の言渡期日の日時は,あらかじめ,裁判所書記官が当事者に通知するものとする.ただし,その日時を期日において告知した場合又はその不備を補正することができない不適法な訴えを口頭弁論を経ないで却下する場合は,この限りでない.
(判決書・法第253条)
第157条 ① 判決書には,判決をした裁判官が署名押印しなければならない.
② 合議体の裁判官が判決書に署名押印することに支障があるときは,他の裁判官が判決書にその事由を付記して署名押印しなければならない.
(裁判所書記官への交付等)
第158条 判決書は,言渡し後遅滞なく,裁判所書記官に交付し,裁判所書記官は,これに言渡し及び交付の日を付記して押印しなければならない.
(判決書等の送達・法第255条)
第159条 ① 判決書又は法第254条(言渡しの方式の特則)第2項(法第374条(判決の言渡し)第2項において準用する場合を含む.)の調書(以下「判決書に代わる調書」という.)の送達は,裁判所書記官が判決書の交付を受けた日又は判決言渡しの日から2週間以内にしなければならない.
② 判決書に代わる調書の送達は,その正本によってすることができる.
(更正決定等の方式・法第257条等)
第160条 ① 更正決定は,判決書の原本及び正本に付記しなければならない.ただし,相当と認めるときは,判決書の原本及び正本への付記に代えて,決定書を作成し,その正本を当事者に送達することができる.
② 前項の規定は,法第259条(仮執行の宣言)第5項の規定による補充の決定について準用する.
(法第258条第2項の申立ての方式)
第161条 訴訟費用の負担の裁判を脱漏した場合における訴訟費用の負担の裁判を求める申立ては,書面でしなければならない.

## 第5章 裁判によらない訴訟の完結

(訴えの取下げがあった場合の取扱い・法第261条)
第162条 ① 訴えの取下げの書面の送達は,取下げをした者から提出された副本によってする.
② 訴えの取下げがあった場合において,相手方の同意を要しないときは,裁判所書記官は,訴えの取下げがあった旨を相手方に通知しなければならない.
(和解条項案の書面による受諾・法第264条)
第163条 ① 法第264条(和解条項案の書面による受諾)の規定に基づき裁判所又は受命裁判官若しくは受託裁判官(以下この章において「裁判所等」という.)が和解条項案を提示するときは,書面に記載してしなければならない.この書面には,同条に規定する効果を付記するものとする.
② 前項の場合において,和解条項案を受諾する旨の書面の提出があったときは,裁判所等は,その書面を提出した当事者の真意を確認しなければならない.
③ 法第264条の規定により当事者間に和解が調ったものとみなされたときは,裁判所書記官は,当該和解を調書に記載しなければならない.この場合において,裁判所書記官は,和解条項案を受諾する旨の書面を提出した当事者に対し,遅滞なく,和解が調ったものとみなされた旨を通知しなければならない.
(裁判所等が定める和解条項・法第265条)
第164条 裁判所等は,法第265条(裁判所等が定める和解条項)第1項の規定により和解条項を定めようとするときは,当事者の意見を聴かなければならない.
② 法第265条第5項の規定により当事者間に和解が調ったものとみなされたときは,裁判所書記官は,当該和解を調書に記載しなければならない.
③ 前項に規定する場合において,和解条項の定めを期日における告知以外の方法による告知によって

したときは，裁判所等は，裁判所書記官に調書を作成させるものとする．この場合においては，告知がされた旨及び告知の方法をも調書に記載しなければならない．

## 第6章　大規模訴訟に関する特則

第165条　削除
（連絡を担当する訴訟代理人の届出）
第166条　大規模訴訟において当事者の一方につき訴訟代理人が数人あるときは，訴訟代理人は，その中から連絡を担当する者を選任し，その旨を裁判所に書面で届け出ることができる．
第167条　削除

## 第7章　簡易裁判所の訴訟手続に関する特則

（反訴の提起に基づく移送による記録の送付・法第274条）
第168条　第9条（移送による記録の送付）の規定は，法第274条（反訴の提起に基づく移送）第1項の規定による移送の裁判が確定した場合について準用する．
（訴え提起前の和解の調書・法第275条）
第169条　訴え提起前の和解が調ったときは，裁判所書記官は，これを調書に記載しなければならない．
（証人等の陳述の調書記載の省略等）
第170条　① 簡易裁判所における口頭弁論の調書については，裁判官の許可を得て，証人等の陳述又は検証の結果の記載を省略することができる．この場合において，当事者は，裁判官が許可をする際に，意見を述べることができる．
② 前項の規定により調書の記載を省略する場合において，裁判官の命令又は当事者の申出があるときは，裁判所書記官は，当事者の裁判上の利用に供するため，録音テープ等に証人等の陳述又は検証の結果を記録しなければならない．この場合において，当事者の申出があるときは，裁判所書記官は，当該録音テープ等の複製を許さなければならない．
（書面尋問・法第278条）
第171条　第124条（書面尋問）の規定は，法第278条（尋問等に代わる書面の提出）の規定により証人若しくは当事者本人の尋問又は鑑定人の意見の陳述に代えて書面の提出をさせる場合について準用する．
（司法委員の発問）
第172条　裁判官は，必要があると認めるときは，司法委員が証人等に対し直接に問いを発することを許すことができる．

## 第3編　上　訴

## 第1章　控　訴

（控訴権の放棄・法第284条）
第173条　① 控訴をする権利の放棄は，控訴の提起前にあっては第一審裁判所，控訴の提起後にあっては訴訟記録の存する裁判所に対する申述によってしなければならない．
② 控訴の提起後における前項の申述は，控訴の取下げとともにしなければならない．
③ 第1項の申述があったときは，裁判所書記官は，

その旨を相手方に通知しなければならない．
（控訴提起による記録の送付）
第174条　控訴の提起があったときは，第一審裁判所による控訴却下の決定があった場合を除き，第一審裁判所の裁判所書記官は，遅滞なく，控訴裁判所の裁判所書記官に対し，訴訟記録を送付しなければならない．
（攻撃防御方法を記載した控訴状）
第175条　攻撃又は防御の方法を記載した控訴状は，準備書面を兼ねるものとする．
（控訴状却下命令に対する即時抗告・法第288条等）
第176条　第57条（訴状却下命令に対する即時抗告）の規定は，控訴状却下の命令に対し即時抗告をする場合について準用する．
（控訴の取下げ・法第292条）
第177条　① 控訴の取下げは，訴訟記録の存する裁判所にしなければならない．
② 控訴の取下げがあったときは，裁判所書記官は，その旨を相手方に通知しなければならない．
（附帯控訴・法第293条）
第178条　附帯控訴については，控訴に関する規定を準用する．
（第一審の訴訟手続の規定の準用・法第297条）
第179条　前編（第一審の訴訟手続）の第1章から第6章まで（訴え，口頭弁論及びその準備，証拠，判決，裁判によらない訴訟の完結並びに大規模訴訟に関する特則）の規定は，特別の定めがある場合を除き，控訴審の訴訟手続について準用する．
（法第167条の規定による説明等の規定の準用・法第298条）
第180条　第87条（法第167条の規定による当事者の説明の方式）の規定は，法第298条（第一審の訴訟行為の効力等）第2項において準用する法第167条（準備的口頭弁論終了後の攻撃防御方法の提出）の規定による当事者の説明について，第94条（法第178条の規定による当事者の説明の方式）の規定は，法第298条第2項において準用する法第178条（書面による準備手続終結後の攻撃防御方法の提出）の規定による当事者の説明について準用する．
（攻撃防御方法の提出等の期間・法第301条）
第181条　第139条（書証の写しの提出期間）の規定は，法第301条（攻撃防御方法の提出等の期間）第1項の規定により裁判長が書証の申出（文書を提出してするものに限る．）をすべき期間を定めた場合について，第87条（法第167条の規定による当事者の説明の方式）第1項の規定は，法第301条第2項の規定による当事者の説明について準用する．
（第一審判決の取消し事由等を記載した書面）
第182条　控訴状に第一審判決の取消し又は変更を求める事由の具体的な記載がないときは，控訴人は，控訴の提起後50日以内に，これらを記載した書面を控訴裁判所に提出しなければならない．
（反論書）
第183条　裁判長は，被控訴人に対し，相当の期間を定めて，控訴人が主張する第一審判決の取消し又は変更を求める事由に対する被控訴人の主張を記載した書面の提出を命ずることができる．
（第一審の判決書等の引用）
第184条　控訴審の判決書又は判決書に代わる調書における事実及び理由の記載は，第一審の判決書又は判決書に代わる調書を引用してすることができる．

(第一審裁判所への記録の送付)
第185条　控訴審において訴訟が完結したときは、控訴裁判所の裁判所書記官は、第一審裁判所の裁判所書記官に対し、訴訟記録を送付しなければならない。

## 第2章　上告

(控訴の規定の準用・法第313条)
第186条　前章(控訴)の規定は、特別の定めがある場合を除き、上告及び上告審の訴訟手続について準用する。

(上告提起の場合における費用の予納)
第187条　上告を提起するときは、上告状の送達に必要な費用のほか、上告提起通知書、上告理由書及び裁判書の送達並びに上告裁判所が訴訟記録の送付を受けた旨の通知に必要な費用の概算額を予納しなければならない。

(上告提起と上告受理申立てを1通の書面でする場合の取扱い)
第188条　上告の提起と上告受理の申立てを1通の書面でするときは、その書面が上告状と上告受理申立書を兼ねるものであることを明らかにしなければならない。この場合において、上告の理由及び上告受理の申立ての理由をその書面に記載するときは、これらを区別して記載しなければならない。

(上告提起通知書の送達等)
第189条　① 上告の提起があった場合においては、上告状却下の命令又は法第316条(原裁判所による上告の却下)第1項第1号の規定による上告却下の決定があったときを除き、当事者に上告提起通知書を送達しなければならない。
② 前項の規定により被上告人に上告提起通知書を送達するときは、同時に、上告状を送達しなければならない。
③ 原裁判所の判決書又は判決書に代わる調書の送達前に上告の提起があったときは、第1項の規定による上告提起通知書の送達は、判決書又は判決書に代わる調書とともにしなければならない。

(法第312条第1項及び第2項の上告理由の記載の方式・法第315条)
第190条　① 判決に憲法の解釈の誤りがあることその他憲法の違反があることを理由とする上告の場合における上告の理由の記載は、憲法の条項を掲記し、憲法に違反する事由を示してしなければならない。この場合において、その事由が訴訟手続に関するものであるときは、憲法に違反する事実を掲記しなければならない。
② 法第312条(上告の理由)第2項各号に掲げる事由があることを理由とする上告の場合における上告の理由の記載は、その条項及びこれに該当する事実を示してしなければならない。

(法第312条第3項の上告理由の記載の方式・法第315条)
第191条　① 判決に影響を及ぼすことが明らかな法令の違反があることを理由とする上告における上告の理由の記載は、法令及びこれに違反する事由を示してしなければならない。
② 前項の規定により法令を示すには、その法令の条項又は内容(成文法以外の法令については、その趣旨)を掲記しなければならない。
③ 第1項の規定により法令に違反する事由を示す場合において、その法令が訴訟手続に関するものであるときは、これに違反する事実を掲記しなければならない。

(判例の摘示)
第192条　前条第2項(法第312条第1項及び第2項の上告理由の記載の方式並びに法第312条第3項の上告理由の記載の方式)に規定する上告において、判決が最高裁判所の判例(これがない場合にあっては、大審院又は上告裁判所若しくは控訴裁判所である高等裁判所の判例)と相反する判断をしたことを主張するときは、その判例を具体的に示さなければならない。

(上告理由の記載の仕方)
第193条　上告の理由は、具体的に記載しなければならない。

(上告理由書の提出期間・法第315条)
第194条　上告理由書の提出の期間は、上告人が第189条(上告提起通知書の送達)第1項の規定による上告提起通知書の送達を受けた日から50日とする。

(上告理由を記載した書面の通数)
第195条　上告の理由を記載した書面には、上告裁判所が最高裁判所であるときは被上告人の数に6を加えた数の副本、上告裁判所が高等裁判所であるときは被上告人の数に4を加えた数の副本を添付しなければならない。

(補正命令・法第316条)
第196条　① 上告状又は第194条(上告理由書の提出期間)の期間内に提出した上告理由書における上告のすべての理由の記載が第190条(法第312条第1項及び第2項の上告理由の記載の方式)又は第191条(法第312条第3項の上告理由の記載の方式)の規定に違反するときであっても、原裁判所は、決定で、相当の期間を定め、その期間内に不備を補正すべきことを命じなければならない。
② 法第316条(原裁判所による上告の却下)第1項第2号の規定による上告却下の決定(上告の理由の記載が法第315条(上告の理由の記載)第2項の規定に違反していることが明らかであることを理由とするものに限る。)は、前項の規定により定めた期間内に上告人が不備の補正をしないときにするものとする。

(上告裁判所への事件送付)
第197条　① 原裁判所は、上告状却下の命令又は上告却下の決定があった場合を除き、事件を上告裁判所に送付しなければならない。この場合において、原裁判所は、上告人が上告の理由中に示した訴訟手続に関する事実の有無について意見を付することができる。
② 前項の規定による事件の送付は、原裁判所の裁判所書記官が、上告裁判所の裁判所書記官に対し、訴訟記録を送付してしなければならない。
③ 上告裁判所の裁判所書記官は、前項の規定による訴訟記録の送付を受けたときは、速やかに、その旨を当事者に通知しなければならない。

(上告理由書の送達)
第198条　上告裁判所が原裁判所から事件の送付を受けた場合において、法第317条(上告裁判所による上告の却下等)第1項の規定による上告却下の決定又は同条第2項の規定による上告棄却の決定をしないときは、被上告人に上告理由書の副本を送達しなければならない。ただし、上告裁判所が口頭弁論を経ないで審理及び裁判をする場合において、

その必要がないと認めるときは、この限りでない。
**（上告受理の申立て・法第318条）**
**第199条** ① 上告受理の申立ての理由の記載は、原判決に最高裁判所の判例（これがない場合にあっては、大審院又は上告裁判所若しくは控訴裁判所である高等裁判所の判例）と相反する判断があることその他の法令の解釈に関する重要な事項を含むことを示してしなければならない。この場合においては、第191条（法第312条第3項の上告理由の記載の方式）第2項及び第3項の規定を準用する。
② 第186条（控訴の規定の準用）、第187条（上告提起の場合における費用の予納）、第189条（上告提起通知書の送達等）及び第192条から前条まで（判例の摘示、上告理由の記載の仕方、上告理由書の提出期間、上告理由を記載した書面の通数、補正命令、上告裁判所への事件送付及び上告理由書の送達）の規定は、上告受理の申立てについて準用する。この場合において、第187条、第189条及び第194条中「上告提起通知書」とあるのは「上告受理申立て通知書」と、第189条第2項、第195条及び前条中「被上告人」とあるのは「相手方」と、第196条第1項中「第190条（法第312条第1項及び第2項の上告理由の記載の方式）又は第191条（法第312条第3項の上告理由の記載の方式）」とあるのは「第199条（上告受理の申立て）第1項」と読み替えるものとする。
**（上告受理の決定・法第318条）**
**第200条** 最高裁判所は、上告審として事件を受理する決定をするときは、当該決定において、上告受理の申立ての理由中法第318条（上告受理の申立て）第3項の規定により排除するものを明らかにしなければならない。
**（答弁書提出命令）**
**第201条** 上告裁判所又は上告受理の申立てがあった場合における最高裁判所の裁判長は、相当の期間を定めて、答弁書を提出すべきことを被上告人又は相手方に命ずることができる。
**（差戻し等の判決があった場合の記録の送付・法第325条）**
**第202条** 差戻し又は移送の判決があったときは、上告裁判所の裁判所書記官は、差戻し又は移送を受けた裁判所の裁判所書記官に対し、訴訟記録を送付しなければならない。
**（最高裁判所への移送・法第324条）**
**第203条** 法第324条（最高裁判所への移送）の規定により、上告裁判所である高等裁判所が事件を最高裁判所に移送する場合は、憲法その他の法令の解釈について、その高等裁判所の意見が最高裁判所の判例（これがない場合にあっては、大審院又は上告裁判所若しくは控訴裁判所である高等裁判所の判例）と相反するときとする。
**（特別上告・法第327条）**
**第204条** 法第327条（特別上告）第1項（法第380条（異議後の判決に対する不服申立て）第2項において準用する場合を含む。）の上告及びその上告審の訴訟手続には、その性質に反しない限り、第二章又は前章の終局判決に対する上告及びその上告審の訴訟手続に関する規定を準用する。

## 第3章 抗 告

**（控訴又は上告の規定の準用・法第331条）**
**第205条** 抗告及び抗告裁判所の訴訟手続には、その性質に反しない限り、第1章（控訴）の規定を準用する。ただし、法第330条（再抗告）の抗告及びこれに関する訴訟手続には、前章（上告）の規定中第二審又は第一審の終局判決に対する上告の上告審の訴訟手続に関する規定を準用する。
**（抗告裁判所への事件送付）**
**第206条** 抗告を理由がないと認めるときは、原裁判所は、意見を付して事件を抗告裁判所に送付しなければならない。
**（原裁判の取消し事由等を記載した書面）**
**第207条** 法第330条（再抗告）の抗告以外の抗告をする場合において、抗告状に原裁判の取消し又は変更を求める事由の具体的な記載がないときは、抗告人は、抗告の提起後14日以内に、これらを記載した書面を原裁判所に提出しなければならない。
**（特別抗告・法第336条）**
**第208条** 法第336条（特別抗告）第1項の抗告及びこれに関する訴訟手続には、その性質に反しない限り、法第327条（特別上告）第1項の上告及びその上告審の訴訟手続に関する規定を準用する。
**（許可抗告・法第337条）**
**第209条** 第186条（控訴の規定の準用）、第187条（上告提起の場合における費用の予納）、第189条（上告提起通知書の送達等）、第192条（判例の摘示）、第193条（上告理由の記載の仕方）、第195条（上告理由を記載した書面の通数）、第196条（補正命令）及び第199条（上告受理の申立て）の規定は、法第337条（許可抗告）第2項の申立てについて、第200条（上告受理の決定）の規定は、法第337条第2項の規定による許可をする場合について、前条（特別抗告）の規定は、法第337条第2項の規定による許可があった場合について準用する。この場合において、第187条及び第189条中「上告提起通知書」とあるのは、「抗告許可申立て通知書」と読み替えるものとする。
**（再抗告等の抗告理由書の提出期間）**
**第210条** ① 法第330条（再抗告）の抗告及び法第336条（特別抗告）第1項の抗告においては、抗告理由書の提出の期間は、抗告人が第205条（控訴又は上告の規定の準用）ただし書及び第208条（特別抗告）において準用する第189条（上告提起通知書の送達等）第1項の規定による抗告提起通知書の送達を受けた日から14日とする。
② 前項の規定は、法第337条（許可抗告）第2項の申立てに係る理由書の提出の期間について準用する。この場合において、前項中「抗告提起通知書」とあるのは、「抗告許可申立て通知書」と読み替えるものとする。

## 第4編 再 審

**（再審の訴訟手続・法第341条）**
**第211条** ① 再審の訴状には、不服の申立てに係る判決の写しを添付しなければならない。
② 前項に規定するほか、再審の訴訟手続には、その性質に反しない限り、各審級における訴訟手続に関する規定を準用する。
**（決定又は命令に対する再審・法第349条）**
**第212条** 前条（再審の訴状等手続）の規定は、法第349条（決定又は命令に対する再審）第1項の再審の申立てについて準用する。

## 第5編 手形訴訟及び小切手訴訟に関する特則

**（最初の口頭弁論期日の指定等）**
**第213条** ① 手形訴訟による訴えが提起されたときは、裁判長は、直ちに、口頭弁論の期日を指定し、当事者を呼び出さなければならない。
② 当事者に対する前項の期日の呼出状には、期日前にあらかじめ主張、証拠の申出及び証拠調べに必要な準備をすべき旨を記載しなければならない。
③ 被告に対する呼出状には、前項に規定する事項のほか、裁判長の定める期間内に答弁書を提出すべき旨及び法第354条（口頭弁論の終結）の規定の趣旨を記載しなければならない。

**（一期日審理の原則）**
**第214条** 手形訴訟においては、やむを得ない事由がある場合を除き、最初にすべき口頭弁論の期日において、審理を完了しなければならない。

**（期日の変更又は弁論の続行）**
**第215条** 口頭弁論の期日を変更し、又は弁論を続行するときは、次の期日は、やむを得ない事由がある場合を除き、前の期日から15日以内の日に指定しなければならない。

**（手形判決の表示）**
**第216条** 手形訴訟の判決書又は判決書に代わる調書には、手形判決と表示しなければならない。

**（異議申立ての方式等・法第357条）**
**第217条** ① 異議の申立ては、書面でしなければならない。
② 裁判所は、前項の書面を相手方に送付しなければならない。
③ 法第161条（準備書面）第2項に掲げる事項を記載した第1項の書面は、準備書面を兼ねるものとする。

**（異議申立権の放棄及び異議の取下げ・法第358条等）**
**第218条** ① 異議を申し立てる権利の放棄は、裁判所に対する申述によってしなければならない。
② 前項の申述があったときは、裁判所書記官は、その旨を相手方に通知しなければならない。
③ 第162条（訴えの取下げがあった場合の取扱い）第1項の規定は、異議の取下げの書面の送達について準用する。

**（手形訴訟の判決書等の引用）**
**第219条** 異議後の訴訟の判決書又は判決書に代わる調書における事実及び理由の記載は、手形訴訟の判決書又は判決書に代わる調書を引用してすることができる。

**（督促手続から手形訴訟への移行・法第366条）**
**第220条** ① 手形訴訟による審理及び裁判を求める旨の申述をして支払督促の申立てをするときは、同時に、手形の写し2通（債務者の数が2以上であるときは、その数に1を加えた通数）を提出しなければならない。
② 前項の規定により提出された手形の写しは、債務者に送達すべき支払督促に添付しなければならない。
③ 第1項に規定する場合には、支払督促に同項の申述があった旨を付記しなければならない。

**（小切手訴訟・法第367条）**
**第221条** この編の規定は、小切手訴訟に関して準用する。

## 第6編 少額訴訟に関する特則

**（手続の教示）**
**第222条** ① 裁判所書記官は、当事者に対し、少額訴訟における最初にすべき口頭弁論の期日の呼出しの際に、少額訴訟による審理及び裁判の手続の内容を説明した書面を交付しなければならない。
② 裁判官は、前項の期日の冒頭において、当事者に対し、次に掲げる事項を説明しなければならない。
1 証拠調べは、即時に取り調べることができる証拠に限りすることができること。
2 被告は、訴訟を通常の手続に移行させる旨の申述をすることができるが、被告が最初にすべき口頭弁論の期日において弁論をし、又はその期日が終了した後は、この限りでないこと。
3 少額訴訟の終局判決に対しては、判決書又は判決書に代わる調書の送達を受けた日から2週間の不変期間内に、その判決をした裁判所に異議を申し立てることができること。

**（少額訴訟を求め得る回数・法第368条）**
**第223条** 法第368条（少額訴訟の要件等）第1項ただし書の最高裁判所規則で定める回数は、10回とする。

**（当事者本人の出頭命令）**
**第224条** 裁判所は、訴訟代理人が選任されている場合であっても、当事者本人又はその法定代理人の出頭を命ずることができる。

**（証人尋問等）**
**第225条** 証人尋問の申出をするときは、尋問事項書を提出することを要しない。

**（音声の送受信による通話の方法による証人尋問・法第372条）**
**第226条** ① 裁判所及び当事者双方と証人とが音声の送受信により同時に通話をすることができる方法による証人尋問は、当事者の申出があるときにする。
② 前項の申出は、通話先の電話番号及びその場所を明らかにしてしなければならない。
③ 裁判所は、前項の場所が相当でないと認めるときは、第1項の申出をした当事者に対し、その変更を命ずることができる。
④ 第1項の尋問をする場合には、文書の写しを送信してこれを提示することその他の尋問の実施に必要な処置を行うため、ファクシミリを利用することができる。
⑤ 第1項の尋問をしたときは、その旨、通話先の電話番号及びその場所を調書に記載しなければならない。
⑥ 第88条（弁論準備手続調書等）第2項の規定は、第1項の尋問をする場合について準用する。

**（証人等の陳述の調書記載等）**
**第227条** ① 調書には、証人等の陳述を記載することを要しない。
② 証人の尋問前又は鑑定人の口頭による意見の陳述前に裁判官の命令又は当事者の申出があるときは、裁判所書記官は、当事者の裁判上の利用に供するため、録音テープ等に証人又は鑑定人の陳述を記録しなければならない。この場合において、当事者の申出があるときは、裁判所書記官は、当該録音テープ等の複製を許さなければならない。

**（通常の手続への移行・法第373条）**

a 第228条 ① 被告の通常の手続に移行させる旨の申述は,期日においてする場合を除き,書面でしなければならない.
② 前項の申述があったときは,裁判所書記官は,速やかに,その申述により訴訟が通常の手続に移行した旨を原告に通知しなければならない.ただし,その申述が原告の出頭した期日においてされたときは,この限りでない.
③ 裁判所が訴訟を通常の手続により審理及び裁判をする旨の決定をしたときは,裁判所書記官は,速やかに,その旨を当事者に通知しなければならない.
(判決・法第374条)
c 第229条 ① 少額訴訟の判決書又は判決書に代わる調書には,少額訴訟判決と表示しなければならない.
② 第155条(言渡しの方式)第3項の規定は,少額訴訟における原本に基づかないでする判決の言渡しをする場合について準用する.
(異議申立ての方式等・法第378条)
d 第230条 第217条(異議申立ての方式等)及び第218条(異議申立権の放棄及び異議の取下げ)の規定は,少額訴訟の終局判決に対する異議について準用する.
(異議後の訴訟の判決書等)
e 第231条 ① 少額訴訟の判決書又は判決書に代わる調書には,少額異議判決と表示しなければならない.
② 第219条(手形訴訟の判決書等の引用)の規定は,異議後の訴訟の判決書又は判決書に代わる調書における事実及び理由の記載について準用する.

### 第7編 督促手続

f (訴えに関する規定の準用・法第384条)
第232条 支払督促の申立てには,その性質に反しない限り,訴えに関する規定を準用する.
(支払督促の原本・法第387条)
第233条 支払督促の原本には,これを発した裁判所書記官が記名押印しなければならない.
g (支払督促の送達等・法第388条)
第234条 ① 支払督促の債務者に対する送達は,その正本によってする.
② 裁判所書記官は,支払督促を発したときは,その旨を債権者に通知しなければならない.
(仮執行の宣言の申立て等・法第391条)
h 第235条 ① 仮執行の宣言の申立ては,手続の費用額を明らかにしてしなければならない.
② 法第391条(仮執行の宣言)第2項ただし書に規定する債権者の同意は,仮執行の宣言の申立ての時にするものとする.
(仮執行の宣言の方式等・法第391条)
i 第236条 ① 仮執行の宣言は,支払督促の原本に記載しなければならない.
② 第234条(支払督促の送達等)第1項の規定は,仮執行の宣言が記載された支払督促の当事者に対する送達及び債権者に対する送達に代わる送付について準用する.
j (訴訟への移行による記録の送付・法第395条)
第237条 法第395条(督促異議の申立てによる訴訟への移行)の規定により地方裁判所に訴えの提起があったものとみなされたときは,裁判所書記官は,遅滞なく,地方裁判所の裁判所書記官に対し,訴訟記録を送付しなければならない.

### 第8編 執行停止

(執行停止の申立ての方式・法第403条)
第238条 法第403条(執行停止の裁判)第1項に規定する申立ては,書面でしなければならない.

### 第9編 雑則

(特許法第150条第6項の規定による嘱託に基づく証拠調べ又は証拠保全)
第239条 特許法(昭和34年法律第121号)第150条(証拠調べ及び証拠保全)第6項(同法及び他の法律において準用する場合を含む.)の規定による嘱託に基づいて地方裁判所又は簡易裁判所の裁判官が行う証拠調べ又は証拠保全については,この規則中証拠調べ又は証拠保全に関する規定を準用する.ただし,証拠の申出又は証拠の申立てに関する規定及び証人の勾引に関する規定については,この限りでない.
附則 (略)

## 68 人事訴訟法(抄)

(平15・7・16法律第109号,平16・4・1施行.
最終改正:平16・12・1法律第147号)

### 第1章 総則

第1節 通則
(趣旨)
第1条 この法律は,人事訴訟に関する手続について,民事訴訟法(平成8年法律第109号)の特例等を定めるものとする.
(定義)
第2条 この法律において「人事訴訟」とは,次に掲げる訴えその他の身分関係の形成又は存否の確認を目的とする訴え(以下「人事に関する訴え」という.)に係る訴訟をいう.
1 婚姻の無効及び取消しの訴え,離婚の訴え,協議上の離婚の無効及び取消しの訴え並びに婚姻関係の存否の確認の訴え
2 嫡出否認の訴え,認知の訴え,認知の無効及び取消しの訴え,民法(明治29年法律第89号)第773条の規定により父を定めることを目的とする訴え並びに実親子関係の存否の確認の訴え
3 養子縁組の無効及び取消しの訴え,離縁の訴え,協議上の離縁の無効及び取消しの訴え並びに養親子関係の存否の確認の訴え
(最高裁判所規則)
第3条 この法律に定めるもののほか,人事訴訟に関する手続に関し必要な事項は,最高裁判所規則で定める.
第2節 裁判所
第1款 管轄
(人事に関する訴えの管轄)
第4条 ① 人事に関する訴えは,当該訴えに係る身分関係の当事者が普通裁判籍を有する地又はその死亡の時にこれを有した地を管轄する家庭裁判所の管轄に専属する.

② 前項の規定による管轄裁判所が定まらないときは,人事に関する訴えは,最高裁判所規則で定める地を管轄する家庭裁判所の管轄に専属する.
（併合請求における管轄）
第5条 数人からの又は数人に対する一の人事に関する訴えで数個の身分関係の形成又は存否の確認を目的とする数個の請求をする場合には,前条の規定にかかわらず,同条の規定により一の請求について管轄権を有する家庭裁判所にその訴えを提起することができる.ただし,民事訴訟法第38条前段に定める場合に限る.

### 第2款 参与員
（参与員）
第9条 ① 家庭裁判所は,必要があると認めるときは,参与員を審理又は和解の試みに立ち会わせて事件につきその意見を聴くことができる.

### 第3節 当事者
（被告適格）
第12条 ① 人事に関する訴えであって当該訴えに係る身分関係の当事者の一方が提起するものにおいては,特別の定めがある場合を除き,他の一方を被告とする.
② 人事に関する訴えであって当該訴えに係る身分関係の当事者が共に提起するものにおいては,特別の定めがある場合を除き,当該身分関係の当事者の双方を被告とし,その一方が死亡した後は,他の一方を被告とする.
③ 前2項の規定により当該訴えの被告とすべき者が死亡し,被告とすべき者がないときは,検察官を被告とする.
（人事訴訟における訴訟能力等）
第13条 ① 人事訴訟の訴訟手続における訴訟行為については,民法第5条第1項及び第2項,第9条,第13条並びに第17条並びに民事訴訟法第31条並びに第32条第1項（同法第40条第4項において準用する場合を含む.）及び第2項の規定は,適用しない.
② 訴訟行為につき行為能力の制限を受けた者が前項の訴訟行為をしようとする場合において,必要があると認めるときは,裁判長は,申立てにより,弁護士を訴訟代理人に選任することができる.
③ 訴訟行為につき行為能力の制限を受けた者が前項の申立てをしない場合においても,裁判長は,弁護士を訴訟代理人に選任すべき旨を命じ,又は職権で弁護士を訴訟代理人に選任することができる.
④ 前2項の規定により裁判長が訴訟代理人に選任した弁護士に対し当該訴訟行為につき行為能力の制限を受けた者が支払うべき報酬の額は,裁判所が相当と認める額とする.
第14条 ① 人事に関する訴えの原告又は被告となるべき者が成年被後見人であるときは,その成年後見人は,成年被後見人のために訴え,又は訴えられることができる.ただし,その成年後見人が当該訴えに係る訴訟の相手方となるときは,この限りでない.
② 前項ただし書の場合には,成年後見監督人が,成年被後見人のために訴え,又は訴えられることができる.
（利害関係人の訴訟参加）
第15条 ① 検察官を被告とする人事訴訟において,訴訟の結果により相続権を害される第三者（以下「利害関係人」という.）を当該人事訴訟に参加させることが必要であると認めるときは,裁判所は,被告を補助させるため,決定で,その利害関係人を当該人事訴訟に参加させることができる.
② 裁判所は,前項の決定をするに当たっては,あらかじめ,当事者及び利害関係人の意見を聴かなければならない.
③ 民事訴訟法第43条第1項の申出又は第1項の決定により検察官を被告とする人事訴訟に参加した利害関係人については,同法第45条第2項の規定は,適用しない.
④ 前項の利害関係人については,民事訴訟法第40条第1項から第3項まで（同項については,訴訟手続の中止に関する部分に限る.）の規定を準用する.
⑤ 裁判所は,第1項の決定を取り消すことができる.

### 第5節 訴訟手続
（関連請求の併合等）
第17条 ① 人事訴訟に係る請求と当該請求の原因である事実によって生じた損害の賠償に関する請求とは,民事訴訟法第136条の規定にかかわらず,一の訴えですることができる.この場合においては,当該人事訴訟に係る請求について管轄権を有する家庭裁判所は,当該損害の賠償に関する請求に係る訴訟について自ら審理及び裁判をすることができる.
② 人事訴訟に係る請求の原因である事実によって生じた損害の賠償に関する請求を目的とする訴えは,前項に規定する場合のほか,既に当該人事訴訟の係属する家庭裁判所にも提起することができる.この場合においては,同項後段の規定を準用する.
③ 第8条第2項の規定は,前項の場合における同項の人事訴訟に係る事件及び同項の損害の賠償に関する請求に係る事件について準用する.
（訴えの変更及び反訴）
第18条 人事訴訟に関する手続においては,民事訴訟法第143条第1項及び第4項,第146条第1項並びに第300条の規定にかかわらず,第一審では控訴審の口頭弁論の終結に至るまで,原告は,請求又は請求の原因を変更することができ,被告は,反訴を提起することができる.
（民事訴訟法の規定の適用除外）
第19条 ① 人事訴訟の訴訟手続においては,民事訴訟法第157条,第157条の2,第159条第1項,第207条第2項,第208条,第224条,第229条第4項及び第244条の規定並びに同法第179条の規定中裁判所において当事者が自白した事実に関する部分は,適用しない.
② 人事訴訟における訴訟の目的については,民事訴訟法第266条及び第267条の規定は,適用しない.
（職権探知）
第20条 人事訴訟においては,裁判所は,当事者が主張しない事実をしん酌し,かつ,職権で証拠調べをすることができる.この場合においては,裁判所は,その事実及び証拠調べの結果について当事者の意見を聴かなければならない.
（当事者本人の出頭命令等）
第21条 ① 人事訴訟においては,裁判所は,当事者本人を尋問する場合には,その当事者に対し,期日に出頭することを命ずることができる.
② 民事訴訟法第192条から第194条までの規定は,前項の規定により出頭を命ぜられた当事者が正当な理由なく出頭しない場合について準用する.
（当事者尋問等の公開停止）
第22条 ① 人事訴訟における当事者本人若しくは

法定代理人(以下この項及び次項において「当事者等」という.)又は証人が当該人事訴訟の目的である身分関係の形成又は存否の確認の基礎となる事項であって自己の私生活上の重大な秘密に係るものについて尋問を受ける場合においては,裁判所は,裁判官の全員一致により,その当事者等又は証人が公開の法廷で当該事項について陳述をすることにより社会生活を営むのに著しい支障を生ずることが明らかであることから当該事項について十分な陳述をすることができず,かつ,当該陳述を欠くことにより他の証拠のみによっては当該身分関係の形成又は存否の確認のための適正な裁判をすることができないと認めるときは,決定で,当該事項の尋問を公開しないで行うことができる.

② 裁判所は,前項の決定をするに当たっては,あらかじめ,当事者等及び証人の意見を聴かなければならない.

③ 裁判所は,第1項の規定により当該事項の尋問を公開しないで行うときは,公衆を退廷させる前に,その旨を理由とともに言い渡さなければならない.当該事項の尋問が終了したときは,再び公衆を入廷させなければならない.

(検察官の関与)
**第23条** ① 人事訴訟においては,裁判所又は受命裁判官若しくは受託裁判官は,必要があると認めるときは,検察官を期日に立ち会わせて事件につき意見を述べさせることができる.

② 検察官は,前項の規定により期日に立ち会う場合には,事実を主張し,又は証拠の申出をすることができる.

(確定判決の効力が及ぶ者の範囲)
**第24条** ① 人事訴訟の確定判決は,民事訴訟法第115条第1項の規定にかかわらず,第三者に対してもその効力を有する.

② 民法第732条の規定に違反したことを理由として婚姻の取消しの請求がされた場合におけるその請求を棄却した確定判決は,前婚の配偶者に対しては,前項の規定にかかわらず,その前婚の配偶者がその請求に係る訴訟に参加したときに限り,その効力を有する.

(判決確定後の人事に関する訴えの提起の禁止)
**第25条** ① 人事訴訟の判決(訴えを不適法として却下した判決を除く.次項において同じ.)が確定した後は,原告は,当該人事訴訟において請求又は請求の原因を変更することにより主張することができた事実に基づいて同一の身分関係についての人事に関する訴えを提起することができない.

② 人事訴訟の判決が確定した後は,被告は,当該人事訴訟において反訴を提起することにより主張することができた事実に基づいて同一の身分関係についての人事に関する訴えを提起することができない.

### 第6節 補則
(利害関係人に対する訴訟係属の通知)
**第28条** 裁判所は,人事に関する訴えが提起された場合における利害関係人であって,父が死亡した後に認知の訴えが提起された場合におけるその子その他の相当と認められるものとして最高裁判所規則で定めるものに対し,訴訟が係属したことを通知するものとする.ただし,訴訟記録上その利害関係人の氏名及び住所又は居所が判明している場合に限る.

## 第2章 婚姻関係訴訟の特例

### 第1節 管轄
**第31条** 家庭裁判所は,婚姻の取消し又は離婚の訴えに係る婚姻の当事者間に成年に達しない子がある場合には,当該訴えに係る訴訟についての第6条及び第7条の規定の適用に当たっては,その子の住所又は居所を考慮しなければならない.

### 第2節 附帯処分等
(附帯処分についての裁判等)
**第32条** ① 裁判所は,申立てにより,夫婦の一方が他の一方に対して提起した婚姻の取消し又は離婚の訴えに係る請求を認容する判決において,子の監護者の指定その他の子の監護に関する処分,財産の分与に関する処分又は標準報酬等の按分割合に関する処分(厚生年金保険法(昭和29年法律第115号)第78条の2第2項,国家公務員共済組合法(昭和33年法律第128号)第93条の5第2項(私立学校教職員共済法(昭和28年法律第245号)第25条において準用する場合を含む.)又は地方公務員等共済組合法(昭和37年法律第152号)第105条第2項の規定による処分をいう.)(以下「附帯処分」と総称する.)についての裁判をしなければならない.

② 前項の場合においては,裁判所は,同項の判決において,当事者に対し,子の引渡し又は金銭の支払その他の財産上の給付その他の給付を命ずることができる.

③ 前項の規定は,裁判所が婚姻の取消し又は離婚の訴えに係る請求を認容する判決において親権者の指定についての裁判をする場合について準用する.

④ 裁判所は,第1項の子の監護者の指定その他の子の監護に関する処分についての裁判又は前項の親権者の指定についての裁判をするに当たっては,子が15歳以上であるときは,その子の陳述を聴かなければならない.

### 第3節 和解並びに請求の放棄及び認諾
**第37条** ① 離婚の訴えに係る訴訟における和解(これにより離婚がされるものに限る.以下この条において同じ.)並びに請求の放棄及び認諾については,第19条第2項の規定にかかわらず,民事訴訟法第266条(請求の認諾に関する規定を除く.)及び第267条の規定を適用する.ただし,請求の認諾については,第32条第1項の附帯処分についての裁判又は同条第3項の親権者の指定についての裁判をすることを要しない場合に限る.

② 離婚の訴えに係る訴訟においては,民事訴訟法第264条及び第265条の規定による和解をすることができない.

③ 離婚の訴えに係る訴訟における民事訴訟法第170条第3項の期日においては,同条第4項の当事者は,和解及び請求の認諾をすることができない.

### 第4節 履行の確保
(履行の勧告)
**第38条** ① 第32条第1項又は第2項(同条第3項において準用する場合を含む.以下同じ.)の規定による裁判で定められた義務については,当該裁判をした家庭裁判所(上訴裁判所が当該裁判をした場合にあっては,第一審裁判所である家庭裁判所)は,権利者の申出があるときは,その義務の履行状況を調査し,義務者に対し,その義務の履行を勧告

することができる．
（履行命令）
**第39条** ① 第32条第2項の規定による裁判で定められた金銭の支払その他の財産上の給付を目的とする義務の履行を怠った者がある場合において，相当と認めるときは，当該裁判をした家庭裁判所（上訴裁判所が当該裁判をした場合にあっては，第一審裁判所である家庭裁判所）は，権利者の申立により，義務者に対し，相当の期限を定めてその義務の履行をすべきことを命ずることができる．この場合において，その命令は，上の命令をする時までに義務者が履行を怠った義務の全部又は一部についてするものとする．

### 第3章　実親子関係訴訟の特例

（嫡出否認の訴えの当事者等）
**第41条** ① 夫が子の出生前に死亡したとき又は民法第777条に定める期間内に嫡出否認の訴えを提起しないで死亡したときは，その子のために相続権を害される者その他夫の三親等内の血族は，嫡出否認の訴えを提起することができる．この場合においては，夫の死亡の日から1年以内にその訴えを提起しなければならない．
② 夫が嫡出否認の訴えを提起した後に死亡した場合には，前項の規定により嫡出否認の訴えを提起することができる者は，夫の死亡の日から6月以内に訴訟手続を受け継ぐことができる．この場合においては，民事訴訟法第124条第1項後段の規定は，適用しない．

（認知の訴えの当事者等）
**第42条** ① 認知の訴えにおいては，父又は母を被告とし，その者が死亡した後は，検察官を被告とする．
② 第26条第2項の規定は，前項の規定により父又は母を当該訴えの被告とする場合においてその者が死亡したときについて準用する．
③ 子が認知の訴えを提起した後に死亡した場合には，その直系卑属又はその法定代理人は，民法第787条ただし書に定める期間が経過した後，子の死亡の日から6月以内に訴訟手続を受け継ぐことができる．この場合においては，民事訴訟法第124条第1項後段の規定は，適用しない．

（父を定めることを目的とする訴えの当事者等）
**第43条** ① 子，母，母の配偶者又はその前配偶者は，民法第773条の規定により父を定めることを目的とする訴えを提起することができる．
② 次の各号に掲げる者が提起する前項の訴えにおいては，それぞれ当該各号に定める者を被告とし，これらの者が死亡した後は，検察官を被告とする．
　1　子又は母　母の配偶者及びその前配偶者（その一方が死亡した後は，他の一方）
　2　母の配偶者　母の前配偶者
　3　母の前配偶者　母の配偶者
③ 第26条の規定は，前項の規定により同項各号に定める者を当該訴えの被告とする場合においてこれらの者が死亡したときについて準用する．

### 第4章　養子縁組関係訴訟の特例

**第44条** 第37条（第1項ただし書を除く．）の規定は，離縁の訴えに係る訴訟における和解（これにより離縁がされるものに限る．）並びに請求の放棄及び認諾について準用する．

## 69　非訟事件手続法(抄)

（明31・6・21法律第14号，
最終改正：平18・12・15法律第109号）

### 第1編　総則

**第1条** 裁判所ノ管轄ニ属スル非訟事件ニ付テハ本法其他ノ法令ニ別段ノ定アル場合ヲ除ク外本編ノ規定ヲ適用ス
**第2条** ① 裁判所ノ土地ノ管轄カ住所ニ依リテ定マル場合ニ於テ日本ニ住所ナキトキ又ハ日本ノ住所ノ知レサルトキハ居所地ノ裁判所ヲ以テ管轄裁判所トス
② 居所ナキトキ又ハ居所ノ知レサルトキハ最後ノ住所地ノ裁判所ヲ以テ管轄裁判所トス
③ 最後ノ住所ナキトキ又ハ其住所ノ知レサルトキハ財産ノ所在地又ハ最高裁判所ノ指定シタル地ノ裁判所ヲ以テ管轄裁判所トス相続開始地ノ裁判所カ管轄裁判所ナル場合ニ於テ相続カ外国ニ於テ開始シタルトキ亦同シ
**第3条** 数個ノ管轄裁判所アル場合ニ於テハ最初事件ノ申立ヲ受ケタル裁判所其事件ヲ管轄ス但其裁判所ハ申立ニ因リ又ハ職権ヲ以テ適当ト認ムル他ノ管轄裁判所ニ事件ヲ移送スルコトヲ得
**第4条** ① 管轄裁判所ノ指定ハ数個ノ裁判所ノ土地ノ管轄ニ付疑アルトキ之ヲ為ス
② 管轄裁判所ノ指定ニ関係アル裁判所ニ共通スル直近上級裁判所之ヲ為ス決定ニ因リテ為ス為ス此決定ニ対シテハ不服ヲ申立ツルコトヲ得
**第5条** 民事訴訟ニ関スル法令ノ規定中裁判所職員ノ除斥ニ関スル規定ハ非訟事件ニ之ヲ準用ス
**第11条** 裁判所ハ職権ヲ以テ事実ノ探知及ヒ必要ト認ムル証拠調ヲ為スヘシ
**第12条** 事実ノ探知，呼出，告知及ヒ裁判ノ執行ニ関スル行為ハ之ヲ嘱託スルコトヲ得
**第13条** 審問ハ之ヲ公行セス但裁判所ハ相当ト認ムル者ノ傍聴ヲ許スコトヲ得
**第14条** 証人若ハ鑑定人ノ訊問ニ付テハ調書ヲ作ラシメ其他ノ審問ニ付テハ必要ト認ムル場合ニ限リ之ヲ作ラシムヘシ
**第15条** ① 検察官ハ事件ニ付キ意見ヲ述ヘ審問ヲ為ス場ニ立会フコトヲ得
② 事件及ヒ審問期日ハ検察官ニ之ヲ通知スヘシ
**第16条** 裁判所其他ノ官庁，検察官及ヒ公吏ハ其職務上検察官ノ請求ニ因リテ裁判ヲ為スヘキ場合カ生シタルコトヲ知リタルトキハ之ヲ管轄裁判所ニ対応スル検察庁ノ検察官ニ通知スヘシ
**第17条** ① 裁判ハ決定ヲ以テ之ヲ為ス
② 裁判ノ原本ニハ裁判官署名捺印スヘシ但申立書又ハ調書ニ裁判ヲ記載シ裁判官之ニ署名捺印シテ原本ニ代フルコトヲ得
③ 裁判ノ正本及ヒ謄本ニハ書記署名捺印シ且正本ニハ裁判所ノ印ヲ押捺スヘシ
④ 前2項ノ署名捺印ハ記名捺印ヲ以テ之ニ代フルコトヲ得
**第18条** ① 裁判ハ之ヲ受クル者ニ告知スルニ因リテ其効力ヲ生ス
② 裁判ノ告知ハ裁判所ノ相当ト認ムル方法ニ依リテ之ヲ為ス

③ 告知ノ方法,場所及ヒ年月日ハ之ヲ裁判ノ原本ニ記入スヘシ

**第19条** ① 裁判所ハ裁判ヲ為シタル後其裁判ヲ不当ト認ムルトキハ之ヲ取消シ又ハ変更スルコトヲ得
② 申立ニ因リテノミ裁判ヲ為スヘキ場合ニ於テ申立ヲ却下シタル裁判ハ申立ニ因ルニ非サレハ之ヲ取消シ又ハ変更スルコトヲ得ス
③ 即時抗告ヲ以テ不服ヲ申立ツルコトヲ得ル裁判ハ之ヲ取消シ又ハ変更スルコトヲ得ス

**第20条** ① 裁判ニ因リテ権利ヲ害セラレタリトスル者ハ其裁判ニ対シ抗告ヲ為スコトヲ得
② 申立ニ因リテノミ裁判ヲ為スヘキ場合ニ於テ申立ヲ却下シタル裁判ニ対シテハ申立人ニ限リ抗告ヲ為スコトヲ得

**第21条** 抗告ハ特ニ定メタル場合ヲ除ク外執行停止ノ効力ヲ有セス

## 第2編　民事非訟事件

### 第1章　裁判上ノ代位ニ関スル事件

**第75条** 裁判所ハ申請ヲ理由アリト認ムルトキハ担保ヲ供セシメ又ハ供セシメスシテ之ヲ許可スルコトヲ得

**第76条** ① 申請ヲ許可シタル裁判ハ職権ヲ以テ之ヲ債務者ニ告知スヘシ
② 前項ノ告知ヲ受ケタル債務者ハ其権利ノ処分ヲ為スコトヲ得ス

**第77条** ① 申請ヲ却下シタル裁判ニ対シテハ即時抗告ヲ為スコトヲ得
② 申請ヲ許可シタル裁判ニ対シテハ債務者ハ抗告ヲ為スコトヲ得抗告ノ期間ハ債務者カ裁判ノ告知ヲ受ケタル日ヨリ之ヲ起算ス

### 第3章　外国法人及ヒ夫婦財産契約ノ登記

**第117条** 日本ニ事務所ヲ設ケタル外国法人ノ登記ニ付テハ其法人ノ事務所所在地ノ法務局若クハ地方法務局若クハ此等ノ支局又ハ此等ノ出張所カ管轄登記所トシテ之ヲ掌ル

**第118条** 夫婦財産契約ノ登記ニ付テハ夫婦トナルヘキ者カ夫ノ氏ヲ称スルトキハ夫ト為ルヘキ者,妻ノ氏ヲ称スルトキハ妻ト為ルヘキ者ノ住所地ノ法務局若クハ地方法務局若クハ此等ノ支局又ハ此等ノ出張所カ管轄登記所トシテ之ヲ掌ル

**第119条** 各登記所ニ外国法人登記簿及ヒ夫婦財産契約登記簿ヲ備フ

## 第3編　公示催告事件

### 第1章　通　則

（公示催告の申立て）
**第141条** 裁判上の公示催告で権利の届出を催すためのもの（以下この編において「公示催告」という。）の申立ては,法令にその届出をしないときは当該権利につき失権の効力を生ずる旨の定めがある場合に限り,することができる.

（管轄裁判所）
**第142条** 公示催告手続（公示催告によって当該公示催告に係る権利につき失権の効力を生じさせるための一連の手続をいう.以下この章において同じ.）に係る事件（第154条第1項において「公示催告事件」という。）は,公示催告に係る権利を有する者の普通裁判籍の所在地又は当該公示催告に係る権利の目的物の所在地を管轄する簡易裁判所が管轄する.ただし,当該権利が登記又は登録に係るものであるときは,登記又は登録をすべき地を管轄する簡易裁判所もこれを管轄する.

（公示催告手続開始の決定等）
**第143条** ① 裁判所は,公示催告の申立てが適法であり,かつ,理由があると認めるときは,公示催告手続開始の決定をするとともに,次に掲げる事項を内容とする公示催告をする旨の決定（第155条第2項において「公示催告決定」という。）をしなければならない.
1 申立人の表示
2 権利の届出の終期の指定
3 前号に規定する権利の届出の終期までに当該権利を届け出るべき旨の催告
4 前号に掲げる催告に応じて権利の届出をしないことにより生ずべき失権の効力の表示
② 公示催告の申立てを却下する決定に対しては,即時抗告をすることができる.

（公示催告についての公告）
**第144条** ① 公示催告についての公告は,前条第1項に規定する公示催告の内容を,裁判所の掲示場に掲示し,かつ,官報に掲載する方法によってする.
② 裁判所は,相当と認めるときは,申立人に対し,前項に規定する方法に加えて,前条第1項に規定する公示催告の内容を,時事に関する事項を掲載する日刊新聞紙に掲載して公告すべき旨を命ずることができる.

（公示催告の期間）
**第145条** 前条第1項の規定により公示催告を官報に掲載した日から権利の届出の終期までの期間は,他の法律に別段の定めがある場合を除き,2月を下ってはならない.

（公示催告手続終了の決定）
**第146条** ① 公示催告手続開始の決定後第148条第1項から第4項までの規定による除権決定がされるまでの間において,公示催告の申立てが不適法であること又は理由のないことが明らかになったときは,裁判所は,公示催告手続終了の決定をしなければならない.
② 前項の決定に対しては,即時抗告をすることができる.

（審理終結日）
**第147条** ① 裁判所は,権利の届出の終期の経過後においても,必要があると認めるときは,公示催告の申立てについての審理をすることができる.この場合において,裁判所は,審理を終結する日（以下この章において「審理終結日」という。）を定めなければならない.

（除権決定等）
**第148条** ① 権利の届出の終期（前条第1項又は第2項の規定により審理終結日が定められた場合にあっては,審理終結日.以下この条において同じ.）までに適法な権利の届出を争う旨の申述がないときは,裁判所は,第146条第1項の場合を除き,決定で,当該公示催告の申立てに係る権利につき失権の効力を生ずる旨の裁判（以下この編において「除権決定」という。）をしなければならない.

（除権決定等の公告）
**第149条** 除権決定,制限決定及び留保決定は,官報

## 第2章 有価証券無効宣言公示催告事件

**(申立権者)**
**第156条** 盗取され,紛失し,又は滅失した有価証券のうち,法令の規定により無効とすることができるものであって,次の各号に掲げるものを無効とする旨の宣言をするための公示催告の申立ては,それぞれ当該各号に定める者がすることができる.
1　無記名式の有価証券又は裏書によって譲り渡すことができる有価証券であって白地式裏書(被裏書人を指定しないで,又は裏書人の署名若しくは記名押印のみをもってした裏書をいう.)がされたもの　その最終の所持人
2　前号に規定する有価証券以外の有価証券　その有価証券により権利を主張することができる者

# 70　家事審判法(抄)

(昭22・12・6法律第152号,昭23・1・1施行,最終改正:平16・12・3法律第152号)

## 第1章　総　　則

**第1条**　この法律は,個人の尊厳と両性の本質的平等を基本として,家庭の平和と健全な親族共同生活の維持を図ることを目的とする.
**第2条**　家庭裁判所において,この法律に定める事項を取り扱う裁判官は,これを家事審判官とする.
**第3条**　① 審判は,特別の定がある場合を除いては,家事審判官が,参与員を立ち合わせ,又はその意見を聴いて,これを行う.但し,家庭裁判所は,相当と認めるときは,家事審判官だけで審判を行うことができる.
② 調停は,家事審判官及び家事調停委員をもって組織する調停委員会がこれを行う.前項ただし書の規定は,調停にこれを準用する.
③ 家庭裁判所は,当事者の申立があるときは,前項後段の規定にかかわらず,調停委員会で調停を行わなければならない.
**第7条**　特別の定めがある場合を除いて,審判及び調停に関しては,その性質に反しない限り,非訟事件手続法(明治31年法律第14号)第1編の規定を準用する.ただし,同法第15条の規定は,この限りでない.
**第8条**　この法律に定めるものの外,審判又は調停に関し必要な事項は,最高裁判所がこれを定める.

## 第2章　審　　判

**第9条**　① 家庭裁判所は,次に掲げる事項について審判を行う.
甲類
1　民法(明治29年法律第89号)第7条及び第10条の規定による後見開始の審判及びその取消し
2　民法第11条,第13条第2項及び第3項,第14条並びに第876条の4第1項及び第3項の規定による保佐開始の審判,その取消しその他の保佐に関する処分
2の2　民法第15条第1項,第17条第1項及び第3項,第18条,第876条の9第1項並びに同条第2項において準用する同法第876条の4第3項の規定による補助開始の審判,その取消しその他の補助に関する処分
2の3　民法第19条の規定による後見開始,保佐開始又は補助開始の審判の取消し
3　民法第25条から第29条までの規定による不在者の財産の管理に関する処分
4　民法第30条及び第32条第1項の規定による失踪の宣告及びその取消し
5　民法第775条の規定による特別代理人の選任
6　民法第791条第1項又は第3項の規定による子の氏の変更についての許可
7　民法第794条又は第798条の規定による養子をするについての許可
7の2　民法第811条第5項の規定による未成年後見人となるべき者の選任
8　民法第811条第6項の規定による離縁をするについての許可
8の2　民法第817条の2及び第817条の10の規定による縁組及び離縁に関する処分
9　民法第822条又は第857条(同法第867条第2項において準用する場合を含む.)の規定による懲戒に関する許可その他の処分
10　民法第826条(同法第860条において準用する場合を含む.)の規定による特別代理人の選任
11　民法第830条第2項から第4項まで(同法第869条において準用する場合を含む.)の規定による財産の管理者の選任その他の財産の管理に関する処分
12　民法第834条から第836条までの規定による親権又は管理権の喪失の宣告及びその取消し
13　民法第837条の規定による親権又は管理権を辞し,又は回復することの許可
14　民法第840条,第843条第1項から第3項まで(同法第876条の2第2項及び第876条の7第2項において同法第843条第2項及び第3項の規定を準用する場合を含む.),第849条条,第849条の2,第876条の2第1項,第876条の3第1項,第876条の7第1項又は第876条の8第1項の規定による後見人,後見監督人,保佐人,保佐監督人,補助人又は補助監督人の選任
15　民法第844条(同法第852条,第876条の2第2項,第876条の3第2項,第876条の7第2項及び第876条の8第2項において準用する場合を含む.)の規定による後見人,後見監督人,保佐人,保佐監督人,補助人又は補助監督人の辞任についての許可
16　民法第846条(同法第852条,第876条の2第2項,第876条の3第2項,第876条の7第2項及び第876条の8第2項において準用する場合を含む.)の規定による後見人,後見監督人,保佐人,保佐監督人,補助人又は補助監督人の解任
17　民法第853条第1項ただし書(同法第856条及び第867条第2項において準用する場合を含む.)の規定による財産の目録の作成の期間の伸長
18　民法第859条の2第1項及び第2項(これらの規定を同法第852条,第876条の3第2項,第876条の5第2項,第876条の8第2項及び第876条の10第1項において準用する場合を含む.)の規定による数人の成年後見人,成年後見監督人,保佐

人,保佐監督人,補助人又は補助監督人の権限の行使についての定め及びその取消し
19 民法第859条の3(同法第852条,第876条の3第2項,第876条の5第2項,第876条の8第2項及び第876条の10第1項において準用する場合を含む。)の規定による成年被後見人,被保佐人又は被補助人の居住用不動産の処分についての許可
20 民法第862条(同法第852条,第867条第2項,第876条の3第2項,第876条の5第2項,第876条の8第2項及び第876条の10第1項において準用する場合を含む。)の規定による後見人,後見監督人,保佐人,保佐監督人,補助人又は補助監督人に対する報酬の付与
21 民法第863条(同法第867条第2項,第876条の5第2項及び第876条の10第1項において準用する場合を含む。)の規定による後見,保佐又は補助の事務の報告,財産の目録の提出,当該事務又は財産の状況の調査,財産の管理その他の当該事務に関する処分
22 民法第870条ただし書(同法第876条の5第3項及び第876条の10第2項において準用する場合を含む。)の規定による管理の計算の期間の伸長
22の2 民法第876条の2第3項又は第876条の7第3項の規定による臨時保佐人又は臨時補助人の選任
23 民法第895条の規定による遺産の管理に関する処分
24 民法第915条第1項ただし書の規定による相続の承認又は放棄の期間の伸長
25 民法第918条第2項及び第3項(これらの規定を同法第926条第2項,第936条第3項及び第940条第2項において準用する場合を含む。)の規定による相続財産の保存又は管理に関する処分
25の2 民法第919条第4項の規定による相続の限定承認又は放棄の取消しの申述の受理
26 民法第924条の規定による相続の限定承認の申述の受理
27 民法第930条第2項(同法第947条第3項,第950条第2項及び第957条第2項において準用する場合を含む。),第932条ただし書(同法第947条第3項及び第950条第2項において準用する場合を含む。)又は第1029条第2項の規定による鑑定人の選任
28 民法第936条第1項の規定による相続財産の管理人の選任
29 民法第938条の規定による相続の放棄の申述の受理
30 民法第941条第1項又は第950条第1項の規定による相続財産の分離に関する処分
31 民法第943条(同法第950条第2項において準用する場合を含む。)の規定による相続財産の管理に関する処分
32 民法第952条及び第953条又は第958条の規定による相続財産の管理人の選任その他相続財産の管理に関する処分
32の2 民法第958条の3第1項の規定による相続財産の処分
33 民法第976条第4項又は第979条第3項の規定による遺言の確認
34 民法第1004条第1項の規定による遺言書の検認
35 民法第1010条の規定による遺言執行者の選任
36 民法第1018条第1項の規定による遺言執行者に対する報酬の付与
37 民法第1019条の規定による遺言執行者の解任及び遺言執行者の辞任についての許可
38 民法第1027条の規定による遺言の取消し
39 民法第1043条第1項の規定による遺留分の放棄についての許可

乙類
1 民法第752条の規定による夫婦の同居その他の夫婦間の協力扶助に関する処分
2 民法第758条第2項及び第3項の規定による財産の管理者の変更及び共有財産の分割に関する処分
3 民法第760条の規定による婚姻から生ずる費用の分担に関する処分
4 民法第766条第1項又は第2項(これらの規定を同法第749条,第771条及び第788条において準用する場合を含む。)の規定による子の監護者の指定その他子の監護に関する処分
5 民法第768条第2項(同法第749条及び第771条において準用する場合を含む。)の規定による財産の分与に関する処分
6 民法第769条第2項(同法第749条,第751条第2項,第771条,第808条第2項及び第817条において準用する場合を含む。)又は第897条第2項の規定による同条第1項の権利の承継者の指定
6の2 民法第811条第4項の規定による親権者となるべき者の指定
7 民法第819条第5項又は第6項(これらの規定を同法第749条において準用する場合を含む。)の規定による親権者の指定又は変更
8 民法第877条から第880条までの規定による扶養に関する処分
9 民法第892条から第894条までの規定による推定相続人の廃除及びその取消し
9の2 民法第904条の2第2項の規定による寄与分を定める処分
10 民法第907条第2項及び第3項の規定による遺産の分割に関する処分

② 家庭裁判所は,この法律に定めるものの外,他の法律において特に家庭裁判所の権限に属させた事項についても,審判を行う権限を有する.

**第10条** ① 参与員の員数は,各事件について1人以上とする.
② 参与員は,家庭裁判所が毎年前もつて選任する者の中から,家庭裁判所が各事件についてこれを指定する.
③ 前項の規定により選任される者の資格,員数その他同項の選任に関し必要な事項は,最高裁判所がこれを定める.

**第10条の2** 参与員には,最高裁判所の定める旅費,日当及び宿泊料を支給する.

**第11条** 家庭裁判所は,何時でも,職権で第9条第1項乙類に規定する審判事件を調停に付することができる.

**第12条** 家庭裁判所は,相当と認めるときは,審判の結果について利害関係を有する者を審判手続に参加させることができる.

**第13条** 審判は,これを受ける者に告知することによつてその効力を生ずる.但し,即時抗告をすることのできる審判は,確定しなければその効力を生じない.

**第14条** 審判に対しては,最高裁判所の定めるところにより,即時抗告のみをすることができる.その

期間は，これを2週間とする．
**第15条** 金銭の支払，物の引渡，登記義務の履行その他の給付を命ずる審判は，執行力ある債務名義と同一の効力を有する．

## 第3章 調　停

### 第1節　通　則

**第17条** 家庭裁判所は，人事に関する訴訟事件その他一般に家庭に関する事件について調停を行う．但し，第9条第1項甲類に規定する審判事件については，この限りでない．

**第18条** ① 前条の規定により調停を行うことができる事件について訴を提起しようとする者は，まず家庭裁判所に調停の申立をしなければならない．
② 前項の事件について調停の申立をすることなく訴を提起した場合には，裁判所は，その事件を家庭裁判所の調停に付しなければならない．但し，裁判所が事件を調停に付することを適当でないと認めるときは，この限りでない．

**第19条** ① 第17条の規定により調停を行うことができる事件に係る訴訟が係属している場合には，裁判所は，何時でも，職権でその事件を家庭裁判所の調停に付することができる．
② 前項の規定により事件を調停に付した場合において，調停が成立又は第23条若しくは第24条第1項の規定による審判が確定したときは，訴の取下があつたものとみなす．

**第20条** 第12条の規定は，調停手続にこれを準用する．

**第21条** ① 調停において当事者間に合意が成立し，これを調書に記載したときは，調停が成立したものとし，その記載は，確定判決と同一の効力を有する．但し，第9条第1項乙類に掲げる事項については，確定した審判と同一の効力を有する．
② 前項の規定は，第23条に掲げる事件については，これを適用しない．

**第21条の2** 遺産の分割に関する事件の調停において，遠隔の地に居住する等の理由により出頭することが困難であると認められる当事者が，あらかじめ調停委員会又は家庭裁判所から提示された調停条項案を受諾する旨の書面を提出し，他の当事者が期日に出頭して当該調停条項案を受諾したときは，当事者間に合意が成立したものとみなす．

**第22条** ① 調停委員会の組織は，家事審判官1人及び家事調停委員2人以上とする．
② 調停委員会を組織する家事調停委員は，家庭裁判所が各事件について指定する．

**第22条の2** ① 家事調停委員は，調停委員会で行う調停に関与するほか，家庭裁判所の命を受けて，他の調停事件について，専門的な知識経験に基づく意見を述べ，又は嘱託に係る紛争の解決に関する事件の関係人の意見の聴取を行う．
② 家事調停委員は，非常勤とし，その任免に関し必要な事項は，最高裁判所が定める．

**第22条の3** 家事調停委員には，別に法律で定めるところにより手当を支給し，並びに最高裁判所の定めるところにより旅費，日当及び宿泊料を支給する．

**第23条** ① 婚姻又は養子縁組の無効又は取消に関する事件の調停委員会の調停において，当事者間に合意が成立し無効又は取消しの原因の有無について争いがない場合には，家庭裁判所は，必要な事実を調査した上，当該調停委員会を組織する家事調停委員の意見を聴き，正当と認めるときは，婚姻又は縁組の無効若しくは取消に関し，当該合意に相当する審判をすることができる．
② 前項の規定は，協議上の離婚若しくは離縁の無効若しくは取消，認知，認知の無効若しくは取消し，民法第773条の規定により父を定めること，嫡出否認又は身分関係の存否の確定に関する事件の調停委員会の調停について準用する．

**第24条** ① 家庭裁判所は，調停委員会の調停が成立しない場合において相当と認めるときは，当該調停委員会を組織する家事調停委員の意見を聴き，当事者双方のため衡平に考慮し，一切の事情を見て，職権で，当事者双方のための申立ての趣旨に反しない限度で，事件の解決のため離婚，離縁その他必要な審判をすることができる．この審判においては，金銭の支払その他財産上の給付を命ずることができる．
② 前項の規定は，第9条第1項乙類に規定する審判事件の調停については，これを適用しない．

**第25条** ① 第23条又は前条第1項の規定による審判に対しては，最高裁判所の定めるところにより，家庭裁判所に対し異議の申立をすることができる．その期間は，これを2週間とする．
② 前項の期間内に異議の申立があつたときは，同項の審判は，その効力を失う．
③ 第1項の期間内に異議の申立がないときは，同項の審判は，確定判決と同一の効力を有する．

**第25条の2** 調停又は第24条第1項の規定による審判で定められた義務の履行について，第15条の5から第15条の7までの規定の例により，これらの規定に掲げる措置をすることができる．

**第26条** ① 第9条第1項乙類に規定する審判事件について調停が成立しない場合には，調停の申立の時に，審判の申立があつたものとみなす．
② 第17条の規定により調停をすることができる事件について調停が成立せず，且つ，その事件について第23条若しくは第24条第1項の規定による審判をせず，又は第25条第2項の規定により審判が効力を失つた場合において，当事者がその旨の通知を受けた日から2週間以内に訴を提起したときは，調停の申立の時に，その訴の提起があつたものとみなす．

### 第2節　家事調停官

**第26条の2** ① 家事調停官は，弁護士で5年以上その職に在つたもののうちから，最高裁判所が任命する．
② 家事調停官は，この法律の定めるところにより，調停事件の処理に必要な職務を行う．
③ 家事調停官は，任期を2年とし，再任されることができる．
④ 家事調停官は，非常勤とする．
⑤ 家事調停官は，次の各号のいずれかに該当する場合を除いては，在任中，その意に反して解任されることがない．
　1　弁護士法（昭和24年法律第205号）第7条各号のいずれかに該当するに至つたとき．
　2　心身の故障のため職務の執行ができないと認められたとき．
　3　職務上の義務違反その他家事調停官たるに適しない非行があると認められたとき．

## 第4章　罰則

**第27条**　家庭裁判所又は調停委員会の呼出を受けた事件の関係人が正当な事由がなく出頭しないときは、家庭裁判所は、これを5万円以下の過料に処する。

# 71　民事調停法(抄)

(昭26・6・9法律第222号,昭26・10・1施行,
最終改正:平16・12・3法律第152号)

## 第1章　総則

### 第1節　通則
(この法律の目的)
**第1条**　この法律は、民事に関する紛争につき、当事者の互譲により、条理にかない実情に即した解決を図ることを目的とする。
(調停事件)
**第2条**　民事に関して紛争を生じたときは、当事者は、裁判所に調停の申立をすることができる。
(管轄)
**第3条**　調停事件は、特別の定がある場合を除いて、相手方の住所、居所、営業所若しくは事務所の所在地を管轄する簡易裁判所又は当事者が合意で定める地方裁判所若しくは簡易裁判所の管轄とする。
(移送等)
**第4条**　① 裁判所は、その管轄に属しない事件について申立を受けた場合には、これを管轄権のある地方裁判所、家庭裁判所又は簡易裁判所に移送しなければならない。但し、事件を処理するために特に必要があると認めるときは、土地管轄の規定にかかわらず、事件の全部又は一部を他の管轄裁判所に移送し、又はみずから処理することができる。
② 裁判所は、その管轄に属する事件について申立を受けた場合においても、事件を処理するために適当であると認めるときは、土地管轄の規定にかかわらず、事件の全部又は一部を他の管轄裁判所に移送することができる。
(調停機関)
**第5条**　① 裁判所は、調停委員会で調停を行う。ただし、裁判所が相当であると認めるときは、裁判官だけでこれを行うことができる。
② 裁判所は、当事者の申立があるときは、前項但書の規定にかかわらず、調停委員会で調停を行わなければならない。
(調停委員会の組織)
**第6条**　調停委員会は、調停主任1人及び民事調停委員2人以上で組織する。
(調停主任等の指定)
**第7条**　① 調停主任は、裁判官の中から、地方裁判所が指定する。
② 調停委員会を組織する民事調停委員は、裁判所が各事件について指定する。
(民事調停委員)
**第8条**　① 民事調停委員は、調停委員会で行う調停に関与するほか、裁判所の命を受けて、他の調停事件について、専門的な知識経験に基づく意見を述べ、嘱託に係る紛争の解決に関する事件の関係人の意見の聴取を行い、その他調停事件を処理するために必要な最高裁判所の定める事務を行う。
② 民事調停委員は、非常勤とし、その任免に関して必要な事項は、最高裁判所が定める。
(利害関係人の参加)
**第11条**　① 調停の結果について利害関係を有する者は、調停委員会の許可を受けて、調停手続に参加することができる。
② 調停委員会は、相当であると認めるときは、調停の結果について利害関係を有する者を調停手続に参加させることができる。
(調停前の措置)
**第12条**　① 調停委員会は、調停のために特に必要があると認めるときは、当事者の申立により、調停前の措置として、相手方その他の事件の関係人に対して、現状の変更又は物の処分の禁止その他調停の内容たる事項の実現を不能にし又は著しく困難ならしめる行為の排除を命ずることができる。
② 前項の措置は、執行力を有しない。
(調停をしない場合)
**第13条**　調停委員会は、事件が性質上調停をするのに適当でないと認めるとき、又は当事者が不当な目的でみだりに調停の申立をしたと認めるときは、調停をしないものとして、事件を終了させることができる。
(調停の不成立)
**第14条**　調停委員会は、当事者間に合意が成立する見込がない場合又は成立した合意が相当でないと認める場合において、裁判所が第17条の決定をしないときは、調停が成立しないものとして、事件を終了させることができる。
(裁判官の調停への準用)
**第15条**　第11条から前条までの規定は、裁判官だけで調停を行う場合に準用する。
(調停の成立・効力)
**第16条**　調停において当事者間に合意が成立し、これを調書に記載したときは、調停が成立したものとし、その記載は、裁判上の和解と同一の効力を有する。
(調停に代わる決定)
**第17条**　裁判所は、調停委員会の調停が成立する見込みがない場合において相当であると認めるときは、当該調停委員会を組織する民事調停委員の意見を聴き、当事者双方のために衡平に考慮し、一切の事情を見て、職権で、当事者双方の申立ての趣旨に反しない限度で、事件の解決のために必要な決定をすることができる。この決定においては、金銭の支払、物の引渡しその他の財産上の給付を命ずることができる。
(異議の申立)
**第18条**　① 前条の決定に対しては、当事者又は利害関係人は、異議の申立をすることができる。その期間は、当事者が決定の告知を受けた日から2週間とする。
② 前項の期間内に異議の申立があつたときは、同項の決定は、その効力を失う。
③ 第1項の期間内に異議の申立がないときは、同項の決定は、裁判上の和解と同一の効力を有する。
(調停不成立等の場合の訴の提起)
**第19条**　第14条(第15条において準用する場合を含む。)の規定により事件が終了し、又は前条第

2項の規定により決定が効力を失つた場合において，申立人がその旨の通知を受けた日から2週間以内に調停の目的となつた請求について訴を提起したときは，調停の申立の時に，その訴の提起があつたものとみなす．
**（受訴裁判所の調停）**
第20条 ① 受訴裁判所は，適当であると認めるときは，職権で，事件を調停に付した上，管轄裁判所に処理させ又はみずから処理することができる．但し，事件について争点及び証拠の整理が完了した後において，当事者の合意がない場合には，この限りでない．
② 前項の規定により事件を調停に付した場合において，調停が成立し又は第17条の決定が確定したときは，訴の取下があつたものとみなす．
③ 第1項の規定により受訴裁判所がみずから調停により事件を処理する場合には，調停主任は，第7条第1項の規定にかかわらず，受訴裁判所がその裁判官の中から指定する．
**（即時抗告）**
第21条 調停手続における決定に対しては，最高裁判所規則で定めるところにより，即時抗告をすることができる．その期間は，2週間とする．
**（非訟事件手続法の準用）**
第22条 特別の定がある場合を除いて，調停に関しては，その性質に反しない限り，非訟事件手続法（明治31年法律第14号）第1編の規定を準用する．但し，同法第15条の規定は，この限りでない．
**（この法律に定めのない事項）**
第23条 この法律に定めるものの外，調停に関して必要な事項は，最高裁判所が定める．
### 第2節 民事調停官
**（民事調停官の任命等）**
第23条の2 ① 民事調停官は，弁護士で5年以上その職に在つたもののうちから，最高裁判所が任命する．
② 民事調停官は，この法律の定めるところにより，調停事件の処理に必要な職務を行う．
③ 民事調停官は，任期を2年とし，再任されることができる．
④ 民事調停官は，非常勤とする．
⑤ 民事調停官は，次の各号のいずれかに該当する場合を除いては，在任中，その意に反して解任されることがない．
1 弁護士法（昭和24年法律第205号）第7条各号のいずれかに該当するに至つたとき．
2 心身の故障のため職務の執行ができないと認められたとき．
3 職務上の義務違反その他民事調停官たるに適しない非行があると認められたとき．
⑥ この法律に定めるもののほか，民事調停官の任免に関して必要な事項は，最高裁判所規則で定める．

## 第2章 特 則

### 第1節 宅地建物調停
**（宅地建物調停事件・管轄）**
第24条 宅地又は建物の貸借その他の利用関係の紛争に関する調停事件は，紛争の目的である宅地若しくは建物の所在地を管轄する簡易裁判所又は当事者が合意で定めるその所在地を管轄する地方裁判所の管轄とする．
**（地代借賃増減請求事件の調停の前置）**
第24条の2 ① 借地借家法（平成3年法律第90号）第11条の地代若しくは土地の借賃の額の増減の請求又は同法第32条の建物の借賃の額の増減の請求に関する事件について訴えを提起しようとする者は，まず調停の申立てをしなければならない．
② 前項の事件について調停の申立てをすることなく訴えを提起した場合には，受訴裁判所は，その事件を調停に付さなければならない．ただし，受訴裁判所が事件を調停に付することを適当でないと認めるときは，この限りでない．
**（地代借賃増減調停事件について調停委員会が定める調停条項）**
第24条の3 ① 前条第1項の請求に係る調停事件については，調停委員会は，当事者間に合意が成立する見込みがない場合又は成立した合意が相当でないと認める場合において，当事者間に調停委員会の定める調停条項に服する旨の書面による合意（当該調停事件に係る調停の申立ての後にされたものに限る．）があるときは，申立てにより，事件の解決のために適当な調停条項を定めることができる．
② 前項の調停条項を調書に記載したときは，調停が成立したものとみなし，その記載は，裁判上の和解と同一の効力を有する．
### 第2節 農事調停
**（農事調停事件）**
第25条 農地又は農業経営に附随する土地，建物その他の農業用資産（以下「農地等」という．）の貸借その他の利用関係の紛争に関する調停事件については，前章に係るものの外，この節の定めるところによる．
**（管 轄）**
第26条 前条の調停事件は，紛争の目的である農地等の所在地を管轄する地方裁判所又は当事者が合意で定めるその所在地を管轄する簡易裁判所の管轄とする．
### 第3節 商事調停
**（商事調停事件について調停委員会が定める調停条項）**
第31条 第24条の3の規定は，商事の紛争に関する調停事件に準用する．
### 第4節 鉱害調停
**（鉱害調停事件・管轄）**
第32条 鉱業法（昭和25年法律第289号）に定める鉱害の賠償の紛争に関する調停事件は，損害の発生地を管轄する地方裁判所の管轄とする．
**（農事調停等に関する規定の準用）**
第33条 第24条の3及び第27条から第30条までの規定は，前条の調停事件に準用する．この場合において，第27条及び第28条中「小作官又は小作主事」とあるのは，「経済産業局長」と読み替えるものとする．
### 第5節 交通調停
**（交通調停事件・管轄）**
第33条の2 自動車の運行によつて人の生命又は身体が害された場合における損害賠償の紛争に関する調停事件は，第3条に規定する裁判所のほか，損害賠償を請求する者の住所又は居所の所在地を管轄する簡易裁判所の管轄とする．
### 第6節 公害等調停
**（公害等調停事件・管轄）**
第33条の3 公害又は日照，通風等の生活上の利益の侵害により生ずる被害に係る紛争に関する調停

## 第3章 罰則（略）

# 72 仲裁法（抄）

（平15・8・1法律第138号,平16・3・1施行,
最終改正：平16・12・1法律第147号）

## 第1章 総則

**（趣旨）**
**第1条** 仲裁地が日本国内にある仲裁手続及び仲裁手続に関して裁判所が行う手続については,他の法令に定めるもののほか,この法律の定めるところによる.

**（定義）**
**第2条** ① この法律において「仲裁合意」とは,既に生じた民事上の紛争又は将来において生ずる一定の法律関係（契約に基づくものであるかどうかを問わない.）に関する民事上の紛争の全部又は一部の解決を1人又は2人以上の仲裁人にゆだね,かつ,その判断（以下「仲裁判断」という.）に服する旨の合意をいう.
② この法律において「仲裁廷」とは,仲裁合意に基づき,その対象となる民事上の紛争について審理し,仲裁判断を行う1人の仲裁人又は2人以上の仲裁人の合議体をいう.
③ この法律において「主張書面」とは,仲裁手続において当事者が作成して仲裁廷に提出する書面であって,当該当事者の主張が記載されているものをいう.

**（適用範囲）**
**第3条** ① 次章から第7章まで,第9章及び第10章の規定は,次項及び第8条に定めるものを除き,仲裁地が日本国内にある場合について適用する.
② 第14条第1項及び第15条の規定は,仲裁地が日本国内にある場合,仲裁地が日本国外にある場合及び仲裁地が定まっていない場合に適用する.
③ 第8章の規定は,日本国内にある場合及び仲裁地が日本国外にある場合に適用する.

**（裁判所の関与）**
**第4条** 仲裁手続に関しては,裁判所は,この法律に規定する場合に限り,その権限を行使することができる.

**（裁判所の管轄）**
**第5条** ① この法律の規定により裁判所が行う手続に係る事件は,次に掲げる裁判所の管轄に専属する.
1 当事者が合意により定めた地方裁判所
2 仲裁地（一の地方裁判所の管轄区域のみに属する地域を仲裁地として定めた場合に限る.）を管轄する地方裁判所
3 当該事件の被申立人の普通裁判籍の所在地を管轄する地方裁判所

## 第2章 仲裁合意

**（仲裁合意の効力等）**
**第13条** ① 仲裁合意は,法令に別段の定めがある場合を除き,当事者が和解をすることができる民事上の紛争（離婚又は離縁の紛争を除く.）を対象とする場合に限り,その効力を有する.
② 仲裁合意は,当事者の全部が署名した文書,当事者が交換した書簡又は電報（ファクシミリ装置その他の隔地者間の通信手段で文字による通信内容の記録が受信者に提供されるものを用いて送信されたものを含む.）その他の書面によってしなければならない.
⑥ 仲裁合意を含む一の契約において,仲裁合意以外の契約条項が無効,取消しその他の事由により効力を有しないものとされる場合においても,仲裁合意は,当然には,その効力を妨げられない.

**（仲裁合意と本案訴訟）**
**第14条** 仲裁合意の対象となる民事上の紛争について訴えが提起されたときは,受訴裁判所は,被告の申立てにより,訴えを却下しなければならない.ただし,次に掲げる場合は,この限りでない.
1 仲裁合意が無効,取消しその他の事由により効力を有しないとき.
2 仲裁合意に基づく仲裁手続を行うことができないとき.
3 当該申立てが,本案について,被告が弁論をし,又は弁論準備手続において申述をした後にされたものであるとき.
② 仲裁廷は,前項の訴えに係る訴訟が裁判所に係属する間においても,仲裁手続を開始し,又は続行し,かつ,仲裁判断をすることができる.

**（仲裁合意と裁判所の保全処分）**
**第15条** 仲裁合意は,その当事者が,当該仲裁合意の対象となる民事上の紛争に関して,仲裁手続の開始前又は進行中に,裁判所に対して保全処分の申立てをすること,及びその申立てを受けた裁判所が保全処分を命ずることを妨げない.

## 第3章 仲裁人

**（仲裁人の数）**
**第16条** ① 仲裁人の数は,当事者が合意により定めるところによる.
② 当事者の数が2人である場合において,前項の合意がないときは,仲裁人の数は,3人とする.

**（忌避の原因等）**
**第18条** ① 当事者は,仲裁人に次に掲げる事由があるときは,当該仲裁人を忌避することができる.
1 当事者の合意により定められた仲裁人の要件を具備しないとき.
2 仲裁人の公正性又は独立性を疑うに足りる相当な理由があるとき.

## 第5章 仲裁手続の開始及び仲裁手続における審理

**（当事者の平等待遇）**
**第25条** ① 仲裁手続においては,当事者は,平等に取り扱われなければならない.
② 仲裁手続においては,当事者は,事案について説明する十分な機会が与えられなければならない.

**（仲裁手続の準則）**
**第26条** ① 仲裁廷が従うべき仲裁手続の準則は,当事者が合意により定めるところによる.ただし,この法律の公の秩序に関する規定に反してはならない.

② 前項の合意がないときは、仲裁廷は、この法律の規定に反しない限り、適当と認める方法によって仲裁手続を実施することができる。

(異議権の放棄)
第27条 仲裁手続においては、当事者は、この法律の規定又は当事者間の合意により定められた仲裁手続の準則(いずれも公の秩序に関しないものに限る。)が遵守されていないことを知りながら、遅滞なく(異議を述べるべき期限についての定めがある場合にあっては、当該期限までに)異議を述べないときは、当事者間に別段の合意がない限り、異議を述べる権利を放棄したものとみなす。

(仲裁地)
第28条 ① 仲裁地は、当事者が合意により定めるところによる。
② 前項の合意がないときは、仲裁廷は、当事者の利便その他の紛争に関する事情を考慮して、仲裁地を定める。
③ 仲裁廷は、当事者間に別段の合意がない限り、前2項の規定による仲裁地にかかわらず、適当と認めるいかなる場所においても、次に掲げる手続を行うことができる。
1 合議体である仲裁廷の評議
2 当事者、鑑定人又は第三者の陳述の聴取
3 物又は文書の見分

(仲裁手続の開始及び時効の中断)
第29条 ① 仲裁手続は、当事者間に別段の合意がない限り、特定の民事上の紛争について、一方の当事者が他方の当事者に対し、これを仲裁手続に付する旨の通知をした日に開始する。
② 仲裁手続における請求は、時効中断の効力を生ずる。ただし、当該仲裁手続が仲裁判断によらずに終了したときは、この限りでない。

(言 語)
第30条 ① 仲裁手続において使用する言語及びその言語を使用して行うべき手続は、当事者が合意により定めるところによる。
② 前項の合意がないときは、仲裁廷が、仲裁手続において使用する言語及びその言語を使用して行うべき手続を定める。

### 第6章 仲裁判断及び仲裁手続の終了

(仲裁判断において準拠すべき法)
第36条 ① 仲裁廷が仲裁判断において準拠すべき法は、当事者が合意により定めるところによる。この場合において、一の国の法令が定められたときは、反対の意思が明示された場合を除き、当該定めは、抵触する内外の法令の適用関係を定めるその国の法令ではなく、事案に直接適用されるその国の法令を定めたものとみなす。
② 前項の合意がないときは、仲裁廷は、仲裁手続に付された民事上の紛争に最も密接な関係がある国の法令であって事案に直接適用されるべきものを適用しなければならない。

(和 解)
第38条 ① 仲裁廷は、仲裁手続の進行中において、仲裁手続に付された民事上の紛争について当事者間に和解が成立し、かつ、当事者双方の申立てがあるときは、当該和解における合意を内容とする決定をすることができる。

(仲裁判断書)

第39条 ① 仲裁判断をするには、仲裁判断書を作成し、これに仲裁判断をした仲裁人が署名しなければならない。ただし、仲裁廷が合議体である場合には、仲裁廷を構成する仲裁人の過半数が署名し、かつ、他の仲裁人の署名がないことの理由を記載すれば足りる。
② 仲裁判断書には、理由を記載しなければならない。ただし、当事者間に別段の合意がある場合は、この限りでない。

### 第7章 仲裁判断の取消し

第44条 ① 当事者は、次に掲げる事由があるときは、裁判所に対し、仲裁判断の取消しの申立てをすることができる。
1 仲裁合意が、当事者の行為能力の制限により、その効力を有しないこと。
2 仲裁合意が、当事者が合意により仲裁合意に適用すべきものとして指定した法令(当該指定がないときは、日本の法令)によれば、当事者の行為能力の制限以外の事由により、その効力を有しないこと。
3 申立人が、仲裁人の選任手続又は仲裁手続において、日本の法令(その法令の公の秩序に関しない規定に関する事項について当事者間に合意があるときは、当該合意)により必要とされる通知を受けなかったこと。
4 申立人が、仲裁手続において防御することが不可能であったこと。
5 仲裁判断が、仲裁合意又は仲裁手続における申立ての範囲を超える事項に関する判断を含むものであること。
6 仲裁廷の構成又は仲裁手続が、日本の法令(その法令の公の秩序に関しない規定に関する事項について当事者間に合意があるときは、当該合意)に違反するものであったこと。
7 仲裁手続における申立てが、日本の法令によれば、仲裁合意の対象とすることができない紛争に関するものであること。
8 仲裁判断の内容が、日本における公の秩序又は善良の風俗に反すること。

### 第8章 仲裁判断の承認及び執行決定

(仲裁判断の承認)
第45条 ① 仲裁判断(仲裁地が日本国内にあるかどうかを問わない。以下この章において同じ。)は、確定判決と同一の効力を有する。ただし、当該仲裁判断に基づく民事執行をするには、次条の規定による執行決定がなければならない。
② 前項の規定は、次に掲げる事由のいずれかがある場合(第1号から第7号までに掲げる事由にあっては、当事者のいずれかが当該事由の存在を証明した場合に限る。)には、適用しない。
1 仲裁合意が、当事者の行為能力の制限により、その効力を有しないこと。
2 仲裁合意が、当事者が合意により仲裁合意に適用すべきものとして指定した法令(当該指定がないときは、仲裁地が属する国の法令)によれば、当事者の行為能力の制限以外の事由により、その効力を有しないこと。
3 当事者が、仲裁人の選任手続又は仲裁手続において、仲裁地が属する国の法令の規定(その法令

の公の秩序に関しない規定に関する事項について当事者間に合意があるときは,当該合意)により必要とされる通知を受けなかったこと.

4 当事者が,仲裁手続において防御することが不可能であったこと.

5 仲裁判断が,仲裁合意又は仲裁手続における申立ての範囲を超える事項に関する判断を含むものであること.

6 仲裁廷の構成又は仲裁手続が,仲裁地が属する国の法令の規定(その法令の公の秩序に関しない規定に関する事項について当事者間に合意があるときは,当該合意)に違反するものであったこと.

7 仲裁地が属する国(仲裁手続に適用された法令が仲裁地が属する国以外の国の法令である場合にあっては,当該国)の法令によれば,仲裁判断が確定していないこと,又は仲裁判断がその国の裁判機関により取り消され,若しくは効力を停止されたこと.

8 仲裁手続における申立てが,日本の法令によれば,仲裁合意の対象とすることができない紛争に関するものであること.

9 仲裁判断の内容が,日本における公の秩序又は善良の風俗に反すること.

③ 前項各号に掲げる事由がある場合において,当該仲裁判断から同号に規定する事項に関する部分を区分することができるときは,当該部分及び当該仲裁判断のその他の部分をそれぞれ独立した仲裁判断とみなして,同項の規定を適用する.

(仲裁判断の執行決定)

**第46条** ① 仲裁判断に基づいて民事執行をしようとする当事者は,債務者を被申立人とし,裁判所に対し,執行決定(仲裁判断に基づく民事執行を許す旨の決定をいう.以下同じ.)を求める申立てをすることができる.

### 第9章 雑 則(略)

### 第10章 罰 則(略)

## 73 民事執行法(抄)

(昭54・3・30法律第4号,昭55・10・1施行,最終改正:平19・6・27法律第95号)

### 第1章 総 則

(趣 旨)

**第1条** 強制執行,担保権の実行としての競売及び民法(明治29年法律第89号),商法(明治32年法律第48号)その他の法律の規定による換価のための競売並びに債務者の財産の開示(以下「民事執行」と総称する.)については,他の法令に定めるもののほか,この法律の定めるところによる.

(執行機関)

**第2条** 民事執行は,申立てにより,裁判所又は執行官が行う.

(執行裁判所)

**第3条** 裁判所が行う民事執行に関してはこの法律の規定により執行処分を行うべき裁判所をもって,執行官が行う執行処分に関してはその執行官の所属する地方裁判所をもって執行裁判所とする.

(任意的口頭弁論)

**第4条** 執行裁判所のする裁判は,口頭弁論を経ないですることができる.

(審 尋)

**第5条** 執行裁判所は,執行処分をするに際し,必要があると認めるときは,利害関係を有する者その他参考人を審尋することができる.

(執行官等の職務の執行の確保)

**第6条** ① 執行官は,職務の執行に際し抵抗を受けるときは,その抵抗を排除するために,威力を用い,又は警察上の援助を求めることができる.ただし,第64条の2第5項(第188条において準用する場合を含む.)の規定に基づく職務の執行については,この限りでない.

② 執行官以外の者で執行裁判所の命令により民事執行に関する職務を行うものは,職務の執行に際し抵抗を受けるときは,執行官に対し,援助を求めることができる.

(立会人)

**第7条** 執行官又は執行裁判所の命令により民事執行に関する職務を行う者(以下「執行官等」という.)は,人の住居に立ち入つて職務を執行するに際し,住居主,その代理人又は同居の親族若しくは使用人その他の従業者で相当のわきまえのあるものに出会わないときは,市町村の職員,警察官その他証人として相当と認められる者を立ち会わせなければならない.執行官が前条第1項の規定により威力を用い,又は警察上の援助を受けるときも,同様とする.

(休日又は夜間の執行)

**第8条** ① 執行官等は,日曜日その他の一般の休日又は午後7時から午前7時までの間に人の住居に立ち入つて職務を執行するには,執行裁判所の許可を受けなければならない.

② 執行官等は,職務の執行に当たり,前項の規定により許可を受けたことを証する文書を提示しなければならない.

(身分証明書等の携帯)

**第9条** 執行官等は,職務を執行する場合には,その身分又は資格を証する文書を携帯し,利害関係を有する者の請求があつたときは,これを提示しなければならない.

(執行抗告)

**第10条** ① 民事執行の手続に関する裁判に対しては,特別の定めがある場合に限り,執行抗告をすることができる.

② 執行抗告は,裁判の告知を受けた日から1週間の不変期間内に,抗告状を原裁判所に提出してしなければならない.

③ 抗告状に執行抗告の理由の記載がないときは,抗告人は,抗告状を提出した日から1週間以内に,執行抗告の理由書を原裁判所に提出しなければならない.

(執行異議)

**第11条** ① 執行裁判所の執行処分で執行抗告をすることができないものに対しては,執行裁判所に執行異議を申し立てることができる.執行官の執行処分及びその遅怠に対しても,同様とする.

(取消決定等に対する執行抗告)

第12条 ① 民事執行の手続を取り消す旨の決定に対しては、執行抗告をすることができる。民事執行の手続を取り消す執行官の処分に対する執行異議の申立てを却下する裁判又は執行官に民事執行の手続の取消しを命ずる決定に対しても、同様とする。
② 前項の規定により執行抗告をすることができる裁判は、確定しなければその効力を生じない。
(代理人)
第13条 ① 民事訴訟法第54条第1項の規定により訴訟代理人となることができる者以外の者は、執行裁判所でする手続については、訴え又は執行抗告に係る手続を除き、執行裁判所の許可を受けて代理人となることができる。
② 執行裁判所は、いつでも前項の許可を取り消すことができる。
(費用の予納等)
第14条 ① 執行裁判所に対し民事執行の申立てをするときは、申立人は、民事執行の手続に必要な費用として裁判所書記官の定める金額を予納しなければならない。予納した費用が不足する場合において、裁判所書記官が相当の期間を定めてその不足する費用の予納を命じたときも、同様とする。
② 前項の規定による裁判所書記官の処分に対しては、その告知を受けた日から1週間の不変期間内に、執行裁判所に異議を申し立てることができる。
③ 第1項の規定による裁判所書記官の処分は、確定しなければその効力を生じない。
④ 申立人が費用を予納しないときは、執行裁判所は、民事執行の申立てを却下し、又は民事執行の手続を取り消すことができる。
⑤ 前項の規定により申立てを却下する決定に対しては、執行抗告をすることができる。
(担保の提供)
第15条 ① この法律の規定により担保を立てるには、担保を立てるべきことを命じた裁判所(以下この項において「発令裁判所」という。)又は執行裁判所の所在地を管轄する地方裁判所の管轄区域内の供託所に金銭又は発令裁判所が相当と認める有価証券(社債、株式等の振替に関する法律(平成13年法律第75号)第278条第1項に規定する振替債を含む。)を供託する方法その他最高裁判所規則で定める方法によらなければならない。ただし、当事者が特別の契約をしたときは、その契約による。
② 民事訴訟法第77条、第79条及び第80条の規定は、前項の担保について準用する。
(送達の特例)
第16条 ① 民事執行の手続について、執行裁判所に対し申立て、申出若しくは届出をし、又は執行裁判所からの送達を受けた者は、送達を受けるべき場所(日本国内に限る。)を執行裁判所に届け出なければならない。この場合においては、送達受取人をも届け出ることができる。
② 民事訴訟法第104条第2項及び第3項並びに第107条の規定は、前項前段の場合について準用する。
③ 第1項前段の規定による届出をしない者(前項において準用する民事訴訟法第104条第3項に規定する者を除く。)に対する送達は、事件の記録に表れたその者の住所、居所、営業所又は事務所においてする。
④ 前項の規定による送達をすべき場合において、第20条において準用する民事訴訟法第106条の規定により送達をすることができないときは、裁判所書記官は、同項の住所、居所、営業所又は事務所にあてて、書類を書留郵便又は民間事業者による信書の送達に関する法律(平成14年法律第99号)第2条第6項に規定する一般信書便事業者若しくは同条第9項に規定する特定信書便事業者の提供する同条第2項に規定する信書便の役務のうち書留郵便に準ずるものとして最高裁判所規則で定めるものに付して発送することができる。この場合においては、民事訴訟法第107条第2項及び第3項の規定を準用する。
(民事執行の事件の記録の閲覧等)
第17条 執行裁判所の行う民事執行について、利害関係を有する者は、裁判所書記官に対し、事件の記録の閲覧若しくは謄写、その正本、謄本若しくは抄本の交付又は事件に関する事項の証明書の交付を請求することができる。
(官庁等に対する援助請求等)
第18条 ① 民事執行のため必要がある場合には、執行裁判所又は執行官は、官庁又は公署に対し、援助を求めることができる。
② 前項に規定する場合には、執行裁判所又は執行官は、民事執行の目的である財産(財産が土地である場合にはその上にある建物を、財産が建物である場合にはその敷地を含む。)に対して課される租税その他の公課について、所管の官庁又は公署に対し、必要な証明書の交付を請求することができる。
③ 前項の規定は、民事執行の申立てをしようとする者がその申立てのため同項の証明書を必要とする場合について準用する。
(専属管轄)
第19条 この法律に規定する裁判所の管轄は、専属とする。
(民事訴訟法の準用)
第20条 特別の定めがある場合を除き、民事執行の手続に関しては、民事訴訟法の規定を準用する。
(最高裁判所規則)
第21条 この法律に定めるもののほか、民事執行の手続に関し必要な事項は、最高裁判所規則で定める。

## 第2章 強制執行

### 第1節 総則
(債務名義)
第22条 強制執行は、次に掲げるもの(以下「債務名義」という。)により行う。
1 確定判決
2 仮執行の宣言を付した判決
3 抗告によらなければ不服を申し立てることができない裁判(確定しなければその効力を生じない裁判にあつては、確定したものに限る。)
3の2 仮執行の宣言を付した損害賠償命令
4 仮執行の宣言を付した支払督促
4の2 訴訟費用若しくは和解の費用の負担の額を定める裁判所書記官の処分又は第42条第4項に規定する執行費用及び返還すべき金銭の額を定める裁判所書記官の処分(後者の処分にあつては、確定したものに限る。)
5 金銭の一定の額の支払又はその他の代替物若しくは有価証券の一定の数量の給付を目的とする請求について公証人が作成した公正証書で、債務者が直ちに強制執行に服する旨の陳述が記載されているもの(以下「執行証書」という。)

6 確定した執行判決のある外国裁判所の判決
6の2 確定した執行決定のある仲裁判断
7 確定判決と同一の効力を有するもの（第3号に掲げる裁判を除く．）

**（強制執行をすることができる者の範囲）**
**第23条** ① 執行証書以外の債務名義による強制執行は，次に掲げる者に対し，又はその者のためにすることができる．
1 債務名義に表示された当事者
2 債務名義に表示された当事者が他人のために当事者となつた場合のその他人
3 前2号に掲げる者の債務名義成立後の承継人（前条第1号，第2号又は第6号に掲げる債務名義にあつては口頭弁論終結後の承継人，同条第3号の2に掲げる債務名義又は同条第7号に掲げる債務名義のうち損害賠償命令に係るものにあつては審理終結後の承継人）
② 執行証書による強制執行は，執行証書に表示された当事者又は執行証書作成後のその承継人に対し，若しくはこれらの者のためにすることができる．
③ 第1項に規定する債務名義による強制執行は，同項各号に掲げる者のために請求の目的物を所持する者に対しても，することができる．

**（外国裁判所の判決の執行判決）**
**第24条** ① 外国裁判所の判決についての執行判決を求める訴えは，債務者の普通裁判籍の所在地を管轄する地方裁判所が管轄し，この普通裁判籍がないときは，請求の目的又は差し押さえることができる債務者の財産の所在地を管轄する地方裁判所が管轄する．

**（強制執行の実施）**
**第25条** 強制執行は，執行文の付された債務名義の正本に基づいて実施する．ただし，少額訴訟における確定判決又は仮執行の宣言を付した少額訴訟の判決若しくは支払督促により，これに表示された当事者に対し，その者のためにする強制執行は，その正本に基づいて実施する．

**（執行文の付与）**
**第26条** ① 執行文は，申立てにより，執行証書以外の債務名義については事件の記録の存する裁判所の裁判所書記官が，執行証書についてはその原本を保存する公証人が付与する．
② 執行文の付与は，債権者が債務者に対しその債務名義により強制執行をすることができる場合に，その旨を債務名義の正本の末尾に付記する方法により行う．

**第27条** ① 請求が債権者の証明すべき事実の到来に係る場合においては，執行文は，債権者がその事実の到来したことを証する文書を提出したときに限り，付与することができる．

**（執行文の再度付与等）**
**第28条** ① 執行文は，債権者の完全な弁済を得るため執行文の付された債務名義の正本が数通必要であるとき，又はこれが滅失したときに限り，更に付与することができる．
② 前項の規定は，少額訴訟における確定判決又は仮執行の宣言を付した少額訴訟の判決若しくは支払督促の正本を更に交付する場合について準用する．

**（債務名義等の送達）**
**第29条** 執行文は，債務名義又は確定により債務名義となるべき裁判の正本又は謄本が，あらかじめ，又は同時に，債務者に送達されたときに限り，開始することができる．第27条の規定により執行文が付与された場合においては，執行文及び同条の規定により債権者が提出した文書の謄本も，あらかじめ，又は同時に，送達されなければならない．

**（期限の到来又は担保の提供に係る場合の強制執行）**
**第30条** ① 請求が確定期限の到来に係る場合においては，強制執行は，その期限の到来後に限り，開始することができる．
② 担保を立てることを強制執行の実施の条件とする債務名義による強制執行は，債権者が担保を立てたことを証する文書を提出したときに限り，開始することができる．

**（反対給付又は他の給付の不履行に係る場合の強制執行）**
**第31条** ① 債務者の給付が反対給付と引換えにすべきものである場合においては，強制執行は，債権者が反対給付又はその提供のあつたことを証明したときに限り，開始することができる．
② 債務者の給付が，他の給付について強制執行の目的を達することができない場合に，他の給付に代えてすべきものであるときは，強制執行は，債権者が他の給付について強制執行の目的を達することができなかつたことを証明したときに限り，開始することができる．

**（執行文の付与等に関する異議の申立て）**
**第32条** ① 執行文の付与の申立てに関する処分に対しては，裁判所書記官の処分にあつてはその裁判所書記官の所属する裁判所に，公証人の処分にあつてはその公証人の役場の所在地を管轄する地方裁判所に異議を申し立てることができる．
② 執行文の付与に対し，異議の申立てがあつたときは，裁判所は，異議についての裁判をするまでの間，担保を立てさせ，若しくは立てさせないで強制執行の停止を命じ，又は担保を立てさせてその続行を命ずることができる．急迫の事情があるときは，裁判長も，これらの処分を命ずることができる．
③ 第1項の規定による申立てについての裁判及び前項の規定による裁判は，口頭弁論を経ないですることができる．
④ 前項に規定する裁判に対しては，不服を申し立てることができない．
⑤ 前各項の規定は，第28条第2項の規定による少額訴訟における確定判決又は仮執行の宣言を付した少額訴訟の判決若しくは支払督促の正本の交付について準用する

**（執行文付与の訴え）**
**第33条** ① 第27条第1項又は第2項に規定する文書の提出をすることができないときは，債権者は，執行文（同条第3項の規定により付与されるものを除く．）の付与を求めるために，執行文付与の訴えを提起することができる．
② 前項の訴えは，次の各号に掲げる債務名義の区分に応じ，それぞれ当該各号に定める裁判所が管轄する．
1 第22条第1号から第3号まで，第6号若しくは第6号の2に掲げる債務名義並びに同条第7号に掲げる債務名義のうち次号及び第6号に掲げるもの以外のもの 第一審裁判所
1の2 第22条第3号の2に掲げる債務名義並びに同条第7号に掲げる債務名義のうち損害賠償命令並びに損害賠償命令事件に関する和解及び請求の認諾に係るもの 損害賠償命令事件が係属していた地方裁判所

2 第22条第4号に掲げる債務名義のうち次号に掲げるもの以外のもの　仮執行の宣言を付した支払督促を発した裁判所書記官の所属する簡易裁判所（仮執行の宣言を付した支払督促に係る請求が簡易裁判所の管轄に属しないものであるときは、その簡易裁判所の所在地を管轄する地方裁判所）

3 第22条第4号に掲げる債務名義のうち民事訴訟法第132条の10第1項本文の規定による支払督促の申立て又は同法第402条第1項に規定する方式により記載された書面をもつてされた支払督促の申立てによるもの　同法第398条（同法第402条第2項において準用する場合を含む。）の規定により訴えの提起があつたものとみなされる裁判所

4 第22条第4号の2に掲げる債務名義　同号の処分をした裁判所書記官の所属する裁判所

5 第22条第5号に掲げる債務名義　債務者の普通裁判籍の所在地を管轄する裁判所（この普通裁判籍がないときは、請求の目的又は差し押さえることができる債務者の財産の所在地を管轄する裁判所）

6 第22条第7号に掲げる債務名義のうち次号に掲げるもの（上級裁判所において成立した和解及び調停を除く。）又は労働審判に係るもの（第1号の2に掲げるものを除く。）　和解若しくは調停が成立した地方裁判所、簡易裁判所若しくは家庭裁判所（簡易裁判所において成立した和解又は調停に係る請求が簡易裁判所の管轄に属しないものであるときは、その簡易裁判所の所在地を管轄する地方裁判所）又は労働審判が行われた際に労働審判事件が係属していた地方裁判所

**（執行文付与に対する異議の訴え）**
**第34条**　① 第27条の規定により執行文が付与された場合において、債権者の証明すべき事実の到来したこと又は債務名義に表示された当事者以外の者に対し、若しくはその者のために強制執行をすることができることについて異議のある債務者は、その執行文の付された債務名義の正本に基づく強制執行の不許を求めるために、執行文付与に対する異議の訴えを提起することができる。

**（請求異議の訴え）**
**第35条**　① 債務名義（第22条第2号、第3号の2又は第4号に掲げる債務名義で確定前のものを除く。以下この項において同じ。）に係る請求権の存在又は内容について異議のある債務者は、その債務名義による強制執行の不許を求めるために、請求異議の訴えを提起することができる。裁判以外の債務名義の成立について異議のある債務者も、同様とする。

② 確定判決についての異議の事由は、口頭弁論の終結後に生じたものに限る。

③ 第33条第2項及び前条第2項の規定は、第1項の訴えについて準用する。

**（執行文付与に対する異議の訴え等に係る執行停止の裁判）**
**第36条**　① 執行文付与に対する異議の訴え又は請求異議の訴えの提起があつた場合において、異議のため主張した事情が法律上理由があるとみえ、かつ、事実上の点について疎明があつたときは、受訴裁判所は、申立てにより、終局判決において次条第1項の裁判をするまでの間、担保を立てさせ、若しくは立てさせないで強制執行の停止を命じ、若しくはこれとともに、担保を立てさせて強制執行の続行を命じ、若しくは担保を立てさせて既にした執行処分の取消しを命ずることができる。急迫の事情があるときは、裁判長も、これらの処分を命ずることができる。

**（終局判決における執行停止の裁判等）**
**第37条**　① 受訴裁判所は、執行文付与に対する異議の訴え又は請求異議の訴えについての終局判決において、前条第1項に規定する裁判を命じ、又は既にした前項の規定による裁判を取り消し、変更し、若しくは認可することができる。この裁判については、仮執行の宣言をしなければならない。

② 前項の規定による裁判に対しては、不服を申し立てることができない。

**（第三者異議の訴え）**
**第38条**　① 強制執行の目的物について所有権その他目的物の譲渡又は引渡しを妨げる権利を有する第三者は、債権者に対し、その強制執行の不許を求めるために、第三者異議の訴えを提起することができる。

**（強制執行の停止）**
**第39条**　① 強制執行は、次に掲げる文書の提出があつたときは、停止しなければならない。

1 債務名義（執行証書を除く。）若しくは仮執行の宣言を取り消す旨又は強制執行を許さない旨を記載した執行力のある裁判の正本

2 債務名義に係る和解、認諾、調停又は労働審判の効力がないことを宣言する確定判決の正本

3 第22条第2号から第4号の2までに掲げる債務名義が訴えの取下げその他の事由により効力を失つたことを証する調書の正本その他の裁判所書記官の作成した文書

4 強制執行をしない旨又はその申立てを取り下げる旨を記載した和解若しくは調停の調書の正本又は労働審判法（平成16年法律第45号）第21条第4項の規定により裁判上の和解と同一の効力を有する労働審判の審判書若しくは同法第20条第7項の調書の正本

5 強制執行を免れるための担保を立てたことを証する文書

6 強制執行の停止及び執行処分の取消しを命ずる旨を記載した裁判の正本

7 強制執行の一時の停止を命ずる旨を記載した裁判の正本

8 債権者が、債務名義の成立後に、弁済を受け、又は弁済の猶予を承諾した旨を記載した文書

**（執行処分の取消し）**
**第40条**　① 前条第1項第1号から第6号までに掲げる文書が提出されたときは、執行裁判所又は執行官は、既にした執行処分をも取り消さなければならない。

② 第12条の規定は、前項の規定により執行処分を取り消す場合については適用しない。

**（債務者が死亡した場合の強制執行の続行）**
**第41条**　① 強制執行は、その開始後に債務者が死亡した場合においても、続行することができる。

**（執行費用の負担）**
**第42条**　① 強制執行の費用で必要なもの（以下「執行費用」という。）は、債務者の負担とする。

## 第2節　金銭の支払を目的とする債権についての強制執行

### 第1款　不動産に対する強制執行

#### 第1目　通則

**（不動産執行の方法）**

**第43条** ① 不動産（登記することができない土地の定着物を除く．以下この節において同じ．）に対する強制執行（以下「不動産執行」という．）は，強制競売又は強制管理の方法により行う．これらの方法は，併用することができる．
② 金銭の支払を目的とする債権についての強制執行については，不動産の共有持分，登記された地上権及び永小作権並びにこれらの権利の共有持分は，不動産とみなす．
（執行裁判所）
**第44条** ① 不動産執行については，その所在地（前条第2項の規定により不動産とみなされるものにあつては，その登記をすべき地）を管轄する地方裁判所が，執行裁判所として管轄する．
### 第2目 強制競売
（開始決定等）
**第45条** ① 執行裁判所は，強制競売の手続を開始するには，強制競売の開始決定をし，その開始決定において，債権者のために不動産を差し押さえる旨を宣言しなければならない．
② 前項の開始決定は，債務者に送達しなければならない．
③ 強制競売の申立てを却下する裁判に対しては，執行抗告をすることができる．
（差押えの効力）
**第46条** ① 差押えの効力は，強制競売の開始決定が債務者に送達された時に生ずる．ただし，差押えの登記がその開始決定の送達前にされたときは，登記がされた時に生ずる．
② 差押えは，債務者が通常の用法に従つて不動産を使用し，又は収益することを妨げない．
（二重開始決定）
**第47条** ① 強制競売又は担保権の実行としての競売（以下この節において「競売」という．）の開始決定がされた不動産について強制競売の申立てがあつたときは，執行裁判所は，更に強制競売の開始決定をするものとする．
② 先の開始決定に係る強制競売若しくは競売の申立てが取り下げられたとき，又は先の強制競売若しくは競売の手続が取り消されたときは，執行裁判所は，後の強制競売の開始決定に基づいて手続を続行しなければならない．
③ 前項の場合において，後の強制競売の開始決定が配当要求の終期後の申立てに係るものであるときは，裁判所書記官は，新たに配当要求の終期を定めなければならない．この場合において，既に第50条第1項（第188条において準用する場合を含む．）の届出をした者に対しては，第49条第2項の規定による催告は，要しない．
④ 前項の規定による裁判所書記官の処分に対しては，執行裁判所に異議を申し立てることができる．
⑤ 第10条第6項前段及び第9項の規定は，前項の規定による異議の申立てがあつた場合について準用する．
⑥ 先の開始決定に係る強制競売又は競売の手続が停止されたときは，執行裁判所は，申立てにより，後の強制競売の開始決定（配当要求の終期までにされた申立てに係るものに限る．）に基づいて手続を続行する旨の裁判をすることができる．ただし，先の開始決定に係る強制競売又は競売の手続が取り消されるとすれば，第62条第1項第2号に掲げる事項について変更が生ずるときは，この限りでない．

⑦ 前項の申立てを却下する決定に対しては，執行抗告をすることができる．
（差押えの登記の嘱託等）
**第48条** ① 強制競売の開始決定がされたときは，裁判所書記官は，直ちに，その開始決定に係る差押えの登記を嘱託しなければならない．
（開始決定及び配当要求の終期の公告等）
**第49条** ① 強制競売の開始決定に係る差押えの効力が生じた場合（その開始決定前に強制競売又は競売の開始決定がある場合を除く．）においては，裁判所書記官は，物件明細書の作成その他の手続に要する期間を考慮して，配当要求の終期を定めなければならない．
（催告を受けた者の債権の届出義務）
**第50条** ① 前条第2項の規定による催告を受けた同項第1号又は第2号に掲げる者は，配当要求の終期までに，その催告に係る事項について届出をしなければならない．
② 前項の届出をした者は，その届出に係る債権の元本の額に変更があつたときは，その旨の届出をしなければならない．
③ 前2項の規定により届出をすべき者は，故意又は過失により，その届出をしなかつたとき，又は不実の届出をしたときは，これによつて生じた損害を賠償する責めに任ずる．
（配当要求）
**第51条** ① 第25条の規定により強制執行を実施することができる債務名義の正本（以下「執行力のある債務名義の正本」という．）を有する債権者，強制競売の開始決定に係る差押えの登記後に登記された仮差押債権者及び第181条第1項各号に掲げる文書により一般の先取特権を有することを証明した債権者は，配当要求をすることができる．
② 配当要求を却下する裁判に対しては，執行抗告をすることができる．
（配当要求の終期の変更）
**第52条** 配当要求の終期から，3月以内に売却許可決定がされないとき，又は3月以内にされた売却許可決定が取り消され，若しくは効力を失つたときは，配当要求の終期は，その終期から3月を経過した日に変更されたものとみなす．ただし，配当要求の終期から3月以内にされた売却許可決定が効力を失つた場合において，第67条の規定による次順位買受けの申出について売却許可決定がされたとき（その決定が取り消され，又は効力を失つたときを除く．）は，この限りでない．
（不動産の滅失等による強制競売の手続の取消し）
**第53条** 不動産の滅失その他売却による不動産の移転を妨げる事情が明らかとなつたときは，執行裁判所は，強制競売の手続を取り消さなければならない．
（差押えの登記の抹消の嘱託）
**第54条** ① 強制競売の申立てが取り下げられたとき，又は強制競売の手続を取り消す決定が効力を生じたときは，裁判所書記官は，その開始決定に係る差押えの登記の抹消を嘱託しなければならない．
② 前項の規定による嘱託に要する登録免許税その他の費用は，その取下げ又は取消決定に係る差押債権者の負担とする．
（売却のための保全処分等）
**第55条** ① 執行裁判所は，債務者又は不動産の占有者が価格減少行為（不動産の価格を減少させ，又は減少させるおそれがある行為をいう．以下この項

において同じ.)をするときは,差押債権者(配当要求の終期後に強制競売又は競売の申立てをした差押債権者を除く.)の申立てにより,買受人が代金を納付するまでの間,次に掲げる保全処分又は公示保全処分(執行官に,当該保全処分の内容を,不動産の所在する場所に公示書その他の標識を掲示する方法により公示させることを内容とする保全処分をいう.以下同じ.)を命ずることができる.ただし,当該価格減少行為による不動産の価格の減少又はそのおそれの程度が軽微であるときは,この限りでない.
1 当該価格減少行為をする者に対し,当該価格減少行為を禁止し,又は一定の行為をすることを命ずる保全処分(執行裁判所が必要があると認めるときは,公示保全処分を含む.)
2 次に掲げる事項を内容とする保全処分(執行裁判所が必要があると認めるときは,公示保全処分を含む.)
 イ 当該価格減少行為をする者に対し,不動産に対する占有を解いて執行官に引き渡すことを命ずること.
 ロ 執行官に不動産の保管をさせること.
3 次に掲げる事項を内容とする保全処分及び公示保全処分
 イ 前号イ及びロに掲げる事項
 ロ 前号イに規定する者に対し,不動産の占有の移転を禁止することを命じ,及び当該不動産の使用を許すこと.
② 前項第2号又は第3号に掲げる保全処分は,次に掲げる場合のいずれかに該当するときでなければ,命ずることができない.
1 前項の債務者が不動産を占有する場合
2 前項の不動産の占有者の占有の権原が差押債権者,仮差押債権者又は第59条第1項の規定により消滅する権利を有する者に対抗することができない場合
③ 執行裁判所は,債務者以外の占有者に対し第1項の規定による決定をする場合において,必要があると認めるときは,その者を審尋しなければならない.
④ 執行裁判所が第1項の規定による決定をするときは,申立人に担保を立てさせることができる.ただし,同項第2号に掲げる保全処分については,申立人に担保を立てさせなければ,同項の規定による決定をしてはならない.
⑤ 事情の変更があつたときは,執行裁判所は,申立てにより,第1項の規定による決定を取り消し,又は変更することができる.
⑥ 第1項又は前項の申立てについての裁判に対しては,執行抗告をすることができる.
⑦ 第5項の規定による決定は,確定しなければその効力を生じない.
⑧ 第1項第2号又は第3号に掲げる保全処分又は公示保全処分を命ずる決定は,申立人に告知された日から2週間を経過したときは,執行してはならない.
⑨ 前項に規定する決定は,相手方に送達される前であつても,執行することができる.
⑩ 第1項の申立て又は同項(第1号を除く.)の規定による決定の執行に要した費用(不動産の保管のために要した費用を含む.)は,その不動産に対する強制競売の手続においては,共益費用とする.

(相手方を特定しないで発する売却のための保全処分等)
第55条の2 ① 前条第1項第2号又は第3号に掲げる保全処分又は公示保全処分を命ずる決定については,当該決定の執行前に相手方を特定することを困難とする特別の事情があるときは,執行裁判所は,相手方を特定しないで,これを発することができる.
② 前項の規定による決定の執行は,不動産の占有を解く際にその占有者を特定することができない場合は,することができない.
③ 第1項の規定による決定の執行がされたときは,当該執行によつて不動産の占有を解かれた者が,当該決定の相手方となる.
④ 第1項の規定による決定は,前条第8項の期間内にその執行がされなかつたときは,相手方に対して送達することを要しない.この場合において,第15条第2項において準用する民事訴訟法第79条第1項の規定による担保の取消しの決定で前条第4項の規定により立てさせた担保に係るものは,執行裁判所が相当と認める方法で申立人に告知することによつて,その効力を生ずる.

(地代等の代払の許可)
第56条 ① 建物に対し強制競売の開始決定がされた場合において,その建物の所有を目的とする地上権又は賃借権について債務者が地代又は借賃を支払わないときは,執行裁判所は,申立てにより,その不払の地代又は借賃を債務者に代わつて弁済することを許可することができる.
② 第55条第10項の規定は,前項の申立てに要した費用及び同項の許可を得て支払つた地代又は借賃について準用する.

(現況調査)
第57条 ① 執行裁判所は,執行官に対し,不動産の形状,占有関係その他の現況について調査を命じなければならない.

(評 価)
第58条 ① 執行裁判所は,評価人を選任し,不動産の評価を命じなければならない.

(売却に伴う権利の消滅等)
第59条 ① 不動産の上に存する先取特権,使用及び収益をしない旨の定めのある質権並びに抵当権は,売却により消滅する.
② 前項の規定により消滅する権利を有する者,差押債権者又は仮差押債権者に対抗することができない不動産に係る権利の取得は,売却によりその効力を失う.

(売却基準価額の決定等)
第60条 ① 執行裁判所は,評価人の評価に基づいて,不動産の売却の額の基準となるべき価額(以下「売却基準価額」という.)を定めなければならない.

(一括売却)
第61条 執行裁判所は,相互の利用上不動産を他の不動産(差押債権者又は債務者を異にするものを含む.)と一括して同一の買受人に買い受けさせることが相当であると認めるときは,これらの不動産を一括して売却することを定めることができる.ただし,1個の申立てにより強制競売の開始決定がされた数個の不動産のうち,あるものの買受可能価額で各債権者の債権及び執行費用の全部を弁済することができる見込みがある場合には,債務者の同意があるときに限る.

**（物件明細書）**
**第62条** ① 裁判所書記官は、次に掲げる事項を記載した物件明細書を作成しなければならない。
1 不動産の表示
2 不動産に係る権利の取得及び仮処分の執行で売却によりその効力を失わないもの
3 売却により設定されたものとみなされる地上権の概要
② 裁判所書記官は、前項の物件明細書の写しを執行裁判所に備え置いて一般の閲覧に供し、又は不特定多数の者が当該物件明細書の内容の提供を受けることができるものとして最高裁判所規則で定める措置を講じなければならない。
③ 前２項の規定による裁判所書記官の処分に対しては、執行裁判所に異議を申し立てることができる。
④ 第10条第６項前段及び第９項の規定は、前項の規定による異議の申立てがあつた場合について準用する。

**（剰余を生ずる見込みのない場合等の措置）**
**第63条** ① 執行裁判所は、次の各号のいずれかに該当すると認めるときは、その旨を差押債権者（最初の強制競売の開始決定に係る差押債権者をいう。ただし、第47条第６項の規定により手続を続行する旨の裁判があつたときは、その裁判を受けた差押債権者をいう。以下この条において同じ。）に通知しなければならない。
1 差押債権者の債権に優先する債権（以下この条において「優先債権」という。）がない場合において、不動産の買受可能価額が執行費用のうち共益費用であるもの（以下「手続費用」という。）の見込額を超えないとき。
2 優先債権がある場合において、不動産の買受可能価額が手続費用及び優先債権の見込額の合計額に満たないとき。
② 差押債権者が、前項の規定による通知を受けた日から１週間以内に、優先債権がない場合にあつては手続費用の見込額を超える額、優先債権がある場合にあつては手続費用及び優先債権の見込額の合計額以上の額（以下この項において「申出額」という。）を定めて、次の各号に掲げる区分に応じ、それぞれ当該各号に定める申出及び保証の提供をしないときは、執行裁判所は、差押債権者の申立てに係る強制競売の手続を取り消さなければならない。ただし、差押債権者が、その期間内に、前項各号のいずれにも該当しないことを証明したとき、又は同項第２号に該当する場合であつて不動産の買受可能価額が手続費用の見込額を超える場合において、不動産の売却について優先債権を有する者（買受可能価額で自己の優先債権の全部の弁済を受けることができる見込みがある者を除く。）の同意を得たことを証明したときは、この限りでない。
1 差押債権者が不動産の買受人になることができる場合
申出額に達する買受けの申出がないときは、自ら申出額で不動産を買い受ける旨の申出及び申出額に相当する保証の提供
2 差押債権者が不動産の買受人になることができない場合
買受けの申出の額が申出額に達しないときは、申出額と買受けの申出の額との差額を負担する旨の申出及び申出額と買受可能価額との差額に相当する保証の提供
③ 前項第２号の申出及び保証の提供があつた場合において、買受可能価額以上の額の買受けの申出がないときは、執行裁判所は、差押債権者の申立てに係る強制競売の手続を取り消さなければならない。
④ 第２項の保証の提供は、執行裁判所に対し、最高裁判所規則で定める方法により行わなければならない。

**（売却の方法及び公告）**
**第64条** ① 不動産の売却は、裁判所書記官の定める売却の方法により行う。
② 不動産の売却の方法は、入札又は競り売りのほか、最高裁判所規則で定める。
③ 裁判所書記官は、入札又は競り売りの方法により売却をするときは、売却の日時及び場所を定め、執行官に売却を実施させなければならない。

**（内　覧）**
**第64条の２** ① 執行裁判所は、差押債権者（配当要求の終期後に強制競売又は競売の申立てをした差押債権者を除く。）の申立てがあるときは、執行官に対し、内覧（不動産の買受けを希望する者をこれに立ち入らせて見学させることをいう。以下この条において同じ。）の実施を命じなければならない。ただし、当該不動産の占有者の占有の権原が差押債権者、仮差押債権者及び第59条第１項の規定により消滅する権利を有する者に対抗することができる場合であつて当該占有者が同意しないときは、この限りでない。
② 前項の申立ては、最高裁判所規則で定めるところにより、売却を実施させる旨の裁判所書記官の処分の時までにしなければならない。
③ 第１項の命令を受けた執行官は、売却の実施の時までに、最高裁判所規則で定めるところにより内覧への参加の申出をした者（不動産を買い受ける資格又は能力を有しない者その他最高裁判所規則で定める事由がある者を除く。第５項及び第６項において「内覧参加者」という。）のために、内覧を実施しなければならない。
④ 執行裁判所は、内覧の円滑な実施が困難であることが明らかであるときは、第１項の命令を取り消すことができる。
⑤ 執行官は、内覧の実施に際し、自ら不動産に立ち入り、かつ、内覧参加者を不動産に立ち入らせることができる。
⑥ 執行官は、内覧参加者であつて内覧の円滑な実施を妨げる行為をするものに対し、不動産に立ち入ることを制限し、又は不動産から退去させることができる。

**（売却の場所の秩序維持）**
**第65条** 執行官は、次に掲げる者に対し、売却の場所に入ることを制限し、若しくはその場所から退場させ、又は買受けの申出をさせないことができる。
1 他の者の買受けの申出を妨げ、若しくは不当に価額を引き下げる目的をもつて連合する者、売却の適正な実施を妨げる行為をし、又はその行為をさせた者
2 他の民事執行の手続の売却不許可決定において前号に該当する者と認定され、その売却不許可決定の確定の日から２年を経過しない者
3 民事執行の手続における売却に関し刑法（明治40年法律第45号）第95条から第96条の３まで、第197条から第197条の４まで若しくは第198条又は公職にある者等のあつせん行為による利得等

の処罰に関する法律（平成12年法律第130号）第1条第1項,第2条第1項若しくは第4条の規定により刑に処せられ,その裁判の確定の日から2年を経過しない者

**（買受けの申出の保証）**
**第66条** 不動産の買受けの申出をしようとする者は,最高裁判所規則で定めるところにより,執行裁判所が定める額及び方法による保証を提供しなければならない.

**（次順位買受けの申出）**
**第67条** 最高価買受申出人に次いで高額の買受けの申出をした者は,その買受けの申出の額が,買受可能価額以上で,かつ,最高価買受申出人の申出の額から買受けの申出の保証の額を控除した額以上である場合に限り,売却の実施の終了までに,執行官に対し,最高価買受申出人に係る売却許可決定が第80条第1項の規定により効力を失うときは,自己の買受けの申出について売却を許可すべき旨の申出（以下「次順位買受けの申出」という.）をすることができる.

**（債務者の買受けの申出の禁止）**
**第68条** 債務者は,買受けの申出をすることができない.

**（売却決定期日）**
**第69条** 執行裁判所は,売却決定期日を開き,売却の許可又は不許可を言い渡さなければならない.

**（売却の許可又は不許可に関する意見の陳述）**
**第70条** 不動産の売却の許可又は不許可に関し利害関係を有する者は,次条各号に掲げる事由で自己の権利に影響のあるものについて,売却決定期日において意見を陳述することができる.

**（売却不許可事由）**
**第71条** 執行裁判所は,次に掲げる事由があると認めるときは,売却不許可決定をしなければならない.
1 強制競売の手続の開始又は続行をすべきでないこと.
2 最高価買受申出人が不動産を買い受ける資格若しくは能力を有しないこと又はその代理人がその権限を有しないこと.
3 最高価買受申出人が不動産を買い受ける資格を有しない者の計算において買受けの申出をした者であること.
4 最高価買受申出人,その代理人又は自己の計算において最高価買受申出人に買受けの申出をさせた者が次のいずれかに該当すること.
　イ その強制競売の手続において第65条第1号に規定する行為をした者
　ロ その強制競売の手続において,代金の納付をしなかつた者又は自己の計算においてその者に買受けの申出をさせたことがある者
　ハ 第65条第2号又は第3号に掲げる者
5 第75条第1項の規定による売却の不許可の申出があること.
6 売却基準価額若しくは一括売却の決定,物件明細書の作成又はこれらの手続に重大な誤りがあること.
7 売却の手続に重大な誤りがあること.

**（売却の実施の終了後に執行停止の裁判等の提出があつた場合の措置）**
**第72条** ① 売却の実施の終了から売却決定期日の終了までの間に第39条第1項第7号に掲げる文書の提出があつた場合には,執行裁判所は,他の事由により売却不許可決定をするときを除き,売却決定期日を開くことができない.この場合においては,最高価買受申出人又は次順位買受申出人は,執行裁判所に対し,買受けの申出を取り消すことができる.
② 売却決定期日の終了後に前項に規定する文書の提出があつた場合には,さきにされた売却許可決定が取り消され,若しくは効力を失つたとき,又はその期日にされた売却不許可決定が確定したときに限り,第39条の規定を適用する.
③ 売却の実施の終了後に第39条第1項第8号に掲げる文書の提出があつた場合には,その売却に係る売却許可決定が取り消され,若しくは効力を失つたとき,又はその売却に係る売却不許可決定が確定したときに限り,同条の規定を適用する.

**（超過売却となる場合の措置）**
**第73条** ① 数個の不動産を売却した場合において,あるものの買受けの申出の額で各債権者の債権及び執行費用の全部を弁済することができる見込みがあるときは,執行裁判所は,他の不動産についての売却許可決定を留保しなければならない.
② 前項の場合において,その買受けの申出の額で各債権者の債権及び執行費用の全部を弁済することができる見込みがある不動産が数個あるときは,執行裁判所は,売却の許可すべき不動産について,あらかじめ,債務者の意見を聴かなければならない.
③ 第1項の規定により売却許可決定が留保された不動産の最高価買受申出人又は次順位買受申出人は,執行裁判所に対し,買受けの申出を取り消すことができる.
④ 売却許可決定のあつた不動産について代金が納付されたときは,執行裁判所は,前項の不動産に係る強制競売の手続を取り消さなければならない.

**（売却の許可又は不許可の決定に対する執行抗告）**
**第74条** ① 売却の許可又は不許可の決定に対しては,その決定により自己の権利が害されることを主張するときに限り,執行抗告をすることができる.
② 売却許可決定に対する執行抗告は,第71条各号に掲げる事由があること又は売却許可決定の手続に重大な誤りがあることを理由としなければならない.
③ 民事訴訟法第338条第1項各号に掲げる事由は,前2項の規定にかかわらず,売却の許可又は不許可の決定に対する執行抗告の理由とすることができる.
④ 抗告裁判所は,必要があると認めるときは,抗告人の相手方を定めることができる.
⑤ 売却の許可又は不許可の決定は,確定しなければその効力を生じない.

**（不動産が損傷した場合の売却の不許可の申出等）**
**第75条** ① 最高価買受申出人又は買受人は,買受けの申出をした後天災その他自己の責めに帰することができない事由により不動産が損傷した場合には,執行裁判所に対し,売却許可決定前にあつては売却の不許可の申出をし,売却許可決定後にあつては代金を納付する時までにその決定の取消しの申立てをすることができる.ただし,不動産の損傷が軽微であるときは,この限りでない.
② 前項の規定による売却許可決定の取消しの申立てについての決定に対しては,執行抗告をすることができる.
③ 前項に規定する申立てにより売却許可決定を取り消す決定は,確定しなければその効力を生じない.

**（買受けの申出後の強制競売の申立ての取下げ等）**

**第76条** ① 買受けの申出があつた後に強制競売の申立てを取り下げるには、最高価買受申出人又は買受人及び次順位買受申出人の同意を得なければならない。ただし、他に差押債権者(配当要求の終期後に強制競売又は競売の申立てをした差押債権者を除く。)がある場合にあつては、取下げにより第62条第1項第2号に掲げる事項について変更が生じないときは、この限りでない。

② 前項の規定は、買受けの申出があつた後に第39条第1項第4号又は第5号に掲げる文書を提出する場合について準用する。

**(最高価買受申出人又は買受人のための保全処分等)**
**第77条** ① 執行裁判所は、債務者又は不動産の占有者が、価格減少行為等(不動産の価格を減少させ、又は不動産の引渡しを困難にする行為をいう。以下この項において同じ。)をし、又は価格減少行為等をするおそれがあるときは、最高価買受申出人又は買受人の申立てにより、引渡命令の執行までの間、その買受けの申出の額(金銭により第66条の保証を提供した場合にあつては、当該保証の額を控除した額)に相当する金銭を納付させ、又は代金を納付させて、次に掲げる保全処分又は公示保全処分を命ずることができる。
  1 債務者又は不動産の占有者に対し、価格減少行為等を禁止し、又は一定の行為を命ずる保全処分(執行裁判所が必要があると認めるときは、公示保全処分を含む。)
  2 次に掲げる事項を内容とする保全処分(執行裁判所が必要があると認めるときは、公示保全処分を含む。)
    イ 当該価格減少行為等をし、又はそのおそれがある者に対し、不動産に対する占有を解いて執行官に引き渡すことを命ずること。
    ロ 執行官に保管をさせること。
  3 次に掲げる事項を内容とする保全処分及び公示保全処分
    イ 前号イ及びロに掲げる事項
    ロ 前号イに規定する者に対し、不動産の占有の移転を禁止することを命じ、及び不動産の使用を許すこと。

② 第55条第2項(第1号に係る部分に限る。)の規定は前項第2号又は第3号に掲げる保全処分について、同条第2項(第2号に係る部分に限る。)の規定は前項第3号に掲げる保全処分について、同条第3項、第4項本文及び第5項の規定は前項の規定による決定について、同条第6項の規定は前項の申立て又はこの項において準用する同条第5項の申立てについての裁判について、同条第7項の規定はこの項において準用する同条第5項の規定による決定について、同条第8項及び第9項並びに第55条の2の規定は前項第2号又は第3号に掲げる保全処分を命ずる決定について準用する。

**(代金の納付)**
**第78条** ① 売却許可決定が確定したときは、買受人は、裁判所書記官の定める期限までに代金を裁判所書記官に納付しなければならない。

**(不動産の取得の時期)**
**第79条** 買受人は、代金を納付した時に不動産を取得する。

**(代金不納付の効果)**
**第80条** ① 買受人が代金を納付しないときは、売却許可決定は、その効力を失う。この場合においては、買受人は、第66条の規定により提供した保証の返還を請求することができない。

**(法定地上権)**
**第81条** 土地及びその上にある建物が債務者の所有に属する場合において、その土地又は建物の差押えがあり、その売却により所有者を異にするに至つたときは、その建物について、地上権が設定されたものとみなす。この場合においては、地代は、当事者の請求により、裁判所が定める。

**(代金納付による登記の嘱託)**
**第82条** ① 買受人が代金を納付したときは、裁判所書記官は、次に掲げる登記及び登記の抹消を嘱託しなければならない。
  1 買受人の取得した権利の移転の登記
  2 売却により消滅した権利又は売却により効力を失つた権利の取得若しくは仮処分に係る登記の抹消
  3 差押え又は仮差押えの登記の抹消

**(引渡命令)**
**第83条** ① 執行裁判所は、代金を納付した買受人の申立てにより、債務者又は不動産の占有者に対し、不動産を買受人に引き渡すべき旨を命ずることができる。ただし、事件の記録上買受人に対抗することができる権原により占有していると認められる者に対しては、この限りでない。

**(売却代金の配当等の実施)**
**第84条** ① 執行裁判所は、代金の納付があつた場合には、次項に規定する場合を除き、配当表に基づいて配当を実施しなければならない。

**(配当表の作成)**
**第85条** ① 執行裁判所は、配当期日において、第87条第1項各号に掲げる各債権者について、その債権の元本及び利息その他の附帯の債権の額、執行費用の額並びに配当の順位及び額を定める。ただし、配当の順位及び額については、配当期日においてすべての債権者間に合意が成立した場合は、この限りでない。

② 執行裁判所は、前項本文の規定により配当の順位及び額を定める場合には、民法、商法その他の法律の定めるところによらなければならない。

③ 配当期日には、第1項に規定する債権者及び債務者を呼び出さなければならない。

④ 執行裁判所は、配当期日において、第1項本文に規定する事項を定めるため必要があると認めるときは、出頭した債権者及び債務者を審尋し、かつ、即時に取り調べることができる書証の取調べをすることができる。

⑤ 第1項の規定により同項本文に規定する事項(同項ただし書に規定する場合には、配当の順位及び額を除く。)が定められたときは、裁判所書記官は、配当期日において、配当表を作成しなければならない。

⑥ 配当表には、売却代金の額及び第1項本文に規定する事項についての執行裁判所の定めの内容(同項ただし書に規定する場合にあつては、配当の順位及び額については、その合意の内容)を記載しなければならない。

⑦ 第16条第3項及び第4項の規定は、第1項に規定する債権者(同条第1項前段に規定する者を除く。)に対する呼出状の送達について準用する。

**(売却代金)**
**第86条** ① 売却代金は、次に掲げるものとする。
  1 不動産の代金

2 第63条第2項第2号の規定により提供した保証のうち申出額から代金の額を控除した残額に相当するもの
3 第80条第1項後段の規定により買受人が返還を請求することができない保証
② 第61条の規定により不動産が一括して売却された場合において,各不動産ごとに売却代金の額を定める必要があるときは,その額は,売却代金の総額を各不動産の売却基準価額に応じて按分して得た額とする.各不動産ごとの執行費用の負担についても,同様とする.
③ 第78条第3項の規定は,第1項第2号又は第3号に規定する保証が金銭の納付以外の方法で提供されている場合の換価について準用する.

(配当等を受けるべき債権者の範囲)
**第87条** ① 売却代金の配当等を受けるべき債権者は,次に掲げる者とする.
1 差押債権者(配当要求の終期までに強制競売又は一般の先取特権の実行としての競売の申立てをした差押債権者に限る.)
2 配当要求の終期までに配当要求をした債権者
3 差押え(最初の強制競売の開始決定に係る差押えをいう.次号において同じ.)の登記前に登記された仮差押債権者
4 差押えの登記前に登記(民事保全法第53条第2項に規定する仮処分による仮登記を含む.)がされた先取特権(第1号又は第2号に掲げる債権者が有する先取特権を除く.),質権又は抵当権で売却により消滅するものを有する債権者(その抵当権に係る抵当証券の所持人を含む.)

(期限付債権の配当等)
**第88条** ① 確定期限の到来していない債権は,配当等については,弁済期が到来したものとみなす.
② 前項の債権が無利息であるときは,配当等の日から期限までの法定利率による利息との合算額がその債権の額となるべき元本額をその債権の額とみなして,配当等の額を計算しなければならない.

(配当異議の申出)
**第89条** ① 配当表に記載された各債権者の債権又は配当の額について不服のある債権者及び債務者は,配当期日において,異議の申出(以下「配当異議の申出」という.)をすることができる.

(配当異議の訴え等)
**第90条** ① 配当異議の申出をした債権者及び執行力のある債務名義の正本を有しない債権者に対し配当異議の申出をした債権者は,配当異議の訴えを提起しなければならない.

(配当等の額の供託)
**第91条** ① 配当等を受けるべき債権者の債権について次に掲げる事由があるときは,裁判所書記官は,その配当等の額に相当する金銭を供託しなければならない.
1 停止条件付又は不確定期限付であるとき.
2 仮差押債権者の債権であるとき.
3 第39条第1項第7号又は第183条第1項第6号に掲げる文書が提出されているとき.
4 その債権に係る先取特権,質権又は抵当権(以下この項において「先取特権等」という.)の実行を一時禁止する裁判の正本が提出されているとき.
5 その債権に係る先取特権等につき仮登記又は民事保全法第53条第2項に規定する仮処分による仮登記がされたものであるとき.
6 仮差押え又は執行停止に係る差押えの登記後に登記された先取特権等があるため配当額が定まらないとき.
7 配当異議の訴えが提起されたとき.
② 裁判所書記官は,配当等の受領のために執行裁判所に出頭しなかつた債権者(知れていない抵当証券の所持人を含む.)に対する配当等の額に相当する金銭を供託しなければならない.

(権利確定等に伴う配当等の実施)
**第92条** ① 前条第1項の規定による供託がされた場合において,その供託の事由が消滅したときは,執行裁判所は,供託金について配当等を実施しなければならない.
② 前項の規定により配当を実施すべき場合において,前条第1項第1号から第5号までに掲げる事由による供託に係る債権者若しくは同項第6号に掲げる事由による供託に係る仮差押債権者若しくは執行を停止された差押債権者に対して配当を実施することができなくなつたとき,又は同項第7号に掲げる事由による供託に係る債権者が債務者の提起した配当異議の訴えにおいて敗訴したときは,執行裁判所は,配当異議の申出をしなかつた債権者のためにも配当表を変更しなければならない.

### 第3目 強制管理

(開始決定等)
**第93条** ① 執行裁判所は,強制管理の手続を開始するには,強制管理の開始決定をし,その開始決定において,債務者に対し収益の処分を禁止し,及び債務者が賃料の請求権その他の当該不動産の収益に係る給付を求める権利(以下「給付請求権」という.)を有するときは,債務者に対して当該給付をする義務を負う者(以下「給付義務者」という.)に対しその給付の目的物を管理人に交付すべき旨を命じなければならない.
② 前項の収益は,後に収穫すべき天然果実及び既に弁済期が到来し,又は後に弁済期が到来すべき法定果実とする.
③ 第1項の開始決定は,債務者及び給付義務者に送達しなければならない.
④ 給付義務者に対する第1項の開始決定の効力は,開始決定が当該給付義務者に送達された時に生ずる.
⑤ 強制管理の申立てについての裁判に対しては,執行抗告をすることができる.

(二重開始決定)
**第93条の2** 既に強制管理の開始決定がされ,又は第180条第2号に規定する担保不動産収益執行の開始決定がされた不動産について強制管理の申立てがあつたときは,執行裁判所は,更に強制管理の開始決定をするものとする.

(給付義務者に対する競合する債権差押命令等の陳述の催告)
**第93条の3** 裁判所書記官は,給付義務者に強制管理の開始決定を送達するに際し,当該給付義務者に対し,開始決定の送達の日から2週間以内に給付請求権に対する差押命令又は差押処分の存否その他の最高裁判所規則で定める事項について陳述すべき旨を催告しなければならない.この場合においては,第147条第2項の規定を準用する.

(給付請求権に対する競合する債権差押命令等の効力の停止等)
**第93条の4** ① 第93条第4項の規定により強制管

理の開始決定の効力が給付義務者に対して生じたときは，給付請求権に対する差押命令又は差押処分であつて既に効力が生じていたものは，その効力を停止する．ただし，強制管理の開始決定の給付義務者に対する効力の発生が第165条各号（第167条の14において第165条各号（第3号及び第4号を除く．）の規定を準用する場合及び第193条第2項において準用する場合を含む．）に掲げる時後であるときは，この限りでない．

② 第93条第4項の規定により強制管理の開始決定の効力が給付義務者に対して生じたときは，給付請求権に対する仮差押命令であつて既に効力が生じていたものは，その効力を停止する．

③ 第1項の差押命令又は差押処分の債権者，同項の差押命令又は差押処分が効力を停止する時までに当該債権執行（第143条に規定する債権執行をいう．）又は少額訴訟債権執行（第167条の2第2項に規定する少額訴訟債権執行をいう．）の手続において配当要求をした債権者及び前項の仮差押命令の債権者は，第107条第4項の規定にかかわらず，前2項の強制管理の手続において配当等を受けることができる．

（管理人の選任）
第94条 ① 執行裁判所は，強制管理の開始決定と同時に，管理人を選任しなければならない．
② 信託会社（信託業法（平成16年法律第154号）第3条又は第53条第1項の免許を受けた者をいう．），銀行その他の法人は，管理人となることができる．

（管理人の権限）
第95条 ① 管理人は，強制管理の開始決定がされた不動産について，管理並びに収益の収取及び換価をすることができる．
② 管理人は，民法第602条に定める期間を超えて不動産を賃貸するには，債務者の同意を得なければならない．
③ 管理人が数人あるときは，共同してその職務を行う．ただし，執行裁判所の許可を受けて，職務を分掌することができる．
④ 管理人が数人あるときは，第三者の意思表示は，その1人に対してすれば足りる．

（強制管理のための不動産の占有等）
第96条 ① 管理人は，不動産について，債務者の占有を解いて自らこれを占有することができる．
② 管理人は，前項の場合において，閉鎖した戸を開く必要があると認めるときは，執行官に対し援助を求めることができる．
③ 第57条第3項の規定は，前項の規定により援助を求められた執行官の職務について準用する．

（建物使用の許可）
第97条 ① 債務者の居住する建物について強制管理の開始決定がされた場合において，債務者が他に居住すべき場所を得ることができないときは，執行裁判所は，申立てにより，債務者及びその者と生計を一にする同居の親族（婚姻又は縁組の届出をしていないが事実上夫婦又は養親子と同様の関係にある者を含む．以下「債務者等」という．）の居住に必要な限度において，期間を定めて，その建物の使用を許可することができる．
② 債務者等が管理人の管理を妨げたとき，又は事情の変更があつたときは，執行裁判所は，申立てにより，前項の規定による決定を取り消し，又は変更することができる．
③ 前2項の申立てについての決定に対しては，執行抗告をすることができる．

（収益等の分与）
第98条 ① 強制管理により債務者の生活が著しく困窮することとなるときは，執行裁判所は，申立てにより，管理人に対し，収益又はその換価代金からその困窮の程度に応じ必要な金銭又は収益を債務者に分与すべき旨を命ずることができる．
② 前条第2項の規定は前項の規定による決定について，同条第3項の規定は前項の申立て又はこの項において準用する前条第2項の申立てについての決定について準用する．

（管理人の監督）
第99条 管理人は，執行裁判所が監督する．

（管理人の注意義務）
第100条 ① 管理人は，善良な管理者の注意をもつてその職務を行わなければならない．
② 管理人が前項の注意を怠つたときは，その管理人は，利害関係を有する者に対し，連帯して損害を賠償する責めに任ずる．

（管理人の報酬等）
第101条 ① 管理人は，強制管理のため必要な費用の前払及び執行裁判所の定める報酬を受けることができる．
② 前項の規定による決定に対しては，執行抗告をすることができる．

（管理人の解任）
第102条 重要な事由があるときは，執行裁判所は，利害関係を有する者の申立てにより，又は職権で，管理人を解任することができる．この場合においては，その管理人を審尋しなければならない．

（計算の報告義務）
第103条 管理人の任務が終了した場合においては，管理人又はその承継人は，遅滞なく，執行裁判所に計算の報告をしなければならない．

（強制管理の停止）
第104条 ① 第39条第1項第7号又は第8号に掲げる文書の提出があつた場合においては，強制管理は，配当等の手続を除き，その時の態様で継続することができる．この場合においては，管理人は，配当等に充てるべき金銭を供託し，その事情を執行裁判所に届け出なければならない．
② 前項の規定により供託された金銭の額で各債権者の債権及び執行費用の全部を弁済することができるときは，執行裁判所は，配当等の手続を除き，強制管理の手続を取り消さなければならない．

（配当要求）
第105条 ① 執行力のある債務名義の正本を有する債権者及び第181条第1項各号に掲げる文書により一般の先取特権を有することを証明した債権者は，執行裁判所に対し，配当要求をすることができる．
② 配当要求を却下する裁判に対しては，執行抗告をすることができる．

（配当等に充てるべき金銭等）
第106条 ① 配当等に充てるべき金銭は，第98条第1項の規定による分与をした後の収益又はその換価代金から，不動産に対して課される租税その他の公課及び管理人の報酬その他の必要な費用を控除したものとする．
② 配当等に充てるべき金銭を生ずる見込みがないときは，執行裁判所は，強制管理の手続を取り消さ

## 第2章 強制執行

（管理人による配当等の実施）
**第107条** ① 管理人は，前条第1項に規定する費用を支払い，執行裁判所の定める期間ごとに，配当等に充てるべき金銭の額を計算して，配当等を実施しなければならない．
② 債権者が1人である場合又は債権者が2人以上であつて配当等に充てるべき金銭で各債権者の債権及び執行費用の全部を弁済することができる場合には，管理人は，債権者に弁済金を交付し，剰余金を債務者に交付する．
③ 前項に規定する場合を除き，配当等に充てるべき金銭の配当について債権者間に協議が調つたときは，管理人は，その協議に従い配当を実施する．
④ 配当等を受けるべき債権者は，次に掲げる者とする．
　1　差押債権者のうち次のイからハまでのいずれかに該当するもの
　　イ　第1項の期間の満了までに強制管理の申立てをしたもの
　　ロ　第1項の期間の満了までに一般の先取特権の実行として第180条第2号に規定する担保不動産収益執行の申立てをしたもの
　　ハ　第1項の期間の満了までに第180条第2号に規定する担保不動産収益執行の申立てをしたもの（ロに掲げるものを除く．）であつて，当該申立てが最初の強制管理の開始決定に係る差押えの登記前に登記（民事保全法第53条第2項に規定する保全仮登記を含む．）がされた担保権に基づくもの
　2　仮差押債権者（第1項の期間の満了までに，強制管理の方法による仮差押えの執行の申立てをしたものに限る．）
　3　第1項の期間の満了までに配当要求をした債権者
⑤ 第3項の協議が調わないときは，管理人は，その事情を執行裁判所に届け出なければならない．

（管理人による配当等の額の供託）
**第108条** 配当等を受けるべき債権者の債権について第91条第1項各号（第7号を除く．）に掲げる事由があるときは，管理人は，配当等の額に相当する金銭を供託し，その事情を執行裁判所に届け出なければならない．債権者が配当等の受領のために出頭しなかつたときも，同様とする．

（執行裁判所による配当等の実施）
**第109条** 執行裁判所は，第107条第5項の規定による届出があつた場合には直ちに，第104条第1項又は前条の規定による届出があつた場合には供託の事由が消滅したときに，配当等の手続を実施しなければならない．

（弁済による強制管理の手続の取消し）
**第110条** 各債権者が配当等によりその債権及び執行費用の全部の弁済を受けたときは，執行裁判所は，強制管理の手続を取り消さなければならない．

（強制競売の規定の準用）
**第111条** 第46条第1項，第47条第2項，第6項本文及び第7項，第48条，第53条，第54条，第84条第3項及び第4項，第87条第2項及び第3項並びに第88条の規定は強制管理について，第84条第1項及び第2項，第85条並びに第89条から第92条までの規定は第109条の規定により執行裁判所が実施する配当等の手続について，それぞれ準用する．この場合において，第84条第3項及び第4項中「代金の納付後」とあるのは，「第107条第1項の期間の経過後」と読み替えるものとする．

### 第2款　船舶に対する強制執行

（船舶執行の方法）
**第112条** 総トン数20トン以上の船舶（端舟その他ろかい又は主としてろかいをもつて運転する舟を除く．以下この節及び次章において「船舶」という．）に対する強制執行（以下「船舶執行」という．）は，強制競売の方法により行う．

（執行裁判所）
**第113条** 船舶執行については，強制競売の開始決定の時の船舶の所在地を管轄する地方裁判所が，執行裁判所として管轄する．

（開始決定等）
**第114条** ① 執行裁判所は，強制競売の手続を開始するには，強制競売の開始決定をし，かつ，執行官に対し，船舶の国籍を証する文書その他の船舶の航行のために必要な文書（以下「船舶国籍証書等」という．）を取り上げて執行裁判所に提出すべきことを命じなければならない．ただし，その開始決定前にされた開始決定により船舶国籍証書等が取り上げられているときは，執行官に対する命令を要しない．

（船舶執行の申立て前の船舶国籍証書等の引渡命令）
**第115条** ① 船舶執行の申立て前に船舶国籍証書等を取り上げなければ船舶執行が著しく困難となるおそれがあるときは，その船舶の船籍の所在地（船籍のない船舶にあつては，最高裁判所の指定する地）を管轄する地方裁判所は，申立てにより，債務者に対し，船舶国籍証書等を執行官に引き渡すべき旨を命ずることができる．急迫の事情があるときは，船舶の所在地を管轄する地方裁判所も，この命令を発することができる．
② 前項の規定による裁判は，口頭弁論を経ないですることができる．
③ 第1項の申立てをするには，執行力のある債務名義の正本を提示し，かつ，同項に規定する事由を疎明しなければならない．
④ 執行官は，船舶国籍証書等の引渡しを受けた日から5日以内に債権者が船舶執行の申立てをしたことを証する文書を提出しないときは，その船舶国籍証書等を債務者に返還しなければならない．
⑤ 第1項の規定による決定に対しては，即時抗告をすることができる．
⑥ 前項の即時抗告は，執行停止の効力を有しない．
⑦ 第55条第8項から第10項までの規定は，第1項の規定による決定について準用する．

（保管人の選任等）
**第116条** ① 執行裁判所は，差押債権者の申立てにより，必要があると認めるときは，強制競売の開始決定がされた船舶について保管人を選任することができる．
② 前項の保管人が船舶の保管のために要した費用（第4項において準用する第101条第1項の報酬を含む．）は，手続費用とする．
③ 第1項の申立てについての決定に対しては，執行抗告をすることができる．
④ 第94条第2項，第96条及び第99条から第103条までの規定は，第1項の保管人について準用する．

（保証の提供による強制競売の手続の取消し）
**第117条** ① 差押債権者の債権について，第39条第1項第7号又は第8号に掲げる文書が提出されている場合において，債務者が差押債権者及び保証の提供の時（配当要求の終期後にあつては，その終

期）までに配当要求をした債権者の債権及び執行費用の総額に相当する保証を買受けの申出前に提供したときは，執行裁判所は，申立てにより，配当等の手続を除き，強制競売の手続を取り消さなければならない．
② 前項に規定する文書の提出による執行停止がその効力を失ったときは，執行裁判所は，同項の規定により提供された保証について，同項の債権者のために配当等を実施しなければならない．この場合において，執行裁判所は，保証の提供として供託された有価証券を売却してその代金を供託しなければ，これを被供託者に返し渡すことができない．
③ 第1項の申立てを却下する裁判に対しては，執行抗告をすることができる．
④ 第12条の規定は，第1項の規定による決定については適用しない．
⑤ 第15条の規定は第1項の保証の提供について，第78条第3項の規定は第1項の保証が金銭の供託以外の方法で提供されている場合の換価について準用する．
（航行許可）
第118条 ① 執行裁判所は，営業上の必要その他相当の事由があると認める場合において，各債権者並びに最高価買受申出人又は買受人及び次順位買受申出人の同意があるときは，債務者の申立てにより，船舶の航行を許可することができる．
② 前項の申立てについての裁判に対しては，執行抗告をすることができる．
③ 第1項の規定による決定は，確定しなければその効力を生じない．
（事件の移送）
第119条 ① 執行裁判所は，強制競売の開始決定がされた船舶が管轄区域外の地に所在することとなつた場合には，船舶の所在地を管轄する地方裁判所に事件を移送することができる．
② 前項の規定による決定に対しては，不服を申し立てることができない．
（船舶国籍証書等の取上げができない場合の強制競売の手続の取消し）
第120条 執行官が強制競売の開始決定の発せられた日から2週間以内に船舶国籍証書等を取り上げることができないときは，執行裁判所は，強制競売の手続を取り消さなければならない．
（不動産に対する強制競売の規定の準用）
第121条 前款第2目（第45条第1項，第46条第2項，第48条，第54条，第55条第1項（第2号に係る部分に限る.），第56条，第64条の2，第81条及び第82条を除く.）の規定は船舶執行について，第48条，第54条及び第82条の規定は船舶法（明治32年法律第46号）第1条に規定する日本船舶に対する強制執行について準用する．
　　　第3款　動産に対する強制執行
（動産執行の開始等）
第122条 ① 動産（登記することができない土地の定着物，土地から分離する前の天然果実で1月以内に収穫することが確実であるもの及び裏書の禁止されている有価証券以外の有価証券を含む.）に対する強制執行（以下「動産執行」という.）は，執行官の目的物に対する差押えにより開始する．
② 動産執行においては，執行債権者のためにその債権及び執行費用の弁済を受領することができる．

（債務者の占有する動産の差押え）
第123条 ① 債務者の占有する動産の差押えは，執行官がその動産を占有して行う．
（債権者以外の者の占有する動産の差押え）
第124条 前条第1項及び第3項から第5項までの規定は，債権者又は提出を拒まない第三者の占有する動産の差押えについて準用する．
（二重差押えの禁止及び事件の併合）
第125条 ① 執行官は，差押え又は仮差押えの執行をした動産を更に差し押さえることができない．
（差押えの効力が及ぶ範囲）
第126条 差押えの効力は，差押物から生ずる天然の産出物に及ぶ．
（差押物の引渡命令）
第127条 ① 差押物を第三者が占有することとなつたときは，執行裁判所は，差押債権者の申立てにより，その第三者に対し，差押物を執行官に引き渡すべき旨を命ずることができる．
（超過差押えの禁止等）
第128条 ① 動産の差押えは，差押債権者の債権及び執行費用の額を超えてはならない．
② 差押えの後にその差押えが前項の限度を超えることが明らかとなつたときは，執行官は，その超える限度において差押えを取り消さなければならない．
（剰余を生ずる見込みのない場合の差押えの禁止等）
第129条 ① 差し押さえるべき動産の売得金の額が手続費用の額を超える見込みがないときは，執行官は，差押えをしてはならない．
（売却の見込みのない差押物の差押えの取消し）
第130条 差押物について相当な方法による売却の実施をしてもなお売却の見込みがないときは，執行官は，その差押物の差押えを取り消すことができる．
（差押禁止動産）
第131条 次に掲げる動産は，差し押さえてはならない．
1 債務者等の生活に欠くことができない衣服，寝具，家具，台所用具，畳及び建具
2 債務者等の1月間の生活に必要な食料及び燃料
3 標準的な世帯の2月間の必要生計費を勘案して政令で定める額の金銭
4 主として自己の労力により農業を営む者の農業に欠くことができない器具，肥料，労役の用に供する家畜及びその飼料並びに次の収穫まで農業を続行するために欠くことができない種子その他これに類する農産物
5 主として自己の労力により漁業を営む者の水産物の採捕又は養殖に欠くことができない漁網その他の漁具，えさ及び稚魚その他これに類する水産物
6 技術者，職人，労務者その他の主として自己の知的又は肉体的な労働により職業又は営業に従事する者（前2号に規定する者を除く.）のその業務に欠くことができない器具その他の物（商品を除く.）
7 実印その他の印で職業又は生活に欠くことができないもの
8 仏像，位牌その他礼拝又は祭祀に直接供するため欠くことができない物
9 債務者に必要な系譜，日記，商業帳簿及びこれらに類する書類
（差押禁止動産の範囲の変更）
第132条 ① 執行裁判所は，申立てにより，債務者及

び債権者の生活の状況その他の事情を考慮して,差押えの全部若しくは一部の取消しを命じ,又は前条各号に掲げる動産の差押えを許すことができる.
② 事情の変更があつたときは,執行裁判所は,申立てにより,前項の規定により差押えが取り消された動産の差押えを許し,又は同項の規定による差押えの全部若しくは一部の取消しを命ずることができる.
③ 前2項の規定により差押の取消しの命令を求める申立てがあつたときは,執行裁判所は,その裁判が効力を生ずるまでの間,担保を立てさせ,又は立てさせないで強制執行の停止を命ずることができる.
④ 第1項又は第2項の申立てを却下する決定及びこれらの規定により差押えを許す決定に対しては,執行抗告をすることができる.
⑤ 第3項の規定による決定に対しては,不服を申し立てることができない.

(先取特権者等の配当要求)
第133条 先取特権又は質権を有する者は,その権利を証する文書を提出して,配当要求をすることができる.

(売却の方法)
第134条 執行官は,差押物を売却するには,入札又は競り売りのほか,最高裁判所規則で定める方法によらなければならない.

(売却の場所の秩序維持等に関する規定の準用)
第135条 第65条及び第68条の規定は,差押物を売却する場合について準用する.

(手形等の提示義務)
第136条 執行官は,手形,小切手その他の金銭の支払を目的とする有価証券でその権利の行使のため定められた期間内に引受け若しくは支払のための提示又は支払の請求(以下「提示等」という.)を要するもの(以下「手形等」という.)を差し押えた場合において,その期間の始期が到来したときは,債権者に代わつて手形等の提示等をしなければならない.

(執行停止中の売却)
第137条 ① 第39条第1項第7号又は第8号に掲げる文書の提出があつた場合において,差押物について著しい価額の減少を生ずるおそれがあるとき,又はその保管のために不相応な費用を要するときは,執行官は,これを売却することができる.
② 執行官は,前項の規定により差押物を売却したときは,その売得金を供託しなければならない.

(有価証券の裏書等)
第138条 執行官は,有価証券を売却したときは,買受人のために,債務者に代わつて裏書又は名義書換えに必要な行為をすることができる.

(執行官による配当等の実施)
第139条 ① 債権者が1人である場合又は債権者が2人以上であつて売得金,差押金銭若しくは手形等の支払金(以下「売得金等」という.)で各債権者の債権及び執行費用の全部を弁済することができる場合には,執行官は,債権者に弁済金を交付し,剰余金を債務者に交付する.
② 前項に規定する場合を除き,売得金等の配当について債権者間に協議が調つたときは,執行官は,その協議に従い配当を実施する.
③ 前項の協議が調わないときは,執行官は,その事情を執行裁判所に届け出なければならない.
④ 第84条第3項及び第4項並びに第88条の規定は,第1項又は第2項の規定により配当等を実施する場合について準用する.

(配当等を受けるべき債権者の範囲)
第140条 配当等を受けるべき債権者は,差押債権者のほか,売得金については執行官がその交付を受けるまで(第137条又は民事保全法第49条第3項の規定により供託された売得金については,動産執行が続行されることとなるまで)に,差押金銭については執行官がその差押えをするまでに,手形等の支払金についてはその支払を受けるまでに配当要求をした債権者とする.

(執行官の供託)
第141条 ① 第139条第1項又は第2項の規定により配当等を実施する場合において,配当等を受けるべき債権者の債権について次に掲げる事由があるときは,執行官は,その配当等の額に相当する金銭を供託し,その事情を執行裁判所に届け出なければならない.
 1 停止条件付又は不確定期限付であるとき.
 2 仮差押債権者の債権であるとき.
 3 第39条第1項第7号又は第192条において準用する第183条第1項第6号に掲げる文書が提出されているとき.
 4 その債権に係る先取特権又は質権の実行を一時禁止する裁判の正本が提出されているとき.
② 執行官は,配当等の受領のために出頭しなかつた債権者に対する配当等の額に相当する金銭を供託しなければならない.

(執行裁判所による配当等の実施)
第142条 ① 執行裁判所は,第139条第3項の規定による届出があつた場合には直ちに,前条第1項の規定による届出があつた場合には供託の事由が消滅したときに,配当等の手続を実施しなければならない.
② 第84条,第85条及び第88条から第92条までの規定は,前項の規定により執行裁判所が実施する配当等の手続について準用する.

   第4款 債権及びその他の財産権に対する強制執行
    第1目 債権執行等
(債権執行の開始)
第143条 金銭の支払又は船舶若しくは動産の引渡しを目的とする債権(動産執行の目的となる有価証券が発行されている債権を除く.以下この節において「債権」という.)に対する強制執行(第167条の2第2項に規定する少額訴訟債権執行を除く.以下この節において「債権執行」という.)は,執行裁判所の差押命令により開始する.

(執行裁判所)
第144条 ① 債権執行については,債務者の普通裁判籍の所在地を管轄する地方裁判所が,この普通裁判籍がないときは差し押さえるべき債権の所在地を管轄する地方裁判所が,執行裁判所として管轄する.

(差押命令)
第145条 ① 執行裁判所は,差押命令において,債務者に対し債権の取立てその他の処分を禁止し,かつ,第三債務者に対し債務者への弁済を禁止しなければならない.
② 差押命令は,債務者及び第三債務者を審尋しないで発する.
③ 差押命令は,債務者及び第三債務者に送達しなければならない.

④ 差押えの効力は,差押命令が第三債務者に送達された時に生ずる.
⑤ 差押命令の申立てについての裁判に対しては,執行抗告をすることができる.
（差押えの範囲）
第146条 ① 執行裁判所は,差し押さえるべき債権の全部について差押命令を発することができる.
② 差し押さえた債権の価額が差押債権者の債権及び執行費用の額を超えるときは,執行裁判所は,他の債権を差し押さえてはならない.
（第三債務者の陳述の催告）
第147条 ① 差押債権者の申立てがあるときは,裁判所書記官は,差押命令を送達するに際し,第三債務者に対し,差押命令の送達の日から2週間以内に差押えに係る債権の存否その他の最高裁判所規則で定める事項について陳述すべき旨を催告しなければならない.
② 第三債務者は,前項の規定による催告に対して,故意又は過失により,陳述をしなかつたとき,又は不実の陳述をしたときは,これによつて生じた損害を賠償する責めに任ずる.
（債権証書の引渡し）
第148条 ① 差押えに係る債権について証書があるときは,債務者は,差押債権者に対し,その証書を引き渡さなければならない.
（差押えが一部競合した場合の効力）
第149条 債権の一部が差し押さえられ,又は仮差押えの執行を受けた場合において,その残余の部分を超えて差押命令が発せられたときは,各差押え又は仮差押えの執行の効力は,その債権の全部に及ぶ.債権の全部が差し押さえられ,又は仮差押えの執行を受けた場合において,その債権の一部について差押命令が発せられたときのその差押えの効力も,同様とする.
（先取特権等によつて担保される債権の差押えの登記等の嘱託）
第150条 登記又は登録（以下「登記等」という.）のされた先取特権,質権又は抵当権によつて担保される債権について差押命令が効力を生じたときは,裁判所書記官は,申立てにより,その債権について差押えがされた旨の登記等を嘱託しなければならない.
（継続的給付の差押え）
第151条 給料その他継続的給付に係る債権に対する差押えの効力は,差押債権者の債権及び執行費用の額を限度として,差押えの後に受けるべき給付に及ぶ.
（扶養義務等に係る定期金債権を請求する場合の特例）
第151条の2 ① 債権者が次に掲げる義務に係る確定期限の定めのある定期金債権を有する場合において,その一部に不履行があるときは,第30条第1項の規定にかかわらず,当該定期金債権のうち確定期限が到来していないものについても,債権執行を開始することができる.
 1 民法第752条の規定による夫婦間の協力及び扶助の義務
 2 民法第760条の規定による婚姻から生ずる費用の分担の義務
 3 民法第766条（同法第749条,第771条及び第788条において準用する場合を含む.）の規定による子の監護に関する義務

 4 民法第877条から第880条までの規定による扶養の義務
② 前項の規定により開始する債権執行においては,各定期金債権のうち,その確定期限の到来後に弁済期が到来する給料その他継続的給付に係る債権のみを差し押さえることができる.
（差押禁止債権）
第152条 ① 次に掲げる債権については,その支払期に受けるべき給付の4分の3に相当する部分（その額が標準的な世帯の必要生計費を勘案して政令で定める額を超えるときは,政令で定める額に相当する部分）は,差し押さえてはならない.
 1 債務者が国及び地方公共団体以外の者から生計を維持するために支給を受ける継続的給付に係る債権
 2 給料,賃金,俸給,退職年金及び賞与並びにこれらの性質を有する給与に係る債権
② 退職手当及びその性質を有する給与に係る債権については,その給付の4分の3に相当する部分は,差し押さえてはならない.
③ 債権者が前条第1項各号に掲げる義務に係る金銭債権（金銭の支払を目的とするものをいう.以下同じ.）を請求する場合における前2項の規定の適用については,前2項中「4分の3」とあるのは,「2分の1」とする.
（差押禁止債権の範囲の変更）
第153条 ① 執行裁判所は,申立てにより,債務者及び債権者の生活の状況その他の事情を考慮して,差押命令の全部若しくは一部を取り消し,又は前条の規定により差し押さえてはならない債権の部分について差押命令を発することができる.
② 事情の変更があつたときは,執行裁判所は,申立てにより,前項の規定により差押命令が取り消された債権を差し押さえ,又は同項の規定による差押命令の全部若しくは一部を取り消すことができる.
③ 前2項の申立てがあつたときは,執行裁判所は,その裁判が効力を生ずるまでの間,担保を立てさせ,又は立てさせないで,第三債務者に対し,支払その他の給付の禁止を命ずることができる.
④ 第1項又は第2項の規定による差押命令の取消しの申立てを却下する決定に対しては,執行抗告をすることができる.
⑤ 第3項の規定による決定に対しては,不服を申し立てることができない.
（配当要求）
第154条 ① 執行力のある債務名義の正本を有する債権者及び文書により先取特権を有することを証明した債権者は,配当要求をすることができる.
② 前項の配当要求があつたときは,その旨を記載した文書は,第三債務者に送達しなければならない.
③ 配当要求を却下する裁判に対しては,執行抗告をすることができる.
（差し押さえた金銭債権の取立て）
第155条 ① 金銭債権を差し押さえた債権者は,債務者に対して差押命令が送達された日から1週間を経過したときは,その債権を取り立てることができる.ただし,差押債権者の債権及び執行費用の額を超えて支払を受けることができない.
（第三債務者の供託）
第156条 ① 第三債務者は,差押えに係る金銭債権（差押命令により差し押さえられた金銭債権に限る.次項において同じ.）の全額に相当する金銭を債

の履行地の供託所に供託することができる。
(取立訴訟)
**第157条** ① 差押債権者が第三債務者に対し差し押さえた債権に係る給付を求める訴え(以下「取立訴訟」という。)を提起したときは、受訴裁判所は、第三債務者の申立てにより、他の債権者で訴状の送達の時までにその債権を差し押さえたものに対し、共同訴訟人として原告に参加すべきことを命ずることができる。
(債権者の損害賠償)
**第158条** 差押債権者は、債務者に対し、差し押さえた債権の行使を怠ったことによって生じた損害を賠償する責めに任ずる。
(転付命令)
**第159条** ① 執行裁判所は、差押債権者の申立てにより、支払に代えて券面額で差し押さえられた金銭債権を差押債権者に転付する命令(以下「転付命令」という。)を発することができる。
(転付命令の効力)
**第160条** 差押命令及び転付命令が確定した場合においては、差押債権者の債権及び執行費用は、転付命令に係る金銭債権が存する限り、その券面額で、転付命令が第三債務者に送達された時に弁済されたものとみなす。
(譲渡命令等)
**第161条** ① 差し押さえられた債権が、条件付若しくは期限付であるとき、又は反対給付に係ることその他の事由によりその取立てが困難であるときは、執行裁判所は、差押債権者の申立てにより、その債権を執行裁判所が定めた価額で支払に代えて差押債権者に譲渡する命令(以下「譲渡命令」という。)、取立てに代えて、執行裁判所の定める方法によりその債権の売却を執行官に命ずる命令(以下「売却命令」という。)又は管理人を選任してその債権の管理を命ずる命令(以下「管理命令」という。)その他相当な方法による換価を命ずる命令を発することができる。
(船舶の引渡請求権の差押命令の執行)
**第162条** ① 船舶の引渡請求権を差し押さえた債権者は、債務者に対して差押命令が送達された日から1週間を経過したときは、第三債務者に対し、船舶の所在地を管轄する地方裁判所の選任する保管人にその船舶を引き渡すべきことを請求することができる。
② 前項の規定により保管人が引渡しを受けた船舶の強制執行は、船舶執行の方法による。
③ 第1項に規定する保管人が船舶の引渡しを受けた場合において、その船舶について強制競売の開始決定がされたときは、その保管人は、第116条第1項の規定により選任された保管人とみなす。
(動産の引渡請求権の差押命令の執行)
**第163条** ① 動産の引渡請求権を差し押さえた債権者は、債務者に対して差押命令が送達された日から1週間を経過したときは、第三債務者に対し、差押債権者の申立てを受けた執行官にその動産を引き渡すべきことを請求することができる。
② 執行官は、動産の引渡しを受けたときは、動産執行の売却の手続によりこれを売却し、その売得金を執行裁判所に提出しなければならない。
(移転登記等の嘱託)
**第164条** ① 第150条に規定する債権について、転付命令若しくは譲渡命令が確定したとき、又は売却命令による売却が終了したときは、裁判所書記官は、申立てにより、その債権を取得した差押債権者又は買受人のために先取特権、質権又は抵当権の移転の登記等を嘱託し、及び同条の規定による登記等の抹消を嘱託しなければならない。
② 前項の規定による嘱託をする場合(次項に規定する場合を除く。)においては、嘱託書に、転付命令若しくは譲渡命令の正本又は売却命令に基づく売却について執行官が作成した文書の謄本を添付しなければならない。
③ 第1項の規定による嘱託をする場合において、不動産登記法(平成16年法律第123号)第16条第2項(他の法令において準用する場合を含む。)において準用する同法第18条の規定による嘱託をするときは、その嘱託情報と併せて転付命令若しくは譲渡命令があったことを証する情報又は売却命令に基づく売却について執行官が作成した文書の内容を証する情報を提供しなければならない。
④ 第1項の規定による嘱託に要する登録免許税その他の費用は、同項に規定する差押債権者又は買受人の負担とする。
⑤ 第150条の規定により登記等がされた場合において、差し押さえられた債権について支払又は供託があったことを証する文書が提出されたときは、裁判所書記官は、申立てにより、その登記等の抹消を嘱託しなければならない。債権執行の申立てが取り下げられたとき、又は差押命令の取消決定が確定したときも、同様とする。
⑥ 前項の規定による嘱託に要する登録免許税その他の費用は、同項前段の場合にあつては債務者の負担とし、同項後段の場合にあつては差押債権者の負担とする。
(配当等を受けるべき債権者の範囲)
**第165条** 配当等を受けるべき債権者は、次に掲げる時までに差押え、仮差押えの執行又は配当要求をした債権者とする。
1 第三債務者が第156条第1項又は第2項の規定による供託をした時
2 取立訴訟の訴状が第三債務者に送達された時
3 売却命令により執行官が売得金の交付を受けた時
4 動産引渡請求権の差押えの場合にあつては、執行官がその動産の引渡しを受けた時
(配当等の実施)
**第166条** ① 執行裁判所は、第161条第6項において準用する第109条に規定する場合のほか、次に掲げる場合には、配当等を実施しなければならない。
1 第156条第1項若しくは第2項又は第157条第5項の規定による供託がされた場合
2 売却命令による売却がされた場合
3 第163条第2項の規定により売得金が提出された場合
② 第84条、第85条及び第88条から第92条までの規定は、前項の規定により執行裁判所が実施する配当等の手続について準用する。
(その他の財産権に対する強制執行)
**第167条** ① 不動産、船舶及び債権以外の財産権(以下この条において「その他の財産権」という。)に対する強制執行については、特別の定めがあるもののほか、債権執行の例による。

## 第2目 少額訴訟債権執行

(少額訴訟債権執行の開始等)
**第167条の2** ① 次に掲げる少額訴訟に係る債務名

義による金銭債権に対する強制執行は,前目の定めるところにより裁判所が行うほか,第2条の規定にかかわらず,申立てにより,この目の定めるところにより裁判所書記官が行う.
1 少額訴訟における確定判決
2 仮執行の宣言を付した少額訴訟の判決
3 少額訴訟における訴訟費用又は和解の費用の負担の額を定める裁判所書記官の処分
4 少額訴訟における和解又は認諾の調書
5 少額訴訟における民事訴訟法第275条の2第1項の規定による和解に代わる決定
② 前項の規定により裁判所書記官が行う同項の強制執行(以下この目において「少額訴訟債権執行」という.)は,裁判所書記官の差押処分により開始する.
(執行裁判所)
**第167条の3** 少額訴訟債権執行の手続において裁判所書記官が行う執行処分に関しては,その裁判所書記官の所属する簡易裁判所をもつて執行裁判所とする.
(裁判所書記官の執行処分の効力等)
**第167条の4** ① 少額訴訟債権執行の手続において裁判所書記官が行う執行処分は,特別の定めがある場合を除き,相当と認める方法で告知することによつて,その効力を生ずる.
② 前項に規定する裁判所書記官が行う執行処分に対しては,執行裁判所に執行異議を申し立てることができる.
③ 第10条第6項前段及び第9項の規定は,前項の規定による執行異議の申立てがあつた場合について準用する.
(差押処分)
**第167条の5** ① 裁判所書記官は,差押処分において,債務者に対し金銭債権の取立てその他の処分を禁止し,かつ,第三債務者に対し債務者への弁済を禁止しなければならない.
② 第145条第2項から第4項までの規定は,差押処分について準用する.
③ 差押処分の申立てについての裁判所書記官の処分に対する執行異議の申立ては,その告知を受けた日から1週間の不変期間内にしなければならない.
④ 前項の執行異議の申立てについての裁判に対しては,執行抗告をすることができる.
⑤ 民事訴訟法第74条第1項の規定は,差押処分の申立てについての裁判所書記官の処分について準用する.この場合においては,第3項及び前項並びに同条第3項の規定を準用する.
(費用の予納等)
**第167条の6** ① 少額訴訟債権執行についての第14条第1項及び第4項の規定の適用については,これらの規定中「執行裁判所」とあるのは,「裁判所書記官」とする.
② 第14条第2項及び第3項の規定は,前項の規定により読み替えて適用する同条第1項の規定による裁判所書記官の処分については,適用しない.
③ 第1項の規定により読み替えて適用する第14条第4項の規定による裁判所書記官の処分に対する執行異議の申立ては,その告知を受けた日から1週間の不変期間内にしなければならない.
④ 前項の執行異議の申立てについての裁判に対しては,執行抗告をすることができる.
⑤ 第1項の規定により読み替えて適用する第14条第4項の規定により少額訴訟債権執行の手続を取り消す旨の裁判所書記官の処分は,確定しなければその効力を生じない.
(第三者異議の訴えの管轄裁判所)
**第167条の7** 少額訴訟債権執行の不許を求める第三者異議の訴えは,第38条第3項の規定にかかわらず,執行裁判所の所在地を管轄する地方裁判所が管轄する.
(差押禁止債権の範囲の変更)
**第167条の8** ① 執行裁判所は,申立てにより,債務者及び債権者の生活の状況その他の事情を考慮して,差押処分の全部若しくは一部を取り消し,又は第167条の14において準用する第152条の規定により差し押さえてはならない金銭債権の部分について差押処分をすべき旨を命ずることができる.
② 事情の変更があつたときは,執行裁判所は,申立てにより,前項の規定により差押処分がされ取り消された金銭債権について差押処分をすべき旨を命じ,又は同項の規定によりされた差押処分の全部若しくは一部を取り消すことができる.
③ 第153条第3項から第5項までの規定は,前2項の申立てがあつた場合について準用する.この場合において,同条第4項中「差押命令」とあるのは,「差押処分」と読み替えるものとする.
(配当要求)
**第167条の9** ① 執行力のある債務名義の正本を有する債権者及び文書により先取特権を有することを証明した債権者は,裁判所書記官に対し,配当要求をすることができる.
② 第154条第2項の規定は,前項の配当要求があつた場合について準用する.
③ 第1項の配当要求を却下する旨の裁判所書記官の処分に対する執行異議の申立ては,その告知を受けた日から1週間の不変期間内にしなければならない.
④ 前項の執行異議の申立てを却下する裁判に対しては,執行抗告をすることができる.
(転付命令等のための移行)
**第167条の10** ① 差押えに係る金銭債権について転付命令又は譲渡命令,売却命令,管理命令その他相当な方法による換価を命ずる命令(以下この条において「転付命令等」という.)のいずれかの命令を求めようとするときは,差押債権者は,執行裁判所に対し,転付命令等のうちいずれの命令を求めるかを明らかにして,債権執行の手続に事件を移行させることを求める旨の申立てをしなければならない.
② 前項に規定する命令の種別を明らかにしてされた同項の申立てがあつたときは,執行裁判所は,その所在地を管轄する地方裁判所における債権執行の手続に事件を移行させなければならない.
③ 前項の規定による決定が効力を生ずる前に,既にされた執行処分について執行異議の申立て又は執行抗告があつたときは,当該決定は,当該執行異議の申立て又は執行抗告についての裁判が確定するまでは,その効力を生じない.
④ 第2項の規定による決定に対しては,不服を申し立てることができない.
⑤ 第1項の申立てを却下する決定に対しては,執行抗告をすることができる.
⑥ 第2項の規定による決定が効力を生じたときは,差押処分の申立て又は第1項の申立てがあつた時に第2項に規定する地方裁判所にそれぞれ差押命

(配当等のための移行等)
**第167条の11** ① 第167条の14において準用する第156条第1項若しくは第2項又は第157条第5項の規定により供託がされた場合において,債権者が2人以上であつて供託金で各債権者の債権及び執行費用の全部を弁済することができないため配当を実施すべきときは,執行裁判所は,その所在地を管轄する地方裁判所における債権執行の手続に事件を移行させなければならない.
② 前項に規定する場合において,差押えに係る金銭債権について更に差押命令又は差押処分が発せられたときは,執行裁判所は,同項に規定する地方裁判所における債権執行の手続のほか,当該差押命令を発した執行裁判所又は当該差押処分をした裁判所書記官の所属する簡易裁判所の所在地を管轄する地方裁判所における債権執行の手続にも事件を移行させることができる.
③ 第1項に規定する供託がされた場合において,債権者が1人であるとき,又は債権者が2人以上であつて供託金で各債権者の債権及び執行費用の全部を弁済することができるときは,裁判所書記官は,供託金の交付計算書を作成して,債権者に弁済金を交付し,剰余金を債務者に交付する.
④ 前項に規定する場合において,差押えに係る金銭債権について更に差押命令が発せられたときは,執行裁判所は,同項の規定にかかわらず,その所在地を管轄する地方裁判所又は当該差押命令を発した執行裁判所における債権執行の手続に事件を移行させることができる.
⑤ 差押えに係る金銭債権について更に差押命令が発せられた場合において,当該差押命令を発した執行裁判所が第161条第6項において準用する第109条の規定又は第166条第1項第2号の規定により配当等を実施するときは,執行裁判所は,当該差押命令を発した執行裁判所における債権執行の手続に事件を移行させなければならない.
⑥ 第1項,第2項,第4項又は前項の規定による決定に対しては,不服を申し立てることができない.
⑦ 第84条第3項及び第4項,第88条,第91条(第1項第6号及び第7号を除く.)並びに第92条第1項の規定は第3項の規定により裁判所書記官が実施する弁済金の交付の手続について,前条第3項の規定は第1項,第2項,第4項又は第5項の規定による決定について,同条第6項の規定は第1項,第2項,第4項又は第5項の規定による決定が効力を生じた場合について準用する.

(裁量移行)
**第167条の12** ① 執行裁判所は,差し押さえるべき金銭債権の内容その他の事情を考慮して相当と認めるときは,その所在地を管轄する地方裁判所における債権執行の手続に事件を移行させることができる.
② 前項の規定による決定に対しては,不服を申し立てることができない.
③ 第167条の10第3項の規定は第1項の規定による決定について,同条第6項の規定は第1項の規定による決定が効力を生じた場合について準用する.この場合において,同条第6項中「差押処分の申立て又は第1項の申立て」とあるのは「差押処分の申立て」と,「それぞれ差押命令の申立て又は転付命令等の申立て」とあるのは「差押命令の申立て」と読み替えるものとする.

(総則規定の適用関係)
**第167条の13** 少額訴訟債権執行についての第1章及び第2章第1節の規定の適用については,第13条第1項中「執行裁判所でする手続」とあるのは「第167条の2第2項に規定する少額訴訟債権執行の手続」と,第16条第1項中「執行裁判所」とあるのは「裁判所書記官」と,第17条中「執行裁判所の行う民事執行」とあるのは「第167条の2第2項に規定する少額訴訟債権執行」と,第40条第1項中「執行裁判所」とあるのは「裁判所書記官」と,第42条第4項中「執行裁判所の裁判所書記官」とあるのは「裁判所書記官」とする.

(債権執行の規定の準用)
**第167条の14** 第146条から第152条まで,第155条から第158条まで,第164条第5項及び第6項並びに第165条(第3号及び第4号を除く.)の規定は,少額訴訟債権執行について準用する.この場合において,第146条,第155条第3項及び第156条第3項中「執行裁判所」とあるのは「裁判所書記官」と,第146条第1項中「差押命令を発する」とあるのは「差押処分をする」と,第148条第2項,第150条及び第155条第1項中「差押命令」とあるのは「差押処分」と,第147条第1項及び第148条第1項中「差押えに係る債権」とあるのは「差押えに係る金銭債権」と,第149条中「差押命令が発せられたとき」とあるのは「差押処分がされたとき」と,第164条第5項中「差押命令の取消決定」とあるのは「差押処分の取消決定若しくは差押処分を取り消す旨の裁判所書記官の処分」と,第165条(見出しを含む.)中「配当等」とあるのは「弁済金の交付」と読み替えるものとする.

### 第5款 扶養義務等に係る金銭債権についての強制執行の特例

(扶養義務等に係る金銭債権についての間接強制)
**第167条の15** ① 第151条の2第1項各号に掲げる義務に係る金銭債権についての強制執行は,前各款の規定により行うほか,債権者の申立てがあるときは,執行裁判所が第172条第1項に規定する方法により行う.ただし,債務者が,支払能力を欠くためにその金銭債権に係る債務を弁済することができないとき,又はその債務を弁済することによつてその生活が著しく窮迫するときは,この限りでない.
② 前項の規定により同項に規定する金銭債権について第172条第1項に規定する方法により強制執行を行う場合において,債務者が債権者に支払うべき金銭の額を定めるに当たつては,執行裁判所は,債務不履行により債権者が受けるべき不利益並びに債務者の資力及び従前の債務の履行の態様を特に考慮しなければならない.
③ 事情の変更があつたときは,執行裁判所は,債務者の申立てにより,執行力のある債務名義の正本の取消決定があつた時(その申立てがあつた後に事情の変更があつたときは,その事情の変更があつた時)までさかのぼつて,第1項の規定による決定を取り消すことができる.
④ 前項の申立てがあつたときは,執行裁判所は,その裁判が効力を生ずるまでの間,担保を立てさせ,又は立てさせないで,第1項の規定による決定の執

行の停止を命ずることができる.

⑤ 前項の規定による決定に対しては,不服を申し立てることができない.

⑥ 第172条第2項から第5項までの規定は第1項の場合について,同条第3項及び第5項の規定は第3項の場合について,第173条第2項の規定は第1項の執行裁判所について準用する.

**(扶養義務等に係る定期金債権を請求する場合の特例)**

**第167条の16** 債権者が第151条の2第1項各号に掲げる義務に係る確定期限の定めのある定期金債権を有する場合において,その一部に不履行があるときは,第30条第1項の規定にかかわらず,当該定期金債権のうち6月以内に確定期限が到来するものについても,前条第1項に規定する方法による強制執行を開始することができる.

### 第3節 金銭の支払を目的としない請求権についての強制執行

**(不動産の引渡し等の強制執行)**

**第168条** ① 不動産等(不動産又は人の居住する船舶等をいう.以下この条において同じ.)の引渡し又は明渡しの強制執行は,執行官が債務者の不動産等に対する占有を解いて債権者にその占有を取得させる方法により行う.

② 執行官は,前項の強制執行をするため同項の不動産等の占有者を特定する必要があるときは,当該不動産等に在る者に対し,当該不動産等又はこれに近接する場所において,質問をし,又は文書の提示を求めることができる.

③ 第1項の強制執行は,債権者又はその代理人が執行の場所に出頭したときに限り,することができる.

④ 執行官は,第1項の強制執行をするに際し,債務者の占有する不動産等に立ち入り,必要があるときは,閉鎖した戸を開くため必要な処分をすることができる.

⑤ 執行官は,第1項の強制執行においては,その目的物でない動産を取り除いて,債務者,その代理人又は同居の親族若しくは使用人その他の従業者で相当のわきまえのあるものに引き渡さなければならない.この場合において,その動産をこれらの者に引き渡すことができないときは,執行官は,最高裁判所規則で定めるところにより,これを売却することができる.

⑥ 執行官は,前項の動産のうちに同項の規定による引渡しをしなかつたものがあるときは,これを保管しなければならない.この場合においては,前項後段の規定を準用する.

⑦ 前項の規定による保管の費用は,執行費用とする.

⑧ 第5項(第6項後段において準用する場合を含む.)の規定により動産を売却したときは,執行官は,その売却金から売却及び保管に要した費用を控除し,その残余を供託しなければならない.

⑨ 第57条第5項の規定は,第1項の強制執行について準用する.

**(明渡しの催告)**

**第168条の2** ① 執行官は,不動産等の引渡し又は明渡しの強制執行の申立てがあつた場合において,当該強制執行を開始することができるときは,次項に規定する引渡し期限を定めて,明渡しの催告(不動産等の引渡し又は明渡しの催告をいう.以下この条において同じ.)をすることができる.ただし,債務者が当該不動産等を占有していないときは,こ

の限りでない.

② 引渡し期限(明渡しの催告に基づき第6項の規定による強制執行をすることができる期限をいう.以下この条において同じ.)は,明渡しの催告があつた日から1月を経過する日とする.ただし,執行官は,執行裁判所の許可を得て,当該日以後の日を引渡し期限とすることができる.

③ 執行官は,明渡しの催告をしたときは,その旨,引渡し期限及び第5項の規定により債務者が不動産等の占有を移転することを禁止されている旨を,当該不動産等の所在する場所に公示書その他の標識を掲示する方法により,公示しなければならない.

④ 執行官は,引渡し期限が経過するまでの間においては,執行裁判所の許可を得て,引渡し期限を延長することができる.この場合においては,引渡し期限の変更があつた旨及び変更後の引渡し期限を,当該不動産等の所在する場所に公示書その他の標識を掲示する方法により,公示しなければならない.

⑤ 明渡しの催告があつたときは,債務者は,不動産等の占有を移転してはならない.ただし,債権者に対して不動産等の引渡し又は明渡しをする場合は,この限りでない.

⑥ 明渡しの催告後に不動産等の占有の移転があつたときは,引渡し期限が経過するまでの間においては,占有者(第1項の不動産等を占有する者であつて債務者以外のものをいう.以下この条において同じ.)に対して,第1項の申立てに基づく強制執行をすることができる.この場合において,第42条及び前条の規定の適用については,当該占有者とみなす.

⑦ 明渡しの催告後に不動産等の占有の移転があつたときは,占有者は,明渡しの催告があつたことを知らず,かつ,債務者の占有の承継人でないことを理由として,債権者に対し,強制執行の不許を求める訴えを提起することができる.この場合においては,第36条,第37条及び第38条第3項の規定を準用する.

⑧ 明渡しの催告後に不動産等を占有した占有者は,明渡しの催告があつたことを知つて占有したものと推定する.

⑨ 第6項の規定により占有者に対して強制執行がされたときは,当該占有者は,執行異議の申立てにおいて,債権者に対抗することができる権原により目的物を占有していること,又は明渡しの催告があつたことを知らず,かつ,債務者の占有の承継人でないことを理由とすることができる.

⑩ 明渡しの催告に要した費用は,執行費用とする.

**第169条** ① 第168条第1項に規定する動産以外の動産(有価証券を含む.)の引渡しの強制執行は,執行官が債務者からこれを取り上げて債権者に引き渡す方法により行う.

**(目的物を第三者が占有する場合の引渡しの強制執行)**

**第170条** ① 第三者が強制執行の目的物を占有している場合においてその物を債務者に引き渡すべき義務を負つているときは,物の引渡しの強制執行は,執行裁判所が,債務者の第三者に対する引渡請求権を差し押さえ,請求権の行使を債権者に許す旨の命令を発する方法により行う.

**(代替執行)**

## 第3章 担保権の実行としての競売等

**（間接強制）**
**第171条** ① 民法第414条第2項本文又は第3項に規定する請求に係る強制執行は、執行裁判所が民法の規定に従い決定をする方法により行う．

**第172条** ① 作為又は不作為を目的とする債務で前条第1項の強制執行ができないものについての強制執行は、執行裁判所が、債務者に対し、遅延の期間に応じ、又は相当と認める一定の期間内に履行しないときは直ちに、債務の履行を確保するために相当と認める一定の額の金銭を債権者に支払うべき旨を命ずる方法により行う．

**第173条** ① 第168条第1項、第169条第1項、第170条第1項及び第171条第1項に規定する強制執行は、それぞれ第168条から第171条までの規定により行うほか、債権者の申立てがあるときは、執行裁判所が前条第1項に規定する方法により行う．この場合においては、同条第2項から第5項までの規定を準用する．
② 前項の執行裁判所は、第33条第2項各号（第1号の2及び第4号を除く．）に掲げる債務名義の区分に応じ、それぞれ当該債務名義についての執行文付与の訴えの管轄裁判所とする．

**（意思表示の擬制）**
**第174条** ① 意思表示をすべきことを債務者に命ずる判決その他の裁判が確定し、又は和解、認諾、調停若しくは労働審判に係る債務名義が成立したときは、債務者は、その確定又は成立の時に意思表示をしたものとみなす．ただし、債務者の意思表示が、債権者の証明すべき事実の到来に係るときは第27条第1項の規定により執行文が付与された時に、反対給付との引換え又は債務の履行その他の債務者の証明すべき事実のないことに係るときは次項又は第3項の規定により執行文が付与された時に意思表示をしたものとみなす．

### 第3章 担保権の実行としての競売等

**（不動産担保権の実行の方法）**
**第180条** 不動産（登記することができない土地の定着物を除き、第43条第2項の規定により不動産とみなされるものを含む．以下この章において同じ．）を目的とする担保権（以下この章において「不動産担保権」という．）の実行は、次に掲げる方法であつて債権者が選択したものにより行う．
1　担保不動産競売（競売による不動産担保権の実行をいう．以下この章において同じ．）の方法
2　担保不動産収益執行（不動産から生ずる収益を被担保債権の弁済に充てる方法による不動産担保権の実行をいう．以下この章において同じ．）の方法

**（不動産担保権の実行の開始）**
**第181条** ① 不動産担保権の実行は、次に掲げる文書が提出されたときに限り、開始する．
1　担保権の存在を証する確定判決若しくは家事審判法（昭和22年法律第152号）第15条の審判又はこれらと同一の効力を有するものの謄本
2　担保権の存在を証する公証人が作成した公正証書の謄本
3　担保権の登記（仮登記を除く．）に関する登記事項証明書
4　一般の先取特権にあつては、その存在を証する文書

② 抵当証券の所持人が不動産担保権の実行の申立てをするには、抵当証券を提出しなければならない．
③ 担保権について承継があつた後不動産担保権の実行の申立てをする場合には、相続その他の一般承継にあつてはその承継を証する文書を、その他の承継にあつてはその承継を証する裁判の謄本その他の公文書を提出しなければならない．
④ 不動産担保権の実行の開始決定がされたときは、裁判所書記官は、開始決定の送達に際し、不動産担保権の実行の申立てにおいて提出された前3項に規定する文書の目録及び第1項第4号に掲げる文書の写しを相手方に送付しなければならない．

**（開始決定に対する執行抗告等）**
**第182条** 不動産担保権の実行の開始決定に対する執行抗告又は執行異議の申立てにおいては、債務者又は不動産の所有者（不動産とみなされるものにあつては、その権利者．以下同じ．）は、担保権の不存在又は消滅を理由とすることができる．

**（不動産担保権の実行の手続の停止）**
**第183条** ① 不動産担保権の実行の手続は、次に掲げる文書の提出があつたときは、停止しなければならない．
1　担保権のないことを証する確定判決（確定判決と同一の効力を有するものを含む．次号において同じ．）の謄本
2　第181条第1項第1号に掲げる裁判若しくはこれと同一の効力を有するものを取り消し、若しくはその効力がないことを宣言し、又は同項第3号に掲げる登記を抹消すべき旨を命ずる確定判決の謄本
3　担保権の実行をしない旨、その実行の申立てを取り下げる旨又は債権者が担保権によつて担保される債権の弁済を受け、若しくはその債権の弁済の猶予をする旨を記載した裁判上の和解の調書その他の公文書の謄本

**（代金の納付による不動産取得の効果）**
**第184条** 担保不動産競売における代金の納付による買受人の不動産の取得は、担保権の不存在又は消滅により妨げられない．

**第185条及び第186条** 削除

**（担保不動産競売の開始決定前の保全処分等）**
**第187条** ① 執行裁判所は、担保不動産競売の開始決定前であつても、債務者又は不動産の所有者若しくは占有者が価格減少行為（第55条第1項に規定する価格減少行為をいう．以下この項において同じ．）をする場合において、特に必要があるときは、当該不動産につき担保不動産競売の申立てをしようとする者の申立てにより、買受人が代金を納付するまでの間、同条第1項各号に掲げる保全処分又は公示保全処分を命ずることができる．ただし、当該価格減少行為による価格の減少又はそのおそれの程度が軽微であるときは、この限りでない．
② 前項の場合において、第55条第1項第2号又は第3号に掲げる保全処分は、次に掲げる場合のいずれかに該当するときでなければ、命ずることができない．
1　前項の債務者又は同項の不動産の所有者が当該不動産を占有する場合
2　前項の不動産の占有者の占有の権原が同項の規定による申立てをした者に対抗することができない場合
③ 第1項の規定による申立てをするには、担保不動

産競売の申立てをする場合において第181条第1項から第3項までの規定により提出すべき文書を提示しなければならない．

④ 執行裁判所は，申立人が第1項の保全処分を命ずる決定の告知を受けた日から3月以内に同項の担保不動産競売の申立てをしたことを証する文書を提出しないときは，被申立人又は同項の不動産の所有者の申立てにより，その決定を取り消さなければならない．

⑤ 第55条第3項から第5項までの規定は第1項の規定による決定について，同条第6項の規定は第1項又はこの項において準用する同条第5項の申立てについての裁判について，同条第7項の規定はこの項において準用する同条第5項の規定による決定について，同条第8項及び第9項並びに第55条の2の規定は第1項の規定による決定（第55条第1項第1号に掲げる保全処分又は公示保全処分を命ずるものを除く．）について，第55条第10項の規定は第1項の申立て又は同項の規定による決定（同条第1項第1号に掲げる保全処分又は公示保全処分を命ずるものを除く．）の執行に要した費用について，第83条の2の規定は第1項の規定による決定（第55条第1項第3号に掲げる保全処分及び公示保全処分を命ずるものに限る．）の執行がされた場合について準用する．この場合において，第55条第3項中「債務者以外の占有者」とあるのは，「債務者及び不動産の所有者以外の占有者」と読み替えるものとする．

（不動産執行の規定の準用）

**第188条** 第44条の規定は不動産担保の実行について，前章第2節第1款第2目（第81条を除く．）の規定は担保不動産競売について，同款第3目の規定は担保不動産収益執行について準用する．

（船舶の競売）

**第189条** 前章第2節第2款及び第181条から第184条までの規定は，船舶を目的とする担保権の実行としての競売について準用する．この場合において，第115条第3項中「執行力のある債務名義の正本」とあるのは「第189条において準用する第181条第1項から第3項までに規定する文書」と，第181条第4項中「一般の先取特権」とあるのは「一般の先取特権又は商法第842条に定める先取特権」と読み替えるものとする．

（動産競売の要件）

**第190条** ① 動産を目的とする担保権の実行としての競売（以下「動産競売」という．）は，次に掲げる場合に限り，開始する．
1 債権者が執行官に対し当該動産を提出した場合
2 債権者が執行官に対し当該動産の占有者が差押えを承諾することを証する文書を提出した場合
3 債権者が執行官に対し次項の許可の決定書の謄本を提出し，かつ，第192条において準用する第123条第2項の規定による捜索に先立つて又はこれと同時に当該許可の決定が債務者に送達された場合

② 執行裁判所は，担保権の存在を証する文書を提出した債権者の申立てがあつたときは，当該担保権についての動産競売の開始を許可することができる．ただし，当該動産の所在する第123条第2項に規定する場所は容易にない場合は，この限りでない．

③ 前項の許可の決定は，債務者に送達しなければならない．

④ 第2項の申立てについての裁判に対しては，執行抗告をすることができる．

（動産の差押えに対する執行異議）

**第191条** 動産競売に係る差押えに対する執行異議の申立てにおいては，債務者又は動産の所有者は，担保権の不存在若しくは消滅又は担保権によつて担保される債権の一部の消滅を理由とすることができる．

（動産執行の規定の準用）

**第192条** 前章第2節第3款（第123条第2項，第128条，第131条及び第132条を除く．）及び第183条の規定は動産競売について，第128条，第131条及び第132条の規定は一般の先取特権の実行としての動産競売について，第123条第2項の規定は第190条第1項第3号に掲げる場合における動産競売について準用する．

（債権及びその他の財産権についての担保権の実行の要件等）

**第193条** ① 第143条に規定する債権及び第167条第1項に規定する財産権（以下「その他の財産権」という．）を目的とする担保権の実行は，担保権の存在を証する文書（権利の移転について登記等を要するその他の財産権を目的とする担保権で一般の先取特権以外のものについては，第181条第1項第1号から第3号まで，第2項又は第3項に規定する文書）が提出されたときに限り，開始する．担保権を有する者が目的物の売却，賃貸，滅失若しくは損傷又は目的物に対する物権の設定若しくは土地収用法（昭和26年法律第219号）による収用その他の行政処分により債務者が受けるべき金銭その他の物に対して民法その他の法律の規定によつてするその権利の行使についても，同様とする．

② 前章第2節第4款第1目（第146条第2項，第152条及び第153条を除く．）及び第182条から第184条までの規定は前項に規定する担保権の実行及び行使について，第146条第2項，第152条及び第153条の規定は前項に規定する一般の先取特権の実行及び行使について準用する．

（担保権の実行についての強制執行の総則規定の準用）

**第194条** 第38条，第41条及び第42条の規定は，担保権の実行としての競売，担保不動産収益執行並びに前条第1項に規定する担保権の実行及び行使について準用する．

（留置権による競売及び民法，商法その他の法律の規定による換価のための競売）

**第195条** 留置権による競売及び民法，商法その他の法律の規定による換価のための競売については，担保権の実行としての競売の例による．

## 第4章 財産開示手続

（管 轄）

**第196条** この章の規定による債務者の財産の開示に関する手続（以下「財産開示手続」という．）については，債務者の普通裁判籍の所在地を管轄する地方裁判所が，執行裁判所として管轄する．

（実施決定）

**第197条** ① 執行裁判所は，次のいずれかに該当するときは，執行力のある債務名義の正本（債務名義が第22条第2号，第3号の2，第4号若しくは第5

号に掲げるもの又は確定判決と同一の効力を有する支払督促であるものを除く.)を有する金銭債権の債権者の申立てにより,債務者について,財産開示手続を実施する旨の決定をしなければならない. ただし,当該執行力のある債務名義の正本に基づく強制執行を開始することができないときは,この限りでない.
1 強制執行又は担保権の実行における配当等の手続(申立ての日より6月以上前に終了したものを除く.)において,申立人が当該金銭債権の完全な弁済を得ることができなかつたとき.
2 知れている財産に対する強制執行を実施しても,申立人が当該金銭債権の完全な弁済を得られないことの疎明があつたとき.

② 執行裁判所は,次のいずれかに該当するときは,債務者の財産について一般の先取特権を有することを証する文書を提出した債権者の申立てにより,当該債務者について,財産開示手続を実施する旨の決定をしなければならない.
1 強制執行又は担保権の実行における配当等の手続(申立ての日より6月以上前に終了したものを除く.)において,申立人が当該先取特権の被担保債権の完全な弁済を得ることができなかつたとき.
2 知れている財産に対する強制執行を実施しても,申立人が前号の被担保債権の完全な弁済を得られないことの疎明があつたとき.

③ 前2項の規定にかかわらず,債務者(債務者に法定代理人がある場合にあつては当該法定代理人,債務者が法人である場合にあつてはその代表者. 第1号において同じ.)が前2項の申立ての日前3年以内に財産開示期日(財産を開示すべき期日をいう. 以下同じ.)においてその財産について陳述をしたものであるときは,財産開示手続を実施する旨の決定をすることができない. ただし,次に掲げる事由のいずれかがある場合は,この限りでない.
1 債務者が当該財産開示期日において一部の財産を開示しなかつたとき.
2 債務者が当該財産開示期日の後に新たに財産を取得したとき.
3 当該財産開示期日の後に債務者と使用者との雇用関係が終了したとき.

④ 第1項又は第2項の決定がされたときは,当該決定(第2項の決定にあつては,当該決定及び同項の文書の写し)を債務者に送達しなければならない.

⑤ 第1項又は第2項の申立てについての裁判に対しては,執行抗告をすることができる.

⑥ 第1項又は第2項の決定は,確定しなければその効力を生じない.

**(期日指定及び期日の呼出し)**
**第198条** ① 執行裁判所は,前条第1項又は第2項の決定が確定したときは,財産開示期日を指定しなければならない.
② 財産開示期日には,次に掲げる者を呼び出さなければならない.
1 申立人
2 債務者(債務者に法定代理人がある場合にあつては当該法定代理人,債務者が法人である場合にあつてはその代表者)

**(財産開示期日)**
**第199条** ① 開示義務者(前条第2項第2号に掲げる者をいう. 以下同じ.)は,財産開示期日に出頭し,債務者の財産(第131条第1号又は第2号に掲げる動産を除く.)について陳述しなければならない.
② 前項の陳述においては,陳述の対象となる財産について,第2章第2節の規定による強制執行又は前章の規定による担保権の実行の申立てをするのに必要となる事項その他申立人に開示する必要があるものとして最高裁判所規則で定める事項を明示しなければならない.
③ 執行裁判所は,財産開示期日において,開示義務者に対し質問を発することができる.
④ 申立人は,債務者の財産の状況を明らかにするため,執行裁判所の許可を得て開示義務者に対し質問を発することができる.
⑤ 執行裁判所は,申立人が出頭しないときであつても,財産開示期日における手続を実施することができる.
⑥ 財産開示期日における手続は,公開しない.
⑦ 民事訴訟法第195条及び第206条の規定は前各項の規定による手続について,同法第201条第1項及び第2項の規定は開示義務者について準用する.

**(陳述義務の一部の免除)**
**第200条** ① 財産開示期日において債務者の財産の一部を開示した開示義務者は,申立人の同意がある場合又は当該開示によつて第197条第1項の金銭債権若しくは同条第2項各号の被担保債権の完全な弁済に支障がなくなつたことが明らかである場合において,執行裁判所の許可を受けたときは,前条第1項の規定にかかわらず,その余の財産について陳述することを要しない.
② 前項の許可の申立てについての裁判に対しては,執行抗告をすることができる.

**(財産開示事件の記録の閲覧等の制限)**
**第201条** 財産開示事件の記録中財産開示期日に関する部分についての第17条の規定による請求は,次に掲げる者に限り,することができる.
1 申立人
2 債務者に対する金銭債権について執行力のある債務名義の正本(債務名義が第22条第2号,第3号の2,第4号若しくは第5号に掲げるもの又は確定判決と同一の効力を有する支払督促であるものを除く.)を有する債権者
3 債務者の財産について一般の先取特権を有することを証する文書を提出した債権者
4 債務者又は開示義務者

**(財産開示事件に関する情報の目的外利用の制限)**
**第202条** ① 申立人は,財産開示手続において得られた債務者の財産又は債務に関する情報を,当該債務者に対する債権をその本旨に従つて行使する目的以外の目的のために利用し,又は提供してはならない.
② 前条第2号又は第3号に掲げる者であつて,財産開示事件の記録中の財産開示期日に関する部分の情報を得たものは,当該情報を当該財産開示事件の債務者に対する債権をその本旨に従つて行使する目的以外の目的のために利用し,又は提供してはならない.

**(強制執行及び担保権の実行の規定の準用)**
**第203条** 第39条及び第40条の規定は執行力のある債務名義の正本に基づく財産開示手続について,第42条の規定は財産開示手続について,第182条及び第183条の規定は一般の先取特権に基づく財産開示手続について準用する.

## 第5章 罰 則

(公示書等損壊罪)
**第204条** 次の各号のいずれかに該当する者は,1年以下の懲役又は100万円以下の罰金に処する.
1 第55条第1項(第1号に係る部分に限る.),第68条の2第1項若しくは第77条第1項(第1号に係る部分に限る.)(これらの規定を第121条(第189条(第195条の規定によりその例によることとされる場合を含む.)において準用する場合を含む.)及び第188条(第195条の規定によりその例によることとされる場合を含む.)において準用する場合を含む.)又は第187条第1項(第195条の規定によりその例によることとされる場合を含む.)の規定による命令に基づき執行官が公示するために施した公示書その他の標識(刑法第96条に規定する封印及び差押えの表示を除く.)を損壊した者
2 第168条の2第3項又は第4項の規定により執行官が公示するために施した公示書その他の標識を損壊した者

(陳述等拒絶の罪)
**第205条** ① 次の各号のいずれかに該当する者は,6月以下の懲役又は50万円以下の罰金に処する.
1 売却基準価額の決定に関し,執行裁判所の呼出しを受けた審尋の期日において,正当な理由なく,出頭せず,若しくは陳述を拒み,又は虚偽の陳述をした者
2 第57条第2項(第121条(第189条(第195条の規定によりその例によることとされる場合を含む.)において準用する場合を含む.)及び第188条(第195条の規定によりその例によることとされる場合を含む.)において準用する場合を含む.)の規定による執行官の質問又は文書の提出の要求に対し,正当な理由なく,陳述をせず,若しくは文書の提示を拒み,又は虚偽の陳述をし,若しくは虚偽の記載をした文書を提示した者
3 第168条第2項の規定による執行官の質問又は文書の提出の要求に対し,正当な理由なく,陳述をせず,若しくは文書の提示を拒み,又は虚偽の陳述をし,若しくは虚偽の記載をした文書を提示した債務者又は同項に規定する不動産等を占有する第三者
② 不動産(登記することができない土地の定着物を除く.以下この項において同じ.)の占有者であつて,その占有の権原を差押債権者,仮差押債権者又は第59条第1項(第188条(第195条の規定によりその例によることとされる場合を含む.)において準用する場合を含む.)の規定により消滅する権利を有する者に対し対抗することができないものが,正当な理由なく,第64条の2第5項(第188条(第195条の規定によりその例によることとされる場合を含む.)において準用する場合を含む.)の規定による不動産の立入りを拒み,又は妨げたときは,30万円以下の罰金に処する.

(過料に処すべき場合)
**第206条** 次の各号に掲げる場合には,30万円以下の過料に処する.
1 開示義務者が,正当な理由なく,執行裁判所の呼出しを受けた財産開示期日に出頭せず,又は当該財産開示期日において宣誓を拒んだとき.
2 財産開示期日において宣誓した開示義務者が,正当な理由なく第199条第1項から第4項までの規定により陳述すべき事項について陳述をせず,又は虚偽の陳述をしたとき.
② 第202条の規定に違反して,同条の情報を同条に規定する目的以外の目的のために利用し,又は提供した者は,30万円以下の過料に処する.

(管轄等)
**第207条** 前条に規定する過料の事件は,執行裁判所の管轄とする.

## 74 民事保全法(抄)

(平元・12・22法律第91号,平3・1・1施行,
最終改正:平18・6・2法律第50号)

### 第1章 総 則

(趣 旨)
**第1条** 民事訴訟の本案の権利の実現を保全するための仮差押え及び係争物に関する仮処分並びに民事訴訟の本案の権利関係につき仮の地位を定めるための仮処分(以下「民事保全」と総称する.)については,他の法令に定めるもののほか,この法律の定めるところによる.

(民事保全の機関及び保全執行裁判所)
**第2条** ① 民事保全の命令(以下「保全命令」という.)は,申立てにより,裁判所が行う.
② 民事保全の執行(以下「保全執行」という.)は,申立てにより,裁判所又は執行官が行う.
③ 裁判所が行う保全執行に関してはこの法律の規定により執行処分を行うべき裁判所をもって,執行官が行う保全執行の執行処分に関してはその執行官の所属する地方裁判所をもって保全執行裁判所とする.

(任意的口頭弁論)
**第3条** 民事保全の手続に関する裁判は,口頭弁論を経ないですることができる.

(専属管轄)
**第6条** この法律に規定する裁判所の管轄は,専属とする.

(民事訴訟法の準用)
**第7条** 特別の定めがある場合を除き,民事保全の手続に関しては,民事訴訟法の規定を準用する.

(最高裁判所規則)
**第8条** この法律に定めるもののほか,民事保全の手続に関し必要な事項は,最高裁判所規則で定める.

### 第2章 保全命令に関する手続

**第1節 総 則**(略)
**第2節 保全命令**
　**第1款 通 則**
(管轄裁判所)
**第12条** ① 保全命令事件は,本案の管轄裁判所又は仮に差し押さえるべき物若しくは係争物の所在地を管轄する裁判所が管轄する.
② 本案の訴えが民事訴訟法第6条第1項に規定する特許権等に関する訴えである場合には,保全命令事件は,前項の規定にかかわらず,本案の管轄裁判

所が管轄する．ただし，仮に差し押さえるべき物又は係争物の所在地を管轄する地方裁判所が同条第1項各号に定める裁判所であるときは，その裁判所もこれを管轄する．
③ 本案の管轄裁判所は，第一審裁判所とする．ただし，本案が控訴審に係属するときは，控訴裁判所とする．

（申立て及び疎明）
**第13条** ① 保全命令の申立ては，その趣旨並びに保全すべき権利又は権利関係及び保全の必要性を明らかにして，これをしなければならない．
② 保全すべき権利又は権利関係及び保全の必要性は，疎明しなければならない．

（保全命令の担保）
**第14条** ① 保全命令は，担保を立てさせて，若しくは相当と認める一定の期間内に担保を立てることを保全執行の実施の条件として，又は担保を立てさせないで発することができる．

（裁判長の権限）
**第15条** 保全命令は，急迫の事情があるときに限り，裁判長が発することができる．

（決定の理由）
**第16条** 保全命令の申立てについての決定には，理由を付さなければならない．ただし，口頭弁論を経ないで決定をする場合には，理由の要旨を示せば足りる．

（送達）
**第17条** 保全命令は，当事者に送達しなければならない．

（保全命令の申立ての取下げ）
**第18条** 保全命令の申立てを取り下げるには，保全異議又は保全取消しの申立てがあった後においても，債務者の同意を得ることを要しない．

（却下の裁判に対する即時抗告）
**第19条** ① 保全命令の申立てを却下する裁判に対しては，債権者は，告知を受けた日から2週間の不変期間内に，即時抗告をすることができる．
② 前項の即時抗告を却下する裁判に対しては，更に抗告をすることができない．
③ 第16条本文の規定は，第1項の即時抗告についての決定について準用する．

## 第2款　仮差押命令
（仮差押命令の必要性）
**第20条** ① 仮差押命令は，金銭の支払を目的とする債権について，強制執行をすることができなくなるおそれがあるとき，又は強制執行をするのに著しい困難を生ずるおそれがあるときに発することができる．
② 仮差押命令は，前項の債権が条件付又は期限付である場合においても，これを発することができる．

（仮差押命令の対象）
**第21条** 仮差押命令は，特定の物について発しなければならない．ただし，動産の仮差押命令は，目的物を特定しないで発することができる．

（仮差押解放金）
**第22条** ① 仮差押命令においては，仮差押えの執行の停止を得るため，又は既にした仮差押えの執行の取消しを得るために債務者が供託すべき金銭の額を定めなければならない．

## 第3款　仮処分命令
（仮処分命令の必要性等）
**第23条** ① 係争物に関する仮処分命令は，その現状の変更により，債権者が権利を実行することができなくなるおそれがあるとき，又は権利を実行するのに著しい困難を生ずるおそれがあるときに発することができる．
② 仮の地位を定める仮処分命令は，争いがある権利関係について債権者に生ずる著しい損害又は急迫の危険を避けるためこれを必要とするときに発することができる．
③ 第20条第2項の規定は，仮処分命令について準用する．
④ 第2項の仮処分命令は，口頭弁論又は債務者が立ち会うことができる審尋の期日を経なければ，これを発することができない．ただし，その期日を経ることにより仮処分命令の申立ての目的を達することができない事情があるときは，この限りでない．

（仮処分の方法）
**第24条** 裁判所は，仮処分命令の申立ての目的を達するため，債務者に対し一定の行為を命じ，若しくは禁止し，若しくは給付を命じ，又は保管人に目的物を保管させる処分その他の必要な処分をすることができる．

（仮処分解放金）
**第25条** ① 裁判所は，保全すべき権利が金銭の支払を受けることをもってその行使の目的を達することができるものであるときに限り，債権者の意見を聴いて，仮処分の執行の停止を得るため，又は既にした仮処分の執行の取消しを得るために債務者が供託すべき金銭の額を仮処分命令において定めることができる．

## 第3節　保全異議
（保全異議の申立て）
**第26条** 保全命令に対しては，債務者は，その命令を発した裁判所に保全異議を申し立てることができる．

（保全執行の停止の裁判等）
**第27条** ① 保全異議の申立てがあった場合において，保全命令の取消しの原因となることが明らかな事情及び保全執行により償うことができない損害を生ずるおそれがあることにつき疎明があったときに限り，裁判所は，申立てにより，保全異議の申立てについての決定において第3項の規定による裁判をするまでの間，担保を立てさせて，若しくは担保を立てることを条件として保全執行の停止又は既にした執行処分の取消しを命ずることができる．

（保全異議の審理）
**第29条** 裁判所は，口頭弁論又は当事者双方が立ち会うことができる審尋の期日を経なければ，保全異議の申立てについての決定をすることができない．

（保全異議の申立てについての決定）
**第32条** 裁判所は，保全異議の申立てについての決定においては，保全命令を認可し，変更し，又は取り消さなければならない．

（原状回復の裁判）
**第33条** 仮処分命令に基づき，債権者が物の引渡し若しくは明渡し若しくは金銭の支払を受け，又は物の使用若しくは保管をしているときは，裁判所は，債務者の申立てにより，前条第1項の規定により仮処分命令を取り消す決定において，債権者に対し，債務者が引き渡し，若しくは明け渡した物の返還，債権者が支払った金銭の返還又は債権者が使用若しくは保管をしている物の返還を命ずることができる．

### 第4節　保全取消し
**（本案の訴えの不提起等による保全取消し）**
**第37条** ① 保全命令を発した裁判所は、債務者の申立てにより、債権者に対し、相当と認める一定の期間内に、本案の訴えを提起するとともにその提起を証する書面を提出し、既に本案の訴えを提起しているときはその係属を証する書面を提出すべきことを命じなければならない。
② 前項の期間は、2週間以上でなければならない。
③ 債権者が第1項の規定により定められた期間内に同項の書面を提出しなかったときは、裁判所は、債務者の申立てにより、保全命令を取り消さなければならない。

**（事情の変更による保全取消し）**
**第38条** ① 保全すべき権利若しくは権利関係又は保全の必要性の消滅その他の事情の変更があるときは、保全命令を発した裁判所又は本案の裁判所は、債務者の申立てにより、保全命令を取り消すことができる。

**（特別の事情による保全取消し）**
**第39条** ① 仮処分命令により償うことができない損害を生ずるおそれがあるときその他の特別の事情があるときは、仮処分命令を発した裁判所又は本案の裁判所は、債務者の申立てにより、担保を立てることを条件として仮処分命令を取り消すことができる。

### 第5節　保全抗告
**（保全抗告）**
**第41条** ① 保全異議又は保全取消しの申立てについての裁判（第33条（前条第1項において準用する場合を含む。）の規定による裁判を含む。）に対しては、その送達を受けた日から2週間の不変期間内に、保全抗告をすることができる。ただし、抗告裁判所が発した保全命令に対する保全異議の申立てについての裁判に対しては、この限りでない。
② 原裁判所は、保全抗告を受けた場合には、保全抗告の理由の有無につき判断しないで、事件を抗告裁判所に送付しなければならない。
③ 保全抗告についての裁判に対しては、更に抗告をすることができない。

**（保全命令を取り消す決定の効力の停止の裁判）**
**第42条** 保全命令を取り消す決定に対して保全抗告があった場合において、原決定の取消しの原因となることが明らかな事情及びその命令の取消しにより償うことができない損害を生ずるおそれがあることにつき疎明があったときに限り、抗告裁判所は、申立てにより、保全抗告についての裁判をするまでの間、担保を立てさせて、又は担保を立てることを条件として保全命令を取り消す決定の効力の停止を命ずることができる。

### 第3章　保全執行に関する手続

#### 第1節　総則
**（保全執行の要件）**
**第43条** ① 保全執行は、保全命令の正本に基づいて実施する。ただし、保全命令に表示された当事者以外の者に対し、又はその者のためにする保全執行は、執行文の付された保全命令の正本に基づいて実施する。
② 保全執行は、債権者に対して保全命令が送達された日から2週間を経過したときは、これをしてはならない。
③ 保全執行は、保全命令が債務者に送達される前であっても、これをすることができる。

#### 第2節　仮差押えの執行
**（不動産に対する仮差押えの執行）**
**第47条** ① 民事執行法第43条第1項に規定する不動産（同条第2項の規定により不動産とみなされるものを含む。）に対する仮差押えの執行は、仮差押えの登記をする方法又は強制管理の方法により行う。これらの方法は、併用することができる。

**（動産に対する仮差押えの執行）**
**第49条** ① 動産に対する仮差押えの執行は、執行官が目的物を占有する方法により行う。

**（債権及びその他の財産権に対する仮差押えの執行）**
**第50条** ① 民事執行法第143条に規定する債権に対する仮差押えの執行は、保全執行裁判所が第三債務者に対し債務者への弁済を禁止する命令を発する方法により行う。

#### 第3節　仮処分の執行
**（仮処分の執行）**
**第52条** ① 仮処分の執行については、この節に定めるもののほか、仮差押えの執行又は強制執行の例による。
② 物の給付その他の作為又は不作為を命ずる仮処分の執行については、仮処分命令を債務名義とみなす。

---

## 75　破産法(抄)

（平16・6・2法律第75号，平17・1・1施行，最終改正：平18・12・15法律第109号）

[目　次]
第1章　総則（1条-14条）
第2章　破産手続の開始
　第1節　破産手続開始の申立て（15条-29条）
　第2節　破産手続開始の決定（30条-33条）
　第3節　破産手続開始の効果
　　第1款　通則（34条-46条）
　　第2款　破産手続開始の効果（47条-61条）
　　第3款　取戻権（62条-64条）
　　第4款　別除権（65条-66条）
　　第5款　相殺権（67条-73条）
第3章　破産手続の機関
　第1節　破産管財人
　　第1款　破産管財人の選任及び監督（74条-77条）
　　第2款　破産管財人の権限等（78条-90条）
　第2節　保全管理人（91条-96条）
第4章　破産債権
　第1節　破産債権者の権利（97条-110条）
　第2節　破産債権の届出（111条-114条）
　第3節　破産債権の調査及び確定
　　第1款　通則（115条・116条）
　　第2款　書面による破産債権の調査（117条-120条）
　　第3款　期日における破産債権の調査（121条-123条）
　　第4款　破産債権の確定（124条-133条）
　　第5款　租税債権の請求権等についての特例（134条）
　第4節　債権者集会及び債権者委員会
　　第1款　債権者集会（135条-143条）
　　第2款　債権者委員会（144条-147条）
第5章　財団債権（148条-152条）
第6章　破産財団の管理
　第1節　破産者の財産状況の調査（153条-159条）
　第2節　否認権（160条-176条）
　第3節　法人の役員の責任の追及等（177条-183条）
第7章　破産財団の換価

第1節　通　則（184条・185条）
第2節　担保権の消滅（186条-191条）
第3節　商事留置権の消滅（192条）
第8章　配　当
　第1節　通　則（193条・194条）
　第2節　最後配当（195条-203条）
　第3節　簡易配当（204条-207条）
　第4節　同意配当（208条）
　第5節　中間配当（209条-214条）
　第6節　追加配当（215条）
第9章　破産手続の終了（216条-221条）
第10章　相続財産の破産等に関する特則
　第1節　相続財産の破産（222条-237条）
　第2節　相続人の破産（238条-242条）
　第3節　受遺者の破産（243条・244条）
第10章の2　信託財産の破産に関する特則（244条の2
　－244条の13）
第11章　外国倒産処理手続がある場合の特則（245条-
　247条）
第12章　免責手続及び復権
　第1節　免責手続（248条-254条）
　第2節　復　権（255条・256条）
第13章　雑　則（257条-264条）
第14章　罰　則（265条-277条）

## 第1章　総　則

（目　的）
**第1条**　この法律は，支払不能又は債務超過にある債務者の財産等の清算に関する手続を定めること等により，債権者その他の利害関係人の利害及び債務者と債権者との間の権利関係を適切に調整し，もって債務者の財産等の適正かつ公平な清算を図るとともに，債務者について経済生活の再生の機会の確保を図ることを目的とする．

（定　義）
**第2条**　① この法律において「破産手続」とは，次章以下（第12章を除く．）に定めるところにより，債務者の財産又は相続財産若しくは信託財産を清算する手続をいう．
② この法律において「破産事件」とは，破産手続に係る事件をいう．
③ この法律において「破産裁判所」とは，破産事件が係属している地方裁判所をいう．
④ この法律において「破産者」とは，債務者であって，第30条第1項の規定により破産手続開始の決定がされているものをいう．
⑤ この法律において「破産債権」とは，破産者に対し破産手続開始前の原因に基づいて生じた財産上の請求権（第97条各号に掲げる債権を含む．）であって，財団債権に該当しないものをいう．
⑥ この法律において「破産債権者」とは，破産債権を有する債権者をいう．
⑦ この法律において「財団債権」とは，破産手続によらないで破産財団から随時弁済を受けることができる債権をいう．
⑧ この法律において「財団債権者」とは，財団債権を有する債権者をいう．
⑨ この法律において「別除権」とは，破産手続開始の時において破産財団に属する財産につき特別の先取特権，質権又は抵当権を有する者がこれらの権利の目的である財産について第65条第1項の規定により行使することができる権利をいう．
⑩ この法律において「別除権者」とは，別除権を有する者をいう．

⑪ この法律において「支払不能」とは，債務者が，支払能力を欠くために，その債務のうち弁済期にあるものにつき，一般的かつ継続的に弁済することができない状態（信託財産の破産にあっては，受託者が，信託財産による支払能力を欠くために，信託財産責任負担債務（信託法（平成18年法律第108号）第2条第9項に規定する信託財産責任負担務をいう．以下同じ．）のうち弁済期にあるものにつき，一般的かつ継続的に弁済することができない状態）をいう．
⑫ この法律において「破産管財人」とは，破産手続において破産財団に属する財産の管理及び処分をする権利を有する者をいう．
⑬ この法律において「保全管理人」とは，第91条第1項の規定により債務者の財産に関し管理を命じられた者をいう．
⑭ この法律において「破産財団」とは，破産者の財産又は相続財産若しくは信託財産であって，破産手続において破産管財人にその管理及び処分をする権利が専属するものをいう．

（外国人の地位）
**第3条**　外国人又は外国法人は，破産手続，第12章第1節の規定による免責手続（以下「免責手続」という．）及び同章第2節の規定による復権の手続（以下この章において「破産手続等」と総称する．）に関し，日本人又は日本法人と同一の地位を有する．

（破産事件の管轄）
**第4条**　この法律の規定による破産手続開始の申立ては，債務者が個人である場合には日本国内に営業所，住所，居所又は財産を有するときに限り，法人その他の社団又は財団である場合には日本国内に営業所，事務所又は財産を有するときに限り，することができる．
**第5条**　① 破産事件は，債務者が，営業者であるときはその主たる営業所の所在地，営業者で外国に主たる営業所を有するものであるときは日本におけるその主たる営業所の所在地，営業者でないとき又は営業者であっても営業所を有しないときはその普通裁判籍の所在地を管轄する地方裁判所が管轄する．
② 前項の規定による管轄裁判所がないときは，破産事件は，債務者の財産の所在地（債権については，裁判上の請求をすることができる地）を管轄する地方裁判所が管轄する．
③ 前2項の規定にかかわらず，法人が株式会社の総株主の議決権（株主総会において決議をすることができる事項の全部につき議決権を行使することができない株式についての議決権を除き，会社法（平成17年法律第86号）第879条第3項の規定により議決権を有するものとみなされる株式についての議決権を含む．次項，第83条第2項第2号及び第3項並びに第161条第2項第2号イ及びロにおいて同じ．）の過半数を有する場合には，当該法人（以下この条及び第161条第2項第2号において「親法人」という．）について破産事件，再生事件又は更生事件（以下この条において「破産事件等」という．）が係属しているときにおける当該株式会社（以下この条及び第161条第2項第2号ロにおいて「子株式会社」という．）についての破産手続開始の申立ては，親法人の破産事件等が係属している地方裁判所にもすることができ，子株式会社について破産事件等が係属しているときにおける親法人についての破産手続開始の申立ては，子株

式会社の破産事件等が係属している地方裁判所にもすることができる．

④ 子株式会社又は子株式会社が他の株式会社の総株主の議決権の過半数を有する場合には，当該他の株式会社を当該親法人の子株式会社とみなして，前項の規定を適用する．

⑤ 第1項及び第2項の規定にかかわらず，株式会社が最終事業年度について会社法第444条の規定により当該株式会社及び他の法人に係る連結計算書類（同条第1項に規定する連結計算書類をいう．）を作成し，かつ，当該株式会社の定時株主総会においてその内容が報告された場合には，当該株式会社について破産事件等が係属しているときにおける当該他の法人についての破産手続開始の申立ては，当該株式会社の破産事件等が係属している地方裁判所にもすることができ，当該他の法人について破産事件等が係属しているときにおける当該株式会社についての破産手続開始の申立ては，当該他の法人の破産事件等が係属している地方裁判所にもすることができる．

⑥ 第1項及び第2項の規定にかかわらず，法人について破産事件等が係属している場合における当該法人の代表者についての破産手続開始の申立ては，当該法人の破産事件等が係属している地方裁判所にもすることができ，法人の代表者について破産事件又は再生事件が係属している場合における当該法人についての破産手続開始の申立ては，当該法人の代表者の破産事件又は再生事件が係属している地方裁判所にもすることができる．

⑦ 第1項及び第2項の規定にかかわらず，次の各号に掲げる者のうちいずれか1人について破産事件が係属しているときは，それぞれ当該各号に掲げる他の者についての破産手続開始の申立ては，当該破産事件が係属している地方裁判所にもすることができる．
　1 相互に連帯債務者の関係にある個人
　2 相互に主たる債務者と保証人の関係にある個人
　3 夫婦

⑧ 第1項及び第2項の規定にかかわらず，破産手続開始の決定がされたとすれば破産債権となるべき債権を有する債権者の数が500人以上であるときは，これらの規定に規定する管轄裁判所を管轄する高等裁判所の所在地を管轄する地方裁判所にも，破産手続開始の申立てをすることができる．

⑨ 第1項及び第2項の規定にかかわらず，前項に規定する債権者の数が1,000人以上であるときは，東京地方裁判所又は大阪地方裁判所にも，破産手続開始の申立てをすることができる．

⑩ 前各項の規定により二以上の地方裁判所が管轄権を有するときは，破産事件は，先に破産手続開始の申立てがあった地方裁判所が管轄する．

（専属管轄）
**第6条** この法律に規定する裁判所の管轄は，専属とする．

（破産事件の移送）
**第7条** 裁判所は，著しい損害又は遅滞を避けるため必要があると認めるときは，職権で，破産事件（破産事件の債務者又は破産者による免責許可の申立てがある場合にあっては，破産事件及び当該免責許可の申立てに係る事件）を次に掲げる地方裁判所のいずれかに移送することができる．
　1 債務者の主たる営業所又は事務所以外の営業所又は事務所の所在地を管轄する地方裁判所
　2 債務者の住所又は居所の所在地を管轄する地方裁判所
　3 第5条第2項に規定する地方裁判所
　4 次のイからハまでのいずれかに掲げる地方裁判所
　　イ 第5条第3項から第7項までに規定する地方裁判所
　　ロ 破産手続開始の決定がされたとすれば破産債権となるべき債権を有する債権者（破産手続開始の決定後にあっては，破産債権者．ハにおいて同じ．）の数が500人以上であるときは，第5条第8項に規定する地方裁判所
　　ハ ロに規定する債権者の数が1,000人以上であるときは，第5条第9項に規定する地方裁判所
　5 第5条第3項から第9項までの規定によりこれらの規定に規定する地方裁判所に破産事件が係属しているときは，同条第1項又は第2項に規定する地方裁判所

（任意的口頭弁論等）
**第8条** ① 破産手続等に関する裁判は，口頭弁論を経ないですることができる．
② 裁判所は，職権で，破産手続等に係る事件に関して必要な調査をすることができる．

（不服申立て）
**第9条** 破産手続等に関する裁判につき利害関係を有する者は，この法律に特別の定めがある場合に限り，当該裁判に対し即時抗告をすることができる．その期間は，裁判の公告がある場合には，その公告が効力を生じた日から起算して2週間とする．

（公告等）
**第10条** ① この法律の規定による公告は，官報に掲載してする．

（事件に関する文書の閲覧等）
**第11条** ① 利害関係人は，裁判所書記官に対し，この法律（この法律において準用する他の法律を含む．）の規定に基づき，裁判所に提出され，又は裁判所が作成した文書その他の物件（以下この条及び次条第1項において「文書等」という．）の閲覧を請求することができる．

② 利害関係人は，裁判所書記官に対し，文書等の謄写，その正本，謄本若しくは抄本の交付又は事件に関する事項の証明書の交付を請求することができる．

③ 前項の規定は，文書等のうち録音テープ又はビデオテープ（これらに準ずる方法により一定の事項を記録した物を含む．）に関しては，適用しない．この場合において，これらの物について利害関係人の請求があるときは，裁判所書記官は，その複製を許さなければならない．

④ 前3項の規定にかかわらず，次の各号に掲げる者は，当該各号に定める命令，保全処分又は裁判のいずれかがあるまでの間は，前3項の規定による請求をすることができない．ただし，当該者が破産手続開始の申立人である場合は，この限りでない．
　1 債務者以外の利害関係人 第24条第1項の規定による中止の命令，第25条第2項に規定する包括的禁止命令，第28条第1項の規定による保全処分，第91条第2項に規定する保全管理命令，第171条第1項の規定による保全処分又は破産手続開始の申立てについての裁判
　2 債務者 破産手続開始の申立てに関する口頭弁論若しくは債務者を呼び出す審尋の期日の指定の裁判又は前号に定める命令，保全処分若しくは裁判

## 第2章　破産手続の開始

(支障部分の閲覧等の制限)
**第12条** ① 次に掲げる文書等について,利害関係人がその閲覧若しくは謄写,その正本,謄本若しくは抄本の交付又はその複製(以下この条において「閲覧等」という.)を行うことにより,破産財団(破産手続開始前にあっては,債務者の財産)の管理又は換価に著しい支障を生ずるおそれがある部分(以下この条において「支障部分」という.)があることにつき疎明があった場合には,裁判所は,当該文書等を閲覧した破産管財人又は保全管理人の申立てにより,支障部分の閲覧等の請求をすることができる者を,当該申立てをした者(その者が保全管理人である場合にあっては,保全管理人又は破産管財人.次項において同じ.)に限ることができる.
　1　第36条,第40条第1項ただし書若しくは同条第2項において準用する同条第1項ただし書(これらの規定を第96条第1項において準用する場合を含む.),第78条第1項(第93条第3項において準用する場合を含む.),第84条(第96条第1項において準用する場合を含む.)又は第93条第1項ただし書の許可を得るために裁判所に提出された文書等
　2　第157条第2項の規定による報告に係る文書等
② 前項の申立てがあったときは,その申立てについての裁判が確定するまで,利害関係人(同項の申立てをした者を除く.次項において同じ.)は,支障部分の閲覧等の請求をすることができない.
③ 支障部分の閲覧等の請求をしようとする利害関係人は,破産裁判所に対し,第1項に規定する要件を欠くこと又はこれを欠くに至ったことを理由として,同項の規定による決定の取消しの申立てをすることができる.
④ 第1項の申立てを却下する決定及び前項の申立てについての裁判に対しては,即時抗告をすることができる.
⑤ 第1項の規定による決定を取り消す決定は,確定しなければその効力を生じない.

(民事訴訟法の準用)
**第13条**　破産手続等に関しては,特別の定めがある場合を除き,民事訴訟法の規定を準用する.

(最高裁判所規則)
**第14条**　この法律に定めるもののほか,破産手続等に関し必要な事項は,最高裁判所規則で定める.

### 第2章　破産手続の開始

#### 第1節　破産手続開始の申立て

(破産手続開始の原因)
**第15条** ① 債務者が支払不能にあるときは,裁判所は,第30条第1項の規定に基づき,申立てにより,決定で,破産手続を開始する.
② 債務者が支払を停止したときは,支払不能にあるものと推定する.

(法人の破産手続開始の原因)
**第16条** ① 債務者が法人である場合に関する前条第1項の規定の適用については,同項中「支払不能」とあるのは,「支払不能又は債務超過(債務者が,その財産をもって債務を完済することができない状態をいう.)」とする.
② 前項の規定は,存立中の合名会社及び合資会社には,適用しない.

(破産手続開始の原因の推定)
**第17条**　債務者についての外国で開始された手続で破産手続に相当するものがある場合には,当該債務者に破産手続開始の原因となる事実があるものと推定する.

(破産手続開始の申立て)
**第18条** ① 債権者又は債務者は,破産手続開始の申立てをすることができる.
② 債権者が破産手続開始の申立てをするときは,その有する債権の存在及び破産手続開始の原因となる事実を疎明しなければならない.

(法人の破産手続開始の申立て)
**第19条** ① 次の各号に掲げる法人については,それぞれ当該各号に定める者は,破産手続開始の申立てをすることができる.
　1　一般社団法人又は一般財団法人　理事
　2　株式会社又は相互会社(保険業法(平成7年法律第105号)第2条第5項に規定する相互会社をいう.第150条第6項第3号において同じ.)　取締役
　3　合名会社,合資会社又は合同会社　業務を執行する社員
② 前各号に掲げる法人については,清算人も,破産手続開始の申立てをすることができる.
③ 前2項の規定により第1項各号に掲げる法人について破産手続開始の申立てをする場合には,理事,取締役,業務を執行する社員又は清算人の全員が破産手続開始の申立てをするときを除き,破産手続開始の原因となる事実を疎明しなければならない.
④ 前3項の規定は,第1項各号に掲げる法人以外の法人について準用する.
⑤ 法人については,その解散後であっても,残余財産の引渡し又は分配が終了するまでの間は,破産手続開始の申立てをすることができる.

(破産手続開始の申立ての方式)
**第20条** ① 破産手続開始の申立ては,最高裁判所規則で定める事項を記載した書面でしなければならない.
② 債権者以外の者が破産手続開始の申立てをするときは,最高裁判所規則で定める事項を記載した債権者一覧表を裁判所に提出しなければならない.ただし,当該申立てと同時に債権者一覧表を提出することができないときは,当該申立ての後遅滞なくこれを提出すれば足りる.

(破産手続開始の申立書の審査)
**第21条** ① 前条第1項の書面(以下この条において「破産手続開始の申立書」という.)に同項に規定する事項が記載されていない場合には,裁判所書記官は,相当の期間を定め,その期間内に不備を補正すべきことを命ずる処分をしなければならない.民事訴訟費用等に関する法律(昭和46年法律第40号)の規定に従い破産手続開始の申立ての手数料を納付しない場合も,同様とする.
② 前項の処分は,相当と認める方法で告知することによって,その効力を生ずる.
③ 第1項の処分に対しては,その告知を受けた日から1週間の不変期間内に,異議の申立てをすることができる.
④ 前項の異議の申立ては,執行停止の効力を有する.
⑤ 裁判所は,第3項の異議の申立てがあった場合において,破産手続開始の申立書に第1項の処分において補正を命じた不備以外の不備があると認めるときは,相当の期間を定め,その期間内に当該不備

を補正すべきことを命じなければならない．
⑥ 第1項又は前項の場合において，破産手続開始の申立人が不備を補正しないときは，裁判長は，決定で，破産手続開始の申立書を却下しなければならない．
⑦ 前項の命令に対しては，即時抗告をすることができる．

**（費用の予納）**
**第22条** ① 破産手続開始の申立をするときは，申立人は，破産手続の費用として裁判所の定める金額を予納しなければならない．
② 費用の予納に関する決定に対しては，即時抗告をすることができる．

**（費用の仮支弁）**
**第23条** ① 裁判所は，申立人の資力，破産財団となるべき財産の状況その他の事情を考慮して，申立人及び利害関係人の利益の保護のため特に必要と認めるときは，破産手続の費用を仮に国庫から支弁することができる．職権で破産手続開始の決定をした場合も，同様とする．
② 前条第1項の規定は，前項前段の規定により破産手続の費用を仮に国庫から支弁する場合には，適用しない．

**（他の手続の中止命令等）**
**第24条** ① 裁判所は，破産手続開始の申立てがあった場合において，必要があると認めるときは，利害関係人の申立てにより又は職権で，破産手続開始の申立てにつき決定があるまでの間，次に掲げる手続の中止を命ずることができる．ただし，第1号に掲げる手続についてはその手続の申立人である債権者に不当な損害を及ぼすおそれがない場合に限り，第5号に掲げる責任制限手続については責任制限手続開始の決定がされていない場合に限る．
1 債務者の財産に対して既にされている強制執行，仮差押え，仮処分又は一般の先取特権の実行若しくは留置権（商法（明治32年法律第48号）又は会社法の規定によるものを除く．）による競売（以下この節において「強制執行等」という．）の手続で，債務者につき破産手続開始の決定がされたとすれば破産債権若しくは財団債権となるべきもの（以下この項及び次条第8項において「破産債権等」という．）に基づくもの又は破産債権等を被担保債権とするもの
2 債務者の財産に対して既にされている企業担保権の実行手続で，破産債権等に基づくもの
3 債務者の財産関係の訴訟手続
4 債務者の財産関係の事件で行政庁に係属しているものの手続
5 債務者の責任制限手続（船舶の所有者等の責任の制限に関する法律（昭和50年法律第94号）第3章又は船舶油濁損害賠償保障法（昭和50年法律第95号）第5章の規定による責任制限手続をいう．第263条及び第264条第1項において同じ．）
② 裁判所は，前項の規定による中止の命令を変更し，又は取り消すことができる．
③ 裁判所は，第91条第2項に規定する保全管理命令が発せられた場合において，債務者の財産の管理及び処分をするために特に必要があると認めるときは，保全管理人の申立てにより，担保を立てさせて，第1項の規定により中止した強制執行等の手続の取消しを命ずることができる．
④ 第1項の規定による中止の命令，第2項の規定に

よる決定及び前項の規定による取消しの命令に対しては，即時抗告をすることができる．
⑤ 前項の即時抗告は，執行停止の効力を有しない．
⑥ 第4項に規定する裁判及び同項の即時抗告についての裁判があった場合には，その裁判書を当事者に送達しなければならない．

**第25条** ① 裁判所は，破産手続開始の申立てがあった場合において，前条第1項第1号の規定による中止の命令によっては破産手続の目的を十分に達成することができないおそれがあると認めるべき特別の事情があるときは，利害関係人の申立てにより又は職権で，破産手続開始の申立てにつき決定があるまでの間，すべての債権者に対し，債務者の財産に対する強制執行等及び国税滞納処分（国税滞納処分の例による処分を含み，交付要求を除く．以下同じ．）の禁止を命ずることができる．ただし，事前に又は同時に，債務者の主要な財産に関し第28条第1項の規定による保全処分をした場合又は第91条第2項に規定する保全管理命令をした場合に限る．
② 前項の規定による禁止の命令（以下「包括的禁止命令」という．）を発する場合において，裁判所は，相当と認めるときは，一定の範囲に属する強制執行等又は国税滞納処分を包括的禁止命令の対象から除外することができる．
③ 包括的禁止命令が発せられた場合には，債務者の財産に対して既にされている強制執行等の手続（当該包括的禁止命令により禁止されることとなるものに限る．）は，破産手続開始の申立てにつき決定があるまでの間，中止する．
④ 裁判所は，包括的禁止命令を変更し，又は取り消すことができる．
⑤ 裁判所は，第91条第2項に規定する保全管理命令が発せられた場合において，債務者の財産の管理及び処分をするために特に必要があると認めるときは，保全管理人の申立てにより，担保を立てさせて，第3項の規定により中止した強制執行等の手続の取消しを命ずることができる．
⑥ 包括的禁止命令，第4項の規定による決定及び前項の規定による取消しの命令に対しては，即時抗告をすることができる．
⑦ 前項の即時抗告は，執行停止の効力を有しない．
⑧ 包括的禁止命令が発せられたときは，破産債権等（当該包括的禁止命令により強制執行等又は国税滞納処分が禁止されているものに限る．）については，当該包括的禁止命令が効力を失った日の翌日から2月を経過する日までの間は，時効は，完成しない．

**（包括的禁止命令に関する公告及び送達等）**
**第26条** ① 包括的禁止命令及びこれを変更し，又は取り消す旨の決定があった場合には，その旨を公告し，その裁判書を債務者（保全管理人が選任されている場合にあっては，保全管理人．次項において同じ．）及び申立人に送達し，かつ，その決定の主文を知れている債権者及び債務者（保全管理人が選任されているときに限る．）に通知しなければならない．
② 包括的禁止命令及びこれを変更し，又は取り消す旨の決定は，債務者に対する裁判書の送達がされた時から，効力を生ずる．
③ 前条第6項の即時抗告についての裁判（包括的禁止命令を変更し，又は取り消す旨の決定を除く．）があった場合には，その裁判書を当事者に送達しな

第2章 破産手続の開始

ければならない．
**(包括的禁止命令の解除)**
**第27条** ① 裁判所は，包括的禁止命令を発した場合において，強制執行等の申立人である債権者に不当な損害を及ぼすおそれがあると認めるときは，当該債権者の申立てにより，当該債権者に限り当該包括的禁止命令を解除する旨の決定をすることができる．この場合において，当該債権者は，債務者の財産に対する強制執行等をすることができ，当該包括的禁止命令がされる前に当該債権者がした強制執行等の手続で第25条第3項の規定により中止されていたものは，続行する．
② 前項の規定は，裁判所が国税滞納処分を行う者に不当な損害を及ぼすおそれがあると認める場合について準用する．
③ 第1項（前項において準用する場合を含む．次項及び第6項において同じ．）の規定による解除の決定を受けた者に対する第25条第8項の規定の適用については，同項中「当該包括的禁止命令が効力を失った日」とあるのは，「第27条第1項（同条第2項において準用する場合を含む．）の規定による解除の決定があった日」とする．
④ 第1項の申立てについての裁判に対しては，即時抗告をすることができる．
⑤ 前項の即時抗告は，執行停止の効力を有しない．
⑥ 第1項の申立てについての裁判及び第4項の即時抗告についての裁判があった場合には，その裁判書を当事者に送達しなければならない．この場合においては，第10条第3項本文の規定は，適用しない．

**(債務者の財産に関する保全処分)**
**第28条** ① 裁判所は，破産手続開始の申立てがあった場合には，利害関係人の申立てにより又は職権で，破産手続開始の申立てにつき決定があるまでの間，債務者の財産に関し，その財産の処分禁止の仮処分その他の必要な保全処分を命ずることができる．
② 裁判所は，前項の規定による保全処分を変更し，又は取り消すことができる．
③ 第1項の規定による保全処分及び前項の規定による決定に対しては，即時抗告をすることができる．
④ 前項の即時抗告は，執行停止の効力を有しない．
⑤ 第3項に規定する裁判及び同項の即時抗告についての裁判があった場合には，その裁判書を当事者に送達しなければならない．この場合においては，第10条第3項本文の規定は，適用しない．
⑥ 裁判所が第1項の規定により債務者が債権者に対して弁済その他の債務を消滅させる行為をすることを禁止する旨の保全処分を命じた場合には，債権者は，破産手続の関係においては，当該保全処分に反してされた弁済その他の債務を消滅させる行為の効力を主張することができない．ただし，債権者が，その行為の当時，当該保全処分がされたことを知っていたときに限る．

**(破産手続開始の申立ての取下げの制限)**
**第29条** 破産手続開始の申立てをした者は，破産手続開始の決定前に限り，当該申立てを取り下げることができる．この場合において，第24条第1項の規定による中止の命令，包括的禁止命令，前条第1項の規定による保全処分，第91条第2項に規定する保全管理命令又は第171条第1項の規定による保全処分がされた後は，裁判所の許可を得なければならない．

**第2節 破産手続開始の決定**
**(破産手続開始の決定)**
**第30条** ① 裁判所は，破産手続開始の申立てがあった場合において，破産手続開始の原因となる事実があると認めるときは，次の各号のいずれかに該当する場合を除き，破産手続開始の決定をする．
 1 破産手続の費用の予納がないとき（第23条第1項前段の規定によりその費用を仮に国庫から支弁する場合を除く．）．
 2 不当な目的で破産手続開始の申立てがされたとき，その他申立てが誠実にされたものでないとき．
② 前項の決定は，その決定の時から，効力を生ずる．

**(破産手続開始の決定と同時に定めるべき事項等)**
**第31条** ① 裁判所は，破産手続開始の決定と同時に，1人又は数人の破産管財人を選任し，かつ，次に掲げる事項を定めなければならない．
 1 破産債権の届出をすべき期間
 2 破産者の財産状況を報告するために招集する債権者集会（第4項，第136条第2項及び第3項並びに第158条において「財産状況報告集会」という．）の期日
 3 破産債権の調査をするための期間（第116条第2項の場合にあっては，破産債権の調査をするための期日）
② 前項第1号及び第3号の規定にかかわらず，裁判所は，破産財団をもって破産手続の費用を支弁するのに不足するおそれがあると認めるときは，同項第1号の期間並びに同項第3号の期間及び期日を定めないことができる．
③ 前項の場合において，裁判所は，破産財団をもって破産手続の費用を支弁するのに不足するおそれがなくなったと認めるときは，速やかに，第1項第1号の期間及び同項第3号の期間又は期日を定めなければならない．
④ 第1項第2号の規定にかかわらず，裁判所は，知れている破産債権者の数その他の事情を考慮して財産状況報告集会を招集することを相当でないと認めるときは，同号の期日を定めないことができる．
⑤ 第1項の場合において，知れている破産債権者の数が1,000人以上であり，かつ，相当と認めるときは，裁判所は，次条第4項本文及び第5項本文において準用する第33条第1項，第33条第3項本文並びに第139条第3項本文の規定による破産債権者（同項本文の場合にあっては，同項本文に規定する議決権者．次条第2項において同じ．）に対する通知をせず，かつ，第111条，第112条又は第114条の規定により破産債権の届出をした破産債権者（以下「届出をした破産債権者」という．）を債権者集会の期日に呼び出さない旨の決定をすることができる．

**(破産手続開始の公告等)**
**第32条** ① 裁判所は，破産手続開始の決定をしたときは，直ちに，次に掲げる事項を公告しなければならない．
 1 破産手続開始の決定の主文
 2 破産管財人の氏名又は名称
 3 前条第1項の規定により定めた期間又は期日
 4 破産財団に属する財産の所持者及び破産者に対して債務を負担する者（第3項第2号において「財産所持者等」という．）は，破産者にその財産を交付し，又は弁済をしてはならない旨
 5 第204条第1項第2号の規定による簡易配当を

することが相当と認められる場合にあっては,簡易配当をすることにつき異議のある破産債権者は裁判所に対し前条第1項第3号の期間の満了時又は同号の期日の終了時までに異議を述べるべき旨
② 前条第5項の決定があったときは,裁判所は,前項各号に掲げる事項のほか,第4項本文及び第5項本文において準用する次項第1号,次条第3項本文並びに第139条第3項本文の規定による破産債権者に対する通知をせず,かつ,届出をした破産債権者を債権者集会の期日に呼び出さない旨をも公告しなければならない.
③ 次に掲げる者には,前2項の規定により公告すべき事項を通知しなければならない.
1 破産管財人,破産者及び知れている破産債権者
2 知れている財産所持者等
3 第91条第2項に規定する保全管理命令があった場合における保全管理人
4 労働組合等(破産者の使用人その他の従業者の過半数で組織する労働組合があるときはその労働組合,破産者の使用人その他の従業者の過半数で組織する労働組合がないときは破産者の使用人その他の従業者の過半数を代表する者をいう.第78条第4項及び第136条第3項において同じ.)
④ 第1項第3号及び前項第1号の規定は,前条第3項の規定により同条第1項第1号の時間及び同項第3号の期間又は期日を定めた場合について準用する.ただし,同条第5項の決定があったときは,知れている破産債権者に対しては,当該通知をすることを要しない.
⑤ 第1項第2号並びに第3項第1号及び第2号の規定は第1項第2号に掲げる事項に変更を生じた場合について,第1項第3号及び第3項第1号の規定は第1項第3号に掲げる事項に変更を生じた場合(前条第1項第1号の期間又は同項第2号の期日に変更を生じた場合に限る.)について準用する.ただし,同条第5項の決定があったときは,知れている破産債権者に対しては,当該通知をすることを要しない.

(抗 告)
**第33条** ① 破産手続開始の申立てについての裁判に対しては,即時抗告をすることができる.
② 第24条から第28条までの規定は,破産手続開始の申立てを棄却する決定に対して前項の即時抗告があった場合について準用する.
③ 破産手続開始の決定をした裁判所は,第1項の即時抗告があった場合において,当該決定を取り消す決定が確定したときは,直ちにその主文を公告し,かつ,前条第3項各号(第3号を除く.)に掲げる事項の主文を通知しなければならない.
④ 第31条第5項の決定があったときは,知れている破産債権者に対しては,当該通知をすることを要しない.

### 第3節 破産手続開始の効果
#### 第1款 通 則
(破産財団の範囲)
**第34条** ① 破産者が破産手続開始の時において有する一切の財産(日本国内にあるかどうかを問わない.)は,破産財団とする.
② 破産者が破産手続開始前に生じた原因に基づいて行うことがある将来の請求権は,破産財団に属する.
③ 第1項の規定にかかわらず,次に掲げる財産は,破産財団に属しない.
1 民事執行法(昭和54年法律第4号)第131条第3号に規定する額に2分の3を乗じた額の金銭
2 差し押さえることができない財産(民事執行法第131条第3号に規定する金銭を除く.).ただし,同法第132条第1項(同法第192条において準用する場合を含む.)の規定により差押えが許されたもの及び破産手続開始後に差し押さえることができるようになったものは,この限りでない.
④ 裁判所は,破産手続開始の決定があった時から当該決定が確定した日以後1月を経過する日までの間,破産者の申立てにより又は職権で,決定で,破産者の生活の状況,破産手続開始の時において破産者が有していた前項各号に掲げる財産の種類及び額,破産者が収入を得る見込みその他の事情を考慮して,破産財団に属しない財産の範囲を拡張することができる.
⑤ 裁判所は,前項の決定をするに当たっては,破産管財人の意見を聴かなければならない.
⑥ 第4項の申立てを却下する決定に対しては,破産者は,即時抗告をすることができる.
⑦ 第4項の決定又は前項の即時抗告についての裁判があった場合には,その裁判書を破産者及び破産管財人に送達しなければならない.この場合においては,第10条第3項本文の規定は,適用しない.

(法人の存続の擬制)
**第35条** 他の法律の規定により破産手続開始の決定によって解散した法人又は解散した法人で破産手続開始の決定を受けたものは,破産手続による清算の目的の範囲内において,破産手続が終了するまで存続するものとみなす.

(破産者の事業の継続)
**第36条** 破産手続開始の決定がされた後であっても,破産管財人は,裁判所の許可を得て,破産者の事業を継続することができる.

(破産者の居住に係る制限)
**第37条** ① 破産者は,その申立てにより裁判所の許可を得なければ,その居住地を離れることができない.
② 前項の申立てを却下する決定に対しては,破産者は,即時抗告をすることができる.

(破産者の引致)
**第38条** ① 裁判所は,必要と認めるときは,破産者の引致を命ずることができる.
② 破産手続開始の申立てがあったときは,裁判所は,破産手続開始の決定をする前でも,債務者の引致を命ずることができる.
③ 前2項の規定による引致は,引致状を発してしなければならない.
④ 第1項又は第2項の規定による引致を命ずる決定に対しては,破産者又は債務者は,即時抗告をすることができる.
⑤ 刑事訴訟法(昭和23年法律第131号)中勾引に関する規定は,第1項及び第2項の規定による引致について準用する.

(破産者に準ずる者への準用)
**第39条** 前2条の規定は,破産者の法定代理人及び支配人並びに法人である債務者の理事,取締役,執行役及びびこれらに準ずる者について準用する.

(破産者等の説明義務)
**第40条** ① 次に掲げる者は,破産管財人若しくは第144条第2項に規定する債権者委員会の請求又は債権者集会の決議に基づく請求があったときは,破産に関し必要な説明をしなければならない.ただし,

第2章 破産手続の開始

第5号に掲げる者については,裁判所の許可がある場合に限る.
1 破産者
2 破産者の代理人
3 破産者が法人である場合のその理事,取締役,執行役,監事,監査役及び清算人
4 前号に掲げる者に準ずる者
5 破産者の従業者(第2号に掲げる者を除く.)
② 前項の規定は,同項各号(第1号を除く.)に掲げる者であった者について準用する.

(破産者の重要財産開示義務)
**第41条** 破産者は,破産手続開始の決定後遅滞なく,その所有する不動産,現金,有価証券,預貯金その他裁判所が指定する財産の内容を記載した書面を裁判所に提出しなければならない.

(他の手続の失効等)
**第42条** ① 破産手続開始の決定があった場合には,破産財団に属する財産に対する強制執行,仮差押え,仮処分,一般の先取特権の実行又は企業担保権の実行で,破産債権若しくは財団債権に基づくもの又は破産債権若しくは財団債権を被担保債権とするものは,することができない.
② 前項に規定する場合には,同項に規定する強制執行,仮差押え,仮処分,一般の先取特権の実行及び企業担保権の実行の手続で,破産財団に属する財産に対して既にされているものは,破産財団に対してはその効力を失う.ただし,同項に規定する強制執行又は一般の先取特権の実行(以下この条において「強制執行又は先取特権の実行」という.)の手続については,破産管財人において破産財団のためにその手続を続行することを妨げない.
③ 前項ただし書の規定により続行された強制執行又は先取特権の実行の手続については,民事執行法第63条及び第129条(これらの規定を同法その他強制執行の手続に関する法令において準用する場合を含む.)の規定は,適用しない.
④ 第2項ただし書の規定により続行された強制執行又は先取特権の実行の手続に関する破産財団に対する費用請求権は,財団債権とする.
⑤ 第2項ただし書の規定により続行された強制執行又は先取特権の実行に対する第三者異議の訴えについては,破産管財人を被告とする.
⑥ 破産手続開始の決定があった場合には,破産債権又は財団債権に基づく財産開示手続(民事執行法第196条に規定する財産開示手続をいう.以下この項並びに第249条第1項及び第2項において同じ.)の申立てはすることができず,破産債権又は財団債権に基づく財産開示手続はその効力を失う.

(国税滞納処分等の取扱い)
**第43条** ① 破産手続開始の決定があった場合には,破産財団に属する財産に対する国税滞納処分は,することができない.
② 破産手続開始の決定前に破産財団に属する財産に対して国税滞納処分が既にされている場合には,破産手続開始の決定は,その国税滞納処分の続行を妨げない.
③ 破産手続開始の決定があったときは,破産手続が終了するまでの間は,罰金,科料及び追徴の時効は,進行しない.免責許可の申立てがあった後当該申立てについての裁判が確定するまでの間(破産手続開始の決定前に免責許可の申立てがあった場合にあっては,破産手続開始の決定後当該申立てについての裁判が確定するまでの間)も,同様とする.

(破産財団に関する訴えの取扱い)
**第44条** ① 破産手続開始の決定があったときは,破産者を当事者とする破産財団に関する訴訟手続は,中断する.
② 破産管財人は,前項の規定により中断した訴訟手続のうち破産債権に関しないものを受け継ぐことができる.この場合においては,受継の申立ては,相手方もすることができる.
③ 前項の場合においては,相手方の破産者に対する訴訟費用請求権は,財団債権とする.
④ 破産手続が終了したときは,破産管財人を当事者とする破産財団に関する訴訟手続は,中断する.
⑤ 破産者は,前項の規定により中断した訴訟手続を受け継がなければならない.この場合においては,受継の申立ては,相手方もすることができる.
⑥ 第1項の規定により中断した訴訟手続について第2項の規定による受継があるまでに破産手続が終了したときは,破産者は,当然訴訟手続を受継する.

(債権者代位訴訟及び詐害行為取消訴訟の取扱い)
**第45条** ① 民法(明治29年法律第89号)第423条又は第424条の規定により破産債権者又は財団債権者の提起した訴訟が破産手続開始当時係属するときは,その訴訟手続は,中断する.
② 破産管財人は,前項の規定により中断した訴訟手続を受け継ぐことができる.この場合においては,受継の申立ては,相手方もすることができる.
③ 前項の場合においては,相手方の破産債権者又は財団債権者に対する訴訟費用請求権は,財団債権とする.
④ 第1項の規定により中断した訴訟手続について第2項の規定による受継があった後に破産手続が終了したときは,破産管財人を当事者とする訴訟手続は,中断する.
⑤ 前項の場合には,破産債権者又は財団債権者において当該訴訟手続を受け継がなければならない.この場合においては,受継の申立ては,相手方もすることができる.
⑥ 第1項の規定により中断した訴訟手続について第2項の規定による受継があるまでに破産手続が終了したときは,破産債権者又は財団債権者は,当然訴訟手続を受継する.

(行政庁に係属する事件の取扱い)
**第46条** 第44条の規定は,破産財団に関する事件で行政庁に係属するものについて準用する.

### 第2款 破産手続開始の効果

(開始後の法律行為の効力)
**第47条** ① 破産者が破産手続開始後に破産財団に属する財産に関してした法律行為は,破産手続の関係においては,その効力を主張することができない.
② 破産者が破産手続開始の日にした法律行為は,破産手続開始後にしたものと推定する.

(開始後の権利取得の効力)
**第48条** ① 破産手続開始後に破産財団に属する財産に関してした破産者以外の者の法律行為によらないで権利を取得しても,その権利の取得は,破産手続の関係においては,その効力を主張することができない.
② 前条第2項の規定は,破産手続開始の日における前項の権利の取得についても準用する.

(開始後の登記及び登録の効力)
**第49条** ① 不動産又は船舶に関し破産手続開始前に生じた登記原因に基づき破産手続開始後にされた登記又は不動産登記法(平成16年法律第123号)第105条第1号の規定による仮登記は,破産手

続の関係においては、その効力を主張することができない。ただし、登記権利者が破産手続開始の事実を知らないでした登記又は仮登記については、この限りでない。
② 前項の規定は、権利の設定、移転若しくは変更に関する登録若しくは仮登録又は企業担保権の設定、移転若しくは変更に関する登記について準用する。

（開始後の破産者に対する弁済の効力）
**第50条** ① 破産手続開始後に、その事実を知らないで破産者にした弁済は、破産手続の関係においても、その効力を主張することができる。
② 破産手続開始後に、その事実を知って破産者にした弁済は、破産財団が受けた利益の限度においてのみ、破産手続の関係において、その効力を主張することができる。

（善意又は悪意の推定）
**第51条** 前2条の規定の適用については、第32条第1項の規定による公告の前においてはその事実を知らなかったものと推定し、当該公告の後においてはその事実を知っていたものと推定する。

（共有関係）
**第52条** ① 数人が共同して財産権を有する場合において、共有者の中に破産手続開始の決定を受けた者があるときは、その共有に係る財産の分割の請求は、共有者の間で分割をしない旨の定めがあるときでも、することができる。
② 前項の場合には、他の共有者は、相当の償金を支払って破産者の持分を取得することができる。

（双務契約）
**第53条** ① 双務契約について破産者及びその相手方が破産手続開始の時においてまだその履行を完了していないときは、破産管財人は、契約の解除をし、又は破産者の債務を履行して相手方の債務の履行を請求することができる。
② 前項の場合には、相手方は、破産管財人に対し、相当の期間を定め、その期間内に契約の解除をするか、又は債務の履行を請求するかを確答すべき旨を催告することができる。この場合において、破産管財人がその期間内に確答をしないときは、契約の解除をしたものとみなす。
③ 前項の規定は、相手方又は破産管財人が民法第631条前段の規定により解約の申入れをすることができる場合又は同法第642条第1項前段の規定により契約の解除をすることができる場合について準用する。

**第54条** ① 前条第1項又は第2項の規定により契約の解除があった場合には、相手方は、損害の賠償について破産債権者としてその権利を行使することができる。
② 前項に規定する場合において、相手方は、破産者の受けた反対給付が破産財団中に現存するときは、その返還を請求することができ、現存しないときは、その価額について財団債権者としてその権利を行使することができる。

（継続的給付を目的とする双務契約）
**第55条** ① 破産者に対して継続的給付の義務を負う双務契約の相手方は、破産手続開始の申立て前の給付に係る破産債権について弁済がないことを理由としては、破産手続開始後は、その義務の履行を拒むことができない。
② 前項の双務契約の相手方が破産手続開始の申立て後破産手続開始前にした給付に係る請求権（一定期間ごとに債権額を算定すべき継続的給付については、申立ての日の属する期間内の給付に係る請求権を含む。）は、財団債権とする。
③ 前2項の規定は、労働契約には、適用しない。

（賃貸借契約等）
**第56条** ① 第53条第1項及び第2項の規定は、賃借権その他の使用及び収益を目的とする権利を設定する契約について破産者の相手方が当該権利につき登記、登録その他の第三者に対抗することができる要件を備えている場合には、適用しない。
② 前項に規定する場合には、相手方の有する請求権は、財団債権とする。

（委任契約）
**第57条** 委任者について破産手続が開始された場合において、受任者は、民法第655条の規定による破産手続開始の通知を受けず、かつ、破産手続開始の事実を知らないで委任事務を処理したときは、これによって生じた債権について、破産債権者としてその権利を行使することができる。

（市場の相場がある商品の取引に係る契約）
**第58条** ① 取引所の相場その他市場の相場がある商品の取引に係る契約であって、その取引の性質上特定の日時又は一定の期間内に履行をしなければ契約をした目的を達することができないものについて、その時期が破産手続開始後に到来すべきときは、当該契約は、解除されたものとみなす。
② 前項の場合において、損害賠償の額は、履行地及びその他の地の相場の基準となるべき地における同種の取引であって同一の時期に履行すべきものの相場と当該契約における商品の価格との差額によって定める。
③ 第54条第1項の規定は、前項の規定による損害の賠償について準用する。
④ 第1項又は第2項に定める事項について当該取引所又は市場における別段の定めがあるときは、その定めに従う。
⑤ 第1項の取引を継続して行うためにその当事者間で締結された基本契約において、その基本契約に基づいて行われるすべての同項の取引に係る契約につき生ずる第2項に規定する損害賠償の債権は債務を差引計算して決済する旨の定めをしたときは、請求することができる損害賠償の額の算定については、その定めに従う。

（交互計算）
**第59条** ① 交互計算は、当事者の一方について破産手続が開始されたときは、終了する。この場合においては、各当事者は、計算を閉鎖して、残額の支払を請求することができる。
② 前項の規定による請求権は、破産者が有するときは破産財団に属し、相手方が有するときは破産債権とする。

（為替手形の引受け又は支払等）
**第60条** ① 為替手形の振出人が裏書人について破産手続が開始された場合において、支払人又は予備支払人がその事実を知らないで引受け又は支払をしたときは、その支払人又は予備支払人は、これによって生じた債権につき、破産債権者としてその権利を行使することができる。
② 前項の規定は、小切手及び金銭その他の物又は有価証券の給付を目的とする有価証券について準用する。
③ 第51条の規定は、前2項の規定の適用について準

用する.
（夫婦財産関係における管理者の変更等）
第61条 ① 民法第758条第2項及び第3項並びに第759条の規定は配偶者の財産を管理する者につき破産手続が開始した場合について,同法第835条の規定は親権を行う者につき破産手続が開始された場合について準用する.
② 家事審判法（昭和22年法律第152号）の適用に関しては,前項において準用する民法第758条第2項及び第3項の規定による財産の管理者の変更及び共有財産の分割に関する処分は家事審判法第9条第1項乙類に掲げる事項とみなし,前項において準用する民法第835条の規定による管理権の喪失の宣告は家事審判法第9条第1項甲類に掲げる事項とみなす.

### 第3款 取戻権
（取戻権）
第62条 破産手続の開始は,破産者に属しない財産を破産財団から取り戻す権利（第64条及び第78条第2項第13号において「取戻権」という.）に影響を及ぼさない.
（運送中の物品の売主等の取戻権）
第63条 ① 売主が売買の目的である物品を買主に発送した場合において,買主がまだ代金の全額を弁済せず,かつ,到達地でその物品を受け取らない間に買主について破産手続開始の決定があったときは,売主は,その物品を取り戻すことができる. ただし,破産管財人が代金の全額を支払ってその物品の引渡しを請求することを妨げない.
② 前項の規定は,第53条第1項及び第2項の規定の適用を妨げない.
③ 第1項の規定は,物品の買入れの委託を受けた問屋がその物品を委託者に発送した場合について準用する. この場合において,同項中「代金」とあるのは,「報酬及び費用」と読み替えるものとする.
（代償的取戻権）
第64条 ① 破産者（保全管理人が選任されている場合にあっては,保全管理人）が破産手続開始前に取戻権の目的である財産を譲り渡した場合には,当該財産について取戻権を有する者は,反対給付の請求権の移転を請求することができる. 破産管財人が取戻権の目的である財産を譲り渡した場合も,同様とする.
② 前項の場合において,破産管財人が反対給付を受けたときは,同項の取戻権を有する者は,破産管財人が反対給付として受けた財産の給付を請求することができる.

### 第4款 別除権
（別除権）
第65条 ① 別除権は,破産手続によらないで,行使することができる.
② 担保権（特別の先取特権,質権又は抵当権をいう. 以下この項において同じ.）の目的である財産が破産管財人による任意売却その他の事由により破産財団に属しないこととなった場合において当該担保権がなお存続するときにおける当該担保権を有する者も,その目的である財産について別除権を有する.
（留置権の取扱い）
第66条 ① 破産手続開始の時において破産財団に属する財産につき存する商法又は会社法の規定による留置権は,破産財団に対してはその効力を失い特別の先取特権

とみなす.
② 前項の特別の先取特権は,民法その他の法律の規定による他の特別の先取特権に後れる.
③ 第1項に規定するものを除き,破産手続開始の時において破産財団に属する財産につき存する留置権は,破産財団に対してはその効力を失う.

### 第5款 相殺権
（相殺権）
第67条 ① 破産債権者は,破産手続開始の時において破産者に対して債務を負担するときは,破産手続によらないで,相殺をすることができる.
② 破産債権者の有する債権が破産手続開始の時において期限付若しくは解除条件付であるとき,又は第103条第2項第1号に掲げるものであるときでも,破産債権者が前項の規定により相殺をすることを妨げない. 破産債権者の負担する債務が期限付若しくは条件付であるとき,又は将来の請求権に関するものであるときも,同様とする.
（相殺に供することができる破産債権の額）
第68条 ① 破産債権者が前条の規定により相殺をする場合の破産債権の額は,第103条第2項各号に掲げる債権の区分に応じ,それぞれ当該各号に定める額とする.
② 前項の規定にかかわらず,破産債権者の有する債権が無利息債権又は定期金債権であるときは,その破産債権者は,その債権の債権額から第99条第1項第2号から第4号までに掲げる部分の額を控除した額の限度において,相殺をすることができる.
（解除条件付債権を有する者による相殺）
第69条 解除条件付債権を有する者が相殺をするときは,その相殺によって消滅する債務の額について,破産財団のために,担保を供し,又は寄託をしなければならない.
（停止条件付債権等を有する者による寄託の請求）
第70条 停止条件付債権又は将来の請求権を有する者は,破産者に対する債務を弁済する場合には,後に相殺をするため,その債権額の限度において弁済額の寄託を請求することができる. 敷金の返還請求権を有する者が破産者に対する賃料債務を弁済する場合も,同様とする.
（相殺の禁止）
第71条 ① 破産債権者は,次に掲げる場合には,相殺をすることができない.
1 破産手続開始後に破産財団に対して債務を負担したとき.
2 支払不能になった後に契約によって負担する債務を専ら破産債権をもってする相殺に供する目的で破産者の財産の処分を内容とする契約を破産者との間で締結し,又は破産者に対して債務を負担する者の債務を引き受けることを内容とする契約を締結することにより破産者に対して債務を負担した場合であって,当該契約の締結の当時,支払不能であったことを知っていたとき.
3 支払の停止があった後に破産者に対して債務を負担した場合であって,その負担の当時,支払の停止があったことを知っていたとき. ただし,当該支払の停止があった時において支払不能でなかったときは,この限りでない.
4 破産手続開始の申立てがあった後に破産者に対して債務を負担した場合であって,その負担の当時,破産手続開始の申立てがあったことを知っていたとき.

② 前項第2号から第4号までの規定は,これらの規定に規定する債務の負担が次の各号に掲げる原因のいずれかに基づく場合には,適用しない.
 1 法定の原因
 2 支払不能であったこと又は支払の停止若しくは破産手続開始の申立てがあったことを破産債権者が知った時より前に生じた原因
 3 破産手続開始の申立てがあった時より1年以上前に生じた原因

第72条 ① 破産債権者に対して債務を負担する者は,次に掲げる場合には,相殺をすることができない.
 1 破産手続開始後に他人の破産債権を取得したとき.
 2 支払不能になった後に破産債権を取得した場合であって,その取得の当時,支払不能であったことを知っていたとき.
 3 支払の停止があった後に破産債権を取得した場合であって,その取得の当時,支払の停止があったことを知っていたとき.ただし,当該支払の停止があった時において支払不能でなかったときは,この限りでない.
 4 破産手続開始の申立てがあった後に破産債権を取得した場合であって,その取得の当時,破産手続開始の申立てがあったことを知っていたとき.
② 前項第2号から第4号までの規定は,これらの規定に規定する破産債権の取得が次の各号に掲げる原因のいずれかに基づく場合には,適用しない.
 1 法定の原因
 2 支払不能であったこと又は支払の停止若しくは破産手続開始の申立てがあったことを破産者に対して債務を負担する者が知った時より前に生じた原因
 3 破産手続開始の申立てがあった時より1年以上前に生じた原因
 4 破産者に対して債務を負担する者と破産者との間の契約

(破産管財人の催告権)
第73条 ① 破産管財人は,第31条第1項第3号の期間が経過した後又は同号の期日が終了した後は,第67条の規定により相殺をすることができる破産債権者に対し,1月以上の期間を定め,その期間内に当該破産債権をもって相殺をするかどうかを確答すべき旨を催告することができる.ただし,当該破産債権者の負担する債務が弁済期にあるときに限る.
② 前項の規定による催告があった場合において,破産債権者が同項の規定により定めた期間内に確答をしないときは,当該破産債権者は,破産手続の関係においては,当該破産債権についての相殺の効力を主張することができない.

# 第3章 破産手続の機関

## 第1節 破産管財人
### 第1款 破産管財人の選任及び監督
(破産管財人の選任)
第74条 ① 破産管財人は,裁判所が選任する.
② 法人は,破産管財人となることができる.

(破産管財人に対する監督等)
第75条 ① 裁判所は,破産管財人を監督する.
② 裁判所は,破産管財人が破産財団に属する財産の管理及び処分を適切に行っていないとき,その他重要な事由があるときは,利害関係人の申立てにより又は職権で,破産管財人を解任することができる.この場合においては,その破産管財人を審尋しなければならない.

(数人の破産管財人の職務執行)
第76条 ① 破産管財人が数人あるときは,共同してその職務を行う.ただし,裁判所の許可を得て,それぞれ単独にその職務を行い,又は職務を分掌することができる.
② 破産管財人が数人あるときは,第三者の意思表示は,その1人に対してすれば足りる.

第77条 ① 破産管財人は,必要があるときは,その職務を行わせるため,自己の責任で1人又は数人の破産管財人代理を選任することができる.
② 前項の破産管財人代理の選任については,裁判所の許可を得なければならない.

### 第2款 破産管財人の権限等
(破産管財人の権限)
第78条 ① 破産手続開始の決定があった場合には,破産財団に属する財産の管理及び処分をする権利は,裁判所が選任した破産管財人に専属する.
② 破産管財人が次に掲げる行為をするには,裁判所の許可を得なければならない.
 1 不動産に関する物権,登記すべき日本船舶又は外国船舶の任意売却
 2 鉱業権,漁業権,特許権,実用新案権,意匠権,商標権,回路配置利用権,育成者権,著作権又は著作隣接権の任意売却
 3 営業又は事業の譲渡
 4 商品の一括売却
 5 借財
 6 第238条第2項の規定による相続の放棄の承認,第243条において準用する同項の規定による包括遺贈の放棄の承認又は第244条第1項の規定による特定遺贈の放棄
 7 動産の任意売却
 8 債権又は有価証券の譲渡
 9 第53条第1項の規定による履行の請求
 10 訴えの提起
 11 和解又は仲裁合意(仲裁法(平成15年法律第138号)第2条第1項に規定する仲裁合意をいう.)
 12 権利の放棄
 13 財団債権,取戻権又は別除権の承認
 14 別除権の目的である財産の受戻し
 15 その他裁判所の指定する行為
③ 前項の規定にかかわらず,同項第7号から第14号までに掲げる行為については,次に掲げる場合には,同項の許可を要しない.
 1 最高裁判所規則で定める額以下の価額を有するものに関するとき.
 2 前号に掲げるもののほか,裁判所が前項の許可を要しないものとしたものに関するとき.
④ 裁判所は,第2項第3号の規定により営業又は事業の譲渡につき同項の許可をする場合には,労働組合等の意見を聴かなければならない.
⑤ 第2項の規定に違反してした行為は,無効とする.ただし,これをもって善意の第三者に対抗することができない.
⑥ 破産管財人は,第2項各号に掲げる行為をしようとするときは,遅滞を生ずるおそれのある場合又は第3項各号に掲げる場合を除き,破産者の意見を聴かなければならない.

（破産財団の管理）
**第79条** 破産管財人は,就職の後直ちに破産財団に属する財産の管理に着手しなければならない.
（当事者適格）
**第80条** 破産財団に関する訴えについては,破産管財人を原告又は被告とする.
（郵便物等の管理）
**第81条** ① 裁判所は,破産管財人の職務の遂行のため必要があると認めるときは,信書の送達の事業を行う者に対し,破産者にあてた郵便物又は民間事業者による信書の送達に関する法律（平成14年法律第99号）第2条第3項に規定する信書便物（次条及び第118条第5項において「郵便物等」という。）を破産管財人に配達すべき旨を嘱託することができる.
② 裁判所は,破産者の申立てにより又は職権で,破産管財人の意見を聴いて,前項に規定する嘱託を取り消し,又は変更することができる.
③ 破産手続が終了したときは,裁判所は,第1項に規定する嘱託を取り消さなければならない.
④ 第1項又は第2項の規定による決定及び同項の申立てを却下する裁判に対しては,破産者又は破産管財人は,即時抗告をすることができる.
⑤ 第1項の規定による決定に対する前項の即時抗告は,執行停止の効力を有しない.
**第82条** ① 破産管財人は,破産者にあてた郵便物等を受け取ったときは,これを開いて見ることができる.
② 破産者は,破産管財人に対し,破産管財人が受け取った前項の郵便物等の閲覧又は当該郵便物等で破産財団に関しないものの交付を求めることができる.
（破産管財人による調査等）
**第83条** ① 破産管財人は,第40条第1項各号に掲げる者及び同条第2項に規定する者に対して同条の規定による説明を求め,又は破産財団に関する帳簿,書類その他の物件を検査することができる.
② 破産管財人は,その職務を行うため必要があるときは,破産者の子会社等（次の各号に掲げる区分に応じ,それぞれ当該各号に定める法人をいう。次項において同じ。）に対して,その業務及び財産の状況につき説明を求め,又はその帳簿,書類その他の物件を検査することができる.
　1　破産者が株式会社である場合破産者の子会社（会社法第2条第3号に規定する子会社をいう。）
　2　破産者が株式会社以外のものである場合破産者が株式会社の総株主の議決権の過半数を有する場合における当該株式会社
③ 破産者（株式会社以外のものに限る。以下この項において同じ。）の子会社又は破産者及びその子会社等が他の株式会社の総株主の議決権の過半数を有する場合には,前項の規定の適用については,当該他の株式会社を当該破産者の子会社等とみなす.
（破産管財人の職務の執行の確保）
**第84条** 破産管財人は,職務の執行に際し抵抗を受けるときは,その抵抗を排除するために,裁判所の許可を得て,警察上の援助を求めることができる.
（破産管財人の注意義務）
**第85条** ① 破産管財人は,善良な管理者の注意をもって,その職務を行わなければならない.
② 破産管財人が前項の注意を怠ったときは,その破産管財人は,利害関係人に対し,連帯して損害を賠償する義務を負う.

（破産管財人の情報提供努力義務）
**第86条** 破産管財人は,破産債権である給料の請求権又は退職手当の請求権を有する者に対し,破産手続に参加するのに必要な情報を提供するよう努めなければならない.
（破産管財人の報酬等）
**第87条** ① 破産管財人は,費用の前払及び裁判所が定める報酬を受けることができる.
② 前項の規定による決定に対しては,即時抗告をすることができる.
③ 前2項の規定は,破産管財人代理について準用する.
（破産管財人の任務終了の場合の報告義務等）
**第88条** ① 破産管財人の任務が終了した場合には,破産管財人は,遅滞なく,計算の報告書を裁判所に提出しなければならない.
② 前項の場合において,破産管財人が欠けたときは,同項の計算の報告書は,同項の規定にかかわらず,後任の破産管財人が提出しなければならない.
③ 第1項又は前項の場合には,第1項の破産管財人又は前項の後任の破産管財人は,破産管財人の任務終了による債権者集会の招集の報告を目的として第135条第1項本文の申立てをしなければならない.
④ 破産者,破産債権者又は後任の破産管財人（第2項の後任の破産管財人を除く。）は,前項の申立てにより招集される債権者集会の期日において,第1項又は第2項の計算について異議を述べることができる.
⑤ 前項の債権者集会の期日と第1項又は第2項の規定による計算の報告書の提出日との間には,3日以上の期間を置かなければならない.
⑥ 第4項の債権者集会の期日において同項の異議がなかった場合には,第1項又は第2項の計算は,承認されたものとみなす.
**第89条** ① 前条第1項又は第2項の場合には,同条第1項の破産管財人又は同条第2項の後任の破産管財人は,同条第3項の申立てに代えて,書面による計算の報告をする旨の申立てを裁判所にすることができる.
② 裁判所は,前項の規定による申立てがあり,かつ,前条第1項又は第2項の規定による計算の報告書の提出があったときは,その提出があった旨及びその計算に異議があれば一定の期間内にこれを述べるべき旨を公告しなければならない。この場合においては,その期間は,1月を下ることができない.
③ 破産者,破産債権者又は後任の破産管財人（第1項の後任の破産管財人を除く。）は,前項の期間内に前条第1項又は第2項の計算について異議を述べることができる.
④ 第2項の期間内に前項の異議がなかった場合には,前条第1項又は第2項の計算は,承認されたものとみなす.
（任務終了の場合の財産の管理）
**第90条** ① 破産管財人の任務が終了した場合において,急迫の事情があるときは,破産管財人又はその承継人は,後任の破産管財人又は破産者が財産を管理することができるに至るまで必要な処分をしなければならない.
② 破産手続開始の決定の取消し又は破産手続廃止の決定が確定した場合には,破産管財人は,財団債権を弁済しなければならない。ただし,その存否又は額について争いのある財団債権については,その

債権を有する者のために供託しなければならない.

## 第2節 保全管理人

**(保全管理命令)**

**第91条** ① 裁判所は,破産手続開始の申立てがあった場合において,債務者(法人である場合に限る.以下この節,第148条第4項及び第152条第2項において同じ.)の財産の管理及び処分が失当であるとき,その他債務者の財産の確保のために特に必要があると認めるときは,利害関係人の申立てにより又は職権で,破産手続開始の申立てにつき決定があるまでの間,債務者の財産に関し,保全管理人による管理を命ずる処分をすることができる.

② 裁判所は,前項の規定による処分(以下「保全管理命令」という.)をする場合には,当該保全管理命令において,1人又は数人の保全管理人を選任しなければならない.

③ 前2項の規定は,破産手続開始の申立てを棄却する決定に対して第33条第1項の即時抗告があった場合について準用する.

④ 裁判所は,保全管理命令を変更し,又は取り消すことができる.

⑤ 保全管理命令及び前項の規定による決定に対しては,即時抗告をすることができる.

⑥ 前項の即時抗告は,執行停止の効力を有しない.

**(保全管理命令に関する公告及び送達)**

**第92条** ① 裁判所は,保全管理命令を発したときは,その旨を公告しなければならない.保全管理命令を変更し,又は取り消す旨の決定があった場合も,同様とする.

② 保全管理命令,前条第4項の規定による決定及び同条第5項の即時抗告についての裁判があった場合には,その裁判書を当事者に送達しなければならない.

③ 第10条第4項の規定は,第1項の場合については,適用しない.

**(保全管理人の権限)**

**第93条** ① 保全管理命令が発せられたときは,債務者の財産(日本国内にあるかどうかを問わない.)の管理及び処分をする権利は,保全管理人に専属する.ただし,保全管理人が債務者の常務に属しない行為をするには,裁判所の許可を得なければならない.

② 前項ただし書の許可を得ないでした行為は,無効とする.ただし,これをもって善意の第三者に対抗することができない.

③ 第78条第2項から第6項までの規定は,保全管理人について準用する.

**(保全管理人の任務終了の場合の報告義務)**

**第94条** ① 保全管理人の任務が終了した場合には,保全管理人は,遅滞なく,裁判所に書面による計算の報告をしなければならない.

② 前項の場合において,保全管理人が欠けたときは,同項の計算の報告は,同項の規定にかかわらず,後任の保全管理人又は破産管財人がしなければならない.

**(保全管理人代理)**

**第95条** ① 保全管理人は,必要があるときは,その職務を行わせるため,自己の責任で1人又は数人の保全管理人代理を選任することができる.

② 前項の規定による保全管理人代理の選任については,裁判所の許可を得なければならない.

**(準 用)**

**第96条** ① 第40条の規定は保全管理人の請求について,第47条,第50条及び第51条の規定は保全管理命令が発せられた場合について,第74条第2項,第75条,第76条,第79条,第80条,第82条から第85条まで,第87条第1項及び第2項並びに第90条第1項の規定は保全管理人について,第87条第1項及び第2項の規定は保全管理人代理について準用する.この場合において,第51条中「第32条第1項の規定による公告」とあるのは「第92条第1項の規定による公告」と,第90条第1項中「後任の破産管財人」とあるのは「後任の保全管理人,破産管財人」と読み替えるものとする.

② 債務者の財産に関する訴訟手続及び債務者の財産関係の事件で行政庁に係属するものについては,次の各号に掲げる場合には,当該各号に定める規定を準用する.

1 保全管理命令が発せられた場合 第44条第1項から第3項まで

2 保全管理命令が効力を失った場合(破産手続開始の決定があった場合を除く.) 第44条第4項から第6項まで

## 第4章 破産債権

### 第1節 破産債権者の権利

**(破産債権に含まれる請求権)**

**第97条** 次に掲げる債権(財団債権であるものを除く.)は,破産債権に含まれるものとする.

1 破産手続開始後の利息の請求権

2 破産手続開始後の不履行による損害賠償又は違約金の請求権

3 破産手続開始後の延滞税,利子税又は延滞金の請求権

4 国税徴収法(昭和34年法律第147号)又は国税徴収の例により徴収することのできる請求権(以下「租税等の請求権」という.)であって,破産財団に関して破産手続開始後の原因に基づいて生ずるもの

5 加算税(国税通則法(昭和37年法律第66号)第2条第4号に規定する過少申告加算税,無申告加算税,不納付加算税及び重加算税をいう.)又は加算金(地方税法(昭和25年法律第226号)第1条第1項第14号に規定する過少申告加算金,不申告加算金及び重加算金をいう.)の請求権

6 罰金,科料,刑事訴訟費用,追徴金又は過料の請求権(以下「罰金等の請求権」という.)

7 破産手続参加の費用の請求権

8 第54条第1項(第58条第3項において準用する場合を含む.)に規定する相手方の損害賠償の請求権

9 第57条に規定する債権

10 第59条第1項の規定による請求権であって,相手方の有するもの

11 第60条第1項(同条第2項において準用する場合を含む.)に規定する債権

12 第168条第2項第2号又は第3号に定める権利

**(優先的破産債権)**

**第98条** ① 破産財団に属する財産につき一般の先取特権その他一般の優先権がある破産債権(次条第1項に規定する劣後的破産債権及び第99条第2項に規定する約定劣後破産債権を除く.以下「優先的破産債権」という.)は,他の破産債権に優先する.

② 前項の場合において,優先的破産債権間の優先順

位は，民法，商法その他の法律の定めるところによる．
③ 先取特権が一定の期間内の債権額につき存在する場合には，その期間は，破産手続開始の時からさかのぼって計算する．

**(劣後的破産債権等)**
**第99条** ① 次に掲げる債権（以下「劣後的破産債権」という．）は，他の破産債権（次項に規定する約定劣後破産債権を除く．）に後れる．
1 第97条第1号から第7号までに掲げる請求権
2 破産手続開始後に期限が到来すべき確定期限付債権で無利息のもののうち，破産手続開始の時から期限に至るまでの期間の年数（その期間に1年に満たない端数があるときは，これを切り捨てるものとする．）に応じた債権に対する法定利息の額に相当する部分
3 破産手続開始後に期限が到来すべき不確定期限付債権で無利息のもののうち，その債権額と破産手続開始の時における評価額との差額に相当する部分
4 金額及び存続期間が確定している定期金債権のうち，各定期金につき第2号の規定に準じて算定される額の合計額（その額を各定期金の合計額から控除した額が法定利率によりその定期金に相当する利息を生ずべき元本額を超えるときは，その超過額を加算した額）に相当する部分
② 破産債権者と破産者との間において，破産手続開始前に，当該債務者について破産手続が開始されたとすれば当該破産手続における配当の順位が劣後的破産債権に後れる旨の合意がされた債権（以下「約定劣後破産債権」という．）は，劣後的破産債権に後れる．

**(破産債権の行使)**
**第100条** ① 破産債権は，この法律に特別の定めがある場合を除き，破産手続によらなければ，行使することができない．
② 前項の規定は，次に掲げる行為によって破産債権である租税等の請求権を行使する場合については，適用しない．
1 破産手続開始の時に破産財団に属する財産に対して既にされている国税滞納処分
2 徴収の権限を有する者による還付金又は過誤納金の充当

**(給料の請求権等の弁済の許可)**
**第101条** ① 優先的破産債権である給料の請求権又は退職手当の請求権について届出をした破産債権者が，これらの破産債権の弁済を受けなければその生活の維持を図るのに困難を生ずるおそれがあるときは，裁判所は，最初に第195条第1項に規定する最後配当，第204条第1項に規定する簡易配当，第208条第1項に規定する同意配当又は第209条第1項に規定する中間配当の許可があるまでの間，破産管財人の申立てにより又は職権で，その全部又は一部の弁済をすることを許可することができる．ただし，その弁済により財団債権又は他の先順位若しくは同順位の優先的破産債権を有する者の利益を害するおそれがないときに限る．
② 破産管財人は，前項の破産債権者から同項の申立てをすべきことを求められたときは，直ちにその旨を裁判所に報告しなければならない．この場合において，その申立てをしないこととしたときは，遅滞なく，その事情を裁判所に報告しなければならない．

**(破産管財人による相殺)**
**第102条** 破産管財人は，破産財団に属する債権をもって破産債権と相殺することが破産債権者の一般の利益に適合するときは，裁判所の許可を得て，その相殺をすることができる．

**(破産債権者の手続参加)**
**第103条** ① 破産債権者は，その有する破産債権をもって破産手続に参加することができる．
② 前項の場合において，破産債権の額は，次に掲げる債権の区分に従い，それぞれ当該各号に定める額とする．
1 次に掲げる破産債権破産手続開始の時における評価額
イ 金銭の支払を目的としない債権
ロ 金銭債権で，その額が不確定であるもの又はその額を外国の通貨をもって定めたもの
ハ 金額又は存続期間が不確定である定期金債権
2 前号に掲げる債権以外の債権債権額
③ 破産債権が期限付債権でその期限が破産手続開始後に到来すべきものであるときは，その破産債権は，破産手続開始の時において弁済期が到来したものとみなす．
④ 破産債権が破産手続開始の時において条件付債権又は将来の請求権であるときでも，当該破産債権者は，その破産債権をもって破産手続に参加することができる．

**(全部の履行をする義務を負う者が数人ある場合等の手続参加)**
**第104条** ① 数人が各自全部の履行をする義務を負う場合において，その全員又はそのうちの数人若しくは1人について破産手続開始の決定があったときは，債権者は，破産手続開始の時において有する債権の全額についてそれぞれ破産手続に参加することができる．
② 前項の場合において，他の全部の履行をする義務を負う者が破産手続開始後に債権者に対して弁済その他の債務を消滅させる行為（以下この条において「弁済等」という．）をしたときであっても，その債権の全額が消滅した場合を除き，その債権者は，破産手続開始の時において有する債権の全額についてその権利を行使することができる．
③ 第1項に規定する場合において，破産者に対して将来行うことがある求償権を有する者は，その全額について破産手続に参加することができる．ただし，債権者が破産手続開始の時において有する債権について破産手続に参加したときは，この限りでない．
④ 第1項の規定により破産手続に参加した債権者に対して将来行うことがある求償権を有する者が破産手続開始後に債権者に対して弁済等をしたときは，その債権の全額が消滅した場合に限り，その求償権を有する者は，その求償権の範囲内において，債権者が有した権利を破産債権者として行使することができる．
⑤ 第2項の規定は破産者の債務を担保するため自己の財産を担保に供した第三者（以下この項において「物上保証人」という．）が破産手続開始後に債権者に対して弁済等をした場合について，前2項の規定は物上保証人に対して将来行うことがある求償権を有する場合における当該物上保証人について準用する．

**(保証人の破産の場合の手続参加)**
**第105条** 保証人について破産手続開始の決定があったときは，債権者は，破産手続開始の時において有する債権の全額について破産手続に参加する

ことができる.
(法人の債務につき無限の責任を負う者の破産の場合の手続参加)
第106条 法人の債務につき無限の責任を負う者について破産手続開始の決定があったときは,当該法人の債権者は,破産手続開始の時において有する債権の全額について破産手続に参加することができる.
(法人の債務につき有限の責任を負う者の破産の場合の手続参加等)
第107条 ① 法人の債務につき有限の責任を負う者について破産手続開始の決定があったときは,当該法人の債権者は,破産手続に参加することができない.この場合においては,当該法人が出資の請求について破産手続に参加することを妨げない.
② 法人の債務につき有限の責任を負う者がある場合において,当該法人について破産手続開始の決定があったときは,当該法人の債権者は,当該法人の債務につき有限の責任を負う者に対してその権利を行使することができない.
(別除権者等の手続参加)
第108条 ① 別除権者は,当該別除権に係る第65条第2項に規定する担保権によって担保される債権については,その別除権の行使によって弁済を受けることができない債権の額についてのみ,破産債権者としてその権利を行使することができる.ただし,当該担保権によって担保される債権の全部又は一部が破産手続開始後に担保されないこととなった場合には,当該債権の当該全部又は一部の額について,破産債権者としてその権利を行使することを妨げない.
② 破産財団に属しない破産者の財産につき特別の先取特権,質権若しくは抵当権を有する者又は破産者につき更に破産手続開始の決定があった場合における前の破産手続において破産債権を有する者は,前項と同様とする.
(外国で弁済を受けた破産債権者の手続参加)
第109条 破産債権者は,破産手続開始の決定があった後に,破産財団に属する財産で外国にあるものに対して権利を行使したことにより,破産債権について弁済を受けた場合であっても,その弁済を受ける前の債権の額について破産手続に参加することができる.
(代理委員)
第110条 ① 破産債権者は,裁判所の許可を得て,共同して又は各別に,1人又は数人の代理委員を選任することができる.
② 代理委員は,これを選任した破産債権者のために,破産手続に属する一切の行為をすることができる.
③ 代理委員が数人あるときは,共同してその権限を行使する.ただし,第三者の意思表示は,その1人に対してすれば足りる.
④ 裁判所は,代理委員の権限の行使が著しく不公正であると認めるときは,第1項の許可を取り消すことができる.

第2節 破産債権の届出
(破産債権の届出)
第111条 ① 破産手続に参加しようとする破産債権者は,第31条第1項第1号又は第3項の規定により定められた破産債権の届出をすべき期間(以下「債権届出期間」という.)内に,次に掲げる事項を裁判所に届け出なければならない.
1 各破産債権の額及び原因

2 優先的破産債権であるときは,その旨
3 劣後的破産債権又は約定劣後破産債権であるときは,その旨
4 自己に対する配当額の合計額が最高裁判所規則で定める額に満たない場合においても配当金を受領する意思があるときは,その旨
5 前各号に掲げるもののほか,最高裁判所規則で定める事項
② 別除権者は,前項各号に掲げる事項のほか,次に掲げる事項を届け出なければならない.
1 別除権の目的である財産
2 別除権の行使によって弁済を受けることができないと見込まれる債権の額
③ 前項の規定は,第108条第2項に規定する特別の先取特権,質権若しくは抵当権又は破産債権を有する者(以下「準別除権者」という.)について準用する.
(一般調査期間経過後又は一般調査日終了後の届出等)
第112条 ① 破産債権者がその責めに帰することができない事由によって第31条第1項第3号の期間(以下「一般調査期間」という.)の経過又は同号の期日(以下「一般調査期日」という.)の終了までに破産債権の届出をすることができなかった場合には,その事由が消滅した後1月以内に限り,その届出をすることができる.
② 前項に規定する1月の期間は,伸長し,又は短縮することができない.
③ 一般調査期間の経過又は一般調査期日の終了後に生じた破産債権については,その権利の発生した後1月の不変期間内に,その届出をしなければならない.
④ 第1項及び第2項の規定は,破産債権者が,その責めに帰することができない事由によって,一般調査期間の経過後又は一般調査期日の終了後に,届け出た事項について他の破産債権者の利益を害すべき変更を加える場合について準用する.
(届出名義の変更)
第113条 ① 届出をした破産債権を取得した者は,一般調査期間の経過後又は一般調査期日の終了後でも,届出名義の変更を受けることができる.
② 前項の規定により届出名義の変更を受ける者は,自己に対する配当額の合計額が第111条第1項第4号に規定する最高裁判所規則で定める額に満たない場合においても配当金を受領する意思があるときは,その旨を裁判所に届け出なければならない.
(租税等の請求権等の届出)
第114条 次に掲げる請求権を有する者は,遅滞なく,当該請求権の額及び原因その他最高裁判所規則で定める事項を裁判所に届け出なければならない.この場合において,当該請求権を有する者が別除権者又は準別除権者であるときは,第111条第2項の規定を準用する.
1 租税等の請求権であって,財団債権に該当しないもの
2 罰金等の請求権であって,財団債権に該当しないもの

第3節 破産債権の調査及び確定
第1款 通則
(破産債権者表の作成等)
第115条 ① 裁判所書記官は,届出があった破産債権について,破産債権者表を作成しなければならない.

② 前項の破産債権者表には、各破産債権について、第111条第1項第1号から第4号まで及び第2項第2号（同条第3項において準用する場合を含む。）に掲げる事項その他最高裁判所規則で定める事項を記載しなければならない。
③ 破産債権者表の記載に誤りがあるときは、裁判所書記官は、申立てにより又は職権で、いつでもその記載を更正する処分をすることができる。

（破産債権の調査の方法）
**第116条** ① 裁判所による破産債権の調査は、次款の規定により、破産管財人が作成した認否書並びに破産債権者及び破産者の書面による異議に基づいてする。
② 前項の規定にかかわらず、裁判所は、必要があると認めるときは、第3款の規定により、破産債権の調査を、そのための期日における破産管財人の認否並びに破産債権者及び破産者の異議に基づいてすることができる。
③ 裁判所は、第121条の規定による一般調査期日における破産債権の調査の後であっても、第119条の規定による特別調査期日における書面による破産債権の調査をすることができ、必要があると認めるときは、第118条の規定による一般調査期間における書面による破産債権の調査の後であっても、第122条の規定による特別調査期日における破産債権の調査をすることができる。

### 第2款 書面による破産債権の調査

（認否書の作成及び提出）
**第117条** ① 破産管財人は、一般調査期間が定められたときは、債権届出期間内に届出があった破産債権について、次に掲げる事項についての認否を記載した認否書を作成しなければならない。
1 破産債権の額
2 優先的破産債権であること。
3 劣後的破産債権又は約定劣後破産債権であること。
4 別除権（第108条第2項に規定する特別の先取特権、質権若しくは抵当権又は破産債権を含む。）の行使によって弁済を受けることができないと見込まれる債権の額
② 破産管財人は、債権届出期間の経過後に届出があり、又は届出事項の変更（他の破産債権者の利益を害すべき変更に限る。以下この節において同じ。）があった破産債権についても、前項各号に掲げる事項（当該届出事項の変更があった場合にあっては、変更後の同項各号に掲げる事項。以下この節において同じ。）についての認否を同項の認否書に記載することができる。
③ 破産管財人は、一般調査期間前の裁判所の定める期限までに、前2項の規定により作成した認否書を裁判所に提出しなければならない。
④ 第1項の規定により同項の認否書に認否を記載すべき事項であって前項の規定により提出された認否書に認否の記載がないものがあるときは、破産管財人において当該事項を認めたものとみなす。
⑤ 第2項の規定により第1項各号に掲げる事項についての認否を認否書に記載することができる破産債権について、第3項の規定により提出された認否書に当該事項の一部についての認否の記載があるときは、破産管財人において当該事項のうち当該認否に認否の記載のないものを認めたものとみなす。

（一般調査期間における調査）
**第118条** ① 届出をした破産債権者は、一般調査期間内に、裁判所に対し、前条第1項又は第2項に規定する破産債権についての同条第1項各号に掲げる事項について、書面で、異議を述べることができる。
② 破産者は、一般調査期間内に、裁判所に対し、前項の破産債権の額について、書面で、異議を述べることができる。
③ 裁判所は、一般調査期間を変更する決定をしたときは、その裁判書を破産管財人、破産者及び届出をした破産債権者（債権届出期間の経過前にあっては、知れている破産債権者）に送達しなければならない。
④ 前項の規定による送達は、書類を通常の取扱いによる郵便に付し、又は民間事業者による信書の送達に関する法律第2条第6項に規定する一般信書便事業者若しくは同条第9項に規定する特定信書便事業者の提供する同条第2項に規定する信書便の役務を利用して送付する方法によりすることができる。
⑤ 前項の規定による送達をした場合においては、その郵便物等が通常到達すべきであった時に、送達があったものとみなす。

（特別調査期間における調査）
**第119条** ① 裁判所は、債権届出期間の経過後、一般調査期間の満了前又は一般調査期日の終了前にその届出があり、又は届出事項の変更があった破産債権について、その調査をするための期間（以下「特別調査期間」という。）を定めなければならない。ただし、当該破産債権について、破産管財人が第117条第3項の規定により提出された認否書に同条第1項各号に掲げる事項の全部若しくは一部についての認否を記載している場合又は一般調査期日において調査をすることについて破産管財人及び破産債権者の異議がない場合は、この限りでない。
② 一般調査期間の経過後又は一般調査期日の終了後に第112条第1項若しくは第3項の規定による届出があり、又は同条第4項において準用する同条第1項の規定による届出事項の変更があった破産債権についても、前項本文と同様とする。
③ 第1項本文又は前項の場合には、特別調査期間に関する費用は、当該破産債権を有する者の負担とする。
④ 破産管財人は、特別調査期間に係る破産債権については、第117条第1項各号に掲げる事項についての認否を記載した認否書を作成し、特別調査期間前の裁判所の定める期限までに、これを裁判所に提出しなければならない。この場合においては、同条第4項の規定を準用する。
⑤ 届出をした破産債権者は前項の破産債権についての第117条第1項各号に掲げる事項について、破産者は当該破産債権の額について、特別調査期間内に、裁判所に対し、書面で、異議を述べることができる。
⑥ 前条第3項から第5項までの規定は、特別調査期間を定める決定の裁判書の送達があった場合における裁判書の送達について準用する。

（特別調査期間に関する費用の予納）
**第120条** ① 前条第1項本文又は第2項の場合には、裁判所書記官は、相当の期間を定め、同条第3項の破産債権を有する者に対し、同項の費用の予納を命じなければならない。
② 前項の規定による処分は、相当と認める方法で告知することによって、その効力を生ずる。
③ 第1項の規定による処分に対しては、その告知を

受けた日から1週間の不変期間内に、異議の申立てをすることができる。

④ 前項の異議の申立ては、執行停止の効力を有する。

⑤ 第1項の場合において、同項の破産債権を有する者が同項の費用の予納をしないときは、裁判所は、決定で、その者がした破産債権の届出又は届出事項の変更に係る届出を却下しなければならない。

⑥ 前項の規定による却下の決定に対しては、即時抗告をすることができる。

#### 第3款 期日における破産債権の調査

**（一般調査期日における調査）**

**第121条** ① 破産管財人は、一般調査期日が定められたときは、当該一般調査期日に出頭し、債権届出期間内に届出があった破産債権について、第117条第1項各号に掲げる事項についての認否をしなければならない。

② 届出をした破産債権者又はその代理人は、一般調査期日に出頭し、前項の破産債権について、同項に規定する事項について、異議を述べることができる。

③ 破産者は、一般調査期日に出頭しなければならない。ただし、正当な事由があるときは、代理人を出頭させることができる。

④ 前項本文の規定により出頭した破産者は、第1項の破産債権の額について、異議を述べることができる。

⑤ 第3項本文の規定により出頭した破産者は、必要な事項に関し意見を述べなければならない。

⑥ 前2項の規定は、第3項ただし書の代理人について準用する。

⑦ 前各項の規定は、債権届出期間の経過後に届出があり、又は届出事項の変更があった破産債権について一般調査期日において調査をすることにつき破産管財人及び破産債権者の異議がない場合について準用する。

⑧ 一般調査期日における破産債権の調査は、破産管財人が出頭しなければ、することができない。

⑨ 裁判所は、一般調査期日を変更する決定をしたときは、その裁判書を破産管財人、破産者及び届出をした破産債権者（債権届出期間の経過前にあっては、知れている破産債権者）に送達しなければならない。

⑩ 裁判所は、一般調査期日における破産債権の調査の延期又は続行の決定をしたときは、当該一般調査期日において言渡しをした場合を除き、その裁判書を破産管財人、破産者及び届出をした破産債権者に送達しなければならない。

⑪ 第118条第4項及び第5項の規定は、前2項の規定による送達について準用する。

**（特別調査期日における調査）**

**第122条** ① 裁判所は、債権届出期間の経過後、一般調査期間の満了前又は一般調査期日の終了前に届出があり、又は届出事項の変更があった破産債権について、必要があると認めるときは、その調査をするための期日（以下「特別調査期日」という。）を定めなければならない。ただし、当該破産債権について、破産管財人が第117条第3項の規定により提出された認否書に同条第1項各号に掲げる事項の全部若しくは一部についての認否を記載している場合又は一般調査期日において調査をすることについて破産管財人及び破産債権者の異議がない場合は、この限りでない。

② 第119条第2項及び第3項、同条第6項において準用する第118条第3項から第5項まで、第120条並びに前条（第7項及び第9項を除く。）の規定は、前項本文の場合における特別調査期日について準用する。

**（期日終了後の破産者の異議）**

**第123条** ① 破産者がその責めに帰することができない事由によって一般調査期日又は特別調査期日に出頭することができなかったときは、破産者は、その事由が消滅した後1週間以内に限り、裁判所に対し、当該一般調査期日又は特別調査期日における調査に係る破産債権の額について、書面で、異議を述べることができる。

② 前項に規定する1週間の期間は、伸長し、又は短縮することができない。

#### 第4款 破産債権の確定

**（異議等のない破産債権の確定）**

**第124条** ① 第117条第1項各号（第4号を除く。）に掲げる事項は、破産債権の調査において、破産管財人が認め、かつ、調査期間内若しくは特別調査期間内又は一般調査期日若しくは特別調査期日において異議を述べなかったときは、確定する。

② 裁判所書記官は、破産債権の調査の結果を破産債権者表に記載しなければならない。

③ 第1項の規定により確定した事項についての破産債権者表の記載は、破産債権者の全員に対して確定判決と同一の効力を有する。

**（破産債権査定決定）**

**第125条** ① 破産債権の調査において、破産債権の額又は優先的破産債権、劣後的破産債権若しくは約定劣後破産債権であるかどうかの別（以下この条及び第127条第1項において「額等」という。）について破産管財人が認めず、又は届出をした破産債権者が異議を述べた場合には、当該破産債権（以下「異議等のある破産債権」という。）を有する破産債権者は、その額等の確定のために、当該破産管財人及び当該異議を述べた届出をした破産債権者（以下この款において「異議者等」という。）の全員を相手方として、裁判所に、その額等についての査定の申立て（以下「破産債権査定申立て」という。）をすることができる。ただし、第127条第1項並びに第129条第1項及び第2項の場合は、この限りでない。

② 破産債権査定申立ては、異議等のある破産債権に係る一般調査期間若しくは特別調査期間の末日又は一般調査期日若しくは特別調査期日から1月の不変期間内にしなければならない。

③ 破産債権査定申立てがあった場合には、裁判所は、これを不適法として却下する場合を除き、決定で、異議等のある破産債権の存否又は額等を査定する裁判（次項において「破産債権査定決定」という。）をしなければならない。

④ 裁判所は、破産債権査定決定をする場合には、異議者等を審尋しなければならない。

⑤ 破産債権査定申立てについての決定があった場合には、その裁判書を当事者に送達しなければならない。この場合においては、第10条第3項本文の規定は、適用しない。

**（破産債権査定申立てについての決定に対する異議の訴え）**

**第126条** ① 破産債権査定申立てについての決定に不服がある者は、その送達を受けた日から1月の不変期間内に、異議の訴え（以下「破産債権査定異議

の訴え」という．）を提起することができる．
② 破産債権査定異議の訴えは，破産裁判所が管轄する．
③ 破産債権査定異議の訴えが提起された第一審裁判所は，破産裁判所が破産事件を管轄することの根拠となる法令上の規定が第5条第8項又は第9項の規定のみである場合（破産裁判所が第7条第4号の規定により移送を受けたことの根拠となる規定が同号ロ又はハの規定のみであるときを含む．）において，著しい損害又は遅滞を避けるため必要があると認めるときは，申立てにより又は職権で，当該破産債権査定異議の訴えに係る訴訟を第5条第1項に規定する地方裁判所（同項に規定する地方裁判所がないときにあっては，同条第2項に規定する地方裁判所）に移送することができる．
④ 破産債権査定異議の訴えは，これを提起する者が，異議等のある破産債権を有する破産債権者であるときは異議者等の全員を，当該異議者であるときは当該破産債権者を，それぞれ被告としなければならない．
⑤ 破産債権査定異議の訴えの口頭弁論は，第1項の期間を経過した後でなければ開始することができない．
⑥ 同一の破産債権に関し破産債権査定異議の訴えが数個同時に係属するときは，弁論及び裁判は，併合してしなければならない．この場合においては，民事訴訟法第40条第1項から第3項までの規定を準用する．
⑦ 破産債権査定異議の訴えについての判決においては，訴えを不適法として却下する場合を除き，破産債権査定申立てについての決定を認可し，又は変更する．

（異議等のある破産債権に関する訴訟の受継）
第127条 ① 異議等のある破産債権に関し破産手続開始当時訴訟が係属する場合において，破産債権者がその額等の確定を求めようとするときは，異議者等の全員を当該訴訟の相手方として，訴訟手続の受継の申立てをしなければならない．
② 第125条第2項の規定は，前項の申立てについて準用する．

（主張の制限）
第128条 破産債権査定申立てに係る査定の手続又は破産債権査定異議の訴えの提起若しくは前条第1項の規定による受継に係る訴訟手続においては，破産債権者は，異議等のある破産債権についての第111条第1項第1号から第4号までに掲げる事項について，破産債権者表に記載されている事項のみを主張することができる．

（執行力ある債務名義のある債権等に対する異議の主張）
第129条 ① 異議等のある破産債権のうち執行力ある債務名義又は終局判決のあるものについては，異議者等は，異議を主張することのできる訴訟手続によってのみ，異議を主張することができる．
② 前項に規定する異議等のある破産債権に関し破産手続開始当時訴訟が係属する場合において，同項の異議者等が同項の規定による異議を主張しようとするときは，当該異議者等は，当該破産債権を有する破産債権者を相手方とする訴訟手続を受け継がなければならない．
③ 第125条第2項の規定は第1項の規定による異議の主張及び前項の規定による受継について，第126条第5項及び第6項並びに前条の規定は前2項の場合について準用する．この場合においては，第126条第5項中「第1項の期間」とあるのは，「異議のある破産債権に係る一般調査期間若しくは特別調査期間の末日又は一般調査期日若しくは特別調査期日から1月の不変期間」と読み替えるものとする．
④ 前項において準用する第125条第2項に規定する期間内に第1項の規定による異議の主張又は第2項の規定による受継がされなかった場合には，異議者等が破産債権者であるときは第118条第1項，第119条第5項又は第121条第2項（同条第7項又は第122条第2項において準用する場合を含む．）の規定による受諾があったものとみなし，異議者等が破産管財人であるときは破産管財人においてその破産債権を認めたものとみなす．

（破産債権の確定に関する訴訟の結果の記載）
第130条 裁判所書記官は，破産管財人又は破産債権者の申立てにより，破産債権の確定に関する訴訟の結果（破産債権査定申立てについての決定が，第126条第1項に規定する期間内に提起されなかったとき，又は却下されたときは，当該決定の内容）を破産債権者表に記載しなければならない．

（破産債権の確定に関する訴訟の判決等の効力）
第131条 ① 破産債権の確定に関する訴訟についてした判決は，破産債権者の全員に対して，その効力を有する．
② 破産債権査定申立てについての決定に対する破産債権査定異議の訴えが，第126条第1項に規定する期間内に提起されなかったとき，又は却下されたときは，当該決定は，破産債権者の全員に対して，確定判決と同一の効力を有する．

（訴訟費用の償還）
第132条 破産財団が破産債権の確定に関する訴訟（破産債権査定申立てについての決定を含む．）によって利益を受けたときは，異議を主張した破産債権者は，その利益の限度において財団債権者として訴訟費用の償還を請求することができる．

（破産手続終了の場合における破産債権の確定手続の取扱い）
第133条 ① 破産手続が終了した際現に係属する破産債権査定申立ての手続は，破産手続開始の決定の取消し又は破産手続廃止の決定の確定により破産手続が終了したときは終了するものとし，破産手続終結の決定により破産手続が終了したときは引き続き係属するものとする．
② 破産手続終結の決定により破産手続が終了した場合において，前項の手続が終了した後に破産債権査定申立てについての決定があったときは，第126条第1項の規定により破産債権査定異議の訴えを提起することができる．
③ 破産手続が終了した際現に係属する破産債権査定異議の訴えに係る訴訟手続又は第127条第1項若しくは第129条第2項の規定による受継があった訴訟手続であって，破産管財人が当事者であるものは，破産手続終結の決定により破産手続が終了したときは，第44条第4項の規定にかかわらず，中断しないものとする．
④ 破産手続が終了した際現に係属する破産債権査定異議の訴えに係る訴訟手続であって，破産管財人が当事者でないものは，破産手続開始の決定の取消

し又は破産手続廃止の決定の確定により破産手続が終了したときは終了するものとし、破産手続終結の決定により破産手続が終了したときは引き続き係属するものとする。

⑤ 破産手続が終了した際現に係属する第127条第1項又は第129条第2項の規定による受継があった訴訟手続であって、破産管財人が当事者でないものは、破産手続開始の決定の取消し又は破産手続廃止の決定の確定により破産手続が終了したときは中断するものとし、破産手続終結の決定により破産手続が終了したときは引き続き係属するものとする。

⑥ 前項の規定により訴訟手続が中断する場合においては、第44条第5項の規定を準用する。

### 第5款 租税等の請求権等についての特例

**第134条** ① 租税等の請求権及び罰金等の請求権については、第1款(第115条を除く。)から前款までの規定は、適用しない。

② 第114条の規定による届出があった請求権(罰金、科料及び刑事訴訟費用の請求権を除く。)の原因が審査請求、訴訟(刑事訴訟を除く。次項において同じ。)その他の不服の申立てをすることができる処分である場合には、破産管財人は、当該届出があった請求権について、当該不服の申立てをする方法で、異議を主張することができる。

③ 前項の場合において、当該届出があった請求権に関し破産手続開始当時訴訟が係属するときは、同項に規定する異議を主張しようとする破産管財人は、当該届出があった請求権を有する破産債権者を相手方とする訴訟手続を受け継がなければならない。当該届出があった請求権に関し破産手続開始当時破産財団に関する事件が行政庁に係属するときも、同様とする。

④ 第2項の規定による異議の主張又は前項の規定による受継は、破産管財人が第2項に規定する届出があったことを知った日から1月の不変期間内にしなければならない。

⑤ 第124条第2項の規定は第114条の規定による届出があった請求権について、第128条、第130条、第131条第1項及び前条第3項の規定は第2項の規定による異議又は第3項の規定による受継があった場合について準用する。

## 第4節 債権者集会及び債権者委員会
### 第1款 債権者集会

**(債権者集会の招集)**
**第135条** ① 裁判所は、次の各号に掲げる者のいずれかの申立てがあった場合には、債権者集会を招集しなければならない。ただし、知れている破産債権者の数その他の事情を考慮して債権者集会を招集することを相当でないと認めるときは、この限りでない。

1 破産管財人
2 第144条第2項に規定する債権者委員会
3 知れている破産債権者の総債権について裁判所が評価した額の10分の1以上に当たる破産債権を有する破産債権者

② 裁判所は、前項本文の申立てがない場合であっても、相当と認めるときは、債権者集会を招集することができる。

**(債権者集会の期日の呼出し等)**
**第136条** ① 債権者集会の期日には、破産管財人、破産者及び届出をした破産債権者を呼び出さなければならない。ただし、第31条第5項の決定があったときは、届出をした破産債権者を呼び出すことを要しない。

② 前項本文の規定にかかわらず、届出をした破産債権者であって議決権を行使することができないものは、呼び出さないことができる。財産状況報告集会においては、第32条第3項の規定により通知をする者も、同様とする。

③ 裁判所は、第32条第1項第3号及び第3項の規定により財産状況報告集会の期日の公告及び通知をするほか、各債権者集会(財産状況報告集会を除く。以下この項において同じ。)の期日及び会議の目的である事項を公告し、かつ、各債権者集会の期日を労働組合等に通知しなければならない。

④ 債権者集会の期日においてその延期又は続行について言渡しがあったときは、第1項本文及び前項の規定は、適用しない。

**(債権者集会の指揮)**
**第137条** 債権者集会は、裁判所が指揮する。

**(債権者集会の決議)**
**第138条** 債権者集会の決議を要する事項を可決するには、議決権を行使することができる破産債権者(以下この款において「議決権者」という。)で債権者集会の期日に出席し又は次条第2項第2号に規定する書面等投票をしたものの議決権の総額の2分の1を超える議決権を有する者の同意がなければならない。

**(決議に付する旨の決定)**
**第139条** ① 裁判所は、第135条第1項各号に掲げる者が債権者集会の決議を要する事項を決議に付することを目的として同項本文の申立てをしたときは、当該事項を債権者集会の決議に付する旨の決定をする。

② 裁判所は、前項の決議に付する旨の決定において、議決権者の議決権行使の方法として、次に掲げる方法のいずれかの方法を定めなければならない。

1 債権者集会の期日において議決権を行使する方法
2 書面等投票(書面その他の最高裁判所規則で定める方法のうち裁判所の定めるものによる投票をいう。)により裁判所の定める期間内に議決権を行使する方法
3 前2号に掲げる方法のうち議決権者が選択するものにより議決権を行使する方法。この場合において、前号の期間の末日は、第1号の期日より前の日でなければならない。

③ 裁判所は、議決権行使の方法として前項第2号又は第3号に掲げる方法を定めたときは、その旨を公告し、かつ、議決権者に対して、同項第2号に規定する書面等投票は裁判所の定める期間内に限りすることができる旨を通知しなければならない。ただし、第31条第5項の決定があったときは、当該通知をすることを要しない。

**(債権者集会の期日を開く場合における議決権の額の定め方等)**
**第140条** ① 裁判所が議決権行使の方法として前条第2項第1号又は第3号に掲げる方法を定めた場合においては、議決権者は、次の各号に掲げる区分に応じ、当該各号に定める額に応じて、議決権を行使することができる。

1 前節第4款の規定によりその額が確定した破産債権を有する届出をした破産債権者、準別除権者又は停止条件付債権者若しくは将来の請求権である破産債権を有する者(次項及び次条第

1項第1号において「別除権者等」という.）を除く.）確定した破産債権の額
2 次項本文の異議のない議決権を有する届出をした破産債権者 届出の額（別除権者又は準別除権者にあっては，第111条第2項第2号（同条第3項又は第114条において準用する場合を含む.）に掲げる額）
3 次項本文の異議のある議決権を有する届出をした破産債権者 裁判所が定める額．ただし，裁判所が議決権を行使させない旨を定めたときは，議決権を行使することができない．
② 届出をした破産債権者の前項の規定による議決権については，破産管財人又は届出をした破産債権者は，債権者集会の期日において，異議を述べることができる．ただし，前節第4款の規定により破産債権の額が確定した届出をした破産債権者（別除権者等を除く.）の議決権については，この限りでない．
③ 裁判所は，利害関係人の申立てにより又は職権で，いつでも第1項第3号の規定による定めを変更することができる．

（債権者集会の期日を開かない場合における議決権の額の定め方等）
第141条 ① 裁判所が議決権行使の方法として第139条第2項第2号に掲げる方法を定めた場合においては，議決権者は，次の各号に掲げる区分に応じ，当該各号に定める額に応じて，議決権を行使することができる．
1 前節第4款の規定により破産債権の額が確定した破産債権を有する届出をした破産債権者（別除権者等を除く.）確定した破産債権の額
2 届出をした破産債権者（前号に掲げるものを除く.）裁判所が定める額．ただし，裁判所が議決権を行使させない旨を定めたときは，議決権を行使することができない．
② 裁判所は，利害関係人の申立てにより又は職権で，いつでも前項第2号の規定による定めを変更することができる．

（破産債権者の議決権）
第142条 ① 破産債権者は，劣後的破産債権及び約定劣後破産債権については，議決権を有しない．
② 第101条第1項の規定により弁済を受けた破産債権者及び第109条に規定する弁済を受けた破産債権者は，その弁済を受けた債権の額については，議決権を行使することができない．

（代理人による議決権行使）
第143条 議決権者は，代理人をもってその議決権を行使することができる．

## 第2款 債権者委員会

（債権者委員会）
第144条 ① 裁判所は，破産債権者をもって構成する委員会がある場合には，利害関係人の申立てにより，当該委員会が，この法律の定めるところにより，破産手続に関与することを承認することができる．ただし，次の各号のいずれにも該当する場合に限る．
1 委員の数が，3人以上最高裁判所規則で定める人数以内であること．
2 破産債権者の過半数が当該委員会が破産手続に関与することについて同意していると認められること．
3 当該委員会が破産債権者全体の利益を適切に代表すると認められること．

② 裁判所は，必要があると認めるときは，破産手続において，前項の規定により承認された委員会（以下「債権者委員会」という.）に対して，意見の陳述を求めることができる．
③ 債権者委員会は，破産手続において，裁判所又は破産管財人に対して，意見を述べることができる．
④ 債権者委員会が破産手続の円滑な進行に貢献する活動があったと認められるときは，裁判所は，当該活動のために必要な費用を支出した破産債権者の申立てにより，破産財団から当該破産債権者に対して相当と認める額の費用を償還することを許可することができる．この場合においては，当該費用の請求権は，財団債権とする．
⑤ 裁判所は，利害関係人の申立てにより又は職権で，いつでも第1項の規定による承認を取り消すことができる．

（債権者委員会の意見聴取）
第145条 ① 裁判所書記官は，前条第1項の規定による承認があったときは，遅滞なく，破産管財人に対して，その旨を通知しなければならない．
② 破産管財人は，前項の規定による通知を受けたときは，遅滞なく，破産財団に属する財産の管理及び処分に関する事項について，債権者委員会の意見を聴かなければならない．

（破産管財人の債権者委員会に対する報告義務）
第146条 ① 破産管財人は，第153条第2項又は第157条の規定により報告書等（報告書，財産目録又は貸借対照表をいう．以下この条において同じ.）を裁判所に提出したときは，遅滞なく，当該報告書等を債権者委員会にも提出しなければならない．
② 破産管財人は，前項の規定による報告書等に第12条第1項に規定する支障部分に該当する部分があると主張して同項の申立てをしたときは，当該部分を除いた報告書等を債権者委員会に提出すれば足りる．

（破産管財人に対する報告命令）
第147条 ① 債権者委員会は，破産債権者全体の利益のために必要があるときは，裁判所に対し，破産管財人に破産財団に属する財産の管理及び処分に関し必要な事項について第157条第2項の規定による報告をすることを命ずるよう申し出ることができる．
② 前項の規定による申出を受けた裁判所は，当該申出が相当であると認めるときは，破産管財人に対し，第157条第2項の規定による報告をすることを命じなければならない．

## 第5章 財団債権

（財団債権となる請求権）
第148条 ① 次に掲げる請求権は，財団債権とする．
1 破産債権者の共同の利益のためにする裁判上の費用の請求権
2 破産財団の管理，換価及び配当に関する費用の請求権
3 破産手続開始前の原因に基づいて生じた租税等の請求権（第97条第5号に掲げる請求権を除く.）であって，破産手続開始当時，まだ納期限の到来していないもの又は納期限から1年（その期間中に包括的禁止命令が発せられたことにより国税滞納処分をすることができない期間がある場合には，当該期間を除く.）を経過していないもの

4　破産財団に関し破産管財人がした行為によって生じた請求権
5　事務管理又は不当利得により破産手続開始後に破産財団に対して生じた請求権
6　委任の終了又は代理権の消滅の後，急迫の事情があるためにした行為によって破産手続開始後に破産財団に対して生じた請求権
7　第53条第1項の規定により破産管財人が債務の履行をする場合において相手方が有する請求権
8　破産手続の開始によって双務契約の解約の申入れ（第53条第1項又は第2項の規定による賃貸借契約の解除を含む。）があった場合において破産手続開始後その契約の終了に至るまでの間に生じた請求権
② 破産管財人が負担付遺贈の履行を受けたときは，その負担した義務の相手方が有する当該負担の利益を受けるべき請求権は，遺贈の目的の価額を超えない限度において，財団債権とする．
③ 第103条第2項及び第3項の規定は，第1項第7号及び前項に規定する財団債権について準用する．この場合において，当該財団債権が無利息債権又は定期金債権であるときは，当該債権の額は，当該債権が破産債権であるとした場合に第99条第1項第2号から第4号までに掲げる劣後的破産債権となるべき部分に相当する金額を控除した額とする．
④ 保全管理人が債務者の財産に関し権限に基づいてした行為によって生じた請求権は，財団債権とする．
（使用人の給料等）
第149条　① 破産手続開始前3月間の破産者の使用人の給料の請求権は，財団債権とする．
② 破産手続の終了前に退職した破産者の使用人の退職手当の請求権（当該請求権の全額が破産債権であるとした場合に劣後的破産債権となるべき部分を除く．）は，退職前3月間の給料の総額（その総額が破産手続開始前3月間の給料の総額より少ない場合にあっては，破産手続開始前3月間の給料の総額）に相当する額を財団債権とする．
（社債管理者等の費用及び報酬）
第150条　① 社債管理者が破産債権である社債の管理に関する事務を行おうとする場合には，裁判所は，破産手続の円滑な進行を図るために必要があると認めるときは，当該社債管理者の社債管理事務の処理に要する費用の請求権を財団債権とする旨の許可をすることができる．
② 社債管理者が前項の許可を得ないで破産債権である社債の管理に関する事務を行った場合であっても，裁判所は，当該社債管理者が破産手続の円滑な進行に貢献したと認められるときは，当該事務の処理に要した費用の償還請求権のうちその貢献の程度を考慮して相当と認める額を財団債権とする旨の許可をすることができる．
③ 裁判所は，破産手続開始後の原因に基づいて生じた社債管理者の報酬の請求権のうち相当と認める額を財団債権とする旨の許可をすることができる．
④ 前3項の規定による許可を得た請求権は，財団債権とする．
⑤ 第1項から第3項までの規定による許可の決定に対しては，即時抗告をすることができる．
⑥ 前各項の規定は，次の各号に掲げる者の区分に応じ，それぞれ当該各号に定める債権で破産債権であるものの管理に関する事務につき生ずる費用又は報酬に係る請求権について準用する．

1　担保付社債信託法（明治38年法律第52号）第2条第1項に規定する信託契約の受託会社　同法に規定する社債
2　医療法（昭和23年法律第205号）第54条の5に規定する社会医療法人債管理者　同法第54条の2第1項に規定する社会医療法人債
3　投資信託及び投資法人に関する法律（昭和26年法律第198号）第139条の8に規定する投資法人債管理者　同法第2条第17項に規定する投資法人債
4　保険業法第61条の6に規定する社債管理者相互会社が発行する社債
5　資産の流動化に関する法律（平成10年法律第105号）第126条に規定する特定社債管理者　同法第2条第7項に規定する特定社債
（財団債権の取扱い）
第151条　財団債権は，破産債権に先立って，弁済する．
（破産財団不足の場合の弁済方法等）
第152条　① 破産財団が財団債権の総額を弁済するのに足りないことが明らかになった場合における財団債権は，法令に定める優先権にかかわらず，債権額の割合により弁済する．ただし，財団債権を被担保債権とする留置権，特別の先取特権，質権又は抵当権の効力を妨げない．
② 前項の規定にかかわらず，同項本文に規定する場合における第148条第1項第1号及び第2号に掲げる財団債権（債務者の財産の管理及び換価に関する費用の請求権を含む．）は，他の財団債権（同条第4項に規定するものを含む．）に先立って，弁済する．

## 第6章　破産財団の管理

### 第1節　破産者の財産状況の調査

（財産の価額の評定等）
第153条　① 破産管財人は，破産手続開始後遅滞なく，破産財団に属する一切の財産につき，破産手続開始時における価額を評定しなければならない．この場合においては，破産者をその評定に立ち会わせることができる．
② 破産管財人は，前項の規定による評定を完了したときは，直ちに破産手続開始の時における財産目録及び貸借対照表を作成し，これらを裁判所に提出しなければならない．
③ 破産財団に属する財産の総額が最高裁判所規則で定める額に満たない場合には，前項の規定にかかわらず，破産管財人は，裁判所の許可を得て，同項の貸借対照表の作成及び提出をしないことができる．
（別除権の目的の提示等）
第154条　① 破産管財人は，別除権者に対し，当該別除権の目的である財産の提示を求めることができる．
② 破産管財人が前項の財産の評価をしようとするときは，別除権者は，これを拒むことができない．
（封印及び帳簿の閉鎖）
第155条　① 破産管財人は，必要があると認めるときは，裁判所書記官，執行官又は公証人に，破産財団に属する財産に封印をさせ，又はその封印を除去させることができる．
② 裁判所書記官は，必要があると認めるときは，破産管財人の申出により，破産財団に関する帳簿を閉鎖することができる．
（破産財団に属する財産の引渡し）
第156条　① 裁判所は，破産管財人の申立てにより，

第6章 破産財団の管理

決定で、破産者に対し、破産財団に属する財産を破産管財人に引き渡すべき旨を命ずることができる。
② 裁判所は、前項の決定をする場合には、破産者を審尋しなければならない。
③ 第1項の申立てについての決定に対しては、即時抗告をすることができる。
④ 第1項の申立てについての決定及び前項の即時抗告についての裁判があった場合には、その裁判書を当事者に送達しなければならない。この場合においては、第10条第3項本文の規定は、適用しない。
⑤ 第1項の決定は、確定しなければその効力を生じない。

（裁判所への報告）
第157条 ① 破産管財人は、破産手続開始後遅滞なく、次に掲げる事項を記載した報告書を、裁判所に提出しなければならない。
1 破産手続開始に至った事情
2 破産者及び破産財団に関する経過及び現状
3 第177条第1項の規定による保全処分又は第178条第1項に規定する役員責任査定決定を必要とする事情の有無
4 その他破産手続に関し必要な事項
② 破産管財人は、前項の規定によるもののほか、裁判所の定めるところにより、破産財団に属する財産の管理及び破産財団の状況その他裁判所の命ずる事項を裁判所に報告しなければならない。

（財産状況報告集会への報告）
第158条 財産状況報告集会においては、破産管財人は、前条第1項各号に掲げる事項の要旨を報告しなければならない。

（債権者集会への報告）
第159条 破産管財人は、債権者集会がその決議で定めるところにより、破産財団の状況を債権者集会に報告しなければならない。

第2節 否認権
（破産債権者を害する行為の否認）
第160条 ① 次に掲げる行為（担保の供与又は債務の消滅に関する行為を除く。）は、破産手続開始後、破産財団のために否認することができる。
1 破産者が破産債権者を害することを知ってした行為。ただし、これによって利益を受けた者が、その行為の当時、破産債権者を害する事実を知らなかったときは、この限りでない。
2 破産者が支払の停止又は破産手続開始の申立て（以下この節において「支払の停止等」という。）があった後にした破産債権者を害する行為。ただし、これによって利益を受けた者が、その行為の当時、支払の停止等があったこと及び破産債権者を害する事実を知らなかったときは、この限りでない。
② 破産者がした債務の消滅に関する行為であって、債権者の受けた給付の価額が当該行為によって消滅した債務の額より過大であるものは、前項各号に掲げる要件のいずれにも該当するときは、破産手続開始後、その消滅した債務の額に相当する部分以外の部分に限り、破産財団のために否認することができる。
③ 破産者が支払の停止等があった後又はその前6月以内にした無償行為及びこれと同視すべき有償行為は、破産手続開始後、破産財団のために否認することができる。

（相当の対価を得てした財産の処分行為の否認）
第161条 ① 破産者が、その有する財産を処分する

行為をした場合において、その行為の相手方から相当の対価を取得しているときは、その行為は、次に掲げる要件のいずれにも該当する場合に限り、破産手続開始後、破産財団のために否認することができる。
1 当該行為が、不動産の金銭への換価その他の当該処分による財産の種類の変更により、破産者において隠匿、無償の供与その他の破産債権者を害する処分（以下この条並びに第168条第2項及び第3項において「隠匿等の処分」という。）をするおそれを現に生じさせるものであること。
2 破産者が、当該行為の当時、対価として取得した金銭その他の財産について、隠匿等の処分をする意思を有していたこと。
3 相手方が、当該行為の当時、破産者が前号の隠匿等の処分をする意思を有していたことを知っていたこと。
② 前項の規定の適用については、当該行為の相手方が次に掲げる者のいずれかであるときは、その相手方は、当該行為の当時、破産者が同項第2号の隠匿等の処分をする意思を有していたことを知っていたものと推定する。
1 破産者が法人である場合のその理事、取締役、執行役、監事、監査役、清算人又はこれらに準ずる者
2 破産者が法人である場合にその破産者について次のイからハまでに掲げる者のいずれかに該当する者
イ 破産者である株式会社の総株主の議決権の過半数を有する者
ロ 破産者である株式会社の総株主の議決権の過半数を子株式会社又は親法人及び子株式会社が有する場合における当該親法人
ハ 破産者が法人以外の法人である場合におけるイ又はロに掲げる者に準ずる者
3 破産者の親族又は同居者

（特定の債権者に対する担保の供与等の否認）
第162条 ① 次に掲げる行為（既存の債務についてされた担保の供与又は債務の消滅に関する行為に限る。）は、破産手続開始後、破産財団のために否認することができる。
1 破産者が支払不能になった後又は破産手続開始の申立てがあった後にした行為。ただし、債権者が、その行為の当時、次のイ又はロに掲げる区分に応じ、それぞれ当該イ又はロに定める事実を知っていた場合に限る。
イ 当該行為が支払不能になった後にされたものである場合　支払不能であったこと又は支払の停止があったこと。
ロ 当該行為が破産手続開始の申立てがあった後にされたものである場合　破産手続開始の申立てがあったこと。
2 破産者の義務に属せず、又はその時期が破産者の義務に属しない行為であって、支払不能になる前30日以内にされたもの。ただし、債権者がその行為の当時他の破産債権者を害する事実を知らなかったときは、この限りでない。
② 前項第1号の規定の適用については、次に掲げる場合には、債権者は、同号に掲げる行為の当時、同号イ又はロに掲げる場合の区分に応じ、それぞれ当該イ又はロに定める事実（同号イに掲げる場合にあっては、支払不能であったこと又は支払の停止があったこと）を知っていたものと推定する。
1 債権者が前条第2項各号に掲げる者のいずれか

である場合
2 前項第1号に掲げる行為が破産者の義務に属せず、又はその方法若しくは時期が破産者の義務に属しないものである場合
③ 第1項各号の規定の適用については、支払の停止(破産手続開始の申立て前1年以内のものに限る。)があった後は、支払不能であったものと推定する。

(手形債務支払の場合等の例外)
第163条 ① 前条第1項第1号の規定は、破産者から手形の支払を受けた者がその支払を受けなければ手形上の債務者の1人又は数人に対する手形上の権利を失う場合には、適用しない。
② 前項の場合において、最終の償還義務者又は手形の振出しを委託した者が振出しの当時支払の停止等があったことを知り、又は過失によって知らなかったときは、破産管財人は、これらの者に破産者が支払った金額を償還させることができる。
③ 前条第1項の規定は、破産者が租税等の請求権又は罰金等の請求権につき、その徴収の権限を有する者に対してした担保の供与又は債務の消滅に関する行為には、適用しない。

(権利変動の対抗要件の否認)
第164条 ① 支払の停止等があった後権利の設定、移転又は変更をもって第三者に対抗するために必要な行為(仮登記又は仮登録を含む。)をした場合において、その行為が権利の設定、移転又は変更のあった日から15日を経過した後支払の停止等のあったことを知ってしたものであるときは、破産手続開始後、破産財団のためにこれを否認することができる。ただし、当該仮登記又は仮登録以外の仮登記又は仮登録があった後にこれらに基づいて本登記又は本登録をした場合は、この限りでない。
② 前項の規定は、権利取得の効力を生ずる登録について準用する。

(執行行為の否認)
第165条 否認権は、否認しようとする行為について執行力のある債務名義があるとき、又はその行為が執行行為に基づくものであるときでも、行使することを妨げない。

(支払の停止を要件とする否認の制限)
第166条 破産手続開始の申立ての日から1年以上前にした行為(第160条第3項に規定する行為を除く。)は、支払の停止があった後にされたものであること又は支払の停止の事実を知っていたことを理由として否認することができない。

(否認権行使の効果)
第167条 ① 否認権の行使は、破産財団を原状に復させる。
② 第160条第3項に規定する行為が否認された場合において、相手方は、当該行為の当時、支払の停止等があったこと及び破産債権者を害する事実を知らなかったときは、その現に受けている利益を償還すれば足りる。

(破産者の受けた反対給付に関する相手方の権利等)
第168条 ① 第160条第1項若しくは第3項又は第161条第1項に規定する行為が否認されたときは、相手方は、次の各号に掲げる区分に応じ、それぞれ当該各号に定める権利を行使することができる。
1 破産者の受けた反対給付が破産財団中に現存する場合当該反対給付の返還を請求する権利

2 破産者の受けた反対給付が破産財団中に現存しない場合財団債権者として反対給付の価額の償還を請求する権利
② 前項第2号の規定にかかわらず、同号に掲げる場合において、当該行為の当時、破産者が対価として取得した財産について隠匿等の処分をする意思を有し、かつ、相手方がその意思を有していたことを知っていたときは、相手方は、次の各号に掲げる区分に応じ、それぞれ当該各号に定める権利を行使することができる。
1 破産者の受けた反対給付によって生じた利益の全部が破産財団中に現存する場合財団債権者としてその現存利益の返還を請求する権利
2 破産者の受けた反対給付によって生じた利益が破産財団中に現存しない場合破産債権者として反対給付の価額の償還を請求する権利
3 破産者の受けた反対給付によって生じた利益の一部が破産財団中に現存する場合財団債権者としてその現存利益の返還を請求する権利及び破産債権者として反対給付と現存利益との差額の償還を請求する権利
③ 前項の規定の適用については、当該行為の相手方が第161条第2項各号に掲げる者のいずれかであるときは、その相手方は、当該行為の当時、破産者が前項の隠匿等の処分をする意思を有していたことを知っていたものと推定する。
④ 破産管財人は、第160条第1項若しくは第3項又は第161条第1項に規定する行為を否認しようとするときは、前条第1項の規定により破産財団に復すべき財産の返還に代えて、相手方に対し、当該財産の価額から前3項の規定により財団債権となる額(第1項第1号に掲げる場合にあっては、破産者の受けた反対給付の価額)を控除した額の償還を請求することができる。

(相手方の債権の回復)
第169条 第162条第1項に規定する行為が否認された場合において、相手方がその受けた給付を返還し、又はその価額を償還したときは、相手方の債権は、これによって原状に復する。

(転得者に対する否認権)
第170条 ① 次に掲げる場合には、否認権は、転得者に対してしても、行使することができる。
1 転得者が転得の当時、それぞれその前者に対する否認の原因のあることを知っていたとき。
2 転得者が第161条第2項各号に掲げる者のいずれかであるとき。ただし、転得の当時、それぞれその前者に対する否認の原因のあることを知らなかったときは、この限りでない。
3 転得者が無償行為又はこれと同視すべき有償行為によって転得した場合において、それぞれその前者に対して否認の原因があるとき。
② 第167条第2項の規定は、前項第3号の規定により否認権の行使があった場合について準用する。

(否認権のための保全処分)
第171条 ① 裁判所は、破産手続開始の申立てがあった時から当該申立てについての決定があるまでの間において、否認権を保全するため必要があると認めるときは、利害関係人(保全管理人が選任されている場合にあっては、保全管理人)の申立てにより又は職権で、仮差押え、仮処分その他の必要な保全処分を命ずることができる。
② 前項の規定による保全処分は、担保を立てさせて、

又は立てさせないで命ずることができる.
③ 裁判所は,申立てにより又は職権で,第1項の規定による保全処分を変更し,又は取り消すことができる.
④ 第1項の規定による保全処分及び前項の申立てについての裁判に対しては,即時抗告をすることができる.
⑤ 前項の即時抗告は,執行停止の効力を有しない.
⑥ 第4項に規定する裁判及び同項の即時抗告についての裁判があった場合には,その裁判書を当事者に送達しなければならない.この場合においては,第10条第3項本文の規定は,適用しない.
⑦ 前各項の規定は,破産手続開始の申立てを棄却する決定に対して第33条第1項の即時抗告があった場合について準用する.

(保全処分に係る手続の続行と担保の取扱い)
**第172条** ① 前条第1項(同条第7項において準用する場合を含む.)の規定による保全処分が命じられた場合において,破産手続開始の決定があったときは,破産管財人は,当該保全処分に係る手続を続行することができる.
② 破産管財人が破産手続開始の決定後1月以内に前項の規定により同項の保全処分に係る手続を続行しないときは,同項の保全処分は,その効力を失う.
③ 第1項の規定により同項の保全処分に係る手続を続行しようとする場合において,前条第2項(同条第7項において準用する場合を含む.)に規定する担保の全部又は一部が破産財団に属する財産でないときは,その担保の全部又は一部を破産財団に属する財産による担保に変換しなければならない.
④ 民事保全法(平成元年法律第91号)第18条並びに第2章第4節(第37条第5項から第7項までを除く.)及び第5節の規定は,第1項の規定により破産管財人が続行する手続に係る保全処分について準用する.

(否認権の行使)
**第173条** ① 否認権は,訴え,否認の請求又は抗弁によって,破産管財人が行使する.
② 前項の訴え及び否認の請求事件は,破産裁判所が管轄する.

(否認の請求)
**第174条** ① 否認の請求をするときは,その原因となる事実を疎明しなければならない.
② 否認の請求を認容し,又はこれを棄却する裁判は,理由を付した決定でしなければならない.
③ 裁判所は,前項の決定をする場合には,相手方又は転得者を審尋しなければならない.
④ 否認の請求を認容する決定があった場合には,その裁判書を当事者に送達しなければならない.この場合においては,第10条第3項本文の規定は,適用しない.
⑤ 否認の請求の手続は,破産手続が終了したときは,終了する.

(否認の請求を認容する決定に対する異議の訴え)
**第175条** ① 否認の請求を認容する決定に不服がある者は,その送達を受けた日から1月の不変期間内に,異議の訴えを提起することができる.
② 前項の訴えは,破産裁判所が管轄する.
③ 第1項の訴えについての判決においては,訴えを不適法として却下する場合を除き,前項の決定を認可し,変更し,又は取り消す.

④ 第1項の決定を認可する判決が確定したときは,その決定は,確定判決と同一の効力を有する.同項の訴えが,同項に規定する期間内に提起されなかったとき,又は却下されたときも,同様とする.
⑤ 第1項の決定を認可し,又は変更する判決については,受訴裁判所は,民事訴訟法第259条第1項の定めるところにより,仮執行の宣言をすることができる.
⑥ 第1項の訴えに係る訴訟手続は,破産手続が終了したときは,第44条第4項の規定にかかわらず,終了する.

(否認権行使の期間)
**第176条** 否認権は,破産手続開始の日から2年を経過したときは,行使することができない.否認しようとする行為の日から20年を経過したときも,同様とする.

### 第3節 法人の役員の責任の追及等
(役員の財産に対する保全処分)
**第177条** ① 裁判所は,法人である債務者について破産手続開始の決定があった場合において,必要があると認めるときは,破産管財人の申立てにより又は職権で,当該法人の理事,取締役,執行役,監事,監査役,清算人又はこれらに準ずる者(以下この節において「役員」という.)の責任に基づく損害賠償請求権につき,当該役員の財産に対する保全処分をすることができる.
② 裁判所は,破産手続開始の申立てがあった時から当該申立てについての決定があるまでの間においても,緊急の必要があると認めるときは,債務者(保全管理人が選任されている場合にあっては,保全管理人)の申立てにより又は職権で,前項の規定による保全処分をすることができる.
③ 裁判所は,前2項の規定による保全処分を変更し,又は取り消すことができる.
④ 第1項若しくは第2項の規定による保全処分又は前項の規定による決定に対しては,即時抗告をすることができる.
⑤ 前項の即時抗告は,執行停止の効力を有しない.
⑥ 第4項に規定する裁判及び同項の即時抗告についての裁判があった場合には,その裁判書を当事者に送達しなければならない.この場合においては,第10条第3項本文の規定は,適用しない.
⑦ 第2項から前項までの規定は,破産手続開始の申立てを棄却する決定に対して第33条第1項の即時抗告があった場合について準用する.

(役員の責任の査定の申立て等)
**第178条** ① 裁判所は,法人である債務者について破産手続開始の決定があった場合において,必要があると認めるときは,破産管財人の申立てにより又は職権で,決定で,役員の責任に基づく損害賠償請求権の査定の裁判(以下この節において「役員責任査定決定」という.)をすることができる.
② 前項の申立てをするときは,その原因となる事実を疎明しなければならない.
③ 裁判所は,職権で役員責任査定決定の手続を開始する場合には,その旨の決定をしなければならない.
④ 第1項の申立て又は前項の決定があったときは,時効の中断に関しては,裁判上の請求があったものとみなす.
⑤ 役員責任査定決定の手続(役員責任査定決定があった後のものを除く.)は,破産手続が終了したときは,終了する.

**（役員責任査定決定等）**
**第179条** ① 役員責任査定決定及び前条第1項の申立てを棄却する決定には、理由を付さなければならない。
② 裁判所は、前項に規定する裁判をする場合には、役員を審尋しなければならない。
③ 役員責任査定決定があった場合には、その裁判書を当事者に送達しなければならない。この場合においては、第10条第3項本文の規定は、適用しない。

**（役員責任査定決定に対する異議の訴え）**
**第180条** ① 役員責任査定決定に不服がある者は、その送達を受けた日から1月の不変期間内に、異議の訴えを提起することができる。
② 前項の訴えは、破産裁判所が管轄する。
③ 第1項の訴えは、これを提起する者が、役員であるときは破産管財人を、破産管財人であるときは役員を、それぞれ被告としなければならない。
④ 第1項の訴えについての判決においては、訴えを不適法として却下する場合を除き、役員責任査定決定を認可し、変更し、又は取り消す。
⑤ 役員責任査定決定を認可し、又は変更した判決は、強制執行に関しては、給付を命ずる判決と同一の効力を有する。
⑥ 役員責任査定決定を認可し、又は変更した判決については、受訴裁判所は、民事訴訟法第259条第1項の定めるところにより、仮執行の宣言をすることができる。

**（役員責任査定決定の効力）**
**第181条** 前条第1項の訴えが、同項の期間内に提起されなかったとき、又は却下されたときは、役員責任査定決定は、給付を命ずる確定判決と同一の効力を有する。

**（社員の出資責任）**
**第182条** 会社法第663条の規定は、法人である債務者につき破産手続開始の決定があった場合について準用する。この場合において、同条中「当該清算持分会社」とあるのは、「破産管財人」と読み替えるものとする。

**（匿名組合員の出資責任）**
**第183条** 匿名組合契約が営業者が破産手続開始の決定を受けたことによって終了したときは、破産管財人は、匿名組合員に、その負担すべき損失の額を限度として、出資をさせることができる。

## 第7章　破産財団の換価

### 第1節　通則
**（換価の方法）**
**第184条** ① 第78条第2項第1号及び第2号に掲げる財産の換価は、これらの規定により任意売却をする場合を除き、民事執行法その他強制執行の手続に関する法令の規定によってする。
② 破産管財人は、民事執行法その他強制執行の手続に関する法令の規定により、別除権の目的である財産の換価をすることができる。この場合においては、別除権者は、その換価を拒むことができない。
③ 前2項の場合には、民事執行法第63条及び第129条（これらの規定を同法その他強制執行の手続に関する法令において準用する場合を含む。）の規定は、適用しない。
④ 第2項の場合において、別除権者が受けるべき金額がまだ確定していないときは、破産管財人は、代金を別に寄託しなければならない。この場合においては、別除権は、寄託された代金につき存する。

**（別除権者が処分をすべき期間の指定）**
**第185条** ① 別除権者が法律に定められた方法によらないで別除権の目的である財産の処分をする権利を有するときは、裁判所は、破産管財人の申立てにより、別除権者がその処分をすべき期間を定めることができる。
② 別除権者は、前項の期間内に処分をしないときは、同項の権利を失う。
③ 第1項の申立てについての裁判に対しては、即時抗告をすることができる。
④ 第1項の申立てについての裁判及び前項の即時抗告についての裁判があった場合には、その裁判書を当事者に送達しなければならない。この場合においては、第10条第3項本文の規定は、適用しない。

### 第2節　担保権の消滅
**（担保権消滅の許可の申立て）**
**第186条** ① 破産手続開始の時において破産財団に属する財産につき担保権（特別の先取特権、質権、抵当権又は商法若しくは会社法の規定による留置権をいう。以下この節において同じ。）が存する場合において、当該財産を任意に売却して当該担保権を消滅させることが破産債権者の一般の利益に適合するときは、破産管財人は、裁判所に対し、当該財産を任意に売却し、次の各号に掲げる区分に応じてそれぞれ当該各号に定める額に相当する金銭が裁判所に納付されることにより当該財産につき存するすべての担保権を消滅させることについての許可の申立てをすることができる。ただし、当該担保権を有する者の利益を不当に害することとなると認められるときは、この限りでない。
1　破産管財人が、売却によってその相手方から取得することができる金銭（売買契約の締結及び履行のために要する費用のうち契約成立時から支出し又は将来支出する実費の額並びに当該財産の譲渡に課されるべき消費税額等（当該消費税額及びこれを課税標準として課されるべき地方消費税額をいう。以下この条において同じ。）に相当する額であって、当該売買契約において相手方の負担とされるものに相当する金銭を除く。以下この節において「売得金」という。）の一部を破産財団に組み入れようとする場合　売得金の額から破産財団に組み入れようとする金銭（以下この節において「組入金」という。）の額を控除した額
2　前号に掲げる場合以外の場合　売得金の額
② 前項第1号に掲げる場合には、同項の申立てをしようとする破産管財人は、組入金の額について、あらかじめ、当該担保権を有する者と協議しなければならない。
③ 第1項の申立ては、次に掲げる事項を記載した書面（以下この節において「申立書」という。）でしなければならない。
1　担保権の目的である財産の表示
2　売得金の額（前号の財産が複数あるときは、売得金の額及びその各財産ごとの内訳の額）
3　第1号の財産の売却の相手方の氏名又は名称
4　消滅すべき担保権の表示
5　前号の担保権によって担保される債権の額
6　第1項第1号に掲げる場合には、組入金の額（第1号の財産が複数あるときは、組入金の額及びその各財産ごとの内訳の額）

7 前項の規定による協議の内容及びその経過
④ 申立書には,前項第1号の財産の売却に係る売買契約の内容(売買契約の締結及び履行のために要する費用のうち破産財団から現に支出し又は将来支出すべき実費の額並びに当該財産の譲渡に課されるべき消費税等に相当する額であって,当該売買契約において相手方の負担とされるものを含む。)を記載した書面を添付しなければならない。
⑤ 第1項の申立てがあった場合には,申立書及び前項の書面を,当該申立書に記載された第3項第4号の担保権を有する者(以下この節において「被申立担保権者」という。)に送達しなければならない。この場合においては,第10条第3項本文の規定は,適用しない。

(担保権の実行の申立て)
**第187条** 被申立担保権者は,前条第1項の申立てにつき異議があるときは,同条第5項の規定によりすべての被申立担保権者に申立書及び同条第4項の書面の送達がされた日から1月以内に,担保権の実行の申立てをしたことを証する書面を裁判所に提出することができる。
② 裁判所は,被申立担保権者につきやむを得ない事由がある場合に限り,当該被申立担保権者の申立てにより,前項の期間を伸長することができる。
③ 破産財団人と被申立担保権者との間に売得金及び組入金の額(前条第1項第2号に掲げる金額にあっては,売得金の額)について合意がある場合には,当該被申立担保権者は,担保権の実行の申立てをすることができない。
④ 被申立担保権者は,第1項の期間(第2項の規定により伸長されたときは,伸長された期間。以下この項において同じ。)が経過した後は,第190条第6項の規定により第189条第1項の許可の決定が取り消され,又は同項の不許可の決定が確定した場合を除き,担保権の実行の申立てをすることができない。
⑤ 第1項の担保権の実行の申立てをしたことを証する書面が提出された後に,当該担保権の実行の申立てが取り下げられ,又は却下された場合には,当該書面は提出されなかったものとみなす。民事執行法第188条において準用する同法第63条又は同法第192条において準用する同法第129条(これらの規定を同法その他強制執行の手続に関する法令において準用する場合を含む。)の規定により同項の担保権の実行の手続が取り消された場合も,同様とする。
⑥ 第189条第1項の不許可の決定が確定した後に,第1項の担保権の実行の申立てが取り下げられ,又は却下された場合において,破産管財人が前条第1項の申立てをしたときは,当該担保権の実行の申立てをした被申立担保権者は,第1項の規定にかかわらず,同項の担保権の実行の申立てをしたことを証する書面を提出することができない。

(買受けの申出)
**第188条** ① 被申立担保権者は,前条第1項の申立てにつき異議があるときは,同項の期間内に,破産管財人に対し,当該被申立担保権者又は他の者が第186条第3項第1号の財産を買い受ける旨の申出(以下この節において「買受けの申出」という。)をすることができる。
② 買受けの申出は,次に掲げる事項を記載した書面でしなければならない。

1 第186条第3項第1号の財産を買い受けようとする者(以下この節において「買受希望者」という。)の氏名又は名称
2 破産管財人が第186条第3項第1号の財産の売却によって買受希望者から取得することができる金銭の額(売買契約の締結及び履行のために要する費用のうち破産財団から現に支出し又は将来支出すべき実費の額並びに当該財産の譲渡に課されるべき消費税等に相当する額であって,当該売買契約において買受希望者の負担とされるものに相当する金銭を除く。以下この節において「買受けの申出の額」という。)
3 第186条第3項第1号の財産が複数あるときは,買受けの申出の額の各財産ごとの内訳の額
③ 買受けの申出の額は,申立書に記載された第186条第3項第2号の売却金の額にその20分の1に相当する額を加えた額以上でなければならない。
④ 第186条第3項第1号の財産が複数あるときは,第2項第3号の買受けの申出の額の各財産ごとの内訳の額は,当該各財産につき,同条第3項第2号の売却金の額の各財産ごとの内訳の額を下回ってはならない。
⑤ 買受希望者は,買受けの申出に際し,最高裁判所規則で定める額及び方法による保証を破産管財人に提供しなければならない。
⑥ 前条第3項の規定は,買受けの申出について準用する。
⑦ 買受けの申出をした者(その者以外の者が買受希望者である場合にあっては,当該買受希望者)は,前条第1項の期間内に,当該買受けの申出を撤回することができる。
⑧ 破産管財人は,買受けの申出があったときは,前条第1項の期間が経過した後,裁判所に対し,第186条第3項第1号の財産を買受希望者に売却する旨の届出をしなければならない。この場合において,買受けの申出が複数あったときは,最高の買受けの申出の額に係る買受希望者(最高の買受けの申出の額に係る買受希望者が複数ある場合にあっては,そのうち最も先にされたものに係る買受希望者)に売却する旨の届出をしなければならない。
⑨ 前項の場合においては,破産管財人は,前条第1項の期間内にされた買受けの申出に係る第2項の書面を裁判所に提出しなければならない。
⑩ 買受けの申出があったときは,破産管財人は,第186条第1項の申立てを取り下げるには,買受希望者(次条第1項の許可の決定が確定した後にあっては,同条第2項に規定する買受人)の同意を得なければならない。

(担保権消滅の許可の決定等)
**第189条** ① 裁判所は,被申立担保権者が第187条第1項の期間内に同項の担保権の実行の申立てをしたことを証する書面を提出したことにより不許可の決定をする場合を除き,次の各号に掲げる区分に応じてそれぞれ当該各号に定める者を当該許可に係る売却の相手方とする第186条第1項の許可の決定をしなければならない。

1 前条第8項に規定する届出がされなかった場合 第186条第3項第3号の売却の相手方
2 前条第8項に規定する届出がされた場合 同項に規定する買受希望者
② 前項第2号に掲げる場合において,同項の許可の決定が確定したときは,破産管財人と当該許可に係

る同号に定める買受希望者（以下この節において「買受人」という。）との間で、第186条第4項の書面に記載された内容と同一の内容（売却の相手方を除く。）の売買契約が締結されたものとみなす。この場合においては、買受けの申出の額を売買契約の売得金の額とみなす。

③ 第186条第1項の申立てについての裁判があった場合には、その裁判が確定するまでの間、買受希望者（第1項第2号に定める買受希望者を除く。）は、当該買受希望者に係る買受けの申出を撤回することができる。

④ 第186条第1項の申立てについての裁判に対しては、即時抗告をすることができる。

⑤ 第186条第1項の申立てについての裁判又は前項の即時抗告についての裁判があった場合には、その裁判書を当事者に送達しなければならない。この場合においては、第10条第3項本文の規定は、適用しない。

（金銭の納付等）
**第190条** ① 前条第1項の許可の決定が確定したときは、当該許可に係る売却の相手方は、次の各号に掲げる区分に応じ、それぞれ当該各号に定める額に相当する金銭を裁判所の定める期限までに裁判所に納付しなければならない。
1 前条第1項第1号に掲げる場合第186条第1項各号に掲げる区分に応じてそれぞれ当該各号に定める額
2 前条第1項第2号に掲げる場合同条第2項後段に規定する売得金の額から第188条第5項の規定により買受人が提供した保証の額を控除した額

② 前号第2号の規定による金銭の納付があったときは、第188条第5項の規定により買受人が提供した保証の額に相当する金銭は、売得金に充てる。

③ 前項の場合には、破産管財人は、同項の保証の額に相当する金銭を直ちに裁判所に納付しなければならない。

④ 被申立担保権者の有する担保権は、第1項第1号の場合にあっては同号の規定による金銭の納付があった時に、同項第2号の場合にあっては同号の規定による金銭の納付及び前項の規定による金銭の納付があった時に、それぞれ消滅する。

⑤ 前項に規定する金銭の納付があったときは、裁判所書記官は、消滅した担保権に係る登記又は登録の抹消を嘱託しなければならない。

⑥ 第1項の規定による金銭の納付がなかったときは、裁判所は、前条第1項の許可の決定を取り消さなければならない。

⑦ 前項の場合には、買受人は、第2項の保証の返還を請求することができない。

（配当等の実施）
**第191条** ① 裁判所は、前条第4項に規定する金銭の納付があった場合には、次項に規定する場合を除き、当該金銭の被申立担保権者に対する配当に係る配当表に基づいて、その配当を実施しなければならない。

② 被申立担保権者が1人である場合又は被申立担保権者が2人以上であって前条第4項に規定する金銭で各被申立担保権者の有する担保権によって担保される債権を弁済することができる場合には、裁判所は、当該金銭の交付計算書を作成して、被申立担保権者に弁済金を交付し、剰余金を破産管財人に交付する。

③ 民事執行法第85条及び第88条から第92条までの規定は第1項の配当の手続について、同法第88条、第91条及び第92条の規定は前項の規定による弁済金の交付の手続について準用する。

### 第3節　商事留置権の消滅
**第192条** ① 破産手続開始の時において破産財団に属する財産につき商法又は会社法の規定による留置権がある場合において、当該財産が第36条の規定により継続されている事業に必要なものであるとき、その他当該財産の回復が破産財団の価値の維持又は増加に資するときは、破産管財人は、留置権者に対して、当該留置権の消滅を請求することができる。

② 前項の規定による請求をするには、同項の財産の価額に相当する金銭を、同項の留置権者に弁済しなければならない。

③ 第1項の規定による請求及び前項に規定する弁済をするには、裁判所の許可を得なければならない。

④ 前項の許可があった場合における第2項に規定する弁済の額が第1項の財産の価額を満たすときは、第1項の規定による請求の時又は同項の留置権は消滅する。

⑤ 前項の規定により第1項の留置権が消滅したことを原因とする同項の財産の返還を求める訴訟においては、第2項に規定する弁済の額が当該財産の価額を満たさない場合においても、原告の申立てがあり、当該訴訟の受訴裁判所が相当と認めるときは、当該受訴裁判所が、相当の期間内に不足額を弁済することを条件として、第1項の留置権者に対して、当該財産を返還することを命ずることができる。

## 第8章　配　当

### 第1節　通　則
（配当の方法等）
**第193条** ① 破産債権者は、この章の定めるところに従い、破産財団から、配当を受けることができる。

② 破産債権者は、破産管財人がその職務を行う場所において配当を受けなければならない。ただし、破産管財人と破産債権者との合意により別段の定めをすることを妨げない。

③ 破産管財人は、配当をしたときは、その配当をした金額を破産債権者表に記載しなければならない。

（配当の順位等）
**第194条** ① 配当の順位は、破産債権間においては次に掲げる順位に、第1号の優先的破産債権間においては第98条第2項に規定する優先順位による。
1 優先的破産債権
2 前号、次号及び第4号に掲げるもの以外の破産債権
3 劣後的破産債権
4 約定劣後破産債権

② 同一順位において配当をすべき破産債権については、それぞれその債権の額の割合に応じて、配当をする。

### 第2節　最後配当
（最後配当）
**第195条** ① 破産管財人は、一般調査期間の経過後又は一般調査期日の終了後であって破産財団に属する財産の換価の終了後においては、第217条第1項に規定する場合を除き、遅滞なく、届出をした破産債権者に対し、この節の規定による配当（以下こ

の章及び次章において「最後配当」という。）をしなければならない。
② 破産管財人は，最後配当をするには，裁判所書記官の許可を得なければならない。
③ 裁判所は，破産管財人の意見を聴いて，あらかじめ，最後配当をすべき時期を定めることができる。

（配当表）
**第196条** ① 破産管財人は，前条第2項の規定による許可があったときは，遅滞なく，次に掲げる事項を記載した配当表を作成し，これを裁判所に提出しなければならない。
 1 最後配当の手続に参加することができる破産債権者の氏名又は名称及び住所
 2 最後配当の手続に参加することができる債権の額
 3 最後配当をすることができる金額
② 前項第2号に掲げる事項は，優先的破産債権，劣後的破産債権及び約定劣後破産債権をそれぞれ他の破産債権と区分し，優先的破産債権については第98条第2項に規定する優先順位に従い，これを記載しなければならない。
③ 破産管財人は，別除権に係る根抵当権によって担保される破産債権については，当該破産債権を有する破産債権者が，破産管財人に対し，当該根抵当権の行使によって弁済を受けることができない債権の額を証明しない場合においても，これを配当表に記載しなければならない。この場合においては，前条第2項の規定による許可があった日における当該極度額のうち極度額を超える部分の額を最後配当の手続に参加することができる債権の額とする。
④ 前項の規定は，第108条第2項に規定する抵当権（根抵当権であるものに限る。）を有する者について準用する。

（配当の公告等）
**第197条** ① 破産管財人は，前条第1項の規定により配当表を裁判所に提出した後，遅滞なく，最後配当の手続に参加することができる債権の総額及び最後配当をすることができる金額を公告し，又は届出をした破産債権者に通知しなければならない。
② 前項の規定による通知は，その通知が通常到達すべきであった時に，到達したものとみなす。
③ 第1項の規定による通知が届出をした各破産債権者に通常到達すべきであった時を経過したときは，破産管財人は，遅滞なく，その旨を裁判所に届け出なければならない。

（破産債権者の除斥等）
**第198条** ① 異議等のある破産債権（第129条第1項に規定するものを除く。）について最後配当の手続に参加するには，当該異議等のある破産債権を有する破産債権者が，前条第1項の規定による公告が効力を生じた日又は同条第3項の規定による届出があった日から起算して2週間以内に，破産管財人に対し，当該異議等のある破産債権の確定に関する破産債権査定申立てに係る査定の手続，破産債権査定異議の訴えに係る訴訟手続又は第127条第1項の規定による受継があった訴訟手続が係属していることを証明しなければならない。
② 停止条件付債権又は将来の請求権である破産債権について最後配当の手続に参加するには，前項に規定する期間（以下この節及び第5節において「最後配当に関する除斥期間」という。）内にこれを行使することができるに至っていなければならない。

③ 別除権者は，最後配当の手続に参加するには，次項の場合を除き，最後配当に関する除斥期間内に，破産管財人に対し，当該別除権に係る第65条第2項に規定する担保権によって担保される債権の全部若しくは一部が破産手続開始後に担保されないこととなったことを証明し，又は当該担保権の行使によって弁済を受けることができない債権の額を証明しなければならない。
④ 第196条第3項前段（同条第4項において準用する場合を含む。）の規定により配当表に記載された根抵当権によって担保される破産債権については，最後配当に関する除斥期間内に当該担保権の行使によって弁済を受けることができた額の証明がされた場合を除き，同条第3項後段（同条第4項において準用する場合を含む。）の規定により配当表に記載された最後配当の手続に参加することができる債権の額を当該弁済を受けることができない債権の額とみなす。
⑤ 第3項の規定は，準別除権者について準用する。

（配当表の更正）
**第199条** ① 次に掲げる場合には，破産管財人は，直ちに，配当表を更正しなければならない。
 1 破産債権者表を更正すべき事由が最後配当に関する除斥期間内に生じたとき。
 2 前条第1項に規定する事項につき最後配当に関する除斥期間内に証明があったとき。
 3 前条第3項に規定する事項につき最後配当に関する除斥期間内に証明があったとき。
② 前項第3号の規定は，準別除権者について準用する。

（配当表に対する異議）
**第200条** ① 届出をした破産債権者で配当表の記載に不服があるものは，最後配当に関する除斥期間が経過した後1週間以内に限り，裁判所に対し，異議を申し立てることができる。
② 裁判所は，前項の規定による異議の申立てを理由があると認めるときは，破産管財人に対し，配当表の更正を命じなければならない。
③ 第1項の規定による異議の申立てについての裁判に対しては，即時抗告をすることができる。この場合においては，配当表の更正を命ずる決定に対する即時抗告の期間は，第11条第1項の規定により利害関係人が前条の裁判書の閲覧を請求することができることとなった日から起算する。
④ 第1項の規定による異議の申立てを却下する裁判及び前項前段の即時抗告についての裁判（配当表の更正を命ずる決定を除く。）があった場合には，その裁判書を当事者に送達しなければならない。

（配当額の定め及び通知）
**第201条** ① 破産管財人は，前条第1項に規定する期間が経過した後（同項の規定による異議の申立てがあったときは，当該異議の申立てに係る手続が終了した後），遅滞なく，最後配当の手続に参加することができる破産債権者に対する配当額を定めなければならない。
② 破産管財人は，第70条の規定により寄託した金額で第198条第1項の規定に適合しなかったことにより最後配当の手続に参加することができなかった破産債権者のために寄託したものの配当を，最後配当の一部として他の破産債権者に対してしなければならない。
③ 解除条件付債権である破産債権について，その条件が最後配当に関する除斥期間内に成就しないと

きは,第69条の規定により供した担保はその効力を失い,同条の規定により寄託した金額は当該破産債権を有する破産債権者に支払わなければならない.
④ 第101条第1項の規定により弁済を受けた破産債権者又は第109条に規定する弁済を受けた破産債権者は,他の同順位の破産債権者が自己の受けた弁済と同一の割合の配当を受けるまでは,最後配当を受けることができない.
⑤ 第1項の規定により破産債権者に対する配当額を定めた場合において,第111条第1項第4号及び第113条第2項の規定による届出をしなかった破産債権者について,その定めた配当が同号に規定する最高裁判所規則で定める額に満たないときは,破産管財人は,当該配当額以外の他の破産債権者に対して当該配当額の最後配当をしなければならない.この場合において,当該配当額について,当該他の破産債権者に対する配当額を定めなければならない.
⑥ 次項の規定による配当額の通知を発する前に,新たに最後配当に充てることができる財産があるに至ったときは,破産管財人は,遅滞なく,配当表を更正しなければならない.
⑦ 破産管財人は,第1項から前項までの規定により定めた配当額を,最後配当の手続に参加することができる破産債権者(第5項の規定により最後配当を受けることができない破産債権者を除く.)に通知しなければならない.

(配当額の供託)
**第202条** 破産管財人は,次に掲げる配当額を,これを受けるべき破産債権者のために供託しなければならない.
1 異議等のある破産債権であって前条第7項の規定による配当額の通知を発した時にその確定に関する破産債権査定申立てに係る査定の手続,破産債権査定異議の訴えに係る訴訟手続,第127条第1項若しくは第129条第2項の規定による受継があった訴訟手続又は同条第1項の規定による異議の主張に係る訴訟手続が係属しているものに対する配当額
2 租税等の請求権又は罰金等の請求権であって前条第7項の規定による配当額の通知を発した時に審査請求,訴訟(刑事訴訟を除く.)その他の不服の申立ての手続が終了していないものに対する配当額
3 破産債権者が受け取らない配当額

(破産管財人に知れていない財団債権者の取扱い)
**第203条** 第201条第7項の規定による配当額の通知を発した時に破産管財人に知れていない財団債権者は,最後配当をすることができる金額をもって弁済を受けることができない.

### 第3節 簡易配当

(簡易配当)
**第204条** ① 裁判所書記官は,第195条第1項の規定により最後配当をすることができる場合において,次に掲げるときは,破産管財人の申立てにより,最後配当に代えてこの節の規定による配当(以下この章及び次章において「簡易配当」という.)をすることを許可することができる.
1 配当をすることができる金額が1,000万円に満たないと認められるとき.
2 裁判所が,第32条第1項の規定により同条第5号に掲げる事項を公告し,かつ,その旨を知れてい

る破産債権者に対し同条第3項第1号の規定により通知した場合において,届出をした破産債権者が同条第1項第5号に規定する時までに異議を述べなかったとき.
3 前2号に掲げるもののほか,相当と認められるとき.
② 破産管財人は,前項の規定による許可があった場合には,次条において読み替えて準用する第196条第1項の規定により配当表を裁判所に提出した後,遅滞なく,届出をした破産債権者に対する配当見込額を定めて,簡易配当の手続に参加することができる債権の総額,簡易配当をすることができる金額及び当該配当見込額を届出をした破産債権者に通知しなければならない.
③ 前項の規定による通知は,その通知が通常到達すべきであった時に,到達したものとみなす.
④ 第2項の規定による通知が届出をした各破産債権者に通常到達すべきであった時を経過したときは,破産管財人は,遅滞なく,その旨を裁判所に届け出なければならない.

(準 用)
**第205条** 簡易配当については,前節(第195条,第197条,第200条第3項及び第4項並びに第201条第7項を除く.)の規定を準用する.この場合において,第196条第1項及び第3項中「前条第2項の規定による許可」とあるのは「第204条第1項の規定による許可」と,第198条第1項中「前条第1項の規定による公告が効力を生じた日又は前条第3項」とあるのは「第204条第4項」と,「2週間以内に」とあるのは「1週間以内に」と,第201条第1項中「当該異議の申立てに係る手続が終了した後」とあるのは「当該異議の申立てについての決定があった後」と,同条第6項中「次項の規定による配当額の通知を発する前に」とあるのは「前条第1項の規定する期間内に」と,第202条第1号及び第2号中「前条第7項の規定による配当額の通知を発した時に」とあり,並びに第203条中「第201条第7項の規定による配当額の通知を発した時に」とあるのは「第200条第1項に規定する期間を経過した時に」と読み替えるものとする.

(簡易配当の許可の取消し)
**第206条** 破産管財人は,第204条第1項第3号の規定による許可があった場合において,同条第2項の規定による通知をするときは,同時に,簡易配当をすることにつき異議のある破産債権者は裁判所に対し同条第4項の規定による届出の日から起算して1週間以内に異議を述べるべき旨をも通知しなければならない.この場合において,届出をした破産債権者が同項の規定による届出の日から起算して1週間以内に異議を述べたときは,裁判所書記官は,当該許可を取り消さなければならない.

(適用除外)
**第207条** 第204条第1項の規定による簡易配当の許可は,第209条第1項に規定する中間配当をした場合は,することができない.

### 第4節 同意配当

(同意配当)
**第208条** ① 裁判所書記官は,第195条第1項の規定により最後配当をすることができる場合において,破産管財人の申立てがあったときは,最後配当に代えてこの条の規定による配当(以下この章及び次章において「同意配当」という.)をすることを許可することができる.この場合において,破産

管財人の申立ては,届出をした破産債権者の全員が,破産管財人が定めた配当表,配当額並びに配当の時期及び方法について同意している場合に限り,することができる.

② 前項の規定による許可があった場合には,破産管財人は,同項後段の配当表,配当額並びに配当の時期及び方法に従い,同項後段の届出をした破産債権者に対して同意配当をすることができる.

③ 同意配当については,第196条第1項及び第2項並びに第203条の規定を準用する.この場合において,第196条第1項中「前条第2項の規定による許可があったときは,遅滞なく」とあるのは「あらかじめ」と,第203条中「第201条第7項の規定による配当額を発した時に」とあるのは「第208条第1項の規定による許可を発した時に」と読み替えるものとする.

### 第5節 中間配当

(中間配当)

**第209条** ① 破産管財人は,一般調査期間の経過後又は一般調査期日の終了後であって破産財団に属する財産の換価の終了前において,配当をするのに適当な破産財団に属する金銭があると認めるときは,最後配当に先立って,届出をした破産債権者に対し,この節の規定による配当(以下この節において「中間配当」という.)をすることができる.

② 破産管財人は,中間配当をするには,裁判所の許可を得なければならない.

③ 中間配当については,第196条第1項及び第2項,第197条,第198条第1項,第199条第1項第1号及び第2号,第200条,第201条第4項並びに第203条の規定を準用する.この場合において,第196条第1項中「前条第2項の規定による許可」とあるのは「第209条第2項の規定による許可」と,第199条第1項各号及び第200条第1項中「最後配当に関する除斥期間」とあるのは「第210条第1項に規定する中間配当に関する除斥期間」と,第203条中「第201条第7項の規定による配当額」とあるのは「第211条の規定による配当率」と読み替えるものとする.

(別除権者の除斥等)

**第210条** ① 別除権者は,中間配当の手続に参加するには,前条第3項において準用する第198条第1項に規定する期間(以下この節において「中間配当に関する除斥期間」という.)に,破産管財人に対し,当該別除権の目的である財産の処分に着手したことを証明し,かつ,当該処分によって弁済を受けることができない債権の額を疎明しなければならない.

② 前項の規定は,準別除権者について準用する.

③ 破産管財人は,第1項(前項において準用する場合を含む.)に規定する事項につき中間配当に関する除斥期間内に証明及び疎明があったときは,直ちに,配当表を更正しなければならない.

(配当率の定め及び通知)

**第211条** 破産管財人は,第209条第3項において準用する第200条第1項に規定する期間が経過したとき(同項の規定による異議の申立てがあったときは,当該異議の申立てについての決定があった後),遅滞なく,配当率を定めて,その配当率を中間配当の手続に参加することができる破産債権者に通知しなければならない.

(解除条件付債権の取扱い)

**第212条** ① 解除条件付債権である破産債権については,相当の担保を供しなければ,中間配当を受けることができない.

② 前項の破産債権について,その条件が最後配当に関する除斥期間内に成就しないときは,同項の規定により供した担保は,その効力を失う.

(除斥された破産債権等の後の配当における取扱い)

**第213条** 第209条第3項において準用する第198条第1項に規定する事項につき証明をしなかったことにより中間配当の手続に参加することができなかった破産債権について,当該破産債権を有する破産債権者が最後配当に関する除斥期間又はその中間配当の後に行われることがある中間配当に関する除斥期間内に当該事項につき証明をしたときは,その中間配当において受けることができた額について,当該最後配当又はその中間配当の後に行われることがある中間配当において,他の同順位の破産債権者に先立って配当を受けることができる.

第210条第1項(同条第2項において準用する場合を含む.)に規定する事項につき証明又は疎明をしなかったことにより中間配当の手続に参加することができなかった別除権者(準別除権者を含む.)がその中間配当の後に行われることがある中間配当に関する除斥期間内に当該事項につき証明及び疎明をしたときも,同様とする.

(配当額の寄託)

**第214条** ① 中間配当を行おうとする破産管財人は,次に掲げる破産債権に対する配当額を寄託しなければならない.

1 異議等のある破産債権であって,第202条第1号に規定する手続が係属しているもの
2 租税等の請求権又は罰金等の請求権であって,第211条の規定による配当率の通知を発した時に第202条第2号に規定する手続が終了していないもの
3 中間配当に関する除斥期間内に第210条第1項(同条第2項において準用する場合を含む.)の規定による証明及び疎明があった債権のうち,当該疎明があった額に係る部分
4 停止条件付債権又は将来の請求権である破産債権
5 解除条件付債権である破産債権であって,第212条第1項の規定による担保が供されていないもの
6 第111条第1項第4号及び第113条第2項の規定による届出をしなかった破産債権者が有する破産

② 前項第1号又は第2号の規定により当該各号に掲げる破産債権に対する配当額を寄託した場合において,第202条第1号又は第2号の規定により当該破産債権に対する配当額を供託するときは,破産管財人は,その寄託した配当額をこれを受けるべき破産債権者のために供託しなければならない.

③ 第1項第3号又は第4号の規定により当該各号に掲げる破産債権に対する配当額を寄託した場合において,当該破産債権を有する破産債権者又は別除権者(準別除権者を含む.)が第198条第2項の規定に適合しなかったとき又は同条第3項(同条第5項において準用する場合を含む.)に規定する事項につき証明をしなかったことにより最後配当の手続に参加することができなかったときは,破産管財人は,その寄託した配当額の最後配当を他の破産債権者に対してしなければならない.

④ 第1項第5号の規定により同号に掲げる破産債

権に対する配当額を寄託した場合において，当該破産債権の条件が最後配当に関する除斥期間内に成就しないときは，破産管財人は，その寄託した配当額を当該破産債権を有する破産債権者に支払わなければならない．
⑤ 第1項第6号の規定により同号に掲げる破産債権に対する配当額を寄託した場合における第201条第5項の規定の適用については，同項中「その定めた配当額が同号に」とあるのは「その定めた配当額及び破産管財人が第214条第1項第6号の規定により寄託した同号に掲げる破産債権に対する配当額の合計額が第111条第1項第4号に」と，「当該配当額」とあるのは「当該合計額」とする．

### 第6節 追加配当

**第215条** ① 第201条第7項の規定による配当額の通知を発した後（簡易配当にあっては第205条において準用する第200条第1項に規定する期間を経過した後，同意配当にあっては第208条第1項の規定による許可があった後），新たに配当に充てることができる相当の財産があることが確認されたときは，破産管財人は，裁判所の許可を得て，最後配当，簡易配当又は同意配当とは別に，届出をした破産債権者に対し，この条の規定による配当（以下この条において「追加配当」という．）をしなければならない．破産手続終結の決定があった後であっても，同様とする．
② 追加配当には，最後配当，簡易配当又は同意配当について作成した配当表によってする．
② 追加配当については，第201条第4項及び第5項，第202条並びに第203条の規定を準用する．この場合において，第201条第5項中「第1項の規定」とあるのは「第215条第4項の規定」と，第202条第1項及び第2号中「前条第7項」とあり，並びに第203条中「第201条第7項」とあるのは「第215条第5項」と読み替えるものとする．
③ 追加配当は，最後配当，簡易配当又は同意配当について作成した配当表によってする．
④ 破産管財人は，第1項の規定による許可があったときは，遅滞なく，追加配当の手続に参加することができる破産債権者に対する配当額を定めなければならない．
⑤ 破産管財人は，前項の規定により定めた配当額を，追加配当の手続に参加することができる破産債権者（第2項において読み替えて準用する第201条第5項の規定により追加配当を受けることができない破産債権者を除く．）に通知しなければならない．
⑥ 追加配当をした場合には，遅滞なく，裁判所に書面による計算の報告をしなければならない．
⑦ 前項の場合において，破産管財人が欠けたときは，当該計算の報告は，同項の規定にかかわらず，後任の破産管財人がしなければならない．

## 第9章 破産手続の終了

（破産手続開始の決定と同時にする破産手続廃止の決定）
**第216条** ① 裁判所は，破産財団をもって破産手続の費用を支弁するのに不足すると認めるときは，破産手続開始の決定と同時に，破産手続廃止の決定をしなければならない．
② 前項の規定は，破産手続の費用を支弁するのに足りる金額の予納があった場合には，適用しない．
③ 裁判所は，第1項の規定により破産手続開始の決定と同時に破産手続廃止の決定をしたときは，直ちに，次に掲げる事項を公告し，かつ，これを破産者に通知しなければならない．
  1 破産手続開始の決定の主文
  2 破産手続廃止の決定の主文及び理由の要旨
④ 第1項の規定による破産手続廃止の決定に対しては，即時抗告をすることができる．
⑤ 前項の即時抗告は，執行停止の効力を有しない．
⑥ 第31条及び第32条の規定は，第1項の規定による破産手続廃止の決定を取り消す決定が確定した場合について準用する．

（破産手続開始の決定後の破産手続廃止の決定）
**第217条** ① 裁判所は，破産手続開始の決定があった後，破産財団をもって破産手続の費用を支弁するのに不足すると認めるときは，破産管財人の申立てにより又は職権で，破産手続廃止の決定をしなければならない．この場合においては，裁判所は，債権者集会の期日において破産債権者の意見を聴かなければならない．
② 前項後段の規定にかかわらず，裁判所は，相当と認めるときは，同項後段に規定する債権者集会の期日における破産債権者の意見の聴取に代えて，書面によって破産債権者の意見を聴くことができる．この場合においては，第135条第1項第2号又は第3号に掲げる者による同項の規定による債権者集会の招集の申立ては，することができない．
③ 前2項の規定は，破産手続の費用を支弁するのに足りる金額の予納があった場合には，適用しない．
④ 裁判所は，第1項の規定による破産手続廃止の決定をしたときは，直ちに，その主文及び理由の要旨を公告し，かつ，その裁判書を破産者及び破産管財人に送達しなければならない．
⑤ 裁判所は，第1項の申立てを棄却する決定をしたときは，その裁判書を破産管財人に送達しなければならない．この場合においては，第10条第3項本文の規定は，適用しない．
⑥ 第1項の規定による破産手続廃止の決定及び前項の申立てを棄却する決定に対しては，即時抗告をすることができる．
⑦ 第1項の規定による破産手続廃止の決定を取り消す決定が確定したときは，当該廃止の決定をした裁判所は，直ちに，その旨を公告しなければならない．
⑧ 第1項の規定による破産手続廃止の決定は，確定しなければその効力を生じない．

（破産債権者の同意による破産手続廃止の決定）
**第218条** ① 裁判所は，次の各号に掲げる要件のいずれかに該当する者の申立てがあったときは，破産手続廃止の決定をしなければならない．
  1 破産手続を廃止することについて，債権届出期間内に届出をした破産債権者の全員の同意を得ているとき．
  2 前号の同意をしない破産債権者がある場合において，当該破産債権者に対して裁判所が相当と認める担保を供しているとき．ただし，破産財団から当該担保を供した場合には，破産財団から当該担保を供したことについて，他の届出をした破産債権者の同意を得ているときに限る．
② 前項の規定にかかわらず，裁判所は，まだ確定していない破産債権を有する破産債権者について同項第1号及び第2号ただし書の同意を得ることを

要しない旨の決定をすることができる．この場合における同項第1号及び第2号ただし書の規定の適用については，これらの規定中「届出をした破産債権者」とあるのは，「届出をした破産債権者（まだ確定していない破産債権を有する破産債権者であって，裁判所の決定によりその同意を得ることを要しないとされたものを除く．）」とする．

③ 裁判所は，第1項の申立てがあったときは，その旨を公告しなければならない．

④ 届出をした破産債権者は，前項に規定する公告が効力を生じた日から起算して2週間以内に，裁判所に対し，第1項の申立てについて意見を述べることができる．

⑤ 前条第4項から第8項までの規定は，第1項の規定による破産手続廃止の決定について準用する．この場合において，同条第5項中「破産管財人」とあるのは，「破産者」と読み替えるものとする．

**（破産者が法人である場合の破産債権者の同意による破産手続廃止の決定）**
**第219条** 法人である破産者が前条第1項の申立てをするには，定款その他の基本約款の変更に関する規定に従い，あらかじめ，当該法人を継続する手続をしなければならない．

**（破産手続終結の決定）**
**第220条** ① 裁判所は，最後配当，簡易配当又は同意配当が終了した後，第88条第4項の債権者集会が終結したとき，又は第89条第2項に規定する期間が経過したときは，破産手続終結の決定をしなければならない．

② 裁判所は，前項の規定により破産手続終結の決定をしたときは，直ちに，その主文及び理由の要旨を公告し，かつ，これを破産者に通知しなければならない．

**（破産手続廃止後又は破産手続終結後の破産債権者表の記載の効力）**
**第221条** ① 第217条第1項若しくは第218条第1項の規定による破産手続廃止の決定が確定したとき，又は第220条第1項の規定による破産手続終結の決定があったときは，確定した破産債権については，破産債権者表の記載は，破産者に対し，確定判決と同一の効力を有する．この場合において，破産債権者は，確定した破産債権者に対し，当該破産者に対し，破産債権者表の記載により強制執行をすることができる．

② 前項の規定は，破産者（第121条第3項ただし書の代理人を含む．）が第118条第2項，第119条第5項，第121条第4項（同条第6項（同条第7項又は第122条第2項において準用する場合を含む．）若しくは第7項又は第122条第2項において準用する場合を含む．）又は第123条第1項の規定による異議を述べた場合には，適用しない．

## 第10章 相続財産の破産等に関する特則

### 第1節 相続財産の破産

**（相続財産に関する破産事件の管轄）**
**第222条** ① 相続財産についてのこの法律の規定による破産手続開始の申立ては，被相続人の相続開始の時の住所又は相続財産に属する財産が日本国内にあるときに限り，することができる．

② 相続財産に関する破産事件は，被相続人の相続開始の時の住所地を管轄する地方裁判所が管轄する．

③ 前項の規定による管轄裁判所がないときは，相続財産に関する破産事件は，相続財産に属する財産の所在地（債権については，裁判上の請求をすることができる地）を管轄する地方裁判所が管轄する．

④ 相続財産に関する破産事件に対する第5条第8項及び第9項並びに第7条第5号の規定の適用については，第5条第8項及び第9項中「第1項及び第2項」とあるのは「第222条第2項及び第3項」と，第7条第5号中「同条第1項又は第2項」とあるのは「第222条第2項又は第3項」とする．

⑤ 前3項の規定により二以上の地方裁判所が管轄権を有するときは，相続財産に関する破産事件は，先に破産手続開始の申立てがあった地方裁判所が管轄する．

**（相続財産の破産手続開始の原因）**
**第223条** 相続財産に対する第30条第1項の規定の適用については，同項中「破産手続開始の原因となる事実があると認めるとき」とあるのは，「相続財産をもって相続債権者及び受遺者に対する債務を完済することができないと認めるとき」とする．

**（破産手続開始の申立て）**
**第224条** ① 相続財産については，相続債権者又は受遺者のほか，相続人，相続財産の管理人又は遺言執行者（相続財産の管理に必要な行為をする権利を有する遺言執行者に限る．以下この節において同じ．）も，破産手続開始の申立てをすることができる．

② 次の各号に掲げる者が相続財産について破産手続開始の申立てをするときは，それぞれ当該各号に定める事実を疎明しなければならない．

1 相続債権者又は受遺者 その有する債権の存在及び当該相続財産の破産手続開始の原因となる事実

2 相続人，相続財産の管理人又は遺言執行者 当該相続財産の破産手続開始の原因となる事実

**（破産手続開始の申立期間）**
**第225条** 相続財産については，民法第941条第1項の規定により財産分離の請求をすることができる間に限り，破産手続開始の申立てをすることができる．ただし，限定承認又は財産分離があったときは，相続債権者及び受遺者に対する弁済が完了するまでの間も，破産手続開始の申立てをすることができる．

**（破産手続開始の決定前の相続の開始）**
**第226条** ① 裁判所は，破産手続開始の申立て後破産手続開始の決定前に債務者について相続が開始したときは，相続債権者，受遺者，相続人，相続財産の管理人又は遺言執行者の申立てにより，当該相続財産についての破産手続を続行する旨の決定をすることができる．

② 前項に規定する続行の申立ては，相続が開始した後1月以内にしなければならない．

③ 第1項に規定する破産手続は，前項の期間内に第1項に規定する続行の申立てがなかった場合は その期間が経過した時に，前項の期間内に第1項に規定する続行の申立てがあった場合で当該申立てを却下する裁判が確定したときはその時に，それぞれ終了する．

④ 第1項に規定する続行の申立てを却下する裁判に対しては，即時抗告をすることができる．

**（破産手続開始の決定後の相続の開始）**
**第227条** 裁判所は，破産手続開始の決定後に破産

者について相続が開始したときは，当該相続財産についてその破産手続を続行する．
  (限定承認又は財産分離の手続との関係)
第228条　相続財産についての破産手続開始の決定は，限定承認又は財産分離を妨げない．ただし，破産手続開始の決定の取消し若しくは破産手続廃止の決定が確定し，又は破産手続終結の決定があるまでの間は，限定承認又は財産分離の手続は，中止する．
  (破産財団の範囲)
第229条　① 相続財産について破産手続開始の決定があった場合には，相続財産に属する一切の財産(日本国内にあるかどうかを問わない．)は，破産財団とする．この場合においては，被相続人が相続人に対して有していた権利は，消滅しなかったものとみなす．
② 相続人が相続財産の全部又は一部を処分した後に相続財産について破産手続開始の決定があったときは，相続人が反対給付について有する権利は，破産財団に属する．
③ 前項の規定する場合において，相続人が既に同項の反対給付を受けているときは，相続人は，当該反対給付を破産財団に返還しなければならない．ただし，相続人が当該反対給付を受けた当時，破産手続開始の原因となる事実又は破産手続開始の申立てがあったことを知らなかったときは，その現に受けている利益を返還すれば足りる．
  (相続人等の説明義務等)
第230条　① 相続財産について破産手続開始の決定があった場合には，次に掲げる者は，破産管財人若しくは債権者委員会の請求又は債権者集会の決議に基づく請求があったときは，破産に関し必要な説明をしなければならない．
  1　被相続人の代理人であった者
  2　相続人及びその代理人
  3　相続財産の管理人及び遺言執行者
② 前項の規定は，同項第2号又は第3号に掲げる者であった者について準用する．
③ 第37条及び第38条の規定は，相続財産について破産手続開始の決定があった場合における相続人並びにその法定代理人及び支配人について準用する．
  (相続債権者及び受遺者の地位)
第231条　① 相続財産について破産手続開始の決定があった場合には，相続債権者及び受遺者は，相続人について破産手続開始の決定があったときでも，その債権の全額について破産手続に参加することができる．
② 相続財産について破産手続開始の決定があったときは，相続債権者の債権は，受遺者の債権に優先する．
  (相続人の地位)
第232条　① 相続財産について破産手続開始の決定があった場合には，相続人が被相続人に対して有していた権利は，消滅しなかったものとみなす．この場合においては，相続人は，被相続人に対して有していた債権について，相続債権者と同一の権利を有する．
② 前項に規定する場合において，相続人が相続債権者に対して自己の固有財産をもって弁済その他の債務を消滅させる行為をしたときは，相続人は，その出えんの額の範囲内において，当該相続債権者が被相続人に対して有していた権利を行使することができる．

  (相続人の債権者の地位)
第233条　相続財産について破産手続開始の決定があったときは，相続人の債権者は，破産債権者としてその権利を行使することができない．
  (否認権に関する規定の適用関係)
第234条　相続財産について破産手続開始の決定があった場合における第6章第2節の規定の適用については，被相続人，相続人，相続財産の管理人又は遺言執行者が相続財産に関してした行為は，破産者がした行為とみなす．
  (受遺者に対する担保の供与等の否認)
第235条　① 相続財産について破産手続開始の決定があった場合において，受遺者に対する担保の供与又は債務の消滅に関する行為がその債権に優先する債権を有する破産債権者を害するときは，当該行為を否認することができる．
② 第167条第2項の規定は，前項の行為が同項の規定により否認された場合について準用する．この場合において，同条第2項中「破産債権者を害する事実」とあるのは，「第235条第1項の破産債権者を害する事実」と読み替えるものとする．
  (否認後の残余財産の分配等)
第236条　相続財産について破産手続開始の決定があった場合において，被相続人，相続人，相続財産の管理人又は遺言執行者が相続財産に関してした行為が否認されたときは，破産管財人は，相続債権者に弁済をした後，否認された行為の相手方にその権利の価額に応じて残余財産を分配しなければならない．
  (破産債権者の同意による破産手続廃止の申立て)
第237条　① 相続財産についての第218条第1項の申立ては，相続人がする．
② 相続人が数人あるときは，前項の申立ては，各相続人がすることができる．
　第2節　相続人の破産
  (破産者の単純承認又は相続放棄の効力等)
第238条　① 破産手続開始の決定前に破産者のために相続の開始があった場合において，破産者が破産手続開始の決定後にした単純承認は，破産財団に対しては，限定承認の効力を有する．破産者が破産手続開始の決定後にした相続の放棄も，同様とする．
② 破産管財人は，前項後段の規定にかかわらず，相続の放棄の効力を認めることができる．この場合においては，相続の放棄があったことを知った時から3月以内に，その旨を家庭裁判所に申述しなければならない．
③ 前項の規定による申述の受理は，家事審判法の適用に関しては，同法第9条第1項甲類に掲げる事項とみなす．
  (限定承認又は財産分離の手続との関係)
第239条　相続人についての破産手続開始の決定は，限定承認又は財産分離を妨げない．ただし，当該相続人のみが相続財産につき債務の弁済に必要な行為をする権限を有するときは，破産手続開始の決定の取消し若しくは破産手続廃止の決定が確定し，又は破産手続終結の決定があるまでの間は，限定承認又は財産分離の手続は，中止する．
  (相続債権者，受遺者及び相続人の債権者の地位)
第240条　① 相続財産について破産手続開始の決定があった場合には，相続債権者及び受遺者は，財産分離があったとき，又は相続財産について破産手続開始の決定があったときでも，その債権の全額につい

て破産手続に参加することができる．
② 相続人について破産手続開始の決定があり，かつ，相続財産について破産手続開始の決定があったときは，相続人の債権者の債権は，相続人の破産財団については，相続債権者及び受遺者の債権に優先する．
③ 第225条に規定する期間内にされた破産手続開始の申立てにより相続人について破産手続開始の決定があったときは，相続人の固有財産については相続人の債権者の債権が相続債権者及び受遺者の債権に優先し，相続財産については相続債権者及び受遺者の債権が相続人の債権者の債権に優先する．
④ 相続人について破産手続開始の決定があり，かつ，当該相続人が限定承認をしたときは，相続債権者及び受遺者は，相続人の固有財産について，破産債権者としてその権利を行使することができない．第238条第1項の規定により限定承認の効力を有するときも，同様とする．

（限定承認又は財産分離の手続において**相続債権者等**が受けた弁済）
第241条 ① 相続債権者又は受遺者は，相続人について破産手続開始の決定があった後に，限定承認又は財産分離の手続において権利を行使したことにより，破産債権について弁済を受けた場合であっても，その弁済を受ける前の債権の額について破産手続に参加することができる．相続人の債権者が，相続人について破産手続開始の決定があった後に，財産分離の手続において権利を行使したことにより，破産債権について弁済を受けた場合も，同様とする．
② 前項の相続債権者若しくは受遺者又は相続人の債権者は，他の同順位の破産債権者が自己の受けた弁済（相続人が数人ある場合には，当該破産手続開始の決定を受けた相続人の相続分に応じた部分に限る．次項において同じ．）と同一の割合の配当を受けるまでは，破産手続により，配当を受けることができない．
③ 第1項の相続債権者若しくは受遺者又は相続人の債権者は，前項の弁済を受けた債権の額については，議決権を行使することができない．

（限定承認又は財産分離等の後の相続財産の管理及び処分等）
第242条 ① 相続人について破産手続開始の決定があった後，当該相続人が限定承認をしたとき，又は当該相続人について財産分離があったときは，破産管財人は，当該相続人の固有財産と分別して相続財産の管理及び処分をしなければならない．限定承認又は財産分離があった後に相続人について破産手続開始の決定があったときも，同様とする．
② 破産管財人が前項の規定による相続財産の管理及び処分を終えた場合において，残余財産があるときは，その残余財産のうち当該相続人に帰属すべき部分は，当該相続人の固有財産とみなす．この場合には，破産管財人は，その残余財産について，破産財団の財産目録及び貸借対照表を補充しなければならない．
③ 第1項前段及び前項の規定は，第238条第1項の規定により限定承認の効力を有する場合及び第240条第3項の場合について準用する．

### 第3節　受遺者の破産
（包括受遺者の破産）
第243条 前節の規定は，包括受遺者について破産手続開始の決定があった場合について準用する．

（特定遺贈の承認又は放棄）
第244条 ① 破産手続開始の決定前に破産者のために特定遺贈があった場合において，破産者が当該決定の時においてその承認又は放棄をしていなかったときは，破産管財人は，破産者に代わって，その承認又は放棄をすることができる．
② 民法第987条の規定は，前項の場合について準用する．

### 第10章の2　信託財産の破産に関する特則

（信託財産に関する破産事件の管轄）
第244条の2 ① 信託財産についてのこの法律の規定による破産手続開始の申立ては，信託財産に属する財産又は受託者の住所が日本国内にあるときに限り，することができる．
② 信託財産に関する破産事件は，受託者の住所地（受託者が数人ある場合にあっては，そのいずれかの住所地）を管轄する地方裁判所が管轄する．
③ 前項の規定による管轄裁判所がないときは，信託財産に関する破産事件は，信託財産に属する財産の所在地（債権については，裁判上の請求をすることができる地）を管轄する地方裁判所が管轄する．
④ 信託財産に関する破産事件に対する第5条第8項及び第9項並びに第7条第5号の規定の適用については，第5条第8項及び第9項中「第1項及び第2項」とあるのは「第244条の2第2項及び第3項」と，第7条第5号中「同条第1項又は第2項」とあるのは「第244条の2第2項又は第3項」とする．
⑤ 前3項の規定により2以上の地方裁判所が管轄権を有するときは，信託財産に関する破産事件は，先に破産手続開始の申立てがあった地方裁判所が管轄する．

（信託財産の破産手続開始の原因）
第244条の3 信託財産に対する第15条第1項の規定の適用については，同項中「支払不能」とあるのは，「支払不能又は債務超過（受託者が，信託財産責任負担債務につき，信託財産に属する財産をもって完済することができない状態をいう．）」とする．

（破産手続開始の申立て）
第244条の4 ① 信託財産については，信託債権（信託法第21条第2項第2号に規定する信託債権をいう．次項第1号及び第244条の7に同じ．）を有する者又は受益者のほか，受託者又は信託財産管理者，信託財産法人管理人若しくは同法第170条第1項の管理人（以下「受託者等」と総称する．）も，破産手続開始の申立てをすることができる．
② 次の各号に掲げる者が信託財産について破産手続開始の申立てをするときは，それぞれ当該各号に定める事実を疎明しなければならない．
　1 信託債権を有する者又は受益者その有する信託債権又は受益権の存在及び当該信託財産の破産手続開始の原因となる事実
　2 受託者等当該信託財産の破産手続開始の原因となる事実
③ 前項第2号の規定は，受託者等が1人であるとき，又は受託者等が数人ある場合において受託者等の全員が破産手続開始の申立てをしたときは，適用しない．
④ 信託財産については，信託が終了した後であっても，残余財産の給付が終了するまでの間は，破産手

続開始の申立てをすることができる.
(破産財団の範囲)
**第244条の5** 信託財産について破産手続開始の決定があった場合には,破産手続開始の時において信託財産に属する一切の財産(日本国内にあるかどうかを問わない.)は,破産財団とする.
(受託者等の説明義務等)
**第244条の6** ① 信託財産について破産手続開始の決定があった場合には,次に掲げる者は,破産管財人若しくは債権者委員会の請求又は債権者集会の決議に基づく請求があったときは,破産に関し必要な説明をしなければならない.
 1 受託者等
 2 会計監査人(信託法第248条第1項又は第2項の会計監査人をいう.以下この章において同じ.)
② 前項の規定は,同項各号に掲げる者であった者について準用する.
③ 第37条及び第38条の規定は,信託財産について破産手続開始の決定があった場合における受託者等(個人である受託者等に限る.)について準用する.
④ 第41条の規定は,信託財産について破産手続開始の決定があった場合における受託者等について準用する.
(信託債権者及び受益者の地位)
**第244条の7** ① 信託財産について破産手続開始の決定があった場合には,信託債権を有する者及び受益者は,受託者について破産手続開始の決定があったときでも,破産手続開始の時において有する債権の全額について破産手続に参加することができる.
② 信託財産について破産手続開始の決定があったときは,信託債権は,受益債権に優先する.
③ 受益債権と約定劣後破産債権は,同順位とする.ただし,信託行為の定めにより,約定劣後破産債権が受益債権に優先するものとすることができる.
(受託者の地位)
**第244条の8** 信託法第49条第1項(同法第53条第2項及び第54条第4項において準用する場合を含む.)の規定により受託者が有する権利は,信託財産についての破産手続との関係においては,金銭債権とみなす.
(固有財産等責任負担債務に係る債権者の地位)
**第244条の9** 信託財産について破産手続開始の決定があったときは,固有財産等責任負担債務(信託法第22条第1項に規定する固有財産等責任負担債務をいう.)に係る債権を有する者は,破産債権者としてその権利を行使することができない.
(否認権に関する規定の適用関係等)
**第244条の10** ① 信託財産について破産手続開始の決定があった場合における第6章第2節の規定の適用については,受託者等が信託財産に関してした行為は,破産者がした行為とみなす.
② 前項に規定する場合における第161条第1項の規定の適用については,当該行為の相手方が受託者等又は会計監査人であるときは,その相手方は,当該行為の当時,受託者等が同項第2号の隠匿等の処分をする意思を有していたことを知っていたものと推定する.
③ 第1項に規定する場合における第162条第1項第1号の規定の適用については,債権者が受託者等又は会計監査人であるときは,その債権者は,同号に掲げる行為の当時,同号イ又はロに掲げる場合の区分に応じ,それぞれ当該イ又はロに定める事実

(同号イに掲げる場合にあっては,支払不能であったこと及び支払の停止があったこと)を知っていたものと推定する.
④ 第1項に規定する場合における第168条第2項の規定の適用については,当該行為の相手方が受託者等又は会計監査人であるときは,その相手方は,当該行為の当時,受託者等が同項の隠匿等の処分をする意思を有していたことを知っていたものと推定する.
(破産管財人の権限)
**第244条の11** ① 信託財産について破産手続開始の決定があった場合には,次に掲げるものは,破産管財人がする.
 1 信託法第27条第1項又は第2項の規定による取消権の行使
 2 信託法第31条第5項の規定による追認
 3 信託法第31条第6項又は第7項の規定による取消権の行使
 4 信託法第32条第4項の規定による権利の行使
 5 信託法第40条又は第41条の規定による責任の追及
 6 信託法第42条(同法第254条第3項において準用する場合を含む.)の規定による責任の免除
 7 信託法第226条第1項,第228条第1項又は第254条第1項の規定による責任の追及
② 前項の規定は,保全管理人について準用する.
③ 第177条の規定は信託財産について破産手続開始の決定があった場合における受託者等又は会計監査人の財産に対する保全処分について,第178条から第181条までの規定は信託財産についての破産手続における受託者等又は会計監査人の責任に基づく損失のてん補又は原状の回復の請求権の査定について,それぞれ準用する.
(保全管理命令)
**第244条の12** 信託財産について破産手続開始の申立てがあった場合における第3章第2節の規定の適用については,第91条第1項中「債務者(法人である場合に限る.以下この節,第148条第4項及び第152条第2項において同じ.)」とあり,並びに同項,第93条第1項及び第96条第2項中「債務者の財産」とあるのは,「信託財産に属する財産」とする.
(破産債権者の同意による破産手続廃止の申立て)
**第244条の13** ① 信託財産の破産についての第218条第1項の申立ては,受託者等がする.
② 受託者等が数人あるときは,前項の申立ては,各受託者等がすることができる.
③ 信託財産の破産について第1項の申立てをするには,信託の変更に関する規定に従い,あらかじめ,当該信託を継続する手続をしなければならない.

## 第11章 外国倒産処理手続がある場合の特則

(外国管財人との協力)
**第245条** ① 破産管財人は,破産者についての外国倒産処理手続(外国で開始された手続で,破産手続又は再生手続に相当するものをいう.以下この章において同じ.)がある場合には,外国管財人(当該外国倒産処理手続において破産者の財産の管理及び処分をする権利を有する者をいう.以下この章において同じ.)に対し,破産手続の適正な実施のために必要な協力及び情報の提供を求めること

ができる.
② 前項に規定する場合には,破産管財人は,外国管財人に対し,外国倒産処理手続の適正な実施のために必要な協力及び情報の提供をするよう努めるものとする.

(外国管財人の権限等)
**第246条** ① 外国管財人は,債務者について破産手続開始の申立てをすることができる.
② 外国管財人は,前項の申立てをするときは,破産手続開始の原因となる事実を疎明しなければならない.
③ 外国管財人は,破産者の破産手続において,債権者集会の期日に出席し,意見を述べることができる.
④ 第1項の規定により外国管財人が破産手続開始の申立てをした場合において,包括的禁止命令又はこれを変更し,若しくは取り消す旨の決定があったときはその主文を,破産手続開始の決定を取り消す決定が確定したときはその主文を,それぞれ外国管財人に通知しなければならない.

(相互の手続参加)
**第247条** ① 外国管財人は,届出をしていない破産債権者であって,破産者についての外国倒産処理手続に参加しているものを代理して,破産者の破産手続に参加することができる.ただし,当該外国の法令によりその権限を有する場合に限る.
② 破産管財人は,届出をした破産債権者であって,破産者についての外国倒産処理手続に参加していないものを代理して,当該外国倒産処理手続に参加することができる.
③ 破産管財人は,前項の規定による参加をした場合には,同項の規定により代理した破産債権者のために,外国倒産処理手続に属する一切の行為をすることができる.ただし,届出の取下げ,和解その他の破産債権者の権利を害するおそれがある行為をするには,当該破産債権者の授権がなければならない.

### 第12章 免責手続及び復権

#### 第1節 免責手続
(免責許可の申立て)
**第248条** ① 個人である債務者(破産手続開始の決定後にあっては,破産者.第4項を除き,以下この節において同じ.)は,破産手続開始の申立てがあった日から破産手続開始の決定が確定した日以後1月を経過する日までの間に,破産裁判所に対し,免責許可の申立てをすることができる.
② 前項の債務者(以下この節において「債務者」という.)は,その責めに帰することができない事由により同項に規定する期間内に免責許可の申立てをすることができなかった場合には,その事由が消滅した後1月以内に限り,当該申立てをすることができる.
③ 免責許可の申立てをするには,最高裁判所規則で定める事項を記載した債権者名簿を提出しなければならない.ただし,当該申立てと同時に債権者名簿を提出することができないときは,当該申立ての後遅滞なくこれを提出すれば足りる.
④ 債務者が破産手続開始の申立てをした場合には,当該申立てと同時に免責許可の申立てをしたもの

とみなす.ただし,当該債務者が破産手続開始の申立ての際に反対の意思を表示しているときは,この限りでない.
⑤ 前項本文の規定により免責許可の申立てをしたものとみなされたときは,第20条第2項の債権者一覧表を第3項本文の債権者名簿とみなす.
⑥ 債務者は,免責許可の申立てをしたときは,第218条第1項の申立て又は再生手続開始の申立てをすることができない.
⑦ 債務者は,次の各号に掲げる申立てをしたときは,第1項及び第2項の規定にかかわらず,当該各号に定める決定が確定した後でなければ,免責許可の申立てをすることができない.
1 第218条第1項の申立て 当該申立ての棄却の決定
2 再生手続開始の申立て 当該申立ての棄却,再生手続廃止又は再生計画不認可の決定

(強制執行の禁止等)
**第249条** ① 免責許可の申立てがあり,かつ,第216条第1項の規定による破産手続廃止の決定,第217条第1項の規定による破産手続廃止の決定又は第220条第1項の規定による破産手続終結の決定があったときは,当該申立てについての裁判が確定するまでの間は,破産者の財産に対する破産債権に基づく強制執行,仮差押え若しくは仮処分若しくは破産債権を被担保債権とする一般の先取特権の実行若しくは留置権(商法又は会社法の規定によるものを除く.)による競売(以下この条において「破産債権に基づく強制執行等」という.),破産債権に基づく財産開示手続の申立て又は破産者の財産に対する破産債権に基づく国税滞納処分はすることができず,破産債権に基づく強制執行等の手続で破産者の財産に対して既にされているもの及び破産者について既にされている破産債権に基づく財産開示手続は中止する.
② 免責許可の決定が確定したときは,前項の規定により中止した破産債権に基づく強制執行等の手続及び破産債権に基づく財産開示手続は,その効力を失う.
③ 第1項の場合において,次の各号に掲げる破産債権については,それぞれ当該各号に定める決定が確定した日の翌日から2月を経過する日までの間は,時効は,完成しない.
1 第253条第1項各号に掲げる請求権 免責許可の申立てについての決定
2 前号に掲げる請求権以外の破産債権 免責許可の申立てを却下した決定又は免責不許可の決定

(免責についての調査及び報告)
**第250条** ① 裁判所は,破産管財人に,第252条第1項各号に掲げる事由の有無又は同条第2項の規定による免責許可の決定をするかどうかの判断に当たって考慮すべき事情についての調査をさせ,その結果を書面で報告させることができる.
② 破産者は,前項に規定する事項について裁判所が行う調査又は同項の規定により破産管財人が行う調査に協力しなければならない.

(免責についての意見申述)
**第251条** ① 裁判所は,免責許可の申立てがあったときは,破産手続開始の決定があった時以後,破産者につき免責許可の決定をすることの当否について,破産管財人及び破産債権者(第253条第1項各号に掲げる請求権を有する者を除く.次項,次条第3項及び第254条において同じ.)が裁判所に対し

意見を述べることができる期間を定めなければならない.
② 裁判所は,前項の期間を定める決定をしたときは,その期間を公告し,かつ,破産管財人及び知れている破産債権者にその期間を通知しなければならない.
③ 第1項の期間は,前項の規定による公告が効力を生じた日から起算して1月以上でなければならない.

（免責許可の決定の要件等）
**第252条** ① 裁判所は,破産者について,次の各号に掲げる事由のいずれにも該当しない場合には,免責許可の決定をする.
1 債権者を害する目的で,破産財団に属し,又は属すべき財産の隠匿,損壊,債権者に不利益な処分その他の破産財団の価値を不当に減少させる行為をしたこと.
2 破産手続の開始を遅延させる目的で,著しく不利益な条件で債務を負担し,又は信用取引により商品を買い入れてこれを著しく不利益な条件で処分したこと.
3 特定の債権者に対する債務について,当該債権者に特別の利益を与える目的又は他の債権者を害する目的で,担保の供与又は債務の消滅に関する行為であって,債務者の義務に属せず,又はその方法若しくは時期が債務者の義務に属しないものをしたこと.
4 浪費又は賭博その他の射幸行為をしたことによって著しく財産を減少させ,又は過大な債務を負担したこと.
5 破産手続開始の申立てがあった日の1年前の日から破産手続開始の決定があった日までの間に,破産手続開始の原因となる事実があることを知りながら,当該事実がないと信じさせるため,詐術を用いて信用取引により財産を取得したこと.
6 業務及び財産の状況に関する帳簿,書類その他の物件を隠滅し,偽造し,又は変造したこと.
7 虚偽の債権者名簿（第248条第5項の規定により債権者名簿とみなされる債権者一覧表を含む.次条第1項第6号において同じ.）を提出したこと.
8 破産手続において裁判所が行う調査において,説明を拒み,又は虚偽の説明をしたこと.
9 不正の手段により,破産管財人,保全管理人,破産管財人代理又は保全管理人代理の職務を妨害したこと.
10 次のイからハまでに掲げる事由のいずれかがある場合において,それぞれイからハまでに定める日から7年以内に免責許可の申立てがあったこと.
イ 免責許可の決定が確定したこと 当該免責許可の決定の確定の日
ロ 民事再生法（平成11年法律第225号）第239条第1項に規定する給与所得者等再生における再生計画が遂行されたこと 当該再生計画認可の決定の確定の日
ハ 民事再生法第235条第1項（同法第244条において準用する場合を含む.）に規定する免責の決定が確定したこと 当該免責の決定に係る再生計画認可の決定の確定の日
11 第40条第1項第1号,第41条又は第250条第2項に規定する義務その他この法律に定める義務に違反したこと.
② 前項の規定にかかわらず,同項各号に掲げる事由のいずれかに該当する場合であっても,裁判所は,破産手続開始の決定に至った経緯その他一切の事情を考慮して免責を許可することが相当であると認めるときは,免責許可の決定をすることができる.
③ 裁判所は,免責許可の決定をしたときは,その裁判書を破産者及び破産管財人に,その決定の主文を記載した書面を破産債権者に,それぞれ送達しなければならない.この場合において,裁判書の送達については,第10条第3項本文の規定は,適用しない.
④ 裁判所は,免責不許可の決定をしたときは,直ちに,その裁判書を破産者に送達しなければならない.この場合においては,第10条第3項本文の規定は,適用しない.
⑤ 免責許可の申立てについての裁判に対しては,即時抗告をすることができる.
⑥ 前項の即時抗告についての裁判があった場合には,その裁判書を当事者に送達しなければならない.この場合においては,第10条第3項本文の規定は,適用しない.
⑦ 免責許可の決定は,確定しなければその効力を生じない.

（免責許可の決定の効力等）
**第253条** ① 免責許可の決定が確定したときは,破産者は,破産手続による配当を除き,破産債権について,その責任を免れる.ただし,次に掲げる請求権については,この限りでない.
1 租税等の請求権
2 破産者が悪意で加えた不法行為に基づく損害賠償請求権
3 破産者が故意又は重大な過失により加えた人の生命又は身体を害する不法行為に基づく損害賠償請求権（前号に掲げる請求権を除く.）
4 次に掲げる義務に係る請求権
イ 民法第752条の規定による夫婦間の協力及び扶助の義務
ロ 民法第760条の規定による婚姻から生ずる費用の分担の義務
ハ 民法第766条（同法第749条,第771条及び第788条において準用する場合を含む.）の規定による子の監護に関する義務
ニ 民法第877条から第880条までの規定による扶養の義務
ホ イからニまでに掲げる義務に類する義務であって,契約に基づくもの
5 雇用関係に基づいて生じた使用人の請求権及び使用人の預り金の返還請求権
6 破産者が知りながら債権者名簿に記載しなかった請求権（当該破産者について破産手続開始の決定があったことを知っていた者の有する請求権を除く.）
7 罰金等の請求権
② 免責許可の決定は,破産債権者が破産者の保証人その他破産者と共に債務を負担する者に対して有する権利及び破産者以外の者が破産債権者のために供した担保に影響を及ぼさない.
③ 免責許可の決定が確定した場合において,破産債権者表があるときは,裁判所書記官は,これに免責許可の決定が確定した旨を記載しなければならない.

（免責取消しの決定）
**第254条** ① 第265条の罪について破産者に対する有罪の判決が確定したときは,裁判所は,破産債権者の申立てにより又は職権で,免責取消しの決定をすることができる.破産者の不正の方法によって

免責許可の決定がされた場合において,破産債権者が当該免責許可の決定があった後1年以内に免責取消しの申立てをしたときも,同様とする.
② 裁判所は,免責取消しの決定をしたときは,直ちに,その裁判書を破産者及び申立人に,その決定の主文を記載した書面を破産債権者に,それぞれ送達しなければならない.この場合において,裁判書の送達については,第10条第3項本文の規定は,適用しない.
③ 第1項の申立てについての裁判及び職権による免責取消しの決定に対しては,即時抗告をすることができる.
④ 前項の即時抗告についての裁判があった場合には,その裁判書を当事者に送達しなければならない.この場合においては,第10条第3項本文の規定は,適用しない.
⑤ 免責取消しの決定が確定したときは,免責許可の決定は,その効力を失う.
⑥ 免責取消しの決定が確定した場合において,免責許可の決定の確定後免責取消しの決定が確定するまでの間に生じた原因に基づいて破産者に対する債権を有するに至った者があるときは,その者は,新たな破産手続において,他の債権者に先立って自己の債権の弁済を受ける権利を有する.
⑦ 前条第3項の規定は,免責取消しの決定が確定した場合について準用する.

### 第2節 復権

(復 権)
**第255条** ① 破産者は,次に掲げる事由のいずれかに該当する場合には,復権する.次条第1項の復権の決定が確定したときも,同様とする.
1 免責許可の決定が確定したとき.
2 第218条第1項の規定による破産手続廃止の決定が確定したとき.
3 再生計画認可の決定が確定したとき.
4 破産者が,破産手続開始の決定後,第265条の罪について有罪の確定判決を受けることなく10年を経過したとき.

(復権の決定)
**第256条** ① 破産者が弁済その他の方法により破産債権者に対する債務の全部についてその責任を免れたときは,破産裁判所は,破産者の申立てにより,復権の決定をしなければならない.
② 裁判所は,前項の申立てがあったときは,その旨を公告しなければならない.
③ 破産債権者は,前項の規定による公告が効力を生じた日から起算して3月以内に,裁判所に対し,第1項の申立てについて意見を述べることができる.
④ 裁判所は,第1項の申立てについての裁判をしたときは,その裁判書を破産者に,その主文を記載した書面を破産債権者に,それぞれ送達しなければならない.この場合において,裁判書の送達については,第10条第3項本文の規定は,適用しない.
⑤ 第1項の申立てについての裁判に対しては,即時抗告をすることができる.
⑥ 前項の即時抗告についての裁判があった場合には,その裁判書を当事者に送達しなければならない.この場合においては,第10条第3項本文の規定は,適用しない.

### 第13章 雑 則

(法人の破産手続に関する登記の嘱託等)
**第257条** ① 法人である債務者について破産手続開始の決定があったときは,裁判所書記官は,職権で,遅滞なく,破産手続開始の登記を当該破産者の本店又は主たる事務所の所在地を管轄する登記所に嘱託しなければならない.ただし,当該法人が外国法人であるときは,外国会社にあっては,日本における各代表者(日本に住所を有するものに限る.)の住所地(日本に営業所を設けた外国会社にあっては,当該各営業所の所在地),その他の外国法人にあっては各事務所の所在地を管轄する登記所に嘱託しなければならない.
② 前項の登記には,破産管財人の氏名又は名称及び住所,破産管財人がそれぞれ単独にその職務を行うことについて第76条第1項ただし書の許可があったときはその旨並びに破産管財人が職務を分掌することについて同項ただし書の許可があったときはその旨及び各破産管財人が分掌する職務の内容をも登記しなければならない.
③ 第1項の規定は,前項に規定する事項に変更が生じた場合について準用する.
④ 第1項の債務者について保全管理命令が発せられたときは,裁判所書記官は,職権で,遅滞なく,保全管理命令の登記を同項に規定する登記所に嘱託しなければならない.
⑤ 前項の登記には,保全管理人の氏名又は名称及び住所,保全管理人がそれぞれ単独にその職務を行うことについて第96条第1項において準用する第76条第1項ただし書の許可があったときはその旨並びに保全管理人が職務を分掌することについて第96条第1項において準用する第76条第1項ただし書の許可があったときはその旨及び各保全管理人が分掌する職務の内容をも登記しなければならない.
⑥ 第4項の規定は,同項に規定する裁判の変更若しくは取消しがあった場合又は前項に規定する事項に変更が生じた場合について準用する.
⑦ 第1項の規定は,同項の破産者につき,破産手続開始の決定の取消し若しくは破産手続廃止の決定が確定した場合又は破産手続終結の決定があった場合について準用する.
⑧ 前各項の規定は,限定責任信託に係る信託財産について破産手続開始の決定があった場合について準用する.この場合において,第1項中「当該破産者の本店又は主たる事務所の所在地」とあるのは,「当該限定責任信託の事務処理地(信託法第216条第2項第4号に規定する事務処理地をいう.)」と読み替えるものとする.

(個人の破産手続に関する登記の嘱託等)
**第258条** ① 個人である債務者について破産手続開始の決定があった場合において,次に掲げるときは,裁判所書記官は,職権で,遅滞なく,破産手続開始の登記を登記所に嘱託しなければならない.
1 当該破産者に関する登記があることを知ったとき.
2 破産財団に属する権利で登記がされたものがあることを知ったとき.
② 前項の規定は,当該破産者につき,破産手続開始の決定の取消し若しくは破産手続廃止の決定が確定した場合又は破産手続終結の決定があった場合について準用する.

③ 裁判所書記官は，第1項第2号の規定により破産手続開始の登記がされた権利について，第34条第4項の決定により破産財団に属しないこととされたときは，職権で，遅滞なく，その登記の抹消を嘱託しなければならない．破産管財人がその登記がされた権利を放棄し，その登記の抹消の嘱託の申立てをしたときも，同様とする．

④ 第1項第2号（第2項において準用する場合を含む．）及び前項後段の規定は，相続財産又は信託財産について破産手続開始の決定があった場合について準用する．

⑤ 第1項第2号の規定は，信託財産について保全管理命令があった場合又は当該保全管理命令の変更若しくは取消しがあった場合について準用する．

**（保全処分に関する登記の嘱託）**

**第259条** ① 次に掲げる場合には，裁判所書記官は，職権で，遅滞なく，当該保全処分の登記を嘱託しなければならない．

1 債務者の財産に属する権利で登記されたものに関し第28条第1項（第33条第2項において準用する場合を含む．）の規定による保全処分があったとき．

2 登記のある権利に関し第171条第1項（同条第7項において準用する場合を含む．）又は第177条第1項若しくは第2項（同条第7項において準用する場合を含む．）の規定による保全処分があったとき．

② 前項の規定は，同項に規定する保全処分の変更若しくは取消しがあった場合又は当該保全処分が効力を失った場合について準用する．

**（否認の登記）**

**第260条** ① 登記の原因である行為が否認されたときは，破産管財人は，否認の登記を申請しなければならない．登記が否認されたときも，同様とする．

② 登記官は，前項の否認された権利に関する登記をするときは，職権で，次に掲げる登記を抹消しなければならない．

1 当該否認の登記

2 否認された行為を登記原因とする登記又は否認された登記

3 前号の登記に後れる登記があるときは，当該登記

③ 前項に規定する場合において，否認された行為の後否認の登記がされるまでの間に，同項第2号に掲げる登記に係る権利を目的とする第三者の権利に関する登記（破産手続の関係において，その効力を主張することができるものに限る．）がされているときは，同項の規定にかかわらず，登記官は，職権で，当該否認の登記の抹消及び同号に掲げる登記に係る権利の破産者への移転の登記をしなければならない．

④ 裁判所書記官は，第1項の否認の登記がされている場合において，破産手続開始の決定の取消し若しくは破産手続廃止の決定が確定したとき，又は破産手続終結の決定があったときは，職権で，遅滞なく，当該否認の登記の抹消を嘱託しなければならない．破産管財人が，第2項第2号に掲げる登記に係る権利を放棄し，否認の登記の抹消の嘱託の申立てをしたときも，同様とする．

**（非課税）**

**第261条** 第257条から前条までの規定による登記については，登録免許税を課さない．

**（登録のある権利への準用）**

**第262条** 第258条第1項第2号及び同条第2項において準用する同号（これらの規定を同条第4項において準用する場合を含む．），同条第3項（同条第4項において同条第3項後段の規定を準用する場合を含む．）並びに前3条の規定は，登録のある権利について準用する．

**（責任制限手続廃止の決定による破産手続の中止）**

**第263条** 破産者のために開始した責任制限手続について責任制限手続廃止の決定があったときは，破産手続は，その決定が確定するまで中止する．

**（責任制限手続の廃止の場合の措置）**

**第264条** ① 破産者のために開始した責任制限手続について責任制限手続廃止の決定が確定した場合には，裁判所は，破産債権者のために，債権の届出をすべき期間及び債権の調査をするための期間又は期日を定めなければならない．

② 裁判所は，前項の規定により定めた期間又は期日を公告しなければならない．

③ 知れている制限債権者には，第32条第1項第1号及び第2号並びに前項の規定により公告すべき事項を通知しなければならない．

④ 破産管財人，破産者及び届出をした破産債権者には，第2項の規定により公告すべき事項を通知しなければならない．ただし，第1項の規定による債権の調査をするための期間又は期日（当該期間又は期日に変更があった場合にあっては，変更後の期間又は期日）が第31条第1項第3号の規定により定めた期間又は期日と同一であるときは，届出をした破産債権者に対しては，当該通知をすることを要しない．

⑤ 前3項の規定は第1項の規定により定めた債権の届出をすべき期間に変更を生じた場合について，第118条第3項から第5項までの規定は第1項の規定により定めた債権の調査をするための期間を変更する決定があった場合について，第121条第9項から第11項までの規定は第1項の規定により定めた債権の調査をするための期日を変更する決定があった場合又は当該期日における債権の調査の延期若しくは続行の決定があった場合について準用する．この場合において，第118条第3項及び第121条第9項中「破産管財人」とあるのは「届出をした制限債権者（第264条第1項の規定により定められた債権の届出をすべき期間の経過前にあっては，知れている制限債権者），破産管財人」と，同条第10項中「破産管財人」とあるのは「届出をした制限債権者，破産管財人」と読み替えるものとする．

⑥ 第31条第2項及び第3項の規定は，第1項に規定する期間及び期日について準用する．

## 第14章 罰　則

**（詐欺破産罪）**

**第265条** ① 破産手続開始の前後を問わず，債権者を害する目的で，次の各号のいずれかに該当する行為をした者は，債務者（相続財産の破産にあっては相続財産，信託財産の破産にあっては信託財産．次項において同じ．）について破産手続開始の決定が確定したときは，10年以下の懲役若しくは1,000万円以下の罰金に処し，又はこれを併科する．情を知って，第4号に掲げる行為の相手方となった者も，破産手続開始の決定が確定したときは，同様とする．

1 債務者の財産（相続財産の破産にあっては相続

財産に属する財産,信託財産の破産にあっては信託財産に属する財産.以下この条において同じ.)を隠匿し,又は損壊する行為
2　債務者の財産の譲渡又は債務の負担を仮装する行為
3　債務者の財産の現状を改変して,その価格を減損する行為
4　債務者の財産を債権者の不利益に処分し,又は債権者に不利益な債務を債務者が負担する行為
② 前項に規定するもののほか,債務者について破産手続開始の決定が発せられたことを認識しながら,債権者を害する目的で,破産管財人の承諾その他の正当な理由がなく,その債務者の財産を取得し,又は第三者に取得させた者も,同項と同様とする.

（特定の債権者に対する担保の供与等の罪）
第266条　債務者（相続財産の破産にあっては相続人,相続財産の管理人又は遺言執行者を,信託財産の破産にあっては受託者等を.以下この条において同じ.）が,破産手続開始の前後を問わず,特定の債権者に対する債務について,他の債権者を害する目的で,担保の供与又は債務の消滅に関する行為であって債務者の義務に属せず又はその方法若しくは時期が債務者の義務に属しないものをし,破産手続開始の決定が確定したときは,5年以下の懲役若しくは500万円以下の罰金に処し,又はこれを併科する.

（破産管財人等の特別背任罪）
第267条　①　破産管財人,保全管理人,破産管財人代理又は保全管理人代理が,自己若しくは第三者の利益を図り又は債権者に損害を加える目的で,その任務に背く行為をし,債権者に財産上の損害を加えたときは,10年以下の懲役若しくは1,000万円以下の罰金に処し,又はこれを併科する.
② 破産管財人又は保全管理人が法人であるときは,前項の規定は,破産管財人又は保全管理人の職務を行う役員又は職員に適用する.

（説明及び検査の拒絶等の罪）
第268条　①　第40条第1項（同条第2項において準用する場合を含む.）,第230条第1項（同条第2項において準用する場合を含む.）又は第244条の6第1項（同条第2項において準用する場合を含む.）の規定に違反して,説明を拒み,又は虚偽の説明をした者は,3年以下の懲役若しくは300万円以下の罰金に処し,又はこれを併科する.　第96条第1項において準用する第40条第1項（同条第2項において準用する場合を含む.）の規定に違反して,説明を拒み,又は虚偽の説明をした者も,同様とする.
② 第40条第1項第2号から第5号までに掲げる者若しくは当該各号に掲げる者であった者,第230条第1項各号に掲げる者（相続人を除く.）若しくは同項第2号若しくは第3号に掲げる者（相続人を除く.）であった者又は第244条の6第1項各号に掲げる者若しくは同項各号に掲げる者であった者（以下この項において「説明義務者」という.）の代表者,代理人,使用人その他の従業者（以下この項及び第4項において「代表者等」という.）が,その説明義務者の業務に関し,第40条第1項（同条第2項において準用する場合を含む.）,第230条第1項（同条第2項において準用する場合を含む.）又は第244条の6第1項（同条第2項において準用する場合を含む.）の規定に違反して,説明

を拒み,又は虚偽の説明をしたときも,前項前段と同様とする.　説明義務者の代表者等が,その説明義務者の業務に関し,第96条第1項において準用する第40条第1項（同条第2項において準用する場合を含む.）の規定に違反して,説明を拒み,又は虚偽の説明をしたときも,同様とする.
③ 破産者が第83条第1項（第96条第1項において準用する場合を含む.）の規定による検査を拒んだとき,相続財産について破産手続開始の決定があった場合において第230条第1項第2号若しくは第3号に掲げる者が第83条第1項の規定による検査を拒んだとき又は信託財産について破産手続開始の決定があった場合において受託者等が同項（第96条第1項において準用する場合を含む.）の規定による検査を拒んだときも,第1項前段と同様とする.
④ 第83条第2項に規定する破産者の子会社等（同条第3項において破産者の子会社等とみなされるものを含む.以下この項において同じ.）の代表者等が,その破産者の子会社等の業務に関し,同条第2項（第96条第1項において準用する場合を含む.以下この項において同じ.）の規定による説明を拒み,若しくは虚偽の説明をし,又は第83条第2項の規定による検査を拒んだときも,第1項前段と同様とする.

（重要財産開示拒絶等の罪）
第269条　破産者（信託財産の破産にあっては,受託者等）が第41条（第244条の6第1項において準用する場合を含む.）の規定による書面の提出を拒み,又は虚偽の書面を裁判所に提出したときは,3年以下の懲役若しくは300万円以下の罰金に処し,又はこれを併科する.

（業務及び財産の状況に関する物件の隠滅等の罪）
第270条　破産手続開始の前後を問わず,債権者を害する目的で,債務者の業務及び財産（相続財産の破産にあっては相続財産に属する財産,信託財産の破産にあっては信託財産に属する財産）の状況に関する帳簿,書類その他の物件を隠滅し,偽造し,又は変造した者は,債務者の破産（相続財産の破産にあっては相続財産,信託財産の破産にあっては信託財産）について破産手続開始の決定が確定したときは,3年以下の懲役若しくは300万円以下の罰金に処し,又はこれを併科する.　第155条第2項の規定により閉鎖された破産財団に関する帳簿を隠滅し,偽造し,又は変造した者も,同様とする.

（審尋における説明拒絶等の罪）
第271条　債務者が,破産手続開始の申立て（債務者以外の者がしたものを除く.）又は免責許可の申立てについての審尋において,裁判所が説明を求めた事項について説明を拒み,又は虚偽の説明をしたときは,3年以下の懲役若しくは300万円以下の罰金に処し,又はこれを併科する.

（破産管財人等に対する職務妨害の罪）
第272条　偽計若しくは威力を用いて,破産管財人,保全管理人,破産管財人代理又は保全管理人代理の職務を妨害した者は,3年以下の懲役若しくは300万円以下の罰金に処し,又はこれを併科する.

（収賄罪）
第273条　①　破産管財人,保全管理人,破産管財人代理又は保全管理人代理（次項において「破産管財人等」という.）が,その職務に関し,賄賂を収受し,又はその要求若しくは約束をしたときは,3年以下

の懲役若しくは300万円以下の罰金に処し,又はこれを併科する.
② 前項の場合において,その破産管財人等が不正の請託を受けたときは,5年以下の懲役若しくは500万円以下の罰金に処し,又はこれを併科する.
③ 破産管財人又は保全管理人が法人である場合において,その役員又は職員が,その破産管財人又は保全管理人の職務に関し,賄賂を収受し,又はその要求若しくは約束をしたときは,3年以下の懲役若しくは300万円以下の罰金に処し,又はこれを併科する.破産管財人又は保全管理人が法人である場合において,その役員又は職員が,その破産管財人又は保全管理人の職務に関し,破産管財人又は保全管理人に賄賂を収受させ,又はその供与の要求若しくは約束をしたときも,同様とする.
④ 前項の場合において,その役員又は職員が不正の請託を受けたときは,5年以下の懲役若しくは500万円以下の罰金に処し,又はこれを併科する.
⑤ 破産債権者若しくは代理委員又はこれらの者の代理人,役員若しくは職員が,債権者集会の期日における議決権の行使又は第139条第2項第2号に規定する書面等投票による議決権の行使に関し,不正の請託を受けて,賄賂を収受し,又はその要求若しくは約束をしたときは,5年以下の懲役若しくは500万円以下の罰金に処し,又はこれを併科する.
⑥ 前各項の場合において,犯人又は法人である破産管財人若しくは保全管理人が収受した賄賂は,没収する.その全部又は一部を没収することができないときは,その価額を追徴する.

(贈賄罪)
**第274条** ① 前条第1項又は第3項に規定する賄賂を供与し,又はその申込み若しくは約束をした者は,3年以下の懲役若しくは300万円以下の罰金に処し,又はこれを併科する.
② 前条第2項,第4項又は第5項に規定する賄賂を供与し,又はその申込み若しくは約束をした者は,5年以下の懲役若しくは500万円以下の罰金に処し,又はこれを併科する.

(破産者等に対する面会強請等の罪)
**第275条** 破産者(個人である破産者に限り,相続財産の破産にあっては,相続人.以下この条において同じ.)又はその親族その他の者に破産債権(免責手続の終了後にあっては,免責されたものに限る.以下この条において同じ.)を弁済させ,又は破産債権につき破産者の親族その他の者に保証をさせる目的で,破産者又はその親族その他の者に対し,面会を強請し,又は強談威迫の行為をした者は,3年以下の懲役若しくは300万円以下の罰金に処し,又はこれを併科する.

(国外犯)
**第276条** ① 第265条,第266条,第270条,第272条及び第274条の罪は,刑法(明治40年法律第45号)第2条の例に従う.
② 第267条及び第273条(第5項を除く.)の罪は,刑法第4条の例に従う.
③ 第273条第5項の罪は,日本国外において同項の罪を犯した者にも適用する.

(両罰規定)
**第277条** 法人の代表者又は法人若しくは人の代理人,使用人その他の従業者が,その法人若しくは人の業務又は財産に関し,第265条,第266条,第268条(第1項を除く.),第269条から第272条まで,第274条又は第275条の違反行為をしたときは,行為者を罰するほか,その法人又は人に対しても,各本条の罰金刑を科する.

---

## 76 民事再生法(抄)

(平11・12・22法律第225号,平12・4・1施行,最終改正:平18・6・21法律第84号)

### 第1章 総 則

(目 的)
**第1条** この法律は,経済的に窮境にある債務者について,その債権者の多数の同意を得,かつ,裁判所の認可を受けた再生計画を定めること等により,当該債務者とその債権者との間の民事上の権利関係を適切に調整し,もって当該債務者の事業又は経済生活の再生を図ることを目的とする.

(定 義)
**第2条** この法律において,次の各号に掲げる用語の意義は,それぞれ当該各号に定めるところによる.
1 再生債務者 経済的に窮境にある債務者であって,その者について,再生手続開始の申立てがされ,再生手続開始の決定がされ,又は再生計画が遂行されているものをいう.
2 再生債務者等 管財人が選任されていない場合にあっては再生債務者,管財人が選任されている場合にあっては管財人をいう.
3 再生計画 再生債務者の権利の全部又は一部を変更する条項その他の第154条に規定する条項を定めた計画をいう.
4 再生手続 次章以下に定めるところにより,再生計画を定める手続をいう.

(外国人の地位)
**第3条** 外国人又は外国法人は,再生手続に関し,日本人又は日本法人と同一の地位を有する.

(再生事件の管轄)
**第4条** ① この法律の規定による再生手続開始の申立ては,債務者が個人である場合には日本国内に営業所,住所,居所又は財産を有するときに限り,法人その他の社団又は財団である場合には日本国内に営業所,事務所又は財産を有するときに限り,することができる.
② 民事訴訟法(平成8年法律第109号)の規定により裁判上の請求をすることができる債権は,日本国内にあるものとみなす.
**第5条** ① 再生事件は,再生債務者が,営業者であるときはその主たる営業所の所在地,営業者で外国に主たる営業所を有するものであるときは日本におけるその主たる営業所の所在地,営業者でないとき又は営業者であっても営業所を有しないときはその普通裁判籍の所在地を管轄する地方裁判所が管轄する.

(専属管轄)
**第6条** この法律に規定する裁判所の管轄は,専属とする.

(公告等)
**第10条** ① この法律の規定による公告は,官報に掲

載してする.

## 第2章　再生手続の開始

### 第1節　再生手続開始の申立て
#### (再生手続の申立て)
**第21条** ① 債務者に破産手続開始の原因となる事実の生ずるおそれがあるときは,債務者は,裁判所に対し,再生手続開始の申立てをすることができる.債務者が事業の継続に著しい支障を来すことなく弁済期にある債務を弁済することができないときも,同様とする.
② 前項前段に規定する場合には,債権者も,再生手続開始の申立てをすることができる.

#### (再生手続開始の条件)
**第25条** 次の各号のいずれかに該当する場合には,裁判所は,再生手続開始の申立てを棄却しなければならない.
1　再生手続の費用の予納がないとき.
2　裁判所に破産手続又は特別清算手続が係属し,その手続によることが債権者の一般の利益に適合するとき.
3　再生計画案の作成若しくは可決の見込み又は再生計画の認可の見込みがないことが明らかであるとき.
4　不当な目的で再生手続開始の申立てがされたとき,その他申立てが誠実にされたものでないとき.

#### (他の手続の中止命令等)
**第26条** ① 裁判所は,再生手続開始の申立てがあった場合において,必要があると認めるときは,利害関係人の申立てにより又は職権で,再生手続開始の申立てにつき決定があるまでの間,次に掲げる手続の中止を命ずることができる.ただし,第2号に掲げる手続については,再生手続の申立人である再生債権者に不当な損害を及ぼすおそれがある場合に限る.

#### (再生債権に基づく強制執行等の包括的禁止命令)
**第27条** ① 裁判所は,再生手続開始の申立てがあった場合において,前条第1項の規定による中止の命令によっては再生手続の目的を十分に達成することができないおそれがあると認めるべき特別の事情があるときは,利害関係人の申立てにより又は職権で,再生手続開始の申立てにつき決定があるまでの間,すべての再生債権者に対し,再生債務者の財産に対しする再生債権に基づく強制執行等の禁止を命ずることができる.ただし,事前に又は同時に,再生債務者の主要な財産に関し第30条第1項の規定による保全処分をした場合又は第54条第1項の規定若しくは第79条第1項の規定による処分をした場合に限る.

### 第2節　再生手続開始の決定
#### (再生手続開始の決定)
**第33条** ① 裁判所は,第21条に規定する要件を満たす再生手続開始の申立てがあったときは,第25条の規定によりこれを棄却する場合を除き,再生手続開始の決定をする.
② 前項の決定は,その決定の時から,効力を生ずる.

#### (再生手続開始と同時に定めるべき事項)
**第34条** ① 裁判所は,再生手続開始の決定と同時に,再生債権の届出をすべき期間及び再生債権の調査をするための期間を定めなければならない.

#### (抗　告)
**第36条** ① 再生手続開始の申立てについての裁判に対しては,即時抗告をすることができる.
② 第26条から第30条までの規定は,再生手続開始の申立てを棄却する決定に対して前項の即時抗告があった場合について準用する.

#### (再生債務者の地位)
**第38条** ① 再生債務者は,再生手続が開始された後も,その業務を遂行し,又はその財産(日本国内にあるかどうかを問わない.第66条及び第81条第1項において同じ.)を管理し,若しくは処分する権利を有する.
② 再生手続が開始された場合には,再生債務者は,債権者に対し,公平かつ誠実に,前項の権利を行使し,再生手続を追行する義務を負う.
③ 前2項の規定は,第64条第1項の規定による処分がされた場合には,適用しない.

#### (他の手続の中止等)
**第39条** ① 再生手続開始の決定があったときは,破産手続開始,再生手続開始若しくは特別清算開始の申立て,再生債務者の財産に対する再生債権に基づく強制執行等又は再生債権に基づく財産開示手続の申立てはすることができず,破産手続,再生債務者の財産に対して既にされている再生債権に基づく強制執行等の手続及び再生債権に基づく財産開示手続は中止し,特別清算手続はその効力を失う.

#### (訴訟手続の中断等)
**第40条** ① 再生手続開始の決定があったときは,再生債務者の財産関係の訴訟手続のうち再生債権に関するものは,中断する.
② 前項に規定する訴訟手続について,第107条第1項,第109条第2項(第113条第2項後段において準用する場合を含む.)又は第213条第5項(第219条第2項において準用する場合を含む.)の規定による受継があるまでに再生手続が終了したときは,再生債務者は,当然訴訟手続を受継する.

#### (再生債務者等の行為の制限)
**第41条** ① 裁判所は,再生手続開始後において,必要があると認めるときは,再生債務者等が次に掲げる行為をするには裁判所の許可を得なければならないものとすることができる.
1　財産の処分
2　財産の譲受け
3　借財
4　第49条第1項の規定による契約の解除
5　訴えの提起
6　和解又は仲裁合意(仲裁法(平成15年法律第138号)第2条第1項に規定する仲裁合意をいう.)
7　権利の放棄
8　共益債権,一般優先債権又は第52条に規定する取戻権の承認
9　別除権の目的である財産の受戻し
10　その他裁判所の指定する行為
② 前項の許可を得ないでした行為は,無効とする.ただし,これをもって善意の第三者に対抗することができない.

#### (営業等の譲渡)
**第42条** ① 再生手続開始後において,再生債務者等が再生債務者の営業又は事業の全部又は重要な一部の譲渡をするには,裁判所の許可を得なければならない.この場合において,裁判所は,当該再生債務者の事業の再生のために必要であると認める場

**(双務契約)**
**第49条** ① 双務契約について再生債務者及びその相手方が再生手続開始の時において共にまだその履行を完了していないときは、再生債務者等は、契約の解除をし、又は再生債務者の債務を履行して相手方の債務の履行を請求することができる。

④ 第1項の規定により再生債務者の債務の履行をする場合において、相手方が有する請求権は、共益債権とする。

⑤ 破産法第54条の規定は、第1項の規定による契約の解除があった場合について準用する。この場合において、同条第1項中「破産債権者」とあるのは「再生債権者」と、同条第2項中「破産者」とあるのは「再生債務者」と、「破産財団」とあるのは「再生債務者財産」と、「財団債権者」とあるのは「共益債権者」と読み替えるものとする。

**(取戻権)**
**第52条** ① 再生手続の開始は、再生債務者に属しない財産を再生債務者から取り戻す権利に影響を及ぼさない。

② 破産法第63条及び第64条の規定は、再生手続が開始された場合について準用する。この場合において、同法第63条第1項中「破産手続開始の決定」とあるのは「再生手続開始の決定」と、同項ただし書及び同法第64条中「破産管財人」とあるのは「再生債務者(管財人が選任されている場合にあっては、管財人)」と、同法第63条第2項中「第53条第1項及び第2項」とあるのは「民事再生法第49条第1項及び第2項」と、同条第3項中「第1項」とあるのは「前2項」と、「同項」とあるのは「第1項」と、同法第64条第1項中「破産者」とあるのは「再生債務者」と、「破産手続開始」とあるのは「再生手続開始」と読み替えるものとする。

**(別除権)**
**第53条** ① 再生手続開始の時において再生債務者の財産につき存する担保権(特別の先取特権、質権、抵当権又は商法若しくは会社法の規定による留置権をいう。第3項において同じ。)を有する者は、その目的である財産について、別除権を有する。

② 別除権は、再生手続によらないで、行使することができる。

③ 担保権の目的である財産が再生債務者等による任意売却その他の事由により再生債務者財産に属しないこととなった場合について当該担保権がなお存続するときにおける当該担保権を有する者も、その目的である財産について別除権を有する。

## 第3章 再生手続の機関

**第1節 監督委員**
**(監督命令)**
**第54条** ① 裁判所は、再生手続開始の申立てがあった場合において、必要があると認めるときは、利害関係人の申立てにより又は職権で、監督委員による監督を命ずる処分をすることができる。

② 裁判所は、前項の処分(以下「監督命令」という。)をする場合には、当該監督命令において、1人又は数人の監督委員を選任し、かつ、その同意を得なければ再生債務者がすることができない行為を指定しなければならない。

③ 法人は、監督委員となることができる。

④ 第2項に規定する監督委員の同意を得ないでした行為は、無効とする。ただし、これをもって善意の第三者に対抗することができない。

⑤ 裁判所は、監督命令を変更し、又は取り消すことができる。

⑥ 監督命令及び前項の規定による決定に対しては、即時抗告をすることができる。

⑦ 前項の即時抗告は、執行停止の効力を有しない。

**(監督委員による調査等)**
**第59条** ① 監督委員は、次に掲げる者に対して再生債務者の業務及び財産の状況につき報告を求め、再生債務者の帳簿、書類その他の物件を検査することができる。
1 再生債務者
2 再生債務者の代理人
3 再生債務者が法人である場合のその理事、取締役、執行役、監事、監査役及び清算人
4 前号に掲げる者に準ずる者
5 再生債務者の従業者(第2号に掲げる者を除く。)

**第3節 管財人**
**(管理命令)**
**第64条** ① 裁判所は、再生債務者(法人である場合に限る。以下この項において同じ。)の財産の管理又は処分が失当であるとき、その他再生債務者の事業の再生のために特に必要があると認めるときは、利害関係人の申立てにより又は職権で、再生手続の開始の決定と同時に又はその決定後、再生債務者の業務及び財産に関し、管財人による管理を命ずる処分をすることができる。

② 裁判所は、前項の処分(以下「管理命令」という。)をする場合には、当該管理命令において、1人又は数人の管財人を選任しなければならない。

③ 裁判所が管理命令を発しようとする場合には、再生債務者を審尋しなければならない。ただし、急迫の事情があるときは、この限りでない。

④ 裁判所は、管理命令を変更し、又は取り消すことができる。

⑤ 管理命令及び前項の規定による決定に対しては、即時抗告をすることができる。

⑥ 前項の即時抗告は、執行停止の効力を有しない。

**(管財人の権限)**
**第66条** 管理命令が発せられた場合には、再生債務者の業務の遂行並びに財産の管理及び処分をする権利は、裁判所が選任した管財人に専属する。

**第4節 保全管理人**
**(保全管理命令)**
**第79条** ① 裁判所は、再生手続開始の申立てがあった場合において、再生債務者(法人である場合に限る。以下この節において同じ。)の財産の管理又は処分が失当であるとき、その他再生債務者の事業の継続のために特に必要があると認めるときは、利害関係人の申立てにより又は職権で、再生手続開始の申立てにつき決定があるまでの間、再生債務者の業務及び財産に関し、保全管理人による管理を命ずる処分をすることができる。

## 第4章 再生債権

**第1節 再生債権者の権利**
**(再生債権となる請求権)**
**第84条** ① 再生債務者に対し再生手続開始前の原

# 第4章 再生債権　　　　771　　　　76 民事再生法

因に基づいて生じた財産上の請求権（共益債権又は一般優先債権であるものを除く．次項において同じ．）は，再生債権とする．
② 次に掲げる請求権も，再生債権とする．
1 再生手続開始後の利息の請求権
2 再生手続開始後の不履行による損害賠償及び違約金の請求権
3 再生手続参加の費用の請求権

**（再生債権の弁済の禁止）**
**第85条** ① 再生債権については，再生手続開始後は，この法律に特別の定めがある場合を除き，再生計画の定めるところによらなければ，弁済をし，弁済を受け，その他これを消滅させる行為（免除を除く．）をすることができない．
② 再生債務者を主要な取引先とする中小企業者が，その有する再生債権の弁済を受けなければ，事業の継続に著しい支障を来すおそれがあるときは，裁判所は，再生計画認可の決定が確定する前でも，再生債務者等の申立てにより又は職権で，その全部又は一部の弁済をすることを許可することができる．
③ 裁判所は，前項の規定による許可をする場合には，再生債権者と同項の中小企業者との取引の状況，再生債務者の資産状態，利害関係人の利害その他一切の事情を考慮しなければならない．
④ 再生債務者等は，再生債権者から第2項の申立てをすべきことを求められたときは，直ちにその旨を裁判所に報告しなければならない．この場合において，その申立てをしないこととしたときは，遅滞なく，その旨を裁判所に報告しなければならない．
⑤ 少額の再生債権を早期に弁済することにより再生手続を円滑に進行することができるとき，又は少額の再生債権を早期に弁済しなければ再生債権者の事業の継続に著しい支障を来すときは，裁判所は，再生計画認可の決定が確定する前でも，再生債務者等の申立てにより，その弁済をすることを許可することができる．
⑥ 第2項から前項までの規定は，約定劣後再生債権である再生債権については，適用しない．

**（再生債務者等による相殺）**
**第85条の2** 再生債務者等は，再生債務者財産に属する債権をもって再生債権と相殺することが再生債権者の一般の利益に適合するときは，裁判所の許可を得て，その相殺をすることができる．

**（再生債権者の手続参加）**
**第86条** ① 再生債権者は，その有する再生債権をもって再生手続に参加することができる．

**（別除権者の手続参加）**
**第88条** 別除権者は，当該別除権に係る第53条第1項に規定する担保権によって担保される債権については，その別除権の行使によって弁済を受けることができない債権の部分についてのみ，再生債権者として，その権利を行うことができる．ただし，当該担保権によって担保される債権の全部又は一部が再生手続開始後に担保されないこととなった場合には，その債権の当該全部又は一部について，再生債権者として，その権利を行うことを妨げない．

**（相殺権）**
**第92条** ① 再生債権者が再生手続開始当時再生債務者に対して債務を負担する場合において，債権及び債務の双方が第94条第1項に規定する債権届出期間の満了前に相殺に適するようになったときは，再生債権者は，当該債権届出期間内に限り，再生計画の定めるところによらないで，相殺をすることができる．債務が期限付であるときも，同様とする．

**（相殺の禁止）**
**第93条** ① 再生債権者は，次に掲げる場合には，相殺をすることができない．
1 再生手続開始後に再生債務者に対して債務を負担したとき．
2 支払不能（再生債務者が，支払能力を欠くために，その債務のうち弁済期にあるものにつき，一般的かつ継続的に弁済することができない状態をいう．以下同じ．）になった後に契約によって負担する債務を専ら再生債権をもってする相殺に供する目的で再生債務者の財産の処分を内容とする契約の締結又は再生債務者の債務を引き受けることを内容とする契約を締結することにより再生債務者に対して債務を負担した場合であって，当該契約の締結の当時，支払不能であったことを知っていたとき．
3 支払の停止があった後に再生債務者に対して債務を負担した場合であって，その負担の当時，支払の停止があったことを知っていたとき．ただし，当該支払の停止があった時において支払不能でなかったときは，この限りでない．
4 再生手続開始申立，破産手続開始又は特別清算開始の申立て（以下この条及び次条において「再生手続開始の申立て等」という．）があった後に再生債務者に対して債務を負担した場合であって，その負担の当時，再生手続開始の申立て等があったことを知っていたとき．

## 第2節 再生債権の届出
**（届　出）**
**第94条** ① 再生手続に参加しようとする再生債権者は，第34条第1項の規定により定められた再生債権の届出をすべき期間（以下「債権届出期間」という．）内に，各債権について，その内容及び原因，約定劣後再生債権であるときはその旨，議決権の額その他最高裁判所規則で定める事項を裁判所に届け出なければならない．
② 別除権者は，前項に規定する事項のほか，別除権の目的である財産及び別除権の行使によって弁済を受けることができないと見込まれる債権の額を届け出なければならない．

## 第3節 再生債権の調査及び確定
**（再生債権者表の作成等）**
**第99条** ① 裁判所書記官は，届出があった再生債権及び第101条第3項の規定により再生債務者等が認否書に記載した再生債権について，再生債権者表を作成しなければならない．

**（再生債権の調査）**
**第100条** 裁判所による再生債権の調査は，前条第2項に規定する事項について，再生債務者等が作成した認否書並びに再生債権者及び再生債務者（管財人が選任されている場合に限る．）の書面による異議に基づいてする．

**（再生債権の調査の結果）**
**第104条** ① 再生債権の調査において，再生債務者等が認め，かつ，調査期間内に届出再生債権者の異議がなかったときは，その再生債権の内容又は議決権の額（第101条第3項の規定により認否書に記載された再生債権にあっては，その内容）は，確定

(再生債権の確定に関する訴訟の判決等の効力)
**第111条** ① 再生債権の確定に関する訴訟についてした判決は、再生債権者の全員に対して、その効力を有する。

#### 第4節 債権者集会及び債権者委員会
(債権者集会の招集)
**第114条** 裁判所は、再生債務者等若しくは第117条第2項に規定する債権者委員会の申立て又は知れている再生債権者の総債権について裁判所が評価した額の10分の1以上に当たる債権を有する再生債権者の申立てがあったときは、債権者集会を招集しなければならない。これらの申立てがない場合であっても、裁判所は、相当と認めるときは、債権者集会を招集することができる。

(債権者委員会)
**第117条** ① 裁判所は、再生債権者をもって構成する委員会がある場合には、利害関係人の申立てにより、当該委員会が、この法律の定めるところにより、再生手続に関与することを承認することができる。ただし、次に掲げる要件のすべてを具備する場合に限る。
1 委員の数が、3人以上最高裁判所規則で定める人数以内であること。
2 再生債権者の過半数が当該委員会が再生手続に関与することについて同意していると認められること。
3 当該委員会が再生債権者全体の利益を適切に代表すると認められること。

### 第5章 共益債権,一般優先債権及び開始後債権

(共益債権となる請求権)
**第119条** 次に掲げる請求権は、共益債権とする。
1 再生債権者の共同の利益のためにする裁判上の費用の請求権
2 再生手続開始後の再生債務者の業務、生活並びに財産の管理及び処分に関する費用の請求権
3 再生計画の遂行に関する費用の請求権(再生手続終了後に生じたものを除く。)
4 第61条第1項(第63条、第78条及び第83条第1項において準用する場合を含む。)、第90条の2第5項、第91条第1項、第112条、第117条第4項及び第223条第9項(第244条において準用する場合を含む。)の規定により支払うべき費用、報酬及び報償金の請求権
5 再生債務者財産に関し再生債務者等が再生手続開始後にした資金の借入れその他の行為によって生じた請求権
6 事務管理又は不当利得により再生手続開始後に再生債務者に対して生じた請求権
7 再生債務者のために支出すべきやむを得ない費用の請求権で、再生手続開始後に生じたもの(前各号に掲げるものを除く。)

(共益債権の取扱い)
**第121条** ① 共益債権は、再生手続によらないで、随時弁済する。
② 共益債権は、再生債権に先立って、弁済する。

(一般優先債権)
**第122条** ① 一般の先取特権その他一般の優先権がある債権(共益債権であるものを除く。)は、一般優先債権とする。
② 一般優先債権は、再生手続によらないで、随時弁済する。

### 第6章 再生債務者の財産の調査及び確保

#### 第1節 再生債務者の財産状況の調査
(財産の価額の評定等)
**第124条** ① 再生債務者等は、再生手続開始後(管財人については、その就職の後)遅滞なく、再生債務者に属する一切の財産につき再生手続開始の時における価額を評定しなければならない。
② 再生債務者等は、前項の規定による評定を完了したときは、直ちに再生手続開始の時における財産目録及び貸借対照表を作成し、これらを裁判所に提出しなければならない。
③ 裁判所は、必要があると認めるときは、利害関係人の申立てにより又は職権で、評価人を選任し、再生債務者の財産の評価を命ずることができる。

#### 第2節 否認権
(再生債権者を害する行為の否認)
**第127条** ① 次に掲げる行為(担保の供与又は債務の消滅に関する行為を除く。)は、再生手続開始後、再生債務者財産のために否認することができる。
1 再生債務者が再生債権者を害することを知ってした行為。ただし、これによって利益を受けた者が、その行為の当時、再生債権者を害する事実を知らなかったときは、この限りでない。
2 再生債務者が支払の停止又は再生手続開始、破産手続開始若しくは特別清算開始の申立て(以下この節において「支払の停止等」という。)があった後にした再生債権者を害する行為。ただし、これによって利益を受けた者が、その行為の当時、支払の停止等があったこと及び再生債権者を害する事実を知らなかったときは、この限りでない。
② 再生債務者がした債務の消滅に関する行為であって、債権者の受けた給付の価額が当該行為によって消滅した債務の額より過大であるものは、前項各号に掲げる要件のいずれかに該当するときは、再生手続開始後、再生債務者財産のために否認することができる。
③ 再生債務者が支払の停止等があった後又はその前6月以内にした無償行為及びこれと同視すべき有償行為は、再生手続開始後、再生債務者財産のために否認することができる。

(否認権の行使)
**第135条** ① 否認権は、訴え又は否認の請求によって、否認権限を有する監督委員又は管財人が行う。
② 前項の訴え及び否認の請求事件は、再生裁判所が管轄する。
③ 第1項に規定する方法によるほか、管財人は、抗弁によっても、否認権を行うことができる。

#### 第4節 担保権の消滅
(担保権消滅の許可等)
**第148条** ① 再生手続開始の時において再生債務者の財産につき第53条第1項に規定する担保権(以下この条、次条及び第152条において「担保権」という。)が存する場合において、当該財産が再生債務者の事業の継続に欠くことのできないものであるときは、裁判所は、再生債務者等に対し、当該財産の価額に相当する金銭を裁判所に納付して当該財産につき存するすべての担保権を消滅させることについての許可の申立てをすることができる。

## 第7章　再生計画

### 第1節　再生計画の条項

**（再生計画の条項）**

第154条　① 再生計画においては、次に掲げる事項に関する条項を定めなければならない。
1　全部又は一部の再生債権者の権利の変更
2　共益債権及び一般優先債権の弁済
3　知れている開始後債権があるときは、その内容
② 債権者委員会が再生計画で定められた弁済期間内にその履行を確保するため監督その他の関与を行う場合において、再生債務者がその費用の全部又は一部を負担するときは、その負担に関する条項を定めなければならない。
③ 第166条第1項の規定による裁判所の許可があった場合には、再生計画の定めによる再生債務者の株式の取得に関する条項、株式の併合に関する条項、資本金の額の減少に関する条項又は再生債務者が発行することができる株式の総数についての定款の変更に関する条項を定めることができる。
④ 第166条の2第2項の規定による裁判所の許可があった場合には、再生計画において、募集株式（会社法第199条第1項に規定する募集株式をいい、譲渡制限株式であるものに限る。以下この章において同じ。）を引き受ける者の募集（同法第202条第1項各号に掲げる事項を定めるものを除く。以下この章において同じ。）に関する条項を定めることができる。

**（再生計画による権利の変更）**

第155条　① 再生計画による権利の変更の内容は、再生債権者の間では平等でなければならない。ただし、不利益を受ける再生債権者の同意がある場合又は少額の再生債権若しくは第84条第2項に掲げる請求権について別段の定めをし、その他これらの者の間に差を設けても衡平を害しない場合は、この限りでない。

### 第3節　再生計画案の決議

**（決議に付する旨の決定）**

第169条　① 再生計画案の提出があったときは、裁判所は、次の各号のいずれかに該当する場合を除き、当該再生計画案を決議に付する旨の決定をする。
1　一般調査期間が終了していないとき。
2　財産状況報告集会における再生債務者等による報告又は第125条第1項の報告書の提出がないとき。
3　裁判所が再生計画案について第174条第2項各号（第3号を除く。）に掲げる要件のいずれかに該当するものと認めるとき。
4　第191条第2号の規定により再生手続を廃止するとき。
② 裁判所は、前項の決議に付する旨の決定において、議決権を行使することができる再生債権者（以下「議決権者」という。）の議決権行使の方法及び第172条第2項（同条第3項において準用する場合を含む。）の規定により議決権の不統一行使をする場合における裁判所に対する通知の期限を定めなければならない。この場合においては、議決権行使の方法として、次に掲げる方法のいずれかを定めなければならない。
1　債権者集会の期日において議決権を行使する方法
2　書面等投票（書面その他の最高裁判所規則で定める方法のうち裁判所の定めるものによる投票をいう。）により裁判所の定める期間内に議決権を行使する方法
3　前2号に掲げる方法のうち議決権者が選択するものにより議決権を行使する方法。この場合においては、前号の期間の末日は、第1号の債権者集会の期日より前の日でなければならない。

**（再生計画の認可等）**

**（再生計画の認可又は不認可の決定）**

第174条　① 再生計画案が可決された場合には、裁判所は、次項の場合を除き、再生計画認可の決定をする。
② 裁判所は、次の各号のいずれかに該当する場合には、再生計画不認可の決定をする。
1　再生手続又は再生計画が法律の規定に違反し、かつ、その不備を補正することができないものであるとき。ただし、再生手続が法律の規定に違反する場合において、当該違反の程度が軽微であるときは、この限りでない。
2　再生計画が遂行される見込みがないとき。
3　再生計画の決議が不正の方法によって成立するに至ったとき。
4　再生計画の決議が再生債権者の一般の利益に反するとき。

**（再生計画の効力発生の時期）**

第176条　再生計画は、認可の決定の確定により、効力を生ずる。

**（再生計画の効力範囲）**

第177条　① 再生計画は、再生債務者、すべての再生債権者及び再生のために債務を負担し、又は担保を提供する者のために、かつ、それらの者に対して効力を有する。
② 再生計画は、別除権者が有する第53条第1項に規定する担保権、再生債権者が再生債務者の保証人その他再生債務者と共に債務を負担する者に対して有する権利及び再生債務者以外の者が再生債権者のために提供した担保に影響を及ぼさない。

**（再生債権の免責）**

第178条　再生計画認可の決定が確定したときは、再生計画の定め又はこの法律の規定によって認められた権利を除き、再生債務者は、すべての再生債権について、その責任を免れる。ただし、再生手続開始前の罰金等については、この限りでない。

**（届出再生債権者等の権利の変更）**

第179条　① 再生計画認可の決定が確定したときは、届出再生債権者及び第101条第3項の規定により認否書に記載された再生債権を有する再生債権者の権利は、再生計画の定めに従い、変更される。
② 前項に規定する再生債権者は、その有する債権が確定している場合に限り、再生計画の定めによって認められた権利を行使することができる。

### 第8章　再生計画認可後の手続

**（再生計画の遂行）**

第186条　① 再生計画認可の決定が確定したときは、再生債務者等は、速やかに、再生計画を遂行しなければならない。
② 前項に規定する場合において、監督委員が選任されているときは、当該監督委員は、再生債務者の再生計画の遂行を監督する。
③ 裁判所は、再生計画の遂行を確実にするため必要があると認めるときは、再生債務者等又は再生のた

めに債務を負担し,若しくは担保を提供する者に対し,次に掲げる者のために,相当な担保を立てるべきことを命ずることができる.
1 再生計画の定め又はこの法律の規定によって認められた権利を有する者
2 異議等のある再生債権でその確定手続が終了していないものを有する者
3 別除権の行使によって弁済を受けることができない債権の部分が確定していない再生債権を有する者

(再生手続の終結)
**第188条** ① 裁判所は,再生計画認可の決定が確定したときは,監督委員又は管財人が選任されている場合を除き,再生手続終結の決定をしなければならない.
② 裁判所は,監督委員が選任されている場合において,再生計画が遂行されたとき,又は再生計画認可の決定が確定した後3年を経過したときは,再生債務者若しくは監督委員の申立てにより又は職権で,再生手続終結の決定をしなければならない.

### 第10章 住宅資金貸付債権に関する特則

(定義)
**第196条** この章,第12章及び第13章において,次の各号に掲げる用語の意義は,それぞれ当該各号に定めるところによる.
1 住宅 個人である再生債務者が所有し,自己の居住の用に供する建物であって,その床面積の2分の1以上に相当する部分が専ら自己の居住の用に供されるものをいう.ただし,当該建物が二以上ある場合には,これらの建物のうち,再生債務者が主として居住の用に供する一の建物に限る.
2 住宅の敷地 住宅の用に供されている土地又は当該土地に設定されている地上権をいう.
3 住宅資金貸付債権 住宅の建設若しくは購入に必要な資金(住宅の用に供する土地又は借地権の取得に必要な資金を含む.)又は住宅の改良に必要な資金の貸付けに係る分割払の定めのある再生債権であって,当該債権又は当該債権に係る債務の保証人(保証を業とする者に限る.以下「保証会社」という.)の主たる債務者に対する求償権を担保するための抵当権が住宅に設定されているものをいう.
4 住宅資金特別条項 再生債権者の有する住宅資金貸付債権の全部又は一部を,第199条第1項から第4項までの規定するところにより変更する再生計画の条項をいう.
5 住宅資金貸付契約 住宅資金貸付債権に係る資金の貸付契約をいう.

(抵当権の実行手続の中止命令等)
**第197条** ① 裁判所は,再生手続開始の申立てがあった場合において,住宅資金特別条項を定めた再生計画の認可の見込みがあると認めるときは,再生債務者の申立てにより,相当の期間を定めて,住宅又は再生債務者が有する住宅の敷地に設定されている前条第3号に規定する抵当権の実行手続の中止を命ずることができる.
② 第31条第2項から第6項までの規定は,前項の規定による中止の命令について準用する.
③ 裁判所は,再生債務者が再生手続開始後に住宅資金貸付債権の一部を弁済しなければ住宅資金貸付契約の定めにより当該住宅資金貸付債権の全部又は一部について期限の利益を喪失することとなる場合において,住宅資金特別条項を定めた再生計画の認可の見込みがあると認めるときは,再生計画認可の決定が確定する前でも,再生債務者の申立てにより,その弁済をすることを許すことができる.

(住宅資金特別条項を定めることができる場合等)
**第198条** ① 住宅資金貸付債権(民法第500条の規定により住宅資金貸付債権を有する者に代位した再生債権者が当該代位により有するものを除く.)については,再生計画において,住宅資金特別条項を定めることができる.ただし,住宅の上に第53条第1項に規定する担保権(第196条第3号に規定する抵当権を除く.)が存するとき,又は住宅以外の不動産にも同号に規定する抵当権が設定されている場合において当該不動産の上に第53条第1項に規定する担保権で当該抵当権に後れるものが存するときは,この限りでない.

### 第13章 小規模個人再生及び給与所得者等再生に関する特則

#### 第1節 小規模個人再生

(手続開始の要件等)
**第221条** ① 個人である債務者のうち,将来において継続的に又は反復して収入を得る見込みがあり,かつ,再生債権の総額(住宅資金貸付債権の額,別除権の行使によって弁済を受けることができると見込まれる再生債権の額及び再生手続開始前の罰金等の額を除く.)が5,000万円を超えないものは,この節に規定する特則の適用を受ける再生手続(以下「小規模個人再生」という.)を行うことを求めることができる.

(再生手続開始に伴う措置)
**第222条** ① 小規模個人再生においては,裁判所は,再生手続開始の決定と同時に,債権届出期間のほか,届出があった再生債権に対して異議を述べることができる期間をも定めなければならない.この場合においては,一般調査期間を定めることを要しない.
② 裁判所は,再生手続開始の決定をしたときは,直ちに,再生手続開始の決定の主文,債権届出期間及び前項に規定する届出があった再生債権に対して異議を述べることができる期間(以下「一般異議申述期間」という.)を公告しなければならない.
③ 再生債務者及び知れている再生債権者には,前項に規定する事項を通知しなければならない.
④ 知れている再生債権者には,前条第3項各号及び第4項の規定により債権者一覧表に記載された事項を通知しなければならない.
⑤ 第2項及び第3項の規定は,債権届出期間に変更を生じた場合について準用する.

#### 第2節 給与所得者等再生

(手続開始の要件等)
**第239条** ① 第221条第1項に規定する債務者のうち,給与又はこれに類する定期的な収入を得る見込みがある者であって,かつ,その額の変動の幅が小さいと見込まれるものは,この節に規定する特則の適用を受ける再生手続(以下「給与所得者等再生」という.)を行うことを求めることができる.
② 給与所得者等再生を行うことを求める旨の申述は,再生手続開始の申立ての際(債権者が再生手続開始の申立てをした場合にあっては,再生手続開始

③ 再生債務者は、前項の申述をするときは、当該申述が第221条第1項又は第244条において準用する第221条第3項に規定する要件に該当しないことが明らかになった場合に通常の再生手続による手続の開始を求める意思があるか否か及び第5項各号のいずれかに該当する事由があることが明らかになった場合に小規模個人再生による手続の開始を求める意思があるか否かを明らかにしなければならない。ただし、債権者が再生手続開始の申立てをした場合については、この限りでない。
④ 裁判所は、第2項の申述が前項本文に規定する要件に該当しないことが明らかであると認めるときは、再生手続開始の決定前に限り、再生事件を通常の再生手続により行う旨の決定をする。ただし、再生債務者が前項本文の規定により通常の再生手続による手続の開始を求める意思がない旨を明らかにしていたときは、裁判所は、再生手続開始の申立てを棄却しなければならない。
⑤ 前項に規定する場合のほか、裁判所は、第2項の申述がある場合において、次の各号のいずれかに該当する事由があることが明らかであると認めるときは、再生手続開始の決定前に限り、再生事件を小規模個人再生により行う旨の決定をする。ただし、再生債務者が第3項本文の規定により小規模個人再生による手続の開始を求める意思がない旨を明らかにしていたときは、裁判所は、再生手続開始の申立てを棄却しなければならない。
1 再生債務者が、給与又はこれに類する定期的な収入を得る見込みがある者に該当しないか、又はその額の変動の幅が小さいと見込まれる者に該当しないこと。
2 再生債務者について次のイからハまでに掲げる事由のいずれかがある場合において、それぞれイからハまでに定める日から7年以内に当該申述がされたこと。
  イ 給与所得者等再生における再生計画が遂行されたこと 当該再生計画認可の決定の確定の日
  ロ 第235条第1項(第244条において準用する場合を含む。)に規定する免責の決定が確定したこと 当該免責の決定に係る再生計画認可の決定の確定の日
  ハ 破産法第252条第1項に規定する免責許可の決定が確定したこと 当該決定の確定の日

**(再生計画案についての意見聴取)**
**第240条** ① 給与所得者等再生において再生計画案の提出があった場合には、裁判所は、次に掲げる場合を除き、再生計画案を認可すべきかどうかについての届出再生債権者の意見を聴く旨の決定をしなければならない。
1 再生計画案について次条第2項各号のいずれかに該当する事由があると認めるとき。
2 一般異議申述期間が経過していないか、又は当該一般異議申述期間内に第244条において準用する第226条第1項本文の規定による異議が述べられた場合において第244条において準用する第227条第1項本文の不変期間が経過していないとき(当該不変期間内に再生債権の評価の申立てがあったときは、再生債権の評価がされていないとき)。
3 特別異議申述期間が定められた場合において、当該特別異議申述期間が経過していないか、又は当該特別異議申述期間内に第244条において準用する第226条第3項の規定による異議が述べられたときであって第244条において準用する第227条第1項本文の不変期間が経過していないとき(当該不変期間内に再生債権の評価の申立てがあったときは、再生債権の評価がされていないとき)。
4 第125条第1項の報告書の提出がされていないとき。

## 77 裁判外紛争解決手続の利用の促進に関する法律(抄)
(平16・12・1法律第151号、平19・4・1施行、最終改正:平18・6・2法律第50号)

### 第1章 総則

**(目的)**
**第1条** この法律は、内外の社会経済情勢の変化に伴い、裁判外紛争解決手続(訴訟手続によらずに民事上の紛争の解決をしようとする紛争の当事者のため、公正な第三者が関与して、その解決を図る手続をいう。以下同じ。)が、第三者の専門的な知見を反映して紛争の実情に即した迅速な解決を図る手続として重要なものとなっていることにかんがみ、裁判外紛争解決手続についての基本理念及び国等の責務を定めるとともに、民間紛争解決手続の業務に関し、認証の制度を設け、併せて時効の中断等に係る特例を定めてその利便の向上を図ること等により、紛争の当事者がその解決を図るのにふさわしい手続を選択することを容易にし、もって国民の権利利益の適切な実現に資することを目的とする。

**(定義)**
**第2条** この法律において、次の各号に掲げる用語の意義は、それぞれ当該各号に定めるところによる。
1 民間紛争解決手続 民間事業者が、紛争の当事者が和解をすることができる民事上の紛争について、紛争の当事者双方からの依頼を受け、当該紛争の当事者との間の契約に基づき、和解の仲介を行う裁判外紛争解決手続をいう。ただし、法律の規定により指定を受けた者が当該法律の規定による紛争の解決の業務として行う裁判外紛争解決手続で政令で定めるものを除く。
2 手続実施者 民間紛争解決手続において和解の仲介を実施する者をいう。
3 認証紛争解決手続 第5条の認証を受けた業務として行う民間紛争解決手続をいう。
4 認証紛争解決事業者 第5条の認証を受け、認証紛争解決手続の業務を行う者をいう。

**(基本理念等)**
**第3条** ① 裁判外紛争解決手続は、法による紛争の解決のための手続として、紛争の当事者の自主的な紛争解決の努力を尊重しつつ、公正かつ適正に実施され、かつ、専門的な知見を反映して紛争の実情に即した迅速な解決を図るものでなければならない。
② 裁判外紛争解決手続を行う者は、前項の基本理念にのっとり、相互に連携を図りながら協力するように努めなければならない。

**(国等の責務)**
**第4条** ① 国は,裁判外紛争解決手続の利用の促進を図るため,裁判外紛争解決手続に関する内外の動向,その利用の状況その他の事項についての調査及び分析並びに情報の提供その他の必要な措置を講じ,裁判外紛争解決手続についての国民の理解を増進させるように努めなければならない.
② 地方公共団体は,裁判外紛争解決手続の普及が住民福祉の向上に寄与することにかんがみ,国との適切な役割分担を踏まえつつ,裁判外紛争解決手続に関する情報の提供その他の必要な措置を講ずるように努めなければならない.

## 第2章 認証紛争解決手続の業務

### 第1節 民間紛争解決手続の業務の認証

**(民間紛争解決手続の業務の認証)**
**第5条** 民間紛争解決手続を業として行う者(法人でない団体で代表者又は管理人の定めのあるものを含む.)は,その業務について,法務大臣の認証を受けることができる.

**(認証の基準)**
**第6条** 法務大臣は,前条の認証の申請をした者(以下「申請者」という.)が行う当該申請に係る民間紛争解決手続の業務が次に掲げる基準に適合し,かつ,申請者が当該業務を行うのに必要な知識及び能力並びに経理的基礎を有するものであると認めるときは,当該業務について認証をするものとする.
1 その専門的な知見を活用して和解の仲介を行う紛争の範囲を定めていること.
2 前号の紛争の範囲に対応して,個々の民間紛争解決手続において和解の仲介を行うのにふさわしい者を手続実施者として選任することができること.
3 手続実施者の選任の方法及び手続実施者が紛争の当事者と利害関係を有することその他の民間紛争解決手続の公正な実施を妨げるおそれがある事由がある場合において,当該手続実施者を排除するための方法を定めていること.
4 申請者の実質的支配者等(申請者の株式の所有,申請者に対する融資その他の事由を通じて申請者の事業を実質的に支配し,又はその事業に重要な影響を与える関係にあるものとして法務省令で定めるをいう.以下この号において同じ.)又は申請者の子会社等(申請者が株式の所有その他の事由を通じてその事業を実質的に支配する関係にあるものとして法務省令で定めるをいう.)を紛争の当事者とする紛争について民間紛争解決手続の業務を行うこととしている申請者にあっては,当該実質的支配者等又は申請者が手続実施者に対して不当な影響を及ぼすことを排除するための措置が講じられていること.
5 手続実施者が弁護士でない場合(司法書士法(昭和25年法律第197号)第3条第1項第7号に規定する紛争について行う民間紛争解決手続において,手続実施者が同条第2項に規定する司法書士である場合を除く.)において,民間紛争解決手続の実施に当たり法令の解釈適用に関し専門的知識を必要とするときに,弁護士の助言を受けることができるようにするための措置を定めていること.
6 民間紛争解決手続の実施に際して行う通知について相当な方法を定めていること.
7 民間紛争解決手続の開始から終了に至るまでの標準的な手続の進行について定めていること.
8 紛争の当事者が申請者に対し民間紛争解決手続の実施の依頼をする場合の要件及び方式を定めていること.
9 申請者が紛争の一方の当事者から前号の依頼を受けた場合において,紛争の他方の当事者に対し,速やかにその旨を通知するとともに,当該紛争の他方の当事者がこれに応じて民間紛争解決手続の実施を依頼するか否かを確認するための手続を定めていること.
10 民間紛争解決手続において提出された資料の保管,返還その他の取扱いの方法を定めていること.
11 民間紛争解決手続において陳述される意見又は提出され,若しくは提示される資料に含まれる紛争の当事者又は第三者の秘密について,当該秘密の性質に応じてこれを適切に保持するための取扱いの方法を定めていること.第16条に規定する手続実施記録に記載されているこれらの秘密についても,同様とする.
12 紛争の当事者が民間紛争解決手続を終了させるための要件及び方式を定めていること.
13 手続実施者が民間紛争解決手続によっては紛争の当事者間に和解が成立する見込みがないと判断したときは,速やかに当該民間紛争解決手続を終了し,その旨を紛争の当事者に通知することを定めていること.
14 申請者(法人にあってはその役員,法人でない団体で代表者又は管理人の定めのあるものにあってはその代表者又は管理人),その代理人,使用人その他の従業者又は手続実施者が,これらの者が民間紛争解決手続の業務に関し知り得た秘密を確実に保持するための措置を定めていること.
15 申請者(手続実施者を含む.)が支払を受ける報酬又は費用がある場合には,その額又は算定方法,支払方法その他必要な事項を定めており,これが著しく不当なものでないこと.
16 申請者が行う民間紛争解決手続の業務に関する苦情の取扱いについて定めていること.

**(欠格事由)**
**第7条** 前条の規定にかかわらず,次の各号のいずれかに該当する者は,第5条の認証を受けることができない.
1 成年被後見人又は被保佐人
2 民間紛争解決手続の業務に関し成年者と同一の行為能力を有しない未成年者
3 破産者で復権を得ないもの
4 禁錮以上の刑に処せられ,その刑の執行を終わり,又は刑の執行を受けることがなくなった日から5年を経過しない者
5 この法律又は弁護士法(昭和24年法律第205号)の規定に違反し,罰金の刑に処せられ,その執行を終わり,又は執行を受けることがなくなった日から5年を経過しない者
6 第23条第1項又は第2項の規定により認証を取り消され,その取消しの日から5年を経過しない者
7 認証紛争解決事業者で法人(法人でない団体で代表者又は管理人の定めのあるものを含む.第9号,次条第1号,第13条第1項第3号及び第17条第3項において同じ.)であるものが第23条第1項又は第2項の規定により認証を取り消さ

れた場合において,その取消しの日前60日以内に
その役員(法人でない団体で代表者又は管理人の
定めのあるものにあっては,その代表者又は管理
人。第9号において同じ.)であった者でその取
消しの日から5年を経過しないもの
8 暴力団員による不当な行為の防止等に関する法
律(平成3年法律第77号)第2条第6号に規
定する暴力団員(以下この号において「暴力団
員」という.)又は暴力団員でなくなった日から
5年を経過しない者(以下「暴力団員等」という.)
9 法人でその役員又は政令で定める使用人のうち
に前各号のいずれかに該当する者のあるもの
10 個人でその政令で定める使用人のうちに第1号
から第8号までのいずれかに該当する者のあるもの
11 暴力団員等をその民間紛争解決手続の業務に従
事させ,又は当該業務の補助者として使用するお
それのある者
12 暴力団員等がその事業活動を支配する者
### 第2節 認証紛争解決事業者の業務
(説明義務)
**第14条** 認証紛争解決事業者は,認証紛争解決手続
を実施する契約の締結に先立ち,紛争の当事者に対
し,法務省令で定めるところにより,次に掲げる事
項について,これを記載した書面を交付し,又はこ
れを記録した電磁的記録(電子的方式,磁気的方式
その他人の知覚によっては認識することができな
い方式で作られる記録であって,電子計算機による
情報処理の用に供されるものをいう.)を提供して
説明をしなければならない.
1 手続実施者の選任に関する事項
2 紛争の当事者が支払う報酬又は費用に関する事項
3 第6条第7号に規定する認証紛争解決手続の開
始から終了に至るまでの標準的な手続の進行
4 前3号に掲げるもののほか,法務省令で定める
事項
(暴力団員等の使用の禁止)
**第15条** 認証紛争解決事業者は,暴力団員等を業務
に従事させ,又は業務の補助者として使用してはな
らない.

### 第3章 認証紛争解決手続の利用に係る特例

(時効の中断)
**第25条** ① 認証紛争解決手続によっては紛争の当
事者間に和解が成立する見込みがないことを理由
に手続実施者が当該認証紛争解決手続を終了した
場合において,当該認証紛争解決手続の実施の依頼
をした当該当事者が当該終了の旨の通知を受けた
日から1月以内に当該認証紛争解決手続の目的と
なった請求について訴えを提起したときは,時効の
中断に関しては,当該認証紛争解決手続における請
求の時に,訴えの提起があったものとみなす.
② 第19条の規定により第5条の認証がその効力を
失い,かつ,当該認証がその効力を失った日に認証
紛争解決手続が実施されていた紛争がある場合に
おいて,当該認証紛争解決手続の実施の依頼をした
当該当事者が第17条第3項若しくは第18
条第2項の規定による通知を受けた日又は第19条
各号に規定する事由があったことを知った日のい
ずれか早い日(認証紛争解決事業者の死亡により

第5条の認証がその効力を失った場合にあっては,
その死亡の事実を知った日)から1月以内に当該
認証紛争解決手続の目的となった請求について訴
えを提起したときも,前項と同様とする.
③ 第5条の認証が第23条第1項又は第2項の規定
により取り消され,かつ,その取消しの処分の日に
認証紛争解決手続が実施されていた紛争がある場
合において,当該認証紛争解決手続の実施の依頼を
した当該紛争の当事者が同条第5項の規定による
通知を受けた日又は当該処分を知った日のいずれ
か早い日から1月以内に当該認証紛争解決手続の
目的となった請求について訴えを提起したときも,
第1項と同様とする.

(訴訟手続の中止)
**第26条** ① 紛争の当事者が和解をすることができ
る民事上の紛争について当該紛争の当事者間に訴
訟が係属する場合において,次の各号のいずれかに
掲げる事由があり,かつ,当該紛争の当事者の共同
の申立てがあるときは,受訴裁判所は,4月以内の
期間を定めて訴訟手続を中止する旨の決定をする
ことができる.
1 当該紛争について,当該紛争の当事者間におい
て認証紛争解決手続が実施されていること.
2 前号に規定する場合のほか,当該紛争の当事者
間に認証紛争解決手続によって当該紛争の解決を
図る旨の合意があること.
② 受訴裁判所は,いつでも前項の決定を取り消すこ
とができる.
③ 第1項の申立てを却下する決定及び前項の規定
により第1項の決定を取り消す決定に対しては,不
服を申し立てることができない.

### 第4章 雑 則

(報 酬)
**第28条** 認証紛争解決事業者(認証紛争解決手続
における手続実施者を含む.)は,紛争の当事者又
は紛争の当事者との間の契約で定めるところに
より,認証紛争解決手続の業務を行うことに関し,
報酬を受けることができる.

### 第5章 罰 則

**第32条** ① 偽りその他不正の手段により第5条の
認証又は第12条第1項の変更の認証を受けた者は,
2年以下の懲役若しくは100万円以下の罰金に処
し,又はこれを併科する.
② 第15条の規定に違反して暴力団員等をその認証
紛争解決手続の業務に従事させ,又は当該業務の補
助者として使用した者は,1年以下の懲役若しくは
100万円以下の罰金に処し,又はこれを併科する.

附 則 (抄)
(施行期日)
**第1条** この法律は,公布の日から起算して2年6
月を超えない範囲内において政令で定める日から
施行する.
附 則(平18・6・2法50)(抄)
(施行期日)
① この法律は,一般社団・財団法人法の施行の日か
ら施行する.

# V 刑 事 法

## 78 刑　　法

(明40・4・24法律第45号,明41・10・1施行,最終改正:平19・5・23法律第54号)

[目　次]
第1編　総　則
　第1章　通　則（1条－8条）
　第2章　刑（9条－21条）
　第3章　期間計算（22条－24条）
　第4章　刑の執行猶予（25条－27条）
　第5章　仮釈放（28条－30条）
　第6章　刑の時効及び刑の消滅（31条－34条の2）
　第7章　犯罪の不成立及び刑の減免（35条－42条）
　第8章　未遂罪（43条・44条）
　第9章　併合罪（45条－55条）
　第10章　累犯（56条－59条）
　第11章　共犯（60条－65条）
　第12章　酌量減軽（66条・67条）
　第13章　加重減軽の方法（68条－72条）
第2編　罪
　第1章　削除【皇室に対する罪】（73条－76条）
　第2章　内乱に関する罪（77条－80条）
　第3章　外患に関する罪（81条－89条）
　第4章　国交に関する罪（90条－94条）
　第5章　公務の執行を妨害する罪（95条－96条の3）
　第6章　逃走の罪（97条－102条）
　第7章　犯人蔵匿及び証拠隠滅の罪（103条－105条の2）
　第8章　騒乱の罪（106条・107条）
　第9章　放火及び失火の罪（108条－118条）
　第10章　出水及び水利に関する罪（119条－123条）
　第11章　往来を妨害する罪（124条－129条）
　第12章　住居を侵す罪（130条－132条）
　第13章　秘密を侵す罪（133条－135条）
　第14章　あへん煙に関する罪（136条－141条）
　第15章　飲料水に関する罪（142条－147条）
　第16章　通貨偽造の罪（148条－153条）
　第17章　文書偽造の罪（154条－161条の2）
　第18章　有価証券偽造の罪（162条・163条）
　第18章の2　支払用カード電磁的記録に関する罪（163条の2－163条の5）
　第19章　印章偽造の罪（164条－168条）
　第20章　偽証の罪（169条－171条）
　第21章　虚偽告訴の罪（172条・173条）
　第22章　わいせつ,姦淫及び重婚の罪（174条－184条）
　第23章　賭博及び富くじに関する罪（185条－187条）
　第24章　礼拝所及び墳墓に関する罪（188条－192条）
　第25章　瀆職の罪（193条－198条）
　第26章　殺人の罪（199条－203条）
　第27章　傷害の罪（204条－208条の3）
　第28章　過失傷害の罪（209条－211条）
　第29章　堕胎の罪（212条－216条）
　第30章　遺棄の罪（217条－219条）
　第31章　逮捕及び監禁の罪（220条・221条）
　第32章　脅迫の罪（222条・223条）
　第33章　略取,誘拐及び人身売買の罪（224条－229条）
　第34章　名誉に対する罪（230条－232条）
　第35章　信用及び業務に対する罪（233条－234条の2）
　第36章　窃盗及び強盗の罪（235条－245条）
　第37章　詐欺及び恐喝の罪（246条－251条）
　第38章　横領の罪（252条－255条）
　第39章　盗品等に関する罪（256条・257条）
　第40章　毀棄及び隠匿の罪（258条－264条）

## 第1編　総　則

### 第1章　通　則

（国内犯）
**第1条**　① この法律は,日本国内において罪を犯したすべての者に適用する.
② 日本国外にある日本船舶又は日本航空機内において罪を犯した者についても,前項と同様とする.

（すべての者の国外犯）
**第2条**　この法律は,日本国外において次に掲げる罪を犯したすべての者に適用する.
1　削除
2　第77条から第79条まで（内乱,予備及び陰謀,内乱等幇助）の罪
3　第81条（外患誘致）,第82条（外患援助）,第87条（未遂罪）及び第88条（予備及び陰謀）の罪
4　第148条（通貨偽造及び行使等）の罪及びその未遂罪
5　第154条（詔書偽造等）,第155条（公文書偽造等）,第157条（公正証書原本不実記載等）,第158条（偽造公文書行使等）及び公務所又は公務員によって作られるべき電磁的記録に係る第161条の2（電磁的記録不正作出及び供用）の罪
6　第162条（有価証券偽造等）及び第163条（偽造有価証券行使等）の罪
7　第163条の2から第163条の5まで（支払用カード電磁的記録不正作出等,不正電磁的記録カード所持,支払用カード電磁的記録不正作出準備,未遂罪）の罪
8　第164条から第166条まで（御璽偽造及び不正使用等,公印偽造及び不正使用等,公記号偽造及び不正使用等）の罪並びに第164条第2項,第165条第2項及び第166条第2項の罪の未遂罪

（国民の国外犯）
**第3条**　この法律は,日本国外において次に掲げる罪を犯した日本国民に適用する.
1　第108条（現住建造物等放火）及び第109条第1項（非現住建造物等放火）の罪,これらの規定の例により処断すべき罪並びにこれらの罪の未遂罪
2　第119条（現住建造物等浸害）の罪
3　第159条から第161条まで（私文書偽造等,虚偽診断書作成,偽造私文書等行使）及び前条第5号に規定する電磁的記録以外の電磁的記録に係る第161条の2の罪
4　第167条（私印偽造及び不正使用等）の罪

及び同条第2項の罪の未遂罪
5　第176条から第179条まで（強制わいせつ，強姦，準強制わいせつ及び準強姦，集団強姦等，未遂罪），第181条（強制わいせつ等致死傷）及び第184条（重婚）の罪
6　第199条（殺人）の罪及びその未遂罪
7　第204条（傷害）及び第205条（傷害致死）の罪
8　第214条から第216条まで（業務上堕胎及び同致死傷，不同意堕胎，不同意堕胎致死傷）の罪
9　第218条（保護責任者遺棄等）の罪及び同条の罪に係る第219条（遺棄等致死傷）の罪
10　第220条（逮捕及び監禁）及び第221条（逮捕等致死傷）の罪
11　第224条から第228条まで（未成年者略取及び誘拐，営利目的等略取及び誘拐，身の代金目的略取等，所在国外移送目的略取及び誘拐，人身売買，被略取者等所在国外移送，被略取者引渡し等，未遂罪）の罪
12　第230条（名誉毀損）の罪
13　第235条から第236条まで（窃盗，不動産侵奪，強盗），第238条から第241条まで（事後強盗，昏酔強盗，強盗致死傷，強盗強姦及び同致死）の罪
14　第246条から第250条まで（詐欺，電子計算機使用詐欺，背任，準詐欺，恐喝，未遂罪）の罪
15　第253条（業務上横領）の罪
16　第256条第2項（盗品譲受け等）の罪

（国民以外の者の国外犯）

**第3条の2**　この法律は，日本国外において日本国民に対して次に掲げる罪を犯した日本国民以外の者に適用する．
1　第176条から第179条まで（強制わいせつ，強姦，準強制わいせつ及び準強姦，集団強姦等，未遂罪）及び第181条（強制わいせつ等致死傷）の罪
2　第199条（殺人）の罪及びその未遂罪
3　第204条（傷害）及び第205条（傷害致死）の罪
4　第220条（逮捕及び監禁）及び第221条（逮捕等致死傷）の罪
5　第224条から第228条まで（未成年者略取及び誘拐，営利目的等略取及び誘拐，身の代金目的略取等，所在国外移送目的略取及び誘拐，人身売買，被略取者等所在国外移送，被略取者引渡し等，未遂罪）の罪
6　第236条（強盗）及び第238条から第241条まで（事後強盗，昏酔強盗，強盗致死傷，強盗強姦及び同致死）の罪並びにこれらの罪の未遂罪

（公務員の国外犯）

**第4条**　この法律は，日本国外において次に掲げる罪を犯した日本国の公務員に適用する．
1　第101条（看守者等による逃走援助）の罪及びその未遂罪
2　第156条（虚偽公文書作成等）の罪
3　第193条（公務員職権濫用），第195条第2項（特別公務員暴行陵虐）及び第197条から第197条の4まで（収賄，受託収賄及び事前収賄，第三者供賄，加重収賄及び事後収賄，あっせん収賄）の罪並びに第195条第2項の罪に係る第196条（特別公務員職権濫用等致死傷）の罪

（条約による国外犯）

**第4条の2**　第2条から前条までに規定するもののほか，この法律は，日本国外において，第2編の罪であって条約により日本国外において犯したときであっても罰すべきものとされているものを犯したすべての者に適用する．

（外国判決の効力）

**第5条**　外国において確定裁判を受けた者であっても，同一の行為について更に処罰することを妨げない．ただし，犯人が既に外国において言い渡された刑の全部又は一部の執行を受けたときは，刑の執行を減軽し，又は免除する．

（刑の変更）

**第6条**　犯罪後の法律によって刑の変更があったときは，その軽いものによる．

（定　義）

**第7条**　① この法律において「公務員」とは，国又は地方公共団体の職員その他法令により公務に従事する議員，委員その他の職員をいう．
② この法律において「公務所」とは，官公庁その他公務員が職務を行う所をいう．

**第7条の2**　この法律において「電磁的記録」とは，電子的方式，磁気的方式その他人の知覚によっては認識することができない方式で作られる記録であって，電子計算機による情報処理の用に供されるものをいう．

（他の法令の罪に対する適用）

**第8条**　この編の規定は，他の法令の罪についても，適用する．ただし，その法令に特別の規定があるときは，この限りでない．

## 第2章　刑

（刑の種類）

**第9条**　死刑，懲役，禁錮，罰金，拘留及び科料を主刑とし，没収を付加刑とする．

（刑の軽重）

**第10条**　① 主刑の軽重は，前条に規定する順序による．ただし，無期の禁錮と有期の懲役とで

は禁錮を重い刑とし，有期の禁錮の長期が有期の懲役の長期の2倍を超えるときも，禁錮を重い刑とする．

② 同種の刑は，長期の長いもの又は多額の多いものを重い刑とし，長期又は多額が同じであるときは，短期の長いもの又は寡額の多いものを重い刑とする．

③ 2個以上の死刑又は長期若しくは多額及び短期若しくは寡額が同じである同種の刑は，犯情によってその軽重を定める．

（死 刑）
**第11条** ① 死刑は，刑事施設内において，絞首して執行する．

② 死刑の言渡しを受けた者は，その執行に至るまで刑事施設に拘置する．

（懲 役）
**第12条** ① 懲役は，無期及び有期とし，有期懲役は，1月以上20年以下とする．

② 懲役は，刑事施設に拘置して所定の作業を行わせる．

（禁 錮）
**第13条** ① 禁錮は，無期及び有期とし，有期禁錮は，1月以上20年以下とする．

② 禁錮は，刑事施設に拘置する．

（有期の懲役及び禁錮の加減の限度）
**第14条** ① 死刑又は無期の懲役若しくは禁錮を減軽して有期の懲役又は禁錮とする場合においては，その長期を30年とする．

② 有期の懲役又は禁錮を加重する場合においては30年にまで上げることができ，これを減軽する場合においては1月未満に下げることができる．

（罰 金）
**第15条** 罰金は，1万円以上とする．ただし，これを減軽する場合においては，1万円未満に下げることができる．

（拘 留）
**第16条** 拘留は，1日以上30日未満とし，刑事施設に拘置する．

（科 料）
**第17条** 科料は，1,000円以上1万円未満とする．

（労役場留置）
**第18条** ① 罰金を完納することができない者は，1日以上2年以下の期間，労役場に留置する．

② 科料を完納することができない者は，1日以上30日以下の期間，労役場に留置する．

③ 罰金を併科した場合又は罰金と科料とを併科した場合における留置の期間は，3年を超えることができない．科料を併科した場合における留置の期間は，60日を超えることができない．

④ 罰金又は科料の言渡しをするときは，その言渡しとともに，罰金又は科料を完納することができない場合における留置の期間を定めて言い渡さなければならない．

⑤ 罰金については裁判が確定した後30日以内，科料については裁判が確定した後10日以内は，本人の承諾がなければ留置の執行をすることができない．

⑥ 罰金又は科料の一部を納付した者についての留置の日数は，その残額を留置1日の割合に相当する金額で除して得た日数（その日数に1日未満の端数を生じるときは，これを1日とする．）とする．

（没 収）
**第19条** ① 次に掲げる物は，没収することができる．
1 犯罪行為を組成した物
2 犯罪行為の用に供し，又は供しようとした物
3 犯罪行為によって生じ，若しくはこれによって得た物又は犯罪行為の報酬として得た物
4 前号に掲げる物の対価として得た物

② 没収は，犯人以外の者に属しない物に限り，これをすることができる．ただし，犯人以外の者に属する物であっても，犯罪の後にその者が情を知って取得したものであるときは，これを没収することができる．

（追 徴）
**第19条の2** 前条第1項第3号又は第4号に掲げる物の全部又は一部を没収することができないときは，その価額を追徴することができる．

（没収の制限）
**第20条** 拘留又は科料のみに当たる罪については，特別の規定がなければ，没収を科することができない．ただし，第19条第1項第1号に掲げる物の没収については，この限りでない．

（未決勾留日数の本刑算入）
**第21条** 未決勾留の日数は，その全部又は一部を本刑に算入することができる．

## 第3章 期間計算

（期間の計算）
**第22条** 月又は年によって期間を定めたときは，暦に従って計算する．

（刑期の計算）
**第23条** ① 刑期は，裁判が確定した日から起算する．

② 拘禁されていない日数は，裁判が確定した後であっても，刑期に算入しない．

（受刑等の初日及び釈放）
**第24条** ① 受刑の初日は，時間にかかわらず，1日として計算する．時効期間の初日につい

ても、同様とする。
② 刑期が終了した場合における釈放は、その終了の日の翌日に行う。

## 第4章　刑の執行猶予

**(執行猶予)**
**第25条**　① 次に掲げる者が3年以下の懲役若しくは禁錮又は50万円以下の罰金の言渡しを受けたときは、情状により、裁判が確定した日から1年以上5年以下の期間、その執行を猶予することができる。
　1　前に禁錮以上の刑に処せられたことがない者
　2　前に禁錮以上の刑に処せられたことがあっても、その執行を終わった日又はその執行の免除を得た日から5年以内に禁錮以上の刑に処せられたことがない者
② 前に禁錮以上の刑に処せられた者があってもその執行を猶予された者が1年以下の懲役又は禁錮の言渡しを受け、情状に特に酌量すべきものがあるときも、前項と同様とする。ただし、次条第1項の規定により保護観察に付せられ、その期間内に更に罪を犯した者については、この限りでない。

**(保護観察)**
**第25条の2**　① 前条第1項の場合においては猶予の期間中保護観察に付することができ、同条第2項の場合においては猶予の期間中保護観察に付する。
② 保護観察は、行政官庁の処分によって仮に解除することができる。
③ 保護観察を仮に解除されたときは、前条第2項ただし書及び第26条の2第2号の規定の適用については、その処分を取り消されるまでの間は、保護観察に付せられなかったものとみなす。

**(執行猶予の必要的取消し)**
**第26条**　次に掲げる場合においては、刑の執行猶予の言渡しを取り消さなければならない。ただし、第3号の場合において、猶予の言渡しを受けた者が第25条第1項第2号に掲げる者であるとき、又は次条第3号に該当するときは、この限りでない。
　1　猶予の期間内に更に罪を犯して禁錮以上の刑に処せられ、その刑について執行猶予の言渡しがないとき。
　2　猶予の言渡し前に犯した他の罪について禁錮以上の刑に処せられ、その刑について執行猶予の言渡しがないとき。
　3　猶予の言渡し前に他の罪について禁錮以上の刑に処せられたことが発覚したとき。

**(執行猶予の裁量的取消し)**
**第26条の2**　次に掲げる場合においては、刑の執行猶予の言渡しを取り消すことができる。
　1　猶予の期間内に更に罪を犯し、罰金に処せられたとき。
　2　第25条の2第1項の規定により保護観察に付せられた者が遵守すべき事項を遵守せず、その情状が重いとき。
　3　猶予の言渡し前に他の罪について禁錮以上の刑に処せられ、その執行を猶予されたことが発覚したとき。

**(他の刑の執行猶予の取消し)**
**第26条の3**　前2条の規定により禁錮以上の刑の執行猶予の言渡しを取り消したときは、執行猶予中の他の禁錮以上の刑についても、その猶予の言渡しを取り消さなければならない。

**(猶予期間経過の効果)**
**第27条**　刑の執行猶予の言渡しを取り消されることなく猶予の期間を経過したときは、刑の言渡しは、効力を失う。

## 第5章　仮釈放

**(仮釈放)**
**第28条**　懲役又は禁錮に処せられた者に改悛の状があるときは、有期刑についてはその刑期の3分の1を、無期刑については10年を経過した後、行政官庁の処分によって仮に釈放することができる。

**(仮釈放の取消し)**
**第29条**　① 次に掲げる場合においては、仮釈放の処分を取り消すことができる。
　1　仮釈放中に更に罪を犯し、罰金以上の刑に処せられたとき。
　2　仮釈放前に犯した他の罪について罰金以上の刑に処せられたとき。
　3　仮釈放前に他の罪について罰金以上の刑に処せられた者に対し、その刑の執行をすべきとき。
　4　仮釈放中に遵守すべき事項を遵守しなかったとき。
② 仮釈放の処分を取り消したときは、釈放中の日数は、刑期に算入しない。

**(仮出場)**
**第30条**　① 拘留に処せられた者は、情状により、いつでも、行政官庁の処分によって仮に出場を許すことができる。
② 罰金又は科料を完納することができないため留置された者も、前項と同様とする。

## 第6章　刑の時効及び刑の消滅

**(刑の時効)**
**第31条**　刑の言渡しを受けた者は、時効によりその執行の免除を得る。

（時効の期間）
第32条 時効は,刑の言渡しが確定した後,次の期間その執行を受けないことによって完成する.
1 死刑については30年
2 無期の懲役又は禁錮については20年
3 10年以上の有期の懲役又は禁錮については15年
4 3年以上10年未満の懲役又は禁錮については10年
5 3年未満の懲役又は禁錮については5年
6 罰金については3年
7 拘留,科料及び没収については1年

（時効の停止）
第33条 時効は,法令により執行を猶予し,又は停止した期間内は,進行しない.

（時効の中断）
第34条 ① 死刑,懲役,禁錮及び拘留の時効は,刑の言渡しを受けた者をその執行のために拘束することによって中断する.
② 罰金,科料及び没収の時効は,執行行為をすることによって中断する.

（刑の消滅）
第34条の2 ① 禁錮以上の刑の執行を終わり又はその執行の免除を得た者が罰金以上の刑に処せられないで10年を経過したときは,刑の言渡しは,効力を失う. 罰金以下の刑の執行を終わり又はその執行の免除を得た者が罰金以上の刑に処せられないで5年を経過したときも,同様とする.
② 刑の免除の言渡しを受けた者が,その言渡しが確定した後,罰金以上の刑に処せられないで2年を経過したときは,刑の免除の言渡しは,効力を失う.

## 第7章 犯罪の不成立及び刑の減免

（正当行為）
第35条 法令又は正当な業務による行為は,罰しない.

（正当防衛）
第36条 ① 急迫不正の侵害に対して,自己又は他人の権利を防衛するため,やむを得ずにした行為は,罰しない.
② 防衛の程度を超えた行為は,情状により,その刑を減軽し,又は免除することができる.

（緊急避難）
第37条 ① 自己又は他人の生命,身体,自由又は財産に対する現在の危難を避けるため,やむを得ずにした行為は,これによって生じた害が避けようとした害の程度を超えなかった場合に限り,罰しない. ただし,その程度を超えた行為は,情状により,その刑を減軽し,又は免除することができる.
② 前項の規定は,業務上特別の義務がある者には,適用しない.

（故 意）
第38条 ① 罪を犯す意思がない行為は,罰しない. ただし,法律に特別の規定がある場合は,この限りでない.
② 重い罪に当たるべき行為をしたのに,行為の時にその重い罪に当たることとなる事実を知らなかった者は,その重い罪によって処断することはできない.
③ 法律を知らなかったとしても,そのことによって,罪を犯す意思がなかったとすることはできない. ただし,情状により,その刑を減軽することができる.

（心神喪失及び心神耗弱）
第39条 ① 心神喪失者の行為は,罰しない.
② 心神耗弱者の行為は,その刑を減軽する.

第40条 削除

（責任年齢）
第41条 14歳に満たない者の行為は,罰しない.

（自首等）
第42条 ① 罪を犯した者が捜査機関に発覚する前に自首したときは,その刑を減軽することができる.
② 告訴がなければ公訴を提起することができない罪について,告訴をすることができる者に対して自己の犯罪事実を告げ,その措置にゆだねたときも,前項と同様とする.

## 第8章 未遂罪

（未遂減免）
第43条 犯罪の実行に着手してこれを遂げなかった者は,その刑を減軽することができる. ただし,自己の意思により犯罪を中止したときは,その刑を減軽し,又は免除する.

（未遂罪）
第44条 未遂を罰する場合は,各本条で定める.

## 第9章 併合罪

（併合罪）
第45条 確定裁判を経ていない2個以上の罪を併合罪とする. ある罪について禁錮以上の刑に処する確定裁判があったときは,その罪とその裁判が確定する前に犯した罪とに限り,併合罪とする.

（併科の制限）
第46条 ① 併合罪のうちの1個の罪について死刑に処するときは,他の刑を科さない. ただし,没収は,この限りでない.

② 併合罪のうちの1個の罪について無期の懲役又は禁錮に処するときも,他の刑を科さない.ただし,罰金,科料及び没収は,この限りでない.

(有期の懲役及び禁錮の加重)
第47条 併合罪のうちの2個以上の罪について有期の懲役又は禁錮に処するときは,その最も重い罪について定めた刑の長期にその2分の1を加えたものを長期とする.ただし,それぞれの罪について定めた刑の長期の合計を超えることはできない.

(罰金の併科等)
第48条 ① 罰金と他の刑とは,併科する.ただし,第46条第1項の場合は,この限りでない.
② 併合罪のうちの2個以上の罪について罰金に処するときは,それぞれの罪について定めた罰金の多額の合計以下で処断する.

(没収の付加)
第49条 ① 併合罪のうちの重い罪について没収を科さない場合であっても,他の罪について没収の事由があるときは,これを付加することができる.
② 2個以上の没収は,併科する.

(余罪の処理)
第50条 併合罪のうちに既に確定裁判を経た罪とまだ確定裁判を経ていない罪とがあるときは,確定裁判を経ていない罪について更に処断する.

(併合罪に係る2個以上の刑の執行)
第51条 ① 併合罪について2個以上の裁判があったときは,その刑を併せて執行する.ただし,死刑を執行すべきときは,没収を除き,他の刑を執行せず,無期の懲役又は禁錮を執行すべきときは,罰金,科料及び没収を除き,他の刑を執行しない.
② 前項の場合における有期の懲役又は禁錮の執行は,その最も重い罪について定めた刑の長期にその2分の1を加えたものを超えることができない.

(一部に大赦があった場合の措置)
第52条 併合罪について処断された者がその一部の罪につき大赦を受けたときは,他の罪について改めて刑を定める.

(拘留及び科料の併科)
第53条 ① 拘留又は科料と他の刑とは,併科する.ただし,第46条の場合は,この限りでない.
② 2個以上の拘留又は科料は,併科する.

(1個の行為が2個以上の罪名に触れる場合等の処理)
第54条 ① 1個の行為が2個以上の罪名に触れ,又は犯罪の手段若しくは結果である行為が他の罪名に触れるときは,その最も重い刑により処断する.
② 第49条第2項の規定は,前項の場合にも,適用する.
第55条 削除

## 第10章 累 犯

(再 犯)
第56条 ① 懲役に処せられた者がその執行を終わった日又はその執行の免除を得た日から5年以内に更に罪を犯した場合において,その者を有期懲役に処するときは,再犯とする.
② 懲役に当たる罪と同質の罪により死刑に処せられた者がその執行の免除を得た日又は減刑により懲役に減軽されてその執行を終わった日若しくはその執行の免除を得た日から5年以内に更に罪を犯した場合において,その者を有期懲役に処するときも,前項と同様とする.
③ 併合罪について処断された者が,その併合罪のうちに懲役に処すべき罪があったのに,その罪が最も重い罪でなかったため懲役に処せられなかったものであるときは,再犯に関する規定の適用については,懲役に処せられたものとみなす.

(再犯加重)
第57条 再犯の刑は,その罪について定めた懲役の長期の2倍以下とする.
第58条 削除

(3犯以上の累犯)
第59条 3犯以上の者についても,再犯の例による.

## 第11章 共 犯

(共同正犯)
第60条 2人以上共同して犯罪を実行した者は,すべて正犯とする.

(教 唆)
第61条 ① 人を教唆して犯罪を実行させた者には,正犯の刑を科する.
② 教唆者を教唆した者についても,前項と同様とする.

(幇 助)
第62条 ① 正犯を幇助した者は,従犯とする.
② 従犯を教唆した者には,従犯の刑を科する.

(従犯減軽)
第63条 従犯の刑は,正犯の刑を減軽する.

(教唆及び幇助の処罰の制限)
第64条 拘留又は科料のみに処すべき罪の教唆者及び従犯は,特別の規定がなければ,罰しない.

(身分犯の共犯)
第65条 ① 犯人の身分によって構成すべき犯

罪行為に加功したときは、身分のない者であっても、共犯とする。

② 身分によって特に刑の軽重があるときは、身分のない者には通常の刑を科する。

## 第12章 酌量減軽

（酌量減軽）
第66条　犯罪の情状に酌量すべきものがあるときは、その刑を減軽することができる。

（法律上の加減と酌量減軽）
第67条　法律上刑を加重し、又は減軽する場合であっても、酌量減軽をすることができる。

## 第13章 加重減軽の方法

（法律上の減軽の方法）
第68条　法律上刑を減軽すべき1個又は2個以上の事由があるときは、次の例による。
　1　死刑を減軽するときは、無期の懲役若しくは禁錮又は10年以上の懲役若しくは禁錮とする。
　2　無期の懲役又は禁錮を減軽するときは、7年以上の有期の懲役又は禁錮とする。
　3　有期の懲役又は禁錮を減軽するときは、その長期及び短期の2分の1を減ずる。
　4　罰金を減軽するときは、その多額及び寡額の2分の1を減ずる。
　5　拘留を減軽するときは、その長期の2分の1を減ずる。
　6　科料を減軽するときは、その多額の2分の1を減ずる。

（法律上の減軽と刑の選択）
第69条　法律上刑を減軽すべき場合において、各本条に2個以上の刑名があるときは、まず適用する刑を定めて、その刑を減軽する。

（端数の切捨て）
第70条　懲役、禁錮又は拘留を減軽することにより1日に満たない端数が生じたときは、これを切り捨てる。

（酌量減軽の方法）
第71条　酌量減軽をするときも、第68条及び前条の例による。

（加重減軽の順序）
第72条　同時に刑を加重し、又は減軽するときは、次の順序による。
　1　再犯加重
　2　法律上の減軽
　3　併合罪の加重
　4　酌量減軽

## 第2編 罪

### 第1章 削除［皇室に対する罪］

第73条～第76条　削除

### 第2章 内乱に関する罪

（内乱）
第77条　① 国の統治機構を破壊し、又はその領土において国権を排除して権力を行使し、その他憲法の定める統治の基本秩序を壊乱することを目的として暴動をした者は、内乱の罪とし、次の区別に従って処断する。
　1　首謀者は、死刑又は無期禁錮に処する。
　2　謀議に参与し、又は群衆を指揮した者は無期又は3年以上の禁錮に処し、その他諸般の職務に従事した者は1年以上10年以下の禁錮に処する。
　3　付和随行し、その他単に暴動に参加した者は、3年以下の禁錮に処する。
② 前項の罪の未遂は、罰する。ただし、同項第3号に規定する者については、この限りでない。

（予備及び陰謀）
第78条　内乱の予備又は陰謀をした者は、1年以上10年以下の禁錮に処する。

（内乱等幇助）
第79条　兵器、資金若しくは食糧を供給し、又はその他の行為により、前2条の罪を幇助した者は、7年以下の禁錮に処する。

（自首による刑の免除）
第80条　前2条の罪を犯した者であっても、暴動に至る前に自首したときは、その刑を免除する。

### 第3章 外患に関する罪

（外患誘致）
第81条　外国と通謀して日本国に対し武力を行使させた者は、死刑に処する。

（外患援助）
第82条　日本国に対して外国から武力の行使があったときに、これに加担して、その軍務に服し、その他これに軍事上の利益を与えた者は、死刑又は無期若しくは2年以上の懲役に処する。

第83条～第86条　削除

（未遂罪）
第87条　第81条及び第82条の罪の未遂は、罰する。

（予備及び陰謀）
第88条　第81条又は第82条の罪の予備又は陰謀をした者は、1年以上10年以下の懲役に処する。

第89条 削除

## 第4章 国交に関する罪

第90条及び第91条 削除

（外国国章損壊等）

第92条 ① 外国に対して侮辱を加える目的で，その国の国旗その他の国章を損壊し，除去し，又は汚損した者は，2年以下の懲役又は20万円以下の罰金に処する．

② 前項の罪は，外国政府の請求がなければ公訴を提起することができない．

（私戦予備及び陰謀）

第93条 外国に対して私的に戦闘行為をする目的で，その予備又は陰謀をした者は，3月以上5年以下の禁錮に処する．ただし，自首した者は，その刑を免除する．

（中立命令違反）

第94条 外国が交戦している際に，局外中立に関する命令に違反した者は，3年以下の禁錮又は50万円以下の罰金に処する．

## 第5章 公務の執行を妨害する罪

（公務執行妨害及び職務強要）

第95条 ① 公務員が職務を執行するに当たり，これに対して暴行又は脅迫を加えた者は，3年以下の懲役若しくは禁錮又は50万円以下の罰金に処する．

② 公務員に，ある処分をさせ，若しくはさせないため，又はその職を辞させるために，暴行又は脅迫を加えた者も，前項と同様とする．

（封印等破棄）

第96条 公務員が施した封印若しくは差押えの表示を損壊し，又はその他の方法で無効にした者は，2年以下の懲役又は20万円以下の罰金に処する．

（強制執行妨害）

第96条の2 強制執行を免れる目的で，財産を隠匿し，損壊し，若しくは仮装譲渡し，又は仮装の債務を負担した者は，2年以下の懲役又は50万円以下の罰金に処する．

（競売等妨害）

第96条の3 ① 偽計又は威力を用いて，公の競売又は入札の公正を害すべき行為をした者は，2年以下の懲役又は250万円以下の罰金に処する．

② 公正な価格を害し又は不正な利益を得る目的で，談合した者も，前項と同様とする．

## 第6章 逃走の罪

（逃走）

第97条 裁判の執行により拘禁された既決又は未決の者が逃走したときは，1年以下の懲役に処する．

（加重逃走）

第98条 前条に規定する者又は勾引状の執行を受けた者が拘禁場若しくは拘束のための器具を損壊し，暴行若しくは脅迫をし，又は2人以上通謀して，逃走したときは，3月以上5年以下の懲役に処する．

（被拘禁者奪取）

第99条 法令により拘禁された者を奪取した者は，3月以上5年以下の懲役に処する．

（逃走援助）

第100条 ① 法令により拘禁された者を逃走させる目的で，器具を提供し，その他逃走を容易にすべき行為をした者は，3年以下の懲役に処する．

② 前項の目的で，暴行又は脅迫をした者は，3月以上5年以下の懲役に処する．

（看守者等による逃走援助）

第101条 法令により拘禁された者を看守し又は護送する者がその拘禁された者を逃走させたときは，1年以上10年以下の懲役に処する．

（未遂罪）

第102条 この章の罪の未遂は，罰する．

## 第7章 犯人蔵匿及び証拠隠滅の罪

（犯人蔵匿等）

第103条 罰金以上の刑に当たる罪を犯した者又は拘禁中に逃走した者を蔵匿し，又は隠避させた者は，2年以下の懲役又は20万円以下の罰金に処する．

（証拠隠滅等）

第104条 他人の刑事事件に関する証拠を隠滅し，偽造し，若しくは変造し，又は偽造若しくは変造の証拠を使用した者は，2年以下の懲役又は20万円以下の罰金に処する．

（親族による犯罪に関する特例）

第105条 前2条の罪については，犯人又は逃走した者の親族がこれらの者の利益のために犯したときは，その刑を免除することができる．

（証人等威迫）

第105条の2 自己若しくは他人の刑事事件の捜査若しくは審判に必要な知識を有すると認められる者又はその親族に対し，当該事件に関して，正当な理由がないのに面会を強請し，又は強談威迫の行為をした者は，1年以下の懲役又は20万円以下の罰金に処する．

## 第8章 騒乱の罪

（騒乱）

第106条 多衆で集合して暴行又は脅迫をした

者は、騒乱の罪とし、次の区別に従って処断する。
1 首謀者は、1年以上10年以下の懲役又は禁錮に処する。
2 他人を指揮し、又は他人に率先して勢いを助けた者は、6月以上7年以下の懲役又は禁錮に処する。
3 付和随行した者は、10万円以下の罰金に処する。

（多衆不解散）
第107条 暴行又は脅迫をするため多衆が集合した場合において、権限のある公務員から解散の命令を3回以上受けたにもかかわらず、なお解散しなかったときは、首謀者は3年以下の懲役又は禁錮に処し、その他の者は10万円以下の罰金に処する。

## 第9章 放火及び失火の罪

（現住建造物等放火）
第108条 放火して、現に人が住居に使用し又は現に人がいる建造物、汽車、電車、艦船又は鉱坑を焼損した者は、死刑又は無期若しくは5年以上の懲役に処する。

（非現住建造物等放火）
第109条 ① 放火して、現に人が住居に使用せず、かつ、現に人がいない建造物、艦船又は鉱坑を焼損した者は、2年以上の有期懲役に処する。
② 前項の物が自己の所有に係るときは、6月以上7年以下の懲役に処する。ただし、公共の危険を生じなかったときは、罰しない。

（建造物等以外放火）
第110条 ① 放火して、前2条に規定する物以外の物を焼損し、よって公共の危険を生じさせた者は、1年以上10年以下の懲役に処する。
② 前項の物が自己の所有に係るときは、1年以下の懲役又は10万円以下の罰金に処する。

（延焼）
第111条 ① 第109条第2項又は前条第2項の罪を犯し、よって第108条又は第109条第1項に規定する物に延焼させたときは、3月以上10年以下の懲役に処する。
② 前条第2項の罪を犯し、よって同条第1項に規定する物に延焼させたときは、3年以下の懲役に処する。

（未遂罪）
第112条 第108条及び第109条第1項の罪の未遂は、罰する。

（予備）
第113条 第108条又は第109条第1項の罪を犯す目的で、その予備をした者は、2年以下の懲役に処する。ただし、情状により、その刑を免除することができる。

（消火妨害）
第114条 火災の際に、消火用の物を隠匿し、若しくは損壊し、又はその他の方法により、消火を妨害した者は、1年以上10年以下の懲役に処する。

（差押え等に係る自己の物に関する特例）
第115条 第109条第1項及び第110条第1項に規定する物が自己の所有に係るものであっても、差押えを受け、物権を負担し、賃貸し、又は保険に付したものである場合において、これを焼損したときは、他人の物を焼損した者の例による。

（失　火）
第116条 ① 失火により、第108条に規定する物又は他人の所有に係る第109条に規定する物を焼損した者は、50万円以下の罰金に処する。
② 失火により、第109条に規定する物であって自己の所有に係るもの又は第110条に規定する物を焼損し、よって公共の危険を生じさせた者も、前項と同様とする。

（激発物破裂）
第117条 ① 火薬、ボイラーその他の激発すべき物を破裂させて、第108条に規定する物又は他人の所有に係る第109条に規定する物を損壊した者は、放火の例による。第109条に規定する物であって自己の所有に係るもの又は第110条に規定する物を損壊し、よって公共の危険を生じさせた者も、同様とする。
② 前項の行為が過失によるときは、失火の例による。

（業務上失火等）
第117条の2 第116条又は前条第1項の行為が業務上必要な注意を怠ったことによるとき、又は重大な過失によるときは、3年以下の禁錮又は150万円以下の罰金に処する。

（ガス漏出等及び同致死傷）
第118条 ① ガス、電気又は蒸気を漏出させ、流出させ、又は遮断し、よって人の生命、身体又は財産に危険を生じさせた者は、3年以下の懲役又は10万円以下の罰金に処する。
② ガス、電気又は蒸気を漏出させ、流出させ、又は遮断し、よって人を死傷させた者は、傷害の罪と比較して、重い刑により処断する。

## 第10章 出水及び水利に関する罪

（現住建造物等浸害）
第119条 出水させて、現に人が住居に使用し又は現に人がいる建造物、汽車、電車又は鉱坑を浸害した者は、死刑又は無期若しくは3年以上の懲役に処する。

（非現住建造物等浸害）

第120条 ① 出水させて，前条に規定する物以外の物を浸害し，よって公共の危険を生じさせた者は，1年以上10年以下の懲役に処する．
② 浸害した物が自己の所有に係るときは，その物が差押えを受け，物権を負担し，賃貸し，又は保険に付したものである場合に限り，前項の例による．

（水防妨害）
第121条 水害の際に，水防用の物を隠匿し，若しくは損壊し，又はその他の方法により，水防を妨害した者は，1年以上10年以下の懲役に処する．

（過失建造物等浸害）
第122条 過失により出水させて，第119条に規定する物を浸害した者又は第120条に規定する物を浸害し，よって公共の危険を生じさせた者は，20万円以下の罰金に処する．

（水利妨害及び出水危険）
第123条 堤防を決壊させ，水門を破壊し，その他水利の妨害となるべき行為又は出水させるべき行為をした者は，2年以下の懲役若しくは禁錮又は20万円以下の罰金に処する．

## 第11章　往来を妨害する罪

（往来妨害及び同致死傷）
第124条 ① 陸路，水路又は橋を損壊し，又は閉塞して往来の妨害を生じさせた者は，2年以下の懲役又は20万円以下の罰金に処する．
② 前項の罪を犯し，よって人を死傷させた者は，傷害の罪と比較して，重い刑により処断する．

（往来危険）
第125条 ① 鉄道若しくはその標識を損壊し，又はその他の方法により，汽車又は電車の往来の危険を生じさせた者は，2年以上の有期懲役に処する．
② 灯台若しくは浮標を損壊し，又はその他の方法により，艦船の往来の危険を生じさせた者も，前項と同様とする．

（汽車転覆等及び同致死）
第126条 ① 現に人がいる汽車又は電車を転覆させ，又は破壊した者は，無期又は3年以上の懲役に処する．
② 現に人がいる艦船を転覆させ，沈没させ，又は破壊した者も，前項と同様とする．
③ 前2項の罪を犯し，よって人を死亡させた者は，死刑又は無期懲役に処する．

（往来危険による汽車転覆等）
第127条 第125条の罪を犯し，よって汽車若しくは電車を転覆させ，若しくは破壊し，又は艦船を転覆させ，沈没させ，若しくは破壊した者も，前条の例による．

（未遂罪）
第128条 第124条第1項，第125条並びに第126条第1項及び第2項の罪の未遂は，罰する．

（過失往来危険）
第129条 ① 過失により，汽車，電車若しくは艦船の往来の危険を生じさせ，又は汽車若しくは電車を転覆させ，沈没し，若しくは破壊し，若しくは艦船を転覆させ，沈没させ，若しくは破壊した者は，30万円以下の罰金に処する．
② その業務に従事する者が前項の罪を犯したときは，3年以下の禁錮又は50万円以下の罰金に処する．

## 第12章　住居を侵す罪

（住居侵入等）
第130条 正当な理由がないのに，人の住居若しくは人の看守する邸宅，建造物若しくは艦船に侵入し，又は要求を受けたにもかかわらずこれらの場所から退去しなかった者は，3年以下の懲役又は10万円以下の罰金に処する．

第131条 削除

（未遂罪）
第132条 第130条の罪の未遂は，罰する．

## 第13章　秘密を侵す罪

（信書開封）
第133条 正当な理由がないのに，封をしてある信書を開けた者は，1年以下の懲役又は20万円以下の罰金に処する．

（秘密漏示）
第134条 ① 医師，薬剤師，医薬品販売業者，助産師，弁護士，弁護人，公証人又はこれらの職にあった者が，正当な理由がないのに，その業務上取り扱ったことについて知り得た人の秘密を漏らしたときは，6月以下の懲役又は10万円以下の罰金に処する．
② 宗教，祈祷若しくは祭祀の職にある者又はこれらの職にあった者が，正当な理由がないのに，その業務上取り扱ったことについて知り得た人の秘密を漏らしたときも，前項と同様とする．

（親告罪）
第135条 この章の罪は，告訴がなければ公訴を提起することができない．

## 第14章　あへん煙に関する罪

（あへん煙輸入等）
第136条 あへん煙を輸入し，製造し，販売し，又は販売の目的で所持した者は，6月以上7年以下の懲役に処する．

（あへん煙吸食器具輸入等）
第137条 あへん煙を吸食する器具を輸入し，

製造し,販売し,又は販売の目的で所持した者は,3月以上5年以下の懲役に処する.

(税関職員によるあへん煙輸入等)

第138条 税関職員が,あへん煙又はあへん煙を吸食するための器具を輸入し,又はこれらの輸入を許したときは,1年以上10年以下の懲役に処する.

(あへん煙吸食及び場所提供)

第139条 ① あへん煙を吸食した者は,3年以下の懲役に処する.

② あへん煙の吸食のため建物又は室を提供して利益を図った者は,6月以上7年以下の懲役に処する.

(あへん煙等所持)

第140条 あへん煙又はあへん煙を吸食するための器具を所持した者は,1年以下の懲役に処する.

(未遂罪)

第141条 この章の罪の未遂は,罰する.

## 第15章 飲料水に関する罪

(浄水汚染)

第142条 人の飲料に供する浄水を汚染し,よって使用することができないようにした者は,6月以下の懲役又は10万円以下の罰金に処する.

(水道汚染)

第143条 水道により公衆に供給する飲料の浄水又はその水源を汚染し,よって使用することができないようにした者は,6月以上7年以下の懲役に処する.

(浄水毒物等混入)

第144条 人の飲料に供する浄水に毒物その他人の健康を害すべき物を混入した者は,3年以下の懲役に処する.

(浄水汚染等致死傷)

第145条 前3条の罪を犯し,よって人を死傷させた者は,傷害の罪と比較して,重い刑により処断する.

(水道毒物等混入及び同致死)

第146条 水道により公衆に供給する飲料の浄水又はその水源に毒物その他人の健康を害すべき物を混入した者は,2年以上の有期懲役に処する.よって人を死亡させた者は,死刑又は無期若しくは5年以上の懲役に処する.

(水道損壊及び閉塞)

第147条 公衆の飲料に供する浄水の水道を損壊し,又は閉塞した者は,1年以上10年以下の懲役に処する.

## 第16章 通貨偽造の罪

(通貨偽造及び行使等)

第148条 ① 行使の目的で,通用する貨幣,紙幣又は銀行券を偽造し,又は変造した者は,無期又は3年以上の懲役に処する.

② 偽造又は変造の貨幣,紙幣又は銀行券を行使し,又は行使の目的で人に交付し,若しくは輸入した者も,前項と同様とする.

(外国通貨偽造及び行使等)

第149条 ① 行使の目的で,日本国内に流通している外国の貨幣,紙幣又は銀行券を偽造し,又は変造した者は,2年以上の有期懲役に処する.

② 偽造又は変造の外国の貨幣,紙幣又は銀行券を行使し,又は行使の目的で人に交付し,若しくは輸入した者も,前項と同様とする.

(偽造通貨等収得)

第150条 行使の目的で,偽造又は変造の貨幣,紙幣又は銀行券を収得した者は,3年以下の懲役に処する.

(未遂罪)

第151条 前3条の罪の未遂は,罰する.

(収得後知情行使等)

第152条 貨幣,紙幣又は銀行券を収得した後に,それが偽造又は変造のものであることを知って,これを行使し,又は行使の目的で人に交付した者は,その額面価格の3倍以下の罰金又は科料に処する.ただし,2,000円以下にすることはできない.

(通貨偽造等準備)

第153条 貨幣,紙幣又は銀行券の偽造又は変造の用に供する目的で,器械又は原料を準備した者は,3月以上5年以下の懲役に処する.

## 第17章 文書偽造の罪

(詔書偽造等)

第154条 ① 行使の目的で,御璽,国璽若しくは御名を使用して詔書その他の文書を偽造し,又は偽造した御璽,国璽若しくは御名を使用して詔書その他の文書を偽造した者は,無期又は3年以上の懲役に処する.

② 御璽若しくは国璽を押し又は御名を署した詔書その他の文書を変造した者も,前項と同様とする.

(公文書偽造等)

第155条 ① 行使の目的で,公務所若しくは公務員の印章若しくは署名を使用して公務所若しくは公務員の作成すべき文書若しくは図画を偽造し,又は偽造した公務所若しくは公務員の印章若しくは署名を使用して公務所若しくは公務員の作成すべき文書若しくは図画を偽造し

た者は, 1年以上10年以下の懲役に処する.
② 公務所又は公務員が押印し又は署名した文書又は図画を変造した者も, 前項と同様とする.
③ 前2項に規定するもののほか, 公務所若しくは公務員の作成すべき文書若しくは図画を偽造し, 又は公務所若しくは公務員が作成した文書若しくは図画を変造した者は, 3年以下の懲役又は20万円以下の罰金に処する.

(虚偽公文書作成等)
**第156条** 公務員が, その職務に関し, 行使の目的で, 虚偽の文書若しくは図画を作成し, 又は文書若しくは図画を変造したときは, 印章又は署名の有無により区別して, 前2条の例による.

(公正証書原本不実記載等)
**第157条** ① 公務員に対し虚偽の申立てをして, 登記簿, 戸籍簿その他の権利若しくは義務に関する公正証書の原本に不実の記載をさせ, 又は権利若しくは義務に関する公正証書の原本として用いられる電磁的記録に不実の記録をさせた者は, 5年以下の懲役又は50万円以下の罰金に処する.
② 公務員に対し虚偽の申立てをして, 免状, 鑑札又は旅券に不実の記載をさせた者は, 1年以下の懲役又は20万円以下の罰金に処する.
③ 前2項の罪の未遂は, 罰する.

(偽造公文書行使等)
**第158条** ① 第154条から前条までの文書若しくは図画を行使し, 又は前条第1項の電磁的記録を公正証書の原本としての用に供した者は, その文書若しくは図画を偽造し, 若しくは変造し, 虚偽の文書若しくは図画を作成し, 又は不実の記載若しくは記録をさせた者と同一の刑に処する.
② 前項の罪の未遂は, 罰する.

(私文書偽造等)
**第159条** ① 行使の目的で, 他人の印章若しくは署名を使用して権利, 義務若しくは事実証明に関する文書若しくは図画を偽造し, 又は偽造した他人の印章若しくは署名を使用して権利, 義務若しくは事実証明に関する文書若しくは図画を偽造した者は, 3月以上5年以下の懲役に処する.
② 他人が押印し又は署名した権利, 義務又は事実証明に関する文書又は図画を変造した者も, 前項と同様とする.
③ 前2項に規定するもののほか, 権利, 義務又は事実証明に関する文書又は図画を偽造し, 又は変造した者は, 1年以下の懲役又は10万円以下の罰金に処する.

(虚偽診断書等作成)
**第160条** 医師が公務所に提出すべき診断書, 検案書又は死亡証書に虚偽の記載をしたときは, 3年以下の禁錮又は30万円以下の罰金に処する.

(偽造私文書等行使)
**第161条** ① 前2条の文書又は図画を行使した者は, その文書若しくは図画を偽造し, 若しくは変造し, 又は虚偽の記載をした者と同一の刑に処する.
② 前項の罪の未遂は, 罰する.

(電磁的記録不正作出及び供用)
**第161条の2** ① 人の事務処理を誤らせる目的で, その事務処理の用に供する権利, 義務又は事実証明に関する電磁的記録を不正に作った者は, 5年以下の懲役又は50万円以下の罰金に処する.
② 前項の罪が公務所又は公務員により作られるべき電磁的記録に係るときは, 10年以下の懲役又は100万円以下の罰金に処する.
③ 不正に作られた権利, 義務又は事実証明に関する電磁的記録を, 第1項の目的で, 人の事務処理の用に供した者は, その電磁的記録を不正に作った者と同一の刑に処する.
④ 前項の罪の未遂は, 罰する.

## 第18章 有価証券偽造の罪

(有価証券偽造等)
**第162条** ① 行使の目的で, 公債証書, 官庁の証券, 会社の株券その他の有価証券を偽造し, 又は変造した者は, 3月以上10年以下の懲役に処する.
② 行使の目的で, 有価証券に虚偽の記入をした者も, 前項と同様とする.

(偽造有価証券行使等)
**第163条** ① 偽造若しくは変造の有価証券又は虚偽の記入がある有価証券を行使し, 又は行使の目的で人に交付し, 若しくは輸入した者は, 3月以上10年以下の懲役に処する.
② 前項の罪の未遂は, 罰する.

## 第18章の2 支払用カード電磁的記録に関する罪

(支払用カード電磁的記録不正作出等)
**第163条の2** ① 人の財産上の事務処理を誤らせる目的で, その事務処理の用に供する電磁的記録であって, クレジットカードその他の代金又は料金の支払用のカードを構成するものを不正に作った者は, 10年以下の懲役又は100万円以下の罰金に処する. 預貯金の引出用のカードを構成する電磁的記録を不正に作った者も, 同様とする.
② 不正に作られた前項の電磁的記録を, 同項の

目的で,人の財産上の事務処理の用に供した者も,同項と同様とする.
③ 不正に作られた第1項の電磁的記録をその構成部分とするカードを,同項の目的で,譲り渡し,貸し渡し,又は輸入した者も,同項と同様とする.

(不正電磁的記録カード所持)
第163条の3　前条第1項の目的で,同条第3項のカードを所持した者は,5年以下の懲役又は50万円以下の罰金に処する.

(支払用カード電磁的記録不正作出準備)
第163条の4　① 第163条の2第1項の犯罪行為の用に供する目的で,同項の電磁的記録の情報を取得した者は,3年以下の懲役又は50万円以下の罰金に処する.情を知って,その情報を提供した者も,同様とする.
② 不正に取得された第163条の2第1項の電磁的記録の情報を,前項の目的で保管した者も,同項と同様とする.
③ 第1項の目的で,器械又は原料を準備した者も,同項と同様とする.

(未遂罪)
第163条の5　第163条の2及び前条第1項の罪の未遂は,罰する.

## 第19章　印章偽造の罪

(御璽偽造及び不正使用等)
第164条　① 行使の目的で,御璽,国璽又は御名を偽造した者は,2年以上の有期懲役に処する.
② 御璽,国璽若しくは御名を不正に使用し,又は偽造した御璽,国璽若しくは御名を使用した者も,前項と同様とする.

(公印偽造及び不正使用等)
第165条　① 行使の目的で,公務所又は公務員の印章又は署名を偽造した者は,3月以上5年以下の懲役に処する.
② 公務所若しくは公務員の印章若しくは署名を不正に使用し,又は偽造した公務所若しくは公務員の印章若しくは署名を使用した者も,前項と同様とする.

(公記号偽造及び不正使用等)
第166条　① 行使の目的で,公務所の記号を偽造した者は,3年以下の懲役に処する.
② 公務所の記号を不正に使用し,又は偽造した公務所の記号を使用した者も,前項と同様とする.

(私印偽造及び不正使用等)
第167条　① 行使の目的で,他人の印章又は署名を偽造した者は,3年以下の懲役に処する.
② 他人の印章若しくは署名を不正に使用し,又は偽造した印章若しくは署名を使用した者も,前項と同様とする.

(未遂罪)
第168条　第164条第2項,第165条第2項,第166条第2項及び前条第2項の罪の未遂は,罰する.

## 第20章　偽証の罪

(偽　証)
第169条　法律により宣誓した証人が虚偽の陳述をしたときは,3月以上10年以下の懲役に処する.

(自白による刑の減免)
第170条　前条の罪を犯した者が,その証言をした事件について,その裁判が確定する前又は懲戒処分が行われる前に自白したときは,その刑を減軽し,又は免除することができる.

(虚偽鑑定等)
第171条　法律により宣誓した鑑定人,通訳人又は翻訳人が虚偽の鑑定,通訳又は翻訳をしたときは,前2条の例による.

## 第21章　虚偽告訴の罪

(虚偽告訴等)
第172条　人に刑事又は懲戒の処分を受けさせる目的で,虚偽の告訴,告発その他の申告をした者は,3月以上10年以下の懲役に処する.

(自白による刑の減免)
第173条　前条の罪を犯した者が,その申告をした事件について,その裁判が確定する前又は懲戒処分が行われる前に自白したときは,その刑を減軽し,又は免除することができる.

## 第22章　わいせつ,姦淫及び重婚の罪

(公然わいせつ)
第174条　公然とわいせつな行為をした者は,6月以下の懲役若しくは30万円以下の罰金又は拘留若しくは科料に処する.

(わいせつ物頒布等)
第175条　わいせつな文書,図画その他の物を頒布し,販売し,又は公然と陳列した者は,2年以下の懲役又は250万円以下の罰金若しくは科料に処する.販売の目的でこれらの物を所持した者も,同様とする.

(強制わいせつ)
第176条　13歳以上の男女に対し,暴行又は脅迫を用いてわいせつな行為をした者は,6月以上10年以下の懲役に処する.13歳未満の男女に対し,わいせつな行為をした者も,同様とする.

(強　姦)
第177条　暴行又は脅迫を用いて13歳以上の女子を姦淫した者は,強姦の罪とし,3年以上

の有期懲役に処する．13歳未満の女子を姦淫した者も，同様とする．

(準強制わいせつ及び準強姦)
**第178条** ① 人の心神喪失若しくは抗拒不能に乗じ，又は心神を喪失させ，若しくは抗拒不能にさせて，わいせつな行為をした者は，第176条の例による．
② 女子の心神喪失若しくは抗拒不能に乗じ，又は心神を喪失させ，若しくは抗拒不能にさせて，姦淫した者は，前条の例による．

(集団強姦等)
**第178条の2** 2人以上の者が現場において共同して第177条又は前条第2項の罪を犯したときは，4年以上の有期懲役に処する．

(未遂罪)
**第179条** 第176条から前条までの罪の未遂は，罰する．

(親告罪)
**第180条** ① 第176条から第178条までの罪及びこれらの罪の未遂罪は，告訴がなければ公訴を提起することができない．
② 前項の規定は，2人以上の者が現場において共同して犯した第176条若しくは第178条第1項の罪又はこれらの罪の未遂罪については，適用しない．

(強制わいせつ等致死傷)
**第181条** ① 第176条若しくは第178条第1項の罪又はこれらの罪の未遂罪を犯し，よって人を死傷させた者は，無期又は3年以上の懲役に処する．
② 第177条若しくは第178条第2項の罪又はこれらの罪の未遂罪を犯し，よって女子を死傷させた者は，無期又は5年以上の懲役に処する．
③ 第178条の2の罪又はその未遂罪を犯し，よって女子を死傷させた者は，無期又は6年以上の懲役に処する．

(淫行勧誘)
**第182条** 営利の目的で，淫行の常習のない女子を勧誘して姦淫させた者は，3年以下の懲役又は30万円以下の罰金に処する．

**第183条** 削除

(重 婚)
**第184条** 配偶者のある者が重ねて婚姻をしたときは，2年以下の懲役に処する．その相手方となって婚姻をした者も，同様とする．

### 第23章 賭博及び富くじに関する罪

(賭 博)
**第185条** 賭博をした者は，50万円以下の罰金又は科料に処する．ただし，一時の娯楽に供する物を賭けたにとどまるときは，この限りでない．

(常習賭博及び賭博場開張等図利)
**第186条** ① 常習として賭博をした者は，3年以下の懲役に処する．
② 賭博場を開張し，又は博徒を結合して利益を図った者は，3月以上5年以下の懲役に処する．

(富くじ発売等)
**第187条** ① 富くじを発売した者は，2年以下の懲役又は150万円以下の罰金に処する．
② 富くじ発売の取次ぎをした者は，1年以下の懲役又は100万円以下の罰金に処する．
③ 前2項に規定するもののほか，富くじを授受した者は，20万円以下の罰金又は科料に処する．

### 第24章 礼拝所及び墳墓に関する罪

(礼拝所不敬及び説教等妨害)
**第188条** ① 神祠，仏堂，墓所その他の礼拝所に対し，公然と不敬な行為をした者は，6月以下の懲役若しくは禁錮又は10万円以下の罰金に処する．
② 説教，礼拝又は葬式を妨害した者は，1年以下の懲役若しくは禁錮又は10万円以下の罰金に処する．

(墳墓発掘)
**第189条** 墳墓を発掘した者は，2年以下の懲役に処する．

(死体損壊等)
**第190条** 死体，遺骨，遺髪又は棺に納めてある物を損壊し，遺棄し，又は領得した者は，3年以下の懲役に処する．

(墳墓発掘死体損壊等)
**第191条** 第189条の罪を犯して，死体，遺骨，遺髪又は棺に納めてある物を損壊し，遺棄し，又は領得した者は，3月以上5年以下の懲役に処する．

(変死者密葬)
**第192条** 検視を経ないで変死者を葬った者は，10万円以下の罰金又は科料に処する．

### 第25章 汚職の罪

(公務員職権濫用)
**第193条** 公務員がその職権を濫用して，人に義務のないことを行わせ，又は権利の行使を妨害したときは，2年以下の懲役又は禁錮に処する．

(特別公務員職権濫用)
**第194条** 裁判，検察若しくは警察の職務を行う者又はこれらの職務を補助する者がその職権を濫用して，人を逮捕し，又は監禁したときは，6月以上10年以下の懲役又は禁錮に処する．

(特別公務員暴行陵虐)
**第195条** ① 裁判，検察若しくは警察の職務を行う者又はこれらの職務を補助する者が，その

職務を行うに当たり,被告人,被疑者その他の者に対して暴行又は陵辱若しくは加虐の行為をしたときは,7年以下の懲役又は禁錮に処する.
② 法令により拘禁された者を看守し又は護送する者がその拘禁された者に対して暴行又は陵辱若しくは加虐の行為をしたときも,前項と同様とする.

(特別公務員職権濫用等致死傷)
第196条 前2条の罪を犯し,よって人を死傷させた者は,傷害の罪と比較して,重い刑により処断する.

(収賄,受託収賄及び事前収賄)
第197条 ① 公務員が,その職務に関し,賄賂を収受し,又はその要求若しくは約束をしたときは,5年以下の懲役に処する.この場合において,請託を受けたときは,7年以下の懲役に処する.
② 公務員になろうとする者が,その担当すべき職務に関し,請託を受けて,賄賂を収受し,又はその要求若しくは約束をしたときは,公務員となった場合において,5年以下の懲役に処する.

(第三者供賄)
第197条の2 公務員が,その職務に関し,請託を受けて,第三者に賄賂を供与させ,又はその供与の要求若しくは約束をしたときは,5年以下の懲役に処する.

(加重収賄及び事後収賄)
第197条の3 ① 公務員が前2条の罪を犯し,よって不正な行為をし,又は相当の行為をしなかったときは,1年以上の有期懲役に処する.
② 公務員が,その職務上不正な行為をしたこと又は相当の行為をしなかったことに関し,賄賂を収受し,若しくはその要求若しくは約束をし,又は第三者にこれを供与させ,若しくはその供与の要求若しくは約束をしたときも,前項と同様とする.
③ 公務員であった者が,その在職中に請託を受けて職務上不正な行為をしたこと又は相当の行為をしなかったことに関し,賄賂を収受し,又はその要求若しくは約束をしたときは,5年以下の懲役に処する.

(あっせん収賄)
第197条の4 公務員が請託を受け,他の公務員に職務上不正な行為をさせるように,又は相当の行為をさせないようにあっせんをすること又はしたことの報酬として,賄賂を収受し,又はその要求若しくは約束をしたときは,5年以下の懲役に処する.

(没収及び追徴)
第197条の5 犯人又は情を知った第三者が収受した賄賂は,没収する.その全部又は一部を没収することができないときは,その価額を追徴する.

(贈賄)
第198条 第197条から第197条の4までに規定する賄賂を供与し,又はその申込み若しくは約束をした者は,3年以下の懲役又は250万円以下の罰金に処する.

## 第26章 殺人の罪

(殺人)
第199条 人を殺した者は,死刑又は無期若しくは5年以上の懲役に処する.

第200条 [尊属殺人] 削除

(予備)
第201条 第199条の罪を犯す目的で,その予備をした者は,2年以下の懲役に処する.ただし,情状により,その刑を免除することができる.

(自殺関与及び同意殺人)
第202条 人を教唆し若しくは幇助して自殺させ,又は人をその嘱託を受け若しくはその承諾を得て殺した者は,6月以上7年以下の懲役又は禁錮に処する.

(未遂罪)
第203条 第199条及び前条の罪の未遂は,罰する.

## 第27章 傷害の罪

(傷害)
第204条 人の身体を傷害した者は,15年以下の懲役又は50万円以下の罰金に処する.

(傷害致死)
第205条 身体を傷害し,よって人を死亡させた者は,3年以上の有期懲役に処する.

(現場助勢)
第206条 前2条の犯罪が行われるに当たり,現場において勢いを助けた者は,自ら人を傷害しなくても,1年以下の懲役又は10万円以下の罰金若しくは科料に処する.

(同時傷害の特例)
第207条 2人以上で暴行を加えて人を傷害した場合において,それぞれの暴行による傷害の軽重を知ることができず,又はその傷害を生じさせた者を知ることができないときは,共同して実行した者でなくても,共犯の例による.

(暴行)
第208条 暴行を加えた者が人を傷害するに至らなかったときは,2年以下の懲役若しくは30万円以下の罰金又は拘留若しくは科料に処する.

(危険運転致死傷)
第208条の2 ① アルコール又は薬物の影響

により正常な運転が困難な状態で自動車を走行させ、よって、人を負傷させた者は15年以下の懲役に処し、人を死亡させた者は1年以上の有期懲役に処する。その進行を制御することが困難な高速度で、又はその進行を制御する技能を有しないで自動車を走行させ、よって人を死傷させた者も、同様とする。
② 人又は車の通行を妨害する目的で、走行中の自動車の直前に進入し、その他通行中の人又は車に著しく接近し、かつ、重大な交通の危険を生じさせる速度で自動車を運転し、よって人を死傷させた者も、前項と同様とする。赤色信号又はこれに相当する信号を殊更に無視し、かつ、重大な交通の危険を生じさせる速度で自動車を運転し、よって人を死傷させた者も、同様とする。

（凶器準備集合及び結集）
第208条の3 ① 2人以上の者が他人の生命、身体又は財産に対し共同して害を加える目的で集合した場合において、凶器を準備して又はその準備があることを知って集合した者は、2年以下の懲役又は30万円以下の罰金に処する。
② 前項の場合において、凶器を準備して又はその準備があることを知って人を集合させた者は、3年以下の懲役に処する。

## 第28章　過失傷害の罪

（過失傷害）
第209条 ① 過失により人を傷害した者は、30万円以下の罰金又は科料に処する。
② 前項の罪は、告訴がなければ公訴を提起することができない。

（過失致死）
第210条 過失により人を死亡させた者は、50万円以下の罰金に処する。

（業務上過失致死傷等）
第211条 ① 業務上必要な注意を怠り、よって人を死傷させた者は、5年以下の懲役若しくは禁錮又は100万円以下の罰金に処する。重大な過失により人を死傷させた者も、同様とする。
② 自動車の運転上必要な注意を怠り、よって人を死傷させた者は、7年以下の懲役若しくは禁錮又は100万円以下の罰金に処する。ただし、その傷害が軽いときは、情状により、その刑を免除することができる。

## 第29章　堕胎の罪

（堕　胎）
第212条 妊娠中の女子が薬物を用い、又はその他の方法により、堕胎したときは、1年以下の懲役に処する。

（同意堕胎及び同致死傷）
第213条 女子の嘱託を受け、又はその承諾を得て堕胎させた者は、2年以下の懲役に処する。よって女子を死傷させた者は、3月以上5年以下の懲役に処する。

（業務上堕胎及び同致死傷）
第214条 医師、助産師、薬剤師又は医薬品販売業者が女子の嘱託を受け、又はその承諾を得て堕胎させたときは、3月以上5年以下の懲役に処する。よって女子を死傷させたときは、6月以上7年以下の懲役に処する。

（不同意堕胎）
第215条 ① 女子の嘱託を受けないで、又はその承諾を得ないで堕胎させた者は、6月以上7年以下の懲役に処する。
② 前項の罪の未遂は、罰する。

（不同意堕胎致死傷）
第216条 前条の罪を犯し、よって女子を死傷させた者は、傷害の罪と比較して、重い刑により処断する。

## 第30章　遺棄の罪

（遺　棄）
第217条 老年、幼年、身体障害又は疾病のために扶助を必要とする者を遺棄した者は、1年以下の懲役に処する。

（保護責任者遺棄等）
第218条 老年者、幼年者、身体障害者又は病者を保護する責任のある者がこれらの者を遺棄し、又はその生存に必要な保護をしなかったときは、3月以上5年以下の懲役に処する。

（遺棄等致死傷）
第219条 前2条の罪を犯し、よって人を死傷させた者は、傷害の罪と比較して、重い刑により処断する。

## 第31章　逮捕及び監禁の罪

（逮捕及び監禁）
第220条 不法に人を逮捕し、又は監禁した者は、3月以上7年以下の懲役に処する。

（逮捕等致死傷）
第221条 前条の罪を犯し、よって人を死傷させた者は、傷害の罪と比較して、重い刑により処断する。

## 第32章　脅迫の罪

（脅　迫）
第222条 ① 生命、身体、自由、名誉又は財産に対し害を加える旨を告知して人を脅迫した者は、2年以下の懲役又は30万円以下の罰金に処する。

② 親族の生命,身体,自由,名誉又は財産に対し害を加える旨を告知して人を脅迫した者も,前項と同様とする.
(強要)
第223条 ① 生命,身体,自由,名誉若しくは財産に対し害を加える旨を告知し,又は暴行を用いて,人に義務のないことを行わせ,又は権利の行使を妨害した者は,3年以下の懲役に処する.
② 親族の生命,身体,自由,名誉又は財産に対し害を加える旨を告知して脅迫し,人に義務のないことを行わせ,又は権利の行使を妨害した者も,前項と同様とする.
③ 前2項の罪の未遂は,罰する.

## 第33章 略取,誘拐及び人身売買の罪

(未成年者略取及び誘拐)
第224条 未成年者を略取し,又は誘拐した者は,3月以上7年以下の懲役に処する.
(営利目的等略取及び誘拐)
第225条 営利,わいせつ,結婚又は生命若しくは身体に対する加害の目的で,人を略取し,又は誘拐した者は,1年以上10年以下の懲役に処する.
(身の代金目的略取等)
第225条の2 ① 近親者その他略取され又は誘拐された者の安否を憂慮する者の憂慮に乗じてその財物を交付させる目的で,人を略取し,又は誘拐した者は,無期又は3年以上の懲役に処する.
② 人を略取し又は誘拐した者が近親者その他略取され又は誘拐された者の安否を憂慮する者の憂慮に乗じて,その財物を交付させ,又はこれを要求する行為をしたときも,前項と同様とする.
(所在国外移送目的略取及び誘拐)
第226条 所在国外に移送する目的で,人を略取し,又は誘拐した者は,2年以上の有期懲役に処する.
(人身売買)
第226条の2 ① 人を買い受けた者は,3月以上5年以下の懲役に処する.
② 未成年者を買い受けた者は,3月以上7年以下の懲役に処する.
③ 営利,わいせつ,結婚又は生命若しくは身体に対する加害の目的で,人を買い受けた者は,1年以上10年以下の懲役に処する.
④ 人を売り渡した者も,前項と同様とする.
⑤ 所在国外に移送する目的で,人を売買した者は,2年以上の有期懲役に処する.
(被略取者等所在国外移送)
第226条の3 略取され,誘拐され,又は売買された者を所在国外に移送した者は,2年以上の有期懲役に処する.
(被略取者引渡し等)
第227条 ① 第224条,第225条又は前3条の罪を犯した者を幇助する目的で,略取され,誘拐され,又は売買された者を引き渡し,収受し,輸送し,蔵匿し,又は隠避させた者は,3月以上5年以下の懲役に処する.
② 第225条の2第1項の罪を犯した者を幇助する目的で,略取され又は誘拐された者を引き渡し,収受し,輸送し,蔵匿し,又は隠避させた者は,1年以上10年以下の懲役に処する.
③ 営利,わいせつ又は生命若しくは身体に対する加害の目的で,略取され,誘拐され,又は売買された者を引き渡し,収受し,輸送し,又は蔵匿した者は,6月以上7年以下の懲役に処する.
④ 第225条の2第1項の目的で,略取され又は誘拐された者を収受した者は,2年以上の有期懲役に処する.略取され又は誘拐された者を収受した者が近親者その他略取され又は誘拐された者の安否を憂慮する者の憂慮に乗じて,その財物を交付させ,又はこれを要求する行為をしたときも,同様とする.
(未遂罪)
第228条 第224条,第225条,第225条の2第1項,第226条から第226条の3まで並びに前条第1項から第3項まで及び第4項前段の罪の未遂は,罰する.
(解放による刑の減軽)
第228条の2 第225条の2又は第227条第2項若しくは第4項の罪を犯した者が,公訴が提起される前に,略取され又は誘拐された者を安全な場所に解放したときは,その刑を減軽する.
(身の代金目的略取等予備)
第228条の3 第225条の2第1項の罪を犯す目的で,その予備をした者は,2年以下の懲役に処する.ただし,実行に着手する前に自首した者は,その刑を減軽し,又は免除する.
(親告罪)
第229条 第224条の罪,第225条の罪及びこれらの罪を幇助する目的で犯した第227条第1項の罪並びに同条第3項の罪並びにこれらの罪の未遂罪は,営利又は生命若しくは身体に対する加害の目的による場合を除き,告訴がなければ公訴を提起することができない.ただし,略取され,誘拐され,又は売買された者が犯人と婚姻をしたときは,婚姻の無効又は取消しの裁判が確定した後でなければ,告訴の効力がない.

## 第34章 名誉に対する罪

(名誉毀損)
**第230条** ① 公然と事実を摘示し,人の名誉を毀損した者は,その事実の有無にかかわらず,3年以下の懲役若しくは禁錮又は50万円以下の罰金に処する.
② 死者の名誉を毀損した者は,虚偽の事実を摘示することによってした場合でなければ,罰しない.

(公共の利害に関する場合の特例)
**第230条の2** ① 前条第1項の行為が公共の利害に関する事実に係り,かつ,その目的が専ら公益を図ることにあったと認める場合には,事実の真否を判断し,真実であることの証明があったときは,これを罰しない.
② 前項の規定の適用については,公訴が提起されるに至っていない人の犯罪行為に関する事実は,公共の利害に関する事実とみなす.
③ 前条第1項の行為が公務員又は公選による公務員の候補者に関する事実に係る場合には,事実の真否を判断し,真実であることの証明があったときは,これを罰しない.

(侮辱)
**第231条** 事実を摘示しなくても,公然と人を侮辱した者は,拘留又は科料に処する.

(親告罪)
**第232条** ① この章の罪は,告訴がなければ公訴を提起することができない.
② 告訴をすることができる者が天皇,皇后,太皇太后,皇太后又は皇嗣であるときは内閣総理大臣が,外国の君主又は大統領であるときはその国の代表者がそれぞれ代わって告訴を行う.

## 第35章 信用及び業務に対する罪

(信用毀損及び業務妨害)
**第233条** 虚偽の風説を流布し,又は偽計を用いて,人の信用を毀損し,又はその業務を妨害した者は,3年以下の懲役又は50万円以下の罰金に処する.

(威力業務妨害)
**第234条** 威力を用いて人の業務を妨害した者も,前条の例による.

(電子計算機損壊等業務妨害)
**第234条の2** ① 人の業務に使用する電子計算機若しくはその用に供する電磁的記録を損壊し,若しくは人の業務に使用する電子計算機に虚偽の情報若しくは不正な指令を与え,又はその他の方法により,電子計算機に使用目的に沿うべき動作をさせず,又は使用目的に反する動作をさせて,人の業務を妨害した者は,5年以下の懲役又は100万円以下の罰金に処する.

## 第36章 窃盗及び強盗の罪

(窃盗)
**第235条** 他人の財物を窃取した者は,窃盗の罪とし,10年以下の懲役又は50万円以下の罰金に処する.

(不動産侵奪)
**第235条の2** 他人の不動産を侵奪した者は,10年以下の懲役に処する.

(強盗)
**第236条** ① 暴行又は脅迫を用いて他人の財物を強取した者は,強盗の罪とし,5年以上の有期懲役に処する.
② 前項の方法により,財産上不法の利益を得,又は他人にこれを得させた者も,同項と同様とする.

(強盗予備)
**第237条** 強盗の罪を犯す目的で,その予備をした者は,2年以下の懲役に処する.

(事後強盗)
**第238条** 窃盗が,財物を得てこれを取り返されることを防ぎ,逮捕を免れ,又は罪跡を隠滅するために,暴行又は脅迫をしたときは,強盗として論ずる.

(昏酔強盗)
**第239条** 人を昏酔させてその財物を盗取した者は,強盗として論ずる.

(強盗致死傷)
**第240条** 強盗が,人を負傷させたときは無期又は6年以上の懲役に処し,死亡させたときは死刑又は無期懲役に処する.

(強盗強姦及び同致死)
**第241条** 強盗が女子を強姦したときは,無期又は7年以上の懲役に処する.よって女子を死亡させたときは,死刑又は無期懲役に処する.

(他人の占有等に係る自己の財物)
**第242条** 自己の財物であっても,他人が占有し,又は公務所の命令により他人が看守するものであるときは,この章の罪については,他人の財物とみなす.

(未遂罪)
**第243条** 第235条から第236条まで及び第238条から第241条までの罪の未遂は,罰する.

(親族間の犯罪に関する特例)
**第244条** ① 配偶者,直系血族又は同居の親族との間で第235条の罪,第235条の2の罪又はこれらの罪の未遂罪を犯した者は,その刑を免除する.
② 前項に規定する親族以外の親族との間で犯した同項に規定する罪は,告訴がなければ公訴

を提起することができない．
③ 前2項の規定は，親族でない共犯については，適用しない．

（電　気）

**第245条**　この章の罪については，電気は，財物とみなす．

### 第37章　詐欺及び恐喝の罪

（詐　欺）

**第246条**　① 人を欺いて財物を交付させた者は，10年以下の懲役に処する．
② 前項の方法により，財産上不法の利益を得，又は他人にこれを得させた者も，同項と同様とする．

（電子計算機使用詐欺）

**第246条の2**　前条に規定するもののほか，人の事務処理に使用する電子計算機に虚偽の情報若しくは不正な指令を与えて財産権の得喪若しくは変更に係る不実の電磁的記録を作り，又は財産権の得喪若しくは変更に係る虚偽の電磁的記録を人の事務処理の用に供して，財産上不法の利益を得，又は他人にこれを得させた者は，10年以下の懲役に処する．

（背　任）

**第247条**　他人のためにその事務を処理する者が，自己若しくは第三者の利益を図り又は本人に損害を加える目的で，その任務に背く行為をし，本人に財産上の損害を加えたときは，5年以下の懲役又は50万円以下の罰金に処する．

（準詐欺）

**第248条**　未成年者の知慮浅薄又は人の心神耗弱に乗じて，その財物を交付させ，又は財産上不法の利益を得，若しくは他人にこれを得させた者は，10年以下の懲役に処する．

（恐　喝）

**第249条**　① 人を恐喝して財物を交付させた者は，10年以下の懲役に処する．
② 前項の方法により，財産上不法の利益を得，又は他人にこれを得させた者も，同項と同様とする．

（未遂罪）

**第250条**　この章の罪の未遂は，罰する．

（準　用）

**第251条**　第242条，第244条及び第245条の規定は，この章の罪について準用する．

### 第38章　横領の罪

（横　領）

**第252条**　① 自己の占有する他人の物を横領した者は，5年以下の懲役に処する．
② 自己の物であっても，公務所から保管を命ぜられた場合において，これを横領した者も，前項と同様とする．

（業務上横領）

**第253条**　業務上自己の占有する他人の物を横領した者は，10年以下の懲役に処する．

（遺失物等横領）

**第254条**　遺失物，漂流物その他占有を離れた他人の物を横領した者は，1年以下の懲役又は10万円以下の罰金若しくは科料に処する．

（準　用）

**第255条**　第244条の規定は，この章の罪について準用する．

### 第39章　盗品等に関する罪

（盗品譲受け等）

**第256条**　① 盗品その他財産に対する罪に当たる行為によって領得された物を無償で譲り受けた者は，3年以下の懲役に処する．
② 前項に規定する物を運搬し，保管し，若しくは有償で譲り受け，又はその有償の処分のあっせんをした者は，10年以下の懲役及び50万円以下の罰金に処する．

（親族等の間の犯罪に関する特例）

**第257条**　① 配偶者との間又は直系血族，同居の親族若しくはこれらの者の配偶者との間で前条の罪を犯した者は，その刑を免除する．
② 前項の規定は，親族でない共犯については，適用しない．

### 第40章　毀棄及び隠匿の罪

（公用文書等毀棄）

**第258条**　公務所の用に供する文書又は電磁的記録を毀棄した者は，3月以上7年以下の懲役に処する．

（私用文書等毀棄）

**第259条**　権利又は義務に関する他人の文書又は電磁的記録を毀棄した者は，5年以下の懲役に処する．

（建造物等損壊及び同致死傷）

**第260条**　他人の建造物又は艦船を損壊した者は，5年以下の懲役に処する．よって人を死傷させた者は，傷害の罪と比較して，重い刑により処断する．

（器物損壊等）

**第261条**　前3条に規定するもののほか，他人の物を損壊し，又は傷害した者は，3年以下の懲役又は30万円以下の罰金若しくは科料に処する．

（自己の物の損壊等）

**第262条**　自己の物であっても，差押えを受け，物権を負担し，又は賃貸したものを損壊し，又

は傷害したときは，前3条の例による．

**（境界損壊）**
**第262条の2** 境界標を損壊し，移動し，若しくは除去し，又はその他の方法により，土地の境界を認識することができないようにした者は，5年以下の懲役又は50万円以下の罰金に処する．

**（信書隠匿）**
**第263条** 他人の信書を隠匿した者は，6月以下の懲役若しくは禁錮又は10万円以下の罰金若しくは科料に処する．

**（親告罪）**
**第264条** 第259条，第261条及び前条の罪は，告訴がなければ公訴を提起することができない．

## 79 刑事訴訟法

（昭23・7・10法律第131号，昭24・1・1施行，
最終改正：平20・6・18法律第71号）

[目次]
第1編 総則（1条）
　第1章 裁判所の管轄（2条-19条）
　第2章 裁判所職員の除斥及び忌避（20条-26条）
　第3章 訴訟能力（27条-29条）
　第4章 弁護及び補佐（30条-42条）
　第5章 裁判（43条-46条）
　第6章 書類及び送達（47条-54条）
　第7章 期間（55条・56条）
　第8章 被告人の召喚，勾引及び勾留（57条-98条）
　第9章 押収及び捜索（99条-127条）
　第10章 検証（128条-142条）
　第11章 証人尋問（143条-164条）
　第12章 鑑定（165条-174条）
　第13章 通訳及び翻訳（175条-178条）
　第14章 証拠保全（179条・180条）
　第15章 訴訟費用（181条-188条）
　第16章 費用の補償（188条の2-188条の7）
第2編 第一審
　第1章 捜査（189条-246条）
　第2章 公訴（247条-270条）
　第3章 公判
　　第1節 公判準備及び公判手続（271条-316条）
　　第1節の2 争点及び証拠の整理手続
　　　第1款 公判前整理手続
　　　　第1目 通則（316条の2-316条の12）
　　　　第2目 争点及び証拠の整理（316条の13-316条の24）
　　　　第3目 証拠開示に関する裁定（316条の25-316条の27）
　　　第2款 期日間整理手続（316条の28）
　　　第3款 公判手続の特例（316条の29-316条の32）
　　第2節 証拠（317条-328条）
　　第3節 公判の裁判（329条-350条）
　第4章 即決裁判手続
　　第1節 即決裁判手続の申立て（350条の2・350条の3）
　　第2節 公判準備及び公判手続の特例（350条の4-350条の11）
　　第3節 証拠の特例（350条の12）
　　第4節 公判の裁判の特例（350条の13・350条の14）
第3編 上訴
　第1章 通則（351条-371条）
　第2章 控訴（372条-404条）
　第3章 上告（405条-418条）
　第4章 抗告（419条-434条）
第4編 再審（435条-453条）
第5編 非常上告（454条-460条）
第6編 略式手続（461条-470条）
第7編 裁判の執行（471条-507条）

### 第1編 総則

**第1条** この法律は，刑事事件につき，公共の福祉の維持と個人の基本的人権の保障とを全うしつつ，事案の真相を明らかにし，刑罰法令を適正且つ迅速に適用実現することを目的とする．

### 第1章 裁判所の管轄

**第2条** ① 裁判所の土地管轄は，犯罪地又は被告人の住所，居所若しくは現在地による．
② 国外に在る日本船舶内で犯した罪については，前項に規定する地の外，その船舶の船籍の所在地又は犯罪後その船舶の寄泊した地による．
③ 国外に在る日本航空機内で犯した罪については，第1項に規定する地の外，犯罪後その航空機の着陸（着水を含む．）した地による．

**第3条** ① 事物管轄を異にする数個の事件が関連するときは，上級の裁判所は，併せてこれを管轄することができる．
② 高等裁判所の特別権限に属する事件と他の事件とが関連するときは，高等裁判所は，併せてこれを管轄することができる．

**第4条** 事物管轄を異にする数個の関連事件が上級の裁判所に係属する場合において，併せて審判することを必要としないものがあるときは，上級の裁判所は，決定で管轄権を有する下級の裁判所にこれを移送することができる．

**第5条** ① 数個の関連事件が各別に上級の裁判所及び下級の裁判所に係属するときは，事物管轄にかかわらず，上級の裁判所は，決定で下級の裁判所の管轄に属する事件を併せて審判することができる．
② 高等裁判所の特別権限に属する事件が高等裁判所に係属し，これと関連する事件が下級の裁判所に係属するときは，高等裁判所は，決定で下級の裁判所の管轄に属する事件を併せて審判することができる．

**第6条** 土地管轄を異にする数個の事件が関連するときは，1個の事件につき管轄権を有する裁判所は，併せて他の事件を管轄することができる．但し，他の法律の規定により特定の裁判所の管轄に属する事件は，これを管轄することができない．

**第7条** 土地管轄を異にする数個の関連事件が同一裁判所に係属する場合において，併せて審判することを必要としないものがあるときは，その裁判所は，決定で管轄権を有する他の裁判

所にこれを移送することができる．

**第8条** ① 数個の関連事件が各別に事物管轄を同じくする数個の裁判所に係属するときは，各裁判所は，検察官又は被告人の請求により，決定でこれを一の裁判所に併合することができる．

② 前項の場合において各裁判所の決定が一致しないときは，各裁判所に共通する直近上級の裁判所は，検察官又は被告人の請求により，決定で事件を一の裁判所に併合することができる．

**第9条** ① 数個の事件は，左の場合に関連するものとする．
1 1人が数罪を犯したとき．
2 数人が共に同一又は別個の罪を犯したとき．
3 数人が通謀して各別に罪を犯したとき．

② 犯人蔵匿の罪，証憑湮滅の罪，偽証の罪，虚偽の鑑定通訳の罪及び贓物に関する罪とその本犯の罪とは，共に犯したものとみなす．

**第10条** ① 同一事件が事物管轄を異にする数個の裁判所に係属するときは，上級の裁判所が，これを審判する．

② 上級の裁判所は，検察官又は被告人の請求により，決定で管轄を有する下級の裁判所にその事件を審判させることができる．

**第11条** ① 同一事件が事物管轄を同じくする数個の裁判所に係属するときは，最初に公訴を受けた裁判所が，これを審判する．

② 各裁判所に共通する直近上級の裁判所は，検察官又は被告人の請求により，決定で後に公訴を受けた裁判所にその事件を審判させることができる．

**第12条** ① 裁判所は，事実発見のため必要があるときは，管轄区域外で職務を行うことができる．

② 前項の規定は，受命裁判官にこれを準用する．

**第13条** 訴訟手続は，管轄違の理由によつては，その効力を失わない．

**第14条** ① 裁判所は，管轄権を有しないときでも，急速を要する場合には，事実発見のため必要な処分をすることができる．

② 前項の規定は，受命裁判官にこれを準用する．

**第15条** 検察官は，左の場合には，関係のある第一審裁判所に共通する直近上級の裁判所に管轄指定の請求をしなければならない．
1 裁判所の管轄区域が明らかでないため管轄裁判所が定まらないとき．
2 管轄違を言い渡した裁判が確定した事件について他に管轄裁判所がないとき．

**第16条** 法律による管轄裁判所がないとき，又はこれを知ることができないときは，検事総長は，最高裁判所に管轄指定の請求をしなければならない．

**第17条** ① 検察官は，左の場合には，直近上級の裁判所に管轄移転の請求をしなければならない．
1 管轄裁判所が法律上の理由又は特別の事情により裁判権を行うことができないとき．
2 地方の民心，訴訟の状況その他の事情により裁判の公平を維持することができない虞があるとき．

② 前項各号の場合には，被告人も管轄移転の請求をすることができる．

**第18条** 犯罪の性質，地方の民心その他の事情により管轄裁判所が審判をするときは公安を害する虞があると認める場合には，検事総長は，最高裁判所に管轄移転の請求をしなければならない．

**第19条** ① 裁判所は，適当と認めるときは，検察官若しくは被告人の請求により又は職権で，決定を以て，その管轄に属する事件を事物管轄を同じくする他の管轄裁判所に移送することができる．

② 移送の決定は，被告事件につき証拠調を開始した後は，これをすることができない．

③ 移送の決定又は移送の請求を却下する決定に対しては，その決定により著しく利益を害される場合に限り，その事由を疎明して，即時抗告をすることができる．

## 第2章　裁判所職員の除斥及び忌避

**第20条** 裁判官は，次に掲げる場合には，職務の執行から除斥される．
1 裁判官が被害者であるとき．
2 裁判官が被告人又は被害者の親族であるとき，又はあつたとき．
3 裁判官が被告人又は被害者の法定代理人，後見監督人，保佐人，保佐監督人，補助人又は補助監督人であるとき．
4 裁判官が事件について証人又は鑑定人となつたとき．
5 裁判官が事件について被告人の代理人，弁護人又は補佐人となつたとき．
6 裁判官が事件について検察官又は司法警察員の職務を行つたとき．
7 裁判官が事件について第266条第2号の決定，略式命令，前審の裁判，第398条乃至第400条，第412条若しくは第413条の規定により差し戻し，若しくは移送された場合における原判決又はこれらの裁判の基礎となつた取調べに関与したとき．ただし，受託裁判官として関与した場合は，この限りでない．

**第21条** ① 裁判官が職務の執行から除斥されるべきとき，又は不公平な裁判をする虞があるときは，検察官又は被告人は，これを忌避する

ことができる．
② 弁護人は，被告人のため忌避の申立をすることができる．但し，被告人の明示した意思に反することはできない．

**第22条** 事件について請求又は陳述をした後には，不公平な裁判をする虞があることを理由として裁判官を忌避することはできない．但し，忌避の原因があることを知らなかつたとき，又は忌避の原因がその後に生じたときは，この限りでない．

**第23条** ① 合議体の構成員である裁判官が忌避されたときは，その裁判官所属の裁判所が，決定をしなければならない．この場合において，その裁判所が地方裁判所であるときは，合議体で決定をしなければならない．
② 地方裁判所の１人の裁判官又は家庭裁判所が忌避されたときはその裁判官所属の裁判所が，簡易裁判所の裁判官が忌避されたときは管轄地方裁判所が，合議体で決定をしなければならない．ただし，忌避された裁判官が忌避の申立を理由があるものとするときは，その決定があつたものとみなす．
③ 忌避された裁判官は，前２項の決定に関与することができない．
④ 裁判所が忌避された裁判官の退去により決定をすることができないときは，直近上級の裁判所が，決定をしなければならない．

**第24条** ① 訴訟を遅延させる目的のみでされたことの明らかな忌避の申立は，決定でこれを却下しなければならない．この場合には，前条第３項の規定を適用しない．第22条の規定に違反し，又は裁判所の規則で定める手続に違反してされた忌避の申立を却下する場合も，同様である．
② 前項の場合には，忌避された受命裁判官，地方裁判所の１人の裁判官又は家庭裁判所若しくは簡易裁判所の裁判官は，忌避の申立を却下する裁判をすることができる．

**第25条** 忌避の申立を却下する決定に対しては，即時抗告をすることができる．

**第26条** ① この章の規定は，第20条第７号の規定を除いて，裁判所書記にこれを準用する．
② 決定は，裁判所書記所属の裁判所がこれをしなければならない．但し，第24条第１項の場合には，裁判所書記の附属する受命裁判官が，忌避の申立を却下する裁判をすることができる．

### 第3章　訴訟能力

**第27条** ① 被告人又は被疑者が法人であるときは，その代表者が，訴訟行為についてこれを代表する．
② 数人が共同して法人を代表する場合にも，訴訟行為については，各自が，これを代表する．

**第28条** 刑法（明治40年法律第45号）第39条又は第41条の規定を適用しない罪に当たる事件について，被告人又は被疑者が意思能力を有しないときは，その法定代理人（親権者が２人あるときは，各自．以下同じ．）が，訴訟行為についてこれを代理する．

**第29条** ① 前２条の規定により被告人を代表し，又は代理する者がないときは，検察官の請求により又は職権で，特別代理人を選任しなければならない．
② 前２条の規定により被疑者を代表し，又は代理する者がない場合において，検察官，司法警察員又は利害関係人の請求があつたときも，前項と同様である．
③ 特別代理人は，被告人又は被疑者を代表し又は代理して訴訟行為をする者ができるまで，その任務を行う．

### 第4章　弁護及び補佐

**第30条** ① 被告人又は被疑者は，何時でも弁護人を選任することができる．
② 被告人又は被疑者の法定代理人，保佐人，配偶者，直系の親族及び兄弟姉妹は，独立して弁護人を選任することができる．

**第31条** ① 弁護人は，弁護士の中からこれを選任しなければならない．
② 簡易裁判所又は地方裁判所においては，裁判所の許可を得たときは，弁護士でない者を弁護人に選任することができる．ただし，地方裁判所においては，他に弁護士の中から選任された弁護人がある場合に限る．

**第31条の2** ① 弁護人を選任しようとする被告人又は被疑者は，弁護士会に対し，弁護人の選任の申出をすることができる．
② 弁護士会は，前項の申出を受けた場合は，速やかに，所属する弁護士の中から弁護人となろうとする者を紹介しなければならない．
③ 弁護士会は，前項の弁護人となろうとする者がないときは，当該申出をした者に対し，速やかに，その旨を通知しなければならない．同項の規定により紹介した弁護士が被告人又は被疑者がした弁護人の選任の申込みを拒んだときも，同様とする．

**第32条** ① 公訴の提起前にした弁護人の選任は，第一審においてもその効力を有する．
② 公訴の提起後における弁護人の選任は，審級ごとにこれをしなければならない．

**第33条** 被告人に数人の弁護人があるときは，裁判所の規則で，主任弁護人を定めなければな

らない．

**第34条** 前条の規定による主任弁護人の権限については，裁判所の規則の定めるところによる．

**第35条** 裁判所は，裁判所の規則の定めるところにより，被告人又は被疑者の弁護人の数を制限することができる．但し，被告人の弁護人については，特別の事情のあるときに限る．

**第36条** 被告人が貧困その他の事由により弁護人を選任することができないときは，裁判所は，その請求により，被告人のため弁護人を附しなければならない．但し，被告人以外の者が選任した弁護人がある場合は，この限りでない．

**第36条の2** この法律により弁護人を要する場合を除いて，被告人が前条の請求をするには，資力申告書（その者に属する現金，預金その他政令で定めるこれらに準ずる資産の合計金額（以下「資力」という．）及びその内訳を申告する書面をいう．以下同じ．）を提出しなければならない．

**第36条の3** ① この法律により弁護人を要する場合を除いて，その資力が基準額（標準的な必要生計費を勘案して一般に弁護人の報酬及び費用を賄うに足りる額として政令で定める額をいう．以下同じ．）以上である被告人が第36条の請求をするには，あらかじめ，その請求をする裁判所の所在地を管轄する地方裁判所の管轄区域内に在る弁護士会に第31条の2第1項の申出をしていなければならない．

② 前項の規定により第31条の2第1項の申出を受けた弁護士会は，同条第3項の規定による通知をしたときは，前項の地方裁判所に対し当該被告事件が係属する裁判所に対し，その旨を通知しなければならない．

**第37条** 左の場合に被告人に弁護人がないときは，裁判所は，職権で弁護人を附することができる．

1 被告人が未成年者であるとき．
2 被告人が年齢70年以上の者であるとき．
3 被告人が耳の聞えない者又は口のきけない者であるとき．
4 被告人が心神喪失者又は心神耗弱者である疑があるとき．
5 その他必要と認めるとき．

**第37条の2** ① 死刑又は無期若しくは長期3年を超える懲役若しくは禁錮に当たる事件について被疑者に対して勾留状が発せられている場合において，被疑者が貧困その他の事由により弁護人を選任することができないときは，裁判官は，その請求により，被疑者のため弁護人を付さなければならない．ただし，被疑者以外の者が選任した弁護人がある場合又は被疑者が釈放された場合は，この限りでない．

② 前項の請求は，同項に規定する事件について勾留を請求された被疑者も，これをすることができる．

**第37条の3** ① 前条第1項の請求をするには，資力申告書を提出しなければならない．

② その資力が基準額以上である被疑者が前条第1項の請求をするには，あらかじめ，その勾留の請求を受けた裁判官の所属する裁判所の所在地を管轄する地方裁判所の管轄区域内に在る弁護士会に第31条の2第1項の申出をしていなければならない．

③ 前項の規定により第31条の2第1項の申出を受けた弁護士会は，同条第3項の規定による通知をしたときは，前項の地方裁判所に対し，その旨を通知しなければならない．

**第37条の4** 裁判官は，第37条の2第1項に規定する事件について被疑者に対して勾留状が発せられ，かつ，これに弁護人がない場合において，精神上の障害その他の事由により弁護人を必要とするかどうかを判断することが困難である疑いがある被疑者について必要があると認めるときは，職権で弁護人を付することができる．ただし，被疑者が釈放された場合は，この限りでない．

**第37条の5** 裁判官は，死刑又は無期の懲役若しくは禁錮に当たる事件について第37条の2第1項又は前条の規定により弁護人を付する場合又は付した場合において，特に必要があると認めるときは，職権で更に弁護人1人を付することができる．ただし，被疑者が釈放された場合は，この限りでない．

**第38条** ① この法律の規定に基づいて裁判所若しくは裁判長又は裁判官が付すべき弁護人は，弁護士の中からこれを選任しなければならない．

② 前項の規定により選任された弁護人は，旅費，日当，宿泊料及び報酬を請求することができる．

**第38条の2** 裁判官による弁護人の選任は，被疑者がその選任に係る事件について釈放されたときは，その効力を失う．ただし，その釈放が勾留の執行停止によるときは，この限りでない．

**第38条の3** ① 裁判所は，次の各号のいずれかに該当すると認めるときは，裁判所若しくは裁判長又は裁判官が付した弁護人を解任することができる．

1 第30条の規定により弁護人が選任されたことその他の事由により弁護人を付する必要がなくなつたとき．
2 被告人と弁護人との利益が相反する状況にあり弁護人にその職務を継続させることが相

当でないとき．
3 心身の故障その他の事由により，弁護人が職務を行うことができず，又は職務を行うことが困難となつたとき．
4 弁護人がその任務に著しく反したことによりその職務を継続させることが相当でないとき．
5 弁護人に対する暴行，脅迫その他の被告人の責めに帰すべき事由により弁護人にその職務を継続させることが相当でないとき．
② 弁護人を解任するには，あらかじめ，その意見を聴かなければならない．
③ 弁護人を解任するに当たつては，被告人の権利を不当に制限することがないようにしなければならない．
④ 公訴の提起前は，裁判官が付した弁護人の解任は，裁判官がこれを行う．この場合においては，前3項の規定を準用する．

**第38条の4** 裁判所又は裁判官の判断を誤らせる目的で，その資力について虚偽の記載のある資力申告書を提出した者は，10万円以下の過料に処する．

**第39条** ① 身体の拘束を受けている被告人又は被疑者は，弁護人又は弁護人となろうとする者（弁護士でない者にあつては，第31条第2項の許可があつた後に限る．）と立会人なくして接見し，又は書類若しくは物の授受をすることができる．
② 前項の接見又は授受については，法令（裁判所の規則を含む．以下同じ．）で，被告人又は被疑者の逃亡，罪証の隠滅又は戒護に支障のある物の授受を防ぐため必要な措置を規定することができる．
③ 検察官，検察事務官又は司法警察職員（司法警察員及び司法巡査をいう．以下同じ．）は，捜査のため必要があるときは，公訴の提起前に限り，第1項の接見又は授受に関し，その日時，場所及び時間を指定することができる．但し，その指定は，被疑者が防禦の準備をする権利を不当に制限するようなものであつてはならない．

**第40条** ① 弁護人は，公訴の提起後は，裁判所において，訴訟に関する書類及び証拠物を閲覧し，且つ謄写することができる．但し，証拠物を謄写するについては，裁判長の許可を受けなければならない．
② 前項の規定にかかわらず，第157条の4第3項に規定する記録媒体は，謄写することができない．

**第41条** 弁護人は，この法律に特別の定のある場合に限り，独立して訴訟行為をすることができる．

**第42条** ① 被告人の法定代理人，保佐人，配偶者，直系の親族及び兄弟姉妹は，何時でも補佐人となることができる．
② 補佐人となるには，審級ごとにその旨を届け出なければならない．
③ 補佐人は，被告人の明示した意思に反しない限り，被告人がすることのできる訴訟行為をすることができる．但し，この法律に特別の定のある場合は，この限りでない．

## 第5章 裁判

**第43条** ① 判決は，この法律に特別の定のある場合を除いては，口頭弁論に基いてこれをしなければならない．
② 決定又は命令は，口頭弁論に基いてこれをすることを要しない．
③ 決定又は命令をするについて必要がある場合には，事実の取調をすることができる．
④ 前項の取調は，合議体の構成員にこれをさせ，又は地方裁判所，家庭裁判所若しくは簡易裁判所の裁判官にこれを嘱託することができる．

**第44条** ① 裁判には，理由を附しなければならない．
② 上訴を許さない決定又は命令には，理由を附することを要しない．但し，第428条第2項の規定により異議の申立をすることができる決定については，この限りでない．

**第45条** 判決以外の裁判は，判事補が1人でこれをすることができる．

**第46条** 被告人その他訴訟関係人は，自己の費用で，裁判書又は裁判を記載した調書の謄本又は抄本の交付を請求することができる．

## 第6章 書類及び送達

**第47条** 訴訟に関する書類は，公判の開廷前には，これを公にしてはならない．但し，公益上の必要その他の事由があつて，相当と認められる場合は，この限りでない．

**第48条** ① 公判期日における訴訟手続については，公判調書を作成しなければならない．
② 公判調書には，裁判所の規則の定めるところにより，公判期日における審判に関する重要な事項を記載しなければならない．
③ 公判調書は，各公判期日後速かに，遅くとも判決を宣告するまでにこれを整理しなければならない．ただし，判決を宣告する公判期日の調書は当該公判期日後7日以内に，公判期日から判決を宣告する日までの期間が10日に満たない場合における当該公判期日の調書は当該公判期日後10日以内（判決を宣告する日までの期間が3日に満たないときは，当該判決を宣

告する公判期日後7日以内）に、整理すれば足りる．

**第49条** 被告人に弁護人がないときは、公判調書は、裁判所の規則の定めるところにより、被告人も、これを閲覧することができる．被告人は、読むことができないとき、又は目の見えないときは、公判調書の朗読を求めることができる．

**第50条** ① 公判調書が次回の公判期日までに整理されなかつたときは、裁判所書記は、検察官、被告人又は弁護人の請求により、次回の公判期日において又はその期日までに、前回の公判期日における証人の供述の要旨を告げなければならない．この場合において、請求をした検察官、被告人又は弁護人が証人の供述の要旨の正確性につき異議を申し立てたときは、その旨を調書に記載しなければならない．

② 被告人及び弁護人の出頭なくして開廷した公判期日の公判調書が、次回の公判期日までに整理されなかつたときは、裁判所書記は、次回の公判期日において又はその期日までに、出頭した被告人又は弁護人に前回の公判期日における審理に関する重要な事項を告げなければならない．

**第51条** ① 検察官、被告人又は弁護人は、公判調書の記載の正確性につき異議を申し立てることができる．異議の申立があつたときは、その旨を調書に記載しなければならない．

② 前項の異議の申立ては、遅くとも当該審級における最終の公判期日後14日以内にこれをしなければならない．ただし、第48条第3項ただし書の規定により判決を宣告する公判期日後に整理された調書については、整理ができた日から14日以内にこれをすることができる．

**第52条** 公判期日における訴訟手続で公判調書に記載されたものは、公判調書のみによつてこれを証明することができる．

**第53条** ① 何人も、被告事件の終結後、訴訟記録を閲覧することができる．但し、訴訟記録の保存又は裁判所若しくは検察庁の事務に支障のあるときは、この限りでない．

② 弁論の公開を禁止した事件の訴訟記録又は一般の閲覧に適しないものとしてその閲覧が禁止された訴訟記録は、前項の規定にかかわらず、訴訟関係人又は閲覧につき正当な理由があつて特に訴訟記録の保管者の許可を受けた者でなければ、これを閲覧することができない．

③ 日本国憲法第82条第2項但書に掲げる事件については、閲覧を禁止することはできない．

④ 訴訟記録の保管及びその閲覧の手数料については、別に法律でこれを定める．

**第53条の2** ① 訴訟に関する書類及び押収物については、行政機関の保有する情報の公開に関する法律（平成11年法律第42号）及び独立行政法人等の保有する情報の公開に関する法律（平成13年法律第140号）の規定は、適用しない．

② 訴訟に関する書類及び押収物に記録されている個人情報については、行政機関の保有する個人情報の保護に関する法律（平成15年法律第58号）第4章及び独立行政法人等の保有する個人情報の保護に関する法律（平成15年法律第59号）第4章の規定は、適用しない．

**第54条** 書類の送達については、裁判所の規則に特別の定のある場合を除いては、民事訴訟に関する法令の規定（公示送達に関する規定を除く．）を準用する．

## 第7章 期 間

**第55条** ① 期間の計算については、時で計算するものは、即時からこれを起算し、日、月又は年で計算するものは、初日を算入しない．但し、時効期間の初日は、時間を論じないで1日としてこれを計算する．

② 月及び年は、暦に従つてこれを計算する．

③ 期間の末日が日曜日、土曜日、国民の祝日に関する法律（昭和23年法律第178号）に規定する休日、1月2日、1月3日又は12月29日から12月31日までの日に当たるときは、これを期間に算入しない．ただし、時効期間については、この限りでない．

**第56条** ① 法定の期間は、裁判所の規則の定めるところにより、訴訟行為をすべき者の住居又は事務所の所在地と裁判所又は検察庁の所在地との距離及び交通通信の便否に従い、これを延長することができる．

② 前項の規定は、宣告した裁判に対する上訴の提起期間には、これを適用しない．

## 第8章 被告人の召喚、勾引及び勾留

**第57条** 裁判所は、裁判所の規則で定める相当の猶予期間を置いて、被告人を召喚することができる．

**第58条** 裁判所は、次の場合には、被告人を勾引することができる．
1 被告人が定まつた住居を有しないとき．
2 被告人が、正当な理由がなく、召喚に応じないとき、又は応じないおそれがあるとき．

**第59条** 勾引した被告人は、裁判所に引致した時から24時間以内にこれを釈放しなければならない．但し、その時間内に勾留状が発せられたときは、この限りでない．

**第60条** ① 裁判所は、被告人が罪を犯したこと

を疑うに足りる相当な理由がある場合で，左の各号の一にあたるときは，これを勾留することができる．
1 被告人が定まつた住居を有しないとき．
2 被告人が罪証を隠滅すると疑うに足りる相当な理由があるとき．
3 被告人が逃亡し又は逃亡すると疑うに足りる相当な理由があるとき．

② 勾留の期間は，公訴の提起があつた日から2箇月とする．特に継続の必要がある場合においては，具体的にその理由を附した決定で，1箇月ごとにこれを更新することができる．但し，第89条第1号，第3号，第4号又は第6号にあたる場合を除いては，更新は，1回に限るものとする．

③ 30万円（刑法，暴力行為等処罰に関する法律（大正15年法律第60号）及び経済関係罰則の整備に関する法律（昭和19年法律第4号）の罪以外の罪については，当分の間，2万円）以下の罰金，拘留又は科料に当たる事件については，被告人が定まつた住居を有しない場合に限り，第1項の規定を適用する．

**第61条** 被告人の勾留は，被告人に対し被告事件を告げこれに関する陳述を聴いた後でなければ，これをすることができない．但し，被告人が逃亡した場合は，この限りでない．

**第62条** 被告人の召喚，勾引又は勾留は，召喚状，勾引状又は勾留状を発してこれをしなければならない．

**第63条** 召喚状には，被告人の氏名及び住居，罪名，出頭すべき年月日時及び場所並びに正当な理由がなく出頭しないときは勾引状を発することがある旨その他裁判所の規則で定める事項を記載し，裁判長又は受命裁判官が，これに記名押印しなければならない．

**第64条** ① 勾引状又は勾留状には，被告人の氏名及び住居，罪名，公訴事実の要旨，引致すべき場所又は勾留すべき刑事施設，有効期間及びその期間経過後は執行に着手することができず令状はこれを返還しなければならない旨並びに発付の年月日その他裁判所の規則で定める事項を記載し，裁判長又は受命裁判官が，これに記名押印しなければならない．

② 被告人の氏名が明らかでないときは，人相，体格その他被告人を特定するに足りる事項で被告人を指示することができる．

③ 被告人の住居が明らかでないときは，これを記載することを要しない．

**第65条** ① 召喚状は，これを送達する．

② 被告人から期日に出頭する旨を記載した書面を差し出し，又は出頭した被告人に対し口頭で次回の出頭を命じたときは，召喚状を送達した場合と同一の効力を有する．口頭で出頭を命じた場合には，その旨を調書に記載しなければならない．

③ 裁判所に近接する刑事施設にいる被告人に対しては，刑事施設職員（刑事施設の長又はその指名する刑事施設の職員をいう．以下同じ．）に通知してこれを召喚することができる．この場合には，被告人が刑事施設職員から通知を受けた時に召喚状の送達があつたものとみなす．

**第66条** ① 裁判所は，被告人の現在地の地方裁判所，家庭裁判所又は簡易裁判所の裁判官に被告人の勾引を嘱託することができる．

② 受託裁判官は，受託の権限を有する他の地方裁判所，家庭裁判所又は簡易裁判所の裁判官に転嘱することができる．

③ 受託裁判官は，受託事項について権限を有しないときは，受託の権限を有する他の地方裁判所，家庭裁判所又は簡易裁判所の裁判官に嘱託を移送することができる．

④ 嘱託又は移送を受けた裁判官は，勾引状を発しなければならない．

⑤ 第64条の規定は，前項の勾引状についてこれを準用する．この場合においては，勾引状に嘱託によつてこれを発する旨を記載しなければならない．

**第67条** ① 前条の場合には，嘱託によつて勾引状を発した裁判官は，被告人を引致した時から24時間以内にその人違でないかどうかを取り調べなければならない．

② 被告人が人違でないときは，速やかに且つ直接これを指定された裁判所に送致しなければならない．この場合には，嘱託によつて勾引状を発した裁判官は，被告人が指定された裁判所に到着すべき期間を定めなければならない．

③ 前項の場合には，第59条の期間は，被告人が指定された裁判所に到着した時からこれを起算する．

**第68条** 裁判所は，必要があるときは，指定の場所に被告人の出頭又は同行を命ずることができる．被告人が正当な理由がなくこれに応じないときは，その場所に勾引することができる．この場合には，第59条の期間は，被告人をその場所に引致した時からこれを起算する．

**第69条** 裁判長は，急速を要する場合には，第57条乃至第62条，第65条，第66条及び前条に規定する処分をし，又は合議体の構成員にこれをさせることができる．

**第70条** ① 勾引状又は勾留状は，検察官の指揮によつて，検察事務官又は司法警察職員がこれ

を執行する．但し，急速を要する場合には，裁判長，受命裁判官又は地方裁判所，家庭裁判所若しくは簡易裁判所の裁判官は，その執行を指揮することができる．
② 刑事施設にいる被告人に対して発せられた勾留状は，検察官の指揮によつて，刑事施設職員がこれを執行する．

**第71条** 検察事務官又は司法警察職員は，必要があるときは，管轄区域外で，勾引状若しくは勾留状を執行し，又はその地の検察事務官若しくは司法警察職員にその執行を求めることができる．

**第72条** ① 被告人の現在地が判らないときは，裁判長は，検事長にその捜査及び勾引状又は勾留状の執行を嘱託することができる．
② 嘱託を受けた検事長は，その管内の検察官に捜査及び勾引状又は勾留状の執行の手続をさせなければならない．

**第73条** ① 勾引状を執行するには，これを被告人に示した上，できる限り速やかに且つ直接，指定された裁判所その他の場所に引致しなければならない．第66条第4項の勾引状については，これを発した裁判官に引致しなければならない．
② 勾留状を執行するには，これを被告人に示した上，できる限り速やかに，かつ，直接，指定された刑事施設に引致しなければならない．
③ 勾引状又は勾留状を所持しないためこれを示すことができない場合において，急速を要するときは，前2項の規定にかかわらず，被告人に対し公訴事実の要旨及び令状が発せられている旨を告げて，その執行をすることができる．但し，令状は，できる限り速やかにこれを示さなければならない．

**第74条** 勾引状又は勾留状の執行を受けた被告人を護送する場合において必要があるときは，仮に最寄りの刑事施設にこれを留置することができる．

**第75条** 勾引状の執行を受けた被告人を引致した場合において必要があるときは，これを刑事施設に留置することができる．

**第76条** ① 被告人を勾引したときは，直ちに被告人に対し，公訴事実の要旨及び弁護人を選任することができる旨並びに貧困その他の事由により自ら弁護人を選任することができないときは弁護人の選任を請求することができる旨を告げなければならない．但し，被告人に弁護人があるときは，公訴事実の要旨を告げれば足りる．
② 前項の告知は，合議体の構成員又は裁判所書記にこれをさせることができる．
③ 第66条第4項の規定により勾引状を発した場合には，第1項の告知は，その勾引状を発した裁判官がこれをしなければならない．但し，裁判所書記にその告知をさせることができる．

**第77条** ① 逮捕又は勾引に引き続き勾留する場合を除いて被告人を勾留するには，被告人に対し，弁護人を選任することができる旨及び貧困その他の事由により自ら弁護人を選任することができないときは弁護人の選任を請求することができる旨を告げなければならない．但し，被告人に弁護人があるときは，この限りでない．
② 第61条但書の場合には，被告人を勾留した後直ちに，前項に規定する事項の外，公訴事実の要旨を告げなければならない．但し，被告人に弁護人があるときは，公訴事実の要旨を告げれば足りる．
③ 前条第2項の規定は，前2項の告知についてこれを準用する．

**第78条** ① 勾引又は勾留された被告人は，裁判所又は刑事施設の長若しくはその代理者に弁護士，弁護士法人又は弁護士会を指定して弁護人の選任を申し出ることができる．ただし，被告人に弁護人があるときは，この限りでない．
② 前項の申出を受けた裁判所又は刑事施設の長若しくはその代理者は，直ちに被告人の指定した弁護士，弁護士法人又は弁護士会にその旨を通知しなければならない．被告人が2人以上の弁護士又は二以上の弁護士法人若しくは弁護士会を指定して前項の申出をしたときは，そのうちの1人の弁護士又は一の弁護士法人若しくは弁護士会にこれを通知すれば足りる．

**第79条** 被告人を勾留したときは，直ちに弁護人にその旨を通知しなければならない．被告人に弁護人がないときは，被告人の法定代理人，保佐人，配偶者，直系の親族及び兄弟姉妹のうち被告人の指定する者1人にその旨を通知しなければならない．

**第80条** 勾留されている被告人は，第39条第1項に規定する者以外の者と，法令の範囲内で，接見し，又は書類若しくは物の授受をすることができる．勾引状により刑事施設に留置されている被告人も，同様である．

**第81条** 裁判所は，逃亡し又は罪証を隠滅すると疑うに足りる相当な理由があるときは，検察官の請求により又は職権で，勾留されている被告人と第39条第1項に規定する者以外の者との接見を禁じ，又はこれと授受すべき書類その他の物を検閲し，その授受を禁じ，若しくはこれを差し押えることができる．但し，糧食の授受を禁じ，又はこれを差し押えることはできない．

**第82条** ① 勾留されている被告人は,裁判所に勾留の理由の開示を請求することができる.

② 勾留されている被告人の弁護人,法定代理人,保佐人,配偶者,直系の親族,兄弟姉妹その他利害関係人も,前項の請求をすることができる.

③ 前2項の請求は,保釈,勾留の執行停止若しくは勾留の取消があつたとき,又は勾留状の効力が消滅したときは,その効力を失う.

**第83条** ① 勾留の理由の開示は,公開の法廷でこれをしなければならない.

② 法廷は,裁判官及び裁判所書記が列席してこれを開く.

③ 被告人及びその弁護人が出頭しないときは,開廷することはできない.但し,被告人の出頭については,被告人が病気その他やむを得ない事由によつて出頭することができず且つ被告人に異議がないとき,弁護人の出頭については,被告人に異議がないときは,この限りでない.

**第84条** ① 法廷においては,裁判長は,勾留の理由を告げなければならない.

② 検察官又は被告人及び弁護人並びにこれらの者以外の請求者は,意見を述べることができる.但し,裁判長は,相当と認めるときは,意見の陳述に代え意見を記載した書面を差し出すべきことを命ずることができる.

**第85条** 勾留の理由の開示は,合議体の構成員にこれをさせることができる.

**第86条** 同一の勾留について第82条の請求が二以上ある場合には,勾留の理由の開示は,最初の請求についてこれを行う.その他の請求は,勾留の理由の開示が終つた後,決定でこれを却下しなければならない.

**第87条** ① 勾留の理由又は勾留の必要がなくなつたときは,裁判所は,検察官,勾留されている被告人若しくはその弁護人,法定代理人,保佐人,配偶者,直系の親族若しくは兄弟姉妹の請求により,又は職権で,決定を以て勾留を取り消さなければならない.

② 第82条第3項の規定は,前項の請求についてこれを準用する.

**第88条** ① 勾留されている被告人又はその弁護人,法定代理人,保佐人,配偶者,直系の親族若しくは兄弟姉妹は,保釈の請求をすることができる.

② 第82条第3項の規定は,前項の請求についてこれを準用する.

**第89条** 保釈の請求があつたときは,次の場合を除いては,これを許さなければならない.

 1 被告人が死刑又は無期若しくは短期1年以上の懲役若しくは禁錮に当たる罪を犯したものであるとき.

 2 被告人が前に死刑又は無期若しくは長期10年を超える懲役若しくは禁錮に当たる罪につき有罪の宣告を受けたことがあるとき.

 3 被告人が常習として長期3年以上の懲役又は禁錮に当たる罪を犯したものであるとき.

 4 被告人が罪証を隠滅すると疑うに足りる相当な理由があるとき.

 5 被告人が,被害者その他事件の審判に必要な知識を有すると認められる者若しくはその親族の身体若しくは財産に害を加え又はこれらの者を畏(い)怖させる行為をすると疑うに足りる相当な理由があるとき.

 6 被告人の氏名又は住居が分からないとき.

**第90条** 裁判所は,適当と認めるときは,職権で保釈を許すことができる.

**第91条** ① 勾留による拘禁が不当に長くなつたときは,裁判所は,第88条に規定する者の請求により,又は職権で,決定を以て勾留を取り消し,又は保釈を許さなければならない.

② 第82条第3項の規定は,前項の請求についてこれを準用する.

**第92条** ① 裁判所は,保釈を許す決定又は保釈の請求を却下する決定をするには,検察官の意見を聴かなければならない.

② 検察官の請求による場合を除いて,勾留を取り消す決定をするときも,前項と同様である.但し,急速を要する場合は,この限りでない.

**第93条** ① 保釈を許す場合には,保証金額を定めなければならない.

② 保証金額は,犯罪の性質及び情状,証拠の証明力並びに被告人の性格及び資産を考慮して,被告人の出頭を保証するに足りる相当な金額でなければならない.

③ 保釈を許す場合には,被告人の住居を制限しその他適当と認める条件を附することができる.

**第94条** ① 保釈を許す決定は,保証金の納付があつた後でなければ,これを執行することができない.

② 裁判所は,保釈請求者でない者に保証金を納めることを許すことができる.

③ 裁判所は,有価証券又は裁判所の適当と認める被告人以外の者の差し出した保証書を以て保証金に代えることを許すことができる.

**第95条** 裁判所は,適当と認めるときは,決定で,勾留されている被告人を親族,保護団体その他の者に委託し,又は被告人の住居を制限して,勾留の執行を停止することができる.

**第96条** ① 裁判所は,左の各号の一にあたる場合には,検察官の請求により,又は職権で,決定を以て保釈又は勾留の執行停止を取り消すことができる.

1 被告人が,召喚を受け正当な理由がなく出頭しないとき.
2 被告人が逃亡し又は逃亡すると疑うに足りる相当な理由があるとき.
3 被告人が罪証を隠滅し又は罪証を隠滅すると疑うに足りる相当な理由があるとき.
4 被告人が,被害者その他事件の審判に必要な知識を有すると認められる者若しくはその親族の身体若しくは財産に害を加え若しくは加えようとし,又はこれらの者を畏怖させる行為をしたとき.
5 被告人が住居の制限その他裁判所の定めた条件に違反したとき.
② 保釈を取り消す場合には,裁判所は,決定で保証金の全部又は一部を没取することができる.
③ 保釈された者が,刑の言渡を受けその判決が確定した後,執行のため呼出を受け正当な理由がなく出頭しないとき,又は逃亡したときは,検察官の請求により,決定で保証金の全部又は一部を没取しなければならない.

**第97条** ① 上訴の提起期間内の事件でまだ上訴の提起がないものについて,勾留の期間を更新し,勾留を取り消し,又は保釈若しくは勾留の執行停止をし,若しくはこれを取り消すべき場合には,原裁判所が,その決定をしなければならない.
② 上訴中の事件で訴訟記録が上訴裁判所に到達していないものについて前項の決定をすべき裁判所は,裁判所の規則の定めるところによる.
③ 前2項の規定は,勾留の理由の開示をすべき場合にこれを準用する.

**第98条** ① 保釈若しくは勾留の執行停止を取り消す決定があつたとき,又は勾留の執行停止の期間が満了したときは,検察事務官,司法警察職員又は刑事施設職員は,検察官の指揮により,勾留状の謄本及び保釈若しくは勾留の執行停止を取り消す決定の謄本又は期間を指定した勾留の執行停止の決定の謄本を被告人に示してこれを刑事施設に収容しなければならない.
② 前項の書面を所持しないためこれを示すことができない場合において,急速を要するときは,同項の規定にかかわらず,検察官の指揮により,被告人に対し保釈若しくは勾留の執行停止が取り消された旨又は勾留の執行停止の期間が満了した旨を告げて,これを刑事施設に収容することができる.ただし,その書面は,できる限り速やかにこれを示さなければならない.
③ 第71条の規定は,前2項の規定による収容についてこれを準用する.

## 第9章 押収及び捜索

**第99条** ① 裁判所は,必要があるときは,証拠物又は没収すべき物と思料するものを差し押えることができる.但し,特別の定のある場合は,この限りでない.
② 裁判所は,差し押えるべき物を指定し,所有者,所持者又は保管者にその物の提出を命ずることができる.

**第100条** ① 裁判所は,被告人から発し,又は被告人に対して発した郵便物,信書便物又は電信に関する書類で法令の規定に基づき通信事務を取り扱う者が保管し,又は所持するものを差し押え,又は提出させることができる.
② 前項の規定に該当しない郵便物,信書便物又は電信に関する書類で法令の規定に基づき通信事務を取り扱う者が保管し,又は所持するものは,被告事件に関係があると認めるに足りる状況のあるものに限り,これを差し押え,又は提出させることができる.
③ 前2項の規定による処分をしたときは,その旨を発信人又は受信人に通知しなければならない.但し,通知によつて審理が妨げられる虞がある場合は,この限りでない.

**第101条** 被告人その他の者が遺留した物又は所有者,所持者若しくは保管者が任意に提出した物は,これを領置することができる.

**第102条** ① 裁判所は,必要があるときは,被告人の身体,物又は住居その他の場所に就き,捜索をすることができる.
② 被告人以外の者の身体,物又は住居その他の場所については,押収すべき物の存在を認めるに足りる状況のある場合に限り,捜索をすることができる.

**第103条** 公務員又は公務員であつた者が保管し,又は所持する物について,本人又は当該公務所から職務上の秘密に関するものであることを申し立てたときは,当該監督官庁の承諾がなければ,押収をすることはできない.但し,当該監督官庁は,国の重大な利益を害する場合を除いては,承諾を拒むことができない.

**第104条** ① 左に掲げる者が前条の申立をしたときは,第1号に掲げる者についてはその院,第2号に掲げる者については内閣の承諾がなければ,押収をすることはできない.
1 衆議院若しくは参議院の議員又はその職に在つた者
2 内閣総理大臣その他の国務大臣又はその職に在つた者
② 前項の場合において,衆議院,参議院又は内閣は,国の重大な利益を害する場合を除いては,

承諾を拒むことができない.

第105条 医師,歯科医師,助産師,看護師,弁護士(外国法事務弁護士を含む.),弁理士,公証人,宗教の職に在る者又はこれらの職に在つた者は,業務上委託を受けたため,保管し,又は所持する物で他人の秘密に関するものについては,押収を拒むことができる. 但し,本人が承諾した場合,押収の拒絶が被告人のためのみにする権利の濫用と認められる場合(被告人が本人である場合を除く.)その他裁判所の規則で定める事由がある場合は,この限りでない.

第106条 公判廷外における差押又は捜索は,差押又は捜索状を発してこれをしなければならない.

第107条 ① 差押又は捜索状には,被告人の氏名,罪名,差し押えるべき物又は捜索すべき場所,身体若しくは物,有効期間及びその期間経過後は執行に着手することができず令状はこれを返還しなければならない旨並びに発付の年月日その他裁判所の規則で定める事項を記載し,裁判長が,これに記名押印しなければならない.
② 第64条第2項の規定は,前項の差押状又は捜索状についてこれを準用する.

第108条 ① 差押状又は捜索状は,検察官の指揮によつて,検察事務官又は司法警察職員がこれを執行する. 但し,裁判所が被告人の保護のため必要があると認めるときは,裁判長は,裁判所書記又は司法警察職員にその執行を命ずることができる.
② 裁判所は,差押状又は捜索状の執行に関し,その執行をする者に対し書面で適当と認める指示をすることができる.
③ 前項の指示は,合議体の構成員にこれをさせることができる.
④ 第71条の規定は,差押状又は捜索状の執行についてこれを準用する.

第109条 検察事務官又は裁判所書記は,差押状又は捜索状の執行について必要があるときは,司法警察職員に補助を求めることができる.

第110条 差押状又は捜索状は,処分を受ける者にこれを示さなければならない.

第111条 ① 差押状又は捜索状の執行については,錠をはずし,封を開き,その他必要な処分をすることができる. 公判廷で差押又は捜索をする場合も,同様である.
② 前項の処分は,押収物についても,これをすることができる.

第112条 ① 差押状又は捜索状の執行中は,何人に対しても,許可を得ないでその場所に出入することを禁止することができる.
② 前項の禁止に従わない者は,これを退去させ,又は執行が終るまでこれに看守者を附することができる.

第113条 ① 検察官,被告人又は弁護人は,差押状又は捜索状の執行に立ち会うことができる. 但し,身体の拘束を受けている被告人は,この限りでない.
② 差押状又は捜索状の執行をする者は,あらかじめ,執行の日時及び場所を前項の規定により立ち会うことができる者に通知しなければならない. 但し,これらの者があらかじめ裁判所に立ち会わない意思を明示した場合及び急速を要する場合は,この限りでない.
③ 裁判所は,差押状又は捜索状の執行について必要があるときは,被告人をこれに立ち会わせることができる.

第114条 ① 公務所内で差押状又は捜索状の執行をするときは,その長又はこれに代るべき者に通知してその処分に立ち会わせなければならない.
② 前項の規定による場合を除いて,人の住居又は人の看守する邸宅,建造物若しくは船舶内で差押状又は捜索状の執行をするときは,住居主若しくは看守者又はこれらの者に代るべき者をこれに立ち会わせなければならない. これらの者を立ち会わせることができないときは,隣人又は地方公共団体の職員を立ち会わせなければならない.

第115条 女子の身体について捜索状の執行をする場合には,成年の女子をこれに立ち会わせなければならない. 但し,急速を要する場合は,この限りでない.

第116条 ① 日出前,日没後には,令状に夜間でも執行することができる旨の記載がなければ,差押状又は捜索状の執行のため,人の住居又は人の看守する邸宅,建造物若しくは船舶内に入ることはできない.
② 日没前に差押状又は捜索状の執行に着手したときは,日没後でも,その処分を継続することができる.

第117条 左の場所で差押状又は捜索状の執行をするについては,前条第1項に規定する制限によることを要しない.
1 賭博,富くじ又は風俗を害する行為に常用されるものと認められる場所
2 旅館,飲食店その他夜間でも公衆が出入することができる場所. 但し,公開した時間内に限る.

第118条 差押状又は捜索状の執行を中止する場合において必要があるときは,執行が終るまでその場所を閉鎖し,又は看守者を置くことが

**第119条** 捜索をした場合において証拠物又は没収すべきものがないときは,捜索を受けた者の請求により,その旨の証明書を交付しなければならない.

**第120条** 押収をした場合には,その目録を作り,所有者,所持者若しくは保管者又はこれらの者に代るべき者に,これを交付しなければならない.

**第121条** ① 運搬又は保管に不便な押収物については,看守者を置き,又は所有者その他の者に,その承諾を得て,これを保管させることができる.

② 危険を生ずる虞がある押収物は,これを廃棄することができる.

③ 前2項の処分は,裁判所が特別の指示をした場合を除いては,差押状の執行をした者も,これをすることができる.

**第122条** 没収することができる押収物で滅失若しくは破損の虞があるもの又は保管に不便なものについては,これを売却してその代価を保管することができる.

**第123条** ① 押収物で留置の必要がないものは,被告事件の終結を待たないで,決定でこれを還付しなければならない.

② 押収物は,所有者,所持者,保管者又は差出人の請求により,決定で仮にこれを還付することができる.

③ 前2項の決定をするについては,検察官及び被告人又は弁護人の意見を聴かなければならない.

**第124条** ① 押収した贓物で留置の必要がないものは,被害者に還付すべき理由が明らかなときに限り,被告事件の終結を待たないで,検察官及び被告人又は弁護人の意見を聴き,決定でこれを被害者に還付しなければならない.

② 前項の規定は,民事訴訟の手続に従い,利害関係人がその権利を主張することを妨げない.

**第125条** ① 押収又は捜索は,合議体の構成員にこれをさせ,又はこれをすべき地の地方裁判所,家庭裁判所若しくは簡易裁判所の裁判官にこれを嘱託することができる.

② 受託裁判官は,受託の権限を有する他の地方裁判所,家庭裁判所又は簡易裁判所の裁判官に転嘱することができる.

③ 受託裁判官は,受託事項について権限を有しないときは,受託の権限を有する他の地方裁判所,家庭裁判所又は簡易裁判所の裁判官に嘱託を移送することができる.

④ 受命裁判官又は受託裁判官がする押収又は捜索については,裁判所がする押収又は捜索に関する規定を準用する.但し,第100条第3項の通知は,裁判所がこれをしなければならない.

**第126条** 検察事務官又は司法警察職員は,勾引状又は勾留状を執行する場合において必要があるときは,人の住居又は人の看守する邸宅,建造物若しくは船舶内に入り,被告人の捜索をすることができる.この場合には,捜索状は,これを必要としない.

**第127条** 第111条,第112条,第114条及び第118条の規定は,前条の規定により検察事務官又は司法警察職員がする捜索についてこれを準用する.但し,急速を要する場合は,第114条第2項の規定によることを要しない.

## 第10章 検証

**第128条** 裁判所は,事実発見のため必要があるときは,検証することができる.

**第129条** 検証については,身体の検査,死体の解剖,墳墓の発掘,物の破壊その他必要な処分をすることができる.

**第130条** ① 日出前,日没後には,住居主若しくは看守者又はこれらの者に代るべき者の承諾がなければ,検証のため,人の住居又は人の看守する邸宅,建造物若しくは船舶内に入ることはできない.但し,日出後では検証の目的を達することができない虞がある場合は,この限りでない.

② 日没前検証に着手したときは,日没後でもその処分を継続することができる.

③ 第117条に規定する場所については,第1項に規定する制限によることを要しない.

**第131条** ① 身体の検査については,これを受ける者の性別,健康状態その他の事情を考慮した上,特にその方法に注意し,その者の名誉を害しないように注意しなければならない.

② 女子の身体を検査する場合には,医師又は成年の女子をこれに立ち会わせなければならない.

**第132条** 裁判所は,身体の検査のため,被告人以外の者を裁判所又は指定の場所に召喚することができる.

**第133条** ① 前条の規定により召喚を受けた者が正当な理由がなく出頭しないときは,決定で,10万円以下の過料に処し,かつ,出頭しないために生じた費用の賠償を命ずることができる.

② 前項の決定に対しては,即時抗告をすることができる.

**第134条** ① 第132条の規定により召喚を受け正当な理由がなく出頭しない者は,10万円以下の罰金又は拘留に処する.

② 前項の罪を犯した者には,情状により,罰金

及び拘留を併科することができる.
第135条　第132条の規定による召喚に応じない者は, 更にこれを召喚し, 又はこれを勾引することができる.
第136条　第62条, 第63条及び第65条の規定は, 第132条及び前条の規定による召喚について, 第62条, 第64条, 第66条, 第67条, 第70条, 第71条及び第73条第1項の規定は, 前条の規定による勾引についてこれを準用する.
第137条　① 被告人又は被告人以外の者が正当な理由がなく身体の検査を拒んだときは, 決定で, 10万円以下の過料に処し, かつ, その拒絶により生じた費用の賠償を命ずることができる.
② 前項の決定に対しては, 即時抗告をすることができる.
第138条　① 正当な理由がなく身体の検査を拒んだ者は, 10万円以下の罰金又は拘留に処する.
② 前項の罪を犯した者には, 情状により, 罰金及び拘留を併科することができる.
第139条　裁判所は, 身体の検査を拒む者を過料に処し, 又はこれに刑を科しても, その効果がないと認めるときは, そのまま, 身体の検査を行うことができる.
第140条　裁判所は, 第137条の規定により過料を科し, 又は前条の規定により身体の検査をするにあたつては, あらかじめ, 検察官の意見を聴き, 且つ, 身体の検査を受ける者の異議の理由を知るため適当な努力をしなければならない.
第141条　検証をするについて必要があるときは, 司法警察職員に補助をさせることができる.
第142条　第112条乃至第114条, 第118条及び第125条の規定は, 検証についてこれを準用する.

### 第11章　証人尋問

第143条　裁判所は, この法律に特別の定のある場合を除いては, 何人でも証人としてこれを尋問することができる.
第144条　公務員又は公務員であつた者が知り得た事実について, 本人又は当該公務所から職務上の秘密に関するものであることを申し立てたときは, 当該監督官庁の承諾がなければ証人としてこれを尋問することはできない. 但し, 当該監督官庁は, 国の重大な利益を害する場合を除いては, 承諾を拒むことができない.
第145条　① 左に掲げる者が前条の申立をしたときは, 第1号に掲げる者についてはその院, 第2号に掲げる者については内閣の承諾がなければ, 証人としてこれを尋問することはできない.
1　衆議院若しくは参議院の議員又はその職に在つた者
2　内閣総理大臣その他の国務大臣又はその職に在つた者
② 前項の場合において, 衆議院, 参議院又は内閣は, 国の重大な利益を害する場合を除いては, 承諾を拒むことができない.
第146条　何人も, 自己が刑事訴追を受け, 又は有罪判決を受ける虞のある証言を拒むことができる.
第147条　何人も, 左に掲げる者が刑事訴追を受け, 又は有罪判決を受ける虞のある証言を拒むことができる.
1　自己の配偶者, 三親等内の血族若しくは二親等内の姻族又は自己とこれらの親族関係があつた者
2　自己の後見人, 後見監督人又は保佐人
3　自己を後見人, 後見監督人又は保佐人とする者
第148条　共犯又は共同被告人の1人又は数人に対し前条の関係がある者でも, 他の共犯又は共同被告人のみに関する事項については, 証言を拒むことはできない.
第149条　医師, 歯科医師, 助産師, 看護師, 弁護士 (外国法事務弁護士を含む.), 弁理士, 公証人, 宗教の職に在る者又はこれらの職に在つた者は, 業務上委託を受けたため知り得た事実で他人の秘密に関するものについては, 証言を拒むことができる. 但し, 本人が承諾した場合, 証言の拒絶が被告人のためのみにする権利の濫用と認められる場合 (被告人が本人である場合を除く.) その他裁判所の規則で定める事由がある場合は, この限りでない.
第150条　① 召喚を受けた証人が正当な理由がなく出頭しないときは, 決定で, 10万円以下の過料に処し, かつ, 出頭しないために生じた費用の賠償を命ずることができる.
② 前項の決定に対しては, 即時抗告をすることができる.
第151条　① 証人として召喚を受け正当な理由がなく出頭しない者は, 10万円以下の罰金又は拘留に処する.
② 前項の罪を犯した者には, 情状により, 罰金及び拘留を併科することができる.
第152条　召喚に応じない証人に対しては, 更にこれを召喚し, 又はこれを勾引することができる.
第153条　第62条, 第63条及び第65条の規定は, 証人の召喚について, 第62条, 第64条,

第66条, 第67条, 第70条, 第71条及び第73条第1項の規定は, 証人の勾引についてこれを準用する.

**第153条の2** 勾引状の執行を受けた証人を護送する場合又は引致した場合において必要があるときは, 一時最寄の警察署その他の適当な場所にこれを留置することができる.

**第154条** 証人には, この法律に特別の定のある場合を除いて, 宣誓をさせなければならない.

**第155条** ① 宣誓の趣旨を理解することができない者は, 宣誓をさせないで, これを尋問しなければならない.
② 前項に掲げる者が宣誓をしたときでも, その供述は, 証言としての効力を妨げられない.

**第156条** ① 証人には, その実験した事実により推測した事項を供述させることができる.
② 前項の供述は, 鑑定に属するものでも, 証言としての効力を妨げられない.

**第157条** ① 検察官, 被告人又は弁護人は, 証人の尋問に立ち会うことができる.
② 証人尋問の日時及び場所は, あらかじめ, 前項の規定により尋問に立ち会うことができる者にこれを通知しなければならない. 但し, これらの者があらかじめ裁判所に立ち会わない意思を明示したときは, この限りでない.
③ 第1項に規定する者は, 証人の尋問に立ち会つたときは, 裁判長に告げて, その証人を尋問することができる.

**第157条の2** ① 裁判所は, 証人を尋問する場合において, 証人の年齢, 心身の状態その他の事情を考慮し, 証人が著しく不安又は緊張を覚えるおそれがあると認めるときは, 検察官及び被告人又は弁護人の意見を聴き, その不安又は緊張を緩和するのに適当であり, かつ, 裁判官若しくは訴訟関係人の尋問若しくは証人の供述を妨げ, 又はその供述の内容に不当な影響を与えるおそれがないと認める者を, その証人の供述中, 証人に付き添わせることができる.
② 前項の規定により証人に付き添うこととされた者は, その証人の供述中, 裁判官若しくは訴訟関係人の尋問若しくは証人の供述を妨げ, 又はその供述の内容に不当な影響を与えるような言動をしてはならない.

**第157条の3** ① 裁判所は, 証人を尋問する場合において, 犯罪の性質, 証人の年齢, 心身の状態, 被告人との関係その他の事情により, 証人が被告人の面前 (次条第1項に規定する方法による場合を含む.) において供述するときは圧迫を受け精神の平穏を著しく害されるおそれがあると認める場合であつて, 相当と認めるときは, 検察官及び被告人又は弁護人の意見を聴き, 被告人とその証人との間で, 一方から又は相互に相手の状態を認識することができないようにするための措置を採ることができる. ただし, 被告人から証人の状態を認識することができないようにするための措置については, 弁護人が出頭している場合に限り, 採ることができる.
② 裁判所は, 証人を尋問する場合において, 犯罪の性質, 証人の年齢, 心身の状態, 名誉に対する影響その他の事情を考慮し, 相当と認めるときは, 検察官及び被告人又は弁護人の意見を聴き, 傍聴人とその証人との間で, 相互に相手の状態を認識することができないようにするための措置を採ることができる.

**第157条の4** ① 裁判所は, 次に掲げる者を証人として尋問する場合において, 相当と認めるときは, 検察官及び被告人又は弁護人の意見を聴き, 裁判官及び訴訟関係人が証人を尋問するために在席する場所以外の場所 (これらの者が在席する場所と同一の構内に限る.) にその証人を在席させ, 映像と音声の送受信により相手の状態を相互に認識しながら通話をすることができる方法によつて, 尋問することができる.
1 刑法第176条から第178条の2まで若しくは第181条の罪, 同法第225条若しくは第226条の2第3項の罪 (わいせつ又は結婚の目的に係る部分に限る. 以下この号において同じ.), 同法第227条第1項 (第225条又は第226条の2第3項の罪を犯した者を幇助する目的に係る部分に限る.) 若しくは第3項 (わいせつの目的に係る部分に限る.) 若しくは第241条前段の罪又はこれらの罪の未遂罪の被害者
2 児童福祉法 (昭和22年法律第164号) 第60条第1項の罪若しくは同法第34条第1項第9号に係る同法第60条第2項の罪又は児童買春, 児童ポルノに係る行為等の処罰及び児童の保護等に関する法律 (平成11年法律第52号) 第4条から第8条までの罪の被害者
3 前2号に掲げる者のほか, 犯罪の性質, 証人の年齢, 心身の状態, 被告人との関係その他の事情により, 裁判官及び訴訟関係人が証人を尋問するために在席する場所において供述するときは圧迫を受け精神の平穏を著しく害されるおそれがあると認められる者
② 前項に規定する方法により証人尋問を行う場合において, 裁判所は, その証人が後の刑事手続において同一の事実につき再び証人として供述を求められることがあると思料する場合であつて, 証人の同意があるときは, 検察官及び被告人又は弁護人の意見を聴き, その証人の尋

問及び供述並びにその状況を記録媒体（映像及び音声を同時に記録することができる物をいう．以下同じ．）に記録することができる．
③ 前項の規定により証人の尋問及び供述並びにその状況を記録した記録媒体は，訴訟記録に添付して調書の一部とするものとする．
**第158条** ① 裁判所は，証人の重要性，年齢，職業，健康状態その他の事情と事案の軽重とを考慮した上，検察官及び被告人又は弁護人の意見を聴き，必要と認めるときは，裁判所外にこれを召喚し，又はその現在場所でこれを尋問することができる．
② 前項の場合には，裁判所は，あらかじめ，検察官，被告人及び弁護人に，尋問事項を知る機会を与えなければならない．
③ 検察官，被告人又は弁護人は，前項の尋問事項に附加して，必要な事項の尋問を請求することができる．
**第159条** ① 裁判所は，検察官，被告人又は弁護人が前条の証人尋問に立ち会わなかつたときは，立ち会わなかつた者に，証人の供述の内容を知る機会を与えなければならない．
② 前項の証人の供述が被告人に予期しなかつた著しい不利益なものである場合には，被告人又は弁護人は，更に必要な事項の尋問を請求することができる．
③ 裁判所は，前項の請求を理由がないものと認めるときは，これを却下することができる．
**第160条** ① 証人が正当な理由がなく宣誓又は証言を拒んだときは，決定で，10万円以下の過料に処し，かつ，その拒絶により生じた費用の賠償を命ずることができる．
② 前項の決定に対しては，即時抗告をすることができる．
**第161条** ① 正当な理由がなく宣誓又は証言を拒んだ者は，10万円以下の罰金又は拘留に処する．
② 前項の罪を犯した者には，情状により，罰金及び拘留を併科することができる．
**第162条** 裁判所は，必要があるときは，決定で指定の場所に証人の同行を命ずることができる．証人が正当な理由がなく同行に応じないときは，これを勾引することができる．
**第163条** ① 裁判所外で証人を尋問すべきときは，合議体の構成員にこれをさせ，又は証人の現在地の地方裁判所，家庭裁判所若しくは簡易裁判所の裁判官にこれを嘱託することができる．
② 受託裁判官は，受託の権限を有する他の地方裁判所，家庭裁判所又は簡易裁判所の裁判官に転嘱することができる．
③ 受託裁判官は，受託事項について権限を有しないときは，受託の権限を有する他の地方裁判所，家庭裁判所又は簡易裁判所の裁判官に嘱託を移送することができる．
④ 受命裁判官又は受託裁判官は，証人の尋問に関し，裁判所又は裁判長に属する処分をすることができる．但し，第150条及び第160条の決定は，裁判所もこれをすることができる．
⑤ 第158条第2項及び第3項並びに第159条に規定する手続は，前項の規定にかかわらず，裁判所がこれをしなければならない．
**第164条** ① 証人は，旅費，日当及び宿泊料を請求することができる．但し，正当な理由がなく宣誓又は証言を拒んだ者は，この限りでない．
② 証人は，あらかじめ旅費，日当又は宿泊料の支給を受けた場合において，正当な理由なく，出頭せず又は宣誓若しくは証言を拒んだときは，その支給を受けた費用を返納しなければならない．

## 第12章　鑑　定

**第165条** 裁判所は，学識経験のある者に鑑定を命ずることができる．
**第166条** 鑑定人には，宣誓をさせなければならない．
**第167条** ① 被告人の心神又は身体に関する鑑定をさせるについて必要があるときは，裁判所は，期間を定め，病院その他の相当な場所に被告人を留置することができる．
② 前項の留置は，鑑定留置状を発してこれをしなければならない．
③ 第1項の留置につき必要があるときは，裁判所は，被告人を収容すべき病院その他の場所の管理者の申出により，又は職権で，司法警察職員に被告人の看守を命ずることができる．
④ 裁判所は，必要があるときは，留置の期間を延長し又は短縮することができる．
⑤ 勾留に関する規定は，この法律に特別の定のある場合を除いては，第1項の留置についてこれを準用する．但し，保釈に関する規定は，この限りでない．
⑥ 第1項の留置は，未決勾留日数の算入については，これを勾留とみなす．
**第167条の2** ① 勾留中の被告人に対し鑑定留置状が執行されたときは，被告人が留置されている間，勾留は，その執行を停止されたものとする．
② 前項の場合において，前条第1項の処分が取り消され又は留置の期間が満了したときは，第98条の規定を準用する．
**第168条** ① 鑑定人は，鑑定について必要があ

る場合には，裁判所の許可を受けて，人の住居若しくは人の看守する邸宅，建造物若しくは船舶内に入り，身体を検査し，死体を解剖し，墳墓を発掘し，又は物を破壊することができる．
② 裁判所は，前項の許可をするには，被告人の氏名，罪名及び立ち入るべき場所，検査すべき身体，解剖すべき死体，発掘すべき墳墓又は破壊すべき物並びに鑑定人の氏名その他裁判所の規則で定める事項を記載した許可状を発して，これをしなければならない．
③ 裁判所は，身体の検査に関し，適当と認める条件を附することができる．
④ 鑑定人は，第1項の処分を受ける者に許可状を示さなければならない．
⑤ 前3項の規定は，鑑定人が公判廷でする第1項の処分については，これを適用しない．
⑥ 第131条，第137条，第138条及び第140条の規定は，鑑定人の第1項の規定によつてする身体の検査についてこれを準用する．

**第169条** 裁判所は，合議体の構成員に鑑定について必要な処分をさせることができる．但し，第167条第1項に規定する処分については，この限りでない．

**第170条** 検察官及び弁護人は，鑑定に立ち会うことができる．この場合には，第157条第2項の規定を準用する．

**第171条** 前章の規定は，勾引に関する規定を除いて，鑑定についてこれを準用する．

**第172条** ① 身体の検査を受ける者が，鑑定人の第168条第1項の規定によつてする身体の検査を拒んだ場合には，鑑定人は，裁判官にその者の身体の検査を請求することができる．
② 前項の請求を受けた裁判官は，第10章の規定に準じ身体の検査をすることができる．

**第173条** ① 鑑定人は，旅費，日当及び宿泊料の外，鑑定料を請求し，及び鑑定に必要な費用の支払又は償還を受けることができる．
② 鑑定人は，あらかじめ鑑定に必要な費用の支払を受けた場合において，正当な理由がなく，出頭せず又は宣誓若しくは鑑定を拒んだときは，その支払を受けた費用を返納しなければならない．

**第174条** 特別の知識によつて知り得た過去の事実に関する尋問については，この章の規定によらないで，前章の規定を適用する．

## 第13章　通訳及び翻訳

**第175条** 国語に通じない者に陳述をさせる場合には，通訳人に通訳をさせなければならない．
**第176条** 耳の聞えない者又は口のきけない者に陳述をさせる場合には，通訳人に通訳をさせ

ることができる．
**第177条** 国語でない文字又は符号は，これを翻訳させることができる．
**第178条** 前条の規定は，通訳及び翻訳についてこれを準用する．

## 第14章　証拠保全

**第179条** ① 被告人，被疑者又は弁護人は，あらかじめ証拠を保全しておかなければその証拠を使用することが困難な事情があるときは，第1回の公判期日前に限り，裁判官に押収，捜索，検証，証人の尋問又は鑑定の処分を請求することができる．
② 前項の請求を受けた裁判官は，その処分に関し，裁判所又は裁判長と同一の権限を有する．

**第180条** ① 検察官及び弁護人は，裁判所において，前条第1項の処分に関する書類及び証拠物を閲覧し，且つ謄写することができる．但し，弁護人が証拠物の謄写をするについては，裁判官の許可を受けなければならない．
② 前項の規定にかかわらず，第157条の4第3項に規定する記録媒体は，謄写することができない．
③ 被告人又は被疑者は，裁判官の許可を受け，裁判所において，第1項の書類及び証拠物を閲覧することができる．ただし，被告人又は被疑者に弁護人があるときは，この限りでない．

## 第15章　訴訟費用

**第181条** ① 刑の言渡をしたときは，被告人に訴訟費用の全部又は一部を負担させなければならない．但し，被告人が貧困のため訴訟費用を納付することのできないことが明らかであるときは，この限りでない．
② 被告人の責に帰すべき事由によつて生じた費用は，刑の言渡をしない場合にも，被告人にこれを負担させることができる．
③ 検察官のみが上訴を申し立てた場合において，上訴が棄却されたとき，又は上訴の取下げがあつたときは，上訴に関する訴訟費用は，これを被告人に負担させることができない．ただし，被告人の責めに帰すべき事由によつて生じた費用については，この限りでない．
④ 公訴が提起されなかつた場合において，被疑者の責めに帰すべき事由により生じた費用があるときは，被疑者にこれを負担させることができる．

**第182条** 共犯の訴訟費用は，共犯人に，連帯して，これを負担させることができる．

**第183条** ① 告訴，告発又は請求により公訴の提起があつた事件について被告人が無罪又は

免訴の裁判を受けた場合において,告訴人,告発人又は請求人に故意又は重大な過失があつたときは,その者に訴訟費用を負担させることができる.

② 告訴,告発又は請求があつた事件について公訴が提起されなかつた場合において,告訴人,告発人又は請求人に故意又は重大な過失があつたときも,前項と同様とする.

**第184条** 検察官以外の者が上訴又は再審若しくは正式裁判の請求を取り下げた場合には,その者に上訴,再審又は正式裁判に関する費用を負担させることができる.

**第185条** 裁判によつて訴訟手続が終了する場合において,被告人に訴訟費用を負担させるときは,職権でその裁判をしなければならない.この裁判に対しては,本案の裁判について上訴があつたときに限り,不服を申し立てることができる.

**第186条** 裁判によつて訴訟手続が終了する場合において,被告人以外の者に訴訟費用を負担させるときは,職権で別にその決定をしなければならない.この決定に対しては,即時抗告をすることができる.

**第187条** 裁判によらないで訴訟手続が終了する場合において,訴訟費用を負担させるときは,最終に事件の係属した裁判所が,職権でその決定をしなければならない.この決定に対しては,即時抗告をすることができる.

**第187条の2** 公訴が提起されなかつた場合において,訴訟費用を負担させるときは,検察官の請求により,裁判所が決定をもつてこれを行う.この決定に対しては,即時抗告をすることができる.

**第188条** 訴訟費用の負担を命ずる裁判にその額を表示しないときは,執行の指揮をすべき検察官が,これを算定する.

## 第16章 費用の補償

**第188条の2** ① 無罪の判決が確定したときは,国は,当該事件の被告人であつた者に対し,その裁判に要した費用の補償をする.ただし,被告人であつた者の責めに帰すべき事由によつて生じた費用については,補償をしないことができる.

② 被告人であつた者が,捜査又は審判を誤らせる目的で,虚偽の自白をし,又は他の有罪の証拠を作ることにより,公訴の提起を受けるに至つたものと認められるときは,前項の補償の全部又は一部をしないことができる.

③ 第188条の5第1項の規定による補償の請求がされている場合には,第188条の4の規定により補償される費用については,第1項の補償をしない.

**第188条の3** ① 前条第1項の補償は,被告人であつた者の請求により,無罪の判決をした裁判所が,決定をもつてこれを行う.

② 前項の請求は,無罪の判決が確定した後6箇月以内にこれをしなければならない.

③ 補償に関する決定に対しては,即時抗告をすることができる.

**第188条の4** 検察官のみが上訴をした場合において,上訴が棄却され又は取り下げられて当該上訴に係る原裁判が確定したときは,これによつて無罪の判決が確定した場合を除き,国は,当該事件の被告人又は被告人であつた者に対し,上訴によりその審級において生じた費用の補償をする.ただし,被告人又は被告人であつた者の責めに帰すべき事由によつて生じた費用については,補償をしないことができる.

**第188条の5** ① 前条の補償は,被告人又は被告人であつた者の請求により,当該上訴裁判所であつた最高裁判所又は高等裁判所が,決定をもつてこれを行う.

② 前項の請求は,当該上訴に係る原裁判が確定した後2箇月以内にこれをしなければならない.

③ 補償に関する決定で高等裁判所がしたものに対しては,第428条第2項の異議の申立てをすることができる.この場合には,即時抗告に関する規定をも準用する.

**第188条の6** ① 第188条の2第1項又は第188条の4の規定により補償される費用の範囲は,被告人若しくは被告人であつた者又はそれらの者の弁護人であつた者が公判準備及び公判期日に出頭するに要した旅費,日当及び宿泊料並びに弁護人であつた者に対する報酬に限るものとし,その額に関しては,刑事訴訟費用に関する法律の規定中,被告人又は被告人であつた者については証人,弁護人であつた者については弁護人に関する規定を準用する.

② 裁判所は,公判準備又は公判期日に出頭した弁護人が2人以上であつたときは,事件の性質,審理の状況その他の事情を考慮して,前項の弁護人であつた者の旅費,日当及び宿泊料を主任弁護人その他一部の弁護人に係るものに限ることができる.

**第188条の7** 補償の請求その他補償に関する手続,補償と他の法律による損害賠償との関係,補償を受ける権利の譲渡又は差押え及び被告人又は被告人であつた者の相続人に対する補償については,この法律に特別の定めがある場合のほか,刑事補償法(昭和25年法律第1号)第1条に規定する補償の例による.

# 第2編　第一審

## 第1章　捜査

**第189条**　① 警察官は、それぞれ、他の法律又は国家公安委員会若しくは都道府県公安委員会の定めるところにより、司法警察職員として職務を行う。
② 司法警察職員は、犯罪があると思料するときは、犯人及び証拠を捜査するものとする。

**第190条**　森林、鉄道その他特別の事項について司法警察職員として職務を行うべき者及びその職務の範囲は、別に法律でこれを定める。

**第191条**　① 検察官は、必要と認めるときは、自ら犯罪を捜査することができる。
② 検察事務官は、検察官の指揮を受け、捜査をしなければならない。

**第192条**　検察官と都道府県公安委員会及び司法警察職員とは、捜査に関し、互に協力しなければならない。

**第193条**　① 検察官は、その管轄区域により、司法警察職員に対し、その捜査に関し、必要な一般的の指示をすることができる。この場合における指示は、捜査を適正にし、その他公訴の遂行を全うするために必要な事項に関する一般的な準則を定めることによつて行うものとする。
② 検察官は、その管轄区域により、司法警察職員に対し、捜査の協力を求めるため必要な一般的指揮をすることができる。
③ 検察官は、自ら犯罪を捜査する場合において必要があるときは、司法警察職員を指揮して捜査の補助をさせることができる。
④ 前3項の場合において、司法警察職員は、検察官の指示又は指揮に従わなければならない。

**第194条**　① 検事総長、検事長又は検事正は、司法警察職員が正当な理由がなく検察官の指示又は指揮に従わない場合において必要と認めるときは、警察官たる司法警察職員については、国家公安委員会又は都道府県公安委員会に、警察官たる者以外の司法警察職員については、その者を懲戒し又は罷免する権限を有する者に、それぞれ懲戒又は罷免の訴追をすることができる。
② 国家公安委員会、都道府県公安委員会又は警察官たる者以外の司法警察職員を懲戒し若しくは罷免する権限を有する者は、前項の訴追が理由のあるものと認めるときは、別に法律の定めるところにより、訴追を受けた者を懲戒し又は罷免しなければならない。

**第195条**　検察官及び検察事務官は、捜査のため必要があるときは、管轄区域外で職務を行うことができる。

**第196条**　検察官、検察事務官及び司法警察職員並びに弁護人その他職務上捜査に関係のある者は、被疑者その他の者の名誉を害しないように注意し、且つ、捜査の妨げとならないように注意しなければならない。

**第197条**　① 捜査については、その目的を達するため必要な取調をすることができる。但し、強制の処分は、この法律に特別の定のある場合でなければ、これをすることができない。
② 捜査については、公務所又は公私の団体に照会して必要な事項の報告を求めることができる。

**第198条**　① 検察官、検察事務官又は司法警察職員は、犯罪の捜査をするについて必要があるときは、被疑者の出頭を求め、これを取り調べることができる。但し、被疑者は、逮捕又は勾留されている場合を除いては、出頭を拒み、又は出頭後、何時でも退去することができる。
② 前項の取調に際しては、被疑者に対し、あらかじめ、自己の意思に反して供述をする必要がない旨を告げなければならない。
③ 被疑者の供述は、これを調書に録取することができる。
④ 前項の調書は、これを被疑者に閲覧させ、又は読み聞かせて、誤がないかどうかを問い、被疑者が増減変更の申立をしたときは、その供述を調書に記載しなければならない。
⑤ 被疑者が、調書に誤のないことを申し立てたときは、これに署名押印することを求めることができる。但し、これを拒絶した場合は、この限りでない。

**第199条**　① 検察官、検察事務官又は司法警察職員は、被疑者が罪を犯したことを疑うに足りる相当な理由があるときは、裁判官のあらかじめ発する逮捕状により、これを逮捕することができる。ただし、30万円（刑法、暴力行為等処罰に関する法律及び経済関係罰則の整備に関する法律の罪以外の罪については、当分の間、2万円）以下の罰金、拘留又は科料に当たる罪については、被疑者が定まつた住居を有しない場合又は正当な理由がなく前条の規定による出頭の求めに応じない場合に限る。
② 裁判官は、被疑者が罪を犯したことを疑うに足りる相当な理由があると認めるときは、検察官又は司法警察員（警察官たる司法警察員については、国家公安委員会又は都道府県公安委員会が指定する警部以上の者に限る。以下本条において同じ。）の請求により、前項の逮捕状を発する。但し、明らかに逮捕の必要がないと認めるときは、この限りでない。

③ 検察官又は司法警察員は,第1項の逮捕状を請求する場合において,同一の犯罪事実についてその被疑者に対し前に逮捕状の請求又はその発付があつたときは,その旨を裁判所に通知しなければならない.

**第200条** ① 逮捕状には,被疑者の氏名及び住居,罪名,被疑事実の要旨,引致すべき官公署その他の場所,有効期間及びその期間経過後は逮捕をすることができず令状はこれを返還しなければならない旨並びに発付の年月日その他裁判所の規則で定める事項を記載し,裁判官が,これに記名押印しなければならない.
② 第64条第2項及び第3項の規定は,逮捕状についてこれを準用する.

**第201条** ① 逮捕状により被疑者を逮捕するには,逮捕状を被疑者に示さなければならない.
② 第73条第3項の規定は,逮捕状により被疑者を逮捕する場合にこれを準用する.

**第202条** 検察事務官又は司法巡査が逮捕状により被疑者を逮捕したときは,直ちに,検察事務官はこれを検察官に,司法巡査はこれを司法警察員に引致しなければならない.

**第203条** ① 司法警察員は,逮捕状により被疑者を逮捕したとき,又は逮捕状により逮捕された被疑者を受け取つたときは,直ちに犯罪事実の要旨及び弁護人を選任することができる旨を告げた上,弁解の機会を与え,留置の必要がないと思料するときは直ちにこれを釈放し,留置の必要があると思料するときは被疑者が身体を拘束された時から48時間以内に書類及び証拠物とともにこれを検察官に送致する手続をしなければならない.
② 前項の場合において,被疑者に弁護人の有無を尋ね,弁護人があるときは,弁護人を選任することができる旨は,これを告げることを要しない.
③ 司法警察員は,第37条の2第1項に規定する事件について1項の規定により弁護人を選任することができる旨を告げるに当たつては,被疑者に対し,引き続き勾留を請求された場合において貧困その他の事由により自ら弁護人を選任することができないときは裁判官に対して弁護人の選任を請求することができる旨並びに裁判官に対して弁護人の選任を請求するには資力申告書を提出しなければならない旨及びその資力が基準額以上であるときは,あらかじめ,弁護士会(第37条の3第2項の規定により第31条の2第1項の申出をすべき弁護士会をいう.)に弁護人の選任の申出をしていなければならない旨を教示しなければならない.
④ 第1項の時間の制限内に送致の手続をしないときは,直ちに被疑者を釈放しなければならない.

**第204条** ① 検察官は,逮捕状により被疑者を逮捕したとき,又は逮捕状により逮捕された被疑者(前条の規定により送致された被疑者を除く.)を受け取つたときは,直ちに犯罪事実の要旨及び弁護人を選任することができる旨を告げた上,弁解の機会を与え,留置の必要がないと思料するときは直ちにこれを釈放し,留置の必要があると思料するときは被疑者が身体を拘束された時から48時間以内に裁判官に被疑者の勾留を請求しなければならない.但し,その時間の制限内に公訴を提起したときは,勾留の請求をすることを要しない.
② 検察官は,第37条の2第1項に規定する事件について前項の規定により弁護人を選任することができる旨を告げるに当たつては,被疑者に対し,引き続き勾留を請求された場合において貧困その他の事由により自ら弁護人を選任することができないときは裁判官に対して弁護人の選任を請求することができる旨並びに裁判官に対して弁護人の選任を請求するには資力申告書を提出しなければならない旨及びその資力が基準額以上であるときは,あらかじめ,弁護士会(第37条の3第2項の規定により第31条の2第1項の申出をすべき弁護士会をいう.)に弁護人の選任の申出をしていなければならない旨を教示しなければならない.
③ 第1項の時間の制限内に勾留の請求又は公訴の提起をしないときは,直ちに被疑者を釈放しなければならない.
④ 前条第2項の規定は,第1項の場合にこれを準用する.

**第205条** ① 検察官は,第203条の規定により送致された被疑者を受け取つたときは,弁解の機会を与え,留置の必要がないと思料するときは直ちにこれを釈放し,留置の必要があると思料するときは被疑者を受け取つた時から24時間以内に裁判官に被疑者の勾留を請求しなければならない.
② 前項の時間の制限は,被疑者が身体を拘束された時から72時間を超えることができない.
③ 前2項の時間の制限内に公訴を提起したときは,勾留の請求をすることを要しない.
④ 第1項及び第2項の時間の制限内に勾留の請求又は公訴の提起をしないときは,直ちに被疑者を釈放しなければならない.
⑤ 前条第2項の規定は,検察官が,第37条の2第1項に規定する事件以外の事件について逮捕され,第203条の規定により同項に規定する

事件について送致された被疑者に対し，第1項の規定により弁解の機会を与える場合についてこれを準用する．ただし，被疑者に弁護人があるときは，この限りでない．

**第206条** ① 検察官又は司法警察員がやむを得ない事情によつて前3条の時間の制限に従うことができなかつたときは，検察官は，裁判官にその事由を疎明して，被疑者の勾留を請求することができる．

② 前項の請求を受けた裁判官は，その遅延がやむを得ない事由に基く正当なものであると認める場合でなければ，勾留状を発することができない．

**第207条** ① 前3条の規定による勾留の請求を受けた裁判官は，その処分に関し裁判所又は裁判長と同一の権限を有する．但し，保釈については，この限りでない．

② 前項の裁判官は，第37条の2第1項に規定する事件について勾留を請求された被疑者に被疑事件を告げる際に，被疑者に対し，弁護人を選任することができる旨及び貧困その他の事由により自ら弁護人を選任することができないときは弁護人の選任を請求することができる旨を告げなければならない．ただし，被疑者に弁護人があるときは，この限りでない．

③ 前項の規定により弁護人の選任を請求することができる旨を告げるに当たつては，弁護人の選任を請求するには資力申告書を提出しなければならない旨及びその資力が基準額以上であるときは，あらかじめ，弁護士会（第37条の3第2項の規定により第31条の2第1項の申出をすべき弁護士会をいう．）に弁護人の選任の申出をしていなければならない旨を教示しなければならない．

④ 裁判官は，第1項の勾留の請求を受けたときは，速やかに勾留状を発しなければならない．ただし，勾留の理由がないと認めるとき，及び前条第2項の規定により勾留状を発することができないときは，勾留状を発しないで，直ちに被疑者の釈放を命じなければならない．

**第208条** ① 前条の規定により被疑者を勾留した事件につき，勾留の請求をした日から10日以内に公訴を提起しないときは，検察官は，直ちに被疑者を釈放しなければならない．

② 裁判官は，やむを得ない事由があると認めるときは，検察官の請求により，前項の期間を延長することができる．この期間の延長は，通じて10日を超えることができない．

**第208条の2** 裁判官は，刑法第2編第2章乃至第4章又は第8章の罪にあたる事件については，検察官の請求により，前条第2項の規定により延長された期間を更に延長することができる．この期間の延長は，通じて5日を超えることができない．

**第209条** 第74条，第75条及び第78条の規定は，逮捕状による逮捕についてこれを準用する．

**第210条** ① 検察官，検察事務官又は司法警察職員は，死刑又は無期若しくは長期3年以上の懲役若しくは禁錮にあたる罪を犯したことを疑うに足りる充分な理由がある場合で，急速を要し，裁判官の逮捕状を求めることができないときは，その理由を告げて被疑者を逮捕することができる．この場合には，直ちに裁判官の逮捕状を求める手続をしなければならない．逮捕状が発せられないときは，直ちに被疑者を釈放しなければならない．

② 第200条の規定は，前項の逮捕状についてこれを準用する．

**第211条** 前条の規定により被疑者が逮捕された場合には，第199条の規定により被疑者が逮捕された場合に関する規定を準用する．

**第212条** ① 現に罪を行い，又は現に罪を行い終つた者を現行犯人とする．

② 左の各号の一にあたる者が，罪を行い終つてから間がないと明らかに認められるときは，これを現行犯人とみなす．

1 犯人として追呼されているとき．
2 贓物又は明らかに犯罪の用に供したと思われる兇器その他の物を所持しているとき．
3 身体又は被服に犯罪の顕著な証跡があるとき．
4 誰何されて逃走しようとするとき．

**第213条** 現行犯人は，何人でも，逮捕状なくしてこれを逮捕することができる．

**第214条** 検察官，検察事務官及び司法警察職員以外の者は，現行犯人を逮捕したときは，直ちにこれを地方検察庁若しくは区検察庁の検察官又は司法警察職員に引き渡さなければならない．

**第215条** ① 司法巡査は，現行犯人を受け取つたときは，速やかにこれを司法警察員に引致しなければならない．

② 司法巡査は，犯人を受け取つた場合には，逮捕者の氏名，住居及び逮捕の事由を聴き取らなければならない．必要があるときは，逮捕者に対しともに官公署に行くことを求めることができる．

**第216条** 現行犯人が逮捕された場合には，第199条の規定により被疑者が逮捕された場合に関する規定を準用する．

**第217条** 30万円（刑法，暴力行為等処罰に関する法律及び経済関係罰則の整備に関する法律の罪以外の罪については，当分の間，2万円

以下の罰金,拘留又は科料に当たる罪の現行犯については,犯人の住居若しくは氏名が明らかでない場合又は犯人が逃亡するおそれがある場合に限り,第213条から前条までの規定を適用する.

**第218条** ① 検察官,検察事務官又は司法警察職員は,犯罪の捜査をするについて必要があるときは,裁判官の発する令状により,差押,捜索又は検証をすることができる.この場合において身体の検査は,身体検査令状によらなければならない.

② 身体の拘束を受けている被疑者の指紋若しくは足型を採取し,身長若しくは体重を測定し,又は写真を撮影するには,被疑者を裸にしない限り,前項の令状によることを要しない.

③ 第1項の令状は,検察官,検察事務官又は司法警察員の請求により,これを発する.

④ 検察官,検察事務官又は司法警察員は,身体検査令状の請求をするには,身体の検査を必要とする理由及び身体の検査を受ける者の性別,健康状態その他裁判所の規則で定める事項を示さなければならない.

⑤ 裁判官は,身体の検査に関し,適当と認める条件を附することができる.

**第219条** ① 前条の令状には,被疑者若しくは被告人の氏名,罪名,差し押えるべき物,捜索すべき場所,身体若しくは物,検証すべき場所若しくは物又は検査すべき身体及び身体の検査に関する条件,有効期間及びその期間経過後は差押,捜索又は検証に着手することができず令状は返還しなければならない旨並びに発付の年月日その他裁判所の規則で定める事項を記載し,裁判官が,これに記名押印しなければならない.

② 第64条第2項の規定は,前条の令状についてこれを準用する.

**第220条** ① 検察官,検察事務官又は司法警察職員は,第199条の規定により被疑者を逮捕する場合又は現行犯人を逮捕する場合において必要があるときは,左の処分をすることができる.第210条の規定により被疑者を逮捕する場合において必要があるときも,同様である.
  1 人の住居又は人の看守する邸宅,建造物若しくは船舶内に入り被疑者の捜索をすること.
  2 逮捕の現場で差押,捜索又は検証をすること.

② 前項後段の場合において逮捕状が得られなかつたときは,差押物は,直ちにこれを還付しなければならない.

③ 第1項の処分をするには,令状は,これを必要としない.

④ 第1項第2号及び前項の規定は,検察事務官又は司法警察職員が勾引状又は勾留状を執行する場合にこれを準用する.被疑者に対して発せられた勾引状又は勾留状を執行する場合には,第1項第1号の規定をも準用する.

**第221条** 検察官,検察事務官又は司法警察職員は,被疑者その他の者が遺留した物又は所有者,所持者若しくは保管者が任意に提出した物は,これを領置することができる.

**第222条** ① 第99条,第100条,第102条乃至第105条,第110条乃至第112条,第114条,第115条及び第118条乃至第124条の規定は,検察官,検察事務官又は司法警察職員が第218条,第220条及び前条の規定によつてする押収又は捜索について,第110条,第112条,第114条,第118条,第129条,第131条及び第137条乃至第140条の規定は,検察官,検察事務官又は司法警察職員が第218条又は第220条の規定によつてする検証についてこれを準用する.但し,司法巡査は,第122条乃至第124条に規定する処分をすることができない.

② 第220条の規定により被疑者を捜索する場合において急速を要するときは,第114条第2項の規定によることを要しない.

③ 第116条及び第117条の規定は,検察官,検察事務官又は司法警察職員が第218条の規定によつてする押収又は捜索について,これを準用する.

④ 日出前,日没後には,令状に夜間でも検証をすることができる旨の記載がなければ,検察官,検察事務官又は司法警察職員は第218条の規定によつてする検証のため,人の住居又は人の看守する邸宅,建造物若しくは船舶内に入ることができない.但し,第117条に規定する場所については,この限りでない.

⑤ 日没前検証に着手したときは,日没後でもその処分を継続することができる.

⑥ 検察官,検察事務官又は司法警察職員は,第218条の規定により差押,捜索又は検証をするについて必要があるときは,被疑者をこれに立ち会わせることができる.

⑦ 第1項の規定により,身体の検査を拒んだ者を過料に処し,又はこれに賠償を命ずべきときは,裁判所にその処分を請求しなければならない.

**第222条の2** 通信の当事者のいずれの同意も得ないで電気通信の傍受を行う強制の処分については,別に法律で定めるところによる.

**第223条** ① 検察官,検察事務官又は司法警察職員は,犯罪の捜査をするについて必要があるときは,被疑者以外の者の出頭を求め,これを取り調べ,又はこれに鑑定,通訳若しくは翻訳を嘱託することができる.

② 第198条第1項但書及び第3項乃至第5項の規定は、前項の場合にこれを準用する。

**第224条** ① 前条第1項の規定により鑑定を嘱託する場合において第167条第1項に規定する処分を必要とするときは、検察官、検察事務官又は司法警察員は、裁判官にその処分を請求しなければならない。

② 裁判官は、前項の請求を相当と認めるときは、第167条の場合に準じてその処分をしなければならない。この場合には、第167条の2の規定を準用する。

**第225条** ① 第223条第1項の規定による鑑定の嘱託を受けた者は、裁判官の許可を受けて、第168条第1項に規定する処分をすることができる。

② 前項の許可の請求は、検察官、検察事務官又は司法警察員からこれをしなければならない。

③ 裁判官は、前項の請求を相当と認めるときは、許可状を発しなければならない。

④ 第168条第2項乃至第4項及び第6項の規定は、前項の許可状についてこれを準用する。

**第226条** 犯罪の捜査に欠くことのできない知識を有する者が明らかに認められる者が、第223条第1項の規定による取調に対して、出頭又は供述を拒んだ場合には、第1回の公判期日前に限り、検察官は、裁判官にその者の証人尋問を請求することができる。

**第227条** ① 第223条第1項の規定による検察官、検察事務官又は司法警察職員の取調べに際して任意の供述をした者が、公判期日において前にした供述と異なる供述をするおそれがあり、かつ、その者の供述が犯罪の証明に欠くことができないと認められる場合には、第1回の公判期日前に限り、検察官は、裁判官にその者の証人尋問を請求することができる。

② 前項の請求をするには、検察官は、証人尋問を必要とする理由及びそれが犯罪の証明に欠くことができないものであることを疎明しなければならない。

**第228条** ① 前2条の請求を受けた裁判官は、証人の尋問に関し、裁判所又は裁判長と同一の権限を有する。

② 裁判官は、捜査に支障を生ずる虞がないと認めるときは、被告人、被疑者又は弁護人を前項の尋問に立ち会わせることができる。

**第229条** ① 変死者又は変死の疑のある死体があるときは、その所在地を管轄する地方検察庁又は区検察庁の検察官は、検視をしなければならない。

② 検察官は、検察事務官又は司法警察員に前項の処分をさせることができる。

**第230条** 犯罪により害を被つた者は、告訴をすることができる。

**第231条** ① 被害者の法定代理人は、独立して告訴をすることができる。

② 被害者が死亡したときは、その配偶者、直系の親族又は兄弟姉妹は、告訴をすることができる。但し、被害者の明示した意思に反することはできない。

**第232条** 被害者の法定代理人が被疑者であるとき、被疑者の配偶者であるとき、又は被疑者の四親等内の血族若しくは三親等内の姻族であるときは、被害者の親族は、独立して告訴をすることができる。

**第233条** ① 死者の名誉を毀損した罪については、死者の親族又は子孫は、告訴をすることができる。

② 名誉を毀損した罪について被害者が告訴をしないで死亡したときも、前項と同様である。但し、被害者の明示した意思に反することはできない。

**第234条** 親告罪について告訴をすることができる者がない場合には、検察官は、利害関係人の申立により告訴をすることができる者を指定することができる。

**第235条** ① 親告罪の告訴は、犯人を知つた日から6箇月を経過したときは、これをすることができない。ただし、次に掲げる告訴については、この限りでない。

1 刑法第176条から第178条まで、第225条若しくは第227条第1項（第225条の罪を犯した者を幇助する目的に係る部分に限る。）若しくは第3項の罪又はこれらの罪に係る未遂罪につき行う告訴

2 刑法第232条第2項の規定により外国の代表者が行う告訴及び日本国に派遣された外国の使節に対する同法第230条又は第231条の罪につきその使節が行う告訴

② 刑法第229条但書の場合における告訴は、婚姻の無効又は取消の裁判が確定した日から6箇月以内にこれをしなければ、その効力がない。

**第236条** 告訴をすることができる者が数人ある場合には、1人の期間の徒過は、他の者に対しその効力を及ぼさない。

**第237条** ① 告訴は、公訴の提起があるまでこれを取り消すことができる。

② 告訴の取消をした者は、更に告訴をすることができない。

③ 前2項の規定は、請求を待つて受理すべき事件についての請求についてこれを準用する。

**第238条** ① 親告罪について共犯の1人又は数人に対してした告訴又はその取消は、他の共

犯に対しても、その効力を生ずる．
② 前項の規定は、告発又は請求を待つて受理すべき事件についての告発若しくは請求又はその取消についてこれを準用する．
**第239条** ① 何人でも、犯罪があると思料するときは、告発をすることができる．
② 官吏又は公吏は、その職務を行うことにより犯罪があると思料するときは、告発をしなければならない．
**第240条** 告訴は、代理人によりこれをすることができる．告訴の取消についても、同様である．
**第241条** ① 告訴又は告発は、書面又は口頭で検察官又は司法警察員にこれをしなければならない．
② 検察官又は司法警察員は、口頭による告訴又は告発を受けたときは調書を作らなければならない．
**第242条** 司法警察員は、告訴又は告発を受けたときは、速やかにこれに関する書類及び証拠物を検察官に送付しなければならない．
**第243条** 前2条の規定は、告訴又は告発の取消についてこれを準用する．
**第244条** 刑法第232条第2項の規定により外国の代表者が行う告訴又はその取消は、第241条及び前条の規定にかかわらず、外務大臣にこれをすることができる．日本国に派遣された外国の使節に対する刑法第230条又は第231条の罪につきその使節が行う告訴又はその取消も、同様である．
**第245条** 第241条及び第242条の規定は、自首についてこれを準用する．
**第246条** 司法警察員は、犯罪の捜査をしたときは、この法律に特別の定のある場合を除いては、速やかに書類及び証拠物とともに事件を検察官に送致しなければならない．但し、検察官が指定した事件については、この限りでない．

## 第2章 公 訴

**第247条** 公訴は、検察官がこれを行う．
**第248条** 犯人の性格、年齢及び境遇、犯罪の軽重及び情状並びに犯罪後の情況により訴追を必要としないときは、公訴を提起しないことができる．
**第249条** 公訴は、検察官の指定した被告人以外の者にその効力を及ぼさない．
**第250条** 時効は、次に掲げる期間を経過することによつて完成する．
1 死刑に当たる罪については25年
2 無期の懲役又は禁錮に当たる罪については15年
3 長期15年以上の懲役又は禁錮に当たる罪については10年
4 長期15年未満の懲役又は禁錮に当たる罪については7年
5 長期10年未満の懲役又は禁錮に当たる罪については5年
6 長期5年未満の懲役若しくは禁錮又は罰金に当たる罪については3年
7 拘留又は科料に当たる罪については1年
**第251条** 二以上の主刑を併科し、又は二以上の主刑中その一を科すべき罪については、その重い刑に従つて、前条の規定を適用する．
**第252条** 刑法により刑を加重し、又は減軽すべき場合には、加重し、又は減軽しない刑に従つて、第250条の規定を適用する．
**第253条** ① 時効は、犯罪行為が終つた時から進行する．
② 共犯の場合には、最終の行為が終つた時から、すべての共犯に対して時効の期間を起算する．
**第254条** ① 時効は、当該事件についてした公訴の提起によつてその進行を停止し、管轄違又は公訴棄却の裁判が確定した時からその進行を始める．
② 共犯の1人に対してした公訴の提起による時効の停止は、他の共犯に対してその効力を有する．この場合において、停止した時効は、当該事件についてした裁判が確定した時からその進行を始める．
**第255条** ① 犯人が国外にいる場合又は犯人が逃げ隠れているため有効に起訴状の謄本の送達若しくは略式命令の告知ができなかつた場合には、時効は、その国外にいる期間又は逃げ隠れている期間その進行を停止する．
② 犯人が国外にいること又は犯人が逃げ隠れているため有効に起訴状の謄本の送達若しくは略式命令の告知ができなかつたことの証明に必要な事項は、裁判所の規則でこれを定める．
**第256条** ① 公訴の提起は、起訴状を提出してこれをしなければならない．
② 起訴状には、左の事項を記載しなければならない．
1 被告人の氏名その他被告人を特定するに足りる事項
2 公訴事実
3 罪名
③ 公訴事実は、訴因を明示してこれを記載しなければならない．訴因を明示するには、できる限り日時、場所及び方法を以て罪となるべき事実を特定してこれをしなければならない．
④ 罪名は、適用すべき罰条を示してこれを記載しなければならない．但し、罰条の記載の誤は、被告人の防禦に実質的な不利益を生ずる虞が

ない限り,公訴提起の効力に影響を及ぼさない.
⑤ 数個の訴因及び罰条は,予備的に又は択一的にこれを記載することができる.
⑥ 起訴状には,裁判官に事件につき予断を生ぜしめる虞のある書類その他の物を添附し,又はその内容を引用してはならない.

**第257条** 公訴は,第一審の判決があるまでこれを取り消すことができる.

**第258条** 検察官は,事件がその所属検察庁の対応する裁判所の管轄に属しないものと思料するときは,書類及び証拠物とともにその事件を管轄裁判所に対応する検察庁の検察官に送致しなければならない.

**第259条** 検察官は,事件につき公訴を提起しない処分をした場合において,被疑者の請求があるときは,速やかにその旨をこれに告げなければならない.

**第260条** 検察官は,告訴,告発又は請求のあつた事件について,公訴を提起し,又はこれを提起しない処分をしたときは,速やかにその旨を告訴人,告発人又は請求人に通知しなければならない.公訴を取り消し,又は事件を他の検察庁の検察官に送致したときも,同様である.

**第261条** 検察官は,告訴,告発又は請求のあつた事件について公訴を提起しない処分をした場合において,告訴人,告発人又は請求人の請求があるときは,速やかに告訴人,告発人又は請求人にその理由を告げなければならない.

**第262条** ① 刑法第193条から第196条まで又は破壊活動防止法(昭和27年法律第240号)第45条若しくは無差別大量殺人行為を行った団体の規制に関する法律(平成11年法律第147号)第42条若しくは第43条の罪について告訴又は告発をした者は,検察官の公訴を提起しない処分に不服があるときは,その検察官所属の検察庁の所在地を管轄する地方裁判所に事件を裁判所の審判に付することを請求することができる.
② 前項の請求は,第260条の通知を受けた日から7日以内に,請求書を公訴を提起しない処分をした検察官に差し出してこれをしなければならない.

**第263条** ① 前条第1項の請求は,第266条の決定があるまでこれを取り下げることができる.
② 前項の取下をした者は,その事件について更に前条第1項の請求をすることができない.

**第264条** 検察官は,第262条第1項の請求を理由があるものと認めるときは,公訴を提起しなければならない.

**第265条** ① 第262条第1項の請求についての審理及び裁判は,合議体でこれをしなければばらない.
② 裁判所は,必要があるときは,合議体の構成員に事実の取調をさせ,又は地方裁判所若しくは簡易裁判所の裁判官にこれを嘱託することができる.この場合には,受命裁判官及び受託裁判官は,裁判所又は裁判長と同一の権限を有する.

**第266条** 裁判所は,第262条第1項の請求を受けたときは,左の区別に従い,決定をしなければならない.
1 請求が法令上の方式に違反し,若しくは請求権の消滅後にされたものであるとき,又は請求が理由のないときは,請求を棄却する.
2 請求が理由のあるときは,事件を管轄地方裁判所の審判に付する.

**第267条** 前条第2号の決定があつたときは,その事件について公訴の提起があつたものとみなす.

**第267条の2** 裁判所は,第266条第2号の決定をした場合において,同一の事件について,検察審査会法(昭和23年法律第147号)第2条第1項第1号に規定する審査を行う検察審査会又は同法第41条の6第1項の起訴議決をした検察審査会(同法第41条の9第1項の規定により公訴の提起及びその維持に当たる者が指定された後は,その者)があるときは,これに当該決定をした旨を通知しなければならない.

**第268条** ① 裁判所は,第266条第2号の規定により事件がその裁判所の審判に付されたときは,その事件について公訴の維持にあたる者を弁護士の中から指定しなければならない.
② 前項の指定を受けた弁護士は,事件について公訴を維持するため,裁判の確定に至るまで検察官の職務を行う.但し,検察事務官及び司法警察職員に対する捜査の指揮は,検察官に嘱託してこれをしなければならない.
③ 前項の規定により検察官の職務を行う弁護士は,これを法令により公務に従事する職員とみなす.
④ 裁判所は,第1項の指定を受けた弁護士がその職務を行うに適さないと認めるときその他特別の事情があるときは,何時でもその指定を取り消すことができる.
⑤ 第1項の指定を受けた弁護士には,政令で定める額の手当を給する.

**第269条** 裁判所は,第262条第1項の請求を棄却する場合又はその請求の取下があつた場合には,決定で,請求者に,その請求に関する手続によつて生じた費用の全部又は一部の賠償を命ずることができる.この決定に対しては,

**第270条** ① 検察官は, 公訴の提起後は, 訴訟に関する書類及び証拠物を閲覧し, 且つ謄写することができる.

② 前項の規定にかかわらず, 第157条の4第3項に規定する記録媒体は, 謄写することができない.

## 第3章 公　判

### 第1節　公判準備及び公判手続

**第271条** ① 裁判所は, 公訴の提起があつたときは, 遅滞なく起訴状の謄本を被告人に送達しなければならない.

② 公訴の提起があつた日から2箇月以内に起訴状の謄本が送達されないときは, 公訴の提起は, さかのぼつてその効力を失う.

**第272条** ① 裁判所は, 公訴の提起があつたときは, 遅滞なく被告人に対し, 弁護人を選任することができる旨及び貧困その他の事由により弁護人を選任することができないときは弁護人の選任を請求することができる旨を知らせなければならない. 但し, 被告人に弁護人があるときは, この限りでない.

② 裁判所は, この法律により弁護人を要する場合を除いて, 前項の規定により弁護人の選任を請求することができる旨を知らせるに当たつては, 弁護人の選任を請求するには資力申告書を提出しなければならない旨及びその資力が基準額以上であるときは, あらかじめ, 弁護士会 (第36条の3第1項の規定により第31条の2第1項の申出をすべき弁護士会をいう.) に弁護人の選任の申出をしていなければならない旨を教示しなければならない.

**第273条** ① 裁判長は, 公判期日を定めなければならない.

② 公判期日には, 被告人を召喚しなければならない.

③ 公判期日は, これを検察官, 弁護人及び補佐人に通知しなければならない.

**第274条** 裁判所の構内にいる被告人に対し公判期日を通知したときは, 召喚状の送達があつた場合と同一の効力を有する.

**第275条** 第1回の公判期日と被告人に対する召喚状の送達との間には, 裁判所の規則で定める猶予期間を置かなければならない.

**第276条** ① 裁判所は, 検察官, 被告人若しくは弁護人の請求により又は職権で, 公判期日を変更することができる.

② 公判期日を変更するには, 裁判所の規則の定めるところにより, あらかじめ, 検察官及び被告人又は弁護人の意見を聴かなければならない. 但し, 急速を要する場合は, この限りでない.

③ 前項但書の場合には, 変更後の公判期日において, まず, 検察官及び被告人又は弁護人に対し, 異議を申し立てる機会を与えなければならない.

**第277条** 裁判所がその権限を濫用して公判期日を変更したときは, 訴訟関係人は, 最高裁判所の規則又は訓令の定めるところにより, 司法行政監督上の措置を求めることができる.

**第278条** 公判期日に召喚を受けた者が病気その他の事由によつて出頭することができないときは, 裁判所の規則の定めるところにより, 医師の診断書その他の資料を提出しなければならない.

**第278条の2** ① 裁判所は, 必要と認めるときは, 検察官又は弁護人に対し, 公判準備又は公判期日に出頭し, かつ, これらの手続が行われている間在席し又は在廷することを命ずることができる.

② 裁判長は, 急速を要する場合には, 前項に規定する命令をし, 又は合議体の構成員にこれをさせることができる.

③ 前2項の規定による命令を受けた検察官又は弁護人が正当な理由がなくこれに従わないときは, 決定で, 10万円以下の過料に処し, かつ, その命令に従わないために生じた費用の賠償を命ずることができる.

④ 前項の決定に対しては, 即時抗告をすることができる.

⑤ 裁判所は, 第3項の決定をしたときは, 検察官については当該検察官を指揮監督する権限を有する者に, 弁護士である弁護人については当該弁護士の所属する弁護士会又は日本弁護士連合会に通知し, 適当な処置をとるべきことを請求しなければならない.

⑥ 前項の規定による請求を受けた者は, そのとつた処置を裁判所に通知しなければならない.

**第279条** 裁判所は, 検察官, 被告人若しくは弁護人の請求により又は職権で, 公務所又は公私の団体に照会して必要な事項の報告を求めることができる.

**第280条** ① 公訴の提起があつた後第1回の公判期日までは, 勾留に関する処分は, 裁判官がこれを行う.

② 第199条若しくは第210条の規定により逮捕され, 又は現行犯人として逮捕された被疑者でまだ勾留されていないものについて第204条又は第205条の時間の制限内に公訴の提起があつた場合には, 裁判官は, 速やかに, 被告事件を告げ, これに関する陳述を聴き, 勾留状を発しないときは, 直ちにその釈放を命じなければ

ばならない．
③ 前2項の裁判官は，その処分に関し，裁判所又は裁判長と同一の権限を有する．

**第281条** 証人については，裁判所は，第158条に掲げる事項を考慮した上，検察官及び被告人又は弁護人の意見を聴く必要と認めるときに限り，公判期日外においてこれを尋問することができる．

**第281条の2** 裁判所は，公判期日外における証人尋問に被告人が立ち会つた場合において，証人が被告人の面前（第157条の3第1項に規定する措置を採る場合及び第157条の4第1項に規定する方法による場合を含む．）においては圧迫を受け充分な供述をすることができないと認めるときは，弁護人が立ち会つている場合に限り，検察官及び弁護人の意見を聴き，その証人の供述中被告人を退席させることができる．この場合には，供述終了後被告人に証言の要旨を告知し，その証人を尋問する機会を与えなければならない．

**第281条の3** 弁護人は，検察官において被告事件の審理の準備のために閲覧又は謄写の機会を与えた証拠に係る複製等（複製その他証拠の全部又は一部をそのまま記録した物及び書面をいう．以下同じ．）を適正に管理し，その保管をみだりに他人にゆだねてはならない．

**第281条の4** ① 被告人若しくは弁護人（第440条に規定する弁護人を含む．）又はこれらであつた者は，検察官において被告事件の審理の準備のために閲覧又は謄写の機会を与えた証拠に係る複製等を，次に掲げる手続又はその準備に使用する目的以外の目的で，人に交付し，又は提示し，若しくは電気通信回線を通じて提供してはならない．
 1 当該被告事件の審理その他の当該被告事件に係る裁判のための審理
 2 当該被告事件に関する次に掲げる手続
  イ 第1編第16章の規定による費用の補償の手続
  ロ 第349条第1項の請求があつた場合の手続
  ハ 第350条の請求があつた場合の手続
  ニ 上訴権回復の請求の手続
  ホ 再審の請求の手続
  ヘ 非常上告の手続
  ト 第500条第1項の申立ての手続
  チ 第502条の申立ての手続
  リ 刑事補償法の規定による補償の請求の手続
② 前項の規定に違反した場合の措置については，被告人の防御権を踏まえ，複製等の内容，行為の目的及び態様，関係人の名誉，その私生活又は業務の平穏を害されているかどうか，当該複製等に係る証拠が公判期日において取り調べられたものであるかどうか，その取調べの方法その他の事情を考慮するものとする．

**第281条の5** ① 被告人又は被告人であつた者が，検察官において被告事件の審理の準備のために閲覧又は謄写の機会を与えた証拠に係る複製等を，前条第1項各号に掲げる手続又はその準備に使用する目的以外の目的で，人に交付し，又は提示し，若しくは電気通信回線を通じて提供したときは，1年以下の懲役又は50万円以下の罰金に処する．
② 弁護人（第440条に規定する弁護人を含む．以下この項において同じ．）又は弁護人であつた者が，検察官において被告事件の審理の準備のために閲覧又は謄写の機会を与えた証拠に係る複製等を，対価として財産上の利益その他の利益を得る目的で，人に交付し，又は提示し，若しくは電気通信回線を通じて提供したときも，前項と同様とする．

**第281条の6** ① 裁判所は，審理に2日以上を要する事件については，できる限り，連日開廷し，継続して審理を行わなければならない．
② 訴訟関係人は，期日を厳守し，審理に支障を来さないようにしなければならない．

**第282条** ① 公判期日における取調は，公判廷でこれを行う．
② 公判廷は，裁判官及び裁判所書記が列席し，且つ検察官が出席してこれを開く．

**第283条** 被告人が法人である場合には，代理人を出頭させることができる．

**第284条** 50万円（刑法，暴力行為等処罰に関する法律及び経済関係罰則の整備に関する法律の罪以外の罪については，当分の間，5万円）以下の罰金又は科料に当たる事件については，被告人は，公判期日に出頭することを要しない．ただし，被告人は，代理人を出頭させることができる．

**第285条** ① 拘留にあたる事件の被告人は，判決の宣告をする場合には，公判期日に出頭しなければならない．その他の場合には，裁判所は，被告人の出頭がその権利の保護のため重要でないと認めるときは，被告人に対し公判期日に出頭しないことを許すことができる．
② 長期3年以下の懲役若しくは禁錮又は50万円（刑法，暴力行為等処罰に関する法律及び経済関係罰則の整備に関する法律の罪以外の罪については，当分の間，5万円）を超える罰金に当たる事件の被告人は，第291条の手続をする場合及び判決の宣告をする場合には，公判期日に出頭しなければならない．その他の場合には，前項後段の例による．

**第286条** 前3条に規定する場合の外,被告人が公判期日に出頭しないときは,開廷することはできない.

**第286条の2** 被告人が出頭しなければ開廷することができない場合において,勾留されている被告人が,公判期日に召喚を受け,正当な理由がなく出頭を拒否し,刑事施設職員による引致を著しく困難にしたときは,裁判所は,被告人が出頭しないでも,その期日の公判手続を行うことができる.

**第287条** ① 公判廷においては,被告人の身体を拘束してはならない. 但し,被告人が暴力を振い又は逃亡を企てた場合は,この限りでない.
② 被告人の身体を拘束しない場合にも,これに看守者を附することができる.

**第288条** ① 被告人は,裁判長の許可がなければ,退廷することができない.
② 裁判長は,被告人を在廷させるため,又は法廷の秩序を維持するため相当な処分をすることができる.

**第289条** ① 死刑又は無期若しくは長期3年を超える懲役若しくは禁錮にあたる事件を審理する場合には,弁護人がなければ開廷することはできない.
② 弁護人がなければ開廷することができない場合において,弁護人が出頭しないとき若しくは在廷しなくなつたとき,又は弁護人がないときは,裁判長は,職権で弁護人を付さなければならない.
③ 弁護人がなければ開廷することができない場合において,弁護人が出頭しないおそれがあるときは,裁判所は,職権で弁護人を付することができる.

**第290条** 第37条各号の場合に弁護人が出頭しないときは,裁判所は,職権で弁護人を附することができる.

**第290条の2** ① 裁判所は,次に掲げる事件を取り扱う場合において,当該事件の被害者等(被害者又は被害者が死亡した場合若しくはその心身に重大な故障がある場合におけるその配偶者,直系の親族若しくは兄弟姉妹をいう.以下同じ.)若しくは当該被害者の法定代理人又はこれらの者から委託を受けた弁護士から申出があるときは,被告人又は弁護人の意見を聴き,相当と認めるときは,被害者特定事項(氏名及び住所その他の当該事件の被害者を特定させることとなる事項をいう.以下同じ.)を公開の法廷で明らかにしない旨の決定をすることができる.
1 刑法第176条から第178条の2まで若しくは第181条の罪,同法第225条若しくは第226条の2第3項の罪(わいせつ又は結婚の目的に係る部分に限る. 以下この号において同じ.),同法第227条第1項(第225条又は第226条の2第3項の罪を犯した者を幇助する目的に係る部分に限る.)若しくは第3項(わいせつの目的に係る部分に限る.)若しくは第241条の罪又はこれらの罪の未遂罪に係る事件
2 児童福祉法第60条第1項の罪若しくは同法第34条第1項第9号に係る同法第60条第2項の罪又は児童買春,児童ポルノに係る行為等の処罰及び児童の保護等に関する法律第4条から第8条までの罪に係る事件
3 前2号に掲げる事件のほか,犯行の態様,被害の状況その他の事情により,被害者特定事項が公開の法廷で明らかにされることにより被害者等の名誉又は社会生活の平穏が著しく害されるおそれがあると認められる事件
② 前項の申出は,あらかじめ,検察官にしなければならない. この場合において,検察官は,意見を付して,これを裁判所に通知するものとする.
③ 裁判所は,第1項に定めるもののほか,犯行の態様,被害の状況その他の事情により,被害者特定事項が公開の法廷で明らかにされることにより被害者若しくはその親族の身体若しくは財産に害を加え又はこれらの者を畏怖させ若しくは困惑させる行為がなされるおそれがあると認められる事件を取り扱う場合において,検察官及び被告人又は弁護人の意見を聴き,相当と認めるときは,被害者特定事項を公開の法廷で明らかにしない旨の決定をすることができる.
④ 裁判所は,第1項又は前項の決定をした事件について,被害者特定事項を公開の法廷で明らかにしないことが相当でないと認めるに至つたとき,第312条の規定により罰条が撤回若しくは変更されたため第1項第1号若しくは第2号に掲げる事件に該当しなくなつたとき又は同項第3号に掲げる事件若しくは前項に規定する事件に該当しないと認めるに至つたときは,決定で,第1項又は前項の決定を取り消さなければならない.

**第291条** ① 検察官は,まず,起訴状を朗読しなければならない.
② 前条第1項又は第3項の決定があつたときは,前項の起訴状の朗読は,被害者特定事項を明らかにしない方法でこれを行うものとする. この場合においては,検察官は,被告人に起訴状を示さなければならない.
③ 裁判長は,起訴状の朗読が終つた後,被告人

に対し,終始沈黙し,又は個々の質問に対し陳述を拒むことができる旨その他裁判所の規則で定める被告人の権利を保護するため必要な事項を告げた上,被告人及び弁護人に対し,被告事件について陳述する機会を与えなければならない.

**第291条の2** 被告人が,前条第3項の手続に際し,起訴状に記載された訴因について有罪である旨を陳述したときは,裁判所は,検察官,被告人及び弁護人の意見を聴き,有罪である旨の陳述のあつた訴因に限り,簡易公判手続によつて審判をする旨の決定をすることができる.ただし,死刑又は無期若しくは短期1年以上の懲役若しくは禁錮に当たる事件については,この限りでない.

**第291条の3** 裁判所は,前条の決定があつた事件が簡易公判手続によることができないものであり,又はこれによることが相当でないのであると認めるときは,その決定を取り消さなければならない.

**第292条** 証拠調べは,第291条の手続が終つた後,これを行う.ただし,次節第1款に定める公判前整理手続において争点及び証拠の整理のために行う手続については,この限りでない.

**第292条の2** ① 裁判所は,被害者等又は当該被害者の法定代理人から,被害に関する心情その他の被告事件に関する意見の陳述の申出があるときは,公判期日において,その意見を陳述させるものとする.

② 前項の規定による意見の陳述の申出は,あらかじめ,検察官にしなければならない.この場合において,検察官は,意見を付して,これを裁判所に通知するものとする.

③ 裁判長又は陪席の裁判官は,被害者等又は当該被害者の法定代理人が意見を陳述した後,その趣旨を明確にするため,これらの者に質問することができる.

④ 訴訟関係人は,被害者等又は当該被害者の法定代理人が意見を陳述した後,その趣旨を明確にするため,裁判長に告げて,これらの者に質問することができる.

⑤ 裁判長は,被害者等若しくは当該被害者の法定代理人の意見の陳述又は訴訟関係人の被害者等若しくは当該被害者の法定代理人に対する質問が既にした陳述若しくは質問と重複するとき,又は事件に関係のない事項にわたるときその他相当でないときは,これを制限することができる.

⑥ 第157条の2,第157条の3及び第157条の4第1項の規定は,第1項の規定による意見の陳述について準用する.

⑦ 裁判所は,審理の状況その他の事情を考慮して,相当でないと認めるときは,意見の陳述に代え意見を記載した書面を提出させ,又は意見の陳述をさせないことができる.

⑧ 前項の規定により書面が提出された場合には,裁判長は,公判期日において,その旨を明らかにしなければならない.この場合において,裁判長は,相当と認めるときは,その書面を朗読し,又はその要旨を告げることができる.

⑨ 第1項の規定による陳述又は第7項の規定による書面は,犯罪事実の認定のための証拠とすることができない.

**第293条** ① 証拠調が終つた後,検察官は,事実及び法律の適用について意見を陳述しなければならない.

② 被告人及び弁護人は,意見を陳述することができる.

**第294条** 公判期日における訴訟の指揮は,裁判長がこれを行う.

**第295条** ① 裁判長は,訴訟関係人のする尋問又は陳述が既にした尋問若しくは陳述と重複するとき,又は事件に関係のない事項にわたるときその他相当でないときは,訴訟関係人の本質的な権利を害しない限り,これを制限することができる.訴訟関係人の被告人に対する供述を求める行為についても同様である.

② 裁判長は,証人,鑑定人,通訳人又は翻訳人を尋問する場合において,証人,鑑定人,通訳人若しくは翻訳人若しくはこれらの親族の身体若しくは財産に害を加え又はこれらの者を畏怖させ若しくは困惑させる行為がなされるおそれがあり,これらの者の住居,勤務先その他の通常所在する場所が特定される事項が明らかにされたならば証人,鑑定人,通訳人又は翻訳人が十分な供述をすることができないと認めるときは,当該事項についての尋問を制限することができる.ただし,検察官のする尋問を制限することにより犯罪の証明に重大な支障を生ずるおそれがあるとき,又は被告人若しくは弁護人のする尋問を制限することにより被告人の防御に実質的な不利益を生ずるおそれがあるときは,この限りでない.

③ 裁判長は,第290条の2第1項又は第3項の決定があつた場合において,訴訟関係人のする尋問又は陳述が被害者特定事項にわたるときは,これを制限することにより,犯罪の証明に重大な支障を生ずるおそれがある場合又は被告人の防御に実質的な不利益を生ずるおそれがある場合を除き,当該尋問又は陳述を制限することができる.訴訟関係人の被告人に対する供述を求める行為についても,同様とする.

④ 裁判所は,前3項の規定による命令を受けた検察官又は弁護士である弁護人がこれに従わなかつた場合には,検察官については当該検察官を指揮監督する権限を有する者に,弁護士である弁護人については当該弁護士の所属する弁護士会又は日本弁護士連合会に通知し,適当な処置をとるべきことを請求することができる.

⑤ 前項の規定による請求を受けた者は,そのとつた処置を裁判所に通知しなければならない.

**第296条** 証拠調のはじめに,検察官は,証拠により証明すべき事実を明らかにしなければならない.但し,証拠とすることができず,又は証拠としてその取調を請求する意思のない資料に基いて,裁判所に事件について偏見又は予断を生ぜしめる虞のある事項を述べることはできない.

**第297条** ① 裁判所は,検察官及び被告人又は弁護人の意見を聴き,証拠調の範囲,順序及び方法を定めることができる.

② 前項の手続は,合議体の構成員にこれをさせることができる.

③ 裁判所は,適当と認めるときは,何時でも,検察官及び被告人又は弁護人の意見を聴き,第1項の規定により定めた証拠調の範囲,順序又は方法を変更することができる.

**第298条** ① 検察官,被告人又は弁護人は,証拠調を請求することができる.

② 裁判所は,必要と認めるときは,職権で証拠調をすることができる.

**第299条** ① 検察官,被告人又は弁護人が証人,鑑定人,通訳人又は翻訳人の尋問を請求するについては,あらかじめ,相手方に対し,その氏名及び住居を知る機会を与えなければならない.証拠書類又は証拠物の取調を請求するについては,あらかじめ,相手方にこれを閲覧する機会を与えなければならない.但し,相手方に異議のないときは,この限りでない.

② 裁判所が職権で証拠調の決定をするについては,検察官及び被告人又は弁護人の意見を聴かなければならない.

**第299条の2** 検察官又は弁護人は,前条第1項の規定により証人,鑑定人,通訳人若しくは翻訳人の氏名及び住居を知る機会を与え又は証拠書類若しくは証拠物を閲覧する機会を与えるに当たり,証人,鑑定人,通訳人若しくは翻訳人若しくは証拠書類若しくは証拠物にその氏名が記載されている者若しくはこれらの親族の身体若しくは財産に害を加え又はこれらの者を畏怖させ若しくは困惑させる行為がなされるおそれがあると認めるときは,相手方に対し,その旨を告げ,これらの者の住居,勤務先その他その通常所在する場所が特定される事項が,犯罪の証明若しくは犯罪の捜査又は被告人の防御に関し必要がある場合を除き,関係者(被告人を含む.)に知られないようにすることとその他これらの者の安全が脅かされることがないように配慮することを求めることができる.

**第299条の3** 検察官は,第299条第1項の規定により証人の氏名及び住居を知る機会を与え又は証拠書類若しくは証拠物を閲覧する機会を与えるに当たり,被害者特定事項が明らかにされることにより,被害者等の名誉若しくは社会生活の平穏が著しく害されるおそれがあると認めるとき,又は被害者若しくはその親族の身体若しくは財産に害を加え又はこれらの者を畏怖させ若しくは困惑させる行為がなされるおそれがあると認めるときは,弁護人に対し,その旨を告げ,被害者特定事項が,被告人の防御に関し必要がある場合を除き,被告人その他の者に知られないようにすることを求めることができる.ただし,被告人に知られないようにすることを求めることについては,被害者特定事項のうち起訴状に記載された事項以外のものに限る.

**第300条** 第321条第1項第2号後段の規定により証拠とすることができる書面については,検察官は,必ずその取調を請求しなければならない.

**第301条** 第322条及び第324条第1項の規定により証拠とすることができる被告人の供述が自白である場合には,犯罪事実に関する他の証拠が取り調べられた後でなければ,その取調を請求することはできない.

**第302条** 第321条乃至第323条又は第326条の規定により証拠とすることができる書面が捜査記録の一部であるときは,検察官は,できる限り他の部分と分離してその取調を請求しなければならない.

**第303条** 公判準備においてした証人その他の者の尋問,検証,押収及び捜索の結果を記載した書面並びに押収した物については,裁判所は,公判期日において証拠書類又は証拠物としてこれを取り調べなければならない.

**第304条** ① 証人,鑑定人,通訳人又は翻訳人は,裁判長又は陪席の裁判官が,まず,これを尋問する.

② 検察官,被告人又は弁護人は,前項の尋問が終つた後,裁判長に告げて,その証人,鑑定人,通訳人又は翻訳人を尋問することができる.この場合において,その証人,鑑定人,通訳人又は翻訳人の取調が,検察官,被告人又は弁護人

の請求にかかるものであるときは,請求をした者が,先に尋問する.
③ 裁判所は,適当と認めるときは,検察官及び被告人又は弁護人の意見を聴き,前2項の尋問の順序を変更することができる.

**第304条の2** 裁判所は,証人を尋問する場合において,証人が被告人の面前(第157条の3第1項に規定する措置を採る場合及び第157条の4第1項に規定する方法による場合を含む.)においては圧迫を受け充分な供述をすることができないと認めるときは,弁護人が出頭している場合に限り,検察官及び弁護人の意見を聴き,その証人の供述中被告人を退廷させることができる.この場合には,供述終了後被告人を入廷させ,これに証言の要旨を告知し,その証人を尋問する機会を与えなければならない.

**第305条** ① 検察官,被告人又は弁護人の請求により,証拠書類の取調をするについては,裁判長は,その取調を請求した者にこれを朗読させなければならない.但し,裁判長は,自らこれを朗読し,又は陪席の裁判官若しくは裁判所書記にこれを朗読させることができる.
② 裁判所が職権で証拠書類の取調をするについては,裁判長は,自らその書類を朗読し,又は陪席の裁判官若しくは裁判所書記にこれを朗読させなければならない.
③ 第290条の2第1項又は第3項の決定があつたときは,前2項の規定による証拠書類の朗読は,被害者特定事項を明らかにしない方法でこれを行うものとする.
④ 第157条の4第3項の規定により記録媒体がその一部とされた調書の取調べについては,第1項又は第2項の規定による朗読に代えて,当該記録媒体を再生するものとする.ただし,裁判長は,検察官及び被告人又は弁護人の意見を聴き,相当と認めるときは,当該記録媒体の再生に代えて,当該調書の取調べを請求した者,陪席の裁判官若しくは裁判所書記官に当該調書に記録された供述の内容を告げさせ,又は自らこれを告げることができる.
⑤ 裁判所は,前項の規定により第157条の4第3項に規定する記録媒体を再生する場合において,必要と認めるときは,検察官及び被告人又は弁護人の意見を聴き,第157条の3に規定する措置を採ることができる.

**第306条** ① 検察官,被告人又は弁護人の請求により,証拠物の取調をするについては,裁判長は,請求をした者をしてこれを示させなければならない.但し,裁判長は,自らこれを示し,又は陪席の裁判官若しくは裁判所書記にこれを示させることができる.
② 裁判所が職権で証拠物の取調をするについては,裁判長は,自らこれを訴訟関係人に示し,又は陪席の裁判官若しくは裁判所書記にこれを示させなければならない.

**第307条** 証拠物中書面の意義が証拠となるものの取調をするについては,前条の規定による外,第305条の規定による.

**第307条の2** 第291条の2の決定があつた事件については,第296条,第297条,第300条乃至第302条及び第304条乃至前条の規定は,これを適用せず,証拠調は,公判期日において,適当と認める方法でこれを行うことができる.

**第308条** 裁判所は,検察官及び被告人又は弁護人に対し,証拠の証明力を争うために必要とする適切な機会を与えなければならない.

**第309条** ① 検察官,被告人又は弁護人は,証拠調に関し異議を申し立てることができる.
② 検察官,被告人又は弁護人は,前項に規定する場合の外,裁判長の処分に対して異議を申し立てることができる.
③ 裁判所は,前2項の申立について決定をしなければならない.

**第310条** 証拠調を終つた証拠書類又は証拠物は,遅滞なくこれを裁判所に提出しなければならない.但し,裁判所の許可を得たときは,原本に代え,その謄本を提出することができる.

**第311条** ① 被告人は,終始沈黙し,又は個々の質問に対し,供述を拒むことができる.
② 被告人が任意に供述をする場合には,裁判長は,何時でも必要とする事項につき被告人の供述を求めることができる.
③ 陪席の裁判官,検察官,弁護人,共同被告人又はその弁護人は,裁判長に告げて,前項の供述を求めることができる.

**第312条** ① 裁判所は,検察官の請求があるときは,公訴事実の同一性を害しない限度において,起訴状に記載された訴因又は罰条の追加,撤回又は変更を許さなければならない.
② 裁判所は,審理の経過に鑑み適当と認めるときは,訴因又は罰条を追加又は変更すべきことを命ずることができる.
③ 裁判所は,訴因又は罰条の追加,撤回又は変更があつたときは,速やかに追加,撤回又は変更された部分を被告人に通知しなければならない.
④ 裁判所は,訴因又は罰条の追加又は変更により被告人の防禦に実質的な不利益を生ずる虞があると認めるときは,被告人又は弁護人の請求により,決定で,被告人に充分な防禦の準備をさせるため必要な期間公判手続を停止しなければならない.

第313条 ① 裁判所は、適当と認めるときは、検察官、被告人若しくは弁護人の請求により又は職権で、決定を以て、弁論を分離し若しくは併合し、又は終結した弁論を再開することができる。
② 裁判所は、被告人の権利を保護するため必要があるときは、裁判所の規則の定めるところにより、決定を以て弁論を分離しなければならない。
第313条の2 ① この法律の規定に基づいて裁判所若しくは裁判長又は裁判官が付した弁護人の選任は、弁論が併合された事件についてもその効力を有する。ただし、裁判所がこれと異なる決定をしたときは、この限りでない。
② 前項ただし書の決定をするには、あらかじめ、検察官及び被告人又は弁護人の意見を聴かなければならない。
第314条 ① 被告人が心神喪失の状態に在るときは、検察官及び弁護人の意見を聴き、決定で、その状態の続いている間公判手続を停止しなければならない。但し、無罪、免訴、刑の免除又は公訴棄却の裁判をすべきことが明らかな場合には、被告人の出頭を待たないで、直ちにその裁判をすることができる。
② 被告人が病気のため出頭することができないときは、検察官及び弁護人の意見を聴き、決定で、出頭することができるまで公判手続を停止しなければならない。但し、第284条及び第285条の規定により代理人を出頭させた場合は、この限りでない。
③ 犯罪事実の存否の証明に欠くことのできない証人が病気のため公判期日に出頭することができないときは、公判期日外においてその取調をするのを適当と認める場合の外、決定で、出頭することができるまで公判手続を停止しなければならない。
④ 前3項の規定により公判手続を停止するには、医師の意見を聴かなければならない。
第315条　開廷後裁判官がかわつたときは、公判手続を更新しなければならない。但し、判決の宣告をする場合は、この限りでない。
第315条の2　第291条の2の決定が取り消されたときは、公判手続を更新しなければならない。但し、検察官及び被告人又は弁護人に異議がないときは、この限りでない。
第316条　地方裁判所において1人の裁判官のした訴訟手続は、被告事件が合議体で審判すべきものであつた場合にも、その効力を失わない。

### 第2節　争点及び証拠の整理手続

#### 第1款　公判前整理手続

##### 第1目　通則

第316条の2 ① 裁判所は、充実した公判の審理を継続的、計画的かつ迅速に行うため必要があると認めるときは、検察官及び被告人又は弁護人の意見を聴いて、第1回公判期日前に、決定で、事件の争点及び証拠を整理するための公判準備として、事件を公判前整理手続に付することができる。
② 公判前整理手続は、この款に定めるところにより、訴訟関係人を出頭させて陳述させ、又は訴訟関係人に書面を提出させる方法により、行うものとする。
第316条の3 ① 裁判所は、充実した公判の審理を継続的、計画的かつ迅速に行うことができるよう、公判前整理手続において、十分な準備が行われるようにするとともに、できる限り早期にこれを終結させるように努めなければならない。
② 訴訟関係人は、充実した公判の審理を継続的、計画的かつ迅速に行うことができるよう、公判前整理手続において、相互に協力するとともに、その実施に関し、裁判所に進んで協力しなければならない。
第316条の4 ① 公判前整理手続においては、被告人に弁護人がなければその手続を行うことができない。
② 公判前整理手続において被告人に弁護人がないときは、裁判長は、職権で弁護人を付さなければならない。
第316条の5　公判前整理手続においては、次に掲げる事項を行うことができる。
1　訴因又は罰条を明確にさせること。
2　訴因又は罰条の追加、撤回又は変更を許すこと。
3　公判期日においてすることを予定している主張を明らかにさせて事件の争点を整理すること。
4　証拠調べの請求をさせること。
5　前号の請求に係る証拠について、その立証趣旨、尋問事項等を明らかにさせること。
6　証拠調べの請求に関する意見（証拠書類について第326条の同意をするかどうかの意見を含む。）を確かめること。
7　証拠調べをする決定又は証拠調べの請求を却下する決定をすること。
8　証拠調べをする決定をした証拠について、その取調べの順序及び方法を定めること。
9　証拠調べに関する異議の申立てに対して決定をすること。
10　第3目の定めるところにより証拠開示に関する裁定をすること。
11　第316条の33第1項の規定による被告事件の手続への参加の申出に対する決定又は当

該決定を取り消す決定をすること.
12 公判期日を定め,又は変更することその他公判手続の進行上必要な事項を定めること.

**第316条の6** ① 裁判長は,訴訟関係人を出頭させて公判前整理手続をするときは,公判前整理手続期日を定めなければならない.
② 公判前整理手続期日は,これを検察官,被告人及び弁護人に通知しなければならない.
③ 裁判長は,検察官,被告人若しくは弁護人の請求により又は職権で,公判前整理手続期日を変更することができる.この場合においては,裁判所の規則の定めるところにより,あらかじめ,検察官及び被告人又は弁護人の意見を聴かなければならない.

**第316条の7** 公判前整理手続期日に検察官又は弁護人が出頭しないときは,その期日の手続を行うことができない.

**第316条の8** ① 弁護人が公判前整理手続期日に出頭しないとき,又は在席しなくなつたときは,裁判長は,職権で弁護人を付さなければならない.
② 弁護人が公判前整理手続期日に出頭しないおそれがあるときは,裁判所は,職権で弁護人を付することができる.

**第316条の9** ① 被告人は,公判前整理手続期日に出頭することができる.
② 裁判所は,必要と認めるときは,被告人に対し,公判前整理手続期日に出頭することを求めることができる.
③ 裁判長は,被告人を出頭させて公判前整理手続をする場合には,被告人が出頭する最初の公判前整理手続期日において,まず,被告人に対し,終始沈黙し,又は個々の質問に対し陳述を拒むことができる旨を告知しなければならない.

**第316条の10** 裁判所は,弁護人の陳述又は弁護人が提出する書面について被告人の意思を確かめる必要があると認めるときは,公判前整理手続期日において被告人に対し質問を発し,及び弁護人に対し被告人と連署した書面の提出を求めることができる.

**第316条の11** 裁判所は,合議体の構成員に命じ,公判前整理手続(第316条の5第2号,第7号及び第9号から第11号までの決定を除く.)をさせることができる.この場合において,受命裁判官は,裁判所又は裁判長と同一の権限を有する.

**第316条の12** ① 公判前整理手続期日には,裁判所書記官を立ち会わせなければならない.
② 公判前整理手続期日における手続については,裁判所の規則の定めるところにより,公判前整理手続調書を作成しなければならない.

### 第2目 争点及び証拠の整理

**第316条の13** ① 検察官は,事件が公判前整理手続に付されたときは,その証明予定事実(公判期日において証拠により証明しようとする事実をいう.以下同じ.)を記載した書面を,裁判所に提出し,及び被告人又は弁護人に送付しなければならない.この場合において,当該書面には,証拠とすることができず,又は証拠としてその取調べを請求する意思のない資料に基づいて,裁判所に事件について偏見又は予断を生じさせるおそれのある事項を記載することができない.
② 検察官は,前項の証明予定事実を証明するために用いる証拠の取調べを請求しなければならない.
③ 前項の規定により証拠の取調べを請求するについては,第299条第1項の規定は適用しない.
④ 裁判所は,検察官及び被告人又は弁護人の意見を聴いた上で,第1項の書面の提出及び送付並びに第2項の請求の期限を定めるものとする.

**第316条の14** 検察官は,前条第2項の規定により取調べを請求した証拠(以下「検察官請求証拠」という.)については,速やかに,被告人又は弁護人に対し,次の各号に掲げる証拠の区分に応じ,当該各号に定める方法による開示をしなければならない.
1 証拠書類又は証拠物 当該証拠書類又は証拠物を閲覧する機会(弁護人に対しては,閲覧し,謄写する機会)を与えること.
2 証人,鑑定人,通訳人又は翻訳人 その氏名及び住居を知る機会を与え,かつ,その者の供述録取書等(供述書,供述を録取した書面で供述者の署名若しくは押印のあるもの又は映像若しくは音声を記録することができる記録媒体であつて供述を記録したものをいう.以下同じ.)のうち,その者が公判期日において供述すると思料する内容が明らかになるもの(当該供述録取書等が存在しないとき,又はこれを閲覧させることが相当でないと認めるときにあつては,その者が公判期日において供述すると思料する内容の要旨を記載した書面)を閲覧する機会(弁護人に対しては,閲覧し,かつ,謄写する機会)を与えること.

**第316条の15** ① 検察官は,前条の規定による開示をした証拠以外の証拠であつて,次の各号に掲げる証拠の類型のいずれかに該当し,かつ,特定の検察官請求証拠の証明力を判断するために重要であると認められるものについて,被告人又は弁護人から開示の請求があつた場合において,その重要性の程度その他の被告人の防御の準備のために当該開示をすることの必

要性の程度並びに当該開示によつて生じるおそれのある弊害の内容及び程度を考慮し,相当と認めるときは,速やかに,同条第1号に定める方法による開示をしなければならない.この場合において,検察官は,必要と認めるときは,開示の時期若しくは方法を指定し,又は条件を付することができる.
1 証拠物
2 第321条第2項に規定する裁判所又は裁判官の検証の結果を記載した書面
3 第321条第3項に規定する書面又はこれに準ずる書面
4 第321条第4項に規定する書面又はこれに準ずる書面
5 次に掲げる者の供述録取書等
 イ 検察官が証人として尋問を請求した者
 ロ 検察官が取調べを請求した供述録取書等の供述者であつて,当該供述録取書等が第326条の同意がされない場合には,検察官が証人として尋問を請求することを予定しているもの
6 前号に掲げるもののほか,被告人以外の者の供述録取書等であつて,検察官が特定の検察官請求証拠により直接証明しようとする事実の有無に関する供述を内容とするもの
7 被告人の供述録取書等
8 取調べ状況の記録に関する準則に基づき,検察官,検察事務官又は司法警察職員が職務上作成することを義務付けられている書面であつて,身体の拘束を受けている者の取調べに関し,その年月日,時間,場所その他の取調べの状況を記録したもの(被告人に係るものに限る.)
② 被告人又は弁護人は,前項の開示の請求をするときは,次に掲げる事項を明らかにしなければならない.
1 前項各号に掲げる証拠の類型及び開示の請求に係る証拠を識別するに足りる事項
2 事案の内容,特定の検察官請求証拠に対応する証明予定事実,開示の請求に係る証拠と当該検察官請求証拠との関係その他の事情に照らし,当該開示の請求に係る証拠が当該検察官請求証拠の証明力を判断するために重要であることその他の被告人の防御の準備のために当該開示が必要である理由

**第316条の16** ① 被告人又は弁護人は,第316条の13第1項の書面の送付を受け,かつ,第316条の14及び前条第1項の規定による開示をすべき証拠の開示を受けたときは,検察官請求証拠について,第326条の同意をするかどうか又はその取調べの請求に関し異議がないかどうかの意見を明らかにしなければならない.
② 裁判所は,検察官及び被告人又は弁護人の意見を聴いた上で,前項の意見を明らかにすべき期限を定めることができる.

**第316条の17** ① 被告人又は弁護人は,第316条の13第1項の書面の送付を受け,かつ,第316条の14及び第316条の15第1項の規定による開示をすべき証拠の開示を受けた場合において,その証明予定事実その他の公判期日においてすることを予定している事実上及び法律上の主張があるときは,裁判所及び検察官に対し,これを明らかにしなければならない.この場合においては,第316条の13第1項後段の規定を準用する.
② 被告人又は弁護人は,前項の証明予定事実があるときは,これを証明するために用いる証拠の取調べを請求しなければならない.この場合においては,第316条の13第3項の規定を準用する.
③ 裁判所は,検察官及び被告人又は弁護人の意見を聴いた上で,第1項の主張を明らかにすべき期限及び前項の請求の期限を定めることができる.

**第316条の18** 被告人又は弁護人は,前条第2項の規定により取調べを請求した証拠については,速やかに,検察官に対し,次の各号に掲げる証拠の区分に応じ,当該各号に定める方法による開示をしなければならない.
1 証拠書類又は証拠物 当該証拠書類又は証拠物を閲覧し,かつ,謄写する機会を与えること.
2 証人,鑑定人,通訳人又は翻訳人 その氏名及び住居を知る機会を与え,かつ,その者の供述録取書等のうち,その者が公判期日において供述すると思料する内容が明らかになるもの(当該供述録取書等が存在しないとき,又はこれを閲覧することが相当でないと認めるときにあつては,その者が公判期日において供述すると思料する内容の要旨を記載した書面)を閲覧し,かつ,謄写する機会を与えること.

**第316条の19** ① 検察官は,前条の規定による開示をすべき証拠の開示を受けたときは,第316条の17第2項の規定により被告人又は弁護人が取調べを請求した証拠について,第326条の同意をするかどうか又はその取調べの請求に関し異議がないかどうかの意見を明らかにしなければならない.
② 裁判所は,検察官及び被告人又は弁護人の意見を聴いた上で,前項の意見を明らかにすべき期限を定めることができる.

第316条の20 ① 検察官は,第316条の14及び第316条の15第1項の規定による開示をした証拠以外の証拠であつて,第316条の17第1項の主張に関連すると認められるものについて,被告人又は弁護人から開示の請求があつた場合において,その関連性の程度その他の被告人の防御の準備のために当該開示をすることの必要性の程度並びに当該開示によつて生じるおそれのある弊害の内容及び程度を考慮し,相当と認めるときは,速やかに,第316条の14第1号に定める方法による開示をしなければならない.この場合において,検察官は,必要と認めるときは,開示の時期若しくは方法を指定し,又は条件を付することができる.
② 被告人又は弁護人は,前項の開示の請求をするときは,次に掲げる事項を明らかにしなければならない.
1 開示の請求に係る証拠を識別するに足りる事項
2 第316条の17第1項の主張と開示の請求に係る証拠との関連性その他の被告人の防御の準備のために当該開示が必要である理由

第316条の21 ① 検察官は,第316条の13から前条までに規定する手続が終わつた後,その証明予定事実を追加し又は変更する必要があると認めるときは,速やかに,その追加し又は変更すべき証明予定事実を記載した書面を,裁判所に提出し,及び被告人又は弁護人に送付しなければならない.この場合においては,第316条の13第1項後段の規定を準用する.
② 検察官は,その証明予定事実を証明するために用いる証拠の取調べの請求を追加する必要があると認めるときは,速やかに,その追加すべき証拠の取調べを請求しなければならない.この場合においては,第316条の13第3項の規定を準用する.
③ 裁判所は,検察官及び被告人又は弁護人の意見を聴いた上で,第1項の書面の提出及び送付並びに前項の請求の期限を定めることができる.
④ 第316条の14から第316条の16までの規定は,第2項の規定により検察官が取調べを請求した証拠についてこれを準用する.

第316条の22 ① 被告人又は弁護人は,第316条の13から第316条の20までに規定する手続が終わつた後,第316条の17第1項の主張を追加し又は変更する必要があると認めるときは,速やかに,裁判所及び検察官に対し,その追加し又は変更すべき主張を明らかにしなければならない.この場合においては,第316条の13第1項後段の規定を準用する.
② 被告人又は弁護人は,その証明予定事実を証明するために用いる証拠の取調べの請求を追加する必要があると認めるときは,速やかに,その追加すべき証拠の取調べを請求しなければならない.この場合においては,第316条の13第3項の規定を準用する.
③ 裁判所は,検察官及び被告人又は弁護人の意見を聴いた上で,第1項の主張を明らかにすべき期限及び前項の請求の期限を定めることができる.
④ 第316条の18及び第316条の19の規定は,第2項の規定により被告人又は弁護人が取調べを請求した証拠についてこれを準用する.
⑤ 第316条の20の規定は,第1項の追加又は変更すべき主張に関連すると認められる証拠についてこれを準用する.

第316条の23 第299条の2及び第299条の3の規定は,検察官又は弁護人がこの目の規定による証拠の開示をする場合についてこれを準用する.

第316条の24 裁判所は,公判前整理手続を終了するに当たり,検察官及び被告人又は弁護人との間で,事件の争点及び証拠の整理の結果を確認しなければならない.

#### 第3目 証拠開示に関する裁定

第316条の25 ① 裁判所は,証拠の開示の必要性の程度並びに証拠の開示によつて生じるおそれのある弊害の内容及び程度その他の事情を考慮して,必要と認めるときは,第316条の14(第316条の21第4項において準用する場合を含む.)の規定による開示をすべき証拠については検察官の請求により,第316条の18(第316条の22第4項において準用する場合を含む.)の規定による開示をすべき証拠については被告人又は弁護人の請求により,決定で,当該証拠の開示の時期若しくは方法を指定し,又は条件を付することができる.
② 裁判所は,前項の請求について決定をするときは,相手方の意見を聴かなければならない.
③ 第1項の請求についてした決定に対しては,即時抗告をすることができる.

第316条の26 ① 裁判所は,検察官が第316条の14若しくは第316条の15第1項(第316条の21第4項においてこれらの規定を準用する場合を含む.)若しくは第316条の20第1項(第316条の25第5項において準用する場合を含む.)の規定による開示をすべき証拠を開示していないと認めるとき,又は被告人若しくは弁護人が第316条の18(第316条の22第4項において準用する場合を含む.)の規定による開示をすべき証拠を開示していないと認めるときは,相手方の請求により,決定

で,当該証拠の開示を命じなければならない.この場合において,裁判所は,開示の時期若しくは方法を指定し,又は条件を付することができる.

② 裁判所は,前項の請求について決定をするときは,相手方の意見を聴かなければならない.

③ 第1項の請求についてした決定に対しては,即時抗告をすることができる.

第316条の27 ① 裁判所は,第316条の25第1項又は前条第1項の請求について決定をするに当たり,必要があると認めるときは,検察官,被告人又は弁護人に対し,当該請求に係る証拠の提示を命ずることができる.この場合においては,何人にも,当該証拠の閲覧又は謄写をさせることができない.

② 裁判所は,被告人又は弁護人がする前条第1項の請求について決定をするに当たり,必要があると認めるときは,検察官に対し,その保管する証拠であつて,裁判所の指定する範囲に属するものの標目を記載した一覧表の提示を命ずることができる.この場合においては,裁判所は,何人にも,当該一覧表の閲覧又は謄写をさせることができない.

③ 第1項の規定は第316条の25第3項又は前条第3項の即時抗告が係属する抗告裁判所について,前項の規定は同条第3項の即時抗告が係属する抗告裁判所について,それぞれ準用する.

#### 第2款 期日間整理手続

第316条の28 ① 裁判所は,審理の経過にかんがみ必要と認めるときは,検察官及び被告人又は弁護人の意見を聴いて,第1回公判期日後に,決定で,事件の争点及び証拠を整理するための公判準備として,事件を期日間整理手続に付することができる.

② 期日間整理手続については,前款(第316条の2第1項及び第316条の9第3項を除く.)の規定を準用する.この場合において,検察官,被告人又は弁護人が前項の決定前に取調べを請求している証拠については,期日間整理手続において取調べを請求した証拠とみなし,第316条の6から第316条の10まで及び第316条の12中「公判前整理手続期日」とあるのは「期日間整理手続期日」と,同条第2項中「公判前整理手続調書」とあるのは「期日間整理手続調書」と読み替えるものとする.

#### 第3款 公判手続の特例

第316条の29 公判前整理手続又は期日間整理手続に付された事件を審理する場合には,第289条第1項に規定する事件に該当しないときであつても,弁護人がなければ開廷することはできない.

第316条の30 公判前整理手続に付された事件については,被告人又は弁護人は,証拠により証明すべき事実その他の事実上及び法律上の主張があるときは,第296条の手続に引き続き,これを明らかにしなければならない.この場合においては,同条ただし書の規定を準用する.

第316条の31 ① 公判前整理手続に付された事件については,裁判所は,裁判所の規則の定めるところにより,前条の手続が終わつた後,公判期日において,当該公判前整理手続の結果を明らかにしなければならない.

② 期日間整理手続に付された事件については,裁判所は,裁判所の規則の定めるところにより,その手続が終わつた後,公判期日において,当該期日間整理手続の結果を明らかにしなければならない.

第316条の32 ① 公判前整理手続又は期日間整理手続に付された事件については,検察官及び被告人又は弁護人は,第298条第1項の規定にかかわらず,やむを得ない事由によつて公判前整理手続又は期日間整理手続において請求することができなかつたものを除き,当該公判前整理手続又は期日間整理手続が終わつた後には,証拠調べを請求することができない.

② 前項の規定は,裁判所が,必要と認めるときに,職権で証拠調べをすることを妨げるものではない.

### 第3節 被害者参加

第316条の33 ① 裁判所は,次に掲げる罪に係る被告事件の被害者等若しくは当該被害者の法定代理人又はこれらの者から委託を受けた弁護士から,被告事件の手続への参加の申出があるときは,被告人又は弁護人の意見を聴き,犯罪の性質,被告人との関係その他の事情を考慮し,相当と認めるときは,決定で,当該被害者等又は当該被害者の法定代理人の被告事件の手続への参加を許すものとする.

1 故意の犯罪行為により人を死傷させた罪
2 刑法第176条から第178条まで,第211条,第220条又は第224条から第227条までの罪
3 前号に掲げる罪のほか,その犯罪行為にこれらの罪の犯罪行為を含む罪(第1号に掲げる罪を除く.)
4 前3号に掲げる罪の未遂罪

② 前項の申出は,あらかじめ,検察官にしなければならない.この場合において,検察官は,意見を付して,これを裁判所に通知するものとする.

③ 裁判所は,第1項の規定により被告事件の手続への参加を許された者(以下「被害者参加

人」という。）が当該被告事件の被害者等若しくは当該被害者の法定代理人に該当せず若しくは該当しなくなつたことが明らかになつたとき、又は第312条の規定により罰条が撤回若しくは変更されたため当該被告事件が同項各号に掲げる罪に係るものに該当しなくなつたときは、決定で、同項の決定を取り消さなければならない。犯罪の性質、被告人との関係その他の事情を考慮して被告事件の手続への参加を認めることが相当でないと認めるに至つたときも、同様とする。

**第316条の34** ① 被害者参加人又はその委託を受けた弁護士は、公判期日に出席することができる。
② 公判期日は、これを被害者参加人に通知しなければならない。
③ 裁判所は、被害者参加人又はその委託を受けた弁護士が多数である場合において、必要があると認めるときは、これらの者の全員又はその一部に対し、その中から、公判期日に出席する代表者を選定するよう求めることができる。
④ 裁判所は、審理の状況、被害者参加人又はその委託を受けた弁護士の数その他の事情を考慮して、相当でないと認めるときは、公判期日の全部又は一部への出席を許さないことができる。
⑤ 前各項の規定は、公判準備において証人の尋問又は検証が行われる場合について準用する。

**第316条の35** 被害者参加人又はその委託を受けた弁護士は、検察官に対し、当該被告事件についてのこの法律の規定による検察官の権限の行使に関し、意見を述べることができる。この場合において、検察官は、当該権限を行使し又は行使しないこととしたときは、必要に応じ、当該意見を述べた者に対し、その理由を説明しなければならない。

**第316条の36** ① 裁判所は、証人を尋問する場合において、被害者参加人又はその委託を受けた弁護士から、その者がその証人を尋問するとの申出があるときは、被告人又は弁護人の意見を聴き、審理の状況、申出に係る尋問事項の内容、申出をした者の数その他の事情を考慮し、相当と認めるときは、情状に関する事項（犯罪事実に関するものを除く。）についての証人の供述の証明力を争うために必要な事項について、申出をした者がその証人を尋問することを許すものとする。
② 前項の申出は、検察官の尋問が終わつた後（検察官の尋問がないときは、被告人又は弁護人の尋問が終わつた後）直ちに、尋問事項を明らかにして、検察官にしなければならない。この場合において、検察官は、当該事項について自ら尋問する場合を除き、意見を付して、これを裁判所に通知するものとする。
③ 裁判長は、第295条第1項から第3項までに規定する場合のほか、被害者参加人又はその委託を受けた弁護士のする尋問が第1項に規定する事項以外の事項にわたるときは、これを制限することができる。

**第316条の37** ① 裁判所は、被害者参加人又はその委託を受けた弁護士から、その者が被告人に対して第311条第2項の供述を求めるための質問を発することの申出があるときは、被告人又は弁護士の意見を聴き、被害者参加人又はその委託を受けた弁護士のする этого法律の規定による意見の陳述をするために必要があると認める場合であつて、審理の状況、申出に係る質問をする事項の内容、申出をした者の数その他の事情を考慮し、相当と認めるときは、申出をした者が被告人に対してその質問を発することを許すものとする。
② 前項の申出は、あらかじめ、質問をする事項を明らかにして、検察官にしなければならない。この場合において、検察官は、当該事項について自ら供述を求める場合を除き、意見を付して、これを裁判所に通知するものとする。
③ 裁判長は、第295条第1項及び第3項に規定する場合のほか、被害者参加人又はその委託を受けた弁護士のする質問が第1項に規定する意見の陳述をするために必要がある事項に関係のない事項にわたるときは、これを制限することができる。

**第316条の38** ① 裁判所は、被害者参加人又はその委託を受けた弁護士から、事実又は法律の適用について意見を陳述することの申出がある場合において、審理の状況、申出をした者の数その他の事情を考慮し、相当と認めるときは、公判期日において、第293条第1項に規定する検察官の意見の陳述の後に、訴因として特定された事実の範囲内で、申出をした者がその意見を陳述することを許すものとする。
② 前項の申出は、あらかじめ、陳述する意見の要旨を明らかにして、検察官にしなければならない。この場合において、検察官は、意見を付して、これを裁判所に通知するものとする。
③ 裁判長は、第295条第1項及び第3項に規定する場合のほか、被害者参加人又はその委託を受けた弁護士の意見の陳述が第1項に規定する範囲を超えるときは、これを制限することができる。
④ 第1項の規定による陳述は、証拠とはならないものとする。

**第316条の39** ① 裁判所は,被害者参加人が第316条の34第1項(同条第5項において準用する場合を含む。第4項において同じ。)の規定により公判期日又は公判準備に出席する場合において,被害者参加人の年齢,心身の状態その他の事情を考慮し,被害者参加人が著しく不安又は緊張を覚えるおそれがあると認めるときは,検察官及び被告人又は弁護人の意見を聴き,その不安又は緊張を緩和するのに適当であり,かつ,裁判官若しくは訴訟関係人の尋問若しくは被告人に対する供述を求める行為若しくは訴訟関係人がする陳述を妨げ,又はその陳述の内容に不当な影響を与えるおそれがないと認める者を,被害者参加人に付き添わせることができる。

② 前項の規定により被害者参加人に付き添うこととされた者は,裁判官若しくは訴訟関係人の尋問若しくは被告人に対する供述を求める行為若しくは訴訟関係人がする陳述を妨げ,又はその陳述の内容に不当な影響を与えるような言動をしてはならない。

③ 裁判所は,第1項の規定により被害者参加人に付き添うこととされた者が,裁判官若しくは訴訟関係人の尋問若しくは被告人に対する供述を求める行為若しくは訴訟関係人がする陳述を妨げ,又はその陳述の内容に不当な影響を与えるおそれがあると認めるに至つたときその他その者を被害者参加人に付き添わせることが相当でないと認めるに至つたときは,決定で,同項の決定を取り消すことができる。

④ 裁判所は,被害者参加人が第316条の34第1項の規定により公判期日又は公判準備に出席する場合において,犯罪の性質,被害者参加人の年齢,心身の状態,被告人との関係その他の事情により,被害者参加人が被告人の面前において在席,尋問,質問又は陳述をするときは圧迫を受け精神の平穏を著しく害されるおそれがあると認める場合であつて,相当と認めるときは,検察官及び被告人又は弁護人の意見を聴き,弁護人が出頭している場合に限り,被告人とその被害者参加人との間で,被告人から被害者参加人の状態を認識することができないようにするための措置を採ることができる。

⑤ 裁判所は,被害者参加人が第316条の34第1項の規定により公判期日に出席する場合において,犯罪の性質,被害者参加人の年齢,心身の状態,名誉に対する影響その他の事情を考慮し,相当と認めるときは,検察官及び被告人又は弁護人の意見を聴き,傍聴人とその被害者参加人との間で,相互に相手の状態を認識することができないようにするための措置を採ることができる。

### 第4節 証拠

**第317条** 事実の認定は,証拠による。

**第318条** 証拠の証明力は,裁判官の自由な判断に委ねる。

**第319条** ① 強制,拷問又は脅迫による自白,不当に長く抑留又は拘禁された後の自白その他任意にされたものでない疑のある自白は,これを証拠とすることができない。

② 被告人は,公判廷における自白であると否とを問わず,その自白が自己に不利益な唯一の証拠である場合には,有罪とされない。

③ 前2項の自白には,起訴された犯罪について有罪であることを自認する場合を含む。

**第320条** ① 第321条乃至第328条に規定する場合を除いては,公判期日における供述に代えて書面を証拠とし,又は公判期日外における他の者の供述を内容とする供述を証拠とすることはできない。

② 第291条の2の決定があつた事件の証拠については,前項の規定は,これを適用しない。但し,検察官,被告人又は弁護人が証拠とすることに異議を述べたものについては,この限りでない。

**第321条** ① 被告人以外の者が作成した供述書又はその者の供述を録取した書面で供述者の署名若しくは押印のあるものは,次に掲げる場合に限り,これを証拠とすることができる。

1 裁判官の面前(第157条の4第1項に規定する方法による場合を含む。)における供述を録取した書面については,その供述者が死亡,精神若しくは身体の故障,所在不明若しくは国外にいるため公判準備若しくは公判期日において供述することができないとき,又は供述者が公判準備若しくは公判期日において前の供述と異つた供述をしたとき。

2 検察官の面前における供述を録取した書面については,その供述者が死亡,精神若しくは身体の故障,所在不明又は国外にいるため公判準備若しくは公判期日において供述することができないとき,又は公判準備若しくは公判期日において前の供述と相反するか若しくは実質的に異つた供述をしたとき。但し,公判準備又は公判期日における供述よりも前の供述を信用すべき特別の情況の存するときに限る。

3 前2号に掲げる書面以外の書面については,供述者が死亡,精神若しくは身体の故障,所在不明又は国外にいるため公判準備又は公判期日において供述することができず,且つ,その供述が犯罪事実の存否の証明に欠くことがで

きないものであるとき．但し，その供述が特に信用すべき情況の下にされたものであるときに限る．

② 被告人以外の者の公判準備若しくは公判期日における供述を録取した書面又は裁判所若しくは裁判官の検証の結果を記載した書面は，前項の規定にかかわらず，これを証拠とすることができる．

③ 検察官，検察事務官又は司法警察職員の検証の結果を記載した書面は，その供述者が公判期日において証人として尋問を受け，その真正に作成されたものであることを供述したときは，第1項の規定にかかわらず，これを証拠とすることができる．

④ 鑑定の経過及び結果を記載した書面で鑑定人の作成したものについても，前項と同様である．

**第321条の2** ① 被告事件の公判準備若しくは公判期日における手続以外の刑事手続又は他の事件の刑事手続において第157条の4第1項に規定する方法によりされた証人の尋問及び供述並びにその状況を記録した記録媒体がその一部とされた調書は，前条第1項の規定にかかわらず，証拠とすることができる．この場合において，裁判所は，その調書を取り調べた後，訴訟関係人に対し，その供述者を証人として尋問する機会を与えなければならない．

② 前項の規定により調書を取り調べる場合においては，第305条第4項ただし書の規定は，適用しない．

③ 第1項の規定により取り調べられた調書に記録された証人の供述は，第295条第1項前段並びに前条第1項第1号及び第2号の適用については，被告事件の公判期日においてされたものとみなす．

**第322条** ① 被告人が作成した供述書又は被告人の供述を録取した書面で被告人の署名若しくは押印のあるものは，その供述が被告人に不利益な事実の承認を内容とするものであるとき，又は特に信用すべき情況の下にされたものであるときに限り，これを証拠とすることができる．但し，被告人に不利益な事実の承認を内容とする書面は，その承認が自白でない場合においても，第319条の規定に準じ，任意にされたものでない疑があると認めるときは，これを証拠とすることができない．

② 被告人の公判準備又は公判期日における供述を録取した書面は，その供述が任意にされたものであると認めるときに限り，これを証拠とすることができる．

**第323条** 前3条に掲げる書面以外の書面は，次に掲げるものに限り，これを証拠とすることができる．

1 戸籍謄本，公正証書謄本その他公務員（外国の公務員を含む．）がその職務上証明することができる事実についてその公務員の作成した書面

2 商業帳簿，航海日誌その他業務の通常の過程において作成された書面

3 前2号に掲げるものの外特に信用すべき情況の下に作成された書面

**第324条** ① 被告人以外の者の公判準備又は公判期日における供述で被告人の供述をその内容とするものについては，第322条の規定を準用する．

② 被告人以外の者の公判準備又は公判期日における供述で被告人以外の者の供述をその内容とするものについては，第321条第1項第3号の規定を準用する．

**第325条** 裁判所は，第321条から前条までの規定により証拠とすることができる書面又は供述であつても，あらかじめ，その書面に記載された供述又は公判準備若しくは公判期日における供述の内容となつた他の者の供述が任意にされたものかどうかを調査した後でなければ，これを証拠とすることができない．

**第326条** ① 検察官及び被告人が証拠とすることに同意した書面又は供述は，その書面が作成され又は供述のされたときの情況を考慮し相当と認めるときに限り，第321条乃至前条の規定にかかわらず，これを証拠とすることができる．

② 被告人が出頭しないでも証拠調を行うことができる場合において，被告人が出頭しないときは，前項の同意があつたものとみなす．但し，代理人又は弁護人が出頭したときは，この限りでない．

**第327条** 裁判所は，検察官及び被告人又は弁護人が合意の上，文書の内容又は公判期日に出頭すれば供述することが予想されるその供述の内容を書面に記載して提出したときは，その文書又は供述すべき者を取り調べないでも，その書面を証拠とすることができる．この場合においても，その書面の証明力を争うことを妨げない．

**第328条** 第321条乃至第324条の規定により証拠とすることができない書面又は供述であつても，公判準備又は公判期日における被告人，証人その他の者の供述の証明力を争うためには，これを証拠とすることができる．

### 第5節 公判の裁判

**第329条** 被告事件が裁判所の管轄に属しないときは，判決で管轄違の言渡をしなければなら

ない．但し，第266条第2号の規定により地方裁判所の審判に付された事件については，管轄違の言渡をすることはできない．

**第330条** 高等裁判所が，その特別権限に属する事件として公訴の提起があつた場合において，その事件が下級の裁判所の管轄に属するものと認めるときは，前条の規定にかかわらず，決定で管轄裁判所にこれを移送しなければならない．

**第331条** ① 裁判所は，被告人の申立がなければ，土地管轄について，管轄違の言渡をすることができない．

② 管轄違の申立は，被告事件につき証拠調を開始した後は，これをすることができない．

**第332条** 簡易裁判所は，地方裁判所において審判するのを相当と認めるときは，決定で管轄地方裁判所にこれを移送しなければならない．

**第333条** ① 被告事件について犯罪の証明があつたときは，第334条の場合を除いては，判決で刑の言渡をしなければならない．

② 刑の執行猶予は，刑の言渡しと同時に，判決でその言渡しをしなければならない．刑法第25条の2第1項の規定により保護観察に付する場合も，同様である．

**第334条** 被告事件について刑を免除するときは，判決でその旨の言渡をしなければならない．

**第335条** ① 有罪の言渡をするには，罪となるべき事実，証拠の標目及び法令の適用を示さなければならない．

② 法律上犯罪の成立を妨げる理由又は刑の加重減免の理由となる事実が主張されたときは，これに対する判断を示さなければならない．

**第336条** 被告事件が罪とならないとき，又は被告事件について犯罪の証明がないときは，判決で無罪の言渡をしなければならない．

**第337条** 左の場合には，判決で免訴の言渡をしなければならない．

1　確定判決を経たとき．
2　犯罪後の法令により刑が廃止されたとき．
3　大赦があつたとき．
4　時効が完成したとき．

**第338条** 左の場合には，判決で公訴を棄却しなければならない．

1　被告人に対して裁判権を有しないとき．
2　第340条の規定に違反して公訴が提起されたとき．
3　公訴の提起があつた事件について，更に同一裁判所に公訴が提起されたとき．
4　公訴提起の手続がその規定に違反したため無効であるとき．

**第339条** ① 左の場合には，決定で公訴を棄却しなければならない．

1　第271条第2項の規定により公訴の提起がその効力を失つたとき．
2　起訴状に記載された事実が真実であつても，何らの罪となるべき事実を包含していないとき．
3　公訴が取り消されたとき．
4　被告人が死亡し，又は被告人たる法人が存続しなくなつたとき．
5　第10条又は第11条の規定により審判してはならないとき．

② 前項の決定に対しては，即時抗告をすることができる．

**第340条** 公訴の取消による公訴棄却の決定が確定したときは，公訴の取消後犯罪事実につきあらたに重要な証拠を発見した場合に限り，同一事件について更に公訴を提起することができる．

**第341条** 被告人が陳述をせず，許可を受けないで退廷し，又は秩序維持のため裁判長から退廷を命ぜられたときは，その陳述を聴かないで判決をすることができる．

**第342条** 判決は，公判廷において，宣告によりこれを告知する．

**第343条** 禁錮以上の刑に処する判決の宣告があつたときは，保釈又は勾留の執行停止は，その効力を失う．この場合には，あらたに保釈又は勾留の執行停止の決定がないときに限り，第98条の規定を準用する．

**第344条** 禁錮以上の刑に処する判決の宣告があつた後は，第60条第2項但書及び第89条の規定は，これを適用しない．

**第345条** 無罪，免訴，刑の免除，刑の執行猶予，公訴棄却（第338条第4号による場合を除く．），罰金又は科料の裁判の告知があつたときは，勾留状は，その効力を失う．

**第346条** 押収した物について，没収の言渡がないときは，押収を解く言渡があつたものとする．

**第347条** ① 押収した贓物で被害者に還付すべき理由が明らかなものは，これを被害者に還付する言渡をしなければならない．

② 贓物の対価として得た物について，被害者から交付の請求があつたときは，前項の例による．

③ 仮に還付した物について，別段の言渡がないときは，還付の言渡があつたものとする．

④ 前3項の規定は，民事訴訟の手続に従い，利害関係人がその権利を主張することを妨げない．

**第348条** ① 裁判所は，罰金，科料又は追徴を言い渡す場合において，判決の確定を待つてはその執行をすることができず，又はその執行をするのに著しい困難を生ずる虞があると認めるときは，検察官の請求により又は職権で，被告

人に対し、仮に罰金、科料又は追徴に相当する金額を納付すべきことを命ずることができる。
② 仮納付の裁判は、刑の言渡と同時に、判決でその言渡をしなければならない。
③ 仮納付の裁判は、直ちにこれを執行することができる。

**第349条** ① 刑の執行猶予の言渡を取り消すべき場合には、検察官は、刑の言渡を受けた者の現在地又は最後の住所地を管轄する地方裁判所、家庭裁判所又は簡易裁判所に対しその請求をしなければならない。
② 刑法第26条の2第2号の規定により刑の執行猶予の言渡しを取り消すべき場合には、前項の請求は、保護観察所の長の申出に基づいてこれをしなければならない。

**第349条の2** ① 前条の請求があつたときは、裁判所は、猶予の言渡を受けた者又はその代理人の意見を聴いて決定をしなければならない。
② 前項の場合において、その請求が刑法第26条の2第2号の規定による猶予の言渡しの取消しを求めるものであつて、猶予の言渡しを受けた者の請求があるときは、口頭弁論を経なければならない。
③ 第1項の決定をするについて口頭弁論を経る場合には、猶予の言渡を受けた者は、弁護人を選任することができる。
④ 第1項の決定をするについて口頭弁論を経る場合には、検察官は、裁判所の許可を得て、保護観察官に意見を述べさせることができる。
⑤ 第1項の決定に対しては、即時抗告をすることができる。

**第350条** 刑法第52条の規定により刑を定むべき場合には、検察官は、その犯罪事実について最終の判決をした裁判所にその請求をしなければならない。この場合には、前条第1項及び第5項の規定を準用する。

## 第4章 即決裁判手続

### 第1節 即決裁判手続の申立

**第350条の2** ① 検察官は、公訴を提起しようとする事件について、事案が明白であり、かつ、軽微であること、証拠調べが速やかに終わると見込まれることその他の事情を考慮し、相当と認めるときは、公訴の提起と同時に、書面により即決裁判手続の申立てをすることができる。ただし、死刑又は無期若しくは短期1年以上の懲役若しくは禁錮に当たる事件については、この限りでない。
② 前項の申立ては、即決裁判手続によることについての被疑者の同意がなければ、これをすることができない。
③ 検察官は、被疑者に対し、前項の同意をするかどうかの確認を求めるときは、これを書面でしなければならない。この場合において、検察官は、被疑者に対し、即決裁判手続を理解させるために必要な事項(被疑者に弁護人がないときは、次条の規定により弁護人を選任することができる旨を含む。)を説明し、通常の規定に従い審判を受けることができる旨を告げなければならない。
④ 被疑者に弁護人がある場合には、第1項の申立ては、被疑者が第2項の同意をするほか、弁護人が即決裁判手続によることについて同意をし又はその意見を留保しているときに限り、これをすることができる。
⑤ 被疑者が第2項の同意をし、及び弁護人が前項の同意をし又はその意見を留保するときは、書面でその旨を明らかにしなければならない。
⑥ 第1項の書面には、前項の書面を添付しなければならない。

**第350条の3** ① 前条第3項の確認を求められた被疑者が即決裁判手続によることについて同意をするかどうかを明らかにしようとする場合において、被疑者が貧困その他の事由により弁護人を選任することができないときは、裁判官は、その請求により、被疑者のため弁護人を付さなければならない。ただし、被疑者以外の者が選任した弁護人がある場合は、この限りでない。
② 第37条の3の規定は、前項の請求をする場合についてこれを準用する。

### 第2節 公判準備及び公判手続の特例

**第350条の4** 即決裁判手続の申立てがあつた場合において、被告人に弁護人がないときは、裁判長は、できる限り速やかに、職権で弁護人を付さなければならない。

**第350条の5** 検察官は、即決裁判手続の申立てをした事件について、被告人又は弁護人に対し、第299条第1項の規定により証拠書類を閲覧する機会その他の同項に規定する機会を与えるべき場合には、できる限り速やかに、その機会を与えなければならない。

**第350条の6** ① 裁判所は、即決裁判手続の申立てがあつた事件について、弁護人が即決裁判手続によることについてその意見を留保しているとき、又は即決裁判手続の申立てがあつた後に弁護人が選任されたときは、弁護人に対し、できる限り速やかに、即決裁判手続によることについて同意をするかどうかの確認を求めなければならない。
② 弁護人は、前項の同意をするときは、書面でその旨を明らかにしなければならない。

**第350条の7** 裁判長は,即決裁判手続の申立てがあつたときは,検察官及び被告人又は弁護人の意見を聴いた上で,その申立て後(前条第1項に規定する場合においては,同項の同意があつた後),できる限り早い時期の公判期日を定めなければならない.

**第350条の8** 裁判所は,即決裁判手続の申立てがあつた事件について,第291条第3項の手続に際し,被告人が起訴状に記載された訴因について有罪である旨の陳述をしたときは,次に掲げる場合を除き,即決裁判手続によつて審判をする旨の決定をしなければならない.
1 第350条の2第2項又は第4項の同意が撤回されたとき.
2 第350条の6第1項に規定する場合において,同項の同意がされなかつたとき,又はその同意が撤回されたとき.
3 前2号に掲げるもののほか,当該事件が即決裁判手続によることができないものであると認めるとき.
4 当該事件が即決裁判手続によることが相当でないものであると認めるとき.

**第350条の9** 前条の手続を行う公判期日及び即決裁判手続による公判期日については,弁護人がないときは,これを開くことができない.

**第350条の10** ① 第350条の8の決定のための審理及び即決裁判手続による審判については,第284条,第285条,第296条,第297条,第300条から第302条まで及び第304条から第307条までの規定は,これを適用しない.
② 即決裁判手続による証拠調べは,公判期日において,適当と認める方法でこれを行うことができる.

**第350条の11** ① 裁判所は,第350条の8の決定があつた事件について,次の各号のいずれかに該当することとなつた場合には,当該決定を取り消さなければならない.
1 判決の言渡し前に,被告人又は弁護人が即決裁判手続によることについての同意を撤回したとき.
2 判決の言渡し前に,被告人が起訴状に記載された訴因について有罪である旨の陳述を撤回したとき.
3 前2号に掲げるもののほか,当該事件が即決裁判手続によることができないものであると認めるとき.
4 当該事件が即決裁判手続によることが相当でないものであると認めるとき.
② 前項の規定により第350条の8の決定が取り消されたときは,公判手続を更新しなければならない.ただし,検察官及び被告人又は弁護人に異議がないときは,この限りでない.

### 第3節　証拠の特例

**第350条の12** 第350条の8の決定があつた事件の証拠については,第320条第1項の規定は,これを適用しない.ただし,検察官,被告人又は弁護人が証拠とすることに異議を述べたものについては,この限りでない.

### 第4節　公判の裁判の特例

**第350条の13** 裁判所は,第350条の8の決定があつた事件については,できる限り,即日判決の言渡しをしなければならない.

**第350条の14** 即決裁判手続において懲役又は禁錮の言渡しをする場合には,その刑の執行猶予の言渡しをしなければならない.

## 第3編　上　訴

### 第1章　通　則

**第351条** ① 検察官又は被告人は,上訴をすることができる.
② 第266条第2号の規定により裁判所の審判に付された事件と他の事件とが併合して審判され,1個の裁判があつた場合には,第268条第2項の規定により検察官の職務を行う弁護士及び当該他の事件の検察官は,その裁判に対し各々独立して上訴をすることができる.

**第352条** 検察官又は被告人以外の者で決定を受けたものは,抗告をすることができる.

**第353条** 被告人の法定代理人又は保佐人は,被告人のため上訴をすることができる.

**第354条** 勾留に対しては,勾留の理由の開示があつたときは,その開示の請求をした者も,被告人のため上訴をすることができる.その上訴を棄却する決定に対しても,同様である.

**第355条** 原審における代理人又は弁護人は,被告人のため上訴をすることができる.

**第356条** 前3条の上訴は,被告人の明示した意思に反してこれをすることができない.

**第357条** 上訴は,裁判の一部に対してこれをすることができる.部分を限らないで上訴をしたときは,裁判の全部に対してしたものとみなす.

**第358条** 上訴の提起期間は,裁判が告知された日から進行する.

**第359条** 検察官,被告人又は第352条に規定する者は,上訴の放棄又は取下をすることができる.

**第360条** 第353条又は第354条に規定する者は,書面による被告人の同意を得て,上訴の放棄又は取下をすることができる.

**第360条の2** 死刑又は無期の懲役若しくは禁

鋼に処する判決に対する上訴は,前2条の規定にかかわらず,これを放棄することができない.

**第360条の3** 上訴放棄の申立は,書面でこれをしなければならない.

**第361条** 上訴の放棄又は取下をした者は,その事件について更に上訴をすることができない.上訴の放棄又は取下に同意をした被告人も,同様である.

**第362条** 第351条乃至第355条の規定により上訴をすることができる者は,自己又は代人の責に帰することができない事由によつて上訴の提起期間内に上訴をすることができなかつたときは,原裁判所に上訴権回復の請求をすることができる.

**第363条** ① 上訴権回復の請求は,事由が止んだ日から上訴の提起期間に相当する期間内にこれをしなければならない.
② 上訴権回復の請求をする者は,その請求と同時に上訴の申立をしなければならない.

**第364条** 上訴権回復の請求についてした決定に対しては,即時抗告をすることができる.

**第365条** 上訴権回復の請求があつたときは,原裁判所は,前条の決定をするまで裁判の執行を停止する決定をすることができる.この場合には,被告人に対し勾留状を発することができる.

**第366条** ① 刑事施設にいる被告人が上訴の提起期間内に上訴の申立書を刑事施設の長又はその代理者に差し出したときは,上訴の提起期間内に上訴をしたものとみなす.
② 被告人が自ら申立書を作ることができないときは,刑事施設の長又はその代理者は,これを代書し,又は所属の職員にこれをさせなければならない.

**第367条** 前条の規定は,刑事施設にいる被告人が上訴の放棄若しくは取下げ又は上訴権回復の請求をする場合にこれを準用する.

**第368条〜第371条** 削除

## 第2章 控訴

**第372条** 控訴は,地方裁判所又は簡易裁判所がした第一審の判決に対してこれをすることができる.

**第373条** 控訴の提起期間は,14日とする.

**第374条** 控訴をするには,申立書を第一審裁判所に差し出さなければならない.

**第375条** 控訴の申立が明らかに控訴権の消滅後にされたものであるときは,第一審裁判所は,決定でこれを棄却しなければならない.この決定に対しては,即時抗告をすることができる.

**第376条** ① 控訴申立人は,裁判所の規則で定める期間内に控訴趣意書を控訴裁判所に差し出さなければならない.
② 控訴趣意書には,この法律又は裁判所の規則の定めるところにより,必要な疎明資料又は検察官若しくは弁護人の保証書を添附しなければならない.

**第377条** 左の事由があることを理由として控訴の申立をした場合には,控訴趣意書に,その事由があることの充分な証明をすることができる旨の検察官又は弁護人の保証書を添附しなければならない.
1 法律に従つて判決裁判所を構成しなかつたこと.
2 法令により判決に関与することができない裁判官が判決に関与したこと.
3 審判の公開に関する規定に違反したこと.

**第378条** 左の事由があることを理由として控訴の申立をした場合には,控訴趣意書に,訴訟記録及び原裁判所において取り調べた証拠に現われている事実であつてその事由があることを信ずるに足りるものを援用しなければならない.
1 不法に管轄又は管轄違を認めたこと.
2 不法に,公訴を受理し,又はこれを棄却したこと.
3 審判の請求を受けた事件について判決をせず,又は審判の請求を受けない事件について判決をしたこと.
4 判決に理由を附せず,又は理由にくいちがいがあること.

**第379条** 前2条の場合を除いて,訴訟手続に法令の違反があつてその違反が判決に影響を及ぼすことが明らかであることを理由として控訴の申立をした場合には,控訴趣意書に,訴訟記録及び原裁判所において取り調べた証拠に現われている事実であつて明らかに判決に影響を及ぼすべき法令の違反があることを信ずるに足りるものを援用しなければならない.

**第380条** 法令の適用に誤があつてその誤が判決に影響を及ぼすことが明らかであることを理由として控訴の申立をした場合には,控訴趣意書に,その誤及びその誤が明らかに判決に影響を及ぼすべきことを示さなければならない.

**第381条** 刑の量定が不当であることを理由として控訴の申立をした場合には,控訴趣意書に,訴訟記録及び原裁判所において取り調べた証拠に現われている事実であつて刑の量定が不当であることを信ずるに足りるものを援用しなければならない.

**第382条** 事実の誤認があつてその誤認が判決に影響を及ぼすことが明らかであることを理

由として控訴の申立をした場合には，控訴趣意書に，訴訟記録及び原裁判所において取り調べた証拠に現われている事実であつて明らかに判決に影響を及ぼすべき誤認があることを信ずるに足りるものを援用しなければならない．

**第382条の2** ① やむを得ない事由によつて第一審の弁論終結前に取調を請求することができなかつた証拠によつて証明することのできる事実であつて前2条に規定する控訴申立の理由があることを信ずるに足りるものは，訴訟記録及び原裁判所において取り調べた証拠に現われている事実以外の事実であつても，控訴趣意書にこれを援用することができる．
② 第一審の弁論終結後判決前に生じた事実であつて前2条に規定する控訴申立の理由があることを信ずるに足りるものについても，前項と同様である．
③ 前2項の場合には，控訴趣意書に，その事実を疎明する資料を添付しなければならない．第1項の場合には，やむを得ない事由によつてその証拠の取調を請求することができなかつた旨を疎明する資料をも添付しなければならない．

**第383条** 左の事由があることを理由として控訴の申立をした場合には，控訴趣意書に，その事由があることを疎明する資料を添付しなければならない．
　1　再審の請求をすることができる場合にあたる事由があること．
　2　判決があつた後に刑の廃止若しくは変更又は大赦があつたこと．

**第384条** 控訴の申立は，第377条乃至第382条及び前条に規定する事由があることを理由とするときに限り，これをすることができる．

**第385条** ① 控訴の申立が法令上の方式に違反し，又は控訴権の消滅後にされたものであることが明らかなときは，控訴裁判所は，決定でこれを棄却しなければならない．
② 前項の決定に対しては，第428条第2項の異議の申立をすることができる．この場合には，即時抗告に関する規定をも準用する．

**第386条** ① 左の場合には，控訴裁判所は，決定で控訴を棄却しなければならない．
　1　第376条第1項に定める期間内に控訴趣意書を差し出さないとき．
　2　控訴趣意書がこの法律若しくは裁判所の規則で定める方式に違反しているとき，又は控訴趣意書にこの法律若しくは裁判所の規則の定めるところに従い必要な疎明資料若しくは保証書を添付しないとき．
　3　控訴趣意書に記載された控訴の申立の理由が，明らかに第377条乃至第382条及び第383条に規定する事由に該当しないとき．
② 前条第2項の規定は，前項の決定についてこれを準用する．

**第387条** 控訴審では，弁護士以外の者を弁護人に選任することはできない．

**第388条** 控訴審では，被告人のためにする弁論は，弁護人でなければ，これをすることができない．

**第389条** 公判期日には，検察官及び弁護人は，控訴趣意書に基いて弁論をしなければならない．

**第390条** 控訴審においては，被告人は，公判期日に出頭することを要しない．ただし，裁判所は，50万円（刑法，暴力行為等処罰に関する法律及び経済関係罰則の整備に関する法律の罪以外の罪については，当分の間，5万円）以下の罰金又は科料に当たる事件以外の事件について，被告人の出頭がその権利の保護のため重要であると認めるときは，被告人の出頭を命ずることができる．

**第391条** 弁護人が出頭しないとき，又は弁護人の選任がないときは，この法律により弁護人を要する場合又は決定で弁護人を附した場合を除いては，検察官の陳述を聴いて判決をすることができる．

**第392条** ① 控訴裁判所は，控訴趣意書に包含された事項は，これを調査しなければならない．
② 控訴裁判所は，控訴趣意書に包含されない事項であつても，第377条乃至第382条及び第383条に規定する事由に関しては，職権で調査をすることができる．

**第393条** ① 控訴裁判所は，前条の調査をするについて必要があるときは，検察官，被告人若しくは弁護人の請求により又は職権で事実の取調をすることができる．但し，第382条の2の疎明があつたものについては，刑の量定の不当若しくは判決に影響を及ぼすべき事実の誤認を証明するために欠くことのできない場合に限り，これを取り調べなければならない．
② 控訴裁判所は，必要があると認めるときは，職権で，第一審判決後の刑の量定に影響を及ぼすべき情状につき取調をすることができる．
③ 前2項の取調は，合議体の構成員にこれをさせ，又は地方裁判所，家庭裁判所若しくは簡易裁判所の裁判官にこれを嘱託することができる．この場合には，受命裁判官及び受託裁判官は，裁判所又は裁判長と同一の権限を有する．
④ 第1項又は第2項の規定による取調をしたときは，検察官及び弁護人は，その結果に基いて弁論をすることができる．

**第394条** 第一審において証拠とすることがで

きた証拠は,控訴審においても,これを証拠とすることができる.

**第395条** 控訴の申立が法令上の方式に違反し,又は控訴権の消滅後にされたものであるときは,判決で控訴を棄却しなければならない.

**第396条** 第377条乃至第382条及び第383条に規定する事由がないときは,判決で控訴を棄却しなければならない.

**第397条** ① 第377条乃至第382条及び第383条に規定する事由があるときは,判決で原判決を破棄しなければならない.

② 第393条第2項の規定による取調の結果,原判決を破棄しなければ明らかに正義に反すると認めるときは,判決で原判決を破棄することができる.

**第398条** 不法に,管轄違を言い渡し,又は公訴を棄却したことを理由として原判決を破棄するときは,判決で事件を原裁判所に差し戻さなければならない.

**第399条** 不法に管轄を認めたことを理由として原判決を破棄するときは,判決で事件を管轄第一審裁判所に移送しなければならない.但し,控訴裁判所は,その事件について第一審の管轄権を有するときは,第一審として審判をしなければならない.

**第400条** 前2条に規定する理由以外の理由によつて原判決を破棄するときは,判決で,事件を原裁判所に差し戻し,又は原裁判所と同等の他の裁判所に移送しなければならない.但し,控訴裁判所は,訴訟記録並びに原裁判所及び控訴裁判所において取り調べた証拠によつて,直ちに判決をすることができるものと認めるときは,被告事件について更に判決をすることができる.

**第401条** 被告人の利益のため原判決を破棄する場合において,破棄の理由が控訴をした共同被告人に共通であるときは,その共同被告人のためにも原判決を破棄しなければならない.

**第402条** 被告人が控訴をし,又は被告人のため控訴をした事件については,原判決の刑より重い刑を言い渡すことはできない.

**第403条** ① 原裁判所が不法に公訴棄却の決定をしなかつたときは,決定で公訴を棄却しなければならない.

② 第385条第2項の規定は,前項の決定についてこれを準用する.

**第403条の2** ① 即決裁判手続においてされた判決に対する控訴の申立ては,第384条の規定にかかわらず,当該判決の言渡しにおいて示された罪となるべき事実について第382条に規定する事由があることを理由としては,これをすることができない.

② 原裁判所が即決裁判手続によつて判決をした事件については,第397条第1項の規定にかかわらず,控訴裁判所は,当該判決の言渡しにおいて示された罪となるべき事実について第382条に規定する事由があることを理由としては,原判決を破棄することができない.

**第404条** 第2編中公判に関する規定は,この法律に特別の定のある場合を除いては,控訴の審判についてこれを準用する.

## 第3章 上 告

**第405条** 高等裁判所がした第一審又は第二審の判決に対しては,左の事由があることを理由として上告の申立をすることができる.

1 憲法の違反があること又は憲法の解釈に誤があること.

2 最高裁判所の判例と相反する判断をしたこと.

3 最高裁判所の判例がない場合に,大審院若しくは上告裁判所たる高等裁判所の判例又はこの法律施行後の控訴裁判所たる高等裁判所の判例と相反する判断をしたこと.

**第406条** 最高裁判所は,前条の規定により上告をすることができる場合以外の場合であつても,法令の解釈に関する重要な事項を含むものと認められる事件については,その判決確定前に限り,裁判所の規則の定めるところにより,自ら上告審としてその事件を受理することができる.

**第407条** 上告趣意書には,裁判所の規則の定めるところにより,上告の申立の理由を明示しなければならない.

**第408条** 上告裁判所は,上告趣意書その他の書類によつて,上告の申立の理由がないことが明らかであると認めるときは,弁論を経ないで,判決で上告を棄却することができる.

**第409条** 上告審においては,公判期日に被告人を召喚することを要しない.

**第410条** ① 上告裁判所は,第405条各号に規定する事由があるときは,判決で原判決を破棄しなければならない.但し,判決に影響を及ぼさないことが明らかな場合は,この限りでない.

② 第405条第2号又は第3号に規定する事由のみがある場合において,上告裁判所がその判例を変更して原判決を維持するのを相当とするときは,前項の規定は,これを適用しない.

**第411条** 上告裁判所は,第405条各号に規定する事由がない場合であつても,左の事由があつて原判決を破棄しなければ著しく正義に反すると認めるときは,判決で原判決を破棄することができる.

1 判決に影響を及ぼすべき法令の違反があること．
2 刑の量定が甚しく不当であること．
3 判決に影響を及ぼすべき重大な事実の誤認があること．
4 再審の請求をすることができる場合にあたる事由があること．
5 判決があつた後に刑の廃止若しくは変更又は大赦があつたこと．

**第412条** 不法に管轄を認めたことを理由として原判決を破棄するときは，判決で事件を管轄控訴裁判所又は管轄第一審裁判所に移送しなければならない．

**第413条** 前条に規定する理由以外の理由によつて原判決を破棄するときは，判決で，事件を原裁判所若しくは第一審裁判所に差し戻し，又はこれらと同等の他の裁判所に移送しなければならない．但し，上告裁判所は，訴訟記録並びに原裁判所及び第一審裁判所において取り調べた証拠によつて，直ちに判決をすることができるものと認めるときは，被告事件について更に判決をすることができる．

**第413条の2** 第一審裁判所が即決裁判手続によつて判決をした事件については，第411条の規定にかかわらず，上告裁判所は，当該判決の言渡しにおいて示された罪となるべき事実について同条第3号に規定する事由があることを理由としては，原判決を破棄することができない．

**第414条** 前章の規定は，この法律に特別の定のある場合を除いては，上告の審判についてこれを準用する．

**第415条** ① 上告裁判所は，その判決の内容に誤のあることを発見したときは，検察官，被告人又は弁護人の申立により，判決でこれを訂正することができる．
② 前項の申立は，判決の宣告があつた日から10日以内にこれをしなければならない．
③ 上告裁判所は，適当と認めるときは，第1項に規定する者の申立により，前項の期間を延長することができる．

**第416条** 訂正の判決は，弁論を経ないでもこれをすることができる．

**第417条** ① 上告裁判所は，訂正の判決をしないときは，速やかに決定で申立を棄却しなければならない．
② 訂正の判決に対しては，第415条第1項の申立をすることはできない．

**第418条** 上告裁判所の判決は，宣告があつた日から第415条の期間を経過したとき，又はその期間内に同条第1項の申立があつた場合には訂正の判決若しくは申立を棄却する決定があつたときに，確定する．

## 第4章 抗告

**第419条** 抗告は，特に即時抗告をすることができる旨の規定がある場合の外，裁判所のした決定に対してこれをすることができる．但し，この法律に特別の定のある場合は，この限りでない．

**第420条** ① 裁判所の管轄又は訴訟手続に関し判決前にした決定に対しては，この法律に特に即時抗告をすることができる旨の規定がある場合を除いては，抗告をすることはできない．
② 前項の規定は，勾留，保釈，押収又は押収物の還付に関する決定及び鑑定のためにする留置に関する決定については，これを適用しない．
③ 勾留に対しては，前項の規定にかかわらず，犯罪の嫌疑がないことを理由として抗告をすることはできない．

**第421条** 抗告は，即時抗告を除いては，何時でもこれをすることができる．但し，原決定を取り消しても実益がないようになつたときは，この限りでない．

**第422条** 即時抗告の提起期間は，3日とする．

**第423条** ① 抗告をするには，申立書を原裁判所に差し出さなければならない．
② 原裁判所は，抗告を理由があるものと認めるときは，決定を更正しなければならない．抗告の全部又は一部を理由がないと認めるときは，申立書を受け取つた日から3日以内に意見書を添えて，これを抗告裁判所に送付しなければならない．

**第424条** ① 抗告は，即時抗告を除いては，裁判の執行を停止する効力を有しない．但し，原裁判所は，決定で，抗告の裁判があるまで執行を停止することができる．
② 抗告裁判所は，決定で裁判の執行を停止することができる．

**第425条** 即時抗告の提起期間内及びその申立があつたときは，裁判の執行は，停止される．

**第426条** ① 抗告の手続がその規定に違反したとき，又は抗告が理由のないときは，決定で抗告を棄却しなければならない．
② 抗告が理由のあるときは，決定で原決定を取り消し，必要がある場合には，更に裁判をしなければならない．

**第427条** 抗告裁判所の決定に対しては，抗告をすることはできない．

**第428条** ① 高等裁判所の決定に対しては，抗告をすることはできない．
② 即時抗告をすることができる旨の規定があ

る決定並びに第419条及び第420条の規定により抗告をすることができる決定で高等裁判所がしたものに対しては，その高等裁判所に異議の申立をすることができる．

③ 前項の異議の申立に関しては，抗告に関する規定を準用する．即時抗告をすることができる旨の規定がある決定に対する異議の申立に関しては，即時抗告に関する規定をも準用する．

**第429条** ① 裁判官が左の裁判をした場合において，不服がある者は，簡易裁判所の裁判官がした裁判に対しては管轄地方裁判所に，その他の裁判官がした裁判に対してはその裁判官所属の裁判所にその裁判の取消又は変更を請求することができる．

1 忌避の申立を却下する裁判
2 勾留，保釈，押収又は押収物の還付に関する裁判
3 鑑定のため留置を命ずる裁判
4 証人，鑑定人，通訳人又は翻訳人に対して過料又は費用の賠償を命ずる裁判
5 身体の検査を受ける者に対して過料又は費用の賠償を命ずる裁判

② 第420条第3項の規定は，前項の請求についてこれを準用する．

③ 第1項の請求を受けた地方裁判所又は家庭裁判所は，合議体で決定をしなければならない．

④ 第1項第4号又は第5号の裁判の取消又は変更の請求は，その裁判のあつた日から3日以内にこれをしなければならない．

⑤ 前項の請求期間内及びその請求があつたときは，裁判の執行は，停止される．

**第430条** ① 検察官又は検察事務官のした第39条第3項の処分又は押収若しくは押収物の還付に関する処分に不服がある者は，その検察官又は検察事務官が所属する検察庁の対応する裁判所にその処分の取消又は変更を請求することができる．

② 司法警察職員のした前項の処分に不服がある者は，司法警察職員の職務執行地を管轄する地方裁判所又は簡易裁判所にその処分の取消又は変更を請求することができる．

③ 前2項の請求については，行政事件訴訟に関する法令の規定は，これを適用しない．

**第431条** 前2条の請求をするには，請求書を管轄裁判所に差し出さなければならない．

**第432条** 第424条，第426条及び第427条の規定は，第429条及び第430条の請求があつた場合にこれを準用する．

**第433条** ① この法律により不服を申し立てることができない決定又は命令に対しては，第405条に規定する事由があることを理由とする場合に限り，最高裁判所に特に抗告をすることができる．

② 前項の抗告の提起期間は，5日とする．

**第434条** 第423条，第424条及び第426条の規定は，この法律に特別の定のある場合を除いては，前条第1項の抗告についてこれを準用する．

## 第4編 再 審

**第435条** 再審の請求は，左の場合において，有罪の言渡をした確定判決に対して，その言渡を受けた者の利益のために，これをすることができる．

1 原判決の証拠となつた証拠書類又は証拠物が確定判決により偽造又は変造であつたことが証明されたとき．
2 原判決の証拠となつた証言，鑑定，通訳又は翻訳が確定判決により虚偽であつたことが証明されたとき．
3 有罪の言渡を受けた者を誣告した罪が確定判決により証明されたとき．但し，誣告により有罪の言渡を受けたときに限る．
4 原判決の証拠となつた裁判が確定裁判により変更されたとき．
5 特許権，実用新案権，意匠権又は商標権を害した罪により有罪の言渡をした事件について，その権利の無効の審決が確定したとき，又は無効の判決があつたとき．
6 有罪の言渡を受けた者に対して無罪若しくは免訴を言い渡し，刑の言渡を受けた者に対して刑の免除を言い渡し，又は原判決において認めた罪より軽い罪を認めるべき明らかな証拠をあらたに発見したとき．
7 原判決に関与した裁判官，原判決の証拠となつた証拠書類の作成に関与した裁判官又は原判決の証拠となつた書面を作成し若しくは供述をした検察官，検察事務官若しくは司法警察職員が被告事件について職務に関する罪を犯したことが確定判決により証明されたとき．但し，原判決をする前に裁判官，検察官，検察事務官又は司法警察職員に対して公訴の提起があつた場合には，原判決をした裁判所がその事実を知らなかつたときに限る．

**第436条** ① 再審の請求は，左の場合において，控訴又は上告を棄却した確定判決に対して，その言渡を受けた者の利益のために，これをすることができる．

1 前条第1号又は第2号に規定する事由があるとき．
2 原判決又はその証拠となつた証拠書類の作成に関与した裁判官について前条第7号に規定する事由があるとき．

② 第一審の確定判決に対して再審の請求をした事件について再審の判決があつた後は,控訴棄却の判決に対しては,再審の請求をすることはできない.

③ 第一審又は第二審の確定判決に対して再審の請求をした事件について再審の判決があつた後は,上告棄却の判決に対しては,再審の請求をすることはできない.

**第437条** 前2条の規定に従い,確定判決により犯罪が証明されたことを再審の請求の理由とすべき場合において,その確定判決を得ることができないときは,その事実を証明して再審の請求をすることができる.但し,証拠がないという理由によつて確定判決を得ることができないときは,この限りでない.

**第438条** 再審の請求は,原判決をした裁判所がこれを管轄する.

**第439条** ① 再審の請求は,左の者がこれをすることができる.

1 検察官
2 有罪の言渡を受けた者
3 有罪の言渡を受けた者の法定代理人及び保佐人
4 有罪の言渡を受けた者が死亡し,又は心神喪失の状態に在る場合には,その配偶者,直系の親族及び兄弟姉妹

② 第435条第7号又は第436条第1項第2号に規定する事由による再審の請求は,有罪の言渡を受けた者がその罪を犯させた場合には,検察官でなければこれをすることができない.

**第440条** ① 検察官以外の者は,再審の請求をする場合には,弁護人を選任することができる.
② 前項の規定による弁護人の選任は,再審の判決があるまでその効力を有する.

**第441条** 再審の請求は,刑の執行が終り,又はその執行を受けることがないようになつたときでも,これをすることができる.

**第442条** 再審の請求は,刑の執行を停止する効力を有しない.但し,管轄裁判所に対応する検察庁の検察官は,再審の請求についての裁判があるまで刑の執行を停止することができる.

**第443条** ① 再審の請求は,これを取り下げることができる.
② 再審の請求を取り下げた者は,同一の理由によつては,更に再審の請求をすることができない.

**第444条** 第366条の規定は,再審の請求及びその取下について,これを準用する.

**第445条** 再審の請求を受けた裁判所は,必要があるときは,合議体の構成員に再審の請求の理由について,事実の取調をさせ,又は地方裁判所,家庭裁判所若しくは簡易裁判所の裁判官にこれを嘱託することができる.この場合には,受命裁判官及び受託裁判官は,裁判所又は裁判長と同一の権限を有する.

**第446条** 再審の請求が法令上の方式に違反し,又は請求権の消滅後にされたものであるときは,決定でこれを棄却しなければならない.

**第447条** ① 再審の請求が理由のないときは,決定でこれを棄却しなければならない.
② 前項の決定があつたときは,何人も,同一の理由によつては,更に再審の請求をすることはできない.

**第448条** ① 再審の請求が理由のあるときは,再審開始の決定をしなければならない.
② 再審開始の決定をしたときは,決定で刑の執行を停止することができる.

**第449条** ① 控訴を棄却した確定判決とその判決によつて確定した第一審の判決とに対して再審の請求があつた場合において,第一審裁判所が再審の判決をしたときは,控訴裁判所は,決定で再審の請求を棄却しなければならない.
② 第一審又は第二審の判決に対する上告を棄却した判決とその判決によつて確定した第一審又は第二審の判決とに対して再審の請求があつた場合において,第一審裁判所又は控訴裁判所が再審の判決をしたときは,上告裁判所は,決定で再審の請求を棄却しなければならない.

**第450条** 第446条,第447条第1項,第448条第1項又は前条第1項の決定に対しては,即時抗告をすることができる.

**第451条** ① 裁判所は,再審開始の決定が確定した事件については,第449条の場合を除いては,その審級に従い,更に審判をしなければならない.
② 左の場合には,第314条第1項本文及び第339条第1項第4号の規定は,前項の審判にこれを適用しない.

1 死亡者又は回復の見込がない心神喪失者のために再審の請求がされたとき.
2 有罪の言渡を受けた者が,再審の判決がある前に,死亡し,又は心神喪失の状態に陥りその回復の見込がないとき.

③ 前項の場合には,被告人の出頭がなくても,審判をすることができる.但し,弁護人が出頭しなければ開廷することはできない.
④ 第2項の場合において,再審の請求をした者が弁護人を選任しないときは,裁判長は,職権で弁護人を附しなければならない.

**第452条** 再審においては,原判決の刑より重い刑を言い渡すことはできない.

**第453条** 再審において無罪の言渡をしたときは,官報及び新聞紙に掲載して,その判決を公

示しなければならない．

## 第5編　非常上告

**第454条**　検事総長は，判決が確定した後その事件の審判が法令に違反したことを発見したときは，最高裁判所に非常上告をすることができる．

**第455条**　非常上告をするには，その理由を記載した申立書を最高裁判所に差し出さなければならない．

**第456条**　公判期日には，検察官は，申立書に基いて陳述をしなければならない．

**第457条**　非常上告が理由のないときは，判決でこれを棄却しなければならない．

**第458条**　非常上告が理由のあるときは，左の区別に従い，判決をしなければならない．

1　原判決が法令に違反したときは，その違反した部分を破棄する．但し，原判決が被告人のため不利益であるときは，これを破棄して，被告事件について更に判決をする．

2　訴訟手続が法令に違反したときは，その違反した手続を破棄する．

**第459条**　非常上告の判決は，前条第1号但書の規定によりなされたものを除いては，その効力を被告人に及ぼさない．

**第460条**　①　裁判所は，申立書に包含された事項に限り，調査をしなければならない．

②　裁判所は，裁判所の管轄，公訴の受理及び訴訟手続に関しては，事実の取調をすることができる．この場合には，第393条第3項の規定を準用する．

## 第6編　略式手続

**第461条**　簡易裁判所は，検察官の請求により，その管轄に属する事件について，公判前，略式命令で，100万円以下の罰金又は科料を科することができる．この場合には，刑の執行猶予をし，没収を科し，その他付随の処分をすることができる．

**第461条の2**　①　検察官は，略式命令の請求に際し，被疑者に対し，あらかじめ，略式手続を理解させるために必要な事項を説明し，通常の規定に従い審判を受けることができる旨を告げた上，略式手続によることについて異議がないかどうかを確めなければならない．

②　被疑者は，略式手続によることについて異議がないときは，書面でその旨を明らかにしなければならない．

**第462条**　①　略式命令の請求は，公訴の提起と同時に，書面でこれをしなければならない．

②　前項の書面には，前条第2項の書面を添附しなければならない．

**第463条**　①　前条の請求があつた場合において，その事件が略式命令をすることができないものであり，又はこれをすることが相当でないものであると思料するときは，通常の規定に従い，審判をしなければならない．

②　検察官が，第461条の2に定める手続をせず，又は前条第2項に違反して略式命令を請求したときも，前項と同様である．

③　裁判所は，前2項の規定により通常の規定に従い審判をするときは，直ちに検察官にその旨を通知しなければならない．

④　第1項及び第2項の場合には，第271条の規定の適用があるものとする．但し，同条第2項に定める期間は，前項の通知があつた日から2箇月とする．

**第463条の2**　①　前条の場合を除いて，略式命令の請求があつた日から4箇月以内に略式命令が被告人に告知されないときは，公訴の提起は，さかのぼつてその効力を失う．

②　前項の場合には，裁判所は，決定で，公訴を棄却しなければならない．略式命令が既に検察官に告知されているときは，略式命令を取り消した上，その決定をしなければならない．

③　前項の決定に対しては，即時抗告をすることができる．

**第464条**　略式命令には，罪となるべき事実，適用した法令，科すべき刑及び附随の処分並びに略式命令の告知があつた日から14日以内に正式裁判の請求をすることができる旨を示さなければならない．

**第465条**　①　略式命令を受けた者又は検察官は，その告知を受けた日から14日以内に正式裁判の請求をすることができる．

②　正式裁判の請求は，略式命令をした裁判所に，書面でこれをしなければならない．正式裁判の請求があつたときは，裁判所は，速やかにその旨を検察官又は略式命令を受けた者に通知しなければならない．

**第466条**　正式裁判の請求は，第一審の判決があるまでこれを取り下げることができる．

**第467条**　第353条，第355条乃至第357条，第359条，第360条及び第361条乃至第365条の規定は，正式裁判の請求又はその取下についてこれを準用する．

**第468条**　①　正式裁判の請求が法令上の方式に違反し，又は請求権の消滅後にされたものであるときは，決定でこれを棄却しなければならない．この決定に対しては，即時抗告をすることができる．

②　正式裁判の請求を適法とするときは，通常の

規定に従い,審判をしなければならない.
③ 前項の場合においては,略式命令に拘束されない.
**第469条** 正式裁判の請求により判決をしたときは,略式命令は,その効力を失う.
**第470条** 略式命令は,正式裁判の請求期間の経過又はその取下により,確定判決と同一の効力を生ずる.正式裁判の請求を棄却する裁判が確定したときも,同様である.

### 第7編 裁判の執行

**第471条** 裁判は,この法律に特別の定のある場合を除いては,確定した後これを執行する.
**第472条** ① 裁判の執行は,その裁判をした裁判所に対応する検察庁の検察官がこれを指揮する.但し,第70条第1項但書の場合,第108条第1項但書の場合その他その性質上裁判所又は裁判官が指揮すべき場合は,この限りでない.
② 上訴の裁判又は上訴の取下により下級の裁判所の裁判を執行する場合には,上訴裁判所に対応する検察庁の検察官がこれを指揮する.但し,訴訟記録が下級の裁判所又はその裁判所に対応する検察庁に在るときは,その裁判所に対応する検察庁の検察官が,これを指揮する.
**第473条** 裁判の執行の指揮は,書面でこれをし,これに裁判書又は裁判を記載した調書の謄本又は抄本を添えなければならない.但し,刑の執行を指揮する場合を除いては,裁判書の原本,謄本若しくは抄本又は裁判を記載した調書の謄本若しくは抄本に認印して,これをすることができる.
**第474条** 二以上の主刑の執行は,罰金及び科料を除いては,その重いものを先にする.但し,検察官は,重い刑の執行を停止して,他の刑の執行をさせることができる.
**第475条** ① 死刑の執行は,法務大臣の命令による.
② 前項の命令は,判決確定の日から6箇月以内にこれをしなければならない.但し,上訴権回復若しくは再審の請求,非常上告又は恩赦の出願若しくは申出がされその手続が終了するまでの期間及び共同被告人であつた者に対する判決が確定するまでの期間は,これをその期間に算入しない.
**第476条** 法務大臣が死刑の執行を命じたときは,5日以内にその執行をしなければならない.
**第477条** ① 死刑は,検察官,検察事務官及び刑事施設の長又はその代理者の立会いの上,これを執行しなければならない.
② 検察官又は刑事施設の長の許可を受けた者でなければ,刑場に入ることはできない.

**第478条** 死刑の執行に立ち会つた検察事務官は,執行始末書を作り,検察官及び刑事施設の長又はその代理者とともに,これに署名押印しなければならない.
**第479条** ① 死刑の言渡を受けた者が心神喪失の状態に在るときは,法務大臣の命令によつて執行を停止する.
② 死刑の言渡を受けた女子が懐胎しているときは,法務大臣の命令によつて執行を停止する.
③ 前2項の規定により死刑の執行を停止した場合には,心神喪失の状態が回復した後又は出産の後に法務大臣の命令がなければ,執行することはできない.
④ 第475条第2項の規定は,前項の命令についてこれを準用する.この場合において,判決確定の日とあるのは,心神喪失の状態が回復した日又は出産の日と読み替えるものとする.
**第480条** 懲役,禁錮又は拘留の言渡を受けた者が心神喪失の状態に在るときは,刑の言渡をした裁判所に対応する検察庁の検察官又は刑の言渡を受けた者の現在地を管轄する地方検察庁の検察官の指揮によつて,その状態が回復するまで執行を停止する.
**第481条** ① 前条の規定により刑の執行を停止した場合には,検察官は,刑の言渡を受けた者を監護義務者又は地方公共団体の長に引き渡し,病院その他の適当な場所に入れさせなければならない.
② 刑の執行を停止された者は,前項の処分があるまでこれを刑事施設に留置し,その期間を刑期に算入する.
**第482条** 懲役,禁錮又は拘留の言渡を受けた者について左の事由があるときは,刑の言渡をした裁判所に対応する検察庁の検察官又は刑の言渡を受けた者の現在地を管轄する地方検察庁の検察官の指揮によつて執行を停止することができる.
1 刑の執行によつて,著しく健康を害するとき,又は生命を保つことのできない虞があるとき.
2 年齢70年以上であるとき.
3 受胎後150日以上であるとき.
4 出産後60日を経過しないとき.
5 刑の執行によつて回復することのできない不利益を生ずる虞があるとき.
6 祖父母又は父母が年齢70年以上又は重病若しくは不具で,他にこれを保護する親族がないとき.
7 子又は孫が幼年で,他にこれを保護する親族がないとき.
8 その他重大な事由があるとき.

**第483条** 第500条に規定する申立の期間内及びその申立があつたときは、訴訟費用の負担を命ずる裁判の執行は、その申立についての裁判が確定するまで停止される。

**第484条** 死刑、懲役、禁錮又は拘留の言渡しを受けた者が拘禁されていないときは、検察官は、執行のためこれを呼び出さなければならない。呼出しに応じないときは、収容状を発しなければならない。

**第485条** 死刑、懲役、禁錮又は拘留の言渡しを受けた者が逃亡したとき、又は逃亡するおそれがあるときは、検察官は、直ちに収容状を発し、又は司法警察員にこれを発せしめることができる。

**第486条** ① 死刑、懲役、禁錮又は拘留の言渡しを受けた者の現在地が分からないときは、検察官は、検事長にその者の刑事施設への収容を請求することができる。
② 請求を受けた検事長は、その管内の検察官に収容状を発せしめなければならない。

**第487条** 収容状には、刑の言渡しを受けた者の氏名、住居、年齢、刑名、期間その他収容に必要な事項を記載し、検察官又は司法警察員が、これに記名押印しなければならない。

**第488条** 収容状は、勾引状と同一の効力を有する。

**第489条** 収容状の執行については、勾引状の執行に関する規定を準用する。

**第490条** ① 罰金、科料、没収、追徴、過料、没収、訴訟費用、費用賠償又は仮納付の裁判は、検察官の命令によつてこれを執行する。この命令は、執行力のある債務名義と同一の効力を有する。
② 前項の裁判の執行は、民事執行法（昭和54年法律第4号）その他強制執行の手続に関する法令の規定に従つてする。ただし、執行前に裁判の送達をすることを要しない。

**第491条** 没収又は租税その他の公課若しくは専売に関する法令の規定により言い渡した罰金若しくは追徴は、刑の言渡しを受けた者が判決の確定した後死亡した場合には、相続財産についてこれを執行することができる。

**第492条** 法人に対して罰金、科料、没収又は追徴を言い渡した場合に、その法人が判決の確定した後合併によつて消滅したときは、合併の後存続する法人又は合併によつて設立された法人に対して執行することができる。

**第493条** ① 第一審と第二審とにおいて、仮納付の裁判があつた場合に、第一審の仮納付の裁判について既に執行があつたときは、その執行は、これを第二審の仮納付の裁判で納付を命ぜられた金額の限度において、第二審の仮納付の裁判についての執行とみなす。
② 前項の場合において、第一審の仮納付の裁判の執行によつて得た金額が第二審の仮納付の裁判で納付を命ぜられた金額を超えるときは、その超過額は、これを還付しなければならない。

**第494条** ① 仮納付の裁判の執行があつた後に、罰金、科料又は追徴の裁判が確定したときは、その金額の限度において刑の執行があつたものとみなす。
② 前項の場合において、仮納付の裁判の執行によつて得た金額が罰金、科料又は追徴の金額を超えるときは、その超過額は、これを還付しなければならない。

**第495条** ① 上訴の提起期間中の未決勾留の日数は、上訴申立後の未決勾留の日数を除き、全部これを本刑に通算する。
② 上訴申立後の未決勾留の日数は、左の場合には、全部これを本刑に通算する。
　1　検察官が上訴を申し立てたとき。
　2　検察官以外の者が上訴を申し立てた場合においてその上訴審において原判決が破棄されたとき。
③ 前2項の規定による通算については、未決勾留の1日を刑期の1日又は金額の4,000円に折算する。
④ 上訴裁判所が原判決を破棄した後の未決勾留は、上訴中の未決勾留日数に準じて、これを通算する。

**第496条** 没収物は、検察官がこれを処分しなければならない。

**第497条** ① 没収を執行した後3箇月以内に、権利を有する者が没収物の交付を請求したときは、検察官は、破壊し、又は廃棄すべき物を除いては、これを交付しなければならない。
② 没収物を処分した後前項の請求があつた場合には、検察官は、公売によつて得た代価を交付しなければならない。

**第498条** ① 偽造し、又は変造された物を返還する場合には、偽造又は変造の部分をその物に表示しなければならない。
② 偽造し、又は変造された物が押収されていないときは、これを提出させて、前項に規定する手続をしなければならない。但し、その物が公務所に属するときは、偽造又は変造の部分を公務所に通知して相当な処分をさせなければならない。

**第499条** ① 押収物の還付を受けるべき者の所在が判らないため、又はその他の事由によつて、その物を還付することができない場合には、検察官は、その旨を政令で定める方法によつて公告しなければならない。

② 公告をしたときから6箇月以内に還付の請求がないときは、その物は、国庫に帰属する。
③ 前項の期間内でも、価値のない物は、これを廃棄し、保管に不便な物は、これを公売してその代価を保管することができる。

第500条 ① 訴訟費用の負担を命ぜられた者は、貧困のためにこれを完納することができないときは、裁判所の規則の定めるところにより、訴訟費用の全部又は一部について、その裁判の執行の免除の申立をすることができる。
② 前項の申立は、訴訟費用の負担を命ずる裁判が確定した後20日以内にこれをしなければならない。

第500条の2 被告人又は被疑者は、検察官に訴訟費用の概算額の予納をすることができる。

第500条の3 ① 検察官は、訴訟費用の裁判を執行する場合において、前条の規定による予納がされた金額があるときは、その予納がされた金額から当該訴訟費用の額に相当する金額を控除し、当該金額を当該訴訟費用の納付に充てる。
② 前項の規定により予納がされた金額から訴訟費用の額に相当する金額を控除して残余があるときは、その残余の額は、その予納をした者の請求により返還する。

第500条の4 次の各号のいずれかに該当する場合には、第500条の2の規定による予納がされた金額は、その予納をした者の請求により返還する。
1 第38条の2の規定により弁護人の選任が効力を失つたとき。
2 訴訟手続が終了する場合において、被告人に訴訟費用の負担を命ずる裁判がなされなかつたとき。
3 訴訟費用の負担を命ぜられた者が、訴訟費用の全部について、その裁判の執行の免除を受けたとき。

第501条 刑の言渡を受けた者は、裁判の解釈について疑があるときは、言渡をした裁判所に裁判の解釈を求める申立をすることができる。

第502条 裁判の執行を受ける者又はその法定代理人若しくは保佐人は、執行に関し検察官のした処分を不当とするときは、言渡をした裁判所に異議の申立をすることができる。

第503条 ① 第500条及び前2条の申立ては、決定があるまでこれを取り下げることができる。
② 第366条の規定は、第500条及び前2条の申立て及びその取下げについてこれを準用する。

第504条 第500条、第501条及び第502条の申立てについてした決定に対しては、即時抗告をすることができる。

第505条 罰金又は科料を完納することができない場合における労役場留置の執行については、刑の執行に関する規定を準用する。

第506条 第490条第1項の裁判の執行の費用は、執行を受ける者の負担とし、民事執行法その他強制執行の手続に関する法令の規定に従い、執行と同時にこれを取り立てなければならない。

第507条 検察官又は裁判所若しくは裁判官は、裁判の執行に関して必要があると認めるときは、公務所又は公私の団体に照会して必要な事項の報告を求めることができる。

附 則 (略)

# 80 刑事訴訟規則

(昭23・12・1最高裁判所規則32号、昭24・1・1施行、改正：平20・10・21最高裁判所規則17号)

## 第1編 総 則

(この規則の解釈、運用)
第1条 ① この規則は、憲法の所期する裁判の迅速と公正とを図るようにこれを解釈し、運用しなければならない。
② 訴訟上の権利は、誠実にこれを行使し、濫用してはならない。

### 第1章 裁判所の管轄

(管轄の指定、移転の請求の方式・法第15条等)
第2条 管轄の指定又は移転の請求をするには、理由を附した請求書を管轄裁判所に差し出さなければならない。

(管轄の指定、移転の請求の通知・法第15条等)
第3条 検察官は、裁判所に係属する事件について管轄の指定又は移転の請求をしたときは、速やかにその旨を裁判所に通知しなければならない。

(請求書の謄本の交付、意見書の差出・法第17条)
第4条 ① 検察官は、裁判所に係属する事件について刑事訴訟法(昭和23年法律第131号。以下法という。)第17条第1項各号に規定する事由のため管轄移転の請求をした場合には、速やかに請求書の謄本を被告人に交付しなければならない。
② 被告人は、謄本の交付を受けた日から3日以内に管轄裁判所に意見書を差し出すことができる。

(被告人の管轄移転の請求・法第17条)
第5条 ① 被告人が管轄移転の請求書を差し出すには、事件の係属する裁判所を経由しなければならない。
② 前項の裁判所は、請求書を受け取つたときは、速やかにこれをその裁判所に対応する検察庁の検察官に通知しなければならない。

(訴訟手続の停止・法第15条等)
第6条 裁判所に係属する事件について管轄の指定又は移転の請求があつたときは、決定があるまで訴訟手続を停止しなければならない。但し、急速を要する場合は、この限りでない。

(移送の請求の方式・法第19条)

第7条　法第19条の規定による移送の請求をするには、理由を附した請求書を裁判所に差し出さなければならない.

（意見の聴取・法第19条）
第8条　① 法第19条の規定による移送の請求があつたときは、相手方又はその弁護人の意見を聴いて決定をしなければならない.
② 職権で法第19条の規定による移送の決定をするには、検察官及び被告人又は弁護人の意見を聴かなければならない.

## 第2章　裁判所職員の除斥、忌避及び回避

（忌避の申立て・法第21条）
第9条　合議体の構成員である裁判官に対する忌避の申立ては、その裁判官所属の裁判所に、受命裁判官、地方裁判所の1人の裁判官又は家庭裁判所若しくは簡易裁判所の裁判所に対する忌避の申立ては、忌避すべき裁判官にこれをしなければならない.
② 忌避の申立をするには、その原因を示さなければならない.
③ 忌避の原因及び忌避の申立てをした者が事件について請求若しくは陳述をした際に忌避の原因があることを知らなかつたこと又は忌避の原因が事件について請求若しくは陳述をした後に生じたときは、申立てをした日から3日以内に書面でこれを疎明しなければならない.

（申立てに対する意見書・法第23条）
第10条　忌避された裁判官は、次に掲げる場合を除いては、忌避の申立てに対し意見書を差し出さなければならない.
1　地方裁判所若しくは家庭裁判所の1人の裁判官又は簡易裁判所の裁判官が忌避の申立てを理由があるものとするとき.
2　忌避の申立てが訴訟を遅延させる目的のみでされたことが明らかであるとしてこれを却下するとき.
3　忌避の申立てが法第22条の規定に違反し、又は前条第2項若しくは第3項に定める手続に違反してされたものとしてこれを却下するとき.

（訴訟手続の停止）
第11条　忌避の申立があつたときは、前条第2号及び第3号の場合を除いては、訴訟手続を停止しなければならない. 但し、急速を要する場合は、この限りでない.

（除斥の裁判・法第23条）
第12条　① 忌避の申立について決定をすべき裁判所は、法第20条各号の一に該当する者があると認めるときは、職権で除斥の決定をしなければならない.
② 前項の決定をするには、当該裁判官の意見を聴かなければならない.
③ 当該裁判官は、第1項の決定に関与することができない.
④ 裁判所が当該裁判官の退去により決定をすることができないときは、直近上級の裁判所が、決定をしなければならない.

（回　避）
第13条　① 裁判官は、忌避されるべき原因があると思料するときは、回避しなければならない.
② 回避の申立は、裁判官所属の裁判所に書面でこれをしなければならない.
③ 忌避の申立について決定をすべき裁判所は、回避の申立について決定をしなければならない.

④ 回避については、前条第3項及び第4項の規定を準用する.

（除斥、回避の裁判の送達）
第14条　前2条の決定は、これを送達しない.

（準用規定）
第15条　① 裁判所書記官については、この章の規定を準用する.
② 受命裁判官に附属する裁判所書記官に対する忌避の申立は、その附属する裁判官にこれをしなければならない.

## 第3章　訴訟能力

（被疑者の特別代理人選任の請求・法第29条）
第16条　被疑者の特別代理人の選任の請求は、当該被疑事件を取り扱う検察官又は司法警察員の所属の官公署の所在地を管轄する地方裁判所又は簡易裁判所にこれをしなければならない.

## 第4章　弁護及び補佐

（被疑者の弁護人の選任・法第30条）
第17条　公訴の提起前にした弁護人の選任は、弁護人と連署した書面を当該被疑事件を取り扱う検察官又は司法警察員に差し出した場合に限り、第一審においてもその効力を有する.

（被告人の弁護人の選任の方式・法第30条）
第18条　公訴の提起後における弁護人の選任は、弁護人と連署した方面を差し出してこれをしなければならない.

（追起訴された事件の弁護人の選任・法第30条）
第18条の2　法第30条に定める者が一の事件についてした弁護人の選任は、その事件の公訴の提起後同一裁判所に公訴が提起され且つこれと併合された他の事件についてもその効力を有する. 但し、被告人又は弁護人がこれと異る申述をしたときは、この限りでない.

（被告人, 被疑者に対する通知・法第31条の2）
第18条の3　① 刑事収容施設（刑事施設、留置施設及び海上保安留置施設をいう. 以下同じ.）に収容され、又は留置されている被告人又は被疑者に対する法第31条の2第3項の規定による通知は、刑事施設の長、留置業務管理者（刑事収容施設及び被収容者等の処遇に関する法律（平成17年法律第50号）第16条第1項に規定する留置業務管理者をいう. 以下同じ.）又は海上保安留置業務管理者（同法第26条第1項に規定する海上保安留置業務管理者をいう. 以下同じ.）にする.
② 刑事施設の長、留置業務管理者又は海上保安留置業務管理者は、前項の通知を受けたときは、直ちに当該被告人又は被疑者にその旨を告げなければならない.

（主任弁護人・法第33条）
第19条　① 被告人に数人の弁護人があるときは、その1人を主任弁護人とする. 但し、地方裁判所においては、弁護士でない者を、主任弁護人とすることはできない.
② 主任弁護人は、被告人が単独で、又は全弁護人の合意でこれを指定する.
③ 主任弁護人を指定することができる者は、その指定を変更することができる.
④ 全弁護人のする主任弁護人の指定又はその変更は、被告人の明示した意思に反してこれをすること

ができない.

**(主任弁護人の指定,変更の方式・法第33条)**
第20条 被告人又は全弁護人のする主任弁護人の指定又はその変更は,書面を裁判所に差し出してしなければならない.但し,公判期日において,主任弁護人の指定を変更するには,その旨を口頭で申述すれば足りる.

**(裁判長の指定する主任弁護人・法第33条)**
第21条 ① 被告人に数人の弁護人がある場合に主任弁護人がないときは,裁判長は,主任弁護人を指定しなければならない.
② 裁判長は,前項の指定を変更することができる.
③ 前2項の主任弁護人は,第19条の主任弁護人ができるまで,その職務を行う.

**(主任弁護人の指定,変更の通知・法第33条)**
第22条 主任弁護人の指定又はその変更については,被告人がしたときは,直ちにその旨を検察官及び主任弁護人となつた者に,全弁護人又は裁判長がこれをしたときは,直ちにその旨を検察官及び被告人に通知しなければならない.

**(副主任弁護人・法第33条)**
第23条 ① 裁判長は,主任弁護人に事故がある場合には,他の弁護人のうち1人を副主任弁護人に指定することができる.
② 主任弁護人があらかじめ裁判所に副主任弁護人となるべき者を届け出た場合には,その者を副主任弁護人に指定しなければならない.
③ 裁判長は,第1項の指定を取り消すことができる.
④ 副主任弁護人の指定又はその取消については,前条後段の規定を準用する.

**(主任弁護人,副主任弁護人の辞任,解任・法第33条)**
第24条 ① 主任弁護人又は副主任弁護人の辞任又は解任については,第20条の規定を準用する.
② 主任弁護人又は副主任弁護人の辞任又は解任があつたときは,直ちにこれを訴訟関係人に通知しなければならない.但し,被告人が解任をしたときは,被告人に対しては,通知することを要しない.

**(主任弁護人,副主任弁護人の権限・法第34条)**
第25条 ① 主任弁護人又は副主任弁護人は,弁護人に対する通知又は書類の送達について他の弁護人を代表する.
② 主任弁護人及び副主任弁護人以外の弁護人は,裁判長又は裁判官の許可及び主任弁護人又は副主任弁護人の同意がなければ,申立,請求,質問,尋問又は陳述をすることができない.但し,証拠物の謄写の許可の請求,弁護書又は裁判を記載した調書の謄本又は抄本の交付の請求及び公判期日において証拠調が終つた後にする意見の陳述については,この限りでない.

**(被告人の弁護人の数の制限・法第35条)**
第26条 ① 裁判所は,特別の事情があるときは,弁護人の数を各被告人について3人までに制限することができる.
② 前項の制限の決定は,被告人にこれを告知することによつてその効力を生ずる.
③ 被告人の弁護人の数を制限した場合において制限した数を超える弁護人があるときは,直ちにその旨を各弁護人及びこれらの弁護人を選任した者に通知しなければならない.この場合には,制限の決定は,前項の規定にかかわらず,その告知のあつた日から7日の期間を経過することによつてその効力を生ずる.

④ 前項の制限の決定が効力を生じた場合になお制限された数を超える弁護人があるときは,弁護人の選任は,その効力を失う.

**(被疑者の弁護人の数の制限・法第35条)**
第27条 ① 被疑者の弁護人の数は,各被疑者について3人を超えることができない.但し,当該被疑事件を取り扱う検察官又は司法警察員の所属の官公署の所在地を管轄する地方裁判所又は簡易裁判所が特別の事情があるものと認めて許可をした場合は,この限りでない.
② 前項但書の許可は,弁護人を選任することができる者又はその依頼により弁護人となろうとする者の請求により,これをする.
③ 第1項但書の許可には,許可すべき弁護人の数を指定してこれをしなければならない.

**(国選弁護人選任の請求・法第36条等)**
第28条 法第36条,第37条の2又は第350条の3第1項の請求をするには,その理由を示さなければならない.

**(国選弁護人選任の請求先裁判官・法第37条の2)**
第28条の2 法第37条の2の請求は,勾留の請求を受けた裁判官,その所属する裁判所の所在地を管轄する地方裁判所の裁判官又はその地方裁判所の所在地(その支部の所在地を含む.)に在る簡易裁判所の裁判官にこれをしなければならない.

**(国選弁護人選任請求書等の提出・法第37条の2等)**
第28条の3 ① 刑事収容施設に収容され,又は留置されている被疑者が法第37条の2又は第350条の3第1項の請求をするには,裁判所書記官の面前で行う場合を除き,刑事施設の長,留置業務管理者若しくは海上保安留置業務管理者又はその代理者を経由して,請求書及び法第36条の2に規定する資力申告書を裁判官に提出しなければならない.
② 前項の場合において,刑事施設の長,留置業務管理者若しくは海上保安留置業務管理者又はその代理者は,被疑者から同項の書面を受け取ったときは,直ちにこれを裁判官に送付しなければならない.ただし,法第350条の3第1項の請求をする場合を除き,勾留を請求されてから前項の書面を受け取った場合には,当該被疑者が勾留を請求された後直ちにこれを裁判官に送付しなければならない.
③ 前項の場合において,刑事施設の長,留置業務管理者若しくは海上保安留置業務管理者又はその代理者は,第1項の書面をファクシミリを利用して送信することにより裁判官に送付することができる.
④ 前項の規定による送付がされたときは,その時に,第1項の書面の提出があつたものとみなす.
⑤ 裁判官は,前項に規定する場合において,必要があると認めるときは,刑事施設の長,留置業務管理者又は海上保安留置業務管理者に対し,送信に使用した書面を提出させることができる.

**(弁護人の選任に関する処分をすべき裁判官)**
第28条の4 法第37条の4の規定による弁護人の選任に関する処分は,勾留の請求を受けた裁判官,その所属する裁判所の所在地を管轄する地方裁判所の裁判官又はその地方裁判所の所在地(その支部の所在地を含む.)に在る簡易裁判所の裁判官がこれをしなければならない.

第28条の5 法第37条の2第1項又は第37条の4の規定により弁護人が付されている場合における法第37条の5の規定による弁護人の選任に関す

る処分は，最初の弁護人を付した裁判官，その所属する裁判所の所在地を管轄する地方裁判所の裁判官又はその地方裁判所の所在地（その支部の所在地を含む．）に在る簡易裁判所の裁判官がこれをしなければならない．

**（国選弁護人の選任・法第38条）**
**第29条** ① 法の規定に基づいて裁判所又は裁判長が付すべき弁護人は，裁判所の所在地を管轄する地方裁判所の管轄区域内に在る弁護士会に所属する弁護士の中から裁判長がこれを選任しなければならない．ただし，その管轄区域内に選任すべき事件について弁護人としての活動をすることのできる弁護士がないときその他やむを得ない事情があるときは，これに隣接する他の地方裁判所の管轄区域内に在る弁護士会に所属する弁護士その他適当な弁護士の中からこれを選任することができる．
② 前項の規定は，法の規定に基づいて裁判官が弁護人を付する場合について準用する．
③ 第1項の規定にかかわらず，控訴裁判所が弁護人を付する場合であつて，控訴審の審理のため特に必要があると認めるときは，裁判長は，原審における弁護人（法の規定に基づいて裁判所若しくは裁判長又は裁判官が付したものに限る．）であつた弁護士を弁護人に選任することができる．
④ 前項の規定は，上告裁判所が弁護人を付する場合について準用する．
⑤ 被告人又は被疑者の利害が相反しないときは，同一の弁護人に数人の弁護をさせることができる．

**（弁護人の解任に関する処分をすべき裁判官・法第38条の3）**
**第29条の2** 法第38条の3第4項の規定による弁護人の解任に関する処分は，当該弁護人を付した裁判官，その所属する裁判所の所在地を管轄する地方裁判所の裁判官又はその地方裁判所の所在地（その支部の所在地を含む．）に在る簡易裁判所の裁判官がこれをしなければならない．

**（国選弁護人の選任等の通知・法第38条等）**
**第29条の3** ① 法の規定に基づいて裁判長又は裁判官が弁護人を選任したときは，直ちにその旨を検察官及び被告人又は被疑者に通知しなければならない．この場合には，日本司法支援センターにも直ちにその旨を通知しなければならない．
② 前項の規定は，法の規定に基づいて裁判所又は裁判官が弁護人を解任した場合について準用する．

**（裁判所における接見等・法第39条）**
**第30条** 裁判所は，身体の拘束を受けている被告人又は被疑者が裁判所の構内にいる場合においてこれらの者の逃亡，罪証の隠滅又は戒護に支障のある物の授受を防ぐため必要があるときは，これらの者と弁護人又は弁護人を選任することができる者の依頼により弁護人となろうとする者との接見については，その日時，場所及び時間を指定し，又，書類若しくは物の授受については，これを禁止することができる．

**（弁護人の書類の閲覧等・法第40条）**
**第31条** 弁護人は，裁判長の許可を受けて，自己の使用人その他の者に訴訟に関する書類及び証拠物を閲覧又は謄写させることができる．

**（補佐人の届出の方式・法第42条）**
**第32条** 補佐人となるための届出は，書面でこれをしなければならない．

## 第5章　裁　判

**（決定，命令の手続・法第43条）**
**第33条** ① 決定は，申立により公判廷でするとき，又は公判廷における申立によりするときは，訴訟関係人の陳述を聴かなければならない．その他の場合には，訴訟関係人の陳述を聴かないでこれをすることができる．但し，特別の定のある場合は，この限りでない．
② 命令は，訴訟関係人の陳述を聴かないでこれをすることができる．
③ 決定又は命令をするについて事実の取調をする場合において必要があるときは，法及びこの規則の規定により，証人を尋問し，又は鑑定を命ずることができる．
④ 前項の場合において必要と認めるときは，検察官，被告人，被疑者又は弁護人を取調又は処分に立ち合わせることができる．

**（裁判の告知）**
**第34条** 裁判の告知は，公判廷においては，宣告によつてこれをし，その他の場合には，裁判書の謄本を送達してこれをしなければならない．但し，特別の定のある場合は，この限りでない．

**（裁判の宣告）**
**第35条** ① 裁判の宣告は，裁判長がこれを行う．
② 判決の宣告をするには，主文及び理由を朗読し，又は主文の朗読と同時に理由の要旨を告げなければならない．
③ 法第290条の2第1項又は第3項の決定があつたときは，前項の規定による判決の宣告は，被害者特定事項を明らかにしない方法でこれを行うものとする．

**（謄本，抄本の送付）**
**第36条** ① 検察官の執行指揮を要する裁判をしたときは，速やかに裁判書又は裁判を記載した調書の謄本又は抄本を検察官に送付しなければならない．但し，特別の定のある場合は，この限りでない．
② 前項の規定により送付した抄本が第57条第2項から第4項までの規定による判決書又は判決を記載した調書の抄本で懲役又は禁錮の刑の執行指揮に必要なものであるときは，すみやかに，その判決書又は判決を記載した調書の抄本で罪となるべき事実を記載したものを検察官に追送しなければならない．

## 第6章　書類及び送達

**（訴訟書類の作成者）**
**第37条** 訴訟に関する書類は，特別の定のある場合を除き，裁判所書記官がこれを作らなければならない．

**（証人等の尋問調書）**
**第38条** ① 証人，鑑定人，通訳人又は翻訳人の尋問については，調書を作らなければならない．
② 調書には，次に掲げる事項を記載しなければならない．
1　尋問に立ち会った者の氏名
2　証人が宣誓をしないときは，その事由
3　証人，鑑定人，通訳人又は翻訳人の尋問及び供述並びにこれらの者を尋問する機会を尋問に立ち会つた者に与えたこと．
4　法第157条の2第1項に規定する措置を採つた

こと並びに証人に付き添つた者の氏名及びその者と証人との関係
5 法第157条の3に規定する措置を採つたこと.
6 法第157条の4第1項に規定する方法により証人尋問を行つたこと.
7 法第157条の4第2項の規定により証人の同意を得てその尋問及び供述並びにその状況を記録媒体（映像及び音声を同時に記録することができる物をいう．以下同じ．）に記録したこと並びにその記録媒体の種類及び数量
8 法第316条の39第1項に規定する措置を採つたこと並びに被害者参加人（法第316条の33第3項に規定する被害者参加人をいう．以下同じ．）に付き添つた者の氏名及びその者と被害者参加人との関係
9 法第316条の39第4項に規定する措置を採つたこと．
③ 調書（法第157条の4第2項の規定により証人の尋問及び供述並びにその状況を記録した記録媒体を除く．次項及び第5項において同じ．）は，裁判所書記官がこれを供述者に読み聞かせ，又は供述者に閲覧させて，その記載が相違ないかどうかを問わなければならない．
④ 供述者が増減変更を申し立てたときは，その供述を調書に記載しなければならない．
⑤ 尋問にたち会つた検察官，被告人，被疑者又は弁護人が書面の記載の正確性について異議を申し立てたときは，申立の要旨を調書に記載しなければならない．この場合には，裁判長又は尋問をした裁判官は，その申立についての意見を調書に記載させることができる．
⑥ 調書には，供述者に署名押印させなければならない．
⑦ 法第157条の4第3項の規定により記録媒体がその一部とされた調書については，その旨を調書上明らかにしておかなければならない．

（被告人，被疑者の陳述の調書）
第39条 ① 被告人又は被疑者に対し，被告事件又は被疑事件を告げこれに関する陳述を聴く場合には，調書を作らなければならない．
② 前項の調書については，前条第2項第3号前段，第3項，前4項及び第6項の規定を準用する．

（速記，録音）
第40条 証人，鑑定人，通訳人又は翻訳人の尋問及び供述並びに訴訟関係人の申立又は陳述については，裁判所速記官その他の速記者にこれを速記させ，又は録音装置を使用してこれを録取させることができる．

（検証，押収の調書）
第41条 ① 検証又は差押状を発しないでする押収については，調書を作らなければならない．
② 検証調書には，次に掲げる事項を記載しなければならない．
1 検証に立ち会つた者の氏名
2 法第316条の39第1項に規定する措置を採つたこと並びに被害者参加人に付き添つた者の氏名及びその者と被害者参加人との関係
3 法第316条の39第4項に規定する措置を採つたこと．
③ 押収をしたときは，その品目を記載した目録を作り，これを調書に添付しなければならない．

（調書の記載要件）
第42条 ① 第38条，第39条及び前条の調書には，裁判所書記官が取調又は処分をした年月日及び場所を記載して署名押印し，その取調又は処分をした者が認印をしなければならない．但し，裁判所が取調又は処分をしたときは，認印は裁判長がしなければならない．
② 前条の調書には，処分をした時をも記載しなければならない．

（差押状，捜索状の執行調書，捜索調書）
第43条 ① 差押状若しくは捜索状の執行又は勾引状若しくは勾留状を執行する場合における被告人若しくは被疑者の捜索については，執行又は捜索をする者が，自ら調書を作らなければならない．
② 調書には，次に掲げる事項を記載しなければならない．
1 執行又は捜索をした年月日時及び場所
2 執行をすることができなかつたときは，その事由
③ 第1項の調書については，第41条第2項第1号及び第3項の規定を準用する．

（公判調書の記載要件・法第48条）
第44条 ① 公判調書には，次に掲げる事項を記載しなければならない．
1 被告事件名及び被告人の氏名
2 公判をした裁判所及び年月日
3 裁判所法第69条第2項の規定により他の場所で法廷を開いたときは，その場所
4 裁判官及び裁判所書記官の官氏名
5 検察官の官氏名
6 出頭した証人，弁護人，代理人及び補佐人の氏名
7 裁判長が第187条の4の規定による告知をしたこと．
8 出席した被害者参加人及びその受託を受けた弁護士の氏名
9 法第316条の39条第1項に規定する措置を採つたこと並びに被害者参加人に付き添つた者の氏名及びその者と被害者参加人との関係
10 法第316条の39第4項又は第5項に規定する措置を採つたこと．
11 公開を禁じたこと及びその理由
12 裁判長が被告人を退廷させる等法廷における秩序維持のための処分をしたこと．
13 法第291条第3項の機会にした被告人及び弁護人の被告事件についての陳述
14 証拠調べの請求その他の申立て
15 証拠と証明すべき事実との関係（証拠の標目自体によつて明らかである場合を除く．）
16 取調べを請求する証拠が法第328条の証拠であるときは，その旨
17 法第309条の異議の申立て及びその理由
18 主任弁護人，副主任弁護人を変更する旨の申述
19 被告人に対する質問及びその供述
20 出頭した証人，鑑定人，通訳人及び翻訳人の氏名
21 証人に宣誓をさせなかつたときは，その事由
22 証人，鑑定人，通訳人又は翻訳人の尋問及び供述
23 証人その他の者が宣誓，証言等を拒んだこと及びその事由
24 法第157条の2第1項に規定する措置を採つたこと並びに証人に付き添つた者の氏名及びその者と証人との関係
25 法第157条の3に規定する措置を採つたこと．
26 法第157条の4第1項に規定する方法により証人尋問を行つたこと．
27 法第157条の4第2項の規定により証人の同意

を得てその尋問及び供述並びにその状況を記録媒体に記録したこと並びにその記録媒体の種類及び数量
28 裁判長が第202条の処置をしたこと．
29 法第326条の同意
30 取り調べた証拠の標目及びその取調べの順序
31 公判廷においてした検証及び押収
32 法第316条の31の手続をしたこと．
33 法第335条第2項の主張
34 訴因又は罰条の追加，撤回又は変更に関する事項（起訴状の訂正に関する事項を含む．）
35 法第292条の2第1項の規定により意見を陳述した者の氏名
36 前号に規定する者が陳述した意見の要旨
37 法第292条の2第6項において準用する法第157条の2第1項に規定する措置を採つたこと並びに第35号に規定する者に付き添つた者の氏名及びその者と同号に規定する者との関係
38 法第292条の2第6項において準用する法第157条の3に規定する措置を採つたこと．
39 法第292条の2第6項において準用する法第157条の4第1項に規定する方法により法第292条の2第1項の規定による意見の陳述をさせたこと．
40 法第292条の2第8項の規定による手続をしたこと．
41 証拠調べが終わつた後に陳述した検察官，被告人及び弁護人の意見の要旨
42 法第316条の38第1項の規定により陳述した被害者参加人又はその委託を受けた弁護士の意見の要旨
43 被告人又は弁護人の最終陳述の要旨
44 判決の宣告をしたこと．
45 決定及び命令．ただし，次に掲げるものを除く．
　イ 被告人又は弁護人の冒頭陳述の許可（第198条）
　ロ 証拠調べの範囲，順序及び方法を定め，又は変更する決定（法第297条）
　ハ 被告人の退ता의 許可（法第288条）
　ニ 主任弁護人及び副主任弁護人以外の弁護人の申立て，請求，質問等の許可（第25条）
　ホ 証拠決定についての提示命令（第192条）
　ヘ 速記，録音，撮影等の許可（第47条及び第215条）
　ト 証人の尋問及び供述並びにその状況を記録媒体に記録する旨の決定（法第157条の4第2項）
　チ 弁護書類又は証拠物の謄本の提出の許可（法第310条）
46 公判手続の更新をしたときは，その旨及び次に掲げる事項
　イ 被告事件について被告人及び弁護人が前と異なる陳述をしたときは，その陳述
　ロ 取り調べない旨の決定をした書面及び物
② 前項に掲げる事項以外の事項であつても，公判期日における訴訟手続中裁判長が訴訟関係人の請求により又は職権で記載を命じた事項は，これを公判調書に記載しなければならない．

（公判調書の供述の記載の簡易化・法第48条）
第44条の2 訴訟関係人が同意し，且つ裁判長が相当と認めるときは，公判調書には，被告人に対する質問及びその供述並びに証人，鑑定人，通訳人又は翻訳人の尋問及び供述の記載に代えて，これらの者の供述の要旨のみを記載することができる．この場合には，その公判調書に訴訟関係人が同意した旨

を記載しなければならない．

（公判調書の作成の手続・法第48条）
第45条 ① 公判調書については，第38条第3項，第4項及び第6項の規定による手続をすることを要しない．
② 供述者の請求があるときは，裁判所書記官にその供述に関する部分を読み聞かせなければならない．尋問された者が増減変更の申立をしたときは，その供述を記載させなければならない．

（公判廷の署名押印，認印・法第48条）
第46条 ① 公判調書には，裁判所書記官が署名押印し，裁判長が認印しなければならない．
② 裁判長に差し支えがあるときは，他の裁判官の1人が，その事由を付記して認印しなければならない．
③ 地方裁判所の1人の裁判官又は簡易裁判所の裁判官に差し支えがあるときは，裁判所書記官が，その事由を付記して署名押印しなければならない．
④ 裁判所書記官に差し支えがあるときは，裁判長が，その事由を付記して認印しなければならない．

（公判廷の速記，録音）
第47条 ① 公判廷における証人，鑑定人，通訳人又は翻訳人の尋問及び供述，被告人に対する質問及び供述並びに訴訟関係人の申立又は陳述については，第40条の規定を準用する．
② 検察官，被告人又は弁護人は，裁判長の許可を受けて，前項の規定による処置をとることができる．

（異議の申立て調書・法第50条）
第48条 公判期日における証人の供述の要旨の正確性又は公判調書の記載の正確性についての異議の申立があつたときは，申立の年月日及びその要旨を調書に記載しなければならない．この場合には，裁判所書記官がその申立についての裁判長の意見を調書に記載して署名押印し，裁判長が認印しなければならない．

（調書への引用）
第49条 調書には，書面，写真その他裁判所又は裁判官が適当と認めるものを引用し，訴訟記録に添附して，これを調書の一部とすることができる．

（調書の記載事項別編てつ）
第49条の2 調書は，記載事項により区分して訴訟記録に編てつすることができる．この場合には，調書が一体となるものであることを当該調書上明らかにしておかなければならない．

（被告人の公判調書の閲覧・法第49条）
第50条 ① 弁護人のない被告人の公判調書の閲覧は，裁判所においてこれをしなければならない．
② 前項の被告人が読むことができないとき又は目の見えないときにすべき公判調書の朗読は，裁判長の命により，裁判所書記官がこれをしなければならない．

（証人の供述の要旨等の告知・法第50条）
第51条 裁判所書記官が公判期日外において前回の公判期日における証人の供述の要旨又は審理に関する重要な事項を告げるときは，裁判長の面前でしなければならない．

（公判調書の整理・法第48条等）
第52条 法第48条第3項ただし書の規定により公判調書を整理した場合には，その公判調書の記載の正確性についての異議の申立期間との関係においては，その公判調書を整理すべき最終日にこれを整理したものとみなす．

（公判準備における証人等の尋問調書）

**第52条の2** ① 公判準備において裁判所,受命裁判官又は受託裁判官が証人,鑑定人,通訳人又は翻訳人を尋問する場合の調書については,被告人又は弁護人が尋問に立ち会い,且つ立ち会つた訴訟関係人及び供述者が同意したときは,次の例によることができる.
1 証人その他の者の尋問及び供述の記載に代えて,これらの者の供述の要旨のみを記載すること.
2 第38条第3項から第6項までの規定による手続をしないこと.
② 前項各号の例によつた場合には,その調書に訴訟関係人及び供述者が同意した旨を記載しなければならない.
③ 第1項第2号の例による調書が整理されていない場合において,検察官,被告人又は弁護人の請求があるときは,裁判所書記官は,裁判長,受命裁判官又は受託裁判官の面前で,証人その他の者の供述の要旨を告げなければならない.
④ 前項の場合において,検察官,被告人又は弁護人が供述の要旨の正確性について異議を申し立てたときは,申立の年月日及びその要旨を調書に記載しなければならない.この場合には,裁判所書記官がその申立についての裁判長,受命裁判官又は受託裁判官の意見を調書に記載して署名押印し,裁判長,受命裁判官又は受託裁判官が認印しなければならない.
⑤ 第1項第2号の例による調書を公判期日において取り調べた場合において,検察官,被告人又は弁護人が調書の記載の正確性について異議を申し立てたときは,前項の規定を準用する.

(速記録の作成)
**第52条の3** 裁判所速記官は,速記をしたときは,すみやかに速記原本を反訳して速記録を作らなければならない.ただし,第52条の4ただし書又は第52条の7ただし書の規定により速記録の引用が相当でないとされる場合及び第52条の8の規定により速記原本が公判調書の一部とされる場合は,この限りでない.

(証人の尋問調書等における速記録の引用)
**第52条の4** 証人,鑑定人,通訳人又は翻訳人の尋問及び供述並びに訴訟関係人の申立又は陳述を裁判所速記官に速記させた場合には,速記録を調書に引用し,訴訟記録に添付して調書の一部とするものとする.ただし,裁判所又は裁判官が,尋問又は手続に立ち会つた検察官及び被告人,被疑者又は弁護人の意見を聴き,速記録の引用を相当でないと認めるときは,この限りでない.

(速記録引用の場合の措置)
**第52条の5** ① 前条本文の規定により証人,鑑定人,通訳人又は翻訳人の尋問及び供述を速記した速記録を調書の一部とするについては,第38条第3項から第6項までの規定による手続をしない.
② 前項の場合には,次の例による.
1 裁判所速記官に速記原本を訳読させ,供述者にその速記が相違ないかどうかを問うこと.
2 供述者が増減変更を申し立てたときは,その供述を速記させること.
3 尋問に立ち会つた検察官,被告人,被疑者又は弁護人が速記原本の正確性について異議を申し立てたときは,その申立を速記させること.この場合には,裁判長又は尋問をした裁判官が,その申立についての意見を速記させることができること.

4 裁判所書記官に第1号に定める手続をした旨を調書に記載させ,かつ,供述者をしてその調書に署名押印させること.
③ 供述者が速記原本の訳読を必要としない旨を述べ,かつ,尋問に立ち会つた検察官及び被告人,被疑者又は弁護人に異議がないときは,前項の手続をしない.この場合には,裁判所書記官にその旨を調書に記載させ,かつ,供述者をしてその調書に署名押印させなければならない.
④ 公判準備における証人,鑑定人,通訳人又は翻訳人の尋問及び供述を速記した速記録を調書の一部とする場合には,前2項の規定を適用しない.ただし,供述者が速記原本の訳読を請求したときは,第2項第1号及び第2号に定める手続をしなければならない.

**第52条の6** ① 前条の例による調書が整理されていない場合において,その尋問に立ち会い又は立ち会うことのできた検察官,被疑者又は弁護人の請求があるときは,裁判所書記官は,裁判所速記官に求めて速記原本の訳読をさせなければならない.
② 前項の場合において,その速記原本が公判準備における尋問及び供述を速記したものであるときは,検察官,被告人又は弁護人は,速記原本の正確性について異議を申し立てることができる.
③ 前項の異議の申立があつたときは,裁判所書記官に申立の年月日及びその要旨を調書に記載し,かつ,その申立についての裁判長,受命裁判官又は受託裁判官の意見を調書に記載して署名押印し,裁判長,受命裁判官又は受託裁判官が認印しなければならない.
④ 前条の例により公判準備における尋問及び供述を速記した速記録をその一部とした調書を公判期日において取り調べた場合において,検察官,被告人又は弁護人が調書の正確性について異議を申し立てたときは,前項の規定を準用する.

(公判調書における速記録の引用)
**第52条の7** 公判廷における証人,鑑定人,通訳人又は翻訳人の尋問及び供述,被告人に対する質問及び供述並びに訴訟関係人の申立又は陳述を裁判所速記官に速記させた場合には,速記録を公判調書に引用し,訴訟記録に添付して公判調書の一部とするものとする.ただし,裁判所が,検察官及び被告人又は弁護人の意見を聴き,速記録の引用を相当でないと認めるときは,この限りでない.

(公判調書における速記原本の引用)
**第52条の8** 前条の裁判所速記官による速記がされた場合において,裁判所が相当と認め,かつ,訴訟関係人が同意したときは,速記原本を引用し,訴訟記録に添付して公判調書の一部とすることができる.この場合には,その公判調書に訴訟関係人が同意した旨を記載しなければならない.

(速記原本の訳読等)
**第52条の9** 第52条の7本文又は前条の規定により速記録又は速記原本が公判調書の一部とされる場合において,供述者の請求があるときは,裁判所速記官にその供述に関する部分の速記原本を訳読させなければならない.尋問された者が増減変更の申立をしたときは,その供述を速記させなければならない.

**第52条の10** ① 第52条の7本文又は第52条の8の規定により速記録又は速記原本を公判調書の一

部とする場合において，その公判調書が次回の公判期日までに整理されなかつたときは，裁判所書記官は，検察官，被告人又は弁護人の請求により，次回の公判期日において又はその期日までに，裁判所速記官に求めて前回の公判期日における証人の尋問及び供述を速記した速記原本の訳読をさせなければならない．この場合において，請求をした検察官，被告人又は弁護人が速記原本の正確性について異議を申し立てたときは，第48条の規定を準用する．

② 法第50条第2項の規定により裁判所書記官が前回の公判期日における審理に関する重要な事項を告げる場合において，その事項が裁判所速記官により速記されたものであるときは，裁判所書記官は，裁判所速記官に求めてその速記原本の訳読をさせることができる．

**第52条の11** ① 検察官又は弁護人の請求があるときは，裁判所書記官は，第52条の8の規定により公判調書の一部とした速記原本の訳読をさせなければならない．弁護人のない被告人の請求があるときも，同様である．

② 前項の場合において，速記原本の正確性についての異議の申立があつたときは，第48条の規定を準用する．

（速記原本の反訳等）
**第52条の12** ① 裁判所は，次の場合には，裁判所速記官に第52条の8の規定により公判調書の一部とされた速記原本をすみやかに反訳して速記録を作らせなければならない．
1 検察官，被告人又は弁護人の請求があるとき．
2 上訴の申立があつたとき．ただし，その申立が明らかに上訴権の消滅後にされたものであるときを除く．
3 その他必要があると認めるとき．

② 裁判所書記官は，前項の速記録を訴訟記録に添附し，その旨を記録上明らかにし，かつ，訴訟関係人に通知しなければならない．

③ 前項の規定により訴訟記録に添附された速記録は，公判調書の一部とされた速記原本に代わるものとする．

（速記録添附の場合の異議申立期間・法第51条）
**第52条の13** 前条第2項の規定による通知が最終の公判期日後にされた場合の記載の正確性についての異議の申立ては，速記録の部分に関する限り，その通知のあつた日から14日以内にすることができる．ただし，法第48条第3項ただし書の規定により判決を宣告する公判期日後に整理された公判調書について，これを管理すべき最終日前に前条第2項の規定による通知がされたときは，その最終日から14日以内にすることができる．

（録音反訳による証人の尋問調書等）
**第52条の14** 証人，鑑定人，通訳人又は翻訳人の尋問及び供述並びに訴訟関係人の申立て又は陳述を録音させた場合において，裁判所又は裁判官が相当と認めるときは，録音したもの（以下「録音体」という．）を反訳した調書を作成しなければならない．

（録音反訳の場合の措置）
**第52条の15** ① 前条の規定により証人，鑑定人，通訳人又は翻訳人の尋問及び供述を録音した録音体を反訳した調書を作成する場合においては，第38条第3項から第6項までの規定による手続をしない．

② 前項に規定する場合には，次に掲げる手続による．
1 裁判所書記官に録音体を再生させ，供述者にその録音が相違ないかどうかを問うこと．
2 供述者が増減変更を申し立てたときは，その供述を録音させること．
3 尋問に立ち会つた検察官，被告人，被疑者又は弁護人が録音体の正確性について異議を申し立てたときは，その申立てを録音させること．この場合には，裁判長又は尋問をした裁判官は，その申立てについての意見を録音させることができること．
4 裁判所書記官に第1号の手続をした旨を調書に記載させ，かつ，供述者をしてその調書に署名押印させること．

③ 供述者が録音体の再生を必要としない旨を述べ，かつ，尋問に立ち会つた検察官及び被告人，被疑者又は弁護人に異議がないときは，前項の手続をしない．この場合には，裁判所書記官にその旨を調書に記載させ，かつ，供述者をしてその調書に署名押印させなければならない．

④ 公判準備における証人，鑑定人，通訳人又は翻訳人の尋問及び供述を録音した録音体を反訳した調書を作成する場合には，前2項の規定を適用しない．ただし，供述者が録音体の再生を請求したときは，第2項第1号及び第2号の手続をしなければならない．

**第52条の16** ① 前条第1項に規定する調書が整理されていない場合において，その尋問に立ち会い又は立ち会うことのできた検察官，被告人，被疑者又は弁護人の請求があるときは，裁判所書記官は，録音体を再生しなければならない．

② 前項に規定する場合において，その録音体が公判準備における尋問及び供述を録音したものであるときは，検察官，被告人又は弁護人は，録音体の正確性について異議を申し立てることができる．

③ 前項に規定する異議の申立てがあつたときは，裁判所書記官が，申立ての年月日及びその要旨を調書に記載し，かつ，その申立てについての裁判長，受命裁判官又は受託裁判官の意見を調書に記載して署名押印し，裁判長，受命裁判官又は受託裁判官が認印しなければならない．

④ 前条第4項に規定する調書を公判期日において取り調べた場合において，検察官，被告人又は弁護人が録音体の正確性について異議を申し立てたときは，前項の規定を準用する．

（録音反訳による公判調書）
**第52条の17** 公判廷における証人，鑑定人，通訳人又は翻訳人の尋問及び供述，被告人に対する質問及び供述並びに訴訟関係人の申立て又は陳述を録音させた場合において，裁判所が相当と認めるときは，録音体を反訳した公判調書を作成しなければならない．

（公判調書における録音反訳の場合の措置）
**第52条の18** 前条の規定により公判調書を作成する場合において，その供述者の請求があるときは，裁判所書記官にその供述に関する部分の録音体を再生させなければならない．この場合において，尋問された者が増減変更の申立てをしたときは，その供述を録音させなければならない．

（公判調書未整理の場合の録音体の再生等）
**第52条の19** ① 公判調書が次回の公判期日までに整理されなかつたときは，裁判所は，検察官，被告人又は弁護人の請求により，次回の公判期日において又はその期日までに，前回の公判期日における証人，鑑定人，通訳人又は翻訳人の尋問及び供述，被告人

に対する質問及び供述並びに訴訟関係人の申立て又は陳述を録音した録音体又は法第157条の4第2項の規定により証人の尋問及び供述並びにその状況を記録した記録媒体について,再生する機会を与えなければならない.
② 前項の規定により再生する機会を与えた場合には,これをもつて法第50条第1項の規定による要旨の告知に代えることができる.
③ 法第50条第2項の規定により裁判所書記官が前回の公判期日における審理に関する重要な事項を告げるときは,録音体を再生する方法によりこれを行うことができる.

(公判調書における録音体の引用)
**第52条の20** 公判廷における証人,鑑定人,通訳人又は翻訳人の尋問及び供述,被告人に対する質問及び供述並びに訴訟関係人の申立て又は陳述を録音させた場合において,裁判所が相当と認め,かつ,検察官及び被告人又は弁護人が同意したときは,録音体を公判調書に引用し,訴訟記録に添付して公判調書の一部とすることができる.

(録音体の内容を記載した書面の作成)
**第52条の21** ① 裁判所は,次の場合には,裁判所書記官に前条の規定により公判調書の一部とされた録音体の内容を記載した書面を速やかに作らせなければならない.
1 判決の確定前に,検察官,被告人又は弁護人の請求があるとき.
2 上訴の申立てがあつたとき.ただし,その申立てが明らかに上訴権の消滅後にされたものであるときを除く.
3 その他必要があると認めるとき.

(裁判書の作成)
**第53条** 裁判をするときは,裁判書を作らなければならない.但し,決定又は命令を宣告する場合には,裁判書を作らないで,これを調書に記載させることができる.

(裁判書の作成者)
**第54条** 裁判書は,裁判官がこれを作らなければならない.

(裁判書の署名押印)
**第55条** 裁判書には,裁判をした裁判官が,署名押印しなければならない.署名押印することができないときは,他の裁判官の1人が,その事由を附記して署名押印し,他の裁判官が署名押印することができないときは,裁判長が,その事由を附記して署名押印しなければならない.

(裁判書の記載要件)
**第56条** ① 裁判書には,特別の定のある場合を除いては,裁判を受ける者の氏名,年齢,職業及び住居を記載しなければならない.裁判を受ける者が法人(法人でない社団,財団又は団体を含む.以下同じ.)であるときは,その名称及び事務所を記載しなければならない.
② 判決書には,前項に規定する事項の外,公判期日に出席した検察官の官氏名を記載しなければならない.

(裁判書等の謄本,抄本)
**第57条** ① 裁判書又は裁判を記載した調書の謄本又は抄本は,原本又は謄本によりこれを作らなければならない.
② 判決書又は判決を記載した調書の抄本は,裁判の執行をすべき場合において急速を要するときは,前項の規定にかかわらず,被告人の氏名,年齢,職業,住居及び本籍,罪名,主文,適用した罰条,宣告をした年月日,裁判所並びに裁判官の氏名を記載してこれを作ることができる.
③ 前項の抄本は,判決をした裁判官がその記載が相違ないことを証明する旨を附記して認印したものに限り,その効力を有する.
④ 前項の場合には,第55条後段の規定を準用する.ただし,署名押印に代えて認印することができる.
⑤ 判決書に起訴状その他の書面に記載された事実が引用された場合には,その判決書の謄本又は抄本には,その起訴状その他の書面に記載された事実をも記載しなければならない.但し,抄本について当該部分を記載することを要しない場合は,この限りでない.
⑥ 判決書に公判調書に記載された証拠の標目が引用された場合において,訴訟関係人の請求があるときは,その判決書の謄本又は抄本には,その公判調書に記載された証拠の標目をも記載しなければならない.

(公務員の書類)
**第58条** ① 官吏その他の公務員が作るべき書類には,特別の定のある場合を除いては,年月日を記載して署名押印し,その所属の官公署を表示しなければならない.
② 裁判官その他の裁判所職員が作成すべき裁判書,調書又はそれらの謄本若しくは抄本のうち,訴訟関係人その他に送達,送付又は交付(裁判所職員が裁判官に対してする場合及び被告事件の終結その他これに類する事由による場合を除く.)をすべきものについては,毎葉に契印し,又は契印に代えて,これに準ずる措置をとらなければならない.
③ 検察官,検察事務官,司法警察職員その他の公務員(裁判官その他の裁判所職員を除く.)が作成すべき書類(裁判所又は裁判官に対する申立て,意見の陳述,通知その他これらに類する訴訟行為に関する書類を除く.)には,毎葉に契印しなければならない.ただし,その謄本又は抄本を作成する場合には,契印に代えて,これに準ずる措置をとることができる.

(公務員の書類の訂正)
**第59条** 官吏その他の公務員が書類を作成するには,文字を改変してはならない.文字を加え,削り,又は欄外に記入したときは,その範囲を明らかにして,訂正した部分に認印しなければならない.ただし,削つた部分は,これを読むことができるように字体を残さなければならない.

(公務員以外の者の書類)
**第60条** 官吏その他の公務員以外の者が作るべき書類には,年月日を記載して署名押印しなければならない.

(署名押印に代わる記名押印)
**第60条の2** ① 裁判官その他の裁判所職員が署名押印すべき場合には,署名押印に代えて記名押印することができる.ただし,判決書に署名押印すべき場合については,この限りでない.
② 検察官,検察事務官,司法警察職員その他の公務員(前項に規定する者を除く.)又は弁護人若しくは弁護人を選任することができる者の依頼により弁護人となろうとする者が,裁判所若しくは裁判官に対する申立て,意見の陳述,通知,届出その他これらに類する訴訟行為に関する書類に署名押印すべ

き場合又は書類の謄本若しくは抄本に署名押印すべき場合も，同項と同様とする．
（署名押印に代わる代書，指印）
第61条 ① 官吏その他の公務員以外の者が署名押印すべき場合に，署名することができないとき（前条第2項により記名押印することができるときを除く．）は他人に代書させ，押印することができないときは指印しなければならない．
② 他人に代書させた場合には，代書した者が，その事由を記載しなければならない．
（送達のための届出・法第54条）
第62条 ① 被告人，代理人，弁護人又は補佐人は，書類の送達を受けるため，書面でその住居又は事務所を裁判所に届け出なければならない．裁判所の所在地に住居又は事務所を有しないときは，その所在地に住居又は事務所を有する者を送達受取人に選任し，その者と連署した書面でこれを届け出なければならない．
② 前項の規定による届出は，同一の地に在る各審級の裁判所に対してその効力を有する．
③ 第2項の規定は，刑事施設に収容されている者には，これを適用しない．
④ 送達については，送達受取人は，これを本人とみなし，その住居又は事務所は，これを本人の住居とみなす．
（書留郵便等に付する送達・法第54条）
第63条 ① 住居，事務所又は送達受取人を届け出なければならない者がその届出をしないときは，裁判所書記官は，書類を書留郵便又は一般信書便事業者若しくは特定信書便事業者の提供する信書便の役務のうち書留郵便に準ずるものとして別に最高裁判所規則で定めるもの（次項において「書留郵便等」という．）に付して，その送達をすることができる．ただし，起訴状及び略式命令の謄本の送達については，この限りでない．
② 前項の送達は，書類を書留郵便等に付した時に，これをしたものとみなす．
（就業場所における送達の要件・法第54条）
第63条の2 書類の送達は，これを受けるべき者に異議がないときに限り，その者が雇用，委任その他の法律上の行為に基づき就業する他人の住居又は事務所においてこれをすることができる．
（検察官に対する送達・法第54条）
第64条 検察官に対する送達は，書類を検察庁に送付してこれをしなければならない．
（交付送達・法第54条）
第65条 裁判所書記官が本人に送達すべき書類を交付したときは，その送達があつたものとみなす．

## 第7章 期 間

（裁判所に対する訴訟行為をする者のための法定期間の延長・法第56条）
第66条 ① 裁判所は，裁判所に対する訴訟行為をすべき者の住居又は事務所の所在地と裁判所の所在地との距離及び交通通信の便否を考慮し，法定の期間を延長するのを相当と認めるときは，決定で，延長する期間を定めなければならない．
② 前項の規定は，宣告した裁判に対する上訴の提起期間には，これを適用しない．
（検察官に対する訴訟行為をする者のための法定期間の延長・法第56条）

第66条の2 ① 検察官は，検察官に対する訴訟行為をすべき者の住居又は事務所の所在地と検察庁の所在地との距離及び交通通信の便否を考慮し，法定の期間を延長するのを相当と思料するときは，裁判官にその期間の延長を請求しなければならない．
② 裁判官は，前項の請求を理由があると認めるときは，すみやかに延長する期間を定めなければならない．
③ 前項の裁判は，検察官に告知することによつてその効力を生ずる．
④ 検察官は，前項の裁判の告知を受けたときは，直ちにこれを当該訴訟行為をすべき者に通知しなければならない．

## 第8章 被告人の召喚，勾引及び勾留

（召喚の猶予期間・法第57条）
第67条 ① 被告人に対する召喚状の送達と出頭との間には，少くとも12時間の猶予を置かなければならない．但し，特別の定のある場合は，この限りでない．
② 被告人に異議がないときは，前項の猶予期間を置かないことができる．
（勾引，勾留についての身体，名誉の保全）
第68条 被告人の勾引又は勾留については，その身体及び名誉を保全することに注意しなければならない．
（裁判所書記官の立会・法第61条）
第69条 法第61条の規定により被告人に対し被告事件を告げこれに関する陳述を聴く場合には，裁判所書記官を立ち会わせなければならない．
（勾留状の記載要件・法第64条）
第70条 勾留状には，法第64条に規定する事項の外，法第60条第1項各号に定める事由を記載しなければならない．
（裁判長の令状の記載要件・法第69条）
第71条 裁判長は，法第69条の規定により召喚状，勾引状又は勾留状を発する場合には，その旨を令状に記載しなければならない．
（勾引状，勾留状の原本の送付・法第70条）
第72条 検察官の指揮により勾引状又は勾留状を執行する場合には，これを発した裁判所又は裁判官は，その原本を検察官に送付しなければならない．
（勾引状の数通交付）
第73条 勾引状は，数通を作り，これを検察事務官又は司法警察職員数人に交付することができる．
（勾引状，勾留状の謄本交付の請求）
第74条 勾引状又は勾留状の執行を受けた被告人は，その謄本の交付を請求することができる．
（勾引状，勾留状執行後の処置）
第75条 ① 勾引状又は勾留状を執行したときは，これに執行の場所及び年月日時を記載し，執行することができなかつたときは，その事由を記載して記名押印しなければならない．
② 勾引状又は勾留状の執行に関する書類は，執行を指揮した検察官又は裁判官を経由して，勾引状又は勾留状を発した裁判所又は裁判官にこれを差し出さなければならない．
③ 勾引状の執行に関する書類を受け取つた裁判所又は裁判官は，裁判所書記官に被告人が引致された年月日時を勾引状に記載させなければならない．
（嘱託による勾引状・法第67条）
第76条 ① 嘱託によつて勾引状を発した裁判官は，

勾引状の執行に関する書類を受け取つたときは, 裁判所書記官に被告人が引致された年月日時を勾引状に記載させなければならない.
② 嘱託によつて勾引状を発した裁判官は, 勾引状に被告人を指定された裁判所に送致する場合には, 勾引状に被告人が指定された裁判所に到着すべき期間を記載して記名押印しなければならない.
③ 勾引の嘱託をした裁判所又は裁判官は, 勾引状の執行に関する書類を受け取つたときは, 裁判所書記官に被告人が到着した年月日時を勾引状に記載させなければならない.

(裁判所書記官の立会・法第76条等)
第77条 裁判所又は裁判官が法第76条又は第77条の処分をするときは, 裁判所書記官を立ち会わせなければならない.

(調書の作成・法第76条等)
第78条 法第76条又は第77条の処分については, 調書を作らなければならない.

(勾留の通知・法第79条)
第79条 被告人を勾留した場合において被告人に弁護人, 法定代理人, 保佐人, 配偶者, 直系の親族及び兄弟姉妹がないときは, 被告人の申出により, その指定する者1人にその旨を通知しなければならない.

(被告人の移送)
第80条 ① 検察官は, 裁判長の同意を得て, 勾留されている被告人を他の刑事施設に移すことができる.
② 検察官は, 被告人を他の刑事施設に移したときは, 直ちにその旨及びその刑事施設を裁判所及び弁護人に通知しなければならない. 被告人に弁護人がないときは, 被告人の法定代理人, 保佐人, 配偶者, 直系の親族及び兄弟姉妹のうち被告人の指定する者1人にその旨及びその刑事施設を通知しなければならない.
③ 前項の場合には, 前条の規定を準用する.

(勾留の理由開示の請求の方式・法第82条)
第81条 ① 勾留の理由開示の請求は, 請求をする者ごとに, 各別の書面で, これをしなければならない.
② 法第82条第2項に掲げる者が前項の請求をするには, 被告人との関係を書面で具体的に明らかにしなければならない.

(開示の請求の却下)
第81条の2 前条の規定に違反してされた勾留の理由の開示の請求は, 決定で, これを却下しなければならない.

(開示の手続・法第83条)
第82条 ① 勾留の理由の開示の請求があつたときは, 裁判長は, 開示期日を定めなければならない.
② 開示期日には, 被告人を出頭させなければならない.
③ 開示期日は, 検察官, 弁護人及び補佐人並びに請求者にこれを通知しなければならない.

(公判期日における開示・法第83条)
第83条 ① 勾留の理由の開示は, 公判期日においても, これをすることができる.
② 公判期日において勾留の理由の開示をするには, あらかじめ, 開示をすべき公判期日を検察官, 被告人, 弁護人及び補佐人並びに請求者に通知しなければならない.

(開示の請求と開示期日)
第84条 ① 勾留の理由の開示をすべき期日とその請求があつた日との間には, 5日以上を置くことはできない. 但し, やむを得ない事情があるときは, この限りでない.

(開示期日の変更)
第85条 裁判所は, やむを得ない事情があるときは, 開示期日を変更することができる.

(被告人, 弁護人の退廷中の開示・法第83条)
第85条の2 開示期日において被告人又は弁護人が許可を受けないで退廷し, 又は秩序維持のため裁判長から退廷を命ぜられたときは, その者の在廷しないままで勾留の理由の開示をすることができる.

(開示期日における意見陳述の時間の制限等・法第84条)
第85条の3 ① 法第84条第2項本文に掲げる者が開示期日において意見を述べる時間は, 各10分を超えることができない.
② 前項の者は, その意見の陳述に代え又はこれを補うため, 書面を差し出すことができる.

(開示期日の調書)
第86条 開示期日における手続については, 調書を作り, 裁判所書記官が署名押印し, 裁判長が認印しなければならない.

(勾留の理由の開示の請求の却下決定の送達)
第86条の2 勾留の理由の開示の請求を却下する決定は, これを送達することを要しない.

(保釈の保証書の記載事項・法第94条)
第87条 保釈の保証書には, 保証金額及び何時でもその保証金を納める旨を記載しなければならない.

(執行停止についての意見の聴取・法第95条)
第88条 勾留の執行を停止するには, 検察官の意見を聴かなければならない. 但し, 急速を要する場合は, この限りでない.

第89条 削除

(委託による執行停止・法第95条)
第90条 勾留されている被告人を親族, 保護団体その他の者に委託して勾留の執行を停止するには, これらの者から何時でも召喚に応じ被告人を出頭させる旨の書面を差し出させなければならない.

(保証金の還付・法第96条, 第343条等)
第91条 ① 次の場合には, 没取されなかつた保証金は, これを還付しなければならない.
 1 勾留が取り消され, 又は勾引状が効力を失つたとき.
 2 保釈が取り消され又は効力を失つたため被告人が刑事施設に収容されたとき.
 3 保釈が取り消され又は効力を失つた場合において, 被告人が刑事施設に収容される前に, 新たに, 保釈の決定があつて保証金が納付されたとき又は勾留の執行が停止されたとき.
② 前項第3号の保釈の決定があつたときは, 前に納付された保証金は, あらたな保証金の全部又は一部として納付されたものとみなす.

(上訴中の事件での勾留に関する処分・法第97条)
第92条 ① 上訴の提起期間内の事件でまだ上訴の提起がないものについて勾留の期間を更新すべき場合には, 原裁判所が, その決定をしなければならない.
② 上訴中の事件で訴訟記録が上訴裁判所に到達していないものについて, 勾留の期間を更新し, 勾留を取り消し, 又は保釈若しくは勾留の執行停止をし, 若しくはこれを取り消すべき場合にも, 前項と同様である.
③ 勾留の理由の開示をすべき場合には, 前項の規定を準用する.

a ④ 上訴裁判所は、被告人が勾留されている事件について訴訟記録を受け取ったときは、直ちにその旨を原裁判所に通知しなければならない.

（禁錮以上の刑に処せられた被告人の収容手続・法第98条）
第92条の2 法第343条において準用する法第98条の規定により被告人を刑事施設に収容するには、言い渡した刑並びに判決の宣告をした年月日及び裁判所を記載し、かつ、裁判長又は裁判官が相違ないことを証明する旨付記して認印した勾留状の謄本を被告人に示せば足りる.

### 第9章 押収及び捜索

（押収、捜索についての秘密、名誉の保持）
第93条 押収及び捜索については、秘密を保ち、且つ処分を受ける者の名誉を害しないように注意しなければならない.

（差押状、捜索状の記載事項・法第107条）
d 第94条 差押状又は捜索状には、必要があると認めるときは、差押又は捜索をすべき事由をも記載しなければならない.

（準用規定）
第95条 差押状又は捜索状については、第72条の規定を準用する.

（捜索証明書、押収品目録の作成者・法第119条等）
e 第96条 法第119条又は第120条の証明書又は目録は、捜索又は差押が令状の執行によって行われた場合には、その執行をした者がこれを作つて交付しなければならない.

（差押状、捜索状執行後の処置）
f 第97条 差押状又は捜索状の執行をした者は、速やかに執行に関する書類及び差し押えた物を令状を発した裁判所に差し出さなければならない. 検察官の指揮により執行をした場合には、検察官を経由しなければならない.

（押収物の処置）
g 第98条 押収物については、喪失又は破損を防ぐため、相当の処置をしなければならない.

（差押状の執行調書の記載）
第99条 差押状の執行をした者は、第96条若しくは前条又は法第121条第1項若しくは第2項の処分をしたときは、その旨を調書に記載しなければならない.

（押収、捜索の立会）
h 第100条 ① 差押状を発しないで押収をするときは、裁判所書記官を立ち合わせなければならない.
② 差押状又は捜索状を執行するときは、それぞれ他の検察事務官、司法警察職員又は裁判所書記官を立ち会わせなければならない.

### 第10章 検　証

（検証についての注意）
第101条 検証をするについて、死体を解剖し、又は墳墓を発掘する場合には、礼を失わないように注意し、配偶者、直系の親族又は兄弟姉妹があるときは、これに通知しなければならない.

（被告人の身体検査の召喚状等の記載要件・法第63条等）
第102条 被告人に対する身体の検査のための召喚状又は勾引状には、身体の検査のために召喚又は勾引する旨をも記載しなければならない.

（被告人以外の者の身体検査の召喚状等の記載事件・法第136条等）
第103条 ① 被告人以外の者に対する身体の検査のための召喚状には、その氏名及び住居、被告人の氏名、罪名、出頭すべき年月日時及び場所、身体の検査のために召喚する旨並びに正当な理由がなく出頭しないときは過料又は刑罰に処せられ且つ勾引状を発することがある旨を記載し、裁判長が、これに記名押印しなければならない.
② 被告人以外の者に対する身体の検査のための勾引状には、その氏名及び住居、被告人の氏名、罪名、引致すべき場所、身体の検査のために勾引する旨、有効期間及びその期間経過後は執行に着手することができず令状はこれを返還しなければならない旨並びに発付の年月日を記載し、裁判長が、これに記名押印しなければならない.

（準用規定）
第104条 身体の検査のためにする被告人以外の者に対する勾引については、第72条から第76条までの規定を準用する.

（検証の立会）
第105条 検証をするときは、裁判所書記官を立ち合わせなければならない.

### 第11章 証人尋問

（尋問事項書・法第304条等）
第106条 ① 証人の尋問を請求した者は、裁判官の尋問の参与に供するため、速やかに尋問事項又は証人が証言すべき事項を記載した書面を差し出さなければならない. 但し、公判期日において訴訟関係人にまず証人を尋問させる場合は、この限りでない.
② 前項但書の場合においても、裁判所は、必要と認めるときは、証人の尋問を請求した者に対し、前項本文の書面を差し出すべきことを命ずることができる.
③ 前2項の書面に記載すべき事項は、証人の証言により立証しようとする事項のすべてにわたらなければならない.
④ 公判期日外において証人の尋問をする場合を除いて、裁判長は、相当と認めるときは、第1項の規定にかかわらず、同項の書面を差し出さないことを許すことができる.
⑤ 公判期日外において証人の尋問をする場合には、速やかに相手方及びその弁護人の数に応ずる第1項の書面の謄本を裁判所に差し出さなければならない.

（請求の却下）
第107条 前条の規定に違反してされた証人尋問の請求は、これを却下することができる.

（決定の告知・法第157条の2等）
第107条の2 ① 法第157条の2第1項に規定する措置を採る旨の決定、法第157条の3に規定する措置を採る旨の決定、法第157条の4第1項に規定する方法により証人を尋問する旨の決定並びに同条第2項の規定により証人の尋問及び供述並びにその状況を記録媒体に記録する旨の決定は、公判期日前にしない場合においても、これを送達することを要しない.
② 前項の場合には、速やかに、それぞれ決定の内容を訴訟関係人に通知しなければならない.

（尋問事項の告知等・法第158条等）

第108条 ① 裁判所は,公判期日外において検察官,被告人又は弁護人の請求にかかる証人を尋問する場合には,第106条第1項の書面を参考として尋問すべき事項を定め,相手方及びその弁護人に知らせなければならない.
② 相手方又はその弁護人は,書面で,前項の尋問事項に附加して,必要な事項の尋問を請求することができる.
(職権による公判期日外の尋問・法第158条)
第109条 ① 裁判所は,職権で公判期日外において証人を尋問する場合には,あらかじめ,検察官,被告人及び弁護人に尋問事項を知らせなければならない.
② 検察官,被告人又は弁護人は,書面で,前項の尋問事項に附加して,必要な事項の尋問を請求することができる.
(召喚状,勾引状の記載要件・法第153条等)
第110条 ① 証人に対する召喚状には,その氏名及び住居,被告人の氏名,罪名,出頭すべき年月日及び場所並びに正当な理由がなく出頭しないときは過料又は刑罰に処せられ且つ勾引状を発することがある旨を記載し,裁判長が,これに記名押印しなければならない.
② 証人に対する勾引状には,その氏名及び住居,被告人の氏名,罪名,引致すべき年月日時及び場所,有効期間及びその有効期間経過後は執行に着手することができず令状はこれを返還しなければならない旨並びに発付の年月日を記載し,裁判長が,これに記名押印しなければならない.
(召喚の猶予期間)
第111条 証人に対する召喚状の送達と出頭との間には,少くとも24時間の猶予を置かなければならない.但し,急速を要する場合は,この限りでない.
(準用規定)
第112条 証人の勾引については,第72条から第76条までの規定を準用する.
(尋問上の注意,在廷証人)
第113条 ① 召喚により出頭した証人は,速やかにこれを尋問しなければならない.
② 証人が裁判所の構内にいるときは,召喚をしない場合でも,これを尋問することができる.
(尋問の立会)
第114条 証人を尋問するときは,裁判所書記官を立ち会わせなければならない.
(人定尋問)
第115条 証人に対しては,まず,その人違でないかどうかを取り調べなければならない.
(宣誓の趣旨の説明等・法第155条)
第116条 証人が宣誓の趣旨を理解することができる者であるかどうかについて疑があるときは,宣誓前に,この点について尋問し,且つ,必要と認めるときは,宣誓の趣旨を説明しなければならない.
(宣誓の時期・法第154条)
第117条 宣誓は,尋問前に,これをさせなければならない.
(宣誓の方式・法第154条)
第118条 ① 宣誓は,宣誓書によりこれをしなければならない.
② 宣誓書には,良心に従つて,真実を述べ何事も隠さず,又何事も附け加えないことを誓う旨を記載しなければならない.
③ 裁判長は,証人に宣誓書を朗読させ,且つこれに署名押印させなければならない.証人が宣誓書を朗読することができないときは,裁判長は,裁判所書記官にこれを朗読させなければならない.
④ 宣誓は,起立して厳粛にこれを行わなければならない.
(個別宣誓・法第154条)
第119条 証人の宣誓は,各別にこれをさせなければならない.
(偽証の警告・法第154条)
第120条 宣誓をさせた証人には,尋問前に,偽証の罰を告げなければならない.
(証書拒絶権の告知・法第146条等)
第121条 ① 証人に対しては,尋問前に,自己又は法第147条に規定する者が刑事訴追を受け,又は有罪判決を受ける虞のある証言を拒むことができる旨を告げなければならない.
② 法第149条に規定する者に対しては,必要と認めるときは,同条の規定により証言を拒むことができる旨を告げなければならない.
(証言の拒絶・法第146条等)
第122条 ① 証言を拒む者は,これを拒む事由を示さなければならない.
② 年月を拒む者がこれを拒む事由を示さないときは,過料その他の制裁を受けることがある旨を告げて,証言を命じなければならない.
(個別尋問)
第123条 ① 証人は,各別にこれを尋問しなければならない.
② 後に尋問すべき証人が在廷するときは,退廷を命じなければならない.
(対 質)
第124条 必要があるときは,証人と他の証人又は被告人と対質させることができる.
(書面による尋問)
第125条 証人が耳が聞えないときは,書面で問い,口がきけないときは,書面で答えさせることができる.
(公判期日外の証人尋問調書の閲覧等・法第159条)
第126条 ① 裁判所は,検察官,被告人又は弁護人が公判期日外における証人尋問に立ち会わなかつた場合において証人尋問調書が整理されたとき,又はその送付を受けたときは,速やかにその旨を立ち会わなかつた者に通知しなければならない.
② 被告人は,前項の尋問調書を閲覧することができる.
③ 被告人は,読むことができないとき,又は目の見えないときは,第1項の尋問調書の朗読を求めることができる.
④ 前2項の場合には,第50条の規定を準用する.
(受命,受託裁判官の尋問・法第163条)
第127条 受命裁判官又は受託裁判官が証人を尋問する場合においても,第106条第1項から第3項まで及び第5項,第107条から第109条まで並びに前条の手続は,裁判所がこれをしなければならない.

## 第12章 鑑 定

(宣誓・法第166条)
第128条 ① 鑑定人の宣誓は,鑑定をする前に,これをさせなければならない.
② 宣誓は,宣誓書によりこれをしなければならない.
③ 宣誓書には,良心に従つて誠実に鑑定をすることを誓う旨を記載しなければならない.
(鑑定の報告)
第129条 ① 鑑定の経過及び結果は,鑑定人に鑑定

書により又は口頭でこれを報告させなければならない.

② 鑑定人が数人あるときは,共同して報告をさせることができる.

③ 鑑定の経過及び結果を鑑定書により報告させる場合には,鑑定人に対し,鑑定書に記載した事項に関し公判期日において尋問を受けることがある旨を告げなければならない.

(裁判所外の鑑定)
第130条 ① 裁判所は,必要がある場合には,裁判所外で鑑定をさせることができる.
② 前項の場合には,鑑定に関する物を鑑定人に交付することができる.

(鑑定留置状の記載要件・法第167条)
第130条の2 鑑定留置状には,被告人の氏名及び住居,罪名,公訴事実の要旨,留置すべき場所,留置の期間,鑑定の目的,有効期間及びその期間経過後は執行に着手することができず令状は返還しなければならない旨並びに発付の年月日を記載し,裁判長が記名押印しなければならない.

(看守の申出の方式・法第167条)
第130条の3 法第167条第3項の規定による申出は,被告人の看守を必要とする事由を記載した書面を差し出してしなければならない.

(鑑定留置期間の延長,短縮・法第167条)
第130条の4 鑑定のためにする被告人の留置の期間の延長又は短縮は,決定でしなければならない.

(収容費の支払・法第167条)
第130条の5 ① 裁判所が,鑑定のため被告人を病院その他の場所に留置した場合には,その場所の管理者の請求により,入院料その他の収容に要した費用を支払うものとする.
② 前項の規定により支払うべき費用の額は,裁判所の相当と認めるところによる.

(準用規定)
第131条 鑑定のためにする被告人の留置については,この規則に特別の定のあるもののほか,勾留に関する規定を準用する.但し,保釈に関する規定は,この限りでない.

(準用規定)
第132条 鑑定人が死体を解剖し,又は墳墓を発掘する場合には,第101条の規定を準用する.

(鑑定許可状の記載要件・法第168条)
第133条 ① 法第168条の許可状には,有効期間及びその期間経過後は許可された処分に着手することができず令状はこれを返還しなければならない旨並びに発付の年月日をも記載し,裁判長が,これに記名押印しなければならない.
② 鑑定人のすべき身体の検査に関し条件を附した場合には,これを前項の許可状に記載しなければならない.

(鑑定のための閲覧等)
第134条 ① 鑑定人は,鑑定について必要がある場合には,裁判長の許可を受けて,書類及び証拠物を閲覧し,若しくは謄写し,又は被告人に対し質問する場合若しくは証人を尋問する場合にこれに立ち会うことができる.
② 前項の規定にかかわらず,法第157条の4第3項に規定する記録媒体は,謄写することができない.
③ 鑑定人は,被告人に対する質問若しくは証人の尋問を求め,又は裁判長の許可を受けてこれらの者に対し直接に問を発することができる.

(準用規定)
第135条 鑑定については,勾引に関する規定を除いて,前章の規定を準用する.

## 第13章 通訳及び翻訳

(準用規定)
第136条 通訳及び翻訳については,前章の規定を準用する.

## 第14章 証拠保全

(処分をすべき裁判官・法第179条)
第137条 ① 証拠保全の請求は,次に掲げる地を管轄する地方裁判所又は簡易裁判所の裁判官にこれをしなければならない.
1 押収については,押収すべき物の所在地
2 捜索又は検証については,捜索又は検証すべき場所,身体又は物の所在地
3 証人の尋問については,証人の現在地
4 鑑定については,鑑定の対象の所在地又は現在地
② 証拠の処分の請求をする場合において前項第4号の規定によることができないときは,その処分をするのに最も便宜であると思料する地方裁判所又は簡易裁判所の裁判官にその請求をすることができる.

(請求の方式・法第179条)
第138条 ① 証拠保全の請求は,書面でこれをしなければならない.
② 前項の書面には,次に掲げる事項を記載しなければならない.
1 事件の概要
2 証明すべき事実
3 証拠及びその保全の方法
4 証拠保全を必要とする事由
③ 証拠保全を必要とする事由は,これを疎明しなければならない.

## 第15章 訴訟費用

(請求先裁判所・法第187条の2)
第138条の2 法第187条の2の請求は,公訴を提起しない処分をした検察官が所属する検察庁の所在地を管轄する地方裁判所又は簡易裁判所にこれをしなければならない.

(請求の方式・法第187条の2)
第138条の3 法第187条の2の請求は,次に掲げる事項を記載した書面でこれをしなければならない.
1 訴訟費用を負担すべき者の氏名,年齢,職業及び住居
2 前号に規定する者が被疑者でないときは,被疑者の氏名及び年齢
3 罪名及び被疑事実の要旨
4 公訴を提起しない処分をしたこと.
5 訴訟費用を負担すべき理由
6 負担すべき訴訟費用

(資料の提供・法第187条の2)
第138条の4 法第187条の2の請求をするには,次に掲げる資料を提供しなければならない.
1 訴訟費用を負担すべき理由が存在することを認めるべき資料
2 負担すべき訴訟費用の額の算定に必要な資料

(請求書の謄本の差出し,送達・法第187条の2)

第138条の5 ① 法第187条の2の請求をするときは、検察官は、請求と同時に訴訟費用の負担を求められた者の数に応ずる請求書の謄本を裁判所に差し出さなければならない.
② 裁判所は、前項の謄本を受け取つたときは、遅滞なく、これを訴訟費用の負担を求められた者に送達しなければならない.

(意見の聴取・法第187条の2)
第138条の6 法第187条の2の請求について決定をする場合には、訴訟費用の負担を求められた者の意見を聴かなければならない.

(請求の却下・法第187条の2)
第138条の7 法第187条の2の請求が法令上の方式に違反しているとき、又は訴訟費用を負担させないときは、決定で請求を却下しなければならない.

## 第16章 費用の補償

(準用規定)
第138条の8 書面による法第188条の4の補償の請求については、第227条及び第228条の規定を準用する.

(裁判所書記官による計算・法第188条の3等)
第138条の9 法第188条の2第1項又は第188条の4の補償の決定をする場合には、裁判所は、裁判所書記官に補償すべき費用の額の計算をさせることができる.

## 第2編 第一審

## 第1章 捜査

(令状請求の方式)
第139条 ① 令状の請求は、書面でこれをしなければならない.
② 逮捕状の請求書には、謄本一通を添附しなければならない.

(令状請求の却下)
第140条 裁判官が令状の請求を却下するには、請求書にその旨を記載し、記名押印してこれを請求者に交付すれば足りる.

(令状請求書の返還)
第141条 裁判官は、令状を発し、又は令状の請求を却下したときは、前条の場合を除いて、速やかに令状の請求書を請求者に返還しなければならない.

(逮捕状請求権者の指定、変更の通知)
第141条の2 国家公安委員会又は都道府県公安委員会は、法第197条第2項の規定により逮捕状を請求することができる司法警察員を指定したときは、国家公安委員会においては最高裁判所に、都道府県公安委員会においてはその所在地を管轄する地方裁判所にその旨を通知しなければならない. その通知の内容に変更を生じたときも、同様である.

(逮捕状請求書の記載要件)
第142条 ① 逮捕状の請求書には、次に掲げる事項その他逮捕状に記載することを要する事項及び逮捕状発付の要件たる事項を記載しなければならない.
1 被疑者の氏名、年齢、職業及び住居
2 罪名及び被疑事実の要旨
3 被疑者の逮捕を必要とする事由
4 請求者の官公職氏名
5 請求者が警察官たる司法警察員であるときは、法第199条第2項の規定による指定を受けた者である旨
6 7日を超える有効期間を必要とするときは、その旨及び事由
7 逮捕状を数通必要とするときは、その旨及び事由
8 同一の犯罪事実又は現に捜査中である他の犯罪事実についてその被疑者に対し前に逮捕状の請求又はその発付があつたときは、その旨及びその犯罪事実
② 被疑者の氏名が明らかでないときは、人相、体格その他被疑者を特定するに足りる事項でこれを指定しなければならない.
③ 被疑者の年齢、職業又は住居が明らかでないときは、その旨を記載すれば足りる.

(資料の提供)
第143条 逮捕状を請求するには、逮捕の理由(逮捕の必要を除く逮捕状発付の要件をいう. 以下同じ.)及び逮捕の必要があることを認めるべき資料を提供しなければならない.

(逮捕状請求書の陳述聴取等)
第143条の2 逮捕状の請求を受けた裁判官は、必要と認めるときは、逮捕状の請求をした者の出頭を求めてその陳述を聴き、又はその者に対し書類その他の物の提示を求めることができる.

(明らかに逮捕の必要がない場合)
第143条の3 逮捕状の請求を受けた裁判官は、逮捕の理由があると認める場合においても、被疑者の年齢及び境遇並びに犯罪の軽重及び態様その他諸般の事情に照らし、被疑者が逃亡する虞がなく、かつ、罪証を隠滅する虞がない等明らかに逮捕の必要がないと認めるときは、逮捕状の請求を却下しなければならない.

(逮捕状の記載要件)
第144条 逮捕状には、請求者の官公職氏名をも記載しなければならない.

(逮捕状の作成)
第145条 逮捕状は、逮捕状請求書及びその記載を利用してこれを作ることができる.

(数通の発付)
第146条 逮捕状は、請求により、数通を発することができる.

(勾留請求書の記載要件・法第204条等)
第147条 ① 被疑者の勾留の請求書には、次に掲げる事項を記載しなければならない.
1 被疑者の氏名、年齢、職業及び住居
2 罪名、被疑事実の要旨及び被疑者が現行犯人として逮捕された者であるときは、罪を犯したことを疑うに足りる相当な理由
3 法第60条第1項各号に定める事由
4 検察官又は司法警察員がやむを得ない事情によつて法に定める時間の制限に従うことができなかつたときは、その事由
5 被疑者に弁護人があるときは、その氏名
② 被疑者の年齢、職業若しくは住居、罪名又は被疑事実の要旨の記載については、これらの事項が逮捕状請求書の記載と同一であるときは、前項の規定にかかわらず、その旨を記載すれば足りる.
③ 第1項の場合には、第142条第2項及び第3項の規定を準用する.

(資料の提供・法第204条等)
第148条 ① 被疑者の勾留を請求するには、次に掲げる資料を提供しなければならない.

1 その逮捕が逮捕状によるときは,逮捕状請求書並びに逮捕の年月日時及び場所,引致の年月日時,送致する手続をした年月日時及び送致を受けた年月日時が記載されそれぞれその記載についての記名押印のある逮捕状
2 その逮捕が現行犯逮捕であるときは,前号に規定する事項を記載した調書その他の書類
3 法に定める勾留の理由が存在することを認めるべき資料
② 検察官又は司法警察員がやむを得ない事情によつて法に定める時間の制限に従うことができなかつたときは,これを認めるべき資料をも提供しなければならない.
(勾留状の記載要件・法第207条等)
第149条 被疑者に対して発する勾留状には,勾留の請求の年月日をも記載しなければならない.
(書類の送付)
第150条 裁判官は,被疑者を勾留したときは,速やかにこれに関する書類を検察官に送付しなければならない.
(被疑者の勾留期間の再延長・法第208条の2)
第150条の2 法第208条の2の規定による期間の延長は,やむを得ない事由があるときに限り,することができる.
(期間の延長の請求・法第208条等)
第151条 ① 法第208条第2項又は法第208条の2の規定による期間の延長の請求は,書面でこれをしなければならない.
② 前項の書面には,やむを得ない事由及び延長を求める期間を記載しなければならない.
(資料の提供等・法第208条等)
第152条 前条第1項の請求をするには,勾留状を差し出し,且つやむを得ない事由があることを認めるべき資料を提供しなければならない.
(期間の延長の裁判・法第208条等)
第153条 ① 裁判官は,第151条第1項の請求を理由があるものと認めるときは,勾留状に延長する期間及び理由を記載して記名押印し,且つ裁判所書記官をしてこれを検察官に交付させなければならない.
② 前項の延長の裁判は,同項の交付をすることによつてその効力を生ずる.
③ 裁判所書記官は,勾留状を検察官に交付する場合には,勾留状に交付の年月日を記載して記名押印しなければならない.
④ 検察官は,勾留状の交付を受けたときは,直ちに刑事施設職員をしてこれを被疑者に示させなければならない.
⑤ 第151条第1項の請求については,第140条,第141条及び第150条の規定を準用する.
(謄本交付の請求・法第208条等)
第154条 前条第1項の裁判があつたときは,被疑者は,その裁判の記載のある勾留状の謄本の交付を請求することができる.
(差押等の令状請求書の記載要件・法第218条)
第155条 ① 差押,捜索又は検証のための令状の請求書には,次に掲げる事項を記載しなければならない.
1 差し押えるべき物又は捜索若しくは検証すべき場所,身体若しくは物
2 請求者の官公職氏名
3 被疑者又は被告人の氏名(被疑者又は被告人が法人であるときは,その名称)
4 罪名及び犯罪事実の要旨

5 7日を超える有効期間を必要とするときは,その旨及び事由
6 日出前又は日没後に差押,捜索又は検証をする必要があるときは,その旨及び事由
② 身体検査令状の請求書には,前項に規定する事項の外,法第218条第4項に規定する事項を記載しなければならない.
③ 被疑者又は被告人の氏名又は名称が明らかでないときは,その旨を記載すれば足りる.
(資料の提供・法第218条等)
第156条 ① 前条第1項の請求をするには,被疑者又は被告人が罪を犯したと思料されるべき資料を提供しなければならない.
② 郵便物,信書便物又は電信に関する書類で法令の規定に基づき通信事務を取り扱う者が保管し,又は所持するもの(被疑者若しくは被告人から発し,又は被疑者若しくは被告人に対して発したものを除く.)の差押えのための令状を請求するには,その物が被疑事件又は被告事件に関係があると認めるに足りる状況があることを認めるべき資料を提供しなければならない.
③ 被疑者又は被告人以外の者の身体,物又は住居その他の場所についての捜索のための令状を請求するには,差し押さえるべき物の存在を認めるに足りる状況があることを認めるべき資料を提供しなければならない.
(身体検査令状の記載要件・法第219条)
第157条 身体検査令状には,正当な理由がなく身体の検査を拒んだときは過料若しくは刑罰に処せられることがある旨をも記載しなければならない.
(逮捕状等の返還に関する記載)
第157条の2 逮捕状又は法第218条第1項の令状は,有効期間内であつても,その必要がなくなつたときは,直ちにこれを返還しなければならない旨をも記載しなければならない.
(処罰請求・法第222条等)
第158条 法第222条第7項の規定により身体の検査を拒んだ者を過料に処し又はこれに賠償を命ずべき旨の請求は,請求者の所属の官公署の所在地を管轄する地方裁判所又は簡易裁判所にこれをしなければならない.
(鑑定留置請求書の記載要件・法第224条)
第158条の2 ① 鑑定のためにする被疑者の留置の請求書には,次に掲げる事項を記載しなければならない.
1 被疑者の氏名,年齢,職業及び住居
2 罪名及び被疑事実の要旨
3 請求者の官公職氏名
4 留置の場所
5 留置を必要とする期間
6 鑑定の目的
7 鑑定人の氏名及び職業
8 被疑者に弁護人があるときは,その氏名
② 前項の場合には,第142条第2項及び第3項の規定を準用する.
(規定処分許可請求書の記載要件・法第225条)
第159条 ① 法第225条第1項の許可の請求書には,次に掲げる事項を記載しなければならない.
1 請求者の官公職氏名
2 被疑者又は被告人の氏名(被疑者又は被告人が法人であるときは,その名称)
3 罪名及び犯罪事実の要旨

4 鑑定人の氏名及び職業
5 鑑定人が立ち入るべき住居,邸宅,建造物若しくは船舶,検査すべき身体,解剖すべき死体,発掘すべき墳墓又は破壊すべき物
6 許可状が7日を超える有効期間を必要とするときは,その旨及び事由
② 前項の場合には,第155条第3項の規定を準用する.
(証人尋問請求書の記載要件・法第226条等)
第160条 ① 法第226条又は第227条の証人尋問の請求は,次に掲げる事項を記載した書面でこれをしなければならない.
1 証人の氏名,年齢,職業及び住居
2 被疑者又は被告人の氏名(被疑者又は被告人が法人であるときは,その名称)
3 罪名及び犯罪事実の要旨
4 証明すべき事実
5 尋問事項又は証人が証言すべき事項
6 法第226条又は第227条に規定する事由
7 被疑者に弁護人があるときは,その氏名
② 前項の場合には,第155条第3項の規定を準用する.
(資料の提供・法第226条)
第161条 法第226条の証人尋問を請求するには,同条に規定する事由があることを認めるべき資料を提供しなければならない.
(証人尋問の立会・法第228条)
第162条 法第226条又は第227条の証人尋問の請求を受けた裁判官は,捜査に支障を生ずる虞がないと認めるときは,被告人,被疑者又は弁護人をその尋問に立ち会わせることができる.
(書類の送付・法第226条等)
第163条 裁判官は,法第226条又は第227条の請求に応じて証人を尋問したときは,速やかにこれに関する書類を検察官に送付しなければならない.

## 第2章 公 訴

(起訴状の記載要件・法第256条)
第164条 ① 起訴状には,法第256条に規定する事項の外,次に掲げる事項を記載しなければならない.
1 被告人の年齢,職業,住居及び本籍.但し,被告人が法人であるときは,事務所並びに代表者又は管理人の氏名及び住居
2 被告人が逮捕又は勾留されているときは,その旨
② 前項第1号に掲げる事項が明らかでないときは,その旨を記載すれば足りる.
(起訴状の謄本等の差出し等・法第271条等)
第165条 ① 検察官は,公訴の提起と同時に被告人の数に応ずる起訴状の謄本を裁判所に差し出さなければならない.但し,やむを得ない事情があるときは,公訴の提起後,速やかにこれを差し出さなければならない.
② 検察官は,公訴の提起と同時に,検察官又は司法警察員に差し出された弁護人選任書を裁判所に差し出さなければならない.同時に差し出すことができないときは,起訴状に記載し,且つ公訴の提起後,速やかにこれを差し出さなければならない.
③ 検察官は,公訴の提起前に法の規定に基づいて裁判官が付した弁護人があるときは,公訴の提起と同時にその旨を裁判所に通知しなければならない.
④ 第1項の規定は,略式命令の請求をする場合には,適用しない.

(証明資料の差出・法第255条)
第166条 公訴を提起するについて,犯人が国外にいたこと又は犯人が逃げ隠れていたため有効に起訴状若しくは略式命令の謄本の送達ができなかったことを証明する必要があるときは,検察官は,公訴の提起後,速やかにこれを証明すべき資料を裁判所に差し出さなければならない.但し,裁判官に事件につき予断を生ぜしめる虞のある書類その他の物を差し出してはならない.
(逮捕状,勾留状の差出・法第280条)
第167条 ① 検察官は,逮捕又は勾留されている被告人について公訴を提起したときは,速やかにその裁判所の裁判官に逮捕状又は逮捕状及び勾留状を差し出さなければならない.逮捕又は勾留された後釈放された被告人について公訴を提起したときも,同様である.
② 裁判官は,第187条の規定により他の裁判所の裁判官が勾留に関する処分をすべき場合には,直ちに前項の逮捕状及び勾留状をその裁判官に送付しなければならない.
③ 裁判官は,第1回の公判期日が開かれたときは,速やかに逮捕状,勾留状及び勾留に関する処分の書類を裁判所に送付しなければならない.
(公訴取消の方式・法第257条)
第168条 公訴の取消は,理由を記載した書面でこれをしなければならない.
(審判請求書の記載要件・法第262条)
第169条 法第262条の請求書には,裁判所の審判に付せられるべき事件の犯罪事実及び証拠を記載しなければならない.
(請求の取下の方式・法第263条)
第170条 法第262条の請求の取下は,書面でこれをしなければならない.
(書類等の送付)
第171条 検察官は,法第262条の請求を理由がないものと認めるときは,請求書を受け取つた日から7日以内に意見書を添えて書類及び証拠物とともにこれを同条に規定する裁判所に送付しなければならない.意見書には,公訴を提起しない理由を記載しなければならない.
(請求等の通知)
第172条 ① 前条の送付があつたときは,裁判所書記官は,速やかに法第262条の請求があつた旨を被疑者に通知しなければならない.
② 法第262条の請求の取下があつたときは,裁判所書記官は,速やかにこれを検察官及び被疑者に通知しなければならない.
(被疑者の取調・法第265条)
第173条 ① 法第262条の請求を受けた裁判所は,被疑者の取調をするときは,裁判所書記官を立ち会わせなければならない.
② 前項の場合には,調書を作り,裁判所書記官が署名押印し,裁判長が認印しなければならない.
③ 前項の調書については,第38条第2項第3号前段,第3項,第4項及び第6項の規定を準用する.
(審判に付する決定・法第266条)
第174条 ① 法第266条第2号の決定をするには,決定書に起訴状に記載すべき事項を記載しなければならない.
② 前項の決定の謄本は,検察官及び被疑者にもこれを送達しなければならない.
(審判に付する決定後の処分・法第267条)

**第175条** 裁判所は，法第266条第2号の決定をした場合には，速やかに次に掲げる処分をしなければならない．
1 事件をその裁判所の審判に付したときは，裁判書を除いて，書類及び証拠物を事件について公訴の維持にあたる弁護士に送付する．
2 事件を他の裁判所の審判に付したときは，裁判書を他の裁判所に，書類及び証拠物を事件について公訴の維持にあたる弁護士に送付する．

## 第3章 公判

### 第1節 公判準備及び公判手続

（起訴状の謄本の送達等・法第271条）
**第176条** ① 裁判所は，起訴状の謄本を受け取つたときは，直ちにこれを被告人に送達しなければならない．
② 裁判所は，起訴状の謄本の送達ができなかつたときは，直ちにその旨を検察官に通知しなければならない．

（弁護人選任に関する通知・法第272条等）
**第177条** 裁判所は，公訴の提起があつたときは，遅滞なく，被告人に対し，弁護人を選任することができる旨及び貧困その他の事由により弁護人を選任することができないときは弁護人の選任を請求することができる旨の外，死刑又は無期若しくは長期3年を超える懲役若しくは禁錮にあたる事件については，弁護人がなければ開廷することができない旨をも知らせなければならない．但し，被告人に弁護人があるときは，この限りでない．

（弁護人のない事件の処置・法第289条等）
**第178条** ① 裁判所は，公訴の提起があつた場合において被告人に弁護人がないときは，遅滞なく，被告人に対し，死刑又は無期若しくは長期3年を超える懲役若しくは禁錮にあたる事件については，弁護人を選任するかどうかを，その他の事件については，法第36条の規定による弁護人の選任を請求するかどうかを確かめなければならない．
② 裁判所は，前項の処置をするについては，被告人に対し，一定の期間を定めて回答を求めることができる．
③ 第1項前段の事件について，前項の期間内に回答がなく又は弁護人の選任がないときは，裁判長は，直ちに被告人のため弁護人を選任しなければならない．

（第1回公判期日前における訴訟関係人の事情）
**第178条の2** 訴訟関係人は，第1回の公判期日前に，できる限り証拠の収集及び整理をし，審理が迅速に行われるように準備しなければならない．

（検事官，弁護人の氏名の告知等）
**第178条の3** 裁判所は，検察官及び弁護人の訴訟の準備に関する相互の連絡が，公訴の提起後すみやかに行なわれるようにするため，必要があると認めるときは，裁判所書記官に命じて，検察官及び弁護人の氏名を相手方に知らせる等適当な措置をとらせなければならない．

（第1回公判期日の指定）
**第178条の4** 第1回の公判期日を定めるについては，その期日前に訴訟関係人がなすべき訴訟の準備を考慮しなければならない．

（審理に充てることのできる見込み時間の告知）
**第178条の5** 裁判所は，公判期日の審理が充実して行なわれるようにするため相当と認めるときは，あらかじめ，検察官又は弁護人に対し，その期日の審理に充てることのできる見込みの時間を知らせなければならない．

（第1回公判期日前における検察官，弁護人の準備の内容）
**第178条の6** ① 検察官は，第1回の公判期日前に，次のことを行なわなければならない．
1 法第299条第1項本文の規定により，被告人又は弁護人に対し，閲覧する機会を与えるべき証拠書類又は証拠物があるときは，公訴の提起後なるべくすみやかに，その機会を与えること．
2 第2項第3号の規定により弁護人が閲覧する機会を与えた証拠書類又は証拠物について，なるべくすみやかに，法第326条の同意をするかどうか又はその取調の請求に関し異議がないかどうかの見込みを弁護人に通知すること．
② 弁護人は，第1回の公判期日前に，次のことを行なわなければならない．
1 被告人その他の関係者に面接する等適当な方法によつて，事実関係を確かめておくこと．
2 前項第1号の規定により検察官が閲覧する機会を与えた証拠書類又は証拠物について，なるべくすみやかに，法第326条の同意をするかどうか又はその取調の請求に関し異議がないかどうかの見込みを検察官に通知すること．
3 法第299条第1項本文の規定により，検察官に対し，閲覧する機会を与えるべき証拠書類又は証拠物があるときは，なるべくすみやかに，これを提示してその機会を与えること．
③ 検察官及び弁護人は，第1回の公判期日別に，前2項に掲げることを行なうほか，相手方と連絡して，次のことを行なわなければならない．
1 起訴状に記載された訴因若しくは罰条を明確にし又は事件の争点を明らかにするため，相互の間でできる限り打ち合わせておくこと．
2 証拠調その他の審理に要する見込みの時間等裁判所が開廷回数の見通しをたてるについて必要な事項を裁判所に申し出ること．

（証人等の氏名及び住居を知る機会を与える場合）
**第178条の7** 第1回の公判期日前に，法第299条第1項本文の規定により，訴訟関係人が，相手方に対し，証人等の氏名及び住居を知る機会を与える場合には，なるべく早い時期に，その機会を与えるようにしなければならない．

（第1回公判期日における在廷証人）
**第178条の8** 検察官及び弁護人は，証人として尋問を請求しようとする者で第1回の公判期日において取り調べられる見込みのあるものについて，これを在廷させるように努めなければならない．

（検事官，弁護人の準備の進行に関する問合せ等）
**第178条の9** 裁判所は，裁判所書記官に命じて，検察官及び弁護人の準備の進行に関し問い合わせ又はその準備を促す処置をとらせることができる．

（検察官，弁護人との事前の打合せ）
**第178条の10** ① 裁判所は，適当と認めるときは，第1回の公判期日前に，検察官及び弁護人を出頭させた上，公判期日の指定その他訴訟の進行に関し必要な事項について打合せを行なうことができる．ただし，事件につき予断を生じさせるおそれのある事項にわたることはできない．

② 前項の処置は,合議体の構成員にこれをさせることができる.

**(還付,仮還付に関する規定の活用)**
**第178条の11** 検察官は,公訴の提起後は,その事件に関し押収している物について,被告人及び弁護人が訴訟の準備をするにあたりなるべくその物を利用することができるようにするため,法第222条第1項の規定により準用される法第123条(押収物の還付,仮還付)の規定の活用を考慮しなければならない.

**(第1回の公判期日・法第275条)**
**第179条** ① 被告人に対する第1回の公判期日の召喚状の送達は,起訴状の謄本を送達する前には,これをすることができない.
② 第1回の公判期日と被告人に対する召喚状の送達との間には,少くとも5日の猶予期間を置かなければならない.但し,簡易裁判所においては,3日の猶予期間を置けば足りる.
③ 被告人に異議がないときは,前項の猶予期間を置かないことができる.
**第179条の2** 削除

**(公判期日に出頭しない者に対する処置)**
**第179条の3** 公判期日に召喚を受けた被告人その他の者が正当な理由がなく出頭しない場合には,法第58条(被告人の勾引),第96条(保釈の取消等)及び第150条から第153条まで(証人に対する制裁等)の規定等の活用を考慮しなければならない.

**(公判期日の変更の請求・法第276条)**
**第179条の4** ① 訴訟関係人は,公判期日の変更を必要とする事由が生じたときは,直ちに,裁判所に対し,その事由及びそれが継続する見込の期間を具体的に明らかにし,且つ,診断書その他の資料によりこれを疎明して,期日の変更を請求しなければならない.
② 裁判所は,前項の事由をやむを得ないものと認める場合の外,同項の請求を却下しなければならない.

**(私選弁護人差支の場合の処置・法第289条等)**
**第179条の5** ① 法第30条に掲げる者が選任した弁護人は,公判期日の変更を必要とする事由が生じたときは,直ちに,前条第1項の手続をする外,その事由及びそれが継続する見込の期間を被告人以外の選任者に知らせなければならない.
② 裁判所は,前項の事由をやむを得ないものと認める場合において,その事由が長期にわたり審理の遅延を来たす虞があると思料するときは,同項に掲げる被告人及び被告人以外の選任者に対し,一定の期間を定めて,他の弁護人を選任するかどうかの回答を求めなければならない.
③ 前項の期間内に回答がなく又は他の弁護人の選任がないときは,次の例による.但し,著しく被告人の利益を害する虞があるときは,この限りでない.
 1 弁護人がなければ開廷することができない事件については,法第289条第2項の規定により,被告人のため他の弁護人を選任して開廷することができる.
 2 弁護人がなくても開廷することができる事件については,弁護人の出頭をまたないで開廷することができる.

**(国選弁護人差支の場合の処置・法第36条等)**
**第179条の6** 法の規定により裁判所若しくは裁判長又は裁判官が付した弁護人は,期日の変更を必要とする事由が生じたときは,直ちに,第179条の4第1項の手続をするほか,その事由及びそれが継続する見込みの期間を被告人に知らせなければならない.

**(期日変更についての意見の聴取・法第276条)**
**第180条** 公判期日を変更するについては,あらかじめ,職権でこれをする場合には,検察官及び被告人又は弁護人の意見を,請求によりこれをする場合には,相手方又はその弁護人の意見を聴かなければならない.但し,急速を要する場合は,この限りでない.

**(期日変更請求の却下決定の送達・法第276条)**
**第181条** 公判期日の変更に関する請求を却下する決定は,これを送達することを要しない.

**(公判期日の不変更・法第277条)**
**第182条** ① 裁判所は,やむを得ないと認める場合の外,公判期日を変更することができない.
② 裁判所がその権限を濫用して公判期日を変更したときは,訴訟関係人は,書面で,裁判所法第80条の規定により当該裁判官に対して監督権を行う裁判所に不服の申立をすることができる.

**(不出頭の場合の資料・法第278条)**
**第183条** ① 被告人は,公判期日に召喚を受けた場合において精神又は身体の疾病その他の事由により出頭することができないと思料するときは,直ちにその事由を記載した書面及びその事由を明らかにすべき医師の診断書その他の資料を裁判所に差し出さなければならない.
② 前項の規定により医師の診断書を差し出すべき場合において被告人が貧困のためこれを得ることができないときは,裁判所は,医師に被告人に対する診断書の作成を嘱託することができる.
③ 前2項の診断書には,病名及び病状の外,その精神又は身体の病状において,公判期日に出頭することができるかどうか,自ら又は弁護人と協力して適当に防禦権を行使することができるかどうか及び出頭し又は審理を受けることにより生命又は健康状態に著しい危険を招くかどうかの点に関する医師の具体的な意見が記載されていなければならない.

**(診断書の不受理等・法第278条)**
**第184条** ① 裁判所は,前条の規定による医師の診断書が同条に定める方式に違反しているときは,これを受理してはならない.
② 裁判所は,前条の医師の診断書が同条に定める方式に違反していない場合においても,その内容が疑わしいと認めるときは,診断書を作成した医師を召喚して医師としての適格性及び診断書の内容に関しこれを証人として尋問し,又は他の適格性のある公平な医師に対し被告人の病状についての鑑定を命ずる等適当な措置を講じなければならない.

**(不当な診断書・法第278条)**
**第185条** 裁判所は,医師が第183条の規定による診断書を作成するについて,故意に,虚偽の記載をし,同条に定める方式に違反し,又は内容を不明りようなものとしその他相当でない行為があつたものと認めるときは,厚生労働大臣若しくは医師をもつて組織する団体がその医師に対し適当と認める処置をとることができるようにするためにその旨をこれらの者に通知し,又は法令によつて認められている他の適当な処置をとることができる.

**(準用規定)**
**第186条** 公判期日に召喚を受けた被告人以外の者及び公判期日の通知を受けた者については,前3条

の規定を準用する．
**(勾留に関する処分をすべき裁判官・法第180条)**
第187条 ① 公訴の提起があつた後第1回の公判期日までの勾留に関する処分は，公訴の提起を受けた裁判所の裁判官がこれをしなければならない．但し，事件の審判に関与すべき裁判官は，その処分をすることができない．
② 前項の規定によるときは同項の処分をすることができない場合には，同項の裁判官は，同一の地に在る地方裁判所又は簡易裁判所の裁判官にその処分を請求しなければならない．但し，急速を要する場合又は同一の地にその処分を請求すべき他の裁判所の裁判官がない場合には，同項但書の規定にかかわらず，自らその処分をすることを妨げない．
③ 前項の請求を受けた裁判官は，第1項の処分をしなければならない．
④ 裁判官は，第1項の処分をするについては，検察官，被告人又は弁護人の出頭を命じてその陳述を聴くことができる．必要があるときは，これらの者に対し，書類その他の物の提出を命ずることができる．但し，事件の審判に関与すべき裁判官は，事件につき予断を生ぜしむる虞のある書類その他の物の提出を命ずることができない．
⑤ 地方裁判所の支部は，第1項及び第2項の規定の適用については，これを当該裁判所と別個の地方裁判所又は家庭裁判所とみなす．
**(出頭拒否の通知・法第286条の2)**
第187条の2 勾留されている被告人が召喚を受けた公判期日に出頭することを拒否し，刑事施設職員による引致を著しく困難にしたときは，刑事施設の長は，直ちにその旨を裁判所に通知しなければならない．
**(出頭拒否についての取調べ・法第286条の2)**
第187条の3 ① 裁判所は，法第286条の2の規定により被告人の出頭をまたないで公判手続を行うには，あらかじめ，同条に定める事由が存在するかどうかを取り調べなければならない．
② 裁判所は，前項の規定による取調べをするについて必要があると認めるときは，刑事施設職員その他の関係者の出頭を命じてその陳述を聴き，又はこれらの者に対し報告書の提出を命ずることができる．
③ 第1項の規定による取調は，合議体の構成員にさせることができる．
**(不出頭のままで公判手続を行う旨の告知・法第286条の2)**
第187条の4 法第286条の2の規定により被告人の出頭をまたないで公判手続を行う場合には，裁判長は，公判廷でその旨を訴訟関係人に告げなければならない．
**(証拠調べの請求の時期・法第298条)**
第188条 証拠調べの請求は，公判期日前にも，これをすることができる．ただし，公判前整理手続において行う場合を除き，第1回の公判期日前は，この限りでない．
**(証拠調を請求する場合の書面の提出・法第298条)**
第188条の2 ① 証人，鑑定人，通訳人又は翻訳人の尋問を請求するときは，その氏名及び住居を記載した書面を差し出さなければならない．
② 証拠書類その他の書面の取調を請求するときは，その標目を記載した書面を差し出さなければならない．
**(証人尋問の時間の申出・法第298条)**

第188条の3 ① 証人の尋問を請求するときは，証人の尋問に要する見込みの時間を申し出なければならない．
② 証人の尋問を請求した者の相手方は，証人を尋問する旨の決定があつたときは，その尋問に要する見込みの時間を申し出なければならない．
③ 職権により証人を尋問する旨の決定があつたときは，検察官及び被告人又は弁護人は，その尋問に要する見込みの時間を申し出なければならない．
**(証拠調の請求の方式・法第298条)**
第189条 ① 証拠調の請求は，証拠と証明すべき事実との関係を具体的に明示して，これをしなければならない．
② 証拠書類その他の書面の一部の取調を請求するには，特にその部分を明確にしなければならない．
③ 裁判所は，必要と認めるときは，証拠調の請求をする者に対し，前2項に定める事項を明らかにする書面の提出を命ずることができる．
④ 前各項の規定に違反してされた証拠調の請求は，これを却下することができる．
**(証拠の厳選・法第298条)**
第189条の2 証拠調べの請求は，証明すべき事実の立証に必要な証拠を厳選して，これをしなければならない．
**(証拠決定・法第298条等)**
第190条 ① 証拠調又は証拠調の請求の却下は，決定でこれをしなければならない．
② 前項の決定をするについては，証拠調の請求に基く場合には，相手方又はその弁護人の意見を，職権による場合には，検察官及び被告人又は弁護人の意見を聴かなければならない．
③ 被告人が出頭しないでも証拠調を行うことができる公判期日に被告人及び弁護人が出頭していないときは，前項の規定にかかわらず，これらの者の意見を聴かないで，第1項の決定をすることができる．
**(証拠決定の送達)**
第191条 ① 証人，鑑定人，通訳人又は翻訳人を尋問する旨の決定は，公判期日前にこれをする場合においても，これを送達することを要しない．
② 前項の場合には，直ちにその氏名を訴訟関係人に通知しなければならない．
**(証人等の出頭)**
第191条の2 証人，鑑定人，通訳人又は翻訳人を尋問する旨の決定があつたときは，その取調を請求した訴訟関係人は，これらの者を期日に出頭させるように努めなければならない．
**(証人尋問の準備)**
第191条の3 証人の尋問を請求した検察官又は弁護人は，証人その他の関係者に事実を確かめる等の方法によつて，適切な尋問をすることができるように準備しなければならない．
**(証拠決定についての提示命令)**
第192条 証拠調の決定をするについて必要があると認めるときは，訴訟関係人に証拠書類又は証拠物の提示を命ずることができる．
**(証拠調の請求の順序・法第298条)**
第193条 ① 検察官は，まず，事件の審判に必要と認めるすべての証拠の取調を請求しなければならない．
② 被告人又は弁護人は，前項の請求が終つた後，事件の審判に必要と認める証拠の取調を請求することができる．
第194条及び第195条 削除

（人定質問）
第196条　裁判長は、検察官の起訴状の朗読に先だち、被告人に対し、その人違でないことを確めるに足りる事項を問わなければならない。
（法第290条の2第1項の申出がされた旨の通知の方式）
第196条の2　法第290条の2第2項後段の規定による通知は、書面でしなければならない。ただし、やむを得ない事情があるときは、この限りでない。
（公開の法廷で明らかにされる可能性があると思料する事項の告知・法第290条の2）
第196条の3　検察官は、法第290条の2第1項又は第3項の決定があつた場合において、事件の性質、審理の状況その他の事情を考慮して、被害者特定事項のうち被害者の氏名及び住所以外のに公開の法廷で明らかにされる可能性があると思料する事項があるときは、裁判所及び被告人又は弁護人にこれを告げなければならない。
（呼称の定め・法第290条の2）
第196条の4　裁判所は、法第290条の2第1項又は第3項の決定をした場合において、必要があると認めるときは、被害者の氏名その他の被害者特定事項に係る名称に代わる呼称を定めることができる。
（決定の告知・法第290条の2）
第196条の5　① 裁判所は、法第290条の2第1項若しくは第3項の決定又は同条第4項の規定によりこれらの決定を取り消す決定をしたときは、公判期日においてこれをした場合を除き、速やかに、その旨を訴訟関係人に通知しなければならない。同条第1項の決定をしないこととしたときも、同様とする。
② 裁判所は、法第290条の2第1項の決定又は同条第4項の規定により当該決定を取り消す決定をしたときは、速やかに、その旨を同条第1項の申出をした者に通知しなければならない。同項の決定をしないこととしたときも、同様とする。
（被告人の権利保護のための告知事項・法第291条）
第197条　① 裁判長は、起訴状の朗読が終つた後、被告人に対し、終始沈黙し又個々の質問に対し陳述を拒むことができる旨の外、陳述をすることもできる旨及び陳述をすれば自己に不利益な証拠ともなり又利益な証拠ともなるべき旨を告げなければならない。
② 裁判長は、必要と認めるときは、被告人に対し、前項に規定する事項の外、被告人が充分に理解していないと思料される被告人保護のための権利を説明しなければならない。
（簡易公判手続によるための処置・法第291条の2）
第197条の2　被告人が法第291条第3項の機会に公訴事実を認める旨の陳述をした場合には、裁判長は、被告人に対し簡易公判手続の趣旨を説明し、被告人の陳述がその自由な意思に基づくかどうか及び法第291条の2に定める有罪の陳述に当たるかどうかを確めなければならない。ただし、裁判所が簡易公判手続によることができず又はこれによることが相当でないと認める事件については、この限りでない。
（弁護人等の陳述）
第198条　① 裁判所は、検察官が証拠調のはじめに証拠により証明すべき事実を明らかにした後、被告人又は弁護人にも、証拠により証明すべき事実を明らかにすることを許すことができる。

② 前項の場合には、被告人又は弁護人は、証拠とすることができず、又は証拠としてその取調を請求する意思のない資料に基いて、裁判所に事件について偏見又は予断を生ぜしめる虞のある事項を述べることができない。
（争いのない事実の証拠調べ）
第198条の2　訴訟関係人は、争いのない事実については、誘導尋問、法第326条第1項の書面又は供述及び法第327条の書面の活用を検討するなどして、当該事実及び証拠の内容及び性質に応じた適切な証拠調べが行われるよう努めなければならない。
（犯罪事実に関しないことが明らかな情状に関する証拠の取調べ）
第198条の3　犯罪事実に関しないことが明らかな情状に関する証拠の取調べは、できる限り、犯罪事実に関する証拠の取調べと区別して行うよう努めなければならない。
（取調べの状況に関する立証）
第198条の4　検察官は、被告人又は被告人以外の者の供述に関し、その取調べの状況を立証しようとするときは、できる限り、取調べの状況を記録した書面その他の取調べ状況に関する資料を用いるなどして、迅速かつ的確な立証に努めなければならない。
（証拠調の順序）
第199条　① 証拠調については、まず、検察官が取調を請求した証拠で事件の審判に必要と認めるすべてのものを取り調べ、これが終つた後、被告人又は弁護人が取調を請求した証拠で事件の審判に必要と認めるものを取り調べるものとする。但し、相当と認めるときは、随時必要とする証拠を取り調べることができる。
② 前項の証拠調が終つた後においても、必要があるときは、更に証拠を取り調べることを妨げない。
（証人尋問の順序・法第304条）
第199条の2　① 訴訟関係人がまず証人を尋問する場合は、次の順序による。
1　証人の尋問を請求した者の尋問（主尋問）
2　相手方の尋問（反対尋問）
3　証人の尋問を請求した者の再度の尋問（再主尋問）
② 訴訟関係人は、裁判長の許可を受けて、更に尋問することができる。
（主尋問・法第304条等）
第199条の3　① 主尋問は、立証すべき事項及びこれに関連する事項について行う。
② 主尋問においては、証人の供述の証明力を争うために必要な事項についても尋問することができる。
③ 主尋問においては、誘導尋問をしてはならない。ただし、次の場合には、誘導尋問をすることができる。
1　証人の身分、経歴、交友関係等、実質的な尋問に入るに先だつて明らかにする必要のある準備的な事項に関するとき。
2　訴訟関係人に争のないことが明らかな事項に関するとき。
3　証人の記憶が明らかでない事項についてその記憶を喚起するため必要があるとき。
4　証人が主尋問者に対して敵意又は反感を示すとき。
5　証人が証言を避けようとする事項に関するとき。
6　証人が前の供述と相反するか又は実質的に異なる供述をした場合において、その供述した事項に関するとき。
7　その他誘導尋問を必要とする特別の事情があ

とき．
④ 誘導尋問をするについては，書面の朗読その他証人の供述に不当な影響を及ぼすおそれのある方法を避けるように注意しなければならない．
⑤ 裁判長は，誘導尋問を相当でないと認めるときは，これを制限することができる．

**（反対尋問・法第304条等）**
第199条の4 ① 反対尋問は，主尋問に現われた事項及びこれに関連する事項並びに証人の供述の証明力を争うために必要な事項について行う．
② 反対尋問は，特段の事情のない限り，主尋問終了後直ちに行わなければならない．
③ 反対尋問においては，必要があるときは，誘導尋問をすることができる．
④ 裁判長は，誘導尋問を相当でないと認めるときは，これを制限することができる．

**（反対尋問の機会における新たな事項の尋問・法第304条等）**
第199条の5 ① 証人の尋問を請求した者の相手方は，裁判長の許可を受けたときは，反対尋問の機会に，自己の主張を支持する新たな事項についても尋問をすることができる．
② 前項の規定による尋問は，同項の事項についての主尋問とみなす．

**（供述の証明力を争うために必要な事項の尋問・法第304条等）**
第199条の6 証人の供述の証明力を争うために必要な事項の尋問は，証人の観察，記憶又は表現の正確性その他の供述の信用性に関する事項及び証人の利害関係，偏見，予断等証人の信用性に関する事項について行う．ただし，みだりに証人の名誉を害する事項に及んではならない．

**（再主尋問・法第304条等）**
第199条の7 ① 再主尋問は，反対尋問に現われた事項及びこれに関連する事項について行う．
② 再主尋問については，主尋問の例による．
③ 第199条の5の規定は，再主尋問の場合に準用する．

**（補充尋問・法第304条等）**
第199条の8 裁判長及び陪席の裁判官がまず証人を尋問した後の訴訟関係人の尋問については，証人の尋問を請求した者，相手方の区別に従い，前6条の規定を準用する．

**（職権による証人の補充尋問・法第304条等）**
第199条の9 裁判所が職権で証人を取り調べる場合において，裁判長又は陪席の裁判官が尋問した後，訴訟関係人が尋問するときは，反対尋問の例による．

**（書面又は物の提示・法第304条等）**
第199条の10 ① 訴訟関係人は，書面又は物に関しその成立，同一性その他これに準ずる事項について証人を尋問する場合において必要があるときは，その書面又は物を示すことができる．
② 前項の書面又は物が証拠調を終つたものでないときは，あらかじめ，相手方にこれを閲覧する機会を与えなければならない．ただし，相手方に異議がないときは，この限りでない．

**（記憶喚起のための書面等の提示・法第304条等）**
第199条の11 ① 訴訟関係人は，証人の記憶が明かでない事項についての記憶を喚起するため必要があるときは，裁判長の許可を受けて，書面（供述を録取した書面を除く．）又は物を示して尋問することができる．
② 前項の規定による尋問については，書面の内容が証人の供述に不当な影響を及ぼすことのないように注意しなければならない．
③ 第1項の場合には，前条第2項の規定を準用する．

**（図面等の利用・法第304条等）**
第199条の12 ① 訴訟関係人は，証人の供述を明確にするため必要があるときは，裁判長の許可を受けて，図面，写真，模型，装置等を利用して尋問することができる．
② 前項の場合には，第199条の10第2項の規定を準用する．

**（尋問の方法・法第304条等）**
第199条の13 ① 訴訟関係人は，証人を尋問するに当たつては，できる限り個別的かつ具体的で簡潔な尋問によらなければならない．
② 訴訟関係人は，次に掲げる尋問をしてはならない．ただし，第2号から第4号までの尋問については，正当な理由がある場合は，この限りでない．
1 威嚇的又は侮辱的な尋問
2 すでにした尋問と重複する尋問
3 意見を求め又は議論にわたる尋問
4 証人が直接経験しなかつた事実についての尋問

**（関連性の明示・法第295条等）**
第199条の14 ① 訴訟関係人は，立証すべき事項又は主尋問若しくは反対尋問に現れた事項に関連する事項について尋問する場合には，その関連性が明らかになるような尋問をすることその他の方法により，裁判所にその関連性を明らかにしなければならない．
② 証人の観察，記憶若しくは表現の正確性その他の証言の信用性に関連する事項又は証人の利害関係，偏見，予断その他の証人の信用性に関連する事項について尋問する場合も，前項と同様とする．

**（陪席裁判官の尋問・法第304条等）**
第200条 陪席の裁判官は，証人，鑑定人，通訳人又は翻訳人を尋問するには，あらかじめ，その旨を裁判長に告げなければならない．

**（裁判長の尋問・法第304条等）**
第201条 ① 裁判長は，必要と認めるときは，何時でも訴訟関係人の証人，鑑定人，通訳人又は翻訳人に対する尋問を中止させ，自らその事項について尋問することができる．
② 前項の規定は，訴訟関係人が法第295条の制限の下において証人その他前項に規定する者を充分に尋問することができる権利を否定するものと解釈してはならない．

**（傍聴人の退席）**
第202条 裁判長は，被告人，証人，鑑定人，通訳人又は翻訳人が特定の傍聴人の面前（証人については，法第157条の3第2項に規定する措置を採る場合及び法第157条の4第1項に規定する方法による場合を含む．）で充分な供述をすることができないと思料するときは，その供述をする間，その傍聴人を退席させることができる．

**（訴訟関係人の尋問の機会・法第304条等）**
第203条 裁判長は，証人，鑑定人，通訳人又は翻訳人の尋問をする場合には，訴訟関係人に対し，これらの者を尋問する機会を与えなければならない．

**（証拠書類等の取調の方法・法第305条等）**
第203条の2 ① 裁判長は，訴訟関係人の意見を聴き，相当と認めるときは，請求により証拠書類又は証拠物中書面の意義が証拠となるものの取調をする者の朗読に代えて，その取調を請求した者，

陪席の裁判官若しくは裁判所書記官にその要旨を告げさせ、又は自らこれを告げることができる．
② 裁判長は、訴訟関係人の意見を聴き、相当と認めるときは、職権で証拠書類又は証拠物中書面の意義が証拠となるものの取調をするについての朗読に代えて、自らその要旨を告げ、又は陪席の裁判官若しくは裁判所書記官にこれを告げさせることができる．

（簡易公判手続による場合の特例・法第307条の2）
第203条の3　簡易公判手続によつて審判をする旨の決定があつた事件については、第198条、第199条及び前条の規定は、適用しない．

（証拠の証明力を争う機会・法第308条）
第204条　裁判所が適当と認める機会に検察官及び被告人又は弁護人に対し、反証の取調の請求その他の方法により証拠の証明力を争うことができる旨を告げなければならない．

（異議申立の事由・法第309条）
第205条　① 法第309条第1項の異議の申立は、法令の違反があること又は相当でないことを理由としてすることができる．但し、証拠調に関する決定に対しては、相当でないことを理由としてこれをすることはできない．
② 法第309条第2項の異議の申立は、法令の違反があることを理由とする場合に限りこれをすることができる．

（異議申立の方式、時期・法第309条）
第205条の2　異議の申立は、個々の行為、処分又は決定ごとに、簡潔にその理由を示して、直ちにしなければならない．

（異議申立に対する決定の時期・法第309条）
第205条の3　異議の申立については、遅滞なく決定をしなければならない．

（異議申立が不適法な場合の決定・法第309条）
第205条の4　時機に遅れてされた異議の申立、訴訟を遅延させる目的のみでされたことの明らかな異議の申立、その他不適法な異議の申立は、決定で却下しなければならない．但し、時機に遅れてされた異議の申立については、その申し立てた事項が重要であつてこれに対する判断を示すことが相当であると認めるときは、時機に遅れたことを理由としてこれを却下してはならない．

（異議申立が理由のない場合の決定・法第309条）
第205条の5　異議の申立を理由がないと認めるときは、決定で棄却しなければならない．

（異議申立が理由のある場合の決定・法第309条）
第205条の6　① 異議の申立を理由があると認めるときは、異議を申し立てられた行為の中止、撤回、取消又は変更を命ずる等その申立に対応する決定をしなければならない．
② 取り調べた証拠が証拠とすることができないものであることを理由とする異議の申立を理由があると認めるときは、その証拠の全部又は一部を排除する決定をしなければならない．

（重ねて異議を申し立てることの禁止・法第309条）
第206条　異議の申立について決定があつたときは、その決定で判断された事項については、重ねて異議を申し立てることはできない．

（職権による排除決定）
第207条　裁判所は、取り調べた証拠が証拠とすることができないものであることが判明したときは、職権でその証拠の全部又は一部を排除する決定をすることができる．

（釈明等）
第208条　① 裁判長は、必要と認めるときは、訴訟関係人に対し、釈明を求め、又は立証を促すことができる．
② 陪席の裁判官は、裁判長に告げて、前項に規定する処置をすることができる．
③ 訴訟関係人は、裁判長に対し、釈明のための発問を求めることができる．

（訴因、罰条の追加、撤回、変更・法第312条）
第209条　① 訴因又は罰条の追加、撤回又は変更は、書面を差し出してこれをしなければならない．
② 前項の書面には、被告人の数に応ずる謄本を添附しなければならない．
③ 裁判所は、前項の謄本を受け取つたときは、直ちにこれを被告人に送達しなければならない．
④ 検察官は、前項の送達があつた後、遅滞なく公判期日において第1項の書面を朗読しなければならない．
⑤ 法第290条の2第1項又は第3項の決定があつたときは、前項の規定による書面の朗読は、被害者特定事項を明らかにしない方法でこれを行うものとする．この場合においては、検察官は、被告人に第1項の書面を示さなければならない．
⑥ 裁判所は、第1項の規定にかかわらず、被告人が在廷する公判廷においては、口頭による訴因又は罰条の追加、撤回又は変更を許すことができる．

（弁論の分離・法第313条）
第210条　裁判所は、被告人の防禦が互に相反する等の事由があつて被告人の権利を保護するため必要があると認めるときは、検察官、被告人若しくは弁護人の請求により又は職権で、決定を以て、弁論を分離しなければならない．

（意見陳述の申出がされた旨の通知の方式・法第292条の2）
第210条の2　法第292条の2第2項後段に規定する通知は、書面でしなければならない．ただし、やむを得ない事情があるときは、この限りでない．

（意見陳述が行われる公判期日の通知）
第210条の3　① 裁判所は、法第292条の2第1項の規定により意見の陳述をさせる公判期日を、その陳述の申出をした者に通知しなければならない．
② 裁判所は、前項の通知をしたときは、当該公判期日において前項に規定する者に法第292条の2第1項の規定による意見の陳述をさせる旨を、訴訟関係人に通知しなければならない．

（意見陳述の時間）
第210条の4　裁判長は、法第292条の2第1項の規定による意見の陳述に充てることのできる時間を定めることができる．

（意見の陳述に代わる措置等の決定の告知）
第210条の5　法第292条の2第7項の決定は、公判期日前にする場合においても、送達することを要しない．この場合においては、速やかに、同項の決定の内容を、法第292条の2第1項の規定による意見の陳述の申出をした者及び訴訟関係人に通知しなければならない．

（意見を記載した書面が提出されたことの通知）
第210条の6　裁判所は、法第292条の2第7項の規定により意見を記載した書面が提出されたときは、速やかに、その旨を検察官及び被告人又は弁護人に通知しなければならない．

（準用規定）
第210条の7 ① 法第292条の2の規定による意見の陳述については、第115条及び第125条の規定を準用する。
② 法第292条の2第6項において準用する法第157条の2に規定する措置を採る旨の決定については、第107条の2の規定を準用する。法第292条の2第6項において準用する法第157条の3に規定する措置を採る旨の決定及び法第292条の2第6項において準用する法第157条の4第1項に規定する方法により意見の陳述を行う旨の決定についても同様とする。

（最終陳述・法第293条）
第211条 被告人又は弁護人には、最終に陳述する機会を与えなければならない。

（弁論の時期）
第211条の2 検察官、被告人又は弁護人は、証拠調べの後に意見を陳述するに当たつては、証拠調べ後できる限り速やかに、これを行わなければならない。

（弁論の方法）
第211条の3 検察官、被告人又は弁護人は、証拠調べの後に意見を陳述するに当たり、争いのある事実については、その意見と証拠との関係を具体的に明示して行わなければならない。

（弁論時間の制限）
第212条 裁判長は、必要と認めるときは、検察官、被告人又は弁護人の本質的な権利を害しない限り、これらの者が証拠調べの後にする意見を陳述する時間を制限することができる。

（公判手続の更新）
第213条 ① 開廷後被告人の心神喪失により公判手続を停止した場合には、公判手続を更新しなければならない。
② 開廷後長期間にわたり開廷しなかつた場合において必要があると認めるときは、公判手続を更新することができる。

（更新の手続）
第213条の2 公判手続を更新するには、次の例による。
1 裁判長は、まず、検察官に起訴状（起訴状訂正書又は訴因若しくは罰条を追加若しくは変更する書面を含む。）に基いて公訴事実の要旨を陳述させなければならない。但し、被告人及び弁護人に異議がないときは、その陳述の全部又は一部をさせないことができる。
2 裁判長は、前号の手続が終つた後、被告人及び弁護人に対し、被告事件について陳述する機会を与えなければならない。
3 更新前の公判期日における被告人若しくは被告人以外の者の供述を録取した書面又は更新前の公判期日における裁判所の検証の結果を記載した書面並びに更新前の公判期日において取り調べた書面又は物については、職権で証拠書類又は証拠物として取り調べなければならない。但し、裁判所は、証拠とすることができないと認める書面又は物及び証拠とするのを相当でないと認め且つ訴訟関係人が取り調べないことに異議のない書面又は物については、これを取り調べない旨の決定をしなければならない。
4 裁判長は、前号本文に掲げる書面又は物を取り調べる場合において訴訟関係人が同意したときは、その全部若しくは一部を朗読し又は示すことに代えて、相当と認める方法でこれを取り調べることができる。
5 裁判長は、取り調べた各個の証拠について訴訟関係人の意見及び弁解を聴かなければならない。

（弁論の再開請求の却下決定の送還）
第214条 終結した弁論の再開の請求を却下する決定は、これを送達することを要しない。

（公判廷の写真撮影等の制限）
第215条 公判廷における写真の撮影、録音又は放送は、裁判所の許可を得なければ、これをすることができない。但し、特別の定のある場合は、この限りでない。

（判決宣告期日の告知・法第284条等）
第216条 ① 法第284条又は第285条に掲げる事件について判決の宣告のみをすべき公判期日の召喚状には、その公判期日に判決を宣告する旨をも記載しなければならない。
② 前項の事件について、同項の公判期日を刑事施設職員に通知して召喚する場合には、その公判期日に判決の宣告をする旨をも通知しなければならない。この場合には、刑事施設職員は、被告人に対し、その旨をも通知しなければならない。

（破棄後の手続）
第217条 事件が上訴裁判所から差し戻され、又は移送された場合には、次の例による。
1 第1回の公判期日までの勾留に関する処分は、裁判所がこれを行う。
2 第188条ただし書の規定は、これを適用しない。
3 証拠保全の請求又は法第226条若しくは第227条の証人尋問の請求は、これをすることができない。

第2節 争点及び証拠の整理手続
第1款 公判前整理手続
第1目 通則

（審理予定の策定・法第316条の2等）
第217条の2 ① 裁判所は、公判前整理手続においては、充実した公判の審理を継続的、計画的かつ迅速に行うことができるように公判の審理予定を定めなければならない。
② 訴訟関係人は、法及びこの規則に定める義務を履行することにより、前項の審理予定の策定に協力しなければならない。

（公判前整理手続に付する旨の決定の送達・法第316条の2）
第217条の3 公判前整理手続に付する旨の決定は、これを送達することを要しない。

（弁護人を必要とする旨の通知・法第316条の4等）
第217条の4 裁判所は、事件を公判前整理手続に付したときは、遅滞なく、被告人に対し、弁護人がなければ公判前整理手続をすることができないことのほか、当該事件が第177条に規定する事件以外の事件である場合には、弁護人がなければ開廷することができない旨をも知らせなければならない。ただし、被告人に弁護人があるときは、この限りでない。

（公判前整理手続期日の指定・法第316条の6）
第217条の5 公判前整理手続期日を定めるについては、その期日前に訴訟関係人がすべき準備を考慮しなければならない。

（公判前整理手続期日の変更の請求・法第316条の6）
第217条の6 ① 訴訟関係人は、公判前整理手続期日の変更を必要とする事由が生じたときは、直ちに、裁判長に対し、その事由及びそれが継続する見込み

の期間を具体的に明らかにして,期日の変更を請求しなければならない.
② 裁判長は,前項の事由をやむを得ないものと認める場合のほか,同項の請求を却下しなければならない.
(公判前整理手続期日の変更についての意見の聴取・法第316条の6)
第217条の7　公判前整理手続期日を変更するについては,あらかじめ,職権でこれをする場合には,検察官及び被告人又は弁護人の意見を,請求によりこれをする場合には,相手方又はその弁護人の意見を聴かなければならない.
(公判前整理手続期日の変更に関する命令の送達・法第316条の6)
第217条の8　公判前整理手続期日の変更に関する命令は,これを送達することを要しない.
(公判前整理手続期日の不変更・法第316条の6)
第217条の9　裁判長は,やむを得ないと認める場合のほか,公判前整理手続期日を変更することができない.
(被告人の公判前整理手続期日への出頭についての通知・法第316条の9)
第217条の10　裁判所は,被告人に対し公判前整理手続期日に出頭することを求めたときは,速やかに,その旨を検察官及び弁護人に通知しなければならない.
(公判前整理手続を受命裁判官にさせる旨の決定の送達・法第316条の11)
第217条の11　合議体の構成員に命じて公判前整理手続をさせる旨の決定は,これを送達することを要しない.
(公判前整理手続期日における決定等の告知)
第217条の12　公判前整理手続期日においてした決定又は命令は,これに立ち会つた訴訟関係人には送達又は通知することを要しない.
(決定の告知・法第316条の5)
第217条の13　公判前整理手続において法第316条の5第7号から第9号までの決定をした場合には,その旨を検察官及び被告人又は弁護人に通知しなければならない.
(公判前整理手続調書の記載要件・法第316条の12)
第217条の14　① 公判前整理手続調書には,次に掲げる事項を記載しなければならない.
1　被告事件名及び被告人の氏名
2　公判前整理手続をした裁判所又は受命裁判官,年月日及び場所
3　裁判官及び裁判所書記官の官氏名
4　出頭した検察官の官氏名
5　出頭した被告人,弁護人,代理人及び補佐人の氏名
6　出頭した通訳人の氏名
7　通訳人の尋問及び供述
8　証明予定事実その他の公判期日においてすることを予定している事実上及び法律上の主張
9　証拠調べの請求その他の申立て
10　証拠と証明すべき事実との関係(証拠の標目自体によつて明らかである場合を除く.)
11　取調べを請求する証拠が法第328条の証拠であるときは,その旨
12　法第309条の異議の申立て及びその理由
13　法第326条の同意
14　訴因又は罰条の追加,撤回又は変更に関する事項(起訴状の訂正に関する事項を含む.)
15　証拠開示に関する裁定に関する事項

16　決定及び命令.ただし,次に掲げるものを除く.
　イ　証拠調べの順序及び方法を定める決定(法第316条の5第8号)
　ロ　主任弁護人及び副主任弁護人以外の弁護人の申立て,請求,質問等の許可(第25条)
　ハ　証拠決定についての提示命令(第192条)
17　事件の争点及び証拠の整理の結果を確認した旨並びにその内容
② 前項に掲げる事項以外の事項であつても,公判前整理手続期日における手続中,裁判長又は受命裁判官が訴訟関係人の請求によるほか職権で記載を命じた事項は,これを公判前整理手続調書に記載しなければならない.
(公判前整理手続調書の署名押印,認印・法第316条の12)
第217条の15　① 公判前整理手続調書には,裁判所書記官が署名押印し,裁判長又は受命裁判官が認印しなければならない.
② 裁判長に差し支えがあるときは,他の裁判官の1人が,その事由を付記して認印しなければならない.
③ 地方裁判所の1人の裁判官,簡易裁判所の裁判官又は受命裁判官に差し支えがあるときは,裁判所書記官が,その事由を付記して署名押印しなければならない.
④ 裁判所書記官に差し支えがあるときは,裁判長又は受命裁判官が,その事由を付記して認印しなければならない.
(公判前整理手続調書の整理・法第316条の12)
第217条の16　公判前整理手続調書は,各公判前整理手続期日後速やかに,遅くとも第1回公判期日までにこれを整理しなければならない.
(公判前整理手続調書の記載に対する異議申立て等・法第316条の12)
第217条の17　公判前整理手続調書については,法第51条第1項及び第2項本文並びに第52条並びにこの規則第48条の規定を準用する.この場合において,法第52条中「公判期日における訴訟手続」とあるのは「公判前整理手続期日における手続」,第48条中「裁判長」とあるのは「裁判長又は受命裁判官」と読み替えるものとする.
(公判前整理手続に付された場合の特例・法第316条の2)
第217条の18　公判前整理手続に付する旨の決定があつた事件については,第178条の6第1項並びに第2項第2号及び第3号,第178条の7,第178条の8並びに第193条の規定は,適用しない.
　　　　第2目　争点及び証拠の整理
(証明予定事実等の明示方法・法第316条の13等)
第217条の19　① 検察官は,法第316条の13第1項又は第316条の21第1項に規定する書面に証明予定事実を記載するについては,事件の争点及び証拠の整理に必要な事項を具体的かつ簡潔に明示しなければならない.
② 被告人又は弁護人は,法第316条の17第1項又は第316条の22第1項の規定により証明予定事実その他の公判期日においてすることを予定している事実上及び法律上の主張を明らかにするについては,事件の争点及び証拠の整理に必要な事項を具体的かつ簡潔に明示しなければならない.
(証明予定事実の明示における留意事項・法第316条の13等)
第217条の20　検察官及び被告人又は弁護人は,証

明予定事実を明らかにするに当たつては,事実とこれを証明するために用いる主要な証拠との関係を具体的に明示することその他の適切な方法によつて,事件の争点及び証拠の整理が円滑に行われるように努めなければならない.
**(期限の告知・法第316条の13等)**
**第217条の21** 公判前整理手続において,法第316条の13第4項,第316条の16第2項(法第316条の21第4項において準用する場合を含む.),第316条の17第3項,第316条の19第2項(法第316条の22第4項において準用する場合を含む.),第316条の21第3項又は第316条の22第3項に規定する期限を定めた場合には,これを検察官及び被告人又は弁護人に通知しなければならない.
**(期限の厳守・法第316条の13等)**
**第217条の22** 訴訟関係人は,前条に規定する期限が定められた場合には,これを厳守し,事件の争点及び証拠の整理に支障を来さないようにしなければならない.
**(期限を守らない場合の措置・法第316条の16等)**
**第217条の23** 裁判所は,公判前整理手続において法第316条の16第2項(法第316条の21第4項において準用する場合を含む.),第316条の17第3項,第316条の19第2項(法第316条の22第4項において準用する場合を含む.),第316条の21第3項又は第316条の22第3項に規定する期限を定めた場合において,当該期限までに,意見若しくは主張が明らかにされず,又は証拠調べの請求がされない場合においても,公判の審理を開始する場合を相当と認めるときは,公判前整理手続を終了することができる.

### 第3目 証拠開示に関する裁定
**(証拠不開示の理由の告知・法第316条の15等)**
**第217条の24** 検察官は,法第316条の15第1項(法第316条の21第4項において準用する場合を含む.)又は第316条の20第1項(法第316条の22第5項において準用する場合を含む.)の規定により被告人又は弁護人から開示の請求があつた証拠について,これを開示しない場合には,被告人又は弁護人に対し,開示しない理由を告げなければならない.

**(証拠開示に関する裁定の請求の方式・法第316条の25等)**
**第217条の25** ① 法第316条の25第1項又は第316条の26第1項の規定による証拠開示に関する裁定の請求は,書面を差し出してこれをしなければならない.
② 前項の請求をした者は,速やかに,同項の書面の謄本を相手方又はその弁護人に送付しなければならない.
③ 裁判所は,第1項の規定にかかわらず,公判前整理手続期日においては,同項の請求を口頭ですることを許すことができる.
**(証拠標目一覧表の記載事項・法第316条の27)**
**第217条の26** 法第316条の27第2項の一覧表には,証拠ごとに,その種類,供述者又は作成者及び作成年月日のほか,同項の規定による証拠の提示を命ずるかどうかの判断のために必要と認める事項を記載しなければならない.

### 第2款 期日間整理手続
**(準用規定)**
**第217条の27** 期日間整理手続については,前款(第217条の18を除く.)の規定を準用する.この場合において,これらの規定(見出しを含む.)中「公判前整理手続期日」とあるのは「期日間整理手続期日」と,「公判前整理手続調書」とあるのは「期日間整理手続調書」と読み替えるほか,第217条の2から第217条の11までの見出し,第217条の13(見出しを含む.),第217条の14の見出し及び同条第1項第16号イ,第217条の15から第217条の17までの見出し,第217条の19(見出しを含む.),第217条の20の見出し,第217条の21(見出しを含む.),第217条の22の見出し,第217条の23及び第217条の24(これらの規定の見出しを含む.),第217条の25の見出し及び同条第1項並びに前条(見出しを含む.)中「法」とあるのは「法第316条の28第2項において準用する法」と,第217条の16中「第1回公判期日」とあるのは「期日間整理手続終了後の最初の公判期日」と読み替えるものとする.

### 第3款 公判手続の特例
**(審理予定に従つた公判の審理の進行)**
**第217条の28** ① 裁判所は,公判前整理手続又は期日間整理手続に付された事件については,公判の審理を当該公判前整理手続又は期日間整理手続において定められた予定に従つて進行させるように努めなければならない.
② 訴訟関係人は,公判の審理が公判前整理手続又は期日間整理手続において定められた予定に従つて進行するよう,裁判所に協力しなければならない.
**(公判前整理手続等の結果を明らかにする手続・法第316条の31)**
**第217条の29** ① 公判前整理手続又は期日間整理手続に付された事件について,公判前整理手続又は期日間整理手続の結果を明らかにするには,公判前整理手続調書若しくは期日間整理手続調書を朗読し,又はその要旨を告げなければならない.法第316条の2第2項(法第316条の28第2項において準用する場合を含む.)に規定する書面についても,同様とする.
② 裁判所は,前項の規定により公判前整理手続又は期日間整理手続の結果を明らかにする場合には,裁判所書記官に命じて行わせることができる.
③ 法第290条の2第1項又は第3項の決定があつたときは,前2項の規定による公判前整理手続調書又は期日間整理手続調書の朗読又は要旨の告知は,被害者特定事項を明らかにしない方法でこれを行うものとする.法第316条の2第2項(法第316条の28第2項において準用する場合を含む.)に規定する書面についても,同様とする.
**(やむを得ない事由の疎明・法第316条の32)**
**第217条の30** 公判前整理手続又は期日間整理手続に付された事件について,公判前整理手続又は期日間整理手続において請求しなかつた証拠の取調べを請求するときは,やむを得ない事由によつてその証拠の取調べを請求することができなかつたことを疎明しなければならない.
**(やむを得ない事由により請求することができなかつた証拠の取調べの請求・法第316条の32)**
**第217条の31** 公判前整理手続又は期日間整理手続に付された事件について,やむを得ない事由により公判前整理手続又は期日間整理手続において請求することができなかつた証拠の取調べを請求するときは,その事由がやんだ後,できる限り速やかに,

### 第3節 被害者参加
**(被害者参加の申出がされた旨の通知の方式・法第316条の33)**
**第217条の32** 法第316条の33第2項後段の規定による通知は,書面でしなければならない. ただし,やむを得ない事情があるときは,この限りでない.
**(委託の届出等・法第316条の34等)**
**第217条の33** ① 法第316条の34及び第316条の36から第316条の38までに規定する行為を弁護士に委託した被害者参加人は,当該行為を当該弁護士に行わせるに当たり,あらかじめ,委託した旨を当該弁護士と連署した書面で裁判所に届け出なければならない.
② 前項の規定による届出は,審級ごとにしなければならない.
③ 第1項の書面に委託した行為を特定する記載がないときは,法第316条の34及び第316条の36から第316条の38までに規定するすべての行為を委託したものとみなす.
④ 第1項の規定による届出は,弁論が併合された事件であつて,当該被害者参加人が手続への参加を許されたものについてもその効力を有する. ただし,当該被害者参加人が,手続への参加を許された事件のうち当該届出の効力を及ぼさない旨の申述をしたものについては,この限りでない.
⑤ 第1項の規定による届出をした被害者参加人が委託の全部又は一部を取り消したときは,その旨を書面で裁判所に届け出なければならない.
**(代表者選定の求めの記録化・法第316条の34)**
**第217条の34** 法第316条の34第3項(同条第5項において準用する場合を含む. 次条において同じ.)の規定により公判期日又は公判準備に出席する代表者の選定を求めたときは,裁判所書記官は,これを記録上明らかにしなければならない.
**(選定された代表者の通知・法第316条の34)**
**第217条の35** 法第316条の34第3項の規定により公判期日又は公判準備に出席する代表者に選定された者は,速やかに,その旨を裁判所に通知しなければならない.
**(意見陳述の時期・法第316条の38)**
**第217条の36** 法第316条の38第1項の規定による意見の陳述は,法第293条第1項の規定による検察官の意見の陳述の後速やかに,これをしなければならない.
**(意見陳述の時間・法第316条の38)**
**第217条の37** 裁判長は,法第316条の38第1項の規定による意見の陳述に充てることのできる時間を定めることができる.
**(決定の告知・法第316条の33等)**
**第217条の38** ① 裁判所は,法第316条の33第1項の申出に対する決定又は同項の決定を取り消す決定をしたときは,その旨を同項の申出をした者に通知しなければならない.
② 裁判所は,法第316条の34第4項(同条第5項において準用する場合を含む. 第4項において同じ.)の規定による公判期日又は公判準備への出席を許さない旨の決定をしたときは,速やかに,その旨を出席を許さないこととされた者に通知しなければならない.
③ 裁判所は,法第316条の36第1項,法第316条の37第1項又は第316条の38第1項の申出に対する決定をしたときは,速やかに,その旨を当該申出をした者に通知しなければならない.
④ 裁判所は,法第316条の33第1項に対する決定若しくは同項の決定を取り消す決定,法第316条の34第4項の規定による公判期日又は公判準備への出席を許さない旨の決定,法第316条の36第1項,法第316条の37第1項若しくは法第316条の38第1項の申出に対する決定,法第316条の39第1項に規定する措置を採る旨の決定若しくは同項の決定を取り消す決定又は同条第4項若しくは第5項に規定する措置を採る旨の決定をしたときは,公判期日においてこれをした場合を除き,速やかに,その旨を訴訟関係人に通知しなければならない.

### 第4節 公判の裁判
**(判決書への引用)**
**第218条** 地方裁判所又は簡易裁判所においては,判決書には,起訴状に記載された公訴事実又は訴因若しくは罰条を追加若しくは変更する書面に記載された事実を引用することができる.
**第218条の2** 地方裁判所又は簡易裁判所においては,簡易公判手続又は即決裁判手続によつて審理をした事件の判決書には,公判調書に記載された証拠の標目を特定して引用することができる.
**(調書判決)**
**第219条** ① 地方裁判所又は簡易裁判所においては,上訴の申立てがない場合には,裁判所書記官に判決主文並びに罪となるべき事実の要旨及び適用した罰条を判決の宣告をした公判期日の調書の末尾に記載させ,これをもつて判決書に代えることができる. ただし,判決宣告の日から14日以内でかつ判決の確定前に判決書の謄本の請求があつたときは,この限りでない.
② 前項の記載については,判決をした裁判官が,裁判所書記官とともに署名押印しなければならない.
③ 前項の場合には,第46条第3項及び第4項並びに第55条後段の規定を準用する.
**(公訴棄却の決定の送達の特例・法第339条)**
**第219条の2** ① 法第339条第1項第1号の規定による公訴棄却の決定は,被告人に送達することを要しない.
② 前項の決定をした場合において被告人に弁護人があるときは,弁護人にその旨を通知しなければならない.
**(上訴期間等の告知)**
**第220条** 有罪の判決の宣告をする場合には,被告人に対し,上訴期間及び上訴申立書を差し出すべき裁判所を告知しなければならない.
**(保護観察の趣旨等の説示・法第333条)**
**第220条の2** 保護観察に付する旨の判決の宣告をする場合には,裁判長は,被告人に対し,保護観察の趣旨その他必要と認める事項を説示しなければならない.
**(判決宣告後の訓戒)**
**第221条** 裁判長は,判決の宣告をした後,被告人に対し,その将来について適当な訓戒をすることができる.
**(判決の通知・法第284条)**
**第222条** 法第284条に掲げる事件について被告人の不出頭のまま判決の宣告をした場合には,直ちにその旨及び判決主文を被告人に通知しなければならない. 但し,代理人又は弁護人が判決の宣告をした公判期日に出頭した場合は,この限りでない.

（保護観察の判決の通知等）
第222条の2 ① 裁判所は，保護観察に付する旨の判決の宣告をしたときは，速やかに，判決書の謄本若しくは抄本又は保護観察を受けるべき者の氏名，年齢，住居，罪名，判決の主文，犯罪事実の要旨及び宣告の年月日を記載した書面をその者の保護観察を担当すべき保護観察所の長に送付しなければならない．この場合において，裁判所は，その者が保護観察の期間中遵守すべき特別の事項に関する意見を記載した書面を添付することができる．
② 前項前段の書面には，同項後段に規定する意見以外の裁判所の意見その他保護観察の資料となるべき事項を記載した書面を添付することができる．
（保護観察の成績の報告）
第222条の3 保護観察に付する旨の判決をした裁判所は，保護観察の期間中，保護観察所の長に対し，保護観察を受けている者の成績について報告を求めることができる．
（執行猶予取消請求の方式・法第349条）
第222条の4 刑の執行猶予の言渡の取消の請求は，取得の事由を具体的に記載した書面でしなければならない．
（資料の差出し・法第349条）
第222条の5 刑の執行猶予の言渡しの取消しの請求をするには，取消しの事由があることを認めるべき資料を差し出さなければならない．その請求が刑法第26条の2第2号の規定による猶予の言渡の取消しを求めるものであるときは，保護観察所の長の申出があつたことを認めるべき資料をも差し出さなければならない．
（請求書の謄本の差出し，送達・法第349条等）
第222条の6 ① 刑法第26条の2第2号の規定による猶予の言渡の取消しを請求するときは，検察官は，請求と同時に請求書の謄本を裁判所に差し出さなければならない．
② 裁判所は，前項の謄本を受け取つたときは，遅滞なく，これを猶予の言渡を受けた者に送達しなければならない．
（口頭弁論請求権の通知等・法第349条の2）
第222条の7 ① 裁判所は，刑法第26条の2第2号の規定による猶予の言渡しの取消しの請求を受けたときは，遅滞なく，猶予の言渡を受けた者に対し，口頭弁論を請求することができる旨及びこれを請求する場合には弁護人を選任することができる旨を知らせ，かつ，口頭弁論を請求するかどうかを確かめなければならない．
② 前項の規定により口頭弁論を請求するかどうかを確めるについては，猶予の言渡を受けた者に対し，一定の期間を定めて回答を求めることができる．
（出頭命令・法第349条等）
第222条の8 裁判所は，猶予の言渡の取消の請求を受けた場合において必要があると認めるときは，猶予の言渡を受けた者に出頭を命ずることができる．
（口頭弁論・法第349条の2）
第222条の9 法第349条の2第2項の規定による口頭弁論については，次の例による．
1 裁判長は，口頭弁論期日を定めなければならない．
2 口頭弁論期日には，猶予の言渡を受けた者に出頭を命じなければならない．
3 口頭弁論期日は，検察官及び弁護人に通知しなければならない．
4 裁判所は，検察官，猶予の言渡を受けた者若しくは弁護人の請求により，又は職権で，口頭弁論期日を変更することができる．
5 口頭弁論は，公開の法廷で行う．法廷は，裁判官及び裁判所書記官が列席し，かつ，検察官が出席して開く．
6 猶予の言渡を受けた者が期日に出頭しないときは，開廷することができない．但し，正当な理由がなく出頭しないときは，この限りでない．
7 猶予の言渡を受けた者の請求があるとき，又は公の秩序若しくは善良の風俗を害する虞があるときは，口頭弁論を公開しないことができる．
8 口頭弁論については，調書を作らなければならない．
（準用規定・法第350条）
第222条の10 法第350条の請求については，第222条の4，第222条の5前段及び第222条の8の規定を準用する．

# 第4章 即決裁判手続

## 第1節 即決裁判手続の申立て
（書面の添付・法第350条の2）
第222条の11 即決裁判手続の申立書には，法第350条の2第3項に定める手続をしたことを明らかにする書面を添付しなければならない．
（同意確認のための国選弁護人選任の請求・法第350条の3）
第222条の12 法第350条の3第1項の請求は，法第350条の2第3項の確認を求めた検察官が所属する地方裁判所若しくは簡易裁判所の裁判官又はその地方裁判所の所在地（その支部の所在地を含む．）に在る簡易裁判所の裁判官にこれをしなければならない．
（同意確認のための私選弁護人選任の申出・法第350条の3）
第222条の13 その資力（法第36条の2に規定する資力をいう．第280条の3第1項において同じ．）が基準額（法第36条の3第1項に規定する基準額をいう．第280条の3第1項において同じ．）以上である被疑者が法第350条の3第1項の請求をする場合においては，同条第2項において準用する法第37条の3第2項の規定により法第31条の2第1項の申出をすべき弁護士会は法第350条の2第3項の確認を求めた検察官が所属する検察庁の所在地を管轄する地方裁判所の管轄区域内に在る弁護士会とし，当該弁護士会が法第350条の3第2項において準用する法第37条の3第3項の規定により通知をすべき地方裁判所は当該検察庁の所在地を管轄する地方裁判所とする．

## 第2節 公判準備及び公判手続の特例
（即決裁判手続の申立ての却下）
第222条の14 ① 裁判所は，即決裁判手続の申立てがあつた事件について，法第350条の8各号のいずれかに該当する場合には，決定でその申立てを却下しなければならない．法第291条第3項の手続に際し，被告人が起訴状に記載された訴因について有罪である旨の陳述をしなかつた場合も，同様とする．
② 前項の決定は，これを告知することを要しない．
（弁護人選任に関する通知・法第350条の6）
第222条の15 裁判所は，死刑又は無期若しくは長期3年を超える懲役若しくは禁錮に当たる事件以外の事件について，即決裁判手続の申立てがあつた

ときは，第177条の規定にかかわらず，遅滞なく，被告人に対し，弁護人を選任することができる旨及び貧困その他の事由により弁護人を選任することができないときは弁護人の選任を請求することができる旨のほか，弁護人がなければ法第350条の8の手続を行う公判期日及び即決裁判手続による公判期日を開くことができない旨をも知らせなければならない．ただし，被告人に弁護人があるときは，この限りでない．

（弁護人のない事件の処置・法第350条の9）
**第222条の16** ① 裁判所は，即決裁判手続の申立てがあつた場合において，被告人に弁護人がないときは，第178条の規定にかかわらず，遅滞なく，被告人に対し，弁護人を選任するかどうかを確かめなければならない．
② 裁判所は，前項の処置をするについては，被告人に対し，一定の期間を定めて回答を求めなければならない．
③ 前項の期間内に回答がなく又は弁護人の選任がないときは，裁判長は，直ちに被告人のため弁護人を選任しなければならない．

（公判期日の指定・法第350条の7）
**第222条の17** 法第350条の7の公判期日は，できる限り，公訴が提起された日から14日以内の日を定めなければならない．

（即決裁判手続による場合の特例）
**第222条の18** 即決裁判手続によつて審判をする旨の決定があつた事件については，第198条，第199条及び第203条の2の規定は，適用しない．

**第222条の19** ① 即決裁判手続によつて審理し，即日判決の言渡しをした事件の公判調書については，判決の言渡しをした公判期日から21日以内にこれを整理すれば足りる．
② 前項の場合には，その公判調書の記載の正確性についての異議の申立期間との関係においては，その公判調書を整理すべき最終日にこれを整理したものとみなす．

**第222条の20** ① 即決裁判手続によつて審理し，即日判決の言渡しをした事件について，裁判長の許可があるときは，裁判所書記官は，第44条第1項第19号及び第22号に掲げる記載事項の全部又は一部を省略することができる．ただし，控訴の申立てがあつた場合は，この限りでない．
② 検察官及び弁護人は，裁判長が前項の許可をする際に，意見を述べることができる．

## 第3編 上 訴

## 第1章 通 則

（上訴放棄の申立裁判所・法第359条等）
**第223条** 上訴放棄の申立は，原裁判所にしなければならない．

（上訴取下の申立裁判所・法第359条等）
**第223条の2** ① 上訴取下の申立は，上訴裁判所にこれをしなければならない．
② 訴訟記録を上訴裁判所に送付する前に上訴の取下をする場合には，その申書を原裁判所に差し出すことができる．

（上訴取下の申立の方式・法第359条等）
**第224条** 上訴取下の申立は，書面でこれをしなければならない．但し，公判廷においては，口頭でこれをすることができる．この場合には，その申立を調書に記載しなければならない．

（同意書の差出・法第360条）
**第224条の2** 法第353条又は第354条に規定する者は，上訴の放棄又は取下をするときは，同時に，被告人のこれに同意する旨の書面を差し出さなければならない．

（上訴権回復請求の方式・法第363条）
**第225条** 上訴権回復の請求は，書面でこれをしなければならない．

（上訴権回復請求の理由の疎明・法第363条）
**第226条** 上訴権回復の理由となる事実は，これを疎明しなければならない．

（刑事施設に収容中の被告人の上訴・法第366条）
**第227条** ① 刑事施設に収容されている被告人が上訴をするには，刑事施設の長又はその代理者を経由して上訴の申立書を差し出さなければならない．
② 刑事施設の長又はその代理者は，原裁判所に上訴の申立書を送付し，かつ，これを受け取つた年月日を通知しなければならない．

**第228条** 刑事施設に収容されている被告人が上訴の提起期間内に上訴の申立書を刑事施設の長又はその代理者に差し出したときは，上訴の提起期間内に上訴をしたものとみなす．

（刑事施設に収容中の被告人の上訴放棄等・法第367条）
**第229条** 刑事施設に収容されている被告人が上訴の放棄若しくは取下又は上訴権回復の請求をする場合には，前2条の規定を準用する．

（上訴等の通知）
**第230条** ① 上訴，上訴の放棄若しくは取下又は上訴権回復の請求があつたときは，裁判所書記官は，速やかにこれを相手方に通知しなければならない．

**第231条から第234条まで** 削除

## 第2章 控 訴

（訴訟記録等の送付）
**第235条** 控訴の申立が明らかに控訴権の消滅後にされたものである場合を除いては，第一審裁判所は，公判調書の記載の正確性についての異議申立期間の経過後，速やかに訴訟記録及び証拠物を控訴裁判所に送付しなければならない．

（控訴趣意書の差出期間・法第376条）
**第236条** ① 控訴裁判所は，訴訟記録の送付を受けたときは，速やかに控訴趣意書を差し出すべき最終日を指定してこれを控訴申立人に通知しなければならない．控訴申立人に弁護人があるときは，その通知は，弁護人にもこれをしなければならない．
② 前項の通知は，通知書を送達してこれをしなければならない．
③ 第1項の最終日は，控訴申立人に対する前項の送達があつた日の翌日から起算して21日以後の日でなければならない．
④ 第2項の通知書の送達があつた場合において第1項の最終日の指定が前項の規定に違反しているときは，第1項の規定にかかわらず，控訴申立人に対する送達があつた日の翌日から起算して21日目の日を最終日とみなす．

（訴訟記録到達の通知）
**第237条** 控訴裁判所は，前条の通知をする場合には，同時に訴訟記録の送付があつた旨を検察官又は

被告人で控訴申立人でない者に通知しなければならない．被告人に弁護人があるときは，その通知は，弁護人にこれをしなければならない．
（期間経過後の控訴趣意書）
第238条　控訴裁判所は，控訴趣意書を差し出すべき期間経過後に控訴趣意書を受け取つた場合においても，その遅延がやむを得ない事情に基くと認めるときは，これを期間内に差し出されたものとして審判をすることができる．
（主任弁護人以外の弁護人の控訴趣意書・法第34条）
第239条　控訴趣意書は，主任弁護人以外の弁護人もこれを差し出すことができる．
（控訴趣意書の記載）
第240条　控訴趣意書には，控訴の理由を簡潔に明示しなければならない．
（控訴趣意書の謄本）
第241条　控訴趣意書には，相手方の数に応ずる謄本を添附しなければならない．
（控訴趣意書の謄本の送達）
第242条　控訴裁判所は，控訴趣意書を受け取つたときは，速やかにその謄本を相手方に送達しなければならない．
（答弁書）
第243条　① 控訴の相手方は，控訴趣意書の謄本の送達を受けた日から7日以内に答弁書を控訴裁判所に差し出すことができる．
② 検察官が相手方であるときは，重要と認める控訴の理由について答弁書を差し出さなければならない．
③ 裁判所は，必要と認めるときは，控訴の相手方に対し，一定の期間を定めて，答弁書を差し出すべきことを命ずることができる．
④ 答弁書には，相手方の数に応ずる謄本を添附しなければならない．
⑤ 控訴裁判所は，答弁書を受け取つたときは，速やかにその謄本を控訴申立人に送達しなければならない．
（被告人の移送）
第244条　① 被告人が刑事施設に収容されている場合において公判期日を指定すべきときは，控訴裁判所は，その旨を対応する検察庁の検察官に通知しなければならない．
② 検察官は，前項の通知を受けたときは，速やかに被告人を控訴裁判所の所在地の刑事施設に移さなければならない．
③ 被告人が控訴裁判所の所在地の刑事施設に移されたときは，検察官は，速やかに被告人の移された刑事施設を控訴裁判所に通知しなければならない．
（受命裁判官の報告書）
第245条　① 裁判長は，合議体の構成員に控訴申立書，控訴趣意書及び答弁書を検閲して報告書を作らせることができる．
② 公判期日には，受命裁判官は，弁論前に，報告書を朗読しなければならない．
（判決書の記載）
第246条　判決書には，控訴の趣意及び重要な答弁について，その要旨を記載しなければならない．この場合において，適当と認めるときは，控訴趣意書又は答弁書に記載された事実を引用することができる．
（最高裁判所への移送・法第406条）
第247条　控訴裁判所は，憲法の違反があること又は憲法の解釈に誤があることのみを理由として控訴の申立をした事件について，相当と認めるときは，訴訟関係人の意見を聴いて，決定でこれを最高裁判所に移送することができる．
（移送の許可の申請・法第406条）
第248条　① 前条の決定は，最高裁判所の許可を受けてこれをしなければならない．
② 前項の許可は，書面でこれを求めなければならない．
③ 前項の書面には，原判決の謄本及び控訴趣意書の謄本を添附しなければならない．
（移送の決定の効力・法第406条）
第249条　第247条の決定があつたときは，控訴の申立があつた時に控訴趣意書に記載された理由による上告の申立があつたものとみなす．
（準用規定）
第250条　控訴の審判については，特別の定のある場合を除いては，第2編中公判に関する規定を準用する．

## 第3章　上　告

（訴訟記録の送付）
第251条　上告の申立が明らかに上告権の消滅後にされたものである場合を除いては，原裁判所は，公判調書の記載の正確性についての異議申立期間の経過後，速やかに訴訟記録を上告裁判所に送付しなければならない．
（上告趣意書の差出期間・法第414条等）
第252条　① 上告趣意書を差し出すべき最終日は，その指定の通知書が上告申立人に送達された日の翌日から起算して28日目以後の日でなければならない．
② 前項の規定による最終日の通知書の送達があつた場合においてその指定が同項の規定に違反しているときは，その送達があつた日の翌日から起算して28日目の日を最終日とみなす．
（判例の掲示）
第253条　判例と相反する判断をしたことを理由として上告の申立をした場合には，上告趣意書にその判例を具体的に示さなければならない．
（跳躍上告・法第406条）
第254条　① 地方裁判所又は簡易裁判所がした第一審判決に対しては，その判決において法律，命令，規則若しくは処分が憲法に違反するものとした判断又は地方公共団体の条例若しくは規則が法律に違反するものとした判断が不当であることを理由として，最高裁判所に上告をすることができる．
② 検察官は，地方裁判所，家庭裁判所又は簡易裁判所がした第一審判決に対し，その判決において地方公共団体の条例又は規則が憲法又は法律に適合するものとした判断が不当であることを理由として，最高裁判所に上告をすることができる．
（跳躍上告と控訴・法第406条）
第255条　前条の上告は，控訴の申立があつたときは，その効力を失う．但し，控訴の取下又は控訴棄却の裁判があつたときは，この限りでない．
（違憲判断事件の優先審判）
第256条　最高裁判所は，原判決において法律，命令，規則又は処分が憲法に違反するものとした判断が不当であることを上告の理由とする事件については，原裁判において同種の判断をしていない他のすべての事件に優先して，これを審判しなければならない．

（上告審としての事件受理の申立・法第406条）
第257条　高等裁判所がした第一審又は第二審の判決に対しては、その事件が法令（裁判所の規則を含む。）の解釈に関する重要な事項を含むものと認めるときは、上訴権者は、その判決に対する上告の提起期間内に限り、最高裁判所に上告審として事件を受理すべきことを申し立てることができる。但し、法第405条に規定する事由をその理由とすることはできない。
（申立の方式・法第406条）
第258条　前条の申立をするには、申立書を原裁判所に差し出さなければならない。
（原判決の謄本の交付・法第406条）
第258条の2　① 第257条の申立があつたときは、原裁判所に対して法第46条の規定による判決の謄本の交付の請求があつたものとみなす。但し、申立人が申立の前に判決の謄本の交付を受けているときは、この限りでない。
② 前項本文の場合には、原裁判所は、遅滞なく判決の謄本を申立人に交付しなければならない。
③ 第1項但書又は前項の場合には、裁判所書記官は、判決の謄本を交付した日を記録上明らかにしておかなければならない。
（事件受理の申立理由書・法第406条）
第258条の3　① 第258条の2第2項の規定による謄本の交付を受けたときはその日から、前条第1項但書の場合には第257条の申立をした日から14日以内に理由書を原裁判所に差し出さなければならない。この場合には、理由書に相手方の数に応ずる謄本及び原判決の謄本を添附しなければならない。
② 前項の理由書には、第一審判決の内容を摘記する等の方法により、申立の理由をできる限り具体的に記載しなければならない。
（原裁判所の棄却決定・法第406条）
第259条　第257条の申立が明らかに申立権の消滅後にされたものであるとき、又は前条第1項の理由書が同項の期間内に差し出されないときは、原裁判所は、決定で申立を棄却しなければならない。
（申立書の送付等・法第406条）
第260条　① 原裁判所は、第258条の3第1項の理由書及び添附書類を受け取つたときは、前条の場合を除いて、速やかにこれを第258条の申立書とともに最高裁判所に送付しなければならない。
② 最高裁判所は、前項の送付を受けたときは、速やかにその年月日を検察官に通知しなければならない。
（事件受理の決定・法第406条）
第261条　① 最高裁判所は、自ら上告書として事件を受理するのを相当と認めるときは、前条の送付を受けた日から14日以内にその旨の決定をしなければならない。この場合において申立の理由中に重要でないと認めるものがあるときは、これを排除することができる。
② 最高裁判所は、前項の決定をしたときは、同項の期間内にこれを検察官に通知しなければならない。
（事件受理の決定の通知・法第406条）
第262条　最高裁判所は、前条第1項の決定をしたときは、速やかにその旨を原裁判所に通知しなければならない。
（事件受理の決定の効力等・法第406条）
第263条　第261条第1項の決定があつたときは、第258条の3第1項の理由書は、その理由（第261条第1項後段の規定により排除された理由を除

く。）を上告の理由とする上告趣意書とみなす。
② 前項の理由書の謄本を相手方に送達する場合において、第261条第1項後段の規定により排除された理由があるときは、同時にその決定の謄本をも送達しなければならない。
（申立の効力・法第406条）
第264条　第257条の申立は、原判決の確定を妨げる効力を有する。但し、申立を棄却する決定があつたとき、又は第261条第1項の決定がされないで同項の期間が経過したときは、この限りでない。
（被告人の移送・法第409条）
第265条　上告審においては、公判期日を指定すべき場合においても、被告人の移送は、これを必要としない。
（準用規定）
第266条　上告の審判については、特別の定のある場合を除いて、前章の規定を準用する。
（判決訂正申立等の方式・法第415条）
第267条　① 判決を訂正する申立は、書面でこれをしなければならない。
② 前項の書面には、申立の理由を簡潔に明示しなければならない。
③ 判決訂正の申立期間延長の申立については、前2項の規定を準用する。
（判決訂正申立の通知・法第415条）
第268条　前条第1項の申立があつたときは、速やかにその旨を相手方に通知しなければならない。
（却下決定の送達・法第415条）
第269条　判決訂正の申立期間延長の申立を却下する決定は、これを送達することを要しない。
（判決訂正申立についての裁判・法第416条等）
第270条　① 判決訂正の申立についての裁判は、原判決をした裁判所を構成した裁判官全員で構成される裁判所がこれをしなければならない。但し、その裁判官が死亡した場合その他やむを得ない事情がある場合は、この限りでない。
② 前項但書の場合にも、原判決をするについて反対意見を表示した裁判官が多数となるように構成された裁判所においては、同項の裁判をすることができない。

## 第4章　抗告

（訴訟記録等の送付）
第271条　① 原裁判所は、必要と認めるときは、訴訟記録及び証拠物を抗告裁判所に送付しなければならない。
② 抗告裁判所は、訴訟記録及び証拠物の送付を求めることができる。
（抗告裁判所の決定の通知）
第272条　抗告裁判所の決定は、これを原裁判所に通知しなければならない。
（準用規定）
第273条　法第429条及び第430条の請求があつた場合には、前2条の規定を準用する。
（特別抗告申立書の記載・法第433条）
第274条　法第433条の抗告の申立書には、抗告の趣旨を簡潔に記載しなければならない。
（特別抗告についての調査の範囲・法第433条）
第275条　最高裁判所は、法第433条の抗告については、申立書に記載された抗告の趣意についてのみ調査をするものとする。但し、法第405条に規定す

る事由については、職権で調査をすることができる.
(準用規定)
第276条　法第433条の抗告の申立があつた場合には，第256条，第271条及び第272条の規定を準用する.

## 第4編　少年事件の特別手続

(審理の方針)
第277条　少年事件の審理については，懇切を旨とし，且つ事実の真相を明らかにするため，家庭裁判所の取り調べた証拠は，つとめてこれを取り調べるようにしなければならない.

(少年鑑別所への送致令状の記載要件・少年法第44条)
第278条　① 少年法第44条第2項の規定により発する令状には，少年の氏名，年齢及び住居，罪名，被疑事実の要旨，法第60条第1項各号に定める事由，収容すべき少年鑑別所，有効期間及びその期間経過後は執行に着手することができず令状はこれを返還しなければならない旨並びに請求及び発付の年月日を記載し，裁判官が，これに記名押印しなければならない.
② 前項の令状の執行は，法及びこの規則中勾留状の執行に関する規定に準じてこれをしなければならない.

(国選弁護人・法第37条等)
第279条　少年の被告人に弁護人がないときは，裁判所は，なるべく，職権で弁護人を附さなければならない.

(家庭裁判所調査官の観護に付する決定の効力・少年法第45条)
第280条　少年法第17条第1項第1号の措置は，事件を終局させる裁判の確定によりその効力を失う.

(観護の措置が勾留とみなされる場合の国選弁護人選任の請求等・少年法第45条等)
第280条の2　① 少年法第45条第7号（同法第45条の2において準用する場合を含む. 次条第1項において同じ.）の規定により被疑者に勾留状が発せられているものとみなされる場合における法第37条の2第1項の請求は，少年法第19条第2項（同法第23条第3項において準用する場合を含む. 次項及び次条第1項において同じ.）若しくは第20条の決定をした家庭裁判所の所属する地方裁判所の裁判官又はその地方裁判所の所在地（その支部の所在地を含む.）に在る簡易裁判所の裁判官にこれをしなければならない.
② 前項に規定する場合における法第37条の4の規定による弁護人の選任に関する処分は，少年法第19条第2項若しくは第20条の決定をした家庭裁判所の裁判官，その所属する家庭裁判所の所在地を管轄する地方裁判所の裁判官又はその地方裁判所の所在地（その支部の所在地を含む.）に在る簡易裁判所の裁判官がこれをしなければならない.
③ 第1項の被疑者が同項の地方裁判所の管轄区域外に在る刑事施設に収容されたときは，同項の規定にかかわらず，法第37条の2第1項の請求は，当該刑事施設の所在地を管轄する地方裁判所の裁判官又はその地方裁判所の所在地（その支部の所在地を含む.）に在る簡易裁判所の裁判官にこれをしなければならない.
④ 前項に規定する場合における法第37条の4の規定による弁護人の選任に関する処分は，第2項の規定にかかわらず，前項の刑事施設の所在地を管轄する地方裁判所の裁判官又はその地方裁判所の所在地（その支部の所在地を含む.）に在る簡易裁判所の裁判官がこれをしなければならない. 法第37条の5及び第38条の3第4項の規定による弁護人の選任に関する処分についても同様とする.

(観護の措置が勾留とみなされる場合の私選弁護人選任の申出・少年法第45条等)
第280条の3　① 少年法第45条第7号の規定により勾留状が発せられているものとみなされた被疑者でその資力が基準額以上であるものが法第37条の2第1項の請求をする場合においては，法第31条の3第2項の規定により法第31条の2第1項の申出をすべき弁護士会は少年法第19条第2項又は第20条の決定をした家庭裁判所の所在地を管轄する地方裁判所の管轄区域内に在る弁護士会とし，当該弁護士会が法第37条の3第3項の規定により通知をすべき地方裁判所は当該家庭裁判所の所在地を管轄する地方裁判所とする.
② 前項の被疑者が同項の地方裁判所の管轄区域外に在る刑事施設に収容された場合において，法第37条の2第1項の請求をするときは，前項の規定にかかわらず，法第37条の3第2項の規定により法第31条の2第1項の申出をすべき弁護士会は当該刑事施設の所在地を管轄する地方裁判所の管轄区域内に在る弁護士会とし，当該弁護士会が法第37条の3第3項の規定により通知をすべき地方裁判所は当該刑事施設の所在地を管轄する地方裁判所とする.

(勾留に代わる措置の請求・少年法第43条)
第281条　少年事件において，検察官が裁判官に対し勾留の請求に代え少年法第17条第1項の措置を請求する場合には，第147条から第150条までの規定を準用する.

(準用規定)
第282条　被告人又は被疑者は少年鑑別所に収容又は拘禁されている場合には，この規則中刑事施設に関する規定を準用する.

## 第5編　再審

(請求の手続)
第283条　再審の請求をするには，その趣意書に原判決の合本，証拠書類及び証拠物を添えてこれを管轄裁判所に差し出さなければならない.

(準用規定)
第284条　再審の請求又はその取下については，第224条，第227条，第228条及び第230条の規定を準用する.

(請求の競合)
第285条　① 第一審の確定判決と控訴を棄却した確定判決とに対して再審の請求があつたときは，控訴裁判所は，決定で第一審裁判所の訴訟手続が終了するに至るまで，訴訟手続を停止しなければならない.
② 第一審又は第二審の確定判決と上告を棄却した確定判決とに対して再審の請求があつたときは，上告裁判所は，決定で第一審裁判所又は控訴裁判所の訴訟手続が終了するに至るまで，訴訟手続を停止しなければならない.

(意見の聴取)

第286条　再審の請求について決定をする場合には，請求をした者及びその相手方の意見を聴かなければならない．有罪の言渡を受けた者の法定代理人又は保佐人が請求をした場合には，有罪の言渡を受けた者の意見をも聴かなければならない．

## 第6編　略式手続

第287条　削除
（書面の添附・法第461条の2等）
第288条　略式命令の請求書には，法第461条の2第1項に定める手続をしたことを明らかにする書面を添附しなければならない．
（書類等の差出）
第289条　検察官は，略式命令の請求と同時に，略式命令をするために必要があると思料する書類及び証拠物を裁判所に差し出さなければならない．
（略式命令の時期等）
第290条　① 略式命令は，遅くともその請求のあつた日から14日以内にこれを発しなければならない．
② 裁判所は，略式命令の謄本の送達ができなかつたときは，直ちにその旨を検察官に通知しなければならない．
（準用規定）
第291条　法第463条の2第2項の決定については，第219条の2の規定を準用する．
（起訴状の謄本の差出等・法第463条）
第292条　① 検察官は，法第463条第3項の通知を受けたときは，速やかに被告人の数に応ずる起訴状の謄本を裁判所に差し出さなければならない．
② 前項の場合には，第176条の規定の適用があるものとする．
（書類等の返還）
第293条　裁判所は，法第463条第3項又は第465条第2項の通知をしたときは，直ちに第289条の書類及び証拠物を検察官に返還しなければならない．
（準用規定）
第294条　正式裁判の請求，その取下又は正式裁判請求権回復の請求については，第224条から第228条まで及び第230条の規定を準用する．

## 第7編　裁判の執行

（訴訟費用免除の申立等・法第500条等）
第295条　① 訴訟費用の負担を命ずる裁判の執行免除の申立又は裁判の解釈を求める申立若しくは裁判の執行についての異議の申立は，書面でこれをしなければならない．申立の取下についても，同様である．
② 前項の申立又はその取下については，第227条及び第228条の規定を準用する．
（免除の申立裁判所・法第500条）
第295条の2　① 訴訟費用の負担を命ずる裁判の執行免除の申立は，その裁判を言い渡した裁判所にしなければならない．但し，事件が上訴審において終結した場合には，全部の訴訟費用について，その上訴裁判所にしなければならない．
② 前項の申立を受けた裁判所は，その申立について決定をしなければならない．但し，前項但書の規定による申立を受けた裁判所は，自ら決定をするのが適当でないと認めるときは，訴訟費用の負担を命ずる裁判を言い渡した下級の裁判所に決定をさせることができる．この場合には，その旨を記載し，かつ，裁判長が認可した送付書とともに申立書及び関係書類を送付するものとする．
③ 前項但書の規定による送付をしたときは，裁判所は，直ちにその旨を検察官に通知しなければならない．
（申立書が申立裁判所以外の裁判所に差し出された場合・法第500条）
第295条の3　前条第1項の規定により申立をすべき裁判所以外の裁判所（事件の係属した裁判所に限る．）に申立書が差し出されたときは，裁判所は，すみやかに申立書をすべき裁判所に送付しなければならない．この場合において申立書が申立期間内に差し出されたときは，申立期間内に申立があつたものとみなす．
（申立書の記載要件・法第500条）
第295条の4　訴訟費用の負担を命ずる裁判の執行免除の申立書には，その裁判を言い渡した裁判所を表示し，かつ，訴訟費用を完納することができない事由を具体的に記載しなければならない．
（検察官に対する通知・法第500条）
第295条の5　訴訟費用の負担を命ずる裁判の執行免除の申立書が差し出されたときは，裁判所は，直ちにその旨を検察官に通知しなければならない．

## 第8編　補則

（申立その他の申述の方式）
第296条　① 裁判所又は裁判官に対する申立その他の申述は，書面又は口頭でこれをすることができる．但し，特別の定のある場合は，この限りでない．
② 口頭による申述は，裁判所書記官の面前でこれをしなければならない．
③ 前項の場合には，裁判所書記官は，調書を作らなければならない．
（刑事収容施設に収容中又は留置中の被告人又は被疑者の申述）
第297条　刑事施設の長，留置業務管理者若しくは海上保安留置業務管理者又はその代理者は，刑事収容施設に収容され，又は留置されている被告人又は被疑者が裁判所又は裁判官に対して申立てその他の申述をしようとするときは，努めてその便宜を図り，ことに，被告人又は被疑者が自ら申述書を作ることができないときは，これを代書し，又は所属の職員にこれを代書させなければならない．
（書類の発送，受理等）
第298条　① 書類の発送及び受理は，裁判所書記官がこれを取り扱う．
② 訴訟関係人その他の者に対する通知は，裁判所書記官にこれをさせることができる．
③ 訴訟関係人その他の者に対し通知をした場合には，これを記録上明らかにしておかなければならない．
（裁判官に対する取調等の請求）
第299条　① 検察官，検察事務官又は司法警察職員の裁判官に対する取調，処分又は令状の請求は，当該事件の管轄にかかわらず，これらの者の所属の官公署の所在地を管轄する地方裁判所又は簡易裁判所の裁判官にこれをしなければならない．但し，やむを得ない事情があるときは，最寄の下級裁判所の裁判官にこれをすることができる．
② 前項の請求は，少年事件については，同項本文の規定にかかわらず，同項に規定する者の所属の官公署の所在地を管轄する家庭裁判所の裁判官にもこれをすることができる．

(令状の有効期間)
**第300条** 令状の有効期間は,令状発付の日から7日とする.但し,裁判所又は裁判官は,相当と認めるときは,7日を超える期間を定めることができる.
(書類,証拠物の閲覧等)
**第301条** ① 裁判長又は裁判官は,訴訟に関する書類及び証拠物の謄写について,日時,場所及び時間を指定することができる.
② 裁判長又は裁判官は,訴訟に関する書類及び証拠物の閲覧又は謄写について,書類の破棄その他不法な行為を防ぐため必要があると認めるときは,裁判所書記官その他の裁判所職員をこれに立ち合わせ,又はその他の適当な措置を講じなければならない.
(裁判官の権限)
**第302条** ① 法において裁判所若しくは裁判長と同一の権限を有するものとされ,裁判所がする処分に関する規定の準用があるものとされ,又は裁判所若しくは裁判長に属する処分をすることができるものとされている受命裁判官,受託裁判官その他の裁判官は,その処分に関しては,この規則においても,同様である.
② 法第224条又は第225条の請求を受けた裁判官は,その処分に関し,裁判所又は裁判長と同一の権限を有する.
(検察官及び弁護人の訴訟遅延行為に対する処置)
**第303条** ① 裁判所は,検察官又は弁護士である弁護人が訴訟手続に関する法律又は裁判所の規則に違反し,審理又は公判前整理手続若しくは期日間整理手続の迅速な進行を妨げた場合には,その検察官又は弁護人に対し理由の説明を求めることができる.
② 前項の場合において,裁判所は,特に必要があると認めるときは,検察官については,当該検察官に対して指揮監督の権を有する者に,弁護人については,当該弁護士の属する弁護士会又は日本弁護士連合会に通知し,適当の処置をとるべきことを請求しなければならない.
③ 前項の規定による請求を受けた者は,そのとつた処置を裁判所に通知しなければならない.
(被告事件終結後の訴訟記録の送付)
**第304条** ① 裁判所は,被告事件の終結後,速やかに訴訟記録を第一審裁判所に対応する検察庁の検察官に送付しなければならない.
② 前項の送付は,被告事件が上訴審において終結した場合には,当該被告事件の係属した下級の裁判所を経由してしなければならない.
(代替収容の場合における規定の適用)
**第305条** 刑事収容施設及び被収容者等の処遇に関する法律第15条第1項の規定により留置施設に留置されるまでについては,留置施設を刑事施設と,留置業務管理者を刑事施設の長と,留置担当官(同法第16条第2項に規定する留置担当官をいう.)を刑事施設職員とみなして,第62条第3項,第80条第1項及び第2項,第91条第1項第2号及び第3号,第92条の2,第153条第4項,第187条の2,第187条の3第2項,第216条第2項,第227条(第138条の8,第229条,第284条,第294条及び第295条第2項において準用する場合を含む.),第228条(第138条の8,第229条,第284条,第294条及び第295条第2項において準用する場合を含む.),第229条,第244条,第280条の2第3項及び第4項並びに第280条の3第2項の規定を適用する.

# 81 少年法

(昭23・7・15法律第168号,昭24・1・1施行,
最終改正:平20・6・18法律第71号)

[目 次]
第1章 総 則 (1条・2条)
第2章 少年の保護事件
　第1節 通 則 (3条−5条の3)
　第2節 通告,警察官の調査等 (6条−7条)
　第3節 調査及び審判 (8条−31条の2)
　第4節 抗 告 (32条−36条)
第3章 成人の刑事事件 (37条−39条)
第4章 少年の刑事事件
　第1節 通 則 (40条)
　第2節 手 続 (41条−50条)
　第3節 処分 (51条−60条)
第5章 雑 則 (61条)

## 第1章 総 則

(この法律の目的)
**第1条** この法律は,少年の健全な育成を期し,非行のある少年に対して性格の矯正及び環境の調整に関する保護処分を行うとともに,少年の刑事事件について特別の措置を講ずることを目的とする.
(少年,成人,保護者)
**第2条** ① この法律で「少年」とは,20歳に満たない者をいい,「成人」とは,満20歳以上の者をいう.
② この法律で「保護者」とは,少年に対して法律上監護教育の義務ある者及び少年を現に監護する者をいう.

## 第2章 少年の保護事件

### 第1節 通 則
(審判に付すべき少年)
**第3条** ① 次に掲げる少年は,これを家庭裁判所の審判に付する.
1 罪を犯した少年
2 14歳に満たないで刑罰法令に触れる行為をした少年
3 次に掲げる事由があつて,その性格又は環境に照して,将来,罪を犯し,又は刑罰法令に触れる行為をする虞のある少年
　イ 保護者の正当な監督に服しない性癖のあること.
　ロ 正当の理由がなく家庭に寄り附かないこと.
　ハ 犯罪性のある人若しくは不道徳な人と交際し,又はいかがわしい場所に出入すること.
　ニ 自己又は他人の徳性を害する行為をする性癖のあること.
② 家庭裁判所は,前項第2号に掲げる少年及び同項第3号に掲げる少年で14歳に満たない者については,都道府県知事又は児童相談所長から送致を受けたときに限り,これを審判に付することができる.
(判事補の職権)
**第4条** 第20条の決定以外の裁判は,判事補が1人でこれをすることができる.
(管 轄)
**第5条** ① 保護事件の管轄は,少年の行為地,住所,居所又は現在地による.
② 家庭裁判所は,保護の適正を期するため特に必要があると認めるときは,決定をもつて,事件を他の

管轄家庭裁判所に移送することができる.
③ 家庭裁判所は,事件がその管轄に属しないと認めるときは,決定をもつて,これを管轄家庭裁判所に移送しなければならない.
(被害者等による記録の閲覧及び謄写)
第5条の2 ① 裁判所は,第3条第1項第1号又は第2号に掲げる少年に係る保護事件について,第21条の決定があつた後,最高裁判所規則の定めるところにより当該保護事件の被害者等(被害者又はその法定代理人若しくは被害者が死亡した場合若しくはその心身に重大な故障がある場合におけるその配偶者,直系の親族若しくは兄弟姉妹をいう. 以下同じ.)又は被害者等から委託を受けた弁護士から,その保管する当該保護事件の記録(家庭裁判所が専ら当該少年の保護の必要性を判断するために収集したもの及び家庭裁判所調査官が家庭裁判所による当該少年の保護の必要性の判断に資するよう作成し又は収集したものを除く.)の閲覧又は謄写の申出があるときは,閲覧又は謄写を求める理由が正当でないと認める場合及び少年の健全な育成に対する影響,事件の性質,調査又は審判の状況その他の事情を考慮して閲覧又は謄写をさせることが相当でないと認める場合を除き,申出をした者にその閲覧又は謄写をさせるものとする.
② 前項の申出は,その申出に係る保護事件を終局させる決定が確定した後3年を経過したときは,することができない.
③ 第1項の規定により記録の閲覧又は謄写をした者は,正当な理由がないのに閲覧又は謄写により知り得た少年の氏名その他少年の身上に関する事項を漏らしてはならず,かつ,閲覧又は謄写により知り得た事項をみだりに用いて,少年の健全な育成を妨げ,関係人の名誉若しくは生活の平穏を害し,又は調査若しくは審判に支障を生じさせる行為をしてはならない.
(閲覧又は謄写の手数料)
第5条の3 前条第1項の規定による記録の閲覧又は謄写の手数料については,その性質に反しない限り,民事訴訟費用等に関する法律(昭和46年法律第40号)第7条から第10条まで及び別表第2の1の項の規定(同項上欄中「(事件の係属中に当事者等が請求するものを除く.)」とある部分を除く.)を準用する.

**第2節 通告,警察官の調査等**

(通 告)
第6条 ① 家庭裁判所の審判に付すべき少年を発見した者は,これを家庭裁判所に通告しなければならない.
② 警察官又は保護者は,第3条第1項第3号に掲げる少年について,直接これを家庭裁判所に送致し,又は通告するよりも,先ず児童福祉法(昭和22年法律第164号)による措置にゆだねるのが適当であると認めるときは,その少年を直接児童相談所に通告することができる.
(警察官等の調査)
第6条の2 ① 警察官は,客観的な事情から合理的に判断して,第3条第1項第2号に掲げる少年であると疑うに足りる相当の理由のある者を発見した場合において,必要があるときは,事件について調査をすることができる.
② 前項の調査は,少年の情操の保護に配慮しつつ,事案の真相を明らかにし,もつて少年の健全な育成

のための措置に資することを目的として行うものとする.
③ 警察官は,国家公安委員会規則の定めるところにより,少年の心理その他の特性に関する専門的知識を有する警察職員(警察官を除く.)に調査(第6条の5第1項の処分を除く.)をさせることができる.
(調査における付添人)
第6条の3 少年及び保護者は,前条第1項の調査に関し,いつでも,弁護士である付添人を選任することができる.
(呼出し,質問,報告の要求)
第6条の4 ① 警察官は,調査をするについて必要があるときは,少年,保護者又は参考人を呼び出し,質問することができる.
② 前項の質問に当たつては,強制にわたることがあつてはならない.
③ 警察官は,調査について,公務所又は公私の団体に照会して必要な事項の報告を求めることができる.
(押収,捜索,検証,鑑定嘱託)
第6条の5 ① 警察官は,第3条第1項第2号に掲げる少年に係る事件の調査をするについて必要があるときは,押収,捜索,検証又は鑑定の嘱託をすることができる.
② 刑事訴訟法(昭和23年法律第131号)中,司法警察職員の行う押収,捜索,検証及び鑑定の嘱託に関する規定(同法第224条を除く.)は,前項の場合に,これを準用する. この場合において,これらの規定中「司法警察員」とあるのは「司法警察員たる警察官」と,「司法巡査」とあるのは「司法巡査たる警察官」と読み替えるほか,同法第499条第1項中「検察官」とあるのは「警視総監若しくは道府県警察本部長又は警察署長」と,「政令」とあるのは「国家公安委員会規則」と,同条第2項中「国庫」とあるのは「当該都道府県警察又は警察署の属する都道府県」と読み替えるものとする.
(警察官の送致等)
第6条の6 ① 警察官は,調査の結果,次の各号のいずれかに該当するときは,当該調査に係る書類とともに事件を児童相談所長に送致しなければならない.
1 第3条第1項第2号に掲げる少年に係る事件について,その少年の行為が第22条の2第1項各号に掲げる罪に係る刑罰法令に触れるものであると思料するとき.
2 前号に掲げるもののほか,第3条第1項第2号に掲げる少年に係る事件について,家庭裁判所の審判に付することが適当であると思料するとき.
② 警察官は,前項の規定により児童相談所長に送致した事件について,児童福祉法第27条第1項第4号の措置がとられた場合において,証拠物があるときは,これを家庭裁判所に送付しなければならない.
③ 警察官は,第1項の規定により事件を送致した場合を除き,児童福祉法第25条の規定により調査に係る少年を児童相談所に通告するときは,国家公安委員会規則の定めるところにより,児童相談所に対し,同法による措置をとるについて参考となる当該調査の概要及び結果を通知するものとする.
(都道府県知事又は児童相談所長の送致)
第6条の7 ① 都道府県知事又は児童相談所長は,前条第1項(第1号に係る部分に限る.)の規定により送致を受けた事件については,児童福祉法第27条第1項第4号の措置をとらなければならない. ただし,調査の結果,その必要がないと認められる

ときは、この限りでない。
② 都道府県知事又は児童相談所長は、児童福祉法の適用がある少年について、たまたま、その行動の自由を制限し、又はその自由を奪うような強制的措置を必要とするときは、同法第33条及び第47条の規定により委ねられる場合を除き、これを家庭裁判所に送致しなければならない。

（家庭裁判所調査官の報告）
**第7条** ① 家庭裁判所調査官は、家庭裁判所の審判に付すべき少年を発見したときは、これを裁判官に報告しなければならない。
② 家庭裁判所調査官は、前項の報告に先だち、少年及び保護者について、事情を調査することができる。

### 第3節 調査及び審判

（事件の調査）
**第8条** ① 家庭裁判所は、第6条第1項の通告又は前条第1項の報告により、審判に付すべき少年があると思料するときは、事件について調査しなければならない。検察官、司法警察員、警察官、都道府県知事又は児童相談所長から家庭裁判所の審判に付すべき少年事件の送致を受けたときも、同様とする。
② 家庭裁判所は、家庭裁判所調査官に命じて、少年、保護者又は参考人の取調その他の必要な調査を行わせることができる。

（調査の方針）
**第9条** 前条の調査は、なるべく、少年、保護者又は関係人の行状、経歴、素質、環境等について、医学、心理学、教育学、社会学その他の専門的智識特に少年鑑別所の鑑別の結果を活用して、これを行うように努めなければならない。

（被害者等の申出による意見の聴取）
**第9条の2** 家庭裁判所は、最高裁判所規則の定めるところにより第3条第1項第1号又は第2号に掲げる少年に係る事件の被害者等から、被害に関する心情その他の事件に関する意見の申出があるときは、自らこれを聴取し、又は家庭裁判所調査官に命じてこれを聴取させるものとする。ただし、事件の性質、調査又は審判の状況その他の事情を考慮して、相当でないと認めるときは、この限りでない。

（付添人）
**第10条** ① 少年及び保護者は、家庭裁判所の許可を受けて、付添人を選任することができる。ただし、弁護士を付添人に選任するには、家庭裁判所の許可を要しない。
② 保護者は、家庭裁判所の許可を受けて、付添人となることができる。

（呼出、同行）
**第11条** ① 家庭裁判所は、事件の調査又は審判について必要があると認めるときは、少年又は保護者に対して、呼出状を発することができる。
② 家庭裁判所は、正当な理由がなく前項の呼出に応じない者に対して、同行状を発することができる。

（緊急の場合の同行）
**第12条** ① 家庭裁判所は、少年が保護のため緊急を要する状態にあつて、その福祉上必要であると認めるときは、前条第2項の規定にかかわらず、その少年に対して、同行状を発することができる。
② 裁判長は、急速を要する場合には、前項の処分をし、又は合議体の構成員にこれをさせることができる。

（同行状の執行）
**第13条** ① 同行状は、家庭裁判所調査官がこれを執行する。
② 家庭裁判所は、警察官、保護観察官又は裁判所書記官をして、同行状を執行させることができる。
③ 裁判長は、急速を要する場合には、前項の処分をし、又は合議体の構成員にこれをさせることができる。

（証人尋問・鑑定・通訳・翻訳）
**第14条** ① 家庭裁判所は、証人を尋問し、又は鑑定、通訳若しくは翻訳を命ずることができる。
② 刑事訴訟法中、裁判所の行う証人尋問、鑑定、通訳及び翻訳に関する規定は、保護事件の性質に反しない限り、前項の場合に、これを準用する。

（検証、押収、捜索）
**第15条** ① 家庭裁判所は、検証、押収又は捜索をすることができる。
② 刑事訴訟法中、裁判所の行う検証、押収及び捜索に関する規定は、保護事件の性質に反しない限り、前項の場合に、これを準用する。

（援助、協力）
**第16条** ① 家庭裁判所は、調査及び観察のため、警察官、保護観察官、保護司、児童福祉司（児童福祉法第12条の3第2項第4号に規定する児童福祉司をいう。第26条第1項において同じ。）又は児童委員に対して、必要な援助をさせることができる。
② 家庭裁判所は、その職務を行うについて、公務所、公私の団体、学校、病院その他に対して、必要な協力を求めることができる。

（観護の措置）
**第17条** ① 家庭裁判所は、審判を行うため必要があるときは、決定をもつて、次に掲げる観護の措置をとることができる。
1 家庭裁判所調査官の観護に付すること。
2 少年鑑別所に送致すること。
② 同行された少年については、観護の措置は、遅くとも、到着のときから24時間以内に、これを行わなければならない。検察官又は司法警察員から勾留又は逮捕された少年の送致を受けたときも、同様である。
③ 第1項第2号の措置においては、少年鑑別所に収容する期間は、2週間を超えることができない。ただし、特に継続の必要があるときは、決定をもつて、これを更新することができる。
④ 前項ただし書の規定による更新は、1回を超えて行うことができない。ただし、第3条第1項第1号に掲げる少年に係る死刑、懲役又は禁錮に当たる罪の事件でその非行事実（犯行の動機、態様及び結果その他の当該犯罪に密接に関連する事実を含む。以下同じ。）の認定に関し証人尋問、鑑定若しくは検証を行うことを決定したもの又はこれを行つたものについて、収容の期間を延長して審判に著しい支障が生じるおそれがあると認めるに足りる相当の理由がある場合には、その更新は、更に2回を限度として、行うことができる。
⑤ 第3項ただし書の規定にかかわらず、検察官から再び送致を受けた事件が先に第1項第2号の措置がとられ、又は勾留状が発せられた事件であるときは、収容の期間は、これを更新することができない。
⑥ 裁判官が第43条第1項の請求により、第1項第1号の措置をとつた場合において、事件が家庭裁判所に送致されたときは、その措置は、これを第1項第1号の措置とみなす。
⑦ 裁判官が第43条第1項の請求により第1項第2号の措置をとつた場合において、事件が家庭裁判所

に送致されたときは、その措置は、これを第1項第2号の措置とみなす。この場合には、第3項の期間は、家庭裁判所が事件の送致を受けた日から、これを起算する。
⑧ 観護の措置は、決定をもって、これを取り消し、又は変更することができる。
⑨ 第1項第2号の措置については、収容の期間は、通じて8週間を超えることができない。ただし、その収容の期間が通じて4週間を超えることとなる決定を行うときは、第4項ただし書に規定する事由がなければならない。
⑩ 裁判長は、急速を要する場合には、第1項及び第8項の処分をし、又は合議体の構成員にこれをさせることができる。

(異議の申立て)
**第17条の2** ① 少年、その法定代理人又は付添人は、前条第1項第2号は第3項ただし書の決定に対して、保護事件の係属する家庭裁判所に異議の申立てをすることができる。ただし、付添人は、選任者である保護者の明示した意思に反して、異議の申立てをすることはできない。
② 前項の異議の申立ては、審判に付すべき事由がないことを理由としてすることはできない。
③ 第1項の異議の申立てについては、家庭裁判所は、合議体で決定をしなければならない。この場合において、その決定には、原決定に関与した裁判官は、関与することができない。
④ 第32条の3、第33条及び第34条の規定は、第1項の異議の申立てがあつた場合について準用する。この場合において、第33条第2項中「取り消して、事件を原裁判所に差し戻し、又は他の家庭裁判所に移送しなければならない」とあるのは、「取り消し、必要があるときは、更に裁判をしなければならない」と読み替えるものとする。

(特別抗告)
**第17条の3** ① 第35条第1項の規定は、前条第3項の決定について準用する。この場合において、第35条第1項中「2週間」とあるのは、「5日」と読み替えるものとする。
② 前条第4項及び第32条の2の規定は、前項の規定による抗告があつた場合について準用する。

(少年鑑別所送致の場合の仮収容)
**第17条の4** ① 家庭裁判所は、第17条第1項第2号の措置をとつた場合において、直ちに少年鑑別所に収容することが著しく困難であると認める事情があるときは、決定をもって、少年を仮に最寄りの少年院又は刑事施設の特に区別した場所に収容することができる。ただし、その期間は、収容した時から72時間を超えることができない。
② 裁判長は、急速を要する場合には、前項の処分をし、又は合議体の構成員にこれをさせることができる。
③ 第1項の規定による収容の期間は、これを第17条第1項第2号の少年鑑別所に収容した期間とみなし、同条第3項の期間は、少年院又は刑事施設に収容した日から、これを起算する。
④ 裁判官が第43条第1項の請求のあつた事件につき、第1項の収容をした場合において、事件が家庭裁判所に送致されたときは、その収容は、これを第1項の規定による収容とみなす。

(児童福祉法の措置)
**第18条** ① 家庭裁判所は、調査の結果、児童福祉法の規定による措置を相当と認めるときは、決定をもつて、事件を権限を有する都道府県知事又は児童相談所長に送致しなければならない。
② 第6条の7第2項の規定により、都道府県知事又は児童相談所長から送致を受けた少年については、決定をもって、期限を付して、これに対してとるべき保護の方法その他の措置を指示して、事件を権限を有する都道府県知事又は児童相談所長に送致することができる。

(審判を開始しない旨の決定)
**第19条** ① 家庭裁判所は、調査の結果、審判に付することができず、又は審判に付するのが相当でないと認めるときは、審判を開始しない旨の決定をしなければならない。
② 家庭裁判所は、調査の結果、本人が20歳以上であることが判明したときは、前項の規定にかかわらず、決定をもって、事件を管轄地方裁判所に対応する検察庁の検察官に送致しなければならない。

(検察官への送致)
**第20条** ① 家庭裁判所は、死刑、懲役又は禁錮に当たる罪の事件について、調査の結果、その罪質及び情状に照らして刑事処分を相当と認めるときは、決定をもって、これを管轄地方裁判所に対応する検察庁の検察官に送致しなければならない。
② 前項の規定にかかわらず、家庭裁判所は、故意の犯罪行為により被害者を死亡させた罪の事件であつて、その罪を犯すとき16歳以上の少年に係るものについては、同項の決定をしなければならない。ただし、調査の結果、犯行の動機及び態様、犯行後の情況、少年の性格、年齢、行状及び環境その他の事情を考慮し、刑事処分以外の措置を相当と認めるときは、この限りでない。

(審判開始の決定)
**第21条** 家庭裁判所は、調査の結果、審判を開始するのが相当であると認めるときは、その旨の決定をしなければならない。

(審判の方式)
**第22条** ① 審判は、懇切を旨として、和やかに行うとともに、非行のある少年に対し自己の非行について内省を促すものとしなければならない。
② 審判は、これを公開しない。
③ 審判の指揮は、裁判長が行う。

(検察官の関与)
**第22条の2** ① 家庭裁判所は、第3条第1項第1号に掲げる少年に係る事件であつて、次に掲げる罪のものについて、その非行事実を認定するための審判の手続に検察官が関与する必要があると認めるときは、決定をもって、審判に検察官を出席させることができる。
1 故意の犯罪行為により被害者を死亡させた罪
2 前号に掲げるもののほか、死刑又は無期若しくは短期2年以上の懲役若しくは禁錮に当たる罪
② 家庭裁判所は、前項の決定をするには、検察官の申出がある場合を除き、あらかじめ、検察官の意見を聴かなければならない。
③ 検察官は、第1項の決定があつた事件において、その非行事実の認定に資するため必要な限度で、最高裁判所規則の定めるところにより、事件の記録及び証拠物を閲覧し及び謄写し、審判の手続(事件を終局させる決定の告知を含む。)に立ち会い、少年及び証人その他の関係人に発問し、並びに意見を述べることができる。

(国選付添人)

**第22条の3** ① 家庭裁判所は、前条第1項の決定をした場合において、少年に弁護士である付添人がないときは、弁護士である付添人を付さなければならない。
② 家庭裁判所は、第3条第1項第1号に掲げる少年に係る事件であつて前条第1項各号に掲げる罪のもの又は第3条第1項第2号に掲げる少年に係る事件であつて前条第1項各号に掲げる罪に係る刑罰法令に触れるものについて、第17条第1項第2号の措置がとられており、かつ、少年に弁護士である付添人がない場合において、事案の内容、保護者の有無その他の事情を考慮し、審判の手続に弁護士である付添人が関与する必要があると認めるときは、弁護士である付添人を付することができる。
③ 前項の規定により家庭裁判所が付すべき付添人は、最高裁判所規則の定めるところにより、選任するものとする。
④ 前項(第22条の5第4項において準用する場合を含む。)の規定により選任された付添人は、旅費、日当、宿泊料及び報酬を請求することができる。

(被害者等による少年審判の傍聴)
**第22条の4** ① 家庭裁判所は、最高裁判所規則の定めるところにより第3条第1項第1号に掲げる少年に係る事件であつて次に掲げる罪のもの又は同項第2号に掲げる少年(12歳に満たないで刑罰法令に触れる行為をした少年を除く。次項において同じ。)に係る事件であつて次に掲げる罪に係る刑罰法令に触れるもの(いずれも被害者を傷害した場合にあつては、これにより生命に重大な危険を生じさせたときに限る。)の被害者等から、審判期日における審判の傍聴の申出がある場合において、少年の年齢及び心身の状態、事件の性質、審判の状況その他の事情を考慮して、少年の健全な育成を妨げるおそれがなく相当と認めるときは、その申出をした者に対し、これを傍聴することを許すことができる。
1 故意の犯罪行為により被害者を死傷させた罪
2 刑法(明治40年法律第45号)第211条(業務上過失致死傷等)の罪
② 家庭裁判所は、前項の規定による第3条第1項第2号に掲げる少年に係る事件の被害者等に審判の傍聴を許すか否かを判断するに当たつては、同号に掲げる少年が、一般に、精神的に特に未成熟であることを十分考慮しなければならない。
③ 家庭裁判所は、第1項の規定により審判の傍聴を許す場合において、傍聴する者の年齢、心身の状態その他の事情を考慮し、その者が著しく不安又は緊張を覚えるおそれがあると認めるときは、その不安又は緊張を緩和するのに適当であり、かつ、審判を妨げ、又はこれに不当な影響を与えるおそれがないと認める者を、傍聴する者に付き添わせることができる。
④ 裁判長は、第1項の規定により審判を傍聴する者及び前項の規定によりこの者に付き添う者の座席の位置、審判を行う場所における裁判所職員の配置等を定めるに当たつては、少年の心身に及ぼす影響に配慮しなければならない。
⑤ 第5条の2第3項の規定は、第1項の規定により審判を傍聴した者又は第3項の規定によりこの者に付き添つた者について、準用する。

(弁護士である付添人からの意見の聴取等)
**第22条の5** ① 家庭裁判所は、前条第1項の規定により審判の傍聴を許すには、あらかじめ、弁護士である付添人の意見を聴かなければならない。
② 家庭裁判所は、前項の場合において、少年に弁護士である付添人がないときは、弁護士である付添人を付さなければならない。
③ 少年に弁護士である付添人がない場合であつて、最高裁判所規則の定めるところにより少年及び保護者がこれを必要としない旨の意思を明示したときは、前2項の規定は適用しない。
④ 第22条の3第3項の規定は、第2項の規定により家庭裁判所が付すべき付添人について、準用する。

(被害者等に対する説明)
**第22条の6** ① 家庭裁判所は、最高裁判所規則の定めるところにより第3条第1項第1号又は第2号に掲げる少年に係る事件の被害者等から申出がある場合において、少年の健全な育成を妨げるおそれがなく相当と認めるときは、最高裁判所規則の定めるところにより、その申出をした者に対し、審判期日における審判の状況を説明するものとする。
② 前項の申出は、その申出に係る事件を終局させる決定が確定した後3年を経過したときは、することができない。
③ 第5条の2第3項の規定は、第1項の規定により説明を受けた者について、準用する。

(審判開始後保護処分に付しない場合)
**第23条** ① 家庭裁判所は、審判の結果、第18条又は第20条にあたる場合であると認めるときは、それぞれ、所定の決定をしなければならない。
② 家庭裁判所は、審判の結果、保護処分に付することができず、又は保護処分に付する必要がないと認めるときは、その旨の決定をしなければならない。
③ 第19条第2項の規定は、家庭裁判所の審判の結果、本人が20歳以上であることが判明した場合に準用する。

(保護処分の決定)
**第24条** ① 家庭裁判所は、前条の場合を除いて、審判を開始した事件につき、決定をもつて、次に掲げる保護処分をしなければならない。ただし、決定の時に14歳に満たない少年に係る事件については、特に必要と認める場合に限り、第3号の保護処分をすることができる。
1 保護観察所の保護観察に付すること。
2 児童自立支援施設又は児童養護施設に送致すること。
3 少年院に送致すること。
② 前項第1号及び第3号の保護処分においては、保護観察所の長をして、家庭その他の環境調整に関する措置を行わせることができる。

(没取)
**第24条の2** ① 家庭裁判所は、第3条第1項第1号及び第2号に掲げる少年について、第18条、第19条、第23条第2項又は前条第1項の決定をする場合には、決定をもつて、次に掲げる物を没取することができる。
1 刑罰法令に触れる行為を組成した物
2 刑罰法令に触れる行為に供し、又は供しようとした物
3 刑罰法令に触れる行為から生じ、若しくはこれによつて得た物又は刑罰法令に触れる行為の報酬として得た物
4 前号に記載した物の対価として得た物
② 没取は、その物が本人以外の者に属しないときに限る。但し、刑罰法令に触れる行為の後、本人以外

の者が情を知つてその物を取得したときは,本人以外の者に属する場合であつても,これを没取することができる.

(家庭裁判所調査官の観察)
**第25条** ① 家庭裁判所は,第24条第1項の保護処分を決定するため必要があると認めるときは,決定をもつて,相当の期間,家庭裁判所調査官の観察に付することができる.
② 家庭裁判所は,前項の観察とあわせて,次に掲げる措置をとることができる.
1 遵守事項を定めてその履行を命ずること.
2 条件を附けて保護者に引き渡すこと.
3 適当な施設,団体又は個人に補導を委託すること.

(保護者に対する措置)
**第25条の2** 家庭裁判所は,必要があると認めるときは,保護者に対し,少年の監護に関する責任を自覚させ,その非行を防止するため,調査又は審判において,自ら訓戒,指導その他の適当な措置をとり,又は家庭裁判所調査官に命じてこれらの措置をとらせることができる.

(決定の執行)
**第26条** ① 家庭裁判所は,第17条第1項第2号,第17条の4第1項,第18条,第20条及び第24条第1項の決定をしたときは,家庭裁判所調査官,裁判所書記官,法務事務官,法務教官,警察官,保護観察官又は児童福祉司をして,その決定を執行させることができる.
② 家庭裁判所は,第17条第1項第2号,第17条の4第1項,第18条,第20条及び第24条第1項の決定を執行するため必要があるときは,少年に対して,呼出状を発することができる.
③ 家庭裁判所は,正当の理由がなく前項の呼出に応じない者に対して,同行状を発することができる.
④ 家庭裁判所は,少年が保護のため緊急を要する状態にあつて,その福祉上必要であると認めるときは,前項の規定にかかわらず,その少年に対して,同行状を発することができる.
⑤ 第13条の規定は,前2項の同行状に,これを準用する.
⑥ 裁判長は,急速を要する場合には,第1項及び第4項の処分をし,又は合議体の構成員にこれをさせることができる.

(少年鑑別所収容の一時継続)
**第26条の2** 家庭裁判所は,第17条第1項第2号の措置がとられている事件について,第18条から第20条まで,第23条第2項又は第24条第1項の決定をする場合において,必要と認めるときは,決定をもつて,少年を引き続き相当期間少年鑑別所に収容することができる.但し,その期間は,7日を超えることはできない.

(同行状の執行の場合の仮収容)
**第26条の3** 第24条第1項第3号の決定を受けた少年に対して第26条第1項又は第4項の同行状を執行する場合において,必要があるときは,その少年を仮に最寄の少年鑑別所に収容することができる.

(保護観察中の者に対する措置)
**第26条の4** ① 犯罪者予防更生法(昭和24年法律第142号)第41条の3第2項の申請があつた場合において,家庭裁判所は,審判の結果,第24条第1項第3号の保護処分によつてもその者がその遵守すべき事項を遵守せず,同法第41条の3第1項の警告を受けたにもかかわらず,なお遵守すべき事項を遵守しなかつたと認められる事由があり,その程度が重く,かつ,その保護処分によつては本人の改善及び更生を図ることができないと認めるときは,決定をもつて,第24条第1項第2号又は第3号の保護処分をしなければならない.
② 家庭裁判所は,前項の規定により20歳以上の者に対して第24条第1項第3号の保護処分をするときは,その決定と同時に,本人が23歳を超えない期間内において,少年院に収容する期間を定めなければならない.
③ 前項に定めるもののほか,第1項の規定による保護処分に係る事件の手続は,その性質に反しない限り,第24条第1項の規定による保護処分に係る事件の手続の例による.

(競合する処分の調整)
**第27条** ① 保護処分の継続中,本人に対して有罪判決が確定したときは,保護処分をした家庭裁判所は,相当と認めるときは,決定をもつて,その保護処分を取り消すことができる.
② 保護処分の継続中,本人に対して新たな保護処分がなされたときは,新たな保護処分をした家庭裁判所は,前の保護処分をした家庭裁判所の意見を聞いて,決定をもつて,いずれかの保護処分を取消すことができる.

(保護処分の取消し)
**第27条の2** ① 保護処分の継続中,本人に対し審判権がなかつたこと,又は14歳に満たない少年について,都道府県知事若しくは児童相談所長から送致の手続がなかつたにもかかわらず,保護処分をしたことを認め得る明らかな資料を新たに発見したときは,保護処分をした家庭裁判所は,決定をもつて,その保護処分を取り消さなければならない.
② 保護処分が終了した後においても,審判に付すべき事由の存在が認められないにもかかわらず保護処分をしたことを認め得る明らかな資料を新たに発見したときは,前項と同様とする.ただし,本人が死亡した場合は,この限りでない.
③ 保護観察所,児童自立支援施設,児童養護施設又は少年院の長は,保護処分の継続中の者について,第1項の事由があることを疑うに足りる資料を発見したときは,保護処分をした家庭裁判所に,その旨の通知をしなければならない.
④ 第18条第1項及び第19条第2項の規定は,家庭裁判所が,第1項の規定により,保護処分を取り消した場合に準用する.
⑤ 家庭裁判所は,第1項の規定により,少年院に収容中の者の保護処分を取り消した場合において,必要があると認めるときは,決定をもつて,その者を引き続き少年院に収容することができる.但し,その期間は,3日を超えることはできない.
⑥ 前3項に定めるもののほか,第1項及び第2項の規定による保護処分の取消しの事件の手続は,その性質に反しない限り,保護事件の例による.

(報告と意見の提出)
**第28条** 家庭裁判所は,第24条又は第25条の決定をした場合において,施設,団体,個人,保護観察所,児童福祉施設又は少年院に対して,少年に関する報告又は意見の提出を求めることができる.

(委託費用の支給)
**第29条** 家庭裁判所は,第25条第2項第3号の措置として,適当な施設,団体又は個人に補導を委託したときは,その者に対して,これによつて生じた

費用の全部又は一部を支給することができる．
(証人等の費用)
第30条 ① 証人，鑑定人，翻訳人及び通訳人に支給する旅費，日当，宿泊料その他の費用の額については，刑事訴訟費用に関する法令の規定を準用する．
② 参考人は，旅費，日当，宿泊料を請求することができる．
③ 参考人に支給する費用は，これを証人に支給する費用とみなして，第1項の規定を適用する．
④ 第22条の3第4項の規定により付添人に支給すべき旅費，日当，宿泊料及び報酬の額については，刑事訴訟法第38条第2項の規定により弁護人に支給すべき旅費，日当，宿泊料及び報酬の例による．
第30条の2 家庭裁判所は，第16条第1項の規定により保護司又は児童委員をして，調査及び観察の援助をさせた場合には，最高裁判所の定めるところにより，その費用の一部又は全部を支払うことができる．
(費用の徴収)
第31条 ① 家庭裁判所は，少年又はこれを扶養する義務のある者から証人，鑑定人，通訳人，翻訳人，参考人，第22条の3第3項(第22条の5第4項において準用する場合を含む．)の規定により選任された付添人及び補導を委託された者に支給した旅費，日当，宿泊料その他の費用並びに少年鑑別所及び少年院において生じた費用の全部又は一部を徴収することができる．
② 前項の費用の徴収については，非訟事件手続法(明治31年法律第14号)第163条の規定を準用する．
(被害者等に対する通知)
第31条の2 ① 家庭裁判所は，第3条第1項第1号又は第2号に掲げる少年に係る事件を終局させる決定をした場合において，最高裁判所規則の定めるところにより当該事件の被害者等から申出があるときは，その申出をした者に対し，次に掲げる事項を通知するものとする．ただし，その通知をすることが少年の健全な育成を妨げるおそれがあり相当でないと認められるものについては，この限りでない．
 1 少年及びその法定代理人の氏名及び住居
 2 決定の年月日，主文及び理由の要旨
② 前項の申出は，同項に規定する決定が確定した後3年を経過したときは，することができない．
③ 第5条の2第3項の規定は，第1項の規定により通知を受けた者について，準用する．

### 第4節 抗 告
(抗 告)
第32条 保護処分の決定に対しては，決定に影響を及ぼす法令の違反，重大な事実の誤認又は処分の著しい不当を理由とするときに限り，少年，その法定代理人又は付添人から，2週間以内に，抗告をすることができる．ただし，付添人は，選任者である保護者の明示した意思に反して，抗告をすることができない．
(抗告裁判所の調査の範囲)
第32条の2 ① 抗告裁判所は，抗告の趣意に含まれている事項に限り，調査をするものとする．
② 抗告裁判所は，抗告の趣意に含まれていない事項であつても，抗告の理由となる事由に関しては，職権で調査をすることができる．
(抗告裁判所の事実の取調べ)
第32条の3 ① 抗告裁判所は，決定をするについて必要があるときは，事実の取調べをすることができる．
② 前項の取調べは，合議体の構成員にさせ，又は家庭裁判所の裁判官に嘱託することができる．
(抗告受理の申立て)
第32条の4 ① 検察官は，第22条の2第1項の決定がされた場合において，保護処分に付さない決定又は保護処分の決定に対し，同項の決定があつた事件の非行事実の認定に係り，決定に影響を及ぼす法令の違反又は重大な事実の誤認があることを理由とするときに限り，高等裁判所に対し，2週間以内に，抗告審として事件を受理すべきことを申し立てることができる．
② 前項の規定による申立て(以下「抗告受理の申立て」という．)は，申立書を原裁判所に差し出してしなければならない．この場合において，原裁判所は，速やかにこれを高等裁判所に送付しなければならない．
③ 高等裁判所は，抗告受理の申立てがされた場合において，抗告審として事件を受理するのを相当と認めるときは，これを受理することができる．この場合においては，その旨の決定をしなければならない．
④ 高等裁判所は，前項の決定をする場合において，抗告受理の申立ての理由中に重要でないと認めるものがあるときは，これを排除することができる．
⑤ 第3項の決定は，高等裁判所が原裁判所から第2項の申立書の送付を受けた日から2週間以内にしなければならない．
⑥ 第3項の決定があつた場合には，抗告があつたものとみなす．この場合において，第32条の2の規定の適用については，抗告受理の申立ての理由中第4項の規定により排除されたもの以外のものを抗告の趣意とみなす．
(抗告審における国選付添人)
第32条の5 ① 前条第3項の決定があつた場合において，少年に弁護士である付添人がないときは，抗告裁判所は，弁護士である付添人を付さなければならない．
② 抗告裁判所は，第22条の3第2項に規定する事件(家庭裁判所において第17条第1項第2号の措置がとられたものに限る．)について，少年に弁護士である付添人がなく，かつ，事案の内容，保護者の有無その他の事情を考慮し，抗告審の審理に弁護士である付添人が関与する必要があると認めるときは，弁護士である付添人を付することができる．
(準 用)
第32条の6 第32条の2，第32条の3及び前条に定めるもののほか，抗告審の審理については，その性質に反しない限り，家庭裁判所の審判に関する規定を準用する．
(抗告審の裁判)
第33条 ① 抗告の手続がその規定に違反したとき，又は抗告が理由のないときは，決定をもつて，抗告を棄却しなければならない．
② 抗告が理由のあるときは，決定をもつて，原決定を取り消して，事件を原裁判所に差し戻し，又は他の家庭裁判所に移送しなければならない．
(執行の停止)
第34条 抗告は，執行を停止する効力を有しない．但し，原裁判所又は抗告裁判所は，決定をもつて，執行を停止することができる．
(再抗告)
第35条 ① 抗告裁判所のした第33条の決定に対しては，憲法に違反し，若しくは憲法の解釈に誤りが

あること，又は最高裁判所若しくは控訴裁判所である高等裁判所の判例と相反する判断をしたことを理由とする場合に限り，少年，その法定代理人又は付添人から，最高裁判所に対し，2週間以内に，特に抗告をすることができる．ただし，付添人は，選任者である保護者の明示した意思に反して，抗告をすることができない．

② 第32条の2，第32条の3，第32条の5第2項及び第32条の6から前条までの規定は，前項の場合に，これを準用する．この場合において，第33条第2項中「取り消して，事件を原裁判所に差し戻し，又は他の家庭裁判所に移送しなければならない」とあるのは，「取り消さなければならない．この場合には，家庭裁判所の決定を取り消して，事件を家庭裁判所に差し戻し，又は他の家庭裁判所に移送することができる」と読み替えるものとする．

（その他の事項）
**第36条** この法律で定めるものの外，保護事件に関して必要な事項は，最高裁判所がこれを定める．
**第37条～第39条** 削除

## 第3章 少年の刑事事件

### 第1節 通則
（準拠法例）
**第40条** 少年の刑事事件については，この法律で定めるものの外，一般の例による．

### 第2節 手続
（司法警察員の送致）
**第41条** 司法警察員は，少年の被疑事件について捜査を遂げた結果，罰金以下の刑にあたる犯罪の嫌疑があるものと思料するときは，これを家庭裁判所に送致しなければならない．犯罪の嫌疑がない場合でも，家庭裁判所の審判に付すべき事由があると思料するときは，同様である．

（検察官の送致）
**第42条** ① 検察官は，少年の被疑事件について捜査を遂げた結果，犯罪の嫌疑があるものと思料するときは，第45条第5号本文に規定する場合を除いて，これを家庭裁判所に送致しなければならない．犯罪の嫌疑がない場合でも，家庭裁判所の審判に付すべき事由があると思料するときは，同様である．

② 前項の場合においては，刑事訴訟法の規定に基づく被疑者についての弁護人の選任は，その効力を失う．

（勾留に代る措置）
**第43条** ① 検察官は，少年の被疑事件においては，裁判官に対して，勾留の請求に代え，第17条第1項の措置を請求することができる．但し，第17条第1項第1号の措置は，家庭裁判所の裁判官に対して，これを請求しなければならない．

② 前項の請求を受けた裁判官は，第17条第1項の措置に関して，家庭裁判所と同一の権限を有する．

③ 検察官は，少年の被疑事件においては，やむを得ない場合でなければ，裁判官に対して，勾留を請求することはできない．

（勾留に代る措置の効力）
**第44条** ① 裁判官が前条第1項の請求に基いて第14条第1項第1号の措置をとつた場合において，検察官は，捜査を遂げた結果，事件を家庭裁判所に送致しないときは，直ちに，裁判官に対して，その措置の取消を請求しなければならない．

② 裁判官が前条第1項の請求に基いて第17条第1項第2号の措置をとるときは，令状を発してこれをしなければならない．

③ 前項の措置の効力は，その請求をした日から10日とする．

（検察官へ送致後の取扱い）
**第45条** ① 家庭裁判所が，第20条の規定によつて事件を検察官に送致したときは，次の例による．
1 第17条第1項第1号の措置は，その少年の事件が再び家庭裁判所に送致された場合を除いて，検察官が事件の送致を受けた日から10日以内に公訴が提起されないときは，その効力を失う．公訴が提起されたときは，裁判所は，検察官の請求により，又は職権をもつて，いつでも，これを取り消すことができる．
2 前号の措置の継続中，勾留状が発せられたときは，その措置は，これによつて，その効力を失う．
3 第1号の措置は，その少年が満20歳に達した後も，引き続きその効力を有する．
4 第17条第1項第2号の措置は，これを裁判官のした措置とみなし，その期間は，検察官が事件の送致を受けた日から，これを起算する．この場合において，その事件が先に勾留状の発せられた事件であるときは，この期間は，これを延長することができない．
5 検察官は，家庭裁判所から送致を受けた事件について，公訴を提起するに足りる犯罪の嫌疑があると思料するときは，公訴を提起しなければならない．ただし，送致を受けた事件の一部について公訴を提起するに足りる犯罪の嫌疑がないか，又は犯罪の情状等に影響を及ぼすべき新たな事情を発見したため，訴追を相当でないと思料するときは，この限りでない．送致後の情況により訴追を相当でないと思料するときも，同様である．
6 少年又は保護者が選任した弁護士である付添人は，これを弁護人とみなす．
7 第4号の規定により第17条第1項第2号の措置が裁判官のした勾留とみなされた場合には，勾留状が発せられているものとみなして，刑事訴訟法中，裁判官による被疑者についての弁護人の選任に関する規定を適用する．

**第45条の2** 第45条第1号から第4号まで及び第7号の規定は，家庭裁判所が，第19条第2項又は第23条第3項の規定により，事件を検察官に送致した場合に準用する．

（訴訟費用の負担）
**第45条の3** ① 家庭裁判所が，先に裁判官により被疑者のため弁護人が付された事件について第23条第2項又は第24条第1項の決定をするときは，刑事訴訟法中，訴訟費用の負担に関する規定を準用する．この場合において，同法第181条第1項及び第2項中「刑の言渡」とあるのは，「保護処分の決定」と読み替えるものとする．

② 検察官は，家庭裁判所が少年に訴訟費用の負担を命ずる裁判をした事件について，その裁判を執行するため必要な限度で，最高裁判所規則の定めるところにより，事件の記録及び証拠物を閲覧し，及び謄写することができる．

（保護処分等の効力）
**第46条** ① 罪を犯した少年に対して第24条第1項の保護処分がなされたときは，審判を経た事件について，刑事訴追をし，又は家庭裁判所の審判に付す

ることができない．
② 第22条の2第1項の決定がされた場合において，同項の決定があつた事件につき，審判に付すべき事由の存在が認められないこと又は保護処分に付する必要がないことを理由とした保護処分に付さない旨の決定が確定したときは，その事件についても，前項と同様とする．
③ 第1項の規定は，第27条の2第1項の規定による保護処分の取消しの決定が確定した事件については，適用しない．ただし，当該事件につき同条第6項の規定によりその例によることとされる第22条の2第1項の決定がされた場合であつて，その取消しの理由が審判に付すべき事由の存在が認められないことであるときは，この限りでない．

（時効の停止）
**第47条** ① 第8条第1項前段の場合においては第21条の決定があつてから，第8条第1項後段の場合においては送致を受けてから，保護処分の決定が確定するまで，公訴の時効は，その進行を停止する．
② 前項の規定は，第21条の決定又は送致の後，本人が満20歳に達した事件についても，これを適用する．

（勾留）
**第48条** ① 勾留状は，やむを得ない場合でなければ，少年に対して，これを発することができない．
② 少年を勾留する場合には，少年鑑別所にこれを拘禁することができる．
③ 本人が満20歳に達した後でも，引き続き前項の規定によることができる．

（取扱いの分離）
**第49条** ① 少年の被疑者又は被告人は，他の被疑者又は被告人と分離して，なるべく，その接触を避けなければならない．
② 少年に対する被告事件は，他の被告事件と関連する場合にも，審判に妨げない限り，その手続を分離しなければならない．
③ 刑事施設，留置施設及び海上保安留置施設においては，少年（刑事収容施設及び被収容者等の処遇に関する法律（平成17年法律第50号）第2条第4号の受刑者（同条第8号の未決拘禁者としての地位を有するものを除く．）を除く．）を成人と分離して収容しなければならない．

（審理の方針）
**第50条** 少年に対する刑事事件の審理は，第9条の趣旨に従つて，これを行わなければならない．

## 第3節 処 分

（死刑と無期刑の緩和）
**第51条** ① 罪を犯すとき18歳に満たない者に対しては，死刑をもつて処断すべきときは，無期刑を科する．
② 罪を犯すとき18歳に満たない者に対しては，無期刑をもつて処断すべきときであつても，有期の懲役又は禁錮を科することができる．この場合において，その刑は，10年以上15年以下において言い渡す．

（不定期刑）
**第52条** ① 少年に対して長期3年以上の有期の懲役又は禁錮をもつて処断すべきときは，その刑の範囲内において，長期と短期を定めてこれを言い渡す．但し，短期が5年を越える刑をもつて処断すべきときは，短期を5年に短縮する．
② 前項の規定によつて言い渡すべき刑については，短期は5年，長期は10年を越えることはできない．
③ 刑の執行猶予の言渡をする場合には，前2項の規定は，これを適用しない．

（少年鑑別所収容中の日数）
**第53条** 第17条第1項第2号の措置がとられた場合においては，少年鑑別所に収容中の日数は，これを未決勾留の日数とみなす．

（換刑処分の禁止）
**第54条** 少年に対しては，労役場留置の言渡をしない．

（家庭裁判所への移送）
**第55条** 裁判所は，事実審理の結果，少年の被告人を保護処分に付するのが相当であると認めるときは，決定をもつて，事件を家庭裁判所に移送しなければならない．

（懲役又は禁錮の執行）
**第56条** ① 懲役又は禁錮の言渡しを受けた少年（第3項の規定により少年院において刑の執行を受ける者を除く．）に対しては，特に設けた刑事施設又は刑事施設内の特に分界を設けた場所において，その刑を執行する．
② 本人が満20歳に達した後でも，満26歳に達するまでは，前項の規定による執行を継続することができる．
③ 懲役又は禁錮の言渡しを受けた16歳に満たない少年に対しては，刑法第12条第2項又は第13条第2項の規定にかかわらず，16歳に達するまでの間，少年院において，その刑を執行することができる．この場合において，その少年には，矯正教育を授ける．

（刑の執行と保護処分）
**第57条** 保護処分の継続中，懲役，禁錮又は拘留の刑が確定したときは，先に刑を執行する．懲役，禁錮又は拘留の刑が確定してその執行前保護処分がなされたときも，同様である．

（仮釈放）
**第58条** ① 少年のとき懲役又は禁錮の言渡しを受けた者については，次の期間を経過した後，仮釈放をすることができる．
1 無期刑については7年
2 第51条第2項の規定により言い渡した有期の刑については3年
3 第52条第1項及び第2項の規定により言い渡した刑については，その刑の短期の3分の1
② 第51条第1項の規定により無期刑の言渡しを受けた者については，前項第1号の規定は適用しない．

（仮釈放期間の終了）
**第59条** ① 少年のとき無期刑の言渡しを受けた者が，仮釈放後，その処分を取り消されないで10年を経過したときは，刑の執行を受け終わつたものとする．
② 少年のとき第51条第2項又は第52条第1項及び第2項の規定により有期の刑の言渡しを受けた者が，仮釈放後，その処分を取り消されないで仮釈放前に刑の執行を受けた期間と同一の期間又は第51条第2項の刑期若しくは第52条第1項及び第2項の長期を経過したときは，そのいずれか早い時期において，刑の執行を受け終わつたものとする．

（人の資格に関する法令の適用）
**第60条** ① 少年のとき犯した罪により刑に処せられてその執行を受け終り，又は執行の免除を受けた者は，人の資格に関する法令の適用については，将来に向つて刑の言渡を受けなかつたものとみなす．
② 少年のとき犯した罪について刑に処せられた者で刑の執行猶予の言渡を受けた者は，その猶予期間中，刑の執行を受け終つたものとみなして，前項の規定を適用する．

③ 前項の場合において，刑の執行猶予の言渡を取り消されたときは，人の資格に関する法令の適用については，その取り消されたとき，刑の言渡があつたものとみなす．

### 第4章　雑　則

(記事等の掲載の禁止)
**第61条**　家庭裁判所の審判に付された少年又は少年のとき犯した罪により公訴を提起された者については，氏名，年齢，職業，住居，容ぼう等によりその者が当該事件の本人であることを推知することができる記事又は写真を新聞紙その他の出版物に掲載してはならない．

**附　則**　(略)

---

## 82　刑事収容施設及び被収容者等の処遇に関する法律(抄)

(平17・5・25法律第50号，平18・5・24施行，最終改正：平19・6・15法律第88号)

### 第1編　総　則
### 第1章　通　則

(目　的)
**第1条**　この法律は，刑事収容施設(刑事施設，留置施設及び海上保安留置施設をいう．)の適正な管理運営を図るとともに，被収容者，被留置者及び海上保安被留置者の人権を尊重しつつ，これらの者の状況に応じた適切な処遇を行うことを目的とする．

(定　義)
**第2条**　この法律において，次の各号に掲げる用語の意義は，それぞれ当該各号に定めるところによる．
1　被収容者　刑事施設に収容されている者をいう．
2　被留置者　留置施設に留置されている者をいう．
3　海上保安被留置者　海上保安留置施設に留置されている者をいう．
4　受刑者　懲役受刑者，禁錮受刑者又は拘留受刑者をいう．
5　懲役受刑者　懲役の刑(国際受刑者移送法(平成14年法律第66号)第16条第1項第1号の共助刑を含む．以下同じ．)の執行のため拘置されている者をいう．
6　禁錮受刑者　禁錮の刑(国際受刑者移送法第16条第1項第2号の共助刑を含む．以下同じ．)の執行のため拘置されている者をいう．
7　拘留受刑者　拘留の刑の執行のため拘置されている者をいう．
8　未決拘禁者　被逮捕者，被勾留者その他未決の者として拘禁されている者をいう．
9　被逮捕者　刑事訴訟法(昭和23年法律第131号)の規定により逮捕されて留置されている者をいう．
10　被勾留者　刑事訴訟法の規定により勾留されている者をいう．
11　死刑確定者　死刑の言渡しを受けて拘置されている者をいう．
12　各種被収容者　被収容者であって，受刑者，未決拘禁者及び死刑確定者以外のものをいう．

### 第2章　刑事施設

(刑事施設)
**第3条**　刑事施設は，次に掲げる者を収容し，これらの者に対し必要な処遇を行う施設とする．
1　懲役，禁錮又は拘留の刑の執行のため拘置される者
2　刑事訴訟法の規定により，逮捕された者であって，留置されるもの
3　刑事訴訟法の規定により勾留される者
4　死刑の言渡しを受けて拘置される者
5　前各号に掲げる者のほか，法令の規定により刑事施設に収容すべきこととされる者及び収容することができることとされる者

(被収容者の分離)
**第4条**　① 被収容者は，次に掲げる別に従い，それぞれ互いに分離するものとする．
1　性別
2　受刑者(未決拘禁者としての地位を有するものを除く．)，未決拘禁者(受刑者又は死刑確定者としての地位を有するものを除く．)，未決拘禁者としての地位を有する受刑者，死刑確定者及び各種被収容者の別
3　懲役受刑者，禁錮受刑者及び拘留受刑者の別
② 前項の規定にかかわらず，受刑者に第92条又は第93条に規定する作業として他の被収容者に接して食事の配給その他の作業を行わせるため必要があるときは，同項第2号及び第3号に掲げる別による分離をしないことができる．
③ 第1項の規定にかかわらず，適当と認めるときは，居室(被収容者が主として休息及び就寝のために使用する場所として刑事施設の長が指定する室をいう．次編第2章において同じ．)外に限り，同項第3号に掲げる別による分離をしないことができる．

(実地監査)
**第5条**　法務大臣は，この法律の適正な施行を期するため，その職員のうちから監査官を指名し，各刑事施設について，毎年1回以上，これに実地監査を行わせなければならない．

(意見聴取)
**第6条**　刑事施設の長は，その刑事施設の適正な運営に資するため必要な意見を関係する公務所及び公私の団体の職員並びに学識経験のある者から聴くことに努めなければならない．

(刑事施設視察委員会)
**第7条**　刑事施設に，刑事施設視察委員会(以下この章において「委員会」という．)を置く．
② 委員会は，その置かれた刑事施設を視察し，その運営に関し，刑事施設の長に対して意見を述べるものとする．

(組織等)
**第8条**　① 委員会は，委員10人以内で組織する．
② 委員は，人格識見が高く，かつ，刑事施設の運営の改善向上に熱意を有する者のうちから，法務大臣が任命する．
③ 委員の任期は，1年とする．ただし，再任を妨げない．
④ 委員は，非常勤とする．
⑤ 前各項に定めるもののほか，委員会の組織及び運営に関し必要な事項は，法務省令で定める．

(委員会に対する情報の提供及び委員の視察等)
**第9条** ① 刑事施設の長は,刑事施設の運営の状況について,法務省令で定めるところにより,定期的に,又は必要に応じて,委員会に対し,情報を提供するものとする.
② 委員会は,刑事施設の運営の状況を把握するため,委員による刑事施設の視察をすることができる.この場合において,委員会は,必要があると認めるときは,刑事施設の長に対し,委員による被収容者との面接の実施について協力を求めることができる.
③ 刑事施設の長は,前項の視察及び被収容者との面接について,必要な協力をしなければならない.
④ 第127条(第144条において準用する場合を含む.),第135条(第138条及び第142条において準用する場合を含む.)及び第140条の規定にかかわらず,被収容者が委員会に対して提出する書面は,検査をしてはならない.

## 第3章 留置施設

(留置施設)
**第14条** ① 都道府県警察に,留置施設を設置する.
② 留置施設は,次に掲げる者を留置し,これらの者に対し必要な処遇を行うものとする.
 1 警察法(昭和29年法律第162号)及び刑事訴訟法の規定により,都道府県警察の警察官が逮捕する者又は受け取る逮捕された者であって,留置されるもの
 2 前号に掲げる者で,次条第1項の規定の適用を受けて刑事訴訟法の規定により勾留されるもの
 3 前2号に掲げる者のほか,法令の規定により留置施設に留置することができることとされる者
**第15条** ① 第3条各号に掲げる者は,次に掲げる者を除き,刑事施設に収容することに代えて,留置施設に留置することができる.
 1 懲役,禁錮又は拘留の刑の執行のため拘置される者(これらの刑の執行以外の逮捕,勾留その他の事由により又は刑事訴訟法その他の法令の規定に基づいて拘禁される者としての地位を有するものを除く.)
 2 死刑の言渡しを受けて拘置される者
 3 少年法(昭和23年法律第168号)第17条の4第1項又は少年院法(昭和23年法律第169号)第17条の2(同法第14条第4項(同法第17条第2項において準用する場合を含む.)において準用する場合を含む.)の規定により仮に収容される者
 4 逃亡犯罪人引渡法(昭和28年法律第68号)第5条第1項,第17条第2項若しくは第25条第1項,国際捜査共助等に関する法律(昭和55年法律第69号)第23条第1項又は国際刑事裁判所に対する協力等に関する法律(平成19年法律第37号)第21条第1項若しくは第35条第1項の規定により拘禁される者
② 法務大臣は,国家公安委員会に対し,前項の規定による留置に関する留置施設の運営の状況について説明を求め,又は同項の規定により留置された者の処遇について意見を述べることができる.

(留置業務管理者等)
**第16条** ① 留置施設に係る留置業務を管理する者(以下「留置業務管理者」という.)は,警視庁,道府県警察本部又は方面本部(第20条において「警察本部」という.)に置かれる留置施設にあっては警視以上の階級にある警察官のうちから警視総監,道府県警察本部長又は方面本部長(以下「警察本部長」という.)が指名する者とし,警察署に置かれる留置施設にあっては警察署長とする.
② 留置施設に係る留置業務に従事する警察官(以下「留置担当官」という.)には,被留置者の人権に関する理解を深めさせ,並びに被留置者の処遇を適正かつ効果的に行うために必要な知識及び技能を習得させ,及び向上させるために必要な研修及び訓練を行うものとする.
③ 留置担当官は,その留置施設に留置されている被留置者に係る犯罪の捜査に従事してはならない.

(被留置者の分離)
**第17条** ① 被留置者は,次に掲げる別に従い,それぞれ互いに分離するものとする.
 1 性別
 2 受刑者としての地位を有する者か否かの別
② 前項の規定にかかわらず,留置施設の規律及び秩序の維持その他管理運営上必要がある場合において,被留置者の処遇上支障を生ずるおそれがないと認めるときは,同項第2号に掲げる別による分離をしないことができる.

(実地監査)
**第18条** 警察本部長は,都道府県公安委員会(道警察本部の所在地を包括する方面以外の方面にあっては,方面公安委員会.以下「公安委員会」という.)の定めるところにより,この法律の適正な施行を期するため,その職員のうちから監査官を指名し,各留置施設について,毎年1回以上,これに実地監査を行わせなければならない.

(巡 察)
**第19条** 警察庁長官は,国家公安委員会の定めるところにより,被留置者の処遇の斉一を図り,この法律の適正な施行を期するため,その指名する職員に留置施設を巡察させるものとする.

(留置施設視察委員会)
**第20条** ① 警察本部に,留置施設視察委員会(以下この条において「委員会」という.)を置く.
② 委員会は,その置かれた警察本部に係る都道府県警察の管轄区域内にある留置施設(道警察本部にあってはその所在地を包括する方面の区域内にある留置施設,方面本部にあっては当該方面の区域内にある留置施設)を視察し,その運営に関し,留置業務管理者に対して意見を述べるものとする.

(組織等)
**第21条** ① 委員会は,委員10人以内で組織する.
② 委員は,人格識見が高く,かつ,留置施設の運営の改善向上に熱意を有する者のうちから,公安委員会が任命する.
③ 委員の任期は,1年とする.ただし,再任を妨げない.
④ 委員は,非常勤とする.
⑤ 委員又は委員であった者は,職務に関して知り得た秘密を漏らしてはならない.
⑥ 前各項に定めるもののほか,委員会の組織及び運営に関し必要な事項は,条例で定める.

(委員会に対する情報の提供及び委員の視察等)
**第22条** ① 留置業務管理者は,留置施設の運営の状況(第190条第1項又は第208条第1項の規定による措置に関する事項を含む.)について,公安委員会の定めるところにより,定期的に,又は必要に

応じて,委員会に対し,情報を提供するものとする.
② 委員会は,留置施設の運営の状況を把握するため,委員による留置施設の視察をすることができる.この場合において,委員会は,必要があると認めるときは,留置業務管理者に対し,委員による被留置者との面接の実施について協力を求めることができる.
③ 留置業務管理者は,前項の視察及び被留置者との面接について,必要な協力をしなければならない.
④ 第222条の規定にかかわらず,被留置者が委員会に対して提出する書面は,検査をしてはならない.

(委員会の意見等の公表)
第23条 警察本部長は,毎年,委員会が留置業務管理者に対して述べた意見及びこれを受けて留置業務管理者が講じた措置の内容を取りまとめ,その概要を公表するものとする.

(刑事施設に関する規定の準用)
第24条 第6条,第11条及び第12条の規定は,留置施設について準用する.この場合において,第6条及び第12条中「刑事施設の長」とあるのは,「留置業務管理者」と読み替えるものとする.

## 第2編 被収容者等の処遇

### 第1章 処遇の原則

(受刑者の処遇の原則)
第30条 受刑者の処遇は,その者の資質及び環境に応じ,その自覚に訴え,改善更生の意欲の喚起及び社会生活に適応する能力の育成を図ることを旨として行うものとする.

(未決拘禁者の処遇の原則)
第31条 未決拘禁者の処遇に当たっては,未決の者としての地位を考慮し,その逃走及び罪証の隠滅の防止並びにその防御権の尊重に特に留意しなければならない.

(死刑確定者の処遇の原則)
第32条 ① 死刑確定者の処遇に当たっては,その者が心情の安定を得られるようにすることに留意するものとする.
② 死刑確定者に対しては,必要に応じ,民間の篤志家の協力を求め,その心情の安定に資すると認められる助言,講話その他の措置を執るものとする.

### 第2章 刑事施設における被収容者の処遇

#### 第1節 収容の開始
(収容開始時の告知)
第33条 ① 刑事施設の長は,被収容者に対し,その刑事施設における収容の開始に際し,被収容者としての地位に応じ,次に掲げる事項を告知しなければならない.その刑事施設に収容されている被収容者がその地位を異にするに至ったときも,同様とする.
1 物品の貸与及び支給並びに自弁に関する事項
2 第48条第1項に規定する保管私物その他の金品の取扱いに関する事項
3 保健衛生及び医療に関する事項
4 宗教上の行為,儀式行事及び教誨に関する事項
5 書籍等(書籍,雑誌,新聞紙その他の文書図画(信書を除く.)をいう.以下同じ.)の閲覧に関する事項
6 第74条第1項に規定する遵守事項
7 面会及び信書の発受に関する事項
8 懲罰に関する事項
9 審査の申請を行うことができる措置,審査庁及び審査の申請期間その他の審査の申請に関する事項
10 第163条第1項の規定による申告をすることができる行為,申告先及び申告期間その他の同項の規定による申告に関する事項
11 苦情の申出に関する事項
② 前項の規定による告知は,法務省令で定めるところにより,書面で行う.

(識別のための身体検査)
第34条 ① 刑務官は,被収容者について,その刑事施設における収容の開始に際し,その者の識別のため必要な限度で,その身体を検査することができる.その後必要が生じたときも,同様とする.
② 女子の被収容者について前項の規定により検査を行う場合には,女子の刑務官がこれを行わなければならない.ただし,女子の刑務官がその検査を行うことができない場合には,男子の刑務官が刑事施設の長の指名する女子の職員を指揮して,これを行うことができる.

#### 第2節 処遇の態様
(未決拘禁者の処遇の態様)
第35条 ① 未決拘禁者(刑事施設に収容されているものに限る.以下この章において同じ.)の処遇(運動,入浴又は面会の場合その他の法務省令で定める場合における処遇を除く.次条第1項及び第37条第1項において同じ.)は,居室外において行うことが適当と認める場合を除き,昼夜,居室において行う.
② 未決拘禁者(死刑確定者としての地位を有するものを除く.)の居室は,罪証の隠滅の防止上支障を生ずるおそれがある場合には,単独室とし,それ以外の場合にあっても,処遇上共同室に収容することが適当と認める場合を除き,できる限り,単独室とする.
③ 未決拘禁者は,罪証の隠滅の防止上支障を生ずるおそれがある場合には,居室外においても相互に接触させてはならない.

(死刑確定者の処遇の態様)
第36条 ① 死刑確定者の処遇は,居室外において行うことが適当と認める場合を除き,昼夜,居室において行う.
② 死刑確定者の居室は,単独室とする.
③ 死刑確定者は,居室外においても,第32条第1項に定める処遇の原則に照らして有益と認められる場合を除き,相互に接触させてはならない.

(各種被収容者の処遇の態様)
第37条 ① 各種被収容者(刑事施設に収容されているものに限る.以下この章において同じ.)の処遇は,居室外において行うことが適当と認める場合を除き,昼夜,居室において行う.
② 各種被収容者の居室は,処遇上共同室に収容することが適当と認める場合を除き,できる限り,単独室とする.

#### 第3節 起居動作の時間帯等
(起居動作の時間帯等)
第38条 刑事施設の長は,法務省令で定めるところにより,次に掲げる時間帯を定め,これを被収容者に告知するものとする.
1 食事,就寝その他の起居動作をすべき時間帯

2　受刑者（刑事施設に収容されているものに限る．以下この章において同じ．）については，第86条第1項に規定する矯正処遇等の時間帯及び余暇に充てられるべき時間帯

**(余暇活動の援助等)**
**第39条**　刑事施設の長は，被収容者に対し，刑事施設の規律及び秩序の維持その他管理運営上支障を生ずるおそれがない限り，余暇時間帯等（受刑者にあっては余暇に充てられるべき時間帯をいい，その他の被収容者にあっては食事，就寝その他の起居動作をすべき時間帯以外の時間帯をいう．次項において同じ．）において自己契約作業（その者が刑事施設の外部の者との請負契約により行う物品の製作その他の作業をいう．以下同じ．）を行うことを許すものとする．

② 刑事施設の長は，法務省令で定めるところにより，被収容者に対し，自己契約作業，知的，教育的及び娯楽的活動，運動競技その他の余暇時間帯等における活動について，援助を与えるものとする．

**第4節　物品の貸与等及び自弁**
**(物品の貸与等)**
**第40条**　① 被収容者には，次に掲げる物品（書籍等を除く．以下この節において同じ．）であって，刑事施設における日常生活に必要なもの（第42条第1項各号に掲げる物品を除く．）を貸与し，又は支給する．
1　衣類及び寝具
2　食事及び湯茶
3　日用品，筆記具その他の物品

② 被収容者には，前項に定めるもののほか，法務省令で定めるところにより，必要に応じ，室内装飾品その他の刑事施設における日常生活に用いる物品（第42条第1項各号に掲げる物品を除く．）を貸与し，又は嗜好品（酒類を除く．以下同じ．）を支給することができる．

**(自弁の物品の使用等)**
**第41条**　① 刑事施設の長は，受刑者が，次に掲げる物品（次条第2号に掲げる物品を除く．次項において同じ．）について，自弁のものを使用し，又は摂取したい旨の申出をした場合において，その者の処遇上適当と認めるときは，法務省令で定めるところにより，これを許すことができる．
1　衣類
2　食料品及び飲料
3　室内装飾品
4　嗜好品
5　日用品，文房具その他の刑事施設における日常生活に用いる物品

② 刑事施設の長は，受刑者以外の被収容者が，前項各号に掲げる物品及び寝具について自弁のものを使用し，又は摂取したい旨の申出をした場合には，刑事施設の規律及び秩序の維持その他管理運営上支障を生ずるおそれがある場合並びに第12節の規定により禁止される場合を除き，法務省令で定めるところにより，これを許すものとする．

**(補正器具等の自弁等)**
**第42条**　① 被収容者には，次に掲げる物品については，刑事施設の規律及び秩序の維持その他管理運営上支障を生ずるおそれがある場合を除き，自弁のものを使用させるものとする．
1　眼鏡その他の補正器具
2　自己契約作業を行うのに必要な物品

3　信書を発するのに必要な封筒その他の物品
4　第106条第1項の規定による外出又は外泊の際に使用する衣類その他の物品
5　その他法務省令で定める物品

② 前項各号に掲げる物品について，被収容者が自弁のものを使用することができない場合であって，必要と認めるときは，その者にこれを貸与し，又は支給するものとする．

**(物品の貸与等の基準)**
**第43条**　第40条又は前条第2項の規定により貸与し，又は支給する物品は，被収容者の健康を保持するに足り，かつ，国民生活の実情等を勘案し，被収容者としての地位に照らして，適正と認められるものでなければならない．

**第6節　保健衛生及び医療**
**(保健衛生及び医療の原則)**
**第56条**　刑事施設においては，被収容者の心身の状況を把握することに努め，被収容者の健康及び刑事施設内の衛生を保持するため，社会一般の保健衛生及び医療の水準に照らし適切な保健衛生上及び医療上の措置を講ずるものとする．

**(養護のための措置等)**
**第65条**　① 刑事施設の長は，老人，妊産婦，身体虚弱者その他の養護を必要とする被収容者について，その養護を必要とする事情に応じ，傷病者のための措置に準じた措置を執るものとする．

② 刑事施設の長は，被収容者が出産するときは，やむを得ない場合を除き，刑事施設の外の病院，診療所又は助産所に入院させるものとする．

**(子の養育)**
**第66条**　① 刑事施設の長は，女子の被収容者がその子を刑事施設内で養育したい旨の申出をした場合において，相当と認めるときは，その子が1歳に達するまで，これを許すことができる．

**第7節　宗教上の行為等**
**(1人で行う宗教上の行為)**
**第67条**　被収容者が1人で行う礼拝その他の宗教上の行為は，これを禁止し，又は制限してはならない．ただし，刑事施設の規律及び秩序の維持その他管理運営上支障を生ずるおそれがある場合は，この限りでない．

**(宗教上の儀式行事及び教誨)**
**第68条**　① 刑事施設の長は，被収容者が宗教家（民間の篤志家に限る．以下この項において同じ．）の行う宗教上の儀式行事に参加し，又は宗教家の行う宗教上の教誨を受けることができる機会を設けるように努めなければならない．

② 刑事施設の長は，刑事施設の規律及び秩序の維持その他管理運営上支障を生ずるおそれがある場合には，被収容者に前項に規定する儀式行事に参加せず，又は同項に規定する教誨を受けさせないことができる．

**第8節　書類等の閲覧**
**(自弁の書籍等の閲覧)**
**第69条**　被収容者が自弁の書籍等を閲覧することは，この節及び第12節の規定による場合のほか，これを禁止し，又は制限してはならない．

**第70条**　① 刑事施設の長は，被収容者が自弁の書籍等を閲覧することにより次の各号のいずれかに該当する場合には，その閲覧を禁止することができる．
1　刑事施設の規律及び秩序を害する結果を生ずるおそれがあるとき．

2 被収容者が受刑者である場合において,その矯正処遇の適切な実施に支障を生ずるおそれがあるとき.
3 被収容者が未決拘禁者である場合において,罪証の隠滅の結果を生ずるおそれがあるとき.
② 前項の規定により閲覧を禁止すべき事由の有無を確認するため自弁の書籍等の翻訳が必要であるときは,法務省令で定めるところにより,被収容者にその費用を負担させることができる.この場合において,被収容者が負担すべき費用を負担しないときは,その閲覧を禁止する.

(新聞紙に関する制限)
第71条 刑事施設の長は,法務省令で定めるところにより,被収容者が取得することができる新聞紙の範囲及び取得方法について,刑事施設の管理運営上必要な制限をすることができる.

(時事の報道に接する機会の付与等)
第72条 ① 刑事施設の長は,被収容者に対し,日刊新聞紙の備付け,報道番組の放送その他の方法により,できる限り,主要な時事の報道に接する機会を与えるように努めなければならない.
② 刑事施設の長は,第39条第2項の規定による援助の措置として,刑事施設に書籍等を備え付けるものとする.この場合において,備え付けた書籍等の閲覧の方法は,刑事施設の長が定める.

第9節 規律及び秩序の維持
(刑事施設の規律及び秩序)
第73条 ① 刑事施設の規律及び秩序は,適正に維持されなければならない.
② 前項の目的を達成するため執る措置は,被収容者の収容を確保し,並びにその処遇のための適切な環境及びその安全かつ平穏な共同生活を維持するため必要な限度を超えてはならない.

(遵守事項)
第74条 ① 刑事施設の長は,被収容者が遵守すべき事項(以下この章において「遵守事項」という.)を定める.
② 遵守事項は,被収容者としての地位に応じ,次に掲げる事項を具体的に定めるものとする.
1 犯罪行為をしてはならないこと.
2 他人に対し,粗野若しくは乱暴な言動をし,又は迷惑を及ぼす行為をしてはならないこと.
3 自身を傷つける行為をしてはならないこと.
4 刑事施設の職員の職務の執行を妨げる行為をしてはならないこと.
5 自己又は他の被収容者の収容の確保を妨げるおそれのある行為をしてはならないこと.
6 刑事施設の安全を害するおそれのある行為をしてはならないこと.
7 刑事施設内の衛生又は風紀を害する行為をしてはならないこと.
8 金品について,不正な使用,所持,授受その他の行為をしてはならないこと.
9 正当な理由なく,第92条若しくは第93条に規定する作業を怠り,又は第85条第1項各号,第103条若しくは第104条に規定する指導を拒んではならないこと.
10 前各号に掲げるもののほか,刑事施設の規律及び秩序を維持するため必要な事項
11 前各号に掲げる事項について定めた遵守事項又は第96条第4項(第106条第2項において準用する場合を含む.)に規定する特別遵守事項に違反する行為を企て,あおり,唆し,又は援助してはならないこと.
③ 前項のほか,刑事施設の長又はその指定する職員は,刑事施設の規律及び秩序を維持するため必要がある場合には,被収容者に対し,その生活及び行動について指示することができる.

(身体の検査等)
第75条 ① 刑務官は,刑事施設の規律及び秩序を維持するため必要がある場合には,被収容者について,その身体,着衣,所持品及び居室を検査し,並びにその所持品を取り上げて一時保管することができる.
② 第34条第2項の規定は,前項の規定による女子の被収容者の身体及び着衣の検査について準用する.
③ 刑務官は,刑事施設の規律及び秩序を維持するため必要がある場合には,刑事施設内において,被収容者以外の者(弁護人又は刑事訴訟法第39条第1項に規定する弁護人となろうとする者(以下「弁護人等」という.)を除く.)の着衣及び携帯品を検査し,並びにその者の携帯品を取り上げて一時保管することができる.
④ 前項の検査は,文書図画の内容の検査に及んではならない.

(受刑者の隔離)
第76条 ① 刑事施設の長は,受刑者が次の各号のいずれかに該当する場合には,その者を他の被収容者から隔離することができる.この場合においては,その者の処遇は,運動,入浴又は面会の場合その他の法務省令で定める場合を除き,昼夜,居室において行う.
1 他の被収容者と接触することにより刑事施設の規律及び秩序を害するおそれがあるとき.
2 他の被収容者から危害を加えられるおそれがあり,これを避けるために他に方法がないとき.
② 前項の規定による隔離の期間は,3月とする.ただし,特に継続的の必要がある場合には,刑事施設の長は,1月ごとにこれを更新することができる.
③ 刑事施設の長は,前項の期間中であっても,隔離の必要がなくなったときは,直ちにその隔離を中止しなければならない.
④ 第1項の規定により受刑者を隔離している場合には,刑事施設の長は,3月に1回以上定期的に,その受刑者の健康状態について,刑事施設の職員である医師の意見を聴かなければならない.

(制止等の措置)
第77条 ① 刑務官は,被収容者が自身を傷つけ若しくは他人に危害を加え,逃走し,刑事施設の職員の職務の執行を妨げ,その他刑事施設の規律及び秩序を著しく害する行為をし,又はこれらの行為をしようとする場合には,合理的に必要と判断される限度で,その行為を制止し,その被収容者を拘束し,その他その行為を抑止するため必要な措置を執ることができる.
② 刑務官は,被収容者以外の者が次の各号のいずれかに該当する場合には,合理的に必要と判断される限度で,その行為を制止し,その行為をする者を拘束し,その他その行為を抑止するため必要な措置を執ることができる.
1 刑事施設に侵入し,その設備を損壊し,刑事施設の職員の職務執行を妨げ,又はこれらの行為をまさにしようとするとき.
2 刑務官の要求を受けたのに刑事施設から退去しないとき.

3　被収容者の逃走又は刑事施設の職員の職務執行の妨害を,現場で,援助し,あおり,又は唆すとき.
　4　被収容者に危害を加え,又はまさに加えようとするとき.
③　前2項の措置に必要な警備用具については,法務省令で定める.
（捕縄,手錠及び拘束衣の使用）
第78条　①　刑務官は,被収容者を護送する場合又は被収容者が次の各号のいずれかの行為をするおそれがある場合には,法務省令で定めるところにより,捕縄又は手錠を使用することができる.
　1　逃走すること.
　2　自身を傷つけ,又は他人に危害を加えること.
　3　刑事施設の設備,器具その他の物を損壊すること.
②　刑務官は,被収容者が自身を傷つけるおそれがある場合において,他にこれを防止する手段がないときは,刑事施設の長の命令により,拘束衣を使用することができる.ただし,捕縄又は手錠と同時に使用することはできない.
③　前項に規定する場合において,刑事施設の長の命令を待ついとまがないときは,刑務官は,その命令を待たないで,拘束衣を使用することができる.この場合には,速やかに,その旨を刑事施設の長に報告しなければならない.
④　拘束衣の使用の期間は,3時間とする.ただし,刑事施設の長は,特に継続の必要があると認めるときは,通じて12時間を超えない範囲内で,3時間ごとにその期間を更新することができる.
⑤　刑事施設の長は,前項の期間中であっても,拘束衣の使用の必要がなくなったときは,直ちにその使用を中止させなければならない.
⑥　被収容者に拘束衣を使用し,又はその使用の期間を更新した場合には,刑事施設の長は,速やかに,その被収容者の健康状態について,刑事施設の職員である医師の意見を聴かなければならない.
⑦　捕縄,手錠及び拘束衣の制式は,法務省令で定める.
（保護室への収容）
第79条　①　刑務官は,被収容者が次の各号のいずれかに該当する場合には,刑事施設の長の命令により,その者を保護室に収容することができる.
　1　自身を傷つけるおそれがあるとき.
　2　次のイからハまでのいずれかに該当する場合において,刑事施設の規律及び秩序を維持するため特に必要があるとき.
　　イ　刑務官の制止に従わず,大声又は騒音を発するとき.
　　ロ　他人に危害を加えるおそれがあるとき.
　　ハ　刑事施設の設備,器具その他の物を損壊し,又は汚損するおそれがあるとき.
②　前項に規定する場合において,刑事施設の長の命令を待ついとまがないときは,刑務官は,その命令を待たないで,その被収容者を保護室に収容することができる.この場合には,速やかに,その旨を刑事施設の長に報告しなければならない.
③　保護室への収容の期間は,72時間以内とする.ただし,特に継続の必要がある場合には,刑事施設の長は,48時間ごとにこれを更新することができる.
④　刑事施設の長は,前項の期間中であっても,保護室への収容の必要がなくなったときは,直ちにその収容を中止させなければならない.
⑤　被収容者を保護室に収容し,又はその収容の期間を更新した場合には,刑事施設の長は,速やかに,その被収容者の健康状態について,刑事施設の職員である医師の意見を聴かなければならない.
⑥　保護室の構造及び設備の基準は,法務省令で定める.
（武器の携帯及び使用）
第80条　①　刑務官は,法務省令で定める場合に限り,小型武器を携帯することができる.
②　刑務官は,被収容者が次の各号のいずれかに該当する場合には,その事態に応じ合理的に必要と判断される限度で,武器を使用することができる.
　1　暴動を起こし,又はまさに起こそうとするとき.
　2　他人に重大な危害を加え,又はまさに加えようとするとき.
　3　刑務官が携帯し,又は刑事施設に保管されている武器を奪取し,又はまさに奪取しようとするとき.
　4　凶器を携帯し,刑務官が放棄を命じたのに,これに従わないとき.
　5　刑務官の制止に従わず,又は刑務官に対し暴行若しくは集団による威力を用いて,逃走し,若しくは逃走しようとし,又は他の被収容者の逃走を助けるとき.
③　刑務官は,被収容者以外の者が次の各号のいずれかに該当する場合には,その事態に応じ合理的に必要と判断される限度で,武器を使用することができる.
　1　被収容者が暴動を起こし,又はまさに起こそうとする場合において,その現場で,これらに参加し,又はこれらを援助するとき.
　2　被収容者に重大な危害を加え,又はまさに加えようとするとき.
　3　刑務官が携帯し,又は刑事施設に保管されている武器を奪取し,又はまさに奪取しようとするとき.
　4　銃器,爆発物その他の凶器を携帯し,又は使用して,刑事施設に侵入し,若しくはその設備を損壊し,又はこれらの行為をまさにしようとするとき.
　5　暴行又は脅迫を用いて,被収容者を奪取し,若しくは解放し,又はこれらの行為をまさにしようとするとき.
④　第2項の規定による武器の使用に際しては,刑法（明治40年法律第45号）第36条若しくは第37条に該当する場合又は次の各号のいずれかに該当する場合を除いては,人に危害を加えてはならない.
　1　刑務官において他に被収容者の第2項各号に規定する行為を抑止する手段がないと信ずるに足りる相当の理由があるとき.
　2　刑務官において他に被収容者以外の者の前項各号に規定する行為を抑止する手段がないと信ずるに足りる相当の理由があるとき.ただし,同項第2号に掲げる場合以外の場合にあっては,その者が刑務官の制止に従わないで当該行為を行うときに限る.

### 第10節　矯正処遇の実施等
#### 第1款　通則
（矯正処遇）
第84条　①　受刑者には,矯正処遇として,第92条又は第93条に規定する作業を行わせ,並びに第103条及び第104条に規定する指導を行う.
②　矯正処遇は,処遇要領（矯正処遇の目標並びにその基本的な内容及び方法を受刑者ごとに定める矯正処遇の実施の要領をいう.以下この条において同じ.）に基づいて行うものとする.
③　処遇要領は,法務省令で定めるところにより,刑事施設の長が受刑者の資質及び環境の調査の結果

に基づき定めるものとする.
④ 処遇要領は,必要に応じ,受刑者の希望を参酌して定めるものとする.これを変更しようとするときも,同様とする.
⑤ 矯正処遇は,必要に応じ,医学,心理学,教育学,社会学その他の専門的知識及び技術を活用して行うものとする.
(刑執行開始時及び釈放前の指導等)
第85条 ① 受刑者には,矯正処遇を行うほか,次の各号に掲げる期間において,当該各号に定める指導を行う.
 1 刑の執行開始後の法務省令で定める期間 受刑の意義その他矯正処遇の実施の基礎となる事項並びに刑事施設における生活及び行動に関する指導
 2 釈放前の法務省令で定める期間 釈放後の社会生活において直ちに必要となる知識の付与その他受刑者の帰住及び釈放後の生活に関する指導
② 前項各号に掲げる期間における受刑者の処遇は,できる限り,これにふさわしい設備と環境を備えた場所で行うものとし,必要に応じ,第106条第1項の規定による外出又は外泊を許し,その他円滑な社会復帰を図るため必要な措置を執るものとする.
③ 刑事施設の長は,法務省令で定める基準に従い,第1項各号に定める指導を行う日及び時間を定める.
(集団処遇)
第86条 ① 矯正処遇及び前条第1項の規定による指導(以下「矯正処遇等」という.)は,その効果的な実施を図るため,必要に応じ,受刑者を集団に編成して行うものとする.
② 前項の場合において特に必要があるときは,第4条第1項の規定にかかわらず,居室外に限り,同項第1号に掲げる受刑者による分離をしないことができる.
(刑事施設外処遇)
第87条 矯正処遇等は,その効果的な実施を図るため必要な限度において,刑事施設の外の適当な場所で行うことができる.
(制限の緩和)
第88条 ① 受刑者の自発性及び自律性を涵養するため,刑事施設の規律及び秩序を維持するための受刑者の生活及び行動に対する制限は,法務省令で定めるところにより,第30条の目的を達成する見込みが高くなるに従い,順次緩和されるものとする.
② 前項の場合において,第14条の目的を達成する見込みが特に高いと認められる受刑者の処遇は,法務省令で定めるところにより,開放的施設(収容を確保するため通常受刑者に求められる設備又は措置の一部を設けず,又は講じない刑事施設の全部又は一部で法務大臣が指定するものをいう.以下同じ.)で行うことができる.
(優遇措置)
第89条 刑事施設の長は,受刑者の改善更生の意欲を喚起するため,次に掲げる処遇について,法務省令で定めるところにより,一定の期間ごとの受刑態度の評価に応じた優遇措置を講ずるものとする.
 1 第40条第2項の規定により物品を貸与し,又は支給すること.
 2 第41条第1項の規定により自弁の物品の使用又は摂取を許すこと.
 3 第111条の面会をすることができる時間又は回数を定めること.
 4 その他法務省令で定める処遇
(社会との連携)

第90条 ① 刑事施設の長は,受刑者の処遇を行うに当たり必要があると認めるときは,受刑者の親族,民間の篤志家,関係行政機関その他の者に対し,協力を求めるものとする.
② 前項の協力をした者は,その協力を行うに当たって知り得た受刑者に関する秘密を漏らしてはならない.
(公務所等への照会)
第91条 刑事施設の長は,受刑者の資質及び環境の調査のため必要があるときは,公務所又は公私の団体に照会して必要な事項の報告を求めることができる.
   第2款 作 業
(懲役受刑者の作業)
第92条 懲役受刑者(刑事施設に収容されているものに限る.以下この節において同じ.)に行わせる作業は,懲役受刑者ごとに,刑事施設の長が指定する.
(禁錮受刑者等の作業)
第93条 刑事施設の長は,禁錮受刑者(刑事施設に収容されているものに限る.以下この節において同じ.)又は拘留受刑者(刑事施設に収容されているものに限る.)が刑事施設の長の指定する作業を行いたい旨の申出をした場合には,法務省令で定めるところにより,その作業を行うことを許すことができる.
(作業の実施)
第94条 ① 作業は,できる限り,受刑者の勤労意欲を高め,これに職業上有用な知識及び技能を習得させるように実施するものとする.
② 受刑者に職業に関する免許若しくは資格を取得させ,又は職業に必要な知識及び技能を習得させる必要がある場合において,相当と認めるときは,これらを目的とする訓練を作業として実施する.
(作業の条件等)
第95条 ① 刑事施設の長は,法務省令で定める基準に従い,1日の作業時間及び作業を行わない日を定める.
② 刑事施設の長は,作業を行う受刑者の安全及び衛生を確保するため必要な措置を講じなければならない.
③ 受刑者は,前項の規定により刑事施設の長が講ずる措置に応じて,必要な事項を守らなければならない.
④ 第2項の規定により刑事施設の長が講ずべき措置及び前項の規定により受刑者が守らなければならない事項は,労働安全衛生法(昭和47年法律第57号)その他の法令に定める労働者の安全及び衛生を確保するため事業者が講ずべき措置及び労働者が守らなければならない事項に準じて,法務大臣が定める.
(外部通勤作業)
第96条 ① 刑事施設の長は,刑法第28条(国際受刑者移送法第21条において読み替えて適用する場合を含む.),少年法第58条又は国際受刑者移送法第22条の規定により仮釈放を許すことができる期間を経過した懲役受刑者又は禁錮受刑者が,第88条第2項の規定により開放的施設で処遇を受けていることその他の法務省令で定める事由に該当する場合において,その円滑な社会復帰を図るため必要があるときは,刑事施設の職員の同行なしに,その受刑者を刑事施設の外の事業所(以下この条において「外部事業所」という.)に通勤させて

作業を行わせることができる.
② 前項の規定による作業(以下「外部通勤作業」という.)は,外部事業所の業務に従事し,又は外部事業所が行う職業訓練を受けることによって行う.
③ 受刑者に外部通勤作業を行わせる場合には,刑事施設の長は,法務省令で定めるところにより,当該外部事業所の事業主(以下この条において「外部事業主」という.)との間において,受刑者の行う作業の種類,作業時間,受刑者の安全及び衛生を確保するため必要な措置その他外部通勤作業の実施に関し必要な事項について,取決めを行わなければならない.
④ 刑事施設の長は,受刑者に外部通勤作業を行わせる場合には,あらかじめ,その受刑者が外部通勤作業に関し遵守すべき事項(以下この条において「特別遵守事項」という.)を定め,これをその受刑者に告知するものとする.
⑤ 特別遵守事項は,次に掲げる事項を具体的に定めるものとする.
1 指定された経路及び方法により移動しなければならないこと.
2 指定された時刻までに刑事施設に帰着しなければならないこと.
3 正当な理由なく,外部通勤作業を行う場所以外の場所に立ち入ってはならないこと.
4 外部事業主による作業上の指示に従わなければならないこと.
5 正当な理由なく,犯罪性のある者その他接触することにより矯正処遇の適切な実施に支障を生ずるおそれがある者と接触してはならないこと.
⑥ 刑事施設の長は,外部通勤作業を行う受刑者が遵守事項又は特別遵守事項を遵守しなかった場合その他外部通勤作業を不適当とする事由があると認める場合には,これを中止することができる.

(作業収入)
第97条 作業の実施による収入は,国庫に帰属する.
(作業報奨金)
第98条 ① 刑事施設の長は,作業を行った受刑者に対しては,釈放の際(その受刑者が受刑者以外の被収容者となったときは,その際)に,その時における報奨金計算額に相当する金額の作業報奨金を支給するものとする.
② 刑事施設の長は,法務省令で定めるところにより,毎月,その月の前月において受刑者が行った作業に対応する金額として,法務大臣が定める基準に従い,その作業の成績その他就業に関する事項を考慮して算出した金額を報奨金計算額に加算するものとする.ただし,釈放の日の属する月における作業に係る加算は,釈放の時に行う.
③ 前項の基準は,作業の種類及び内容,作業に要する知識及び技能の程度等を考慮して定める.
④ 刑事施設の長は,受刑者がその釈放前に作業報奨金の支給を受けたい旨の申出をした場合において,その使用の目的が,自弁物品等の購入,親族の生計の援助,被害者に対する損害賠償への充当等相当なものであると認めるときは,第1項の規定にかかわらず,法務省令で定めるところにより,その支給の時における報奨金計算額に相当する金額の範囲内で,申出の額の全部又は一部の金額を支給することができる.この場合には,その支給額に相当する金額を報奨金計算額から減額する.
⑤ 受刑者が次の各号のいずれかに該当する場合に

おいて,当該各号に定める日から起算して6月を経過する日までに刑事施設に収容されなかったときは,その者の報奨金計算額は,零とする.
1 逃走したとき 逃走した日
2 第83条第2項の規定により解放された場合において,同条第3項に規定する避難を必要とする状況がなくなった後速やかに同項に規定する場所に出頭しなかったとき 避難を必要とする状況がなくなった日
3 外部通勤作業又は第106条第1項の規定による外出若しくは外泊の場合において,刑事施設の長が指定した日時までに刑事施設に帰着しなかったとき その日

(遺族等への給付)
第99条 刑事施設の長は,受刑者が死亡した場合には,法務省令で定めるところにより,その遺族等に対し,その時に釈放したとするならばその受刑者に支給すべき作業報奨金に相当する金額を支給するものとする.
(手当金)
第100条 ① 刑事施設の長は,受刑者が作業上死亡した場合(作業上負傷し,又は疾病にかかった受刑者が受刑者以外の被収容者となった場合において,その被収容者がその負傷又は疾病により死亡したときを含む.)には,法務省令で定めるところにより,その遺族等に対し,死亡手当金を支給するものとする.

第3款 各種指導
(改善指導)
第103条 ① 刑事施設の長は,受刑者に対し,犯罪の責任を自覚させ,健康な心身を培わせ,並びに社会生活に適応するのに必要な知識及び生活態度を習得させるため必要な指導を行うものとする.
② 次に掲げる事情を有することにより改善更生及び円滑な社会復帰に支障があると認められる受刑者に対し前項の指導を行うに当たっては,その事情の改善に資するよう特に配慮しなければならない.
1 麻薬,覚せい剤その他の薬物に対する依存があること.
2 暴力団員による不当な行為の防止等に関する法律(平成3年法律第77号)第2条第6号に規定する暴力団員であること.
3 その他法務省令で定める事情
(教科指導)
第104条 ① 刑事施設の長は,社会生活の基礎となる学力を欠くことにより改善更生及び円滑な社会復帰に支障があると認められる受刑者に対しては,教科指導(学校教育法(昭和22年法律第26号)による学校教育の内容に準ずる内容の指導をいう.次項において同じ.)を行うものとする.
② 刑事施設の長は,前項に規定するもののほか,学力の向上を図ることが円滑な社会復帰に特に資すると認められる受刑者に対し,その学力の状況に応じた教科指導を行うことができる.

(指導の日及び時間)
第105条 刑事施設の長は,法務省令で定める基準に従い,前2条の規定による指導を行う日及び時間を定める.

第4款 外出及び外泊
第106条 ① 刑事施設の長は,刑法第28条(国際受刑者移送法第21条において読み替えて適用する場

合を含む。)、少年法第58条又は国際受刑者移送法第22条の規定により仮釈放を許すことができる期間を経過した懲役受刑者が、第88条第2項の規定により開放的施設において処遇を受けていることその他の法務省令で定める事由に該当する場合において、その円滑な社会復帰を図るため、刑事施設の長が相当と認めるときは、その受刑者に対し、釈放後の住居又は就業先の確保その他の身上の重要な用務を行い、更生保護に関係のある者を訪問し、その他その釈放後の社会生活に有用な体験をする必要があると認めるときは、刑事施設の職員の同行なしに、外出し、又は7日以内の期間を定めて外泊することを許すことができる。ただし、外泊については、その受刑者に係る刑が6月以上執行されている場合に限る。
② 第96条第4項、第5項(第4号を除く。)及び第6項の規定は、前項の規定による外出及び外泊について準用する。
(刑期不算入)
第107条 前条第1項の規定による外泊をした者が、刑事施設の長が指定した日時までに刑事施設に帰着しなかった場合には、その外泊の期間は、刑期に算入しない。ただし、自己の責めに帰することのできない事由によって帰着することができなかった場合は、この限りでない。
(外出等に要する費用)
第108条 第106条第1項の規定による外出又は外泊に要する費用については、受刑者が負担することができない場合又は刑事施設の長が相当と認める場合には、その全部又は一部を国庫の負担とする。

第5款 未決拘禁者としての地位を有する受刑者
第109条 ① 未決拘禁者としての地位を有する受刑者についての第84条第1項及び第89条の規定の適用については、第84条第1項中「矯正処遇として」とあるのは「未決拘禁者としての地位を損なわない限度で、かつ、その拘禁の期間を考慮して可能な範囲内で、矯正処遇として」と、第89条第3号中「第111条」とあるのは「第119条において準用する第111条」とする。
② 未決拘禁者としての地位を有する受刑者については、第86条から第88条まで、第96条及び前項の規定は、適用しない。

第11節 外部交通
第1款 受刑者についての留意事項
第110条 この節の定めるところにより、受刑者に対し、外部交通(面会、信書の発受及び第146条第1項に規定する通信をいう。以下この条において同じ。)を行うことを許し、又はこれを禁止し、差し止め、若しくは制限するに当たっては、適正な外部交通が受刑者の改善更生及び円滑な社会復帰に資するものであることに留意しなければならない。

第2款 面会
第1目 受刑者
(面会の相手方)
第111条 ① 刑事施設の長は、受刑者(未決拘禁者としての地位を有するものを除く。以下この目において同じ。)に対し、次に掲げる者から面会の申出があったときは、第148条第3項又は次節の規定により禁止される場合を除き、これを許すものとする。
1 受刑者の親族
2 婚姻関係の調整、訴訟の遂行、事業の維持その他の受刑者の身上、法律上又は業務上の重大な利

害に係る用務の処理のため面会することが必要な者
3 受刑者の更生保護に関係のある者、受刑者の釈放後にこれを雇用しようとする者その他の面会により受刑者の改善更生に資すると認められる者
② 刑事施設の長は、受刑者に対し、前項各号に掲げる者以外の者から面会の申出があった場合において、その者と面会することを必要とする事情があり、かつ、面会により、刑事施設の規律及び秩序を害する結果を生じ、又は受刑者の矯正処遇の適切な実施に支障を生ずるおそれがないと認めるときは、これを許すことができる。
(面会の立会い等)
第112条 刑事施設の長は、刑事施設の規律及び秩序の維持、受刑者の矯正処遇の適切な実施その他の理由により必要があると認める場合には、その指名する職員に、受刑者の面会に立ち会わせ、又はその面会の状況を録音させ、若しくは録画させることができる。ただし、受刑者が次に掲げる者と面会する場合には、刑事施設の規律及び秩序を害する結果を生ずるおそれがあると認めるべき特別の事情がある場合を除き、この限りでない。
1 自己に対する刑事施設の長の措置その他自己が受けた処遇に関し調査を行う国又は地方公共団体の機関の職員
2 自己に対する刑事施設の長の措置その他自己が受けた処遇に関し弁護士法(昭和24年法律第205号)第3条第1項に規定する職務を遂行する弁護士
(面会の一時停止及び終了)
第113条 ① 刑事施設の職員は、次の各号のいずれかに該当する場合には、その行為若しくは発言を制止し、又はその面会を一時停止させることができる。この場合においては、面会の一時停止のため、受刑者又は面会の相手方に対し面会の場所からの退出を命じ、その他必要な措置を執ることができる。
1 受刑者又は面会の相手方が次のイ又はロのいずれかに該当する行為をするとき。
イ 次条第1項の規定による制限に違反する行為
ロ 刑事施設の規律及び秩序を害する行為
2 受刑者又は面会の相手方が次のイからホまでのいずれかに該当する内容の発言をするとき。
イ 暗号の使用その他の理由によって、刑事施設の職員が理解できないもの
ロ 犯罪の実行を共謀し、あおり、又は唆すもの
ハ 刑事施設の規律及び秩序を害する結果を生ずるおそれのあるもの
ニ 受刑者の矯正処遇の適切な実施に支障を生ずるおそれのあるもの
ホ 特定の用務の処理のため必要であることを理由として許された面会において、その用務の処理のため必要な範囲を明らかに逸脱するもの
② 刑事施設の長は、前項の規定により面会が一時停止された場合において、面会を継続させることが相当でないと認めるときは、その面会を終わらせることができる。
(面会に関する制限)
第114条 ① 刑事施設の長は、受刑者の面会に関し、法務省令で定めるところにより、面会の相手方の人数、面会の場所、日及び時間帯、面会の時間及び回数その他面会の態様について、刑事施設の規律及び秩序の維持その他管理運営上必要な制限をすることができる。

② 前項の規定により面会の回数について制限をするときは、その回数は、1月につき2回を下回ってはならない。

#### 第2目 未決拘禁者
(面会の相手方)
**第115条** 刑事施設の長は、未決拘禁者(受刑者又は死刑確定者としての地位を有するものを除く。以下この目において同じ。)に対し、他の者から面会の申出があったときは、第148条第3項又は次節の規定により禁止される場合を除き、これを許すものとする。ただし、刑事訴訟法の定めるところにより面会が許されない場合は、この限りでない。

(弁護人等以外の者との面会の立会い等)
**第116条** ① 刑事施設の長は、その指名する職員に、未決拘禁者の弁護人等以外の者との面会に立ち会わせ、又はその面会の状況を録音させ、若しくは録画をさせるものとする。ただし、刑事施設の規律及び秩序を害する結果並びに罪証の隠滅の結果を生ずるおそれがないと認める場合には、その立会い並びに録音及び録画(次項において「立会い等」という。)をさせないことができる。
② 刑事施設の長は、前項の規定にかかわらず、未決拘禁者の第112条各号に掲げる者との面会については、刑事施設の規律及び秩序を害する結果又は罪証の隠滅の結果を生ずるおそれがあると認めるべき特別の事情がある場合を除き、立会い等をさせてはならない。

#### 第4目 死刑確定者
(面会の相手方)
**第120条** ① 刑事施設の長は、死刑確定者(未決拘禁者としての地位を有するものを除く。以下この目において同じ。)に対し、次に掲げる者から面会の申出があったときは、第148条第3項又は次節の規定により禁止される場合を除き、これを許すものとする。
1 死刑確定者の親族
2 婚姻関係の調整、訴訟の遂行、事業の維持その他の死刑確定者の身分上、法律上又は業務上の重大な利害に係る用務の処理のため面会することが必要な者
3 面会により死刑確定者の心情の安定に資すると認められる者
② 刑事施設の長は、死刑確定者に対し、前項各号に掲げる者以外の者から面会の申出があった場合において、その交友関係の維持その他面会することを必要とする事情があり、かつ、面会により刑事施設の規律及び秩序を害する結果を生ずるおそれがないと認めるときは、これを許すことができる。

(面会の立会い等)
**第121条** 刑事施設の長は、その指名する職員に、死刑確定者の面会に立ち会わせ、又はその面会の状況を録音させ、若しくは録画させるものとする。ただし、死刑確定者の訴訟の準備その他の正当な利益の保護のための立会い又は録音若しくは録画をさせないことを適当とする事情がある場合において、相当と認めるときは、この限りでない。

(面会の一時停止及び終了等)
**第122条** 第113条(第1項第2号ニを除く。)及び第114条の規定は、死刑確定者の面会について準用する。この場合において、同条第2項中「1月につき2回」とあるのは、「1日につき1回」と読み替えるものとする。

### 第3款 信書の発受
#### 第1目 受刑者
(発受を許す信書)
**第126条** 刑事施設の長は、受刑者(未決拘禁者としての地位を有するものを除く。以下この目において同じ。)に対し、この目、第148条第3項又は次節の規定により禁止される場合を除き、他の者との間で信書を発受することを許すものとする。

(信書の検査)
**第127条** ① 刑事施設の長は、刑事施設の規律及び秩序の維持、受刑者の矯正処遇の適切な実施その他の理由により必要があると認める場合には、その指名する職員に、受刑者が発受する信書について、検査を行わせることができる。
② 次に掲げる信書については、前項の検査は、これらの信書に該当することを確認するために必要な限度において行うものとする。ただし、第3号に掲げる信書について、刑事施設の規律及び秩序を害する結果を生ずるおそれがあると認めるべき特別の事情がある場合は、この限りでない。
1 受刑者が国又は地方公共団体の機関から受ける信書
2 受刑者が自己に対する刑事施設の長の措置その他自己が受けた処遇に関し調査を行う国又は地方公共団体の機関に対して発する信書
3 受刑者が自己に対する刑事施設の長の措置その他自己が受けた処遇に関し弁護士法第3条第1項に規定する職務を遂行する弁護士(弁護士法人を含む。以下この款において同じ。)との間で発受する信書

(信書の発受の禁止)
**第128条** 刑事施設の長は、犯罪性のある者その他受刑者が信書を発受することにより、刑事施設の規律及び秩序を害し、又は受刑者の矯正処遇の適切な実施に支障を生ずるおそれがある者(受刑者の親族を除く。)については、受刑者がその者との間で信書を発受することを禁止することができる。ただし、婚姻関係の調整、訴訟の遂行、事業の維持その他の受刑者の身分上、法律上又は業務上の重大な利害に係る用務の処理のため信書を発受する場合は、この限りでない。

(信書の内容による差止め等)
**第129条** ① 刑事施設の長は、第127条の規定による検査の結果、受刑者が発受する信書について、その全部又は一部が次の各号のいずれかに該当する場合には、その発受を差し止め、又は当該箇所を削除し、若しくは抹消することができる。同条第2項各号に掲げる信書について、これらの信書に該当することを確認する過程においてその全部又は一部が次の各号のいずれかに該当することが判明した場合も、同様とする。
1 暗号の使用その他の理由によって、刑事施設の職員が理解できない内容のものであるとき。
2 発受によって、刑罰法令に触れることとなり、又は刑罰法令に触れる結果を生ずるおそれがあるとき。
3 発受によって、刑事施設の規律及び秩序を害する結果を生ずるおそれがあるとき。
4 威迫にわたる記述又は明らかな虚偽の記述があるため、受信者を著しく不安にさせ、又は受信者に損害を被らせるおそれがあるとき。
5 受信者を著しく侮辱する記述があるとき。
6 発受によって、受刑者の矯正処遇の適切な実施

に支障を生ずるおそれがあるとき.
② 前項の規定にかかわらず,受刑者が国又は地方公共団体の機関との間で発受する信書であってその機関の権限に属する事項を含むもの及び受刑者が弁護士との間で発受する信書であってその受刑者に係る弁護士法第3条第1項に規定する弁護士の職務に属する事項を含むものについては,その発受の差止め又はその事項に係る部分の削除若しくは抹消は,その部分の全部又は一部が前項第1号から第3号までのいずれかに該当する場合に限り,これを行うことができる.

(信書に関する制限)
第130条 ① 刑事施設の長は,法務省令で定めるところにより,受刑者が発する信書の作成要領,その発信の申請の日及び時間帯,受刑者が発信を申請する信書の通数並びに受刑者の信書の発受の方法について,刑事施設の管理運営上必要な制限をすることができる.
② 前項の規定により受刑者が発信を申請する信書の通数について制限をするときは,その通数は,1月につき4通を下回ってはならない.

(発信に要する費用)
第131条 信書の発信に要する費用については,受刑者が負担することができない場合において,刑事施設の長が発信の目的に照らし相当と認めるときは,その全部又は一部を国庫の負担とする.

(発受を禁止した信書等の取扱い)
第132条 ① 刑事施設の長は,第128条,第129条又は第148条第3項の規定により信書の発受を禁止し,又は差し止めた場合にはその信書を,第129条の規定により信書の一部を削除した場合にはその削除した部分を保管するものとする.
② 刑事施設の長は,第129条の規定により信書の記述の一部を抹消する場合には,その抹消する部分の複製を作成し,これを保管するものとする.
③ 刑事施設の長は,受刑者の釈放の際,前2項の規定により保管する信書の全部若しくは一部又は複製(以下この章において「発受禁止信書等」という.)をその者に引き渡すものとする.
④ 刑事施設の長は,受刑者が死亡した場合には,法務省令で定めるところにより,その遺族等に対し,その申請に基づき,発受禁止信書等を引き渡すものとする.
⑤ 前2項の規定にかかわらず,発受禁止信書等の引渡しにより刑事施設の規律及び秩序の維持に支障を生ずるおそれがあるときは,これを引き渡さないものとする.次に掲げる場合において,その引渡しにより刑事施設の規律及び秩序の維持に支障を生ずるおそれがあるときも,同様とする.
1 釈放された受刑者が,釈放後に,発受禁止信書等の引渡しを求めたとき.
2 受刑者が,第54条第1項各号のいずれかに該当する場合において,発受禁止信書等の引渡しを求めたとき.
⑥ 第53条第1項,第54条第1項並びに第55条第2項及び第3項の規定は,受刑者に係る発受禁止信書等(前項の規定により引き渡さないこととされたものを除く.)について準用する.この場合において,同条第3項中「第1項の申請」とあるのは,「第132条第4項の申請」と読み替えるものとする.
⑦ 第5項の規定により引き渡さないこととした発受禁止信書等は,受刑者の釈放若しくは死亡の日又は受刑者が第54条第1項各号のいずれかに該当することとなった日から起算して3年を経過した日に,国庫に帰属する.

(受刑者作成の文書図画)
第133条 刑事施設の長は,受刑者が,その作成した文書図画(信書を除く.)を他の者に交付することを申請した場合には,その交付につき,受刑者が発する信書に準じて検査その他の措置を執ることができる.

第5款 電話等による通信
(電話等による通信)
第146条 ① 刑事施設の長は,受刑者(未決拘禁者としての地位を有するものを除く.以下この款において同じ.)に対し,第88条第2項の規定により開放的施設において処遇を受けていることその他の法務省令で定める事由に該当する場合において,その者の改善更生又は円滑な社会復帰に資すると認めるときその他相当と認めるときは,電話その他政令で定める電気通信の方法による通信を行うことを許すことができる.
② 第131条の規定は,前項の通信について準用する.

(通信の確認等)
第147条 ① 刑事施設の長は,刑事施設の規律及び秩序の維持,受刑者の矯正処遇の適切な実施その他の理由により必要があると認めるときは,その指名する職員に,前条第1項の通信の内容を確認するため,その通信を受けさせ,又はその内容を記録させることができる.
② 第113条第1項(第1号を除く.)及び第2項の規定は,前条第1項の通信について準用する.

第6款 外国語による面会等
第148条 ① 刑事施設の長は,被収容者又はその面会等(面会又は第146条第1項に規定する通信をいう.以下この条において同じ.)の相手方が国語に通じない場合には,外国語による面会等を許すものとする.この場合において,発言又は通信の内容を確認するため通訳又は翻訳が必要であるときは,法務省令で定めるところにより,その被収容者にその費用を負担させることができる.
② 刑事施設の長は,被収容者又はその信書の発受の相手方が国語に通じない場合その他相当と認める場合には,外国語による信書の発受を許すものとする.この場合において,信書の内容を確認するため翻訳が必要であるときは,法務省令で定めるところにより,その被収容者にその費用を負担させることができる.
③ 被収容者が前2項の規定により負担すべき費用を負担しないときは,その面会等又は信書の発受を許さない.

## 83 心神喪失等の状態で重大な他害行為を行った者の医療及び観察等に関する法律(抄)

(平15・7・16法律第110号,平17・7・15施行,最終改正:平17・11・7法律第123号)

### 第1章 総則

#### 第1節 目的及び定義

(目的等)

**第1条** ① この法律は,心神喪失等の状態で重大な他害行為(他人に害を及ぼす行為をいう。以下同じ。)を行った者に対し,その適切な処遇を決定するための手続等を定めることにより,継続的かつ適切な医療並びにその確保のために必要な観察及び指導を行うことによって,その病状の改善及びこれに伴う同様の行為の再発の防止を図り,もってその社会復帰を促進することを目的とする。

② この法律による処遇に携わる者は,前項に規定する目的を踏まえ,心神喪失等の状態で重大な他害行為を行った者が円滑に社会復帰をすることができるように努めなければならない。

(定義)

**第2条** ① この法律において「保護者」とは,精神保健及び精神障害者福祉に関する法律(昭和25年法律第123号)第20条第1項又は第21条の規定により保護者となる者をいう。

② この法律において「対象行為」とは,次の各号に掲げるいずれかの行為に当たるものをいう。

1 刑法(明治40年法律第45号)第108条から第110条まで又は第112条に規定する行為
2 刑法第176条から第179条までに規定する行為
3 刑法第199条,第202条又は第203条に規定する行為
4 刑法第204条に規定する行為
5 刑法第236条,第238条又は第243条(第236条又は第238条に係るものに限る。)に規定する行為

③ この法律において「対象者」とは,次の各号のいずれかに該当する者をいう。

1 公訴を提起しない処分において,対象行為を行ったこと及び刑法第39条第1項に規定する者(以下「心神喪失者」という。)又は同条第2項に規定する者(以下「心神耗弱者」という。)であることが認められた者
2 対象行為について,刑法第39条第1項の規定により無罪の確定裁判を受けた者又は同条第2項の規定により刑を減軽する旨の確定裁判(懲役又は禁錮の刑を言い渡し執行猶予の言渡しをした裁判であって,執行すべき刑期があるものを除く。)を受けた者

④ この法律において「指定医療機関」とは,指定入院医療機関及び指定通院医療機関をいう。

⑤ この法律において「指定入院医療機関」とは,第42条第1項第1号又は第61条第1項第1号の決定を受けた者の入院による医療を担当させる医療機関として厚生労働大臣が指定した病院(その一部を指定した病院を含む。)をいう。

⑥ この法律において「指定通院医療機関」とは,第42条第1項第2号又は第51条第1項第2号の決定を受けた者の入院によらない医療を担当させる医療機関として厚生労働大臣が指定した病院若しくは診療所(これらに準ずるものとして政令で定めるものを含む。第16条第2項において同じ。)又は薬局をいう。

### 第2章 審判

#### 第1節 通則

(事実の取調べ)

**第24条** ① 決定又は命令をするについて必要がある場合は,事実の取調べをすることができる。

② 前項の事実の取調べは,合議体の構成員(精神保健審判員を除く。)にこれをさせ,又は地方裁判所若しくは簡易裁判所の裁判官にこれを嘱託することができる。

③ 第1項の事実の取調べのため必要があると認めるときは,証人尋問,鑑定,検証,押収,捜索,通訳及び翻訳を行い,並びに官公署,医療施設その他の公私の団体に対し,必要な事項の報告,資料の提出その他の協力を求めることができる。ただし,差押えについては,あらかじめ所有者,所持者又は保管者に差し押さえるべき物の提出を命じた後でなければ,これをすることができない。

④ 刑事訴訟法中裁判所の行う証人尋問,鑑定,検証,押収,捜索,押収及び翻訳に関する規定は,処遇事件の性質に反しない限り,前項の規定による証人尋問,鑑定,検証,押収,捜索,通訳及び翻訳について準用する。

⑤ 裁判所は,対象者の行方が不明になったときは,所轄の警察署長にその所在の調査を求めることができる。この場合において,警察官は,当該対象者を発見したときは,直ちに,その旨を裁判所に通知しなければならない。

#### 第2節 入院又は通院

(検察官による申立て)

**第33条** ① 検察官は,被疑者が対象行為を行ったこと及び心神喪失者若しくは心神耗弱者であることを認めて公訴を提起しない処分をしたとき,又は第2条第3項第2号に規定する確定裁判があったときは,当該処分をされ,又は当該確定裁判を受けた対象者について,対象行為を行った際の精神障害を改善し,これに伴って同様の行為を行うことなく,社会に復帰することを促進するためにこの法律による医療を受けさせる必要が明らかにないと認める場合を除き,地方裁判所に対し,第42条第1項の決定をすることを申し立てなければならない。ただし,当該対象者について刑事事件若しくは少年の保護事件の処理又は外国人の退去強制に関する法令の規定による手続が行われている場合は,当該手続が終了するまで,申立てをしないことができる。

② 前項本文の規定にかかわらず,検察官は,当該対象者が刑若しくは保護処分の執行のため刑務所,少年刑務所,拘置所若しくは少年院に収容されており引き続き収容されることとなるとき,又は新たに収容されるときは,同項の申立てをすることができない。当該対象者が外国人であって出国したときも,同様とする。

③ 検察官は,刑法第204条に規定する行為を行った対象者については,傷害が軽い場合であって,当該行為の内容,当該対象者による過去の他害行為の有

無及び内容並びに当該対象者の現在の病状,性格及び生活環境を考慮し,その必要がないと認めるときは,第1項の申立てをしないことができる.ただし,他の対象行為をも行った者については,この限りでない.
**(鑑定入院命令)**
**第34条** ① 前条第1項の申立てを受けた地方裁判所の裁判官は,対象者について,対象行為を行った際の精神障害を改善し,これに伴って同様の行為を行うことなく,社会に復帰することを促進するためにこの法律による医療を受けさせる必要が明らかにないと認める場合を除き,鑑定その他医療的観察のため,当該対象者を入院させ第40条第1項又は第42条の決定があるまでの間在院させる旨を命じなければならない.この場合において,裁判官は,呼出し及び同行に関し,裁判所と同一の権限を有する.
② 前項の命令を発するには,裁判官は,当該対象者に対し,あらかじめ,供述を強いられることはないこと及び弁護士である付添人を選任することができることを説明した上,当該対象者が第2条第3項に該当するとされる理由の要旨及び前条第1項の申立てがあったことを告げ,陳述する機会を与えなければならない.ただし,当該対象者の心身の障害により又は正当な理由がなく裁判官の面前に出頭しないため,これらを行うことができないときは,この限りでない.
③ 第1項の命令による入院の期間は,当該命令が執行された日から起算して2月を超えることができない.ただし,裁判所は,必要があると認めるときは,通じて1月を超えない範囲で,決定をもって,この期間を延長することができる.
④ 裁判官は,検察官に第1項の命令の執行を嘱託するものとする.
⑤ 第28条第2項,第3項及び第6項並びに第29条第3項の規定は,前項の命令の執行について準用する.
⑥ 第1項の命令は,判事補が1人で発することができる.
**(必要的付添人)**
**第35条** 裁判所は,第33条第1項の申立てがあった場合において,対象者に付添人がないときは,付添人を付さなければならない.
**(精神保健参与員の関与)**
**第36条** 裁判所は,処遇の要否及びその内容につき,精神保健参与員の意見を聴くため,これを審判に関与させるものとする.ただし,特に必要がないと認めるときは,この限りでない.
**(対象者の鑑定)**
**第37条** ① 裁判所は,対象者に関し,精神障害者であるか否か及び対象行為を行った際の精神障害を改善し,これに伴って同様の行為を行うことなく,社会に復帰することを促進するためにこの法律による医療を受けさせる必要があるか否かについて,精神保健判定医又はこれと同等以上の学識経験を有すると認める医師に鑑定を命じなければならない.ただし,当該必要が明らかにないと認める場合は,この限りでない.
② 前項の鑑定を行うに当たっては,精神障害の類型,過去の病歴,現在及び対象行為を行った当時の病状,治療状況,病状及び治療状況から予測される将来の症状,対象行為の内容,過去の他害行為の有無及び内容並びに対象者の性格を考慮するものとする.当該鑑定の結果に,当該対象者の病状に基づき,この法律による入院による医療の必要性に関する意見を付さなければならない.
④ 裁判所は,第1項の鑑定を命じた医師に対し,当該鑑定の実施に当たって留意すべき事項を示すことができる.
⑤ 裁判所は,第34条第1項前段の命令が発せられていない対象者について,必要があると認めるときは,決定をもって,鑑定その他医療的観察のため,当該対象者を入院させ第34条第1項又は第42条の決定があるまでの間在院させる旨を命ずることができる.
第34条第2項から第5項までの規定は,この場合について準用する.

## 第3章 医療

### 第1節 医療の実施
**(医療の実施)**
**第81条** 厚生労働大臣は,第42条第1項第1号若しくは第2号,第51条第1項第2号又は第61条第1項第1号の決定を受けた者に対し,その精神障害の特性に応じ,円滑な社会復帰を促進するために必要な医療を行わなければならない.
② 前項に規定する医療の範囲は,次のとおりとする.
1 診察
2 薬剤又は治療材料の支給
3 医学的処置及びその他の治療
4 居宅における療養上の管理及びその療養に伴う世話その他の看護
5 病院への入院及びその療養に伴う世話その他の看護
6 移送
③ 第1項に規定する医療は,指定医療機関に委託して行うものとする.
**(指定医療機関の義務)**
**第82条** ① 指定医療機関は,厚生労働大臣の定めるところにより,前条第1項に規定する医療を担当しなければならない.
② 指定医療機関は,前条第1項に規定する医療を行うについて,厚生労働大臣の行う指導に従わなければならない.

# 84 暴力行為等処罰ニ関スル法律

(大15・4・10法律第60号,大15・4・30施行,改正:平16・12・8法律第156号)

**第1条** 団体若ハ多衆ノ威力ヲ示シ,団体若ハ多衆ヲ仮装シテ威力ヲ示シ又ハ兇器ヲ示シ若ハ数人共同シテ刑法(明治40年法律第45号)第208条,第222条又ハ第261条ノ罪ヲ犯シタル者ハ3年以下ノ懲役又ハ30万円以下ノ罰金ニ処ス
**第1条ノ2** ① 銃砲又ハ刀剣類ヲ用ヒテ人ノ身体ヲ傷害シタル者ハ1年以上15年以下ノ懲役ニ処ス
② 前項ノ未遂罪ハ之ヲ罰ス
③ 前2項ノ罪ハ刑法第3条,第3条ノ2及第4条ノ2ノ例ニ従フ
**第1条ノ3** 常習トシテ刑法第204条,第208条,第222条又ハ第261条ノ罪ヲ犯シタル者人ヲ傷害シ

タルモノナルトキハ1年以上15年以下ノ懲役ニ処シ其ノ他ノ場合ニ在リテハ3月以上5年以下ノ懲役ニ処ス
**第2条** ① 財産上不正ノ利益ヲ得又ハ得シムル目的ヲ以テ第1条ノ方法ニ依リ面会ヲ強請シ又ハ強談威迫ノ行為ヲ為シタル者ハ1年以下ノ懲役又ハ10万円以下ノ罰金ニ処ス
② 常習トシテ故ナク面会ヲ強請シ又ハ強談威迫ノ行為ヲ為シタル者ハ罰亦前項ニ同シ
**第3条** ① 第1条ノ方法ニ依リ刑法第199条,第204条,第208条,第222条,第223条,第234条,第260条又ハ第261条ノ罪ヲ犯サシムル目的ヲ以テ金品其ノ他ノ財産上ノ利益若ハ職務ヲ供与シ又ハ其ノ申込若ハ約束ヲ為シタル者及情ヲ知リテ供与ヲ受ケ又ハ其ノ要求若ハ約束ヲ為シタル者ハ6月以下ノ懲役又ハ10万円以下ノ罰金ニ処ス
② 第1条ノ方法ニ依リ刑法第95条ノ罪ヲ犯サシムル目的ヲ以テ前項ノ行為ヲ為シタル者ハ6月以下ノ懲役若ハ禁錮又ハ10万円以下ノ罰金ニ処ス

## 85 盗犯等ノ防止及処分ニ関スル法律

(昭5・5・22法律第9号,昭5・6・11施行)

**第1条** ① 左ノ各号ノ場合ニ於テ自己又ハ他人ノ生命,身体又ハ貞操ニ対スル現在ノ危険ヲ排除スル為犯人ヲ殺傷シタルトキハ刑法第36条第1項ノ防衛行為アリタルモノトス
1 盗犯ヲ防止シ又ハ盗贓ヲ取還セントスルトキ
2 兇器ヲ携帯シテ又ハ門戸牆壁等ヲ踰越損壊シ若ハ鎖鑰ヲ開キテ人ノ住居又ハ人ノ看守スル邸宅,建造物若ハ船舶ニ侵入スル者ヲ防止セントスルトキ
3 故ナク人ノ住居又ハ人ノ看守スル邸宅,建造物若ハ船舶ニ侵入シタル者又ハ要求ヲ受ケテ此等ノ場所ヨリ退去セザル者ヲ排斥セントスルトキ
② 前項各号ノ場合ニ於テ自己又ハ他人ノ生命,身体又ハ貞操ニ対スル現在ノ危険アルニ非ズト雖モ行為者恐怖,驚愕,興奮又ハ狼狽ニ因リ現場ニ於テ犯人ヲ殺傷シニ至リタルトキハ之ヲ罰セズ
**第2条** 常習トシテ左ノ各号ノ方法ニ依リ刑法第235条,第236条,第238条若ハ第239条ノ罪又ハ其ノ未遂罪ヲ犯シタル者ニ対シ窃盗ヲ以テ論ズベキトキハ3年以上,強盗ヲ以テ論ズベキトキハ7年以上ノ有期懲役ニ処ス
1 兇器ヲ携帯シテ犯シタルトキ
2 2人以上現場ニ於テ共同シテ犯シタルトキ
3 門戸牆壁等ヲ踰越損壊シ又ハ鎖鑰ヲ開キ人ノ住居又ハ人ノ看守スル邸宅,建造物若ハ艦船ニ侵入シテ犯シタルトキ
4 夜間人ノ住居又ハ人ノ看守スル邸宅,建造物若ハ艦船ニ侵入シテ犯シタルトキ
**第3条** 常習トシテ前条ニ掲ゲタル刑法各条ノ罪又ハ其ノ未遂罪ヲ犯シタル者ニシテ其ノ行為前10年内ニ此等ノ罪又ハ此等ノ罪ト他ノ罪トノ併合罪ニ付3回以上6月ノ懲役以上ノ刑ノ執行ヲ受ケ又ハ其ノ執行ノ免除ヲ得タルモノニ対シ刑ヲ科スベキトキハ前条ノ例ニ依ル
**第4条** 常習トシテ刑法第240条前段ノ罪若ハ第241条前段ノ罪又ハ其ノ未遂罪ヲ犯シタル者ハ無期又ハ10年以上ノ懲役ニ処ス

## 86 爆発物取締罰則(抄)

(明17・12・27太政官布告32号,大15・4・30施行,改正:平13・11・16法律第121号)

**第1条** 治安ヲ妨ケ又ハ人ノ身体財産ヲ害セントスルノ目的ヲ以テ爆発物ヲ使用シタル者及ヒ人ヲシテ之ヲ使用セシメタル者ハ死刑又ハ無期若クハ7年以上ノ懲役又ハ禁錮ニ処ス
**第6条** 爆発物ヲ製造輸入所持シ又ハ注文ヲ為シタル者第1条ニ記載シタル犯罪ノ目的ニアラサルコトヲ証明スルコト能ハサル時ハ6月以上5年以下ノ懲役ニ処ス

## 87 麻薬取締法
〔国際的な協力の下に規制薬物に係る不正行為を助長する行為等の防止を図るための麻薬及び向精神薬取締法等の特例等に関する法律〕

(平3・10・5法律第94号,平4・7・1施行,最終改正:平18・6・21法律第86号)

### 第1章 総則(略)
### 第2章 上陸の手続の特例等(略)
### 第3章 罰則

(薬物犯罪収益の推定)
**第14条** 第5条の罪に係る薬物犯罪収益については,同条各号に掲げる行為を業とした期間内に犯人が取得した財産であって,その価額が当該期間内における犯人の稼働の状況又は法令に基づく給付の受給の状況に照らし不相当に高額であると認められるものは,当該罪に係る薬物犯罪収益と推定する.

## 88 検察審査会法(抄)

(昭23・7・12法律第147号,昭23・7・12施行,最終改正:平19・5・30法律第60号)

### 第1章 総則

**第1条** ① 公訴権の実行に関し民意を反映させてその適正を図るため,政令で定める地方裁判所及び地方裁判所支部の所在地に検察審査会を置く.ただし,検察審査会の数は,200を下つてはならず,且つ,各地方裁判所の管轄区域内に少なくともその一を置かなければならない.

② 検察審査会の名称及び管轄区域は，政令でこれを定める．
**第39条の5** ① 検察審査会は，検察官の公訴を提起しない処分の当否に関し，次の各号に掲げる場合には，当該各号に定める議決をするものとする．
　1　起訴を相当と認めるとき　起訴を相当とする議決
　2　前号に掲げる場合を除き，公訴を提起しない処分を不当と認めるとき　公訴を提起しない処分を不当とする議決
　3　公訴を提起しない処分を相当と認めるとき　公訴を提起しない処分を相当とする議決
② 前項第1号の議決をするには，第27条の規定にかかわらず，検察審査員8人以上の多数によらなければならない．
**第41条** ① 検察審査会が第39条の5第1項第1号の議決をした場合において，前条の議決書の謄本の送付があつたときは，検察官は，速やかに，当該議決を参考にして，公訴を提起すべきか否かを検討した上，当該議決に係る事件について公訴を提起し，又はこれを提起しない処分をしなければならない．
② 検察審査会が第39条の5第1項第2号の議決をした場合において，前条の議決書の謄本の送付があつたときは，検察官は，速やかに，当該議決を参考にして，当該公訴を提起しない処分の当否を検討した上，当該議決に係る事件について公訴を提起し，又はこれを提起しない処分をしなければならない．
③ 検察官は前2項の処分をするときは，直ちに，前2項の検察審査会にその旨を通知しなければならない．
**第41条の2** ① 第39条の5第1項第1号の議決をした検察審査会は，検察官から前条第3項の規定による公訴を提起しない処分をした旨の通知を受けたときは，当該処分の当否の審査を行わなければならない．ただし，次項の規定による審査が行われたときは，この限りでない．
② 第39条の5第1項第1号の議決をした検察審査会は，第40条の規定により当該議決に係る議決書の謄本の送付をした日から3月（検察官が当該検察審査会に対し3月を超えない範囲で延長を必要とする期間及びその理由を通知したときは，その期間を加えた期間）以内に前条第3項の規定による通知がなかつたときは，その期間が経過した時に，当該議決があつた公訴を提起しない処分と同一の処分があつたものとみなして，当該処分の当否の審査を行わなければならない．ただし，審査の結果議決をする前に，検察官から同項の規定による公訴を提起しない処分をした旨の通知を受けたときは，当該処分の当否の審査を行わなければならない．
**第41条の6** ① 検察審査会は，第41条の2の規定による審査を行つた場合において，起訴を相当と認めるときは，第39条の5第1項第1号の規定にかかわらず，起訴をすべき旨の議決（以下「起訴議決」という．）をするものとする．起訴議決をするには，第27条の規定にかかわらず，検察審査員8人以上の多数によらなければならない．
② 検察審査会は，起訴議決をするときは，あらかじめ，検察官に対し，検察審査会議に出席して意見を述べる機会を与えなければならない．
③ 検察審査会は，第41条の2の規定による審査を行つた場合において，公訴を提起しない処分の当否について起訴議決をするに至らなかつたときは，第39条の5第1項の規定にかかわらず，その旨の議決

をしなければならない．

## 89　犯罪捜査のための通信傍受に関する法律

（平11・8・18法律第137号，平12・8・15施行，
最終改正：平19・11・30法律第120号）

### 第1章　総　則

（目　的）
**第1条**　この法律は，組織的な犯罪が平穏かつ健全な社会生活を著しく害していることにかんがみ，数人の共謀によって実行される組織的な殺人，薬物及び銃器の不正取引に係る犯罪等の重大犯罪について，犯人間の相互連絡等に用いられる電話その他の電気通信の傍受を行わなければ事案の真相を解明することが著しく困難な場合が増加する状況にあることを踏まえ，これに適切に対処するため，刑事訴訟法（昭和23年法律第131号）に規定する電気通信の傍受を行う強制の処分に関し，通信の秘密を不当に侵害することなく事案の真相の的確な解明に資するよう，その要件，手続その他必要な事項を定めることを目的とする．

（定　義）
**第2条** ① この法律において「通信」とは，電話その他の電気通信であって，その伝送路の全部若しくは一部が有線（有線以外の方式で電波その他の電磁波を送り，又は受けるための電気的設備に附属する有線を除く．）であるもの又はその伝送路に交換設備があるものをいう．
② この法律において「傍受」とは，現に行われている他人間の通信について，その内容を知るため，当該通信の当事者のいずれの同意も得ないで，これを受けることをいう．
③ この法律において「通信事業者等」とは，電気通信を行うための設備（以下「電気通信設備」という．）を用いて他人の通信を媒介し，その他電気通信設備を他人の通信の用に供する事業を営む者及びその以外の者であって自己の業務のために不特定又は多数の者の通信を媒介することのできる電気通信設備を設置している者をいう．

### 第2章　通信傍受の要件及び実施の手続

（傍受令状）
**第3条** ① 検察官又は司法警察員は，次の各号のいずれかに該当する場合において，当該各号に規定する犯罪（第2号及び第3号にあっては，その一連の犯罪をいう．）の実行，準備又は証拠隠滅等の事後措置に関する謀議，指示その他の相互連絡その他当該犯罪の実行に関連する事項を内容とする通信（以下この項において「犯罪関連通信」という．）が行われると疑うに足りる状況があり，かつ，他の方法によっては，犯人を特定し，又は犯行の状況若しくは内容を明らかにすることが著しく困難であるときは，裁判官の発する傍受令状により，電話番号その他発信元又は発信先を識別するための番号又は符号（以下「電話番号等」という．）によって特定された通信の手段（以下「通信手段」とい

## 犯罪捜査のための通信傍受に関する法律（4条～13条）

う．）であって，被疑者が通信事業者等との間の契約に基づいて使用しているもの（犯人による犯罪関連通信に用いられる疑いがないと認められるものを除く．）又は犯人による犯罪関連通信に用いられると疑うに足りるものについて，これを用いて行われた犯罪関連通信の傍受をすることができる．

1　別表に掲げる罪が犯されたと疑うに足りる十分な理由がある場合において，当該犯罪が数人の共謀によるものであると疑うに足りる状況があるとき．

2　別表に掲げる罪が犯され，かつ，引き続き次に掲げる罪が犯されると疑うに足りる十分な理由がある場合において，これらの犯罪が数人の共謀によるものであると疑うに足りる状況があるとき．
　イ　当該犯罪と同様の態様で犯されるこれと同一又は同種の別表に掲げる罪
　ロ　当該犯罪の実行を含む一連の犯行の計画に基づいて犯される別表に掲げる罪

3　死刑又は無期若しくは長期2年以上の懲役若しくは禁錮に当たる罪が別表に掲げる罪と一体のものとしてその実行に必要な準備のために犯され，かつ，引き続き当該別表に掲げる罪が犯されると疑うに足りる十分な理由がある場合において，当該犯罪が数人の共謀によるものであると疑うに足りる状況があるとき．

② 別表に掲げる罪であって，譲渡し，譲受け，貸付け，借受け又は交付の行為を罰するものについては，前項の規定にかかわらず，数人の共謀によるものであると疑うに足りる状況があることを要しない．

③ 前2項の規定による傍受は，通信事業者等の看守する場所で行う場合を除き，人の住居又は人の看守する邸宅，建造物若しくは船舶内においては，これをすることができない．ただし，住居主若しくは看守者又はこれらの者に代わるべき者の承諾がある場合は，この限りでない．

（令状請求の手続）
**第4条**　① 傍受令状の請求は，検察官（検事総長が指定する検事に限る．次項及び第7条において同じ．）又は司法警察員（国家公安委員会又は都道府県公安委員会が指定する警視以上の警察官，厚生労働大臣が指定する麻薬取締官及び海上保安庁長官が指定する海上保安官に限る．同項及び同条において同じ．）から地方裁判所の裁判官にこれをしなければならない．

② 検察官又は司法警察員は，前項の請求をする場合において，当該請求に係る被疑事実の全部又は一部と同一の被疑事実について，前に同一の通信手段を対象とする傍受令状の請求又はその発付があったときは，その旨を裁判官に通知しなければならない．

（傍受令状の発付）
**第5条**　① 前条第1項の請求を受けた裁判官は，同項の請求を理由があると認めるときは，傍受ができる期間として10日以内の期間を定めて，傍受令状を発する．

② 裁判官は，傍受令状を発する場合において，傍受の実施（通信の傍受をすること及び傍受令状について直ちに傍受をすることができる状態で通信の状況を監視することをいう．以下同じ．）に関し，適当と認める条件を付することができる．

（傍受令状の記載事項）
**第6条**　傍受令状には，被疑者の氏名，被疑事実の要旨，罪名，罰条，傍受すべき通信，傍受の実施の対象とすべき通信手段，傍受の実施の方法及び場所，傍受ができる期間，傍受の実施に関する条件，有効期間及びその期間経過後は傍受の処分に着手することができず傍受令状はこれを返還しなければならない旨並びに発付の年月日その他最高裁判所規則で定める事項を記載し，裁判官が，これに記名押印しなければならない．ただし，被疑者の氏名については，これが明らかでないときは，その旨を記載すれば足りる．

（傍受ができる期間の延長）
**第7条**　① 地方裁判所の裁判官は，必要があると認めるときは，検察官又は司法警察員の請求により，10日以内の期間を定めて，傍受ができる期間を延長することができる．ただし，傍受ができる期間は，通じて30日を超えることができない．

② 前項の延長は，傍受令状に延長する期間及び理由を記載し記名押印してこれをしなければならない．

（同一事実に関する傍受令状の発付）
**第8条**　裁判官は，傍受令状の請求があった場合において，当該請求に係る被疑事実に前に発付された傍受令状の被疑事実と同一のものが含まれるときは，同一の通信手段については，更に傍受をすることを必要とする特別の事情があると認めるときに限り，これを発付することができる．

（傍受令状の提示）
**第9条**　① 傍受令状は，通信手段の傍受の実施をする部分を管理する者（会社その他の法人又は団体にあっては，その役職員．以下同じ．）又はこれに代わるべき者に示さなければならない．ただし，被疑事実の要旨については，この限りでない．

② 傍受ができる期間が延長されたときも，前項と同様とする．

（必要な処分等）
**第10条**　① 傍受の実施については，電気通信設備に傍受のための機器を接続することその他の必要な処分をすることができる．

② 検察官又は司法警察員は，検察事務官又は司法警察職員に前項の処分をさせることができる．

（通信事業者等の協力義務）
**第11条**　検察官又は司法警察員は，通信事業者等に対して，傍受の実施に関し，傍受のための機器の接続その他の必要な協力を求めることができる．この場合においては，通信事業者等は，正当な理由がないのに，これを拒んではならない．

（立会い）
**第12条**　① 傍受の実施をするときは，通信手段の傍受の実施をする部分を管理する者又はこれに代わるべき者を立ち会わせなければならない．これらの者を立ち会わせることができないときは，地方公共団体の職員を立ち会わせなければならない．

② 立会人は，検察官又は司法警察員に対し，当該傍受の実施に関し意見を述べることができる．

（該当性判断のための処分）
**第13条**　① 検察官又は司法警察員は，傍受の実施をしている間に行われた通信であって，傍受令状に記載された方傍受すべき通信（以下単に「傍受すべき通信」という．）に該当するかどうかが明らかでないものについては，傍受すべき通信に該当するかどうかを判断するため，これに必要な最小限度の範囲に限り，傍受をすることができる．

② 外国語による通信又は暗号その他の内容を即時に復元することができない方法を用いた通信であって，傍受の時にその内容を知ることが困難なた

め,傍受すべき通信に該当するかどうかを判断することができないものについては,その全部の傍受をすることができる.この場合においては,速やかに,傍受すべき通信に該当するかどうかの判断を行わなければならない.

(他の犯罪の実行を内容とする通信の傍受)
**第14条** 検察官又は司法警察員は,傍受の実施をしている間に,傍受令状に被疑事実として記載されている犯罪以外の犯罪であって,別表に掲げるもの又は死刑若しくは無期若しくは短期1年以上の懲役若しくは禁錮に当たるものを実行したこと,実行していること又は実行することを内容とするものと明らかに認められる通信が行われたときは,当該通信の傍受をすることができる.

(医師等の業務に関する通信の傍受の禁止)
**第15条** 医師,歯科医師,助産師,看護師,弁護士(外国法事務弁護士を含む.),弁理士,公証人又は宗教の職にある者(傍受令状に被疑者として記載されている者を除く.)との間の通信については,他人の依頼を受けてその業務に関するものと認められるときは,傍受をしてはならない.

(相手方の電話番号等の探知)
**第16条** ① 検察官又は司法警察員は,傍受をしている間における通信について,これが傍受すべき通信若しくは第14条の規定により傍受をすることができる通信に該当するものであるとき,又は第13条の規定による傍受すべき通信に該当するかどうかの判断に資すると認めるときは,傍受の実施の場所において,当該通信の相手方の電話番号等の探知をすることができる.この場合においては,別に令状を必要としない.
② 検察官又は司法警察員は,通信事業者等に対して,前項の処分に関し,必要な協力を求めることができる.この場合においては,通信事業者等は,正当な理由がないのに,これを拒んではならない.
③ 検察官又は司法警察員は,傍受の実施の場所以外の場所において第1項の探知のための措置を必要とする場合には,当該措置を執ることができる通信事業者等に対し,同項の規定により行う探知である旨を告知して,当該措置を執ることを要請することができる.この場合においては,前項後段の規定を準用する.

(傍受の実施を中断又は終了すべき時の措置)
**第17条** 傍受令状の記載するところに従い傍受の実施を中断又は終了すべき時に現に通信が行われているときは,その通信手段の使用(以下「通話」という.)が終了するまで傍受の実施を継続することができる.

(傍受の実施の終了)
**第18条** 傍受の実施は,傍受の理由又は必要がなくなったときは,傍受令状に記載された傍受ができる期間内であっても,これを終了しなければならない.

## 第3章 通信傍受の記録等

(傍受をした通信の記録)
**第19条** ① 傍受をした通信については,すべて,録音その他通信の性質に応じた適切な方法により記録媒体に記録しなければならない.この場合においては,第22条第2項の手続の用に供するため,同時に,同一の方法により他の記録媒体に記録することができる.

② 傍受の実施を中断又は終了するときは,その時に使用している記録媒体に対する記録を終了しなければならない.

(記録媒体の封印等)
**第20条** ① 前条第1項前段の規定により記録をした記録媒体については,傍受の実施を中断又は終了したときは,速やかに,立会人にその封印を求めなければならない.傍受の実施をしている間に記録媒体の交換をしたときその他記録媒体に対する記録が終了したときも,同様とする.
② 前項の記録媒体については,前条第1項後段の規定により記録をした記録媒体がある場合を除き,立会人にその封印を求める前に,第22条第2項の手続の用に供するための複製を作成することができる.
③ 立会人が封印をした記録媒体は,遅滞なく,傍受令状を発付した裁判官が所属する裁判所の裁判官に提出しなければならない.

(傍受の実施の状況を記載した書面の提出等)
**第21条** ① 検察官又は司法警察員は,傍受の実施の終了後,遅滞なく,次に掲げる事項を記載した書面を,前条第3項に規定する裁判官に提出しなければならない.第7条の規定により傍受ができる期間の延長を請求する時も,同様とする.
 1 傍受の実施の開始,中断及び終了の年月日時
 2 立会人の氏名及び職業
 3 第12条第2項の規定により立会人が述べた意見
 4 傍受の実施をしている間における通話の開始及び終了の年月日時
 5 傍受をした通信については,傍受の根拠となった条項,その開始及び終了の年月日時並びに通信の当事者の氏名その他その特定に資する事項
 6 第14条に規定する通信については,当該通信に係る犯罪の罪名及び罰条並びに当該通信が同条に規定する通信に該当すると認めた理由
 7 記録媒体の交換をした年月日時
 8 前条第1項の規定による封印の年月日時及び封印をした立会人の氏名
 9 その他傍受の実施の状況に関し最高裁判所規則で定める事項
② 前項に規定する書面の提出を受けた裁判官は,同項第6号の通信については,これが第14条に規定する通信に該当するかどうかを審査し,これに該当しないと認めるときは,当該通信の傍受の処分を取り消すことができる.この場合においては,第26条第3項,第5項及び第6項の規定を準用する.

(傍受記録の作成)
**第22条** ① 検察官又は司法警察員は,傍受の実施を中断又は終了したときは,その都度,速やかに,傍受をした通信の内容を刑事手続において使用するための記録(以下「傍受記録」という.)1通を作成しなければならない.傍受の実施をしている間に記録媒体の交換をしたときその他記録媒体に対する記録が終了したときも,同様とする.
② 傍受記録は,第19条第1項後段の規定により記録をした記録媒体又は第20条第2項の規定により作成した複製から,次に掲げる通信以外の通信の記録を消去して作成するものとする.
 1 傍受すべき通信に該当する通信
 2 第13条第2項の規定により傍受をした通信であって,なおその内容を復元するための措置を要するもの
 3 第14条の規定により傍受をした通信及び第13

条第2項の規定により傍受をした通信であって第14条に規定する通信に該当すると認められるに至ったもの
　4　前3号に掲げる通信と同一の通話の機会に行われた通信

③　前項第2号に掲げる通信の記録については、当該通信が傍受すべき通信及び第14条に規定する通信に該当しないことが判明したときは、傍受記録から当該通信の記録及び当該通信に係る同項第4号に掲げる通信の記録を消去しなければならない。ただし、当該通信と同一の通話の機会に行われた同項第1号から第3号までに掲げる通信があるときは、この限りでない。

④　検察官又は司法警察員は、傍受記録を作成した場合において、他に第20条第3項の規定により裁判官に提出した記録媒体（以下「傍受の原記録」という。）以外の傍受をした通信の記録をした記録媒体又はその複製等（複製その他記録の内容の全部又は一部をそのまま記録した物及び書面をいう。以下同じ。）があるときは、その記録の全部を消去しなければならない。前項の規定により傍受記録から記録を消去した場合において、他に当該記録の複製等があるときも、同様とする。

⑤　検察官又は司法警察員は、傍受をした通信であって、傍受記録に記録されたもの以外のものについては、その内容を他人に知らせ、又は使用してはならない。その職を退いた後も、同様とする。

**（通信の当事者に対する通知）**

**第23条**　①　検察官又は司法警察員は、傍受記録に記録されている通信の当事者に対し、傍受記録を作成した旨及び次に掲げる事項を書面で通知しなければならない。
　1　当該通信の開始及び終了の年月日時並びに相手方の氏名（判明している場合に限る。）
　2　傍受令状の発付の年月日
　3　傍受の実施の開始及び終了の年月日
　4　傍受の実施の対象とした通信の手段
　5　傍受令状に記載された罪名及び罰条
　6　第14条に規定する通信については、その旨並びに当該通信に係る犯罪の罪名及び罰条

②　前項の通知は、当該通信の当事者が特定できない場合又はその所在が明らかでない場合を除き、傍受の実施が終了した後30日以内にこれを発しなければならない。ただし、地方裁判所の裁判官は、捜査が妨げられるおそれがあると認めるときは、検察官又は司法警察員の請求により、60日以内の期間を定めて、この項の規定により通知を発しなければならない期間を延長することができる。

③　検察官又は司法警察員は、前項本文に規定する期間が経過した後に、通信の当事者が特定された場合又はその所在が明らかになった場合には、当該通信の当事者に対し、速やかに、第1項の通知を発しなければならない。この場合においては、前項ただし書の規定を準用する。

**（傍受記録の聴取及び閲覧等）**

**第24条**　前条第1項の通知を受けた通信の当事者は、傍受記録のうち当該通信に係る部分を聴取し、若しくは閲覧し、又はその複製を作成することができる。

**（傍受の原記録の聴取及び閲覧等）**

**第25条**　①　傍受の原記録を保管する裁判官（以下「原記録保管裁判官」という。）は、傍受記録に記録されている通信の当事者が、前条の規定により、傍受記録のうち当該通信に係る部分を聴取し、若しくは閲覧し、又はその複製を作成した場合において、傍受記録の正確性の確認のために必要があると認めるときその他正当な理由があると認めるときは、当該通信の当事者の請求により、傍受の原記録のうち当該通信に相当する部分を聴取し、若しくは閲覧し、又はその複製を作成することを許可しなければならない。

②　原記録保管裁判官は、傍受をされた通信の内容の確認のために必要があると認めるときその他正当な理由があると認めるときは、傍受記録に記録されている通信以外の通信の当事者の請求により、傍受の原記録のうち当該通信の当事者に係る部分を聴取し、若しくは閲覧し、又はその複製を作成することを許可しなければならない。

③　原記録保管裁判官は、傍受が行われた事件に関し、犯罪事実の存否の証明又は傍受記録の正確性の確認のために必要があると認めるときその他正当な理由があると認めるときは、検察官又は司法警察員の請求により、傍受の原記録のうち必要と認める部分を聴取し、若しくは閲覧し、又はその複製を作成することを許可することができる。ただし、複製の作成については、次に掲げる通信（傍受記録に記録されているものを除く。）に係る部分に限る。
　1　傍受すべき通信に該当する通信
　2　犯罪事実の存否の証明に必要な証拠となる通信（前号に掲げる通信を除く。）
　3　前2号に掲げる通信と同一の通話の機会に行われた通信

④　次条第3項（第21条第2項において準用する場合を含む。以下この項において同じ。）の規定により記録の消去を命じた裁判がある場合においては、前項の規定による複製をすることの許可の請求は、同項の規定にかかわらず、当該裁判により消去を命じられた記録に係る通信が新たに同項第1号又は第2号に掲げる通信であって他にこれに代わるべき適当な証明方法がないものであることが判明するに至った場合に限り、傍受の原記録のうち当該通信及びこれと同一の通話の機会に行われた通信の部分について、することができる。ただし、当該裁判が次条第3項第2号に該当するとしてこれらの通信の記録の消去を命じたものであるときは、この請求をすることができない。

⑤　原記録保管裁判官は、検察官により傍受記録又はその複製等の取調べの請求があった被告事件に関し、被告人の防御又は傍受記録の正確性の確認のために必要があると認めるときその他正当な理由があると認めるときは、被告人又はその弁護人の請求により、傍受の原記録のうち必要と認める部分を聴取し、若しくは閲覧し、又はその複製を作成することを許可することができる。ただし、被告人が当事者でない通信に係る部分の複製の作成については、当該通信の当事者のいずれかの同意がある場合に限る。

⑥　検察官又は司法警察員が第3項の規定により作成した複製は、傍受記録とみなす。この場合において、第23条第1項の規定の適用については、同条第1項中「次に掲げる事項」とあるのは「次に掲げる事項並びに第25条第3項の複製を作成することの許可があった旨及びその年月日」とし、同条第2項中「傍受の実施が終了した後」とあるのは「複製を作成

した後」とする．
⑦ 傍受の原記録については，第1項から第5項までの規定による場合のほか，これを聴取させ，若しくは閲覧させ，又はその複製を作成させてはならない．ただし，裁判所又は裁判官が，刑事訴訟法の定めるところにより，検察官により傍受記録若しくはその複製等の提出への請求が傍受に関する刑事の事件の審理又は裁判のために必要があると認めて，傍受の原記録のうち必要と認める部分を取り調べる場合においては，この限りでない．
（不服申立て）
**第26条** ① 裁判官がした通信の傍受に関する裁判に不服がある者は，その裁判官が所属する裁判所に，その裁判の取消し又は変更を請求することができる．
② 検察官又は検察事務官がした通信の傍受に関する処分に不服がある者はその検察官又は検察事務官が所属する検察庁の所在地を管轄する地方裁判所に，司法警察職員がした通信の傍受に関する処分に不服がある者はその職務執行地を管轄する地方裁判所に，その処分の取消し又は変更（傍受の実施の終了を含む．）を請求することができる．
③ 裁判所は，前項の請求により傍受の処分を取り消す場合において，次の各号のいずれかに該当すると認めるときは，検察官又は司法警察員に対し，その保管する傍受記録（前条第6項の規定により傍受記録とみなされたものを除く．以下この項において同じ．）及びその複製等のうち当該傍受の処分に係る通信及びこれと同一の通話の機会に行われた通信の記録の消去を命じなければならない．ただし，第3号に該当すると認める場合において，当該記録の消去を命ずることが相当でないと認めるときは，この限りでない．
1 当該傍受に係る通信が，第22条第2項各号に掲げる通信のいずれにも当たらないとき．
2 当該傍受において，通信の当事者の利益を保護するための手続に重大な違法があったとき．
3 前2号に該当する場合を除き，当該傍受の手続に違法があるとき．
④ 前条第3項の複製を作成することの許可が取り消されたときは，検察官又は司法警察員は，その保管する同条第6項の規定によりみなされた傍受記録（その複製等を含む．）のうち当該取り消された許可に係る部分を消去しなければならない．
⑤ 第3項に規定する記録の消去を命ずる裁判又は前項に規定する複製を作成することの許可の取消しの裁判がされたときは，当該傍受記録又はその複製等について既に被告事件において証拠調べがされているときは，証拠から排除する決定がない限り，これを当該被告事件に関する手続において証拠として用いることを妨げるものではない．
⑥ 前項に規定する裁判があった場合において，当該傍受記録について既に被告事件において証拠調べがされているときは，当該被告事件に関する手続においてその内容を他人に知らせ又は使用する場合以外の場合においては，当該傍受記録について第3項の裁判又は第4項の規定による消去がされたものとみなして，第22条第5項の規定を適用する．
⑦ 第1項及び第2項の規定による不服申立てに関する手続については，この法律に定めるもののほか，刑事訴訟法第429条第1項及び第430条第1項の請求に係る手続の例による．
（傍受の原記録の保管期間）

**第27条** ① 傍受の原記録は，第20条第3項の規定による提出の日から5年を経過する日又は傍受記録若しくはその複製等が証拠として取り調べられた被告事件若しくはその傍受に係る刑事の事件の終結の日から6月を経過する日のうち最も遅い日まで保管するものとする．
② 原記録保管裁判官は，必要があると認めるときは，前項の保管の期間を延長することができる．

## 第4章　通信の秘密の尊重等

（関係者による通信の秘密の尊重等）
**第28条** 検察官，検察事務官及び司法警察職員並びに弁護人その他通信の傍受に関与し，又はその状況若しくは傍受をした通信の内容を職務上知り得た者は，通信の秘密を不当に害しないように注意し，かつ，捜査の妨げとならないように注意しなければならない．
（国会への報告等）
**第29条** 政府は，毎年，傍受令状の請求及び発付の件数，その請求及び発付に係る罪名，傍受の対象とした通信手段の種類，傍受の実施をした期間，傍受の実施をした期間における通話の回数，このうち第22条第2項第1号又は第3号に掲げる通信が行われたものの数並びに傍受が行われた事件に関して逮捕した人員数を国会に報告するとともに，公表するものとする．ただし，罪名については，捜査に支障を生ずるおそれがあるときは，その支障がなくなった後においてこれらの措置を執るものとする．
（通信の秘密を侵す行為の処罰等）
**第30条** ① 捜査又は調査の権限を有する公務員が，その捜査又は調査の職務に関し，電気通信事業法（昭和59年法律第86号）第179条第1項又は有線電気通信法（昭和28年法律第96号）第14条第1項の罪を犯したときは，3年以下の懲役又は100万円以下の罰金に処する．
② 前項の罪の未遂は，罰する．
③ 前2項の罪について告訴又は告発をした者は，検察官の公訴を提起しない処分に不服があるときは，刑事訴訟法第262条第1項の請求をすることができる．

## 第5章　補　則

（刑事訴訟法との関係）
**第31条** 通信の傍受に関する手続については，この法律に特別の定めがあるもののほか，刑事訴訟法による．
（最高裁判所規則）
**第32条** この法律に定めるもののほか，傍受令状の発付，傍受ができる期間の延長，記録媒体の封印及び提出，傍受の原記録の保管その他の取扱い，傍受の実施の状況を記載した書面の提出，第14条に規定する通話に該当するかどうかの審査，通信の当事者に対する通知を発しなければならない期間の延長，裁判所が保管する傍受記録の聴取及び閲覧並びにその複製の作成並びに不服申立てに関する手続について必要な事項は，最高裁判所規則で定める．

# 90 国際捜査共助等に関する法律(抄)

(昭55・5・29法律第69号,昭55・10・1施行,
最終改正:平18・6・8法律第58号)

## 第1章 総則

(定義)
**第1条** この法律において,次の各号に掲げる用語の意義は,それぞれ当該各号に定めるところによる.
1 共助 外国の要請により,当該外国の刑事事件の捜査に必要な証拠の提供(受刑者証人移送を含む.)をすることをいう.
2 要請国 日本国に対して共助の要請をした外国をいう.
3 共助犯罪 要請国からの共助の要請において捜査の対象とされている犯罪をいう.
4 受刑者証人移送 条約により刑事手続における証人尋問に証人として出頭させることを可能とするために移送すべきものとされている場合において,刑の執行として拘禁されている者を国際的に移送することをいう.

(共助の制限)
**第2条** 次の各号のいずれかに該当する場合には,共助をすることができない.
1 共助犯罪が政治犯罪であるとき,又は共助の要請が政治犯罪について捜査をする目的で行われたものと認められるとき.
2 条約に別段の定めがある場合を除き,共助犯罪に係る行為が日本国内において行われたとした場合において,その行為が日本国の法令によれば罪に当たるものでないとき.
3 証人尋問又は証拠物の提供に係る要請については,条約に別段の定めがある場合を除き,その証拠が捜査に欠くことのできないものであることを明らかにした要請国の書面がないとき.

## 第2章 証拠の収集等

(法務大臣の措置)
**第5条** ① 法務大臣は,受刑者証人移送以外の共助の要請について,第2条各号(第3条第1項ただし書の規定により法務大臣が共助の要請の受理を行う場合にあつては,第2条各号又は前条各号)のいずれにも該当せず,かつ,要請に応ずることが相当であると認めるときは,次條に規定する場合を除き,次の各号のいずれかの措置を採るものとする.
1 相当と認める地方検察庁の検事正に対し,関係書類を送付して,共助に必要な証拠の収集を命ずること.
2 国家公安委員会に共助の要請に関する書面を送付すること.
3 海上保安庁長官その他の刑事訴訟法(昭和23年法律第131号)第190条に規定する司法警察職員として職務を行うべき者の置かれている国の機関の長に共助の要請に関する書面を送付すること.
② 法務大臣は,共助の要請が裁判所,検察官又は司法警察員の保管する訴訟に関する書類の提供に係るものであるときは,その書類の保管者に共助の要請に関する書面を送付するものとする.
③ 法務大臣は,第1項に規定する措置その他の共助に関する措置を採るため必要があると認めるときは,関係人の所在その他必要な事項について調査を行うことができる.

(検察官の処分)
**第8条** ① 検察官又は司法警察員は,共助に必要な証拠の収集に関し,関係人の出頭を求めてこれを取り調べ,鑑定を嘱託し,実況見分をし,書類その他の物の所有者,所持者若しくは保管者にその物の提出を求め,又は公務所若しくは公私の団体に照会して必要な事項の報告を求めることができる.
② 検察官又は司法警察員は,共助に必要な証拠の収集に関し,必要があると認めるときは,裁判官の発する令状により,差押え,捜索又は検証をすることができる.
③ 検察官又は司法警察員は,前2項の規定により収集すべき証拠が業務書類等(業務を遂行する過程において作成され,又は保管される書類その他の物をいう.以下この項において同じ.)である場合において,当該業務書類等の作成又は保管の状況に関する事項の証明に係る共助の要請があるときは,作成者,保管者その他の当該業務書類等の作成又は保管の状況に係る業務上の知識を有すると認める者に対し,当該要請に係る事項についての証明書の提出を求めることができる.
④ 検察官又は司法警察員は,前項の規定により証明書の提出を求めるに当たつては,その提出を求める者に対し,虚偽の証明書を提出したときは刑罰が科されることとがある旨を告知しなければならない.
⑤ 検察官又は司法警察員は,検察事務官又は司法警察職員に第1項から第3項までの処分をさせることができる.

## 第3章 国内受刑者に係る受刑者証人移送

(受刑者証人移送の決定等)
**第19条** ① 法務大臣は,要請国から,条約に基づき,国内受刑者(日本国において懲役刑若しくは禁錮刑又は国際受刑者移送法(平成14年法律第66号)第2条第2号に定める共助刑の執行として拘禁されている者をいう.以下同じ.)に係る受刑者証人移送の要請があつた場合において,第2条第1号若しくは第2号又は次の各号(第3条第1項ただし書の規定により法務大臣が共助の要請の受理を行う場合にあつては,第2条第1号若しくは第2号,第4条第1号又は次の各号)のいずれにも該当せず,かつ,要請に応ずることが相当であると認めるときは,国内受刑者を移送する期間を定めて,当該受刑者証人移送の決定をするものとする.
1 国内受刑者の書面による同意がないとき.
2 国内受刑者が20歳に満たないとき.
3 国内受刑者を移送する期間として要請された期間が30日を超えるとき.
4 国内受刑者の犯した罪に係る事件が日本国の裁判所に係属するとき.
② 第14条第5項及び第6項並びに第16条第1項の規定は,国内受刑者に係る受刑者証人移送の要請があつた場合について準用する.この場合において必要な技術的読替えは,政令で定める.
③ 法務大臣は,第1項の決定をしたときは,国内受刑者が収容されている刑事施設の長に対し,当該決定に係る引渡しを命ずるとともに,当該国内受刑者にその旨を通知しなければならない.

(引渡しに関する措置)
**第20条** ① 法務大臣は、前条第3項の規定による命令をしたときは、外務大臣に受領許可証を送付しなければならない。
② 外務大臣は、前項の規定による受領許可証の送付を受けたときは、直ちに、これを要請国に送付しなければならない。
③ 前2項の規定にかかわらず、第3条第1項ただし書の規定により法務大臣が共助の要請の受理を行う場合においては、要請国への受領許可証の送付は、法務大臣が行うものとする。
④ 前条第3項の規定による命令を受けた刑事施設の長は、要請国の官憲から受領許可証を示して国内受刑者の引渡しを求められたときは、国内受刑者を引き渡さなければならない。
⑤ 前項の規定により国内受刑者の引渡しを受けた要請国の官憲は、速やかに、国内受刑者を要請国に護送するものとする。

## 第4章 外国受刑者の拘禁

(外国受刑者の拘禁)
**第23条** ① 検察官は、外国受刑者(外国において懲役刑若しくは禁錮刑又はこれらに相当する刑の執行として拘禁されている者をいう。以下同じ。)であつて日本国の刑事手続において証人として尋問する旨の決定があつたものについて、受刑者証人移送として当該外国の官憲から当該外国受刑者の引渡しを受けたときは、あらかじめ発する受入移送拘禁状により、当該外国受刑者を拘禁しなければならない。
② 逃亡犯罪人引渡法(昭和28年法律第68号)第6条第1項から第3項まで及び第7条並びに刑事訴訟法第71条、第73条第3項、第74条及び第126条の規定は、前項の受入移送拘禁状により外国受刑者を拘禁する場合について準用する。この場合において必要な技術的読替えは、政令で定める。

(外国の官憲への引渡し)
**第24条** ① 受刑者証人移送として外国の官憲から引渡しを受けた外国受刑者については、その引渡しを受けた日から30日以内に、これを当該外国の官憲に引き渡さなければならない。ただし、天災その他やむを得ない事由によりこの期間内に外国受刑者を当該外国の官憲に引き渡すことができない場合には、この限りでない。
② 検察官は、前項の規定により外国受刑者を当該外国の官憲に引き渡す場合において必要があるときは、前条第1項の受入移送拘禁状により、検察事務官、警察官、海上保安官又は海上保安官補に当該外国受刑者の護送をさせることができる。この場合においては、刑事訴訟法第74条の規定を準用する。

(外国受刑者の拘禁の停止)
**第25条** ① 検察官は、病気その他やむを得ない事由がある場合に限り、受入移送拘禁状により拘禁されている外国受刑者を医師その他適当と認められる者に委託し、又は外国受刑者の住居を制限して、拘禁の停止をすることができる。
② 検察官は、必要と認めるときは、いつでも、拘禁の停止を取り消すことができる。
③ 逃亡犯罪人引渡法第22条第3項から第5項までの規定は、前項の規定により外国受刑者の拘禁の停止を取り消した場合について準用する。この場合において必要な技術的読替えは、政令で定める。

# 91 犯罪被害者等基本法(抄)

(平16・12・8法律第161号、平17・4・1施行)

## 第1章 総則

(目的)
**第1条** この法律は、犯罪被害者等のための施策に関し、基本理念を定め、並びに国、地方公共団体及び国民の責務を明らかにするとともに、犯罪被害者等のための施策の基本となる事項を定めること等により、犯罪被害者等のための施策を総合的かつ計画的に推進し、もって犯罪被害者等の権利利益の保護を図ることを目的とする。

(定義)
**第2条** ① この法律において「犯罪等」とは、犯罪及びこれに準ずる心身に有害な影響を及ぼす行為をいう。
② この法律において「犯罪被害者等」とは、犯罪等により害を被った者及びその家族又は遺族をいう。
③ この法律において「犯罪被害者等のための施策」とは、犯罪被害者等が、その受けた被害を回復し、又は軽減し、再び平穏な生活を営むことができるよう支援し、及び犯罪被害者等がその被害に係る刑事に関する手続に適切に関与することができるようにするための施策をいう。

**第3条** ① すべて犯罪被害者等は、個人の尊厳が重んぜられ、その尊厳にふさわしい処遇を保障される権利を有する。
② 犯罪被害者等のための施策は、被害の状況及び原因、犯罪被害者等が置かれている状況その他の事情に応じて適切に講ぜられるものとする。
③ 犯罪被害者等のための施策は、犯罪被害者等が、被害を受けたときから再び平穏な生活を営むことができるようになるまでの間、必要な支援等を途切れることなく受けることができるよう、講ぜられるものとする。

## 第2章 基本的施策

(相談及び情報の提供等)
**第11条** 国及び地方公共団体は、犯罪被害者等が日常生活又は社会生活を円滑に営むことができるようにするため、犯罪被害者等が直面している各般の問題について相談に応じ、必要な情報の提供及び助言を行い、及び犯罪被害者等の援助に精通している者を紹介する等必要な施策を講ずるものとする。

(損害賠償の請求についての援助等)
**第12条** 国及び地方公共団体は、犯罪等による被害に係る損害賠償の請求の適切かつ円滑な実現を図るため、犯罪被害者等の行う損害賠償の請求についての援助、当該損害賠償の請求についてその被害に係る刑事に関する手続との有機的な連携を図るための制度の拡充等必要な施策を講ずるものとする。

(給付金の支給に係る制度の充実等)

## 92 更生保護法(抄)

(平19・6・15法律第88号)

### 第1章 総則

#### 第1節 目的等
(目的)
**第1条** この法律は、犯罪をした者及び非行のある少年に対し、社会内において適切な処遇を行うことにより、再び犯罪をすることを防ぎ、又はその非行をなくし、これらの者が善良な社会の一員として自立し、改善更生することを助けるとともに、恩赦の適正な運用を図るほか、犯罪予防の活動の促進等を行い、もって、社会を保護し、個人及び公共の福祉を増進することを目的とする。

#### 第2節 中央更生保護審査会
(設置及び所掌事務)
**第4条** ① 法務省に、中央更生保護審査会(以下「審査会」という。)を置く。
② 審査会は、次に掲げる事務をつかさどる。
1 特赦、特定の者に対する減刑、刑の執行の免除又は特定の者に対する復権の実施についての申出をすること。
2 地方更生保護委員会がした決定について、この法律及び行政不服審査法(昭和37年法律第160号)の定めるところにより、審査を行い、裁決をすること。
3 前2号に掲げるもののほか、この法律又は他の法律によりその権限に属させられた事項を処理すること。

#### 第3節 地方更生保護委員会
(所掌事務)
**第16条** 地方更生保護委員会(以下「地方委員会」という。)は、次に掲げる事務をつかさどる。
1 刑法(明治40年法律第45号)第28条の行政官庁として、仮釈放を許し、又はその処分を取り消すこと。
2 刑法第30条の行政官庁として、仮出場を許すこと。
3 少年院からの仮退院又は退院を許すこと。
4 少年院からの仮退院中の者について、少年院に戻して収容する旨の決定の申請をすること。
5 少年法(昭和23年法律第168号)第52条第1項及び第2項の規定により言い渡された刑(以下「不定期刑」という。)について、その執行を受け終わったものとする処分をすること。
6 刑法第25条の2第2項の行政官庁として、保護観察を仮に解除し、又はその処分を取り消すこと。
7 婦人補導院からの仮退院を許し、又はその処分を取り消すこと。
8 保護観察所の事務を監督すること。
9 前各号に掲げるもののほか、この法律又は他の法律によりその権限に属させられた事項を処理すること。

#### 第4節 保護観察所
(所掌事務)
**第29条** 保護観察所は、次に掲げる事務をつかさどる。
1 この法律及び売春防止法の定めるところにより、保護観察を実施すること。
2 犯罪の予防を図るため、世論を啓発し、社会環境の改善に努め、及び地域住民の活動を促進すること。
3 前2号に掲げるもののほか、この法律その他の法令によりその権限に属させられた事項を処理すること。

#### 第5節 保護観察官及び保護司
(保護観察官)
**第31条** ① 地方委員会の事務局及び保護観察所に、保護観察官を置く。
② 保護観察官は、医学、心理学、教育学、社会学その他の更生保護に関する専門的知識に基づき、保護観察、調査、生活環境の調整その他犯罪をした者及び非行のある少年の更生保護並びに犯罪の予防に関する事務に従事する。
(保護司)
**第32条** 保護司は、保護観察官で十分でないところを補い、地方委員会又は保護観察所の長の指揮監督を受けて、保護司法(昭和25年法律第204号)の定めるところに従い、それぞれ地方委員会又は保護観察所の所掌事務に従事するものとする。

### 第2章 仮釈放等

#### 第1節 仮釈放及び仮出場
(仮釈放及び仮出場の申出)
**第34条** ① 刑事施設の長又は少年院の長は、懲役又は禁錮の刑の執行のため収容している者で、前条の期間が経過し、かつ、法務省令で定める基準に該当すると認めるときは、地方委員会に対し、仮釈放を許すべき旨の申出をしなければならない。
② 刑事施設の長は、拘留の刑の執行のため収容している者又は労役場に留置している者について、法務省令で定める基準に該当すると認めるときは、地方委員会に対し、仮出場を許すべき旨の申出をしなければならない。
(仮釈放及び仮出場を許す処分)
**第39条** ① 刑法第28条の規定による仮釈放を許す

処分及び同法第30条の規定による仮出場を許す処分は、地方委員会の決定をもってするものとする。
② 地方委員会は、仮釈放又は仮出場を許す処分をするに当たっては、釈放すべき日を定めなければならない。
③ 地方委員会は、仮釈放を許す処分をするに当たっては、第51条第2項第5号の規定により宿泊すべき特定の場所を定める場合その他特別の事情がある場合を除き、第82条の規定による住居の調整の結果に基づき、仮釈放を許される者が居住すべき住居を特定するものとする。
④ 地方委員会は、第1項の決定をした場合において、当該決定を受けた者について、その釈放までの間に、刑事施設の規律及び秩序を害する行為をしたこと、予定されていた釈放後の住居、就業先その他の生活環境に著しい変化が生じたことその他の釈放が相当でないと認められる特別の事情が生じたと認めるときは、仮釈放又は仮出場を許すか否かに関する審理を再開しなければならない。この場合においては、当該決定は、その効力を失う。
⑤ 第36条の規定は、前項の規定による審理の再開に係る判断について準用する。

(仮釈放中の保護観察)
**第40条** 仮釈放を許された者は、仮釈放の期間中、保護観察に付する。

### 第2節 少年院からの仮退院

## 第3章 保護観察

### 第1節 通則
(保護観察の対象者)
**第48条** 次に掲げる者(以下「保護観察対象者」という。)に対する保護観察の実施については、この章の定めるところによる。
1 少年法第24条第1項第1号の保護処分に付されている者(以下「保護観察処分少年」という。)
2 少年院からの仮退院を許されて第42条において準用する第40条の規定により保護観察に付されている者(以下「少年院仮退院者」という。)
3 仮釈放を許されて第40条の規定により保護観察に付されている者(以下「仮釈放者」という。)
4 刑法第25条の2第1項の規定により保護観察に付されている者(以下「保護観察付執行猶予者」という。)

# Ⅵ 社会法

## 93 労働基準法

(昭22・4・7法律第49号,
最終改正:平19・12・5法律第128号)

[目 次]
第1章 総 則(1条-12条)
第2章 労働契約(13条-23条)
第3章 賃 金(24条-31条)
第4章 労働時間,休憩,休日及び年次有給休暇(32条-41条)
第5章 安全及び衛生(42条-55条)
第6章 年少者(56条-64条)
第6章の2 妊産婦等(64条の2-68条)
第7章 技能者の養成(69条-74条)
第8章 災害補償(75条-88条)
第9章 就業規則(89条-93条)
第10章 寄宿舎(94条-96条の3)
第11章 監督機関(97条-105条)
第12章 雑 則(105条の2-116条)
第13章 罰 則(117条-121条)

## 第1章 総 則

(労働条件の原則)
**第1条** ① 労働条件は,労働者が人たるに値する生活を営むための必要を充たすべきものでなければならない.
② この法律で定める労働条件の基準は最低のものであるから,労働関係の当事者は,この基準を理由として労働条件を低下させてはならないことはもとより,その向上を図るように努めなければならない.
(労働条件の決定)
**第2条** ① 労働条件は,労働者と使用者が,対等の立場において決定すべきものである.
② 労働者及び使用者は,労働協約,就業規則及び労働契約を遵守し,誠実に各々その義務を履行しなければならない.
(均等待遇)
**第3条** 使用者は,労働者の国籍,信条又は社会的身分を理由として,賃金,労働時間その他の労働条件について,差別的取扱をしてはならない.
(男女同一賃金の原則)
**第4条** 使用者は,労働者が女性であることを理由として,賃金について,男性と差別的取扱をしてはならない.
(強制労働の禁止)
**第5条** 使用者は,暴行,脅迫,監禁その他精神又は身体の自由を不当に拘束する手段によつて,労働者の意思に反して労働を強制してはならない.
(中間搾取の排除)
**第6条** 何人も,法律に基いて許される場合の外,業として他人の就業に介入して利益を得てはならない.
(公民権行使の保障)
**第7条** 使用者は,労働者が労働時間中に,選挙権その他公民としての権利を行使し,又は公の職務を執行するために必要な時間を請求した場合においては,拒んではならない.但し,権利の行使又は公の職務の執行に妨げがない限り,請求された時刻を変更することができる.
**第8条** 削除
(定 義)
**第9条** この法律で「労働者」とは,職業の種類を問わず,事業又は事務所(以下「事業」という.)に使用される者で,賃金を支払われる者をいう.
**第10条** この法律で使用者とは,事業主又は事業の経営担当者その他の事業の労働者に関する事項について,事業主のために行為をするすべての者をいう.
**第11条** この法律で賃金とは,賃金,給料,手当,賞与その他名称の如何を問わず,労働の対償として使用者が労働者に支払うすべてのものをいう.
**第12条** ① この法律で平均賃金とは,これを算定すべき事由の発生した日以前3箇月間にその労働者に対し支払われた賃金の総額を,その期間の総日数で除した金額をいう.ただし,その金額は,次の各号の一によつて計算した金額を下つてはならない.
 1 賃金が,労働した日若しくは時間によつて算定され,又は出来高払制その他の請負制によつて定められた場合においては,賃金の総額をその期間中に労働した日数で除した金額の100分の60
 2 賃金の一部が,月,週その他一定の期間によつて定められた場合においては,その部分の総額をその期間の総日数で除した金額と前号の金額の合算額
② 前項の期間は,賃金締切日がある場合においては,直前の賃金締切日から起算する.
③ 前2項に規定する期間中に,次の各号の一に該当する期間がある場合においては,その日数及びその期間中の賃金は,前2項の期間及び賃金の総額から控除する.
 1 業務上負傷し,又は疾病にかかり療養のために休業した期間
 2 産前産後の女性が第65条の規定によつて休業した期間
 3 使用者の責めに帰すべき事由によつて休業した期間
 4 育児休業,介護休業又は子の看護を行う労働者の福祉に関する法律(平成3年法律第76号)第2条第1号に規定する育児休業又は同条第2号に規定する介護休業(同法第61条第3項(同条第6項及び第7項までにおいて準用する場合を含む.)に規定する介護をするための休業を含む.第39条第7項において同じ.)をした期間
 5 試みの使用期間
④ 第1項の賃金の総額には,臨時に支払われた賃金及び3箇月を超える期間ごとに支払われた賃金並びに通貨以外のもので支払われた賃金で一定の範囲に属しないものは算入しない.
⑤ 賃金が通貨以外のもので支払われる場合,第1項の賃金の総額に算入すべきものの範囲及び評価に関し必要な事項は,厚生労働省令で定める.
⑥ 雇入後3箇月に満たない者については,第1項の期間は,雇入後の期間とする.
⑦ 日日雇い入れられる者については,その従事する事業又は職業について,厚生労働大臣の定める金額を平均賃金とする.
⑧ 第1項乃至第6項によつて算定し得ない場合の平均賃金は,厚生労働大臣の定めるところによる.

## 第2章 労働契約

**(この法律違反の契約)**
**第13条** この法律で定める基準に達しない労働条件を定める労働契約は,その部分については無効とする.この場合において,無効となつた部分は,この法律で定める基準による.

**(契約期間等)**
**第14条** ① 労働契約は,期間の定めのないものを除き,一定の事業の完了に必要な期間を定めるもののほかは,3年(次の各号のいずれかに該当する労働契約にあつては,5年)を超える期間について締結してはならない.
 1 専門的な知識,技術又は経験(以下この号において「専門的知識等」という.)であつて高度のものとして厚生労働大臣が定める基準に該当する専門的知識等を有する労働者(当該高度の専門的知識等を必要とする業務に就く者に限る.)との間に締結される労働契約
 2 満60歳以上の労働者との間に締結される労働契約(前号に掲げる労働契約を除く.)
② 厚生労働大臣は,期間の定めのある労働契約の締結時及び当該労働契約の期間の満了時において労働者と使用者との間に紛争が生ずることを未然に防止するため,使用者が講ずべき労働契約の期間の満了に係る通知に関する事項その他必要な事項についての基準を定めることができる.
③ 行政官庁は,前項の基準に関し,期間の定めのある労働契約を締結する使用者に対し,必要な助言及び指導を行うことができる.

**(労働条件の明示)**
**第15条** ① 使用者は,労働契約の締結に際し,労働者に対して賃金,労働時間その他の労働条件を明示しなければならない.この場合において,賃金及び労働時間に関する事項その他の厚生労働省令で定める事項については,厚生労働省令で定める方法により明示しなければならない.
② 前項の規定によつて明示された労働条件が事実と相違する場合においては,労働者は,即時に労働契約を解除することができる.
③ 前項の場合,就業のために住居を変更した労働者が,契約解除の日から14日以内に帰郷する場合においては,使用者は,必要な旅費を負担しなければならない.

**(賠償予定の禁止)**
**第16条** 使用者は,労働契約の不履行について違約金を定め,又は損害賠償額を予定する契約をしてはならない.

**(前借金相殺の禁止)**
**第17条** 使用者は,前借金その他労働することを条件とする前貸の債権と賃金を相殺してはならない.

**(強制貯金)**
**第18条** ① 使用者は,労働契約に附随して貯蓄の契約をさせ,又は貯蓄金を管理する契約をしてはならない.
② 使用者は,労働者の貯蓄金をその委託を受けて管理しようとする場合においては,当該事業場に,労働者の過半数で組織する労働組合があるときはその労働組合,労働者の過半数で組織する労働組合がないときは労働者の過半数を代表する者との書面による協定をし,これを行政官庁に届け出なければならない.
③ 使用者は,労働者の貯蓄金をその委託を受けて管理する場合においては,貯蓄金の管理に関する規程を定め,これを労働者に周知させるため作業場に備え付ける等の措置をとらなければならない.
④ 使用者は,労働者の貯蓄金をその委託を受けて管理する場合において,貯蓄金の管理が労働者の預金の受入であるときは,利子をつけなければならない.この場合において,その利子が,金融機関の受け入れる預金の利率を考慮して厚生労働省令で定める利率による利率を下るときは,その厚生労働省令で定める利率による利子をつけたものとみなす.
⑤ 使用者は,労働者の貯蓄金をその委託を受けて管理する場合において,労働者からその返還を請求したときは,遅滞なく,これを返還しなければならない.
⑥ 使用者が前項の規定に違反した場合において,当該貯蓄金の管理を継続することが労働者の利益を著しく害すると認められるときは,行政官庁は,使用者に対して,その必要な限度の範囲内で,当該貯蓄金の管理を中止すべきことを命ずることができる.
⑦ 前項の規定により貯蓄金の管理を中止すべきことを命ぜられた使用者は,遅滞なく,その管理に係る貯蓄金を労働者に返還しなければならない.

**(解雇制限)**
**第19条** ① 使用者は,労働者が業務上負傷し,又は疾病にかかり療養のために休業する期間及びその後30日間並びに産前産後の女性が第65条の規定によつて休業する期間及びその後30日間は,解雇してはならない.ただし,使用者が,第81条の規定によつて打切補償を支払う場合又は天災事変その他やむを得ない事由のために事業の継続が不可能となつた場合においては,この限りでない.
② 前項但書後段の場合においては,その事由について行政官庁の認定を受けなければならない.

**(解雇の予告)**
**第20条** ① 使用者は,労働者を解雇しようとする場合においては,少くとも30日前にその予告をしなければならない.30日前に予告をしない使用者は,30日分以上の平均賃金を支払わなければならない.但し,天災事変その他やむを得ない事由のために事業の継続が不可能となつた場合又は労働者の責に帰すべき事由に基いて解雇する場合においては,この限りでない.
② 前項の予告の日数は,1日について平均賃金を支払つた場合においては,その日数を短縮することができる.
③ 前条第2項の規定は,第1項但書の場合にこれを準用する.

**第21条** 前条の規定は,左の各号の一に該当する労働者については適用しない.但し,第1号に該当する者が1箇月を超えて引き続き使用されるに至つた場合,第2号若しくは第3号に該当する者が所定の期間を超えて引き続き使用されるに至つた場合又は第4号に該当する者が14日を超えて引き続き使用されるに至つた場合においては,この限りでない.
 1 日日雇い入れられる者
 2 2箇月以内の期間を定めて使用される者
 3 季節的業務に4箇月以内の期間を定めて使用される者
 4 試の使用期間中の者

**(退職時等の証明)**
**第22条** ① 労働者が,退職の場合において,使用期

間,業務の種類,その事業における地位,賃金又は退職の事由(退職の事由が解雇の場合にあつては,その理由を含む.)について証明書を請求した場合においては,使用者は,遅滞なくこれを交付しなければならない.
② 労働者が,第20条第1項の解雇の予告がされた日から退職の日までの間において,当該解雇の理由について証明書を請求した場合においては,使用者は,遅滞なくこれを交付しなければならない.ただし,解雇の予告がされた日以後に労働者が当該解雇以外の事由により退職した場合においては,使用者は,当該退職の日以後,これを交付することを要しない.
③ 前2項の証明書には,労働者の請求しない事項を記入してはならない.
④ 使用者は,あらかじめ第三者と謀り,労働者の就業を妨げることを目的として,労働者の国籍,信条,社会的身分若しくは労働組合運動に関する通信をし,又は第1項及び第2項の証明書に秘密の記号を記入してはならない.

(金品の返還)
**第23条** ① 使用者は,労働者の死亡又は退職の場合において,権利者の請求があつた場合においては,7日以内に賃金を支払い,積立金,保証金,貯蓄金その他名称の如何を問わず,労働者の権利に属する金品を返還しなければならない.
② 前項の賃金又は金品に関して争がある場合においては,使用者は,異議のない部分を,同項の期間中に支払い,又は返還しなければならない.

## 第3章 賃　金

(賃金の支払)
**第24条** ① 賃金は,通貨で,直接労働者に,その全額を支払わなければならない.ただし,法令若しくは労働協約に別段の定めがある場合又は厚生労働省令で定める賃金について確実な支払の方法で厚生労働省令で定めるものによる場合においては,通貨以外のもので支払い,また,法令に別段の定めがある場合又は当該事業場の労働者の過半数で組織する労働組合があるときはその労働組合,労働者の過半数で組織する労働組合がないときは労働者の過半数を代表する者との書面による協定がある場合においては,賃金の一部を控除して支払うことができる.
② 賃金は,毎月1回以上,一定の期日を定めて支払わなければならない.ただし,臨時に支払われる賃金,賞与その他これに準ずるもので厚生労働省令で定める賃金(第89条において「臨時の賃金等」という.)については,この限りでない.

(非常時払)
**第25条** 使用者は,労働者が出産,疾病,災害その他厚生労働省令で定める非常の場合の費用に充てるために請求する場合においては,支払期日前であつても,既往の労働に対する賃金を支払わなければならない.

(休業手当)
**第26条** 使用者の責に帰すべき事由による休業の場合においては,使用者は,休業期間中当該労働者に,その平均賃金の100分の60以上の手当を支払わなければならない.

(出来高払制の保障給)
**第27条** 出来高払制その他の請負制で使用する労働者については,使用者は,労働時間に応じ一定額の賃金の保障をしなければならない.

(最低賃金)
**第28条** 賃金の最低基準に関しては,最低賃金法(昭和34年法律第137号)の定めるところによる.
**第29条~第31条** 削除

## 第4章　労働時間,休憩,休日及び年次有給休暇

(労働時間)
**第32条** ① 使用者は,労働者に,休憩時間を除き1週間について40時間を超えて,労働させてはならない.
② 使用者は,1週間の各日については,労働者に,休憩時間を除き1日について8時間を超えて,労働させてはならない.
**第32条の2** ① 使用者は,当該事業場に,労働者の過半数で組織する労働組合がある場合においてはその労働組合,労働者の過半数で組織する労働組合がない場合においては労働者の過半数を代表する者との書面による協定により,又は就業規則その他これに準ずるものにより,1箇月以内の一定の期間を平均し1週間当たりの労働時間が前条第1項の労働時間を超えない定めをしたときは,同条の規定にかかわらず,その定めにより,特定された週において同条第2項の労働時間を超えて,労働させることができる.
② 使用者は,厚生労働省令で定めるところにより,前項の協定を行政官庁に届け出なければならない.
**第32条の3** 使用者は,就業規則その他これに準ずるものにより,その労働者に係る始業及び終業の時刻をその労働者の決定にゆだねることとした労働者については,当該事業場の労働者の過半数で組織する労働組合がある場合においてはその労働組合,労働者の過半数で組織する労働組合がない場合においては労働者の過半数を代表する者との書面による協定により,次に掲げる事項を定めたときは,その協定で第2号の清算期間として定められた期間を平均し1週間当たりの労働時間が第32条第1項の労働時間を超えない範囲内において,同条の規定にかかわらず,1週間において同項の労働時間又は1日において同条第2項の労働時間を超えて,労働させることができる.
1　この条の規定による労働時間により労働させることができることとされる労働者の範囲
2　清算期間(その期間を平均し1週間当たりの労働時間が第32条第1項の労働時間を超えない範囲内において労働させる期間をいい,1箇月以内の期間に限るものとする.次号において同じ.)
3　清算期間における総労働時間
4　その他厚生労働省令で定める事項
**第32条の4** ① 使用者は,当該事業場に,労働者の過半数で組織する労働組合がある場合においてはその労働組合,労働者の過半数で組織する労働組合がない場合においては労働者の過半数を代表する者との書面による協定により,次に掲げる事項を定めたときは,第32条の規定にかかわらず,その協定で第2号の対象期間として定められた期間を平均し1週間当たりの労働時間が40時間を超えない範

囲内において,当該協定(次項の規定による定めをした場合においては,その定めを含む.)で定めるところにより,特定された日において同条第1項の労働時間又は特定された日において同条第2項の労働時間を超えて,労働させることができる.
1 この条の規定による協定により労働させることができることとされる労働者の範囲
2 対象期間(その期間を平均し1週間当たりの労働時間が40時間を超えない範囲内において労働させる期間をいい,1箇月を超え1年以内の期間に限るものとする.以下この条及び次条において同じ.)
3 特定期間(対象期間中の特に業務が繁忙な期間をいう.第3項において同じ.)
4 対象期間における労働日及び当該労働日ごとの労働時間(対象期間を1箇月以上の期間ごとに区分することとした場合においては,当該区分による各期間のうち当該対象期間の初日の属する期間(以下この条において「最初の期間」という.)における労働日及び当該労働日ごとの労働時間並びに当該最初の期間を除く各期間における労働日数及び総労働時間)
5 その他厚生労働省令で定める事項
② 使用者は,前項の協定で同項第4号の区分をし当該区分による各期間のうち最初の期間を除く各期間における労働日数及び総労働時間を定めたときは,当該各期間の初日の少なくとも30日前に,当該事業場に,労働者の過半数で組織する労働組合がある場合においてはその労働組合,労働者の過半数で組織する労働組合がない場合においては労働者の過半数を代表する者の同意を得て,厚生労働省令で定めるところにより,当該労働日数を超えない範囲内において当該各期間における労働日及び当該総労働時間を超えない範囲内において当該各期間における労働日ごとの労働時間を定めなければならない.
③ 厚生労働大臣は,労働政策審議会の意見を聴いて,厚生労働省令で,対象期間における労働日数の限度並びに1日及び1週間の労働時間の限度並びに対象期間(第1項の協定で特定期間として定められた期間を除く.)及び同項の協定で特定期間として定められた期間における連続して労働させる日数の限度を定めることができる.
④ 第32条の2第2項の規定は,第1項の協定について準用する.
第32条の4の2 使用者が,対象期間中の前条の規定により労働させた期間が当該対象期間より短い労働者について,当該労働させた期間を平均し1週間当たり40時間を超えて労働させた場合においては,その超えた時間(第33条又は第36条第1項の規定により延長し,又は休日に労働させた時間を除く.)の労働については,第37条の規定の例により割増賃金を支払わなければならない.
第32条の5 ① 使用者は,日ごとの業務に著しい繁閑の差が生ずることが多く,かつ,これを予測した上で就業規則その他これに準ずるものにより各日の労働時間を特定することが困難であると認められる厚生労働省令で定める事業であつて,常時使用する労働者の数が厚生労働省令で定める数未満のものに従事する労働者については,当該事業場に,労働者の過半数で組織する労働組合がある場合においてはその労働組合,労働者の過半数で組織する

労働組合がない場合においては労働者の過半数を代表する者との書面による協定があるときは,第32条第2項の規定にかかわらず,1日について10時間まで労働させることができる.
② 使用者は,前項の規定により労働者に労働させる場合においては,厚生労働省令で定めるところにより,当該労働させる1週間の各日の労働時間を,あらかじめ,当該労働者に通知しなければならない.
③ 第32条の2第2項の規定は,第1項の協定について準用する.

**(災害等による臨時の必要がある場合の時間外労働等)**
第33条 ① 災害その他避けることのできない事由によつて,臨時の必要がある場合においては,使用者は,行政官庁の許可を受けて,その必要の限度において第32条から前条まで若しくは第40条の労働時間を延長し,又は第35条の休日に労働させることができる.ただし,事態急迫のために行政官庁の許可を受ける暇がない場合においては,事後に遅滞なく届け出なければならない.
② 前項ただし書の規定による届出があつた場合において,行政官庁がその労働時間の延長又は休日の労働を不適当と認めるときは,その後にその時間に相当する休憩又は休日を与えるべきことを,命ずることができる.
③ 公務のために臨時の必要がある場合においては,第1項の規定にかかわらず,官公署の事業(別表第1に掲げる事業を除く.)に従事する国家公務員及び地方公務員については,第32条から前条まで若しくは第40条の労働時間を延長し,又は第35条の休日に労働させることができる.

**(休 憩)**
第34条 ① 使用者は,労働時間が6時間を超える場合においては少くとも45分,8時間を超える場合においては少くとも1時間の休憩時間を労働時間の途中に与えなければならない.
② 前項の休憩時間は,一斉に与えなければならない.ただし,当該事業場に,労働者の過半数で組織する労働組合がある場合においてはその労働組合,労働者の過半数で組織する労働組合がない場合においては労働者の過半数を代表する者との書面による協定があるときは,この限りでない.
③ 使用者は,第1項の休憩時間を自由に利用させなければならない.

**(休 日)**
第35条 ① 使用者は,労働者に対して,毎週少くとも1回の休日を与えなければならない.
② 前項の規定は,4週間を通じ4日以上の休日を与える使用者については適用しない.

**(時間外及び休日の労働)**
第36条 ① 使用者は,当該事業場に,労働者の過半数で組織する労働組合がある場合においてはその労働組合,労働者の過半数で組織する労働組合がない場合においては労働者の過半数を代表する者との書面による協定をし,これを行政官庁に届け出た場合においては,第32条から第32条の5まで若しくは第40条の労働時間(以下この条において「労働時間」という.)又は前条の休日(以下この項において「休日」という.)に関する規定にかかわらず,その協定で定めるところにより労働時間を延長し,又は休日に労働させることができる.ただし,坑内労働その他厚生労働省令で定める健康上特に

有害な業務の労働時間の延長は、1日について2時間を超えてはならない。
② 厚生労働大臣は、労働時間の延長を適正なものとするため、前項の協定で定める労働時間の延長の限度その他の必要な事項について、労働者の福祉、時間外労働の動向その他の事情を考慮して基準を定めることができる。
③ 第1項の協定をする使用者及び労働組合又は労働者の過半数を代表する者は、当該協定で労働時間の延長を定めるに当たり、当該協定の内容が前項の基準に適合したものとなるようにしなければならない。
④ 行政官庁は、第2項の基準に関し、第1項の協定をする使用者及び労働組合又は労働者の過半数を代表する者に対し、必要な助言及び指導を行うことができる。

**(時間外、休日及び深夜の割増賃金)**
**第37条** ① 使用者が、第33条又は前条第1項の規定により労働時間を延長し、又は休日に労働させた場合においては、その時間又はその日の労働については、通常の労働時間又は労働日の賃金の計算額の2割5分以上5割以下の範囲内でそれぞれ政令で定める率以上の率で計算した割増賃金を支払わなければならない。
② 前項の政令は、労働者の福祉、時間外又は休日の労働の動向その他の事情を考慮して定めるものとする。
③ 使用者が、午後10時から午前5時まで(厚生労働大臣が必要であると認める場合においては、その定める地域又は期間については午後11時から午前6時まで)の間において労働させた場合においては、その時間の労働については、通常の労働時間の賃金の計算額の2割5分以上の率で計算した割増賃金を支払わなければならない。
④ 第1項及び前項の割増賃金の基礎となる賃金には、家族手当、通勤手当その他厚生労働省令で定める賃金は算入しない。

**(時間計算)**
**第38条** ① 労働時間は、事業場を異にする場合においても、労働時間に関する規定の適用については通算する。
② 坑内労働については、労働者が坑口に入った時刻から坑口を出た時刻までの時間を、休憩時間を含め労働時間とみなす。但し、この場合においては、第34条第2項及び第3項の休憩に関する規定は適用しない。

**第38条の2** ① 労働者が労働時間の全部又は一部について事業場外で業務に従事した場合において、労働時間を算定し難いときは、所定労働時間労働したものとみなす。ただし、当該業務を遂行するためには通常所定労働時間を超えて労働することが必要となる場合においては、当該業務は、厚生労働省令で定めるところにより、当該業務の遂行に通常必要とされる時間労働したものとみなす。
② 前項ただし書の場合において、当該業務に関し、当該事業場に、労働者の過半数で組織する労働組合があるときはその労働組合、労働者の過半数で組織する労働組合がないときは労働者の過半数を代表する者との書面による協定があるときは、その協定で定める時間を同項ただし書の当該業務の遂行に通常必要とされる時間とする。
③ 使用者は、厚生労働省令で定めるところにより、前項の協定を行政官庁に届け出なければならない。

**第38条の3** ① 使用者が、当該事業場に、労働者の過半数で組織する労働組合があるときはその労働組合、労働者の過半数で組織する労働組合がないときは労働者の過半数を代表する者との書面による協定により、次に掲げる事項を定めた場合において、労働者を第1号に掲げる業務に就かせたときは、当該労働者は、厚生労働省令で定めるところにより、第2号に掲げる時間労働したものとみなす。
1 業務の性質上その遂行の方法を大幅に当該業務に従事する労働者の裁量にゆだねる必要があるため、当該業務の遂行の手段及び時間配分の決定等に関し使用者が具体的な指示をすることが困難なものとして厚生労働省令で定める業務のうち、労働者に就かせることとする業務(以下この条において「対象業務」という。)
2 対象業務に従事する労働者の労働時間として算定される時間
3 対象業務の遂行の手段及び時間配分の決定等に関し、当該対象業務に従事する労働者に対し使用者が具体的な指示をしないこと。
4 対象業務に従事する労働者の労働時間の状況に応じた当該労働者の健康及び福祉を確保するための措置を当該協定で定めるところにより使用者が講ずること。
5 対象業務に従事する労働者からの苦情の処理に関する措置を当該協定で定めるところにより使用者が講ずること。
6 前各号に掲げるもののほか、厚生労働省令で定める事項
② 前条第3項の規定は、前項の協定について準用する。
**第38条の4** ① 賃金、労働時間その他の当該事業場における労働条件に関する事項を調査審議し、事業主に対し当該事項について意見を述べることを目的とする委員会(使用者及び当該事業場の労働者を代表する者を構成員とするものに限る。)が設置された事業場において、当該委員会がその委員の5分の4以上の多数による議決により次に掲げる事項に関する決議をし、かつ、使用者が、厚生労働省令で定めるところにより当該決議を行政官庁に届け出た場合において、第2号に掲げる労働者の範囲に属する労働者を当該事業場における第1号に掲げる業務に就かせたときは、当該労働者は、厚生労働省令で定めるところにより、第3号に掲げる時間労働したものとみなす。
1 事業の運営に関する事項についての企画、立案、調査及び分析の業務であつて、当該業務の性質上これを適切に遂行するにはその遂行の方法を大幅に労働者の裁量にゆだねる必要があるため、当該業務の遂行の手段及び時間配分の決定等に関し使用者が具体的な指示をしないこととする業務(以下この条において「対象業務」という。)
2 対象業務を適切に遂行するための知識、経験等を有する労働者であつて、当該対象業務に就かせたときは当該決議で定める時間労働したものとみなされることとなるものの範囲
3 対象業務に従事する前号に掲げる労働者の範囲に属する労働者の労働時間として算定される時間
4 対象業務に従事する第2号に掲げる労働者の範囲に属する労働者の労働時間の状況に応じた当該労働者の健康及び福祉を確保するための措置を当該決議で定めるところにより使用者が講ずること。

5 対象業務に従事する第2号に掲げる労働者の範囲に属する労働者からの苦情の処理に関する措置を当該決議で定めるところにより使用者が講ずること。
6 使用者は、この項の規定により第2号に掲げる労働者の範囲に属する労働者を対象業務に就かせたときは第3号に掲げる時間労働したものとみなすことについて当該労働者の同意を得なければならないこと及び当該同意をしなかつた当該労働者に対して解雇その他不利益な取扱いをしてはならないこと。
7 前各号に掲げるもののほか、厚生労働省令で定める事項
② 前項の委員会は、次の各号に適合するものでなければならない。
 1 当該委員会の委員の半数については、当該事業場に、労働者の過半数で組織する労働組合がある場合においてはその労働組合、労働者の過半数で組織する労働組合がない場合においては労働者の過半数を代表する者に厚生労働省令で定めるところにより任期を定めて指名されていること。
 2 当該委員会の議事について、厚生労働省令で定めるところにより、議事録が作成され、かつ、保存されるとともに、当該事業場の労働者に対する周知が図られていること。
 3 前2号に掲げるもののほか、厚生労働省令で定める要件
③ 厚生労働大臣は、対象業務に従事する労働者の適正な労働条件の確保を図るために、労働政策審議会の意見を聴いて、第1項第3号に掲げる事項その他同項の委員会が決議する事項について指針を定め、これを公表するものとする。
④ 第1項の規定による届出をした使用者は、厚生労働省令で定めるところにより、定期的に、同項第4号に規定する措置の実施状況を行政官庁に報告しなければならない。
⑤ 第1項の委員会においてその委員の5分の4以上の多数による議決により第32条の2第1項,第32条の3,第32条の4第1項及び第2項,第32条の5第1項,第34条第2項ただし書,第36条第1項,第38条の2第2項,第38条の4第1項並びに次条第5項及び第6項ただし書に規定する事項について決議が行われた場合における第32条の2第1項,第32条の3,第32条の4第1項から第3項まで,第32条の5第1項,第34条第2項ただし書,第36条,第38条の2第2項,前条第1項並びに次条第5項及び第6項ただし書の規定の適用については,第32条の2第1項中「協定」とあるのは「協定若しくは第38条の4第1項に規定する委員会の決議(第106条第1項を除き,以下「決議」という。)」と,第32条の3,第32条の4第1項から第3項まで,第32条の5第1項,第34条第2項ただし書,第36条第2項,第38条の2第2項,前条第1項並びに次条第5項及び第6項ただし書中「協定」とあるのは「協定又は決議」と、第32条の4第2項中「同意を得て」とあるのは「同意を得て,又は決議に基づき」と,第36条第1項中「届け出た場合」とあるのは「届け出た場合又は決議を行政官庁に届け出た場合」と,「その協定」とあるのは「その協定又は決議」と,同条第3項中「又は労働者の過半数を代表する者」とあるのは「若しくは労働者の過半数を代表する者又は同項の決議をする委員」と,

「当該協定」とあるのは「当該協定又は当該決議」と、同条第4項中「又は労働者の過半数を代表する者」とあるのは「又は労働者の過半数を代表する者又は同項の決議をする委員」とする。

(年次有給休暇)
**第39条** ① 使用者は、その雇入れの日から起算して6箇月間継続勤務し全労働日の8割以上出勤した労働者に対して、継続し、又は分割した10労働日の有給休暇を与えなければならない。
② 使用者は、1年6箇月以上継続勤務した労働者に対しては、雇入れの日から起算して6箇月を超えて継続勤務する日(以下「6箇月経過日」という。)から起算した継続勤務年数1年ごとに、前項の日数に、次の表の上欄に掲げる6箇月経過日から起算した継続勤務年数の区分に応じ同表の下欄に掲げる労働日を加算した有給休暇を与えなければならない。ただし、継続勤務した期間を6箇月経過日から1年ごとに区分した各期間(最後に1年未満の期間を生じたときは,当該期間)の初日の前日の属する期間において出勤した日数が全労働日の8割未満である者に対しては、当該初日以後の1年間においては有給休暇を与えることを要しない。

| 6箇月経過日から起算した継続勤務年数 | 労働日 |
|---|---|
| 1年 | 1労働日 |
| 2年 | 2労働日 |
| 3年 | 4労働日 |
| 4年 | 6労働日 |
| 5年 | 8労働日 |
| 6年以上 | 10労働日 |

③ 次に掲げる労働者(1週間の所定労働時間が厚生労働省令で定める時間以上の者を除く。)の有給休暇の日数については、前2項の規定にかかわらず、これらの規定による有給休暇の日数を基準とし、通常の労働者の1週間の所定労働日数として厚生労働省令で定める日数(第1項において「通常の労働者の週所定労働日数」という。)と当該労働者の1週間の所定労働日数又は1週間当たりの平均所定労働日数との比率を考慮して厚生労働省令で定める日数とする。
 1 1週間の所定労働日数が通常の労働者の週所定労働日数に比し相当程度少ないものとして厚生労働省令で定める日数以下の労働者
 2 週以外の期間によつて所定労働日数が定められている労働者については,1年間の所定労働日数が,前号の厚生労働省令で定める日数に1日を加えた日数を1週間の所定労働日数とする労働者の1年間の所定労働日数その他の事情を考慮して厚生労働省令で定める日数以下の労働者
④ 使用者は、前3項の規定による有給休暇を労働者の請求する時季に与えなければならない。ただし、請求された時季に有給休暇を与えることが事業の正常な運営を妨げる場合においては、他の時季にこれを与えることができる。
⑤ 使用者は、当該事業場に、労働者の過半数で組織する労働組合がある場合においてはその労働組合、労働者の過半数で組織する労働組合がない場合においては労働者の過半数を代表する者との書面に

よる協定により、第1項から第3項までの規定による有給休暇を与える時季に関する定めをしたときは、これらの規定による有給休暇の日数のうち5日を超える部分については、前項の規定にかかわらず、その定めにより有給休暇を与えることができる.

⑥ 使用者は、第1項から第3項までの規定による有給休暇の期間については、就業規則その他これに準ずるもので定めるところにより、平均賃金又は所定労働時間労働した場合に支払われる通常の賃金を支払わなければならない. ただし、当該事業場に、労働者の過半数で組織する労働組合がある場合においてはその労働組合、労働者の過半数で組織する労働組合がない場合においては労働者の過半数を代表する者との書面による協定により、その期間について、健康保険法(大正11年法律第70号)第99条第1項に定める標準報酬日額に相当する金額を支払う旨を定めたときは、これによらなければならない.

⑦ 労働者が業務上負傷し、又は疾病にかかり療養のために休業した期間及び育児休業、介護休業等育児又は家族介護を行う労働者の福祉に関する法律第2条第1号に規定する育児休業又は同条第2号に規定する介護休業をした期間並びに産前産後の女性が第65条の規定によつて休業した期間は、第1項及び第2項の規定の適用については、これを出勤したものとみなす.

(労働時間及び休憩の特例)
**第40条** ① 別表第1第1号から第3号まで、第6号及び第7号に掲げる事業以外の事業で、公衆の不便を避けるために必要なものその他特殊の必要あるものについては、その必要避くべからざる限度で、第32条から第32条の5までの労働時間及び第34条の休憩に関する規定について、厚生労働省令で別段の定めをすることができる.
② 前項の規定による別段の定めは、この法律で定める基準に近いものであつて、労働者の健康及び福祉を害しないものでなければならない.

(労働時間等に関する規定の適用除外)
**第41条** この章、第6章及び第6章の2で定める労働時間、休憩及び休日に関する規定は、次の各号の一に該当する労働者については適用しない.
1 別表第1第6号(林業を除く.)又は第7号に掲げる事業に従事する者
2 事業の種類にかかわらず監督若しくは管理の地位にある者又は機密の事務を取り扱う者
3 監視又は断続的労働に従事する者で、使用者が行政官庁の許可を受けたもの

## 第5章　安全及び衛生

**第42条** 労働者の安全及び衛生に関しては、労働安全衛生法(昭和47年法律第57号)の定めるところによる.

**第43条〜第55条まで**　削除

## 第6章　年少者

(最低年齢)
**第56条** ① 使用者は、児童が満15歳に達した日以後の最初の3月31日が終了するまで、これを使用してはならない.
② 前項の規定にかかわらず、別表第1第1号から第5号までに掲げる事業以外の事業に係る職業で、児童の健康及び福祉に有害でなく、かつ、その労働が軽易なものについては、行政官庁の許可を受けて、満13歳以上の児童をその者の修学時間外に使用することができる. 映画の製作又は演劇の事業については、満13歳に満たない児童についても、同様とする.

(年少者の証明書)
**第57条** ① 使用者は、満18才に満たない者について、その年齢を証明する戸籍証明書を事業場に備え付けなければならない.
② 使用者は、前条第2項の規定によつて使用する児童については、修学に差し支えないことを証明する学校長の証明書及び親権者又は後見人の同意書を事業場に備え付けなければならない.

(未成年者の労働契約)
**第58条** ① 親権者又は後見人は、未成年者に代つて労働契約を締結してはならない.
② 親権者若しくは後見人又は行政官庁は、労働契約が未成年者に不利であると認める場合においては、将来に向つてこれを解除することができる.

**第59条** 未成年者は、独立して賃金を請求することができる. 親権者又は後見人は、未成年者の賃金を代つて受け取つてはならない.

(労働時間及び休日)
**第60条** ① 第32条の2から第32条の5まで、第36条及び第40条の規定は、満18才に満たない者については適用しない.
② 第56条第2項の規定によつて使用する児童についての第32条の規定の適用については、同条第1項中「1週間について40時間」とあるのは「、修学時間を通算して1週間について40時間」と、同条第2項中「1日について8時間」とあるのは「、修学時間を通算して1日について7時間」とする.
③ 使用者は、第32条の規定にかかわらず、満15歳以上で満18歳に満たない者については、満18歳に達するまでの間(満15歳に達した日以後の最初の3月31日までの間を除く.)、次に定めるところにより、労働させることができる.
1 1週間の労働時間が第32条第1項の労働時間を超えない範囲内において、1週間のうち1日の労働時間を4時間以内に短縮する場合において、他の日の労働時間を10時間まで延長すること.
2 1週間について48時間以下の範囲内で厚生労働省令で定める時間、1日について8時間を超えない範囲内において、第32条の2又は第32条の4及び第32条の4の2の規定の例により労働させること.

(深夜業)
**第61条** ① 使用者は、満18才に満たない者を午後10時から午前5時までの間において使用してはならない. ただし、交替制によつて使用する満16才以上の男性については、この限りでない.
② 厚生労働大臣は、必要であると認める場合においては、前項の時刻を、地域又は期間を限つて、午後11時及び午前6時とすることができる.
③ 交替制によつて労働させる事業については、行政官庁の許可を受けて、第1項の規定にかかわらず午後10時30分まで労働させ、又は前項の規定にかかわらず午前5時30分から労働させることができる.
④ 前3項の規定は、第33条第1項の規定によつて労働時間を延長し、若しくは休日に労働させる場合又は別表第1第6号、第7号若しくは第13号に掲

げる事業若しくは電話交換の業務については,適用しない.
⑤ 第1項及び第2項の時刻は,第56条第2項の規定によつて使用する者については,第1項の時刻は,午後8時及び午前5時とし,第2項の時刻は,午後9時及び午前6時とする.

(危険有害業務の就業制限)

**第62条** ① 使用者は,満18才に満たない者に,運転中の機械若しくは動力伝導装置の危険な部分の掃除,注油,検査若しくは修繕をさせ,運転中の機械若しくは動力伝導装置にベルト若しくはロープの取付け若しくは取りはずしをさせ,動力によるクレーンの運転をさせ,その他厚生労働省令で定める危険な業務に就かせ,又は厚生労働省令で定める重量物を取り扱う業務に就かせてはならない.
② 使用者は,満18才に満たない者を,毒劇薬,毒劇物その他有害な原料若しくは材料又は爆発性,発火性若しくは引火性の原料若しくは材料を取り扱う業務,著しくじんあい若しくは粉末を飛散し,若しくは有害ガス若しくは有害放射線を発散する場所又は高温若しくは高圧の場所における業務その他安全又は衛生又は福祉に有害な場所における業務に就かせてはならない.
③ 前項に規定する業務の範囲は,厚生労働省令で定める.

(坑内労働の禁止)

**第63条** 使用者は,満18才に満たない者を坑内で労働させてはならない.

(帰郷旅費)

**第64条** 満18才に満たない者が解雇の日から14日以内に帰郷する場合においては,使用者は,必要な旅費を負担しなければならない.ただし,満18才に満たない者がその責めに帰すべき事由に基づいて解雇され,使用者がその事由について行政官庁の認定を受けたときは,この限りでない.

## 第6章の2　妊産婦等

(坑内業務の就業制限)

**第64条の2** 使用者は,次の各号に掲げる女性を当該各号に定める業務に就かせてはならない.
1 妊娠中の女性及び坑内で行われる業務に従事しない旨を使用者に申し出た産後1年を経過しない女性　坑内で行われるすべての業務
2 前号に掲げる女性以外の満18歳以上の女性　坑内で行われる業務のうち人力により行われる掘削の業務その他の女性に有害な業務として厚生労働省令で定めるもの

(危険有害業務の就業制限)

**第64条の3** ① 使用者は,妊娠中の女性及び産後1年を経過しない女性(以下「妊産婦」という.)を,重量物を取り扱う業務,有害ガスを発散する場所における業務その他妊産婦の妊娠,出産,哺育等に有害な業務に就かせてはならない.
② 前項に規定する業務のうち女性の妊娠又は出産に係る機能に有害である業務につき,厚生労働省令で,妊産婦以外の女性に関して,準用することができる.
③ 前項に規定する業務の範囲及びこれらの規定によりこれらの業務に就かせてはならない者の範囲は,厚生労働省令で定める.

(産前産後)

**第65条** ① 使用者は,6週間(多胎妊娠の場合にあつては,14週間)以内に出産する予定の女性が休業を請求した場合においては,その者を就業させてはならない.
② 使用者は,産後8週間を経過しない女性を就業させてはならない.ただし,産後6週間を経過した女性が請求した場合において,その者について医師が支障がないと認めた業務に就かせることは,差し支えない.
③ 使用者は,妊娠中の女性が請求した場合においては,他の軽易な業務に転換させなければならない.

**第66条** ① 使用者は,妊産婦が請求した場合においては,第32条の2第1項,第32条の4第1項及び第32条の5第1項の規定にかかわらず,1週間について第32条第1項の労働時間,1日について同条第2項の労働時間を超えて労働させてはならない.
② 使用者は,妊産婦が請求した場合においては,第33条第1項及び第3項並びに第36条第1項の規定にかかわらず,時間外労働をさせてはならず,又は休日に労働させてはならない.
③ 使用者は,妊産婦が請求した場合においては,深夜業をさせてはならない.

(育児時間)

**第67条** ① 生後満1年に達しない生児を育てる女性は,第34条の休憩時間のほか,1日2回各々少なくとも30分,その生児を育てるための時間を請求することができる.
② 使用者は,前項の育児時間中は,その女性を使用してはならない.

(生理日の就業が著しく困難な女性に対する措置)

**第68条** 使用者は,生理日の就業が著しく困難な女性が休暇を請求したときは,その者を生理日に就業させてはならない.

## 第7章　技能者の養成

(徒弟の弊害排除)

**第69条** ① 使用者は,徒弟,見習,養成工その他名称の如何を問わず,技能の習得を目的とする者であることを理由として,労働者を酷使してはならない.
② 使用者は,技能の習得を目的とする労働者を家事その他技能の習得に関係のない作業に従事させてはならない.

(職業訓練に関する特例)

**第70条** 職業能力開発促進法(昭和44年法律第64号)第24条第1項(同法第27条の2第2項において準用する場合を含む.)の認定を受けて行う職業訓練を受ける労働者について必要がある場合においては,その必要の限度で,第14条第1項の契約期間,第62条及び第64条の3の年少者及び妊産婦等の危険有害業務の就業制限,第63条の年少者の坑内労働の禁止並びに第64条の2の妊産婦等の坑内業務の就業制限に関する規定について,厚生労働省令で別段の定めをすることができる.ただし,第63条の年少者の坑内労働の禁止に関する規定については,満16歳に満たない者に関しては,この限りでない.

**第71条** 前条の規定に基いて発する厚生労働省令は,当該厚生労働省令によつて労働者を使用することについて行政官庁の許可を受けた使用者に使用される労働者以外の労働者については,適用しない.

**第72条** 第70条の規定に基づく厚生労働省令の適

用を受ける未成年者についての第39条の規定の適用については、同条第1項中「10労働日」とあるのは「12労働日」と、同条第2項の表6年以上の項中「10労働日」とあるのは「8労働日」とする。
**第73条** 第71条の規定による許可を受けた使用者が第70条の規定に基いて発する厚生労働省令に違反した場合においては、行政官庁は、その許可を取り消すことができる。
**第74条** 削除

## 第8章　災害補償

（療養補償）
**第75条** ① 労働者が業務上負傷し、又は疾病にかかつた場合においては、使用者は、その費用で必要な療養を行い、又は必要な療養の費用を負担しなければならない。
② 前項に規定する業務上の疾病及び療養の範囲は、厚生労働省令で定める。

（休業補償）
**第76条** ① 労働者が前条の規定による療養のため、労働することができないために賃金を受けない場合においては、使用者は、労働者の療養中平均賃金の100分の60の休業補償を行わなければならない。
② 使用者は、前項の規定により休業補償を行つている労働者と同一の事業場における同種の労働者に対して所定労働時間労働した場合に支払われる通常の賃金の、1月から3月まで、4月から6月まで、7月から9月まで及び10月から12月までの各区分による期間（以下四半期という。）ごとの1箇月1人当り平均額（常時100人未満の労働者を使用する事業場については、厚生労働省において作成する毎月勤労統計における当該事業場の属する産業に係る毎月きまつて支給する給与の四半期の労働者1人当りの1箇月平均額。以下平均給与額という。）が、当該労働者が業務上負傷し、又は疾病にかかつた日の属する四半期における平均給与額の100分の120をこえ、又は100分の80を下るに至つた場合においては、使用者は、その上昇し又は低下した比率に応じて、その上昇し又は低下するに至つた四半期の次の次の四半期において、前項の規定により当該労働者に対して行つている休業補償の額を改訂し、その改訂をした四半期に属する最初の月から改訂された額により休業補償を行わなければならない。改訂後の休業補償の額の改訂についてもこれに準ずる。
③ 前項の規定により難い場合における改訂の方法その他同項の規定による改訂について必要な事項は、厚生労働省令で定める。

（障害補償）
**第77条** 労働者が業務上負傷し、又は疾病にかかり、治つた場合において、その身体に障害が存するときは、使用者は、その障害の程度に応じて、平均賃金に別表第2に定める日数を乗じて得た金額の障害補償を行わなければならない。

（休業補償及び障害補償の例外）
**第78条** 労働者が重大な過失によつて業務上負傷し、又は疾病にかかり、且つ使用者がその過失について行政官庁の認定を受けた場合においては、休業補償又は障害補償を行わなくてもよい。

（遺族補償）
**第79条** 労働者が業務上死亡した場合においては、使用者は、遺族に対して、平均賃金の1,000日分の遺族補償を行わなければならない。

（葬祭料）
**第80条** 労働者が業務上死亡した場合においては、使用者は、葬祭を行う者に対して、平均賃金の60日分の葬祭料を支払わなければならない。

**第81条** 第75条の規定によつて補償を受ける労働者が、療養開始後3年を経過しても負傷又は疾病がなおらない場合においては、使用者は、平均賃金の1,200日分の打切補償を行い、その後はこの法律の規定による補償を行わなくてもよい。

（分割補償）
**第82条** 使用者は、支払能力のあることを証明し、補償を受けるべき者の同意を得た場合においては、第77条又は第79条の規定による補償に替え、平均賃金に別表第3に定める日数を乗じて得た金額を、6年にわたり毎年補償することができる。

（補償を受ける権利）
**第83条** ① 補償を受ける権利は、労働者の退職によつて変更されることはない。
② 補償を受ける権利は、これを譲渡し、又は差し押えてはならない。

（他の法律との関係）
**第84条** ① この法律に規定する災害補償の事由について、労働者災害補償保険法（昭和22年法律第50号）又は厚生労働省令で指定する法令に基づいてこの法律の災害補償に相当する給付が行なわれるべきものである場合においては、使用者は、補償の責を免れる。
② 使用者は、この法律による補償を行つた場合においては、同一の事由については、その価額の限度において民法による損害賠償の責を免れる。

（審査及び仲裁）
**第85条** ① 業務上の負傷、疾病又は死亡の認定、療養の方法、補償金額の決定その他補償の実施に関して異議のある者は、行政官庁に対して、審査又は事件の仲裁を申し立てることができる。
② 行政官庁は、必要があると認める場合においては、職権で審査又は事件の仲裁をすることができる。
③ 第1項の規定により審査若しくは仲裁の申立てがあつた事件又は前項の規定により行政官庁が審査若しくは仲裁を開始した事件について民事訴訟が提起されたときは、行政官庁は、当該事件については、審査又は仲裁をしない。
④ 行政官庁は、審査又は仲裁のために必要であると認める場合においては、医師に診断又は検案をさせることができる。
⑤ 第1項の規定による審査又は仲裁の申立て及び第2項の規定による審査又は仲裁の開始は、時効の中断に関しては、これを裁判上の請求とみなす。

**第86条** ① 前条の規定による審査及び仲裁の結果に不服のある者は、労働者災害補償保険審査官の審査又は仲裁を申し立てることができる。
② 前条第3項の規定は、前項の規定により審査又は仲裁の申立てがあつた場合に、これを準用する。

（請負事業に関する例外）
**第87条** ① 厚生労働省令で定める事業が数次の請負によつて行われる場合においては、災害補償については、その元請負人を使用者とみなす。
② 前項の場合、元請負人が書面による契約で下請負人に補償を引き受けさせた場合においては、その下

て適用される労働協約に反してはならない．
② 行政官庁は，法令又は労働協約に牴触する就業規則の変更を命ずることができる．
(労働契約との関係)
**第93条** 労働契約と就業規則との関係については，労働契約法（平成19年法律第128号）第12条の定めるところによる．

## 第10章　寄宿舎

(寄宿舎生活の自治)
**第94条** ① 使用者は，事業の附属寄宿舎に寄宿する労働者の私生活の自由を侵してはならない．
② 使用者は，寮長，室長その他寄宿舎生活の自治に必要な役員の選任に干渉してはならない．
(寄宿舎生活の秩序)
**第95条** ① 事業の附属寄宿舎に労働者を寄宿させる使用者は，左の事項について寄宿舎規則を作成し，行政官庁に届け出なければならない．これを変更した場合においても，同様である．
1. 起床，就寝，外出及び外泊に関する事項
2. 行事に関する事項
3. 食事に関する事項
4. 安全及び衛生に関する事項
5. 建設物及び設備の管理に関する事項

② 使用者は，前項第1号乃至第4号の事項に関する規定の作成及び変更については，寄宿舎に寄宿する労働者の過半数を代表する者の同意を得なければならない．
③ 使用者は，第1項の規定により届出をなすについて，前項の同意を証明する書面を添附しなければならない．
④ 使用者及び寄宿舎に寄宿する労働者は，寄宿舎規則を遵守しなければならない．
(寄宿舎の設備及び安全衛生)
**第96条** ① 使用者は，事業の附属寄宿舎について，換気，採光，照明，保温，防湿，清潔，避難，定員の収容，就寝に必要な措置その他労働者の健康，風紀及び生命の保持に必要な措置を講じなければならない．
② 使用者が前項の規定によつて講ずべき措置の基準は，厚生労働省令で定める．
(監督上の行政措置)
**第96条の2** ① 使用者は，常時10人以上の労働者を就業させる事業，厚生労働省令で定める危険な事業又は衛生上有害な事業の附属寄宿舎を設置し，移転し，又は変更しようとする場合においては，前条の規定に基づいて発する厚生労働省令で定める危害防止等に関する基準に従い定めた計画を，工事着手14日前までに，行政官庁に届け出なければならない．
② 行政官庁は，労働者の安全及び衛生に必要であると認める場合においては，工事の着手を差し止め，又は計画の変更を命ずることができる．
**第96条の3** ① 労働者を就業させる事業の附属寄宿舎が，安全及び衛生に関し定められた基準に反する場合においては，行政官庁は，使用者に対して，その全部又は一部の使用の停止，変更その他必要な事項を命ずることができる．
② 前項の場合において行政官庁は，使用者に命じた事項について必要な事項を労働者に命ずることができる．

---

請負人もまた使用者とする．但し，二以上の下請負人に，同一の事業について重複して補償を引き受けさせてはならない．
③ 前項の場合，元請負人が補償の請求を受けた場合においては，補償を引き受けた下請負人に対して，まづ催告すべきことを請求することができる．ただし，その下請負人が破産手続開始の決定を受け，又は行方が知れない場合においては，この限りでない．
(補償に関する細目)
**第88条** この章に定めるものの外，補償に関する細目は，厚生労働省令で定める．

## 第9章　就業規則

(作成及び届出の義務)
**第89条** 常時10人以上の労働者を使用する使用者は，次に掲げる事項について就業規則を作成し，行政官庁に届け出なければならない．次に掲げる事項を変更した場合においても，同様とする．
1. 始業及び終業の時刻，休憩時間，休日，休暇並びに労働者を2組以上に分けて交替に就業させる場合においては就業時転換に関する事項
2. 賃金（臨時の賃金等を除く．以下この号において同じ．）の決定，計算及び支払の方法，賃金の締切り及び支払の時期並びに昇給に関する事項
3. 退職に関する事項（解雇の事由を含む．）
3の2 退職手当の定めをする場合においては，適用される労働者の範囲，退職手当の決定，計算及び支払の方法並びに退職手当の支払の時期に関する事項
4. 臨時の賃金等（退職手当を除く．）及び最低賃金額の定めをする場合においては，これに関する事項
5. 労働者に食費，作業用品その他の負担をさせる定めをする場合においては，これに関する事項
6. 安全及び衛生に関する定めをする場合においては，これに関する事項
7. 職業訓練に関する定めをする場合においては，これに関する事項
8. 災害補償及び業務外の傷病扶助に関する定めをする場合においては，これに関する事項
9. 表彰及び制裁の定めをする場合においては，その種類及び程度に関する事項
10. 前各号に掲げるもののほか，当該事業場の労働者のすべてに適用される定めをする場合においては，これに関する事項
(作成の手続)
**第90条** ① 使用者は，就業規則の作成又は変更について，当該事業場に，労働者の過半数で組織する労働組合がある場合においてはその労働組合，労働者の過半数で組織する労働組合がない場合においては労働者の過半数を代表する者の意見を聴かなければならない．
② 使用者は，前条の規定により届出をなすについて，前項の意見を記した書面を添附しなければならない．
(制裁規定の制限)
**第91条** 就業規則で，労働者に対して減給の制裁を定める場合においては，その減給は，1回の額が平均賃金の1日分の半額を超え，総額が一賃金支払期における賃金の総額の10分の1を超えてはならない．
(法令及び労働協約との関係)
**第92条** ① 就業規則は，法令又は当該事業場についい

## 第11章　監督機関

**(監督機関の職員等)**
**第97条** ① 労働基準主管局(厚生労働省の内部部局として置かれる局で労働条件及び労働者の保護に関する事務を所掌するものをいう。以下同じ。)、都道府県労働局及び労働基準監督署に労働基準監督官を置くほか、厚生労働省令で定める必要な職員を置くことができる。
② 労働基準主管局の局長(以下「労働基準主管局長」という。)、都道府県労働局長及び労働基準監督署長は労働基準監督官をもつてこれに充てる。
③ 労働基準監督官の資格及び任免に関する事項は、政令で定める。
④ 厚生労働省に、政令で定めるところにより、労働基準監督官分限審議会を置くことができる。
⑤ 労働基準監督官を罷免するには、労働基準監督官分限審議会の同意を必要とする。
⑥ 前2項に定めるもののほか、労働基準監督官分限審議会の組織及び運営に関し必要な事項は、政令で定める。
**第98条**　削除
**(労働基準主管局長等の権限)**
**第99条** ① 労働基準主管局長は、厚生労働大臣の指揮監督を受けて、都道府県労働局長を指揮監督し、労働基準監督官を指揮監督するほか、この法律に基く労働基準に関する法令の制定改廃、労働基準監督官の任免教養、監督方法についての規程の制定及び調整、監督年報の作成並びに労働政策審議会及び労働基準監督官分限審議会に関する事項(労働政策審議会に関する事項については、労働条件及び労働者の保護に関するものに限る。)その他この法律の施行に関する事項をつかさどり、所属の職員を指揮監督する。
② 都道府県労働局長は、労働基準主管局長の指揮監督を受けて、管内の労働基準監督署長を指揮監督し、監督方法の調整に関する事項その他この法律の施行に関する事項をつかさどり、所属の職員を指揮監督する。
③ 労働基準監督署長は、労働基準主管局長の指揮監督を受けて、この法律に基く臨検、尋問、許可、認定、審査、仲裁その他この法律の実施に関する事項をつかさどり、所属の職員を指揮監督する。
④ 労働基準主管局長及び都道府県労働局長は、下級官庁の権限を自ら行い、又は所属の労働基準監督官をして行わせることができる。
**(女性主管局長の権限)**
**第100条** ① 厚生労働省の女性主管局長(厚生労働省の内部部局として置かれる局で女性労働者の特性に係る労働問題に関する事務を所掌するものの局長をいう。以下同じ。)は、厚生労働大臣の指揮監督を受けて、この法律中女性に特殊の規定の制定、改廃及び解釈に関する事項をつかさどり、その施行に関する事項については、労働基準主管局長及びその下級の官庁を指揮監督するとともに、労働基準主管局長が、その下級の官庁に対して行う指揮監督について援助を与える。
② 女性主管局長は、自ら又はその指定する所属官吏をして、女性に関し労働基準主管局若しくはその下級の官庁又はその所属官吏の行つた監督その他に関する文書を閲覧し、又は閲覧せしめることができる。
③ 第101条及び第105条の規定は、女性主管局長又はその指定する所属官吏が、この法律中女性に特殊の規定の施行に関して行う調査の場合に、これを準用する。
**(労働基準監督官の権限)**
**第101条** ① 労働基準監督官は、事業場、寄宿舎その他の附属建設物に臨検し、帳簿及び書類の提出を求め、又は使用者若しくは労働者に対して尋問を行うことができる。
② 前項の場合において、労働基準監督官は、その身分を証明する証票を携帯しなければならない。
**第102条**　労働基準監督官は、この法律違反の罪について、刑事訴訟法に規定する司法警察官の職務を行う。
**第103条**　労働者を就業させる事業の附属寄宿舎が、安全及び衛生に関して定められた基準に反し、且つ労働者に急迫した危険がある場合においては、労働基準監督官は、第96条の3の規定による行政官庁の権限を即時に行うことができる。
**(監督機関に対する申告)**
**第104条** ① 事業場に、この法律又はこの法律に基いて発する命令に違反する事実がある場合においては、労働者は、その事実を行政官庁又は労働基準監督官に申告することができる。
② 使用者は、前項の申告をしたことを理由として、労働者に対して解雇その他不利益な取扱をしてはならない。
**(報告等)**
**第104条の2** ① 行政官庁は、この法律を施行するため必要があると認めるときは、厚生労働省令で定めるところにより、使用者又は労働者に対し、必要な事項を報告させ、又は出頭を命ずることができる。
② 労働基準監督官は、この法律を施行するため必要があると認めるときは、使用者又は労働者に対し、必要な事項を報告させ、又は出頭を命ずることができる。
**(労働基準監督官の義務)**
**第105条**　労働基準監督官は、職務上知り得た秘密を漏してはならない。労働基準監督官を退官した後においても同様である。

## 第12章　雑　則

**(国の援助義務)**
**第105条の2**　厚生労働大臣又は都道府県労働局長は、この法律の目的を達成するために、労働者及び使用者に対して資料の提供その他必要な援助をしなければならない。
**(法令等の周知義務)**
**第106条** ① 使用者は、この法律及びこれに基づく命令の要旨、就業規則、第18条第2項、第24条第1項ただし書、第32条の2第1項、第32条の3、第32条の4第1項、第32条の5第1項、第34条第2項ただし書、第36条第1項、第38条の2第2項、第38条の3第1項並びに第39条第5項及び第6項ただし書に規定する協定並びに第38条の4第1項及び第5項に規定する決議を、常時各作業場の見やすい場所に掲示し、又は備え付けること、書面を交付することその他の厚生労働省令で定める方法によつて、労働者に周知させなければならない。
② 使用者は、この法律及びこの法律に基いて発する命令のうち、寄宿舎に関する規定及び寄宿舎規則を、寄宿舎の見易い場所に掲示し、又は備え付ける等の

方法によつて,寄宿舎に寄宿する労働者に周知させなければならない.

(労働者名簿)
**第107条** ① 使用者は,各事業場ごとに労働者名簿を,各労働者(日日雇い入れられる者を除く.)について調製し,労働者の氏名,生年月日,履歴その他厚生労働省令で定める事項を記入しなければならない.
② 前項の規定により記入すべき事項に変更があつた場合においては,遅滞なく訂正しなければならない.

(賃金台帳)
**第108条** 使用者は,各事業場ごとに賃金台帳を調製し,賃金計算の基礎となる事項及び賃金の額その他厚生労働省令で定める事項を賃金支払の都度遅滞なく記入しなければならない.

(記録の保存)
**第109条** 使用者は,労働者名簿,賃金台帳及び雇入,解雇,災害補償,賃金その他労働関係に関する重要な書類を3年間保存しなければならない.

**第110条** 削除

(無料証明)
**第111条** 労働者及び労働者になろうとする者は,その戸籍に関して戸籍事務を掌る者又はその代理者に対して,無料で証明を請求することができる.使用者が,労働者及び労働者になろうとする者の戸籍に関して証明を請求する場合においても同様である.

(国及び公共団体についての適用)
**第112条** この法律及びこの法律に基いて発する命令は,国,都道府県,市町村その他これに準ずべきものについても適用あるものとする.

(命令の制定)
**第113条** この法律に基いて発する命令は,その草案について,公聴会で労働者を代表する者,使用者を代表する者及び公益を代表する者の意見を聴いて,これを制定する.

(付加金の支払)
**第114条** 裁判所は,第20条,第26条若しくは第37条の規定に違反した使用者又は第39条第6項の規定による賃金を支払わなかつた使用者に対して,労働者の請求により,これらの規定により使用者が支払わなければならない金額についての未払金のほか,これと同一額の付加金の支払を命ずることができる.ただし,この請求は,違反のあつた時から2年以内にしなければならない.

(時 効)
**第115条** この法律の規定による賃金(退職手当を除く.),災害補償その他の請求権は2年間,この法律の規定による退職手当の請求権は5年間行わない場合においては,時効によつて消滅する.

(経過措置)
**第115条の2** この法律の規定に基づき命令を制定し,又は改廃するときは,その命令で,その制定又は改廃に伴い合理的に必要と判断される範囲内において,所要の経過措置(罰則に関する経過措置を含む.)を定めることができる.

(適用除外)
**第116条** ① 第1条から第11条まで,次項,第117条から第119条まで及び第121条の規定を除き,第1条第1項に規定する船員については,適用しない.
② この法律は,同居の親族のみを使用する事業及び家事使用人については,適用しない.

## 第13章 罰 則

**第117条** 第5条の規定に違反した者は,これを1年以上10年以下の懲役又は20万円以上300万円以下の罰金に処する.

**第118条** ① 第6条,第56条,第63条又は第64条の2の規定に違反した者は,これを1年以下の懲役又は50万円以下の罰金に処する.
② 第70条の規定に基づいて発する厚生労働省令(第63条又は第64条の2の規定に係る部分に限る.)に違反した者についても前項の例による.

**第119条** 次の各号の一に該当する者は,これを6箇月以下の懲役又は30万円以下の罰金に処する.
1 第3条,第4条,第7条,第16条,第17条,第18条第1項,第19条,第20条,第22条第4項,第32条,第34条,第35条,第36条第1項ただし書,第37条,第39条,第61条,第62条,第64条の3から第67条まで,第72条,第75条から第77条まで,第79条,第80条,第94条第2項,第96条又は第104条第2項の規定に違反した者
2 第33条第2項,第96条の2第2項又は第96条の3第1項の規定による命令に違反した者
3 第40条の規定に基づいて発する厚生労働省令に違反した者
4 第70条の規定に基づいて発する厚生労働省令(第62条又は第64条の3の規定に係る部分に限る.)に違反した者

**第120条** 次の各号の一に該当する者は,30万円以下の罰金に処する.
1 第14条,第15条第1項若しくは第3項,第18条第7項,第22条第1項から第3項まで,第23条から第27条まで,第32条の2第2項(第32条の4第4項及び第32条の5第3項において準用する場合を含む.),第32条の5第2項,第33条第1項ただし書,第38条の2第2項(第38条の3第2項において準用する場合を含む.),第57条から第59条まで,第64条,第68条,第89条,第90条第1項,第91条,第95条第1項若しくは第2項,第96条の2第1項,第105条(第100条第3項において準用する場合を含む.)又は第106条から第109条までの規定に違反した者
2 第70条の規定に基づいて発する厚生労働省令(第14条の規定に係る部分に限る.)に違反した者
3 第92条第2項又は第96条の3第2項の規定による命令に違反した者
4 第101条(第100条第3項において準用する場合を含む.)の規定による労働基準監督官又は女性主管局長若しくはその指定する所属官吏の臨検を拒み,妨げ,若しくは忌避し,その尋問に対して陳述をせず,若しくは虚偽の陳述をし,帳簿書類の提出をせず,又は虚偽の記載をした帳簿書類の提出をした者
5 第104条の2の規定による報告をせず,若しくは虚偽の報告をし,又は出頭しなかつた者

**第121条** ① この法律の違反行為をした者が,当該事業の労働者に関する事項について,事業主のために行為した代理人,使用人その他の従業者である場合においては,事業主に対しても各本条の罰金刑を科する.ただし,事業主(事業主が法人である場合においてはその代表者,事業主が営業に関し成年者

と同一の行為能力を有しない未成年者又は成年被後見人である場合においてはその法定代理人（法定代理人が法人であるときは，その代表者）を事業主とする．次項において同じ．）が違反防止に必要な措置を講じなかった場合においては，この限りでない．
② 事業主が違反の計画を知りその防止に必要な措置を講じなかった場合，違反行為を知り，その是正に必要な措置を講じなかった場合又は違反を教唆した場合においては，事業主も行為者として罰する．

附　則（抄）
第136条　使用者は，第39条第1項から第3項までの規定による有給休暇を取得した労働者に対して，賃金の減額その他不利益な取扱いをしないようにしなければならない．
第137条　期間の定めのある労働契約（一定の事業の完了に必要な期間を定めるものを除き，その期間が1年を超えるものに限る．）を締結した労働者（第14条第1号各号に規定する労働者を除く．）は，労働基準法の一部を改正する法律（平成15年法律第104号）附則第3条に規定する措置が講じられるまでの間，民法第628条の規定にかかわらず，当該労働契約の期間の初日から1年を経過した日以後においては，その使用者に申し出ることにより，いつでも退職することができる．

別表第1　（第33条，第40条，第41条，第56条，第61条関係）
1　物の製造，改造，加工，修理，洗浄，選別，包装，装飾，仕上げ，販売のためにする仕立て，破壊若しくは解体又は材料の変造の事業（電気，ガス又は各種動力の発生，変更若しくは伝導の事業及び水道の事業を含む．）
2　鉱業，石切り業その他土石又は鉱物採取の事業
3　土木，建築その他工作物の建設，改造，保存，修理，変更，破壊，解体又はその準備の事業
4　道路，鉄道，軌道，索道，船舶又は航空機による旅客又は貨物の運送の事業
5　ドック，船舶，岸壁，波止場，停車場又は倉庫における貨物の取扱いの事業
6　土地の耕作若しくは開墾又は植物の栽植，栽培，採取若しくは伐採の事業その他農林の事業
7　動物の飼育又は水産動植物の採捕若しくは養殖の事業その他の畜産，養蚕又は水産の事業
8　物品の販売，配給，保管若しくは賃貸又は理容の事業
9　金融，保険，媒介，周旋，集金，案内又は広告の事業
10　映画の製作又は映写，演劇その他興行の事業
11　郵便，信書便又は電気通信の事業
12　教育，研究又は調査の事業
13　病者又は虚弱者の治療，看護その他保健衛生の事業
14　旅館，料理店，飲食店，接客業又は娯楽場の事業
15　焼却，清掃又はと畜場の事業

別表第2　身体障害等級及び災害補償表（第77条関係）

| 等級 | 災害補償 |
|---|---|
| 第1級 | 1,340日分 |
| 第2級 | 1,190日分 |
| 第3級 | 1,050日分 |
| 第4級 | 920日分 |
| 第5級 | 790日分 |
| 第6級 | 670日分 |
| 第7級 | 560日分 |
| 第8級 | 450日分 |
| 第9級 | 350日分 |
| 第10級 | 270日分 |
| 第11級 | 200日分 |
| 第12級 | 140日分 |
| 第13級 | 90日分 |
| 第14級 | 50日分 |

別表第3　分割補償表（第82条関係）

| 種別 | 等級 | 災害補償 |
|---|---|---|
| 障害補償 | 第1級 | 240日分 |
|  | 第2級 | 213日分 |
|  | 第3級 | 188日分 |
|  | 第4級 | 164日分 |
|  | 第5級 | 142日分 |
|  | 第6級 | 120日分 |
|  | 第7級 | 100日分 |
|  | 第8級 | 80日分 |
|  | 第9級 | 63日分 |
|  | 第10級 | 48日分 |
|  | 第11級 | 36日分 |
|  | 第12級 | 25日分 |
|  | 第13級 | 16日分 |
|  | 第14級 | 9日分 |
| 遺族補償 |  | 180日分 |

# 94　男女雇用機会均等法（抄）

〔雇用の分野における男女の均等な機会及び待遇の確保等に関する法律〕
（昭47・7・1法律第113号，昭47・7・1施行，最終改正：平20・5・2法律第26号）

## 第1章　総　則

（目　的）
第1条　この法律は，法の下の平等を保障する日本国憲法の理念にのつとり雇用の分野における男女の均等な機会及び待遇の確保を図ることとともに，女性労働者の就業に関して妊娠中及び出産後の健康の確保を図る等の措置を推進することを目的とする．

（基本的理念）
第2条　① この法律においては，労働者が性別により差別されることなく，また，女性労働者にあつては母性を尊重されつつ，充実した職業生活を営むことができるようにすることをその基本的理念とする．
② 事業主並びに国及び地方公共団体は，前項に規定する基本的理念に従つて，労働者の職業生活の充実が図られるように努めなければならない．

（啓発活動）
第3条　国及び地方公共団体は，雇用の分野における男女の均等な機会及び待遇の確保等について国民の関心と理解を深めるとともに，特に，雇用の分野における男女の均等な機会及び待遇の確保を妨げている諸要因の解消を図るため，必要な啓発活動を行うものとする．

（男女雇用機会均等対策基本方針）
第4条　① 厚生労働大臣は，雇用の分野における男女の均等な機会及び待遇の確保等に関する施策の基本となるべき方針（以下「男女雇用機会均等対策基本方針」という．）を定めるものとする．
② 男女雇用機会均等対策基本方針に定める事項は，次のとおりとする．
1　男性労働者及び女性労働者のそれぞれの職業生活の動向に関する事項
2　雇用の分野における男女の均等な機会及び待遇の確保等について講じようとする施策の基本となるべき事項
③ 男女雇用機会均等対策基本方針は，男性労働者及び女性労働者のそれぞれの労働条件，意識及び就業の実態等を考慮して定められなければならない．
④ 厚生労働大臣は，男女雇用機会均等対策基本方針を定めるに当たつては，あらかじめ，労働政策審議会の意見を聴くほか，都道府県知事の意見を求めるものとする．
⑤ 厚生労働大臣は，男女雇用機会均等対策基本方針を定めたときは，遅滞なく，その概要を公表するものとする．

⑥ 前2項の規定は,男女雇用機会均等対策基本方針の変更について準用する.

## 第2章 雇用の分野における男女の均等な機会及び待遇の確保等

### 第1節 性別を理由とする差別の禁止等

(性別を理由とする差別の禁止)
第5条 事業主は,労働者の募集及び採用について,その性別にかかわりなく均等な機会を与えなければならない.
第6条 事業主は,次に掲げる事項について,労働者の性別を理由として,差別的取扱いをしてはならない.
1 労働者の配置(業務の配分及び権限の付与を含む.),昇進,降格及び教育訓練
2 住宅資金の貸付けその他これに準ずる福利厚生の措置であつて厚生労働省令で定めるもの
3 労働者の職種及び雇用形態の変更
4 退職の勧奨,定年及び解雇並びに労働契約の更新

(性別以外の事由を要件とする措置)
第7条 事業主は,募集及び採用並びに前条各号に掲げる事項に関する措置であつて労働者の性別以外の事由を要件とするもののうち,措置の要件を満たす男性及び女性の比率その他の事情を勘案して実質的に性別を理由とする差別となるおそれがある措置として厚生労働省令で定めるものについては,当該措置の対象となる業務の性質に照らして当該措置の実施が当該業務の遂行上特に必要である場合,事業の運営の状況に照らして当該措置の実施が雇用管理上特に必要である場合その他の合理的な理由がある場合でなければ,これを講じてはならない.

(女性労働者に係る措置に関する特例)
第8条 前3条の規定は,事業主が,雇用の分野における男女の均等な機会及び待遇の確保の支障となつている事情を改善することを目的として女性労働者に関して行う措置を講ずることを妨げるものではない.

(婚姻,妊娠,出産等を理由とする不利益取扱いの禁止等)
第9条 ① 事業主は,女性労働者が婚姻し,妊娠し,又は出産したことを退職理由として予定する定めをしてはならない.
② 事業主は,女性労働者が婚姻したことを理由として,解雇してはならない.
③ 事業主は,その雇用する女性労働者が妊娠したこと,出産したこと,労働基準法(昭和22年法律第49号)第65条第1項の規定による休業を請求し,又は同項若しくは同条第2項の規定による休業をしたことその他の妊娠又は出産に関する事由であつて厚生労働省令で定めるものを理由として,当該女性労働者に対して解雇その他不利益な取扱いをしてはならない.
④ 妊娠中の女性労働者及び出産後1年を経過しない女性労働者に対してなされた解雇は,無効とする.ただし,事業主が当該解雇が前項に規定する事由を理由とする解雇でないことを証明したときは,この限りでない.

(指 針)
第10条 ① 厚生労働大臣は,第5条から第7条まで及び前条第1項から第3項までの規定に定める事項に関し,事業主が適切に対処するために必要な指針(次項において「指針」という.)を定めるものとする.
② 第4条第4項及び第5項の規定は指針の策定及び変更について準用する.この場合において,同条第4項中「聴くほか,都道府県知事の意見を求める」とあるのは,「聴く」と読み替えるものとする.

### 第2節 事業主の講ずべき措置

(職場における性的な言動に起因する問題に関する雇用管理上の措置)
第11条 ① 事業主は,職場において行われる性的な言動に対するその雇用する労働者の対応により当該労働者がその労働条件につき不利益を受け,又は当該性的な言動により当該労働者の就業環境が害されることのないよう,当該労働者からの相談に応じ,適切に対応するために必要な体制の整備その他の雇用管理上必要な措置を講じなければならない.
② 厚生労働大臣は,前項の規定に基づき事業主が講ずべき指導又は当該指針の適切かつ有効な実施を図るために必要な指針(次項において「指針」という.)を定めるものとする.
③ 第4条第4項及び第5項の規定は,指針の策定及び変更について準用する.この場合において,同条第4項中「聴くほか,都道府県知事の意見を求める」とあるのは,「聴く」と読み替えるものとする.

(妊娠中及び出産後の健康管理に関する措置)
第12条 事業主は,厚生労働省令で定めるところにより,その雇用する女性労働者が母子保健法(昭和40年法律第141号)の規定による保健指導又は健康診査を受けるために必要な時間を確保することができるようにしなければならない.
第13条 ① 事業主は,その雇用する女性労働者が前条の保健指導又は健康診査に基づく指導事項を守ることができるようにするため,勤務時間の変更,勤務の軽減等必要な措置を講じなければならない.
② 厚生労働大臣は,前項の規定に基づき事業主が講ずべき措置に関して,その適切かつ有効な実施を図るために必要な指針(次項において「指針」という.)を定めるものとする.
③ 第4条第4項及び第5項の規定は,指針の策定及び変更について準用する.この場合において,同条第4項中「聴くほか,都道府県知事の意見を求める」とあるのは,「聴く」と読み替えるものとする.

### 第3節 事業主に対する国の援助

第14条 国は,雇用の分野における男女の均等な機会及び待遇が確保されることを促進するため,事業主が雇用の分野における男女の均等な機会及び待遇の確保の支障となつている事情を改善することを目的とする次に掲げる措置を講じ,又は講じようとする場合には,当該事業主に対し,相談その他の援助を行うことができる.
1 その雇用する労働者の配置その他雇用に関する状況の分析
2 前号の分析に基づき雇用の分野における男女の均等な機会及び待遇の確保の支障となつている事情を改善するに当たつて必要となる措置に関する計画の作成
3 前号の計画で定める措置の実施
4 前号の措置を実施するために必要な体制の整備
5 前各号の措置の実施状況の開示

## 第3章 紛争の解決(略)

# 95 労働者派遣法
〔労働者派遣事業の適正な運営の確保及び派遣労働者の就業条件の整備等に関する法律〕(抄)

(昭60・7・5法律第88号,昭61・7・1施行,最終改正:平19・7・6法律第109号)

## 第1章 総則

(目的)
**第1条** この法律は、職業安定法(昭和22年法律第141号)と相まつて労働力の需給の適正な調整を図るため労働者派遣事業の適正な運営の確保に関する措置を講ずるとともに、派遣労働者の就業に関する条件の整備等を図り、もつて派遣労働者の雇用の安定その他福祉の増進に資することを目的とする。

(用語の意義)
**第2条** この法律において、次の各号に掲げる用語の意義は、当該各号に定めるところによる。
1 労働者派遣 自己の雇用する労働者を、当該雇用関係の下に、かつ、他人の指揮命令を受けて、当該他人のために労働に従事させることをいい、当該他人に対し当該労働者を当該他人に雇用させることを約してするものを含まないものとする。
2 派遣労働者 事業主が雇用する労働者であつて、労働者派遣の対象となるものをいう。
3 労働者派遣事業 労働者派遣を業として行うことをいう。
4 一般労働者派遣事業 特定労働者派遣事業以外の労働者派遣事業をいう。
5 特定労働者派遣事業 その事業の派遣労働者(業として行われる労働者派遣の対象となるものに限る。)が常時雇用される労働者のみである労働者派遣事業をいう。
6 紹介予定派遣 労働者派遣のうち、第5条第1項の許可を受けた者(以下「一般派遣元事業主」という。)又は第16条第1項の規定により届出書を提出した者(以下「特定派遣元事業主」という。)が労働者派遣の役務の提供の開始前又は開始後に、当該労働者派遣に係る派遣労働者及び当該派遣労働者に係る労働者派遣の役務の提供を受ける者(以下この号において「派遣先」という。)について、職業安定法その他の法律の規定による許可を受けて、又は届出をして、職業紹介を行い、又は行うことを予定しているものをいい、当該職業紹介により、当該派遣労働者が当該派遣先に雇用される旨を、当該労働者派遣の役務の提供の終了前に当該派遣労働者と当該派遣先との間で約されるものを含むものとする。

(船員に対する適用除外)
**第3条** この法律は、船員職業安定法(昭和23年法律第130号)第6条第1項に規定する船員については、適用しない。

## 第2章 労働者派遣事業の適正な運営の確保に関する措置

### 第1節 業務の範囲
**第4条** ① 何人も、次の各号のいずれかに該当する業務について、労働者派遣事業を行つてはならない。
1 港湾運送業務(港湾労働法(昭和63年法律第40号)第2条第2号に規定する港湾運送の業務及び同条第1号に規定する港湾以外の港湾において行われる当該業務に相当する業務として政令で定める業務をいう。)
2 建設業務(土木、建築その他工作物の建設、改造、保存、修理、変更、破壊若しくは解体の作業又はこれらの作業の準備の作業に係る業務をいう。)
3 警備業法(昭和47年法律第117号)第2条第1項各号に掲げる業務その他の業務の実施の適正を確保するためには業として行う労働者派遣(次節、第23条第2項及び第3項並びに第40条の2第1項第1号において単に「労働者派遣」という。)により派遣労働者に従事させることが適当でないと認められる業務として政令で定める業務
② 厚生労働大臣は、前項第3号の政令の制定又は改正の立案をしようとするときは、あらかじめ、労働政策審議会の意見を聴かなければならない。
③ 労働者派遣事業を行う事業主から労働者派遣の役務の提供を受ける者は、その指揮命令の下に当該労働者派遣に係る派遣労働者を第1項各号のいずれかに該当する業務に従事させてはならない。

### 第2節 事業の許可等
#### 第1款 一般労働者派遣事業
(一般労働者派遣事業の許可)
**第5条** ① 一般労働者派遣事業を行おうとする者は、厚生労働大臣の許可を受けなければならない。
② 前項の許可を受けようとする者は、次に掲げる事項を記載した申請書を厚生労働大臣に提出しなければならない。
1 氏名又は名称及び住所並びに法人にあつては、その代表者の氏名
2 法人にあつては、その役員の氏名及び住所
3 一般労働者派遣事業を行う事業所の名称及び所在地
4 第36条の規定により選任する派遣元責任者の氏名及び住所
③ 前項の申請書には、一般労働者派遣事業を行う事業所ごとの当該事業に係る事業計画書その他厚生労働省令で定める書類を添付しなければならない。
④ 前項の事業計画書には、厚生労働省令で定めるところにより、一般労働者派遣事業を行う事業所ごとの当該事業に係る派遣労働者の数、労働者派遣に関する料金の額その他労働者派遣に関する事項を記載しなければならない。
⑤ 厚生労働大臣は、第1項の許可をしようとするときは、あらかじめ、労働政策審議会の意見を聴かなければならない。

(許可の欠格事由)
**第6条** 次の各号のいずれかに該当する者は、前条第1項の許可を受けることができない。
1 禁錮以上の刑に処せられ、又はこの法律の規定その他労働に関する法律の規定(次号に規定する規定を除く。)であつて政令で定めるもの若しくは暴力団員による不当な行為の防止等に関する法律(平成3年法律第77号)の規定(同法第48条の規定を除く。)により、若しくは刑法(明治40年法律第45号)第204条、第206条、第208条、第208条の3、第222条若しくは第247条の罪、暴力行為等処罰に関する法律(大正15年法律第60号)の罪若しくは出入国管理及び難民認定法(昭

和26年政令第319号）第73条の2第1項の罪を犯したことにより，罰金の刑に処せられ，その執行を終わり，又は執行を受けることがなくなつた日から起算して5年を経過しない者
2 健康保険法（大正11年法律第70号）第208条，第213条の2若しくは第214条第1項，船員保険法（昭和14年法律第73号）第156条，第159条若しくは第160条第1項，労働者災害補償保険法（昭和22年法律第50号）第51条前段若しくは第54条第1項（同法第51条前段の規定に係る部分に限る.），厚生年金保険法（昭和29年法律第115号）第102条第1項，第103条の2，第104条第1項（同法第102条第1項若しくは第103条の2の規定に係る部分に限る.），第182条第1項若しくは第2項若しくは第184条（同法第182条第1項若しくは第2項の規定に係る部分に限る.），労働保険の保険料の徴収等に関する法律（昭和44年法律第84号）第46条前段若しくは第48条第1項（同法第46条前段の規定に係る部分に限る.）又は雇用保険法（昭和49年法律第116号）第83条若しくは第86条（同法第83条の規定に係る部分に限る.）の規定に違反し，罰金の刑に処せられ，その執行を終わり，又は執行を受けることがなくなつた日から起算して5年を経過しない者
3 成年被後見人若しくは被保佐人又は破産者で復権を得ないもの
4 第14条第1項（第1号を除く.）の規定により一般労働者派遣事業の許可を取り消され，当該取消しの日から起算して5年を経過しない者
5 営業に関し成年者と同一の行為能力を有しない未成年者であつて，その法定代理人が前各号のいずれかに該当するもの
6 法人であつて，その役員のうちに前各号のいずれかに該当する者があるもの

（許可の有効期間等）
**第10条** 第5条第1項の許可の有効期間は，当該許可の日から起算して3年とする．

（許可の取消し等）
**第14条** ① 厚生労働大臣は，一般派遣元事業主が次の各号のいずれかに該当するときは，第5条第1項の許可を取り消すことができる．
1 第6条各号（第4号を除く.）のいずれかに該当しているとき．
2 この法律（次章第4節の規定を除く.）若しくは職業安定法の規定又はこれらの規定に基づく命令若しくは処分に違反したとき．
3 第9条第1項の規定により付された許可の条件に違反したとき．
② 厚生労働大臣は，一般派遣元事業主が前項第2号又は第3号に該当するときは，期間を定めて当該一般労働者派遣事業の全部又は一部の停止を命ずることができる．

#### 第2款 特定労働者派遣事業
（特定労働者派遣事業の届出）
**第16条** ① 特定労働者派遣事業を行おうとする者は，第5条第2項各号に掲げる事項を記載した届出書を厚生労働大臣に提出しなければならない．この場合において，同条第3号中「一般労働者派遣事業」とあるのは，「特定労働者派遣事業」とする．
② 前項の届出書には，特定労働者派遣事業を行う事業所ごとの当該事業に係る事業計画書その他厚生労働省令で定める書類を添付しなければならない．

③ 前項の事業計画書には，厚生労働省令で定めるところにより，特定労働者派遣事業を行う事業所ごとの当該事業に係る派遣労働者の数，労働者派遣に関する料金の額その他労働者派遣に関する事項を記載しなければならない．

（事業開始の欠格事由）
**第17条** 第6条各号のいずれかに該当する者は，新たに特定労働者派遣事業の事業所を設けて当該特定労働者派遣事業を行つてはならない．

（事業廃止命令等）
**第21条** ① 厚生労働大臣は，特定派遣元事業主が第6条各号（第4号を除く.）のいずれかに該当するときは当該特定労働者派遣事業の廃止を，当該特定労働者派遣事業（二以上の事業所を設けて特定労働者派遣事業を行う場合にあつては，各事業所での特定労働者派遣事業．以下この項において同じ.）の開始の当時同条第4号に該当するときは当該特定労働者派遣事業の廃止を，命ずることができる．
② 厚生労働大臣は，特定派遣元事業主がこの法律（次章第4節の規定を除く.）若しくは職業安定法の規定又はこれらの規定に基づく命令若しくは処分に違反したときは，期間を定めて当該特定労働者派遣事業の全部又は一部の停止を命ずることができる．

### 第3節 補 則
（事業報告等）
**第23条** 一般派遣元事業主及び特定派遣元事業主（以下「派遣元事業主」という.）は，厚生労働省令で定めるところにより，事業所ごとの当該事業に係る事業報告書及び収支決算書を作成し，厚生労働大臣に提出しなければならない．

## 第3章 派遣労働者の就業条件の整備等に関する措置

### 第1節 労働者派遣契約
（契約の内容等）
**第26条** ① 労働者派遣契約（当事者の一方が相手方に対し労働者派遣をすることを約する契約をいう．以下同じ.）の当事者は，厚生労働省令で定めるところにより，当該労働者派遣契約の締結に際し，次に掲げる事項を定めるとともに，その内容の差異に応じて派遣労働者の人数を定めなければならない．
1 派遣労働者が従事する業務の内容
2 派遣労働者が労働者派遣に係る労働に従事する事業所の名称及び所在地その他派遣就業に係る派遣労働者の就業（以下「派遣就業」という.）の場所
3 労働者派遣の役務の提供を受ける者のために，就業中の派遣労働者を直接指揮命令する者に関する事項
4 労働者派遣の期間及び派遣就業をする日
5 派遣就業の開始及び終了の時刻並びに休憩時間
6 安全及び衛生に関する事項
7 派遣労働者から苦情の申出を受けた場合における当該苦情の処理に関する事項
8 労働者派遣契約の解除に当たつて講ずる派遣労働者の雇用の安定を図るために必要な措置に関する事項
9 労働者派遣契約が紹介予定派遣に係るものである場合にあつては，当該紹介予定派遣に関する事項
10 前各号に掲げるもののほか，厚生労働省令で定め

る事項
② 派遣元事業主は、前項第4号に掲げる労働者派遣の期間（第40条の2第1項第3号及び第4号に掲げる労働者派遣に係る労働者派遣の期間を除く。）については、厚生労働大臣が当該労働力の需給の適正な調整を図るため必要があると認める場合において業務の種類に応じ当該労働力の需給の状況、当該業務の処理の実情等を考慮して定める期間を超える定めをしてはならない。
③ 前2項に定めるもののほか、派遣元事業主は、労働者派遣契約の締結に際しては、厚生労働省令で定めるところにより、当該海外派遣に係る役務の提供を受ける者が次に掲げる措置を講ずべき旨を定めなければならない。
 1 第41条の派遣先責任者の選任
 2 第42条第1項の派遣先管理台帳の作成、同項各号に掲げる事項の当該台帳への記載及び同条第3項の厚生労働省令で定める条件に従つた通知
 3 その他厚生労働省令で定める当該派遣就業が適正に行われるため必要な措置
④ 派遣元事業主は、第1項の規定により労働者派遣契約を締結するに当たつては、あらかじめ、当該契約の相手方に対し、第5条第1項の許可を受け、又は第16条第1項の規定により届出書を提出している旨を明示しなければならない。
⑤ 第40条の2第1項各号に掲げる業務以外の業務について派遣元事業主から新たな労働者派遣契約に基づく労働者派遣の役務の提供を受けようとする者は、第1項の規定により当該労働者派遣契約を締結するに当たり、あらかじめ、当該派遣元事業主に対し、当該労働者派遣の役務の提供が開始される日以後当該業務について同条第1項の規定に抵触することとなる最初の日を通知しなければならない。
⑥ 派遣元事業主は、第40条の2第1項各号に掲げる業務以外の業務について新たな労働者派遣契約に基づく労働者派遣の役務の提供を受けようとする者から前項の規定による通知がないときは、当該者との間で、当該業務に係る労働者派遣契約を締結してはならない。
⑦ 労働者派遣（紹介予定派遣を除く。）の役務の提供を受けようとする者は、労働者派遣契約の締結に際し、当該労働者派遣契約に基づく労働者派遣に係る派遣労働者を特定することを目的とする行為をしないように努めなければならない。

(契約の解除等)
第27条 労働者派遣の役務の提供を受ける者は、派遣労働者の国籍、信条、性別、社会的身分、派遣労働者が労働組合の正当な行為をしたこと等を理由として、労働者派遣契約を解除してはならない。

### 第2節 派遣元事業主の講ずべき措置等
(派遣労働者等の福祉の増進)
第30条 派遣元事業主は、その雇用する派遣労働者又は派遣労働者として雇用しようとする労働者について、各人の希望及び能力に応じた就業の機会及び教育訓練の機会の確保、労働条件の向上その他雇用の安定を図るために必要な措置を講ずることにより、これらの者の福祉の増進を図るように努めなければならない。

(適正な派遣就業の確保)
第31条 派遣元事業主は、その雇用する派遣労働者に係る労働者派遣の役務の提供を受ける者（第4節を除き、以下「派遣先」という。）がその指揮命令の下に当該派遣労働者に労働させるに当たつて当該派遣就業に関しこの法律又は第4節の規定により適用される法律の規定に違反することがないように、必要な措置を講ずる等適切な配慮をしなければならない。

(派遣労働者であることの明示等)
第32条 ① 派遣元事業主は、労働者を派遣労働者として雇い入れようとするときは、あらかじめ、当該労働者にその旨（紹介予定派遣に係る派遣労働者として雇い入れようとする場合にあつては、その旨を含む。）を明示しなければならない。
② 派遣元事業主は、その雇用する労働者であつて、派遣労働者として雇い入れた労働者以外のものを新たに労働者派遣の対象としようとするときは、あらかじめ、当該労働者にその旨（新たに紹介予定派遣の対象としようとする場合にあつては、その旨を含む。）を明示し、その同意を得なければならない。

(派遣労働者に係る雇用制限の禁止)
第33条 ① 派遣元事業主は、その雇用する派遣労働者又は派遣労働者として雇用しようとする者との間で、正当な理由がなく、その者に係る派遣先である者（派遣先であつた者を含む。次項において同じ。）又は派遣先となることとなる者に当該派遣労働者との雇用関係の終了後雇用されることを禁ずる旨の契約を締結してはならない。
② 派遣元事業主は、その雇用する派遣労働者に係る派遣先である者又は派遣先となろうとする者との間で、正当な理由がなく、その者が当該派遣労働者を当該派遣元事業主との雇用関係の終了後雇用することを禁ずる旨の契約を締結してはならない。

(労働者派遣の期間)
第35条の2 ① 派遣元事業主は、派遣先が当該派遣元事業主から労働者派遣の役務の提供を受けたならば第40条の2第1項の規定に抵触することとなる場合には、当該抵触することとなる最初の日以降継続して労働者派遣を行つてはならない。
② 派遣元事業主は、前項の当該抵触することとなる最初の日の1月前の日から当該抵触することとなる最初の日の前日までの間に、厚生労働省令で定める方法により、当該抵触することとなる最初の日以降継続して労働者派遣を行わない旨を当該派遣先及び当該派遣労働者に係る派遣労働者に通知しなければならない。

### 第3節 派遣先の講ずべき措置等
(労働者派遣契約に関する措置)
第39条 派遣先は、第26条第1項各号に掲げる事項その他厚生労働省令で定める事項に関する労働者派遣契約の定めに反することのないように適切な措置を講じなければならない。

(適正な派遣就業の確保等)
第40条 ① 派遣先は、その指揮命令の下に労働させる派遣労働者から当該派遣就業に関し、苦情の申出を受けたときは、当該苦情の内容を当該派遣元事業主に通知するとともに、当該派遣元事業主との密接な連携の下に、誠意をもつて、遅滞なく、当該苦情の適切かつ迅速な処理を図らなければならない。
② 前項に定めるもののほか、派遣先は、その指揮命令の下に労働させる派遣労働者について、当該派遣就業が適正かつ円滑に行われるように、適切な就業環境の維持、診療所、給食施設等の施設であつて現に当該派遣先に雇用される労働者が通常

利用しているものの利用に関する便宜の供与等必要な措置を講ずるように努めなければならない.
**(労働者派遣の役務の提供を受ける期間)**
**第40条の2** ① 派遣先は,当該派遣先の事業所その他派遣就業の場所ごとの同一の業務(次に掲げる業務を除く.第3項において同じ.)について,派遣元事業主から派遣可能期間を超える期間継続して労働者派遣の役務の提供を受けてはならない.
1 次のイ又はロに該当する業務であつて,当該業務に係る労働者派遣が労働者の職業生活の全期間にわたるその能力の有効な発揮及びその雇用の安定に資すると認められる雇用慣行を損なわないと認められるものとして政令で定める業務
 イ その業務を迅速かつ的確に遂行するために専門的な知識,技術又は経験を必要とする業務
 ロ その業務に従事する労働者について,就業形態,雇用形態等の特殊性により,特別の雇用管理を行う必要があると認められる業務
2 前号に掲げるもののほか,次のイ又はロに該当する業務
 イ 事業の開始,転換,拡大,縮小又は廃止のための業務であつて一定の期間内に完了することが予定されているもの
 ロ その業務が1箇月間に行われる日数が,当該派遣就業に係る派遣先に雇用される通常の労働者の1箇月間の所定労働日数に比し相当程度少なく,かつ,厚生労働大臣の定める日数以下である業務
3 当該派遣先に雇用される労働者が労働基準法(昭和22年法律第49号)第65条第1項及び第2項の規定により休業し,並びに育児休業,介護休業等育児又は家族介護を行う労働者の福祉に関する法律(平成3年法律第76号)第2条第1号に規定する育児休業をする場合における当該労働者の業務その他これに準ずる場合として厚生労働省令で定める場合における当該労働者の業務
4 当該派遣先に雇用される労働者が育児休業,介護休業等育児又は家族介護を行う労働者の福祉に関する法律第2条第2号に規定する介護休業をし,及びこれに準ずる休業として厚生労働省令で定める休業をする場合における当該労働者の業務
② 前項の派遣可能期間は,次の各号に掲げる場合の区分に応じ,それぞれ当該各号に定める期間とする.
1 次項の規定により労働者派遣の役務の提供を受けようとする期間が定められている場合 その定められている期間
2 前号に掲げる場合以外の場合 1年
③ 派遣先は,当該派遣先の事業所その他派遣就業の場所ごとの同一の業務について,派遣元事業主から1年を超え3年以内の期間継続して労働者派遣の役務の提供を受けようとするときは,あらかじめ,厚生労働省令で定めるところにより,当該労働者派遣の役務の提供を受けようとする期間を定めなければならない.
④ 派遣先は,前項の期間を定め,又はこれを変更しようとするときは,あらかじめ,当該派遣先の事業所,当該労働者の過半数で組織する労働組合がある場合においてはその労働組合に対し,労働者の過半数で組織する労働組合がない場合においては労働者の過半数を代表する者に対し,当該期間を通知し,その意見を聴くものとする.
⑤ 派遣先は,労働者派遣契約の締結後に当該労働者派遣契約に基づく労働者派遣に係る業務について第3項の期間を定め,又はこれを変更したときは,速やかに,当該労働者派遣をする派遣元事業主に対し,当該業務について第1項の規定に抵触することとなる最初の日を通知しなければならない.
⑥ 厚生労働大臣は,第1項第1号の政令の制定若しくは改正の立案をし,又は同項第3号若しくは第4号の厚生労働省令の制定若しくは改正をしようとするときは,あらかじめ,労働政策審議会の意見を聴かなければならない.
**(派遣労働者の雇用)**
**第40条の3** 派遣先は,当該派遣先の事業所その他派遣就業の場所ごとの同一の業務(前条第1項各号に掲げる業務を除く.)について派遣元事業主から継続して1年以上前条第1項の派遣可能期間以内の期間労働者派遣の役務の提供を受けた場合において,引き続き当該同一の業務に労働者を従事させるため,当該労働者派遣の役務の提供を受けた期間(以下この条において「派遣実施期間」という.)が経過した日以後労働者を雇い入れようとするときは,当該同一の業務に派遣実施期間継続して従事した派遣労働者であつて次の各号に掲げるものを,遅滞なく,雇い入れるように努めなければならない.
1 派遣実施期間が経過した日までに,当該派遣先に雇用されて当該同一の業務に従事することを希望する旨を当該派遣先に申し出たこと.
2 派遣実施期間が経過した日から起算して7日以内に当該派遣先と雇用関係が終了したこと.
**第40条の4** 派遣先は,第35条の2第2項の規定による通知を受けた場合において,当該労働者派遣の役務の提供を受けたならば第40条の2第1項の規定に抵触することとなる最初の日以降継続して第35条の2第2項の規定による通知を受けた派遣労働者を使用しようとするときは,当該抵触することとなる最初の日の前日までに,当該派遣労働者であつて当該派遣先に雇用されることを希望するものに対し,雇用契約の申込みをしなければならない.
**第40条の5** 派遣先は,当該派遣先の事業所その他派遣就業の場所ごとの同一の業務(第40条の2第1項各号に掲げる業務に限る.)について,派遣元事業主から3年を超える期間継続して同一の派遣労働者に係る労働者派遣の役務の提供を受けている場合において,当該同一の業務に労働者を従事させるため,当該3年が経過した日以後労働者を雇い入れようとするときは,当該同一の派遣労働者に対し,雇用契約の申込みをしなければならない.

# 96 労働安全衛生法(抄)

(昭47・6・8法律57号,昭47・10・1施行.
最終改正:平18・6・2法律第50号)

[目 次]
第1章 総 則(1条-5条)
第2章 労働災害防止計画(6条-9条)
第3章 安全衛生管理体制(10条-19条の3)
第4章 労働者の危険又は健康障害を防止するための措置(20条-36条)
第5章 機械等並びに危険物及び有害物に関する規制
 第1節 機械等に関する規制(37条-54条の6)

第2節 危険物及び有害物に関する規制(55条-58条)
第6章 労働者の就業に当たつての措置(59条-63条)
第7章 健康の保持増進のための措置(64条-71条)
第7章の2 快適な職場環境の形成のための措置(71条の2-71条の4)
第8章 免許等(72条-77条)
第9章 安全衛生改善計画等
　第1節 安全衛生改善計画(78条-80条)
　第2節 労働安全コンサルタント及び労働衛生コンサルタント(81条-87条)
第10章 監督等(88条-100条)
第11章 雑則(101条-115条)
第12章 罰則(115条の2-123条)

## 第1章 総則

(目的)
**第1条** この法律は、労働基準法(昭和22年法律第49号)と相まつて、労働災害の防止のための危害防止基準の確立、責任体制の明確化及び自主的活動の促進の措置を講ずる等その防止に関する総合的計画的な対策を推進することにより職場における労働者の安全と健康を確保するとともに、快適な職場環境の形成を促進することを目的とする.

## 97 労働者災害補償保険法(抄)

(昭22・4・7法律第50号,昭22・9・1施行,
最終改正:平19・7・6法律第109号)

[目次]
第1章 総則(1条-5条)
第2章 保険関係の成立及び消滅(6条)
第3章 保険給付
　第1節 通則(7条-12条の7)
　第2節 業務災害に関する保険給付(12条の8-20条)
　第3節 通勤災害に関する保険給付(21条-25条)
　第4節 2次健康診断等給付(26条-28条)
第3章の2 社会復帰促進等事業(29条)
第4章 費用の負担(30条-32条)
第5章 特別加入(33条-37条)
第6章 不服申立て及び訴訟(38条-41条)
第6章 雑則(42条-50条)
第7章 罰則(51条-54条)

## 第1章 総則

**第1条** 労働者災害補償保険は、業務上の事由又は通勤による労働者の負傷、疾病、障害、死亡等に対して迅速かつ公正な保護をするため、必要な保険給付を行い、あわせて、業務上の事由又は通勤により負傷し、又は疾病にかかつた労働者の社会復帰の促進、当該労働者及びその遺族の援護、労働者の安全及び衛生の確保等を図り、もつて労働者の福祉の増進に寄与することを目的とする.

## 98 労働組合法

(昭24・6・1法律第174号,昭24・6・10施行,
最終改正:平20・5・2法律第26号)

[目次]
第1章 総則(1条-4条)
第2章 労働組合(5条-13条)
第3章 労働協約(14条-18条)
第4章 労働委員会
　第1節 設置、任務及び所掌事務並びに組織等(19条-26条)
　第2節 不当労働行為事件の審査の手続(27条-27条の18)
　第3節 訴訟(27条の19-27条の21)
　第4節 雑則(27条の22-27条の26)
第5章 罰則(28条-33条)

## 第1章 総則

(目的)
**第1条** ① この法律は、労働者が使用者との交渉において対等の立場に立つことを促進することにより労働者の地位を向上させること、労働者がその労働条件について交渉するために自ら代表者を選出することその他の団体行動を行うために自主的に労働組合を組織し、団結することを擁護すること並びに使用者と労働者との関係を規制する労働協約を締結するための団体交渉をすること及びその手続を助成することを目的とする.
② 刑法(明治40年法律第45号)第35条の規定は、労働組合の団体交渉その他の行為であつて前項に掲げる目的を達成するためにした正当なものについて適用があるものとする. 但し、いかなる場合においても、暴力の行使は、労働組合の正当な行為と解釈されてはならない.

(労働組合)
**第2条** この法律で「労働組合」とは、労働者が主体となつて自主的に労働条件の維持改善その他経済的地位の向上を図ることを主たる目的として組織する団体又はその連合団体をいう. 但し、左の各号の一に該当するものは、この限りでない.
1 役員、雇入解雇昇進又は異動に関して直接の権限を持つ監督的地位にある労働者、使用者の労働関係についての計画と方針とに関する機密の事項に接し、そのためにその職務上の義務と責任とが当該労働組合の組合員としての誠意と責任とに直接にていく触する監督的地位にある者その他使用者の利益を代表する者の参加を許すもの
2 団体の運営のための経費の支出につき使用者の経理上の援助を受けるもの. 但し、労働者が労働時間中に時間又は賃金を失うことなく使用者と協議し、又は交渉することを使用者が許すことを妨げるものではなく、且つ、厚生資金又は経済上の不幸若しくは災厄を防止し、若しくは救済するための支出に実際に用いられる福利その他の基金に対する使用者の寄附及び最小限の広さの事務所の供与を除くものとする.
3 共済事業その他福利事業のみを目的とするもの
4 主として政治運動又は社会運動を目的とするもの

(労働者)
**第3条** この法律で「労働者」とは、職業の種類を問わず、賃金、給料その他これに準ずる収入によつて生活する者をいう.

**第4条** 削除

## 第2章 労働組合

(労働組合として設立されたものの取扱)
**第5条** ① 労働組合は、労働委員会に証拠を提出して第2条及び第2項の規定に適合することを立証

しなければ，この法律に規定する手続に参与する資格を有せず，且つ，この法律に規定する救済を与えられない．但し，第7条第1号の規定に基く個々の労働者に対する保護を否定する趣旨に解釈されるべきではない．
② 労働組合の規約には，左の各号に掲げる規定を含まなければならない．
1 名称
2 主たる事務所の所在地
3 連合団体である労働組合以外の労働組合（以下「単位労働組合」という．）の組合員は，その労働組合のすべての問題に参与する権利及び均等の取扱を受ける権利を有すること．
4 何人も，いかなる場合においても，人種，宗教，性別，門地又は身分によって組合員たる資格を奪われないこと．
5 単位労働組合にあつては，その役員は，組合員の直接無記名投票により選挙されること，及び連合団体である労働組合又は全国的規模をもつ労働組合にあつては，その役員は，単位労働組合の組合員又はその組合員の直接無記名投票により選挙された代議員の直接無記名投票により選挙されること．
6 総会は，少くとも毎年1回開催すること．
7 すべての財源及び使途，主要な寄附者の氏名並びに現在の経理状況を示す会計報告は，組合員によって委嘱された職業的に資格がある会計監査人による正確であることの証明書とともに，少くとも毎年1回組合員に公表されること．
8 同盟罷業は，組合員又は組合員の直接無記名投票により選挙された代議員の直接無記名投票の過半数による決定を経なければ開始しないこと．
9 単位労働組合にあつては，その規約は，組合員の直接無記名投票による過半数の支持を得なければ改正しないこと，及び連合団体である労働組合又は全国的規模をもつ労働組合にあつては，その規約は，単位労働組合の組合員又はその組合員の直接無記名投票により選挙された代議員の直接無記名投票による過半数の支持を得なければ改正しないこと．

（交渉権限）
第6条 労働組合の代表者又は労働組合の委任を受けた者は，労働組合又は組合員のために使用者又はその団体と労働協約の締結その他の事項に関して交渉する権限を有する．

（不当労働行為）
第7条 使用者は，次の各号に掲げる行為をしてはならない．
1 労働者が労働組合の組合員であること，労働組合に加入し，若しくはこれを結成しようとしたこと若しくは労働組合の正当な行為をしたことの故をもつて，その労働者を解雇し，その他これに対して不利益な取扱をすること又は労働者が労働組合に加入せず，若しくは労働組合から脱退することを雇用条件とすること．ただし，労働組合が特定の工場事業場に雇用される労働者の過半数を代表する場合においては，その労働者がその労働組合の組合員であることを雇用条件とする労働協約を締結することを妨げるものではない．
2 使用者が雇用する労働者の代表者と団体交渉をすることを正当な理由がなくて拒むこと．
3 労働者が労働組合を結成し，若しくは運営することを支配し，若しくはこれに介入すること，又は労働組合の運営のための経費の支払につき経理上の援助を与えること．ただし，労働者が労働時間中に時間又は賃金を失うことなく使用者と協議し，又は交渉することを使用者が許すことを妨げるものではなく，かつ，厚生資金又は経済上の不幸若しくは災厄を防止し，若しくは救済するための支出に実際に用いられる福利その他の基金に対する使用者の寄附及び最小限の広さの事務所の供与を除くものとする．
4 労働者が労働委員会に対し使用者がこの条の規定に違反した旨の申立てをしたこと又は中央労働委員会に対し第27条の12第1項の規定による命令に対する再審査の申立てをしたこと又は労働委員会がこれらの申立てに係る調査若しくは審問をし，若しくは当事者に和解を勧め，若しくは労働関係調整法（昭和21年法律第25号）による労働争議の調整をする場合に労働者が証拠を提示し，若しくは発言をしたことを理由として，その労働者を解雇し，その他これに対して不利益な取扱いをすること．

（損害賠償）
第8条 使用者は，同盟罷業その他の争議行為であつて正当なものによつて損害を受けたことの故をもつて，労働組合又はその組合員に対し賠償を請求することができない．

（基金の流用）
第9条 労働組合は，共済事業その他福利事業のために特設した基金を他の目的のために流用しようとするときは，総会の決議を経なければならない．

（解　散）
第10条 労働組合は，左の事由によつて解散する．
1 規約で定めた解散事由の発生
2 組合員又は構成団体の4分の3以上の多数による総会の決議

（法人である労働組合）
第11条 ① この法律の規定に適合する旨の労働委員会の証明を受けた労働組合は，その主たる事務所の所在地において登記することによつて法人となる．
② この法律に規定するもの外，労働組合の登記に関して必要な事項は，政令で定める．
③ 労働組合に関して登記すべき事項は，登記した後でなければ第三者に対抗することができない．

（代表者）
第12条 ① 法人である労働組合には，1人又は数人の代表者を置かなければならない．
② 代表者が数人ある場合において，規約に別段の定めがないときは，法人である労働組合の事務は，代表者の過半数で決する．

（法人である労働組合の代表）
第12条の2 代表者は，法人である労働組合のすべての事務について，法人である労働組合を代表する．ただし，規約の規定に反することはできず，また，総会の決議に従わなければならない．

（代表者の代表権の制限）
第12条の3 法人である労働組合の管理については，代表者の代表権に加えた制限は，善意の第三者に対抗することができない．

（代表者の代理行為の委任）
第12条の4 法人である労働組合の管理については，代表者は，規約又は総会の決議によつて禁止されていないときに限り，特定の行為の代理を他人に委任することができる．

(利益相反行為)
第12条の5　法人である労働組合が代表者の債務を保証することその他代表者以外の者との間において法人である労働組合と代表者との利益が相反する事項については，代表者は，代表権を有しない．この場合において，裁判所は，利害関係人の請求により，特別代理人を選任しなければならない．
(一般社団法人及び一般財団法人に関する法律の準用)
第12条の6　一般社団法人及び一般財団法人に関する法律（平成18年法律第48号）第4条及び第78条（第8条に規定する場合を除く．）の規定は，法人である労働組合について準用する．
(清算中の法人である労働組合の能力)
第13条　解散した法人である労働組合は，清算の目的の範囲内において，その清算の結了に至るまではなお存続するものとみなす．
(清算人)
第13条の2　法人である労働組合が解散したときは，代表者がその清算人となる．ただし，規約に別段の定めがあるとき，又は総会において代表者以外の者を選任したときは，この限りでない．
(裁判所による清算人の選任)
第13条の3　前条の規定により清算人となる者がないとき，又は清算人が欠けたため損害を生ずるおそれがあるときは，裁判所は，利害関係人の請求により，清算人を選任することができる．
(清算人の解任)
第13条の4　重要な事由があるときは，裁判所は，利害関係人の請求により，清算人を解任することができる．
(清算人及び解散の登記)
第13条の5　①　清算人は，解散後2週間以内に，主たる事務所の所在地において，その氏名及び住所並びに解散の原因及び年月日の登記をしなければならない．
②　清算中に就職した清算人は，就職後2週間以内に，主たる事務所の所在地において，その氏名及び住所の登記をしなければならない．
(清算人の職務及び権限)
第13条の6　①　清算人の職務は，次のとおりとする．
1　現務の結了
2　債権の取立て及び債務の弁済
3　残余財産の引渡し
②　清算人は，前項各号に掲げる職務を行うために必要な一切の行為をすることができる．
(債権の申出の催告等)
第13条の7　①　清算人は，その就職の日から2月以内に，少なくとも3回の公告をもつて，債権者に対し，一定の期間内にその債権の申出をすべき旨の催告をしなければならない．この場合において，その期間は，2月を下ることができない．
②　前項の公告には，債権者がその期間内に申出をしないときは清算から除斥されるべき旨を付記しなければならない．ただし，清算人は，知れている債権者を除斥することができない．
③　清算人は，知れている債権者には，各別にその申出の催告をしなければならない．
④　第1項の公告は，官報に掲載してする．
(期間経過後の債権の申出)
第13条の8　前条第1項の期間の経過後に申出をした債権者は，法人である労働組合の債務が完済さ

れた後まだ権利の帰属すべき者に引き渡されていない財産に対してのみ，請求をすることができる．
(清算中の法人である労働組合についての破産手続の開始)
第13条の9　①　清算中に法人である労働組合の財産がその債務を完済するのに足りないことが明らかになつたときは，清算人は，直ちに破産手続開始の申立てをし，その旨を公告しなければならない．
②　清算人は，清算中の法人である労働組合が破産手続開始の決定を受けた場合において，破産管財人にその事務を引き継いだときは，その任務を終了したものとする．
③　前項に規定する場合において，清算中の法人である労働組合が既に債権者に支払い，又は権利の帰属すべき者に引き渡したものがあるときは，破産管財人は，これを取り戻すことができる．
④　第1項の規定による公告は，官報に掲載してする．
(残余財産の帰属)
第13条の10　①　解散した法人である労働組合の財産は，規約で指定した者に帰属する．
②　規約で権利の帰属すべき者を指定せず，又はその者を指定する方法を定めなかつたときは，代表者は，総会の決議を経て，当該法人である労働組合の目的に類似する目的のために，その財産を処分することができる．
③　前2項の規定により処分されない財産は，国庫に帰属する．
(特別代理人の選任等に関する事件の管轄)
第13条の11　次に掲げる事件は，法人である労働組合の主たる事務所の所在地を管轄する地方裁判所の管轄に属する．
1　特別代理人の選任に関する事件
2　法人である労働組合の清算人に関する事件
(不服申立ての制限)
第13条の12　法人である労働組合の清算人の選任の裁判に対しては，不服を申し立てることができない．
(裁判所の選任する清算人の報酬)
第13条の13　裁判所は，第13条の3の規定により法人である労働組合の清算人を選任した場合には，法人である労働組合が当該清算人に対して支払う報酬の額を定めることができる．この場合においては，裁判所は，当該清算人の陳述を聴かなければならない．
(即時抗告)
第13条の14　法人である労働組合の清算人の解任についての裁判及び前条の規定による裁判に対しては，即時抗告をすることができる．

## 第3章　労働協約

(労働協約の効力の発生)
第14条　労働組合と使用者又はその団体との間の労働条件その他に関する労働協約は，書面に作成し，両当事者が署名し，又は記名押印することによつてその効力を生ずる．
(労働協約の期間)
第15条　①　労働協約には，3年をこえる有効期間の定をすることができない．
②　3年をこえる有効期間の定をした労働協約は，3年の有効期間の定をした労働協約とみなす．
③　有効期間の定がない労働協約は，当事者の一方が，署名し，又は記名押印した文書によつて相手方に予

告して,解約することができる．一定の期間を定める労働協約であつて,その期間の経過後も期限を定めず効力を存続する旨の定があるものについて,その期間の経過後も,同様とする．
④ 前項の予告は,解約しようとする日の少くとも90日前にしなければならない．

(基準の効力)
**第16条** 労働協約に定める労働条件その他の労働者の待遇に関する基準に違反する労働契約の部分は,無効とする．この場合において無効となつた部分は,基準の定めるところによる．労働契約に定がない部分についても,同様とする．

(一般的拘束力)
**第17条** 一の工場事業場に常時使用される同種の労働者の4分の3以上の数の労働者が一の労働協約の適用を受けるに至つたときは,当該工場事業場に使用される他の同種の労働者に関しても,当該労働協約が適用されるものとする．

(地域的の一般的拘束力)
**第18条** ① 一の地域において従業する同種の労働者の大部分が一の労働協約の適用を受けるに至つたときは,当該労働協約の当事者の双方又は一方の申立てに基づき,労働委員会の決議により,厚生労働大臣又は都道府県知事は,当該地域において従業する他の同種の労働者及びその使用者も当該労働協約(第2項の規定により修正があつたものを含む．)の適用を受けるべきことの決定をすることができる．
② 労働委員会は,前項の決議をする場合において,当該労働協約に不適当な部分があると認めたときは,これを修正することができる．
③ 第1項の決定は,公告によつてする．

## 第4章 労働委員会

### 第1節 設置,任務及び所掌事務並びに組織等
(労働委員会)
**第19条** ① 労働委員会は,使用者を代表する者(以下「使用者委員」という．),労働者を代表する者(以下「労働者委員」という．)及び公益を代表する者(以下「公益委員」という．)各同数をもつて組織する．
② 労働委員会は,中央労働委員会及び都道府県労働委員会とする．
③ 労働委員会に関する事項は,この法律に定めるもののほか,政令で定める．

(中央労働委員会)
**第19条の2** ① 国家行政組織法(昭和23年法律第120号)第3条第2項の規定に基づいて,厚生労働大臣の所轄の下に,中央労働委員会を置く．
② 中央労働委員会は,労働者が団結することを擁護し,及び労働関係の公正な調整を図ることを任務とする．
③ 中央労働委員会は,前項の任務を達成するため,第5条,第11条及び第26条の規定による事務,不当労働行為事件の審査等(第7条,次節及び第3節の規定による事件の処理をいう．以下同じ．)を行う事務,労働争議のあつせん,調停及び仲裁に関する事務並びに労働関係調整法第35条の2及び第35条の3の規定による事務その他法律(法律に基づく命令を含む．)に基づき中央労働委員会に属させられた事務をつかさどる．

(中央労働委員会の委員の任命等)
**第19条の3** ① 中央労働委員会は,使用者委員,労働者委員及び公益委員各15人をもつて組織する．
② 使用者委員は使用者団体の推薦,労働者委員は労働組合の推薦に基づいて,内閣総理大臣が任命する．この場合において,使用者委員のうち4人については,特定独立行政法人(独立行政法人通則法(平成11年法律第103号)第2条第2項に規定する特定独立行政法人をいう．以下この項,第19条の4第2項第2号及び第19条の10第1項において同じ．)又は国有林野事業(特定独立行政法人等の労働関係に関する法律(昭和23年法律第257号)第2条第2号に規定する国有林野事業をいう．以下この項及び第19条の10第1項において同じ．)を行う国の経営する企業の推薦)に基づいて,労働者委員は労働組合の推薦(使用者委員のうち4人については,特定独立行政法人の特定独立行政法人等の労働関係に関する法律第2条第4号に規定する職員(以下この章において「特定独立行政法人職員」という．)又は国有林野事業を行う国の経営する企業の同号に規定する職員(以下この章において「国有林野事業職員」という．)が結成し,若しくは加入する労働組合の推薦)に基づいて,公益委員は厚生労働大臣が使用者委員及び労働者委員の同意を得て作成した委員候補者名簿に記載されている者のうちから両議院の同意を得て,内閣総理大臣が任命する．
③ 公益委員の任期が満了し,又は欠員を生じた場合において,国会の閉会又は衆議院の解散のために両議院の同意を得ることができないときは,内閣総理大臣は,前項の規定にかかわらず,厚生労働大臣が使用者委員及び労働者委員の同意を得て作成した委員候補者名簿に記載されている者のうちから,公益委員を任命することができる．
④ 前項の場合においては,任命後最初の国会で両議院の事後の承認を求めなければならない．この場合において,両議院の事後の承認が得られないときは,内閣総理大臣は,直ちにその公益委員を罷免しなければならない．
⑤ 公益委員の任命については,そのうち7人以上が同一の政党に属することとなつてはならない．
⑥ 中央労働委員会の委員(次条から第19条の9までにおいて単に「委員」という．)は,非常勤とする．ただし,公益委員のうち2人以内は,常勤とすることができる．

(委員の欠格条項)
**第19条の4** ① 禁錮以上の刑に処せられ,その執行を終わるまで,又は執行を受けることがなくなるまでの者は,委員となることができない．
② 次の各号のいずれかに該当する者は,公益委員となることができない．
1 国会又は地方公共団体の議会の議員
2 特定独立行政法人の役員,特定独立行政法人職員又は特定独立行政法人職員が結成し,若しくは加入する労働組合の組合員若しくは役員
3 国有林野事業職員又は国有林野事業職員が結成し,若しくは加入する労働組合の組合員若しくは役員

(委員の任期等)
**第19条の5** ① 委員の任期は,2年とする．ただし,補欠の委員の任期は,前任者の残任期間とする．
② 委員は,再任されることができる．
③ 委員の任期が満了したときは,当該委員は,後任者が任命されるまで引き続き在任するものとする．

（公益委員の服務）
第19条の6 ① 常勤の公益委員は，在任中，次の各号のいずれかに該当する行為をしてはならない．
 1 政党その他の政治的団体の役員となり，又は積極的に政治運動をすること．
 2 内閣総理大臣の許可のある場合を除くほか，報酬を得て他の職務に従事し，又は営利事業を営み，その他金銭上の利益を目的とする業務を行うこと．
② 非常勤の公益委員は，在任中，前項第1号に該当する行為をしてはならない．
（委員の失職及び罷免）
第19条の7 ① 委員は，第19条の4第1項に規定する者に該当するに至つた場合には，その職を失う．公益委員が同条第2項各号のいずれかに該当するに至つた場合も，同様とする．
② 内閣総理大臣は，委員が心身の故障のために職務の執行ができないと認める場合又は委員に職務上の義務違反その他委員たるに適しない非行があると認める場合には，使用者委員及び労働者委員にあつては中央労働委員会の同意を得て，公益委員にあつては両議院の同意を得て，その委員を罷免することができる．
③ 前項の規定により，内閣総理大臣が中央労働委員会に対して，使用者委員又は労働者委員の罷免の同意を求めた場合には，当該委員は，その議事に参与することができない．
④ 内閣総理大臣は，公益委員のうち6人が既に属している政党に新たに属するに至つた公益委員を直ちに罷免するものとする．
⑤ 内閣総理大臣は，公益委員のうち7人以上が同一の政党に属することとなつた場合（前項の規定に該当する場合を除く．）には，同一の政党に属する者が6人になるように，両議院の同意を得て，公益委員を罷免するものとする．ただし，政党所属関係に異動のなかつた委員を罷免することはできないものとする．
（委員の給与等）
第19条の8 委員は，別に法律の定めるところにより俸給，手当その他の給与を受け，及び政令の定めるところによりその職務を行うために要する費用の弁償を受けるものとする．
（中央労働委員会の会長）
第19条の9 ① 中央労働委員会に会長を置く．
② 会長は，委員が公益委員のうちから選挙する．
③ 会長は，中央労働委員会の会務を総理し，中央労働委員会を代表する．
④ 中央労働委員会は，あらかじめ公益委員のうちから委員の選挙により，会長に故障がある場合において会長を代理する委員を定めておかなければならない．
（地方調整委員）
第19条の10 ① 中央労働委員会に，特定独立行政法人とその特定独立行政法人職員との間に発生した紛争，国有林野事業を行う国の経営する企業と国有林野事業職員との間に発生した紛争その他の事件で地方において中央労働委員会が処理すべきものとして政令で定めるものに係るあつせん若しくは調停又は第24条の2第5項の規定による手続に参与させるため，使用者，労働者及び公益をそれぞれ代表する地方調整委員を置く．
② 地方調整委員は，中央労働委員会の同意を得て，政令で定める区域ごとに厚生労働大臣が任命する．

③ 第19条の5第1項本文及び第2項，第19条の7第2項並びに第19条の8の規定は，地方調整委員について準用する．この場合において，第19条の7第2項中「内閣総理大臣」とあるのは「厚生労働大臣」と，「使用者委員及び労働者委員にあつては中央労働委員会の同意を得て，公益委員にあつては両議院」とあるのは「中央労働委員会」と読み替えるものとする．
（中央労働委員会の事務局）
第19条の11 ① 中央労働委員会にその事務を整理させるために事務局を置き，事務局に会長の同意を得て厚生労働大臣が任命する事務局長及び必要な職員を置く．
② 事務局に，地方における事務を分掌させるため，地方事務所を置く．
③ 地方事務所の位置，名称及び管轄区域は，政令で定める．
（都道府県労働委員会）
第19条の12 ① 都道府県知事の所轄の下に，都道府県労働委員会を置く．
② 都道府県労働委員会は，使用者委員，労働者委員及び公益委員各13人，各11人，各9人，各7人又は各5人のうち政令で定める数のものをもつて組織する．ただし，条例で定めるところにより，当該政令で定める数に使用者委員，労働者委員及び公益委員各2人を加えた数のものをもつて組織することができる．
③ 使用者委員は使用者団体の推薦に基づいて，労働者委員は労働組合の推薦に基づいて，公益委員は使用者委員及び労働者委員の同意を得て，都道府県知事が任命する．
④ 公益委員の任命については，都道府県労働委員会における別表の上欄に掲げる公益委員の数（第2項ただし書の規定により公益委員の数を同項の政令で定める数に2人を加えた数とする都道府県労働委員会にあつては当該2人を加えた数）に応じ，それぞれ同表の下欄に定める数以上の公益委員が同一の政党に属することとなつてはならない．
⑤ 公益委員は，自己の行為によつて前項の規定に抵触するに至つたときは，当然退職するものとする．
⑥ 第19条の3第6項，第19条の4第1項，第19条の5，第19条の7第1項後段，第2項及び第3項，第19条の8，第19条の9並びに前条第1項の規定は，都道府県労働委員会について準用する．この場合において，第19条の3第6項ただし書中「，常勤」とあるのは「，条例で定めるところにより，常勤」と，第19条の7第2項中「内閣総理大臣」とあるのは「都道府県知事」と，「使用者委員及び労働者委員にあつては中央労働委員会の同意を得て，公益委員にあつては両議院」とあるのは「都道府県労働委員会」と，同条第3項中「内閣総理大臣」とあるのは「都道府県知事」と，「使用者委員又は労働者委員」とあるのは「都道府県労働委員会の委員」と，前条第1項中「厚生労働大臣」とあるのは「都道府県知事」と読み替えるものとする．
（労働委員会の権限）
第20条 労働委員会は，第5条，第11条及び第18条の規定によるもののほか，不当労働行為事件の審査等並びに労働争議のあつせん，調停及び仲裁をする権限を有する．
（会議）
第21条 ① 労働委員会は，公益上必要があると認め

たときは、その会議を公開することができる．
② 労働委員会の会議は、会長が招集する．
③ 労働委員会は、使用者委員、労働者委員及び公益委員各1人以上が出席しなければ、会議を開き、議決することができない．
④ 議事は、出席委員の過半数で決し、可否同数のときは、会長の決するところによる．

**(強制権限)**
**第22条** ① 労働委員会は、その事務を行うために必要があると認めたときは、使用者又はその団体、労働組合その他の関係者に対して、出頭、報告の提出若しくは必要な帳簿書類の提出を求め、又は委員若しくは労働委員会の職員（以下単に「職員」という．）に関係工場事業場に臨検し、業務の状況若しくは帳簿書類その他の物件を検査させることができる．
② 労働委員会は、前項の臨検又は検査をさせる場合においては、委員又は職員にその身分を証明する証票を携帯させ、関係人にこれを呈示させなければならない．

**(秘密を守る義務)**
**第23条** 労働委員会の委員若しくは委員であつた者又は職員若しくは職員であつた者は、その職務に関して知得した秘密を漏らしてはならない．中央労働委員会の地方調整委員又は地方調整委員であつた者も、同様とする．

**(公益委員のみで行う権限)**
**第24条** ① 第5条及び第11条の規定による事件の処理並びに不当労働行為事件の審査等（次条において「審査等」という．）並びに労働関係調整法第42条の規定による事件の処理には、労働委員会の公益委員のみが参与する．ただし、使用者委員及び労働者委員は、第27条第1項（第27条の17の規定により準用する場合を含む．）の規定により調査（公益委員の求めのあつた場合に限る．）及び審問を行う手続並びに第27条の14第1項（第27条の17の規定により準用する場合を含む．）の規定により和解を勧める手続に参与し、又は第27条の7第4項及び第27条の12第2項（第27条の17の規定により準用する場合を含む．）の規定による行為をすることができる．
② 中央労働委員会は、常勤の公益委員に、中央労働委員会に係属している事件に関するもののほか、特定独立行政法人職員及び国有林野事業職員の労働関係の状況その他中央労働委員会の事務を処理するために必要と認める事項の調査を行わせることができる．

**(合議体等)**
**第24条の2** ① 中央労働委員会は、会長が指名する公益委員5人をもつて構成する合議体で、審査等を行う．
② 前項の規定にかかわらず、次の各号のいずれかに該当するときは、公益委員の全員をもつて構成する合議体で、審査等を行う．
1 前項の合議体が、法令の解釈適用について、その意見が前に中央労働委員会のした第5条第1項若しくは第11条第1項又は第27条の12第1項（第27条の17の規定により準用する場合を含む．）の規定による処分に反すると認めた場合
2 前項の合議体として意見が分かれたため、その合議体としての意見が定まらない場合
3 前項の合議体が、公益委員の全員をもつて構成する合議体で審査等を行うことを相当と認めた場合
4 第27条の10第3項（第27条の17の規定により準用する場合を含む．）の規定による異議の申立てを審理する場合
③ 都道府県労働委員会は、公益委員の全員をもつて構成する合議体で、審査等を行う．ただし、条例で定めるところにより、会長が指名する公益委員5人又は7人をもつて構成する合議体で、審査等を行うことができる．この場合において、前項（第1号及び第4号を除く．）の規定は、都道府県労働委員会について準用する．
④ 労働委員会は、前3項の規定により審査等を行うときは、1人又は数人の公益委員に審査等の手続（第5条第1項、第11条第1項及び第27条（第27条の17の規定により準用する場合を含む．）、第27条の7第1項（当事者若しくは証人に陳述させ、又は提出された物件を留め置く部分を除き、第27条の10第2項並びに同条第4項及び第27条の12第1項（第27条の17の規定により準用する場合を含む．）に規定する処分並びに第27条の20の申立てを除く．次項において同じ．）の全部又は一部を行わせることができる．
⑤ 中央労働委員会は、公益を代表する地方調整委員に、中央労働委員会が行う審査等の手続のうち、第27条第1項（第27条の17の規定により準用する場合を含む．）の規定により調査及び審問を行う手続並びに第27条の14第1項（第27条の17の規定により準用する場合を含む．）の規定により和解を勧める手続の全部又は一部を行わせることができる．この場合において、使用者を代表する地方調整委員及び労働者を代表する地方調整委員は、これらの手続（調査を行う手続にあつては公益を代表する地方調整委員の求めがあつた場合に限る．）に参与することができる．

**(中央労働委員会の管轄等)**
**第25条** ① 中央労働委員会は、特定独立行政法人職員及び国有林野事業職員の労働関係に係る事件のあつせん、調停、仲裁及び処分（特定独立行政法人職員又は国有林野事業職員が結成し、又は加入する労働組合に関する第5条第1項及び第11条第1項の規定による処分については、政令で定めるものに限る．）について、専属的に管轄するほか、二以上の都道府県にわたり、又は全国的に重要な問題に係る事件のあつせん、調停、仲裁及び処分について、優先して管轄する．
② 中央労働委員会は、第5条第1項、第11条第1項及び第27条の12第1項の規定による都道府県労働委員会の処分を取り消し、承認し、又は変更する完全な権限をもつて再審査し、又はその処分に対する再審査の申立てを却下することができる．この再審査は、都道府県労働委員会の処分の当事者のいずれか一方の申立てに基づいて、又は職権で、行うものとする．

**(規則制定権)**
**第26条** ① 中央労働委員会は、その行う手続及び都道府県労働委員会が行う手続に関する規則を定めることができる．
② 都道府県労働委員会は、前項の規則に違反しない限りにおいて、その会議の招集に関する事項その他の政令で定める事項に関する規則を定めることができる．

## 第2節 不当労働行為事件の審査の手続
（不当労働行為事件の審査の開始）
**第27条** ① 労働委員会は、使用者が第7条の規定に違反した旨の申立てを受けたときは、遅滞なく調査を行い、必要があると認めたときは、当該申立てが理由があるかどうかについて審問を行わなければならない．この場合において、審問の手続においては、当該使用者及び申立人に対し、証拠を提出し、証人に反対尋問をする充分な機会が与えられなければならない．

② 労働委員会は、前項の申立てが、行為の日（継続する行為にあつてはその終了した日）から1年を経過した事件に係るものであるときは、これを受けることができない．

（公益委員の除斥）
**第27条の2** ① 公益委員は、次の各号のいずれかに該当するときは、審査に係る職務の執行から除斥される．
1 公益委員又はその配偶者若しくは配偶者であつた者が事件の当事者又は法人である当事者の代表者であるとき．
2 公益委員が事件の当事者の四親等以内の血族、三親等以内の姻族又は同居の親族であり、又はあつたとき．
3 公益委員が事件の当事者の後見人、後見監督人、保佐人、保佐監督人、補助人又は補助監督人であるとき．
4 公益委員が事件について証人となつたとき．
5 公益委員が事件について当事者の代理人であり、又はあつたとき．

② 前項に規定する除斥の原因があるときは、当事者は、除斥の申立てをすることができる．

（公益委員の忌避）
**第27条の3** ① 公益委員について審査の公正を妨げるべき事情があるときは、当事者は、これを忌避することができる．

② 当事者は、事件について労働委員会に対し書面又は口頭をもつて陳述した後は、公益委員を忌避することができない．ただし、忌避の原因があることを知らなかつたとき、又は忌避の原因がその後に生じたときは、この限りでない．

（除斥又は忌避の申立てについての決定）
**第27条の4** ① 除斥又は忌避の申立てについては、労働委員会が決定する．

② 除斥又は忌避の申立てに係る公益委員は、前項の規定による決定に関与することができない．ただし、意見を述べることができる．

③ 第1項の規定による決定は、書面によるものとし、かつ、理由を付さなければならない．

（審査の手続の中止）
**第27条の5** 労働委員会は、除斥又は忌避の申立てがあつたときは、その申立てについての決定があるまで審査の手続を中止しなければならない．ただし、急速を要する行為についてはこの限りでない．

（審査の計画）
**第27条の6** ① 労働委員会は、審問開始前に、当事者双方の意見を聴いて、審査の計画を定めなければならない．

② 前項の審査の計画においては、次に掲げる事項を定めなければならない．
1 調査を行う手続において整理された争点及び証拠（その後の審査の手続における取調べが必要な証拠として整理されたものを含む．）
2 審問を行う期間及び回数並びに尋問する証人の数
3 第27条の12第1項の命令の交付の予定時期

③ 労働委員会は、審査の現状その他の事情を考慮して必要があると認めるときは、当事者双方の意見を聴いて、審査の計画を変更することができる．

④ 労働委員会は、適正かつ迅速な審査の実現のため、審査の計画に基づいて審査が行われるよう努めなければならない．

（証拠調べ）
**第27条の7** ① 労働委員会は、当事者の申立てにより又は職権で、調査を行う手続においては第2号に掲げる方法により、審問を行う手続においては次の各号に掲げる方法により証拠調べをすることができる．
1 事実の認定に必要な限度において、当事者又は証人に出頭を命じて陳述させること．
2 事件に関係のある帳簿書類その他の物件であつて、当該物件によらなければ当該物件により認定すべき事実を認定することが困難となるおそれがあると認めるもの（以下「物件」という．）の所持者に対し、当該物件の提出を命じ、又は提出された物件を留め置くこと．

② 労働委員会は、前項第2号の規定により物件の提出を命ずる処分（以下「物件提出命令」という．）をするかどうかを決定するに当たつては、個人の秘密及び事業者の事業上の秘密の保護に配慮しなければならない．

③ 労働委員会は、物件提出命令をする場合において、物件に提出を命ずる必要がないと認める部分又は前項の規定により配慮した結果提出を命ずることが適当でないと認める部分があるときは、その部分を除いて、提出を命ずることができる．

④ 調査又は審問を行う手続に参与する使用者委員及び労働者委員並びに労働委員会が第1項第1号の規定により当事者若しくは証人に出頭を命ずる処分（以下「証人等出頭命令」という．）又は物件提出命令をしようとする場合には、意見を述べることができる．

⑤ 労働委員会は、職権で証拠調べをしたときは、その結果について、当事者の意見を聴かなければならない．

⑥ 物件提出命令の申立ては、次に掲げる事項を明らかにしてしなければならない．
1 物件の表示
2 物件の趣旨
3 物件の所持者
4 証明すべき事実

⑦ 労働委員会は、物件提出命令をしようとする場合には、物件の所持者を審尋しなければならない．

⑧ 労働委員会は、物件提出命令をする場合には、第6項各号（第3号を除く．）に掲げる事項を明らかにしなければならない．

**第27条の8** ① 労働委員会が証人に陳述させるときは、その証人に宣誓をさせなければならない．

② 労働委員会が当事者に陳述させるときは、その当事者に宣誓をさせることができる．

**第27条の9** 民事訴訟法（平成8年法律第109号）第196条、第197条及び第201条第2項から第4項までの規定は、労働委員会が証人に陳述させる場合に、同法第210条の規定において準用する同法第201条第2項の規定は、労働委員会が当事者に陳述

させる手続について準用する.
(不服の申立て)
第27条の10 ① 都道府県労働委員会の証人等出頭命令又は物件提出命令(以下この条において「証人等出頭命令等」という.)を受けた者は,証人等出頭命令等について不服があるときは,証人等出頭命令等を受けた日から1週間以内(天災その他この期間内に審査の申立てをしなかつたことについてやむを得ない理由があるときは,その理由がやんだ日の翌日から起算して1週間以内)に,その理由を記載した書面により,中央労働委員会に審査を申し立てることができる.
② 中央労働委員会は,前項の規定による審査の申立てを理由があると認めるときは,証人等出頭命令等の全部又は一部を取り消す.
③ 中央労働委員会の証人等出頭命令等を受けた者は,証人等出頭命令等について不服があるときは,証人等出頭命令等を受けた日から1週間以内(天災その他この期間内に異議の申立てをしなかつたことについてやむを得ない理由があるときは,その理由がやんだ日の翌日から起算して1週間以内)に,その理由を記載した書面により,中央労働委員会に異議を申し立てることができる.
④ 中央労働委員会は,前項の規定による異議の申立てを理由があると認めるときは,証人等出頭命令等の全部若しくは一部を取り消し,又はこれを変更する.
⑤ 審査の申立て又は異議の申立ての審理は,書面による.
⑥ 中央労働委員会は,職権で審査申立人又は異議申立人を審尋することができる.
(審問廷の秩序維持)
第27条の11 労働委員会は,審問を妨げる者に対し退廷を命じ,その他審問廷の秩序を維持するために必要な措置を執ることができる.
(救済命令等)
第27条の12 ① 労働委員会は,事件が命令を発するのに熟したときは,事実の認定をし,この認定に基づいて,申立人の請求に係る救済の全部若しくは一部を認容し,又は申立てを棄却する命令(以下「救済命令等」という.)を発しなければならない.
② 調査又は審問を行う手続に参与する使用者委員及び労働者委員が救済命令等を発しようとする場合は,意見を述べることができる.
③ 第1項の事実の認定及び救済命令等は,書面によるものとし,その写しを使用者及び申立人に交付しなければならない.
④ 救済命令等は,交付の日から効力を生ずる.
(救済命令等の確定)
第27条の13 ① 使用者が救済命令等について第27条の19第1項の期間内に同項の取消しの訴えを提起しないときは,救済命令等は,確定する.
② 使用者が確定した救済命令等に従わないときは,労働委員会は,使用者の住所地の地方裁判所にその旨を通知しなければならない.この通知は,労働組合及び労働者もすることができる.
(和 解)
第27条の14 ① 労働委員会は,審査の途中において,いつでも,当事者に和解を勧めることができる.
② 救済命令等が確定するまでの間に当事者間で和解が成立し,当事者双方の申立てがあつた場合において,労働委員会が当該和解の内容が当事者間の労働関係の正常な秩序を維持させ,又は確立させるた

め適当と認めるときは,審査の手続は終了する.
③ 前項に規定する場合において,和解(前項の規定により労働委員会が適当と認めたものに限る.次項において同じ.)に係る事件について既に発せられている救済命令等は,その効力を失う.
④ 労働委員会は,和解に金銭の一定額の支払又はその他の代替物若しくは有価証券の一定の数量の給付を内容とする合意が含まれる場合は,当事者双方の申立てにより,当該合意について和解調書を作成することができる.
⑤ 前項の和解調書は,強制執行に関しては,民事執行法(昭和54年法律第4号)第22条第5号に掲げる債務名義とみなす.
⑥ 前項の規定による債務名義についての執行文の付与は,労働委員会の会長が行う.民事執行法第29条後段の執行文及び文書の謄本の送達も,同様とする.
⑦ 前項の執行文の付与に関する異議についての裁判は,労働委員会の所在地を管轄する地方裁判所においてする.
⑧ 第4項の和解調書並びに第6項後段の執行文及び文書の謄本の送達に関して必要な事項は,政令で定める.
(再審査の申立て)
第27条の15 ① 使用者は,都道府県労働委員会の救済命令等の交付を受けたときは,15日以内(天災その他この期間内に再審査の申立てをしなかつたことについてやむを得ない理由があるときは,その理由がやんだ日の翌日から起算して1週間以内)に中央労働委員会に再審査の申立てをすることができる.ただし,この申立ては,救済命令等の効力を停止せず,救済命令等は,中央労働委員会が第25条第2項の規定による再審査の結果,これを取り消し,又は変更したときは,その効力を失う.
② 前項の規定は,労働組合又は労働者が中央労働委員会に対して行う再審査の申立てについて準用する.
(再審査と訴訟との関係)
第27条の16 中央労働委員会は,第27条の19第1項の訴えに基づく確定判決によつて都道府県労働委員会の救済命令等の全部又は一部が支持されたときは,当該救済命令等について,再審査することができない.
(再審査の手続への準用)
第27条の17 第27条第1項,第27条の2から第27条の9まで,第27条の10第3項から第6項まで及び第27条の11から第27条の14までの規定は,中央労働委員会の再審査の手続について準用する.この場合において,第27条の2第1項第4号中「とき」とあるのは「とき又は事件について既に発せられている都道府県労働委員会の救済命令等に関与したとき」と読み替えるものとする.
(審査の期間)
第27条の18 労働委員会は,迅速な審査を行うため,審査の期間の目標を定めるとともに,目標の達成状況その他の審査の実施状況を公表するものとする.
第3節 訴 訟
(取消しの訴え)
第27条の19 ① 使用者が都道府県労働委員会の救済命令等について中央労働委員会に再審査の申立てをしないときは,又は中央労働委員会が救済命令等を発したときは,使用者は,救済命令等の交付の日から30日以内に,救済命令等の取消しの訴えを提起することができる.この期間は,不変期間とする.

② 使用者は，第27条の15第1項の規定により中央労働委員会に再審査の申立てをしたときは，その申立てに対する中央労働委員会の救済命令等に対してのみ，取消しの訴えを提起することができる．この訴えについては，行政事件訴訟法（昭和37年法律第139号）第12条第3項から第5項までの規定は，適用しない．
③ 前項の規定は，労働組合又は労働者が行政事件訴訟法の定めるところにより提起する取消しの訴えについて準用する．

（緊急命令）
**第27条の20** 前条第1項の規定により使用者が裁判所に訴えを提起した場合において，受訴裁判所は，救済命令等を発した労働委員会の申立てにより，決定をもつて，使用者に対し判決の確定に至るまで救済命令等の全部又は一部に従うべき旨を命じ，又は当事者の申立てにより，若しくは職権でこの決定を取り消し，若しくは変更することができる．

（証拠の申出の制限）
**第27条の21** 労働委員会が物件提出命令をしたにもかかわらず物件を提出しなかつた者（審査の手続において当事者でなかつた者を除く．）は，裁判所に対し，当該物件提出命令に係る物件により認定すべき事実を証明するためには，当該物件に係る証拠の申出をすることができない．ただし，物件を提出しなかつたことについて正当な理由があると認められる場合は，この限りでない．

### 第4節 雑則

（中央労働委員会の勧告等）
**第27条の22** 中央労働委員会は，都道府県労働委員会に対し，この法律の規定により都道府県労働委員会が処理する事務について，報告を求め，又は法令の適用その他当該事務の処理に関して必要な勧告，助言若しくはその委員若しくは事務局職員の研修その他の援助を行うことができる．

（抗告訴訟の取扱い等）
**第27条の23** ① 都道府県労働委員会は，その処分（行政事件訴訟法第3条第2項に規定する処分をいい，第24条の2第4項の規定により公益委員がした処分及び同条第5項の規定により公益を代表する地方調整委員がした処分を含む．次項において同じ．）に係る行政事件訴訟法第11条第1項（同法第38条第1項において準用する場合を含む．次項において同じ．）の規定による都道府県を被告とする訴訟について，当該都道府県を代表する．
② 都道府県労働委員会は，公益委員，事務局長又は事務局の職員でその指定するものに都道府県労働委員会の処分に係る行政事件訴訟法第11条第1項の規定による都道府県を被告とする訴訟に係る都道府県労働委員会を当事者とする訴訟を行わせることができる．

（費用弁償）
**第27条の24** 第22条第1項の規定により出頭を求められた者又は第27条の7第1項第1号（第27条の17の規定により準用する場合を含む．）の証人は，政令の定めるところにより，費用の弁償を受けることができる．

（行政手続法の適用除外）
**第27条の25** 労働委員会がする処分（第24条の2第4項の規定により公益委員がする処分及び同条第5項の規定により公益を代表する地方調整委員がする処分を含む．）については，行政手続法（平成5年法律第88号）第2章及び第3章の規定は，適用しない．

（不服申立ての制限）
**第27条の26** 労働委員会がした処分（第24条の2第4項の規定により公益委員がした処分及び同条第5項の規定により公益を代表する地方調整委員がした処分を含む．）については，行政不服審査法（昭和37年法律第160号）による不服申立てをすることができない．

### 第5章 罰則

**第28条** 救済命令等の全部又は一部が確定判決によつて支持された場合において，その違反があつたときは，その行為をした者は，1年以下の禁錮若しくは100万円以下の罰金に処し，又はこれを併科する．

**第28条の2** 第27条の8第1項（第27条の17の規定により準用する場合を含む．）の規定により宣誓した証人が虚偽の陳述をしたときは，3月以上10年以下の懲役に処する．

**第29条** 第23条の規定に違反した者は，1年以下の懲役又は30万円以下の罰金に処する．

**第30条** 第22条の規定に違反して報告をせず，若しくは虚偽の報告をし，若しくは帳簿書類の提出をせず，又は同条の規定に違反して出頭をせず，若しくは同条の規定による検査を拒み，妨げ，若しくは忌避した者は，30万円以下の罰金に処する．

**第31条** 法人の代表者又は法人若しくは人の代理人，使用人その他の従業者が，その法人又は人の業務に関して前条の違反行為をしたときは，行為者を罰するほか，その法人又は人に対しても同条の刑を科する．

**第32条** 使用者が第27条の20の規定による裁判所の命令に違反したときは，50万円（当該命令が作為を命ずるものであるときは，その命令の日の翌日から起算して不履行の日数が5日を超える場合にはその超える日数1日につき10万円の割合で算定した金額を加えた金額）以下の過料に処する．第27条の13第1項（第27条の17の規定により準用する場合を含む．）の規定により確定した救済命令等に違反した場合も，同様とする．

**第32条の2** 次の各号のいずれかに該当する者は，30万円以下の過料に処する．
1 正当な理由がないのに，第27条の7第1項第1号（第27条の17の規定により準用する場合を含む．）の規定による処分に違反して出頭せず，又は陳述をしない者
2 正当な理由がないのに，第27条の7第1項第2号（第27条の17の規定により準用する場合を含む．）の規定による処分に違反して物件を提出しない者
3 正当な理由がないのに，第27条の8（第27条の17の規定により準用する場合を含む．）の規定による処分に違反して宣誓をしない者

**第32条の3** 第27条の8第2項（第27条の17の規定により準用する場合を含む．）の規定により宣誓した当事者が虚偽の陳述をしたときは，30万円以下の過料に処する．

**第32条の4** 第27条の11（第27条の17の規定により準用する場合を含む．）の規定による処分に違反して審問を妨げた者は，10万円以下の過料に処する．

**第33条** ① 法人である労働組合の清算人は、次の各号のいずれかに該当する場合には、50万円以下の過料に処する。
1 第13条の5に規定する登記を怠つたとき
2 第13条の7第1項又は第13条の9第1項の公告を怠り、又は不正の公告をしたとき
3 第13条の9第1項の規定による破産手続開始の申立てを怠つたとき
4 官庁又は総会に対し、不実の申立てをし、又は事実を隠ぺいしたとき
② 前項の規定は、法人である労働組合の代表者が第11条第2項の規定に基いて発する政令で定められた登記事項の変更の登記をすることを怠つた場合において、その代表者につき準用する。

## 99 労働関係調整法

(昭21・9・27法律第25号,
最終改正：平20・5・2法律第26号)

### 第1章 総　則

**第1条** この法律は、労働組合法と相俟つて、労働関係の公正な調整を図り、労働争議を予防し、又は解決して、産業の平和を維持し、もつて経済の興隆に寄与することを目的とする。

**第2条** 労働関係の当事者は、互に労働関係を適正化するやうに、労働協約中に、常に労働関係の調整を図るための正規の機関の設置及びその運営に関する事項を定めるやうに、且つ労働争議が発生したときは、誠意をもつて自主的にこれを解決するやうに、特に努力しなければならない。

**第3条** 政府は、労働関係に関する主張が一致しない場合に、労働関係の当事者が、これを自主的に調整することに対し助力を与へ、これによつて争議行為をできるだけ防止することに努めなければならない。

**第4条** この法律は、労働関係の当事者が、直接の協議又は団体交渉によつて、労働条件その他労働関係に関する事項を定め、又は労働関係に関する主張の不一致を調整することを妨げるものでないとともに、又、労働関係の当事者が、かかる努力をする責務を免除するものではない。

**第5条** この法律によつて労働関係の調整をなす場合には、当事者及び労働委員会その他の関係機関は、できるだけ適宜の方法を講じて、事件の迅速な処理を図らなければならない。

**第6条** この法律において労働争議とは、労働関係の当事者間において、労働関係に関する主張が一致しないで、そのために争議行為が発生してゐる状態又は発生する虞がある状態をいふ。

**第7条** この法律において争議行為とは、同盟罷業、怠業、作業所閉鎖その他労働関係の当事者が、その主張を貫徹することを目的として行ふ行為及びこれに対抗する行為であつて、業務の正常な運営を阻害するものをいふ。

**第8条** ① この法律において公益事業とは、次に掲げる事業であつて、公衆の日常生活に欠くことのできないものをいう。
1 運輸事業
2 郵便、信書便又は電気通信の事業
3 水道、電気又はガスの供給の事業
4 医療又は公衆衛生の事業
② 内閣総理大臣は、前項の事業の外、国会の承認を経て、業務の停廃が国民経済を著しく阻害し、又は公衆の日常生活を著しく危くする事業を、1年以内の期間を限り、公益事業として指定することができる。
③ 内閣総理大臣は、前項の規定によつて公益事業の指定をしたときは、遅滞なくその旨を、官報に告示するの外、新聞、ラヂオ等適宜の方法により、公表しなければならない。

**第8条の2** 中央労働委員会及び都道府県労働委員会に、その行う労働争議の調停又は仲裁に参与させるため、中央労働委員会にあつては厚生労働大臣が、都道府県労働委員会にあつては都道府県知事がそれぞれ特別調整委員を置くことができる。
② 中央労働委員会に置かれる特別調整委員は、厚生労働大臣が、都道府県労働委員会に置かれる特別調整委員は、都道府県知事が任命する。
③ 特別調整委員は、使用者を代表する者、労働者を代表する者及び公益を代表する者とする。
④ 特別調整委員のうち、使用者を代表する者は使用者団体の推薦に基づいて、労働者を代表する者は労働者の推薦に基づいて、公益を代表する者は当該労働委員会の使用者を代表する委員（特定独立行政法人等の労働関係に関する法律（昭和23年法律第257号）第25条に規定する特定独立行政法人等担当使用者委員（次条において「特定独立行政法人等担当使用者委員」という。）を除く。）及び労働者を代表する委員（同法第25条に規定する特定独立行政法人等担当労働者委員（次条において「特定独立行政法人等担当労働者委員」という。）を除く。）の同意を得て、任命されるものとする。
⑤ 特別調整委員は、政令で定めるところにより、その職務を行ふために要する費用の弁償を受けることができる。
⑥ 特別調整委員に関する事項は、この法律に定めるものの外、政令でこれを定める。

**第8条の3** 中央労働委員会が第10条の斡旋員候補者の名簿の作成、第12条第1項ただし書の労働委員会の同意、第18条第4号の労働委員会の決議その他政令で定める事務を処理する場合には、これらの事務の処理には、使用者を代表する委員のうち特定独立行政法人等担当使用者委員以外の委員（第21条第1項において「一般企業担当使用者委員」という。）、労働者を代表する委員のうち特定独立行政法人等担当労働者委員以外の委員（同項において「一般企業担当労働者委員」という。）並びに公益を代表する委員のうち会長があらかじめ指名する10人の委員及び会長（同項及び第31条の2において「一般企業担当公益委員」という。）のみが参与する。この場合において、中央労働委員会の事務の処理に関し必要な事項は、政令で定める。

**第9条** 争議行為が発生したときは、その当事者は、直ちにその旨を労働委員会又は都道府県知事に届け出なければならない。

## 第2章 斡旋

**第10条** 労働委員会は、斡旋員候補者を委嘱し、その名簿を作製して置かなければならない。

**第11条** 斡旋員候補者は、学識経験を有する者で、この章の規定に基いて労働争議の解決につき援助を与へることができる者でなければならないが、その労働委員会の管轄区域内に住んでゐる者でなくても差し支へない。

**第12条** ① 労働争議が発生したときは、労働委員会の会長は、関係当事者の双方若しくは一方の申請又は職権に基いて、斡旋員名簿に記されてゐる者の中から、斡旋員を指名しなければならない。但し、労働委員会の同意を得れば、斡旋員名簿に記されてゐない者を臨時の斡旋員に委嘱することもできる。

② 労働組合法第19条の10第1項に規定する地方において中央労働委員会が処理すべき事件として政令で定めるものについては、中央労働委員会の会長は、前項の規定にかかわらず、関係当事者の双方若しくは一方の申請又は職権に基づいて、同条第1項に規定する地方調整委員のうちから、あつせん員を指名する。ただし、中央労働委員会の会長が当該地方調整委員のうちからあつせん員を指名することが適当でないと認める場合は、この限りでない。

**第13条** 斡旋員は、関係当事者間を斡旋し、双方の主張の要点を確め、事件が解決されるやうに努めなければならない。

**第14条** 斡旋員は、自分の手では事件が解決される見込がないときは、その事件から手を引き、事件の要点を労働委員会に報告しなければならない。

**第14条の2** 斡旋員は、政令で定めるところにより、その職務を行ふために要する費用の弁償を受けることができる。

**第15条** 斡旋員候補者に関する事項は、この章に定めるものの外命令でこれを定める。

**第16条** この章の規定は、労働争議の当事者が、双方の合意又は労働協約の定により、別の斡旋方法によつて、事件の解決を図ることを妨げるものではない。

## 第3章 調停

**第17条** 労働組合法第20条の規定による労働委員会による労働争議の調停は、この章の定めるところによる。

**第18条** 労働委員会は、次の各号のいずれかに該当する場合に、調停を行う。
1 関係当事者の双方から、労働委員会に対して、調停の申請がなされたとき。
2 関係当事者の双方又は一方から、労働協約の定めに基づいて、労働委員会に対して調停の申請がなされたとき。
3 公益事業に関する事件につき、関係当事者の一方から、労働委員会に対して、調停の申請がなされたとき。
4 公益事業に関する事件につき、労働委員会が職権に基づいて、調停を行う必要があると決議したとき。
5 公益事業に関する事件又はその事件が規模が大きいために若しくは特別の性質の事業に関するものであるために公益に著しい障害を及ぼす事件につき、厚生労働大臣又は都道府県知事から、労働委員会に対して、調停の請求がなされたとき。

**第19条** 労働委員会による労働争議の調停は、使用者を代表する調停委員、労働者を代表する調停委員及び公益を代表する調停委員から成る調停委員会を設け、これによつて行ふ。

**第20条** 調停委員会の、使用者を代表する調停委員と労働者を代表する調停委員とは、同数でなければならない。

**第21条** ① 使用者を代表する調停委員は労働委員会の使用者を代表する委員(中央労働委員会にあつては、一般企業担当使用者委員)又は特別調整委員のうちから、労働者を代表する調停委員は労働委員会の労働者を代表する委員(中央労働委員会にあつては、一般企業担当労働者委員)又は特別調整委員の中から、公益を代表する調停委員は労働委員会の公益を代表する委員(中央労働委員会にあつては、一般企業担当公益委員)又は特別調整委員の中から労働委員会の会長がこれを指名する。

② 労働組合法第19条の10第1項に規定する地方において中央労働委員会が処理すべき事件として政令で定めるものについては、中央労働委員会の会長は、前項の規定にかかわらず、同条第1項に規定する地方調整委員のうちから、調停委員を指名する。ただし、中央労働委員会の会長が当該地方調整委員のうちから調停委員を指名することが適当でないと認める場合は、この限りでない。

**第22条** 調停委員会に、委員長を置く。委員長は、調停委員で、公益を代表する調停委員の中から、これを選拳する。

**第23条** ① 調停委員会は、委員長がこれを招集し、その議事は、出席者の過半数でこれを決する。

② 調停委員会は、使用者を代表する調停委員及び労働者を代表する調停委員が出席しなければ、会議を開くことはできない。

**第24条** 調停委員会は、期日を定めて、関係当事者の出頭を求め、その意見を徴さなければならない。

**第25条** 調停をなす場合には、調停委員会は、関係当事者及び参考人以外の者の出席を禁止することができる。

**第26条** ① 調停委員会は、調停案を作成して、これを関係当事者に示し、その受諾を勧告するとともに、その調停案は理由を附してこれを公表することができる。この場合必要があるときは、新聞又はラヂオによる協力を請求することができる。

② 前項の調停案が関係当事者の双方により受諾された後、その調停案の解釈又は履行について意見の不一致が生じたときは、関係当事者は、その調停案を提示した調停委員会にその解釈又は履行に関する見解を明らかにすることを申請しなければならない。

③ 前項の調停委員会は、前項の申請のあつた日から15日以内に、関係当事者に対して、申請のあつた事項について解釈又は履行に関する見解を示さなければならない。

④ 前項の解釈又は履行に関する見解が示されるまでは、関係当事者は、当該調停案の解釈又は履行に関して争議行為をなすことができない。但し、前項の期間が経過したときは、この限りでない。

**第27条** 公益事業に関する事件の調停については、特に迅速に処理するために、必要な優先的取扱がなされなければならない。

**第28条** この章の規定は、労働争議の当事者が、双方の合意又は労働協約の定により、別の調停方法に

## 第4章　仲　裁

**第29条**　労働組合法第20条の規定による労働委員会による労働争議の仲裁は、この章の定めるところによる。

**第30条**　労働委員会は、左の各号の一に該当する場合に、仲裁を行ふ。
1　関係当事者の双方から、労働委員会に対して、仲裁の申請がなされたとき。
2　労働協約に、労働委員会による仲裁の申請をなさなければならない旨の定がある場合に、その定に基いて、関係当事者の双方又は一方から、労働委員会に対して、仲裁の申請がなされたとき。

**第31条**　労働委員会による労働争議の仲裁は、仲裁委員3人から成る仲裁委員会を設け、これによつて行ふ。

**第31条の2**　仲裁委員は、労働委員会の公益を代表する委員又は特別調整委員のうちから、関係当事者が合意により選定した者につき、労働委員会の会長が指名する。ただし、関係当事者の合意による選定がされなかつたときは、労働委員会の会長が、関係当事者の意見を聴いて、労働委員会の公益を代表する委員(中央労働委員会にあつては、一般企業担当公益委員)又は特別調整委員の中から指名する。

**第31条の3**　仲裁委員会に、委員長を置く。委員長は、仲裁委員が互選する。

**第31条の4**　① 仲裁委員会は、委員長が招集する。
② 仲裁委員会は、委員2人以上が出席しなければ、会議を開き、議決することができない。
③ 仲裁委員会の議事は、仲裁委員の過半数でこれを決する。

**第31条の5**　関係当事者のそれぞれが指名した労働委員会の使用者を代表する委員又は特別調整委員及び労働者を代表する委員又は特別調整委員は、仲裁委員会の同意を得て、その会議に出席し、意見を述べることができる。

**第32条**　仲裁をなす場合には、仲裁委員会は、関係当事者及び参考人以外の者の出席を禁止することができる。

**第33条**　仲裁裁定は、書面に作成してこれを行ふ。その書面には効力発生の期日も記さなければならない。

**第34条**　仲裁裁定は、労働協約と同一の効力を有する。

**第35条**　この章の規定は、労働争議の当事者が、双方の合意又は労働協約の定により、別の仲裁方法によつて事件の解決を図ることを妨げるものではない。

## 第4章の2　緊急調整

**第35条の2**　① 内閣総理大臣は、事件が公益事業に関するものであるため、又はその規模が大きいため若しくは特別の性質の事業に関するものであるために、争議行為により当該業務が停止されるときは国民経済の運行を著しく阻害し、又は国民の日常生活を著しく危くする虞があると認める事件について、その虞が現実に存するに限り、緊急調整の決定をすることができる。
② 内閣総理大臣は、前項の決定をしようとするときは、あらかじめ中央労働委員会の意見を聴かなければならない。
③ 内閣総理大臣は、緊急調整の決定をしたときは、直ちに、理由を附してその旨を公表するとともに、中央労働委員会及び関係当事者に通知しなければならない。

**第35条の3**　① 中央労働委員会は、前条第3項の通知を受けたときは、その事件を解決するため、最大限の努力を尽さなければならない。
② 中央労働委員会は、前項の任務を遂行するため、その事件について、左の各号に掲げる措置を講ずることができる。
1　斡旋を行ふこと。
2　調停を行ふこと。
3　仲裁を行ふこと(第30条各号に該当する場合に限る。)。
4　事件の実情を調査し、及び公表すること。
5　解決のため必要と認める措置をとるべきことを勧告すること。
③ 前項第2号の調停は、第18条各号に該当しない場合であつても、これを行ふことができる。

**第35条の4**　中央労働委員会は、緊急調整の決定に係る事件については、他のすべての事件に優先してこれを処理しなければならない。

**第35条の5**　第35条の2の規定により内閣総理大臣がした決定については、行政不服審査法(昭和37年法律第160号)による不服申立をすることができない。

## 第5章　争議行為の制限禁止等

**第36条**　工場事業場における安全保持の施設の正常な維持又は運行を停廃し、又はこれを妨げる行為は、争議行為としてでもこれをなすことはできない。

**第37条**　① 公益事業に関する事件につき関係当事者が争議行為をするには、その争議行為をしようとする日の少なくとも10日前までに、労働委員会及び厚生労働大臣又は都道府県知事にその旨を通知しなければならない。
② 緊急調整の決定があつた公益事業に関する事件については、前項の規定による通知は、第38条に規定する期間を経過した後でなければこれをすることができない。

**第38条**　緊急調整の決定をなした旨の公表があつたときは、関係当事者は、公表の日から50日間は、争議行為をなすことができない。

**第39条**　① 第37条の規定の違反があつた場合においては、その違反行為について責任のある使用者若しくはその団体、労働者の団体又はその他の者若しくはその団体は、これを10万円以下の罰金に処する。
② 前項の規定は、そのものが、法人であるときは、理事、取締役、執行役その他法人の業務を執行する役員に、法人でない団体であるときは、代表者その他業務を執行する役員にこれを適用する。
③ 一個の争議行為に関し科する罰金の総額は、10万円を超えることはできない。
④ 法人、法人でない使用者又は労働者の組合、争議団等の団体であつて解散したものに、第1項の規定を適用するについては、その団体は、なお存続するものとみなす。

**第40条**　① 第38条の規定の違反があつた場合においては、その違反行為について責任のある使用者若しくはその団体、労働者の団体又はその他の者若しくはその団体は、これを20万円以下の罰金に処する。
② 前条第2項から第4項までの規定は、前項の場合

に準用する．この場合において同条第3項中「10万円」とあるのは，「20万円」と読み替えるものとする．
**第41条** 削除
**第42条** 第39条の罪は，労働委員会の請求を待つてこれを論ずる．
**第43条** 調停又は仲裁をなす場合において，その公正な進行を妨げる者に対しては，調停委員会の委員長又は仲裁委員会の委員長は，これに退場を命ずることができる．

---

# 100 労働契約法

(平19・12・5法律第128号，平20・3・1施行)

## 第1章 総則

(目的)
**第1条** この法律は，労働者及び使用者の自主的な交渉の下で，労働契約が合意により成立し，又は変更されるという合意の原則その他労働契約に関する基本的事項を定めることにより，合理的な労働条件の決定又は変更が円滑に行われるようにすることを通じて，労働者の保護を図りつつ，個別の労働関係の安定に資することを目的とする．

(定義)
**第2条** ① この法律において「労働者」とは，使用者に使用されて労働し，賃金を支払われる者をいう．
② この法律において「使用者」とは，その使用する労働者に対して賃金を支払う者をいう．

(労働契約の原則)
**第3条** ① 労働契約は，労働者及び使用者が対等の立場における合意に基づいて締結し，又は変更すべきものとする．
② 労働契約は，労働者及び使用者が，就業の実態に応じて，均衡を考慮しつつ締結し，又は変更すべきものとする．
③ 労働契約は，労働者及び使用者が仕事と生活の調和にも配慮しつつ締結し，又は変更すべきものとする．
④ 労働者及び使用者は，労働契約を遵守するとともに，信義に従い誠実に，権利を行使し，及び義務を履行しなければならない．
⑤ 労働者及び使用者は，労働契約に基づく権利の行使に当たっては，それを濫用することがあってはならない．

(労働契約の内容の理解の促進)
**第4条** ① 使用者は，労働者に提示する労働条件及び労働契約の内容について，労働者の理解を深めるようにするものとする．
② 労働者及び使用者は，労働契約の内容（期間の定めのある労働契約に関する事項を含む．）について，できる限り書面により確認するものとする．

(労働者の安全への配慮)
**第5条** 使用者は，労働契約に伴い，労働者がその生命，身体等の安全を確保しつつ労働することができるよう，必要な配慮をするものとする．

## 第2章 労働契約の成立及び変更

(労働契約の成立)
**第6条** 労働契約は，労働者が使用者に使用されて労働し，使用者がこれに対して賃金を支払うことについて，労働者及び使用者が合意することによって成立する．
**第7条** 労働者及び使用者が労働契約を締結する場合において，使用者が合理的な労働条件が定められている就業規則を労働者に周知させていた場合には，労働契約の内容は，その就業規則で定める労働条件によるものとする．ただし，労働契約において，労働者及び使用者が就業規則の内容と異なる労働条件を合意していた部分については，第12条に該当する場合を除き，この限りでない．

(労働契約の内容の変更)
**第8条** 労働者及び使用者は，その合意により，労働契約の内容である労働条件を変更することができる．

(就業規則による労働契約の内容の変更)
**第9条** 使用者は，労働者と合意することなく，就業規則を変更することにより，労働者の不利益に労働契約の内容である労働条件を変更することはできない．ただし，次条の場合は，この限りでない．
**第10条** 使用者が就業規則の変更により労働条件を変更する場合において，変更後の就業規則を労働者に周知させ，かつ，就業規則の変更が，労働者の受ける不利益の程度，労働条件の変更の必要性，変更後の就業規則の内容の相当性，労働組合等との交渉の状況その他の就業規則の変更に係る事情に照らして合理的なものであるときは，労働契約の内容である労働条件は，当該変更後の就業規則に定めるところによるものとする．ただし，労働契約において，労働者及び使用者が就業規則の変更によっては変更されない労働条件として合意していた部分については，第12条に該当する場合を除き，この限りでない．

(就業規則の変更に係る手続)
**第11条** 就業規則の変更の手続に関しては，労働基準法（昭和22年法律第49号）第89条及び第90条の定めるところによる．

(就業規則違反の労働契約)
**第12条** 就業規則で定める基準に達しない労働条件を定める労働契約は，その部分については，無効とする．この場合において，無効となった部分は，就業規則で定める基準による．

(法令及び労働協約と就業規則との関係)
**第13条** 就業規則が法令又は労働協約に反する場合には，当該反する部分については，第7条，第10条及び前条の規定は，当該法令又は労働協約の適用を受ける労働者との間の労働契約については，適用しない．

## 第3章 労働契約の継続及び終了

(出向)
**第14条** 使用者が労働者に出向を命ずることができる場合において，当該出向の命令が，その必要性，対象労働者の選定に係る事情その他の事情に照らして，その権利を濫用したものと認められる場合には，当該命令は，無効とする．

(懲戒)
**第15条** 使用者が労働者を懲戒することができる

(目　的)〜

場合において，当該懲戒が，当該懲戒に係る労働者の行為の性質及び態様その他の事情に照らして，客観的に合理的な理由を欠き，社会通念上相当であると認められない場合は，その権利を濫用したものとして，当該懲戒は，無効とする．

(解　雇)
**第16条**　解雇は，客観的に合理的な理由を欠き，社会通念上相当であると認められない場合は，その権利を濫用したものとして，無効とする．

### 第4章　期間の定めのある労働契約

**第17条**　① 使用者は，期間の定めのある労働契約について，やむを得ない事由がある場合でなければ，その契約期間が満了するまでの間において，労働者を解雇することができない．
② 使用者は，期間の定めのある労働契約について，その労働契約により労働者を使用する目的に照らして，必要以上に短い期間を定めることにより，その労働契約を反復して更新することのないよう配慮しなければならない．

### 第5章　雑　則

(船員に関する特例)
**第18条**　① 第12条及び前条の規定は，船員法(昭和22年法律第100号)の適用を受ける船員(次項において「船員」という．)に関しては，適用しない．
② 船員に関しては，第7条中「第12条」とあるのは「船員法(昭和22年法律第100号)第100条」と，第10条中「第12条」とあるのは「船員法第100条」と，第11条中「労働基準法(昭和22年法律第49号)第89条及び第90条」とあるのは「船員法第97条及び第98条」と，第13条中「前条」とあるのは「船員法第100条」とする．
(適用除外)
**第19条**　① この法律は，国家公務員及び地方公務員については，適用しない．
② この法律は，使用者が同居の親族のみを使用する場合の労働契約については，適用しない．

## 101　個別労働関係紛争の解決の促進に関する法律
(平成13・7・11法律第112号，
最終改正：平成20・5・2法律第26号)

(目　的)
**第1条**　この法律は，労働条件その他労働関係に関する事項についての個々の労働者と事業主との間の紛争(労働者の募集及び採用に関する事項についての個々の求職者と事業主との間の紛争を含む．以下「個別労働関係紛争」という．)について，あっせんの制度を設けること等により，その実情に即した迅速かつ適正な解決を図ることを目的とする．
(紛争の自主的解決)
**第2条**　個別労働関係紛争が生じたときは，当該個別労働関係紛争の当事者は，早期に，かつ，誠意をもって，自主的な解決を図るように努めなければならない．
(労働者，事業主等に対する情報提供等)

**第3条**　都道府県労働局長は，個別労働関係紛争を未然に防止し，及び個別労働関係紛争の自主的な解決を促進するため，労働者，求職者又は事業主に対し，労働関係に関する事項並びに労働者の募集及び採用に関する事項についての情報の提供，相談その他の援助を行うものとする．
(当事者に対する助言及び指導)
**第4条**　① 都道府県労働局長は，個別労働関係紛争(労働関係調整法(昭和21年法律第25号)第6条に規定する労働争議に当たる紛争及び特定独立行政法人等の労働関係に関する法律(昭和23年法律第257号)第26条第1項に規定する紛争を除く．)に関し，当該個別労働関係紛争の当事者の双方又は一方からその解決につき援助を求められた場合には，当該個別労働関係紛争の当事者に対し，必要な助言又は指導をすることができる．
② 都道府県労働局長は，前項に規定する助言又は指導をするため必要があると認めるときは，広く産業社会の実情に通じ，かつ，労働問題に関し専門的知識を有する者の意見を聴くものとする．
③ 事業主は，労働者が第1項の援助を求めたことを理由として，当該労働者に対して解雇その他不利益な取扱いをしてはならない．
(あっせんの委任)
**第5条**　① 都道府県労働局長は，前条第1項に規定する個別労働関係紛争(労働者の募集及び採用に関する事項についての紛争を除く．)について，当該個別労働関係紛争の当事者(以下「紛争当事者」という．)の双方又は一方からあっせんの申請があった場合において当該個別労働関係紛争の解決のために必要があると認めるときは，紛争調整委員会にあっせんを行わせるものとする．
② 前条第3項の規定は，労働者が前項の申請をした場合について準用する．
(委員会の設置)
**第6条**　① 都道府県労働局に，紛争調整委員会(以下「委員会」という．)を置く．
② 委員会は，前条第1項のあっせんを行う機関とする．
(委員会の組織)
**第7条**　① 委員会は，3人以上政令で定める人数以内の委員をもって組織する．
② 委員は，学識経験を有する者のうちから，厚生労働大臣が任命する．
③ 委員会に会長を置き，委員の互選により選任する．
④ 会長は会務を総理する．
⑤ 会長に事故があるときは，委員のうちからあらかじめ互選された者がその職務を代理する．
(委員の任期等)
**第8条**　① 委員の任期は，2年とする．ただし，補欠の委員の任期は，前任者の残任期間とする．
② 委員は，再任されることができる．
③ 委員は，後任の委員が任命されるまでその職務を行う．
④ 委員は，非常勤とする．
(委員の欠格条項)
**第9条**　① 次の各号のいずれかに該当する者は，委員となることができない．
　1　破産者で復権を得ないもの
　2　禁錮以上の刑に処せられ，その執行を終わり，又はその執行を受けることがなくなった日から5年を経過しない者
② 委員が前項各号のいずれかに該当するに至った

ときは、当然失職する.
(委員の解任)
第10条 厚生労働大臣は、委員が次の各号のいずれかに該当するときは、その委員を解任することができる.
1 心身の故障のため職務の執行に堪えないと認められるとき.
2 職務上の義務違反その他委員たるに適しない非行があると認められるとき.
(会議及び議決)
第11条 ① 委員会の会議は、会長が招集する.
② 委員会は、会長又は第7条第5項の規定により会長を代理する者のほか、委員の過半数が出席しなければ、会議を開き、議決をすることができない.
③ 委員会の議事は、出席者の過半数をもって決する.可否同数のときは、会長が決する.
(あっせん)
第12条 ① 委員会によるあっせんは、委員のうちから会長が事件ごとに指名する3人のあっせん委員によって行う.
② あっせん委員は、紛争当事者間をあっせんし、双方の主張の要点を確かめ、実情に即して事件が解決されるように努めなければならない.
第13条 ① あっせん委員は、紛争当事者から意見を聴取するほか、必要に応じ、参考人から意見を聴取し、又はこれらの者から意見書の提出を求め、事件の解決に必要なあっせん案を作成し、これを紛争当事者に提示することができる.
② 前項のあっせん案の作成は、あっせん委員の全員一致をもって行うものとする.
第14条 あっせん委員は、紛争当事者からの申立てに基づき必要があると認めるときは、当該委員会が置かれる都道府県労働局の管轄区域内の主要な労働者団体又は事業主団体が指名する関係労働者を代表する者又は関係事業主を代表する者から当該事件につき意見を聴くものとする.
第15条 あっせん委員は、あっせんに係る紛争について、あっせんによっては紛争の解決の見込みがないと認めるときは、あっせんを打ち切ることができる.
(時効の中断)
第16条 前条の規定によりあっせんが打ち切られた場合において、当該あっせんの申請をした者がその旨の通知を受けた日から30日以内にあっせんの目的となった請求について訴えを提起したときは、時効の中断に関しては、あっせんの申請の時に、訴えの提起があったものとみなす.
(資料提供の要求等)
第17条 委員会は、当該委員会に属している事件の解決のために必要があると認めるときは、関係行政庁に対し、資料の提供その他必要な協力を求めることができる.
(あっせん状況の報告)
第18条 委員会は、都道府県労働局長に対し、厚生労働省令で定めるところにより、あっせんの状況について報告しなければならない.
(厚生労働省令への委任)
第19条 この法律に定めるもののほか、委員会及びあっせんの手続に関し必要な事項は、厚生労働省令で定める.
(地方公共団体の施策等)
第20条 ① 地方公共団体は、国の施策と相まって、当該地域の実情に応じ、個別労働関係紛争を未然に防止し、及び個別労働関係紛争の自主的な解決を促進するため、労働者、求職者又は事業主に対する情報の提供、相談、あっせんその他の必要な施策を推進するように努めるものとする.
② 国は、地方公共団体が実施する前項の施策を支援するため、情報の提供その他の必要な措置を講ずるものとする.
③ 第1項の施策として、地方自治法(昭和22年法律第67号)第180条の2の規定に基づく都道府県知事の委任を受けて都道府県労働委員会が行う場合には、中央労働委員会は、当該都道府県労働委員会に対し、必要な助言又は指導をすることができる.
(船員に関する特例)
第21条 ① 船員職業安定法(昭和23年法律第130号)第6条第1項に規定する船員及び同項に規定する船員になろうとする者に関しては、第3条、第4条第1項及び第2項並びに第5条第1項中「都道府県労働局長」とあるのは「地方運輸局長(運輸監理部長を含む.)」と、同項中「紛争調整委員会」とあるのは「第21条第3項のあっせん員候補者名簿に記載されている者のうちから指名するあっせん員」とする.
② 前項の規定により読み替えられた第5条第1項の規定により指名を受けてあっせん員が行うあっせんについては、第6条から第19条までの規定は、適用しない.
③ 地方運輸局長(運輸監理部長を含む.)は、第1項の規定により読み替えられた第5条第1項の規定により指名するあっせん員にあっせんを行わせるため、2年ごとに、学識経験を有する者のうちからあっせん員候補者3人以上を委嘱し、あっせん員候補者名簿を作成しておかなければならない.
④ 第9条及び第12条から第19条までの規定は、第2項のあっせんについて準用する. この場合において、第9条第1項中「委員」とあるのは「あっせん員候補者」と、同条第2項中「委員」とあるのは「あっせん員又はあっせん員候補者」と、「当然失職する」とあるのは「その地位を失う」と、第12条から第15条までの規定中「あっせん委員」とあり、並びに第12条第1項、第18条及び第19条中「委員会」とあるのは「あっせん員」と、第12条第1項中「委員」とあるのは「あっせん員候補者名簿に記載されている者」と、「会長」とあるのは「当該あっせん員候補者名簿を作成した地方運輸局長(運輸監理部長を含む.)」と、第14条中「当該委員会が置かれる都道府県労働局」とあるのは「当該あっせん員を指名した地方運輸局長(運輸監理部長を含む.)が置かれる地方運輸局(運輸監理部を含む.)」と、第17条中「委員会は」とあるのは「あっせん員は」と、「当該委員会に係属している」とあるのは「当該あっせん員が取り扱っている」と、第18条中「都道府県労働局長」とあるのは「地方運輸局長(運輸監理部長を含む.)」と、同条及び第19条中「厚生労働省令」とあるのは「国土交通省令」と読み替えるものとする.
⑤ 第1項の規定により読み替えられた第3条、第4条第1項及び第2項並びに第5条第1項並びに前項の規定により読み替えて準用される第18条に規定する地方運輸局長(運輸監理部長を含む.)の権限は、国土交通省令で定めるところにより、運輸支局長又は地方運輸局、運輸監理部若しくは運輸支局の事務所の長に委任することができる.

### (適用除外)
**第22条** この法律は、国家公務員及び地方公務員については、適用しない。ただし、特定独立行政法人等の労働関係に関する法律第2条第4号の職員、地方公営企業法(昭和27年法律第292号)第15条第1項の企業職員、地方独立行政法人法(平成15年法律第118号)第47条の規定する職員及び地方公営企業等の労働関係に関する法律(昭和25年法律第261号)第57条に規定する単純な労務に雇用される一般職に属する地方公務員であって地方公営企業等の労働関係に関する法律(昭和27年法律第289号)第3条第4号の職員以外のものの勤務条件に関する事項についての紛争については、この限りでない。

---

# 102 社会福祉法(抄)

(昭26・3・29法律第45号、昭26・6・1施行、最終改正:平19・12・5法律第125号)

## 第1章 総則

### (目的)
**第1条** この法律は、社会福祉を目的とする事業の全分野における共通的基本事項を定め、社会福祉を目的とする他の法律と相まって、福祉サービスの利用者の利益の保護及び地域における社会福祉(以下「地域福祉」という。)の推進を図るとともに、社会福祉事業の公明かつ適正な実施の確保及び社会福祉を目的とする事業の健全な発達を図り、もつて社会福祉の増進に資することを目的とする。

### (定義)
**第2条** ① この法律において「社会福祉事業」とは、第一種社会福祉事業及び第二種社会福祉事業をいう。
② 次に掲げる事業を第一種社会福祉事業とする。
 1 生活保護法(昭和25年法律第144号)に規定する救護施設、更生施設その他生計困難者を無料又は低額な料金で入所させて生活の扶助を行うことを目的とする施設を経営する事業及び生計困難者に対して助葬を行う事業
 2 児童福祉法(昭和22年法律第164号)に規定する乳児院、母子生活支援施設、児童養護施設、知的障害児施設、知的障害児通園施設、盲ろうあ児施設、肢体不自由児施設、重症心身障害児施設、情緒障害児短期治療施設又は児童自立支援施設を経営する事業
 3 老人福祉法(昭和38年法律第133号)に規定する養護老人ホーム、特別養護老人ホーム又は軽費老人ホームを経営する事業
 4 障害者自立支援法(平成17年法律第123号)に規定する障害者支援施設を経営する事業
 5 削除
 6 売春防止法(昭和31年法律第118号)に規定する婦人保護施設を経営する事業
 7 授産施設を経営する事業及び生計困難者に対して無利子又は低利で資金を融通する事業
③ 次に掲げる事業を第二種社会福祉事業とする。
 1 生計困難者に対して、その住居で衣食その他日常の生活必需品若しくはこれに要する金銭を与え、又は生活に関する相談に応ずる事業
 2 児童福祉法に規定する児童自立生活援助事業、放課後児童健全育成事業又は子育て短期支援事業、同法に規定する助産施設、保育所、児童厚生施設又は児童家庭支援センターを経営する事業及び児童の福祉の増進について相談に応ずる事業
 3 母子及び寡婦福祉法(昭和39年法律第129号)に規定する母子家庭等日常生活支援事業又は寡婦日常生活支援事業及び同法に規定する母子福祉施設を経営する事業
 4 老人福祉法に規定する老人居宅介護等事業、老人デイサービス事業、老人短期入所事業、小規模多機能型居宅介護事業又は認知症対応型老人共同生活援助事業及び同法に規定する老人デイサービスセンター、老人短期入所施設、老人介護支援センターを経営する事業
 4の2 障害者自立支援法に規定する障害福祉サービス事業、相談支援事業又は移動支援事業及び同法に規定する地域活動支援センター又は福祉ホームを経営する事業
 5 身体障害者福祉法(昭和24年法律第283号)に規定する身体障害者生活訓練等事業、手話通訳事業又は介助犬訓練事業若しくは聴導犬訓練事業、同法に規定する身体障害者福祉センター、補装具製作施設、盲導犬訓練施設又は視聴覚障害者情報提供施設を経営する事業及び身体障害者の更生相談に応ずる事業
 6 知的障害者福祉法(昭和35年法律第37号)に規定する知的障害者の更生相談に応ずる事業
 7 削除
 8 生計困難者のために、無料又は低額な料金で、簡易住宅を貸し付け、又は宿泊所その他の施設を利用させる事業
 9 生計困難者のために、無料又は低額な料金で診療を行う事業
 10 生計困難者に対して、無料又は低額な費用で介護保険法(平成9年法律第123号)に規定する介護老人保健施設を利用させる事業
 11 隣保事業(隣保館等の施設を設け、無料又は低額な料金でこれを利用させることその他その近隣地域における住民の生活の改善及び向上を図るための各種の事業を行うものをいう。)
 12 福祉サービス利用援助事業(精神上の理由により日常生活を営むのに支障がある者に対して、無料又は低額な料金で、福祉サービス(前項各号及び前各号の事業において提供されるものに限る。以下この号において同じ。)の利用に関し相談に応じ、及び助言を行い、並びに福祉サービスの提供を受けるために必要な手続又は福祉サービスの利用に要する費用の支払に関する便宜を供与することその他の福祉サービスの適切な利用のための一連の援助を一体的に行う事業をいう。)
 13 前項各号及び前各号の事業に関する連絡又は助成を行う事業

### (福祉サービスの基本的理念)
**第3条** 福祉サービスは、個人の尊厳の保持を旨とし、その内容は、福祉サービスの利用者が心身ともに健やかに育成され、又はその有する能力に応じ自立した日常生活を営むことができるように支援するものとして、良質かつ適切なものでなければならない。

### (地域福祉の推進)
**第4条** 地域住民、社会福祉を目的とする事業を経

営する者及び社会福祉に関する活動を行う者は,相互に協力し,福祉サービスを必要とする地域住民が地域社会を構成する一員として日常生活を営み,社会,経済,文化その他あらゆる分野の活動に参加する機会が与えられるように,地域福祉の推進に努めなければならない.

(福祉サービスの提供の原則)
**第5条** 社会福祉を目的とする事業を経営する者は,その提供する多様な福祉サービスについて,利用者の意向を十分に尊重し,かつ,保健医療サービスその他の関連するサービスとの有機的な連携を図るよう創意工夫を行いつつ,これを総合的に提供することができるようにその事業の実施に努めなければならない.

(福祉サービスの提供体制の確保等に関する国及び地方公共団体の責務)
**第6条** 国及び地方公共団体は,社会福祉を目的とする事業を経営する者と協力して,社会福祉を目的とする事業の広範かつ計画的な実施が図られるよう,福祉サービスを提供する体制の確保に関する施策,社会福祉事業の適切な利用の推進に関する施策その他の必要な各般の措置を講じなければならない.

## 第2章 地方社会福祉審議会(略)

## 第3章 福祉に関する事務所

(設置)
**第14条** ① 都道府県及び市(特別区を含む.以下同じ.)は,条例で,福祉に関する事務所を設置しなければならない.
② 都道府県及び市は,その区域(都道府県にあつては,市及び福祉に関する事務所を設ける町村の区域を除く.)をいずれかの福祉に関する事務所の所管区域としなければならない.
③ 町村は,条例で,その区域を所管区域とする福祉に関する事務所を設置することができる.

(組織)
**第15条** ① 福祉に関する事務所には,長及び少なくとも次の所員を置かなければならない.ただし,所の長が,その職務の遂行に支障がない場合において,自ら現業事務の指導監督を行うときは,第1号の所員を置くことを要しない.
1 指導監督を行う所員
2 現業を行う所員
3 事務を行う所員

## 第4章 社会福祉主事

(設置)
**第18条** ① 都道府県,市及び福祉に関する事務所を設置する町村に,社会福祉主事を置く.
② 前項に規定する町村以外の町村は,社会福祉主事を置くことができる.
③ 都道府県の社会福祉主事は,都道府県の設置する福祉に関する事務所において,生活保護法,児童福祉法及び母子及び寡婦福祉法に定める援護又は育成の措置に関する事務を行うことを職務とする.
④ 市及び第1項に規定する町村の社会福祉主事は,市及び同項に規定する町村に設置する福祉に関する事務所において,生活保護法,児童福祉法,母子及び寡婦福祉法,老人福祉法,身体障害者福祉法及び知的障害者福祉法に定める援護,育成又は更生の措置に関する事務を行うことを職務とする.
⑤ 第2項の規定により置かれる社会福祉主事は,老人福祉法,身体障害者福祉法及び知的障害者福祉法に定める援護又は更生の措置に関する事務を行うことを職務とする.

(資格等)
**第19条** ① 社会福祉主事は,都道府県知事又は市町村長の補助機関である職員とし,年齢20年以上の者であつて,人格が高潔で,思慮が円熟し,社会福祉の増進に熱意があり,かつ,次の各号のいずれかに該当するもののうちから任用しなければならない.
1 学校教育法(昭和22年法律第26号)に基づく大学,旧大学令(大正7年勅令第388号)に基づく大学,旧高等学校令(大正7年勅令第389号)に基づく高等学校又は旧専門学校令(明治36年勅令第61号)に基づく専門学校において,厚生労働大臣の指定する社会福祉に関する科目を修めて卒業した者
2 厚生労働大臣の指定する養成機関又は講習会の課程を修了した者
3 社会福祉士
4 厚生労働大臣の指定する社会福祉事業従事者試験に合格した者
5 前各号に掲げる者と同等以上の能力を有すると認められる者として厚生労働省令で定めるもの

## 第5章 指導監督及び訓練(略)

## 第6章 社会福祉法人

### 第1節 通則

(定義)
**第22条** この法律において「社会福祉法人」とは,社会福祉事業を行うことを目的として,この法律の定めるところにより設立された法人をいう.

(名称)
**第23条** 社会福祉法人以外の者は,その名称中に,「社会福祉法人」又はこれに紛らわしい文字を用いてはならない.

(経営の原則)
**第24条** 社会福祉法人は,社会福祉事業の主たる担い手としてふさわしい事業を確実,効果的かつ適正に行うため,自主的にその経営基盤の強化を図るとともに,その提供する福祉サービスの質の向上及び事業経営の透明性の確保を図らなければならない.

(要件)
**第25条** 社会福祉法人は,社会福祉事業を行うに必要な資産を備えなければならない.

### 第2節 設立

(申請)
**第31条** ① 社会福祉法人を設立しようとする者は,定款をもつて少なくとも次に掲げる事項を定め,厚生労働省令で定める手続に従い,当該定款について所轄庁の認可を受けなければならない.
1 目的
2 名称
3 社会福祉事業の種類
4 事務所の所在地
5 役員に関する事項
6 会議に関する事項
7 資産に関する事項

8 会計に関する事項
9 評議員会を置く場合には，これに関する事項
10 公益事業を行う場合には，その種類
11 収益事業を行う場合には，その種類
12 解散に関する事項
13 定款の変更に関する事項
14 公告の方法
（認　可）
第32条　所轄庁は，前条第1項の規定による認可の申請があったときは，当該申請に係る社会福祉法人の資産が第25条の要件に該当しているかどうか，その定款の内容及び設立の手続が，法令の規定に違反していないかどうか等を審査した上で，当該定款の認可を決定しなければならない．

### 第7章　社会福祉事業

（経営主体）
第60条　社会福祉事業のうち，第一種社会福祉事業は，国，地方公共団体又は社会福祉法人が経営することを原則とする．
（事業経営の準則）
第61条　① 国，地方公共団体，社会福祉法人その他社会福祉事業を経営する者は，次に掲げるところに従い，それぞれの責任を明確にしなければならない．
　1　国及び地方公共団体は，法律に基づくその責任を他の社会福祉事業を経営する者に転嫁し，又はこれらの者の財政的援助を求めないこと．
　2　国及び地方公共団体は，他の社会福祉事業を経営する者に対し，その自主性を重んじ，不当な関与を行わないこと．
　3　社会福祉事業を経営する者は，不当に国及び地方公共団体の財政的，管理的援助を仰がないこと．
② 前項第1号の規定は，国又は地方公共団体がその経営する社会福祉事業について，福祉サービスを必要とする者を施設に入所させることその他の措置を他の社会福祉事業を経営する者に委託することを妨げるものではない．
（施設の設置）
第62条　① 市町村又は社会福祉法人は，施設を設置して，第一種社会福祉事業を経営しようとするときは，その事業の開始前に，その施設（以下「社会福祉施設」という．）を設置しようとする地の都道府県知事に，次に掲げる事項を届け出なければならない．
　1　施設の名称及び種類
　2　設置者の氏名又は名称，住所，経歴及び資産状況
　3　条例，定款その他の基本約款
　4　建物その他の設備の規模及び構造
　5　事業開始の予定年月日
　6　施設の管理者及び実務を担当する幹部職員の氏名及び経歴
　7　福祉サービスを必要とする者に対する処遇の方法
② 国，都道府県，市町村及び社会福祉法人以外の者は，社会福祉施設を設置して，第一種社会福祉事業を経営しようとするときは，その事業の開始前に，その施設を設置しようとする地の都道府県知事の許可を受けなければならない．
（施設の最低基準）
第65条　① 厚生労働大臣は，社会福祉施設の設備の規模及び構造並びに福祉サービスの提供の方法，利用者等からの苦情への対応その他の社会福祉施設の運営について，必要とされる最低の基準を定めな

ければならない．
② 社会福祉施設の設置者は，前項の基準を遵守しなければならない．
（管理者）
第66条　社会福祉施設には，専任の管理者を置かなければならない．
（施設を必要としない第一種社会福祉事業の開始）
第67条　① 市町村又は社会福祉法人は，施設を必要としない第一種社会福祉事業を開始したときは，事業開始の日から1月以内に，事業経営地の都道府県知事に次に掲げる事項を届け出なければならない．
　1　経営者の名称及び主たる事務所の所在地
　2　事業の種類及び内容
　3　条例，定款その他の基本約款
② 国，都道府県，市町村及び社会福祉法人以外の者は，施設を必要としない第一種社会福祉事業を経営しようとするときは，その事業の開始前に，その事業を経営しようとする地の都道府県知事の許可を受けなければならない．
③ 前項の許可を受けようとする者は，第1項各号並びに第62条第3項第1号，第4号及び第5号に掲げる事項を記載した申請書を当該都道府県知事に提出しなければならない．
④ 都道府県知事は，第2項の許可の申請があったときは，第62条第4項第2号に掲げる基準によって，これを審査しなければならない．
⑤ 第62条第5項及び第6項の規定は，前項の場合に準用する．
（変更及び廃止）
第68条　前条第1項の規定による届出をし，又は同条第2項の規定による許可を受けて社会福祉事業を経営する者は，その届け出た事項又は許可申請書に記載した事項に変更を生じたときは，変更の日から1月以内に，その旨を当該都道府県知事に届け出なければならない．その事業を廃止したときも，同様とする．
（第二種社会福祉事業）
第69条　① 国及び都道府県以外の者は，第二種社会福祉事業を開始したときは，事業開始の日から1月以内に，事業経営地の都道府県知事に第67条第1項各号に掲げる事項を届け出なければならない．
② 前項の規定による届出をした者は，その届け出た事項に変更を生じたときは，変更の日から1月以内に，その旨を当該都道府県知事に届け出なければならない．その事業を廃止したときも，同様とする．

### 第8章　福祉サービスの適切な利用

#### 第1節　情報の提供等
（情報の提供）
第75条　① 社会福祉事業の経営者は，福祉サービス（社会福祉事業において提供されるものに限る．以下この節及び次節において同じ．）を利用しようとする者が，適切かつ円滑にこれを利用することができるように，その経営する社会福祉事業に関し情報の提供を行うよう努めなければならない．
② 国及び地方公共団体は，福祉サービスを利用しようとする者が必要な情報を容易に得られるように，必要な措置を講ずるよう努めなければならない．
（利用契約の申込み時の説明）
第76条　社会福祉事業の経営者は，その提供する福祉サービスの利用を希望する者からの申込みがあ

つた場合には,その者に対し,当該福祉サービスを利用するための契約の内容及びその履行に関する事項について説明しなければならない.

(利用契約の成立時の書面の交付)

**第77条** ① 社会福祉事業の経営者は,福祉サービスを利用するための契約(厚生労働省令で定めるものを除く.)が成立したときは,その利用者に対し,遅滞なく,次に掲げる事項を記載した書面を交付しなければならない.
1 当該社会福祉事業の経営者の名称及び主たる事務所の所在地
2 当該社会福祉事業の経営者が提供する福祉サービスの内容
3 当該福祉サービスの提供につき利用者が支払うべき額に関する事項
4 その他厚生労働省令で定める事項
② 社会福祉事業の経営者は,前項の規定による書面の交付に代えて,政令の定めるところにより,当該利用者の承諾を得て,当該書面に記載すべき事項を電子情報処理組織を使用する方法その他の情報通信の技術を利用する方法であつて厚生労働省令で定めるものにより提供することができる.この場合において,当該社会福祉事業の経営者は,当該書面を交付したものとみなす.

(福祉サービスの質の向上のための措置等)

**第78条** ① 社会福祉事業の経営者は,自らその提供する福祉サービスの質の評価を行うことその他の措置を講ずることにより,常に福祉サービスを受ける者の立場に立つて良質かつ適切な福祉サービスを提供するよう努めなければならない.
② 国は,社会福祉事業の経営者が行う福祉サービスの質の向上のための措置を援助するために,福祉サービスの質の公正かつ適切な評価の実施に資するための措置を講ずるよう努めなければならない.

(誇大広告の禁止)

**第79条** 社会福祉事業の経営者は,その提供する福祉サービスについて広告をするときは,広告された福祉サービスの内容その他の厚生労働省令で定める事項について,著しく事実に相違する表示をし,又は実際のものよりも著しく優良であり,若しくは有利であると人を誤認させるような表示をしてはならない.

### 第2節 福祉サービスの利用の援助等

(福祉サービス利用援助事業の実施に当たつての配慮)

**第80条** 福祉サービス利用援助事業を行う者は,当該事業を行うに当たつては,利用者の意向を十分に尊重するとともに,利用者の立場に立つて公正かつ適切な方法により行わなければならない.

(都道府県社会福祉協議会の行う福祉サービス利用援助事業)

**第81条** 都道府県社会福祉協議会は,第110条第1項各号に掲げる事業を行うほか,福祉サービス利用援助事業を行う市町村社会福祉協議会その他の者と協力して都道府県の区域内においてあまねく福祉サービス利用援助事業が実施されるために必要な事業を行うとともに,これと併せて,当該事業に従事する者の資質の向上のための事業並びに福祉サービス利用援助事業に関する普及及び啓発を行うものとする.

(社会福祉事業の経営者による苦情の解決)

**第82条** 社会福祉事業の経営者は,常に,その提供する福祉サービスについて,利用者等からの苦情の適切な解決に努めなければならない.

**第83条** 都道府県の区域内において,福祉サービス利用援助事業の適正な運営を確保するとともに,福祉サービスに関する利用者等からの苦情を適切に解決するため,都道府県社会福祉協議会に,人格が高潔であつて,社会福祉に関する識見を有し,かつ,社会福祉,法律又は医療に関し学識経験を有する者で構成される運営適正化委員会を置くものとする.

(運営適正化委員会の行う福祉サービス利用援助事業に関する助言等)

**第84条** ① 運営適正化委員会は,第81条の規定により行われる福祉サービス利用援助事業の適正な運営を確保するために必要があると認めるときは,当該福祉サービス利用援助事業を行う者に対して必要な助言又は勧告をすることができる.
② 福祉サービス利用援助事業を行う者は,前項の勧告を受けたときは,これを尊重しなければならない.

(運営適正化委員会の行う苦情の解決のための相談等)

**第85条** ① 運営適正化委員会は,福祉サービスに関する苦情について解決の申出があつたときは,その相談に応じ,申出人に必要な助言をし,当該苦情に係る事情を調査するものとする.
② 運営適正化委員会は,前項の申出人及び当該申出人に対し福祉サービスを提供した者の同意を得て,苦情の解決のあつせんをすることができる.

(運営適正化委員会から都道府県知事への通知)

**第86条** 運営適正化委員会は,苦情の解決に当たり,当該事情に係る福祉サービスの利用者の処遇につき不当な行為が行われているおそれがあると認めるときは,都道府県知事に対し,速やかに,その旨を通知しなければならない.

(政令への委任)

**第87条** この節に規定するもののほか,運営適正化委員会に関し必要な事項は,政令で定める.

### 第3節 社会福祉を目的とする事業を経営する者への支援

**第88条** 都道府県社会福祉協議会は,第110条第1項各号に掲げる事業を行うほか,社会福祉を目的とする事業の健全な発達に資するため,必要に応じ,社会福祉を目的とする事業を経営する者がそのつた福祉サービスの提供に要した費用に関して地方公共団体に対して行う請求の事務の代行その他の社会福祉を目的とする事業を経営する者が当該事業を円滑に実施することができるよう支援するための事業を実施するよう努めなければならない.ただし,他に当該事業を実施する適切な者がある場合には,この限りでない.

## 第9章 社会福祉事業に従事する者の確保の促進(略)

## 103 生活保護法(抄)

(昭25・5・4法律第144号,昭25・5・4施行,
最終改正:平20・5・28法律第42号)

### 第1章 総則

(この法律の目的)
**第1条** この法律は,日本国憲法第25条に規定する理念に基き,国が生活に困窮するすべての国民に対し,その困窮の程度に応じ,必要な保護を行い,その最低限度の生活を保障するとともに,その自立を助長することを目的とする.
(無差別平等)
**第2条** すべて国民は,この法律の定める要件を満たす限り,この法律による保護(以下「保護」という.)を,無差別平等に受けることができる.
(最低生活)
**第3条** この法律により保障される最低限度の生活は,健康で文化的な生活水準を維持することができるものでなければならない.
(保護の補足性)
**第4条** ① 保護は,生活に困窮する者が,その利用し得る資産,能力その他あらゆるものを,その最低限度の生活の維持のために活用することを要件として行われる.
② 民法(明治29年法律第89号)に定める扶養義務者の扶養及び他の法律に定める扶助は,すべてこの法律による保護に優先して行われるものとする.
③ 前2項の規定は,急迫した事由がある場合に,必要な保護を行うことを妨げるものではない.
(この法律の解釈及び運用)
**第5条** 前4条に規定するところは,この法律の基本原理であつて,この法律の解釈及び運用は,すべてこの原理に基いてされなければならない.
(用語の定義)
**第6条** ① この法律において「被保護者」とは,現に保護を受けている者をいう.
② この法律において「要保護者」とは,現に保護を受けているといないとにかかわらず,保護を必要とする状態にある者をいう.
③ この法律において「保護金品」とは,保護として給与し,又は貸与される金銭及び物品をいう.
④ この法律において「金銭給付」とは,金銭の給与又は貸与によつて,保護を行うことをいう.
⑤ この法律において「現物給付」とは,物品の給与又は貸与,医療の給付,役務の提供その他金銭給付以外の方法で保護を行うことをいう.

### 第2章 保護の原則

(申請保護の原則)
**第7条** 保護は,要保護者,その扶養義務者又はその他の同居の親族の申請に基いて開始するものとする.但し,要保護者が急迫した状況にあるときは,保護の申請がなくても,必要な保護を行うことができる.
(基準及び程度の原則)
**第8条** ① 保護は,厚生労働大臣の定める基準により測定した要保護者の需要を基とし,そのうち,その者の金銭又は物品で満たすことのできない不足分を補う程度において行うものとする.
② 前項の基準は,要保護者の年齢別,性別,世帯構成別,所在地域別その他保護の種類に応じて必要な事情を考慮した最低限度の生活の需要を満たすに十分なものであつて,且つ,これをこえないものでなければならない.
(必要即応の原則)
**第9条** 保護は,要保護者の年齢別,性別,健康状態等その個人又は世帯の実際の必要の相違を考慮して,有効且つ適切に行うものとする.
(世帯単位の原則)
**第10条** 保護は,世帯を単位としてその要否及び程度を定めるものとする.但し,これによりがたいときは,個人を単位として定めることができる.

### 第3章 保護の種類及び範囲

(種類)
**第11条** ① 保護の種類は,次のとおりとする.
1 生活扶助
2 教育扶助
3 住宅扶助
4 医療扶助
5 介護扶助
6 出産扶助
7 生業扶助
8 葬祭扶助
② 前項各号の扶助は,要保護者の必要に応じ,単給又は併給として行われる.
(生活扶助)
**第12条** 生活扶助は,困窮のため最低限度の生活を維持することのできない者に対して,左に掲げる事項の範囲内において行われる.
1 衣食その他日常生活の需要を満たすために必要なもの
2 移送
(教育扶助)
**第13条** 教育扶助は,困窮のため最低限度の生活を維持することのできない者に対して,左に掲げる事項の範囲内において行われる.
1 義務教育に伴つて必要な教科書その他の学用品
2 義務教育に伴つて必要な通学用品
3 学校給食その他義務教育に伴つて必要なもの
(住宅扶助)
**第14条** 住宅扶助は,困窮のため最低限度の生活を維持することのできない者に対して,左に掲げる事項の範囲内において行われる.
1 住居
2 補修その他住宅の維持のために必要なもの
(医療扶助)
**第15条** 医療扶助は,困窮のため最低限度の生活を維持することのできない者に対して,左に掲げる事項の範囲内において行われる.
1 診察
2 薬剤又は治療材料
3 医学的処置,手術及びその他の治療並びに施術
4 居宅における療養上の管理及びその療養に伴う世話その他の看護
5 病院又は診療所への入院及びその療養に伴う世話その他の看護
6 移送
(介護扶助)

第15条の2 ① 介護扶助は,困窮のため最低限度の生活を維持することのできない要介護者(介護保険法(平成9年法律第123号)第7条第3項に規定する要介護者をいう.第3項において同じ.)に対して,第1号から第4号まで及び第8号に掲げる事項の範囲内において行われ,困窮のため最低限度の生活を維持することのできない要支援者(同条第4項に規定する要支援者をいう.第6項において同じ.)に対して,第5号から第8号までに掲げる事項の範囲内において行われる.
1 居宅介護(居宅介護支援計画に基づき行うものに限る.)
2 福祉用具
3 住宅改修
4 施設介護
5 介護予防(介護予防支援計画に基づき行うものに限る.)
6 介護予防福祉用具
7 介護予防住宅改修
8 移送
（出産扶助）
第16条 出産扶助は,困窮のため最低限度の生活を維持することのできない者に対して,左に掲げる事項の範囲内において行われる.
1 分べんの介助
2 分べん前及び分べん後の処置
3 脱脂綿,ガーゼその他の衛生材料
（生業扶助）
第17条 生業扶助は,困窮のため最低限度の生活を維持することのできない者又はそのおそれのある者に対して,左に掲げる事項の範囲内において行われる.但し,これによつて,その者の収入を増加させ,又はその自立を助長することのできる見込のある場合に限る.
1 生業に必要な資金,器具又は資料
2 生業に必要な技能の修得
3 就労のために必要なもの
（葬祭扶助）
第18条 ① 葬祭扶助は,困窮のため最低限度の生活を維持することのできない者に対して,左に掲げる事項の範囲内において行われる.
1 検案
2 死体の運搬
3 火葬又は埋葬
4 納骨その他葬祭のために必要なもの
② 左に掲げる場合において,その葬祭を行う者があるときは,その者に対して,前項各号の葬祭扶助を行うことができる.
1 被保護者が死亡した場合において,その者の葬祭を行う扶養義務者がないとき.
2 死者に対しその葬祭を行う扶養義務者がない場合において,その遺留した金品で,葬祭を行うに必要な費用を満たすことのできないとき.

## 第4章　保護の機関及び実施

（実施機関）
第19条 ① 都道府県知事,市長及び社会福祉法(昭和26年法律第45号)に規定する福祉に関する事務所(以下「福祉事務所」という.)を管理する町村長は,次に掲げる者に対して,この法律の定めるところにより,保護を決定し,かつ,実施しなければならない.
1 その管理に属する福祉事務所の所管区域内に居住地を有する要保護者
2 居住地がないか,又は明らかでない要保護者であつて,その管理に属する福祉事務所の所管区域内に現在地を有するもの
② 居住地が明らかである要保護者であつても,その者が急迫した状況にあるときは,その急迫した事由が止むまでは,その者に対する保護は,前項の規定にかかわらず,その者の現在地を所管する福祉事務所を管理する都道府県知事又は市町村長が行うものとする.
③ 第30条第1項ただし書の規定により被保護者を救護施設,更生施設若しくはその他の適当な施設に入所させ,若しくはこれらの施設に入所を委託し,若しくは私人の家庭に養護を委託した場合又は第34条の2第2項の規定により被保護者に対する介護扶助(施設介護に限る.)を介護老人福祉施設(介護保険法第8条第24項に規定する介護老人福祉施設をいう.以下同じ.)において行う場合においては,当該入所又は委託の継続中,その者に対して保護を行うべき者は,その者に係る入所又は委託前の居住地又は現在地によつて定めるものとする.
④ 前3項の規定により保護を行うべき者(以下「保護の実施機関」という.)は,保護の決定及び実施に関する事務の全部又は一部を,その管理に属する行政庁に限り,委任することができる.
⑤ 保護の実施機関は,保護の決定及び実施に関する事務の一部を,政令の定めるところにより,他の保護の実施機関に委託して行うことを妨げない.
⑥ 福祉事務所を設置しない町村の長(以下「町村長」という.)は,その町村の区域内において特に急迫した事由により放置することができない状況にある要保護者に対して,応急的処置として,必要な保護を行うものとする.
⑦ 町村長は,保護の実施機関又は福祉事務所の長(以下「福祉事務所長」という.)が行う保護事務の執行を適切ならしめるため,左に掲げる事項を行うものとする.
1 要保護者を発見し,又は被保護者の生計その他の状況の変動を発見した場合において,すみやかに,保護の実施機関又は福祉事務所長にその旨を通報すること.
2 第24条第6項の規定により保護の開始又は変更の申請を受け取つた場合において,これを保護の実施機関に送付すること.
3 保護の実施機関又は福祉事務所長から求められた場合において,被保護者等に対して,保護金品を交付すること.
4 保護の実施機関又は福祉事務所長から求められた場合において,要保護者に関する調査を行うこと.
第20条 都道府県知事は,この法律に定めるその職権の一部を,その管理に属する行政庁に委任することができる.
（補助機関）
第21条 社会福祉法に定める社会福祉主事は,この法律の施行について,都道府県知事又は市町村長の事務の執行を補助するものとする.
（民生委員の協力）
第22条 民生委員法(昭和23年法律第198号)に定める民生委員は,この法律の施行について,市町

村長,福祉事務所長又は福祉に関する事務の執行に協力するものとする.
(事務監査)
第23条 ① 厚生労働大臣は都道府県知事及び市町村長の行うこの法律の施行に関する事務について,都道府県知事は市町村長の行うこの法律の施行に関する事務について,その指定する職員に,その監査を行わせなければならない.
② 前項の規定により指定された職員は,都道府県知事又は市町村長に対し,必要と認める資料の提出若しくは説明を求め,又は必要と認める指示をすることができる.
③ 第1項の規定により指定すべき職員の資格については,政令で定める.
(申請による保護の開始及び変更)
第24条 ① 保護の実施機関は,保護の開始の申請があつたときは,保護の要否,種類,程度及び方法を決定し,申請者に対して書面をもつて,これを通知しなければならない.
② 前項の書面には,決定の理由を附さなければならない.
③ 第1項の通知は,申請のあつた日から14日以内にしなければならない.但し,扶養義務者の資産状況の調査に日時を要する等特別な理由がある場合には,これを30日まで延ばすことができる.この場合には,同項の書面にその理由を明示しなければならない.
④ 保護の申請をしてから30日以内に第1項の通知がないときは,申請者は,保護の実施機関が申請を却下したものとみなすことができる.
⑤ 前4項の規定は,第7条に規定する者から保護の変更の申請があつた場合に準用する.
⑥ 保護の開始又は変更の申請は,町村長を経由してすることもできる.町村長は,申請を受け取つたときは,5日以内に,その申請に,要保護者に対する扶養義務者の有無,資産状況その他保護に関する決定をするについて参考となるべき事項を記載した書面を添えて,これを保護の実施機関に送付しなければならない.
(職権による保護の開始及び変更)
第25条 ① 保護の実施機関は,要保護者が急迫した状況にあるときは,すみやかに,職権をもつて保護の種類,程度及び方法を決定し,保護を開始しなければならない.
② 保護の実施機関は,常に,被保護者の生活状態を調査し,保護の変更を必要とすると認めるときは,すみやかに,職権をもつてその決定を行い,書面をもつて,これを被保護者に通知しなければならない.前条第2項の規定は,この場合に準用する.
③ 町村長は,要保護者が特に急迫した事由により放置することができない状況にあるときは,すみやかに,職権をもつて第19条第6項に規定する保護を行うものとする.
(保護の停止及び廃止)
第26条 保護の実施機関は,被保護者が保護を必要としなくなつたときは,すみやかに,保護の停止又は廃止を決定し,書面をもつて,これを被保護者に通知しなければならない.第28条第4項又は第62条第3項の規定により保護の停止又は廃止をするときも,同様とする.
(指導及び指示)
第27条 ① 保護の実施機関は,被保護者に対して,生活の維持,向上その他保護の目的達成に必要な指導又は指示をすることができる.
② 前項の指導又は指示は,被保護者の自由を尊重し,必要の最少限度に止めなければならない.
③ 第1項の規定は,被保護者の意に反して,指導又は指示を強制し得るものと解釈してはならない.
(相談及び助言)
第27条の2 保護の実施機関は,要保護者から求めがあつたときは,要保護者の自立を助長するために,要保護者からの相談に応じ,必要な助言をすることができる.
(調査及び検診)
第28条 ① 保護の実施機関は,保護の決定又は実施のため必要があるときは,要保護者の資産状況,健康状態その他の事項を調査するために,要保護者について,当該職員に,その居住の場所に立ち入り,これらの事項を調査させ,又は当該要保護者に対して,保護の実施機関の指定する医師若しくは歯科医師の検診を受けるべき旨を命ずることができる.
② 前項の規定によつて立入調査を行う当該職員は,厚生労働省令の定めるところにより,その身分を示す証票を携帯し,且つ,関係人の請求があるときは,これを呈示しなければならない.
③ 第1項の規定による立入調査の権限は,犯罪捜査のために認められたものと解してはならない.
④ 保護の実施機関は,要保護者が第1項の規定による立入調査を拒み,妨げ,若しくは忌避し,又は医師若しくは歯科医師の検診を受けるべき旨の命令に従わないときは,保護の開始若しくは変更の申請を却下し,又は保護の変更,停止若しくは廃止をすることができる.
(調査の嘱託及び報告の請求)
第29条 保護の実施機関及び福祉事務所長は,保護の決定又は実施のために必要があるときは,要保護者又はその扶養義務者の資産及び収入の状況につき,官公署に調査を嘱託し,又は銀行,信託会社,要保護者若しくはその扶養義務者の雇主その他の関係人に,報告を求めることができる.
(行政手続法の適用除外)
第29条の2 この章の規定による処分については,行政手続法(平成5年法律第88号)第3章(第12条及び第14条を除く.)の規定は,適用しない.

## 第5章 保護の方法

(生活扶助の方法)
第30条 ① 生活扶助は,被保護者の居宅において行うものとする.ただし,これによることができないとき,これによつては保護の目的を達しがたいとき,又は被保護者が希望したときは,被保護者を救護施設,更生施設若しくはその他の適当な施設に入所させ,若しくはこれらの施設に入所を委託し,又は私人の家庭に養護を委託して行うことができる.
② 前項ただし書の規定は,被保護者の意に反して,入所又は養護を強制することができるものと解釈してはならない.
③ 保護の実施機関は,被保護者の親権者又は後見人がその権利を適切に行わない場合においては,その異議があつても,家庭裁判所の許可を得て,第1項但書の措置をとることができる.
④ 前項の許可は,家事審判法(昭和22年法律第152号)の適用に関しては,同法第9条第1項甲類に掲

げる事項とみなす．

**第31条** ① 生活扶助は，金銭給付によつて行うものとする．但し，これによることができないとき，これによることが適当でないとき，その他保護の目的を達するために必要があるときは，現物給付によつて行うことができる．

② 生活扶助のための保護金品は，1月分以内を限度として前渡するものとする．但し，これによりがたいときは，1月分をこえて前渡することができる．

③ 居宅において生活扶助を行う場合の保護金品は，世帯単位に計算し，世帯主又はこれに準ずる者に対して交付するものとする．但し，これによりがたいときは，被保護者に対して個々に交付することができる．

④ 地域密着型介護老人福祉施設（介護保険法第8条第20項に規定する地域密着型介護老人福祉施設をいう．以下同じ．），介護老人福祉施設若しくは介護老人保健施設（同条第25項に規定する介護老人保健施設をいう．以下同じ．）であつて第54条の2第1項の規定により指定を受けたもの（同条第2項の規定により同条第1項の指定を受けたものとみなされた地域密着型介護老人福祉施設及び介護老人福祉施設を含む．）において施設介護を受ける被保護者に対して生活扶助を行う場合の保護金品を前項に規定する者に交付することが適当でないときその他保護の目的を達するために必要があるときは，同項の規定にかかわらず，当該地域密着型介護老人福祉施設若しくは介護老人福祉施設の長又は当該介護老人保健施設の管理者に対して交付することができる．

平18法83による改正前の条文（平24・4・1施行）

> ④ 地域密着型介護老人福祉施設（介護保険法第8条第20項に規定する地域密着型介護老人福祉施設をいう．以下同じ．），介護老人福祉施設，介護老人保健施設（同条第25項に規定する介護老人保健施設をいう．以下同じ．）又は介護療養型医療施設（同条第26項に規定する介護療養型医療施設をいう．以下同じ．）であつて第54条の2第1項の規定により指定を受けたもの（同条第2項の規定により同条第1項の指定を受けたものとみなされた地域密着型介護老人福祉施設及び介護老人福祉施設を含む．）において施設介護を受ける被保護者に対して生活扶助を行う場合の保護金品を前項に規定する者に交付することが適当でないときその他保護の目的を達するために必要があるときは，同項の規定にかかわらず，当該地域密着型介護老人福祉施設若しくは介護老人福祉施設の長又は当該介護老人保健施設若しくは介護療養型医療施設の管理者に対して交付することができる．

⑤ 前条第1項ただし書の規定により生活扶助を行う場合の保護金品は，被保護者又は施設の長若しくは養護の委託を受けた者に対して交付するものとする．

（教育扶助の方法）

**第32条** ① 教育扶助は，金銭給付によつて行うものとする．但し，これによることができないとき，これによることが適当でないとき，その他保護の目的を達するために必要があるときは，現物給付によつて行うことができる．

② 教育扶助のための保護金品は，被保護者，その親権者若しくは未成年後見人又は被保護者の通学する学校の長に対して交付するものとする．

（住宅扶助の方法）

**第33条** ① 住宅扶助は，金銭給付によつて行うものとする．但し，これによることができないとき，これによることが適当でないとき，その他保護の目的を達するために必要があるときは，現物給付によつて行うことができる．

② 前項に規定する住宅扶助のうち，住居の現物給付は，宿所提供施設を利用させ，又は宿所提供施設にこれを委託して行うものとする．

③ 第30条第2項の規定は，前項の場合に準用する．

④ 住宅扶助のための保護金品は，世帯主又はこれに準ずる者に対して交付するものとする．

（医療扶助の方法）

**第34条** ① 医療扶助は，現物給付によつて行うものとする．但し，これによることができないとき，これによることが適当でないとき，その他保護の目的を達するために必要があるときは，金銭給付によつて行うことができる．

② 前項に規定する現物給付のうち，医療の給付は，医療保護施設を利用させ，又は第49条の規定により指定を受けた医療機関にこれを委託して行うものとする．

③ 前項に規定する医療の給付のうち，あん摩マツサージ指圧師，はり師，きゆう師等に関する法律（昭和22年法律第217号）又は柔道整復師法（昭和45年法律第19号）の規定によりあん摩マツサージ指圧師又は柔道整復師（以下「施術者」という．）が行うことのできる範囲の施術については，第55条の規定により準用される第49条の規定により指定を受けた施術者に委託してその給付を行うことを妨げない．

④ 急迫した事情がある場合においては，被保護者は，前2項の規定にかかわらず，指定を受けない医療機関について医療の給付を受け，又は指定を受けない施術者について施術の給付を受けることができる．

⑤ 医療扶助のための保護金品は，被保護者に対して交付するものとする．

（介護扶助の方法）

**第34条の2** ① 介護扶助は，現物給付によつて行うものとする．ただし，これによることができないとき，これによることが適当でないとき，その他保護の目的を達するために必要があるときは，金銭給付によつて行うことができる．

（出産扶助の方法）

**第35条** ① 出産扶助は，金銭給付によつて行うものとする．但し，これによることができないとき，これによることが適当でないとき，その他保護の目的を達するために必要があるときは，現物給付によつて行うことができる．

② 前項但書に規定する現物給付のうち，助産の給付は，第55条の規定により準用される第49条の規定により指定を受けた助産師に委託して行うものとする．

③ 第34条第4項及び第5項の規定は，出産扶助について準用する．

（生業扶助の方法）

**第36条** ① 生業扶助は，金銭給付によつて行うものとする．但し，これによることができないとき，これによることが適当でないとき，その他保護の目的を達するために必要があるときは，現物給付によつて行うことができる．

② 前項但書に規定する現物給付のうち，就労のために必要な施設の供用及び生業に必要な技能の授与

は,授産施設若しくは訓練を目的とするその他の施設を利用させ,又はこれらの施設にこれを委託して行うものとする.
③ 生業扶助のための保護金品は,被保護者に対して交付するものとする.但し,施設の供用又は技能の授与のために必要な金品は,授産施設の長に対して交付することができる.

(葬祭扶助の方法)
**第37条** ① 葬祭扶助は,金銭給付によつて行うものとする.但し,これによることができないとき,これによることが適当でないとき,その他保護の目的を達するために必要があるときは,現物給付によつて行うことができる.
② 葬祭扶助のための保護金品は,葬祭を行う者に対して交付するものとする.

(保護の方法の特例)
**第37条の2** 保護の実施機関は,保護の目的を達するために必要があるときは,第31条第3項本文若しくは第33条第4項の規定により世帯主若しくはこれに準ずる者に対して交付する保護金品,第31条第3項ただし書若しくは第5項,第32条第2項,第34条第5項(第34条の2第3項及び第35条第3項において準用する場合を含む.)若しくは第36条第3項の規定により被保護者に対して交付する保護金品又は前条第2項の規定により葬祭を行う者に対して交付する保護金品のうち,介護保険料(介護保険法第129条第1項に規定する保険料をいう.)その他の被保護者が支払うべき費用であつて政令で定めるものの額に相当する金銭について,被保護者に代わり,政令で定める者に支払うことができる.この場合において,当該支払があつたときは,これらの規定により交付すべき者に対し当該保護金品の交付があつたものとみなす.

## 第6章 保護施設

(種類)
**第38条** ① 保護施設の種類は,左の通りとする.
1 救護施設
2 更生施設
3 医療保護施設
4 授産施設
5 宿所提供施設
② 救護施設は,身体上又は精神上著しい障害があるために日常生活を営むことが困難な要保護者を入所させて,生活扶助を行うことを目的とする施設とする.
③ 更生施設は,身体上又は精神上の理由により養護及び生活指導を必要とする要保護者を入所させて,生活扶助を行うことを目的とする施設とする.
④ 医療保護施設は,医療を必要とする要保護者に対して,医療の給付を行うことを目的とする施設とする.
⑤ 授産施設は,身体上若しくは精神上の理由又は世帯の事情により就業能力の限られている要保護者に対して,就労又は技能の修得のために必要な機会及び便宜を与えて,その自立を助長することを目的とする施設とする.
⑥ 宿所提供施設は,住居のない要保護者の世帯に対して,住宅扶助を行うことを目的とする施設とする.

## 第8章 被保護者の権利及び義務

(不利益変更の禁止)
**第56条** 被保護者は,正当な理由がなければ,既に決定された保護を,不利益に変更されることがない.
(公課禁止)
**第57条** 被保護者は,保護金品を標準として租税その他の公課を課せられることがない.
(差押禁止)
**第58条** 被保護者は,既に給与を受けた保護金品又はこれを受ける権利を差し押ěえられることがない.
(譲渡禁止)
**第59条** 被保護者は,保護を受ける権利を譲り渡すことができない.
(生活上の義務)
**第60条** 被保護者は,常に,能力に応じて勤労に励み,支出の節約を図り,その他生活の維持,向上に努めなければならない.
(届出の義務)
**第61条** 被保護者は,収入,支出その他生計の状況について変動があつたとき,又は居住地若しくは世帯の構成に異動があつたときは,すみやかに,保護の実施機関又は福祉事務所長にその旨を届け出なければならない.
(指示等に従う義務)
**第62条** ① 被保護者は,保護の実施機関が,第30条第1項ただし書の規定により,被保護者を救護施設,更生施設若しくはその他の適当な施設に入所させ,若しくはこれらの施設に入所を委託し,若しくは私人の家庭に養護を委託して保護を行うことを決定したとき,又は第27条の規定により,被保護者に対し,必要な指導又は指示をしたときは,これに従わなければならない.
② 保護施設を利用する被保護者は,第46条の規定により定められたその保護施設の管理規程に従わなければならない.
③ 保護の実施機関は,被保護者が前2項の規定による義務に違反したときは,保護の変更,停止又は廃止をすることができる.
④ 保護の実施機関は,前項の規定により保護の変更,停止又は廃止の処分をする場合には,当該被保護者に対して弁明の機会を与えなければならない.この場合においては,あらかじめ,当該処分をしようとする理由,弁明をすべき日時及び場所を通知しなければならない.
⑤ 第3項の規定による処分については,行政手続法第3章(第12条及び第14条を除く.)の規定は,適用しない.

(費用返還義務)
**第63条** 被保護者が,急迫の場合等において資力があるにもかかわらず,保護を受けたときは,保護に要する費用を支弁した都道府県又は市町村に対して,すみやかに,その受けた保護金品に相当する金額の範囲内において保護の実施機関の定める額を返還しなければならない.

## 第9章 不服申立て

(審査庁)
**第64条** 第19条第4項の規定により市町村長が保護の決定及び実施に関する事務の全部又は一部をその管理に属する行政庁に委任した場合における当該事務に関する処分についての審査請求は,都道府県知事に対してするものとする.
(審査請求と訴訟との関係)

**第69条** この法律の規定に基づき保護の実施機関がした処分の取消しの訴えは,当該処分についての審査請求に対する裁決を経た後でなければ,提起することができない。

## 第10章 費用

**(費用の徴収)**
**第77条** 被保護者に対して民法の規定により扶養の義務を履行しなければならない者があるときは,その義務の範囲内において,保護費を支弁した都道府県又は市町村の長は,その費用の全部又は一部を,その者から徴収することができる。

## 第11章 雑則

**(罰則)**
**第85条** 不実の申請その他不正な手段により保護を受け,又は他人をして受けさせた者は,3年以下の懲役又は30万円以下の罰金に処する。ただし,刑法(明治40年法律第45号)に正条があるときは,刑法による。

---

## 104 児童福祉法(抄)

(昭22・12・12法律第164号,昭23・1・1施行,最終改正:平19・6・1法律第73号)

### 第1章 総則

**第1条** ① すべて国民は,児童が心身ともに健やかに生まれ,且つ,育成されるよう努めなければならない。
② すべて児童は,ひとしくその生活を保障され,愛護されなければならない。
**第2条** 国及び地方公共団体は,児童の保護者とともに,児童を心身ともに健やかに育成する責任を負う。
**第3条** 前2条に規定するところは,児童の福祉を保障するための原理であり,この原理は,すべて児童に関する法令の施行にあたつて,常に尊重されなければならない。

#### 第1節 定義

**第4条** ① この法律で,児童とは,満18歳に満たない者をいい,児童を左のように分ける。
 1 乳児 満1歳に満たない者
 2 幼児 満1歳から,小学校就学の始期に達するまでの者
 3 少年 小学校就学の始期から,満18歳に達するまでの者
② この法律で,障害児とは,身体に障害のある児童又は知的障害のある児童をいう。
**第5条** この法律で,妊産婦とは,妊娠中又は出産後1年以内の女子をいう。
**第6条** この法律で,保護者とは,親権を行う者,未成年後見人その他の者で,児童を現に監護する者をいう。
**第6条の2** ① この法律で,児童自立生活援助事業とは,第27条第1項第3号の措置に係る者に対し,これらの者が共同生活を営むべき住居において同項に規定する日常生活上の援助及び生活指導並びに就業の支援を行い,あわせて同項の措置を解除された者につき相談その他の援助を行う事業をいう。
② この法律で,放課後児童健全育成事業とは,小学校に就学しているおおむね10歳未満の児童であつて,その保護者が労働等により昼間家庭にいないものに,政令で定める基準に従い,授業の終了後に児童厚生施設等の施設を利用して適切な遊び及び生活の場を与えて,その健全な育成を図る事業をいう。
③ この法律で,子育て短期支援事業とは,保護者の疾病その他の理由により家庭において養育を受けることが一時的に困難となつた児童について,厚生労働省令で定めるところにより,児童養護施設その他の厚生労働省令で定める施設に入所させ,その者につき必要な保護を行う事業をいう。
**第6条の3** この法律で,里親とは,保護者のない児童又は保護者に監護させることが不適当であると認められる児童(以下「要保護児童」という。)を養育することを希望する者であつて,都道府県知事が適当と認めるものをいう。
**第7条** ① この法律で,児童福祉施設とは,助産施設,乳児院,母子生活支援施設,保育所,児童厚生施設,児童養護施設,知的障害児施設,知的障害児通園施設,盲ろうあ児施設,肢体不自由児施設,重症心身障害児施設,情緒障害児短期治療施設,児童自立支援施設及び児童家庭支援センターとする。
② この法律で,障害児施設支援とは,知的障害児施設支援,知的障害児通園施設支援,盲ろうあ児施設支援,肢体不自由児施設支援及び重症心身障害児施設支援をいう。
③ この法律で,知的障害児施設支援とは,知的障害児施設に入所する知的障害のある児童に対して行われる保護又は治療及び知識技能の付与をいう。
④ この法律で,知的障害児通園施設支援とは,知的障害児通園施設に通う知的障害のある児童に対して行われる保護及び知識技能の付与をいう。
⑤ この法律で,盲ろうあ児施設支援とは,盲ろうあ児施設に入所する盲児(強度の弱視児を含む。)又はろうあ児(強度の難聴児を含む。)に対して行われる保護及び指導又は援助をいう。
⑥ この法律で,肢体不自由児施設支援とは,肢体不自由児施設又は国立高度専門医療センター若しくは独立行政法人国立病院機構の設置する医療機関であつて厚生労働大臣が指定するもの(以下「指定医療機関」という。)において,上肢,下肢又は体幹の機能の障害(以下「肢体不自由」という。)のある児童に対して行われる治療及び知識技能の付与をいう。
⑦ この法律で,重症心身障害児施設支援とは,重症心身障害児施設に入所し,又は指定医療機関に入所する重度の知的障害及び重度の肢体不自由が重複している児童に対して行われる保護並びに治療及び日常生活の指導をいう。

#### 第2節 児童福祉審議会等

**第8条** ① 第7項,第27条第6項,第46条第4項及び第59条第5項の規定によりその権限に属させられた事項を調査審議するため,都道府県に児童福祉に関する審議会その他の合議制の機関を置くものとする。ただし,社会福祉法(昭和26年法律第45号)第12条第1項の規定により同法第7条第1項に規定する地方社会福祉審議会(以下「地方社会福祉審議会」という。)に児童福祉に関する事項を調査審議させる都道府県にあつては,この限りでない。

② 前項に規定する審議会その他の合議制の機関（以下「都道府県児童福祉審議会」という．）は，同項に定めるもののほか，児童，妊産婦及び知的障害者の福祉に関する事項を調査審議することができる．
③ 市町村（特別区を含む．以下同じ．）は，前項の事項を調査審議するため，児童福祉に関する審議会その他の合議制の機関を置くことができる．
④ 都道府県児童福祉審議会は，都道府県知事の，前項に規定する審議会その他の合議制の機関（以下「市町村児童福祉審議会」という．）は，市町村長（特別区の区長を含む．以下同じ．）の管理に属し，それぞれその諮問に答え，又は関係行政機関に意見を具申することができる．
⑤ 都道府県児童福祉審議会及び市町村児童福祉審議会（以下「児童福祉審議会」という．）は，特に必要があると認めるときは，関係行政機関に対し，所属職員の出席説明及び資料の提出を求めることができる．
⑥ 社会保障審議会及び児童福祉審議会は，必要に応じ，相互に資料を提供する等常に緊密な連絡をとらなければならない．
⑦ 社会保障審議会及び都道府県児童福祉審議会（第1項ただし書に規定する都道府県にあつては，地方社会福祉審議会とする．第27条第6項，第46条第4項並びに第59条第5項及び第6項において同じ．）は，児童及び知的障害者の福祉を図るため，芸能，出版物，がん具，遊戯等を推薦し，又はそれらを製作し，興行し，若しくは販売する者等に対し，必要な勧告をすることができる．

**第9条** ① 児童福祉審議会は，委員20人以内で，これを組織する．
② 児童福祉審議会において，特別の事項を調査審議するため必要があるときは，臨時委員を置くことができる．
③ 児童福祉審議会の委員及び臨時委員は，児童又は知的障害者の福祉に関する事業に従事する者及び学識経験のある者のうちから，都道府県知事又は市町村長が，それぞれこれを任命する．
④ 児童福祉審議会に，委員の互選による委員長及び副委員長各1人を置く．

### 第3節　実施機関

**第10条** ① 市町村は，この法律の施行に関し，次に掲げる業務を行わなければならない．
　1　児童及び妊産婦の福祉に関し，必要な実情の把握に努めること．
　2　児童及び妊産婦の福祉に関し，必要な情報の提供を行うこと．
　3　児童及び妊産婦の福祉に関し，家庭その他からの相談に応じ，必要な調査及び指導を行うこと並びにこれらに付随する業務を行うこと．
② 市町村長は，前項第3号に掲げる業務のうち専門的な知識及び技術を必要とするものについては，児童相談所の技術的援助及び助言を求めることができる．
③ 市町村長は，第1項第3号に掲げる業務を行うに当たつて，医学的，心理学的，教育学的，社会学的及び精神保健上の判定を必要とする場合には，児童相談所の判定を求めなければならない．
④ 市町村は，この法律による事務を適切に行うために必要な体制の整備に努めるとともに，当該事務に従事する職員の人材の確保及び資質の向上のために必要な措置を講じなければならない．

**第11条** ① 都道府県は，この法律の施行に関し，次に掲げる業務を行わなければならない．
　1　前条第1項各号に掲げる市町村の業務の実施に関し，市町村相互間の連絡調整，市町村に対する情報の提供その他必要な援助を行うこと及びこれらに付随する業務を行うこと．
　2　児童及び妊産婦の福祉に関し，主として次に掲げる業務を行うこと．
　　イ　各市町村の区域を超えた広域的な見地から，実情の把握に努めること．
　　ロ　児童に関する家庭その他からの相談のうち，専門的な知識及び技術を必要とするものに応ずること．
　　ハ　児童及びその家庭につき，必要な調査並びに医学的，心理学的，教育学的，社会学的及び精神保健上の判定を行うこと．
　　ニ　児童及びその保護者につき，ハの調査又は判定に基づいて必要な指導を行うこと．
　　ホ　児童の一時保護を行うこと．
② 都道府県知事は，市町村の前条第1項各号に掲げる業務の実施に関し，市町村相互間の連絡調整又は市町村に対する情報の提供その他必要な援助を行うため必要があると認めるときは，市町村に対し，必要な助言を行うことができる．
③ 都道府県知事は，第1項又は前項の規定による都道府県の事務の全部又は一部を，その管理に属する行政庁に委任することができる．

**第12条** ① 都道府県は，児童相談所を設置しなければならない．
② 児童相談所は，児童の福祉に関し，主として前条第1項第1号に掲げる業務及び同項第2号ロからホまでに掲げる業務並びに障害者自立支援法（平成17年法律第123号）第22条第2項及び第3項並びに第26条第1項に規定する業務を行うものとする．
③ 児童相談所は，必要に応じ，巡回して，前項に規定する業務（前条第1項第2号ホに掲げる業務を除く．）を行うことができる．
④ 児童相談所長は，その管轄区域内の社会福祉法に規定する福祉に関する事務所（以下「福祉事務所」という．）の長（以下「福祉事務所長」という．）に必要な調査を委嘱することができる．

**第12条の2** ① 児童相談所には，所長及び所員を置く．
② 所長は，都道府県知事の監督を受け，所務を掌理する．
③ 所員は，所長の監督を受け，前条に規定する業務をつかさどる．
④ 児童相談所には，第1項に規定するもののほか，必要な職員を置くことができる．

**第12条の3** ① 児童相談所の所長及び所員は，都道府県知事の補助機関である職員とする．
② 所長は，次の各号のいずれかに該当する者でなければならない．
　1　医師であつて，精神保健に関して学識経験を有する者
　2　学校教育法（昭和22年法律第26号）に基づく大学又は旧大学令（大正7年勅令第388号）に基づく大学において，心理学を専修する学科又はこれに相当する課程を修めて卒業した者
　3　社会福祉士
　4　児童の福祉に関する事務をつかさどる職員（以下「児童福祉司」という．）として2年以上勤務した者又は児童福祉司たる資格を得た後2年以上

所員として勤務した者
5 前各号に掲げる者と同等以上の能力を有すると認められる者であつて、厚生労働省令で定めるもの
③ 所員は、厚生労働大臣が定める基準に適合する研修を受けなければならない。
④ 判定をつかさどる所員の中には、第2項第1号に該当する者又はこれに準ずる資格を有する者及び同項第2号に該当する者又はこれに準ずる資格を有する者が、それぞれ1人以上含まれなければならない。
⑤ 相談及び調査をつかさどる所員は、児童福祉司たる資格を有する者でなければならない。
**第12条の4** 児童相談所には、必要に応じ、児童を一時保護する施設を設けなければならない。

#### 第4節 児童福祉司

**第13条** ① 都道府県は、その設置する児童相談所に、児童福祉司を置かなければならない。
② 児童福祉司は、都道府県知事の補助機関である職員とし、次の各号のいずれかに該当する者のうちから、任用しなければならない。
 1 厚生労働大臣の指定する児童福祉司若しくは児童福祉施設の職員を養成する学校その他の施設を卒業し、又は厚生労働大臣の指定する講習会の課程を修了した者
 2 学校教育法に基づく大学又は旧大学令に基づく大学において、心理学、教育学若しくは社会学を専修する学科又はこれらに相当する課程を修めて卒業した者であつて、厚生労働省令で定める施設において1年以上児童その他の者の福祉に関する相談に応じ、助言、指導その他の援助を行う業務に従事したもの
 3 医師
 3の2 社会福祉士
 4 社会福祉主事として、2年以上児童福祉事業に従事した者
 5 前各号に掲げる者と同等以上の能力を有すると認められる者であつて、厚生労働省令で定めるもの
③ 児童福祉司は、児童相談所長の命を受けて、児童の保護その他児童の福祉に関する事項について、相談に応じ、専門的技術に基いて必要な指導を行う等児童の福祉増進に努める。
④ 児童福祉司は、政令の定めるところにより児童相談所長が定める担当区域により、前項の職務を行い、担当区域内の市町村長に協力を求めることができる。

#### 第5節 児童委員

**第16条** ① 市町村の区域に児童委員を置く。
② 民生委員法(昭和23年法律第198号)による民生委員は、児童委員に充てられたものとする。
③ 厚生労働大臣は、児童委員のうちから、主任児童委員を指名する。
④ 前項の規定による厚生労働大臣の指名は、民生委員法第5条の規定による推薦によつて行う。

**第17条** ① 児童委員は、次に掲げる職務を行う。
 1 児童及び妊産婦につき、その生活及び取り巻く環境の状況を適切に把握しておくこと。
 2 児童及び妊産婦につき、その保護、保健その他福祉に関し、サービスを適切に利用するために必要な情報の提供その他の援助及び指導を行うこと。
 3 児童及び妊産婦に係る社会福祉を目的とする事業を経営する者又は児童の健やかな育成に関する活動を行う者と密接に連携し、その事業又は活動を支援すること。
 4 児童福祉司又は福祉事務所の社会福祉主事の行う職務に協力すること。
 5 児童の健やかな育成に関する気運の醸成に努めること。
 6 前各号に掲げるもののほか、必要に応じて、児童及び妊産婦の福祉の増進を図るための活動を行うこと。

**第18条** ① 市町村長は、前条第1項又は第2項に規定する事項に関し、児童委員に必要な状況の通報及び資料の提供を求め、並びに必要な指示をすることができる。
② 児童委員は、その担当区域内における児童又は妊産婦に関し、必要な事項につき、その担当区域を管轄する児童委員会長又は市町村長にその状況を通知し、併せて意見を述べなければならない。

#### 第6節 保育士

**第18条の4** この法律で、保育士とは、第18条の18第1項の登録を受け、保育士の名称を用いて、専門的知識及び技術をもつて、児童の保育及び児童の保護者に対する保育に関する指導を行うことを業とする者をいう。

**第18条の5** 次の各号のいずれかに該当する者は、保育士となることができない。
 1 成年被後見人又は被保佐人
 2 禁錮以上の刑に処せられ、その執行を終わり、又は執行を受けることがなくなつた日から起算して2年を経過しない者
 3 この法律の規定その他児童の福祉に関する法律の規定であつて政令で定めるものにより、罰金の刑に処せられ、その執行を終わり、又は執行を受けることがなくなつた日から起算して2年を経過しない者
 4 第18条の19第1項第2号又は第2項の規定により登録を取り消され、その取消しの日から起算して2年を経過しない者

**第18条の6** 次の各号のいずれかに該当する者は、保育士となる資格を有する。
 1 厚生労働大臣の指定する保育士を養成する学校その他の施設(以下「指定保育士養成施設」という。)を卒業した者
 2 保育士試験に合格した者

### 第2章 福祉の保障

#### 第1節 療育の指導等

**第19条** ① 保健所長は、身体に障害のある児童につき、診査を行ない、又は相談に応じ、必要な療育の指導を行なわなければならない。

**第20条** ① 都道府県は、骨関節結核その他の結核にかかつている児童に対し、療養に併せて学習の援助を行うため、これを病院に入院させて療育の給付を行うことができる。

#### 第2節 居宅生活の支援
##### 第1款 障害福祉サービスの措置

**第21条の6** 市町村は、障害者自立支援法第5条第1項に規定する障害福祉サービス(以下「障害福祉サービス」という。)を必要とする障害児の保護者が、やむを得ない事由により同法に規定する介護給付費又は特例介護給付費(第56条の6第1項において「介護給付費等」という。)の支給を受けることが著しく困難であると認めるときは、当該障害児につき、政令で定める基準に従い、障害福祉サービス

ビスを提供し，又は当該市町村以外の者に障害福祉サービスの提供を委託することができる．

**第21条の7** 障害者自立支援法第5条第1項に規定する障害福祉サービス事業を行う者は，前条の規定による委託を受けたときは，正当な理由がない限り，これを拒んではならない．

### 第2款 子育て支援事業

**第21条の8** 市町村は，次条に規定する子育て支援事業に係る福祉サービスその他地域の実情に応じたきめ細かな福祉サービスが積極的に提供され，保護者が，その児童及び保護者の心身の状況，これらの者の置かれている環境その他の状況に応じて，当該児童を養育するために最も適切な支援が総合的に受けられるよう，発達に参画する者の活動の連携及び調整を図るようにすることその他の地域の実情に応じた体制の整備に努めなければならない．

**第21条の9** 市町村は，児童の健全な育成に資するため，その区域内において，放課後児童健全育成事業及び子育て短期支援事業並びに次に掲げる事業であつて厚生労働省令で定めるもの（以下「子育て支援事業」という．）が着実に実施されるよう，必要な措置の実施に努めなければならない．
1 児童又はその保護者又はその他の者の居宅において保護者の児童の養育を支援する事業
2 保育所その他の施設において保護者の児童の養育を支援する事業
3 地域の児童の養育に関する各般の問題につき，保護者からの相談に応じ，必要な情報の提供及び助言を行う事業

### 第3款 助産施設，母子生活支援施設及び保育所への入所

**第22条** ① 都道府県，市及び福祉事務所を設置する町村（以下「都道府県等」という．）は，それぞれその設置する福祉事務所の所管区域内における妊産婦で，保健上必要があるにもかかわらず，経済的理由により，入院助産を受けることができない場合において，その妊産婦から申込みがあつたときは，その妊産婦に対し助産施設において助産を行わなければならない．ただし，付近に助産施設がない等やむを得ない事由があるときは，この限りでない．

**第24条** ① 市町村は，保護者の労働又は疾病その他の政令で定める基準に従い条例で定める事由により，その監護すべき乳児，幼児又は第39条第2項に規定する児童の保育に欠けるところがある場合において，保護者から申込みがあつたときは，それらの児童を保育所において保育しなければならない．ただし，付近に保育所がない等やむを得ない事由があるときは，その他の適切な保護をしなければならない．

### 第4節 障害児施設給付費，高額障害児施設給付費及び特定入所障害児食費等給付費並びに障害児施設医療費の支給

#### 第2款 指定知的障害児施設等

**第24条の9** ① 第24条の2第1項の指定は，厚生労働省令で定めるところにより，知的障害児施設，知的障害児通園施設，盲ろうあ児施設，肢体不自由児施設又は重症心身障害児施設（以下「知的障害児施設等」という．）であつて，その設置者の申請があつたものについて行う．

**第24条の11** ① 指定知的障害児施設等の設置者は，障害児がその有する能力及び適性に応じ，自立した日常生活又は社会生活を営むことができるよう，行政機関，教育機関その他の関係機関との緊密な連携を図りつつ，障害児施設支援を当該障害児の意向，適性，障害の特性その他の事情に応じ，効果的に行うように努めなければならない．
② 指定知的障害児施設等の設置者は，その提供する障害児施設支援の質の評価を行うことその他の措置を講ずることにより，障害児施設支援の質の向上に努めなければならない．
③ 指定知的障害児施設等の設置者は，障害児の人格を尊重するとともに，この法律及びこの法律に基づく命令を遵守し，障害児及びその保護者のため忠実にその職務を遂行しなければならない．

### 第5節 要保護児童の保護措置等

**第25条** 要保護児童を発見した者は，これを市町村，都道府県の設置する福祉事務所若しくは児童相談所又は児童委員を介して市町村，都道府県の設置する福祉事務所若しくは児童相談所に通告しなければならない．ただし，罪を犯した満14歳以上の児童については，この限りでない．この場合においては，家庭裁判所に通告しなければならない．

**第25条の2** ① 地方公共団体は，単独で又は共同して，要保護児童の適切な保護を図るため，関係機関，関係団体及び児童の福祉に関連する職務に従事する者その他の関係者（以下「関係機関等」という．）により構成される要保護児童対策地域協議会（以下「協議会」という．）を置くよう努めなければならない．

**第25条の6** 市町村，都道府県の設置する福祉事務所又は児童相談所は，第25条の規定による通告を受けた場合において必要があると認めるときは，速やかに，当該児童の状況の把握を行うものとする．

**第25条の7** ① 市町村（次項に規定する町村を除く．）は，要保護児童等に対する支援の実施状況を的確に把握するものとし，第25条の規定による通告を受けた児童及び相談に応じた児童又はその保護者（以下「通告児童等」という．）について，必要があると認めたときは，次の各号のいずれかの措置を採らなければならない．
1 第27条の措置を要すると認める者並びに医学的，心理学的，教育学的，社会学的及び精神保健上の判定を要すると認める者は，これを児童相談所に送致すること．
2 通告児童等を当該市町村の設置する福祉事務所の知的障害者福祉法（昭和35年法律第37号）第9条第5項に規定する知的障害者の福祉に関する事務をつかさどる職員（以下「知的障害者福祉司」という．）又は社会福祉主事に指導させること．
3 児童虐待の防止等に関する法律（平成12年法律第82号）第8条の2第1項の規定による出頭の求め及び調査若しくは質問，第29条若しくは同法第9条第1項の規定による立入り及び調査若しくは質問又は第33条第1項若しくは第2項の規定による一時保護の実施が適当であると認める者は，これを都道府県知事又は児童相談所長に通知すること．
② 福祉事務所を設置していない町村は，要保護児童等に対する支援の実施状況を的確に把握するものとし，通告児童等又は妊産婦について，必要があると認めたときは，次の各号のいずれかの措置を採らなければならない．
1 第27条の措置を要すると認める者並びに医学的，

心理学的,教育学的,社会学的及び精神保健上の判定を要すると認める者は,これを児童相談所に送致すること.
2 次条第2号の措置が適当であると認める者は,これを当該町村の属する都道府県の設置する福祉事務所に送致すること.
3 助産の実施又は母子保護の実施が適当であると認める者は,これをそれぞれその実施に係る都道府県知事に報告すること.
4 児童虐待の防止等に関する法律第8条の2第1項の規定による出頭の求め及び調査若しくは質問,第29条若しくは同法第9条第1項の規定による立入り及び調査若しくは質問又は第33条第1項若しくは第2項の規定による一時保護の実施が適当であると認める者は,これを都道府県知事又は児童相談所長に通知すること.

**第25条の8** 都道府県の設置する福祉事務所の長は,第25条の規定による通告を受けた児童,第25条の7第1項第1号若しくは次条第1項第3号の規定による送致を受けた児童及び相談に応じた児童,その保護者又は妊産婦について,必要があると認めるときは,次の各号のいずれかの措置を採らなければならない.
1 第27条の措置を要すると認める者並びに医学的,心理学的,教育学的,社会学的及び精神保健上の判定を要すると認める者は,これを児童相談所に送致すること.
2 児童又はその保護者をその福祉事務所の知的障害者福祉司又は社会福祉主事に指導させること.
3 助産の実施,母子保護の実施又は保育の実施(以下「保育の実施等」という.)が適当であると認める者は,これをそれぞれその保育の実施等に係る都道府県又は市町村の長に報告し,又は通知すること.
4 第21条の6の規定による措置が適当であると認める者は,これをその措置に係る市町村の長に報告し,又は通知すること.

**第26条** ① 児童相談所長は,第25条の規定による通告を受けた児童,第25条の7第1項第1号若しくは第2項第1号,前条第1号又は少年法(昭和23年法律第168号)第6条の6第1項若しくは第18条第1項の規定による送致を受けた児童及び相談に応じた児童,その保護者又は妊産婦について,必要があると認めたときは,次の各号のいずれかの措置を採らなければならない.
1 次条の措置を要すると認める者は,これを都道府県知事に報告すること.
2 児童又はその保護者を児童福祉司若しくは児童委員に指導させ,又は都道府県以外の者の設置する児童家庭支援センター若しくは都道府県以外の障害者自立支援法第5条第17項に規定する相談支援事業(次条第1項第2号及び第34条の6において「相談支援事業」という.)を行う者に指導を委託すること.
3 第25条の7第1項第2号又は前条第2号の措置が適当であると認める者は,これを福祉事務所に送致すること.
4 保育の実施等が適当であると認める者は,これをそれぞれその保育の実施等に係る都道府県又は市町村の長に報告し,又は通知すること.
5 第21条の6の規定による措置が適当であると認める者は,これをその措置に係る市町村の長に報告し,又は通知すること.

② 前項第1号の規定による報告書には,児童の住所,氏名,年齢,履歴,性行,健康状態及び家庭環境,同号に規定する措置についての当該児童及びその保護者の意向その他児童の福祉増進に関し,参考となる事項を記載しなければならない.

**第27条** ① 都道府県は,前条第1項第1号の規定による報告又は少年法第24条第1項又は第26条の4第1項の規定により同法第18条第2項の規定による送致のあつた児童につき,次の各号のいずれかの措置を採らなければならない.
1 児童又はその保護者に訓戒を加え,又は誓約書を提出させること.
2 児童又はその保護者を児童福祉司,知的障害者福祉司,児童委員若しくは当該都道府県の設置する児童家庭支援センター若しくは当該都道府県が行う相談支援事業に係る職員に指導させ,又は当該都道府県以外の者の設置する児童家庭支援センター若しくは当該都道府県以外の相談支援事業を行う者に指導を委託すること.
3 児童を里親に委託し,又は乳児院,児童養護施設,知的障害児施設,知的障害児通園施設,盲ろうあ児施設,肢体不自由児施設,重症心身障害児施設,情緒障害児短期治療施設若しくは児童自立支援施設に入所させること.
4 家庭裁判所の審判に付することが適当であると認める児童は,これを家庭裁判所に送致すること.

② 都道府県は,第43条の3又は第43条の4に規定する児童については,前項第3号の措置に代えて,指定医療機関に対し,これらの児童を入院させて肢体不自由児施設又は重症心身障害児施設におけると同様な治療等を行うことを委託することができる.

③ 都道府県知事は,少年法第18条第2項の規定による送致のあつた児童につき,第1項の措置を採るにあたつては,家庭裁判所の決定による指示に従わなければならない.

④ 第1項第3号又は第2項の措置は,児童に親権を行う者(第47条第1項の規定により親権を行う児童福祉施設の長を除く.以下同じ.)又は未成年後見人があるときは,前項の場合を除いては,その親権を行う者又は未成年後見人の意に反して,これを採ることができない.

⑤ 都道府県知事は,第1項第2号若しくは第3号若しくは第2項の措置を解除し,停止し,又は他の措置に変更する場合には,児童相談所長の意見を聴かなければならない.

⑥ 都道府県知事は,政令の定めるところにより,第1項第1号から第3号までの措置(第3項の規定により採るもの及び第28条第1項第1号又は第2号ただし書の規定により採るものを除く.)若しくは第2項の措置を採る場合又は第1項第2号若しくは第3号若しくは第2項の措置を解除し,停止し,若しくは他の措置に変更する場合には,都道府県児童福祉審議会の意見を聴かなければならない.

⑦ 都道府県は,義務教育を終了した児童であつて,第1項第3号に規定する措置のうち政令で定めるものを解除されたものその他政令で定めるものについて,当該児童の自立を図るため,政令で定める基準に従い,これらの者が共同生活を営むべき住居において相談その他の日常生活上の援助及び生活指導並びに就業の支援を行い,又は当該都道府県以外の者に当該住居において当該日常生活上の援助及び生活指導並びに就業の支援を行うことを委託

する措置を採ることができる．

**第27条の2** ① 都道府県は，少年法第24条第1項又は第26条の4第1項の規定により同法第24条第1項第2号の保護処分の決定を受けた児童につき，当該決定に従つて児童自立支援施設に入所させる措置（保護者の下から通わせて行うものを除く．）は児童養護施設に入所させる措置を採らなければならない．

② 前項に規定する措置は，この法律の適用については，前条第1項第3号の児童自立支援施設又は児童養護施設に入所させる措置とみなす．ただし，同条第4項及び第6項（措置を解除し，停止し，又は他の措置に変更する場合に係る部分を除く．）並びに第28条の規定の適用については，この限りでない．

**第27条の3** 都道府県知事は，たまたま児童の行動の自由を制限し，又はその自由を奪うような強制的措置を必要とするときは，第33条及び第47条の規定により認められる場合を除き，事件を家庭裁判所に送致しなければならない．

**第28条** ① 保護者が，その児童を虐待し，著しくその監護を怠り，その他保護者に監護させることが著しく当該児童の福祉を害する場合において，第27条第1項第3号の措置を採ることが児童の親権を行う者又は未成年後見人の意に反するときは，都道府県は，次の各号の措置を採ることができる．
1 保護者が親権を行う者又は未成年後見人であるときは，家庭裁判所の承認を得て，第27条第1項第3号の措置を採ること．
2 保護者が親権を行う者又は未成年後見人でないときは，その児童を親権を行う者又は未成年後見人に引き渡すこと．ただし，その児童を親権を行う者又は未成年後見人に引き渡すことが児童福祉のため不適当であると認めるときは，家庭裁判所の承認を得て，第27条第1項第3号の措置を採ること．

② 前項第1号及び第2号ただし書の規定による措置の期間は，当該措置を開始した日から2年を超えてはならない．ただし，当該措置に係る保護者に対する指導措置（第27条第1項第2号の措置をいう．以下この条において同じ．）の効果等に照らし，当該措置を継続しなければ保護者がその児童を虐待し，著しくその監護を怠り，その他著しく当該児童の福祉を害するおそれがあると認めるときは，都道府県は，家庭裁判所の承認を得て，当該期間を更新することができる．

③ 第1項及び前項の承認（以下「措置に関する承認」という．）は，家事審判法の適用に関しては，これを同法第9条第1項甲類に掲げる事項とみなす．

④ 都道府県は，第2項の規定による更新に係る承認の申立てをした場合において，やむを得ない事情があるときは，当該措置の期間が満了した後も，当該申立てに対する審判が確定するまでの間，引き続き当該措置を採ることができる．ただし，当該申立てを却下する審判があつた場合には，当該審判の結果を考慮してもなお当該措置を採る必要があると認めるときに限る．

⑤ 家庭裁判所は，措置に関する承認の申立てがあつた場合には，都道府県に対し，期限を定めて，当該申立てに係る保護者に対する指導措置に関し報告及び意見を求め，又は当該申立てに係る児童及びその保護者に関する必要な資料の提出を求めることができる．

⑥ 家庭裁判所は，措置に関する承認の審判をする場合において，当該措置の終了後の家庭その他の環境の調整を行うため当該保護者に対し指導措置を採ることが相当であると認めるときは，当該保護者に対し，指導措置を採るべき旨を都道府県に勧告することができる．

**第29条** 都道府県知事は，前条の規定による措置をとるため，必要があると認めるときは，児童委員又は児童の福祉に関する事務に従事する職員をして，児童の住所若しくは居所又は児童の従業する場所に立ち入り，必要な調査又は質問をさせることができる．この場合においては，その身分を証明する証票を携帯させ，関係者の請求があつたときは，これを提示させなければならない．

**第33条** ① 児童相談所長は，必要があると認めるときは，第26条第1項の措置をとるに至るまで，児童に一時保護を加え，又は適当な者に委託して，一時保護を加えさせることができる．

② 都道府県知事は，必要があると認めるときは，第27条第1項又は第2項の措置をとるに至るまで，児童相談所長をして，児童に一時保護を加えさせ，又は適当な者に，一時保護を加えることを委託させることができる．

③ 前2項の規定による一時保護の期間は，当該一時保護を開始した日から2月を超えてはならない．

④ 前項の規定にかかわらず，児童相談所長又は都道府県知事は，必要があると認めるときは，引き続き第1項又は第2項の規定による一時保護を行うことができる．

**第33条の6** 児童又は児童以外の満20歳に満たない者（次条及び第33条の8において「児童等」という．）の親権者が，その親権を濫用し，又は著しく不行跡であるときは，民法（明治29年法律第89号）第834条の規定による親権喪失の宣告の請求は，同条に定める者のほか，児童相談所長も，これを行うことができる．

**第33条の7** ① 児童相談所長は，親権を行う者及び未成年後見人のない児童等について，その福祉のため必要があるときは，家庭裁判所に対し未成年後見人の選任を請求しなければならない．

② 児童相談所長は，前項の規定による未成年後見人の選任の請求に係る児童等（児童福祉施設に入所中の児童を除く．）に対し，親権を行う者又は未成年後見人があるに至るまでの間，親権を行う．ただし，民法797条の規定による縁組の承諾をするには，厚生労働省令の定めるところにより，都道府県知事の許可を得なければならない．

**第33条の8** 児童等の未成年後見人に，不正な行為，著しい不行跡その他後見の任務に適しない事由があるときは，民法846条の規定による未成年後見人の解任の請求は，同条に定める者のほか，児童相談所長も，これを行うことができる．

### 第6節 雑 則

**第34条** ① 何人も，次に掲げる行為をしてはならない．
1 身体に障害又は形態上の異常がある児童を公衆の観覧に供する行為
2 児童にこじきをさせ，又は児童を利用してこじきをする行為
3 公衆の娯楽を目的として，満15歳に満たない児童にかるわざ又は曲馬をさせる行為
4 満15歳に満たない児童に戸々について，又は道路その他これに準ずる場所で歌謡，遊芸その他の

演技を業務としてさせる行為

4の2 児童に午後10時から午前3時までの間, 戸々について, 又は道路その他これに準ずる場所で物品の販売, 配布, 展示若しくは拾集又は役務の提供を業務としてさせる行為

4の3 戸々について, 又は道路その他これに準ずる場所で物品の販売, 配布, 展示若しくは拾集又は役務の提供を業務として行う満15歳に満たない児童を, 当該業務を行うために, 風俗営業等の規制及び業務の適正化等に関する法律(昭和23年法律第122号)第2条第4項の接待飲食等営業, 同条第6項の店舗型性風俗特殊営業及び同条第9項の店舗型電話異性紹介営業に該当する営業を営む場所に立ち入らせる行為

5 満15歳に満たない児童に酒席に侍する行為を業務としてさせる行為

6 児童に淫行をさせる行為

7 前各号に掲げる行為をするおそれのある者その他児童に対し, 刑罰法令に触れる行為をなすおそれのある者に, 情を知つて, 児童を引き渡す行為及び当該引渡し行為のなされるおそれがあるの情を知つて, 他人に児童を引き渡す行為

8 成人及び児童のための正当な職業紹介の機関以外の者が, 営利を目的として, 児童の養育をあつせんする行為

9 児童の心身に有害な影響を与える行為をさせる目的をもつて, これを自己の支配下に置く行為

② 児童養護施設, 知的障害児施設, 知的障害児通園施設, 盲ろうあ児施設, 肢体不自由児施設又は児童自立支援施設においては, それぞれ第41条から第43条の3まで及び第44条に規定する目的に反して, 入所した児童を酷使してはならない.

### 第3章 事業及び施設

**第34条の7** 市町村, 社会福祉法人その他の者は, 社会福祉法の定めるところにより, 放課後児童健全育成事業を行うことができる.

**第34条の8** 市町村は, 厚生労働省令で定めるところにより, 子育て短期支援事業を行うことができる.

**第35条** ① 国は, 政令の定めるところにより, 児童福祉施設(助産施設, 母子生活支援施設及び保育所を除く.)を設置するものとする.

② 都道府県は, 政令の定めるところにより, 児童福祉施設を設置するものとする.

③ 市町村は, 厚生労働省令の定めるところにより, あらかじめ, 厚生労働省令で定める事項を都道府県知事に届け出て, 児童福祉施設を設置することができる.

④ 国, 都道府県及び市町村以外の者は, 厚生労働省令の定めるところにより, 都道府県知事の認可を得て, 児童福祉施設を設置することができる.

⑤ 児童福祉施設には, 児童福祉施設の職員の養成施設を附置することができる.

⑥ 市町村は, 児童福祉施設を廃止し, 又は休止しようとするときは, その廃止又は休止の日の1月前までに, 厚生労働省令で定める事項を都道府県知事に届け出なければならない.

⑦ 都道府県及び市町村以外の者は, 児童福祉施設を廃止し, 又は休止しようとするときは, 厚生労働省令の定めるところにより, 都道府県知事の承認を受けなければならない.

**第36条** 助産施設は, 保健上必要があるにもかかわらず, 経済的理由により, 入院助産を受けることができない妊産婦を入所させて, 助産を受けさせることを目的とする施設とする.

**第37条** 乳児院は, 乳児(保健上, 安定した生活環境の確保その他の理由により特に必要のある場合には, 幼児を含む.)を入院させて, これを養育し, あわせて退院した者について相談その他の援助を行うことを目的とする施設とする.

**第38条** 母子生活支援施設は, 配偶者のない女子又はこれに準ずる事情にある女子及びその者の監護すべき児童を入所させて, これらの者を保護するとともに, これらの者の自立の促進のためにその生活を支援し, あわせて退所した者について相談その他の援助を行うことを目的とする施設とする.

**第39条** ① 保育所は, 日日保護者の委託を受けて, 保育に欠けるその乳児又は幼児を保育することを目的とする施設とする.

② 保育所は, 前項の規定にかかわらず, 特に必要があるときは, 日日保護者の委託を受けて, 保育に欠けるその他の児童を保育することができる.

**第40条** 児童厚生施設は, 児童遊園, 児童館等児童に健全な遊びを与えて, その健康を増進し, 又は情操をゆたかにすることを目的とする施設とする.

**第41条** 児童養護施設は, 保護者のない児童(乳児を除く. ただし, 安定した生活環境の確保その他の理由により特に必要のある場合には, 乳児を含む. 以下この条においても同じ.), 虐待されている児童その他環境上養護を要する児童を入所させて, これを養護し, あわせて退所した者に対する相談その他の自立のための援助を行うことを目的とする施設とする.

**第42条** 知的障害児施設は, 知的障害のある児童を入所させて, これを保護し, 又は治療するとともに, 独立自活に必要な知識技能を与えることを目的とする施設とする.

**第43条** 知的障害児通園施設は, 知的障害のある児童を日々保護者の下から通わせて, これを保護するとともに, 独立自活に必要な知識技能を与えることを目的とする施設とする.

**第43条の2** 盲ろうあ児施設は, 盲児(強度の弱視児を含む.)又はろうあ児(強度の難聴児を含む.)を入所させて, これを保護するとともに, 独立自活に必要な指導又は援助をすることを目的とする施設とする.

**第43条の3** 肢体不自由児施設は, 肢体不自由のある児童を治療するとともに, 独立自活に必要な知識技能を与えることを目的とする施設とする.

**第43条の4** 重症心身障害児施設は, 重度の知的障害及び重度の肢体不自由が重複している児童を入所させて, これを保護するとともに, 治療及び日常生活の指導をすることを目的とする施設とする.

**第43条の5** 情緒障害児短期治療施設は, 軽度の情緒障害を有する児童を, 短期間, 入所させ, 又は保護者の下から通わせて, その情緒障害を治し, あわせて退所した者について相談その他の援助を行うことを目的とする施設とする.

**第44条** 児童自立支援施設は, 不良行為をなし, 又はなすおそれのある児童及び家庭環境その他の環境上の理由により生活指導等を要する児童を入所させ, 又は保護者の下から通わせて, 個々の児童の状況に応じて必要な指導を行い, その自立を支援し,

あわせて退所した者について相談その他の援助を行うことを目的とする施設とする．

**第44条の2** ① 児童家庭支援センターは，地域の児童の福祉に関する各般の問題につき，児童，母子家庭その他の家庭，地域住民その他からの相談に応じ，必要な助言を行うとともに，第26条第1項第2号及び第27条第1項第2号の規定による指導を行い，あわせて児童相談所，児童福祉施設等との連絡調整その他厚生労働省令の定める援助を総合的に行うことを目的とする施設とする．
② 児童家庭支援センターは，厚生労働省令の定める児童福祉施設に附属するものとする．
③ 児童家庭支援センターの職員は，その職務を遂行するに当たつては，個人の身上に関する秘密を守らなければならない．

## 第4章 費 用

**第49条の2** 国庫は，都道府県が，第27条第1項第3号に規定する措置により，国の設置する児童福祉施設に入所させた者につき，その入所後に要する費用を支弁する．

**第50条** 次に掲げる費用は，都道府県の支弁とする．
1 都道府県児童福祉審議会に要する費用
2 児童福祉司及び児童委員に要する費用
3 児童相談所に要する費用(第9号の費用を除く．)
4 削除
5 第20条の措置に要する費用
5の2 第21条の5の事業の実施に要する費用
6 都道府県の設置する助産施設又は母子生活支援施設において市町村が行う助産の実施又は母子保護の実施に要する費用（助産の実施又は母子保護の実施につき第45条の最低基準を維持するために要する費用をいう．第6号の3及び次条第2号において同じ．）
6の2 都道府県の設置する保育所における保育の実施に要する保育費用（保育の実施につき第45条の最低基準を維持するために要する費用をいう．次条第3号及び第4号並びに第56条第3項において同じ．）
6の3 都道府県が行う助産の実施又は母子保護の実施に要する費用
6の4 障害児施設給付費，高額障害児施設給付費若しくは特定入所障害児食費等給付費又は障害児施設医療費（以下「障害児施設給付費等」という．）の支給に要する費用
7 都道府県が，第27条第1項第3号に規定する措置を採つた場合において，入所又は委託に要する費用及び入所後の保護又は委託後の養育につき，第45条の最低基準を維持するために要する費用（国の設置する乳児院，児童養護施設，知的障害児施設，知的障害児通園施設，盲ろうあ児施設，肢体不自由児施設，重症心身障害児施設，情緒障害児短期治療施設又は児童自立支援施設に入所させた児童につき，その入所後に要する費用を除く．）
7の2 都道府県が，第27条第2項に規定する措置を採つた場合において，委託及び委託後の治療等に要する費用

8 一時保護に要する費用
9 児童相談所の設備並びに都道府県の設置する児童福祉施設の設備及び職員の養成施設に要する費用

**第51条** 次に掲げる費用は，市町村の支弁とする．
1 第21条の6の措置に要する費用
2 市町村が行う助産の実施又は母子保護の実施に要する費用（都道府県の設置する助産施設又は母子生活支援施設に係るものを除く．）
3 市町村の設置する保育所における保育の実施に要する保育費用
4 都道府県及び市町村以外の者の設置する保育所における保育の実施に要する保育費用
5 子育て短期支援事業の実施に要する費用
6 市町村の設置する児童福祉施設の設備及び職員の養成施設に要する費用
7 市町村児童福祉審議会に要する費用

**第56条** ① 第49条の2に規定する費用を国庫が支弁した場合においては，厚生労働大臣は，本人又はその扶養義務者（民法に定める扶養義務者をいう．以下同じ．）から，都道府県知事の認定するその負担能力に応じ，その費用の全部又は一部を徴収することができる．
② 第50条第5号，第6号，第6号の3，第7号及び第7号の2に規定する費用を支弁した都道府県又は第51条第1号及び第2号に規定する費用を支弁した市町村の長は，本人又はその扶養義務者から，その負担能力に応じ，その費用の全部又は一部を徴収することができる．
③ 第50条第6号の2に規定する保育費用を支弁した都道府県又は第51条第3号若しくは第4号に規定する保育費用を支弁した市町村の長は，本人又はその扶養義務者から，当該保育費用をこれらの者から徴収した場合における家計に与える影響を考慮して保育の実施に係る児童の年齢等に応じて定める額を徴収することができる．
④ 前項に規定する額の収納の事務については，収入の確保及び本人又はその扶養義務者の便益の増進に寄与すると認める場合に限り，政令で定めるところにより，私人に委託することができる．
⑤ 第21条の5に規定する医療の給付を行う場合においては，当該措置に要する費用を支弁すべき都道府県の知事は，本人又はその扶養義務者に対して，その負担能力に応じ，その費用の全部又は一部を同条に規定する医療の給付を行う医療機関（次項において「医療機関」という．）に支払うべき旨を命ずることができる．
⑥ 本人又はその扶養義務者が前項の規定により支払うべき旨を命ぜられた額の全部又は一部を医療機関に支払つたときは，当該医療機関の都道府県に対する当該措置に係る請求権は，その限度において消滅するものとする．
⑦ 第5項に規定する措置が行われた場合において，本人又はその扶養義務者が同項の規定により支払うべき旨を命ぜられた額の全部又は一部を支払わなかつたため，都道府県においてその費用を支弁したときは，都道府県知事は，本人又はその扶養義務者からその支払わなかつた額を徴収することができる．

# VII 経 済 法

## 105 独占禁止法

〔私的独占の禁止及び公正取引の確保に関する法律〕（抄）

（昭22・4・14法律第54号，最終改正：平18・12・15法律第109号）

### 第1章 総則

**第1条** この法律は，私的独占，不当な取引制限及び不公正な取引方法を禁止し，事業支配力の過度の集中を防止して，結合，協定等の方法による生産，販売，価格，技術等の不当な制限その他一切の事業活動の不当な拘束を排除することにより，公正且つ自由な競争を促進し，事業者の創意を発揮させ，事業活動を盛んにし，雇傭及び国民実所得の水準を高め，以て，一般消費者の利益を確保するとともに，国民経済の民主的で健全な発達を促進することを目的とする。

**第2条** ① この法律において「事業者」とは，商業，工業，金融業その他の事業を行う者をいう。事業者の利益のためにする行為を行う役員，従業員，代理人その他の者は，次項又は第3章の規定の適用については，これを事業者とみなす。

② この法律において「事業者団体」とは，事業者としての共通の利益を増進することを主たる目的とする二以上の事業者の結合体又はその連合体をいい，次に掲げる形態のものを含む。ただし，二以上の事業者の結合体又はその連合体であつて，資本又は構成事業者の出資を有し，営利を目的として商業，工業，金融業その他の事業を営むことを主たる目的とし，かつ，現にその事業を営んでいるものを含まないものとする。

1 二以上の事業者が社員（社員に準ずるものを含む。）である社団法人その他の社団
2 二以上の事業者が理事若しくは管理人の任免，業務の執行又はその存立を支配している財団法人その他の財団
3 二以上の事業者を組合員とする組合又は契約による二以上の事業者の結合体

③ この法律において「役員」とは，理事，取締役，執行役，業務を執行する社員，監事若しくは監査役若しくはこれらに準ずる者，支配人又は本店若しくは支店の事業の主任者をいう。

④ この法律において「競争」とは，二以上の事業者がその通常の事業活動の範囲内において，かつ，当該事業活動の施設又は態様に重要な変更を加えることなく次に掲げる行為をし，又はすることができる状態をいう。

1 同一の需要者に同種又は類似の商品又は役務を供給すること
2 同一の供給者から同種又は類似の商品又は役務の供給を受けること

⑤ この法律において「私的独占」とは，事業者が，単独に，又は他の事業者と結合し，若しくは通謀し，その他いかなる方法をもつてするかを問わず，他の事業者の事業活動を排除し，又は支配することにより，公共の利益に反して，一定の取引分野における競争を実質的に制限することをいう。

⑥ この法律において「不当な取引制限」とは，事業者が，契約，協定その他何らの名義をもつてするかを問わず，他の事業者と共同して対価を決定し，維持し，若しくは引き上げ，又は数量，技術，製品，設備若しくは取引の相手方を制限する等相互にその事業活動を拘束し，又は遂行することにより，公共の利益に反して，一定の取引分野における競争を実質的に制限することをいう。

⑦ この法律において「独占的状態」とは，同種の商品（当該同種の商品に係る通常の事業活動の施設又は態様に重要な変更を加えることなく供給することができる商品を含む。）（以下この項において「一定の商品」という。）並びにこれとその機能及び効用が著しく類似している他の商品で国内において供給されたもの（輸出されたものを除く。）の価額（当該商品に直接課される租税の額に相当する額を控除した額とする。）又は国内において供給された同種の役務の価額（当該役務の提供を受ける者に当該役務に関して課される租税の額に相当する額を控除した額とする。）の政令で定める最近の1年間における合計額が1,000億円を超える場合における当該一定の商品又は役務に係る一定の事業分野において，次に掲げる市場構造及び市場における弊害があることをいう。

1 当該1年間において，一の事業者の事業分野占拠率（当該一定の商品並びにこれとその機能及び効用が著しく類似している他の商品で国内において供給されたもの（輸出されたものを除く。）又は国内において供給された当該役務の数量（数量によることが適当でない場合にあつては，これらの価額とする。以下この号において同じ。）のうち当該事業者が供給した当該一定の商品並びにこれとその機能及び効用が著しく類似している他の商品又は役務の数量の占める割合をいう。以下この号において同じ。）が2分の1を超え，又は二の事業者のそれぞれの事業分野占拠率の合計が4分の3を超えていること。
2 他の事業者が当該事業分野に属する事業を新たに営むことを著しく困難にする事情があること。
3 当該事業者の供給する当該一定の商品又は役務につき，相当の期間，需給の変動及びその供給に要する費用の変動に照らして，価格の上昇が著しく，又はその低下がきん少であり，かつ，当該事業者がその期間内次のいずれかに該当していること。
イ 当該事業者の属する政令で定める業種における標準的な政令で定める種類の利益率を著しく超える率の利益を得ていること。
ロ 当該事業者の属する事業分野における事業者の標準的な販売費及び一般管理費に比し著しく過大と認められる販売費及び一般管理費を支出していること。

⑧ 経済事情が変化して国内における生産業者の出荷の状況及び卸売物価に著しい変動が生じたときは，これらの事情を考慮して，前項の金額につき政令で別段の定めをするものとする。

⑨ この法律において「不公正な取引方法」とは，次の各号のいずれかに該当する行為であつて，公正な競争を阻害するおそれがあるもののうち，公正取引委員会が指定するものをいう。

1 不当に他の事業者を差別的に取り扱うこと．
2 不当な対価をもつて取引すること．
3 不当に競争者の顧客を自己と取引するように誘引し，又は強制すること．
4 相手方の事業活動を不当に拘束する条件をもつて取引すること．
5 自己の取引上の地位を不当に利用して相手方と取引すること．
6 自己又は自己が株主若しくは役員である会社と国内において競争関係にある他の事業者とその取引の相手方との取引を不当に妨害し，又は当該事業者が会社である場合において，その会社の株主若しくは役員をその会社の不利益となる行為をするように，不当に誘引し，そそのかし，若しくは強制すること．

⑩ この法律において「子会社」とは，会社がその総株主（総社員を含む．以下同じ．）の議決権（株主総会において決議をすることができる事項の全部につき議決権を行使することができない株式についての議決権を除き，会社法（平成17年法律第86号）第879条第3項の規定により議決権を有するものとみなされる株式についての議決権を含む．第4章において同じ．）の過半数を有する他の国内の会社をいう．この場合において，会社が有する議決権には，社債，株式等の振替に関する法律（平成13年法律第75号）第147条第1項又は第148条第1項の規定により発行者に対抗することができない株式に係る議決権を含むものとする．

### 第2章 私的独占及び不当な取引制限

**第3条** 事業者は，私的独占又は不当な取引制限をしてはならない．

**第4条および第5条** 削除

**第6条** 事業者は，不当な取引制限又は不公正な取引方法に該当する事項を内容とする国際的協定又は国際的契約をしてはならない．

**第7条** ① 第3条又は前条の規定に違反する行為があるときは，公正取引委員会は，第8章第2節に規定する手続に従い，事業者に対し，当該行為の差止め，事業の一部の譲渡その他これらの規定に違反する行為を排除するために必要な措置を命ずることができる．

② 公正取引委員会は，第3条又は前条の規定に違反する行為が既になくなつている場合においても，特に必要があると認めるときは，第8章第2節に規定する手続に従い，事業者に対し，当該行為が既になくなつている旨の周知措置その他当該行為が排除されたことを確保するために必要な措置を命ずることができる．ただし，当該行為がなくなつた日から5年を経過したときは，この限りでない．

**第7条の2** ① 事業者が，不当な取引制限又は不当な取引制限に該当する事項を内容とする国際的協定若しくは国際的契約で次の各号のいずれかに該当するものをしたときは，公正取引委員会は，第8章第2節に規定する手続に従い，当該事業者に対し，当該行為の実行としての事業活動を行つた日から当該行為の実行としての事業活動がなくなる日までの期間（当該期間が3年を超えるときは，当該行為の実行としての事業活動がなくなる日からさかのぼつて3年間とする．以下「実行期間」という．）における当該商品又は役務の政令で定める方法により算定した売上額（当該行為が商品又は役務の供給を受けることに係るものである場合は，当該商品又は役務の政令で定める方法により算定した額）に100分の10（小売業については100分の3，卸売業については100分の2とする．）を乗じて得た額に相当する額の課徴金を国庫に納付することを命じなければならない．ただし，その額が100万円未満であるときは，その納付を命ずることができない．
1 商品又は役務の対価に係るもの
2 商品又は役務について次のいずれかを実質的に制限することによりその対価に影響することとなるもの
 イ 供給量又は購入量
 ロ 市場占有率
 ハ 取引の相手方

② 前項の規定は，事業者が，私的独占（他の事業者の事業活動を支配することに係るものに限る．）で，当該他の事業者（以下この項において「被支配事業者」という．）が供給する商品又は役務について，次の各号のいずれかに該当するものをした場合に準用する．この場合において，前項中「当該商品又は役務の政令で定める方法により算定した売上額（当該行為が商品又は役務の供給を受けることに係るものである場合は，当該商品又は役務の政令で定める方法により算定した購入額）」とあるのは「当該事業者が被支配事業者に供給した当該商品又は役務（当該被支配事業者が当該行為に係る一定の取引分野において当該商品又は役務を供給するために必要な商品又は役務を含む．）及び当該一定の取引分野において当該事業者が供給した当該商品又は役務（当該被支配事業者が供給したものを除く．）の政令で定める方法により算定した売上額」と，「（小売業については100分の3，卸売業については100分の2とする．）」とあるのは「（当該事業者が小売業を営む場合は100分の3，卸売業を営む場合は100分の2とする．）」と読み替えるものとする．
1 その対価に係るもの
2 次のいずれかを実質的に制限することによりその対価に影響することとなるもの
 イ 供給量
 ロ 市場占有率
 ハ 取引の相手方

③ 前2項に規定する「市場占有率」とは，一定の取引分野において一定の期間内に供給される商品若しくは役務の数量のうち一若しくは二以上の事業者が供給し，若しくは供給を受ける当該商品若しくは役務の数量の占める割合又は一定の取引分野において一定の期間内に供給される商品若しくは役務の価額のうち一若しくは二以上の事業者が供給し，若しくは供給を受ける当該商品若しくは役務の価額の占める割合をいう．

④ 第1項の場合において，当該事業者が次のいずれかに該当する者であるときは，同項中「100分の10」とあるのは「100分の4」と，「100分の3」とあるのは「100分の1.2」と，「100分の2」とあるのは「100分の1」とする．
1 資本金の額又は出資の総額が3億円以下の会社並びに常時使用する従業員の数が300人以下の会社及び個人であつて，製造業，建設業，運輸業その他の業種（次号から第4号までに掲げる業種及び

第5号の政令で定める業種を除く.)に属する事業を主たる事業として営むもの

2 資本金の額又は出資の総額が1億円以下の会社並びに常時使用する従業員の数が100人以下の会社及び個人であつて,卸売業(第5号の政令で定める業種を除く.)に属する事業を主たる事業として営むもの

3 資本金の額又は出資の総額が5,000万円以下の会社並びに常時使用する従業員の数が100人以下の会社及び個人であつて,サービス業(第5号の政令で定める業種を除く.)に属する事業を主たる事業として営むもの

4 資本金の額又は出資の総額が5,000万円以下の会社並びに常時使用する従業員の数が50人以下の会社及び個人であつて,小売業(次号の政令で定める業種を除く.)に属する事業を主たる事業として営むもの

5 資本金の額又は出資の総額がその業種ごとに政令で定める金額以下の会社並びに常時使用する従業員の数がその業種ごとに政令で定める数以下の会社及び個人であつて,その政令で定める業種に属する事業を主たる事業として営むもの

6 協業組合その他の特別の法律により協同して事業を行うことを主たる目的として設立された組合(組合の連合会を含む.)のうち,政令で定めるところにより,前各号に定める業種ごとに当該各号に定める規模に相当する規模のもの

⑤ 第1項の規定により課徴金の納付を命ずる場合において,当該事業者が,当該違反行為に係る事件について第47条第1項第4号に掲げる処分又は第102条第1項に規定する処分が最初に行われた日(以下この条において「調査開始日」という.)の1月前の日(当該処分が行われなかつたときは,当該事業者が当該違反行為について第50条第6項において読み替えて準用する第49条第5項の規定による通知(次項及び第7項において「事前通知」という.)を受けた日の1月前の日)までに当該違反行為をやめた者(次項に該当する場合を除き,当該違反行為に係る実行期間が2年未満である場合に限る.)であるときは,第1項中「100分の10」とあるのは「100分の8」と,「100分の3」とあるのは「100分の2.4」と,「100分の2」とあるのは「100分の1.6」と,前項中「100分の4」とあるのは「100分の3.2」と,「100分の1.2」とあるのは「100分の1」と,「100分の1」とあるのは「100分の0.8」とする.

⑥ 第1項(第2項において読み替えて準用する場合を含む.以下この項において同じ.)の規定により課徴金の納付を命ずる場合において,当該事業者が次の各号のいずれかに該当する者であるときは,第1項中「100分の10」とあるのは「100分の15」と,「100分の3」とあるのは「100分の4.5」と,「100分の2」とあるのは「100分の3」と,第4項中「100分の4」とあるのは「100分の6」と,「100分の1.2」とあるのは「100分の1.8」と,「100分の1」とあるのは「100分の1.5」とする.

1 調査開始日からさかのぼり10年以内に,第1項の規定による命令を受けたことがある者(当該命令が確定している場合に限る.次号において同じ.)又は第13項若しくは第16項の規定による通知若しくは第51条第2項の規定による審決を受けたことがある者

2 第47条第1項第4号に掲げる処分又は第102条第1項に規定する処分が行われなかつた場合において,当該事業者が当該違反行為について事前通知を受けた日からさかのぼり10年以内に,第1項の規定による命令を受けたことがある者又は第13項若しくは第16項の規定による通知若しくは第51条第2項の規定による審決を受けたことがある者

⑦ 公正取引委員会は,第1項の規定により課徴金を納付すべき事業者が次の各号のいずれにも該当する場合には,同項の規定にかかわらず,当該事業者に対し,課徴金の納付を命じないものとする.

1 公正取引委員会規則で定めるところにより,単独で,当該違反行為をした事業者のうち最初に公正取引委員会に当該違反行為に係る事実の報告及び資料の提出を行つた者(当該報告及び資料の提出が当該違反行為に係る事件についての調査開始日(第47条第1項第4号に掲げる処分又は第102条第1項に規定する処分が行われなかつた場合には,当該事業者が当該違反行為について事前通知を受けた日.次号及び次項において同じ.)以後に行われた場合を除く.)であること.

2 当該違反行為に係る事件についての調査開始日以後において,当該違反行為をしていた者でないこと.

⑧ 第1項の場合において,公正取引委員会は,当該事業者が第1号及び第3号に該当するときは同項又は第4項から第6項までの規定により計算した課徴金の額に100分の50を乗じて得た額を,第2号及び第3号に該当するときは第1項又は第4項から第6項までの規定により計算した課徴金の額に100分の30を乗じて得た額を,それぞれ当該課徴金の額から減額するものとする.

1 公正取引委員会規則で定めるところにより,単独で,当該違反行為をした事業者のうち2番目に公正取引委員会に当該違反行為に係る事実の報告及び資料の提出を行つた者(当該報告及び資料の提出が当該違反行為に係る事件についての調査開始日以後に行われた場合を除く.)であること.

2 公正取引委員会規則で定めるところにより,単独で,当該違反行為をした事業者のうち3番目に公正取引委員会に当該違反行為に係る事実の報告及び資料の提出を行つた者(当該報告及び資料の提出が当該違反行為に係る事件についての調査開始日以後に行われた場合を除く.)であること.

3 当該違反行為に係る事件についての調査開始日以後において,当該違反行為をしていた者でないこと.

⑨ 第1項の場合において,公正取引委員会は,当該違反行為について第7項第1号又は前項第1号若しくは第2号の規定による報告及び資料の提出を行つた者の数が3に満たないときは,当該違反行為をした事業者のうち次の各号のいずれにも該当する者(第7項第1号又は前項第1号若しくは第2号の規定による報告及び資料の提出を行つた者の数と第1号の規定による報告及び資料の提出を行つた者の数を合計した数が3以下である場合に限る.)については,第1項又は第4項から第6項までの規定により計算した課徴金の額に100分の30を乗じて得た額を,当該課徴金の額から減額するものとする.

1 当該違反行為に係る事件についての調査開始日以後公正取引委員会規則で定める期日までに,公

正取引委員会規則で定めるところにより,単独で,公正取引委員会に当該違反行為に係る事実の報告及び資料の提出又は第102条第1項に規定する処分その他これにより既に公正取引委員会によつて把握されている事実に係るものを除く.)を行つた者
2 前号の報告及び資料の提出を行つた日以後において当該違反行為をしていた者以外の者

⑩ 公正取引委員会は,第7項第1号,第8項第1号若しくは第2号又は前項第1号の規定による報告及び資料の提出を受けたときは,当該報告及び資料の提出を行つた事業者に対し,速やかに文書をもつてその旨を通知しなければならない.

⑪ 公正取引委員会は,第7項から第9項までの規定のいずれかに該当する事業者に対し第1項の規定による命令又は第13項の規定による通知をするまでの間,当該事業者に対し,当該違反行為に係る事実の報告又は資料の提出を追加して求めることができる.

⑫ 公正取引委員会が,第7項第1号,第8項第1号若しくは第2号又は第9項第1号の規定による報告及び資料の提出を行つた事業者に対して第1項の規定による命令又は次項の規定による通知をするまでの間に,次の各号のいずれかに該当する事実があると認めるときは,第7項から第9項までの規定にかかわらず,これらの規定は適用しない.
1 当該事業者が行つた当該報告又は提出した当該資料に虚偽の内容が含まれていたこと.
2 前項の場合において,当該事業者が求められた報告若しくは資料の提出をせず,又は虚偽の報告若しくは資料の提出をしたこと.
3 当該事業者がした当該違反行為に係る事件において,当該事業者が他の事業者に対し第1項に規定する違反行為をすることを強要し,又は他の事業者が当該違反行為をやめることを妨害していたこと.

⑬ 公正取引委員会は,第7項の規定により課徴金の納付を命じないこととしたときは,同項の規定に該当する事業者がした違反行為に係る事件について当該事業者以外の事業者に対し第1項の規定による命令をする際に(同項の規定による命令をしない場合にあつては,公正取引委員会規則で定めるときまでに.第16項において同じ.),これと併せて当該事業者に対し,文書をもつてその旨を通知するものとする.

⑭ 公正取引委員会は,第1項(第2項において読み替えて準用する場合を含む.以下この項,第17項及び第18項において同じ.)の場合において,同一事件について,当該事業者が納付しなければならない罰金の刑に処する確定裁判があるときは,第1項,第4項から第6項まで,第8項又は第9項の規定により計算した額に代えて,その額から当該罰金額の2分の1に相当する金額を控除した額を課徴金の額とするものとする.ただし,第1項,第4項から第6項まで,第8項若しくは第9項の規定により計算した額が当該罰金額の2分の1に相当する金額を超えないとき,又は当該控除後の額が100万円未満であるときは,この限りでない.

⑮ 前項ただし書の場合においては,公正取引委員会は,課徴金の納付を命ずることができない.

⑯ 公正取引委員会は,前項の規定により課徴金の納付を命じない場合には,罰金の刑に処せられた事業者に対し,当該事業者がした第1項又は第2項に規定する違反行為に係る事件について当該事業者以外の事業者に対し第1項(第2項において読み替えて準用する場合を含む.)の規定による命令をする際に,これと併せて文書をもつてその旨を通知するものとする.

⑰ 第1項の規定による命令を受けた者は,同項,第4項から第6項まで,第8項,第9項又は第14項の規定により計算した課徴金を納付しなければならない.

⑱ 第1項,第4項から第6項まで,第8項,第9項又は第14項の規定により計算した課徴金の額に1万円未満の端数があるときは,その端数は,切り捨てる.

⑲ 第1項又は第2項に規定する違反行為を行つた事業者が会社である場合において,当該会社が合併により消滅したときは,当該会社がした違反行為並びに当該会社が受けた第1項(第2項において読み替えて準用する場合を含む.)の規定による命令,第13項及び第16項の規定による通知並びに第51条第2項の規定による審決(以下この項において「命令等」という.)は,合併後存続し,又は合併により設立された会社がした違反行為及び当該合併後存続し,又は合併により設立された会社が受けた命令等とみなして,前各項の規定を適用する.

⑳ 前項の場合において,第7項から第9項までの規定の適用に関し必要な事項は,政令で定める.

㉑ 実行期間の終了した日から3年を経過したときは,公正取引委員会は,当該違反行為に係る課徴金の納付を命ずることができない.

## 第3章 事業者団体

**第8条** ① 事業者団体は,次の各号の一に該当する行為をしてはならない.
1 一定の取引分野における競争を実質的に制限すること.
2 第6条に規定する国際的協定又は国際的契約をすること.
3 一定の事業分野における現在又は将来の事業者の数を制限すること.
4 構成事業者(事業者団体の構成員である事業者をいう.以下同じ.)の機能又は活動を不当に制限すること.
5 事業者に不公正な取引方法に該当する行為をさせるようにすること.

② 事業者団体は,公正取引委員会規則の定めるところにより,その成立の日から30日以内に,その旨を公正取引委員会に届け出なければならない.ただし,次に掲げる事業者団体は,届け出ることを要しない.
1 特別の法律の規定に基づき設立された事業者団体のうち,次のいずれかに該当するものとして政令で定めるもの
イ 当該法律で定められた目的,事業又は業務等に照らして,前項各号の一に該当する行為を行うおそれがない事業者団体
ロ 小規模の事業者若しくは消費者の相互扶助を目的として設立された事業者団体又はその健全な発達を目的として設立された事業者団体
2 小規模の事業者の相互扶助を目的として設立された事業者団体であつて,前項各号の一に該当する行為を行うおそれが少ないものとして政令で定

めるもの（前号に掲げるものを除く．）
3 手形法（昭和7年法律第20号）及び小切手法（昭和8年法律第57号）の規定により指定されている手形交換所
② 事業者団体（前項各号に掲げるものを除く．次項において同じ．）は，前項の規定による届出に係る事項に変更を生じたときは，公正取引委員会規則の定めるところにより，その変更の日の属する事業年度終了の日から2箇月以内に，その旨を公正取引委員会に届け出なければならない．
④ 事業者団体が解散したときは，公正取引委員会規則の定めるところにより，その解散の日から30日以内に，その旨を公正取引委員会に届け出なければならない．

**第8条の2** ① 前条第1項の規定に違反する行為があるときは，公正取引委員会は，第8章第2節に規定する手続に従い，事業者団体に対し，当該行為の差止め，当該団体の解散その他当該行為の排除に必要な措置を命ずることができる．
② 第7条第2項の規定は，前条第1項の規定に違反する場合に準用する．
③ 公正取引委員会は，事業者団体に対し，第1項又は前項において準用する第7条第2項に規定する措置を命ずる場合において，特に必要があると認めるときは，第8章第2節に規定する手続に従い，当該団体の役員若しくは管理人又はその構成事業者（事業者の利益のためにする行為を行う役員，従業員，代理人その他の者が構成事業者である場合には，当該事業者を含む．第26条第1項及び第59条第2項において同じ．）に対しても，第1項又は前項において準用する第7条第2項に規定する措置を確保するために必要な措置を命ずることができる．

**第8条の3** 第7条の2第1項，第3項から第5項まで，第7項から第13項まで，第17項，第18項及び第21項の規定は，第8条第1項第1号（不当な取引制限に相当する行為をする場合に限る．）又は第2号（不当な取引制限に該当する事項を内容とする国際的協定又は国際的契約をする場合に限る．）の規定に違反する行為が行われた場合に準用する．この場合において，第7条の2第1項中「事業者が」とあるのは「事業者団体が」と，「事業者に対し」とあるのは「当該事業者団体の構成事業者（事業者の利益のためにする行為を行う役員，従業員，代理人その他の者が構成事業者である場合には，当該事業者を含む．以下この条において「特定事業者」という．）に対し」と，「当該事業者」とあるのは「当該特定事業者」と，同条第4項中「当該事業者」とあるのは「当該特定事業者」と，同条第5項中「当該事業者」とあるのは「当該特定事業者」と，「をやめた者（次項に該当する場合を除く．当該違反行為」とあるのは「の実行としての事業活動をやめた者（当該違反行為の実行としての事業活動）」と，同条第7項中「納付すべき事業者」とあるのは「納付すべき特定事業者」と，「当該事業者」とあるのは「当該特定事業者」と，「当該違反行為をした事業者」とあるのは「当該違反行為をした事業者団体の特定事業者」と，「をしていた」とあるのは「の実行としての事業活動をしていた」と，同条第8項中「当該事業者」とあるのは「当該特定事業者」と，「又は第4項から第6項まで」とあるのは「，第4項又は第5項」と，「当該違反行為をした事業者」とあるのは「当該違反行為をした事業者団体の特定事業者」と，「をしていた」とあるのは「の実行としての事業活動をしていた」と，同条第9項中「当該違反行為をした事業者」とあるのは「当該違反行為をした事業者団体の特定事業者」と，「又は第4項又は第5項」と，「をしていた」とあるのは「の実行としての事業活動をしていた」と，同条第12項中「行つた事業者」とあるのは「行つた特定事業者」と，「当該事業者が行つた」とあるのは「当該特定事業者が行つた」と，「，当該事業者」とあるのは「，当該特定事業者」と，「当該事業者がした」とあるのは「当該事業者団体がした」と，「他の事業者」とあるのは「他の特定事業者」と，「当該特定する違反行為をする」とあるのは「当該違反行為の実行としての事業活動を行う」と，「をやめる」とあるのは「の実行としての事業活動をやめる」と，同条第13項中「事業者」とあるのは「特定事業者」と，「した違反行為」とあるのは「行つた同項第1号の規定による報告」と，同条第17項及び第18項中「第4項から第6項まで，第8項，第9項又は第14項」とあるのは「第4項，第5項，第8項又は第9項」と読み替えるものとする．

## 第3章の2 独占的状態

**第8条の4** ① 独占的状態があるときは，公正取引委員会は，第8章第2節に規定する手続に従い，事業者に対し，事業の一部の譲渡その他当該商品又は役務について競争を回復させるために必要な措置を命ずることができる．ただし，当該措置により，当該事業者につき，その供給する商品若しくは役務の供給に要する費用の著しい上昇をもたらす程度に事業の規模が縮小し，経理が不健全になり，又は国際競争力の維持が困難になると認められる場合及び当該商品又は役務について競争を回復するに足りると認められる他の措置が講ぜられる場合は，この限りでない．
② 公正取引委員会は，前項の措置を命ずるに当たっては，次の各号に掲げる事項に基づき，当該事業者及び関連事業者が事業活動の円滑な遂行並びに当該事業者に雇用されている者の生活の安定について配慮しなければならない．
1 資産及び収支その他の経理の状況
2 役員及び従業員の状況
3 工場，事業場及び事務所の位置その他の立地条件
4 事業設備の状況
5 特許権，商標権その他の無体財産権の内容及び技術上の特質
6 生産，販売等の能力及び状況
7 資金，原材料等の取得の能力及び状況
8 商品又は役務の供給及び流通の状況

## 第4章 株式の保有，役員の兼任，合併，分割及び事業の譲受け

**第9条** ① 他の国内の会社の株式（社員の持分を含む．以下同じ．）を所有することにより事業支配力が過度に集中することとなる会社は，これを設立してはならない．
② 会社（外国会社を含む．以下同じ．）は，他の国内の会社の株式を取得し，又は所有することにより

国内において事業支配力が過度に集中することとなる会社となつてはならない．

③ 前二項において「事業支配力が過度に集中すること」とは、会社及び子会社その他当該会社が株式の所有により事業活動を支配している他の国内の会社の総合的事業規模が相当数の事業分野にわたつて著しく大きいこと、これらの会社の資金に係る取引に起因する他の事業者に対する影響力が著しく大きいこと又はこれらの会社が相互に関連性のある相当数の事業分野においてそれぞれ有力な地位を占めていることにより、国民経済に大きな影響を及ぼし、公正かつ自由な競争の促進の妨げとなることをいう．

④ 会社及びその一若しくは二以上の子会社又は会社の一若しくは二以上の子会社が総株主の議決権の過半数を有する他の国内の会社は、当該会社の子会社とみなして、この条の規定を適用する．この場合において、会社及びその一若しくは二以上の子会社又は会社の一若しくは二以上の子会社が有する議決権には、社債、株式等の振替に関する法律第147条第1項又は第148条第1項の規定により発行者に対抗することができない株式に係る議決権を含むものとする．

⑤ 次に掲げる会社は、当該会社及びその子会社の総資産の額（公正取引委員会規則で定める方法による資産の合計金額をいう．以下この項において同じ．）で国内の会社に係るものを公正取引委員会規則で定める方法により合計した額が、それぞれ当該各号に掲げる金額を下回らない範囲内において政令で定める金額を超える場合には、毎事業年度終了の日から3月以内に、当該会社及びその子会社の事業に関する報告書を公正取引委員会に提出しなければならない．ただし、当該会社が他の会社の子会社である場合は、この限りでない．
  1 子会社の株式の取得価額（最終の貸借対照表において別に付した価額があるときは、その価額）の合計額の当該会社の総資産の額に対する割合が100分の50を超える会社（次号において「持株会社」という．）　6,000億円
  2 銀行業、保険業又は第1種金融商品取引業（金融商品取引法（昭和23年法律第25号）第28条第1項に規定する第1種金融商品取引業をいう．次条第2項において同じ．）を営む会社（持株会社を除く．）　8兆円
  3 前2号に掲げる会社以外の会社　2兆円

⑥ 新たに設立された会社は、当該会社がその設立時において前項に規定する場合に該当するときは、公正取引委員会規則で定めるところにより、その設立の日から30日以内に、その旨を公正取引委員会に届け出なければならない．

**第10条** ① 会社は、他の会社の株式を取得し、又は所有することにより、一定の取引分野における競争を実質的に制限することとなる場合には、当該株式を取得し、又は所有してはならず、及び不公正な取引方法により他の会社の株式を取得し、又は所有してはならない．

② 会社であつて、その総資産の額（最終の貸借対照表による資産の合計金額をいう．以下同じ．）が20億円を下回らない範囲内において政令で定める金額を超え、かつ、当該会社並びに当該会社の子会社及び当該会社の総株主の議決権の過半数を有する

国内の会社の総資産の額を合計した額（以下「総資産合計額」という．）が100億円を下回らない範囲内において政令で定める金額を超えるもの（以下この条において「株式所有会社」という．）は、他の国内の会社であつてその総資産の額が10億円を下回らない範囲内において政令で定める金額を超えるもの（以下この項において「株式発行会社」という．）の株式を取得し、又は所有する場合（金銭又は有価証券の信託に係る株式について、自己が、委託者若しくは受益者となり議決権を行使することができる場合又は議決権の行使について受託者に指図を行うことができる場合に限る．）において、株式発行会社の総株主の議決権に占める株式所有会社の当該取得し、又は所有する株式に係る議決権（社債、株式等の振替に関する法律第147条第1項又は第148条第1項の規定により発行者に対抗することができない株式に係る議決権を含む．）の割合が、100分の10を下回らない範囲内において政令で定める数値（複数の数値を定めた場合にあつては、政令で定めるところにより、それぞれの数値）を超えることとなるときは、公正取引委員会規則で定めるところにより、その超えることとなつた日から30日以内に、当該株式に関する報告書を公正取引委員会に提出しなければならない．ただし、株式発行会社の発行済の株式の全部をその設立と同時に取得する場合、銀行業又は保険業を営む会社（保険業を営む会社にあつては、公正取引委員会規則で定める会社を除く．次条第1項及び第2項において同じ．）が他の国内の会社（銀行業又は保険業を営む会社その他公正取引委員会規則で定める会社を除く．次条第1項及び第2項において同じ．）の株式を取得し、又は所有する場合又は証券仲介業務を営む会社が業務として株式を取得し、又は所有する場合は、この限りでない．

③ 前項の場合において、国内の会社が有する議決権には、社債、株式等の振替に関する法律第147条第1項又は第148条第1項の規定により発行者に対抗することができない株式に係る議決権を含むものとする．

④ 第2項の規定は、株式所有会社が、他の外国会社であつてその国内の営業所（当該外国会社の子会社の営業所を含む．）の最終の貸借対照表と共に作成した損益計算書による売上高（以下「国内売上高」という．）が10億円を下回らない範囲内において政令で定める金額を超えるものの株式を取得し、又は所有する場合に準用する．

**第11条** ① 銀行業又は保険業を営む会社は、他の国内の会社の議決権をその総株主の議決権の100分の5（保険業を営む会社にあつては、100分の10．次項において同じ．）を超えて有することとなる場合には、その議決権を取得し、又は保有してはならない．ただし、公正取引委員会規則で定めるところによりあらかじめ公正取引委員会の認可を受けた場合及び次の各号のいずれかに該当する場合には、この限りでない．
  1 担保権の行使又は代物弁済の受領により株式を取得し、又は所有することにより議決権を取得し、又は保有する場合
  2 他の国内の会社が自己の株式の取得を行つたことにより、その総株主の議決権に占める所有する株式に係る議決権の割合が増加した場合
  3 金銭又は有価証券の信託に係る信託財産として

株式を取得し，又は所有することにより議決権を取得し，又は保有する場合

4 投資事業有限責任組合員（以下この号において「有限責任組合員」という．）となり，組合財産として株式を取得し，又は所有することにより議決権を取得し，又は保有する場合．ただし，有限責任組合員が議決権を行使することができる場合，議決権の行使について有限責任組合員が投資事業有限責任組合の無限責任組合員に指図を行うこととなつた日から政令で定める期間を超えて当該議決権を保有する場合を除く．

5 民法（明治29年法律第89号）第667条第1項に規定する組合契約で会社に対する投資事業を営むことを約するものによつて成立する組合（1人又は数人の組合員にその業務の執行を委任しているものに限る．）の組合員（業務の執行を委任された者を除く．以下この号において「非業務執行組合員」という．）となり，組合財産として株式を取得し，又は所有することにより議決権を取得し，又は保有する場合．ただし，非業務執行組合員が議決権を行使することができる場合，議決権の行使について非業務執行組合員が業務の執行を委任された者に指図を行うことができる場合及び当該議決権の行使をすることとなつた日から前号の政令で定める期間を超えて当該議決権を保有する場合を除く．

6 前各号に掲げる場合のほか，他の国内の会社の事業活動を拘束するおそれがない場合として公正取引委員会規則で定める場合

② 前項第1号から第3号まで及び第6号の場合（同項第3号の場合にあつては，当該議決権を取得し，又は所有する者以外の委託者又は受益者が議決権を行使することができる場合及び議決権の行使について当該委託者又は受益者が受託者に指図を行うことができる場合を除く．）において，他の国内の会社の議決権をその総株主の議決権の100分の5を超えて有することとなつた日から1年を超えて当該議決権を保有しようとするときは，公正取引委員会規則で定めるところにより，あらかじめ公正取引委員会の認可を受けなければならない．この場合における公正取引委員会の認可は，同項第3号の場合を除き，銀行業又は保険業を営む会社が当該議決権を速やかに処分することを条件としなければならない．

③ 公正取引委員会は，前2項の認可をしようとするときは，あらかじめ内閣総理大臣に協議しなければならない．

④ 前項の内閣総理大臣の権限は，金融庁長官に委任する．

**第12条** 削除

**第13条** ① 会社の役員又は従業員（継続して会社の業務に従事する者であつて，役員以外の者をいう．以下この条において同じ．）は，他の会社の役員の地位を兼ねることにより一定の取引分野における競争を実質的に制限することとなる場合には，当該役員の地位を兼ねてはならない．

② 会社は，不公正な取引方法により，自己と国内において競争関係にある他の会社に対し，自己の役員がその会社の役員若しくは従業員の地位を兼ね，又は自己の従業員がその会社の役員の地位を兼ねることを認めるべきことを強制してはならない．

**第14条** 会社以外の者は，会社の株式を取得し，又は所有することにより一定の取引分野における競争を実質的に制限することとなる場合には，当該株式を取得し，又は所有してはならず，及び不公正な取引方法により会社の株式を取得し，又は所有してはならない．

**第15条** ① 会社は，次の各号の一に該当する場合には，合併をしてはならない．

1 当該合併によつて一定の取引分野における競争を実質的に制限することとなる場合

2 当該合併が不公正な取引方法によるものである場合

② 国内の会社は，合併をしようとする場合において，当該合併をしようとする会社（以下この条において「合併会社」という．）のうち，いずれか一の会社に係る総資産合計額が100億円を下回らない範囲内において政令で定める金額を超え，かつ，他のいずれか一の会社に係る総資産合計額が10億円を下回らない範囲内において政令で定める金額を超えるときは，公正取引委員会規則で定めるところにより，あらかじめ当該合併に関する計画を公正取引委員会に届け出なければならない．ただし，次の各号の一に該当する場合は，この限りでない．

1 合併会社のうち，いずれか一の会社が他のすべての会社のそれぞれの総株主の議決権の過半数を有している場合

2 合併会社のそれぞれの総株主の議決権の過半数を有する会社が同一の会社である場合

③ 前項の場合において，会社が有する議決権には，社債，株式等の振替に関する法律第147条第1項又は第148条第1項の規定により発行者に対抗することができない株式に係る議決権を含むものとする．

④ 第2項の規定は，外国会社が合併をしようとする場合に準用する．この場合において，第2項中「総資産合計額」とあるのは，「国内売上高」と読み替えるものとする．

⑤ 第2項（前項において読み替えて準用する場合を含む．）の規定による届出を行つた会社は，届出受理の日から30日を経過するまでは，合併をしてはならない．ただし，公正取引委員会は，その必要があると認める場合には，当該期間を短縮することができる．

⑥ 公正取引委員会は，第17条の2第1項の規定により当該合併に関し必要な措置を命じようとする場合には，前項本文に規定する30日の期間又は同項ただし書の規定により短縮された期間（公正取引委員会が合併会社のうち少なくとも一の会社に対してそれぞれの期間内に公正取引委員会規則で定めるところにより必要な報告，情報又は資料の提出（以下この項において「報告等」という．）を求めた場合においては，前項の届出受理の日から120日を経過した日とすべての報告等を受理した日から90日を経過した日とのいずれか遅い日までの期間）内に，合併会社に対し，第49条第5項の規定による通知をしなければならない．ただし，次に掲げる場合は，この限りでない．

1 第2項（第4項において読み替えて準用する場合を含む．次号において同じ．）の規定により届け出た合併に関する計画のうち，第1項の規定に照らして重要な事項が当該計画において行われることとされている期限までに行われなかつた場合

2 第2項の規定により届け出た合併に関する計画

のうち,重要な事項につき虚偽の記載があつた場合
⑥ 前項第1号の規定に該当する場合において,公正取引委員会は,第17条の2第1項の規定により当該合併に関し必要な措置を命じようとするときは,同号の期限から起算して1年以内に前項本文の通知をしなければならない.

**第15条の2** ① 会社は,次の各号のいずれかに該当する場合には,共同新設分割(会社が他の会社と共同してする新設分割をいう.以下同じ.)をし,又は吸収分割をしてはならない.
1 当該共同新設分割又は当該吸収分割によつて一定の取引分野における競争を実質的に制限することとなる場合
2 当該共同新設分割又は当該吸収分割が不公正な取引方法によるものである場合
② 国内の会社は,共同新設分割をしようとする場合において,次の各号のいずれかに該当するときは,公正取引委員会規則で定めるところにより,あらかじめ当該共同新設分割に関する計画を公正取引委員会に届け出なければならない.
1 当該共同新設分割をしようとする会社のうち,いずれか一の会社(当該共同新設分割で設立する会社にその事業の全部を承継させようとするもの(以下この項において「全部承継会社」という.)に限る.)に係る総資産合計額が100億円を下回らない範囲内において政令で定める金額を超え,かつ,他のいずれか一の会社(全部承継会社に限る.)に係る総資産合計額が10億円を下回らない範囲内において政令で定める金額を超えるとき.
2 当該共同新設分割をしようとする会社のうち,いずれか一の会社(全部承継会社に限る.)に係る総資産合計額が100億円を下回らない範囲内において政令で定める金額を超え,かつ,他のいずれか一の会社(当該共同新設分割で設立する会社にその事業の重要部分を承継させようとするもの(以下この項において「重要部分承継会社」という.)に限る.)の当該承継の対象部分に係る最終の貸借対照表と共に作成した損益計算書による売上高が10億円を下回らない範囲内において政令で定める金額を超えるとき.
3 当該共同新設分割をしようとする会社のうち,いずれか一の会社(全部承継会社に限る.)に係る総資産合計額が10億円を下回らない範囲内において政令で定める金額を超え,かつ,他のいずれか一の会社(重要部分承継会社に限る.)の当該承継の対象部分に係る最終の貸借対照表と共に作成した損益計算書による売上高が100億円を下回らない範囲内において政令で定める金額を超えるとき(前号に該当するときを除く.).
4 当該共同新設分割をしようとする会社のうち,いずれか一の会社(重要部分承継会社に限る.)の当該承継の対象部分に係る最終の貸借対照表と共に作成した損益計算書による売上高が100億円を下回らない範囲内において政令で定める金額を超え,かつ,他のいずれか一の会社(重要部分承継会社に限る.)の当該承継の対象部分に係る最終の貸借対照表と共に作成した損益計算書による売上高が10億円を下回らない範囲内において政令で定める金額を超えるとき.
③ 国内の会社は,吸収分割をしようとする場合において,次の各号のいずれかに該当するときは,公正取引委員会規則で定めるところにより,あらかじめ当該吸収分割に関する計画を公正取引委員会に届け出なければならない.
1 当該吸収分割をしようとする会社のうち,分割をしようとするいずれか一の会社(当該吸収分割でその事業の全部を承継させようとするもの(次号において「全部承継会社」という.)に限る.)に係る総資産合計額が100億円を下回らない範囲内において政令で定める金額を超え,かつ,分割によつて事業を承継しようとする会社に係る総資産合計額が10億円を下回らない範囲内において政令で定める金額を超えるとき.
2 当該吸収分割をしようとする会社のうち,分割をしようとするいずれか一の会社(全部承継会社に限る.)に係る総資産合計額が10億円を下回らない範囲内において政令で定める金額を超え,かつ,分割によつて事業を承継しようとする会社に係る総資産合計額が100億円を下回らない範囲内において政令で定める金額を超えるとき(前号に該当するときを除く.).
3 当該吸収分割をしようとする会社のうち,分割をしようとするいずれか一の会社(当該吸収分割でその事業の重要部分を承継させようとするもの(次号において「重要部分承継会社」という.)に限る.)の当該分割の対象部分に係る最終の貸借対照表と共に作成した損益計算書による売上高が100億円を下回らない範囲内において政令で定める金額を超え,かつ,分割によつて事業を承継しようとする会社に係る総資産合計額が10億円を下回らない範囲内において政令で定める金額を超えるとき.
4 当該吸収分割をしようとする会社のうち,分割をしようとするいずれか一の会社(重要部分承継会社に限る.)の当該分割の対象部分に係る最終の貸借対照表と共に作成した損益計算書による売上高が10億円を下回らない範囲内において政令で定める金額を超え,かつ,分割によつて事業を承継しようとする会社に係る総資産合計額が100億円を下回らない範囲内において政令で定める金額を超えるとき(前号に該当するときを除く.).
④ 前2項の規定は,次の各号のいずれかに該当する場合には,適用しない.
1 共同新設分割をしようとし,又は吸収分割をしようとする会社のうち,いずれか一の会社が他のすべての会社のそれぞれの総株主の議決権の過半数を有している場合
2 共同新設分割をしようとし,又は吸収分割をしようとする会社のそれぞれの総株主の議決権の過半数を有する会社が同一の会社である場合
⑤ 前条第3項の規定は,第2項及び前項の場合に準用する.
⑥ 第2項から前項までの規定は,外国会社が共同新設分割をしようとし,又は吸収分割をしようとする場合に準用する.この場合において,第2項及び第3項中「総資産合計額」及び「最終の貸借対照表と共に作成した損益計算書による売上高」とあるのは,「国内売上高」と読み替えるものとする.
⑦ 前条第5項から第7項までの規定は,第2項及び第3項(前項において読み替えて準用する場合を含む.)の規定による届出に係る共同新設分割及び吸収分割後の制限並びに公正取引委員会がする第17条の2第1項の規定による命令について準用する.この場合において,前条第5項及び第7項中「合併」とあるのは「共同新設分割又は吸収分割」と,

同条第6項中「合併に」とあるのは「共同新設分割又は吸収分割に」と,「合併会社」とあるのは「共同新設分割をしようとし,又は吸収分割をしようとする会社」と読み替えるものとする.

**第16条** ① 会社は,次に掲げる行為をすることにより,一定の取引分野における競争を実質的に制限することとなる場合には,当該行為をしてはならず,及び不公正な取引方法により次に掲げる行為をしてはならない.
1 他の会社の事業の全部又は重要部分の譲受け
2 他の会社の事業上の固定資産の全部又は重要部分の譲受け
3 他の会社の事業の全部又は重要部分の賃借
4 他の会社の事業の全部又は重要部分についての経営の受任
5 他の会社と事業上の損益全部を共通にする契約の締結

② 会社であつて,その会社に係る総資産合計額が100億円を下回らない範囲内において政令で定める金額を超えるもの(第5項において「譲受会社」という.)は,次の各号の一に該当する場合には,公正取引委員会規則で定めるところにより,あらかじめ事業又は事業上の固定資産(以下この条において「事業等」という.)の譲受けに関する計画を公正取引委員会に届け出なければならない.
1 総資産の額が10億円を下回らない範囲内において政令で定める金額を超える他の国内の会社の事業の全部の譲受けをしようとする場合
2 他の国内の会社の事業の重要部分又は事業上の固定資産の全部若しくは重要部分の譲受けをしようとする場合であつて,当該譲受けの対象部分に係る最終の貸借対照表と共に作成した損益計算書による売上高が10億円を下回らない範囲内において政令で定める金額を超えるとき.

③ 前項の規定は,次の各号の一に該当する場合には適用しない.
1 事業等の譲受けをしようとする会社及び当該事業等の譲渡をしようとする会社のうち,いずれか一の会社が他のすべての会社のそれぞれの総株主の議決権の過半数を有している場合
2 事業等の譲受けをしようとする会社及び当該事業等の譲渡をしようとする会社のそれぞれの総株主の議決権の過半数を有する会社が同一の会社である場合

④ 第15条第3項の規定は,前項の場合に準用する.

⑤ 前三項の規定は,譲受会社が他の外国会社の事業等の譲受けをしようとする場合に準用する.この場合において,第2項第1号中「総資産の額」とあり,第2号中「最終の貸借対照表と共に作成した損益計算書による売上高」とあるのは,「国内売上高」と読み替えるものとする.

⑥ 第15条第5項から第7項までの規定は,第2項(前項において読み替えて準用する場合を含む.)の規定による届出に係る事業等の譲受けの制限及び公正取引委員会がする第17条の2第1項の規定による命令について準用する.この場合において,第15条第5項及び第7項中「合併」とあるのは「事業又は事業上の固定資産の譲受け」と,同条第6項中「合併に」とあるのは「事業又は事業上の固定資産の譲受けに」と,「合併会社のうち少なくとも一の会社に」とあり,及び「合併会社に」とあるのは「事業又は事業上の固定資産の譲受けをしようとする会社に」と読み替えるものとする.

**第17条** 何らの名義を以てするかを問わず,第9条から前条までの規定による禁止又は制限を免れる行為をしてはならない.

**第17条の2** ① 第10条第1項,第11条第1項,第15条第1項,第15条の2第1項,第16条第1項又は前条の規定に違反する行為があるときは,公正取引委員会は,第8章第2節に規定する手続に従い,事業者に対し,株式の全部又は一部の処分,事業の一部の譲渡その他これらの規定に違反する行為を排除するために必要な措置を命ずることができる.

② 第9条第1項若しくは第2項,第13条,第14条又は前条の規定に違反する行為があるときは,公正取引委員会は,第8章第2節に規定する手続に従い,当該違反行為者に対し,株式の全部又は一部の処分,会社の役員の辞任その他これらの規定に違反する行為を排除するために必要な措置を命ずることができる.

**第18条** ① 公正取引委員会は,第15条第2項(同条第4項において読み替えて準用する場合を含む.)及び第5項の規定に違反して会社が合併した場合においては,合併の無効の訴えを提起することができる.

② 前項の規定は,第15条の2第2項及び第3項(これらの規定を同条第6項において読み替えて準用する場合を含む.)並びに同条第7項において読み替えて準用する第15条第5項の規定に違反して会社が共同新設分割又は吸収分割をした場合に準用する.この場合において,前項中「合併の無効の訴え」とあるのは,「共同新設分割又は吸収分割の無効の訴え」と読み替えるものとする.

## 第5章 不公正な取引方法

**第19条** 事業者は,不公正な取引方法を用いてはならない.

**第20条** ① 前条の規定に違反する行為があるときは,公正取引委員会は,第8章第2節に規定する手続に従い,当該行為の差止め,契約条項の削除その他当該行為を排除するために必要な措置を命ずることができる.

② 第7条第2項の規定は,前条の規定に違反する行為に準用する.

## 第6章 適用除外

**第21条** この法律の規定は,著作権法,特許法,実用新案法,意匠法又は商標法による権利の行使と認められる行為にはこれを適用しない.

**第22条** この法律の規定は,次の各号に掲げる要件を備え,かつ,法律の規定に基づいて設立された組合(組合の連合会を含む.)の行為には,これを適用しない.ただし,不公正な取引方法を用いる場合又は一定の取引分野における競争を実質的に制限することにより不当に対価を引き上げることとなる場合は,この限りでない.
1 小規模の事業者又は消費者の相互扶助を目的とすること.
2 任意に設立され,かつ,組合員が任意に加入し,又は脱退することができること.
3 各組合員が平等の議決権を有すること.
4 組合員に対して利益分配を行う場合には,その限度が法令又は定款に定められていること.

**第23条** ① この法律の規定は,公正取引委員会の指定する商品であつて,その品質が一様であることを容易に識別することができるものを生産し,又は販売する事業者が,当該商品の販売の相手方たる事業者とその商品の再販売価格(その相手方たる事業者又はその相手方たる事業者の販売する当該商品を買い受けて販売する事業者がその商品を販売する価格をいう.以下同じ.)を決定し,これを維持するためにする正当な行為については,これを適用しない.ただし,当該行為が一般消費者の利益を不当に害するような場合及びその商品を販売する事業者がする行為にあつてはその商品を生産する事業者の意に反してする場合は,この限りでない.
② 公正取引委員会は,次の各号に該当する商品でなければ,前項の規定による指定をしてはならない.
1 当該商品が一般消費者により日常使用されるものであること.
2 当該商品について自由な競争が行われていること.
③ 第1項の規定による指定は,告示によつてこれを行う.
④ 著作物を発行する事業者又はその発行する物を販売する事業者が,その物の販売の相手方たる事業者とその物の再販売価格を決定し,これを維持するためにする正当な行為についても,第1項と同様とする.
⑤ 第1項又は前項に規定する販売の相手方たる事業者には,次に掲げる法律の規定に基づいて設立された団体を含まないものとする.ただし,第8号及び第8号の2に掲げる法律の規定に基づいて設立された団体にあつては,事業協同組合,事業協同小組合,協同組合連合会,商工組合又は商工組合連合会が当該事業協同組合,協同組合連合会,商工組合又は商工組合連合会を直接又は間接に構成する者の消費の用に供する第2項に規定する商品又は第4項に規定する物を買い受ける場合に限る.
1 国家公務員法
2 農業協同組合法
3 国家公務員共済組合法
3の2 地方公務員等共済組合法
4 消費生活協同組合法
5 水産業協同組合法
6 特定独立行政法人等の労働関係に関する法律
7 労働組合法
8 中小企業等協同組合法
8の2 中小企業団体の組織に関する法律
9 地方公務員法
10 森林組合法
11 地方公営企業等の労働関係に関する法律
⑥ 第1項に規定する事業者は,同項に規定する再販売価格を決定し,これを維持するための契約をしたときは,公正取引委員会規則の定めるところにより,その契約の成立の日から30日以内に,その旨を公正取引委員会に届け出なければならない.ただし,公正取引委員会規則の定める場合は,この限りでない.

## 第7章 差止請求及び損害賠償

**第24条** 第8条第1項第5号又は第19条の規定に違反する行為によつてその利益を侵害され,又は侵害されるおそれがある者は,これにより著しい損害を生じ,又は生ずるおそれがあるときは,その利益を侵害する事業者若しくは事業者団体に対し,その侵害の停止又は予防を請求することができる.

**第25条** ① 第3条,第6条又は第19条の規定に違反する行為をした事業者(第6条の規定に違反する行為をした事業者にあつては,当該国際的協定又は国際的契約において,不当な取引制限をし,又は不公正な取引方法を自ら用いた事業者に限る.)及び第8条第1項の規定に違反する行為をした事業者団体は,被害者に対し,損害賠償の責めに任ずる.
② 事業者及び事業者団体は,故意又は過失がなかつたことを証明して,前項に規定する責任を免れることができない.

**第26条** ① 前条の規定による損害賠償の請求権は,第49条第1項に規定する排除措置命令(排除措置命令がされなかつた場合にあつては,第50条第1項に規定する納付命令(第8条第1項第1号又は第2号の規定に違反する行為をした事業者団体の構成事業者に対するものを除く.))又は第66条第4項の審決が確定した後でなければ,裁判上これを主張することができない.
② 前項の請求権は,同項の排除措置命令若しくは納付命令又は審決が確定した日から3年を経過したときは,時効によつて消滅する.

## 第8章 公正取引委員会

### 第1節 設置,任務及び所掌事務並びに組織等

**第27条** ① 内閣府設置法(平成11年法律第89号)第49条第3項の規定に基づいて,第1条の目的を達成することを任務とする公正取引委員会を置く.
② 公正取引委員会は,内閣総理大臣の所轄に属する.

**第27条の2** 公正取引委員会は,前条第1項の任務を達成するため,次に掲げる事務をつかさどる.
1 私的独占の規制に関すること.
2 不当な取引制限の規制に関すること.
3 不公正な取引方法の規制に関すること.
4 独占の状態に係る規制に関すること.
5 所掌事務に係る国際協力に関すること.
6 前各号に掲げるもののほか,法律(法律に基づく命令を含む.)に基づき,公正取引委員会に属させられた事務

**第28条** 公正取引委員会の委員長及び委員は,独立してその職権を行う.

**第29条** ① 公正取引委員会は,委員長及び委員4人を以て,これを組織する.
② 委員長及び委員は,年齢が35年以上で,法律又は経済に関する学識経験のあるのうちから,内閣総理大臣が,両議院の同意を得て,これを任命する.
③ 委員長の任免は,天皇が,これを認証する.
④ 委員長及び委員は,これを官吏とする.

### 第2節 手続

**第45条** 何人も,この法律の規定に違反する事実があると思料するときは,公正取引委員会に対し,その事実を報告し,適当な措置をとるべきことを求めることができる.

**第46条** ① 公正取引委員会は,独占の状態に該当する事実があると思料する場合において,前条第4項の措置をとることとしたときは,その旨を当該事業者の営む事業に係る主務大臣に通知しなければならない.

**第47条** ① 公正取引委員会は,事件について必要な調査をするため,次に掲げる処分をすることができる.

1 事件関係人又は参考人に出頭を命じて審尋し、又はこれらの者から意見若しくは報告を徴すること。
2 鑑定人に出頭を命じて鑑定させること。
3 帳簿書類その他の物件の所持者に対し、当該物件の提出を命じ、又は提出物件を留めて置くこと。
4 事件関係人の営業所その他必要な場所に立ち入り、業務及び財産の状況、帳簿書類その他の物件を検査すること。

**第48条** 公正取引委員会は、事件について必要な調査をしたときは、その要旨を調書に記載し、かつ、特に前条第1項に規定する処分があつたときは、処分をした年月日及びその結果を明らかにしておかなければならない。

**第49条** ① 第7条第1項若しくは第2項（第8条の2第2項及び第20条第2項において準用する場合を含む。）、第8条の2第1項若しくは第3項、第17条の2又は第20条第1項の規定による命令（以下「排除措置命令」という。）は、文書によつてこれを行い、排除措置命令書には、違反行為を排除し、又は違反行為が排除されたことを確保するために必要な措置並びに公正取引委員会の認定した事実及びこれに対する法令の適用を示し、委員長及び第69条第1項の規定による合議に出席した委員がこれに記名押印しなければならない。
② 排除措置命令は、その名あて人に排除措置命令書の謄本を送達することによつて、その効力を生ずる。
③ 公正取引委員会は、排除措置命令をしようとするときは、当該排除措置命令の名あて人となるべき者に対し、あらかじめ、意見を述べ、及び証拠を提出する機会を付与しなければならない。
④ 排除措置命令の名あて人となるべき者は、前項の規定により意見を述べ、又は証拠を提出するに当つては、代理人（弁護士、弁護士法人又は公正取引委員会の承認を得た適当な者に限る。第52条第1項、第57条、第59条、第60条及び第63条において同じ。）を選任することができる。
⑤ 公正取引委員会は、第3項の規定による意見を述べ、及び証拠を提出する機会を付与するときは、その意見を述べ、及び証拠を提出することができる期限までに相当な期間をおいて、排除措置命令の名あて人となるべき者に対し、次に掲げる事項を書面により通知しなければならない。
1 予定される排除措置命令の内容
2 公正取引委員会の認定した事実及びこれに対する法令の適用
3 公正取引委員会に対し、前2号に掲げる事項について、意見を述べ、及び証拠を提出することができる旨並びにその期限
⑥ 排除措置命令に不服がある者は、公正取引委員会規則で定めるところにより、排除措置命令書の謄本の送達があつた日から60日以内（天災その他この期間内に審判を請求しなかつたことについてやむを得ない理由があるときは、その理由がやんだ日の翌日から起算して1週間以内）に、公正取引委員会に対し、当該排除措置命令について、審判を請求することができる。
⑦ 前項に規定する期間内に同項の規定による請求がなかつたときは、排除措置命令は、確定する。

**第50条** ① 第7条の2第1項（同条第2項及び第8条の3において読み替えて準用する場合を含む。）の規定による命令（以下「納付命令」という。）は、文書によつてこれを行い、課徴金納付命令書には、納付すべき課徴金の額及びその計算の基礎、課徴金に係る違反行為並びに納期限を記載し、委員長及び第69条第1項の規定による合議に出席した委員がこれに記名押印しなければならない。
② 納付命令は、その名あて人に課徴金納付命令書の謄本を送達することによつて、その効力を生ずる。
③ 第1項の課徴金の納期限は、課徴金納付命令書の謄本を発する日から3月を経過した日とする。
④ 納付命令に不服がある者は、公正取引委員会規則で定めるところにより、課徴金納付命令書の謄本の送達があつた日から60日以内（天災その他この期間内に審判を請求しなかつたことについてやむを得ない理由があるときは、その理由がやんだ日の翌日から起算して1週間以内）に、公正取引委員会に対し、当該納付命令について、審判を請求することができる。
⑤ 前項に規定する期間内に同項の規定による請求がなかつたときは、納付命令は、確定する。
⑥ 前条第3項から第5項までの規定は、納付命令について準用する。この場合において、同項第1号中「予定される排除措置命令の内容」とあるのは「納付を命じようとする課徴金の額」と、同項第2号中「公正取引委員会の認定した事実及びこれに対する法令の適用」とあるのは「課徴金の計算の基礎及びその課徴金に係る違反行為」と読み替えるものとする。

**第51条** ① 第7条の2第1項（同条第2項において読み替えて準用する場合を含む。）の規定により公正取引委員会が納付命令を行つた後、同一事件について、当該納付命令を受けた者に対し、罰金の刑に処する確定裁判があつたときは、公正取引委員会は、審決で、当該納付命令に係る課徴金の額を、その額から当該裁判において命じられた罰金額の2分の1に相当する金額を控除した額に変更しなければならない。ただし、当該納付命令に係る課徴金の額が当該罰金額の2分の1に相当する金額を超えないとき、又は当該変更後の額が100万円未満となるときは、この限りでない。
② 前項ただし書の場合においては、公正取引委員会は、審決で、当該納付命令を取り消さなければならない。
③ 第1項本文の場合において、当該納付命令に係る審判手続が終了していないときは、公正取引委員会は、同項本文の規定にかかわらず、当該納付命令に係る審判の審決により、当該納付命令に係る課徴金の額を当該審判手続を経て決定される額から同項本文に規定する罰金額の2分の1に相当する金額を控除した額に変更するものとする。
④ 公正取引委員会は、前3項の場合において、変更又は取消し前の納付命令に基づき既に納付された金額（第70条の9第3項に規定する延滞金を除く。）で、還付すべきものがあるときは、遅滞なく、金銭で還付しなければならない。

**第52条** ① 第49条第6項又は第50条第4項の規定による審判の請求（以下「審判請求」という。）をする者は、次に掲げる事項を記載した請求書を公正取引委員会に提出しなければならない。
1 審判請求をする者及びその代理人の氏名又は名称及び住所又は居所
2 審判請求に係る命令
3 審判請求の趣旨及び理由
② 前項第3号に規定する趣旨は、命令の取消し又は

変更を求める範囲を明らかにするように記載するものとし，同号に規定する理由においては，排除措置命令又は納付命令（第5項，第58条，第59条第1項，第66条第3項及び第4項並びに第70条の8において「原処分」という．）に対する主張（排除措置命令にあつてはその原因となる事実に対する主張，納付命令にあつては課徴金の計算の基礎に対する主張）が明らかにされていなければならない．

③ 審判請求があつた場合においては，公正取引委員会は，第66条第1項の規定に該当する場合を除き，遅滞なく，当該審判請求に係る命令について審判手続を開始しなければならない．

④ 審判請求は，当該審判請求に係る命令についての最終の審判の期日までは，いつでも，書面により取り下げることができる．

⑤ 第55条第3項の規定により審判手続が開始された後，前項の取下げがあつたときは，原処分は，確定する．

**第53条** ① 独占的状態があると認める場合（第8条の4第1項ただし書に規定する場合を除く．第67条第1項において同じ．）において，事件を審判手続に付することが公共の利益に適合すると認めるときは，公正取引委員会は，当該事件について審判手続を開始することができる．

② 公正取引委員会は，前項の規定により審判手続を開始しようとするときは，当該事業者の営む事業に係る主務大臣に協議しなければならない．

**第54条** ① 公正取引委員会は，排除措置命令に係る審判請求があつた場合において必要と認めるときは，当該排除措置命令の全部又は一部の執行を停止することができる．

② 前項の規定により執行を停止した場合において，当該執行の停止により市場における競争の確保が困難となるおそれがあるときその他必要があると認めるときは，公正取引委員会は，当該執行の停止を取り消すものとする．

**第55条** ① 公正取引委員会は，第52条第3項の規定により審判手続を開始するときは，審判請求をした者に対し，その旨を記載した審判開始通知書を送付しなければならない．

**第64条** 公正取引委員会又は審判官は，適当と認めるときは，職権で，審判手続を併合し，又は分離することができる．

**第65条** 公正取引委員会は，第8条の4第1項に係る事件について第53条第1項の規定に基づく審判開始決定をした後，被審人が，審判開始決定書記載の事実及び法律の適用を認めて，公正取引委員会に対し，その後の審判手続を経ないで審決を受ける旨を文書をもつて申し出て，かつ，独占的状態に係る商品又は役務について競争を回復させるために自らとるべき具体的措置に関する計画書を提出した場合において，適当と認めたときは，その後の審判手続を経ないで当該計画書記載の具体的措置と同趣旨の審決をすることができる．

**第66条** ① 審判請求が法定の期間経過後にされたものであるときその他不適法であるときは，公正取引委員会は，審決で，当該審判請求を却下する．

② 審判請求が理由がないときは，公正取引委員会は，審判手続を経た後，審決で，当該審判請求を棄却する．

③ 審判請求が理由があるときは，公正取引委員会は，審判手続を経た後，審決で，原処分の全部又は一部を取り消し，又はこれを変更する．

④ 公正取引委員会は，前項の規定により原処分の全部又は一部を取り消す場合において，当該原処分の時までに第3条，第6条，第8条第1項，第9条第1項若しくは第2項，第10条第1項，第11条第1項，第13条，第14条，第15条第1項，第15条の2第1項，第16条第1項，第17条又は第19条の規定に違反する行為があり，かつ，当該原処分の時までに既に当該行為がなくなつていると認めるときは，審決で，その旨を明らかにしなければならない．

**第67条** ① 公正取引委員会は，審判手続を経た後，独占的状態があると認める場合には，審決で，被審人に対し，第8条の4第1項に規定する措置を命じなければならない．

② 公正取引委員会は，審判手続を経た後，審判開始決定の時までに独占的状態に該当する事実がなかつたと認める場合，審判開始決定の時までに独占的状態に該当する事実があり，かつ，既に独占的状態に該当する事実がなくなつていると認める場合又は独占的状態に該当する事実があつて第8条の4第1項ただし書に該当すると認める場合には，審決で，その旨を明らかにしなければならない．

### 第3節 雑則

**第71条** 公正取引委員会は，特定の事業分野における特定の取引方法を第2条第9項の規定により指定しようとするときは，当該特定の取引方法を用いる事業者と同種の事業を営む事業者の意見を聴き，かつ，公聴会を開いて一般の意見を求め，これらの意見を十分に考慮した上で，これをしなければならない．

**第72条** 第2条第9項の規定による指定は，告示によつてこれを行う．

**第73条** 公正取引委員会は，第53条第1項の規定により審判手続を開始しようとするときは，公聴会を開いて一般の意見を求めなければならない．

**第74条** ① 公正取引委員会は，第12章に規定する手続による調査により犯則の心証を得たときは，検事総長に告発しなければならない．

② 公正取引委員会は，前項に定めるもののほか，この法律の規定に違反する犯罪があると思料するときは，検事総長に告発しなければならない．

③ 前2項の規定による告発に係る事件について公訴を提起しない処分をしたときは，検事総長は，遅滞なく，法務大臣を経由して，その旨及びその理由を，文書をもつて内閣総理大臣に報告しなければならない．

**第75条** 第47条第1項第1号若しくは第2号若しくは第2項又は第56条第1項の規定により出頭又は鑑定を命ぜられた参考人又は鑑定人は，政令で定めるところにより，旅費及び手当を請求することができる．

**第76条** ① 公正取引委員会は，その内部規律，事件の処理手続及び届出，認可又は承認の申請その他の事項に関する必要な手続について規則を定めることができる．

② 前項の規定により事件の処理手続について規則を定めるに当たつては，被審人が自己の主張を陳述し，及び立証するための機会が十分に確保されること等当該手続の適正の確保が図られるよう留意しなければならない．

## 第9章 訴訟

**第77条** ① 公正取引委員会の審決の取消しの訴え

は,審決がその効力を生じた日から30日(第8条の4第1項の措置を命ずる審決については,3月)以内に提起しなければならない.
② 前項の期間は,不変期間とする.
③ 審判請求をすることができる事項に関する訴えは,審決に対するものでなければ,提起することができない.

**第78条** 公正取引委員会の審決に係る行政事件訴訟法(昭和37年法律第139号)第3条第1項に規定する抗告訴訟については,公正取引委員会を被告とする.

**第79条** 訴えの提起があつたときは,裁判所は,遅滞なく公正取引委員会に対し,当該事件の記録(審判手続関係人,参考人又は鑑定人の審尋調書及び審判調書その他裁判上証拠となるべき一切のものを含む.)の送付を求めなければならない.

**第82条** 裁判所は,公正取引委員会の審決が,次の各号のいずれかに該当する場合には,これを取り消すことができる.
1 審決の基礎となつた事実を立証する実質的な証拠がない場合
2 審決が憲法その他の法令に違反する場合
② 公正取引委員会は,審決(第66条の規定によるものに限る.)の取消しの判決が確定したときは,判決の趣旨に従い,改めて審判請求に対する審決をしなければならない.

**第84条の3** 第89条から第91条までの罪に係る訴訟の第1審の裁判権は,地方裁判所に属する.

**第84条の4** 前条に規定する罪に係る事件について,刑事訴訟法第2条の規定により第84条の2第1項各号に掲げる裁判所が管轄権を有する場合には,それぞれ当該各号に定める裁判所も,その事件を管轄することができる.

**第85条** 次の各号のいずれかに該当する訴訟については,第1審の裁判権は,東京高等裁判所に属する.
1 公正取引委員会の審決に係る行政事件訴訟法第3条第1項に規定する抗告訴訟(同条第5項から第7項までに規定する訴えを除く.)
2 第25条の規定による損害賠償に係る訴訟

## 第11章 罰則

**第89条** 次の各号のいずれかに該当するものは,3年以下の懲役又は500万円以下の罰金に処する.
1 第3条の規定に違反して私的独占又は不当な取引制限をした者
2 第8条第1項第1号の規定に違反して一定の取引分野における競争を実質的に制限したもの
② 前項の未遂罪は,罰する.

**第90条** 次の各号のいずれかに該当するものは,2年以下の懲役又は300万円以下の罰金に処する.
1 第6条又は第8条第1項第2号の規定に違反して不当な取引制限に該当する事項を内容とする国際的協定又は国際的契約をしたもの
2 第8条第1項第3号又は第4号の規定に違反したもの
3 排除措置命令又は第65条若しくは第67条第1項の命令が確定した後においてこれに従わない者

**第91条** 次の各号のいずれかに該当する者は,1年以下の懲役又は200万円以下の罰金に処する.
1 第10条第1項前段の規定に違反して株式を取得し,又は所有した者
2 第11条第1項の規定に違反して株式を取得し,若しくは所有し,又は同条第2項の規定に違反して株式を所有した者
3 第13条第1項の規定に違反して役員の地位を兼ねた者
4 第14条前段の規定に違反して株式を取得し,又は所有した者
5 前各号に掲げる規定による禁止又は制限につき第17条の規定に違反した者

**第91条の2** 次の各号のいずれかに該当する者は,200万円以下の罰金に処する.
1 第8条第2項から第4項までの規定に違反して届出をせず,又は虚偽の記載をした届出書を提出した者
2 第9条第5項の規定に違反して報告書を提出せず,又は虚偽の記載をした報告書を提出した者
3 第9条第6項の規定に違反して届出をせず,又は虚偽の記載をした届出書を提出した者
4 第10条第2項(同条第4項において準用する場合を含む.)の規定に違反して報告書を提出せず,又は虚偽の記載をした報告書を提出した者
5 第15条第2項(同条第4項において読み替えて準用する場合を含む.)の規定に違反して届出をせず,又は虚偽の記載をした届出書を提出した者
6 第15条第5項の規定に違反して合併による設立又は変更の登記をした者
7 第15条の2第2項及び第3項(これらの規定を同条第6項において読み替えて準用する場合を含む.)の規定に違反して届出をせず,又は虚偽の記載をした届出書を提出した者
8 第15条の2第7項において読み替えて準用する第15条第5項の規定に違反して共同新設分割による設立の登記又は吸収分割による変更の登記をした者
9 第16条第2項(同条第5項において読み替えて準用する場合を含む.)の規定に違反して届出をせず,又は虚偽の記載をした届出書を提出した者
10 第16条第6項において読み替えて準用する第15条第5項の規定に違反して第16条第1項第1号又は第2号に該当する行為をした者
11 第23条第6項の規定に違反して届出をせず,又は虚偽の記載をした届出書を提出した者

**第92条** 第89条から第91条までの罪を犯した者には,情状により,懲役及び罰金を併科することができる.

**第92条の2** ① 第62条において読み替えて準用する刑事訴訟法第154条又は第166条の規定により宣誓した参考人又は鑑定人が虚偽の陳述又は鑑定をしたときは,3月以上10年以下の懲役に処する.
② 前項の罪を犯した者が,審判手続終了前であつて,かつ,犯罪の発覚する前に自白したときは,その刑を減軽又は免除することができる.

**第93条** 第39条の規定に違反した者は,1年以下の懲役又は10万円以下の罰金に処する.

**第94条** 次の各号のいずれかに該当する者は,1年以下の懲役又は300万円以下の罰金に処する.
1 第47条第1項第1号若しくは第2項又は第56条第1項の規定による事件関係人又は参考人に対する処分に違反して出頭せず,陳述をせず,若しくは虚偽の陳述をし,又は報告をせず,若しくは虚偽の報告をした者
2 第47条第1項第2号若しくは第2項又は第56

条第1項の規定による鑑定人に対する処分に違反して出頭せず,鑑定をせず,又は虚偽の鑑定をした者
3 第47条第1項第3号若しくは第2項又は第56条第1項の規定による物件の所持者に対する処分に違反して物件を提出しない者
4 第47条第1項第4号若しくは第2項又は第56条第1項の規定による検査を拒み,妨げ,又は忌避した者

**第94条の2** 次の各号のいずれかに該当する者は,20万円以下の罰金に処する.
1 第40条の規定による処分に違反して出頭せず,報告,情報若しくは資料を提出せず,又は虚偽の報告,情報若しくは資料を提出した者
2 第62条において読み替えて準用する刑事訴訟法第154条又は第166条の規定による参考人又は鑑定人に対する命令に違反して宣誓をしない者

**第95条** ① 法人の代表者又は法人若しくは人の代理人,使用人その他の従業者が,その法人又は人の業務又は財産に関して,次の各号に掲げる規定の違反行為をしたときは,行為者を罰するほか,その法人又は人に対しても,当該各号に定める罰金刑を科する.
1 第89条 5億円以下の罰金刑
2 第90条第3号(第7条第1項又は第8条の2第1項若しくは第3項の規定による命令(第3条又は第8条第1項第1号の規定に違反する行為の差止めを命ずる部分に限る.)に違反した場合を除く.) 3億円以下の罰金刑
3 第90条第1号,第2号若しくは第3号(第7条第1項又は第8条の2第1項若しくは第3項の規定による命令(第3条又は第8条第1項第1号の規定に違反する行為の差止めを命ずる部分に限る.)に違反した場合に限る.),第91条(第3号を除く.),第91条の2又は第94条 各本条の罰金刑
② 法人でない団体の代表者,管理人,代理人,使用人その他の従業者がその団体の業務又は財産に関して,次の各号に掲げる規定の違反行為をしたときは,行為者を罰するほか,その団体に対しても,当該各号に定める罰金刑を科する.
1 第89条 5億円以下の罰金刑
2 第90条第3号(第7条第1項又は第8条の2第1項若しくは第3項の規定による命令(第3条又は第8条第1項第1号の規定に違反する行為の差止めを命ずる部分に限る.)に違反した場合を除く.) 3億円以下の罰金刑
3 第90条第1号,第2号若しくは第3号(第7条第1項又は第8条の2第1項若しくは第3項の規定による命令(第3条又は第8条第1項第1号の規定に違反する行為の差止めを命ずる部分に限る.)に違反した場合に限る.),第91条第4号若しくは第5号(第4号に係る部分に限る.),第91条の2又は第94条 各本条の罰金刑
③ 前項の場合においては,代表者又は管理人が,その訴訟行為につきその団体を代表するほか,法人を被告人又は被疑者とする場合の訴訟行為に関する刑事訴訟法の規定を準用する.

**第95条の2** 第89条第1項第1号,第90条第1号若しくは第3号又は第91条(第3号を除く.)の違反の計画を知り,その防止に必要な措置を講ぜず,又はその違反行為を知り,その是正に必要な措置を講じなかつた当該法人(第90条第1号又は第3号の違反があつた場合における当該法人で事業者団体に該当するものを除く.)の代表者に対しても,各本条の罰金刑を科する.

**第95条の3** ① 第89条第1項第2号又は第90条の違反があつた場合においては,その違反の計画を知り,その防止に必要な措置を講ぜず,又はその違反行為を知り,その是正に必要な措置を講じなかつた当該事業者団体の理事その他の役員若しくは管理人又はその構成事業者(事業者の利益のためにする行為を行う役員,従業員,代理人その他の者が構成事業者である場合には,当該事業者を含む.)に対しても,それぞれ各本条の罰金刑を科する.
② 前項の規定は,同項に掲げる事業者団体の理事その他の役員若しくは管理人又はその構成事業者が法人その他の団体である場合においては,当該団体の理事その他の役員又は管理人に,これを適用する.

**第95条の4** ① 裁判所は,十分な理由があると認めるときは,第89条第1項第2号又は第90条に規定する刑の言渡しと同時に,事業者団体の解散を宣告することができる.
② 前項の規定により解散が宣告された場合には,他の法令の規定又は定款その他の定めにかかわらず,事業者団体は,これにより解散する.

**第96条** ① 第89条から第91条までの罪は,公正取引委員会の告発を待つて,これを論ずる.
② 前項の告発は,文書をもつてこれを行う.
③ 公正取引委員会は,第1項の告発をするに当たり,その告発に係る犯罪について,前条第1項又は第100条第1項第1号の宣告をすることを相当と認めるときは,その旨を前項の文書に記載することができる.
④ 第1項の告発は,公訴の提起があつた後は,これを取り消すことができない.

**第97条** 排除措置命令に違反したものは,50万円以下の過料に処する.ただし,その行為につき刑を科するべきときは,この限りでない.

**第98条** 第70条の13第1項の規定による裁判に違反したものは,30万円以下の過料に処する.

**第99条** 削除

**第100条** 第89条又は第90条の場合において,裁判所は,情状により,刑の言渡しと同時に,次に掲げる宣告をすることができる.ただし,第1号の宣告をするのは,その特許権又は特許発明の専用実施権若しくは通常実施権が,犯人に属している場合に限る.
1 違反行為に供せられた特許権の特許又は特許発明の専用実施権若しくは通常実施権は取り消されるべき旨
2 判決確定後6月以上3年以下の期間,政府との間に契約をすることができない旨
② 第1項の宣告をした判決が確定したときは,裁判所は,判決の謄本を特許庁長官に送付しなければならない.
③ 前項の規定による判決の謄本の送付があつたときは,特許庁長官は,その特許権の特許又は特許発明の専用実施権若しくは通常実施権を取り消さなければならない.

## 第12章 犯則事件の調査等

**第101条** ① 公正取引委員会の職員(公正取引委員

会の指定を受けた者に限る. 以下この章において「委員会職員」という.)は, 犯則事件(第89条から第91条までの罪に係る事件をいう. 以下この章において同じ.)を調査するため必要があるときは, 犯則嫌疑者若しくは参考人(以下この項において「犯則嫌疑者等」という.)に対して出頭を求め, 犯則嫌疑者等に対して質問し, 犯則嫌疑者等が所持し若しくは置き去った物件を検査し, 又は犯則嫌疑者等が任意に提出し若しくは置き去った物件を領置することができる.

② 委員会職員は, 犯則事件の調査について, 官公署又は公私の団体に照会して必要な事項の報告を求めることができる.

## 106 不公正な取引方法

(昭57・6・18公正取引委員会告示第15号, 昭57・9・1施行)

**不公正な取引方法**
**(共同の取引拒絶)**
① 正当な理由がないのに, 自己と競争関係にある他の事業者(以下「競争者」という.)と共同して, 次の各号のいずれかに掲げる行為をすること.
  1 ある事業者に対し取引を拒絶し又は取引に係る商品若しくは役務の数量若しくは内容を制限すること.
  2 他の事業者に前号に該当する行為をさせること.

**(その他の取引拒絶)**
② 不当に, ある事業者に対し取引を拒絶し若しくは取引に係る商品若しくは役務の数量若しくは内容を制限し, 又は他の事業者にこれらに該当する行為をさせること.

**(差別対価)**
③ 不当に, 地域又は相手方により差別的な対価をもつて, 商品若しくは役務を供給し, 又はこれらの供給を受けること.

**(取引条件等の差別取扱い)**
④ 不当に, ある事業者に対し取引の条件又は実施について有利な又は不利な取扱いをすること.

**(事業者団体における差別取扱い等)**
⑤ 事業者団体若しくは共同行為からある事業者を不当に排斥し, 又は事業者団体の内部若しくは共同行為においてある事業者を不当に差別的に取り扱い, その事業者の事業活動を困難にさせること.

**(不当廉売)**
⑥ 正当な理由がないのに商品又は役務をその供給に要する費用を著しく下回る対価で継続して供給し, その他不当に商品又は役務を低い対価で供給し, 他の事業者の事業活動を困難にさせるおそれがあること.

**(不当高価購入)**
⑦ 不当に商品又は役務を高い対価で購入し, 他の事業者の事業活動を困難にさせるおそれがあること.

**(ぎまん的顧客誘引)**
⑧ 自己の供給する商品又は役務の内容又は取引条件その他これらの取引に関する事項について, 実際のもの又は競争者に係るものよりも著しく優良又は有利であると顧客に誤認させることにより, 競争者の顧客を自己と取引するように不当に誘引すること.

**(不当な利益による顧客誘引)**
⑨ 正常な商慣習に照らして不当な利益をもつて, 競争者の顧客を自己と取引するように誘引すること.

**(抱き合わせ販売等)**
⑩ 相手方に対し, 不当に, 商品又は役務の供給に併せて他の商品又は役務を自己又は自己の指定する事業者から購入させ, その他自己又は自己の指定する事業者と取引するように強制すること.

**(排他条件付取引)**
⑪ 不当に, 相手方が競争者と取引しないことを条件として当該相手方と取引し, 競争者の取引の機会を減少させるおそれがあること.

**(再販売価格の拘束)**
⑫ 自己の供給する商品を購入する相手方に, 正当な理由がないのに, 次の各号のいずれかに掲げる拘束の条件をつけて, 当該商品を供給すること.
  1 相手方に対しその販売する当該商品の販売価格を定めてこれを維持させることその他相手方の当該商品の販売価格の自由な決定を拘束すること.
  2 相手方の販売する当該商品を購入する事業者の当該商品の販売価格を定めて相手方をして当該事業者にこれを維持させることその他相手方をして当該事業者の当該商品の販売価格の自由な決定を拘束させること.

**(拘束条件付取引)**
⑬ 前2項に該当する行為のほか, 相手方とその取引の相手方との取引その他相手方の事業活動を不当に拘束する条件をつけて, 当該相手方と取引すること.

**(優越的地位の濫用)**
⑭ 自己の取引上の地位が相手方に優越していることを利用して, 正常な商慣習に照らして不当に, 次の各号のいずれかに掲げる行為をすること.
  1 継続して取引する相手方に対し, 当該取引に係る商品又は役務以外の商品又は役務を購入させること.
  2 継続して取引する相手方に対し, 自己のために金銭, 役務その他の経済上の利益を提供させること.
  3 相手方に不利益となるように取引条件を設定し, 又は変更すること.
  4 前3号に該当する行為のほか, 取引の条件又は実施について相手方に不利益を与えること.
  5 取引の相手方である会社に対し, 当該会社の役員(私的独占の禁止及び公正取引の確保に関する法律(昭和22年法律第54号)第2条第3項の役員をいう. 以下同じ.)の選任についてあらかじめ自己の指示に従わせ, 又は自己の承認を受けさせること.

**(競争者に対する取引妨害)**
⑮ 自己又は自己が株主若しくは役員である会社と国内において競争関係にある他の事業者とその取引の相手方との取引について, 契約の成立の阻止, 契約の不履行の誘引その他いかなる方法をもつてするかを問わず, その取引を不当に妨害すること.

**(競争会社に対する内部干渉)**
⑯ 自己又は自己が株主若しくは役員である会社と国内において競争関係にある会社の株主又は役員に対し, 株主権の行使, 株式の譲渡, 秘密の漏えいその他いかなる方法をもつてするかを問わず, その会社の不利益となる行為をするように, 不当に誘引し, そそのかし, 又は強制すること.

## 107　不当景品類及び不当表示防止法

(昭37・5・15法律第134号,昭37・8・15施行,
　　最終改正:平20・5・2法律第29号)

(目　的)
**第1条**　この法律は,商品及び役務の取引に関連する不当な景品類及び表示による顧客の誘引を防止するため,私的独占の禁止及び公正取引の確保に関する法律(昭和22年法律第54号)の特例を定めることにより,公正な競争を確保し,もつて一般消費者の利益を保護することを目的とする.

(定　義)
**第2条**　① この法律で「景品類」とは,顧客を誘引するための手段として,その方法が直接的であるか間接的であるかを問わず,くじの方法によるかどうかを問わず,事業者が自己の供給する商品又は役務の取引(不動産に関する取引を含む.以下同じ.)に附随して相手方に提供する物品,金銭その他の経済上の利益であつて,公正取引委員会が指定するものをいう.
② この法律で「表示」とは,顧客を誘引するための手段として,事業者が自己の供給する商品又は役務の内容又は取引条件その他これらの取引に関する事項について行なう広告その他の表示であつて,公正取引委員会が指定するものをいう.

(景品類の制限及び禁止)
**第3条**　公正取引委員会は,不当な顧客の誘引を防止するため必要があると認めるときは,景品類の価額の最高額若しくは総額,種類若しくは提供の方法その他景品類の提供に関する事項を制限し,又は景品類の提供を禁止することができる.

(不当な表示の禁止)
**第4条**　① 事業者は,自己の供給する商品又は役務の取引について,次の各号に掲げる表示をしてはならない.
　1　商品又は役務の品質,規格その他の内容について,一般消費者に対し,実際のものよりも著しく優良であると示し,又は事実に相違して当該事業者と競争関係にある他の事業者に係るものよりも著しく優良であると示すことにより,不当に顧客を誘引し,公正な競争を阻害するおそれがあると認められる表示
　2　商品又は役務の価格その他の取引条件について,実際のもの又は当該事業者と競争関係にある他の事業者に係るものよりも取引の相手方に著しく有利であると一般消費者に誤認されるため,不当に顧客を誘引し,公正な競争を阻害するおそれがあると認められる表示
　3　前2号に掲げるもののほか,商品又は役務の取引に関する事項について一般消費者に誤認されるおそれがある表示であつて,不当に顧客を誘引し,公正な競争を阻害するおそれがあると認めて公正取引委員会が指定するもの
② 公正取引委員会は,前項第1号に該当する表示か否かを判断するため必要があると認めるときは,当該表示をした事業者に対し,期間を定めて,当該表示の裏付けとなる合理的な根拠を示す資料の提出を求めることができる.この場合において,当該事業者が当該資料を提出しないときは,第6条第1項及び第2項の規定の適用については,当該表示は同号に該当する表示とみなす.

(公聴会及び告示)
**第5条**　① 公正取引委員会は,第2条若しくは前条第1項第3号の規定による指定若しくは第3条の規定による制限若しくは禁止をし,又はこれらの変更若しくは廃止をしようとするときは,公正取引委員会規則で定めるところにより,公聴会を開き,関係事業者及び一般の意見を求めるものとする.
② 前項に規定する指定並びに制限及び禁止並びにこれらの変更及び廃止は,告示によつて行うものとする.

(排除命令)
**第6条**　① 公正取引委員会は,第3条の規定による制限若しくは禁止又は第4条第1項の規定に違反する行為があるときは,当該事業者に対し,その行為の差止め若しくはその行為が再び行われることを防止するために必要な事項又はこれらの実施に関連する公示その他必要な事項を命ずることができる.その命令(以下「排除命令」という.)は,当該違反行為が既になくなつている場合においても,することができる.
② 私的独占の禁止及び公正取引の確保に関する法律第8条の2,第20条,第25条,第26条及び第8章第2節(第46条,第49条第3項から第5項まで,第50条,第51条,第53条,第55条第2項,第5項及び第6項,第59条第2項,第65条,第67条,第69条第3項,第70条の2第4項,第70条の9から第70条の11まで並びに第70条の12第1項を除く.)の規定の適用については,前項に規定する違反行為は同法第19条の規定に違反する行為(事業者団体が事業者に当該行為に該当する行為をさせるようにする場合にあつては,同法第8条第1項第5号の不公正な取引方法に該当する行為)と,排除命令は排除措置命令とみなす.この場合において,同法第49条第1項中「排除措置命令書」とあるのは「排除命令書」と,「違反行為を排除し,又は違反行為が排除されたことを確保するために必要な措置」とあるのは「その行為の差止め若しくはその行為が再び行われることを防止するために必要な事項又はこれらの実施に関連する公示その他必要な事項」と,同条第2項中「排除措置命令書」とあるのは「排除命令書」と,同条第6項中「排除措置命令書」とあるのは「排除命令書」と,「60日」とあるのは「30日」と,同法第70条の15中「排除措置命令書」とあるのは「排除命令書」と,同法第70条の21中「第3章」とあるのは「第3章(第13条第1項及び第3節を除く.)」とする.
③ 排除命令は,私的独占の禁止及び公正取引の確保に関する法律第90条第3号,第92条,第95条第1項第2号,第2項第2号及び第3項,第95条の2並びに第95条の3(それぞれ同法第90条第3号に係る部分に限る.)並びに第97条の規定の適用については,排除措置命令とみなす.

(都道府県知事の指示)
**第7条**　都道府県知事は,第3条の規定による制限若しくは禁止又は第4条第1項の規定に違反する行為があると認めるときは,当該事業者に対し,その行為の取りやめ若しくはその行為が再び行われることを防止するために必要な事項又はこれらの実施に関連する公示その他必要な事項を指示することができる.その指示は,当該違反行為が既になくなつている場合においても,することができる.

## Ⅶ 経済法 107 不当景品類及び不当表示防止法(8条～14条)

(公正取引委員会への措置請求)
第8条 ① 都道府県知事は、前条の規定による指示を行つた場合において当該事業者がその指示に従わないとき、その他同条に規定する違反行為を取りやめさせるため、又は同条に規定する違反行為が再び行われることを防止するため必要があると認めるときは、公正取引委員会に対し、この法律の規定に従い適当な措置をとるべきことを求めることができる。
② 前項の規定による請求があつたときは、公正取引委員会は、当該違反行為について講じた措置を当該都道府県知事に通知するものとする。

(報告の徴収及び立入検査等)
第9条 ① 都道府県知事は、第7条の規定による指示又は前条第1項の規定による請求を行うため必要があると認めるときは、当該事業者若しくはその者とその事業に関して関係のある事業者に対し景品類若しくは表示に関する報告をさせ、又はその職員に、当該事業者若しくはその者とその事業に関して関係のある事業者の事務所、事業所その他の事業を行う場所に立ち入り、帳簿書類その他の物件を検査させ、若しくは関係者に質問させることができる。
② 前項の規定により立入検査又は質問をする職員は、その身分を示す証明書を携帯し、関係者に提示しなければならない。
③ 第1項の規定による権限は、犯罪捜査のために認められたものと解釈してはならない。

(技術的な助言及び勧告並びに資料の提出の要求)
第10条 ① 公正取引委員会は、都道府県知事に対し、前3条の規定により都道府県知事が処理する事務の運営その他の事務について適切と認める技術的な助言若しくは勧告をし、又は当該助言若しくは勧告をするため若しくは当該都道府県知事の事務の適正な処理に関する情報を提供するため必要な資料の提出を求めることができる。
② 都道府県知事は、公正取引委員会に対し、前条の規定により都道府県知事が処理する事務の管理及び執行について技術的な助言若しくは勧告又は必要な情報の提供を求めることができる。

(是正の要求)
第11条 ① 公正取引委員会は、第7条から第9条までの規定により都道府県知事が行う事務の処理が法令の規定に違反していると認めるとき、又は著しく適正を欠き、かつ、明らかに公益を害していると認めるときは、当該都道府県知事に対し、当該都道府県知事の事務の処理について違反の是正又は改善のため必要な措置を講ずべきことを求めることができる。
② 都道府県知事は、前項の規定による求めを受けたときは、当該事務の処理について違反の是正又は改善のための必要な措置を講じなければならない。

(適格消費者団体の差止請求権)
第11条の2 消費者契約法(平成12年法律第61号)第2条第4項に規定する適格消費者団体は、事業者が、不特定かつ多数の一般消費者に対して次の各号に掲げる行為を現に行い又は行うおそれがあるときは、当該事業者に対し、当該行為の停止若しくは予防又は当該行為が当該各号に規定する表示をしたものである旨の周知その他の当該行為の停止若しくは予防に必要な措置を請求することができる。
1 商品又は役務の品質、規格その他の内容について、実際のもの又は当該事業者と競争関係にある他の事業者に係るものよりも著しく優良であると誤認される表示をすること。
2 商品又は役務の価格その他の取引条件について、実際のもの又は当該事業者と競争関係にある他の事業者に係るものよりも取引の相手方に著しく有利であると誤認される表示をすること。

(公正競争規約)
第12条 ① 事業者又は事業者団体は、公正取引委員会規則で定めるところにより、景品類又は表示に関する事項について、公正取引委員会の認定を受けて、不当な顧客の誘引を防止し、公正な競争を確保するための協定又は規約を締結し、又は設定することができる。これを変更しようとするときも、同様とする。
② 公正取引委員会は、前項の協定又は規約(以下「公正競争規約」という。)が次の各号に適合すると認める場合でなければ、前項の認定をしてはならない。
1 不当な顧客の誘引を防止し、公正な競争を確保するために適切なものであること。
2 一般消費者及び関連事業者の利益を不当に害するおそれがないこと。
3 不当に差別的でないこと。
4 公正競争規約に参加し、又は公正競争規約から脱退することを不当に制限しないこと。
③ 公正取引委員会は、第1項の認定を受けた公正競争規約が前項各号に適合するものでなくなつたと認めるときは、当該認定を取り消さなければならない。
④ 公正取引委員会は、第1項又は前項の規定による処分をしたときは、公正取引委員会規則で定めるところにより、告示しなければならない。
⑤ 私的独占の禁止及び公正取引の確保に関する法律第7条第1項及び第2項(第8条の2第2項及び第20条第2項において準用する場合を含む。)、第8条の2第1項及び第3項、第20条第1項、第70条の13第1項並びに第74条の規定は、第1項の認定を受けた公正競争規約及びこれに基づいてする事業者又は事業者団体の行為には、適用しない。
⑥ 第1項又は第3項の規定による公正取引委員会の処分について不服があるものは、第4項の規定による告示があつた日から30日以内に、公正取引委員会に対し、不服の申立てをすることができる。この場合において、公正取引委員会は、審判手続を経て、審決をもつて、当該申立てを却下し、又は当該処分を取り消し、若しくは変更しなければならない。

(行政不服審査法の適用除外等)
第13条 ① この法律の規定により公正取引委員会がした処分については、行政不服審査法(昭和37年法律第160号)による不服申立てをすることができない。
② 前条第6項の申立てをすることができる事項に関する訴えは、審決に対するものでなければ、提起することができない。

(罰則)
第14条 ① 第6条第2項の規定により適用される私的独占の禁止及び公正取引の確保に関する法律第62条において読み替えて準用する刑事訴訟法(昭和23年法律第131号)第154条又は第166条の規定により宣誓した参考人又は鑑定人が虚偽の陳述又は鑑定をしたときは、3月以上10年以下の懲役に処する。
② 前項の罪を犯した者が、審判手続終了前であつて、

# 第1章 総則

かつ,犯罪の発覚する前に自白したときは,その刑を軽減し,又は免除することができる.

**第15条** 次の各号のいずれかに該当する者は,1年以下の懲役又は300万円以下の罰金に処する.
1. 第6条第2項の規定により適用される私的独占の禁止及び公正取引の確保に関する法律第47条第1項第1号若しくは第2項又は第56条第1項の規定による事件関係人又は参考人に対する処分に違反して出頭せず,陳述をせず,若しくは虚偽の陳述をし,又は報告をせず,若しくは虚偽の報告をした者
2. 第6条第2項の規定により適用される私的独占の禁止及び公正取引の確保に関する法律第47条第1項第2号若しくは第2項又は第56条第1項の規定による鑑定人に対する処分に違反して出頭せず,鑑定をせず,又は虚偽の鑑定をした者
3. 第6条第2項の規定により適用される私的独占の禁止及び公正取引の確保に関する法律第47条第1項第3号若しくは第2項又は第56条第1項の規定による物件の所持者に対する処分に違反して物件を提出しない者
4. 第6条第2項の規定により適用される私的独占の禁止及び公正取引の確保に関する法律第47条第1項第4号若しくは第2項又は第56条第1項の規定による検査を拒み,妨げ,又は忌避した者

**第16条** 第9条第1項の規定による報告をせず,若しくは虚偽の報告をし,又は同項の規定による検査を拒み,妨げ,若しくは忌避し,若しくは同項の規定による質問に対して答弁をせず,若しくは虚偽の答弁をした者は,50万円以下の罰金に処する.

**第17条** 第6条第2項の規定により適用される私的独占の禁止及び公正取引の確保に関する法律第62条において読み替えて準用する刑事訴訟法第154条又は第166条の規定による参考人又は鑑定人に対する命令に違反して宣誓をしない者は,20万円以下の罰金に処する.

**第18条** ① 法人の代表者又は法人若しくは人の代理人,使用人その他の従業者が,その法人又は人の業務又は財産に関して,第15条又は第16条の違反行為をしたときは,行為者を罰するほか,その法人又は人に対しても,各本条の罰金刑を科する.
② 法人でない団体の代表者,管理人,代理人,使用人その他の従業者がその団体の業務又は財産に関して,第15条又は第16条の違反行為をしたときは,行為者を罰するほか,その団体に対しても,各本条の罰金刑を科する.
③ 前項の場合においては,代表者又は管理人が,その訴訟行為につきその団体を代表するほか,法人を被告人又は被疑者とする場合の訴訟行為に関する刑事訴訟法の規定を準用する.

# 108 特許法(抄)

(昭34・4・13法律第121号,昭35・4・1施行,最終改正:平20・4・18法律第16号)

## 第1章 総則

(目 的)

**第1条** この法律は,発明の保護及び利用を図ることにより,発明を奨励し,もつて産業の発達に寄与することを目的とする.

(定 義)

**第2条** ① この法律で「発明」とは,自然法則を利用した技術的思想の創作のうち高度のものをいう.
② この法律で「特許発明」とは,特許を受けている発明をいう.
③ この法律で発明について「実施」とは,次に掲げる行為をいう.
1. 物(プログラム等を含む.以下同じ.)の発明にあつては,その物の生産,使用,譲渡等(譲渡及び貸渡しをいい,その物がプログラム等である場合には,電気通信回線を通じた提供を含む.以下同じ.),輸出若しくは輸入又は譲渡等の申出(譲渡等のための展示を含む.以下同じ.)をする行為
2. 方法の発明にあつては,その方法の使用をする行為
3. 物を生産する方法の発明にあつては,前号に掲げるもののほか,その方法により生産した物の使用,譲渡等,輸出若しくは輸入又は譲渡等の申出をする行為

④ この法律で「プログラム等」とは,プログラム(電子計算機に対する指令であつて,一の結果を得ることができるように組み合わされたものをいう.以下この項において同じ.)その他電子計算機による処理の用に供する情報であつてプログラムに準ずるものをいう.

(期間の計算)

**第3条** ① この法律又はこの法律に基く命令の規定による期間の計算は,次の規定による.
1. 期間の初日は,算入しない.ただし,その期間が午前0時から始まるときは,この限りでない.
2. 期間を定めるのに月又は年をもつてしたときは,暦に従う.月又は年の初めから期間を起算しないときは,その期間は,最後の月又は年においてその起算日に応当する日の前日に満了する.ただし,最後の月に応当する日がないときは,その月の末日に満了する.

(法人でない社団等の手続をする能力)

**第6条** ① 法人でない社団又は財団であつて,代表者又は管理人の定めがあるものは,その名において次に掲げる手続をすることができる.
1. 出願審査の請求をすること.
2. 特許無効審判又は延長登録無効審判を請求すること.
3. 第171条第1項の規定により特許無効審判又は延長登録無効審判の確定審決に対する再審を請求すること.

② 法人でない社団又は財団であつて,代表者又は管理人の定めがあるものは,その名において特許無効審判又は延長登録無効審判の確定審決に対する再審を請求されることができる.

(未成年者,成年被後見人等の手続をする能力)

**第7条** ① 未成年者及び成年被後見人は,法定代理人によらなければ,手続をすることができない.ただし,未成年者が独立して法律行為をすることができるときは,この限りでない.
② 被保佐人が手続をするには,保佐人の同意を得なければならない.
③ 法定代理人が手続をするには,後見監督人があるときは,その同意を得なければならない.

④ 被保佐人又は法定代理人が,相手方が請求した審判又は再審について手続をするときは,前2項の規定は,適用しない.

**(在外者の特許管理人)**
**第8条** ① 日本国内に住所又は居所(法人にあつては,営業所)を有しない者(以下「在外者」という.)は,政令で定める場合を除き,その者の特許に関する代理人であつて日本国内に住所又は居所を有するもの(以下「特許管理人」という.)によらなければ,手続をし,又はこの法律若しくはこの法律に基づく命令の規定により行政庁がした処分を不服として訴えを提起することができない.
② 特許管理人は,一切の手続及びこの法律又はこの法律に基づく命令の規定により行政庁がした処分を不服とする訴訟について本人を代理する.ただし,在外者が特許管理人の代理権の範囲を制限したときは,この限りでない.

**(代理権の範囲)**
**第9条** 日本国内に住所又は居所(法人にあつては,営業所)を有する者であつて手続をするものの委任による代理人は,特別の授権を得なければ,特許出願の変更,放棄若しくは取下げ,特許権の存続期間の延長登録の出願の取下げ,請求,申請若しくは申立ての取下げ,第41条第1項の優先権の主張若しくはその取下げ,第46条の2第1項の規定による実用新案登録に基づく特許出願,出願公開の請求,拒絶査定不服審判の請求,特許権の放棄又は復代理人の選任をすることができない.

**(外国人の権利の享有)**
**第25条** 日本国内に住所又は居所(法人にあつては,営業所)を有しない外国人は,次の各号の一に該当する場合を除き,特許権その他特許に関する権利を享有することができない.
 1 その者の属する国において,日本国民に対してその国民と同一の条件により特許権その他特許に関する権利の享有を認めているとき.
 2 その者の属する国において,日本国がその国民に対し特許権その他特許に関する権利の享有を認める場合には日本国民に対しその国民と同一の条件により特許権その他特許に関する権利の享有を認めることとしているとき.
 3 条約に別段の定があるとき.

**(条約の効力)**
**第26条** 特許に関し条約に別段の定があるときは,その規定による.

**(特許原簿への登録)**
**第27条** ① 次に掲げる事項は,特許庁に備える特許原簿に登録する.
 1 特許権の設定,存続期間の延長,移転,信託による変更,消滅,回復又は処分の制限
 2 専用実施権又は通常実施権の設定,保存,移転,変更,消滅又は処分の制限
 3 特許権,専用実施権又は通常実施権を目的とする質権の設定,移転,変更,消滅又は処分の制限
 4 仮専用実施権又は仮通常実施権の設定,保存,移転,変更,消滅又は処分の制限
② 特許原簿は,その全部又は一部を磁気テープ(これに準ずる方法により一定の事項を確実に記録して置くことができる物を含む.以下同じ.)をもつて調製することができる.
③ この法律に規定するもののほか,登録に関して必要な事項は,政令で定める.

**(特許証の交付)**
**第28条** ① 特許庁長官は,特許権の設定の登録があつたとき,又は願書に添付した明細書,特許請求の範囲若しくは図面の訂正をすべき旨の審決が確定した場合において,その登録があつたときは,特許権者に対し,特許証を交付する.
② 特許証の再交付については,経済産業省令で定める.

## 第2章 特許及び特許出願

**(特許の要件)**
**第29条** ① 産業上利用することができる発明をした者は,次に掲げる発明を除き,その発明について特許を受けることができる.
 1 特許出願前に日本国内又は外国において公然知られた発明
 2 特許出願前に日本国内又は外国において公然実施をされた発明
 3 特許出願前に日本国内又は外国において,頒布された刊行物に記載された発明又は電気通信回線を通じて公衆に利用可能となつた発明
② 特許出願前にその発明の属する技術の分野における通常の知識を有する者が前項各号に掲げる発明に基いて容易に発明をすることができたときは,その発明については,同項の規定にかかわらず,特許を受けることができない.

**第29条の2** 特許出願に係る発明が当該特許出願の日前の他の特許出願又は実用新案登録出願であつて当該特許出願後に第66条第3項の規定により同項各号に掲げる事項を掲載した特許公報(以下「特許掲載公報」という.)の発行若しくは出願公開又は実用新案法(昭和34年法律第123号)第14条第3項の規定により同項各号に掲げる事項を掲載した実用新案公報(以下「実用新案掲載公報」という.)の発行がされたものの願書に最初に添付した明細書,特許請求の範囲若しくは実用新案登録請求の範囲又は図面(第36条の2第2項の外国語書面出願にあつては,同条第1項の外国語書面)に記載された発明又は考案(その発明又は考案をした者が当該特許出願に係る発明の発明者と同一の者である場合におけるその発明又は考案を除く.)と同一であるときは,その発明については,前条第1項の規定にかかわらず,特許を受けることができない.ただし,当該特許出願の時にその出願人と当該他の特許出願又は実用新案登録出願の出願人とが同一の者であるときは,この限りでない.

**(発明の新規性の喪失の例外)**
**第30条** ① 特許を受ける権利を有する者が試験を行い,刊行物に発表し,電気通信回線を通じて発表し,又は特許庁長官が指定する学術団体が開催する研究集会において文書をもつて発表することにより,第29条第1項各号の一に該当するに至つた発明は,その該当するに至つた日から6月以内にその者がした特許出願に係る発明についての同条第1項及び第2項の規定の適用については,同条第1項各号の一に該当するに至らなかつたものとみなす.
② 特許を受ける権利を有する者の意に反して第29条第1項各号の一に該当するに至つた発明も,その該当するに至つた日から6月以内にその者がした特許出願に係る発明についての同条第1項及び第2項の規定の適用については,前項と同様とする.
③ 特許を受ける権利を有する者が政府若しくは地

方公共団体(以下「政府等」という.)が開設する博覧会若しくは政府等以外の者が開設する博覧会であつて特許庁長官が指定するものに,パリ条約の同盟国若しくは世界貿易機関の加盟国の領域内でその政府等若しくはその許可を受けた者が開設する国際的な博覧会に,又はパリ条約の同盟国若しくは世界貿易機関の加盟国のいずれにも該当しない国の領域内でその政府等若しくはその許可を受けた者が開設する国際的な博覧会であつて特許庁長官が指定するものに出品することにより,第29条第1項各号の一に該当するに至つた発明も,その該当するに至つた日から6月以内にその者がした特許出願に係る発明についての同条第1項及び第2項の規定の適用については,第1項と同様とする.

④ 第1項又は前項の規定の適用を受けようとする者は,その旨を記載した書面を特許出願と同時に特許庁長官に提出し,かつ,第29条第1項各号の一に該当するに至つた発明が第1項又は前項の規定の適用を受けることができる発明であることを証明する書面を特許出願の日から30日以内に特許庁長官に提出しなければならない.

(特許を受けることができない発明)
**第32条** 公の秩序,善良の風俗又は公衆の衛生を害するおそれがある発明については,第29条の規定にかかわらず,特許を受けることができない.

(特許を受ける権利)
**第33条** ① 特許を受ける権利は,移転することができる.
② 特許を受ける権利は,質権の目的とすることができない.
③ 特許を受ける権利が共有に係るときは,各共有者は,他の共有者の同意を得なければ,その持分を譲渡することができない.
④ 特許を受ける権利が共有に係るときは,各共有者は,他の共有者の同意を得なければ,その特許を受ける権利に基づいて取得すべき特許権について,仮専用実施権を設定し,又は他人に仮通常実施権を許諾することができない.

**第34条** ① 特許出願前における特許を受ける権利の承継は,その承継人が特許出願をしなければ,第三者に対抗することができない.
② 同一の者から承継した同一の特許を受ける権利について同日に二以上の特許出願があつたときは,特許出願人の協議により定めた者以外の者の承継は,第三者に対抗することができない.
③ 同一の者から承継した同一の発明及び考案についての特許を受ける権利及び実用新案登録を受ける権利について同日に特許出願及び実用新案登録出願があつたときは,前項と同様とする.
④ 特許出願後における特許を受ける権利の承継は,相続その他の一般承継の場合を除き,特許庁長官に届け出なければ,その効力を生じない.
⑤ 特許を受ける権利の相続その他の一般承継があつたときは,承継人は,遅滞なく,その旨を特許庁長官に届け出なければならない.
⑥ 同一の者から承継した同一の特許を受ける権利の承継について同日に二以上の届出があつたときは,届出をした者の協議により定めた者以外の者の届出は,その効力を生じない.
⑦ 第39条第7項及び第8項の規定は,第2項,第3項及び前項の場合に準用する.

(職務発明)
**第35条** ① 使用者,法人,国又は地方公共団体(以下「使用者等」という.)は,従業者,法人の役員,国家公務員又は地方公務員(以下「従業者等」という.)がその性質上当該使用者等の業務範囲に属し,かつ,その発明をするに至つた行為がその使用者等における従業者等の現在又は過去の職務に属する発明(以下「職務発明」という.)について特許を受けたとき,又は職務発明について特許を受ける権利を承継した者がその発明について特許を受けたときは,その特許権について通常実施権を有する.
② 従業者等がした発明については,その発明が職務発明である場合を除き,あらかじめ使用者等に特許を受ける権利若しくは特許権を承継させ又は使用者等のため仮専用実施権若しくは専用実施権を設定することを定めた契約,勤務規則その他の定めの条項は,無効とする.
③ 従業者等は,契約,勤務規則その他の定めにより職務発明について使用者等に特許を受ける権利若しくは特許権を承継させ,若しくは使用者等のため専用実施権を設定したとき,又は契約,勤務規則その他の定めにより職務発明について使用者等のため仮専用実施権を設定した場合において,第34条の2第2項の規定により専用実施権が設定されたものとみなされたときは,相当の対価の支払を受ける権利を有する.
④ 契約,勤務規則その他の定めにおいて前項の対価について定める場合には,対価を決定するための基準の策定に際して使用者等と従業者等との間で行われる協議の状況,策定された当該基準の開示の状況,対価の額の算定について行われる従業者等からの意見の聴取の状況等を考慮して,その定めたところにより対価を支払うことが不合理と認められるものであつてはならない.
⑤ 前項の対価についての定めがない場合又はその定めたところにより対価を支払うことが同項の規定により不合理と認められる場合には,第3項の対価の額は,その発明により使用者等が受けるべき利益の額,その発明に関連して使用者等が行う負担,貢献及び従業者等の処遇その他の事情を考慮して定めなければならない.

(特許出願)
**第36条** ① 特許を受けようとする者は,次に掲げる事項を記載した願書を特許庁長官に提出しなければならない.
1 特許出願人の氏名又は名称及び住所又は居所
2 発明者の氏名及び住所又は居所

**第37条** 二以上の発明については,経済産業省令で定める技術的関係を有することにより発明の単一性の要件を満たす一群の発明に該当するときは,一の願書で特許出願をすることができる.

(共同出願)
**第38条** 特許を受ける権利が共有に係るときは,各共有者は,他の共有者と共同でなければ,特許出願をすることができない.

(特許出願の放棄又は取下げ)
**第38条の2** 特許出願人は,その特許出願について仮専用実施権又は登録した仮通常実施権を有する者があるときは,これらの者の承諾を得た場合に限り,その特許出願を放棄し,又は取り下げることができる.

(先 願)
**第39条** ① 同一の発明について異なつた日に二以

上の特許出願があつたときは、最先の特許出願人のみがその発明について特許を受けることができる.

(特許出願等に基づく優先権主張)

**第41条** ① 特許を受けようとする者は、次に掲げる場合を除き、その特許出願に係る発明について、その者が特許又は実用新案登録を受ける権利を有するもの（以下「先の出願」という。）の願書に最初に添付した明細書、特許請求の範囲若しくは実用新案登録請求の範囲又は図面（先の出願が外国語書面出願である場合にあつては、外国語書面）に記載された発明に基づいて優先権を主張することができる。ただし、先の出願について仮専用実施権又は登録した仮通常実施権を有する者があるときは、その特許出願の際に、これらの者の承諾を得ている場合に限る.

1 その特許出願が先の出願の日から1年以内にされたものでない場合

2 先の出願が第44条第1項の規定による特許出願の分割に係る新たな特許出願、第46条第1項若しくは第2項の規定の変更に係る特許出願若しくは第46条の2第1項の規定による実用新案登録に基づく特許出願又は実用新案法第11条第1項において準用するこの法律第44条第1項の規定による実用新案登録出願の分割に係る新たな実用新案登録出願若しくは実用新案法第10条第1項若しくは第2項の規定による出願の変更に係る実用新案登録出願である場合

3 先の出願が、その特許出願の際に、放棄され、取り下げられ、又は却下されている場合

4 先の出願について、その特許出願の際に、査定又は審決が確定している場合

5 先の出願について、その特許出願の際に、実用新案法第14条第2項に規定する設定の登録がされている場合

## 第3章 審査

(審査官による審査)

**第47条** ① 特許庁長官は、審査官に特許出願を審査させなければならない.
② 審査官の資格は、政令で定める.

(審査官の除斥)

**第48条** 第139条第1号から第5号まで及び第7号の規定は、審査官に準用する.

(特許出願の審査)

**第48条の2** 特許出願の審査は、その特許出願についての出願審査の請求をまつて行なう.

(出願審査の請求)

**第48条の3** ① 特許出願があつたときは、何人も、その日から3年以内に、特許庁長官にその特許出願について出願審査の請求をすることができる.

## 第3章の2 出願公開

(出願公開)

**第64条** ① 特許庁長官は、特許出願の日から1年6月を経過したときは、特許掲載公報の発行をしたものを除き、その特許出願について出願公開をしなければならない。次条第1項に規定する出願公開の請求があつたときも、同様とする.

(出願公開の効果等)

**第65条** ① 特許出願人は、出願公開があつた後に特許出願に係る発明の内容を記載した書面を提示して警告をしたときは、その警告後特許権の設定の登録前に業としてその発明を実施した者に対し、その発明が特許発明である場合にその実施に対し受けるべき金銭の額に相当する額の補償金の支払を請求することができる。当該警告をしない場合においても、出願公開がされた特許出願に係る発明であることを知つて特許権の設定の登録前に業としてその発明を実施した者に対しては、同様とする.

② 前項の規定による請求権は、特許権の設定の登録があつた後でなければ、行使することができない.

③ 特許出願人は、その仮専用実施権者又は仮通常実施権者が、その設定行為で定めた範囲内において当該特許出願に係る発明を実施した場合については、第1項に規定する補償金の支払を請求することができない.

④ 第1項の規定による請求権の行使は、特許権の行使を妨げない.

⑤ 出願公開後に特許出願が放棄され、取り下げられ、若しくは却下されたとき、特許出願について拒絶をすべき旨の査定若しくは審決が確定したとき、第112条第6項の規定により特許権が初めから存在しなかつたものとみなされたとき（更に第112条の2第2項の規定により特許権が初めから存在していたものとみなされたときを除く.）、又は第125条ただし書の場合を除き特許を無効にすべき旨の審決が確定したときは、第1項の請求権は、初めから生じなかつたものとみなす.

⑥ 第101条、第104条から第105条の2まで、第105条の4から第105条の7まで及び第168条第3項から第6項まで並びに民法（明治29年法律第89号）第719条及び第724条（不法行為）の規定は、第1項の規定による請求権を行使する場合に準用する。この場合において、当該請求権を有する者が特許権の設定の登録前に当該特許出願に係る発明の実施の事実及びその実施をした者を知つたときは、同条中「被害者又はその法定代理人が損害及び加害者を知つた時」とあるのは、「特許権の設定の登録の日」と読み替えるものとする.

## 第4章 特許権

### 第1節 特許権

(特許権の設定の登録)

**第66条** ① 特許権は、設定の登録により発生する.

② 第107条第1項の規定による第1年から第3年までの各年分の特許料の納付又はその納付の免除若しくは猶予があつたときは、特許権の設定の登録をする.

③ 前項の登録があつたときは、次に掲げる事項を特許公報に掲載しなければならない。ただし、第5号に掲げる事項については、その特許出願について出願公開がされているときは、この限りでない.

1 特許権者の氏名又は名称及び住所又は居所
2 特許出願の番号及び年月日
3 発明者の氏名及び住所又は居所
4 願書に添付した明細書及び特許請求の範囲に記載した事項並びに図面の内容
5 願書に添付した要約書に記載した事項
6 特許番号及び設定の登録の年月日
7 前各号に掲げるもののほか、必要な事項

④ 第64条第3項の規定は、前項の規定により同項第

5号の要約書に記載した事項を特許公報に掲載する場合に準用する．

**(存続期間)**
**第67条** ① 特許権の存続期間は，特許出願の日から20年をもって終了する．
② 特許権の存続期間は，その特許発明の実施について安全性の確保等を目的とする法律の規定による許可その他の処分であつて当該処分の目的，手続等からみて当該処分を的確に行うには相当の期間を要するものとして政令で定めるものを受けることが必要であるために，その特許発明の実施をすることができない期間があつたときは，5年を限度として，延長登録の出願により延長することができる．

**(存続期間の延長登録)**
**第67条の2** ① 特許権の存続期間の延長登録の出願をしようとする者は，次に掲げる事項を記載した願書を特許庁長官に提出しなければならない．
1 出願人の氏名又は名称及び住所又は居所
2 特許番号
3 延長を求める期間（5年以下の期間に限る．）
4 前条第2項の政令で定める処分の内容
② 前項の願書には，経済産業省令で定めるところにより，延長の理由を記載した資料を添付しなければならない．
③ 特許権の存続期間の延長登録の出願は，前条第2項の政令で定める処分を受けた日から政令で定める期間内にしなければならない．ただし，同条第1項に規定する特許権の存続期間の満了後は，することができない．
④ 特許権が共有に係るときは，各共有者は，他の共有者と共同でなければ，特許権の存続期間の延長登録の出願をすることができない．
⑤ 特許権の存続期間の延長登録の出願があつたときは，存続期間は，延長されたものとみなす．ただし，その出願について拒絶をすべき旨の査定が確定し，又は特許権の存続期間を延長した旨の登録があつたときは，この限りでない．
⑥ 特許権の存続期間の延長登録の出願があつたときは，第1項各号に掲げる事項並びにその出願の番号及び年月日を特許公報に掲載しなければならない．

**第67条の2の2** ① 特許権の存続期間の延長登録の出願をしようとする者は，第67条第1項に規定する特許権の存続期間の満了前6月の前日までに同条第2項の政令で定める処分を受けることができないと見込まれるときは，次に掲げる事項を記載した書面をその日までに特許庁長官に提出しなければならない．
1 出願をしようとする者の氏名又は名称及び住所又は居所
2 特許番号
3 第67条第2項の政令で定める処分
② 前項の規定により提出すべき書面を提出しないときは，第67条第1項に規定する特許権の存続期間の満了前6月以後に特許権の存続期間の延長登録の出願をすることができない．
③ 第1項に規定する書面が提出されたときは，同項各号に掲げる事項を特許公報に掲載しなければならない．

**(特許権の効力)**
**第68条** 特許権者は，業として特許発明の実施をする権利を専有する．ただし，その特許権について専用実施権を設定したときは，専用実施権者がその特許発明の実施をする権利を専有する範囲については，この限りでない．

**(特許権の効力が及ばない範囲)**
**第69条** ① 特許権の効力は，試験又は研究のためにする特許発明の実施には，及ばない．
② 特許権の効力は，次に掲げる物には，及ばない．
1 単に日本国内を通過するに過ぎない船舶若しくは航空機又はこれらに使用する機械，器具，装置その他の物
2 特許出願の時から日本国内にある物
③ 二以上の医薬（人の病気の診断，治療，処置又は予防のため使用する物をいう．以下この項において同じ．）を混合することにより製造されるべき医薬の発明又は二以上の医薬を混合して医薬を製造する方法の発明に係る特許権の効力は，医師又は歯科医師の処方せんにより調剤する行為及び医師又は歯科医師の処方せんにより調剤する医薬には，及ばない．

**(特許発明の技術的範囲)**
**第70条** ① 特許発明の技術的範囲は，願書に添付した特許請求の範囲の記載に基づいて定めなければならない．
② 前項の場合においては，願書に添付した明細書の記載及び図面を考慮して，特許請求の範囲に記載された用語の意義を解釈するものとする．
③ 前2項の場合においては，願書に添付した要約書の記載を考慮してはならない．

**第71条** ① 特許発明の技術的範囲については，特許庁に対し，判定を求めることができる．

**(他人の特許発明等との関係)**
**第72条** 特許権者，専用実施権者又は通常実施権者は，その特許発明がその特許出願の日前の出願に係る他人の特許発明，登録実用新案若しくは登録意匠若しくはこれに類似する意匠を利用するものであるとき，又はその特許権がその特許出願の日前の出願に係る他人の意匠権若しくは商標権と抵触するときは，業としてその特許発明の実施をすることができない．

**(共有に係る特許権)**
**第73条** ① 特許権が共有に係るときは，各共有者は，他の共有者の同意を得なければ，その持分を譲渡し，又はその持分を目的として質権を設定することができない．
② 特許権が共有に係るときは，各共有者は，契約で別段の定をした場合を除き，他の共有者の同意を得ないでその特許発明の実施をすることができる．
③ 特許権が共有に係るときは，各共有者は，他の共有者の同意を得なければ，その特許権について専用実施権を設定し，又は他人に通常実施権を許諾することができない．

**(専用実施権)**
**第77条** ① 特許権者は，その特許権について専用実施権を設定することができる．
② 専用実施権者は，設定行為で定めた範囲内において，業としてその特許発明の実施をする権利を専有する．
③ 専用実施権は，実施の事業とともにする場合，特許権者の承諾を得た場合及び相続その他の一般承継の場合に限り，移転することができる．
④ 専用実施権者は，特許権者の承諾を得た場合に限り，その専用実施権について質権を設定し，又は他人に通常実施権を許諾することができる．

⑤ 第73条の規定は,専用実施権に準用する.
**(通常実施権)**
**第78条** ① 特許権者は,その特許権について他人に通常実施権を許諾することができる.
② 通常実施権者は,この法律の規定により又は設定行為で定めた範囲内において,業としてその特許発明の実施をする権利を有する.
**(先使用による通常実施権)**
**第79条** 特許出願に係る発明の内容を知らないで自らその発明をし,又は特許出願に係る発明の内容を知らないでその発明をした者から知得して,特許出願の際現に日本国内においてその発明の実施である事業をしている者又はその事業の準備をしている者は,その実施又は準備をしている発明及び事業の目的の範囲内において,その特許出願に係る特許権について通常実施権を有する.
**(不実施の場合の通常実施権の設定の裁定)**
**第83条** ① 特許発明の実施が継続して3年以上日本国内において適当にされていないときは,その特許発明の実施をしようとする者は,特許権者又は専用実施権者に対し通常実施権の許諾について協議を求めることができる.ただし,その特許発明に係る特許出願の日から4年を経過していないときは,この限りでない.
② 前項の協議が成立せず,又は協議をすることができないときは,その特許発明の実施をしようとする者は,特許庁長官の裁定を請求することができる.
**(審議会の意見の聴取等)**
**第85条** ① 特許庁長官は,第83条第2項の裁定をしようとするときは,審議会等(国家行政組織法(昭和23年法律第120号)第8条に規定する機関をいう.)で政令で定めるものの意見を聴かなければならない.
② 特許庁長官は,その特許発明の実施が適当にされていないことについて正当な理由があるときは,通常実施権を設定すべき旨の裁定をすることができない.
**(裁定の方式)**
**第86条** ① 第83条第2項の裁定は,文書をもつて行い,かつ,理由を附さなければならない.
② 通常実施権を設定すべき旨の裁定においては,次に掲げる事項を定めなければならない.
1 通常実施権を設定すべき範囲
2 対価の額並びにその支払の方法及び時期
**(自己の特許発明の実施をするための通常実施権の設定の裁定)**
**第92条** ① 特許権者又は専用実施権者は,その特許発明が第72条に規定する場合に該当するときは,同条の他人に対しその特許発明の実施をするための通常実施権又は実用新案権若しくは意匠権についての通常実施権の許諾について協議を求めることができる.
② 前項の協議を求められた第72条の他人は,その協議を求めた特許権者又は専用実施権者に対し,これらの者がその協議により通常実施権又は実用新案権若しくは意匠権についての通常実施権の許諾を受けて実施をしようとする特許発明の範囲内において,通常実施権の許諾について協議を求めることができる.
③ 第1項の協議が成立せず,又は協議をすることができないときは,特許権者又は専用実施権者は,特許庁長官の裁定を請求することができる.

④ 第2項の協議が成立せず,又は協議をすることができない場合において,前項の裁定の請求があつたときは,第72条の他人は,第7項において準用する第84条の規定によりその者が答弁書を提出すべき期間として特許庁長官が指定した期間内に限り,特許庁長官の裁定を請求することができる.
⑤ 特許庁長官は,第3項又は前項の場合において,当該通常実施権を設定することが第72条の他人又は特許権者若しくは専用実施権者の利益を不当に害することとなるときは,当該通常実施権を設定すべき旨の裁定をすることができない.
⑥ 特許庁長官は,前項に規定する場合のほか,第4項の場合において,第3項の裁定の請求について通常実施権を設定すべき旨の裁定をしないときは,当該通常実施権を設定すべき旨の裁定をすることができない.
**(公共の利益のための通常実施権の設定の裁定)**
**第93条** ① 特許発明の実施が公共の利益のため特に必要であるときは,その特許発明の実施をしようとする者は,特許権者又は専用実施権者に対し通常実施権の許諾について協議を求めることができる.
② 前項の協議が成立せず,又は協議をすることができないときは,その特許発明の実施をしようとする者は,経済産業大臣の裁定を請求することができる.
**(通常実施権の移転等)**
**第94条** ① 通常実施権は,第83条第2項,第92条第3項若しくは第4項若しくは前条第2項,実用新案法第22条第3項若しくは意匠法第33条第3項の裁定による通常実施権を除き,実施の事業とともにする場合,特許権者(専用実施権についての通常実施権にあつては特許権者及び専用実施権者)の承諾を得た場合及び相続その他の一般承継の場合に限り,移転することができる.
② 通常実施権者は,第83条第2項,第92条第3項若しくは第4項若しくは前条第2項,実用新案法第22条第3項又は意匠法第33条第3項の裁定による通常実施権を除き,特許権者(専用実施権についての通常実施権にあつては,特許権者及び専用実施権者)の承諾を得た場合に限り,その通常実施権について質権を設定することができる.
③ 第83条第2項又は前条第2項の裁定による通常実施権は,実施の事業とともにする場合に限り,移転することができる.
④ 第92条第3項,実用新案法第22条第3項又は意匠法第33条第3項の裁定による通常実施権は,その通常実施権者の当該特許権,実用新案権又は意匠権が実施の事業とともに移転したときはこれらに従つて移転し,その特許権,実用新案権又は意匠権が実施の事業と分離して移転したとき,又は消滅したときは消滅する.
⑤ 第92条第4項の裁定による通常実施権は,その通常実施権者の当該特許権,実用新案権又は意匠権に従つて移転し,その特許権,実用新案権又は意匠権が消滅したときは消滅する.
⑥ 第73条第1項の規定は,通常実施権に準用する.
**第95条** 特許権,専用実施権又は通常実施権を目的として質権を設定したときは,質権者は,契約で別段の定をした場合を除き,当該特許発明の実施をすることができない.
**第96条** 特許権,専用実施権又は通常実施権を目的とする質権は,特許権,専用実施権若しくは通常実

施権の対価又は特許発明の実施に対しその特許権者若しくは専用実施権者が受けるべき金銭その他の物に対しても,することができる.ただし,その払渡又は引渡前に差押をしなければならない.

(特許権等の放棄)
第97条 ① 特許権者は,専用実施権者,質権者又は第35条第1項,第77条第4項若しくは第78条第1項の規定による通常実施権者があるときは,これらの者の承諾を得た場合に限り,その特許権を放棄することができる.
② 専用実施権者は,質権者又は第77条第4項の規定による通常実施権者があるときは,これらの者の承諾を得た場合に限り,その専用実施権を放棄することができる.
③ 通常実施権者は,質権者があるときは,その承諾を得た場合に限り,その通常実施権を放棄することができる.

(登録の効果)
第98条 ① 次に掲げる事項は,登録しなければ,その効力を生じない.
1 特許権の移転(相続その他の一般承継によるものを除く.),信託による変更,放棄による消滅又は処分の制限
2 専用実施権の設定,移転(相続その他の一般承継によるものを除く.),変更,消滅(混同又は特許権の消滅によるものを除く.)又は処分の制限
3 特許権又は専用実施権を目的とする質権の設定,移転(相続その他の一般承継によるものを除く.),変更,消滅(混同又は担保する債権の消滅によるものを除く.)又は処分の制限
② 前項各号の相続その他の一般承継の場合は,遅滞なく,その旨を特許庁長官に届け出なければならない.

第99条 ① 通常実施権は,その登録をしたときは,その特許権若しくは専用実施権又はその特許権についての専用実施権をその後に取得した者に対しても,その効力を生ずる.
② 第35条第1項,第79条,第80条第1項,第81条,第82条第1項又は第176条の規定による通常実施権は,登録しなくても,前項の効力を有する.
③ 通常実施権の移転,変更,消滅若しくは処分の制限又は通常実施権を目的とする質権の設定,移転,変更,消滅若しくは処分の制限は,登録しなければ,第三者に対抗することができない.

### 第2節 権利侵害

(差止請求権)
第100条 ① 特許権者又は専用実施権者は,自己の特許権又は専用実施権を侵害する者又は侵害するおそれがある者に対し,その侵害の停止又は予防を請求することができる.
② 特許権者又は専用実施権者は,前項の規定による請求をするに際し,侵害の行為を組成した物(物を生産する方法の特許発明にあつては,侵害の行為により生じた物を含む.第102条第1項において同じ.)の廃棄,侵害の行為に供した設備の除却その他の侵害の予防に必要な行為を請求することができる.

(侵害とみなす行為)
第101条 次に掲げる行為は,当該特許権又は専用実施権を侵害するものとみなす.
1 特許が物の発明についてされている場合において,業として,その物の生産にのみ用いる物の生産,譲渡等若しくは輸入又は譲渡等の申出をする行為
2 特許が物の発明についてされている場合において,その物の生産に用いる物(日本国内において広く一般に流通しているものを除く.)であつてその発明による課題の解決に不可欠なものにつき,その発明が特許発明であること及びその物がその発明の実施に用いられることを知りながら,業として,その生産,譲渡等若しくは輸入又は譲渡等の申出をする行為
3 特許が物の発明についてされている場合において,その物を業としての譲渡等又は輸出のために所持する行為
4 特許が方法の発明についてされている場合において,業として,その方法の使用にのみ用いる物の生産,譲渡等若しくは輸入又は譲渡等の申出をする行為
5 特許が方法の発明についてされている場合において,その方法の使用に用いる物(日本国内において広く一般に流通しているものを除く.)であつてその発明による課題の解決に不可欠なものにつき,その発明が特許発明であること及びその物がその発明の実施に用いられることを知りながら,業として,その生産,譲渡等若しくは輸入又は譲渡等の申出をする行為
6 特許が物を生産する方法の発明についてされている場合において,その方法により生産した物を業としての譲渡等又は輸出のために所持する行為

(損害の額の推定等)
第102条 ① 特許権者又は専用実施権者が故意又は過失により自己の特許権又は専用実施権を侵害した者に対しその侵害により自己が受けた損害の賠償を請求する場合において,その者がその侵害の行為を組成した物を譲渡したときは,その譲渡した物の数量(以下この項において「譲渡数量」という.)に,特許権者又は専用実施権者がその侵害の行為がなければ販売することができた物の単位数量当たりの利益の額を乗じて得た額を,特許権者又は専用実施権者の実施の能力に応じた額を超えない限度において,特許権者又は専用実施権者が受けた損害の額とすることができる.ただし,譲渡数量の全部又は一部に相当する数量を特許権者又は専用実施権者が販売することができないとする事情があるときは,当該事情に相当する数量に応じた額を控除するものとする.
② 特許権者又は専用実施権者が故意又は過失により自己の特許権又は専用実施権を侵害した者に対しその侵害により自己が受けた損害の賠償を請求する場合において,その者がその侵害の行為により利益を受けているときは,その利益の額は,特許権者又は専用実施権者が受けた損害の額と推定する.
③ 特許権者又は専用実施権者は,故意又は過失により自己の特許権又は専用実施権を侵害した者に対し,その特許発明の実施に対し受けるべき金銭の額に相当する額の金銭を,自己が受けた損害の額としてその賠償を請求することができる.
④ 前項の規定は,同項に規定する金額を超える損害の賠償の請求を妨げない.この場合において,特許権又は専用実施権を侵害した者に故意又は重大な過失がなかつたときは,裁判所は,損害の賠償の額を定めるについて,これを参酌することができる.

(過失の推定)
第103条 他人の特許権又は専用実施権を侵害した者は,その侵害の行為について過失があつたものと

推定する．
(生産方法の推定)
**第104条** 物を生産する方法の発明について特許がされている場合において，その物が特許出願前に日本国内において公然知られた物でないときは，その物と同一の物は，その方法により生産したものと推定する．
(具体的態様の明示義務)
**第104条の2** 特許権又は専用実施権の侵害に係る訴訟において，特許権者又は専用実施権者が侵害の行為を組成したものとして主張する物又は方法の具体的態様を否認するときは，相手方は，自己の行為の具体的態様を明らかにしなければならない．ただし，相手方において明らかにすることができない相当の理由があるときは，この限りでない．
(特許権者等の権利行使の制限)
**第104条の3** ① 特許権又は専用実施権の侵害に係る訴訟において，当該特許が特許無効審判により無効にされるべきものと認められるときは，特許権者又は専用実施権者は，相手方に対しその権利を行使することができない．
② 前項の規定による攻撃又は防御の方法については，これが審理を不当に遅延させることを目的として提出されたものと認められるときは，裁判所は，申立てにより又は職権で，却下の決定をすることができる．
(書類の提出等)
**第105条** ① 裁判所は，特許権又は専用実施権の侵害に係る訴訟においては，当事者の申立てにより，当事者に対し，当該侵害行為について立証するため，又は当該侵害の行為による損害の計算をするため必要な書類の提出を命ずることができる．ただし，その書類の所持者においてその提出を拒むことについて正当な理由があるときは，この限りでない．
(秘密保持命令)
**第105条の4** ① 裁判所は，特許権又は専用実施権の侵害に係る訴訟において，その当事者が保有する営業秘密(不正競争防止法(平成5年法律第47号)第2条第6項に規定する営業秘密をいう．以下同じ．)について，次に掲げる事由のいずれにも該当することにつき疎明があつた場合には，当事者の申立てにより，決定で，当事者等，訴訟代理人又は補佐人に対し，当該営業秘密を当該訴訟の追行の目的以外の目的で使用し，又は当該営業秘密に係るこの項の規定による命令を受けた者以外の者に開示してはならない旨を命ずることができる．ただし，その申立ての時までに当事者等，訴訟代理人又は補佐人が第1号に規定する準備書面の閲読又は同号に規定する証拠の取調べ若しくは開示以外の方法により当該営業秘密を取得し，又は保有していた場合は，この限りでない．
　1　既に提出され若しくは提出されるべき準備書面に当事者の保有する営業秘密が記載され，又は既に取り調べられ若しくは取り調べられるべき証拠(第105条第3項の規定により開示された書類又は第105条の7第4項の規定により開示された書面を含む．)の内容に当事者の保有する営業秘密が含まれること．
　2　前号の営業秘密が当該訴訟の追行の目的以外の目的で使用され，又は当該営業秘密が開示されることにより，当該営業秘密に基づく当事者の事業活動に支障を生ずるおそれがあり，これを防止す

るため当該営業秘密の使用又は開示を制限する必要があること．
② 前項の規定による命令(以下「秘密保持命令」という．)の申立ては，次に掲げる事項を記載した書面でしなければならない．
　1　秘密保持命令を受けるべき者
　2　秘密保持命令の対象となるべき営業秘密を特定するに足りる事実
　3　前項各号に掲げる事由に該当する事実
③ 秘密保持命令が発せられた場合には，その決定書を秘密保持命令を受けた者に送達しなければならない．
④ 秘密保持命令は，秘密保持命令を受けた者に対する決定書の送達がされた時から，効力を生ずる．
⑤ 秘密保持命令の申立てを却下した裁判に対しては，即時抗告をすることができる．
(秘密保持命令の取消し)
**第105条の5** ① 秘密保持命令の申立てをした者又は秘密保持命令を受けた者は，訴訟記録の存する裁判所(訴訟記録の存する裁判所がない場合にあつては，秘密保持命令を発した裁判所)に対し，前条第1項に規定する要件を欠くこと又はこれを欠くに至つたことを理由として，秘密保持命令の取消しの申立てをすることができる．
② 秘密保持命令の取消しの申立てについての裁判があつた場合には，その決定書をその申立てをした者及び相手方に送達しなければならない．
③ 秘密保持命令の取消しの申立てについての裁判に対しては，即時抗告をすることができる．
④ 秘密保持命令を取り消す裁判は，確定しなければその効力を生じない．
⑤ 裁判所は，秘密保持命令を取り消す裁判をした場合において，秘密保持命令の取消しの申立てをした者又は相手方以外に当該秘密保持命令が発せられた訴訟において当該営業秘密に係る秘密保持命令を受けている者があるときは，その者に対し，直ちに，秘密保持命令を取り消す裁判をした旨を通知しなければならない．
(訴訟記録の閲覧等の請求の通知等)
**第105条の6** ① 秘密保持命令が発せられた訴訟(すべての秘密保持命令が取り消された訴訟を除く．)に係る訴訟記録につき，民事訴訟法第92条第1項の決定があつた場合において，当事者から同項に規定する秘密記載部分の閲覧等の請求があり，かつ，その請求の手続を行つた者が当該訴訟において秘密保持命令を受けていない者であるときは，裁判所書記官は，同項の申立てをした当事者(その請求をした者を除く．第3項において同じ．)に対し，その請求後直ちに，その請求があつた旨を通知しなければならない．
② 前項の場合において，裁判所書記官は，同項の請求があつた日から2週間を経過する日までの間(その請求の手続を行つた者に対する秘密保持命令の申立てがその日までにされた場合にあつては，その申立てについての裁判が確定するまでの間)，その請求の手続を行つた者に同項の秘密記載部分の閲覧等をさせてはならない．
③ 前2項の規定は，第1項の請求をした者に同項の秘密記載部分の閲覧等をさせることについて民事訴訟法第92条第1項の申立てをした当事者のすべての同意があるときは，適用しない．
(当事者尋問等の公開停止)

第105条の7 ① 特許権又は専用実施権の侵害に係る訴訟における当事者等が,その侵害の有無についての判断の基礎となる事項であつて当事者の保有する営業秘密に該当するものについて,当事者本人若しくは法定代理人又は証人として尋問を受ける場合において,裁判所は,裁判官の全員一致により,その当事者等が公開の法廷で当該事項について陳述をすることにより当該営業秘密に基づく当事者の事業活動に著しい支障を生ずることが明らかであることから当該事項について十分な陳述をすることができず,かつ,当該陳述を欠くことにより他の証拠のみによつては当該事項を判断の基礎とすべき特許権又は専用実施権の侵害の有無についての適正な裁判をすることができないと認めるときは,決定で,当該事項の尋問を公開しないで行うことができる.

② 裁判所は,前項の決定をするに当たつては,あらかじめ,当事者等の意見を聴かなければならない.

③ 裁判所は,前項の場合において,必要があると認めるときは,当事者等にその陳述すべき事項の要領を記載した書面の提示をさせることができる.この場合においては,何人も,その提示された書面の開示を求めることができない.

④ 裁判所は,前項後段の書面を開示してその意見を聴くことが必要であると認めるときは,当事者等,訴訟代理人又は補佐人に対し,当該書面を開示することができる.

⑤ 裁判所は,第1項の規定により当該事項の尋問を公開しないで行うときは,公衆を退廷させる前に,その旨を理由とともに言い渡さなければならない.当該事項の尋問が終了したときは,再び公衆を入廷させなければならない.

(信用回復の措置)
第106条 故意又は過失により特許権又は専用実施権を侵害したことにより特許権者又は専用実施権者の業務上の信用を害した者に対しては,裁判所は,特許権者又は専用実施権者の請求により,損害の賠償に代え,又は損害の賠償とともに,特許権者又は専用実施権者の業務上の信用を回復するのに必要な措置を命ずることができる.

第3節 特許料
(特許料)
第107条 ① 特許権の設定の登録を受ける者又は特許権者は,特許料として,特許権の設定の登録の日から第67条第1項に規定する存続期間(同条第2項の規定により延長されたときは,その延長の期間を加えたもの)の満了までの各年について,1件ごとに,次の表の上欄に掲げる区分に従い同表の下欄に掲げる金額を納付しなければならない.

| 各年の区分 | 金額 |
|---|---|
| 第1年から第3年まで | 毎年2,300円に一請求項につき200円を加えた額 |
| 第4年から第6年まで | 毎年7,100円に一請求項につき500円を加えた額 |
| 第7年から第9年まで | 毎年21,400円に一請求項につき1,700円を加えた額 |
| 第10年から第25年まで | 毎年61,600円に一請求項につき4,800円を加えた額 |

② 前項の規定は,国に属する特許権には,適用しない.
③ 第1項の特許料は,特許権が国又は第109条の規定若しくは他の法令の規定による特許料の軽減若しくは免除(以下この項において「減免」という.)を受ける者を含む者の共有に係る場合であつて持分の定めがあるときは,第1項の規定にかかわらず,国以外の各共有者ごとに同項に規定する特許料の金額(減免を受ける者にあつては,その減免後の金額)にその持分の割合を乗じて得た額を合算して得た額とし,国以外の者がその額を納付しなければならない.

④ 前項の規定により算定した特許料の金額に10円未満の端数があるときは,その端数は,切り捨てる.

⑤ 第1項の特許料の納付は,経済産業省令で定めるところにより,特許印紙をもつてしなければならない.ただし,経済産業省令で定める場合には,経済産業省令で定めるところにより,現金をもつて納めることができる.

(特許料の納付期限)
第108条 ① 前条第1項の規定による第1年から第3年までの各年分の特許料は,特許をすべき旨の査定又は審決の謄本の送達があつた日から30日以内に一時に納付しなければならない.

## 第6章 審 判

(拒絶査定不服審判)
第121条 ① 拒絶をすべき旨の査定を受けた者は,その査定に不服があるときは,その査定の謄本の送達があつた日から3月以内に拒絶査定不服審判を請求することができる.

② 拒絶査定不服審判を請求する者がその責めに帰することができない理由により前項に規定する期間内にその請求をすることができないときは,同項の規定にかかわらず,その理由がなくなつた日から14日(在外者にあつては,2月)以内でその期間の経過後6月以内にその請求をすることができる.

## 第8章 訴 訟

(審決等に対する訴え)
第178条 ① 審決に対する訴え及び審判又は再審の請求書の却下の決定に対する訴えは,東京高等裁判所の専属管轄とする.

(審決又は決定の取消し)
第181条 ① 裁判所は,第178条第1項の訴えの提起があつた場合において,当該請求を理由があると認めるときは,当該審決又は決定を取り消さなければならない.

## 第9章 特許協力条約に基づく国際出願に係る特例

(国際出願による特許出願)
第184条の3 ① 1970年6月19日にワシントンで作成された特許協力条約(以下この章において「条約」という.)第11条(1)若しくは(2)(b)又は第14条(2)の規定に基づく国際出願日が認められた国際出願であつて,条約第4条(1)(ⅱ)の指定に日本国を含むもの(特許出願に係るものに限る.)は,その国際出願日にされた特許出願とみなす.

## 第10章 雑 則

(特許表示)
第187条 特許権者,専用実施権者又は通常実施権

者は，経済産業省令で定めるところにより，物の特許発明におけるその物若しくは物を生産する方法の特許発明におけるその方法により生産したもの（以下「特許に係る物」という．）又はその物の包装にその物又は方法の発明が特許に係る旨の表示（以下「特許表示」という．）を附するように努めなければならない．

(虚偽表示の禁止)
**第188条** 何人も，次に掲げる行為をしてはならない．
1 特許に係る物以外の物又はその物の包装に特許表示又はこれと紛らわしい表示を付する行為
2 特許に係る物以外の物であつて，その物又はその物の包装に特許表示又はこれと紛らわしい表示を付したものの譲渡等又は譲渡等のための展示をする行為
3 特許に係る物以外の物の生産若しくは使用をさせるため，又は譲渡等をするため，広告にその物の発明が特許に係る旨を表示し，又はこれと紛らわしい表示をする行為
4 方法の特許発明におけるその方法以外の方法を使用させるため，又は譲渡し若しくは貸し渡すため，広告にその方法の発明が特許に係る旨を表示し，又はこれと紛らわしい表示をする行為

## 第11章 罰　則(略)

---

## 109　不正競争防止法

(平5・5・19法律第47号，平6・5・1施行，
最終改正：平18・6・7法律第55号)

(目　的)
**第1条** この法律は，事業者間の公正な競争及びこれに関する国際約束の的確な実施を確保するため，不正競争の防止及び不正競争に係る損害賠償に関する措置等を講じ，もつて国民経済の健全な発展に寄与することを目的とする．

(定　義)
**第2条** ① この法律において「不正競争」とは，次に掲げるものをいう．
1 他人の商品等表示（人の業務に係る氏名，商号，商標，標章，商品の容器若しくは包装その他の商品又は営業を表示するものをいう．以下同じ．）として需要者の間に広く認識されているものと同一若しくは類似の商品等表示を使用し，又はその商品等表示を使用した商品を譲渡し，引き渡し，譲渡若しくは引渡しのために展示し，輸出し，輸入し，若しくは電気通信回線を通じて提供して，他人の商品又は営業と混同を生じさせる行為
2 自己の商品等表示として他人の著名な商品等表示と同一若しくは類似のものを使用し，又はその商品等表示を使用した商品を譲渡し，引き渡し，譲渡若しくは引渡しのために展示し，輸出し，輸入し，若しくは電気通信回線を通じて提供する行為
3 他人の商品の形態（当該商品の機能を確保するために不可欠な形態を除く．）を模倣した商品を譲渡し，貸し渡し，譲渡若しくは貸渡しのために展示し，輸出し，又は輸入する行為
4 窃取，詐欺，強迫その他の不正の手段により営業秘密を取得する行為（以下「不正取得行為」という．）又は不正取得行為により取得した営業秘密を使用し，若しくは開示する行為（秘密を保持しつつ特定の者に示すことを含む．以下同じ．）
5 その営業秘密について不正取得行為が介在したことを知って，若しくは重大な過失により知らないで営業秘密を取得し，又はその取得した営業秘密を使用し，若しくは開示する行為
6 その取得した後にその営業秘密について不正取得行為が介在したことを知って，又は重大な過失により知らないでその取得した営業秘密を使用し，又は開示する行為
7 営業秘密を保有する事業者（以下「保有者」という．）からその営業秘密を示された場合において，不正の競業その他の不正の利益を得る目的で，又はその保有者に損害を加える目的で，その営業秘密を使用し，又は開示する行為
8 その営業秘密について不正開示行為（前号に規定する場合において同号に規定する目的でその営業秘密を開示する行為又は秘密を守る法律上の義務に違反してその営業秘密を開示する行為をいう．以下同じ．）であること若しくはその営業秘密について不正開示行為が介在したことを知って，若しくは重大な過失により知らないで営業秘密を取得し，又はその取得した営業秘密を使用し，若しくは開示する行為
9 その取得した後にその営業秘密について不正開示行為があったこと若しくはその営業秘密について不正開示行為が介在したことを知って，又は重大な過失により知らないでその取得した営業秘密を使用し，又は開示する行為
10 営業上用いられている技術的制限手段（他人が特定の者以外の者に影像若しくは音の視聴若しくはプログラムの実行又は影像，音若しくはプログラムの記録をさせないために用いているものを除く．）により制限されている影像若しくは音の視聴若しくはプログラムの実行又は影像，音若しくはプログラムの記録を当該技術的制限手段の効果を妨げることにより可能とする機能のみを有する装置（当該装置を組み込んだ機器を含む．）若しくは当該機能のみを有するプログラム（当該プログラムが他のプログラムと組み合わされたものを含む．）を記録した記録媒体若しくは記憶した機器を譲渡し，引き渡し，譲渡若しくは引渡しのために展示し，輸出し，若しくは輸入し，又は当該機能のみを有するプログラムを電気通信回線を通じて提供する行為
11 他人が特定の者以外の者に影像若しくは音の視聴若しくはプログラムの実行又は影像，音若しくはプログラムの記録をさせないために営業上用いている技術的制限手段により制限されている影像若しくは音の視聴若しくはプログラムの実行又は影像，音若しくはプログラムの記録を当該技術的制限手段の効果を妨げることにより可能とする機能のみを有する装置（当該装置を組み込んだ機器を含む．）若しくは当該機能のみを有するプログラム（当該プログラムが他のプログラムと組み合わされたものを含む．）を記録した記録媒体若しくは記憶した機器を当該特定の者以外の者に譲渡し，引き渡し，譲渡若しくは引渡しのために展示し，輸出し，若しくは輸入し，又は当該機能のみを有するプログラムを電気通信回線を通じて提供する行為

12 不正の利益を得る目的で，又は他人に損害を加える目的で，他人の特定商品等表示（人の業務に係る氏名，商号，商標，標章その他の商品又は役務を表示するものをいう．）と同一若しくは類似のドメイン名を使用する権利を取得し，若しくは保有し，又はそのドメイン名を使用する行為
13 商品若しくは役務若しくはその広告若しくは取引に用いる書類若しくは通信にその商品の原産地，品質，内容，製造方法，用途若しくは数量若しくはその役務の質，内容，用途若しくは数量について誤認させるような表示を，又はその表示をした商品を譲渡し，引き渡し，譲渡若しくは引渡しのために展示し，輸出し，輸入し，若しくは電気通信回線を通じて提供し，若しくはその表示をして役務を提供する行為
14 競争関係にある他人の営業上の信用を害する虚偽の事実を告知し，又は流布する行為
15 パリ条約（商標法（昭和34年法律第127号）第4条第1項第2号に規定するパリ条約をいう．）の同盟国，世界貿易機関の加盟国又は商標法条約の締約国において商標に関する権利（商標権に相当する権利に限る．以下この号において単に「権利」という．）を有する者の代理人若しくは代表者又はその行為の日前1年以内に代理人若しくは代表者であった者が，正当な理由がないのに，その権利を有する者の承諾を得ないでその権利に係る商標と同一若しくは類似の商標をその権利に係る商品若しくは役務と同一若しくは類似の商品若しくは役務に使用し，又は当該商標を使用したその権利に係る商品若しくは類似の商品を譲渡し，引き渡し，譲渡若しくは引渡しのために展示し，輸出し，輸入し，若しくは電気通信回線を通じて提供し，若しくは当該商標を使用してその権利に係る役務と同一若しくは類似の役務を提供する行為

② この法律において「商標」とは，商標法第2条第1項に規定する商標をいう．
③ この法律において「標章」とは，商標法第2条第1項に規定する標章をいう．
④ この法律において「商品の形態」とは，需要者が通常の用法に従った使用に際して知覚によって認識することができる商品の外部及び内部の形状並びにその形状に結合した模様，色彩，光沢及び質感をいう．
⑤ この法律において「模倣する」とは，他人の商品の形態に依拠して，これと実質的に同一の形態の商品を作り出すことをいう．
⑥ この法律において「営業秘密」とは，秘密として管理されている生産方法，販売方法その他の事業活動に有用な技術上又は営業上の情報であって，公然と知られていないものをいう．
⑦ この法律において「技術的制限手段」とは，電磁的方法（電子的方法，磁気的方法その他の人の知覚によって認識することができない方法をいう．以下同じ．）により影像若しくは音の視聴若しくはプログラムの実行又は影像，音若しくはプログラムの記録を制限する手段であって，視聴等機器（影像若しくは音の視聴若しくはプログラムの実行又は影像，音若しくはプログラムの記録のために用いられる機器をいう．以下同じ．）が特定の反応をする信号を影像，音若しくはプログラムとともに記録媒体に記録し，若しくは送信する方式又は視聴等機器が特定の変換を必要とするよう影像，音若しくはプログラムを

変換して記録媒体に記録し，若しくは送信する方式によるものをいう．
⑧ この法律において「プログラム」とは，電子計算機に対する指令であって，一の結果を得ることができるように組み合わされたものをいう．
⑨ この法律において「ドメイン名」とは，インターネットにおいて，個々の電子計算機を識別するために割り当てられる番号，記号又は文字の組合せに対応する文字，番号，記号その他の符号又はこれらの結合をいう．
⑩ この法律にいう「物」には，プログラムを含むものとする．

（差止請求権）
第3条 ① 不正競争によって営業上の利益を侵害され，又は侵害されるおそれがある者は，その営業上の利益を侵害する者又は侵害するおそれがある者に対し，その侵害の停止又は予防を請求することができる．
② 不正競争によって営業上の利益を侵害され，又は侵害されるおそれがある者は，前項の規定による請求をするに際し，侵害の行為を組成した物（侵害の行為により生じた物を含む．第5条第1項において同じ．）の廃棄，侵害の行為に供した設備の除却その他の侵害の停止又は予防に必要な行為を請求することができる．

（損害賠償）
第4条 故意又は過失により不正競争を行って他人の営業上の利益を侵害した者は，これによって生じた損害を賠償する責めに任ずる．ただし，第15条の規定により同条に規定する権利が消滅した後にその営業秘密を使用する行為によって生じた損害については，この限りでない．

（損害の額の推定等）
第5条 ① 第2条第1項第1号から第9号まで又は第15号に掲げる不正競争（同項第4号から第9号までに掲げるものにあっては，技術上の秘密（秘密として管理されている生産方法その他の事業活動に有用な技術上の情報であって公然と知られていないものをいう．）に関するものに限る．）によって営業上の利益を侵害された者（以下この項において「被侵害者」という．）が故意又は過失により自己の営業上の利益を侵害した者に対しその侵害により自己が受けた損害の賠償を請求する場合において，その者がその侵害の行為を組成した物を譲渡したときは，その譲渡した物の数量（以下この項において「譲渡数量」という．）に，被侵害者がその侵害の行為がなければ販売することができた物の単位数量当たりの利益の額を乗じて得た額を，被侵害者の当該物に係る販売その他の行為を行う能力に応じた限度において，被侵害者が受けた損害の額とすることができる．ただし，譲渡数量の全部又は一部に相当する数量を被侵害者が販売することができないとする事情があるときは，当該事情に相当する数量に応じた額を控除するものとする．
② 不正競争によって営業上の利益を侵害された者が故意又は過失により自己の営業上の利益を侵害した者に対しその侵害により自己が受けた損害の賠償を請求する場合において，その者がその侵害の行為により利益を受けているときは，その利益の額は，その営業上の利益を侵害された者が受けた損害の額と推定する．

③ 第2条第1項第1号から第9号まで，第12号又は第15号に掲げる不正競争によって営業上の利益を侵害された者は，故意又は過失により自己の営業上の利益を侵害した者に対し，次の各号に掲げる不正競争の区分に応じて当該各号に定める行為に対し受けるべき金銭の額に相当する額の金銭を，自己が受けた損害の額としてその賠償を請求することができる．
1 第2条第1項第1号又は第2号に掲げる不正競争 当該侵害に係る商品等表示の使用
2 第2条第1項第3号に掲げる不正競争 当該侵害に係る商品の形態の使用
3 第2条第1項第4号から第9号までに掲げる不正競争 当該侵害に係る営業秘密の使用
4 第2条第1項第12号に掲げる不正競争 当該侵害に係るドメイン名の使用
5 第2条第1項第15号に掲げる不正競争 当該侵害に係る商標の使用
④ 前項の規定は，同項に規定する金額を超える損害の賠償の請求を妨げない．この場合において，その営業上の利益を侵害した者に故意又は重大な過失がなかったときは，裁判所は，損害の賠償の額を定めるについて，これを参酌することができる．

**（具体的態様の明示義務）**
**第6条** 不正競争による営業上の利益の侵害に係る訴訟において，不正競争によって営業上の利益を侵害され，又は侵害されるおそれがあると主張する者が侵害の行為を組成したものとして主張する物又は方法の具体的態様を否認するときは，相手方は，自己の行為の具体的態様を明らかにしなければならない．ただし，相手方において明らかにすることができない相当の理由があるときは，この限りでない．

**（書類の提出等）**
**第7条** ① 裁判所は，不正競争による営業上の利益の侵害に係る訴訟においては，当事者の申立てにより，当事者に対し，当該侵害行為について立証するため，又は当該侵害の行為による損害の計算をするため必要な書類の提出を命ずることができる．ただし，その書類の所持者においてその提出を拒むことについて正当な理由があるときは，この限りでない．
② 裁判所は，前項ただし書に規定する正当な理由があるかどうかの判断をするため必要があると認めるときは，書類の所持者にその提示をさせることができる．この場合においては，何人も，その提示された書類の開示を求めることができない．
③ 裁判所は，前項の場合において，第1項ただし書に規定する正当な理由があるかどうかについて前項後段の書類を開示してその意見を聴くことが必要であると認めるときは，当事者等（当事者（法人である場合にあっては，その代表者）又は当事者の代理人（訴訟代理人及び補佐人を除く．），使用人その他の従業者をいう．以下同じ．），訴訟代理人又は補佐人に対し，当該書類を開示することができる．
④ 前3項の規定は，不正競争による営業上の利益の侵害に係る訴訟における当該侵害行為について立証するため必要な検証の目的の提示について準用する．

**（損害計算のための鑑定）**
**第8条** 不正競争による営業上の利益の侵害に係る訴訟において，当事者の申立てにより，裁判所が当該侵害の行為による損害の計算をするために必要な事項について鑑定を命じたときは，当事者は，鑑定人に対し，当該鑑定をするため必要な事項について説明しなければならない．

**（相当な損害額の認定）**
**第9条** 不正競争による営業上の利益の侵害に係る訴訟において，損害が生じたことが認められる場合において，損害額を立証するために必要な事実を立証することが当該事実の性質上極めて困難であるときは，裁判所は，口頭弁論の全趣旨及び証拠調べの結果に基づき，相当な損害額を認定することができる．

**（秘密保持命令）**
**第10条** ① 裁判所は，不正競争による営業上の利益の侵害に係る訴訟において，その当事者が保有する営業秘密について，次に掲げる事由のいずれにも該当することにつき疎明があった場合には，当事者の申立てにより，決定で，当事者等，訴訟代理人又は補佐人に対し，当該営業秘密を当該訴訟の追行の目的以外の目的で使用し，又は当該営業秘密に係るこの項の規定による命令を受けた者以外の者に開示してはならない旨を命ずることができる．ただし，その申立ての時までに当事者等，訴訟代理人又は補佐人が第1号に規定する準備書面の閲読又は同号に規定する証拠の取調べ若しくは開示以外の方法により当該営業秘密を取得し，又は保有していた場合は，この限りでない．
1 既に提出され若しくは提出されるべき準備書面に当事者の保有する営業秘密が記載され，又は既に取り調べられ若しくは取り調べられるべき証拠（第7条第3項の規定により開示された書類及び第13条第4項の規定により開示された書面を含む．）の内容に当事者の保有する営業秘密が含まれること．
2 前号の営業秘密が当該訴訟の追行の目的以外の目的で使用され，又は当該営業秘密が開示されることにより，当該営業秘密に基づく当事者の事業活動に支障を生ずるおそれがあり，これを防止するため当該営業秘密の使用又は開示を制限する必要があること．
② 前項の規定による命令（以下「秘密保持命令」という．）の申立ては，次に掲げる事項を記載した書面でしなければならない．
1 秘密保持命令を受けるべき者
2 秘密保持命令の対象となるべき営業秘密を特定するに足りる事実
3 前項各号に掲げる事由に該当する事実
③ 秘密保持命令が発せられた場合には，その決定書を秘密保持命令を受けた者に送達しなければならない．
④ 秘密保持命令は，秘密保持命令を受けた者に対する決定書の送達がされた時から，効力を生ずる．
⑤ 秘密保持命令の申立てを却下した裁判に対しては，即時抗告をすることができる．

**（秘密保持命令の取消し）**
**第11条** ① 秘密保持命令の申立てをした者又は秘密保持命令を受けた者は，訴訟記録の存する裁判所（訴訟記録の存する裁判所がない場合にあっては，秘密保持命令を発した裁判所）に対し，前条第1項に規定する要件を欠くこと又はこれを欠くに至ったことを理由として，秘密保持命令の取消しの申立てをすることができる．
② 秘密保持命令の取消しの申立てについての裁判があった場合には，その決定書をその申立てをした

者及び相手方に送達しなければならない．
③ 秘密保持命令の取消しの申立てについての裁判に対しては，即時抗告をすることができる．
④ 秘密保持命令を取り消す裁判は，確定しなければその効力を生じない．
⑤ 裁判所は，秘密保持命令を取り消す裁判をした場合において，秘密保持命令の取消しの申立てをした者又は相手方以外に当該秘密保持命令が発せられた訴訟において当該営業秘密に係る秘密保持命令を受けている者があるときは，その者に対し，直ちに，秘密保持命令を取り消す裁判をした旨を通知しなければならない．

(訴訟記録の閲覧等の請求の通知等)
第12条 ① 秘密保持命令が発せられた訴訟（すべての秘密保持命令が取り消された訴訟を除く．）に係る訴訟記録につき，民事訴訟法（平成8年法律第109号）第92条第1項の決定があった場合において，当事者から同項に規定する秘密記載部分の閲覧等の請求があり，かつ，その請求の手続を行った者が当該訴訟において秘密保持命令を受けていない者であるときは，裁判所書記官は，同項の申立てをした当事者（その請求をした者を除く．第3項において同じ．）に対し，その請求後直ちに，その請求があった旨を通知しなければならない．
② 前項の場合において，裁判所書記官は，同項の請求があった日から2週間を経過する日までの間（その請求の手続を行った者に対する秘密保持命令の申立てがその日までにされた場合にあっては，その申立てについての裁判が確定するまでの間），その請求の手続を行った者に同項の秘密記載部分の閲覧等をさせてはならない．
③ 第2項の規定は，第1項の請求をした者に同項の秘密記載部分の閲覧等をさせることについて民事訴訟法第92条第1項の申立てをした当事者のすべての同意があるときは，適用しない．

(当事者尋問等の公開停止)
第13条 ① 不正競争による営業上の利益の侵害に係る訴訟における当事者等が，その侵害の有無についての判断の基礎となる事項であって当事者が保有する営業秘密に該当するものについて，当事者本人若しくは法定代理人又は証人として尋問を受ける場合においては，裁判所は，裁判官の全員一致により，その当事者等が公開の法廷で当該事項について陳述をすることにより当該営業秘密に基づく当事者の事業活動に著しい支障を生ずることが明らかであることから当該事項について十分な陳述をすることができず，かつ，当該陳述を欠くことにより他の証拠のみによっては当該事項を判断の基礎とすべき不正競争による営業上の利益の侵害の有無についての適正な裁判をすることができないと認めるときは，決定で，当該事項の尋問を公開しないで行うことができる．
② 裁判所は，前項の決定をするに当たっては，あらかじめ，当事者等の意見を聴かなければならない．
③ 裁判所は，前項の場合において，必要があると認めるときは，当事者にその陳述すべき事項の要領を記載した書面の提示をさせることができる．この場合においては，何人も，その提示された書面の開示を求めることができない．
④ 裁判所は，前項後段の書面を開示してその意見を聴くことが必要であると認めるときは，当事者等，訴訟代理人又は補佐人に対し，当該書面を開示することができる．
⑤ 裁判所は，第1項の規定により当該事項の尋問を公開しないで行うときは，公衆を退廷させる前に，その旨を理由とともに言い渡さなければならない．当該事項の尋問が終了したときは，再び公衆を入廷させなければならない．

第14条 故意又は過失により不正競争を行って他人の営業上の信用を害した者に対しては，裁判所は，その営業上の信用を害された者の請求により，損害の賠償に代え，又は損害の賠償とともに，その者の営業上の信用を回復するのに必要な措置を命ずることができる．

(消滅時効)
第15条 第2条第1項第4号から第9号までに掲げる不正競争のうち，営業秘密を使用する行為に対する第3条第1項の規定による侵害の停止又は予防を請求する権利は，その行為を行う者がその行為を継続する場合において，その行為により営業上の利益を侵害され，又は侵害されるおそれがある保有者がその事実及びその行為を行う者を知った時から3年間行わないときは，時効によって消滅する．その行為の開始の時から10年を経過したときも，同様とする．

(外国の国旗等の商業上の使用禁止)
第16条 ① 何人も，外国の国旗若しくは国の紋章その他の記章であって経済産業省令で定めるもの（以下「外国国旗等」という．）と同一若しくは類似のもの（以下「外国国旗等類似記章」という．）を商標として使用し，又は外国国旗等類似記章を商標として使用した商品を譲渡し，引き渡し，譲渡若しくは引渡しのために展示し，輸出し，輸入し，若しくは電気通信回線を通じて提供し，若しくは外国国旗等類似記章を商標として使用して役務を提供してはならない．ただし，その外国国旗等の使用の許可（許可に類する行政処分を含む．以下同じ．）を行う権限を有する外国の官庁の許可を受けたときは，この限りでない．
② 前項に規定するもののほか，何人も，商品の原産地を誤認させるような方法で，同項の経済産業省令で定める外国の国の紋章（以下「外国紋章」という．）を使用し，又は外国紋章を使用した商品を譲渡し，引き渡し，譲渡若しくは引渡しのために展示し，輸出し，輸入し，若しくは電気通信回線を通じて提供し，若しくは外国紋章を使用して役務を提供してはならない．ただし，その外国紋章の使用の許可を行う権限を有する外国の官庁の許可を受けたときは，この限りでない．
③ 何人も，外国の政府若しくは地方公共団体の監督用若しくは証明用の印章若しくは記号であって経済産業省令で定めるもの（以下「外国政府等記号」という．）と同一若しくは類似のもの（以下「外国政府等類似記号」という．）をその外国政府等記号が用いられている商品若しくは役務と同一若しくは類似の商品若しくは役務の商標として使用し，又は外国政府等類似記号を当該商標として使用した商品を譲渡し，引き渡し，譲渡若しくは引渡しのために展示し，輸出し，輸入し，若しくは電気通信回線を通じて提供し，若しくは外国政府等類似記号を当該商標として使用して役務を提供してはならない．ただし，その外国政府等記号の使用の許可を行う権限を有する外国の官庁の許可を受けたときは，この

限りでない.
**(国際機関の標章の商業上の使用禁止)**
**第17条** 何人も,その国際機関(政府間の国際機関及びこれに準ずるものとして経済産業省令で定める国際機関をいう.以下この条において同じ.)と関係があると誤認させるような方法で,国際機関を表示する標章であって経済産業省令で定めるものと同一若しくは類似のもの(以下「国際機関類似標章」という.)を商標として使用し,又は国際機関類似標章を商標として使用した商品を譲渡し,引き渡し,譲渡若しくは引渡しのために展示し,輸出し,輸入し,若しくは電気通信回線を通じて提供し,若しくは国際機関類似標章を商標として使用して役務を提供してはならない.ただし,この国際機関の許可を受けたときは,この限りでない.
**(外国公務員等に対する不正の利益の供与等の禁止)**
**第18条** ① 何人も,外国公務員等に対し,国際的な商取引に関して営業上の不正の利益を得るために,その外国公務員等に,その職務に関する行為をさせ若しくはさせないこと,又はその地位を利用して他の外国公務員等にその職務に関する行為をさせ若しくはさせないようにあっせんをさせることを目的として,金銭その他の利益を供与し,又はその申込み若しくは約束をしてはならない.
② 前項において「外国公務員等」とは,次に掲げる者をいう.
1 外国の政府又は地方公共団体の公務に従事する者
2 公共の利益に関する特定の事務を行うために外国の特別の法令により設立されたものの事務に従事する者
3 一又は二以上の外国の政府又は地方公共団体により,発行済株式のうち議決権のある株式の総数若しくは出資の金額の総額の100分の50を超える当該株式の数若しくは出資の金額を直接に所有され,又は役員(取締役,監査役,理事,監事若しくは清算人並びにこれら以外の者で事業の経営に従事しているものをいう.)の過半数を任命され若しくは指名されている事業者であって,その事業の遂行に当たり,外国の政府又は地方公共団体から特に権限を付与されているものの事務に従事する者その他これに準ずる者として政令で定める者
4 国際機関(政府間の国際機関によって構成される国際機関をいう.次号において同じ.)の公務に従事する者
5 外国の政府若しくは地方公共団体又は国際機関の権限に属する事務であって,これらの機関から委任されたものに従事する者
**(適用除外等)**
**第19条** 第3条から第15条まで,第21条(第2項第6号に係る部分を除く.)及び第22条の規定は,次の各号に掲げる不正競争の区分に応じて当該各号に定める行為については,適用しない.
1 第2条第1項第1号,第2号,第13号及び第15号に掲げる不正競争 商品若しくは営業の普通名称(ぶどうを原料又は材料とする物の原産地の名称であって,普通名称となったものを除く.)若しくは同一若しくは類似の商品若しくは営業について慣用されている商品等表示(以下「普通名称等」と総称する.)を普通に用いられる方法で使用し,若しくは表示をし,又は普通名称等を普通に用いられる方法で使用し,若しくは表示をした商品を譲渡し,引き渡し,譲渡若しくは引渡しのために展示し,輸出し,輸入し,若しくは電気通信回線を通じて提供する行為(同項第13号及び第15号に掲げる不正競争の場合にあっては,普通名称等を普通に用いられる方法で表示し,又は使用して役務を提供する行為を含む.)
2 第2条第1項第1号,第2号及び第15号に掲げる不正競争 自己の氏名を不正の目的(不正の利益を得る目的,他人に損害を加える目的その他の不正の目的をいう.以下同じ.)でなく使用し,又は自己の氏名を不正の目的でなく使用した商品を譲渡し,引き渡し,譲渡若しくは引渡しのために展示し,輸出し,輸入し,若しくは電気通信回線を通じて提供する行為(同号に掲げる不正競争の場合にあっては,自己の氏名を不正の目的でなく使用して役務を提供する行為を含む.)
3 第2条第1項第1号に掲げる不正競争 他人の商品等表示が需要者の間に広く認識される前からその商品等表示と同一若しくは類似の商品等表示を使用する者又はその商品等表示に係る業務を承継した者がその商品等表示を不正の目的でなく使用し,又はその商品等表示を不正の目的でなく使用した商品を譲渡し,引き渡し,譲渡若しくは引渡しのために展示し,輸出し,輸入し,若しくは電気通信回線を通じて提供する行為
4 第2条第1項第2号に掲げる不正競争 他人の商品等表示が著名になる前からその商品等表示と同一若しくは類似の商品等表示を使用する者又はその商品等表示に係る業務を承継した者がその商品等表示を不正の目的でなく使用し,又はその商品等表示を不正の目的でなく使用した商品を譲渡し,引き渡し,譲渡若しくは引渡しのために展示し,輸出し,輸入し,若しくは電気通信回線を通じて提供する行為
5 第2条第1項第3号に掲げる不正競争 次のいずれかに掲げる行為
イ 日本国内において最初に販売された日から起算して3年を経過した商品について,その商品の形態を模倣した商品を譲渡し,貸し渡し,譲渡若しくは貸渡しのために展示し,輸出し,又は輸入する行為
ロ 他人の商品の形態を模倣した商品を譲り受けた者(その譲り受けた時にその商品が他人の商品の形態を模倣した商品であることを知らず,かつ,知らないことにつき重大な過失がない者に限る.)がその商品を譲渡し,貸し渡し,譲渡若しくは貸渡しのために展示し,輸出し,又は輸入する行為
6 第2条第1項第4号から第9号までに掲げる不正競争 取引によって営業秘密を取得した者(その取得した時にその営業秘密について不正開示行為であること又はその営業秘密について不正取得行為若しくは不正開示行為が介在したことを知らず,かつ,知らないことにつき重大な過失がない者に限る.)がその取引によって取得した権原の範囲内においてその営業秘密を使用し,又は開示する行為
7 第2条第1項第10号及び第11号に掲げる不正競争 技術的制限手段の試験又は研究のために用いられる第2条第1項第10号及び第11号に規定する装置若しくはこれらの令に規定するプログラムを記録した記録媒体若しくは記憶した機器を譲渡し,引き渡し,譲渡若しくは引渡しのために展示

し、輸出し、若しくは輸入し、又は当該プログラムを電気通信回線を通じて提供する行為
② 前項第2号又は第3号に掲げる行為によって営業上の利益を侵害され、又は侵害されるおそれがある者は、次の各号に掲げる行為の区分に応じて当該各号に定める者に対し、自己の商品又は営業との混同を防ぐのに適当な表示を付すべきことを請求することができる。
 1 前項第2号に掲げる行為 自己の氏名を使用する者(自己の氏名を使用した商品を自ら譲渡し、引き渡し、譲渡若しくは引渡しのために展示し、輸出し、輸入し、又は電気通信回線を通じて提供する者を含む。)
 2 前項第3号に掲げる行為 他人の商品等表示と同一又は類似の商品等表示を使用する者及びその商品等表示に係る業務を承継した者(その商品等表示を使用した商品を自ら譲渡し、引き渡し、譲渡若しくは引渡しのために展示し、輸出し、輸入し、又は電気通信回線を通じて提供する者を含む。)

(経過措置)
**第20条** この法律の規定に基づき政令又は経済産業省令を制定し、又は改廃する場合においては、その政令又は経済産業省令で、その制定又は改廃に伴い合理的に必要と判断される範囲内において、所要の経過措置(罰則に関する経過措置を含む。)を定めることができる。

(罰則)
**第21条** ① 次の各号のいずれかに該当する者は、10年以下の懲役若しくは1,000万円以下の罰金に処し、又はこれを併科する。
 1 詐欺等行為(人を欺き、人に暴行を加え、又は人を脅迫する行為をいう。以下同じ。)により、又は管理侵害行為(営業秘密が記載され、又は記録された書面又は記録媒体(以下「営業秘密記録媒体等」という。)の窃取、営業秘密が管理されている施設への侵入、不正アクセス行為(不正アクセス行為の禁止等に関する法律(平成11年法律第128号)第3条に規定する不正アクセス行為をいう。)その他の保有者の管理を害する行為をいう。以下同じ。)により取得した営業秘密を、不正の競争の目的で、使用し、又は開示した者
 2 前号の使用又は開示の用に供する目的で、詐欺等行為若しくは管理侵害行為により、営業秘密を次のいずれかに掲げる方法で取得した者
  イ 保有者の管理に係る営業秘密記録媒体等を取得すること。
  ロ 保有者の管理に係る営業秘密記録媒体等の記載又は記録について、その複製を作成すること。
 3 営業秘密を保有者から示された者であって、不正の競争の目的で、詐欺等行為若しくは管理侵害行為により、又は横領その他の営業秘密記録媒体等の管理に係る任務に背く行為により、次のいずれかに掲げる方法で営業秘密が記載され、又は記録された書面又は記録媒体を領得し、又は作成して、その営業秘密を使用し、又は開示した者
  イ 保有者の管理に係る営業秘密記録媒体等を領得すること。
  ロ 保有者の管理に係る営業秘密記録媒体等の記載又は記録について、その複製を作成すること。
 4 営業秘密を保有者から示されたその役員(理事、取締役、執行役、業務を執行する社員、監事若しくは監査役又はこれらに準ずる者をいう。次号において同じ。)又は従業者であって、不正の競争の目的で、その営業秘密の管理に係る任務に背き、その営業秘密を使用し、又は開示した者(前号に掲げる者を除く。)
 5 営業秘密を保有者から示されたその役員又は従業者であった者であって、不正の競争の目的で、その在職中に、その営業秘密の管理に係る任務に背いてその営業秘密の開示の申込みをし、又はその営業秘密の使用若しくは開示について請託を受けて、その営業秘密をその職を退いた後に使用し、又は開示した者(第3号に掲げる者を除く。)
 6 不正の競争の目的で、第1号又は第3号から前号までの罪に当たる開示によって営業秘密を取得して、その営業秘密を使用し、又は開示した者
② 次の各号のいずれかに該当する者は、5年以下の懲役若しくは500万円以下の罰金に処し、又はこれを併科する。
 1 不正の目的をもって第2条第1項第1号又は第13号に掲げる不正競争を行った者
 2 他人の著名な商品等表示に係る信用若しくは名声を利用して不正の利益を得る目的で、又は当該信用若しくは名声を害する目的で第2条第1項第2号に掲げる不正競争を行った者
 3 不正の利益を得る目的で第2条第1項第3号に掲げる不正競争を行った者
 4 商品若しくは役務若しくはその広告若しくは取引に用いる書類若しくは通信にその商品の原産地、品質、内容、製造方法、用途若しくは数量又はその役務の質、内容、用途若しくは数量について誤認させるような虚偽の表示をした者(第1号に掲げる者を除く。)
 5 秘密保持命令に違反した者
 6 第16条、第17条又は第18条第1項の規定に違反した者
③ 第1項及び前項第5号の罪は、告訴がなければ公訴を提起することができない。
④ 第1項第1号又は第3号から第6号までの罪は、詐欺等行為若しくは管理侵害行為があった時又は保有者から示された時に日本国内において管理されていた営業秘密について、日本国外においてこれらの罪を犯した者にも適用する。
⑤ 第2項第5号の罪は、日本国外において同号の罪を犯した者にも適用する。
⑥ 第2項第6号(第18条第1項に係る部分に限る。)の罪は、刑法(明治40年法律第45号)第3条の例に従う。
⑦ 第1項及び第2項の規定は、刑法その他の罰則の適用を妨げない。

**第22条** ① 法人の代表者又は法人若しくは人の代理人、使用人その他の従業者が、その法人又は人の業務に関し、前条第1項第1号、第2号若しくは第6号又は第2項に掲げる規定の違反行為をしたときは、行為者を罰するほか、その法人に対して3億円以下の罰金刑を、その人に対して本条の罰金刑を科する。
② 前項の場合において、当該行為者に対してした前条第1項第1号、第2号及び第6号並びに第2項第5号の罪に係る同条第3項の告訴は、その法人又は人に対しても効力を生じ、その法人又は人に対してした告訴は、当該行為者に対しても効力を生ずるものとする。
③ 第1項の規定により前条第1項第1号、第2号若

しくは第6号又は第2項の違反行為につき法人又は人に罰金刑を科する場合における時効の期間は、これらの規定の罪についての時効の期間による。

# 110 著作権法(抄)

(昭45・5・6法律第48号,昭46・1・1施行,
最終改正:平20・6・18法律第81号)

## 第1章 総則

### 第1節 通則

(目的)

**第1条** この法律は、著作物並びに実演、レコード、放送及び有線放送に関し著作者の権利及びこれに隣接する権利を定め、これらの文化的所産の公正な利用に留意しつつ、著作者等の権利の保護を図り、もって文化の発展に寄与することを目的とする。

(定義)

**第2条** ① この法律において、次の各号に掲げる用語の意義は、当該各号に定めるところによる。

1 著作物 思想又は感情を創作的に表現したものであって、文芸、学術、美術又は音楽の範囲に属するものをいう。
2 著作者 著作物を創作する者をいう。
3 実演 著作物を、演劇的に演じ、舞い、演奏し、歌い、口演し、朗詠し、又はその他の方法により演ずること(これらに類する行為で、著作物を演じないが芸能的な性質を有するものを含む。)をいう。
4 実演家 俳優、舞踊家、演奏家、歌手その他実演を行なう者及び実演を指揮し、又は演出する者をいう。
5 レコード 蓄音機用音盤、録音テープその他の物に音を固定したもの(音をもっぱら影像とともに再生することを目的とするものを除く。)をいう。
6 レコード製作者 レコードに固定されている音を最初に固定した者をいう。
7 商業用レコード 市販の目的をもって製作されるレコードの複製物をいう。
7の2 公衆送信 公衆によって直接受信されることを目的として無線通信又は有線電気通信の送信(電気通信設備で、その一の部分の設置の場所が他の部分の設置の場所と同一の構内(その構内が2以上の者の占有に属している場合には、同一の者の占有に属する区域内)にあるものによる送信(プログラムの著作物の送信を除く。)を除く。)を行うことをいう。
8 放送 公衆送信のうち、公衆によって同一の内容の送信が同時に受信されることを目的として行う無線通信の送信をいう。
9 放送事業者 放送を業として行なう者をいう。
9の2 有線放送 公衆送信のうち、公衆によって同一の内容の送信が同時に受信されることを目的として行う有線電気通信の送信をいう。
9の3 有線放送事業者 有線放送を業として行う者をいう。
9の4 自動公衆送信 公衆送信のうち、公衆からの求めに応じ自動的に行うもの(放送又は有線放送に該当するものを除く。)をいう。
9の5 送信可能化 次のいずれかに掲げる行為により自動公衆送信し得るようにすることをいう。
イ 公衆の用に供されている電気通信回線に接続している自動公衆送信装置(公衆の用に供する電気通信回線に接続することにより、その記録媒体のうち自動公衆送信の用に供する部分(以下この号において「公衆送信用記録媒体」という。)に記録され、又は当該装置に入力される情報を自動公衆送信する機能を有する装置をいう。以下同じ。)の公衆送信用記録媒体に情報を記録し、情報が記録された記録媒体を当該自動公衆送信装置の公衆送信用記録媒体として加え、若しくは情報が記録された記録媒体を当該自動公衆送信装置の公衆送信用記録媒体に変換し、又は当該自動公衆送信装置に情報を入力すること。
ロ その公衆送信用記録媒体に情報が記録され、又は当該自動公衆送信装置に情報が入力されている自動公衆送信装置について、公衆の用に供されている電気通信回線への接続(配線、自動公衆送信装置の始動、送受信用プログラムの起動その他の一連の行為により行われる場合には、当該一連の行為のうち最後のものをいう。)を行うこと。
10 映画製作者 映画の著作物の製作に発意と責任を有する者をいう。
10の2 プログラム 電子計算機を機能させて一の結果を得ることができるようにこれに対する指令を組み合わせたものとして表現したものをいう。
10の3 データベース 論文、数値、図形その他の情報の集合物であって、それらの情報を電子計算機を用いて検索することができるように体系的に構成したものをいう。
11 二次的著作物 著作物を翻訳し、編曲し、若しくは変形し、又は脚色し、映画化し、その他翻案することにより創作した著作物をいう。
12 共同著作物 2人以上の者が共同して創作した著作物であって、その各人の寄与を分離して個別的に利用することができないものをいう。
13 録音 音を物に固定し、又はその固定物を増製することをいう。
14 録画 影像を連続して物に固定し、又はその固定物を増製することをいう。
15 複製 印刷、写真、複写、録音、録画その他の方法により有形的に再製することをいい、次に掲げるものについては、それぞれ次に掲げる行為を含むものとする。
イ 脚本その他これに類する演劇用の著作物 当該著作物の上演、放送又は有線放送を録音し、又は録画すること。
ロ 建築の著作物 建築に関する図面に従って建築物を完成すること。
16 上演 演奏(歌唱を含む。以下同じ。)以外の方法により著作物を演ずることをいう。
17 上映 著作物(公衆送信されるものを除く。)を映写幕その他の物に映写することをいい、これに伴って映画の著作物において固定されている音を再生することを含むものとする。
18 口述 朗読その他の方法により著作物を口頭で伝達すること(実演に該当するものを除く。)をいう。
19 頒布 有償であるか又は無償であるかを問わず、複製物を公衆に譲渡し、又は貸与することをいい、映画の著作物又は映画の著作物において複製

ている著作物にあつては,これらの著作物を公衆に提示することを目的として当該映画の著作物の複製物を譲渡し,又は貸与することを含むものとする.

20 技術的保護手段 電子的方法,磁気的方法その他の人の知覚によつて認識することができない方法(次号において「電磁的方法」という.)により,第17条第1項に規定する著作者人格権若しくは著作権又は第89条第1項に規定する実演家人格権若しくは同条第6項に規定する著作隣接権(以下この号において「著作権等」という.)を侵害する行為の防止又は抑止(著作権等を侵害する行為の結果に著しい障害を生じさせることによる当該行為の抑止をいう.第30条第1項第2号において同じ.)をする手段(著作権等を有する者の意思に基づくことなく用いられているものを除く.)であつて,著作物,実演,レコード,放送又は有線放送(次号において「著作物等」という.)の利用(著作者又は実演家の同意を得ないで行つたとしたならば著作者人格権又は実演家人格権の侵害となる行為を含む.)に際しこれに用いられる機器が特定の反応をする信号を著作物,実演,レコード又は放送若しくは有線放送に係る音若しくは影像とともに記録媒体に記録し,又は送信する方式によるものをいう.

21 権利管理情報 第17条第1項に規定する著作者人格権若しくは著作権又は第89条第1項から第4項までの権利(以下この号において「著作権等」という.)に関する情報であつて,イからハまでのいずれかに該当するもののうち,電磁的方法により著作物,実演,レコード又は放送若しくは有線放送に係る音若しくは影像とともに記録媒体に記録され,又は送信されるもの(著作物等の利用状況の把握,著作物等の利用の許諾に係る事務処理その他の著作権等の管理(電子計算機によるものに限る.)に用いられていないものを除く.)をいう.

イ 著作物等,著作権等を有する者その他政令で定める事項を特定する情報
ロ 著作物等の利用を許諾する場合の利用方法及び条件に関する情報
ハ 他の情報と照合することによりイ又はロに掲げる事項を特定することができることとなる情報

22 国内 この法律の施行地をいう.
23 国外 この法律の施行地外の地域をいう.

② この法律にいう「美術の著作物」には,美術工芸品を含むものとする.
③ この法律にいう「映画の著作物」には,映画の効果に類似する視覚的又は視聴覚的効果を生じさせる方法で表現され,かつ,物に固定されている著作物を含むものとする.
④ この法律にいう「写真の著作物」には,写真の製作方法に類似する方法を用いて表現される著作物を含むものとする.
⑤ この法律にいう「公衆」には,特定かつ多数の者を含むものとする.
⑥ この法律にいう「法人」には,法人格を有しない社団又は財団で代表者又は管理人の定めがあるものを含むものとする.
⑦ この法律において,「上演」,「演奏」又は「口述」には,著作物の上演,演奏又は口述で録音され,又は録画されたものを再生すること(公衆送信又は上映に該当するものを除く.)及び著作物の上演,演奏又は口述を電気通信設備を用いて伝達すること(公衆送信に該当するものを除く.)を含むものとする.
⑧ この法律にいう「貸与」には,いずれの名義又は方法をもつてするかを問わず,これと同様の使用の権原を取得させる行為を含むものとする.
⑨ この法律において,第1項第7号の2,第8号,第9号の2,第9号の4,第9号の5若しくは第13号から第19号まで又は前2項に掲げる用語については,これらを動詞の語幹として用いる場合を含むものとする.

**(著作物の発行)**
**第3条** ① 著作物は,その性質に応じ公衆の要求を満たすことができる相当程度の部数の複製物が,第21条に規定する権利を有する者又はその許諾(第63条第1項の規定による利用の許諾をいう.第4条の2及び第63条を除き,以下この章及び次章において同じ.)を得た者若しくは第79条の出版権の設定を受けた者によつて作成され,頒布された場合(第26条,第26条の2第1項又は第26条の3に規定する権利を有する者の権利を害しない場合に限る.)において,発行されたものとする.
② 二次的著作物である翻訳物の前項に規定する部数の複製物が第28条の規定により第21条に規定する権利と同一の権利を有する者又はその許諾を得た者によつて作成され,頒布された場合(第28条の規定により第26条,第26条の2第1項又は第26条の3に規定する権利と同一の権利を有する者の権利を害しない場合に限る.)には,その原著作物は,発行されたものとみなす.
③ 著作物がこの法律による保護を受けるとしたならば前2項の権利を有すべき者又はその者からの著作物の利用の承諾を得た者は,それぞれ前2項の権利を有する者又はその許諾を得た者とみなして,前2項の規定を適用する.

**(著作物の公表)**
**第4条** ① 著作物は,発行され,又は第22条から第25条までに規定する権利を有する者若しくはその許諾を得た者によつて上演,演奏,上映,公衆送信,口述若しくは展示の方法で公衆に提示された場合(建築の著作物にあつては,第21条に規定する権利を有する者又はその許諾を得た者によつて建設された場合を含む.)において,公表されたものとする.
② 著作物は,第23条第1項に規定する権利を有する者又はその許諾を得た者によつて送信可能化された場合には,公表されたものとみなす.
③ 二次的著作物である翻訳物が,第28条の規定により第22条から第24条までに規定する権利と同一の権利を有する者若しくはその許諾を得た者によつて上演,演奏,上映,公衆送信若しくは口述の方法で公衆に提示され,又は第28条の規定により第23条第1項に規定する権利と同一の権利を有する者若しくはその許諾を得た者によつて送信可能化された場合には,その原著作物は,公表されたものとみなす.
④ 美術の著作物又は写真の著作物は,第45条第1項に規定する者によつて同項の展示が行われた場合には,公表されたものとみなす.
⑤ 著作物がこの法律による保護を受けるとしたならば第1項から第3項までの権利を有すべき者又はその者からその著作物の利用の承諾を得た者は,

それぞれ第1項から第3項までの権利を有する者又はその許諾を得た者とみなして,これらの規定を適用する.

（レコードの発行）

**第4条の2** レコードは,その性質に応じ公衆の要求を満たすことができる相当程度の部数の複製物が,第96条に規定する権利を有する者又はその許諾（第103条において準用する第63条第1項の規定による利用の許諾をいう. 第4章第2節及び第3節において同じ.）を得た者によつて作成され,頒布された場合（第97条の2第1項又は第97条の3第1項に規定する権利を有する者の権利を害しない場合に限る.）において,発行されたものとする.

（条約の効力）

**第5条** 著作者の権利及びこれに隣接する権利に関し条約に別段の定めがあるときは,その規定による.

## 第2節 適用範囲

（保護を受ける著作物）

**第6条** 著作物は,次の各号のいずれかに該当するものに限り,この法律による保護を受ける.
1 日本国民（わが国の法令に基づいて設立された法人及び国内に主たる事務所を有する法人を含む. 以下同じ.）の著作物
2 最初に国内において発行された著作物（最初に国外において発行されたが,その発行の日から30日以内に国内において発行されたものを含む.）
3 前2号に掲げるもののほか,条約によりわが国が保護の義務を負う著作物

（保護を受ける実演）

**第7条** 実演は,次の各号のいずれかに該当するものに限り,この法律による保護を受ける.
1 国内において行なわれる実演
2 次条第1号又は第2号に掲げるレコードに固定された実演
3 第9条第1号又は第2号に掲げる放送において送信される実演（実演家の承諾を得て送信前に録音され,又は録画されているものを除く.）
4 第9条の2各号に掲げる有線放送において送信される実演（実演家の承諾を得て送信前に録音され,又は録画されているものを除く.）
5 前各号に掲げるもののほか,次のいずれかに掲げる実演
イ 実演家,レコード製作者及び放送機関の保護に関する国際条約（以下「実演家等保護条約」という.）の締約国において行われる実演
ロ 次条第3号に掲げるレコードに固定された実演
ハ 第9条第3号に掲げる放送において送信される実演（実演家の承諾を得て送信前に録音され,又は録画されているものを除く.）
6 前各号に掲げるもののほか,次のいずれかに掲げる実演
イ 実演及びレコードに関する世界知的所有権機関条約（以下「実演・レコード条約」という.）の締約国において行われる実演
ロ 次条第4号に掲げるレコードに固定された実演
7 前各号に掲げるもののほか,次のいずれかに掲げる実演
イ 世界貿易機関の加盟国において行われる実演
ロ 次条第5号に掲げるレコードに固定された実演
ハ 第9条第4号に掲げる放送において送信される実演（実演家の承諾を得て送信前に録音され,又は録画されているものを除く.）

（保護を受けるレコード）

**第8条** レコードは,次の各号のいずれかに該当するものに限り,この法律による保護を受ける.
1 日本国民をレコード製作者とするレコード
2 レコードでこれに固定されている音が最初に国内において固定されたもの
3 前2号に掲げるもののほか,次のいずれかに掲げるレコード
イ 実演家等保護条約の締約国の国民（当該締約国の法令に基づいて設立された法人及び当該締約国に主たる事務所を有する法人を含む. 以下同じ.）をレコード製作者とするレコード
ロ レコードでこれに固定されている音が最初に実演家等保護条約の締約国において固定されたもの
4 前3号に掲げるもののほか,次のいずれかに掲げるレコード
イ 実演・レコード条約の締約国の国民（当該締約国の法令に基づいて設立された法人及び当該締約国に主たる事務所を有する法人を含む. 以下同じ.）をレコード製作者とするレコード
ロ レコードでこれに固定されている音が最初に実演・レコード条約の締約国において固定されたもの
5 前各号に掲げるもののほか,次のいずれかに掲げるレコード
イ 世界貿易機関の加盟国の国民（当該加盟国の法令に基づいて設立された法人及び当該加盟国に主たる事務所を有する法人を含む. 以下同じ.）をレコード製作者とするレコード
ロ レコードでこれに固定されている音が最初に世界貿易機関の加盟国において固定されたもの
6 前各号に掲げるもののほか,許諾を得ないレコードの複製からのレコード製作者の保護に関する条約（第121条の2第2項において「レコード保護条約」という.）により我が国が保護の義務を負うレコード

（保護を受ける放送）

**第9条** 放送は,次の各号のいずれかに該当するものに限り,この法律による保護を受ける.
1 日本国民である放送事業者の放送
2 国内にある放送設備から行なわれる放送
3 前2号に掲げるもののほか,次のいずれかに掲げる放送
イ 実演家等保護条約の締約国の国民である放送事業者の放送
ロ 実演家等保護条約の締約国にある放送設備から行われる放送
4 前3号に掲げるもののほか,次のいずれかに掲げる放送
イ 世界貿易機関の加盟国の国民である放送事業者の放送
ロ 世界貿易機関の加盟国にある放送設備から行われる放送

（保護を受ける有線放送）

**第9条の2** 有線放送は,次の各号のいずれかに該当するものに限り,この法律による保護を受ける.
1 日本国民である有線放送事業者の有線放送（放送を受信して行うものを除く. 次号において同じ.）
2 国内にある有線放送設備から行われる有線放送

## 第2章 著作者の権利

### 第1節 著作物
(著作物の例示)
**第10条** ① この法律にいう著作物を例示すると,おおむね次のとおりである.
1 小説,脚本,論文,講演その他の言語の著作物
2 音楽の著作物
3 舞踊又は無言劇の著作物
4 絵画,版画,彫刻その他の美術の著作物
5 建築の著作物
6 地図又は学術的な性質を有する図面,図表,模型その他の図形の著作物
7 映画の著作物
8 写真の著作物
9 プログラムの著作物
② 事実の伝達にすぎない雑報及び時事の報道は,前項第1号に掲げる著作物に該当しない.
③ 第1項第9号に掲げる著作物に対するこの法律による保護は,その著作物を作成するために用いるプログラム言語,規約及び解法に及ばない.この場合において,これらの用語の意義は,次の各号に定めるところによる.
1 プログラム言語 プログラムを表現する手段としての文字その他の記号及びその体系をいう.
2 規約 特定のプログラムにおける前号のプログラム言語の用法についての特別の約束をいう.
3 解法 プログラムにおける電子計算機に対する指令の組合せの方法をいう.
(二次的著作物)
**第11条** 二次的著作物に対するこの法律による保護は,その原著作物の著作者の権利に影響を及ぼさない.
(編集著作物)
**第12条** ① 編集物(データベースに該当するものを除く.以下同じ.)でその素材の選択又は配列によって創作性を有するものは,著作物として保護する.
② 前項の規定は,同項の編集物の部分を構成する著作物の著作者の権利に影響を及ぼさない.
(データベースの著作物)
**第12条の2** ① データベースでその情報の選択又は体系的な構成によつて創作性を有するものは,著作物として保護する.
② 前項の規定は,同項のデータベースの部分を構成する著作物の著作者の権利に影響を及ぼさない.
(権利の目的とならない著作物)
**第13条** 次の各号のいずれかに該当する著作物は,この章の規定による権利の目的となることができない.
1 憲法その他の法令
2 国若しくは地方公共団体の機関,独立行政法人(独立行政法人通則法(平成11年法律第103号)第2条第1項に規定する独立行政法人をいう.以下同じ.)又は地方独立行政法人(地方独立行政法人法(平成15年法律第118号)第2条第1項に規定する地方独立行政法人をいう.以下同じ.)が発する告示,訓令,通達その他これらに類するもの
3 裁判所の判決,決定,命令及び審判並びに行政庁の裁決及び決定で裁判に準ずる手続により行われるもの
4 前3号に掲げるものの翻訳物及び編集物で,国若しくは地方公共団体の機関,独立行政法人又は地方独立行政法人が作成するもの

### 第2節 著作者
(著作者の推定)
**第14条** 著作物の原作品に,又は著作物の公衆への提供若しくは提示の際に,その氏名若しくは名称(以下「実名」という.)又はその雅号,筆名,略称その他実名に代えて用いられるもの(以下「変名」という.)として周知のものが著作者名として通常の方法により表示されている者は,その著作物の著作者と推定する.
(職務上作成する著作物の著作者)
**第15条** ① 法人その他使用者(以下この条において「法人等」という.)の発意に基づきその法人等の業務に従事する者が職務上作成する著作物(プログラムの著作物を除く.)で,その法人等が自己の著作の名義の下に公表するものの著作者は,その作成の時における契約,勤務規則その他に別段の定めがない限り,その法人等とする.
② 法人等の発意に基づきその法人等の業務に従事する者が職務上作成するプログラムの著作物の著作者は,その作成の時における契約,勤務規則その他に別段の定めがない限り,その法人等とする.
(映画の著作物の著作者)
**第16条** 映画の著作物の著作者は,その映画の著作物において翻案され,又は複製された小説,脚本,音楽その他の著作物の著作者を除き,制作,監督,演出,撮影,美術等を担当してその映画の著作物の全体的形成に創作的に寄与した者とする.ただし,前条の規定の適用がある場合は,この限りでない.

### 第3節 権利の内容
#### 第1款 総則
(著作者の権利)
**第17条** ① 著作者は,次条第1項,第19条第1項及び第20条第1項に規定する権利(以下「著作者人格権」という.)並びに第21条から第28条までに規定する権利(以下「著作権」という.)を享有する.
② 著作者人格権及び著作権の享有には,いかなる方式の履行をも要しない.
#### 第2款 著作者人格権
(公表権)
**第18条** ① 著作者は,その著作物でまだ公表されていないもの(その同意を得ないで公表された著作物を含む.以下この条において同じ.)を公衆に提供し,又は提示する権利を有する.当該著作物を原著作物とする二次的著作物についても,同様とする.
② 著作者は,次の各号に掲げる場合には,当該各号に掲げる行為について同意したものと推定する.
1 その著作物でまだ公表されていないものの著作権を譲渡した場合 当該著作物をその著作権の行使により公衆に提供し,又は提示すること.
2 その美術の著作物又は写真の著作物でまだ公表されていないものの原作品を譲渡した場合 これらの著作物をその原作品による展示の方法で公衆に提示すること.
3 第29条の規定によりその映画の著作物の著作権が映画製作者に帰属した場合 当該著作物をその著作権の行使により公衆に提供し,又は提示すること.
③ 著作者は,次の各号に掲げる場合には,当該各号に掲げる行為について同意したものとみなす.
1 その著作物でまだ公表されていないものを行政

機関(行政機関の保有する情報の公開に関する法律(平成11年法律第42号. 以下「行政機関情報公開法」という.)第2条第1項に規定する行政機関をいう. 以下同じ.)に提供した場合(行政機関情報公開法第9条第1項の規定による開示する旨の決定の時までに別段の意思表示をした場合を除く.) 行政機関情報公開法の規定により行政機関の長が当該著作物を公衆に提供し, 又は提示すること.

2 その著作物でまだ公表されていないものを独立行政法人等(独立行政法人等の保有する情報の公開に関する法律(平成13年法律第140号. 以下「独立行政法人等情報公開法」という.)第2条第1項に規定する独立行政法人等をいう. 以下同じ.)に提供した場合(独立行政法人等情報公開法第9条第1項の規定による開示する旨の決定の時までに別段の意思表示をした場合を除く.) 独立行政法人等情報公開法の規定により当該独立行政法人等が当該著作物を公衆に提供し, 又は提示すること.

3 その著作物でまだ公表されていないものを地方公共団体又は地方独立行政法人に提供した場合(開示する旨の決定の時までに別段の意思表示をした場合を除く.) 情報公開条例(地方公共団体又は地方独立行政法人の保有する情報の公開を請求する住民等の権利について定める当該地方公共団体の条例をいう. 以下同じ.)の規定により当該地方公共団体の機関又は地方独立行政法人が当該著作物を公衆に提供し, 又は提示すること.

④ 第1項の規定は, 次の各号のいずれかに該当するときは, 適用しない.

1 行政機関情報公開法第5条の規定により行政機関の長が同条第1号ロ若しくはハ若しくは同条第2号ただし書に規定する情報が記録されている著作物で公表されていないものを公衆に提供し, 若しくは提示するとき, 又は行政機関情報公開法第7条の規定により行政機関の長が著作物でまだ公表されていないものを公衆に提供し, 若しくは提示するとき.

2 独立行政法人等情報公開法第5条の規定により独立行政法人等が同条第1号ロ若しくはハ若しくは同条第2号ただし書に規定する情報が記録されている著作物でまだ公表されていないものを公衆に提供し, 若しくは提示するとき, 又は独立行政法人等情報公開法第7条の規定により独立行政法人等が著作物でまだ公表されていないものを公衆に提供し, 若しくは提示するとき.

3 情報公開条例(行政機関情報公開法第13条第2項及び第3項に相当する規定を設けているものに限る. 第5号において同じ.)の規定により地方公共団体の機関又は地方独立行政法人が著作物でまだ公表されていないもの(行政機関情報公開法第5条第1号ロ又は同条第2号ただし書に規定する情報に相当する情報が記録されているものに限る.)を公衆に提供し, 又は提示するとき.

4 情報公開条例の規定により地方公共団体の機関又は地方独立行政法人が著作物でまだ公表されていないもの(行政機関情報公開法第5条第1号ハに規定する情報に相当する情報が記録されているものに限る.)を公衆に提供し, 若しくは提示するとき.

5 情報公開条例の規定で行政機関情報公開法第7条の規定に相当するものにより地方公共団体の機関又は地方独立行政法人が著作物でまだ公表されていないものを公衆に提供し, 又は提示するとき.

(氏名表示権)

**第19条** ① 著作者は, その著作物の原作品に, 又はその著作物の公衆への提供若しくは提示に際し, その実名若しくは変名を著作者名として表示し, 又は著作者名を表示しないこととする権利を有する. その著作物を原著作物とする二次的著作物の公衆への提供又は提示に際しての原著作物の著作者名の表示についても, 同様とする.

② 著作物を利用する者は, その著作者の別段の意思表示がない限り, その著作物につきすでに著作者が表示しているところに従つて著作者名を表示することができる.

③ 著作者名の表示は, 著作物の利用の目的及び態様に照らし著作者が創作者であることを主張する利益を害するおそれがないと認められるときは, 公正な慣行に反しない限り, 省略することができる.

(同一性保持権)

**第20条** ① 著作者は, その著作物及びその題号の同一性を保持する権利を有し, その意に反してこれらの変更, 切除その他の改変を受けないものとする.

② 前項の規定は, 次の各号のいずれかに該当する改変については, 適用しない.

1 第33条第1項(同条第4項において準用する場合を含む.), 第33条の2第1項又は第34条第1項の規定により著作物を利用する場合における用字又は用語の変更その他の改変で, 学校教育の目的上やむを得ないと認められるもの

2 建築物の増築, 改築, 修繕又は模様替えによる改変

3 特定の電子計算機においては利用し得ないプログラムの著作物を当該電子計算機において利用し得るようにするため, 又はプログラムの著作物を電子計算機においてより効果的に利用し得るようにするために必要な改変

4 前3号に掲げるもののほか, 著作物の性質並びにその利用の目的及び態様に照らしやむを得ないと認められる改変

### 第3款 著作権に含まれる権利の種類

(複製権)

**第21条** 著作者は, その著作物を複製する権利を専有する.

(上演権及び演奏権)

**第22条** 著作者は, その著作物を, 公衆に直接見せ又は聞かせることを目的として(以下「公に」という.)上演し, 又は演奏する権利を専有する.

(上映権)

**第22条の2** 著作者は, その著作物を公に上映する権利を専有する.

(公衆送信権等)

**第23条** ① 著作者は, その著作物について, 公衆送信(自動公衆送信の場合にあつては, 送信可能化を含む.)を行う権利を専有する.

② 著作者は, 公衆送信されるその著作物を受信装置を用いて公に伝達する権利を専有する.

(口述権)

**第24条** 著作者は, その言語の著作物を公に口述する権利を専有する.

(展示権)

**第25条** 著作者は, その美術の著作物又はまだ発行されていない写真の著作物をこれらの原作品により公に展示する権利を専有する.

(頒布権)
**第26条** ① 著作者は,その映画の著作物をその複製物により頒布する権利を専有する.
② 著作者は,映画の著作物において複製されているその著作物を当該映画の著作物の複製物により頒布する権利を専有する.

(譲渡権)
**第26条の2** ① 著作者は,その著作物(映画の著作物を除く.以下この条において同じ.)をその原作品又は複製物(映画の著作物において複製されている著作物にあつては,当該映画の著作物の複製物を除く.以下この条において同じ.)の譲渡により公衆に提供する権利を専有する.
② 前項の規定は,著作物の原作品又は複製物で次の各号のいずれかに該当するものの譲渡による場合には,適用しない.
 1 前項に規定する権利を有する者又はその許諾を得た者により公衆に譲渡された著作物の原作品又は複製物
 2 第67条第1項若しくは第69条の規定による裁定又は万国著作権条約の実施に伴う著作権法の特例に関する法律(昭和31年法律第86号)第5条第1項の規定による許可を受けて公衆に譲渡された著作物の複製物
 3 前項に規定する権利を有する者又はその承諾を得た者により特定かつ少数の者に譲渡された著作物の原作品又は複製物
 4 国外において,前項に規定する権利に相当する権利を害することなく,又は同項に規定する権利に相当する権利を有する者若しくはその承諾を得た者により譲渡された著作物の原作品又は複製物

(貸与権)
**第26条の3** 著作者は,その著作物(映画の著作物を除く.)をその複製物(映画の著作物において複製されている著作物にあつては,当該映画の著作物の複製物を除く.)の貸与により公衆に提供する権利を専有する.

(翻訳権,翻案権等)
**第27条** 著作者は,その著作物を翻訳し,編曲し,若しくは変形し,又は脚色し,映画化し,その他翻案する権利を専有する.

(二次的著作物の利用に関する原著作者の権利)
**第28条** 二次的著作物の原著作物の著作者は,当該二次的著作物の利用に関し,この款に規定する権利で当該二次的著作物の著作者が有するものと同一の種類の権利を専有する.

### 第4款 映画の著作物の著作権の帰属

**第29条** ① 映画の著作物(第15条第1項,次項又は第3項の規定の適用を受けるものを除く.)の著作権は,その著作者が映画製作者に対し当該映画の著作物の製作に参加することを約束しているときは,当該映画製作者に帰属する.
② 専ら放送事業者が放送のための技術的手段として製作する映画の著作物(第15条第1項の規定の適用を受けるものを除く.)の著作権のうち次に掲げる権利は,映画製作者としての当該放送事業者に帰属する.
 1 その著作物を放送する権利及び放送されるその著作物について,有線放送し,自動公衆送信(送信可能化のうち,公衆の用に供されている電気通信回線に接続している自動公衆送信装置に情報を入力することによるものを含む.)を行い,又は受信装置を用いて公に伝達する権利
 2 その著作物を複製し,又はその複製物により放送事業者に頒布する権利
③ 専ら有線放送事業者が有線放送のための技術的手段として製作する映画の著作物(第15条第1項の規定の適用を受けるものを除く.)の著作権のうち次に掲げる権利は,映画製作者としての当該有線放送事業者に帰属する.
 1 その著作物を有線放送する権利及び有線放送されるその著作物を受信装置を用いて公に伝達する権利
 2 その著作物を複製し,又はその複製物により有線放送事業者に頒布する権利

### 第5款 著作権の制限

(私的使用のための複製)
**第30条** ① 著作権の目的となつている著作物(以下この款において単に「著作物」という.)は,個人的に又は家庭内その他これに準ずる限られた範囲内において使用すること(以下「私的使用」という.)を目的とするときは,次に掲げる場合を除き,その使用する者が複製することができる.
 1 公衆の使用に供することを目的として設置されている自動複製機器(複製の機能を有し,これに関する装置の全部又は主要な部分が自動化されている機器をいう.)を用いて複製する場合
 2 技術的保護手段の回避(技術的保護手段に用いられている信号の除去又は改変(記録又は送信の方式の変換に伴う技術的な制約による除去又は改変を除く.)を行うことにより,当該技術的保護手段によつて防止される行為を可能とし,又は当該技術的保護手段によつて抑止される行為の結果に障害を生じないようにすることをいう.第120条の2第1号及び第2号において同じ.)により可能となり,又はその結果に障害が生じないようになつた複製を,その事実を知りながら行う場合
② 私的使用を目的として,デジタル方式の録音又は録画の機能を有する機器(放送の業務のための特別の性能その他の私的使用に通常供されない特別の性能を有するもの及び録音機能付きの電話機その他の本来の機能に附属する機能として録音又は録画の機能を有するものを除く.)であつて政令で定めるものにより,当該機器によるデジタル方式の録音又は録画の用に供される記録媒体であつて政令で定めるものに録音又は録画を行う者は,相当な額の補償金を著作権者に支払わなければならない.

(図書館等における複製)
**第31条** 図書,記録その他の資料を公衆の利用に供することを目的とする図書館その他の施設で政令で定めるもの(以下この条において「図書館等」という.)においては,次に掲げる場合には,その営利を目的としない事業として,図書館等の図書,記録その他の資料(以下この条において「図書館資料」という.)を用いて著作物を複製することができる.
 1 図書館等の利用者の求めに応じ,その調査研究の用に供するために,公表された著作物の一部分(発行後相当期間を経過した定期刊行物に掲載された個々の著作物にあつては,その全部)の複製物を1人につき1部提供する場合
 2 図書館資料の保存のため必要がある場合
 3 他の図書館等の求めに応じ,絶版その他これに準ずる理由により一般に入手することが困難な図

書館資料の複製物を提供する場合
（引　用）
**第32条** ① 公表された著作物は、引用して利用することができる。この場合において、その引用は、公正な慣行に合致するものであり、かつ、報道、批評、研究その他の引用の目的上正当な範囲内で行なわれるものでなければならない。
② 国若しくは地方公共団体の機関、独立行政法人又は地方独立行政法人が一般に周知させることを目的として作成し、その著作の名義の下に公表する広報資料、調査統計資料、報告書その他これらに類する著作物は、説明の材料として新聞紙、雑誌その他の刊行物に転載することができる。ただし、これを禁止する旨の表示がある場合は、この限りでない。
（教科用図書等への掲載）
**第33条** ① 公表された著作物は、学校教育の目的上必要と認められる限度において、教科用図書（小学校、中学校、高等学校又は中等教育学校その他これらに準ずる学校における教育の用に供される児童用又は生徒用の図書であつて、文部科学大臣の検定を経たもの又は文部科学省が著作の名義を有するものをいう。次条において同じ。）に掲載することができる。
② 前項の規定により著作物を教科用図書に掲載する者は、その旨を著作者に通知するとともに、同項の規定の趣旨、著作物の種類及び用途、通常の使用料の額その他の事情を考慮して文化庁長官が毎年定める額の補償金を著作権者に支払わなければならない。
③ 文化庁長官は、前項の定めをしたときは、これを官報で告示する。
④ 前3項の規定は、高等学校（中等教育学校の後期課程を含む。）の通信教育用学習図書及び第1項の教科用図書に係る教師用指導書（当該教科用図書を発行する者の発行に係るものに限る。）への著作物の掲載について準用する。
（教科用拡大図書等の作成のための複製等）
**第33条の2** ① 教科用図書に掲載された著作物は、視覚障害、発達障害その他の障害により教科用図書に掲載された著作物を使用することが困難な児童又は生徒の学習の用に供するため、当該教科用図書に用いられている文字、図形等の拡大その他の当該児童又は生徒が当該著作物を使用するために必要な方式により複製することができる。
② 前項の規定により複製する教科用の図書その他の複製物（点字により複製するものを除き、当該教科用図書に掲載された著作物の全部又は相当部分を複製するものに限る。以下この項において「教科用拡大図書等」という。）を作成しようとする者は、あらかじめ当該教科用図書を発行する者にその旨を通知するとともに、営利を目的として当該教科用拡大図書等を頒布する場合にあつては、前条第2項に規定する補償金の額に準じて文化庁長官が毎年定める額の補償金を当該著作物の著作権者に支払わなければならない。
③ 文化庁長官は、前項の定めをしたときは、これを官報で告示する。
④ 障害のある児童及び生徒のための教科用特定図書等の普及の促進等に関する法律（平成20年法律第81号）第5条第1項又は第2項の規定により教科用図書に掲載された著作物に係る電磁的記録（同法第2条第5項に規定する電磁的記録をいう。）

の提供を行う者は、その提供のために必要と認められる限度において、当該著作物を利用することができる。
（学校教育番組の放送等）
**第34条** ① 公表された著作物は、学校教育の目的上必要と認められる限度において、学校教育に関する法令の定める教育課程の基準に準拠した学校向けの放送番組又は有線放送番組において放送し、若しくは有線放送し、又は当該放送を受信して同時に専ら当該放送に係る放送対象地域（放送法（昭和25年法律第132号）第2条の2第2項第2号に規定する放送対象地域をいい、これが定められていない放送にあつては、電波法（昭和25年法律第131号）第14条第3項第3号ロに規定する放送区域をいう。以下同じ。）において受信されることを目的として自動公衆送信（送信可能化のうち、公衆の用に供されている電気通信回線に接続している自動公衆送信装置に情報を入力することによるものを含む。）を行い、及び当該放送番組又は有線放送番組の教材に掲載することができる。
② 前項の規定により著作物を利用する者は、その旨を著作者に通知するとともに、相当な額の補償金を著作権者に支払わなければならない。
（学校その他の教育機関における複製等）
**第35条** ① 学校その他の教育機関（営利を目的として設置されているものを除く。）において教育を担任する者及び授業を受ける者は、その授業の過程における使用に供することを目的とする場合には、必要と認められる限度において、公表された著作物を複製することができる。ただし、当該著作物の種類及び用途並びにその複製の部数及び態様に照らし著作権者の利益を不当に害することとなる場合は、この限りでない。
② 公表された著作物については、前項の教育機関における授業の過程において、当該授業を直接受ける者に対して当該著作物をその原作品若しくは複製物を提供し、若しくは提示して利用する場合又は当該著作物を第38条第1項の規定により上演し、演奏し、上映し、若しくは口述して利用する場合には、当該授業が行われる場所以外の場所において当該授業を同時に受ける者に対して公衆送信（自動公衆送信の場合にあつては、送信可能化を含む。）を行うことができる。ただし、当該著作物の種類及び用途並びに当該公衆送信の態様に照らし著作権者の利益を不当に害することとなる場合は、この限りでない。
（試験問題としての複製等）
**第36条** ① 公表された著作物については、入学試験その他人の学識技能に関する試験又は検定の目的上必要と認められる限度において、当該試験又は検定の問題として複製し、又は公衆送信（放送又は有線放送を除き、自動公衆送信の場合にあつては送信可能化を含む。次項において同じ。）を行うことができる。ただし、当該著作物の種類及び用途並びに当該公衆送信の態様に照らし著作権者の利益を不当に害することとなる場合は、この限りでない。
② 営利を目的として前項の複製又は公衆送信を行う者は、通常の使用料の額に相当する額の補償金を著作権者に支払わなければならない。
（点字による複製等）
**第37条** ① 公表された著作物は、点字により複製することができる。

② 公表された著作物については,電子計算機を用いて点字を処理する方式により,記録媒体に記録し,又は公衆送信(放送又は有線放送を除き,自動公衆送信の場合にあつては送信可能化を含む.)を行うことができる.

③ 点字図書館その他の視覚障害者の福祉の増進を目的とする施設で政令で定めるものにおいては,公表された著作物について,専ら視覚障害者向けの貸出しの用若しくは自動公衆送信(送信可能化を含む.以下この項において同じ.)の用に供するために録音し,又は専ら視覚障害者の用に供するために,その録音物を用いて自動公衆送信を行うことができる.

(聴覚障害者のための自動公衆送信)
**第37条の2** 聴覚障害者の福祉の増進を目的とする事業を行う者で政令で定めるものは,放送され,又は有線放送される著作物(放送される著作物が自動公衆送信される場合の当該著作物を含む.以下この条において同じ.)について,専ら聴覚障害者の用に供するために,当該放送され,又は有線放送される著作物に係る音声を文字にしてする自動公衆送信(送信可能化のうち,公衆の用に供されている電気通信回線に接続している自動公衆送信装置に情報を入力することによるものを含む.)を行うことができる.

(営利を目的としない上演等)
**第38条** ① 公表された著作物は,営利を目的とせず,かつ,聴衆又は観衆から料金(いずれの名義をもつてするかを問わず,著作物の提供又は提示につき受ける対価をいう.以下この条において同じ.)を受けない場合には,公に上演し,演奏し,上映し,又は口述することができる.ただし,当該上演,演奏,上映又は口述について実演家又は口述を行う者に対し報酬が支払われる場合は,この限りでない.

② 放送される著作物は,営利を目的とせず,かつ,聴衆又は観衆から料金を受けない場合には,有線放送し,又は専ら当該放送に係る放送対象地域において受信されることを目的として自動公衆送信(送信可能化のうち,公衆の用に供されている電気通信回線に接続している自動公衆送信装置に情報を入力することによるものを含む.)を行うことができる.

③ 放送され,又は有線放送される著作物(放送される著作物が自動公衆送信される場合の当該著作物を含む.)は,営利を目的とせず,かつ,聴衆又は観衆から料金を受けない場合には,受信装置を用いて公に伝達することができる.通常の家庭用受信装置を用いてする場合も,同様とする.

④ 公表された著作物(映画の著作物を除く.)は,営利を目的とせず,かつ,その複製物の貸与を受ける者から料金を受けない場合には,その複製物(映画の著作物において複製されている著作物にあつては,当該映画の著作物の複製物を除く.)の貸与により公衆に提供することができる.

⑤ 映画フィルムその他の視聴覚資料を公衆の利用に供することを目的とする視聴覚教育施設その他の施設(営利を目的として設置されているものを除く.)で政令で定めるものは,公表された映画の著作物を,その複製物の貸与を受ける者から料金を受けない場合には,その複製物の貸与により頒布することができる.この場合において,当該頒布を行う者は,当該映画の著作物又は当該映画の著作物において複製されている著作物につき第26条に規定する権利を有する者(第28条の規定により第26条に規定する権利と同一の権利を有する者を含む.)に相当な額の補償金を支払わなければならない.

(時事問題に関する論説の転載等)
**第39条** ① 新聞紙又は雑誌に掲載して発行された政治上,経済上又は社会上の時事問題に関する論説(学術的な性質を有するものを除く.)は,他の新聞紙若しくは雑誌に転載し,又は放送し,若しくは有線放送し,若しくは当該放送を受信して同時に専ら当該放送に係る放送対象地域において受信されることを目的として自動公衆送信(送信可能化のうち,公衆の用に供されている電気通信回線に接続している自動公衆送信装置に情報を入力することによるものを含む.)を行うことができる.ただし,これらの利用を禁止する旨の表示がある場合は,この限りでない.

② 前項の規定により放送され,若しくは有線放送され,又は自動公衆送信される論説は,受信装置を用いて公に伝達することができる.

(政治上の演説等の利用)
**第40条** ① 公開して行われた政治上の演説又は陳述及び裁判手続(行政庁の行う審判その他裁判に準ずる手続を含む.第42条第1項において同じ.)における公開の陳述は,同一の著作者のものを編集して利用する場合を除き,いずれの方法によるかを問わず,利用することができる.

② 国若しくは地方公共団体の機関,独立行政法人又は地方独立行政法人において行われた公開の演説又は陳述は,前項の規定によるものを除き,報道の目的上正当と認められる場合には,新聞紙若しくは雑誌に掲載し,又は放送し,若しくは有線放送し,若しくは当該放送を受信して同時に専ら当該放送に係る放送対象地域において受信されることを目的として自動公衆送信(送信可能化のうち,公衆の用に供されている電気通信回線に接続している自動公衆送信装置に情報を入力することによるものを含む.)を行うことができる.

③ 前項の規定により放送され,若しくは有線放送され,又は自動公衆送信される演説又は陳述は,受信装置を用いて公に伝達することができる.

(時事の事件の報道のための利用)
**第41条** 写真,映画,放送その他の方法によつて時事の事件を報道する場合には,当該事件を構成し,又は当該事件の過程において見られ,若しくは聞かれる著作物は,報道の目的上正当な範囲内において,複製し,及び当該事件の報道に伴つて利用することができる.

(裁判手続等における複製)
**第42条** ① 著作物は,裁判手続のために必要と認められる場合及び立法又は行政の目的のために内部資料として必要と認められる場合には,その必要と認められる限度において,複製することができる.ただし,当該著作物の種類及び用途並びにその複製の部数及び態様に照らし著作権者の利益を不当に害することとなる場合は,この限りでない.

② 次に掲げる手続のために必要と認められる場合についても,前項と同様とする.
 1 行政庁の行う特許,意匠若しくは商標に関する審査,実用新案に関する技術的な評価又は国際出願(特許協力条約に基づく国際出願等に関する法律(昭和53年法律第30号)第2条に規定する国際出願をいう.)に関する国際調査若しくは国際

予備審査に関する手続
2 行政庁若しくは独立行政法人の行う薬事(医療機器(薬事法(昭和35年法律第145号)第2条第4項に規定する医療機器をいう。以下この号において同じ。)に関する事項を含む。以下この号において同じ。)に関する審査若しくは調査又は行政庁若しくは独立行政法人に対する薬事に関する報告に関する手続

**(行政機関情報公開法等による開示のための利用)**
**第42条の2** 行政機関の長,独立行政法人等又は地方公共団体の機関若しくは地方独立行政法人は,行政機関情報公開法,独立行政法人等情報公開法又は情報公開条例の規定により著作物を公衆に提供し,又は提示することを目的とする場合には,それぞれ行政機関情報公開法第14条第1項(同項の規定に基づく政令の規定を含む。)に規定する方法,独立行政法人等情報公開法第15条第1項に規定する方法(同項の規定に基づく政令の規定を含む。)若しくは行政機関情報公開法第14条第1項の規定に基づく政令で定める方法以外のものを除く。)を含む。)又は情報公開条例で定める方法(行政機関情報公開法第14条第1項(同項の規定に基づく政令の規定を含む。)に規定する方法以外のものを除く。)により開示するために必要と認められる限度において,当該著作物を利用することができる。

**(美術の著作物等の原作品の所有者による展示)**
**第45条** ① 美術の著作物若しくは写真の著作物の原作品の所有者又はその同意を得た者は,これらの著作物をその原作品により公に展示することができる。
② 前項の規定は,美術の著作物の原作品を街路,公園その他一般公衆に開放されている屋外の場所又は建造物の外壁その他一般公衆の見やすい屋外の場所に恒常的に設置する場合には,適用しない。

**(公開の美術の著作物等の利用)**
**第46条** 美術の著作物でその原作品が前条第2項に規定する屋外の場所に恒常的に設置されているもの又は建築の著作物は,次に掲げる場合を除き,いずれの方法によるかを問わず,利用することができる。
1 彫刻を増製し,又はその増製物の譲渡により公衆に提供する場合
2 建築の著作物を建築により複製し,又はその複製物の譲渡により公衆に提供する場合
3 前条第2項に規定する屋外の場所に恒常的に設置するために複製する場合
4 専ら美術の著作物の複製物の販売を目的として複製し,又はその複製物を販売する場合

**(美術の著作物等の展示に伴う複製)**
**第47条** 美術の著作物又は写真の著作物の原作品により,第25条に規定する権利を害することなく,これらの著作物を公に展示する者は,観覧者のためにこれらの著作物の解説又は紹介をすることを目的とする小冊子にこれらの著作物を掲載することができる。

**(プログラムの著作物の複製物の所有者による複製等)**
**第47条の2** ① プログラムの著作物の複製物の所有者は,自ら当該著作物を電子計算機において利用するために必要と認められる限度において,当該著作物の複製又は翻案(これにより創作した二次的著作物の複製を含む。)をすることができる。ただし,当該利用に係る複製物の使用につき,第113条第2項の規定が適用される場合は,この限りでない。
② 前項の複製物の所有者が当該複製物(同項の規定により作成された複製物を含む。)のいずれかについて滅失以外の事由により所有権を有しなくなつた後には,その者は,当該著作権者の別段の意思表示がない限り,その他の複製物を保存してはならない。

**(保守,修理等のための一時的複製)**
**第47条の3** ① 記録媒体内蔵複製機器(複製の機能を有する機器であつて,その複製を機器の内蔵する記録媒体(以下この条において「内蔵記録媒体」という。)に記録して行うものをいう。次項において同じ。)の保守又は修理を行う場合には,その内蔵記録媒体に記録されている著作物を,必要と認められる限度において,当該内蔵記録媒体以外の記録媒体に一時的に記録し,及び当該保守又は修理の後に,当該内蔵記録媒体に記録することができる。
② 記録媒体内蔵複製機器に製造上の欠陥又は販売に至るまでの過程において生じた故障があるためこれを同種の機器と交換する場合には,その内蔵記録媒体に記録されている著作物を,必要と認められる限度において,当該内蔵記録媒体以外の記録媒体に一時的に記録し,及び当該同種の機器の内蔵記録媒体に記録することができる。
③ 前2項の規定により内蔵記録媒体以外の記録媒体に著作物を記録した者は,これらの規定による保守若しくは修理又は交換の後には,当該記録媒体に記録された当該著作物の複製物を保存してはならない。

**(複製権の制限により作成された複製物の譲渡)**
**第47条の4** 第31条第1号,第32条,第33条第1項(同条第4項において準用する場合を含む。),第33条の2第1項若しくは第4項,第34条第1項,第35条第1項,第36条第1項,第37条第1項若しくは第2項,第39条第1項,第40条第1項若しくは第2項,第41条,第42条,第42条の2,第46条又は第47条の規定により複製することができる著作物は,これらの規定の適用を受けて作成された複製物(第31条第1号,第35条第1項,第36条第1項又は第42条の規定に係る場合にあつては,映画の著作物の複製物(映画の著作物において複製されている著作物にあつては,当該映画の著作物の複製物を含む。以下この条において同じ。)を除く。)の譲渡により公衆に提供することができる。ただし,第31条第1号,第33条の2第1項若しくは第4項,第35条第1項,第41条,第42条又は第42条の2の規定の適用を受けて作成された著作物の複製物(第31条第1号,第35条第1項又は第42条の規定に係る場合にあつては,映画の著作物の複製物を除く。)を,第31条第1号,第33条の2第1項若しくは第4項,第35条第1項,第41条,第42条又は第42条の2に定める目的以外の目的のために公衆に譲渡する場合は,この限りでない。

**(出所の明示)**
**第48条** ① 次の各号に掲げる場合には,当該各号に規定する著作物の出所を,その複製又は利用の態様に応じ合理的と認められる方法及び程度により,明示しなければならない。
1 第32条,第33条第1項(同条第4項において準用する場合を含む。),第33条の2第1項,第37条第1項,第42条又は第47条の規定により著作物を複製する場合

2 第34条第1項,第37条第3項,第37条の2,第39条第1項又は第40条第1項若しくは第2項の規定により著作物を利用する場合
3 第32条の規定により著作物を複製以外の方法により利用する場合又は第35条,第36条第1項,第38条第1項,第41条若しくは第46条の規定により著作物を利用する場合において,その出所を明示する慣行があるとき.
② 前項の出所の明示に当たつては,これに伴い著作者名が明らかになる場合及び当該著作物が無名のものである場合を除き,当該著作物につき表示されている著作者名を示さなければならない.
③ 第43条の規定により著作物を翻訳し,編曲し,変形し,又は翻案して利用する場合には,前2項の規定の例により,その著作物の出所を明示しなければならない.

(複製物の目的外使用等)
**第49条** ① 次に掲げる者は,第21条の複製を行つたものとみなす.
1 第30条第1項,第31条第1号,第33条の2第1項若しくは第4項,第35条,第37条第3項,第41条から第42条の2まで又は第44条第1項若しくは第2項に定める目的以外の目的のために,これらの規定の適用を受けて作成された著作物の複製物を頒布し,又は当該複製物によつて当該著作物を公衆に提示した者
2 第44条第3項の規定に違反して同項の録音物又は録画物を保存した放送事業者又は有線放送事業者
3 第47条の2第1項の規定の適用を受けて作成された著作物の複製物(次項第2号の複製物に該当するものを除く.)若しくは第47条の3第1項若しくは第2項の規定の適用を受けて同条第1項若しくは第2項に規定する内蔵記録媒体以外の記録媒体に一時的に記録された著作物の複製物を頒布し,又はこれらの複製物によつてこれらの著作物を公衆に提示した者
4 第47条の2第2項又は第47条の3第3項の規定に違反してこれらの規定の複製物(次項第2号の複製物に該当するものを除く.)を保存した者
② 次に掲げる者は,当該二次的著作物の原著作物につき第27条の翻訳,編曲,変形又は翻案を行つたものとみなす.
1 第30条第1項,第31条第1号,第35条,第37条第3項,第41条又は第42条に定める目的以外の目的のために,第43条の規定の適用を受けて同条第1号若しくは第2号に掲げるこれらの規定に従い作成された二次的著作物の複製物を頒布し,又は当該複製物によつて当該二次的著作物を公衆に提示した者
2 第47条の2第1項の規定の適用を受けて作成された二次的著作物の複製物を頒布し,又は当該複製物によつて当該二次的著作物を公衆に提示した者
3 第47条の2第2項の規定に違反して前号の複製物を保存した者

(著作者人格権との関係)
**第50条** この款の規定は,著作者人格権に影響を及ぼすものと解釈してはならない.

### 第4節 保護期間
(保護期間の原則)
**第51条** ① 著作権の存続期間は,著作物の創作の時に始まる.
② 著作権は,この節に別段の定めがある場合を除き,著作者の死後(共同著作物にあつては,最終に死亡した著作者の死後.次条第1項において同じ.)50年を経過するまでの間,存続する.

(無名又は変名の著作物の保護期間)
**第52条** ① 無名又は変名の著作物の著作権は,その著作物の公表後50年を経過するまでの間,存続する.ただし,その存続期間の満了前にその著作者の死後50年を経過していると認められる無名又は変名の著作物の著作権は,その著作者の死後50年を経過したと認められる時において,消滅したものとする.
② 前項の規定は,次の各号のいずれかに該当するときは,適用しない.
1 第1項の著作物における著作者の変名がその者のものとして周知のものであるとき.
2 前項の期間内に第75条第1項の実名の登録があつたとき.
3 著作者が前項の期間内にその実名又は周知の変名を著作者名として表示してその著作物を公表したとき.

(団体名義の著作物の保護期間)
**第53条** ① 法人その他の団体が著作の名義を有する著作物の著作権は,その著作物の公表後50年(その著作物がその創作後50年以内に公表されなかつたときは,その創作後50年)を経過するまでの間,存続する.
② 前項の規定は,法人その他の団体が著作の名義を有する著作物の著作者である個人が同項の期間内にその実名又は周知の変名を著作者名として表示してその著作物を公表したときは,適用しない.
③ 第15条第2項の規定により法人その他の団体が著作者である著作物の著作権の存続期間に関しては,第1項の著作物に該当する著作物以外の著作物についても,当該団体が著作の名義を有するものとみなして同項の規定を適用する.

(映画の著作物の保護期間)
**第54条** ① 映画の著作物の著作権は,その著作物の公表後70年(その著作物がその創作後70年以内に公表されなかつたときは,その創作後70年)を経過するまでの間,存続する.
② 映画の著作物の著作権がその存続期間の満了により消滅したときは,当該映画の著作物の利用に関するその原著作物の著作権は,当該映画の著作物の著作権とともに消滅したものとする.
③ 前2項の規定は,映画の著作物の著作権については,適用しない.

(継続的刊行物等の公表の時)
**第56条** ① 第52条第1項,第53条第1項及び第54条第1項の公表の時は,冊,号又は回を追つて公表する著作物については,毎冊,毎号又は毎回の公表の時によるものとし,一部分ずつを逐次公表して完成する著作物については,最終部分の公表の時によるものとする.
② 一部分ずつを逐次公表して完成する著作物については,継続すべき部分が直近の公表の時から3年を経過しても公表されないときは,すでに公表されたもののうちの最終の部分をもつて前項の最終部分とみなす.

(保護期間の計算方法)
**第57条** 第51条第2項,第52条第1項,第53条第1項又は第54条第1項の場合において,著作者の死後50年,著作物の公表後50年若しくは創作後50

年又は著作物の公表後70年若しくは創作後70年の期間の終期を計算するときは,著作者が死亡した日又は著作物が公表され若しくは創作された日のそれぞれ属する年の翌年から起算する.
（保護期間の特例）
第58条 文学的及び美術的著作物の保護に関するベルヌ条約により創設された国際同盟の加盟国,著作権に関する世界知的所有権機関条約の締約国又は世界貿易機関の加盟国である外国をそれぞれ文学的及び美術的著作物の保護に関するベルヌ条約,著作権に関する世界知的所有権機関条約又は世界貿易機関を設立するマラケシュ協定の規定に基づいて本国とする著作物（第6条第1号に該当するものを除く.）で,その本国において定められる著作権の存続期間が第51条から第54条までに定める著作権の存続期間より短いものについては,その本国において定められる著作権の存続期間による.

### 第5節 著作者人格権の一身専属性等
（著作者人格権の一身専属性）
第59条 著作者人格権は,著作者の一身に専属し,譲渡することができない.
（著作者が存しなくなつた後における人格的利益の保護）
第60条 著作物を公衆に提供し,又は提示する者は,その著作物の著作者が存しなくなつた後においても,著作者が存しているとしたならばその著作者人格権の侵害となるべき行為をしてはならない.ただし,その行為の性質及び程度,社会的事情の変動その他によりその行為が当該著作者の意を害しないと認められる場合は,この限りでない.

### 第6節 著作権の譲渡及び消滅
（著作権の譲渡）
第61条 ① 著作権は,その全部又は一部を譲渡することができる.
② 著作権を譲渡する契約において,第27条又は第28条に規定する権利が譲渡の目的として特掲されていないときは,これらの権利は,譲渡した者に留保されたものと推定する.
（相続人の不存在の場合等における著作権の消滅）
第62条 ① 著作権は,次に掲げる場合には,消滅する.
1 著作権者が死亡した場合において,その著作権が民法（明治29年法律第89号）第959条（残余財産の国庫への帰属）の規定により国庫に帰属すべきこととなるとき.
2 著作権者である法人が解散した場合において,その著作権が一般社団法人及び一般財団法人に関する法律（平成18年法律第48号）第239条第3項（残余財産の国庫への帰属）その他これに準ずる法律の規定により国庫に帰属することとなるとき.
② 第54条第2項の規定は,映画の著作物の著作権が前項の規定により消滅した場合について準用する.

### 第7節 権利の行使
（著作物の利用の許諾）
第63条 ① 著作者は,他人に対し,その著作物の利用を許諾することができる.
② 前項の許諾を得た者は,その許諾に係る利用方法及び条件の範囲内において,その許諾に係る著作物を利用することができる.
③ 第1項の許諾に係る著作物を利用する権利は,著作権者の承諾を得ない限り,譲渡することができない.
④ 著作物の放送又は有線放送についての第1項の許諾は,契約に別段の定めがない限り,当該著作物の録音又は録画の許諾を含まないものとする.
⑤ 著作物の送信可能化について第1項の許諾を得た者が,その許諾に係る利用方法及び条件（送信可能化の回数又は送信可能化に用いる自動公衆送信装置に係るものを除く.）の範囲内において反復して又は他の自動公衆送信装置を用いて行う当該著作物の送信可能化については,第23条第1項の規定は,適用しない.
（共同著作物の著作者人格権の行使）
第64条 ① 共同著作物の著作者人格権は,著作者全員の合意によらなければ,行使することができない.
② 共同著作物の各著作者は,信義に反して前項の合意の成立を妨げることができない.
③ 共同著作物の著作者人格権は,そのうちからその著作者人格権を代表して行使する者を定めることができる.
④ 前項の権利を代表して行使する者の代表権に加えられた制限は,善意の第三者に対抗することができない.
（共有著作権の行使）
第65条 ① 共同著作物の著作権その他共有に係る著作権（以下この条において「共有著作権」という.）については,各共有者は,他の共有者の同意を得なければ,その持分を譲渡し,又は質権の目的とすることができない.
② 共有著作権は,その共有者全員の合意によらなければ,行使することができない.
③ 前2項の場合において,各共有者は,正当な理由がない限り,第1項の同意を拒み,又は前項の合意の成立を妨げることができない.
④ 前条第3項及び第4項の規定は,共有著作権の行使について準用する.
（質権の目的となつた著作権）
第66条 ① 著作権は,これを目的として質権を設定した場合においても,設定行為に別段の定めがない限り,著作権者が行使するものとする.
② 著作権を目的とする質権は,当該著作権の譲渡又は当該著作権に係る著作物の利用につき著作権者が受けるべき金銭その他の物（出版権の設定の対価を含む.）に対しても,行なうことができる.ただし,これらの払渡又は引渡前に,これらを受ける権利を差し押えることを必要とする.

### 第8節 裁定による著作物の利用
（著作権者不明等の場合における著作物の利用）
第67条 ① 公表された著作物又は相当期間にわたり公衆に提供され,若しくは提示されている事実が明らかである著作物は,著作権者の不明その他の理由により相当な努力を払つてもその著作権者と連絡することができないときは,文化庁長官の裁定を受け,かつ,通常の使用料の額に相当するものとして文化庁長官が定める額の補償金を著作権者のために供託して,その裁定に係る利用方法により利用することができる.
（著作物の放送）
第68条 ① 公表された著作物を放送しようとする放送事業者は,その著作権者に対し放送の許諾につき協議を求めたがその協議が成立せず,又はその協議をすることができないときは,文化庁長官の裁定を受け,かつ,通常の使用料の額に相当するものとして文化庁長官が定める額の補償金を著作権者に支払つて,その著作物を放送することができる.
（商業用レコードへの録音等）
第69条 商業用レコードが最初に国内において販

売され，かつ，その最初の販売の日から3年を経過した場合において，当該商業用レコードに著作権者の許諾を得て録音されている音楽の著作物を録音して他の商業用レコードを製作しようとする者は，その著作権者に対し録音又は譲渡による公衆への提供の許諾につき協議を求めたが，その協議が成立せず，又はその協議をすることができないときは，文化庁長官の裁定を受け，かつ，通常の使用料の額に相当するものとして文化庁長官が定める額の補償金を著作権者に支払つて，当該録音又は譲渡による公衆への提供をすることができる．

（裁定に関する手続及び基準）

**第70条** （①〜③ 省略）

④ 文化庁長官は，第67条第1項，第68条第1項又は前条の裁定の申請があつた場合において，次の各号のいずれかに該当すると認めるときは，これらの裁定をしてはならない．

1 第67条その著作物の出版その他の利用を廃絶しようとしていることが明らかであるとき．
2 第68条第1項の裁定の申請に係る著作権者がその著作物の放送の許諾を与えないことについてやむを得ない事情があるとき．

### 第10節　登録

（実名の登録）

**第75条** ① 無名又は変名で公表された著作物の著作者は，現にその著作権を有するかどうかにかかわらず，その著作物についてその実名の登録を受けることができる．

② 著作者は，その遺言で指定する者により，死後において前項の登録を受けることができる．

③ 実名の登録がされている者は，当該登録に係る著作物の著作者と推定する．

（第1発行年月日等の登録）

**第76条** ① 著作権者又は無名若しくは変名の著作物の発行者は，その著作物について第1発行年月日の登録又は第1公表年月日の登録を受けることができる．

② 第1発行年月日の登録又は第1公表年月日の登録がされている著作物については，これらの登録に係る年月日において最初の発行又は最初の公表があつたものと推定する．

（創作年月日の登録）

**第76条の2** ① プログラムの著作物の著作者は，その著作物について創作年月日の登録を受けることができる．ただし，その著作物の創作後6月を経過した場合は，この限りでない．

② 前項の登録がされている著作物については，その登録に係る年月日において創作があつたものと推定する．

（著作権の登録）

**第77条** 次に掲げる事項は，登録しなければ，第三者に対抗することができない．

1 著作権の移転（相続その他の一般承継によるものを除く．次号において同じ．）又は処分の制限
2 著作権を目的とする質権の設定，移転，変更若しくは消滅（混同又は担保する債権の消滅によるものを除く．）又は処分の制限

（プログラムの著作物の登録に関する特例）

**第78条の2** プログラムの著作物に係る登録については，この節の規定によるほか，別に法律で定めるところによる．

### 第3章　出版権

（出版権の設定）

**第79条** ① 第21条に規定する権利を有する者（以下この章において「複製権者」という．）は，その著作物を文書又は図画として出版することを引き受ける者に対し，出版権を設定することができる．

② 複製権者は，その複製権を目的とする質権が設定されているときは，当該質権を有する者の承諾を得た場合に限り，出版権を設定することができるものとする．

（出版権の内容）

**第80条** ① 出版権者は，設定行為で定めるところにより，頒布の目的をもつて，その出版権の目的である著作物を原作のまま印刷その他の機械的又は化学的方法により文書又は図画として複製する権利を専有する．

② 出版権の存続期間中に当該著作物の著作者が死亡したときは，又は，設定行為に別段の定めがある場合を除き，出版権の設定後最初の出版があつた日から3年を経過したときは，複製権者は，前項の規定にかかわらず，当該著作物を全集その他の編集物（その著作者の著作物のみを編集したものに限る．）に収録して複製することができる．

③ 出版権者は，他人に対し，その出版権の目的である著作物の複製を許諾することができない．

（出版の義務）

**第81条** 出版権者は，その出版権の目的である著作物につき次に掲げる義務を負う．ただし，設定行為に別段の定めがある場合は，この限りでない．

1 複製権者からその著作物を複製するために必要な原稿その他の原品又はこれに相当する物の引渡しを受けた日から6月以内に当該著作物を出版する義務
2 当該著作物を慣行に従い継続して出版する義務

（著作物の修正増減）

**第82条** ① 著作者は，その著作物を出版権者があらためて複製する場合には，正当な範囲内において，その著作物に修正又は増減を加えることができる．

② 出版権者は，その出版権の目的である著作物をあらためて複製しようとするときは，そのつど，あらかじめ著作者にその旨を通知しなければならない．

（出版権の存続期間）

**第83条** ① 出版権の存続期間は，設定行為で定めるところによる．

② 出版権は，その存続期間につき設定行為に定めがないときは，その設定後最初の出版があつた日から3年を経過した日において消滅する．

（出版権の消滅の請求）

**第84条** ① 出版権者が第81条第1号の義務に違反したときは，複製権者は，出版権者に通知してその出版権を消滅させることができる．

② 出版権者が第81条第2号の義務に違反した場合において，複製権者が3月以上の期間を定めてその履行を催告したにもかかわらず，その期間内にその履行がされないときは，複製権者は，出版権者に通知してその出版権を消滅させることができる．

③ 複製権者である著作者は，その著作物の内容が自己の確信に適合しなくなつたときは，その著作物の出版を廃絶するために，出版権者に通知してその出版権を消滅させることができる．ただし，当該廃絶

により出版権者に通常生ずべき損害をあらかじめ賠償しない場合は,この限りでない.
(出版権の譲渡等)
**第87条** 出版権は,複製権者の承諾を得た場合に限り,譲渡し,又は質権の目的とすることができる.
(出版権の登録)
**第88条** ① 次に掲げる事項は,登録しなければ,第三者に対抗することができない.
1 出版権の設定,移転(相続その他の一般承継によるものを除く.次号において同じ.),変更若しくは消滅(混同又は複製権の消滅によるものを除く.)又は処分の制限
2 出版権を目的とする質権の設定,移転,変更若しくは消滅(混同又は出版権若しくは担保する債権の消滅によるものを除く.)又は処分の制限
② 第78条(第2項を除く.)の規定は,前項の登録について準用する.この場合において,同条第1項,第3項,第7項及び第8項中「著作権登録原簿」とあるのは,「出版権登録原簿」と読み替えるものとする.

## 第4章 著作隣接権

### 第1節 総則

(著作隣接権)
**第89条** ① 実演家は,第90条の2第1項及び第90条の3第1項に規定する権利(以下「実演家人格権」という.)並びに第91条第1項,第92条第1項,第92条の2第1項,第95条の2第1項及び第95条の3第1項に規定する権利並びに第94条の2及び第95条の3第3項に規定する報酬並びに第95条第1項に規定する二次使用料受ける権利を享有する.
② レコード製作者は,第96条,第96条の2,第97条の2第1項及び第97条の3第1項に規定する権利並びに第97条第1項に規定する二次使用料及び第97条の3第3項に規定する報酬を受ける権利を享有する.
③ 放送事業者は,第98条から第100条までに規定する権利を享有する.
④ 有線放送事業者は,第100条の2から第100条の5までに規定する権利を享有する.
⑤ 前各項の権利の享有には,いかなる方式の履行をも要しない.
⑥ 第1項から第4項までの権利(実演家人格権並びに第1項及び第2項の報酬及び二次使用料を受ける権利を除く.)は,著作隣接権という.
(著作者の権利と著作隣接権との関係)
**第90条** この章の規定は,著作者の権利に影響を及ぼすものと解釈してはならない.

### 第2節 実演家の権利

(氏名表示権)
**第90条の2** ① 実演家は,その実演の公衆への提供又は提示に際し,その氏名若しくはその芸名その他氏名に代えて用いられるものを実演家名として表示し,又は実演家名を表示しないこととする権利を有する.
② 実演を利用する者は,その実演家の別段の意思表示がない限り,その実演につき既に実演家が表示しているところに従つて実演家名を表示することができる.
③ 実演家名の表示は,実演の利用の目的及び態様に

照らし実演家がその実演の実演家であることを主張する利益を害するおそれがないと認められるとき又は公正な慣行に反しないと認められるときは,省略することができる.
④ 第1項の規定は,次の各号のいずれかに該当するときは,適用しない.
1 行政機関情報公開法,独立行政法人等情報公開法又は情報公開条例の規定により行政機関の長,独立行政法人等又は地方公共団体の機関若しくは地方独立行政法人が実演を公衆に提供し,又は提示する場合において,当該実演につき既にその実演家が表示しているところに従つて実演家名を表示するとき.
2 行政機関情報公開法第6条第2項の規定,独立行政法人等情報公開法第6条第2項の規定又は情報公開条例の規定で行政機関情報公開法第6条第2項の規定に相当するものにより行政機関の長,独立行政法人等又は地方公共団体の機関若しくは地方独立行政法人が実演を公衆に提供し,又は提示する場合において,当該実演の実演家名の表示を省略することとなるとき.
(同一性保持権)
**第90条の3** ① 実演家は,その実演の同一性を保持する権利を有し,自己の名誉又は声望を害するその実演の変更,切除その他の改変を受けないものとする.
② 前項の規定は,実演の性質並びにその利用の目的及び態様に照らしやむを得ないと認められる改変又は公正な慣行に反しないと認められる改変については,適用しない.
(録音権及び録画権)
**第91条** ① 実演家は,その実演を録音し,又は録画する権利を専有する.
② 前項の規定は,同項に規定する権利を有する者の許諾を得て映画の著作物において録音され,又は録画されている実演については,これを録音物(音を専ら影像とともに再生することを目的とするものを除く.)に録音する場合を除き,適用しない.
(放送権及び有線放送権)
**第92条** ① 実演家は,その実演を放送し,又は有線放送する権利を専有する.
② 前項の規定は,次に掲げる場合には,適用しない.
1 放送される実演を有線放送する場合
2 次に掲げる実演を放送し,又は有線放送する場合
イ 前条第1項に規定する権利を有する者の許諾を得て録音され,又は録画されている実演
ロ 前条第2項の実演で同項の録音物以外の物に録音され,又は録画されているもの
(送信可能化権)
**第92条の2** ① 実演家は,その実演を送信可能化する権利を専有する.
② 前項の規定は,次に掲げる実演については,適用しない.
1 第91条第1項に規定する権利を有する者の許諾を得て録画されている実演
2 第91条第2項の実演で同項の録音物以外の物に録音され,又は録画されているもの
(放送のための固定)
**第93条** ① 実演の放送について第92条第1項に規定する権利を有する者の許諾を得た放送事業者は,その実演を放送のために録音し,又は録画することができる.ただし,契約に別段の定めがある場合及び当該許諾に係る放送番組と異なる内容の放送番

組に使用する目的で録音し,又は録画する場合は,この限りでない.
② 次に掲げる者は,第91条第1項の録音又は録画を行なつたものとみなす.
　1　前項の規定により作成された録音物又は録画物を放送の目的以外の目的又は同項ただし書に規定する目的のために使用し,又は提供した者
　2　前項の規定により作成された録音物又は録画物の提供を受けた放送事業者で,これらをさらに他の放送事業者の放送のために提供したもの

(放送のための固定物等による放送)
**第94条** ①　第92条第1項に規定する権利を有する者がその実演の放送を許諾したときは,契約に別段の定めがない限り,当該実演は,当該許諾に係る放送のほか,次に掲げる放送において放送することができる.
　1　当該許諾を得た放送事業者が前条第1項の規定により作成した録音物又は録画物を用いてする放送
　2　当該許諾を得た放送事業者からその者が前条第1項の規定により作成した録音物又は録画物の提供を受けてする放送
　3　当該許諾を得た放送事業者から当該許諾に係る放送番組の供給を受けてする放送(前号の放送を除く.)
② 前項の場合において,同項各号に掲げる放送において実演が放送されたときは,当該各号に規定する放送事業者は,相当な額の報酬を当該実演に係る第92条第1項に規定する権利を有する者に支払わなければならない.

(放送される実演の有線放送)
**第94条の2**　有線放送事業者は,放送される実演を有線放送した場合(営利を目的とせず,かつ,聴衆又は観衆から料金(いずれの名義をもつてするかを問わず,実演の提示につき受ける対価をいう.次条第1項において同じ.)を受けない場合を除く.)には,当該実演(著作隣接権の存続期間内のものに限り,第92条第2項第2号に掲げるものを除く.)に係る実演家に相当な額の報酬を支払わなければならない.

(商業用レコードの二次使用)
**第95条** ①　放送事業者及び有線放送事業者(以下この条及び第97条第1項において「放送事業者等」という.)は,第91条第1項に規定する権利を有する者の許諾を得て実演が録音されている商業用レコードを用いた放送又は有線放送を行つた場合(営利を目的とせず,かつ,聴衆又は観衆から料金を受けずに,当該放送を受信して同時に有線放送を行つた場合を除く.)には,当該実演(第7条第1号から第6号までに掲げる実演で著作隣接権の存続期間内のものに限る.次項から第4項までにおいて同じ.)に係る実演家に二次使用料を支払わなければならない.
② 前項の規定は,実演家等保護条約の締約国については,当該締約国であつて,実演家等保護条約第16条1(a)(ⅰ)の規定に基づき実演家等保護条約第12条の規定を適用しないこととしている国以外の国の国民をレコード製作者とするレコードに固定されている実演に係る実演家について適用する.
③ 第8条第1号に掲げる国について実演家等保護条約の締約国により与えられる実演家等保護条約第12条の規定による保護の期間が第1項の規定により実演家が保護を受ける期間より短いと

きは,当該締約国の国民をレコード製作者とするレコードに固定されている実演に係る実演家が同項の規定により保護を受ける期間は,第8条第1号に掲げるレコードについて当該締約国により与えられる実演家等保護条約第12条の規定による保護の期間による.
④ 第1項の規定は,実演・レコード条約の締約国(実演家等保護条約の締約国を除く.)であつて,実演・レコード条約第15条(3)の規定により留保を付している国の国民をレコード製作者とするレコードに固定されている実演に係る実演家については,当該留保の範囲に制限して適用する.
⑤ 第1項の二次使用料を受ける権利は,国内において実演を業とする者の相当数を構成員とする団体(その連合体を含む.)でその同意を得て文化庁長官が指定するものがあるときは,当該団体によつてのみ行使することができる.
⑥ 文化庁長官は,次に掲げる要件を備える団体でなければ,前項の指定をしてはならない.
　1　営利を目的としないこと.
　2　その構成員が任意に加入し,又は脱退することができること.
　3　その構成員の議決権及び選挙権が平等であること.
　4　第1項の二次使用料を受ける権利を有する者(以下この条において「権利者」という.)のためにその権利を行使する業務をみずから的確に遂行するに足りる能力を有すること.
⑦ 第5項の団体は,権利者から申込みがあつたときは,その者のためにその権利を行使することを拒んではならない.
⑧ 第5項の団体は,前項の申込みがあつたときは,権利者のために自己の名をもつてその権利に関する裁判上又は裁判外の行為を行う権限を有する.
⑨ 文化庁長官は,第5項の団体に対し,政令で定めるところにより,第1項の二次使用料に係る業務に関して報告をさせ,若しくは帳簿,書類その他の資料の提出を求め,又はその業務の執行方法の改善のため必要な勧告をすることができる.
⑩ 第5項の団体が同項の規定により権利者のために請求することができる二次使用料の額は,毎年,当該団体と放送事業者等又はその団体との間において協議して定めるものとする.
⑪ 前項の協議が成立しないときは,その当事者は,政令で定めるところにより,同項の二次使用料の額について文化庁長官の裁定を求めることができる.
⑫ 第70条第3項,第6項及び第7項並びに第71条から第74条までの規定は,前項の裁定及び二次使用料について準用する.この場合において,第70条第3項中「著作権者」とあるのは「当事者」と,第72条第2項中「著作物を利用する者」とあるのは「第95条第1項の放送事業者等」と,「著作権者」とあるのは「第5項の団体」と,第74条第2項中「著作権者」とあるのは「第95条第5項の団体」と読み替えるものとする.
⑬ 私的独占の禁止及び公正取引の確保に関する法律(昭和22年法律第54号)の規定は,第10項の協議による定め及びこれに基づいてする行為については,適用しない.ただし,不公正な取引方法を用いる場合及び関連事業者の利益を不当に害することとなる場合は,この限りでない.
⑭ 第5項から前項までに定めるもののほか,第1項の二次使用料の支払及び第5項の団体に関し必要

（譲渡権）
第95条の2　① 実演家は，その実演をその録音物又は録画物の譲渡により公衆に提供する権利を専有する．
② 前項の規定は，次に掲げる実演については，適用しない．
　1　第91条第1項に規定する権利を有する者の許諾を得て録画されている実演
　2　第91条第2項の実演で同項の録音物以外の物に録音され，又は録画されているもの
③ 第1項の規定は，実演（前項各号に掲げるものを除く．以下この条において同じ．）の録音物又は録画物で次の各号のいずれかに該当するものの譲渡による場合には，適用しない．
　1　第1項に規定する権利を有する者又はその許諾を得た者により公衆に譲渡された実演の録音物又は録画物
　2　第1項に規定する権利を有する者又はその承諾を得た者により特定かつ少数の者に譲渡された実演の録音物又は録画物
　3　国外において，第1項に規定する権利に相当する権利を害することなく，又は同項に規定する権利に相当する権利を有する者若しくはその承諾を得た者により譲渡された実演の録音物又は録画物

（貸与権等）
第95条の3　① 実演家は，その実演をそれが録音されている商業用レコードの貸与により公衆に提供する権利を専有する．
② 前項の規定は，最初に販売された日から起算して1月以上12月を超えない範囲内において政令で定める期間を経過した商業用レコード（複製されているレコードのすべてが当該商業用レコードと同一であるものを含む．以下「期間経過商業用レコード」という．）の貸与による場合には，適用しない．
③ 商業用レコードの公衆への貸与を営業として行う者（以下「貸レコード業者」という．）は，期間経過商業用レコードの貸与により実演を公衆に提供した場合には，当該実演（著作隣接権の存続期間内のものに限る．）に係る実演家に相当な額の報酬を支払わなければならない．
④ 第95条第5項から第14項までの規定は，前項の報酬を受ける権利について準用する．この場合において，同条第10項中「放送事業者等」とあり，及び同条第12項中「第95条第1項の放送事業者等」とあるのは，「第95条の3第3項の貸レコード業者」と読み替えるものとする．
⑤ 第1項に規定する権利を有する者の許諾に係る使用料を受ける権利は，前項において準用する第95条第5項の団体によつて行使することができる．
⑥ 第95条第7項から第14項までの規定は，前項の場合について準用する．この場合においては，第4項後段の規定を準用する．

### 第3節　レコード製作者の権利
（複製権）
第96条　レコード製作者は，そのレコードを複製する権利を専有する．
（送信可能化権）
第96条の2　レコード製作者は，そのレコードを送信可能化する権利を専有する．
（商業用レコードの二次使用）
第97条　① 放送事業者等は，商業用レコードを用いた放送又は有線放送を行つた場合（営利を目的とせず，かつ，聴衆又は観衆から料金（いずれの名義をもつてするかを問わず，レコードに係る音の提示につき受ける対価をいう．）を受けずに，当該放送を受信して同時に有線放送を行つた場合を除く．）には，そのレコード（第8条第1号から第4号までに掲げるレコードで著作隣接権の存続期間内のものに限る．）に係るレコード製作者に二次使用料を支払わなければならない．
② 第95条第2項及び第4項の規定は，前項に規定するレコード製作者について準用し，同条第3項の規定は，前項の規定により保護を受ける期間について準用する．この場合において，同条第2項から第4項までの規定中「国民をレコード製作者とするレコードに固定されている実演に係る実演家」とあるのは「国民であるレコード製作者」と，同条第3項中「実演家が保護を受ける期間」とあるのは「レコード製作者が保護を受ける期間」と読み替えるものとする．
③ 第1項の二次使用料を受ける権利は，国内において商業用レコードの製作を業とする者の相当数を構成員とする団体（その連合体を含む．）でその同意を得て文化庁長官が指定するものがあるときは，当該団体によつてのみ行使することができる．
④ 第95条第6項から第14項までの規定は，第1項の二次使用料及び前項の団体について準用する．

第97条の2　① レコード製作者は，そのレコードをその複製物の譲渡により公衆に提供する権利を専有する．
② 前項の規定は，レコードの複製物で次の各号のいずれかに該当するものの譲渡による場合には，適用しない．
　1　前項に規定する権利を有する者又はその許諾を得た者により公衆に譲渡されたレコードの複製物
　2　前項に規定する権利を有する者又はその承諾を得た者により特定かつ少数の者に譲渡されたレコードの複製物
　3　国外において，前項に規定する権利に相当する権利を害することなく，又は同項に規定する権利に相当する権利を有する者若しくはその承諾を得た者により譲渡されたレコードの複製物

（貸与権等）
第97条の3　① レコード製作者は，そのレコードをそれが複製されている商業用レコードの貸与により公衆に提供する権利を専有する．

### 第4節　放送事業者の権利
（複製権）
第98条　放送事業者は，その放送又はこれを受信して行なう有線放送を受信して，その放送に係る音又は影像を録音し，録画し，又は写真その他これに類似する方法により複製する権利を専有する．
（再放送権及び有線放送権）
第99条　① 放送事業者は，その放送を受信してこれを再放送し，又は有線放送する権利を専有する．
② 前項の規定は，放送を受信して有線放送を行なう者が法令の規定により行なわなければならない有線放送については，適用しない．
（送信可能化権）
第99条の2　放送事業者は，その放送又はこれを受信して行う有線放送を受信して，その放送を送信可

(テレビジョン放送の伝達権)
**第100条** 放送事業者は,そのテレビジョン放送又はこれを受信して行なう有線放送を受信して,影像を拡大する特別の装置を用いてその放送を公に伝達する権利を専有する.

### 第5節 有線放送事業者の権利

(複製権)
**第100条の2** 有線放送事業者は,その有線放送を受信して,その有線放送に係る音又は影像を録音し,録画し,又は写真その他これに類似する方法により複製する権利を専有する.

(放送権及び再有線放送権)
**第100条の3** 有線放送事業者は,その有線放送を受信してこれを放送し,又は再有線放送する権利を専有する.

(送信可能化権)
**第100条の4** 有線放送事業者は,その有線放送を受信してこれを送信可能化する権利を専有する.

(有線テレビジョン放送の伝達権)
**第100条の5** 有線放送事業者は,その有線テレビジョン放送を受信して,影像を拡大する特別の装置を用いてその有線放送を公に伝達する権利を専有する.

### 第6節 保護期間

(実演,レコード,放送又は有線放送の保護期間)
**第101条** ① 著作隣接権の存続期間は,次に掲げる時に始まる.
1 実演に関しては,その実演を行つた時
2 レコードに関しては,その音を最初に固定した時
3 放送に関しては,その放送を行つた時
4 有線放送に関しては,その有線放送を行つた時
② 著作隣接権の存続期間は,次に掲げる時をもつて満了する.
1 実演に関しては,その実演が行われた日の属する年の翌年から起算して50年を経過した時
2 レコードに関しては,その発行が行われた日の属する年の翌年から起算して50年(その音が最初に固定された日の属する年の翌年から起算して50年を経過する時までの間に発行されなかつたときは,その音が最初に固定された日の属する年の翌年から起算して50年)を経過した時
3 放送に関しては,その放送が行われた日の属する年の翌年から起算して50年を経過した時
4 有線放送に関しては,その有線放送が行われた日の属する年の翌年から起算して50年を経過した時

### 第7節 実演家人格権の一身専属性等

(実演家人格権の一身専属性)
**第101条の2** 実演家人格権は,実演家の一身に専属し,譲渡することができない.

(実演家の死後における人格的利益の保護)
**第101条の3** 実演を公衆に提供し,又は提示する者は,その実演の実演家の死後においても,実演家が生存しているとしたならばその実演家人格権の侵害となるべき行為をしてはならない.ただし,その行為の性質及び程度,社会的事情の変動その他によりその行為が当該実演家の意を害しないと認められる場合は,この限りでない.

### 第8節 権利の制限,譲渡及び行使等並びに登録

(著作隣接権の制限)
**第102条** ① 第30条第1項,第31条,第32条,第35条,第36条,第37条第3項,第38条第2項及び第4項,第41条から第42条の2まで,第44条(第2項を除く.)並びに第47条の3の規定は,著作隣接権の目的となつている実演,レコード,放送又は有線放送の利用について準用し,第30条第2項及び第47条の4の規定は,著作隣接権の目的となつている実演又はレコードの利用について準用し,第44条第2項の規定は,著作隣接権の目的となつている実演,レコード又は有線放送の利用について準用する.この場合において,同条第2項(第102条第1項において準用する場合を含む.以下この章において同じ.)の補償金(以下この章において「私的録音録画補償金」という.)を受ける権利は,私的録音録画補償金を受ける権利を有する者(以下この章において「権利者」という.)のためにその権利を行使することを目的とする団体であつて,次に掲げる私的録音録画補償金の区分ごとに全国を通じて1個に限りその同意を得て文化庁長官が指定するもの(以下この章において「指定管理団体」という.)があるときは,それぞれ当該指定管理団体によつてのみ行使することができる.
1 私的使用を目的として行われる録音(専ら録画とともに行われるものを除く.以下この章において「私的録音」という.)に係る私的録音録画補償金
2 私的使用を目的として行われる録画(専ら録画とともに行われるものを含む.以下この章において「私的録画」という.)に係る私的録音録画補償金
② 前項の規定による指定がされた場合には,指定管理団体は,権利者のために自己の名をもつて私的録音録画補償金を受ける権利に関する裁判上又は裁判外の行為を行う権限を有する.

### 第6章 紛争処理

(著作権紛争解決あつせん委員)
**第105条** ① この法律に規定する権利に関する紛争につきあつせんによりその解決を図るため,文化庁に著作権紛争解決あつせん委員(以下この章において「委員」という.)を置く.
② 委員は,文化庁長官が,著作権又は著作隣接権に係る事項に関し学識経験を有する者のうちから,事件ごとに3人以内を委嘱する.

(あつせんの申請)
**第106条** この法律に規定する権利に関し紛争が生じたときは,当事者は,文化庁長官に対し,あつせんの申請をすることができる.

### 第7章 権利侵害

(差止請求権)
**第112条** ① 著作者,著作権者,出版権者,実演家又は著作隣接権者は,その著作者人格権,著作権,出版

権,実演家人格権又は著作隣接権を侵害する者又は侵害するおそれがある者に対し,その侵害の停止又は予防を請求することができる.
② 著作者,著作権者,出版権者,実演家又は著作隣接権者は,前項の規定による請求をするに際し,侵害の行為を組成した物,侵害の行為によって作成された物又は専ら侵害の行為に供された機械若しくは器具の廃棄その他の侵害の停止又は予防に必要な措置を請求することができる.

**(侵害とみなす行為)**
**第113条** ① 次に掲げる行為は,当該著作者人格権,著作権,出版権,実演家人格権又は著作隣接権を侵害する行為とみなす.
　1 国内において頒布する目的をもって,輸入の時において国内で作成したとしたならば著作者人格権,著作権,出版権,実演家人格権又は著作隣接権の侵害となるべき行為によって作成された物を輸入する行為
　2 著作者人格権,著作権,出版権,実演家人格権又は著作隣接権を侵害する行為によって作成された物(前号の輸入に係る物を含む.)を,情を知って,頒布し,若しくは頒布の目的をもって所持し,又は業として輸出し,若しくは業としての輸出の目的をもって所持する行為
② プログラムの著作物の著作権を侵害する行為によって作成された複製物(当該複製物の所有者によって第47条の2第1項の規定により作成された複製物並びに前項第1号の輸入に係るプログラムの著作物の複製物及び当該複製物の所有者によって同条第1項の規定により作成された複製物を含む.)を業務上電子計算機に使用する行為は,これらの複製物を使用する権原を取得した時に情を知っていた場合に限り,当該著作権を侵害する行為とみなす.
③ 次に掲げる行為は,当該権利管理情報に係る著作者人格権,著作権,実演家人格権又は著作隣接権を侵害する行為とみなす.
　1 権利管理情報として虚偽の情報を故意に付加する行為
　2 権利管理情報を故意に除去し,又は改変する行為(記録又は送信の方式の変換に伴う技術的な制約による場合その他の当該行為の目的及び態様に照らしやむを得ないと認められる場合を除く.)
　3 前2号の行為が行われた著作物若しくは実演等の複製物を,情を知って,頒布し,若しくは頒布の目的をもって輸入し,若しくは所持し,又は当該著作物若しくは実演等を情を知って公衆送信し,若しくは送信可能化する行為
④ 第94条の2,第95条の3第3項若しくは第97条の3第3項に規定する報酬又は第95条第1項若しくは第97条第1項に規定する二次使用料を受ける権利は,前項の規定の適用については,著作隣接権とみなす.この場合において,前条中「著作隣接権者」とあるのは「著作隣接権者(次条第4項の規定により著作隣接権とみなされる権利を含む.)」と,同条第1項中「著作隣接権」とあるのは「著作隣接権(同項の規定により著作隣接権とみなされる権利を含む.)」とする.
⑤ 国内において頒布することを目的とする商業用レコード(以下この項において「国内頒布目的商業用レコード」という.)を自ら発行し,又は他の者に発行させている著作権者又は著作隣接権者が,当該国内頒布目的商業用レコードと同一の商業用レコードであって,専ら国外において頒布することを目的とするもの(以下この項において「国外頒布目的商業用レコード」という.)を国外において自ら発行し,又は他の者に発行させている場合において,情を知って,当該国外頒布目的商業用レコードを国内において頒布する目的をもって輸入する行為又は当該国外頒布目的商業用レコードを国内において頒布し,若しくは国内において頒布する目的をもって所持する行為は,当該国外頒布目的商業用レコードが国内で頒布されることにより当該国内頒布目的商業用レコードの発行により当該著作権者又は著作隣接権者の得ることが見込まれる利益が不当に害されることとなる場合に限り,それらの著作権又は著作隣接権を侵害する行為とみなす.ただし,国内において最初に発行された日から起算して7年を超えない範囲内において政令で定める期間を経過した国内頒布目的商業用レコードと同一の国外頒布目的商業用レコードを輸入する行為又は当該国外頒布目的商業用レコードを国内において頒布し,若しくは国内において頒布する目的をもって所持する行為については,この限りでない.
⑥ 著作者の名誉若しくは声望を害する方法によりその著作物を利用する行為は,その著作者人格権を侵害する行為とみなす.

**(善意者に係る譲渡権の特例)**
**第113条の2** 著作物の原作品若しくは複製物(映画の著作物の複製物(映画の著作物において複製されている著作物にあつては,当該映画の著作物の複製物を含む.)を除く.以下この条において同じ.),実演の録音物若しくは録画物又はレコードの複製物の譲渡を受けた時において,当該著作物の原作品若しくは複製物,実演の録音物若しくは録画物又はレコードの複製物がそれぞれ第26条の2第2項各号,第95条の2第3項各号又は第97条の2第2項各号のいずれにも該当しないものであることを知らず,かつ,知らないことにつき過失がない者が当該著作物の原作品若しくは複製物,実演の録音物若しくは録画物又はレコードの複製物を公衆に譲渡する行為は,第26条の2第1項,第95条の2第1項又は第97条の2第1項に規定する権利を侵害する行為でないものとみなす.

**(損害の額の推定等)**
**第114条** ① 著作権者,出版権者又は著作隣接権者(以下この項において「著作権者等」という.)が故意又は過失により自己の著作権,出版権又は著作隣接権を侵害した者に対しその侵害により自己が受けた損害の賠償を請求する場合において,その者がその侵害の行為によつて作成された物を譲渡し,又はその侵害の行為を組成する公衆送信(自動公衆送信の場合にあつては,送信可能化を含む.)を行つたときは,その譲渡した物の数量又はその公衆送信が公衆によつて受信されることにより作成された著作物若しくは実演等の複製物(以下この項において「受信複製物」という.)の数量(以下この項において「譲渡等数量」という.)に,著作権者等がその侵害の行為がなければ販売することができた物(受信複製物を含む.)の単位数量当たりの利益の額を乗じて得た額を,著作権者等の当該物に係る販売その他の行為を行う能力に応じた額を超えない限度において,著作権者等が受けた損害の

額とすることができる．ただし，譲渡等数量の全部又は一部に相当する数量を著作権者等が販売することができないとする事情があるときは，当該事情に相当する数量に応じた額を控除するものとする．
② 著作権者，出版権者又は著作隣接権者が故意又は過失によりその著作権，出版権又は著作隣接権を侵害した者に対し自己が受けた損害の賠償を請求する場合において，その者がその侵害の行為により利益を受けているときは，その利益の額は，当該著作権者，出版権者又は著作隣接権者が受けた損害の額と推定する．
③ 著作権者又は著作隣接権者は，故意又は過失によりその著作権又は著作隣接権を侵害した者に対し，その著作権又は著作隣接権の行使につき受けるべき金銭の額に相当する額を自己が受けた損害の額として，その賠償を請求することができる．
④ 前項の規定は，同項に規定する金額を超える損害の賠償の請求を妨げない．この場合において，著作権又は著作隣接権を侵害した者に故意又は重大な過失がなかつたときは，裁判所は，損害の賠償の額を定めるについて，これを参酌することができる．

**（具体的態様の明示義務）**
**第114条の2** 著作者人格権，著作権，出版権，実演家人格権又は著作隣接権の侵害に係る訴訟において，著作者，著作権者，出版権者，実演家又は著作隣接権者が侵害の行為を組成したもの又は侵害の行為によつて作成されたものとして主張する物の具体的態様を否認するときは，相手方は，自己の行為の具体的態様を明らかにしなければならない．ただし，相手方において明らかにすることができない相当の理由があるときは，この限りでない．

**（書類の提出等）**
**第114条の3** ① 裁判所は，著作者人格権，著作権，出版権，実演家人格権又は著作隣接権の侵害に係る訴訟においては，当事者の申立てにより，当事者に対し，当該侵害の行為について立証するため，又は当該侵害の行為による損害の計算をするため必要な書類の提出を命ずることができる．ただし，その書類の所持者がその提出を拒むことについて正当な理由があるときは，この限りでない．
② 裁判所は，前項ただし書に規定する正当な理由があるかどうかの判断をするため必要があると認めるときは，書類の所持者にその提示をさせることができる．この場合においては，何人も，その提示された書類の開示を求めることができない．
③ 裁判所は，前項の場合において，第1項ただし書に規定する正当な理由があるかどうかについて前項後段の書類を開示してその意見を聴くことが必要であると認めるときは，当事者等（当事者（法人である場合にあつては，その代表者）又は当事者の代理人（訴訟代理人及び補佐人を除く.），使用人その他の従業者をいう．第114条の6第1項において同じ．），訴訟代理人又は補佐人に対し，当該書類を開示することができる．
④ 前3項の規定は，著作者人格権，著作権，出版権，実演家人格権又は著作隣接権の侵害に係る訴訟における当該侵害の行為について立証するため必要な検証の目的の提示について準用する．

**（名誉回復等の措置）**
**第115条** 著作者又は実演家は，故意又は過失によりその著作者人格権又は実演家人格権を侵害した者に対し，損害の賠償に代えて，又は損害の賠償とともに，著作者又は実演家であることを確保し，又は訂正その他著作者若しくは実演家の名誉若しくは声望を回復するために適当な措置を請求することができる．

**（著作者又は実演家の死後における人格的利益の保護のための措置）**
**第116条** ① 著作者又は実演家の死後においては，その遺族（死亡した著作者又は実演家の配偶者，子，父母，孫，祖父母又は兄弟姉妹をいう．以下この条において同じ．）は，当該著作者又は実演家について第60条若しくは第101条の3の規定に違反する行為をする者又はするおそれがある者に対し第112条の請求を，故意又は過失により著作者人格権又は実演家人格権を侵害する行為又は第60条若しくは第101条の3の規定に違反する行為をした者に対し前条の請求をすることができる．
② 前項の請求をすることができる遺族の順位は，同項に規定する順序とする．ただし，著作者又は実演家が遺言によりその順位を別に定めた場合は，その順序とする．
③ 著作者又は実演家は，遺言により，遺族に代えて第1項の請求をすることができる者を指定することができる．この場合において，その指定を受けた者は，当該著作者又は実演家の死亡の日の属する年の翌年から起算して50年を経過した後（その経過する時に遺族が存する場合にあつては，その存しなくなつた後）においては，その請求をすることができない．

**（共同著作物等の権利侵害）**
**第117条** ① 共同著作物の各著作者又は各著作権者は，他の著作者又は他の著作権者の同意を得ないで，第112条の規定による請求又はその著作権の侵害に係る自己の持分に対する損害の賠償の請求若しくは自己の持分に応じた不当利得の返還の請求をすることができる．
② 前項の規定は，共有に係る著作権又は著作隣接権の侵害について準用する．

**（無名又は変名の著作物に係る権利の保全）**
**第118条** ① 無名又は変名の著作物の発行者は，その著作物の著作者又は著作権者のために，自己の名をもつて，第112条，第115条若しくは第116条第1項の請求又はその著作物の著作者人格権若しくは著作権の侵害に係る損害の賠償の請求若しくは不当利得の返還の請求を行なうことができる．ただし，著作者の変名がその者のものとして周知のものである場合及び第75条第1項の実名の登録があつた場合は，この限りでない．
② 無名又は変名の著作物の複製物にその実名又は周知の変名が発行者名として通常の方法により表示されている者は，その著作物の発行者と推定する．

# Ⅷ 国 際 法

## 111 国際連合憲章

1945・6・26 署名, 10・24 発効
(昭31・12・19 条約第 26 号, 最終改正:昭48・9・24)

われら連合国の人民は,
われらの一生のうちに二度まで言語に絶する悲哀を人類に与えた戦争の惨害から将来の世代を救い,
基本的人権と人間の尊厳及び価値と男女及び大小各国の同権とに関する信念をあらためて確認し,
正義と条約その他の国際法の源泉から生ずる義務の尊重とを維持することができる条件を確立し,
一層大きな自由の中で社会的進歩と生活水準の向上とを促進すること
並びに, このために,
寛容を実行し, 且つ, 善良な隣人として互いに平和に生活し,
国際の平和及び安全を維持するためにわれらの力を合わせ,
共同の利益の場合を除く外は武力を用いないことを原則の受諾と方法の設定によって確保し,
すべての人民の経済的及び社会的発達を促進するために国際機構を用いることを決意して,
これらの目的を達成するために, われらの努力を結集することに決定した.
よって, われらの各自の政府は, サン・フランシスコ市に会合し, 全権委任状を示してそれが良好妥当であると認められた代表者を通じて, この国際連合憲章に同意したので, ここに国際連合という国際機構を設ける.

### 第1章　目的及び原則

**第1条**
国際連合の目的は, 次のとおりである.
1. 国際の平和及び安全を維持すること. そのために, 平和に対する脅威の防止及び除去と侵略行為その他の平和の破壊の鎮圧とのため有効な集団的措置をとること並びに平和を破壊するに至る虞のある国際的の紛争又は事態の調整または解決を平和的手段によって且つ正義及び国際法の原則に従って実現すること.
2. 人民の同権及び自決の原則の尊重に基礎をおく諸国間の友好関係を発展させること並びに世界平和を強化するために他の適当な措置をとること.
3. 経済的, 社会的, 文化的または人道的性質を有する国際問題を解決することについて, 並びに人種, 性, 言語または宗教による差別なくすべての者のために人権及び基本的自由を尊重するように助長奨励することについて, 国際協力を達成すること.
4. これらの共通の目的の達成に当たって諸国の行動を調和するための中心となること.

**第2条**
この機構及びその加盟国は, 第1条に掲げる目的を達成するに当っては, 次の原則に従って行動しなければならない.
1. この機構は, そのすべての加盟国の主権平等の原則に基礎をおいている.
2. すべての加盟国は, 加盟国の地位から生ずる権利及び利益を加盟国のすべてに保障するために, この憲章に従って負っている義務を誠実に履行しなければならない.
3. すべての加盟国は, その国際紛争を平和的手段によって国際の平和及び安全並びに正義を危うくしないように解決しなければならない.
4. すべての加盟国は, その国際関係において, 武力による威嚇又は武力の行使を, いかなる国の領土保全又は政治的独立に対するものも, また, 国際連合の目的と両立しない他のいかなる方法によるものも慎まなければならない.
5. すべての加盟国は, 国際連合がこの憲章に従ってとるいかなる行動についても国際連合にあらゆる援助を与え, 且つ, 国際連合の防止行動又は強制行動の対象となっているいかなる国に対しても援助の供与を慎まなければならない.
6. この機構は, 国際連合加盟国ではない国が, 国際の平和及び安全の維持に必要な限り, これらの原則に従って行動することを確保しなければならない.
7. この憲章のいかなる規定も, 本質上いずれかの国の国内管轄権内にある事項に干渉する権限を国際連合に与えるものではなく, また, その事項をこの憲章に基く解決に付託することを加盟国に要求するものでもない. 但し, この原則は, 第7章に基く強制措置の適用を妨げるものではない.

### 第2章　加盟国の地位

**第3条**
国際連合の原加盟国は, サン・フランシスコにおける国際機構に関する連合国会議に参加した国又はさきに1942年1月1日の連合国宣言に署名した国で, この憲章に署名し, 且つ, 第110条に従ってこれを批准するものをいう.

**第4条**
1. 国際連合における加盟国の地位は, この憲章に掲げる義務を受諾し, 且つ, この機構によってこの義務を履行する能力及び意思があると認められる他のすべての平和愛好国に開放されている.
2. 前記の国が国際連合加盟国となることの承認は, 安全保障理事会の勧告に基いて, 総会の決定によって行われる.

**第5条**
安全保障理事会の防止行動または強制行動の対象となった国際連合加盟国に対しては, 総会が, 安全保障理事会の勧告に基づいて, 加盟国としての権利及び特権の行使を停止することができる. これらの権利及び特権の行使は, 安全保障理事会が回復することができる.

**第6条**
この憲章に掲げる原則に執拗に違反した国際連合加盟国は, 総会が, 安全保障理事会の勧告に基づいて, この機構から除名することができる.

### 第3章　機関

**第7条**
1. 国際連合の主要機関として, 総会, 安全保障理事会, 経済社会理事会, 信託統治理事会, 国際司法裁判所及び事務局を設ける.

2．必要と認められる補助機関は、この憲章に従って設けることができる．

#### 第8条
国際連合は、その主要機関及び補助機関に男女がいかなる地位にも平等の条件で参加する資格があることについて、いかなる制限も設けてはならない．

### 第4章 総会

【構成】
#### 第9条
1．総会は、すべての国際連合加盟国で構成する．
2．各加盟国は、総会において5人以下の代表者を有するものとする．

【任務及び権限】
#### 第10条
総会は、この憲章の範囲内にある問題若しくは事項又はこの憲章に規定する機関の権限及び任務に関する問題若しくは事項を討議し、並びに、第12条に規定する場合を除く外、このような問題又は事項について国際連合加盟国若しくは安全保障理事会又はこの両者に対して勧告をすることができる．

#### 第11条
1．総会は、国際の平和及び安全の維持についての協力に関する一般原則を、軍備縮小及び軍備規制を律する原則も含めて、審議し、並びにこのような原則について加盟国若しくは安全保障理事会又はこの両者に対して勧告をすることができる．
2．総会は、国際連合加盟国若しくは安全保障理事会によって、又は第35条2に従い国際連合加盟国でない国によって総会に付託される国際の平和及び安全の維持に関するいかなる問題も討議し、並びに、第12条に規定する場合を除く外、このような問題について、1若しくは2以上の関係国又は安全保障理事会あるいはこの両者に対して勧告をすることができる．このような問題で行動を必要とするものは、討議の前または後に、総会によって安全保障理事会に付託されなければならない．
3．総会は、国際の平和及び安全を危くする虞のある事態について、安全保障理事会の注意を促すことができる．
4．本条に掲げる総会の権限は、第10条の一般的範囲を制限するものではない．

#### 第12条
1．安全保障理事会がこの憲章によって与えられた任務をいずれかの紛争又は事態について遂行している間は、総会は、安全保障理事会が要請しない限り、この紛争又は事態について、いかなる勧告もしてはならない．
2．事務総長は、国際の平和及び安全の維持に関する事項で安全保障理事会が取り扱っているものを、その同意を得て、会期ごとに総会に対して通告しなければならない．事務総長は、安全保障理事会がその事項を取り扱うことをやめた場合にも、直ちに、総会又は、総会が開会中でないときは、国際連合加盟国に対して同様に通告しなければならない．

#### 第13条
1．総会は、次の目的のために研究を発議し、及び勧告をする．
　a．政治的分野において国際協力を促進すること並びに国際法の斬新的発達及び法典化を奨励すること．
　b．経済的、社会的、文化的、教育的及び保健的分野において国際協力を促進すること並びに人種、性、言語又は宗教による差別なくすべての者のために人権及び基本的自由を実現するように援助すること．
2．前記の1bに掲げる事項に関する総会の他の責任、任務及び権限は、第9章及び第10章に掲げる．

#### 第14条
第12条の規定を留保して、総会は、起因にかかわりなく、一般的福祉または諸国間の友好関係を害する虞があると認めるいかなる事態についても、これを平和的に調整するための措置を勧告することができる．この事態には、国際連合の目的及び原則を定めるこの憲章の規定の違反から生ずる事態が含まれる．

#### 第15条
1．総会は、安全保障理事会から年次報告及び特別報告を受け、これを審議する．この報告は、安全保障理事会が国際の平和及び安全を維持するために決定し、又はとった措置の説明を含まなければならない．
2．総会は、国際連合の他の機関から報告を受け、これを審議する．

#### 第16条
総会は、第12章及び第13章に基いて与えられる国際信託統治制度に関する任務を遂行する．この任務には、戦略地区として指定されない地区に関する信託統治協定の承認が含まれる．

#### 第17条
1．総会は、この機構の予算を審議し、且つ、承認する．
2．この機構の経費は、総会によって割り当てられるところに従って、加盟国が負担する．
3．総会は、第57条に掲げる専門機関との財政上及び予算上の取極を審議し、且つ、承認し、並びに、当該専門機関に勧告をする目的で、この専門機関の行政的予算を検査する．

【表決】
#### 第18条
1．総会の各構成国は、1個の投票権を有する．
2．重要問題に関する総会の決定は、出席し且つ投票する構成国の3分の2の多数によって行われる．重要問題には、国際の平和及び安全の維持に関する勧告、安全保障理事会の非常任理事国の選挙、経済社会理事会の理事国の選挙、第86条1cによる信託統治理事会の理事国の選挙、新加盟国の国際連合への加盟の承認、加盟国としての権利及び特権の停止、加盟国の除名、信託統治制度の運用に関する問題並びに予算問題が含まれる．
3．その他の問題に関する決定は、3分の2の多数によって決定されるべき問題の新たな部類の決定を含めて、出席し且つ投票する構成国の過半数によって行われる．

#### 第19条
この機構に対する分担金の支払が延滞している国際連合加盟国は、その延滞金の額がその時までの満2年間にその国から支払われるべきであった分担金の額に等しいか又はこれをこえるときは、総会で投票権を有しない．但し、総会は、支払いの不履行がこのような加盟国にとってやむを得ない事情によると認めるときは、その加盟国に投票を許すことができる．

【手続】
#### 第20条
総会は、年次通常会期として、また、必要がある場合に特別会期として会合する．特別会期は、安全保

障理事会の要請又は国際連合加盟国の過半数の要請があったとき,事務総長が招集する.

### 第21条
総会は,その手続規則を採択する.総会は,その議長を会期ごとに選挙する.

### 第22条
総会は,その任務の遂行に必要と認める補助機関を設けることができる.

## 第5章 安全保障理事会

### 【構成】
### 第23条
1. 安全保障理事会は,15の国際連合加盟国で構成する.中華民国,フランス,ソヴィエト社会主義共和国連邦,グレート・ブリテン及び北部アイルランド連合王国及びアメリカ合衆国は,安全保障理事会の常任理事国となる.総会は,第一に国際の平和及び安全の維持とこの機構のその他の目的とに対する国際連合加盟国の貢献に,更に衡平な地理的分配に特に妥当な考慮を払って,安全保障理事会の非常任理事国となる他の10の国際連合加盟国を選挙する.
2. 安全保障理事会の非常任理事国は,2年の任期で選挙される.安全保障理事会の理事国の定数が11から15に増加された後の第1回の非常任理事国の選挙では,追加の4理事国のうち2理事国は,1年の任期で選ばれる.退任理事国は,引き続いて再選される資格がない.
3. 安全保障理事会の各理事国は,1人の代表を有する.

### 【任務及び権限】
### 第24条
1. 国際連合の迅速且つ有効な行動を確保するために,国際連合加盟国は,国際の平和及び安全の維持に関する主要な責任を安全保障理事会に負わせるものとし,且つ,安全保障理事会がこの責任に基く義務を果すに当って加盟国に代って行動することに同意する.
2. 前記の義務を果すに当っては,安全保障理事会は,国際連合の目的及び原則に従って行動しなければならない.この義務を果たすために安全保障理事会に与えられる特定の権限は,第6章,第7章,第8章及び第12章で定める.
3. 安全保障理事会は,年次報告を,また,必要があるときは特別報告を総会に審議のため提出しなければならない.

### 第25条
国際連合加盟国は,安全保障理事会の決定をこの憲章に従って受諾し且つ履行することに同意する.

### 第26条
世界の人的及び経済的資源を軍備のために転用することを最も少くして国際の平和及び安全の確立及び維持を促進する目的で,安全保障理事会は,軍備規制の方式を確立するため国際連合加盟国に提出される計画を,第47条に掲げる軍事参謀委員会の援助を得て,作成する責任を負う.

### 【表決】
### 第27条
1. 安全保障理事会の各理事国は,1個の投票権を有する.
2. 手続事項に関する安全保障理事会の決定は,9理事国の賛成投票によって行われる.
3. その他のすべての事項に関する安全保障理事会の決定は,常任理事国の同意投票を含む9理事国の賛成投票によって行われる.但し,第6章及び第52条3に基く決定については,紛争当事国は,投票を棄権しなければならない.

### 【手続】
### 第28条
1. 安全保障理事会は,継続して任務を行うことができるように組織する.このために,安全保障理事会の各理事国は,この機構の所在地に常に代表者をおかなければならない.
2. 安全保障理事会は,定期会議を開く.この会議においては,各理事国は,希望すれば,閣員または特に指名する他の代表者によって代表されることができる.
3. 安全保障理事会は,その事業を最も容易にすると認めるこの機構の所在地以外の場所で,会議を開くことができる.

### 第29条
安全保障理事会は,その任務の遂行に必要と認める補助機関を設けることができる.

### 第30条
安全保障理事会は,議長を選定する方法を含むその手続規則を採択する.

### 第31条
安全保障理事会の理事国でない国際連合加盟国は,安全保障理事会に付託された問題について,理事会がこの加盟国の利害に特に影響があると認めるときはいつでも,この問題の討議に投票権なしで参加することができる.

### 第32条
安全保障理事会の理事国でない国際連合加盟国又は国際連合加盟国でない国は,安全保障理事会の審議中の紛争の当事者であるときは,この紛争に関する討議に投票権なしで参加するように勧誘されなければならない.安全保障理事会は,国際連合加盟国でない国の参加のために公正と認める条件を定める.

## 第6章 紛争の平和的解決

### 第33条
1. いかなる紛争でも継続が国際の平和及び安全の維持を危うくする虞のあるものについては,その当事者は,まず第一に,交渉,審査,仲介,調停,仲裁裁判,司法的解決,地域的機関又は地域的取極の利用その他当事者が選ぶ平和的手段による解決を求めなければならない.
2. 安全保障理事会は,必要と認めるときは,当事者に対して,その紛争を前記の手段によって解決するように要請する.

### 第34条
安全保障理事会は,いかなる紛争についても,国際的摩擦に導き又は紛争を発生させる虞のあるいかなる事態についても,その紛争又は事態の継続が国際の平和及び安全の維持を危うくする虞があるかどうかを決定するために調査することができる.

### 第35条
1. 国際連合加盟国は,いかなる紛争についても,第34条に掲げる性質のいかなる事態についても,安全保障理事会又は総会の注意を促すことができる.
2. 国際連合加盟国でない国は,自国が当事者であるいかなる紛争についても,この憲章に定める平

的解決の義務をこの紛争についてあらかじめ受諾すれば,安全保障理事会又は総会の注意を促すことができる.

3. 本条に基いて注意を促された事項に関する総会の手続は,第11条及び第12条の規定に従うものとする.

### 第36条

1. 安全保障理事会は,第33条に掲げる性質の紛争又は同様の性質の事態のいかなる段階においても,適当な調整の手続又は方法を勧告することができる.

2. 安全保障理事会は,当事者が既に採用した紛争解決の手続を考慮に入れなければならない.

3. 本条に基いて勧告をするに当っては,安全保障理事会は,法律的紛争が国際司法裁判所規程の規定に従い当事者によって原則として同裁判所に付託されなければならないことも考慮に入れなければならない.

### 第37条

1. 第33条に掲げる性質の紛争の当事者は,同条に示す手段によってこの紛争を解決することができなかったときは,これを安全保障理事会に付託しなければならない.

2. 安全保障理事会は,紛争の継続が国際の平和及び安全の維持を危うくする虞が実際にあると認めるときは,第36条に基く行動をとるか,適当と認める解決条件を勧告するかのいずれかを決定しなければならない.

### 第38条

第33条から第37条までの規定にかかわらず,安全保障理事会は,いかなる紛争についても,すべての紛争当事者が要請するときは,その平和的解決のためにこの当事者に対して勧告をすることができる.

## 第7章 平和に対する脅威,平和の破壊及び侵略行為に関する行動

### 第39条

安全保障理事会は,平和に対する脅威,平和の破壊又は侵略行為の存在を決定し,並びに,国際の平和及び安全を維持し又は回復するために,勧告をし,又は第41条及び第42条に従っていかなる措置をとるかを決定する.

### 第40条

事態の悪化を防ぐため,第39条の規定により勧告をし,又は措置を決定する前に,必要又は望ましいと認める暫定措置に従うように関係当事者に要請することができる.この暫定措置は,関係当事者の権利,請求権又は地位を害するものではない.安全保障理事会は,関係当時者がこの暫定措置に従わなかったときは,そのことに妥当な考慮を払わなければならない.

### 第41条

安全保障理事会は,その決定を実施するために,兵力の使用を伴わないいかなる措置を使用すべきかを決定することができ,且つ,この措置を実施するように国際連合加盟国に要請することができる.この措置は,経済関係及び鉄道,航海,航空,郵便,電信,無線通信その他の運輸通信の手段の全部又は一部の中断並びに外交関係の断絶を含むことができる.

### 第42条

安全保障理事会は,第41条に定める措置では不充分であろうと認め,又は不充分なことが判明したと認めるときは,国際の平和及び安全の維持又は回復に必要な空軍,海軍または陸軍の行動をとることができる.この行動は,国際連合加盟国の空軍,海軍又は陸軍による示威,封鎖その他の行動を含むことができる.

### 第43条

1. 国際の平和及び安全の維持に貢献するため,すべての国際連合加盟国は,安全保障理事会の要請に基き且つ1又は2以上の特別協定に従って,国際の平和及び安全の維持に必要な兵力,援助及び便益を安全保障理事会に利用させることを約束する.この便益には,通過の権利が含まれる.

2. 前記の協定は,兵力の数及び種類,その出動準備程度及び一般的配置並びに提供されるべき便益及び援助の性質を規定する.

3. 前記の協定は,安全保障理事会の発議によって,なるべくすみやかに交渉する.この協定は,安全保障理事会と加盟国との間又は安全保障理事会と加盟国群との間に締結され,且つ,署名国によって各自の憲法上の手続に従って批准されなければならない.

### 第44条

安全保障理事会は,兵力を用いることに決定したときは,理事会に代表されていない加盟国に対して第43条に基いて負った義務の履行として兵力を提供するように要請する前に,その加盟国が希望すれば,その加盟国の兵力中の割当部隊の使用に関する安全保障理事会の決定に参加するようにその加盟国を勧誘しなければならない.

### 第45条

国際連合が緊急の軍事措置をとることができるようにするために,加盟国は,合同の国際的強制行動のため国内空軍割当部隊を直ちに利用に供することができるように保持しなければならない.これらの割当部隊の数量及び出動準備程度並びにその合同行動の計画は,第43条に掲げる1又は2以上の特別協定の定める範囲内で,軍事参謀委員会の援助を得て安全保障理事会が決定する.

### 第46条

兵力使用の計画は,軍事参謀委員会の援助を得て安全保障理事会が作成する.

### 第47条

1. 国際の平和及び安全の維持のための安全保障理事会の軍事的要求,理事会の自由に任された兵力の使用及び指揮,軍備規制並びに可能な軍備縮小に関するすべての問題について理事会に助言及び援助を与えるために,軍事参謀委員会を設ける.

2. 軍事参謀委員会は,安全保障理事会の常任理事国の参謀総長又はその代表者で構成する.この委員会に常任委員として代表されていない国際連合加盟国は,委員会の責任の有効な遂行のため委員会の事業へのその国の参加が必要であるときは,委員会によってこれと提携するように勧誘されなければならない.

3. 軍事参謀委員会は,安全保障理事会の下で,理事会の自由に任された兵力の戦略的指導について責任を負う.この兵力の指揮に関する問題は,後に解決する.

4. 軍事参謀委員会は,安全保障理事会の許可を得て,且つ,適当な地域的機関と協議した後に,地域小委員会を設けることができる.

### 第48条

1．国際の平和及び安全の維持のための安全保障理事会の決定を履行するのに必要な行動は、安全保障理事会が定めるところに従って国際連合加盟国の全部または一部によってとられる．
2．前記の決定は、国際連合加盟国によって直接に、また、国際連合加盟国が参加している適当な国際機関におけるこの加盟国の行動によって履行される．

#### 第49条

国際連合加盟国は、安全保障理事会が決定した措置を履行するに当って、共同して相互援助を与えなければならない．

#### 第50条

安全保障理事会がある国に対して防止措置又は強制措置をとったときは、他の国でこの措置の履行から生ずる特別の経済問題に自国で当面したと認めるものは、国際連合加盟国であるかどうかを問わず、この問題の解決について安全保障理事会と協議する権利を有する．

#### 第51条

この憲章のいかなる規定も、国際連合加盟国に対して武力攻撃が発生した場合には、安全保障理事会が国際の平和及び安全の維持に必要な措置をとるまでの間、個別的又は集団的自衛の固有の権利を害するものではない．この自衛権の行使に当って加盟国がとった措置は、直ちに安全保障理事会に報告しなければならない．また、この措置は、安全保障理事会が国際の平和及び安全の維持又は回復のために必要と認める行動をいつでもとるこの憲章に基く権能及び責任に対しては、いかなる影響も及ぼすものではない．

### 第8章　地域的取極

#### 第52条

1．この憲章のいかなる規定も、国際の平和及び安全の維持に関する事項で地域的行動に適当なものを処理するための地域的取極又は地域的機関が存在することを妨げるものではない．但し、この取極又は機関及びその行動が国際連合の目的及び原則と一致することを条件とする．
2．前記の取極を締結し、又は前記の機関を組織する国際連合加盟国は、地方的紛争を安全保障理事会に付託する前に、この地域的取極または地域的機関によってこの紛争を平和的に解決するようにあらゆる努力をしなければならない．
3．安全保障理事会は、関係国の発意に基くものであるか安全保障理事会からの付託によるものであるかを問わず、前記の地域的取極又は地域的機関による地方的紛争の平和的解決の発達を奨励しなければならない．
4．本条は、第34条及び第35条の適用をなんら害するものではない．

#### 第53条

1．安全保障理事会は、その権威の下における強制行動のために、適当な場合には、前記の地域的取極または地域的機関を利用する．但し、いかなる強制行動も、安全保障理事会の許可がなければ、地域的取極に基いて又は地域的機関によってとられてはならない．もっとも、本条2に定める敵国のいずれかに対する措置で、第107条に従って規定されるもの又はこの敵国における侵略政策の再現に備える地域的取極において規定されるものは、関係政府の要請に基いてこの機構がこの敵国による新たな侵略を防止する責任を負うときまで例外とする．
2．本条1で用いる敵国という語は、第二次世界大戦中にこの憲章のいずれかの署名国の敵国であった国に適用される．

#### 第54条

安全保障理事会は、国際の平和及び安全の維持のために地域的取極に基いて又は地域的機関によって開始され又は企図されている活動について、常に充分に通報されていなければならない．

### 第9章　経済的及び社会的国際協力

#### 第55条

人民の同権及び自決の原則の尊重に基礎をおく諸国間の平和的且つ友好的関係に必要な安定及び福祉の条件を創造するために、国際連合は、次のことを促進しなければならない．
a．一層高い生活水準、完全雇用並びに経済的及び社会的の進歩及び発展の条件
b．経済的、社会的及び保健的国際問題と関係国際問題の解決並びに文化的及び教育的国際協力
c．人種、性、言語または宗教による差別のないすべての者のための人権及び基本的自由の普遍的な尊重及び遵守

#### 第56条

すべての加盟国は、第55条に掲げる目的を達成するために、この機構と協力して、共同及び個別の行動をとることを誓約する．

#### 第57条

1．政府間の協定によって設けられる各種の専門機関で、経済的、社会的、文化的、教育的及び保健的分野並びに関係分野においてその基本的文書で定めるところにより広い国際的責任を有するものは、第63条の規定に従って国際連合と連携関係をもたされなければならない．
2．こうして国際連合と連携関係をもたされる前記の機関は、以下専門機関という．

#### 第58条

この機構は、専門機関の政策及び活動を調整するために勧告をする．

#### 第59条

この機構は、適当な場合には、第55条に掲げる目的の達成に必要な新たな専門機関を設けるために関係国間の交渉を発議する．

#### 第60条

この章に掲げるこの機構の任務を果たす責任は、総会及び、総会の権威の下に、経済社会理事会に課せられる．理事会は、このために第10章に掲げる権限を有する．

### 第10章　経済社会理事会

【構成】

#### 第61条

1．経済社会理事会は、総会によって選挙される54の国際連合加盟国で構成する．
2．3の規定を留保して、経済社会理事会の18理事国は、3年の任期で毎年選挙される．退任理事国は、引き続いて再選される資格がある．
3．経済社会理事会の理事国の定数が27から54に増加された後の第1回の選挙では、その年の終りに任期が終了する9理事国に代って選挙される理

事国に加えて、更に27理事国が選挙される。このようにして選挙された追加の27理事国のうち9理事国の任期は1年の終りに、他の9理事国の任期は2年の終りに、総会の定めるところに従って終了する。
4．経済社会理事会の各理事国は、1人の代表者を有する。

### 第62条
1．経済社会理事会は、経済的、社会的、文化的、教育的及び保健の国際事項並びに関係国際事項に関する研究及び報告を行い、または発議し、並びにこれらの事項に関して総会、国際連合加盟国及び関係専門機関に勧告をすることができる。
2．理事会は、すべての者のための人権及び基本的自由の尊重及び遵守を助長するために、勧告をすることができる。
3．理事会は、その権限に属する事項について、総会に提出するための条約案を作成することができる。
4．理事会は、国際連合の定める規則に従って、その権限に属する事項について国際会議を招集することができる。

### 第63条
1．経済社会理事会は、第57条に掲げる機関のいずれとの間にも、その機関が国際連合と連携関係をもたされるについての条件を定める協定を締結することができる。この協定は、総会の承認を受けなければならない。
2．理事会は、専門機関との協議及び専門機関に対する勧告並びに総会及び国際連合加盟国に対する勧告によって、専門機関の活動を調整することができる。

### 第64条
1．経済社会理事会は、専門機関から定期報告を受けるために、適当な措置をとることができる。理事会は、理事会の勧告と理事会の権限に属する事項に関する総会の勧告とを実施するためにとられた措置について報告を受けるため、国際連合加盟国及び専門機関と取極を行うことができる。
2．理事会は、前記の報告に関するその意見を総会に通報することができる。

### 第65条
経済社会理事会は、安全保障理事会に情報を提供することができる。経済社会理事会は、また、安全保障理事会の要請があったときは、これを援助しなければならない。

### 第66条
1．経済社会理事会は、総会の勧告の履行に関して、自己の権限に属する任務を遂行しなければならない。
2．理事会は、国際連合加盟国の要請があったとき、又は専門機関の要請があったときは、総会の承認を得て役務を提供することができる。
3．理事会は、この憲章の他の箇所に定められ、または総会によって自己に与えられるその他の任務を遂行しなければならない。

### 【表　決】
### 第67条
1．経済社会理事会の各理事国は、1個の投票権を有する。
2．経済社会理事会の決定は、出席し且つ投票する理事国の過半数によって行われる。

### 【手　続】
### 第68条
経済社会理事会は、経済的及び社会的分野におけ

る委員会、人権の伸張に関する委員会並びに自己の任務の遂行に必要なその他の委員会を設ける。

### 第69条
経済社会理事会は、いずれの国際連合加盟国に対しても、その加盟国に特に関係のある事項についての審議に投票権なしで参加するように勧誘しなければならない。

### 第70条
経済社会理事会は、専門機関の代表者が理事会の審議及び理事会の設ける委員会の審議に投票権なしで参加するための取極並びに理事会の代表者が専門機関の審議に参加するための取極を行うことができる。

### 第71条
経済社会理事会は、その権限内にある事項に関係のある民間団体と協議するために、適当な取極を行うことができる。この取極は、国際団体との間に、また、適当な場合には、関係のある国際連合加盟国と協議した後に国内団体との間に行うことができる。

### 第72条
1．経済社会理事会は、議長を選定する方法を含むその手続規則を採択する。
2．経済社会理事会は、その規則に従って必要があるときに会合する。この規則は、理事国の過半数の要請による会議招集の規定を含まなければならない。

## 第11章　非自治地域に関する宣言

### 第73条
人民がまだ完全に自治を行うに至っていない地域の施政を行う責任を有し、又は引き受ける国際連合加盟国は、この地域の住民の利益が至上のものであるという原則を承認し、且つ、この地域の住民の福祉をこの憲章の確立する国際の平和及び安全の制度内で最高度まで増進する義務並びにそのために次のことを行う義務を神聖な信託として受託する。
a．関係人民の文化を充分に尊重して、この人民の政治的、経済的、社会的及び教育的進歩、公正な待遇並びに虐待からの保護を確保すること。
b．各地域及びその人民の特殊事情並びに人民の進歩の異なる段階に応じて、自治を発達させ、人民の政治的願望に妥当な考慮を払い、且つ、人民の自由な政治制度の漸新的発達について人民を援助すること。
c．国際の平和及び安全を増進すること。
d．本条に掲げる社会的、経済的及び科学的目的を実際に達成するために、建設的な発展措置を促進し、研究を奨励し、且つ、相互に及び適当な場合には専門団体と協力すること。
e．第12章及び第13章の適用を受ける地域を除く外、前記の加盟国がそれぞれ責任を負う地域における経済的、社会的及び教育的状態に関する専門的性質の統計その他の資料を、安全保障及び憲法上の考慮から必要な制限に従うことを条件として、情報用として事務総長に定期的に送付すること。

### 第74条
国際連合加盟国は、また、本章の適用を受ける地域に関するその政策を、その本土に関する政策と同様に、世界の他の地域の利益及び福祉に妥当な考慮を払った上で、社会的、経済的及び商業的事項に関して善隣主義の一般原則に基かせなければならないことに同意する。

## 第12章　国際信託統治制度

### 第75条
国際連合は,その権威の下に,国際信託統治制度を設ける。この制度は,今後の個々の協定によってこの制度の下におかれる地域の施政及び監督を目的とする。この地域は,以下信託統治地域という。

### 第76条
信託統治制度の基本目的は,この憲章の第1条に掲げる国際連合の目的に従って,次のとおりとする。
a. 国際の平和及び安全を増進すること。
b. 信託統治地域の住民の政治的,経済的,社会的及び教育的進歩を促進すること。各地域及びその人民の特殊事情並びに関係人民が自由に表明する願望に適合するように,且つ,各信託統治協定の条項が規定するところに従って,自治または独立に向っての住民の漸進的発達を促進すること。
c. 人種,性,言語または宗教による差別なくすべての者のために人権及び基本的自由を尊重するように奨励し,且つ,世界の人民の相互依存の認識を助長すること。
d. 前記の目的の達成を妨げることなく,且つ,第80条の規定を留保して,すべての国際連合加盟国及びその国民のために社会的,経済的及び商業的事項について平等の待遇を確保し,また,その国民のために司法上で平等の待遇を確保すること。

### 第77条
1. 信託統治制度は,次の種類の地域で信託統治協定によってこの制度の下におかれるものに適用する。
a. 現に委任統治の下にある地域
b. 第二次世界大戦の結果として敵国から分離される地域
c. 施政について責任を負う国によって自発的にこの制度の下におかれる地域
d. 前記の種類のうちのいずれの地域がいかなる条件で信託統治制度の下におかれるかについては,今後の協定で定める。

### 第78条
国際連合加盟国の間の関係は,主権平等の原則の尊重を基礎とするから,信託統治制度は,加盟国となった地域には適用しない。

### 第79条
信託統治制度の下におかれる各地域に関する信託統治の条項は,いかなる変更又は改正も含めて,直接関係国によって協定され,且つ,第83条及び第85条に規定するところに従って承認されなければならない。この直接関係国は,国際連合の委任統治の下にある地域の場合には,受任国を含む。

### 第80条
1. 第77条,第79条及び第81条に基いて締結され,各地域を信託統治制度の下におく個々の信託統治協定において協定されるところを除き,また,このような協定が締結される時まで,本章の規定は,いずれの国又はいずれの人民のいかなる権利をも,また,国際連合加盟国がそれぞれ当事国となっている現存の国際文書の条項をも,直接又は間接にどのようにも変更してはならない。
2. 本条1は,第77条に規定するところに従って委任統治地域及びその他の地域を信託統治制度の下におくための協定の交渉及び締結の遅滞又は延期に対して,根拠を与えるものと解釈してはならない。

### 第81条
信託統治協定は,各場合において,信託統治地域の施政を行うについての条件を含み,且つ,信託統治地域の施政を行う当局を指定しなければならない。この当局は,以下施政権者といい,1若しくは2以上の国またはこの機構自身であることができる。

### 第82条
いかなる信託統治協定においても,その協定が適用される信託統治地域の一部又は全部を含む1又は2以上の戦略地区を指定することができる。但し,第43条に基いて締結される特別協定を害してはならない。

### 第83条
1. 戦略地区に関する国際連合のすべての任務は,信託統治協定の条項及びその変更又は改正の承認を含めて,安全保障理事会が行う。
2. 第76条に掲げる基本目的は,各戦略地区の人民に適用する。
3. 安全保障理事会は,国際連合の信託統治制度に基く任務で戦略地区の政治的,経済的,社会的及び教育的事項に関するものを遂行するために,信託統治理事会の援助を利用する。但し,信託統治協定の規定には従うものとし,また,安全保障の考慮が妨げられてはならない。

### 第84条
信託統治地域が国際の平和及び安全の維持についてその役割を果すようにすることは,施政権者の義務である。このため,施政権者は,この点に関して安全保障理事会に対して負う義務を履行するに当って,また,地方的防衛並びに信託統治地域における法律及び秩序の維持のために,信託統治地域の義勇軍,便益及び援助を利用することができる。

### 第85条
1. 戦略地区として指定されないすべての地区に関する信託統治協定についての国際連合の任務は,この協定の条項及びその変更又は改正の承認を含めて,総会が行う。
2. 総会の権威の下に行動する信託統治理事会は,前記の任務の遂行について総会を援助する。

## 第13章　信託統治理事会

### 第86条
1. 信託統治理事会は,次の国際連合加盟国で構成する。
a. 信託統治地域の施政を行う加盟国
b. 第23条に名を掲げる加盟国で信託統治地域の施政を行っていないもの
c. 総会によって3年の任期で選挙されるその他の加盟国。その数は,信託統治理事会の理事国の総数を,信託統治地域の施政を行う国際連合加盟国とこれを行っていないものとの間に均分するのに必要な数とする。
2. 信託統治理事会の各理事国は,理事会で自国を代表する特別の資格を有する者1人を指名しなければならない。

### 【任務及び権限】

### 第87条
総会及び,その権威の下に,信託統治理事会は,その任務の遂行に当って次のことを行うことができる。
a. 施政権者の提出する報告を審議すること。
b. 請願を受理し,且つ,施政権者と協議してこれ

を審査すること.
　c. 施政権者と協定する時期に,それぞれの信託統治地域の定期視察を行わせること.
　d. 信託統治協定の条項に従って,前記の行動その他の行動をとること.
### 第88条
　信託統治理事会は,各信託統治地域の住民の政治的,経済的,社会的及び教育的進歩に関する質問書を作成しなければならない. また,総会の権限内にある各信託統治地域の施政権者は,この質問書に基いて,総会に年次報告を提出しなければならない.
【表　決】
### 第89条
1. 信託統治理事会の各理事国は,1個の投票権を有する.
2. 信託統治理事会の決定は,出席し且つ投票する理事国の過半数によって行われる.
【手　続】
### 第90条
1. 信託統治理事会は,議長を選定する方法を含むその手続規則に従って任務を遂行する.
2. 信託統治理事会は,その規則に従って必要があるときに会合する. この規則は,理事国の過半数の要請による会議招集の規定を含まなければならない.
### 第91条
　信託統治理事会は,適当な場合には,経済社会理事会及び専門機関がそれぞれ関係している事項について,両者の援助を利用する.

## 第14章　国際司法裁判所

### 第92条
　国際司法裁判所は,国際連合の主要な司法機関である. この裁判所は,付属の規程に従って任務を行う. この規程は,常設国際司法裁判所規程を基礎とし,且つ,この憲章と不可分の一体をなす.
### 第93条
1. すべての国際連合加盟国は,当然に,国際司法裁判所規程の当事国となる.
2. 国際連合加盟国でない国は,安全保障理事会の勧告に基いて総会が各場合に決定する条件で国際司法裁判所規程の当事国となることができる.
### 第94条
1. 各国際連合加盟国は,自国が当事者であるいかなる事件においても,国際司法裁判所の裁判に従うことを約束する.
2. 事件の一方の当事者が裁判所の与える判決に基いて自国が負う義務を履行しないときは,他方の当事者は,安全保障理事会に訴えることができる. 理事会は,必要と認めるときは,判決を執行するために勧告をし,又はとるべき措置を決定することができる.
### 第95条
　この憲章のいかなる規定も,国際連合加盟国が相互間の紛争の解決を既に存在し又は将来締結する協定によって他の裁判所に付託することを妨げるものではない.
### 第96条
1. 総会又は安全保障理事会は,いかなる法律問題についても勧告的意見を与えるように国際司法裁判所に要請することができる.
2. 国際連合のその他の機関及び専門機関でいずれかの時に総会の許可を得るものは,また,その活動の範囲内において生ずる法律問題について裁判所の勧告的意見を要請することができる.

## 第15章　事務局

### 第97条
　事務局は,1人の事務総長及びこの機構が必要とする職員からなる. 事務総長は,安全保障理事会の勧告に基いて総会が任命する. 事務総長は,この機構の行政職員の長である.
### 第98条
　事務総長は,総会,安全保障理事会,経済社会理事会及び信託統治理事会のすべての会議において事務総長の資格で行動し,且つ,これらの機関から委託される他の任務を遂行する. 事務総長は,この機構の事業について総会に年次報告を行う.
### 第99条
　事務総長は,国際の平和及び安全の維持を脅威すると認める事項について,安全保障理事会の注意を促すことができる.
### 第100条
1. 事務総長及び職員は,その任務の遂行に当って,いかなる政府からも又はこの機構外のいかなる他の当局からも指示を求め,又は受けてはならない. 事務総長及び職員は,この機構に対してのみ責任を負う国際的職員としての地位を損ずる虞のあるいかなる行動も慎まなければならない.
2. 各国際連合加盟国は,事務総長及び職員の責任のもっぱら国際的な性質を尊重すること並びにこれらの者が責任を果すに当ってこれらの者を左右しようとしないことを約束する.
### 第101条
1. 職員は,総会が設ける規則に従って事務総長が任命する.
2. 経済社会理事会,信託統治理事会及び,必要に応じて,国際連合のその他の機関に,適当な職員を常任として配属する. この職員は,事務局の一部をなす.
3. 職員の雇用及び勤務条件の決定に当って最も考慮すべきことは,最高水準の能率,能力及び誠実を確保しなければならないことである. 職員をなるべく広い地理的基礎に基いて採用することの重要性については,妥当な考慮を払わなければならない.

## 第16章　雑　則

### 第102条
1. この憲章が効力を生じた後に国際連合加盟国が締結するすべての条約及びすべての国際協定は,なるべくすみやかに事務局に登録され,且つ,事務局によって公表されなければならない.
2. 前記の条約または国際協定で本条1の規定に従って登録されていないものの当事国は,国際連合のいかなる機関に対しても当該条約または協定を援用することができない.
### 第103条
　国際連合加盟国のこの憲章に基く義務と他のいずれかの国際協定に基く義務とが抵触するときはこの憲章に基く義務が優先する.
### 第104条
　この機構は,その任務の遂行及びその目的の達成のために必要な法律上の能力を各加盟国の領域において享有する.

## 第105条

1. この機構は、その目的の達成に必要な特権及び免除を各加盟国の領域において享有する.
2. これと同様に、国際連合加盟国の代表者及びこの機構の職員は、この機構に関連する自己の任務を独立に遂行するために必要な特権及び免除を享有する.
3. 総会は、本条1及び2の適用に関する細目を決定するために勧告をし、又はそのために国際連合加盟国に条約を提案することができる.

### 第17章 安全保障の過渡的規定

## 第106条

第43条に掲げる特別協定でそれによって安全保障理事会が第42条に基く責任の遂行を開始することができると認めるものが効力を生ずるまでの間、1943年10月30日にモスコーで署名された4国宣言の当事国及びフランスは、この宣言の第5項の規定に従って、国際の平和及び安全の維持のために必要な共同行動をこの機構に代ってとるために相互に及び必要に応じて他の国際連合加盟国と協議しなければならない.

## 第107条

この憲章のいかなる規定も、第二次世界大戦中にこの憲章の署名国の敵であった国に関する行動でその行動について責任を有する政府がこの戦争の結果としてとり又は許可したものを無効にし、又は排除するものではない.

### 第18章 改 正

## 第108条

この憲章の改正は、総会の構成国の3分の2の多数で採択され、且つ、安全保障理事会のすべての常任理事国を含む国際連合加盟国の3分の2によって各自の憲法上の手続に従って批准された時に、すべての国政連合加盟国に対して効力を生ずる.

## 第109条

1. この憲章を再審議するための国際連合加盟国の全体会議は、総会の構成国の3分の2の多数及び安全保障理事会の9理事会の投票によって決定される日及び場所で開催することができる. 各国際連合加盟国は、この会議において1個の投票権を有する.
2. 全体会議の3分の2の多数によって勧告されるこの憲章の変更は、安全保障理事会のすべての常任理事国を含む国際連合加盟国の3分の2によって各自の憲法上の手続に従って批准された時に効力を生ずる.

この憲章の効力発生後の総会の第10回年次会期までに全体会議が開催されなかった場合には、これを招集する提案を総会の第10回年次会期の議事日程に加えなければならず、全体会議は、総会の構成国の過半数及び安全保障理事会の7理事国の投票によって決定されたときに開催しなければならない.

### 第19章 批准及び署名

## 第110条

1. この憲章は、署名国によって各自の憲法上の手続に従って批准されなければならない.
2. 批准書は、アメリカ合衆国政府に寄託される. 同政府は、すべての署名国及び、この機構の事務総長が任命された場合には、事務総長に対して各寄託を通告する.
3. この憲章は、中華民国、フランス、ソヴィエト社会主義共和国連邦、グレート・ブリテン及び北部アイルランド連合王国、アメリカ合衆国及びその他の署名国の過半数が批准書を寄託した時に効力を生ずる. 批准書寄託調書は、その時にアメリカ合衆国政府が作成し、その謄本をすべての署名国に送付する.
4. この憲章の署名国で憲章が効力を生じた後に批准するものは、各自の批准書の寄託の日に国際連合の原加盟国となる.

## 第111条

この憲章は、中国語、フランス語、ロシア語、英語及びスペイン語の本文をひとしく正文とし、アメリカ合衆国政府の記録に寄託しておく. この憲章の認証謄本は、同政府が他の署名国の政府に送付する.

以上の証拠として、連合国政府の代表者は、この憲章に署名した.

1945年6月26日にサン・フランシスコ市で作成した.

---

# 112 国際司法裁判所規程(抄)

1945・6・26 署名, 10・24 発効
(昭29・4・2条約第2号)

## 第1条

国際連合の主要な司法機関として国際連合憲章によって設置される国際司法裁判所は、この規程の規定に従って組織され、且つ、任務を遂行する.

### 第1章 裁判所の構成

## 第2条

裁判所は、徳望が高く、且つ、各自の国で最高の司法官に任ぜられるのに必要な資格を有する者又は国際法に有能の名のある法律家のうちから、国籍のいかんを問わず、選挙する独立の裁判官の一団で構成する.

## 第3条

1. 裁判所は、15人の裁判官で構成し、そのうちのいずれの2人も、同一国の国民であってはならない.
2. 二以上の国の国民と認められることのある者は、裁判所における裁判官の地位については、私権及び公権を通常行使する国の国民とみなす.

## 第4条

1. 裁判所の裁判官は、常設仲裁裁判所の国別裁判官団によって指名される者の名簿の中から、以下の規定に従って総会及び安全保障理事会が選挙する.
2. 常設仲裁裁判所に代表されない国際連合加盟国については、候補者は、国際紛争の平和的処理に関する1907年のヘーグ条約の第44条によって常設仲裁裁判所裁判官について規定される条件と同一の条件で政府が指名のために任命する国別裁判官団が指名する.
3. この規程の当事国であるが国際連合加盟国でない国が裁判所の裁判官の選挙に参加することができるための条件は、特別の協定がない場合には、安全保障理事会の勧告に基いて総会が定める.

## 第5条

1. 国際連合事務総長は，選挙の日の少くとも3箇月前に，この規程の当事国たる国に属する常設仲裁裁判所の裁判官及び第4条2に基いて任命される国別裁判官団の構成員に対して，裁判所の裁判官の任務を遂行する地位にある候補者の指名を一定の期間内に国別裁判官団ごとに行うことを書面で要請しなければならない．

2. いかなる国別裁判官団も，4人をこえて指名することができない．そのうち，自国の国籍を有する者は，2人をこえてはならない．いかなる場合にも，一国別裁判官団の指名する候補者の数は，補充すべき席の数の2倍をこえてはならない．

### 第6条
各国別裁判官団は，この指名をする前に自国の最高司法裁判所，法律大学及び法律学校並びに法律研究に従事する学士院及び国際学士院の自国の部の意見を求めることを勧告される．

### 第7条
1. 事務総長は，こうして指名されるすべての者のアルファベット順の名簿を作成する．第12条2に規定する場合を除く外，これらの者のみが選挙される資格を有する．

2. 事務総長は，この名簿を総会及び安全保障理事会に提出する．

### 第8条
総会及び安全保障理事会は，各別に裁判所の裁判官の選挙を行う．

### 第9条
各選挙において，選挙人は，選挙されるべき者が必要な資格を各自に具備すべきものであることのみならず，裁判官全体のうちに世界の主要文明形態及び主要法系が代表されるべきものであることに留意しなければならない．

### 第10条
1. 総会及び安全保障理事会で投票の絶対多数を得た候補者は，当選したものとする．

2. 安全保障理事会の投票は，裁判官の選挙のためのものであると第12条に規定する協議会の構成員の任命のためのものであるとを問わず，安全保障理事会の常任理事国と非常任理事国との区別なしに行う．

3. 同一国の国民の2人以上が総会及び安全保障理事会の双方の投票の絶対多数を得た場合には，最年長者だけを当選したものとする．

### 第11条
選挙のために開かれた第1回の会の後になお補充すべき一以上の席がある場合には，第2回の会を，また，必要があるときは第3回の会を開く．

### 第12条
1. 第3回の会の後に一以上の席がなお補充されないときは，なお空席たる各席について一人を総会及び安全保障理事会の各別の採択に付するために絶対多数の投票によって選出する目的で，3人は総会によって，3人は安全保障理事会によって任命される6人からなる連合協議会を総会又は安全保障理事会のいずれかの要請によっていつでも設けることができる．

2. 必要な条件をみたす者について連合協議会が全会一致で合意した場合には，この者は，第7条に掲げる指名名簿に記載されていなかったときでも，協議会の名簿に記載されることができる．

3. 連合協議会が当選者を確保することができない

と認めるときは，既に選挙された裁判所の裁判官は，総会又は安全保障理事会のいずれかで投票を得た候補者のうちから選定して，安全保障理事会の定める期間内に空席の補充を行う．

4. 裁判官の間で投票が同数である場合には，最年長の裁判官は，決定投票権を有する．

### 第13条
1. 裁判所の裁判官は，9年の任期で選挙され，再選されることができる．但し，第1回の選挙で選挙された裁判官のうち，5人の裁判官の任期は3年の終に終了し，他の5人の裁判官の任期は6年の終に終了する．

2. 前記の最初の3年及び6年の期間の終に任期が終了すべき裁判官は，第1回の選挙が完了した後直ちに事務総長がくじで選定する．

3. 裁判所の裁判官は，後任者の補充に至るまで職務の執行を継続し，補充後も，既に着手した事件を完結しなければならない．

4. 裁判所の裁判官が辞任する場合には，辞表は，裁判所長に提出され，事務総長に転達される．この転達によって空席が生ずる．

### 第14条
空席は，後段の規定に従うことを条件として，第1回の選挙について定める方法と同一の方法で補充しなければならない．事務総長は，空席が生じた時から1箇月以内に第5条に規定する招請状を発するものとし，選挙の日は，安全保障理事会が定める．

### 第15条
任期がまだ終了しない裁判官の後任者として選挙される裁判所の裁判官は，前任者の残任期間中在任するものとする．

### 第16条
1. 裁判所の裁判官は，政治上又は行政上のいかなる職務を行うことも，職業的性質をもつ他のいかなる業務に従事することもできない．

2. この点に関する疑義は，裁判所の裁判で決定する．

### 第17条
1. 裁判所の裁判官は，いかなる事件においても，代理人，補佐人又は弁護人として行動することができない．

2. 裁判所の裁判官は，一方の当事者の代理人，補佐人若しくは弁護人として，国内裁判所若しくは国際裁判所の裁判官として，調査委員会の構成員として，又はその他の資格において干与したことのあるいかなる事件の裁判にも参与することができない．

3. この点に関する疑義は，裁判所の裁判で決定する．

### 第18条
1. 裁判所の裁判官は，必要な条件をみたさないようになったと他の裁判官が全員一致で認める場合を除く外，解任されることができない．

2. 解任の正式の通告は，裁判所書記が事務総長に対して行う．

3. この通告によって空席が生ずる．

### 第19条
裁判所の裁判官は，裁判所の事務に従事する間，外交官の特権及び免除を享有する．

### 第20条
裁判所の各裁判官は，職務をとる前に，公平且つ誠実にその職権を行使すべきことを公開の法廷で厳粛に宣言しなければならない．

### 第21条
1. 裁判所は，3年の任期で裁判所長及び裁判所次

長を選挙する．裁判所長及び裁判所次長は，再選されることができる．

2．裁判所は，裁判所書記を任命するものとし，その他の必要な職員の任命について規定することができる．

#### 第22条

裁判所の所在地は，ヘーグとする．但し，裁判所が望ましいと認める場合に他の地で開廷して任務を遂行することを妨げない．

2．裁判所長及び裁判所書記は，裁判所の所在地に居住しなければならない．

#### 第23条

1．裁判所は，裁判所の休暇中を除く外，常に開廷され，休暇の時期及び期間は，裁判所が定める．

2．裁判所の裁判官は，定期休暇をとる権利を有する．その時期及び期間は，ヘーグと各裁判官の家庭との間の距離を考慮して，裁判所が定める．

3．裁判所の裁判官は，休暇の場合又は病気その他裁判所長が正当と認める重大な事由による故障の場合を除く外，常に裁判所の指示の下にある義務を負う．

#### 第24条

1．この規定に別段の明文規定がある場合を除く外，裁判所は，全員が出席して開廷する．

2．裁判所を構成する裁判官で裁判所の指示の下にある裁判官の数が11人を下らないことを条件として，裁判所規則は，事情に応じ且つ順番に1人又は2人以上の裁判官の出席を免除することができる旨を規定することができる．

3．裁判所を成立させるに足りる裁判官の定足数は，9人とする．

#### 第25条　（略）

#### 第26条

1．裁判所は，特定の部類の事件，たとえば，労働事件並びに通過及び運輸通信に関する事件の処理のために，裁判所が決定するところにより3人以上の裁判官からなる一又は二以上の部を随時設けることができる．

2．裁判所は，特定の事件の処理のためにいつでも部を設けることができる．この部を構成する裁判官の数は，当事者の承認を得て裁判所が決定する．

3．当事者の要請があるときは，事件は，本条に規定する部が審理し，及び裁判する．

#### 第27条

第26条及び第29条に定める部のいずれかが言い渡す判決は，裁判所が言い渡したものとみなす．

#### 第28条

第26条及び第29条に定める部は，当事者の同意を得てヘーグ以外の地で開廷して任務を遂行することができる．

#### 第29条

事務の迅速な処理のために，裁判所は，当事者の要請によって簡易手続で事件を審理し，且つ裁判することができる5人の裁判官からなる部を毎年設ける．なお，出席することができない裁判官に交替するために，2人の裁判官を選定する．

#### 第30条

1．裁判所は，その任務を遂行するために規則を定める．裁判所は，特に，手続規則を定める．

2．裁判所規則は，裁判所又はその部に投票権なしで出席する補佐員について規定することができる．

#### 第31条

1．各当事者の国籍裁判官は，裁判所に係属する事件について出席する権利を有する．

2．裁判所がその裁判官席に当事者の一の国籍裁判官を有する場合には，他のいずれの当事者も，裁判官として出席する者1人を選定することができる．この者は，第4条及び第5条の規定により候補者として指名された者のうちから選定されることが望ましい．

3．裁判所がその裁判官席に当事者の国籍裁判官を有しない場合には，各当事者は，本条2の規定により裁判官を選定することができる．

4．本条の規定は，第26条及び第29条の場合に適用する．この場合には，裁判所長は，部を構成する裁判官中の1人又は必要があるときは2人に対して，関係当事者の国籍裁判官のために，又は，国籍裁判官がないとき又は出席することができないときは当事者が特に選定する裁判官のために，席を譲るように要請しなければならない．

5．多数当事者が同一利害関係にある場合には，その多数当事者は，前記の規定の適用上，一当事者とみなす．この点に関する疑義は，裁判所の裁判で決定する．

6．本条2，3及び4の規定によって選定される裁判官は，この規程の第2条，第17条2，第20条及び第24条が要求する条件をみたさなければならない．これらの裁判官は，その同僚と完全に平等の条件で裁判に参与する．

#### 第32条

1．裁判所の各裁判官は，年俸を受ける．

2．裁判所長は，特別の年手当を受ける．

3．裁判所次長は，裁判所長の職務をとる各日について特別の手当を受ける．

4．第31条により選定される裁判官で裁判所の裁判官でないものは，その職務をとる各日について補償を受ける．

5．これらの俸給，手当及び補償は，総会が定めるものとし，任期中は減額してはならない．

6．裁判所書記の俸給は，裁判所の提議に基いて総会が定める．

7．裁判所の裁判官及び書記に恩給を支給する条件並びに裁判所の裁判官及び書記がその旅費の弁償を受ける条件は，総会が採択する規則によって定める．

8．前記の俸給，手当及び補償は，すべての租税を免除されなければならない．

#### 第33条

裁判所の費用は，総会が定める方法で国際連合が負担する．

### 第2章　裁判所の管轄

#### 第34条

1．国のみが，裁判所に係属する事件の当事者となることができる．

2．裁判所は，その規則で定める条件で，裁判所に係属する事件に関係のある情報を公的国際機関から請求することができ，また，同機関が自発的に提供するこのような情報を受領する．

3．公的国際機関の組織文書又はこの文書に基いて採択される国際条約の解釈が裁判所に係属する事件において問題となる場合には，裁判所書記は，当該公的国際機関にその旨を通告し，且つ，すべての

書面手続の謄本を送付する.
#### 第35条
1. 裁判所は,この規程の当事国である諸国に開放する.
2. 裁判所をその他の国に開放するための条件は,現行諸条約の特別の規定を留保して,安全保障理事会が定める.但し,この条件は,いかなる場合にも,当事者を裁判所において不平等の地位におくものであってはならない.
3. 国際連合加盟国でない国が事件の当事者である場合には,裁判所は,その当事者が裁判所の費用について負担する額を定める.但し,この規定は,その国が裁判所の費用を分担しているときは,適用しない.
#### 第36条
1. 裁判所の管轄は,当事者が裁判所に付託するすべての事件及び国際連合憲章又は現行諸条約に特に規定するすべての事項に及ぶ.
2. この規程の当事国である国は,次の事項に関するすべての法律的紛争についての裁判所の管轄を同一の義務を受諾する他の国に対する関係において当然に且つ特別の合意なしに義務的であると認めることを,いつでも宣言することができる.
  a.条約の解釈
  b.国際法上の問題
  c.認定されれば国際義務の違反となるような事実の存在
  d.国際義務の違反に対する賠償の性質又は範囲
3. 前記の宣言は,無条件で,多数の国若しくは一定の国との相互条件で,又は一定の期間を付して行うことができる.
4. その宣言書は,国際連合事務総長に寄託され,事務総長は,その謄本を規程の当事国及び裁判所書記に送付する.
5. 常設国際司法裁判所規程第36条に基いて行われた宣言でなお効力を有するものは,この規程の当事国の間では,宣言が今後存続すべき期間中及び宣言の条項に従って国際司法裁判所の義務的管轄を受諾しているものとみなす.
6. 裁判所が管轄権を有するかどうかについて争がある場合には,裁判所の裁判で決定する.
#### 第37条
現行諸条約が国際連盟の設けた裁判所又は常設国際司法裁判所にある事項を付託することを規定している場合には,その事項は,この規程の当事国の間では国際司法裁判所に付託される.
#### 第38条
1. 裁判所は,付託される紛争を国際法に従って裁判することを任務とし,次のものを適用する.
  a.一般又は特別の国際条約で係争国が明らかに認めた規則を確立しているもの
  b.法として認められた一般慣行の証拠としての国際慣習
  c.文明国が認めた法の一般原則
  d.法則決定の補助手段としての裁判上の判決及び諸国の最も優秀な国際法学者の学説.但し,第59条の規定に従うことを条件とする.
2. この規定は,当事者の合意があるときは,裁判所が衡平及び善に基いて裁判をする権限を害するものではない.

### 第3章 手 続

#### 第39条
1. 裁判所の公用語は,フランス語及び英語とする.事件をフランス語で処理することに当事者が同意したときは,判決は,フランス語で行う.事件を英語で処理することに当事者が同意したときは,判決は,英語で行う.
2. いずれの公用語を使用するかについて合意がないときは,各当事者は,その選択する公用語を争訟において使用することができ,裁判所の裁判は,フランス語及び英語で行う.この場合には,裁判所は,両本文中のいずれを正文とするかをあわせて決定する.
3. 裁判所は,いずれかの当事者の要請があったときは,この当事者がフランス語又は英語以外の言語を使用することを許可しなければならない.
#### 第40条
1. 裁判所に対する事件の提起は,場合に応じて,特別の合意の通告によって,又は書面の請求によって,裁判所書記にあてて行う.いずれの場合にも,紛争の主題及び当事者が示されていなければならない.
2. 裁判所書記は,この請求を直ちにすべての利害関係者に通知する.
3. 裁判所書記は,また,事務総長を経て国際連合加盟国に,及び裁判所で裁判を受けることができる国に通告する.
#### 第41条
1. 裁判所は,事情によって必要と認めるときは,各当事者のそれぞれの権利を保全するためにとられるべき暫定措置を指示する権限を有する.
2. 終結判決があるまでは,指示される措置は,直ちに当事者及び安全保障理事会に通告される.
#### 第42条
1. 当事者は,代理人によって代表される.
2. 当事者は,裁判所で補佐人又は弁護人の援助を受けることができる.
3. 裁判所における当事者の代理人,補佐人及び弁護人は,その職務の独立の遂行に必要な特権及び免除を享有する.
#### 第43条
1. 手続は,書面及び口頭の2部分からなる.
2. 書面手続とは,申述書,答弁書及び必要があるときは抗弁書並びに援用のためのすべての文書及び書類を裁判所及び当事者に送付することをいう.
3. この送付は,裁判所が定める順序及び期間内において,裁判所書記を経て行う.
4. 一方の当事者から提出したすべての書類の認証謄本は,他方の当事者に送付する.
5. 口頭手続とは,裁判所が証人,鑑定人,代理人,補佐人及び弁護人から行う聴取をいう.
#### 第44条
1. 代理人,補佐人及び弁護人以外の者に対するすべての通告の送達については,裁判所は,その通告が送達されるべき地の属する国の政府にあてて直接に行う.
2. 1の規定は,実地について証拠を収集するために手続を行うべきすべての場合に適用する.
#### 第45条
弁論は,裁判所長又は,所長が指揮することができないときは,裁判所次長の統制の下にあるものとし,

所長及び次長がいずれも指揮することができないときは、出席する先任の裁判官が指揮するものとする。
#### 第46条
裁判所における弁論は、公開とする。但し、裁判所が別段の決定をするとき、又は両当事者が公開としないことを請求したときは、この限りでない。
#### 第47条
1. 調書は、弁論ごとに作成し、裁判所書記及び裁判所長がこれに署名する。
2. この調書のみを公正の記録とする。
#### 第48条
裁判所は、事件の進行について命令を発し、各当事者が陳述を完結すべき方式及び時期を定め、且つ、証拠調に関するすべての措置をとる。
#### 第49条
裁判所は、弁論の開始前でも、書類を提出し、又は説明をするように代理人に要請することができる。拒絶があったときは、そのことを正式に記録にとどめる。
#### 第50条
裁判所は、その選択に従って、個人、団体、官公庁、委員会その他の機関に、取調を行うこと又は鑑定をすることをいつでも嘱託することができる。
#### 第51条
裁判所は、証拠及び証言を裁判所が定める期間内に受理した後は、一方の当事者の同意がない限り、他方の当事者が提出することを希望する新たな人証又は書証の受理を拒否することができる。
#### 第53条
1. 一方の当事者が出廷せず、又はその事件の防禦をしない場合には、他方の当事者は、自己の請求に有利に裁判するように裁判所に要請することができる。
2. 裁判所は、この裁判をする前に、裁判所が第36条及び第37条に従って管轄権を有することのみならず、請求が事実上及び法律上充分に根拠をもつことを確認しなければならない。
#### 第54条
1. 裁判所の指揮の下に代理人、補佐人及び弁護人が事件の主張を完了したときは、裁判所長は、弁論の終結を言い渡す。
2. 裁判所は、判決を議するために退廷する。
3. 裁判所の評議は、公開せず、且つ、秘密とする。
#### 第55条
1. すべての問題は、出席した裁判官の過半数で決定する。
2. 可否同数のときは、裁判所長又はこれに代る裁判官は、決定投票権を有する。
#### 第56条
1. 判決には、その基礎となる理由を掲げる。
2. 判決には、裁判に参与した裁判官の氏名を掲げる。
#### 第57条
判決がその全部又は一部について裁判官の全員一致の意見を表明していないときは、いずれの裁判官も、個別の意見を表明する権利を有する。
#### 第58条
判決には、裁判所長及び裁判所書記が署名する。判決は、代理人に正当に通告して公開の法廷で朗読する。
#### 第59条
裁判所の裁判は、当事者間において且つその特定の事件に関してのみ拘束力を有する。

#### 第60条
判決は、終結とし、上訴を許さない。判決の意義又は範囲について争がある場合には、裁判所は、いずれかの当事者の要請によってこれを解釈する。
#### 第61条
1. 判決の再審の請求は、決定的要素となる性質をもつ事実で判決があった時に裁判所及び再審請求当事者に知られていなかったものの発見を理由とする場合に限り、行うことができる。但し、その事実を知らなかったことが過失によらなかった場合に限る。
2. 再審の手続は、新事実の存在を確認し、この新事実が事件を再審に付すべき性質をもつものであることを認め、且つ、請求がこの理由から許すべきものであることを言い渡す裁判所の判決によって開始する。
3. 裁判所は、再審の手続を許す前に、原判決の条項に予め従うべきことを命ずることができる。
4. 再審の請求は、新事実の発見の時から遅くとも6箇月以内に行わなければならない。
5. 判決の日から10年を経過した後は、いかなる再審の請求も、行うことができない。
#### 第62条
1. 事件の裁判によって影響を受けることのある法律的性質の利害関係をもつと認める国は、参加の許可の要請を裁判所に行うことができる。
2. 裁判所は、この要請について決定する。
#### 第63条
1. 事件に関係する国以外の国が当事国である条約の解釈が問題となる場合には、裁判所書記は、直ちにこれらのすべての国に通告する。
2. この通告を受けた各国は、手続に参加する権利を有するが、この権利を行使した場合には、判決によって与えられる解釈は、その国もひとしく拘束する。
#### 第64条
裁判所が別段の決定をしない限り、各当事者は、各自の費用を負担する。

## 第4章 勧告的意見

#### 第65条
1. 裁判所は、国際連合憲章によって又は同憲章に従って要請することを許可される団体の要請があったときは、いかなる法律問題についても勧告的意見を与えることができる。
2. 裁判所の勧告の意見を求める問題は、意見を求める問題の正確な記述を掲げる請求書によって裁判所に提出するものとする。この請求書には、問題を明らかにすることができるすべての書類を添付するものとする。
#### 第66条
1. 裁判所書記は、勧告的意見の要請を、裁判所で裁判を受けることができるすべての国に直ちに通告する。
2. 裁判所書記は、また、裁判所で裁判を受けることができる国又は国際機関で問題に関する資料を提供することができると裁判所又は、開廷中でないときは裁判所長が認めるものに対して、裁判所が裁判所長の定める期間内にこの問題に関する陳述書を受理し、又は特に開かれる公開の法廷でこの問題に関する口頭陳述を聴取する用意があることを、特別の且つ直接の通知によって通告する。

3．裁判所で裁判を受けることができる前記の国は,本条2に掲げる特別の通知を受領しなかったときは,陳述書を提出し,又は聴取される希望を表明することができる．裁判所は,これについて決定する．
4．書面若しくは口頭の陳述又はこの双方の陳述を行った国及び機関は,裁判所又は,開廷中でないときは,裁判所長が各個の事件について決定する形式,範囲及び期間内において,他の国又は機関が行った陳述について意見を述べることを許される．このために,裁判所書記は,前記の書面の陳述を,同様の陳述を行った国及び機関に適当な時期に送付する．

### 第67条
裁判所は,事務総長並びに直接に関係のある国際連合加盟国,その他の国及び国際機関の代表者に通告した後に,公開の法廷で勧告の意見を発表する．

### 第68条
勧告の任務の遂行については,以上の外,裁判所は,適用することができると認める範囲内で,係争事件に適用されるこの規程の規定による．

## 第5章 改 正

第69条〜70条 (略)

---

## 113 世界人権宣言

(1948(昭23)・12・10 第3回国連総会決議217)

〔前文〕人類社会のすべての構成員の固有の尊厳と平等で譲ることのできない権利とを承認することは,世界における自由,正義及び平和の基礎であるので,

人権の無視及び軽侮が,人類の良心を踏みにじった野蛮行為をもたらし,言論及び信仰の自由が受けられ,恐怖及び欠乏のない世界の到来が,一般の人々の最高の願望として宣言されたので,

人間が専制と圧迫とに対する最後の手段として反逆に訴えることがないようにするためには,法の支配によって人権を保護することが肝要であるので,

諸国間の友好関係の発展を促進することが,肝要であるので,

国際連合の諸国民は,国際連合憲章において,基本的人権,人間の尊厳及び価値並びに男女の同権についての信念を再確認し,かつ,一層大きな自由のうちで社会的進歩と生活水準の向上とを促進することを決意したので,

加盟国は,国際連合と協力して,人権及び基本的自由の普遍的な尊重及び遵守の促進を達成することを誓約したので,

これらの権利及び自由に対する共通の理解は,この誓約を完全にするためにもっとも重要であるので,よって,ここに,国際連合総会は,

社会の各個人及び各機関が,この世界人権宣言を常に念頭に置きながら,加盟国自身の人民の間にも,また,加盟国の管轄下にある地域の人民の間にも,これらの権利と自由との尊重を指導及び教育によって促進すること並びにそれらの普遍的かつ効果的な承認と尊守とを国内的及び国際的の漸進的措置によって確保することに努力するように,すべての人民とすべての国とが達成すべき共通の基準として,この世界人権宣言を公布する．

### 第1条
すべての人間は,生れながらにして自由であり,かつ,尊厳と権利とについて平等である．人間は,理性と良心とを授けられており,互いに同胞の精神をもって行動しなければならない．

### 第2条
1 すべて人は,人種,皮膚の色,性,言語,宗教,政治上その他の意見,国民的若しくは社会的出身,財産,門地その他の地位又はこれに類するいかなる事由による差別をも受けることなく,この宣言に掲げるすべての権利と自由とを享有することができる．

2 さらに,個人の属する国又は地域が独立国であると,信託統治地域であると,非自治地域であると,又は他のなんらかの主権制限の下にあるとを問わず,その国又は地域の政治上,管轄上又は国際上の地位に基づくいかなる差別もしてはならない．

### 第3条
すべて人は,生命,自由及び身体の安全に対する権利を有する．

### 第4条
何人も,奴隷にされ,又は苦役に服することはない．奴隷制度及び奴隷売買は,いかなる形においても禁止する．

### 第5条
何人も,拷問又は残虐な,非人道的な若しくは屈辱的な取扱若しくは刑罰を受けることはない．

### 第6条
すべて人は,いかなる場所においても,法の下において,人として認められる権利を有する．

### 第7条
すべての人は,法の下において平等であり,また,いかなる差別もなしに法の平等な保護を受ける権利を有する．すべての人は,この宣言に違反するいかなる差別に対しても,また,そのような差別をそそのかすいかなる行為に対しても,平等な保護を受ける権利を有する．

### 第8条
すべて人は,憲法又は法律によって与えられた基本的権利を侵害する行為に対し,権限を有する国内裁判所による効果的な救済を受ける権利を有する．

### 第9条
何人も,ほしいままに逮捕,拘禁,又は追放されることはない．

### 第10条
すべて人は,自己の権利及び義務並びに自己に対する刑事責任が決定されるに当っては,独立の公平な裁判所による公正な公開の審理を受けることについて完全に平等の権利を有する．

### 第11条
1 犯罪の訴追を受けた者は,すべて,自己の弁護に必要なすべての保障を与えられた公開の裁判において法律に従って有罪の立証があるまでは,無罪と推定される権利を有する．

2 何人も,実行の時に国内法又は国際法により犯罪を構成しなかった作為又は不作為のために有罪とされることはない．また,犯罪が行われた時に適用される刑罰より重い刑罰を課せられない．

### 第12条
何人も,自己の私事,家族,家庭若しくは通信に対して,ほしいままに干渉され,又は名誉及び信用に対して攻撃を受けることはない．人はすべて,このよ

うな干渉又は攻撃に対して法の保護を受ける権利を有する.

#### 第13条
1 すべて人は, 各国の境界内において自由に移転及び居住する権利を有する.
2 すべて人は, 自国その他いずれの国をも立ち去り, 及び自国に帰る権利を有する.

#### 第14条
1 すべて人は, 迫害を免れるため, 他国に避難することを求め, かつ, 避難する権利を有する.
2 この権利は, もっぱら非政治犯罪又は国際連合の目的及び原則に反する行為を原因とする訴追の場合には, 援用することはできない.

#### 第15条
1 すべて人は, 国籍をもつ権利を有する.
2 何人も, ほしいままにその国籍を奪われ, 又はその国籍を変更する権利を否認されることはない.

#### 第16条
1 成年の男女は, 人種, 国籍又は宗教によるいかなる制限をも受けることなく, 婚姻し, かつ家庭をつくる権利を有する. 成年の男女は, 婚姻中及びその解消に際し, 婚姻に関し平等の権利を有する.
2 婚姻は, 両当事者の自由かつ完全な合意によってのみ成立する.
3 家庭は, 社会の自然かつ基礎的な集団単位であって, 社会及び国の保護を受ける権利を有する.

#### 第17条
1 すべて人は, 単独で又は他の者と共同して財産を所有する権利を有する.
2 何人も, ほしいままに自己の財産を奪われることはない.

#### 第18条
すべて人は, 思想, 良心及び宗教の自由に対する権利を有する. この権利は, 宗教又は信念を変更する自由並びに単独で又は他の者と共同して, 公的に又は私的に, 布教, 行事, 礼拝及び儀式によって宗教又は信念を表明する自由を含む.

#### 第19条
すべて人は, 意見及び表現の自由に対する権利を有する. この権利は, 干渉を受けることなく自己の意見をもつ自由並びにあらゆる手段により, また, 国境を越えると否とにかかわりなく, 情報及び思想を求め, 受け, 及び伝える自由を含む.

#### 第20条
1 すべての人は, 平和的集会及び結社の自由に対する権利を有する.
2 何人も, 結社に属することを強制されない.

#### 第21条
1 すべて人は, 直接に又は自由に選出された代表者を通じて, 自国の政治に参与する権利を有する.
2 すべて人は, 自国においてひとしく公務につく権利を有する.
3 人民の意思は, 統治の権力を基礎とならなければならない. この意思は, 定期のかつ真正な選挙によって表明されなければならない. この選挙は, 平等の普通選挙によるものでなければならず, また, 秘密投票又はこれと同等の自由が保障される投票手続によって行われなければならない.

#### 第22条
すべて人は, 社会の一員として, 社会保障を受ける権利を有し, かつ, 国家の努力及び国際的協力により, また, 各国の組織及び資源に応じて, 自己の尊厳と自己の人格の自由かつ完全な発展とに欠くことのできない経済的, 社会的及び文化的権利を実現する権利を有する.

#### 第23条
1 すべて人は, 勤労し, 職業を自由に選択し, 公正かつ有利な勤労条件を確保し, 及び失業に対する保護を受ける権利を有する.
2 すべて人は, いかなる差別をも受けることなく, 同等の勤労に対し, 同等の報酬を受ける権利を有する.
3 勤労する者は, すべて, 自己及び家族に対して人間の尊厳にふさわしい生活を保障する公正かつ有利な報酬を受け, かつ, 必要な場合には, 他の社会の保護手段によって補充を受けることができる.
4 すべて人は, 自己の利益を保護するために労働組合を組織し, 及びこれに参加する権利を有する.

#### 第24条
すべて人は, 労働時間の合理的な制限及び定期的な有給休暇を含む休息及び余暇をもつ権利を有する.

#### 第25条
1 すべて人は, 衣食住, 医療及び必要な社会的施設等により, 自己及び家族の健康及び福祉に十分な生活水準を保持する権利並びに失業, 疾病, 心身障害, 配偶者の死亡, 老齢その他不可抗力による生活不能の場合は, 保障を受ける権利を有する.
2 母と子とは, 特別の保護及び援助を受ける権利を有する. すべての児童は, 嫡出であると否とを問わず, 同じ社会的保護を受ける.

#### 第26条
1 すべて人は, 教育を受ける権利を有する. 教育は, 少なくとも初等の及び基礎的の段階においては, 無償でなければならない. 初等教育は, 義務的でなければならない. 技術教育及び職業教育は, 一般に利用できるものでなければならず, また, 高等教育は, 能力に応じ, すべての者にひとしく開放されていなければならない.
2 教育は, 人格の完全な発展並びに人権及び基本的自由の尊重の強化を目的としなければならない. 教育は, すべての国又は人種的若しくは宗教的集団の相互間の理解, 寛容及び友好関係を増進し, かつ, 平和の維持のため, 国際連合の活動を促進するものでなければならない.
3 親は, 子に与える教育の種類を選択する優先的権利を有する.

#### 第27条
1 すべて人は, 自由に社会の文化生活に参加し, 芸術を鑑賞し, 及び科学の進歩とその恩恵とにあずかる権利を有する.
2 すべて人は, その創作した科学的, 文学的又は美術的作品から生ずる精神的及び物質的利益を保護される権利を有する.

#### 第28条
すべて人は, この宣言に掲げる権利及び自由が完全に実現される社会的及び国際的秩序に対する権利を有する.

#### 第29条
1 すべて人は, その人格の自由かつ完全な発展がその中にあってのみ可能である社会に対して義務を負う.
2 すべて人は, 自己の権利及び自由を行使するに当っては, 他人の権利及び自由の正当な承認及び尊重を保障すること並びに民主的社会における道徳, 公の秩序及び一般の福祉の正当な要求を満たすことをもっぱら目的として法律によって定められた

制限にのみ服する．
3 これらの権利及び自由は，いかなる場合にも，国際連合の目的及び原則に反して行使してはならない．

#### 第30条
この宣言のいかなる規定も，いずれかの国，集団又は個人に対して，この宣言に掲げる権利及び自由の破壊を目的とする活動に従事し，又はそのような目的を有する行為を行う権利を認めるものと解釈してはならない．

(外務省仮訳)

## 114 経済的，社会的及び文化的権利に関する国際規約
### （A規約：社会権規約）（抄）
(1979(昭54)・8・4条約第6号，
1966・12・16第21回国連総会採択)

この規約の締約国は，
国際連合憲章において宣明された原則によれば，人類社会のすべての構成員の固有の尊厳及び平等のかつ奪い得ない権利を認めることが世界における自由，正義及び平和の基礎をなすものであることを考慮し，
これらの権利が人間の固有の尊厳に由来することを認め，
世界人権宣言によれば，自由な人間は恐怖及び欠乏からの自由を享受することであるとの理想は，すべての者がその市民的及び政治的権利とともに経済的，社会的及び文化的権利を享有することのできる条件が作り出される場合に初めて達成されることになることを認め，
人権及び自由の普遍的な尊重及び遵守を助長すべき義務を国際連合憲章に基づき諸国が負っていることを考慮し，
個人が，他人に対し及びその属する社会に対して義務を負うこと並びにこの規約において認められる権利の増進及び擁護のために努力する責任を有することを認識して，
次のとおり協定する．

### 第1部

#### 第1条
1 すべての人民は，自決の権利を有する．この権利に基づき，すべての人民は，その政治的地位を自由に決定し並びにその経済的，社会的及び文化的発展を自由に追求する．
2 すべて人民は，互恵の原則に基づく国際的経済協力から生ずる義務及び国際法上の義務に違反しない限り，自己のためにその天然の富及び資源を自由に処分することができる．人民は，いかなる場合にも，その生存のための手段を奪われることはない．
3 この規約の締約国（非自治地域及び信託統治地域の施政の責任を有する国を含む．）は，国際連合憲章の規定に従い，自決の権利が実現されることを促進し及び自決の権利を尊重する．

### 第2部

#### 第2条
1 この規約の各締約国は，立法措置その他のすべての適当な方法によりこの規約において認められる権利の完全な実現を漸進的に達成するため，自国における利用可能な手段を最大限に用いることにより，個々に又は国際的な援助及び協力，特に，経済上及び技術上の援助及び協力を通じて，行動をとることを約束する．
2 この規約の締約国は，この規約に規定する権利が人種，皮膚の色，性，言語，宗教，政治的意見その他の意見，国民的若しくは社会的出身，財産，出生又は他の地位によるいかなる差別もなしに行使されることを保障することを約束する．
3 開発途上にある国は，人権及び自国の経済の双方に十分な考慮を払い，この規約において認められる経済的権利をどの程度まで外国人に保障するかを決定することができる．

#### 第3条
この規約の締約国は，この規約に定めるすべての経済的，社会的及び文化的権利の享有について男女に同等の権利を確保することを約束する．

#### 第4条
この規約の締約国は，この規約に合致するものとして国により確保される権利の享受に関し，その権利の性質と両立しており，かつ，民主的社会における一般的福祉を増進することを目的としている場合に限り，法律で定める制限のみをその権利に課することができることを認める．

#### 第5条
1 この規約のいかなる規定も，国，集団又は個人が，この規約において認められる権利若しくは自由を破壊し若しくはこの規約に定める制限の範囲を超えて制限することを目的とする活動に従事し又はそのようなことを目的とする行為を行う権利を有することを意味するものと解することはできない．
2 いずれの国において法律，条約，規則又は慣習によって認められ又は存する基本的人権については，この規約がそれらの権利を認めていないこと又はその認める範囲がより狭いことを理由として，それらの権利を制限し又は侵すことは許されない．

### 第3部

#### 第6条
1 この規約の締約国は，労働の権利を認めるものとし，この権利を保障するため適当な措置をとる．この権利には，すべての者が自由に選択し又は承諾する労働によって生計を立てる機会を得る権利を含む．
2 この規約の締約国が1の権利の完全な実現を達成するためとる措置には，個人に対して基本的な政治的及び経済的自由を保障する条件の下で着実な経済的，社会的及び文化的発展を実現し並びに完全かつ生産的な雇用を達成するための技術及び職業の指導及び訓練に関する計画，政策及び方法を含む．

#### 第7条
この規約の締約国は，すべての者が公正かつ良好な労働条件を享受する権利を有することを認める．この労働条件は，特に次のものを確保する労働条件とする．
(a) すべての労働者に最小限度次のものを与える報酬
 (i) 公正な賃金及びいかなる差別もない同一価値の労働についての同一報酬．特に，女子については，同一の労働についての同一報酬とともに男子が享受する労働条件に劣らない労働条件が保障される

こと．
(ii) 労働者及びその家族のこの規約に適合する相応な生活
(b) 安全かつ健康的な作業条件
(c) 先任及び能力以外のいかなる事由も考慮されることなく，すべての者がその雇用関係においてより高い適当な地位に昇進する均等な機会
(d) 休息，余暇，労働時間の合理的な制限及び定期的な有給休暇並びに公の休日についての報酬

**第8条**
1 この規約の締約国は，次の権利を確保することを約束する．
(a) すべての者がその経済的及び社会的利益を増進し及び保護するため，労働組合を結成し及び当該労働組合の規則にのみ従うことを条件として自ら選択する労働組合に加入する権利．この権利の行使については，法律で定める制限であって国の安全若しくは公の秩序のため又は他の者の権利及び自由の保護のため民主的社会において必要なもの以外のいかなる制限も課することができない．
(b) 労働組合が国内の連合又は総連合を設立する権利及びこれらの連合又は総連合が国際的な労働組合団体を結成し又はこれに加入する権利
(c) 労働組合が，法律で定める制限であって国の安全若しくは公の秩序のため又は他の者の権利及び自由の保護のため民主的社会において必要なもの以外のいかなる制限も受けることなく，自由に活動する権利
(d) 同盟罷業をする権利．ただし，この権利は，各国の法律に従って行使されることを条件とする．
2 この条の規定は，軍隊若しくは警察の構成員又は公務員による1の権利の行使について合法的な制限を課することを妨げるものではない．
3 この条のいかなる規定も，結社の自由及び団結権の保護に関する1948年の国際労働機関の条約の締約国が，同条約に規定する保障を阻害するような立法措置を講ずること又は同条約に規定する保障を阻害するような方法により法律を適用することを許すものではない．

**第9条**
この規約の締約国は，社会保険その他の社会保障についてのすべての者の権利を認める．

**第10条**
この規約の締約国は，次のことを認める．
1 できる限り広範な保護及び援助が，社会の自然かつ基礎的な単位である家族に対し，特に，家族の形成のために並びに扶養児童の養育及び教育について責任を有する間に，与えられるべきである．婚姻は，両当事者の自由な合意に基づいて成立するものでなければならない．
2 産前産後の合理的な期間においては，特別な保護が母親に与えられるべきである．働いている母親には，有給休暇又は相当な社会保障給付を伴う休暇が与えられるべきである．
3 保護及び援助のための特別な措置が，出生の他の事情を理由とするいかなる差別もなく，すべての児童及び年少者のためにとられるべきである．児童及び年少者は，経済的及び社会的な搾取から保護されるべきである．児童及び年少者を，その精神若しくは健康に有害であり，その生命に危険があり又はその正常な発育を妨げるおそれのある労働に使用することは，法律で処罰すべきである．また，国は年齢による制限を定め，その年齢に達しない児童を賃金を支払って使用することを法律で禁止しかつ処罰すべきである．

**第11条**
1 この規約の締約国は，自己及びその家族のための相当な食糧，衣類及び住居を内容とする相当な生活水準についての並びに生活条件の不断の改善についてのすべての者の権利を認める．締約国は，この権利の実現を確保するために適当な措置をとり，このためには，自由な合意に基づく国際協力が極めて重要であることを認める．
2 この規約の締約国は，すべての者が飢餓から免れる基本的な権利を有することを認め，個々に及び国際協力を通じて，次の目的のため，具体的な計画その他の必要な措置をとる．
(a) 技術的及び科学的知識を十分に利用することにより，栄養に関する原則についての知識を普及させること及び天然資源の最も効果的な開発及び利用を達成するように農地制度を発展させ又は改革することにより，食糧の生産，保存及び分配の方法を改善すること．
(b) 食糧の輸入国及び輸出国の双方の問題に考慮を払い，需要との関連において世界の食糧の供給の衡平な分配を確保すること．

**第12条**
1 この規約の締約国は，すべての者が到達可能な最高水準の身体及び精神の健康を享受する権利を有することを認める．
2 この規約の締約国が1の権利の完全な実現を達成するためにとる措置には，次のことに必要な措置を含む．
(a) 死産率及び幼児の死亡率を低下させるための並びに児童の健全な発育のための対策
(b) 環境衛生及び産業衛生のあらゆる状態の改善
(c) 伝染病，風土病，職業病その他の疾病の予防，治療及び抑圧
(d) 病気の場合にすべての者に医療及び看護を確保するような条件の創出

**第13条**
1 この規約の締約国は，教育についてのすべての者の権利を認める．締約国は，教育が人格の完成及び人格の尊厳についての意識の十分な発達を指向し並びに人権及び基本的自由の尊重を強化すべきことに同意する．更に，締約国は，教育が，すべての者に対し，自由な社会に効果的に参加すること，諸国民の間及び人種的，種族的又は宗教的集団の間の理解，寛容及び友好を促進すること並びに平和の維持のための国際連合の活動を助長することを可能にすべきことに同意する．
2 この規約の締約国は，1の権利の完全な実現を達成するため，次のことを認める．
(a) 初等教育は，義務的なものとし，すべての者に対して無償のものとすること．
(b) 種々の形態の中等教育（技術的及び職業的中等教育を含む．）は，すべての適当な方法により，特に，無償教育の漸進的な導入により，一般的に利用可能であり，かつ，すべての者に対して機会が与えられるものとすること．
(c) 高等教育は，すべての適当な方法により，特に，無償教育の漸進的な導入により，能力に応じ，すべての者に対して均等に機会が与えられるものとすること．

(d) 基礎教育は，初等教育を受けなかった者又はその全課程を修了しなかった者のため，できる限り奨励され又は強化されること．
(e) すべての段階にわたる学校制度の発展を積極的に追求し，適当な奨学金制度を設立し及び教育職員の物質的条件を不断に改善すること．
3 この規約の締約国は，父母及び場合により法定保護者が，公の機関によって設置される学校以外の学校であって国によって定められ又は承認される最低限度の教育上の基準に適合するものを児童のために選択する自由並びに自己の信念に従って児童の宗教的及び道徳的教育を確保する自由を有することを尊重することを約束する．
4 この条のいかなる規定も，個人及び団体が教育機関を設置し及び管理する自由を妨げるものと解してはならない．ただし，常に，1に定める原則が遵守されること及び当該教育機関において行なわれる教育が国によって定められる最低限度の基準に適合することを条件とする．

### 第14条

この規約の締約国となる時にその本土地域又はその管轄の下にある他の地域において無償の初等義務教育を確保するに至っていない各締約国は，すべての者に対する無償の義務教育の原則をその計画中に定める合理的な期間内に漸進的に実施するための詳細な行動計画を2年以内に作成し採用することを約束する．

### 第15条

1 この規約の締約国は，すべての者の次の権利を認める．
(a) 文化的な生活に参加する権利
(b) 科学の進歩及びその利用による利益を享受する権利
(c) 自己の科学的，文学的又は芸術的作品により生ずる精神的及び物質的利益が保護されることを享受する権利
2 この規約の締約国が1の権利の完全な実現を達成するためにとる措置には，科学及び文化の保存，発展及び普及に必要な措置を含む．
3 この規約の締約国は，科学研究及び創作活動に不可欠な自由を尊重することを約束する．
4 この規約の締約国は，科学及び文化の分野における国際的な連絡及び協力を奨励し及び発展させることによって得られる利益を認める．

## 第4部

### 第16条

1 この規約の締約国は，この規約において認められる権利の実現のためにとった措置及びこれらの権利の実現についてもたらされた進歩に関する報告をこの部の規定に従って提出することを約束する．
2 (a) すべての報告は，国際連合事務総長に提出するものとし，同事務総長は，この規約による経済社会理事会の審議のため，その写しを同理事会に送付する．
(b) 国際連合事務総長は，また，いずれかの専門機関の加盟国であるこの規約の締約国によって提出される報告又はその一部が当該専門機関の基本文書によりその任務の範囲内にある事項に関連を有するものである場合には，それらの報告又は関係部分の写しを当該専門機関に送付する．

### 第17条

1 この規約の締約国は，経済社会理事会が締約国及び関係専門機関との協議の後にこの規約の効力発生の後1年以内に作成する計画に従い，報告を段階的に提出する．
2 報告には，この規約に基づく義務の履行程度に影響を及ぼす要因及び障害を記載することができる．
3 関連情報がこの規約の締約国により国際連合又はいずれかの専門機関に既に提供されている場合には，その情報については，再び提供の必要はなく，提供に係る情報について明確に言及することで足りる．

### 第18条～23条 （略）

### 第24条

この規約のいかなる規定も，この規約に規定されている事項につき，国際連合の諸機関及び専門機関の任務をそれぞれ定めている国際連合憲章及び専門機関の基本文書の規定の適用を妨げるものと解してはならない．

### 第25条

この規約のいかなる規定も，すべての人民がその天然の富及び資源を十分かつ自由に享受し及び利用する固有の権利を害するものと解してはならない．

## 第5部

### 第26条

1 この規約は，国際連合又はいずれかの専門機関の加盟国，国際司法裁判所規程の当事国及びこの規約の締約国となる国際連合総会が招請する他の国による署名のために開放しておく．
2 この規約は，批准されなければならない．批准書は，国際連合事務総長に寄託する．
3 この規約は，1に規程する国による加入のために開放しておく．
4 加入は，加入書を国際連合事務総長に寄託することによって行う．
5 国際連合事務総長は，この規約に署名し又は加入したすべての国に対し，各批准書又は各加入書の寄託を通報する．

### 第27条

1 この規約は，35番目の批准書又は加入書が国際連合事務総長に寄託された日の後3箇月で効力を生ずる．
2 この規約は，35番目の批准書又は加入書が寄託された後に批准し又は加入する国については，その批准書又は加入書が寄託された日の後3箇月で効力を生ずる．

### 第28条

この規約は，いかなる制限又は例外もなしに連邦国家のすべての地域について適用する．

### 第29条

1 この規約のいずれの締約国も，改正を提案し及び改正案を国際連合事務総長に提出することができる．同事務総長は，直ちに，この規約の締約国に対し，改正案を送付するものとし，締約国による改正案の審議及び投票のための締約国会議の開催についての賛否を同事務総長に通告するよう要請する．締約国の3分の1以上が会議の開催に賛成する場合には，同事務総長は，国際連合の主催の下に会議を招集する．会議において出席しかつ投票する締約国の過半数によって採択された改正案は，承認の

ため、国際連合総会に提出する.
2 改正は、国際連合総会が承認し、かつ、この規約の締約国の3分の2以上の多数がそれぞれの憲法上の手続に従って受諾したときに、効力を生ずる.
3 改正は、効力を生じたときは、改正を受諾した締約国を拘束するものとし、他の締約国は、改正前のこの規約の規定（受諾した従前の改正を含む。）により引き続き拘束される.

### 第30条
第26条5の規定により行われる通報にかかわらず、国際連合事務総長は、同条1に規定するすべての国に対し、次の事項を通報する.
(a) 第26条の規定による署名、批准及び加入
(b) 第27条の規定に基づきこの規約が効力を生ずる日及び前条の規定により改正が効力を生ずる日

### 第31条
1 この規約は、中国語、英語、フランス語、ロシア語及びスペイン語をひとしく正文とし、国際連合に寄託される.
2 国際連合事務総長は、この規約の認証謄本を第26条に規定するすべての国に送付する.

以上の証拠として、下名は、各自の政府から正当に委任を受けて、1966年12月19日にニューヨークで署名のために開放されたこの規約に署名した.

## 115 市民的及び政治的権利に関する国際規約（B規約：自由権規約）（抄）
(1979(昭54)・8・4条約第7号，1966・12・16第21回国連総会採択)

## 第1部

### 第1条（社会権規約と同一）

## 第2部

### 第2条
1 この規約の各締約国は、その領域内にあり、かつ、その管轄の下にあるすべての個人に対し、人種、皮膚の色、性、言語、宗教、政治的意見その他の意見、国民的若しくは社会的出身、財産、出生又は他の地位等によるいかなる差別もなしにこの規約において認められる権利を尊重し及び確保することを約束する.
2 この規約の各締約国は、立法措置その他の措置がまだとられていない場合には、この規約において認められる権利を実現するために必要な立法措置その他の措置をとるため、自国の憲法上の手続及びこの規約の規定に従って必要な行動をとることを約束する.
3 この規約の各締約国は、次のことを約束する.
(a) この規約において認められる権利又は自由を侵害された者が、公的資格で行動する者によりその侵害が行われた場合にも、効果的な救済措置を受けることを確保すること.
(b) 救済措置を求める者の権利が権限のある司法上、行政上若しくは立法上の機関又は国の法制で定める他の権限のある機関によって決定されることを

確保すること及び司法上の救済措置の可能性を発展させること.
(c) 救済措置が与えられる場合に権限のある機関によって執行されることを確保すること.

### 第3条
この規約の締約国は、この規約に定めるすべての市民的及び政治的権利の享有について男女に同等の権利を確保することを約束する.

### 第4条
1 国民の生存を脅かす公の緊急事態の場合においてその緊急事態の存在が公式に宣言されているときは、この規約の締約国は、事態の緊急性が真に必要とする限度において、この規約に基づく義務に違反する措置をとることができる. ただし、その措置は、当該締約国が国際法に基づき負う他の義務に抵触してはならず、また、人種、皮膚の色、性、言語、宗教又は社会的出身のみを理由とする差別を含んではならない.
2 1の規定は、第6条、第7条、第8条1及び2、第11条、第15条、第16条並びに第18条の規定に違反することを許すものではない.
3 義務に違反する措置をとる権利を行使するこの規約の締約国は、違反した規定及び違反するに至った理由を国際連合事務総長を通じてこの規約の他の締約国に直ちに通知する. 更に、違反が終了する日に、同事務総長を通じてその旨通知する

### 第5条（A規約と同一）

## 第3部

### 第6条
1 すべての人間は、生命に対する固有の権利を有する. この権利は、法律によって保護される. 何人も、恣意的にその生命を奪われない.
2 死刑を廃止していない国においては、死刑は、犯罪が行われた時に効力を有しており、かつ、この規約の規定及び集団殺害犯罪の防止及び処罰に関する条約の規定に抵触しない法律により、最も重大な犯罪についてのみ科することができる. この刑罰は、権限のある裁判所が言い渡した確定判決によってのみ科することができる.
3 生命の剥奪が集団殺害犯罪を構成する場合には、この条のいかなる規定も、この規約の締約国が集団殺害犯罪の防止及び処罰に関する条約の規定に基づいて負う義務を方法のいかんを問わず免れることを許すものではないと了解する.
4 死刑を言い渡されたいかなる者も、特赦又は減刑を求める権利を有する. 死刑に対する大赦、特赦又は減刑はすべての場合に与えることができる.
5 死刑は、18歳未満の者が行った犯罪について科してはならず、また、妊娠中の女子に対して執行してはならない.
6 この条のいかなる規定も、この規約の締約国により死刑の廃止を遅らせ又は妨げるために援用されてはならない.

### 第7条
何人も、拷問又は残虐な、非人道的な若しくは品位を傷つける取扱い若しくは刑罰を受けない. 特に、何人も、その自由な同意なしに医学的又は科学的の実験を受けない.

### 第8条
1 何人も、奴隷の状態に置かれない. あらゆる形態

の奴隷制度及び奴隷取引は，禁止する．
2 何人も，隷属状態に置かれない．
3 (a) 何人も，強制労働に服することを要求されない．
(b) (a)の規定は，犯罪に対する刑罰として強制労働を伴う拘禁刑を科することができる国において，権限のある裁判所による刑罰の言渡しにより強制労働をさせることを禁止するものと解してはならない．
(c) この3の規定の適用上，「強制労働」には，次のものを含まない．
(i) 作業又は役務であって，(b)の規定において言及されておらず，かつ，裁判所の合法的な命令によって抑留されている者又はその抑留を条件付きで免除されている者に通常要求されるもの
(ii) 軍事的性質の役務及び，良心的兵役拒否が認められている国においては，良心的兵役拒否者が法律によって要求される国民的役務
(iii) 社会の存立又は福祉を脅かす緊急事態又は災害の場合に要求される役務
(iv) 市民としての通常の義務とされる作業又は役務

第9条
1 すべての者は，身体の自由及び安全についての権利を有する．何人も，恣意的に逮捕され又は抑留されない．何人も，法律で定める理由及び手続によらない限り，その自由を奪われない．
2 逮捕される者は，逮捕の時にその理由を告げられるものとし，自己に対する被疑事実を速やかに告げられる．
3 刑事上の罪に問われて逮捕され又は抑留された者は，裁判官又は司法権を行使することが法律によって認められている他の官憲の面前に速やかに連れて行かれるものとし，妥当な期間内に裁判を受ける権利又は釈放される権利を有する．裁判に付される者を抑留することが原則であってはならず，釈放に当たっては，裁判その他の司法上の手続のすべての段階における出頭及び必要な場合における判決の執行のための出頭が保証されることを条件とすることができる．
4 逮捕又は抑留によって自由を奪われた者は，裁判所がその抑留が合法的であるかどうかを遅滞なく決定すること及びその抑留が合法的でない場合にはその釈放を命ずることができるように，裁判所において手続をとる権利を有する．
5 違法に逮捕され又は抑留された者は，賠償を受ける権利を有する．

第10条
1 自由を奪われたすべての者は，人道的にかつ人間の固有の尊厳を尊重して，取り扱われる．
2 (a) 被告人は，例外的な事情がある場合を除くほか有罪の判決を受けた者とは分離されるものとし，有罪の判決を受けていない者としての地位に相応する別個の取扱いを受ける．
(b) 少年の被告人は，成人とは分離されるものとし，できる限り速やかに裁判に付される．
3 行刑の制度は，被拘禁者の矯正及び社会復帰を基本的な目的とする処遇を含む．少年の犯罪者は，成人とは分離されるものとし，その年齢及び法的地位に相応する取扱いを受ける．

第11条
何人も，契約上の義務を履行することができないことのみを理由として拘禁されない．

第12条
1 合法的にいずれかの国の領域内にいるすべての者は，当該領域内において，移動の自由及び居住の自由についての権利を有する．
2 すべての者は，いずれの国（自国を含む．）からも自由に離れることができる．
3 1及び2の権利は，いかなる制限も受けない．ただし，その制限が，法律で定められ，国の安全，公の秩序，公衆の健康若しくは道徳又は他の者の権利及び自由を保護するために必要であり，かつ，この規約において認められる他の権利と両立するものである場合は，この限りでない．
4 何人も，自国に戻る権利を恣意的に奪われない．

第13条
合法的にこの規約の締約国の領域内にいる外国人は，法律に基づいて行われた決定によってのみ当該領域から追放することができる．国の安全のためのやむを得ない理由がある場合を除くほか，当該外国人は，自己の追放に反対する理由を提示すること及び権限のある機関又はその機関が特に指名する者によって自己の事案が審査されることが認められるものとし，この為にその機関又はその者に対する代理人の出頭が認められる．

第14条
1 すべての者は，裁判所の前に平等とする．すべての者は，その刑事上の罪の決定又は民事上の権利及び義務の争いについての決定のため，法律で設置された，権限のある，独立の，かつ，公平な裁判所による公正な公開審理を受ける権利を有する．報道機関及び公衆に対しては，民主的社会における道徳，公の秩序若しくは国の安全を理由として，当事者の私生活の利益のため必要な場合において又はその公開が司法の利益を害することとなる特別な状況において裁判所が真に必要があると認める限度で，裁判の全部又は一部を公開しないことができる．もっとも，刑事訴訟又は他の訴訟において言い渡される判決は，少年の利益のために必要がある場合又は当該手続が夫婦間の争い若しくは児童の後見に関するものである場合を除くほか，公開する．
2 刑事上の罪に問われているすべての者は，法律に基づいて有罪とされるまでは，無罪と推定される権利を有する．
3 すべての者は，その刑事上の罪の決定について，十分平等に，少なくとも次の保障を受ける権利を有する．
(a) その理解する言語で速やかにかつ詳細にその罪の性質及び理由を告げられること．
(b) 防御の準備のために十分な時間及び便益を与えられ並びに自ら選任する弁護人と連絡すること．
(c) 不当に遅延することなく裁判を受けること．
(d) 自ら出席して裁判を受け，直接に又は自ら選任する弁護人を通じて，防御すること．弁護人がいない場合には，弁護人を持つ権利を告げられること．司法の利益のために必要な場合には，十分な支払手段を有しないときは自らその費用を負担することなく，弁護人を付されること．
(e) 自己に不利な証人を尋問し又はこれに対し尋問させること並びに自己に不利な証人と同じ条件で自己のための証人の出頭及びこれに対する尋問を求めること．
(f) 裁判所において使用される言語を理解すること又は話すことができない場合には，無料で通訳の援助を受けること．

(g) 自己に不利益な供述又は有罪の自白を強要されないこと.

4 少年の場合には,手続は,その年齢及びその更生の促進が望ましいことを考慮したものとする.

5 有罪の判決を受けたすべての者は,法律に基づきその判決及び刑罰を上級の裁判所によって再審理される権利を有する.

6 確定判決によって有罪と決定された場合において,その後に,新たな事実又は新しく発見された事実により誤審のあったことが決定的に立証されたことを理由としてその有罪の判決が破棄され又は赦免が行われたときは,その有罪の判決の結果刑罰に服した者は,法律に基づいて補償を受ける.ただし,その知られなかった事実が適当な時に明らかにされなかったことの全部又は一部がその者の責めに帰するものであることが証明される場合は,この限りでない.

7 何人も,それぞれの国の法律及び刑事手続に従って既に確定的に有罪又は無罪の判決を受けた行為について再び裁判され又は処罰されることはない.

#### 第15条
1 何人も,実行の時に国内法又は国際法により犯罪を構成しなかった作為又は不作為を理由として有罪とされることはない.何人も,犯罪が行われた時に適用されていた刑罰よりも重い刑罰を科されない.犯罪が行われた後により軽い刑罰を科する規定が法律に設けられる場合には,罪を犯した者は,その利益を受ける.

2 この条のいかなる規定も,国際社会の認める法の一般原則により実行の時に犯罪とされていた作為又は不作為を理由として裁判しかつ処罰することを妨げるものでない.

#### 第16条
すべての者は,すべての場所において,法律の前に人として認められる権利を有する.

#### 第17条
1 何人も,その私生活,家族,住居若しくは通信に対して恣意的に若しくは不法に干渉され又は名誉及び信用に不法に攻撃されない.

2 すべての者は,1の干渉又は攻撃に対する法律の保護を受ける権利を有する.

#### 第18条
1 すべての者は,思想,良心及び宗教の自由についての権利を有する.この権利には,自ら選択する宗教又は信念を受け入れ又は有する自由並びに,単独で又は他の者と共同して及び公に又は私的に,礼拝,儀式,行事及び教導によってその宗教又は信念を表明する自由を含む.

2 何人も,自ら選択する宗教又は信念を受け入れ又は有する自由を侵害するおそれのある強制を受けない.

3 宗教又は信念を表明する自由については,法律で定める制限であって公共の安全,公の秩序,公衆の健康若しくは道徳又は他の者の基本的な権利及び自由を保護するために必要なもののみを課することができる.

4 この規約の締約国は,父母及び場合により法定保護者が,自己の信念に従って児童の宗教的及び道徳的教育を確保する自由を有することを尊重することを約束する.

#### 第19条
1 すべての者は,干渉されることなく意見を持つ権利を有する.

2 すべての者は,表現の自由についての権利を有する.この権利には,口頭,手書き若しくは印刷,芸術の形態又は自ら選択する他の方法により,国境とのかかわりなく,あらゆる種類の情報及び考えを求め,受け及び伝える自由を含む.

3 2の権利の行使には,特別の義務及び責任を伴う.したがって,この権利の行使については,一定の制限を課することができる.ただし,その制限は,法律によって定められ,かつ,次の目的のために必要とされるものに限る.
(a) 他の者の権利又は信用の尊重
(b) 国の安全,公の秩序又は公衆の健康若しくは道徳の保護

#### 第20条
1 戦争のためのいかなる宣伝も,法律で禁止する.

2 差別,敵意又は暴力の扇動となる国民的,人種的又は宗教的憎悪の唱道は,法律で禁止する.

#### 第21条
平和的な集会の権利は,認められる.この権利の行使については,法律で定める制限であって国の安全若しくは公共の安全,公の秩序,公衆の健康若しくは道徳の保護又は他の者の権利及び自由の保護のため民主的社会において必要なもの以外のいかなる制限も課することができない.

#### 第22条
1 すべての者は,結社の自由についての権利を有する.この権利には,自己の利益の保護のために労働組合を結成し及びこれに加入する権利を含む.

2 1の権利の行使については,法律で定める制限であって国の安全若しくは公共の安全,公の秩序,公衆の健康若しくは道徳の保護又は他の者の権利及び自由の保護のため民主的社会において必要なもの以外のいかなる制限も課することができない.この条の規定は,1の権利の行使につき,軍隊及び警察の構成員に対して合法的な制限を課することを妨げるものではない.

3 この条のいかなる規定も,結社の自由及び団結権の保護に関する1948年の国際労働機関の条約の締約国が,同条約に規定する保障を阻害するような立法措置を講ずること又は同条約に規定する保障を阻害するような方法により法律を適用することを許すものではない.

#### 第23条
1 家族は,社会の自然かつ基礎的な単位であり,社会及び国による保護を受ける権利を有する.

2 婚姻をすることができる年齢の男女が婚姻をしかつ家族を形成する権利は,認められる.

3 婚姻は,両当事者の自由かつ完全な合意なしには成立しない.

4 この規約の締約国は,婚姻中及び婚姻の解消の際に,婚姻に係る配偶者の権利及び責任の平等を確保するため,適当な措置をとる.その解消の場合には,児童に対する必要な保護のため,措置がとられる.

#### 第24条
1 すべての児童は,人種,皮膚の色,性,言語,宗教,国民的若しくは社会的出身,財産又は出生によるいかなる差別もなしに,未成年者としての地位に必要とされる保護の措置であって家族,社会及び国による措置について権利を有する.

2 すべての児童は,出生の後直ちに登録され,かつ,氏名を有する.

3 すべての児童は、国籍を取得する権利を有する．

#### 第25条

すべての市民は、第2条に規定するいかなる差別もなく、かつ、不合理な制限なしに、次のことを行う権利及び機会を有する．

(a) 直接に、又は自由に選んだ代表者を通じて、政治に参与すること．
(b) 普通かつ平等の選挙権に基づき秘密投票により行われ、選挙人の意思の自由な表明を保障する真正な定期的選挙において、投票し及び選挙されること．
(c) 一般的な平等条件の下で自国の公務に携わること．

#### 第26条

すべての者は、法律の前に平等であり、いかなる差別もなしに法律による平等の保護を受ける権利を有する．このため、法律は、あらゆる差別を禁止し及び人種、皮膚の色、性、言語、宗教、政治的意見その他の意見、国民的若しくは社会的出身、財産、出生又は他の地位等のいかなる理由による差別に対しても平等のかつ効果的な保護をすべての者に保障する．

#### 第27条

種族的、宗教的又は言語的少数民族が存在する国において、当該少数民族に属する者は、その集団の他の構成員とともに自己の文化を享有し、自己の宗教を信仰しかつ実践し又は自己の言語を使用する権利を否定されない．

### 第4部

#### 第28条

1 人権委員会（以下「委員会」という．）を設置する．委員会は、18人の委員で構成するものとして、この条に定める任務を行う．　2、3（略）

#### 第29条～39条　（略）

#### 第40条

1 この規約の～略締約国は、(a)当該締約国についてこの規約が効力を生ずる時から1年以内に、(b)その後は委員会が要請するときに、この規約において認められる権利の実現のためにとった措置及びこれらの権利の享受についてもたらされた進歩に関する報告を提出することを約束する．

2 すべての報告は、国際連合事務総長に提出するものとし、同事務総長は、検討のため、これらの報告を委員会に送付する．報告には、この規約の実施に影響を及ぼす要因及び障害が存在する場合には、これらの要因及び障害を記載する．

3 国際連合事務総長は、委員会との協議の後、報告に含まれるいずれかの専門機関の権限の範囲内にある事項に関する部分の写しを当該専門機関に送付することができる．

4 委員会は、この規約の締約国の提出する報告を検討する．委員会は、委員会の報告及び適当と認める一般的な性格を有する意見を締約国に送付しなければならず、また、この規約の締約国から受領した報告の写しに当該一般的な性格を有する意見を経済社会理事会に送付することができる．

5 この規約の締約国は、4の規定により送付される一般的な性格を有する意見に関する見解を委員会に提示することができる．

#### 第41条

1 この規約の締約国は、この規約に基づく義務が他の締約国によって履行されていない旨を主張するいずれかの締約国からの通報を委員会が受理しかつ検討する権限を有することを認めることを、この条の規定に基づいていつでも宣言することができる．この条の規定に基づく通報は、委員会の当該権限を自国について認める宣言を行った締約国による通報である場合に限り、受理しかつ検討することができる．委員会は、宣言を行っていない締約国についての通報を受理してはならない．この条の規定により受理される通報は、次の手続に従って取り扱う．

(a) この規約の締約国は、他の締約国がこの規約を実施していないと認める場合には、書面による通知により、その事態につき当該他の締約国の注意を喚起することができる．通知を受領する国は、通知の受領の後3箇月以内に、当該事態について説明する文書その他の文書を、通知を送付した国に提供する．これらの文書は、当該事態について既にとられ、現在とっており又は将来とることができる国内的な手続及び救済措置に、可能かつ適当な範囲において、言及しなければならない．

(b) 最初の通知の受領の後6箇月以内に当該事案が関係締約国の双方の満足するように調整されない場合には、いずれの一方の締約国も、委員会及び他方の締約国に通告することにより当該事案を委員会に付託する権利を有する．

(c) 委員会は、付託された事案について利用し得るすべての国内的な救済措置がとられかつ尽くされたことを確認した後に限り、一般的に認められた国際法の原則に従って、付託された事案を取り扱う．ただし、救済措置の実施が不当に遅延する場合は、この限りでない．

(d) 委員会は、この条の規定により通報を検討する場合には、非公開の会合を開催する．

(e) (c)の規定に従うことを条件として、委員会は、この規約において認められる人権及び基本的自由の尊重を基礎として事案を友好的に解決するため、関係締約国に対してあっ旋を行う．

(f) 委員会は、付託されたいずれの事案についても、(b)にいう関係締約国に対し、あらゆる関連情報を提供するよう要請することができる．

(g) (b)にいう関係締約国は、委員会において事案が検討されている間において代表を出席させる権利を有するものとし、また、口頭又は書面により意見を提出する権利を有する．

(h) 委員会は、(b)の通告を受領した日の後12箇月以内に、報告を提出する．報告は、各事案ごとに、関係締約国に送付する．

(i) (e)の規定により解決に到達した場合には、委員会は、事実及び到達した解決について簡潔に記述したものを報告する．

(ii) (e)の規定により解決に到達しない場合には、委員会は、事実について簡潔に記述したものを報告するものとし、当該報告に関係締約国の口頭による意見の記録及び書面による意見を添付する．

2 この条の規定は、この規約の10の締約国が1の規定に係る宣言を行った時に効力を生ずる．宣言は、締約国が国際連合事務総長に寄託するものとし、同事務総長は、その写しを他の締約国に送付する．宣言は、同事務総長に対する通告によりいつでも撤回することができる．撤回は、この条の規定に従って既に送付された通報におけるいかなる事案の検討をも妨げるものではない．宣言を撤回した

a 締約国による新たな通報は, 同事務総長がその宣言の撤回の通告を受領した後は, 当該締約国が新たな宣言を行わない限り, 受理しない.

**第42条**

1 (a) 前条の規定により委員会に付託された事案が関係締約国の満足するように解決されない場合には, 委員会は, 関係締約国の事前の同意を得て, 特別調停委員会 (以下「調停委員会」という.) を設置することができる. 調停委員会は, この規約の尊重を基礎として当該事案を友好的に解決するため, 関係締約国に対してあっ旋を行う.

(b) 調停委員会は, 関係締約国が容認する5人の者で構成する. 調停委員会の構成について3箇月以内に関係締約国が合意に達しない場合には, 合意が得られない調停委員会の委員については, 委員会の秘密投票により, 3分の2以上の多数による議決で, 委員会の委員の中から選出する.

2～10 (略)

**第43条～53条** (略)

## 標準六法 '09

2008(平成20)年12月8日　2009年版第1刷発行
5741-0:P1048　¥1280E-012-0500-050

|編集代表|石川　明|池田　真朗|
|---|---|---|
||宮島　司|安冨　潔|
||三上　威彦|大森　正仁|
||三木　浩一|小山　剛|

発行者　今井　貴
発行所　株式会社 信山社 ©

〒113-0033　東京都文京区本郷6-2-9-102
Tel 03-3818-1019　Fax 03-3818-0344
henshu@shinzansha.co.jp
エクレール後楽園編集部　〒113-0033 文京区本郷1-30-18
笠間才木支店　〒309-1611 茨城県笠間市笠間515-3
笠間来栖支店　〒309-1625 茨城県笠間市来栖2345-1
Tel 0296-71-0215　Fax 0296-72-5410
出版契約 No.2008-5741-0-01010　Printed in Japan

組版／佐渡佐和田　印刷・製本／松澤印刷・渋谷文泉閣
ISBN978-4-7972-5741-0 C0532　分類323.340-a009 六法

5741-0101:0:12-0500-050《禁無断複写》